विभिन्न प्रतियोगिता परीक्षाओं के छात्रों के लिए भी उपयोगी

समाज मनोविज्ञान की रूपरेखा

(AN OUTLINE OF SOCIAL PSYCHOLOGY)

[त्रिवर्षीय बी०ए० ऑनर्स, (मनोविज्ञान तथा समाजशास्त्र), एम०ए०, (मनोविज्ञान तथा समाजशास्त्र), UGC के NET, JRF तथा IAS परीक्षाओं के पाठ्यक्रमों पर आधृत]

अरुण कुमार सिंह

एम० ए० (स्वर्णपदक प्राप्त), पी-एच० डी०
विश्वविद्यालय प्रोफेसर एवं भूतपूर्व विभागाध्यक्ष
स्नातकोत्तर मनोविज्ञान विभाग
पटना विश्वविद्यालय, पटना
एवं
भूतपूर्व निदेशक
मनोवैज्ञानिक शोध एवं सेवा संस्थान
पटना विश्वविद्यालय, पटना

मोतीलाल बनारसीदास

दिल्ली • मुम्बई • चेन्नई • कोलकाता
बंगालूरू • वाराणसी • पटना

ग्यारहवाँ पुनर्मुद्रण : दिल्ली, 2017
दसवाँ संशोधित एवं परिवर्द्धित संस्करण, 2015
प्रथम संस्करण : 1991

ISBN: 978-81-208-2720-2 (सजिल्द)
ISBN: 978-81-208-2721-9 (अजिल्द)

मोतीलाल बनारसीदास

41 यू.ए. बंग्लो रोड, जवाहर नगर, दिल्ली 110 007
236, नाइंथ मेन, III ब्लॉक, जयनगर, बंगलूरू 560 011
8 महालक्ष्मी चैम्बर, 22, भुलाभाई देसाई रोड, मुम्बई 400 026
203 रायपेट्टा हाई रोड, मैलापोर, चेन्नई 600 004
8 कैमेक स्ट्रीट, कोलकाता 700 017
अशोक राजपथ, पटना 800 004
चौक, वाराणसी 221 001

आर.पी. जैन के द्वारा एन ए बी प्रिंटिंग यूनिट,
ए-44, नारायणा, फेज-1, नई दिल्ली 110 028 में मुद्रित
एवं जे.पी. जैन द्वारा मोतीलाल बनारसीदास
41 यू.ए., बंगलो रोड, जवाहर नगर, दिल्ली-110 007 के लिए प्रकाशित

समर्पण

पत्नी

कुमुद रानी

को जिनके प्रोत्साहन एवं
स्नेह की आधारशिला
पर इस पुस्तक की
नींव पड़ी

दशवाँ संशोधित एवं परिवर्द्धित संस्करण

'समाज मनोविज्ञान की रूपरेखा' का दशवाँ परिवर्तित एवं परिवर्द्धित संस्करण आपके हाथ में है। इस संस्करण में अपने शिक्षक बन्धुओं एवं छात्रों द्वारा दिए गए सुझावों को यथासम्भव ध्यान में रखकर कुछ महत्त्वपूर्ण संशोधन मैंने किया है। प्रस्तुत संस्करण को इस ढंग से परिवर्तित एवं संशोधित किया गया है कि इससे बी॰ ए॰ (ऑनर्स), एम॰ ए॰ तथा यू॰ जी॰ सी॰ व्याख्याता पात्रता परीक्षाओं के छात्रों के साथ-ही-साथ विभिन्न प्रतियोगिता परीक्षाओं के उम्मीदवारों को भी काफी लाभ पहुँचेगा। प्रस्तुत संस्करण में वर्तमान सामाजिक समस्याएँ वाले अध्याय को नवीनतम तथ्यों से जोड़कर उसें अधिक तीक्ष्ण किया गया है। छात्रों एवं शिक्षकों के माँग के अनुरूप इस संस्करण में एक नया अध्याय **'समाज मनोविज्ञान : उपयोग के समकालीन क्षेत्र'** को सम्मिलित किया गया है ताकि विभिन्न क्षेत्रों में समाज मनोविज्ञान के होने वाले प्रमुख उपयोगों की वैज्ञानिक जानकारी हो सके। इस पुस्तक के अंत में कुछ वस्तुनिष्ठ प्रश्नों को भी दिया गया है ताकि प्रतियोगिता परीक्षाओं में छात्रों को उनसे विशेष लाभ हो सके।

आशा है कि छात्रों एवं शिक्षक बन्धुओं को यह संस्करण पिछले संस्करण के समान ही उपयोगी लगेगा।

अगस्त, 2015

—अरुण कुमार सिंह

प्रस्तावना

'समाज मनोविज्ञान की रूप-रेखा' एक ऐसी पुस्तक हैं जिससे सभी सम्बन्धित छात्रों एवं शिक्षकों में बहुत दिनों से चली आ रही समाज मनोविज्ञान की एक अच्छी पुस्तक की कमी दूर हो जाएगी। अबतक जो कुछेक पुस्तकें इस क्षेत्र में लिखी गयी हैं उसमें भाषा-सम्बन्धी दोष से लेकर अन्य तरह-तरह की तकनीकी त्रुटियाँ अधिक देखने को मिलती हैं। इस पुस्तक में समाज मनोविज्ञान के विषयों एवं तथ्यों को भारतीय पृष्ठभूमि में इस ढंग से ढाला गया है कि उससे हमारे छात्रों को अधिक-से-अधिक लाभ प्राप्त हो सकेगा। इस पुस्तक की रचना का औचित्य हम निम्नांकित विशेषताओं के आधार पर करना चाहेंगे—

- इस पुस्तक से स्नातक (undergraduate) तथा स्नातकोत्तर (post graduate) के छात्रों की सभी जरूरतें पूरी हो पाएगी। भरसक कोशिश इस बात की गयी है कि भारतीय विश्वविद्यालयों में समाज मनोविज्ञान के पाठ्यक्रम में सम्मिलित किये गये सभी विषयों पर प्रकाश डाला जाय।
- पुस्तक की रचना करते समय सरकार द्वारा विभिन्न तरह की प्रतियोगिता परीक्षाओं के लिए तैयार किए गये समाज मनोविज्ञान के पाठ्यक्रम को भी ध्यान में रखा गया है। **State Public Service Commission** तथा **Union Public Service Commission** द्वारा आयोजित ऐसी परीक्षाओं के पाठ्यक्रम के सभी विषयों को इनमें विशेष रूप से सम्मिलित किया गया है ताकि इन उम्मीदवारों (candidates) को भी अधिक-से-अधिक फायदा हो सके।
- व्याख्याता पात्रता परीक्षा जिसका संचालन **UGC** तथा कुछ राज्य सरकारें भी करती हैं, के पाठ्यक्रम को भी सम्मिलित किया गया है।
- इस पुस्तक द्वारा सिर्फ मनोविज्ञान सम्मान (Psychology Honours) के छात्रों को ही नहीं बल्कि समाजशास्त्र सम्मान (Sociology Honours) के छात्रों को भी यथोचित लाभ मिल सकेगा क्योंकि उनके पाठ्यक्रम को भी इसमें सम्मिलित कर लिया गया है।
- इस पुस्तक के प्रत्येक अध्याय के विषयों की व्याख्या करने में नवीनतम प्रयोगों (latest experiments) एवं शोधों (researches) को ध्यान में रखा गया है। अधिक पुराने अध्ययनों को हमने भरसक शामिल न करने की कोशिश की है।
- इस पुस्तक में समाज मनोविज्ञान के तथ्यों का विश्लेषण करने में यथासम्भव इस बात का पूरा ध्यान दिया गया है कि भाषा की सरलता बनी रहे तथा उसका माधुर्य भी अक्षुण्ण रहे।
- पुस्तक के प्रत्येक अध्याय के अन्त में अध्याय-सारांश (chapter summary) भी दे दिया गया है ताकि पाठक कम समय में ही इस बात का अन्दाज कर सके कि सम्बन्धित अध्याय में किन-किन विषयों (topics) का विश्लेषण किया गया है।
- पुस्तक के अन्त में कुछ प्रश्नों को भी दे दिया गया है ताकि छात्र को अभ्यास कार्य (tutorial work) में मदद मिल सके।

इस पुस्तक की रचना में जिन विद्वानों के बहुमूल्य कृतियों एवं विचारों का सहारा लिया गया है हम उन सभी के प्रति अपनी हार्दिक कृतज्ञता प्रकट करते हैं। इस पुस्तक के पाण्डुलिपि (manuscript) को कुछ छात्रों एवं शिक्षकों ने पढ़ा है और अपनी आलोचनात्मक सुझावों से मुझे अवगत कराया है। मैं ऐसे सभी छात्रों एवं शिक्षकों का भी शुक्रगुजार हूँ। इस पुस्तक की रचना में मुझे अपने कुछ शोध छात्रों से भी काफी मदद मिली है। डॉ॰ अल्पना सेनगुप्ता हमारे एक ऐसी छात्राओं में से हैं जिनके प्रति भी मैं शुक्रगुजार हूँ। इन सबके बावजूद सबसे सच्ची बात यह है कि यदि श्री कमला शंकर सिंह जी, मैनेजर, मोतीलाल बनारसीदास, पटना की पैनी दृष्टि इस पाण्डुलिपि पर नहीं पड़ी होती तो यह पुस्तक शायद अभी आपके हाथ में न होती। अतः मैं इनके प्रति विशेष रूप से आभार प्रकट करता हूँ।

अन्त में मनोविज्ञान (Psychology) तथा समाजशास्त्र (Sociology) के शिक्षकों, विद्यार्थियों तथा अन्य पाठकों से मेरा नम्र निवेदन है कि वे इस पुस्तक की त्रुटियों की ओर मेरा ध्यान आकृष्ट करें ताकि पुस्तक के स्तर को अगले संस्करण में और अधिक ऊँचा उठाया जा सके।

जुलाई, 1991

–अरुण कुमार सिंह

विषय-सूची

(Contents)

अध्याय पृ० सं०

❑

अध्याय 1

विषय-प्रवेश
(INTRODUCTION)

समाज मनोविज्ञान का संक्षिप्त इतिहास
(Brief History of Social Psychology)

समाज मनोविज्ञान में व्यक्तियों का अध्ययन समाज में किया जाता है। मनोविज्ञान की प्रत्येक शाखा के समान समाज मनोविज्ञान का भी अपना एक विशेष इतिहास है। आधुनिक समाज मनोवैज्ञानिकों के अनुसार समाज मनोविज्ञान के इतिहास को निम्नांकित चार भागों में बाँट कर अध्ययन किया जा सकता है—

1. दार्शनिक विचारधारा (Philosophical Viewpoints)
2. समाज मनोविज्ञान का प्रारम्भिक काल (Early years of Social psychology)
3. 1940 से 1970 के बीच का समाज मनोविज्ञान (Social psychology in between 1940 and 1970)
4. 1970 के बाद का समाज मनोविज्ञान (Social psychology after 1970)

इन चार कालों (periods) में समाज मनोविज्ञान के क्षेत्र में जो प्रमुख विकास हुए हैं, उनका संक्षिप्त विवरण इस प्रकार है—

1. दार्शनिक विचारधारा(*Philosophical viewpoints*)—समाज मनोविज्ञान के इतिहास में कुछ पुराने दार्शनिकों की महत्त्वपूर्ण भूमिका रही है। इनमें से प्लेटो (Plato) तथा अरस्तू (Aristotle) का नाम काफी मशहूर है। इन लोगों ने सामाजिक व्यवहार के अध्ययन में काफी रुचि दिखलायी थी। बाद में कुछ दार्शनिकों जैसे—हॉब्स (Hobbes, 1651), लॉक (Locke, 1690), ह्यूम (Hume, 1739) तथा कॉमटे (Comte, 1830) ने सामाजिक व्यवहार (social behaviour) को समझने के लिए अपने-अपने ढंग के सुझावों पर बल दिया। इनमें से कॉमटे(Comte) जिन्हें *'समाजशास्त्र का जनक'* (Father of Sociology) भी कहा जाता है, कि विचारधारा से समाज मनोविज्ञान की उत्पत्ति में काफी सहायता मिली। फ्रेंच क्रान्ति (French revolution) के बाद इन्हें ऐसा ज्ञात हुआ कि समाज में व्यक्तियों का व्यवहार किसी नियम द्वारा निर्देशित होना चाहिए। ऐसा होने से विभिन्न सामाजिक परिस्थितियों में व्यक्तियों के व्यवहारों का पूर्वकथन (prediction) करना आसान हो सकता है। 18वीं शताब्दी तथा 19वीं शताब्दी में सामाजिक व्यवहार से संबंधित दार्शनिक विचारों की महत्ता धीरे-धीरे बढ़ने लगी। इस समय के कुछ प्रमुख दार्शनिकों जैसे—जेरेमी बेन्थम (Jeremy Bentham), जॉन स्टुअर्ट मिल(John Stuart Mill), हरबर्ट स्पेन्सर(Herbert Spencer) ने इस क्षेत्र में संयुक्त रूप से कुछ महत्त्वपूर्ण योगदान किये। ऑलपोर्ट (Allport, 1968) ने समाज मनोविज्ञान के इतिहास का पुनरीक्षण (review) करते हुए कहा है कि इस संयुक्त योगदान के फलस्वरूप *मानव सामाजिक व्यवहार की साधारण एवं सार्वभौमिकता सिद्धान्तों* (Simple and Sovereign theories of social behaviour) का जन्म हुआ। इसमें कई अलग-अलग सिद्धान्त थे जिनके सहारे एक विशेष प्रकार की सामाजिक व्यवहार की व्याख्या होती थी। जैसे—इस समूह के एक सिद्धान्त के अनुसार सामाजिक व्यवहार व्यक्ति की उस इच्छा पर आधारित होता है जो उसे अपनी जिन्दगी में अधिक-से-अधिक सुख-प्राप्ति की ओर तथा दुःख से पूर्णरूपेण छुटकारा दिलाने की ओर ले जाता है। इसे मनोविज्ञान में *सुखवाद* (hedonism) की संज्ञा दी गयी जिसका खुलकर समर्थन जेरेमी बेन्थम, हरबट स्पेन्सर तथा जॉन स्टुअर्ट मिल ने किया। इसी समूह के दूसरे सिद्धान्त के अनुसार सामाजिक व्यवहार व्यक्ति में सत्ता (power) प्राप्ति की इच्छा पर आधारित होता है। इसे मनोविज्ञान में

अहंवाद (egoism) की संज्ञा दी गयी और इसका समर्थन निजिस्क (Nitezsche) तथा ली-डैन्टेक (Le-Dantec) जैसे दार्शनिकों द्वारा की गयी। इस तीसरी विचारधाराओं के अनुसार सामाजिक व्यवहार का कारण व्यक्ति में अन्य व्यक्तियों के प्रति अनुराग (affection) एवं प्यार (love) की भावना होती है। इसे मनोविज्ञान में *सहानुभूति* (sympathy) की संज्ञा दी गयी। इस तरह से हम देखते हैं कि सामाजिक व्यवहार (social behaviour) के बारे में कई ऐकिक दार्शनिक सिद्धान्त (unitary philosophical theories) थे जो सामाजिक व्यवहार की व्याख्या अलग-अलग दृष्टिकोण से किया करते थे।

आजकल सामाजिक व्यवहार के सम्बन्ध में प्रतिपादित इन ऐकिक दार्शनिक सिद्धान्तों की मान्यता करीब-करीब समाप्त हो गयी है। अब यह माना जाने लगा है कि मानव अन्तःक्रियाएँ (human interactions) एक जटिल प्रक्रिया होती है, जिनकी व्याख्या साधारण एवं ऐकिक सिद्धान्तों द्वारा नहीं की जा सकती है। फिर भी इतना जो स्पष्ट है कि इन ऐकिक दार्शनिक सिद्धान्तों के प्रतिपादन के फलस्वरूप समाज मनोविज्ञान (social psychology) को दो कारणों से एक स्वतंत्र (independent) एवं वैज्ञानिक शाखा (scientific branch) के रूप में उभरने में काफी मदद मिली है। पहला कारण तो यह था कि इन सिद्धान्तों के प्रतिपादन से यह स्पष्ट हो गया कि सामाजिक अन्तःक्रिया (social interaction) की व्याख्या साधारण बोल-चाल की भाषा में न होकर एक ठोस एवं यथार्थ (precise) तथ्य के रूप में हो सकता है। दूसरा कारण यह था कि सामाजिक अन्तःक्रिया (social interaction) अन्य स्वभाविक घटनाओं (natural events) के समान पूर्वानुमेय (predictable) तथा विधिसंगत (lawful) होती है।

जैसे-जैसे सामाजिक अन्तःक्रिया के उपर्युक्त दोनों कारणों को बल मिलता गया, समाज मनोविज्ञान दार्शनिक चिन्तन (philosophical speculations) से दूर हट कर मनोविज्ञान की एक वैज्ञानिक शाखा के रूप में उभरता गया और 19वीं शताब्दी के अन्तिम दशक (last decade) में यह करीब-करीब दार्शनिक चिन्तन से पूर्णरूपेण स्वतंत्र होकर मनोविज्ञान की एक शाखा के रूप में लोगों के सामने आ गया। इस नयी शाखा का रूप प्रयोगात्मक (experimental) अधिक था तथा दार्शनिक बहुत ही कम। ट्रिप्लेट (Triplett) ने 1897 में समाज मनोविज्ञान के क्षेत्र में सबसे पहला प्रयोगशाला प्रयोग (laboratory experiment) किया। इस प्रयोग में उन्होंने इस प्राक्कल्पना (hypothesis) की जाँच की कि जब व्यक्ति एक-दूसरे के साथ प्रतियोगिता (competition) की भावना से किसी कार्य को करता है तो उसका निष्पादन (performance) उस परिस्थिति से अच्छा होता है जब वह उसी कार्य को अकेले बिना किसी प्रतियोगिता की भावना से करता है।

2. समाज मनोविज्ञान का प्रारम्भिक काल (*Early Years of Social psychology*)—समाज मनोविज्ञान का प्रारंभिक काल 1908-39 का माना गया है। समाज मनोविज्ञान की नींव (foundation) की घोषणा कोई एक निश्चित वर्ष में किसी विशेष वैज्ञानिक द्वारा नहीं की गयी। यद्यपि समाज मनोविज्ञान के क्षेत्र में, जैसा कि ऊपर कहा गया है, सबसे पहला प्रयोग ट्रिप्लेट(Triplett) द्वारा1897 में किया गया, फिर भी आधुनिक समाज मनोवैज्ञानिक समाज मनोविज्ञान के वैज्ञानिक अध्ययन की शुरूआत1908 से मानते हैं जब समाज मनोविज्ञान की दो पाठ्य-पुस्तकें(text-books) प्रकाशित की गयी थीं। एक पाठ्य-पुस्तक मनोवैज्ञानिक विलियम मैकडुगल (William McDougall) द्वारा प्रकाशित की गयी तथा दूसरी पाठ्य-पुस्तक समाजशास्त्री एडवर्ड रॉस (Edward Ross) द्वारा प्रकाशित की गयी। रॉस की पुस्तक मूलतः भीड़ (crowd) तथा सामाजिक प्रभाव (social influence) आदि से संबंधित थी जबकि मैकडुगल की पुस्तक मूलतः सहजवृत्ति या मूलप्रवृत्ति (instinct) से संबंधित थी। समाज मनोविज्ञान पर मैकडुगल की पुस्तक का अधिक प्रभाव पड़ा। मैकडुगल ने अपनी इस पुस्तक में स्पष्ट रूप से इस बात पर बल दिया कि सामाजिक व्यवहार मूलतः जन्मजात प्रवृत्तियों (innate tendencies) द्वारा निर्धारित होता है। इन जन्मजात प्रवृत्तियों को उन्होंने सहजवृत्ति या मूलप्रवृत्ति (instinct) कहा। 1908 में उन्होंने ऐसी सहजवृत्तियों की कुल संख्या 12 बतलाया। 1912 में जब उस पुस्तक की पाँचवाँ संस्करण संस्करण प्रकाशित हुआ, उन्होंने इसकी संख्या घटाकर 7 कर दिया और साथ-ही-साथ यह भी बतलाया कि प्रत्येक सहजवृत्ति के पीछे एक अलग-अलग संवेग (emotion) भी छिपा होता है। यद्यपि मैकडुगल का यह कथन कि सामाजिक व्यवहार का निर्धारण सहजवृत्तियों द्वारा होता है, उस समय काफी महत्त्वपूर्ण था फिर भी कुछ लोगों ने उनके इस कथन की आलोचना की। आलोचना के बावजूद भी मैकडुगल की इस विचारधारा से समाज मनोवैज्ञानिकों को सामाजिक व्यवहारों को नये ढंग से अध्ययन करने की अधिकतम प्रेरणा मिली। फ्लोइड एच॰ आलपोर्ट (Floyd H. Allport) ने समाज मनोविज्ञान की दूसरी पाठ्य-पुस्तक 1924 में प्रकाशित की। इस पुस्तक में विशेष रूप से इस बात पर बल डाला गया

कि समाज मनोवैज्ञानिकों को व्यक्ति के व्यवहारों के सामाजिक निर्धारकों (social determinants) पर अधिक बल डालना चाहिए। उन्होंने समाज मनोविज्ञान को परिभाषित करते हुए कहा कि समाज मनोविज्ञान, मनोविज्ञान की एक ऐसी शाखा है जिसमें एक व्यक्ति का प्रभाव दूसरे व्यक्तियों के साथ किये जाने वाली अन्तःक्रिया (interaction) पर कैसे होता है, का अध्ययन किया जाता है। दूसरे शब्दों में, समाज मनोविज्ञान व्यक्ति के व्यवहारों पर पड़ने वाले सामाजिक प्रभावों (social influence) का अध्ययन करता है। इस तरह से 1920-30 वाले दशक में समाज मनोविज्ञान पूर्णतः एक स्वतंत्र शाखा (independent branch) के रूप में स्थापित हो गया।

1930-40 वाले दशक में समाज मनोविज्ञान के क्षेत्र में कुछ महत्त्वपूर्ण कार्य मनोवैज्ञानिकों द्वारा किये गये जिनसे इसका कार्यक्षेत्र (scope) काफी बढ़ गया। मुजाफर शेरीफ(Muzafer Sherif) ने 1935 में सामाजिक मानक(social norms) पर प्रयोगात्मक अध्ययन किया जो काफी महत्त्वपूर्ण माना जाता है। लेविन, लिपिट तथा ह्वाइट (Lewin, Lippitt & White 1939) ने नेतृत्व (leadership) तथा सम्बन्धित प्रक्रियाओं का एक क्रमबद्ध अध्ययन (systematic study) किया। काज तथा ब्रेली (Katz & Braly, 1933) ने कॉलेज के छात्रों की प्रजातीय रूढ़िकृति (racial stereotype) को मापा। लिकर्ट(Likert 1932) ने मनोवृत्ति को मापने की एक विधि बनायी। मोरेनो(Moreno, 1934) ने अन्तर्वैयक्तिक पंसदों (interpersonal preferences) का अध्ययन करने के लिए समाजमिति (sociometry) का प्रतिपादन किया। इस तरह से हम देखते हैं कि1930-40 दशक के अन्त होते-होते समाज मनोविज्ञान का कार्यक्रम काफी बढ़ गया और सामाजिक व्यवहार के भिन्न-भिन्न पहलुओं के वैज्ञानिक अध्ययन के लिए नयी-नयी प्रविधियों को भी विकसित किया गया।

3. 1940 से 1970 के बीच का समाज मनोविज्ञान *(Social psychology in between 1940-1970)*—समाज मनोविज्ञान का इतिहास द्वितीय विश्वयुद्ध (Second World War) द्वारा काफी प्रभावित हुआ। 1940-50 वाले दशक में यह युद्ध हुआ और इसका प्रभाव समाज मनोवैज्ञानिकों पर काफी विस्तृत रूप से पड़ा। इस प्रभाव के फलस्वरूप समाज मनोवैज्ञानिकों ने कुछ विशेष विषयों(topic) जैसे प्रचार(propaganda), पूर्वाग्रह(prejudice), अनुनय(persuasion), मनोवृत्ति मापन, अन्तर्राष्ट्रीय सम्बन्ध (international relations), जन संपर्क (mass communication) का वैज्ञानिक अध्ययन करना प्रारंभ कर दिये। 1941 में विलियम ह्वाइट (William White, 1941) ने बच्चों के समूह का अध्ययन करके उनकी सामाजिक अन्तःक्रिया (social interactions) के पैटर्न के बारे में बतलाया। 1943 में थियोडोर न्यूकाम्ब (Theodore Newcomb, 1943) ने व्यक्ति के व्यवहार पर निर्देशन समूह (reference group) के प्रभाव का अध्ययन किया। 1950 में एडोरनो तथा उनके सहयोगियों ने (Adorno et al., 1950) एक काफी महत्त्वपूर्ण शोध परियोजना (research project) को पूरा किया जिसमें उन्होंने यह बतलाया कि व्यक्तित्व के किन विशेष शीलगुणों (traits) के कारण व्यक्ति किसी राजनीतिक विचारधारा (political views) को बिना किसी आलोचना के ही स्वीकार कर लेता है। इस काल के दूसरे दशक यानी 1950-60 के बीच भी समाज मनोविज्ञान के अन्य क्षेत्रों में भी महत्त्वपूर्ण कार्य किये गये। कार्ल होवलैंड (Car Hovland) तथा उनके सहयोगियों ने इसी दशक काल में अनेकों ऐसे अध्ययन किये जिनमें सामाजिक मनोवृत्ति पर विश्वासोत्पादक या प्रभाव संचारण (persuasive communication) के पढ़ने वाले प्रभांव का अध्ययन किया गया। कुछ लोगों ने भिन्न-भिन्न प्रकार के व्यक्तित्व गुणों जैसे उपलब्धि आवश्यकता (need for achievement), सामाजिक अनुमोदन की आवश्यकता (need for social approval) तथा सामाजिक व्यवहार (social behaviour) आदि के बीच संभावित सम्बन्ध का अध्ययन किया। फिर भी इस दशक का सबसे महत्त्वपूर्ण अध्ययन फेस्टिंगर (Festinger,1957) ने 1957 में किया। अपने अध्ययन के आधार पर मनोवृत्ति में परिवर्तन की व्याख्या करने के लिए एक महत्त्वपूर्ण सिद्धान्त का प्रतिपादन किया जिसे *संज्ञानात्मक विसंवादिता का सिद्धान्त* (theory of cognitive dissonance) कहा जाता है। इस सिद्धान्त के अनुसार जब व्यक्ति का व्यवहार तथा उसकी वर्तमान मनोवृत्ति एक-दूसरे के असंगत (inconsistent) होते हैं तो व्यक्ति में एक प्रकार की अप्रिय एवं तनाव की स्थिति उत्पन्न होती है। इसे कम करने के लिए वह अपनी मनोवृत्ति को परिवर्तित कर व्यवहार के अनुकूल बना लेता है। इस तरह से व्यक्ति की मनोवृत्ति में परिवर्तन हो जाता है। फेसटिंगर का यह सिद्धान्त आज भी मनोवैज्ञानिकों के बीच में काफी महत्त्वपूर्ण है तथा इससे सम्बन्धित प्रयोगात्मक अध्ययन किये जा रहे हैं।

इस काल के अन्तिम दशक, यानी 1960-70 के बीच भी समाज मनोवैज्ञानिकों द्वारा काफी महत्त्वपूर्ण कार्य किये गये जिनके कारण इसे प्रयोगात्मक समाज मनोविज्ञान का दर्जा मिल गया। इस दशक में समाज मनोवैज्ञानिकों ने कई नये क्षेत्रों में प्रयोगात्मक कार्य शुरू किये। आक्रमणशीलता तथा उग्रता (aggressiveness and violence), मनोहरता तथा प्यार (attraction and love) परोपकारिता (altruism), सामाजिक आदान-प्रदान (social exchange), व्यक्ति

प्रत्यक्षीकरण (person perception), अनुकरण (imitation) तथा समूह निर्णय (group decision) आदि कुछ ऐसे ही नये क्षेत्र थे जिनमें समाज मनोवैज्ञानिकों ने कई प्रयोग (experiments) किये। इस तरह इस दशक के अन्त होने तक समाज मनोविज्ञान ने अपना कार्य-क्षेत्र इतना अधिक बढ़ा लिया कि सामाजिक व्यवहार के करीब-करीब सभी पहलुओं को इसमें सम्मिलित कर लिया गया।

4. 1970 के बाद का समाज मनोविज्ञान *(Social Psychology after 1970)*—1970 के बाद के समाज मनोविज्ञान का इतिहास कुछ ऐसा है जिसमें इससे पहले शुरू किये शोध कार्यों (research works) को जारी रखते हुए कुछ इस तरह की नई-नई सामाजिक प्रतिक्रियाओं का अध्ययन किया गया है जिनसे समाज मनोविज्ञान एक अन्तःशास्त्रीय विज्ञान (interdisciplinary science) बन सके। 1970 से आज तक की अवधि में समाज मनोवैज्ञानिकों द्वारा जो कार्य किये गये हैं उन्हें ध्यान में रखते हुए हम इस निष्कर्ष पर पहुँचते हैं कि इनलोगों ने मूल रूप से निम्नांकित पाँच क्षेत्रों में सक्रिय योगदान करके इस शाखा की गरिमा को बढ़ाया है—

(i) कुछ समाज मनोवैज्ञानिकों ने पर्यावरणी कारकों (environmental factors) के महत्त्वपूर्ण पहलुओं जैसे—ताप (heat), आवाज (noise) तथा भीड़-भाड़ (crowding) द्वारा सामाजिक व्यवहार पर पड़ने वाले प्रभावों का अध्ययन विस्तृत रूप से किया है। इस तरह से इन लोगों ने मनोविज्ञान की एक नयी शाखा, यानी पर्यावरणी मनोविज्ञान (environmental psychology) के क्षेत्र में सक्रिय योगदान किया है।

(ii) गुणारोपण (attribution) एक दूसरा महत्त्वपूर्ण क्षेत्र है जिसमें समाज मनोवैज्ञानिकों द्वारा अधिक-से-अधिक शोध (research) एवं प्रयोग किये जा रहे हैं। गुणारोपण एक ऐसी सामाजिक प्रक्रिया है जिसमें व्यक्ति के बाह्य व्यवहारों के आधार पर उसकी प्रेरणा (motives), आवश्यकताओं (needs) तथा इच्छाओं आदि को समझा जाता है। समाज मनोवैज्ञानिकों द्वारा बहुत-से ऐसे प्रयोग किये गये हैं जिनसे गुणारोपण की प्रक्रिया के स्वरूप (nature) का पता चलता है। इन प्रयोगों में यह भी देखने की कोशिश की गयी है कि गुणारोपण (attribution) का प्रभाव हमारी भिन्न-भिन्न तरह की सामाजिक अन्तःक्रियाओं (social interactions) पर कैसे पड़ता है।

(iii) अशाब्दिक संचार या संप्रेक्षण (non-verbal communication) के क्षेत्र में आज के समाज मनोवैज्ञानिक काफी महत्त्वपूर्ण कार्य कर रहे हैं। हाव-भाव (gestures) तथा शारीरिक गति (bodily movements) द्वारा कुछ कहने तथा समझने की प्रक्रिया को अशाब्दिक संचार कहा जाता है।

(iv) यौन व्यवहार (sexual behaviour), प्यार (love) तथा अंतर्वेयक्तिक आकर्षण (interpersonal attraction) के क्षेत्र में आधुनिक समाज मनोवैज्ञानिक काफी सक्रिय कार्य कर रहे हैं। इनमें किये जा रहे शोध एवं प्रयोग द्वारा यह निश्चित करने की कोशिश की जा रही है कि व्यक्ति किन-किन कारणों से एक-दूसरे के प्रति आकर्षित होता है, किस परिस्थिति में आकर्षण सबसे अधिक होता है, आदि-आदि।

(v) आधुनिक समाज मनोवैज्ञानिकों ने अन्तःसांस्कृतिक अध्ययनों (cross-cultural studies) में भी काफी अभिरुचि दिखलायी है। इस तरह के अध्ययनों में एक ही सामाजिक व्यवहार का अध्ययन भिन्न-भिन्न संस्कृति (cultures) में किया जाता है। इसके बाद इस बात का निर्धारण किया जाता है कि सम्बन्धित सामाजिक व्यवहार संस्कृति में परिवर्तन होने से किस तरह प्रभावित होता है। समाज मनोवैज्ञानिक के इस प्रयास से एक फायदा यह हुआ है कि हम भिन्न-भिन्न संस्कृति में रहने वाले व्यक्तियों के सामाजिक व्यवहार का तुलनात्मक अध्ययन कर सकते हैं।

इन प्रमुख क्षेत्रों में समाज मनोवैज्ञानिक तो सक्रिय हैं ही, साथ-ही-साथ आजकल उनका ध्यान विशेष रूप से दो बातों की ओर अधिक जा रहा है। पहली बात तो यह है कि वे यह चाहते हैं कि उनके द्वारा किया जा रहा शोध कार्य समाज की आम जनता के लिए अधिक-से-अधिक उपयोगी हो ताकि उनकी नजर में उनका व्यवहारिक महत्त्व (practical significance) बढ़े। इसी का परिणाम है कि आजकल समाज मनोवैज्ञानिकों द्वारा ज्वलंत सामाजिक समस्याओं (social problems) से सम्बन्धित शोध कार्य को प्राथमिकता दी जा रही है। यही कारण है कि आजकल समाज मनोविज्ञान एवं सिद्धान्तों का उपयोग शिक्षा, कानून (law), स्वास्थ्य आदि क्षेत्रों में काफी किया जा रहा है। दूसरी बात यह कि आधुनिक समाज मनोवैज्ञानिक अपना प्रयोग एवं शोध कार्य दिन-प्रतिदिन की जिन्दगी से मिलती-जुलती परिस्थिति में करना अधिक पसन्द करते हैं न कि प्रयोगशाला में। इसे मनोविज्ञान में क्षेत्रशोध (field research) कहा जाता है। क्षेत्र शोध का सबसे बड़ा लाभ यह है कि इससे सामाजिक व्यवहार को समझने में काफी मदद मिलती है तथा इससे प्राप्त निष्कर्ष को काफी विश्वसनीयता के साथ प्रकट किया जा सकता है।

इस तरह से हम देखते हैं कि समाज मनोविज्ञान का अपना एक विशेष इतिहास है। इस शाखा के आधुनिक इतिहास की रूपरेखा प्रारम्भिक काल के इतिहास की रूपरेखा से सर्वथा भिन्न है। आधुनिक समाज मनोविज्ञान धीरे-धीरे एक अंत:शास्त्री विज्ञान (interdiscipinary science) का दर्जा प्राप्त करने की ओर अग्रसर हो रहा है।

भारतीय परिप्रेक्ष्य में समाज मनोविज्ञान की एक झलक
(An Overview of Social Psychology in Indian Perspective)

परम्परागत रूप से समाज मनोविज्ञान मूलतः अंतरा-वैज्ञानिक प्रक्रियाओं (intra-individual differences) तथा सामाजिक संज्ञान (Social cognition) के प्रति अधिक वचनबद्ध रहा है। फिर भी द्वितीय विश्वयुद्ध युद्ध ने समाज मनोविज्ञान के सामने व्यावहारिक सामाजिक समस्याओं पर ध्यान देने की एक तीव्र चुनौती उत्पन्न कर दिया। इस आलोक में समाज मनोवैज्ञानिक ऐसी समस्याओं के अध्ययन पर विशेष ध्यान देना प्रारम्भ कर दिये। अधिकतर भारतीयों का विश्वास **अद्वैत वेदान्त** (Advaita Vedanta) के सिद्धान्तों द्वारा अधिक प्रभावित है। जैसा कि हम जानते हैं, इस सिद्धान्त में मानव तथा समाज (Society) या स्व (self) तथा नहीं-स्व (not-self) में अंतर नहीं किया जाता है। पश्चिमी देशों में स्व (self) तथा अन्य में काफी अंतर किया जाता है। सामाजिक व्यवहार को समझने के लिए पश्चिमी सिद्धान्तों से भिन्न भारतीय सिद्धान्त में मानव अस्तित्व के अंतरसम्बन्धों (interrelations) पर अधिक बल डाला गया है तथा यह स्पष्ट रूप से बतलाया जाता है कि समाज ही आदर्श (model) है न कि व्यक्तियों की अन्य व्यक्तियों से भिन्नता। सच्चाई यह है कि भारतीयों के लिये व्यक्ति और समाज में एक सहजीवी सम्बन्ध (symbiotic relationship) होता है जहाँ व्यक्ति की समाज से या समाज से व्यक्ति को अलग नहीं किया जा सकता है। इसके अतिरिक्त **वसुधैव कुटम्बकम्** (Vasudhaiba Kutumbakam) का सिद्धान्त सम्पूर्ण समुदाय के अंतरसम्बन्धता पर अधिक बल डालता है। सचमुच में ऐसे विचार की उत्पत्ति स्वयं से होती है और फिर वह पूरे संसार के प्रति विकसित हो जाती है।

जैसा कि हम जानते हैं, मास्टर स्तर पर मनोविज्ञान की पढ़ाई सबसे पहले कलकत्ता विश्वविद्यालय में 1916 में प्रारम्भ की गयी। प्रोफेसर नरेन्द्र नाथ गुप्ता (Prof. Narendra Nath Gupta) जिन्होंने दर्शनशास्त्र में पी-एच॰ डी॰ हार्वाड विश्वविद्यालय (Harward university) से किया था, को इस मनोविज्ञान विभाग का अध्यक्ष बनाया गया। वे 1929 तक इस विभाग के अध्यक्ष बने रहे। इन्होंने प्रो॰ राधा कमल मुखर्जी (Prof. Radha Kamal Mukherjee) के साथ मिलकर समाज मनोविज्ञान का पहला पाठ्य-पुस्तक (Text book) जिसका शीर्षक 'इन्ट्रोडक्सन टू सोसल साइकोलोजी (Introduction to Social Psychology) था, 1928 में प्रकाशित किया। इस पुस्तक में प्रो॰ गुप्ता ने 'समूह मन' (Group mind) के संप्रत्यय को चुनौती दिया तथा मन (mind) को मस्तिष्क (brain) के तुल्य समझने की प्रक्रिया को एक भूल (zero) करार दिया। 1935 में जे. प्रसाद (J. Prasad) ने एक बहुचर्चित शोध पत्र (Research article) लिखा जिसका शीर्षक था, ''दी साइकोलोज़ी ऑफ रियुमर : ए स्टडी रिलेटिंग टू दी ग्रेट इन्डियन अर्थक्वेक इन 1935' (The Psychology of Remour : A study relating to the great Indian earthquake in 1935)। यह अध्ययन काफी सार्थक सिद्ध हुआ जो फेस्टिंगर द्वारा प्रस्तावित संज्ञानात्मक असंवादितां (cognitive dissociance) का एक मजबूत आधार बना।

भारत में समाज मनोविज्ञान के क्षेत्र में आलपोर्ट द्वारा सामाजिक सरलीकरण (Social facilitation) पर किये गए प्रयोगों से मिलता-जुलता शोधकार्य काफी किये गए। स्वर्गीय प्रो॰ दुर्गानन्द सिन्हा (Late Prof. Durganand Sinha) एवं प्रो॰ जमुना प्रसाद (Prof. Jamuna Prasad) ने 1935 में अफवाह के क्षेत्र में सराहनीय कार्य किये परंतु इन अध्ययनों का कोई अनुवर्त्ती अध्ययन (followup study) नहीं किया गया। मर्फी (Murphy, 1953) ने अन्तरसमूह संबंधों (intergroup relations) का अध्ययन प्रारम्भ किया और इस तरह के अध्ययन के प्रति कुछ भारतीय मनोवैज्ञानिकों ने भी काफी ध्यान देना प्रारम्भ कर दिया। उसी तरह से डेविड मैकक्लिलैंड (David Mcclelland) द्वारा प्रस्तावित उपलब्धि अभिप्रेरण सिद्धान्त ने कई भारतीय मनोवैज्ञानिको के मन में अनुपयुक्त शोध (aplied research) के प्रति रूझान उत्पन्न कर दिया। स्वर्गीय प्रो॰ डी॰ सिन्हा ने ग्रामीण लोगों पर इस क्षेत्र में शोधकार्य करके अपना स्वतंत्र अस्तित्व बनाये रख सकने में कायम हुए। अहमदाबाद में प्रो॰ पी एच प्रभु (P. H. Prabhu) ने समाज मनोविज्ञान के कई क्षेत्रों में सराहनीय योगदान किया।

1970 तक समाज मनोविज्ञान के क्षेत्र में किये गए कार्यों की समीक्षा से यह स्पष्ट हुआ है कि भारतीय मनोवैज्ञानिकों की अभिरुचि मूलतः कुछ सामाजिक समस्याएँ, मनोवृत्ति, मत तथा समूह एवं अन्तर्वैयक्तिक प्रक्रियाओं (interpersonal processes) के अध्ययन तक ही सीमित रहा है। परंतु 1970 एवं 1980 के बीच किये गए कार्यों द्वारा इन परम्परागत क्षेत्रों

से हटकर अन्य दूसरे क्षेत्र में उनकी अभिरुचि दिखती नजर आयी। इन नये क्षेत्रों में सामाजिक परिवर्तन (social change), सामाजिक भूमिकाएँ(social roles), सामाजिक प्रत्यक्षण(social perception), सामाजिक अभिप्रेरण(social motivations), अन्तर्वैयक्तिक प्रक्रियाएँ(Interpersonal process)तथा संगठनात्मक व्यवहार(Organizational behaviour)आदि प्रमुख हैं। इन क्षेत्रों जिन संप्रत्ययों(concepts)पर अधिक ध्यान दिया गया है, उनमें उपलब्धि आवश्यकता(need for achievement), बहिर्मुखी(extraversion), अन्तर्वैयक्तिक आकर्षण (interpersonal attraction), नियंत्रण बिन्दु(lines of control), दुश्चिंता (anxiety),सत्तावाद(authoritarianism),हठधर्मिता(dogmatism)आदि प्रधान हैं। एस० पी० आदिनारायण (1957, 1958, 1964)ने रंग पूर्वग्रह(colour prejudice),प्रजातीय(social),साम्प्रदायिक(communal)तथा जाति(caste)मनोवृत्ति (attitude)के क्षेत्र में महत्त्वूपर्ण अध्ययन किये। परंतु फिर भी जैसा कि नन्दी (Nandy, 1974)तथा मित्रा (Mitra, 1972) ने कहा है कि स्वतंत्र भारत के आरम्भिक दिनों में अधिकतर भारतीय समाज मनोवैज्ञानिक पश्चिमी देशों में किये गए कार्यों की पुनरावृत्ति करते पाये गए। कुछ शोधकर्त्ताओं ने गुणारोपण(attribution), सूचना समन्वय(information integration), कृपादृष्टि(ingratiation), प्रसामाजिक व्यवहार(prosocial behaviour)तथा कपटी व्यवहार(manipulative behaviour) के अध्ययन में काफी अभिरुचि दिखलाया। इन शोधकर्त्ताओं में प्रो० जे० पाण्डे (J. Pandey 1981), प्रो० एस कानेकर (S. Kanekar 1981), प्रो० एल० कृष्णन (L. Krishnan, 1981), प्रो० आर० सिंह (Prof. R. Singh, 1981) का नाम मशहुर है। इसके अतिरिक्त व्यवसायी कार्यों (enterpreneural activities)को उन्नत बनाने के ख्याल से कई समाज मनोवैज्ञानिकों जैसे स्वर्गीय प्रो० डी सिन्हा (Prof. D. Sinha, 1969), पी० एम० हुडल (P. S. Hundal, 1971), पी० एस० हुडल एवं एस० सिंह (P. S. Hundal & S. Singh, 1975) तथा वी० सी० मुथैय्या तथा उनके सहयोगियों (B. C. Muthaya et. al., 1979) ने इस क्षेत्र में सराहनीय योगदान किया। 1970-80 में कुछ विशेष शीर्षक जैसे गरीबी एवं निरक्षरता को हटाना, जनसंख्या वृद्धि(population growth), वंचन(deprivation)एवं अलाभ(disadvantages), ग्रामीण विकास(rural development) तथा पूर्वाग्रह (prejudice) शोध के ख्याल से भारतीय मनोवैज्ञानिकों के लिए आकर्षण का क्षेत्र रहा। 1980 के बाद भारतीय समाज मनोवैज्ञानिकों के द्वारा समस्या-उन्मुखी शोध (Problem-oriented research) तथा बड़े-बड़े सामाजिक समस्याओं के अध्ययनों में अधिक अभिरुचि दिखलायी गयी।

स्वर्गीय उदय पारीख (Late Udai Pareekh, 1980) के अनुसार भारतीय समाज मनोवैज्ञानिकों द्वारा राष्ट्रीय विकास (national development) तथा सामाजिक परिवर्तन से सम्बन्धित समस्याओं के अध्ययन में अधिक अभिरुचि दिखलायी गयी। आई.सी.एस.एस.आर. (ICSSR)द्वारा कराए गए तीसरा सर्वे जिसका प्रकाशन प्रो० जे० पाण्डे (J. Pandey, 1988) द्वारा किया गया, में यह स्पष्टतः यह बतलाया गया है कि भारतीय सामाजिक मनोवैज्ञानिकों द्वारा पश्चिमी तथा विदेशी उपकरणों, मॉडल एवं सिद्धान्तों की जगह पर भारतीय विचारों एवं सिद्धान्तों को अधिक तहरीज दिया जाने लगा है। 1983 से 1992 के बीच इस सामान्य धारणा को ध्यान में रखते हुए कुछ चुने गए विषयों पर गहराई से शोधकार्य प्रारम्भ किये गए। इन विषयों में सामाजिक संज्ञान (social cognition), सामाजिक मूल्य (Social values), गरीबी एवं वचन (deprivation), पर्यावरण एवं व्यवहार, सामाजिक अभिप्रेरण, नेतृत्व(leadership)आदि प्रमुख हैं। इन क्षेत्रों में किये जाने वाले शोधों के लिए भारतीय समाज मनोवैज्ञानिकों द्वारा स्वदेशी उपकरणों का उपयोग एवं स्वदेशी सिद्धान्तों को तुलनात्मक रूप से अधिक तरजीह दिया गया। आई.सी.एस.एस.आर. (ICSSR) का पाँचवा सर्वे जिसे (1993-2003) तक में किये गए शोधों को संकलित किया गया है तथा जिसे प्रो० गिरिश्वर मिश्रा के सम्पादकीय अध्यक्षता में प्रकाशित किया है, में स्वदेशी विधियों, उपकरणों एवं सिद्धान्तों के उपयोग का एक अच्छा उदाहरण मिलता है। इस सर्वे का दूसरा जिल्द(Volume) का शीर्षक है— *सामाजिक एवं संगठनात्मक प्रक्रियाएँ* (Social and organizational process)। इसमें स्व (self) एवं पहचान(identity)तथा विभिन्न सामाजिक समस्याओं के तहत आने वाले विभिन्न मनोवैज्ञानिक प्रक्रियाओं(Psychological process) के सामाजिक-मनोवैज्ञानिक सदर्श (Social-psychological perspective) की व्याख्या की गयी है। भारतीय मनोवैज्ञानिकों द्वारा किये गए शोधों से यह स्पष्ट हुआ है कि वे भी अपने पश्चिमी सहकर्मियों के समान सामाजिक व्यवहार के व्यावहारिक पहलुओं को अधिक महत्त्वपूर्ण समझकर अध्ययन करने का प्रयास किये हैं। फिर भी प्रो० जे० बी० पी० सिन्हा (J. B. P. Sinha, 1984, 1993) एवं जे पाण्डे एवं आर के नायडू (J. Pandey & R. K. Naidu, 1992) एवं अन्य कई लोगों द्वारा किये गए शोधों से यह स्पष्ट हुआ है कि इन लोगों द्वारा पश्चिमी सिद्धान्तों एवं मॉडल को परिवर्तित करके उसे भारतीय सामाजिक-सांस्कृतिक परिप्रेक्ष्य में योग्य बनाने एवं उन पर शोधकार्य करने को अधिक प्राथमिकता दिया गया है। स्पष्टतः तब आजकल समाज मनोवैज्ञानिकों द्वारा स्वदेशीकरण (indigenization) की और कदम बढ़ाये जा रहे हैं।

समाज मनोविज्ञान की परिभाषा एवं विषय-वस्तु
(Subject-matter and Definition of Social Psychology)

मनोविज्ञान की एक स्वतंत्र शाखा के रूप में समाज मनोविज्ञान की शुरूआत 1908 से मानी गयी है जब विलियम मैकडुगल (William McDougall) ने समाज मनोविज्ञान की सबसे महत्त्वपूर्ण पाठ्य-पुस्तक (text book) *'इन्ट्रोडक्शन टु सोशल साइकोलॉजी* (Introduction to Social Psychology) प्रकाशित की। तब से आज तक के समाज मनोवैज्ञानिकों ने समाज मनोविज्ञान के विषय-वस्तु का अध्ययन भिन्न-भिन्न ढंग से करके इसे अपने-अपने दृष्टिकोणों से परिभाषित किया है। विभिन्न मनोवैज्ञानिकों के विचारों से स्पष्ट हो जाता है कि इनलोगों में इस बात की सहमति है कि समाज मनोविज्ञान की विषय-वस्तु सामाजिक अन्तःक्रिया (social interaction) हैं। सामाजिक अन्तःक्रिया से यह तात्पर्य दो या दो से अधिक व्यक्तियों के बीच वाली अन्तःक्रियाओं से होता है। करीब-करीब सभी समाज मनोवैज्ञानिकों ने अपनी-अपनी परिभाषाओं में इसी सामाजिक अन्तःक्रिया को केन्द्र मानकर समाज मनोविज्ञान के स्वरूप की व्याख्या करने की कोशिश की है। उन सभी परिभाषाओं को तो यहाँ देना सम्भव नहीं है, परन्तु कुछ प्रमुख समाज मनोवैज्ञानिकों द्वारा दी गयी परिभाषाओं की एक झलक नीचे दी जा रही है।

किम्बल यंग[1] (KimballYoung, 1962) के अनुसार, ''समाज मनोविज्ञान व्यक्तियों की पारस्परिक अन्तःक्रियाओं का तथा इन अन्तःक्रियाओं का व्यक्ति-विशेष के विचारों, भावनाओं, संवेगों एवं आदतों पर पड़ने वाले प्रभाव का अध्ययन करता है।''

क्रेच, क्रेचफिल्ड तथा बैलेची[2] (Kretch, Crutchfield and Ballachey, 1962) के अनुसार, ''समाज मनोविज्ञान समाज में व्यक्ति के व्यवहारों के अध्ययन का विज्ञान है।''

बेरोन, बर्न[3] (Baron, Byrne and Branscombe, 2006) के अनुसार, ''समाज मनोविज्ञान एक ऐसा वैज्ञानिक क्षेत्र है जो सामाजिक परिस्थिति में व्यक्ति के व्यवहार एवं चिन्तन के स्वरूप एवं कारणों को समझने की कोशिश करता है।''

फिशर[4] (Fisher, 1982) के अनुसार, ''समाज मनोविज्ञान में इस बात का वैज्ञानिक अध्ययन किया जाता है कि किस तरह से किसी व्यक्ति का व्यवहार सामाजिक वातावरण में उपस्थित अन्य लोगों के व्यवहारों द्वारा प्रभावित होता है तथा उसे बदलने में प्रभावित करता है।''

फैल्डमैन[5] (Feldman, 1985) के अनुसार, ''समाज मनोविज्ञान एक ऐसा विज्ञान है जिसमें किस तरह से किसी व्यक्ति के चिन्तन, भावनाएँ एवं क्रियाएँ दूसरों द्वारा प्रभावित होती है, का अध्ययन किया जाता है।''

मेयर्स[6] (Myers, 1988) के अनुसार, ''व्यक्ति दूसरों के बारे में किस तरह सोचता है, दूसरों को कैसे प्रभावित करता है, तथा एक-दूसरे को किस तरह संबंधित (relate) करता है, का वैज्ञानिक अध्ययन ही समाज मनोविज्ञान है।''

इन विभिन्न परिभाषाओं का विश्लेषण करने पर हम इस निष्कर्ष पर पहुँचते हैं कि यद्यपि विभिन्न समाज मनोवैज्ञानिकों ने अपने-अपने ढंग से समाज मनोविज्ञान को परिभाषित किया है, उनके विचारों में काफी समानता है। करीब-करीब सबों ने और साथ-ही-साथ उन लोगों ने भी जिनकी परिभाषाएँ ऊपर नहीं दी गयी हैं, समाज मनोविज्ञान के विषय-वस्तु(subject-

---

1. "Social Psychology is the study of persons in their interactions with one another and with reference to the effects of this interplay upon the individuals' thoughts, feeling, emotions and habits."
—Kimball Young : *A Handbook of Social Psychology, 1962,* p. 8.
2. Social Psychology is "the science of the behaviour of the individual in society."
—Kretch, Crutchfield, Ballachey : *Individual in Society, 1962,* p. 4
3. "Social Psychology is the scientific field that seeks to understand the nature and causes of individual behaviour and thought in social situations." —Baron, Byrne and Bransconbe : *Social Psychology,* 2006, p.14
4. Social Psychology is defined "as the scientific study of how the behaviour of an individual is influenced by and in turn, influences the actions of others in the social environment." —Fisher : *Social Psychology,* 1992, p. 6.
5. "Social Psychology is the discipline that examines how a person's thoughts, feeling, and actions are affected by others."
– Feldman : *Social Psychology,* 1985, p. 36
6. "Social Psychology is the scientific study of how people think about, influence and relate to one another."
—Myers : *Social Psychology,* 1988, p. 3

matter) के रूप में व्यक्ति द्वारा सामाजिक परिस्थिति में किये गये व्यवहार को स्वीकृत किया है। न्यूकॉम्ब (Newcomb, 1962) ने ऐसे व्यवहारों को अन्तःक्रिया (interaction) की संज्ञा दी है। इस समानता को ध्यान में रखते हुए समाज मनोविज्ञान की एक सामान्य परिभाषा हम इस प्रकार दे सकते हैं—

समाज मनोविज्ञान व्यक्ति के व्यवहार तथा अनुभूतियों का सामाजिक परिस्थिति में अध्ययन करने का एक विज्ञान है।

(Social Psychology is the science of studying the behaviour and experience of the individual in social situation.)

इस परिभाषा का जो ऊपर दी गयी परिभाषाओं का सार है, जब हम विश्लेषण करते हैं तो प्रमुख तथ्य के रूप में हमें निम्नांकित कारक (factor) प्राप्त होते हैं—

1. समाज मनोविज्ञान एक विज्ञान (science) है तथा मनोविज्ञान की एक शाखा भी।
2. समाज मनोविज्ञान में व्यक्ति के व्यवहारों एवं अनुभूतियों का अध्ययन किया जाता है।
3. एक समाज मनोवैज्ञानिक इन व्यवहारों एवं अनुभूतियों का अध्ययन सामाजिक परिस्थिति (social situation) में करता है। अब प्रश्न यह उठता है कि सामाजिक परिस्थिति किसे कहते हैं? शेवर (Shaver, 1977) के अनुसार, सामाजिक परिस्थिति उस परिस्थिति को कहा जाता है जिसमें दो से अधिक व्यक्तियों या समूहों के बीच अन्तःक्रिया (interaction) होती है। न्यूकॉम्ब[1] (Newcomb, 1962) के अनुसार, अन्तःक्रिया एक ऐसी प्रक्रिया (process) होती है जिसमें एक व्यक्ति वैसे व्यक्ति का प्रत्यक्षण कर अनुक्रिया (response) करता है जो उसे प्रत्यक्षण करके उसके प्रति भी अनुक्रिया (response) करता है। इस तरह अन्तःक्रिया में एक व्यक्ति की अनुक्रिया दूसरे व्यक्ति के लिए उद्दीपक (stimulus) का कार्य करती है। अन्तःक्रिया दो प्रकार की होती है—आमने-सामने की अन्तःक्रिया (face-to-face interaction) तथा प्रतिकात्मक अन्तःक्रिया(symbolic interaction)। आमने-सामने की अन्तःक्रिया में एक व्यक्ति की अन्तःक्रिया दूसरे व्यक्ति जो उसके सामने उपस्थित होता है, उससे होती है। प्रतीकात्मक अन्तःक्रिया में दो अलग-अलग जगहों पर रहने वाले व्यक्तियों के बीच अन्तःक्रिया होती है। एक उदाहरण लीजिए—मान लीजिए कि एक व्यक्ति दूसरे व्यक्ति को जो दूसरे शहर में रह रहा है, पत्र लिखता है। फिर उस पत्र का जवाब दूसरा व्यक्ति पहले व्यक्ति को देता है। इस तरह पत्र द्वारा हुई अन्तःक्रिया (interaction) को प्रतीकात्मक अन्तःक्रिया (symbolic interaction) की संज्ञा दी जाती है। दूसरी तरफ, यदि सीता गीता से पूछती है, ''तुम कहाँ जा रही हो।'' गीता कहती है, 'घर'। यह आमने-सामने की अन्तःक्रिया (face-to-face interaction) का उदाहरण हुआ। समाज मनोविज्ञान में इन दोनों तरह की अन्तःक्रियाओं (interactions) का अध्ययन किया जाता है। समाज मनोवैज्ञानिकों ने यह स्पष्ट कर दिया है कि सामाजिक अन्तःक्रियाएँ (social interactions) निम्नांकित तीन तरह की हो सकती है और इन सभी प्रकार की अन्तःक्रियाओं का अध्ययन समाज मनोविज्ञान में किया जाता है—

(i) व्यक्ति तथा व्यक्ति के बीच में अन्तःक्रिया (interaction between individual and individual)—दो व्यक्तियों के बीच बातचीत होना इस तरह की अन्तःक्रिया का एक अच्छा उदाहरण है।

(ii) व्यक्ति तथा समूह के बीच अन्तःक्रिया (interaction between individual and group)—शिक्षक द्वारा वर्ग के छात्रों को पढ़ाना तथा नेता द्वारा श्रोतागण (audience) को भाषण सुनाना इस तरह की अन्तःक्रिया का उदाहरण है।

(iii) समूह तथा समूह के बीच अन्तःक्रिया (interaction between group and group)—सिपाही के दो दलों के बीच संघर्ष, खिलाड़ियों के दो दलों द्वारा खेल खेलना, दो देशों के बीच समझौता-वार्ता आदि इस प्रकार की अन्तःक्रिया के उदाहरण हैं।

समाज मनोविज्ञान के विषय-वस्तु में इन तीनों तरह की अन्तःक्रियाओं का समावेश होता है। इन विभिन्न अन्तःक्रियओं के समावेश के कारण ही क्रेच, क्रेचफिल्ड तथा बैलेची(Kretch, Crutchfield & Ballachey, 1962) ने *समाज मनोविज्ञान को अन्तःवैयक्तिक व्यवहार की घटनाओं का विज्ञान कहा है।(Social Psychology is the science of interpersonal behaviour events.)*

1. "The process by which an individual notices and responds to others who are noticing and responding to him is known as interaction." —Newcomb : *Social Psychology,* 1962, p. 21.

सामाजिक व्यवहार : स्वरूप एवं विश्लेषण का स्तर
(Social Behaviour : Nature and Levels of Analysis)

समाज मनोवैज्ञानिक सामाजिक परिस्थितियों में व्यक्ति के व्यवहारों का अध्ययन का विज्ञान है। ऐसे व्यवहार को सामाजिक व्यवहार (social behaviour) कहा जाता है। समाज मनोवैज्ञानिक सामाजिक व्यवहार के स्वरूप एवं कारणों के अध्ययन पर बल डालते हैं। इतना ही नहीं, वे व्यक्ति के सामाजिक व्यवहारों का विश्लेषण भी कई स्तरों (levels) पर करते हैं ताकि सामाजिक व्यवहार को समग्र रूप से समझा जा सके। विश्लेषण के ऐसे प्रमुख स्तर निम्नांकित हैं—

1. वैयक्तिक स्तर *(Individual level)*—सामाजिक व्यवहार का वैयक्तिक स्तर पर विश्लेषण करने में कुछ खास-खास चरों (variables) जैसे व्यक्तित्व शीलगुण (personality traits) अभिप्रेरण (motives), मनोवृत्ति (attitudes) आदि पर ध्यान दिया जाता है। इन वैयक्तिक चरों पर व्यक्तियों का एक-दूसरे के साथ तुलना भी करके व्यक्ति द्वारा किये जा रहे सामाजिक व्यवहार को समझा जाता है। भूमिका (role) के संप्रत्यय का विश्लेशण इसी वैयक्निक स्तर पर होता है, परंतु इसका सम्बन्ध अन्य स्तरों के विश्लेषण से भी जुड़ा होता है।

2. अन्तर्वैयक्तिक स्तर *(Interpersonal level)*—सामाजिक व्यवहार के इस स्तर पर विश्लेषण का सम्बन्ध दो व्यक्तियों के बीच किये गए अन्तःक्रिया (interaction) से होता है। अन्तर्वैयक्तिक प्रत्यक्षण (interpersonal perception), अन्तर्वैयक्तिक आकर्षण (interpersonal attraction), संचार (communication), सामाजिक प्रभाव (social influence) आदि का विश्लेषण इसी अन्तर्वैयक्तिक स्तर पर करके सामाजिक व्यवहार को समझने की कोशिश की जाती है।

3. समूह स्तर *(Group level)*—इस स्तर पर समाज मनोवैज्ञानिक समूह के कुछ वैसे गुणों का अध्ययन करते हैं जिनका प्रभाव व्यक्ति के व्यवहार पर प्रत्यक्ष रूप से पड़ता है। समूह वातावरण (group atmosphere), समूह मानक (group norms) तथा संचार नेटवर्क (communication network) में मूलतः कुछ ऐसे ही गुणों पर ध्यान देते हुए उनका विश्लेषण किया जाता है जिससे व्यक्ति का व्यवहार प्रभावित होता है।

4. अन्तर्समूह स्तर *(Intergroup level)*—इस स्तर पर समाज मनोवैज्ञानिक एक समूह का दूसरे समूह के साथ होनेवाली अंतर्क्रियाओं का विश्लेषण करते हैं। पूर्वाग्रह (prejudice), विभेद (discrimination), अन्तर्समूह व्यवहार (intergroup behaviour), समूह प्रभाव (group influence) आदि का अध्ययन इसी स्तर पर करके समाज मनोवैज्ञानिक किसी निष्कर्ष पर पहुँचने की भरपूर कोशिश करते हैं।

5. संगठनात्मक स्तर *(Organizational level)*—इस स्तर पर समाज मनोवैज्ञानिक एक संगठन (organization) का दूसरे संगठन (organization) के साथ होनेवाले अन्तःक्रियाओं का विश्लेषण करके उस संगठन एवं उसके भीतर के समूहों के बारे में किसी निष्कर्ष पर पहुँचते हैं। यहाँ समाज मनोवैज्ञानिक संरचित संगठन (structured organization) जैसे स्कूल, कॉलेज, व्यवसाय संगठनों तथा असंरचित संगठन (nonstructured organization) जैसे आत्म-मदद संगठन (self-help organization), सामाजिक आन्दोलन संगठन (social movement organization) आदि का ही अध्ययन करते हैं।

6. समुदाय स्तर *(Community level)*—इस स्तर पर समाज मनोवैज्ञानिक विभिन्न भौगोलिक क्षेत्रों में फैले सांस्कृतिक समुदायों का एक सामाजिक तंत्र (social system) के रूप में अध्ययन करते हैं। ऐसा करने में समाज मनोवैज्ञानिक लेविनियन विधि (Lewinian method) का अनुसरण करते हैं ताकि भिन्न समुदायों के भीतर के बलों (forces) तथा गतिकी (dynamics) का अध्ययन करते हुए उनकी तुलना दूसरे समूह के बलों एवं गतिकी से करके किसी ठोस निष्कर्ष पर पहुँचा जा सके।

7. सोसाइटल स्तर *(Societal level)*—इस स्तर पर समाज मनोवैज्ञानिक विश्लेषण की इकाई (unit) के रूप में राष्ट्र (nation) को रखते हैं। समाज मनोवैज्ञानिकों का मुख्य ध्यान यहाँ उन सामाजिक समस्याओं (social issues) पर जाता है जो राष्ट्रीय नीतियों (national policies), कानूनों (laws) सांस्कृतिक मानकों (cultural norms) तथा सामाजिक परिवर्तनों (social changes) से प्रभावित होता है। गरीबी, प्रजातिवाद (racism) तथा यौनवाद (sexism) आदि का अध्ययन सोसाइटल स्तर पर किया जाता है।

8. अन्तर्राष्ट्रीय या सार्वभौम स्तर *(International or global level)*—यहाँ समाज मनोवैज्ञानिक एक राष्ट्र का दूसरे राष्ट्र के साथ होने वाले अंतक्रियाओं का विश्लेषण करते हैं। अन्तर्राष्ट्रीय सम्बन्ध (international relation) जो

अंशतः अन्तर्समूह सम्बन्ध (intergroup behaviour) का समानान्तर होता है, का अध्ययन मुख्य रूप से यहाँ किया जाता है। दो राष्ट्रों के बीच युद्ध, उसके सामाजिक-मनोवैज्ञानिक परिणाम तथा दो राष्ट्रों के बीच मैत्री एवं उनके सामाजिक-मनोवैज्ञानिक परिणामों का विश्लेषण किया जाता है।

स्पष्ट हुआ कि कई स्तरों पर सामाजिक व्यवहार का विश्लेषण समाज मनोवैज्ञानिकों द्वारा किया जाता है। इस संदर्भ में यहाँ यह स्पष्ट कर देना उचित होगा कि बहुत तरह के सामाजिक-मनोवैज्ञानिक प्रक्रियाएँ जैसे संचार (communication) सभी स्तरों पर सक्रिय होता है। अतः उनका विश्लेषण सभी स्तरों पर होता है। उसी तरह से समूह मानक सिर्फ समूह स्तर पर ही विश्लेषित किये जाते हैं, उसके निचले स्तर पर नहीं। इसके अतिरिक्त विभिन्न स्तरों पर ऊपरी (upward) तथा निचली (downward) प्रभाव दोनों ही होते हैं। जैसे, समूह स्पष्ट रूप से वैयक्तिक सदस्यों को प्रभावित करता है परंतु एक व्यक्ति भी स्पष्ट रूप से समूह पर पर्याप्त प्रभाव डाल सकता है। विश्लेषण के नजदीकी स्तर एक-दूसरे के साथ मिश्रित भी हो जाते हैं।

समाज मनोविज्ञान का कार्य-क्षेत्र
(Scope of Social Psychology)

सामाजिक परिस्थिति में किये जाने वाले व्यवहारों को सामाजिक व्यवहार (social behaviour) कहा जाता है। समाज मनोविज्ञान में सामाजिक व्यबहार के बहुत से पहलुओं (aspects) का अध्ययन किया जाता है। अतः सामाजिक व्यवहार के भिन्न-भिन्न पहलू आपस में मिलकर समाज मनोविज्ञान के कार्य-क्षेत्र (scope) का निर्माण करते हैं। सामाजिक व्यवहार के प्रमुख ऐसे पहलुओं की जो आधुनिक समाज मनोविज्ञान के मुख्य कार्य-क्षेत्र हैं, व्याख्या इस प्रकार की जा सकती है—

1. मनोवृत्ति *(Attitude)*—आलपोर्ट (Allport, 1968) के अनुसार मनोवृत्ति समाज मनोविज्ञान के कार्य-क्षेत्र का एक प्रमुख अंग है। मनोवृत्ति में तीन तरह के तत्त्वों का एक संगठन (organisation) पाया जाता है। वे तीन तत्त्व हैं—संवेगात्मक तत्त्व(affective component), व्यवहारपरक तत्त्व(behavioural component) तथा संज्ञानात्मक तत्त्व (cognitive component)। इन तत्त्वों को मिलाकर मनोवृत्ति का 'ABC' (ABC of attiude) कहा जाता है। समाज मनोविज्ञान में मनोवृत्ति के इन पहलुओं पर सबसे अधिक बल डाला जा रहा है। वे तीन पहलू हैं—मनोवृत्ति में परिवर्तन (change in attitude), मनोवृत्ति का निर्माण (formation of attitude) तथा मनोवृत्ति का मापन (measurement of attitude)। मनोवृत्ति में परिवर्तन की व्याख्या करने के लिए समाज मनोवैज्ञानिकों ने कई सिद्धान्तों का प्रतिपादन किया है जिनमें हाईडर का सन्तुलन सिद्धान्त (Heider's Balance Theory), फेसटिंगर का संज्ञात्मक विसंवादिता का सिद्धान्त (Festinger theory of congnitive dissonance), न्यूकॉम्ब का A-B-X सिद्धान्त (Newcomb's A-B-X theory) आदि प्रधान हैं। मनोवृत्ति को मापने के लिए मनोवैज्ञानिकों ने भिन्न-भिन्न प्रकार की मापनी विधियाँ (scaling methods) जैसे—थर्स्टन मापनी (Thurstone scale), लिकर्ट मापनी (Likert scale), गटमैन मापनी (Guttman scale), बोगार्डस मापनी (Bogardus scale) आदि का विकास किया है।

2. सामाजिक प्रत्यक्षण *(Social Perception)*—सामाजिक प्रत्यक्षण आधुनिक समाज मनोवैज्ञानिकों के कार्य-क्षेत्र का दूसरा प्रमुख पहलू है। दूसरे व्यक्तियों की प्रेरणा(motivation), इच्छाओं, मनोवृत्ति आदि से अवगत होकर तत्सम्बन्धी ज्ञान प्राप्त करने की क्षमता को सामाजिक प्रत्यक्षण (social perception) की संज्ञा दी जाती है। इस कार्य-क्षेत्र में समस्त मनोवैज्ञानिकों का ध्यान मूलतः तीन पहलुओं पर अधिक गया है—व्यक्तिक प्रत्यक्षण (person perception), गुणारोपण (attribution) तथा अशाब्दिक संचार या संप्रेषण (non-verbal communication)। व्यक्ति प्रत्यक्षण (person perception) एक ऐसी प्रक्रिया है जिसमें व्यक्ति दूसरे व्यक्तियों से प्राप्त सूचनाओं के आधार पर उसी के बारे में एक समग्र विचार (overall impression) विकसित करता है। इस क्षेत्र में केली (Kelley, 1950) द्वारा महत्त्वपूर्ण प्रयोग किया गया है। एण्डर्सन (Anderson, 1965, 1974) ने योगात्मक मॉडल (additive model) तथा औसत मॉडल (averaging model) का प्रतिपादन कर वैयक्तिक प्रत्यक्षण के स्वरूप की यथोचित व्याख्या की है। गुणारोपण (attribution) एक ऐसी प्रक्रिया है जिसमें व्यक्ति द्वारा किये गये किसी खास व्यवहार के पीछे छिपे कारणों का पता लगाया जाता है। इस क्षेत्र में हाईडर (Heider, 1958) का सिद्धान्त, जोन्स तथा डेविड (Jones & Davis, 1965) का सिद्धान्त, केली (Kelley, 1971) का सिद्धान्त तथा शेवर (Shaver, 1965) का सिद्धान्त काफी महत्त्वपूर्ण है। अशाब्दिक संप्रेषण (nonverbal communication) में समस्त मनोवैज्ञानिकों का मुख्य बल इस बात पर रहा है कि

हमलोग बिना भाषा के प्रयोग किये ही अपने हाव-भाव (gestures) तथा शारीरिक गतियों (bodily movements) द्वारा किस तरह से दूसरों से बातचीत कर लेते हैं।

3. पूर्वाग्रह तथा विभेद *(Prejudice and discrimination)*—पूर्वाग्रह एवं विभेद आधुनिक समाज मनोवैज्ञानिकों का एक महत्त्वपूर्ण कार्य-क्षेत्र बन गया है। पूर्वाग्रह एक ऐसी मनोवृत्ति (attidue) है जो किसी वस्तु या व्यक्ति के प्रति प्रतिकूल (unfavourbale) या अनुकूल (favourable) विचारों पर आधारित होती है। साधारणतः लोग पूर्वाग्रह से मतलब प्रतिकूल विचारों पर आधारित मनोवृत्तियों से लेते हैं। परन्तु समाज मनोविज्ञान में इसका अर्थ इन दोनों तरह की मनोवृत्ति से होता है। जैसे—भारत में उच्च जाति के लोगों की पूर्वाग्रह अनुसूचित जाति के लोगों के प्रति प्रायः प्रतिकूल विचारों पर आधारित होती है। यह ऋणात्मक पूर्वाग्रह (negative prejudice) का उदाहरण है। प्रायः नवयुवक एवं नवयुवतियों की पूर्वाग्रह फिल्मी जगत के सितारों के प्रति अनुकूल (favourable) विचारों पर आधारित होती है। यह धनात्मक पूर्वाग्रह (positive prejudice) का उदाहरण है। विभेद (discrimination) में व्यक्ति दूसरे व्यक्ति या वस्तु के प्रति वैरपूर्ण ढंग से (hostile) व्यवहार करता है। इस तरह से विभेद एक प्रकार का ऋणात्मक व्यवहार (negative behaviour) का उदाहरण है। समाज मनोवैज्ञानिकों का ध्यान यहाँ उन कारकों पर अधिक गया है जिनसे पूर्वाग्रह तथा विभेद प्रभावित होते हैं। ऐसे कारकों में तीन तरह के कारक को समाज मनोवैज्ञानिकों ने अधिक महत्त्वपूर्ण बतलाया है—सांस्कृतिक कारक (cultural factors), सामाजिक कारक (social factors) तथा व्यक्तित्व से संबंधित कारक (personality factors)। पूर्वाग्रह को मापने के लिए समाज मनोवैज्ञानिकों ने कुछ मापनी (scale) का भी निर्माण किया है। फेल्डमैन तथा डोनोहो(Feldman & Donohoe, 1978) पूर्वाग्रह को मापने के लिए अशाब्दिक प्रविधियों(nonverbal techniques) पर अधिक बल डाले हैं। कुछ मनोवैज्ञानिकों जैसे—क्रासबाई, ब्रोमले तथा सैक्स (Crosby, Bromley & Sax, 1980) ने पूर्वाग्रह की माप के लिए व्यक्ति के कुछ स्पष्ट क्रियाओं (overt activities) के अध्ययन पर अधिक बल डाला है। मनोवैज्ञानिकों ने पूर्वाग्रह की व्याख्या करने के लिए भिन्न-भिन्न तरह के सिद्धान्तों (theories) या उपागमों (approaches) का भी वर्णन किया है जिनमें ऐतिहासिक उपागम (historical approach), मनोविश्लेषणात्मक उपागम (psychoanalytic approach), संज्ञानात्मक उपागम (cognitive approach) आदि प्रमुख हैं।

4. अंतर्वैयक्तिक आकर्षण *(Interpersonal attraction)*—अंतर्वैयक्तिक आकर्षण भी आधुनिक समाज मनोवैज्ञानिक का एक महत्त्वपूर्ण कार्य-क्षेत्र रहा है। बेरोन तथा बर्न[1] (Baron & Byrne, 1977) के अनुसार, ''अंतर्वैयक्तिक आकर्षण से तात्पर्य किसी दूसरे व्यक्ति को धनात्मक या ऋणात्मक ढंग से मूल्यांकन करने से होता है।'' हम किसी व्यक्ति को पसन्द करते हैं तो किसी से नफरत करते हैं। ये दोनों तरह की मनोवृत्ति को अंतर्वैयक्तिक आकर्षण (interpersonal attraction) में रखेंगे। अंतर्वैयक्तिक आकर्षण के क्षेत्र में समाज मनोवैज्ञानिकों ने आकर्षण (attraction) के अध्ययन पर अधिक बल डाला है। वोरकेल तथा कूपर[2] (Worchel & Cooper, 1979) के अनुसार, ''आकर्षण (attraction) से तात्पर्य एक व्यक्ति द्वारा दूसरे व्यक्ति के प्रति धनात्मक मनोवृत्ति से होता है।'' चूँकि आकर्षण एक तरह की मनोवृत्ति है, अतः समाज मनोवैज्ञानिकों ने इसकी व्याख्या उन सिद्धान्तों के सहारे करने की कोशिश की है जिनके सहारे मनोवृत्ति में पविर्तन की व्याख्या की गयी है। इस प्रकार आकर्षण की सैद्धान्तिक व्याख्या (theoretical explanation) करने के लिए समाज मनोवैज्ञानिकों ने संज्ञानात्मक सिद्धान्त (cognitive theory) जिसमें *न्यूकॉम्ब का संतुलन सिद्धान्त* (Newcomb's balance theory) प्रधान है, का प्रतिपादन किया है। इसके अलावा *पुनर्बलन सिद्धान्त* (reinforcement theory) द्वारा भी आकर्षण की व्याख्या की गयी है। आकर्षण के कई निर्धारक (determinants) बतलाये गये हैं जिनके आधार पर समाज मनोवैज्ञानिकों ने यह बतलाने की कोशिश की है कि एक व्यक्ति दूसरे व्यक्ति को पसंद क्यों करता है। इसके निर्धारक के रूप में समाज मनोवैज्ञानिकों ने शारीरिक सुन्दरता (physical beauty), समीपता (proximity), मनोवृत्ति में समानता (similarity in attitude) आदि को प्रमुख बतलाया है। आकर्षण के ही अन्तर्गत समाज मनोवैज्ञानिकों ने रोमान्टिक प्यार (romantic love) तथा सहचारिता प्यार (companionate love) आदि का भी अध्ययन किया है।

---

1. "Interpersonal attraction refers to one's evaluation of or one's attitude about some other person."
—Baron, Byrne and Branseme : *Social Psychology,* 2006, p. 258

2. "By attraction we mean a positive attitude held by one person about another."
—Worchel & Cooper : *Social Psychology,* 1979, p. 244

5. जनमत तथा प्रचार *(Public opinion and Propaganda)*—जनमत तथा प्रचार भी समाज मनोवैज्ञानिकों के लिए एक प्रमुख कार्यक्षेत्र रहा है हालाँकि 1978 के बाद समाज मनोवैज्ञानिकों ने इन क्षेत्रों में काफी कम अभिरुचि दिखलायी है। जनमत ऐसे व्यक्तियों के मत को कहा जाता है जिनमें एक सामान्य अभिरुचि (common interest) होता है। आधुनिक युग में जनमत का महत्त्व इसलिए बढ़ गया है क्योंकि इसके सहारे किसी सार्वजनिक समस्या के प्रति व्यक्तियों के विचारों एवं मतों का पता चलता है। आधुनिक युग में सिनेमा, टेलिविजन, रेडियो, अखबार आदि कुछ प्रमुख साधन हैं जिनके सहारे जनमत का निर्माण होता है। समाज मनोवैज्ञानिकों के जनमत को मापने के लिए कुछ खास-खास विधियाँ जैसे—प्रतिदर्श विधि (sampling method), पैनल विधि (panel method) आदि का भी प्रतिपादन किया है।

जनमत से काफी जुड़ा हुआ कार्य-क्षेत्र प्रचार (propaganda) है। समाज मनोवैज्ञानिकों के लिए प्रचार एक ऐसी विधि है जिसके सहारे व्यक्तियों के विचारों एवं मतों को नियंत्रित कर एक खास दिशा में मोड़ा जाता है। यही कारण है कि प्रचार को इन लोगों ने सामाजिक नियंत्रण (social control) का एक प्रमुख रूप माना है। प्रचार प्रत्यक्ष (direct) तथा अप्रत्यक्ष (indirect) दोनों ही होता है। प्रचार को प्रभावकारी बनाने के लिए डूब (Doob, 1957) ने कुछ खास-खास सिद्धान्तों (principles) का भी वर्णन किया है। इसके अलावा कुछ ऐसी प्रविधियाँ (techniques) भी हैं जिनके सहारे प्रचार को प्रभावकारी बनाया जाता है।

6. नेतृत्व *(Leadership)*—प्रारंभिक समाज मनोवैज्ञानिकों तथा आधुनिक समाज मनोवैज्ञानिकों ने नेतृत्व जैसे कार्यक्षेत्र में काफी अभिरुचि दिखलायी है। नेतृत्व एक ऐसी प्रक्रिया है जिसमें किसी संगठित समूह (organized group) की क्रियाओं को किसी निश्चित लक्ष्य की प्राप्ति की दिशा में उन्मुख कराया जाता है। जिस व्यक्ति का प्रभाव समूह की इन क्रियाओं पर सबसे अधिक होता है उसे नेता (leader) माना जाता है। समाज मनोवैज्ञानिकों ने नेता के कई प्रकार बतलाये हैं जिनमें सत्तावादी नेता (authoritarian leader) तथा प्रजातांत्रिक नेता (democratic leader) अधिक लोकप्रिय प्रकार हैं। नेता की समर्थता या प्रभावशीलता (effectiveness) की व्याख्या करने के लिए इन लोगों ने कई सिद्धान्तों का प्रतिपादन किया है। इनमें से कुछ प्रमुख सिद्धान्त जिस पर आजकल के समाज मनोवैज्ञानिक अधिक-से-अधिक शोधकार्य एवं प्रयोग कर रहे हैं, इस प्रकार हैं—*फाइडलर सिद्धान्त*(Fiedler theory), *पथ-लक्ष्य-सिद्धान्त* (Path-goal theory), *ब्रूम तथा एटोन सिद्धान्त* (Vroom & Yetton theory) आदि। इनमें से फाइटलर सिद्धान्त समाज मनोवैज्ञानिकों के लिए नये-नये प्रयोग एवं शोधकार्य के उद्देश्य से सबसे अधिक आकर्षण रहा है।

7. सामाजिक प्रभाव *(Social Influence)*—सामाजिक प्रभाव भी महत्त्वपूर्ण कार्यक्षेत्रों में से एक है। यह एक ऐसी प्रक्रिया है जिसमें किसी एक व्यक्ति के व्यवहारों, भावनाओं एवं मनोवृत्तियों में परिवर्तन दूसरे व्यक्तियों द्वारा कुछ कहने या करने के फलस्वरूप होता है। सामाजिक प्रभाव स्पष्ट या छिपा हुआ चेतन (conscious) या अचेतन (unconscious) तथा औपचारिक (formal) एवं अनौपचारिक (informal) कुछ भी हो सकता है। आधुनिक समाज मनोवैज्ञानिकों ने मूलरूप से तीन तरह के सामाजिक प्रभावों को महत्त्वपूर्ण बतलाया है—समरूपता (conformity), अनुपालन (compliance) तथा आज्ञाकारिता (obedience)। समरूपता में सामाजिक प्रभाव प्रत्यक्ष होता है। यहाँ किसी भी व्यक्ति का व्यवहार सामाजिक मानकों द्वारा सीधे प्रभावित होता है। जैसे—जब छात्र कॉलेज में प्रथम बार प्रवेश करते हैं तो उनका व्यवहार अपने वरिष्ठ छात्रों के व्यवहार द्वारा काफी प्रभावित होता है और वे हमेशा अपने व्यवहार को उनके व्यवहारों के समरूप बनाने की कोशिश करते हैं। इस तरह की समरूपता की व्याख्या फेस्टिंगर (Festinger) ने एक विशेष सिद्धान्त जिसे *सामाजिक तुलना सिद्धान्त* (Social comparison theory) कहा जाता है, द्वारा की है। अनुपालन (compliance) में सामाजिक प्रभाव तुलनात्मक रूप से और भी अधिक प्रत्यक्ष (direct) होता है। इस प्रक्रिया में एक व्यक्ति दूसरे व्यक्ति को एक खास ढंग से व्यवहार करने का अनुरोध करता है। जैसे—यदि एक दोस्त दूसरे दोस्त से किसी विशेष पाठ्य-पुस्तक देने का अनुरोध इस उम्मीद से करता है कि वह उसे दे देगा तो यह अनुपालन (compliance) का उदाहरण होगा। होमान्स (Homans, 1961) ने अनुपालन की व्याख्या करने के लिए *समता सिद्धान्त* (equity theory) का प्रतिपादन किया है। अन्य कई मनोवैज्ञानिकों द्वारा इस क्षेत्र में सक्रिय शोध कार्य किये जा रहे हैं। आज्ञाकारिता (obedience) में सामाजिक प्रभाव सबसे प्रत्यक्ष एवं तीव्र होता है। इस प्रकार का अनुपालन का सम्बन्ध सीधे आदेश (commands) से होता है। जैसे—ट्रैफिक पुलिस जब किसी व्यक्ति को अपनी कार एक विशेष जगह ही लगाने का आदेश देती है, तो उसे यह भी उम्मीद होती है कि वह व्यक्ति उसके आदेश का पालन करेगा। इसे ही समाज मनोवैज्ञानिकों ने आज्ञाकारिता (obedience) की संज्ञा दी है। इस क्षेत्र में मिलग्राम (Milgram, 1965) द्वारा किया गया प्रयोगात्मक कार्य काफी सराहनीय है।

8. परोपकारिता, आक्रमणशीलता, सहयोग एवं प्रतिद्वन्द्विता (*Altruism, aggressiveness, cooperation and competition*)—आधुनिक समाज मनोवैज्ञानिकों के लिए परोषकारिता, आक्रमणशीलता, स्हयोग एवं प्रतिद्वन्द्विता प्रमुख कार्यक्षेत्र बन गया है। परोपकारिता एक ऐसा सामाजिक व्यवहार है जिसमें एक व्यक्ति दूसरे व्यक्ति की सहायता बिना किसी प्रकार के लाभ की उम्मीद के ही करता है। केली तथा बर्न (Kelley & Byrne, 1976) के अध्ययन के अनुसार परोपकारिता का गुण वैसे व्यक्तियों में अधिक पाया जाता है जिन्हें बचपन से ही इस ढंग से व्यवहार करने के लिए प्रेरित किया गया है। मेयर्स (Myers, 1988) के अनुसार, आक्रमणशीलता एक ऐसा शारीरिक (physical) या शाब्दिक (verbal) व्यवहार है जिससे एक व्यक्ति दूसरे व्यक्ति को हानि या आघात पहुँचाने की कोशिश करता है। बेरोन तथा बर्न (Baron & Byrne, 1977) के अनुसार, आक्रमणशीलता के मुख्य तीन कारण बतलाये गये हैं। पहला कारण यह है कि कुछ व्यक्तियों में ऐसा व्यवहार करने की एक जन्मजात प्रवृत्ति (innate tendency) होती है। दूसरा कारण पर्यावरण (environment) से संबंधित है। कभी-कभी पर्यावरण में ही कुछ इस प्रकार के कारक (factors) होते हैं जो व्यक्ति में निराशा या कुंठा (frustration) उत्पन्न कर देते हैं जिससे बाद में आक्रमणशीलता उत्पन्न होती है। इसके आधार पर समाज मनोवैज्ञानिकों ने *कुंठा-आक्रमणता सिद्धान्त* (frustration-aggression theory) का भी प्रतिपादन किया है। तीसरा कारण कुछ विशेष सामाजिक परिस्थितियाँ (social conditions) हैं जिनमें व्यक्ति आक्रमशीलता को सीखता है। समाज मनोवैज्ञानिकों ने आक्रमणशीलता को कम करने के बहुत-से तरीकों का भी वर्णन किया है जो समाज के लिए काफी उपयोगी साबित हो रहे हैं। सहयोग एवं प्रतिद्वन्द्विता दो अन्य महत्त्वपूर्ण सामाजिक व्यवहार है जिनमें भी समाज मनोवैज्ञानिकों ने काफी रुचि दिखलायी है। सहयोग एक ऐसा सामाजिक व्यवहार है जिसमें दो या दो से अधिक व्यक्ति एक साथ मिलकर कार्य करते हैं। यहाँ जो कार्य का प्रतिफल (outcome) होता है, उसका श्रेय सभी व्यक्तियों को समानरूप से होता है। प्रतिद्वन्द्विता एक ऐसा सामाजिक व्यवहार है जिसमें प्रत्येक व्यक्ति प्रायः दूसरे व्यक्ति की कीमत पर अपना निष्पादन (performance) अधिक आगे से आगे बढ़ाना चाहता है। कभी-कभी तो ऐसा होता है कि दूसरे व्यक्ति की राह में जिसे वह अपना प्रतिद्वन्द्वी समझता है, रोड़े अटकाकर भी आगे बढ़ जाना चाहता है। समाज मनोवैज्ञानिक सहयोग तथा प्रतिद्वन्द्विता के क्षेत्र में अनेकों प्रयोग एवं शोधकार्य कर रहे हैं और इसके निर्धारकों का पता लगा रहे हैं।

9. अफवाह (*Rumour*)—अफवाह या जनप्रवाद किसी व्यक्ति या घटना के बारे में एक अप्रमाणित (unverified) कहानी है। यह एक ऐसा कार्यक्षेत्र है जिसमें आधुनिक समाज मनोवैज्ञानिकों की रुचि प्रारंभिक समाज मनोवैज्ञानिकों की रुचि की अपेक्षा थोड़ा कम है। इस क्षेत्र में आलपोर्ट तथा पोस्टमैन (Allport & Postman, 1947) द्वारा महत्त्वपूर्ण कार्य किये गये हैं। इन लोगों ने अफवाह के स्वरूप की व्याख्या करते हुए कहा है कि अफवाह का होना दो बातों पर निर्भर करता है—परिस्थिति में अस्पष्टता (ambiguity of situation) तथा परिस्थिति की महत्ता (importance of situation)। यदि कोई परिस्थिति ऐसी है जो बहुत व्यक्तियों के लिए महत्त्वपूर्ण है तथा वह अस्पष्ट भी है यानी, भिन्न-भिन्न लोग उसे भिन्न-भिन्न ढंग से वर्णन करते हैं, तो ऐसी परिस्थिति से अफवाह का निर्माण तथा फैलाव, दोनों ही तेजी से होता है। शायद यही कारण है कि युद्ध के समय अफवाह तेजी से फैलता है। अभी भी कुछ मनोवैज्ञानिक इस क्षेत्र में बहुत ही सक्रिय रूप से इस उम्मीद के साथ कार्य कर रहे हैं कि इसकी व्याख्या करने के लिए एक अच्छा-से-अच्छा सिद्धान्त का निर्माण वे कर सकेंगे।

10. समूह प्रभाव (*Group Influence*)—आधुनिक समाज मनोवैज्ञानिक समूह प्रभाव (group influence) के क्षेत्र में काफी सक्रिय है। समूह प्रभाव से तात्पर्य भिन्न-भिन्न प्रकार के समूहों द्वारा व्यक्तियों पर पड़ने वाले प्रभावों से होता है। इन लोगों ने इस तरह के समूह प्रभाव को सात भागों को बाँटकर अध्ययन करने की कोशिश की है—सामाजिक सरलीकरण (social facilitation), भीड़-भाड़ (crowding), सामाजिक स्वैचारिता (social loafing), अव्यष्टीयन (deindividuation), समूह ध्रुवण (group prolarization), समूह चिंतन (group think) तथा अल्पसंख्यक प्रभाव (minority influence)। इनमें से प्रत्येक क्षेत्र में समाज मनोवैज्ञानिकों द्वारा अनेकानेक प्रयोग किये जा रहे हैं, और उसके आधार पर वे लोग समूह प्रभाव के बारे में महत्त्वपूर्ण सामान्यीकरण (generalization) भी कर रहे हैं।

इस तरह से हम देखते हैं कि आजकल समाज मनोवैज्ञानिकों का कार्यक्षेत्र काफी ब्रढ़ गया है। प्रत्येक क्षेत्र में उनके द्वारा जो शोधकार्य एवं प्रयोग किये जा रहे हैं, उनसे वे लोग संबंधित क्षेत्रों की समस्याओं को अधिक-से-अधिक सुलझा सकने में समर्थ हो पाये हैं।

समाज मनोविज्ञान का अन्य विज्ञानों के साथ सम्बन्ध
(Relation of Social Psychology with other Sciences)

समाज मनोविज्ञान का सम्बन्ध अन्य विज्ञानों से काफी है। जैसे—इसका सम्बन्ध समाजशास्त्र (Sociology) राजनीतिशास्त्र, अर्थशास्त्र तथा मानवशास्त्र (Anthropology) से काफी है। इतना ही नहीं, समाज मनोविज्ञान का सम्बन्ध मनोविज्ञान के अन्य दूसरी शाखाओं जैसे—सामान्य मनोविज्ञान (General psychology) या वैयक्तिक मनोविज्ञान (Individual psychology) तथा व्यक्तित्व का मनोविज्ञान (The psychology of personality) से भी है। पहले हम मनोविज्ञान की इन दो शाखाओं के साथ समाज मनोविज्ञान का किस तरह का सम्बन्ध है, इसका अध्ययन करेंगे और फिर बाद में समाजशास्त्र, राजनीतिशास्त्र, अर्थशास्त्र एवं मानवशास्त्र के साथ के सम्बन्धों का अध्ययन करेंगे।

1. समाज मनोविज्ञान का सामान्य मनोविज्ञान या वैयक्तिक मनोविज्ञान के साथ सम्बन्ध *(Relationship between Social psychology and General psychology)*—समाज मनोविज्ञान का सम्बन्ध सामान्य मनोविज्ञान (General psychology) के साथ घनिष्ठ है। सामान्य मनोविज्ञान में मनोवैज्ञानिक व्यक्ति के व्यवहारों का अध्ययन प्रयोगशाला में करके उसके बारे में एक पूर्वकथन (prediction) करने की कोशिश करता है। जैसे—वह प्रयोगशाला में इस बात का अध्ययन करता है कि जब उद्दीपक (stimulus) के स्वरूप में परिवर्तन किया जाता है तो उससे व्यक्ति का प्रत्यक्षण (perception) किस तरह प्रभावित होता है। उसी तरह प्रयोगशाला में वह यह भी अध्ययन करता है कि किसी पाठ को स्मरण करने की प्रक्रिया सीखने के भिन्न-भिन्न विधियों जैसे—विराम विधि (spaced or distributed method), अविराम विधि (massed method), पूर्ण विधि (whole method), अंश विधि (part method), साभिप्राय विधि (intentional method) तथा प्रासंगिक सीखना द्वारा किस प्रकार प्रभावित होता है। इस तरह व्यवहार के अन्य मनोवैज्ञानिक पक्षों जैसे—प्रेरणा (motivation), सीखना (learning), चिन्तन (thinking) आदि का अध्ययन कर सामान्य मनोविज्ञान में भिन्न-भिन्न नियमों (principles) तथा सिद्धान्तों का प्रतिपादन किया जाता है। समाज मनोविज्ञान में इन नियमों एवं सिद्धान्तों का उपयोग व्यक्ति के सामाजिक व्यवहार को समझने में किया जाता है। प्रेरणा, प्रत्यक्षण एवं सीखना के क्षेत्र में उत्पन्न भिन्न-भिन्न प्रकार के नियमों से यह समझने में मदद मिलती है कि व्यक्ति अपना सामाजिक लक्ष्य (social goal) कैसे निर्मित करता है, वह किस प्रकार से दूसरे व्यक्तियों एवं घटनाओं का प्रत्यक्षण करता है, वह किस प्रकार के सामाजिक व्यवहारों को सीखता है तथा व्यक्ति की जन्मजात आवश्यकताएँ (inbron needs) किस भाँति सामाजिक प्रभावों (social influence) द्वारा एक खास दिशा में परिवर्तित होती है, आदि-आदि। इन उदाहरणों से यह स्पष्ट हो जाता है कि समाज मनोविज्ञान तथा सामान्य मनोविज्ञान एक-दूसरे से काफी संबंधित है। इस समानता के बावजूद भी इन दोनों विज्ञानों में कुछ भिन्नता है। मानव व्यवहार के कुछ पहलू ऐसे हैं जिनका अध्ययन सामाजिक प्रभावों (social influences) से दूर रहकर ही सही अर्थों में किया जा सकता है। जैसे—स्मृति (memory), कल्पना (imagination) आदि का अध्ययन सामान्य मनोविज्ञान में ही सुचारु रूप से किया जा सकता है, न कि समाज मनोविज्ञान में।

2. समाज मनोविज्ञान तथा व्यक्तित्व-मनोविज्ञान के बीच सम्बन्ध *(Relationship between Social Psychology and the Psychology of Personality)*—समाज मनोविज्ञान तथा व्यक्तित्व का मनोविज्ञान दोनों का ही केन्द्र-बिन्दु एक ही है, अर्थात् किसी व्यक्ति विशेष के व्यवहारों का अध्ययन करना। अतः मनोविज्ञान के इन दोनों शाखाओं में काफी घनिष्ठ सम्बन्ध है। मेयर्स (Myers, 1988) के अनुसार इन दोनों के बीच घनिष्ठता इतनी मजबूत है कि अमेरिकन मनोवैज्ञानिक संघ (American Psychological Association) भी इन दोनों को अलग करने में असमर्थ रहा है। यही कारण है कि इन दोनों शाखाओं में किये जाने वाले शोधों के प्रकाशन को एक ही जरनल (journal) जैसे—*जरनल ऑफ परसनलिटी एण्ड सोशल साइकोलॉजी* (Journal of personality and social psychology) तथा *परसनालिटी एण्ड सोशल साइकोलॉजी बुलेटिन* (Personality and Social psychology Bulletin) में रखा है। इस घनिष्ठ सम्बन्ध के बावजूद भी मनोविज्ञान की इन दोनों शाखाओं में इस प्रकार अन्तर किया जा सकता है—व्यक्तित्व मनोविज्ञान (Personality Psychologist) ध्यान अधिक-से-अधिक व्यक्ति विशेष के आन्तरिक कार्यों (internal functioning) पर अधिक देते हैं और व्यक्तियों के बीच शीलगुणों (traits) के रूप में जो अन्तर व्याप्त है, उसके अध्ययन से उनका सम्बन्ध सीधा होता है। जैसे—एक व्यक्तित्व मनोवैज्ञानिक यह जानना चाहते हैं कि क्यों एक व्यक्ति दूसरे व्यक्ति से अधिक आक्रमणशील (aggressive) होता है, क्यों एक ही परिस्थिति में एक व्यक्ति डर-डर कर व्यवहार करता है परन्तु दूसरा व्यक्ति निर्भीक होकर व्यवहार करता है, आदि-आदि। दूसरी तरफ समाज मनोवैज्ञानिक का ध्यान इस ओर

भी रहता है कि व्यक्ति अन्य व्यक्तियों को सामान्य रूप से किस तरह से देखता है, किस तरह की सामाजिक परिस्थिति अधिकतर व्यक्तियों को निष्ठुर (cruel) या दयालु (kind) बना देती है, आदि-आदि। इन अन्तरों (differences) के अलावा मेयर्स (Myers, 1988) के अनुसार इन दोनों शाखाओं के बीच दो और अन्तर है। पहला अन्तर यह है कि समाज मनोविज्ञान का इतिहास काफी छोटा है जबकि व्यक्तित्व मनोविज्ञान का इतिहास तुलनात्मक रूप से अधिक बड़ा है। सीक्रेस्ट (Sechrest, 1976) के अनुसार व्यक्तित्व मनोविज्ञान के अधिकतर प्रमुख मनोवैज्ञानिक जैसे—साइमण्ड फ्रायड (Sigmund Freud), कार्ल युंग (Carl Jung), अल्फ्रेड एडलर (Alfred Adler), एब्राहम मैसलो (Abraham Maslow), गौर्डन आलपोर्ट (Gordon Allport) आदि मर चुके हैं जिससे इस शाखा में शोध कार्यों की संख्या कम हो गयी है तथा प्रगति कुछ धीमी हो गयी है। परन्तु समाज मनोविज्ञान के क्षेत्र में अधिकतर प्रमुख मनोवैज्ञानिक अभी भी जीवित है। फलस्वरूप इस शाखा में शोधकार्य तेजी से हो रहा है। इस तरह से हम देखते हैं कि समाज मनोविज्ञान तथा व्यक्तित्व मनोविज्ञान एक-दूसरे से एक खास ढंग से सम्बन्धित भी हैं तथा उनमें भिन्नता भी है।

समाज मनोविज्ञान का सम्बन्ध मनोविज्ञान की शाखाओं के साथ होने के अलावा अन्य स्वतंत्र विज्ञानों जैसे—समाजशास्त्र (Sociology), मानवशास्त्र (Anthropology), राजनीतिशास्त्र एवं अर्थशास्त्र से भी काफी है। इन स्वतंत्र विज्ञानों के साथ समाज मनोविज्ञान के सम्बन्ध की व्याख्या इस प्रकार की जा सकती है—

3. समाज मनोविज्ञान का समाजशास्त्र के साथ सम्बन्ध (*Relationship of Social Psychology with Sociology*)—फिशर (Fisher, 1982) ने समाज मनोविज्ञान को समाजशास्त्र तथा मनोविज्ञान दोनों का ही एक उपविषय (subdiscipline) माना है। तब यह बिलकुल ही स्वाभाविक है कि समाज मनोविज्ञान का सम्बन्ध अपने पैत्रविषय (parent discipline) यानी समाजशास्त्र तथा मनोविज्ञान दोनों के साथ अधिक हो। वास्तव में समाज मनोविज्ञान अपनी विषय-वस्तु (subject-matter) का वैज्ञानिक अध्ययन करने के लिए समाजशास्त्र तथा मनोविज्ञान दोनों की सहायता लेता है।

समाजशास्त्र सम्पूर्ण समाज का व्यवस्थित एवं क्रमबद्ध अध्ययन करता है। इनमें सामाजिक संरचनाओं (social structures) तथा सामाजिक सम्बन्धों (social relationship) का अध्ययन किया जाता है। एल॰ एफ॰ वार्ड[1] (L.F. Ward) ने समाज के वैज्ञानिक अध्ययन को समाजशास्त्र कहा है। उसी तरह से गिडिंग्स[2] (Giddings) के अनुसार, ''समाजशास्त्र समग्र रूप से समाज का क्रमबद्ध वर्णन और व्याख्या है।'' इन परिभाषाओं से स्पष्ट है कि समाजशास्त्र में समाज का समग्र रूप से अध्ययन किया जाता है। सचमुच में समाज कोई एक अखण्ड तंत्र (system) नहीं है। इसके अन्तर्गत परिवार, समुदाय, नगर, गाँव, संस्कृति, सभ्यता, जाति, आर्थिक संस्थाएँ, राजनैतिक संस्थाएँ एवं भिन्न-भिन्न प्रकार की सीमितियों का समावेश होता है। इस तरह समाशास्त्र समाज के भिन्न-भिन्न पहलुओं का अध्ययन करके एक खास सामाजिक परिस्थिति (social situation) को जन्म देता है। एक समाजशास्त्री इन परिस्थितियों में भिन्न-भिन्न तरह के अध्ययन कर समाज मनोविज्ञान को उनके स्वरूप के बारे में विशेष रूप से वैज्ञानिक जानकारी प्रदान करते है जिसका उपयोग करके समाज मनोवैज्ञानिक उन विभिन्न सामाजिक परिस्थितियों में व्यक्तियों के व्यवहार का अध्ययन करते हैं। इस तरह से समाजशास्त्र समाज मनोविज्ञान को अपनी विषय-वस्तु समझने में मदद करता है। दूसरी तरफ समाजशास्त्र जिन सामाजिक सम्बन्धों (social relationship) अन्तःक्रियओं (social interactions) आदि का अध्ययन करता है उनका कोई-न-कोई मनोवैज्ञानिक आधार होता है। समाज मनोविज्ञान उन मनोवैज्ञानिक आधार की विस्तृत व्याख्या कर समाजशास्त्र को अपनी विषय-वस्तु को समझने में मदद करता है। इस तरह से हम देखते हैं कि समाज में मनुष्य द्वारा की गई अन्तःक्रियाओं एवं उनके भिन्न-भिन्न तरह के सामाजिक सम्बन्धों को समझने के लिए एक समाजशास्त्री को समाज मनोविज्ञान द्वारा प्रदत्त आँकड़ों एवं सिद्धान्तों का सहारा लेना पड़ता है। अतः समाजशास्त्र तथा समाज मनोविज्ञान एक-दूसरे से सम्बन्धित है क्योंकि एक के बिना किसी दूसरे को सही-सही समझना संभव नहीं है। इन दोनों के सम्बन्धों पर अकोलकर[3] (Akolkar, 1960) ने टिप्पणी करते हुए इस प्रकार कहा है ''समाज मनोविज्ञान इस तथ्य को स्वीकार करता

1. "Sociology is the scientific study of society." —L.F. Ward
2. "Sociology is the systematic description and explanation of society viewed as a whole." —*Giddings : Introductory Psychology,* p. 9
3. "Social Psychology recognizes the fact that for a satisfactory explanation of human nature and behaviour, we must take into account the structure, organization and culture of societies to which individuals belong." —V.V. Akolkar : *Social Psychology* 1960, p. 18.

है कि मानवीय प्रकृति (nature) एवं व्यवहारों की एक संतोषजनक व्याख्या के लिए हमें समाज की संरचना, संगठन तथा संस्कृति को समझना चाहिए जिनसे व्यक्ति सम्बन्धित होता है।'' इसी घनिष्ठ सम्बन्ध के कारण कुछ समाज मनोवैज्ञानिकों ने यह भी कहा है कि समाज मनोविज्ञान तथा समाजशास्त्र को किसी भी तरह से अलग करने का प्रयास एक सफल प्रयास नहीं हो सकता है। क्रेच तथा क्रेचफील्ड[1] (Kretch & Crutchfield, 1948) ने इस तथ्य के बारे में अपना विचार प्रकट करते हुए कहा है, ''समाज मनोवैज्ञानिक एवं समाजशास्त्रियों को, उनके द्वारा किये गये विशिष्ट शोध या तथ्यों की प्रकृति और उनकी विचारधाराओं के सामान्य निष्कर्षों के आधार पर अलग करने का प्रयास निष्फल ही होगा।''

इन समानताओं के बावजूद समाजशास्त्र तथा समाज मनोविज्ञान में अन्तर है। यह भिन्नता मूल रूप से दोनों विज्ञानों की विषय-वस्तु एवं उसे अध्ययन की विधियों से सम्बन्धित है। जैसा कि ऊपर कहा गया है कि समाजशास्त्र के अध्ययन की विषय-वस्तु समग्र समाज (society as a whole) है जबकि समाज मनोविज्ञान के अध्यन की विषय-वस्तु समाज में रहने वाले व्यक्तियों के व्यवहार एवं भिन्न-भिन्न तरह की अन्तःक्रियाएँ (interactions) हैं। मेयर्स (Myers, 1988) के अनुसार समाज मनोविज्ञान तथा समाजशास्त्र में दूसरा अन्तर इन दोनों विज्ञानों द्वारा अपनायी गयी विधियों (methods) से सम्बन्धित है। समाज मनोवैज्ञानिक व्यक्ति के सामाजिक व्यवहार से सम्बन्धित समस्याओं का अध्ययन करने के लिए प्रायः प्रयोगात्मक विधि (experimental method) का उपयोग करते हैं। इस विधि में वे कुछ चरों में जोड़-तोड़ (manipulation) करके उसका प्रभाव दूसरे चरों पर देखत्ते हैं और तब दोनों चरों के बीच कारण-प्रभाव सम्बन्ध (cause-effect relationship) के बारे में वे एक निश्चित निष्कर्ष पर पहुँचते हैं। उदाहरणस्वरूप, एक समाज मनोवैज्ञानिक नेतृत्व (leadership) की शैली (style) में पविर्तन करके आसानी से इस बात का अध्ययन कर सकते हैं कि इससे समूह के सदस्यों का व्यवहार किस तरह से प्रभावित होता है। परन्तु प्रायः समाजशास्त्री सर्वे विधि (Survey method) तथा सहसम्बन्धात्मक शोध (correlational research) के सहारे अपनी विषय-वस्तु की समस्याओं का अध्ययन करते हैं। जैसे—सामाजिक-आर्थिक स्तर (socio-economic status) तथा प्रजाति मनोवृत्ति (racial attitude) में क्या सम्बन्ध है, का अध्ययन समाजशास्त्री सर्वे विधि या सहसम्बन्धात्मक विधि द्वारा करके कोई एक निश्चित निष्कर्ष पर पहुँच सकते हैं। इस तरह से हम देखते हैं कि समाज मनोवैज्ञानिक तथा समाजशास्त्री द्वारा अपनी-अपनी समस्याओं का अध्ययन करने के लिए अलग-अलग विधि का उपयोग किया जाता है। यहाँ पर यह भी कह देना उचित होगा कि यद्यपि समाज मनोविज्ञन में प्रयोगात्मक विधि पर सबसे अधिक बल डाला जाता है, फिर भी यह न समझना चाहिए कि समाज मनोविज्ञान में सहसंम्बन्ध विधि तथा सर्वे विधि का प्रयोग नहीं होता है।

4. समाज मनोविज्ञान तथा मानवशास्त्र में सम्बन्ध *(Relationship between Social Psychology and Anthropology)*—समाज मनोविज्ञान का सम्बन्ध मानवशास्त्र (anthropology) से भी है। मानवशास्त्र वह विज्ञान है जिसमें मानव-जाति के शारीरिक, सामाजिक एवं सांस्कृतिक पहलुओं का अध्ययन किया जाता है। इस विस्तृत परिभाषा (broad definition) से यह स्पष्ट है कि मानवशास्त्र में मानव जीवन के मूलतः तीन पक्षों के अध्ययन पर अधिक बल डाला जाता है—शारीरिक, सामाजिक एवं सांस्कृतिक। ये तीनों पक्ष ऐसे हैं जिनपर भिन्न-भिन्न तरह के मनोवैज्ञानिक प्रभाव स्पष्ट रूप से दीख पड़ते हैं।

लिन्टन (Linton, 1936) के अनुसार मानवशास्त्र की मुख्य दो शाखाएँ (branches) हैं—शारीरिक मानवशास्त्र (Physical Anthropology) तथा सांस्कृतिक मानवशास्त्र (Cultural Anthropology)। इन दोनों शाखाओं की विषय-वस्तु के अध्ययन में समाज मनोविज्ञान एक वैज्ञानिक आधार प्रदान करता है। शारीरिक मानवशास्त्र में प्रजातीय विभेद (racial differentiation), संकरण (hybridization), मूल व्यक्तित्व पैटर्न्स (basic personality patterns) आदि का अध्ययन किया जाता है। शारीरिक मानवशास्त्र के इन सारे पहलुओं का प्रभाव व्यक्तियों के व्यवहार पर पड़ता है। फलस्वरूप व्यक्तियों में अन्तःक्रियाएँ (interactions) होतीं हैं जो समाज मनोविज्ञान के अध्ययन का विषय-वस्तु बनता है। दूसरी तरफ शारीरिक मानवशास्त्री अपनी विषय-वस्तु जैसे प्रजातीय विभेद तथा मूल व्यक्तित्व पैटर्न्स को समझने के लिए समाज मनोविज्ञान के सिद्धान्तों एवं नियमों का विशेष रूप से सहारा लेता है। इस तरह ये दोनों विज्ञान आपस में सम्बन्धित हैं। सांस्कृतिक मानवशास्त्र (Cultural Anthropology) में मानव के सांस्कृतिक पक्षों के अध्ययन पर अधिक

1. "It would be fruitless to attempt to differentiate among social psychologists...and sociologists on the basis of the specific research they do or the nature of the data and generalizations they use in their thinking."
—Kretch and Crutchfield : *Theory and Problems of Social Psychology* 1948, p. 25.

बल डाला जाता है। मानव संस्कृति की उत्पत्ति कैसे होती है, उसमें कौन-कौन से ऐसे कारक (factors) उत्पन्न हो जाते हैं जिनसे सांस्कृतिक परिवर्तन (cultural change) में तीव्रता आ जाती है, मानव के धर्म, विश्वास, रीति-रिवाज आदि का कैसे विकास होता है, आदि-आदि का अध्ययन सांस्कृतिक मानवशास्त्र में होता है। सांस्कृतिक मानवशास्त्र के ये सभी पक्ष कुछ ऐसे हैं जिनका प्रभाव व्यक्तियों के व्यवहारों पर पड़ता है। इस तरह से सांस्कृतिक मानवशास्त्री अपनी विषय-वस्तु के भिन्न-भिन्न पक्षों का अध्ययन करके समाज मनोविज्ञान के लिए महत्त्वपूर्ण आँकड़ा (data) प्रदान करते हैं। दूसरी ओर समाज मनोविज्ञानी भी सांस्कृतिक मानवशास्त्री को व्यक्तियों के स्वभाव (nature) के बारे में अध्ययन करके उसे समाज एवं संस्कृति के मूल तत्त्वों से अवगत कराते हैं। किसी भी समाज की संस्कृति को यथार्थतः तबतक नहीं समझा जा सकता है जबतक कि उस समाज के व्यक्तियों के व्यवहारों के मूल तत्त्वों को न समझा जाए। इस तरह से सांस्कृतिक मानवशास्त्र तथा समाज मनोविज्ञान एक-दूसरे से काफी सम्बन्धित है।

इन समानताओं के बावजूद भी समाज मनोविज्ञान तथा मानवशास्त्र में अन्तर है। पहला अन्तर तो विषय-वस्तु से सम्बन्धित है। मानवशास्त्र में आदिकालीन मानव तथा उनके शारीरिक, सामाजिक एवं सांस्कृतिक पक्षों के अध्ययन पर बल डाला जाता है जबकि समाज मनोविज्ञान में व्यक्तियों के व्यवहारों एवं अनुभूतियों का अध्ययन सामाजिक परिस्थिति में किया जाता है। दूसरा अन्तर विधि से सम्बन्धित है। समाज मनोविज्ञान में मूल रूप से प्रयोगात्मक विधि(experimental method) द्वारा ही व्यक्तियों के सामाजिक व्यवहारों का अध्ययन किया जाता है जबकि मानवशास्त्र में विषय-वस्तु का अध्ययन करने के लिए मानवशास्त्री या शोधकर्त्ता को उस समुदाय(community) में रहना पड़ता है जिसका वे अध्ययन कर रहे हैं। समुदाय में रहकर मानवशास्त्री समुदाय के व्यक्तियों के रीति-रिवाज, धर्म, विश्वास, आदि का प्रेक्षण (observation) करते हैं और उसका एक अभिलेख (record) तैयार करते हैं।

इस तरह से हम देखते हैं कि समाज मनोविज्ञान का सम्बन्ध समाजशास्त्र (Sociology) तथा मानवशास्त्र (Anthropology) दोनों से ही गहरा है।

5. समाज मनोविज्ञान तथा राजनीतिशास्त्र में सम्बन्ध *(Relationship between Social Psychology and Political Science)*—समाज मनोविज्ञान तथा राजनीतिशास्त्र में ही गहरा सम्बन्ध है। राजनीतिशास्त्र वह विज्ञान है जो राज्य एवं सरकार की आधारभूत स्थितियों, उनकी प्रकृति एवं विधि, स्वरूप तथा विकास को समझने की कोशिश करता है। इस तरह से राजनीतिशास्त्र में राज्य और सरकार दोनों का अध्ययन किया जाता है। फ्रांसीसी विद्वान पॉल जैनेट[1] (Paul Janet) के शब्दों में, "राजनीतिशास्त्र समाज विज्ञान का वह अंग है जो राज्य के आधार पर शासन के सिद्धान्तों की विवेचना करता है।" अतः यह स्पष्ट है कि राजनीतिशास्त्र में व्यक्तियों की राजनैतिक गतिविधियों का विश्लेषण किया जाता है। इस तरह के विश्लेषण में समाज मनोविज्ञान काफी मदद करता है। अगर गौरपूर्वक देखा जाय तो मनुष्य सबसे अधिक चिन्तनशील प्राणी है और उसके प्रत्येक कार्य जिसमें राजनैतिक कार्य भी सम्मिलित होता है, के पीछे एक निश्चित मनोवृत्ति(attitude), पूर्वाग्रह(prejudice) आदि होती है। समाज मनोविज्ञान अपने क्षेत्र में किये गये अध्ययनों के आधार पर प्राप्त तथ्यों के द्वारा व्यक्तियों को इन मनोदशाओं को समझने में काफी मदद करता है। कोई भी राज्य तथा सरकार तबतक सफल नहीं हो सकती जबतक वह अपनी प्रजा को इन मनोदशाओं के मनोवैज्ञानिक स्थिति को न समझे। किसी भी स्थायी तथा लोकप्रिय शासन के लिए यह आवश्यक है कि सरकार अपने कार्यों में प्रजा के मानसिक विचारों तथा नैतिक भावनाओं को सही-सही प्रतिबिम्बित करे। इस कार्य में सफलता के लिए राजनीतिशास्त्र को समाज मनोविज्ञान पर निर्भर करना पड़ता है। एक समाज मनोवैज्ञानिक अपनी विविध प्रणालियों एवं प्रविधियों द्वारा राज्य के नागरिकों की मनोवृत्ति(attitude), सामाजिक प्रत्यक्षण(social perception), पूर्वाग्रह(prejudice) आदि का अध्ययन कर उनकी सही-सही मनोदशा की अवस्था को बतलाता है। इतना ही नहीं, राज्य एवं सरकार की सफलता के लिए एक अच्छा नेता(leader), अनुकूल जनमत(favourable public opinion) एवं प्रभावकारी प्रचार(effective propaganda) की आवश्यकता होती है। समाज मनोविज्ञान इन क्षेत्रों में भी राजनीतिशास्त्र की मदद काफी करता है। समाज मनोवैज्ञानिक अध्ययन कर यह बतलाते हैं कि एक सफल नेता के क्या लक्षण होते हैं, उनके कौन-कौन प्रमुख शीलगुण (traits) हैं, नेतृत्व को कैसे प्रभावकारी (effective) बनाया जा सकता है, अनुकूल जनमत का निर्माण कैसे होता है, प्रचार किन-किन प्रविधियों द्वारा किया जाना चाहिए, प्रचार को कैसे प्रभावकारी बनाया जा सकता है, आदि-आदि। इन सभी बातों

1. **"Political Science is that part of social science which treats of the foundation of the state and the principles of government."** **—Paul Janet**

की जानकारी प्राप्त होने से राज्य तथा सरकार दोनों को ही व्यक्तियों के राजनैतिक क्रिया-कलापों के बारे में समझने में काफी मदद मिलती है।

दूसरी तरफ समाज मनोविज्ञान को भी भिन्न-भिन्न सामाजिक परिस्थितियों में व्यक्तियों का अध्ययन करने के लिए राजनीतिशास्त्र पर निर्भर करना पड़ता है। राजनीतिशास्त्र समाज मनोविज्ञान को उन राजनैतिक क्रिया-कलापों एवं गतिविधियों से परिचित कराता है जिनसे व्यक्ति का व्यवहार सामाजिक परिस्थिति में काफी हद तक प्रभावित होता है। उदाहरणस्वरूप, राजनीतिशास्त्र समाज मनोविज्ञान को उन कारणों से परिचित कराता है जिनसे समाज में राजनैतिक तनाव (political tension), दंगे (riots) गृह-युद्ध आदि होते हैं। अन्तर्राष्ट्रीय युद्ध के कारणों से भी राजनीतिशास्त्र समाज मनोविज्ञान को अवगत कराता है। ये सारी घटनाएँ कुछ ऐसी हैं जिनसे व्यक्ति का सामाजिक व्यवहार काफी प्रभावित होता है। इस तरह से हम देखते हैं कि समाज मनोविज्ञान को भी राजनीतिशास्त्र पर निर्भर रहना पड़ता है।

अतः हम यह कह सकते हैं कि समाज मनोविज्ञान तथा राजनीतिशास्त्र में काफी घनिष्ठ सम्बन्ध है क्योंकि ये दोनों विज्ञान एक-दूसरे पर बहुत हद तक निर्भर करते हैं। इस तरह के सम्बन्ध के बावजूद भी इन दोनों विज्ञानों में मौलिक अन्तर है जो निम्नांकित हैं—

(i) राजनीतिशास्त्र तथा समाज मनोविज्ञान का अध्यनन-विषय (subject-matter) भिन्न-भिन्न हैं। राजनीतिशास्त्र राजनीतिक संस्थानों (political institutions), राज्य तथा सरकार के भिन्न-भिन्न रूपों आदि का अध्ययन करता है जबकि समाज मनोविज्ञान समाज में व्यक्तियों द्वारा की गई अन्तःक्रियाओं (interactions) का अध्ययन करता है। समाज मनोविज्ञान में दोनों तरह की अन्तःक्रियाओं अर्थात् चेतन अन्तःक्रियाओं (conscious interactions) तथा अचेतन अन्तःक्रियाओं (unconscious interactions) का अध्ययन किया जाता है जबकि राजनीतिशास्त्र में नागरिकों एवं सरकार की चेतन क्रियाओं का ही विश्लेषण किया जाता है। इसका मतलब यह हुआ कि समाज मनोविज्ञान का कार्यक्षेत्र (scope) राजनीतिशास्त्र के कार्यक्षेत्र से अधिक बड़ा है।

(ii) राजनीनिशास्त्र व्यक्ति के राजनीतिक क्रियाओं के बाहरी पक्ष पर अधिक बल डाला है परन्तु इन क्रियाओं के मनोवैज्ञानिक पक्ष पर कोई बल नहीं डालता है। परन्तु समाज मनोविज्ञान व्यक्ति की क्रियाओं के मनोवैज्ञानिक पक्ष (psychological aspect) पर अधिक बल डालता है। दूसरे शब्दों में, समाज मनोविज्ञान इस बात के अध्ययन पर अधिक बल डालता है कि सामाजिक परिस्थिति में किया जाने वाला व्यवहार किस हद तक अन्य कारणों के अलावा मनोवैज्ञानिक कारणों एवं नियमों द्वारा निर्देशित होता है।

(iii) समाज मनोविज्ञान एक वस्तुपरक विज्ञान (positive science) है। दूसरे शब्दों में, इसमें व्यक्ति के व्यवहारों का अध्ययन यथार्थ रूप से यानी जैसा वह होता है, उसी रूप से किया जाता है जबकि राजनीतिशास्त्र आदर्शात्मक विज्ञान (normative science) होने के नाते राजनीति के उन पहलुओं पर भी विचार करता है जिनमें आंदर्शों एवं मूल्यों को अधिक प्राथमिकता दी जाती है।

इस तरह से हम देखते हैं कि समाज मनोविज्ञान तथा राजनीतिशास्त्र में सम्बन्ध होते हुए भी कुछ विभिन्नताएँ हैं।

6. समाज मनोविज्ञान तथा अर्थशास्त्र में सम्बन्ध *(Relationship between Social Psychology and Economics)*—समाज मनोविज्ञान का सम्बन्ध अर्थशास्त्र से भी है। अर्थशास्त्र मनुष्य के सामाजिक जीवन का एक महत्त्वपूर्ण पहलू अर्थात् आर्थिक पहलू का अध्ययन करता है। दूसरे शब्दों में, अर्थशास्त्र मनुष्य के सामाजिक जीवन के आर्थिक क्रियाओं का अध्ययन करता है। किस प्रकार मनुष्य धन कमाता है, किन परिस्थितियों में वह उसे जमा करता है तथा किस प्रकार खर्च करता है, आदि कुछ ऐसी महत्त्वपूर्ण प्रश्न है जिनका अध्ययन अर्थशास्त्र में गंभीर रूप से किया जाता है। अपनी इन विभिन्न आर्थिक क्रियाओं का गंभीर रूप से अध्ययन करने के लिए अर्थशास्त्र में भिन्न-भिन्न नियमों का प्रतिपादन किया गया है जिनमें माँग का नियम (Law of demand), आपूर्ति का नियम (Law of supply), उपयोगिता ह्रास नियम (Law of diminishing utility), समसीमान्त उपयोगिता नियम (Law of equimarginal utility) तटस्थ वक्र (Indifference curve) आदि प्रधान हैं। इन सभी नियमों का कुछ-न-कुछ मनोवैज्ञानिक आधार है। व्यक्ति की आवश्यकता, माँग, उपयोगिता, संतुष्टि आदि सभी मानसिक प्रक्रियाएँ हैं जिनके मनोवैज्ञानिक आधार को समझे बिना उनसे सम्बन्धित नियमों एवं सिद्धान्तों का प्रतिपादन करना सम्भव नहीं है। इतना ही नहीं, औद्योगिक उतार-चढ़ाव, औद्योगिक हड़ताल, श्रमिक कुशलता आदि भी कुछ ऐसे तथ्य हैं जिनका स्पष्ट आधार कुछ मनोवैज्ञानिक एवं सामाजिक प्रक्रियाएँ हैं जिनको समझे बिना उनका वैज्ञानिक अध्ययन नहीं किया जा सकता है। इस तरह से हम देखते हैं कि अर्थशास्त्र को

अपनी समस्याओं की ठीक ढंग से समझने तथा उसका अध्ययन करने के लिए समाज मनोविज्ञान पर आधारित रहना पड़ता है। दूसरी तरफ इन आर्थिक क्रियाओं द्वारा व्यक्ति का सामामजिक व्यवहार काफी हद तक प्रभावित होता है। व्यक्ति का सामाजिक जीवन उन क्रियाओं द्वारा इस हद तक प्रभावित होता है कि स्पष्ट रूप से समाज में सामाजिक-आर्थिक विभिन्नता देखने को मिलती है। इस तरह की विभिन्नताओं का वैज्ञानिक अध्ययन समाजशास्त्र में किया जाता है तथा इन विभिन्नताओं द्वारा व्यक्तियों में सामाजिक व्यवहार पर पड़ने वाले प्रभावों का अध्ययन समाज मनोविज्ञान में किया जाता है। इस तरह से हम देखते हैं कि अर्थशास्त्र द्वारा समाज मनोविज्ञान भी काफी प्रभावित होता है। इतना ही नहीं, अर्थशास्त्र दंगें, युद्ध, क्रान्ति, उच्च-जीवन स्तर आदि के आर्थिक पक्षों का स्पष्टीकरण करके अस्वस्थ मनोवैज्ञानिक कारणों (unhealthy psychological factors) जैसे—द्वेष, घृणा मानसिक तनाव आदि से व्यक्ति को बचाता है और एक संतुलित मानसिक स्वास्थ्य (balanced mental health) विकसित होने में मदद करता है। दूसरी तरफ, समाज मनोविज्ञान प्रचार के उपयुक्त साधनों, जनमत के विकास करने की तरीकों तथा संघर्ष एवं तनाव कम करने के तरीकों को बता कर उद्योगपतियों को उत्पादन बढ़ाने एवं उसका ठीक से वितरण करने के लिए उन्हें प्रोत्साहित करता है। इस तरह से अर्थशास्त्र और समाज मनोविज्ञान एक-दूसरे को अपने-अपने अध्ययन क्षेत्रों में मदद करके एक विशेष सम्बन्ध कायम करते हैं।

इस विशेष सम्बन्ध के बावजूद भी इन दोनों विज्ञानों में कुछ अन्तर है। पहला अन्तर अध्ययन-विषय (subject matter) से सम्बन्धित है। अर्थशास्त्र का अध्ययन विषय आवश्यकता, मूल्य, आपूर्त्ति (supply), धन, उत्पादन, मजदूरी, लगान, सूद, मुद्रा आदि है जबकि समाज मनोविज्ञान का अध्ययन-विषय व्यक्तियों के सामाजिक व्यवहारों के भिन्न-भिन्न पहलुओं जैसे—मनोवृत्ति (attitude), पूर्वाग्रह (prejudice), समूह, फैशन, प्रचार, जनमत, सुझाव, समाजीकरण आदि है। दूसरा अन्तर विधि (method) से सम्बन्धित है। अर्थशास्त्र अपनी विषय-वस्तु का अध्ययन करने के लिए मूलतः निगमन विधि (deductive method) और आगमन विधि (inductive method) को मिलाकर या पृथक रूप से प्रयोग करता है जबकि समाज मनोविज्ञान मूलतः प्रयोगात्मक विधि (experimental method), सर्वे विधि, व्यक्ति-इतिहास विधि (case history method) आदि का उपयोग अपनी विषय-वस्तु के अध्ययन में करता है। तीसरा अन्तर इन दोनों विज्ञान के दृष्टिकोण से सम्बन्धित है। अर्थशास्त्र के अध्ययन का दृष्टिकोण मूल रूप से आर्थिक होता है जबकि समाज के अध्ययन का दृष्टिकोण मूल रूप से सामाजिक मनोवैज्ञानिक होता है।

समाज मनोविज्ञान की उपयोगिता या महत्त्व
(Importance or Utility of Social Psychology)

समाज मनोविज्ञान के अध्ययन की बहुत सारी उपयोगिताएँ हैं। समाज मनोविज्ञान के तत्त्वों को समझने के बाद हमें तरह-तरह की सामाजिक समस्याओं (social problems) को समझने में तथा उनका समाधान ढूँढ़ने में काफी मदद मिलती है। मनोविज्ञान की इस शाखा की उपयोगिताओं को दो भागों में बाँट कर प्रस्तुत किया जा सकता है—

(1) व्यावहारिक उपयोगिता (Practical Utility)

(2) सैद्धान्तिक उपयोगिता (Theoretical Utility)

इन दोनों तरह की उपयोगिताओं का वर्णन इस प्रकार है—

1. व्यावहारिक उपयोगिता (*Practical Utility*)—समाज मनोविज्ञान की अनेक व्यावहारिक उपयोगिताएँ हैं। जैसा कि ऊपर कहा जा चुका है, मनोविज्ञान की इस शाखा का ज्ञान होने से हमें कई तरह की सामाजिक समस्याओं (social problems) को समझने में मदद मिलती है जिससे इसकी व्यावहारिक उपयोगिता काफी बढ़ जाती है। इसकी प्रमुख व्यावहारिक उपयोगिताओं का वर्णन निम्नांकित है—

(i) हमारे जीवन में भिन्न-भिन्न तरह के सामाजिक तनाव (social tensions), युद्ध, शीत युद्ध (cold war), पूर्वाग्रह (prejudice), रूढ़ि युक्तियाँ (stereotypes), साम्प्रदायिक दंगे (communial riots), अन्तर्राष्ट्रीय युद्ध (international war) होते रहते हैं जिनसे हमारे सामाजिक जीवन को काफी खतरा उत्पन्न हो गया है। समाज मनोविज्ञान अपने विभिन्न सिद्धान्तों, आँकड़ों एवं वैज्ञानिक अध्ययनों के आधार पर निश्चित रूप से कुछ इस प्रकार के तथ्य लोगों के सामने रखता है जिनसे व्यक्ति और व्यक्ति के बीच, व्यक्ति और समुदाय के बीच, समुदाय एवं समुदाय के बीच तथा राष्ट्र और राष्ट्र के बीच उत्पन्न कटुता, द्वेष, घृणा आदि कम हो सके और इसकी जगह पर भाईचारा एवं सहनशीलता का सम्बन्ध उत्पन्न हो सके। समाज मनोविज्ञान के अध्ययनों से यह साबित हो चुका है कि प्रत्येक समाज की अपनी-

अपनी संस्कृति होती है जिसमें पलने वाले सभी व्यक्तियों का व्यवहार दूसरी संस्कृति के व्यक्तियों के प्रति एक समान नहीं होता है। इन विभिन्नताओं के बावजूद भी शांति सम्भव है यदि हम व्यक्तियों का समाजीकरण (socialization) ठीक ढंग से करके उनमें दूसरे व्यक्तियों एवं समुदायों के प्रति एक स्वस्थ मनोवृत्ति (healthy attitude) विकसित कर सके। इस तरह से समाज मनोविज्ञान हमें सामाजिक तनाव को समाप्त कर एक सुखद सामाजिक जीवन कायम करने में मदद करता है।

(ii) समाज मनोविज्ञान हमें औद्योगिक विकास (industrial development) में भी काफी मदद करता है। समाज मनोविज्ञानी विशेष रूप से कुछ ऐसे कार्य-क्षेत्रों में सक्रिय होकर कार्य कर रहे हैं जिनका प्रभाव किसी भी राष्ट्र के औद्योगिक विकास पर सीधा पड़ता है। जैसे—प्रचार (propaganda), जनमत (public opinion) कुछ ऐसे ही क्षेत्र हैं जिनमें किये गये अध्ययनों के आधार पर यह साबित हो चुका है कि यदि कोई उद्योग का मालिक अपने माल का प्रचार कुछ खास सिद्धान्तों एवं नियमों के आधार पर् करता है तो उसके माल के प्रति एक अच्छा जनमत तैयार होता है और इससे उसकी माँग (demand) काफी बढ़ जाती है। इस तरह से हम देखते हैं कि समाज मनोविज्ञान राष्ट्र के औद्योगिक विकास में भी मदद करता है।

इतना ही नहीं, बड़े-बड़े औद्योगिक संस्थानों में समाज मनोवैज्ञानिक मजदूरों एवं उद्योगपतियों के बीच उत्पन्न तनाव को कम करके उनके बीच एक सौहार्द्रपूर्ण सम्बन्ध स्थापित करते हैं। इससे भी परोक्ष रूप से औद्योगिक विकास में काफी मदद मिलती है।

(iii) समाज मनोविज्ञान सामाजिक विकास (social development) में भी मदद करता है। आजकल के सामाजिक जीवन में पूर्वाग्रह (prejudice) रूढ़ि युक्तियाँ (stereotypes) काफी व्याप्त हैं। विशेष कर भारत में जातीय पक्षपात अपनी चरम सीमा पर है। इन सबसे सामाजिक जीवन नीरस-सा हो गया और इसका विकास अवरुद्ध-सा हो गया है। समाज मनोविज्ञानी विभिन्न क्षेत्रों जैसे सामाजिक प्रत्यक्षण (social perception), पूर्वाग्रह (prejudice), मनोवृत्ति (attitude) आदि में अध्ययन करके सामाजिक जीवन में व्याप्त इस नीरसता को दूर करने में काफी सहायक सिद्ध हुए हैं।

(iv) समाज मनोविज्ञान व्यक्तियों के सामाजिक अभियोजन (social adjustment) में काफी मदद करता है। जैसा कि हम जानते हैं, आधुनिक समाज में गतिशीलता (mobility) काफी है। काफी तेज रफ्तार में परिवर्तन हो रहे हैं। सामाजिक जीवन को सजग, सरस एवं सफल बनाये रखने के लिए यह आवश्यक है कि व्यक्तियों का अभियोजन इन सामाजिक परिवर्तनों (social changes) के साथ हो सके। समाज मनोविज्ञान इनमें विशेष रूप से सहायता करता है। समाज मनोविज्ञान सामाजिक मूल्यों (social values), सामाजिक मानकों (social norms), सामाजिक शक्ति (social power) इत्यादि के बारे में व्यक्तियों को यथोचित ज्ञान प्रदान कर उन्हें स्वस्थ सामाजिक अभियोजन (healthy social adjustment) करने में मदद करता है।

2. सैद्धान्तिक उपयोगिता *(Theoretical Utility)*—समाज मनोविज्ञान की कुछ सैद्धान्तिक उपयोगिताएँ भी हैं जिनके कारण मनोविज्ञान की यह शाखा अन्य शाखाओं से अधिक लोकप्रिय (popular) हो सकी है। प्रमुख इसकी उपयोगिताएँ निम्नांकित हैं—

(i) समाज मनोविज्ञान व्यक्तियों की अन्तःक्रियाओं का अध्ययन सामाजिक परिस्थिति में करके कुछ इस प्रकार का नियम या सिद्धान्त तैयार करता है जिससे एक स्वस्थ सामाजिक क्रम (social order) बना रहे और प्रत्येक व्यक्ति अपने द्वारा किये गये व्यवहारों का अर्थ समझे। इसका परिणाम यह होता है कि समाज में एक निश्चित सामाजिक क्रम (social norm) तथा सामाजिक व्यवस्था (social system) बनी रहती है और व्यक्तियों में खुशहाली छायी रहती है।

(ii) समाज मनोविज्ञान हमें समाज-विरोधी व्यवहार को समझने में मदद करता है। प्रत्येक समाज का अपना एक मानक (norm) तथा मूल्य (value) होता है जिनके अनुसार व्यक्तियों को व्यवहार करना पड़ता है। इन सामाजिक मानकों एवं मूल्यों का वैज्ञानिक अध्ययन करके समाज मनोविज्ञानी या मनोवैज्ञानिक यह बतलाने की कोशिश करते हैं कि अमुक व्यक्ति का व्यवहार समाज-विरोधी क्यों हैं, इसके सामाजिक एवं मनोवैज्ञानिक कारण कौन-कौन हैं, इसका उपचार किस ढंग से हो सकता है, आदि-आदि।

(iii) समाज मनोविज्ञान व्यक्तित्व के स्वस्थ विकास (healthy development) में मदद करता है। व्यक्तित्व के स्वस्थ विकास के लिए कौन-कौन-सी सामाजिक परिस्थितियाँ (social situations) महत्त्वपूर्ण एवं सहायक होंगी। इसका निर्धारण समाज मनोवैज्ञानिक करते हैं। इसका मतलब यह हुआ कि समाज मनोविज्ञान व्यक्तियों को एक सफल, सजग एवं सुन्दर नागरिक बनाकर एक आदर्श समाज की स्थापना करने में मदद करता है।

(iv) समाज मनोविज्ञान दूसरे व्यक्तियों का सही-सही प्रत्यक्षण (perception) करने तथा उनके बारे में सही-सही निर्णय लेने में मदद करता है। समाज मनोवैज्ञानिक द्वारा व्यक्ति प्रत्यक्षण (person perception), सामाजिक प्रत्यक्षरण (social perception) के क्षेत्र में अनेकों महत्त्वपूर्ण अध्ययन कर कुछ खास-खास सिद्धान्तों एवं नियमों का प्रतिपादन किया गया है जिनसे हमें अन्य व्यक्तियों को समझने एवं उनके साथ सामाजिक अन्तःक्रिया (social interactions) करने में मदद मिलती है।

इस तरह से हम देखते हैं कि समाज मनोविज्ञान हमारे लिए काफी उपयोगी विज्ञान है। इन व्यावहारिक एवं सैद्धान्तिक उपयोगिताओं के आधार पर समाज मनोविज्ञान आज मनोविज्ञान की एक लोकप्रिय शाखा के रूप में उभर कर लोगों के सामने आ सका है।

प्रयुक्त विज्ञान के रूप में समाज मनोविज्ञान
(Social Psychology as an Applied Science)

समाज मनोविज्ञान मनोविज्ञान का एक प्रमुख प्रयुक्त शाखा (applied branch) है। प्रयुक्त समाज मनोविज्ञान में समाज मनोविज्ञान के मौजूदा (existing) सिद्धान्तों का उपयोग मानव सामाजिक व्यवहार (social behaviour) को समझने में किया जाता है और इस तरह से प्रयुक्त समाज मनोविज्ञान (applied social psychology) व्यवहृत-हो-रहे-*समाज मनोविज्ञान* (applying social psychology) से भिन्न है क्योंकि व्यवहृत-हो-रहे समाज मनोविज्ञान में वास्तविक परिस्थिति के सामाजिक व्यवहार की व्याख्या प्रयोगशाला शोध (laboratory research) से विकसित सिद्धान्तों का उपयोग करके होता है। एक प्रयुक्त विज्ञान (applied science) के रूप में समाज मनोविज्ञान का सम्बन्ध वास्तविक परिस्थिति (real-world settings) में किये जाने वाले ऐसे सामाजिक-मनोवैज्ञानिक शोध (social-psychological research) तथा अभ्यासों (practices) से होता है जिसका उद्देश्य मानव सामाजिक व्यवहार (human social behaviour) को समझना तथा सामाजिक समस्याओं (social problems) के लिए समुचित समाधान प्रदान करना होता है। एक प्रयुक्त समाज मनोवैज्ञानिक (applied social psychologist) जिन प्रमुख सामाजिक समस्याओं (social problems) का अध्ययन कर उसके समुचित समाधान का प्रयत्न करते हैं, उनमें गरीबी (poverty), बढ़ती जनसंख्या की समस्या (problem of rising populations), अन्तरसमूह संघर्ष (intergroup conflict), अपराध (crime), समाज में अर्थ (wealth) का असमान वितरण से उत्पन्न समस्या, पूर्वग्रह तथा विभेद (prejudice and discrimination), सम्बन्ध-विच्छेद (divorce), आक्रमकता (aggression), वेश्यावृत्ति (prostitution) आदि प्रधान हैं।

प्रयुक्त समाज मनोविज्ञान (applied social psychology) के मुख्य दो मूलाधार (rationale) बतलाये गए हैं—

(i) सभी मानवीय समस्याओं में कोई-न-कोई सामाजिक तत्त्व (social component) सम्मिलित होता है। दूसरे शब्दों में, सभी मानवीय समस्याओं में सामाजिक अन्तःक्रिया (social interaction) के तत्त्व सम्मिलित होते हैं।

(ii) समाज में मानवीय सम्बन्धों (human relationship) को उन्नत बनाने के लिए धीरे-धीरे सचेतता जोर पकड़ते जा रही है।

इन दोनों मूलाधार (rationale) के संदर्भ में समाज मनोविज्ञान एक प्रयुक्त विज्ञान के रूप में विकसित हो रहा है और सामाजिक समस्याओं को समझने तथा उसका समुचित समाधान ढूँढ़ने में प्रयत्नशील है। अपने इस प्रयत्न में समाज मनोवैज्ञानिक मानवीय मूल्यों (humanistic values) पर अधिक बल डाल रहे हैं। प्रयुक्त समाज मनोवैज्ञानिक (applied social psychologist) यह मानकर चलते हैं कि प्रत्येक व्यक्ति में आलोचनात्मक तर्कणा (critical reason) की क्षमता एवं वैज्ञानिक बुद्धि (scientific intelligence) की क्षमता होती है जो उन्हें सामाजिक समस्याओं के समाधान में मदद करता है तथा नैतिक मूल्यों (moral values) के विकास में मदद करता है। सामाजिक समस्याओं के समाधान में इन मानवीय मूल्यों (humanistic values) पर बल डालने वाले मनोवैज्ञानिकों में कर्ज (Kurtz, 1968, 1971), जॉनसन (Johnson, 1973), केलमन (Kelman, 1969) तथा स्मिथ (Smith, 1974) आदि प्रधान हैं। इन लोगों ने एक मत होकर इस तथ्य पर बल डाला है कि समाज मनोविज्ञान का दृष्टिकोण मानवीय (humanistic) एवं वैज्ञानिक (scientific) दोनों ही होना चाहिए ताकि समाज मनोवैज्ञानिक प्राप्य (available) विवेकपूर्ण विधियों का प्रयोग कर सामाजिक समस्याओं का समाधान करने में पूर्णतः सफल हो सके।

समाज मनोविज्ञान को एक प्रयुक्त विज्ञान (applied science) के रूप में शत-प्रतिशत सफलता मिलने के लिए यह आवश्यक है कि उसके तीन पहलुओं अर्थात् *सिद्धान्त* (theory), *शोध* (research) एवं *अभ्यास* (practice) में अभूतपूर्व ताल-मेल हो। ये तीनों पहलुओं का स्वरूप कुछ ऐसा है कि वे एक-दूसरे को पुनर्बलित (reinforce) करते

हैं और समाज मनोवैज्ञानिक का हाथ मजबूत करते हैं। परन्तु यह अपने आप नहीं हो जाता है। इसके लिए समाज मनोवैज्ञानिक को इन तीनों पहियों (wheels) को सही पथ पर रखना होगा।

निष्कर्षतः यह कहा जा सकता है कि एक प्रयुक्त वैज्ञानिक (applied scientist) के रूप में समाज मनोवैज्ञानिक मूल रूप से एक ऐसे समस्या समाधानकर्त्ता के रूप में कार्य करता है जो किसी प्रश्न का उत्तर देने के लिए या समस्या का समाधान करने में मानवीय मूल्यों (human values) के आलोक में कुछ तर्कसंगत कदमों या चरणों (steps) का अनुसरण करता है।

अध्याय सारांश
(Chapter Summary)

1. समाज मनोविज्ञान का वैज्ञानिक इतिहास 1908 से प्रारम्भ होता है जब विलियम मैकडुगल ने समाज मनोविज्ञान की सबसे पहली पाठ्य-पुस्तक प्रकाशित की। यद्यपि समाज मनोविज्ञान के क्षेत्र में सबसे पहला प्रयोग ट्रिप्लेट (Triplett) ने इससे 11 वर्ष पूर्व यानी 1897 में किया था, फिर भी आधुनिक समाज मनोवैज्ञानिक समाज मनोविज्ञान के वैज्ञानिक इतिहास की शुरूआत 1908 से ही मानते हैं। 1908-1939 तक समाज मनोविज्ञान का प्रारम्भिक काल माना गया है। इस प्रारम्भिक काल के समाप्त होने तक समाज मनोविज्ञान, मनोविज्ञान की एक स्वतंत्र शाखा के रूप में स्थापित हो गया था। 1940 से 1970 के बीच में समाज मनोविज्ञान के क्षेत्र में अनेक ऐसे महत्त्वपूर्ण शोध कार्य किये गये एवं सिद्धान्त का निर्माण किया गया जिनसे इसका कार्य-क्षेत्र काफी विस्तृत हो गया। इस काल में फेस्टिंगर (Festinger) ने मनोवृत्ति परिवर्तन की व्याख्या करने के लिए अपना बहुचर्चित एवं लोकप्रिय सिद्धान्त जिसे संज्ञानात्मक विसंवादिता (Theory of cognitive dissonance) का सिद्धान्त कहा जाता है, का प्रतिपादन किया। 1970 के बाद के समाज मनोविज्ञान में पहले शुरू किये गये शोधकार्यों को जारी रखते हुए नई-नई सामाजिक प्रक्रियाओं का अध्ययन किया जा रहा है। ऐसी सामाजिक प्रक्रियाओं को मूलतः पाँच भागों में बाँटा गया है। आधुनिक समाज मनोविज्ञान एक अन्तःशास्त्री विज्ञान (interdisciplinary science) की दर्जा प्राप्त करने की दिशा में तेजी से अग्रसर हो रहा है।
2. समाज मनोविज्ञान की परिभाषा भिन्न-भिन्न मनोवैज्ञानिकों ने भिन्न-भिन्न ढंग से दी है। इस विभिन्नता में समानता है क्योंकि इन सभी लोगों ने समाज मनोविज्ञान को एक ऐसा विज्ञान माना है जिसके सहारे व्यक्ति के व्यवहार एवं अनुभूति का अध्ययन सामाजिक परिस्थिति में किया जाता है। सामाजिक परिस्थिति में एक व्यक्ति दूसरे से, एक व्यक्ति दूसरे समूह से तथा एक समूह दूसरे समूह के साथ अन्तःक्रिया (interaction) करता है। समाज मनोविज्ञान की विषय-वस्तु यही सामाजिक अन्तःक्रियाएँ (social interactions) हैं।
3. समाज मनोविज्ञान का कार्यक्षेत्र (scope) काफी विकसित है क्योंकि विज्ञान में सामाजिक व्यवहार के बहुत सारे पहलुओं (aspects) का अध्ययन किया जाता है। मनोवृत्ति, सामाजिक प्रत्यक्षण (social perception), पूर्वाग्रह तथा विभेद (prejudice and discrimination), अंतर्वैयक्तिक आकर्षण (interpersonal attraction), जनमत तथा प्रचार (public opinion and propaganda), नेतृत्व, सामाजिक प्रभाव (social influence), परोपकारिता, आक्रमणशीलता, सहयोग एवं प्रतिद्वन्द्विता (altruism, aggressiveness, cooperation and competition), अफवाह तथा समूह प्रभाव (group influence) आदि समाज मनोविज्ञान के कार्यक्षेत्र के प्रमुख पहलुओं में से हैं।
4. समाज मनोवैज्ञानिकों द्वारा सामाजिक व्यवहार का विश्लेषण आठ विभिन्न स्तरों पर करके उसके स्वरूप को समझने की कोशिश की गयी है।
5. समाज मनोविज्ञान का सम्बन्ध मनोविज्ञान की अन्य शाखाओं जैसे सामान्य मनोविज्ञान (General psychology) तथा व्यक्तित्व मनोविज्ञान (psychology personality) से काफी है। इतना ही नहीं, इसका सम्बन्ध कुछ स्वतंत्र विज्ञानों जैसे समाज (Sociology), राजनीतिशास्त्र, अर्थशास्त्र तथा मानवशास्त्र (Anthropology) से भी काफी है। सचमुच में समाज मनोविज्ञान समाजशास्त्र तथा मानवशास्त्र से महत्त्वपूर्ण नियमों एवं सूचनाओं को संगठित कर व्यक्ति के व्यवहारों का अध्ययन एक सामाजिक संदर्भ (social context) में करता है।
6. समाज मनोविज्ञान की अनेक व्यावहारिक एवं सैद्धान्तिक उपयोगिताएँ (utilities) हैं जिनके कारण आज मनोविज्ञान की यह सबसे अधिक लोकप्रिय शाखा (popular branch) के रूप में उभर कर लोगों के सामने आया है।
7. समाज मनोविज्ञान एक प्रयुक्त विज्ञान के रूप में भी काफी महत्त्वपूर्ण सिद्ध हुआ है।

❑

अध्याय 2

समाज मनोविज्ञान की विधियाँ
(METHODS OF SOCIAL PSYCHOLOGY)

मनोविज्ञान की अन्य शाखाओं के समान समाज मनोविज्ञान की भी अपनी कुछ विधियाँ हैं जिनके सहारे समाज मनोवैज्ञानिक समाज मनोविज्ञान के कार्यक्षेत्र के विषय-वस्तु का अध्ययन करते हैं। जैसे-जैसे समाज मनोविज्ञान का कार्यक्षेत्र (scope) बढ़ता जा रहा है, वैसे-वैसे समाज मनोविज्ञान की विधियाँ विकसित होती जा रही हैं। इनमें से कुछ विधियाँ तो काफी सरल हैं परन्तु कुछ काफी जटिल (complex) है। इस पुस्तक में समाज मनोविज्ञान की उन सभी विधियों का वर्णन तो सम्भव नहीं है, परन्तु उनमें से कुछ प्रमुख विधियों का वर्णन हम नीचे प्रस्तुत कर रहे हैं।

प्रयोगात्मक विधि
(Experimental Method)

समाज मनोविज्ञान में प्रयोगात्मक विधि का महत्त्व काफी है। इस विधि में मनोवैज्ञानिक किसी सामाजिक व्यवहार (social behaviour) को समझने के लिए एक प्रयोग(experiment) करते हैं। प्रयोग से तात्पर्य किसी नियंत्रित परिस्थिति (controlled condition) में किया गया निरीक्षण(observation) से होता है। किसी भी मनोवैज्ञानिक प्रयोग की विशिष्टता यह होती है कि उसे जब चाहे तब दोहराया जा सकता है।

समाज मनोविज्ञान में जब भी कोई प्रयोग किया जाता है तो उसका मुख्य उद्देश्य यह देखना होता है कि दिये हुए कारक (factor) से अध्ययन किया जाने वाला कारक प्रभावित होता है या नहीं। इसके लिए समाज मनोवैज्ञानिक उस कारक या चर (variable) में कुछ हेर-फेर (variations) करता है और फिर उस हेर-फेर का प्रभाव अध्ययन किये जाने वाले सामाजिक व्यवहार पर देखता है। क्या उस कारक या चर में हेर-फेर करने से उस सामाजिक व्यवहार में भी परिवर्तन आता है? जिस चर में हेर-फेर किया जाता है, उसे समाज मनोवैज्ञानिकों ने *स्वतंत्र चर*(independent variable) की संज्ञा दी है तथा वह सामाजिक व्यवहार जिस पर उस हेर-फेर के प्रभाव का अध्ययन किया जाता है, उसे इन लोगों ने *आश्रित चर* (dependent variable) की संज्ञा दी है। समाज मनोविज्ञान के अधिकतर प्रयोगों में स्वतंत्र चर के प्रायः कई स्तर (level) होते हैं और प्रत्येक स्तर में प्रयोज्यों (subjects) का एक-एक समूह (group) तैयार किया जाता है। दूसरे शब्दों में, प्रयोग के लिए चुने गये व्यक्तियों या प्रयोज्यों को यादृच्छिक रूप से (randomly) स्वतंत्र चर के स्तर की संख्या के अनुसार कई समूहों में बाँट दिया जाता है। इसे *यादृच्छिक विभाजन* (random assignment) कहा जाता है। इस तरह के विभाजन का सबसे बड़ा लाभ यह होता है कि ऐसा करने से यह विश्वास के साथ कहा जा सकता है कि आश्रित चर में उत्पन्न परिवर्तन स्वतंत्र चर में किये गये परिवर्तन या हेर-फेर के कारण हुआ है। इसका दूसरा लाभ यह होता है कि इस तरह के यादृच्छिक विभाजन द्वारा बहुत-से वैसे चर जैसे—यौन (sex), उम्र (age), बुद्धि (intelligence) आदि जिनसे भी आश्रित चर में अन्तर आ सकता है, अपने आप नियंत्रित हो जाते हैं। ऐसे चरों को जिनका प्रभाव प्रयोगकर्त्ता इसलिए नियंत्रित करके रखता है क्योंकि उनका वह अध्ययन नहीं कर रहा है, *बहिरंग चर* (extraneous variable) या *संगत चर*(relevant variable) कहा जाता है। ऊपर वर्णन की गई शर्त्तों(conditions) को पूरा होने के बाद यदि स्वतत्र चरों में परिवर्तन के फलस्वरूप आश्रित चर (dependent variable) में परिवर्तन आता है तो प्रयोगकर्त्ता इस निश्चित निष्कर्ष पर पहुँच जाता है कि स्वतंत्र चर तथा आश्रित चर के बीच कारण-प्रभाव (cause-effect) सम्बन्ध है।

इसे एक उदाहरण द्वारा इस प्रकार स्पष्ट किया जा सकता है—मान लीजिए कोई समाज मनोवैज्ञानिक यह देखना चाहते हैं कि किसी व्यक्ति की विश्वसनीयता (credibility) के प्रभाव से सहशिक्षा के प्रति व्यक्तियों की मनोवृत्ति में परिवर्तन होता है या नहीं। इस समस्या में विश्वसनीयता एक स्वतंत्र चर (independent variable) तथा मनोवृत्ति (attitude) एक आश्रित चर का उदाहरण है। इस प्रयोग को कई ढंग से किया जा सकता है। परन्तु सबसे आसान तरीका यह होगा कि प्रयोज्यों के दो समूह पहले तैयार कर लिए जायें। मान लीजिए कि प्रयोगकर्त्ता को इसके लिए कॉलेज के 30 छात्र यादृच्छिक रूप से उपलब्ध होते हैं। इन 30 छात्रों को वह दो समूह में यादृच्छिक रूप से (randomly) बाँट दे सकता है। ऐसा करने से दोनों समूह हर तरह से एक-दूसरे के बराबर (equivalent) हो जायेंगे और किसी भी तरह का बहिरंग चर (extraneous variable) का प्रभाव अपने आप नियंत्रित हो जायेगा। इस समूह में प्रयोगकर्त्ता किसी ऐसे व्यक्ति द्वारा सहशिक्षा से सम्बन्धित सूचनाएँ या भाषण दिलवायेगा जो उस समूह के लिए विश्वसनीय व्यक्ति हो। दूसरे समूह में प्रयोगकर्त्ता ठीक वही भाषण या सूचना वैसे व्यक्ति द्वारा दिलवायेगा जो समूह के लिए बिलकुल ही विश्वसनीय (credible) नहीं हो। अगर सह शिक्षा के प्रति पहले समूह के छात्रों की मनोवृत्ति निर्देशित दिशा में दूसरे समूह के छात्रों की मनोवृत्ति की अपेक्षा अधिक परिवर्तित हो जाती है, तो प्रयोगकर्त्ता इस निष्कर्ष पर पहुँच जाता है कि व्यक्ति की विश्वसनीयता (credibility) द्वारा मनोवृत्ति में परिवर्तन लाया जा सकता है। इस उदाहरण में पहला समूह प्रयोगात्मक समूह (experimental group) का उदाहरण है क्योंकि इसमें स्वतंत्र चर (अर्थात् विश्वसनीय वक्ता) मौजूद हैं। दूसरा समूह नियंत्रित समूह (controlled group) का उदाहरण है क्योंकि इनमें स्वतंत्र चर अनुपस्थित है। समाज मनोविज्ञान के प्रयोग में वह विधि जिसमें प्रयोगात्मक समूह तथा नियंत्रित समूह मौजूद हो, उसे *नियंत्रित समूह विधि* (control group method) कहा जाता है।

समाज मनोविज्ञान में सामाजिक व्यवहार का अध्ययन करने के लिए निम्नांकित तीन तरह की प्रयोग विधियाँ अपनायी गयी हैं—

1. प्रयोगशाला प्रयोग विधि (Laboratory experiment method)
2. क्षेत्र प्रयोग विधि (Field experiment method)
3. स्वाभाविक प्रयोग विधि (Natural experiment method)

इन तीनों विधियों का संक्षिप्त वर्णन उनके गुण एवं दोष के साथ इस प्रकार हैं—

1. प्रयोगशाला प्रयोग विधि *(Laboratory experiment method)*—प्रयोगशाला प्रयोग विधि वह है जिसमें समाज मनोवैज्ञानिक किसी सामाजिक व्यवहार का अध्ययन प्रयोगशाला में प्रयोग करके करते हैं। इस विधि में वे प्रायः प्रयोज्यों (subjects) की एक सीमित संख्या का यादृच्छिक रूप से (randomly) चयन करके उसे आवश्यकतानुसार भिन्न-भिन्न समूहों जैसे प्रयोगात्मक समूह (experimental group) तथा नियंत्रित समूह (controlled group) में बाँटकर प्रयोग करते हैं। स्वतंत्र चर (independent variable) में जोड़-तोड़ या हेर-फेर (manipulation) कर उसका प्रभाव आश्रित चर (dependent variable) पर देखा जाता है। अन्य चरों को जिसका प्रभाव आश्रित चर पर पड़ सकता है परन्तु उसके प्रभाव के अध्ययन में प्रयोगकर्त्ता की कोई रुचि नहीं होती है, नियंत्रित करके रखा जाता है। इसे वहिरंग चर (extraneous variable) कहा जाता है। यदि स्वतंत्र चर में जोड़-तोड़ करने से आश्रित चर (dependent variable) में भी कुछ परिवर्तन आ जाता है, तो समाज मनोवैज्ञानिक इन दोनों चरों में कारण-परिणाम सम्बन्ध (cause-effect relationship) के बारे में एक निश्चित निष्कर्ष पर पहुँच जाते हैं। इस तरह से समाज मनोवैज्ञानिक जब प्रयोगशाला विधि द्वारा किसी सामाजिक व्यवहार का अध्ययन करते हैं, तो वे एक सीमित प्रयोज्यों का यादृच्छिक रूप से (randomly) चयन करके प्रयोगशाला में एक कृत्रिम परिस्थिति सृजन करते हैं और फिर स्वतंत्र चर तथा आश्रित चर में कारण-परिणाम सम्बन्ध (cause-effect relationship) स्थापित करते हैं। समाज मनोविज्ञान में इस विधि द्वारा किये गये शोध (research) को *उद्दीपन-अनुक्रिया शोध* (Stimulus-Response research) भी कहा जाता है। यहाँ उद्दीपन से मतलब स्वतंत्र चर (independent varibale) तथा अनुक्रिया से मतलब आश्रित चर (dependent variable) से होता है।

समाज मनोविज्ञान में प्रयोगशाला प्रयोग विधि के उपयोग को एक मशहूर प्रयोग जिसे लाइबर्ट तथा बेरोन (Libert & Baron, 1972) ने किया है, इस प्रकार दिखला सकते हैं। इस प्रयोग का उद्देश्य यह देखना था कि टेलीविजन पर लड़ाई-झगड़ा तथा हिंसा (violence) की बहुलता वाले दृश्य देखकर क्या बच्चों में आक्रमणशीलता के स्तर में वृद्धि हो जाती है? इस प्रयोग में दोनों यौन (sex) के छोटे-छोटे बच्चों ने भाग लिया। बच्चों को यादृच्छिक रूप से (randomly)

दो समूहों में बाँट दिया गया—आक्रमणशील दृश्य (aggressive scence) दिखाये जाने वाला समूह तथा तटस्थ दृश्य दिखाने जाने वाला समूह। टेलीविजन देखने के तुरंत बाद दोनों समूह के बच्चों को एक ऐसी परिस्थिति में रखा गया जिसमें प्रत्येक बच्चा को दूसरे बच्चों को हानि या आघात पहुँचाने का पर्याप्त सुअवसर था। परिणाम में देखा गया कि आक्रमण दृश्य देखने वाले बच्चों में तटस्थ दृश्य देखने वाले बच्चों की अपेक्षा आक्रमणशीलता की स्तर काफी अधिक थी। इस प्रयोग से साबित हो जाता है कि जब बच्चों को आक्रमणशीलता दृश्य (स्वतंत्र चर) दिखलाया जाता है तो इसे देखकर उनमें आक्रमणशीलता की वास्तविक स्तर (आश्रित चर) अधिक बढ़ जाती है।

प्रयोगशाला प्रयोग विधि के कुछ गुण-दोष हैं। इस विधि के प्रमुख गुण (merits) निम्नलिखित हैं—

(i) प्रयोगशाला प्रयोग विधि में चूँकि प्रयोग एक काफी नियंत्रित अवस्था (controlled situation) में किया जाता है, अतः इसके परिणाम की आन्तरिक वैधता (internal validity) काफी अधिक होती है। इसके फलस्वरूप परिणाम अधिक निर्भर योग्य होता है।

(ii) चूँकि प्रयोग की अवस्था काफी नियंत्रित होती है, अतः चाहकर भी प्रयोगकर्त्ता किसी प्रकार का पक्षपात तथा पूर्वाग्रह(prejudice) आदि नहीं दिखला पाता है। फलस्वरूप प्रयोगशाला प्रयोग में आत्मनिष्ठता(subjectivity) नहीं होती है। प्रयोगकर्त्ता वैज्ञानिक प्रयोगात्मक डिजाइन का उपयोग कर भिन्न-भिन्न तरह के पक्षपात (biases) जैसे प्रयोगकर्त्ता से सम्बन्धित पक्षपात (experimenter bias) प्रयोज्य से सम्बन्धित पक्षपात (subject bias) आदि को पूर्णतः नियंत्रित कर लेता है।

(iii) प्रयोगशाला प्रयोग विधि में चूँकि चरों में जोड़-तोड़ (manipulation) सम्भव है, अतः प्रयोगकर्त्ता हर तरह से अपने आप को संतुष्ट कर प्रयोग को अधिक विश्वसनीय बना लेता है। इतना ही नहीं, इस विधि में चूँकि प्रयोगकर्त्ता एक निश्चित डिजाइन, विधि, सांख्यिकीय विश्लेषण आदि को अपनाता है, अतः कोई भी प्रयोगकर्त्ता यदि बाद में उस प्रयोग को दोहराना चाहे, तो उसे वह आसानी से दोहरा सकता है।

(iv) चूँकि प्रयोगशाला प्रयोग के परिणाम का सांख्यिकीय विश्लेषण किया जाता है, अतः इसका परिणाम अधिक वस्तुनिष्ठ (objective) होता है।

प्रयोगशाला प्रयोग विधि के इन गुणों के बावजूद भी इसके कुछ अवगुण (demerits) हैं जो निम्नलिखित हैं—

(i) इस विधि में सामाजिक व्यवहार का अध्ययन एक कृत्रिम अवस्था में किया जाता है। चूँकि प्रयोगशाला की परिस्थिति कृत्रिम होती है जिसका संबंध कभी-कभी जीवन की वास्तविक परिस्थिति से न के बराबर होता है, अतः इससे प्राप्त परिणाम इन वास्तविक हालातों के लिए प्रायः सही नहीं होता है। इसका मतलब यह हुआ कि इस विधि में यद्यपि आन्तरिक वैधता(internal validity) होती है फिर भी बाह्य वैधता(external validity) नहीं होती है। बाह्य वैधता से तात्पर्य प्राप्त परिणामों को जिन्दगी के वास्तविक हालातों तक सही-सही लागू करने से होता है।

(ii) प्रयोगशाला प्रयोग विधि में बाह्य वैधता के कमी का एक दूसरा कारण प्रयोज्यों (subjects) की एक सीमित संख्या होती है। इस विधि द्वारा अध्ययन में प्रायः बहुत थोड़े से व्यक्तियों को ही सम्मिलित किया जाता है और उससे प्राप्त परिणाम को अन्य सभी व्यक्तियों के लिए सही ठहराया जाता है। आलोचकों का मत है कि यह विधि ऐसा करने में हमेशा समर्थ नहीं होती।

(iii) प्रयोगशाला प्रयोग विधि द्वारा सभी तरह के सामाजिक व्यवहारों का अध्ययन करना सम्भव नहीं है। जैसे—यदि कोई समाज मनोवैज्ञानिक भीड़, क्रान्ति, युद्ध आदि का प्रभाव व्यक्ति के व्यवहार पर कैसा पड़ता है, का अध्ययन इस विधि द्वारा करना चाहता है, तो शायद वह ऐसा करने में समर्थ नहीं हो पायेगा क्योंकि प्रयोगशाला में भीड़, क्रान्ति तथा युद्ध की स्थिति पैदा नहीं की जा सकती है।

इन अवगुणों (demerits) के बावजूद भी समाज मनोविज्ञान में प्रयोगशाला प्रयोग विधि का उपयोग आधुनिक समाज मनोवैज्ञानिकों द्वारा काफी किया जा रहा है।

2. क्षेत्र प्रयोग विधि (*Field experiment method*)—क्षेत्र प्रयोग विधि (field experiment method) प्रयोगात्मक विधि की दूसरी प्रमुख उपविधि है जिसका प्रयोग मनोवैज्ञानिकों द्वारा अधिक किया गया है। इस विधि की आवश्यकता कुछ ऐसे सामाजिक व्यवहार के अध्ययन में महसूस की गयी है जिसे प्रयोगशाला प्रयोग विधि द्वारा अध्ययन सामान्यतः नहीं किया जा सकता था। जैसा कि ऊपर कहा जा चुका है, भीड़, क्रान्ति, राजनैतिक आन्दोलन कुछ ऐसी

सामाजिक समस्याएँ हैं जिन्हें प्रयोगशाला में अध्ययन नहीं किया जा सकता है। फिर भी समाज मनोवैज्ञानिक इन समस्याओं का अध्ययन करना चाहते हैं। फलतः वे लोग क्षेत्र प्रयोग विधि का प्रतिपादन किये हैं। इस विधि में किसी सामाजिक व्यवहार का अध्ययन प्रयोगशाला में न करके वास्तविक परिस्थिति (real situation) में जिसे समाज मनोवैज्ञानिकों ने क्षेत्र (field) कहा है, किया जाता है। प्रयोगकर्त्ता इसी वास्तविक परिस्थिति में स्वतंत्र चर (independent variable) में जोड़-तोड़ (manipulation) करता है तथा उसका प्रभाव आश्रित चर (dependent variable) पर देखता है। फिशर[1] (Fisher, 1982) ने क्षेत्र विधि को परिभाषित करते हुए कहा। "क्षेत्र प्रयोग में शोधकर्त्ता वास्तविक सेटिंग में स्वतंत्र चर को देकर या उसमें जोड़-तोड़ कर एक तरह से हस्तक्षेप करता है और बाद में आश्रित चर पर पड़ने वाले प्रभावों की माप करता है।"

इस तरह से हम देखते हैं कि क्षेत्र प्रयोग विधि तथा प्रयोगशाला प्रयोग विधि बहुत कुछ एक-दूसरे के समान है। जैसे—दोनों विधियों में ही प्रयोग नियंत्रित अवस्थाओं में ही किया जाता है तथा दोनों ही विधियों में प्रयोगकर्त्ता स्वतंत्र चर (independent variable) में जोड़-तोड़ (manipulation) करता है और उसका प्रभाव आश्रित चर (dependent variable) पर देखता है। इतना होते हुए भी क्षेत्र प्रयोग विधि में चूँकि प्रयोग एक स्वाभाविक परिस्थिति (natural settings) में न कि प्रयोगशाला के कृत्रिम परिस्थिति में किया जाता है, अतः प्रायः प्रयोज्य (subjects) को यह पता नहीं रहता है कि उन पर किसी प्रकार का प्रयोग किया जा रहा है। इससे एक लाभ यह होता है कि प्रयोज्य प्रयोगात्मक परिस्थिति में वास्तविक अनुक्रिया (real response) करता है न किसी तरह की बनावटी अनुक्रिया। इससे क्षेत्र प्रयोग विधि (field experiment method) पर निर्भरता थोड़ा बढ़ जाती है।

क्षेत्र प्रयोग विधि का एक उदाहरण इस प्रकार है—मान लीजिए कोई समाज मनोवैज्ञानिक क्षेत्र प्रयोग (field experiment) करके यह देखना चाहता है कि क्या डर (fear) से व्यक्ति में संबंधन प्रेरणा (affiliation motive) अर्थात् एक-दूसरे के साथ हो जाने की आवश्यकता (need) तीव्र हो जाती है ? इस प्रयोग में डर स्वतंत्र चर (independent variable) है तथा संबंधन प्रेरणा (affiliation motive) एक आश्रितचर है। मान लीजिए कि प्रयोगकर्त्ता यह निश्चित करता है कि वह इस प्रयोग में स्वतंत्र चर का दो स्तर (level) रखेगा। अधिक डर उत्पन्न करने वाली परिस्थिति (condition arousing high fear) तथा कम डर उत्पन्न करने वाली परिस्थिति (condition arousing low fear)। थोड़ी देर के लिए मान लिया जाय कि प्रयोगकर्त्ता को कॉलेज के 30 छात्र इस प्रयोग के लिए उपलब्ध होते हैं। प्रयोगकर्त्ता यादृच्छिक रूप से (randomly) इन सभी छात्रों को दो भागों में बाँट देगा। एक समूह को अधिक डर उत्पन्न करने वाली परिस्थिति में रखा जायेगा तथा दूसरे समूह को कम डर उत्पन्न करने वाली परिस्थिति में रखा जायगा। चूँकि यह एक क्षेत्र प्रयोग है, अतः इन दोनों समूहों को एक वास्तविक परिस्थिति में रखा जायगा। मान लिया जाय कि अधिक डर की परिस्थिति में काम करने वाले समूह को किसी मकान की तीसरी मंजिल में रख दिया जाता है और उनसे यह कहा जाता है कि मकान के प्रथम दो मंजिलों में भयानक आग लग गयी है। कम डर की परिस्थिति में काम करने वाले समूह को भी किसी वैसे ही मकान की तीसरी मंजिल में रखा जाता है और उनसे यह कहा जाता है कि बगल में मकान में तीव्र आग लग गयी है। प्रयोगकर्त्ता दोनों समूहों के व्यवहार का निरीक्षण करने के बाद इस निष्कर्ष पर पहुँच सकता है कि अधिक डर की परिस्थिति में रहने वाले समूह के अधिकतर सदस्य एक-दूसरे के साथ होकर इंतजार करते हैं (या भागने की राह ढूँढ़ते हैं) जबकि कम डर की परिस्थिति में रहने वाले सदस्यों में इस ढंग का व्यवहार न के बराबर होता है। यदि सचमुच में ऐसा ही निष्कर्ष प्राप्त होता है तो स्पष्टतः यह कहा जा सकता है कि डर से व्यक्तियों में संबंधन अभिप्रेरणा (affiliation motive) बढ़ जाता है।

क्षेत्र प्रयोग विधि के कुछ गुण तथा दोष हैं। इसके प्रमुख गुण (merits) निम्नांकित हैं—

(i) इस विधि में प्रयोग चूँकि वास्तविक परिस्थिति (real situation) जैसे—बस, रेलवे प्लेटफार्म, वर्ग, गली के कॉर्नर (street corner) आदि में किया जाता है, अतः इससे प्राप्त परिणाम जीवन के वास्तविक हालातों के लिए अधिक सही होता है तथा उसका सामान्यीकरण (generalization) बहुत ही विश्वास के साथ अधिकतर व्यक्तियों के लिए किया जाता है। दूसरे शब्दों में यह कहा जा सकता है कि क्षेत्र प्रयोग (field experiment) में बाह्य वैधता (external validity) अधिक होती है।

---

1. **"In the field experiment the researcher intervenes in a real world settings by introducing or manipulating the independent variable and assessing the resulting effects on the dependent variable."**

—Fisher : *Social Psychology*, 1982, p. 107

(ii) इस विधि में प्रयोगशाला प्रयोग विधि के ही समान स्वतंत्र चरों को जोड़-तोड़ (manipulation) किया जाता है तथा यथासम्भव बहिरंग चरों (extraneous variables) को भी नियंत्रित करके रखा जाता है। अतः यह कहा जा सकता है कि इस विधि में आन्तरिक वैधता (internal validity) भी बहुत हद तक बनी रहती है। इससे प्रयोग के परिणाम अधिक निर्भर योग्य हो जाते हैं।

इस विधि के कुछ प्रमुख दोष (demerits) निम्नांकित हैं—

(i) चूँकि क्षेत्र प्रयोग वास्तविक परिस्थिति में किया जाता है, अतः प्रयोगकर्त्ता सभी तरह के बहिरंग चरों(extraneous variables) का नियंत्रण उस सीमा तक नहीं कर पाता जिस सीमा तक एक प्रयोगशाला प्रयोगकर्त्ता प्रयोगशाला में कर पाता है। क्षेत्र प्रयोग करते समय बहुत-से ऐसे पर्यावरणी कारक (environmental factors) उत्पन्न हो जाते हैं, जो प्रयोगकर्त्ता के नियंत्रण से बाहर हो जाते हैं और आश्रित चर (dependent variable) को प्रभावित कर देते हैं। जैसे—क्षेत्र में प्रयोग करते समय ऐसा सम्भव है कि बगल से कोई बारात पार्टी बाजे-गाजे की धुन बजाते हुए गुजरे जिससे प्रयोग के सभी प्रयोज्यों (subjects) का ध्यान उस ओर चला जाय और उनको अपने कार्य का ध्यान ही न रहे।

(ii) क्षेत्र प्रयोग विधि में कभी-कभी स्वतंत्र चरों में जोड़-तोड़(manipulation) करना कठिन हो जाता है। फलस्वरूप प्रयोगकर्त्ता को लाचार होकर इस विधि का परित्याग कर प्रयोगशाला प्रयोग विधि अपनाना पड़ता है। जैसे—अगर कोई क्षेत्र प्रयोग (field experiment) इस प्राक्कल्पना (hypothesis) की जाँच करने के लिए किया जा रहा हो कि जब थके हुए व्यक्ति(tired people) काफी डर जाते हैं तो उनमें सम्बन्धन आवश्यकता(affiliation need) बिना थके हुए व्यक्ति के डर जाने की परिस्थिति में उत्पन्न संबंधन आवश्यकता से अधिक होती है, तो शायद यहाँ दोनों स्वतंत्र चरों अर्थात् डर एवं थकान को क्षेत्र (field) की परिस्थिति में जोड़-तोड़ (manipulate) करना सम्भव नहीं हो। हाँ, यदि प्रयोगशाला की परिस्थिति होती तो आराम की अवस्था तथा थकान की अवस्था में प्रयोज्यों को यादृच्छिक रूप से (randomly) आसानी से बाँट दिया जा सकता था और प्रयोग कर लिया जा सकता था। क्षेत्र (field) में इन दोनों अवस्थाओं का सृजन करके उसमें प्रयोज्यों को यादृच्छिक रूप से बाँटना किसी भी प्रयोगकर्त्ता के लिए एक टेढ़ी खीर है।

क्षेत्र प्रयोग विधि के गुण-दोषों का अध्ययन करने के बाद हम इस निष्कर्ष पर पहुँचते हैं कि क्षेत्र प्रयोग से प्राप्त परिणाम में सामान्यीकरण (generalization) का गुण बहुत अधिक होता है। परन्तु ध्यान रहे कि यह गुण एक महत्त्वपूर्ण बलिदान देने के बाद प्राप्त होता है और वह है बहिरंग चरों (extraneous variables) पर पूर्ण नियंत्रण का। वर्केल तथा कूपर[1] (Worchel & Cooper, 1979) ने ठीक ही कहा है, ''अतः क्षेत्र प्रयोग में परिणाम के सामान्यीकरण का गुण तो होता है, परन्तु उसमें यह गुण प्रायः बहिरंग चरों पर नियंत्रण की कुरबानी की कीमत पर विकसित होता है।''

3. स्वाभाविक प्रयोग विधि *(Natural experiment method)*—समाज मनोविज्ञान में स्वाभाविक प्रयोग विधि का भी प्रयोग किया जाता है। हाँ, इतना अवश्य है कि इस विधि का प्रयोग प्रथम दो विधियों के समान बहुत नहीं हुआ है। कभी-कभी समाज मनोवैज्ञानिकों को कुछ इस प्रकार के सामाजिक व्यवहारों का भी अध्ययन करना पड़ता है जिसमें स्वतंत्र चर (independent variable) तो होते हैं परन्तु कुछ नैतिक (moral) तथा कानूनी प्रतिबन्ध के कारण उसमें जोड़-तोड़ (manipulation) न तो प्रयोगशाला में किया जा सकता है और न ही क्षेत्र (field) में। जैसे—महामारी (epedemics), छुआछूत की बीमारियाँ (cantagious diseases), स्कूल या कॉलेज में असफलता, परिवार में किसी महत्त्वपूर्ण सदस्य की मृत्यु, बाढ़ (flood), भूकम्प (earthquake), पदोन्नति (promotion) आदि कुछ इस प्रकार के कारक (factors) हैं जिन्हें कोई भी प्रयोगकर्त्ता व्यक्तियों के व्यवहारों पर पड़ने वाले प्रभावों का अध्ययन करने के लिए अपनी ओर से उत्पन्न नहीं कर सकता है। अतः वह एक ऐसे समय तक इंतजार करता है जब इस प्रकार के प्राकृतिक कारक (natural factor) अपने आप उत्पन्न हो जाये ताकि उस समय वह व्यक्तियों के सामाजिक व्यवहार पर पड़ने वाले प्रभावों का अध्ययन कर सके तथा उससे सम्बन्धित आँकड़ों (data) का संकलन कर सके। इसे ही स्वाभाविक प्रयोग विधि (natural experiment method) की संज्ञा दी जाती है।

स्वाभाविक प्रयोग विधि के एक उदाहरण के रूप में हम लाइबरमैन (Lieberman, 1956)। द्वारा किये गये प्रयोग का उल्लेख कर सकते हैं। इस अध्ययन का मुख्य उद्देश्य यह देखना था कि व्यक्तियों की मनोवृत्ति कहाँ तक उसके भूमिका

---

1. "Hence, the field experiment provides the advantage of generalization of results but often achieves this advantage at the sacrifice of control over extraneous variables." —Worchel & Cooper : *Social Psychology*, 1979, p. 20

पद (role position) द्वारा प्रभावित होती है। जिस औद्योगिक संगठन (industrial organization) में वे यह अध्ययन कर रहे थे, उसमें कुछ सामान्य कर्मचारियों (rank-and-file employees) को पर्यवेक्षक (supervisor) के पद पर पदोन्नति कर दी गयी थी तथा कुछ कर्मचारियों को संघ (union) के प्रबन्धक (steward) के पद पर चुन लिया गया था। इसके बाद इन कर्मचारियों की मनोवृत्ति व्यवस्थापक (management) तथा संघ के प्रति मापी गयी। परिणाम में देखा गया कि जिन कर्मचारियों को पर्यवेक्षक का पद दे दिया गया था, उनकी मनोवृत्ति व्यवस्थापक के प्रति पहले से अधिक अनुकूल (favourbale) हो गयी तथा जिन कर्मचारियों को संघ का प्रबन्धक (steward) बना दिया गया था, उनकी मनोवृत्ति संघ (union) के प्रति पहले से अधिक अनुकूल हो गयी। फिर बाद में जब उस औद्योगिक संगठन में आर्थिक मंदता (economic depression) आ गयी तो कुछ पर्यवेक्षकों को पुनः पहले के पद पर पदावनत (demote) कर दिया गया और तब पाया गया कि उनकी मनोवृत्ति भी पहले के ही समान हो गयी, अर्थात् उनकी मनोवृत्ति अब व्यवस्थापक के प्रति उतनी अनुकूल नहीं रह गयी। परन्तु जिन पर्यवेक्षकों (supervisors) को पदावनत (demote) नहीं किया गया, उनकी मनोवृत्ति व्यवस्थापक के प्रति अनुकूल (favourable) ही बनी रही।

इस प्रयोग विधि के भी कुछ गुण तथा कुछ दोष हैं। इसके प्रमुख गुण (merits) निम्नांकित हैं—

(i) इस विधि में प्रयोग बिलकुल ही वास्तविक (real) परिस्थिति में किया जाता है। अतः इसके परिणाम की वैधता (validity) पर किसी प्रकार का कोई शक नहीं किया जा सकता है।

(ii) इस प्रयोग विधि में प्रयोगकर्त्ता को परियोजन (planning) कम करनी होती है तथा साथ-ही-साथ कोई विशेष नियंत्रण (control) की जरूरत नहीं पड़ती है।

इस प्रयोग विधि के प्रमुख दोष (demerits) निम्नांकित हैं—

(i) इस विधि में प्रयोगकर्त्ता को एक खास समय के लिए इन्तजार करना पड़ता है। जबतक कोई स्वाभाविक घटना (natural event) घट नहीं जाती है वह प्रयोग नहीं कर सकता है। इससे समय की काफी बर्बादी होती है। जैसे—यदि कोई समाज मनोवैज्ञानिक इस विधि द्वारा भूकम्प के दौरान व्यक्तियों में होने वाली सामाजिक अन्तःक्रियाओं (social interactions) का अध्ययन करना चाहता है तो उसे उस समय तक इन्तजार करना होगा जबतक कि भूकम्प न हो।

(ii) इस तरह के प्रयोग में प्रयोज्य (subjects) का चयन कोई वैज्ञानिक विधि द्वारा प्रायः नहीं होता है। जो कोई भी मिल जाता है, उसे प्रयोज्य बना लिया जाता है। इससे परिणाम दोषपूर्ण हो जाते हैं और उसपर निर्भरता कम हो जाती है।

(iii) इस तरह के प्रयोग में अनिश्चितता (uncertainty) अधिक होती है। प्रयोगकर्त्ता को यह पहले से मालूम नहीं रहता है कि अमुक स्वाभाविक परिस्थिति (natural situation) कब उत्पन्न होगी। जैसे—प्रयोगकर्त्ता को यह पहले से मालूम नहीं रहता कि अमुक समय में भूकम्प आयेगा या अमुक समय में कर्मचारियों की पदोन्नति होगी। फलस्वरूप, वह प्रयोग के बारे में कोई वैज्ञानिक कार्यक्रम तैयार नहीं कर पाता। इससे प्रयोग के परिणाम पर बुरा असर पड़ता है।

इस तरह से हम देखते हैं कि समाज मनोविज्ञान में प्रयोगात्मक विधि (experimental method) का उपयोग तीन उपविधियों के रूप में किया गया है। यद्यपि तीनों उपविधियों के अपने-अपने गुण-दोष हैं, फिर भी आधुनिक सामाजिक मनोवैज्ञानिक, प्रयोगशाला प्रयोग को सबसे ज्यादा पसन्द करते हैं। हाँ, जहाँ इस विधि का प्रयोग करने में पूरी असमर्थता उत्पन्न हो जाती है, वहाँ वे क्षेत्र प्रयोग विधि का सहारा लेते हैं। जहाँ तक स्वाभाविक प्रयोग विधि का प्रश्न है, इसकी बारम्बारता (frequency) इसमें व्याप्त कुछ कठिनाइयों के कारण काफी कम है।

प्रेक्षण विधि
(Observation Method)

समाज मनोविज्ञान में प्रेक्षण विधि द्वारा भी सामाजिक व्यवहार (social behaviour) का अध्ययन किया जाता है। समाज मनोवैज्ञानिक जब अध्ययन किये जाने वाले चर (variable) में जोड़-तोड़ (manipulation) नहीं कर पाते, तो वे इस विधि का सहारा लेते हैं। एक समाज मनोवैज्ञानिक दुश्चिंता (anxiety) के प्रभाव का अध्ययन करने के लिए प्रयोज्यों को एक ऐसी परिस्थिति (condition) में रखे जहाँ यह कहा जाय कि उनके पिता या माता की मृत्यु हो गयी है तो यह प्रयोगात्मक नैतिकता के विरुद्ध होगा। इसी तरह के अनेक ऐसे चर हैं जिनमें जोड़-तोड़ (manipulation)

करके उनके प्रभाव का अध्ययन नहीं किया जा सकता है। फलस्वरूप ऐसी परिस्थिति में समाज मनोवैज्ञानिक प्रेक्षण विधि (observation method) का सहारा अक्सर लेते हैं।

प्रेक्षण विधि में प्रेक्षक(observer) व्यक्तियों के व्यवहारों का प्रेक्षण(observation) प्रायः एक स्वाभाविक परिस्थिति (natural situation) में करता है। अब प्रश्न यहाँ उठता है कि प्रेक्षण (observation) किसे कहते है? प्रेक्षण वह प्रक्रिया है जिसमें प्रेक्षक (observer) व्यक्तियों के व्यवहारों को एक खास समय तक कभी हल्का हस्तक्षेप करते हुए तथा कभी बिना किसी तरह के हस्तक्षेप (intervention) किये ही देखता तथा सुनता है, उनका एक रिकार्ड (record) तैयार करता है जिसकी बाद में विश्लेषणात्मक व्याख्या (analytical interpretation) की जाती है। समाज मनोवैज्ञानिकों ने प्रेक्षण के कई प्रकार जैसे—क्रमबद्ध प्रेक्षण (systematic observation) तथा अक्रमबद्ध प्रेक्षण (unsystematic observation) और सहभागी प्रेक्षण(participant observation) तथा असहभागी प्रेक्षण(non-participant obsevation) बतलाया है। इन विभिन्न उपविधियों का वर्णन करने के पहले हम उन तीन पहलुओं (dimensions) का वर्णन करना उचित समझते हैं जो सभी तरह के प्रेक्षण में पाये जाते हैं। बिकमैन (Bickman, 1976) के अनुसार वे तीन पहलू निम्नांक़ित हैं—

1. छिपाव की मात्रा *(Degree of concealment)*—किसी भी समाज मनोवैज्ञानिक को प्रेक्षण विधि द्वारा सामाजिक व्यवहार के अध्ययन करने में इस बात का निर्णय करना होता है कि प्रेक्षक का परिचय (indentify) अन्य व्यक्तियों से जिनका प्रेक्षण किया जाने वाला है, गुप्त रखा जाय या बता दिया जाय।

2. प्रेक्षक की भूमिका *(Role of observor)*—समाज मनोवैज्ञानिक को या शेधकर्त्ता को यह भी निर्णय करना होता है कि प्रेक्षक को अन्य व्यक्तियों जिनका प्रेक्षण किया जाने वाला है, की सामाजिक अन्तःक्रियाओं (social interactions) के साथ हस्तक्षेप करना चाहिए या नहीं।

3. प्रेक्षण प्रक्रियाओं में संगठन की मात्रा *(Degree of structure in observational processes)*—शोधकर्त्ता को यह भी निर्णय लेना पड़ता है कि प्रेक्षण का स्वरूप संगठित (structured) होगा या असंगठित (unstructured) होगा। असंगठित प्रेक्षण में प्रेक्षक के लिए अन्य व्यक्तियों जिनका प्रेक्षण किया जाने वाला है, के साथ हुए अनुभव द्वारा प्राप्त विचार ही काफी होते हैं। परन्तु संगठित प्रेक्षण (structured observation) में व्यक्तियों के व्यवहारों की सार्थकता की जाँच प्रेक्षक अन्य ढंग से भी करता है।

रिस (Reiss, 1971) ने प्रेक्षण (observation) को वैज्ञानिक सूचनाएँ (information) उत्पन्न करने की क्षमता के आधार पर दो भागों में बाँटा है—अक्रमबद्ध प्रेक्षण (unsystematic observation) तथा क्रमबद्ध प्रेक्षण (systematic observation)। अक्रमबद्ध प्रेक्षण में प्रेक्षक व्यक्तियों के व्यवहारों का अध्ययन मात्र अपने दिन-प्रतिदिन के अनुभवों के ही आधार पर कर लेता है। प्रेक्षण करने में वह न तो कोई स्पष्ट नियम (explicit rules) को ही अपनाता है और न ही किसी वैज्ञानिक तार्किक क्रम (scientific logical sequence) पर अपने प्रेक्षण को आधारित करता है। जैसे—जब कोई शोधकर्त्ता बस में बैठे व्यक्तियों के भीड़-व्यवहार का अचानक प्रेक्षण करना शुरू कर देता है तो यह अक्रमबद्ध प्रेक्षण का एक उदाहरण होगा। इस तरह के प्रेक्षण का उपयोग समाज मनोविज्ञान में बहुत कम किया जाता है। क्रमबद्ध प्रेक्षण में, जैसा कि रिस (Riss) ने कहा है, प्रेक्षण का आधार एक निश्चित तथा स्पष्ट नियम होता है ताकि इस तरह के प्रेक्षण की पुनरावृत्ति (repetition) किया जा सके। इस तरह के प्रेक्षण की नियमावली एक वैज्ञानिक एवं तार्किक क्रम (logical sequence) का अध्ययन करने के लिए उन्हें एक खास जगह में ले जाता है और अपने पूर्वनियोजित कार्यक्रम के अनुसार कुछ इस प्रकार की क्रियाओं की शुरूआत करता है जिनमें बच्चे एक-दूसरे के प्रति आक्रमणशीलता दिखा सके तो यह क्रमबद्ध प्रेक्षण का उदाहरण होगा। समाज मनोविज्ञान में क्रमबद्ध प्रेक्षण का प्रयोग अपेक्षाकृत अधिक हुआ है।

प्रेक्षक (observer) द्वारा किये गये भूमिका (role) के अनुसार समाज मनोवैज्ञानिकों ने प्रेक्षण विधि को दो भागों में बाँटा है—सहभागी प्रेक्षण (participant observation) तथा असहभागी प्रेक्षण (nonparticipant observation)। समाज मनोवैज्ञानिकों द्वारा इन दोनों तरह की प्रेक्षण विधियों पर काफी बल डाला गया है तथा सामाजिक व्यवहार के भिन्न-भिन्न पहलुओं का अध्ययन इन दोनों विधियों द्वारा खुलकर किया गया है। इन दोनों विधियों का वर्णन इस प्रकार है—

(क) सहभागी प्रेक्षण (Participant Observation)

इस तरह के प्रेक्षण में प्रेक्षक व्यक्तियों के समूह की क्रियाओं में स्वयं हाथ बँटाता है और उनके व्यवहारों का प्रेक्षण भी करता जाता है। सचमुच में यहाँ प्रेक्षक का उद्देश्य व्यवहारों का ठीक से वस्तुनिष्ठ प्रेक्षण करना होता है और इस खयाल से ही वह समूह की क्रियाओं में हाथ बँटाता है। प्रायः प्रेक्षक व्यक्तियों के व्यहवार के हर पहलू के बारे में अपना विस्तृत रिकार्ड (record) तैयार करता है और बाद में उसका विश्लेषण करता है। इस विधि में प्रेक्षक व्यक्तियों के

समूह का पूर्णकालीन सदस्य (whole time member) भी बन कर कार्य कर सकता है या अंशकालीन सदस्य (part time member) बनकर भी कार्य कर सकता है। चाहे उनकी सदस्यता जिस प्रकार की हो, वह सक्रिय रूप से समूह की क्रियाओं में भाग लेता है। जब प्रेक्षक की भूमिका के बारे में व्यक्तियों को पता नहीं होता है, तो उसे *प्रच्छन्न सहभागी प्रेक्षण* (disguised participant observation) और जब लोगों को प्रेक्षक की भूमिका के बारे में पता होता है तो उसे अतिप्रच्छन्न सहभागी प्रेक्षण (undisguised participant observation) कहा जाता है। सहभागी प्रेक्षण (participant observation) प्रायः असंरचित या असंगठित (unstructured) होता है। दूसरे शब्दों में, इस विधि में प्रेक्षक को इस बात की छूट होती है कि वह स्वयं ही यह निश्चय करे कि उसे क्या प्रेक्षण करना है, उसे कैसे रिकार्ड करना है, आदि-आदि। इस तरह की प्रेक्षण विधि में प्रेक्षक अपना परिचय सदस्यों से प्रायः छिपा कर रखता है, या वह कोई ऐसे भूमिका (role) अपना कर समूह में प्रवेश करता है जिससे प्रेक्षण किये जाने वाले सामाजिक व्यवहार का पैटर्न प्रभावित न हो। लेकिन यह कोई जरूरी नहीं है कि वह अपना परिचय हमेशा छिपाकर ही रखे। हाँ, ऐसा करने से उसे कुछ लाभ अवश्य होता है, इसलिए प्रायः वह अपना परिचय छिपाकर ही रखता है। सबसे बड़ा लाभ यह है कि जब व्यक्तियों को यह पता नहीं होता है कि उनके बीच कोई एक प्रेक्षक भी है जो उनके व्यवहारों का प्रेक्षण कर रहा है, तो वह बिलकुल ही स्वाभाविक ढंग से व्यवहार करता है। उसके भिन्न-भिन्न व्यवहारों के पैटर्न में कोई दिखावापन नहीं होता है। रोजेनहान (Rosenhan, 1973) द्वारा सहभागी प्रेक्षण के सहारे एक महत्त्वपूर्ण अध्ययन किया गया जिसमें सहभागी प्रेक्षकों (participant observers) ने एक मनश्चिकत्सीय अस्पताल (Psychiatric hospital) में रोगी (patient) बनकर कुछ दिनों तक प्रेक्षण किया और उस अस्पताल के सामान्य कार्यों के बारे में महत्त्वपूर्ण जानकारी दी।

सहभागी प्रेक्षण के कुछ गुण तथा दोष हैं। इसके प्रमुख गुण (merits) निम्नांकित हैं—

(i) इस तरह के प्रेक्षण में प्रेक्षक व्यक्तियों के व्यवहारों का प्रेक्षण एक स्वाभाविक संदर्भ (natural context) में करता है। फलस्वरूप, वह व्यक्तियों के प्रत्येक व्यावहारिक पहलू जिससे किसी व्यवहार का विशेष अर्थ समझा जा सकता है, को सही-सही रिकार्ड कर उसका विश्लेषण करने में समर्थ होता है। इससे उसके परिणाम की सार्थकता काफी बढ़ जाती है।

(ii) प्रायः यह देखा गया है कि सहभागी प्रेक्षण कई दिनों तक चलता है। परिणामस्वरूप, इससे जो सूचनाएँ प्राप्त होतीं हैं, वे काफी विस्तृत तथा अर्थपूर्ण होतीं हैं। उनका विश्लेषण करने से प्राप्त परिणाम प्रश्नावली विधि से प्राप्त सूचनाओं से मिले परिणाम से कहीं अधिक अर्थपूर्ण होता है।

इस विधि के प्रमुख अवगुण (demerits) निम्नांकित हैं—

(i) चूँकि प्रेक्षक इस विधि में समूह की क्रियाओं में सक्रिय भाग लेता है, (जबकि वह जानता है कि उसे इन क्रियाओं से कोई मतलब नहीं है) इसलिए, धीरे-धीरे वह समूह में अपना एक विशेष पद (position) बना लेता है और अपनी सक्रियता कम कर देता है। परिणामस्वरूप, वह वास्तव में बहुत-सी सामाजिक अन्तःक्रियाओं (social interactions) को रिकार्ड करना ही भूल जाता है और इस तरह से उसका प्रेक्षण दोषपूर्ण हो जाता है। इतना ही नहीं, वह अपने विशेष भूमिका (role) द्वारा समूह के पूरे सदस्यों के व्यवहार के पैटर्न को ही कभी-कभी बदल देता है।

(ii) प्रेक्षक धीरे-धीरे अपनी मानवीय कमजोरियों (human weaknesses) को दिखाना शुरू कर देता है। प्रायः यह देखा गया है कि कुछ समय के बाद प्रेक्षक समूह के अन्य व्यक्तियों के साथ सांवेगिक रूप से (emotionally) उलझ (involve) जाता है, वह किसी दुःखद घटना के होने पर अन्य सदस्यों के साथ सहानुभूति दिखलाने लगता है। व्यक्तियों के व्यवहार पर इन घटनाओं के प्रभाव को रिकार्ड करना भूलकर वह अपना समय सहानुभूति दिखलाने में व्यर्थ बर्बाद कर देता है। जितना ही सांवेगिक उलझन (emotional involvement) का स्तर अधिक होता है, उसके प्रेक्षण में आत्मनिष्ठता (subjectivity) उतनी ही अधिक बढ़ जाती है।

(iii) सहभागी प्रेक्षण से प्राप्त आँकड़ों में माननीकरण (standardization) कम होता है। इसका कारण यह है कि धीरे-धीरे प्रेक्षक का अनुभव इस हद तक बदल जाता है कि वह व्यक्तियों के व्यवहारों का सही-सही प्रेक्षण नहीं कर पाता। फलस्वरूप, दूसरे प्रेक्षक द्वारा किया गया प्रेक्षण पहले प्रेक्षक के प्रेक्षण से काफी भिन्न हो जाता है।

(iv) सहभागी प्रेक्षण में चूँकि प्रेक्षक किसी तरह का जोड़-तोड़ (manipulation) नहीं कर सकता है, अतः उसे उस समय तक इन्तजार करना होता है जबतक कि सदस्यों द्वारा अमुक तरह की सामाजिक अन्तःक्रिया (social interactions) स्वयं न कर ली जाय। इससे समय की काफी बर्बादी होती है। यह अवगुण असहभागी प्रेक्षण (nonparticipant observation) के साथ भी सही उतरता है।

(ख) असहभागी प्रेक्षण (Nonparticipant Observation)

असहभागी प्रेक्षण द्वारा भी समाज मनोवैज्ञानिकों ने भिन्न-भिन्न तरह के सामाजिक अन्तःक्रियाओं (social interactions) का अध्ययन किया है। असहभागी प्रेक्षण वह विधि है जिसमें प्रेक्षक किसी सामाजिक व्यवहार का प्रेक्षण स्वाभाविक परिस्थिति (natural settings) में करता है परन्तु प्रेक्षण किये जाने वाले व्यवहारों या क्रियाओं को करने में वह हाथ नहीं बँटाता है। इस तरह का प्रेक्षण (observation) संगठित या संरचित (structured) होता है। फलस्वरूप, प्रेक्षक पहले से इस बात की पूर्वयोजना कर लेता है कि स्वाभाविक परिस्थिति का स्वरूप कैसा होगा, प्रेक्षकों की उपस्थिति से उत्पन्न होने वाला समस्याओं का समाधान कैसे किया जा सकता है, आँकड़ों में कहाँ तक सादृश्यमूलतः (representativeness) होगी, आदि। इस तरह से हम देखते हैं कि असहभागी प्रेक्षण (nonparticipant observation) सहभागी प्रेक्षण (participant observation) से भिन्न है। इन दोनों में प्रमुख विभिन्नता निम्नांकित हैं—

(i) यद्यपि सहभागी प्रेक्षण तथा असहभागी प्रेक्षण दोनों ही स्वाभाविक परिस्थितियों (natural settings) में ही किये जाते हैं, फिर भी पहले तरह के प्रेक्षण में प्रेक्षक व्यक्तियों की क्रियाओं के साथ सक्रिय भाग लेता है जबकि दूसरे तरह के प्रेक्षण में वह ऐसी क्रियाओं के साथ भाग नहीं लेता है। निष्क्रिय रूप से (passively) वह इन क्रियाओं का मात्र प्रेक्षण करता है।

(ii) सहभागी प्रेक्षण (participant observation) में प्रेक्षक का परिचय प्रायः छिपा रहता है परन्तु असहभागी प्रेक्षण में प्रेक्षक प्रायः व्यक्तियों के समूह के बीच बैठकर उनके व्यवहारों का प्रेक्षण करता है, अतः उनका परिचय छिपा रहने का प्रश्न ही नहीं उठता है। हाँ, कुछ ऐसे अध्ययन समाज मनोवैज्ञानिकों द्वारा अवश्य किये गये हैं जिनमें असहभागी प्रेक्षण की विधि तो अपनायी गयी है परन्तु साथ-ही-साथ प्रेक्षक एक तरफा-शीशा (one-way glass) के पीछे छिपा रहता है जहाँ वह सभी व्यक्तियों के व्यवहारों का तो प्रेक्षण करता है परन्तु उसे कोई नहीं देख पाता है।

(iii) सहभागी प्रेक्षण (participant observation) असंगठित या असंरचित (unstructured) होता है जबकि असहभागी प्रेक्षण संगठित या संरचित (structured) होता है।

समाज मनोविज्ञान में असहभागी प्रेक्षण विधि का उपयोग प्रायः संवर्ग तंत्र (category system) के सहारे किया गया है। संवर्ग तंत्र विधि (category system method) में प्रेक्षक (observer) किसकी दिये हुए व्यवहार की बारंबारता (frequency) को एक विशेष सामाजिक अन्तःक्रिया (social interaction) के दौरान रिकार्ड करता है। सबसे महत्त्वपूर्ण संवर्ग तंत्र (category system) का विकास बेल्स (Bales, 1950) ने किया है जिसे *'अन्तःक्रिया प्रक्रिया विश्लेषण'* (Interaction Process Analysis) की संज्ञा दी गयी है। बेल्स के इस तंत्र (system) में कुल बारह प्रकार के प्रेक्षणों (observations) का रिकार्ड किया जाता है जिसे बेल्स ने चार प्रमुख भागों में बाँटा है—सामाजिक सांवेगिक धनात्मक क्षेत्र (social emotional positive area), सामाजिक-सांवेगिक ऋणात्मक क्षेत्र (social emotional negative area), कार्यक्षेत्रः प्रश्न (task-area : question) तथा कार्यक्षेत्र : उत्तर (task-area : answer)। इस संवर्ग तंत्र में प्रेक्षक व्यक्तियों के छोटे समूह (small group) में बैठकर उनकी अन्तःक्रियाओं का प्रेक्षण उपर्युक्त संवर्ग (category) में करता है। बाद में फ्लेण्डर्स (Flanders, 1970) ने बेल्स की इस 'अन्तःक्रिया प्रक्रिया विश्लेषण' का अनुकूलन (adaptation) वर्ग में छात्र-शिक्षक अन्तःक्रियाओं का प्रेक्षण करने के लिए किया। फ्लेण्डर्स प्रविधि (Flander's technique) में प्रेक्षण के लिए कुछ दश संवर्ग (category) हैं।

कुछ वैज्ञानिकों का मत है कि असहभागी प्रेक्षण कभी भी पूर्णरूपेण असहभागी (nonparticipant) नहीं हो सकता है। प्रेक्षक को किसी-न-किसी ढंग से व्यक्तियों के साथ कार्य में कुछ-न-कुछ हिस्सा अवश्य बाँटना पड़ता है। अतः असहभागी प्रेक्षण को गुडे तथ हाट (Goode & Hatt, 1981) ने *अर्द्ध-असहभागी प्रेक्षण* (quasi-nonparticipant observation) कहा है।

असहभागी प्रेक्षण के कुछ गुण तथा दोष हैं। इसके प्रमुख गुण (merits) निम्नांकित हैं—

(i) असहभागी प्रेक्षण चूँकि संरचित या संगठित (structured) होता है, इसलिए इससे प्राप्त आँकड़े अधिक विश्वसनीय (reliable), निरूपक (representative) तथा निर्भर योग्य होते हैं। संरचित होने से प्रेक्षक प्रेक्षण के भिन्न-भिन्न पहलुओं (aspects) के बारे में अच्छी तरह से सोच-विचार करता है और उससे सम्बन्धित सभी प्रक्रियाओं के बारे में पहले से एक निर्णय कर रखता है।

(ii) असहभागी प्रेक्षण में प्रेक्षक सामाजिक व्यवहार के किसी विशेष पहलू पर अधिक ध्यान दे पाता है तथा उससे सम्बन्धित जाँच प्रश्नों (probe questions) का समाधान ढूँढ़ने के लिए उसे अधिक-से-अधिक अवसर भी मिलता है। इसलिए कुछ समाज मनोवैज्ञानिकों ने इसे सहभागी प्रेक्षण की तुलना में अधिक वैज्ञानिक माना है।

असहभागी प्रेक्षण के प्रमुख अवगुण (demerits) निम्नांकित हैं—

(i) असहभागी प्रेक्षण का सबसे बड़ा दोष जो कुछ समाज मनोवैज्ञानिकों ने बतलाया है, वह यह है कि इस तरह के प्रेक्षण में व्यक्तियों का व्यवहार जिसका प्रेक्षण किया जा रहा है, बिलकुल स्वाभाविक (natural) नहीं होता है क्योंकि व्यक्तियों के मन में हमेशा यह बात रहती है कि उनके व्यवहार का प्रेक्षण किया जा रहा है। परन्तु यह आलोचना सभी समाज मनोवैज्ञानिकों को मान्य नहीं है। कुछ समाज मनोवैज्ञानिकों का कहना है कि यह आलोचना बहुत महत्त्वपूर्ण नहीं है क्योंकि दो-तीन दिन के बाद से व्यक्तियों का व्यवहार बिलकुल ही सामान्य एवं स्वाभाविक हो जाता है। इतना ही नहीं, ऐसा कोई प्रयोगात्मक सबूत नहीं है जिसके आधार पर यह कहा जाय कि असहभागी प्रेक्षण में प्रेक्षक की उपस्थिति से अध्ययन किये जाने वाले व्यवहार की स्वाभाविकता (naturalness) प्रभावित हो जाता है। ब्लैक एवं चैम्पियन[1] (Black & Champion, 1976) के अनुसार, ''अभी तक कोई ऐसा सबूत नहीं है जिसके आधार पर यह कहा जाय कि असहभागी प्रेक्षक की उपस्थिति का कुप्रभाव अध्ययन किये जाने वाले व्यवहार पर पड़ता है।''

(ii) कुछ समाज मनोवैज्ञानिकों ने यह भी कहा है कि जिस तरह सहभागी प्रेक्षण में परिस्थिति (situation) बिलकुल ही स्वाभाविक होता है, उसी तरह की परिस्थिति असहभागी प्रेक्षण में नहीं हो पाती है। इस परिस्थिति में उपस्थित सभी व्यक्ति इस बात से काफी सचेत रहते हैं कि कोई अजूबा व्यक्ति उनके बीच है जो पता नहीं क्या-क्या देख रहा, सुन रहा है तथा समझ रहा है।

इस तरह से हम देखते हैं कि प्रेक्षण विधि का प्रयोग समाज मनोवैज्ञानिक सामाजिक व्यवहार के अध्ययन में सहभागी (participant) या असहभागी (nonparticipant) रूप में करते हैं। इस विधि की सफलता इस बात पर निर्भर करती है कि प्रेक्षक उचित विधि अपनाकर सामाजिक व्यवहार का अध्ययन करता है या नहीं। सहभागी प्रेक्षण तथा असहभागी प्रेक्षण में कौन अधिक उचित होगा, यह इस बात पर निर्भर करता है कि किस सामाजिक व्यवहार का अध्ययन किस तरह की परिस्थिति (situation) में किस उद्देश्य से किया जा रहा है। सामान्यतः समाज मनोवैज्ञानिक सहभागी प्रेक्षण का उपयोग उसी परिस्थिति में अधिक करते हैं जब वे किसी दूसरे स्रोत से आँकड़ों का संग्रहण नहीं कर सकते हैं।

सर्वे विधि
(Survey Method)

सर्वे विधि का प्रयोग समाज मनोवैज्ञानिकों द्वारा काफी किया गया है। सर्वे विधि वह विधि है जिसमें शोधकर्त्ता एक प्रतिनिधिक प्रतिदर्श (representative sample) लेकर किसी सामाजिक समस्या (social problem) के प्रति व्यक्तियों की मनोवृत्ति, मत, विचार आदि का अध्ययन साक्षात्कार (interview) द्वारा या प्रश्नावली (questionnaire) द्वारा करता है। सर्वे विधि में प्रायः एक बड़ी जनसंख्या (population) के भिन्न-भिन्न वर्गों के लोगों को प्रतिदर्श के रूप में सम्मिलित किया जाता है। जैसे—यदि कोई शोधकर्त्ता टेलीविजन पर दिखलाये जाने वाले फिचर फिल्म के गुण(quality) के प्रति लोगों की राय जानने के लिए सर्वे विधि का उपयोग करता है, तो इस अध्ययन में वह अपने प्रतिदर्श (sample) में भारत के प्रत्येक राज्य से कुछ व्यक्तियों का चयन करेगा। फिर प्रत्येक राज्य से चुने गये व्यक्ति प्रत्येक वर्ग, धर्म, आय समूह (income group), उम्र समूह (age group) से लिए जायेंगे। चयन (selection) प्रत्येक स्तर पर जहाँ तक सम्भव हो, यादृच्छिक ढंग से (randomly) होगा। ऐसा होने से अध्ययन किये जाने वाले व्यक्तियों का जो समूह यानी प्रतिदर्श (sample) तैयार होगा, वह एक प्रतिनिधिक प्रतिदर्श (representative sample) होगा। सर्वे विधि द्वारा अध्ययन करने में एक प्रतिनिधिक प्रतिदर्श पर इसलिए जोर डाला जाता है कि इस तरह के प्रतिदर्श से प्राप्त निष्कर्ष पूरी जनसंख्या (whole population) के लिए अधिक सही एवं उचित होगा। सर्वे विधि में कौन विषय (topic) का

1. "There is no evidence, however, that the presence of the nonparticipant observer will have any determinental effect on the behaviour under study."—Black & Champion : *Method and Issues in Social Research,* 1976, p. 334

अध्ययन किया जायेगा और किस तरह के व्यक्ति उसमें सम्मिलित किये जायेंगे, यह सर्वे के उद्देश्य (objectives) पर निर्भर करता है। सर्वे का उद्देश्य मात्र वर्णनात्मक(descriptive) भी हो सकता है या सहसम्बन्धात्मक(correlational) भी हो सकता है। जैसे—ऊपर दिये गये उदाहरण में सर्वे का उद्देश्य मात्र वर्णनात्मक है। परन्तु जब सर्वे का उद्देश्य यह देखना होगा कि क्या सामाजिक-आर्थिक स्तर(socio-economic status) तथा टेलीविजन के प्रोग्राम देखने वाले व्यक्तियों की संख्या में कोई सहसम्बन्ध है, तो यह एक सहसम्बन्धात्मक उद्देश्य का उदाहरण होगा।

ऊपर वर्णन किये गये तथ्यों के आधार पर सर्वे विधि की प्रमुख विशेषताओं का संक्षेपण इस प्रकार प्रस्तुत किया जा सकता है—

(i) सर्वे विधि में शोधकर्त्ता सामान्य जनसंख्या के भिन्न-भिन्न वर्गों से व्यक्तियों का यथासम्भव यादृच्छिक रूप से (randomly) चयन करके एक प्रतिनिधिक प्रतिदर्श (representative sample) तैयार करता है।

(ii) सर्वे विधि का उद्देश्य वर्णनात्मक (descriptive) भी हो सकता है या सहसंबधात्मक (correlational) भी।

(iii) सर्वे विधि में आँकड़ो का संग्रह प्रायः साक्षात्कार (interview) द्वारा या डाक प्रश्नावली (main questionnaire) द्वारा किया जाता है।

समाज मनोविज्ञान में सर्वे शोध (survey research) के कई प्रकार बतलाये गए हैं जिनमें निम्नांकित प्रमुख हैं—

(i) संगणना सर्वे (Census survey)

(ii) प्रतिदर्श सर्वे (Sample survey)

इन दोनों तरह के सर्वे का वर्णन निम्नांकित है—

1. संगणना सर्वे *(Census Survey)*—जैसा कि नाम से ही स्पष्ट है, इस तरह के सर्वे में किसी शहर या गाँव के पूरे जीवसंख्या (population) का अध्ययन किया जाता है। शोधकर्त्ता यहाँ जीवसंख्या से अध्ययन के लिए कुछ व्यक्तियों का चयन (selection) नहीं करता है बल्कि सभी व्यक्तियों के विचारों या मतों से अवगत होने की कोशिश करता है। उदाहरणस्वरूप, कोई समाज मनोवैज्ञानिक यह जानने का प्रयास यदि करता है कि पटना शहर में कितने लोग ऐसे हैं जो प्रत्येक रविवार के दिन दूरदर्शन पर फिचर फिल्म देखते हैं, उनमें कितनी महिलाएँ और कितने पुरुष हैं, उनकी आयु क्या है, उनकी सामाजिक-आर्थिक स्तर क्या है, उनमें कितने शिक्षित तथा कितने अशिक्षित हैं, आदि-आदि तो यह संगणना सर्वे का एक उदाहरण होगा।

सामान्यतः संगणना सर्वे का उपयोग एक समाजशास्त्री द्वारा अधिक किया जाता है। इसमें व्याप्त कुछ कठिनाइयों के कारण इसका प्रयोग अधिक नहीं होता है। सामान्यतः ऐसे शोध में समय अधिक लगता है तथा खर्च भी काफी पड़ता है। अतः इसका प्रयोग समाज वैज्ञानिक (social scientist) कम ही कर पाते हैं।

2. प्रतिदर्श सर्वे *(Sample Survey)*—इस तरह के सर्वे का प्रयोग समाज मनोविज्ञान में अधिक होता है। समाज मनोवैज्ञानिक किसी शहर या गाँव या कई गाँव या शहर मिलाकर व्यक्तियों के एक जीव संख्या (population) को परिभाषित करते हैं। इसके बाद उस जीवसंख्या से कुछ व्यक्तियों को निष्पक्ष भाव से या यादृच्छिक ढंग से (randomly) या कभी-कभी सुविधानुसार भी चुन लेते हैं। इस प्रतिदर्श का अध्ययन करके वह जिन तथ्यों या निष्कर्षों को प्राप्त करता है, उसे वह पूरे जीवसंख्या के लिए वैध (valid) मान लेता है। प्रतिदर्श जितना ही अधिक जीवसंख्या का प्रतिनिधिक (representative) होता है, प्राप्त निष्कर्ष उतना ही जीवसंख्या के लिए उपयुक्त एवं वैध होता है।

प्रतिदर्श सर्वे में व्यावहारिकता का गुण होता है क्योंकि इसमें समय, धन एवं परिश्रम की काफी बचत होती है।

सर्वे विधि में समाज मनोवैज्ञानिकों तथा समाजशास्त्रियों (sociologists) द्वारा मूल रूप से चार प्रविधियों (techniques) का प्रयोग किया जाता है जिसका विवरण यहाँ आवश्यक है—

1. साक्षात्कार सर्वे *(Interviw Survey)*—साक्षात्कार सर्वे (Interview survey) में प्रशिक्षित भेंटकर्त्ता (interviewer) होते हैं जो प्रायः यादृच्छिक रूप से (randomly) चुने गये व्यक्तियों के एक निश्चित समूह से किसी समस्या से सम्बन्धित प्रश्न करते हैं। प्रत्येक व्यक्ति द्वारा दिये गये उत्तरों का सही-सही रिकार्ड कर उनका बाद में विश्लेषण करते हैं। कैनेल तथा कान[1] (Cannell & Kahn, 1968) के शब्दों में साक्षात्कार सर्वे को इस प्रकार पारिभाषित किया

1. Interview survey is, "a two-person conversation, initiated by the interviewer for the specific purpose of obtaining research relevant information, and focused by him on contents specified by research objectives of systematic description, prediction or explanation." —Cannell & Kahn : *Interviewing,* 1968, p. 597.

जा सकता है, ''साक्षात्कार सर्वे दो व्यक्तिक वार्तालाप है जिसकी शुरूआत भेंटकर्त्ता शोध-संगत सूचनाएँ (research relevant information) प्राप्त करने के उद्देश्य से आरंभ करता है और क्रमबद्ध वर्णन, पूर्वकथन (prediction) या व्याख्या करने के शोध उद्देश्य द्वारा उल्लेखित विषयों (contents) पर केन्द्रीभूत करता है।'' इस परिभाषा से स्पष्ट है कि साक्षात्कार में भेंटकर्त्ता परिस्थिति पर नियंत्रण रखते हुए शोध उद्देश्य के विषयों पर व्यक्तियों से कुछ सूचनाएँ प्राप्त करता है। समाज मनोविज्ञान में इस विधि का प्रयोग मनोवृत्ति, मूल्य (values), व्यक्तियों के बीते हुए अनुभवों एवं व्यवहारों आदि के अध्ययन में किया जाता है।

जब किसी समस्या के प्रति व्यक्तियों की मनोवृत्ति, विचार, मत आदि जानने के लिए समाज मनोवैज्ञानिक साक्षात्कार सर्वे का सहारा लेते हैं, तो उन्हें पहले उस समस्या से सम्बन्धित प्रश्नों की एक मानक सूची (standard list) तैयार करनी पड़ती है। इन्हीं प्रश्नों को वे व्यक्तियों से एक-एक करके पूछते हैं। ऐसी सूची को समाज मनोविज्ञान में साक्षात्कार अनुसूची (interview schedule) कहा जाता है। प्रश्नों की सूची कभी-कभी असंगठित (unstructured) होता है और कभी-कभी काफी संगठित (structured)। पहले तरह के साक्षात्कार सर्वे को असंगठित साक्षात्कार (unstructured interview) तथा दूसरे तरह के साक्षात्कार सर्वे को संगठित साक्षात्कार(structured interview) कहा जाता है। असंगठित साक्षात्कार में भेंटकर्त्ता प्रश्नों में आवश्यकतानुसार कुछ परिवर्तन कर लेता है परन्तु संगठित साक्षात्कार में भेंटकर्त्ता इस ढंग का परिवर्तन नहीं कर सकता है और साथ ही सभी व्यक्तियों से प्रश्नों के पूछने का क्रम (sequence) भी पहले से ही निश्चित कर रखता है। भेंटकर्त्ता प्रायः दो तरह के प्रश्नों का निर्माण करते हैं—मुक्तोत्तर प्रश्न (open-ended question) तथा बंद प्रश्न(closed questions)। मुक्तोत्तर प्रश्न में व्यक्ति को प्रश्नों का उत्तर देने के तरीकों(manner) पर कोई प्रतिबन्ध नहीं होता है। वह एक शब्द या अनेक शब्दों में भी उत्तर दे सकता है। अपनी इच्छानुसार वह उत्तर देने में किसी भी शब्द का प्रयोग कर सकता है। परन्तु बंद-प्रश्न के उत्तर देने के लिए व्यक्ति को पहले से दिये गये उत्तरों में से चुनकर अपना उत्तर देना होता है। इसमें वह अपनी इच्छानुसार किसी नये शब्द का प्रयोग नहीं कर सकता है। प्रायः साक्षात्कार सर्वे में व्यक्तियों का ऐसा समूह चुना जाता है जो लगभग प्रत्येक वर्ग के व्यक्तियों का प्रतिनिधित्व कर सके। इतना ही नहीं, व्यक्तियों को चुनने की प्रक्रिया भी प्रायः यादृच्छिक (random) ही हुआ करती है। ऐसा होने से साक्षात्कार सर्वे से प्राप्त निष्कर्ष को बहुत सारे व्यक्तियों के लिए सही ठहराया जा सकता है।

साक्षात्कार सर्वे के कुछ गुण तथा अवगुण हैं।

इसके प्रमुख गुण (merits) निम्नांकित हैं—

(i) चूँकि साक्षात्कार सर्वे में व्यक्तियों को बोलकर (न कि लिखकर) अपना विचार प्रकट करना होता है, अतः इसका प्रयोग करीब-करीब सभी तरह के व्यक्तियों (गूंगों को छोड़कर) पर किया जा सकता है।

(ii) साक्षात्कार सर्वे में व्यक्तियों को प्रश्नों का उत्तर देने के लिए अधिक प्रोत्साहित भी किया जा सकता है। जहाँ व्यक्ति किसी कारण से प्रश्नों का जवाब छिपा लेना चाहता है, भेंटकर्त्ता अपनी कुशलता का प्रयोग कर उसे अधिक प्रोत्साहित करता है और साथ-ही-साथ उसे उत्तर देने में मदद करता है।

(iii) साक्षात्कार सर्वे में सर्वे की अन्य विधि जैसे डाक-प्रश्नावली (mail questionnaire) की अपेक्षा प्रश्नों का उत्तर देना व्यक्ति जल्द पूरा कर लेता है। अतः इस विधि द्वारा संगत सूचनाएँ (relevant information) जल्द प्राप्त हो जाती है।

साक्षात्कार सर्वे (interview survey) के प्रमुख अवगुण (demerits) निम्नांकित हैं—

(i) साक्षात्कार सर्वे से भेंटकर्त्ता को व्यक्तियों द्वारा दिये गये शाब्दिक अनुक्रियाओं (verbal responses) पर निर्भर करना पड़ता है। ऐसा सम्भव है कि व्यक्ति अपने वास्तविक जीवन में इन शाब्दिक अनुक्रियाओं के अनुसार सचमुच में व्यवहार नहीं करता हो। ऐसी परिस्थिति में साक्षात्कार सर्वे द्वारा प्राप्त परिणाम पर अधिक भरोसा नहीं किया जा सकता है। जैसे—कोई व्यक्ति भेंटकर्त्ता को यह बतलाता है कि उसे सहशिक्षा (coeducation) पसंद है जबकि सच्चाई यह हो सकती है कि वह इसे काफी नापसद करता हो तथा सहशिक्षा संस्थाओं को घृणा की दृष्टि से देखता हो। ऐसी परिस्थिति में भेंटकर्त्ता द्वारा उनके उत्तरों के आधार पर निकाला गया परिणाम अधिक निर्भर योग्य नहीं होगा।

(ii) प्रायः यह देखा गया है कि जब कई भेंटकर्त्ता (interviewers) मिलकर कोई अध्ययन करते हैं तो उनमें आपस में व्यकितयों के व्यवहारों के बारे में इतनी अधिक विभिन्नताएँ पायी जाती हैं कि उसके आधार पर कोई निश्चित निष्कर्ष पर पहुँचना काफी कठिन हो जाता है। यह बात विशेषकर उस परिस्थिति में अधिक होती है जब भेंटकर्त्ता द्वारा असंगठित साक्षात्कार (unstructured interview) किया जा रहा हो। प्रत्येक भेंटकर्त्ता व्यक्ति के एक

ही व्यवहार का अर्थ अपने पूर्वाग्रह के कारण अपने-अपने ढंग से लगाने लगते हैं। इससे आपस में विभिन्नता बढ़ जाती है और किसी निश्चित निष्कर्ष पर पहुँचना सम्भव नहीं हो पाता है।

(iii) यद्यपि ऐसा कहा जाता है कि साक्षात्कार सर्वे में अपेक्षाकृत कम समय लगता है लेकिन सच्चाई यह है कि साक्षात्कार के आधार पर प्राप्त आँकड़ों का विश्लेषण कर उससे निष्कर्ष निकालना एक बहुत ही समय लेने वाला (time-consuming) कार्य होता है। समाज मनोवैज्ञानिकों का ऐसा अंदाज है कि एक घंटे का साक्षात्कार सर्वे से प्राप्त आँकड़ों का पूर्ण विश्लेषण करने के लिए करीब-करीब 7 से 9 घंटे का समय लगता है।

2. प्रश्नावली सर्वे (*Questionnaire Survey*)—सर्वे विधि में प्रश्नावली (questionnaire) विशेषकर डाक प्रश्नावली (mail questionnaire) का प्रयोग समाज मनोवैज्ञानिकों द्वारा अधिक किया जाता है। इस विधि में शोधकर्त्ता (research worker) जिस सामाजिक समस्या के बारे में अध्ययन किया जाना है, उससे सम्बन्धित कुछ प्रश्नों (questions) को तैयार कर लेता है और उसे एक पुस्तिका (booklet) के रूप में छपवाकर उन व्यक्तियों को डाक (post) द्वारा भेज देता है जिनका विचार या मत उन्हें प्राप्त करना होता है। ऐसी उम्मीद की जाती है कि व्यक्ति पुस्तिका के प्रत्येक प्रश्न को स्वयं पढ़ेगा और उसका उत्तर देकर पुनः शोधकर्त्ता को डाक द्वारा लौटा देगा। इस विधि में भी शोधकर्त्ता व्यक्तियों के समूह का चयन प्रायः यादृच्छिक रूप से (randomly) करता है। इस विधि का प्रयोग महत्त्वपूर्ण सामाजिक समस्या जैसे तलाक (divorce), गरीबी, वेश्यावृत्ति आदि के अध्ययन में तथा साथ-ही-साथ मनोवृत्ति, पूर्वचुनाव मत (pre-election opinion) जानने में काफी किया गया है।

डाक प्रश्नावली विधि के कुछ गुण तथा अवगुण भी हैं। इसके प्रमुख गुण (merits) निम्नांकित हैं—

(i) इस विधि के द्वारा बहुत कम समय में भिन्न-भिन्न स्थानों में रहने वाले व्यक्तियों के मतों एवं विचारों का अध्ययन आसानी से कर लिया जाता है। अतः इस विधि द्वारा अध्ययन करने में समय का काफी बचत है।

(ii) इस विधि में बहुत सारे उन समस्याओं का अपने आप निदान हो जाता है जो साक्षात्कार सर्वे विधि में भेंटकर्त्ता (interviewer) से सम्बन्धित होती है। जैसे—कुछ समस्याएँ भेंटकर्त्ता की अपनी व्यक्तिगत पूर्व धारणा से सम्बन्धित होती है जिसके कारण अध्ययन का परिणाम विश्वसनीय नहीं हो पाता है। डाक प्रश्नावली विधि में इस तरह की समस्या तथा इससे सम्बन्धित कोई दूसरा समस्या उत्पन्न होने का प्रश्न ही नहीं उठता है।

(iii) डाक प्रश्नावली में उत्तरदाता से सीधे सम्पर्क करने से सम्बन्धित समस्याएँ अपने आप समाप्त हो जाती है क्योंकि इसमें उत्तरदाताओं से सीधे सम्पर्क स्थापित करने की जरूरत पड़ती ही नहीं है।

इन प्रमुख गुणों के बावजूद डाक प्रश्नावली के कुछ अवगुण (demerits) हैं जो निम्नाकित हैं—

(i) डाक प्रश्नावली का सबसे महत्त्वपूर्ण दोष यह है कि अक्सर उत्तरदाता भेजे गये प्रश्नावली को निर्देशानुसार भरकर लौटाते ही नहीं हैं। इससे शेधकर्त्ता को समस्या के बारे में अध्ययन कर किसी निष्कर्ष पर पहुँचना कठिन हो जाता है।

(ii) डाक प्रश्नावली में प्रश्नों के जो उत्तर दिये गये होते हैं, वे उत्तरदाता द्वारा ही दिया गया है या किसी और द्वारा, उसका निर्णय नहीं हो पाता है। अक्सर देखा गया है कि वास्तविक उत्तरदाता के बदले परिवार के कोई अन्य सदस्य उत्तर देकर प्रश्नावली को लौटा देते हैं। ऐसी परिस्थिति में डाक प्रश्नावली की विश्वसनीयता समाप्त हो जाती है।

(iii) डाक प्रश्नावली(mail questionnaire) का प्रयोग उन अध्ययनों में अधिक महत्त्वपूर्ण नहीं होता जहाँ शोधकर्त्ता व्यक्तियों से बातचीत करके उनके विचारों की गहराई में जाना चाहता है।

3. पैनेल सर्वे (*Panel Survey*)—इस प्रविधि में सर्वेकर्त्ता (surveyor) जीवसंख्या (population) से चुने गए व्यक्तियों के समूह का साक्षात्कार (interview) दो या दो से अधिक बार (जैसी आवश्यकता महसूस की जाती है) करता है तथा समस्या के प्रति उनके विचारों से अवगत होता है। इस प्रविधि के निम्नांकित दो प्रमुख लाभ (advantages) बतलाये गए हैं—

(i) इस प्रविधि में समस्त मनोवैज्ञानिक यह आसानी से जान पाते हैं कि वे कौन-कौन से कारक हैं जो समय बीतने के साथ प्रतिदर्श या व्यक्तियों के समूह की मनोवृत्ति या विचार में परिवर्तन लाते हैं।

(ii) जब एक ही प्रतिदर्श के मतों को दो या दो से अधिक बार जाना जाता है, तो इससे प्रतिदर्श द्वारा दिये गए मतों की स्थिरता (stability) तथा विश्वसनीयता (reliability) का भी पता चल जाता है।

इस विधि के निम्नांकित दो प्रमुख परिसीमाएँ (limitations) हैं—

(i) पैनेल सर्वे में चूँकि एक ही प्रतिदर्श (sample) को अध्ययन में कई बार सम्मिलित किया जाता है, अतः ऐसा देखा गया है कि प्रत्येक बार सभी व्यक्ति अध्ययन के लिए कई कारणों जैसे—मृत्यु, अंतरण (transfer), दोबारा अध्ययन में भाग लेने की इच्छा की कमी आदि के कारण उपलब्ध नहीं हो पाते हैं। प्रयोज्य के दो बार नहीं उपलब्ध होने के कारण अध्ययन त्रुटिग्रस्त हो जाता है।

(ii) पैनेल सर्वे में चूँकि व्यक्तियों के एक ही समूह या प्रतिदर्श का अध्ययन कई बार किया जाता है, इसलिए इससे प्रयोज्य अत्यधिक संवेदनशील हो जाते हैं और वे वांछित अनुक्रिया (desired response) नहीं करते हैं और इससे सर्वे दोषपूर्ण हो जाता है।

4. दूरभाष सर्वे (*Telephone Survey*)—दूरभाष सर्वे में सर्वेकर्त्ता टेलिफोन पर ही व्यक्तियों से शोध समस्या (research problem) के बारे में कुछ सूचना प्राप्त करता है और उसके आधार पर एक निष्कर्ष पर पहुँचने की कोशिश करता है। इस सर्वे का विशेष लाभ यह है कि इसमें सर्वेकर्त्ता को सूचना आसानी से मिल जाती है और उसमें समय की बचत होती है। परन्तु इस तरह के सर्वे में कई दोष (demerits) पाये जाते हैं जो निम्नांकित हैं—

(i) दूरभाष सर्वे में सूचनादाता अर्थात् व्यक्ति मात्र 'हाँ या नहीं' में सूचना देकर निकल जाना चाहता है। दूसरे शब्दों में, यहाँ सूचनादाता द्वारा सर्वेकर्त्ता को मात्र सतही अनुक्रिया (superficial response) न कि गहन अनुक्रिया (intensive response) का पता चल पाता है।

(ii) दूरभाष सर्वे में सर्वेकर्त्ता को यह शक बना ही रह जाता है कि सूचनदाता वास्तव में वही व्यक्ति है जिससे वह सूचना प्राप्त करना चाहता है। दूसरे शब्दों में, सर्वेकर्त्ता को इसमें सूचनाओं की सत्यता की जाँच करना कठिन होता है।

(iii) भारत जैसे गरीब देश में दूरभाष सर्वे का एक और दोष है और वह यह है कि यहाँ दूरभाष की सुविधा कुछ खास-खास लोगों तक ही सीमित है। अतः सर्वेकर्त्ता द्वारा दूरभाष सर्वे में सम्मिलित किया गया प्रतिदर्श (sample) निश्चित रूप से जीवसंख्या (population) का प्रतिनिधित्व (representative) नहीं कर पायेगा और तब ऐसी परिस्थिति में प्राप्त निष्कर्ष पूरे जीवसंख्या के लिए वैध (valid) नहीं हो पायेगा।

इस तरह से यह देखा गया है कि सर्वे विधि (survey method) में समाज मनोवैज्ञानिक विभिन्न उपकरणों (tools) या प्रविधियों (techniques) जैसे साक्षात्कार, प्रश्नावली, पैनेल, दूरभाष आदि के माध्यम से अध्ययन किये जाने वाले विषय के बारे में आँकड़े संग्रह कर एक निश्चित निष्कर्ष पर पहुँचते हैं।

कुछ समाज मनोवैज्ञानिकों एवं समाजशास्त्रियों (sociologists) ने सर्वे विधि (survey method) के लाभ एवं अलाभ पर भी प्रकाश डाला है। सर्वे विधि के प्रमुख लाभों का वर्णन निम्नांकित हैं—

(i) सर्वे विधि सामान्यतः उस तरह के प्रतिदर्श (sample) या जीवसंख्या (population) के अध्ययन के लिए उपयुक्त माना गया है जिसमें व्यक्तियों की संख्या काफी अधिक होती है। ऐसी परिस्थिति में समाज मनोवैज्ञानिक अन्य विधियों जैसे प्रयोगशाला प्रयोग विधि, क्षेत्र प्रयोग विधि आदि से उतना लाभान्वित नहीं हो पायेंगे जितना कि इस विधि से होंगे।

(ii) सर्वे विधि का प्रयोग समाज मनोवैज्ञानिक मूल शोध(basic research) तथा प्रयुक्त शोध(applied research) दोनों में करके उसका फायदा हासिल करते हैं। समाज मनोवैज्ञानिक किसी सामाजिक समस्या(social problem) के सम्बन्ध में कोई प्राक्कल्पना (hypothesis) का निर्माण करके उसकी जाँच करने के लिए सर्वे विधि का उपयोग करते हैं। जैसे—धूमपान से कैंसर होता है जैसी प्राक्कल्पना(hypothesis) बनाकर समाज मनोवैज्ञानिक उसकी जाँच सर्वे विधि से कर सकते हैं। उसी ढंग से सर्वे विधि का उपयोग प्रयुक्त शोध (applied research) में भी काफी किया जाता है। समाज मनोवैज्ञानिक सर्वे विधि द्वारा भीखमंगी, गरीबी, दहेज-प्रथा आदि के प्रभावों का अध्ययन सफलतापूर्वक कर सकता है।

(iii) सर्वे विधि का कार्यक्षेत्र (scope) काफी विस्तृत है। इसका प्रयोग न केवल मनोवैज्ञानिक ही करते हैं बल्कि समाजशास्त्री, अर्थशास्त्री, सरकारी एजेन्सियाँ आदि भी भिन्न-भिन्न उद्देश्यों के लिए सफलतापूर्वक हैं।

(iv) सर्वे विधि में लचीलापन (flexibility) का गुण होता है। सर्वेकर्त्ता अपनी आवश्यकतानुसार प्रश्नावली, साक्षात्कार, टेलीफोन आदि का व्यवहार कर तथा प्रश्नावली एवं साक्षात्कार के उपयुक्त(appropriate) प्रकार का उपयोग करके अपने विषय का सफलतापूर्वक अध्ययन करता है। इस तरह का लचीलापन का गुण समाज मनोविज्ञान के अन्य विधियों में उपलब्ध नहीं है।

इन लाभों के बावजूद भी सर्वे विधि के कुछ अवगुण (demerits) हैं जो निम्नांकित हैं—

(i) सर्वे विधि में अध्ययन-विषय का गहन अध्ययन (intensive study) सम्भव नहीं हो पाता है। इस विधि में सामान्यतः समाज मनोवैज्ञानिक एक बड़े प्रतिदर्श (large sample) का अध्ययन करता है। व्यक्तियों की संख्या अधिक होने से वे अध्ययन की गहराई में नहीं जा पाते हैं और वे मात्र ऊपर-ऊपर ही सूचना प्राप्त कर अपना अध्ययन समाप्त कर देते हैं। करलिंगर[1] (Kerlinger, 1986) ने इस पर टिप्पणी करते हुए कहा है, ''सर्वे सूचना सामान्यतः सतह के नीचे बहुत गहराई में प्रवेश नहीं कर पाती है। प्राप्त की गयी सूचनाओं का कार्यक्षेत्र (scope) प्रायः गहराई की कीमत पर आँका जाता है।''

(ii) सर्वे विधि में कुछ व्यावहारिक कठिनाइयाँ (practical difficulties) हैं। इसमें समय, धन एवं परिश्रम अधिक लगता है।

(iii) सर्वे विधि का सफलतापूर्वक उपयोग के लिए यह आवश्यक है कि सर्वेकर्त्ता प्रशिक्षित हो तथा उसे सर्वे के विभिन्न उपकरणों (tools) जैसे साक्षात्कार, प्रश्नावली एवं पैनेल आदि के निर्माण और उपयोग सम्बन्धी नियमों का ज्ञान हो। चूँकि ऐसे सर्वेकर्त्ता कम मिल पाते हैं, अतः सर्वे विधि की उपयोगिता अपने आप ही सीमित हो जाती है।

(iv) सर्वे विधि में आत्मनिष्ठता (subjectivity) अधिक होती है क्योंकि इसमें अक्सर सूचनादाता सही बातों को छिपा लेता है और उसके जगह पर कोई दूसरा उत्तर दे देता है। इसके दो कुपरिणाम होते हैं। सर्वे विधि की विश्वसनीयता (reliability) खत्म हो जाती है और फिर इसकी वैधता (validity) पर भी आँच आ जाती है।

इस तरह से हम देखते हैं कि सर्वे में यदि कुछ गुण है तो इसके कुछ अवगुण भी हैं। विभिन्न अवगुणों के बावजूद भी इस विधि का प्रयोग समाज मनोविज्ञान तथा समाजशास्त्र में काफी होता है।

व्यक्ति इतिहास-लेखन विधि
(Case history Method)

व्यक्ति इतिहास-लेखन विधि (Case history method), जैसा कि नाम से ही स्पष्ट है, में समाज मनोवैज्ञानिक व्यक्ति या समूह या किसी संस्था के जीवन की घटनाओं से सम्बन्धित तथ्यों का एक इतिहास तैयार करता है और बाद में उसका विश्लेषण करके उसके जटिल व्यवहार पैटर्न्स (complex behaviour patterns) की व्याख्या करता है। इस तरह से इस विधि में शोधकर्त्ता (researcher) किसी व्यक्ति या कुछ व्यक्तियों के समूह के जीवन की प्रमुख घटनाओं का एक लेखा-जोखा तैयार करता है। लेखा तैयार करने में वह घटना विशेष से सम्बन्धित कुछ प्रश्नों को पूछता है ताकि उसे इस निष्कर्ष पर पहुँचने में सुविधा हो कि कौन-कौन सामाजिक कारकों (social factors) तथा किन-किन सामाजिक परिस्थितियों के कारण व्यक्ति को या व्यक्तियों के समूह को अमुक व्यवहार करना पड़ा। इस विधि की सफलता बहुत हद तक शोधकर्त्ता की व्यक्तिगत कार्यकुशलता तथा बुद्धिमत्ता पर अधिक निर्भर करती है। इस विधि की व्याख्या को एक उदाहरण द्वारा हम इस प्रकार समझा सकते हैं।

एक उदाहरण (*An example*)—मान लीजिए कि कोई अनुसंधानकर्त्ता (investigator) इस विधि द्वारा तलाक (divorce) सम्बन्धी व्यवहार का अध्ययन करना चाहता है। इसके लिए पहले वह कुछ ऐसे व्यक्तियों का एक समूह तैयार करेगा जिन्हें कोर्ट (court) द्वारा तलाक करने या देने की अनुमति हो गयी हो। एक सौहार्द्रपूर्ण सम्बन्ध (rapport) स्थापित करने के बाद वह इन व्यतियों से अलग-अलग कुछ इस तरह के महत्त्वपूर्ण प्रश्नों को पूछेगा जिनसे उसे उस व्यक्ति की तलाक से पहले के जीवन की घटनाओं का एक स्पष्ट लेखा-जोखा तैयार हो सके। इस तरह का लेखा-जोखा या इतिहास तैयार करने में अनुसंधानकर्त्ता को व्यक्तियों से कितनी मदद मिलेगी यह उसकी बुद्धिमत्ता, वाक्पटुता तथा सामाजिक कुशलता पर निर्भर करती है। साथ-ही-साथ यह इस बात पर निर्भर करती है कि अनुसंधानकर्त्ता ने इन व्यक्तियों के साथ कितना तथा कैसा सौहार्द्रपूर्ण सम्बन्ध (rapport) स्थापित किया है। बाद में अनुसंधानकर्त्ता इस इतिहास का विश्लेषण करेगा और तलाक (divorce) से सम्बन्धित कारणों का पता लगायेगा। इस तरह से अन्त में वह तलाक की घटना से सम्बन्धित कुछ प्राक्कल्पना (hypothesis) बना सकने में समर्थ हो पायेगा जिसकी सत्यता की जाँच फिर किसी अन्य विधि जैसे प्रयोगात्मक विधि द्वारा यदि अनुसंधानकर्त्ता चाहे, तो कर सकता है।

---

1. "Survey information ordinarily does not peneterate very deeply below the surface. The scope of information sought is usually emphasized at the expense of depth."

—Kerlinger : *Foundations of Behaviour Research*, 1986, p. 387

व्यक्ति इतिहास-लेखन विधि के कुछ गुण एवं दोष हैं। इस विधि के प्रमुख गुण (merits) निम्नांकित हैं—

(i) इस विधि में अनुसंधानकर्त्ता को जीवन के वास्तविक तथ्यों का पता चलता है जिसके दो फायदे बताए गए हैं। पहला तो यह कि इसके आधार पर प्राप्त निष्कर्ष काफी विश्वसनीय एवं ठोस होता है तथा दूसरा यह कि इन तथ्यों से अवगत होने पर स्वयं अनुसंधानकर्त्ता की संज्ञानात्मक क्षमता (cognitive abilities) में वृद्धि होती है।

(ii) वर्केल तथा कूपर (Worchel & Cooper, 1979) ने कहा कि इस विधि द्वारा प्राप्त तथ्यों के आधार पर किसी भी सामाजिक व्यवहार से सम्बन्धित परीक्षणीय प्राक्कल्पना (testable hypothesis) बनाने में काफी सुविधा होती है। इसका मतलब यह हुआ कि इससे प्राप्त तथ्य समाज मनोवैज्ञानिक को शोधकार्य करने में भविष्य में मदद करता है।

व्यक्ति इतिहास-लेखन विधि के कुछ प्रमुख अवगुण (demerits) निम्नांकित हैं—

(i) प्रायः यह देखा गया है कि व्यकित अपने जीवन की घटनाओं के बारे में सही-सही विवरण नहीं देता है। कुछ तथ्यों को वह छिपा लेता है तथा कुछ तथ्यों को वह बढ़ा-चढ़ाकर बता देता है। स्वभावतः तब इससे जिस निष्कर्ष पर अनुसंधानकर्त्ता पहुँचेगा, वह बहुत ही सत्य एवं वैध (valid) नहीं होगा।

(ii) वर्केल तथा कूपर[1] (Worchel & Cooper, 1979) ने यह बतलाया है कि इस विधि का प्रयोग अन्य विधियों के समान (जैसे प्रयोगात्मक विधि के समान) किसी प्राक्कल्पना (hyopthesis) की जाँच (test) करने में नहीं किया जा सकता है। इन्हीं लोगों के अनुसार, ''हमलोग व्यक्ति-इतिहास का प्रयोग प्राक्कल्पनाओं को बनाने में न कि जाँच करने में करते हैं।[1]''

व्यक्ति इतिहास-लेखन विधि में कुछ अवगुण होते हुए भी इस विधि की लोकप्रियता समाप्त नहीं हुई है। इसका प्रयोग समाज मनोवैज्ञानिकों तथा समाजशास्त्रियों दोनों द्वारा प्रायः अब भी किया जाता है।

क्षेत्र अध्ययन विधि
(Field Study Method)

समाज मनोविज्ञान, जैसा कि हम जानते हैं, एक प्रयुक्त शाखा (applied branch) है। अतः इसकी कुछ समस्याएँ (problems) ऐसी हैं जिनका अध्ययन प्रयोगशाला प्रयोग (laboratory experiment) तथा क्षेत्र प्रयोग (field experiment) से संतोषजनक ढंग से नहीं हो सकता है। फलस्वरूप, इसके लिए समाज मनोवैज्ञानिकों ने क्षेत्र अध्ययन विधि (field study method) का प्रतिपादन किया है। दंगा में मनुष्यों का व्यवहार, फैक्टरी में हड़ताल के दौरान कर्मचारियों का व्यवहार, जनसंख्या में उत्पन्न वृद्धि का आम व्यक्तियों पर प्रभाव आदि कुछ इसी तरह के समस्या के उदाहरण हैं।

भिन्न-भिन्न मनोवैज्ञानिकों ने क्षेत्र अध्ययन (field study) को विशेष शब्दों में बाँधकर उसे पारिभाषित करने की कोशिश की है। कुछ ऐसे ही मनोवैज्ञानिकों की परिभाषाओं का उल्लेख नीचे किया जा रहा है—

करलिंगर[2] (Kerlinger, 1986) के अनुसार, ''क्षेत्र अध्ययन एक ऐसा अप्रयोगात्मक वैज्ञानिक शोध है जो वास्तविक सामाजिक परिस्थिति में समाजशास्त्रीय, मनोवैज्ञानिक एवं शैक्षिक चरों में अन्तःक्रियाओं एवं उसे संबंध की खोज करता है।''

इभान्स[3] (Evans, 1978) के अनुसार, ''मानव या पशु व्यवहार का कोई भी अध्ययन जो वास्तविक वातावरण में न कि प्रयोगशाला वातावरण में किया जाता है, क्षेत्र अध्ययन कहलाता है।''

इन परिभाषाओं से स्पष्ट है कि क्षेत्र अध्ययन वैसा अप्रयोगात्मक शोध विधि (non-experimental research method) है जिसमें वास्तविक सामाजिक परिस्थिति (real-social situation) में विभिन्न तरह के समाजशास्त्रीय

---

1. "We tend to use case histories as ways of generating, not testing hypothesis."
—Worchel & Cooper : *Understanding Social Psychology,* 1979, p.9.

2. **"Field studies are nonexperimental scientific inquiries amied at discovering the relations and interaction among sociological, psychological and educational variables in real social structures."**
—Kerliner : *Foundations of Behavioural Research,* 1986, p. 372.

3. **Field study is "any study of human or animal behaviour undertaken in the real world as opposed to the laboratory environment."**
—Evans : *Psychology,* 1878, p. 132.

(sociological) मनोवैज्ञानिक (psychological) तथा शैक्षिक (exucational) चरों के बीच अन्तःक्रियाओं का अध्ययन करके इन चरों को आपसी सम्भावित सम्बन्धों की खोज की जाती है। क्षेत्र अध्ययन विधि (field experiment method) के इन परिभाषाओं का विश्लेषण से हमें क्षेत्र अध्ययन विधि (field experiment method) के स्वरूप (nature) के बारे में हमें निम्नांकित तथ्य प्राप्त होते हैं—

(i) क्षेत्र अध्ययन विधि एक अप्रयोगात्मक विधि (non-experimental) है। उसे अप्रयोगात्मक विधि इसलिए कहा जाता है क्योंकि क्षेत्र अध्ययन में शोधकर्त्ता स्वतंत्र चरों(independent variables) में जोड़-तोड़(manipulation) नहीं कर सकता है और न ही प्रयोज्यों (subjects) को यादृच्छिक ढंग से विभिन्न समूहों में आवंटन (assignment) ही कर सकता है।

(ii) क्षेत्र अध्ययन(field study) एक वास्तविक सामाजिक परिस्थिति(real social situation) में किया जाता है। स्कूल, कॉलेज, फैक्टरी, संस्थान(institution) आदि वास्तविक सामाजिक परिस्थिति के कुछ प्रमुख उदाहरण हैं।

(iii) क्षेत्र अध्ययन में विभिन्न तरह के चरों (variables) की आपसी अन्तःक्रियाओं (interactions) तथा उनके सम्बन्धों के अध्ययन पर प्रकाश डाला जाता है।

एक उदाहरण *(An Example)*—मान लिया जाए कि कोई समाज मनोवैज्ञानिक यह अध्ययन करना चाहता है कि कॉलेज के वातावरण (college environment) का प्रभाव छात्रों की सामाजिक मनोवृत्ति पर क्या पड़ता है। थोड़ी देर के लिए मान लिया जाए कि इस अध्ययन में किसी कॉलेज के सभी छात्रों को वह अपने अध्ययन में शामिल कर लेता है। इसके लिए वह कॉलेज के प्रथम वर्ष प्रारम्भ होते ही सभी छात्रों की मनोवृत्ति की जाँच के लिए वह एक मनोवृत्ति मापनी (attitude scale) क्रियान्वयन करेगा और प्रत्येक छात्र का प्राप्तांक (score) उस पर रेकार्ड करेगा। कॉलेज में पाँच साल तक अध्ययन करने के बाद उन छात्रों की सामाजिक मनोवृत्ति (social attitude) का पुनः माप किया जाएगा। यदि दूसरी बारी में मनोवृत्ति प्राप्तांक का माध्य (mean) प्रथम बारी मनोवृत्ति प्राप्तांक के माध्य (mean) से सार्थक रूप से (significantly) भिन्न आता है तो यह कहा जाएगा कि छात्रों की मनोवृत्ति पर कॉलेज के वातावरण का सार्थक प्रभाव पड़ा है। यह एक क्षेत्र अध्ययन (field study) का उत्तम उदाहरण है जो अप्रयोगात्मक (non-experimental) है तथा साथ-ही-साथ अनुदैर्घ्य (longitudinal) भी। इस अध्ययन में सामाजिक मनोवृत्ति (social attitude) एक आश्रित (dependent variable) तथा कॉलेज का वातावरण एक स्वतंत्र चर (independeng variable) का उदाहरण है।

काज (Katz, 1953) ने क्षेत्र अध्ययन (field study) के दो मुख्य प्रकार (types) बतलाये हैं—

(1) समन्वेषी क्षेत्र अध्ययन (Exploratory field study) तथा

(2) प्राक्कल्पना-जाँच क्षेत्र अध्ययन (Hypothesis-testing field study)

इन दोनों प्रकार का संक्षिप्त वर्णन निम्नांकित है—

1. समन्वेषी क्षेत्र अध्ययन *(Exploratory field study)*—समन्वेषी क्षेत्र अध्ययन वैसे क्षेत्र अध्ययन को कहा जाता है जिसमें चरों (variables) के क्षेत्र के बीच कैसा सम्बन्ध (relation) है तथा क्षेत्र परिस्थिति (field situation) में किए ढंग का परिवर्तन हो रहा है, जैसे प्रश्नों का अध्ययन किया जा रहा है। जैसे—अगर कोई समाज मनोवैज्ञानिक किसी गाँव में हुए जातीय दंगे (caste riot) का अध्ययन करने के लिए इसका सम्बन्ध दंगा में भाग लेने वाले व्यक्तियों के उम्र, जाति, सामाजिक-आर्थिक स्तर (socio-economic status) से करता है, तो यह एक समन्वेषी क्षेत्र अध्ययन का उदाहरण होगा। इस ढंग के अध्ययन की एक खास विशेषता यह है कि इस तरह के अध्ययनों से जो तथ्य संग्रह किये जाते हैं उसके आधार पर भविष्य में प्राक्कल्पना (hypothesis) बनायी जाती है तथा यथोचित जाँच की जाती है।

2. प्राक्कल्पना-जाँच क्षेत्र अध्ययन *(Hypothesis-testing field studies)*—प्राक्कल्पना-जाँच क्षेत्र अध्ययन वह है जिसमें शोधकर्त्ता चरों के सम्बन्धों के बारे में एक खास प्राक्कल्पना (hypothesis) बनाकर उसकी जाँच करता है तथा उसकी वैधता (validity) तथा विश्वसनीयता (reliability) के लिए अध्ययन के परिणाम के आधार पर एक ठोस सबूत प्रदान करता है। कहने का तात्पर्य यह है कि इस तरह के अध्ययन में समाज मनोवैज्ञानिक पहले एक स्पष्ट प्राक्कल्पना (hypothesis) बना लेता है और पुनः उसकी जाँच वह एक स्वाभाविक वातावरण में करता है। जैसे—यदि कोई समाज मनोवैज्ञानिक यह प्राक्कल्पना बनाता है कि निम्न सामाजिक आर्थिक स्तर के व्यक्तियों का सम्बन्ध दंगा-फसाद करने की प्रवृत्ति से अधिक होता है और फिर इसकी जाँच करने के लिए वह कोई क्षेत्र अध्ययन करता है, तो यह एक प्राक्कल्पना-जाँच क्षेत्र अध्ययन (hypothesis-testing field study) का उदाहरण होगा।

क्षेत्र अध्ययन विधि के कुछ गुण (merits) तथा कुछ परिसीमाएँ (limitations) हैं जो निम्नांकित हैं—

(i) क्षेत्र अध्ययन कुछ व्यावहारिक समस्याओं जिनका अध्ययन प्रयोगशाला में करना कठिन है, के अध्ययन के लिए काफी उपयोगी बतलाया गया है। इन समस्याओं में दंगा-फसाद, तलाक, भीखमंगी, बढ़ती हुई जनसंख्या से उत्पन्न समस्याएँ प्रधान हैं।

(ii) क्षेत्र अध्ययन में स्वाभाविकता(naturalism) तथा वास्तविकता(realism) का गुण पाया जाता है। क्षेत्र अध्ययन एक स्वाभाविक परिस्थिति (natural situation) में किया जाता है जो पूर्णतः अनियमित होती है। इस ढंग की स्वाभाविकता न तो क्षेत्र प्रयोग (field experiment) में पाया जाता है और न ही प्रयोगशाला प्रयोग (laboratory experiment) में। क्षेत्र अध्ययन में वास्तविकता (realism) का भी गुण होता है क्योंकि इसमें किसी तरह की कृत्रिमता नहीं होती है तथा साथ-ही-साथ उसका सम्बन्ध व्यक्ति के वास्तविक जीवन के पहलुओं से होता है।

(iii) क्षेत्र अध्ययन विधि (field study method) का क्षेत्र अन्य विधियों जैसे प्रयोगशाला प्रयोग विधि एवं क्षेत्र प्रयोग विधि से काफी विस्तृत है क्योंकि इस विधि द्वारा बहुत सारे ऐसी समस्याओं का अध्ययन किया जा सकता है जो प्रयोगशाला प्रयोग विधि या क्षेत्र प्रयोग विधि द्वारा सम्भव नहीं है।

(iv) क्षेत्र अध्ययन विधि द्वारा कुछ खास-खास मानव समस्याओं का विस्तृत रूप से अध्ययन करने में अधिक सुविधा एवं लाभ होता है। इन समस्याओं में सामाजिक मनोवृत्ति, पूर्वाग्रह एवं विभेद(prejudice and discrimination), अन्तर्समूह संघर्ष (intergroup conflict) आदि प्रधान हैं। इन समस्याओं की प्रकृति कुछ ऐसी हैं कि इनका अध्ययन ठीक ढंग से प्रयोगशाला प्रयोग विधि द्वारा नहीं किया जा सकता है।

इन गुणों के बावजूद क्षेत्र अध्ययन विधि (field experiment method) की कुछ परिसीमाएँ (limitations) भी हैं जो निम्नांकित हैं—

(i) क्षेत्र अध्ययन विधि का प्रमुख दोष यह है कि ऐसे अध्ययन में समाज मनोवैज्ञानिक का चरों पर कई नियंत्रण नहीं रहता है। वे न तो उसका जोड़-तोड़ (manipulation) करते हैं और न ही परिस्थिति पर ही उनका कोई नियंत्रण रहता है। नतीजन, क्षेत्र अध्ययन विधि में यह निश्चित करना सम्भव नहीं हो पाता है कि प्राप्त परिणाम वास्तव में किस चर (variable) का परिणाम है। जैसे—किसी शहर में यदि साम्प्रदायिक दंगा (communal riot) होता है और यदि उसके कारणों को क्षेत्र अध्ययन विधि द्वारा पता लगाया जाता है तो निश्चित रूप से यह कुछ कहना कठिन होगा क्योंकि इसके कई कारण जैसे सामाजिक, धार्मिक, व्यक्तिगत, आर्थिक, राजनैतिक आदि हो सकते हैं और ये सभी कारण या चर (variables) प्रयोगशाला प्रयोग अध्ययन के समान नियंत्रित नहीं रहते हैं बल्कि एक साथ मिलकर आश्रित चर (अर्थात् साम्प्रदायिक दंगा) को प्रभावित करते हैं। अतः यह निश्चितपूर्वक नहीं कहा जा सकता है कि साम्प्रदायिक दंगा का वास्तविक कारण क्या है।

(ii) क्षेत्र अध्ययन विधि में परिशुद्धता (precision) की कमी होती है। इसका प्रधान कारण यह है कि इस विधि में जो चर (variables) होते हैं उनका माप सही-सही नहीं हो पाता है क्योंकि क्षेत्र परिस्थिति काफी जटिल होती है। जब चरों का मापन ही सही-सही नहीं हो पाता है तो स्वभावतः उसमें परिशुद्धता की कमी हो जाती है।

(iii) क्षेत्र अध्ययन विधि में कुछ व्यावहारिक समस्याएँ (practical problems) भी हैं। प्रायः ऐसे अध्ययन में समय अधिक लगता है तथा खर्च भी काफी अधिक पड़ता है। इतना ही नहीं, क्षेत्र अध्ययन में प्रयोज्यों (subjects) से सहयोग भी लगातार नहीं मिल पाता है, क्योंकि अध्ययन प्रायः लम्बे समय तक चलता है और प्रारंभ में प्रयोज्य (subject) तो खुलकर सहयोग करते हैं परन्तु बाद में वे समान उत्साह से सहयोग नहीं कर पाते हैं।

(iv) क्षेत्र अध्ययन विधि में विश्वसनीयता (reliability) भी कम पायी जाती है। क्षेत्र अध्ययन विधि में चूँकि चरों पर नियंत्रण का अभाव रहता है तथा परिशुद्धता की कमी पायी जाती है अतः इसके द्वारा विभिन्न समयों में प्राप्त परिणामों में स्थिरता (stability) तथा संगति (consistency) में काफी कमी पायी जाती है। ध्यान रहे कि स्थिरता एवं संगति का ही दूसरा नाम विश्वसनीयता है।

(v) क्षेत्र अध्ययन विधि में यादृच्छिक प्रतिदर्श (random sample) का चयन सम्भव नहीं है और साथ-ही-साथ इसमें चरों में जाड़-तोड़ (manipulation) भी नहीं किया जाता है। इन कारणों का परिणाम यह होता है कि क्षेत्र अध्ययन विधि की वैधता (validity) भी काफी कम हो जाती है।

इन सभी परिसीमाओं के बावजूद क्षेत्र अध्ययन विधि (field study method) का प्रयोग समाज मनोविज्ञान में काफी होता है क्योंकि मनोविज्ञान के इस शाखा में कुछ ऐसी समस्याएँ हैं जिनका अध्ययन के लिए क्षेत्र अध्ययन विधि ही उपयुक्त हैं।

क्षेत्र अध्ययन विधि तथा प्रयोगशाला प्रयोग विधि का तुलनात्मक अध्ययन *(A comparative study of field study method and laboratory experiment method)*—क्षेत्र अध्ययन विधि तथा प्रयोगशाला प्रयोग विधि दोनों ही समाज मनोविज्ञान की प्रमुख विधियाँ हैं। परन्तु इस समानता के बावजूद इन दोनों विधियों में निम्नांकित अन्तर हैं—

(1) प्रयोगशाला प्रयोग विधि (laboratory experiment method) एक प्रयोगात्मक विधि (experimental method) है जबकि क्षेत्र अध्ययन विधि (field study method) एक अप्रयोगात्मक विधि (non-experimental method) है।

(2) क्षेत्र अध्ययन विधि एक ऐसी विधि है जिसमें सामाजिक समस्याओं एवं घटनाओं का अध्ययन एक स्वाभाविक वातावरण में किया जाता है, जिसमें अध्ययन वातावरण को नियंत्रित नहीं किया जाता है। परन्तु प्रयोगशाला प्रयोग विधि में अध्ययन एक नियन्त्रित परिस्थिति में किया जाता है जिसमें थोड़ी अस्वाभाविकता भी होती है।

(3) क्षेत्र अध्ययन विधि में स्वतंत्र चरों में जोड़-तोड़ (manipulation) नहीं किया जाता है जबकि प्रयोगशाला प्रयोग विधि में प्रयोगकर्त्ता स्वतंत्र चरों में स्पष्ट रूप से जोड़-तोड़ कर उसका प्रभाव आश्रित चर (dependent variable) पर देखता है।

(4) प्रयोगशाला प्रयोग विधि में शोधकर्त्ता प्रायः प्रयोज्यों (subjects) का यादृच्छिक चयन (random selection) तथा उसका विभिन्न समूहों में यादृच्छिक आवंटन (random assignment) करता है। परन्तु क्षेत्र अध्ययन विधि (field study method) में ऐसा नहीं होता है। शोधकर्त्ता न तो प्रयोज्यों का यादृच्छिक चयन ही करता है और ना ही उसका यादृच्छिक आवंटन (random assignment) ही करता है।

(5) क्षेत्र अध्ययन विधि में अध्ययनकर्त्ता आश्रित चर (dependent variable) से स्वतंत्र चर की ओर बढ़ता है परन्तु प्रयोगशाला विधि (laboratory experiment method) में शोधकर्त्ता स्वतंत्र चर (independent variable) से आश्रित चर (dependent variable) की ओर बढ़ता है। दूसरे शब्दों में, क्षेत्र अध्ययन विधि में अध्ययनकर्त्ता किसी सामाजिक घटना के घटने जैसे जातीय दंगा हो जाने के बाद उसके सम्भावित कारकों (यानी स्वतंत्र चरों) का पता लगाता है। प्रयोगशाला प्रयोग विधि में ऐसा नहीं होता है। उसमें प्रयोगकर्त्ता स्वतंत्र चरों में जोड़-तोड़ करके आश्रित चर पर पड़ने वाले उसके संभावित प्रभावों का अध्ययन करता है।

(6) प्रयोगशाला प्रयोग विधि में शोधकर्त्ता के लिए कारण-परिणाम सम्बन्ध (cause-effect relationship) विश्वास के साथ कायम करना सम्भव हो पाता है परन्तु क्षेत्र अध्ययन विधि में कारण-परिणाम सम्बन्ध शोधकर्त्ता विश्वास के साथ स्थापित नहीं कर पाता है। कारण, यह है कि क्षेत्र अध्ययन विधि में परिणाम तो एक होते हैं परन्तु उसके सम्भावित कई कारण होते हैं और सभी के सभी अनियन्त्रित होते हैं परन्तु वे एक साथ मिलकर परिणाम को प्रभावित करते हैं।

समाजमितीय विधि
(Sociometric Method)

समाजमितीय विधि समाज मनोविज्ञान के क्षेत्र में प्रयोग होने वाला एक प्रमुख विधि है। यह एक तरह का नामजदगी प्रविधि (nominating technique) है। नामजदगी विधि से तात्पर्य एक ऐसी विधि से होता है जिसमें समूह का प्रत्येक व्यक्ति दूसरे व्यक्ति जो किसी खास कसौटी या श्रेणी में सही-सही बैठते हैं, को मनोनीत करता है। समाजमितीय प्रविधि का प्रतिपादन मोरनो (Moreno, 1934) द्वारा अपनी प्रसिद्ध पुस्तक *'हू शैल सरभाईभ'* ('Who shall Survive ?') में किया गया था। इस प्रविधि में समूह में सदस्यों का एक-दूसरे प्रति स्वीकरण (acceptance) तथा अस्वीकरण (rejection) के सहारे समूह की संरचना, सामाजिक पद (social status) तथा सदस्यों का पारस्परिक सम्बन्ध (interpersonal relationship) आदि का अध्ययन किया जाता है। दूसरे शब्दों में, समाजमितीय प्रविधि, समूह में स्वीकरण

(acceptance) तथा अस्वीकरण (rejection) के माध्यम से समूह के अन्तर्वैयक्तिक या पारस्परिक सम्बन्धों (interpersonal relationship) को अध्ययन करने का एक माध्यम है। स्टैनले एवं हॉपकिन्स[1] (Stanley & Hopkins, 1972) ने समाजमिति को इस प्रकार परिभाषित किया है, ''समाजमिति समूह के सदस्यों के अन्तर्सम्बन्धों अर्थात् इसके सामाजिक संरचना यानी प्रत्येक व्यक्ति द्वारा समूह का प्रत्यक्षण किस तरह से किया जाता है, का अध्ययन है।''

करलिंगर[2] (Kerlinger, 1986) ने समाजमिति की व्याख्या और भी व्यापक अर्थ में किया है। उनके अनुसार, ''समाजमिति एक विस्तृत पद है जिसमें समूह में व्यक्तियों के पसंद, संचार एवं अन्तःक्रिया पैटर्न से सम्बन्धित आँकड़ों को इकट्ठा करने एवं विश्लेषण करने के कई विधियाँ सम्मिलित होतीं हैं। कोई यह कह सकता है कि समाजमिति सामाजिक पसन्द के मापन एवं उसका एक अध्ययन है। इसे समूहों के सदस्यों के आकर्षण एवं विकर्षण को अध्ययन करने का भी एक साधन कहा गया है।''

समाजमिति (sociometry) द्वारा समूह की संरचना (structure) का अध्ययन करने के लिए समूह के प्रत्येक सदस्य से किसी खास कसौटी पर अन्य सदस्यों के प्रति अपनी स्वीकरण (acceptance) एक, या दो से अधिक पसन्दों (choices) के रूप में व्यक्त करने के लिए कहा जाता है। जैसे—कक्षा में छात्रों से यह पूछा जा सकता है कि आप उस छात्र का नाम दिये गए कागज के टुकड़े पर लिख दें जिसके साथ खेलना या खाना पसन्द करते हैं। उसी ढंग से कर्मचारियों के समूह में प्रत्येक सदस्य से यह पूछा जा सकता है कि आप तीन ऐसे कर्मचारी का नाम दिये गए कागज के टुकड़े पर लिख दें जो आपकी नजर में अधिक प्रतिष्ठित हैं? आदि-आदि। समूह के प्रत्येक सदस्य अपनी पसन्द को दिये गए प्रश्न या कसौटी (criterion) के आधार पर व्यक्त करता है और इस तरह से अध्ययनकर्त्ता को समूह के बारे में एक खास तरह के आँकड़ें (data) मिल जाते हैं। बाद में वह इन आँकड़ों के विश्लेषण कर समूह की संरचना तथा सदस्यों के पारस्परिक सम्बन्धों (interpersonal relationship) के बारे में एक निश्चित निष्कर्ष पर पहुँचता है।

समाजमिति (sociometry) से प्राप्त आँकड़ों के विश्लेषण की तीन प्रविधियाँ (techniques) हैं जो इस प्रकार हैं—

(1) समाजमितीय मैट्रीक्स (Sociometric matrix)
(2) समाज आलेख (Sociogram)
(3) समाजमितीय सूचनांक (Sociometric index)

इन तीनों प्रविधियों का वर्णन निम्नांकित हैं—

1. समाजमितीय मैट्रीक्स *(Sociometric matrix)*—मैट्रीक्स संख्याओं (numbers) या अन्य वस्तुओं का एक आयाताकार प्रदर्शन (rectangular array) को कहा जाता है। समाजमितीय मैट्रीक्स (sociometric matrix) वह मैट्रीक्स होता है जो वर्गाकार अर्थात् $n \times n$ होता है। यहाँ n से तात्पर्य समूह में सदस्यों की संख्या (number) से होती है जिससे मैट्रीक्स के रो (row) एवं कॉलम (column) बराबर-बराबर होती है। उसे एक उदाहरण देकर इस प्रकार समझाया जा सकता है।

मान लिया जाए कि 11 छात्रों का एक समूह है। प्रत्येक छात्र ने इस प्रश्न पर अपनी प्रतिक्रिया व्यक्त किया है—''तुम किन अन्य छात्रों के साथ खेलना पसन्द करोगे।'' छात्र जब किसी अन्य छात्र को खेलने के लिए साथी बनाने के लिए पसंद करता है, तो उसके इस पसंद को 1 देकर समाजमितीय मैट्रीक्स में दिखलाया जाता है और यदि वह किसी अन्य छात्र को पसन्द नहीं करता है तो उसे 0 देकर दिखलाया जाता है। तालिका 1 में 11 छात्रों द्वारा किए गए पसंदों (choices) के आधार पर एक समाजमितीय मैट्रीक्स (sociometric matrix) बनाया गया है। (देखें तालिका 1)

---

1. Sociometry is the "study of interrelationship among members of a group, that is, its social structure—how each individual is perceived by the group."
—Stanley & Hopkins : *Educational and Psychological Measurement and Evaluation,* 1972, p. 403

2. "Sociometry is a broad term indicating a number of methods of gathering and analysing data on the choice, communication and interaction patterns of individuals in group. One might say that sociometry is the study and measurement of social choice. It has also been called a means of studying the attraction and repulsions of members of group." —Kerlinger : *Foundation of Behavioural Research,* 1986, p. 499.

तालिका–1. : 11 × 11 समाजमितीय मैट्रीक्स (11 × 11 sociometrix)

पसंद करने वाले (Chooser)	जिन्हें पसन्द किया गया (chosen)										
	A	B	C	D	E	F	G	H	I	J	K
A	0	1	0	1	1	0	0	0	0	0	0
B	0	0	0	1	0	0	0	1	0	0	0
C	0	0	0	0	0	1	0	0	0	0	0
D	0	1	0	0	0	0	0	1	0	0	0
E	0	1	0	0	0	0	0	0	0	0	0
F	0	0	1	0	0	0	0	0	0	0	0
G	0	0	0	0	0	0	0	0	0	0	0
H	0	1	0	0	1	0	0	0	0	0	0
I	0	0	0	0	0	0	0	0	0	1	1
J	0	0	0	0	0	0	0	0	1	0	1
K	0	0	0	0	0	0	0	0	1	1	0
कुल योग =	0	4	1	2	2	1	0	2	2	2	2

किसी भी समाजमितीय मैट्रीक्स (sociometric matrix) का विश्लेषण यह देखते हुए किया जाता है कि कौन किसे चुनता है या पसंद करता है। सामान्यतः तीन तरह के पसंद (likings or choice) देखने को मिलता है—साधारण या एक-तरफा पंसद (simple or one-way choice), पारस्परिक पंसद (mutual choice), कोई पसंद नहीं (no choice)। साधारण या एक-तरफा पसंद वह पसंद है जिसमें एक सदस्य तो दूसरे सदस्य को पसंद करता है परन्तु दूसरा पहले वाले को पसंद नहीं करता है। जैसे तालिका—1 में H छात्र E छात्र को पसंद करता है परन्तु E छात्र H छात्र को पसंद नहीं करता है। पारस्परिक पसंद (mutual choice) में दोनों ही एक-दूसरे को पसंद करते हैं। जैसे B छात्र D को पसंद करता है तथा D भी B को पसंद करता है। इस तालिका में G एक ऐसा छात्र है जिसे कोई नहीं पसंद करता है और वह भी किसी को पसंद नहीं करता है। अतः यह कोई पसंद नहीं (no choice) का उदाहरण होगा।

समाजमितीय मैट्रीक्स (sociometric matrix) के विश्लेषण से समूह के बारे में सामान्यतः निम्नांकित तरह की सूचनाएँ मिलती हैं—

(1) समूह में कुछ छात्र या व्यक्ति ऐसे होते हैं जिन्हें अधिकतर छात्र पसंद करते हैं। ऐसा छात्र समूह में सबसे अधिक लोकप्रिय होता है। ऐसे छात्र के सामजमितीय मैट्रीक्स के कॉलम (column) का योग (sum) सबसे अधिक होता है। तालिका—1 में B ऐसा ही एक छात्र है जिनका कॉलम का योग 4 है।

(2) समूह में कुछ व्यक्ति ऐसे होते हैं जो दूसरों को पसंद करते हैं परन्तु इन्हें कोई भी पसंद नहीं करता है। ऐसे व्यक्ति को बहिष्कृत व्यक्ति (rejected individual) कहा जाता है। तालिका—1 में A एक बहिष्कृत छात्र का उदाहरण है।

(3) समूह में कुछ व्यक्ति ऐसे होते हैं जो तीन का एक समूह बना लेते हैं जिसमें वे सभी एक-दूसरे को पसंद करते हैं किसी अन्य को नहीं और न तो कोई दूसरा ही इन तीनों को पसंद करता है। इस तरह के समूह को गुट (clique) कहा जाता है। तालिका—1 में तीन छात्र, I, G एवं K ने एक गुट का निर्माण किया है।

(4) कुछ व्यक्ति समूह में दो-दो का एक समूह बना लेते हैं जिसमें सिर्फ वे ही दोनों एक-दूसरे को पसंद करते हैं। इस तरह के युग्म (pair) को पारस्परिक युग्म (mutual pair) कहा जाता है। तालिका—1 में छात्र C तथा F तथा B एवं D पारस्परिक युग्म के उदाहरण हैं।

(5) समूह में कुछ सदस्य ऐसे भी होते हैं जो किसी भी अन्य सदस्य को पसंद नहीं करते हैं और न तो कोई दूसरा व्यक्ति ही इन्हें पसंद करता है। इस तरह के सदस्य को अकेला सदस्य (isolate) कहा जाता है। तालिका—1 में G एक अकेला सदस्य का उदाहरण है।

2. समाज आलेख (*Sociogram*)—समाज आलेख दूसरी विधि है जिसके द्वारा समाजमितीय आँकड़ो (sociometric data) का विश्लेषण किया जाता है। इस विधि में समूह के सदस्यों द्वारा एक-दूसरे के प्रति किए गए

पसंदों (choices) को एक आलेख (graph) पर या सादे कागज पर चित्र बनाकर दिखलाते हैं। चित्र पर एक-तरफा पसंद को एक ऐसी रेखा से दिखलाते हैं जिसके एक छोर पर तीर बना होता है। जेसे—यदि छात्र A छात्र B को पसंद करता है परन्तु छात्र B छात्र A को नहीं पसंद करता है तो इसे आलेख पर A → B से दिखलाया जाएगा। पारस्परिक युग्म (mutual pair) को एक ऐसी सीधी रेखा से दिखलाते हैं जिसके दोनों छोरों पर तीर बना होता है, जैसे ↔ । यदि छात्र C छात्र F को पसंद करता है और F भी C को पसंद करता है तो इसे समाज आलेख (sociogram) पर

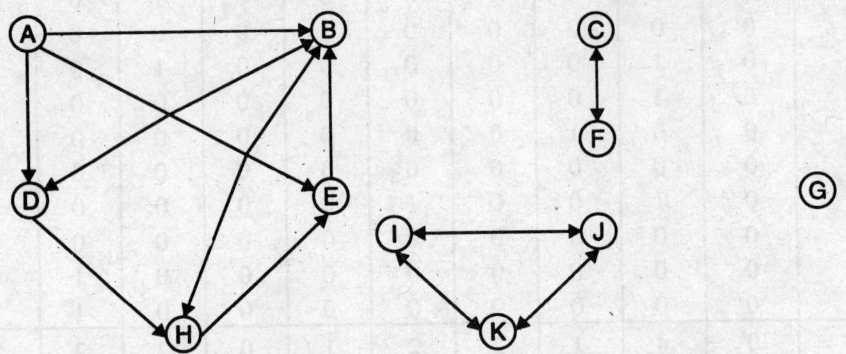

चित्र 2.1 : छात्रों के पसंदों (choices) पर आधारित समाज-आलेख

C ↔ F से दिखलाया जाता है। तालिका—1 के ही आँकड़ों के आधार पर चित्र—2.1 में एक समाज आलेख(sociogram) तैयार करके दिखलाया गया है।

चित्र 2.1 से स्पष्ट है कि B पर सबसे अधिक तीर पड़ा है, अर्थात् 'B' को अधिक लोगों ने पसंद किया है। अतः यह समूह का सबसे लोकप्रिय छात्र है। A समूह का एक अस्वीकृत सदस्य (rejected member) है क्योंकि इसपर एक भी तीर नहीं है जबकि इसने B,D एवं E को पसंद किया है। छात्र C तथा F एक पारस्परिक युग्म (mutual pair) के उदाहरण हैं तथा छात्र I, J एवं K का एक गुट (clique) तथा छात्र G एक अकेला छात्र (isolate student) है।

स्पष्ट हुआ कि समाज आलेख के माध्यम से भी हम उसी निष्कर्ष पर पहुँचते हैं जिस निष्कर्ष पर समाजमितीय मैट्रीक्स (sociometric matrix) के आधार पहुँचे थे।

समाज आलेख (sociogram) को समाजमितीय मैट्रीक्स (sociometric matrix) की तुलना में अधिक लाभप्रद माना जाता है क्योंकि इसे मात्र देखते ही समूह के सदस्यों को अन्तरवैयक्तिक संबंधों (interpersonal relationship) का पता चल जाता है। परन्तु समाजआलेख का दोष (demerit) यह बतलाया गया है कि इसकी उपयोगिता वैसे ही समूह तक सीमित है जिसमें सदस्यों की संख्या कम जैसे 20 से नीचे होती है। समूह में सदस्यों की संख्या अधिक होने से समाज आलेख को पढ़कर उससे कोई अर्थ निकालना एक टेढ़ी खीर के समान है।

3. समाजमितीय सूचकांक ***(Sociometric index)***—समाजमिति के कुछ सूचकांक (index) ज्ञात करके समूह के सदस्यों के अन्तरवैयक्तिक सम्बन्धों (inter-personal relationship) का अन्दाज मिलता है। इस तरह के सूचकांक ज्ञात करने के लिए अलग-अलग सूत्र हैं जिनकी चर्चा यहाँ अपेक्षित नहीं है। सामान्यतः इन सूचकांकों के द्वारा व्यक्ति के पंसद स्तर (choice status) एवं समूह समग्रता (group cohesiveness) को अनुपात (proportion) में व्यक्त किया जाता है और यह अनुपात जितना ही अधिक होता है, व्यक्ति का पसंद स्तर या समूह समग्रता (group cohesiveness) उतनी ही अधिक होती समझी जाती है।

समाजमिती (sociometry) के कुछ लाभ (advantages) एवं परिसीमाएँ (limitations) हैं। इसके प्रमुख लाभ (advantages) निम्नांकित हैं—

(i) समाजमिति समूह की संरचना(structure) एवं सदस्यों के पारस्परिक सम्बन्धों(interpersonal relationship) को अध्ययन करने का एक सरल, किफायती (economical) एवं स्वाभाविक (natural) विधि है। सरल इसलिए कि इसका प्रयोग कोई भी समाज मनोवैज्ञानिक आसानी से कर ले सकते हैं। किफायती इसलिए कि इसमें समय और धन दोनों की बचत होती है तथा स्वाभाविक इसलिए कि इसमें व्यक्ति को यह महसूस नहीं होता है कि उसे किसी प्रयोगात्मक परिस्थिति में रखकर कोई असाधारण अनुक्रिया करने को कहा जा रहा है।

(ii) समाजमिति में लचीलापन (flexibility) का गुण (trait) होता है। इसके परिणामस्वरूप इसका प्रयोग विभिन्न परिस्थितियों में विभिन्न उद्देश्यों के लिए आसानी से किया जाता है।

(iii) लिण्डजे एवं वर्न (Lindzey & Byrne, 1967) तथा फिशर (Fisher, 1983) ने अपने-अपने अध्ययनों के आधार पर इस तथ्य की सम्पुष्टि की है कि समाजमिति समूह के सदस्यों में एक-दूसरे के प्रति आकर्षण (attraction), विकर्षण (repulsion), पसंद (liking), नापसंद (disliking) आदि को अध्ययन करने का एक अद्वितीय विधि है।

(iv) समाजमिति की उपयोगिता समूह संरचना (group structure), समूह समग्रता (group cohesiveness), समूह प्रभावशीलता (group effectiveness), समूह मनोबल (group morale) एवं समूह नेतृत्व (group leadership) के अध्ययन में काफी अधिक बतलायी गयी है। अनेकों समाज मनोवैज्ञानिकों ने जिनमें शेरीफ (Sherif, 1975), फिशर (Fisher, 1983), फेल्डमैन (Feldman, 1985), लिण्डग्रेन (Lindgren, 1969) आदि के नाम अधिक विख्यात हैं, अपने-अपने शोधों से समाजमिति की उपयोगिता समूह व्यवहार के उपर्युक्त विभिन्न पहलुओं के अध्ययन में साबित कर दिया है।

(v) कुछ समाज मनोवैज्ञानिकों ने समाजमिति विधि की विश्वसनीयता (reliability) तथा वैधता (valididty) पर प्रकाश डालते हुए कहा है कि समूह संरचनाओं एवं समूह के सदस्यों के पारस्परिक सम्बन्धों का अध्ययन करने के लिए समाजमिति विधि जितनी विश्वसनीय एवं वैध है उतना समाज मनोविज्ञान की अन्य विधियाँ जैसे प्रयोग विधि, क्षेत्र एंव सर्वे विधि आदि भी नहीं है।

इन लाभों (advantages) के बावजूद समाजमिति के कुछ अवगुण (demerits) या परिसीमाएँ (limitations) हैं जो इस प्रकार हैं—

(i) समाजमिति का समुचित प्रयोग के लिए यह आवश्यक है कि समूह के सदस्यों की संख्या कम हो अर्थात् यथासम्भव 20 से कम हो। इससे अधिक और काफी अधिक होने पर समाजमिति (sociometry) की विश्वसनीयता (reliability) समाप्त हो जाती है।

(ii) समाजमिति (sociometry) में अन्तरशोधकर्त्ता सहमति (inter-researcher agreement) की कमी पायी जाती है। अगर एक ही समूह पर किसी एक विषय को लेकर विभिन्न शोधकर्त्ताओं द्वारा इस विधि द्वारा प्रेक्षण (observation) किया जाता है तो उन सबों के परिणाम में उतनी सहमति नहीं रहती है जितना कि रहना चाहिए। परिणामस्वरूप समाजमिति पर निर्भरता (dependability) अधिक नहीं रह जाती है।

(iii) सेकर्ड (Secord, 1975) तथा कर्चफिल्ड (Crutchfield, 1952) ने यह बतलाया है कि समाजमिति विधि द्वारा समूह के सदस्यों के पारस्परिक सम्बन्धों (interpersonal relationship) तथा समूह संरचना (group structure) आदि का अध्ययन मात्र सतही ढंग से (superficially) होता है, गहन रूप से नहीं। इसका कारण बतलाते हुए लोगों ने कहा है कि समूह में सदस्य कई कारणों से अपने वास्तविक पसंदों (likings) एवं नापसंदगियों (dislikings) को खुलकर व्यक्त करने में घुटन महसूस करते हैं।

इन परिसीमाओं के बावजूद समाजमिति विधि (sociometric method) समाज मनोविज्ञान में एक अत्यन्त ही लोकप्रिय विधि है। इसकी उपयोगिता तथा लोकप्रियता का सबसे अच्छा सबूत यही है कि इसे लोगों ने सफलतापूर्वक समूह संरचना (group structure), समूह मनोबल (group morale), समूह नेतृत्व (group leadership), समूह समग्रता (group cohesiveness) तथा समूह सदस्यों का पारस्परिक संबंध (interpersonal relationship) का अध्ययन करने में किया है।

इन्टरनेट शोध
(Internet Research)

आजकल समाज मनोवैज्ञानिकों द्वारा अपने विषय-वस्तु का अध्ययन करने के लिए इन्टरनेट (Internet) का भी उपयोग काफी किया जाता है। इस तरह के शोध में समाज मनोवैज्ञानिक अपने विषय-वस्तु से सम्बन्धित अध्ययनों की खोज करके उनका उपयोग अपने शोध में करते हैं और फिर अपने शोध को इन्टरनेट पर डालकर अन्य लोगों को उस क्षेत्र में शोध करने के लिए प्रोत्साहित करते हैं। गोसलिंग, भाजैर, श्रीवास्तव तथा जॉन (Gosling, Vazire, Shrivastava & John, 2004) के अनुसार इन्टरनेट शोध के मुख्य चार लाभ (advantages) हैं जो निम्नांकित हैं:—

(i) इन्टरनेट शोध उन शोधों की तुलना में काफी कम खर्चीला होता है जिसमें शोधकर्त्ताओं द्वारा पौराणिक विधियों (traditional methods) जैसे प्रेक्षण विधि, प्रयोगात्मक विधि, सर्वे विधि आदि का उपयोग किया जाता है।

(ii) इन्टरनेट शोध में सहभागीगण (participants) ऑन-लाइन (on-line) सर्वे या शोधकार्य (research task) को पूरा करते हैं जिससे आँकड़ा या प्रदत्त संग्रहण (data collection) की दक्षता काफी बढ़ जाती है तथा समय की भी काफी बचत होती है।

(iii) इन्टरनेट चैट कमरा (Chat room) तथा बुलेटिन बोर्ड (Bulletin Board) द्वारा मानव सामाजिक व्यवहार का एक बड़ा प्रतिदर्श (sample) उपलब्ध हो पाता है जहाँ व्यक्ति वर्तमान सामाजिक समस्याओं (social issues) या हॉवी (hobby) के बारे में विचार-विमर्श कर पाता है।

(iv) इन्टरनेट के आधार पर उन व्यक्तियों को भी सामाजिक विश्लेषण में सम्मिलित करना सम्भव हो पाता है जो कॉलेज के छात्र नहीं है परंतु दूर-दराज के भौगोलिक क्षेत्रों में विभिन्न सामाजिक वर्गों से आते हैं।

इन लाभों के बावजूद इन्टरनेट शोध का उपयोग काफी सावधानीपूर्वक करना चाहिए क्योंकि इसमें कुछ सम्भावित खतरा (danger) है जिसपर यहाँ प्रकाश डालना आवश्यक है।

(i) यदि विशेष सावधानी नहीं बरती जाती है, तो कुछ व्यक्ति एक ही अध्ययन में आसानी से एक बार से अधिक सहभागी बन सकते हैं जिससे शोध की प्रतिदर्श (sample) की विश्वसनीयता कम हो सकती है।

(ii) इन्टरनेट शोध में प्रदत्त संग्रहण परिस्थिति में पूर्वाग्रह (bias) उत्पन्न हो सकता है। जब अध्ययन किसी प्रयोगशाला में किया जाता है तो शोधकर्त्ता के लिए सम्बन्धित वातावरण पर नियंत्रण रखना सम्भव हो पाता है परंतु जब सहभागी घर पर या अपने कार्य (job) पर कम्प्यूटर का उपयोग करके शोध करता है तो शोधकर्त्ता के लिए सहभागी के व्यवहार पर नियंत्रण रखना सम्भव नहीं हो पाता है या अवांछित ध्यानभंगता (undesirable distraction) को नियंत्रित करना सम्भव नहीं हो पाता है।

इन बातों पर ध्यान देकर इन्टरनेट जैसे नयी शोध विधि का फायदा उठाया जा सकता है।

अध्याय सारांश
(Chapter Summary)

1. समाज मनोविज्ञान की अनेक विधियाँ(methods) हैं जिनमें प्रयोगात्मक विधि सबसे प्रमुख हैं। इस विधि में प्रयोगकर्त्ता कुछ चरों में जोड़-तोड़ (manipulations) करके उनके प्रभाव दूसरे चर पर देखता है और फिर इन दोनों में कारण-परिणाम सम्बन्ध (cause-effect relationship) स्थापित करता है। प्रयोगात्मक विधि के तीन प्रकार हैं—प्रयोगशाला प्रयोग विधि (laboratory experiment method), क्षेत्र प्रयोग विधि (field experiment method) तथा स्वाभाविक प्रयोग विधि (natural experiment method)। प्रत्येक विधि के कुछ गुण एवं दोष हैं।
2. प्रेक्षण विधि (observation method) समाज मनोविज्ञान की दूसरी प्रमुख विधि है जिसमें व्यक्तियों के व्यवहारों का प्रेक्षण प्रायः एक स्वाभाविक परिस्थिति में प्रेक्षक द्वारा किया जाता है। वैज्ञानिक सूचनाएँ उत्पन्न करने की क्षमता के आधार पर प्रेक्षण को दो भागों में बाँटा गया है—अक्रमबद्ध प्रेक्षण (unsystematic observation) तथा क्रमबद्ध प्रेक्षण (systematic observation)। प्रेक्षक (observer) द्वारा किए गये भूमिका (role) के आधार पर प्रेक्षण को दूसरे ढंग से दो भागों में बाँटा गया है—सहभागी प्रेक्षण (participant observation) तथा असहभागी प्रेक्षण (nonparticipant observation)। प्रेक्षण विधि का प्रयोग प्रायः वहाँ किया जाता है जब अध्ययन की जाने वाली समस्या का स्वरूप कुछ ऐसा होता है जिसे प्रयोगशाला विधि द्वारा अध्ययन नहीं किया जा सकता है।
3. सर्वे विधि समाज मनोविज्ञान की अन्य प्रमुख विधियों में से एक है। इस विधि में शोधकर्त्ता एक प्रतिनिधिक प्रतिदर्श (representative sample) लेकर किसी सामाजिक समस्या के प्रति व्यक्तियों की मनोवृत्ति, मत विचार आदि का अध्ययन साक्षात्कार द्वारा या डाक प्रश्नावली (mail questionnaire) द्वारा करता है।
4. व्यक्ति इतिहास-लेखन विधि (case history method) द्वारा भी समाज मनोवैज्ञानिक भिन्न-भिन्न तरह के सामाजिक व्यवहारों का अध्ययन करते हैं। इस विधि में अध्ययन किए जाने वाले सामाजिक व्यवहार से सम्बन्धित व्यक्तियों के जीवन की घटनाओं का एक इतिहास तैयार किया जाता है जिसका बाद में विश्लेषण करके एक निष्कर्ष पर पहुँचा जाता है।
5. समाजमितीय विधि(sociometric method) का प्रयोग करके समाज मनोवैज्ञानिक समूह की संरचना(structure), नेतृत्व (leadership) तथा समूह में व्यक्तियों के दोस्ताना सम्बन्धों का अध्ययन करते हैं।
6. आजकल समाज मनोवैज्ञानिक द्वारा इन्टरनेट शोध (internet research) का भी उपयोग काफी किया जाता है।

❑

अध्याय 3

समाज मनोविज्ञान का सैद्धान्तिक नींव
(THEORETICAL FOUNDATIONS OF SOCIAL PSYCHOLOGY)

मनोविज्ञान व्यक्तियों के सामाजिक व्यवहार (social behaviour) को व्यवहार के नियमों (principles) के माध्यम से समझने की कोशिश करता है। सामाजिक व्यवहार को समझने का मतलब समाज मनोवैज्ञानिक यह जानना चाहते हैं *क्यों* (Why) यह व्यवहार हो रहा है? समाज मनोविज्ञान के सिद्धान्तों (theories) द्वारा इस प्रश्न का उत्तर देने की कोशिश की गयी है। अतः सिद्धान्त की मदद से समाज मनोवैज्ञानिकों द्वारा इस बात का उत्तर ढूँढ़ने का प्रयास किया गया है कि क्यों अमुक सामाजिक व्यवहार होता है?

शॉ एवं कोस्टानजो (Shaw & Costanzo, 1982) के अनुसार सिद्धान्त (theory) चरों (variables) के बीच सम्बन्धों को अभिव्यक्त करने वाला प्रतिज्ञप्तियों (propositions) का एक सेट होता है। सिद्धान्तों के माध्यम से समाज मनोवैज्ञानिक विभिन्न प्रेक्षणों (observations) को एक साथ संगठित करके उससे कोई अर्थ निकाल पाते हैं। सिद्धान्त का उपयोग करके समाज मनोवैज्ञानिक मात्र प्रेक्षण से एक कदम आगे जाकर उन तथ्यों एवं घटनाओं से भी अर्थ निकाल पाते हैं जो पहले संग्रहित कर लिए गये होते हैं। ऐसे सिद्धान्त समाज मनोवैज्ञानिकों को भविष्य में किये जाने वाले प्रेक्षणों के लिए भी एक दिशा-निर्देश प्रदान करता है जिसका फायदा यह होता है कि समाज मनोवैज्ञानिक भविष्य में अपने शोध की दिशा तय कर पाते हैं।

शॉ एवं कोस्टानजो (Shaw & Costanzo, 1982) ने अपने शोधों के आधार पर यह बतलाया है कि एक उत्तम सिद्धान्त (good theory) के निम्नांकित तीन विशेषताएँ होतीं हैं—

(i) एक उत्तम सिद्धान्त आंतरिक रूप से संगत होता है। इसका मतलब यह हुआ कि एक सिद्धान्त से जितने भी प्रतिज्ञप्ति (propositions) व्युत्पन्न (derive) किये जाते हैं, वे एक-दूसरे के साथ फिट बैठते हैं न कि एक-दूसरे के परस्पर विरोधी हों।

(ii) एक उत्तम सिद्धान्त को वर्तमान में मौजूदा तथ्यों के साथ सहमति दिखलानी चाहिए तथा साथ ही भविष्य के प्रेक्षणों (observations) के लिए एक उत्तम पूर्वसूचक (predictor) होना चाहिए।

(iii) एक उत्तम सिद्धान्त जाँचनीय (testable) होना चाहिए। अगर कोई सिद्धान्त ऐसा है जिसकी जाँच नहीं की जा सकती है, तो उसे एक उत्तम सिद्धान्त की श्रेणी में नहीं रखा जाएगा।

उक्त विशेषताओं को ध्यान में रखते हुए समाज मनोवैज्ञानिक प्रयोगाश्रित सिद्धान्त (empirical theories) विकसित करने के लिए वचनबद्ध हैं। लेविन (Lewin, 1951) के अनुसार प्रयोगाश्रित सिद्धान्त वैसे सिद्धान्त को कहा जाता है जो ऐसे प्रेक्षणों (observations) पर आधृत होता है जिसे वैज्ञानिक विधियों से जाँच की जा सकती है।

समाज मनोविज्ञान में बहुत सारे सिद्धान्तों का प्रतिपादन किया गया है ताकि सामाजिक व्यवहार के विभिन्न पहलुओं के कारणों को समझा जा सके तथा भविष्य में उसकी यथार्थता के बारे में पूर्वानुमान लगाया जा सके। ऐसे सिद्धान्तों में निम्नांकित प्रमुख हैं—

(1) जननिक सिद्धान्त (Genetic theories)

(2) अभिप्रेरणात्मक सिद्धान्त (Motivational theories)

(3) अधिगम सिद्धान्त (Learning theories)

(4) संज्ञानात्मक सिद्धान्त (Cognitive theories)

(5) निर्णयन-प्रक्रिया सिद्धान्त (Decision making theories)

(6) अन्तर्निभरता सिद्धान्त (Interdependence theories)

(7) सामाजिक-सांस्कृतिक सिद्धान्त (Socio-cultural theories)

इन सभी सिद्धान्तों का एक समग्र विवरण (overall description) हम अलग-अलग अनुच्छेदों में करेंगे।

जननिक सिद्धान्त (Genetic Theories)

इस सिद्धान्त के अनुसार सामाजिक व्यवहार की उत्पत्ति का कारण जैविक रूप से निर्धारित कुछ कारक होते हैं। इस सिद्धान्त द्वारा सामाजिक व्यवहार को समझने में मशहूर कथन *'व्यक्ति एक सामाजिक पशु है'* के अर्थ की अहं भूमिका बतलायी गयी है। इस सिद्धान्त की मान्यता यह है कि सामाजिक व्यवहार के अधिकार तत्त्व अनार्जित जननिक कारणों (unlearnt genetic causes) से सम्बन्धित होते हैं। इस सिद्धान्त का एक बड़ा समर्थक कानरैंड लोरेन्ज (Konrad Lorenz) जिन्होंने पशुओं में सामाजिक व्यवहारों का गहन अध्ययन किया था। लोरेन्ज (Lorenz, 1966) ने अपने अध्ययन के आधार पर यह बतलाया है कि पशुओं में आक्रमक व्यवहार (aggressive behaviour) एक जन्मजात मूलप्रवृत्तिक (instinctive) आक्रमक अर्न्तोद (aggressive drive) जो उनमें आत्म-सुरक्षा (self-preservation) के लिए लड़ने की आवश्यकता से उत्पन्न होती है, के परिणामस्वरूप होता है।

एक मशहूर आरम्भिक समाज मनोवैज्ञानिक जिनका नाम विलियम मैकडुगल (William McDougall, 1908) था, ने भी सामाजिक व्यवहार की व्याख्या जननिक विचारों (genetic conceptions) पर ही आधृत करके किया है। इनका मत था कि बहुत सारे विशिष्ट व्यवहारपरक शीलगुणों (behavioural traits) की व्याख्या *मूलप्रवृत्ति* (instinct) के रूप में की जा सकती है जिसे एक अनार्जित लक्ष्य-निदेशित व्यवहार (unlearnt goal-directed behaviour) के रूप में परिभाषित किया गया है। मैकडुगल का मत था कि किसी भी सामाजिक व्यवहार का कारण उसके पीछे छिपे मूल प्रवृत्ति का एक सेट ही होता है। जैसे, एक माँ अपने बच्चे को हर हालत में सुरक्षा देती है क्योंकि उसमें मातृत्व मूलप्रवृत्ति (maternal instinct) होता है। उसी तरह से व्यक्ति को दूसरे व्यक्ति का साथ इसलिए अच्छा लगता है क्योंकि उसमें 'झुण्ड मूलप्रवृत्ति' (herd instinct) मौजूद होता है।

1920 के दशक में मनोविज्ञान में मूलप्रवृत्ति-विरोधी आन्दोलन (anti-instinct movement) तेज हो गया और लोगों द्वारा मानव व्यवहार के मूल्यांकन की इस पद्धति को बदलने के लिए आवाज उठाया जाने लगा। परिणामस्वरूप अधिकतर समाज मनोवैज्ञानिकों द्वारा मूलप्रवृत्ति को सामाजिक व्यवहार की व्याख्या करने के लिए एक अनुपयुक्त कसौटी (inappropriate criteria) कहकर उसे अस्वीकृत कर दिया गया। ऐसे समाज मनोवैज्ञानिकों का मत था कि मूलप्रवृत्ति से किसी सामाजिक व्यवहार की व्याख्या नहीं होती है बल्कि यह सिर्फ किसी प्रेक्षित व्यवहार (observed behaviour) को मात्र एक वैकल्पिक नाम प्रदान करता है। इतना ही नहीं, मूलप्रवृत्ति भविष्य के व्यवहारों के बारे में भी कोई खास पूर्वानुमान (prediction) लगाने में मदद नहीं करता है जो किसी अच्छे सिद्धान्त को करना चाहिए। जननिक सिद्धान्तों में सामाजिक व्यवहार की व्याख्या करने में परिस्थितिजन्य (situational) तथा पर्यावरणी (environmental) कारकों के महत्त्व को नजरअंदाज किया गया है।

इन सभी परिसीमाओं (limitations) के बावजूद जननिक सिद्धान्त आज समाज मनोवैज्ञानिकों के बीच *समाज-जैव विज्ञान* (sociobiology) के रूप में अवश्य ही मौजूद है। इस विज्ञान के मुख्य प्रवर्त्तक विल्सन (Wilson, 1978) हैं जिनके अनुसार समाज-जैव विज्ञान में समाजशास्त्र (sociology) मनोविज्ञान (psychology) तथा जीवविज्ञान (biology) से नियमों एवं तथ्यों को लेकर सामाजिक व्यवहार की व्याख्या करता है। समाज-जैव विज्ञान का मुख्य बल इस बात पर है कि स्वाभाविक चयन (natural selection) की प्रक्रिया के सहारे सामाजिक व्यवहार की उत्पत्ति होती है जो सचमुच में मानव जाति को कुछ उत्तरजीविता लाभ (survival benefits) प्रदान करता है। जैसे, एक समाज जैव विज्ञानी परोपकारी व्यवहार (altruistic behaviour) की व्याख्या परोपकारिता (altruism) के उत्तरजीविता मूल्य (survival value) के रूप में कर सकते हैं। शायद, परोपकारी व्यवहार मानव जाति को समग्र रूप से व्यक्तियों के जीन्स को सुरक्षा प्रदान करके उसे उत्तम ढंग से अधिक समय तक जीवित रहने के योग्य बना दिया हो। अतः जिन व्यक्तियों में परोपकारिता का जीन्स रहा हो, वे अधिक उत्तम ढंग से लम्बे समय तक जीवित रहने योग्य हो जाते हैं और फिर इस जीन्स को वे अगली पीढ़ी में अंतरण कर देते हैं। इस तरह से तब कहा जा सकता है कि व्यक्ति का परोपकारी व्यवहार कम-से-कम अंशतः अवश्य ही व्यक्ति के जननिक कारकों द्वारा निर्धारित होता है।

विल्सन (Wilson) ने समाज-जैव विज्ञान के सहारे यद्यपि सामाजिक व्यवहार की व्याख्या किया है फिर भी इस उपागम या दृष्टिकोण में कुछ वैसी ही त्रुटियाँ हैं जो जननिक सिद्धान्तों (genetic theories) में थीं। इस सिद्धान्त में पूर्वकथनीय शक्ति (predictive power) नहीं है अर्थात् व्यक्ति भविष्य में किस ढंग का सामाजिक व्यवहार करने की ओर अधिक उन्मुखता दिखलायेगा, इसका पूर्वानुमान इस सिद्धान्त द्वारा नहीं हो पाता है।

आजकल समाज मनोवैज्ञानिकों के बीच इस बात की सहमति है कि सामाजिक व्यवहार कोई निश्चित प्रकार का व्यवहार नहीं होता है और न तो यह मूलप्रवृत्ति कारकों (instinctive factors) द्वारा पूर्वनिर्धारित होता है। फिर भी इतना तो वे लोग आज भी स्वीकार करते हैं कि सामाजिक व्यवहार का पूर्णरूपेण ज्ञान के लिए जननिक पूर्ववृत्तियों (genetic predisposition) को ध्यान में रखना जरूरी है।

अभिप्रेरणात्मक सिद्धान्त
(Motivational Theories)

इस सिद्धान्त में सामाजिक व्यवहार की व्याख्या व्यक्ति की अपनी आवश्यकता (need) तथा अभिप्रेरणों (motives) के रूप में किया गया है। अभिप्रेरण एक सतत आंतरिक अवस्था (consistent internal condition) जो एक व्यवहार या एक व्यवहारपरक पैटर्न (behavioural pattern) उत्पन्न करता है। अभिप्रेरण का स्वरूप दैहिक (physiological) या फिर सामाजिक (social) हो सकता है। जैसे, भूख एक दैहिक अभिप्रेरक है जबकि सम्बन्धन (affiliation) एक सामाजिक अभिप्रेरक (social motive) है क्योंकि इसकी अभिव्यक्ति में प्रत्यक्ष या परोक्ष रूप से अन्य व्यक्तियों की जरूरत होती है। समाज मनोवैज्ञानिकों द्वारा सामाजिक अभिप्रेरणों का ही अध्ययन किया जाता है जिनमें आक्रमकता (aggression), प्रतियोगिता (competition), सम्बन्धन (affiliation), उपलब्धि (achievement), सत्ता (power) तथा परोपकारिता (altruism) प्रमुख हैं। समाज मनोवैज्ञानिकों द्वारा इस बात का भी अध्ययन किया जाता है कि किस तरह से विशिष्ट परिस्थिति (specific situation) तथा सामाजिक परिस्थिति व्यक्ति में आवश्यकता (need) तथा अभिप्रेरण (motives) उत्पन्न कर सकता है। जैसे, घर से पहली-पहली बार कॉलेज जाने से किशोरों एवं वयस्कों में अकेलापन (loneliness) का भाव उत्पन्न होता है। उसी तरह से जब व्यक्ति अपने शहर या गाँव से दूसरे शहर या जगह पर चला जाता है, तो उसका स्थापित सामाजिक नेटवर्क (social network) टूट जाता है और दोस्तों एवं अन्य परिचित व्यक्ति से सम्बन्ध विच्छेद हो जाता है। ऐसी परिस्थिति में उनमें दोस्ती, घनिष्ठता (intimacy) तथा साथ-साथ रहने की अपूरित आवश्यकता (unmet need) उत्पन्न हो जाता है। छात्रों को जब कॉलेज में दोस्त बनाने की आवश्यकता उत्पन्न होती है, तो वे क्लब के सदस्य बन जाते हैं, सामाजिक घटनाओं में हाथ बँटाते हैं तथा कैनटीन में जाकर नये-नये अपरिचित छात्रों से बातचीत करके दोस्ती बढ़ाते हैं। कभी-कभी यह भी देखा गया है कि छात्रों या किशोरों में दोस्त बनाने की अपूरित आवश्यकता उन्हें धूम्रपान या औषध (drug) लेने की आदत उत्पन्न कर देती है क्योंकि अपूरित आवश्यकता से उत्पन्न गम या तकलीफ को वे धूम्रपान या औषध लेकर कम करने लगते हैं। धीरे-धीरे औषध व्यसनी (drug addict) हो जाते हैं या श्रृंखला धूम्रपानी (chain smoker) बन जाते हैं।

अभिप्रेरणात्मक सिद्धान्तों में मुख्य रूप से फ्रायड (Freud, 1968) मैस्लो (Maslow, 1943, 1970) तथा मैकक्लिलैंड (McClelland et al., 1953) आदि मुख्य हैं जिनके माध्यम से सामाजिक व्यवहार की व्याख्या की गयी है। इन सभी विचारधाराओं पर नीचे प्रकाश डाला जा रहा है—

1. मनोवैश्लेषिक सिद्धान्त *(Psychoanalytic theory)*—सिगमण्ड फ्रायड (Sigmund Freud, 1910) द्वारा प्रतिपादित सिद्धान्त को मनोवैश्लेषिक सिद्धान्त (psychoanalytic theory) कहा जाता है। इस सिद्धान्त के अनुसार वयस्क व्यवहार कई अर्थों में व्यक्ति के बाल्यावस्था की अनुभूतियों को प्रतिबिम्बित करता है। इस सिद्धान्त के अनुसार व्यक्ति विकास के आरम्भिक वर्षों में कुछ निश्चित अवस्थाओं से होकर गुजरता है। ऐसी अवस्थाएँ पाँच होती हैं—मुखावस्था (oral stage), गुदावस्था (anal stage), लिंगप्रधानावस्था (phallic stage), अव्यक्तावस्था (latency stage) तथा जननेन्द्रियावस्था (genital stage)। सामान्यतः मुखावस्था जीवन का प्रथम साल, गुदावस्था 2 से 3 साल, लिंगप्रधानावस्था 4 से 5 साल, अव्यक्तावस्था 6 से 12 साल तथा जननेन्द्रियावस्था 13 साल से आगे निरन्तर चलने वाली अवस्था होती है। व्यक्ति किसी भी अवस्था पर *स्थायीकरण* (fixation) का अनुभव कर सकता है जिसके परिणास्वरूप वह उस अवस्था की कुछ विशेषताओं को बाद की अवस्थाओं में भी दिखलाता पाया जाता है। जैसे मुखावस्था में स्थायीकरण होने से बच्चे आगे की अवस्थाओं में पहुँच जाने के बाद भी अंगूठा चूसना, धूम्रपान करना या अत्यधिक भोजन करना (overeating) आदि व्यवहार करता पाया जाता है। जननेन्द्रियावस्था का अंतिम प्रतिफल यह होता है कि व्यक्ति एक सुसमाजीकृत वयस्क के रूप में समाज के सामने आता है जो समाज के नियमों एवं मूल्यों (values) को स्वीकार करते हुए सामाजिक व्यवहार करता है।

मनोवैश्लेषिक सिद्धान्त में अचेतन (unconscious) का संप्रत्यय एक महत्त्वपूर्ण संप्रत्यय है। अचेतन व्यक्तित्व का एक ऐसा विस्तृत भाग होता है जिसमें इच्छाएँ (desires), आवेग (impulses) तथा द्वन्द्व (conflicts) आदि अवस्थित होते हैं और जो व्यक्ति के व्यवहार को प्रभावित करता है। व्यक्ति अचेतन में हो रहे क्रियाओं से अवगत तो नहीं रहता है परंतु व्यक्ति का व्यवहार इन अचेतन अभिप्रेरकों (unconscious motivation) तथा चेतन क्रियाओं द्वारा प्रत्यक्ष रूप

से प्रभावित होता है। सामाजिक व्यवहार इस अचेतन अभिप्रेरकों द्वारा काफी हद तक प्रभावित होता है। यही कारण है कि कुछ समाज मनोवैज्ञानिकों द्वारा आक्रमकता व्यवहार (aggressive behaviour) को जन्मजात (innate) अचेतन मृत्यु मूलप्रवृत्ति (unconscious death instinct) का परिणाम मानते हैं। उसी तरह से एडोरनो तथा उनके सहयोगियों (Adorno et al., 1950) ने यह विचार व्यक्त किया है कि अल्प संख्यकों के प्रति पूर्वाग्रह का कारण बाल्यावस्था का ऐसा द्वन्द्व (conflict) होता है जिसमें सख्त (rigid) तथा निष्ठुर (herst) माता-पिता की इच्छाएँ, असमान (dissimilar) लोगों के प्रति वयस्क की नापसंदगी (disliking) के रूप में प्रतिबिम्बित होती है। अतः यदि कोई व्यक्ति अल्प संख्यकों के प्रति पूर्वाग्रह दिखलाता है तो उसके इस व्यवहार को उनके बाल्यावस्था की अनुभूतियों पर ध्यान देकर उसे समझा जा सकता है।

मनोवैश्लेषिक सिद्धान्त के जो महत्त्वपूर्ण संप्रत्यय (concepts) हैं, उनकी मापन चूँकि सम्भव नहीं हो पाता है, अतः बहुत मनोवैज्ञानिकों ने सिद्धान्त द्वारा बतलाये गए सम्बन्धों की प्रयोगात्मक जाँच करना छोड़ दिये हैं। जैसे, सिद्धान्त का एक महत्त्वपूर्ण संप्रत्यय अचेतन (unconscious) की प्रक्रियाएँ हैं। चूँकि अचेतन की प्रक्रियाएँ अप्रेक्षणीय (unobservable) होती हैं, अतः उससे कुछ वैज्ञानिक जाँच नहीं की जा सकती है ताकि सिद्धान्त की वैधता की जाँच हो सके। ऐसी स्थिति में तब व्यवहार के बारे में पूर्वकथन (prediction) भी नहीं किया जा सकता है। अगर गौर से देखा जाय तो यह कहा जा सकता है कि मनोवैश्लेषिक सिद्धान्त किसी व्यवहार के भविष्यसूचक (predictor) के रूप में कम तथा घटना उत्पन्न होने के बाद की व्याख्या (after-the-fact explanation) के रूप में अधिक करता है।

इन आलोचनाओं के बावजूद यह मनोवैज्ञानिकों की मान्यता है कि व्यक्ति के सामाजिक व्यवहार को ठीक ढंग से समझने के लिए उसके वाल्यावस्था की अनुभूतियों एवं अचेतन अभिप्रेरकों के बारे में जानना आवश्यक है।

2. मैस्लो का आवश्यकता पदानुक्रम सिद्धान्त *(Maslow need hierarchy theory)*—अब्राहम मैसलो (Abraham Maslow, 1943, 1970) ने व्यक्ति के धनात्मक अभिप्रेरकों (positive motives) का अध्ययन किया और उसे एक पदानुक्रम (hierarchy) में सुव्यवस्थित करके व्याख्या करने की कोशिश किया है। मैस्लो द्वारा बतलाये गए अभिप्रेरकों का सीधा सम्बन्ध मनुष्यों की आवश्यकताओं (needs) से होता है। ऐसी आवश्यकताएँ जिन्हें मैस्लो ने एक पदानुक्रम में सुव्यवस्थित किया था, निम्नांकित हैं—

(i) **आत्मसिद्धि आवश्यकता** *(Self-actualization needs)*—इसमें व्यक्ति अपने भीतर छिपे अन्तःशक्तियों (potentials) की पहचान करके उसके अनुरूप व्यवहार करता है।

(ii) **सम्मान की आवश्यकता** *(Esteem needs)*—इसमें दो तरह की आवश्यकता सम्मिलित होती है—आत्म-सम्मान की आवश्यकता (self-esteem need) तथा दूसरों से सम्मान पाने की आवश्यकता। पहले प्रकार की आवश्यकता वर्धन, उपयुक्तता (adequacy), उपलब्धि (achievement), स्वतंत्रता आदि को रखा गया है तथा दूसरों से सम्मान पाने की आवश्यकता में दूसरों से सम्मान, पहचान, प्रशंसा, ध्यान तथा स्वीकृति (acceptance) पाने की आवश्यकता को रखा गया है।

(iii) **सम्बद्धता एवं स्नेह की आवश्यकता** *(Belongingness and love needs)*—सम्बद्धता की आवश्यकता में परिवार या समाज में एक प्रतिष्ठित स्थान पाने की आवश्यकता तथा किसी संदर्भ समूह की सदस्यता प्राप्त करने से पड़ोसी से अच्छे सम्बन्ध बनाये रखने की आवश्यकता सम्मिलित होती है। स्नेह की आवश्यकता में दूसरों को स्नेह देने तथा दूसरों से स्नेह पाने की आवश्यकता से होती है। सम्बद्धता तथा स्नेह की आवश्यकता एक-दूसरे से काफी जुड़े होते हैं।

(iv) **सुरक्षा की आवश्यकता** *(Safety need)*—इस आवश्यकता में शारीरिक सुरक्षा, स्थिरता, निर्भरता (dependency), बचाव (protection), डर, चिन्ता आदि की अनुभूतियों से मुक्ति की आवश्यकता सम्मिलित होती है।

(v) **दैहिक या शारीरिक आवश्यकता** *(Physiological needs)*—इस श्रेणी में भोजन करने की आवश्यकता, पानी पीने की आवश्यकता, यौन की आवश्यकता तथा सीमान्त तापक्रम (extreme temperature) से बचने की आवश्यकता सम्मिलित होती है।

मैस्लो के अनुसार निचली स्तर की आवश्यकता की तुष्टि होने पर व्यक्ति ऊपरी स्तर की आवश्यकता की तुष्टि करने का प्रयास करता है। सबसे निचली स्तर की आवश्यकता दैहिक या शारीरिक आवश्यकता है तथा सबसे ऊपरी स्तर की आवश्यकता आत्म-सिद्धि की आवश्यकता (self-actualization need) है।

पदानुक्रमिक मॉडल के उपर्युक्त पाँच आवश्यकताओं (needs) को मैस्लो ने मूल आवश्यकता (basic needs) कहा है। इन मूल आवश्यकताओं के अलावा भी कुछ आवश्यकताएँ हैं जिनका व्यक्ति के व्यवहारों पर काफी प्रभाव पड़ता है:—

(i) **संज्ञानात्मक आवश्यकता** (*Cognitive needs*)—इस श्रेणी में उन आवश्यकताओं को रखा गया है जो सूचनात्मक (informative) होती है। जानने की आवश्यकता (need to know) तथा समझने की आवश्यकता (need to understand) को इस श्रेणी में रखा गया है।

(ii) **तंत्रिकातापी आवश्यकता** (*Neurotic needs*)—उसमें वैसी आवश्यकताओं को रखा गया है जिनकी संतुष्टि से व्यक्ति में स्वास्थ्य का वर्धन न होकर उसमें विकृति, निष्क्रियता आदि बनी रहती है।

(iii) **न्यूनता आवश्यकता** (*Deficiency or deficit need*)—इस श्रेणी में उन आवश्यकताओं को सम्मिलित किया जाता है जिसका मुख्य उद्देश्य व्यक्ति में तीन या तीन अवस्थाओं जैसे भूख, ठंढक, असुरक्षा आदि से उत्पन्न तनाव को दूर करना होता है।

(iv) **वर्धन आवश्यकता** (*Growth need*)—इसमें उन आवश्यकताओं को रखा जाता है जो व्यक्ति को अपनी अन्तःशक्ति या अन्तःक्षमताओं (potentials) की पहचान करके उसे विकसित करने के लिए प्रेरित करता है। इसे *मेटा आवश्यकता* (meta needs) या *सत्व अभिप्रेरक* (Being or B-motives) भी कहा जाता है।

यद्यपि मैस्लो द्वारा प्रतिपादित अभिप्रेरण का मॉडल परामर्श मनोविज्ञान (counselling psychology) तथा संगठनात्मक मनोविज्ञान में विशेष रूप से लाभकारी सिद्ध हुआ है, फिर भी समाज मनोविज्ञान में भी इसकी उपयोगिता काफी है। समाज मनोवैज्ञानिक व्यक्ति में अभिप्रेरकों के स्तर के बारे में जानकर उनके द्वारा भविष्य में किये जाने वाले सामाजिक व्यवहार के बारे में पूर्वानुमान लगाते हैं। जैसे, कुछ समाज मनोवैज्ञानिकों का मत है कि जिन व्यक्तियों में दैहिक आवश्यकताओं की पूर्ति नहीं होती है, उनमें प्रसामाजिक व्यवहार (altruistic behaviour) कम होते देखा जाता है तथा ऐसे लोगों में आक्रमकता का स्तर सामान्यतः अधिक होता है।

3. उपलब्धि आवश्यकता का सिद्धान्त (*Theory of needs for achievement*)—अभिप्रेरणात्मक सिद्धान्त का एक महत्त्वपूर्ण क्षेत्र उपलब्धि आवश्यकता सिद्धान्त है जिसे मैकक्लिलैंड, एटकिन्सन, क्लार्क तथा लॉवेल्ल (McClelland, Atkinson, Clark & Lowell, 1953) द्वारा विकसित किया गया है। इन लोगों ने मर्रे (Murray, 1938) द्वारा प्रस्तावित तीन तरह के आवश्यकताओं को गहनता से अध्ययन किया। वे तीन आवश्यकताएँ हैं—*उपलब्धि आवश्यकता* (need for achievement or nACH), *सम्बन्धन आवश्यकता* (need for affiliation or nAFF) तथा *सत्ता आवश्यकता* (need for power or nPoW)। उपलब्धि आवश्यकता में व्यक्ति किसी कार्य को उत्तम ढंग से करने की आवश्यकता या अभिप्रेरण दिखलाता है। सम्बन्धन आवश्यकता में व्यक्ति अन्य व्यक्तियों के साथ इस तरह से अंतक्रिया करने की इच्छा दिखलाता है ताकि उन्हें खुश रखा जा सके तथा उनका स्नेह पाया जा सके। सत्ता आवश्यकता में व्यक्ति दूसरों को नियंत्रित रखने तथा सामाजिक परिस्थितियों को प्रभावित करने की इच्छा दिखलाता है।

उपलब्धि आवश्यकता सिद्धान्त में मैकक्लिलैंड तथा उनके सहयोगियों द्वारा निम्नांकित तथ्य पाये गए—

(i) व्यक्ति के अभिप्रेरण स्तर को निर्धारित करने में समाजीकरण की प्रक्रिया का महत्त्वपूर्ण भूमिका होती है।

(ii) एक बच्चे को जिस स्तर का स्वतंत्रता प्रशिक्षण (independence training) मिला होता है, उसी के अनुरूप भविष्य में उसकी उपलब्धि आवश्यकता (need for achievement) का निर्धारण होता है। स्वतंत्रता प्रशिक्षण अधिक होने पर उपलब्धि आवश्यकता का स्तर भी अधिक होता है।

(iii) जो व्यक्ति कुछ इस तरह के पेशाओं (operations) से जिसमें पहल (initation) उत्तरदायित्व (responsibility) तथा जोखिम उठाने की प्रवृत्ति से सम्बन्धित होते हैं, उनमें अन्य व्यक्तियों की तुलना में उपलब्धि आवश्यकता अधिक होती है।

(iv) बच्चों के कहानी के किताबों से प्राप्त उपलब्धि आवश्यकता की माप सामान्यतः विभिन्न देशों में आर्थिक उत्पादन (economic production) के मापों के साथ सहसम्बन्धित होते हैं।

इसके अतिरिक्त सम्बन्धन आवश्यकता तथा सत्ता आवश्यकता के अध्ययन से भी कुछ तथ्य सामने आये हैं जिनसे व्यक्ति के मौजूदा सामाजिक व्यवहार को समझने तथा उसके बारे में पूर्वानुमान लगाने में मदद मिलती है। जैसे, कुछ समाज मनोवैज्ञानिकों का मत है कि जब व्यक्ति में डर, चिन्ता तथा अशंकाएँ अधिक मात्रा में होती है, तो सामान्यतः सम्बन्धन आवश्यकता अधिक मजबूत होता है या फिर व्यक्ति सम्बन्धन आवश्यकता पर उच्च प्राप्तांक प्राप्त करता है। सत्ता आवश्यकता से व्यक्ति में प्रभुत्व (dominance) तथा राजनैतिक व्यवहार (political behaviour) को समझने में मदद मिलती है। डॉलने तथा विन्टर (Donley & Winter, 1970) ने अपने अध्ययन के आधार पर इस तथ्य की सम्पुष्टि किया है।

स्पष्ट हुआ कि अभिप्रेरणात्मक सिद्धान्तों (motivational theories) द्वारा व्यक्ति के सामाजिक व्यवहार के विभिन्न पहलुओं का अध्ययन एवं फिर उसके बारे में पूर्वानुमान लगाया जाता है।

अधिगम सिद्धान्त
(Learning Theories)

अधिगम सिद्धान्त द्वारा सामाजिक व्यवहार की व्याख्या जननिक सिद्धान्त (genetic theories) की व्याख्या से विपरीत ढंग से की जाती है। यहाँ सामाजिक व्यवहारों की व्याख्या आंतरिक जैविक निर्धारकों (internal biological determinants) के रूप में न करके परिस्थिति तथा वातावरण (environment) की भूमिकाओं के रूप में की जाती है। दूसरे शब्दों में, इस सिद्धान्त में सामाजिक व्यवहार का विश्लेषण उद्दीपक (stimulus) तथा अनुक्रिया (response) के बीच सीखे गए साहचर्यों (learned association) के रूप में की जाती है। अतः अधिगम सिद्धान्त का मुख्य विचार या तथ्य यह है कि व्यक्ति का वर्तमान व्यवहार उसके पूर्व या गत (post) की अनुभूतियों द्वारा निर्धारित होती है। किसी भी परिस्थिति में व्यक्ति कुछ खास तरह के व्यवहार को सीखता है जो धीरे-धीरे 'आदत' में बदल जाता है। जब व्यक्ति को समान परिस्थिति का सामना भविष्य में करना पड़ता है, तो व्यक्ति उसी ढंग से आदतन व्यवहार करता है। सामाजिक व्यवहार की व्याख्या करने में अलबर्ट बैण्डुरा (Albert Bandura, 1977) ने इस उपागम को *सामाजिक-अधिगम सिद्धान्त* (social-learning theory) कहा है।

सामान्यतः तीन प्रक्रम (mechanisms) ऐसे हैं जिनके माध्यम से अधिगम (learning) की प्रक्रिया सम्पन्न होती है—*साहचर्य या क्लासिकी अनुबंधन* (classical conditioning), *पुनर्बलन* (reinforcement) तथा *प्रेक्षणात्मक अधिगम* (observational learning)।

साहचर्य या क्लासिकी अनुबंधन का प्रक्रम पैवलव (Pavlov) के प्रयोग से व्युत्पन्न हुआ है। पैवलव के प्रयोग में कुत्ता घंटी की आवाज पर लार स्राव करने की अनुक्रिया को इसलिए सीख लिया था क्योंकि प्रत्येक बार घंटी की आवाज के बाद कुत्ता को भोजन दिया जाता था। घंटी की आवाज के साथ भोजन आने की प्रक्रिया को साहचर्यित करके उसने घंटी की आवाज पर लार स्राव करने की अनुक्रिया को सीखा था। मानव भी साहचर्य द्वारा कई तरह के व्यवहार को करना सीख लेता है। जैसे, यदि किसी व्यक्ति को दंतचिकित्सक (dentist) के साथ दर्दनाक अनुभूति हुई होती है, तो वह सिर्फ 'दन्तचिकित्सक' शब्द सुनने पर ही चिन्तित हो उठता है।

अधिगम का दूसरा महत्त्वपूर्ण प्रक्रम पुनर्बलन (reinforcement) है जिसपर स्कीन्नर तथा उसके सहयोगियों ने काफी बल डाला है। व्यक्ति किसी खास व्यवहार को करना इसलिए सीख जाता है क्योंकि उसके बाद व्यक्ति को कुछ पुरस्कार दिया जाता है या फिर ऐसी चीज दी जाती है जिसमें उसकी आवश्यकता की तुष्टि होती है। एक बच्चा दूसरे बच्चों को मदद करना इसलिए सीख लेता है कि जब वह अपना खिलौना दूसरों को खेलने के लिए देता है तो उसके माता-पिता हँस कर एवं पीठ ठोंकर उसे इस व्यवहार के लिए प्रोत्साहित करते हैं। अधिगम सिद्धान्त का एक सीधा एवं स्पष्ट उदाहरण सामाजिक-विनिमय सिद्धान्त (social exchange theory) हैं जिसमें सामाजिक अंतक्रिया को मूलतः व्यक्ति को मिलने वाले पुरस्कार तथा दंड के रूप में समझा जाता है। जार्ज होमान्स (George Homans, 1958) के इस सिद्धान्त के अनुसार यह आसानी से पूर्वानुमान (prediction) लगाया जाता है क्यों व्यक्ति वैसे लोगों के साथ अधिक अंतक्रिया (interaction) करता है जिनसे उन्हें पुरस्कार अर्थात् प्रशंसा, प्रतिष्ठा तथा लाभ आदि मिलता है तथा उससे दूर रहता है जिनसे उसे दंड आदि मिलता है। समाज मनोवैज्ञानिकों द्वारा सौदाकारी (bargaining), समानता (equity) एवं न्याय (justice) आदि से सम्बन्धित सामाजिक व्यवहार की व्याख्या करने में सामाजिक विनिमय सिद्धान्त के इन संप्रत्ययों का सर्वाधिक उपयोग किया गया है।

तीसरा महत्त्वपूर्ण प्रक्रम प्रेक्षणात्मक अधिगम (observational learning) है। यह एक महत्त्वपूर्ण तरीका है जिसके माध्यम से व्यक्ति सामाजिक व्यवहार को सीखता है। इस सिद्धान्त के प्रमुख प्रवर्त्तक अलवर्ट बैण्डुरा (Albert Bandura) है। इसके अनुसार व्यक्ति दूसरों के व्यवहारों को देखकर उसे सीखता है। यहाँ व्यक्ति दूसरों को एक मॉडल के रूप में लेता है। मॉडल जैसा व्यवहार कर रहा होता है और उस व्यवहार के परिणामस्वरूप उसे जैसा परिणाम मिल रहा होता है, का प्रेक्षण करके व्यक्ति उसके व्यवहार को सीखता है। इसे *अनुकरण* (imitation) या *मॉडलिंग* (modeling) भी कहा जाता है। अगर मॉडल को पुरस्कृत किया जाता है, तो प्रेक्षक (observer) उस व्यवहार को भविष्य में अधिक करता पाया जाता है। परंतु यदि मॉडल को दंडित किया जाता है, तो प्रेक्षक उस व्यवहार को कम करते देखे जाते हैं।

समाज मनोवैज्ञानिकों द्वारा अधिगम सिद्धान्त का उपयोग बहुत तरह के सामाजिक व्यवहारों की व्याख्या करने के लिए किया गया है जिसमें आक्रमकता (aggression), परोपकारिता (altruism), अन्तर्वैयक्तिक आकर्षण (interpersonal attraction), संचार (communication), पूर्वाग्रह (prejudice) तथा मनोवृत्ति निर्माण (attitude formation) आदि प्रमुख हैं। इनमें से कुछ क्षेत्रों में अधिगम सिद्धान्तों द्वारा प्रदत्त व्याख्या काफी महत्त्वपूर्ण रहा है जबकि कुछ क्षेत्रों में अधिगम सिद्धान्त की व्याख्या मात्र परिधीय व्याख्या (peripheral explanation) के रूप में की गयी है।

हालांकि सामाजिक व्यवहार की व्याख्या करने में अधिगम सिद्धान्त काफी उपयोगी सिद्ध हुआ है फिर भी इसकी कुछ आलोचनाएँ हैं जो इस प्रकार हैं—

(i) अधिगम सिद्धान्तों द्वारा सामाजिक व्यवहार की व्याख्या करने में आंतरिक कारकों (internal factors) जैसे चिंतन प्रक्रियाओं तथा व्यक्ति के जननिक कारकों (genetic factors) की भूमिका को न्यूनीकृत (minimize) कर दिया गया है। कुछ आलोचकों का मानना है कि सचमुच में अधिकतर अधिगम सिद्धान्तों द्वारा मानव के व्यवहार का एक *श्याम-बकस विचारधारा* (Black-Box view) उपस्थित किया जाता है जिसमें उद्दीपक (stimulus) तथा अनुक्रियाओं (responses) की सूक्ष्म व्याख्या अवश्य की जाती है परंतु व्यक्ति (श्याम बकस) के भीतर क्या हो रहा है, इस पर बिलकुल ही ध्यान नहीं दिया जाता है। अधिकतर ऐसे समाज मनोवैज्ञानिकों के लिए जिनकी मुख्य अभिरुचि सामाजिक चिन्तन प्रक्रियाओं (social thinking process) का अध्ययन करना होता है, अधिगम सिद्धान्त की उपयुक्त व्याख्या बहुत उचित नहीं दीखती है।

(ii) अधिगम सिद्धान्त के अनुसार जिस सामाजिक व्यवहार के बाद धनात्मक परिणाम (positive consequence) होते हैं, उसकी बारंबारता भविष्य में अधिक होती है। परंतु वास्तविक परिस्थिति में ऐसा भी देखा गया है कि कुछ सामाजिक व्यवहार ऐसे होते हैं जिनके बाद नकारात्मक परिणाम होते हैं। परंतु फिर भी भविष्य में उसकी होने की बारंबारता बढ़ जाती है। जैसे, हमलोग कभी-कभी वैसे व्यक्ति जो हमारे साथ दुर्व्यवहार किया है या दुःख पहुँचाया है, उसके प्रति अधिक दया के मनोभाव से देखना पसंद करते हैं।

इन आलोचनाओं के बावजूद अधिगम सिद्धान्त द्वारा समाज मनोवैज्ञानिकों के लिए बहुत सारे संगत सूचनाएँ उपलब्ध कराये जाते हैं। अतः इनका उपयोग सामाजिक व्यवहार को समझने तथा उनका पूर्वानुमान लगाने में काफी किया जाता है।

संज्ञानात्मक सिद्धान्त (Cognitive Theories)

सामाजिक व्यवहार को समझने तथा उसकी व्याख्या करने में संज्ञानात्मक सिद्धान्त की अहं भूमिका बतलायी गयी है। संज्ञानात्मक सिद्धान्त में व्यक्ति के चिन्तन प्रक्रिया (thinking process) पर तथा व्यक्ति किस तरह से अपने वातावरण को समझता है तथा उसकी व्याख्या करता है, पर अधिक बल डाला जाता है। संज्ञानात्मक सिद्धान्तों पर आधृत बहुत सारे संप्रत्ययों की उत्पत्ति का श्रेय गेस्टाल्ट मनोवैज्ञानिकों (Gestalt Psychologists) द्वारा किये गए अध्ययन हैं। लेविन द्वारा प्रस्तावित क्षेत्र सिद्धान्त (field theory) जो एक महत्त्वपूर्ण संज्ञानात्मक सिद्धान्त है, गेस्टाल्ट सिद्धान्त के मौलिक नियमों से व्युत्पन्न हुआ है हालांकि इसमें भौतिक क्षेत्र सिद्धान्त (physical field theory) के साथ भी कुछ सादृश्यता (analogies) है। सामाजिक व्यवहार के विभिन्न पहलुओं की व्याख्या करने वाले भिन्न-भिन्न सैद्धान्तिक मॉडल (theoretical models) का विकास फेस्टिंगर (Festinger, 1957), न्यूकॉम्ब (Newcomb, 1953), हेल्सन (Helson, 1947) तथा हाईडर (Heider, 1958) द्वारा विकसित किये गए। इन सबों द्वारा आधुनिक सामाजिक मनोविज्ञान में जो संज्ञानात्मक विचारधाराएँ उत्पन्न हुईं हैं, वे करीब-करीब सभी गेस्टाल्ट सिद्धान्त एवं लेविनियन क्षेत्र सिद्धान्त (Lewinian Field theory) से व्युत्पन्न हुए हैं।

लेविन का क्षेत्र सिद्धान्त एक ऐसा माध्यम है जिसके सहारे यह बतलाया गया है कि व्यक्ति का मनोवैज्ञानिक (psychological) एवं सामाजिक (social) बल आपस में अंतक्रिया करके व्यक्ति के व्यवहार को निर्धारित करते हैं। लेविन के क्षेत्र सिद्धान्त का महत्त्वपूर्ण संप्रत्यय जीवन समष्टि (Life space or LS) है जो यह बतलाता है कि किसी व्यवहार का निर्धारक तत्त्व व्यक्ति तथा वातावरण दोनों में ही होता है। व्यक्ति का व्यवहार (Behaviour or B) सचमुच में इसी जीवन समष्टि का ही परिणाम होता है जिसमें व्यक्ति (Person or P) तथा वातावरण (Environment or E) दोनों ही सम्मिलित होता है। तब अंतक्रिया सूत्र के रूप में कहा जाता है—

$$B = f(LS)$$

इसका मतलब यह हुआ कि व्यक्ति का जीवन समष्टि में व्यक्ति की मनोवृत्ति (attitudes), अभिप्रेरण (motives), आदत (habits) आदि जो सभी व्यक्तित्व का भाग होता है, तथा सभी सामाजिक बल अर्थात् मानक (norms), भूमिका प्रत्याशा (role expectations), नियम (laws) आदि सम्मिलित होते हैं जो सभी वातावरण का भाग होता है।

लेविन का क्षेत्र सिद्धान्त समाज मनोविज्ञान के लिए काफी उपयोगी है क्योंकि लेविन ने इसका उपयोग कई तरह के सामाजिक व्यवहार जैसे समूह में आक्रमक व्यवहार तथा अंतरवैयक्तिक द्वन्द्व (interpersonal conflict) आदि की व्याख्या में बखूबी किया है। इस सिद्धान्त के महत्त्वपूर्ण गुणों (merits) में निम्नांकित प्रमुख है—

(i) क्षेत्र सिद्धान्त व्यक्ति के वर्तमान कारकों का न कि गत अनुभूतियों को व्यवहार का महत्त्वपूर्ण निर्धारक मानता है।

(ii) यह एक ऐसा आनुभाविक सिद्धान्त (empirical theory) है जो कुछ संप्रत्ययों एवं संरचनाओं के सहारे व्यवहार का सामान्य नियम का प्रतिपादन करता है।

(iii) यह सिद्धान्त व्यक्ति तथा वातावरण के अंतक्रिया पर बल डालता है।

(iv) इसमें कुछ ऐसे बलों (forces) एवं परिवर्तनों (changes) के अध्ययन पर बल डाला जाता है जिससे इसका स्वरूप गत्यात्मक कहा गया है।

(v) इस सिद्धान्त में सम्पूर्ण क्षेत्र (whole field) के वर्णन तथा फिर उसे हिस्सों (parts) के रूप में विश्लेषण करने पर बल डाला जाता है।

(vi) यह सिद्धान्त एक घटनावृत्तिक उपागम है क्योंकि यहाँ क्षेत्र को व्यक्ति के दृष्टिकोण से परिभाषित किया जाता है।

हालांकि गेस्टाल्ट मनोवैज्ञानिकों की मुख्य अभिरुचि प्रत्यक्षण (perception) के अध्ययन में रहा है, उनके शोध एवं प्रयोग सामाजिक मनोविज्ञान के लिए दो कारणों से काफी महत्त्वपूर्ण रहा है—

(i) गेस्टाल्ट मनोवैज्ञानिकों द्वारा कुछ ऐसी प्रविधियाँ (techniques) विकसित की गयीं हैं जिनके सहारे समाज मनोवैज्ञानिकों के लिए कुछ सामाजिक व्यवहारों का प्रयोगशाला अध्ययन करना सम्भव हो पाया है। गेस्टाल्ट सिद्धान्त के प्रयोगात्मक उपागम के कारण ही समाज मनोवैज्ञानिकों के लिए समूह संरचना (group structure), अन्तरवैंयक्तिक संचार (interpersonal communication) तथा मनोवृत्ति परिवर्तन का अध्ययन प्रयोगशाला प्रयोग करके करना सम्भव हो पाया है।

(ii) समाज मनोविज्ञान पर गेस्टाल्टवादियों के प्रभाव का दूसरा कारण गेस्टाल्टवादियों द्वारा 'सहज अनुभव' (naive experience) अर्थात् जिस तरीके से व्यक्ति परिस्थिति को प्रत्यक्षण करता है तथा समझता है, पर बल डाला जाना है। यहाँ अधिगम सिद्धान्तवादियों (learning theories) के अनुसार सामाजिक व्यवहार को समझने के लिए वस्तुनिष्ठ परिस्थिति (objective situation) को मापा जाना महत्त्वपूर्ण होता है जबकि गेस्टाल्ट मनोवैज्ञानिकों के लिए जैसा कि कोफ्फका (Koffka, 1935) (जो एक मशहूर गेस्टाल्ट मनोवैज्ञानिक हैं) कहा है कि घटनावृत्तिक उपागम (phenomenological approach) अर्थात् व्यक्ति आत्मनिष्ठ रूप से (subjectively) किस तरह से वातावरण को समझता है, व्याख्या करता है तथा अनुभव करता है, भी महत्त्वपूर्ण होता है।

गेस्टाल्टवादियों को सबसे महत्त्वपूर्ण दिशा-निर्देशित करने वाला विचार (notion) यह था कि मनोवैज्ञानिक घटनाएँ (psychological phenomenona) एक क्षेत्र (field) में होता है जो एक-दूसरे पर निर्भर करने वाले ऐसे कारकों जिसमें प्रत्यक्षण (perception) तथा गत अनुभूति (past experience) सम्मिलित होते हैं, का एक तंत्र (system) होता है। किसी क्षेत्र का वैयक्तिक तत्त्वों को उस क्षेत्र को सम्पूर्ण रूप से जाने बिना नहीं समझा जा सकता है। इसका मतलब यह हुआ कि जब व्यक्ति किसी वस्तु को देखता है, तो वह उसके वैयक्तिक अंगों (individual parts) को अलग-अलग नहीं देखकर उसे सम्पूर्ण रूप से (as a whole) देखता है।

संज्ञानात्मक सिद्धान्त में दो नियमों की अहमियत काफी अधिक बतलायी गयी है—

(i) व्यक्ति स्वतः (spontaneously) ही वस्तुओं को समूहन (group) एवं श्रेणीबद्ध (categorize) करते हैं। व्यक्ति वस्तुओं का समूहन कुछ नियमों जैसे समानता का नियम (principle of similarity), सामीप्यता का नियम (principle of proximity) तथा गत अनुभूतियों (past experiences) के आधार पर करता है।

(ii) व्यक्ति क्षेत्र (field) के कुछ चीजों को *आकृति* (figures) के रूप में तथा कुछ चीजों को *पृष्ठभूमि* (background) के रूप में प्रत्यक्षण करता है। सामान्यतः रंगीन, गतिशील, अनोखा (unique), शोरगुलयुक्त वस्तुओं को आकृति के रूप में तथा सामान्य, रंगहीन, शांत, गतिहीन आदि वस्तुओं को पृष्ठभूमि के रूप में प्रत्यक्षण करता है। समाज मनोवैज्ञानिक व्यक्ति किस तरह का अनुभव करता है, लोग क्या चाहते हैं, लोग किस तरह के हैं, आदि का एक अर्थपूर्ण व्याख्या करने की कोशिश करता है। फिस्के एवं टेलर (Fiske & Taylor, 1991) के अनुसार सामाजिक संज्ञान (social cognition) पर किये गए शोध इस बात पर बल डालते हैं कि अन्य व्यक्तियों, सामाजिक परिस्थिति (social situation) तथा समूह के बारे में व्यक्ति किस तरह से सूचनाओं को समन्वित करके उनके बारे में कुछ अनुमान लगा पाते हैं। इस तरह से सामाजिक संज्ञान के क्षेत्र के शोधकर्त्ताओं द्वारा वातावरण से व्यक्ति तक प्रवाहित होने वाली सूचनाओं की प्रवाह का अध्ययन किया जाता है।

गेस्टाल्ट सिद्धान्त में प्रत्यक्षज्ञानात्मक पहलुओं के अतिरिक्त संज्ञान अर्थात् चिन्तन के तत्वों पर भी बल डाला गया है। संज्ञानात्मक सिद्धान्तवादियों का मत है कि किसी मनोवैज्ञानिक घटना को समझने का उपयुक्त तरीका व्यक्ति के चिन्तन प्रक्रियाओं का अध्ययन करना तथा किस तरह से व्यक्ति वातावरण को समझता है, के बारे में जानना है। जैसे, संज्ञानात्मक

उपागम का एक प्रत्यक्ष उपयोग समाज मनोविज्ञान के क्षेत्र में यह अध्ययन करता रहा है कि व्यक्ति किस तरह से अन्य लोगों के बारे में छवि (impression) का निर्माण करते हैं। बर्नस्टीन तथा स्कूल (Bernstein & Schul, 1982) के अनुसार गेस्टाल्ट नियमों का उपयोग करते हुए समाज मनोवैज्ञानिक ने यह जानने का प्रयास किया है कि किस तरह से वैयक्तिक शीलगुणों (individual traits) का ज्ञान के सहारे व्यक्तियों के बारे में एक समग्र छवि (overall impression) का निर्माण किया जाता है। फ्रिज हाइडर (Fritz Heider, 1958) जो एक महत्त्वपूर्ण समाज मनोवैज्ञानिक हैं, ने यह सुझाव दिया है कि व्यक्ति अपने वातावरण से अर्थ निकालने के लिए किस तरह से उन सभी व्याख्याओं (explanations) को एक साथ संयोजित करता है, जिसके माध्यम से यह पता चलता है कि लोग जैसा व्यवहार कर रहे होते हैं, क्यों करते हैं। उनके शोध कार्यों से गुणारोपण (attribution) एवं सामाजिक संज्ञान (social cognition) के क्षेत्र में नये-नये शोधों को प्रारम्भ किया जाना सम्भव हो पाया है।

संज्ञानात्मक सिद्धान्त में वातावरण के सामाजिक एवं सांस्कृतिक तत्त्वों को गैर-सामाजिक (non-social) या पूर्णतः भौतिक तत्त्वों (physical elements) से भिन्न नहीं किया जाता है। अतः वातावरण का सामाजिक एवं सांस्कृतिक तत्त्व यदि वे व्यक्ति के संज्ञानात्मक अनुभूतियों को प्रत्यक्ष या अप्रत्यक्ष रूप से प्रभावित करते हैं, तो इसे सामाजिक व्यवहार का एक उत्तम निर्धारक माना जाता है। गेस्टाल्ट मनोवैज्ञानिकों द्वारा व्यवहार के सामाजिक एवं सांस्कृतिक निर्धारकों पर तो कोई खास ध्यान नहीं दिया गया है लेकिन लेविन (Lewin) के क्षेत्र सिद्धान्त में इन कारकों के प्रभावों को स्वीकारा गया है।

निष्कर्षतः यह कहा जा सकता है कि संज्ञानात्मक सिद्धान्तों की उपयोगिता समाज मनोविज्ञान में सामाजिक मनोवृत्ति (social attitudes) तथा मूल्यों (values), भाषा एवं चिन्तन, समूह गतिकी (group dynamics), क्रिया शोध (action research) आदि के क्षेत्रों में काफी किया गया है। जैसे, मनोवृत्ति परिवर्तन (attitude change) एवं विकास (development) का संज्ञानात्मक सिद्धान्त, काज एवं स्टॉटलैंड (Katz & Stotland, 1959), हाईडरं (Heider, 1958) तथा न्यूकॉम्ब (Newcomb, 1961) का अन्तर्वैयक्तिक प्रत्यक्षण तथा अन्तर्वैयक्तिक आकर्षण (interpersonal attraction) का संज्ञानात्मक सिद्धान्त, संज्ञान, स्मृति तथा प्रत्यक्षण पर सामाजिक प्रभाव का संज्ञानात्मक सिद्धान्त जिसे फेस्टिंगर (Festinger, 1954, 1957) तथा हेल्सन (Helson, 1947) द्वारा प्रतिपादित किया गया है, प्रमुख हैं। 1930 तथा 1940 के दशकों में संज्ञानात्मक सिद्धान्त लेविन का क्षेत्र सिद्धान्त (field theory) के रूप में अधिक महत्त्वपूर्ण रहा। यद्यपि इन सिद्धान्तों को कुछ बिन्दुओं पर आलोचित किया गया, फिर भी इनका योगदान काफी प्रशंसनीय रहा है।

निर्णयन-प्रक्रिया सिद्धान्त
(Decision-Making Theories)

निर्णय प्रक्रिया सिद्धान्त जिनका उपयोग सामाजिक व्यवहारों को समझने तथा उनकी व्याख्या करने के लिए किया जाता है, में व्यक्ति विभिन्न व्यवहारों के सम्भावित फायदे एवं हानि का मूल्यांकन करता है और उनमें से सबसे तार्किक एवं उपर्युक्त विकल्प (alternative) को चुन लेता है। सामान्यतः व्यक्ति उसी विकल्प को चुनता है जिससे उसे कम-से-कम हानि हो तथा अधिक-से-अधिक लाभ हो। इस तरह से निर्णयन प्रक्रिया में व्यक्ति सम्भावित विकल्पों के लाभ एवं हानि पर विचार करते हुए उनमें से उत्तम विकल्प को चुन लेता है। लाभ एवं हानि के सापेक्ष शक्तियों के आधार पर व्यक्ति किसी एक विकल्प के बारे में एक अपना निर्णय करता है।

प्रत्याशा-मूल्य सिद्धान्त (expectancy-value theory) जैसा कि एडवार्डस (Edwards, 1954) ने कहा है, निर्णयन प्रक्रिया में लाभ एवं हानि के संप्रत्यय में प्रत्येक विकल्प के होने की सम्भावना को भी महत्त्वपूर्ण माना है। इस सिद्धान्त के अनुसार व्यक्ति द्वारा लिया गया निर्णय दो कारकों पर आधारित होता है। पहला, प्रत्येक विकल्प या सम्भावित परिणाम (possible outcome) का मूल्य (value) क्या है तथा दूसरा, यह प्रत्याशा (expectancy) की प्रत्येक परिणाम वास्तव में निर्णय का ही प्रतिफल होता है।

स्पष्ट हुआ कि निर्णयन प्रक्रिया सिद्धान्त यह बतलाता है कि व्यक्ति निर्णय करने की प्रक्रिया में एक तर्कसंगत प्रक्रिया (rational procedure) को अपनाता है क्योंकि वह सामने उपस्थित सभी तरह के विकल्पों के सम्भावित मूल्यों (values), उसके लाभ एवं हानियों का सापेक्ष अध्ययन करते हुए किसी निष्कर्ष पर पहुँचता है। जैसे, मान लिया जाए कि किसी व्यक्ति को यह निर्णय करना है कि दो मोहल्ला में बने दो अलग-अलग तरह के फ्लैट (flats) में से किसे खरीदा जाए। ऐसी परिस्थिति में वह दोनों फ्लैटों का मूल्य, उसके लाभ तथा हानि का तुलनात्मक अध्ययन करने के बाद

एक तर्कसंगत प्रक्रिया अपनाते हुए एक निष्कर्ष पर पहुँचेगा। प्रसामाजिक व्यवहार (prosocial behaviour) की व्याख्या करने में समाज मनोवैज्ञानिक निर्णय प्रक्रिया सिद्धान्त (decision-making theories) का उपयोग अधिक करते हैं। इस सिद्धान्त में उन प्रक्रियाओं पर बल डाला जाता है जो इस निर्णय को प्रभावित करता है कि किसी व्यक्ति को कब मदद करनी चाहिए तथा ऐसा करने में उन्हें क्या लाभ होगा और कितनी कीमत उसे चुकानी पड़ेगी। डोविडियो तथा उनके सहयोगियों (Dovidio et. al.,) द्वारा किये गए शोध से यह स्पष्ट हुआ है कि व्यक्ति दूसरों की मदद तब करता है जब यह देखता है कि मदद करने पर उसे न मदद करने की अपेक्षा अधिक लाभ होगा।

कभी-कभी ऐसी वास्तविक परिस्थिति होती है जहाँ समाज मनोवैज्ञानिक यह स्पष्ट रूप से समझते हैं कि व्यक्ति द्वारा लिया गया निर्णय हमेशा तर्कसंगत (rationality) पर आधारित नहीं होता है। कई ऐसे अध्ययन हुए हैं जिनसे यह स्पष्ट हुआ है कि निर्णय करते समय या किसी समस्या का समाधान करते समय व्यक्ति कुछ लघुविधि (shortcut) अपनाते हैं और तर्कसंगतता का ख्याल कम करते हैं। इसके अतिरिक्त यह भी देखा गया है कि व्यक्तियों द्वारा बहुत निर्णय ऐसे होते हैं जो उनके सांवेगिक एवं अभिप्रेरणात्मक कारकों से प्रभावित होकर होते हैं। जैसे, यदि कोई व्यक्ति सड़क पर गिर कर गम्भीर रूप से घायल हो जाता है, तो उसे देखते ही व्यक्ति सांवेगिक कारकों से ओत-प्रोत होकर तुरंत उसे मदद करने का निर्णय ले लेता है न कि मदद करने या न करने के सम्भावित लाभ-हानि पर वह विचार करके करता है। स्पष्ट हुआ कि तर्कसंगत निर्णयन प्रक्रिया (rational decision-making) सिद्धान्तों द्वारा प्रत्येक निर्णय प्रक्रिया की व्याख्या नहीं होता है। इसका मतलब यह हुआ कि निर्णय प्रक्रिया में तर्कसंगतता (rationality) का उपयोग व्यक्ति एक सीमा तक ही कर पाता है।

अन्तर्निर्भरता सिद्धान्त
(Interdependence Theories)

अन्तर्निर्भरता सिद्धान्त में सामाजिक व्यवहार की व्याख्या अन्तनिर्भरता (interdependence) के रूप में किया जाता है। जब दो व्यक्तियों का एक-दूसरे व्यक्ति की मनोवृत्ति, भाव (feeling) एवं व्यवहार पर पारस्परिक प्रभाव पड़ता है, तो इस प्रक्रिया को अन्तनिर्भरता की संज्ञा दी जाती है। तकनीकी अर्थ में अन्तनिर्भरता का अर्थ होता है कि किसी व्यक्ति द्वारा किया गया व्यवहार का परिणाम अंशतः दूसरे व्यक्ति द्वारा किये गए व्यवहार के परिणाम से प्रभावित होता है।

सचमुच में अन्तर्निर्भरता सिद्धान्त में किसी एक व्यक्ति के व्यवहार का विश्लेषण से ध्यान हटाकर दो या दो से अधिक ऐसे व्यक्तियों पर किया जाता है जो आपस में अन्तःक्रिया करते हैं। समाज मनोविज्ञान में अन्तर्निर्भरता उपागम (interdependence approach) का सबसे उत्तम उदाहरण *सामाजिक विनिमय सिद्धान्त* (social exchange theory) है जिसके मुख्य नियम सचमुच में अधिगम सिद्धान्त (learning theories) तथा निर्णयन प्रक्रिया सिद्धान्त (decision making theories) के मौलिक तथ्यों पर आधारित हैं। इस सिद्धान्त में दो व्यक्तियों के बीच होने वाली अंतक्रिया (interaction) का विश्लेषण इन दोनों व्यक्तियों द्वारा आपस में विनिमय किये गए लाभ एवं हानि के रूप में होता है। दूसरे शब्दों में, इस सिद्धान्त में दो व्यक्तियों के बीच होने वाली सामाजिक अंतक्रिया (social inteaction) को एक संयुक्त आर्थिक क्रिया (joint economic activity) के रूप में देखा जाता है जिसमें प्रत्येक सहभागी (participant) को जहाँ कुछ लाभ होता है तो कुछ हानि भी उसे उठाना पड़ता है। अंतक्रिया का परिणाम लाभ में से हानि को घटकार आकलित किया जाता है और उसे दो तुलनात्मक स्तर (comparison levels) पर मापा जाता है—एक स्तर वह होता है जहाँ वह अपना सम्बन्ध दूसरे व्यक्ति के साथ कैसा है, इस पर विचार करता है तथा दूसरा स्तर वह होता है जहाँ वह उत्तम सम्भावित विकल्प (best possible alternative) के बारे में सोचता है। अगर किसी व्यक्ति का अन्य व्यक्ति के साथ सम्बन्ध (relationship) का परिणाम विकल्पों (alternatives) के तुलनात्मक स्तर से कम (lower) है, तो ऐसे सम्बन्ध को व्यक्ति समाप्त कर देता है परंतु यदि परिणाम अधिक या ऊँचा है, तो व्यक्ति उस सम्बन्ध को बनाकर रखता है और उस परिस्थिति में भी सम्बन्ध को समाप्त नहीं करना चाहता है जब वह किसी कारण से असंतुष्ट (dissatisfied) होता है।

सामाजिक अंतक्रिया सिद्धान्त में अन्तर्वैयक्तिक अंतक्रिया (interpersonal interaction) का विश्लेषण दोनों व्यक्तियों द्वारा किये जाने वाले सम्भावित अंतक्रिया के लाभ एवं हानि के आधार पर किया जाता है। जैसे, एक चोर

(thief) तथा पुलिस (police) के बीच की अंतक्रिया वैरपूर्ण (hostile) होता है क्योंकि उन दोनों की अभिरुचियाँ अलग-अलग हैं। चोर पुलिस की पकड़ से भाग जाने में अभिरुचि रखता है जबकि पुलिस को चोर को पकड़ने में अभिरुचि होती है। ठीक इसके विपरीत सामाजिक विनिमय सिद्धान्त में सामाजिक अंतक्रिया का विश्लेषण सहयोग (cooperation) के भी आधार पर होता है। जैसे नर्स तथा रोगी के बीच की सामाजिक अंतक्रिया दोनों के एक-दूसरे के साथ सहयोग पर आधारित होता है क्योंकि इसी सहयोग में ही दोनों को लाभ पहुँचता है। रोगी नर्स के साथ सहयोग दिखाकर नर्स से सही एवं उचित मात्रा में देख-रेख (care) प्राप्त कर पाता है जिससे उसे रोग से जल्दी ही मुक्ति मिल जाती है तथा नर्स को इस उत्तम कार्य के करने पर यश या ख्याति मिलती है और उसके पदोन्नति की सम्भावना बढ़ जाती है। अतः इस उदाहरण में नर्स तथा रोगी दोनों की अभिरुचि एक सहयोगपूर्ण एवं दोस्ताना अंतक्रिया में होती है।

समाज मनोविज्ञान में सामाजिक विनिमय सिद्धान्त (social exchange theory) का उपयोग ऐसी सौदाकारी परिस्थितियों (bargaining situations) में होने वाले सामाजिक व्यवहार की व्याख्या करने में की जाती है जिसमें अलग-अलग अभिरुचि होने के बावजूद भी दो व्यक्तियों या समूहों को एक सहमति बनानी पड़ती है।

स्पष्ट हुआ कि अन्तनिर्भरता सिद्धान्त (interdependence theory) द्वारा कई तरह के सामाजिक व्यवहारों का अध्ययन किया जाता है।

सामाजिक-सांस्कृतिक सिद्धान्त (Socio-Cultural Theories)

सामाजिक-सांस्कृतिक सिद्धान्तों के माध्यम से समाज मनोवैज्ञानिक इस बात पर ध्यान देने की कोशिश किये हैं कि किस तरह से व्यक्ति की सामाजिक-सांस्कृतिक विभिन्नता (socio-cultural differences) उसके व्यवहार, चिन्तन, अभिप्रेरण एवं भाव को प्रभावित करता है। जैसे, संस्कृति से तात्पर्य समूह के साझा मूल्यों (shared values), विश्वास (beliefs), व्यवहार तथा प्रथाओं से होता है। संसार की कुछ संस्कृति में एक विशेष तरह के मूल्य या विश्वास की प्रधानता होती है तो फिर कुछ दूसरी संस्कृति में उसी विश्वास या मूल्य की उतनी प्रधानता न होकर कुछ दूसरी चीज की अधिक प्रधानता होती है। जैसे, लेभाइन (Levine, 1988) ने एक अध्ययन किया जिसमें यह पाया गया कि अमेरिकन संस्कृति में यदि व्यक्ति निर्धारित समय के 19 मिनट बाद पहुँचता है, तो उसे देर से आना कहा जाएगा परंतु ब्राजील की संस्कृति में निर्धारित समय से 34 मिनट बाद भी यदि कोई व्यक्ति आता है, तो उसे देर से आना नहीं कहा जाएगा। स्पष्ट हुआ कि समयनिष्ठा का ज्ञान अमेरीकन संस्कृति में ब्राजिलियन संस्कृति की तुलना में अधिक ठोस है। हॉल (Hall, 1959) का मत है कि प्रत्येक संस्कृति में समय के आकलन के बारे में कुछ अस्पष्ट सांस्कृतिक नियम (unspoken cultural rules) होते हैं जो 'गुप्त भाषा' (silent language) के रूप में होते हैं तथा जिसे व्यक्ति सीखकर अपने व्यवहार को उसी के अनुरूप निर्धारित करता है।

प्रत्येक सांस्कृतिक समूह के व्यवहार में विभिन्नता का कारण वहाँ का समाजीकरण (socialization) की प्रक्रिया, सामाजिक मानक (social norms) तथा सामाजिक भूमिका (social roles) बतलाया गया है। सचमुच में व्यक्ति को सांस्कृतिक मूल्यों एवं विश्वासों को समाजीकरण की प्रक्रिया द्वारा ही एक पीढ़ी से दूसरी पीढ़ी में अंतरण (transfer) की जाती है अर्थात् एक पीढ़ी के सदस्यों द्वारा उसे आगे की पीढ़ी के सदस्यों को सीखलाया जाता है। सामाजिक मानक (social norms) जिससे तात्पर्य उन नियमों एवं प्रत्यांशा से होता है जिनके अनुरूप समूह के सदस्य व्यवहार करना सीखते हैं, सचमुच में किसी भी संस्कृति की आधारशिला होता है। सामाजिक मानक द्वारा व्यक्ति का सरल सामाजिक व्यवहार से लेकर जटिल सामाजिक व्यवहार का निर्धारण होता है। सामाजिक मानक समाज के प्रत्येक व्यक्ति पर समान रूप से लागू होता है। जैसे, सड़क पर कार चलाने वाले प्रत्येक व्यक्ति से उम्मीद की जाती है कि वह यातायात के नियमों के अनुकूल कार चलायेगा। परंतु कभी-कभी समाज में व्यक्ति के पद से सामाजिक मानक में भिन्नता आ जाती है। जैसे, यदि व्यक्ति सरकार का मंत्री या सचिव है, तो वह अपने कार पर लाल या पीला बत्ती का उपयोग करते हुए गाड़ी चला सकता है परन्तु विभाग का किरानी या साधारण पदाधिकारी को ऐसी सुविधा प्राप्त नहीं होती है। अतः वे ऐसा नहीं कर सकते हैं।

सामाजिक भूमिका (social role) एक अन्य महत्त्वपूर्ण संप्रत्यय है जिसपर सामाजिक-सांस्कृतिक सिद्धान्त बल डालता है। सामाजिक भूमिका से तात्पर्य सामाजिक मानकों (social norms) के एक ऐसे सेट से होता है जो यह बतलाता

है कि विशेष सामाजिक स्थिति (social position) में व्यक्ति को कैसे व्यवहार करना चाहिए। दूसरे शब्दों में यह कहा जा सकता है कि भूमिका से तात्पर्य व्यवहारों के एक ऐसे सेट से होता है जो समाज में किसी विशेष स्थिति से सम्बन्धित होता है। जैसे, एक डाक्टर विशेष ढंग से डाक्टर की भूमिका में व्यवहार करता है परंतु वही डाक्टर एक पिता (father) की भूमिका में कुछ दूसरे ढंग से व्यवहार करता है। सारविन एवं एल्लेन (Sarbin & Allen, 1968) तथा सेकर्ड एवं बेकमैन (Secord & Backman, 1974) ने अपने अध्ययनों के आधार पर बतलाया है कि भूमिका समाज मनोविज्ञान में एक समाकलन प्रदान करने वाला संप्रत्यय (integrating concept) है क्योंकि यह व्यक्ति तथा समूह एवं संस्कृति तथा व्यक्तित्व के स्तरों के बीच एक पुल (bridge) का कार्य करता है। सचमुच में भूमिका का संप्रत्यय व्यक्ति को सामाजिक कार्यों के जटिल स्तरों के साथ जोड़ने का कार्य करता है।

प्रत्येक भूमिका तथा सामाजिक तंत्र (social system) के बीच का लिंक या सम्बन्ध की अभिव्यक्ति भूमिका स्थिति (role position) में सम्मिलित होती है। भूमिका स्थिति से तात्पर्य वैसे लोगों के एक समूहन से होता है जो एक समान ढंग का व्यवहार करते हैं तथा समान ढंग का शीलगुण दिखलाते हैं और जिनके प्रति अन्य लोग लगभग एक समान ढंग की प्रतिक्रिया करते हैं। प्रत्येक भूमिका स्थिति का सम्बन्ध भूमिका प्रत्याशा (role expectation) से होता है। भूमिका प्रत्याशा से तात्पर्य भूमिका स्थिति से सम्बन्धित उचित व्यवहार, दायित्व, अधिकार, विशेषाधिकार (privilege) आदि से होता है। सेकर्ड एवं बेकमैन (Secord & Backman, 1974) का मत है कि समाज व्यक्ति से उसके प्रदत्त भूमिका के अनुरूप व्यवहार करने की उम्मीद करता है और ऐसा विश्वास किया जाता है कि व्यक्ति उसी भूमिका के अनुरूप व्यवहार करेगा। इस तरह से भूमिका प्रत्याशा (role expectation), भूमिका व्यवहार (role behaviour) तथा सामाजिक संरचना (social structure) के बीच एक संप्रत्यात्मक पुल (conceptual bridge) का काम करता है अर्थात् भूमिका प्रत्याशा व्यक्ति तथा सामाजिक तंत्र (social system) में उसकी स्थिति (position) के साथ एक सम्बन्ध जोड़ता है।

सामाजिक तंत्र में जो व्यक्ति किसी व्यक्ति का पूरक भूमिका (complementary role) करता है, उसे भूमिका सहभागी (role partners) कहा जाता है तथा इन दोनों की भूमिका को मिलाकर *भूमिका सेट* (role set) कहा जाता है। समाज मनोवैज्ञानिकों का मत है कि बहुभूमिकाओं (multiple roles) तथा कई तरह के पूरक भूमिकाओं से कई तरह की जटिलताएँ (complexities) भी उत्पन्न हो जातीं हैं जिनसे फिर *भूमिका* द्वन्द्व (role conflict) या भूमिका तनाव (role strain) उत्पन्न हो जाता है जो कई प्रकार के होते हैं जिनमें तीन प्रमुख हैं—

(1) व्यक्ति-भूमिका द्वन्द्व *(Person role conflict)*—इस तरह के भूमिका द्वन्द्व से व्यक्ति की विशेषताओं (characteristics) जैसे उसका विश्वास (beliefs) तथा मूल्य (values) एवं उनसे प्रत्याशित भूमिका व्यवहार में असंगतता (inconsistency) उत्पन्न होती है। जैसे, सामान्यतः यदि किसी ब्राह्मण जाति के व्यक्ति को दलित व्यक्तियों के साथ रहने के लिए कहा जाए तो इससे उस व्यक्ति में व्यक्ति-भूमिका द्वन्द्व उत्पन्न होगा क्योंकि उस व्यक्ति में ऐसे व्यक्तियों के प्रति नकारात्मक मनोवृत्ति एवं विश्वास होता है जबकि उन्हें उनके साथ सामाजिक रूप से अनुमोदित ढंग से ही व्यवहार करना होगा।

(2) अन्तर-भूमिका द्वन्द्व *(Interrole conflict)*—इस तरह के भूमिका द्वन्द्व तब उत्पन्न होता है जब व्यक्ति दो या दो से अधिक ऐसी स्थिति में होता है जिससे परस्पर विरोधी भूमिका व्यवहार करना होता है। जैसे, स्कूल के प्रिन्सिपल (principal) को जब एक ऐसे छात्र को दंडित करना होता है जो उसका बेटा है। यहाँ प्रिन्सिपल के रूप में किया गया व्यवहार तथा पिता के रूप में किया जाने वाला व्यवहार एक-दूसरे का विरोधी है। प्रिन्सिपल के रूप में दंड देने के लिए वह इच्छुक है क्योंकि उसे स्कूल में अनुशासन कायम रखना होता है परंतु एक पिता के रूप में वह उसे दंडित नहीं करना चाहता है क्योंकि इससे उसे मानसिक आघात पहुँचेगा। इस तरह से उत्पन्न द्वन्द्व अन्तरभूमिका द्वन्द्व का उदाहरण है।

(3) अंतराभूमिका द्वन्द्व *(Interole conflict)*—जब एक ही व्यक्ति से दो या दो से अधिक भूमिका में सहभागियों द्वारा अलग-अलग प्रत्याशाएँ (expectations) होती हैं, तो इसे अंतराभूमिका द्वन्द्व कहा जाता है। जैसे, एक व्यक्ति की पुत्री उनसे एक सफल पिता के रूप में कुछ विशेष व्यवहार की उम्मीद करता है जबकि पत्नी एक सफल पति के रूप में उनसे कुछ अन्य ही व्यवहार की उम्मीद करता है। व्यक्ति इन दोनों तरह की भूमिकाओं को कैसे निभा पायेगा, यह उसके लिए एक महत्त्वपूर्ण चुनौती होता है।

समाज मनोवैज्ञानिकों का मत है कि भूमिका संप्रत्ययों (role concepts) द्वारा कई तरह के सामाजिक व्यवहारों की व्याख्या होती है जिनमें अन्तर्वैयक्तिक आकर्षण (interpersonal attraction), नेतृत्व (leadership), बाल विकास

(child development), छवि प्रबन्धन (impression management), पारिवारिक गतिकी (family dynamics), सामूहिक-निणर्यन प्रक्रिया (group decision making) तथा समाजीकरण (socialization) आदि प्रधान हैं।

सामाजिक-सांस्कृतिक मॉडल या सिद्धान्त द्वारा सिर्फ किसी विशेष संस्कृति या सामाजिक संदर्भ में ही सामाजिक व्यवहार को नहीं समझा जाता है बल्कि इसके माध्यम से विभिन्न संस्कृतियों एवं सामाजिक समूहों (social groups) के बीच तुलना भी किया जाता है। सामान्यतः व्यक्ति यही समझता है कि जो वह अपनी संस्कृति में सीखा है, वह सही है। परंतु जब विदेश में भ्रमण करते हुए अन्य संस्कृति के लोगों से उसे सामना होता है, तो उसे अनुभव होता है कि हकीकत कुछ और ही है। उसके व्यवहार से भिन्न तरह का व्यवहार दूसरे संस्कृति में किया जाता है तथा जिसे वह सही समझता था, वह उतना सार्थक दूसरे संस्कृति में नहीं है। उसी तरह से समाज मनोवैज्ञानिकों द्वारा कई क्रॉस सांस्कृतिक अध्ययन (cross-cultural studies) किये जा रहे हैं जिनसे यह पता चलता है कि व्यक्ति का व्यवहार किस तरह से सांस्कृतिक मूल्यों (values), मानकों (norms) तथा भूमिकाओं (roles) द्वारा प्रभावित होते हैं।

सामाजिक व्यवहार से सम्बन्धित किये क्रॉस-सांस्कृतिक शोधों (cross-cultural research) का एक प्रमुख लक्ष्य (goal) उन तरीकों की पहचान करना है जिनसे होकर विभिन्न संस्कृतियाँ एक-दूसरे से भिन्न होती हैं। विभिन्न संस्कृतियों के बीच एक महत्त्वपूर्ण अंतर *वैयक्तिकता बनाम सामूहिकता* (individualism verses collectivism) का होता है। ट्रियान्डिस (Triandis, 1995) द्वारा किये गए शोधों से यह स्पष्ट हुआ है कि कुछ संस्कृति ऐसी होती हैं जिसमें *वैयक्तिकता* (individualism) पर अधिक बल डाला जाता है जबकि कुछ संस्कृति ऐसी होती है जिसमें *सामूहिकता* (collectivism) पर अधिक बल डाला जाता है। वैयक्तिकता प्रधान संस्कृति में व्यक्ति का व्यवहार व्यक्तिगत लक्ष्यों (goals), अभिरुचि (interest), स्वतंत्रता (freedom) आदि से अधिक निर्धारित होता है। यदि किसी बिन्दु पर व्यक्ति को व्यक्तिगत लक्ष्य (personal goal) का टकराव सामूहिक लक्ष्य (group goal) जैसे परिवार का कल्याण से टकराव होता है, तो वह अपना निर्णय व्यक्तिगत लक्ष्य के पक्ष में ही लेता है। स्वायत्तता (autonomy), परिवर्तन (change), व्यक्ति की सुरक्षा आदि महत्त्वपूर्ण मूल्य (values) होते हैं। संयुक्त राज्य अमेरिका तथा ग्रेट ब्रिटेन (Great Britain), कनाडा (Canada) आदि वैयक्तिक संस्कृति (individualistic culture) की प्रधानता है।

सामूहिकता-प्रधान संस्कृति में व्यक्ति जन्म से अंतःसमूह (in-group) से विशेषकर विस्तरित परिवार (extended family) जिसमें माता-पिता के अलावा चाचा-चाची, दादा-दादी, नाना-नानी चचेरे-फूफेरे भाई-बहन आदि होते हैं, से काफी जुड़ा होता है। पारिवारिक निष्ठा (family loyality) को काफी महत्त्व दिया जाता है तथा परिवार की देख-रेख के सामने व्यक्ति अपनी देख-रेख की उपेक्षा भी करता है। ऐसी संस्कृति में प्रथा (tradition), बड़ों के प्रति सम्मान, परिवार की सुरक्षा, कर्त्तव्य आदि पर काफी महत्त्व दिया जाता है। चीन, कोरिया, भारत, मेक्सिको तथा सेन्ट्रल अमेरिका (Central America) में सामूहिकतावादी संस्कृति की प्रधानता देखी गयी है। ट्रियान्डिस (Triandis, 1990) के अध्ययन के अनुसार एशियन अमेरिकन (Asian American) में भी सामूहिकतावादी संस्कृति मजबूत होती है।

स्पष्ट हुआ कि सामाजिक-सांस्कृतिक सिद्धान्तों में समाज मनोवैज्ञानिकों द्वारा किसी विशेष समाज की संस्कृति में होने वाले सामाजिक व्यवहार के अध्ययनों के अलावा विभिन्न संस्कृतियों में होने वाले सामाजिक व्यवहारों का भी अध्ययन किया जाता है।

सामाजिक मनोवैज्ञानिक सिद्धान्तों में किसे उत्तम माना जाय?
(Which is the best among Social Psychological Theories ?)

समाज मनोविज्ञान के विभिन्न सिद्धान्तों में किसे सबसे उत्तम कहा जाएगा, यह एक मुश्किल प्रश्न है क्योंकि कोई भी एक ऐसा सिद्धान्त नहीं है जिसके माध्यम से सभी तरह के सामाजिक व्यवहारों की व्याख्या की जाय। इसलिए समाज मनोविज्ञानिकों का दृष्टिकोण समाकलनात्मक (integrative) रहा है अर्थात् वे लोग विभिन्न सिद्धान्तों से नियमों (principles) एवं संप्रत्ययों (concepts) को लेकर किसी सामाजिक व्यवहार की व्याख्या करना अधिक उचित एवं उपयोगी समझते हैं। जैसे, आक्रमकता (aggression) या अनुरूपता (conformity) जैसे सामाजिक व्यवहार को ले लिया जाय। इसको समझने एवं व्याख्या करने में आधुनिक सामाजिक मनोवैज्ञानिक सिद्धान्तवादियों द्वारा मानव व्यवहार के कई पहलुओं जैसे व्यवहार, संज्ञान (cognition) तथा अभिप्रेरण सभी पर ध्यान दिया जाता है अर्थात् संज्ञानात्मक सिद्धान्त, अभिप्रेरणात्मक सिद्धान्त तथा अधिगम सिद्धान्त सभी का सहारा लिया जाता है।

अभी हाल में समाज मनोवैज्ञानिकों के बीच एक नयी प्रवृत्ति (new trend) की प्रचलन अधिक देखी जा रही है जिसमें वे लोग कुछ ऐसे सिद्धान्तों को विकसित करने में अधिक अभिरुचि दिखा रहे हैं जिनके माध्यम से कुछ सीमित

सामाजिक व्यवहार की ही व्याख्या हो पाये न कि सभी सामाजिक व्यवहार का सामान्य ढंग से। जैसे, तकलीफ में किसी अपरिचित को मदद करना, दूसरे के बारे में धनात्मक छवि (positive impression) का निर्माण करना तथा साथी-संगी के दबाव के प्रति अनुरूपता दिखलाना, कुंठा के कारण आक्रमक व्यवहारों की उत्पत्ति आदि कुछ ऐसे ही सीमित विशेष तरह के सामाजिक व्यवहार हैं जिनके बारे में समाज मनोवैज्ञानिकों द्वारा सिद्धान्त विकसित करने का प्रयास किये गए हैं। ऐसे सिद्धान्तों को *मध्य परास-सिद्धान्त* (middle-range theories) की संज्ञा दी जाती है क्योंकि वे सामाजिक व्यवहार के विशिष्ट पहलू पर ही ध्यान देते हैं न कि सामाजिक जिंदगी के सभी पहलुओं को अपने में सम्मिलित करने की कोशिश करते हैं। कुंठा-आक्रमकता सिद्धान्त (frustration-aggression theory) मध्य-परास सिद्धान्त (middle-range theories) का एक उत्तम उदाहरण है।

अध्याय सारांश
(Chapter Summary)

1. सामाजिक व्यवहार की व्याख्या करने के लिए समाज मनोवैज्ञानिकों द्वारा कई तरह के सिद्धान्तों को प्रतिपादित किया गया है जिसमें सात सिद्धान्तों का वर्णन यहाँ किया गया है।
2. जननिक सिद्धान्तों (genetic theries) के अनुसार सामाजिक व्यवहार की व्याख्या अनार्जित जननिक कारकों (unlearnt genetic factors) के रूप में की गयी है। इसके प्रमुख समर्थक लॉरेन्ज (Lorenz) तथा मैकडुगल हैं।
3. अभिप्रेरणात्मक सिद्धान्तों (motivational theories) में सामाजिक व्यवहार की व्याख्या व्यक्ति की अपनी अभिप्रेरणों (motivations) एवं आवश्यकताओं (needs) के रूप में की गयी है। इसके प्रमुख समर्थक फ्रायड (Freud), मैस्लो (Maslow) तथा मैकक्लिलैंड (McClelland) हैं।
4. अधिगम सिद्धान्तों (learning theories) द्वारा परिस्थिति तथा वातावरण की भूमिकाओं के रूप में सामाजिक व्यवहार की व्याख्या की गयी है। इस सिद्धान्त की मान्यता है कि व्यक्ति का वर्तमान सामाजिक व्यवहार उसके पूर्व की अनुभूतियों से निर्धारित होता है।
5. संज्ञानात्मक सिद्धान्तों (cognitive theories) में सामाजिक व्यवहार की व्याख्या इस बात पर निर्भर करता है कि व्यक्ति किस तरह से अपने वातावरण को समझता है। वह वातावरण या क्षेत्र (field) के प्रत्यक्षणों को किस तरह से समन्वित करता है, पर सामाजिक व्यवहार की व्याख्या निर्भर करती है।
6. निर्णयन-प्रक्रिया सिद्धान्तों (decision-making theories) के अनुसार सामाजिक व्यवहारों को समझने एवं उसकी व्याख्या करने में व्यक्ति विभिन्न व्यवहारों के सम्भावित फायदे एवं हानि का मूल्यांकन करता है और उसमें से सबसे तार्किक एवं उपर्युक्त विकल्प (alternative) को चुनकर उसी के रूप में करता है।
7. अन्तर्निर्भरता सिद्धान्त (interdependence theories) में व्यक्ति द्वारा किये गए सामाजिक व्यवहार की व्याख्या दो या दो से अधिक व्यक्तियों के बीच में किये गए अंतक्रियाओं (interactions) जिसमें एक व्यक्ति का व्यवहार दूसरे व्यक्ति के व्यवहार पर अन्तर्निर्भरता दिखलायी जाती है, के रूप में की जाती है।
8. सामाजिक-सांस्कृतिक सिद्धान्तों (socio-cultural theories) में सामाजिक व्यवहार की व्याख्या समाज की संस्कृति के मानकों (norms), समाजीकरण (socialization) तथा सामाजिक भूमिकाओं (social roles) के रूप में की जाती है। इसमें सामाजिक व्यवहार को समझने के लिए एक संस्कृति में किये गए व्यवहारों की तुलना दूसरी संस्कृति में किये गए समान व्यवहारों से भी की जाती है।
9. समाज मनोविज्ञान के विभिन्न सिद्धान्तों में से कोई एक सिद्धान्त सभी तरह के सामाजिक व्यवहारों की व्याख्या करने में पर्याप्त नहीं है। यही कारण है कि आजकल समाज मनोवैज्ञानिकों द्वारा विभिन्न सिद्धान्तों से तथ्यों एवं नियमों को लेकर उसे समन्वित करके उसका उपयोग सामाजिक व्यवहार को सीखने में किया जाता है। आधुनिक समय में समाज मनोवैज्ञानिकों द्वारा मध्य-परास सिद्धान्तों (middle-range theories) का प्रतिपादन किया जा रहा है ताकि सामाजिक व्यवहार के विशिष्ट पहलू पर ही ध्यान केन्द्रित करके उसकी पर्याप्त व्याख्या की जाए।

❑

अध्याय 4

समाजीकरण
(SOCIALIZATION)

समाजीकरण का अर्थ
(Meaning of Socialization)

जन्म के तुरन्त बाद मानव शिशु न सामाजिक होता है और न ही असामाजिक । उस समय वह केवल कुछ जैविक गुणों (biological traits) वाला एक जीवित प्राणी होती है । धीरे धीरे वह समाज की विशेष संस्कृति में पलते हुए सामाजिक प्राणी बन जाता है। वह अपनी आवश्यकताओं को पूरा करने में समाज के अन्य व्यक्तियों के साथ अन्तर्क्रिया (interaction) करता है, जिससे उसमें नये नये अनुभवों की प्राप्ति होती है। इन अनुभवों के फलस्वरूप बच्चा सामाजिक परम्पराओं, नियमों एवं रूढियों के अनुसार व्यवहार करना सीख लेता है। समाज के नियमों को सीखने तथा उसके अनुसार व्यवहार करने की इस प्रक्रिया को *समाजीकरण* (socialization) कहा जाता है।

पहले के समाज मनोवैज्ञानिकों एवं समाजशास्त्रियों का ऐसा विचार था कि समाजीकरण की प्रक्रिया बचपन से प्रारम्भ होकर कुछ वर्षों के बाद समाप्त हो जाती है। परन्तु अब इस विचारधारा की मान्यता समाप्त हो गयी है और आधुनिक काल में विशेषज्ञों की सहमति इस बात पर हो गयी है कि समाजीकरण की प्रक्रिया किसी उम्र पर आकर रुकती नहीं है बल्कि पूरे जीवनकाल में चलती रहती है। **डीफ्लीयूर, डीएनटोनियो** तथा **डीफ्लीयूर**[1] (DeFleur, D'Antonio & DeFleur, 1979) के अनुसार, ''समाजीकरण की प्रक्रिया कभी समाप्त नहीं होती है। समाजीकरण बदलती प्रत्याशाओं एवं माँगों के प्रति समायोजन की एक निरन्तर प्रक्रिया है।''

समजीकरण की कुछ नवीनतम परिभाषाएँ इस प्रकार हैं **एटकिन्सन, एटकिन्सन** तथा **हिलगार्ड**[2] (Atkinson, Atkinson & Hilgard, 1983) के अनुसार, ''सामाजिक वातावरण द्वारा प्राप्त प्रशिक्षण के आधार पर व्यक्तियों के गुणों एवं व्यवहारों की सुगठित करने की प्रक्रिया को समाजीकंरण कहा जाता है।''

सेकर्ड तथा **बैकमैन**[3] (Secord & Backman, 1974) के अनुसार, ''अभी समाजीकरण एक ऐसी अन्तर्क्रियात्मक प्रक्रिया (interaction process) को कहा जाता है जिसमें व्यक्ति का व्यवहार उन समूहों के सदस्यों की प्रत्याशाओं के अनुकूल परिवर्तित हो जाता है, जिसका वह सदस्य होता है।''

वार्केल तथा **कूपर**[4] (Worchel & Cooper, 1979) के अनुसार, ''सामाजिक रूप से महत्त्वपूर्ण व्यवहारों के भंडार

1. "... the proces of socialization never ends... socialization is a continuing process of adjustment to changing expectations and demands." —DeFleur, D'Antonio & DeFleur : *Sociology : Human Society,* 1976, P. 168.
2. Socialization is the process of "shaping of individual characteristics and behaviour through the training that the social environment provides." —Atkinson, Atkinson & Hilgard : *Introduction to Psychology,* 1983, p. 639.
3. "Currently, socialization is thought of an interactional process where by a person's behaviour is modified to conform with expectations held by members of the groups to which he belongs."
—Secord & Backman : *Social Psychology,* 1974, p. 462.
4. "The process by which a person learns a repertoire of socially important behaviours is known as socialization. Socialization is a combination of the human beings, unfolding potential and the pressure that social groups apply to attain conformity to their rules and norms."
— Worchel & Cooper : *Understanding Social Psychology,* 1979, p. 30.

को जिस प्रक्रिया द्वारा व्यक्ति सीखता है, उसे समाजीकरण कहा जाता है। समाजीकरण मनुष्यों के खुले अन्तःशक्ति तथा सामाजिक समूहों द्वारा उनके नियमों एवं मानकों के प्रति अनुपालता दिखाने के लिए दिया गया दवाब का एक संयोग है।''

किम्बल यंग[1] (Kimball Young, 1957) के अनुसार, ''समाजीकरण व्यक्ति का सामाजिक और सांस्कृतिक दुनिया से परिचय कराने, उसे समाज तथा उसके विभिन्न समूहों में एक सहभागी सदस्य (participant member) बनाने तथा उस समाज के मानकों (norms) एवं मूल्यों (values) को स्वीकार करने को प्रेरित करनेवाली प्रक्रिया है।''

इन सभी परिभाषाओं के विश्लेषण के बाद समाजीकरण के स्वरूप के बारे में हमें निम्नांकित तथ्य प्राप्त होते हैं—

(1) समाजीकरण सीखने का एक उपसेट हैं (Socialization is a subset of learning) — समाजीकरण सीखना का एक उपसेट (subset) इस अर्थ में माना गया है कि समाजीकरण के लिए सीखने की प्रक्रिया का होना अनिवार्य है। इस पक्ष पर ऊपर की सभी परिभाषाओं में बल डाला गया है। अगर व्यक्ति में सीखने की प्रक्रिया नहीं होगी, तो समाजीकरण भी नहीं होगा। परन्तु सभी तरह के सीखना को समाजीकरण नहीं कहा जाता है। सिर्फ उन्हीं प्रक्रियाओं का सीखना समाजीकरण में सम्मिलित किया जाएगा जो सामाजिक रूप से महत्त्वपूर्ण होता है तथा जिससे अखण्ड (substained) सामाजिक अन्तःक्रिया में मदद मिलती है। अलब्रेक, थॉमस तथा चाडिविक[3] (Albrecht, Thomas & Chadwick, 1980) ने इस पर अधिक बल डालते हुए कहा है, ''सभी प्रकार का सीखना आवश्यक रूप से समाजीकरण नहीं कहलाता है। समाजीकरण में उन्हीं चीजों का सीखना सम्मिलित होता है जो अखण्ड सामाजिक अन्तःक्रिया (sustained social interaction) के लिए आवश्यक है।'' इसका मतलब यह हुआ कि यदि व्यक्ति एक सभ्य समाज में पाले-पोसे जाने पर भी चोरी करना सीखता है, तो इस तरह का सीखना समाजीकरण में सम्मिलित नहीं किया जायेगा क्योंकि यह समाज के नियमों द्वारा अनुमोदित नहीं है और इससे सामाजिक अन्तःक्रिया की अखण्डता पर बुरा असर पड़ता है।

(2) समाजीकरण चूँकि समाज के मानकों (norms) तथा मूल्यों (values) से सम्बन्धित होता है, अतः इस पर समय एवं स्थान का काफी प्रभाव पड़ता है। जैसा कि हम जानते हैं, सामाजिक मानक (social norms) तथा सामाजिक मूल्य (social values) सदा एक समान नहीं रहते हैं। समय के साथ इसमें परिवर्तन होता जाता है। फलस्वरूप, समय बदलने से व्यक्ति को बदले हुए सामाजिक मानकों एवं मूल्यों के अनुसार सामाजिक व्यवहार को सीखना पड़ता है। जैसे—भारतीय समाज का ही उदाहरण ले लीजिए। आज से 50-60 वर्ष या इससे और पहले स्त्रियों को परदा करना या घूँघट करना सिखलाया जाता था परन्तु वर्तमान समय में इन्हें ऐसा कोई प्रशिक्षण नहीं दिया जाता है। चूँकि भिन्न-भिन्न जगहों में सामाजिक मानक एवं मूल्य अलग-अलग होते हैं, अतः समाजीकरण की प्रक्रिया में भी स्थान में परिवर्तन होने से कुछ भिन्नता दिखलाई देती है। जैसे—भारत में कुछ स्थान ऐसे हैं जहाँ पत्नी पति को हमेशा 'आप' कहकर सम्बोधित करती है जबकि कुछ स्थान ऐसे हैं जहाँ पत्नी पति को 'तुम' कहकर सम्बोधित करती है।

(3) समाजीकरण में सांस्कृतिक आत्मसात्करण (cultural asimilation) तथा सांस्कृतिक संचरण (cultural transmission) की प्रक्रिया सम्मिलित होती है। इस पक्ष पर अन्य लोगों की तुलना में किम्बल यंग (Kimball Young) ने सबसे अधिक बल डाला है। समाजीकरण में समाज के सांस्कृतिक मानकों (cultural norms) तथा संस्कृति के अन्य तत्त्वों को आत्मसात (assimilate) किया जाता है। इतना ही नहीं, समाजीकरण द्वारा समाज की नयी पीढ़ी पुरानी पीढ़ी से उसकी संस्कृति को ग्रहण करता है और फिर उसी संस्कृति को उसके बाद की पीढ़ी के द्वारा ग्रहण किया जाता है। इस तरह से समाज में सांस्कृतिक संचरण (cultural transmission) समाजीकरण द्वारा होता है। इन सबका परिणाम यह होता है कि व्यक्ति समाजीकरण द्वारा अपनी सामाजिक एवं सांस्कृतिक दुनिया से भली-भाँति परिचित हो जाता है।

---

1. "Socialization... will mean the process of inducting the individual into the social and cultural world of making him a participant member in society and its various groups and inducing him to accept the norms and values of that society." —Kimball Young : *Handbook of Social Psychology,* 1957, p. 89.
2. "... not all learning is necessarily socialization. Socialization entails learning those things that are necessary for sustained social interaction." —Albrecht, Thomas & Chadwick : *Social Psychology,* 1980, p. 80

(4) समाजीकरण में व्यक्ति के अहम् या आत्म (self) का विकास होता है। जब वह समाज के अन्य लोगों के साथ अन्तःक्रिया (interaction) करता है तो इससे उसे दूसरे लोगों के अलावा स्वयं को भी समझने का मौका मिलता है। सेकर्ड तथा बैकमैन (Secord & Backman) की परिभाषा में इस पक्ष पर अधिक बल डाला गया है क्योंकि इन लोगों ने समाजीकरण को एक अन्तःक्रियात्मक प्रक्रिया (interactional process) माना है।

निष्कर्ष तौर पर यह कहा जाता सकता है कि समाजीकरण सामाजिक सीखना (social learning) की एक ऐसी प्रक्रिया है जिसमें व्यक्ति अपने सामाजिक एवं दुनिया से प्रभावित होकर अपने अहम् या आत्म (self) को उनके मानकों (norms) एवं मूल्यों (values) के अनुसार विकसित करता है।

समाजीकरण की अवस्थाएँ (Stages of Socialization)

समाजीकरण, जैसा कि ऊपर कहा गया है, एक ऐसी प्रक्रिया है जो कभी समाप्त नहीं होती है। ऐसा समझना सर्वथा भूल होगी कि समाजीकरण अर्थात सामाजिक सीखने (social learning) की प्रक्रिया सिर्फ बचपनावस्था में ही होती है। डीफ्लीयूर (DeFleur, D' Antonio & DeFleur, 1970) ने स्पष्टतः कहा है कि समाजीकरण की प्रक्रिया समाज की बदलती प्रत्याशाओं (expectations) एवं माँगों (demand) के प्रति समायोजन की एक निरंतर प्रक्रिया (continuing process) है। समाज मनोवैज्ञानिकों तथा समाजशास्त्रियों (sociologists) ने कुछ अवस्थाओं (stages) का वर्णन किया है जिसके सहारे समाजीकरण की प्रक्रिया जन्म से लेकर मृत्यु (death) तक निरन्तर चलती रहती है। इन अवस्थाओं को निम्नांकित 6 भागों में बाँटा गया है—

(1) मुखावस्था (Oral stage)
(2) गुदावस्था (Anal stage)
(3) अव्यक्तावस्था (Latency stage)
(4) किशोरावस्था (Stage of adolecence)
(5) वयस्कावस्था (Stage of adulthood)
(6) वृद्धावस्था (Stage of old age)

इन सभी अवस्थाओं का वर्णन इस प्रकार से किया जा सकता है—

1. मुखावस्था *(Oral stage)*– यह अवस्था जन्म से प्रारम्भ होकर एक साल की उम्र तक की होती है। इस अवस्था में बच्चा मूलप्रवृत्ति (instinct) के कारण भूख या प्यास लगने पर रोता है तथा हाथ-पैर फेंकता है। रोने पर माँ उसे दूध या पानी पिलाती है। दूध से उसकी भूख मिटती है तथा पानी से प्यास। माँ के इस तरह के व्यवहार से बच्चों के व्यवहार में परिवर्तन आता है और वह कुछ नये सामाजिक व्यवहार को करना सीख लेता है। जैसे—एक खास समय पर प्रायः इस उम्र के बच्चे रोना सीख लेते हैं। रोकर वे अपनी भूख-प्यास आदि का संकेत माँ को दे देते हैं। इस तरह से बच्चा माँ के व्यवहारों के साथ समायोजन करना सीख लेता है। जिन बच्चों में इस तरह से समायोजन करने की क्षमता किसी कारण नहीं विकसित होती है उनका समाजीकरण इस अवस्था में तो अविकसित रहता है, साथ-ही-साथ आगे की भी अवस्थाओं में दबा हुआ रहता है।

2. गुदावस्था *(Anal stage)*– यह अवस्था एक साल से छः साल तक की होती है और इस अवस्था में बच्चे सामाजिक रूप से अनुमोदित व्यवहार तथा प्रतिबन्धित व्यवहार में अन्तर को समझने लगते हैं। इस अवस्था के पहले की अवस्था में बच्चे पूर्णतः माता-पिता पर अपने प्रत्येक कार्य के लिए निर्भर रहते हैं परन्तु इस अवस्था में बच्चों में स्वतंत्र रूप से कार्य करने की इच्छा विकसित हो जाती है। उन्हें अच्छे-बुरे का ज्ञान होने लगता है और इस तरह से उनमें सामाजिक विभेद (social discrimination) करने की क्षमता विकसित हो जाती है। कभी-कभी देखा गया है कि कुछ माता-पिता बच्चों को स्वतंत्र होकर कोई कार्य नहीं करने देते हैं क्योंकि उन्हें वे उस कार्य के लिए पूर्णतः परिपक्व (mature) नहीं मानते हैं। दूसरी तरफ ऐसा भी कभी-कभी होता है कि माता-पिता बच्चों के सामने इतना ऊँचा मानक (standard) रख देते हैं कि बच्चा वहाँ तक अपनी पूरी कोशिश और क्षमता के बाद भी नहीं पहुँच पाते हैं। अधिकतर समाज मनोवैज्ञानिकों का मत है कि ये दोनों ही तरह की परिस्थितियाँ यदि प्रतिकूल न होकर अनुकूल (favourable) हुई तो इनसे बच्चों में आत्मविश्वास पनपता है और वह अधिक-से-अधिक सामाजिक कार्यों में हाथ बँटा कर भिन्न-भिन्न तरह के सामाजिक व्यवहार को तेजी से सीख लेता है।

3. अव्यक्तावस्था *(Latency stage)*–यह अवस्था 7 साल से प्रारम्भ होकर 12 साल तक की होती है। इस अवस्था में बच्चों का सामाजिक वातावरण काफी विस्तृत हो जाता है। वह स्कूल जाना प्रारम्भ कर देता है तथा घर के बाहर अपने उम्र के साथियों की टोली (peer group) का भी निर्माण करता लेता है। फलस्वरूप, ऐसे बच्चों की सामाजिक क्रियाएँ (social activities) काफी बढ़ जाती है। इस अवस्था में वह समाज के नियमों, रूढ़ियों आदि को समझने लगता है और उसके अनुसार व्यवहार करने लगता है। स्कूल जाने से उनमें अपने संस्कृति के शिल्पवैज्ञानिक तत्त्वों (technological elements) से अवगत होने का भी मौका मिलता है और उसे वे आत्मसात् करने की कोशिश करते हैं। इसका परिणाम यह होता है कि बच्चों में अपने धर्म, प्रजाति (race), यौन (sex) के प्रति चेतना उत्पन्न हो जाती है और वे इनसे संबंधित सामाजिक व्यवहार को सीखने में काफी अभिरुचि दिखलाते हैं। इस तरह के आत्मसात्करण (assimilation) का परिणाम होता है कि प्रत्येक बच्चा अपनी जाति, धर्म तथा संस्कृति को दूसरे व्यक्तियों की जाति, धर्म एवं संस्कृति की तुलना में श्रेष्ठ मानने लगता है।

4. किशोरावस्था *(Stage of adolesence)*– यह अवस्था 13 वर्ष से प्रारम्भ होकर 19 साल तक की होती है। इस अवस्था में किशोरों एवं किशोरियों के सामने अनेक नयी परिस्थितियाँ तथा समस्याएँ आ खड़ी होती हैं जिनके साथ उन्हें समायोजन (adjustment) करना पड़ता है। इस अवस्था में उनमें शारीरिक परिवर्तन काफी होते हैं जिनके साथ भी उन्हें समायोजन करना सीखना होता है। इस तरह से किशोरावस्था में अनकों तरह के परिवर्तन आते हैं जिनके साथ समायोजन करने के लिए उन्हें नये-नये सामाजिक व्यवहार भी सीखना पड़ता है। जैसे–इस अवस्था के प्रारम्भ होने के पहले बच्चा माँ के प्रति प्यार दिखलाने के लिए निस्संकोच होकर उनसे लिपट जाता था लेकिन अब उसे इसी प्यार को दिखलाने के लिए कुछ नये ढ़ंग का व्यवहार सीखना होता है। इतना ही नहीं, इस अवस्था के पहले वह निस्संकोच अपने पिता की गोद में बैठकर उनके प्रति अपना प्यार दिखलाता था परन्तु अब वह पिता के साथ भी ऐसा करने के लिए, कुछ नये व्यवहार को सीखता है। लड़कियों में भी कुछ इसी तरह की समस्याएँ आती हैं। उसे माता-पिता, परिवार के अन्य सदस्यों, सहेलियों के प्रति प्यार जताने के लिए पहले के तरीकों को छोड़कर कुछ नये ढंग का व्यवहार सीखना पड़ता है। इसके पहले की अवस्था में अपने उम्र के लड़कों के साथ निस्संकोच होकर वे खेल लिया करती थीं परन्तु अब उन्हें इन लोगों के साथ मिलने या खेलने में कुछ लज्जाशीलता बढ़ जाती है। फलस्वरूप, अब इन लोगों के साथ उन्हें अंतक्रिया करने के लिए कोई नया तरीका ढूँढना पड़ता है। इस अवस्था में शारीरिक परिवर्तन के फलस्वय्प उत्पन्न प्रत्याशाएँ (expectations) तथा समस्याएँ इतनी जटिल होती हैं कि किशोरी को उचित मार्ग दर्शन नहीं होने पर समाजीकरण की अनेक असफलताएँ उनके सामने आने लगती हैं। यह वह अवस्था है जहाँ किशोरों एवं किशोरियों में विपरित लिंग के व्यक्तियों के प्रति रुचि भी बढ़ने लगती है।

5. वयस्कावस्था *(Stage of adulthood)*– यह अवस्था 20 वर्ष से प्रारम्भ होकर लगभग 55 साल तक होती है। कुछ समाज मनोवैज्ञानिकों ने इसे दो भागों में बाँटा है–युवा वयस्कावस्था (Young adulthood) तथा मध्यवयस्कावस्था (middle adulthood) । युवावस्था 20 साल से 35 साल तक की मानी गयी है। इस अवस्था में युवक की शादी हो जाती है और वह पारिवारिक जीवन प्रारम्भ कर देता है। वह कुछ धंधा या नौकरी भी जीविकोपार्जन के लिए भी प्रारम्भ कर देता है। इस अवस्था में व्यक्ति के सामने अनेकों महत्त्वपूर्ण समस्याएँ आती हैं जिनके साथ उन्हें समायोजन (adjustment) करना होता है। इस तरह के समायोजन करने में वह बहुत-से नये व्यवहारों को सीखता है जिनमें प्रमुख हैं–दूसरों के साथ किस ढ़ंग से घनिष्ठ सम्बन्ध (intimate relationship) कायम करना चाहिए। इस तरह की घनिष्ठता से व्यक्ति में समाजीकरण तेजी से होता है और उसका सामाजिक वातावरण (social environment) काफी विस्तृत हो जाता है। मध्यवयस्कावस्था (middle adulthood) में आने पर व्यक्ति में नयी पीढ़ी के व्यक्तियों के कल्याण की चिन्ता अधिक हो जाती है। ऐसे व्यक्तियों में दूसरों का मार्गदर्शन करने की प्रेरणा अधिक होती है। इस तरह के मार्गदर्शन में उन्हें भी कुछ नयी चीजें सीखने को मिलती हैं तथा नये-नये अनुभव होते हैं। परिवार में उन्हें अपने बहू-बेटियों, नाती-पोतों के साथ समायोजन भी करना होता है। फलस्वरूप, वे अपने व्यवहार में परिवर्तन कर कुछ नया व्यवहार सीखते हैं जिससे उनका समाजीकरण होता है। जैसे–पहले वे घर के किसी कमरे में निस्संकोच होकर प्रवेश कर जाते थे:परन्तु पुत्र-वधू के होने पर वे ऐसा नहीं करते हैं और आवाज देकर ही घर से प्रवेश करना अधिक उचित समझते हैं।

6. वृद्धावस्था *(Stage of Old age)*–यह अवस्था 55 साल के बाद की होती है। इस अवस्था में व्यक्ति में शारीरिक शक्ति कम हो जाती है और व्यक्ति सामान्यतः अवकाशकालीन जीवन (retired life) व्यतीत करता है। वह अपने

आपको एक पका हुआ आम के फल के समान समझता है। जैसे एक पके हुए आम का फल वृक्ष से किसी भी क्षण टपक कर धरती पर आ सकता है, उसी तरह से वह समझता है कि किसी भी दिन वह मृत्यु की गोद में लुढ़क सकता है। इस वृद्धावस्था की बदलती हुई हालत में भी वह बहुत-सी नयी चीजों को सीखता है जिनसे उसका समाजीकरण होता है। इस अवस्था में उसे जीवन व्यतीत करने के लिए आत्मनियंत्रण (self-control) की आदत डालती होती है। उसे किस प्रकार का भोजन करना चाहिए, कैसा पोशाक पहनना चाहिए आदि बातों का काफी ख्याल करना पड़ता है और इस सिलसिले में वह कई तरह के सामाजिक व्यवहारों को सीखता है।

इस तरह से हम देखते हैं कि समाजीकरण की प्रक्रिया जन्म के बाद से वृद्धावस्था तक होती रहती है। यह किसी उम्र या अवस्था पर आकर रुकती नहीं है। प्रत्येक अवस्था में व्यक्ति के सामने कुछ नयी परिस्थितियाँ एवं नयी-नयी समस्याएँ आती हैं जिनके साथ उन्हें समायोजन करना होता है और इसी सिलसिले में वह कुछ नये-नये व्यवहारों को सीखता जाता है।

समाजीकरण की प्रक्रिया (Process of Socialization)

समाजीकरण का मूल तत्त्व सामाजिक सीखना (Social learning) है। व्यक्ति जन्म से लेकर मृत्यु के दिन तक कुछ-न-कुछ नई अनुभूतियों एवं व्यवहारों को सीखता रहता है। यही कारण है कि समाजीकरण की प्रक्रिया को एक निरन्तर चलने वाली प्रक्रिया (continuous process) माना गया है। अब प्रश्न यह उठता है कि 'समाजीकरण की प्रक्रिया' किसे कहते हैं। समाजीकरण की प्रक्रिया से तात्पर्य वैसी प्रणाली से होता है जिसके फलस्वरूप व्यक्ति सामाजिक व्यवहारों को सीखता है। समाजीकरण की प्रमुख प्रकियाएँ (process) निम्नांकित हैं—

1. पालन-पोषण प्रणाली *(Rearing practices)*—व्यक्तियों का समाजीकरण पालन-पोषण प्रणाली द्वारा अधिक प्रभावित होता है। विभिन्न समाज एवं संस्कृति में बच्चों के पालन-पोषण की प्रणाली अलग-अलग होती है। न्यूकॉम्ब (Newcomb, 1966) के अनुसार जिन बच्चों के पालन-पोषण में माता-पिता द्वारा उचित दुलार-प्यार दिया जाता है तथा बच्चों की देख-रेख उनके द्वारा स्वयं किया जाता है, उनमें सामाजिक नियमों को सीखने तथा उसके अनुकूल व्यवहार करने की तीव्र प्रेरणा होती है। परंतु जिन बच्चों के पालन-पोषण में माता-पिता द्वारा उचित दुलार-प्यार नहीं दिया जाता है तथा जिनकी देख-रेख स्वयं माता-पिता द्वारा न होकर किसी दूसरे ही व्यक्ति द्वारा की जाती है, उनमें समाजीकरण की प्रक्रिया धीमी एवं मन्द गति से होती दीख पड़ती है। ऐसे बच्चों में अधिक उम्र हो जाने के बाद भी सामाजिकता का लक्षण बहुत अधिक स्पष्ट रूप से नहीं दीख पड़ता है।

2. अनुकरण *(Imitation)*—समाजीकरण अनुकरण प्रक्रिया द्वारा भी सम्पन्न होता है। इभान्स[1] (Evans, 1978) के अनुसार, ''दूसरे के व्यवहारों को जान-बूझकर या अचेतन रूप से नकल करना, अनुकरण कहलाता है।'' अनुकरण की प्रक्रिया द्वारा बच्चे तथा वयस्क दोनों ही समाज के महत्त्वपूर्ण व्यक्तियों के व्यवहारों को सीखते हैं जिनसे उनमें समाजीकरण तीव्रता से होता है। बच्चे हों या वयस्क, वे उन्हीं व्यक्तियों के व्यवहारों का अनुकरण करते हैं जिन्हें वे अपने से अधिक श्रेष्ठ मानते हैं। ऐसे व्यक्तियों के व्यवहारों का अनुकरण वे इस उम्मीद से करते हैं कि ऐसा करने से उनकी सामाजिक मान्यता (social acceptance) अधिक बढ़ जायेगी। इस तरह से हम देखते हैं कि अनुकरण भी समाजीकरण की एक प्रमुख प्रक्रिया है।

3. संसूचन या सुझाव *(Suggestion)*—सुझाव समाजीकरण की एक अन्य प्रमुख प्रक्रिया है। इभान्स (Evans, 1978) के अनुसार, ''सुझाव एक ऐसी प्रक्रिया है जिसके द्वारा किसी व्यक्ति में आलोचना करने की मानसिक क्षमता को कम कर दिया जाता है और व्यक्ति दूसरे स्रोत से मिलने वाली सूचनाओं को बिना संदेह (doubt), तर्क तथा आलोचना के ही स्वीकार कर लेता है।'' शेभर[2] (Shaver, 1977) ने यह बतलाया है कि बच्चों में सुझाव द्वारा

---

1. Imitation is "copying of some one else's actions whether deliberately or unconsciously."

— Evans : *Psychology,* 1978, p. 167

2. "Suggestion is any process designed to cause an individual to lower or blunt his critical faculties and accept information coming from another source without criticism, doubt and argument."

— Evans : *Psychology,* 1978, p. 364

समाजीकरण की प्रक्रिया विशेष रूप से तीव्रता से होती है। माता-पिता तथा शिक्षक प्रायः बच्चों को सामाजिक अभियोजन (social adjustment) करने में भिन्न-भिन्न ढ़ंग से मदद करते हैं। प्रायः ऐसा करने के लिए वे सुझाव (suggestions) का सहारा लेते हैं। सामाजिक अभियोजन के भिन्न-भिन्न पहलुओं की उपयोगिता के बारे में वे बच्चों को तरह-तरह के सुझाव देते हैं जिनसे उनका समाजीकरण तेजी से होता है। अपने से बड़ों के साथ कैसे बोलना चाहिए, कैसे व्यवहार करना चाहिए आदि के बारे में माता-पिता तथा शिक्षक बच्चों को प्रायः अच्छे-अच्छे सुझव दिया करते हैं जिनसे उनमें समाजीकरण अधिक तेजी से होती है।

4. सहानुभूति *(Sympathy)*—सहानुभूति की प्रक्रिया द्वारा भी व्यक्ति का समाजीकरण तीव्रता से होता है। जेम्स ड्रीवर[1] (James Drever, 1983)के अनुसार, ''दूसरों के भावों एवं संवेगों के स्वाभाविक अभिव्यक्तिपूर्ण चिह्नों को देखकर उसी प्रकार के भावों एवं संवेगों को अपने में अनुभव करने की प्रवृत्ति को सहानुभूति कहते हैं।'' इस तरह से किसी को दुःखी देखकर अपने आप में भी दुःख का अनुभव करना सहानुभूति का उदाहरण है। समाज मनोवैज्ञानिकों का सामान्य मत यह है कि जिन व्यक्तियों में सहानुभूति का गुण अधिक होता है, उनकी सामाजिक मान्यता (social acceptance) काफी अधिक होती है। उन्हें दूसरे व्यक्तियों के साथ सामाजिक समायोजन (social adjustment) करने में काफी मदद मिलती है। इन सबका परिणाम यह होता है कि ऐसे व्यक्तियों में समाजीकरण अधिक तेजी से होता है। जिन व्यक्तियों में सहानुभूति का गुण नहीं होता है, उनके प्रति अन्य लोगों का विचार भी उतना ठीक नहीं होता है तथा ऐसे व्यक्ति प्रायः घृणा के पात्र होते हैं। स्वभावतः तब इनमें सामाजिक अभियोजन करने की क्षमता काफी कम जाती है और समाजीकरण की प्रक्रिया भी अवरुद्ध हो जाती है।

5. तादात्म्य(*Identification*)—जब कोई व्यक्ति किसी दूसरे व्यक्ति को मॉडल(model)मानकर उसके व्यवहारों को अपनाने की कोशिश करता है, तो इस प्रक्रिया को तादात्म्य (identification) की संज्ञा दी जाती है। बच्चे तथा वयस्क दोनों ही तादात्म्य द्वारा दूसरों के व्यवहार को सीखते हैं। केलमैन(Kelman, 1961)के अनुसार तादात्म्य सामाजिक प्रभाव(Social influence)एक महत्त्वपूर्ण प्रक्रिया है जिसके सहारे व्यक्ति समाजीकृत(socialized)होता है। तादात्म्य द्वारा एक व्यक्ति दूसरे व्यक्ति के बिलकुल समान व्यवहार करना चाहता है। इस प्रकार का तादात्म्य बच्चों में अधिक होता है जिसके कारण वे अपने माता-पिता के व्यवहारों को सीखते हैं। तादात्म्य का दूसरा रूप वह होता है जिसमें व्यक्ति दूसरों के व्यवहार को अपनाता तो नहीं है परन्तु उसकी प्रत्याशा या उम्मीद (expectation) के अनुसार व्यवहार करने को तत्पर रहता है। जैसे—एक रोगी अपने डॉक्टर के साथ तादात्म्य स्थापित कर डॉक्टर की उम्मीद के अनुसार व्यवहार करने को तत्पर रहता है। तादात्म्य का चाहे जो रूप हो, व्यक्ति का समाजीकरण (socialized) होता है।

6. सहयोग *(Cooperation)*—सहयोग द्वारा समाजीकरण की प्रक्रिया सम्पन्न होती है। सहयोग की भावना बच्चों तथा वयस्कों दोनों में पायी जाती है। सेकर्ड तथा बैकमैन (Secord & Backman. 1974) के अनुसार उन वयस्कों में सहयोग भावना अधिक पायी जाती है जिनके बचपन में ही इस तरह का भावना विकसित हो गयी होती है या विकसित करने के लिए उन्हें ठीक ढंग से उत्सहित किया गया है। कुछ ऐसे अध्ययन भी किये गये हैं जिनके आधार पर यह स्पष्ट हुआ है कि जब व्यक्तियों में सहयोग की भावना तीव्र होती है तो ऐसे व्यक्ति दूसरे व्यक्तियों के साथ किसी भी तरह की सामाजिक परिस्थितियों में समायोजन (adjustment) आसानी से कर लेते हैं। इसका परिणाम यह होता है कि उन्हें कुछ नये सामाजिक व्यवहारों के बारे में जानने तथा उन्हें सीखने की काफी सुविधा होती है। हालैण्डर (Hollander, 1967) के अनुसार सहयोग की भावना तीव्र होने से बच्चों तथा वयस्कों दोनों में ही समाजीकरण अधिक तेजी से होता है।

7. प्रतियोगिता(*Competition*)—जब दो या दो से अधिक व्यक्ति किसी लक्ष्य(goal)को समान रूप से महत्त्वपूर्ण समझकर उसे प्राप्त करने का पूरा-पूरा प्रयत्न करते हैं तो, इस स्थिति को प्रतियोगिता की संज्ञा दी जाती है। प्रतियोगिता की प्रक्रिया द्वारा भी समाजीकरण काफी तेजी से होता है। सच्चाई यह है कि जब लोगों के मन में प्रतियोगिता की भावना उत्पन्न हो जाती है, तो वह स्वयं ही भिन्न-भिन्न प्रकार के सामाजिक व्यवहार को सीखने के लिए उत्प्रेरित हो जाते हैं। प्रतियोगिता की भावना रखने वाले व्यक्ति में अधिक धन कमाने, अधिक उपलब्धि प्राप्त करने, सामाजिक प्रतिष्ठा पाने, आदि की आकांक्षा काफी होती है। फलस्वरूप, किसी भी सामाजिक व्यवहार के भिन्न-भिन्न पहलुओं पर वे काफी ध्यान

---

1. Sympathy is "the tendency to experience the feelings and emotions of others immediately on perceiving the natural expressive signs of these feelings and emotions."

— James Drever : *The penguine dictionary of Psychology,* 1983, p. 209

देते हैं और उन्हें सीखने की कोशिश करते हैं। इससे उनका समाजीकरण तीव्रता से होता है। दूसरी तरफ जिन व्यक्तियों में इस तरह की प्रतियोगिता की भावना की कमी होती है, उनमें किसी सामाजिक व्यवहार को सीखने की उतनी अधिक तत्परता नहीं दिख पड़ती है। फलस्वरूप, उनके समाजीकरण की प्रक्रिया भी मन्द गति से आगे बढ़ती है।

8. भाषा *(Language)*– भाषा समाजीकरण की एक प्रमुख प्रक्रिया में से है। भाषा द्वारा व्यक्ति अपनी इच्छाओं, आवश्यकताओं, आदि को दूसरों तक पहुँचाता है तथा दूसरे की इच्छाओं एवं आवश्यकताओं को समझने की कोशिश करता है। हरलॉक(Hurlock, 1978)ने यह बतलाया है कि भाषा व्यक्ति को उपयुक्त सामाजिक व्यवहार(appropriate social behaviour) उपयुक्त सामाजिक परिस्थिति में करने में मदद करता है। स्कूल में बच्चों को शिक्षक भिन्न-भिन्न प्रकार के शिष्टाचार की बातें भाषा के माध्यम से बतलाते हैं। किस परिस्थिति में किस प्रकार का सामाजिक व्यवहार करना चाहिए, की शिक्षा बच्चों को घर में माता-पिता भाषा के ही माध्यम से देते हैं। स्पष्ट है कि भाषा के माध्यम से समाजीकरण की प्रक्रिया तेजी से सम्पन्न होती है।

9. प्रचार के माध्यम *(Means of Propaganda)*– समाजीकरण प्रचार के माध्यमों द्वारा भी बहुत हद तक सम्पन्न होता है। प्रचार के भिन्न-भिन्न माध्यम जैसे—रेडियो, टेलीविजन, सिनेमा, अखबार आदि द्वारा समाजीकरण की प्रक्रिया तीव्रता से होती है। इन माध्यमों द्वारा भिन्न-भिन्न सामाजिक पहलुओं पर अपने-अपने ढ़ंग से जोर डाला जाता है। व्यक्तियों को इन माध्यमों द्वारा तरह-तरह की बातें बतलायी जाती हैं। उन सभी बातों का तुलनात्मक अध्ययन करने के बाद व्यक्ति एक निश्चित निष्कर्ष पर पहुँच कर किसी खास तरह का व्यवहार करना सीख लेता है। इतना ही नहीं, प्रचार के कुछ माध्यमों से विशेषकर टेलीविजन तथा सिनेमा के माध्यम से बच्चे जो देखते हैं उसका अनुकरण कर वैसा ही व्यवहार अपने जीवन में करना प्रारम्भ कर देते हैं। ऐसा करते-करते वे कई नये-नये सामाजिक व्यवहारों को सीख लेते हैं।

10. सामाजिक मनोवृत्ति का विकास *(Development of Social attitudes)*– सामाजिक मनोवृत्ति द्वारा भी समाजीकरण की प्रक्रिया होती है। यदि व्यक्ति में अन्य व्यक्तियों तथा सामाजिक क्रियाओं (social activities) जैसे—विवाहों, जन्म-दिन पार्टी, आदि के प्रति अनुकूल सामाजिक मनोवृत्ति का विकास होता है, तो उस व्यक्ति का समाजीकरण अधिक तेजी से होता है। जिन व्यक्तियों का सामाजिक मनोवृत्ति भिन्न-भिन्न तरह की सामाजिक घटनाओं एवं समस्याओं के प्रति अनुकूल होती है, उनकी सामाजिक मान्यता अधिक बढ़ जाती है। फलस्वरूप, उन्हें सामाजिक समायोजन (social adjustment) करने में काफी मदद मिलती है। इस तरह का समायोजन करने में वे अनेकों तरह के सामाजिक व्यवहार करना सीख लेते हैं जिससे उनके समाजीकरण की प्रक्रिया अधिक तीव्र हो जाती है। व्यक्ति में सामाजिक मनोवृत्ति अनुकूल नहीं रहने पर उनकी सामाजिक मान्यता कम हो जाती है। फलस्वरूप, वह किसी नये सामाजिक व्यवहार को सीखने में कोई तत्परता नहीं दिखलाता है। इससे उसके समाजीकरण की प्रक्रिया धीमी हो जाती है।

इस तरह से हम देखते हैं कि व्यक्ति का समाजीकरण अनेकों प्रक्रियाओं द्वारा सम्पन्न होता है। इन विभिन्न प्रक्रियाओं में मूलतः अनुकरण, सुझव, सहानुभूति, तादात्म्य आदि अधिक प्रमुख माने गये हैं।

समाजीकरण के सिद्धान्त
(Theories of Socialization)

समाजीकरण एक ऐसी प्रक्रिया है जिसके द्वारा व्यक्ति समाज के नियमों, मानकों (norms), रूढ़ियों के अनुकूल व्यवहार करना सीखता है। व्यक्ति में समाजीकरण किस प्रकार होता है और क्यों होता है ? इस प्रश्न का उत्तर देने के लिए समाज मनोवैज्ञानिकों एवं समाजशास्त्रियों (sociologists) ने कुछ सिद्धान्त की व्याख्या किया है। ऐसे प्रमुख सिद्धान्त निम्नांकित हैं—

1. मनोविश्लेषणात्मक सिद्धान्त (Psychoanalytic theory)
2. सामाजिक सीखना सिद्धान्त (Social learning theory)
3. सांकेतिक संज्ञानात्मक सिद्धान्त (Symbolic cognitive theory)
4. दुर्खीम का सिद्धान्त (Theory of Durkheim)
5. कूली का सिद्धान्त (Theory of Cooley)
6. मीड का सिद्धान्त (Theory of Mead)

इन सिद्धान्तों में से प्रथम तीन सिद्धान्तों पर समाज मनोवैज्ञानिकों ने अधिक बल डाला है जबकि अन्तिम तीन सिद्धान्तों पर समाजशास्त्रिगों (sociologists) ने अधिक बल डाला है। इन सभी सिद्धान्तों का वर्णन इस प्रकार है—

1. मनोविश्लेषणात्मक सिद्धान्त (*Psychoanalytic theory*) — इस सिद्धान्त का प्रतिपादन मशहूर मनोवैज्ञानिक साइमण्ड फ्रायड (Sigmund Freud) ने किया था। इस सिद्धान्त के अनुसार व्यक्तियों का सगाजीकरण बचपनावस्था में माता-पिता के साथ हुई अन्तःक्रियाओं (interactions) पर निर्भर करता है।

फ्रायड के अनुसार व्यक्तित्व विकास के कई मनोलैंगिक अवस्थाएँ (psychosexual stages) होती हैं। इन विभिन्न अवस्थाओं में बच्चों का माता-पिता तथा परिवार के अन्य सदस्यों के साथ बहुत सारी अन्तःक्रियाएँ (interactions) होती हैं। उदाहरणस्वरूप, माँ बच्चे को शौच प्रशिक्षण (toilet training) देती हैं तथा उसे समय-समय पर भोजन देती हैं। उसको स्नान कराती हैं तथा वस्त्र पहनाती हैं। इस सभी क्रियाओं के दौरान माँ कभी उसे दुलार-प्यार करती है तो कभी उसे डाँटती भी हैं। इस तरह से माँ और बच्चा के बीच एक सांवेगिक संबंध (emotional relationship) हो जाता है। उसी तरह पिता के साथ भी बच्चे अन्तःक्रियाएँ करते हैं हालांकि पिता के साथ इनकी अन्तःक्रियाएँ (interactions) तुलनात्मक रूप से कम होतीं हैं। परिवार के अन्य लोगों के साथ भी बच्चे अन्तःक्रियाएँ करते हैं परन्तु इन लोगों के साथ भी अन्तःक्रियाएँ अपेक्षाकृत कम ही होती हैं। बचपन में विशेष रूप से माता-पिता के साथ की गई अन्तःक्रियाएँ बच्चों को समाजीकृत(socialized)करने में अधिक मदद करती है। अलब्रेक, थॉमस तथा चादविक[1] (Albrecht. Thomas & Chadwick, 1980) के अनुसार, ''फ्रायडियन सिद्धान्त में विकास के कई मनोलैंगिक अवस्थाएँ सम्मिलित होती हैं और किसी परिवार में इन अवस्थाओं के दौरान होने वाले अन्तःक्रियाओं की प्रक्रियाएँ(process)ही बच्चों को समाजीकृत करने का मूल आधार होती है।''

फ्रायड ने यह भी बतलाया है कि चूँकि प्रत्येक परिवार में बच्चे और माता-पिता के बीच अन्तःक्रियाएँ(interactions) अलग-अलग होतीं हैं इसलिए एक परिवार के सदस्यों का समाजीकरण दूसरे परिवार के सदस्यों के समाजीकरण से भिन्न होता है। कभी-कभी यह भी देखने को मिलता है कि एक ही परिवार के कुछ बच्चे अधिक समाजीकृत (socialized) होते हैं तो एकाध बच्चे ऐसे भी होते हैं जिनका समाजीकरण उतना पूर्ण नहीं हो पाता है। एक परिवार के बच्चों में समाजीकरण में विभिन्नता का कारण बतलाते हुए फ्रायड ने कहा है कि जब माता-पिता द्वारा समान रूप से सभी बच्चों के साथ अन्तःक्रियाएँ नहीं की जाती हैं तो इस तरह की परिस्थिति उत्पन्न हो जाती है। जिन बच्चों पर माता-पिता अधिक ध्यान देते हैं तथा जिन्हें वे दुलार-प्यार करते हैं उनका समाजीकरण उन बच्चों की अपेक्षा अधिक होता है जिनपर माता-पिता अधिक ध्यान नहीं दे पाते तथा जिन्हें माता-पिता का दुलार-प्यार जितना मिलना चाहिए था, नहीं मिल सका।

इस तरह से फ्रायड के समाजीकरण के सिद्धान्त में बच्चों के लिए सबसे पहली सामाजिक वस्तु (social object) माता-पिता (parents) ही होते हैं। जैसे-जैसे बच्चा मनोलैंगिक अवस्थाओं (psychosexual stages) में आगे की ओर बढ़ता जाता है वह अपने माता-पिता के साथ आत्मीकरण या तादात्म्य (identification) स्थापित करता जाता है। इस तादात्म्य का परिणाम यह होता है कि धीरे-धीरे बच्चों में माता-पिता का सामाजिक शीलगुण अपने आप विकसित होने लगता है। इस तादात्म्य प्रक्रिया का अन्तिम चरण (final phase) उस समय देखने को मिलतां है जब माता-पिता के नैतिक गुणों का विकास हो जाता है तो फ्रायड के अनुसार पराहं (super ego) का विकास पूर्ण मान लिया जाता है। पराहं के विकास पूर्ण हो जाने पर बच्चों में इस बात का ज्ञान हो जाता है कि उसे समाज किस कार्य को करने की अनुमति देता है और किस कार्य को करने की अनुमति नहीं देता है। किस कार्य को करने से उसे समाज में प्रतिष्ठा मिलेगी तथा किस कार्य को करने से उसकी सामाजिक प्रतिष्ठा की हानि होगी आदि। बच्चों में पराहं (super ego) का विकास होने के साथ-ही-साथ जब उन्हें अच्छे-बुरे का पूर्णरूपेण ज्ञान हो जाता है, तो फ्रायड के अनुसार वैसे बच्चों को पूर्णरूपेण समाजीकृत (socialized) मान लिया जाता है। अलब्रेक, थॉमस तथा चादविक[2] (Albrecht, Thomas & Chadwick, 1980) के अनुसार, ''जैसे ही पराहं का विकास हो जाता है, बच्चा का पूर्णरूपेण समाजीकृत हुआ समझा जाता है।''

1. "The Freudian approach delineates several psychosexual stages of development, and the process of interaction during the stages occurring in the family are seen as basic to the child's becoming socialized."
— Albrecht, Thomas & Chadwick : *Social Psychology,* 1980, p. 98
2. "Once the superego is said to have been developed, the child can be considered to be fully socialized."
— Albrecht, Thomas & Chadwick : *Social Psychology,* 1980, p. 98

फ्रायड के समाजीकरण के इस सिद्धान्त का सबसे बड़ा अवगुण (demerit) यह बतलाया गया है कि इस सिद्धान्त में समाजीकरण की प्रक्रिया पराहं (super ego) के विकास के साथ करीब-करीब पूर्ण (complete) हुई मान ली जाती है। पराहं का विकास सामान्य बच्चों में 12-15 साल के बीच पूरा हो जाता है। इसका मतलब यह हुआ कि फ्रायड के अनुसार, समाजीकरण की प्रक्रिया लगभग 15 साल के बाद नहीं होती है। लेकिन सच्चाई यह है कि समाजीकरण की प्रक्रिया एक निरन्तर चलने वाली प्रक्रिया है जो किसी उम्र पर आकर रुकती नहीं है। इस सिद्धान्त की दूसरी आलोचना आत्मीकरण (internalization) की बिन्दु पर है। कुछ समाज मनोवैज्ञानिकों का मत है कि आत्मीकरण की अवस्था व्यक्ति के भीतर की अवस्था है जिसे सही-सही मापा नहीं जा सकता है। इसलिए आत्मीकरण की प्रक्रिया के आधार पर समाजीकरण की वैज्ञानिक व्याख्या नहीं हो सकती है।

2. सामाजिक सीखना सिद्धान्त *(Social learning theory)*—समाजीकरण के इस सिद्धान्त का प्रतिपादन व्यवहारवादियों (behaviours) ने किया था। इन लोगों ने फ्रायड के सिद्धान्त के आत्मीकरण (internalization) को अस्वीकार करते हुए कहा है कि इस प्रक्रिया के द्वारा समाजीकरण की वैज्ञानिक व्याख्या नहीं हो सकती है क्योंकि आत्मीकरण की प्रक्रिया को देखा तथा मापा नहीं जा सकता है। अतः इन मनोवैज्ञानिकों ने समाजीकरण की व्याख्या सीखने (learning) की प्रक्रिया द्वारा की है। इस सिद्धान्त के समर्थकों का कहना है कि व्यक्ति में समाजीकरण सीखने की प्रक्रिया द्वारा होता है और इस तरह की सीखने की प्रक्रिया निम्नांकित तीन तरह से होती है—

(1) बच्चे समाज के नियमों के अनुसार व्यवहार करना माता-पिता द्वारा दिये गये पुनर्बलन (reinforcements) के आधार पर सीखते हैं। माता-पिता बच्चों को कुछ व्यवहार करने के लिए प्रेरित करते हैं तथा वैसा व्यवहार करने पर उन्हें उचित पुरस्कार (reward) भी देते हैं। इसका परिणाम यह होता है कि बच्चे उस व्यवहार को बार-बार करके उचित सामाजिक परिस्थिति (social setting) में उसे करना सीख लेते हैं। दूसरे तरफ कुछ व्यवहार ऐसे भी होते हैं जिन्हें माता-पिता नहीं करने के लिए प्रेरित करते हैं और यदि बच्चे उन्हें करते हैं तो उसके लिए उन्हें दण्ड (punishment) भी दिया जाता है। इस तरह से पुरस्कार एवं दण्ड के आधार पर बच्चों को माता-पिता समाजीकृत (socialize) करते हैं। अलब्रेक, थॉमस तथा चादविक[1] (Albrecht, Thomas & Chadwick 1980) के अनुसार, ''सरलतम रूप में, सामाजिक सीखना में बच्चे किसी भी सामाजिक परिस्थिति में क्या उचित व्यवहार है और क्या अनुचित व्यवहार है, को सीखते हैं क्योंकि उनको कुछ व्यवहार के लिए पुरस्कार दिए जाते हैं और कुछ व्यवहार के लिए दण्ड दिये जाते हैं।''

(2) कुछ मनोवैज्ञानिकों ने, जिसमें अलबर्ट बैण्डुरा (Albert Bandura) का नाम अधिक मशहूर है, इस बात पर बल डाला है कि बच्चे मॉडल (model) को देखकर या दूसरे किसी सामाजिक परिस्थिति में कैसे व्यवहार कर रहे हैं को देखकर भी नये-नये सामाजिक व्यवहारों (Social behaviour) को करना सीख जाते हैं। इस तरह के सीखना को *प्रेक्षणात्मक सीखना* (observational learning) या *मॉडलिंग* (modeling) कहा जाता है। बैण्डुरा का मत था कि व्यक्ति किसी बाह्य उद्दीपन के प्रति मात्र अनुक्रिया ही नहीं करता बल्कि अपनी आवश्यकता एवं प्रेरणा के अनुसार उस उद्दीपन के गुणों में से प्रमुख गुणों को चुनता है, उसे संगठित करता है तथा उसकी संज्ञानात्मक समीक्षा करके एक अनुक्रिया करता है। इस तरह से उन्होंने अपने प्रेक्षणात्मक सीखना (observational learning) में व्यक्ति की आवश्यकता (need), प्रेरक (motive) एवं संज्ञान (cognition) के महत्त्व को स्वीकार किया है और बतलाया है कि इन्हीं कारकों (factors) के कारण व्यक्ति किसी सामाजिक परिस्थिति में दूसरों द्वारा किये जा रहे किसी खास व्यवहार को मात्र प्रेक्षण (observation) करके ही सीख लेता है। अतः बैण्डुरा के अनुसार किसी सामाजिक व्यवहार को सीखने के लिए व्यक्ति को पुरस्कार देना अनिवार्य नहीं है। वह किसी दूसरे व्यक्ति द्वारा किए गये व्यवहार तथा उसके परिणामों (पुरस्कार या दण्ड) को मात्र प्रेक्षण कर यह सीख लेता है कि उसे अमुक व्यवहार करना चाहिए या नहीं। किसी सामाजिक परिस्थिति में यदि व्यक्ति द्वारा किये गये व्यवहार के परिणाम में उसे पुरस्कार (reward) मिलता है, तो उसे मात्र देखकर वह भी वैसा ही व्यवहार करना सीख लेता है, परन्तु यदि किसी व्यवहार के करने के बाद व्यक्ति को दण्ड मिलता है, तो इसे भी मात्र देखकर ही वह सीख लेता है कि उसे ऐसा व्यवहार नहीं करना चाहिए।

---

1. "In its simplest form, social learning sees the child as learning what is appropriate and inappropriate behaviour in any social setting because she or he is rewarded for some behaviour and not rewarded for others."

—Albrecht, Thomas & Chadwick : *Social Psychology,* 1980, p. 99

(3)भूमिका-शिक्षण(Role learning)—समाजीकरण या सामाजिक सीखना(social learning)की प्रक्रिया भूमिका शिक्षण द्वारा भी होता है। भूमिका शिक्षण एक ऐसी प्रक्रिया है जिससे व्यक्ति अपने समाज भूमिका करने वाले अन्य व्यक्तियों के व्यवहारों को समझता है तथा अपने भावों के अनुरूप उनमें भी भाव उत्पन्न होने की कल्पना करता है। सेकर्ड तथा बैकमैन[1] (Secord & Backman, 1974) ने भूमिका-शिक्षण को परिभाषित करते हुए कहा है, ''सामाजिक सीखना का एक सामान्य रूप भूमिका-शिक्षण (role learning) होता है जिसमें संसार या वातावरण को समझने, अनुभव करने तथा उसके प्रति व्यवहार करने के किसी व्यक्ति का तरीका ठीक उन्हीं व्यक्तियों के समान होता है जो कि भूमिका करते पाये जाते हैं।''

भूमिका-शिक्षण में तीन बातों को महत्त्वपूर्ण बतलाया गया है जो निम्नांकित हैं—

(i) प्रत्येक भूमिका (role) में समाज द्वारा अनुमोदित कुछ मानक (norms) तथा मूल्य (values) होते हैं जिन्हें व्यक्ति सीखता है। वह इन मूल्यों (values) तथा मानकों (norms) को अन्य व्यक्तियों द्वारा किए गए व्यवहारों के आधार पर सीखता है। जैसे— एक मेडिकल छात्र जिन्दगी एवं मौत के प्रति डॉक्टरों के मूल्यों, मानकों एवं मनोवृत्तियों को उनके द्वारा (अर्थात् डॉक्टरों द्वारा) दिखलाए गए व्यवहार के आधार पर आसानी से सीख लेता है। भूमिका शिक्षार्थी (role learner) अपनी क्रियाओं के प्रति उचित सांवेगिक अनुक्रियाएँ (appropriate emotional responses) करना भी सीख लेता है। इतना ही नहीं, वे दूसरे व्यक्तियों के व्यवहार जो उनके द्वारा सीखे गए मानक एवं मूल्यों से चाहे मिलते-जुलते हों या भिन्न हों, के प्रति भी सांवेगिक अनुक्रिया करना सीख लेते हैं। इस तरह से वह धीरे-धीरे यह भी सीख लेता है कि जब उनका या किसी दूसरे व्यक्ति का व्यवहार सामाजिक मानक से भिन्न हो, तो उसे क्या दण्ड मिलना चाहिए।

(ii) भूमिका-शिक्षण (role learning) में भूमिका से सम्बन्धित कौशलों (skills) एवं प्रविधियों (techniques) को भी व्यक्ति सीखता है। सेकर्ड तथा बैकमैन (Secord & Backman, 1974) के अनुसार, किसी भी भूमिका को सीखने में दो तरह के कौशलों की जरूरत पड़ती है—पहले प्रकार के कौशल वे हैं जो भूमिका में अन्तर्निहित कार्य (task) से सम्बन्धित होते हैं तथा दूसरे प्रकार के वे कौशल है जो भूमिका-साथी(role partners)से सम्बन्धित होते हैं। जैसे—शिक्षक की भूमिका में व्यक्ति को सिर्फ विषय-वस्तु का ज्ञान तथा विषय-वस्तु को वर्ग में कैसे उपस्थित करना चाहिए का ही ज्ञान नहीं होना चाहिए बल्कि इस बात का भी ज्ञान होना चाहिए कि वर्ग में छात्रों को कैसे अनुशासित रखा जा सकता है। इन दोनों में पहला कार्य दूसरे कार्य से आसान होता है।

(iii) भूमिका-शिक्षण में तीसरी महत्त्वपूर्ण बात यह है कि लोग वैसे भूमिका के साथ तादात्म्य (identification) स्थापित कर लेते हैं जिन्हें वे व्यवहारों का एक आदर्श मॉडल मानते हैं। इस तादात्म्य के परिणामस्वरूप व्यक्ति धीरे-धीरे उस भूमिका को अपने आत्मसंप्रत्यय(self-concept)का एक अंग बना लेता है जो अन्य व्यक्तियों के साथ अन्तःक्रिया (interaction) में कुछ परिवर्तित भी होता है।

सामाजिक सीखना सिद्धान्त की कुछ आलोचनाएँ (criticism) भी किए गए हैं जो निम्नांकित हैं—

(i) सामाजिक सीखना सिद्धान्त इस तथ्य की व्याख्या करने में असफल रहता है कि कोई भी व्यक्ति किसी भी सामाजिक व्यवहार को सीखकर उसे बाद में क्यों दोहराता है जबकि बाद में उसे उस व्यवहार के करने के बाद किसी प्रकार का पुरस्कार या पुनर्बलन (reward or reinforcement) नहीं दिया जाता है।

(ii) सामाजिक सीखना सिद्धान्त द्वारा इस प्रश्न का भी सन्तोषजनक उत्तर नहीं मिलता है कि कोई भी बालक किसी अन्य व्यक्ति को किसी खास तरह के व्यवहार करने पर उसे पुरस्कार या दण्ड मिलते जब देखता है, तो वह क्यों मात्र उसे देखकर उपयुक्त व्यवहार (appropriate behaviour) को करना तथा अनुपयुक्त व्यवहार (in appropriate behaviour) को नहीं करना सीख लेता है।

इन आलोचनाओं के बावजूद इस सिद्धान्त की मान्यता फ्रायड के मनोविश्लेषणात्मक सिद्धांत की तुलना में अधिक है क्योंकि इस सिद्धान्त में समाजीकरण की व्याख्या कुछ ऐसे कारकों (factors) के रूप में की गयी जिसे वस्तुनिष्ठ रूप से (objectively) मापना तथा अध्ययन करना सम्भव है।

---

1. "A general form of social learning is role learning which includes learning to behave, feel and see the world in a manner similar to that of other actors occupying the same role."

—Secord & Backman : *Social Psychology,* 1974, p. 486

3. सांकेतिक-संज्ञानात्मक सिद्धान्त(*Symbolic cognitive theory*)—सांकेतिक-संज्ञानात्मक सिद्धान्त की उत्पत्ति दो अलग-अलग परन्तु सम्बन्धित विचारधाराओं के मिलन के फलस्वरूप हुई है—सांकेतिक-अन्तःक्रिया (symbolic interaction)की विचारधारा तथा कोह्लवर्ग के संज्ञानात्मक विकास की विचारधारा(Kohlberg's cognitive development views)। सांकेतिक अन्तःक्रिया विचारधारा (जिस पर समाजशास्त्रियों ने भी बल डाला है) के अनुसार आत्मन् (self) और समाज (society) को एक-दूसरे से अलग करके नहीं समझा जा सकता है। सचमुच में आत्मन् (self) की उत्पत्ति एवं विकास समाज में व्यक्ति द्वारा किये गये अन्तःक्रियाओं (interactions) पर निर्भर करता है। समाज व्यक्ति को भिन्न-भिन्न तरह की सामाजिक भूमिका (social role) प्रदान करता है। इस भूमिका से यह पता चलता है कि व्यक्ति से समाज किस ढंग के व्यवहार की उम्मीद करता है। इस भूमिका से यह पता चलता है कि व्यक्ति से समाज किस ढ़ंग के व्यवहार की उम्मीद करता है। जब कोई व्यक्ति समाज द्वारा बताये गये भूमिका को समझ लेता है तथा उसके अनुसार कार्य करना प्रारम्भ कर देता है तो ऐसा समझा जाता है कि वह समाजीकृत (socialized) हो गया है। सांकेतिक अन्तःक्रिया उपागम (symbolic interaction approach) में व्यक्ति किसी कार्य की शुरूआत करने वाला स्वयं ही होता है तथा साथ-ही-साथ उसके प्रति प्रतिक्रिया (reaction) करने वाला भी स्वयं ही होता है। दूसरे शब्दों में, व्यक्ति किसी व्यवहार या कार्य का कर्त्ता (actor) भी होता है तथा साथ-ही-साथ प्रतिकर्त्ता (reactor) भी होता है। जब कोई व्यक्ति अपने इन दोनों भूमिकाओं यानी, कर्त्ता एवं प्रतिकर्त्ता के रूप में सफल होता है, तो ऐसा कहा जाता है कि व्यक्ति का आत्मन् (self) का विकास हो गया है।

सांकेतिक अन्तःक्रिया उपागम (symbolic interactions approach) का यह विचार कि व्यक्ति में आत्मन् (self) का विकास तभी होता है जब वह सामाजिक परिस्थिति में व्यवहारकर्त्ता (actor) एवं प्रतिकर्त्ता (reactor) दोनों के रूप में कार्य करता है, का समर्थन कोह्लबर्ग (Kohlberg) ने अपने संज्ञानात्मक विकास (cognitive development) के उपागम(approach)द्वारा भी किया है। कोह्लबर्ग का कहना है कि "बच्चों की संज्ञानात्मक संरचना(cognitive structure) का विकास व्यक्ति की संरचना (structure) तथा वातावरण (environment) की संरचना के बीच हुई अन्तःक्रिया (interaction) का परिणाम होता है न कि वह बच्चों में सीधे किसी प्रकार की परिपक्वता (maturation) तथा किसी प्रकार के सीखना की अन्तःक्रिया का परिणाम होता है।"[1] इस तरह से स्पष्ट है कि कोह्लबर्ग ने समाजीकरण की प्रक्रिया में व्यक्ति और उसकी सामाजिक परिस्थति में अन्तःक्रिया(interaction) पर अधिक बल डाला है। यहाँ बच्चा संज्ञानात्मक विकास (cognitive development) की भिन्न-भिन्न अवस्थाओं (stages) से होते हुए धीरे-धीरे आगे बढ़ता है और नये-नये सामाजिक व्यवहार को अन्तःक्रिया (interaction) द्वारा सीखते जाता है। इन विभिन्न अवस्थाओं में प्रगति (progress) की रफ्तार (rates) क्या होगी, यह इस बात पर निर्भर करता है कि बच्चे सामाजिक परिस्थितियों के साथ किस प्रकार से अन्तःक्रिया करते हैं। संज्ञानात्मक विकास की अवस्थाओं की जरूरतों के अनुसार बच्चे सामाजिक परिस्थितियों में अन्तःक्रिया करके कुछ संगत (relevant) एवं महत्त्वपूर्ण सूचनाओं (informations) को एकत्रित करते हैं तथा उसे संसाधित (processing) करके नये व्यवहार को करना सीखते हैं। इससे यह भी स्पष्ट है कि कोह्लबर्ग के विचारानुसार बच्चों द्वारा किसी सामाजिक परिस्थिति में किए गए कार्य का परिणाम (outcome) अधिक महत्त्वपूर्ण होता है।

कोह्लबर्ग ने संज्ञानात्मक विकास की तीन अवस्थाओं का वर्णन किया है जिनसे होकर गुजरने पर बच्चों का समाजीकरण होता है। वे तीन अवस्थाएँ हैं— *प्राक्नैतिक अवस्था* (premoral stage), *परम्परागत नैतिकता की अवस्था* (stage of conventional morality), तथा *सिद्धान्ती नैतिकता की अवस्था* (stage of principled morality)। प्रत्येक अवस्था के दो-दो स्तर (levels) हैं। इस तरह से कुल मिलाकर 6 स्तर हैं। प्राक्नैतिक अवस्था के प्रथम स्तर (first level) में बच्चों का व्यवहार मात्र दण्ड (punishment) द्वारा ही नियन्त्रित होता है और बच्चा हर सम्भव प्रयास यही करता है कि उसको किसी कार्य के लिए दण्ड नहीं मिले। जब बच्चा कुछ और परिपक्व (mature) होता है तो वह इसी अवस्था के दूसरे स्तर (level) में प्रवेश करता है। इस स्तर में वह पुरस्कार (rewards) के महत्त्व को भी समझने लगता है तथा उसका व्यवहार पुरस्कार पाने की ओर अधिक उत्प्रेरित रहता है। इसके बाद परम्परागत नैतिकता की अवस्था शुरू

1. "Development of cognitive structure is the result of process of interaction between the structure of the organism and the structure of the environment rather than being the direct result of maturation or direct result of learning."
— Kohlberg : *Handbook of Socialization Theory and Research,* 1973, p. 348

होती है जिसका पहला स्तर (यानि ऊपर से तीसरा स्तर) में बच्चे समाज के नियम (rule) तथा मानक (norms) के अनुसार इस उम्मीद के साथ व्यवहार करना प्रारम्भ कर देते हैं कि दूसरे लोगों को उनके प्रति जो प्रत्याशाएँ (expectations) हैं, वे पूरी हो सकें। जैसे—यदि स्कूल में उसे कहीं किसी दूसरे छात्र का रुपया या पैसा गिरा हुआ मिल जाता है तो वह उसे अपने जेब में न रखकर उसी छात्र को लौटा देने की कोशिश करता है क्योंकि वह जानता है कि दूसरा छात्र जिसका रुपया या पैसा है, उससे ऐसी ही उम्मीद करता है। इसके बाद वह इसी अवस्था के दूसरे स्तर (यानी ऊपर से चौथा स्तर) में प्रवेश करता है जहाँ बच्चे सामाजिक नियम एवं मानकों (norms) को आत्मसात् (internalize) कर लेते हैं। अब वह दूसरे छात्र का पैसा या रुपया यह समझकर लौटा देगा कि दूसरे का पैसा लौटा देना उसका फर्ज (duty) होता है। कोह्लबर्ग के अनुसार 13 से 16 साल के उम्र के बच्चे इस स्तर पर रहते हैं। तीसरी अवस्था सिद्धान्ती नैतिकता की होती है जिसके भी दो स्तर हैं। इस अवस्था के प्रथम स्तर (यानी ऊपर से पाँचवाँ स्तर) में व्यक्ति समाज के युक्तिसंगत (rational) एवं पूर्णरूपेण अनुमोदित सामाजिक मानक (social norms) के अनुसार व्यवहार करना सीखता है। इस स्तर पर सामाजिक नियमों का पालन करते हुए व्यवहार करने पर अधिक बल डाला जाता है। इस अवस्था के दूसरे स्तर में व्यक्ति अमूर्त नैतिक सिद्धान्त (abstract moral theories) जैसे—ईमानदारी (honesty), न्याय (Justice) तथा आजादी (Freedom) को स्वीकार करता है तथा उससे सम्बन्धित सामाजिक व्यवहार करना सीखता है।

इस तरह से हम देखते हैं कि सांकेतिक-संज्ञानात्मक सिद्धान्त में व्यक्ति जैसे-जैसे समाजीकृत (socialized) होते जाता है, वैसे-वैसे सामाजिक वातावरण (social environment) के प्रति एक अपना सांकेतिक (symbolic) एवं संज्ञानात्मक विचार (cognitive view) विकसित करता है। इस तरह के सांकेतिक एवं संज्ञानात्मक विचार से पुनः उसे नये-नये सामाजिक व्यवहारों को सीखने में मदद मिलती है।

4. दुर्खीम का सिद्धान्त *(Theory of Durkheim)* — दुर्खीम (Durkheim) समाजशास्त्र (sociology) तथा शिक्षा (education) दोनों के प्रोफेसर (professor) थे। इन्होंने समाजीकरण की प्रक्रिया को 'नैतिक शिक्षा' (moral education) की प्रक्रिया भी कहा है। उनके अनुसार बच्चों का दिमाग एक कोरा कागज के समान होता है जिस पर समाज अपना कुछ प्रभाव छोड़ता है जिससे बच्चे का समाजीकरण होता है। स्पेन्सर तथा इंकेल्स[1] (Spencer & Inkeles, 1979) के शब्दों में, ''दुर्खीम बच्चों को एक कोरा कागज के समान समझते थे जिनपर समाज कुछ लिखता है।'' दुर्खीम का विचार था कि प्रत्येक समाज में भिन्न-भिन्न तरह के विचार, भाषाएँ, धारणाएँ एवं विश्वास होते हैं, जिनसे उस समाज का प्रत्येक व्यक्ति समान रूप से प्रभावित होता है। समाज में ऐसी धारणाओं, भावनाओं एवं विश्वासों का विकास एक विशेष प्रक्रिया द्वारा होता है जिसे सामाजिक चेतना (social consciousness) कहा जाता है। यह सामाजिक चेतना वैयक्तिक चेतना (individual consciousness) एवं अन्तःक्रियाओं (interactions) के फलस्वरूप उत्पन्न होता है। इस तरह से किसी समाज में पाये जाने वाले विश्वास, धारणाएँ, विचार आदि किसी व्यक्ति विशेष की अमानत नहीं होते बल्कि उनके द्वारा समाज के सामूहिक जीवन (collective life) का प्रतिनिधित्व होता है। इसे दुर्खीम ने *सामूहिक प्रतिनिधित्व* (collective representation) की संज्ञा दी है। दुर्खीम का कहना है कि व्यक्ति के समाजीकरण में इस सामूहिक प्रतिनिधित्व का विशेष महत्त्व है।

चूँकि समाज में पाये जाने वाले सामूहिक विचार, धारणाएँ एवं भावनाएँ अधिकांश व्यक्तियों द्वारा अपनाये जाते हैं और चूँकि इन धारणाओं एवं भावनाओं के प्रति समाज के अधिकतर सदस्य आदर की दृष्टि से देखते हैं, इसलिए इन धारणाओं, विचारों एवं विश्वासों के पीछे सामाजिक स्वीकृति (social sanction) होती है। सामाजिक स्वीकृति होने से वे अत्यन्त प्रभावशाली होते हैं और व्यक्तियों के व्यवहारों को काफी प्रभावित करते हैं। जैसे-जैसे बच्चे प्रौढ़ावस्था (adulthood) की ओर बढ़ते हैं, उनका सामाजिक व्यवहार सामूहिक प्रतिनिधित्व के इन तत्त्वों (elements) द्वारा अधिक प्रभावित होते जाता है। इनमें जो सामाजिक शीलगुण (social traits) विकसित होते हैं, वे इन्हीं सामूहिक प्रतिनिधित्व के परिणाम होते हैं। जैसे—प्रत्येक समाज में माता-पिता, शिक्षक एवं राज्य बच्चों को शिक्षित बनाना चाहते हैं। अतः बच्चों को शिक्षित बनाना एक सामाजिक विचार या सामूहिक प्रतिनिधित्व का द्योतक है और इसी विचार से प्रेरित होकर

1. **"Durkheim viewed the child as a blank sheet of paper on which society writes."**
— Spencer & Inkeles : *Foundations of Modern Sociology,* 1979, p. 96

बच्चों को प्रशिक्षित किया जाता है। माता-पिता, शिक्षक एवं राज्य का निरन्तर दबाव बच्चों की शिक्षा पर पड़ता है और इस सामूहिक दबाव से शिक्षा सही दिशा में सतत आगे बढ़ती जाती है। जब बच्चों की शिक्षा सही दिशा में होती है तो इससे उनका समाजीकरण (socialization) भी होता है क्योंकि शिक्षित होने से बच्चों में नैतिकता (morality) का विकास होता है।

5. कूली का सिद्धान्त *(Theory of Cooley)*—कूली दूसरे महत्त्वपूर्ण समाजशास्त्री हैं जिन्होंने समाजीकरण के एक सिद्धान्त का वर्णन किया है। इनका विचार है कि मानव स्वभाव मूल रूप से उन आदतों से विकसित होता है जिसे एक दूसरे व्यक्तियों के सम्पर्क (contact) में आने के फलस्वरूप सीखता है। कूली का मत है कि जब एक व्यक्ति दूसरे व्यक्तियों के सम्पर्क में आता है तो उसे कुछ नया अनुभव होता है जिससे उसमें सामाजिक-सज्ञानात्मक क्षमता (social cognitive abilities) विकसित होती है और वह समाज के व्यवहार को सीखता है। फलस्वरूप उनमें नयी आदतें बन जाती हैं। इन्होंने यह भी स्पष्ट कर दिया है कि जबतक कोई व्यक्ति दूसरे किसी व्यक्ति के सम्पर्क में नहीं आता है, उसे अपनी आदतों, विचारों, धारणाओं के बारे में सही-सही ज्ञान नहीं हो पाता है। ऐसी अवस्था में वह अपने संबंध में कोई निर्णय भी नहीं ले पाता है। जब वह दूसरों से सम्पर्क कर अपने बारे में लोगों की धारणाओं से अवगत हो जाता है, तो वह अपने बारे में वैसा ही सोंचता है और फिर वैसी ही आदतें विकसित कर लेता है। उदाहरणार्थ, यदि शिक्षक किसी छात्र की बुद्धि की प्रशंसा हमेशा करते हैं तो छात्र अपने बारे में यह सोंचने के लिए विवश हो जाता है कि वह सचमुच में अधिक बुद्धि का है। इसका परिणाम यह होता है कि वह किसी पाठ या बात को ध्यान से सुनकर उसे सबसे पहले सीख लेने की कोशिश करता है। दूसरी तरफ, यदि शिक्षक किसी छात्र को हमेशा 'मूर्ख' या 'उल्लू' कहते हैं तो धीरे-धीरे वह विचार उस छात्र के मन में घर कर जाता है और वह वास्तव में मूर्ख जैसा व्यवहार करने लगता है। इससे स्पष्ट है कि कूली के सिद्धान्त का सार तत्त्व यह है कि व्यक्ति अपने आप को दूसरों की निगाह से देखता है, समझता है तथा फिर उसी के अनुसार अनुक्रियाएँ करता है। इस अर्थ में कूली ने दूसरे व्यक्तियों की निगाह (या विचार) को 'स्वयं का आईना' (looking-glass for self) कहा है। यही आईना व्यक्ति में खास आदत, विचार, भावनाएँ आदि विकसित करने में सहायक होता है। कूली के अनुसार स्वयं का आईना (looking-glass for self) के विकास में तीन कदम (steps) महत्त्वपूर्ण होते हैं—

(1) पहले चरण या कदम में व्यक्ति इस बात की कल्पना (imagination) करता है कि उसे दूसरे लोग किस तरह से देखते हैं। क्या दूसरे लोग उसे छोटा, या बेवकूफ या चालाक समझते हैं ?

(2) दूसरे चरण में व्यक्ति इस बात की कल्पना करता है कि दूसरे लोग उसके प्रकटन (appearence) को कैसा समझते हैं। क्या वे उसका धनात्मक मूल्यांकन(positive evaluation) करते हैं या वे उसका ऋणात्मक मूल्यांकन (negative evaluation) करते हैं? क्या उसे लोग छोटा समझकर उसकी हँसी उड़ाते हैं या उसे आदर की दृष्टि से देखते हैं ? आदि-आदि।

(3) तीसरे चरण में उत्पन्न होने वाली आत्म-भावना (self-feeling) महत्त्वपूर्ण होती है। यदि वह यह समझता है कि लोग उसके प्रकटन (appearence) का धनात्मक मूल्यांकन करते हैं, तो इससे उनमें व्यक्तिगत संतोष एवं घमंड (pride) विकसित होता है और उसी के अनुसार वह कुछ सामाजिक व्यवहार को सीखता है। दूसरी तरफ यदि वह यह समझता है कि लोग उसके प्रकटन (appearence) का ऋणात्मक मूल्यांकन करते हैं, तो इससे उसमें असन्तोष, कुण्ठा (frustration) आदि उत्पन्न हो जाता है जिससे उसके समाजीकरण में कठिनाई उत्पन्न हो जाता है।

इस तरह के स्पष्ट है कि इस सिद्धान्त में समाजीकरण की व्याख्या एक व्यक्ति को दूसरे व्यक्ति के साथ हुए सम्बन्ध के फलस्वरूप उत्पन्न धारणाओं एवं विचारों के रूप में किया है। अतः कूली के लिए व्यक्तिगत सम्पर्क ही समाजीकरण की जननी है (Pesonal contact is the mother of socialization).

6. मीड का सिद्धान्त *(TheoryofMead)*—मीड (Meed) तीसरे महत्त्वपूर्ण समाजशास्त्री हैं जिन्होंने समाजीकरण का एक सिद्धान्त प्रतिपादन कर इसकी वैज्ञानिक व्याख्या की है। इन्होंने समाजीकरण की व्याख्या आत्मचेतना (self-awareness or consciousness) के रूप में किया है। इनका मत है कि जबतक व्यक्ति में आत्मचेतना नहीं पनपती अर्थात् जबतक व्यक्ति स्वयं के बारे में सचेत (conscious) नहीं होता है, वह दूसरों के विचारों, भावों एवं मनोवृत्ति को नहीं समझ सकता है। अतः दूसरों के विचारों एवं भावों को समझने के लिए यह आवश्यक है कि व्यक्ति में आत्मचेतना

उत्पन्न हो। प्रश्न अब यह उठता है कि व्यक्ति में आत्मचेतना का विकास कैसे होता है ? मीड[1] के अनुसार आत्मचेतना का विकास बचपनावस्था में होता है और यह विकास दो अवस्थाओं (stages) में सम्पन्न होता है—खेल अवस्था (play stage) तथा क्रीड़ा अवस्था (game stage)। खेल अवस्था में बच्चे अन्य बच्चों के साथ भिन्न-भिन्न तरह की भूमिका (role) करते हैं। जैसे—खेल में वे प्रायः डॉक्टर, माँ, पिता, शिक्षक, विद्यार्थी आदि की भूमिका करते हैं। बच्चे जब कोई खास भूमिका करते हैं तो उस भूमिका से संबंधित अनुभव उनमें आत्मचेतना उत्पन्न करता है। जैसे— जब बच्चा शिक्षक की भूमिका करता है, तो उसमें शिक्षक से सम्बन्धित आत्मचेतना उत्पन्न होती है। प्रायः यह देखा गया है कि इस अवस्था में बच्चे अदल-बदल कर कई भूमिका करते हैं। जैसे कभी शिक्षक का भूमिका करते हैं तो कभी छात्र का। उसी तरह से वे कभी माँ की भूमिका करते हैं तो कभी पिता की। क्रीड़ा अवस्था (game stage) में भी बच्चे भिन्न-भिन्न तरह की भूमिका करते हैं पर अन्तर इतना ही है कि इस अवस्था में बच्चे एक ही व्यवहार से संबंधित कई भूमिका को एक साथ कर लेते हैं। इस तरह से क्रीड़ा अवस्था में भूमिका अधिक जटिल हो जाती है। मीड का कहना है कि बच्चा चाहे सरल भूमिका या जटिल भूमिका कर रहा हो, इन दोनों अवस्थाओं में उसमें स्वयं के संबंध में एक चेतना उत्पन्न होती है जो उसे स्वयं और अन्य व्यक्ति के बीच विभेद करने में मदद करती है। स्वयं के संबंध में इस तरह की चेतना बच्चों को यह सीखने के लिए बाध्य करती है कि उसे दूसरों के प्रति किस तरह से व्यवहार करना चाहिए। इस तरह से धीरे-धीरे उसमें कुछ खास व्यवहार करने की आदत बन जाती है और उसका समाजीकरण हो जाता है।

ऊपर वर्णन किये गये सिद्धान्तों से स्पष्ट है कि समाजीकरण में व्यक्ति और समाज की अन्तःक्रिया (interaction) ही प्रधान है। इस पहलू पर समाज मनोवैज्ञानिक का सिद्धान्त (प्रथम तीन सिद्धान्त) तथा समाजशास्त्रियों का सिद्धान्त (अन्तिम तीन सिद्धान्त) दोनों ही समान रूप से सहमत हैं। समाज द्वारा व्यक्तियों पर डाला गया दबाव एवं प्रभाव तथा व्यक्तियों द्वारा उन दबाव और प्रभाव के प्रति की गयी अनुक्रियाएँ (responses) दोनों ही मिलकर समाजीकरण को प्रभावित करते हैं।

समाजीकरण के नियम
(Principles of Socialization)

सामाजिक मनोवैज्ञानिकों (Social psychologists) तथा समाजशास्त्रियों (sociologists) ने कुछ वैसे नियमों (principles) का वर्णन किया है जिनके द्वारा समाजीकरण की प्रक्रिया निर्देशित होती है। इन नियमों (principles) में निम्नांकित प्रमुख हैं—

1. अनुपालन का नियम (*Principle of conformity*)—इस नियम के अनुसार बालकों में समाजीकरण की प्रक्रिया अनुपालन के आधार पर होती है। जब व्यक्ति समूह दबाव (group pressure) के कारण अपने व्यवहार में परिवर्तन उस दबाव द्वारा वांछित दिशा में करता है, तो उसे अनुपालन की संज्ञा दी जाती है। फिशर (Fisher, 1982) ने यह बतलाया है कि अनुपालन की भूमिका सामाजिक सीखना (social learning) में काफी होता है। घर, स्कूल या अन्य कोई सामाजिक परिस्थिति हो, व्यक्ति सामाजिक दबाव के कारण एक खास तरह के व्यवहार को करना सीखता है तथा अन्य दूसरे तरह के व्यवहार को न करना सीखता है। इसी सामाजिक दबाव का प्रभाव है कि व्यक्ति अपने संस्कृति के मानकों (norms) एवं मूल्यों (values) के अनुकूल व्यवहार करने तथा उनके प्रतिकूल व्यवहार से अपने आप को दूर रखने का भरसक प्रयास करता है। स्मिथ (Smith, 1990) तथा एरोन (Aron, 1991) ने अभी हाल ही में इन नियम की भूमिका नैतिक व्यवहारों (moral behaviour) तथा प्रतिसामाजिक व्यवहारों (prosocial behaviours) की सीखने में विशेष रूप से बतलाया है।

2. पारस्परिकता का सिद्धान्त (*Principle of reciprocity*)—यह नियम भी समाजीकरण का एक प्रमुख नियम है। जैसा कि नाम से ही स्पष्ट है, इस नियम के अनुसार समाजीकरण का आधार व्यक्ति की आवश्यकताओं, प्रेरणाओं एवं इच्छाओं तथा सामाजिक परिस्थितियों के बीच की गई पारस्परिक प्रतिक्रियाएँ (interactions) होतीं हैं। इस नियम के अनुसार समाजीकरण एक ऐसी प्रक्रिया है जिसमें व्यक्ति पर तो सामाजिक नियमों, मूल्यों (values) तथा समाजीकरण

1. "According to Mead, the child progress through two stages in development of self-awareness through role taking. The first is the play stage... the second is game stage."

—Albrecht, Thomas & Chadwick : *Social Psychology*, 1980, p. 32-33.

के भिन्न-भिन्न तरह के साधनों (agents) जैसे पास-पड़ोस, स्कूल, माता-पिता का तो प्रभाव पड़ता ही है साथ-ही-साथ वह इन साधनों (agents) तथा सामाजिक मूल्यों को भी प्रभावित करता है तथा उसमें यथावत् परिवर्तन लाता है। इन परिवर्तनों से उत्पन्न नये मूल्यों (values) एवं सामाजिक मानकों (social norms) से वह पुनः प्रभावित होता है तथा अपने समाजीकरण की प्रक्रिया को कीर्तिमान बनाता है। यही कारण है कि आलपोर्ट (Allport, 1967) ने कहा है कि पारस्परिकता का नियम समाजीकरण की प्रक्रिया में एक तरह का गोलापन (circularity) उत्पन्न करता है जिसमें व्यक्ति समाजीकरण के साधनों (agents) एवं सामाजिक नियमों एवं मूल्यों (values) को प्रभावित करता है तथा उसमें परिवर्तन लाता है और फिर उन परिवर्तनों के अनुरूप वह नये व्यवहारों को सीखता है जिसमें फिर वह सामाजिक नियमों, मूल्यों एवं समाजीकरण के साधनों (agents) को प्रभावित करता है। इस तरह से इस नियम के कारण समाजीकरण की प्रक्रिया एक चक्र (circle) के रूप में चलती रहती है।

3. पुनर्बलन का नियम (*Principle of reinforcement*)—समाजीकरण के इस नियम का प्रतिपादन व्यवहारवादियों (behaviourists) द्वारा किया गया है। सामान्यतः पुनर्बलन का अर्थ पुरस्कार या दण्ड से होता है। इस नियम के अनुसार पुरस्कार धनात्मक पुनर्बलन के तथा दण्ड ऋणात्मक पुनर्बलन के उदाहरण हैं। व्यक्ति उन सामाजिक व्यवहारों को सीखता है जिसके करने से उसमें एक तरह का पुरस्कार जैसे सामाजिक प्रतिष्ठा (social prestige), धन, सामाजिक पद आदि मिलता है तथा वह उन व्यवहारों को न करना सीख लेता है जिनके करने से समाज तरह-तरह के दण्ड (punishment) आदि देता है। इतना ही नहीं, सामाजिक-सीखना सिद्धान्तवादियों (social learning theorists) जैसे—बैण्डुरा (Bandura, 1977), रौटर (Rotter, 1969) ने सामाजिक सीखना में प्रतिनिधिक पुनर्बलन (vicarious reinforcement) के महत्त्व को भी स्वीकार किया है। प्रतिनिधिक पुनर्बलन में व्यक्ति दूसरों को किसी सामाजिक व्यवहार करने पर भी पुरस्कार पाते देखता है और तब वह भी वैसा करना सीख लेता है। प्रतिनिधिक पुनर्बलन बालकों एवं वयस्कों दोनों में सामाजिक व्यवहार को सीखने की प्रक्रिया को प्रभावित करता है।

4. संचरण का नियम (*Principle of transmission*)—इस नियम के अनुसार समाजीकरण संचरण (transmission) पर आधारित होता है। संचरण से तात्पर्य सामाजिक मान्यताओं, मूल्यों एवं मानकों (norms) का कुछ परिवर्तन के साथ पीढ़ी-दर-पीढ़ी हस्तांतरण (transfer) से हाता है। यही कारण है कि बच्चे अपने परिवार या संस्कृति के नियमों के अनुकूल आचरण करना तथा व्यवहार करना सीख लेते हैं तथा वे उन व्यवहारों से अपने को दूर रखना भी सीख लेते हैं जिनसे दूर रहना उन्हें माता-पिता, शिक्षकों आदि द्वारा सिखलाया जाता है। आलपोर्ट (Allport, 1967) के अनुसार एक संस्कृति में पले व्यक्तियों के व्यवहारों में दूसरे संस्कृति में पले व्यक्तियों के व्यवहारों की अपेक्षा भिन्नता (differences) के कई कारणों में एक कारण सामाजिकता का यह संचरण नियम (principle of transmission) होता है।

5. आत्मीकरण का नियम (*Principle of identification*)—समाजीकरण के इस नियम को केलमैन (Kelmen, 1961) ने एक आधारभूत नियम माना है। आत्मीकरण (identification) एक ऐसी सामाजिक प्रक्रिया होती है जिसमें एक व्यक्ति दूसरे व्यक्ति या समूह के व्यवहारों को किसी बाहरी दबाव जैसे डर या किसी तरह के पुरस्कार आदि के प्रलोभन के कारण नहीं बल्कि उसे अपने व्यक्तित्व का ही एक अंश मानकर स्वेच्छा से स्वीकार कर लेता है। समाज में व्यक्ति उन व्यक्तियों या सामाजिक तत्त्वों के साथ आत्मीकरण स्थापित कर लेता है जिन्हें वह अपने से अधिक महत्त्वपूर्ण एवं मूल्यवान समझता है। आत्मीकरण स्थापित हो जाने पर व्यक्ति ऐसे व्यक्तियों के व्यवहारों को सीख लेता है और उसी तरह का व्यवहार करना प्रारम्भ कर देता है। फलतः समाजीकरण (socialization) की प्रक्रिया तेजी से होती है।

6. आत्म-मूल्यांकन का नियम (*Principle of self-evaluation*)—इस नियम के अनुसार व्यक्ति अपने द्वारा किए गए व्यवहारों का मूल्यांकन (evaluation) किसी सामाजिक संदर्भ (social context) में करता है। वह इस तरह का मूल्यांकन कर यह निश्चित करने की कोशिश करता है कि उसके द्वारा किये गए व्यवहार कहाँ तक सामाजिक उम्मीदों (social expectations) को पूरा करता है। इस तरह का आत्म-मूल्यांकन (self-evaluation), बेरोन तथा बर्न (Baron & Byrne, 1982) के अनुसार, एक तरह का पुनर्बलन (reinforcement) का कार्य करता है तथा सामाजिक व्यवहार को सीखने तथा असामाजिक व्यवहार से बचने की पर्याप्त प्रेरणा देता है। जब व्यक्ति आत्म-मूल्यांकन करके यह पाता है कि उसके व्यवहारों का स्वरूप ऐसा रहा है कि उससे अधिकतर सामाजिक प्रत्याशाएँ या उम्मीदें (social expectations) की पूर्ति हुई है, तो इससे उनमें आत्म-संतोष (self-satisfaction) होता है और वह पुनः उसे दोहराता है और इस तरह से वह ऐसे सामाजिक व्यवहारों को सीख लेता है। जैसे—यदि कोई व्यक्ति यह पाता है कि खेल के मैदान में दर्शकों

ने उसकी भरपूर तारीफ किया है और सचमुच में वह दर्शकों की उम्मीदों को पूरा कर पाया है तो वह अगले बारी में और भी अधिक उत्तम निष्पादन (good performance) देने का मनसूबा बाँध लेता है और सम्बन्धित सामाजिक व्यवहार पर पर्याप्त ध्यान देकर उसे सीख लेता है।

7. आन्तरीकरण का नियम *(Principle of internalization)*—इस नियम के अनुसार समाजीकरण का आधार आन्तरीकरण (internalization) होता है। इस नियम पर भी केलमैन (Kelman, 1961) ने अधिक बल डाला है। आन्तरीकरण एक ऐसी प्रक्रिया है जिसमें व्यक्ति दूसरे व्यक्तियों के व्यवहार को स्वेच्छा से इसलिए स्वीकार कर लेता है क्योंकि वह व्यवहार उसके व्यक्तिगत मूल्य तंत्र (personal value system) के अनुकूल होता है। जब व्यक्ति किसी व्यवहार को आन्तरीकृत (internalized) कर लेता है, तो वह उसी के अनुरूप व्यवहार करना भी सीख लेता है। उसका प्रत्येक सामाजिक व्यवहार का नियंत्रण वही आन्तरीकृत मूल्य (internalized value) द्वारा भी होना प्रारम्भ हो जाता है। केलमैन (Kelman, 1961) ने यहाँ तक कहा है कि आन्तरीकण (internalization) द्वारा सीखा गया व्यवहार अपेक्षाकृत स्थायी भी होता है क्योंकि इसका सम्बन्ध व्यक्ति के मूल्यतंत्र (value system) से होता है।

8. मौखिक निर्देशन का नियम *(Principle of verbal instruction)*—ऐरोन (Aron, 1961) के अनुसार इस नियम का महत्त्व समाजीकरण के प्रारंभिक अवस्थाओं (primary stages) में बाद के अवस्थाओं की अपेक्षा अधिक होता है। इन नियम का सारतत्त्व यह है कि व्यक्ति को समाजीकृत (socialised) करने के लिए जो सूचनाएँ (information) दी जाती हैं उनमें मौखिक निर्देशन(verbal instruction)की भूमिका अधिक सराहनीय होती है। मौखिक निर्देशन(verbal instruction) एक ऐसा सरल एवं सामान्य माध्यम है जिसका उपयोग माता-पिता परिवार में बालकों को समाजीकृत करने में तथा संस्थाओं में शिक्षक शिक्षार्थियों को समाजीकृत करने में सर्वाधिक करते हैं।

9. प्रतिरूपण का नियम*(Principle of modelling)*—इस नियम के अनुसार प्रतिरूपण(modelling)की भूमिका समाजीकरण में अधिक होती है। प्रतिरूपण (modelling) एक ऐसी प्रविधि है जिसमें व्यक्ति किसी दूसरे वस्तु या व्यक्ति (जो वास्तविक भी हो सकते हैं तथा काल्पनिक भी हो सकते हैं) को एक मॉडल (model) मानकर उसके द्वारा किये गए व्यवहारों को सीख लेता है। बैण्डुरा (Bandura, 1978) द्वारा प्रतिरूपण (modelling) पर अधिक बल डाला गया है। उनके अनुसार प्रतिरूपण (model) का स्वरूप मूर्त (abstract) तथा अमूर्त (concrete) कुछ भी हो सकता है। अमूर्त प्रतिरूपण (concrete model) की भूमिका मूर्त प्रतिरूप (abstract model) की भूमिका की अपेक्षा अधिक होती है। अमूर्त प्रतिरूप में व्यक्ति स्पष्ट रूप से व्यवहारों को सीख लेता है। मूर्त प्रतिरूप (abstract model) में व्यक्ति को उनके व्यवहारों को सीखने में कुछ परोक्षता (indirectedness) तथा जटिलता होती है क्योंकि ऐसे प्रतिरूपों का स्वरूप लचीला (flexible) तथा अस्पष्ट (vague) रहता है। बैण्डुरा (Bandura, 1978) ने यह भी कहा है कि अमूर्त प्रतिरूप (concrete model) को मूर्त प्रतिरूप (abstract model) की तुलना में समाजीकरण (socialization) के क्षेत्र में इन्हीं कारणों से अधिक महत्त्व (weight) दिया जाता है।

10. समस्थिति का नियम *(Principle of homeostasis)*—समाजीकरण के इस नियम पर फ्रायड (Freud) तथा मैकडुगल (McDougall) ने अधिक बल डाला है। इस नियम के अनुसार व्यक्ति वैसे सामाजिक व्यवहार को जल्द सीख लेता है जिसे सीखने की तीव्र आवश्यकता वह महसूस करता है क्योंकि ऐसी आवश्यकता उसके भीतरी संतुलन (internal balance) की स्थिति को चुनौती देता है जिससे उसकी समस्थिति (homeostasis) में एक तरह का असंतुलन पैदा हो जाता है। ऐसे व्यवहारों को सीखकर व्यक्ति अपनी समस्थिति (homeostasis) बनाये रखता है तथा इस तरह से व्यक्ति धीरे-धीरे समाजीकृत (socialised) होता चला जाता है।

निष्कर्षतः यह कहा जा सकता है कि समाजीकरण (socialization) के कई नियम (principles) है। इन नियमों द्वारा समाजीकरण की प्रक्रिया में स्पष्टतः तेजी आती है।

समाजीकरण के माध्यम या साधन
(Agencies of Socialization)

सामाजिक नियमों के अनुसार जब व्यक्ति व्यवहार करना सीख लेता है, तो इसे समाजीकरण की संज्ञा दी जाती है। सचमुच में देखा जाय तो समाजीकरण की प्रक्रिया एक जटिल प्रक्रिया (complex process) है जिसमें भिन्न-भिन्न

तरह के कारकों (factors) द्वारा योगदान किया जाता है। कुछ प्रमुख कारक या साधन (agencies) जिनके द्वारा समाजीकरण की प्रक्रिया होती है, निम्नांकित हैं—

1. परिवार *(Family)*— समाजीकरण के अनेक साधनों (agencies) में परिवार का महत्त्व अद्वितीय है। बच्चा एक परिवार में जन्म लेकर वह उस परिवार का सदस्य बन जाता है। चूँकि परिवार एक प्राथमिक समूह (Primary group) है, अतः इसके सदस्यों जैसे माता-पिता, भाई-बहन, चाचा-चाची आदि में एक घनिष्ठ संबंध होता है। इनके बीच दुलार-प्यार सहयोग आदि की भावना अधिक होती है। इन सबका प्रभाव बच्चों के समाजीकरण पर अधिक पड़ता है। अनेक समाजशास्त्रियों एवं समाज मनोवैज्ञानिकों का सामान्य मत यही है कि परिवार ही वह पहली संस्था होती है जो बच्चों को शिष्टाचार एवं नैतिक विकास की शिक्षा देकर उसे एक योग्य व्यक्ति बनाता है। डीफ्लीयूर, डी'एन्टोनियो एवं डीफ्लीयूर (DeFleur, D'Antonio & DeFleur, 1976)[1] ने समाजीकरण में परिवार की महत्ता को इस प्रकार व्यक्त किया है, ''संस्कृति एवं सामाजिक क्रम (social order) के सार तत्त्वों को बच्चों को पढ़ाने की एवं उनके व्यक्तिगत विकास को निर्देशन करने की जबावदेही हमेशा परिवार पर ही होती है।'' परिवार में बच्चे की सबसे पहली अन्तःक्रिया (interaction) माता-पिता से होती है। अतः यह बिलकुल ही स्वाभाविक है कि बच्चों के समाजीकरण में बच्चों के माता-पिता द्वारा किया गया व्यवहार अधिक महत्त्वपूर्ण हो। समाज मनोवैज्ञानिकों ने बच्चों में साथ होने वाले माता-पिता के व्यवहारों के भिन्न-भिन्न पहलुओं (dimension) का अध्ययन किया है और इन लोगों का समान्य निष्कर्ष यही रहा है कि इनके दो पहलू काफी महत्त्वपूर्ण हैं क्योंकि उनसे बच्चों का समाजीकरण सीधे प्रभावित होता है। वे दो पहलू हैं—हार्दिकता-विद्वेष (warmth-hostility) तथा प्रतिबंधकता अनुज्ञात्मकता (restrictiveness-permissiveness)। कुछ माता-पिता ऐसे होते हैं जो अपने बच्चों को बहुत दुलार-प्यार, स्नेह आदि देते हैं। अतः ऐसे माता-पिता में हार्दिकता (warmth) अधिक होती है। दूसरी तरफ कुछ माता-पिता इसके विपरीत होते हैं और बात-बात में बच्चों को डाँटते हैं, पीटते हैं तथा उन्हें गाली देते हैं। अतः ऐसे माता-पिता में विद्वेष (hostility) अधिक होता है। समाज मनोवैज्ञानिकों की सहमति इस बात पर है कि जिन माता-पिता द्वारा बच्चों के प्रति हार्दिकता दिखलायी जाती है उनके बच्चों में सामाजिक गुणों एवं सामाजिक व्यवहारों का विकास तेजी से होता है। माता-पिता से विद्वेष पाने वाले बच्चों में ऐसे गुणों का विकास नहीं होता है। माता-पिता से उचित दुलार-प्यार एवं स्नेह मिलने से बच्चों में सुरक्षा की भावना (sense of security), आत्मसम्मान (self-respect), आत्मविश्वास (self-confidence) आदि गुण उपजते हैं जिससे उनमें बाद में बहुत तरह के सामाजिक रूप से अनुमोदित व्यवहार तेजी से विकसित होते हैं। परन्तु समाजीकरण के लिये सिर्फ माता-पिता का प्यार एवं स्नेह ही आवश्यक नहीं है बल्कि यह भी आवश्यक है कि बच्चों द्वारा किये गये व्यवहारों पर माता-पिता का नियंत्रण (parental control) कितना है। बच्चों के व्यवहारों पर नियंत्रण रखने से संबंधित माता-पिता का व्यवहार दो तरह का होता है। कुछ माता-पिता काफी प्रतिबंधक स्वभाव (restrictive nature) के होते हैं जो शायद कभी भी अपने बच्चों को स्वतन्त्र होकर कहीं आने-जाने या उन्हें कोई कार्य करने की आजादी देते हैं। दूसरी तरफ कुछ माता-पिता काफी अनुज्ञात्मक प्रकृति (permissive nature) के होते हैं जो बच्चों के व्यवहारों पर शायद ही कभी प्रतिबंध लगाते हैं या उनपर नियंत्रण की कोई बात सोचते हैं। बॉमरिण्ड (Baumrind, 1967) ने (जो एक महिला समाज मनोवैज्ञानिक हैं) अपने अध्ययन के आधार पर यह बतलाया है कि इन दोनों तरह के नियंत्रणों से समाजीकरण की प्रक्रिया मन्द हो जाती है। इन्होंने अपने अध्ययन में बच्चों के तीन समूह को सम्मिलित किया और पाया कि जिन बच्चों के माता-पिता उनके कार्यों में अधिक हस्तक्षेप नहीं करते थे और एक सीमा के भीतर उन्हें अपने कार्यों को करने की पर्याप्त आजादी दे रखे थे, उनके बच्चों में अच्छे-अच्छे सामाजिक व्यवहार को सीखने की अधिक प्रेरणा पायी गयी। ऐसे बच्चों में समर्थता (competence), अनुकूलनशीलता (adaptability), आत्मनियंत्रण आदि जैसे सामाजिक गुण अधिक तेजी से विकसित हुए। परन्तु जिन माता-पिता द्वारा अपने बच्चों पर अधिक प्रतिबंध (restriction) लगाया गया था तथा जिन बच्चों को माता-पिता द्वारा अधिक विद्वेष (hostility) मिला था, उनमें सामाजिक गुणों का विकास नहीं होता पाया गया। इस तरह से बॉमरिण्ड का निष्कर्ष यह था कि माता-पिता का स्नेह, दुलार-प्यार एवं उनके द्वारा एक सीमा तक किए गए नियंत्रण से बच्चों का समाजीकरण अधिक तेजी से होता है।

---

1. "It is the family that has always borne the major responsibility for teaching children the essentials of social order and culture and for guiding their personal development."

— DeFleur, D'Antonio & DeFleur : *Sociology : Human Society,* 1976, p. 157.

माता-पिता और बच्चों के बीच अन्तःक्रिया(interaction)के अलावा परिवार के अन्य पहलू(aspect)जैसे—उसका आकार (size) यानी उसमें सदस्यों की संख्या एवं परिवार के भौतिक वातावरण (physical environment) का भी प्रभाव समाजीकरण पर पड़ता है। समाज मनोवैज्ञानिक का सामान्य मत यह है कि जैसे-जैसे किसी परिवार का आकार (size) बढ़ता है, अर्थात् जैसे-जैसे परिवार में सदस्यों की संख्या विशेषकर बच्चों की संख्या बढ़ती है, वैसे-वैसे माता-पिता एवं बच्चों में घनिष्ठ सम्बन्ध की सम्भावना कमती है और तब इससे बच्चों में धनात्मक (positive), सामाजिक, सांवेगिक एवं संज्ञानात्मक विकास की गति मन्द हो जाती है। दूसरे शब्दों में, बच्चों का समाजीकरण मन्द हो जाता है। परिवार के भौतिक वातावरण का भी प्रभाव बच्चों के समाजीकरण पर पड़ता है। जिस परिवार में संज्ञानात्मक उत्तेजन (cognitive stimulation) के आधुनिक साधन जैसे—रेडियो, टेलीविजन, मैगजिन, अखबार आदि मौजूद रहते हैं, उस परिवार के बच्चों का समाजीकरण ऐसे परिवार के बच्चों की अपेक्षा तेजी से होता है जहाँ इन साधनों की कमी पायी जाती है।

2. साथियों का समूह *(Peer group)*—समाजीकरण के एक प्रमुख साधन (agency) के रूप में परिवार के बाद साथियों के समूह (peer group) का स्थान आता है। बच्चा जब थोड़ा बड़ा होकर चलने-फिरने लगता है, तो वह समान उम्र के अन्य बच्चों के सम्पर्क में आता है और वह एक टोली (gang) का निर्माण करता है। इस टोली की विशेषता यह होती है कि इसमें सभी बच्चे करीब-करीब एक ही उम्र के होते हैं परन्तु वे भिन्न-भिन्न परिवार के होते हैं। यह टोली दो उम्र स्तरों (age level) पर अधिक देखने को मिलती है—स्कूल में प्रथम प्रवेश करने के पहले के उम्र के बच्चों की टोली (preschool gang) तथा स्कूल के साथियों की टोली (school gang)। प्राक्स्कूल टोली (preschool gang) के बच्चे जिनकी उम्र 3 से 5 साल के बीच होती है, आपस में मिलकर भिन्न-भिन्न तरह के खेल खेलते हैं जिनमें कल्पनात्मक खेल (imaginative play) का महत्त्व अधिक है। बच्चों के कल्पनात्मक खेल द्वारा उनका समाजीकरण तीव्रता से होता है क्योंकि इस खेल में बच्चे कल्पनात्मक रूप से भिन्न-भिन तरह की भूमिका करते हैं जिनसे उसे भूमिका से सम्बन्धित नया-नया अनुभव होता है जो उन्हें सामाजिक व्यवहार को सीखने में मदद करता है। चार्ल्सवर्थ तथा हार्टअप(Charlesworth & Hartup, 1967) के अनुसार इस उम्र के बच्चों की टोली में प्रायः एक बच्चा दूसरे बच्चे पर अधिक ध्यान देता है तथा दूसरे का अनुमोदन (approval) प्राप्त करने की कोशिश करता है। इसका परिणाम यह होता है कि इन बच्चों में सामाजिक सहयोग (social cooperation) की भावना जगती है। जब बच्चे बड़े होकर स्कूल में प्रवेश करते हैं और वहाँ जो वे अपनी टोली बनाते हैं उसका प्रभाव समाजीकरण पर प्राक्स्कूल की टोली की अपेक्षा अधिक पड़ता है। स्कूल की टोली बच्चों को लोकतान्त्रिक(democratic)होना सिखलाती है, स्वार्थीपना(selfishness)तथा समाजविरोधी विचारों से ऊपर उठकर एक-दूसरे के साथ मिलकर कार्य करना सिखलाता है तथा साथ-ही-साथ उनमें प्रतियोगिता(competition) की भावना उत्पन्न करके अपनी योग्यताओं एवं क्षमताओं को बढ़ाने का मौका देती है। हैविंघर्स्ट (Havinghurst, 1972) ने एक अध्ययन किया जिसके आधार पर उन्होंने निम्नांकित चार तरीकों का वर्णन किया है जिसके सहारे साथियों का समूह (peer group) बच्चों को समाजीकृत (socialized) करता है—

(i) साथियों का समूह भिन्न-भिन्न परिवार के बच्चों को एक-दूसरे से नजदीक आने का मौका देता है तथा उन्हें एक सामाजिक रूप से अनुमोदित व्यवहार करने की प्रेरणा देता है।

(ii) साथियों का समूह बच्चों में विवेकी अन्तःकरण (rational conscience) विकसित करने में मदद करता है। विवेकी अन्तःकरण से तात्पर्य सामाजिक मूल्यों (social values) को समझने तथा उनके अनुसार व्यवहार करना सीखने से होता है।

(iii) साथियों द्वारा प्राप्त अनुभवों(experiences)से बच्चों में उचित सामाजिक मनोवृत्ति(social atitude)विकसित होती है। बच्चे यह सीख लेते हैं कि अन्य व्यक्तियों के साथ उनका सम्बन्ध कैसा रहना चाहिए तथा सामाजिक जिन्दगी एवं समूह की क्रियाओं (activities) के साथ किस तरह से आनन्द प्राप्त किया जा सकता है।

(iv) साथियों का समूह सदस्यों का सांवेगिक सन्तुष्टि (emotional satisfaction) देता है जिससे उनमें व्यक्तिगत स्वतन्त्रता (personal independence)की भावना उत्पन्न होती है। बाद में चलकर ऐसे बच्चों का समाजीकरण अधिक तेजी से होता है।

इस तरह से हम देखते हैं कि साथियों का समूह (peer group) बच्चों को समाजीकृत करने में कई ढंग से मदद करता है।

3. स्कूल (*School*)— समाजीकरण के साधन के रूप में स्कूल का भी महत्त्व काफी है। बच्चों के समाजीकरण में स्कूल के महत्त्व को दिखलाने के लिए समाज मनोवैज्ञानिकों द्वारा अनेकों अध्ययन किये गये हैं। इन समाज मनोवैज्ञानिकों का मत है कि स्कूल सिर्फ बच्चों की शिक्षा ही नहीं देता है बल्कि सामाजिक मूल्यों (social values), सामाजिक संज्ञानों (social cognitions), सामाजिक मानकों (social norms) के बारे में बतलाकर बच्चों में समाजीकरण का बीज होता है। स्कूल के भिन्न पहलुओं (aspects) जैसे उसके भौतिक संरचना (physical structure), शिक्षक, पाठ्यपुस्तक (textbook) आदि का समाजीकरण पर क्या प्रभाव पड़ता है, का अध्ययन किया गया है। स्कूल की भौतिक संरचना में स्कूल के आकार(size)के प्रभाव का अध्ययन किया गया है। कुछ स्कूल का आकार काफी बड़ा एवं फैला(scattered) होता है तथा कुछ स्कूल का आकार छोटा एवं सुसम्बद्ध (compact) हाता है। स्वभावतः बड़े आकार वाले स्कूल में छात्रों की संख्या छोटे आकार वाले स्कूलों की अपेक्षा अधिक होती है। बार्कर तथा ग्रम्प (Barker & Grump, 1964) ने एक अध्ययन किया जिसमें उन उच्च विद्यालयों (high schools) को रखा गया जिसमें छात्रों की संख्या 35 से 2,287 तक थी। ये सभी स्कूल आर्थिक रूप से (economically), सांस्कृतिक रूप से (culturally) तथा राजनैतिक रूप से (politically) आपस में समान थे और सभी एक ही सरकार द्वारा नियंत्रित होते थे। परिणाम में देखा गया कि छोटे स्कूल में पढ़ने वाले बच्चे पाठ्येत्तर कार्यों (extra-curricular activities) में बड़े स्कूल में पढ़ने वाले छात्रों की अपेक्षा अधिक रुचि लेते थे जिनसे उनका सामाजिक एवं सांवेगिक विकास तेजी से होता था। इतना ही नहीं, वर्ग (class) का आकार (size) यानी विद्यार्थियों की संख्या का भी प्रभाव छात्रों के सामाजिक व्यवहार पर पड़ता देखा गया है। वर्ग में छात्रों की संख्या कम रहने पर छात्र सक्रिय होकर वर्ग के कार्यों में भाग लेते हैं। इससे उनके सामाजिक सहभागिता (social participation) की भावना जगती है।

स्कूल में शिक्षक की भूमिका सबसे प्रधान होती है। शिक्षक का व्यक्तित्व तथा उनके द्वारा छात्रों के साथ होने वाली अन्तःक्रियाओं का बच्चों के समाजीकरण पर सीधा प्रभाव पड़ता है। सामान्यतः यह देखा गया है कि यदि शिक्षक स्वयं सामाजिक शीलगुणों से पूर्ण हैं तथा बच्चों के साथ स्नेहमयी अन्तःक्रियाएँ करते हैं तो इनसे बच्चों में प्रोत्साहन तथा उत्साह उत्पन्न होता है और बच्चों में सांवेगिक एवं सामाजिक समायोजन करने की क्षमता अधिक बढ़ जाती है। ऐसे बच्चों का समाजीकरण तेजी से होता है। बच्चे शिक्षक के व्यवहारों का अनुकरण करते हैं। परन्तु यदि शिक्षक स्वयं ही कुसमायोजित (maladjusted) होते हैं तो वैसी परिस्थिति में बच्चों में भी कुसमायोजन विकसित हो जाता है और उनके समाजीकरण की प्रक्रिया धीमी पड़ जाती है। हिल तथा एटोन (Hill & Eaton 1977) ने एक अध्ययन किया जिसमें इस तथ्य की पुष्टि की गयी। समाज मनोवैज्ञानिकों ने उस तथ्य की पुष्टि की है कि जो शिक्षक बच्चों के साथ पुरस्कारी अंतःक्रिया (rewarding interaction) अधिक करते हैं, उनके व्यवहारों का अनुकरण (imitation) बच्चे अधिक करते हैं। कुछ लोगों ने इस अनुकरण की प्रक्रिया में बच्चों का यौन (sex) एवं सामाजिक-आर्थिक स्तर (socio-economic status) को भी अधिक महत्त्वपूर्ण बतलाया है। इन लोगों का सामान्य मत यह है कि मध्य सामाजिक-आर्थिक वर्ग की लड़कियाँ शिक्षकों के व्यवहार का अनुकरण निम्न सामाजिक-आर्थिक वर्ग के लड़कों की अपेक्षा अधिक करती है।

स्कूल में भिन्न-भिन्न प्रकार की पाठ्य-पुस्तकें(text-books) छात्रों को पढ़ने के लिए दी जाती हैं। बच्चों में सामाजिक मनोवृत्ति (social attitudes) एवं सांस्कृतिक मूल्यों (cultural values) का निर्माण धीरे-धीरे इन पाठ्य-पुस्तकों में लिखे गए तथ्यों द्वारा होता है। बसबाई (Busby, 1975) ने अपने प्रायोगिक अध्ययन (experimental studies) के आधार पर यह बतलाया है कि पाठ्य-पुस्तकों में लिखे गये तथ्यों द्वारा बच्चों का समाजीकरण बहुत हद तक होता है तथा साथ-ही-साथ वे उपयुक्त यौन-भूमिका (sex-role) भी करना सीख जाते हैं। इन तथ्यों से प्रभावित होकर लड़कों में आक्रमणशीलता, शारीरिक शक्ति का प्रदर्शन, किसी सामाजिक समस्या के समाधान में आगे रहने की प्रवृत्ति आदि का विकास तथा लड़कियों में आज्ञा पालन करने की प्रवृत्ति, व्यवहार में नम्रता, सुशीलता आदि का विकास हेाता है।

इस तरह से हम देखते हैं कि स्कूल के भिन्न-भिन्न पहलुओं का प्रभाव भी बच्चों के समाजीकरण पर पड़ता है। कुछ इसी ढंग का प्रभाव कॉलेज द्वारा वयस्क छात्रों के समाजीकरण पर भी पड़ता है।

4. पास-पड़ोस (*Neighbourhood*)—बच्चों के समाजीकरण में पास-पड़ोस (neighbourhood) भी एक महत्त्वपूर्ण साधन (agency) हैं। पास-पड़ोस के व्यक्तियों के सम्पर्क में आने से व्यक्ति नये-नये व्यवहारों को सीखता है। आपस में मिलकर प्राय-पड़ोसियों द्वारा भिन्न-भिन्न तरह के सामाजिक समस्याओं पर विचार किया जाता है जिससे व्यक्ति नये-नये आदर्शों से परिचित होता है और वे उन्हें चेतन या अचेतन रूप से अपने व्यक्तित्व में समावेश कर

लेते हैं। इससे उनके समाजीकरण की प्रक्रिया तेजी से होने लगती है। व्यक्तियों में सहकारिता एवं परोपकारिता जैसे सामाजिक गुणों का भी विकास हो जाता है। शेरीफ (Sherif, 1980) के अनुसार, माता-पिता के बाद बच्चों के समाजीकरण पर पास-पड़ोस का ही प्रभाव सबसे अधिक होता है। स्कूल का स्थान बाद में आता है। जब बच्चा 3-4 वर्ष का हो जाता है, तो उसका समाजीकरण पास-पड़ोस द्वारा प्रभावित होने लगता है। जैसा परामर्श उन्हें पास-पड़ोस के व्यक्तियों से मिलता है वैसा वे करने तथा सीखने के लिए तत्पर हो जाते हैं।

5. जाति एवं वर्ग *(Caste and Class)*—भारत जैसे देश में जाति एक महत्त्वपूर्ण साधन है, जिससे भी समाजीकरण की प्रक्रिया नियन्त्रित होती है। जाति व्यक्ति के जन्म द्वारा निर्धारित होने वाली एक व्यवस्था है जो अपने सदस्यों या व्यक्तियों के सामने कुछ निश्चित नियम तथा प्रतिबन्ध प्रस्तुत करती है। जाति का प्रभाव व्यक्ति के जन्म से लेकर मृत्यु तक होने वाली सभी तरह की घटनाओं एवं सम्बन्धों पर पड़ता है। जाति का नियम यह निर्धारित करता है कि व्यक्ति किस जाति की महिला को अपनी पत्नी स्वीकर करेगा, कौन-सा पेशा अपनायेगा, किस जाति के लोगों से अधिक घनिष्ठ सम्बन्ध रखेगा, आदि-आदि। इतना ही नहीं, भारत में जाति प्रथा द्वारा व्यक्ति की सामाजिक एवं धार्मिक अधिकारों तथा कर्त्तव्यों का भी निर्धारण होता है। जैसे अभी भी शिक्षा की दृष्टि से ऐसे पिछड़े गाँव हैं जहाँ हरिजनों को ऊँची जाति के मोहल्ले में रहने एवं उनके तालाबों और घर के कुओं से पानी भरने तथा अन्य किसी प्रकार के सामाजिक सम्बन्ध रखने का कोई अधिकार नहीं दिया जाता है। परन्तु नगरों से एवं विकसित गाँवों में अब ऐसी बात समाप्त-सी हो गयी है। फिर भी जाति प्रथा का प्रभाव अभी बिलकुल ही समाप्त नहीं हुआ है तथा आज भी शिक्षित और अशिक्षित दोनों ही तरह के व्यक्ति विवाह सम्बन्धी जाति-प्रथा के बन्धन को तोड़ने की हिम्मत नहीं करते हैं। इस सिलसिले में उसकी सामाजिक मनोवृत्ति एवं सामाजिक मूल्य बहुत हद तक जातिप्रथा के नियमों द्वारा ही निर्धारित होता है। जाति के समान ही वर्ग व्यवस्था (class system) का भी समाजीकरण पर प्रभाव पड़ता है। भारतीय समाज मौलिक रूप से तीन वर्ग व्यवस्था में बँटा है—उच्च वर्ग, मध्यम वर्ग एवं निम्न वर्ग। इन तीनों वर्गों की अपनी-अपनी विशेष सामाजिक एवं आर्थिक स्थिति होती है जिसके आधार पर उनके सदस्यों में वर्ग चेतना (class consciousness) एवं एक निश्चित सामाजिक विचारधाराएँ पनपती हैं। इन सबसे व्यक्तियों का समाजीकरण तीव्रता से होता है।

6. भाषा *(Language)*—समाजीकरण, जैसा कि हम जातने हैं, मूलतः सामाजिक सीखना (social learning) की प्रक्रिया है। चाहे सामाजिक सीखने की प्रक्रिया हो या कोई भी अन्य दूसरी प्रक्रिया, उसका सम्पन्न होना इस बात पर निर्भर करता है कि व्यक्ति का बौद्धिक विकास (intellectual development) हुआ है या नहीं। व्यक्तियों में विशेषकर बच्चों में बौद्धिक विकास भाषा (language) द्वारा काफी प्रभावित होता है। भाषा के सहारे व्यक्ति अपने विचार, आदर्श, संस्कृति एवं सामाजिक मूल्यों (social values) के बारे में खुलकर दूसरे को बतलाता है तथा दूसरे व्यक्तियों को विचारों, आदर्शों आदि के बारे में भी ज्ञान प्राप्त करता है। इस तरह के आदान-प्रदान से व्यक्तियों में समाजीकरण की प्रक्रिया तेजी से होता है। माता-पिता भिन्न-भिन्न शब्दों को उपयुक्त भाव-भंगिमा के साथ बच्चों के सामने बोलते हैं। बच्चे उन शब्दों को ध्यानपूर्वक सुनते हैं तथा उनकी भाव-भंगिमा का अवलोकन कर उस शब्द का अर्थ समझने की कोशिश करते हैं। ऐसी ही प्रक्रिया द्वारा बच्चे नये-नये सामाजिक व्यवहार को करना धीरे-धीरे सीखते जाते हैं और उनका समाजीकरण होता जाता है।

7. राजनैतिक, आर्थिक एवं धार्मिक संस्थाएँ *(Political, Economic and Religious)*—समाजीकरण में भिन्न-भिन्न तरह की सामाजिक संस्थाओं जैसे—राजनैतिक, आर्थिक एवं धार्मिक संस्थाओं का भी विशेष महत्त्व है। राजनैतिक संस्थाओं का प्रभाव व्यक्तियों के समाजीकरण पर सीधा पड़ता है। उदाहरणार्थ, यदि सरकार एक तानाशाही रुख अपनी जनता के प्रति दिखलाती है या सदैव रखती है, तो इससे जनता के मन में असुरक्षा, हीनता एवं विवशता की भावना उत्पन्न हो जाती है और उनका समाजीकरण बुरी तरह प्रभावित हो जाता है। दूसरी तरफ जब सरकार अपनी जनता के एक कल्याणकारी एजेन्ट के रूप में कार्य करती है, तो उनमें आत्म-विश्वास, सुरक्षा, सांवेगिक, स्थिरता आदि जैसे शीलगुणों का विकास होता है जो बाद में चलकर नये-नये सामाजिक व्यवहार करने एवं सामाजिक अनुभव प्राप्त करने की दिशा में जनता को प्रेरित करते हैं। इतना ही नहीं, भिन्न-भिन्न राजनैतिक दलों द्वारा जनहित के लिए तरह-तरह के सुझव दिये जाते हैं जिनसे भी व्यक्तियों का समाजीकरण होता है।

आर्थिक संस्थाओं का भी व्यक्ति के समाजीकरण में एक महत्त्वपूर्ण हाथ है। व्यक्ति को अपनी आर्थिक आवश्यकताओं की पूर्ति के लिए समाज में भिन्न-भिन्न प्रकार की संस्थाओं जैसे सरकारी दफ्तर, फैक्ट्री, वाणिज्य, कृषि आदि के साथ

अपना संबंध स्थापित करना पड़ता है। इस दौरान उसे अन्य व्यक्तियों के साथ अन्तःक्रियाएँ (interactions) करना पड़ता है। इन अन्तःक्रियाओं का परिणाम यह होता है कि व्यक्ति कुछ नये-नये सामाजिक व्यवहार करना सीख जाता है। इतना ही नहीं, व्यक्ति का व्यवहार, उसका विचार एवं मनोवृत्ति आदि भी ऐसी अन्तःक्रियाओं द्वारा काफी प्रभावित होता है। इन प्रभावों का परिणाम यह होता है कि सामाजिक मूल्यों एवं नियमों के अनुसार व्यक्ति व्यवहार करना धीरे-धीरे सीख लेता है।

धार्मिक संस्थाओं एवं विचारधाराओं का भी प्रभाव व्यक्ति के समाजीकरण पर काफी पड़ता है। प्रत्येक धर्म अपने अनुयायियों में एक विशेष अलौकिक विश्वास उत्पन्न करता है तथा साथ ही यह भी विश्वास जगाता है कि अच्छे कार्य करने वालों पर भगवान खुश होते हैं तथा उन्हें मरणोपरांत स्वर्ग देते हैं तथा बुरे कार्य करने वालों पर भगवान नाराज होते हैं तथा उन्हें मरणोपरांत नरक देते हैं। इस तरह से धर्म व्यक्ति में पुण्य तथा पाप का भाव उत्पन्न कर कई प्रकार के सामाजिक एवं नैतिक शीलगुणों को सीखने में मदद करता है। इन शीलगुणों को सीखने के फलस्वरूप व्यक्ति का समाजीकरण होता है। धार्मिक विश्वास का ही यह परिणाम है कि अनेक व्यक्तियों द्वारा समाज में गलत कार्य जैसे चोरी करना, शराब पीना, बलात्कार करना, हत्या करना आदि को छोड़ दिया जाता है या बहुत ही कम कर दिया जाता है।

इस तरह से हम देखते हैं कि समाजीकरण के बहुत-से साधन (agencies) हैं जिनके माध्यम से व्यक्तियों का समाजीकरण होता है। इन साधनों में परिवार, स्कूल, साथियों के समूह को अन्य साधनों की अपेक्षा अधिक महत्त्वपूर्ण माना गया है।

अध्याय सारांश
(Chapter Summary)

1. समाजीकरण सामाजिक सीखना की एक ऐसी प्रक्रिया है जिसमें व्यक्ति अपने सामाजिक एवं सांस्कृतिक नियमों से प्रभावित होकर अपने आत्मन्(self)को समाज के मानकों(norms)एवं मूल्यों(values)के अनुसार विकसित करता है। इसे भिन्न-भिन्न समाज मनोवैज्ञानिकों एवं समाजशास्त्रियों ने यद्यपि भिन्न-भिन्न ढंगों से परिभाषित किया है परन्तु इन सबका मूल सार यही है।

2. समाजीकरण की छह अवस्थाएँ बतलायी गयी हैं—मुखावस्था, गुदावस्था, अव्यक्तावस्था, किशोरावस्था, वयस्कावस्था, वृद्धावस्था। व्यक्ति का समाजीकरण जन्म से लेकर मृत्यु तक निरंतर होते हरता है। दूसरे शब्दों में, सामाजिक सीखने की प्रक्रिया व्यक्ति के पूरे जीवन काल में चलने वाली एक निरन्तर प्रक्रिया है। अन्तर सिर्फ इतना है कि प्रथम चार अवस्थाओं में सामाजिक सीखने की प्रक्रिया तेजी से होती है।

3. समाजीकरण की अनेक प्रक्रियाएँ (processes) हैं जिनके सहारे व्यक्ति का समाजीकरण होता है। इन प्रक्रियाओं में पालन-पोषण, अनुकरण, संसूचन, सहानुभूति, तादात्म्य, सहयोग, प्रतियोगिता, भाषा-प्रचार, सामाजिक मनोवृत्ति के विकास आदि प्रधान हैं। इन प्रक्रियाओं द्वारा ही व्यक्ति का समाजीकरण होता है।

4. समाजीकरण के मूलतः छह सिद्धान्त हैं—मनोविश्लेषणात्मक सिद्धान्त, सामाजिक-सीखना सिद्धान्त, सांकेतिक-संज्ञानात्मक सिद्धान्त, दुर्खीम का सिद्धान्त, कूली का सिद्धान्त तथा मीड का सिद्धान्त। इन सिद्धान्तों में प्रथम तीन ऐसे हैं जिनपर समाज मनोवैज्ञानिकों द्वारा तुलनात्मक रूप से अधिक बल डाला गया है तथा अन्तिम तीन सिद्धान्त ऐसे हैं जिनपर समाजशास्त्रियों द्वारा अपेक्षाकृत अधिक बल डाला गया है।

5. समाजीकरण के अनेक माध्यम या साधन (agencies) हैं जिनके सहारे व्यक्तियों को समाजीकरण होता है। इन साधनों में परिवार, साथियों का समूह, स्कूल, पास-पड़ोस, भाषा, राजनैतिक एवं धार्मिक संस्थाएँ प्रधान हैं।

6. समाजीकरण के दस नियम हैं जिनके अनुरूप समाजीकरण की प्रक्रिया निदेशित होती है तथा सम्पन्न होती है।

❑

अध्याय 5

सामाजिक प्रेरणा
(SOCIAL MOTIVATION)

सामाजिक प्रेरणा का अर्थ
(Meaning of Social Motiation)

समाज मनोवैज्ञानिक व्यक्ति के सामाजिक व्यवहार (social behaviour) का अध्ययन करता है। व्यक्ति के किसी भी सामाजिक व्यवहार का वैज्ञानिक विश्लेषण करने के लिए यह आवश्यक है कि हम उन कारकों पर ध्यान दें जिनसे वे प्रभावित होते हैं। ऐसे अनेक कारकों में प्रेरणा (motivation) एक महत्त्वपूर्ण कारक है। प्रेरक (motive) से तात्पर्य एक विशेष आन्तरिक कारक (internal factor) से होता है जो व्यक्ति को कार्य प्रारम्भ करने तथा उसे लक्ष्य पर पहुँचने तक क्रियाशील बनाये रखने के लिए निर्देशित करता है। सचमुच में प्रेरणा (motivation) प्राणी का एक मनःशारीरिक अवस्था (psycho-physical condition) होती है जिसकी उत्पत्ति किसी तरह का अभाव या प्राणी के भीतर होने वाले रासायनिक एवं भौतिक परिवर्तनों के फलस्वरूप होती है। इन परिवर्तनों के फलस्वरूप प्राणी शारीरिक एवं मानसिक असंतुलन का अनुभव करता है और इसकी क्रियाएँ लक्ष्य की ओर निर्देशित हो जातीं है। इस तरह के अभाव या रासायनिक एवं भौतिक परिवर्तनों की स्थिति को *आवश्यकता* (need) कहा जाता है। आवश्यकता प्राणी में एक विशेष शक्ति (force) पैदा करती है जिससे वह लक्ष्य (goal) पर पहुँच कर आवश्यकता की संतुष्टि करने का हर सम्भव प्रयास करता है। इस शक्ति को *प्रणोद* या *अन्तोंद* (drive) कहा जाता है। प्रणोदन की स्थिति प्राणी में तबतक बनी रहती है जबतक कि व्यक्ति लक्ष्य की प्राप्ति न कर लेता है। लक्ष्य की प्राप्ति होने पर प्राणी में उत्पन्न असन्तुलन एवं तनाव की स्थिति समाप्त हो जाती है जिससे व्यक्ति में एक विशेष शारीरिक एवं मानसिक समायोजन (adjustment) सम्भव हो पाता है। इस अर्थ में मार्गन, किंग एवं रॉबिन्सन[1] (Morgan, King & Robinson 1981) ने अभिप्रेरण को परिभाषित करते हुए कहा है, ''अभिप्रेरण व्यक्ति या पशु के भीतर की अवस्था है जो उनके व्यवहारों को लक्ष्य की ओर प्रेरित करती है।'' शेफर, गिलमर तथा सोएन[2] (Shaffer, Gilmer & Schoen, 1975) ने भी अभिप्रेरण के स्वरूप के बारे में कुछ ऐसा ही कहा है। ''इन लोगों के अनुसार अभिप्रेरण क्रिया करवाने वाले एक ऐसी प्रकृति के रूप में परिभाषित किया जाता है जो प्रणोदन (drive) द्वारा आरम्भ होता है तथा समायोजन (adjustment) द्वारा समाप्त हो जाता है।''

उपर्युक्त परिभाषाओं से स्पष्ट है कि अभिप्रेरण में प्राणी में एक विशेष तनाव या असन्तुलन की स्थिति पायी जाती है जिससे उसमें एक विशेष शक्ति उत्पन्न होती है और व्यक्ति सन्तुलन प्राप्ति की प्रयास प्रारम्भ कर दता है और यह तबतक जारी रहता है जबतक कि व्यक्ति लक्ष्य (goal) पर नहीं पहुँच जाय। उदाहरणार्थ, भूख की अभिप्रेरण में व्यक्ति एक विशेष तनाव एवं असन्तुलन महसूस करता है जिससे वह भूख मिटाने का प्रयास करता है और भोजन (लक्ष्य) की प्राप्ति तक ऐसा प्रयास जारी रखता है।

मनोवैज्ञानिकों ने प्रेरक के दो प्रकार बतलाये हैं—जैविक प्रेरक (biological motives) तथा सामाजिक प्रेरक (social motives)। जैविक प्रेरक उन प्रेरकों को कहा जाता है जो प्राणी में जन्म से ही मौजूद होते हैं। जैसे—भूख,

1. "Motivation refers to states within a person or animal that drive behaviour towards some goal."
— Morgan, King & Robinson : *Introduction to Psychology,* 1981, p. 210
2. "A motive may be defined as a tendency to initiate activity by a drive and conclude by an adjustment."
— Shaffer, Gilmer & Schoen, 1975

प्यास, काम (sex) आदि। इन प्रेरकों के अध्ययन में प्रयोगात्मक मनोवैज्ञानिकों ने अधिक रुचि दिखलाया है। समाज मनोवैज्ञानिकों को ध्यान सामाजिक प्रेरक (social motives) के अध्ययन पर अधिक गया है। सामाजिक प्रेरक अर्जित (acquired motives) होते हैं। अतः वे जन्मजात नहीं होते। मनुष्य एक सामाजिक प्राणी है और जब वह समाज में रहता है तो समाज के नियमों के अनुसार वह कुछ नये-नये अभिप्रेरकों को अर्जित करता है ताकि उसे अपने जीवन में अधिक-से-अधिक सम्मान तथा ऊँचा स्थान मिल सके। ऐसे अभिप्रेरकों को सामाजिक अभिप्रेरक (social motives) कहा जाता है। सामाजिक अभिप्रेरक के अभाव में व्यक्ति जिन्दा तो रह सकता है परन्तु सामाजिक प्रतिष्ठा तथा सम्मान नहीं प्राप्त कर सकता है। सामाजिक अभिप्रेरक की सबसे प्रमुख विशेषता यह है कि इसका कोई दैहिक आधार (physiological base) नहीं होता है जैसा कि हम जैविक अभिप्रेरक जैसे—भूख, प्यास आदि में पाते हैं। सामाजिक अभिप्रेरक के कुछ उदाहरण हैं—सामूहिकता (gregariousness), उपलब्धि अभिप्रेरक (achievement motivation), संचय की प्रवृत्ति (acquisitiveness), समूहन अभिप्रेरक (affiliation motive) आदि।

इस तरह से स्पष्ट है कि सामाजिक अभिप्रेरक (social motive) व्यक्ति के जैविक अभिप्रेरक से भिन्न होता है। इसकी प्रमुख विशेषताओं को संक्षेप में इस प्रकार व्यक्त किया जा सकता है—

(1) सामाजिक अभिप्रेरक (social motive) जन्मजात नहीं बल्कि इन्हें व्यक्ति अपने जीवन काल में समाजीकरण की प्रक्रिया द्वारा सीखता है।

(2) सामाजिक अभिप्रेरक का कोई दैहिक आधार (physiological base) नहीं होता है। दूसरे शब्दों में, किसी भी सामाजिक अभिप्रेरक की शुरूआत किसी प्रकार की शारीरिक आवश्यकताओं (needs) (जैसा कि जैविक प्रेरक में होता है) से नहीं होता है। यह नहीं कहा जा सकता है कि व्यक्ति में समूहन अभिप्रेरक (affiliation motive) की उत्पत्ति इसलिए हुई है क्योंकि इसमें अमुक शारीरिक आवश्यकता थी। हाँ, इन सामाजिक अभिप्रेरकों का सम्बन्ध परिस्थिति या वातावरण (environment) से अवश्य होता है। कोई विशेष परिस्थिति के उत्पन्न हो जाने से व्यक्ति में सामाजिक अभिप्रेरक उत्पन्न हो जाता है। जैसे—मनोवैज्ञानिक अध्ययनों से यह स्पष्ट हो गया है कि जब व्यक्ति डर तथा असुरक्षा पैदा करने वाली परिस्थिति से घिर जाता है तो उसमें समूहन अभिप्रेरक (affiliation motive) तीव्र हो जाता है।

(3) सामाजिक अभिप्रेरक व्यक्ति को एक सफल सामाजिक जीवन व्यतीत करने में मदद करता है। सामाजिक अभिप्रेरक के अभाव में व्यक्ति जैविक रूप से (biologically) जीवित तो रह सकता है परन्तु उसे सामाजिक रूप से सफल जीवन व्यतीत करने में काफी कठिनाई होगी।

सामाजिक अभिप्रेरक के प्रकार
(Types of Social Motives)

सामाजिक अभिप्रेरक से तात्पर्य ऐसे अर्जित अभिप्रेरक से होता है जिसे व्यक्ति अपने समाजीकरण के दौरान सीखता है। जैसे—व्यक्ति समाजीकरण के फलस्वरूप यह सीखता है कि उसे एक विशेष सामाजिक प्रतिष्ठा मिलती रहे, उसकी उपलब्धियाँ (achievements) समाज में अन्य व्यक्तियों की तुलना में अधिक-से-अधिक हों, आदि-आदि। सामाजिक प्रतिष्ठा पाने की आवश्यकता (need for achievement) सामाजिक अभिप्रेरक के कुछ उदाहरण हैं। अब प्रश्न यह उठता है कि सामाजिक अभिप्रेरक (social movites) कितने प्रकार के होते हैं ? इस प्रश्न पर काफी गम्भीरतापूर्वक विचार करने के बाद हिलगार्ड (Hilgard, 1967) इस निष्कर्ष पर पहुँचे है कि सामाजिक अभिप्रेरकों की सूची में किन-किन अभिप्रेरकों को शामिल किया जाय, यह एक काफी विवादाग्रस्त प्रश्न है। इसका सबसे प्रमुख कारण यह है कि सामाजिक अभिप्रेरक की अभिव्यक्ति एक संस्कृति एवं समाज से दूसरे संस्कृति और समाज के व्यक्तियों में भिन्न-भिन्न ढंग से होता है तथा कभी-कभी तो एक ही समाज एवं संस्कृति के भिन्न-भिन्न व्यक्तियों में इसकी अभिव्यक्ति (expression) भिन्न-भिन्न ढंग से होती है। इन विभिन्नताओं का प्रमुख कारण यह है कि सामाजिक अभिप्रेरकों की अभिव्यक्ति सीखे गये व्यवहारों के रूप में होती है। इस कठिनाई के बावजूद भी समाज मनोवैज्ञानिकों ने सामाजिक अभिप्रेरकों के मुख्य प्रकारों की सूची तैयार की है। जैसे—मर्रे (Murray, 1938) ने सामाजिक अभिप्रेरकों के प्रमुख 28 प्रकार बतलाये है। थॉमस (Thomas, 1923) का कहना है कि प्रमुख सामाजिक अभिप्रेरकों को मूलतः

चार भागों में बाँटा जा सकता है। आलपोर्ट (Allport, 1937) तथा क्लाइनवर्ग (Klinberg, 1954) ने बतलाया है कि सामाजिक अभिप्रेरकों की संख्या अनन्त (endless) हैं। अतः इनका सूचीकरण नहीं किया जा सकता है। इस विवाद के बावजूद भी समाज मनोवैज्ञानिकों ने कुछ खास-खास सामाजिक अभिप्रेरकों के अध्ययन पर अधिक बल डाला है जिसकी चर्चा यहाँ अपेक्षित है। सामाजिक अभिप्रेरक को मूलतः दो भागों में बाँटा जा सकता है--

(क) व्यक्तिगत सामाजिक अभिप्रेरक (Personal social motive)

(ख) सामान्य सामाजिक अभिप्रेरक (General social motive)

इन दोनों तरह के सामाजिक अभिप्रेरकों की चर्चा निम्नलिखित है--

(क) व्यक्तिगत सामाजिक अभिप्रेरक *(Personal social motive)*—व्यक्तिगत सामाजिक अभिप्रेरक उस अभिप्रेरक को कहा जाता है जिसे व्यक्ति अपने जीवन काल में सीखता है तथा वह व्यक्ति विशेष के निजी व्यक्तित्व का एक विशेष अंश होता है। एक ही समाज के भिन्न-भिन्न व्यक्तियों में व्यक्तिगत सामाजिक अभिप्रेरक भिन्न-भिन्न होते हैं। अतः व्यक्तिगत सामाजिक अभिप्रेरक में वैयक्तिक विभिन्नता (individual difference) काफी पायी जाती है।

प्रमुख व्यक्तिगत सामाजिक अभिप्रेरक निम्नांकित हैं—

1. आकांक्षा स्तर *(Levels of aspiration)*—इवान्स[1] (Evans, 1978) के अनुसार, ''आकांक्षा-स्तर से तात्पर्य उन सामान्य लक्ष्यों से होता है जिन्हें व्यक्ति अपने जीवन में निर्धारित करता है।'' प्रत्येक व्यक्ति की अनेक आकांक्षाएँ होती हैं—लखपति बनना, अच्छी नौकरी प्राप्त करना, सुन्दर मकान बनवाना, सिनेमा हॉल खोलना, पी-एच० डी० करना आदि-आदि। इन आकांक्षाओं द्वारा व्यक्ति का व्यवहार काफी हद तक निर्धारित होता है। समाज मनोवैज्ञानिकों द्वारा किये गये प्रयोग से यह स्पष्ट हो गया है कि व्यक्ति का आकांक्षा-स्तर एक प्रमुख व्यक्तिगत सामाजिक अभिप्रेरक है जो दो कारकों (factors) द्वारा प्रभावित होता है—पूर्व अनुभूति (past experience) तथा समूह का प्रभाव (group influences)। समाज मनोवैज्ञानिकों का सामान्य मत है कि व्यक्ति अपनी पूर्व अनुभूति के अनुसार आकांक्षा-स्तर में वृद्धि या कमी करता है। जैसे—विटेकर (Whittaker, 1970) ने अपने अध्ययन के आधार पर यह स्पष्टतः दिखलाया है कि किस तरह से छात्र अपनी पूर्व अनुभूति के आधार पर आकांक्षा-स्तर को घटाते तथा बढ़ाते हैं। इनके अध्ययन में यह स्पष्ट रूप से देखा गया कि जिन छात्रों को परीक्षा में कम अंक प्राप्त हुए, उन्होंने भविष्य में कक्षा उपलब्धि से सम्बन्धित आकांक्षा-स्तर को कम कर लिया। उन्होंने यह भी पाया कि कुछ छात्र ऐसे भी थे जिन्होंने कम अंक मिलने के बावजूद भी अपने आकांक्षा-स्तर में कमी नहीं की और अपना प्रयास एवं मेहनत अधिक करके निर्धारित किये गये आकांक्षा-स्तर को प्राप्त कर लेने की पूरी कोशिश की। फेस्टिंगर (Festinger, 1948) ने अपने अध्ययन में यह दिखलाने की कोशिश की है कि व्यक्ति का आकांक्षा-स्तर समूह के प्रभाव (grop influences) द्वारा प्रभावित होता है। इनके अध्ययन में कॉलेज के छात्रों के एक समूह को कार्य करने को दिया गया और बाद में उन्हें उनके निष्पादन (performance) के बारे में बतलाया गया। उनमें से कुछ छात्रों से कहा गया कि उनका निष्पादन हाई स्कूल के छात्रों के निष्पादन (performance) से भी कम एवं असन्तोषजनक है तथा कुछ छात्रों से कहा गया कि उनका निष्पादन कॉलेज के छात्रों के सामान्य निष्पादन के स्तर से काफी ऊँचा है। परिणाम में यह देखा गया कि जिन छात्रों के निष्पादन को हाई स्कूल के छात्रों के निष्पादन से भी कम एवं असन्तोषजनक बतलाया गया था उन्होंने मेहनत कर अपने निष्पादन के स्तर को ऊँचा बना लिया और साथ-ही-साथ अपना आकांक्षा-स्तर भी काफी ऊँचा कर लिया। दूसरी तरफ जिन छात्रों का निष्पादन कॉलेज के छात्रों के सामान्य निष्पादन के स्तर से अधिक बतलाया गया था, उन लोगों का निष्पादन उसी कार्य को पुनः करने पर उतना अच्छा एवं सन्तोषजनक नहीं हुआ तथा साथ-ही-साथ उनके आकांक्षा स्तर में भी कोई स्पष्ट वृद्धि नहीं हुई। इस प्रयोग से यह सिद्ध होता है कि व्यक्ति अपने आकांक्षा-स्तर का निर्धारण उन व्यक्तियों के समूह के प्रभाव द्वारा भी करता है जिनसे वह अपनी तुलना करता है।

2. जीवन लक्ष्य *(Life goal)*—व्यक्ति का जीवन-लक्ष्य एक महत्त्वपूर्ण व्यक्तिगत सामाजिक अभिप्रेरक है जिससे उसका व्यवहार निर्देशित होता है। जीवन-लक्ष्य व्यक्ति को कार्य करने के लिए प्रेरित करता है। प्रत्येक व्यक्ति का जीवन-लक्ष्य अलग-अलग होता है। फलस्वरूप, वह अपने जीवन-लक्ष्य से प्रभावित होकर भिन्न-भिन्न प्रकार के

---

1. "The general goals which an individual sets for himself in life is called level of aspiration."
— Evans : *Psychology,* 1978, p. 196.

व्यवहारों को करता है। किसी व्यक्ति का जीवन लक्ष्य डॉक्टर बनने का होता है, किसी का सफल शिक्षक, किसी का सफल वैज्ञानिक, किसी का महान् संगीतज्ञ तो किसी का महान फिल्मी अभिनेता। व्यक्ति अपने द्वारा निश्चित किये इन जीवन लक्ष्यों के अनुसार व्यवहार करता है। उदाहरणस्वरूप, मान लिया जाय कि किसी व्यक्ति का जीवन-लक्ष्य नेता बनने का है। ऐसी परिस्थिति में वह लोगों के दु:ख-सुख में हाथ बँटायेगा, सामाजिक कार्यों में अधिक सक्रिय होकर भाग लेगा आदि-आदि। उसी तरह से यदि किसी व्यक्ति का जीवन-लक्ष्य डॉक्टर बनने का है तो वह मेडिकल की पढ़ाई में अभिरुचि दिखलायेगा, डॉक्टरों की संगति में समय व्यतीत करना चाहेगा तथा डाक्टरी पेशे के पक्ष में बोलेगा। कभी-कभी यह भी देखा गया कि विभिन्न व्यक्तियों का जीवन-लक्ष्य एक ही है परन्तु यह आवश्यक नहीं है कि जीवन-लक्ष्य की समानता कारण भी एक ही हो। जैसे कोई व्यक्ति डॉक्टर इसलिए बनना चाहता है कि इस पेशे में वह अधिक-से-अधिक रुपया कमा सकेगा। कोई व्यक्ति डॉक्टर इसलिए बनना चाहता है कि इस पेशे के सहारे वह मानव कल्याण उदारतापूर्वक करके यश कमा सकेगा, आदि।

3. अभिरुचि *(Interest)*—व्यक्ति अपने बहुत-से व्यवहारों को अपनी अभिरुचि के कारण करता है। अत- व्यक्ति के व्यवहार पर अभिरुचि का अधिक-से-अधिक प्रभाव पड़ता है। कुछ व्यक्तियों को क्रिकेट का मैच देखने की तीव्र अभिरुचि होती है। परिणामस्वरूप वह मैच के समय अपने हर कार्य को स्थगित करके मैदान में चला जाता है या टेलीविजन के सामने बैठ जाता है। इस अवधि में उसे कोई दूसरा कार्य अच्छा नहीं लगेगा। उसी तरह से कुछ व्यक्तियों की अभिरुचि सिनेमा में अधिक होती है। फलस्वरूप वह अपनी मनपसंद फिल्मों को देखने के लिए किसी-न-किसी तरह से समय निकाल ही लेगा। कुछ व्यक्तियों की अभिरुचि उपन्यास पढ़ने में अधिक होती है। फलस्वरूप, वह अपने अन्य कार्यों को स्थगित करके उपन्यास पढ़ने में काफी तत्परता दिखलायेगा। इस तरह के अनेकों ऐसे उदाहरण दिये जा सकते हैं जिनसे यह स्पष्ट हो जाता है कि व्यक्ति का व्यवहार उनकी अभिरुचियों द्वारा काफी प्रभावित होता है।

4. मनोवृत्ति *(Attitude)*—मनोवृत्ति भी व्यक्ति को किसी खास प्रकार के व्यवहार करने के लिए बाध्य करती है। प्रत्येक व्यक्ति की मनोवृत्ति भिन्न-भिन्न परिस्थितियों, वस्तुओं एवं व्यक्तियों के प्रति भिन्न-भिन्न होती है। इस तरह की मनोवृत्तियाँ चाहे तो अनुकूल (favourable) हो सकती हैं या प्रतिकूल (unfavourable)। किसी व्यक्ति, वस्तु या परिस्थिति के प्रति जब व्यक्ति की मनोवृत्ति अनुकूल होती है तो वह उसका मूल्यांकन एक खास ढ़ंग से करता है और यदि उस व्यक्ति की मनोवृत्ति प्रतिकूल होती है तो वह उसका मूल्यांकन दूसरे ढ़ंग से करता है। इस तरह के मूल्यांकन से व्यक्ति का व्यवहार आगे चलकर प्रभावित हो जाता है। उदाहरणस्वरूप, यदि किसी व्यक्ति की मनोवृत्ति पिछड़े जाति के प्रति अनुकूल (favourable) है, तो वह पिछड़े जाति के प्रति कोई भेद-भाव नहीं करेगा तथा उससे सम्पर्क करने में किसी प्रकार की हिचकिचाहट नहीं दिखलायेगा। उसी तरह किसी व्यक्ति की मनोवृत्ति अन्तर-जातीय विवाह (intercast marriage) के प्रतिकूल (unfavourable) है, तो वह इस तरह के विवाह का विरोध करेगा तथा ऐसे व्यक्तियों को जो इस तरह का विवाह करते हैं, घृणा की नजर से देखेगा। इस उदाहरणों से यह स्पष्ट है कि व्यक्ति की मनोवृत्ति का भी प्रभाव उसके सामाजिक व्यवहार पर पड़ता है।

5. आदत *(Habit)*—आदत भी एक प्रमुख व्यक्तिगत सामाजिक अभिप्रेरक है। प्रत्येक व्यक्ति की आदतों में विभिन्नता पायी जाती है। इन्हीं आदतों से प्रेरित होकर वह भिन्न-भिन्न प्रकार के व्यवहार करता है। आदत जितनी पुरानी होती है व्यक्ति के व्यवहार को प्रभावित करने की उसकी शक्ति उतनी ही अधिक होती है। जैसे, कुछ व्यक्तियों में मादक-द्रव्य जैसे भाँग, गाँजा, तम्बाकू, सिगरेट आदि पीने की आदत काफी तीव्र होती है। ऐसे व्यक्तियों को यदि मादक-द्रव्य नहीं मिलता है तो उनमें एक तीव्र बेचैनी उत्पन्न होती है और उसके व्यवहार में अस्त-व्यस्तता देखने को मिलती है। कुछ व्यक्तियों में शराब पीने की आदत होती है। यह आदत तीव्र हो जाने पर व्यक्ति उसके लिए हर सम्भव कार्य करने के लिए तत्पर रहता है। ऐसे व्यक्ति रुपया-पैसा नहीं रहने पर घर की औरतों के गहने बेचने तथा चोरी-डकैती द्वारा पैसा प्राप्त कर शराब पीने के लिए भी तैयार हो जाते हैं। उसी तरह कुछ व्यक्तियों में पर-स्त्री के साथ यौन व्यवहार करने की आदत पड़ जाती है। ऐसे व्यक्ति घर में झूठ बोलकर एवं बाहर के लोगों की टीका-टिप्पणी सुनकर भी यौन-व्यवहार की आदत बनाये रखते हैं। इन उदाहरणों से यह स्पष्ट है कि आदत, चाहे किसी मादक-द्रव्य सेवन से संबंधित हो या कुछ खास व्यवहारों से, एक प्रमुख अभिप्रेरक है जिससे व्यक्ति का व्यवहार प्रभावित होता है।

6. अचेतन अभिप्रेरक *(Unconscious motivation)*—अचेतन अभिप्रेरक पर फ्रायड (Freud) ने अधिक बल डाला है। इनके अनुसार अचेतन अभिप्रेरक मनुष्य की चेतन क्रियाओं को नियंत्रित एवं संचालित करता है। फ्रायड का

मत है कि हमारे स्वप्न-सम्बन्धी क्रियाओं का संचालन इन्हीं अचेतन अभिप्रेरकों द्वारा होता है। इतना ही नहीं, अचेतन अभिप्रेरक हमारे दिन-प्रतिदिन की क्रियाओं का भी संचालन करते हैं। जैसे, मान लीजिए यदि कोई व्यक्ति अपने गहरे मित्र से मिलने जाता है और वह उसके घर पर अपना रूमाल छोड़कर चला आता है। फ्रायड के अनुसार इस सामान्य घटना अर्थात् अपने मित्र के यहाँ रूमाल छोड़कर चला आना, के पीछे एक विशेष अचेतन अभिप्रेरक कार्य कर रहा है और वह है—अपने मित्र से पुनः मिलने की अचेतन इच्छा। इसी तरह से अनेक ऐसे उदाहरण दिये जा सकते हैं जिसमें व्यक्ति की अचेतन प्रवृत्तियाँ एवं अभिप्रेरक चेतना-स्तर की बहुत-सी क्रियाओं का संचालन एवं निर्देशन करती हैं।

(ख) सामान्य सामाजिक अभिप्रेरक (*Personal social motive*)—सामान्य सामाजिक अभिप्रेरक वे हैं जो सामान्य रूप से किसी समाज विशेष के सभी सदस्यों में देखने को मिलते हैं। ऐसे अभिप्रेरक कम या अधिक मात्रा में समाज के सभी सदस्यों में मौजूद होते हैं। इन अभिप्रेरकों के अध्ययन का एक विशेष लाभ यह होता है कि चूँकि ये सभी सदस्यों में मौजूद रहते हैं अतः इनके द्वारा व्यक्तियों का तुलनात्मक अध्ययन किया जाना सम्भव है। प्रमुख सामान्य सामाजिक अभिप्रेरक निम्नलिखित हैं—

1. सामुदायिकता या सम्बन्धन अभिप्रेरक (*Gregariousness or affiliation motive*)—मनुष्य की अनेक सामाजिक, जैविक एव सांस्कृतिक आवश्यकताएँ होती हैं जिन्हें पूरा करने के लिए उसे दूसरों का सहारा लेना पड़ता है। फलस्वरूप, वह समाज में रहता है तथा समाज के अन्य सदस्यों के साथ अंतःक्रियाएँ (interaction) करता है। अपनी इसी प्रवृत्ति के कारण मनुष्य सामाजिक प्राणी बन सका है। यह बात मनुष्यों में ही नहीं बल्कि पशुओं में भी देखने को मिलती है। समाज में या दूसरों के साथ रहने की इस प्रवृत्ति को *सामुदायिकता* (gregariousness) या *सम्बन्धन अभिप्रेरक* (affiliation motive) की संज्ञा दी जाती है। विटेकर[1] (Whittaker, 1970) के अनुसार, ''जीवों में अपनी जातियों को पसंद करने तथा उनके साथ समूह में रहने की प्रवृत्ति को सामुदायिकता या सम्बन्धन व्यवहार की संज्ञा दी जाती है।'' सामुदायिकता अभिप्रेरक के सहारे व्यक्ति अपनी जैविक आवश्यकताएँ जैसे भूख, प्यास, काम आदि तथा अन्य दूसरे प्रकार की आवश्यकताओं की पूर्ति करता है। कुछ समाज मनोवैज्ञानिकों ने सामुदायिकता या सम्बन्धन व्यवहार का प्रयोगात्मक अध्ययन करके यह बतलाया है कि यह अभिप्रेरक वातावरण में होनेवाली घटनाओं द्वारा काफी प्रभावित होता है। जैसे, स्कैक्टर (Schachter, 1959) ने अपने अध्ययन के आधार पर यह बतलाया है कि व्यक्ति में सामुदायिकता या सम्बन्धन व्यवहार उस समय बढ़ जाता है जब उसके इर्द-गिर्द किसी प्रकार का खतरा उत्पन्न हो जाता है। इस प्रयोग में कॉलेज के छात्राओं के दो समूह लिए गये। एक समूह को मनोवैज्ञानिक प्रयोगशाला में लाकर उन्हें एक बड़ी इलेक्ट्रॉनिक मशीन (electronic) दिखलायी गयी और कहा गया कि अभी जो प्रयोग किया जाने वाला है, उसमें इस मशीन का उपयोग किया जायेगा जिसके चलाने पर सम्भव है कि उन्हें बिजली का झटका या शॉक (shock) लग जाय। दूसरे समूह की छात्राओं को सिर्फ मशीन दिखलायी गयी और उसे चलाने की विधि समझा दी गयी। इसके बाद इन दोनों समूह की छात्राओं को एक ऐसे कमरे में इन्तजार करने को कहा गया जहाँ उन्हें इस बात की छूट थी कि वे चाहें तो अकेले प्रतीक्षा कर सकती हैं या एक झुण्ड बनाकर भी प्रतीक्षा कर सकती हैं। परिणाम में यह देखा गया कि पहले समूह की अधिकतर छात्राओं ने झुण्ड बनाकर प्रतीक्षा करना पसन्द किया जबकि दूसरे समूह की छात्राओं में इस तरह की प्रवृत्ति नहीं देखी गयी। स्पष्ट है कि पहले समूह की छात्राओं में सामुदायिकता का अभिप्रेरक अधिक पाया गया क्योंकि उन्हें बिजली का झटका लगने का डर था। इस प्रयोग से स्पष्ट है कि वातावरण में किसी प्रकार के खतरे से उत्पन्न डर या चिन्ता की अवस्था में लोगों में सामुदायिकता बढ़ जाती है। स्कैक्टर ने बाद में प्रयोगात्मक अध्ययन करके यह भी बतलाया है कि जो व्यक्ति अपने माता-पिता का इकलौता सन्तान होता है, उसमें सामुदायिकता या सम्बन्धन व्यवहार अधिक होता है।

2. उपलब्धि अभिप्रेरक (*Achievement motivation*)—उपलब्धि अभिप्रेरक एक प्रमुख सामान्य सामाजिक अभिप्रेरक हैं। उपलब्धि अभिप्रेरक से तात्पर्य एक ऐसे अभिप्रेरक से होता है जिससे प्रेरित होकर व्यक्ति अपने कार्य को इस ढंग से करने की कोशिश करता है कि उसे अधिक-से-अधिक सफलता प्राप्त हो सके। मन, फर्नल्ड तथा फर्नल्ड[1]

1. "The tendency of some organisms to prefer their own species and to live in groups is called gregariousness or affiliative behaviour." — Whittaker : *Introduction to Psychology,* 1970, p. 169.
2. "Generally this motive (achievement motivation) is defined as a desire for attaining some specific standard of excellence." — Munn, Fernald & Fernald : *Introduction to Psychology,* 1972, p. 369.

(Munn, Fernald & Fernald, 1972) ने उपलब्धि अभिप्रेरक को परिभाषित करते हुए कहा है ''उपलब्धि अभिप्रेरक से तात्पर्य श्रेष्ठता के एक खास स्तर प्राप्त करने की इच्छा से होता है।'' जिन व्यक्तियों में उपलब्धि अभिप्रेरक अधिक होता है, वे सफलता के उच्चतम स्तर पर पहुँचने का हर सम्भव प्रयास करते हैं। उपलब्धि अभिप्रेरक किसी समाज विशेष के सभी सदस्यों में एक समान नहीं होता है। किसी सदस्य में यह अभिप्रेरक अधिक होता है तो किसी में कम। समाज मनोवैज्ञानिकों ने व्यक्तियों में पाई जाने वाले उपलब्धि अभिप्रेरक सम्बन्धी वैयक्तिक विभिन्नता के कई कारण बतलाया है जिसमें एक प्रमुख कारक माता-पिता द्वारा बचपन में दिया गया स्वतंत्रता प्रशिक्षण (independence training) है। स्वतंत्रता प्रशिक्षण से तात्पर्य बच्चों को माता-पिता द्वारा स्वतंत्र रूप से भिन्न-भिन्न कार्यों को करने देने पर जोर डालने से होता है। कुछ माता-पिता ऐसे होते हैं जो अपने बच्चों को काफी छोटा समझकर उन्हें अधिकतर कार्य नहीं करने देते हैं और स्वयं ही कर लिया करते हैं। परन्तु इसके विपरीत कुछ माता-पिता ऐसे भी होते हैं जो अपने बच्चों को प्रत्येक कार्य स्वयं ही करने की पूर्ण स्वतंत्रता देते हैं तथा साथ-ही-साथ उसे पूरा करने में भिन्न-भिन्न तरह के प्रोत्साहन भी देते हैं। पहले तरह के बच्चों को स्वतंत्रता प्रशिक्षण (independence training) का अनुभव प्राप्त नहीं हो पाता है जबकि दूसरे तरह के बच्चों को स्वतंत्रता प्रशिक्षण का अनुभव प्राप्त हो पाता है। मनोवैज्ञानिक अध्ययनों से यह स्पष्ट हो चुका है कि जिन बच्चों को स्वतंत्रता प्रशिक्षण काफी दिया जाता है, वयस्क होने पर उनमें उपलब्धि अभिप्रेरक भी अधिक होता पाया गया है।

उपलब्धि अभिप्रेरक का वैज्ञानिक अध्ययन मैकक्लिलैण्ड तथा उनके सहयोगियों (McClelland et al., 1953) ने प्रारम्भ किया तथा इनलोगों ने इस अभिप्रेरक को मापने के लिए T. A. T. (Thematic Appreception Test) जैसे प्रक्षेपी परीक्षण का भी निर्माण किया। बाद में एटकिन्सन (Atkinson, 1964) तथा होयेन्गा और होयेन्गा (Hoyenga & Hoyenga, 1984) द्वारा भी इस अभिप्रेरक से सम्बन्धित कई अध्ययन किए गये। इन अध्ययनों से जो सामान्य निष्कर्ष प्राप्त हुए हैं, वे इस प्रकार हैं—

(1) ऐसे व्यक्ति जिनमें उपलब्धि अभिप्रेरक अधिक होता है, साधारण कठिनाई (moderately difficult) वाले कार्य को करना अधिक पसन्द करते हैं क्योंकि ऐसे कार्यों को करने में सफलता करीब-करीब निश्चित होती है। अत्यधिक कठिन तथा अत्यधिक आसान कार्यों को करना वे प्रायः पसन्द नहीं करते हैं।

(2) अधिक उपलब्धि प्रेरक वाले व्यक्ति उन कार्यों को करना अधिक पसन्द करते हैं जिनके आधार पर उनकी तुलना अन्य व्यक्तियों के साथ आसानी से की जा सकती है।

(3) अधिक उपलब्धि प्रेरक वाले व्यक्ति उन कार्यों को करना अधिक पसन्द करते हैं जिनके द्वारा व्यक्तिगत गुणों (personal characteristics) जैसे बुद्धि, अभिक्षमता (aptitude) आदि की यथोचित अभिव्यक्ति हो पाती है।

(4) जब अधिक उपलब्धि अभिप्रेरक वाले व्यक्ति किसी कार्य में सफलता प्राप्त करते हैं तो वे अपनी आकांक्षा का स्तर (level of aspiration) को धीरे-धीरे ऊँचा करते हैं।

(5) ऐसे व्यक्ति जिनमें उपलब्धि अभिप्रेरक अधिक होता है उन परिस्थितियों में कार्य करना अधिक पसन्द करते है जहाँ परिणाम (outcome) पर उन्हें नियंत्रण काफी होता है ताकि वे निश्चित रूप से यह समझ सके कि उन्हें सफलता मिलेगी या नहीं।

उपलब्धि अभिप्रेरक पर व्यक्ति के यौन (sex) का भी असर पड़ता है। सामान्यतः यह देखा गया है कि लड़कियों में लड़कों की अपेक्षा उपलब्धि अभिप्रेरक कम होता है। परन्तु कुछ ऐसे भी अध्ययन हुए हैं जिनमें यह देखा गया है कि लड़कियों में उपलब्धि अभिप्रेरक लड़कों से बराबर या उससे अधिक ही है।

3. सत्ता अभिप्रेरक (*Power motivation*)—सत्ता अभिप्रेरक (Power motivation) या सत्ता की आवश्यकता (need for power) भी प्रमुख सामाजिक अभिप्रेरक हैं जिसके सहारे व्यक्ति अन्य व्यक्तियों पर अपना प्रभुत्व बनाये रखता है तथा ऐसे व्यक्ति अन्य व्यक्तियों को धमकी देकर या प्रार्थना करके अपनी इच्छानुसार कार्य करवाने में समर्थ हो जाते हैं। फेल्डमैन[1] (Feldman, 1986) के अनुसार, ''दूसरों के व्यवहारों का नियंत्रण करने तथा उन्हें अपने ढ़ंग से मोड़ने की क्षमता को सामाजिक सत्ता कहा जाता है।'' सामाजिक सत्ता (social power) की प्रवृत्ति को ही सत्ता

1. "Social power... refers to person's ability to control and shape another's behaviour."
— Feldman : *Social Psychology*, 1986, p. 352.

अभिप्रेरक (Power motivation) की संज्ञा दी जाती है। विन्टर (Winter, 1973) के अनुसार सत्ता अभिप्रेरक की मात्रा एक व्यक्ति से दूसरे व्यक्ति में भिन्न-भिन्न हुआ करती है और इसे मापने के लिए समाज मनोवैज्ञानिक ने प्रक्षेपी विधियों का सहारा लिया है। सामान्यतः स्त्रियों में पुरुषों की अपेक्षा सत्ता की आवश्यकता कम होती है। कोई भी व्यक्ति सत्ता की अभिव्यक्ति कैसे करेगा, यह कई बातों पर निर्भर करता है। इस सिलसिले में कई मनोवैज्ञानिकों ने प्रयोग करके यह दिखला दिया है कि सत्ता अभिप्रेरक की अभिव्यक्ति व्यक्ति के यौन, सामाजिक-आर्थिक स्तर (socio-economic status), परिपक्वता का स्तर (level of maturity) आदि बातों पर निर्भर करता है। होयेन्गा तथा होयेन्गा (Hoyenga & Hoyenga, 1984) ने कई अध्ययन कर यह स्पष्ट किया है कि वैसे लोग जिनमें सत्ता अभिप्रेरक अधिक होता है, इस अभिप्रेरक या प्रवृत्ति की अभिव्यक्ति मूलतः निम्नांकित ढंग से करते हैं—

(1) ऐसे लोग भिन्न-भिन्न तरह के प्रतियोगिता खेलकूद (competitive games) जैसे, फुटबॉल, क्रिकेट आदि के खेल में अधिक भाग लेते हैं और अपने विरोधी दल को हराने का हर सम्भव प्रयास करते हैं।

(2) ऐसे लोग दूसरों के प्रति विशेषकर निम्न सामाजिक-आर्थिक स्तर के प्रति अधिक आवेगशील (impulsive) एवं आक्रमणशील व्यवहार करते हैं।

(3) ऐसे लोग किसी संस्थान (institution) में ऐसा पद ग्रहण करना चाहते हैं जहाँ से वे आसानी से दूसरों पर नियंत्रण रख सकें।

(4) ऐसे लोग अपने घर में अनेकों प्रकार की सामग्रियों को इकट्ठा करके रखते हैं ताकि जब भी कोई दूसरा व्यक्ति उनके यहाँ आये तो वह आसानी से उन्हें काफी धनी होने का अंदाज लगा सके।

(5) ऐसे लोग कुछ खास-खास पेशा (profession) जैसे शिक्षण (teaching), व्यापार (business) आदि में अधिक अभिरुचि दिखलाते हैं ताकि उन्हें बहुत तरह के लोगों पर नियंत्रण रखने का मौका मिल सके।

(6) ऐसे लोग विशेषकर महिला वर्ग के लोग अपने शरीर को काफी आकर्षक तथा अनुशासित (disciplined) करके रखते हैं ताकि दूसरों पर अपना आधिपत्य (dominance) जमाने में सुविधा हो।

(7) ऐसे लोग अपना सम्बन्ध उन व्यक्तियों से काफी रखते हैं जो लोकप्रिय कम होते हैं क्योंकि कम लोकप्रिय व्यक्तियों को नियंत्रित करना काफी सरल होता है।

समाज मनोवैज्ञानिकों के कुछ अध्ययनों से यह भी आजकल स्पष्ट हो गया है कि कुछ व्यक्ति समाज में ऐसे भी होते हैं जो अपने सत्ता अभिप्रेरक (power motivation) की अभिरुचि ऊपर बताये गये किसी भी विधि से न करके एक नयी विधि से करते हैं। प्रायः ऐसे व्यक्ति अपनी सत्ता अभिप्रेरक की अभिव्यक्ति दूसरे लोगों को धोखा देकर तथा चालबाज (unscruplous) तरीका अपनाकर करते हैं। क्रिस्टी एवं गिस (Christie & Geis, 1970) ने सत्ता अभिप्रेरक की इस तरह की अभिव्यक्ति (expression) के लिए एक खास पद (term) का प्रतिपादन किया है जिसे *मैकाईभेलियानिज़्म* (Machiavellianism) कहा जाता है।

4. आक्रमणशीलता की आवश्यकता (*Need for aggressiveness*)—आक्रमणशीलता (aggressiveness) या आक्रमकता अभिप्रेरक (aggressive motivation) भी एक प्रमुख सामाजिक अभिप्रेरक (social motive) है जिसमें एक व्यक्ति दूसरे व्यक्ति को शाब्दिक रूप से (verbally) या शारीरिक रूप से (physically) चोट पहुँचाने की कोशिश करता है। एटकिन्सन, एटकिन्सन, स्मिथ तथा हिलगार्ड[1] (Atkinson, Atkinson, Smith & Hilgard, 1987) ने आक्रमक अभिप्रेरक को परिभाषित करते हुए कहा, ''आक्रमकता एक ऐसा व्यवहार है जिसका उद्देश्य दूसरों को शरीरिक रूप से या शाब्दिक रूप से (verbally) घायल (injure) करना या दूसरों की सम्पत्ति को बर्बाद करना होता है।'' इस परिभाषा से स्पष्ट है कि किसी व्यवहार को आक्रमणशील व्यवहार कहलाने के लिए यह आवश्यक है कि व्यवहार जानबूझकर दूसरों को हानि पहुँचाने के लिए किया गया हो। यदि किसी व्यक्ति के व्यवहार द्वारा अनजाने में ही दूसरों को हानि पहुँचती है या दूसरे व्यक्ति घायल हो जाते हैं, तो उसे आक्रमणशील व्यवहार नहीं कहा जायेगा।

बस (Buss, 1961) के अनुसार आक्रमणशील व्यवहार के कई रूप हो सकते हैं। जैसे, यह शारीरिक (physical) या शाब्दिक (verbal) हो सकता है, सक्रिय (active) या निष्क्रिय (passive) हो सकता है तथा प्रत्यक्ष (direct) या अप्रत्यक्ष (indirect) हो सकता है।

---

1. "Aggression is a behaviour that is intended to injure another person (physically or verbally) or to destroy property." — Atkinson, Atkinson, Smith & Hilgard : *Introduction of Psychology,* 1987, p. 369

समाज मनोवैज्ञानिकों ने आक्रमण अभिप्रेरक (aggression motive) की व्याख्या तीन अलग-अलग विचारधाराओं द्वारा किया है। कुछ लोगों का कहना है कि आक्रमणशीलता एक प्रकार का सर्वव्यापक अभिप्रेरक (universal motive) है क्योंकि मानव के सभी जातियों में इस तरह के अभिप्रेरक कोई-न-कोई रूप में अवश्य ही पाया जाता है। इस सर्वव्यापकता के कारण कुछ मनोवैज्ञानिकों ने आक्रमणशीलता को एक जन्मजात अभिप्रेरक (inborn motive) के रूप में भी मान्यता दी है। इस विचारधारा के प्रमुख समर्थक साइमण्ड फ्रायड (Sigmund Freud) तथा कॉनरैड लॉरेन्स (Konrad Lorenz) हैं। इन दोनों मनोवैज्ञानिकों का विचार है कि आक्रमण अभिप्रेरक का कारण व्यक्ति में जन्म से मौजूद एक विशेष मूलवृत्ति (instinct) है। फ्रायड ने इस मूलप्रवृत्ति को मृत्यु मूल-प्रवृत्ति (death instinct) कहा है। परन्तु आजकल के मनोवैज्ञानिकों ने फ्रायड तथा लॉरेन्ज की इस विचारधारा की आलोचना की है और अनेकों प्रयोग करके यह दिखलाया है कि आक्रमणशीलता एक ऐसा अभिप्रेरक है जो व्यक्ति के वातावरण में उपस्थित कारकों (factors) द्वारा काफी प्रभावित होता है। दूसरी विचारधारा के अनुसार आक्रमण अभिप्रेरक (aggression motive) जन्मजात नहीं है बल्कि कुण्ठा (frustration) से उत्पन्न होता है। इस विचारधारा के समर्थक डोलार्ड (Dollard, 1939) तथा उनके कई सहयोगी हैं। इन लोगों का कहना है कि जब व्यक्ति अपने लक्ष्य (goal) की प्राप्ति किसी कारण से ही नहीं कर पाता है तो इससे उसमें एक विशेष मनोदशा उत्पन्न होती है जिसे कुण्ठा (frustration) की संज्ञा दी जाती है बाद में यही कुण्ठा व्यक्ति में आक्रमण अभिप्रेरक को जन्म देता है। अतः व्यक्ति में आक्रमणशील क्रियाओं की उत्पत्ति कुण्ठा द्वारा होती है हालाँकि सभी तरह की कुण्ठा से आक्रमणशीलता उत्पन्न नहीं होती है। इस प्राक्कल्पना (hypothesis) को *कुण्ठा-आक्रमण प्राक्कल्पना* (Frustration-aggression hypothesis) की संज्ञा दी गयी है। इस प्राक्कल्पना के अनुसार सभी तरह के कुण्ठा (frustration) द्वारा आक्रमणशीलता (aggresiveness) उत्पन्न नहीं होती है। आक्रमणशीलता उत्पन्न करने के लिए कुण्ठा में दो गुणों का होना अनिवार्य है—

(1) कुण्ठा की मात्रा तीव्र एवं अधिक हो।

(2) कुण्ठा अनुचित (unjustified) हो।

आक्रमण अभिप्रेरक (aggression motive) की व्याख्या करने के लिए तीसरा सिद्धान्त सामाजिक-सीखना मनोवैज्ञानिकों (social learning psychologists) द्वारा विकसित किया गया है। इन मनोवैज्ञानिकों के अनुसार व्यक्ति आक्रमणशीलता को अन्य व्यक्तियों से देखकर सीखता है। अतः इस सिद्धान्त के अनुसार व्यक्ति आक्रमण अभिप्रेरक दूसरों के व्यवहारों का प्रेक्षण (observation) करके सीखता है। इस विचारधारा के प्रमुख समर्थक अलबर्ट बैण्डुरा (Albert Bandura) । इनके अलावा कुछ अन्य मनोवैज्ञानिकों ने भी प्रयोगात्मक अध्ययन करके बैण्डुरा की विचारधारा का समर्थन किया है। जैसे, गीन (Geen, 1983) ने कई अध्ययन ऐसे किये हैं जिनमें बच्चों को टेलीविजन तथा फिल्मों में आक्रमणशील दृश्य (aggressive scene) दिखलाया गया जिसके बाद देखा गया कि उनमें आक्रमणशीलता की मात्रा सचमुच में बढ़ गयी। इतना ही नहीं यह भी देखा गया कि इन बच्चों द्वारा आक्रमण अभिप्रेरक की अभिव्यक्ति ठीक उसी ढंग से की जाती थी जैसा कि टेलीविजन एवं फिल्मों में दिखलाया गया था।

इन तीन सिद्धान्तों के अलावा समाज मनोवैज्ञानिकों ने कुछ ऐसे कारकों का भी वर्णन किया है जिनसे व्यक्ति में आक्रमण अभिप्रेरक (aggression motive) का जन्म होता है। ऐसे कुछ प्रमुख कारक निम्नांकित हैं—

(1) जब किसी व्यक्ति को कोई दूसरा व्यक्ति अपमान (insult) करता है तो इसमें आक्रमण अभिप्रेरक का जन्म होता है।

(2) जब कोई व्यक्ति किसी ऐसे व्यक्ति की आज्ञा का पालन करता है जो उसे किसी अन्य व्यक्ति के प्रति आक्रमणशीलता दिखलाने को कहता है तो इसमें भी इस अभिप्रेरक का जन्म होता है।

(3) कुछ मनोवैज्ञानिकों ने यह भी बतलाया है कि वातावरण में उपस्थित अत्यधिक तापक्रम, तीव्र आवाज, अत्यधिक भीड़-भाड़ से भी व्यक्ति में आक्रमण अभिप्रेरक का जन्म होता है।

5. अनुमोदन अभिप्रेरक या आवश्यकता *(Approval motive or need)*—अनुमोदन अभिप्रेरक या अनुमोदन की आवश्यकता से तात्पर्य व्यक्ति द्वारा अन्य महत्त्वपूर्ण व्यक्तियों से धनात्मक मूल्यांकन (positive evaluation) यानी प्रतिष्ठा, प्रशंसा आदि पाने की उम्मीद से होता है। प्राय- यह देखा गया है कि इस तरह का अभिप्रेरक बच्चों एवं किशोरों में वयस्क लोगों की अपेक्षा अधिक तीव्र होता है। क्राऊनी तथा मॉरलो (Crowne & Marlow, 1964) द्वारा

इस तरह अभिप्रेरक का विशेष रूप से अध्ययन किया गया है। इन लोगों ने इस अभिप्रेरक की शक्ति (strength) को मापने के लिए एक विशेष मापनी (scale) तैयार किया है जिसे अनुमोदन की आवश्यकता की मापनी (need for approval scale) की संज्ञा दी गयी है। इस मापनी में 33 कथन (statements) हैं जिनका उत्तर व्यक्ति को 'सही' (True) तथा 'गलत' (False) में देना होता है। यदि प्रयोज्य अधिकतर कथनों का उत्तर 'सही' के रूप में देता है, तो ऐसा समझा जाता है कि उस व्यक्ति में अनुमोदन अभिप्रेरक (approval motive) अधिक तीव्र है। क्राउनी तथा मॉरलो (Crowne & Marlow) ने अनुमोदन अभिप्रेरक का विस्तृत अध्ययन करके निम्नांकित तथ्यों को प्रकाश में लाया है—

(i) ऐसे लोग जिनमें अनुमोदन अभिप्रेरक अधिक होता है, वे समूह के नियमों एवं आदर्शों के समरूप अधिक व्यवहार करते पाये जाते हैं।

(ii) व्यक्ति में अधिक तीव्र अनुमोदन अभिप्रेरक की उत्पत्ति अपने अन्दर के आत्म-सम्मान (self-esteem) के निम्न-स्तर को ऊँचा करने की इच्छा के फलस्वरूप होता है। ऐसे लोग जिनमें आत्म-सम्मान का स्तर नीचा होता है, अपनी कमजोरियों को स्वीकार नहीं करते। इतना ही नहीं, ऐसे लोग स्वतंत्र रूप से न तो कुछ निर्णय ही लेते हैं और न तो कोई कार्य ही करते हैं क्योंकि ऐसे लोगों को दूसरे व्यक्तियों से अनुमोदन न मिलने का डर प्रायः बना रहता है।

6. संग्रहणशीलता (*Acquisitiveness*)—संग्रहणशीलता भी एक प्रमुख सामाजिक अभिप्रेरक है जिसके कारण व्यक्ति समाज में भिन्न-भिन्न प्रकार की क्रियाएँ करता है। संग्रहणशीलता अभिप्रेरक से तात्पर्य मूल्यवान वस्तु या पसन्द की चीजों को अपने उपयोग के लिए संग्रह या इकट्ठा करने से होता है। विटेकर[1] Whittaker, 1970) के अनुसार, 'संग्रहणशीलता अभिप्रेरक में अपने लिए मूल्यवान चीजों को ग्रहण करने तथा इकट्ठा करने की इच्छा होती है।' इस अभिप्रेरक को व्यक्ति बचपनावस्था से ही अनुकरण द्वारा सीखता है। बच्चे परिवार के बड़े सदस्यों को मूल्यवान वस्तुओं का संग्रह करते हुए देखते हैं। फलस्वरूप वे भी अपने प्रयोग में आनेवाली चीजों को संग्रह करके रखना चाहते हैं और इस तरह से उनमें संग्रहणशीलता के अभिप्रेरक का विकास होता है। लेविस (Levis, 1982) के अनुसार संग्रहणशीलता का अभिप्रेरक सामान्यतः स्त्रियों में पुरुषों की अपेक्षा अधिक पाया जाता है। संग्रहणशीलता का अभिप्रेरक संसार की सभी सभ्य जातियों में पाया जाता है। परन्तु कुछ ऐसी जातियाँ भी हैं जिनमें इस तरह का अभिप्रेरक नहीं होता है। जैसे, पाउडरमेकर (Powdermaker, 1933) के अनुसार लेशु (Lesu) जाति के लोगों में इस तरह का अभिप्रेरक नहीं पाया जाता है क्योंकि इस जाति के समाज में आंशिक या पूर्णतः साम्यवाद (communism) होता है।

ऊपर किए गये वर्णन से यह स्पष्ट है कि सामाजिक अभिप्रेरकों के कई प्रकार हैं। किसी व्यक्ति की सामाजिक जिन्दगी (social life) को पूर्णरूपेण समझने के लिए यह आवश्यक है कि उसके व्यक्तिगत सामाजिक अभिप्रेरकों एवं सामान्य सामाजिक अभिप्रेरकों दोनों का ही अध्ययन किया जाय।

उपलब्धि अभिप्रेरण का सिद्धान्त
(Theories of Achievement Motivation)

उपलब्धि अभिप्रेरण की व्याख्या करने के लिए मनोवैज्ञानिकों ने कुछ सिद्धान्तों का प्रतिपादन किया है जिनमें निम्नांकित दो प्रमुख हैं—

(क) एटकिन्स का सिद्धान्त (Atkinson's theory)

(ख) गुणारोपण सिद्धान्त (Attribution theory)

इन दोनों सिद्धान्तों का वर्णन इस प्रकार है—

(क) एटकिन्सन का सिद्धान्त (*Atkinson's theory*)—उपलब्धि अभिप्रेरण का एक बहुत ही महत्त्वपूर्ण सिद्धान्त का प्रतिपादन एटकिन्सन (Atkinson, 1964) तथा एटकिन्स तथा विर्क (Atkinson & Birch, 1978) द्वारा किया गया। इस सिद्धान्त का सारतत्त्व यह है कि सफलता प्राप्त करने की प्रवृत्ति (tendency to work toward success) दो अलग-अलग अभिप्रेरकों (motives) पर आधारित होता है—सफलता की ओर बढ़ने की प्रवृत्ति

---

1. "Acquisitive motive involves the desire to accumulate and possess material goods for their own sake."
— Whittaker : *Introduction to Psychology,* 1970, p. 171.

(tendency to approach success or T_S) तथा असफलता से दूर हटने की प्रवृत्ति (tendency to avoid failure of T_{AF})। ये दोनों प्रवृत्तियाँ उस समय सबसे अधिक होती हैं जहाँ सफलता की सम्भावना 0.5 होती है। सिद्धान्त के इस व्याख्या से यह स्पष्ट है कि सिद्धान्त के मुख्य तीन पहलू हैं जो इस प्रकार हैं—

(i) सफलता प्राप्त करने की अभिप्रेरक (Motive to seek success)

(ii) असफलता से दूर रहने का अभिप्रेरक (Motive to avoid failure)

(iii) उपलब्धि अभिप्रेरक (achievement motivation)

(i) सफलता प्राप्त करने की अभिप्रेरक *(Motive to seek success)*—इस सिद्धान्त की पहली मान्यता यह है कि सफलता प्राप्त करने की प्रवृत्ति तीन तरह के कारकों अर्थात् उपलब्धि प्राप्ति के लिए टिकाऊ अभिप्रेरण (enduring motive for success), कार्य पर सफलता प्राप्त करने की व्यक्ति की अपनी प्रसम्भाव्यता (probability) तथा लक्ष्य का प्रोत्साहन मूल्य (incentive value) का प्रतिफल हाता है। इसे सूत्र के रूप में इस प्रकार व्यक्त कर सकते हैं—

$T_S = M_S \times P_S \times I_S$

यहाँ, T_S = सफलता प्राप्त करने की प्रवृत्ति (tendency to seek success)

M_S = उपलब्धि के लिए टिकाऊ अभिप्रेरण (enduring motive for achievement)

जैसा कि मर्रे के T A T द्वारा इसे मापा जाता है।

P_S = सफलता प्राप्ति के लिए आत्मनिष्ठ प्रत्याशा (subjective expectation of success)

I_S = लक्ष्य का प्रोत्साहन मूल्य (incentive value of goal)

एटकिन्सन के इस सिद्धान्त में M_S उपलब्धि अभिप्रेरक (*n* Ach) है जिसे T A T द्वारा मापा जा सकता है। प्रोत्साहन (incentive) की तुलना आत्माभिमान (pride) से की जाती है। किसी कार्य में सफलता की उममीद जैसे-जैसे कमती है, उस कार्य में सफलता मिलने पर आत्माभिमान वैसे-वैसे बढ़ता है। इसका मतलब यह हुआ कि सफलता की प्रसम्भाव्यता तथा प्रोत्साहन (incentive) में विपरीत संबध (inverse relationship) है जिसे इस प्रकार लिखा जा सकता है—

$$I_S = 1 - P_S$$

यदि कार्य का स्वरूप कुछ ऐसा है कि उसमें सफलता प्राप्त करने की सम्भावना काफी अधिक है, तो ऐसे कार्य में सफलता मिलने से आत्माभिमान (pride) कम होगा (शायद इसलिए कि कार्य आसान होता है)। दूसरे तरफ, यदि कार्य का स्वरूप कुछ ऐसा होता है कि सफलता प्राप्त करने की सम्भावना कम होती है, परंतु सफलता उसे किसी तरह मिल जाती है, तो उसे आत्माभिमान (pride) अधिक होता है। इन तथ्यों को ध्यान में रखते हुए उक्त सूत्र को इस प्रकार परिमार्जित किया जा सकता है—

$$T_S = M_S \times P_S\ (1 - P_S)$$

इस सूत्र पर ध्यान देने से निम्नांकित तथ्य सामने आते हैं—

(a) इस सूत्र में I_S को $1 - I_S$ के रूप में दिखलाया गया है जो इस बात का संकेत देता है कि सफलता प्राप्त करने की सम्भावना (probability of success) तथा उस सफलता की उपलब्धि से उत्पन्न आत्माभिमान में विपरीत (inverse) संबंध होता है।

(b) चूँकि M_S व्यक्ति का एक टिकाऊ विशेषता (enduring characteristic) होती है, मात्र कारक जो एक परिस्थिति से दूसरी परिस्थिति तक परिवर्तित होता है, वह है—P_S

इस तरह से उक्त सूत्र समग्र रूप से इस आशय की ओर संकेत करता है कि किसी भी कार्य में सफलता प्राप्त करने की प्रवृत्ति व्यक्ति की उपलब्धि आवश्यकता, कार्य पर सफलता प्राप्त करने की सम्भावना तथा उस कार्य पर सफलता मिलने से उत्पन्न आत्माभिमान (pride) का प्रतिफल (product) है। चूँकि इन तीनों कारकों में गुणात्मक संबंध (multiplicative relationship) है, इसलिए किसी एक कारक को शून्य होने पर होने से T_S शून्य हों जायेगा।

सूत्र के गणितीय विशेषताओं के कारण जब P_S=.5 होता है, तो व्यक्ति में संबंधित कार्य को करने की प्रवृत्ति अधिकतम होती है। जब कार्य कठिन होता है (निम्न P_S) तो व्यक्ति उस कार्य को करना ही नहीं चाहता है। यद्यपि ऐसे कार्य का प्रोत्साहन मूल्य अधिक होता है, लक्ष्य को प्राप्त करने की सम्भावना काफी निम्न होती है। दूसरे तरफ यदि कार्य आसान होता है (उच्च P_S) तो व्यक्ति ऐसे कार्य को नहीं करना चाहता क्योंकि इस कार्य में प्राप्त उपलब्धि से उत्पन्न आत्माभिमान (*pride*) कम होता है। स्पष्ट हुआ कि T_S, उच्च P_S तथा निम्न P_S दोनों में ही कम होता है परन्तु P_S अर्थात् कार्य पर सफलता प्राप्त करने की उम्मीद न बहुत अधिक है और न बहुत कम है (यानी P_S=.5) तो ऐसी परिस्थिति में व्यक्ति में इस कार्य को करने की प्रवृत्ति (T_S) अधिक होती है।

(ii) असफलता से दूर रहने का अभिप्रेरक (*Motive to avoid failure*)—एटकिन्सन के सिद्धान्त का दूसरा प्रमुख पहलू असफलता से दूर रहने का अभिप्रेरक (*motive to avoid failure*) है। जब भी व्यक्ति किसी ऐसी परिस्थिति में होता है जहाँ वह कार्य में उपलब्धि प्राप्त नहीं कर सकता है, तो उसमें असफलता से दूर रहने की अभिप्रेरण उत्पन्न होती है। इस अभिप्रेरण को 'परीक्षण चिन्ता प्रश्नावली' (Test Anxiety Questionnaire or TAQ) द्वारा मापा जाता है। इस प्रश्नावली पर अधिक प्राप्तांक आने से यह समझ जाता है कि व्यक्ति में असफलता का डर (*fear of failure*) अधिक है। असफलता का डर से व्यक्ति में उस कार्य को न करने की प्रवृत्ति का पता चलता है। सफलता प्राप्त करने की प्रवृत्ति के समान ही असफलता से दूर रहने की प्रवृत्ति या अभिप्रेरण तीन कारकों अर्थात् असफलता से दूर रहने का अभिप्रेरक (*motive to avoid failure*) असफलता प्राप्त करने की सम्भावना (*probability of failing*) तथा असफलता से संबंद्ध शरम (*shame*) का प्रतिफल (*product*) है। इसे सूत्र के रूप में इस प्रकार व्यक्त किया जा सकता है—

$$T_F = M_{AF} \times P_F \times I_F$$

यहाँ

T_F = असफलता से दूर रहने की प्रवृत्ति (*tendency to avoid failure*)
M_{AF} = असफलता का डर (*fear of failure*) जैसा कि T A Q द्वारा मापन होता है।
P_F = असफलता की संभावना (*probability of failing*)
I_F = असफलता से उत्पन्न शरम (*shame*)

इस सूत्र में शरम (shame) का ठीक वही स्थान है जो ऊपर के सूत्र में आत्माभिमान (pride) का था। शरम असफलता की सम्भावना (probability of failure) से नकारात्मक रूप से संबंधित होता है। दूसरे शब्दों में यदि असफलता की सम्भावना अधिक होती है, तो शरम की मात्रा कम होती है। अतः $I_F = (1 - P_F)$ के रूप में लिखा जा सकता है। व्यक्ति को ऐसे कार्य में असफल होने पर भी शरम नहीं लगता है जिसमें सफलता की सम्भावना कम होती है अर्थात् जिसमें कार्य कठिन होता है। ठीक इसके विपरीत व्यक्ति उस परिस्थिति में असफल होने पर अधिक शरम का अनुभव करता है जहाँ कार्य आसान होता है अर्थात असफल होने की सम्भावना कम होती है। अतः एटकिन्सन के इस असफलता-के-डर (fear-of-failure) सूत्र को इस प्रकार लिखा जा सकता है—

$$T_F = M_{AF} \times P_F \times (1 - P_F)$$

यहाँ ध्यान देने वाली बात यह है कि इस सूत्र में I_F को $1 - P_F$ के रूप में शरम तथा असफलता की सम्भावना (probability of failure) के बीच विपरीत संबंध को दिखाने के लिए लिखा जाता है। शोधों से स्पष्ट हुआ है कि जिस तरह से सफलता की प्राप्ति का अभिप्रेरक उस परिस्थिति में सर्वाधिक होता है जहाँ सफलता की सम्भावना .5 होती है, ठीक उसी तरह असफलता के डर से असफलता से दूर रहने का अभिप्रेरक उस समय अधिक होता है जब P_F का मान (value) लगभग बीचोंबीच (.5) का होता है।

(iii) उपलब्धि अभिप्रेरक (*achievement motivation*)—एटकिन्सन के सिद्धान्त का तीसरा पहलू का संबंध उपलब्धि अभिप्रेरक की व्याख्या से है। उपलब्धि-उन्मुखी व्यवहार (achievement oriented behaviour of T_A) में लिप्त होने की प्रवृत्ति T_S में से T_F को घटा लेने के बाद बचे मान (value) पर आधारित होता है। इसे सूत्र के रूप में इस प्रकार लिखा जा सकता है—

$$T_A = T_S - T_F$$

इस सूत्र में के पूर्व पदों (previous terms) के रूप में प्रति स्थापित करने पर T_A के सूत्र को इस प्रकार लिखा जा सकता है—

$$T_A = [\, M_S - M_{AF} \,]\, [\, P_S \times (1 - P_S)\,]$$

इस सूत्र से निम्नांकित निष्कर्ष निकलता है—

(a) सभी व्यक्ति सफलता प्राप्त करने तथा असफलता से दूर रहने की प्रवृत्ति से अभिप्रेरित होते हैं।

(b) प्रत्येक उपलब्धि-उन्मुखी परिस्थिति द्वारा उक्त दोनों तरह के अभिप्रेरण की उत्पत्ति होती है।

(c) कोई भी व्यक्ति उपलब्धि संबंद्ध क्रियाओं के सचमुच में अपने आपको लिप्त करेगा या नहीं, यह दो कारकों पर आधारित होता है—परिणामी-उपलब्धि अभिप्रेरण (resultant achievement motivation) अर्थात ($M_S - M_{AF}$) तथा कार्य की कठिनाई $[P_S \times (1 - P_S)]$

एटकिन्सन सिद्धान्त या मॉडल का व्यापक समर्थन कई प्रयोगात्मक अध्ययन एवं शोधों में किया गया है। इस सिलसिले में एटकिन्सन एवं लिटविन (Atkinson & Litwin, 1960) द्वारा किया गया अध्ययन विशेष रूप से उल्लेखनीय है। इस अध्ययन में 13-13 प्रयोज्यों का दो समूह तैयार किया गया। एक समूह में ऐसे व्यक्ति थे जिनमें उपलब्धि अभिप्रेरक की मात्रा असफलता से होने वाले डर की मात्रा से अधिक था तथा दूसरे समूह में ऐसे प्रयोज्य थे जिनमें उपलब्धि अभिप्रेरक की मात्रा असफलता से होने वाले डर की मात्रा कम थी। कहने का तात्पर्य यह है कि प्रयोज्यों के M_S तथा M_{AF} की जाँच कर उन्हें दो समूहों में बाँटा गया था—उच्च उपलब्धि अभिप्रेरक समूह तथा निम्न उपलब्धि अभिप्रेरक समूह। प्रयोज्यों को अपनी पसंद की दूरी से एक खूँटी में वलय (ring) फेंककर पहनाना था। इस अध्ययन में दो प्राक्कल्पनाएँ (hypothesis) थीं—पहली प्राक्कल्पना यह थी कि जब कार्य की कठिनाई बहुत अधिक या बहुत कम होगी तो अधिक उपलब्धि वाला समूह वलय को न अधिक और न कम बल्कि बीच की दूरी से खूँटी पर फेंकना पसंद करेगा। दूसरी प्राक्कल्पना यह थी कि निम्न उपलब्धि वाला समूह वलय फेंकने में बीच की दूरी को पसंद न करके बहुत कम दूरी (आसान कार्य) या बहुत अधिक दूरी (कठिन कार्य) से फेंकना पसंद करेगा। परिणाम में यह देखा गया कि पहली प्राक्कल्पना पूरी तरह तथा दूसरी प्राक्कल्पना भी बहुत हद तक संपुष्ट हुई। उच्च अभिप्रेरण वाला समूह द्वारा 8 से 11 फीट की दूरी से वलय को फेंकना अधिक पसंद किया गया तथा निम्न अभिप्रेरण वाला समूह के प्रयोज्यों में से बहुत कम ही प्रयोज्यों द्वारा 8 से 11 फीट की दूरी को पसंद किया गया बल्कि अधिकतर प्रयोज्यों द्वारा 2 से 4 या फिर 13 से 15 फीट की दूरी से वलय को फेंकना पसंद किया गया। स्पष्टतः इस प्रयोग से एटकिन्सन मॉडल को पूर्ण समर्थन मिलता है। दिन-प्रतिदिन की वास्तविक परिस्थिति में भी जैसे जीवन-वृत्ति के चयन में भी एटकिन्सन सिद्धान्त की जाँच की गयी। इस अध्ययन में प्रयोज्यों को दो समूह में बाँटा गया—सफलता-उन्मुखी समूह (success-oriented group) तथा असफलता-के-डर वाला समूह (fear-of-failure group)। इन दोनों समूह के प्रयोज्यों में अपने व्यावसायिक लक्ष्यों को चुनने वाले प्रयोज्यों का प्रतिशत अधिक था परन्तु असफलता के डर वाले समूह में ऐसे प्रयोज्यों का प्रतिशत कम था। इस परिणाम से भी एटकिन्सन मॉडल को समर्थन मिलता है। बाद में जानमैन (Janman, 1987) द्वारा भी अपने प्रयोग के आधार एटकिन्सन मॉडल को समर्थन प्रदान किया गया।

यद्यपि एटकिन्सन मॉडल को प्रयोगात्मक समर्थन प्राप्त है, फिर भी इस सिद्धान्त या मॉडल की कुछ परिसीमाएँ (limitations) हैं जिनमें निम्नांकित प्रमुख हैं—

(i) एटकिन्सन के सिद्धान्त में T A T प्राप्तांकों को जितना विश्वसनीय समझा गया है, वास्तविकता इससे भिन्न है। इसका स्पष्ट मतलब तब यह हुआ कि व्यक्ति का M_S प्राप्तांक जो व्यक्ति के टिकाऊ शीलगुण (enduring trait) को मापता है, एक परिस्थिति में दूसरी परिस्थिति में संगत (consistent) नहीं होती है।

(ii) जैक्सन, अहमद तथा हिपी (Jackson, Ahmed & Heapy, 1976) ने अपने अध्ययन के आधार पर यह बतलाया है कि M_S द्वारा एकांकी अभिप्रेरक का नहीं बल्कि अन्य विभिन्न उपलब्धि अभिप्रेरकों जैसे अपने साथियों के बीच विशेष स्थान प्राप्त करने का अभिप्रेरक, प्रतियोगिता में सफल होने का अभिप्रेरक, उत्कृष्टता प्राप्त करने का अभिप्रेरक आदि भी सम्मिलित होते हैं। ये सभी अभिप्रेरक आपस में भिन्न हैं जिन्हें T A T के उपयोग द्वारा एकांकी उपलब्धि अभिप्रेरक के रूप में मापना गलत होगा।

(iii) तीसरी समस्या एटकिन्सन के उस दावे (claim) से संबंद्ध है जिसमें उन्होंने आत्माभिमान (pride) को $1-P_S$ के तुल्य माना है। पारसोन्स तथा गौफ (Parsons & Goff, 1980) ने अपने अध्ययनों के आधार पर यह बतलाया है कि समाज में यौन भूमिका समाजीकरण (sex role socialization) के कारण महिलाओं के लक्ष्य पुरुषों के लक्ष्य से भिन्न हुआ करते हैं। चूँकि एटकिन्सन मॉडल में I_s का संबंध उन वैयक्तिक लक्ष्यों की प्राप्ति से उत्पन्न आत्माभिमान से है जो पुरुषों के लिए महिलाओं की तुलना में अधिक उपयुक्त हैं, अत- उनका सिद्धान्त महिलाओं के लिए उतना सार्थक नहीं दिखता है।

(iv) कुछ मनोवैज्ञानिकों का मत है कि व्यक्ति के उपलब्धि प्रवृत्तियों पर वैसे कारकों का भी प्रभाव पड़ता है जिसकी कल्पना एटकिन्सन मॉडल (Atkinson's model) में नहीं की गयी है। जैसे—रेनर (Raynor, 1969, 1970) ने अपने अध्ययन के आधार पर यह बतलाया है कि व्यक्ति में उच्च M_S प्राप्तांक नहीं होने पर भी उसका दीर्घकालीन लक्ष्य (जैसे मेडिकल पेशा में जाना) से उसका उपलब्धि व्यवहार (achievement behaviour) प्रभावित हो सकता है। ऐसे कारकों को एटकिन्सन द्वारा अपने मॉडल या सिद्धान्त में सम्मिलित नहीं किया गया है।

इन परिसीमाओं के बावजूद एटकिन्सन मॉडल या सिद्धान्त को एक महत्त्वपूर्ण सिद्धान्त इसलिए माना गया है क्योंकि इसके द्वारा उन कारकों पर पर्याप्तबल डाला गया है जो उपलब्धि व्यवहार के होने में महत्त्वपूर्ण भूमिका निभाते हैं।

(ख) गुणारोपण सिद्धान्त (*Attribution theory*)—उपलब्धि अभिप्रेरक की व्याख्या का यह सिद्धान्त वाईनर (Wiener, 1974, 1985) के शोधों पर आद्धृत है। इस सिद्धान्त की मान्यता यह है कि लोग अपने व्यवहार को समझने या उसकी व्याख्या करने के लिए प्रेरित होते हैं। वे ऐसा अंशतः विभिन्न कारकों के रूप में गुणारोपण करके करते हैं। जैसे—किसी कार्य में सफलता मिलने पर व्यक्ति उसका मुख्य कारण अपनी योग्यता तथा क्षमता समझता है।

वाईनर (Wiener, 1985) का मत है कि जिन कारकों के रूप में व्यक्ति अपने उपलब्धि व्यवहार का गुणारोपण करता है, उनके दो मुख्य आयाम या विमा (dimensions) होते हैं जो इस प्रकार हैं—

(1) पहला आयाम का संबंध सम्भावित कारण के स्रोत (source) होता है जो बाह्य (external) या आंतरिक (internal) हो सकता है। आंतरिक स्रोत में सामान्यतः व्यक्ति अपनी योग्यता, क्षमता या प्रयास (effort) को रखता है तथा बाह्य कारक में व्यक्ति कार्य की कठिनाई (difficulty) तथा भाग्य (luck) आदि को रखता है। वाईनर तथा उनके सहयोगियों (Wiener et al., 1972) के अनुसार यह आयाम उपलब्धि-सम्बद्ध परिणाम (achievement-related outcomes) के लिए अधिक संगत माना गया है। इन लोगों के शोधों से यह स्पष्ट हुआ है कि जो व्यक्ति उपलब्धि अभिप्रेरण में अधिक उच्च होता है (जैसा कि T A T के मापन से स्पष्ट होता है) वे अपनी सफलता का गुणारोपण आंतरिक कारणों के रूप में करते हैं तथा असफलता का गुणारोपण बाह्य कारकों के रूप में करते हैं। दूसरे तरफ जो व्यक्ति उपलब्धि अभिप्रेरण में निम्न होते हैं, वे अपनी सफलता का कारण बाह्य कारक मानते हैं तथा असफलता का कारण आंतरिक कारक मानते हैं। ऐसे व्यक्ति प्रायः कहते हैं, ''मैं भाग्यशाली हूँ। इसलिए मैं सफल हुआ।''

(2) दूसरा आयाम का संबंध कारण की स्थिरता (stability of cause) से है। दूसरे शब्दों में, इस आयाम का संबंध उन कारकों के सापेक्ष स्थायित्व (relative permanence) से है जिनसे परिणाम (outcome) प्रभावित होता है। उदाहरणस्वरूप, आंतरिक क्षमता (internal ability) तथा कार्य की कठिनाई (task difficulty) स्थायी कारण (stable causes) हैं जो व्यक्ति के साथ सतत बने होते हैं। ऐसे व्यक्ति प्रायः यह कहते पाये जाते हैं, ''मैं अक्सर ऐसे कार्यों में असफल रहता हूँ।'' या ''ऐसे कार्य हमारे लिए हमेशा कठिन लगता है'' आदि-आदि। आंतरिक प्रयास (internal effort) तथा बाह्य भाग्य (external luck) स्थायी कारण न होकर परिवर्त्य कारण (variable cause) माने गए हैं क्योंकि वे एक परिस्थिति से दूसरी परिस्थिति में सतत न होकर परिवर्त्य (variable) होते हैं। ऐसे व्यक्ति प्रायः यह कहते हैं, ''इस बार मैंने बहुत उत्तम ढंग से कोशिश नहीं किया था'' या ''इस बार हमें भाग्य साथ नहीं दिया'' आदि।

गुणारोपण मॉडल के लिए कुछ प्रयोगात्मक सबूत (experimental evidences) भी उपलब्ध हैं। वाईनर तथा साइरैड (Weiner & Sierad, 1975) ने इस सिलसिले में एक अति महत्त्वपूर्ण अध्ययन किया। इस अध्ययन में T AT प्राप्तांकों के आधार पर प्रयोज्यों को चार समूह में बाँटा गया—दो समूह उच्च उपलब्धि अभिप्रेरक वाले थे तथा दो समूह निम्न

उपलब्धि अभिप्रेरक वाले थे। एक उच्च उपलब्धि अभिप्रेरक समूह तथा एक निम्न उपलब्धि अभिप्रेरक समूह को एक किसी तरह का प्रभाव न उत्पन्न करने वाला चीनी की गोली (sugar pills) खाने के लिए इस निर्देश के साथ दिया गया कि यह एक ऐसा औषध है जिससे उनका निष्पादन थोड़ा मंदित हो जाएगा। बाकी बचे दो समूहों को ऐसी गोली खाने के लिए नहीं दिया गया। इस तरह से इस अध्ययन में चार समूह हो गए—बिना औषध वाले उच्च उपलब्धि आवश्यकता वाला समूह (high *n* achi-no drug), औषध वाले उच्च उपलब्धि आवश्यकता वाला समूह (high n achi-drug), बिना औषध वाले निम्न उपलब्धि आवश्यकता वाला समूह (low *n* achi-no-drug), बिना औषध वाले निम्न उपलब्धि आवश्यकता वाला समूह (low *n* achi-drug)। प्रयोज्यों को अंक-संकेत परीक्षण (digit-symbol test) पर चार प्रयास दिये गए जिसमें उन्हें एक सूची के प्रत्येक अंक को काटकर उसके जगह पर एक विशेष संकेत (symbol) लिखना था। इस कार्य के लिए जान-बूझकर बहुत कम समय दिया गया था ताकि किसी भी प्रयोज्य को सफलता हासिल न हो सके। सभी चार प्रयासों में दिए गए समय में अंकों को काटकर लिखे गए सही संकेत की कुछ संख्या के आधर पर सफलता की माप की गयी। इस अध्ययन में प्रयोगकर्त्ताओं द्वारा निम्नांकित चार पूर्वकथन (prediction) किए गए—

(1) औषध लेनेवाले उच्च-उपलब्धि आवश्यकता समूह (high *n* achi-drug) जो अपने खराब निष्पादन का कारण प्रयास की कमी बताकर आने वाले आनुक्रमिक प्रयासों में सामान्यतः अधिक कोशिश करेंगे। इस परिस्थिति में अपने खराब निष्पादन का कारण औषध को बतलाकर आनुक्रमिक प्रयासों में अधिक कोशिश नहीं करेंगे।

(2) बिना औषध वाले उच्च उपलब्धि आवश्यकता समूह (high *n* achi-no drug group) जो औषध के प्रभाव के रूप में अपने खराब निष्पादन का गुणारोपण करने में असमर्थ है, अपने खराब निष्पादन का कारण प्रयास की कमी बतलायेंगे और आनुक्रमिक प्रयासों में अधिक-से-अधिक कोशिश करेंगे।

(3) औषध लेनेवाले निम्न उपलब्धि आवश्यकता (low *n* achi-drug group) जो सामान्यतः अपने खराब निष्पादन का कारण अपनी क्षमता की कमी बतलाते हैं, ऐसी परिस्थिति में अपने खराब निष्पादन का कारण औषध लेना बतलायेंगे तथा असफलता से होनेवाले शरम का भी अनुभव वे नहीं करेंगे। अतः इनका निष्पादन तुलनात्मक रूप से अधिक होना चाहिए।

(4) बिना औषध वाले निम्न उपलब्धि वाले समूह (low *n* achi-no-drug group) अपने खराब निष्पादन का कारण अपनी क्षमता की कमी, हतोत्साहित होना तथा घटिया निष्पादन का सतत् बना होना आदि बतलायेंगे।

परिणाम में देखा गया कि उक्त पूर्वकथनों को पूर्ण समर्थन पाया गया। बिना औषध वाले उच्च उपलब्धि समूह (high *n* achi-no drug group) का निष्पादन सबसे उत्तम रहा, औषध वाले उच्च उपलब्धि समूह (high *n* achi-drug group) तथा बिना औषध वाले निम्न उपलब्धि समूह (low *n* achi-no drug group) का निष्पादन सबसे खराब हुआ। परन्तु औषध वाले निम्न उपलब्धि वाला समूह (low *n* achi-drug group) का निष्पादन बीचोंबीच के स्तर का पाया गया।

इस अध्ययन को मनोवैज्ञानिकों द्वारा इसलिए अधिक महत्त्व दिया गया क्योंकि इसमें व्यक्ति के व्यवहार पर उपलब्धि अभिप्रेरण का कोई निश्चित प्रभाव नहीं होते पाया गया। जैसे—उच्च उपलब्धि आवश्यकता वाले समूह के सदस्यों में अधिक उपलब्धि उन्मुखता होने के बावजूद भी सभी का निष्पादन एक स्तरीय नहीं था। बल्कि उनका निष्पादन इस विश्वास पर निर्भर करता था कि वे अपनी असफलता का कारण क्या मानते हैं।

सिद्धान्त का प्रमुख गुण यह है कि उसमें उपलब्धि अभिप्रेरक की व्याख्या कुछ कारकों के रूप में गुणारोपण करके किया जाता है। फिर भी इस सिद्धान्त का दोष यह बतलाया गया है कि इसमें बतलाये गए सभी कारकों को (जिसके रूप में गुणारोपण किया जाता है) वस्तुनिष्ठ ढंग से मापना सम्भव नहीं है। अतः सिद्धान्त की व्यवहारिकता पर थोड़ी आँच आती है।

अध्याय सांराश
(Chapter Summary)

1. अभिप्रेरक व्यक्ति या पशु के भीतर की अवस्था होती है जो उनके व्यवहारों को लक्ष्य की ओर प्रेरित करती है। अभिप्रेरक दो प्रकार के होते हैं—जैविक (biological) तथा सामाजिक (social)। जैविक अभिप्रेरक व्यक्ति में जन्म से ही मौजूद रहते हैं तथा सामाजिक अभिप्रेरक अर्जित अभिप्रेरक होते हैं, जिन्हें व्यक्ति अपने जीवनकाल

में एक सामाजिक प्राणी होने के नाते समाजीकरण के दौरान सीखता है। सामाजिक अभिप्रेरक के अभाव में व्यक्ति जिन्दा तो रह सकता है परन्तु सामाजिक प्रतिष्ठा तथा सम्मान नहीं प्राप्त कर सकता है।

2. समाज मनोवैज्ञानिकों ने सामाजिक अभिप्रेरक के मुख्य दो प्रकार बतलाये हैं—व्यक्तिगत सामाजिक अभिप्रेरक तथा सामान्य सामाजिक अभिप्रेरक। व्यक्तिगत सामाजिक अभिप्रेरक (personal social motive) की श्रेणी में विभिन्न प्रकार के अभिप्रेरक, जैसे आकांक्षा का स्तर (level of aspiration), अभिरुचि (interest), मनोवृत्ति (attitude), आदत (habit) तथा अचेतन अभिप्रेरक (unconscious motivation) आते हैं। सामान्य सामाजिक अभिप्रेरक में सामुदायिकता, उपलब्धि अभिप्रेरक (achievement motivation), सत्ता अभिप्रेरक (power motivation)। आक्रमणशीलता की आवश्यकता (need for aggressiveness) संग्रहणशीलता (acquisitiveness) तथा अनुमोदन अभिप्रेरक (approval motive) आदि आते हैं। किसी व्यक्ति की सामाजिक जिन्दगी का पूर्णरूपेण अध्ययन करने के लिए इन दोनों तरह के सामाजिक अभिप्रेरकों के भिन्न-भिन्न प्रकारों का अध्ययन आवश्यक है।

3. उपलब्धि अभिप्रेरण के दो सिद्धान्तों की आलोचनात्मक व्याख्या की गयी है। ये दो सिद्धान्त हैं—एटक्सिन का सिद्धान्त तथा गुणारोपण सिद्धान्त।

❑

अध्याय 6

सामाजिक व्यवहार के नियम

(PRINCIPLES OF SOCIAL BEHAVIOUR)

मनुष्य एक सामाजिक प्राणी है तथा वह भिन्न-भिन्न परिस्थितियों में भिन्न-भिन्न तरह का सामाजिक व्यवहार करता है। इन सामाजिक व्यवहारों को समझने के लिए समाज मनोवैज्ञानिकों ने कुछ नियमों का भी प्रतिपादन किया है। इन नियमों के आधार पर सामाजिक अन्तःक्रिया (social interaction) होता है। मैकडुगल (McDougall, 1919) के अनुसार इन नियमों को तीन भागों में बाँटा गया है—

(1) अनुकरण (Imitation)
(2) सुझाव (Suggestion)
(3) सहानुभूति (Sympathy)

इन तीनों नियमों का वर्णन हम अलग से विस्तृत रूप में करेंगे।

अनुकरण
(Imitation)

अनुकरण का अर्थ एवं स्वरूप(*Meaning and nature of imitation*)—अनुकरण(imitation)एक ऐसा शब्द है जिसका प्रयोग हम दिन-प्रतिदिन की जिन्दगी में प्रायः करते हैं। जब कोई बच्चा या व्यस्क दूसरों के व्यवहार को देखकर उसके अनुरूप व्यवहार करता है तो इस प्रक्रिया को अनुकरण की संज्ञा दी जाती है। जैसे, माँ को भगवान की मूर्ति के सामने सिर झुकाते देखकर यदि बच्चा भी वैसे ही सर झुकाता है भले ही वह उसका मतलब न समझे तो इसे अनुकरण की संज्ञा दी जाती है। उसी तरह अपने पिताजी को लिखते देखकर यदि एक बच्चा वैसे ही कलम या पेन्सिल से लिखने की कोशिश में उल्टी-सीधी लकीरें खींचना प्रारम्भ कर देता है तो यह भी अनुकरण का ही उदाहरण है।

समाज मनोवैज्ञानिकों का सामान्य मत यह है कि अनुकरण की प्रक्रिया चेतन तथा अचेतन दोनों रूपों में हो सकती है। जब कोई व्यक्ति जान-बूझकर किसी अन्य व्यक्ति के व्यवहार का अनुकरण करता है तो उसे चेतन अनुकरण(conscious imitation) कहा जाता है। जैसे, पिता को चश्मा पहनते देखकर उनका एक छोटा पुत्र भी मौका देखकर नाक पर चश्मा चढ़ा लेता है। उसी तरह से प्रायः युवक-युवतियाँ सिनेमा के अभिनेता या अभिनेत्री की पोशाकों, केश बाँधने की शैली (hair style), बोलने का ढंग, चलने-फिरने की शैली तथा उनकी भिन्न-भिन्न मुद्राओं का अनुकरण करते हैं। ये सभी चेतन अनुकरण (conscious imitation) के उदाहरण हैं। मिलर तथा डोलार्ड (Miller & Dollard, 1941) ने इस तरह के अनुकरण को 'नकल करना' (copying) कहा है। अचेतन अनुकरण में व्यक्ति दूसरों के व्यवहारों की नकल जान-बूझकर नहीं करता है बल्कि अज्ञात रूप से अपने आप ही नकल हो जाती है। उदाहरणार्थ, किसी मधुर एवं मनपसंद गीत को सुनते समय व्यक्ति अपने आप ही संगीत के लय तथा धुन के अनुसार हाथ या पैर की अँगुलियों को ऊपर-नीचे एक क्रम से करना प्रारम्भ कर देता है अर्थात् ताल देना प्रारंभ कर देता है जैसे मानों वह खुद ही तबला या अन्य कोई संगीत वादन यन्त्र बजा रहा हो। मिलर तथा डोलाई ने इस तरह के अचेतन अनुकरण को *समेल निर्भरता* (matched dependent) कहा है।

अनुकरण चाहे चेतन हो या अचेतन, यह इतना स्वाभाविक (natural) एवं व्यापक (universal) होता है कि कुछ मनोवैज्ञानिकों जैसे मैकडुगल (McDougall, 1909) ने इसे एक मूलप्रवृत्ति (instinct) की श्रेणी में रखने की सिफारिश

की है। मूलप्रवृत्ति से तात्पर्य एक ऐसी जन्मजात शक्ति से होती है जो व्यक्ति के व्यवहारों को एक निश्चित दिशा में मोड़ती है। परन्तु आधुनिक समाज मनोवैज्ञानिकों जैसे मिलर तथा डोलार्ड (Miller & Dollard, 1941) एवं मर्फी, मर्फी तथा न्यूकॉम्ब (Murphy, Murphy & Newcomb, 1937) ने मैकडुगल के इस विचार से असहमति प्रकट की है और कहा है कि अनुकरण को एक मूलप्रवृत्ति (instinct) की श्रेणी में रखना उचित नहीं होगा क्योंकि यह एक अर्जित प्रक्रिया (learnt process) है।

भिन्न-भिन्न समाज मनोवैज्ञानिकों ने अनुकरण की परिभाषाएँ अलग-अलग ढंग से दी है। कुछ प्रमुख परिभाषाएँ निम्नांकित हैं—

मैंकडुगल[1] (McDougall, 1909) के अनुसार, ''एक व्यक्ति द्वारा दूसरे व्यक्ति के क्रियाकलाप और शरीर संचालन की नकल मात्र को अनुकरण कहते हैं।''

थाउलेस[2] (Thouless, 1951) के अनुसार, ''अनुकरण एक ऐसी प्रतिक्रिया है जिसके लिए दूसरे की वैसी ही प्रतिक्रिया का प्रत्यक्षण ही उद्दीपन होता है।''

लिन्टन[3] (Linton, 1945) के अनुसार, ''अनुकरण से तात्पर्य दूसरों के व्यवहारों की नकल करने से है, चाहे नकल करने वाले व्यक्ति को उस व्यवहार की जानकारी प्रत्यक्ष निरीक्षण (direct observation) द्वारा या किसी दूसरे द्वारा सुनकर या अधिक प्रगतिशील समाज में पढ़कर मिली हो।''

इवान्स[4] (Evans, 1978) के अनुसार, ''दूसरों के व्यवहारों को जान-बूझकर या अचेतन रूप से नकल करना, अनुकरण कहलाता है।''

इन विभिन्न परिभाषाओं का विश्लेषण करने पर हम इस निष्कर्ष पर पहुँचते हैं कि यद्यपि भिन्न-भिन्न मनोवैज्ञानिकों ने अनुकरण को अपने-अपने ढंग से परिभाषित किया है फिर भी इसके बारे में कुछ मूल बातें उन लोगों के बीच सामान्य (common) रूप में मिलती हैं जिससे अनुकरण के स्वरूप के बारे में हमें अधिक-से-अधिक पता चलता है। ऐसी प्रमुख बातें निम्नांकित हैं—

(i) अनुकरण करने के लिए किसी अन्य व्यक्ति के व्यवहार या शारीरिक क्रियाओं का होना अनिवार्य है।

(ii) व्यवहार या शारीरिक क्रिया ऐसी हो जिसे अनुकरण करनेवाला व्यक्ति अधिक महत्त्व देता हो। अगर व्यक्ति के लिए वह व्यवहार या शारीरिक क्रिया अधिक महत्त्वपूर्ण नहीं होगी, तो व्यक्ति उसका अनुकरण नहीं करेगा।

(iii) व्यक्ति किसी दूसरे व्यक्ति के व्यवहारों का अनुकरण चेतन तथा अचेतन दोनों ढंगों से करता है। जब अनुकरण चेतन ढंग से या जान-बूझकर किया जाता है तो उसे 'नकल' (copying) कहा जाता है और जब अनुकरण अनजाने में यानी अचेतन रूप से किया जाता है तो उसे समेल-निर्भरता (matched-dependent) कहा जाता है।

अनुकरण के प्रकार
(Types of Imitation)

अनुकरण के कई प्रकार होते हैं। भिन्न-भिन्न मनोवैज्ञानिकों ने अपने-अपने ढंग से अनुकरण को कई भागों में बाँटा है। कुछ प्रमुख मनोवैज्ञानिकों द्वारा किया गया अनुकरण का वर्गीकरण इस प्रकार है—

(क) मैकडुगल (McDougall) ने अनुकरण को पाँच भागों में बाँटा है जिसमें से प्रथम तीन मुख्य अनुकरण

1. "Imitation is applicable only to the copying by one individual of the actions, the bodily movements of another." —William McDougall : Outlines of Social Psychology, 1909, p. 88
2. "Imitation is reaction for which the stimulus is the perception of another's similar reactions." —Thouless : *General and Social Psychology,* 1951, *p.* 251
3. "Imitation may be taken to mean copying of the behaviour of the others irrespective of whether imitator has become acquainted with this behaviour through direct observation, through being told about it or in more advance societies through reading about it."— Linton : *The Cultural Background of Personality,* 1945, *p.* 30
4. Imitation is "copying of someone else's actions, whether deliberately or unconsciously." —Evans : *Psychology,* 1978, *p.* 167

(primary imitation) हैं तथा अन्तिम दो गौण अनुकरण (secondary imitation) हैं। इन पाँच प्रकारों का वर्णन निम्नांकित है–

1. सहानुभूतिपूर्ण अनुकरण (*Sympathetic imitation*)–इस तरह के अनुकरण में एक व्यक्ति दूसरे व्यक्ति के व्यवहारों का अनुकरण सहानुभूति की भावना से प्रेरित होकर अचेतन रूप से करता है। प्रायः यह देखा गया है कि एक बच्चा दूसरे बच्चे को रोते देखकर स्वयं भी रोने लगता है तथा एक बच्चा अपने माँ या पिता को रोते देखकर सहानुभूतिवश स्वयं भी रोने लगता है। ये सभी अनुकरण सहानुभूतिपूर्ण अनुकरण के उदाहरण हैं। मैकडुगल के अनुसार इस तरह के सहानुभूतिपूर्ण अनुकरण की प्रवृत्ति कुछ जानवरों में पायी जाती है। यही कारण है कि जब एक जाति का पशु या पक्षी भय या क्रोध से कुछ आवाज करता है तो उस जाति के पशु या पक्षी अपनी सहानुभूति प्रकट करने के लिए उसी प्रकार की आवाज करना प्रारंभ कर देते हैं। इसका सबसे अच्छा उदाहरण कौवा पक्षी में देखने को मिलता है। यदि एक कौवा दूसरे कौवा को कहीं फँसा हुआ या मृतावस्था में देख लेता है तो वह काँव-काँव करना शुरू कर देता है। इस तरह की आवाज को सुनकर बहुत से कौवे उस स्थान पर एकत्रित होकर सहानुभूति प्रकट करने के लिए काँव-काँव करना प्रारंभ कर देते हैं।

2. विचार-चालक अनुकरण (*Ideo-motor imitation*)–यह बहुत ही महत्त्वपूर्ण एवं सामान्य अनुकरण हैं। जब कोई व्यक्ति अपनी क्रियाओं द्वारा दूसरों के मस्तिष्क में इस प्रकार का विचार उत्पन्न कर देता है कि वह व्यक्ति भी उसी प्रकार की क्रियाएँ करना प्रारंभ कर देता है तो इसे विचार-चालक अनुकरण की संज्ञा दी जाती है। उदाहरणार्थ, जब स्टेज पर किसी नर्तकी को झूम-झूमकर नाचते देखकर दर्शक भी अपना हाथ-पैर तथा सिर को नृत्य-भंगिमा में हिलाना प्रारंभ कर देते हैं, तो इसे हम विचार-चालक अनुकरण को संज्ञा देते हैं। मैकडुगल के अनुसार इस तरह की अनुकरणात्मक क्रिया (imitative processes) बच्चों में अधिक होती है क्योंकि बच्चे दूसरों के अजूबे क्रियाओं के प्रति जल्दी ही आकृष्ट होते हैं तथा वैसा करने लगते हैं। प्रायः यह देखा गया है कि बच्चे अपने शिक्षकों की भाव-भंगिमा की नकल आसानी से कर लेते हैं। जिस तरह के शिक्षक आदेश देते हैं या वर्ग में पढ़ाते हैं, उसका अनुकरण वे आसानी से कर लेते हैं और ऐसा करके वे स्वयं एवं अन्य बालकों को हँसाते हैं।

3. ऐच्छिक या आत्म-सचेत अनुकरण (*Voluntary or self-conscious imitation*)–इस अनुकरण में एक व्यक्ति दूसरे व्यक्ति को आदर्श मानकर ऐच्छिक रूप से उनका अनुकरण करता है। ऐसा देखा गया है कि बहुत-से युवक एवं युवतियाँ अपने मनपसंद फिल्मी कलाकारों के व्यवहारों, मुद्राओं एवं उनके भिन्न-भिन्न तरह की शैलियों (styles) को आदर्श मानकर स्वयं वैसा ही व्यवहार या मुद्रा या शैली अपना लेते हैं। उसी तरह माता-पिता के व्यवहार को आदर्श मानकर बच्चे उसकी नकल उतारते हैं। ये सभी अनुकरण आत्म-सचेत अनुकरण(self-conscious imitation)उदाहरण हैं।

4. विचार-चालक सचेत अनुकरण(*Ideo-motor deliberate imitation*)–मैकडुगल के अनुसार यह एक प्रकार का गौण अनुकरण (secondary imitation) है जिसमें ऊपर वर्णन किये गये अन्तिम दोनों अनुकरण यानी विचार-चालक अनुकरण (ideo-motor imitation) तथा ऐच्छिक अनुकरण (voluntary imitation) का मिश्रण देखने को मिलता है। जब कोई व्यक्ति किसी दूसरे व्यक्ति की क्रिया पर ध्यान केन्द्रित करता है तो उसके मस्तिष्क पर उस क्रिया का एक गहरा छाप पड़ता है। बाद में वह व्यक्ति जब अपने आप को वैसी ही परिस्थिति में पाता है तो मस्तिष्क पर पड़ा पिछला प्रभाव जागकर क्रियाशील हो जाता है और वह सचेत रूप से यानी ऐच्छिक रूप से (voluntarily) वैसी ही क्रिया करने लगता है। उदाहरणार्थ, यदि कोई बच्चा दूसरे बच्चे को आग में कागज फेंकते तथा उस आग को भड़कते देखता है तो स्वभावतः उसका ध्यान उस ओर काफी आकर्षित हो जाता है। इससे उस बच्चे के मन में भी आग भड़काने के उपाय उपजने लगते हैं क्योंकि इस तरह की घटना की मस्तिष्क पर गहरी छाप होती है। बाद में बच्चा जब उस आग के पास होता है तो वह भी कागज फेंककर आग भड़काने लगता है और इस क्रिया से आनन्द लेता है। यह निश्चित रूप से विचार-चालक सचेत अनुकरण का उदाहरण है।

5. प्रारंभिक या आरंभिक अनुकरण(*Rudimentary imitation*)–इस तरह का अनुकरण बिना सोचे-समझे किया जाता है। ऐसे अनुकरण द्वारा व्यक्ति में न तो किसी तरह का संवेग और ना ही किसी तरह के भाव की ही अभिव्यक्ति होती है। ऐसा अनुकरण मात्र मूलप्रवृत्ति (instinct) का ही परिणाम होता है। इस तरह के अनुकरण की प्रवृत्ति मूलतः छोटे-छोटे शिशुओं में होती है। जैसे, वयस्कों को जीभ निकालते देख शिशु भी उसी तरह से जीभ निकालने का अनुकरण करता है जबकि वह स्वयं ही इसका अर्थ नहीं समझता है।

(ख) गिन्सबर्ग (Ginsberg) ने अनुकरण को निम्नांकित तीन भागों में बाँटा है—

1. जैविक अनुकरण (*Biological imitation*)—जब जैविक समानता (biological similarity) के कारण कुछ जीव जब दूसरे जीव के व्यवहारों का अनुकरण करते हैं तो उसे जैविक अनुकरण (biological imitation) कहा जाता है। इस तरह का अनुकरण अचेतन रूप से मूलप्रवृत्यात्मक (instinctive) स्तर पर होता है। उदाहरणार्थ, पक्षियों में उड़ने की मूलप्रवृत्ति है और इसके लिए जैविक समानता जैसे पंख, डैना आदि भी उनमें होते हैं। इस मूलप्रवृत्ति एवं जैविक समानता के कारण ही एक पक्षी के लिए दूसरे पक्षी को उड़ता देखकर इस क्रिया की नकल करना सम्भव हो पाता है।

2. विचार-चालक अनुकरण (*Ideo-motor imitation*)—इस प्रकार के अनुकरण की चर्चा मैकडुगल द्वारा किये गये अनुकरण के प्रकार के अन्तर्गत किया जा चुका है।

3. विवेकी या उद्देश्यपूर्ण अनुकरण(*Rational or purposeful imitation*)—जब व्यक्ति किसी उद्देश्य को लेकर एवं सोच-समझकर किसी दूसरे के व्यवहार का अनुकरण करता है तो इसे विवेकी या उद्देश्यपूर्ण अनुकरण (rational or purposeful imitation) कहा जाता है। इस तरह का अनुकरण मैकडुगल द्वारा बताये गये आत्म-सचेत अनुकरण (self-conscious imitation) के ही समान है। इसका एक उदाहरण इस प्रकार दिया जाता है—मेडिकल कॉलेज में एक विद्यार्थी सफल डाक्टर बनने के उद्देश्य से बड़े डाक्टरों के (जो उनके शिक्षक भी होते हैं) व्यवहारों का अनुकरण करता है। इस तरह का अनुकरण विवेकी या उद्देश्यपूर्ण अनुकरण का उदाहरण है। इस तरह से हम देखते हैं कि विवेकी अनुकरण तथा मैकडुगल द्वारा बताये गये ऐच्छिक या आत्म-सचेत अनुकरण में अधिक समानता है क्योंकि दोनों में ही व्यक्ति की इच्छा की प्रधानता होती है। इस समानता के बावजूद भी इन दोनों तरह के अनुकरण में एक प्रधान अन्तर है। आत्म-सचेत या ऐच्छिक अनुकरण में व्यक्ति का कोई निश्चित उद्देश्य नहीं होता है। व्यक्ति का व्यवहार एवं मुद्रा दूसरों के (जिसे वे आदर्श मानते हैं) मात्र समान हो, इतना ही काफी है। परन्तु उद्देश्यपूर्ण अनुकरण में एक निश्चित उद्देश्य की पूर्ति के लिए ही व्यक्ति जान-बूझकर किसी व्यवहार का अनुकरण करता है।

(ग) जेम्स ड्रीभर (James Drever) के अनुसार, अनुकरण निम्नांकित चार प्रकार के होते हैं—

1. अचेतन अनुकरण (*Unconscious imitation*)—अचेतन अनुकरण, जैसा कि नाम से ही स्पष्ट है, वैसे अनुकरण को कहा जाता है जिसमें व्यक्ति जान-बूझकर नहीं, बल्कि अचेतन रूप से दूसरों के व्यवहारों की नकल करता है। एक बच्चा प्रायः अपने से बड़ों के कुछ व्यवहारों का अचेतन रूप से अनुकरण करता है। वह समाज की रीति-रिवाजों का भी अनुकरण इसी अचेतन रूप से करता है।

2. प्रत्यक्षज्ञात्मक अनुकरण (*Perceptual imitation*)—इस तरह के अनुकरण में अनुकरण करने वाला व्यक्ति तथा जिस व्यक्ति के व्यवहारों का अनुकरण किया जा रहा है दोनों ही आमने-सामने होते हैं। दूसरे शब्दों में यह कहा जा सकता है कि अनुकरण करने वाला व्यक्ति दूसरे व्यक्ति के व्यवहारों का अनुकरण उसकी मौजूदगी में ही करता है। जैसे, प्रायः देखा गया है कि स्कूल या कॉलेज के किसी समारोह (function) में छात्र शिक्षकों की उपस्थिति में ही किसी विशेष शिक्षक (जो उस समारोह में मौजूद होते हैं) के बोलने तथा व्यवहार करने की नकल प्रस्तुत करना प्रारंभ कर देते हैं। यहाँ अनुकरण करने वाला छात्र तथा वह शिक्षक जिसके व्यवहार का अनुकरण किया जा रहा है, दोनों ही वहाँ प्रत्यक्ष रूप से मौजूद रहते हैं।

3. विचारपूर्ण अनुकरण (*Deliberate imitation*)—जब अपनी इच्छानुसार व्यक्ति दूसरों के व्यवहारों की नकल करता है तो उसे विचारपूर्ण अनुकरण (deliberate imitation) कहा जाता है। इस तरह का अनुकरण पूर्णरूपेण चेतन होता है। जैसे कोई छात्र अपने शिक्षक के आदर्श व्यवहारों का नियमपूर्वक नकल कर अनुकरण करता है, तो इस तरह के अनुकरण को विचारपूर्ण अनुकरण की श्रेणी में रखा जायेगा।

4. काल्पनिक अनुकरण (*Ideational imitation*)—काल्पनिक अनुकरण में व्यक्ति दूसरे व्यक्ति या घटना का अनुकरण उसकी मौजूदगी में नहीं बल्कि अनुपस्थिति में ही करता है। अधिकतर अनुकरण काल्पनिक अनुकरण ही होते हैं, क्योंकि अनुकरण किया जाने वाला व्यक्ति साधारणतः अनुपस्थित ही रहता है।

इस तरह से हम देखते हैं कि मनोवैज्ञानिकों ने अनुकरण के भिन्न-भिन्न प्रकार बतलाये हैं। इन प्रकारों पर ध्यान देने से जो बात सामान्य रूप से उभर कर आती है, वह यह है कि अनुकरण के मुख्य दो ही प्रकार हैं—चेतन अनुकरण और अचेतन अनुकरण।

अनुकरण के नियम या सिद्धान्त
(Laws or Principles or Imitation)

समाज मनोवैज्ञानिकों एवं समाजशास्त्रियों (sociologists) ने मिलकर अनुकरण की वैज्ञानिक व्याख्या करने के लिए कुछ नियमों (laws) या सिद्धान्तों (principles) का वर्णन किया है। ऐसे प्रमुख सिद्धान्त या नियम निम्नांकित चार हैं—

1. बेगहॉट का सिद्धान्त *(Theory of Bagehot)*—बेगहॉट का सिद्धान्त बहुत ही सरल एवं सुगम है। इनका कहना है कि अनुकरण करने की प्रवृत्ति व्यक्ति में जन्म से ही मौजूद होती है। इसका मतलब यह हुआ कि इन्होंने अनुकरण को एक मूलप्रवृत्ति (instinct) की श्रेणी में रखा है। इस तरह के अनुकरण के बारे में बेगहॉट का विचार बहुत कुछ मैकडुगल के विचार से मिलता-जुलता है क्योंकि मैकडुगल ने भी अनुकरण की प्रक्रिया को एक जन्मजात प्रक्रिया कहा है। इन्होंने यह भी कहा है कि बच्चों में अनुकरण की प्रवृत्ति अधिक होती है क्योंकि बच्चे मूलप्रवृत्ति (instinct) द्वारा अधिक नियंत्रित होते हैं परन्तु वयस्कों में अनुकरण करने की प्रवृत्ति बच्चों की अपेक्षा कम होती है क्योंकि इनके मूल स्वभाव पर सामाजिक सीखना (social learning) का प्रभाव अधिक होता है। इन्होंने यह भी कहा है कि जनजाति के व्यक्तियों में सभ्य जाति के व्यक्तियों की अपेक्षा अनुकरण करने की क्षमता अधिक होती है क्योंकि इन व्यक्तियों का व्यवहार मूलप्रवृत्ति (instinct) द्वारा ही अधिक नियंत्रित होता है तथा साथ-ही-साथ इनके स्वभाव पर सभ्यता के उगते किरण की रोशनी कम पड़ी होती है।

बेगहॉट ने अपने सिद्धान्त में अनुकरण के एक प्रमुख नियम (law) की घोषणा की है। उनके इस नियम के अनुसार पिछड़ा हुआ वर्ग के व्यक्ति उन्नत वर्ग के व्यक्ति के व्यवहारों का अनुकरण अधिक करता है क्योंकि पहले तरह के व्यक्ति पर दूसरे तरह के व्यक्ति का प्रभाव अधिक पड़ता है। यही कारण है कि हमारे समाज में पिछड़े हुए वर्ग के व्यक्ति उन्नत वर्ग के व्यक्तियों के व्यवहारों का अनुकरण तेजी से करके उनके समान हो जाना चाहते हैं।

बेगहॉट ने अपने इस सिद्धान्त में इस तथ्य पर भी बल दिया है कि किसी भी समाज का प्रगतिशील विकास इस बात पर निर्भर करता है कि उसके सदस्यों द्वारा किस हद तक प्रभावकारी एवं क्रियाशील अनुकरण किया जाता है। यदि किसी समाज विशेष के सदस्यों द्वारा इस तरह का अनुकरण अधिक-से-अधिक किया जाता है, तों उस समाज की प्रगति अधिक तेजी से होती है क्योंकि इस तरह के अनुकरण से सदस्यों को अच्छे आदर्श एवं आचार-व्यवहार को अपनाने की आन्तरिक प्रेरणा अधिक मिलती है। इसी अनुकरण के ही आधार पर समाज में आदर्श, विचार, परम्परा, प्रथा आदि का हस्तान्तरण (transfer) एक पीढ़ी से दूसरी पीढ़ी तक आसानी से होता है।

(i) बेगहॉट ने अनुकरण को एक मूलप्रवृत्ति (instinct) माना है जबकि आधुनिक प्रयोगों से यह सिद्ध हो चुका है कि अनुकरण में मूलप्रवृत्ति का महत्त्व कम-से-कम होता है तथा यह (अनुकरण) अधिक-से-अधिक सामाजिक कारकों (social factors) द्वारा नियंत्रित होता है।

(ii) कुछ आलोचकों का मत है कि बेगहॉट ने सामाजिक जीवन में अनुकरण का महत्त्व जरूरत से अधिक बतलाया है। सचमुच में व्यक्ति के सामाजिक जीवन में अनुकरण का महत्त्व तो है ही परन्तु यह कहना है कि अनुकरण ही व्यक्ति के सामाजिक जीवन का सब कुछ है, गलत है।

इन आलोचनाओं के बावजूद भी बेगहॉट के सिद्धान्त की मान्यता विशेषज्ञों के बीच आज भी बनी हुई है।

2. टार्ड का सिद्धान्त *(Theory of Tarde)*—टार्ड (Tarde) ने अनुकरण का एक अत्यधिक प्रभावशाली सिद्धान्त का प्रतिपादन किया है। उन्होंने भी अनुकरण को एक मूलप्रवृत्ति (instinct) ही कहा है परन्तु साथ-ही-साथ इसमें अन्य सामाजिक एवं सांस्कृतिक कारकों के महत्त्व को कुछ हद तक उन्होंने स्वीकार किया है। उन्होंने अनुकरण को इतना प्रभावकारी बतलाया है कि इसके बिना समाज का अस्तित्व सम्भव नहीं है। उनके अनुसार सचमुच में पूरा समाज ही एक साकार अनुकरण है ***(The entire society is the lively imitation)***।

टार्ड के अनुसार किसी समाज का विकास उनके सदस्यों के बीच होने वाली अन्तःक्रियाओं (interaction) पर निर्भर करता है। इन अन्तःक्रियाओं के मुख्य तीन रूप (form) होते हैं—पुनरावृत्ति (repetition), विरोधी (opposition) और अनुकूलन (adaptation)। इन तीनों तरह की प्रक्रियाओं में से प्रत्येक का तीन स्वरूप होता है—भौतिक (physical) स्वरूप, प्राणीशास्त्रीय (biological) स्वरूप तथा सामाजिक (social) स्वरूप। टार्ड ने अनुकरण की व्याख्या करने के

लिए पुनरावृत्ति के इन तीनों स्वरूप की ही चर्चा को पर्याप्त माना है। उनके अनुसार पुनरावृत्ति के तीन स्वरूप इस प्रकार होंगे—भौतिक पुनरावृत्ति, प्राणीशास्त्रीय पुनरावृत्ति तथा सामाजिक पुनरावृत्ति। हवा के माध्यम से हम प्रतिध्वनि सुनते हैं। यह भौतिक पुनरावृत्ति का उदाहरण है। अपने पुत्र या पुत्रियों में माता-पिता के गुणों एवं लक्षणों का दीख पड़ना प्राणीशास्त्रीय पुनरावृत्ति का उदाहरण है। किसी एक व्यक्ति के व्यवहार एवं गुणों को दूसरे व्यक्ति द्वारा उसी रूप में दोहराया जाना सामाजिक पुनरावृत्ति का उदाहरण है। इसी सामाजिक पुनरावृत्ति को अनुकरण (imitation) की संज्ञा दी गयी है। उन्होंने यह भी बतलाया है कि अनुकरण आविष्कार की जननी है *(Imitation is the mother of invention)*। आविष्कार से यहाँ तात्पर्य नये विचार, प्रथा, रीति-रिवाज आदि का जन्म से होता है। समाज की प्रगति ऐसे ही आविष्कार पर निर्भर करती है। इसका मतलब यह हुआ कि टार्ड ने सामाजिक प्रगतिं का आधार अनुकरण को ही माना है। ऐसा इसलिए कहा जाता है कि अनुकरण से नये-नये विचारों का आविष्कार होता है और ऐसे आविष्कार से सामाजिक उन्नति होती है। टार्ड ने उन सामाजिक कारणों पर भी प्रकाश डाला है जिनसे प्रेरित होकर व्यक्ति नये-नये विचारों एवं रीति-रिवाजों का अनुकरण करता है। ऐसे कारण निम्नांकित दो हैं—

(क) तार्किक कारण *(logical causes)*—व्यक्ति किसी नये विचार, रीति-रिवाज आदि के आविष्कार का अनुकरण तभी करता है जब उन नये विचार एवं रीति-रिवाज में कोई ऐसी बात नहीं होती है जो उस समाज द्वारा स्वीकृत मत, विचार आदि के विपरीत हो। अगर किसी ढंग का तार्किक विवाद (logical dispute) उत्पन्न हो जाने की सम्भावना होती है तो इससे अनुकरण में बाधा पहुँचती है।

(ख) अतितार्किक कारण *(extralogical causes)*—कभी-कभी ऐसा देखा गया है कि आविष्कार में निहित नये विचार, मत एवं आदर्श वर्तमान सामाजिक मापदण्डों के अनुकूल न होते हुए भी अतितार्किक कारणों से उनका अनुकरण कर लिया जाता है। प्रायः ऐसे नये विचारों एवं मतों में नवीनता का स्वाद अधिक मिलता है जिसमें उसका अनुकरण कर लिया जाता है। जैसे, भारतीय युवतियों द्वारा पैन्ट एवं कमीज का पहनना अतितार्किक कारणों पर आधरित अनुकरण का एक अच्छा उदाहरण है। उसी तरह से अन्य फैशन सबंधी अनुकरण जो सामाजिक विचारों के अनुरूप पूर्णतः नहीं हैं, इसी अतितार्किक कारणों पर आधारित हैं।

टार्ड ने अपने सिद्धान्त में अनुकरण के कुछ नियमों की भी चर्चा की है। कुछ ऐसे प्रमुख नियम निम्नांकित हैं—

(i) अनुकरण अन्दर से बाहर की ओर होता है *(Imitation proceeds from internal to external)*—इस नियम के अनुसार व्यक्ति पहले दूसरों के आन्तरिक तत्त्वों जैसे विचारों मूल्यों एवं आदर्शों को अपनाता है और उसे उसी रूप में अनुकरण करने के लिए एक विशेष मानसिक तैयारी कर लेता है। पुनः दूसरों के बाह्य व्यवहारों का वह अनुकरण करता है। उदाहरणस्वरूप, नवयुवक एवं नवयुवती पहले फिल्मों के नायक एवं नायिकों के माहौल से प्रभावित होते हैं और फिर एक विशेष मानसिक तैयारी या निश्चय कर उनके वेश-भूषा एवं विभिन्न शैलियों (styles) का अनुकरण कर लेते हैं।

(ii) अनुकरण ऊँचे से नीचे की ओर आता है *(Imitation proceeds from higher to the lower)*—यह नियम इस बात पर बल डालता है कि उच्च समुदाय या वर्ग के लोगों के व्यवहारों, मत एवं विचारों का अनुकरण निम्न समुदाय या वर्ग के लोगों द्वारा किया जाता है। इसका प्रमुख कारण यह है कि उच्चतर सामाजिक वर्ग की स्थिति एक आदर्श स्थिति होती है जिसका अनुकरण सभी करना पसन्द करते हैं।

(iii) अनुकरण में विचारों के ढंग की अपेक्षा कार्य करने के ढंग अधिक महत्त्वपूर्ण होते हैं *(Modes of doing are more important than modes of thinking in imitation)*—यह नियम इस बात पर बल डालता है कि समाज में जो रीति-रिवाज, प्रथा आदि होते हैं, वे विचारों की अपेक्षा अधिक महत्त्वपूर्ण एवं स्थायी भी होते हैं। फलस्वरूप व्यक्ति की क्रियाओं (जिनका सम्बन्ध रीति-रिवाज, प्रथा आदि से होता है) का अनुकरण उनके विचारों के अनुकरण की अपेक्षा अधिक होता है। स्पष्टतः यह देखा जाता है कि व्यक्ति के विचारों का अनुकरण उनकी क्रियाओं एवं व्यवहारों की अपेक्षा कम किया जाता है। इसका एक महत्त्वपूर्ण कारण यह है कि व्यक्ति के व्यवहारों एवं क्रियाओं को देखा जा सकता है परन्तु उनके विचारों को नहीं।

(iv) अनुकरण रेखागणितीय अनुपात में बढ़ता है *(Imitation proceeds in geometrical progression)*—यह नियम इस बात पर बल डालता है कि अनुकरण काफी तेजी से व्यक्तियों में फैलता है। किसी एक आदर्श व्यक्ति की

क्रियाओं एवं व्यवहारों का अनुकरण एकाधिक व्यक्ति करते हैं और फिर उन एकाधिक व्यक्तियों में से प्रत्येक का अनुकरण कई व्यक्ति करते हैं। इस तरह से अनुकरण तीव्र से तीव्रतर और तीव्रतर से तीव्रतम होता चला जाता है। इसका सबसे अच्छा उदाहरण हमें फैशन की दुनिया में मिलता है। किसी एक विशेष तरह के पोशाक की शैली का अनुकरण कोई व्यक्ति करता है तो उसे देखकर एकाधिक व्यक्तियों द्वारा उसका अनुकरण होने लगता है और फिर उनमें से प्रत्येक व्यक्ति का अनुकरण अन्य व्यक्तियों द्वारा भी किया जाने लगता है। इस तरह से यह विशेष पोशाक की शैली लोगों में प्रचलित हो जाती है।

टार्ड के सिद्धान्त की आलोचना भी की गयी है। प्रमुख आलोचनाएँ निम्नांकित हैं—

(i) कुछ समाजशास्त्रियों एवं समाज मनोवैज्ञानिकों ने कहा है कि टार्ड ने अनुकरण में मूलप्रवृत्ति (instinct) को प्रधानता देकर सबसे बड़ी भूल की है। वास्तव में अनुकरण की प्रक्रिया में मूलप्रवृत्ति का महत्त्व कम तथा सामाजिक कारकों का महत्त्व अधिक होता है।

(ii) टार्ड ने अनुकरण को सामाजिक प्रगति का आधार माना है। आलोचकों का मत है कि ऐसा करना सर्वथा एक भूल है। सामाजिक प्रगति कई कारकों पर निर्भर करती है और उन कारकों में अनुकरण एक कारक है। अतः अनुकरण सामाजिक प्रगति का एक मात्र निर्धारक हो सकता है आधार नहीं।

3. अनुकरण का मनोवैज्ञानिक सिद्धान्त (*Psychological theory of Imitation*)—कुछ मनोवैज्ञानिकों जैसे हाल्ट (Holt) तथा आलपोर्ट (Allport) ने अनुकरण की व्याख्या करने के लिए विशेष सिद्धान्त का प्रतिपादन किया है। हाल्ट (Holt) के अनुसार अनुकरण की व्याख्या *सहज-चक्र सिद्धान्त* (reflex-circle theory) के आधार पर आसानी से की जा सकती है। इनका कहना है कि अनुकरण की प्रक्रिया का आधार स्नायुमण्डल (nervous system) होता है। जब व्यक्ति किसी दूसरे के व्यवहार को देखता है या उसके बारे में सुनता है या उसके बारे में पढ़ता है तो उसे एक बाह्य उत्तेजना (external stimulation) प्राप्त होता है और उस उद्दीपन से स्नायुमण्डल में एक सहज क्रिया (reflex action) उत्पन्न होती है। इस सहज क्रिया द्वारा पुनः उस उत्तेजना की पुनरावृत्ति होती है और यही पुनरावृत्ति अनुकरण का आधार होती है। इस तरह से स्पष्ट है कि व्यक्ति द्वारा किए गए अनुकरण में सहज क्रिया (reflex action) का बहुत बड़ा महत्त्व होता है। सहज क्रिया व्यक्ति में पुनरावृत्ति का चक्र चलाती है और इस चक्र का परिणाम यह होता है कि व्यक्ति दूसरे व्यक्तियों के व्यवहारों का अनुकरण करना प्रारम्भ कर देता है।

आलपोर्ट (Allport) का विचार हाल्ट के विचार से काफी मिलता-जुलता है। इन्होंने भी अनुकरण की व्याख्या करने के लिए सहज क्रिया (reflex action) का सहारा लिया है। इन्होंने अनुकरण की व्याख्या ''*पूर्व प्रबल सहज सिद्धान्त*'' (pre-potent reflex theory) के आधार पर किया है। आलपोर्ट के अनुसार प्रत्येक व्यक्ति में सुनने एवं बोलने की इन्द्रियाँ एक-दूसरे से इस तरह से संबंधित होकर पूर्व प्रबल (pre-potent) बन जाती है कि व्यक्ति को कोई देखी हुई घटना एवं सुनी हुई बात का अनुकरण करने में काफी आसानी होती है। इन्हीं मनोवैज्ञानिक विशेषताओं के कारण किसी एक व्यक्ति का व्यवहार या क्रिया दूसरे व्यक्ति में उसी तरह का व्यवहार एवं क्रिया उत्पन्न करती है। यही अनुकरण है।

इन मनोवैज्ञानिकों सिद्धान्तों से स्पष्ट है कि अनुकरण की प्रक्रिया व्यक्ति में उत्पन्न होने वाली सहज क्रियाओं (reflex actions) से काफी संबंधित होती हैं।

4. अनुकरण का सामाजिक सिद्धान्त (*Social theory of Imitation*)—जैसा कि नाम से ही स्पष्ट है, इस सिद्धान्त के अनुसार अनुकरण करने की प्रक्रिया को हम सीखते हैं न कि यह एक प्रकार की मूलप्रवृत्ति (instinct) है। थॉर्नडाइक (Thorndike), लॉपीयर (Lapiere), कूली (Cooley), जॉन डीवी (John Dewey) तथा हॉबहाउस (Hobhouse) आदि वैज्ञानिकों का मत है कि अनुकरण की आदत अन्य सभी आदतों के समान ही विकसित होती है। इसके निर्माण एवं विकास में सामाजिक एवं सांस्कृतिक कारकों का अधिक महत्त्व होता है। इन लोगों ने यह स्पष्ट कर दिया है कि व्यक्ति उन व्यवहारों एवं क्रियाओं का अनुकरण तेजी से करता है जिन्हें अपनाने पर समाज द्वारा उसे पुरस्कार मिलता है एवं समाज के लोग उसकी प्रशंसा करता है। जैसे, जब कोई बच्चा दूसरे बच्चे को अपने से बड़ों को पैर छूकर प्रणाम करते देखता है और फिर वह भी वैसा ही करता है तो इससे लोग उसकी प्रशंसा करते हैं तथा उसे एक अच्छा एवं सभ्य लड़का समझते हैं। इस तरह की प्रशंसा का एक मनोवैज्ञानिक प्रभाव उस बच्चे पर पड़ता है। दूसरे शब्दों में, इस तरह की प्रशंसा से बच्चा व्यवहार करने के लिए भविष्य में और भी अधिक प्रेरित होता है और उसे करता भी है। इससे

अनुकरण की प्रक्रिया और भी सुदृढ़ हो जाती है। दूसरी तरफ व्यक्ति उन क्रियाओं एवं व्यवहारों का अनुकरण नहीं करता है जिसे अपनाने पर उसे सामाजिक तिरस्कार (social rejection) एवं समाज के अन्य व्यक्तियों द्वारा घृणा आदि मिलता है।

सामाजिक सिद्धान्त की इस व्याख्या से स्पष्ट है कि अनुकरण की प्रक्रिया एक सीखी गयी प्रक्रिया है न कि जन्मजात प्रक्रिया है। हम सामाजिक नियमों एवं सामाजिक अनुमोदनों (social approval) के अनुसार कुछ खास-खास क्रियाओं एवं व्यवहारों को सीखते हैं। जिन क्रियाओं एवं व्यवहारों के पीछे सामाजिक अनुमोदन (social approval) नहीं होता, व्यक्ति उनका अनुकरण नहीं कर पाता है।

सामाजिक जीवन में अनुकरण का महत्त्व
(Importance of Imitation in Social Life)

अनुकरण एक ऐसी प्रक्रिया है जिसका महत्त्व सामाजिक जीवन के भिन्न-भिन्न क्षेत्रों में काफी है। समाज मनोवैज्ञानिकों द्वारा व्यक्ति के भिन्न-भिन्न जीवन क्षेत्रों में अनुकरण का मूल्यांकन किया गया है। इन क्षेत्रों में अनुकरण के महत्त्व की व्याख्या इन लोगों द्वारा इस प्रकार की गयी है।

1. सीखने की प्रक्रिया में *(In the process of learning)*—मनुष्य एक सामाजिक प्राणी है। सामाजिक प्राणी होने के नाते उसे भिन्न-भिन्न तरह के सामाजिक व्यवहारों एवं वैयक्तिक व्यवहारों को सीखना आवश्यक हो जाता है। अनुकरण की प्रक्रिया इसमें काफी मदद करती है। एक बच्चा घर में अपने माता-पिता एवं भाई-बहनों के व्यवहारों के अनुकूल व्यवहार करना अनुकरण की प्रक्रिया द्वारा सीख लेता है। इतना ही नहीं, जब वह कुछ बड़ा होकर घर के बाहर कदम रखता है तो वह अपने पास-पड़ोस के व्यक्तियों के व्यवहारों को भी अनुकरण द्वारा सीख लेता है। कुछ और बड़ा होकर जब वह स्कूल एवं कॉलेज में प्रवेश करता है तो वहाँ भी अनुकरण द्वारा उसे सीखने में काफी मदद मिलती है। वह शिक्षकों एवं अपने अन्य साथियों के अच्छे गुणों तथा व्यवहारों को ध्यानपूर्वक देखता है तथा उसका अनुकरण कर उसे अपना लेता है। इस तरह से हम देखते हैं कि अनुकरण की प्रक्रिया द्वारा हम भिन्न-भिन्न तरह के वैयक्तिक एवं सामाजिक व्यवहारों को आसानी से सीखते हैं।

2. भाषा विकास में *(In the development of language)*—अनुकरण की प्रक्रिया का भाषा विकास में काफी महत्त्व है। बच्चे जब भाषा सीखने की अवस्था में होते हैं तो वे अपने से बड़े बच्चों की भाषा का अनुकरण तेजी से करके उसे सीख लेते हैं। इतना ही नहीं, माता-पिता द्वारा भी जब बच्चों को कोई शब्द बोलना या लिखना सिखलाया जाता है तो बच्चे उसे अनुकरण की प्रक्रिया द्वारा ही सीखते हैं। उसी तरह वयस्क, यदि नई भाषा सीखते हैं, तो सिखाने वाले व्यक्ति द्वारा शब्दों के उच्चारण, वाक्य बोलने का ढंग एवं उनके द्वारा अक्षरों पर दिया जाने वाला जोर (accent) आदि का अनुकरण कर ही भाषा सीखी जाती है।

3. व्यक्तित्व के विकास में *(In the process of learning)*—व्यक्ति के विकास में भी अनुकरण की भूमिका काफी है। जैसा कि हम जानते हैं, व्यक्तित्व शीलगुणों, आदतों, विचारों, भावनाओं आदि का एक गत्यात्मक संगठन (dynamic organization) होता है। व्यक्तित्व के इन सभी तत्त्वों के निर्माण में अनुकरण की भूमिका अद्वितीय है। शेरीफ (Sherif, 1959) के अनुसार बच्चों के व्यक्तित्व के निर्माण में अनुकरण का महत्त्व वयस्कों के व्यक्तित्व के निर्माण की अपेक्षा अधिक स्पष्ट एवं प्रत्यक्ष होता है। एक छोटा बच्चा अन्य बच्चों को मिल-जुलकर खेलते देखकर उनके व्यवहारों का अनुकरण करता है। वह घर में अपने भाइयों एवं बहनों के साथ मिल-जुलकर खेलना प्रारम्भ कर देता है जिससे उसमें सहयोगिता (cooperativeness) का शीलगुण (trait) विकसित हो जाता है। वयस्कों में मात्र अनुकरण से इस तरह की सहयोगिता का शीलगुण विकसित होगा ही, निश्चित रूप से नहीं कहा जा सकता है।

4. समाज एवं संस्कृति के अस्तित्व को बनाये रखने में *(In continuing the existence on society and culture)*—अनुकरण द्वारा समाज एवं संस्कृति के मानदण्डों (norms), तौर तरीकों आदि को आसानी से एक पीढ़ी से दूसरी पीढ़ी तक बनाये रखा जाता है। दूसरे शब्दों में, अनुकरण द्वारा ही समाज एवं संस्कृति के अस्तित्व को सही माने में एक पीढ़ी तक कायम रखा जाता है। एक पीढ़ी के व्यक्ति अपनी पीढ़ी के ऊपर के व्यक्तियों के व्यवहारों का अनुकरण कर अपनाते हैं और इनके व्यवहारों का अनुकरण इससे नीचे की पीढ़ी को लोगों द्वारा किया जाता है। इसका परिणाम यह होता है कि समाज एवं संस्कृति के मूल तत्त्व एक पीढ़ी के लोगों से दूसरी पीढ़ी के लोगों तक आसानी से हस्तान्तरित होते जाते हैं और सामाजिक एवं सांस्कृतिक अस्तित्व कायम रहता है।

5. सामाजिक एकरूपता एवं संगठन को जन्म देने में *(In creation of social uniformity and organization)*—अनुकरण की प्रक्रिया सामाजिक एकरूपता (social uniformity) एवं संगठन (organization) को कायम रखने में काफी मदद मिलती है। अनुकरण के द्वारा ही सामाजिक जीवन के प्रमुख व्यवहार, विचार, आदर्श एवं रीति-रिवाज काफी तेजी से समाज के भिन्न-भिन्न वर्ग के लोगों में फैल जाता है। इसका परिणाम यह होता है कि इन व्यवहारों, आदर्शों एवं विचारों के प्रति समाज के सभी वर्गों के लोगों की अनुक्रिया करीब-करीब एक समान होती है। इससे सामाजिक एकरूपता (social uniformity) उत्पन्न होती है। इस सामाजिक एकरूपता का फिर परिणाम यह होता है कि इससे सामाजिक संगठन की भावना उत्पन्न होती है जिससे समाज के लोगों में प्रेमभाव पनपता है और उनमें एकता की भावना जोर पकड़ती है।

6. आवश्यकताओं एवं इच्छाओं की पूर्ति करने में *(In fulfilling the needs and wishes)*—व्यक्ति की आवश्यकताओं एवं इच्छाओं की पूर्ति करने में भी अनुकरण का महत्त्वपूर्ण हाथ है। जैसे, जो व्यक्ति एक बड़ा कलाकार बनने की इच्छा रखता है, वह नामी कलाकारों के कार्यों एवं व्यवहारों पर अत्यधिक ध्यान देकर उनके उल्लेखनीय व्यवहारों एवं कार्यों का अनुकरण करता है। इस अनुकरण का परिणाम यह होता है कि उसकी कुशलता धीरे-धीरे बढ़ने लगती है और उसका स्तर पर भी उस नामी कलाकार के बराबर हो जाती है। इस तरह से अनुकरण द्वारा उसकी इच्छा एवं आवश्यकता की पूर्ति हो जाती है।

स्पष्ट है कि अनुकरण का महत्त्व हमारे सामाजिक जीवन के क्षेत्रों में काफी है। सामाजिक व्यवहारों एवं सांस्कृतिक मानदण्डों का सही अनुकरण कर हम समाज में एक योग्य व्यक्ति बन सकते हैं।

सुझाव या संसूचन का अर्थ
(Meaning of Suggestion)

सुझाव या संसूचन का अध्ययन भी समाज मनोवैज्ञानिकों ने काफी विस्तृत रूप से किया है। सुझाव एक ऐसी प्रक्रिया है जिसमें एक व्यक्ति अपना विचार या राय इस उम्मीद से दूसरे व्यक्ति के सामने प्रस्तुत करता है कि दूसरा व्यक्ति उसे स्वीकार कर लेगा। इससे स्पष्ट है कि सुझाव में अनुकरण के ही समान दो पक्ष होते हैं—एक सुझाव देने वाला व्यक्ति होता है तथा दूसरा सुझाव स्वीकार करने वाला व्यक्ति। इस समानता के बावजूद भी सुझाव अनुकरण से भिन्न है क्योंकि सुझाव में दोनों पक्ष क्रियाशील एवं सचेत होते हैं। परन्तु अनुकरण में प्रायः यही होता है कि जिस व्यक्ति के व्यवहार एवं क्रियाओं का अनुकरण किया जा रहा है उसे पता तक भी नहीं रहता है कि उनके व्यवहारों एवं क्रियाओं का अनुकरण किया जा रहा है। अतः अनुकरण की प्रक्रिया में प्रायः एक ही पक्ष अर्थात् अनुकरण कर्त्ता ही सक्रिय एवं सचेत होता है। सुझाव की प्रक्रिया को कुछ उदाहरणों द्वारा हम इस प्रकार दिखला सकते हैं—माता-पिता अपने बच्चों को समय पर खाने, पढ़ने, सोने एवं स्कूल जाने का सुझाव देते हैं। पति अपने पत्नी को सौहार्द्रपूर्ण सम्बन्ध बनाये रखने का सुझाव देता है। उसी तरह से जब शिक्षक अपने छात्रों को गृह कार्य बनाकर लाने की राय देते हैं तो इसे भी हम सुझाव की ही श्रेणी में रखते हैं।

विभिन्न समाज मनोवैज्ञानिकों ने औपचारिक रूप से सुझाव की परिभाषा अलग-अलग ढंग से दी है। कुछ प्रमुख समाज मनोवैज्ञानिकों की परिभाषाएँ निम्नांकित हैं—

मैकडुगल[1] (McDougall, 1909) के अनुसार, ''सुझाव संचार या संप्रेषण (communication) की एक ऐसी प्रक्रिया है जिसके फलस्वरूप एक व्यक्ति द्वारा दी गयी राय उपयुक्त तार्किक आधार के बिना ही दूसरों के द्वारा विश्वास के साथ स्वीकार की जाती है।

किम्बल यंग[2] (Kimball Young, 1955) के अनुसार, ''सुझाव शब्दों, चित्रों या ऐसे ही किसी अन्य माध्यम द्वारा किये गये प्रतीक संचार (symbolic communication) का एक ऐसा स्वरूप है जिसका उद्देश्य उस प्रतीक को स्वीकार करने के लिए प्रेरित करना होता है।''

1. "Suggestion is the process of communication resulting in the acceptance with conviction of the communicated proposition in the absence of logically adequate grounds for its acceptance."
—William McDougall : *Handbook of Social Psychology,* 1909, p. 58
2. "Suggestion may be defined as a form of symbolic communication–words, pictures or some similar devices aimed at inducing acceptance." —Kimball Young : *Handbook of Social Psychology,* 1957, p. 53

थाउलेस[1] (Thouless, 1957) के अनुसार, ''सुझाव शब्द का प्रयोग अब साधारणतः उस प्रक्रिया के लिए किया जाता है जिसमें विचार विशेष के प्रति मनोवृत्ति विवेकपूर्ण अनुमान्य (rational persuation) को छोड़कर अन्य माध्यम से एक व्यक्ति द्वारा दूसरे तक संचारित की जाती है।''

इभान्स[2] (Evans, 1978) के अनुसार, ''सुझाव एक ऐसी प्रक्रिया है जिसके द्वारा किसी व्यक्ति में आलोचना करने की मानसिक क्षमता को कम कर दिया जाता है और व्यक्ति दूसरे स्रोत से मिलने वाली सूचनाओं को बिना संदेह, तर्क तथा आलोचना के ही स्वीकार कर लेता है।

इन विभिन्न परिभाषाओं का एक संयुक्त विश्लेषण करने पर हमें सुझाव की प्रक्रिया के बारे में निम्नांकित तथ्य प्राप्त होते हैं—

(1) सुझाव के दो महत्त्वपूर्ण पक्ष होते हैं और दोनों ही सक्रिय एवं सचेत होते हैं। एक पक्ष सुझाव देने वाला व्यक्ति होता है तथा दूसरा पक्ष सुझाव ग्रहण करने वाला व्यक्ति होता है।

(2) सुझाव की प्रक्रिया में सुझाव देने वाला व्यक्ति उस व्यक्ति की तार्किक योग्यता एवं आलोचना करने की क्षमता को कमजोर कर देता है जिसे सुझाव दिया जा रहा है। इस तथ्य की स्पष्ट व्याख्या हमें इभान्स की परिभाषा में अधिक मिलती है।

(3) सुझाव की प्रक्रिया में जिस व्यक्ति को सुझाव दिया जाता है, वह बिना तर्क, शंका तथा आलोचना के ही, दिये गये विचारों को स्वीकार कर लेता है। इस तथ्य पर मैकडुगल, थाउलेस तथा इभान्स ने अधिक बल डाला है।

(4) सुझाव प्रायः विभिन्न संकेतों जैसे शब्दों, चित्रों आदि के माध्यम से दिया जाता है। इस तथ्य पर किम्बल यंग की परिभाषा में अधिक बल दिया गया है। इन विभिन्न संकेतों में शब्द का प्रयोग सुझाव की प्रक्रिया में सबसे अधिक होता है।

(5) सुझाव प्रायः किसी व्यक्ति के कार्य घटना तथा विचार से संबंधित होता है।

सुझाव के भिन्न-भिन्न रूप
(Different Forms of Suggestion)

समाज मनोवैज्ञानिकों ने सुझाव के रूप (forms) को भिन्न-भिन्न भागों में बाँटा है। सुझाव देने के ढंग के आधार पर सुझाव के निम्नांकित चार प्रमुख स्वरूप बतलाये गये हैं—

1. प्रत्यक्ष सुझाव (*Direct suggestion*)—प्रत्यक्ष सुझाव में सुझाव देने वाला व्यक्ति स्पष्ट रूप से सुझाव के उद्देश्य (purpose) को दूसरों के सामने रखता है और उसी के अनुसार व्यवहार करने के लिए दूसरों से आग्रह करता है। उदाहरणार्थ, कोई व्यवसायिक कम्पनी अपने व्यापारिक विज्ञापनों के लिए दूसरों से आग्रह करता है। उदाहरणार्थ, कोई व्यवसायिक कम्पनी अपने व्यापारिक विज्ञापनों (commercial advertisement) के सहारे किसी वस्तु-विशेष को खरीदने का सुझाव प्रत्यक्ष रूप से देता है। उसी तरह से चुनाव में राजनैतिक पार्टियाँ वोट देने के लिए प्रत्यक्षतः सुझाव देती हैं।

2. प्रत्यक्ष सुझाव (*Direct suggestion*)—इस तरह के सुझाव में सुझाव देने वाला व्यक्ति अपने वास्तविक उद्देश्यों को दूसरों के सामने खुलकर व्यक्त नहीं करता है फिर भी वह उन उद्देश्यों को इस ढंग से उपस्थित करता है कि दूसरे लोग उसके आग्रह को स्वीकार कर लेते हैं। जैसे, यदि कोई शिक्षक यह चाहते हैं कि विद्यार्थीगण एक विशेष पुस्तक को ही खरीदें तो वे उस किताब को खरीदने की बात न कहकर उस किताब की एवं उसके लेखक तथा प्रकाशक की प्रशंसा बार-बार छात्रों के सामने करते हैं ताकि छात्र स्वयं ही समझ जायँ कि उन्हें कौन-सी पुस्तक खरीदनी चाहिए। यह एक अप्रत्यक्ष सुझाव का उदाहरण है।

---

1. "The word suggestion is now commonly used from the process by which an attitude towards a system of ideas is communicated from one person to another by a process other than that of rational pursuance."
— R. H. Thouless : *General and Social Psychology*, 1957, p. 247

2. "Suggestion is any process designed to cause an individual to lower or blunt his critical faculties and accept information coming from another source without criticism, doubt and argument."
— Evans : *Psychology*, 1978, p. 363

3. प्रत्यक्ष सुझाव (*Direct suggestion*)—सकारात्मक सुझाव एक ऐसी प्रक्रिया है जिसमें व्यक्ति किसी कार्य या विचार को अच्छा समझ कर दूसरों को भी वैसा ही करने की राय देता है। जैसे, यदि पिता अपने पुत्र को सुबह में जल्द उठने, समय पर स्कूल जाने तथा समय से स्कूल से घर वापस आने का सुझाव देते हैं तो ये सुझाव सकारात्मक सुझाव के उदाहरण होंगे।

4. नकारात्मक सुझाव (*Negative suggestion*)—नकारात्मक सुझाव में कोई व्यक्ति किसी कार्य या विचार को बुरा समझकर दूसरों को न करने की सलाह देता है। उदाहरणार्थ, यदि पत्नी अपने पति को शराब, सिगरेट आदि न पीने, जुआ न खेलने, परस्त्री से संबंध न रखने की राय देती है, तो यह नकारात्मक सुझाव का उदाहरण होगा।

इस तरह से हम देखते हैं कि समाज मनोवैज्ञानिकों ने सुझाव के भिन्न-भिन्न स्वरूपों की चर्चा की है। दिन-प्रतिदिन की जिन्दगी में इन चारों तरह के सुझाव का प्रयोग हमलोग अक्सर करते हैं।

सुझाव का वर्गीकरण
(Classification of Suggestion)

ऊपर के विवरण से स्पष्ट है कि सुझाव कई प्रकार से दूसरे व्यक्तियों को दिया जा सकता है। दूसरे शब्दों में, सुझाव प्रत्यक्ष रूप से, अप्रत्यक्ष रूप से, सकारात्मक ढंग से तथा नकारात्मक ढंग से, दूसरों को दिया जाता है। इसके बाद स्वभावतः दूसरा प्रश्न जो उठता है वह यह है कि सुझाव कितने तरह के होते हैं ? उनके प्रमुख प्रकार कौन-कौन हैं आदि।

समाज मनोवैज्ञानिकों ने सुझाव को निम्नांकित पाँच भागों में बाँटा है—

1. विचार-चालक सुझाव(*Ideo-motor suggestion*)—विचार-चालक सुझाव मस्तिष्क के ज्ञान-स्नायुओं में शुरू होता है तथा सुझाव ग्रहण करने वाला व्यक्ति इसे अचेतन रूप से ही स्वीकार करता है। सच पूछा जाय तो इस ढंग का सुझाव बहुत विचार-चालक अनुकरण (ideo-motor imitation) के ही समान होता है। विचार एवं भावना के द्वारा ही इस तरह का सुझाव एक व्यक्ति से दूसरे व्यक्ति तक संचारित होता है। प्रायः यह देखा गया है कि नर्तकी को मनपसंद संगीत के साथ नाचते देखकर कुछ व्यक्ति अपने पाँव से जमीन थपथपाना शुरू कर देते हैं। देखनेवाला व्यक्ति यहाँ नर्तकी के भिन्न-भिन्न मुद्राओं से एक तरह का विचार या भावना प्राप्त कर अचेतन रूप से सुझाव कर रहा होता है।

2. प्रतिष्ठा-सुझाव (*Prestige suggestion*)—प्रतिष्ठा सुझाव जैसे सुझाव को कहा जाता है, तो किसी प्रतिष्ठित या सम्मानित व्यक्ति के द्वारा दूसरों को दिया जाता है। चूँकि ऐसे व्यक्तियों को साधारण व्यक्ति इज्जत एवं श्रद्धाभाव से देखते हैं, इसलिए वे उनके सुझाव को तुरन्त मान लेते हैं। उदाहरणर्थ, मुख्यमंत्री स्वयं ही अपनी पार्टी के कार्यकर्त्ताओं को यदि कुछ सलाह देते हैं तो कार्यकर्त्तागण उन्हें तुरन्त मान लेते हैं, क्योंकि वे लोग उन्हें इज्जत एवं श्रद्धा की नजर से देखते हैं। उसी तरह से यदि लक्स साबुन कम्पनी के संचालक साबुन का विज्ञापन कोई मशहूर फिल्मी नायिका से करवाते हैं, तो इसे भी हम प्रतिष्ठा सुझाव की श्रेणी में ही रखेंगे।

3. आत्म-सुझाव(*Auto suggestion*)—आत्म-सुझाव, जैसा कि इसके नाम से ही स्पष्ट है, में व्यक्ति अपने आपको सुझाव देता है। इस तरह के सुझाव में व्यक्ति का मन या आत्मचेतना ही सुझाव देने वाला होता है। उदाहरणार्थ, बहुत दिनों तक अपनी पढ़ाई में लापरवाही बरतने के बाद एक छात्र अपने आपको यह सुझाव देता है, ''अब परीक्षा नजदीक आ गयी है। पढ़ाई में तन-मन से जुट जाओ नहीं तो परीक्षाफल काफी खराब हो जायेगा।'' इस तरह का सुझाव निश्चित रूप से आत्म-सुझाव है क्योंकि यहाँ व्यक्ति अपने आपको स्वयं ही सुझाव दे रहा है।

4. विरोधी सुझाव(*Contra suggestion*)—विरोधी सुझाव में व्यक्ति को जो राय दी जाती है, ठीक उसका उल्टा करता है। समाज मनोवैज्ञानिकों का सामान्य मत यह है कि इस प्रकार के सुझाव की ग्रहणशीलता छोटे-छोटे बच्चों एवं कम पढ़ी-लिखी स्त्रियों में अधिक होता है। जैसे, पापा या मम्मी द्वारा जब घर में छोटे बच्चों को यह सलाह दी जाती है कि वह टेलीविजन या फ्रीज को न छूये तो वह उसे और भी छूने की कोशिश करता है। उसी तरह किसी कम पढ़ी-लिखी औरत को कोई बात यह समझाते हुए कहा जाता है कि इसे वह अपने ही तक गोपनीय रखेगी तो वह ठीक इसके विपरीत कर देती है और उस बात को चारों तरफ फैला देती है। स्पष्ट है कि विरोधी सुझाव में व्यक्ति दी गयी राय के ठीक विपरीत कार्य करता है।

5. सामूहिक सुझाव (*Mass suggestion*)—इस तरह के सुझाव में व्यक्ति को सुझाव कुछ अन्य व्यक्तियों के

समूह से प्राप्त होता है। इसमें व्यक्ति यह अनुभव करता है कि जिस कार्य को समूह के अधिकतर लोग कर रहे हैं, उसे भी वही कार्य करना चाहिए। दूसरे शब्दों में, सामूहिक सुझाव में व्यक्ति पर समूह का प्रभाव काफी पड़ता है और व्यक्ति को समूह का सुझाव स्वीकार करना पड़ता है। उदाहरणार्थ, यदि कोई सभ्य आदमी गुंडों-बदमाशों के समूह से घिर जाता है तो वह भी समूह के निर्देशानुसार कार्य करता है तथा समूह के सुझाव को स्वीकार कर लेता है।

इस तरह से हम देखते हैं कि सुझाव के कई प्रकार होते हैं। भिन्न-भिन्न प्रकार के सामाजिक व्यवहारों के सीखने में इन सबका महत्त्व काफी है।

सुझाव को प्रभावकारी बनाने के लिए कुछ आवश्यक परिस्थितियाँ
(Some essential conditions for effective suggestions)

समाज मनोवैज्ञानिकों ने इस बात पर विशेष रूप से बल डाला है कि कुछ परिस्थितियाँ या दशाएँ ऐसी होती हैं जो सुझाव को अधिक-से-अधिक प्रभावकारी बना देती है। इन परिस्थितियों में यदि सुझाव दिया जाता है तो उसकी ग्रहणशीलता बढ़ जाती है। समाज मनोवैज्ञानिकों ने इन परिस्थितियों को मूलतः दो भागों में बाँटा है—बाह्य परिस्थितियाँ (external conditions) तथा आन्तरिक परिस्थितियाँ (internal conditions)। इन दोनों तरह की परिस्थितियों में आने वाले प्रमुख कारकों (factors) का वर्णन निम्नांकित हैं—

(क) बाह्य परिस्थितियाँ *(External conditions)*—जैसा कि हम जानते हैं, सुझाव की प्रक्रिया में दो पक्ष होते हैं—पहला पक्ष सुझाव देने वाला व्यक्ति तथा दूसरा पक्ष सुझाव ग्रहण करने वाला व्यक्ति। बाह्य परिस्थिति में वे सभी कारक सम्मिलित होते हैं जो सुझाव देने वाले व्यक्ति से तथा साथ-ही-साथ उस बाहरी परिस्थिति से संबंधित होते हैं जिसमें सुझाव दिया जाता है। सुझाव ग्रहण करने वाले व्यक्ति को ये परिस्थितियाँ बाहर से इस प्रकार से प्रभावित करतीं हैं कि उसकी तार्किक शक्ति तथा विवेक उस समय के लिए काफी कम हो जाता है और सुझाव देने वाले व्यक्ति के स्वार्थ की सिद्धि हो जाती है। यही कारण है कि इन परिस्थितियों को बाह्य कहा जाता है। बाह्य परिस्थितियों में आने वाले प्रमुख कारक निम्नांकित हैं—

1. बाह्य वातावरण *(External environment)*—बाह्य वातावरण से तात्पर्य उस वातावरण से होता है जिसमें प्रत्यक्ष या अप्रत्यक्ष रूप से सुझाव दिया जाता है। इस वातावरण में प्रकाश, अंधेरा, सजावट, रंग तथा व्यक्ति के चारों ओर की अन्य वस्तुओं की स्थिति आदि सभी महत्त्वपूर्ण होते हैं। बाह्य वातावरण की ये सभी चीजें सुझाव ग्रहण करने वाले व्यक्ति में एक विशेष प्रकार की मानसिक स्थिति उत्पन्न कर देती है जिससे उसमें सुझाव-ग्रहणशीलता अधिक तेज हो जाती है। शायद यही कारण है कि जब कोई नई फिल्म किसी सिनेमा हॉल में लगती है तो सिनेमा मैनेजर हॉल को बिजली के रंगीन बल्बों से काफी सजाता है, उस फिल्म के अभिनेता एवं अभिनेत्रियों के रोचक मुद्राओं के बड़े-बड़े रंगीन चित्र को लगाता है तथा समाचार-पत्रों, रेडियो एवं टेलीविजन द्वारा खूब बढ़ा-चढ़ाकर विज्ञापन करवाता है। इस सबका उद्देश्य जनता की मानसिक स्थिति को इस ढंग से प्रभावित करना होता है कि वे उस फिल्म को परिवार के अन्य सदस्यों एवं मित्रों के साथ आकर देखने के लिए उत्सुक हो जायँ। उसी तरह से दर्शकों में सुझाव-ग्रहणशीलता को बढ़ाने के लिए जादूगर विचित्र प्रकार का पोशाक पहनता है तथा नरकंकाल से लेकर जादुई छड़ी तक को दर्शक के सामने प्रस्तुत करता है ताकि दर्शक में उत्सुकता बढ़े और वे उसके सुझाव को चुपचाप ग्रहण कर लें।

2. विश्वासपूर्ण या विश्वस्त स्वर *(Confident tone)*—यदि सुझाव देने वाला व्यक्ति आत्मबल पर भरोसा रखते हुए विश्वासपूर्ण स्वर में सलाह देता है, तो दूसरे लोग उसे आसानी से ग्रहण कर लेते हैं। विश्वासपूर्ण या विश्वस्त स्वर होने से दूसरा व्यक्ति यही समझता है कि जो कुछ भी कहा जा रहा है वह सत्य तथा उचित है। इस तरह से सुझाव देने वाले व्यक्ति का स्वार्थ सिद्ध हो जाता है। दूसरी तरफ सुझाव देने वाले व्यक्ति का स्वर यदि लड़खड़ा रहा होता है तो दूसरे व्यक्ति उसके सुझाव को अनुचित एवं असत्य समझकर उसके सुझाव को ठुकरा देते हैं। अतः सुझाव देनेवाले व्यक्ति का विश्वासपूर्ण स्वर भी एक महत्त्वपूर्ण कारक है जिससे सुझाव ग्रहणशीलता तीव्र हो जाती है।

3. पुनरावृत्ति *(Repetition)*—सुझाव की ग्रहणशीलता पुनरावृत्ति (repetition) द्वारा भी काफी प्रभावित होती है। यदि एक ही बात को बार-बार कहा जाता है तो सुझाव ग्रहण करने वाला व्यक्ति उसे सच मानकर स्वीकार कर लेता है तथा सुझाव देनेवाले के स्वार्थ की सिद्धि हो जाती है। शायद यही कारण है कि व्यापार-संबंधी विज्ञापनों को रेडियो या टेलीविजन पर बार-बार दिखलाया या सुनाया जाता है। इस पुनरावृत्ति के महत्त्व को देखते हुए हिटलर (Hitler) ने कहा था, *"यदि एक झूठ को सौ बार कहा जाय तो वह सच का रूप ले लेता है।"*

4. संकट(*Crisis*)—समाज मनोवैज्ञानिकों का सामान्य मत यह है कि संकटकालीन परिस्थिति में सुझाव ग्रहणशीलता व्यक्तियों में काफी बढ़ जाती है। ऐसा देखा गया है कि आकस्मिक संकट सुझाव ग्रहणशीलता को काफी बढ़ा देता है। ऐसी परिस्थिति में जो सुझाव व्यक्ति को दिया जाता है उसे तुरन्त मान लिया जाता है। किसी प्रियजन की मृत्यु, दुर्घटना, बाढ़, भूकम्प, अकस्मात नौकरी से निकाल दिया जाना—कुछ इस प्रकार की संकटकालीन परिस्थिति के उदाहरण हैं जिसमें किसी भी तरह के सुझाव को काफी तत्परता से मान लिया जाता है। उदाहरणार्थ, जब कोई अनजान व्यक्ति घर पर यह खबर देता है कि उसके परिवार के अमुक सदस्य दुर्घटनाग्रस्त हो गये हैं और अस्पताल में भर्त्ती हैं तो अधिक सोच-विचार किये बिना उस व्यक्ति के विचार से सहमत होकर हम अस्पताल की ओर रवाना होने के लिए तत्पर हो जाते हैं। कहने का तात्पर्य यह है कि संकटकालीन परिस्थिति में जो कुछ भी राय दी जाती है, उसकी ग्रहणशीलता अधिक होती है।

5. सुझाव देने वाले की प्रतिष्ठा (*Prestige of suggestor*)—सुझाव की ग्रहणशीलता सुझाव देने वाले व्यक्ति की प्रतिष्ठा एवं इज्जत पर भी निर्भर करती है। सुझाव देनेवाले व्यक्ति की प्रतिष्ठा सुझाव ग्रहण करने वाले वयक्ति की निगाह में जितनी ही अधिक होगी, उस व्यक्ति का सुझाव उतनी ही तत्परता के साथ स्वीकार किया जायेगा। इसका मात्र कारण है कि लोग प्रतिष्ठित व्यक्ति को आदर्श व्यक्ति मानते हैं और यह भी समझते हैं कि ऐसे प्रतिष्ठित व्यक्ति कभी गलत या झूठ नहीं बोलते हैं। यही कारण है कि व्यापार-संबंधी विज्ञापनों (commercial advertisements) में अधिक लोकप्रिय एवं प्रतिष्ठित अभिनेता या अभिनेत्रियों के प्रशंसा वाक्यों को चित्रसहित छापा जाता है। जनता के मन में उन वाक्यों में निहित सुझावों को स्वीकार करने में कोई संदेह नहीं होता है।

6. जनमत (*Public Opinion*)—साधारणतः जनता के मत को जनमत कहा जाता है। समाज मनोवैज्ञानिकों का सामान्य विचार यह है कि जो सुझाव अधिकतर व्यक्तियों की ओर से रखा जाता है, उसे कोई व्यक्ति टाल नहीं पाता है और वह सुझाव को आसानी से स्वीकार कर लेता है। शायद यही कारण है कि आज भी गाँव में पंच को परमेश्वर माना जाता है और उसके फैसले, राय, विचार या सुझाव को व्यक्ति चुपचाप स्वीकार कर लेता है। जनमत में चूँकि एक जन-शक्ति या सामूहिक इच्छा निहित होती है, अतः इसके सामने व्यक्ति अपनी व्यक्तिगत इच्छा या चेतना को झुका देता है। यही कारण है कि जनमत काफी प्रभावकारी होता है। प्रसिद्ध समाजशास्त्री दुर्खीम (Durkheim) ने ठीक ही कहा है कि सामूहिक इच्छा या चेतना के सामने व्यक्तिगत इच्छाओं एवं चेतनाओं को झुकना पड़ता है। फलस्वरूप जनमत में निहित सुझाव या इच्छा की ग्रहणशीलता अधिक होती है।

(ख) आन्तरिक परिस्थितियाँ (*Internal conditions*)—सुझाव की ग्रहणशीलता सिर्फ बाह्य परिस्थितियों पर ही नहीं बल्कि व्यक्ति की आन्तरिक परिस्थितियों पर भी निर्भर करता है। आन्तरिक परिस्थितियों में सुझाव ग्रहण करने वाले व्यक्ति का स्वभाव, लिंग, आयु, शारीरिक अवस्था, बुद्धि आदि सम्मिलित होते हैं जो व्यक्ति को भीतर से प्रभावित करते हैं और उसे सुझाव को स्वीकार करने के लिए प्रेरित करते हैं—

1. आयु (*Age*)—व्यक्ति की आयु द्वारा सुझाव ग्रहणशीलता प्रभावित होती है। दूसरे शब्दों में, आयु के अनुसार सुझाव ग्रहणशीलता घटती या बढ़ती है। प्रायः देखा गया है कि बच्चों में सुझाव ग्रहणशीलता अधिक होती है क्योंकि उनकी आयु कम होने से उनमें विवेक एवं अनुभव की कमी होती है। वयस्कों में सुझाव ग्रहणशीलता कम होती है क्योंकि उनके मस्तिष्क की परिपक्वता अधिक होने से उनमें विवेक एवं अनुभव की अधिकता होती है। अधिक उम्र बीत जाने से (जैसे बुढ़ापा में) सामान्यतः सुझाव ग्रहणशीलता बढ़ जाती है क्योंकि इस अवस्था में मस्तिष्क कमजोर हो जाने से विवेक शक्ति कम हो जाती है। शेभर (Shaver, 1977) के अध्ययन के अनुसार 6 साल से कम उम्र के बच्चों में सुझाव-ग्रहणशीलता कम होती है। 6 से 12 साल के बच्चों में सुझाव-ग्रहणशीलता अधिक होती है और 13 साल से उम्र अधिक होने पर सुझाव ग्रहणशीलता कम हो जाती है।

2. शारीरिक कष्ट (*Physical troubles*)—विशेष शारीरिक कष्ट जैसे, भूख, बीमारी, थकान, चोट इत्यादि ऐसी कुछ परिस्थितियाँ होती हैं जिनके होने पर व्यक्ति दूसरों के सुझाव को बिना तर्क या शंका के ही स्वीकार कर लेता है। इस शारीरिक कष्टों की स्थिति में व्यक्तियों में तर्क या विवेक की शक्ति कम हो जाती है और उनका ध्यान कष्ट पर तथा उसे दूर करने के उपायों पर केन्द्रित अधिक होता है। शायद यही कारण है कि डॉक्टर द्वारा दिये गये सुझाव को रोगी तत्परता से स्वीकार कर लेता है, परन्तु रोग समाप्त होने के बाद, स्वास्थ्य की देख-रेख सम्बन्धी डाक्टर की मामूली राय पर भी व्यक्ति अधिक ध्यान नहीं देता है।

3. लिंग (*Sex*)—कुछ समाज मनोवैज्ञानिकों का मत है कि महिलाओं में पुरुष की अपेक्षा सुझाव ग्रहणशीलता सामान्यतः अधिक होती है। वे दूसरे की बातों को आसानी से सच समझकर स्वीकार कर लेता है। इसके दो कारण बतलाये गये हैं। पहला तो यह कि अधिकतर महिलाएँ अपना समय घर में ही व्यतीत करती हैं जिसके फलस्वरूप उन्हें बाहरी दुनिया का ज्ञान अधूरा एवं अल्प होता है। दूसरा यह कि स्वभाव से महिलाओं में परम्परा, धर्म, अन्धविश्वास आदि अधिक होता है। फलतः उनमें विवेकशीलता कम होती है और वे दूसरों की राय को आसानी से स्वीकार कर लेती है। परन्तु इस तरह की सुझाव ग्रहणशीलता सभी तरह की स्त्रियों में पुरुषों की अपेक्षा अधिक होगी, ऐसा नहीं कहा जा सकता है क्योंकि कुछ महिलाएँ ऐसी होती हैं जिनकी आलोचनात्मक क्षमता (critical ability) अधिक विकसित होती हैं और वे किसी भी सुझाव को बिना तर्क एवं आलोचना के स्वीकार नहीं करती हैं। श्रीमती इन्दिरा गाँधी, श्रीमती भंडार नायक श्रीमती शीला दीक्षित, श्रीमति मीरा कुमार आदि कुछ ऐसी ही महिला के उदाहरण हैं।

4. अज्ञानता (*Ignorance*)—व्यक्ति की अज्ञानता का भी प्रभाव सुझाव ग्रहणशीलता पर पड़ता है। यदि सुझाव किसी ऐसी वस्तु, व्यक्ति या घटना के बारे में दिया जाता है जिससे व्यक्ति अनभिज्ञ है या जिसके बारे में वह कुछ नहीं जानता है, तो उसे व्यक्ति तुरन्त स्वीकार कर लेता है। इसका प्रधान कारण यह है कि इस तरह की अज्ञानता व्यक्ति की तर्कशक्ति तथा विवेक-शक्ति पर एक तरह का पर्दा डाल देती है। फलस्वरूप, वह किसी सुझाव को तत्परता से बिना किसी छान-बीन के ही स्वीकार कर लेता है।

5. बुद्धि (*Intelligence*)—पहले के कुछ मनोवैज्ञानिकों का मत है कि अधिक बुद्धि वाले व्यक्ति में तर्क क्षमता तथा विवेक शक्ति भी अधिक होती है। फलस्वरूप उनमें सुझाव ग्रहणशीलता कम होती है क्योंकि वे किसी सुझाव को तत्परता से स्वीकार नहीं करते हैं। दूसरी तरफ कम बुद्धि वाले व्यक्ति में तर्क तथा विवेक की शक्ति काफी कम होती है। फलतः वे किसी सुझाव को यथावत् तुरन्त मान लेते हैं। परन्तु इस तरह के सिद्धान्त की मान्यता अब करीब-करीब समाप्त हो गयी है। आधुनिक समाज मनोवैज्ञानिकों के प्रयोगात्मक सबूतों से यह स्पष्ट हो गया है कि बुद्धि के साथ-साथ कुछ और भी कारक होते हैं जो व्यक्ति की सुझाव ग्रहणशीलता को प्रभावित करते हैं। उदाहरणार्थ, किसी भीड़ में जब व्यक्ति बहुत-से व्यक्तियों को भागते देखता है तो वह भी भागना शुरू कर देता है चाहे उसकी बुद्धि का स्तर कितना भी ऊँचा क्यों न हो। इस उदाहरण से यह स्पष्ट है कि भीड़ में व्यक्ति दूसरों के व्यवहारों को अधिक तत्परता के साथ स्वीकार कर लेता है यानी, उसमें सुझाव ग्रहणशीलता बढ़ जाती है। शेभर (Shaver, 1978) ने एक अध्ययन कर सुझाव ग्रहणशीलता तथा बुद्धि के बीच सहसम्बन्ध की जाँच की और पाया कि यह सहसम्बन्ध नगण्य (negligible) है।

6. मस्तिष्क की असामान्य अवस्था (*Abnormal state of mind*)—सुझावग्रहण करनेवाले व्यक्ति की मानसिक स्थिति यदि कुछ असामान्य हो तो स्वभावतः उसमें तर्क एवं विवेक की शक्ति काफी कम हो जाती है और उसे जो कुछ भी कहा जा रहा है वह तत्परता के साथ स्वीकार कर लेता है। मस्तिष्क की असामान्य स्थिति कुछ मानसिक बीमारियाँ जैसे मनोस्नायुविकृति (psychoneurosis), मनोविकृति (psychosis) तथा मदिरा एवं नशीली वस्तुओं के खाने एवं सम्मोहन (hypnotism) के वश में होने के कारण उत्पन्न हो जाती है। इन मानसिक अवस्थाओं में सुझाव ग्रहणशीलता अधिक बढ़ जाती है क्योंकि उनके मस्तिष्क की विवेकशीलता घट जाती है।

7. अनुकूल सुझाव (*Favourable suggestion*)—यदि दिया गया सुझाव ऐसा है जो ग्रहण करने वाले व्यक्तियों के विचारों, आदर्शों, अभिरुचियों एवं इच्छाओं के अनुकूल है तो उसे स्वीकार करने में व्यक्ति को किसी प्रकार की हिचकिचाहट नहीं होती है। इसका प्रधान कारण यह है कि ऐसी स्थिति में व्यक्ति को किसी प्रकार का आन्तरिक द्वन्द्व या विरोध का सामना नहीं करना पड़ता है। शायद यही कारण है कि यदि किसी संतानरहित महिला को जिसे भगवान तथा उनके पूजा-पाठ में अटूट विश्वास है, सन्तान की प्राप्ति के लिए भगवान को सुबह, दोपहर एवं शाम गंगाजल तथा तुलसी-पत्ते को तांबे के पात्र में रखकर पूजा करने की सलाह दी जाती है तो वह उसे तुरन्त तथा तत्परता के साथ स्वीकार कर लेती है।

ऊपर वर्णन किए गये तथ्यों के आधार पर यह स्पष्ट हो जाता है कि सुझाव की ग्रहणशीलता बहुत सारी परिस्थितियों पर निर्भर करती है। इस परिस्थितियों को ध्यान में रखते हुए यदि किसी व्यक्ति को सुझाव दिया जाता है, तो वह अधिक प्रभावकारी सिद्ध होगा।

सामाजिक जीवन में सुझाव का महत्त्व
(Role of Suggestion in Social Life)

सुझाव का हमारे सामाजिक जीवन में काफी महत्त्व है। इसकी अवहेलना करना सम्भव नहीं है। सुझाव के महत्त्व को हम निम्नांकित शीर्षकों के अन्तर्गत व्याख्या कर सकते हैं—

1. सुझाव से सामाजिक एकता होती है (*Suggestion brings social unity*)—सुझाव से सामाजिक एकता आती है। सुझाव कई तरह के होते हैं जिनमें से सामाजिक सुझाव द्वारा सामाजिक एकता अधिक आती है। सामाजिक सुझाव एक ऐसा सुझाव है जिसमें व्यक्ति अधिकतर व्यक्तियों के व्यवहारों के अनुकूल अपना व्यवहार करता है। इसका परिणाम यह होता है कि जब व्यक्ति अन्य लोगों के करीब आता है तो इससे उनमें अपने आप ही एक तरह की सामाजिक एकता या समानता आती है। सामाजिक सुझाव हमें सामाजिक समूह से प्राप्त होते हैं जो व्यक्तियों के व्यवहारों को समाज की विशेष प्रथा, परम्परा, धर्म, आदर्श, आदि के अनुरूप बनाता है।

2. सुझाव व्यक्ति के समाजीकरण में मदद करता है(*Suggestion helps in socialization of a person*)—सुझाव द्वारा व्यक्ति का समाजीकरण भी होता है। बच्चों को अपने भाइयों, बहनों, माता-पिता, शिक्षक आदि से निर्देश के रूप में बहुत तरह के सुझाव मिलते हैं जिनके फलस्वरूप वे अनेकों तरह के सामाजिक व्यवहार सीखते हैं। यदि बच्चों को बड़ों से उचित निर्देश सुझाव के रूप में मिलते रहते है तो इससे वे कभी भी गलत रास्ते पर नहीं चलते हैं और उनका समाजीकरण तेजी से होता है। ऐसा देखा गया है कि बहुत से बच्चे बाल-अपराधी सिर्फ इसलिए बन जाते हैं क्योंकि उन्हें अपने साथियों एवं व्यक्ति विशेष से समाज विरोधी सुझाव समय-समय पर मिलते रहते हैं।

3. सुझाव सामाजिक नियंत्रण का एक साधन है (*Suggestion is a means of social control*)—अक्सर यह देखा गया है कि जब हमें किसी बात का सुझाव बड़े एवं प्रतिष्ठित व्यक्तियों से मिलता है तो हम उसे स्वीकार कर लेते हैं और अपने व्यवहार में उसी तरह का परिवर्तन लाते हैं। यही कारण है कि समाज-सुधारक, बड़े-बड़े साधु-संत, नेतागण आदि अपने सुझाव द्वारा हमेशा लोगों के व्यवहारों को एक खास दिशा में मोड़कर नियंत्रित करते हैं और उन्हें वैसे ही व्यवहारों को करने के लिए प्रेरित करते हैं जो सामाजिक हित में लाभदायक होते हैं। वाघान[1] (Vaughan 1974) ने ठीक ही कहा है, ''दूसरे लोगों के व्यवहारों को नियंत्रित करना जो समाज मनोविज्ञान की एक महत्त्वपूर्ण अवस्था है, बहुत हद तक सुझाव के कौशलपूर्ण उपयोग पर निर्भर करता है।'' इस तरह से यह स्पष्ट है क सुझाव द्वारा सामाजिक नियंत्रण आसानी से हो जाता है।

4. शिक्षा के क्षेत्र में सुझाव का महत्त्वपूर्ण स्थान है(*Suggestion plays an important role in education*)—शिक्षा के क्षेत्र में भी सुझाव का महत्त्व काफी अधिक है। प्रायः यह देखा गया है कि सुझाव का प्रभाव कम उम्र के छात्रों पर काफी अधिक पड़ता है। सुझाव द्वारा वे अपने शिक्षकों एवं बड़े छात्रों की बातों को आसानी से स्वीकार कर लेते हैं और उनके बताये गये निर्देश के अनुसार अपनी पढ़ाई-लिखाई कायम रखते हैं। स्कूल में शिक्षकों का आचरण, कक्षा, शैक्षणिक पाठ तथा वहाँ के अन्य पहलू मिलकर एक ऐसा वातावरण उत्पन्न कर देते हैं कि छात्रों में सुझाव-ग्रहणशीलता काफी बढ़ जाती है और वे शिक्षकों द्वारा बताये मार्ग पर चलकर एक सफल शिक्षित एवं प्रतिष्ठित व्यक्ति बन जाते हैं। स्कूल में शिक्षकों द्वारा कही गयी बातों का प्रभाव छात्रों पर अधिक पड़ता है। अतः शिक्षकों को चाहिए कि वे छात्रों से उन्हीं के बारे में कुछ क्रोधपूर्ण तथा आक्रोशपूर्ण शब्द जैसे नालायक, मूर्ख, उल्लू आदि के प्रयोग न करें क्योंकि सम्भव है कि छात्र अपने आप को ऐसा ही समझने लगें जिससे उनका भविष्य अन्धकारमय हो सकता है।

5. युद्धकाल में भी सुझाव महत्त्वपूर्ण होता है (*Suggestion also plays a role in war period*)—सुझाव का महत्त्व युद्धकाल में भी अत्यधिक होता है। युद्धकाल में सुझाव द्वारा नेतागण, सिपाहियों, जवानों तथा नागरिकों का हौसला बुलंद रखते है और इस तरह से युद्ध में सफलता प्राप्त करते हैं। बड़े-बडे नेता युद्ध को सफल बनाने के लिए जवानों को निर्देश के रूप में बहुत तरह के सुझाव देते हैं जिनका पालन करने से युद्ध में सफलता प्राप्त कर लेना आसान हो जाता है। इतना ही नहीं, विभिन्न तरह के सुझावों द्वारा सिपाहियों के बीच अनुशासन बनाकर रखना भी आसान होता है। युद्ध की सफलता में आम नागरिकों का भी महत्त्वपूर्ण स्थान होता है। आवश्यक चीजों का उत्पादन जिनकी जरूरत

1. "Controlling the behaviour of other people, a very important phase of social psychology, depends to a large extent upon the skillful use of suggestion." — Vaughan : *Social Psychology,* 1948, p. 221

युद्ध में भी काफी होती है, नागरिकों द्वारा ही किया जाता है। विभिन्न तरह के महत्त्वपूर्ण सुझाव द्वारा नागरिकों का मनोबल ऊँचा करके रखा जाता है ताकि आवश्यक चीजों के उत्पादन तथा आपूर्ति में किसी तरह की बाधा न पहुँचे। नागरिकों के बीच शान्ति बनाये रखने के लिए भी नेतागण सुझाव का उपयोग करते हैं। इस तरह से यह स्पष्ट है कि युद्धकाल में भी सुझाव का महत्त्वपूर्ण स्थान है।

6. सुझाव का महत्त्व वाणिज्य एवं व्यापार में भी काफी है *(Suggestion also plays a role in commerce and trade)*—वाणिज्य एवं व्यापार में सफलता बहुत हद तक विज्ञापनों (advertisement) पर निर्भर करती है। विज्ञापनों के सहारे ही बहुत तरह के नये-नये सुझाव आम जनता को दिये जाते हैं। चूँकि इस तरह का सुझाव सीधे न देकर किसी प्रतिष्ठित व्यक्ति या लोकप्रिय अभिनेता या अभिनेत्री के द्वारा दिलवाया जाता है, फलतः उसका प्रभाव जनता पर अधिक पड़ता है तथा जनता उसे तत्परता से स्वीकार कर लेती है जिसका स्पष्ट परिणाम यह होता है कि उस वस्तु की माँग बढ़ जाती है।

इस तरह से हम देखते हैं कि सुझाव व्यक्ति के सामाजिक जीवन में काफी महत्त्वपूर्ण योगदान करता है। सच्चाई यह है कि सुझाव द्वारा व्यक्ति और समाज में एक अन्योन्याश्रय संबंध कायम हो जाता है जिससे सामाजिक विकास में तेजी आ जाती है।

सहानुभूति का अर्थ एवं स्वरूप
(Meaning and Nature of Sympathy)

सहानुभूति एक बहुत ही सामान्य शब्द है जिसका प्रयोग हम दिन-प्रतिदिन की जिन्दगी में काफी करते हैं। जब हम दूसरे के दुःख से स्वयं दुःखी होकर उसके प्रति दया का भाव अभिव्यक्त करते हैं तो इसे साधारणतः सहानुभूति की संज्ञा दी जाती है। परन्तु समाज मनोवैज्ञानिकों द्वारा इस शब्द का प्रयोग अधिक व्यापक अर्थ में किया गया है। इस व्यापक अर्थ में सहानुभूति से मतलब समान भावना के संचार या सम्प्रेषण (communication) से होता है। यह समान भाव सिर्फ दया दुःख का ही नहीं होता है बल्कि क्रोध, द्वेष तथा घृणा का भी हो सकता है। उदाहरणार्थ, हम अपने मित्र के दुश्मन के प्रति क्रोध, घृणा तथा द्वेष व्यक्त कर मित्र के प्रति सहानुभूति प्रकट करते हैं। इस तरह से हम अपने मित्र के प्रति उसके दुश्मन के साथ क्रोध, द्वेष तथा घृणा का भाव दिखलाकर सहानुभूति प्रकट करते हैं। इसका मतलब यह हुआ कि सहानुभूति प्रकट करने वाले व्यक्ति में वैसा ही भाव या संवेग होना चाहिए जो उस व्यक्ति में होता है, जिसके प्रति सहानुभूति प्रकट की जा रही है। सहानुभूति का गुण जानवरों में भी अधिक देखने को मिलता है। इसका सबसे अच्छा उदाहरण बन्दर एवं कौवा पक्षी में देखने को मिलता है। यदि एक बन्दर को आप छेड़ते हैं या बन्दर स्वयं ही किसी मुसीबत में फँस जाता है तो अन्य बन्दर वहाँ जमा होकर समान भाव दिखलाते हैं तथा अपनी सहानुभूति प्रकट करते हैं। उसी तरह एक कौवा यदि किसी कारण से बीमार पड़ जाता है या किसी तरह की चोट से घायल हो जाता है, तो वहाँ दूसरे कई कौवे भी सहानुभूति प्रकट करने के लिए एकत्रित हो जाते हैं। अन्य सभी कौवे काँव-काँव कर उसी तरह के दुःख एवं बेचैनी का भाव प्रकट करते हैं। इन उदाहरणों से स्पष्ट है कि सहानुभूति से प्राणी में भावना का संचार होता है। *(Sympathy is the communication of similar feeling).*

विभिन्न मनोवैज्ञानिकों ने सहानुभूति को अपने-अपने ढंग से परिभाषित किया है। कुछ प्रमुख मनोवैानिकों की परिभाषाओं को नीचे दिया जा रहा है—

मैकडुगल[1] (McDougall, 1908) के अनुसार, ''साधारण अर्थों में सहानुभूति एक प्रकार की कोमलता है जो उस व्यक्ति के प्रति होती है जिसके साथ सहानुभूति प्रकट की जाती है। दूसरों के दुःख में दुखी होना या दूसरे किसी व्यक्ति या प्राणी में एक विशेष भावना या संवेग को देखकर अपने में भी उसी तरह की भावना या संवेग का अनुभव करना ही सहानुभूति है।''

1. "The word sympthy, as popularly used, generally implies a tender regarding the person with whom we are said to sympathise... it is the sufferings with the experiencing of any feeling or emotion and because we observe in other persons or creatures the expression of that feeling or emotion."
—William McDougall : *Handbook of Social Psychology,* 1908, p. 78-79

जेम्स ड्रीवर[1] (James Drever, 1983) के अनुसार, ''दूसरों के भावों एवं संवेगों के स्वाभाविक अभिव्यक्तपूर्ण चिह्नों को देखकर उसी प्रकार के भावों एवं संवेगों को अपने में अनुभव करने की प्रवृत्ति को सहानुभूति कहते हैं।

इभान्स[2] (Evans, 1978) के अनुसार, ''दूसरों के संवेगों की अभिव्यक्ति के प्रति अनुक्रिया करने की क्षमता को सहानुभूति कहा जाता है।''

इस परिभाषाओं का विश्लेषण करने पर हमें सहानुभूति के स्वरूप के बारे में निम्नांकित तथ्य प्राप्त होते हैं—

(1) सहानुभूति में भी अनुकरण तथा सुझाव के समान ही दो पक्ष होते हैं—एक पक्ष सहानुभूति दिखलाने वाला होता है तथा दूसरा पक्ष सहानुभूति प्राप्त करने वाला होता है।

(2) सहानुभूति में व्यक्ति के संवेग एवं भाव की प्रधानता उसकी क्रियाओं एवं व्यवहारों से अधिक होती है। सहानुभूति के इस स्वरूप पर मैकडुगल, ड्रीवर तथा इभान्स तीनों ही समान रूप से बल दिये हैं।

(3) सहानुभूति में सहानुभूति प्रकट करने वाले व्यक्ति में ठीक उसी तरह का संवेग या भाव उत्पन्न होता है जिस तरह का भाव या संवेग सहानुभूति प्राप्त करने वाला व्यक्ति दिखलाता है। इस तरह से सहानुभूति में समान भावना तथा संवेग की प्रधानता होती है।

सहानुभूति के प्रकार
(Types of Sympathy)

समाज मनोवैज्ञानिकों ने मूलतः दो प्रकार की सहानुभूति का वर्णन किया है—

1. सक्रिय सहानुभूति (*Active sympathy*)—सक्रिय सहानुभूति वैसी सहानुभूति को कहा जाता है जिसमें एक व्यक्ति के दुःख-दर्द या कष्ट को अनुभव करने के साथ उसे हल्का करने या कम करने के ख्याल से व्यक्ति क्रियात्मक रूप से प्रयत्नशील रहता है। उदाहरणर्थ, दुर्घटना में घायल व्यक्ति के कष्टों का अनुभव करते हुए यदि कोई व्यक्ति उसे अस्पताल तक ले जाकर उसकी चिकित्सा में मदद करता है तो इसे सक्रिय सहानुभूति की संज्ञा दी जायेगी। उसी तरह से किसी भिखारी की दयनीय दशा को देखकर एवं उसके शारीरिक कष्टों का अनुभव करते हुए यदि उसे खाने के लिए भोजन तथा पहनने के लिए कोई वस्त्र देता है तो इसे भी सक्रिय सहानुभूति का उदाहरण मानेंगे।

2. निष्क्रिय सहानुभूति (*Passive sympathy*)—इस तरह की सहानुभूति क्रियारहित होती है परन्तु भावनाप्रधान होती है। इस तरह की सहानुभूति में व्यक्ति दूसरों के दुःख या दूसरों की संवेगात्मक अनुभूति के समान ही संवेगात्मक अनुभूति महसूस करता है। उदाहरणार्थ, यदि किसी व्यक्ति को दुःख में पड़ा देखकर या किसी मुसीबत में फँसा देखकर यदि हम मात्र दुःख के संवेग का अनुभव कर रह जाते हैं और किसी तरह की सक्रियता नहीं दिखलाते हैं तो इसे निष्क्रिय सहानुभूति (passive sympathy) की संज्ञा हम देंगे। उसी तरह से यदि कोई व्यक्ति भिखारी की दयनीय दशा देखकर यह कहता है कि 'उसे ऐसी दशा में कितनी तकलीफ होती होगी' परन्तु उसकी तकलीफ़ को दूर करने का कोई उपाय नहीं करता है तो यह निष्क्रिय सहानुभूति (passive sympathy) का उदाहरण है। इसका मतलब यह हुआ कि निष्क्रिय सहानुभूति भावना प्रधान, मौखिक तथा क्रियारहित होती है।

सहानुभूति जगाने वाले कारक या परिस्थितियाँ
(Factors or Conditions Arousing Sympathy)

जैसा कि हम जानते हैं, सहानुभूति का आधार व्यक्ति का अपना अनुभव, ज्ञान एवं भिन्न-भिन्न तरह की अनुभूतियाँ होती हैं। व्यक्ति में सहानुभूति को जागृत करने वाले अनेकों कारक (factors) हैं जिनपर समाज मनोवैज्ञानिकों ने

---

1. Sympathy is "the tendency to experience the feelings and emotions of others immediately on perceiving the natural expressive signs of these feelings and emotions."

—James Drever : *The Penguine Dictionary of Psychology*, 1983, p. 290

2. Sympathy is "ability to respond to another's expression of emotionality."

— Evans : *Psychology,* 1978, p. 368

बल डाला है। आलपोर्ट (Allport, 1961) के अनुसार प्रमुख ऐसे कारक जिनसे व्यक्ति में सहानुभूति उत्पन्न होती है, निम्नांकित हैं—

1. भावनाओं का पूर्व अनुभव (*Past experience or feelings*)—व्यक्ति किसी अन्य व्यक्ति की भावना से तभी सहानुभूति रख सकता है जब उसने स्वयं स्वतंत्र रूप से भावना का अनुभव किया हो। यह अनुभव जितनी ही अधिक एवं गहरा होगा सहानुभूति भी उतनी ही अधिक होगी। व्यक्ति अपनी भावनाओं की अभिव्यक्ति कुछ विशेष शारीरिक मुद्राओं जैसे रोने, हँसने, चिल्लाने आदि द्वारा करते हैं। उदाहरण जब हम किसी व्यक्ति के रोने तथा कराहने की आवाज सुनते हैं तो समझ लेते हैं कि वह दुःखी है। भावना की अभिव्यक्ति का यह रूप देखकर अपनी पूर्व अनुभूति के अनुसार दुःख का भाव मन में उत्पन्न हो जाता है। यही सहानुभूति है। इस उदाहरण से यह स्पष्ट है कि सहानुभूति के उत्पन्न होने के लिए यह अति आवश्यक है कि हमें वैसी ही भावनाओं की पूर्व अनुभूति हो। एक छोटे बच्चे में सहानुभूति की अभिव्यक्ति इसलिए नहीं होती क्योंकि उसमें वैसी भावनाओं की पूर्व अनुभूति की कमी होती है।

2. वर्तमान परिस्थिति के स्वरूप का ज्ञान (*Knowledge about the nature of present situation*)—सहानुभूति उत्पन्न करने के लिए सिर्फ यही आवश्यक नहीं है कि व्यक्ति में भावनाओं की पूर्व अनुभूति हो बल्कि यह भी आवश्यक है कि उसे सहानुभूति प्राप्त करने वाले व्यक्ति की वर्तमान परिस्थिति के स्वरूप या प्रकृति का भी ज्ञान हो। उदाहरणार्थ, जब हम किसी औरत की रुलाई सुनते हैं तो हमें उसके प्रति उतनी सहानुभूति नहीं होती जितनी की जब हम यह जान लेते हैं कि उसके रोने का कारण पति का देहान्त हो जाना है। स्पष्ट है कि जब हमें वर्तमान परिस्थिति के स्वरूप का ज्ञान हो जाता है तो हमें सहानुभूति अधिक उत्पन्न होती है। यह ज्ञात होने पर कि किसी हालत में व्यक्ति परिस्थिति या हालत के अनुकूल भावना या संवेग नहीं व्यक्त कर रहा है तो उसके प्रति हमारी सहानुभूति तनिक भी नहीं है। जैसे, पति की मृत्यु होने पर रोने के बजाय यदि कोई पत्नी हँसती है एवं खुशी मनाती है तो उस औरत के प्रति हमें कोई सहानुभूति नहीं होती है।

3. कल्पना शक्ति (*Imagination power*)—सहानुभूति का उत्पन्न होना व्यक्ति की कल्पना शक्ति पर निर्भर करता है। जिस व्यक्ति में जितनी ही अधिक कल्पना-शक्ति होगी, उसमें दूसरों की भावना, संवेगों एवं परिस्थितियों के संबंध में कल्पना करने की तत्परता उतनी ही अधिक होगी। व्यक्ति किसी अन्य व्यक्ति को दुःख में देखकर खुद भी काफी दुःखी हो जाय, इसके लिए यह आवश्यक है कि व्यक्ति अपने आपको उसकी स्थिति, विचार एवं भावना आदि के साथ काफी घुला-मिला दे और यह कार्य कल्पना-शक्ति पर निर्भर करता है।

4. परिस्थिति के प्रति अभिरुचि की समानता (*Similarity in interest towards situation*)—सहानुभूति उत्पन्न करने के लिए यह भी जरूरी है जिस परिस्थिति में सहानुभूति उत्पन्न होनी है, उसमें दोनों पक्षों की समान अभिरुचि हो। जब तक उस परिस्थिति विशेष के प्रति दोनों व्यक्तियों में समान अभिरुचि नहीं होगी, सहानुभूति उत्पन्न नहीं होगी। उदाहरणार्थ, यदि कोई व्यक्ति का स्वरूप इस ढंग का है कि वह बच्चों से काफी घृणा करता है तो उसमें उस औरत के प्रति भी कोई सहानुभूति नहीं होगी जिसके बच्चे की मृत्यु हो गयी है। यदि वह बच्चा से घृणा नहीं करता है तो औरत की रुलाई सुनते ही वह दुःखी हो जायेगा और संतानहीन होने की पीड़ा का अंदाज तुरन्त लगा लेगा। इस उदाहरण से यह स्पष्ट है कि सहानुभूति उत्पन्न होने के लिए यह आवश्यक है कि परिस्थिति के प्रति दोनों पक्षों की अभिरुचि में समानता हो।

ऊपर किये गये वर्णन से यह स्पष्ट हो जाता है कि कुछ खास-खास ऐसी परिस्थितियाँ हैं जिनके होने पर व्यक्ति में सहानुभूति तेजी से उत्पन्न होती है।

सामाजिक जीवन में सहानुभूति का महत्त्व
(Role of Sympathy in Social Life)

सहानुभूति की उपयोगिता हमारे सामाजिक जीवन में काफी अधिक है क्योंकि इसके द्वारा हम भिन्न-भिन्न प्रकार के सामाजिक व्यवहारों (social behaviours) को सीखते हैं। इसके महत्त्व को हम निम्नांकित शीर्षकों के अन्तर्गत बाँट कर अध्ययन कर सकते हैं—

1. सहानुभूति मित्रता की जननी है (*Sympathy is the mother of friendship*)—जब कोई व्यक्ति अन्य व्यक्ति के दुःख से दुःखी होकर उसके दुःख को बाँट लेने की कोशिश करता है तो ऐसी परिस्थिति में स्वभावतः वह दूसरा व्यक्ति अनजान होते हुए भी एक अच्छा मित्र बन जाता है। इस तरह से वैयक्तिक मित्रता स्थापित हो जाती है। इतना ही नहीं, जो राष्ट्र दूसरे राष्ट्र को घोर विपत्ति जैसे अकाल, भूकम्प आदि के समय मदद करता है तथा उसके दुख से दुखी होता है तो स्वभावतः दोनों राष्ट्रों के बीच मित्रता काफी गहरी हो जाती है तथा व्यापार-सहयोग काफी बढ़ जाता है। इस तरह से सहानुभूति द्वारा सिर्फ वैयक्तिक मित्रता ही नहीं बल्कि अन्तरराष्ट्रीय मित्रता भी बढ़ जाती है।

2. सहानुभूति सामाजिक एकता तथा संगठन लाती है (*Sympathy brings social unity and organisation*)—सहानुभूति से मानव-समाज तथा पशु-समाज दोनों में ही सामाजिक एकता आती है। जब हम किसी के प्रति सहानुभूति दिखलाते हैं तो वह व्यक्ति बहुत जल्द ही हमारे प्रति आकर्षित होता नजर आता है। धीरे-धीरे दोनों में मित्रता गहरी हो जाती है और इस तरह से सामाजिक एकता का विकास होता है। पशु-समाज में भी सामाजिक एकता के ख्याल से इस तरह की सहानुभूति कितनी महत्त्वपूर्ण है, इसे मैकडुगल[1] (McDougall, 1908) के शब्दों में, इस तरह से व्यक्त किया जा सकता है। ''सहानुभूति एक ऐसा बन्धन है जो पशु-समाज को एक साथ बाँधे रहता है, समूह के सभी सदस्यों में एकरूपता उत्पन्न करता है और सामाजिक जीवन में ही उन्हें कुछ मूल लाभ उनमें बुद्धि की कमी होने के बावजूद भी प्रदान करता है।'' इससे यह स्पष्ट है कि सहानुभूति मानव-समाज तथा पशु-समाज दोनों में ही एकता लाने से सहायक होती है।

3. सहानुभूति समाज में परोपकारी कार्यों की आधारशिला है(*Sympathy is the foundation stone of useful works in society*)—समाज में अधिकतर परोपकारी कार्यों का कारण लोगों में सहानुभूति है। दुःखी व्यक्तियों, शारीरिक रूप से लाचार व्यक्तियों, विधवाओं आदि के प्रति सहानुभूति रखने के ख्याल के कारण ही समाज में लोग विधवा आश्रम, अनाथ-आश्रम, अन्धों, बहरों एवं गूँगों के लिए स्कूल आदि का निर्माण करते हैं। इस सहानुभूति के कारण ही घोर प्राकृतिक विपत्ति जैसे सुखाड़, बाढ़, आगजनी, भूकम्प आदि की स्थिति आने पर परोपकारी कार्य जैसे खाना, कपड़ा, दवा आदि मुफ्त बँटवाने का काम लोग करते हैं। इससे स्पष्ट है कि सहानुभूति समाज में विभिन्न परोपकारी कार्यों की आधारशिला है।

4. शिक्षा के क्षेत्र में भी सहानुभूति विशेष महत्त्व रखती है (*Sympathy also plays an important role in the field of education*)—शिक्षा में भी सहानुभूति का महत्त्वपूर्ण स्थान है। जब शिक्षक छात्रों के प्रति काफी सहानुभूतिशील (sympathetic) होते हैं तो छात्रों में शिक्षा-ग्रहण करने का उत्साह जगता है और वे काफी मन लगाकर अध्ययन कार्य करते हैं। इस तरह से शिक्षकों की सहानुभूति छात्रों को शिक्षा प्राप्त करने के लिए उत्साहित करता है।

ऊपर के विवरण से स्पष्ट है कि सहानुभूति अनेक सामाजिक सद्गुणों का उद्भवबिन्दु है। इससे समाज में सहयोग तथा संगठन को पनपने में काफी मदद मिलती है। अतः इसका महत्त्व सामाजिक जीवन में अद्वितीय हैं।

अध्याय सारांश
(Chapter Summary)

1. सामाजिक व्यवहारों को समझने के लिए समाज मनोवैज्ञानिकों ने कुछ नियमों का प्रतिपादन किया है। अनुकरण, सुझाव तथा सहानुभूति तीन ऐसे ही प्रमुख नियमों के उदाहरण हैं। अनुकरण से तात्पर्य दूसरों के व्यवहारों को चेतन या अचेतन रूप से नकल करने से होता है। समाज मनोवैज्ञानिकों ने अनुकरण के अग्रांकित मुख्य प्रकार बतलाये हैं—सहानुभूतिपूर्ण अनुकरण, विचार-चालक अनुकरण, ऐच्छिक या आत्म-सचेत अनुकरण, विचार-चालक सचेत अनुकरण, प्रारंभिक अनुकरण, अचेतन अनुकरण तथा काल्पनिक अनुकरण।

2. समाज मनोवैज्ञानिकों एवं समाजशास्त्रियों ने मिलकर अनुकरण की वैज्ञानिक व्याख्या करने के लिए कुछ नियमों एवं सिद्धान्तों का वर्णन किया है जिसमें कुछ प्रमुख सिद्धान्त एवं नियम इस प्रकार हैं—वेगडॉट का सिद्धान्त, टार्ड का सिद्धान्त, अनुकरण का मनोवैज्ञानिक सिद्धान्त तथा अनुकरण का सामाजिक सिद्धान्त।

3. सामाजिक जीवन में अनुकरण का महत्त्व काफी है। सामाजिक जीवन के भिन्न-भिन्न क्षेत्रों में जैसे सीखने की प्रक्रिया में, भाषा-विकास में, व्यक्तियों के विकास में, समाज एवं संस्कृति के अस्तित्व को बनाये रखने में, सामाजिक एकरूपता एवं संगठन को जन्म देने में तथा आवश्यकताओं एवं इच्छाओं की पूर्ति करने में अनुकरण का विशेष महत्त्व है।

4. सुझाव या संसूचन दूसरा महत्त्वपूर्ण सामाजिक नियम (principle) है जिसके सहारे सामाजिक-व्यवहार की व्याख्या की गयी है। सुझाव एक ऐसी प्रक्रिया है जिसके फलस्वरूप एक व्यक्ति द्वारा दी गयी राय को उपयुक्त तार्किक आधार के बिना ही दूसरों के द्वारा विश्वास के साथ स्वीकार कर लिया जाता है। सुझाव प्रायः भिन्न-भिन्न संकेतो जैसे, शब्दों, चित्रों आदि के माध्यम से दिया जाता है।

---

1. "Sympathy is the current that binds animal societies together, renders the actions of all members of a group harmonious and allows them to reap some of the prime advantages of social life in spite of lack of intelligence."
— William McDougall : *Introduction To Social Psychology,* 1908, p. 79-80.

5. सुझाव के मुख्य चार स्वरूप (form) बतलाये गये हैं—प्रत्यक्ष सुझाव, अप्रत्यक्ष सुझाव, सकारात्मक सुझाव तथा नकारात्मक सुझाव। प्रत्यक्ष सुझाव में सुझाव देने वाला व्यक्ति स्पष्ट रूप से सुझाव के उद्देश्य को दूसरों के सामने रखता है। अप्रत्यक्ष सुझाव में सुझाव देने वाला व्यक्ति अपने वास्तविक उद्देश्यों को दूसरों के सामने खुलकर व्यक्त नहीं करता है। सकारात्मक सुझाव में व्यक्ति कार्य का विचार को अच्छा समझकर दूसरों को भी वैसा ही करने की राय देता है। नकारात्मक सुझाव में कोई व्यक्ति किसी कार्य या विचार को बुरा समझकर दूसरों को न करने की सलाह देता है।

6. समाज मनोवैज्ञानिकों ने सुझाव को निम्नांकित पाँच भागों में बाँटा है—विचार-चालक सुझाव, प्रतिष्ठा सुझाव, आत्म-सुझाव तथा सामूहिक सुझाव। समाज मनोवैज्ञानिकों ने इस बात पर भी विशेष रूप से ब्ल डाला है कि कुछ परिस्थितियाँ या दशाएँ ऐसी होती हैं जो सुझाव को अधिक-से-अधिक प्रभावकारी बना देतीं हैं। इन परिस्थितियों को मूलतः दो भागों में बाँटा गया है—बाह्य वातावरण, विश्वासपूर्ण या विश्वस्त स्वर, पुनरावृत्ति, संकट, सुझाव देने वाले की प्रतिष्ठा तथा जनमत। आन्तरिक परिस्थिति में आने वाले कुछ प्रमुख कारक हैं—आयु, शारीरिक कष्ट, लिंग, अज्ञानता, बुद्धि मस्तिष्क की असामान्य अवस्था, अनुकूल सुझाव आदि।

7. सुझाव का भी हमारे सामाजिक जीवन में काफी महत्त्व है। सुझाव से सामाजिक एकता होती है, सुझाव व्यक्ति के समाजीकरण में मदद करता है, सुझाव सामाजिक नियंत्रण का एक साधन है, शिक्षा के क्षेत्र में भी सुझाव का महत्त्वपूर्ण योगदान होता है, युद्धकाल में भी सुझाव महत्त्वपूर्ण होता है तथा सुझाव का महत्त्व वाणिज्य एवं व्यापार में भी अद्वितीय है।

8. सहानुभूति में प्राणी में समान भावना का संचार होता है। यह समान भाव सिर्फ दया दुःख का ही नहीं होता है बल्कि क्रोध, द्वेष तथा घृणा का भी हो सकता। सहानुभूति में व्यक्ति में संवेग एवं भाव की प्रधानता उसकी क्रियाओं तथा व्यवहारों से अधिक होती है। समाज मनोवैज्ञानिकों ने मूलतः दो प्रकार की सहानुभूति का वर्णन किया है—सक्रिय सहानुभूति तथा निष्क्रिय सहानुभूति। सक्रिय सहानुभूति वैसी सहानुभूति को कहा जाता है जिसमें एक व्यक्ति दूसरे व्यक्ति के दुख, दर्द या कष्ट को अनुभव के साथ हल्का करने या कम करने के ख्याल से क्रियात्मक रूप से प्रयत्नशील रहता है। निष्क्रिय सहानुभूति में व्यक्ति दूसरों के दुख से सिर्फ दुखी या दूसरों के संवेगात्मक अनुभूति के समान ही संवेगात्मक अनुभूति महसूस करके रह जाता है। वह किसी तरह का व्यवहार या क्रिया नहीं करता है। इस तरह से निष्क्रिय सहानुभूति क्रियारहित परन्तु भावनाप्रधान होती है।

9. समाज मनोवैज्ञानिकों ने कुछ ऐसे कारकों या परिस्थितियों का भी वर्णन किया है जिनसे व्यक्ति में सहानुभूति जागृत होती है। कुछ ऐसे कारक निम्नांकित हैं—भावनाओं का पूर्व अनुभव, वर्तमान परिस्थिति के स्वरूप का ज्ञान, कल्पना-शक्ति, परिस्थिति के प्रति अभिरुचि की समानता।

10. सहानुभूति का महत्त्व व्यक्ति के सामाजिक जीवन में काफी है। इसका महत्त्व विशेष रूप से इसलिए है कि सहानुभूति मित्रता की जननी है, सहानुभूति सामाजिक एकता तथा संगठन लाती है, सहानुभूति समाज में परोपकारी कार्यों की आधारशिला है तथा शिक्षा के क्षेत्र में भी सहानुभूति की भूमिका रचनात्मक होती है।

❑

अध्याय 7

मनोवृत्ति एवं प्रत्यायन
(ATTITUDE AND PRESUASION)

मनोवृत्ति का अर्थ एवं परिभाषा
(Meaning and Definition of Attitude)

मनोवृत्ति (attitude) एक ऐसा शब्द है जिसका प्रयोग हम दिन-प्रतिदिन की जिन्दगी में हमेशा करते हैं। साधारण अर्थ में मनोवृत्ति व्यक्ति के मन की एक विशिष्ट दशा होती है जिसके द्वारा वह समाज की विभिन्न परिस्थितियों, वस्तुओं, व्यक्तियों आदि के प्रति अपने विचार या मनोभाव को प्रकट करता है। माता-पिता अपनी सयानी बेटी के बारे में एक निश्चित मनोभाव रखते हैं, ऊँची जाति के लोग दलितों के प्रति एक विशिष्ट विचार रखते हैं तथा उसी तरह से विधवा-विवाह तथा बाल-विवाह के प्रति भी लोग एक खास मनोभाव रखते हैं। इन तीनों तरह के उदाहरणों में जो एक विशिष्ट विचार या मनोभाव को दर्शाया गया है, उसे ही साधारण अर्थ में मनोवृत्ति कहा जाता है।

समाज मनोविज्ञान में मनोवृत्ति से जो अर्थ लगाया जाता है, वह इस साधारण अर्थ से कहीं अधिक वैज्ञानिक, निश्चित एवं वस्तुनिष्ठ है। समाज मनोवैज्ञानिकों एवं समाजशास्त्रियों ने मनोवृत्ति को परिभाषित करने के लिए मूलतः निम्नांकित तीन दृष्टिकोणों को अपनाया है—

1. एक विमीय दृष्टिकोण (*One-dimensional approach*)—इस दृष्टिकोण के अनुसार मनोवृत्ति के एक विमा अर्थात् मूल्यांकन पक्ष (evaluative aspect) को ध्यान में रखकर उसे परिभाषित किया है। इस दृष्टिकोण के अनुसार मनोवृत्ति एक ऐसी सीखी गयी प्रवृत्ति (tendency) है जिसके कारण व्यक्ति किसी वस्तु, घटना, व्यक्ति या व्यक्तियों के समूह के प्रति अनुकूल या प्रतिकूल ढंग से व्यवहार करता है।

फिशबीन तथा **आजेन**[1] (Fishbein & Ajzen, 1975) ने इसी दृष्टिकोण से मनोवृत्ति को परिभाषित करते हुए कहा है, ''किसी वस्तु के प्रति संगत रूप से अनुकूल या प्रतिकूल ढंग से अनुक्रिया की अर्जित पूर्वप्रवृत्ति (learned predisposition) को मनोवृत्ति कहते हैं।''

थर्सटन[2] (Thurstone, 1946) ने भी मनोवृत्ति को मूल्यांकन विमा (evaluative dimension) के ही आधार पर परिभाषित किया है। इसके अनुसार, ''किसी मनोवैज्ञानिक वस्तु के पक्ष या विपक्ष में धनात्मक या ऋणात्मक भाव (affect) की तीव्रता को मनोवृत्ति कहते हैं।

मनोवृत्ति के इन एक-विमीय परिभाषाओं (one-dimensional definitions) से स्पष्ट हो जाता है कि किसी वस्तु के प्रति व्यक्ति के भाव (feelings) की तीव्रता (intensity) एवं दिशा ही मनोवृत्ति का सार (essence) है। आधुनिक मनोवैज्ञानिकों ने इस मूल्यांकन विमा (evaluative dimension) को भावात्मक संघटन (affective component) कहा है।

2. द्वि-विमीय दृष्टिकोण (*Two-dimensional approach*)—इस दृष्टिकोण के अनुसार मनोवृत्ति की व्याख्या करने के लिए दो विमाओं (dimensions) का सहारा लिया गया है—भावनात्मक संघटक (affective component)

1. An attitude is "a learned predisposition to respond in a consistently favourable or unfavourable manner with respect to a given object." — Fishbein & Ajzen, 1975
2. "Attitude (is) the intensity of positive or negative affect for or against a psychological object." — Thurstone, 1946

तथा संज्ञानात्मक संघटक (congnitive component)। संज्ञानात्मक संघटक से तात्पर्य किसी घटना का वस्तु के संबंध में व्यक्ति में जो विश्वास होता है, उससे होता है। जैसे, दलितों के प्रति ऊँची जाति के लोगों में एक खास विश्वास होता है। यह विश्वास संज्ञानात्मक संघटक का उदाहरण है। भावात्मक संघटक (affective component), जैसा कि ऊपर कहा जा चुका है, से तात्पर्य किसी वस्तु घटना या व्यक्ति के प्रति सुखद या दुखद भाव की तीव्रता से होता है। सुखद भाव के होने पर हम उस वस्तु, व्यक्ति या घटना को पसंद करते हैं तथा दुखद भाव के होने पर हम उन्हें नापसंद करते हैं। इस द्विविमीय दृष्टिकोण के अनुसार मनोवृत्ति संज्ञानात्मक संघटक तथा भावात्मक संघटक का एक संगठन है। उदाहरणार्थ, व्यवसायी धनी होते हैं—एक संज्ञानात्मक संघटक का उदाहरण है तथा 'व्यवसायी साफ-सुथरे होते हैं'—एक भावात्मक संघटक का उदाहरण है। दोनों मिलकर व्यवसायी के प्रति एक अनुकूल मनोवृत्ति (favourable attitude) पैदा कर सकते हैं जिसकी अभिव्यक्ति (expression) इस तरह हो सकती है— 'व्यवसायी अच्छे होते हैं' (Business men are good)।

3. त्रिविमीय दृष्टिकोण *(Three-dimensional approach)*—आधुनिक समाज मनोवैज्ञानिकों ने मनोवृत्ति की व्याख्या करने के लिए त्रिविमीय दृष्टिकोण अपनाया है। इस दृष्टिकोण के अनुसार मनोवृत्ति के पहले से चले आ रहे दो संघटकों (components) में एक तीसरा संघटक अर्थात् व्यवहारात्मक संघटक (behavioural) को जोड़कर उसकी व्याख्या की गयी है। आधुनिक मनोवैज्ञानिकों का यह विचार अधिकतर लोगों का मान्य है। इन लोगों का विचार है कि मनोवृत्ति संज्ञानात्मक संघटक(cognitive component) भावात्मक संघटक(affective component)तथा व्यवहारात्मक संघटक(behavioural component) का एक संगठित तंत्र(organised system)है। इसे आधुनिक समाज मनोवैज्ञानिकों एवं समाजशास्त्रियों ने मनोवृत्ति का *ABC* मॉडल कहा है। यहाँ A से भावात्मक संघटक (affective component), B से व्यवहारात्मक संघटक (behavioural component) तथा C से संज्ञानात्मक संघटक (cognitive component) का बोध होता है। कुछ प्रमुख समाज मनोवैज्ञानिकों एवं समाजशास्त्रियों (sociologists) की परिभाषाएँ अग्रांकित हैं—सेकर्ड तथा बैकमेन[1] (Secord & Backman, 1964) के अनुसार, ''वातावरण के कुछ पहलुओं के प्रति व्यक्ति के भावों, विचारों एवं क्रिया करने की पूर्व प्रवृत्तियों (predispositions) को मनोवृत्ति कहा जाता है।'' क्रेच, क्रचफिल्ड तथा बैलची[2] (Kretch, Crutchfield & Ballachey, 1982) के अनुसार, ''किसी एक वस्तु के सम्बन्ध में तीन संघटकों का स्थायी तंत्र मनोवृत्ति कहलाता है—संज्ञानात्मक संघटक यानी वस्तु के बारे में विश्वास, भावात्मक संघटक यानी वस्तु से संबंधित भाव तथा व्यवहारात्मक या क्रिया प्रवृत्ति संघटक यानी उस वस्तु के प्रति क्रिया करने की तत्परता।''

कुछ अन्य मनोवैज्ञानिकों जैसे काज एवं स्टोटलैण्ड (Katz & Stotland, 1959), राजेकी (Rajecki, 1982), फेल्डमैन (Feldman, 1986), मेयर्स (Myers, 1988) ने भी मनोवृत्ति को इन्हीं तीन संघटकों का स्थायी संगठित तंत्र (enduring organised system) माना है। समाज मनोवैज्ञानिकों ने अपने अध्ययनों के आधार पर यह स्पष्ट कर दिया है कि मनोवृत्ति के इन तीनों संघटकों की कुछ खास-खास विशेषताएँ(characteristics)होती हैं जिनके स्वरूप(nature) को समझना मनोवृत्ति के अर्थ को पूर्णरूपेण समझने के लिए आवश्यक है। ऐसी विशेषताएँ निम्नांकित तीन हैं (जिनका सम्बन्ध मनोवृत्ति के तीनों संघटकों से है)—

1. कर्षणशक्ति *(Valence)*—मनोवृत्ति के तीनों संघटक (components) में कर्षणशक्ति (valence) होती है। कर्षणशक्ति से तात्पर्य मनोवृत्ति की अनुकूलता (favourableness) तथा प्रतिकूलता (unfavourableness) की मात्रा (degree) से है। संज्ञानात्मक संघटक अधिक अनुकूल या प्रतिकूल हो सकता है। दूसरे शब्दों में, व्यक्ति का विश्वास मनोवृत्ति वस्तु के प्रति अधिक या कम अनुकूल तथा अधिक या कम प्रतिकूल हो सकता है। उसी तरह से भावात्मक संघटक (affective component) में भी अधिक या कम धनात्मक कर्षणशक्ति (positive valence) तथा अधिक या कम नकारात्मक कर्षणशक्ति (negative valence) हो सकती है। उसी तरह से व्यवहारात्मक संघटक में भी कर्षणशक्ति

---

1. "The term attitude refers to certain regularities of an individual's feelings, thoughts and predispositions to act toward some aspects of his environment." — Secord and Backman : *Social Psychology*, 1964, p. 97
2. "An attitude can be defined as an enduring system of three components centering about a single object, the beliefs about the object –the cognitive component, the affect connected with the objects–the feeling component and the disposition to take action with respect to the object–the action tendency component."
— Kretch, Crutchfield and Ballachey : *Individual in Society*, 1982

कम या अधिक हो सकती है। व्यक्ति किसी घटना, समस्या या अन्य व्यक्ति को पूर्णरूपेण मदद करने के लिए तैयार हो सकता है या फिर इन सबसे पूर्णरूपेण छुटकारा पाने का हर संभव प्रयास कर अपने आप को दूर रख सकता है।

2. बहुविधता *(Multiplexity)*—बहुविधता का गुण भी मनोवृत्ति के तीनों संघटकों (components) में होता है। बहुविधता से तात्पर्य इस बात से होता है कि किसी संघटक में उसके तत्त्वों (elements) की संख्या कितनी है। दूसरे शब्दों में, संघटक की बहुविधता का गुण यह बतलाता है कि अमुक संघटक कितने तत्त्वों या कारकों से मिलकर बना है। संघटक में जितने अधिक तत्त्व होंगे, जटिलता (complexity) भी उसमें उतनी ही अधिक होगी। जैसे, सह-शिक्षा (co-education) के प्रति व्यक्ति की मनोवृत्ति के संज्ञानात्मक संघटक (cognitive component) में कई तथ्य शामिल हो सकते हैं—सहशिक्षा किस स्तर से शुरू होनी चाहिए, सह शिक्षा के क्या फायदे हैं, सहशिक्षा नगर में अधिक लाभप्रद होता है या गाँव में, आदि-आदि। उसी तरह भावात्मक संघटक (affective component) तथा व्यवहारात्मक संघटक में भी तत्त्वों की संख्या एक या एक से अधिक हो सकती है।

3. संगति विशेषताएँ *(Consistency characteristics)*—समाज मनोवैज्ञानिकों के भिन्न-भिन्न अध्ययनों से यह स्पष्ट हो गया है कि मनोवृत्ति के तीनों संघटकों में संगति (consistency) होती है। इस तरह की संगति मूलरूप से संघटकों की कर्षण-शक्ति (valence) में अधिक पायी जाती है परन्तु बहुविधता (multiplexity) में कम-से-कम होती पायी गयी है। कैम्पबेल (Campbell, 1947) ने अपने अध्ययन में संघटकों की कर्षण-शक्ति (valence) के प्राप्तांकों (scores) में .34 से .65 तक का सहसम्बन्ध पाया। इसी तरह से एर्डोनो तथा उनके सहयोगियों (Adorno et al, 1950) ने अपने अध्ययन में संघटकों की कर्षण-शक्ति के प्राप्तांकों में 0.74 से 0.84 तक का सहसम्बन्ध गया। यह उच्च सहसम्बन्ध इस बात का सूचक है कि संघटकों की कर्षण-शक्ति (valence) में संगति अधिक होती है। तीनों संघटकों की बहुविधता (multiplexity) के गुण में इतनी अधिक संगति समाज मनोवैज्ञानिकों ने नहीं पायी है।

निष्कर्ष यह है कि मनोवृत्ति तीन संघटकों अर्थात् संज्ञानात्मक संघटक, भावात्मक संघटक तथा व्यवहारात्मक संघटक का एक संगठित स्थायी तंत्र (organized enduring system) है। इन तीनों संघटकों में संगति (consistency) का गुण पाया जाता है। इस संगति के कारण व्यक्ति किसी वस्तु या घटना के प्रति एक खास ढंग से सोचता है तथा व्यवहार करने के लिए तत्पर रहता है।

मनोवृत्ति की विशेषताएँ
(Characteristics of Attitude)

मनोवृत्ति की कुछ सामान्य विशेषताएँ हैं जिनके आधार पर इसके बारे में हमें अर्थपूर्ण ज्ञान होता है। मनोवृत्ति की कुछ ऐसी विशेषताएँ निम्नांकित हैं—

1. मनोवृत्ति का सम्बन्ध हमेशा किसी विषय, घटना या विचार आदि से होता है *(Attitude is always releated to some issues, events or thoughts)*—मनोवृत्ति एक ऐसा मनोभाव है जिसका सम्बन्ध किसी विषय, घटना या विचार से होता है। दूसरे शब्दों में, मनोवृत्ति की उत्पत्ति होने के लिए कोई-न-कोई विषय, घटना या विचार का होना अनिवार्य है। जैसे, व्यक्ति सती प्रथा, विधवा विवाह, बाल विवाह, अन्तर्जातीय विवाह, भारत-अमेरिका सम्बन्ध, आदि के बारे में एक प्रतिकूल या अनुकूल मनोवृत्ति विकसित कर सकता है क्योंकि ये सभी विषय एवं घटनाएँ महत्त्वपूर्ण हैं। ऐसा देखा गया है कि यदि विषय या घटना विवादग्रस्त होती है, तो व्यक्ति बहुत जल्द ही अनुकूल या प्रतिकूल मनोवृत्ति विकसित कर लेता है।

2. मनोवृत्ति सीखी जाती है *(Attitude is learnt)*—मनोवृत्ति जन्मजात नहीं होती है बल्कि उसे व्यक्ति अपने जीवनकाल में सीखता है। प्रत्येक व्यक्ति अपने जीवनकाल में तरह-तरह की अनुभूतियाँ प्राप्त करता है तथा इन अनुभूतियों के आधार पर वह एक अनुकूल या प्रतिकूल मनोवृत्ति विकसित करता है। ऐसा नहीं होता है कि व्यक्ति में किसी विषय या घटना के प्रति अमुक मनोवृत्ति जन्म से ही पायी जाती है।

3. मनोवृत्ति विशिष्ट दिशा में निर्देशन करती है *(Attitude directs in specific way)*—मनोवृत्ति व्यक्ति के व्यवहारों को एक निश्चित दिशा में निर्देश करती है। जब व्यक्ति की मनोवृत्ति किसी विषय, घटना या अन्य व्यक्ति के प्रति अनुकूल होती है तो वह खास-ढंग से व्यवहार करता है तथा जब उसकी मनोवृत्ति प्रतिकूल होती है तो वह दूसरे ढंग से व्यवहार करता है। उदाहरणार्थ, जब व्यक्ति की मनोवृत्ति विधवा विवाह के प्रति अनुकूल होती है, तो वह

इस तरह के विवाह को सम्पन्न कराने में सक्रिय भाग लेता है। दूसरी तरफ जब उसकी मनोवृत्ति प्रतिकूल होती है, तो वह इस तरह के विवाह के विपक्ष में तर्क देगा तथा ऐसी विधवाओं से घृणा भी करेगा जिन्होंने शादी करने को ठान रखी है।

4. मनोवृत्ति अपेक्षाकृत स्थायी होती है (*Attitude is relatively permanent*)—मनोवृत्ति एक बार विकसित हो जाने के बाद सामान्यतः स्थायी-सी होती है। परन्तु परिस्थिति में परिवर्तन होने पर या कुछ नये कारकों (factors) के उत्पन्न हो जाने पर मनोवृत्ति में परिवर्तन भी हो जाता है। उदाहरणार्थ, एक किरानी की मनोवृत्ति अपने ऑफिसर के प्रति सामान्यतः अनुकूल होती है। परन्तु यदि उसी ऑफिसर से उसका मनमुटाव या बक-झक हो जाती है, तो उसकी मनोवृत्ति बदलकर प्रतिकूल हो जाती है।

5. मनोवृत्ति में प्रेरणात्मक गुण होता है(*Attitude has motivational properties*)—समाज मनोवैज्ञानिकों द्वारा किये गये अध्ययनों से यह स्पष्ट हो गया है कि मनोवृत्ति में प्रेरणात्मक गुण भी होते हैं। व्यक्ति अपनी मनोवृत्ति से प्रेरित होकर कुछ खास प्रकार का व्यवहार अधिक तत्परता के साथ करता है। उदाहरणर्थ माता-पिता, शिक्षक, मित्र आदि के प्रति अनुकूल मनोवृत्ति होने के कारण हम अधिक सौहादपूर्ण व्यवहार करते हैं। दूसरी तरफ, चोर-डकैत, दुश्मन आदि के प्रति प्रतिकूल मनोवृत्ति होने के कारण हम तीखा व्यवहार करते हैं।

6. मनोवृत्ति में तीव्रता का गुण होता है (*Attitude has its intensity*)—ऐसा देखा गया है कि मनोवृत्ति चाहे अनुकूल हो या प्रतिकूल हो, उसमें तीव्रता का गुण होता है। उदाहरणार्थ, जब एक व्यक्ति की मनोवृत्ति दूसरे व्यक्ति के प्रति प्रतिकूल (unfavourable) होती है, तो सम्भव है कि प्रतिकूल मनोवृत्ति रखने वाला व्यक्ति उस दूसरे व्यक्ति के साथ खाना-पीना, उठना-बैठना, बोलना-चालना आदि तब बन्द कर दे। ऐसा भी हो सकता है कि प्रतिकूल मनोवृत्ति रखने वाला व्यक्ति उस व्यक्ति के साथ उठना-बैठना तथा बोलना कायम रखे परन्तु खाना-पीना बन्द कर दे। यहाँ पहले व्यक्ति की प्रतिकूल मनोवृत्ति में दूसरे व्यक्ति की प्रतिकूल मनोवृत्ति की अपेक्षा अधिक तीव्रता है।

इस तरह से हम देखते हैं कि मनोवृत्ति की कुछ खास-खास विशेषताएँ होती हैं जिनके आधार पर उसके बारे में एक सही एवं अर्थपूर्ण ज्ञान प्राप्त होता है।

मनोवृत्ति एवं सम्बन्धित संप्रत्यय
(Attitude and related Concepts)

मनोवृत्ति का सम्बन्ध कुछ खास-खास संप्रत्ययों (concepts) से अधिक है। अतः इसकी समुचित जानकारी के लिए यह आवश्यक है कि मनोवृत्ति का यथोचित अन्तर उन सम्बन्धित संप्रत्ययों के साथ किया जाय। मनोवृत्ति के साथ कुछ इसी तरह से संप्रत्यय जैसे विश्वास (belief), मान या मूल्य (value), मत (opinion), आदि के सम्बन्धों का वर्णन निम्नांकित हैं—

1. मनोवृत्ति एवं मूल्य या मान
(Attitude and Value)

मनोवृत्ति एवं मान (value) में समाज मनोवैज्ञानिकों ने अन्तर किया है। सामान्यतः मान से तात्पर्य एक ऐसे लक्ष्य (goal) से होता है जिसे प्राप्त करना समाज में काफी वांछित समझा जाता है। इसमें व्यक्ति में एक सकारात्मक(positive) या नकारात्मक (negative) भाव भी सम्मिलित होता है। वर्केल तथा कूपर[1] (Worchel & Cooper, 1979) ने मान (value) को परिभाषित करते हुए कहा है, ''मान का अर्थ किसी वस्तु या विचार से संबंधित सकारात्मक या नकारात्मक भाव से होता है।''

मनोवृत्ति तथा मान में एक समानता है। मनोवृत्ति तथा मान दोनों ही अर्जित (acquired) होते हैं, दूसरे शब्दों में, व्यक्ति किसी खास मनोवृत्ति तथा मान को अपने जीवन काल में विकसित करता है। इस समानता के बावजूद भी इन दोनों में कुछ अन्तर है जो निम्नांकित है—

(1) मनोवृत्ति का सम्बन्ध किसी एक वस्तु से होता है चाहे वह वस्तु अमूर्त्त (abstract) ही क्यों न हो परन्तु

1. Value refers to "the positive or negative affect attached to an object or idea."
— Worchel & Cooper : *Understanding Social Psychology*, 1979, p. 628.

मान (value)का सम्बन्ध किसी एक वस्तु से नहीं बल्कि उस वस्तु के सम्पूर्ण वर्ग (whole class)से सम्बन्धित होता है। इसलिए सेकर्ड तथा बैकमैन[1] (Second & Backman 1964)ने कहा है, ''मान तंत्र वस्तुओं के सम्पूर्ण वर्ग के प्रति एक उन्मुखता (orientation) है।

(2) मनोवृत्ति तथा मान (value)दोनों में ही भावात्मक पक्ष प्रधान होते हैं। परन्तु मान में मनोवृत्ति की अपेक्षा भावात्मक पक्ष अधिक महत्त्वपूर्ण होते हैं।

(3) व्यक्ति के मान (value) का निर्माण उनकी कई वैयक्तिक मनोवृत्तियों (individual attitudes) के मिलने के फलस्वरूप होता है। उदाहरणस्वरूप, जिस व्यक्ति में लोकापकारवाद (humanitarianism) का मान विकसित होता है, उनमें सामाजिक कल्याण, प्रजातंत्रात्मक सरकार, समाज में धन का समान वितरण आदि के प्रति अनुकूल मनोवृत्ति (favourable attitudes)तथा युद्ध, तानाशाही, मृत्यु-दण्ड आदि के प्रति प्रतिकूल मनोवृत्ति (favourable attitudes)होगी। दूसरी तरफ व्यक्ति की मनोवृत्ति के निर्माण में मान तन्त्रों (values systems) का कोई बहुत स्पष्ट प्रभाव नहीं दीख पड़ता।

(4) मनोवृत्ति मूलतः दो प्रकार के होते हैं—सकारात्मक तथा नकारात्मक। परन्तु मान कई प्रकार के होते हैं—धार्मिक मान, सामाजिक मान, आर्थिक मान, राजनैतिक मान आदि।

(5) मान का निर्माण चूँकि कई वैयक्तिक मनोवृत्तियों के मिलने से होता है, अतः यह मनोवृत्ति की तुलना में अधिक स्थिर तथा स्थायी होता है।

(6) ब्रौनफेनब्रनर (Bronfenbrenner, 1960) ने अपने अध्ययनों के आधार पर यह स्पष्ट कर दिया है कि मान में आत्मीकरण (identification) का महत्त्व मनोवृत्ति में आत्मीकरण की अपेक्षा अधिक होता है।

2. मनोवृत्ति तथा विश्वास
(Attitude and Belief)

मनोवृत्ति का सम्बन्ध विश्वास से अधिक है। इन दोनों के बीच के सम्बन्ध की व्याख्या करने के लिए यह आवश्यक है कि इन दोनों के अर्थ को पहले सही-सही समझा जाय। विश्वास (belief) को क्रेच एवं क्रचफिल्ड[2] (Kretch & Crutchfield, 1948) ने इस प्रकार परिभाषित किया है, ''व्यक्ति द्वारा संसार के किसी पक्ष के बारे में प्रत्यक्ष एवं संज्ञान के स्थायी संगठन को विश्वास कहते हैं।'' उसी तरह मार्गन किंग विस्ज एवं स्कोपलर[3](Morgan, King, Weisz and Schopler, 1986) ने विश्वास को परिभाषित करते हुए कहा है, ''वस्तुओं के गुणों के बारे में जो विचार (thoughts) या संज्ञान (cognitions) होते हैं उन्हें ही विश्वास कहा जाता है।'' हम पहले ही देख चुके हैं कि आधुनिक समाज मनोवैज्ञानिकों ने मनोवृत्ति को तीन संघटकों (components) अर्थात् संज्ञानात्मक संघटक (cognitive component), भावात्मक संघटक(affective component)तथा व्यवहारात्मक संघटक(behavioural component)का एक संगठित तन्त्र (organized system) बताया है। विश्वास की परिभाषाओं एवं मनोवृत्ति की परिभाषाओं पर यदि हम गौर करते हैं तो पाते हैं कि विश्वास तथा मनोवृत्ति एक-दूसरे से काफी समान (similar) है। प्रमुख समानताएँ (similarities) निम्नांकित हैं—

(1) मनोवृत्ति के समान विश्वास भी विभिन्न संघटकों (components) का एक स्थायी संगठन (enduring organization) है।

(2) मनोवृत्ति के समान विश्वास (belief) में भी संज्ञानात्मक संघटक (cognitive component) होते हैं।

इन समानताओं के बावजूद भी मनोवृत्ति तथा विश्वास में निम्नांकित अन्तर हैं—

(1) मनोवृत्ति में संज्ञानात्मक, भावात्मक तथा व्यवहारात्मक तीनों संघटक होते हैं जबकि विश्वास में भावात्मक संघटक

---

1. "Value Systems are orientations toward whole classes of objects."
— Secord & Backman : *Social Psychology*, 1964, p. 99.
2. "A belief is an enduring organisation of perceptions and congnitions about some aspect of the individual's world." — Kretch & Crutchfield : *Theory and Problems of Social Psychology*, 1948.
3. "Belief are cognitions or thoughts about the characteristics of objects."
— Morgan, King, Weisz & Schopler : *Introduction to Psychology*, 1986, p. 383

(affective component) बिलकुल नहीं होता है तथा व्यवहारात्मक संघटक भी गौण (secondary) होता है। (क्योंकि विश्वास कभी-कभी व्यक्ति में व्यवहार करने की तत्परता पैदा कर सकता है)। इसमें (विश्वास में) संज्ञानात्मक संघटक (cognitive component) ही प्रधान होता है। उदाहरणार्थ, यदि किसी व्यक्ति को विश्वास है कि अन्तर्जातीय विवाह ठीक नहीं है तो इसमें कोई संवेग या भाव नहीं होता है। हाँ, ऐसा विश्वास रखने वाले व्यक्ति इस तरह के विवाह के खिलाफ में कभी-कभी अच्छा भाषण देने लगते हैं (और इस तरह से विश्वास में कभी-कभी व्यवहारात्मक संघटक भी देखने को मिल जाता है।)

(2) मनोवृत्ति में प्रेरणात्मक गुण (motivational property) होते हैं जिससे प्रेरित होकर व्यक्ति कुछ विशेष प्रतिक्रियाएँ करता है। परन्तु विश्वास में इस ढंग के प्रेरणात्मक गुण हमेशा देखने को नहीं मिलता है। उदाहरणार्थ, हमें विश्वास है कि सूर्य एक तरह का तारा (star) ही है परन्तु उस विश्वास से हमें कोई क्रिया करने की प्रेरणा नहीं मिलती है।

(3) प्रत्येक मनोवृत्ति में विश्वास सम्मिलित होता है परन्तु प्रत्येक विश्वास का मनोवृत्ति से सम्बन्ध नहीं होता है। क्रेच तथा क्रचफिल्ड[1] (Kretch & Crutchfield, 1947) इस पर टिप्पणी करते हुए कहा है, ''सभी मनोवृत्ति में उस वस्तु के प्रति संगत विश्वास (relevant belief) निहित होता है जिसके प्रति हम एक मनोवृत्ति घोषित करते हैं, परन्तु इसके विपरीत हम यह नहीं कह सकते हैं कि समस्त विश्वास मनोवृत्ति संरचना का एक हिस्सा है।''

(4) मनोवृत्ति वास्तविक तथ्य (real fact) पर अधिक आधारित होती है जबकि विश्वास वास्तविक तथ्य पर कम लेकिन काल्पनिक तथ्य पर अधिक आधारित होता है। उदाहरणार्थ, हमारा विश्वास है कि सूर्य एक तारा है परन्तु तारा क्या है, कैसा होता है और उसकी कौन-कौन-सी विशेषताएँ होती हैं आदि सभी कुछ हमारे वैज्ञानिकों की कल्पना पर आज भी आधारित है।

(5) मनोवृत्ति में विश्वास की तुलना में परिवर्तन तेजी से आता है। ऐसा इसलिए होता है कि मनोवृत्ति का सम्बन्ध वास्तविक परिस्थितियों (real situtations) से अधिक होता है। परन्तु विश्वास एक बार कायम हो जाने पर उसे अविश्वास में बदलना कठिन है।

(6) मनोवृत्ति का क्षेत्र विश्वास के क्षेत्र से अधिक बड़ा होता है क्योंकि मनोवृत्ति में प्रेरणात्मक (motivation), संवेगात्मक (emotional), संज्ञानात्मक (cognitive), प्रत्यक्षणात्मक (perceptional), तथा व्यवहारात्मक सभी तरह की प्रक्रियाओं का समावेश होता है जबकि विश्वास मूलतः संज्ञानात्मक एवं प्रत्यक्षणात्मक ही होता है।

3. मनोवृत्ति तथा मत
(Attitude and Opinion)

मनोवृत्ति (attitude) तथा मत (opinion) में गहरा संबंध है। प्रत्येक मनोवृत्ति में एक मत निहित होता है। इस कारण इन दोनों में घनिष्ठ सम्बन्ध और भी बढ़ जाता है। इस सम्बन्ध के एक स्वरूप को समझने के लिए यह आवश्यक है कि मत तथा मनोवृत्ति के अर्थ को समझ लिया जाय। जहाँ तक मनोवृत्ति के अर्थ का प्रश्न है, इसे हम पहले ही बता चुके हैं। मत के अर्थ की व्याख्या करने के ख्याल से कुछ मनोवैज्ञानिकों ने इसे वैज्ञानिक रूप से परिभाषित करने की कोशिश की है। जैसे–सेकर्ड तथा बैकमैन[2] (Secord & Backman, 1964) के अनुसार, ''मत एक ऐसा विश्वास (belief) है जो कि व्यक्ति अपने वातावरण की कुछ वस्तुओं के प्रति रखता है।'' चैपलिन[3] (Chaplin, 1975) के अनुसार ''मत एक विश्वास है, विशेषकर ऐसा विश्वास जो अस्थायी होता है तथा जिसमें परिमार्जन की सम्भावना बनी होती है।''

इन परिभाषाओं से यह स्पष्ट है कि मत (opinion) एक तरह का विश्वास (belief) ही है जो किसी वस्तु से संबंधित होता है तथा जिसमें अस्थायीत्व का गुण होता है। मत में संज्ञानात्मक तत्त्व (cognitive element) की भूमिका

---

1. "All attitudes incorporate relevant beliefs about the object of the attitude but we cannot say, conversely, that all beliefs are part of attitude structure."
— Kretch & Crutchfield : *Theory and Problems of Social Psychology*, 1947, p. 152
2. "An opinion is a belief that one holds about some object in the environment."
— Secord & Backman : *Social Psychology*, 1964, p. 98
3. "Opinion is a belief particularly one that is tentative and still open to modification." — Chaplin, 1975

प्रधान होती है। जैसा कि हम जानते हैं, मनोवृत्ति में भी संज्ञानात्मक तत्त्व का महत्त्व होता है। इस समानता के बावजूद भी मनोवृत्ति तथा मत में निम्नांकित अन्तर है—

(1) मत में सिर्फ संज्ञानात्मक तत्त्व होते हैं परन्तु भावात्मक तत्त्व (affective element) नहीं होते हैं जबकि मनोवृत्ति में संज्ञानात्मक तत्त्व के अलावा भावात्मक तत्त्व भी होते हैं। दूसरे शब्दों में, मनोवृत्ति में संवेग या भाव होता है जबकि मत में संवेग या भाव नहीं होते हैं। जैसे—किसी व्यक्ति का मत है कि भगवान का अस्तित्व है तो इसमें भगवान के रूप एवं कार्य के बारे में तरह-तरह के संज्ञानात्मक विचार हो सकते हैं। परन्तु इसमें किसी तरह का संवेग या भाव नहीं होगा। लेकिन यदि किसी व्यक्ति की मनोवृत्ति दूसरे व्यक्ति या वस्तु के प्रति अनुकूल या प्रतिकूल होती है तो उसमें संवेग या भाव भी पाया जाता है।

(2) व्यक्ति की क्रियाओं एवं व्यवहारों पर मनोवृत्ति का अधिक प्रभाव पड़ता है परन्तु मत या विचार का प्रभाव उतना अधिक नहीं पड़ता है। उदाहरणर्थ, हमारा मत सहशिक्षा के प्रतिकूल होने पर भी अपनी बेटी या बेटा को ऐसे कॉलेज या स्कूल में पढ़ने के लिए भेज सकते हैं जहाँ सहशिक्षा है। परन्तु यदि हमारी मनोवृत्ति सहशिक्षा के प्रतिकूल है, तो हम निश्चित रूप से अपने बच्चों को ऐसी संस्था में नहीं भेजेंगे।

(3) अगर हम किसी व्यक्ति की मनोवृत्ति के बारे में जाते हैं, तो यह कहना काफी आसान हो जाता है कि वह व्यक्ति अमुक परिस्थिति में किस तरह का व्यवहार करेगा। परन्तु किसी व्यक्ति के मत या विचार मात्र को जानकर ऐसा करना संभव नहीं है।

(4) मनोवृत्ति का निर्माण चेतन रूप से (consciously) कम तथा अचेतन रूप से (unconsciously) अधिक होता है। जैसे-जैसे किसी वस्तु या व्यक्ति के साथ अन्तःक्रियाएँ (interactions) अधिक होती है, व्यक्ति में अचेतन रूप से धीरे-धीरे एक विशेष मनोवृत्ति का निर्माण होता जाता है। परन्तु मत या विचार का निर्माण मूल रूप से चेतन स्तर पर ही होता है।

मनोवृत्ति का विकास तथा निर्माण
(Development and Formation of Attitudes)

मनोवृत्ति एक अर्जित प्रवृत्ति (acquired tendency) है। स्वभावतः तब इसके विकास (development) में बहुत तरह के कारकों का प्रभाव पड़ता है। समाज मनोवैज्ञानिकों ने मनोवृत्ति के विकास को प्रभावित करने वाले बहुत-से कारकों से संबंधित कई प्रयोग किये हैं। भिन्न-भिन्न प्रयोगों के आधार पर इन लोगों ने निष्कर्ष के रूप में कुछ ऐसे कारकों की ओर संकेत किया है जिससे मनोवृत्ति का विकास एवं निर्माण प्रभावित होता है। कुछ ऐसे ही महत्त्वपूर्ण कारक निम्नांकित हैं—

1. आवश्यकता पूर्ति (*Want satisfaction*)—प्रायः देखा गया है कि जिस व्यक्ति, वस्तु तथा घटना से हमारे लक्ष्य की प्राप्ति होती है एवं आवश्यकता की पूर्ति होती है, उसके प्रति हमारी मनोवृत्ति अनुकूल (favourable) होती है तथा जिस व्यक्ति, वस्तु एवं घटना से हमारे लक्ष्य की प्राप्ति में बाधा उत्पन्न होती है एवं आवश्यकता की पूर्ति नहीं होती है, उनके प्रति हमारी मनोवृत्ति प्रतिकूल (unfavourable) हो जाती है। इस तथ्य का प्रयोगात्मक समर्थन (experimental support) हमें रोजेनवर्ग (Rosenberg, 1956) के अध्ययन से मिलता है। इस अध्ययन में कॉलेज के 120 छात्रों ने भाग लिया। इस अध्ययन के निष्कर्ष में उन्होंने पाया कि जो वस्तुएँ छात्रों के लक्ष्य की प्राप्ति में सहायक थीं, उनके प्रति उनकी अनुकूल मनोवृत्ति (favourable attitude) बन गयी तथा जिन वस्तुओं से उन्हें लक्ष्य-प्राप्ति में सहायता नहीं होती थीं (और फलस्वरूप वे कुण्ठा के स्रोत थीं) उनके प्रति उन छात्रों की मनोवृत्ति प्रतिकूल बन गयी है। इस अध्ययन से यह स्पष्ट हो जाता है कि आवश्यकता पूर्ति (want satisfaction) एक महत्त्वपूर्ण कारक है जिससे व्यक्ति की मनोवृत्ति का निर्माण होता है।

2. दी गयी सूचनाएँ (*Given information*)—मनोवृत्ति के निर्माण में व्यक्ति को दी गयी सूचनाओं की भी भूमिका महत्त्वपूर्ण होती है। आधुनिक समाज में भिन्न-भिन्न माध्यमों (media) से व्यक्ति को सूचनाएँ दी जाती हैं। इन माध्यमों में रेडियो, टेलीविजन, अखबार, पत्रिकाएँ, आदि प्रधान हैं। इन माध्यमों से दी गयी सूचनाओं के अनुसार व्यक्ति अपनी मनोवृत्ति विकसित करता है। इन माध्यमों के अलावा अन्य माध्यमों से भी व्यक्ति को सूचनाएँ मिलती हैं और इनके अनुसार व्यक्ति अपना मनोवृत्ति विकसित करता है। जैसे—माता-पिता, भाई-बहनों, साथियों एवं पड़ोसियों

से भी व्यक्ति को सूचनाएँ मिलती हैं और इसके अनुसार व्यक्ति मनोवृत्ति का विकास करता है। प्रयोगात्मक सबूतों के आधर पर यह स्पष्ट हो गया है कि सभी तरह की सूचनाओं का प्रभाव मनोवृत्ति के विकास में समान रूप से नहीं पड़ता है। सचमुच में सूचनाओं की प्रभावशीलता कई बातों पर निर्भर करती हैं जिसमें सूचना के स्रोत (source) की विश्वसनीयता (credibility) सबसे अधिक प्रधान है। मेयर्स (Myers, 1988) के अनुसार यदि सूचना देने वाला स्रोत (source) में व्यक्ति को पूरा विश्वास होता है तो वैसी परिस्थिति में दी गयी सूचना शत-प्रतिशत प्रभावकारी होती है एवं नयी मनोवृत्ति के विकास में सहायक होती है। फेस्टिंगर, (Festinger, 1957), कार्टराईट तथा हारेरी (Cartwright & Harary, 1956) आदि मनोवैज्ञानिकों द्वारा किये गये अध्ययनों से ऊपर के तथ्य की पुष्टि होती है।

3. सामाजिक सीखना *(Social learning)*—सामाजिक सीखना का प्रभाव भी मनोवृत्ति के विकास में काफी पड़ता है। जिस तरह से व्यवहार के भिन्न-भिन्न रूपों को व्यक्ति सीखता है, ठीक उसी तरह मनोवृत्ति के विकास में भी सीखने की प्रक्रिया की महत्त्वपूर्ण भूमिका होती है। समाज मनोवैज्ञानिकों द्वारा किये गये अध्ययनों से यह स्पष्ट हो गया है कि मनोवृत्ति के विकास में सीखने के तीन तरह की प्रक्रियाओं का महत्त्वपूर्ण स्थान है। वे तीन प्रक्रियाएँ हैं—क्लासिकी अनुबंधन (classical conditioning), साधनात्मक अनुबंधन (instrumental conditioning) तथा प्रेक्षणात्मक सीखना (observational learning)। मनोवृत्ति के विकास में सीखने की इन तीनों क्रियाओं के महत्त्व की व्याख्या निम्नांकित हैं—

(a) क्लासिकल अनुबंधन *(Classical conditioning)*—क्लासिकी अनुबंधन सीखने का एक महत्त्वपूर्ण सिद्धान्त (principle) है। इस सिद्धान्त के अनुसार जब कोई तटस्थ उद्दीपक (neutral stimulus) को अनुक्रिया उत्पन्न करने वाले उद्दीपक के साथ बार-बार उपस्थित किया जाता है तो वैसी परिस्थिति में कुछ समय के बाद तटस्थ उद्दीपक में भी उसी तरह की अनुक्रिया करने की क्षमता उत्पन्न हो जाती है। समाज मनोवैज्ञानिकों का विचार है कि क्लासिकी अनुबंधन के इस नियम (principle) द्वारा हम दिन-प्रतिदिन की जिन्दगी में अनेक नई-नई मनोवृत्तियों को सीखते हैं। उदाहरणार्थ, एक बच्चा अपने पिता को जब बारबार यह कहते सुनता है कि अमेरिकन साहसी, मेहनती, ईमानदार व्यक्ति होते हैं, तो धीरे-धीरे वह अमेरिकन के प्रति एक अनुकल मनोवृत्ति (favourable attitude) विकसित कर लेता है। प्रारंभ में 'अमेरिकन' शब्द उस बच्चे के लिए एक तटस्थ शब्द था जिसके प्रति किसी तरह की मनोवृत्ति नहीं थी। उसी तरह से जब बच्चा अपने पिता से प्रायः यह सुनता है कि 'दलित' गंदे एवं पिछड़े होते हैं, तो वह धीरे-धीरे 'दलित' के प्रति वैसी ही मनोवृत्ति विकसित कर लेता है। कुछ समाज मनोवैज्ञानिकों ने प्रयोग करके भी यह दिखलाया है कि क्लासिकी अनुबंधन के नियमानुसार किस तरह से मनोवृत्ति विकसित होती है। स्टाटॅस तथा स्टाटॅस (Staats & Staats, 1958) द्वारा किया गया प्रयोग काफी लोकप्रिय है। इन्होंने दो शब्द (जो दो राष्ट्रीयता बतलाते थे) को एक पर्दे पर प्रयोज्यों के सामने दिखलाया। वे दो शब्द थे—'डच' (Dutch) तथा 'स्वेडिश' (Swedish)। इनमें से एक राष्ट्रीयता शब्द दिखलाने के बाद धनात्मक विशेषण (positive adjectives) जैसे—'खुश' (happy), 'पवित्र (sacred), 'मेहनती' (laborious) आदि शब्दों को प्रयोगकर्त्ता बोलकर प्रयोज्यों (subjects) को सुनाते थे तथा दूसरा राष्ट्रीयता शब्द को दिखलाने के बाद ऋणात्मक विश्लेषण (negative adjective) जैसे—गंदा (dirty), कुरूप (ugly), तीखा (bitter) आदि प्रयोगकर्त्ता द्वारा बोलकर प्रयोज्यों को सुनाया जाता था। परिणाम में देखा गया कि वैसे राष्ट्रीयता शब्द (nationality word) के प्रति अनुकूल मनोवृत्ति प्रयोज्यों में विकसित हो गयी जो धनात्मक विशेषण द्वारा युग्मित (paired) किये गये थे तथा जिस राष्ट्रीयता शब्द को ऋणात्मक विशेषण द्वारा युग्मित किया गया उसके प्रति ऋणात्मक मनोवृत्ति (negative attitude) प्रयोज्यों में विकसित हो गयी। लोर्ह तथा स्टाटॅस (Lohr & Staats, 1973) द्वारा बाद में किये गये अध्ययनों से यह स्पष्ट हो गया कि क्लासिकी अनुबंधन द्वारा किसी खास भाषा या संस्कृति के लोगों में ही नहीं बल्कि सभी भाषा-भाषी या संस्कृति में पले व्यक्तियों में इस नियम द्वारा मनोवृत्ति का विकास होता है।

(a) साधनात्मक अनुबंधन *(Instrumental conditioning)*—साधनात्मक अनुबंधन का नियम (principle) सीखने का एक दूसरा महत्त्वपूर्ण नियम है जिससे मनोवृत्ति का विकास प्रभावित होता है। साधनात्मक अनुकूलन का नियम इस बात पर बल डालता है कि जिस अनुक्रिया के करने से व्यक्ति को पुरस्कार (reward) मिलता है, उसे वह सीख लेता है तथा जिस अनुक्रिया को करने से उसे दण्ड मिलता है, उसे वह दोहराना नहीं चाहता है। बच्चों में ठीक वैसी ही मनोवृत्ति बहुत जल्द विकसित होती है जैसा कि उनके माता-पिता की होती है। इसका प्रधान कारण यह है कि

माता-पिता के समान मनोवृत्ति (similar attitude) दिखलाने पर उन्हें पुरस्कार दिया जाता है अर्थात् उसके व्यवहारों की प्रशंसा करते हैं, उन्हें चॉकलेट, बिस्कुट आदि खाने के लिए देते हैं और यहाँ तक कि कुछ पैसे भी देते हैं। ठीक उसी तरह से अपने माता-पिता की मनोवृत्ति के विपरीत मनोवृत्ति दिखलाने पर उन्हें डाँट-फटकार और कभी-कभी शारीरिक दण्ड भी दिया जाता है। फलस्वरूप, वे इस तरह की विपरीत मनोवृत्ति नहीं विकसित कर पाते हैं। मनोवृत्ति निर्माण में साधनात्मक अनुकूलन के महत्त्व को दिखलाने के लिए कुछ प्रयोग भी किये गये हैं। जैसे—इन्सको एवं मैल्सन (Insko & Melson, 1969) ने अपने प्रयोग में यह दिखलाया है कि जब प्रयोगकर्त्ता द्वारा प्रयोज्य को थोड़ा-सा भी शब्दिक पुरस्कार (verbal reward) दिया जाता है, तो वैसी परिस्थिति में प्रयोज्य बहुत ही जल्द एक मनोवृत्ति विकसित कर लेता है। करपेलमैन तथा हिमेलफार्ब (Kerpelman & Himmelfarb, 1971) ने भी इसी तरह के प्रयोगात्मक सबूत द्वारा अपने प्रयोग की पुष्टि की है।

(c) प्रेक्षणात्मक सीखना *(Observational learning)*—प्रेक्षणात्मक सीखना का सार नियम यह है कि मानव दूसरे की क्रियाओं को एवं उसके परिणामों को देखकर नयी अनुक्रिया (new responses) करना सीख लेता है। इस नियम के प्रमुख प्रवर्त्तक बैण्डुरा (Bandura) हैं। समाज मनोवैज्ञानिकों का विचार है कि प्रेक्षणात्मक सीखना द्वारा बच्चे प्रायः वैसे मनोवृत्ति को भी अपने में विकसित कर लेते हैं जिन्हें उनके माता-पिता स्वयं सीखने के लिए अधिक प्रोत्साहित नहीं करते हैं। उदाहरणार्थ, यदि एक पिता अपने पुत्र को ईमानदारी की सबक सिखलाता है परन्तु स्वयं बेईमानी का कार्य करता है, तो पुत्र पिता की बातों को कम महत्त्व देते हुए स्वयं भी बेईमानी करने की मनोवृत्ति विकसित कर लेता है क्योंकि वह अपने पिता के गलत एवं कपटी क्रियाओं (dishonest activities) का प्रेक्षण करता है। ब्राऐन, रेडिफिल्ड तथा मैडर (Bryan, Redfield & Mader, 1971) एवं रशटन (Rushton, 1975) द्वारा किये गये अध्ययनों से इस तथ्य की पुष्टि होती है।

4. समूह बंधन *(Group affiliation)*—व्यक्ति की मनोवृत्ति के निर्माण में समूह संबंधन (group affiliation) का भी प्रभाव पड़ता है। समूह संबंधन से तात्पर्य व्यक्ति का किसी खास समूह के साथ संबंध कायम करने से होता है। यह निश्चित है कि जब व्यक्ति अपना संबंध किसी खास समूह से जोड़ता है तो वह उस समूह के मूल्यों (value), मानदण्डों (norms), विश्वासों, तौर-तरीकों को भी स्वीकार करता है। ऐसी परिस्थिति में व्यक्ति इन मूल्यों एवं मानदंडो के स्वरूप के अनुसार अपने में एक नयी मनोवृत्ति विकसित करता है। अनेक मनोवैज्ञानिक अध्ययनों से भी यह स्पष्ट हो गया है कि समूह संबंधन द्वारा व्यक्ति की मनोवृत्ति विकसित होती है। समाज मनोवैज्ञानिकों ने निम्नलिखित दो प्रकार के समूह से संबंधन का मनोवृत्ति विकास पर पड़ने वाले प्रभावों का अध्ययन किया है—

(a) प्राथमिक समूह *(Primary group)*—प्राथमिक समूह वैसे समूह को कहा जाता है जिसमें सदस्यों की संख्या साधरणतः कम होती है तथा जिसके सदस्यों में घनिष्ठ एवं आमने-सामने का संबंध (face-to-face relationship) होता है। जैसे—परिवार, खिलाड़ियों का समूह आदि प्राथमिक समूह के उदाहरण हैं। चूँकि प्राथमिक समूह के सदस्यों में अधिक सहयोग, भाईचारा एवं सहानुभूति का गुण पाया जाता है, अतः इसका एक सदस्य ठीक वैसी ही मनोवृत्ति विकसित करता है जैसा कि अन्य सदस्यों की होती है। भाई की मनोवृत्ति का विकास बहन की मनोवृत्ति के अनुकूल, भाई-बहन की मनोवृत्ति का विकास माता-पिता की मनोवृत्ति के अनुसार प्राथमिक समूह के इसी प्रभाव के कारण होता है। बच्चा जब जन्म लेता है तो उस समय उसका मस्तिष्क एक कोरा कागज होता है। परिवार के अन्य सदस्यों विशेषकर अपने माता-पिता के व्यवहारों एवं उनके साथ हुई अन्तःक्रियाओं (interactions) से उत्पन्न अनुभवों (experiences) के अनुसार वह एक खास मनोवृत्ति विकसित करता है। जिन व्यक्तियों एवं घटनाओं के प्रति माता-पिता की मनोवृत्ति अनुकूल होती है, बच्चों में भी उन घटनाओं एवं व्यक्तियों के प्रति अनुकूल मनोवृत्ति विकसित हो जाती है। दूसरी तरफ जिन चीजों के प्रति माता-पिता की मनोवृत्ति प्रतिकूल होती है, बच्चे भी उन चीजों के प्रति एक प्रतिकूल मनोवृत्ति (unfavourable attitude) विकसित कर लेते हैं। सिर्फ बच्चे ही नहीं, बल्कि परिवार के अन्य सदस्य भी अपनी मनोवृत्ति उसी दिशा में विकसित कर लेते हैं। इस तरह से हम देखते हैं कि प्राथमिक समूह के प्रभाव के कारण समूह के सदस्यों की मनोवृत्ति में एकरूपता (homogeneity) पायी जाती है। कैम्पवेल, गुरीन तथा मिलर (Campbel, Gurin & Miller, 1954) ने तीन तरह के प्राथमिक समहों की राजनैतिक मनोवृत्ति (political attitude) के निर्माण में उच्च एकरूपता (high homogeneity) होते पाया है। फिर अन्य मनोवैज्ञानिकों जैसे लेजार्सफेल्ड तथा सहयोगियों (Lazarsfeld et al, 1944) तथा बेरेलसन, लेजॉर्सफेल्ड एवं मैकफी (Barelson, Lazarsfeld & Mcphee, 1954) ने भी राजनैतिक मनोवृत्तियों के निर्माण में प्राथमिक समूह जैसे परिवार के महत्त्व को काफी स्पष्टतापूर्वक दिखलाया है।

क्रेच, क्रचफिल्ड तथा बैलेची (Kretch, Curtchfield & Ballachey, 1962) के अनुसार प्राथमिक समूह के प्रभाव के कारण मनोवृत्ति में जो एकरूपता (homogeneity) आती है, उसके निम्नांकित चार कारण हैं—

(1) प्राथमिक समूह के सदस्यों पर अनुपालन (conformity) के लिए अधिक सामूहिक दबाव (group pressure) होता है। इसके कारण ऐसे सदस्यों की मनोवृत्ति में एकरूपता पायी जाती है।

(2) प्राथमिक समूह एक ऐसी परिस्थिति उत्पन्न करता है जहाँ किसी सदस्य की मनोवृत्ति अन्य सदस्यों की मनोवृत्ति के अनुकूल होती है। इससे भी सभी सदस्यों की मनोवृत्ति में एकरूपता या समानता बढ़ती है।

(3) किसी भी प्राथमिक समूह के सदस्यों को एक समान सूचनाएँ दी जातीं हैं। फलतः उनके मनोवृत्तियों में एकरूपता आती है।

(4) प्राथमिक समूह का नया सदस्य अन्य सदस्यों की मनोवृत्ति को समूहस्वीकृति प्राप्त करने के उद्देश्य से अपनाता है।

(b) सन्दर्भ समूह *(Reference group)*—मनोवृत्ति के निर्माण एवं विकास में सन्दर्भ समूह (reference) का भी महत्त्वपूर्ण योगदान है। सन्दर्भ समूह से तात्पर्य वैसे समूह से होता है जिसके साथ व्यक्ति आत्मीकरण (identification) कर लेता है चाहे वह उस समूह का सदस्य औपचारिक रूप से (formally) हो या न हो। प्रायः सन्दर्भ समूह (reference group) के लक्ष्य (goal), मूल्य (values) आदि को अपनाकर वह अपने व्यवहार एवं चरित्र में ठीक वैसा ही परिवर्तन लाता है जैसा कि इन लक्ष्यों एवं मूल्यों (values) से अपेक्षित है। स्पष्ट है तब कि सन्दर्भ समूह का प्रभाव मनोवृत्ति के निर्माण में काफी अधिक होता है। उदाहरणार्थ, जब एक मध्यमवर्गीय परिवार का व्यक्ति उच्चवर्गीय परिवार को अपना सन्दर्भ समूह (reference group) मानता है तो स्वभावत- अपनी मनोवृत्ति के अनुकूल हो जाती है। रॉसी तथा रॉसी (Rossi & Rossi, 1961) ने अपने अध्ययन के आधार पर मनोवृत्ति निर्माण में धार्मिक सन्दर्भ समूह (religious reference group) के महत्त्व को दिखलाया है। मेयर्स (Myers, 1988) के अनुसार सन्दर्भ समूह (reference group) व्यक्ति को नयी मनोवृत्ति के निर्माण में इसलिए सहायता प्रदान करता है क्योंकि सन्दर्भ समूह का मानक (norms) उसे वैसा करने के लिए बाध्य करता है।

5. सांस्कृतिक कारक *(Cultural factors)*—मनोवृत्ति के निर्माण एवं विकास में सांस्कृतिक कारकों (cultural factors) का भी अधिक महत्त्वपूर्ण स्थान बतलाया गया है। प्रत्येक संस्कृति का अपना मानदण्ड (norms), मूल्य (values), परम्पराएँ (traditions), धर्म (religion) आदि होते हैं। प्रत्येक व्यक्ति का पालन-पोषण किसी-न-किसी संस्कृति में ही होता है। फलस्वरूप उसका समाजीकरण (socialization) इन्हीं सांस्कृतिक कारकों (cultural factors) द्वारा अधिक प्रभावित होता है। व्यक्ति अपनी मनोवृत्ति इन्हीं सांस्कृतिक प्रारूप (cultural pattern) के अनुसार विकसित करता है। एक समाज की संस्कृति दूसरे समाज की सस्कृति से भिन्न होती है। इसी सांस्कृतिक विभिन्नता (cultural differences) के कारण भिन्न-भिन्न संस्कृति के व्यक्तियों की मनोवृत्ति करीब-करीब एक समान होती है। उसका सबसे अच्छा उदाहरण मुस्लिम संस्कृति तथा हिन्दू संस्कृति की तुलना करने पर हमें मिलता है। मुस्लिम संस्कृति में पले व्यक्तियों की मनोवृत्ति मौसेरे एवं चचेरे भाई-बहनों में शादी के प्रति अनुकूल (favourable) होती है परन्तु हिन्दू संस्कृति में पले व्यक्तियों की मनोवृत्ति इस तरह की शादी के प्रति प्रतिकूल (unfavourable) होती है। उसी तरह से मरने के बाद व्यक्ति का अन्तिम संस्कार किस ढंग से किया जाय इसमें भी हिन्दू एवं मुस्लिम संस्कृति में पले व्यक्तियों की मनोवृत्ति अलग-अलग होती है। मुसलमानों की मनोवृत्ति शव को दफना देने के प्रति अनुकूल एवं जला देने के प्रतिकूल होती है। कुछ मानवशास्त्रियों (anthropologists) ने अपने-अपने अध्ययनों के आधार पर इस बात की भी पुष्टि की है कि सांस्कृतिक कारकों का प्रभाव मनोवृत्ति के विकास में काफी पड़ता है। जैसे—मीड (Mead, 1935) ने अपने अध्ययन के आधार पर यह दिखलाया है कि सांस्कृतिक विभिन्नता (cultural variations) के कारण ऐरापेश जाति के लोगों की मनोवृत्ति में उदारता, सहयोग की भावना तथा दयालुता आदि अधिक होती है जबकि मुण्डुगुमोर (Mundugumor) जाति के लोगों की मनोवृत्ति में ठीक इसके विपरीत अर्थात् आक्रमकता (aggressiveness) तथा कटुता अधिक पायी जाती है। इसी तरह से रूथ बनेडिक्ट (Ruth Benedict, 1934) ने भी अपने अध्ययन में सांस्कृतिक विभिन्नताओं के कारण तीन जातियों अर्थात् क्वाकियूटल (Kuwakitul), डोबू (Dobu) तथा जूनी (Zuni) जातियों की मनोवृत्तियों में भिन्नता होते बतलाया है।

6. व्यक्तित्व कारक *(Personality factors)*—मनोवृत्ति के निर्माण एवं विकास में व्यक्तित्व शीलगुणों

(traits) का भी अधिक प्रभाव पड़ता है। व्यक्ति उन मनोवृत्तियों को जल्द सीख लेता है जो उसके व्यक्तित्व के शीलगुणों के अनुकूल होती है। समाज़ मनोवैज्ञानिकों ने भिन्न-भिन्न तरह की मनोवृत्तियों जैसे—धार्मिक मनोवृत्ति (religious attitude), राजनैतिक मनोवृत्ति (political attitude) तथा संजातिकेन्द्रवाद (ethnocentricism) में व्यक्तित्व कारकों के महत्त्व का अध्ययन किया है। जैसे—फ्रेंच (French, 1947) ने अपने अध्ययन में धाया है कि अधिक संगठित धार्मिक मनोवृत्ति रखने वाले व्यक्तियों का शीलगुण (traits) कम संगठित धार्मिक मनोवृत्ति रखने वाले व्यक्तियों के शीलगुण से भिन्न होते हैं। अधिक संगठित मनोवृत्ति रखने वाले व्यक्ति अपने व्यक्तित्व के गुण एवं दोषों को चेतना रूप में स्वीकार कर लिया करते थे जबकि कम संगठित मनोवृत्ति रखने वाले व्यक्ति अपने व्यक्तित्व से संबंधित ऐसे तथ्यों को खुलकर स्वीकार नहीं किया करते थे। अतः ऐसे लोगों में दमन (repression) करने की प्रवृत्ति अधिक थी। मैकलोस्काई (Mc Closky, 1958) ने राजनैतिक मनोवृत्ति (political attitude) में व्यक्तित्व कारकों के महत्त्व को दिखलाया है। उन्होंने अपने अध्ययन में पाया कि कम पढ़े-लिखे तथा मन्द बुद्धि के लोगों में अनुदार मनोवृत्ति (conservative attitude) अधिक पायी जाती है। इन्होंने अपने अध्ययन के आधार पर यह भी बतलाया कि अधिक-से-अधिक अनुदार मनोवृत्ति रखने वाले व्यक्ति अधिक शक्की (suspicious), झगड़ालू अपनी कमजोरी या गलती के लिए दूसरों पर दोष लगाने वाले, वैरपूर्ण (hostile), आक्रामक (aggressive), आदि होते हैं। ऐसे लोग अधिक चिन्तित, दोष-भाव (guilt-feeling) तथा अपूर्णता भाव (feeling of inadequacy) से भी ग्रस्त होते हैं। ऐडोरनो तथा उनके सहयोगियों (Adorno et al, 1950) ने संजातिकेन्द्रवाद (ethnocentricism) जैसी मनोवृत्ति के विकास में व्यक्तित्व शीलगुणों के महत्त्व का अध्ययन किया है। संजातिकेन्द्रवाद एक ऐसी मनोवृत्ति है जिसमें व्यक्ति अपने समूह या वर्ग को अन्य सभी समूहों या वर्गों की तुलना में श्रेष्ठ (superior) समझता है। इन्होंने अपने अध्ययन में संजातिकेन्द्रवाद को मापने के लिए मापनी (scale) बनाया जिसे एफ-स्केल (F-scale) कहा गया। इस स्केल पर आये प्राप्तांक (score) के आधार पर इन्होंने प्रयोज्य के दो समूह (group) तैयार किए—अधिक संजातिकेन्द्रवाद की मनोवृत्ति दिखलाने वाला समूह तथा कम संजातिकेन्द्रवाद की मनोवृत्ति दिखलानेवाला समूह। इन दोनों समूहों के व्यक्तित्व में काफी भिन्नता पायी गयी। जैसे—अधिक संजातिकेन्द्रवाद दिखलाने वाले व्यक्ति सामाजिक रूप से अवांछनीय विचारों का खुलकर विरोध करते थे, सामाजिक मूल्यों (values) के प्रति काफी आदर दिखलाते थे, व्यक्तिगत सम्बन्धों (personal relationship) में प्रभुत्व एवं शक्ति का प्रयोग अधिक पसंद करते थे तथा इनका व्यक्तित्व संगठन अधिक दृढ़ (rigid) था। कम संजातिकेन्द्रवाद दिखलाने वाले व्यक्तियों में इनके विपरीत गुण देखे गये।

7. रूढ़िकृतियाँ *(Stereotypes)*—प्रत्येक समाज में कुछ रूढ़िकृतियाँ (stereotypes) होतीं हैं जिनसे भी व्यक्ति की मनोवृत्ति का विकास प्रभावित होता है। रूढ़िकृतियाँ से तात्पर्य किसी वर्ग या समुदाय के लोगों के बारे में स्थापित (established) सामान्य प्रत्याशाओं (expectation) तथा सामान्यीकरण (generalization) से होता है। जैसे—हमारे समाज में महिलाओं के प्रति एक रूढ़िकृति (stereotype) है कि वे पुरुषों की अपेक्षा अधिक धार्मिक एवं परामर्शग्राही (suggestible) होती है। फलस्वरूप, महिलाओं के प्रति एक विशेष प्रकार की मनोवृत्ति सामान्य लोगों में पायी जाती है। उसी तरह से हिन्दू समाज में एक महत्त्वपूर्ण रूढ़िकृति है कि गाय उनकी माता है परन्तु मुस्लिम समुदाय में उस प्रकार रूढ़िकृति नहीं पायी जाती है। फलस्वरूप, गाय के प्रति हिन्दुओं की मनोवृति मुस्लिम की मनोवृत्ति की अपेक्षा अधिक अनुकूल (favourable) होती है। इसी तरह के कई ऐसे उदाहरण दिये जा सकते हैं जिससे यह स्पष्ट हो जाता है कि रूढ़िकृतियों द्वारा व्यक्ति की मनोवृत्ति का विकास एवं निर्माण होता है। इस सबंध में कुछ प्रयोगात्मक सबूत भी समाज मनोवैज्ञानिकों द्वारा प्रदत्त किए गए हैं।

इस तरह से हम देखते है कि मनोवृत्ति का विकास एवं निर्माण बहुत-से कारकों द्वारा प्रभावित होता है।

मनोवृत्ति के कार्य
(Functions of Attitude)

प्रत्येक व्यक्ति विभिन्न तरह के उद्दीपकों (stimuli), व्यक्तियों, घटनाओं आदि के बारे में किसी-न-किसी तरह की एक मनोवृत्ति का निर्माण करता है। प्रश्न यह उठता है कि *व्यक्ति मनोवृत्ति का निर्माण क्यों करता है? (Why does a person form attitude in the first place ?)*

शाभिट्ट (Shavitt, 1990) ने इस प्रश्न पर गहन रूप से चिन्तन किया तथा सम्बन्धित अध्ययनों का मेटा-विश्लेषण (meta analysis) किया जिसके बाद वे इस निष्कर्ष पर पहुँचे कि मनोवृत्ति द्वारा कई तरह के लाभदायक कार्य होते हैं जिसके चलते व्यक्ति किसी वस्तु, घटना तथा अन्य व्यक्ति के प्रति एक विशेष तरह की मनोवृत्ति विकसित करता है। ऐसे कार्य निम्नांकित पाँच (five) हैं—

1. मनोवृत्ति द्वारा ज्ञान कार्य संपन्न होता है *(Attitude serves knowledge functions)*—मनोवृत्ति व्यक्ति को सामाजिक अंतक्रियाओं तथा उद्दीपकों की व्याख्या करने में तथा मनोवृत्ति संगत सूचना (attitude-relevant information) के प्रति तेजी से अनुक्रिया करने में मदद करता है। इस तथ्य की सम्पुष्टि कई मनोवैज्ञानिक अध्ययनों से की जा चुकी है। मुनरो तथा डिट्टो (Munro & Ditto, 1997) ने अपने अध्ययन में पाया कि जिन नयी सूचनाओं से व्यक्ति की मनोवृत्ति को समर्थन मिलता है, उसे व्यक्ति उन सूचनाओं की तुलना में अधिक सही एवं विश्वासपूर्ण मानता है, जिनसे उनकी मनोवृत्ति का समर्थन नहीं मिलता है। उसी तरह से चाईकेन तथा महेश्वरन् (Chaiken & Maheshwaran, 1994) ने अपने अध्ययन के आधार पर यह बतलाया है कि जब कोई साधारण एवं कमजोर सूचना व्यक्ति के वर्तमान मनोवृत्ति के साथ संगत (consistent) होती है, तो वैसी सूचना को व्यक्ति अधिक महत्त्वपूर्ण एवं मजबूत समझने लगता है। उसी तरह से जब किसी स्रोत से ऐसी सूचना मिलती है जो व्यक्ति के वर्तमान मनोवृत्ति से मेल नहीं खाती है अर्थात् असंगत (inconsistant) होती है, तो फिर वैसी अवस्था में व्यक्ति श्रोत को शक की निगाह से देखने लगता है और एक प्रतिकूल मनोवृत्ति विकसित कर लेता है। इन अध्ययनों से यह स्पष्ट होता है कि व्यक्ति को मनोवृत्ति, उद्दीपकों एवं घटनाओं आदि से प्राप्त सूचनाओं की एक व्याख्या करने में काफी मदद करती है।

2. मनोवृत्ति द्वारा आत्म-सम्मान का कार्य भी होता है *(Attitude also serves self-esteem function)*—मनोवृत्ति व्यक्ति के आत्म-सम्मान को भी संपोषित करता है या उसे मजबूत करता है। मैनस्टीड (Manstead, 2000) का मत है कि जब व्यक्ति में किसी विशेष तरह के विश्वास या सिद्धान्त के प्रति आस्था से कोई मनोवृत्ति बनती है ओर फिर व्यक्ति उस मनोवृत्ति के प्रति अडिग रहता है, तो उससे उसमें एक आत्म-सम्मान (self-esteem) का भाव उत्पन्न होता है। सच्चाई यह है कि व्यक्ति जब किसी विशेष मनोवृत्ति पर कायम रहता है, तो उसमें विभिन्न तरह के संवेग का अनुभव होता है। जब व्यक्ति की मनोवृत्ति किसी नैतिक नियम (moral principle) पर आधारित होता है और वह वहाँ भी धोखा या छल नहीं करता है जहाँ उसे वैसा करने का पर्याप्त अवसर है, तो इससे स्वभावतः उसका आत्म-सम्मान तथा आत्म-उत्कर्षता (self-worth) अधिक मजबूत हो जाती है।

3. मनोवृत्ति व्यक्ति की आत्म-अभिव्यक्ति या पहचान के कार्य को सम्पन्न करती है *(Attitude serves the identity function or self-expression function of the individual)*—मनोवृत्ति व्यक्ति को उसके महत्त्वपूर्ण विश्वासों (beliefs) एवं मूल्यों (values) की अभिव्यक्ति करने में मदद करती है। दूसरे शब्दों में, मनोवृत्ति व्यक्ति को पहचान या आत्म-अभिव्यक्ति कार्य में मदद करता है और इस तरह से व्यक्ति यह संचारित (communicate) करने में सक्षम होता है कि वह कौन है। इस तथ्य के समर्थन में फ्लेमिंग एवं पेट्टी (Fleming & Petty, 2000) ने एक अध्ययन किया जिसमें यह पाया गया कि पुरुषों द्वारा किसी कम्पनी के उत्पाद (product) के प्रति उस समय अधिक धनात्मक एवं अनुकूल मनोवृत्ति दिखलायी गयी जब उनकी सोच या विश्वास यह थी कि अन्य पुरुषों द्वारा उसे पसंद किया गया था तथा उसी तरह से महिलाओं द्वारा उत्पाद के प्रति धनात्मक मनोवृत्ति उस समय अधिक विकसित की गयी जब उनकी सोच या विश्वास यह थी कि अन्य महिलाओं द्वारा भी उसे पसंद किया गया है। स्पष्ट हुआ कि व्यक्ति विशेष मनोवृत्ति दिखाकर अपने मूल्यों एवं विश्वासों को प्रदर्शित करने में सक्षम होता है।

4. मनोवृत्ति व्यक्ति के लिए अहं-रक्षात्मक कार्य भी करता है *(Attitude does ego-defensive function for the individual)*—काज (Katz, 1960) का स्पष्ट दावा है कि मनोवृत्ति कभी-कभी व्यक्ति के लिए अहं-रक्षात्मक कार्य (ego-defensive function) भी करता है। इसका मतलब यह हुआ कि व्यक्ति कोई विशेष मनोवृत्ति विकसित करके अपने बारे में प्राप्त अवांछित सूचनाओं (unwanted information) से अपने आप को बचाता है। जैसे, जो लोग कट्टर धर्मपन्थी होते हैं, वे प्रायः ऐसा हाव-भाव तथा मनोवृत्ति दिखलाते हैं मानों वे किसी भी तरह के पूर्वाग्रह (prejudice) तथा विभेद (discrimination) के खिलाफ है। इस तरह की मनोवृत्ति बनाकर सचमुच में वे अपने आप को इस तथ्य से पहचानने से बचा लेते हैं कि वे सचमुच में वे विभिन्न सामाजिक समूहों तथा पार्टियों के प्रति अत्यधिक पूर्वाग्रहित हैं। इसी तरह से व्यक्ति प्रायः यह चाहता है कि उसे दूसरों द्वारा स्वीकार किया जाय या सम्मान दिया जाए और ऐसा करने के लिए

वह अन्य व्यक्तियों के प्रति उस हद तक एक स्वीकारात्मक एवं धनात्मक मनोवृत्ति दिखलाता है जितना कि सचमुच में उसमें रहता नहीं है।

5. मनोवृत्ति व्यक्ति के लिए छवि अभिप्रेरण कार्य भी सम्पन्न करता है *(Attitude does impression motivation function for the individual)*—मनोवृत्ति व्यक्ति के लिए छवि अभिप्रेरण कार्य (impression motivation function) भी करता है। प्रायः व्यक्ति दूसरों के नजर में अपने बारे में एक उत्तम छवि का निर्माण करना चाहता है और इसके लिए वह एक सही मनोवृत्ति विकसित करके एक उचित विचार की अभिव्यक्ति करता है। शोधों से जो तथ्य सामने आये हैं, वह इस बात की साक्षी है कि जिस सीमा तक मनोवृत्ति द्वारा यह कार्य किया जाता है, उससे सामाजिक सूचना (social information) का संसाधन (processing) प्रभावित होता है। इस तथ्य की संपुष्टि नाइनहुईस, मैनस्टीड तथा स्पीयर्स (Nienhuis, Manstead & Spears, 2001) के एक अध्ययन में हुआ है। इन शोधकर्त्ताओं की प्राक्कल्पना (hypothesis) यह थी कि जब मनोवृत्ति द्वारा छवि अभिप्रेरण कार्य (impression motivation function) किया जाता है, तो व्यक्ति अपनी मनोवृत्ति को समर्थन देने के खयाल से अधिक-से-अधिक तर्क देता है और व्यक्ति में दूसरों को प्रभावित करने का अभिप्रेरण जितना ही अधिक होगा, वह उतना ही अधिक-से-अधिक तर्क प्रस्तुत करेगा। इस प्राक्कल्पना की जाँच के लिए इन्होंने कुछ कॉलेज छात्रों को एक संदेश जो कठोर औषध (hard drugs) के वैधीकरण (legalization) के पक्ष में था को पढ़ने के लिए कहा गया। इसके बाद छात्रों से कहा गया कि उन्हें अपने विचारों का बचाव करना होगा। छात्रों के तीन समूहों द्वारा इस अध्ययन में हिस्सा लिया गया। छात्रों के एक समूह से यह कहा गया कि उनके निष्पादन (performance) का मूल्यांकन नहीं किया जायेगा। छात्रों के दूसरे समूह को यह कहा गया कि उनके निष्पादन का मूल्यांकन एक अन्य व्यक्ति से किया जाएगा तथा छात्रों के तीसरे समूह से यह कहा गया कि उनका निष्पादन तीन अन्य व्यक्तियों द्वारा किया जाएगा। स्पष्टतः पहले समूह में प्रयोज्यों या सहभागियों (participants) का छवि अभिप्रेरण (impression motivation) कम था, दूसरे में साधारण (moderate) था तथा तीसरे में सबसे अधिक (high) था। संदेश को पढ़ने तथा उक्त सूचना को प्राप्त करने के बाद सहभागियों ने अपनी-अपनी मनोवृत्ति का इजहार किया और साथ-ही-साथ यह भी बतलाया कि किस सीमा तक वे औषध के वैधीकरण (legalization) के लिए नये-नये तर्क सोच रखे थे। प्राक्कल्पना (hypothesis) के ही अनुरूप परिणाम में देखा गया कि उच्च अभिप्रेरण अवस्था (high motivation condition) अर्थात् तीसरे समूह के सहभागियों द्वारा अधिक-से-अधिक नये-नये तर्क दिये गए और इनलोगों ने यह भी कहा कि वे इन तर्कों को अधिक-से-अधिक उपयोग करके दूसरे लोगों को प्रभावित करेंगे। इस अध्ययन से यह स्पष्ट हो जाता है कि मनोवृत्ति से छवि अभिप्रेरण का कार्य जितना ही अधिक संपन्न होता है, उतना ही अधिक व्यक्ति अपने विचारों को समर्थित करने के लिए अधिक-से-अधिक तर्क प्रदान करने की कोशिश करता है।

स्पष्ट हुआ कि मनोवृत्ति द्वारा कई तरह की कार्य सम्पन्न होते हैं।

मनोवृत्ति परिवर्तन
(Attitude Change)

जैसे कि ऊपर कहा जा चुका है, मनोवृत्ति एक अर्जित प्रवृत्ति (acquired tendency) है जो समय-समय पर उसके निर्माण एवं संपोषित करने वाले कारकों में परिवर्तन होने पर परिवर्तित होती रहती है। किसी वस्तु या व्यक्ति के प्रति यदि आज आपकी मनोवृत्ति प्रतिकूल है तो सम्भव है कि कुछ दिनों के बाद यह मनोवृत्ति बदलकर अनुकूल (favourable) हो जाय। हाँ, ऐसा नहीं भी हो सकता है। परन्तु इतना तो ज्ञातव्य है कि परिस्थिति में परिवर्तन होने से व्यक्ति की मनोवृत्ति में परिवर्तन होता है।

समाज मनोवैज्ञानिकों एवं समाजशास्त्रियों द्वारा किये गये अध्ययनों से यह स्पष्ट हो गया है कि मनोवृत्ति परिवर्तन (attitude change) दो प्रकार के होते हैं—संगत परिवर्तन (cogruent change) तथा असंगत परिवर्तन (incongruent change)। किसी एक व्यक्ति की मनोवृत्ति किसी व्यक्ति या घटना के प्रति अनुकूल (favourable) से परिवर्तित होकर और अधिक अनुकूल हो सकती है। उसी तरह से उसकी मनोवृत्ति प्रतिकूल (unfavourable) से बदलकर और अधिक प्रतिकूल भी हो सकती है। मनोवृत्ति में ये दोनों तरह के परिवर्तन संगत परिवर्तन (congruent change) के उदाहरण हैं। अतः मनोवृत्ति में संगत परिवर्तन वैसे परिवर्तनों को कहा जाता है जिसमें (मनोवृत्ति में) परिवर्तन पहले की ही दिशा में होती है। असंगत परिवर्तन (incongruent change) वैसे परिवर्तन को कहा जाता है जिसमें मनोवृत्ति अनुकूल

(favourable) से बदलकर प्रतिकूल (unfavourable) या प्रतिकूल से बदलकर अनुकूल हो जाती है। स्पष्ट है कि असंगत परिवर्तन में मनोवृत्ति की दिशा (direction) बदल जाती है। मनोवृत्ति परिवर्तन (attitude change) से तात्पर्य इन दोनों या दोनों में किसी भी एक तरह के परिवर्तन से होता है।

मनोवृति-परिवर्तन के क्षेत्र में किये गये अध्ययनों से यह स्पष्ट हो गया है कि संगत परिवर्तन (congruent change) तथा असंगत परिवर्तन (incongruent change) में एक ही तरह का नियम (principle) सम्मिलित नहीं होता है। सच्चाई यह है कि ये दोनों तरह के परिवर्तनों से सम्बन्धित नियम अलग-अलग हैं जो इस प्रकार हैं—

(1) अन्य बातें समान रहने पर (other things being equal), मनोवृत्ति में संगत परिवर्तन लाना असंगत परिवर्तन की अपेक्षा हमेशा आसान है।

(2) अगर व्यक्ति की वर्तमान मनोवृत्ति के तत्त्वों (elements) में अधिक शक्ति (strength), आपस में घनिष्ठ सम्बन्ध, स्थिरता (stability), तथा संगति (consonance) हो, तो वैसी परिस्थिति में मनोवृत्ति में संगत परिवर्तन (congruent change) लाना असंगत परिवर्तन (incogruent change) की अपेक्षा तुलनात्मक रूप से अधिक आसान होता है।

उपर्युक्त विवरण से यह स्पष्ट है कि मनोवृत्ति परिवर्तन में जो संगत या असंगत परिवर्तन होते हैं, अलग-अलग नियमों द्वारा निर्धारित होते हैं।

समाज मनोवैज्ञानिकों तथा समाजशास्त्रियों (sociologists) द्वारा किये गये अध्ययनों से यह स्पष्ट हो गया है कि मनोवृत्ति परिवर्तन कई कारकों (factors) द्वारा प्रभावित होता है। कुछ ऐसे ही नौ प्रमुख कारकों की व्याख्या निम्नांकित है—

1. सन्दर्भ समूह में परिवर्तन *(Changing reference group)*—समाज मनोवैज्ञानिकों द्वारा किये गये अध्ययनों से यह स्पष्ट हो गया है कि व्यक्ति के सन्दर्भ समूह (reference group) में परिवर्तन कर देने पर उनकी मनोवृत्ति में भी परिवर्तन हो जाता है। न्यूकॉम्ब (Newcomb, 1950) ने एक अध्ययन कर इसे स्पष्ट किया है। इन्होंने वेन्निगटन महाविद्यालय (Bennington college) की छात्राओं पर कई वर्षों तक एक अध्ययन किया। कॉलेज के प्रथम वर्ष में ऐसी छात्राओं की मनोवृत्ति की माप की गयी और पाया गया कि इनकी मनोवृत्ति में अनुदारता (conservativeness) अधिक थी। न्यूकॉम्ब के अनुसार ऐसा स्वाभाविक ही था क्योंकि वे सभी धनी परिवार से आई थी और उनके माता-पिता स्वयं ही अधिक अनुदार (conservatives) थे। कॉलेज का वातावरण ऐसा था कि इससे उदार मनोवृत्ति (liberal attitude) को अधिक प्रोत्साहन मिलता था। यहाँ तक कि कॉलेज के अधिकारियों का छात्राओं में उदारता (liberalisation) की मनोवृत्ति उत्पन्न करना भी प्रमुख उद्देश्यों में से एक था। कॉलेज के अन्तिम वर्ष यानी चौथे साल में जब इन छात्राओं की मनोवृत्ति मापी गयी तो यह देखा गया कि अधिकतर छात्राओं की मनोवृत्ति अनुदार (conservation) से बदलकर उदार (liberal) हो गयी थी। न्यूकॉम्ब के अनुसार ऐसा इस कारण सम्भव हो सका क्योंकि छात्राओं का सन्दर्भ समूह अब बदलकर कॉलेज हो गया था जहाँ उदार मनोवृत्ति की प्रधानता थी।

2. समूह सम्बन्ध में परिवर्तन *(Changes in group affiliation)*—समूह सम्बन्ध में परिवर्तन का असर मनोवृत्ति परिवर्तन पर सीधा पड़ता है। यदि व्यक्ति पुराने या वर्तमान समूह के सम्बन्ध तोड़कर एक नये समूह से सम्बन्ध जोड़ लेता है तो स्वभावतः वह अपनी मनोवृत्ति में नये समूह के नियमों के अनुसार परिवर्तन लाता है। उदाहरणार्थ, कोई एम॰ एल॰ ए॰ या एम॰ पी॰ भारतीय जनता पार्टी को छोड़कर कांग्रेस पार्टी से अपना सम्बन्ध जोड़ता है, तो स्वभावतः वह अपनी मनोदशा में एक ऐसा परिवर्तन लाता है जिससे उसकी मनोवृत्ति एवं अन्य व्यवहार कांग्रेस पार्टी के अन्य सदस्यों के अनुकूल हो जाती है।

जब भी समूह संबंधन में परिवर्तन होता है, व्यक्ति की मनोवृत्ति की परिवर्तनशीलता (modifiability) दो बातों पर निर्भर करती है—समूह की विशेषता (characteristics of group) तथा समूह में व्यक्ति की सदस्यता की विशेषता (characteristics of membership of the person in the group)। समूह की विशेषता से तात्पर्य समूह के मानदण्ड (norms), विश्वास (belief), तथा मूल्य (values) आदि से होता है। यदि किसी व्यक्ति के लिए नया समूह, जिसमें वह सम्बन्धन चाहता है, का मानदण्ड अधिक आकर्षक है, समूह का विश्वास स्वीकार के योग्य है तथा समूह का मूल्य या मान (value) महत्त्वपूर्ण है, तो वैसी परिस्थिति में वह अपनी मनोवृत्ति में इस नये समूह के मानदण्डों, विश्वासों एवं मूल्यों (values) के अनुसार जल्द ही परिवर्त्तन कर लेता है। समूह में व्यक्ति की सदस्यता की विशेषता से तात्पर्य

नये समूह में व्यक्ति की सदस्यता की स्थिति (status) एवं उसके महत्त्व से होता है। यदि नयी सदस्यता की स्थिति अधिक सराहनीय है एवं उसका महत्त्व तुलनात्मक रूप से अधिक है, तो व्यक्ति अपनी मनोवृत्ति में सदस्यता की माँग के अनुसार तुरंत परिवर्तन कर लेता है। होमान्स (Homans, 1950) ने अपने अध्ययन के आधार पर यह दिखलाया है कि यदि किसी व्यक्ति की स्थिति (status) नये समूह में अधिक ऊँचा होता है तथा साथ-ही-साथ उसमें लोकप्रियता अधिक होती है, तो वह अपने व्यवहार में समरूपता (conformity) अधिक दिखलाता है अर्थात् अपनी मनोवृत्ति में नये समूह की सदस्यता के माँग के अनुसार जल्द ही परिवर्तन लाकर उसी के अनुसार व्यवहार करना प्रारम्भ कर देता है। बाद में अन्य मनोवैज्ञानिकों जैसे—शेरीफ (Sherif, 1951) ने भी उपयुक्त तथ्य की पुष्टि अपने प्रयोगात्मक अध्ययन के आधार पर की है।

3. अतिरिक्त सूचनाएँ *(Additional informations)*—मनोवृत्ति में परिवर्तन व्यक्ति को दी गयी अतिरिक्त सूचनाओं द्वारा भी होता है। व्यक्ति को प्रचार एवं शिक्षा के लिए साधनों जैसे—रेडियो, टेलीविजन, समाचार-पत्र के माध्यम से भिन्न-भिन्न तरह की सूचनाएँ दी जाती हैं। इतना ही नहीं, व्यक्ति स्वयं भी अन्य व्यक्तियों के साथ अन्तःक्रिया (interaction) करके भिन्न-भिन्न तरह की सूचनाएँ प्राप्त करता है। इन सूचनाओं के फलस्वरूप व्यक्ति अपनी मनोवृत्ति में परिवर्तन लाता है। इन अतिरिक्त सूचनाओं के फलस्वरूप मनोवृत्ति में होने वाली परिवर्तनशीलता (modifiability) मूल रूप से इन बात पर निर्भर करती है कि उस परिस्थिति (situation) का स्वरूप (nature) क्या है जिसमें व्यक्ति को सूचनाएँ दी गयी हैं। समाज मनोवैज्ञानिकों ने ऐसी परिस्थिति के तीन प्रकारों का वर्णन किया है और मनोवृत्ति पर उसके प्रभाव का अध्ययन किया है। ये तीन प्रकार निम्नांकित हैं—

(i) सामूहिक परिस्थिति तथा एकान्त परिस्थिति *(Group situation and solitary situation)*—समाज मनोवैज्ञानिकों ने अपने अध्ययन के आधार पर यह दिखलाया है कि यदि कोई सूचना व्यक्ति को एक ऐसी परिस्थिति में दी जाती है जहाँ बहुत से लोग एकत्रित होते हैं तो उसमें व्यक्ति की मनोवृत्ति में परिवर्तन एकान्त परिस्थिति में दी गयी सूचना की अपेक्षा अधिक होता है। इन्केल्स (Inkeles, 1930), ब्रोडेक (Brodeck, 1956) आदि ने अपने-अपने प्रयोगों के आधार पर उपयुक्त तथ्य की पुष्टि की है।

(ii) प्रकट एवं गुप्त वचनबद्धता *(Public and Private Commitment)*—जब व्यक्ति अपने मतों एवं विचारों को खुलकर लोगों के सामने रखता है तो उसे हम प्रकट वचनबद्धता (Public commitment) की संज्ञा देते हैं। परन्तु जब वह अपने विचारों एवं मतों को गुप्त रखता है अर्थात् दूसरे लोग उसके बारे में नहीं जान पाते हैं तो इसे गुप्त वचनबद्धता (private commitment) कहा जाता है। मनोवैज्ञानिक अध्ययनों से यह स्पष्ट हो गया है कि प्रकट वचनबद्धता की परिस्थिति में (अर्थात् जब व्यक्ति अपने विचारों एवं मतों से दूसरों को भी अवगत करा देता है) जब मनोवृत्ति परिवर्तन के उद्देश्य से कोई सूचना दी जाती है, तो वह सूचना (मनोवृत्ति परिवर्तन में) अधिक प्रभावकारी नहीं होती। परन्तु यदि वही सूचना गुप्त वचनबद्धता की परिस्थिति में दी जाती है (जहाँ व्यक्ति अपने विचारों एवं मतों से दूसरों को अवगत नहीं कराया होता है) तो उसमें मनोवृत्ति परिवर्तन प्रभावकारी दिशा में होता है। होभलैण्ड, कैम्पबेल तथा ब्रोक (Hovland, Campbell and Brock, 1957) ने एक अध्ययन किया जिसमें छात्रों के दो समूहों ने अपनी मनोवृत्ति एक महत्त्वपूर्ण विषय यानी, मत देने की उम्र 21 से घटाकर 18 वर्ष किया जाय के प्रति व्यक्त किया। दोनों समूहों के सदस्यों की मनोवृत्ति में परिवर्तन के लिए विशेष सूचना दी गयी परन्तु एक समूह को 'प्रकट वचनबद्धता' (public commitment) की परिस्थिति में तथा दूसरे समूह को 'गुप्त वचनबद्धता' (private commitment) की परिस्थिति में। प्रकट वचनबद्धता की परिस्थिति में छात्रों को अपनी मनोवृत्ति व्यक्त करके अपना नाम लिख देना था और उनसे यह भी कहा गया था कि उनके विचारों एवं मतों को अखबार में प्रकाशित कर दिया जायेगा। परन्तु 'गुप्त वचनबद्धता' की परिस्थिति में छात्रों को सिर्फ अपना विचार एवं मत प्रकट करना था। न तो उन्हें अपना नाम लिखने को कहा गया और न उनसे यह कहा गया कि उनके मतों को प्रकाशित किया जायेगा। परिणाम में देखा गया था कि जिन छात्रों ने अपना मत एवं विचार अन्य लोगों के सामने स्पष्ट कर रखा था (अर्थात् गुप्त वचनबद्धता करने वाले समूह) उनकी मनोवृत्ति विशेष सूचना द्वारा काफी अधिक परिवर्तित हो गयी। इस अध्ययन से यह स्पष्ट हो जाता है कि वचनबद्धता (commitment) करने की परिस्थिति भी एक महत्त्वपूर्ण कारक है जिससे मनोवृत्ति परिवर्तन प्रभावित होता है।

(iii) समूह निर्णय *(Group decision)*—समाज मनोवैज्ञानिकों का मत कि जब कोई सूचना समूह निर्णय विधि

(group decision method) द्वारा दी जाती है तो उससे मनोवृत्ति में अधिक परिवर्तन आता है। समूह निर्णय विधि वह विधि है जहाँ कई व्यक्ति एक साथ मिलकर किसी विषय पर विवेचना (discussion) करते हैं। इसी विवेचना के माध्यम से उन्हें मनोवृत्ति में परिवर्तन करने के लिए विशेष सूचना भी दी जाती है। समूह निर्णय द्वारा मनोवृत्ति में परिवर्तन करने के लिए सबसे पहला प्रयोग लेविन तथा उनके सहयोगियों (Lewin *et al*, 1952) द्वारा किया गया। इस अध्ययन में गृहणियों (housewives) के कई समूह लिए गये। इस अध्ययन का उद्देश्य पशु के खास अंगों जैसे— हृदय (heart), गुर्दा आदि जिसे मनुष्यों द्वारा भोजन के रूप में कम खाया जाता है, के प्रति गृहणियों में चली आ रही नकारात्मक मनोवृत्ति में परिवर्तन लाना था। गृहणियों के कुछ समूह को इन अंगों को भोज्य पदार्थ के रूप में ग्रहण किये जाने की उपयोगिता को लेक्चर विधि (lecture method) द्वारा बतलाया गया। प्रयोगकर्ता द्वारा लेक्चर के माध्यम से उनकी उपयोगिता बढ़ाने सम्बन्धी विशेष सूचना उन्हें दी गयी। गृहणियों के कुछ दूसरे समूहों में इन अंगों को भोज्य पदार्थ के रूप में ग्रहण किये जाने की उपयोगिताओं पर एक गोष्ठी (discussion) का आयोजन किया गया जिसमें समूह की सभी गृहणियों ने खुलकर अपना मत व्यक्त किया। इसी गोष्ठी के माध्यम से प्रयोगकर्ता ने ठीक वही सूचना दी जिसे लेक्चर विधि द्वारा गृहणियों को दिया गया था। परिणाम में देखा गया कि लेक्चर विधि द्वारा दी गयी सूचनाओं द्वारा मात्र 30% गृहणियों ने अपनी मनोवृत्ति में परिवर्तन लाया जबकि समूह निर्णय विधि द्वारा दी गयी सूचनाओं द्वारा 32% गृहणियों ने अपनी मनोवृत्ति में परिवर्तन लाया। लेविन (Lewin, 1952) ने ही अपने अन्य अध्ययनों में ऐसा ही परिणाम प्राप्त कर पहले के परिणाम की पुष्टि की है।

4. प्रत्यापक या विश्वासोत्पादक संचारण *(Persuasive communication)*—मनोवृत्ति परिवर्तन (attitude change) के अनेकों कारकों में विश्वासोत्पादक संचारण (persuasive communication) एक प्रधान कारण है। विश्वासोत्पादक संचारण से तात्पर्य वैसे तथ्यों (facts) एवं सूचनाओं के संचारण (communication) से होता है जो सुनने वाले व्यक्तियों के लिए आकर्षक एवं मनमोहक होते हैं और व्यक्ति की मनोवृत्ति पर सीधा असर करते हैं। प्रायः ऐसे संचारण को जब व्यक्ति स्वीकार करता है, तो इससे उसकी मनोवृत्ति पर सीधा असर करते हैं। प्रायः ऐसे संचारण को जब व्यक्ति स्वीकार करता है, तो इससे उसकी मनोवृत्ति में परिवर्तन आ ही जाता है। इस ढंग का विश्वासोत्पादक संचारण (persuasive communication) का अच्छा उदाहरण हमें टेलीविजन एवं रेडियो द्वारा किये गये विज्ञापनों में मिलता है। आये दिन रेडियो तथा टेलीविजन से हमें कहा जाता है कि अपने स्वास्थ्य की रक्षा करना है तो आप अमुक साबुन का ही प्रयोग करें क्योंकि उसमें मैल में छिपे कीटाणुओं को मारने की शक्ति सबसे अधिक है। यह प्रभावी या विश्वासोत्पादक संचारण का एक उदाहरण है।

होभलैण्ड, जैनिस तथा केली (Hovland, Janis & Kelley, 1953) द्वारा येल विश्वविद्यालय (Yale University) में मनोवृत्ति परिवर्तन में विश्वासोत्पादक संचारक (persuasive communication) के महत्त्व को दिखलाने के लिए काफी प्रयोग (experiments) एवं शोध (researches) किये गये। इन प्रयोगकर्ताओं का सामान्य निष्कर्ष यही था कि विश्वासोत्पादक संचारण द्वारा मनोवृत्ति में होने वाला परिवर्तन मूलतः चार कारकों पर निर्भर करता है—संचारण का स्रोत (sources of communication), संचारण का विषय एवं विशेषता (content and characteristics of communication) संचारण का माध्यम (channel of communication) तथा श्रोतागण की विशेषता (characteristics and content of communication)। मनोवृत्ति परिवर्तन में इन चारों कारकों के महत्त्व का विवरण इस प्रकार है—

(i) संचारण का स्रोत या संचारक की विशेषता *(Source of communication or characteristics or communicator)*—मनोवृत्ति परिवर्तन करने के लिए जो तथ्य एवं सूचना दूसरे व्यक्ति को दी जा रही है, उसका स्रोत (source) (अर्थात् सूचना देनेवाला व्यक्ति) कैसा है, इस पर मनोवृत्ति की परिवर्तनशीलता (modifyability) अधिक निर्भर करती है। होभलैण्ड, जैनिस एवं केली (Hovland, Janis & Kelley, 1953) का विचार है कि सूचना देने वाला व्यक्ति अर्थात् संचारक (communicator) की कुछ खास-खास विशेषताएँ (characteristics) होती हैं जिनसे उनके द्वारा दी गयी सूचनाएँ मनोवृत्ति परिवर्तन के लिए काफी प्रभावी (effective) सिद्ध होती हैं। ऐसी विशेषताओं में संचारक की विश्वसनीयता (credibility), आकर्षकता (attractiveness), शक्ति (Power) आदि प्रमुख हैं।

(a) विश्वसनीय संचारक *(Credible communicator)*—इस तरह के संचारक विशेषज्ञ (expert) एवं भरोसे योग्य (trustworthy) दोनों ही होते हैं। फलस्वरूप उनके द्वारा दी गयी किसी प्रकार की सूचना पर श्रोतागण

अधिक विश्वास करते हैं और अपनी मनोवृत्ति में आसानी से परिवर्तन करते हैं। होभलैण्ड तथा विश (Hovland & Weiss, 1951) ने एक प्रयोग किया जिसमें कॉलेज के छात्रों को एक ही तरह की सूचनाएँ पढ़ने के लिए दी गई। परन्तु कुछ छात्रों से कहा गया कि इन तथ्यों एवं सूचनाओं का स्रोत एक विश्वसनीय व्यक्ति है तथा कुछ छात्रों से कहा गया कि इन तथ्यों एवं सूचनाओं का स्रोत एक कम विश्वसनीय (low credible) व्यक्ति है। परिणाम में देखा गया कि अधिक विश्वसनीय स्रोत होने पर 23% छात्रों की मनोवृत्ति में परिवर्तन आया परन्तु कम विश्वसनीय स्रोत होने पर मात्र 7% छात्रों की मनोवृत्ति में परिवर्तन आया। यह भी देखा गया कि कुछ समय जैसे (4 सप्ताह) के बीतने के बाद विश्वसनीय स्रोत वाले छात्रों की मनोवृत्ति तथा कम विश्वसनीय स्रोत वाले छात्रों की मनोवृत्ति में अन्तर समाप्त हो गया। दूसरे शब्दों में, समय बीतने के परिणामस्वरूप उच्च विश्वसनीय संचारक (high credible communicator) का प्रभाव कम हो गया तथा निम्न विश्वसनीय संचारक (low credible communication) का प्रभाव बढ़ गया। इसे समाज मनोवैज्ञानिकों ने *स्लीपर प्रभाव* (Sleeper effect) कहा है। इस प्रभाव को कम करने के लिए जिस प्रक्रिया को अपनाया जाता है उसे *पुनर्कथन* (restatement) कहा जाता है जिसमें समय-समय पर श्रोतागण के संचार के स्रोत के बारे में याद दिलाता जाता है।

(ख) आकर्षक संचारक *(Attractive communicator)*—आकर्षक संचारक द्वारा दी गयी सूचनाएँ मनोवृत्ति में अधिक प्रभावकारी सिद्ध हुई हैं। आकर्षकता (attractiveness) में दो पक्ष महत्त्वपूर्ण हैं—शारीरिक सुन्दरता (physical beauty) तथा समानता (similarity)। चाईकिन (Chikin, 1979) तथा पालाक एवं उनके सहयोगियों (Pallak et. al., 1983) द्वारा किये गये अध्ययनों से यह स्पष्ट हो गया है कि जब सुन्दर लोगों द्वारा कोई तर्क तथा सूचना दी जाती है तो उसका प्रभाव सुनने वाले व्यक्ति की मनोवृत्ति पर अधिक पड़ता है और ऐसे व्यक्ति अपनी मनोवृत्ति में तत्परता के साथ परिवर्तन लाते हैं। जब संचारक में सुन्दरता कम होती है या नहीं होती है तो उनके तर्क का प्रभाव व्यक्ति की मनोवृत्ति पर कम पड़ता है। समानता (similarity) आकर्षकता का दूसरा महत्त्वपूर्ण पक्ष है। हमलोग वैसे व्यक्तियों को पसंद करते हैं जो हमारे समान होते हैं। फलस्वरूप, वे हमारे लिए आकर्षक (attractive) होते हैं और उनके द्वारा दी गयी सूचनाओं द्वारा मनोवृत्ति में आसानी से परिवर्तन आ जाता है। डेम्ब्रोस्काई तथा उनके सहयोगियों (Dembroski et al., 1978) ने अपने अध्ययन में पाया कि स्कूल के कुछ श्याम छात्रों (black students) को दाँत की देख-रेख (care) से संबंधित कुछ तथ्य (facts) श्याम संचारकों (black communictors) द्वारा तथा कुछ अन्य श्याम छात्रों को उसी प्रकार का तथ्य गोरे संचारकों (white communicator) द्वारा दिये गये। दूसरे दिन जब एक दाँत के डाक्टर द्वारा उन छात्रों के दाँतों की जाँच की गयी तो देखा गया कि जो श्याम छात्र श्याम संचारक से सुनकर तथ्य प्राप्त किये थे, वे अपनी दाँतों की सफाई उन श्याम छात्रों की अपेक्षा अधिक ठीक ढंग से कर रखे थे जिन्होंने गोरे संचारकों से सुनकर तथ्य प्राप्त किये थे। इस अध्ययनों से यह स्पष्ट हो जाता है कि वैसे व्यक्ति द्वारा दिये गये तथ्यों एवं सूचनाओं से हमारी मनोवृत्ति अधिक परिवर्तित होती है जो हमारे लिए समान होते हैं। रेभेन तथा फ्रेंच (Raven & French, 1958) ने अपने अध्ययन से बतलाया है कि जो व्यक्ति सामाजिक रूप से या राजनैतिक रूप से या आर्थिक रूप से अधिक शक्तिशाली होते हैं, उनकी बातों एवं तर्कों से भी हमारी मनोवृत्ति काफी अधिक प्रभावित होती है और उनके द्वारा बतलायी गयी दिशा में मनोवृत्ति में परिवर्तन लाने के लिए हम विवश हो जाते हैं।

(ii) संचारण का विषय एवं विशेषता *(Content and characteristics of communication)*—व्यक्ति को दी गयी सूचनाओं (message) का स्वरूप एवं विशेषता भी एक महत्त्वपूर्ण कारक है जिस पर मनोवृत्ति निर्भर करता है। समाज मनोवैज्ञानिकों ने ऐसी सूचनाओं की विशेषताओं के कई पक्षों का अध्ययन किया है जिसमें निम्नांकित तीन सबसे अधिक महत्त्वपूर्ण हैं—

(a) डर उत्पन्न करने वाली सूचना *(Fear-arousing appeal)*—कुछ समाज मनोवैज्ञानिकों ने अपने प्रयोगात्मक अध्ययनों के आधार पर यह स्पष्ट कर दिया है कि जब कोई तथ्य या सूचना ऐसी होती है जिससे व्यक्ति में ऋणात्मक संवेग (negative emotion) जैसे डर उत्पन्न होता है और साथ-ही-साथ उस डर को कम करने का उपाय (measures) भी उनके सामने होता है, तो इससे मनोवृत्ति में परिवर्तन आसानी से होता है। लेभेन्थाल (Leventhal, 1970) एवं रोजर्स तथा न्यूबॉर्न (Rogers & Newborn, 1976) ने अपने प्रयोगों के आधार पर इस तथ्य की पुष्टि की है। सरकार की ओर से सिगरेट पीने वालों को यह चेतावनी दिया जाना कि सिगरेट पीने से फेफड़ा में कैंसर होता है, डर उत्पन्न कर मनोवृत्ति में परिवर्तन करने वाली सूचना का एक महत्त्वपूर्ण उदाहरण है।

(b) एक-तरफा बनाम दो-तरफा संचारण *(One-sided vs two-sided communication)*—जब दी जाने वाली सूचना का सिर्फ एक पक्ष अर्थात् धनात्मक (positive aspect) या ऋणात्मक पक्ष (negative aspect) पर ही संचारक (communicator) बल देता है, तो इसे एकतरफा संचारण (one-sided communication) कहा जाता है। परन्तु यदि संचारक सूचना के दोनों पक्षों पर बल डालता है अर्थात् उसके लाभ और हानि दोनों को ही वह बतला देता है, तो इसे दो-तरफा संचारण (two-sided communication) कहा जाता है। होभलैण्ड, लम्सडेन तथा शैफिल्ड (Hovland, Lumsdaine and Sheffield, 1949) ने एक अध्ययन किया जिसमें अमेरिका-जापान युद्ध (द्वितीय विश्वयुद्ध से सम्बन्धित सूचना) सैनिकों के दो समूह को दी गयी। एक समूह को एक-तरफा सूचना दी गयी जिसमें सिर्फ इस बात पर बल दिया गया कि जापान के साथ अमेरिका का युद्ध लम्बे समय तक चल सकता है क्योंकि जापान के पास लड़ने के साधन (resources) काफी है। दूसरा प्रयोगात्मक समूह को दो-तरफा सूचना दी गयी जिसमें युद्ध से अमेरिका को होने वाले लाभों एवं जापान को होने वाली हानियों पर बल दिया गया। परिणाम में देखा गया कि दो-तरफा सूचना द्वारा मनोवृत्ति में असंगत परिवर्तन (incongurent change) अधिक हुए तथा एक तरफा सूचना द्वारा मनोवृत्ति में संगत परिवर्तन अधिक हुए।

(c) प्राथमिक बनाम अभिनवता *(Primacy vs. Recency)*—किसी व्यक्ति या घटना के बारे में पहले दी गयी सूचनाएँ उसी व्यक्ति या घटना के बारे में बाद में दी जानेवाली सूचनाएँ की अपेक्षा मनोवृत्ति में जल्द परिवर्तन लाती है क्योंकि पहले दी गयी सूचनाओं का आधार व्यक्ति के मस्तिष्क पर अपेक्षाकृत अधिक होता है। पहले दी गयी सूचना के प्रभाव को प्राथमिकता (primacy) तथा बाद में दी गयी सूचना के प्रभाव को अभिनवता (recency) की संज्ञा दी जाती है। (Asch, 1946) ने एक प्रयोग किया जिसमें कॉलेज के छात्रों को निम्नांकित दो तरह के वाक्य पढ़ने के लिए दिया—

जॉन *(John)*— बुद्धिमान (intelligent), मेहनती (industrious), आवेगशील (impulsive), विवेचनात्मक (critical), जिद्दी (stubborn) तथा डाही (envious) है।

जॉन *(John*—डाही (envious), जिद्दी (stubborn), विवेचनात्मक (critical), आवेगशील (impulsive), मेहनती (industrious) तथा बुद्धिमान है।

जिन छात्रों ने पहले वाक्य को पढ़ा, उनकी मनोवृत्ति जॉन (John) के प्रति स्वीकारात्मक (positive) हो गयी तथा जिन छात्रों ने दूसरे वाक्य को पढ़ा, उनकी मनोवृत्ति जॉन के प्रति नकारात्मक (negative) हो गयी। बाद में लैंगर एवं रॉथ (Langer & Roith, 1975) तथा मैक-एण्ड्रयू (Mc-Andrew 1981) ने भी अपने-अपने प्रयोगों में उपर्युक्त तथ्य की पुष्टि की है। मैक-गुरी (McGuire, 1957) ने भी अपने प्रयोग के आधार पर यह दिखलाया है कि जब किसी व्यक्ति के वांछनीय गुणों (desirable traits) को पहले तथा अवांछनीय गुणों (undesirable traits) को बाद में उपस्थित किया जाता है, तो सुनने वाले व्यक्ति की मनोवृत्ति में वांछनीय गुणों की दिशा में परिवर्तन हो जाती है।

(iii) संचार का माध्यम *(Channel or medium of communication)*—मनोवृत्ति परिवर्तन के लिए दी जाने वाली सूचना का माध्यम भी एक महत्त्वपूर्ण कारक है जिससे मनोवृत्ति में परिवर्तन होता है। समाज मनोवैज्ञानिकों ने संचार के निम्नांकित तरह के माध्यमों (mediums) के प्रभावों का अध्ययन किया है—

(a) सामूहिक माध्यम बनाम व्यक्तिगत प्रभाव *(Mass media vs. Personal influence)*—रेडियो, टेलीविजन, अखबार आदि संचार के सामूहिक माध्यम (mass media) के उदाहरण हैं जिनमें संचारक (communicator) जनता को सामूहिक रूप से किसी बात की सूचना देता है। इनमें संचारक एवं सामान्य व्यक्तियों के बीच में सीधा-सम्बन्ध या आमने-सामने का सम्बन्ध नहीं होता है। व्यक्तिगत प्रभाव (personal influence) में संचारक प्रत्येक व्यक्ति से व्यक्तिगत रूप से मिलकर अपनी बात को समझाता है। लेजार्सफेल्ड, बेरेलसन तथा गाडेट (Lazarsfeld, Barelson and Gaudet, 1944) ने अपने प्रयोग के आधार पर बतलाया है कि किसी विशेष राजनैतिक पार्टी के प्रति वोट देने की मनोवृत्ति में परिवर्तन के लिए सामूहिक माध्यम (mass media) से दी गयी सूचना व्यक्तिगत रूप से दी गयी सूचना के अपेक्षा कम प्रभावकारी (effective) होता है। उसी तरह से एल्डरभेल्ड एवं डोज (Elderveld and Dodge, 1954) ने अपने अध्ययन में पाया कि जब सूचनाएँ सामूहिक माध्यम (mass media) के सहारे दी गयी तो किसी विशेष पार्टी के प्रति वोट देने की मनोवृत्ति में मात्र 19% परिवर्तन हुआ। परन्तु जब उसी ढंग की सूचनाएँ व्यक्तिगत

रूप से सभी लोगों को दी गयीं तो इससे उनकी मनोवृत्ति में 75% परिवर्तन हुआ। इन अध्ययनों से स्पष्ट हुआ कि मनोवृत्ति परिवर्तन के लिए सामूहिक माध्यम से दी गयी सूचनाएँ व्यक्तिगत रूप से दी गयी सूचनाओं की अपेक्षा कम प्रभावकारी होती है।

(b) सक्रिय अनुभव बनाम निष्क्रिय ग्रहण *(Active Experience vs. Passive Reception)*—समाज मनोवैज्ञानिकों ने सूचना ग्रहण करने के इन दोनों माध्यमों का तुलनात्मक अध्ययन करके यह दिखलाया है कि जब व्यक्ति कोई अनुभव सक्रिय रूप से क्रियाशील होकर प्राप्त करता है, तो इससे मनोवृत्ति में परिवर्तन तेजी से होता है। परन्तु जब उसे कोई अनुभव दीवार पर कुछ लिखा देखकर या इश्तहार पढ़कर प्राप्त होता है, तो इससे व्यक्ति की मनोवृत्ति में परिवर्तन कम होता है। क्राफोर्ड (Crawford, 1974) ने अपने अध्ययन के आधार पर इस तथ्य की पुष्टि की है। क्राफोर्ड के अनुसार निष्क्रिय रूप से दी गयी सूचनाओं पर व्यक्ति ज्यादा ध्यान नहीं देता है।

(iv) श्रोता की विशेषताएँ *(Characteristics of audience)*—मनोवृत्ति परिवर्तन के लिए किया गया प्रत्यायन या अनुनयन (persuasion) की सफलता इस बात पर भी निर्भर करती है कि श्रोतागण कौन हैं, उनकी विशेषताएँ क्या हैं, आदि-आदि। समाज मनोवैज्ञानिकों द्वारा किये गये अध्ययनों से यह स्पष्ट हो गया है कि कुछ लोग प्रत्यायन या अनुनयन (persuasion) किये जाने पर अपनी मनोवृत्ति में तुरन्त परिवर्तन कर लेते हैं तथा कुछ लोगों पर प्रभावी अनुनयन (effective persuasion) का भी कोई असर नहीं पड़ता है। उदाहरणार्थ, जिन व्यक्तियों में आत्म-सम्मान (self-esteem) अधिक होता है उनमें आत्मविश्वास (self-confidence) अधिक होता है। फलस्वरूप ऐसे व्यक्तियों पर अनुनयन (persuasion) का प्रभाव कम पड़ता है और इनकी मनोवृत्ति में परिवर्तन आसानी से नहीं होता है। मेयर्स (Myers, 1988) के अनुसार आक्रमणकारी स्वभाव (aggressive nature) के व्यक्ति में हठधर्मिता (dogmatism) अधिक पायी जाती है एवं वे संकुचित विचार के होते हैं। फलतः इनकी मनोवृत्ति में भी परिवर्तन लाना आसान नहीं होता। श्रोतागण के उम्र का भी प्रभाव उनकी मनोवृत्ति परिवर्तनशीलता (modifyability) पर पड़ता है। सीयर्स (Sears, 1979) ने अपने अध्ययन के आधार पर यह बताया है कि जैसे-जैसे व्यक्ति की आयु बढ़ती जाती है, उसकी मनोवृत्ति में परिवर्तन एक खास दिशा में होता जाता है। दूसरे शब्दों में, उनकी मनोवृत्ति में उदारता (liberalism) कमती जाती है तथा अनुदारता (conservatism) बढ़ती जाती है। यही कारण है कि बूढ़े व्यक्तियों की सामाजिक मनोवृत्ति एक वयस्क की सामाजिक मनोवृत्ति की अपेक्षा अधिक अनुदार (conservative) होती है। हमारे देश में सह-शिक्षा (co-education) के प्रति अधिकतर बूढ़े व्यक्ति की मनोवृत्ति उसी कारण नकारात्मक (negative) होती है।

5. बाधिक सम्पर्क *(Enforced contact)*—मनोवृत्ति परिवर्तन में बाधित सम्पर्क (enforced contact) का भी महत्त्व काफी अधिक है। बाधित सम्पर्क से तात्पर्य वैसे सम्पर्क से होता है जिसमें व्यक्तियों को कुछ ऐसे व्यक्तियों के साथ लाचारी में अन्तःक्रिया (interaction) करना पड़ता है जिनके साथ वह अन्तःक्रिया करना सचमुच में नहीं चाहता है। उदाहरणार्थ, एक दलित एवं एक ब्राह्मण को एक ही कमरा में यदि एक साथ रहने को कहा जाय, तो यह एक बाधित सम्पर्क (enforced contact) का उदाहरण होगा। समाज मनोवैज्ञानिकों ने ऐसे अनेकों अध्ययन किये हैं जिसमें यह देखा गया है कि बाधित सम्पर्क में व्यक्तियों को एक-दूसरे को समझने का मौका गहन रूप से मिलता है। फलस्वरूप एक-दूसरे के प्रति उनकी मनोवृत्ति में धीरे-धीरे अपने आप ही परिवर्तन आने लगता है। बाधित सम्पर्क से वर्तमान मनोवृत्ति में संगत परिवर्तन (congruent change) तथा असंगत परिवर्तन (incongruent change) दोनों ही हो सकते हैं। ब्राह्मण को दलितों के साथ रहने पर सम्भव है कि उसकी मनोवृत्ति नकारात्मक (negative) से बदलकर स्वीकारात्मक (positive) हो जाय (असंगत परिवर्तन) या सम्भव है कि नकारात्मक से और अधिक नकारात्मक हो जाय (संगत परिवर्तन)।

द्वितीय विश्वयुद्ध में अमेरिकी सैनिक के शोध विभाग (Research Division) द्वारा एक अध्ययन किया गया जिसमें गोरे सैनिकों (white soldiers) तथा श्याम सैनिकों (black soldiers) को एक साथ एक ही दल में रहकर दुश्मनों का सामना करना था। शोध विभाग द्वारा सर्वे के अनुसार अधिकतर गोरे सैनिक एवं दो तिहाई गोरे सैनिक के पदाधिकारियों (officers) ने पहले इस ढंग से दल कायम करने के प्रति नकारात्मक मनोवृत्ति व्यक्त की। परन्तु दो महीने के बाद दूसरा सर्वे करने पर देखा गया कि 77% सैनिकों एवं पदाधिकारियों की मनोवृत्ति नकारात्मक से बदलकर स्वीकारात्मक (positive) हो गयी थी। डियूश एवं कोलिन्स (Deutsh & Collins, 1951) ने एक अध्ययन किया जिसमें आवासीय योजना (housing project) में बाधित सम्पर्क का मनोवृत्ति परिवर्तन पर प्रभाव देखा गया। इस

अध्ययन में दो तरह की आवासीय योजना सम्मिलित की गयी—*पृथक आवासीय योजना* (segregated housing project) तथा *संगठित आवासीय योजना* (integrated housing project) । पृथक आवासीय योजना में गोरी गृहपत्नियाँ (white housewives) एवं श्याम (या निग्रो) गृहपत्नियाँ (black housewives) अलग-अलग मकान में रहा करती थीं जबकि संगठित आवासीय योजना में वे दोनों तरह की पत्नियाँ एक ही मकान में एक साथ रहा करती थीं। कुछ दिनों के बाद इन दोनों तरह की आवासीय योजनाओं में रहने वाली गोरी पत्नियाँ की मनोवृत्ति (श्याम पत्नियों के प्रति) मापी गयी। परिणाम में देखा गया कि संगठित आवासीय योजना में रहने वाली गोरी गृहपत्नियों की मनोवृत्ति पृथक आवासीय योजना में रहने वाली गोरी गृहपत्नियों की मनोवृत्ति की तुलना में काफी परिवर्तित थी। संगठित आवासी योजना की 95% गोरी पत्नियों की मनोवृत्ति निग्रो या श्याम पत्नियों के प्रति अनुकूल (favourable) पायी गयी जबकि पृथक आवासीय योजना के मात्र 25% गोरी पत्नियों की मनोवृत्ति निग्रो पत्नियों के प्रति सौहार्द्रपूर्ण पायी गयी। इसी तरह के अन्य कई अध्ययनों में भी ऐसा ही परिणाम पाया गया। हार्डिंग तथा हागरेफे (Harding & Hogrefe, 1952) ने एक अध्ययन किया जिसमें एक ही नौकरी (job) में एक ही तरह के पद पर गोरे कर्मचारी (white employees) तथा निग्रो कर्मचारियों के प्रति गोरे कर्मचारियों की मनोवृत्ति मापने पर पाया कि इन गोरे कर्मचारियों को निग्रो कर्मचारियों के साथ काम करने में किसी प्रकार की हिचकिचाहट या अन्य किसी तरह का प्रतिबंध या शर्त (reservation) नहीं था। स्पष्ट है कि गोरे कर्मचारियों की मनोवृत्ति (जो निग्रो के प्रति सामान्यतः नकारात्मक होती है) परिवर्तित थी। इसी तरह का एक अध्ययन मुसेन (Mussen 1950) द्वारा भी किया गया जिसमें यह पाया गया कि एक संगठित गर्मी ऋतु के कैम्प (nonsegregated summer camp) में चार सप्ताह तक के साथ रहने के कारण 73% गोरे बच्चों (white children) की नकारात्मक मनोवृत्ति (negative attitude) निग्रो बच्चों (Negro children) के प्रति कम हो गयी।

उपर्युक्त अध्ययनों से यह स्पष्ट हो जाता है कि बाधिक सम्पर्क (enforced contact) स्थापित किये जाने पर विभिन्न समूहों या जातियों को एक-दूसरे को समझने का मौका अधिक मिलता है। फलस्वरूप उसके मन में पहले से चली आ रही गलतफहमियाँ दूर हो जाती हैं और व्यक्ति अपनी मनोवृत्ति परिवर्तित कर लेता है।

6. अपेक्षित भूमिका-निर्वाह *(Required role playing)*—कभी-कभी ऐसा होता है कि किसी व्यक्ति को कुछ ऐसी क्रियाएँ या व्यवहार लोगों के सामने करना होता है जिसे वह नहीं करना चाहता है क्योंकि ऐसी क्रियाएँ उसकी निजी मनोवृत्ति (private attitude) के विपरीत होती है। ऐसा पाया गया है कि इस तरह की भूमिका करते-करते व्यक्ति की निजी मनोवृत्ति परिवर्तित होकर किये गये व्यवहार के अनुकूल हो जाती है, अर्थात् वह आम मनोवृत्ति (public attitude) के समान हो जाती है। कल्बर्टसन (Culbertson, 1957) ने एक प्रयोगशाला प्रयोग (laboratory experiment) किया जिसमें पाया कि भूमिका-निर्वाह (role playing) के कारण निग्रों के प्रति प्रयोज्य (subjects) की सामान्य मनोवृत्ति (generalized attitude) तथा निग्रो-गोरे आवासीय संगठन (Negro-white housing integration) के प्रति प्रयोज्यों की विशिष्ट मनोवृत्ति (specific attitude) में क्रमशः 76.1% तथा 76.7% प्रतिशत धनात्मक परिवर्तन (positive change) हुआ। इतना ही नहीं, भूमिका-निर्वाह का प्रभाव भूमिका करनेवाले के अलावा भूमिका देखने वाले की मनोवृत्ति पर भी पड़ते देखा गया। भूमिका देखनेवाले व्यक्तियों (observers) की सामान्य मनोवृत्ति में क्रमशः 56.8% तथा 42.9% परिवर्तन हुआ। जैनिस तथा किंग (Janis & King, 1954) तथा किंग एवं जैनिस (King & Janis, 1956) ने भी अपने अध्ययनों में इसी ढंग का तथ्य पाया है। इन लोगों ने भूमिका-निर्वाह के प्रभाव के कारण मनोवृत्ति में होनेवाले परिवर्तन की व्याख्या करने के लिए दो प्राक्कल्पनाएँ (hypotheses) भी बनायी है—*आशुक्रिया प्राक्कल्पना* (improvisation hypothesis) तथा *सन्तोष प्राक्कल्पना* (satisfaction hypothesis)। आशुक्रिया प्राक्कल्पना के अनुसार भूमिका-निर्वाहक (role player) की मनोवृत्ति में परिवर्तन इसलिए आता है क्योंकि वह दूसरों को अपने द्वारा व्यक्त किये विचारों को स्वीकार कराये जाने के लिए दिये गये तर्कों (logic) से स्वयं ही काफी उत्तेजित एवं प्रभावित हो जाता है। सन्तोष प्राक्कल्पना के अनुसार भूमिका-निर्वाहक की मनोवृत्ति में परिवर्तन इसलिए आता है क्योंकि उसे भूमिका करने से एक सन्तोष (satisfaction) होता है जिससे भूमिका से व्यक्त किया गया मत (opinion) अपने आप ही पुनर्बलित (reinforce) होता है और फलस्वरूप, वह उसी के अनुसार अपनी मनोवृत्ति में परिवर्तन कर लेता है। किंग एवं जैनिस (King & Janis, 1956) ने अपने अध्ययनों में इन दोनों तरह की प्राक्कल्पनाओं द्वारा मनोवृत्ति परिवर्तन की व्याख्या की पुष्टि किया है।

7. व्यक्तित्व परिवर्तन प्रविधियाँ *(Personality change techniques)*—कुछ समाज मनोवैज्ञानिकों ने व्यक्तियों के व्यक्तित्व में परिवर्तन लाकर उनकी मनोवृत्तियों में परिवर्तन लाने की कोशिश की है। मनोवैज्ञानिकों का यह भी दावा है कि व्यक्तित्व संरचना (personality structure) में परिवर्तन लाने से व्यक्ति की मनोवृत्ति में होने वाला परिवर्तन अपेक्षाकृत अधिक स्थायी होता है। एक्सलाईन (Axline, 1948) द्वारा किये गये अध्ययन से उपर्युक्त तथ्यों को पूर्ण समर्थन मिलता है। इस अध्ययन में सात वर्षीय कुछ ऐसे गोरे समस्यात्मक बच्चों (problem children) को लिया गया जो प्रजातीय मनोवृत्तियों (ethnic attitudes) से काफी पीड़ित थे अर्थात् ऐसे बच्चे निग्रो बच्चों के प्रति या तो काफी आक्रामक (aggressive) थे या काफी असामाजिक (unsocial) व्यवहार करते थे। गोरे बच्चों के व्यक्तित्व में खेल चिकित्सा (play therapy) द्वारा परिवर्तन लाया गया जिसके बाद यह भी देखा गया कि निग्रो बच्चों के प्रति उदारता एवं प्रेम बढ़ गया। काज तथा उनके सहयोगियों (Katz et. al., 1956) ने भी एक अध्ययन किया जिसमें निग्रो के प्रति मनोवृत्ति परिवर्तन के लिए तथ्यपूर्ण-सूचना अपील (factual information appeal) तथा आत्म-सूझ विधि (self-insight method) का तुलनात्मक अध्ययन किया गया और उन्होंने पाया कि निग्रो बच्चों के प्रति गोरे प्रयोज्यों की प्रतिकूल मनोवृत्ति (unfavourable attitude) में तथ्यपूर्णसूचना अपील विधि द्वारा कोई परिवर्तन नहीं हुआ परन्तु आत्म-सूझ विधि द्वारा विशेषकर वैसे गोरे व्यक्तियों की मनोवृत्ति में परिवर्तन हुआ जिनमें आत्म-रक्षात्मकता (self-defensiveness) का शीलगुण कम था। इन अध्ययनों से यह स्पष्ट है कि व्यक्तित्व परिवर्तन द्वारा भी व्यक्ति की मनोवृत्ति होता है।

8. सांस्कृतिक कारक *(Cultural factors)*—प्रत्येक समाज की एक संस्कृति होती है जिसमें व्यक्ति का व्यक्तित्व विकसित होता है। संस्कृति के मूल्यों (value), मानदण्डों (norms) आदि में परिवर्तन होने से व्यक्ति में पहले से चली आ रही मनोवृत्ति परिवर्तित होकर बदले हुए सांस्कृतिक मूल्यों एवं मानदण्डों के अनुसार विकसित हो जाता है। आधुनिक भारतीय समाज ने शिक्षा के कारण सांस्कृतिक मूल्यों में काफी परिवर्तन आया है। शायद यही कारण है कि आजकल एक औसत भारतीय की मनोवृत्ति हरिजनों के प्रति, औरतों द्वारा नौकरी किये जाने के प्रति, अन्य समान सामाजिक समस्याओं के प्रति अब उतना नकारात्मक नहीं रह गया जितना कि 30-40 वर्ष पहले था। फैल्डमैन (Feldman, 1985) तथा मेयर्स (Myers, 1987) ने अपने प्रयोगात्मक अध्ययनों में पाया है कि भिन्न-भिन्न संस्कृति में पले व्यक्तियों की मनोवृत्ति एक ही तरह की सामाजिक समस्या (social issues) के प्रति एक समान नहीं होती है और इस सांस्कृतिक विभिन्नता (cultural differences) के कारण उनकी मनोवृत्तियों में परिवर्तन का प्रयास भी एक समान का परिणाम नहीं देता है। एक खास संस्कृति में पले व्यक्तियों की मनोवृत्ति में किसी सामाजिक समस्या के प्रति मनोवृत्ति में परिवर्तन करना आसान हो जाता है तो दूसरी संस्कृति में पले व्यक्तियों की मनोवृत्ति में उसी सामाजिक समस्या के प्रति मनोवृत्ति में परिवर्तन करना कठिन हो जाता है। मेयर्स (Myers, 1987) ने अपने अध्ययनों में पाया कि यहूदी छात्रों में ईश्वर, युद्ध तथा संतति-नियमन (birth control) के प्रति मनोवृत्ति में आसानी से परिवर्तन लाया जा सकता था परन्तु कैथोलिक या ईसाई छात्रों में इन सब विषयों के प्रति मनोवृत्ति में परिवर्तन लाना एक दुष्कर कार्य के समान था।

9. प्रचार *(Propaganda)*—मनोवृत्ति परिवर्तन में प्रचार का महत्त्व कितना है, यह सभी को विदित है। रेडियो, सिनेमा, दूरदर्शन (television) तथा समाचार-पत्र आधुनिक युग में प्रचार के प्रमुख साधन हैं। साधनों का उपयोग सरकार तथा विज्ञापनकार (advertiser) दोनों ही व्यक्तियों की मनोवृत्ति में परिवर्तन लाने के लिए काफी करते हैं। प्रचार का रूप लिखित अथवा मौखिक तथा प्रत्यक्ष (direct) अथवा अप्रत्यक्ष (indirect) कुछ भी हो सकता है। मनोवृत्ति परिवर्तन में लिखित प्रचार की अपेक्षा मौखिक प्रचार तथा अप्रत्यक्ष प्रचार की अपेक्षा प्रत्यक्ष प्रचार (direct propaganda) अधिक प्रभावकारी सिद्ध हुआ है। भारत सरकार अनेक महत्त्वपूर्ण सामाजिक समस्याओं जैसे—वयस्क शिक्षा (adult education), दहेज-प्रथा (dowry system), परिवार कल्याण या परिवार नियोजन, दलित एवं पिछड़ी जातियों की समस्याएँ आदि के प्रति विभिन्न तरह के प्रचार द्वारा जनता की मनोवृत्ति में वांछित दिशा में काफी हद तक परिवर्तन करने में सफल हो सकी हैं। मेयर्स (Myers, 1987) तथा बेरोन एवं बर्न (Baron & Byrne, 1987) ने अपने-अपने प्रयोगात्मक अध्ययन के आधार पर यह दिखला दिया है कि प्रचार व्यक्तियों की मनोवृत्ति में परिवर्तन लाने में उस परिस्थिति में सबसे अधिक प्रभावकारी (effective) होता है यदि लोग प्रचारक को विश्वासी (trustworthy) एवं निर्भर योग्य (dependable) समझते हों तथा उसके द्वारा किये गये प्रचार के खिलाफ में दूसरा विरोधी प्रचार न हो।

उपर्युक्त विवरण से यह स्पष्ट है कि मनोवृत्ति परिवर्तन बहुत-से कारकों (factors) द्वारा निर्धारित होता है। इन सभी कारकों में से प्रभावी या विश्वासोत्पादक संचारण (persuasive communication) समाज मनोवैज्ञानिकों द्वारा सबसे महत्त्वपूर्ण कारक बतलाया गया है। चूँकि मनोवृत्ति परिवर्तन में अनेकों कारकों का योगदान होता है, इसलिए इसे (यानी मनोवृत्ति परिवर्तन को) क्रेच, क्रचफिल्ड एवं बैलेची (Kretch, Crutchfield & Ballachey, 1962) ने 'बहुनिर्धारित' (multidetermined) कारक कहा है।

अनुनय या प्रत्यायन में संज्ञानात्मक प्रक्रियाएँ (Cognitive Processes underlying Persuasion)

समाज मनोवैज्ञानिकों द्वारा किये गए अध्ययनों से इतना तो स्पष्ट हुआ है कि अनुनय (persuasion) किन-किन कारकों द्वारा प्रभावित होता है जैसा कि पिछले अनुच्छेद में सविस्तार वर्णन भी किया जा चुका है। परंतु इन अध्ययनों से यह स्पष्ट नहीं हुआ है कि *अनुनय किस तरह से कार्य करता है? (How does persuasion work?)*। जैसे क्यों विश्वसनीय (believable) या आकर्षक (attractive) संचारक (communicator) कम विश्वसनीय एवं आकर्षक संचारक की तुलना में मनोवृत्ति परिवर्तन कराने में अधिक सफल होते हैं? क्यों विकर्षण (distraction) से मनोवृत्ति परिवर्तन तीव्र होता है? क्यों तेजी से बोलने वाला वक्ता (speaker) धीरे बोलने वाला वक्ता की तुलना में मनोवृत्ति परिवर्तन में अधिक सफल होता है? हाल के वर्षों में समाज मनोवैज्ञानिकों द्वारा इन प्रश्नों का उत्तर देने का भरसक प्रयास किया गया है ओर इस क्रम में वे अनुनय में होने वाले संज्ञानात्मक प्रक्रियाओं (cognitive processes) को काफी महत्त्वपूर्ण बतलाया है। सैकड़ों अध्ययनों से यह पता चला है कि व्यक्ति प्रत्यायक या विश्वासोत्पादक सूचना (persuasive communication) को दो मुख्य तरीकों (ways) से संसाधित करता है—*क्रमबद्ध संसाधन* (systematic processing) तथा *स्वतःशोध संसाधन* (heuristic processing) यही कारण है कि इसे अनुनय का *द्वि-प्रक्रियाओं मॉडल* (Dual process model) भी कहा जाता है।

क्रमबद्ध संसाधन(systematic processing)जिसे *अनुनय का केन्द्रीय पथ* (central route to persuasion)भी कहा जाता है, एक ऐसी प्रक्रिया है जिसमें व्यक्ति संदेश (message) में निहित विचारों एवं अंश (content) पर काफी सावधानीपूर्वक ध्यान देता है। इस तरह की प्रक्रिया में काफी मानसिक प्रयास लगता है और व्यक्ति की सूचना संसाधन क्षमताओं (information processing capacity)का अधिक-से-अधिक उपयोग किया जाता है। परिणामतः मनोवृत्ति परिवर्तन उससे उत्पन्न उत्तम तर्क (good argument) पर निर्भर करता है। दूसरे तरफ स्वतः शोध संसाधन (heuristic processing) की प्रक्रिया उससे भिन्न होती है जिसमें व्यक्ति संदेश में निहित सूचनाओं का संसाधन मानसिक लघुपथ(mental shortcut) या साधारण कामचलाऊ विधि (rules of thumb)अपनाकर करता है। जैसे, सूचनाओं को संसाधित करते समय वह यह सोच सकता है कि विशेषज्ञ की राय पर भरोसा किया जा सकता है या वह यह सोच सकता है कि 'निहित अंश या विषय मुझे अच्छा लगता है इसलिए इसके अनुकूल मुझे सोचना चाहिए' आदि मानसिक लघुपथ के कुछ उदाहरण हैं। स्वतः शोध संसाधन की विशेषता यह है कि इसमें कम मानसिक प्रयास लगता है तथा इसमें व्यक्ति प्रत्यायक संदेश(persuasive message)के प्रति अपने-आप ही प्रतिक्रिया करता है। इस प्रक्रिया में मनोवृत्ति परिवर्तन वाह्य प्रभावों(external influences) या काम चलाऊ विधि (rule of thumb) पर निर्भर करता है। इन दोनों प्रक्रियाओं को चित्र 7.1 में दिखलाया गया है।

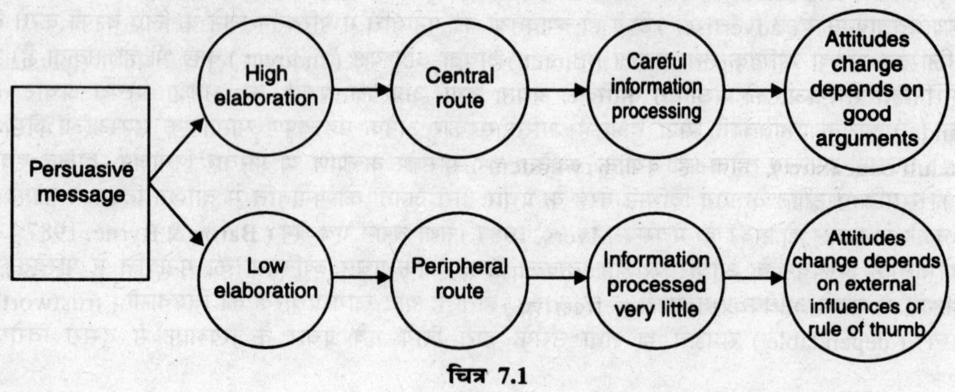

चित्र 7.1

अब प्रश्न उठता है कि व्यक्ति कब चिन्तन (thought) के ये दो तरीकों में अपने आप को तल्लीन करता है? अनुनय (persuasion) के नवीनतम सिद्धान्त जिसे *विस्तरण-संभाव्यता मॉडल* (Elaboration-likelihood model) जिसमें पेट्टी तथा काकियोप्पो (Petty & Cacioppo, 1996) तथा पेट्टी, ह्वीलर तथा टोरमाला (Petty, Whealer & Tormala, 2004) ने महत्त्वपूर्ण शोध किया है, के अनुसार इस प्रश्न का उत्तर इस ढंग से दिया जा सकता है।

जब विश्वासोत्पादक संदेश (persuasive message) से सम्बन्धित सूचनाओं को संसाधित करने की क्षमता व्यक्ति में अधिक होती है, तो वह प्रयासयुक्त (effortful) एवं क्रमबद्ध प्रक्रियाओं (systematic processing) को अपनाता है। इस ढंग की प्रक्रिया तब होती है जब व्यक्ति को संदेश में अभिव्यक्त विषय के बारे में पर्याप्त ज्ञान होता है, व्यक्ति के पास उसे संसाधित करने के लिए पर्याप्त समय होता है। महेशवरन् तथा चाइकेन (Maheshwaran & Chiken, 1991) ने अपने अध्ययन के आधार पर यह भी बतलाया है कि इस तरह का क्रमबद्ध एवं प्रयासयुक्त संसाधन (effortful processing) के लिए यह भी आवश्यक है कि समस्या व्यक्ति के लिए महत्त्वपूर्ण हो तथा और व्यक्ति को यह विश्वास हो कि समस्या के बारे में एक सही विचारधारा का होना अनिवार्य है। दूसरे तरफ जब व्यक्ति में अत्यधिक सावधानीपूर्वक संसाधित करने की क्षमता की कमी होती है या फिर समस्या या विषय के बारे में व्यक्ति को ज्ञान (knowledge) कम होता है या फिर व्यक्ति में गहराई से संज्ञानात्मक कार्य (cognitive work) करने की क्षमता की कमी होती है, तो व्यक्ति स्वतःशोध संसाधन (heuristic processing) की प्रक्रिया को अपनाता है। अध्ययनों से यह भी देखा गया है कि सामान्यतः राजनीतिज्ञ, विक्रेता तथा विज्ञापनकर्त्ता जो व्यक्ति की मनोवृत्ति में परिवर्तन करना चाहते हैं, वे व्यक्तियों को स्वतःशोध संसाधन (heuristic processing) की ओर अधिक खींचते हैं क्योंकि चिन्तन के उस तरीका में व्यक्ति क्रमबद्ध संसाधन की तरीका की तुलना में अधिक आसानी से मनोवृत्ति में परिवर्तन ला पाता है। स्पष्ट हुआ कि विस्तरण-सम्भाव्यता मॉडल के अनुसार अनुनय (persuasion) दो में से किसी भी एक तरीके (modes) से अर्थात् क्रमबद्ध (systematic) प्रक्रिया तथा स्वतःशोध (heuristic) संसाधन (processing) से हो सकता है जो संज्ञानात्मक प्रयास (cognitive effort) या विस्तारण की मात्रा जितना उसे चाहिए, के रूप में आपस में एक-दूसरे से भिन्न होते हैं।

प्रत्यायन या अनुनय के इन दो तरीकों का पता लगने से प्रत्यायन की प्रक्रिया को ठीक से समझने के लिए कुछ महत्त्वपूर्ण तथ्य का भी पता चला है। जैसे, जब व्यक्ति के लिए विश्वासोत्पादक संदेश (persuasive message) बहुत रोचक नहीं होता है या फिर वह बहुत महत्त्वपूर्ण नहीं होता है, तो उससे उत्पन्न प्रत्यायन की मात्रा उस संदेश में निहित तर्क (arguments) की शक्ति से बहुत अधिक प्रभावित नहीं होता है। दूसरे तरफ जब ऐसे संदेश या सूचना व्यक्ति के लिए काफी संगत या महत्त्वपूर्ण होता है, तो उससे व्यक्ति में अनुनय अधिक उत्पन्न होता है तथा उससे सम्बन्धित तर्क भी काफी मजबूत एवं विश्वसनीय होता है। ऐसा क्यों होता है? विस्तरण-संभाव्यता मॉडल तथा स्वतःशोध-क्रमबद्ध मॉडल (heuristic-systematic model) के अनुसार जब संदेश की महत्ता कम होती है तो व्यक्ति ऐसे संदेश को स्वतःशोध प्रणाली के अनुरूप मानसिक लघुपथ (mental shortcut) अपनाते हुए उसे संसाधित करता है। इस तरह से उस पर तर्क की शक्ति (argument strength) का प्रभाव न के बराबर पड़ता है। दूसरे तरफ, जब संदेश (message) का महत्त्व अधिक होता है, तो व्यक्ति ऐसे संदेश को क्रमबद्ध प्रणाली (systematic mode) के अनुरूप संसाधित करता है और तर्क की शक्ति भी यहाँ महत्त्वपूर्ण हो जाती है। ठीक इसी ढंग से क्रमबद्ध बनाम स्वतःशोध प्रणाली से इस बात की भी व्याख्या आसानी से होती है कि जब व्यक्ति तुलनात्मक रूप से अधिक द्विचित्ती या विकर्षित (distracted) होता है, तो क्यों वह आसानी से राजी (persuaded) हो जाता है। ऐसी अवस्था में विश्वासोत्पादक संदेश (persussive message) में निहित सूचनाओं को संसाधित करने की क्षमता काफी सीमित होता है। अगर संदेश में सही कुछ संकेत (cues) (जैसे संचारक का आंकर्षित होना या उसका विशेषज्ञ होना आदि) होता है तो वैसी परिस्थिति में अनुनय (persuasion) उत्पन्न इसलिए होता है क्योंकि व्यक्ति इन संकेतों के प्रति न कि संदेश द्वारा दिये गए तर्क (argument) के प्रति अनुक्रिया करता है। संक्षेप में तब यह कहा जा सकता है कि आधुनिक संज्ञानात्मक उपागम (modern cognitive approach) द्वारा प्रत्यायन या अनुनय के कई पहलुओं को समझने में काफी मदद मिलती है।

निष्कर्षतः यह कहा जा सकता है कि अनुनय या प्रत्ययन में संज्ञानात्मक प्रक्रियाओं के माध्यम से अनुनय से सम्बन्धित बहुत सारी प्रक्रियाओं को समझने में काफी मदद मिली है।

मनोवृत्ति परिवर्तन कब कठिन हो जाता है? (When does Attitude Change become Difficult ?)

दिन-प्रति-दिन की जिन्दगी में हमारी मनोवृत्तियों को परिवर्तन करने के लिए अनकों तरह के प्रभावी संचारण (persuasive communication) किये जाते हैं। प्रभावी संचारण मनोवृत्ति परिवर्तन का सबसे महत्त्वपूर्ण कारक है और इसका विस्तृत चर्चा पिछले अनुच्छेद में की जा चुकी है। अनेकों तरह के प्रभावी संचारण के बावजूद भी हमारी मनोवृत्ति में तुरन्त-तुरन्त परिवर्तन नहीं होता है अर्थात् अनुनय या प्रत्यायन की कोशिश बेकार हो जाती है। किसी समस्या या विषय के प्रति प्रायः हम एक स्थिर मनोवृत्ति (stable attitude) कुछ समय तक अवश्य ही बना कर रखते हैं। अब प्रश्न यह उठता है कि मनोवृत्ति परिवर्तन में स्थिरता क्यों आती है ? अनेकों तरह के प्रभावी संचारण के बावजूद भी हम किसी समस्या या विषय के प्रति एक स्थिर मनोवृत्ति बनाकर क्यों रखते हैं ? समाज मनोवैज्ञानिकों द्वारा इस विषय पर हाल के वर्षों में काफी शोध (research) एवं प्रयोग किए गए हैं। इन शोधों एवं प्रयोगों के आधार पर इन लोगों ने निम्नांकित पाँच कारकों को मनोवृत्ति परिवर्तन में सबसे प्रमुख बाधक कारक (interfering factors) माना है—प्रतिघात (reactance) पूर्वचेतावनी (forewarning) एवं मनोवृत्ति टीका (attitude enoculation) चयनात्मक परिहार (selective avoidance) तथा प्रतितर्क (conterargument)। इन पाँचों कारकों का वर्णन निम्नांकित है—

1. प्रतिघात *(Reactance)*—जब कोई व्यक्ति अपने विचार या मत को स्वीकार कराने के ख्याल से किसी दूसरे व्यक्ति पर अधिक बल डालता है तो प्रायः देखा जाता है कि दूसरा व्यक्ति उनके द्वारा बताए गए विचारों का ठीक विपरीत विचार या मत बना लेने को ठान लेता है। इसे ही समाज मनोविज्ञान में प्रतिघात (reactance) की संज्ञा दी जाती हैं। प्रतिघात की परिस्थिति में संचारक (communicator) द्वारा बताई गई दिशा में व्यक्ति की मनोवृत्ति में परिवर्तन नहीं होता है। समाज मनोवैज्ञानिकों के अनुसार प्रतिघात की स्थिति में वांछित दिशा में मनोवृत्ति में परिवर्तन इसलिए नहीं होता क्योंकि ऐसी स्थिति में व्यक्ति अपने विचारों की व्यक्तिगत स्वतन्त्रता (personal freedom) खतरे में पाता है। व्यक्ति को ऐसा महसूस होता है कि संचारक अनावश्यक रूप से हमारे विचारों का गला घोंट कर अपने विचारों को मान लेने के लिए बाध्य कर रहा है। अतः संचारक द्वारा बतलायी गई दिशा के ठीक विपरीत दिशा में वह अपनी मनोवृत्ति बना लेता है। यही कारण है कि कुछ समाज मनोवैज्ञानिकों जैसे ब्रेह्म (Brehm, 1966) तथा रोडवाल्ट एवं डेविसन (Rhodewalt & Davison, 1983) ने प्रतिघात को एक नकारात्मक मनोवृत्ति (negative attitude change) की स्थिति कहा है। प्रतिघात का उदाहरण हमारे दैनिक जीवन में काफी मिलता है। जब कोई दूकानदार कोई विशेष कम्पनी का ही माल खरीदने पर अधिक बल डालता है तो प्रायः व्यक्ति सचेत होकर यह सोचने लगता है, ''आखिर बात क्या है, वह दूसरी कम्पनी के माल के बारे में कुछ नहीं कह रहा है। कम-से-कम अभी हमें उसकी बातों में नहीं आना चाहिए।''

2. पूर्व चेतावनी *(Forewarning)*—कई समाज मनोवैज्ञानिकों का विचार है कि जब व्यक्ति किसी समस्या या विषय को महत्त्वपूर्ण समझता है और पहले से उसे किसी तरह यह पता हो जाता है कि अमुक सूचना (information) या संचारण (communication) का उद्देश्य उनकी मनोवृत्ति में मात्र परिवर्तन करना है, तो वैसी सूचनाओं या संचारणों का प्रभाव व्यक्ति, पर कम पड़ता है या यों कहें कि न के बराबर पड़ता है। इसे ही समाज मनोविज्ञान में पूर्व चेतावनी (forewarning) की संज्ञा दी गयी। आज समाज मनोवैज्ञानिक का विचार है कि पूर्व चेतावनी से मनोवृत्ति परिवर्तन में काफी बाधा पहुँचती है। बेरोन एवं बर्न[1] (Baron and Byrne, 1987) ने टिप्पणी करते हुए ठीक ही कहा है, ''जब हमलोग यह जान लेते हैं कि कोई भाषण अभिलेखित सन्देश (taped massage) या लिखित अपील हमारे विचारों को बदलने के लिए ही तैयार किया गया है, तो प्रायः इससे हमलोग बहुत कम ही प्रभावित होते हैं।'' कुछ समाज मनोवैज्ञानिकों जैसे—सियालडिनी एवं पेटी (Cialdini and Petty, 1979) तथा पेटी एवं कैकिओपो (Petty and Cacioppo, 1981) ने अपने प्रयोगात्मक अध्ययनों से इस तथ्य की पुष्टि की है कि प्रभावी संचारण (presuasive

---

1. "When we know that a speech, taped message or written appeal is designed to alter our views, we are often less likely to be affected by it than if we don't possess such knowledge."

— Baron & Byrne : *Social Psychology*, 1987, p. 128-129.

communication) के उद्देश्य से पूर्व परिचित हो जाने पर (अर्थात् पूर्व चेतावनी की स्थिति में) व्यक्ति में मनोवृत्ति परिवर्तन न के बराबर होता है। उड (Wood, 1972) के अनुसार पूर्वचेतावनी की स्थिति में व्यक्ति को अपनी स्मृति से वैसे तथ्यों को संग्रह कर लेने का समय अधिक मिल पाता है जिससे वह प्रभावी संचारण (presuasive communication) को गलत साबित कर सके। यही कारण है कि पूर्वचेतावनी की स्थिति में मनोवृत्ति परिवर्तन काफी कम होता है। इस तरह से पूर्वचेतावनी व्यक्ति को पहले से शस्त्र-सज्जित कर देती है *(forewarned is forearmed)* ताकि वह अपनी मनोवृत्ति पर प्रभावी संचारण (presuasive communication) के पड़ने वाले प्रभाव को नाकामयाब कर दें।

3. मनोवृत्ति टीका *(Attitude inoculation)*—समाज मनोवृत्ति में मनोवृत्ति टीका (attitude inoculation) का संप्रत्यय (concept) मैकगुरी (McGuire, 1969) द्वारा प्रतिपादित किया गया है। इनका विचार था कि जिस तरह से बच्चों को पोलियो, कुकुरखाँसी आदि पर टीका लगा देने से भविष्य में बच्चे, पोलियो तथा कुकुरखाँसी के प्रभाव से मुक्त हो जाते हैं अर्थात् उनपर इन जालनेवा बीमारियों का कोई खास असर नहीं होता है, ठीक उसी तरह से यदि किसी व्यक्ति की अपनी मनोवृत्ति के विपरीत विचारों से हल्के-फुल्के ढंग से यदि पहले ही अवगत करा दिया तो बाद में उसकी मनोवृत्ति में परिवर्तन करने के लिए जो प्रभावी संचारण (persuasive communication) किया जाता है, उसका उसकी मनोवृत्ति पर कोई असर नहीं पड़ता है। ऐसा इसलिए होता है कि व्यक्ति को पहले अपनी मनोवृत्ति के विपरीत विचारों द्वारा झटका या 'टीका' लगा दिया गया होता है तथा उसे मनोवृत्ति परिवर्तन का *कीड़ा सिद्धान्त* (germ theory) कहा जाता है। इससे उसमें ऐसे विचारों को सहने की शक्ति तीव्र हो जाती है। मैकगुरी (McGurie, 1961) ने इस तरह की मानसिक स्थिति को 'मनोवृत्ति टीका' (attitude inoculation) की संज्ञा दी है। 'मनोवृत्ति टीका' की वैधता (validity) को दिखलाने के लिए अनेकों प्रयोग पहले किये गये हैं और आज भी किये जा रहे हैं। इन अध्ययनों में मैकगुरी तथा पापेजियार्गिस (McGurie & Papageargis, 1961) द्वारा किया गया अध्ययन काफी महत्त्वपूर्ण एवं प्रचलित है। इस अध्ययन में प्रयोज्यों (subjects) के तीन समूह बनाये गये—सहायक रक्षा समूह (supportive defence group), खण्डन रक्षा समूह (refutational defence group) तथा नियन्त्रित समूह (controlled group)। सहायक रक्षा समूह के छात्रों को विभिन्न विषयों एवं समस्याओं से संबंधित उनकी मनोवृत्ति के समर्थन में कुछ सूचनाएँ दी गयीं। खण्डन रक्षा समूह के छात्रों को उन्हीं विषयों एवं समस्याओं से संबंधित उनकी मनोवृत्ति के विपरीत कुछ कमजोर तर्क (weak arguments) दिये गये जिन्हें बाद में प्रयोगकर्त्ता द्वारा खण्डित (refute) किया गया। इस तरह से इस समूह को अपनी मनोवृत्ति के विपरीत विचारों द्वारा हल्का झटका या टीका (immunise) लगाया गया। नियन्त्रित समूह (control group) को किसी तरह का संचारण (communication) नहीं दिया गया। दूसरे शब्दों में, इन्हें न तो अपनी मनोवृत्ति को समर्थन देने वाले तथ्यों को और न ही उसे खण्डित करने वाले तथ्यों को दिया गया। कुछ दिनों के बाद तीनों समूह के प्रयोज्यों को इन समस्याओं एवं विषयों से सम्बन्धित ऐसी सूचनाएँ तथा संचारण (communication) दिये गये जो उनकी मनोवृत्ति के बिलकुल विपरीत थे। परिणाम में देखा गया कि खण्डन रक्षा समूह के छात्र अन्य दोनों समूहों के छात्रों की तुलना में ऐसी विपरीत सूचनाओं एवं संचारणों से कम प्रभावित हुए। फलस्वरूप विपरीत सूचनाओं एवं संचारण की दिशा में ऐसे छात्रों में अन्य दोनों समूह के छात्रों की अपेक्षा मनोवृत्ति में परिवर्तन कम हुआ। इस अध्ययन से यह स्पष्ट हो जाता है कि मनोवृत्ति टीका (attitude inoculation) भी मनोवृत्ति परिवर्तन में एक प्रमुख बाधक कारक (interfering factor) है।

4. चयनात्मक परिहार *(Selective avoidance)*—अनुनय (persuasion) के माध्यम से मनोवृत्ति परिवर्तन में किये गए प्रयास को चयनात्मक परिहार (selective avoidance) द्वारा भी रोका जाता है। *चयनात्मक परिहार* में उन सूचनाओं की ओर से व्यक्ति अपना ध्यान हटा लेता है जिसके माध्यम से मौजूदा मनोवृत्ति को चुनौती दिया जाता है। इस तरह की प्रवृत्ति से व्यक्ति में अनुनय के प्रति प्रतिरोध (resistance) बढ़ जाता है और किया गया अनुनय बहुत ही प्रभावकारी नहीं हो पाता है। दूरदर्शन पर कार्यक्रम देखना चयनात्मक परिहार का एक उत्तम उदाहरण है क्योंकि इसमें व्यक्ति कई कार्यक्रमों में से अपनी रुचि एवं मनोवृत्ति के अनुकूल कार्यक्रम को भी देखता है और अपनी मनोवृत्ति के प्रतिकूल कार्यक्रम को नहीं देखता है या फिर उसे खामोश (silent) कर देता है या फिर बन्द कर देता है। दूसरे तरफ जब कोई सूचना व्यक्ति की मनोवृत्ति के अनुकूल होती है, तो उस पर काफी ध्यान देता है। सचमुच में, व्यक्ति की प्रवृत्ति जिसके माध्यम से वह अपनी मनोवृत्ति के विपरीत सूचनाओं की उपेक्षा करता है तथा अपनी मनोवृत्ति से संगत

(consistent) सूचनाओं पर ध्यान देता है, को संयुक्त रूप से समाज मनोवैज्ञानिकों द्वारा *चयनात्मक अनावरण* (selective exposure) की संज्ञा दी गयी है। इन दोनों तरह की प्रक्रियाओं में व्यक्ति यह कोशिश करता है कि उसकी मनोवृत्ति लम्बे समय तक ज्यों-का-त्यों बना रहे।

5. प्रतितर्क-वितर्क *(Counterargument)*—अनुनय की प्रभावशीलता को व्यक्ति प्रति तर्क-वितर्क करके भी रोकता है और इस तरह से ऐसी परिस्थिति में मनोवृत्ति परिवर्तन काफी कठिन हो जाता है। ऐसा करने से व्यक्ति उस विरोधी विचार को याद तो लम्बे समय तक रखता है परंतु वह मनोवृत्ति पर पड़ने वाला प्रभाव को कम कर देता है। एगली तथा उनके सहयोगिय;ों (Eagly et. al. 2000) ने अपने अध्ययन के आधार पर इस तथ्य की संपुष्टि किया है। इस अध्ययन में शोधकर्त्ताओं ने छात्रों के दो समूह को चुना जिसमें से एक समूह की मनोवृत्ति एक महिला संचारक (female communicator) द्वारा गर्भपात के बारे में दिया गया संदेश के प्रति स्वीकारात्मक (positive) था तथा दूसरा समूह के छात्र की मनोवृत्ति इस तरह के संदेश के प्रति नकारात्मक (negative) था। संदेश में से कुछ संदेश उनकी मनोवृत्ति के अनुकूल या संगत (consistent) था तथा कुछ संदेश उनकी मनोवृत्ति के साथ असंगत (inconsistent) या विरुद्ध था। संदेश को सुनने के बाद सहभागियों (participants) को अपनी मनोवृत्ति के बारे में बतलाना था जिसमें मुख्य रूप से दो बातों का जिक्र आवश्यक था— वे अपने अभिव्यक्त विचारों के प्रति कितना दृढ़ हैं तथा संदेश में सम्मिलित सभी तरह के तर्क-वितर्क (arguments) को याद करके बतलावें। इसके अतिरिक्त उनसे यह भी बतलाने के लिए कहा गया कि जब वे संदेश को सुन रहे थे, तो उनके मन में किस-किस तरह के विचार उत्पन्न हो रहे थे। इससे यह पता चलता था कि किस सीमा तक वे उस संदेश के प्रति जो उनकी मनोवृत्ति के विपरीत था, के प्रति आंतरिक रूप से प्रतितर्क-वितर्क (counterargument) कर रहे थे। परिणाम में पाया गया कि मनोवृत्ति विरोधी संदेश तथा मनोवृत्ति समर्थित संदेश (message) को सहभागियों द्वारा समान रूप से याद रखा गया। परंतु मनोवृत्ति-विरोधी संदेश के बारे में सहभागियों ने अधिक क्रमबद्ध रूप से सोचने की बात बतलाया और उसके बारे में अधिक विरोधी विचार मन में आने की बात बतलाए। इससे यह पता चलता है कि स्पष्ट रूप से वे संदेश के विपरीत तर्क-वितर्क कर रहे थे। इसके विपरीत, मनोवृत्ति के समर्थन में संदेश के होने पर वे अधिक समर्थनयुक्त विचार मन में होने की बात बतलाये। इस परिणाम से यह स्पष्ट हो जाता है कि व्यक्ति अनुनय (persuasion) को इसलिए सफलतापूर्वक रोक पाता है क्योंकि व्यक्ति ऐसी सूचनाओं को जो उसके मौजूदा विचारधारा या मनोवृत्ति से मेल नहीं खाती, न केवल व्यक्ति उपेक्षा करता है बल्कि ऐसी सूचनाओं को व्यक्ति काफी सावधानीपूर्वक एवं क्रमबद्ध रूप से संसाधित करता है और उसके विपरीत तर्क-वितर्क करता है। इसका मतलब यह हुआ कि व्यक्ति अपने वर्तमान मनोवृत्ति में किये जाने वाले परिवर्तन के किसी भी प्रयास (effort) के विपरीत एक मजबूत सुरक्षा कवच बनाने की कोशिश करता है।

निष्कर्ष यह है कि मनोवृत्ति परिवर्तन के लिए किया गया प्रभावी संचारण (persuasive communication) हमेशा प्रभावकारी (effective) नहीं होता क्योंकि कुछ परिस्थितियाँ ऐसी होती है जिनमें वैसे संचारण का प्रभाव बिलकुल ही कम हो जाता है।

मनोवृत्ति परिवर्तन या मनोवृत्ति संगठन के सिद्धान्त
(Theories of Attitude Change or Attitude Organization)

समाज मनोवैज्ञानिकों ने मनोवृत्ति परिवर्तन की व्याख्या करने के लिए कई सिद्धान्त का वर्णन किया है। मनोवृत्ति परिवर्तन की व्याख्या करने के लिए जितने भी सिद्धान्तों का प्रतिपादन किया गया है उन्हें समाज मनोवैज्ञानिकों ने चार मुख्य श्रेणियों में बाँटा है। प्रत्येक श्रेणी में कई मनोवैज्ञानिकों ने शोध एवं प्रयोग करके भिन्न-भिन्न तरह के सिद्धान्तों का प्रतिपादन किया है। इन चारों प्रमुख श्रेणियों एवं प्रत्येक श्रेणी के भीतर आनेवाले प्रमुख सिद्धान्तों का एक सामान्य प्रारूप (outlook) इस प्रकार है—

(क) संज्ञानात्मक संगति सिद्धान्त *(Congnitive consistency Theories)*—इस श्रेणी में आने वाले प्रमुख सिद्धान्त अग्रांकित हैं—

(1) हाईडर का संतुलन सिद्धान्त (Heider's Balance theory)

(2) न्यूकॉम्ब का ए-बी एक्स सिद्धान्त (Newcomb's A-B-X theory)

(3) फेस्टिंगर का संज्ञानात्मक असंवादिता सिद्धान्त (Festinger's Cognitive dissonance theory)।

(4) रोजेनवर्ग का भावात्मक-संज्ञानात्मक संगति सिद्धान्त (Rosenberg's affective congitive consistency theory)

(5) सामंजस्य सिद्धान्त (Congruity theory)

(ख) सामाजिक सीखना सिद्धान्त *(Social Learning Theories)*—इस श्रेणी में आने वाले प्रमुख सिद्धान्त निम्नलिखित हैं—

(1) क्लासिकी अनुबन्धन मॉडल पर आधारित सिद्धान्त (Theory based upon classical conditioning model)

(2) साधनात्मक अनुबन्धन मॉडल पर आधारित सिद्धान्त (Theory based upon instrumental conditioning model)

(ग) कार्यात्मक सिद्धान्त *(Functional Theories)*—इस श्रेणी में निम्नांकित प्रमुख सिद्धान्त रखे गये हैं—

(1) काज तथा स्टोटलैण्ड का सिद्धान्त (Katz and Stotland theory)

(2) स्मिथ, ब्रुनर एवं ह्वाईट सिद्धान्त (Smith, Bruner & White theory)

(घ) विविध सिद्धान्त *(Miscellaneous Theories)*—इस श्रेणी में आने वाले प्रमुख सिद्धान्त निम्नांकित हैं—

(1) केलमैन का त्रिप्रक्रिया सिद्धान्त (Kelman's three process theory)

(2) आत्मसात्करण-विरोध सिद्धान्त (Assimilation contrast theory)

(3) अनुकूलन स्तर सिद्धान्त (Adaptation level theory)

ऊपर दर्शाए गये प्रारूप से स्पष्ट है कि मनोवृत्ति परिवर्तन की व्याख्या के लिए समाज मनोवैज्ञानिकों ने कई सिद्धान्तों का वर्णन किया है। इन सिद्धान्तों में से संज्ञानात्मक संगति सिद्धान्त (congnitive consistency theory) को सबसे अधिक प्रभावकारी (effectve) बतलाया गया है और इस श्रेणी में आने वाले सिद्धान्तों के विचारों से प्रोत्साहित होकर समाज मनोवैज्ञानिकों द्वारा अधिकतम शोध (research) एवं प्रयोग किये गये हैं। इस श्रेणी के सिद्धान्तों द्वारा सिर्फ मनोवृत्ति परिवर्तन (attitude change) की ही व्याख्या नहीं होती है बल्कि मनोवृत्ति विकास (attitude development) की भी व्याख्या हो पाती है। इस कारण समाज मनोवैज्ञानिकों ने इस श्रेणी के सिद्धान्तों को अन्य श्रेणी के सिद्धान्तों से काफी अधिक महत्त्वपूर्ण बतलाया है। हम इस श्रेणी में आने वाले प्रत्येक सिद्धान्त की व्याख्या[1] (न्यूकाम्ब के सिद्धान्त को छोड़कर विस्तृत रूप से करेंगे एवं अन्य श्रेणियों में आनेवाले सिद्धान्तों में से सिर्फ प्रमुख सिद्धान्त की ही व्याख्या करेंगे।)

(क) संज्ञानात्मक संगति सिद्धान्त
(Cognitive Consistency Theories)

संज्ञानात्मक संगति सिद्धान्त द्वारा मनोवृत्ति परिवर्तन (attitude change) तथा मनोवृत्ति विकास (attitude development) दोनों की व्याख्या होती है। सिद्धान्त की इस श्रेणी में कई सिद्धान्त आते हैं फिर भी एक बात इन सभी सिद्धान्त में सामान्य (common) है—व्यक्ति की वर्तमान मनोवृत्ति के भिन्न-भिन्न तत्त्वों (elements) या भिन्न-भिन्न मनोवृत्तियों के बीच असंगति (inconsistency) होने से उसमें एक दुःखद मानसिक स्थिति (unpleasant mental state) उत्पन्न हो जाती है जो व्यक्ति को असंगति कम करके इस दुखद मानसिक स्थिति को दूर करने के लिए प्रोत्साहित करता है। इसके फलस्वरूप व्यक्ति की मनोवृत्ति में परिवर्तन आता है। संज्ञानात्मक संगति सिद्धान्तों के अनुसार मानव एक सक्रिय सूचना संसाधक (active information processor) के रूप में कार्य करता है जो इस बात

1. न्यूकॉम्ब के A-B-X मॉडल की व्याख्या हम इसलिए नहीं करेंगे क्योंकि यह सिद्धान्त हाईडर के P-O-X मॉडल के ही समान है। कुछ समाज मनोवैज्ञानिकों ने A-B-X मॉडल को मनोवृत्ति परिवर्तन का सिद्धान्त कम तथा अन्तर्वैयक्तिक आकर्षण (interpersonal attraction) का सिद्धान्त अधिक मानते हैं। अतः इस सिद्धांत का वर्णन अन्तर्वैयक्तिक आकर्षण वाले अध्याय में किया जाएगा।

का विश्लेषण करता है कि किस तरह से एक ही मनोवृत्ति के भिन्न-भिन्न तत्त्वों (components) के बीच या भिन्न-भिन्न तरह की मनोवृत्तियों के बीच उपस्थित असंगति (inconsistencies) को दूर करके उसमें सामंजस्य (congruence) लाया जा सकता है। इस श्रेणी में आने वाले प्रमुख सिद्धान्तों की आलोचनात्मक व्याख्या इस प्रकार की जा सकती है।

1. हाईडर का संतुलन सिद्धान्त
(Heider's Balance Theories)

इस सिद्धान्त का प्रतिपादन हाईडर (Heider 1946, 1958) द्वारा किया गया। इस सिद्धान्त को हाईडर का संतुलन सिद्धान्त (Balance theory) या *पी-ओ-एक्स मॉडल* (P-O-X model) भी कहा जाता है। फेल्डमैन (Feldman, 1985) के अनुसार हाईडर का संतुलन सिद्धान्त संज्ञानात्मक संगति सिद्धान्तों (cognitive consistency theories) का पितामह (grand-father) है।

इस सिद्धान्त द्वारा मनोवृत्ति परिवर्तन मॉडल (model) में तीन तत्त्व (elements) होते हैं। पहला तत्त्व व्यक्ति (person) या प्रत्यक्ष करने वाला (perceiver) होता है जिसे हाईडर ने संकेत के रूप में P कहा है। दूसरा तत्त्व कोई दूसरा व्यक्ति होता है जिसे संकेत के रूप में O कहा गया है। तीसरा तत्त्व कोई वस्तु (object) या व्यक्तित्व होता है जिसे हाईडर ने X कहा है। इस तरह से हाईर्डर मॉडल में P-O-X तीन तत्त्व होते हैं। इन तत्त्वों से बनने वाले युग्मों (pairs) के बीच दो तरह के सम्बन्ध होते हैं—*इकाई संबंध* (unit relationship) तथा *भावात्मक सम्बन्ध* (affective relationship)। तत्त्वों के युगों (pairs) में इकाई सम्बन्ध का निर्माण तत्त्वों की समानता (similarity), स्वामित्व (ownership) एवं समान सदस्यता (similar membership) के आधार पर होता है। तत्त्वों के युग्मों में भावात्मक सम्बन्ध का तत्त्वों के बीच पसन्दगी (liking) या नापसन्दगी (disliking) पर आधारित होता है। हाईडर ने अपने सिद्धान्त में यह बतलाया है कि तत्त्वों के युग्मों के बीच चाहे भावात्मक सम्बन्ध हों, या इकाई सम्बन्ध हो, वे धनात्मक (positive) (यानी +) हो सकते हैं या ऋणात्मक (negative) (यानी —) हो सकते हैं।

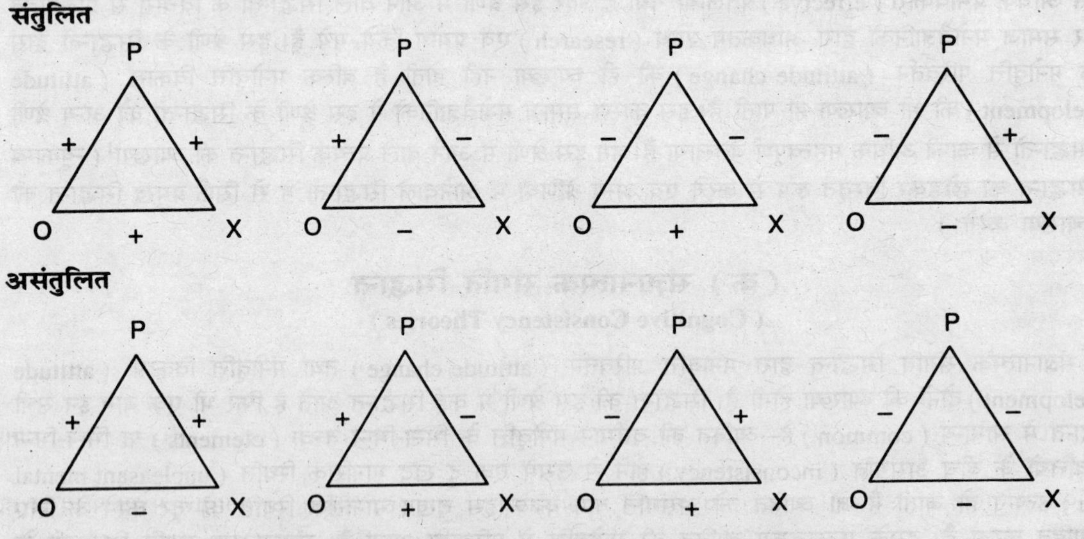

चित्र 6.2 : हाईडर के सिद्धान्त में संतुलित एवं असंतुलित सम्बन्धों का चित्रण

हाईडर ने अपने सिद्धान्त में यह भी बतलाया है कि तत्त्वों के बीच संतुलित अवस्था (balance state) होती है या इसके अभाव में असंतुलित अवस्था (imbalanced state) होती है। संतुलित अवस्था में व्यक्ति में सुखद भावना होती है और उसमें किसी प्रकार का तनाव आदि नहीं होता है। असंतुलित अवस्था में व्यक्ति में दुखद भावना होती है और उसकी मानसिक स्थिति तनावयुक्त होती है। ऐसी अवस्था व्यक्ति को यानी P को X या O के साथ अपने सम्बन्ध

में परिवर्तन करने के लिए प्रेरित करती है ताकि असंतुलित अवस्था संतुलित अवस्था में परिणत हो जाय। हाईडर ने यह भी बतलाया है कि तत्त्वों के बीच किस ढंग का संबंध रहने पर P के लिए असंतुलित अवस्था होती है तथा किस ढंग का संबंध रहने पर P के लिए संतुलित अवस्था होती है। अगर P, O तथा X के बीच के सम्बन्धों को चिह्न (sign) द्वारा अर्थात् धनात्मक यानी + तथा ऋणात्मक, यानी – के रूप में लेकर गुणा (multiply) करने पर यदि परिणाम (outcome) धनात्मक आता है तो ऐसी स्थिति में संतुलित अवस्था (balanced state) होगी परन्तु यदि परिणाम ऋणात्मक (negative) आता है तो ऐसी स्थिति में असंतुलित अवस्था (balanced state) उत्पन्न होगी। दूसरे शब्दों में कहा जा सकता है कि ऐसी अवस्था जिसमें तीन धनात्मक सम्बन्ध हो या एक धनात्मक तथा दो ऋणात्मक सम्बन्ध हों तो इससे हमेशा एक सन्तुलित अवस्था (balanced state) ही उत्पन्न होगी। परन्तु यदि अवस्था (state) ऐसी है जिसमें तीन ऋणात्मक संबंध हों या एक ऋणात्मक तथा दो धनात्मक सम्बन्ध हो तो इससे हमेशा असंतुलित अवस्था (imbalanced state) उत्पन्न होगी। चित्र 6.2 में हाईडर द्वारा बतलाये गये P, O तथा X के बीच आठ तरह के सम्बन्धों (relationships) को दिखलाया गया है जिनमें ऊपर के चार त्रिभुज संतुलित अवस्था के सम्बन्धों को बतलाते हैं तथा नीचे के चार त्रिभुज असन्तुलन अवस्था के सम्बन्ध को बतलाते हैं। ऊपर के चार त्रिभुजों में से एक में P, O तथा X तीनों के बीच धनात्मक सम्बन्ध दिखलाया गया है तथा बाकी तीन त्रिभुजों में दो ऋणात्वात्मक सम्बन्ध तथा एक धनात्मक सम्बन्ध दिखलाये गए हैं। नीचे के चार त्रिभुजों में से एक में P, O तथा X तीनों के बीच ऋणात्मक सम्बन्ध दिखलाये गए हैं तथा बाकी तीन त्रिभुजों में दो धनात्मक तथा एक ऋणात्मक सम्बन्ध दिखलाये गए हैं। हाईडर ने मनोवृत्ति परिवर्तन के लिए असंतुलित अवस्था को अधिक महत्त्वपूर्ण बतलाया है। इस अवस्था में व्यक्ति में तनाव, अशान्ति एवं बेचैनी होती है। फलस्वरूप व्यक्ति अपने तीनों सम्बन्धों में से किसी एक को जल्द-से-जल्द बदलकर सन्तुलित अवस्था बनाने के लिए प्रयत्नशील हो जाता है। जैसे ही किसी एक सम्बन्ध को बदलता है, उसकी मनोवृत्ति परिवर्तित हो जाती है।

एक उदाहरण—हाईडर के सिद्धान्त में संतुलित अवस्था तथा असंतुलित अवस्था को एक उदाहरण द्वारा इस प्रकार दिखलाया जा सकता है। मान लिया जाय कि राम 'P' के रूप में अंजु 'O' को पसन्द करता है। यानी राम (P) और अंजु (O) के बीच धनात्मक सम्बन्ध है। यह भी मान लिया जाय कि राम (P) मोहन (X) को पसन्द करता है यानी राम और मोहन के बीच भी धनात्मक सम्बन्ध है। परन्तु राम यह देखता है कि मोहन (X) अंजु (O) को नहीं पसंद करता है यानी मोहन और अंजु के बीच में ऋणात्मक सम्बन्ध है। अब यहाँ राम, अंजु एवं मोहन के बीच जो तीन सम्बन्ध है (राम और अंजु के बीच, राम और मोहन के बीच तथा मोहन और अंजु के बीच) इनमें दो धनात्मक तथा एक ऋणात्मक है जिसे गुणा करने पर ऋणात्मक परिणाम प्राप्त होता है। इसका मतलब यह हुआ कि यह एक असन्तुलित अवस्था (imbalanced state) है जो राम (यानी P) में अशांति एवं तनाव उत्पन्न करेगा। राम अंजु को चाहता है और मोहन को भी चाहता है परन्तु मोहन अंजु को नहीं चाहता है। मोहन द्वारा अंजु के प्रति यह तिरस्कार राम के मन में अशांति एवं तनाव पैदा करेगा क्योंकि वह स्वयं अंजु को चाहता है। स्वभावतः तब वह इस असंतुलित अवस्था को बदलना चाहेगा। ऐसा करने के लिए राम को अपना विचार अंजु के प्रति या मोहन के प्रति बदलना होगा। मान लिया जाय कि राम अंजु के प्रति अपनी मनोवृत्ति को बदलकर अब ऋणात्मक (negative) कर लेता है तब अब तीन सम्बन्ध में से दो ऋणात्मक तथा एक सम्बन्ध धनात्मक हो जाता है जिससे एक संतुलित अवस्था (balanced state) उत्पन्न होगी। ऐसा भी सम्भव है कि राम अपनी मनोवृत्ति मोहन के प्रति बदलकर ऋणात्मक कर दे और अंजु के प्रति धनात्मक ही रहे या मोहन को ही अंजु के प्रति धनात्मक सम्बन्ध कायम करने के लिए मजबूर कर दें, इन दोनों परिस्थितियों में भी परिणाम चूँकि धनात्मक होगा, अतः एक संतुलित अवस्था उत्पन्न होगी। इस उदाहरण से यह स्पष्ट है कि असंतुलित अवस्था जैसे ही संतुलित अवस्था में परिवर्तित हो जाती है, व्यक्ति की मनोवृत्ति में भी परिवर्तन हो जाता है।

हाईडर के इस सिद्धान्त के कुछ गुण-दोष भी हैं। इसके प्रमुख गुण (merits) निम्नांकित हैं—

(1) संज्ञानात्मक संगति सिद्धान्त में हाईडर का सिद्धान्त सबसे पहला ऐसा सिद्धान्त है जो मनोवृत्ति परिवर्तन एवं मनोवृत्ति विकास दोनों की व्याख्या करता है।

(2) इस सिद्धान्त का असर मनोवृत्ति परिवर्तन के क्षेत्र में किये जाने वाले शोधों (researchers) पर काफी अधिक हुआ है और एकाध अध्ययन को छोड़कर अनेकों अध्ययनों में इस सिद्धान्त की वैधता उचित ठहरायी गयी

है। जोर्डन (Jordan, 1953) रोड्रिग्यूज (Rodrigues, 1967) तथा लूस्को एवं एडेवोल (Lusko & Adewole, 1976) द्वारा किये गये अध्ययनों में इस सिद्धान्त को काफी वैध एवं वैज्ञानिक ठहराया गया है। इसके बावजूद भी इस सिद्धान्त के कुछ दोष हैं जो निम्नांकित हैं—

(1) फेल्डमैन (Feldman, 1985) के अनुसार इस सिद्धान्त द्वारा तत्त्वों के बीच भावात्मक सम्बन्धों की मात्रा में जो अन्तर होता है उसकी व्याख्या नहीं हो पाती है जैसे—ऊपर के उदाहरण में ऐसा सम्भव है कि राम (P) अंजु को काफी अधिक चाहता हो परन्तु मोहन को नाम मात्र के लिए चाहता हो। ऐसी परिस्थिति में यदि मोहन अंजु को नापसंद भी करता है तो इससे राम पर कोई खास प्रभाव नहीं पड़ेगा। ऐसी स्थिति में राम में क्या असंतुलन की अवस्था उत्पन्न होगी? शायद नहीं और तब फिर मनोवृत्ति परिवर्तन का कोई प्रश्न ही नहीं उठता है।

(2) हाईडर के सिद्धान्त से इस बात का भी पता नहीं चलता है कि व्यक्ति अपनी असंतुलित अवस्था को दूर करने के लिए कई विधियों में से कब कौन-सी विधि अपनायेगा। लेभेन्थाल (Leventhal, 1974) के अनुसार असंतुलित अवस्था तीन विधियों द्वारा दूर की जा सकती हैं—(i) मनोवृत्ति में परिवर्तन लाकर (ii) सम्बन्धों को अस्वीकार करके तथा (iii) मनोवृत्ति-वस्तु (attitudal object) में ऐसे गुणों का समावेश करके जो संतुलित सम्बन्ध के अनुकूल हो। हाईडर के सिद्धान्त में इस बात का कोई संकेत नहीं मिलता कि व्यक्ति (P) इनमें से किस विधि द्वारा अपनी असंतुलित अवस्था को दूर करेगा।

(3) काइस्लर, कोलिन्स तथा मिलर (Kiesler, Collins & Miller, 1969) ने इस सिद्धान्त की आलोचना करते हुए कहा है कि हाईडर मॉडल में तत्त्वों (elements) के बीच का सम्बन्ध तो पूर्णतः संतुलित (balanced) होता है या पूर्णतः असंतुलित (imbalanced) होता है। इसमें संतुलन या असंतुलन की मात्रा (degree) की कोई चर्चा नहीं है जबकि सच्चाई यह है कि संतुलन या असंतुलन की मात्रा कम या ज्यादा हो सकती है। मात्रा की व्याख्या नहीं होने से मनोवृत्ति परिवर्तन की वैज्ञानिक व्याख्या नहीं हो पाती है।

(4) काइस्लर, कोलिन्स तथा मिलर(Kiesler, Collins & Miller, 1969)ने यह भी कहा है कि हाईडर का सिद्धान्त साधारण परिस्थिति में मनोवृत्ति परिवर्तन की व्याख्या कर लेता है परन्तु कुछ जटिल परिस्थितियों (complex situations) में जहाँ तत्त्वों (elements) के बीच बहुसम्बन्ध (multiple relationship) होते हैं, यह सिद्धान्त मनोवृत्ति परिवर्तन की व्याख्या नहीं कर पाता है। जैसे—मान लिया जाय कि कोई पत्नी (P) यह महसूस करती है कि शादी के 20 वर्षों के बाद भी उसे पति का प्यार नहीं मिल पाया है और लगातार पति उसपर जुल्म ढाये जा रहा है। यहाँ पति (अर्थात् O) के प्रति P का सम्बन्ध ऋणात्मक (negative) है। परन्तु मान लिया जाय कि पति के पास अपना पैत्रिक धन (parental property) अधिक है और पत्नी यह महसूस करती है कि चूँकि वैवाहिक सम्बन्ध में उसे काफी कष्ट उठाना पड़ा है अतः उसे धन में से कुछ क्षतिपूर्ति के रूप में मिलना चाहिए। फलतः वह निर्णय करती है कि धन हासिल करने का तरीका यही होगा कि वह तलाक न ले परन्तु पति-पत्नी का सम्बन्ध भी न रखे। यहाँ पति का पैत्रिक धन (paternal property) X है तथा P का X के प्रति धनात्मक सम्बन्ध है तथा O का यानी पति का X के प्रति धनात्मक सम्बन्ध पहले से ही है। इन तीन सम्बन्धों में दो धनात्मक हैं तथा एक ऋणात्मक है। फलतः परिणाम ऋणात्मक होगा, यानी, यह एक असंतुलन की अवस्था है। इस असंतुलित अवस्था को जो स्पष्टतः एक जटिल अवस्था है, दूर करना हाईडर मॉडल के अनुसार सम्भव नहीं है। (क्या आप इस जटिल परिस्थिति का कोई समाधान ढूँढ सकते हैं?) अतः इस तरह की जटिल परिस्थितियों में मनोवृत्ति परिवर्तन की व्याख्या हाईडर मॉडल द्वारा संभव नहीं है।

इस अवगुणों के बावजूद भी हाईडर का सिद्धान्त एक महत्त्वपूर्ण सिद्धान्त है और कुछ मनोवैज्ञानिकों जैसे हरारी (Harary, 1983) ने इस मॉडल में व्याप्त कुछ कमजोरियों को दूर करके इसे और अधिक व्यापक बनाने की कोशिश की है। फलतः इस सिद्धान्त का शोध मूल्य (heuristic value) काफी बढ़ गया है।

2. फेस्टिंगर का संज्ञानात्मक-असंवादिता सिद्धान्त
(Festinger's Cognitive Dissonance Theory)

संज्ञानात्मक संगति सिद्धान्त (cognitive consistency theories) की श्रेणी में फेस्टिंगर का संज्ञानात्मक असंवादिता सिद्धान्त माना गया है। इस सिद्धान्त का प्रतिपादन 1957 में लिओन फेस्टिंगर (Leon Festinger) ने अपनी पुस्तक *'ए थियोरी ऑफ कॉगनिटीव डिसोनेन्स'* (A Theory of Cognitive Dissonance) में किया। इस सिद्धान्त के प्रतिपादन

के पहले समाज मनोवैज्ञानिकों द्वारा व्यक्ति की मनोवृत्ति एवं उसके बाह्य व्यवहारों (overt behaviour) में सम्बन्ध स्थापित करने का कोई सफल प्रयास नहीं किया गया था। फेस्टिंगर ने अपने इस सिद्धान्त में उन परिस्थितियों (conditions) की भी विशेष व्याख्या करने की कोशिश की है जिसमें व्यक्ति की मनोवृत्ति एवं उसके द्वारा दिखलाये गये व्यवहारों में ताल-मेल होता है।

फेस्टिंगर ने अपने इस सिद्धान्त में मनोवृत्ति को एक संज्ञानात्मक तत्त्व (cognitive element) माना है जो किसी व्यक्ति, घटना या वातावरण के प्रति एक मत या विश्वास है। फेस्टिंगर का सामान्य मत यह है कि व्यक्ति की भिन्न-भिन्न तरह की मनोवृत्तियाँ (attitudes) प्रायः एक-दूसरे से संगत (consistent) होती हैं और व्यक्ति इन्हीं मनोवृत्तियों के अनुकूल व्यवहार करता है। उनके भिन्न-भिन्न तरह के व्यवहार भी आपस में एक-दूसरे के साथ संगत होते हैं। परन्तु कभी-कभी ऐसा होता है कि व्यक्ति में दो या दो से अधिक ऐसी मनोवृत्ति या संज्ञानात्मक तत्त्व (cognitive element) एक ही साथ सक्रिय हो जाते हैं जो आपस में विरोधी होते हैं। ऐसी स्थिति में व्यक्ति में एक विशेष मानसिक स्थिति उत्पन्न होती है जिसे संज्ञानात्मक असंवादिता (cognitive dissonance) की संज्ञा दी जाती है। संज्ञानात्मक असंवादिता की अवस्था की मुख्य विशेषता यह है कि इससे व्यक्ति में तनाव (tension) एवं दुःखद अनुभव (unpleasant experiences) उत्पन्न होते हैं जो व्यक्ति को असंवादिता (dissonance) की स्थिति दूर करने के लिए प्रेरित करते हैं। इस तरह से फेस्टिंगर ने अपने सिद्धान्त में असंवादिता (dissonance) का प्रयोग दो या दो से अधिक संज्ञानात्मक तत्त्वों (cognitive elements) के बीच असंगति (inconsistency) बतलाने के लिए किया है। संज्ञानात्मक तत्त्वों के बीच असंगति जिससे असंवादिता उत्पन्न होती है, का एक उदाहरण इस प्रकार है—एक सिगरेट पीने वाला व्यक्ति यदि यह समझता है कि सिगरेट पीने से फेफड़ा में कैंसर (lung cancer) हो जाता है तो यह एक असंवादिता (dissonance) का उदाहरण होगा जहाँ दो संज्ञानात्मक तत्त्व एक-दूसरे के विरोधी हैं। पहला संज्ञानात्मक तत्त्व है 'मैं सिगरेट पीता हूँ' तथा दूसरा संज्ञानात्मक तत्त्व (जो पहला संज्ञानात्मक तत्त्व का विरोधी है) 'सिगरेट पीने से फेफड़ा में कैंसर हो जाता है।'

फेस्टिंगर के अनुसार संज्ञानात्मक तत्त्वों (cognitive elements) के बीच दो तरह के सम्बन्ध हो सकते हैं—अप्रासंगिक सम्बन्ध (irrelevant relationship) तथा प्रासंगिक सम्बन्ध (relevant relationship)। जब दो संज्ञानात्मक तत्त्वों के बीच किसी प्रकार का अर्थपूर्ण सम्बन्ध नहीं होता है तो ऐसे सम्बन्ध को अप्रासंगिक सम्बन्ध (irrelevant relationship) कहा जाता है। जैसे— 'मेरे पास समाज मनोविज्ञान की तीस किताबें हैं' तथा 'मेरे पास एक कार भी है'—ये दो ऐसे संज्ञनात्मक तत्त्व हैं जिनके बीच अप्रासंगिक सम्बन्ध (irrelevant relationship) है क्योंकि इन दोनों का आपस में कोई अर्थपूर्ण सम्बन्ध नहीं है। प्रासंगिक सम्बन्ध (relevant relationship) से तात्पर्य वैसे सम्बन्ध से होता है जिसमें संज्ञानात्मक तत्त्व आपस में किसी-न-किसी रूप में सम्बन्धित होते हैं। जैसे, 'मेरे पास दो-दो कार हैं' और 'मेरा मासिक आय 3 लाख रुपया है।' एक प्रासंगिक संबंध का उदाहरण है।

प्रासंगिक सम्बन्ध (relevant relationship) दो तरह के होते हैं—संवादी सम्बन्ध (consonant relationship) तथा असंवादी या असंवादित सम्बन्ध (dissonant relationship)। संवादी सम्बन्ध में दोनों संज्ञानात्मक तत्त्व एक-दूसरे के साथ बिना किसी विरोधाभास उत्पन्न किये व्यक्ति में मौजूद रहते हैं। जैसे 'मैं मोहन को पसन्द करता हूँ' तथा 'मोहन मेरी कार को प्रतिदिन साफ करता है।' ये दोनों संज्ञानात्मक तत्त्व एक-दूसरे के साथ बिना किसी तरह का विरोधाभास उत्पन्न किये व्यक्ति में मौजूद हैं। अतः यहाँ सम्बन्ध संवादी (consonant) है। असंवादी सम्बन्ध (dissonant relationship) में दोनों संज्ञानात्मक तत्त्वों में असंगति (inconsistency) पायी जाती है। जैसे—ऊपर के उदाहरण में मैं सिगरेट पीता हूँ तथा यह विश्वास कि सिगरेट पीने से फेफड़ा में कैंसर होता है, असंवादी सम्बन्ध (dissonant relationship) का उदाहरण है।

संवादिता (consonance) तथा असंवादिता (dissonance) सिर्फ प्रासंगिक संज्ञानात्मक तत्त्वों (relevant cognitive elements) के सम्बन्धों में पाया जाता है। प्रासंगिक संज्ञानात्मक तत्त्वों में असंवादिता की मात्रा (magnitude) का निर्धारण निम्नलिखित सूत्र द्वारा किया जाता है—

$$\text{Dissonance} = \frac{\text{Importance} \times \text{number of dissonant elements}}{\text{Importance} \times \text{number of constant elements}}$$

इस सूत्र से असंवादिता (dissonance) की मात्रा के बारे में निम्नांकित महत्त्वपूर्ण तथ्य प्राप्त होते हैं—

(1) असंवादी तत्त्वों (dissonant elements) की संख्या संवादी तत्त्वों की संख्या की अपेक्षा बढ़ने से असंवादिता की मात्रा अधिक होती है

(2) संवादी तत्त्वों की संख्या असंवादी तत्त्वों की संख्या से अधिक होने पर असंवादिता (dissonance) कम होती है।

(3) असंवादिता की मात्रा भिन्न-भिन्न संज्ञानात्मक तत्त्वों के महत्त्व पर निर्भर करती है।

(4) जब असंवादी तत्त्वों एवं संवादी तत्त्वों का समानुपात (proportion) बराबर होता है तो असंवादिता (dissonance) की मात्रा अधिकतम (maximum) होती है और ऐसी परिस्थिति में इसका मान (value) एक (1) के बराबर होता है।

(5) असंवादी तत्त्वों के बीच विभिन्नता की मात्रा (degree of discrepancy) बढ़ने से असंवादिता की मात्रा में वृद्धि हो जाती है।

जैसा कि ऊपर कहा जा चुका है, असंवादिता (dissonance) की स्थिति व्यक्ति में तनाव, असुखद भाव एवं बेचैनी पैदा करता है। अतः व्यक्ति इसे दूर करने के लिए प्रयत्नशील हो जाता है। प्रायः वह अपनी मनोवृत्ति में परिवर्तन लाकर असंवादिता की परिस्थिति को दूर करता है। फेस्टिंगर के अनुसार असंवादिता दूर करने के निम्नांकित तीन प्रमुख तरीके हैं—

(1) किसी एक संज्ञानात्मक तत्त्व में परिवर्तन कर देने से परिस्थिति दूसरे संज्ञानात्मक तत्व के अनुरूप हो जाती है। फलस्वरूप असंवादिता (dissonance) अपने आप दूर हो जाता है। उदाहरणस्वरूप, यदि कोई व्यक्ति धूम्रपान करता है और यह भी सोचता है कि इससे फेफड़ा का कैंसर हो सकता है तो वह धूम्रपान न करने का निश्चय करके असंवादिता को दूर कर सकता है।

(2) संज्ञानात्मक तत्त्वों के बीच असंवादिता को दूर करने के लिए व्यक्ति सामाजिक वातावरण के कुछ पहलुओं में भी परिवर्तन ला सकता है। उदाहरणार्थ, धूम्रपान करने से फेफड़ा का कैंसर होता है, जैसे विचार से उत्पन्न असंवादिता को वह उन व्यक्तियों से सम्पर्क करके भी दूर कर सकता है जो उपयुक्त विचार के विरोध में एवं तथ्य देते हुए कहते हैं कि यह बिलकुल ही गलत है क्योंकि बहुत से डॉक्टर भी तो धूम्रपान करते हैं।

(3) असंवादिता की मात्रा को दूर करने के लिए परिस्थिति में व्यक्ति एक या एक से अधिक संज्ञानात्मक तत्त्व को जोड़ लेता है। जैसे—उपर्युक्त उदाहरण में अपनी असंवादिता को दूर करने के लिए व्यक्ति एक नया संज्ञानात्मक तत्त्व यह जोड़ सकता है कि धूम्रपान से मन हल्का हो जाता है, अतः यह स्वास्थ्य के लिए लाभदायक है या वह यह भी सोच सकता है कि सभी धूम्रपान करने वाले को कैंसर नहीं हो जाता है।

फेस्टिंगर के असंवादिता सिद्धान्त के आधार पर समाज मनोवैज्ञानिकों ने निम्नांकित दो महत्त्वपूर्ण प्राक्कल्पनाओं (hypothesis) का निर्माण किया है—

(1) अगर किसी व्यक्ति को अपनी मनोवृत्ति के विपरीत कुछ कहने या करने के लिए बाध्य किया जाता है तो वह अपनी मनोवृत्ति में इस ढंग का परिवर्तन लाता है जो उसके अर्थात् स्वयं द्वारा किये गये व्यवहार के अनुकूल होता है।

(2) अपनी मनोवृत्ति के विपरीत व्यवहार करने के लिए जितना *अधिक* दबाव डाला जाता है मनोवृत्ति में परिवर्तन उतना ही *कम* होता है।

उपर्युक्त प्राक्कल्पनाओं की प्रयोगात्मक सत्यता की जाँच करने के लिए समाज मनोवैज्ञानिकों ने अनेकों प्रयोग किये हैं जिनमें फेस्टिंगर तथा कार्लस्मिथ (Festinger & Carlsmith, 1959) द्वारा किया गया प्रयोग सबसे अधिक उल्लेखनीय एवं चर्चित है। इस प्रयोग में प्रयोज्यों को पहले नितान्त नीरस (boring) कार्य कुछ समय तक करने के लिए दिया गया। स्वभावतः ऐसे कार्य के प्रति उनमें ऋणात्मक मनोवृत्ति (negative attitude) विकसित हो गयी थी। इसके बाद उन्हें एक दूसरी परिस्थिति में रखा गया जहाँ उन्हें कुछ अन्य व्यक्तियों के सामने अपनी इस मनोवृत्ति के विपरीत यह बोलना था कि कार्य सचमुच में काफी आनन्ददायक एवं सुखद था। कुछ प्रयोज्यों को अपनी मनोवृत्ति के

विपरीत बोलने के लिए 1 डालर का तथा कुछ अन्य प्रयोज्यों की इसी कार्य के लिए 20 डालर तक का इनाम दिया गया। इस तरह से इस प्रयोग में दो प्रयोगात्मक परिस्थितियाँ (experimental conditions) थीं—एक डालर वाली प्रयोगात्मक परिस्थिति तथा 20 डालर वाली प्रयोगात्मक परिस्थिति। बाद में दोनों प्रयोगात्मक परिस्थिति के प्रयोज्यों की मनोवृत्ति प्रयोगात्मक कार्य (प्रारंभ का नीरस कार्य) के प्रति मापी गयी। परिणाम में असंवादिता सिद्धान्त की उपर्युक्त दोनों प्राक्कल्पनाओं (hypothesis) के लिए पूर्ण समर्थन पाया गया। यह पाया गया कि (i) जब प्रयोज्यों को अपनी मनोवृत्ति के विपरीत कार्य करने के लिए कहा जाता है तो उसमें असंवादिता (dissonance) उत्पन्न होती है जिससे वह अपनी मनोवृत्ति में परिवर्तन कर लेता। (ii) 20 डालर वाली प्रयोगात्मक परिस्थिति के प्रयोज्यों में 1 डालर वाली प्रयोगात्मक परिस्थिति के प्रयोज्यों की अपेक्षा मनोवृत्ति में परिवर्तन कम हुआ। 20 डालर की परिस्थिति में प्रयोज्यों पर एक तरह से मनोवृत्ति परिवर्तन के लिए 1 डालर की परिस्थिति के प्रयोज्यों की अपेक्षा अधिक दबाव डाला जा रहा था। 20 डालर प्राप्त करने वाले प्रयोज्यों ने झूठ बोलने के बदले में इसे एक अच्छा इनाम के रूप में लिया। फलतः वे अपनी मनोवृत्ति में परिवर्तन लाना आवश्यक नहीं समझे परन्तु 1 डालर प्राप्त करने वाले प्रयोज्यों ने इसे झूठ बोलने के लिए तुच्छ इनाम समझ और फलस्वरूप झूठ बोलने के अनुसार ही अपनी मनोवृत्ति में परिवर्तन कर लिया अर्थात् प्रयोगात्मक कार्य को सचमुच में सरस एवं आनन्ददायक समझने लगे। बाद में ब्रेह्म (Brehm, 1960) ने भी एक अध्ययन किया जिसमें 8वीं वर्ग के कुछ छात्रों को एक सब्जी (vegetable) खाने के लिए बाध्य किया गया जिसे वे पसंद नहीं करते थे। छात्रों के पहले समूह को कहा गया कि सब्जी में पोषक तत्त्व अधिक है तथा दूसरे समूह को कुछ नहीं कहा गया। परिणाम में देखा गया कि दूसरे समूह के छात्रों में पहले समूह के छात्रों की अपेक्षा उस सब्जी के प्रति मनोवृत्ति में अधिक परिवर्तन हुआ। ऐसा इसलिए हुआ क्योंकि दूसरे समूह में असंवादिता (dissonance) की मात्रा पहले समूह में असंवादिता की मात्रा से कहीं अधिक थी।

फेस्टिंगर के असंवादिता सिद्धान्त के कुछ प्रमुख गुण एवं दोष हैं।

इसके प्रमुख गुण (merits) निम्नांकित हैं—

(i) यह सिद्धान्त काफी व्यापक है तथा इसके द्वारा भूमिका-निर्वाह (role playing), उत्पन्न अनुपालन (induced compliance) तथा निर्णय निर्माण (decision making) आदि परिस्थितियों में व्यक्ति में होने वाले मनोवृत्ति परिवर्तनों की व्याख्या सफलतापूर्वक होती है।

(ii) इस सिद्धान्त द्वारा मनोवृत्ति परिवर्तन के अलावा मनोवृत्ति निर्माण (attitude formation) की भी व्याख्या होता है।

(iii) इस सिद्धान्त द्वारा मनोवृत्ति परिवर्तन की दिशा (direction) के अतिरिक्त मनोवृत्ति परिवर्तन की मात्रा (magnitude) का भी पता चलता है।

(iv) मनोवृत्ति परिवर्तन की व्याख्या करने के लिए यही एक ऐसा सिद्धान्त है जिसका शोध-मूल्य (research value) सबसे अधिक है। 1978 में ग्रीनवाल्ड तथा रोनिस (Greenwald & Ronis) ने अपनी समीक्षा (review) जिसका शीर्षक था *'संज्ञानात्मक असंवादिता के 20 वर्ष'* (Twenty years of Cognitive Dissonance) में यह बतलाया है कि इस सिद्धान्त ने समाज मनोविज्ञान के भीतर एवं बाहर अत्यंत ही उत्तेजक बल (stimulating force) के रूप में कार्य किया है जिससे काफी शोध एवं प्रयोग करने का प्रोत्साहन मिला है।

इन गुणों के बावजूद भी इस सिद्धान्त के कुछ अवगुण (demerits) हैं जो निम्नांकित हैं—

(i) फेस्टिंगर के सिद्धान्त का मूल आधार असंवादिता (dissonance) है। आलोचकों का मत है कि इस आधार को मापना सम्भव नहीं है। फेस्टिंगर भी अपने सिद्धान्त में असंवादिता को मापने का कोई तरीका नहीं बतलाये हैं। असंवादिता के कम या अधिक होने का निर्माण विभिन्न प्रयोगात्मक अवस्थाओं में उत्पन्न असंवादिता की मात्रा की तुलना करके किया जाता है। इसका कोई वस्तुनिष्ठ माप (objective measure) नहीं बतलाया गया है। (Secord & Backman, 1964)।

(ii) चैपनिस तथा चैपनिस (Chapnis & Chapnis, 1964) ने इस सिद्धान्त की कटु आलोचना करते हुए कहा है कि सिद्धान्त के समर्थन में जितने भी प्रयोग किये गये हैं, उनमें से अधिकतर प्रयोग कार्य-प्रणाली अस्पष्टता (methodological ambiguities) से ग्रसित हैं। रोजेनबर्ग (Rosenberg, 1965) ने यह बतलाया है कि अधिकतम ऐसे प्रयोग में प्रयोज्य यह अनुभव करता है कि उसकी ईमानदारी एवं सत्यनिष्ठा (integrity)

की जाँच की जा रही है। फलतः उसे अपनी मनोवृत्ति में परिवर्तन बताये जा रहे दिशा में कर देना चाहिए। अतः आलोचकों के अनुसार इन प्रयोगों में मनोवृत्ति परिवर्तन असंवादिता (dissonance) कम करने के कारण नहीं बल्कि अपनी ईमानदारी एवं सत्यनिष्ठा की चुनौती के कारण करता है।

(iii) अभी हाल में किये गए शोधों (researches) में जिसमें असंवादिता के शरीरिक पहलुओं (physiological aspects) पर बल डाला गया है, क्रोएल तथा कूपर (Croyle & Cooper, 1983) ने यह बतलाया है कि संज्ञानात्मक तत्त्वों में परिवर्तन के अलावा अन्य विधि भी है जिनके सहारे असंवादिता को कम किया जा सकता है। इस खोज में फेस्टिंगर के मूल विचारों को ठेस पहुँचती है।

(iv) असंवादिता सिद्धान्त की व्याख्या को वेम (Bem) के आत्म-प्रत्यक्षण सिद्धान्त (Self-preception theory) से भी काटने की कोशिश की गयी है। वेम के इस सिद्धान्त के अनुसार असंवादिता प्रयोग में व्यक्ति अपनी मनोवृत्ति असंवादिता से उत्पन्न आन्तरिक प्रेरणात्मक स्थिति के कारण नहीं करता है बल्कि अपने व्यवहारों का आत्म-मूल्यांकन करने के फलस्वरूप अपनी मनोवृत्ति में परिवर्तन लाता है। फेस्टिंगर तथा कार्लस्मिथ के प्रयोग में 20 डालर पाने वाले प्रयोज्य तो यह स्पष्ट रूप से समझते हैं कि उन्हें झूठ बोलने के लिए भरपूर इनाम मिल ही जा रहा है अतः वास्तविक मनोवृत्ति में परिवर्तन करने की कोई आवश्यकता नहीं है। परन्तु 1 डालर पाने वाला प्रयोज्य यह सोचता है कि इतना कम इनाम के लिए वह झूठ क्यों बोलेगा। अतः सचमुच में जो वह अब कह रहा है उसी को सही मान ले। फलस्वरूप मनोवृत्ति में परिवर्तन अधिक होता है। इस तरह वेम ने यह साबित करने की कोशिश की है कि मनोवृत्ति परिवर्तन का कारण असंवादिता नहीं बल्कि आत्म-प्रत्यक्ष (self-perception) अर्थात् अपने व्यवहार को अपने ही सही ढंग से प्रत्यक्षण करना है।

(v) असंवादिता सिद्धान्त की व्याख्या को धारणा प्रबन्धन सिद्धान्त (impression management theory) की व्याख्या द्वारा भी काटने की कोशिश की गयी। इस सिद्धान्त का प्रतिपादन टेडेस्की, स्केन्कर तथा वोनोमा (Tedeschi, Schlenker & Bonoma, 1971) द्वारा किया गया। फेस्टिंगर के अनुसार व्यक्ति असंवादिता को दूर करके अपनी मनोवृत्ति में परिवर्तन करता है। दूसरे शब्दों में, असंगत संज्ञानात्मक तत्त्वों (inconsistent cognitive elements) को संगत (consistent) बनाकर अपनी मनोवृत्ति में परिवर्तन करता है। टेडेशकी एवं उनके सहयोगियों ने इसे स्वीकार नहीं किया है और कहा है कि संगति (consistency) व्यक्ति का एक सामाजिक गुण है। वह हमेशा अपनी मनोवृत्ति एवं व्यवहार में संगति पसंद करता है क्योंकि संगत व्यवहार को समाज पुरस्कृत करता है तथा असंगत व्यवहार को समाज दण्डित करता है। परिणामस्वरूप, हमलोग व्यवहार के अनुकूल मनोवृत्ति किसी तरह की असंवादिता के कारण नहीं बल्कि अपने समाजीकरण (socialization) के फलस्वरूप करते हैं।

(vi) हिमलेफार्व एवं एगली (Himmelfarb & Eagly, 1974) के अनुसार फेस्टिंगर का असंवादिता सिद्धान्त मनोवृत्ति परिवर्तन के सामाजिक सीखना सिद्धान्त (social learning theories) एवं सामान्य बोध सिद्धान्त (common sense theory) के दृष्टिकोण से प्रतिकूल एवं दोषपूर्ण दिखता है। फेस्टिंगर के अनुसार मनोवृत्ति परिवर्तन की मात्रा तथा पुनर्बलन (reinforcement) की मात्रा में नकारात्मक संबंध है जो स्पष्टतः सामाजिक सीखना सिद्धान्त एवं सामान्य बोध सिद्धान्त के दृष्टिकोण के विपरीत है। इन सिद्धान्तों के अनुसार पुनर्बलन की मात्रा अधिक होने से बताई गई दिशा में मनोवृत्ति परिवर्त्तन की मात्रा अधिक होनी चाहिए परन्तु असंवादिता सिद्धान्त में ऐसा नहीं होता है।

इन आलोचनाओं के बावजूद भी फेस्टिंगर का असंवादिता सिद्धान्त (dissonane theory) एक महत्त्वपूर्ण सिद्धान्तों में से एक है। मैकगुरी[1] (McGuire, 1966) के शब्दों में हम इस प्रकार कह सकते हैं, ''असंवादिता अध्ययनों के सम्पूर्ण सेट के लिए विभिन्न प्रकार की वैकल्पिक व्याख्याओं की जरूरत है जबकि सिद्धान्त अकेले ही उनमें से अधिकतर की व्याख्या कर लेता है।''

1. "The whole set of dissonance studies would require accepting tremendous variety of alternative explanation whereas dissonance theory alone explains a large subset of them."
—McGurie : *Cognitive Consistencies* 1966, p. 493

3. रोजेनबर्ग का भावात्मक-संज्ञानात्मक संगति सिद्धान्त
(Rosenberg's Affective Cognitive Consistency Theory)

इस सिद्धान्त का प्रतिपादन रोजेनबर्ग (Rosenberg, 1960) द्वारा किया गया। इस सिद्धान्त में उन्होंने मनोवृत्ति के दो तत्त्व अर्थात् संज्ञानात्मक तत्त्व (cognitive component) तथा भावात्मक तत्त्व (affective component) के बीच के संबंधों पर अधिक बल डाला है। वे यह जानना चाहते थे कि जब मनोवृत्ति में परिवर्तन होता है तो इन दोनों तत्त्वों (elements) का संबंध आपस में किस प्रकार का होता है।

रोजेनवर्ग ने अपने सिद्धान्त में भावात्मक तत्त्व (affective component) को सामान्य ढंग से ही परिभाषित किया है परन्तु संज्ञानात्मक तत्त्व (cognitive element) के सामान्य अर्थ को थोड़ा विस्तृत किया है। इनके अनुसार संज्ञानात्मक तत्त्व से मतलब मनोवृत्ति वस्तु (attitude object) के प्रति सिर्फ संज्ञान (cognition) से नहीं बल्कि उस वस्तु तथा व्यक्ति के अन्य महत्त्वपूर्ण मूल्यों (values) के बीच सम्बन्धों के बारे में एक विश्वास (belief) से भी होता है। भावात्मक तत्त्व से इनका तात्पर्य मनोवृत्ति वस्तु के प्रति व्यक्ति में उत्पन्न धनात्मक (positive) भाव यानी सुखद भाव या ऋणात्मक भाव यानी दुखद भाव से होता है। रोजेनवर्ग का विचार था कि मनोवृत्ति वस्तु (attitude object) के प्रति व्यक्ति में जो भाव (feeling) होता है, वह उस वस्तु के प्रति व्यक्ति में पाये जाने वाले विश्वास (belief) से सहसंबंधित (corrleated) होता है। दूसरे शब्दों में, मनोवृत्ति के भावात्मक तत्त्व (affective component), संज्ञानात्मक तत्त्व (cognitive component) से संबंधित होते हैं। इसका मतलब यह हुआ कि अगर मनोवृत्ति वस्तु के प्रति व्यक्ति में अधिक सुखद भाव हैं तो यह भाव इस विश्वास (belief) से संबंधित होता है कि इससे व्यक्ति को महत्त्वपूर्ण मूल्यों (important values) की प्राप्ति होगी। दूसरी तरफ यदि मनोवृत्ति-वस्तु के प्रति व्यक्ति में अधिक दुखद भाव हैं तो यह इस विश्वास से सम्बन्धित होता है कि इससे व्यक्ति को महत्त्वपूर्ण मूल्यों (values) की प्राप्ति में बाधा होगी। उदाहरणार्थ, किसी व्यक्ति में कांग्रेस पार्टी के प्रति अच्छे भाव (feelings) हैं तो उसमें यह विश्वास भी होगा कि इस पार्टी द्वारा उसे अधिक-से-अधिक लाभ होगा। दूसरी तरफ यदि उस व्यक्ति में कांग्रेस पार्टी के प्रति बुरे भाव (negative feelings) हैं तो उसमें यह विश्वास भी होगा कि इस पार्टी द्वारा उसे कोई लाभ नहीं होगा।

रोजेनबर्ग ने संज्ञानात्मक तत्त्वों (cognitive elements) को मापने के लिए एक विशेष प्रविधि (technique) का भी वर्णन किया है जिसमें एक संज्ञानात्मक सूचांक (Cognitive index) ज्ञात किया जाता है जो यह बतलाता है कि व्यक्ति की मनोवृत्ति उसके मूल्यों (values) से कहाँ तक संगत (consistent) हैं। अगर किसी व्यक्ति में किसी मनोवृत्ति वस्तु (attitude object) के प्रति तीव्र धनात्मक भाव (strong positive feelings) हैं तो ऐसी परिस्थिति में व्यक्ति में संज्ञानात्मक सूचांक (Cognitive index) भी अधिक होगा। दूसरी तरफ यदि मनोवृत्ति वस्तु के प्रति तीव्र ऋणात्मक भाव (strong negative feelings) हैं तो संज्ञानात्मक सूचांक भी कम होगा। जिन वस्तुओं को व्यक्ति अधिक महत्त्व देता है अर्थात् जिन वस्तुओं का मूल्य (value) व्यक्ति के लिए अधिक होता है, उसके प्रति व्यक्ति की मनोवृत्ति के भावात्मक तत्त्व तथा संज्ञानात्मक सूचांक के बीच सम्बन्ध अधिकतम होता है। उदाहरणार्थ, यदि कोई छात्र पढ़ाई-लिखाई की अपेक्षा सिनेमा को अधिक महत्त्व देता है तो वैसी परिस्थिति में सिनेमा के प्रति उसकी मनोवृत्ति के भावात्मक तत्त्व अर्थात् सुखद भाव तथा संज्ञानात्मक सूचांक (Cognitive index) (यानी सिनेमा से होने वाले तरह-तरह के फायदों के प्रति विश्वास आदि) में सम्बन्ध घनिष्ठ एवं अधिकतम होगा। उपर्युक्त विववरण से स्पष्ट है कि रोजेनवर्ग ने अपने सिद्धान्त में इस बात पर बल डाला है कि व्यक्ति की मनोवृत्ति उसके महत्त्वपूर्ण मूल्यों (important values) में संगत ढंग से (consistent manner) स्थिर होता है।

रोजेनबर्ग के सिद्धान्त की निम्नांकित दो महत्त्वपूर्ण प्राक्कल्पनाएँ (hypothesis) हैं।

(1) जब किसी मनोवृत्ति के भावात्मक एवं संज्ञानात्मक तत्त्व आपस में संगत (consistent) होते हैं तो मनोवृत्ति में स्थिरता (stability) तथा दृढ़ता बनी होती है।

(2) परन्तु जब मनोवृत्ति के इन दोनों तत्त्वों अर्थात् भावात्मक तत्त्व एवं संज्ञानात्मक तत्त्व में असंगति (inconsistency) उत्पन्न हो जाती है, तो मनोवृत्ति में भी अस्थिरता उत्पन्न हो जाती है तथा इसमें परिवर्तन की सम्भावना तीव्र हो जाती है। इन तत्त्वों के बीच उत्पन्न असंगति को तो व्यक्ति एक सीमा तक पहले बरदाश्त करता है परन्तु उस सीमा से भी असंगति अधिक होने से व्यक्ति में अपने आप एक पुनर्संगठन (reorganization) की

प्रक्रिया प्रारम्भ हो जाती है जो तबतक चलती रहती है जब तक कि भावात्मक एवं संज्ञानात्मक तत्त्वों में फिर से संगति (consistency) कायम न हो जाए।

रोजेनवर्ग की इन प्राक्कल्पनाओं को ध्यान में रखते हुए यह कहा जा सकता है कि यदि वर्तमान स्थिर मनोवृत्ति (present stable attitude) के भावात्मक तत्त्व (या संज्ञानात्मक तत्त्व) में परिवर्तन कर दिया जाय, तो एक ऐसी शक्ति उत्पन्न होगी जिससे अपने आप ही दूसरे तत्त्व में परिवर्तन की जरूरत महसूस होने लगेगी। रोजनवर्ग से पहले किए प्रयोगात्मक अध्ययनों में यह दिखलाया गया था कि मनोवृत्ति के संज्ञानात्मक तत्त्व में परिवर्तन होने से भावात्मक तत्त्व में परिवर्तन अपने आप हो जाता है परन्तु रोजेनवर्ग ने इसे अस्वीकार करते हुए इसके विपरीत कहा कि भावात्मक तत्त्व में परिवर्तन संज्ञानात्मक तत्त्व में परिवर्तन का मुख्य कारण है। अतः भावात्मक तत्त्व में परिवर्तन करने से संज्ञानात्मक तत्त्व में अपने आप परिवर्तन हो जाता है। इस तथ्य को दिखलाने के लिए उन्होंने एक प्रयोग किया है। इस प्रयोग में आठ ऐसे प्रयोज्य (subjects) थे जो अमेरिका के परराष्ट्र आर्थिक सहायता के विदेशी नीति के समर्थक थे यानी इस नीति के प्रति इन प्रयोज्यों की मनोवृत्ति धनात्मक (positive feeling) थी। सम्मोहन (hypnosis) की अवस्था में इन प्रयोज्यों की मनोवृत्ति धनात्मक (positve feeling) को ऋणात्मक भाव (negative feeling) में बदल दिया गया। सम्मोहन के बाद उस विदेशी नीति के प्रति इन प्रयोज्यों की मनोवृत्ति को मापा गया तो देखा गया कि अब वे विदेशी आर्थिक सहायता के नीति के विरोधी हो गये। इस अध्ययन से स्पष्ट हो जाता है कि व्यक्ति की मनोवृत्ति के भावात्मक तत्त्व (affective component) में परिवर्तन होने से उसके संज्ञानात्मक तत्त्व में (यानी विश्वास, अनुभव आदि में) परिवर्तन हो जाता है जिससे मनोवृत्ति में परिवर्तन आ जाता है।

रोजेनवर्ग के इस सिद्धान्त के कुछ गुण (merits) है। प्रमुख गुण (merits) निम्नांकित हैं—

(i) रोजेनवर्ग के इस सिद्धान्त द्वारा मनोवृत्ति के संगठन (organization) तथा विघटन (disorganization) दोनों की व्याख्या हो जाती है। इस सिद्धान्त के अनुसार जबतक मनोवृत्ति के संज्ञानात्मक तत्त्व तथा भावात्मक तत्त्व मे संगति (consistency) होती है, मनोवृत्ति संगठित होती है परन्तु जैसे ही भावात्मक तत्त्व तथा संज्ञानात्मक तत्त्व में असंगति (inconsistency) होती है, मनोवृत्ति विघटित हो जाती है।

(ii) रोजेनवर्ग ने अपने सिद्धान्त में वैयक्तिक मूल्य तंत्र (personal value system) को अधिक महत्त्वपूर्ण मानकर ठसे मनोवृत्ति परिवर्तन से जोड़ने का सफल प्रयास किया है। प्रत्येक व्यक्ति का मूल्य तंत्र (value system) भावात्मक तत्त्व (affective component) के परिवर्तन द्वारा प्रभावित होकर संज्ञानात्मक तत्त्व (cognitive element) में भी परिवर्तन लाने में सफल होता है जिससे मनोवृत्ति परिवर्तन की सफल व्याख्या हो पाती है।

(iii) रोजेनवर्ग के सिद्धान्त द्वारा मनोवृत्ति में हुए परिवर्तन की मात्रा की भी व्याख्या हो पाती है। यह सिद्धान्त स्पष्ट रूप से यह बतलाता है कि जिस हद तक भावात्मक तत्त्व में असंगति (inconsistency) होगी, मनोवृत्ति में उस सीमा तक परिवर्तन होगा। इस तरह से इस सिद्धान्त को हाईडर (Heider) के मनोवृत्ति परिवर्तन सिद्धान्त से कुछ श्रेष्ठ माना जा सकता है क्योंकि हाईडर के सिद्धान्त द्वारा मनोवृत्ति-परिवर्तन की मात्रा की व्याख्या नहीं होती है।

इन गुणों के बावजूद रोजेनवर्ग के मनोवृत्ति सिद्धान्त के कुछ अवगुण (demerits) हैं जिसकी व्याख्या हम इस प्रकार से कर सकते हैं—

(i) इस सिद्धान्त का सबसे प्रमुख दावा यह है कि भावात्मक तत्त्व में परिवर्तन होने से संज्ञानात्मक तत्त्व में परिवर्तन हो जाता है। इसे कुछ समाज मनोवैज्ञानिकों ने खण्डित किया है और कहा है कि हमेशा ऐसा नहीं होता है। संज्ञानात्मक तत्त्व में पहले परिवर्तन होता है और बाद में भावात्मक तत्त्व में। दूसरे शब्दों में, संज्ञानात्मक तत्त्व में परिवर्तन भावात्मक तत्त्व में परिवर्तन का परिणाम नहीं बल्कि कारण होता है। कार्टराइट (Cartwright, 1969), स्मिथ (Smith 1949) आदि ने अपने प्रयोगात्मक तथ्यों के आधार पर इस आलोचना का पूर्णरूपेण समर्थन किया है।

(ii) इस सिद्धान्त में मनोवृत्ति परिवर्तन की व्याख्या करने के लिए भावात्मक तत्त्व तथा संज्ञानात्मक तत्त्व की असंगति (inconsistency) की मात्रा पर अधिक बल डाला गया है। परन्तु मनोवृत्ति का तीसरा तत्त्व अर्थात् व्यवहारात्मक तत्त्व (behavioural elements) के बारे में कुछ नहीं कहा गया है। क्या मनोवृत्ति परिवर्तन में व्यवहारात्मक तत्त्व की कोई भूमिका नहीं होती है? इस प्रश्न का संतोषजनक उत्तर हमें रोजेनवर्ग के सिद्धान्त में नहीं मिलता है।

(iii) इस सिद्धान्त में मनोवृत्ति-परिवर्तन की व्याख्या करने के लिए भावात्मक तथा संज्ञानात्मक तत्त्व की संगति (consistency) को ही मूल प्रेरक माना गया है। स्पष्टतः तब इस सिद्धान्त में मनोवृत्ति-परिवर्तन के अन्य नियमों (principles) जैसे सीखना एवं पुनर्बलन नियमों (learning and reinforcement principles) की काफी उपेक्षा की गयी है।

इन आलोचनाओं के बावजूद भी रोजेनवर्ग का सिद्धान्त संज्ञानात्मक संगति (cognitive consistency) के क्षेत्र में एक महत्त्वपूर्ण स्थान रखता है।

4. सामंजस्य सिद्धान्त
(Congruity Theory)

इस सिद्धान्त का प्रतिपादन औसगुड तथा टानेनवॉम (Osgood & Tannenbaum, 1955) द्वारा किया गया। इस सिद्धान्त द्वारा मनोवृत्ति परिवर्तन की व्याख्या में मौलिक पूर्वकल्पना अन्य संगति सिद्धान्त के अनुकूल ही है—असंगति (inconsistency) से मनोवृत्ति परिवर्तन के लिए व्यक्ति में दबाव (pressure) उत्पन्न होता है। इसका मतलब यह हुआ कि जब मनोवृत्ति के संज्ञानात्मक तत्त्वों (cognitive component) से असंगति (inconsistency) उत्पन्न होती है तो इससे व्यक्ति में मनोवृत्ति परिवर्तन करके असंगति से उत्पन्न तनाव (tension) को दूर करने की प्रबलता बढ़ जाती है। सामंजस्य सिद्धान्त के अनुसार दो संज्ञानात्मक तत्त्व जो आपस में संबंधित होते हैं, दोनों में परिवर्तन होता है ताकि सामंजस्य (congruity) में वृद्धि हो सके तथा मनोवृत्ति परिवर्तन का स्वरूप स्थिर हो सके। इसे और भी स्पष्ट करते हुए इस प्रकार कहा जा सकता है—सिद्धान्त के अनुसार यदि दो मनोवृत्ति वस्तु जो सातंत्यक (continuum) के दो विभिन्न बिन्दु पर होकर भी आपस में संबंधित होते हैं, तो वह मनोवृत्ति कम दृढ़ (strong) होगी और और उसमें परिवर्तन अधिक होगा तथा मनोवृत्ति जो अधिक दृढ़ होगी, उसमें परिवर्तन कम होगा। दूसरे शब्दों में, किसी नयी सूचना या विरोधी विचार या मत के होने से दृढ़ मनोवृत्ति में कम तथा कमजोर मनोवृत्ति में अधिक परिवर्तन होगा। इस परिवर्तन का परिणाम व्यक्ति के संज्ञानात्मक क्षेत्र में एक सामंजस्य स्थापित करना होता है। इस तरह से इस सिद्धान्त में संज्ञानात्मक परिवर्तन (cognitive change) की मात्रा (amount) तथा दिशा (direction) जिनसे सामंजस्य (congruity) या संगतता (consistency) में वृद्धि होती है, के बारे में पूर्वानुमान लगाया जाता है। इसे एक उदाहरण द्वारा इस प्रकार समझाया जा सकता है। मान लिया जाए कि भारतीय जनता पार्टी के किसी सदस्य के लिए आप दिन-रात मेहनत करके उसे चुनाव में जीताते हैं और वह संसद का सदस्य बन जाता है। इसके प्रति आपकी मनोवृत्ति अनुकूल है। मान लिया जाए कि संसद में एक विशेष प्रस्ताव आता है कि गौहत्या बन्द कर दी जाए। भारतीय जनता पार्टी इसका समर्थन करती है फिर भी प्रस्ताव पास नहीं हो पाता है क्योंकि अन्य दलों द्वारा इसका विरोध किया जाता है। ऐसी परिस्थिति में क्या आपकी मनोवृत्ति सिर्फ भारतीय जनता पार्टी के प्रति परिवर्तित होगी या सिर्फ अन्य राजनीतिक दलों के प्रति ही परिवर्तन होगी ? सच्चाई यह है कि आपकी मनोवृत्ति इन दोनों के प्रति परिवर्तन होगी ताकि एक सामंजस्य या संगतता की स्थिति कायम हो सके। यहाँ भारतीय जनता पार्टी के प्रति जो अनुकूल मनोवृत्ति थी उसमें कुछ कमी आ सकती है (शायद इसलिए कि उसकी शक्ति या क्षमता पर व्यक्ति को शक हो) तथा अन्य राजनैतिक दलों के प्रति भी मनोवृत्ति पहले से कम प्रतिकूल हो (शायद यह समझकर कि इसे नकारा नहीं जा सकता है तथा इसमें पर्याप्त शक्ति या क्षमता है) सकती है।

(ख) सामाजिक सीखना सिद्धान्त
(Social Learning Theory)

मनोवृत्ति परिवर्तन के सामाजिक सीखना सिद्धान्त का विकास क्लासिक अनुबन्धन (classical conditioning) तथा साधनात्मक अनुबन्धन (instrumental conditioning) के पुनर्बलन नियमों (reinforcement principles) पर आधारित है।

क्लासिकी अनुबन्धन नियम (principle) का जन्म पैवलव (Pavlov) के प्रयोगात्मक कार्यों के फलस्वरूप हुआ था। इस नियम का आधार पुनर्बलन (reinforcement) था। इस नियम के अनुसार यदि एक स्वाभाविक उद्दीपक (unconditioned stimulus) जैसे भोजन के साथ दूसरा तटस्थ उद्दीपक जैसे—घंटी की आवाज बार-बार उपस्थित

किया जाता है तो कुछ प्रयास (trials) के बाद इस तटस्थ उद्दीपक के द्वारा ही स्वाभाविक अनुक्रिया जैसे लार निकलना जो सिर्फ स्वाभाविक उद्दीपक के प्रति होती थी, उत्पन्न होने लगती है। ऐसा इसलिए होता है कि क्योंकि साहचर्य (association) के आधार पर तटस्थ उद्दीपक (neutral stimulus) में स्वाभाविक उद्दीपक का गुण उत्पन्न हो जाता है। क्लासिकी अनुबन्धन के इस नियम का उपयोग मनोवृत्ति-परिवर्तन की व्याख्या में स्टाटस तथा स्टाटस (Statas & Statas, 1958) द्वारा किया गया। इन दोनों प्रयोगकर्त्ताओं ने अपने प्रयोग में सफलतापूर्वक क्लासिकी अनुबन्धन के नियमों द्वारा मनोवृत्ति-परिवर्तन की व्याख्या करने की कोशिश की है। इस अध्ययन का मुख्य उद्देश्य यह देखना था कि क्लासिकी अनुबन्धन के नियमों द्वारा किस तरह से किसी देश के नाम (जैसे—स्वीडेन, हालैण्ड आदि) के प्रति और व्यक्तियों के नाम (जैसे—जॉन्सन, पीटर आदि) के प्रति कोई भी व्यक्ति अपनी मनोवृत्ति में परिवर्तन करता है। प्रयोगकर्त्ताओं ने छह ऐसे देश के नामों को प्रयोज्यों को दिखलाया जिनके प्रति प्रयोज्यों की मनोवृत्ति प्रारंभ में न स्वीकारात्मक थी और न ही ऋणात्मक थी। कुछ नामों के साथ धनात्मक भाव (positive feeling) उत्पन्न करने वाले शब्द जैसे—'खुश' (happy), 'सुन्दर (beauty)', 'अच्छा (good) आदि भी दिखलाये गये तथा कुछ नामों के साथ ऋणात्मक भाव (negative feeling) उत्पन्न करने वाले शब्द जैसे—'तीखा (bitter)', 'कुरूप (ugly)', 'उदास (sad)' आदि दिखलाये गये। जिन राष्ट्रों के नामों के साथ धनात्मक शब्दों को दिखलाया गया था, उनके प्रति प्रयोज्यों की मनोवृत्ति बदलकर धनात्मक या स्वीकारात्मक (positive) हो गयी और जिन राष्ट्रों के नामों के साथ ऋणात्मक शब्दों को दिखलाया गया था, उनके प्रति प्रयोज्यों की मनोवृत्ति बदलकर ऋणात्मक (negative) हो गयी। इसी ढंग का परिणाम प्रयोगकर्त्ताओं ने व्यक्तियों के नामों के साथ भी पाया। इस अध्ययन में राष्ट्र तथा व्यक्ति का नाम अनुबंधित उद्दीपक (conditioned stimulus) के उदाहरण थे तथा धनात्मक एवं ऋणात्मक शब्द स्वाभाविक उद्दीपक (unconditioned stimulus) के उदाहरण थे। जिस तरह से पैवलव के प्रयोग में घंटी की आवाज (अनुबंधित उद्दीपक) तथा भोजन (स्वाभाविक उद्दीपन) को एक साथ कई बार उपस्थित करने पर मात्र घंटी की आवाज से ही कुत्ता में लार स्राव की अनुक्रिया होती थी, ठीक उसी तरह से राष्ट्र एवं व्यक्तियों के नाम को जब कई बार धनात्मक एवं ऋणात्मक शब्दों के साथ-साथ दिखलाया गया तो राष्ट्र एवं नाम के प्रति प्रयोज्यों में उसी ढंग की मनोवृत्ति उत्पन्न होती थी जैसी कि धनात्मक एवं ऋणात्मक शब्दों को सुनने पर होती थी। इस तरह से स्टाट्स एवं स्टाट्स ने अपने इस अध्ययन से प्राप्त तथ्यों के आधार पर यह स्पष्ट किया कि मनोवृत्ति-परिवर्तन की व्याख्या क्लासिकी अनुबंधन के नियमों द्वारा भी संतोषजनक रूप से की जा सकती है।

पेज (Page, 1969) ने स्टाट्स तथा स्टाट्स (Staats and Staats) के इस प्रयोग की आलोचना करते हुए कहा है कि इनके अध्ययन में प्रयोज्यों की मनोवृत्ति में परिवर्तन क्लासिकी अनुबन्धन की प्रक्रियाओं द्वारा नहीं बल्कि प्रयोज्यों में प्रयोगकर्त्ताओं के विशेष उद्देश्य के प्रति अत्यधिक जागरूकता एवं सचेतता (awareness) के परिणामस्वरूप हुआ। जब बार-बार किसी देश या व्यक्ति के नाम के साथ खास धनात्मक या ऋणात्मक शब्दों को दिखलाया जाता था तो प्रयोज्य स्पष्ट रूप से यह समझ लेते थे कि प्रयोगकर्त्ता उनसे किस ढंग की अनुक्रिया चाहता है, फलतः वे वैसी ही अनुक्रिया करने लगते थे। पेज की इस आलोचना के बावजूद भी मनोवृत्ति परिवर्तन में क्लासिकी अनुबन्धन के नियमों की सार्थकता को कुछ अन्य मनोवैज्ञानिकों जैसे रियोर्डन तथा टेडेस्की (Riordon & Tadeschi, 1983) ने भी उचित ठहराया है।

मनोवृत्ति-परिवर्तन में क्लासिकी अनुबन्धन (classical conditioning) के नियमों के अलावा साधनात्मक अनुबन्धन (instrumental conditioning) के नियमों को भी महत्त्वपूर्ण बतलाया गया है। साधनात्मक अनुबन्धन का सार तत्त्व यह है कि मानव व्यवहार उसके परिणामों (consequences) पर आधारित होता है। मानव किसी व्यवहार को करेगा या नहीं, यह इस बात पर आधारित होता है कि उस व्यवहार का परिणाम उसपर लाभप्रद (rewarding) है या दण्डात्मक (punishing) है। यदि लाभप्रद होगा, तो व्यक्ति उस व्यवहार को बार-बार करना पसंद करता है और यदि वह दण्डात्मक होगा तो व्यक्ति उस व्यवहार को नहीं करना चाहेगा। थॉर्नडाइक (Thorndike) एवं स्कीन्नर (Skinner) ने अनेकों प्रयोग करके यह दिखला दिया है कि प्राणी का व्यवहार उसके परिणामों पर आधारित होता है। स्काट्ट (Scott, 1957) तथा सिंगर (Singer, 1961) द्वारा किये गये अध्ययनों से मनोवृत्ति-परिवर्तन में साधनात्मक अनुबन्धन (instrumental conditioning) की भूमिका स्पष्ट हो जाती है। स्काट्ट (Scott) ने अपने प्रयोग में कुछ महत्त्वपूर्ण समस्याओं के प्रति वाद-विवाद (debate) में कुछ प्रयोज्यों (subjects) को पक्ष तथा कुछ को विपक्ष में

बोलने के कहा। वाद-विवाद (debate) समाप्त होने पर कुछ प्रयोज्यों को प्रयोगकर्त्ता ने विजयी (winners) घोषित किया तथा कुछ प्रयोज्यों को हारने वाला (losers) घोषित किया। इसके बाद उनकी मनोवृत्ति मापी गयी और देखा गया कि जिन्हें विजयी घोषित किया गया था, उन्होंने अपनी मनोवृत्ति में वाद-विवाद में अपनाये गये विचार (पक्ष या विपक्ष) के अनुसार परिवर्तन कर दिये परन्तु जिन्हें हारनेवाला कहा गया उनकी मनोवृत्ति में कोई परिवर्तन नहीं आया। सिंगर (Singer, 1961) ने भी अपने प्रयोग में बहुत कुछ ऐसा ही परिणाम पाया है। इन अध्ययनों से यह स्पष्ट हो जाता है कि व्यक्ति अपनी मनोवृत्ति में परिवर्तन साधनात्मक अनुबन्धन (instrumental conditioning) के नियमों के अनुकूल भी करता है।

(ग) कार्यात्मक सिद्धान्त
(Functional Theory)

कार्यात्मक सिद्धान्त भी मनोवृत्ति के प्रमुख सिद्धान्त में से है जिसकी बुनियाद मनोवैश्लेषिक शोध (psychonalytic researches) है। कार्यात्मक सिद्धान्तों की एक महत्त्वपूर्ण पूर्वकल्पना (assumption) यह है कि प्रत्येक मनोवृत्ति व्यक्ति के एक खास उद्देश्य (purpose) को पूरा करती है। इस उद्देश्य या कार्य (function) के अनुसार ही व्यक्ति अपनी मनोवृत्ति में परिवर्तन करता है। कार्यात्मक सिद्धान्त इस बात पर भी बल डालता है कि किसी मनोवृत्ति में परिवर्तन करने के पहले व्यक्ति को यह पता होना चाहिए कि इस मनोवृत्ति का महत्त्व (role) या कार्य (function) उसके लिए क्या है। ऐसे तो कई मनोवैज्ञानिकों ने मनोवृत्ति के इस कार्यात्मक सिद्धान्त की व्याख्या की है परन्तु काज एवं स्टाटलैण्ड (Katz & Stotland, 1969) तथा काज (Katz, 1960) द्वारा प्रस्तुत किया गया सिद्धान्त अन्य कार्यात्मक सिद्धान्त से अधिक श्रेष्ठ है। अतः हम इनके ही सिद्धान्त की व्याख्या अलग से विस्तृत रूप से करेंगे।

काज (Katz, 1960) ने अपने कार्यात्मक सिद्धान्त की व्याख्या करते हुए कहा कि मनोवृत्ति का एक प्रेरणात्मक आधार (motivational basis) होता है जिसके द्वारा मनोवृत्ति-परिवर्तन की व्याख्या सम्भव होती है। इस प्रेरणात्मक आधार को मनोवृत्ति के कार्यों (function) के रूप में समझा जा सकता है। काज तथा स्टॉटलैण्ड (Katz & Stotland) के अनुसार मनोवृत्ति द्वारा निम्नांकित चार प्रमुख कार्य किये जाते हैं—

1. साधनात्मक, समायोजी या उपयोगी कार्य *(Instrumental, adjustive or Utilitarian function)*—इस तरह के कार्य से तात्पर्य यह होता है कि व्यक्ति अपने व्यवहारों द्वारा पुरस्कार (reward) पाने की कोशिश करता है तथा दण्ड (punishment) पाने की सम्भावना से अपने आप को दूर करता है। फलस्वरूप वह उन वस्तुओं एवं व्यक्तियों के प्रति अनुकूल मनोवृत्ति (favourable attitude) बना लेता है जिससे उसे पुरस्कार मिलता है तथा उन वस्तुओं एवं व्यक्तियों के प्रतिकूल मनोवृत्ति (unfavourable attitude) विकसित कर लेता है जिससे उसे दण्ड मिलता है। अतः एक वस्तु या व्यक्ति के प्रति खास मनोवृत्ति विकसित कर कोई भी व्यक्ति पुरस्कार प्राप्त करता है या दण्ड से अपने आप को छुटकारा दिलाता है।

2. अहम् रक्षात्मक कार्य *(Ego defensive function)*—एक खास मनोवृत्ति विकसित करके व्यक्ति अपने आप को वातावरण के दुखदायी तत्त्वों (unpleasant elements) या अपने बारे में खरी सच्चाई से उत्पन्न दुखदायी अनुभवों से अपने आप को बचा लेता है। उदाहरणस्वरूप, बहुत कोशिश करने के बाद भी यदि किसी छात्र को अपने प्रोफेसर से उचित छूट (lift) नहीं मिलती, तो इससे उत्पन्न दुःखद अनुभव से अपने आप को बचाने के लिए छात्र उस प्रोफेसर के प्रति अपनी मनोवृत्ति में परिवर्तन कर लेता है और अब वह कहता है ''वे प्रोफेसर खुद ही एक गड़बड़ व्यक्ति हैं: ऐसे व्यक्ति के पास हमें नहीं जाना ही ठीक है।''

3. मूल्य द्योतक कार्य *(Value expressive function)*—जब व्यक्ति अपने व्यक्तिगत मूल्यों (personal values) के अनुकूल मनोवृत्ति में परिवर्तन कर लेता है तो उसे सबसे अधिक संतुष्टि होती है। अतः मनोवृत्ति का एक कार्य यह भी है कि यह व्यक्ति को अपने व्यक्तिगत मूल्यों के अनुकूल व्यवहार एवं मनोदशा में परिवर्तन करने के लिए प्रेरित करता है। उदाहरणार्थ, जिस व्यक्ति में धार्मिक मूल्य (religious value) अधिक होता है उसमें मंदिर व मस्जिद में जाने, कुरान या गीता प्रवचन सुनने एवं सुनाने, पूजा करने तथा कराने आदि की प्रेरणा अधिक होती है और इन कार्यों के प्रति वह एक अनुकूल मनोवृत्ति (favourable attitude) बनाये रखता है।

4. ज्ञान कार्य *(Knowledge function)*—किसी वस्तु या घटना के प्रति एक उचित मनोवृत्ति विकसित कर

व्यक्ति अपने ज्ञान भंडार को बढ़ाता है। यदि इस भण्डार के अनुभवों में कहीं कोई असंगति (inconsistency) होती है, तो अनुभव के तत्त्वों (elements) में परिवर्तन कर व्यक्ति उसमें तुरंत ही सुधार कर लेता है।

काज (Katz, 1960) एवं उनके सहयोगियों का कहना है कि मनोवृत्ति के अन्तिम दोनों कार्य अर्थात् मूल्य द्योतक कार्य एवं ज्ञान कार्य द्वारा मनोवृत्ति-परिवर्तन की व्याख्या मनोवृत्ति के संगति सिद्धान्तों (consistency theories) की व्याख्या के करीब-करीब समान ही है। मूल्य-द्योतक कार्य व्यक्ति के मूल्य (value) जो एक तरह का संज्ञानात्मक तत्त्व (cognitive element) ही है तथा व्यवहारों के बीच संगति (consistency) पर बल डालता है। यदि इन दोनों में संगति समाप्त हो जाती है तो व्यक्ति अपने मनोवृत्ति में परिवर्तन करके पुनः दोनों में संगति (consistency) स्थापित कर लेता है। उसी तरह ज्ञान कार्य (knowledge function) इस बात पर बल डालता है कि ज्ञान भंडार के अनुभवों के तत्त्वों में यदि असंगति पायी जाती है तो इससे व्यक्ति में एक दुःखद मनोस्थिति उत्पन्न होती है जिसे वह अपने मनोवृत्ति का ज्ञान कार्य में परिवर्तन करके दूर कर लेता है। मनोवृत्ति के ज्ञान कार्य की यह व्याख्या फेस्टिंगर द्वारा अपने संज्ञानात्मक असंवादिता सिद्धान्त (cognitive dissonance theory) में मनोवृत्ति-परिवर्तन के लिए दी गयी व्याख्या के अनुकूल है।

परन्तु मनोवृत्ति के प्रथम दो कार्यों अर्थात् साधनात्मक समायोजी या उपयोगी कार्य तथा अहम् रक्षात्मक कार्य द्वारा मनोवृत्ति परिवर्तन की व्याख्या कुछ नये ढंग से होती है। काज के अनुसार वैसी मनोवृत्ति जिसके द्वारा साधनात्मक समायोजी या उपयोगी कार्य होता है, को परिवर्तित करने के लिए निम्नांकित दो परिस्थितियों में से एक का होना अनिवार्य है—

(1) मनोवृत्ति और उसके संबंधित क्रियाओं से व्यक्ति को अब उतना संतोष नहीं मिलता हो जितना कि पहले मिलता था।

(2) व्यक्ति का आकांक्षा-स्तर (level of aspiration) पहले ऊँचा हो गया हो।

इन दोनों में किसी भी एक परिस्थिति के उत्पन्न होने से व्यक्ति अपनी मनोवृत्ति में परिवर्तन कर लेगा। अगर अपनी मनोवृत्ति में परिवर्तन नहीं लाता है तो उसे मनोवृत्ति से सम्बन्धित क्रिया करने के बाद मिलने वाले पुरस्कार से उसे कोई खास सन्तोष नहीं होगा। उदाहरणार्थ, मान लीजए कि कोई छात्र सत्र (session) के प्रारंभ में यह सोचता है कि यदि द्वितीय श्रेणी में परीक्षा वह पास कर लेता तो उसे लोगों द्वारा उचित सम्मान मिल पायेगा और उसकी सारी समस्याएँ भी दूर हो जायेंगी। परन्तु सत्र के अन्त होते-होते उसका आकांक्षा-स्तर बढ़ जाता है और अब यह कहता है कि प्रथम श्रेणी में ही परीक्षा पास करने पर उसे उचित सम्मान मिलेगा और साथ-ही-साथ उसकी समस्याएँ भी दूर हो जायेंगी। ऐसी परिस्थिति में छात्र की अपनी मनोवृत्ति द्वितीय श्रेणी की प्रति प्रतिकूल (unfavourable) तथा प्रथम श्रेणी के प्रति अनुकूल हो जायेगी। अगर वह अपनी मनोवृत्ति में ऐसा परिवर्तन नहीं करता है तो द्वितीय श्रेणी में पास करने के फलस्वरूप मिला पुरस्कार भी उसे तुच्छ लगेगा।

अहम्-रक्षात्मक मनोवृत्ति (ego-defensive attitude) की उत्पत्ति उन परिस्थितियों में होती हैं जहाँ व्यक्ति को किसी प्रकार का धमकी भरा अनुभव (threatening experiences) प्राप्त होते हैं। कुछ मनोवैज्ञानिकों का कहना है कि अन्य तीन तरह की मनोवृत्तियों में अर्थात् (समाजोपयोगी मनोवृत्ति, मूल्य-द्योतक मनोवृत्ति तथा ज्ञान-कार्य सम्बन्धित मनोवृत्तियों में) परिवर्तन लाने के लिए जो विश्वासोत्पादक संचार (persuasive communication) किये जाते हैं, उसका प्रभाव अहम् रक्षात्मक मनोवृत्ति (ego-defensive attitude) में परिवर्तन पर उतना ही अधिक नहीं पड़ता है। इसका कारण स्पष्ट है—जब व्यक्ति वातावरण से मिलनेवाली धमकी के फलस्वरूप अहम्-रक्षात्मक मनोवृत्ति विकसित कर लेता है तो वह सामानयतः किसी भी तरह के संचार (communication) के फलस्वरूप या तर्क-वितर्क में आकर उसमें परिवर्तन नहीं करना चाहता है क्योंकि ऐसा करने से उसे पुनः धमकी भरा अनुभव का सामना करना पड़ सकता है। अतः कुछ समाज मनोवैज्ञानिकों के अनुसार काज (Katz) द्वारा बतलायी गयी चार तरह की मनोवृत्तियों में से तीन तरह की मनोवृत्तियों अर्थात् समायोजी मनोवृत्ति, मूल्य द्योतक मनोवृत्ति तथा ज्ञान-कार्य मनोवृत्ति में तो परिवर्तन लाना सम्भव है परन्तु अहम् रक्षात्मक मनोवृत्ति में परिवर्तन लाना सम्भव नहीं है। परन्तु स्वयं काज (Katz) इन मनोवैज्ञानिकों के विचार से सहमत नहीं हैं। इन्होंने अपने प्रयोगात्मक अध्ययनों के आधार पर यह दिखलाया है कि अन्य तीन तरह की मनोवृत्ति के समान अहम्-रक्षात्मक मनोवृत्ति (ego-defensive attitude) में भी विश्वासोत्पादक संचार (persuasive communication) द्वारा परिवर्तन लाया जा सकता है अगर दो शर्तें पूरा हों—पहली तो यह कि संचारक (communicator)

धमकी देने वाला, दुचिंता उत्पन्न करने वाला व्यक्ति न होकर एक शांत एवं नरम प्रकृति का व्यक्ति हो तथा दूसरा यह कि ऐसी मनोवृत्ति रखने वाले व्यक्ति को अपने विचारों को व्यक्त करने का पूरा-पूरा अवसर हो। अगर ये दोनों शर्तें पूरी होती हैं तो अहम्-रक्षात्मक मनोवृत्ति में भी विश्वासोत्पादक संचार द्वारा परिवर्तन आसानी से लाया जा सकता है।

इस सिद्धान्त के कुछ गुण (merits) एवं अवगुण (demerits) भी हैं।

इसके प्रमुख गुण (merits) निम्नांकित हैं—

(i) इस सिद्धान्त में मनोवृत्ति परिवर्तन की व्याख्या मनोवृत्ति के प्रेरणात्मक आधारों (motivational bases) के रूप में की गयी है जो अपने आप में एक नवीनतम् कदम है।

(ii) इस सिद्धान्त में मनोवृत्ति परिवर्तन विशेषकर अहम्-रक्षात्मक मनोवृत्ति (ego-defensive attitude) में परिवर्तन लाने के लिए कुछ विशेष शर्तों (conditions) का भी वर्णन किया गया है जिसपर अन्य सिद्धान्तकारों (theorists) का ध्यान अब तक नहीं गया था।

इस सिद्धान्त के प्रमुख अवगुण (demerits) निम्नांकित हैं—

(i) इस सिद्धान्त में मौलिकता (originality) की कमी है। मूल्य-द्योतक मनोवृत्ति (value expressive attitude) तथा ज्ञान-कार्य मनोवृत्ति (attitude related to knowledge function) में परिवर्तन की जो व्याख्या की गयी वह फेस्टिंगर के संज्ञानात्क असंवादिता (cognitive dissonance) के सिद्धान्त से एक 'उधार ली गयी व्याख्या' (borrowed explanation) के समान है।

(ii) इस सिद्धान्त को प्रयोगात्मक समर्थन (experimental support) अन्य सिद्धान्तों की अपेक्षा काफी है। फलतः इस सिद्धान्त के आधार पर जो निष्कर्ष प्राप्त हुए हैं उन्हें कुछ समाज मनोवैज्ञानिकों द्वारा तत्परता के साथ स्वीकार नहीं किया गया है।

इन अवगुणों के बावजूद इन सिद्धान्त की उपयोगिता काफी अधिक है।

(घ) विविध सिद्धान्त
(Miscalleneous Theory)

मनोवृत्ति-परिवर्तन के उन सिद्धान्तों को इस श्रेणी में रखा गया है जो आपस में किसी समान (common) धागे से जुड़े हुए नहीं हैं। इस श्रेणी में आने वाले प्रत्येक सिद्धान्त का दृष्टिकोण एक-दूसरे से भिन्न है। ऐसे तो इस श्रेणी में भी कई सिद्धान्त को रखा गया है परन्तु प्रमुख ऐसे सिद्धान्त तीन ही हैं—*केलमैन का त्रिप्रक्रिया सिद्धान्त* (Kelman's three process theory) , *आत्मसात्करण विरोध सिद्धान्त* (Assimilation constrast theory) तथा *अनुकूल-स्तर सिद्धान्त* (adaptation-level theory)। उदाहरण के रूप में हम इन तीन सिद्धान्तों में से बहुचर्चित अर्थात् केलमैन के सिद्धान्त तथा आत्मसातकरण-विषमता सिद्धान्त की ही व्याख्या विस्तृत रूप से करेंगे।

केलमैन का त्रिप्रक्रिया
(Kalman's Three Process Theory)

इस सिद्धान्त का प्रतिपादन केलमैन (Kelman, 1961) द्वारा किया गया। केलमैन ने इस सिद्धान्त में उन प्रक्रियाओं का वर्णन किया है जिनमें मनोवृत्ति में परिवर्तन तेजी से होता है। इतना ही नहीं, इन्होंने उन कारकों का भी वर्णन किया है जिनसे मनोवृत्ति में स्थायी परिवर्तन (permanent change) तथा अस्थायी परिवर्तन (temporary change) आते हैं। इन्होंने मनोवृत्ति परिवर्तन की व्याख्या सामाजिक प्रभाव (social influence) की तीन मनोवैज्ञानिक प्रक्रियाओं के रूप में किया है। यही कारण है कि इसे मनोवृत्ति परिवर्तन का त्रिप्रक्रिया सिद्धान्त (three-process theory) कहा जाता है। वे तीन प्रक्रियाएँ हैं—*अनुपालन* (compliance), *आत्मीकरण* (identification) तथा *आन्तरीकरण* (internalization)। मनोवृत्ति परिवर्तन में इस तीनों तरह की प्रक्रियाओं की भूमिका इस प्रकार है—

1. अनुपालन *(Compliance)*—अनुपालन एक महत्त्वपूर्ण प्रक्रिया है जिसके द्वारा व्यक्ति में मनोवृत्ति-परिवर्तन होता है। जब व्यक्ति किसी समूह या अन्य व्यक्ति के विचार या भाव के बारे में मन से असहमत होने पर भी दण्ड

के भय के कारण या किसी तरह के पुरस्कार पाने की लालच में आकर इसे स्वीकार कर लेता है तो इसे अनुपालन (compliance) की संज्ञा दी जाती है। केलमैन[1] (Kelman, 1961) के अनुसार, अनुपालन की प्रक्रिया उस समय स्पष्ट रूप से होती है जब एक व्यक्ति किसी दूसरे व्यक्ति या समूह के प्रभाव को इसलिए स्वीकार कर लेता है क्योंकि वह उनसे एक अनुकूल प्रतिक्रिया (favourable reaction) की उम्मीद करता है। अनुपालन की स्थिति में व्यक्ति का व्यवहार तथा विचार प्रभाव डालने वाले व्यक्ति (influencing person) के व्यवहार एवं विचार के समरूप बाहर से दीख पड़ता है परन्तु भीतर से ऐसी समरूपता नहीं होती है। अतः अनुपालन के कारण मनोवृत्ति में जो परिवर्तन होता है। वह अस्थायी होती है। उदाहरणार्थ, एक बच्चा अपने माता-पिता के डर से सम्भव है कि अपने कुछ पड़ोसियों से नम्रतापूर्वक व्यवहार करे जबकि सच्चाई यह हो सकती है वह इन व्यक्तियों से घृणा करता हो। ऐसी परिस्थिति में माता-पिता के सामने बच्चा इन पड़ोसियों को भारतीय परम्परा के अनुकूल पैर छूकर प्रणाम कर सकता है परन्तु माता-पिता के न होते ही सम्भव है कि इन लोगों से बातचीत भी न करे। कहने का तात्पर्य यह है कि अनुपालन में व्यक्ति का निजी मत (private opinion) तथा आम मत (public opinion) में समरूपता न होकर अन्तर होता है। वह डर से या किसी मनचाहा पुरस्कार पाने की लालच में ऊपर से प्रभाव डालनेवाले व्यक्ति को खुश कर देने वाला व्यवहार करता है जबकि भीतर से विचार कुछ दूसरा ही होता है। स्वभावतः ऐसी परिस्थिति में मनोवृत्ति में होने वाला परिवर्तन थोड़ा देर तक ही टिकाऊ होगा।

2. तादात्मीकरण *(Identification)*—तादात्मीकरण में एक व्यक्ति दूसरे व्यक्ति या समूह के व्यवहारों को किसी बाहरी दबाव जैसे डर या किसी तरह के लोभ आदि के कारण नहीं बल्कि उसे अपने व्यक्तित्व का ही एक अंश मानकर स्वेच्छा से स्वीकार कर लेता है। केलमैन[2] (Kelman, 1961) के अनुसार तादात्मीकरण स्पष्ट रूप से उस समय स्थापित होते दीख पड़ता है जब एक व्यक्ति किसी दूसरे व्यक्ति या व्यक्तियों के समूह के व्यवहारों को इसलिए स्वीकार कर लेता है क्योंकि वह व्यवहार उस व्यक्ति या समूह के साथ एक संतोषजनक आत्मीयता का सम्बन्ध (self-defining relationship) स्थापित करने में मदद करता है। तादात्मीकरण के कई रूप (form) होते हैं। पहला रूप (form) तो वह होता है जहाँ एक व्यक्ति दूसरे व्यक्ति (जो प्रभाव डालने वाला व्यक्ति होता है) के बिल्कुल ही समान होना पसंद करता है। बच्चों में इस रूप की अधिकता होती है क्योंकि वे प्रायः अपने माता-पिता के व्यवहारों का हू-ब-हू नकल उतारने की कोशिश करते हैं। दूसरा रूप वह होता है जहाँ एक व्यक्ति दूसरे व्यक्ति के बिलकुल समान तो नहीं होता परन्तु वह वैसा ही व्यवहार करता है जैसा दूसरा व्यक्ति यानी प्रभाव डालने वाला व्यक्ति उससे उम्मीद करता है। जैसे—एक रोगी डाक्टर के साथ तादात्मीकरण कर वैसा ही व्यवहार करता है जैसा डाक्टर उसे करने की उम्मीद करता है। तादात्मीकरण का तीसरा रूप वह होता है जिसमें व्यक्ति समूह के व्यवहारों का इसलिए अपना लेता है क्योंकि वह भी उस समूह का सदस्य होता है। जैसे—एक आईएएस ऑफिसर इन व्यवहारों के साथ तादात्मीकरण कर लेता है जो आइएएस ऑफिसर समुदाय के व्यक्तियों द्वारा किया जाता है।

तादात्मीकरण का चाहे जो भी रूप क्यों न हो, इतना स्पष्ट है कि यहाँ व्यक्ति दूसरे व्यक्तियों के व्यवहारों एवं गुणों को स्वेच्छा से अपनाता है। इस तरह से तादात्मीकरण अनुपालन में निम्नांकित अर्थों में भिन्न होता है—

(1) अनुपालन में व्यक्ति पर बाहरी दबाव पड़ता है परन्तु तादात्मीकरण में कोई ऐसा दबाव व्यक्ति पर नहीं पड़ता।

(2) अनुपालन में व्यक्ति का विचार एवं मत बाहर से कुछ और भीतर से कुछ और होता है। दूसरे शब्दों में, इसमें व्यक्ति के निजी मत (private opinion) तथा आम मत (public opinion) में समरूपता नहीं होती है जबकि आत्मीकरण में इन दोनों तरह के मतों में समरूपता होती है।

(3) अनुपालन में व्यक्ति प्रभाव डालने वाले व्यक्ति को अपना नहीं समझता है बल्कि इसे अपने से भिन्न ही समझता है परन्तु तादात्मीकरण में व्यक्ति प्रभाव डालने वाले व्यक्ति को अपना लेता है।

---

1. "Compliance occurs when an individual accepts influence from other person or from a group because he hopes to achieve a favourable reaction from other." — Kelman : *Public Opinion Quarterly*, p. 32
2. "Identification can be said to occur when an individual adopts behaviour derived from another person or a group because this behaviour is associated with a satisfying self-defining relationship to this person or group." — Kelman : *Public Opinion Quarterly*, p. 63

तादात्मीकरण में चूँकि व्यक्ति स्वेच्छा से दूसरे के व्यवहारों एवं विचारों को अपना लेता है इसलिए इस प्रक्रिया द्वारा व्यक्ति की मनोवृत्ति में तुरन्त परिवर्तन हो जाता है। परन्त मनोवृत्ति में ऐसा परिवर्तन भी स्थायी नहीं होता है और वह तबतक ही बना रहता है जबतक कि व्यक्ति का सम्बन्ध प्रभाव डालने वाले व्यक्ति के साथ अच्छा बना हुआ है। सम्बन्ध बिगड़ते ही व्यक्ति की मनोवृत्ति पुनः अपनी पुरानी जगह पर आ जाती है। उदाहरणार्थ, एक किरानी अपने तात्कालिक बॉस (immediate boss) के गुणों एवं व्यवहारों के साथ आत्मीकरण उसी के अनुसार अपनी मनोवृत्ति में परिवर्तन कर लेता है। परन्तु किसी कारणवश यदि बॉस के साथ सम्बन्ध बिगड़ा, तो किरानी की मनोवृत्ति अपने बॉस की मनोवृत्ति से भिन्न हो जाती है भले ही वह इसका खुलकर प्रदर्शन करे या न करे।

3. आंतरिकीकरण *(Internalization)*—आंतरिकीकरण में व्यक्ति दूसरे व्यक्तियों के व्यवहारों को स्वेच्छा से इसलिए स्वीकार कर लेता है क्योंकि वह व्यवहार उसके व्यक्तिगत मूल्य तंत्र (value system) के उम्मीदों के अनुरूप होता है। केलमैन[1] (Kelman, 1961) के अनुसार आंतरिकीकरण व्यक्ति में वहाँ स्पष्ट रूप से देखने को मिलता है जहाँ दूसरे व्यक्ति का व्यवहार अपने मूल्य तंत्र द्वारा उम्मीद किये गये व्यवहारों के अनुरूप होता है। चूँकि यहाँ स्वीकार किया जाने वाले व्यवहार व्यक्ति के मूल्य तंत्र (value system) के अनुकूल होता है, अतः ऐसे व्यवहार के अनुसार मनोवृत्ति में परिवर्तन करने में व्यक्ति काफी संतोष एवं गर्व महसूस करता है। उदाहरणार्थ, मान लीजए कि किसी व्यक्ति में धार्मिक मूल्य (religious value) की अधिकता है। थोड़ी देर के लिए यह भी मान लीजिए कि भारत सरकार यह निर्णय करती है कि सातवीं एवं आठवीं कक्षा में रामायण एवं महाभारत से कुछ अंशों को लेकर एक किताब तैयार की जायेगी जो अनिवार्य विषय के रूप में पढ़ाई जायेगी। ऐसी परिस्थिति में भारत सरकार के इस कार्य के प्रति उस व्यक्ति की मनोवृत्ति पहले से बदलकर अधिक अनुकूल (favourable) हो जाएगी और वह सरकार के इस विचार को गर्व के साथ आन्तरीकृत (internalize) कर लेगा। केलमैन का मत है कि आंतरिकीकरण द्वारा व्यक्ति की मनोवृत्ति में हुआ परिवर्तन अपेक्षाकृत स्थायी होता है क्योंकि इसका सम्बन्ध व्यक्ति के मूल्य तंत्र (value system) से होता है।

केलमैन के त्रिप्रक्रिया सिद्धान्त के कुछ गुण (merits) एवं अवगुण (demerits) हैं।

इसके प्रमुख गुण (merits) निम्नांकित है—

(i) इस सिद्धान्त का सबसे बड़ा गुण यह है कि मनोवृत्ति में होने वाले स्थायी एवं अस्थायी दोनों तरह के परिवर्तनों की व्याख्या इसके द्वारा होती है। अनुपालन (compliance) एवं आत्मीकरण (identification) की प्रक्रिया द्वारा अस्थायी परिवर्तन तथा आन्तरीकरण (internalization) की प्रक्रिया द्वारा स्थायी परिवर्तन की व्याख्या होती है।

(ii) इस सिद्धान्त में निश्चित रूप से उदारता का गुण है क्योंकि इस सिद्धान्त में केलमैन ने यह स्पष्ट कर दिया है कि मनोवृत्ति परिवर्तन में कई कारकों का योगदान होता है। इस तरह से यह सिद्धान्त उन सिद्धान्तों से श्रेष्ठ है जिसमें मनोवृत्ति परिवर्तन की व्याख्या एक ही कारक के रूप में की गयी है।

(iii) कुछ हद तक केलमैन का सिद्धान्त सीखना (learning theories) के नियम को भी अपने में सम्मिलित कर मनोवृत्ति परिवर्तन की व्याख्या करने में सक्षम है।

इस सिद्धान्त के प्रमुख अवगुण (demerits) निम्नांकित हैं—

(i) इस सिद्धान्त में इस बात की व्याख्या नहीं हो पाती है कि जब व्यक्ति को अतिरिक्त सूचनाएँ (additional information) दी जाती हैं तो उससे मनोवृत्ति परिवर्तन क्यों हो जाता है। इस सिद्धान्त द्वारा यह भी पता नहीं चलता है कि विश्वासोत्पादक संचार (persuasive communication) द्वारा मनोवृत्ति में परिवर्तन क्यों हो जाता है।

(ii) मेयर्स (Myers, 1988) के अनुसार केलमैन के त्रिप्रक्रिया सिद्धान्त को मनोवृत्ति-परिवर्तन का सिद्धान्त मानना अधिक वैज्ञानिक नहीं दिख पड़ता है। इसका कहना है कि इसे यदि सामाजिक प्रभाव का सिद्धान्त (theory of social influence) कहा जाय तो वह अधिक युक्तिसंगत होगा।

---

1. "Internalization occurs when an individual accepts influence because the induced behaviour is congruent with his value system."
— Kelman : *Public Opinion Quarterly*, 1961, p. 65

आत्मसात्करण-विषमता सिद्धान्त
(Assimilation Contrast Theory)

आत्मसात्करण-विषमता सिद्धान्त के प्रतिपादन का आधार शेरीफ तथा होभलैंड (Sherif & Hovland, 1975) द्वारा समाज मनोविज्ञान के क्षेत्र में किये गए शोध हैं। इन दोनों मनोविज्ञानियों ने थर्स्टन द्वारा मनोवृत्ति मापने के लिए विकसित मापनी (scale) से संबंधित उस पूर्वकल्पना को चुनौती दिया जिसमें यह कहा गया था कि निर्णायकों (judges) की अपनी मनोवृत्ति का प्रभाव मनोवृत्ति कथनों को तुल्याभासी अंतराल विधि (equal appearing interval method) के विभिन्न श्रेणियों या अंतरालों में छाँटने पर नहीं पड़ता है। शेरीफ तथा होभलैंड ने इसके विपरीत विचार व्यक्त किये और उसे साबित करने की कोशिश किये। इसके अलावा शेरीफ ने निर्णय मापनी (judgement scale) जिनका उपयोग स्वतःचालित प्रभाव प्रयोग (autokinetic effect experiment) में किया गया था, में भी कार्य करके इस सिद्धान्त को विकसित करने का उत्तम आधार तैयार किया।

आत्मसात्करण-विषमता सिद्धान्त के अनुसार मनोवृत्ति परिवर्तन के उद्देश्य से जब भी व्यक्ति को कोई सूचना दी जाती है तो इसकी प्रभावशीलता इस बात पर आधरित होती है कि व्यक्ति उस सूचना को किस तरह से या किस संदर्भ में भी स्वीकार किया है। सचमुच में इस प्रक्रिया में निम्नांकित दो स्तरीय तथ्य होती है—

(i) सूचना प्राप्तिकर्त्ता सम्बद्ध विषय के बारे में दी गयी सूचना का मूल्यांकन उसके बारे में अपने पास पहले से मौजूद रहे तथ्यों के आलोक में करता है।

(ii) इस मूल्यांकन के आधार पर सूचना प्राप्तिकर्त्ता उस सूचना द्वारा प्रस्तावित तथ्य के आलोक में अपनी मनोवृत्ति में परिवर्तन करके उसे आत्मसात् (assimilate) कर लेगा या वह उस सूचना को अस्वीकृत कर देगा तथा अपनी मनोवृत्ति में कोई परिवर्तन नहीं करेगा (विषमता की अवस्था या विषमता प्रभाव होगा)।

पहले चरण या स्तर में सम्मिलित निर्णयात्मक प्रक्रिया (judgemental process) को मद्देनजर रखते हुए शेरीफ ने बतलाया है कि मनोवृत्ति परिवर्तन में दी गई सूचना (information) की प्रभावशीलता निम्नांकित में से किसी भी प्रसार (range) या विस्तार (latitude) में हो सकती है—

(a) स्वीकरण का विस्तार (*Latitude of acceptance*)—इस श्रेणी में उन सूचनाओं को रखा जाता है जो सूचना प्राप्तिकर्ता के मन में पहले से मौजूद तथ्यों के अनुकूल होते हैं और उसके आलोक में व्यक्ति अपनी मनोवृत्ति में परिवर्तन करता है।

(b) अवचनबद्धता का विस्तार (*Latitude of noncomittments*)—इस श्रेणी में वैसी सूचनाओं को रखा जाता है जो सूचना प्राप्तिकर्त्ता के पास मौजूद तथ्यों से भिन्न होता है जिसके कारण व्यक्ति उसको ठीक ढंग से आत्मसात (assimilate) तो नहीं कर पाता है परन्तु साथ-ही-साथ उसे अस्वीकृत भी नहीं कर पाता है।

(c) अस्वीकरण का विस्तार (*Latitude of rejection*)—इस श्रेणी में उन सूचनाओं को रखा जाता है जो सूचना प्राप्तिकर्त्ता के पास मौजूद तथ्यों से बिलकुल मेल नहीं खाते हैं। फलस्वरूप, वह उसे अस्वीकृत कर देता है और परिणामतः ऐसी सूचनाओं से सूचना प्राप्तिकर्त्ता की मनोवृत्ति में कोई परिवर्तन नहीं होता है।

आत्मसात्करण-विषमता सिद्धान्त (assimiliation constrast theory) के अनुसार मनोवृत्ति परिवर्तन के बारे में पूर्वकथन करने के लिए यह तय किया जाता है कि सूचना प्राप्तिकर्त्ता की वर्तमान स्थिति या वर्तमान मनोवृत्ति जिसे *आन्तरिक स्थिरण बिन्दु* (internal anchor point) कहा जाता है तथा दी गई सूचना से उत्पन्न मनोवृत्ति में कितना अन्तर है। जब कोई सूचना स्वीकरण के विस्तार के क्षेत्र के भीतर पड़ता है। तो स्पष्टतः मनोवृत्ति में परिवर्तन होता है परन्तु यदि कोई सूचना स्वीकरण के इस विस्तार से बाहर अस्वीकरण के विस्तार के क्षेत्र में पड़ता है तो उससे मनोवृत्ति में परिवर्तन नहीं होता है बल्कि यह भी देखा गया है कि ऐसी सूचना जो अस्वीकरण के विस्तार के क्षेत्र में होती है, से कभी-कभी सूचना प्राप्तिकर्त्ता की प्रारंभिक मनोवृत्ति और भी दृढ़ या मजबूत हो जाती है जिसे समाज मनोविज्ञान में *धमाका प्रभाव* (boomrang effect) कहा जाता है।

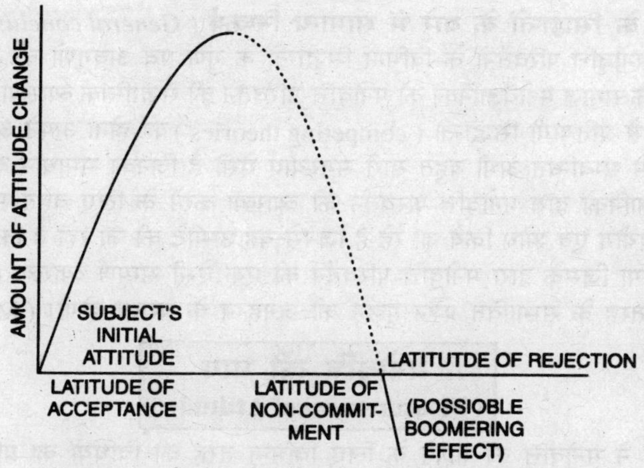

चित्र 6.3 : मनोवृत्ति परिवर्तन तथा संचार विभिन्नता में संबंध

इस सिद्धान्त के अनुसार जब कोई प्रभावोत्पादक सूचना (persuasive communication) स्वीकरण के विस्तार (latitude of acceptance) के क्षेत्र में होता है तो जैसे-जैसे सूचना प्राप्तिकर्त्ता की प्रारंभिक स्थिति या मनोवृत्ति तथा दी गई सूचना से उत्पन्न मनोवृत्ति की स्थिति में अन्तर बढ़ते जाता है मनोवृत्ति परिवर्तन की मात्रा भी बढ़ती जाती है। इसे चित्र 6.3 में दिखलाया गया है। चित्र से यह भी स्पष्ट है कि यदि सूचना स्वीकरण के विस्तार से बाहर जाता है जैसे अवचनबद्धता विस्तार (latitude of noncomitment) के क्षेत्र में चला जाता है तो उससे मनोवृत्ति परिवर्तन में कमी होता है जिसे चित्र में टूटी-फूटी रेखा से दिखलाया गया है तथा जब सूचना अस्वीकरण के विस्तार के क्षेत्र में होता है तो मनोवृत्ति परिवर्तन शून्य हो जाता है और कभी-कभी धमाका प्रभाव भी होता है जिसे वक्र के आधार पर (base line) के निचले भाग से दिखलाया गया है।

इस सिद्धान्त के अनुसार मनोवृत्ति परिवर्तन के लिए निम्नांकित अवस्थाओं या तथ्यों का होना अनिवार्य है—

(1) शोधकर्त्ता को दिए गए विषय के प्रति व्यक्ति की मनोवृत्ति के वर्तमान स्थिति का पता लगाना होगा।

(2) उसके बाद यह तय करना होगा कि स्वीकरण के विस्तार कितनी है।

(3) अन्त में, उसे यह देखना होगा कि व्यक्ति को दी जाने वाली प्रभावोत्पादक सूचना (persuasive communication) स्वीकरण के विस्तार के क्षेत्र में है या नहीं।

एक उदाहरण—मान लिया जाए कि सरकार यह घोषणा करती है कि अमुक स्थान पर मन्दिर बनेगा। थोड़े देर के लिए यह मान लिया जाए कि उसका विरोध जनता दल द्वारा किया जाता है परन्त भारतीय जनता पार्टी द्वारा इस योजना का स्वागत होता है। बाद में पुनः यह सरकारी घोषणा होती है कि मन्दिर में सिर्फ राम लला की मूर्ति होगी अन्य की नहीं। इस घोषणा के प्रति जनता दल के लोगों की मनोवृत्ति में परिवर्तन नहीं होगी क्योंकि यह घोषणा उनके अस्वीकरण के विस्तार (latitude of rejection) में पड़ रहा है (क्योंकि जनता दल उस जगह पर मंदिर बनाने के पक्ष में नहीं है)। बल्कि ऐसा सम्भव है कि इस सरकारी घोषणा से खौफ खाकर वह मंदिर बनाने के कार्य में बाधा डाले (धमाका प्रभाव)। अब भारतीय जनता पार्टी के सदस्यों की मनोवृत्ति परिवर्तन की ओर चलें। भारतीय जनता पार्टी के जिन सदस्यों को राम लला में अधिक विश्वास है उनकी मनोवृत्ति में परिवर्तन (change) कोई खास नहीं होगा क्योंकि उनकी मनोवृत्ति तो पहले से ही वैसी ही थी। परन्तु जिन सदस्यों को राम लला के अलावा भगवान के अन्य रूपों में भी विश्वास है, उनकी मनोवृत्ति में तुलनात्मक रूप से अधिक परिवर्तन होगा।

इस सिद्धान्त के आलोचकों का मत है कि विस्तार (latitude) के निर्धारण का कार्य में आत्मनिष्ठता (subjectivity) अधिक होती है जिससे सिद्धान्त का पूर्वकथन (prediction) कुछ शक के दायरों में आ जाता है। कुछ लोगों का यह भी मत है कि मनोवृत्ति वस्तु के प्रति व्यक्ति के आन्तरिक स्थिरण बिन्दु (internal anchor point) को सही-सही ज्ञात करना असम्भव नहीं तो कठिन कार्य अवश्य है।

मनोवृत्ति-परिवर्तन के सिद्धान्तों के बारे में सामान्य निष्कर्ष *(General conclusion regarding theories of attitude change)*—मनोवृत्ति परिवर्तनों के विभिन्न सिद्धान्तों के गुण एवं अवगुणों का अध्ययन करने के बाद हम इस निष्कर्ष पर पहुँचते हैं कि समाज मनोवैज्ञानिकों को मनोवृत्ति-परिवर्तन की सैद्धान्तिक व्याख्या करने में अभी पूर्ण सफलता नहीं मिल पायी है। बहुत से प्रतियोगी सिद्धान्तों (competing theories) का होना अपने आप में इस बात का द्योतक है कि मनोवृत्ति परिवर्तन से सम्बन्धित अभी बहुत सारी समस्याएँ ऐसी हैं जिनका समाधान करना बाकी है। सौभाग्य की बात है कि समाज मनोवैज्ञानिकों द्वारा मनोवृत्ति परिवर्तन की व्याख्या करने के लिए बहुत सारे प्रयोगशाला प्रयोग एवं प्रयोगशाला के बाहर भी प्रयोग एवं शोध किये जा रहे हैं जिनसे यह उम्मीद की जा रही है कि कुछ इस ढंग का सिद्धान्त अवश्य ही हमें मिल पायेगा जिसके द्वारा मनोवृत्ति परिवर्तन की एक ऐसी सम्पूर्ण व्याख्या (global interpretation) हो पायेगी जिसमें किसी तरह के सम्भावित प्रश्न पूछने की जगह न के बराबर होगी। (Myers, 1988)

मनोवृत्ति की माप
(Measurement of Attitude)

समाज मनोवैज्ञानिकों ने मनोवृत्ति को मापने के लिए विभिन्न तरह की विधियों का प्रतिपादन किया है। मनोवृत्ति मापन (attitude measurement) से तात्पर्य व्यक्ति में मनोवृत्ति की दिशा (direction) एवं उसकी मात्रा (magnitude) का पता लगाने से होता है। मनोवृत्ति की दिशा से यह पता चलता है कि मनोवृत्ति धनात्मक (positive) है या ऋणात्मक (negative) है तथा उसकी मात्रा से तात्पर्य इस बात से होता है कि मनोवृत्ति यदि धनात्मक है तो कितनी मात्रा में या ऋणात्मक है तो कितनी मात्रा में।

मनोवृत्ति मापन में समाज मनोवैज्ञानिकों द्वारा दो महत्त्वपूर्ण पूर्वकल्पनाएँ (assumptions) की जातीं हैं जो निम्नांकित हैं—

(1) मनोवृत्ति मापन में यह पूर्वकल्पना कर ली जाती है कि व्यक्ति का व्यवहार मनोवृत्ति की वस्तु या घटना के प्रति एक परिस्थिति से दूसरी परिस्थिति में संगत (consistent) होगा। उदाहरणस्वरूप, अगर कोई व्यक्ति सहशिक्षा (co-education) को नापसंद (dislike) करता है तो हर परिस्थिति में वह इसे नापसंद ही करेगा। उस ढंग की संगति (consistency) नहीं रहने पर मनोवृत्ति को मापना सम्भव नहीं है।

(2) मनोवृत्ति को सीधे (directly) मापना सम्भव नहीं है। फलतः इसका मापन अक्सर परोक्ष रूप से (indirectly) होता है। इसलिए इस बात की पूर्वकल्पना की जाती है कि व्यक्ति के व्यवहारों एवं कथनों द्वारा ही उसके मनोवृत्ति के बारे में अन्दाज लगाया जा सकता है। समाज मनोवैज्ञानिकों एवं समाजशास्त्रियों (sociologists) ने मनोवृत्ति-मापन के लिए जितनी विधियों (methods) का प्रतिपादन किया है, उसे कैपबेल (Campbell, 1950) ने निम्नांकित चार विस्तृत भागों में विभाजित किया है—

1. अप्रच्छन्न संरचित विधि (Non-disguised structured methods)
2. अप्रच्छन्न असंरचित विधि (Non-disguised non-structured methods)
3. प्रच्छन्न असंरचित विधि (Disguised non-structured methods)
4. प्रच्छन्न संरचित विधि (Disguised structured methods)

इसे एक तालिका द्वारा इस प्रकार दिखला सकते हैं—

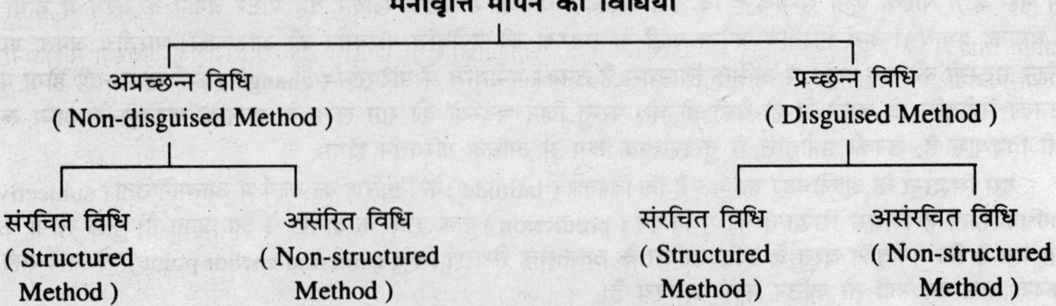

इन चारों तरह की विधियों का वर्णन हम इस प्रकार कर सकते हैं—

(अ) अप्रच्छन संरचित विधि *(Non-disguised structured method)*—इस विधि में भिन्न प्रकार के आत्म-रिपोर्ट विधि (self-report measures) आते हैं। आत्म-रिपोर्ट विधि में मनोवृत्ति मापने के लिए मनोवृत्ति-वस्तु (attitude object) से सम्बन्धित कुछ प्रश्न दिये रहते हैं जिसे व्यक्ति पढ़कर स्वयं ही उसका उत्तर देता है। इस तरह की प्रश्नावली (questionnaire) को मनोवृत्ति मापनी (attitude scale) या मनोवृत्ति प्रश्नावली (attitude questionnaire) कहा जाता है। मनोवृत्ति मापनी (attitude scale) में दिये गये प्रश्नों के उत्तरों के आधार पर व्यक्ति की मनोवृत्ति मापी जाती है।

मनोवृत्ति मापने के लिए मनोवृत्ति प्रश्नावली या मनोवृत्ति मापनी (attitude scale) का प्रयोग समाजशास्त्रियों एवं समाज मनोवैज्ञानिकों द्वारा काफी किया गया है। ऐसी मापनियों (scales) को निम्नांकित छह भागों में बाँटा गया है—

(1) थर्स्टन मापनी विधि (Thurstone's Scaling method)

(2) लिकर्ट मापनी विधि (Likert's Scaling method)

(3) बोगार्डस सामाजिक दूरी मापनी विधि (Bogardus Social distance Scale method)

(4) गटमैन संचयी मापनी विधि (Guttman Cumulative Scaling method)

(5) मापनी विभेद प्रविधि (Scale discrimination technique)

(6) शब्दार्थ विभेदक मापनी विधि (Semantic differential Scale method)

इन सभी मापनी विधियों (scaling methods) का विवरण इस प्रकार है—

1. थर्स्टन मापनी विधि
(Thurstone's Scalling method)

मनोवृत्ति मापने (attitude measurement) के लिए एल० एल० थर्स्टन (L. L. Thurstone) ने सबसे पहले मनोवृत्ति मापनी (attitude scale) का प्रयोग किया। इन्होंने अपने महत्त्वपूर्ण शोध-पत्र (research article) जिसका शीर्षक था *'मनोवृत्ति मापी जा सकती है'* ("Attitudes can be measured") सन् 1928 में प्रकाशित किया। उसमें उन्होंने एक विशेष मापनी विधि (scaling method) का विस्तृत वर्णन किया जो आज थर्स्टन मापी विधि (Thurstone Scaling Method) के नाम से अधिक लोकप्रिय है। सामाजिक मनोवृत्ति (social attitude) को मापने के लिए थर्स्टन ने बहुत सारी मापनी प्रविधियों (scaling technique) का प्रयोग किया है जिसमें समदृष्टि अन्तराल विधि (equal-appearing interval method) सबसे अधिक लोकप्रिय है। समदृष्टि अन्तराल विधि के सहारे बाद में अर्थात् 1929 में थर्स्टन एवं चेभ (Thurstone & Chave) ने गिरजाघर के प्रति मनोवृत्ति मापने के लिए एक मापनी (scale) भी तैयार की। इस मापनी विधि का प्रयोग युद्ध, निग्रो प्रजाति, जन्मनिरोध आदि जैसी सामाजिक समस्याओं के प्रति मनोवृत्ति मापने में की गयी।

थर्स्टन तथा चेभ (Thurstone & Chave) ने मनोवृत्ति मापने के लिए मापनी (scale) बनाने में निम्नांकित कदमों (steps) को ध्यान में रखने की सिफारिशें की हैं—

(1) सबसे पहले मनोवृत्ति वस्तु (attitudinal objects) से संबंधित महत्त्वपूर्ण कथनों (relevant statements) की एक सूची तैयार की जाती है जो स्पष्ट भाषा में लिखी होती है। कथनों की इस सूची में अनुकूल कथन (favourable statements) तथा प्रतिकूल कथन (unfavourable statements) दोनों ही होते हैं। इस प्रारंभिक अवस्था में कथनों की संख्या कितनी होनी चाहिए, इसके बारे में कोई निश्चित सुझाव तो थर्स्टन ने नहीं दिया है परन्तु उनके द्वारा भिन्न-भिन्न तरह की मनोवृत्ति मापनियों को बनाने के लिए आरम्भ में लिए गये कथनों की सूची को देखने से यह पता चलता है कि सामान्यतः इसकी संख्या 100 से 200 तक होनी चाहिए।

(2) तैयार किये गए सभी कथनों को निर्णायकों (judges) के एक समूह को दे दिया जाता है। निर्णायकों की संख्या कितनी होगी, इसके बारे में भी कोई निश्चित नियम नहीं है। थर्स्टन तथा चेभ ने 130 कथनों को छाँटने के लिए 300 निर्णायकों को रखा था। कथनों की सूची को निर्णायकों को देकर उनसे आग्रह किया जाता है कि वे प्रत्येक कथन को दिये गये 11 श्रेणी (11 intervals) में से किसी एक श्रेणी में रखते हुए छाँटते जायँ। इस 11 श्रेणी में एक छोर पर

अनुकूलता (favourableness), दूसरे छोर पर प्रतिकूलता (unfavourableness) तथा बीच में तटस्थता (neutral) की बिन्दुएँ होती हैं जैसा कि चित्र-6.3 में दिखलाया गया है—अनुकूल कथनों (favourable statements) को G से K तक की श्रेणियों में, प्रतिकूल कथनों को A से E तक की श्रेणियों में तथा तटस्थ कथनों को F की श्रेणियों में छाँटा जाता है।

A	B	C	D	E	F	G	H	I	J	K

Unfavourable (प्रतिकूल) — Neutral (तटस्थ) — Favourable (अनुकूल)

चित्र 6.3 : थर्स्टन मापनी के ग्यारह बिन्दुएँ

थर्स्टन द्वारा यहाँ दो महत्त्वपूर्ण पूर्वकल्पनाएँ (assumptions) भी की गयी थीं जो इस प्रकार हैं—

(अ) वे सभी श्रेणियाँ जिनमें कथनों को छाँटा जाता है, मनोवैज्ञानिक रूप से समान होते हैं।

(ब) निर्णायकों की अपनी मनोवृत्ति कथनों को छाँटने की प्रक्रिया को प्रभावित नहीं करती है। इसका मतलब यह हुआ कि जिस निर्णायक की अपनी मनोवृत्ति किसी कथन के प्रति अनुकूल है और जिस निर्णायक की अपनी मनोवृत्ति उसी कथन के प्रति प्रतिकूल है, दोनों ही समान रूप से उस कथन को छाँटेंगे।

(3) तीसरे चरण में सभी कथनों को जब सभी निर्णायकों द्वारा 11 श्रेणी में छाँट लिया जाता है तो प्रत्येक कथन की मापनी मूल्य (scale value) ज्ञात किया जाता है। ग्यारह बिन्दु मापनी (11-point scale) पर निर्णायकों (judges) द्वारा जो निर्णय या कोटि (ranks) दिये जाते हैं, उसका माध्यिका (median) अर्थात् एक तरह का औसत ज्ञात किया जाता है। यही माध्यिका प्रत्येक कथन का *मापनी मूल्य* (scale value) कहलाता है।

(4) इसके बाद प्रत्येक कथन के लिए प्राप्त निर्णय या कोटि के आधार पर चतुर्थक मान (Quartile value) ज्ञात किया जाता है जिसे संक्षेप में Q कहा जाता है। Q का मान अधिक होने से यह पता चलता है कि उस कथन को ग्यारह-बिन्दु मापनी में छाँटने के सम्बन्ध में निर्णायकों में सहमति नहीं है, फलतः ऐसे कथनों को रद्द कर दिया जाता है। Q का मान कम होने से यह पता चलता है कि करीब-करीब सभी निर्णायकों ने अमुक कथन को एक ही श्रेणी में रखा है।

(5) इसके बाद के चरण में कथनों की आन्तरिक संगति (internal consistency) ज्ञात की जाती है। इसके लिए बचे हुए सभी कथनों को प्रयोज्यों के एक समूह को दे दिया जाता है और उनसे यह कहा जाता है कि उन कथनों के आगे (✓) लगाते जाएँ जिनसे वे सहमत हों। कथन विशेष से सहमति प्रकट करने वाले प्रयोज्य यदि किसी ऐसे कथन के आगे भी टिक लगा देते हैं जिनका मापनी मूल्य (scale value) सहमति प्रकट करने वाले कथन के मापनी-मूल्य से काफी भिन्न होता है, तो इस कथन विशेष को आंतरिक रूप से असंगत मानकर छाँट दिया जाता था। परन्तु यदि किसी कथन-विशेष से सहमति प्रकट करने का प्रयोज्य ने समान मापनी मूल्य के कथन को टिक किया या चिह्नित किया तो उस कथन को आन्तरिक रूप से संगत मान लिया जाता है और उसे मापनी में रख दिया जाता है।

(6) अन्त में, करीब 25 से 30 आन्तरिक रूप से संगत कथनों को चुन लिया जाता है और उसे अधिकतम सहमति से न्यूनतम सहमति के क्रम में सजा दिया जाता है।

थर्स्टन विधि द्वारा तैयार की गई मनोवृत्ति (attitude scale) में इस तरह से कुल 25 से 30 कथन होते हैं। जिस व्यक्ति की मनोवृत्ति की माप करनी है उसे इन सभी कथनों को दे दिया जाता है और जिन कथनों से वे सहमत हैं उनपर सही का चिह्न (✓) तथा जिन कथनों से वे असहमत होते हैं उन पर क्रॉस (×) का चिह्न लगाने के लिए उनसे कहा जाता है। सभी सहमत कथनों के मापनी मूल्य (scale values) का एक औसत ज्ञात किया जाता है जिसके आधार पर उस व्यक्ति की मनोवृत्ति की माप होती है। जैसे, मान लिया जाय कि व्यक्ति ने 2.5, 3.6, 4.3, 5.6, 4.8 मापनी मूल्य वाले एकांशो के प्रति सहमति व्यक्त किया है जिसका औसत 20.8/5=4.16 होता है। जिससे पता चलता है कि व्यक्ति की मनोवृति लक्ष्य-वस्तु के प्रति नकारात्मक है क्योंकि यह 6 से कम है। यह औसत मान (average value) जितनी ही अधिक होता है (अधिकतम ग्यारह हो सकता है) व्यक्ति की मनोवृत्ति उतनी ही अनुकूल (favourable) मानी जाती है तथा जितना ही औसत मान कम होता है व्यक्ति की मनोवृत्ति प्रतिकूल (unfavourable) मानी जाती है। (न्यूनतम एक हो सकता है)

थर्स्टन तथा चेभ विधि के कुछ गुण तथा अवगुण हैं। इस विधि के प्रमुख गुण (merits) निम्नांकित हैं—

(1) इस विधि में कथनों की छँटनी (sorting) ग्यारह बिन्दु में रखकर की जाती है। फलस्वरूप, इससे बनने वाली मापनी (scale) में मनोवृत्ति मापने की क्षमता अधिक तीव्र (sharp) होती है।

(2) यह विधि सरल एवं सुगम है। इस विधि द्वारा तैयार की गयी मनोवृत्ति मापनी (attitude scale) से व्यक्तियों की मनोवृत्ति मापने में किसी प्रकार की कोई कठिनाई नहीं होती है और आसानी से हमें एक ऐसा सूचक (index) भी मिल जाता है जिसके सहारे हम यह समझ लेते हैं कि व्यक्ति की मनोवृत्ति अध्ययन की जाने वाली वस्तु या विषय के अनुकूल हैं या प्रतिकूल है।

इस सरलता एवं सुगमता के बावजूद भी इस विधि के कुछ अवगुण (demerits) हैं जो इस प्रकार हैं—

(1) फ्रैन्सवर्थ (Fransworth, 1943) ने यह दिखलाया है कि थर्स्टन की यह पूर्वकल्पना (assumption) की निर्णायकों (Judges) द्वारा सभी ग्यारह श्रेणियों को मनोवैज्ञानिक रूप से समान समझा जाता है, सही नहीं है। सच्चाई यह है कि निर्णायक इन सभी श्रेणियों को समान समझकर कथनों को नहीं छाँटते हैं।

(2) थर्स्टन विधि में की गयी दूसरी पूर्वकल्पना को भी समाज मनोवैज्ञानिकों ने गलत ठहराया है। थर्स्टन ने पूर्वकल्पना की थी कि निर्णायकों की अपनी मनोवृत्ति छँटनी कार्य (sorting work) को प्रभावित नहीं करती है। इतना सही अवश्य है कि प्रारंभ में कुछ मनोवैज्ञानिकों जैसे—हिंक्ली (Hinckley, 1932), फरग्यूसन (Ferguson, 1935) ने अपने अध्ययनों में यह पाया था कि निर्णयकों की मनोवृत्ति द्वारा कथनों की छँटनी (sorting) नहीं प्रभावित होती है परन्तु बाद के कुछ समाज मनोवैज्ञानिकों जैसे होभलैंड तथा शेरीफ (Hovland & Sherif, 1952) और शेरीफ एवं होभलैंड (Sherif & Hovland, 1953) ने अपने-अपने अध्ययनों में यह स्पष्टतः पाया कि निर्णायकों की मनोवृत्ति द्वारा कथनों की छँटनी प्रभावित होती है।

(3) कुछ मनोवैज्ञानिकों जैसे एडवर्ड्स (Edwards, 1957) का कहना है कि थर्स्टन ने अपनी मापनी विधि (scaling method) में अत्यधिक भेदमूलक कथनों (most discriminating statements) को चुनने का कोई वैधानिक तरीका नहीं बतलाया है। ऐसा सम्भव है कि दो या दो से अधिक कथनों का मापनी मूल्य (scale value) करीब-करीब समान हो परन्तु वे भेदमूलक क्षमता (discriminating power) में एक-दूसरे से काफी भिन्न हों। थर्स्टन विधि में सबसे अधिक भेदमूलक क्षमता वाले कथन को चुनने का कोई प्रावधान नहीं है।

(4) कुछ समाज मनोवैज्ञानिकों का मत है कि थर्स्टन विधि द्वारा मनोवृत्ति मापनी (attitude scale) बनाने में काफी समय लगता है तथा साथ-ही-साथ रूपया-पैसा (money) भी अधिक खर्च होता है। थर्स्टन ने स्वंय ही इस बात पर बल डाला है कि एक वैध (valid) मनोवृत्ति मापनी बनाने के लिए यह आवश्यक है कि निर्णायकों की संख्या अधिक-से-अधिक हो। स्वभावतः ऐसी परिस्थिति में समय और धन दोनों ही काफी लगेगा।

स्पष्ट है कि थर्स्टन विधि में कई प्रकार के दोष हैं। इन दोनों के कारण बाद के मनोवैज्ञानिकों ने मनोवृत्ति मापनी की अन्य विधियों का प्रतिपादन किया है।

2. लिकर्ट मापनी विधि
(Likert Scaling Method)

थर्स्टन विधि के कुछ अवगुणों को दूर करने के ख्याल से रेन्सिस लिकर्ट (Rensis Likert) ने 1932 में मनोवृत्ति मापनी (attitude scale) की एक नयी विधि का प्रतिपादन किया जिसे *संकलित रेटिंग्स विधि* (method of summated ratings) कहा जाता है। इसे *लिकर्ट विधि* (Likert method) भी कहा जाता है। मनोवृत्ति मापने में इस विधि का प्रयोग सबसे अधिक किया गया है तथा इसे अल्ब्रेक, थॉमस तथा चादविक[1] (Albrech, Thomas & Chadwick 1980) ने तुलनात्मक रूप से अधिक आसान, कम समय तथा धन में तैयार हो जाने वाली मापनी (scale) बतलाया है।

थर्स्टन विधि के समान ही लिकर्ट विधि द्वारा मनोवृत्ति मापनी (attitude scale) बनाने में कुछ खास-खास चरण या कदम (steps) हैं जिनका संक्षिप्त विवरण निम्नांकित है—

(1) इस विधि द्वारा मनोवृत्ति मापनी के निर्माण के प्रथम चरण में मनोवृत्ति वस्तु (attitude object) से सम्बन्धित बहुत सारे कथन तैयार किये जाते हैं। इनमें से कुछ कथन अनुकूल मनोवृत्ति (favourable attitude) दिखलाने वाले होते हैं तथा कुछ कथन प्रतिकूल मनोवृत्ति दिखलाने वाले होते हैं। प्रत्येक कथन के साथ-साथ 5 बिन्दु (5-points) का

1. "This method (Likert method) is perhaps the most widely used technique for attitude measurement. It includes some steps that parallel those used in developing Thurstone scales but is much simple and less time consuming to construct." — Albrech, Thomas & Chadwick : *Social Psychology*, 1980, p. 200

उत्तर श्रेणी (response category) भी बना होता है—पूर्णतः सहमत (strongly agree), सहमत (agree), अनिश्चित (undecided), असहमत (disagree) तथा पूर्णतः असहमत (strongly disagree)।

(2) इन कथनों को प्रयोज्यों के समूह को दे दिया जाता है जो प्रत्येक कथन को इन पाँच बिन्दु उत्तर श्रेणियों में से किसी एक श्रेणी में रखकर अपनी प्रतिक्रिया व्यक्त करते हैं।

(3) इसके बाद प्रत्येक कथन पर प्रयोज्य द्वारा की गई प्रतिक्रियाओं का अंकन (scoring) किया जाता है। मनोवृत्ति वस्तु (attitude object) के प्रति अनुकूल मनोवृत्ति (favourable attitude) दिखलाने वाले कथनों पर पूर्णतः सहमत, सहमत, अनिश्चित, असहमत एवं पूर्णतः असहमत के लिए क्रमशः 5, 4, 3, 2 तथा 1 अंक दिया जाता है तथा प्रतिकूल मनोवृत्ति (unfavourable attitude) दिखलाने वाले कथनों पर इन पाँच श्रेणियों के लिए क्रमशः 1, 2, 3, 4 तथा 5 अंक दिया जाता है। प्रत्येक कथन पर प्रयोज्य द्वारा प्राप्त अंकों को एक साथ जोड़कर एक कुल प्राप्तांक (total score) ज्ञात किया जाता है। इस मापनी पर उच्च कुल प्राप्तांक (total score) द्वारा अनुकूल मनोवृत्ति (favourable attitude) तथा निम्न कुल प्राप्तांक द्वारा प्रतिकूल मनोवृत्ति (unfavourable attitude) का पता चलता है।

(4) निर्माण के चौथे चरण में कथनों (statements) का एकांश विश्लेषण (item analysis) किया जाता है। एकांश विश्लेषण एक ऐसे सांख्यिकीय विश्लेषण की विधि है जिसके सहारे मूलविभेदक (discriminating) एकांशों या कथनों को अन्य सामान्य कथनों से अलग कर लिया जाता है। ऐसा करने के लिए प्रत्येक एकांश या कथन पर प्राप्त अंक तथा सभी एकांशों पर प्राप्त कुल अंक (total score) के बीच सहसम्बन्ध ज्ञात किया जाता है। ऐसे एकांशों जिनका सहसम्बन्ध अधिक आता है, उनका चयन कर लिया जाता है या तथा उन एकांशों को जिनका सहसम्बन्ध निम्न होता है या ऋणात्मक (negative) होता है, उसे छाँट दिया जाता है।

(5) एकांश विश्लेषण करने के बाद के जो एकांश या कथन अन्तिम रूप से चुन लिए जाते हैं, उन्हें लेकर मापनी (scale) तैयार की जाती है जिसे लिकर्ट मापनी (Likert scale) की संज्ञा दी जाती है। लिकर्ट मापनी में प्रायः कथनों की संख्या लगभग 20 होती है।

लिकर्ट मापनी द्वारा मनोवृत्ति मापने की विधि बहुत कुछ थर्स्टन विधि के ही कुछ समान है। जिस व्यक्ति की मनोवृत्ति मापनी होती है, उसे लिकर्ट मापनी दे दी जाती है और व्यक्ति प्रत्येक कथन को पढ़कर अपनी प्रतिक्रिया 5 श्रेणी अर्थात् पूर्णतः सहमत, सहमत, अनिश्चित, असहमत, पूर्णतः असहमत में से किसी एक के रूप में करता है। बाद में ऊपर बताई गई विधि द्वारा इन प्रतिक्रियाओं का अंकन (scoring) किया जाता है और प्रत्येक एकांश पर प्राप्त अंक को एक साथ जोड़ दिया जाता है जो व्यक्ति का कुल प्राप्तांक (total score) कहलाता है। कुल प्राप्तांक अधिक होने से मनोवृत्ति वस्तु (attitude object) के प्रति व्यक्ति की मनोवृत्ति अनुकूल (favourable) तथा कम होने से व्यक्ति की मनोवृत्ति प्रतिकूल (unfavourable) समझी जाती है।

लिकर्ट विधि के भी कुछ गुण एवं दोष हैं।

इस विधि के प्रमुख गुण (merits) निम्नांकित हैं—

(i) अनेकों समाज मनोवैज्ञानिकों ने इस बात पर सहमति व्यक्त की है कि लिकर्ट विधि का सबसे महत्त्वपूर्ण गुण यह है कि इस विधि में एकांश विश्लेषण पर मूलभेदक (discriminating) कथनों या एकांशों को चुनने का वैज्ञानिक प्रावधान है। थर्स्टन विधि में इस ढंग का प्रावधान नहीं है। यही कारण है कि लोगों द्वारा लिकर्ट विधि को थर्स्टन विधि से अधिक श्रेष्ठ माना जाता है।

(ii) लिकर्ट विधि में निर्णायकों (judges) का प्रयोग न करके प्रयोज्यों (subjects) का प्रयोग किया जाता है। अतः कथनों का अन्तिम चयन (selection) निर्णायकों की अपनी मनोवृत्ति के प्रभाव से ग्रसित नहीं होता है।

(iii) लिकर्ट विधि द्वारा मनोवृत्ति मापनी बनाने में समय तथा कम धन लगता है। अतः लिकर्ट विधि में व्यावहारिकता (practically) का भी गुण है।

(iv) लिकर्ट विधि में अधिक लचीलापन (flexibility) है तथा साथ-ही-साथ इससे प्राप्त आँकड़ों (data) द्वारा विभिन्न तरह के क्रमसूचक सांख्यिकी विश्लेषण (ordinal statistical analysis) आसानी से किया जा सकता है। लचीलापन से यहाँ तात्पर्य यह है कि इसमें समाज मनोवैज्ञानिकों को इस बात की छूट होती है कि वह जितना चाहे कथनों या एकांशों की संख्या घटा सकता या बढ़ा सकता है। इस तरह के घट-बढ़ से लिकर्ट विधि द्वारा बनाई गई मापनी पर कोई अन्तर नहीं आता है क्योंकि प्रत्येक एकांश द्वारा मापन में समान योगदान समझा जाता है। थर्स्टन विधि में ऐसी बात नहीं है क्योंकि प्रत्येक एकांश का मापनी मूल्य (scale value) अलग-अलग होता है।

लिकर्ट विधि के कुछ अवगुण (demerits) भी हैं जो इस प्रकार हैं—

(i) लिकर्ट विधि का सबसे प्रमुख दोष यह बतलाया गया है कि इस विधि में अधिकतम प्राप्तांक (maximum score) तथा न्यूनतम प्राप्तांक (minimum score) का अर्थ तो स्पष्ट है क्योंकि पहले द्वारा अनुकूल मनोवृत्ति (favourable attitude) तथा दूसरे द्वारा प्रतिकूल मनोवृत्ति (unfavourable attitude) का पता चलता है। परन्तु वैसे अंक जो अधिकतम प्राप्तांक तथा न्यूनतम प्राप्तांक के बीच में आते हैं, द्वारा क्या पता चलता है, इसकी व्याख्या नहीं की गयी है। इसका मतलब यह हुआ कि लिकर्ट विधि में तटस्थ बिन्दु (neutral point) पर आने वाले प्राप्तांक की व्याख्या सम्भव नहीं है। व्यक्ति का कुल प्राप्तांक या अंक तटस्थ बिन्दु (neutral point) पर दो भिन्न परिस्थितियों में आ सकता है—पहली परिस्थिति वह हो सकती है जहाँ प्रत्येक कथन या एकांश पर वह अपनी प्रतिक्रिया तटस्थ श्रेणी (neutral category) अर्थात् 'अनिश्चित' (undecided) में व्यक्त किया हो तथा दूसरी परिस्थिति वह हो सकती है जहाँ व्यक्ति ने कुछ कथनों पर 'पूर्णतः सहमत की श्रेणी में अपनी प्रतिक्रिया व्यक्त की हो कुछ कथनों पर 'पूर्णतः असहमत' की श्रेणी में अपनी प्रतिक्रिया व्यक्त किया हो। स्पष्ट है कि तटस्थ बिन्दु पर पहुँचने के इन दो तरीकों का मनोवैज्ञानिक अर्थ एक ही नहीं है। इस कारण भी प्राप्तांकों से कोई अर्थ निकालना कठिन है।

(ii) लिकर्ट विधि द्वारा मनोवृत्ति मापते समय इस बात की सम्भावना होती है कि प्रयोज्य सही मनोदशा को छिपाकर गलत प्रतिक्रिया करे। परन्तु यह कोई ठोस अवगुण नहीं हैं क्योंकि ऐसी बात की सम्भावना उन सभी मापनियों (scales) तथा परीक्षणों (tests) में बनी होती हैं जिनके एकांश का स्वरूप शाब्दिक (verbal) होता है।

(iii) लिकर्ट विधि द्वारा बनाई गई मनोवृत्ति मापनी से मनोवृत्ति की दिशा का तो पता चलता है परन्तु मात्रा का पता नहीं चलता है। दूसरे शब्दों में, इस विधि से यह तो पता चलता है कि व्यक्ति की मनोवृत्ति अनुकूल (favourable) है या प्रतिकूल (unfavourable) है परन्तु यह पता नहीं चलता है कि अनुकूलता (favourableness) तथा प्रतिकूलता की मात्रा कितनी है।

(iv) कुछ लोगों का कहना है कि लिकर्ट विधि में निर्णायकों (Judges) की जगह पर प्रयोज्यों (subjects) का प्रयोग किया जाता है। निर्णायक प्रायः विशेषज्ञ (expert) होते हैं। अतः कथनों या एकांशों के चयन में उनके द्वारा किया गया योगदान अधिक महत्त्वपूर्ण एवं वैज्ञानिक होता है। परन्तु एकांशों के चयन में प्रयोज्यों द्वारा किया गया योगदान इतना महत्त्वपूर्ण नहीं होता है क्योंकि वे उतने कुशल एवं प्रशिक्षित नहीं होते हैं।

इस तरह से हम देखते हैं कि लिकर्ट विधि में कुछ अवगुण (demerits) भी हैं। इसके बावजूद भी यह विधि थर्स्टन विधि की तुलना में अपनी सरलता एवं सुगमता के कारण समाज मनोवैज्ञानिकों तथा समाजशास्त्रियों के बीच अधिक लोकप्रिय है।

थर्स्टन विधि तथा लिकर्ट-विधि का तुलनात्मक अध्ययन
(A Comparative Study of Thurstone Method and Likert Method)

मनोवृत्ति-मापने के लिए जितनी मापनी विधियाँ (scaling methods) है, उनमें थर्स्टन विधि तथा लिकर्ट विधि अधिक प्रधान हैं। समाज मनोविज्ञान के शोधों (researches) में इन दोनों विधियों का मनोवृत्ति मापने (attitude measurement) में जितना अधिक प्रयोग हुआ है उतना किसी भी अन्य विधि का प्रयोग नहीं हुआ है। अतः यह बिलकुल ही स्वाभाविक है कि छात्र इन दोनों विधियों के आपसी संबंधों को ठीक ढंग से जानें। यह तभी सम्भव है जब हम थर्स्टन विधि तथा लिकर्ट विधि में समानताओं (similarities) एवं असमानताओं पर ध्यान दें। इन दोनों विधियों में प्रमुख समानताएँ निम्नांकित हैं—

(1) थर्स्टन विधि तथा लिकर्ट विधि दोनों में ही शोधकर्त्ता प्रारम्भ में एकांशों या कथनों को एक बड़ी संख्या में तैयार करता है।

(2) दोनों विधियों में कथन का अन्तिम चयन कुछ सांख्यिकीय विश्लेषण (statistical analysis) पर आधारित होता है।

(3) दोनों ही विधियों में पर्याप्त विश्वसनीयता (reliability) तथा वैधता (validity) का गुण है।

(4) दोनों विधियों का प्रयोग मनोवृत्ति मापने के लिए तैयार की गयी मापनियों (scales) में अन्य विधियों की अपेक्षा अधिक-से-अधिक हुआ है।

(5) दोनों ही विधियों द्वारा तैयार की गयी मनोवृत्ति मापनी (attitude scales) एकांशों की संख्या लगभग समान (20 से 30 के भीतर) ही होती है।

(6) दोनों विधियों की लोकप्रियता के बावजूद भी अपनी-अपनी कुछ परिसीमाएँ (limitations) हैं।

(7) दोनों विधियों द्वारा मनोवृत्ति की सिर्फ दिशा (direction) का मापन होता है, सही-सही (exact) मात्रा का नहीं।

इन समानताओं (similarities) के बावजूद भी इन दोनों मापनी विधियों (scaling methods) में कुछ विभिन्नताएँ (dissimilarities) भी हैं जो निम्नांकित हैं—

(1) थर्स्टन विधि (Thurstone method) में 11-11 बिन्दु मापनी (11-point scale) होता है जिसमें कथनों या एकांशों को छाँटा जाता है जबकि लिकर्ट विधि 5-बिन्दु मापनी होती है जिसमें एकांशों के प्रति प्रतिक्रिया व्यक्त की जाती है।

(2) थर्स्टन विधि में कथनों को छाँटने के लिए निर्णायकों (judges) की मदद ली जाती है जबकि लिकर्ट विधि में प्रयोज्यों की मदद से ही एकांशों के प्रति प्रतिक्रिया प्राप्त कर ली जाती है।

(3) थर्स्टन विधि में कथनों का अन्तिम चयन चतुर्थांक मान (Q value) तथा आन्तरिक संगति (internal consistency) के आधार पर होता है परन्तु लिकर्ट विधि में कथनों का चयन एक विशेष सांख्यिकी विधि जिसे एकांश विश्लषण (item analysis) कहा जाता है, के आधार पर होता है।

(4) थर्स्टन विधि द्वारा मनोवृत्ति मापनी (attitude scale) बनाने में अधिक समय तथा अधिक खर्च भी लगता है क्योंकि प्रत्येक कथन का मापनी मूल्य (scale value), चतुर्थांक मान (value) तथा आन्तरिक संगति (internal consistency) का भी पता लगाना होता है। परन्तु लिकर्ट विधि में ऐसी बात नहीं है। मात्र एकांश विश्लेषण के ही द्वारा एकांशों का अन्तिम चयन हो जाता है। इससे मापनी मूल्य (scale value) भी ज्ञात करने की आवश्यकता नहीं पड़ती है। फलस्वरूप लिकर्ट विधि द्वारा मनोवृत्ति मापनी बनाने में समय कम लगता है।

(5) कुछ समाज मनोवैज्ञानिकों जैसे होभलैण्ड तथा शेरीफ (Hovland & Sherif, 1952) तथा शेरीफ एवं होभलैण्ड (Sherif & Hovland, 1953) ने यह बतलाया है कि थर्स्टन विधि में निर्णायकों (judges) द्वारा खासकर तीव्र (extreme) व्यक्तिगत मनोवृत्ति रखने वाले अर्थात् अनुकूल (favourable) या प्रतिकूल मनोवृत्ति रखने वाले निर्णायकों द्वारा कथनों की पक्षपातपूर्ण छँटनी (biased sorting) (यानी किसी एक ही श्रेणी में अधिकतर कथनों की छँटनी) की जाती है। इस प्रकार का दोष लिकर्ट विधि में देखने को नहीं मिलता है। लिकर्ट विधि को तुलनात्मक रूप से अधिक लोकप्रिय होने का शायद यह भी एक प्रमुख कारणों में से है।

(6) थर्स्टन विधि में मूलभेदक कथनों (discriminating statements) को अलग कर लेने का वैज्ञानिक तरीका उपलब्ध नहीं है जबकि लिकर्ट विधि में इस ढंग का तरीका उपलब्ध है।

(7) थर्स्टन विधि में मनोवृत्ति मापते समय प्रयोज्य सिर्फ उन कथनों को चिह्नित करता (endorse) जाता है जिनसे वह सहमत या असहमत होता है परन्तु लिकर्ट विधि में मनोवृत्ति मापते समय प्रयोज्य को अपनी प्रतिक्रिया पूर्णतः सहमत, सहमत, अनिश्चित, असहमत में से किसी एक के रूप में करना होता है।

(8) लिकर्ट विधि की लोकप्रियता उसमें निहित सरलता एवं सुगमता के कारण थर्स्टन विधि की अपेक्षा अधिक है।

(9) क्रेच, क्रचफिल्ड तथा बैलेची (Kretch, Crutchfield & Ballachey, 1962) के अनुसार लिकर्ट विधि की विश्वसनीयता (reliability) थर्स्टन विधि की विश्वसनीयता से अधिक है।

इस तरह से हम देखते है लिकर्ट विधि तथा थर्स्टन विधि में समानता होते हुए भी काफी विभिन्नता है।

3. बोगार्डस सामाजिक दूरी मापनी विधि
(Bogardus Social Distance Scale Method)

बोगार्डस (Bogardus, 1925) पहले ऐसे समाजशास्त्री (sociologist) थे, जिन्होंने मनोवृत्ति को सामाजिक दूरी (social distance) के रूप में मापने की सिफारिश की। प्रश्न अब यह है कि सामाजिक दूरी किसे कहते हैं? जब हमलोग दूसरे धर्म, जाति, प्रजाति (race), राष्ट्रीयता (nationality) के लोगों के बारे में सोचते हैं, तो इनमें से कुछ लोग हमारी सामाजिक घनिष्ठता (social intimacy) में पूर्व अनुभव के आधार पर कम दूरी पर होते हैं परन्तु कुछ लोग अधिक दूरी पर होते हैं। इसे ही *सामाजिक दूरी* की संज्ञा देते हैं। जिस धर्म, जाति आदि के लोगों के प्रति सामाजिक दूरी अधिक होती है, उसके प्रति व्यक्ति की मनोवृत्ति ऋणात्मक (negative) होती है तथा जिस धर्म, जाति आदि के लोगों के प्रति सामाजिक दूरी कम होती है, उसके प्रति व्यक्ति की मनोवृत्ति धनात्मक (positive) होती है। उदाहरणार्थ, भारत में उच्च जाति के लोगों में दलित के प्रति ऋणात्मक मनोवृत्ति (negative attitude) होने का एक कारण यह भी है कि ऐसे लोगों की सामाजिक दूरी (social distance) दलितों से अधिक समझी जाती है।

बोगार्डस (Bogardus, 1925) ने भिन्न-भिन्न राष्ट्रीयता (nationality) के लोगों के प्रति मनोवृत्ति मापने के लिए सामाजिक दूरी मापनी (social distance scale) का निर्माण किया। इस मापनी का मूल आधार यह है कि राष्ट्रीयता के लोग एक-दूसरे से घनिष्ठ संबंध (intimate relationship) रखते हैं। फलस्वरूप, उनमें सामाजिक दूरी होती है और उनकी मनोवृत्ति एक-दूसरे के प्रति ऋणात्मक (negative) होती है।

बोगार्डस ने सामाजिक दूरी मापनी (social distance scale) बनाते समय सात ऐसे कथनों को सम्मिलित किया है जिससे किसी विशेष राष्ट्रीयता के लोगों के प्रति स्वीकृति (acceptance) की मात्रा का बोध होता है। इसी स्वीकृति की मात्रा के आधार पर मनोवृत्ति की दिशा और मात्रा का बोध होने की पूर्वकल्पना की जाती है। किसी राष्ट्रीयता के लोगों को पहले कथन से विभूषित करने का अर्थ यह होता है कि उन लोगों के साथ घनिष्ठ सम्बन्ध है या ऐसा सम्बन्ध स्थापित करने के लिए व्यक्ति तत्पर है। इसका मतलब तब यह हुआ कि इस राष्ट्रीयता के लोगों के प्रति व्यक्ति की मनोवृत्ति अनुकूल (favourable) और साथ-ही-साथ अनुकूलता की मात्रा भी अधिकतम है। जैसे-जैसे पहले से व्यक्ति सातवें कथन की ओर एक के बाद एक करके बढ़ता है, स्वीकृति की मात्रा कमती जाती है। फलस्वरूप मनोवृत्ति में अनुकूलता की मात्रा भी कमती जाती है। अन्तिम कथन में अनुकूलता की मात्रा करीब-करीब समाप्त हो जाती है और यदि किसी राष्ट्रीयता के लोगों को इस अन्तिम कथन से विभूषित किया गया तो इसका मतलब स्पष्ट है कि उन लोगों के प्रति व्यक्ति की मनोवृत्ति प्रतिकूल (unfavourable) है। बोगार्डस द्वारा सामाजिक दूरी मापनी (social distance scale) में सम्मिलित किये गये सात कथन निम्नांकित हैं—

बोगार्डस के मापनी के सात कथन—

1. विवाह द्वारा निकट संबंधी के रूप में (To close kinship by marriage)
2. अपने क्लब में जिगरी दोस्त के रूप में (To my club as personal clubs)
3. अपने मुहल्ले में पड़ोसी के रूप में (To my street as neighbours)
4. अपने पेशे में नौकरी देकर (To give employment in my occupation)
5. अपने देश में नागरिक के रूप में (To citizenship in my country)
6. अपने देश में केवल अतिथि के रूप में (To visitors in my country)
7. अपने देश से निकाल बाहर करूँगा (Would exclude from my country)

कुपुस्वामी (Kuppuswamy, 1951) ने इस मापनी का प्रयोग करके कुछ व्यक्तियों की मनोवृत्ति ब्राह्मण, क्रिश्चन, दलित, मुस्लिम, सिक्ख तथा पादरी आदि के प्रति मापी है। इनके परिणाम में पाया गया कि पारसी, मुस्लिम, दलित तथा पादरी को अधिकतर लोगों द्वारा अन्तिम तीन (अर्थात् 5, 6 तथा 7) की श्रेणी में रखा गया तथा ब्राह्मण एवं क्रिश्चन को ऊपर की श्रेणियों में रखा। इससे स्पष्ट है कि व्यक्तियों की मनोवृत्ति ब्राह्मण तथा क्रिश्चन के प्रति अधिक अनुकूल (favourable) तथा दलित, पारसी, मुस्लिम एवं पादरी के प्रति प्रतिकूल थी। स्वयं बोगार्डस (Bogardus) ने अमेरिका में इस मापनी (scale) द्वारा अमेरिकन की मनोवृत्ति मापी और बतलाया कि अमेरिकन की मनोवृत्ति कनाडियन एवं इंगलिश व्यक्तियों के प्रति अधिक अनुकल थी क्योंकि इन्हें लोग प्रथम तीन श्रेणियों में स्वीकार करने

के लिए तैयार थे। परन्तु निग्रो, भारतीय एवं टर्क्स (Turks) के प्रति मनोवृत्ति ऋणात्मक थी क्योंकि इन लोगों को अन्तिम तीन श्रेणियों में रखा गया।

बोगार्डस के इस सामाजिक दूरी मापनी के कुछ गुण तथा अवगुण हैं।

इसके प्रधान गुण (merits) निम्नांकित हैं—

(i) इस मापनी द्वारा किसी एक राष्ट्र या धर्म के प्रति विभिन्न प्रजातियाँ, धर्मों तथा राष्ट्रों के लोगों की मनोवृत्तियों को मापना काफी सरल है।

(ii) इस मापनी द्वारा विभिन्न राष्ट्रों, धर्मों या प्रजाति के लोगों के प्रति किसी एक ही व्यक्ति के मनोवृत्तियों का आपस में तुलनात्मक अध्ययन किया जा सकता है।

(iii) यह मापनी भारत जैसे विस्तृत देश में जहाँ मानव जातीय पूर्वाग्रह (caste prejudice) की समस्या काफी जटिल है, और भी अधिक उपयोगी सिद्ध होता है। जाति पूर्वाग्रह (caste prejudice) का अध्ययन करने में यह मापनी काफी लाभदायक एवं उपयोगी सिद्ध हुई है।

(iv) सामाजिक दूरी के द्वारा मनोवृत्ति मापने की यह विधि अपने आप में अनुपम एवं अद्वितीय है।

(v) क्रेच, क्रचफिल्ड एवं बैलेची[1] (Kretch, Crutchfield & Ballachey, 1962) के अनुसार इस मापनी में थोड़ा-सा परिवर्तन करके किसी भी श्रेणी के व्यक्तियों के प्रति मनोवृत्ति की माप की जा सकती है।

इस मापनी के प्रमुख अवगुण (demerits) निम्नांकित हैं—

(i) कुछ समाज मनोवैज्ञानिकों एवं शोध वैज्ञानिकों (research scientists) का कहना है कि बोगार्डस मापनी में जो सात श्रेणियों को चुना गया है, उसका कोई वैज्ञानिक आधार नहीं दिखता।

(ii) कुछ लोगों का यह भी कहना है कि बोगार्डस के सात श्रेणियों के बीच की दूरी समान नहीं है जिसमें मनोवृत्ति की मात्रा की व्याख्या सही-सही करने में कठिनाई होती है।

(iii) इस मापनी की वैधता (validity) अपेक्षाकृत कम है। फलतः इससे प्राप्त सांख्यिकीय निष्कर्ष (statistical conclusion) में परिशुद्धता (accuracy) कम पायी गयी है।

4. गटमैन संचयी मापनी विधि
(Guttman Comulative Scaling Method)

इस विधि का प्रतिपादन द्वितीय विश्वयुद्ध में अमेरिकन सिपाहियों की मनोवृत्ति का अध्ययन करने के सिलसिले में गटमैन ने किया तथा 1950 में इस विधि का प्रकाशन औपचारिक रूप से किया गया। इस विधि को 'संचयी मापनी' (cumulative scaling) या *'स्केलोग्राम विश्लेषण'* (scalogram analysis) भी कहा जाता है। इस विधि का सार तत्त्व यह है कि इसमें मनोवृत्ति मापने के लिए एक ऐसी मापनी (scale) तैयार की जाती है जिसके सभी एकांशों (items) द्वारा एक ही विमा (dimension) का मापन होता है। इस तरह की मापनी को एक विमीय मापनी (unidimensional scale) भी कहा जाता है। गटमैन के अनुसार एक विमीय मापनी की मुख्य विशेषता यह होती है कि किसी एकांश विशेष पर व्यक्ति की अनुक्रिया के बारे में सभी एकांशों पर प्राप्त अंकों के कुल योग जिसे कुल प्राप्तांक (total score) कहा जाता है, के आधार पर बतलाया जा सकता है। इसका मतलब यह हुआ कि अगर मापनी एक-विमीय (unidimensional) है तो उच्चतम कुल प्राप्तांक (highest total score) प्राप्त करनेवाला व्यक्ति मापनी के प्रत्येक कथन पर अपने से कम कुल प्राप्तांक करने वाला व्यक्ति से ऊपर होगा। एक विमीय मापनी के इन गुणों को नीचे के उदाहरण में दिखाया गया है—

1. मेरी ऊँचाई 6 फीट से अधिक है।	सहमत	असहमत
2. मेरी ऊँचाई 5 फीट से अधिक है।	सहमत	असहमत
3. मेरी ऊँचाई $4^1/_2$ फीट से अधिक है।	सहमत	असहमत

इस उदाहरण में यदि व्यक्ति एकांश संख्या 1 से 'सहमत' होता तो इसका मतलब यह हुआ कि वह बाकी दो

1. "With appropriate modifications, this type of scale can be adopted to measure attitude toward any category of persons." — Kretch, Crutchfield & Ballachey : *Individual in Society*, 1962, p. 154

कथनों से भी सहमत है। अतः मात्र कथन संख्या एक की अनुक्रिया जान कर बाकी सभी कथनों पर की अनुक्रिया को पुनरूत्पादित (reproduce) किया जा सकता है। इसे गटमैन ने *'पुनरावर्तनीयता गुणांक'* (reproducibility coefficient) कहा है। चूँकि ऊपर के उदाहरण में कथन संख्या एक की अनुक्रिया के आधार पर बाकी किसी भी कथन पर व्यक्ति की अनुक्रिया का पुनरूत्पादन शत-प्रतिशत सही-सही किया जा सकता है, अतः यहाँ पुनरावर्तनीयता गुणांक (reproducibility coefficient) पूर्ण अर्थात् एक (1) है परन्तु ऊपर के सभी कथन ऐसे हैं जिनसे किसी प्रकार की मनोवृत्ति (attitude) की माप नहीं होती है। गटमैन (Guttman) ने यह बतलाया है कि जब हम किसी वस्तु या व्यक्ति के प्रति मनोवृत्ति मापने के लिए मापनी (scale) बनाते हैं तो उसमें *'पूर्ण पुनरावर्तनीयता गुणांक'* (perfect reproducibility coefficient) अर्थात् 1 का होना सम्भव नहीं है। अतः उन्होंने 10% या .10 की छूट दी और बतलाया कि अगर मापनी में पुनरावर्तनीयता गुणांक 1-.10=.90 भी है तो हम इसे मनोवृत्ति का एक-विमीय मापनी (unidimensional scale) कह सकते हैं।

गटमैन विधि द्वारा मनोवृत्ति मापने के लिए मापनी (scale) बनाने में सन्निहित मुख्य चरण (steps) निम्नांकित हैं—

(1) मनोवृत्ति वस्तु (attitudinal object) से संबंधित बहुत सारे कथन या एकांश तैयार किये जाते हैं। सभी कथन द्वारा एक ही तरह की मनोवृत्ति की झलक मिलनी चाहिए। इसे गटमैन ने *'एकांशों की समष्टि'* (universe of items) कहा है।

(2) एकांशों की इस समष्टि से करीब 20 एकांशों को शोधकर्त्ता अपने अनुभव एवं अन्तर्ज्ञान (intuition) के आधार पर चुन लेता है। चुने गये सभी एकांश एकजातीय प्रकृति (homogeneous nature) के होते हैं।

(3) सभी ऐसे कथनों के दो-दो अनुक्रिया विकल्प (response alternative) जैसे 'सहमत-असहमत' होते हैं। कभी-कभी अनुक्रिया विकल्प तीन भी हो सकते हैं। इन सभी एकांशों को करीब 100 प्रयोज्यों पर क्रियान्वित (administer) किया जाता है।

(4) सभी एकांशों पर की गई अनुक्रियाओं का अंकन (scoring) किया जाता है और सभी अंकों को जोड़कर एक कुल प्राप्तांक (total score) ज्ञात किया जाता है। इस तरह से प्रत्येक प्रयोज्य का एक कुल प्राप्तांक ज्ञात कर लिया जाता है।

(5) कुछ प्राप्तांक के आधार पर प्रत्येक प्रयोज्य को (उच्चतम से निम्नतम दिशा में) एक क्रम (order) में सजाया जाता है।

(6) अन्तिम चरण में इस बात का निर्धारण किया जाता है कि 'सहमत' में अनुक्रिया करने वाले व्यक्ति कहाँ तक उच्चतर कुल प्राप्तांक (higher total score) के साथ 'असहमत' में अनुक्रिया करने वाले व्यक्ति कहाँ तक निम्नतर कुल प्राप्तांक (lower total score) के साथ संगति (consistency) दिखलाते हैं। यदि संगति अधिक है, तो मापनी को एक-विमीय (unidimensional) समझा जाता है।

गटमैन विधि के भी कुछ गुण (merits) तथा अवगुण (demerits) है।

इसके प्रमुख गुण (merits) निम्नांकित है—

(i) इस विधि का सबसे प्रमुख गुण है कि यदि किसी व्यक्ति का कुल प्राप्तांक (total score) मालूम हो जाता है, तो प्रत्येक कथन पर उस व्यक्ति की अनुक्रिया को बतलाया जा सकता है। इस तरह का गुण किसी भी मनोवृत्ति मापनी (attitude scales) में नहीं है।

(ii) इस विधि द्वारा तैयार की गयी मापनी में जितनी समजातीयता (homogenety) होती है उतनी अन्य विधि द्वारा तैयार की गयी मापनी में नहीं होती है।

इस विधि के प्रमुख अवगुण (demerits) निम्नांकित हैं—

(i) इस विधि में एकांशों या कथनों का अन्तिम चयन शोधकर्त्ता के अनुभव एवं अन्तर्ज्ञान (intuition) पर निर्भर करता है, किसी वैज्ञानिक तरीका पर नहीं। फलतः इस विधि द्वारा तैयार की गयी मनोवृत्ति मापनी (attitude scale) पर लोगों का विश्वास बहुत कम होता है। एडवार्डस[1] (Edwards, 1957) ने गटमैन विधि के इस बिन्दु पर टिप्पणी करते हुए कहा है, ''जिस तरह से (इस विधि में) कथनों का चयन होता है, वह अपने आप में एक रहस्य है।''

1. "Just how these statements are selected remains something of mystery."
— Edwards : *Techniques of Attitude scale construction*, 1957, p. 177

(ii) सैद्धान्तिक रूप से एक-विमीय मनोवृत्ति मापनी (unidimensional attitude scale) काफी साफ-सुथरा एवं रोचक अवश्य दिख पड़ता है परन्तु व्यावहारिक दृष्टिकोण से किसी भी शेधकर्त्ता या प्रयोगकर्त्ता के लिए एक-विमीय मनोवृत्ति मापनी बनाना नाकों चने चबाने के समान है।

5. मापनी-विभेदन प्रविधि
(Scale discrimination technique)

इस विधि का प्रतिपादन एडवार्डस तथा किलपैट्रिक (Edwards & Kilpatrick, 1948) ने किया। सचमुच में इस विधि में थर्स्टन, लिकर्ट तथा गटमैन द्वारा बतलाये गये सोपानों (steps) को मिलाकर एक नयी मापनी तैयार की जाती है। अतः इस विधि की मापनी की मौलिकता उतनी अधिक नहीं है। इस विधि द्वारा मनोवृत्ति मापनी बनाने में निहित प्रमुख सोपान (step) निम्नांकित हैं—

(1) मनोवृत्ति वस्तु (attitude object) से सम्बन्धित बहुत सारे ऐसे एकांशों (items) को तैयार कर लिया जाता है जिसका उत्तर 'सहमत'—'असहमत' जैसे श्रेणियों में देना होता है।

(2) थर्स्टन विधि के समान इन एकांशों को कुछ निर्णायकों (judges) को इस प्रार्थना (request) के साथ दे दिया जाता है कि वे इन्हें अनुकूलता (favourableness) की मात्रा के अनुसार भिन्न-भिन्न श्रेणियों में छाँट दें।

(3) संगत रूप से (consistently) नहीं छाँटे गए एकांशों को अस्पष्ट समझकर हटा दिया जाता है। बाकी बचे हुए एकांशों को 6-अनुक्रिया विकल्प (response alternatives) में तैयार किया जाता है। ये 6 श्रेणियाँ इस प्रकार की होती हैं—'पूर्णतः सहमत', 'सहमत', 'थोड़ा सहमत', 'थोड़ा असहमत', 'असहमत' तथा 'पूर्णतः असहमत'।

(4) इसके बाद इन सभी ऐसे एकांशों को प्रयोज्यों के एक नये समूह पर क्रियान्वित किया जाता है। प्रत्येक प्रयोज्य अपनी मनोवृत्ति की अनुकूलता के अनुसार प्रत्येक एकांश पर अपनी प्रतिक्रिया इन 6 विकल्पों में से किसी एक विकल्प को चुनकर करता है। इसके बाद प्रत्येक व्यक्ति की अनुक्रियाओं का अंकन करके उन्हें एक साथ जोड़कर कुल प्राप्तांक (total score) ज्ञात कर लिया जाता है और इसी कुल प्राप्तांक के आधार पर लिकर्ट विधि के समान एकांश विश्लेषण (item analysis) किया जाता है। एकांश विश्लेषण के मूलभेदक एकांशों (discriminating items) को चुन लिया जाता है।

(5) चुन लिए गए एकांशों को गटमैन के संचयी मापनी (umulative scaling) विधि द्वारा एक-विमीय बनाया जाता है। इसके बाद मनोवृत्ति मापनी (attitude scale) तैयार समझा जाता है।

स्पष्ट है कि इस मापनी-विभेदन प्रविधि (scale discrimination technique) में थर्स्टन विधि, लिकर्ट विधि तथा गटमैन विधि का एक अनुपम संगम देखने को मिलता है। ऐसे तो यह विधि काफी व्यापक दिख पड़ती है परन्तु मनोवृत्ति मापन के क्षेत्र में इसकी लोकप्रियता बहुत अधिक नहीं है। अभी भी इस विधि की जाँच शोधकर्त्ताओं द्वारा की जा रही है और जिसके बाद ही इसके गुण तथा अवगुण की पूर्णरूपेण तस्वीर सामने आ सकेगी।

6. शब्दार्थ-विभेदक मापनी
(Semantic Different Scale Method)

शब्दार्थ-विभेदक मापनी (semantic differential scale) का प्रतिपादन औसगुड, सुसी तथा टानेनवॉम (Osgood, Suci & Tannenbaum, 1955) द्वारा किया गया। मूलतः इस मापनी का प्रतिपादन वस्तुओं के गुणार्थक अर्थ (connotative meaning) को मापने के लिए किया गया था। गुणार्थक अर्थ से तात्पर्य वस्तुओं द्वारा व्यक्ति में उत्पन्न की गई संवेगात्मक प्रतिक्रिया (emotional reactions) से होता है। उदाहरणार्थ, साँप शब्द सुनकर यदि किसी व्यक्ति के मन में कुछ खास-खास संवेगात्मक प्रतिक्रियाएँ जैसे 'खतरनाक' (dangerous), 'गंदा' (dirty) आदि उत्पन्न होती है, तो इसे हम 'साँप' का 'गुणार्थक अर्थ' कहेंगे। औसगुड एवं उनके सहयोगियों का कहना था कि चूँकि किसी वस्तु के गुणार्थक अर्थ द्वारा उस व्यक्ति की मनोवृत्ति का भी पता चल जाता है, अतः गुणार्थक अर्थ को मापकर हम व्यक्ति की मनोवृत्ति की माप कर सकते हैं।

शब्दार्थ-विभेदक मापनी में वस्तुओं के गुणार्थक अर्थ को मापने के द्विध्रुवीय विशेषण (bipolar adjectives) की

एक श्रृंखला (series) तैयार की जाती है जो प्रायः 7 बिन्दु मापनी (7-point scale) द्वारा पृथक रहती है। इन विशेषणों द्वारा मनोवृत्ति वस्तु के प्रति मनोवृत्ति की तीन मूल विमाओं (dimension) को बतलाया जाता है—

(i) शक्ति (Potency or P)—मनोवृत्ति वस्तु में कितनी शक्ति या भौतिक आकर्षण (physical attraction) है।

(ii) मूल्यांकन (Evaluation or E)—मनोवृत्ति वस्तु में कितनी अनुकूलता (favourableness) या प्रतिकूलता (unfavourableness) है।

(iii) क्रिया (Activity or A)—मनोवृत्ति वस्तु में गति (movement) होने की मात्रा कितनी है।

शक्ति (Potency) को कुछ खास-खास विशेषण युग्म (adjective pairs) जैसे मजबूत-कमजोर (strong-weak), बड़ा-छोटा (large-small), कड़ा-मुलायम (hard-soft) आदि द्वारा शब्दार्थ विभेदक मापनी में दिखलाया जाता है। मूल्यांकन (evaluation) को इसी तरह कुछ खास विशेषण युग्म जैसे अच्छा-बुरा (good-bad), साफ-गंदा (clean-dirty), ईमानदार-बेईमान (honest-dishonest) आदि द्वारा मापनी में दिखलाया जाता है। क्रिया (activity) को कुछ अन्य विशेषण युग्मों जैसे सक्रिय-निष्क्रिय (active-passive), तेज-धीमा (quick-slow), गर्म-ठंढा (hot-cold) द्वारा दिखलाया जाता है। इन तीनों तरह के विशेषण-युग्मों (adjective pairs) को मिलाकर करीब 40 से 50 युग्म तैयार कर लिया जाते हैं। मनोवृत्ति वस्तु को 7 बिन्दु मापनी के बीच में लिख दिया जाता है तथा प्रयोज्य (subject) जिसकी मनोवृत्ति मापी जा रही है, से यह कहा जाता है कि मनोवृत्ति वस्तु को ध्यान में रखकर दिये गए सात बिन्दु मापनी के किसी बिन्दु पर जहाँ आप ठीक समझते हों, चिह्न लगाते जायें। शब्दार्थ-विभेदक मापनी का एक उदाहरण जिसमें पुलिस के प्रति मनोवृत्ति मापने का नमूना दिखलाया गया है, इस प्रकार है—

पुलिस

(E) अच्छा	—:	—:	—:	—:	—:	—:	—:	बुरा
(E) ईमानदार	—:	—:	—:	—:	—:	—:	—:	बेईमान
(A) निष्क्रिय	—:	—:	—:	—:	—:	—:	—:	सक्रिय
(P) मजबूत	—:	—:	—:	—:	—:	—:	—:	कमजोर
(A) तेज	—:	—:	—:	—:	—:	—:	—:	धीमा
(P) कड़ा	—:	—:	—:	—:	—:	—:	—:	मुलायम

प्रत्येक विशेषण युग्म के 7-बिन्दु मापनी पर प्रयोज्य द्वारा किये रेटिंग का अंकन (scoring) जो 1 से 7 तक का होता है कर उसे जोड़ लिया जाता है और उसका माध्य (mean) ज्ञात कर मनोवृत्ति वस्तु के प्रति व्यक्ति की मनोवृत्ति का पता लगाया जाता है।

शब्दार्थ विभेदक मापनी (sematic differential scale) के कुछ गुण (merits) एवं अवगुण (demerits) हैं।

इसके प्रमुख गुण (merits) निम्नांकित हैं—

(i) इस विधि द्वारा मनोवृत्ति वस्तु (attitudinal subjects) के प्रति व्यक्ति की मनोवृत्ति की माप करने में काफी कम समय नहीं लगता है।

(ii) किसी दो या दो से अधिक वस्तुओं के प्रति एक ही व्यक्ति के मनोवृत्तियों की तुलना करने में इस विधि से आसान और उपयोगी कोई दूसरी विधि नहीं हो सकती है।

इस विधि के प्रमुख अवगुण (demerits) निम्नांकित हैं—

(i) शब्दार्थ विभेदक मापनी का सबसे बड़ा अवगुण यह बतलाया गया है कि इसमें जो विशेषणों का युग्म तैयार किया जाता है, वह शत-प्रतिशत उपयुक्त (appropriate) नहीं होता है। फलतः उसके आधार पर मापी गयी मनोवृत्ति की वैधता पर अधिक भरोसा नहीं किया जा सकता है।

(ii) कुछ विशेषज्ञों का यह भी मत है कि इस मापनी पर प्रयोज्यों द्वारा दी गयी अनुक्रियाएँ (responses) मात्र सतही (superficial) होती हैं। उदाहरणार्थ, ऐसा सम्भव है कि व्यक्ति पुलिस को बेईमान (dishonest) समझता हो परन्तु मापनी पर उसे उतना बेईमान नहीं बता रहा हो।

मनोवृत्ति मापनी के बारे में सामान्य निष्कर्ष (*General conclusion regarding attitude scales*)—हम देख चुके हैं कि मनोवृत्ति मापने के लिए समाज मनोवैज्ञानिकों, समाजशास्त्रियों एवं अन्य विशेषज्ञों ने भिन्न-भिन्न तरह की मनोवृत्ति मापनी (attitude scale) की निर्माण किया है। इस विभिन्न मापनियों (scale) में से थर्स्टन विधि, लिकर्ट विधि तथा गटमैन विधि की उपयोगिता मनोवृत्ति मापने में अन्य विधियों से काफी अधिक है। फिशविन तथा ऐजेन (Fishbein & Ajzen, 1975) के अनुसार ये तीनों विधियाँ आपस में सहसंबंधित भी काफी हैं। अतः इन तीन विधियों से प्राप्त परिवर्तन की वैधता भी अपने आप कुछ अधिक हो जाती है।

अप्रच्छन्न असंरचित विधि
(Nondisguised non-structured methods)

इस विधि द्वारा भी मनोवृत्ति की माप सीधे (directly) अर्थात् अप्रच्छन्न रूप से (nondisguised way) होती है। इस विधि को असंरचित (non-structured) इसलिए कहा जाता है क्योंकि इसमें आने वाली प्रविधियाँ (techniques) जैसे सर्वे साक्षात्कार (survey interview) तथा जीवन-संबंधी टिप्पणियाँ या लेख विश्लेषण आदि कुछ ऐसी हैं जिनमें शोधकर्त्ता या प्रयोगकर्त्ता को एक निश्चित औपचारिक नियम को नहीं मानना पड़ता है जैसा कि उन्हें थर्स्टन मापनी, लिकर्ट मापनी, गटमैन मापनी आदि के बनाने में मानना पड़ता है। अप्रच्छन्न असंरचित विधि में सम्मिलित की गई कुछ प्रमुख प्रविधियों का वर्णन इस प्रकार है—

1. सर्वे साक्षात्कार (*Survey Interview*)—कुछ समाज मनोवैज्ञानिकों जैसे क्रेच, क्रचफिल्ड एवं बैलेची (Kretch, Crutchfield & Ballachey, 1962) ने यह बतलाया है कि सभी मनोवृत्ति मापनियों (attitude scales) का एक सामान्य दोष (general demerit) यह है कि उनके द्वारा मनोवृत्ति की माप तभी की जा सकती है जब व्यक्ति जिसकी मनोवृत्ति की माप की जानेवाली है, सामने उपस्थित हो। परन्तु सामाजिक मनोवृत्ति शोध (social psychological research) में ऐसी अनेक परिस्थितियाँ भी आती हैं जिनमें शोधकर्त्ता व्यक्तियों से दूर-दराज में होता और उनकी मनोवृत्तियों को मापना भी आवश्यक समझता है। इस तरह की माँग को पूरा करने के लिए समाज मनोवैज्ञानिकों द्वारा सर्वे साक्षात्कार (Survery interview) का प्रतिपादन किया गया है।

सर्वे साक्षात्कार में शोधकर्त्ता बड़ी जनसंख्या (population) से प्रतिनिधि प्रतिदर्श (representative sample) को चुनकर पहले से निर्मित प्रश्नों को उनसे एक-एक करके पूछता है। प्रायः वह दो तरह के प्रश्नों को निर्माण करता है—निश्चित-वैकल्पिक प्रश्न (fixed-alternative question) तथा मुक्तोत्तर प्रश्न (open-ended questions)। निश्चित-वैकल्पिक प्रश्न में व्यक्ति को दिये गये निश्चित वैकल्पिक में से प्रत्येक प्रश्न का उत्तर देना होता है। वह अपनी ओर से कुछ जोड़ या घटा नहीं सकता है। उसका उदाहरण इस प्रकार है—

क्या आप समझते हैं कि काँग्रेस (ई) पार्टी भारतीय जनता को साफ-सुथरी सरकार प्रदान कर सकती है ? हाँ नहीं

ऊपर के प्रश्न में व्यक्ति पहले से निश्चित वैकल्पिक हाँ या नहीं में से किसी एक के रूप में जवाब दे सकता है। अपनी ओर से उसे कुछ जोड़ने या घटाने की स्वतंत्रता उन्हें नहीं होती है।

मुक्तोत्तर प्रश्न (open-ended questions) में प्रश्नों का उत्तर व्यक्ति मुक्त शब्दों या वाक्यों में देता है जिसे भेंटकर्ता हू-ब-हू रिकॉर्ड करता है। उत्तर देने के लिए पहले से कोई निश्चित श्रेणी नहीं होती है। उदाहरणार्थ—

भारतीय राजनीति में काँग्रेस (ई) पार्टी का भविष्य क्या है?

सर्वे साक्षत्कारकर्त्ता (survey interviewer) इन दो तरह के प्रश्न शैली में से कोई भी शैली अपनाकर मनोवृत्ति मापने के लिए मापनी (scale) बना सकते हैं। निश्चित-वैकल्पिक प्रश्नों द्वारा सर्वे साक्षात्कार करने का लाभ यह होता है कि इसमें सभी प्रयोज्यों से एक ही तरह का प्रश्न पूछा जाता है। अतः इसके द्वारा निश्चित रूप से एक ही तरह की मनोवृत्ति का मापन होता है। इस तरह के प्रश्नों को बनाना भी आसान होता है तथा साथ-ही-साथ इसका अंकन (scoring) भी वस्तुनिष्ठ रूप से (objectively) किया जाता है। इन गुणों के कारण निश्चित-वैकल्पिक सर्वे साक्षात्कार में व्यक्तियों द्वारा दिये गये उत्तरों का भेंटकर्त्ता द्वारा कोडिंग (coding) किया जाता है। कोडिंग के दौरान उत्तरों को एक निश्चित श्रेणी में बाँटा जाता है और उसके बाद उसका आंकिक भार (numerical weight) दिया जाता है और उसी के आधार पर व्यक्ति की मनोवृत्ति की माप होती है। प्रायः देखा गया है कि कोडिंग में भेंटकर्त्ता वस्तुनिष्ठता (objectivity) नहीं दिखला पाता है। फिर भी मुक्तोत्तर सर्वे में व्यक्ति को प्रश्न का खुलकर उत्तर देने से मनोवृत्ति के भिन्न-भिन्न पहलुओं की अभिव्यक्ति करने में काफी मदद मिलती है।

दोनों तरह के सर्वे प्रश्नों के गुण-अवगुण को ध्यान में रखते हुए यह कहा जा सकता है कि सर्वे साक्षात्कार में इन दोनों तरह के प्रश्नों का एक साथ मिलाकर प्रयोग किया जाना चाहिए ताकि मनोवृत्ति वस्तु से संबंधित समस्याओं के पहलुओं एवं उनके कारणों को मापने के लिए मुक्तोत्तर प्रश्नों का तथा मनोवृत्ति के विशेष विमा (specific dimension) को मापने के लिए निश्चित वैकल्पिक प्रश्नों का उपयोग सही-सही किया जा सके।

2. जीवन-संक्षिप्त टिप्पणियाँ एवं लेख विश्लेषण (*Biographical Notes and Essay analysis*)—इस विधि में चिट्ठी (letters), आत्मकथा (autobiography), जीवनी (biography), लिखित या मौखिक साक्षत्कार में व्यक्त किये गये मतों का विश्लेषण करके मनोवृत्ति की माप की जाती है। लिखित साक्षात्कार में व्यक्ति को मनोवृत्ति-वस्तु (attitude objects) से संबंधित लेख लिखने के लिए दिया जाता है जिसका विश्लेषण करके व्यक्ति की मनोवृत्ति की माप की जाती है। कैम्पबेल (Campbell, 1950) के अनुसार इस विधि का सामान्य दोष यह बतलाया गया है कि इसमें व्यक्ति कभी-कभी जान-बूझकर अपने उन अनुभवों को व्यक्त नहीं करता है जो अपमानजनक (humiliating) होते हैं। फलस्वरूप मनोवृत्ति-वस्तु के बारे में उनके सही मत का पता नहीं चलता है। कुछ समाज मनोवैज्ञानिकों ने यह बतलाया है कि यह विधि मनोवृत्ति मानने का एक अत्यंत आत्मनिष्ठ विधि (subjective method) है जिसपर भरोसा नहीं किया जा सकता है। इन सभी अवगुणों के कारण इस विधि का प्रयोग मनोवृत्ति मापन में बहुत ही कम होता है।

प्रच्छन्न असंरचित विधि
(Disguised non-structured methods)

मनोवृत्ति मापन की यह विधि दोनों तरह की विधियों से भिन्न है। पहले दोनों तरह की विधियों में अर्थात् अप्रच्छन्न संरचित विधि तथा अप्रच्छन्न असंरचित विधि में व्यक्ति की मनोवृत्ति सीधे (directly) मापी जाती है। दूसरे शब्दों में, व्यक्ति को पता होता है कि उसकी मनोवृत्ति की माप की जा रही है। परन्तु प्रच्छन्न विधि में व्यक्ति को यह पता नहीं होता है कि उनकी अनुक्रियाओं (responses) द्वारा उसकी मनोवृत्ति की माप की जायेगी। अतः इस विधि में मनोवृत्ति की माप परोक्ष रूप से (indirectly) होती है।

प्रच्छन्न असंरचित विधि में मनोवृत्ति मापन की उन विधियों को सम्मिलित किया गया है जो मनोवृत्ति की माप अस्पष्ट (vague) एवं असंरचित परिस्थिति (unstructured situation) के प्रति अनुक्रिया द्वारा परोक्ष रूप से करती है। प्रक्षेपी प्रविधि (projective techniques) इसका सबसे प्रमुख उदाहरण है। मूलतः इस विधि का प्रयोग व्यक्तित्व के शीलगुणों (traits) एवं आवश्यकताओं (needs) को मापने के लिए किया जाता है। TAT, रोर्शाख परीक्षण (RT), शब्द-साहचर्य परीक्षण (word association test) आदि प्रक्षेपी प्रविधि के कुछ प्रमुख उदाहरण हैं। इन प्रक्षेपी प्रविधियों के समान ही समाज मनोवैज्ञानिकों ने मनोवृत्ति मापने के लिए कुछ प्रविधियों का प्रतिपादन किया है। जैसे प्रोशैन्सकी (Proshansky, 1942) ने मजदूरों के प्रति मनोवृत्ति मापने के लिए एक प्रक्षेपी परीक्षण का निर्माण किया जिसमें कई कार्ड पर ऐसी तस्वीरें बनाई गई जिसमें ऐसा लगता है कि संघर्षात्मक परिस्थिति (conflicting situation) में व्यक्ति कुछ कर रहा हो। प्रत्येक तस्वीर को देखकर व्यक्ति को एक कहानी लिखना होता है। इसके बाद, तीन निर्णायकों (judges) द्वारा प्रत्येक कहानी में मजदूरों के प्रति दिखलाई गयी मनोवृत्ति में अनुकूलता (favourableness) या प्रतिकूलता (unfavourableness) की मात्रा के अनुसार उसे विभिन्न श्रेणियों में छाँट दिया जाता है। अपने अध्ययन में प्रोशैन्सकी ने निर्णायकों द्वारा व्यक्त की गई मनोवृत्ति तथा तस्वीर के प्रति दी गई अनुक्रियाओं में काफी सहमति (agreement) पाया जिससे साबित होता है कि प्रोशेन्सकी की विधि द्वारा व्यक्ति की मनोवृत्ति की माप की जा रही थी। हेरे (Haire, 1940) ने भी इस विधि के सहारे कॉफी (coffee) के प्रति गृह पत्नियों की मनोवृतियों को सफलतापूर्वक मापा है।

प्रक्षेपी विधि द्वारा मनोवृत्ति मापने का सबसे बड़ा गुण (merit) यह बतलाया गया है कि इसमें व्यक्ति द्वारा किसी प्रकार की नकली अनुक्रिया (task response) नहीं की जाती है क्योंकि व्यक्ति को यह पता नहीं होता है कि उसके अनुक्रिया द्वारा उसकी मनोवृत्ति की भी माप होगी। फिर भी समाज मनोवैज्ञानिकों ने मनोवृत्ति मापन के रूप में प्रक्षेपी प्रविधि के दो अवगुण (demerits) बतलाये हैं। पहला अवगुण (demerit) तो यह है कि कभी-कभी व्यक्ति द्वारा तैयार की गई कहानी इतनी अस्पष्ट (vague) होती है कि निर्णायकों (judges) के लिए किसी प्रकार का निर्णय लेना सम्भव नहीं हो पाता है। दूसरा अवगुण (demerit) यह है कि कहानी के आधार पर मनोवृत्ति की अनुकूलता तथा प्रतिकूलता

के बारे में निर्णय करते समय निर्णायक अपने व्यक्तिगत पूर्वाग्रह (personal bias) द्वारा अत्यधिक प्रभावित हो जाते हैं। फलस्वरूप उनके द्वारा मापी गयी मनोवृत्ति पर अधिक भरोसा नहीं किया जा सकता है।

4. प्रच्छन्न संरचित विधि *(Disguised structured method)*—इस विधि में भी मनोवृत्ति की माप परोक्ष रूप से (indirectly) होती है फिर भी यह विधि प्रच्छन्न असंरचित विधि से एक महत्त्वपूर्ण अर्थ में भिन्न है। प्रच्छन्न संरचित विधि में मनोवृत्ति मापने के लिए जिस परिस्थिति का उपयोग किया जाता है वह स्पष्ट होता है तथा उसकी एक अर्थपूर्ण संरचना (structure) होती है जबकि प्रच्छन्न असंरचित विधि में परिस्थिति अस्पष्ट एवं अर्थहीन संरचना की होती है। प्रच्छन्न संरचित-विधि (disguised structured method) का एक अच्छा उदाहरण हेमोन्ड (Hammond, 1948) का *त्रुटि-पसन्द प्रविधि* (Error-choice technique) है। इस विधि द्वारा उन्होंने मजदूर मालिक के संबंधों के प्रति मनोवृत्ति को मापा था। इस प्रविधि में कुछ ऐसे एकांश (item) तैयार किये जाते हैं जो मनोवृत्ति वस्तु (attitude object) के संबंध में तथ्यपूर्ण आँकड़ा (factual data) देते हैं परन्तु वास्तव में वे सभी आँकड़े गलत (incorrect) होते हैं। उस व्यक्ति को जिसकी मनोवृत्ति की माप करनी होती है, उन गलत आँकड़ों में से किसी एक को जिसे वह अधिक सही एवं उचित समझता है, चुनकर उत्तर देना होता है। दिये गये उत्तरों के आधार पर उसकी मनोवृत्ति की माप की जाती है। राष्ट्रीयकरण (nationalisation) के प्रति व्यक्ति की मनोवृत्ति को मापने के लिए इस प्रविधि के उदाहरण के रूप में एक-दो एकांश इस प्रकार तैयार किये जा सकते हैं—

1. राष्ट्रीयकरण करने से भारत सरकार को प्रति वर्ष घाटा होता है।
   20 करोड़; 15 करोड़; 8 करोड़
2. राष्ट्रीयकृत संस्था में उत्पादन की मात्रा प्रति वर्ष कमती जाती है।
   5% की दर से; 8% की दर से; 10% की दर से

इस ढंग से कई एकांश तैयार कर लिए जाते हैं और प्रत्येक एकांश द्वारा तथ्यपूर्ण आँकड़े प्रस्तुत किये जाते हैं जो वास्तव में सभी के सभी गलत होते हैं परन्तु प्रयोज्य (subject) को उसका पता नहीं होता है और वह आँकड़ों को सही समझकर जवाब देता है। उपर्युक्त दोनों एकांशों में यदि पहले एकांश का उत्तर '20 करोड़' तथा दूसरे एकांश का उत्तर '10% की दर से' कोई व्यक्ति देता है तो स्पष्ट है कि उस व्यक्ति की मनोवृत्ति, राष्ट्रीयकरण के प्रति प्रतिकूल (unfavourable) है। कुबेनी (Kubany, 1953) ने त्रुटि-पसन्द प्रविधि (error choice technique) द्वारा राष्ट्रीय स्वास्थ्य बीमा (national health insurance) के प्रति लोगों की मनोवृत्ति की माप सफलतापूर्वक की है।

मनोवृत्ति मापन के बारे में सामान्य निष्कर्ष
(General conclusion regarding Measurement of Attitude)

इस तरह से हम देखते हैं कि समाज मनोवैज्ञानिकों एवं समाजशास्त्रियों ने मनोवृत्ति मापन के लिए दो प्रकार की विधियों का प्रतिपादन किया है—अप्रन्च्छन्न विधि (nondisguised method) तथा प्रच्छन्न विधि (disguised method)। इन दोनों विधियों के अपने-अपने गुण एवं दोष हैं। फिर भी सामान्य रूप से प्रच्छन्न विधि अप्रच्छन्न विधि से कुछ अर्थों में लाभदायक हैं। क्रेच, क्रचफिल्ड तथा बैलेची (Kretch, Crutchfield & Ballachey, 1962) ने प्रच्छन्न विधि के दो लाभ बतलाये हैं जो अप्रच्छन्न विधि में नहीं है। पहला लाभ यह है कि कुछ खास-खास परिस्थितियों में जैसे यौन व्यवहार (sex behaviour) के प्रति मनोवृत्ति मापने में जहाँ व्यक्ति अपनी मनोवृत्ति लोगों को नहीं बतलाना चाहता है, प्रच्छन्न विधि (disguised methods) की वैधता अप्रच्छन्न विधि से अधिक होती है। दूसरा लाभ यह बतलाया गया है कि प्रच्छन्न विधि से मनोवृत्ति की माप करने में स्वयं मनोवृत्ति पर कोई प्रभाव नहीं पड़ता है। परन्तु अप्रच्छन्न विधि में मनोवृत्ति की माप करने में मनोवृत्ति पर काफी प्रभाव पड़ता है और स्वयं मनोवृत्ति ही बदलती नजर आती है। इन लाभों के बावजूद भी समाज मनोवैज्ञानिकों के बीच अप्रच्छन्न विधि (nondisguised methods) विशेष थर्स्टन विधि, लिकर्ट विधि तथा गटमैन विधि द्वारा ही मनोवृत्ति मापने का सिलसिला अधिक लोकप्रिय है। इस लोकप्रियता का मुख्य कारण यह है कि इन विधियों द्वारा मनोवृत्ति मापन में अधिक संगति (consistency) का होना है तथा साथ-ही-साथ ये विधियाँ आपस में सहसंबंधित भी काफी हैं।

अध्याय सारांश
(Chapter Summary)

1. समाज मनोविज्ञान में मनोवृत्ति से जो अर्थ लगाया जाता है, वह साधारण अर्थ में कहीं अधिक वैज्ञानिक, निश्चित एवं वस्तुनिष्ठ है। समाज मनोवैज्ञानिकों एवं समाजशास्त्रियों ने मनोवृत्ति को परिभाषित करने के लिए तीन दृष्टिकोणों को अपनाया है—एक विमीय दृष्टिकोण, द्वि-विमीय दृष्टिकोण तथा त्रिविमीय दृष्टिकोण। आधुनिक समाज मनोवैज्ञानिकों ने मनोवृत्ति को परिभाषित करने में इस त्रिविमीय दृष्टिकोण पर ही अधिक बल डाला है। इस दृष्टिकोण के अनुसार मनोवृत्ति तीन संघटकों (components) अर्थात भावात्मक संघटक (affective component), व्यवहारात्मक संघटक (behavioural component) तथा संज्ञानात्मक संघटक (cognitive component) का एक संगठन (organisation) होता है। इस दृष्टिकोण को मनोवृत्ति का ABC मॉडल भी कहा गया है।
2. मनोवृत्ति की कई विशेषताएँ होती हैं। जैसे—मनोवृत्ति का सम्बन्ध हमेशा किसी विषय, घटना या विचार आदि से होता है, मनोवृत्ति अर्जित होती हैं, मनोवृत्ति व्यक्ति के व्यवहार को विशिष्ट दिशा में निर्देश करती है। मनोवृत्ति अपेक्षाकृत स्थायी होती है, मनोवृत्ति में प्रेरणात्मक गुण होता है तथा मनोवृत्ति में तीव्रता का भी गुण होता है।
3. समाज मनोवैज्ञानिकों ने मनोवृत्ति को अन्य संबंधित संप्रत्ययों (concepts) से भिन्न किया है। जैसे—मनोवृत्ति एवं विश्वास, मनोवृत्ति एवं मूल्य (value), मनोवृत्ति तथा मत या विश्वास आदि।
4. समाज मनोवैज्ञानिकों के लिए मनोवृत्ति का विकास एवं निर्माण एक महत्त्वपूर्ण विषय रहा है। इन लोगों द्वारा किये गये प्रयोगों एवं शोधों (researches) से यह स्पष्ट हो गया है कि कुछ खास-खास ऐसे कारक हैं जिनसे मनोवृत्ति का निर्माण एवं विकास प्रभावित होता है। इन कारकों में प्रधान हैं—आवश्यकता पूर्ति, दी गयी सूचनाएँ, सामाजिक सीखना, समूह सम्बन्धन, सांस्कृति कारक, व्यक्तित्व-कारक, स्थिराकृतियाँ (stereotypes) आदि।
5. मनोवृत्ति के मुख्य पाँच कार्य होते हैं जिनपर विस्तृत रूप से प्रकाश डाला गया है।
6. समाजशास्त्रियों एवं मनोवैज्ञानिकों ने मनोवृत्ति परिवर्तन (attitude change) का भी अध्ययन किया है। मनोवृत्ति परिवर्तन दो प्रकार के होते हैं—संगत परिवर्तन (congruent change) तथा असंगत परिवर्तन (incongruent change)। इन लोगों के अनुसार प्रमुख कारक जिनसे मनोवृत्ति में परिवर्तन होता है, इस प्रकार हैं—संदर्भ समूहों में परिवर्तन, समूह सम्बन्ध में परिवर्तन, अतिरिक्त सूचनाएँ, प्रभावी या विश्वासोत्पादक संचारण (pursuasive communication), व्यक्तित्व परिवर्तन प्रविधियाँ, सांस्कृतिक कारक, प्रचार आदि।
7. कुछ ऐसी भी परिस्थितियाँ होती हैं जिनमें मनोवृत्ति परिवर्तन एक कठिन कार्य हो जाता है। समाज मनोवैज्ञानिकों के अनुसार ऐसी परिस्थितियाँ पाँच हैं—प्रतिघात (reactance), पूर्व चेतावनी तथा मनोवृत्ति टीका (attitude incoculation)। इन परिस्थितियों में मनोवृत्ति में परिवर्तन नहीं आता है।
8. मनोवृत्ति परिवर्तन की व्याख्या करने के लिए समाज मनोवैज्ञानिकों एवं समाजशास्त्रियों ने कई प्रकार के सिद्धान्तों का भी प्रतिपादन किया है जिनमें प्रमुख हैं—हाईडर का संतुलन सिद्धान्त, फेस्टिंगर का संज्ञानात्मक असंवादिता सिद्धान्त 'रोजेनवर्ग का भावात्मक संगठित सिद्धान्त, काज एवं स्टाटलैण्ड का सिद्धान्त एवं कैलमैन का त्रिप्रक्रिया सिद्धान्त। इनमें फेस्टिंगर का संज्ञानात्मक असंवादिता सिद्धान्त सबसे प्रमुख है।
9. मनोवृत्ति मापन (attitude measurement) के लिए विशेषज्ञों द्वारा कई तरह की विधियों का भी प्रतिपादन किया है। कैम्पबेल (Campbell, 1950) ने इन विधियों को चार विस्तृत भागों में बाँटा है—अप्रच्छन्न संरचित विधि (nondisguised structured method), अप्रच्छन्न असंरचित विधि (nondisguised nonstructured method), प्रच्छन्न असंरचित विधि(disguised nonstructured method)तथा प्रच्छन्न संरचित विधि(disguised structured method)। इन चार विधियों में से अप्रच्छन्न संचरित विधि (nondisguised structured) जिसमें मनोवृत्ति मापनी (attitude scale) जैसे थर्स्टन मापनी, लिकर्ट मापनी, गटमैन मापनी आदि आते हैं, अन्य विधियों की अपेक्षा अधिक लोकप्रिय है।

❑

अध्याय 8

पूर्वाग्रह, विभेद तथा साम्प्रदायिकता
(PREJUDICE, DISCRIMINATION AND COMMUNALISM)

पूर्वाग्रह का अर्थ
(Meaning of Prejudice)

पूर्वाग्रह या पूर्वाग्रह अंग्रेजी शब्द 'prejudice' का हिन्दी रूपान्तर है। 'prejudice' शब्द लैटिन भाषा के 'prejudicium' से बना है। 'prejudicium' में दो शब्द हैं—'pre' तथा 'judicium'। 'pre' का अर्थ है पहले तथा 'judicium' का अर्थ है 'judgement'। शाब्दिक अर्थ को ध्यान में रखते हुए तब यह कहा जा सकता है कि 'prejudice' अर्थात् पूर्वाग्रह से तात्पर्य व्यक्ति के किसी वस्तु, तथ्य, घटना तथा अन्य व्यक्ति के बारे में एक पूर्व निर्णय से होता है।

समाज मनोविज्ञान में पूर्वाग्रह को भिन्न-भिन्न ढंग से परिभाषित किया गया है और एहर्लिक (Ehrilch, 1973) के अनुसार मनोवैज्ञानिकों के बीच इसके अर्थ के बारे में अभी तक पूर्ण सहमति नहीं है। कुछ समाज मनोवैज्ञानिकों के अनुसार पूर्वाग्रह एक तरह का पूर्वकल्पित विवेकहीन निर्णय (preconceived irrational judgement) है; कुछ समाज मनोवैज्ञानिकों ने इस किसी धर्म, प्रजाति एवं समूह के प्रति दिखलायी जाने वाली एक तरह की नापसंदगी (dislike) या घृणा कहा जाता है तथा कुछ लोगों ने इसे उपयुक्त व्यवहार (appropriate behaviour) के संबंध में किया जाने वाले आदर्शात्मक प्रत्यक्षण (normative percepts) का एक संग्रह (collection) माना है। स्पष्ट है कि पूर्वाग्रह के अर्थ के बारे में समाज मनोवैज्ञानिकों के बीच मतभेद है। इस मतभेद के बावजूद भी अधिकतर समाज मनोवैज्ञानिकों, जिनमें प्रमुख सेकर्ड तथा बैकमैन(Secord & Backman, 1987),फिशर(Fisher, 1982),क्रेच, क्रचफिल्ड तथा बैलेची (Kretch, Crutchfield & Ballachey, 1962) फेल्डमैन (Feldman; 1985), मेयर्स (Myers, 1987), बेरोन तथा बर्न (Baron & Byrne, 1977) हैं, के बीच इस बात की पूर्ण सहमति हे कि पूर्वाग्रह एक तरह की मनोवृत्ति (attitude) है। इन समाज मनोवैज्ञानिकों की परिभाषाओं को देखने से यह स्पष्ट मालूम होता है कि इन लोगों ने पूर्वाग्रह को किसी वस्तु, घटना या अन्य व्यक्तियों को प्रति एक तरह की मनोवृत्ति माना है। उदाहरण के रूप में कुछ परिभाषाओं को अब हम नीचे प्रस्तुत कर रहे हैं—

सेकर्ड तथा **बैकमैन**[1] (Secord & Backman, 1974) के अनुसार, ''पूर्वाग्रह एक मनोवृत्ति है जो व्यक्ति को किसी समूह या उसके सदस्यों के प्रति अनुकूल या प्रतिकूल ढंगों से सोचने, प्रत्यक्षण करने, अनुभव करने तथा क्रिया करने के लिए पहले से ही तत्पर बना देती है।''

फेल्डमैन[2] (Feldman, 1985) के अनुसार, ''किसी समूह के सदस्यों के प्रति ऐसी स्वीकारात्मक निर्णय या मूल्यांकन को पूर्वाग्रह कहा जाता है जो मुख्यतः उस समूह के सदस्यता पर आधारित होता है न कि सदस्यों के विशेष गुणों पर।''

1. "Prejudice is an attitude that predisposes a person to think, perceive, feel and act in favourable and unfavourable ways towards a group or its individual members." —Secord & Backman : *Social Psychology,* 1974, p. 165
2. "Prejudice refers to positive or negative evaluations or judgements of members of a particular group which are based primarily on the fact of their membership in the group and not necessarily because of particular characteristics of individual members." —Feldman : *Social Psychology,* 1985 p. 169.

बेरोन तथा **बर्न**[1] (Baron & Byrne, 1977) के अनुसार, ''समाज मनोविज्ञान में पूर्वाग्रह को सामान्यतः किसी प्रजातीय, मानवजातीय या धार्मिक समूह के सदस्यों के प्रति एक नकारात्मक मनोवृत्ति के रूप में परिभाषित किया जाता है।''

मेयर्स[2] (Myers, 1987) के अनुसार, ''पूर्वाग्रह किसी समूह एवं उसके सदस्यों के प्रति एक अनुचित नकारात्मक मनोवृत्ति को कहा जाता है।''

पूर्वाग्रह की ऊपर दी गयी परिभाषाओं से स्पष्ट है कि समाज मनोवैज्ञानिकों ने पूर्वाग्रह को एक तरह की मनोवृत्ति माना है। परन्तु कुछ लोगों ने इसे स्वीकारात्मक मनोवृत्ति (positive attitude) माना है तथा कुछ लोगों ने इसे नकारात्मक मनोवृत्ति (negaitve attitude) माना है। जैसे—बेरान तथा बर्न और मेयर्स ने इसे सिर्फ नकारात्मक मनोवृत्ति माना है जबकि सेकर्ड तथा बैकमैन और फेल्डमैन ने इसे नकारात्मक मनोवृत्ति के अलावा स्वीकारात्मक (positive) मनोवृत्ति भी माना है। नकारात्मक मनोवृत्ति के रूप में पूर्वाग्रह होने पर व्यक्ति दूसरे समूह के सदस्यों के प्रति घृणा दिखलाता है एवं विवेकहीन विचारों को व्यक्त करता है। स्वीकारात्मक मनोवृत्ति के रूप में पूर्वाग्रह होने पर व्यक्ति दूसरे समूह के सदस्यों के प्रति अत्यधिक स्नेह एवं प्यार दिखलाता है तथा परिस्थिति विपरीत होने पर भी विवेकपूर्ण विचारों को ही व्यक्त करता है। उदाहरणार्थ, यदि कोई प्रोफेसर अपने किसी छात्र के प्रति स्वीकारात्मक रूप में पूर्वाग्रहित (positively prejudiced) होते हैं, तो किसी अन्य छात्र द्वारा उसके बारे में शिकायत किये जाने पर भी वे उस छात्र के प्रति अपना स्नेह, प्यार एवं विवेकपूर्ण विचार बनाये रखते हैं। उसी तरह से नकारात्मक मनोवृत्ति के रूप में पूर्वाग्रह का एक उदाहरण इस प्रकार किया जा सकता है—भारतीय समाज में दलितों के प्रति उच्च जाति के लोग प्रायः नकारात्मक रूप से पूर्वाग्रहित (negatively prejudiced) होते हैं। यही कारण है कि वे प्रायः दलितों को घृणा की दृष्टि से देखते हैं तथा उसके प्रति अधिक भेद-भाव व्यक्त करते हैं। पूर्वाग्रह का अधिकतर प्रयोग इस नकारात्मक मनोवृत्ति के ही संदर्भ में किया जाता है।

पूर्वाग्रह चाहे स्वीकारात्मक हो या नकारात्मक, यह एक मनोवृत्ति (attitude) है और मनोवृत्ति होने के नाते इसमें मनोवृत्ति के तीनों संघटक (components) अर्थात संज्ञानात्मक संघटक (cognitive component), भावात्मक संघटक (affective component) तथा व्यवहारात्मक संघटक (behavioural component) मौजूद होते हैं। पूर्वाग्रह की स्थिति में संज्ञानात्मक संघटक से तात्पर्य किसी व्यक्ति या वस्तु के प्रति उन विचारों एवं विश्वासों से होता है जो एकतरफा (simplistic) तथा अनुचित (inaccurate) होते हैं। जैसे—उच्च जातियों का यह विचार कि दलितों गन्दे, गँवार, अछूत होते हैं। संज्ञानात्मक संघटक का उदाहरण है। पूर्वाग्रह के इस विवेकहीन पक्ष की अभिव्यक्ति प्रायः स्थिरकृतियों (sterotypes) के रूप में व्यक्त की जाती है। संक्षेप में, स्थिरकृतियों से तात्पर्य किसी समूह के व्यक्ति के बारे में विश्वासों एवं विचारों का एक दृढ़ (rigid) एवं अतिसरलीकृत (oversimplified) सेट से होता है। 'बंगाली अक्सर कमजोर एवं मृदु स्वभाव के होते हैं' हमारे समाज की प्रधान रूढ़िकृतियों में एक प्रमुख रूढ़िकृति का उदाहरण है हालाँकि सभी बंगाली कमजोर एवं मृदु स्वभाव के नहीं होते हैं फिर भी यह एक सामान्य धारणा ऐसी है कि जिसे हम रूढ़िकृति (stereotype) कहते हैं। पूर्वाग्रह के भावात्मक संघटक में दूसरे समूह के सदस्यों का नकारात्मक मूल्यांकन (negative evaluation) किया जाता है जिसमें प्रायः घृणा, डर एवं विद्वेष (hostility) का भाव (feeling) आदि होता है। उच्च जातियों द्वारा दलितों को घृणा एवं विद्वेष दिखलाना इस भावात्मक संघटक का उदाहरण है। पूर्वाग्रह का व्यवहारात्मक संघटक में व्यक्ति दूसरे समूह के सदस्यों के प्रति खुलकर विभेद, अलगाव (segregation) तथा अन्य दूसरे समूह के सदस्यों के प्रति खुलकर विभेद, अलगाव (segregation) तथा अन्य दूसरे तरह के अप्रिय व्यवहार (harsh treatment) करता है। उच्च जातियों के लोगों द्वारा विशेषकर गाँव में दलितों को अपने कुआँ से पानी नहीं लेने देना, गाँव वे अलग झुग्गी-झोपड़ी में रहने के लिए उन्हें बाध्य करना, पवित्र स्थानों में प्रवेश नहीं करने देना आदि पूर्वाग्रह के व्यवहारात्मक संघटक के उदाहरण हैं।

ऊपर किये गये वर्णनों से यह स्पष्ट है कि पूर्वाग्रह (prejudice) के अर्थ के बारे में समाज मनोवैज्ञानिकों में विभिन्न

1. "Prejudice is generally defined, in social psychology, as a negative attitude towards the members of some social, ethnic or religious group. —Baron & Byrne : *Social Psychology,* 1977, p. 191
2. Prejudice is "an unjustifiable negative attitude towards a group and its individual members." —Myers : *Social Psychology,* 1987, p. 483

होने के बावजूद भी इसका प्रयोग एक सामान्य ढंग से किया गया है। ऊपर किये गये वर्णन के आधार पर हमें पूर्वाग्रह के बारे में मूलतः निम्नांकित तथ्य मिलते हैं—

1. पूर्वाग्रह एक तरह की मनोवृत्ति है जो तथ्यों (facts) पर आधारित नहीं होता है।
2. पूर्वाग्रह को कुछ समाज मनोवैज्ञानिकों ने सिर्फ नकारात्मक मनोवृत्ति (negative attitude) के रूप में परिभाषित किया है परंतु कुछ समाज मनोवैज्ञानिकों ने इसे नकारात्मक मनोवृत्ति के अलावा स्वीकारात्मक मनोवृत्ति के रूप में भी परिभाषित किया है। इस मतभेद के बावजूद भी हमें यह मानने में कोई हिचकिचाहट नहीं होती है कि अधिकतर समाज मनोवैज्ञानिकों ने इसका प्रयोग नकारात्मक मनोवृत्ति के रूप में ही किया है।
3. पूर्वाग्रह चाहे स्वीकारात्मक हो या नकारात्मक हो, इसमें मनोवृत्ति के तीनों संघटक (components) अर्थात संज्ञानात्मक संघटक (cognitive component), भावात्मक संघटक (affective component) तथा व्यवहारात्मक संघटक (behavioural component) पाये जाते हैं।
4. पूर्वाग्रह के संज्ञानात्मक संघटक की अभिव्यक्ति रूढ़िकृतियों (stereotypes) के रूप में होती है जो एक तरह का अति सामान्यीकरण (overgeneralization) है।
5. पूर्वाग्रह के संज्ञानात्मक या भावात्मक संघटक के रूप में व्यक्ति में घृणा एवं विद्वेष की भावना होती है।
6. पूर्वाग्रह के व्यवहारात्मक संघटक के रूप में व्यक्ति पूर्वाग्रहित (prejudiced) समूहों या व्यक्तियों के प्रति विभेद, अलगाव (segregation) तथा अन्य अप्रिय व्यवहारों को दिखलाता है।
7. इस तरह के पूर्वाग्रह का प्रभाव व्यक्ति के चिन्तन, प्रत्यक्षण, भाव एवं व्यवहार सभी पर पड़ता है।

पूर्वाग्रह की विशेषता
(Characteristics of Prejudice)

यद्यपि समाज मनोवैज्ञानिकों द्वारा पूर्वाग्रह की व्याख्या भिन्न-भिन्न ढंगों से की गयी है फिर भी उसके द्वारा किये वर्णन एवं उनके प्रयोगों तथा शोधों से हमें कुछ इस प्रकार के सामान्य तथ्य (common facts) मिलते हैं जिनके आधार पर हमें पूर्वाग्रह के स्वरूप या उसकी विशेषताओं के बारे में ज्ञान होता है। ऐसी प्रमुख विशेषताएँ निम्नांकित हैं—

1. पूर्वाग्रह विवेकहीन होता है *(Prejudice is irrational)*—पूर्वाग्रह का स्वरूप कुछ ऐसा होता है कि इसमें विवेक, तर्क एवं संगति (relevance) का कोई स्थान नहीं होता है। अनेक प्रकार के विरोधी तथ्य एवं सूचनाओं को व्यक्ति के सामने प्रस्तुत करने पर भी वह अपनी पूर्वाग्रह या पूर्वाग्रह पर अडिग रहता है। अनेक मनोवैज्ञानिकों जैसे—क्रेच, क्रेचफिल्ड तथा बैलेची (Kretch, Crutchfield & Ballachey, 1962), बेरोन तथा बर्न (Baron & Byrne, 1977) तथा वार्केल एवं कूपर (Worchel & Cooper, 1979) ने पूर्वाग्रह की इस विशेषता पर सर्वाधिक बल डाला है।

2. पूर्वाग्रह अर्जित होता है *(Prejudice is acquired)*—चूँकि पूर्वाग्रह एक तरह की मनोवृत्ति (attitude) है, अतः इसे आधुनिक समाज मनोवैज्ञानिकों ने एक अर्जित प्रक्रिया (acquired process) माना है। बच्चा जब जन्म लेता है तो उसमें दूसरे समूह, धर्म, जाति के लोगों के प्रति न तो स्वीकारात्मक पूर्वाग्रह होती है और ना ही नकारात्मक पूर्वाग्रह होती है। जैसा वह परिवार के सदस्यों से अन्य समूह, धर्म तथा जाति के लोगों के बारे में सुनता है उसी के अनुसार वह उनके बारे में पूर्वाग्रह विकसित कर लेता है। अतः समाज मनोवैज्ञानिकों ने पूर्वाग्रह को अर्जित प्रक्रिया कहा है। फेल्डमैन (Feldman, 1985) तथा फिशर (Fischer, 1983) ने इस विचार का जोरदार समर्थन किया है।

3. पूर्वाग्रह में संवेगात्मक रंग होता है *(Prejudice has emotional tone)*—पूर्वाग्रह में संवेगात्मक रंग होता है और वह किसी समूह धर्म, जाति के लोगों के या तो अनुकूल होते हैं या प्रतिकूल होता है। यदि पूर्वाग्रह अनुकूल (favourable) हुई, तो व्यक्ति दूसरे समूह, धर्म या जाति के लोगों के प्रति अधिक स्नेह एवं प्रेम दिखलाता है। परन्तु यदि पूर्वाग्रह प्रतिकूल (unfavourable) हुई, तो व्यक्ति दूसरे जाति, धर्म या समूह के व्यक्तियों के प्रति घृणा, विद्वेष (hostility) आदि संवेग मुख्य रूप से दिखलाता है। अमेरिका में गोरे का निग्रो के प्रति नकारात्ममक या प्रतिकूल पूर्वाग्रह तथा भारत में उच्च जाति के लोगों का निम्न जाति के लोगों के प्रति प्रतिकूल पूर्वाग्रह में इस तरह की संवेगात्मक प्रतिक्रिया अधिक देखने को मिलती है। स्पष्ट है कि पूर्वाग्रह अनुकूल हो या प्रतिकूल, उसमें संवेगात्मक रंग निश्चित रूप से होता है। पूर्वाग्रह के इस गुण का भी समर्थन करीब-करीब सभी आधुनिक समाज मनोवैज्ञानिकों ने किया है।

4. पूर्वाग्रह पूर्णरूपेण किसी समूह की ओर संचालित होती है *(Predujice is directed towards a group as a whole)*—पूर्वाग्रह की एक विशेषता यह भी है कि इसका निशाना कोई व्यक्ति विशेष नहीं होता है बल्कि पूरे समूह की ओर वह संचालित होता है। यही कारण कि पूर्वाग्रह सामाजिक मानक (social norms) का एक अंश के समान दीख पड़ती है। अमेरिका में प्रजातीय पूर्वाग्रह से ग्रसित गोरे द्वारा एक निग्रो के प्रति इसलिए घृणा किया जाता है कि वह एक विशेष समुदाय अर्थात निग्रो समुदाय का सदस्य है। जातीय पूर्वाग्रह से ग्रसित उच्च जाति के लोग एक दलित से इसलिए घृणा करते हैं क्योंकि दलित का सम्बन्ध एक खास समूह से होता है। वैयक्तिक गुणों (personal qualities) की श्रेष्ठता के बावजूद जो भी व्यक्ति उस समूह का सदस्य होगा सबके प्रति उच्च जाति के लोगों में उसी प्रकार की प्रतिकूल पूर्वाग्रह होगी।

5. पूर्वाग्रह दृढ़ तथा स्थिर सामान्यीकरण पर आधारित होता है *(Prejudice is based upon rigid and inflexible generalization)*—पूवार्गह में दृढ़ता (rigidity) पायी जाती है तथा वह स्थिर सामान्यीकरण (inflexible generalization) पर आधारित होती है। पूर्वाग्रहित व्यक्ति के सामने उसके विश्वास एवं विचार के विरोधी विचार भी यदि प्रस्तुत किये जाते हैं तो वह अपनी पूर्वाग्रह में परिवर्तन लाने के लिए तैयार नहीं होता है। इसका कारण यह है कि पूर्वाग्रह का सम्बन्ध कुछ दृढ़ एवं स्थिर विचारों, अन्धविश्वासों एवं सामाजिक रीति-रिवाजों से होता है न कि विवेक, तर्क एवं बुद्धि से। स्पष्ट है कि पूर्वाग्रह काफी दृढ़ एवं स्थिर विचारों पर आधारित होता है।

6. पूर्वाग्रह का कार्यात्मक स्वरूप होता है *(Prejudice has functional nature)*—क्रेच, क्रेचफिल्ड एवं वैलेची (Kretch, Crutchrfield & Ballachey) के अनुसार, पूर्वाग्रह का स्वरूप कार्यात्मक होता है क्योंकि इससे कुछ फायदा भी व्यक्ति को होता है। उदाहरणार्थ, पूर्वाग्रह विद्वेष को उचित ठहराने में संतुष्टि प्रदान करता है। इसके द्वारा दमित इच्छाओं की संतुष्टि होती है, आत्मसम्मान एवं प्रतिष्ठा के भाव को मजबूत करने में मदद मिलती है तथा कुण्ठा (frustration) एवं आक्रमणकारी व्यवहारों को विद्वेषपूर्ण कार्यों द्वारा व्यक्त करने का मौका मिलता है। स्पष्ट है कि पूर्वाग्रह का कार्यात्मक महत्त्व भी व्यक्ति की जिन्दगी में होता है।

7. पूर्वाग्रह का सम्बन्ध वास्तविकता से नहीं होता है *(Prejudice is not related to reality)*—पूर्वाग्रह चाहे अनुकूल (favourable) हो या प्रतिकूल, इसका सम्बन्ध वास्तविकता से नहीं होता है। पूर्वाग्रह सुनी-सुनाई बातों एवं पुराने रीति-रिवाजों पर आधारित होती है। इसका सम्बन्ध वास्तविक हालातों से नहीं होता है। गाँव में उच्च जाति के लोग अभी भी दलितों के हाथ का छुआ खाना-पीना नहीं स्वीकार करते हैं क्योंकि उनका विश्वास है कि इससे धर्म भ्रष्ट हो जाता है तथा आत्मा अपवित्र हो जाती है। परन्तु वे लोग यह नहीं बता पाते कि आखिर वे ऐसा क्यों सोचते हैं। आग्रह करने पर वे यही कहेंगे कि ऐसे ही उनके पिता तथा पितामह करते थे। स्पष्ट है कि पूर्वाग्रह का सम्बन्ध रीति-रिवाज तथ पूर्वजों द्वारा किये गये विश्वासों से होता है, कोई वास्तविकता से नहीं।

ऊपर वर्णन किये गए विशेषताओं से यह स्पष्ट है कि पूर्वाग्रह का स्वरूप ऐसा होता है कि जिसका सामाजिक कुप्रभाव अधिक होता है। फलस्वरूप मनोवैज्ञानिकों ने इसे कम करने के अनेक उपायों का भी वर्णन किया है जिसका चर्चा हम आगे करेंगे।

पूर्वाग्रह और विभेद में अन्तर
(Difference between Prejudice and Discrimination)

पूर्वाग्रह एक मनोवृत्ति (attitude) है जबकि विभेद पूर्वाग्रह की व्यवहारात्मक अभिव्यक्ति (behavioural menifestation) है। आलपोर्ट (Allport, 1954) के अनुसार पूर्वाग्रह से पाँच तरह की क्रियाएँ (activities) उत्पन्न होती हैं जिसमें विभेद (discrminiation) एक है। अन्य चार क्रियाएँ हैं—प्रतिवाग्मिता (antilocution), परिहार (avoidance), शारीरिक हमला (physical attack), उन्मूलन (extermination)। विभेदक का स्वरूप स्वीकारात्मक (positive) भी हो सकता है तथा नकारात्मक (negative) भी। फेल्डमैन[1] (Feldman, 1985) के अनुसार, ''पूर्वधारणा की व्यवहारात्मक अभिव्यक्ति विभेद कहलाती है। विभेद में किसी खास समूह में सदस्यता के कारण उस समूह के सदस्यों के साथ धनात्मक या ऋणात्मक ढंग से व्यवहार किया जाता है।''

---

1. "Discrimination is the behaviuoural manisfestation of prejudice. In case of discrimination, members of particular group are treated either positiverly or negatively because of their membership in a particular group."
—Feldman : *Social Psychology,* 1985, p. 159

पूर्वाग्रह एवं विभेद में समाज मनोवैज्ञानिकों ने एक खास सम्बन्ध बतलाया है। व्यक्ति में पूर्वाग्रह होने पर भी वह हमेशा लक्ष्य समूह (target group) के प्रति विभेद दिखलायेगा ही, यह कोई जरूरी नहीं है। ऐसा इसलिए होता है कि सामाजिक परिस्थितियाँ (social situations) ही कुछ ऐसी होती हैं जो पूर्वाग्रहित व्यक्ति को खुलकर विभेद दिखलाने की अनुमति नहीं देता है। उदाहरणार्थ, एक उच्च जाति का जातीय पूर्वाग्रह से ग्रसित आफिसर कार्यालय में एक दलित किरानी के प्रति किसी प्रकार की नकारात्मक आज्ञा नहीं देता है। दूसरी तरफ जब कोई व्यक्ति किसी धर्म, जाति या समुदाय के प्रति विभेद दिखलाता है तो उसमें एक पूर्वाग्रह होगी ही, यह कोई जरूरी नहीं है हालाँकि विभेद करते देखकर आसानी से लोग यह अर्थ अधिकतर परिस्थिति में लगा लेते हैं कि व्यक्ति पूर्वाग्रहित (prejudiced) है। उदाहरणार्थ, एक हिन्दू अपने घर में मुस्लिम किरायेदार (renter) रखने के प्रति पूर्वाग्रहित नहीं हो सकता है फिर भी वह मुहल्लेवासियों के डर से अपना घर उसे किराया पर देने से इनकार कर सकता है। यहाँ विभेद तो हो रहा है परन्तु उसके पीछे कोई पूर्वाग्रह (prejudice) नहीं है।

पूर्वाग्रह के प्रकार
(Types of Prejudice)

समाज मनोवैज्ञानिकों ने पूर्वाग्रह के कई प्रकार बतलाये हैं। पश्चिमी समाज मनोवैज्ञानिकों के अनुसार प्रजातीय पूर्वाग्रह (recial prejudice), यौन पूर्वाग्रह (sex-prejudice), उम्र पूर्वाग्रह (age prejudice) अधिक प्रमुख है। भारतीय मनोवैज्ञानिकों के अनुसार इन पूर्वाग्रहों के अलावा कुछ अन्य तरह की विशिष्ट पूर्वाग्रह (specific prejudice) भी पायी जाती है जिनमें जाति पूर्वाग्रह (caste prejudice), भाषा पूर्वाग्रह (language prejudice), साम्प्रदायिक पूर्वाग्रह (communal prejudice) धर्म से संबंधित पूर्वाग्रह (prejudice related to relation) तथा क्षेत्रीय पूर्वाग्रह (regional prejudice) अधिक महत्त्वपूर्ण है। इन सभी तरह की पूर्वाग्रहों का संक्षिप्त विवरण निम्नांकित है—

1. प्रजातीय पूर्वाग्रह *(Racial prejudice)*—प्रजातीय पूर्वाग्रह में व्यक्ति दूसरी प्रजाति के लोगों के प्रति पूर्वाग्रहित (prejudiced) होता है। अतः प्रजाति पूर्वाग्रह (racial prejudice) में पूर्वाग्रह का आधार एक प्रजाति (race) होता है। अमेरिका में गोरे लोग अब निग्रो को कम बुद्धि का एवं असभ्य समझते हैं हालाँकि कुछ मनोवैज्ञानिकों जैसे जैकमैन तथा सेन्टर (Jackman & Senter, 1981) तथा स्मेडले एवं बेटोन (Semedley & Bayton, 1978) ने अपने सर्व के आधार पर यह दिखलाया है कि गोरे अमेरिकन में निग्रो अमेरिकन के प्रति अब इस ढंग की नकारात्मक पूर्वाग्रह करीब-करीब समाप्त हो गयी है। भारत में भी हमें प्रजातीय पूर्वाग्रह का उदाहरण मिलता है। प्रायः लोग यही समझते हैं कि मुस्लिम लोग गंदे होते हैं तथा बंगाली लोग डरपोक एवं कमजोर होते हैं, सरदार जी (सिक्ख लोग) बहुत धूर्त एवं चालाक होते हैं तथा बिहारी लोग बुद्धू एवं झगड़ालू होते हैं। यदि इन प्रजातीय पूर्वाग्रहों की गहराई में जाकर देखें तो हम पायेंगे कि इसमें सच्चाई कम है।

2. यौन पूर्वाग्रह *(Sex prejudice)*—यौन पूर्वाग्रह से तात्पर्य किसी यौन के व्यक्तियों के प्रति एक खास तरह का पूर्वाग्रह से होता है। स्पष्ट है कि यौन पूर्वाग्रह के विकास का आधार यौन (sex) होता है। यौन पूर्वाग्रह का अध्ययन अमेरिकन मनोवैज्ञानिक ने काफी किया है। इन लोगों का सामान्य निष्कर्ष यह रहा है कि करीब 30 वर्ष पहले अमेरिका में यौन पूर्वाग्रह काफी तीव्र थी जिसके परिणामस्वरूप महिलाओं को कमजोर, दूसरों पर निर्भर, मुलायम दिलवाली (soft-hearted), भद्र (gentle), सहानुभूति दिखलाने वाली एवं नेतृत्वगुणरहित समझा जाता था। पुरुषों को मेहनती, नेतृत्व-गुणों से ओत-प्रोत, प्रभुत्वशाली (dominant) तथा स्वतंत्र (independent) समझा जाता था। यहाँ तक कि स्वयं महिलाएँ भी महिलाओं को उपयुक्त गुणों से पूर्वाग्रहित समझती थी। गोल्डबर्ग (Goldberg, 1968) तथा ब्रोभरमैन एवं उनके सहयोगियों (Broverman et. al., 1970) द्वारा किया गया अध्ययन महिलाओं के प्रति उपर्युक्त तरह की पूर्वाग्रह का समर्थन करता है। परन्तु जैसा कि मेयर्स (Myers, 1987) ने बतलाया है कि अब अमेरिका में महिलाओं और पुरुषों को करीब-करीब समान देखा जाने लगा है। फलस्वरूप, प्रजातीय पूर्वाग्रह के समान ही यौन पूर्वाग्रह (sex prejudice) भी क़रीब-करीब समाप्त ही हो गया है। अमेरिका जैसे देश में भले ही यौन पूर्वाग्रह खत्म होने पर हो परन्तु भारत में तो आज भी व्यापक रूप से मौजूद है। लोग यहाँ महिलाओं को कमजोर, दूसरों पर निर्भर रहने वाली, कम बुद्धि की, विनम्र (submissive), घर में रहने वाली कठपुतली आदि समझते हैं और उसी के अनुसार व्यवहार करते हैं। परन्तु खुशी की बात यह है कि अब धीरे-धीरे महिलाओं के प्रति इस तरह की पूर्वाग्रहों में भी कमी आ रही है।

3. उम्र पूर्वाग्रह *(Age prejudice)*—उम्र पूर्वाग्रह का आधार उम्र होता है। रोडिन एवं लैंगर (Rodian & Langer, 1980) के अध्ययन के अनुसार हमलोग प्रायः बूढ़े लोगों को निष्क्रिय(passive),असामाजिक(unsocial)तथा जराजीर्ण (senile) समझते हैं और उसी के अनुसार उनके प्रति व्यवहार करते हैं। बटलर (Butler, 1980) ने इसे 'उम्रवाद' (ageism) कहा है जिसमें व्यक्ति बूढ़े लोगों के प्रति नकारात्मक मनोवृत्ति (negative attitude) दिखलाता है। भारत में भी उम्र पूर्वाग्रह कुछ ऐसी ही है हालाँकि भारत में कुछ बूढ़े लोग ऐसे भी हैं जिनके प्रति ऐसी नकारात्मक मनोवृत्ति ठीक नहीं बैठती है। इसका ज्वलंत उदाहरण भारत में पूर्व गृहमंत्री श्री लालकृष्ण आडवाणी हैं जो वयोवृद्ध नेता तो अवश्य हैं परतु उनमें निष्क्रियता, असामाजिकता एवं जरर्जीणता की बू तक नहीं मिलती है। भगवान करे उनके नेतृत्व की छाया हम भारतवासियों को अभी और कुछ समय तक मिलती रहे।

4. जाति पूर्वाग्रह *(Caste prejudice)*—भारत एक ऐसा देश है जिसमें बहुत जाति के लोग रहते हैं। प्रायः देखा गया है कि एक जाति के लोग दूसरी जाति के लोगों को अपने से तुच्छ एवं गिरा हुआ समझते हैं तथा उनके प्रति भेदभाव दिखलाते हैं। इसे ही जाति पूर्वाग्रह की संज्ञा दी जाती है। जाति पूर्वाग्रह का एक लाभ यह होता है कि एक जाति के लोग आपस में एक-दूसरे को एक समाज का सदस्य मानते हैं चाहे वे किसी क्षेत्र, व्यवसाय या वर्ग के हों। फलस्वरूप उनमें जाति के नाम पर एकता बनी रहती है। इसका स्पष्ट परिणाम यह होता है कि उनकी पूर्वाग्रह अपनी जाति के लोगों के प्रति स्वीकारात्मक (positive) होती है। परन्तु उनकी पूर्वाग्रह अन्य जाति के लोगों के प्रति नकारात्मक (negative) होती है और उनके प्रति शत्रुता (enmity) एवं विद्वेष बढ़ जाती है जिसकी मात्रा अधिक होने से जातीय दंगों (caste riots) का जन्म हो जाता है।

5. भाषा पूर्वाग्रह *(Language prejudice)*—भारत में बहुत जाति के लोग रहते ही हैं, साथ-ही-साथ उनकी भाषा भी अलग-अलग है जिससे भाषा पूर्वाग्रह (prejudice) का जन्म होता है। इस तरह की पूर्वाग्रह में एक भाषा बोलने वाले सभी व्यक्ति अपने को एक ही समूह का सदस्य मानकर आपस में कुछ एकता दिखलाते हैं तथा दूसरी भाषा बोलने वाले लोगों को अपने से तुच्छ समझ कर उनके प्रति कुछ विद्वेष भाव भी दिखलाते हैं। आये दिन हम अखबारों में भाषा को लेकर दलगत मनमुटाव की खबरें पढ़ते रहते हैं। अभी भी दक्षिण भारत के लोग हिन्दी भाषा के प्रति एक नकारात्मक मनोवृत्ति बनाये हुए हैं और उन्हें इस बात का डर हमेशा बना रहता है कि कहीं इस भाषा को हम पर थोप न दिया जाए।

6. साम्प्रदायिक पूर्वाग्रह *(Communal prejudice)*—साम्प्रदायिक पूर्वाग्रह से तात्पर्य किसी विशेष सम्प्रदाय या समुदाय के प्रति दूसरे समुदाय या सम्प्रदाय के लोगों की मनोवृत्ति (attitude) से होता है। भारत में तीन समुदाय अर्थात हिन्दू समुदाय, मुस्लिम समुदाय एवं सिक्ख समुदाय की मनोवृत्तियाँ एक-दूसरे के प्रति अधिक तीक्ष्ण (sharp) हैं। फलस्वरूप, इनमें से एक समुदाय के लोग दूसरे समुदाय के लोगों के प्रति अधिक पूर्वाग्रहित (prejudiced) हैं। समय-समय पर हिन्दू-मुस्लिम में साम्प्रदायिक दंगे तथा पंजाब में हिन्दू एवं सिक्खों के साम्प्रदायिक दंगे इसी तरह के पूर्वाग्रह के ही परिणाम हैं।

7. धर्म से सम्बन्धित पूर्वाग्रह *(Prejudice related to religion)*—धर्म से सम्बन्धित पूर्वाग्रह में व्यक्ति अपने धर्म के व्यक्तियों के प्रति स्वीकारात्मक (positive) मनोवृत्ति तथा दूसरे धर्म के व्यक्तियों के प्रति नकारात्मक मनोवृत्ति (negative attitude) रखता है। फलस्वरूप, दूसरे धर्म के लोगों के प्रति व्यक्ति में बैर-भाव एवं शत्रुता उत्पन्न होने लगती है। पश्चिमी मनोवैज्ञानिकों (Western psychologists) द्वारा भी इस तरह की पूर्वाग्रह का अध्ययन किया गया है। जावेलका (Zabelka, 1980) ने अपने अध्ययन के आधार पर यह बतलाया है कि ईसाइयों की पूर्वाग्रह निग्रो के प्रति अधिक नकारात्मक होती है। हिन्दू धर्म मानने वाले लोग मुस्लिम धर्म मानने वाले लागों के प्रति अधिक पूर्वाग्रहित (prejudiced) होते हैं। इस ढंग का पूर्वाग्रह या पूर्वाग्रह का सामाजिक कुप्रभाव हमें विभिन्न प्रकार के सामाजिक दंगे में जिसका आधार धार्मिक विश्वास होता है, में मिलता है।

8. क्षेत्रीय पूर्वाग्रह *(Regional prejueice)*—भारत जैसे देश में हमें क्षेत्रीय पूर्वाग्रह का भी उदाहरण मिलता है। प्रायः यह देखा गया है कि शहर में रहने वाले व्यक्ति अपने को अधिक बुद्धिमान, चतुर एवं आधुनिक (modern) समझते हैं तथा देहात या गाँव में रहने वाले व्यक्ति को मन्दबुद्धि का एवं नासमझ तथा बेवकूफ समझते हैं। इतना ही नहीं, शहरी क्षेत्रों में रहने वाले व्यक्तियों को भी पूर्वाग्रह आपस में कुछ अलग-अलग होती है। दिल्ली और मुम्बई जैसे महानगरों में रहने वाले व्यक्तियों को छोटे शहर में रहनेवाले व्यक्ति प्रायः अधिक धूर्त्त (cunning) एवं खुदगर्ज समझते हैं।

9. राजनीति से सम्बन्धित पूर्वाग्रह (*Prejudice related to politics*)—अपने देश में राजनीति से सम्बन्धित पूर्वाग्रह का चमत्कार काफी देखने को मिलता है। एक राजनैतिक दल के सदस्य अपने दल के सिद्धान्तों, नियमों एवं आदर्शों को श्रेष्ठ समझकर आपस में एकता दिखलाते हैं और एक-दूसरे के प्रति स्वीकारात्मक मनोवृत्ति (positive attitude) बना लेते हैं। परन्तु अन्य दलों के लोगों को भ्रष्टाचारी और गिरा हुआ समझकर उसके प्रति बैर-भाव रखते हैं। इस प्रकार की पूर्वाग्रहों का विकास स्पष्टतः राजनैतिक स्वार्थों के कारण होता है।

इस तरह से देखते हैं कि पूर्वाग्रह के कई प्रकार हैं। इन प्रकारों में मनोवैज्ञानिकों द्वारा प्रजातीय पूर्वाग्रह, जाति पूर्वाग्रह, यौन पूर्वाग्रह तथा धर्म से सम्बन्धित पूर्वाग्रह के अध्ययन पर अपेक्षाकृत अधिक बल डाला गया है।

पूर्वाग्रह के विकास एवं सम्पोषण के कारण
(Causes of Development and Maintenance of Prejudice)

जैसा कि हम जानते हैं, पूर्वाग्रह के कई प्रकार होते हैं। सभी व्यक्ति में सभी तरह का पूर्वाग्रह नहीं होता है। किसी में यौन पूर्वाग्रह, जाति पूर्वाग्रह तथा उम्र पूर्वाग्रह अधिक विकसित होता है तो किसी में प्रजातीय पूर्वाग्रह तथा धर्म से सम्बन्धित पूर्वाग्रह अधिक मजबूत होता है। प्रश्न यह उठता है कि व्यक्ति में विभिन्न प्रकार की पूर्वाग्रहों का विकास क्यों होता है तथा उसका सम्पोषण (maintenance) कैसे होता है। समाज मनोवैज्ञानिकों ने इस प्रश्न पर गंभीरतापूर्वक विचार किया है। इसके अलावा समाजशास्त्रियों (sociologists), इतिहासज्ञों (historians), मानवशास्त्रियों (anthropologists) ने भी पूर्वाग्रह एवं विभेद के सम्भावित कारणों का अध्ययन किया है। आलपोर्ट (Allport, 1954) ने अपनी बहुचर्चित पुस्तक *'दी नेचर ऑफ प्रिजूडिस'* (The Nature of Prejudice) में इन सभी विशेषज्ञों द्वारा बतलाये गये पूवर्धारणा के कारणों को एकत्रित करके कुछ विशेष सिद्धान्त (theories) या उपागम (approaches) का वर्णन किया है जो आज के समाजशास्त्रियों एवं समाज मनोवैज्ञानिकों को भी मान्य है क्योंकि इनलोगों ने भी पूर्वाग्रह एवं विभेद (discrimination) का अध्ययन उन्हीं सैद्धान्तिक उपागमों (theoretical approaches) के भीतर किया है। आलपोर्ट (Allport, 1954) द्वारा बतलाये गये पूर्वाग्रह के प्रमुख कारणों को निम्नांकित पाँच सैद्धान्तिक उपागमों (theoretical approaches) में बाँटकर प्रस्तुत किया जाता है—

(क) ऐतिहासिक उपागम (Historical approach)
(ख) सामाजिक-सांस्कृतिक उपागम (Socio-cultural approach)
(ग) परिस्थितिजन्य उपागम (Situational approach)
(घ) मनोगतिकी उपागम (Psychodynamic approach)
(ङ) संज्ञानात्मक उपागम (Cognitive approach)

ये पाँच उपागम कुछ ऐसे हैं जिनके भीतर पूर्वाग्रह के बहुत-से लोगों पर प्रकाश डाला गया है। यहाँ उन सभी प्रमुख कारणों का वर्णन हम इन पाँचो उपागमों के अन्तर्गत करेंगे—

(क) ऐतिहासिक उपागम (*Historical approach*)—ऐतिहासिक उपागम में पूर्वाग्रह का कारण बहुत पहले से चली आ रही विशेष प्रकार की मनोवृत्तियाँ होती हैं। इस तरह की मनोवृत्तियों का कारण मनुष्यों का आपस में बिगड़ता सम्बन्ध (deterioration relations), आर्थिक संघर्ष (economic conflict) तथा अन्याय एवं अत्याचार की अति अनुभूतियाँ आदि होती हैं। इस तरह की ऐतिहासिक घटनाओं के कारण व्यक्तियों में एक खास मनोवृत्ति विकसित हो जाती है, जो पूर्वाग्रह का रूप धीरे-धीरे ले लेती है। हमारे समाज में व्याप्त यौन पूर्वाग्रह (sex prejudice) जिसमें औरतों को कमजोर, दूसरें पर निर्भर रहने वाली एवं एक घरेलू कठपुतली समझा जाता है, का मुख्य कारण गत ऐतिहासिक घटनाएँ हैं जिसमें महिलाओं पर तरह-तरह के अत्याचार किये गये और वे उसे सहना अपना कर्त्तव्य समझकर उसे चुपचाप सहती रहीं। उसी तरह से अनेक ऐसे पेशे हैं जिन्हें ऐतिहासिक रूप से (historically) पुरुषों के लिए अच्छा तथा महिलाओं के खराब समझा जाता है। जैसे—ट्रक ड्राइवर का पेशा महिलाओं के लिए ठीक नहीं समझा जाता है और ऐसी महिलाओं के प्रति समाज के लोग पूर्वाग्रहित (prejudiced) होते हैं। इस तरह पूर्वाग्रह का कारण ऐतिहासिक मनोवृत्ति (historical attitude) है जिसके अनुसार हमलोग यह सोचते हैं कि ट्रक चलाने में अधिक शारीरिक ऊर्जा (physical energy) की जरूरत होती है जो महिलाओं में नहीं होती है। अमेरिका में गोरे-अमेरिकन निग्रो अमेरिकन के प्रति नकारात्मक रूप

से पूर्वाग्रहित (negatively prejudiced) होते हैं जिसके पीछे एक विशेष ऐतिहासिक पृष्ठभूमि है जिनमें निग्रो की दासता (slavery) का इतिहास, सामाजिक एवं शैक्षणिक अलगाव (social and educational segregation), नियुक्तियों (appointments) में विभेद आदि प्रधान हैं। हमारे देश में दलितों के प्रति उच्च जाति के लोगों को नकारात्मक मनोवृत्ति ऐसी ही ऐतिहासिक घटनाओं पर बहुत कुछ आधारित हैं। प्रारम्भ से ही ऐसे लोग गरीब एवं निःसहाय हैं तथा उच्च जाति की रोटियों पर पलते आये हैं। जब उनकी दशा में धीरे-धीरे सुधार होने और सरकारी सहायता मिलने लगी है, तो यह स्वाभाविक ही है कि उच्च जाति के लोगों की मनोवृत्ति इनके प्रति नकारात्मक हो। उसी तरह समाज में धनी लोग की पूर्वाग्रह गरीब लोगों के प्रति नकारात्मक होती है और उसके पीछे भी ऐतिहासिक पृष्ठभूमि कुछ वैसी ही है।

स्पष्ट हुआ कि ऐतिहासिक उपागम में पूर्वाग्रह का कारण ऐतिहासिक घटनाओं के फलस्वरूप व्यक्तियों में उत्पन्न होने वाली सामाजिक मनोवृत्ति है। यद्यपि ऐतिहासिक उपागम (historical approach) द्वारा पूर्वाग्रह के कारण ही व्याख्या ऐतिहासिक पृष्ठभूमि से संतोषजनक ढंग से होती है फिर भी उसमें हमें कुछ प्रश्नों का उत्तर नहीं मिल पाता है। जैसे—क्यों कुछ धनी लोग गरीबों के प्रति पूर्वाग्रहित होते हैं और क्यों कुछ दूसरे नहीं? क्यों उच्च जाति के कुछ लोग दलितों के प्रति पूर्वाग्रहित होते हैं और क्यों कुछ लोग नहीं होते हैं। गरीब तथा दलित में कुछ लोग तो पूर्वाग्रह का निशाना बनते हैं पन्तु कुछ ऐसे लोग काफी उन्नत एवं सामाजिक रूप से प्रतिष्ठित क्यों होते हैं? इसका मतलब यह हुआ कि ऐतिहासिक उपागम पूर्वाग्रह के कारणों की पूर्णरूपेण व्याख्या नहीं कर पाता है।

(ख) सामाजिक-सांस्कृतिक उपागम *(Socio-cultural approach)*—इस उपागम के अन्तर्गत पूर्वाग्रह के उद्भव (origin), विकास एवं सम्पोषण में समाजशास्त्रीय कारणों (sociological reasons) तथा सांस्कृतिक कारणों (cultural reasons) पर बल डाला गया है। फलतः इस उपागम के भीतर हम उन कारकों (factors) की व्याख्या करेंगे जिसे समाजशास्त्री (sociologist) एवं मानवशास्त्री (anthropologists) द्वारा गहन रूप से अध्ययन किया गया है। प्रमुख ऐसे कारक निम्नांकित हैं—

1. शिक्षा *(Education)*—पूर्वाग्रह पर शिक्षा का प्रभाव काफी अधिक पड़ता है। समाज में व्यक्ति को शिक्षा अनौपचारिक (informally) तथा औपचारिक दोनों रूप से दी जाती है। अनौपचारिक शिक्षा परिवार में सदस्यों द्वारा विशेषकर माता-पिता द्वारा बच्चों को दी जाती है। माता-पिता उन्हें इस बात की शिक्षा देते हैं कि किस समूह के बच्चों के साथ उन्हें खेलना चाहिए, कौन समूह ठीक है और किस समूह से उन्हें दूर रहना चाहिए। माता-पिता यदि यह सिखलाते हैं कि उन्हें दलितों के बच्चों के साथ नहीं खेलना चाहिए, तो ऐसी परिस्थिति में इन बच्चों में भी दलितों के प्रति एक नकारात्मक मनोवृत्ति विकसित हो जाती है। औपचारिक शिक्षा स्कूल या कॉलेज में व्यक्तियों को दी जाती है। औपचारिक शिक्षा अधिक होने से व्यक्तियों में किसी समस्या या अन्य व्यक्तियों के बारे में सही पृष्ठभूमि में सोचने की शक्ति विकसित होती है। फलस्वरूप ऐसे व्यक्तियों को पूर्वाग्रही (prejudiced) करना आसान नहीं होता है। विदेशों एवं भारत में किये गये अध्ययनों से यह स्पष्ट हुआ है कि जैसे-जैसे औपचारिक शिक्षा के स्तर में वृद्धि होती है, वैसे-वैसे पूर्वागह की मात्रा में कमी आती है। दूसरे शब्दों में, शिक्षा का स्तर तथा पूर्वाग्रह की मात्रा में नकारात्मक सम्बन्ध (negative correlation) हैं। आलपोर्ट (Allport, 1954), विलियम्स (Williams, 1964) ने अपने-अपने अध्ययन में यह दिखलाया है कि शिक्षित व्यक्तियों में अशिक्षित व्यक्तियों की अपेक्षा पूर्वाग्रह की मात्रा कम होती है। सिन्हा एवं सिन्हा (Sinha & Sinha, 1960) ने पटना विश्वविद्यालय के 1,000 छात्रों के पूर्वाग्रह का अध्ययन किया और पाया कि दलित के प्रति स्नातकोत्तर छात्रों की पूर्वाग्रह की मात्रा स्नातक कक्षा के छात्रों की पूर्वाग्रह की मात्रा से कम थी; 2000 उत्तरी भारतीयों की पूर्वाग्रह का अध्ययन कर झा (Jha, 1972) ने यह पाया है कि औपचारिक शिक्षा का स्तर अधिक ऊँचा होने से व्यक्ति में दलित के प्रति मनोवृत्ति काफी उदार (liberalized) हो जाती हैं और ये लोग उनके प्रति पूर्वाग्रह (prejudiced) कम होते पाए गए।

2. सामाजिक वर्ग *(Social class)*—समाजशास्त्रियों (sociologists) तथा कुछ समाज मनोवैज्ञानिकों ने अपने अध्ययनों में पाया है कि पूर्वाग्रह या पूर्वाग्रह पर समाजिक वर्ग (social class) का भी प्रभाव पड़ता है। सामाजिक वर्ग से तात्पर्य ऐसे व्यक्तियों के एक वर्ग या समूह से होता है जिनका सामाजिक-आर्थिक स्तर (socio-economic status) करीब-करीब समान होता है। समाज में तीन तरह के सामाजिक वर्ग सामान्यतः होते हैं—उच्च सामाजिक वर्ग, मध्यम सामाजिक वर्ग तथा निम्न सामाजिक वर्ग। विलियम्स (Williams, 1964) ने अपने अध्ययन में पाया कि उच्च वर्गीय गोरे, अमेरिकन यहूदी (Jews) के प्रति अधिक पूर्वाग्रह होते हैं तथा निम्न वर्गीय गोरे, अमेरिकन निग्रो के प्रति उच्च

वर्गीय गोरे अमेरिकन की अपेक्षा अधिक पूर्वाग्रही होते हैं। हॉलिंगशेड (Hollingshead, 1949) ने अपने अध्ययन में यह दिखलाया है कि निम्न सामाजिक-आर्थिक समूह के लोग निग्रो के प्रति उच्च सामाजिक-आर्थिक समूह के लोगों की अपेक्षा अधिक पूर्वाग्रही होते हैं अर्थात उनमें नकारात्मक मनोवृत्ति की मात्रा अधिक होती है। भारतीय समाज का अवलोकन करने पर यह पता चलता है कि उच्च सामाजिक-आर्थिक स्तर तथा मध्यम सामाजिक-आर्थिक स्तर के लोगों में निम्न सामाजिक आर्थिक स्तर के लोगों के प्रति नकारात्मक मनोवृत्ति(negative attitude)होती है परन्तु इस बात की प्रयोगात्मक पुष्टि अभी भी बाकी है।

3. नगरीकरण *(Urbanization)*—कुछ लोगों ने विशेषकर समाजशास्त्रियों ने नगरीकरण का भी प्रभाव पूर्वाग्रह पर पड़ते दिखलाया है। सामाजिक वैज्ञानिकों (social scientists) विशेषकर समाजशास्त्रियों का कहना है कि आजकल शहरी जिन्दगी में गंदगियाँ, कोलाहल तथा असुरक्षा काफी बढ़ गयी है। साथ-ही-साथ शहरों में अवैयक्तिक सम्बन्ध (impresonal relationship) भी अधिक पाये जाते हैं। सिम्पसन तथा यिंगर (Simpsen & Yinger, 1972) ने एक अध्ययन किया और पाया कि अमेरिका में शहरी जिन्दगी में तमाम कठिनाइयों एवं मुसीबतों का कारण अधिकतर लोग अल्पसंख्यक समूह (minority group) जैसे निग्रो, यहूदी आदि का छा जाना मानते हैं। फलस्वरूप, इन लोगों में अल्पसंख्यक समूह के प्रति नकारात्मक मनोवृत्ति अर्थात् पूर्वाग्रह पाया जाता है। इस तरह से हम देखते हैं कि नगरीकरण की बढ़ती समस्याओं से व्यक्तियों में पूर्वाग्रह का जन्म होता है। भारत में भी कुछ शहरों में नगरीकरण की समस्या काफी है जिससे व्यक्ति में शहरी जिदगी के प्रति भिन्न-भिन्न तरह की पूर्वाग्रह (prejudices) उत्पन्न हो रहे हैं।

4. जाति *(Caste)*—भारतीय समाज विभिन्न वर्गों (classes) के अलावा विभिन्न जातियों (caste) में भी बँटा हुआ है। अनेकों ऐसे अध्ययन भारतीय मनोवैज्ञानिकों एवं समाशास्त्रियों द्वारा किये गये हैं जिनसे यह पता चलता है कि ऊँची जाति के लोग पिछड़े जाति के लोगों के प्रति अधिक पूर्वाग्रही (prejudiced) होते हैं। प्रसाद (Prasad, 1979) ने अपने अध्ययन में पाया कि उच्च जाति के हिन्दुओं में जाति पूर्वाग्रह निम्न जाति के हिन्दू की अपेक्षा अधिक होती है। उनके अध्ययन के अनुसार हिन्दू ब्रह्मणों में जाति पूर्वाग्रह की मात्रा सबसे अधिक होती है। सिंह तथा उनके सहयोगियों (Singh et al., 1950) ने अपने अध्ययन में पाया कि 4 वर्ष से 10 वर्ष के उच्च जाति के बच्चों में जाति चेतना (caste consciousness) समान उम्र के निम्न जाति के बच्चों की तुलना में अधिक तेजी से विकसित होती है। सिंह एवं भूषण (Singh & Bhushan, 1969) ने अपने अध्ययन में पाया कि ब्राह्मण, कायस्थ एवं राजपूतों में निम्न जाति के लोगों की अपेक्षा अपनी जातियों को ऊँचा समझने की प्रवृत्ति अधिक होती है। दूसरे शब्दों में, इन जाति के व्यक्तियों में अपनी जाति के लोगों के प्रति स्वीकारात्मक पूर्वाग्रह (favourable prejudice)अधिक पायी जाती है। पश्चिमी देशों में भारतीय जाति की तरह कोई जाति नहीं होती है। फलतः उन देशों में जाति के नाम पर कोई पूर्वाग्रह नहीं होती है।

5. धार्मिक समूहन *(Religious affiliation)*—भारत में अनेक धर्म मानने वाले लोग रहते हैं। विदेशों में भी लोगों के बीच कई तरह के धार्मिक समूहन पाये जाते हैं। किसी धर्म को मानने वाले व्यक्तियों में उस धर्म के प्रति अटूट विश्वास होता है। फलतः वह उस धर्म के नियमों, रीति-रिवाजों और यहाँ तक अन्धविश्वासों को भी सहर्ष स्वीकार कर लेता है। धार्मिक विश्वास और अन्ध विश्वास की कड़ी इतनी मजबूत हो जाती है कि उस विशेष धर्म के समक्ष अन्य सभी धर्म उसे तुच्छ लगते हैं। फलस्वरूप अन्य धर्म के लोगों के प्रति उसकी मनोवृत्ति नकारात्मक हो जाती है और इससे पूर्वाग्रह (prejudice) का जन्म होता है। कुछ अध्ययन जिसे सिंह (Singh, 1980), चौधरी (Chaudhary, 1958), हसन एवं सिह (Hassan & Singh, 1973) द्वारा किया गया है, में यह पाया गया है कि हिन्दुओं की तुलना में मुसलमानों में पूर्वाग्रह अधिक होती है तथा परम्परागत (traditional), सामाजिक-राजनैतिक मनोवृत्तियाँ (socio-political attitudes) अधिक तीव्र होतीं हैं। नटराज (Natraj, 1965) ने अपने अध्ययन में पाया कि मुस्लिम की अपेक्षा हिन्दू एवं जैन में आर्थिक रूढ़िवादी(economic conservatism)से सम्बन्धित पूर्वाग्रह अधिक होती है। अमेरिकन मनोवैज्ञानिकों ने भी व्यक्तियों के धार्मिक समूहन (religious affiliation) में अन्तर होने से पूर्वाग्रह में अन्तर होते पाया है। ट्रियान्डिस एवं ट्रियान्डिस (Triandis & Triandis, 1960) ने कैथोलिक्स (Catholics), प्रोटेस्टैन्ट्स (Protestant) तथा यहूदी (Jews) में प्रजातीय पूर्वाग्रह(ethnic prejudice)का अध्ययन किया और पाया कि कैथोलिक्स धर्म मानने वाले व्यक्तियों में इस तरह की पूर्वाग्रह सबसे अधिक, उससे कम प्रोटेस्टैन्ट धर्म मानने वाले व्यक्तियों में और सबसे कम यहूदियों में पाया जाता है।

6. शहरी-ग्रामीण क्षेत्र *(Urban-rural region)*—अनेकों एसे अध्ययनों में यह पाया गया है कि ग्रामीण क्षेत्र

में रहने वाले व्यक्तियों में पूर्वाग्रह तथा रूढ़िवाद (conservatism) की मात्रा शहरी क्षेत्रों में रहने वाले व्यक्तियों की पूर्वाग्रह एवं रूढ़िवाद की मात्रा से अधिक होती है। चटर्जी एवं उनके सहयोगियों (Chatterjee et al., 1972) ने अपने अध्ययन में पाया है कि ग्रामीण क्षेत्र के छात्रों की अपेक्षा शहरी क्षेत्र के छात्रों में धार्मिक एवं यौन पूर्वाग्रह (religious and sex prejudice) अधिक होता है। हसन एवं उनके सहयोगियों (Hassan et al., 1977) ने अपने अध्ययन में पाया कि हिन्दुओं के प्रति ग्रामीण ईसाई (Christian) शहरों ईसाइयों की अपेक्षा अधिक पूर्वाग्रही होते हैं। अन्य इसी तरह के भारतीय अध्ययनों के आधार पर हम इस सामान्य निष्कर्ष पर पहुँचते हैं कि ग्रामीण क्षेत्रों में रहने वाले व्यक्तियों की अपेक्षा शहरी क्षेत्रों में रहने वाले व्यक्तियों की मनोवृत्ति अधिक उदार (liberal) होती है। फलस्वरूप, इनमें पूर्वाग्रह की मात्रा कम होती है।

7. सामाजिक संघर्ष *(Social conflict)*—विभिन्न सामाजिक समूहों के बीच में संघर्ष होने से भी पूर्वाग्रह की उत्पत्ति होती है तथा उसका सम्पोषण (maintenance) होता है। किसी समूह या राष्ट्र के साथ संघर्ष होने पर व्यक्तियों की मनोवृत्ति उस सयम या राष्ट्र के प्रति प्रतिकूल (unfavaourable) हो जाती है। दूसरे शब्दों में, लोग उस समय उस राष्ट्र के प्रति अधिक पूर्वाग्रही (prejudiced) हो जाते हैं। सिन्हा एवं उपाध्याय (Sinha & Upadhaya, 1960) ने एक अध्ययन किया जिसमें, चीनी (Chinese) लोगों के प्रति पटना विश्वविद्यालय के छात्रों की रूढ़ियुक्तियाँ[1] (stereotypes) की माप की गयी और पुनः उनकी रूढ़ियुक्तियों की माप उस समय की गयी जब दोनों देशों के बीच तनाव अधिकतम सीमा तक पहुँच गयी थी। परिणाम में देखा गया कि संघर्ष के पहले चीनियों को ईमानदार, दोस्ताना, बहादुर, प्रगतिशील (progressive) आदि के रूप में प्रत्यक्षण किया गया परन्तु बाद में उन्हें आक्रणकारी, धोखेबाज (cheaters), स्वार्थी, निर्दयी, मूर्ख आदि के रूप में प्रत्यक्ष किया गया। इसी तरह से अमेरिकन मनोवैज्ञानिकों जैसे मीनीस (Meenes, 1950), सीगो (Seago, 1947) ने अपने-अपने अध्ययनों में पाया कि द्वितीय विश्वयुद्ध के दौरान अमेरिकन छात्र जापानियों एवं जर्मन के प्रति पहले से अधिक पूर्वाग्रहित (prejudiced) हो गये थे। स्पष्ट है कि सामाजिक संघर्ष से भी पूर्वाग्रह का जन्म होता है।

8. जन समूह माध्यम *(Mass media)*—पूर्वाग्रह के निर्माण में जन-समूह माध्यमों जैसे सिनेमा, टेलीविजन, समाचार-पत्र, रेडियो, पत्रिकाओं आदि की भी भूमिका सराहनीय है। इन माध्यमों द्वारा हमें दूसरे व्यक्तियों एवं समूहों के बारे में तरह-तरह की सूचनाएँ मिलती हैं जिसके आधार पर पूर्वाग्रह (prejudice) विकसित होता है। मार्गन (1982) ने अपने अध्ययन में पाया कि जो अमेरिकन महिलाएँ टेलीविजन पर सिर्फ वैसे कार्यक्रम देखती थीं जिनमें महिलाओं की परम्परागत भूमिका (traditional role) पर अधिक बल डाला जाता था, उनमें महिलाओं के परम्परागत व्यवहारों के प्रति अधिक अनुकूल पूर्वाग्रह विकसित हो गयी। मेयर्स (Myers, 1988) ने अमेरिकी पत्रिकाओं में छपी 110 ऐसी कहानियों का विश्लेषण किया जिसमें निग्रो एवं यहूदियों के प्रति नकारात्मक मनोवृत्ति व्यक्त की गयी थी। उन्होंने पाया कि इन कहानियों को पढ़ने से 80% पाठकों में निग्रो एवं यहूदियों के प्रति भी (नकारात्मक) पूर्वाग्रह और भी अधिक बढ़ गयी।

(ग) परिस्थितिजन्य उपागम *(Situational approach)*—परिस्थिजिन्य उपागम में पूर्वाग्रह के उन कारणों पर बल डाला जाता है जो व्यक्ति के तात्कालिक वातावरण (immediate environment) से सम्बन्धित होते हैं। फेल्डमैन[2] के शब्दों में, ''पूर्वाग्रह के स्थितिक उपागम उन तरीकों पर बल डालता है जिसमें व्यक्ति के तात्कालिक वातावरण पूर्वाग्रही मनोवृत्ति पैदा करते हैं।'' फेल्डमैन (Feldman, 1985), फिशर (Fisher, 1982) तथा मेयर्स (Myers, 1988) ने परिस्थितिजन्य उपागम में निम्नलिखित तीन कारकों को महत्त्वपूर्ण बतलाया है—

1. सामाजिक सीखना *(Social learning)*—प्रत्येक बच्चा समाजीकरण के दौरान अपने माता-पिता, भाई-बहनों एवं पड़ोसियों से दूसरे व्यक्तियों या समूहों के प्रति उपयुक्त (appropriate) व्यवहार करना, उनपर विश्वास करना आदि सीखता है। समाजीकरण के इन माध्यमों (agents) से उन्हें जैसी शिक्षा-दीक्षा मिलती है, उनमें वैसी ही मनोवृत्ति विकसित होती है। यही कारण है कि यदि पिता किसी जाति या वर्ग के प्रति पूर्वाग्रह (preduduced) होते हैं तो उनकी संतान में भी उसी ढंग का पूर्वाग्रह विकसित हो जाती है या होने की सम्भावना काफी अधिक होती है। बच्चे अपने माता-पिता

1. रूढ़ियुक्तियों द्वारा व्यक्ति की पूर्वाग्रह की अभिव्यक्ति (expression) होती है।
2. "Situational approaches to prejudice emphasize the ways in which a person's immediate environment produces prejudicial attitudes." —Feldman : *Social Psychology,* 1985, p. 174

के पूर्वाग्रह को चार तरीकों से अपना सकते हैं। *पहला*, माता-पिता अन्य व्यवहार सीखलाने के समान अपने अच्चों को सीधे किसी व्यक्ति या वर्ग के प्रति एक खास पूर्वाग्रह विकसित करने की राय दे सकते हैं। *दूसरा*, माता-पिता अपने बच्चों के अन्तर समूह क्रियाओं (intergroup activities) पर नियंत्रण करके जैसे खास-खास बच्चों के समूह के साथ खेलने देने की नहीं अनुमति देकर पूर्वाग्रह सीखला सकते हैं। *तीसरा*, माता-पिता अन्य लागों के साथ मिलने-जुलने का एक खास ढंग अपनाकर भी बच्चों में पूर्वाग्रह विकसित कर सकते हैं। *चौथा*, माता-पिता एक खास ढंग से बच्चों के पालन-पोषण अभ्यास (child-rearing practices)जैसे उदार तरीका (permissive practice) या सख्त तरीका (restrictive practice)अपनाकर भी बच्चों में पूर्वाग्रह विकसित कर सकते हैं। सियर्स (Sears, 1969), ट्रौल (Troll, 1969) फ्रेनकेल-बर्नसविक तथा हावेल (Frenkel-Brunswik & Havel, 1953) द्वारा किये गये अध्ययनों से यह पता चलता है कि बच्चों एवं माता-पिता के पूर्वाग्रह में काफी समानता होती है। भारतीय मनोवैज्ञानिकों जैसे काली प्रसाद (Kali Prasad, 1964), हसन (Hssan, 1977) एवं सिंह (1980) ने भी अपने अध्ययनों में पाया है कि बच्चों में पूर्वाग्रह का विकास उनके माता-पिता द्वारा पालन-पोषण में अपनाई गई विधियों से काफी प्रभावित होता है। इन लोगों के अनुसार पालन-पोषण में सख्त (restrictive) एवं अधिकारवादी (authoritarian) तरीका अपनाने से बच्चों में पूर्वाग्रह का विकास तेजी से होता है। कुछ अध्ययनों में यह भी पाया गया है कि बच्चे माता-पिता की पूर्वाग्रही मनोवृत्ति (prejudiced attitude) को काफी कम उम्र में ही सीख लेते हैं। जैसे—काज (Katz, 1976) के अनुसार तीन या चार साल की उम्र में गोरे बच्चे निग्रो के प्रति अपने माता-पिता की पूर्वाग्रही मनोवृत्ति को सीखकर उसके प्रति विभेद करना प्रारम्भ कर देते हैं।

2. जनसांख्यिकीय विशेषताएँ *(Demographic characteristics)*—कुछ समाज मनोवैज्ञानिकों जैसे मेकोविच (Maykovich, 1975) ने परिस्थितिजन्य उपागम (situational approach) में पूर्वाग्रह के कारणों में जनसांख्यिकी विशेषताओं (demographic charactristics) को अधिक महत्त्वपूर्ण ठहराया है। मेकोविच ने गोरे अमेरिकन में निग्रो के प्रति नकारात्मक मनोवृत्ति के अध्ययन में तीन जनसांख्यिकीय विशेषताओं को अधिक महत्त्वूर्ण पाया है। वे तीन विशेषताएँ हैं—भौगोलिक क्षेत्र, शैक्षिक स्तर तथा उम्र। इनके अध्ययन के अनुसार अमेरिका के उत्तरी क्षेत्र की लोगों की अपेक्षा दक्षिण क्षेत्र के लोगों में निग्रो के प्रति अधिक पूर्वाग्रह पाया गया। उसी तरह से अधिक पढ़े-लिखे व्यक्तियों की अपेक्षा कम पढ़े-लिखे व्यक्तियों में तथा कम उम्र के व्यक्तियों की अपेक्षा अधिक उम्र के व्यक्तियों में निग्रो के प्रति पूर्वाग्रह अधिक पाया गया। पूर्वाग्रह के विकास एवं सम्पोषण में अन्तिम दो तरह की जनसांख्यिकीय विशेषताओं के महत्त्व को सिन्हा एवं सिन्हा (Sinha & Sinha, 1975) ने भी अपने अध्ययन में दर्शाया है।

3. नौकरी में प्रतियोगिता *(Job Competition)*—आधुनिक युग में नौकरी, चाहे सरकारी क्षेत्र में हो या गैर-सरकारी क्षेत्र में, जीविका का एक प्रमुख माध्यम है। अधिकतर व्यक्ति ऊँची-से-ऊँची एवं प्रतिष्ठित नौकरी प्राप्त करने के लिए हर तरह के सम्भव प्रयास करता है। इसके लिए स्वभावतः अच्छे साधनों (means) की भी जरूरत होती है। हमारे देश में उच्च जातियों या लाभान्वित समूह (advantaged group) के पास अच्छे साधन जैसे बच्चों को शिक्षा देने के लिए रुपया-पैसा एवं अच्छे शिक्षकों की सुविधा आदि निम्न जातियों या अलाभान्वित (disadvantaged) समूह के लोगों की तुलना में अधिक प्राप्त है। स्वभावतः लाभान्वित समूह के ही अधिकतर व्यक्ति सरकारी या गैर-सरकारी नौकरी के लिए हुई प्रतियोगिता परीक्षा में सफल होते हैं। ऐसी स्थिति में सरकार ने आरक्षण की नीति (reservation policy) अपनाकर अलाभान्वित समूह के लोगों के लिए नौकरी में कुछ स्थान सुरक्षित कर दिया है। ऐसी परिस्थिति में लाभान्वित समूह के सदस्य ऐसा अनुभव करते हैं कि उनका हक छीनकर अलाभान्वित समूह (disadvantaged group) के लोगों को दिया जा रहा है। फलस्वरूप, लाभान्वित समूह के लोग अलाभान्वित समूह के लोगों के प्रति अधिक पूर्वाग्रही (prejudiced) होते जा रहे हैं। भारतवर्ष में जिन-जिन राज्य सरकारों ने आरक्षण नीति का क्रियान्वयन किया है उन्हें लाभान्वित समूह के सदस्यों द्वारा कटु आलोचनाएँ भी सहनी पड़ी हैं जो अपने आप में अलाभान्वित समूह के सदस्यों के प्रति पूर्वाग्रह की एक महत्त्वपूर्ण अभिव्यक्ति है। फेल्डमेन (Feldman, 1985) के अनुसार अमेरिका में बहुसंख्यक समूह (majority group) का अल्पसंख्यक समूह (miniroty group) के सदस्यों के प्रति पूर्वाग्रह होने का एक कारण यह भी है दोनों समूहों के सदस्य को ऐसा विश्वास हो गया है कि अल्पसंख्यक समूह के सदस्य उनसे नौकरी को छीन ले जा रहे हैं।

(घ) मनोगतिकी उपागम *(Psychodynamic approach)*—मनोगतिकी उपागम में उन मनोवैज्ञानिकों कारकों के अध्ययन पर बल डाला जाता है जो व्यक्तित्व (personality) में कुण्ठा (frustration), असुरक्षा (insecurity),

चिन्ता आदि उत्पन्न कर व्यक्ति को पूर्वाग्रही (prejudiced) करता है। ऐसे प्रमुख कारकों का अध्ययन जिसे समाज मनोवैज्ञानिकों ने किया है, निम्नांकित है—

1. कुण्ठा एवं आक्रमकता *(Frustration and Aggression)*—कुण्ठा से भी व्यक्ति में पूर्वाग्रह की उत्पत्ति होती है। इसे पूर्वाग्रह का *कुण्ठा सिद्धान्त* (Frustration theory) या *बलि का बकरा सिद्धान्त* (Scapegoat theory) भी कहा जाता है। इस सिद्धान्त का आधार विस्थापित आक्रमण (displaced aggression) है। इस सिद्धान्त के अनुसार जब व्यक्ति अपने लक्ष्य (goal) पर बीच में उत्पन्न बाधा के कारण नहीं पहुँच पाता है तो इससे उसमें कुण्ठा (frustration) उत्पन्न होता है। इस कुण्ठा से वह बाधक स्रोत (interfering agent) के प्रति आक्रामक (aggressive) हो जाता है। परन्तु चूँकि बाधक स्रोत व्यक्ति से अधिक सबल और मजबूत होता है, फलस्वरूप वह अपना आक्रमकता (aggressive) तथा वैर-भाव एक कमजोर स्रोत की ओर विस्थापित (displaced) कर लेता है। इसे विस्थापित आक्रमकता (displaced aggression) कहा जाता है। इस विस्थापित आक्रमकता के कारण कमजोर स्रोत (weak source) पूर्वाग्रह का निशाना बनता है। दूसरे शब्दों में, वह कमजोर स्रोत ही 'बली का बकरा' (scapegoat) बनता है।

पूर्वाग्रह के 'बलि का बकरा' सिद्धान्त (Scapegoat theory) का समर्थन हमें अनेकों मनोवैज्ञानिक सर्वे एवं प्रयोगों (experiements) से मिलता है। मिलर तथ बग्लेसकी (Miller & Bugleski, 1947) द्वारा किया गया प्रयोग इस सिद्धान्त का उत्तम समर्थन करता है। इस प्रयोग में कुछ लड़के जो ग्रीष्म कैम्प (summer camp) में भाग ले रहे थे, की मनोवृत्ति जापानियों (Japanese) तथा मैक्सीकन (Maxican) के प्रति कैम्प व्यवस्थापक (camp management) द्वारा उनमें कुण्ठा उत्पन्न करने के पहले और बाद में मापा गया। परिणाम में देखा गया कि कुण्ठा उत्पन्न करने के बाद उनकी मनोवृत्ति जापानियों एवं मैक्सिकन के प्रति पहले से और भी अधिक नकारात्मक हो गयी अर्थात वे लोग पहले से और भी अधिक पूर्वाग्रही हो गये। अनेकों अमेरिकन अध्ययनों में यह पाया गया हे कि इसी कुण्ठा के कारण ही वहाँ अल्पसंख्यक समूहों को पूर्वाग्रह का निशाना बनाया जाता है। ब्राउन (Brown, 1962), मेयर्स (Myers, 1987) के अध्ययन इसके उदाहरण हैं।

इस सिद्धान्त को कुछ लोगों ने अपूर्ण (incomplete) बतलाते हुए कहा कि इससे इस बात की व्याख्या नहीं होती है कि क्यों कुछ समूह को पूर्वाग्रह का निशाना बनाया जाता है और कुछ को नहीं। इसके अलावा, यह भी कहा जाता है कि आक्रमकता हमेशा विस्थापित ही हो, यह जरूरी नहीं है। कभी-कभी हमलोग सीधे कुण्ठा उत्पन्न करने वाले को ही आक्रमण का निशाना बनाते हैं।

2. सत्ताधारी व्यक्तित्व *(Authoritarian personality)*—पूर्वाग्रह के विभिन्न मनोवैज्ञानिक कारणों में से सत्तावादी व्यक्तित्व पर मनोवैज्ञानिकों ने सबसे अधिक बल डाला है तथा अनेकों अध्ययनों में सत्तावादी व्यक्तित्व (authoritarian personality) तथा पूर्वाग्रह (prejudice) में सीधा संबंध (direct relationship) भी दिखलाया गया है। एडोरनो एवं उनके सहयोगियों (Adrono et al., 1950) ने कई अध्ययन किये हैं जिसमें यह दिखलाया गया है कि जिन व्यक्तियों में सत्तावदी शीलगुण (authoritarian trait) जैसे—दृढ़ चिन्तन (rigid thinking), दण्डात्मक प्रवृत्ति (punitive tendency) आदि प्रधान होता है, उनमें उन व्यक्तियों की अपेक्षा पूर्वाग्रह अधिक होता है जिनमें ऐसे शीलगुण कम होते हैं। इसकी व्याख्या करते हुए समाज मनोवैज्ञानिकों ने कहा है कि सत्तावादी व्यक्तित्व वाले व्यक्तियों को बचपन में अपने माता-पिता से अनुशासन का सख्त प्रशिक्षण मिला होता है। इस तरह के सख्त अनुशासन के कारण वे अपने माता-पिता से नाखुश रहते हैं परतु अपना वैर-भाव (hostility) उनके प्रति सख्त अनुशासन का औचित्य समझकर नहीं व्यक्त कर पाते हैं। फलस्वरूप वे अपने इस वैर-भाव की अभिव्यक्ति अन्य बाहरी समूहों या व्यक्तियों के प्रति नकारात्मक मनोवृत्ति दिखाकर करते है। हैनसन (Hanson, 1975), बाइरली (Bierly, 1985) द्वारा किये गये अध्ययनों से यह स्पष्ट हो गया है कि सत्तावादी व्यक्तित्व गुणों वाले व्यक्तियों में अन्य व्यक्तियों की अपेक्षा जिनमें ऐसे गुणों का अभाव होता है, तेजी से दूसरे व्यक्तियों जैसे निग्रो, महिलाओं, बूढ़े लोगों एवं समलिंगी (homosexual) के प्रति पूर्वाग्रह विकसित होती है। भारतीय मनोवैज्ञानिकों जैसे चटर्जी (Chatterjee, 1973) सिंह एवं सिन्हा (Singh & Sinha, 1980) ने भी अपने-अपने अध्ययनों से इस तथ्य की पुष्टि की है।

3. असुरक्षा और चिन्ता *(Insecurity and anxiety)*—व्यक्ति में पूर्वाग्रह असुरक्षा की भावना तथा चिन्ता से भी विकसित होती है। जिस व्यक्ति में अपनी नौकरी, सामाजिक स्तर (social status) आदि के बारे में असुरक्षा की भावना नहीं होती है, वह हमेशा अन्य व्यक्तियों या समूहों के प्रति एक स्पष्ट एवं वस्तुनिष्ठ विचार (objective view) विकसित

करता है। फलस्वरूप, उसमें पूर्वाग्रह जल्दी नहीं विकसित होती है। परन्तु जिन व्यक्तियों में असुरक्षा की भावना अधिक होती है वह हमेशा ऐसे व्यक्ति की ताक में रहता है जिसपर उनकी सुरक्षा का इल्जाम लगाया जा सके। फलस्वरूप, ऐसे व्यक्तियों में पूर्वाग्रह तेजी से विकसित होती है। आलपोर्ट (Allport, 1952), गफ (Gough, 1951), लिण्डजे (Lindzey, 1950) ने अपने-अपने अध्ययनों में पाया कि जिन व्यक्तियों में असुरक्षा की भावना अधिक होती है, उनमें पूर्वाग्रह की मात्रा भी अधिक होती है।

चिन्ता से भी पूर्वाग्रह की उत्पत्ति एवं सम्पोषण (maintenance) होता है। जब व्यक्ति में चिन्ता का स्तर अधिक होता है तो उनमें पूर्वाग्रह की मात्रा भी बढ़ जाती है। इसका मतलब यह हुआ कि चिन्ता तथा पूर्वाग्रह में धनात्मक सहसम्बन्ध (positive correlation) है। रोकीक (Rokeach, 1960) ने अपने अध्ययन में पाया कि पूर्वाग्रही प्रयोज्य (prejudiced subjects) अपूर्वाग्रही प्रयोज्यों (non-prejudiced subjects) की अपेक्षा अधिक चिन्तित थे। मेयर्स (Myers, 1987) की समीक्षा (review) के अनुसार मानवजातीय पूर्वाग्रह (ethnic prejudice) रखने वाले व्यक्तियों में चिन्ता की मात्रा एवं शक करने की प्रवृत्ति (tendency) अधिक होती है। कुछ भारतीय मनोवैज्ञानिकों जैसे सिंह (Singh, 1980) तथा इनायतुल्लाह (Enayatullah, 1980) ने भी अपने अध्ययनों में चिन्ता तथा पूर्वाग्रह के बीच धनात्मक सहसम्बन्ध बतलाया है।

(ङ) संज्ञानात्मक उपागम *(Cognitive approach)*—इस उपागम में पूर्वाग्रह की व्याख्या पूर्वाग्रही व्यक्तियों (prejudiced people) द्वारा पूर्वाग्रह के लक्ष्य (target) के बारे में किया गया प्रत्यक्षण (perception) तथा उसके बारे में प्राप्त सूचनाओं के संसाधन (processing) के आधार पर किया जाता है। हैमिल्टन (Hamilton, 1979) के अनुसार इस उपागम का सम्बन्ध परिस्थिति के वस्तुनिष्ठ तथ्यों (objective reality) से कम तथा पूर्वाग्रह के लक्ष्य (target) के सम्बन्ध में पूर्वाग्रही व्यक्तियों द्वारा किया गया आत्मनिष्ठ विश्लेषण (subjetive analysis) से अधिक होता है। संज्ञानात्मक उपागम (cognitive approach) के अनुसार निम्नांकित दो कारकों के रूप में पूर्वाग्रह की व्याख्या बहुधा की जाती है—

1. आरोपण सिद्धान्त *(Attribution theory)*—आरोपण सिद्धान्त पर आधारित व्याख्या के अनुसार पूर्वाग्रही व्यक्ति (prejudiced person) द्वारा दूसरे व्यक्ति या समूह (जो पूर्वाग्रह का निशाना होता है) के प्रति किये गये नकारात्मक व्यवहार (negative behaviour) का कारण उस व्यक्ति या समूह में विदित व्यक्तिगत गुणों को माना जाता है। परन्तु जब उसके द्वारा कोई धनात्मक व्यवहार (positive behaviour) किया जाता है तो पूर्वाग्रही व्यक्ति उसकी प्रशंसा न करके उनका कारण भाग्य, अधिक प्रयास, अपवादात्मक व्यवहार (exceptional behaviour) आदि बतलाकर अपने आप को सन्तुष्ट कर लेता है। इसे पेटिग्रिऊ (Pettigrew) ने *निर्णायक आरोपण त्रुटि* (ultimate attribution error) कहा है। स्पष्ट है कि इसमें पूर्वाग्रह का कारण पूर्वाग्रही व्यक्ति द्वारा पूर्वाग्रह के लक्ष्य (target) के प्रति किया गया गलत प्रत्यक्षण (perception) एवं आरोपण (attribution) है। उसे एक उदाहरण द्वारा इस प्रकार समझा जा सकता है—उच्च जाति के लोग अक्सर दलितों के प्रति पूर्वाग्रही (prejudiced) होते हैं। यदि कोई दलित चोरी, डकैती आदि काण्ड में पकड़ा जाता है, तो उच्च जाति के लोग यही कहते हैं कि यह उनका खानदानी धन्धा है और इन्हीं कामों के लिए उनका जन्म ही हुआ है। परन्तु यदि कोई दलित एक बड़ा पदाधिकारी बन जाता है या समाज-सुधारक बन जाता है तो वे लोग उसकी प्रशंसा न करके प्रायः यही कहते हैं कि संयोगवश ऐसा हो गया है।

पेटीग्रीऊ ने अपने अध्ययन के आधार पर यह भी बतलाया है कि जब दो व्यक्तियों या समूहों के बीच वैर-भाव एवं संघर्ष का इतिहास लम्बा होता है, तो 'निर्णायक आरोपण त्रुटि' की मात्रा भी अधिक होती है। पेटीग्रीऊ द्वारा की गई पूर्वाग्रह की व्याख्या को टेलर एवं जागी (Taylor & Jaggi, 1974) द्वारा दक्षिण भारत में हिन्दू किरानियों (Hindu clerks) पर किये गए अध्ययन से पूर्ण समर्थन मिलता है। इस अध्ययन में दिए गए लघु गद्यांश (small passage) में हिन्दू पात्र या मुसलमान पात्र के धनात्मक (positive) या ऋणात्मक व्यवहार (negative behaviour) का कारण इन हिन्दू किरानियों को बतलाना था। परिणाम में देखा गया कि मुसलमान पात्रों के सभी नकारात्मक व्यवहारों को मात्र संयोगवश होना बतलाया गया। इसी तरह डनकन (Duncan, 1976) ने गोरे कॉलेज के छात्रों पर एक अध्ययन किया जिन्हें एक ऐसी फिल्म दिखलायी गयी जिसमें एक गोरे अमेरिकन निग्रो को धक्का देता हुआ तथा एक निग्रो गोरे अमेरिकन को धक्का देता हुआ दिखलाया गया। अधिकतर गोरे छात्रों ने धक्का देकर निकालना निग्रो का एक प्रमुख व्यक्तिगत गुण बतलाया है और गोरे अमेरिकन द्वारा ऐसा किया जाना एक संयोग की बात बतलाया गया।

इन अध्ययनों से स्पष्ट हो जाता है कि पेटीग्रीऊ का 'निर्णायक आरोपण त्रुटि' (ultimate attribution error) का संप्रत्यय यथार्थ है।

2. अन्तःसमूह सदस्यों एवं बाह्य समूह सदस्यों में विभिन्नता *(Distinction between in-group members and out-group members)*—कुछ समाज मनोवैज्ञानिकों ने पूर्वाग्रह का कारण अन्तःसमूह सदस्यों एवं बाह्य समूह सदस्यों के गुणों में विभिन्नता बतलाया है। अन्तःसमूह (in-group) से तात्पर्य उस समूह से होता है जिसका व्यक्ति सदस्य होता है तथा बाह्य समूह से यहाँ तात्पर्य उस समूह से होता है जिसका सदस्य वह स्वयं नहीं होता है परन्तु जिसके सदस्य पूर्वाग्रह के निशाना होते हैं। कम उम्र के एक व्यक्ति के लिए कम उम्र के व्यक्तियों का समूह अन्तःसमूह (in-group) हुआ परन्तु बूढ़े लोगों का समूह बाह्य समूह (out-group) का उदाहरण हुआ। डाऊनिंग तथा मोनाको (Downing & Monaco, 1982) के अनुसार अन्तःसमूह के सदस्यों एवं बाह्य समूह के सदस्यों बीच जितना ही कम सम्पर्क (contact) होता है, बाह्य समूह के सदस्यों के प्रति पूर्वाग्रह उतनी ही मजबूत होती है। यही कारण है कि एक जाति विशेष का व्यक्ति अपनी जाति के लोगों के प्रति कम पूर्वाग्रही (prejudiced) होता है परन्तु अन्य जाति के लोगों के प्रति अधिक पूर्वाग्रही होता है।

पूर्वाग्रह के कारणों के सम्बन्ध में सामान्य निष्कर्ष *(General conclusion regarding causes of prejudice)*—आधुनिक समाज मनोवैज्ञानिकों ने पूर्वाग्रह के विभिन्न कारणों की व्याख्या आलपोर्ट द्वारा बतलाये गए पाँच उपागमों (approachaes) के अन्तर्गत की है। इन उपागमों में सामाजिक-सांस्कृतिक उपागम (socio-cultural approach), मनोगतिक उपागम (psychodynamic approach) तथा संज्ञानात्मक उपागम (cognitive approach) के अन्तर्गत बतलाये गए कारणों को अपेक्षाकृत अधिक महत्त्वपूर्ण बतलाया गया है क्योंकि इनसे पूर्वाग्रह की व्याख्या अधिक वैज्ञानिक ढंग से होती है।

पूर्वाग्रह एवं विभेद को कम करने की विधियाँ
(Methods of reducing Prejudice and Discrimination)

पूर्वाग्रह एक ऐसी मनोवृत्ति है जिसका सामाजिक कुप्रभाव स्पष्ट रूप से हमें देखने को मिलता है। पूर्वाग्रह के कारण अन्तरवैयक्तिक संघर्ष (interpersonal conflict), जातीय दंगे आदि प्रायः देखने को मिलते हैं। अतः समाज मनोवैज्ञानिकों ने कुछ वैसी विधियों एवं तरीकों का भी वर्णन किया है जिसके द्वारा पूर्वाग्रह और उससे उत्पन्न भेद-भाव को आसानी से कम किया जाय। ऐसी प्रमुख विधियाँ निम्नांकित हैं—

1. अन्तरसमूह सम्पर्क *(Intergroup contact)*—आलपोर्ट (Alport, 1954) सबसे पहले समाज मनोवैज्ञानिक थे जिन्होंने पूर्वाग्रही व्यक्ति (prejudiced person) तथा पूर्वाग्रह के लक्ष्य व्यक्ति (target person) के बीच उचित सम्पर्क (appropriate contact) द्वारा पूर्वाग्रह को कम करने की विधि पर बल डाला है। जब पूर्वाग्रही व्यक्ति तथा लक्ष्य व्यक्ति जो पूर्वाग्रह का निशाना बनता है, एक-दूसरे के निकट सम्पर्क में आते हैं, तो पूर्वाग्रही व्यक्ति को उनके बारे में समझने का अधिक मौका मिलता है। फलस्वरूप, लक्ष्य व्यक्ति के बारे में बहुत सारी गलतफहमियाँ अपने आप दूर हो जातीं हैं और व्यक्ति में पूर्वाग्रह (prejudce) कम हो जाती है। विभिन्न समाज मनोवैज्ञानिकों ने इस तरह के अन्तरवैयक्तिक सम्पर्क (interprsonal contact) या अन्तरसमूह सम्पर्क (intergroup contact) को निम्नांकित तीन परिस्थितियों में अधिक प्रभावकारी (effective) बतलाया है—

(i) पूर्वाग्रह कम करने में अन्तरसमूह सम्पर्क उस परिस्थिति में प्रभावकारी होता है जहाँ दोनों समूह के सदस्यों को समान स्तर (equal status) प्राप्त होता है। इसका समर्थन अमीर (Amir, 1976), नारवेल तथा वारकेल (Norvell & Worchel, 1981) ने अपने-अपने अध्ययनों से किया है।

(ii) पूर्वाग्रह को कम करने के लिए अन्तरसमूह सम्पर्क विधि तभी प्रभावकारी होगी जब दोनों समूहों (या व्यक्तियों) के बीच सम्पर्क सतही (superficial) न होकर वास्तविक एवं घनिष्ठ (intimate) हो। वास्तविक एवं घनिष्ठ संबंध होने से व्यक्ति नापसन्द समूह के सदस्यों को एक व्यक्ति के रूप में अधिक और रूढ़िकृतियाँ (stereotypes) के रूप में कम देखता है। फलस्वरूप पूर्वाग्रह में कमी आती है। इस तथ्य का समर्थन ब्लैक तथा मोटन (Black & Mouton, 1979) एवं कुक (Cook, 1969) ने अपने-अपने अध्ययनों से किया है।

(iii) अन्तरसमूह सम्पर्क उस परिस्थिति में पूर्वाग्रह कम करने में अधिक प्रभावकारी होता है जब दोनों समूहों की सफलता पारस्परिक क्रियाओं (interdependent activities) पर निर्भर करता है। दूसरे शब्दों में, जब लक्ष्य (goal) ऐसा होता है जिसकी प्राप्ति दोनों समूहों की संयुक्त क्रियाओं (joint activities) पर निर्भर करता है, तो ऐसी परिस्थिति में इस ढंग के सम्पर्क से पूर्वाग्रह में कमी तेजी से आती है।

कुक (Cook, 1969) ने एक ऐसा प्रयोग गोरे पूर्वाग्रही महिलाओं (white prejudiced women) पर किया है जिसमें उपर्युक्त तीन कसौटियों (criterion) को पूरा किया गया। प्रयोग प्रारंभ होने के पहले तथा प्रयोग की समाप्ति के बाद अधिकतर महिलाओं की पूर्वाग्रह की माप की गयी। परिणाम में देखा गया कि प्रयोग में भाग लेने के बाद अधिकतर महिलाओं में पूर्वाग्रह की मात्रा कम गयी। क्लोर एवं उनके सहयोगियों (Clore et al. 1978) ने भी एक अध्ययन किया जिसमें एक ग्रीष्म कैंप (summer camp) में प्रत्येक बच्चे को एक गोरे परामर्शदाता (counselor) तथा एक निग्रो परामर्शदाता के साथ घनिष्ठ (intimate) एवं समान स्तरीय सम्पर्क एक सप्ताह तक बनाये हुए रखना था। परिणाम में देखा गया कि इस सम्पर्क के बाद अन्तरप्रजातीय पूर्वाग्रह (inter-racial prejudice) में काफी कमी आ गयी।

2. शिक्षा *(Education)*—पूर्वाग्रह को कम करने के लिए समाज मनोवैज्ञानिकों ने उचित शिक्षा देने की भी सिफारिश की है। इन लोगों का कहना है कि शिक्षा औपचारिक एवं अनौचारिक दोनों ढंग से दी जानी चाहिए। अनौपचारिक शिक्षा (informal education) माता-पिता परिवार के अन्य सदस्यों एवं पास-पड़ोस द्वारा बच्चों को दी जाती है। इन लोगों को चाहिए कि बच्चों के सामने ऐसी बातें नहीं करें जिससे वे किसी समूह या वर्ग के लोगों के प्रति पूर्वाग्रही हो जाएँ। औपचारिक शिक्षा का संबंध स्कूल, कॉलेज, मदरसा आदि में दी जाने वाली शिक्षा से है। इन संस्थानों के शिक्षकों को चाहिए कि वे बच्चों को ऐसी शिक्षा नहीं दे जिससे उनमें किसी प्रकार की पूर्वाग्रह की वृद्धि होती है। उन्हें ऐसा पाठ्यक्रम (syllabus) बनाना चाहिए जिनको पढ़ने से बच्चों में अच्छा मानसिक स्वास्थ्य विकसित हो एवं किसी प्रकार की पूर्वाग्रह इनके मस्तिष्क में जल्दी न विकसित हो। कुछ मनोवैज्ञानिकों जैसे ट्रियानडिस (Triandis, 1972), फाईडलर एवं उनके सहयोगियों (Fiedler et al., 1979) ने अपने-अपने अध्ययनों में पाया है कि शिक्षा का स्तर ऊँचा होने से व्यक्ति में पूर्वाग्रह की मात्रा कम हो जाती है क्योंकि शिक्षा से व्यक्ति में उदारता (liberalism) बढ़ती है। इधर हाल में प्रजातीय पूर्वाग्रह को कम करने के लिए कुछ समाज मनोवैज्ञानिकों ने *'सांस्कृतिक ऐसीमीलेटर विधि'* (Cultural assimilator method) का प्रतिपादन किया। इस विधि में पूर्वाग्रही व्यक्तियों के एक समूह को एक प्रशिक्षक (trainer), दूसरी प्रजाति (race) के लोगों के सामाजिक मानक (social norms) तथा उनके जीवन शैली (life style) के बारे में बतलाता है ताकि उस प्रजाति विशेष के व्यवहारों एवं अन्तरक्रियाओं को पूर्वाग्रही व्यक्ति (prejudiced person) द्वारा ठीक ढंग से व्याख्या की जा सके तथा इनके मन में उस प्रजातीय से संबंधित किसी प्रकार की दकियानूसी (conservatism) को हटाया जा सके। ट्रियानडिस (Triandis, 1972) ने इस विधि का सफलतापूर्वक प्रयोग प्रजातीय पूर्वाग्रह कम करने में किया है। फेल्डमैन (Feldman, 1985) ने भी प्रजातीय पूर्वाग्रह को कम करने में 'सांस्कृतिक ऐसीमीलेटर विधि' की भूमिका की सराहना की है।

3. पूर्वाग्रह-विरोधी प्रचार *(Antiprejudice propaganda)*—पूर्वाग्रह के विरोध में रेडियो, टेलीविजन, सिनेमा आदि से किया गया प्रचार पूर्वाग्रह को कम करने में काफी सहायक हुआ है। मेयर्स (Myers, 1988) ने अपने अध्ययन में पाया कि प्रजातीय पूर्वाग्रह को कम करने के ख्याल से बनाये गये फिल्मों को देखने से पूर्वाग्रही व्यक्तियों की ऐसी पूर्वाग्रहों में करीब 60% तक की कमी होती पायी गयी। अन्य मनोवैज्ञानिकों जैसे सिम्पसन एवं यिंगर (Simpson & Yinger, 1972) ने अपने अध्ययन के आधार पर यह बतलाया है कि पूर्वाग्रह विरोधी प्रचार पूर्वाग्रह को कम करने में शिक्षा से भी अधिक प्रभावकारी (effective) होता है क्योंकि इस तरह का प्रचार-प्रसार प्रायः अप्रत्यक्ष ढंग से व्यक्ति को पूर्वाग्रह कम करने के लिए प्रेरित करता है।

4. असंगत भूमिका *(Incongruent role)*—कुछ समाज मनोवैज्ञानिकों का कहना है कि जब व्यक्ति को ऐसी भूमिका (role) करने के लिए कहा जाता है जो उसकी पूर्वाग्रह (prejudice) से मेल-जोल न खाकर उसके ठीक विपरीत होता है तो कुछ समय तक ऐसी भूमिका के बाद व्यक्ति की मनोवृत्ति बदल जाती है और उसकी पूर्वाग्रह में कमी आ जाती है। उदाहरणार्थ, यदि उच्च जाति के एक ऐसे व्यक्ति को जो दलितों के प्रति पूर्वाग्रही (prejudiced) हैं, कल्याण मंत्री (Welfare Minister) या मुख्य मंत्री बना दिया जाय, तो कुछ ही समय के बाद उस व्यक्ति की मनोवृत्ति दलितों के प्रति बदल जायेगी और उसमें पूर्वाग्रह की मात्रा काफी कम हो जायेगी। ऐसा इसलिए होगा क्योंकि कल्याण मंत्री या

मुख्य मंत्री होकर उसके लिए भेद-भाव करना गैर-कानूनी होगा और एक अशोभनीय कार्य भी। अतः दलितों के प्रति समानता व्यक्त करने के लिए वह अपनी नकारात्मक मनोवृत्ति बदल देगा। इस तरह असंगत भूमिका द्वारा व्यक्ति की पूर्वाग्रह में कमी आती है। मिनार्ड (Minard, 1952), पालमोर (Palmore, 1955) ने भी अपने-अपने अध्ययनों से इस तथ्य की पुष्टि की है।

5. सामाजिक विधान *(Social legislation)*—पूर्वाग्रह को कम करने में तरह-तरह के सामाजिक विधान (social legislation) की भूमिका भी सराहनीय है। जब सरकार पूर्वाग्रह नियंत्रण सम्बन्धी कोई विशेष विधान या कानून बनाती है तो इससे सामाजिक वातावरण में कुछ ऐसा परिवर्तन आता है जिससे पूर्वाग्रह में कमी आ जाती है। भारत में दलितों से सम्बन्धित अनेकों तरह की पूर्वाग्रह मौजूद थीं जिनमें एक प्रमुख पूर्वाग्रह छुआछूत की थी। भारत सरकार ने सामाजिक विधान बनाकर छुआछूत को गैर-कानूनी घोषित किया जिसके परिणामस्वरूप दलितों से छुआछूत सम्बन्धी पूर्वाग्रह अब करीब-करीब समाप्त हो गयी है। इसी तरह के जातीय पूर्वाग्रह (caste prejudice) को कम करने के लिए भारत सरकार ने अन्तरजातीय विवाह (intercaste marriage) को कानूनी घोषित किया है और इस विधान को और अधिक प्रोत्साहन देने के लिए अन्तरजातीय विवाह करने वाले व्यक्ति को आर्थिक प्रोत्साहन के अलावा सरकारी नौकरियों में आरक्षण देने की बात भी सरकार की नजर में है। उसी तरह से महिलाओं तथा विकलांगों के प्रति पूर्वाग्रह को कम करने के लिए भारत सरकार ने अनेकों तरह के सामाजिक विधान बनाये हैं एवं सरकारी नौकरियों में आरक्षण देकर उनका सामाजिक-आर्थिक स्तर ऊँचा करने का प्रयास किया है। विदेशों में भी सरकार प्रजातीय विभेद(racial discrimination)से सम्बन्धित अनेक विधान बनाये हैं जिससे निग्रो, यहूदियों (jews) आदि के प्रति गोरे व्यक्तियों (white people) में व्याप्त पूर्वाग्रह में काफी कमी आयी है। मेयर्स (Myers, 1988) ने अमेरिकन जनसंख्या का सर्वे कर यह बतलाया है कि प्रजातीय विभेद (racial discrimination) को रोकने से सम्बन्धित विधान बनाने के बाद प्रजातीय पूर्वाग्रह (racial prejudice) से ग्रसित व्यक्तियों की पूर्वाग्रह में 60% की कमी आयी है।

6. अलगाव-विरोधी नीति *(Anti-segregation policy)*—सरकार एवं समाज-सेवी संस्थानों को चाहिए कि समाज में अलगाव-विरोधी नीति का अधिक-से-अधिक क्रियान्वयन किया जाय ताकि समाज में व्याप्त भिन्न-भिन्न तरह की पूर्वाग्रहों में काफी कमी जा आय। हमारे समाज में आज भी अलगाव की नीति काफी प्रचलित है जिससे कुछ पूर्वाग्रहों का सम्पोषण (maintenance) हो रहा है। जैसे—आज भी देखा जा रहा है कि दलितों के लिए अलग आवासीय योजना चलायी जा रही है। इससे तो दलितों के प्रति पहले से चली आ रही पूर्वाग्रह और भी मजबूत हो जायेगी। अतः सरकार एवं समाजसेवी संस्थानों को चाहिए कि इस ढंग की पृथक-गृह परियोजना की जगह पर समाकलित-गृह परियोजना (integrated housing project) चलायी जाय। उसी ढंग से सरकारी नौकरियों में आरक्षण का आधार जाति या वर्ग न हो तो अच्छा है क्योंकि ऐसा होने से जातीय पूर्वाग्रह का सम्पोषण (maintenance) होता है। आरक्षण का आधार कोई ऐसी कसौटी (criteria) हो जिससे सभी जाति के लोगों को बराबर लाभ मिले। इससे तब स्वभावतः जातीय पूर्वाग्रह में कमी आयेगी।

ऐसा देखा गया है कि अलगाव-विरोधी नीति के परिणाम सभी देशों में उम्मीद के अनुसार नहीं पाये गये हैं। उदाहरणस्वरूप, अमेरिका में स्कूल अर्वण भेदन[1] (School desegragation) प्रोग्राम के परिणाम में पाया गया कि इससे गोरे बच्चों में विभिन्न प्रजाति के प्रति धनात्मक मनोवृत्ति (positive attitude) नहीं विकसित हुई। अवर्णन भेदन स्कूल में पढ़ने के बावजूद भी, जैसा कि स्टीफन (Stephan, 1978) ने बतलाया है, निग्रो बच्चों के प्रति गोरे बच्चों की पूर्वधारणा में कमी नहीं आती है। फेल्डमैन[2] के शब्दों में, ''सबूतों को तौलने के बाद, स्टीफन (Stephan, 1978) इस निष्कर्ष पर पहुँचे कि अवर्ण भेदन (desegregation) से सामान्यतः काले बच्चों के प्रति गोरे बच्चों की पूर्वाग्रह में कोई कमी नहीं आती है।''

7. व्यक्तित्व परिवर्तन प्रविधियाँ *(Personality change techniques)*—सैम्पसन एवं स्मिथ (Sampson & Smith, 1957) के अनुसार पूर्वाग्रह को कम करने के लिए एक सन्तुलित, परिपक्व एवं खुला विचार रखने वाले व्यक्ति का होना अनिवार्य है। समाज मनोवैज्ञानिकों ने व्यक्तित्व में परिवर्तन मनोचिकित्सा (psychotherapy) की विभिन्न विधियों

---

1. स्कूल अवर्ण भेदन (school desegragation) प्रोग्राम में एक ही स्कूल में भिन्न-भिन्न प्रजाति (reces) के बच्चों को तालीम दी जाती है।
2. "After weighing the evidence, Stephen (1978) concluded that desegregation generally did not reduce white prejudice towards blacks."
—Feldman : *Social Psychology,* 1985, p. 180.

(methods) एवं विरेचन (catharsis) द्वारा करके उनमें व्याप्त पूर्वाग्रह को कम करने पर बल डाला है। इन प्रविधियों द्वारा जब व्यक्ति के व्यक्तित्व में परिवर्तन आ जाते हैं तो वह अन्य जाति, धर्म एवं प्रजाति (race) के व्यक्तियों के बारे में इस ढंग से सोचना प्रारम्भ कर देता है जिससे उसमें चली आ रही गलतफहमियाँ अपने आप दूर हो जाती हैं। फलतः उसकी पूर्वाग्रह में अपने आप कमी आ जाती है। एक्सलाईन (Axline, 1948) ने एक अध्ययन किया है जिसमें खेल चिकित्सा(play therapy)द्वारा बच्चों के व्यक्तित्व में परिवर्तन लाकर उनकी प्रजातीय पूर्वाग्रह(racial prejudice) में कमी होते दिखलायी गयी है। इसी तरह के अन्य अध्ययनों में भी उपयुक्त विधियों द्वारा व्यक्तित्व में परिवर्तन लाकर पूर्वाग्रह में कमी करने की कोशिश की गयी है। सेकर्ड तथा बैकमन (Secord & Backman, 1974) ने इन विधियों द्वारा पूर्वाग्रह में कमी करने में कुछ कठिनाइयों का आभास किया है जो इस प्रकार है—

(1) व्यक्ति के व्यक्तित्व में परिवर्तन लाना अपने आप में एक बहुत खर्चीला एवं समय लेनेवाला प्रविधि है। इसका उपयोग कर पूर्वाग्रह कम करना एक टेढ़ी खीर है। सच्चाई यह है कि बहुत सारे व्यक्ति तो ऐसे होते हैं जो अपने व्यक्तित्व में परिवर्तन लाना ही नहीं चाहते हैं।

(2) व्यक्तित्व में परिवर्तन लाकर पूर्वाग्रह कम करना तभी सम्भव है जब सामाजिक परिस्थितियाँ(social condition) जिसमें व्यक्ति रहता है, में भी उचित परिवर्तन लाया जाय।

ऊपर के विवरण से स्पष्ट है कि पूर्वाग्रह कम करने के लिए समाज मनोवैज्ञानिकों एवं समाजशास्त्रियों ने सराहनीय उपायों को बतलाया है। पूर्वाग्रह के स्वरूप को ध्यान में रखते हुए इनमें से उचित उपायों को चुनकर हम पूर्वाग्रह के स्तर में कमी ला सकते हैं।

पूर्वाग्रह की माप
(Measurement of Prejudice)

चूँकि पूर्वाग्रह मूलतः एक तरह की नकारात्मक मनोवृत्ति (negative attitude) है, अतः इसे मापने के लिए उन तमाम विधियों का प्रयोग किया जा सकता है जिसके सहारे हम मनोवृत्ति की माप करते हैं। दूसरे शब्दों में, थर्स्टन विधि, लिकर्ट विधि, गटमैन विधि, बोगार्डस विधि तथा अन्य विधियों द्वारा भी पूर्वाग्रह की माप कर सकते हैं। परन्तु आम समाज मनोवैज्ञानिकों का अनुभव यही रहा है कि इन विधियों प्रयोग से पूर्वाग्रह की यथोचित एवं वैज्ञानिक माप नहीं हो सकती है क्योंकि प्रायः व्यक्ति अपनी पूर्वाग्रह या नकरात्मक मनोवृति तो सीधे आसानी से व्यक्त नहीं करता है। यह समस्या उस समय और भी जटिल हो जाती है जब हमें किसी वयस्क की पूर्वाग्रह की माप करनी होती है। फलस्वरूप, समाज मनोवैज्ञानिकों ने पूर्वाग्रह को मापने के लिए कुछ विशेष प्रविधियों का वर्णन किया है, जो निम्नांकित है—

1. अशाब्दिक व्यवहारपरक माप *(Nonverbal behavioural measures)*—पूर्वाग्रह के लक्ष्य-व्यक्ति (target perons) के साथ जब कोई पूर्वाग्रही व्यक्ति (prejudiced person) अन्तःक्रिया (interaction) करता है तो वह कुछ अशाब्दिक व्यवहार (nonverbal behaviour) जैसे खास ढंग की आनन-अभिव्यक्ति (facial expression), हाथ की अंगुलियों एवं कन्धों की भावभंगिमा आदि भी बनाता है जिसके आधार पर हम उसकी पूर्वाग्रह के बारे में अन्दाज लगाते हैं। इन अशाब्दिक मापों (nonverbal measures) से हमें जो पूर्वाग्रह के बारे में अन्दाज होता है वह व्यक्ति द्वारा दी गई लिखित या मौखिक सूचनाओं की अपेक्षा अधिक विश्वसनीय होता है क्योंकि अशाब्दिक व्यवहारों को व्यक्ति छिपा नहीं पाता है और न ही उसमें परिवर्तन ला पाता है। उदाहरणार्थ, एक व्यक्ति अपने दोस्त के प्रति पूर्वाग्रह को लिखित या मौखिक(oral) रूप से व्यक्त करने में कुछ बातों को छिपा सकता है, परन्तु व्यवहारात्मक अभिव्यक्ति(behavioural expression) में वह इसे किसी-न-किसी रूप में दिखला ही देगा। फेल्डमैन एवं डोनोहो(Feldman & Donohoe, 1978) ने एक अध्ययन करके पूर्वाग्रह के इस अशाब्दिक मापन की विधियों की वैधता (validity) को सही ठहराया है। इस अध्ययन में अधिक पूर्वाग्रही (high prejudiced) तथा कम पूर्वाग्रही गोरे प्रयोज्यों (white subjects) को तीसरी कक्षा के छात्रों के शिक्षक के रूप में कार्य करने के लिए कहा गया है। गोरे प्रयोज्यों को शिक्षक के रूप में इन छात्रों (जिनमें गोरे और निग्रो दोनों तरह के छात्र थे) पर एक ऐसा परीक्षण (test) क्रियान्वयन (administer) करना था जिसपर उन्हें (छात्रों को) प्रयोगकर्त्ता द्वारा पहले से ही काफी तालीम दी जा चुकी थी (परन्तु इस बात का पता 'शिक्षक' को नहीं था)। शिक्षक को निर्देश था कि जब छात्र सही उत्तर दें तो आप उसकी प्रशंसा यह बोलते हुए करें कि 'ठीक है, शाबास'। जब प्रयोज्य 'शिक्षक' ऐसी प्रशंसा कर रहे थे, तो गुप्त रूप से उनके चेहरे एवं कन्धों की गतियों (movements)

का विडियो रेकार्डिंग भी कर लिया गया। बाद में इन विडियो तस्वीरों को गोरे निर्णायकों (white judges) के एक समूह को यह बतलाने के लिए दिया गया कि कहाँ तक 'प्रयोज्य शिक्षक' छात्रों से खुश नजर आते हैं। परिणाम में देखा गया कि छात्रों के प्रजाति (race) के अनुकूल अधिक पूर्वाग्रही प्रयोज्यों एवं कम पूर्वाग्रही प्रयोज्यों द्वारा दिखलाये गये अशाब्दिक व्यवहारों में अन्तर था। यद्यपि सभी छात्रों का निष्पादन करीब-करीब समान था, अधिक पूर्वाग्रही 'प्रयोज्य शिक्षक' गोरे छात्रों के प्रति निग्रो छात्रों की अपेक्षा अशाब्दिक रूप से अधिक स्वीकारात्मक मनोवृत्ति दिखलाते पाये गये। स्पष्ट है कि व्यक्ति के अशाब्दिक व्यवहार के आधार पर समूह या व्यक्ति के प्रति पूर्वाग्रह की झलक मिल जाती है जिसके साथ वह अन्तःक्रिया (interaction) करता है।

2. अन्य व्यवहारों के आधार पर *(On the basis of other behaviours)*—कुछ समाज मनोवैज्ञानिकों जैसे डोनरस्टीन एवं डोनरस्टीन (Donnerstein & Donnerstein, 1976) तथा क्रोसबाई एवं उनके सहयोगियों (Crosby et. al., 1980) ने यह बतलाया है कि पूर्वाग्रह की माप अशाब्दिक व्यवहारों के अलावा कुछ अन्य तरह के व्यवहार जैसे विभेदी मदद (differential help) तथा आक्रमणकारी व्यवहार (aggressive behaviour) से भी होता है। उदाहरणार्थ, जब एक प्रोफेसर किसी छात्र को सबसे अलग हटकर विशेष मदद करते हैं तो स्पष्ट है कि प्रोफेसर की मनोवृत्ति उस छात्र के प्रति स्वीकारात्मक (positive) होती है। उसी तरह से यदि प्रोफेसर किसी छात्र से बात-बात में गुस्सा जाते हैं, तो स्पष्ट है कि उस छात्र के प्रति उनकी मनोवृत्ति नकारात्मक है।

3. आत्म-प्रतिवेदन विधियाँ *(Self-report methods)*—मनोवृत्ति *(attitude)* को मापने के ही समान पूर्वाग्रह को मापने के लिए भी आत्म-प्रतिवेदन विधि (self-report method) के कई विधियों का प्रयोग किया जाता है। इसके अन्तर्गत लिकर्ट का संकलित रेटिंग (summated raing), थर्स्टन (Thurstone) की समदृष्टि अन्तराल विधि (equal-appearing method), गटमैन का स्केलोग्राम विश्लेषण (Scalogram analysis) तथा औसगुड एवं उनके सहयोगियों का शब्दार्थ विभेदक (Semantic Differntial Scale) विशेष रूप से उल्लेखनीय है। इनमें से लिकर्ट का संकलित रेटिंग (summated rating) का प्रयोग तुलनात्मक रूप से अधिक होता है। पूर्वाग्रह को मापने में आत्म-प्रतिवेदन की ये सारी विधियाँ उन सभी समस्याओं से ग्रसित होतीं हैं जिन समस्याओं से मनोवृत्ति का मापन ग्रसित होता है। इन विधियों की वैधता (validity) भी उपयुक्त कसौटी (appropriate criterion) के अभाव में अधिक प्रभावित यानी दबी हुई पायी गयी है।

4. दैहिक प्रतिक्रियाएँ *(Physiological reactions)*—कुछ मनोवैज्ञानिकों जैसे कूपर तथा सिंगर (Cooper & Singer, 1959), रैनकिन तथा कैम्पबेल (Rankin & Campbell, 1955) ने अपने-अपने अध्ययनों के आधार पर यह बतलाया है कि पूर्वाग्रह को मापने के लिए अनेक प्रकार के दैहिक माप जैसे हृदय गति (heart rate) में परिवर्तन, पुतलियों का फैलाव (pupillary dilation), गैल्वनी त्वक् अनुक्रिया (Galvanic Skin Response or G.S.R.) का उपयोग किया जा सकता है। इन दैहिक प्रतिक्रियाओं का विशेष गुण यह होता है कि इसके द्वारा पूर्वाग्रह की अभिव्यक्ति करने में व्यक्ति चाह कर भी किसी प्रकार का दमन (repression) नहीं कर पाता है। फलस्वरूप, इसके आधार पर पूर्वाग्रह की माप अधिक स्पष्ट ढंग से हो जातीं हैं। इस विधि में कठिनाई यह है कि इन प्रतिक्रियाओं का अभिलेखन (recording) में विशेष कुशलता की जरूरत होती है।

स्पष्ट है कि पूर्वाग्रह की भी माप हम मनोवृत्ति के समान कर सकते हैं। हाँ, इतना अवश्य है कि पूर्वाग्रह की सही-सही माप मनोवृत्ति की माप की अपेक्षा अधिक कठिन है क्योंकि लोग प्रायः सामाजिक वांछनीयता (social desirability) को ध्यान में रखते हुए पूर्वाग्रह मुक्त मनोवृत्ति की अभिव्यक्ति करने में सफल हो पाते हैं।

पूर्वाग्रह का प्रभाव
(Effects of Prejudice)

पूर्वाग्रह एक ऐसी मनोवृत्ति (attitude) है जो स्वीकारात्मक (positive) भी होती है तथा नकारात्मक (negative) भी होती है। परन्तु अधिकतर मनोवैज्ञानिकों ने इसमें नकारात्मक प्रवृत्ति की प्रधानता को ही स्वीकार किया है। इसलिए इन लोगों ने नकारात्मक मनोवृत्ति को ही पूर्वाग्रह मान लिया है। जैसे—किसी चीज के दो पक्ष (aspect) होते हैं, उसी ढंग से पूर्वाग्रह के भी दो पक्ष हैं। दूसरे शब्दों में, पूर्वाग्रह के धनात्मक या लाभकर प्रभाव (positive or adventageous effect) तथा नकारात्मक या हानिकर प्रभाव (negative or advarse effect) दोनों ही होते हैं। इसके प्रमुख धनात्मक प्रभाव (positive effect) निम्नांकित हैं—

1. पूर्वाग्रह द्वारा व्यक्ति की दमित इच्छाओं की संतुष्टि होती है। समाज के सबल या लाभान्वित समूह (advantged group) निर्बल या अलाभान्वित समूह (disadvantaged group) के प्रति अपनी दमित इच्छाओं जिसमें घृणा, वैर-भाव आदि की प्रधानता होती है, की संतुष्टि कर सकते हैं।
2. पूर्वाग्रह द्वारा समाज के लाभान्वित समूह को अपनी निराशा तथा कुण्ठा (frustration) को दूर करने में सहायता मिलती है। प्रायः ऐसे समूह के सदस्य निर्बल समूह या अलाभान्वित समूह के सदस्यों पर आक्रमणकारी व्यवहार कर अपने अन्दर की निराशा एवं कुण्ठा को दूर करते हैं। बिहार के विभिन्न जिलों में सबल जाति के लोगों द्वारा दलितों पर बार-बार किया गया आक्रमणकारी व्यवहार इसका एक ज्वलंत उदाहरण है।
3. पूर्वाग्रह से सबल समूह के सदस्यों में श्रेष्ठता की भावना (superiority feeling) उत्पन्न होती है तथा प्रतिष्ठा आवश्यकता (prestige need) की संतुष्टि होती है। उच्च जाति के लोगों में पिछड़ी जाति एवं दलितों के प्रति जातीय पूर्वाग्रह (caste prejudice) विकसित होने से उनमें श्रेष्ठता की भावना जगती है एवं साथ-ही-साथ उनकी प्रतिष्ठा आवश्यकता की संतुष्टि होती है।
4. पूर्वाग्रह में सबल समूह के सदस्यों में एक-दूसरे के प्रति स्वीकारात्मक मनोवृत्ति (positive attitude) होती है परन्तु अलाभान्वित समूह के सदस्यों के प्रति नकारात्मक मनोवृत्ति (negative attitude) होती है। इसका एक विशेष लाभ यह होता है कि सबल समूह के सदस्यों में एकता तथा भाईचारा का सम्बन्ध तेजी से जगता है।
5. सेकर्ड तथा बैकमैन (Secord & Backman, 1974) ने यह बतलाया है कि पूर्वाग्रह से आर्थिक लाभ (economic gain) भी होती है। अगर कोई कर्मचारी (employee) यह देखता है कि उसका तात्कालिक बॉस (immediate boss) किसी व्यक्ति के प्रति नकारात्मक मनोवृत्ति दिखलाने से खुश होता है तो वह तुरन्त उस व्यक्ति के प्रति पूर्वाग्रही (prejudiced) होकर अपने बॉस को खुश कर देता है और अपनी पदोन्नति (promotion) या अन्य लाभ प्राप्त कर लेता है।

पूर्वाग्रह के नकारात्मक प्रभाव (negative effect) अधिक स्पष्ट रूप से देखने को मिलती हैं। प्रमुख ऐसे प्रभाव निम्नांकित हैं—

1. पूर्वाग्रह से सामाजिक संघर्ष (social conflict) में वृद्धि होती है। पूर्वाग्रह के कारण ही हमें अक्सर हिन्दू-मुस्लिम दंगे एवं अन्य जाति दंगे देखने को मिलते हैं। पूर्वाग्रह के कारण हिन्दू मुसलमान को तथा मुसलमान हिन्दू को घृणा एवं शक की निगाह से देखते हैं तथा ऐसी भावना धीरे-धीरे एकत्रित होकर दंगा के रूप में प्रस्फुटित होता है।
2. पूर्वाग्रह से सामाजिक विघटन (social disorganization) होता है। भिन्न-भिन्न तरह की पूर्वाग्रहों जैसे जातीय पूर्वाग्रह, साम्प्रदायिक पूर्वाग्रह, धर्म से सम्बन्धित पूर्वाग्रह के कारण समाज उत्तरोतर खण्डित होता चला जाता है और प्रत्येक खण्ड में सामाजिक दूरी बढ़ती जाती है। मेयर्स (Myers, 1975) के अनुसार जब समाज में सामाजिक दूरी अधिक बढ़ती जाती है, तो इससे गृहयुद्ध की सम्भावना बढ़ जाती हे।
3. पूर्वाग्रह से राष्ट्रीय समकलन (national integration) के मार्ग में काफी कठिनाई होती है। विभिन्न तरह की पूर्वाग्रहों के कारण विभिन्न सम्प्रदाय के लोग आपस में घनिष्ठ सम्बन्ध नहीं स्थापित कर पाते हैं। फलतः राष्ट्रीय अखण्डता (national integration) के तहत चलाई जाने वाली परियोजनाओं (projects) को अभी तक काफी सफलता नहीं मिल पायी है।
4. पूर्वाग्रह के कारण ही सरकार एवं समाजसेवी संस्थानों द्वारा चलाये गये मानव कल्याण प्रोग्राम अभी तक अपने लक्ष्य की प्राप्ति नहीं कर सके हैं।

इस तरह से हम देखते हैं कि पूर्वाग्रह के स्वीकारात्मक प्रभाव (positive effect) तथा नकारात्मक प्रभाव (negative effect) दोनों ही होते हैं। परन्तु उनका नकारात्मक प्रभाव स्वीकारात्मक प्रभाव से अधिक हानिकारक है। अतः पूर्वाग्रह के उद्भव (origin) तथा सम्पोषण (maintenance) को रोकना आदि अनिवार्य है।

साम्प्रदायिकता
(Communalism)

अर्थ एवं परिभाषाएँ—साम्प्रदायिकता की बढ़ती हुई प्रवृत्ति तथा उससे सम्बद्ध हिंसा ने मनोविज्ञानियों, समाजशास्त्रियों, सरकार एवं समाजसेवी संस्थानों का ध्यान अपनी ओर आकर्षित किया है। साम्प्रदायिकता को सामान्य रूप

से एक ऐसी विचारधारा माना जा सकता है जो इस बात की ओर इशारा करता है कि समाज कई धार्मिक समुदायों में बँटा हुआ है जिनके स्वार्थ एक-दूसरे से केवल भिन्न ही नहीं बल्कि परस्पर विरोधी भी हैं। विशिष्ट अर्थ में साम्प्रदायिकता अपने ही धार्मिक तथा जातीय समूह के प्रति एक तीव्र निष्ठा की भावना है। साम्प्रदायिकता के कारण व्यक्ति अपने सम्प्रदाय या जातीय एवं धार्मिक समूह को अधिक महत्त्व देता है और अन्य समाजों एवं राष्ट्रों के हितों की अवहेलना करता है। जब एक समुदाय के सदस्य दूसरे समुदाय के सदस्यों एवं धर्म के विरुद्ध विरोध करता है, तो उन्हें साम्प्रदायिक कहा जा सकता है। यह विरोध किसी विशेष समुदाय पर झूठे आरोप लगाने से लेकर उस समुदाय के लोगों को जान से मारने, औरतों का इज्जत लूटने आदि वीभत्स घटनाओं तक का होता है। इन तथ्यों से यह स्पष्ट है कि साम्प्रदायिकता की सबसे उत्तम परिभाषा यह होगी कि यह एक ऐसी संकीर्ण मनोवृत्ति है जो किसी विशेष धर्म अथवा सम्प्रदाय के लोगों में अपने स्वार्थों की पूर्ति करने के लिए की जाती है तथा उसके परिणामस्वरूप विभिन्न धार्मिक समूहों एवं जातीयों में सामाजिक तनाव एवं संघर्ष पैदा हो जाते हैं।

टी० के० ओमैन (T. K. Ooman, 1989) ने साम्प्रदायिकता के छह प्रमुख विमा या आयाम (dimensions) बतलाये हैं जो निम्नांकित हैं—

(1) आत्मसातकरणवादी साम्प्रदायिकता *(Assimilationist Communalism)*—इस तरह के साम्प्रदायिकता में बड़े धार्मिक समूह द्वारा छोटे धार्मिक समूहों का एकीकरण कर लिया जाता है। ऐसी साम्प्रदायिकता में यह दावा किया जाता है सभी जनजातियाँ हिंदू या सभी जनजातियाँ मुस्लिम हैं।

(2) कल्याणकारी साम्प्रदायिकता*(Welfarist Communalism)*—इस तरह के साम्प्रदायिकता का उद्देश्य किसी विशेष सम्प्रदाय का कल्याण जैसे उनके जीवन-स्तर को सुधारना, उचित शिक्षा एवं स्वास्थ्य लाभ का प्रबंध करना आदि होता है। जैसे ईसाई संस्थाएँ ईसाइयों की उन्नति पर तथा पारसी संस्थाएँ पारसियों की उन्नति पर विशेष ध्यान देती हैं ताकि इन समुदाय के सदस्यों की सम्पूर्ण उन्नति हो सके।

(3) प्रतिशोधपूर्ण साम्प्रदायिकता *(Retaliatory Communalsim)*—इससे तात्पर्य वैसे साम्प्रदायिकता से होता है जिसमें एक सम्प्रदाय के लोग दूसरे सम्प्रदाय के लोग को जानबूझ कर हानि पहुँचाने या चोट पहुँचाने की कोशिश करते हैं।

(4) पलायनवादी साम्प्रदायिकता*(Retreatist Communalism)*—यह एक ऐसी साम्प्रदायकिता है जिसमें एक छोटा धार्मिक समूह अपने आप को राजनीति से अलग कर लेता है ताकि वह उसका समुचित विकास कर सके। जैसे—बहाई समुदाय की साम्प्रदायिकता पलायनवादी कही जा सकती है क्योंकि इसने अपने सदस्यों को राजनीति में भाग लेने पर प्रतिबंध लगा रखा है तथा इसे अवैध घोषित कर चुका है।

(5) अलगाववादी साम्प्रदायिकता *(Separatist Communalism)*—इससे तात्पर्य एक ऐसी साम्प्रदायिकता से होती है जिसमें एक विशेष धार्मिक समुदाय अपनी संस्कृति की विशेष पहचान बनाये रखना चाहता है तथा इसके लिए वह एक अलग राज्य का भी माँग करता है। जैसे—तेलांगाना के लोगों की माँग एक अलग राज्य की स्थापना करना है जिसे अलगाववादी साम्प्रदायिकता कहा जायेगा।

(6) प्रथावादी साम्प्रदायिकता *(Secessionist Communalism)*—इससे तात्पर्य एक ऐसी साम्प्रदायिकता से होती है जिसमें एक धार्मिक समुदाय अपनी बिलकुल ही अलग राजनीतिक पहचान बनाने की इच्छा से एक स्वतंत्र देश की माँग करता है। जैसे—सिक्खों का एक छोटा उग्रवादी भाग इस तरह की साम्प्रदायिकता को अपनाकर खालिस्तान की माँग कर रहा है।

इन विभिन्न तरह के साम्प्रदायिकता में प्रथावादी, अलगाववादी तथा प्रतिशोधपूर्ण साम्प्रदायिकता का स्वरूप कुछ ऐसा है कि इससे समाज में तनाव एवं सामाजिक संघर्ष उत्पन्न होता है और तरह-तरह के आन्दोलन, साम्प्रदायिकता, झगड़े तथा आतंकवादी आदि उत्पन्न हो जाते हैं।

भारत में साम्प्रदायिकता
(Communalism in India)

भारत के अनेकवादी समाज में विभिन्न धार्मिक समुदाय जैसे—हिन्दू (82.63%), मुसलमान (11.36%), ईसाई (2.43%), सिक्ख (1.96%), बौद्ध (0.71%) तथा जैन (0.48%) रहते हैं। इन आँकड़ों से यह दीखता है कि पूरे राष्ट्र में बहुसंख्यक धार्मिक समूह के रूप में हिन्दू हैं। परन्तु सच्चाई यह है कि कुछ प्रांतों में ये अल्पसंख्यक के रूप

में हैं। जैसे—जम्मू एवं कश्मीर में मुसलमान 64.19%, नागलैंड एवं मिजोरम में ईसाई क्रमशः 80.19% तथा 83.80% हैं तथा पंजाब में सिक्ख 60.17% हैं। यह बात सही है कि जनसंख्या के आधार पर मुसलमान यद्यपि अल्पसंख्यक (11.36%)हैं, फिर भी इन्डोनेशिया, बंगलादेश तथा पाकिस्तान के अलावा भारत चौथा एक ऐसा देश है जिसमें मुसलमानों की संख्या पाकिस्तान की तुलना में अधिक है। *मुस्लिम इंडिया*(1983, 1, 64-65)के अनुसार यद्यपि कुल भारतीय जनसंख्या का 11.36% ही मुसलमान की जनसंख्या है, फिर भी करीब 37 ऐसे शहर हैं जिनमें उनका प्रतिशत काफी अधिक है अर्थात स्थानीय जनसंख्या का 20% से भी अधिक है। सक्सेना (Sexena, 1984), इंजीनियर (Engineer, 1984) तथा कृष्णा (Krishna, 1985) के अनुसार वैसे शहरी क्षेत्र जिसमें मुस्लिम जनसंख्या उस क्षेत्र के कुल जनसंख्या का 20% से 40% के बीच होता है, उसमें हिन्दू-मुस्लिम के बीच साम्प्रदायिक दंगा होने की सम्भावना तुलनात्मक रूप से अधिक होती है। हिन्दू-मुसलमानों के संबंध के अलावा हिंदुओं का संबंध सिक्खों के साथ भी पिछले चौदह सालों से (विशेषकर 1984 से) संदेह की दृष्टि से देखा जाने लगा है। अतः हम यहाँ पहले हिन्दू-मुसलमान साम्प्रदायिकता तथा उसके बाद हिन्दू-सिक्ख साम्प्रदायिकता का वर्णन करेंगे।

1. हिन्दू-मुसलमान साम्प्रदायिकता *(Hindu-Muslim Communalism)*—भारत में हिंदू मुसलमान के संबंध को समझने के लिए ऐतिहासिक परिप्रेक्ष्य की जानकारी आवश्यक है। भारत पर मुसलमानों के आक्रमण दसवीं शताब्दी में प्रारंभ हुए थे। उस समय के आरंभिक मुसलमान नेता एवं विजेता जैसे मोहम्मद गजनवी एवं मोहम्मद गोरी धार्मिक आधिपत्य जमाने की अपेक्षा लूट-पाट में अधिक दिलचस्पी रखते थे। उस समय जब कुतुबुद्दीन दिल्ली का पहला सुल्तान बना तब इस्लाम ने भारत में पैर जमाये। इसके बाद के मुगल नेताओं ने अपने साम्राज्य एवं इस्लाम को भी काफी संगठित किया तथा विकसित किया। उस समय के मुगल शासकों द्वारा किये जा रहे कुछ कार्य जैसे मंदिरों को तोड़कर उसके जगह मस्जिद बनवाना तथा हिंदुओं को मुस्लिम बनने के लिए बाध्य करना या प्रलोभित करना आदि से हिंदू एवं मुसलमान समुदायों के बीच साम्प्रदायिक झगड़े बढ़े। इसके बाद जब अंग्रेजों ने ईस्ट इंडिया कम्पनी के माध्यम से भारत पर अपना आधिपत्य जमाना प्रारंभ किया तो, उन्होंने हिंदुओं को संरक्षण देने की नीति अपनायी तथ मुसलमानों को भी खुश रखने की भरसक प्रयास किया। 1857 में जब प्रथम स्वतंत्रता संग्राम प्रारंभ हुआ तो हिंदुओं एवं मुसलमानों ने आपस में मिलकर अंग्रेजों के खिलाफ अच्छी लड़ाई लड़ें। इस लड़ाई में हिंदुओं एवं मुसलमानों को सफलता भले न मिल पायी परंतु अंग्रेजों को यह समझ में आ गया कि इन दोनों के मिल जान पर भारत में उनके पैर न जम पायेंगे। अतः अंगेजों ने 'फूट डालो एवं राज करो' (Divide and rule) की नीति अपनायी जिसके फलस्वरूप हिन्दू एवं मुसलमान के साम्प्रदायिक तनाव को बढ़ावा मिला। हिन्दू एवं मुसलमान के बीच तनाव बढ़ने लगे जो आज तक बढ़ता ही जा रहा है। स्पष्ट हुआ कि यद्यपि हिंदुओं एवं मुसलमानों का पारस्परिक संबंध काफी पुराना है फिर भी यदि यह कहा जाय कि भारत हिंदू-मुसिलम साम्प्रदायिकता स्वतंत्रता संग्राम के दौरान अंग्रेजी शासन की विरासत है, तो कोई अतिशयोक्ति नहीं होगी।

हिन्दू-मुसलमान के सम्बन्ध के बारे में कुछ जानकारी राजनैतिक समकालीन संदर्भ से भी प्राप्त होता है। यदि हम भारतीय राष्ट्रीय आंदोलन से उपलब्ध तथ्यों पर विचार करें तो यह स्पष्ट होगा कि 1918 तथा 1922 के बीच जितने गंभीर प्रयत्न हिन्दू-मुस्लिम एकता के लिए हुए, वे इन समुदायों एवं कांग्रेस के शीर्षस्थ नेताओं के वार्तालाप के रूप में हुए। इन नेताओं के बीच प्रारम्भ से ही एक अप्रत्यक्ष सहमति थी कि हिन्दू, मुसलमान एवं सिक्ख ऐसे पृथक समुदाय हैं जिनके धार्मिक, सामाजिक एवं सांस्कृतिक प्रथाओं में एकता न होकर केवल राजनीतिक एवं आर्थिक मामलों में ही एकता है। इस तरह से हिन्दू-मुस्लिम साम्प्रदायिकता की बीज तो इस अवधि में अर्थात बीसवीं शताब्दी के प्रथम चतुर्थांश में ही पड़ चुकी थी। 1942 के बाद मुस्लिम लीग एक सशक्त राजनैतिक दल की तरह उभरी और उसने भारत के समस्त मुसलमानों का वास्तवकि प्रतिनिधि बतलाते हुए उनके तरफ से बालेने का दावा प्रस्तुत किया। मुस्लिम लीग के नेता एम॰ ए॰ जिन्ना ने 'कांग्रेस' को एक 'हिंदू' संगठन की उपाधि दिया जिसका अंग्रेजों ने अनुमोदन इस उद्देश्य से किया वे मुसलमानों को हिन्दुओं के प्रति भड़का सकने में सफल हो पायें। कांग्रेस के प्रमुख नेता जिनमें श्री मदन मोहन मालवीय, श्री सरदार पटेल एवं श्री के॰ एम॰ मुंशी आदि प्रमुख थे, ने भी अपना हिन्दू-समर्थक मनोवृत्ति दिखलाया जिससे साम्प्रदायिक तत्त्वों का मनोबल ऊँचा हुआ। 1940 में लाहौर में मुस्लिम लीग ने सबसे पहले मुसलमानों के लिए एक अलग देश पाकिस्तान बनाने का नारा दिया। जब कांग्रेस नेताओं ने 1946 में विभाजन की स्वीकृति दे दी तो उसमें 1947 में भारी संख्या में हिंदुओं और मुसलमानों का रक्तपात हुआ। 1947 के विभाजन दंगों में लगभग दो लाख व्यक्तियों के मारे जाने का अनुमान है और करीब 60 लाख मुसलमान और साढ़े चार लाख हिंदू और सिक्ख शरणार्थी हो गये। इन तथ्यों से

सीधा निष्कर्ष यह निकलता है कि भारत में हिन्दू-मुस्लिम साम्प्रदायिकता के राजनीतिक-सामाजिक स्रोत थे। इन दोनों के बीच झगड़े का कारण केवल धर्म ही नहीं था बल्कि आर्थिक स्वार्थ, सांस्कृतिक एवं सामाजिक रीति-रिवाज भी ऐसे कारक थे जिनसे इन दोनों के बीच आपसी मनमुटाव में वृद्धि हुई।

आज भारत में मुसलमान दूसरा सबसे बड़ा धार्मिक समुदाय है और लगभग 12 करोड़ मुसलमान हमारे देश के सब भागों में फैले हुए हैं। कुछ राज्यों जैसे जम्मू और कश्मीर, असम तथा पश्चिम बंगाल जैसे राज्यों में मुस्लिम का अनुपात हिंदू जनसंख्या की तुलना में अधिक है। प्रश्न यह उठता है कि आधुनिक भारत में हिन्दू-मुस्लिम संबंधन किन-किन कारकों से प्रभावित होता है। गुप्ता (Gupta, 1956) के अनुसार हिन्दू एवं मुस्लिम की मनोवृत्ति एवं प्रत्यक्षण में काफी अंतर है जो इन दोनों के आपसी संबंध को प्रत्यक्ष रूप से प्रभावित करता है। सिंह (Singh, 1985) के अनुसार कुछ ऐसे कारकों में प्रमुख निम्नांकित हैं—

(i) स्वतंत्र भारत में मुसलमानों को सापेक्ष वंचन (relative deprivation) का अनुभव हुआ है। सापेक्षिक वचन की भावना का विकास मुसलमानों में अपने विगत इतिहास तथा अन्य मुस्लिम देशों की तुलना में पिछड़े होने के अनुभव के कारण हुआ है। दास (Das, 1983) के अनुसार इस तरह के सापेक्ष वचन के कारण मुसलमान अपने आप को कमजोर शक्तिहीन तथा पिछड़ा हुआ समुदाय के रूप में प्रत्यक्षण करने लगे हैं।

(ii) भारतीय मुसलमानों द्वारा अलग से पाकिस्तान बनाने के लिए किया गया ऐतिहासिक फैसला आवेगपूर्ण एवं अतार्किक था जिसकी काली छाया से आज भी हिन्दू-मुस्लिम संबंध ग्रसित दीखती है।

(iii) हिन्दू-मुसलमान संबंध पर परस्पर द्वैधवृत्ति (ambivalence) की विशेषता का स्पष्ट प्रभाव पड़ते दीखता है। इस तरह का द्वैधवृत्ति राजनीति तथा संस्कृति के बीच रस्साकसी (tug-of-war) का ही परिणाम है। संस्कृति इन दोनों समुदायों को जोड़ने का काम करती है तो दूसरे तरफ राजनीति इन दोनों में विभेद उत्पन्न करती है। भारतीय संगीत, कला, ड्रामा, खेल आदि में मुसलमानों के योगदानों को हिन्दू स्वीकार करते हैं परंतु उनके प्रभाव को स्वीकार नहीं करना चाहते हैं। मुसलमानों में हिंदू संस्कृति और समाज के प्रति द्वैधवृत्ति दिखायी पड़ती है इसका सबसे महत्त्वपूर्ण कारण उनके अंदर का यह भय है कि बौद्ध एवं जैन धर्म के समान वे भी हिंदू धर्म में विलीन हो सकते हैं।

(iv) हिन्दू एवं मुसलमान की धार्मिकता की प्रवृत्ति तथा भारतीय समाज में धर्म का व्यापक महत्त्व का भी प्रभाव हिन्दू-मुसलमान संबंध पर काफी पड़ा है। हिन्दुओं में सर्वश्रेष्ठता की मनोवृत्ति (touch-me-not attitude) से मुसलमानों के आत्म-सम्मान को धक्का पहुँचा है। फिर उसी तरह मुसलमानों में परमपावन (holier attitude) मनोवृत्ति अर्थात् 'तुमसे अधिक पवित्र' होने की मनोवृत्ति से हिन्दुओं के आत्म-सम्मान को धक्का पहुँचा है। ऐसी धार्मिकता की प्रवृत्ति के कारण हिन्दू एवं मुसलमान के संबंध पर बुरा असर पड़ा है।

इन कारणों के अलावा समय-समय पर घटने वाली घटनाओं का भी प्रभाव हिन्दू-मुस्लिम संबंध पर पड़ा है। 1992-93 के राम-जन्मभूमि-बाबरी-मस्जिद के मसले ने हिन्दू-मुस्लिम के साम्प्रदायिक सद्भाव के संतुलन को काफी बिगाड़ दिया। काँग्रेस से उम्मीद छोड़ने के बाद मुसलमानों का दूसरे राजनैतिक दल में विश्वास हो गया था परंतु जनता दल में टूट की कई दरारें पड़ने के बाद भारतीय मुसलमानों में किंकर्त्तव्यविमूढ़ता की स्थिति उत्पन्न हो गई है। मुसलमान अपनी सुरक्षा एवं बचाव के लिए आज काफी चिंतित नजर आ रहे हैं।

2. हिन्दू-सिक्ख साम्प्रदायिकता *(Hindu-Sikh Communalism)*—भारत की कुल जनसंख्या के करीब 2% से भी कम (1.3 करोड़) सिक्खों की जनसंख्या है। यद्यपि सिक्ख समुदाय पूरे भारत में फैला हुआ परंतु इसका सबसे अधिक केन्द्रीकरण पंजाब राज्य में है जहाँ वे बहुमत में हैं। इतिहास यह बतलाता है कि सिक्ख धर्म का शुभारंभ हिन्दू धर्म के कुछ सिद्धान्तों के विरुद्ध एक सुधार आंदोलन के रूप में हुआ था। सिक्ख आंदोलन 1980 के दशक में प्रारंभ हुआ। जब एक स्थानीय संपादक की हत्या हुई, श्रीनगर के उड़ानों पर एक वायुयान का अपहरण हुआ और एक कल्पित राष्ट्र अर्थात खालिस्तान के लिए पासपोर्ट जारी किए गए तो सिक्ख आंदोलन अधिक तीव्र एवं हिंसक हो गया। 1984 में जब अमृतसर के स्वर्ण मंदिर में सिक्खों द्वारा एकत्रित किए गए हथियारों को जब्त करने तथा आतंकवादियों को निकालने के लिए पुलिस ने गुरुद्वारे में 'ऑपरेशन ब्लूस्टार' योजना तहत प्रवेश किया तो इसे सिक्ख बर्दाश्त नहीं कर पाये और वे सरकार एवं हिन्दुओं के विरुद्ध हो गए। फिर 31 अक्टूबर, 1984 को जब भारत के तत्कालीन प्रधानमंत्री श्रीमति इंदिरा गाँधी की हत्या की गयी तो भारत के अनेक शहरों में हजारों सिक्खों की हत्या की गयी तथा उनके मकान, दुकान एवं सम्पत्ति जला दी गयी एवं लूट ली गयी। इससे सिक्खों में हिंदुओं के प्रति आक्रोश उत्पन्न हुआ और जहाँ-जहाँ मौका मिला, वे जमकर इसका बदला लिए। यहाँ तक कि आतंकवादी सिक्खों ने ट्रेन एवं बसों में यात्रा करने वाले हिन्दुओं

को चुन-चुनकर मार डाला। मई, 1988 में जब अमृतसर के स्वर्ण मंदिर में पुनः कई सिक्ख उग्रवादिइयों को दस दिन तक 'ऑपरेशन ब्लैक थन्डर' योजना के तहत घेरे रखने के उपरांत आत्म-समर्पण करने के लिए बाध्य किया गया तो सिक्ख उग्रवादियों ने अपना आंदोलन तीव्र किया तथा कई शहरों में बम विस्फोट भी किये। यहाँ तक कनाडा से भारत आ रहे एक जहाज को बम से उड़ाकर सैकड़ों हिंदुओं को मार डाला गया। उनके इन आतंकवादी गतिविधियों से बहुत सारे हिन्दू पंजाब छोड़कर अन्य राज्यों में चले गए।

अब लगभग पंजाब में आतंकवादी की समस्या खत्म होने पर है। फलतः हिन्दू-सिक्ख समुदाय के बीच उत्पन्न अविश्वास, वैमनस्य, नकारात्मक मनोवृत्ति आदि में थोड़ी कमी आयी है और इन दोनों समुदाय के संबंध पहले जैसे सामान्य एवं सौहार्द्रपूर्ण होने लगे हैं।

अध्याय सारांश (Chapter Summary)

1. साधारण अर्थ में पूर्वाग्रह से तात्पर्य व्यक्ति में किसी वस्तु, तथ्य, घटना या अन्य व्यक्ति के बारे में एक पूर्व निर्णय से होता है। समाज मनोविज्ञान में पूर्वाग्रह या पूर्वाग्रह से तात्पर्य एक मनोवृत्ति (attitude) से होता है जो सकारात्मक (positive) भी हो सकती है तथा नकारात्मक (negative) भी हो सकती है। अधिकतर समाज मनोवैज्ञानिक पूर्वाग्रह से तात्पर्य नकारात्मक मनोवृत्ति (negative attitude) से ही लगाते हैं।
2. पूर्वाग्रह की कुछ विशेषताएँ (characteristics) होतीं हैं। जैसे पूर्वाग्रह विवेकहीन होती है, पूर्वाग्रह अर्जित होती है, पूर्वाग्रह में संवेगात्मक रंग होता है, पूर्वाग्रह पूर्णरूपेण किसी समूह की ओर संचालित होती है, पूर्वाग्रह दृढ़ तथा स्थिर सामान्यीकरण पर आधारित होती है, पूर्वाग्रह का स्वरूप कार्यात्मक होता है तथा पूर्वाग्रह का सम्बन्ध वास्तविकता से नहीं होता है।
3. पूर्वाग्रह विभेद (discrimination) से भिन्न है। पूर्वाग्रह एक मनोवृत्ति है जबकि विभेद पूर्वाग्रह की एक व्यवहारात्मक अभिव्यक्ति (behavioural manifestation) है। विभेद में किसी खास समूह की सदस्यता के कारण व्यक्ति के साथ धनात्मक या ऋणात्मक ढंग से व्यवहार किया जाता है।
4. समाज मनोवैज्ञानिकों ने पूर्वाग्रह के कई प्रकार बतलाये हैं जिनमें प्रजातीय पूर्वाग्रह, यौन पूर्वाग्रह, उम्र पूर्वाग्रह, जाति पूर्वाग्रह, भाषा पूर्वाग्रह, साम्प्रदायिक पूर्वाग्रह, धर्म से सम्बन्धित पूर्वाग्रह, क्षेत्रीय पूर्वाग्रह तथा राजनीति से सम्बन्धित पूर्वाग्रह अधिक महत्त्वपूर्ण हैं।
5. पूर्वाग्रह के विकास एवं सम्पोषण के विभिन्न कारणों को आलपोर्ट (Allport, 1954) द्वारा बतलाये गये पाँच उपागमों में बाँटकर अध्ययन किया गया है। वे पाँच उपागम हैं—ऐतिहासिक उपागम (historical approach), सामाजिक-सांस्कृतिक उपागम, परिस्थितिजन्य उपागम (situational approach), मनोगतिक उपागम (psychodynamic approach) तथा संज्ञानात्मक उपागम (cognitive approach)। इन विभिन्न उपागमों में संज्ञानात्मक उपागम, मनोगतिक उपागम तथा सांस्कृतिक उपागम सबसे अधिक महत्त्वपूर्ण हैं।
6. समाज मनोवैज्ञानिकों ने पूर्वाग्रह को कम करने के अनेकों उपायों का वर्णन किया है जिनमें अन्तर-समूह सम्पर्क, शिक्षा, पूर्वाग्रह विरोधी प्रचार, असंगत भूमिका (incongruent roles), सामाजिक विधान, अलगाव-विरोधी नीति तथा व्यक्तित्व-परिवर्तन विधियाँ अधिक महत्त्वपूर्ण हैं।
7. पूर्वाग्रह को मापने के लिए मुख्यतः चार तरह की विधियों पर अधिक बल डाला गया है। वे विधियाँ हैं—अशाब्दिक व्यवहारात्मक माप, अन्य दूसरे तरह के व्यवहारों पर आधारित माप (measures), आत्म-प्रतिवेदन विधियाँ (self-report methods) तथा दैहिक प्रतिक्रियाएँ (physiological reactions)।
8. पूर्वाग्रह का प्रभाव स्वीकारात्मक या धनात्मक (positive) तथा ऋणात्मक या हानिकर (negative) दोनों ही होता है। इनमें से ऋणात्मक प्रभाव स्वीकारात्मक प्रभाव की अपेक्षा अधिक खतरनाक है। फलतः पूर्वाग्रह को जहाँ तक सम्भव हो, रोककर या नियंत्रित रखना चाहिए।
9. साम्प्रदायिकता विशेषकर हिंदू-मुस्लिम साम्प्रदायिकता तथा हिंदू-सिख साम्प्रदायिकता के प्रमुख तथ्यों पर भी पर्याप्त प्रकाश डाला गया है।

❑

अध्याय 9

रूढ़ियुक्तियाँ

(STEREOTYPES)

रूढ़ियुक्ति का अर्थ (Meaning of Stereotype)

रूढ़ियुक्ति का अँग्रेजी रूपान्तर 'stereotype' है जिसका प्रयोग सर्वप्रथम वाल्टर लिपमैन (Walter Lipman) ने अपनी पुस्तक *'Public opinion'* में 1922 में एक सामान्य अर्थ में किया था। लिपमैन के अनुसार रूढ़ियुक्ति से तात्पर्य विचारों एवं मनोवृत्तियों के उस संयुक्त रूप से होता है जिसके आधार पर हम किसी वस्तु, व्यक्ति, राष्ट्र आदि के बारे में एक ऐसा दृढ़ एवं स्थायी प्रतिमा बना लेते हैं जो गलत तथ्यों (incorrect fact) तथा अतार्किक चिन्तन (illogical reasoning) पर आधारित होता है। आधुनिक समाज मनोवैज्ञानिकों द्वारा 'रूढ़ियुक्ति' शब्द का प्रयोग अधिक वैज्ञानिक अर्थ में किया जाता है। आजकल इससे तात्पर्य किसी समूह के सभी सदस्यों के बारे में विश्वासों के एक ऐसे संग्रह से होता है जिसमें विवेकपूर्ण आधार (rational base) की कमी होती है। मेयर्स (Myers, 1987) तथा फिशर (Fisher, 1983) के अनुसार रूढ़ियुक्ति में किसी समूह के सदस्यों के बारे में एक स्थूल सामान्यीकरण (gross generalization) किया जाता है जिसमें वैयक्तिक विभिन्नता (individual difference) पर बिलकुल ही ध्यान नहीं दिया जाता है तथा साथ-ही-साथ इस ढंग का सामान्यीकरण नयी सूचनाओं के दिये जाने पर भी परिवर्तित नहीं होता है। जैसे—प्रायः लोग कहते हैं कि अँग्रेज (British) संयमी और अल्पभाषी होते हैं तथा अमेरिकन निर्गामी (outgoing) होते हैं। उसी तरह से भारतीय समाज में भी कुछ समुदाय के लोगों के बारे में हम इस प्रकार स्थूल सामान्यीकरण करते हैं (जिसका सम्बन्ध सच्चाई एवं विवेक से कम है)—'बनिका का बच्चा कभी नहीं सच्चा', 'सरदार जी का दिमाग बारह बजे खराब हो जाता है', 'बंगाली डरपोक होते हैं', 'लाख पढ़ लिख जाय, औरत का दिमाग बचकाना ही होता है' आदि, आदि, स्पष्ट है कि रूढ़ियुक्तियों में किसी समूह के सदस्य के बारे में एक ऐसा सामान्यीकरण किया जाता है जिसके अनुसार यह विश्वास कर लिया जाता है कि चूँकि व्यक्ति अमुक समूह का सदस्य है, इसलिए उसमें वैसा गुण होगा ही। सच्चाई यह है कि उस अमुक समूह के बहुत-से सदस्यों में वैसा गुण नहीं भी हो सकता है।

भिन्न-भिन्न समाज मनोवैज्ञानिकों ने रूढ़ियुक्ति (stereotype) को परिभाषित किया है। इनमें से कुछ प्रमुख परिभाषाओं का उल्लेख हम नीचे कर रहे हैं—

बेरोन तथा **बर्न**[1] (Baron & Byrne, 1977) के अनुसार, ''किसी समूह के सदस्यों के बारे में विश्वासों का एक ऐसा संग्रह जिसमें विवेकपूर्ण आधार की कमी होती है, रूढ़ियुक्ति कहलाता है।''

अल्ब्रेक, थॉमस तथा **चादविक**[2] (Albrecht, Thomas & Chadwick, 1980) के अनुसार, ''किसी सामाजिक समूह के सभी सदस्यों में कोई खास गुण का व्यापक रूप से होने का विश्वास रूढ़ियुक्ति कहलाता है। चाहे गुण कुछ भी हो, दिये हुए श्रेणी समूह के सभी लोगों में उसे निहित समझा जाता है और इसलिए समूह के अन्य सभी सदस्यों की भाँति ही उसे देखा जाता है तथा समझा जाता है।''

1. Stereotype is "a cluster of beliefs usually lacking a rational basis regarding the membrs of some group"
—Baron & Byrne : *Social Psychology,* 1971, p. 193

2. "Stereotypes are widely held beliefs attributing certain characteristics to all members of a given social group. Whatever the defining traits might be, all individuals in a given category are assumed to be characterised by them and therefore, look and act very much the same as all other group members."
—Albrecht, Thomas & Chadwick : *Social Psychology,* 1980, p. 254.

सेकर्ड तथा **बैकमैन**[1] (Secord & Backman, 1974) के अनुसार, "रूढ़ियुक्ति प्रतीकीकरण का एक अतिरंजित रूप है जिसकी तीन विशेषताएँ होतीं हैं–

(i) लोग व्यक्तियों के एक वर्ग को निश्चित विशेषताओं के आधार पर पहचानते हैं।

(ii) व्यक्तियों के उस वर्ग के प्रति निश्चित शीलगुणों या विशेषताओं को आरोपित करने में लोग सहमत होते हैं।

(iii) लोग उस वर्ग के किसी भी व्यक्ति पर उन विशेषताओं को आरोपित कर देते हैं।

इन परिभाषाओं का संयुक्त विश्लेषण करने पर हमें रूढ़ियुक्ति (stereotype) के बारे में निम्नांकित तथ्य प्राप्त होते हैं–

1. रूढ़ियुक्ति विश्वासों का एक सेट होता है जिसके आधार पर हम व्यक्तियों को एक निश्चित वर्ग में बाँटते है।
2. किया गया वर्गीकरण काफी अतिरंजित (exaggerated) या बढ़ा-चढ़ा होता है जिसमें सच्चाई कम होती है।
3. उन विश्वासों के आधार पर हम वर्ग के व्यक्तियों के बारे एक स्थूल सामान्यीकरण (gross generalization) करते है। जैसे, 'बनिया का बच्चा कभी नहीं सच्चा'। उसी तरह से शारीरिक रूप से सुन्दर व्यक्ति को देखकर उसे तेज बुद्धि का तथा भद्र स्वभाव के होने का अन्दाज हम लगा लेते हैं।
4. किसी वर्ग की कुछ निश्चित विशेषताएँ जो शारीरिक (physical) या सामाजिक या सांस्कृतिक हो सकती है, निर्धारित कर दी जाती है जिसके आधार पर उस वर्ग के सदस्यों को पहचान लिया जाता है। जैसे, हिप्पियों (Hipies) को हम आसानी से उनके लम्बे बाल तथा फटे पुराने कपड़ों के आधार पर पहचान कर लेते हैं। यहाँ हिप्पियों का उनकी शारीरिक विशेषताओं के आधार पर पहचाना गया है।
5. रूढ़ियुक्ति में किसी वर्ग के प्रति शीलगुण या विशेषताओं को आरोपित करने में लोगों में सहमति पायी जाती है। जैसे, हिन्दुओं में इस बात की आम सहमति रहती है कि मुसलमान में अमुक-अमुक गुण होते हैं।
6. रूढ़ियुक्ति में एक बात यह है कि किसी वर्ग या समूह का मात्र सदस्य होना इस बात के लिए काफी है कि उसमें उस वर्ग या समूह के सभी शीलगुण होंगे ही। जैसे, किसी कार्यपालक इंजीनियर (executive engineer) को देखकर हम प्रायः इस निष्कर्ष पर पहुँचते हैं कि उसके पास अपार धन होगा भले ही उस बेचारे इन्जीनियर के पास एक स्कूटर भी न हो।
7. रूढ़ियुक्ति में किसी वर्ग या समूह के व्यक्तियों के बारे में जो विश्वास कायम हो जाता है, उसमें परिवर्तन लाना साधारणतः सम्भव नहीं होता है। कोई कार्यपालक इन्जीनियर कितनी भी अपनी सफाई क्यों न दे दे परन्तु लोग यह मानने के लिए तैयार नहीं होंगे कि उसके पास काफी धन नहीं है।

निष्कर्ष यह है कि रूढ़ियुक्ति में किसी समूह या वर्ग के लोगों के बारे में व्यक्ति एक ऐसा विश्वास कायम कर लेता है जो प्रायः अविवेकी (irriational) होता है।

रूढ़ियुक्तियों की विशेषताएँ
(Characteristics of Stereotype)

रूढ़ियुक्ति के स्वरूप (nature) को समझने के लिए यह आवश्यक है कि उसकी विशेषताओं पर ध्यान दिया जाय। इसकी प्रमुख विशेषताएँ निम्नांकित है–

1. रूढ़ियुक्ति का मानसिक प्रतिमा है *(Stereotype is a mental picture or image)*—रूढ़ियुक्ति सचमुच में किसी वर्ग या समुदाय के लोगों के बारे में एक ऐसी मानसिक प्रतिमा है जिसके आधार पर हम उस वर्ग के व्यक्तियों में कुछ शीलगुणों या विशेषताओं को आरोपित करते हैं। जैसे, दलितों के बारे में उच्चजाति के मन में एक विशेष प्रतिमा बन गयी है जिसके आधार पर वे दलितों को गन्दे, अनपढ़, निःसहाय, कमजोर आदि समझते हैं।

---

1. "Stereotyping is an exaggerated form of typification that has three characteristics. (i) People identify a category of persons according to certain attributes, (ii) People agree in attributing sets of traits or chracteristics to the category of persons, (iii) People attribute the characteristics to any person belonging to the category."
—Secord & Backman : *Social Psychology,* 1974, p. 29

2. रूढ़ियुक्ति एक पूर्णरूपेण सम्मत विश्वास होता है(*Stereotype contains a widely agreed belief*)—रूढ़ियुक्ति में किसी वर्ग के व्यक्तियों के बारे में एक ऐसा विश्वास होता है जिसपर आम सहमति होती है। जैसे, सभी हिन्दू पत्नियों में आम सहमति है कि चाहे भला हो या बुरा, उसका पति उसके लिए देवता है। उसी तरह गैर-शिक्षकों में आम सहमति होती है कि शिक्षक आदर्शवादी (idealist) होते हैं तथा जन-साधारण में आम सहमति है कि राजनीतिज्ञ (politicians) अवसरवादी होते हैं।

3. रूढ़ियुक्ति में स्थूल एवं अतिरंजित सामान्यीकरण होता है (*Stereotype involves gross and exaggerated generalization*)—रूढ़ियुक्ति की एक महत्त्वपूर्ण विशेषता यह हे कि इसका विकास किसी वर्ग या समुदाय के कुछ लोगों के साथ हुए अनुभवों पर होता है। हम इन अनुभवों का सामान्यीकरण पूरे वर्ग के लोगों पर कर देते हैं। यही कारण है कि इस ढंग का सामान्यीकरण स्थूल (gross) तथा काफी बढ़ा-चढ़ा या अतिरंजित (exaggerated) होता है। उदाहरणार्थ, हमलोगों की सामान्य धारणा यह होती है कि बंगाली प्रजाति के लोग दब्बू एवं कमजोर होते हैं। सम्भव है कि इस प्रजाति के कुछ लोगों में ऐसी विशेषताएँ पायी गयी हों परन्तु सभी बंगालियों के संबंध में ऐसी धारणा निश्चित रूप से अतिरंजित सामान्यीकरण (exaggerated) होता है।

4. रूढ़ियुक्ति में परिवर्तन सामान्यत: नहीं होता है(*Generally no change takes place in stereotype*)—रूढ़ियुक्ति की एक विशेषयता यह भी होती है कि इनमें परिवर्तन सामान्यतः नहीं होता है। नयी सूचनाओं एवं विपरीत उदाहरणों के बावजूद भी रूढ़ियुक्तियों में परिवर्तन नहीं आता है। हिन्दू संस्कृति में पत्नियों को उचित दहेज न लाने के आरोप में पति द्वारा जला देने की अनेकों घटनाओं के बावजूद भी हिन्दू पत्नियाँ अपने पति को देवता समझती है। कहने का तात्पर्य यह है कि जब एक बार रूढ़ियुक्ति का निर्माण हो जाता है तो उसमें परिवर्तन विपरीत उदाहरणों के बावजूद भी सामान्यतः नहीं होता है।

5. रूढ़ियुक्ति सकारात्मक या नकारात्मक कुछ भी हो सकती है (*Stereotype can be either positive or negative*)—रूढ़िकृतियों का सम्बन्ध पूर्वाग्रह (prejudice) से काफी होता है। मेयर्स (Myers, 1983) ने तो पूर्वाग्रह के संज्ञानात्मक संघटक (cognitive component) की अभिव्यक्ति को ही रूढ़ियुक्ति माना है। फलस्वरूप, पूर्वाग्रह के समान ही रूढ़ियुक्ति सकारात्मक भी होती है तथा नकारात्मक भी होती है। उदाहरणार्थ, जापानी बहुत मेहनती होते हैं, पति देवता होता है, आदि कुछ सकारात्मक रूढ़ियुक्ति के उदाहरण हैं। सरदारजी का दिमाग बारह बजे खराब हो जाता है, दलित बुद्धिहीन होते हैं, बंगाली कमजोर एवं दब्बू होते हैं, आदि नकारात्मक रूढ़ियुक्ति के उदाहरण हैं।

ऊपर के विवरण से स्पष्ट है कि रूढ़ियुक्ति की अपनी कुछ ऐसी विशेषताएँ है जिनके आधार पर इनका अस्तित्व पूर्वाग्रह, मनोवृत्ति आदि से भिन्न बना हुआ है हालाँकि रूढ़ियुक्ति, पूर्वाग्रह एवं मनोवृत्ति तीनों में समानता काफी है।

रूढ़ियुक्तियों के कुछ प्रयोगात्मक अध्ययन
(Some Experimental Studies of Sterotypes)

समाज मनोवैज्ञानिकों एवं समाजशास्त्रियों द्वारा विभिन्न तरह की रूढ़ियुक्तियों में प्रजातीय एवं मानवजातीय रूढ़ियुक्ति (racial and ethnic sterotype) का प्रयोगात्मक अध्ययन काफी किया गया है। रूढ़ियुक्ति की एक विशेषता यह होती है कि जिन व्यक्तियों में किसी वर्ग या समुदाय के लोगों के बारे में रूढ़ियुक्ति होती है, उनमें आरोपित किये गये गुणों के बारे में पूर्णतः सहमति होती है। जैसे एक गोरा अमेरिकन (White American) जब निग्रो को सुस्त, अन्धविश्वासी, बेईमान, मस्तमौला आदि समझता है तो सभी गोरे अमेरिकन उन्हें ऐसा ही समझते है। इन आरोपित गुणों के सम्बन्ध में सभी गोरे अमेरिकनों में पूर्ण सहमति होती है। रूढ़ियुक्ति के इसी पहलू का प्रयोगात्मक अध्ययन काज एवं ब्रेली (Katz & Braly, 1932) ने किया है। उन्होंने प्रिन्सटोन विश्वविद्यालय के 100 छात्रों को 10 विभिन्न मानवजातीय समूह (ethnic groups) जैसे अमेरिकन, जर्मन, चीनी, निग्रो आदि के प्रति 84 विशेषणों की सूची में से वैसे विशेषणों को चुनने के लिए कहा जो इन विभिन्न समूहों का सही-सही वर्णन करते हों। परिणाम में पाया गया है कि प्रथम 10 चुने गये विशेषणों के बीच प्रयोज्यों में अत्यधिक सहमति पायी गयी। जैसे, 83% प्रयोज्यों ने निग्रो को अन्धविश्वासी, 75% प्रयोज्यों ने आलसी, 30% प्रयोज्यों ने मस्तमौला (happy-go-lucky) कहा। उसी तरह से जर्मन को 70% प्रयोज्यों ने वैज्ञानिक मस्तिष्क वाला, 44% प्रयोज्यों ने मेहनती तथा 44% ने ही उसे शान्त प्रकृति (stolid) का बतलाया। 48% प्रयोज्यों ने अमेरिकन को मेहनती, 47% प्रयोज्यों ने बुद्धिमान तथा 33% प्रयोज्यों ने भौतिकवादी (materialistic) बतलाया।

समय बीतने के साथ व्यक्ति की रूढ़ियुक्तियों में होनेवाले परिवर्तन का अध्ययन करने के लिए इसी अध्ययन को गिलबर्ट (Gilbert, 1951) तथा कार्लिन्स, कॉफमैन तथा वाल्टर्स (Karlins, Coffman & Walters, 1967) ने पुनः दोहराया। सामान्य रूप से देखा गया कि समय बीतने के साथ-साथ प्रयोज्यों में किसी भी मानव जातीय समूह के लिए धनात्मक विशेषणों (positive adjectives) को चुनने की प्रवृत्ति अधिक देखी गयी। 1932 के बाद 1967 में निग्रो को अधिकतर प्रयोज्यों ने अब अन्धविश्वासी के जगह पर श्रुतिमधुर (musical) बतलाया।

ऊपर के अध्ययन से स्पष्ट है कि समय बीतने के साथ अमेरिकन व्यक्तियों में मानवजातीय रूढ़ियुक्ति (ethnic stereotype) की कमी हुई है। परन्तु इसका अर्थ यह नहीं है कि अमेरिका में अब मानवजातीय रूढ़ियुक्ति नाम की कोई चीज ही नहीं रह गई। फेल्डमैन (Feldman, 1985) के अनुसार सच्चाई यही है कि अभी मानवजातीय रूढ़ियुक्ति तथा धार्मिक रूढ़ियुक्ति वहाँ मौजूद हैं।

कुछ समाज मनोवैज्ञानिकों जैसे ब्रोभरमैन तथा उनके सहयोगियों (Broverman et al., 1972) ने यौन रूढ़ियुक्तियों का प्रयोगात्मक अध्ययन किया। इन लोगों ने अपने प्रयोज्यों को एक प्रतीकी (typical) पुरुष तथा एक प्रतीकी महिला को एक मापनी पर जिसमें 'बहुत निष्क्रिय' (very passive) से लेकर 'बहुत सक्रिय' (very active) तक की श्रेणियाँ बनी हुई थीं, रेट (rate) करने को कहा गया है। परिणाम में पाया गया कि पुरुषों में सामर्थ्य (competence) से संबंधित शीलगुण तथा महिलाओं में हार्दिकता (warmth) तथा अभिव्यंजकता (expressiveness) से संबंधित शीलगुण अधिक आरोपित किये गये।

इन अध्ययनों से स्पष्ट है कि रूढ़ियुक्ति में जिस वर्ग के व्यक्तियों द्वारा दूसरे व्यक्तियों के बारे में गुणों को आरोपित किया जाता है, उस वर्ग के व्यक्तियों में आपस में काफी सहमति (agreement) होती है।

सामाजिक जीवन में रूढ़ियुक्तियों का कार्य एवं महत्त्व
(Function and Importance of Stereotypes in Social Life)

हमारे सामाजिक जीवन में रूढ़ियुक्तियों का अधिक महत्त्व है क्योंकि इसका प्रभाव सामाजिक अन्तःक्रियाओं (social interactions) पर सीधा पड़ता है। सच तो यह है कि प्रत्येक समाज एवं संस्कृति में कुछ निश्चित रूढ़ियुक्तियाँ (stereotypes) होती हैं जिनके आधार पर हम किसी वर्ग या समुदाय के लोगों के बारे में एक सामान्य अर्थ लगाते हैं तथा जिससे हमें सामाजिक अन्तःक्रिया (social interactions) करने में मदद मिलती है। उदाहरणार्थ, जब हम यह रूढ़ियुक्ति सुनते हैं कि शिक्षक आदर्शवादी(idealistic)होते हैं तो हमें किसी शिक्षक के साथ अन्तःक्रिया(interaction) करते समय आदर्शवादी विचारों की उम्मीद बनी रहती है और इसी के अनुसार हम व्यवहार करते हैं।

रूढ़ियुक्तियाँ हमारे लिए महत्त्वपूर्ण इसलिए है क्योंकि इनके द्वारा निम्नांकित कार्य (functions) सम्पन्न होते हैं।

1. सामाजिक व्यवहारों को अर्थपूर्ण बनाना *(To make social behaviour meaningful)*—रूढ़ियुक्तियों से हमें सामाजिक व्यवहारों को समझने में मदद मिलती है। हमारे समाज में एक रूढ़ियुक्ति है कि राजनीतिक अवसरवादी होते हैं। जब हम किसी राजनीतिज्ञ के साथ कोई अन्तःक्रिया करते हैं तो हम उनके प्रत्येक कथन की सत्यता को इस रूढ़ियुक्ति द्वारा मन में बने मानसिक प्रतिमा (mental image) के सन्दर्भ में समझने की कोशिश करते हैं। इसका एक लाभ यह होता है कि हम उनके कथनों में जल्दी नहीं आ जाते हैं और परिस्थिति को अच्छी तरह भाँप कर आगे बढ़ते हैं।

2. सामाजिक व्यवहारों को नियन्त्रित करना *(To make social behaviour meaningful)*—रूढ़ियुक्तियों द्वारा हमारा सामाजिक व्यवहार नियंत्रित भी होता है। सच पूछा जाय तो रूढ़ियुक्तियों द्वारा व्यक्ति में एक ऐसी अदृश्य शक्ति पैदा होती है जो अपने-आप ही व्यक्ति के व्यवहार को एक खास दिशा में नियंत्रित करती है। उदाहरणार्थ, भारतीय पत्नी के लिए पति देवता होता है। इस रूढ़ियुक्ति से पत्नी का व्यवहार अपने-आप ही देवता की श्रद्धा-भक्ति की ओर लगा रहता है तथा साथ-ही-साथ उन्हें एक ही पति में आस्था रखने को बाध्य करती है। अतः हम देखते हैं कि रूढ़ियुक्तियों द्वारा हम सामाजिक व्यवहार को नियन्त्रित करते हैं।

3. रूढ़ियुक्तियों से पूर्वानुमान में सहायता मिलती है *(Stereotypes help in prediction)*—समाज की रूढ़ियुक्तियों के आधार पर हम पूर्वानुमान करते हैं। सही हो या गलत, उसके आधार पर हम सामाजिक क्रियाओं को संचालित भी करते हैं। उदाहरणार्थ, एक रूढ़ियुक्ति हमारे समाज में यह है कि नेपाली नौकर (बहादुर) काफी ईमानदार

एवं विश्वसनीय होता है। इस रूढ़ियुक्ति के आधार पर हम यह भविष्यवाणी कर सकते हैं कि ऐसे नौकर को ताला-चाभी देकर निःसंकोच हम बाहर घूमने जा सकते हैं। उसी तरह से एक दूसरा रूढ़ियुक्ति है कि गोरखा बहुत बहादुर एवं साहसी होता है। अतः युद्ध के मैदान में गोरखा सिपाहियों को देखकर हम यह भविष्यवाणी कर सकते हैं कि युद्ध में हमारी जीत होगी।

4. रूढ़ियुक्तियाँ हमें व्यावसायिक प्रचार में मदद करती है (*Stereotypes help us in commercial advertisement*)—रूढ़ियुक्तियाँ व्यावसायिक प्रचार में भी काफी लाभप्रद सिद्ध हुई है। इन रूढ़ियुक्तियों से व्यावसायिक प्रचार को काफी बल मिलता है। उदाहरणार्थ, 'सर्फ की खरीददारी में और भी समझदारी है', 'लायफबॉय है जहाँ, तन्दुरुस्ती है वहाँ', 'जो बीबी से करते हैं प्यार, प्रेस्टिज से कैसे करें इनकार' आदि रूढ़ियुक्तियों से संबंधित प्रचारों को काफी बल मिलता है तथा सुनने वालों के मस्तिष्क पर गहरा प्रभाव पड़ता है।

रूढ़ियुक्तियों द्वारा किये गये इन लाभयुक्त कार्यों के बावजूद भी कभी-कभी इनसे कुछ हानि हो जाती है। इन रूढ़ियुक्ति से उस समय बाधा पहुँचती है जब हम यह देखते हैं कि किसी वर्ग सदस्य की रूढ़ियुक्ति से संबंधित पूर्वकल्पनाएँ (assumptions) तथा उस व्यक्ति द्वारा किया गया व्यवहार में भिन्नता है। लिंडग्रेन[1] (Lindgren, 1974) के अनुसार, ''जब लक्ष्य व्यक्ति द्वारा किये गये व्यवहार तथा उसके प्रति हमारी पूर्वकल्पनाओं में असंगति होती है, तो दूसरे व्यक्तियों के साथ प्रभावकारी ढंग से व्यवहार करने की क्षमता में रूढ़ियुक्तियाँ बाधा डालती है।'' अब एक उदाहरण लीजिए जिसमें किस तरह रूढ़ियुक्ति से हमें बाधा पहुँचती है, दिखलाया जा रहा है। हमारे समाज में एक बहुत ही प्रचलित रूढ़ियुक्ति है कि नेपाली सन्तरी विश्वसनीय होता है। लेकिन जब कोई नेपाली सन्तरी चोरी करते हुए पकड़ा जाता है तब हमारा विचार उस रूढ़ियुक्ति से टकराता है और हम समझ नहीं पाते कि इस पर विश्वास करें या नहीं।

इतना ही नहीं, रूढ़ियुक्तियाँ विशेषकर नकारात्मक रूढ़ियुक्तियाँ अन्य व्यक्ति या समुदाय के व्यक्तियों से खुलकर अन्तःक्रिया करने तथा सम्पर्क स्थापित करने में बाधा पहुँचाती है। जैसे, उच्च जाति के लोगों में दलितों के प्रति कुछ नकारात्मक रूढ़ियुक्तियाँ मौजूद रहतीं हैं जिसके कारण ये लोग हरिजनों के साथ सम्पर्क स्थापित करने तथा उसके साथ शिष्टाचार की बातें करने में हिचकिचाते हैं।

इन हानियों के बावजूद भी रूढ़ियुक्तियाँ करीब-करीब सभी समाज एवं संस्कृति में पायी जाती है। इसका प्रमुख कारण यह है कि इसके द्वारा हमारे लिए कुछ लाभप्रद कार्य भी किए जाते हैं।

रूढ़ियुक्तियों के विकास एवं सम्पोषण के कारण
(Causes of Development and Maintenance of Stereotypes)

समाज के सभी व्यक्तियों में रूढ़ियुक्तियाँ नहीं होती हैं। कुछ व्यक्तियों में यह होती हैं, तथा कुछ में नहीं होती है। इसका स्पष्ट मतलब यह है कि रूढ़ियुक्तियाँ अर्जित (acquried) होती हैं, जन्मजात नहीं। समाज मनोवैज्ञानिकों ने कुछ ऐसे कारकों का भी वर्णन किया है जिसके द्वारा व्यक्ति में रूढ़ियुक्तियाँ विकसित तथा सम्पोषित होतीं हैं। ऐसे प्रमुख कारक निम्नांकित हैं—

1. आंशिक अनुभव एवं ज्ञान (*Partial experience and knowledge*)—किसी वर्ग या समुदाय के व्यक्तियों के बारे में रूढ़ियुक्तियाँ विकसित होने का एक प्रमुख कारण है उस वर्ग या समुदाय के कुछ ही व्यक्तियों से प्राप्त अनुभव तथा उनके बारे में अधूरा ज्ञान। इन मुट्ठी भर आदमियों से हमें जैसा अनुभव होता है तथा उसके बारे में जो थोड़ा ज्ञान प्राप्त होता है, उसी आधार पर हम उस पूरे वर्ग या समुदाय के बारे में एक धारणा एवं विश्वास बना लेते हैं जिसे रूढ़ियुक्ति कहा जाता है। उदाहरणार्थ, कुछ राजनीतिज्ञों में अवसरवादी होने का शीलगुण कुछ लोगों ने पाया होगा और इसके आधार पर लोगों में सभी राजनीतिज्ञ अवसरवादी होते हैं, जैसी रूढ़ियुक्ति का जन्म हुआ होगा। करीब-करीब इसी ढंग की बात सभी रूढ़ियुक्तियों में पायी जाती है।

2. समाजीकरण (*Socialization*)—रूढ़ियुक्तियों का निर्माण समाजीकरण द्वारा होता है। समाजीकरण की

---

1. "Stereotypes interfere with our ability to function effectively with others when they lead us to make assumptions inconsistent with the kind of behaviour usually exhibited by the target person."
—Lindgeren : *Social Psychology*, 1974, p. 281

प्रक्रियाओं में व्यक्ति रूढ़ियुक्तियों को प्रत्यक्ष या अप्रत्यक्ष रूप से सीखता है। जैसा कि हम जानते हैं, समाजीकरण का सबसे प्रमुख एवं महत्त्वपूर्ण साधन (source) स्वयं परिवार होता है जिसमें माता-पिता की भूमिका सराहनीय होती है। कुछ माता-पिता बच्चों में रुढ़ियुक्तियाँ विकसित करने में के लिए प्रत्यक्ष रूप से काफी बल डालते हें जिसके फलस्वरूप बच्चों में रुढ़ियुक्तियों का विकास तीव्रता से होता है। शायद यही कारण है कि माता-पिता की रूढ़ियुक्तियों तथा उनके सन्तानों की रूढ़ियुक्तियों में काफी समानता होती है।

3. सामाजिक एवं सांस्कृतिक दूरी *(Social and Cultural distance)*—सामाजिक एवं सांस्कृतिक दूरी से रूढ़ियुक्तियों का विकास एवं सम्पोषण (maintenance) होते हैं। सामाजिक दूरी के कारण एक समाज या समूह या समुदाय के लोग दूसरे समुदाय के बारे में विस्तृत एवं सच्ची जानकारी नहीं रखते हैं। फलस्वरूप, एक समुदाय के लोग में दूसरे समुदाय के लोगों के प्रति अज्ञानता एवं अन्धकार का विकास होता है जिससे रूढ़िकृतियों का निर्माण होता है तथा साथ-ही-साथ उसका सम्पोषण भी होता है। इस ढंग से सांस्कृतिक दूरी के कारण एक संस्कृति के लोग दूसरी संस्कृति के लोगों के रहन-सहन, तौर-तरीके आदि के बारे में विस्तृत जानकारी नहीं प्राप्त कर पाते हैं जिसके कारण उस संस्कृति के बारे में जो कुछ भी कहा जाता है, व्यक्ति उसे मान लेता है। इससे भी रूढ़ियुक्ति का निर्माण तेजी से होता है।

4. अनुकरण *(Imitation)*—रूढ़िकृतियों के विकास तथा सम्पोषण में अनुकरण की भी सराहनीय भूमिका है। अनुकरण द्वारा व्यक्ति अपने वर्ग या समुदाय के अन्य लोगों के विश्वास एवं विचार को अपना विश्वास या विचार मान लेता है। फलस्वरूप, समुदाय के अन्य लोगों की जैसी रूढ़ियुक्तियाँ होतीं हैं वैसी ही रूढ़ियुक्ति व्यक्ति अपने में विकसित कर लेता है। शायद यही कारण है कि हिन्दू समुदाय में पैदा लेने वाला व्यक्ति अपने अन्य हिन्दू भाइयों के समान ही समुदाय के रूढ़िकृतियों को तेजी से ग्रहण करता है। परन्तु मुसलमान समुदाय में प्रचलित रूढ़ियुक्तियों को वह काफी देरी से सीखता है या उसके बारे में जान भी नहीं पाता है। ऐसा इसलिए होता है क्योंकि मुसलमान समुदाय के सदस्यों के विचारों एवं विश्वासों का अनुकरण न के बराबर करता है।

5. परम्परा एवं लोकरीतियाँ *(Traditions and Folkways)*—रूढ़ियुक्तियों के विकास एवं सम्पोषण पर समाज में चली आ रही परम्परा एवं लोकरीतियाँ का भी प्रभाव पड़ता है। प्रत्येक व्यक्ति की कोशिश यही होती है कि वह समाज के परम्परा एवं लोकरीति को अपनाये एवं उसके अनुसार कार्य करे ताकि उसकी सामाजिक प्रतिष्ठा बनी रही। ऐसा करने में स्वभावतः वह इन रूढ़ियुक्तियों को तुरंत स्वीकार कर लेता है जो उसे पहले की पीढ़ियों से प्राप्त हुआ है। वह दूसरों की सच्चाई या झूठाई के बारे में एक बार भी नहीं सोचता है। इस तरह से रूढ़ियुक्तियाँ एक पीढ़ी से दूसरी पीढ़ी के लोगों में कायम रहती है।

ऊपर के विवरण से स्पष्ट है कि रूढ़ियुक्तियाँ कई कारणों से विकसित एवं सम्पोषित होती हैं।

रूढ़ियुक्तियों की सत्यता एवं असत्यता
(Truth and Falsity of Stereotypes)

हम देख चुके हैं कि रूढ़ियुक्तियाँ सभी समाज एवं संस्कृति के व्यक्ति में पाया जाता है। उन्हीं रूढ़ियुक्तियों के अनुसार किसी समुदाय या वर्ग के लोगों के बारे में हम सोचते हैं। प्रश्न उठता है कि क्या वे रूढ़ियुक्तियाँ सत्य या असत्य? समाज मनोवैज्ञानिकों, समाजशास्त्रियों एवं मानवशास्त्रियों (anthropologists) ने इस प्रश्न पर गंभीरतापूर्वक विचार किया है। समाज मनोवैज्ञानिकों ने रूढ़ियुक्तियों में असत्यता (falsity) का गुण अधिक तथा सत्यता का गुण कम पाया है। इन लोगों के अनुसार अधिकतर रूढ़ियुक्तियाँ असत्य होती हैं। परन्तु कुछ रूढ़ियुक्तियाँ सत्य भी होती हैं। जैसा कि सेकर्ड तााि बैकमैन[1] (Secord & Backman, 1974) ने कहा, ''निःसंदेह अधिकतर रूढ़ियुक्तियाँ स्थूल अतिशयोक्ति (gross exaggeration) होती है या पूर्णतः असत्य है। लेकिन कभी-कभी उसमें सच्चाई भी होती है...।''

अधिकतर रूढ़ियुक्तियों के असत्य होने का मुख्य कारण यह है कि इसमें किसी वर्ग या समुदाय के सभी लोगों में आरोपित शीलगुण समान मात्रा (equal degree) में होने की कल्पना कर ली जाती है। समाज मनोवैज्ञानिकों का मत है कि किसी भी वर्ग या समुदाय के सभी लोगों में कोई भी शीलगुण समान मात्रा में नहीं होता है। उनमें वैयक्तिक विभिन्नता

1. "Most stereotypes are undoubtedly gross exaggerations or are completely false. But occasionally, they have kernal of truth..." —Secord & Backman : *Social Psychology,* 1974, p. 29

(individual difference) पायी जाती है। फलतः अधिकतर रूढ़ियुक्तियाँ गलत होतीं हैं। सिर्फ नेपाली होने के कारण किसी संतरी को ईमानदार एवं विश्वसनीय समझ बैठना निश्चित रूप से गलत है।

मर्टन (Merton, 1957) ने अपने अध्ययन में पाया है कि बाह्य समूह (outgroup) के सदस्यों के प्रति व्यक्तियों की अधिकतर रूढ़ियुक्तियाँ सही होती हैं। उन्होंने अपने अध्ययन में देखा कि अन्तःसमूह (ingroup) के सभी सदस्यों द्वारा बाह्य समूह (outgroup) के सदस्यों को अत्यधिक सांवेगिक, सुस्त (lazy), चतुर आदि समझा जाता था जो सचमुच में एक सच्चाई थी। समाजशास्त्रियों का कहना है कि मानवजातीय समूह (ethnic group) के प्रति जो नकारात्मक रूढ़ियुक्तियाँ होती हैं, वे भी अधिकतर सही होती हैं। कैम्पवेल (Campbell, 1967) ने बतलाया है कि अधिकतर मानवशास्त्रीय अध्ययनों (anthropological studies) में जो रूढ़ियुक्तियाँ पायी गयी हैं, वे वास्तविक गुणों पर आधारित हैं। उदाहरणस्वरूप, केन्या (Kenya) में लुओ जाति के लोग खेतिहर मजदूर हैं जिनके बारे में रूढ़ियुक्ति यह है कि वे शारीरिक रूप से मजबूत, फिजूलखर्ची (spendthrifty) होते हैं। सच्चाई यह है कि वे सचमुच में शारीरिक रूप से मजबूत एवं फिजूलखर्ची होते हैं।

निष्कर्ष यह है कि अधिकतर रूढ़ियुक्तियाँ गलत होती हैं। खास-खास रूढ़ियुक्तियाँ जो खास तरह के समूह एव संस्कृति में पायी जाती है, भले ही सच हो।

रूढ़ियुक्ति तथा पूर्वाग्रह में अन्तर
(Distinction between Stereotype and Prejudice)

रूढ़ियुक्तियाँ तथा पूर्वाग्रह दो ऐसे पद हैं जिनमें समानता अधिक विभिन्न कम एवं सूक्ष्म है। इसी अधिक समानता के कारण कुछ लोगों ने रूढ़ियुक्तियों के विस्तृत रूप को ही पूर्वाग्रह मान लिया है। परन्तु इसे सही माना नहीं जा सकता है। दोनों सामाजिक संप्रत्ययों (social concepts) में मौलिक अन्तर है, जो इस प्रकार है—

(1) रूढ़ियुक्ति एक ऐसी धारणा या प्रतिमा है जिसके आधार पर किसी समूह के व्यक्तियों को एक समान ढंग से समझा जाता है जबकि पूर्वाग्रह एक मनोवृत्ति है जो नकारात्मक (negative) या सकारात्मक (positive) कुछ भी हो सकता है।

(2) पूर्वाग्रह चूँकि एक तरह की मनोवृत्ति है, अतः इसमें संज्ञानात्मक (cognitive) संघटक, भावात्मक संघटक तथा व्यवहारात्मक संघटक तीनों ही होते हैं। जैसा कि फेल्डमैन (Fledman, 1985) ने कहा है, ''किसी समूह के सदस्यों के प्रति सिर्फ उसकी सदस्यता के आधार पर आरोपित किया गया संज्ञान (cognition) तथा प्रत्याशाएँ ही रूढ़ियुक्तियाँ होती हैं।''

(3) रूढ़ियुक्तियों में पूर्वाग्रह की अपेक्षा स्थिरता काफी होती है। नयी सूचनाओं या विरोधी सूचनाओं के मिलने पर पूर्वाग्रह में तुरंत कमी आ जाती है, परन्तु ऐसी सूचनाओं के आधार पर रूढ़ियुक्तियाँ बदल नहीं जाती हैं।

अध्याय सारांश
(Chapter Summary)

1. रूढ़ियुक्ति में व्यक्ति किसी समूह या वर्ग के लोगों के बारे में एक ऐसा विश्वास कायम कर लेता है जो प्रायः अविवेकी होता है। मात्र उस समूह के सदस्य होने के कारण ही व्यक्ति में कोई विशेष शीलगुण आरोपित कर दिया जाता है, भले ही वह शीलगुण उसमें हो या नहीं हो।

2. रूढ़ियुक्तियों की कुछ विशेषताएँ होती हैं, जैसे, रूढ़ियुक्ति एक मानसिक प्रतिमा है, रूढ़ियुक्ति एक पूर्णरूपेण सम्मत विश्वास होता है, रूढ़ियुक्ति में स्थूल एवं अतिरंजित सामान्यीकरण होता है, रूढ़ियुक्ति में परिवर्तन सामान्यतः नहीं होता है तथा रूढ़ियुक्ति सकारात्मक या नकारात्मक कुछ भी हो सकता है।

3. समाज मनोवैज्ञानिकों ने रूढ़ियुत्तियों का प्रयोगात्मक अध्ययन भी किया है। उसमें काज एवं बरेली (Katz & Braly, 1932) द्वारा किया गया अध्ययन काफी मशहूर है। इस अध्ययन के आधार पर यह पता लग सका है कि मानवजातीय एवं प्रजातीय रूढ़ियुक्तियों (ethnic and racial stereotypes) में समय बीतने से परिवर्तन आता है।

4. रूढ़ियुक्तियाँ हमारे लिए लाभदायक है क्योंकि इसके द्वारा अनेकों तरह के कार्य सम्पन्न होते हैं। इनमें से प्रमुख कार्य हैं—सामाजिक व्यवहारों को अर्थपूर्ण बनाना, सामाजिक व्यवहार को नियंत्रित करना, सामाजिक व्यवहारों के बारे में भविष्यवाणी करना तथा व्यवसायिक विज्ञापनों को बढ़ावा देना, आदि-आदि।

5. समाज में रूढ़ियुक्तियों का विकास एवं सम्पोषण अनेक कारणों से होता है जिनमें प्रमुख हैं—आंशिक अनुभव एवं ज्ञान, समाजीकरण, सामाजिक एवं सांस्कृतिक कारक, अनुकरण, परम्परा एवं लोकरीतियाँ आदि।

6. समाज मनोवैज्ञानिकों द्वारा रूढ़ियुक्तियों की सत्यता एवं असत्यता के प्रश्न पर गंभीर रूप से विचार करने के बाद इस निष्कर्ष पर पहुँचा गया है कि रूढ़ियुक्तियाँ अधिकतर असत्य होती हैं, हालाँकि कभी-कभी उनका संबंध वास्तविक गुणों से होता है।

7. रूढ़ियुक्तियाँ तथा पूर्वाग्रह में अन्तर है। रूढ़ियुक्ति मूलतः एक प्रतिमा है जबकि पूर्वाग्रह एक मनोवृत्ति (attitude)। रूढ़ियुक्ति पूर्वाग्रह की अपेक्षा अधिक स्थायी होती है।

❑

अध्याय 10

समूह व्यवहार
(GROUP BEHAVIOUR)

समूह का अर्थ
(Meaning of Group)

समूह एक व्यापक शब्द है जिसका प्रयोग मुख्यतः तीन अर्थों में किया जाता है जो इस प्रकार है—

(i) किसी उद्देश्य से जब कई व्यक्ति एक-दूसरे के नजदीक हो जाते हैं तो इसे हम समूह की संज्ञा देते हैं। जैसे, सड़क पर चलते व्यक्तियों का समूह या रेल में बैठे यात्रियों का समूह।

(ii) समूह का प्रयोग वर्गीकरण (classification) करने के उद्देश्य से भी किया जाता है। जैसे, हम कहते हैं कि मिल-मालिकों का समूह, छात्रों का समूह तथा रिक्शा चालकों का समूह।

(iii) समूह का प्रयोग प्राणियों (organisms) के एक ऐसे संगठन के लिए भी किया जाता है जिनका एक निश्चित आकार (structure) होता है तथा जिसके सदस्यों में 'अपने लोगों की भावना' (we-feeling) तथा निष्ठा की भावना (feeling of loyality) के साथ सामाजिक अन्तःक्रिया (social interaction) होती है।

स्पष्ट हुआ कि समूह का प्रयोग उपर्युक्त तीन अर्थों में किया जाता है। परन्तु समाज मनोविज्ञान में समूह का प्रयोग सिर्फ तीसरे अर्थ में किया जाता है क्योंकि ऐसे ही समूह में सदस्यों के बीच सामाजिक अन्तःक्रिया (social interaction) एक सामान्य उद्देश्य की प्राप्ति के लिए किया जाता है। पहले अर्थ में जो सूचना बनता है उसमें भी सामाजिक अन्तःक्रिया होती है परन्तु वह क्षणिक होती है। साथ-ही-साथ उसमें एक उद्देश्य होता है परन्तु सामान्य उद्देश्य नहीं। जैसे, बस में, रेल में या हवाई जहाज में सफर करते समय मुसाफिर, आपस में कुछ बातचीत भले ही कर लें, परन्तु इस तरह की सामाजिक अन्तःक्रिया चूँकि क्षणिक और किसी सामान्य उद्देश्य से रहित होती है, अतः इसे समूह की संज्ञा देना उचित नहीं होगा। जहाँ तक समूह का प्रयोग दूसरे अर्थ में किये जाने का प्रश्न है, वह निश्चित रूप से समाज मनोवैज्ञानिक के अर्थ से भिन्न है क्योंकि इस समूह से हमें मात्र वर्गीकरण का उद्देश्य पूरा होता है। इससे समूह के संरचना की विशेषताओं का पता नहीं चलता है।

अधिकतर समाज मनोवैज्ञानिकों ने समूह की परिभाषा इस तीसरे अर्थ को ध्यान में रखते हुए दिया है क्योंकि यह अर्थ समूह का एक वैज्ञानिक अर्थ है। कुछ प्रमुख समाज मनोवैज्ञानिकों की परिभाषाओं को हम नीचे प्रस्तुत कर रहे हैं—

शेरीफ तथा **शेरीफ**[1] (Sherif & Sherif, 1957) के अनुसार, ''समूह एक सामाजिक इकाई है जिसमें कई व्यक्ति होते हैं जो एक-दूसरे से एक निश्चित पद तथा भूमिका के आधार पर संबंधित होते हैं और जिसके ऐसे अपने मूल्य या मानदण्ड होते हें जो वैयक्तिक सदस्य के व्यवहारों का नियंत्रण करते है या कम-से-कम समूह के लिए होने वाले परिणामों से संबंधित व्यवहारों को नियंत्रित करते है।''

न्यूकाम्ब[2] (Newcomb, 1960) के अनुसार, ''दो या दो से अधिक ऐसे व्यक्तियों को समूह कहा जाता है जो

1. "A group is social unit which consists of a number of individuals who stand in (more of less) definite status and role relationships to one another and which possesses a set of values or norms of its own regulating the behaviour of individual member or at least in matters of consequences of the group."
—Sherif & Sherif : *An outline of Social Psychology,* 1956, p. 144

2. "A group consists of two or more persons who share norms about certain things with one another and whose social roles are closely interlocking." —Newcomb : *Social Psychlogy,* 1960, p. 492

कुछ चीजों के बारे में मानदण्डों (norms) में हिस्सा बँटाते हैं तथा जिनकी सामाजिक भूमिकाएँ घनिष्ठ रूप से अंतर्बद्ध (interlocking) होती है।'' लिण्डग्रेन[1] (Lindgren, 1969) के अनुसार, ''दो या दो से अधिक व्यक्तियों का एक-दूसरे के साथ कार्यात्मक सम्बन्ध में व्यस्त होने पर एक समूह का निर्माण होता है।

क्रेच, क्रचफिल्ड तथा **बैलेची**[2] (Kretch, Crutchfield & Ballachey, 1962) के अनुसार, ''एक मनोवैज्ञानिक समूह दो या इससे अधिक वैसे व्यक्तियों को कहा जाता है जो निम्नांकित शर्तें पूरा करता है—(i) सदस्यों के बीच का सम्बन्ध परस्पर आश्रित (interdependent) होता है, यानी, प्रत्येक सदस्य का व्यवहार दूसरे सदस्यों के व्यवहार को प्रभावित करता है (ii) सदस्यों के बीच एक विशेष विचारधारा (ideology) अर्थात विश्वास, मूल्य तथा मानदण्डों की साझेदारी होती है जिससे सदस्यों का पारस्परिक आचरण (mutual conduct) निर्धारित होता है।''

वर्न, बेरोन तथा **ब्रैन्सकौम्ब**[3] (Byrne, Baron & Branscombe, 2006) के अनुसार, ''व्यक्तियों के एक ऐसे संग्रहण जो कुछ हद तक एक संसक्त इकाई में बँधे हुए प्रत्यक्षित किये जाते हैं, को समूह कहा जाता है।

इन परिभाषाओं का एक समन्वित विश्लेषण (coordinated analysis) करने पर हम कुछ उन कसौटियों (criterions) या विशेषताओं पर पहुँचते हैं जिसके आधार पर हम वैज्ञानिक अर्थ में समूह को समूह कह सकते हैं। ऐसे विशेषताएँ निम्नांकित हैं—

(i) समूह एक सामाजिक इकाई (social unit) को कहा जाता है जिसमें दो या दो से अधिक व्यक्ति एक-दूसरे के साथ सामाजिक अन्तःक्रिया (social interaction) करते हैं। यही कारण है कि समूह व्यक्तियों के संग्रह (collection) या कुल योग (aggregate) से भिन्न होता है क्योंकि इसमें सामाजिक इकाईपन की विशेषता नहीं होती है। शेरीफ तथा शरीफ की परिभाषा में सामाजिक इकाईपन के गुण पर बल डाला गया है।

(ii) समूह के सदस्यों के बीच जो अन्तःक्रियाएँ (interactions) होती हैं, वे आमने-सामने (face-to-face) की अन्तःक्रिया हो या शारीरिक अन्तःक्रिया (physical interaction) ही हो, कोई जरूरी नहीं है। वे शाब्दिक (verbal) या लिखित अन्तःक्रिया भी हो सकती है। जैसा कि फेल्ड्मैन[4] (Feldman, 1985) ने कहा है, ''यह आवश्यक नहीं है कि अन्तःक्रिया शारीरिक और आमने-सामने की हो। शाब्दिक या लिखित अन्तःक्रिया भी हो सकती है।''

(iii) दो या दो से अधिक व्यक्तियों का एक समूह कहलाने के लिए यह भी आवश्यक है कि सभी व्यक्ति अपने आप को समूह का एक सदस्य समझें तथा साथ-ही-साथ उसी समूह के दूसरे व्यक्ति भी उसे उस समूह का सदस्य समझें। कहने का तात्पर्य यह है कि समूह के सदस्यगण एक संगत या संसक्त इकाई (coherent unit) में अपने आप को बँधे महशुश करते हैं। समाज मनोवैज्ञानिकों ने समूह की इस विशेषता को *इनसियटिभिटी* (entiativity) कहा है। बस अड्डा (bus stand) पर अनेकों व्यक्तियों के संग्रह (collection) को हम समूह इसलिए भी नहीं कह सकते हैं क्योंकि ये सभी व्यक्ति अपने आपको एक-दूसरे से संबंधित नहीं मानते हैं अर्थात् एक संसक्त इकाई में बँधे नहीं पाते हैं और न तो कोई दूसरा ही व्यक्ति उन्हें आपस में संबंधित होने की कल्पना करता है।

(iv) समूह सदस्यों का एक सामान्य लक्ष्य (common goal) होता है तथा साथ-ही-साथ वे एक सामान्य मानदण्ड (common norms) से निर्देशित होते हैं। प्रत्येक सदस्य का इस मानदण्ड एवं लक्ष्य में विश्वास होता है तथा वह उसके मूल्यों (values) को समझता है। न्यूकॉम्ब की परिभाषा एवं क्रेच, क्रचफिल्ड तथा बैलेची की परिभाषा में इस पक्ष पर अधिक बल डाला गया है।

---

1. "Two or more persons engaged in any kind of functional relationship with each other constitute a group."
—Lindgern : *An Introduction to Social Psychology,* 1972, p. 330

2. "A psychological group may be defined as two or more persons who meet the following conditions : (i) the relations among the members are interdependent—each member's behaviour influences the behaviour of each others. (ii) the members share on ideology—a set of beliefs, a values and norms which regulates their mutual conduct."
—Kretch, Crutchfield & Ballachey : *Individual in Society,* 1962, p. 383.

3. "It (interaction) need not be physical face-to-face interaction. However, verbal or written interaction may suffice."
—Feldman : *Social Psychology,* 1985, p. 376.

4. "A collection of persons who are perceived to be banded together in a coherent unit to some degree in called group.
—Byrne, Baron & Branscombe : *Social Psychology,* 2006, p. 462

(v) समूह में सदस्यों का भाग्य (fate) एक-दूसरे पर निर्भर (interdependent) होता है। दूसरे शब्दों में, समूह के परिणाम (outcome) का प्रभाव प्रत्येक सदस्य पर समान होता है और सदस्यों के व्यवहार द्वारा समूह का परिणाम प्रभावित होता है। क्रेच, क्रचफिल्ड तथा बैलेची ने अपने परिभाषा में सदस्यों के इस निर्भरता (dependence) पर अधिक बल डाला है। इस ढंग की निर्भरता का सबसे अच्छा उदाहरण फुटबॉल के खिलाड़ियों के समूह में मिलता है। खिलाड़ियों का दल यदि जीतता है तो दल के सभी सदस्यों का सिर ऊँचा होता है और यदि हारता है तो पूरे दल की बदनामी होती है। किसी एक सदस्य की गलती से दल हार सकता है और किसी एक सदस्य के प्रयास से दल जीत भी सकता है।

इन विशेषताओं के आधार पर हम इस निष्कर्ष पर पहुँचते हैं कि समूह दो या दो से अधिक व्यक्तियों की एक ऐसी सामाजिक इकाई है जिसके सदस्य सामान्य लक्ष्य की प्राप्ति के लिए एक खास तरह के मानदण्ड (norms) के अनुसार परस्पर निर्भर रहते हुए (mutually interdependent) अन्तःक्रिया करते हैं।

समूह के कुछ मौलिक पहलू
(Same Basic Aspects of Group)

प्रत्येक समूह जो सचमुच में समाज मनोवैज्ञानिकों के परिभाषानुसार समूह है, में कम-से-कम चार महत्त्वपूर्ण पहलू होते हैं, जिन्हें मनोवैज्ञानिकों ने समूह का मौलिक पहलू (basic aspects) कहा है। इन सभी मौलिक पहलुओं का वर्णन निम्नांकित है—

1. भूमिका *(Roles)*—समूह में प्रत्येक सदस्य एक विशेष भूमिका (role) या कार्य सम्पादन का उत्तरदायित्व निभाता है। कहने का तात्पर्य यह है कि प्रत्येक सदस्य की एक खास भूमिका होती है। कुछ भूमिका सदस्यों को समूह की ओर से दी जाती है तथा कुछ भूमिका ऐसी होती है जिसे सदस्यगण धीरे-धीरे अपने आप उसे ग्रहण कर लेते हैं। जैसे, नेता, सचिव (Secretary), अध्यक्ष (President) आदि की भूमिका ऐसी होती है जिसे समूह अपनी ओर से किसी-न-किसी सदस्य को देता है। चाहे भूमिका समूह द्वारा प्रदत्त की गयी है, या सदस्य अपने आप ही उसे ग्रहण किये हो, इन दोनों ही परिस्थितियों में सदस्य उस भूमिका को आन्तरीकृत (internalise) कर लेते हैं और उनके आत्म-संप्रत्यय (self-concept) का एक महत्त्वपूर्ण अंश बनकर उनके व्यवहारों को निर्देशित एवं नियंत्रित करता है। इस तथ्य की सम्पुष्टि हानी, बैंकर्स एवं जिम्बार्डो (Haney, Bankers & Zimbardo, 1973) ने अपने अध्ययन में किया है जिसमें यह पाया कि जिन कॉलेज छात्रों को कैदी (prisoner) तथा जिन छात्रों को रक्षक (Guard) की भूमिका करने के लिए दिया गया था, वे मात्र कुछ ही दिनों में एक वास्तविक कैदी तथा वास्तविक रक्षक के समान व्यवहार करने लगे क्योंकि ये दोनों भूमिकाएँ उनके आत्म-संप्रत्यय का महत्त्वपूर्ण अंश बन गए थे। कैदी जो पहले अधिक या आक्रामकतापूर्ण व्यवहार करते थे, धीरे-धीरे निष्क्रिय एवं विषादी (depressed) होने लगे तथा रक्षक धीरे-धीरे अधिक बर्बर (brutal) होते देखे गये।

2. पद या पदवी *(Status)*—समूह के सदस्यों की पदवी या पद अलग-अलग होती है। समूह के कुछ सदस्य उच्च पद पर होते हैं जबकि कुछ सदस्य मध्य तथा निम्न पद पर होते हैं। जैसे, समूह का नेता सबसे उच्च पद पर होता है तथा अन्य लोग उससे नीचे पद पर होते हैं। विभिन्न पद पर आसीन सदस्यों की भूमिकाएँ (roles) भी अलग-अलग होती हैं। जो सदस्य उच्च पद पर आसीन होते हैं, उनकी पहुँच समूह के संसाधनों (resources) तक निम्न पद पर आसीन सदस्यों की तुलना में अधिक आसान होता है। सामान्यतः ऐसे उच्च पद पर आसीन व्यक्तियों की प्रतिष्ठा एवं प्रभुत्व दोनों ही अधिक होती है।

3. मानक *(Norms)*—किसी भी समूह का मानक (norms) एक अन्य महत्त्वपूर्ण पहलू होता है जिसका सीधा प्रभाव समूह के सदस्यों के व्यवहारों पर पड़ता है। समूह मानक से तात्पर्य समूह द्वारा स्थापित नियमों से होता है जिसके अनुसार सदस्यों से व्यवहार की उम्मीद की जाती है। सदस्यों को विशेष पदवी (status) तथा अन्य पुरस्कार समूह द्वारा तभी दी जाती है जब वे समूह के मानकों के अनुरूप व्यवहार करते हैं। जो सदस्य मानक का उल्लंघन करता है, समूह उसकी आलोचना करता है तथा समय पर उसे दंडित भी करता है।

4. समग्रता *(Cohesiveness)*—समग्रता समूह का एक अन्य महत्त्वपूर्ण पहलू है जो सदस्यों के व्यवहारों को काफी प्रभावित करता है। समग्रता से तात्पर्य उन सभी कारकों (factors) या बलों (forces) से होता है जो समूह के सदस्यों को समूह में बने रहने के लिए प्रेरित करता है। एक समग्र समूह (cohesive group) के सदस्य आपस में एक-दूसरे को पसंद करते हैं, सहयोगितापूर्ण व्यवहार करते हैं तथा एक-दूसरे का सम्मान करते हैं। फलतः एक समग्र समूह

का प्रभाव सदस्यों पर काफी पड़ता है। परंतु यदि किसी कारण से समूह में समग्रता कम होती है, ऐसे समूह का प्रभाव उनके सदस्यों पर नहीं के बराबर पड़ता है।

स्पष्ट हुआ कि समूह के कई मौलिक पहलू है जिनसे उनके सदस्यों का व्यवहार प्रभावित होता है।

समूह की सदस्यता पाने का लाभ एवं कीमत (Benefits and Costs of Joining a group)

एक व्यक्ति सामान्यतः कई समूहों का सदस्य होता है। विभिन्न समूहों की सदस्यता से उसे क्या लाभ होता है? फिर ऐसा क्यों होता है कि व्यक्ति किसी समूह जिसका वह सदस्य कई महीनों या वर्षों से होता है को छोड़ देता है? इन प्रश्नों पर समाज मनोवैज्ञानिकों का पर्याप्त ध्यान गया है और उनके द्वारा इसका गहन विश्लेषण भी किया गया है।

व्यक्ति किसी समूह का सदस्य इसलिए बनता है क्योंकि ऐसा करने से स्पष्टतः उसे कुछ लाभ (benefits) होता है जो इस प्रकार है—

(i) किसी समूह का सदस्य बनकर व्यक्ति को आत्म-ज्ञान (self-knowledge) होता है। जैसे ही व्यक्ति किसी समूह का सदस्य बनता है, उसे यह भी पता चल जाता है कि वह किस तरह का व्यक्ति है या समूह के सदस्यगण उसे किस तरह का व्यक्ति समझते हैं। कहने का तात्पर्य यह है कि समूह की सदस्यता के आधार पर व्यक्ति को अपने आत्म-संप्रत्यय (self-concept) के बारे में ज्ञान होता है।

(ii) व्यक्ति किसी समूह की सदस्यता इसलिए चाहता है क्योंकि इससे उसकी प्रतिष्ठा तथा पदवी (status) दोनों में वृद्धि होती है। ब्राऊन (Brown, 2000) एवं स्वार्ज एवं वार्डी (Schwartz & Bardi, 2001) द्वारा किये गए अध्ययनों से यह स्पष्ट हुआ है कि किसी समूह की सदस्यता प्राप्त करने से पदवी-वर्धन (status-boosting) कितना महत्त्वपूर्ण कारक है, यह इस बात पर निर्भर करता है कि सम्बन्धित व्यक्ति में आत्म-वृद्धि (self-enhancement) का गुण अधिक है या आत्म-उत्कर्ष (self-transcendence) का गुण। आत्म-वृद्धि में व्यक्ति अपने जन प्रतिमा (public image) को उत्तम करने में तथा यह भाव उत्पन्न करने में विश्वास करता है कि वह अन्य लोगों से श्रेष्ठ (superior) है जबकि आत्म-उत्कर्ष (self-transcendence) में व्यक्ति चाहे उसका पदवी (status) जो भी हो, वह हमेशा दूसरों की मदद करने तथा सामाजिक न्याय की ओर अधिक उन्मुखता दिखलाता है। रोक्काज (Roccas, 2003) जो एक महिला मनोवैज्ञानिक हैं, द्वारा किये गए अध्ययन से यह स्पष्ट हुआ है कि जिन व्यक्तियों में आत्म-वृद्धि का गुण मजबूत होता है, उनके लिए समूह का पदवी (status) बहुत महत्त्व रखता है अर्थात् उनका सम्बन्ध इस पदवी से अधिक होता है परंतु जिन व्यक्तियों में आत्म-उत्कर्ष का गुण अधिक होता है, उनके लिए समूह की पदवी (status) का महत्त्व कम होता है।

(iii) व्यक्ति समूह में संगठित होकर सामाजिक पूर्वाग्रह (social prejudices) को कम करके एक महत्त्वपूर्ण सामाजिक परिवर्तन की ओर अग्रसर होता है। प्रायः देखा गया है कि समाज में अल्पसंख्यक समूह, महिलाओं का समूह, समलैंगिक समूह आदि तरह-तरह के पूर्वाग्रहों के शिकार होते हैं। अधिक-से-अधिक लोग ऐसे समूह की सदस्यता प्राप्त करके समूह को इस लायक बना देते हैं कि समूह इन पूर्वाग्रहों को दूर करके समाज के सामने एक आकर्षक नमूना पेश कर सके और तब वे अपने समाज में परिवर्तन लाकर अपने लिए पहले से उत्तम व्यवहार करा सकने में सफल हो जाते हैं। कलैण्डरमैनस् (Klandermans, 1997) ने अपने अध्ययन के आधार पर इस तथ्य की सम्पुष्टि किया है।

(iv) जब व्यक्ति किसी समूह की सदस्यता प्राप्त करता है तो उससे लक्ष्य (goal) पर पहुँचने में अधिक मदद मिलती है। जब व्यक्ति उस समूह का सदस्य बन जाता हैं, तो काफी आसानी से वे सारे लक्ष्य उन्हें प्राप्त हो जाते हैं जो उस समूह से सम्बन्धित होते हैं।

स्पष्ट हुआ कि समूह की सदस्यता प्राप्त करने से व्यक्ति को तरह-तरह के लाभ होते हैं और शायद यही कारण है कि व्यक्ति किसी समूह का सदस्य बनना चाहता है।

परंतु इन लाभों के बावजूद व्यक्ति को समूह की सदस्यता की कुछ कीमत (cost) भी चुकानी पड़ती है जिसे समाज मनोवैज्ञानिकों ने कुछ इस तरह से व्याख्या किया है।

(i) समूह की सदस्यता सदस्यों की वैयक्तिक स्वतंत्रता (personal freedom) पर अंकुश लगाती है। कुछ समूह ऐसे होते हैं जिनके सदस्यों को एक खास ढंग से व्यवहार करना होता है या उस समूह का मानक (norms) ही ऐसा

होता है जो उसे कुछ-कुछ व्यवहार करने से रोकता है। जैसे, प्रायः सैनिक अधिकारियों (military officers) को राजनैतिक बयान (political statement) देना एक अनुचित कदम समझा जाता है। अतः जब कभी कोई अधिकारी अपने व्यक्तिगत भावनाओं को जो बहुत कुछ देश के मौजूदा राजनीति से सम्बन्धित होता है, चाहकर भी व्यक्त नहीं कर सकता है क्योंकि ऐसा करने से उन्हें दंडित भी किया जा सकता है या बयान की गम्भीरता को देखते हुए पद से हटाया भी जा सकता है।

(ii) कुछ समूह ऐसे होते हैं जिनके सदस्यों को समूह की क्रियाओं को सम्पन्न करने के लिए काफी समय, ऊर्जा (energy) तथा संसाधनों को खर्च करना पड़ता है। ऐसे कई समूह होते हैं जिनकी सदस्यता बरकरार रखने के लिए सदस्यों को फीस देनी पड़ती है और एक निश्चित समय तक समूह की क्रियाओं में हाथ बँटाना आवश्यक होता है। जो सदस्य ऐसा नहीं करते हैं, उन्हें या तो दंडित किया जाता है या फिर उनकी सदस्यता समाप्त कर दी जाती है।

(iii) कभी-कभी समूह कुछ ऐसी नीतियों एवं नियमों को भी बनाता है जिसे सदस्य नहीं पसंद करते हैं। ऐसी परिस्थिति में ऐसे असंतुष्ट सदस्य या तो चुप रहते हैं या फिर उसका विरोध करते हैं। इस विरोध की सजा भी उन्हें मिलती है।

(iv) कभी-कभी समूह व्यक्ति द्वारा लिए गए निर्णयों (decisions) को कुप्रभावित करता है। जैसे, किसी विशेष सदस्य का मत (opinion) समूह के प्रबल एवं अधिकतर सदस्यों से भिन्न हो सकता है, परंतु ऐसे सामूहिक निर्णय (group decision) का कुप्रभाव यह होता है कि व्यक्ति का अपना मत या विचार दब जाता है जिसका उस सदस्य की मानसिक स्थिति पर बुरा प्रभाव पड़ता है।

स्पष्ट हुआ कि समूह की सदस्यता की कुछ कीमत भी होती है जिसे सदस्यों को चुकाना पड़ता है। जब यह कीमत काफी अधिक होने लगती है, तो सदस्य समूह की सदस्यता का त्याग कर देते हैं या फिर स्वयं समूह भी खंडित (splinter) हो जाता है। ऐसा क्यों होता है? समाज मनोवैज्ञानिकों द्वारा शोध करके इस प्रश्न का उत्तर देने की कोशिश की गयी है। सानी तथा रिचर (Sani & Reicher, 2000) अपने शोध के आधार पर इस निष्कर्ष पर पहुँचे कि सदस्य द्वारा समूह को छोड़ने का निर्णय तब किया जाता है जब वे यह समझने लगते हैं कि अन्य सदस्यगण में इतना परिवर्तन आ गया है कि उन्हें अपने समूह का सदस्य नहीं माना जा सकता है अर्थात् समूह के साथ सभी सदस्यों में स्थापित आत्मीकरण (identification) तथा विस्तारित आत्म-संप्रत्यय (extended self-concept) की सीमा-रेखा (boundaries) जिसके कारण सभी सदस्यों में 'हमलोग की भावना' (we-feeling) कायम होती है, समाप्त हो जाती है।

समूह का वर्गीकरण
(Classification of Group)

मानव समूह कई प्रकार के होते हैं। समाजशास्त्रियों एवं समाज मनोवैज्ञानिकों ने भिन्न-भिन्न कसौटियों (criterion) के आधार पर मानव समूह को विभिन्न भागों में बाँटा है। इनमें से समूह के कुछ प्रमुख वर्गीकरण की व्याख्या हम यहाँ अलग-अलग अनुच्छेद में करेंगे।

प्राथमिक समूह तथा द्वितीयक समूह
(Primary group and Secondary group)

प्राथमिक समूह तथा द्वितीयक समूह का वर्गीकरण कूली (Cooley, 1909) ने व्यक्तिगत आवेष्टन (personal involvement) के आधार पर किया था। प्राथमिक समूह वैसे समूह को कहा जाता है जिसके सदस्यों के बीच आमने-सामने या प्रत्यक्ष(face-to-face) तथा घनिष्ठ(intimate) सम्बन्ध होता है। यही कारण है कि प्राथमिक समूह को आमने-सामने का समूह(face-to-face group) भी कहा जाता है। ऐसे समूह के सदस्यों में एक-दूसरे के प्रति सहयोग, सहानुभूति, प्यार आदि की भावना गहरी होती है। परिवार तथा खेलने का समूह प्राथमिक समूह का सबसे अच्छा उदाहरण है। कूली[1]

1. "By primary groups, I mean those characterised by intimate face-to-face association and cooperation. They are primary in several senses but chiefly in that they are fundamental in forming the social nature and ideals of the individual."
—Cooley : *Social Organisaiton,* 1909, p. 23

(Cooley) के शब्दों में ही प्राथमिक समूह को इस प्रकार परिभाषित किया गया है, ''प्राथमिक समूहों से मेरा मतलब उन समूहों से है जिनके सदस्यों में आमने-सामने के घनिष्ठ सम्बन्ध तथा सहयोग की विशेषता पायी जाती है। ऐसे समूह कई अर्थों में प्राथमिक होते हैं लेकिन मुख्यतः इस अर्थ में प्राथमिक होते हैं कि वे व्यक्ति के सामाजिक स्वभाव एवं आदर्शों का निर्माण मौलिक रूप में करते हैं।''

अन्य लोगों जैसे ईभान्स (Evans, 1978), हालैण्डर (Hollander, 1967) ने भी प्राथमिक समूह को इसी ढंग से परिभाषित किया है। प्राथमिक समूह के स्वरूप (nature) को और भी अधिक स्पष्ट करने के लिए इसके बाह्य विशेषताओं (external characteristics) तथा आन्तरिक विशेषताओं पर ध्यान देना अनिवार्य है। प्राथमिक समूह की बाह्य विशेषताओं से तात्पर्य उन व्यवहारपरक विशेषताओं (behavioural characteristics) से होता है जो इनके सदस्यों द्वारा किये गये अन्तःक्रियाओं (interactions) में स्पष्ट रूप से देखा जा सकता है। इस समूह के प्रमुख बाह्य विशेषताओं का वर्णन इस प्रकार है—

1. सदस्यों की कम संख्या (*Small number of members*)—प्राथमिक समूह में सदस्यों की संख्या कम होती है क्योंकि इसका आकार प्रायः छोटा होता है। सामान्यतः इस तरह के समूह में सदस्यों की संख्या कम-से-कम दो जैसे पति-पत्नी का समूह तथा कभी-कभी 10-12 तक की होती है जैसा कि संयुक्त परिवार में सदस्यों की संख्या होती है।

2. आमने-सामने का सम्बन्ध (*Face-to-face relation*)—प्राथमिक समूह में सदस्यों के बीच आमने-सामने का सम्बन्ध होता है। इस तरह का सम्बन्ध रहने पर लोग एक-दूसरे को व्यक्तिगत रूप से जानते और समझते हैं। परिवार (family) के सदस्यों के बीच इसी तरह का आमने-सामने का सम्बन्ध होता है।

3. सदस्यों के बीच घनिष्ठता (*Intimacy among members*)—प्राथमिक समूह के सदस्यों के बीच सिर्फ आमने-सामने का ही सम्बन्ध नहीं होता है बल्कि उसमें घनिष्ठता (intimacy) भी होती है। एक-दूसरे के बीच इतना अधिक शारीरिक एवं मानसिक घनिष्ठ सम्बन्ध होता है कि इन्हें एक-दूसरे के लिए यदि अपनी जिन्दगी की भी कुर्बानी करनी पड़े, तो ऐसा करने में हिचकिचाहट नहीं के बराबर होती है। परिवार में पिता के लिए पुत्र की कुर्बानी या पुत्र के लिए पिता की कुर्बानी इस घनिष्ठ सम्बन्ध का ही परिणाम है।

4. विशिष्ट प्रकार के सम्बन्धों का अभाव (*Lack of specific relationship*)—प्राथमिक समूह के सदस्यों का एक सामान्य उद्देश्य (common purpose) होता है जिसके कारण वे आपस में प्रायः मिलते-जुलते हैं और किसी समस्या का समाधान करते हैं। ऐसा नहीं होता है कि कोई सदस्य अपने विशेष उद्देश्य या स्वार्थ की पूर्ति के लिए अन्य सदस्यों के साथ एक विशेष प्रकार के सम्बन्ध विकसित कर लेता है।

5. अपेक्षाकृत अधिक स्थायित्व का गुण (*Trait of relatively more stability*)—प्राथमिक समूह के सदस्यों के बीच आमने-सामने का सम्बन्ध घनिष्ठ होता है, अतः इसका अस्तित्व (existence) अन्य प्रकार के समूहों की अपेक्षा अधिक स्थायी होता है। इस स्थायित्व के गुण के कारण प्राथमिक समूह किसी भी विपत्ति में जल्दी बिखरता नहीं है।

6. सामान्य सांस्कृतिक पृष्ठभूमि (*Common cultural background*)—प्राथमिक समूह के सदस्यों की सांस्कृतिक पृष्ठभूमि (cultural background) एक होती है क्योंकि वे सभी एक ही सांस्कृतिक एवं सामाजिक मानदण्डों (cultural and social norms) के अन्तर्गत पाले-पोसे गये होते हैं।

7. सीमित अभिरुचि (*Limited interest*)—प्राथमिक समूह के सदस्यों की अभिरुचि मूलतः समूह के सामान्य उद्देश्यों (common goal) तथा एक-दूसरे के हित तक ही सीमित होती है।

इन बाह्य विशेषताओं के अलावा प्राथमिक समूह की कुछ आन्तरिक विशेषताएँ (internal characteristics) भी हैं। आन्तरिक विशेषता से तात्पर्य सदस्यों के उन मनोवैज्ञानिक विशेषताओं से होता है जिन्हें बाहर से देखा नहीं जा सकता है परन्तु जो सदस्यों के मन में उपजकर उन्हें एक सूत्र में बाँध कर रखते हैं। प्रमुख आन्तरिक विशेषताएँ निम्नांकित हैं—

1. सामान्य इच्छाएँ एवं अभिरुचि (*Common wishes and interest*)—प्राथमिक समूह के सदस्यों के बीच कुछ सामान्य इच्छाएँ (common wishes) होती हैं तथा उनकी अभिरुचि भी करीब-करीब एक ही होती है। शायद यही कारण है कि उनमें एक घनिष्ठ सम्बन्ध होता है।

2. सम्बन्धों में सहजता (*Spontaneity in relationship*)—प्राथमिक समूह के सदस्यों के बीच जो घनिष्ठ सम्बन्ध

पाया जाता है वह बिना किसी शर्त एवं बाहरी दबाव के स्वतः विकसित होता है। जैसे, माँ का अपने पुत्र या पुत्री के प्रति जो प्यार भरा सम्बन्ध होता है, वह बिना किसी शर्त एवं बाहरी दबाव का होता है। वह सहज रूप से स्फूर्त होता है।

3. वैयक्तिक सम्बन्ध *(Personal relationship)*—प्राथमिक समूह के सदस्यों के बीच का सम्बन्ध वैयक्तिक होता है। प्रत्येक सदस्य में एक-दूसरे के प्रति हमलोगों की भावना (we-feeling) होती है। अतः सदस्यों के बीच सम्बन्ध प्रत्यक्ष एवं वैयक्तिक होता है।

4. सहयोग की तीव्र भावना *(Strong feeling of cooperation)*—प्राथमिक समूह के बीच चूँकि घनिष्ठ सम्बन्ध होता है, अतः उनमें एक-दूसरे के प्रति सहयोग की भावना तीव्र होती है। स्वयं कष्ट उठाकर भी प्राथमिक समूह का एक सदस्य दूसरे सदस्य को किसी काम में सहयोग करने में हिचकिचाता नहीं है। पिता स्वयं कष्ट उठाकर भी अपने बेटे के काम में पूर्ण सहयोग देते हैं क्योंकि ये दोनों एक ही परिवार (अर्थात प्राथमिक समूह) के सदस्य होते हैं।

5. एकता तथा सुरक्षा की भावना *(Feeling of solidarity and security)*—प्राथमिक समूह के सदस्यों के बीच एकता की भावना तीव्र होती है। एकता की भावना उनमें एक-दूसरे को सुरक्षा (secutiry) देने की प्रेरणा भी प्रदान करती है। जब वे एक रहते हैं तो स्वतः ही वे काफी सुरक्षित महसूस करते हैं और आवश्यकता पड़ने पर किसी दुश्मन या बाहरी ताकत का डटकर मुकाबला करते हैं।

6. संभावित अधिकतम नियंत्रण *(Possible maximum control)*—प्राथमिक समूह के सदस्य एक-दूसरे पर अपना अधिकतम नियंत्रण समझते हैं। सभी सदस्य एक-दूसरे को अपना ही आदमी समझते हैं। फलतः प्रत्येक सदस्य को यह विश्वास रहता है कि जो वह करेगा वही दूसरा सदस्य मानेगा। इसी तरह के नियंत्रण का हक समझ कर माता-पिता अपने बच्चों पर नियंत्रण रखते हैं। वे यह समझते हैं कि चूँकि हम उसके माता-पिता हैं, अतः हमारी आज्ञा का पालन करना ही होगा।

7. सदस्यों के बीच का सम्बन्ध अपने आप में साध्य होता है *(Relationship among members is an end in itself)*—प्राथमिक समूह के सदस्यों के बीच का सम्बन्ध ऐसा होता है कि उसके सहारे किसी प्रकार के स्वार्थ को सिद्ध करने की कोशिश नहीं की जाती है। वह सम्बन्ध अपने आप में एक स्वार्थरहित लक्ष्य होता है। माता-पिता तथा बच्चों के बीच जो सम्बन्ध होता है वह अपने-आप में एक स्वार्थरहित लक्ष्य होता है। इसके सहारे किसी दूसरे की प्राप्ति नहीं की जाती है।

द्वितीयक या गौण समूह (secondary group) प्राथमिक समूह के ठीक विपरीत होता है। अतः इसके सदस्यों में प्राथमिक समूह के विपरीत गुण पाये जाते हैं। द्वितीयक समूह के सदस्यों में आमने-सामने का सम्बन्ध नहीं होता है तथा इनमें वैयक्तिक आवेष्टन (personal involvement) भी कम होती है। इनके बीच घनिष्ठ सम्बन्ध (intimate relationship) भी नहीं होता है और न तो कोई प्रभावकारी सामान्य उद्देश्य ही होता है। सरकारी दफ्तर, फैक्ट्री तथा विश्वविद्यालय के कर्मचारियों का समूह द्वितीयक समूह के उदाहरण हैं। हॉलैण्डर[1] (Hollander, 1967) ने द्वितीयक समूह को इस प्रकार परिभाषित किया है, ''द्वितीयक समूह अवैयक्तिक होते हैं और इनके सदस्यों के बीच संविदात्मक सम्बन्ध (contractual relationship) पाये जाते हैं। ऐसे समूहों के साथ तादात्म्य स्थापित करना अपने आप में एक लक्ष्य नहीं होता है बल्कि किसी लक्ष्य की प्राप्ति का मात्र एक साधन होता है।'' लिण्डग्रैन[2] (Lindgren, 1969) के अनुसार, ''द्वितीयक समूह अधिक अवैयक्तिक होते हैं तथा इसके सदस्यों के बीच औपचारिक अथवा संविदात्मक सम्बन्ध होते हैं।''

इन परिभाषाओं का विश्लेषण करने पर हमें द्वितीयक समूह के स्वरूप एवं उनकी विशेषताओं का अंदाज होता है। स्पष्ट है कि द्वितीयक समूह का स्वरूप प्राथमिक समूह से भिन्न होता है तथा इसकी प्रमुख विशेषताएँ निम्नांकित हैं—

1. बड़ा आकार *(Large size)*—द्वितीयक समूह का आकार बड़ा होता है। इसका मतलब यह हुआ कि इसमें

---

1. "Secondary groups ... are impersonal and are characterized by contractual relations among their members. Being identified with such groups is not an end in itself but rather a means by which other ends may be achieved."
—Hollander : *Principles and Methods of Social Psychology,* 1967, p. 348

2. "Secondary groups are likely to be more impersonal and are characterized by formalized or contracturał relationshp among members." —Lindgren : *An Introduction to Social Psychology,* 1969, p. 346

सदस्यों की संख्या काफी अधिक होती है। उदाहरणार्थ, किसी फैक्ट्री में कर्मचारियों के समूह को ही ले लिया जाय। इसमें कर्मचारी की संख्या जरूरत के हिसाब से कुछ भी हो सकती है।

2. औपचारिक सम्बन्ध *(Formal relationship)*—ऐसे समूह के सदस्यों में विचारों का जो आदान-प्रदान होता है, वह प्रत्यक्ष रूप से न होकर अप्रत्यक्ष रूप से एवं औपचारिक ढंग से (formally) अर्थात नियम-कानून के अनुसार होता है। उदाहरण के लिए विश्वविद्यालय के सदस्यों के सम्बन्ध को ही ले लें। यदि किसी किरानी (assistant) को कुलपति (vice-chancellor) से किसी समस्या पर उनकी राय लेनी हो, तो वह फाईल पर लिखकर विभागीय पदाधिकारी से पूछेंगे और रजिस्ट्रार तब कुलपति (vice-chancellor) से पूछेंगे। स्पष्ट है कि एक किरानी का कुलपति के साथ सम्बन्ध कितना औपचारिक (formal) है।

3. अप्रत्यक्ष सम्बन्ध *(Indirect relationship)*—द्वितीयक समूह के सदस्यों के बीच जो सम्बन्ध स्थापित होता है वह आमने-सामने के सम्पर्क (face-to-face contact) के आधार पर नहीं होता है, बल्कि कुछ अप्रत्यक्ष साधनों (indirect means), जैसे—समाचार-पत्र, रेडियो, टेलीविजन, सिनेमा, आदि द्वारा होता है। उदाहरणार्थ, फिल्मी दुनिया के नायक (hero) एवं नायिकाओं के प्रशंसक समूह (fan group) के सदस्यों के बीच के सम्बन्ध को हम ले सकते हैं। इस समूह के सभी सदस्य अपने नायक या नायिका से सिर्फ पत्र-व्यवहार द्वारा ही सम्पर्क कर पाते हैं। अतः यह सम्बन्ध निश्चित रूप से अप्रत्यक्ष सम्बन्ध का उदाहरण है। कभी-कभी किसी सदस्य को अपने मनपसन्द नायिका या नायक से आमने-सामने का भी संपर्क हो सकता है, परंतु यह सम्बन्ध क्षणिक होता है और इससे कोई प्रत्यक्ष सम्बन्ध नहीं विकसित हो पाता है।

4. संविदात्मक सम्बन्ध *(Contractual relationship)*—संविदात्मक सम्बन्ध एक प्रकार का अवैयक्तिक सम्बन्ध (impersonal relationship) होता है जिसमें एक सदस्य को दूसरे सदस्य के बारे में विस्तृत जानकारी नहीं होती है। एक सदस्य दूसरे सदस्य को सिर्फ सदस्य के रूप में ही जानता है। किसी सदस्य के व्यक्तिगत इतिहास, रहन-सहन, खान-पान, आदि के बारे में दूसरे सदस्य को कुछ भी पता नहीं होता है और यदि होता भी है तो अत्यन्त सीमित रूप में।

5. विशिष्ट उद्देश्य *(Specific purpose)*—ऐसे समूहों का निर्माण किसी खास उद्देश्य (specific purpose) की प्राप्ति के खयाल से होता है। प्राथमिक समूह के समान यहाँ कोई सामान्य उद्देश्य (common purpose) नहीं होता है। इनका निर्माण ही किसी खास उद्देश्य या स्वार्थ की पूर्ति करने के लिए होता है। यही कारण है कि किम्बल यंग (Kimball Young, 1962) ने उसे 'विशिष्ट-स्वार्थ समूह' (special-interest group) कहा है। विशेष स्वार्थ के पूरा होने पर इस तरह का समूह प्रायः समाप्त हो जाता है। यही कारण है कि द्वितीयक समूह प्राथमिक समूह की अपेक्षा कम टिकाऊ होता है। प्रायः देखा गया है कि उद्देश्य-प्राप्ति के बाद कुछ विशेष राजनैतिक दल एवं सामाजिक संगठन अपने आप ही लुप्त हो जाते हैं।

6. घनिष्ठता एवं अहम्-आवेष्टन का अभाव *(Lack of intimacy and ego-involvement)*—द्वितीयक समूह में सदस्यों की संख्या अधिक होने के कारण उनमें घनिष्ठ-सम्बन्ध नहीं हो पाता है। यही कारण है कि द्वितीयक समूह अवैयक्तिक (impersonal) होता है। घनिष्ठता के अभाव का एक कारण यह भी है कि एक ऐसा समूह बहुत बड़े क्षेत्र में फैले रहने से स्वभावतः इसके सदस्यों के बीच आमने-आमने (face-to-face) का सम्बन्ध स्थापित नहीं हो पाता है। घनिष्ठता के अभाव के कारण ऐसे समूह के सदस्यों में अहम्-आवेष्टन (ego-involvement) की कमी पायी जाती है। उनमें एकता एवं मनोबल (morale) भी कम होता है तथा मात्र सतही कार्यात्मक सम्बन्ध (surface functional relationship) पाये जाते हैं।

7. सीमित उत्तरदायित्व *(Limited responsibility)*—द्वितीयक समूह के सदस्यों के बीच का सम्बन्ध औपचारिक (formal) होता है। इसका मतलब यह हुआ कि प्रत्येक सदस्य की भूमिका परिभाषित (defined) एवं पूर्वनिश्चित (predetermined) होती है। फलस्वरूप, किसी सदस्य का उत्तरदायित्व उस कार्य या भूमिका तक ही सीमित रहता है। उदाहरणार्थ, किसी सरकारी दफ्तर में किरानी को जब कोई संचिका ऑफिसर के सामने पेश करनी होती है, तब वह उसमें जरूरी कागजात लगाकर तथा अपना विचार लिखकर अपनी टेबुल पर रख देता है। अब चपरासी का काम होता है कि वह उस संचिका को ऑफिसर के टेबुल पर रहे। यदि संचिका के टेबुल पर नहीं रखा जाता है तो दोषी चपरासी होगा, किरानी का नहीं क्योंकि किरानी अपना दायित्व निभा चुका है।

द्वितीयक समूह की विशेषताओं से यह स्पष्ट है कि यह समूह प्राथमिक समूह से भिन्न है।

प्राथमिक समूह तथा द्वितीयक समूह में अन्तर
(Distinction between Primary Group and Secondary Group)

प्राथमिक समूह की विशेषताओं एवं द्वितीयक समूह की विशेषताओं पर गौर करने से यह स्पष्ट हो जाता है कि इन दोनों समूहों में मौलिक अन्तर है। इन मौलिक अन्तरों की व्याख्या हम इस प्रकार कर सकते हैं—

प्राथमिक समूह	द्वितीयक समूह
1. प्राथमिक समूह का आकार छोटा होता है। इसका कारण यह है कि इनमें सदस्यों की संख्या साधारणतः दो से बारह तक होती है।	1. द्वितीयक समूह का आकार बड़ा होता है क्योंकि इसमें सदस्यों की संख्या असीमित (unlimited) होती है।
2. प्राथमिक समूह में सदस्यों के बीच आमने-सामने (face-to-face) का संबंध होता है, अर्थात् इसमें शारीरिक समीपता अधिक होती है।	2. द्वितीयक समूह के सदस्यों के बीच आमने-सामने का संबंध नहीं होता है। दूसरे शब्दों में, इसके सदस्यों में शारीरिक समीपता नहीं पायी जाती है बल्कि दूरी पायी जाती है।
3. प्राथमिक समूह के सदस्य काफी लम्बे समय तक एक-दूसरे के साथ अन्तःक्रिया (interaction) करते हैं।	3. द्वितीय समूह के सदस्य थोड़ी देर के लिए एक-दूसरे के साथ अन्तःक्रिया करते हैं।
4. प्राथमिक समूह में एक सामान्य उद्देश्य (common purpose)होता है जिसकी प्राप्ति के लिए सभी सदस्य एक-साथ मिलकर काम करते हैं।	4. द्वितीय समूह में सामान्य उद्देश्य न होकर विशेष उद्देश्य (specific purpose)होता है जिसकी प्राप्ति के लिए सदस्यों में मेल नहीं बल्कि स्पर्द्धा (competition) होती है।
5. ऐसे समूह के सदस्यों के बीच घनिष्ठ (intimate) संबंध आसानी से बन जाता है क्योंकि समूह का आकार छोटा होता है।	5. समूह में सदस्यों के बीच घनिष्ठ संबंध उसका बड़ा आकार होने के कारण नहीं हो पाता है।
6. समूह में सदस्यों के बीच वैयक्तिक संबंध (personal relationship) होता है।	6. समूह में सदस्यों के बीच अवैयक्तिक संबंध(impersonal relationship) होता है।
7. ऐसा समूह स्वतः निर्मित होता है। यह व्यक्ति की इच्छा से नहीं बनता है।	7. द्वितीयक समूह स्वतः निर्मित नहीं होता है। इसका निर्माण व्यक्ति की इच्छाओं द्वारा होता है।
8. ऐसे समूहों में सदस्यों के बीच सहयोग, अनुराग तथा प्रेम अधिक होता है। फलस्वरूप, इनके सदस्यों में अहम् आवेष्टन (ego-involvement) भी अधिक होती है।	8. ऐसे समूहों में सदस्यों के बीच सहयोग, अनुराग तथा प्रेम का सर्वथा अभाव रहता है। फलस्वरूप, इनके सदस्यों में अहम्-आवेष्टन बहुत ही कम होती है।
9. ऐसे समूहों में सदस्यों का उत्तरदायित्व असीमित तथा अपरिभाषित होता है।	9. द्वितीयक समूह में सदस्यों का उत्तरदायित्व सीमित तथा उनकी भूमिकाएँ परिभाषित होती हैं।
10. प्राथमिक समूह, जैसे—परिवार, पड़ोस तथा खेल समूह का महत्त्व व्यक्ति के समाजीकरण में अधिक होता है।	10. द्वितीयक समूह का महत्त्व व्यक्ति के समाजीकरण में अवश्य होता है परन्तु उतना नहीं जितना कि प्राथमिक समूह का होता है।
11. प्राथमिक समूह स्वयं साध्य होता है अर्थात वह अपने आप में एक लक्ष्य (end or goal) होता है।	11. ऐसे समूह स्वयं साध्य नहीं होता है क्योंकि वह अपने आप में एक लक्ष्य(end or goal)नहीं होता है, बल्कि किसी लक्ष्य पर पहुँचने का एक माध्यम (means) होता है।
12. प्राथमिक समूह एक छोटे क्षेत्र में फैला होता है। जैसे, किसी व्यक्ति का परिवार एक ही महल्ले के दस अलग-अलग घरों में फैला हो सकता है।	12. द्वितीयक समूह बड़े क्षेत्र में फैला होता है। जैसे, किसी राजनैतिक पार्टी के सदस्यों की संख्या एक महल्ला या शहर तक सीमित न होकर पूरे देश में फैली होती है।

प्राथमिक समूह	द्वितीयक समूह
13. ऐसे समूह में एक ही तरह की संस्कृति (culture) पायी जाती है। इसके सभी सदस्य एक ही संस्कृति में पाले-पोसे गये होते हैं।	13. ऐसे समूह के सदस्यों की संस्कृति में भिन्नता पायी जाती है। बड़े क्षेत्र में फैले होने के कारण इनके सदस्य भिन्न-भिन्न संस्कृति में पोले-पासे जाते हैं। अतः इसके सदस्यों के बीच सांस्कृतिक भिन्नता पायी जाती है।
14. प्राथमिक समूह सार्वभौमिक (universal) होता है अर्थात वह सभी जगहों में पाया जाता है। उदारणार्थ, परिवार एक सार्वभौमिक समूह है जो संसार के सभी देशों में पाया जाता है।	14. ऐसा समूह सार्वभौमिक नहीं होता। कहीं पर तो यह होता है और कहीं पर नहीं। जैसे भारत में जाति-समूह है परन्तु अमेरिका, रूस आदि देशों में ऐसा समूह नहीं पाया जाता है।
15. प्राथमिक समूह अपने सदस्यों पर प्राथमिक साधनों द्वारा नियंत्रण करता है। जैसे, यदि पिता अपने पुत्र के व्यवहारों को नियंत्रित करना चाहता है तो वह कुछ प्राथमिक साधनों, जैसे उसे समझा-बुझाकर, डराकर, धमका कर करता है। ऐसा इसलिए संभव होता है क्योंकि प्राथमिक समूह के सदस्यों के बीच घनिष्ठ संबंध होता है।	15. ऐसे समूह अपने सदस्यों पर गौण साधनों(secondary means) द्वारा नियंत्रण करता है। पुलिस, कोर्ट, आदि कुछ ऐसे गौण साधन हैं जिनके द्वारा किसी द्वितीयक समूह में सरकार या पदाधिकारी अपने सदस्यों के व्यवहारों पर नियंत्रण रखते हैं।

ऊपर किये गये वर्णनों से यह स्पष्ट है कि प्राथमिक समूह और द्वितीयक समूह में काफी अन्तर है। व्यक्ति के प्रारंभिक समाजीकरण (early socialization) में प्राथमिक समूह का महत्त्व द्वितीयक समूह की अपेक्षा काफी अधिक होता है।

प्राथमिक समूह तथा द्वितीयक समूह का महत्त्व (Importance of Primary Group and Secondary Group)

प्राथमिक समूह तथा द्वितीयक समूह की विशेषताओं से यह स्पष्ट है कि इसका महत्त्व व्यक्ति के सामाजिक जीवन में काफी है। जहाँ तक प्राथमिक समूहों जैसे परिवार, पड़ोस तथा बच्चों के खेल-समूह (play group) के महत्त्व का प्रश्न है, समाज मनोवैज्ञानिकों ने इसे निम्नांकित शीर्षकों के अन्तर्गत अस्पष्ट किया है—

1. व्यक्तित्व के शीलगुणों का विकास (*Development of traits of personality*)—प्रत्येक बच्चे का जन्म एवं पालन-पोषण एक परिवार में होता है। परिवार में वह माता-पिता, चाचा-चाची, भाई-बहनों के साथ अन्तःक्रिया (interaction) करता है तथा सामाजिक नियमों को सीखकर वह कुछ विशेष शीलगुण (traits) जैसे सहयोग करना, ईमानदारी, झूठ नहीं बोलना आदि विकसित करता है। जब वह बड़ा हो जाता है तथा अपने साथियों के साथ बाहर खेलने जाता है तो वहाँ भी वह कुछ सामाजिक व्यवहारों को सीखता है। इस तरह से हम देखते हैं कि बच्चों में सामाजिक शीलगुणों (social traits) का विकास मूलतः प्राथमिक समूहों द्वारा ही होता है।

2. व्यवहारों पर नियंत्रण (*Control over behaviour*)—प्राथमिक समूह के सदस्य एक-दूसरे को काफी नजदीक से जानते हैं। फलतः प्रत्येक सदस्य एक-दूसरे के व्यवहारों पर कड़ा नियंत्रण आसानी से रख पाते हैं। सदस्यों के व्यक्तित्व का विकास इस ढंग से हो पाता है कि उसमें असामाजिक व्यवहार के पनपने की कोई गुंजाइश नहीं होती है। प्राथमिक समूह के अभाव में व्यक्तियों के व्यवहार पर इस तरह का नियंत्रण सम्भव नहीं है जिससे व्यक्ति में असामाजिकता होने की प्रवृत्ति बढ़ जाता है।

3. आवश्यक सामाजिक प्रेरणा प्रदान करना (*To provide necessary social motives*)—प्राथमिक समूह व्यक्ति में सामाजिक व्यवहार एवं सामाजिक शीलगुणों (social traits) को ही सिर्फ विकसित नहीं करता है बल्कि उपयुक्त सामाजिक प्रेरणा उत्पन्न कर उनमें अधिक-से-अधिक कार्य करने की क्षमता उत्पन्न करता है। उदाहरणार्थ, परिवार बच्चों में सामाजिक अनुमोदन (social approval) प्राप्त करने की प्रेरणा (motivation) उत्पन्न कर उन्हें भिन्न-भिन्न सामाजिक परिस्थितियों में अधिक-से-अधिक क्रियाएँ (activities) करने के लिए प्रेरित करता है।

4. सन्तोष की प्राप्ति (*Gain of satisfaction*)—प्राथमिक समूह के सदस्यों के बीच घनिष्ठ सम्बन्ध (intimate relationship) होता है। फलस्वरूप, इनके सदस्यों में एक-दूसरे के प्रति अधिक प्यार, सहानुभूति एवं अनुराग आदि विकसित होते हैं जिससे उसमें एक प्रकार का सन्तोष उत्पन्न होता है जो व्यक्ति में सामाजिक शीलगुणों को विकसित करने में मदद करता है।

5. उपयुक्त सामाजिक मानदण्डों को देना (*To provide appropriate social norms*)—मूलतः प्राथमिक समूह में ही बच्चों एवं व्यक्तियों के लिए उपयुक्त सामाजिक मानदण्ड (social norms) विकसित होता है। अतः प्राथमिक समूह बच्चों के लिए एक प्रकार का मॉडल (model) का भी कार्य करता है।

6. सांस्कृतिक निरन्तरता को बनाये रखना (*To maintain cultural continuity*)—प्राथमिक समूह समाज के सांस्कृतिक तत्त्वों को एक पीढ़ी से दूसरी पीढ़ी तक स्थानान्तरण करने में मदद करता है। एक पीढ़ी के व्यक्ति सांस्कृतिक तत्त्वों को अपने माता-पिता से ग्रहण करते हैं जो वे अपने माता-पिता से ग्रहण किये होंगे। माता-पिता पुनः उन्हें अपने बच्चों को सिखलाते हैं जो खुद बड़ा होकर अपने बच्चों को सिखलाते हैं। इस तरह से सांस्कृतिक तत्त्वों का एक पीढ़ी से दूसरी पीढ़ी में स्थानान्तरण प्राथमिक समूह द्वारा होता है।

स्पष्ट है कि प्राथमिक समूह व्यक्ति और समाज दोनों के लिए काफी महत्त्वपूर्ण है। व्यक्ति का विकास एवं समाज की निरन्तरता (continuity) बनाए रखने के लिए प्राथमिक समूह की भूमिका स्पष्ट है।

प्राथमिक समूह के समान द्वितीयक समूह का भी महत्त्व हमारे सामाजिक जीवन में काफी है। समाज मनोवैज्ञानिकों ने इसके महत्त्व को निम्नांकित शीर्षकों में बाँटकर बतलाने की कोशिश किया है—

1. व्यक्तित्व का विशेषीकरण (*Specification of personality*)—द्वितीयक समूह के सदस्यों के सामने एक विशेष उद्देश्य (specific purpose) होता है। इसके सभी सदस्य इसी उद्देश्य की प्राप्ति के लिए आपस में प्रतिस्पर्द्धात्मक भाव रखते हैं। इसका परिणाम यह होता है कि सदस्यों के व्यक्तित्व का धीरे-धीरे विशेषीकरण हो जाता है अर्थात उसके सदस्य उस विशेष कार्य में निपुण हो जाते हैं जो पूरे समाज एवं उस सदस्य विशेष के लिए भी काफी लाभदायक होता है। इंजीनियरों का समूह, डॉक्टरों का समूह आदि की उत्पत्ति का कारण यह विशेषीकरण ही होता है।

2. सामाजिक परिवर्तन एवं सभ्यता का विकास (*Social change and development of civilization*)—द्वितीय समूह द्वारा महत्त्वपूर्ण सामाजिक परिवर्तन होते हैं तथा साथ-ही-साथ सभ्यता का विकास नये ढंग से भी होने लगता है। प्रायः इस तरह के समूह का आकार काफी बड़ा होता है जिसमें भिन्न-भिन्न प्रकार के लोग होते हैं जैसे—डॉक्टर, नेता, वकील, कलाकार आदि सम्मिलित होते हैं। इनके द्वारा सामाजिक परिवर्तन बहुत आसानी से लाया जाता है। उदाहरणार्थ, भारतीय कांग्रेस पार्टी एक ऐसा द्वितीय समूह है जिसमें भिन्न-भिन्न श्रेणी के लोग सम्मिलित हैं। शायद यही कारण है कि इस पार्टी द्वारा भारतीय समाज में अन्य पार्टियों की तुलना में सर्वाधिक सामाजिक परिवर्तन लाया गया है।

3. व्यक्ति के व्यवहारों पर परोक्ष नियंत्रण (*Indirect control over the behaviours of individuals*)—चूँकि द्वितीयक समूह में सदस्यों की संख्या काफी अधिक होती है, इसलिए उनके व्यवहारों एवं क्रियाओं पर अलग से नियंत्रण रखना बिलकुल ही आवश्यक हो जाता है। हमारे समाज में कुछ ऐसे द्वितीयक समूह हैं जिनका मात्र उद्देश्य दूसरे द्वितीयक समूह के सदस्यों को व्यवहारों को सामाजिक नियमों के अनुकूल बनाये रखना होता है। जैसे, पुलिस विभाग एवं निगरानी विभाग दो ऐसे द्वितीयक समूह हैं जो परोक्ष रूप से अन्य समूहों के सदस्यों के व्यवहारों पर अपना नियंत्रण बनाये रखता है।

4. सामाजिक आदान-प्रदान का विस्तृत क्षेत्र (*Wider scope of social exchange*)—द्वितीय समूह का आकार काफी बड़ा होता है। इसमें भिन्न-भिन्न प्रकार से सदस्य जैसे—डाक्टर, प्रोफेसर, इंजीनियर, वकील, अभिनेता आदि सम्मिलित होते हैं। फलतः भिन्न-भिन्न सामाजिक समस्याओं पर वे विचारों का आदान-प्रदान खुलकर करते हैं। संसद तथा राज्य विधान सभा एवं विधान परिषदों में इस तरह का आदान-प्रदान सबसे अधिक होता है। इस तरह के आदान-प्रदान से हमारे सामाजिक जीवन की महत्त्वपूर्ण समस्याओं का तो समाधान होता ही है साथ-ही-साथ सदस्यों की सन्तुष्टि भी अधिक होती है। इससे उनका अपना व्यक्तित्व भी विकसित होता है।

इस तरह से स्पष्ट है कि प्राथमिक समूह तथा द्वितीयक समूह दोनों ही हमारे जीवन के लिए काफी लाभदायक एवं महत्त्वपूर्ण हैं।

औपचारिक समूह तथा अनौपचारिक समूह
(Formal group and Informal group)

औपचारिक समूह (formal group) तथा अनौपचारिक समूह का वर्गीकरण समूह की संरचना (structure) पर आधारित है। औचारिक समूह उस समूह को कहा जाता है जिसका निर्माण किसी विशेष नियम तथा विधान के अनुसार होता है तथा साथ-ही-साथ समूह के प्रत्येक सदस्य की एक निश्चित भूमिका (role) निर्धारित होती है। औद्योगिक संगठन (business organization), लोक सेवा (civil service) आयोग तथा विश्वविद्यालय (university) औपचारिक समूह (formal group) के उदाहरण हैं। औपचारिक समूह की कुछ खास-खास विशेषताएँ होतीं हैं जिनके आधार पर इस समूह को आसानी से हम पहचान सकते हैं। इसकी प्रमुख विशेषताएँ निम्नांकित हैं—

(i) ऐसे समूह में सदस्यों के बीच मात्र औपचारिक (formal) सम्बन्ध होता है। किसी तरह के स्वाभाविक सम्बन्ध नहीं होते हैं।

(ii) ऐसे समूह के निर्माण का आधार एक निश्चित नियम तथा सिद्धान्त होता है।

(iii) प्रत्येक सदस्य की भूमिका (role) पूर्व निश्चित होती है जिसे वह एक खास नियम के अनुसार ही करता है।

(iv) सदस्यों के बीच चूँकि सम्बन्ध औपचारिक होता है, इसलिए इसमें घनिष्ठता एवं सदस्यों में अहम्-आवेष्टन (ego-involvement) की कमी होती है। अतः सदस्यों का सम्बन्ध अवैयक्तिक (impersonal) होता है।

(v) औपचारिक समूह का निर्माण किसी खास उद्देश्य की प्राप्ति के लिए ही किया जाता है।

ऊपर वर्णन किए गए विशेषताओं से स्पष्ट है कि औपचारिक समूह (formal group) बहुत कुछ द्वितीयक समूह (secondary group) से मिलता-जुलता है। लिण्डग्रेन[1] (Lindgren, 1973) ने ठीक ही कहा है, ''औपचारिकता प्रायः द्वितीयक समूह की एक विशेषता है।''

अनौपचारिक समूह (informal group) औपचारिक समूह से भिन्न होता है। अनौपचारिक समूह वैसे समूह को कहा जाता है जिसके निर्माण के लिए कोई निश्चित नियम तथा कानून नहीं होते हैं तथा जिनके सदस्यों में घनिष्ठता तथा भाईचारे का एक स्वाभाविक सम्बन्ध पाया जाता है। परिवार तथा बच्चों का खेल-समूह (play group) अनौपचारिक समूह का अच्छा उदाहरण है। अनौपचारिक समूह की प्रमुख विशेषताएँ निम्नांकित हैं—

(i) ऐसे समूह के सदस्यों में घनिष्ठता तथा सहयोग की भावना अधिक होती है। फलतः सदस्यों के बीच वैयक्तिक सम्बन्ध अधिक पाये जाते हैं।

(ii) ऐसे समूह का निर्माण किसी विधि-विधान के अनुसार नहीं बल्कि स्वाभाविक रूप से होता है।

(iii) ऐसे समूह के सदस्यों 'हमलोग की भावना' (we-feeling) अधिक होता है।

(iv) ऐसा समूह औपचारिक समूह की अपेक्षा अधिक टिकाऊ (stable) होता है।

(v) ऐसे समूह के सदस्यों की संख्या प्रायः कम होती है। फलतः इसका आकार (size) औपचारिक समूह से छोटा होता है।

उपर्युक्त विशेषताओं के आधार पर हम इस निष्कर्ष पर पहुँचते है कि अनौपचारिक समूह बहुत कुछ प्राथमिक समूह (primary group) से मिलता है। लिण्डग्रेन[2] (Lindgren, 1973) ने ठीक ही कहा है, ''प्राथमिक समूह को अनौपचारिक होने की सम्भावना काफी अधिक होती है।''

अन्तःसमूह तथा बाह्य समूह
(In-group and Out-group)

अन्तरसमूह व्यवहार (intergroup behaviour) के आधार पर समूह को दो भागों में विभाजित किया गया है—अन्तःसमूह (in-group) या हम-समूह (we-group) तथा बाह्य समूह (out-group) या वे-समूह (they-group)। इन दोनों समूह की कुछ अपनी-अपनी विशेषताएँ हैं जिनके आधार पर इन्हें एक-दूसरे से अलग किया जाता है।

1. "...formality is more often a characteristics of secondary groups."
—Lindgren : *An Indtroduction to Social Psychology,* 1973, p. 347

2. "Primary groups are likely to be informal ..."–Lindgren : *An Introduction to Social Psychology,* 1973, p. 347

अन्तः समूह (in-group) वैसे समूह को कहा जाता है जिनके सदस्यों में आपस में सहयोग, निष्ठा एवं आदर का भाव अधिक होता है। ऐसे समूह के सदस्य अपने समूह के मानदण्डों (norms), मूल्यों (values) तथा रीति-रिवाजों को अधिक मान्यता देकर उसके अनुसार व्यवहार करते हैं। ऐसे समूह के सदस्यों में एकता काफी होती है तथा उनका मनोबल (morale) काफी ऊँचा होता है। रेबर[1] (Reber, 1985) के अनुसार, ''एक ऐसा समूह जिसके सभी सदस्य समूह के साथ गहरा अपनापन का भाव तथा सर्वोत्कृष्टता (elitism) का भाव रखते हैं तथा एकजुट होकर अन्य लोगों को अपने से अलग हटा देते हैं, अन्तःसमूह (in-group) कहलाता है।'' लिण्डग्रेन[2] (Lindgern, 1969) ने भी अन्तःसमूह को बहुत कुछ ऐसे ही परिभाषित किया है। इनके अनुसार, ''अन्तःसमूह में परस्पर आत्मीकरण का भाव इतना तीव्र होता है कि सदस्यगण समूह से अलग होने पर अपने आप को पृथक एवं बेजगह महसूस करते हैं।'' इन परिभाषाओं से स्पष्ट है कि अन्तः समूह के सदस्यों में एक-दूसरे के प्रति निष्ठा, सहयोग, प्यार आदि अधिक पाया जाता है। किसी भी विपत्ति में ऐसे समूह में एक जुट होकर काम करने की प्रवृत्ति तीव्र होती है। परिवार, धार्मिक संगठन, राष्ट्र तथा बच्चों का खेल समूह अन्तःसमूह के प्रमुख उदाहरण हैं। अन्तः समूह के सदस्यों में चूँकि 'हम लोग एक हैं' की भावना अधिक होती है, इसलिए इसे *'हम-समूह'* (we-group) भी कहा जाता है।

लिण्डग्रेन (Lindgren, 1969) के अनुसार, आधुनिक समय में 'अन्तःसमूह' का प्रयोग एक विशेष अर्थ में भी होता है। इस विशेष अर्थ में अन्तःसमूह से तात्पर्य वैसे समूहों से होता है जिनका समाज में अधिक अधिकार तथा सत्ता (power) होता है। ऐसे समूह के सदस्य दूसरे समूह के सदस्यों को अपने से नीचा देखते हैं तथा उसे अपने समूह में भरसक शामिल नहीं होने देते हैं। यदि शामिल होने देते भी हैं तो उसे एक तुच्छ स्थान ही देते हैं। उदाहरणस्वरूप, किसी अन्तःसमूह जैसे परिवार में दूसरे समूह के सदस्य को नौकर के रूप में रखा जा सकता है।

बाह्य समूह (out-group) से तात्पर्य वैसे समूह से होता है जिसके सदस्यों के प्रति सहानुभूति, निष्ठा आदि का भाव व्यक्ति में नहीं होता है। ऐसे समूह के प्रति व्यक्ति में किसी प्रकार अहम्-आवेष्टन (ego-involvement) भी नहीं होता है। संक्षेप में कहा सकता है कि अपने समूह के अलावा जो और समूह होते हैं, उसे हम बाह्य समूह कहते हैं। इसलिए इसे *'वे-समूह'* (they-group) भी कहा जाता है। एक सिक्ख समुदाय के लिए मुसलिम समुदाय बाह्य समूह (out-group) के उदाहरण हैं। रेबर[3] (Reber, 1985) के अनुसार बाह्य समूह से तात्पर्य वैसे समूह से होता है, ''जिसमें एक या सभी व्यक्ति अन्तःसमूह के सदस्य नहीं होते हैं।'' इभान्स[4] (Evans, 1978) के अनुसार, ''कोई भी समूह जिसका व्यक्ति सदस्य नहीं होता है, बाह्य समूह कहलाता है।'' इन परिभाषाओं से स्पष्ट है कि बाह्य समूह की कुछ निश्चित विशेषताएँ होती हैं जिनके आधार पर हम उसकी पहचान कर लेते हैं। ऐसी कुछ प्रमुख विशेषताएँ निम्नांकित हैं—

(i) एक समूह किसी व्यक्ति के लिए बाह्य समूह (out-group) तभी होता है जब वह स्वयं ही उसका सदस्य नहीं होता है। उदाहरणार्थ, एक हिन्दू के लिए मुस्लिम समुदाय तथा एक मुसलमान के लिए हिन्दू समुदाय बाह्य समूह का उदाहरण है।

(ii) बाह्य समूह के सदस्यों के प्रति उस व्यक्ति में कोई निष्ठा, सहानुभूति तथा सहयोग की भावना नहीं होती है जो उसका सदस्य नहीं होता है। ध्यान रहे कि बाह्य समूह के सभी सदस्यों में आपस में निष्ठा, सहानुभूति एवं सहयोग की भावना तीव्र होती है अर्थात् वे अपने आप में अन्तःसमूह (in-group) ही होते हैं।

निष्कर्ष यह है कि एक ही समूह एक व्यक्त्ति के लिए अन्तःसमूह (in-group) हो सकता है तो दूसरे व्यक्ति के लिए बाह्य समूह (out-group)। उदाहरणार्थ, एक हिन्दू के लिए हिन्दू-समुदाय अन्तःसमूह है तो मुस्लिम समुदाय बाह्य

---

1. "In-group is a select group in which all members feel a strong sense of indentity with the group, a sense of elitism about their group and tend to act so as to exclude others." —Reber : *Psychology,* 1985, p. 356
2. "In-groups are characterized by a strong sense of natural identification to the point where members feel isolated and out of place when out of the context of the group." —Lindgren : *Introduction to Social Psychology,* 1979, p. 349
3. "Quite simply, a group comprised of any and all persons not in one's group is called out-group." —Reber : *Psychology,* 1985, p. 505
4. "Any group of which an individual is not member" is called out-group. —Evans : *Psychology,* 1978, p. 249

समूह। उसी तरह से एक मुसलमान के लिए मुस्लिम समुदाय अन्तःसमूह है तो हिन्दू समुदाय बाह्य समूह। समाज मनोवैज्ञानिकों जैसे फेल्डमैन (Feldman, 1985), फिशर (Fisher, 1983) तथा मेयर्स (Myers, 1987) ने बतलाया है कि अन्तःसमूह का एक-एक सदस्य बाह्य समूह के प्रति समान रूप से नकारात्मक मनोवृत्ति (negative attitude) रखता है। डाउनिंग तथा मोनाको (Downing & Monaco, 1982) ने अपने अध्ययन के आधार पर यह बतलाया है कि अन्तःसमूह एवं बाह्य समूह में जितना ही अधिक विभेदात्मक सम्बन्ध (differential contact) होता है, बाह्य समूह के सदस्यों के प्रति अन्तःसमूह के सदस्यों में उतना ही नकारामक मनोवृत्ति जैसे—घृणा, विद्वेष आदि अधिक होते हैं।

गतिशील समूह तथा स्थिर समूह
(Mobile group and Immobile group)

गतिशीलता (mobility) के आधार पर समाजशास्त्रियों ने समूह को दो भागों में विभाजित किया है—गतिशील समूह (mobile group) तथा स्थिर (immobile group)। गतिशील समूह, जैसा कि नाम से ही स्पष्ट है, वैसे समूह को कहा जाता है जो प्रायः एक स्थान से दूसरे स्थान पर घूमता है और साथ-ही-साथ अपना जीविकोपार्जन भी करता रहता है। भारत में कुछ समूह जैसे नट एवं बंजारा का समूह एक ऐसा ही समूह है जो कभी भी किसी एक स्थान पर स्थिर नहीं रहता है। इस समूह का मानदण्ड (norms), मूल्य (values) तथा विश्वास (belief) कुछ अजूबा ही होता है जो अन्य समूह के लोगों में नहीं पाया जाता है। स्थिर समूह (immobile group) में इस तरह की गतिशीलता नहीं होती है। वह किसी एक क्षेत्र में अवस्थित होता है और उसके सभी सदस्य स्थायी रूप से उसी क्षेत्र में रहकर ही अपना जीविकोपार्जन करते हैं। औद्योगिक संगठन तथा विश्वविद्यालय के सदस्यों का समूह इसका उदाहरण है। कुछ समाजशास्त्रियों (sociologists) का कहना है कि गतिशील समूह के सदस्य स्थिर समूह के सदस्य की अपेक्षा अधिक संगठित तथा ऊँचा मनोबल (morale) रखने वाले होते हैं।

एकान्तिक समूह तथा अंतर्वेशित समूह
(Exclusive group and Inclusive group)

विशिष्टता (specificity) के आधार पर समूह को एकान्तिक तथा अन्तर्वेशित समूह में बाँटा गया है। एकान्तिक समूह वैसे समूह को कहा जाता है जिसकी सदस्या किसी विशेष श्रेणी के लोगों तक ही सीमित रहता है। उदाहरणार्थ इंजीनियरों का समूह, डॉक्टरों का समूह, आई॰ए॰एस॰ ऑफिसरों का समूह आदि। इंजीनियर के समूह में सदस्यता सिर्फ उसी व्यक्ति को मिलेगी जो स्वयं इंजीनियर हो। यही बात अन्य दोनों तरह के समूह के साथ भी कही जा सकती है। लिण्डग्रेन[1] (Lindgren, 1969) के अनुसार, ''एकान्तिक समूह वे हैं जो अपनी सदस्य व्यक्तियों के निश्चित वर्गों तक ही सीमित रखते हैं।'' मेयर्स[2] (Myers, 1987) के अनुसार, एकान्तिक समूह के सदस्यों में सहयोग, निष्ठा तथा भाई-चारे की भावना अधिक होती है। फलतः ऐसे समूह के सदस्य विपत्ति के समय आपस में अत्यधिक संगठित देखते हैं।

अंतर्वेशित समूह (inclusive group) वैसे समूह को कहा जाता है जिसका सदस्य कोई भी व्यक्ति हो सकता है। ऐसे समूह के सदस्य होने के लिए कोई योग्यता नहीं निर्धारित की जाती है। हाँ, इतना अवश्य कहा जाता है कि सदस्य होने के बाद उनकी अभिरुचि(interest)तथा प्रेरणा(motivation)अन्य सदस्यों के समान अवश्य हो जाती है। राजनैतिक पार्टी (political party) एक अंतर्वेशित समूह (inclusive group) का एक सबसे अच्छा उदाहरण है। लिण्डग्रेन (Lindgren, 1962) के अनुसार, ''अंतर्वेशित समूह वैसे समूह को कहा जाता है जो अपना दरवाजा सभी आगन्तुकों के लिए खोल कर रखता है और सचमुच में सक्रिय होकर सदस्यता के लिए निवेदन करता है'' अंतर्वेशित समूह का आकार (size) एकान्तिक समूह (exclusive group) से बड़ा होता है। चूँकि (इसमें अंतर्वेशित समूह में) सदस्यों की संख्या काफी अधिक होती है तथा सभी तरह के लोग भी होते हैं, इसलिए इनके सदस्यों में भीतरी एकता नहीं होती है। उनके व्यवहारों से ऐसा लगता है कि वे अवसरवादी अधिक होती हैं। ऐसे समूह के सदस्यों में जहाँ टकराव हुआ, समूह का अस्तित्व ही संकट में पड़ जाता है।

---

1. "Exclusive groups are those that limit membership to certain classes of individual."
—Lindgren : *An Introduction to Social Psychology,* 1969, p. 347

2. "These (inclusive groups) are groups that open their door to all corners and may, in fact, actively solicit memberships."
—Myers : 1987

आकस्मिक समूह तथा प्रयोजनात्मक समूह
(Accidental group and Purposive group)

उद्देश्य के आधार पर समूह को दो भागों में विभाजित किया गया है—आकस्मिक समूह तथा प्रयोजनात्मक समूह। आकस्मिक समूह, जैसा कि नाम से ही स्पष्ट है वैसे समूह को कहा जाता है जिसका निर्माण बिना पहले से निश्चित किए गए उद्देश्य या प्रयोजन के ही अचानक हो जाता है। उदाहरणार्थ, जब दो चार अजनबी आदमी मोड़ या नुक्कड़ पर जमा होकर किसी सामान्य अभिरुचि (common interest) की समस्या का समाधान करने के लिए कार्यात्मक रूप से संगठित हो जाते हैं, तो इससे जो समूह का निर्माण होता है उसे आकस्मिक समूह (accidental group) कहा जाता है। प्रयोजनात्मक समूह (purposive group) वैसे समूह को कहा जाता है जिसका निर्माण पूर्व निश्चित उद्देश्य के अनुसार होता है ताकि जल्द-से-जल्द उस उद्देश्य या प्रयोजन की प्राप्ति की जा सके। इस तरह से हम देखते हैं कि प्रयोजनात्मक समूह का एक निश्चित एवं स्पष्ट उद्देश्य होता है। उदाहरणार्थ, विश्वविद्यालय तथा औद्योगिक संगठन प्रयोजनात्मक समूह के उदाहरण हैं। विश्वविद्यालय का निर्माण शिक्षा-प्रदान करने के उद्देश्य से किया जाता है तथा किसी उद्योग का निर्माण आर्थिक लाभ प्राप्त करने के उद्देश्य से किया जाता है।

आकस्मिक समूह तथा प्रयोजनात्मक समूह का तुलनात्मक अध्ययन करने के बाद हम इस निष्कर्ष पर पहुँचते हैं कि आकस्मिक समूह अपेक्षाकृत कम टिकाऊ होता है तथा उद्देश्य की प्राप्ति के बाद बिखर जाता है। इसके सदस्यों में भी घनिष्ठ सम्बन्ध नहीं विकसित हो पाता है तथा इसके सदस्यों बीच मात्र सतही एकता (surface unity) होता है। प्रयोजनात्मक समूह में इसके विपरीत गुण पाये जाते हैं। यह समूह अधिक टिकांऊ होता है तथा सदस्यों के बीच एकता सतही न होकर गहरी होती है।

सदस्यता समूह तथा संदर्भ समूह
(Membership group and Reference group)

समाज मनोवैज्ञानिकों तथा समाजशास्त्रियों ने समूह का यह वर्गीकरण सदस्यता (membership) के आधार पर किया है। इस कसौटी के आधार पर समूह को दो भागों में बाँटा गया है—*सदस्यता समूह* (membership group) तथा *संदर्भ समूह* (reference group)।

सदस्यता समूह वह समूह होता है जिसका व्यक्ति स्वीकृत सदस्य होता है। जैसे परिवार, सदस्यता समूह का एक उदाहरण है क्योंकि प्रत्येक व्यक्ति अपने परिवार का एक अधिकृत एवं स्वीकृत सदस्य होता है। उसी तरह से यदि किसी व्यक्ति को काँग्रेस पार्टी की सदस्यता प्राप्त होता है तो वह पार्टी उसके लिए सदस्यता समूह का उदाहरण होगा। स्पष्ट है कि सदस्यता समूह वह समूह होता है जिसकी सदस्यता व्यक्ति को प्राप्त होती है।

प्रत्येक व्यक्ति के जीवन में कुछ समूह ऐसे भी होते हैं जिसकी सदस्यता प्राप्त करने की तीव्र आकांक्षा व्यक्ति में होती है। ऐसे समूह की सदस्यता व्यक्ति को प्राप्त हो या न हो, उसका प्रभाव व्यक्ति के व्यवहार पर काफी पड़ता है। दूसरे शब्दों में, व्यक्ति का व्यवहार समूह के प्रभाव द्वारा काफी हद तक नियंत्रित होता है। ऐसे समूह को संदर्भ समूह (reference group) कहा जाता है। लिण्डग्रेन[1] (Lindgren, 1969) के अनुसार, ''कोई समूह जिसका आदर्शी प्रभाव हमारे व्यवहार पर पड़ता है, संदर्भ समूह कहलाता है क्योंकि हमलोग अपने व्यवहार की तुलना उसके मानक से करते हैं।'' फिशर[2] (Fisher, 1983) ने संदर्भ समूह के स्वरूप को और भी अधिक स्पष्ट करते हुए कहा है, ''वैसे समूह जिसका हमलोग सदस्य हो या नहीं हो और जिसे हमलोग किसी सूचना के स्रोत के रूप में एवं अपने व्यवहार तथा मनोवृत्तियों की तुलना करने के लिए मानक (standard) के रूप में प्रयोग करते हैं, संदर्भ समूह कहा जाता है।'' अगर जनता पार्टी का कोई सदस्य कांग्रेस पार्टी के आदर्शों द्वारा काफी अधिक प्रभावित होता है, तो उसके लिए कांग्रेस पार्टी एक संदर्भ समूह (reference group) का उदाहरण होगा चाहे उसे कांग्रेस पार्टी की सदस्यता मिल जाती हो या नहीं

---

1. "Any group that has a normative effect on our behaviour is a reference group because we refer out behaviour to its standards." —Lindgren : *An Introduction to Social Psychology,* 1979, p. 350
2. Reference groups are "those which we may use, whether we are members or not, as a source of infomation and a standard of comparison for our attitudes and behaviour." —Fisher, : *Social Psychology,* 1983, p. 236

मिल पाती हो। समाज मनोवैज्ञानिकों ने अनेकों अध्ययन किये हैं जिनसे यह पता चलता है कि संदर्भ समूह का प्रभाव व्यक्ति के व्यवहारों पर काफी पड़ता है। न्यूकॉम्ब (Newcomb, 1943) तथा लेहमान (Lehman, 1953) द्वारा किये गये अध्ययनों से यह स्पष्ट हो गया है कि कॉलेज के छात्र अपने व्यवहारों एवं मूल्यों (values) में परिवर्तन वरिष्ठ विद्यार्थियों (senior students) के समूह से प्रभावित होकर अधिक करता है।

सेकर्ड तथा **बैकमैन** (Secord & Backman, 1974) के अनुसार, किसी भी संदर्भ समूह द्वारा दो तरह का कार्य (function) सम्पन्न होता है—

1. आदर्शीय कार्य *(Normative function)*—आदर्शी कार्य से तात्पर्य वैसे कार्य से होता है जिसके द्वारा विश्वास एवं आचरण (conduct) के एक मानक (standard) को व्यक्ति के किए समूह द्वारा लागू किया जाता है।

2. तुलनात्मक कार्य *(Comparison function)*—तुलनात्मक कार्य से तात्पर्य वैसे कार्य से होता है जिसके द्वारा व्यक्ति अपने या दूसरों के व्यवहारों की तुलना करता है और निश्चित निष्कर्ष पर पहुँचता है। दूसरे शब्दों में, संदर्भ समूह यहाँ एक ऐसा मानक (standard) के रूप में कार्य करता है जिससे व्यक्ति अपने व्यवहारों या दूसरे के व्यवहारों की तुलना करता है।

संदर्भ समूह (reference group) धनात्मक (positive) भी हो सकता है या ऋणात्मक (negative) भी। जब संदर्भ समूह धनात्मक (positive) होता है, तो व्यक्ति उस समूह का अनुमोदन (approval) एवं स्वीकृति (acceptance) प्राप्त करना चाहता है। जैसे, अगर कोई जनता पार्टी का सदस्य काँग्रेस पार्टी के आदर्शों से प्रसन्न होकर उसे स्वीकार करना चाहता है तो यहाँ उस सदस्य के लिए काँग्रेस पार्टी एक धनात्मक संदर्भ समूह का उदाहरण होगा। संदर्भ समूह का प्रयोग अधिकतर इसी अर्थ में होता है। परन्तु कभी-कभी यह देखा गया है कि व्यक्ति का व्यवहार किसी ऐसे समूह द्वारा भी प्रभावित होता है जिसे वह नापसंद या घृणा करता हो। ऐसे समूह को ऋणात्मक संदर्भ समूह (negative reference group) कहा जाता है। ऐसा भी हो सकता है कि जनता पार्टी का सदस्य काँग्रेस पार्टी के आदर्शों से काफी घृणा करता हो तथा इस पार्टी के खिलाफ आवाज उठाने पर तैनात रहता हो। इस घृणावश सम्भव है कि वह उस कमेटी (committee) से इस्तीफा दे दे जिसमें अन्य पार्टी के सदस्यों के अलावा काँगेस के सभी सदस्य हों। ऐसी स्थिति में जनता पार्टी के सदस्य के लिए काँग्रेस पार्टी एक ऋणात्मक संदर्भ (negative reference group) का उदाहरण होगा।

इस तरह से हम देखते हैं कि समाज मनोवैज्ञानिकों एवं समाजशास्त्रियों ने विभिन्न कसौटियों (criterion) के आधार पर समूह को भिन्न-भिन्न भागों में बाँटा है। इसमें से कुछ खास-खास समूहों के प्रभावों का अध्ययन विशेषकर संदर्भ समूह, प्राथमिक समूह, द्वितीयक समूह, अन्तःसमूह तथा बाह्य समूह के प्रभावों का अध्ययन विस्तृत रूप से किया गया है।

समूह की संरचना
(Structure of Group)

सेकर्ड तथा बैकमैन (Secord & Backman, 1974) के अनुसार समूह संरचना से तात्पर्य किसी समूह की सदस्यों की अंतःक्रियाओं के भिन्न-भिन्न पहलुओं की विशेषताओं को स्पष्ट करने वाली उस संरूपित (patterned) नियमितताओं से होता है जो सदस्यों की भावनाओं, प्रत्यक्षीकरणों एवं उनकी क्रियाओं में पायी जाती है। डानरस्टाईन तथा डोनरस्टाईन (Donnerstine & Donnerstine, 1984) के अनुसार समूह संरचना से इस बात का उल्लेख होता है कि समूह किस प्रकार संगठित है, तथा उनके सदस्यों के स्थान या पद एक-दूसरे से किस प्रकार संबंधित है। उक्त परिभाषाओं के आलोक में यह कहा जा सकता है कि समूह संरचना से तात्पर्य समूह के उन गुणों से होता है जिसके आधार पर हमें यह पता चलता है कि समूह का आकार (size) कैसा है, समूह में सदस्यों की वैयक्तिक भूमिका (individual role) कैसी है, सदस्यों के बीच आपस में सम्बन्ध किस तरह का है तथा समाज के अन्य समूहों के साथ उसका सम्बन्ध कैसा है, आदि-आदि। स्पष्ट है कि समूह की संरचना के आधार पर हमें समूह के बारे में अनेकों लाभदायक सूचनाएँ मिलती हैं क्योंकि समूह संरचना एक बहुआयामीय संप्रत्यय है। इन सूचनाओं से हमें किसी समूह की जटिलता तथा उसके द्वारा किये गये प्रधान कार्यों की झलक मिलती है। अतः यह आवश्यक हो जाता है कि हम किसी समूह की संरचना का अध्ययन करें। समूह की संरचना के आवश्यक तत्त्व निम्नांकित हैं—

1. समूह का आकार *(Size of the group)*—समूह की संरचना का सबसे महत्त्वपूर्ण तत्त्व समूह का आकार है। समूह के आकार से तात्पर्य समूह में सदस्यों की संख्या से है। जब समूह में सदस्यों की संख्या कम होती है, तो उसे

छोटा समूह (small group) कहा जाता है। जैसे, परिवार जिसमें पति-पत्नी के अलावा बच्चे, भाई-बहन आदि सम्मिलित होते हैं, एक छोटा समूह का उदाहरण है। सबसे छोटा समूह (smallest group) उस समूह को कहा जाता है जिसमें सदस्यों की संख्या मात्र दो होती है। जैसे, पति-पत्नी का समूह, मालिक और उसके नौकर का समूह आदि। जैसे-जैसे समूह में सदस्यों की संख्या बढ़ती जाती है, समूह का आकार बढ़ता जाता है। विश्वविद्यालय एवं राजनीतिक पार्टी बड़े समूह का उदाहरण है। समाज मनोवैज्ञानिकों द्वारा किये गये अध्ययनों से स्पष्ट हो गया है कि समूह का आकार जैसे-जैसे बढ़ता जाता है। समूह की संरचना की जटिलता भी (complexity) वैसे-वैसे बढ़ती जाती है क्योंकि उनके सदस्यों के बीच अन्तःक्रियात्मक सम्बन्धों की सम्भावना बढ़ती जाती है।

समूह का आकार (size) बाह्य (external) एवं आन्तरिक (internal) कारकों द्वारा निर्धारित होता है। उदहरणार्थ, परिवार का आकार बाह्य कारक जैसे नया बच्चा के जन्म लेने से बढ़ जाता है तथा किसी सदस्य की मृत्यु हो जाने से घट जाता है। उसी तरह से कुछ आन्तरिक एवं मनोवैज्ञानिक कारक भी हैं जिनसे समूह का आकार प्रभावित होता है। उदाहरणार्थ, समूह के सदस्यों में अत्यधिक तनाव एवं गुटबन्दी हो जाने के कुछ सदस्य समूह छोड़कर अलग हो जाते हैं जिससे समूह का आकार छोटा हो जाता है। राजनैतिक पार्टियों का आकार ऐसे कारकों से प्रायः घटता-बढ़ता रहता है।

2. समूह में वैयक्तिक भूमिकाएँ(*Individual roles in group*)—प्रत्येक समूह में प्रत्येक सदस्य की एक निश्चित भूमिका होती है। जब व्यक्ति किसी समूह का सदस्य बनता है, तो वह किस तरह से दूसरे सदस्यों के साथ व्यवहार करेगा, यह बहुत कुछ समूह संरचना के स्वरूप (nature) एवं उस संरचना के अन्तर्गत उसके द्वारा की जानवाली भूमिकाओं (roles) पर निर्भर करता है। उदारणार्थ, जब समूह की संरचना औपचारिक(formal)होती है तो सदस्यों की अन्तःक्रियाएँ (interaction) एक निश्चित नियम द्वारा निदेशित होती है तथा एक सदस्य दूसरे सदस्य का प्रत्यक्षण (perception) उसके द्वारा की जानेवाली पूर्वनिश्चित एवं परिभाषित भूमिका के रूप में ही करता है। विश्वविद्यालय तथा सरकारी दफ्तरों के सदस्यों की अन्तःक्रियाएँ एवं भूमिका इसके उदाहरण हैं। दूसरे तरफ जब समूह की संरचना अनौपचारिक (informal) होती है, तो उसके सदस्यों में पूर्व निश्चित एवं पूर्व परिभाषित अन्तःवैयक्तिक सम्बन्धों (interpersonal relationship) की कमी पायी जाती है। फलस्वरूप समूह की संरचना सदस्यों की सामूहिक भूमिका या कार्य पर नहीं बल्कि सदस्यों के वैज्ञानिक गुणों (individual chracteristics) पर निर्भर करता है। परिवार एक अनौपचारिक समूह का उदाहरण है जिसमें ऐसा ही देखने को मिलता है। परन्तु कुछ समाज मनोवैज्ञानिकों ने औपचारिक एवं अनौपचारिक समूह संरचना के बीच व्यक्ति के भूमिकाओं के रूप में किये गये इस अन्तर को स्वीकार नहीं किया है। उन लोगों का कहना है कि जब कई व्यक्तियों को एक ही तरह की औपचारिक भूमिका (formal role) वाली परिस्थिति में रखा जाता है, तो उसके व्यवहार एक समान न होकर भिन्न-भिन्न होते हैं। जैसे, पाँच व्यक्ति को यदि अलग-अलग विश्वविद्यालय या कुलपति (vice-chancellor) बना दिया जाय तो पाँचों के वास्तविक कार्यों में या उनकी वास्तविक भूमिकाओं में अन्तर होगा हालाँकि पाँचों की औपचारिक भूमिका (formal role) एक ही है। उसी तरह से अनौपचारिक समूह संरचना (informal group structure) में सभी सदस्यों की भूमिकाओं में पूर्णरूपेण स्वाभाविकता (spontaneity) नहीं पायी जाती है। उनका कार्य या भूमिका कुछ पहले से निश्चित होती है। उदाहरणार्थ, किसी समाज में पति-पत्नी एवं बच्चे की आपसी अन्तःक्रियाएँ कैसी होगी, यह उस समाज की संस्कृति (culture) द्वारा बहुत कुछ पूर्व निर्धारित होती है। ऐसा भी देखा गया है कि जब कई व्यक्ति मिलकर पहले-पहल किसी समूह का निर्माण करते हैं तो आपस में वे कैसे व्यवहार करेंगे, इसके सम्बन्ध में एक खास विश्वास (beliefs) तथा मनोवृत्ति (attitudes) पहले से ही बना लेते हैं। इस तरह के विश्वास एवं मनोवृत्ति का आधार गत सामूहिक अनुभव (past group experiences) होता है। यही कारण है कि कुछ समाज मनोवैज्ञानिकों जैसे ब्रुन्नर (Brunner, 1947) तथा पीक (Peak, 1945) ने अपने-अपने अध्ययनों के आधार पर इस बात पर बल डाला है कि जब विभिन्न संस्कृति (cultures) से आये हुए लोगों द्वारा समूह का निर्माण होता है तो सदस्यों की सामूहिक भूमिकाओं (group roles) तथा अन्तःक्रियाओं (interactions) को समझने के लिए यह आवश्यक है कि सदस्यों के प्राथमिक समूह जैसे परिवार से प्राप्त किये गये अनुभवों (experiences) का अध्ययन किया जाय।

निष्कर्ष तौर पर यह कहा जा सकता है कि सामूहिक जीवन (group life) में व्यक्ति के कार्य या भूमिका कुछ खास-खास कारकों पर निर्भर होते हैं जो इस प्रकार हैं—

1. जिन समूहों की संरचना औपचारिक (formal) होती है उनके सदस्यों की भूमिकाएँ प्रायः पूर्व परिभाषित एवं पूर्व निश्चित होती है।

2. जिन समूहों की संरचना अनौपचारिक (informal) होती है, उन समूहों में सदस्यों की भूमिकाएँ व्यक्तित्व गुणों (personality characteristics) एवं योग्यताओं द्वारा निर्धारित होती है।
3. सामूहिक जीवन में व्यक्ति किस प्रकार कार्य करेगा, यह बहुत कुछ व्यक्ति के प्राथमिक समूह जैसे परिवार में प्राप्त किये गये प्रारंभिक अनुभवों (experience) पर निर्भर करता है। यह अनुभव जितना ही अधिक स्पष्ट एवं विस्तृत होगा, व्यक्ति द्वारा की गई भूमिका उतनी ही सराहनीय होगी।

3. समूह सम्बन्ध *(Group relations)*—समूह सम्बन्ध समूह संरचना का तीसरा प्रमुख तत्त्व है। समूह सम्बन्ध से तात्पर्य सदस्यों के बीच आपसी सम्बन्ध से होता है। समाज मनोवैज्ञानिकों एवं समाजशास्त्रियों का सामान्य मत यह है कि समूह प्रायः समजातीय (homogenous) नहीं होते हैं और वे अक्सर कार्यात्मक रूप से (functionally) कुछ छोटे-छोटे खण्डों (parts) में बँटे होते हैं और ऐसे खण्ड प्रायः एक-रूपी (homogeneous) होते हैं। ऐसे खण्डों को उपसमूह (sub-group) कहा जाता है। जैसे, विश्वविद्यालय के सदस्यों के समूह को ही ले लीजिए। विश्वविद्यालय के सदस्य, वर्ग स्तर के नाम पर छोटे-छोटे समूहों में बँटे होते हैं। ऐसे छोटे-छोटे समूह मिलकर एक समूह यानी विश्वविद्यालय के सदस्यों का समूह बनाते हैं। ये छोटे-छोटे समूह आपस में काफी समजातीय (homogenous) होते हैं। इस तरह की उपसमूहता (sub-grouping) विश्वविद्यालय जैसे बड़े समूहों में ही नहीं बल्कि छोटे समूहों में भी देखने को मिलता है। जैसे, प्रायः हम देखते हैं कि किसी विचार-विमर्श (discussion group) में कुछ सदस्य एक तरह का विचार व्यक्त कर एक उपसमूह का निर्माण कर लेते हैं तो कुछ दूसरे सदस्य जो दूसरे तरफ विचार रखने वाले होते हैं, दूसरे उपसमूह का निर्माण कर लेते हैं।

समाज मनोवैज्ञानिकों के अध्ययनों से यह पता चला है कि एक उपसमूह के सदस्यों का व्यवहार दूसरे उपसमूह के सदस्य के साथ प्रायः नकारात्मक (negative) होता है। परन्तु अपने ही समूह के अन्य सदस्यों के साथ स्वीकारात्मक (positive) होता है। इतना ही नहीं, एक उपसमूह से दूसरे उपसमूह के बीच अन्तःक्रियाएँ (interaction) की मात्रा कम होतीं हैं परन्तु अपने उपसमूह में इसकी मात्रा अधिक होती है।

उपसमूहों के सदस्यों के बीच का सम्बन्ध लम्बीय (vertical) तथा समतल (horizontal) दोनों ही होती है। जब दो उपसमूहों के सदस्य समान स्तर (status) एवं सत्ता (power) के होते हैं तो उनके बीच के सम्बन्ध पारस्परिक (mutual) होते हैं। ऐसे सम्बन्ध को समतल सम्बन्ध(horizontal relationship) कहा जाता है। उदाहरणार्थ, एक उपसमूह का नेता और दूसरे तुल्य (equivalent) उपसमूह के नेता का सम्बन्ध समतल सम्बन्ध के उदाहरण हैं। खेल समूह (play group) में खिलाड़ियों के बीच का सम्बन्ध तथा भाई-भाई एवं बहन-बहन आदि के बीच का सम्बन्ध भी समतल सम्बन्ध के उदाहरण हैं। लम्बीय सम्बन्ध में श्रेणीबद्ध सम्बन्ध (hierarchical relationship) होते हैं जहाँ एक सदस्य दूसरे सदस्य से स्तर एवं सत्ता में ऊपर या नीचे होता है। जैसे, मंत्रीमंडल में मुख्यमंत्री का स्तर एवं सत्ता अन्य मंत्रियों से अधिक ऊँचा होता है। अतः मुख्यमंत्री एवं अन्य मंत्रियों का सम्बन्ध लम्बीय सम्बन्ध (vertical relationship) का उदाहरण है। विश्वविद्यालय में कुलपति (vice-chancellor) एवं कुलसचिव का सम्बन्ध भी लम्बीय होता है।

समाज मनोवैज्ञानिकों ने सिर्फ समूह सम्बन्धों (group relations) की चर्चा ही नहीं की है बल्कि इसके वैज्ञानिक अध्ययन की विधि का भी वर्णन किया है। मोरेनो (Moreno, 1934) ने एक ऐसी ही विधि का वर्णन किया है जिसे समाजमिति विधि (sociometry) कहा जाता है। इस विधि में समूह का प्रत्येक सदस्य गुप्त रूप से यह बतलाता है कि वह समूह के अन्य सदस्यों में से किसे पसंद करता है तथा किसे नापसंद करता है। उनसे प्राप्त आँकड़ों के आधार पर एक विशेष चित्र बनाया जाता है जिसे समाज आलेख (sociogram) कहा जाता है। समाज आलेख के देखने से पूरे समूह के सदस्यों का पारस्परिक (mutual) पसंदगी तथा नासंदगी का पता चल जाता है। मोरेनो एवं उनके साथियों ने इस विधि द्वारा समूह-सम्बन्धों का विस्तृत अध्ययन कर निम्नांकित निष्कर्ष दिया है—

(1) समूह के नेता (leader) से सभी अन्य व्यक्तियों का सम्बन्ध होता है। समूह का यह ऐसा व्यक्ति होता है जिसकी अन्तःक्रियाएँ (interaction) सबसे अधिक होता है।

(2) युग्मों (pairs) में सम्बन्ध दो व्यक्तियों तक सीमित होता है। ये दोनों व्यक्ति एक-दूसरे को पसंद करते हैं।

(3) त्रिकोणी के सामूहिक सम्बन्ध मुख्यतः तीन व्यक्तियों तक सीमित होता है। इन तीनों में से प्रत्येक एक-दूसरे को पसंद करते हैं।

(4) समूह में एकाध ऐसे भी व्यक्ति होते हैं जिनके साथ अन्य सदस्यों की अन्तःक्रिया न के बराबर होती है। ऐसे व्यक्ति को दूसरे व्यक्ति न प्रेम करते हैं और न ही घृणा करते हैं।

4. संचार संरचना *(Communication structure)*—समूह संरचना की एक प्रमुख विशेषता समूह के संचार की स्वरूप होता है। संचार से तात्पर्य समूह के सदस्यों को सूचना देने तथा प्राप्त करने की प्रक्रिया से होती है। संचार संरचना का आकार अन्य बातों के अलावा समूह के आकार पर प्रत्यक्ष रूप से निर्भर करता है। यदि समूह का आकार काफी छोटा है, तो सदस्यों में संचार प्रत्यक्ष होता है। परंतु यदि समूह का आकार बड़ा है जैसा कि औपचारिक समूह में पाया जाता है, तो सदस्यों के संचार का स्वरूप भी जटिल हो जाता है। ऐसी परिस्थिति में एक सदस्य पदानुक्रम (hierarchy) में अपने ठीक ऊपर या नीचे के सदस्य से तो प्रत्यक्ष रूप से संचार स्थापित कर पाता है परंतु उसे दूर के सदस्यों के साथ संचार केवल अन्य सदस्यों के माध्यम से ही कर पाता है। अतः ऐसी समूह संरचना में संचार बाधित होती है। सचमुच में बाधित संचार की जटिलता से ही समूह संरचना की जटिलता का अंदाज हो जाता है। लिभिट्ट (Leavitt, 1951) तथा शा (Shaw, 1964) द्वारा किये गये अध्ययनों से यह स्पष्ट हुआ है कि समूह संचार संरचना, जाल सामान्यतः पाँच प्रकार के होते हैं—शृंखला (chain) संचार संरचना, वृत्त संचार संरचना, वाई-अक्षरवत, संचार संरचना (Y-little shaped), चक्र (wheel) संचार संरचना तथा कमकन (Comcon) संचार संरचना। शृंखला संचार संरचना में समूह का प्रत्येक सदस्य अपने निकटतम सदस्य (ऊपर या नीचे) के साथ संचार कर सकता है। वृत्त संचार संरचना में समूह का कोई सदस्य केन्द्रीय स्थिति में नहीं होता है तथा संचार सभी दिशाओं में प्रवाहित होता है। वाई-अक्षरवत संचार संरचना में केन्द्रिकता (centrality) अधिक होती है तथा इसमें एक व्यक्ति ऐसा होता है जो अन्य व्यक्तियों की तुलना में अधिक महत्त्वपूर्ण होता है क्योंकि वह अधिक-से-अधिक व्यक्तियों के साथ सम्बन्ध स्थापित कर सकता है। चक्र संचार संरचना में केन्द्रिकता सबसे अधिक होती है तथा इसमें एक व्यक्ति ऐसा होता है जो सीधे सबों के साथ संचार कर सकता है परंतु दूसरा सदस्य किसी अन्य सदस्य से संचार स्थापित सीधे न करके उस केन्द्रित व्यक्ति के माध्यम से ही कर सकता है। कमकन संचार संरचना एक तरह से खुला संचार होता है जिसमें समूह का प्रत्येक सदस्य एक-दूसरे सदस्य से सीधे संचार स्थापित कर सकता है।

5. विभिन्न सामाजिक समूहों के बीच सम्बन्ध *(Relationships among different social groups)*—किसी भी समाज में बहुत तरह के सामाजिक समूह (social groups) होते हैं। किसी समूह विशेषकर बड़े समूह की संरचना को समझने के लिए विभिन्न सामाजिक समूह के सम्बन्धों के बारे में जानना आवश्यक है। उदारणार्थ, अगर किसी राज्य को एक बड़ा समूह मान लिया जाय तो यह आवश्यक है इसकी संरचना हम सही-सही तभी समझ सकते हैं जब इस बड़े समूह के विभिन्न समूहों जैसे ऑफिसरों का समूह, धार्मिक संगठनों, मजदूरों का समूह, मंत्रियों का समूह, दूकानदारों का समूह आदि को आपसी सम्बन्धों के बारे में सही-सही जानें। जाहिर है कि इन विभिन्न सामाजिक समूहों के बीच का सम्बन्ध यदि सौहार्द्रपूर्ण होगा, तो हम उस बड़े समूह अर्थात राज्य की संरचना को ठीक ढंग से समझ पायेंगे क्योंकि वह अधिक स्पष्ट होगा।

ऊपर किये गये वर्णन से स्पष्ट है कि समूह की संरचना की व्याख्या समाज मनोवैज्ञानिकों ने विभिन्न तत्त्वों के रूप में किया है। इन सभी तत्त्वों पर ध्यान देकर ही किसी समूह संरचना की व्याख्या की जा सकती है।

समूह के कार्य
(Function of Group)

समूह अपने सदस्यों के लिए अनेकों कार्य करता है। विभिन्न तरह के समूह अपने सदस्यों के लिए भिन्न-भिन्न तरह के कार्य करता है। इन समूह के कुछ सामान्य कार्यों का वर्णन निम्नांकित है—

1. आवश्यकताओं का विभेदीय संतुष्टि *(Differential satisfaction of wants)*—अपने सदस्यों की आवश्यकताओं की संतुष्टि करना समूह का एक प्रमुख कार्य है। किसी भी समूह में दो प्रकार के सदस्य होते हैं—प्रभावी एवं महत्त्वपूर्ण सदस्य (dominant and important member) तथा अप्रभावी एवं साधारण सदस्य (nondominant and rank-and-file member)। प्रभावी सदस्य ऊँची कोटि के होते हैं तथा सभी महत्त्वपूर्ण निर्णय इन्हीं लोगों द्वारा लिए जाते हैं। उदाहरणार्थ, विश्वविद्यालय में कुलपति (Vice-chancellor) एवं कुलसचिव प्रभावी सदस्य होते हैं। अप्रभावी सदस्य साधारण होते हैं जो प्रभावी सदस्यों के कार्यों में मदद करते हैं। विश्वविद्यालय में लिपिक (clerks) लोग साधारण सदस्य के उदाहरण हैं। समूह प्रभावी सदस्यों की सभी महत्त्वपूर्ण आवश्यकताओं की तथा साधारण सदस्य की जरूरी आवश्यकताओं जैसे—भोजन, कपड़ा, मकान आदि की पूर्ति करने की कोशिश करता है। इस तरह समूह अपने सदस्यों की आवश्यकताओं की पूर्ति समान रूप से न कर विभेदित करके करता है।

2. आधिपत्य तथा तदीयत्व आवश्यकताओं की संतुष्टि (*Satisfaction of dominance and belongingness needs*)—समूह में सदस्यों की आधिपत्य आवश्यकता एवं तदीयत्व आवश्यकता की संतुष्टि होती है। आधिपत्य आवश्यकता से तात्पर्य वैसे आवश्यकता से होता है जिससे व्यक्ति में समूह का एक महत्त्वपूर्ण सदस्य होने की भावना तीव्र होती है। जब व्यक्ति किसी समूह का सदस्य होता है तो उसकी आर्थिक आवश्यकताओं (economic needs) की ही सिर्फ संतुष्टि नहीं होती है बल्कि तदीयत्व आवश्यकता (belongingness need) तथा आधिपत्य आवश्यकता (dominance need) की भी संतुष्टि होती है। क्रेच तथा क्रचफिल्ड[1] (Kretch & Crutchfield, 1949) के अनुसार, ''सभी समूह अपने कुछ सदस्यों की आधिपत्य आवश्यकताओं की पूर्ति करता है और अधिकतर सदस्यों की तदीयत्व आवश्यकताओं की पूर्ति करता है।''

समूह के कुछ सदस्य ऐसे होते हैं जिनमें आधिपत्य आवश्यकता (need for dominance) अधिक तीव्र होती है। ऐसे सदेस्यों की इन आवश्यकताओं की संतुष्टि होने का अवसर समूह में काफी मिलता है। जब समूह में ऐसे व्यक्तियों की इन आवश्यकताओं की संतुष्टि होती है तो ऐसे व्यक्ति नेता बनते हैं। इस तरह समूह अधिक तीव्र आधिपत्य आवश्यकता रखने वाले सदस्य की इस आवश्यकता की संतुष्टि करके उन्हें नेता बनाता है। मेयर्स (Myers, 1987) तथा फेल्डमैन (Feldman, 1985) के अनुसार समूह कुछ सदस्यों की आधिपत्य आवश्यकता को पूरा करके अन्य सदस्यों को भी आधिपत्य आवश्यकता तीव्र करने की प्रेरणा देता है।

समूह तदीयत्व आवश्यकता(belongingness need) की संतुष्टि कर सदस्यों में हमलोगों की भावना(we-feeling) को प्रोत्साहन देता है। बेरोन एवं बर्न (Baron & Byrne, 1977) के अनुसार, ''इस आवश्यकता की पूर्ति होने से समूह का कार्यक्षेत्र (scope) एवं आकार (size) में तेजी से वृद्धि होती है तथा सदस्यों की प्रतिष्ठा एवं सम्मान ऊँचा हो जाता है।''

3. नई आवश्यकताओं का निर्माण (*Creation of new needs*)—समूह सिर्फ आवश्यकताओं की पूर्ति ही नहीं करता है बल्कि नई-नई आवश्यकताओं का सृजन (creation) भी करता है। जैसा कि हम जानते हैं, व्यक्ति की आवश्यकताएँ न तो सीमित है और न स्थिर। जब व्यक्ति अपनी खास-खास आवश्यकताओं की पूर्ति के लिए किसी समूह का सदस्य होता है तो उसकी इन आवश्यकताओं की पूर्ति तो हो ही जाती है साथ-ही-साथ कुछ नयी आवश्यकताएँ भी पैदा हो जातीं हैं। इन नयी आवश्यकताओं की पूर्ति करने के लिए वह समूह का अधिक क्रियाशील सदस्य (active member) बनने की कोशि करता है। इसका लाभ यह होता है कि समूह का अस्तित्व तो बना ही रहता है, साथ-ही-साथ उसका कार्यक्षेत्र भी विकसित हो जाता है। कभी-कभी देखा गया है कि क्रियाशील सदस्य जो प्रायः प्रभावी(dominant) एवं उत्तरदायी (responsible) सदस्य होते हैं, इन नयी आवश्यकताओं की सन्तुष्टि के लिए अपने जान की बाजी भी लगा देने में सकुचाते नहीं हैं। वे यह समझते हैं कि इन नयी आवश्यकताओं की संतुष्टि नहीं होने पर समूह का अस्तित्व खतरे में पड़ जायेगा और प्रभावी सदस्य होने के नाते अस्तित्व को बनाये रखना उनका प्रमुख उत्तरदायित्व हो जाता है। जैसे, यदि कुछ लोग मिलकर एक राजनैतिक पार्टी का निर्माण करते हैं, तो इस पार्टी के निर्माण होते ही कुछ नयी-नयी आवश्यकताएँ उत्पन्न हो जाती हैं। उदाहरणार्थ, समूह की सदस्यता बढ़ाने की आवश्यकता, समूह को आकर्षक एवं लोकप्रिय बनाने की आवश्यकता, आदि-आदि। पार्टी का प्रभावी सदस्य जानता है कि इन नयी आवश्यकताओं के पूर्ति के बिना पार्टी का अस्तित्व खतरे में पड़ सकता है। अतः वह अपनी जान जोखिम में डालकर भी इन आवश्यकताओं की पूर्ति करने की कोशिश करता है। ऐसे नयी आवश्यकताओं का सृजन करके समूह स्वयं को अधिक प्रभावकारी (effective) बना लेता है।

4. व्यक्ति का समाजीकरण (*Socilization of individuals*)—समूह द्वारा व्यक्ति का समाजीकरण भी होता है। विभिन्न सामाजिक समूहों जैसे परिवार, खेल का समूह, कॉलेज, धार्मिक समूह, राजनैतिक समूह आदि का योगदान व्यक्ति के समाजीकरण में प्रत्यक्ष या अप्रत्यक्ष रूप से होता है। जब कोई व्यक्ति किसी अच्छे समाजिक समूह जैसे धार्मिक समूह, स्कूल, कॉलेज का सदस्य बनता है तो वह अपने सामाजिक व्यवहार को उनके मानदण्डों (norms) के अनुसार परिवर्तित करता है तथा उससे कुछ सीखता भी है। उसी तरह यदि व्यक्ति किसी बुरे सामाजिक समूह जैसे—चोर, डकैत तथा बदमाशों

1. "... all groups serve to meet the dominance needs of some of their members and the belongingness need of most of their members." —Kretch & Crutchfield : *Theories and Problems of Social Psychlogy,* 1949, p. 383

के समूह का सदस्य किसी कारण से बन जाता है तो वह असामाजिक व्यवहारों को अधिक सीखता है। फलतः समाजीकरण के स्थान पर असमाजीकरण हो जाता है।

5. सांस्कृतिक निरन्तरता को बनाये रखना *(To maintain cultural continuity)*—समूह सांस्कृतिक निरन्तरता को भी बनाये रखने में मदद करता है। जैसा कि हम जानते हैं, प्रत्येक समूह की अपनी कुछ विशेषताएँ, मूल्य, परम्पराएँ, प्रथाएँ आदि होतीं हैं जिनपर संस्कृति (culture) का स्पष्ट मुहर लगा होता है। एक समूह जितने समय तक इन मूल्यों, परम्पराओं, प्रथाओं एवं आदर्शों को बनाये रखता है, उतने समय तक सांस्कृतिक निरन्तरता भी बनी रहती हे। दूसरे शब्दों में, सदस्यों के व्यवहारों पर इन मूल्यों, परम्पराओं एवं प्रथाओं द्वारा संस्कृति का प्रभाव उतने समय तक बना रहता है। इस तरह से समूह सांस्कृतिक निरन्तरता को भी बनाये रखने में मदद करता है।

6. अनेकों समूह की सदस्यता *(Multiple group members)*—समूह अपने कुछ सदस्यों को खास कर के साधारण सदस्यों को अप्रत्यक्ष रूप से (indirectly) दूसरे समूह या समूहों का सदस्य बनने के लिए कुछ कारणों से प्रेरित करता है। ऐसे कारण में तीन प्रमुख हैं—

(i) समूह के सदस्य की आवश्यकताएँ धीरे-धीरे विशिष्ट (specialized) होती चली जातीं हैं।

(ii) सदस्यों की बदलती हुई नयी आवश्यकताओं के अनुसार समूह अपने-आप में परिवर्तन नहीं ला पाता है।

(iii) समूह अपने सदस्यों की सभी आवश्यकताओं की पूर्ति करने में असमर्थ होता है।

इन कारणों से समूह अपने कुछ सदस्यों को विशेषकर साधारण सदस्यों को ही कोई नया समूह का सदस्य बनने के लिए बाध्य करता है। जहाँ तक सम्भव होता है समूह अपने प्रभावकारी सदस्यों को इन कारणों या कोई अन्य कारणों से भी किसी अन्य समूह का सदस्य बनने की प्रेरणा नहीं देता है क्योंकि ऐसा करने से समूह का अस्तित्व ही खतरे में पड़ सकता है।

स्पष्ट हुआ कि समूह अपने सदस्यों के लिए भिन्न-भिन्न प्रकार के कार्य करता है। इन कार्यों के करने से समूह का अस्तित्व एवं सदस्य की गरिमा बनी रहती है।

समूह निर्माण
(Group Formation)

समाज मनोवैज्ञानिकों द्वारा किये गए अध्ययनों से यह स्पष्ट हुआ है कि समूह का निर्माण कुछ विशेष कारकों से होता है। ऐसे कारकों में निम्नांकित प्रमुख हैं—

1. व्यवहार एवं मनोवृत्ति में समानता *(Similarity in behaviour and attitudes)*—कुछ समाज मनोवैज्ञानिकों जैसे वर्न (Byrne, 1980), क्लोर (Clore, 1977), बेरोन (Baron, 1982) ने अपने-अपने शोधों के आधार पर यह बतलाया है कि जिन व्यक्तियों की मनोवृत्ति में समानता या एकरूपता होती है, उनके व्यवहारों में भी समरूपता होती है और तब ऐसे लोगों द्वारा आसानी से एक समूह बनाने का निर्णय कर लिया जाता है। जैसे, कक्षा में जिन छात्रों की मनोवृत्ति पढ़ाई के प्रति एक समान होती है, उनका एक समूह का निर्माण जल्द हो जाता है। उस समूह के सभी छात्र लगभग एक समान ढंग से व्यवहार भी करते पाये जाते हैं।

2. स्थानिक समीपता *(Spatial proximity)*—फेस्टिंगर तथा उनके सहयोगियों (Festinger et al., 1968) का मत है कि समूह निर्माण का एक महत्त्वपूर्ण कारक स्थानिक समीपता होती है। जब व्यक्तियों के बीच स्थानिक समीपता होती है अर्थात् वे एक-ही जगह पर रहते हैं तो उनके बीच अन्तःक्रिया (interaction) अधिक होती है और उन्हें एक दूसरे को समझने का पर्याप्त मौका मिलता है। इन सब का परिणाम यह होता है कि ऐसे व्यक्ति एक समूह में आसानी से संगठित हो जाते हैं। पास-पड़ोस के लोगों द्वारा विभिन्न तरह के समूह के निर्माण किये जाने का प्रमुख कारण स्थानिक समीपता (spatial proximity) होती है।

3. पूरक आवश्यकताएँ या इच्छाएँ *(Complimentary needs or wants)*—समूह के निर्माण में पूरक आवश्यकताओं की भी भूमिका प्रधान होती है। जब दो या दो से अधिक व्यक्तियों की आवश्यकताएं एक-दूसरे से भिन्न होती है परंतु साथ-ही-साथ एक-दूसरे के द्वारा जब उनकी पूर्ति की सम्भावना होती है तो ऐसे व्यक्तियों के एक समूह का निर्माण आसानी से हो जाता है क्योंकि ऐसे व्यक्ति एक-दूसरे के प्रति आकर्षित होते हैं। जैसे, बेरोन (Baron, 1978)

तथा क्रच (Crutch, 1981) ने अपने-अपने अध्ययनों के आधार पर यह बतलाया है कि जब किसी व्यक्ति में पोषण की आवश्यकता (need for nurturance) तथा दूसरे व्यक्ति में निर्भरता की आवश्यकता (need for dependence) हो तो ऐसे दोनों व्यक्ति एक-दूसरे के प्रति काफी आकर्षित होंगे और उनसे एक समूह का निर्माण तेजी से होगा।

4. असुरक्षा एवं चिन्ता का भाव *(Feeling of insecurity and anxiety)*—समूह के निर्माण में असुरक्षा एवं चिन्ता के भाव की भी प्रधानता होती है। जब व्यक्ति में किसी कारण से असुरक्षा तथा चिंता की भाव तीव्र मात्रा में उत्पन्न हो जाती है, तो ऐसे लोगों में सम्बन्धन आवश्यकता (need for affiliation) में वृद्धि हो जाती है और तब व्यक्ति दूसरों के साथ अधिक रहने की इच्छा व्यक्त करता है। ऐसी परिस्थिति में व्यक्ति जब अन्य व्यक्ति के साथ होता है तो उसकी चिन्ता तो घटती ही है साथ-ही-साथ अपनी चिंता के बारे में वह दूसरों को बतलाकर काफी आफियत अनुभव करता है तथा उसके मन का बोझ हल्का दीखता है। स्कैक्टर (Schachter, 1959) ने उस तथ्य की सम्पुष्टि एक अध्ययन से किया है। इस प्रयोग में कॉलेज के छात्राओं के दो समूह लिए गए। एक समूह को मनोवैज्ञानिक प्रयोगशाला में लाकर उन्हें एक बड़ी इलेक्ट्रॉनिक मशीन (electronic machine) दिखलायी गयी और कहा गया कि अभी जो प्रयोग किया जाने वाला है, उसमें इस मशीन का उपयोग किया जाएगा जिसके चलाने पर सम्भव है कि उन्हें बिजली का झटका या आघात (shock) लग जाय। दूसरे समूह की छात्राओं को सिर्फ मशीन दिखलायी गयी और उसे चलाने की विधि समझा दी गयी। इसके बाद इन दोनों समूहों के छात्रों को एक ऐसे कमरे में इंतजार करने को कहा गया जहाँ उन्हें इस बात की छूट थी कि वे चाहें तो अकेले प्रतीक्षा कर सकती हैं या एक समूह बनाकर भी प्रतीक्षा कर सकती है। परिणाम में यह देखा गया कि पहले समूह की अधिकतर छात्राओं ने समूह बनाकर प्रतीक्षा करना अधिक पसंद किया जबकि दूसरे समूह की छात्रों में इस तरह की प्रवृत्ति नहीं देखी गयी। स्पष्टतः इसका कारण यह था कि पहले समूह के छात्रों में सम्बन्धन आवश्यकता (need for affiliation) अधिक था क्योंकि उनमें बिजली का सम्भावित झटका लगने की आशंका के कारण असुरक्षा तथा चिन्ता का भाव था।

5. बाहरी धमकी *(External threats)*—व्यक्तिगण उस समय समूह में संगठित हो जाते हैं जब उन्हें किसी कारक या तत्त्व से बाहरी खतरा प्राप्त होता है। बाहरी खतरा से बचने के लिए लोगों में आपसी भेद-भाव को मिटाकर एक हो जाने की प्रवृत्ति अधिक तीव्र हो जाती है। जैसे, साम्प्रदायिक दंगों के समय यह अक्सर देखा जाता है कि व्यक्तियों में अपने समुदाय के व्यक्तियों के साथ मिलकर विशेष समूह गठित करने की प्रवृत्ति अधिक तीव्र हो जाती है।

6. कार्यात्मक एकता *(Functional unity)*—कार्यात्मक एकता के आधार पर भी समूह का निर्माण होता है। कार्यात्मक एकता से तात्पर्य व्यक्तियों के बीच किसी कार्य या लक्ष्य प्राप्त के बारे में सहमति से होता है। लेभिनथाल (Levinthal, 1988) ने अपने अध्ययन के आधार पर यह बतलाया है कि जब व्यक्तियों में कार्यात्मक एकता में वृद्धि हो जाती है तो ऐसे लोगों का एक समूह काफी आसानी से विकसित हो जाता है। जैसे, यदि मुहल्ला के अधिकतर लोग यह चाहते हैं कि अमुक स्थान में मंदिर का निर्माण किया जाए तो ऐसे लोगों का एक समूह बहुत तेजी से विकसित हो जाता है। लिण्डग्रेन (Lindgren, 1979) तथा क्रेच एवं क्रचफिल्ड (Kretch & Crutchfield, 1960) ने कार्यात्मक एकता को समूह निर्माण का प्रमुख कारक माना है।

7. अधिक अंत:क्रिया *(Frequent interaction)*—समूह निर्माण का एक सामान्य कारक व्यक्तियों के बीच की गयी अंतक्रियाओं की बारंबारता (frequency) है। जब व्यक्तियों के बीच प्रायः अन्तःक्रिया अधिक बार होती है तो इससे उनमें आपस में बोधगम्यता अधिक बढ़ जाती है जिसका परिणाम यह होता है कि उनमें आपस में संगठित होने की प्रवृत्ति तीव्र हो जाती है और वे लोग आसानी से एक समूह का निर्माण कर लेते हैं। मेयर्स (Myers, 1989) ने अपने अध्ययन के आधार पर इस तथ्य की सुपुष्टि किया है।

8. सामाजिक-आर्थिक समानता *(Socio-economic equality)*—जब व्यक्तियों में सामाजिक एवं आर्थिक स्तर की समानता होती है तो उनके द्वारा एक समूह का निर्माण आसानी से कर लिया जाता है। सामाजिक-आर्थिक स्तर में समानता होने से उनमें एक-दूसरे के करीब होने का आकर्षण अधिक बढ़ जाता है जिसका परिणाम यह होता है कि उनके द्वारा आसानी से एक समूह का निर्माण हो जाता है। प्रसिद्ध समाजशास्त्री स्पेंसर एवं इंकेल्स (Spencer & Inkeles, 1979) ने *फाउन्डेशन ऑफ सोसियोलॉजी* (Foundation of Sociology) में यह स्पष्टतः बतलाया है कि चाहे सांस्कृतिक आधार कुछ भी क्यों न हो, जब व्यक्तियों में सामाजिक-आर्थिक समानता होती है तो उनके द्वारा आसानी से एक विशेष समूह का निर्माण कर लिया जाता है।

स्पष्ट हुआ कि कई ऐसे कारक हैं जिनसे समूह निर्माण की प्रक्रिया प्रभावित होता है।

समूह संरचना तथा समूह कार्य के अध्ययन की विधियाँ
(Methods of Studying Group Structure and Group Functions)

समाज मनोवैज्ञानिकों ने समूह संरचना तथा समूह के कार्यों का अध्ययन करने के लिए कुछ वैज्ञानिक विधियों का भी प्रतिपादन किया है। इन लोगों का यह प्रयास कर्ट लेविन (Kurt Lewin) द्वारा समूह गति (group dynamic) के क्षेत्र में किए गए प्रयासों से काफी प्रेरित हुआ। ऐसी विधियों को समाज मनोवैज्ञानिकों ने निम्नांकित दो प्रमुख भागों में बाँटा है—

(क) प्रेक्षण विधियाँ (observation method)

(ख) आत्म-प्रतिवेदन विधियाँ (self-report method)

दोनों विधियों का वर्णन निम्नांकित है—

(क) प्रेक्षण विधियाँ *(Observation method)*—इस विधि में प्रशिक्षित प्रेक्षक (trained observer) कार्य करते समय समूह का प्रेक्षण करते हैं और उसका एक क्रमबद्ध रेकार्ड (systematic record) तैयार करके समूह की संरचना एवं कार्य के बारे में एक निश्चित निष्कर्ष पर पहुँचते हैं। प्रेक्षण विधि के अन्तर्गत समाज मनोवैज्ञानिकों ने निम्नांकित तीन विधियों का वर्णन किया है—

1. श्रेणी मापनी *(Rating scale)*—समूह संरचना एवं समूह कार्य का अध्ययन करने में श्रेणी मापनी (rating scale) की भूमिका (role) प्रमुख है। इस विधि द्वारा समूह में वैयक्तिक सदस्य (individual members) के व्यवहारों का मात्रात्मक माप (quantitative measure) किया जाता है। इस विधि में एक प्रशिक्षित प्रेक्षक प्रत्येक समूह के व्यवहार की विशिष्ट विमाओं (specific dimension) का श्रेणीकरण (rating), कुछ समय अंतराल पर समूह व्यवहार के जारी रखने के दौरान ही अथवा समूह व्यवहार खतम होने के बाद करता है। फोरिजोस, हट्ट तथा गुटेजको (Fouriezos, Hutt & Guetzkow, 1950) ने एक ऐसा ग्यारह बिन्दु (11-point) श्रेणी मापनी (rating scale) का निर्माण किया है जिसके सहारे समूह व्यवहार समाप्त होने के बाद सम्मेलन समूह के प्रत्येक सदस्य की आत्ममुखी आवश्यकता व्यवहार (self-oriented need behaviour) की मात्रा का श्रेणीकरण(rating) किया गया है। आत्ममुखी आवश्यकता व्यवहार से तात्पर्य सदस्यों के उन व्यवहारों से होता है जो समूह लक्ष्य की प्राप्ति पर पड़ने वाले प्रभावों का अनदेखी करते हुए सिर्फ व्यक्तिगत आवश्यकताओं की पूर्ति की ओर ही अग्रसित होता है। फोरिजोस एवं उनके सहयोगियों ने अनेकों अध्ययन करके इस श्रेणी मापनी का आनुभविक सबूत (empirical evidences) प्रदान किये हैं। उदाहरणस्वरूप, एक अध्ययन में यह देखा गया कि जिन सदस्यों में आत्ममुखी आवश्यकता व्यवहार कम था, वे अपने आप को उन सदस्यों की तुलना में कम संगठित बतलाया जिनमें आत्ममुखी आवश्यकता व्यवहार अधिक था।

कुछ समाज मनोवैज्ञानिकों जैसे डेविज(Davitz, 1952) ने सिफारिश किया है कि समूह की क्रियाओं(activities) का फिल्म तैयार कर या प्रतिलिपि (transcription) तैयार कर एक स्थायी रेकार्ड बना लेना चाहिए। बाद में इस रिकार्ड को प्रशिक्षित निर्णायकों (trained judges) द्वारा श्रेणीकरण करवाकर हम और भी आसानी से समूह की क्रियाओं एवं संरचनाओं से अवगत हो सकते हैं।

श्रेणी मापनी (rating scale) विधि के कुछ गुण-दोष भी हैं। इस विधि में चूँकि प्रशिक्षित प्रेक्षकों का प्रयोग किया जाता है, अतः प्राप्त आँकड़े विश्वसनीय (reliable) होते हैं। इस विधि का प्रयोग चूँकि एक ऐसी अवस्था में किया जाता है जो लगभग नियंत्रित ही होता है अतः इसकी यथार्थता (precision) तथा वैधता (validity) पर कोई शक नहीं होता। फिर भी यह विधि दोष ग्रसित है। इसका प्रमुख दोष यह बतलाया गया है कि इसका प्रयोग सभी तरह की परिस्थितियों में नहीं किया जा सकता है। यह भी कहा जाता है कि प्रेक्षक को काफी ठीक ढंग से प्रशिक्षित होना अनिवार्य है। चूँकि इसका प्रयोग लगभग नियंत्रित अवस्था में किया जाता है, फलतः इसमें स्वाभाविकता का गुण थोड़ा कम हो जाता है।

2. कोटि पद्धति विधि *(Category system method)*—कुछ समाज मनोवैज्ञानिकों ने समूह की संरचना तथा कार्य की मात्रात्मक व्याख्या (quantitative explanation) करने के लिए कोटि-पद्धति विधि (category system method) का प्रतिपादन किया है। इस विधि में एक प्रशिक्षित प्रेक्षक समूह की क्रियाओं को दिए गए अलग-अलग श्रेणियों या वर्गों में विभाजित करता है। उसके बाद इनका विश्लेषण करके समूह की संरचना तथा सामान्य क्रियाओं के बारे में अंदाज

लगाया जाता है। इसी प्रकार के एक पद्धति का निर्माण बेल्स (Bales, 1950) ने किया है, जिसे अंतःक्रिया प्रक्रिया विश्लेषण (interaction-process analysis) कहा जाता है। वेल्स की पद्धति में समूह की क्रियाओं को 12 श्रेणियों में बाँटा जाता है। इन 12 श्रेणियों में से तीन श्रेणी सामाजिक-सांवेगिक क्षेत्र : धनात्मक प्रतिक्रिया (social-emotional area : positive reactions) के हैं, तीन श्रेणी समस्या-समाधान प्रतिक्रिया : प्रश्न (problem-solving reactions : questions) के हैं; तीन श्रेणी समस्या-समाधान प्रतिक्रिया : उत्तर (problem solving reactions : answers) के हैं और बाकी तीन श्रेणी सामाजिक-सांवेगिक ऋणात्मक प्रतिक्रिया (social-emotional : negative reactions) हैं। इन 12 श्रेणियों में समूह के क्रियाओं का वर्गीकरण करके उसकी प्रतिशत तथा बारंबारता (frequency) के आधार पर एक ग्राफ तैयार किया जाता है जिसमें समूह के 12 तरह के किये गये क्रियाओं के तुलनात्मक प्रतिक्रिया का पता चलता है तथा साथ-ही-साथ उसकी संरचना (structure) का भी अंदाज लगता है। बाद में फलैण्डर्स (Flanders, 1970) ने बेल्स के इस अंतःक्रिया प्रक्रिया विश्लेषण (interaction process analysis) की सफलता से प्रभावित होकर उसका उपयोग वर्ग में शिक्षक छात्र के बीच हुए अंतःक्रिया के अध्ययन में किया है और काफी हद तक सफलता भी प्राप्त किया है। फलैण्डर्स के इस प्रविधि में शिक्षक-छात्र व्यवहार का श्रेणीकरण करने के लिए 10 श्रेणियों (categories) का प्रयोग किया गया है।

समूह संरचना एवं क्रियाओं का अध्ययन करने के लिए कार्टर तथा उसके सहयोगियों (Carter et. al., 1951) ने एक दूसरी कोटि पद्धति का वर्णन किया है। इस पद्धति द्वारा छोटे-छोटे समूहों में नेतृत्व (leadership) का अध्ययन विशेष रूप से किया जाता है। इस पद्धति में शाब्दिक व्यवहारों के लिए अलग श्रेणियाँ हैं तथा अशाब्दिक व्यवहारों (non-verbal behaviours) के लिए अलग श्रेणियाँ हैं। कार्टर के इस विधि का प्रयोग अनेकों समाज मनोवैज्ञानिकों ने सफलतापूर्वक किया है।

फिशर (Fisher, 1983) के अनुसार कोटि पद्धति विधि का मुख्य लाभ यह है कि इसके द्वारा समूह के सूक्ष्मतम क्रियाओं का भी अध्ययन किसी-न-किसी श्रेणी में रखकर कर लिया जाता है। फलस्वरूप, इसके आधार पर समूह की संरचना एवं उसका सामान्य कार्यों के बारे में मिलने वाली सूचनाएँ काफी सार्थक एवं विश्वसनीय होती हैं। इस पद्धति का दोष यह है कि इसमें प्रशिक्षित प्रेक्षकों के होने के बावजूद भी उनमें इस बात की पूर्ण सहमति नहीं होती है कि समूह में किये गये किसी अमुक क्रिया को किस श्रेणी में रखा जाय। कुछ प्रेक्षक उस क्रिया को एक श्रेणी में रखते हैं तो कुछ दूसरे प्रेक्षक उसी क्रिया को दूसरी श्रेणी में रखते हैं। इसका परिणाम यह होता है कि प्रेक्षकों द्वारा प्राप्त सूचनाओं के आधार पर हम समूह की संरचना एवं सामान्य कार्यों के बारे में कोई निश्चित निष्कर्ष पर नहीं पहुँच पाते हैं।

3. सहभागी प्रेक्षण *(Participant observation)*—सहभागी प्रेक्षण द्वारा समूह की संरचना तथा कार्य का अध्ययन स्वाभाविक अवस्था (natural condition) में किया जाता है। इस तरह से सहभागी प्रेक्षण की विधि अन्य दो विधियों यानी श्रेणी-मापनी (rating scale) तथा कोटि-पद्धति विधि (category system method) से भिन्न हैं क्योंकि इन दोनों विधियों में समूह संरचना तथा कार्य का अध्ययन नियंत्रित परिस्थिति में किया जाता है। सहभागी प्रेक्षण विधि में प्रेक्षक समूह के अन्य सदस्यों के साथ प्रायः अपनी पहचान छिपाते हुए साधारण सदस्य के रूप में भिन्न-भिन्न तरह के कार्यों में हाथ बँटाता है। साथ-ही-साथ वह इन विभिन्न अन्तःक्रियाओं (interactions) का एक अभिलेख (record) भी तैयार करता है। बाद में इस अभिलेख का विश्लेषण करके प्रेक्षक समूह की संरचना एवं कार्य के बारे में एक निश्चित निष्कर्ष पर पहुँचता है। ह्वाइट (Whyte, 1941, 1943) ने समूह की संरचना संगठन एवं कार्य का अध्ययन करने के लिए इस विधि का प्रयोग सबसे अधिक किया हैं। उन्होंने करीब 3½ साल तक बोस्टोन (Boston) के देहाती क्षेत्रों में एक साधारण आदमी की तरह रहकर वहाँ के लोगों के क्रियाकलाप में भाग लेते हुए सभी तरह के की गई अंतःक्रियाओं का अभिलेख (record) तैयार किया जिसके आधार पर इन व्यक्तियों के समूह के कार्यों एवं संरचना के बारे में महत्त्वपूर्ण सूचनाएँ प्राप्त की गयी।

इस विधि का सबसे महत्त्वपूर्ण गुण (merit) यह है कि इसमें समूह अन्तःक्रियाओं का अध्ययन एक स्वाभाविक परिस्थिति (natural condition) में होता है। फलतः इस विधि में स्वाभाविकता का गुण पाया जाता है। इस विधि द्वारा वैसे समूह की संरचना एवं कार्य का भी अध्ययन किया जा सकता है जिनके व्यवहारों को नियंत्रित करना सम्भव नहीं है। चूँकि इस विधि में प्रेक्षक अपनी पहचान छिपा कर रखता है, इसलिए वह सदस्यों की वास्तविक अन्तःक्रियाओं (true interactions) का सही अभिलेख तैयार करने में समर्थ हो पाता है। अतः इस विधि में स्वाभाविकता के गुण के अलावा वास्तविकता तथा वैधता (validity) का गुण भी मौजूद होता है।

इन गुणों के बावजूद भी इस विधि में कुछ अवगुण (demerits) हैं। जैसे, प्रेक्षक की पूर्वधारणा तथा पक्षपात (partiality) का प्रभाव उनके द्वारा अध्ययन किये जाने वाले व्यवहारों पर काफी पड़ता है। फलस्वरूप, प्रेक्षक द्वारा तैयार किये गये अभिलेख (record) की सार्थकता तथा यथार्थता नहीं होती है। इस विधि का दूसरा दोष यह बतलाया गया है कि इस विधि में परिस्थिति अनियंत्रित होने के कारण बहुत से अवांछित चरों का अध्ययन में अनावश्यक प्रवेश हो जाता है जिससे अध्ययन की सत्यता पर बुरा असर पड़ता है।

(ख) आत्म-प्रतिवेदन विधियाँ *(Self-report method)*—यह विधि प्रेक्षण विधि से भिन्न है। इस विधि में समूह के सदस्य स्वयं अपने या समूह के बारे में कुछ पूछे गये प्रश्नों का उत्तर देते हैं। उनके दिये गये उत्तर के आधार पर समूह की संरचना एवं कार्यवाही का पता चलता है। प्रायः प्रश्न इस ढंग से पूछे जाते हैं जिसके आधार पर अध्ययनकर्त्ता को समूह की संरचना का पता आसानी से हो जाता है। समाज मनोवैज्ञानिकों ने ऐसी आत्म-प्रतिवेदन विधियों को निम्नांकित दो भागों में बाँटा है—

1. क्षेत्र-साक्षात्कार विधि *(Field interview method)*—इस विधि का प्रयोग मूल रूप से मानवशास्त्रियों (anthropologits) द्वारा संस्कृति के अध्ययन में किया गया है। परन्तु कुछ समाजशास्त्रियों (sociologists) तथा समाज मनोवैज्ञानिकों ने इस विधि का प्रयोग समूह व्यवहार (group behaviour) विशेष कर समूह की विचारधारा (ideology) के अध्ययन में काफी किया है। इस विधि में अध्ययनकर्त्ता वास्तविक क्षेत्र में यानी स्वाभाविक परिस्थिति में जैसे—गाँव, स्कूल, कॉलेज, शहर आदि में जाकर उस समूह के सदस्यों का साक्षात्कार लेता है जिसकी संरचना एवं कार्य का अध्ययन करना होत्ता है। साक्षात्कार में व्यक्ति से ऐसा प्रश्न किया जाता है जिससे अध्ययनकर्त्ता को समूह की संरचना एवं कार्य का सीधा अंदाज होता है।

इस विधि का उपयोग प्रायः लोग सहभागी प्रेक्षण (participant observation) के साथ मिलकर आजकल अधिक रहे हैं। ह्वाइट (Whyte, 1943) ने इस विधि का प्रयोग सहभागी प्रेक्षण की एक सहायक विधि के रूप में करके समूह की संरचना एवं कार्य के बारे में महत्त्वपूर्ण तथ्यों को पता लगाया है। कूज (Koos, 1946) ने भी समूह के अध्ययन में इस विधि का प्रयोग सफलतापूर्वक किया है।

चूँकि इस विधि का आधार साक्षात्कार (interview) है, इसलिए इस विधि में वे सभी गुण तथा अवगुण पाये जाते हैं, जो साक्षात्कार विधि में पाये जाते हैं। इस विधि के प्रमुख गुण (metris) इस प्रकार हैं—

(i) इस विधि द्वारा प्रत्यक्ष रूप से सूचनाएँ प्राप्त होती हैं क्योंकि साक्षात्कार लेने वाले तथा देनेवाले के बीच आमने-सामने का सम्पर्क (face-to-face contact) होता है। ऐसी सूचनाएँ अधिक विश्वसनीय एवं सार्थक होती हैं और समूह-संरचना एवं समूह-कार्य के बारे में समझने में काफी मदद करती है।

(ii) इस विधि द्वारा समूह की संरचना एवं कार्य के सम्बन्ध में गहन (intensive) तथा सघन (extensive) अध्ययन सम्भव है।

इन गुणों के बावजूद भी इस विधि द्वारा समूह की संरचना एवं कार्य के बारे में अध्ययन करने में कुछ दोष (demerits) हैं जो इस प्रकार है—

(i) इस विधि में आत्मनिष्ठता (subjectivity) अधिक पायी जाती है। ऐसा देखा गया है कि समूह के सदस्य कभी-कभी बातों को छिपाकर उसकी जगह पर गलत उत्तर दे देते हैं। इसका परिणाम यह होता है कि उनके उत्तरों के आधार पर समूह की सही संरचना एवं कार्य का पता नहीं चल पाता है।

(ii) इस साक्षात्कार द्वारा किसी समूह का अध्ययन करने में समय तथा श्रम काफी लगता है। फलस्वरूप, जहाँ तक सम्भव हो पाता है, इस विधि का प्रयोग समूह की संरचना के अध्ययन में कम-से-कम किया जाता है।

(iii) ऐसा भी देखा गया है कि साक्षात्कार के समय कुछ सदस्य घबड़ा जाते हैं। फलस्वरूप वे प्रश्नों का उत्तर ठीक-ठीक नहीं दे पाते हैं। ऐसी परिस्थिति में भेंटकर्त्ता (interviwer) को समूह संरचना एवं कार्य का सही-सही ज्ञान नहीं हो पाता है।

2. समाजमितिक विधि *(Sociometric method)*—समूह संरचना एवं कार्य के अध्ययन में इस विधि की उपयोगिता सर्वाधिक बतलायी गयी है। इस विधि का विस्तृत वर्णन अध्याय-2 में किया जा चुका है। फलतः यहाँ फिर से इसकी

व्याख्या करना मात्र पुनरावृत्ति (repetition) होगी। फिर भी संक्षेप में इस विधि के मूल तत्त्वों को जिनका प्रयोग समूह संरचना एवं कार्य के अध्ययन में काफी उपयोगी सिद्ध हुआ है, हम नीचे प्रस्तुत कर रहे हैं।

जैसा कि हम जानते हैं इस विधि का प्रतिपादन मोरेनो (Moreno, 1934) ने किया है। इस विधि द्वारा समूह संरचना के अध्ययन के लिए समूह का प्रत्येक सदस्य गुप्त रूप से समूह के उन सदस्यों का नाम बतलाता है जिनके साथ वह भिन्न-भिन्न तरह की सामाजिक अन्तःक्रियाएँ (social interactions) करना जैसे उनके साथ खाना-पीना, रहना, क्लब जाना, आदि पसन्द करता हो तथा उन सदस्यों का भी नाम बतलाता है जिनके साथ वह इस तरह की सामाजिक अन्तःक्रियाएँ करना नापसन्द करता हो। प्राप्त आँकड़ों (data) के आधार पर एक ग्राफ तैया किया जाता है जिसे समाज-आलेख (sociogram) कहा जाता है। समाजमितिक आँकड़े (sociometric data) का विश्लेषण करने के लिए विभिन्न तरह के सूचकांक (indexes) भी तैयार किये जाते हैं। लूमिस (Loomis, 1941) ने एक अध्ययन किया जिसमें न्यू मेक्सिकन गाँव (New Mexican village) के सदस्यों में विभिन्न तरह की सामाजिक अनुक्रियाएँ (social responses) जैसे साथ खाना-पीना, खेत-खलिहान साथ-साथ जाना, घरेलू सामान का आदान-प्रदान आदि की बारंबारता (frequency) की समाजमितिक विधि (sociometric method) द्वारा अध्ययन करके उसके समूह की संरचना के बारे में महत्त्वपूर्ण तथ्यों का पता लगाया गया। प्रोक्टोर एवं लूमिस (Proctor & Lomis, 1951) ने भी इस विधि का सफलतापूर्वक प्रयोग करके उसकी उपयोगिता को बतलाया है। इन लोगों ने समूह संरचना की व्याख्या करने के लिए इस विधि के अन्तर्गत भिन्न-भिन्न तरह के सूचकांकों (indexes) का भी प्रतिपादन किया है जिसमें समूह प्रसार (group expansiveness), समूह संघटन (group integration) तथा समूह सम्बद्धता (group cohesion) आदि को मापने के लिए बनाये गये सूचकांक अधिक प्रचलित हो पाये हैं। इन सूचकांकों द्वारा समूह की संरचना एवं कार्य के बारे में स्पष्ट ज्ञान हो जाता है।

समाजमितिक विधि के कुछ गुण एवं दोष भी हैं। प्रमुख गुणों में इस विधि की सरलता, सुगमता तथा व्यवहारिकता अधिक प्रधान हैं। इस विधि का अवगुण यह बतलाया गया है कि इसमें आत्मनिष्ठता (subjectivity) अधिक होती है। चूँकि समूह के सदस्यों को व्यक्तिगत समस्याओं के बारे में बतलाना होता है, इसलिए वे कभी-कभी सही अनुक्रिया नहीं करके कुछ दूसरी ही अनुक्रिया कर बैठते हैं जिसे अध्ययनकर्त्ता सही समझकर समूह की संरचना का अंदाज लगाने लगता है। स्वभावतः ऐसी परिस्थिति में समूह की संरचना के सम्बन्ध में लिया गया कोई भी निर्णय सार्थक नहीं होगा।

इस तरह से हम देखते हैं कि समूह की संरचना एवं उसकी कार्यवाही का अध्ययन करने के लिए समाज मनोवैज्ञानिकों एवं समाजशास्त्रियों ने कई विधियों का प्रतिपादन किया है। इन विधियों में कुछ विधियाँ जैसे कोटि पद्धति (category system method), समाजमितिक विधि (sociometric method) तथा श्रेणी मापनी (rating scale) अधिक लोकप्रिय (popular) हो पायी है।

कार्य पर के समूह
(Group at work)

समाज मनोवैज्ञानिकों द्वारा इस मौलिक तथ्य का गहन अध्ययन किया गया है जब व्यक्ति समूह में रहकर कोई कार्य करता है या फिर अकेले कार्य करता है तो इससे उसके निष्पादन (performance) पर कैसा प्रभाव पड़ता है। इस बिंदु पर जहाँ तक किये गए आरंभिक अध्ययनों का सवाल है, उनका सम्बन्ध अधिकतर व्यक्तियों द्वारा समूह में या फिर एकांत परिस्थिति में किये गये कार्यों की उत्पादकता (productivity) की तुलनात्मक अध्ययन करता था। इस क्षेत्र में किये गये अध्ययनों पर यदि हम एक नजर दौड़ावें तो यह स्पष्ट होगा कि सर्वप्रथम ट्रिप्लेट (Triplett) ने 1898 में अपने प्रेक्षण में यह पाया कि जब साइकिल चलाने वाला व्यक्ति समूह में आगे निकल जाने की प्रतियोगिता की भावना रखते हुए साइकिल चलाता है तो उनका निष्पादन अकेले में साइकिल चलाने के निष्पादन से श्रेष्ठ होता है। अपने इस अनुभूति से प्रोत्साहित होकर उन्होंने समाज मनोविज्ञान के क्षेत्र में पहला प्रयोग किये जिसमें बच्चों को एक रील (reel) पर धागा लपेटने का कार्य करने के लिए कहा गया। कुल प्रयासों में से वे इस कार्य को दो के ऐसे समूह में किये जिनमें आपस में एक-दूसरे से आगे बढ़ जाने की तीव्र प्रतियोगिता की थी। ट्रिप्लेट ने अपने इस अध्ययन के परिणाम में पाये कि समूह की प्रतियोगिता परिस्थिति में बच्चों का निष्पादन एकांत परिस्थिति के निष्पादन से कहीं अधिक श्रेष्ठ था।

ट्रिप्लेट के इस उत्तेजन-प्रदत्त अध्ययन के बाद बहुत सारे अध्ययन किये गये जिनमें यह दिखलाया गया कि सामूहिक दक्षता वैयक्तिक दक्षता (individual efficiency) से श्रेष्ठ होता है। नाईट (Knight, 1921) ने व्यक्तियों को एक कमरे का तापक्रम का आकलन करने के लिए कहा गया। यह आकलन दो परिस्थितियों में की गयी। एक परिस्थिति वह थी जिसमें कई व्यक्तियों ने एक समूह बनाकर तापक्रम का आकलन किया तथा दूसरी परिस्थिति वह थी जहाँ यह आकलन व्यक्तियों ने स्वतंत्र रूप से अलग-अलग किया। इसके बाद सामूहिक परिस्थिति में किये गये आकलनों (estimates) का एक औसत आकलन (average estimate) तैयार किया गया। परिणाम में पाया गया कि औसत आकलन वैयक्तिक आकलनों से 80% अधिक उत्तम था। इस अध्ययन से इस निष्कर्ष पर पहुँचा गया कि व्यक्ति की दक्षता समूह में एकांत में प्राप्त दक्षता की तुलना में अधिक श्रेष्ठ होती है। रिंगेलमान (Ringelman, 1935) ने एक दूसरा अध्ययन किया जिसमें कुछ पुरुष प्रयोज्यों ने एक रस्से को अधिक-से-अधिक ताकत लगाकर अपनी ओर खींचने का कार्य किया। कुछ प्रयोज्यों ने स्वतंत्र रूप से अलग-अलग ढंग से रस्सी को खींचा तथा कुछ ने दो, कुछ ने तीन तथा कुछ ने आठ का समूह बनाकर रस्सी को खींचा। परिणाम में पाया गया कि दो व्यक्तियों के समूह ने अकेले व्यक्ति की अपेक्षा 1.9 गुना अधिक जोर से, तीन व्यक्तियों के समूह ने 2.5 गुणा अधिक जोर से तथा आठ व्यक्तियों के समूह ने 4 गुणा अधिक जोर से रस्सी खींचने में समर्थ हो पाये। इसका मतलब यह हुआ कि समूह के आकार में वृद्धि होने से रस्सी पर बल भी अधिक लगाया जाता था। परंतु यह भी देखा गया कि समूह के आकार में जैसे-जैसे वृद्धि होती गयी, प्रत्येक व्यक्ति का निष्पादन में गिरावट आ गयी। एक अन्य आरंभिक अध्ययन में शॉ (Shaw, 1932) ने कुछ व्यक्तियों को एक समस्या के समाधान ढूंढने की कोशिश किये तथा कुछ व्यक्तियों ने एक समूह में होकर उसी समस्या का समाधान ढूँढने का प्रयास किये। शॉ ने परिणाम में पाये कि समूह में समस्या समाधान ढूँढने में करीब 60% की सफलता मिली जब एकांत परिस्थिति में समस्या का समाधान ढूँढने पर मात्र 14% ने ही समस्या का समाधान ढूँढ पाये। चेन (Chen, 1937) ने एक अध्ययन चींटियों (ants) पर किया। चींटियों द्वारा बिल (tunnel) तथा बसेरा (nest) बनाने के व्यवहार का अध्ययन किया गया। इन्होंने चींटियों द्वारा बनाये गये गोलियों (balls) की संख्या के रूप में इस कार्य के निष्पादन को आँका। कुछ परिस्थितियों में यह कार्य चींटी अकेले करती थी तथा कुछ परिस्थितियों में यह कार्य चींटी अन्य चींटियों के साथ मिलकर करती थी। परिणाम में चेन ने पाया कि जब चींटियाँ अन्य चींटियों के साथ कार्य करती थी तो एकान्त परिस्थिति की तुलना में वह अधिक मेहनत के साथ अधिक गोलियाँ बनायी।

उपर्युक्त अध्ययनों के आलोक में इस निष्कर्ष पर हम सामान्यतः पहुँचते हैं कि जब व्यक्ति (या पशु) अन्य व्यक्तियों के समूह में रहकर कोई कार्य करता है तो उसका अकेले में किये गए निष्पादन से कहीं अधिक श्रेष्ठ होता है। इसका कारण मनोवैज्ञानिकों ने *सामाजिक सरलीकरण* (social facilitation) कहा है। परंतु कुछ ऐसे भी अध्ययन हुए हैं जिनमें यह देखा गया है कि सामूहिक परिस्थिति में कार्य का निष्पादन में अन्य लोगों की उपस्थिति से मदद न मिलकर बाधा ही पहुँचती है। उसे *सामाजिक बाधा* (social inhibition) की संज्ञा दी गयी है। जैसे, हसवेंड (Husband, 1931) ने अपने अध्ययन में पाया कि अन्य व्यक्तियों की उपस्थिति से जटिल अंगुली भूलभूलैया कार्य (copmlex finger maze task) को सीखने में एकांत परिस्थिति की तुलना में अधिक बाधा पहुँची। उसी तरह पेसिन (Pessin, 1931) तथा कूपर (Cooper, 1942) ने अपने-अपने अध्ययनों में यह दिखा पाये कि अन्य लोगों की उपस्थिति से भूल-भूलैया कार्य (maze task) तथा निरर्थक पदों को सीखने के कार्य में काफी बाधा पहुँचती है।

स्पष्ट हुआ कि अन्य लोगों की उपस्थिति में अर्थात् समूह का कार्य निष्पादन में बाधा पहुँचने तथा मदद मिलने दोनों तरह के सबूत उपलब्ध हैं। इस परस्पर विरोधी प्रभाव की संतोषजनक व्याख्या तबतक नहीं हो पायी जबतक कि जायंस (Zajonc, 1965) ने एक सक्रिय प्रयास नहीं किया। जायंस ने अपने सिद्धान्त में कार्य निष्पादन (task performance) की दो अवस्थाओं (phases) का वर्णन किया। अधिग्रहण (acquisition) या सीखने की अवस्था तथा उत्सर्जन अवस्था (emission phase)। इनका मत था कि अन्य लोगों की उपस्थिति मात्र से ही व्यक्ति का उत्तेजन तथा प्रणोद (drive) की स्तर में वृद्धि हो जाती है जिससे इस बात की सम्भावना बढ़ जाती है कि व्यक्ति प्रबल अनुक्रिया (dominant response) करेगा। प्रबल अनुक्रिया से तात्पर्य वैसी अनुक्रिया से होती है जिसके करने की सम्भावना अमुक परिस्थिति में अधिक होती है। उनका मत था कि जब व्यक्ति किसी ऐसी परिस्थिति में होता है जहाँ वह किसी नयी अनुक्रिया को सीख रहा होता है, तो वहाँ प्रबल अनुक्रिया सही अनुक्रिया नहीं होता है। परंतु जब व्यक्ति पहले किसी अनुक्रिया को

करना सीख चुका होता है, तो प्रबल अनुक्रिया सही अनुक्रिया होती है। अतः जायंस के इस सिद्धान्त या विचार के अनुसार अन्य लोगों की मात्र उपस्थिति नयी या जटिल अनुक्रियाओं के सीखने में बाधा पहुँचाती है परंतु पहले से सीखे गये व्यवहार या अनुक्रिया के निष्पादन में मदद करती है। जायंस के उस विचारधारा की सम्पुष्टि कुछ अन्य अध्ययनों जैसे राजेकी, कीड एवं इविन्स (Rajeeki, Kidd & Ivins, 1976) द्वारा मुर्गियों पर किये गये अध्ययन तथा वोलोसिन (Wolosin, 1975) द्वारा बच्चों एवं वयस्कों पर किये गये अध्ययन से हो पायी है।

सामूहिक-निर्णयन
(Group Decision Making)

समूह बहुत तरह का कार्य करता है जिसमें से एक महत्त्वपूर्ण कार्य निर्णय लेने की प्रक्रिया है। सामान्यतः यह समझा जाता है कि समूह किसी समस्या के समाधान पर एक व्यक्ति की तुलना में अधिक उत्तम निर्णय ले सकता है। समाज मनोवैज्ञानिक सामूहिक निर्णयन (group decision making) को किस तरह से परिभाषित करते हैं? अधिकतर समाज मनोवैज्ञानिकों का मत है कि सामूहिक निर्णयन एक ऐसी प्रक्रिया (process) होती है जिसके माध्यम से प्राप्य सूचनाओं (available information) को इस ढंग से संयोजित (combine) एवं समन्वित (integrate) किया जाता है कि उसमें से सम्भावित कई तरह की क्रियाओं में से किसी एक को चुना जा सके। इस परिभाषा का विश्लेषण करें तो हमें सामूहिक निर्णयन के बारे में निम्नांकित तथ्य प्राप्त होते हैं—

(i) समूह के सामने किसी समस्या के समाधान से सम्बन्धित बहुत सारी सूचनाएँ सम्मिलित होती हैं।

(ii) इन सभी सूचनाओं को समूह द्वारा संयोजित एवं समन्वित किया जाता है।

(iii) अन्त में, समूह अपने विवेक से कई क्रियाओं या समस्या के समाधान से सम्बन्धित व्यवहारों में से किसी एक को चुन लेता है जिसे निर्णय की संज्ञा दी जाती है।

समाज मनोवैज्ञानिकों द्वारा सामूहिक निर्णयन से सम्बन्धित निम्नांकित तीन पक्षों या पहलुओं पर सर्वाधिक बल डाला गया है।

(1) समूह किस तरह से एक सर्वसम्मति (consensus) पर पहुँचता है या किसी निर्णय पर पहुँच पाता है।

(2) सामूहिक निर्णयन (group decision-making) के सम्भावित खतरे (potential dangers) क्या है?

(3) क्या सामूहिक निर्णयन को उन्नत (improved) बनाया जा सकता है?

इन तीनों पहलुओं पर अब हम अलग-अलग विचार-विमर्श करेंगे।

1. समूह किस तरह किसी निर्णय पर पहुँचता है या एक सर्वसम्मति *(Consensus)* पर पहुँचता है?

जब समूह किसी समस्या पर विचार-विमर्श करना प्रारम्भ करता है, तो उस समूह के सदस्य शायद ही कभी एक मत होकर किसी निर्णय पर पहुँचते हैं। सामान्यतः प्रत्येक सदस्य द्वारा अलग-अलग मत दिखलाये जाते हैं और कुछ देर तक विचार-विमर्श करने के बाद समूह किसी निर्णय पर पहुँचता है। अब प्रश्न उठता है कि यह किस तरह से होता है और एक महत्त्वपूर्ण प्रश्न जो यहाँ उठता है, वह यह है कि क्या सदस्यों द्वारा आरम्भ में व्यक्त किये गए विचार के आधार पर समूह द्वारा लिए जाने वाले अंतिम निर्णय के बारे में पूर्वानुमान लगाया जा सकता है?

समाज मनोवैज्ञानिकों द्वारा किये गए शोधों के आधार पर उक्त प्रश्न का उत्तर 'हाँ' में दिया गया है। समाज मनोवैज्ञानिकों का मत है कि सदस्यों द्वारा आरम्भ में व्यक्त किये गए मतों के आधार पर समूह द्वारा लिए जाने वाले अंतिम निर्णय के बारे में पूर्वानुमान लगाया जा सकता है। ऐसा सम्भव *सामाजिक निर्णय स्कीम* (social decision schemes) द्वारा सम्भव हो पाता है। सामाजिक निर्णय स्कीम से तात्पर्य उन नियमों (rules) से होता है जिससे समूह द्वारा लिए जाने वाले अंतिम निर्णय के प्रति सदस्यों के विचारों या अधिमानों (preferences) का आरम्भिक वितरण (initial distribution) का पता चलता है। ऐसे नियम निम्नांकित तीन प्रकार के हैः—

(1) बहुमत जीत नियम *(Majority-wins rule)*—नेमेथ तथा उनके सहयोगियों (Nemeth et. al., 2002) के शोध के अनुसार यह नियम बतलाता है कि अधिकतर परिस्थितियों में समूह उस मत को समर्थन देता है जिसकी

अभिव्यक्ति प्रारंभ में अधिकतर सदस्यों द्वारा की जाती है। इस नियम के अनुसार विचार-विमर्श लोकप्रिय आरम्भिक विचारों को मात्र पुष्टि के लिए किया जाता है और कुछ लोगों द्वारा विरोध किये जाने पर भी इसे स्वीकार कर लिया जाता है।

(2) सत्य-जीत नियम (*Truth-wins rule*)—यह नियम बतलाता है कि सही निर्णय को समूह द्वारा अन्तोगत्वा स्वीकार किया ही जाता है क्योंकि इसकी सच्चाई को धीरे-धीरे अधिक लोग स्वीकार कर लेते हैं।

(3) प्रथम-विचलन नियम (*First-shift rule*)—इस नियम के अनुसार समूह एक ऐसा निर्णय को स्वीकार कर लेता है जो किसी सदस्य द्वारा व्यक्त किये गए मत या विचार में पहले-पहल कुछ अलगाव या विचलन की दिशा के अनुरूप होता है।

इन प्रमुख नियमों के अतिरिक्त एक चौथा नियम जो *सर्वसम्मति* (unanimity) का है, उसके माध्यम से भी समूह निर्णय को समझा जाता है। इस नियम का उपयोग विशेष परिस्थिति जैसे न्यायिक तंत्रों (legal system) में होता है जहाँ निर्णायकों का समूह सर्वसम्मति से कोई निर्णय लेता है। स्टास्सर, टेलर तथा हान्ना (Stasser, Taylor & Hanna, 1989) द्वारा किये गए अध्ययनों से यह स्पष्ट हुआ है कि इन सरल नियमों द्वारा जटिल सामूहिक निर्णय के बारे में भी करीब-करीब 80% सही पूर्वानुमान लगाना सम्भव हो पाता है। स्पष्ट हुआ कि सामाजिक निर्णय स्कीम द्वारा इस बात की व्याख्या आसानी से हो पाती है कि समूह किस तरह से एक सर्वसम्मत निर्णय पर पहुँचता है।

2. सामूहिक निर्णयन के सम्भावित खतरें क्या है? (*What are the potential dangers of group decision making?*)

कई अध्ययनों से यह पता चला है कि सामूहिक निर्णय के लिए किया जा रहा विचार-विमर्श के दौरान कई तरह के ऐसे सामाजिक कारक या बल उत्पन्न होते हैं जिनके आधार पर समूह को कभी-कभी बहुत ही मुश्किल एवं अनर्थकारी (disastrous) निर्णय करना पड़ता है। इन कारकों में निम्नांकित चार महत्त्वपूर्ण है—

1. समूह सोच (*Groupthink*)—जब किसी समूह में समूह समग्रता (cohesiveness) अधिक होती है, तो इससे सदस्यों का मनोबल (moral) एवं अभिप्रेरण (motivation) अधिक हो जात है। परंतु इसका एक नकारात्मक प्रभाव भी होता है जिसे समूह सोच (group think) कहा जाता है। जैनिस (Janis, 1982) जिसने इस पद का प्रतिपादन किया था, ने समूह सोच को परिभाषित करते हुए कहा है कि यह उच्च समग्र समूह के सदस्यों की एक ऐसी प्रवृति होती है जिसमें वे लोग यह पूर्वकल्पना कर लेते हैं कि उनके द्वारा लिया गया निर्णय गलत नहीं हो सकता है, अन्य सभी सदस्यों द्वारा उनके द्वारा लिए गए निर्णयों का समर्थन निश्चित रूप से करेंगे तथा उस निर्णय के विरोध में जो सूचनाएँ हैं, उन पर सदस्यगण ध्यान नहीं देंगे। समूह सोच में समूह जो निर्णय लेता है, उसपर वह उस परिस्थिति में भी कायम रहता है जब बाह्य घटना या परिस्थिति इस बात का साक्ष्य प्रस्तुत करता है कि लिया गया निर्णय सही नहीं है। जैनिस के अनुसार समूह सोच की अवस्था में समूह किसी भी वैकल्पिक क्रिया (alternative action) पर विचार करने के लिए तैयार नहीं रहता है।

समूह सोच की उत्पत्ति में दो कारकों की अहम् भूमिका होती है—**समूह समग्रता** (cohesiveness) तथा **व्युत्पन्न सामूहिक मानक** (emergent group norms)। व्युत्पन्न सामूहिक मानक समूह में स्वतः उत्पन्न एक ऐसा मानक है जो यह बतलाता है कि समूह हर दृष्टिकोण से श्रेष्ठ एवं विश्वसनीय है। अतः इसके द्वारा लिए गए निर्णय पर फिर से विचार-विमर्श करने की जरूरत नही है। समूह के निर्णयों को यदि किसी अन्य समूह के सदस्यों द्वारा आलोचना की जाती है, तो इसे ईर्ष्या एवं शक का परिणाम बतलाया जाता है। ऐसी स्थिति में समूह के सदस्य आपस में और भी संगठित होकर समग्रता को बढ़ा देते हैं, ताकि समूह निर्णय को इन बाहरी सदस्यों की आलोचना से बचाया जा सके।

हालांकि समूह सोच में सम्मिलित बहुत-सी प्रक्रियाएँ सही दीखती है परंतु हाल में किये गए शोधों से स्पष्ट हुआ है कि जैनिस द्वारा बतलाये गए प्रक्रियाओं के अनुरूप सामूहिक निर्णय में समूह सोच होता है। टर्नर, प्रैटकेन्सि एवं सामूएल (Jurner, Pratkins & Samuels, 2003) द्वारा किये गए शोधों से समूह सोच में जैनिस द्वारा बतलाये गए प्रक्रियाओं के बारे में बहुत कम समर्थन प्राप्त हुआ है। अतः अभी समूह-सोच के बारे में ज्यादा-से-ज्यादा यही कहा जा

सकता है कि यह एक ऐसा कारक है जो निर्णय करनेवाले समूह को कभी-कभी अनर्थकारी निर्णय लेने के लिए बाध्य कर देता है। इसे पूर्णतः एक वैध सिद्धान्त अभी के परिप्रेक्ष्य में नहीं माना जा सकता है।

2. समूह ध्रुवीकरण *(Group polarization)*—कभी-कभी यह देख गया है कि जब समूह किसी निर्णय पर पहुँचने के पहले समस्या पर विचार-विमर्श करता है तो कुछ दूरतम निर्णय (extreme decision) ले लेता है। इस घटना को समूह ध्रुवीकरण कहा जाता है। समूह ध्रुवीकरण के कई कारण बतलाये गए हैं। ब्राऊर, जुड्ड तथा ग्लिनर (Brauer, Judd & Gliner, 1995) के अनुसार समूह में विचार-विमर्श के दौरान अपने विचार या मत की पुनरावृत्ति बार-बार करता है जिससे वह अधिक दूरतम विचार की ओर अपने आप को खींच लेता है। परंतु समूह में किये गये विचार-विमर्श से क्या हमेशा ध्रुवीकरण (polarization) होता है? शायद नहीं। जब किसी समस्या पर विचार करते समय समूह के सदस्यगण लगभग बराबर-बराबर की संख्या में परस्पर विरोधी विचार व्यक्त करते हैं, तो इसका परिणाम यह होता है कि इन दोनों तरह के विरोधी सदस्यगणों में एक समझौता (compromise) हो जाता है। इस प्रक्रिया की *अध्रुवीकरण* (depolarizaiton) की संज्ञा दी गयी है।

3. समूह में सूचनाओं का पूर्वाग्रहित ढंग से संचालित करना *(Processing of information in the group in biased manner)*—निर्णय लेने वाला समूह द्वारा कभी-कभी सूचनाओं को पूर्वाग्रहित ढंग से संसाधित की जाती है ताकि समूह उसी निर्णय पर पहुंचे जिसपर वह पहुँचना चाहता है। सचमुच में किसी भी समूह के लिए जिसपर एक निर्णय करने का उत्तरदायित्व होता है, यह एक गम्भीर समस्या होती है क्योंकि समूह पर निर्णय का उत्तरदायित्व इसलिए छोड़ा जाता है क्योंकि वह एक उचित एवं निष्पक्ष निर्णय पर पहुँच सके। सामान्यतः देखा गया है कि एक व्यक्ति के समान समूह भी हमेशा यथार्थपूर्ण निर्णय देने के लिए अभिप्रेरित नहीं होता है बल्कि वह अपने सदस्यों द्वारा आरंभ में दिखलाये गए विचार या मत को ही समर्थन प्रदान करने में अभिरुचि दिखलाने लगता है। सचमुच में जैसा कि बाऊमिस्टर तथा न्यूमैन (Baumeister & Newman, 1994) ने कहा है, समूह एक अन्तर्ज्ञानी अधिवक्ता (intutive lawyer) जो कुछ ऐसे सबूतों की तलाश करने में जुटा होता है जिससे उसका केस का समर्थन मिल सके न कि एक अन्तर्ज्ञानी वैज्ञानिक (intutive scientists) के समान व्यवहार करता है जिसे यथार्थता तथा सच्चाई की तलाश होती है। मनोवैज्ञानिकों द्वारा किये गए अध्ययनों से यह स्पष्ट हुआ है कि इस तरह की प्रवृत्ति हमेशा आत्म-रुचि (self-interest) को पूरा करने के प्रयास न उत्पन्न होकर कुछ ऐसे सामाजिक मूल्यों (values) एवं नियमों को पालन करने की विवशता से उत्पन्न होती है जिसका समाज में काफी महत्त्व होता है।

4. प्रत्येक सदस्य द्वारा प्रदत्त अनोखे सूचनाओं को ग्रहण करने की असफलता *(Failure to share information unique to each member)*—निर्णय करने वाले समूह (decision making group) में तीसरा प्रमुख सम्भावित पूर्वाग्रह ऐसे समूहों द्वारा प्रायः अपने संसाधनों (resources) का अर्थात् प्रत्येक सदस्य के अनोखे विचारों एवं उनके द्वारा प्रदत्त सूचनाओं को आपस में बाँटा नहीं जाना होता है। गिगोन तथा हाशरी (Gigone & Hashire, 1997), टेटलॉक तथा उनके सहयोगियों (Tetlock et. al., 2003) द्वारा किये गए शोधों से यह स्पष्ट हुआ है कि प्रायः निर्णय लेने वाले समूह द्वारा इस तरह के संसाधनों (resources) को आपस में अपवाद के तौर पर बाँटा जाता है। जब ऐसे समूह किसी समस्या पर विचार-विमर्श करते हुए किसी निर्णय पर पहुँचते हैं तो वे अधिकतर सदस्यों द्वारा अभिव्यक्त विचारों तथा मतों को ही आपस में बाँट पाते हैं परंतु कोई विशेष सदस्य या कुछ ही सदस्यों द्वारा ज्ञात सूचनाओं पर कोई विचार नहीं करते हैं या यह कहा जाए कि ऐसे अनोखे एवं वैयक्तिक विचार पर समूह ध्यान देता ही नहीं है। ऐसी परिस्थिति में यदि इस अनोखे सूचना पर जो महत्त्वपूर्ण एवं यथार्थ होते हुए भी समूह के सदस्यों द्वारा आपस में विचार-विमर्श नहीं किया जाता है, तो निश्चित रूप से लिया गया निर्णय उपयुक्त एवं उचित नहीं होता है। हाल में किये गए शोधों में निर्णय लेने वाले समूह में इस ढंग की तीव्र प्रवृत्ति पायी गयी है। लारसन तथा उनके सहयोगियों (Larson et. al., 1998) ने एक अध्ययन किया जिसमें डाक्टरों के एक समूह द्वारा किये गए मेडिकल निदान (medical diagnosis) के बारे में लिए जाने वाले निर्णय में भी इस ढंग की प्रवृत्ति या पूर्वाग्रह का असर स्पष्ट रूप से पड़ता देखा गया है।

3. क्या सामूहिक निर्णयन को उन्नत बनाया जा सकता है? *(Can group decision be improved?)*

जैसा कि ऊपर हम देख चुके हैं कि समूह सोच, पूर्वाग्रहित संसाधन (biased processing) तथा प्रत्येक सदस्य द्वारा प्रदत्त अनोखे सूचनाओं पर गम्भीरता से विचार न करना आदि कुछ ऐसे कारक हैं जिनसे सामूहिक निर्णयन की प्रक्रिया

कुप्रभावित होती है। परंतु मनोवैज्ञानिकों द्वारा किये गए शोधों से यह स्पष्ट हुआ है कि इन सम्भावित खतरों (dangers) को बहुत हद तक कम किया जा सकता है। समाज मनोवैज्ञानिकों ने सामूहिक निर्णयन को उन्नत बनाने के लिए निम्नांकित दो तरह की प्रविधि (technique) को महत्त्वपूर्ण बतलाया है।

1. डेविल एडभोकेट प्रविधि *(Devil's advocate technique)*—इस प्रविधि का उपयोग हिर्ट एवं मार्कमैन (Hirt & Markman, 1995) ने अपने शोधों में काफी किया है। इस प्रविधि में समूह के किसी एक सदस्य को समूह के योज़ना (plan) तथा अभिव्यक्त विचार या मत की आलोचना करने के लिए कहा जाता है। इसका परिणाम यह होता है कि समूह के अन्य सदस्यगण विचार-विमर्श हो रहे बिन्दुओं पर फिर से सोचना प्रारम्भ कर देते हैं ताकि अंतिम निर्णय पर पहुँचने के पहले उसमें कुछ सुधार यदि सम्भव एवं व्यवहारिक हो तो किया जा सके।

2. प्रामाणिक असहमति प्रविधि *(Authentic dissent techniques)*—इस प्रविधि में समूह के किसी सदस्य को पहले से तो समूह के विचार या मत की आलोचना की जिम्मेवारी नहीं दी जाती है फिर भी एक या कई समूह सदस्य काफी सक्रिय होकर समूह के आरम्भिक अधिमान (initial preference) के साथ असहमति (dissent) दिखलाते हैं।

शुल्ज-हार्ड तथा उनके सहयोगियों (Shultz-Hardt ct. al., 2002) एवं निमेथ तथा उनके सहयोगियों (Nemeth et. al., 2001) ने उक्त दोनों प्रविधियों का एक तुलनात्मक अध्ययन किया और पाया कि प्रामाणिक असहमति प्रविधि, डेविल एडभोकेट प्रविधि से उत्तम इसलिए होता है क्योंकि प्रामाणिक असहमति प्रविधि सदस्यों को उपलब्ध सूचनाओं की गहरी तहकीकात करने के लिए अधिक प्रेरित करता है। इसका मतलब स्पष्टतः यह हुआ कि प्रामाणिक असहमति प्रविधि से सामूहिक निर्णयन की गुणवत्ता में अधिक वृद्धि होती है।

निष्कर्षतः यह कहा जा सकता है कि सामूहिक निर्णयन की प्रक्रिया में जहाँ कुछ सम्भावित खतरा (danger) है तो ऐसे निर्णयन को हम खतरों से बचाकर उन्नत करने के उपाय भी उपलब्ध है।

अध्याय सारांश (Chapter Summary)

1. भिन्न-भिन्न समाज मनोवैज्ञानिकों ने समूह की परिभाषा भिन्न-भिन्न ढंग से दी है। इस विभिन्नता के बावजूद भी उनका सामान्य मत यही है कि समूह दो या दो से अधिक व्यक्तियों की एक ऐसी सामाजिक इकाई है जिसके सदस्य सामान्य लक्ष्य की प्राप्ति के लिए एक खास तरह के मानदण्ड के अनुसार परस्पर निर्भर रहते हुए अन्तःक्रिया (interaction) करते हैं। भूमिका पद या पदवी, मानक तथा समग्रता समूह के चार मौलिक पहलू हैं।

2. विभिन्न कसौटियों (criteria) के आधार पर समाजशास्त्रियों एवं समाज मनोवैज्ञानिकों ने समूह का वर्गीकरण अलग-अलग ढंग से किया है। जैसे, व्यक्तिगत आवेष्टन (personal involvement) के आधार पर समूह को प्राथमिक समूह तथा द्वितीयक समूह में बाँटा गया है; समूह की संरचना (structure) के आधार पर समूह को अन्तःसमूह को औपचारिक समूह तथा अनौपचारिक समूह में, अन्तःसमूह के आधार पर समूह को अन्तःसमूह (in-group) तथा बाह्य समूह (out-group) में, गतिशीलता के आधार पर समूह को गतिशील समूह (mobile group) तथा स्थिर समूह (immobile group) में, उद्देश्य के आधार पर समूह को आकस्मिक समूह तथा प्रयोजनात्मक समूह में तथा विशिष्टता के आधार पर समूह को एकान्तिक समूह तथा अन्तर्वेशित समूह में बाँटा गया है। इस वर्गीकरण में से प्राथमिक समूह तथा द्वितीयक समूह एवं अन्तःसमूह और बाह्य समूह का वर्गीकरण अधिक महत्त्वपूर्ण है तथा इससे संबंधित शोध भी अधिक किये गये हैं।

3. समूह की संरचना (structure) के अध्ययन में भी समाज मनोवैज्ञानिकों की रुचि अधिक रही है। समूह संरचना के अध्ययन में इन लोगों ने विशेष रूप से समूह का आकार (size), समूह में सदस्यों की वैयक्तिक भूमिका (individual rule), सदस्यों के बीच आपस में सम्बन्ध तथा समाज के अन्य समूहों के साथ उसका सम्बन्ध आदि पर विशेष रूप से ध्यान दिया है।

4. समूह अपने सदस्यों के लिए कुछ कार्य भी करता है। इनमें से प्रमुख कार्य है—आवश्यकताओं की विभेदीय सन्तुष्टि, आधिपत्य एवं तदीयत्व आवश्यकताओं की सन्तुष्टि, नई आवश्यकताओं का निर्माण, व्यक्ति का समाजीकरण, सांस्कृतिक निरन्तरता को बनाये रखना तथा विभिन्न समूह के सदस्यता के लिए सदस्यों को बाध्य करना, आदि।

5. समाज मनोवैज्ञानिकों ने समूह संरचना (group structure) तथा कार्यवाही (functioning) का अध्ययन करने के लिए अनेकों विधियों (methods) का प्रतिपादन किया है। इन विधियों को मूलतः दो भागों में बाँटा गया है—प्रेक्षण विधियाँ (observation method) तथा आत्म-प्रतिवेदन विधियाँ (self-report methods)। प्रेक्षण विधियों में श्रेणी मापनी (rating scale), कोटि पद्धति विधि (category system method), सहभागी प्रेक्षण (participant observation) आदि प्रमुख हैं। आत्म-प्रतिवेदन विधियों में क्षेत्र-साक्षात्कार विधि (field-interview method) तथा समाजमितिक विधि (sociometric method) प्रमुख है।
6. समाज मनोवैज्ञानिकों द्वारा किए गए अध्ययनों से यह स्पष्ट हुआ है कि सामूहिक परिस्थिति में व्यक्ति का निष्पादन वैयक्तिक परिस्थिति (individual situation) से अधिक श्रेष्ठ होता है। इस सिलसिले में जायंस (Zaionc) द्वारा प्रतिपादित प्राक्कल्पनाएँ अधिक तर्कसंगत दिखती हैं।
7. सामूहिक निर्णयन (group decision making) की प्रक्रिया का भी अध्ययन समाज मनोवैज्ञानिकों द्वारा करके उसके सम्मिलित संभावित खतरा तथा उस निर्णयन प्रक्रिया को उन्नत बनाये जाने के तरीका पर भी विचार-विमर्श किया है।

❑

अध्याय 11

समूह प्रभावशीलता

(GROUP EFFECTIVENESS)

समूह प्रभावशीलता का अर्थ
(Meaning of Group Effectiveness)

समाज मनोवैज्ञानिकों एवं समाजशास्त्रियों ने समूह-प्रभावशीलता (group effectiveness) को परिभाषित करते हुए कहा है कि यह एक ऐसा जटिल पद (complex term) है जिसे भिन्न-भिन्न मापदण्डों (criteria) के रूप में समझा जा सकता है। जैसे—कुछ लोगों ने समूह प्रभावशीलता का अर्थ समूह उत्पादकता (group productivity) से लिया है। दूसरे शब्दों में, जिस समूह में सदस्यों द्वारा अधिक-से-अधिक उत्पादन (production) (जैसे प्रतिदिन कितना जूता बनाया जाता है या प्रतिदिन कितनी रोटी तैयार की जाती है) किया जाता है, उसे उतना ही प्रभावशाली समूह (effective group) समझा जाता है। कुछ लोगों ने समूह प्रभावशीलता का अर्थ सदस्यों में उत्पन्न सन्तुष्टि (satisfaction) से लिया है। जिस समूह के सदस्यों में जितनी ही अधिक सन्तुष्टि होती है, उसे उतना अधिक ही प्रभावशाली समूह (effective group) समझा जाता है। कुछ ऐसे भी समाज मनोवैज्ञानिक हैं जिन्होंने समूह प्रभावशीलता का अर्थ समूह के सृजनात्मक परिणामों (creative outcomes) से लिया है। जिस समूह का सृजनात्मक परिणाम जितना ही अधिक होता है, उसे उतना ही प्रभावशाली समूह (effective group) समझा जाता है।

ऊपर के विवरण से स्पष्ट है कि समूह प्रभावशीलता एक बहुविमीय चर (multi-dimensional variable) है। एक ही समूह की प्रभावशीलता (effectiveness) के बहुत से मापदण्ड (criteria) होते हैं। एक ही समूह कुछ सदस्यों के लिए प्रभावशील (effective) हो सकता है परन्तु दूसरे सदस्यों के लिए प्रभावशील नहीं भी हो सकता है। जैसे—किसी समूह के जिन सदस्यों का मूल उद्देश्य समूह की उत्पादकता देखना होता है, वे उस समूह को प्रभावशील (effective) कहेंगे जिसमें उत्पादकता अधिक है परन्तु जिन सदस्यों का मूल उद्देश्य उत्पादकता की ओर ध्यान न देकर कुछ विशेष आवश्यकताओं की सन्तुष्टि की ओर ध्यान देना होता है, उनके लिए यह समूह प्रभावशील (effective) नहीं होगा।

यद्यपि समूह प्रभावशीलता के भिन्न-भिन्न मापदण्डों (criteria) की व्याख्या समाज मनोवैज्ञानिकों ने की है, फिर भी उन लोगों ने प्रायः समूह प्रभावशीलता को मूलतः दो तरह के मापदण्डों के रूप में ही परिभाषित किया है। वे दो मापदण्ड हैं—समूह उत्पादकता (group productivity) तथा सदस्यों की सन्तुष्टि (member satisfaction)। अतः निष्कर्ष यह हुआ कि वैसे समूह को प्रभावशील समूह (effective group) कहा जायेगा जिसकी उत्पादकता सन्तोषजनक होती है तथा जिसके सदस्यों में सन्तुष्टि अधिक होती है। जहाँ तक समूह की उत्पादकता संतोषजनक होगी तथा सदस्यों में सन्तुष्टि अधिक होगी, समूह की प्रभावशीलता (effectiveness) भी उतनी अधिक होगी।

समूह प्रभावशीलता के निर्धारक
(Determinants of Group Effectiveness)

समूह-प्रभावशीलता भिन्न-भिन्न कारकों द्वारा प्रभावित होती है। कुछ समूह अधिक प्रभावशील (effective) होते हैं तो कुछ कम। इसका कारण यह है कि अधिक प्रभावशाली समूह में कुछ ऐसे कारक या निर्धारक होते हैं जो कम प्रभावशाली समूह में नहीं होते हैं। कुछ ऐसे ही कारक या निर्धारक जिनसे समूह प्रभावशीलता में मात्रात्मक अन्तर

(quantitative difference) होता है, निम्नांकित हैं—

(क) समूह संरचना से संबंधित कारक (Factors relating to group structure)

(ख) समूह अन्तक्रिया से संबंधित कारक (Factors relating to group interactions)

इन दोनों तरह के कारकों की व्याख्या निम्नांकित है—

(क) समूह संरचना से सम्बन्धित कारक *(Factors relating to group structure)*—समाज मनोवैज्ञानिकों द्वारा किये गये अध्ययनों से यह स्पष्ट हो गया है कि समूह प्रभावशीलता (group effectiveness) पर समूह की संरचना (structure) से संबंधित कारकों का प्रभाव काफी पड़ता है। इन मनोवैज्ञानिकों द्वारा निम्नांकित चार ऐसे कारकों को महत्त्वपूर्ण बतलाया गया है—

(i) समूह का आकार *(Size of group)*—समूह का आकार से तात्पर्य समूह में सदस्यों की संख्या से होता है। सदस्यों की संख्या कम होने से समूह का आकार छोटा तथा सदस्यों की संख्या अधिक होने से समूह का आकार बड़ा होता है। समाज मनोवैज्ञानिकों द्वारा किये गये अध्ययनों से यह स्पष्टतः पता चलता है कि छोटा समूह बड़ा समूह की अपेक्षा अधिक प्रभावशाली (effective) होता है क्योंकि छोटे समूह में सदस्यों के बीच सन्तुष्टि (satisfaction), समूह समग्रता (group cohesiveness) तथा समूह उत्पादकता (group productivity) बड़े समूह की अपेक्षा अधिक होती है। जैसे—सीशोर (Seashore, 1954) ने अपने अध्ययन में पाया है कि छोटे समूह में बड़े समूह की अपेक्षा समूह समग्रता अधिक होती है, जिससे सदस्यों में सन्तुष्टि भी अधिक होती है। मान तथा बामगटिल (Mann & Baumgartel, 1952) ने अपने अध्ययन में पाया है कि समूह समग्रता कम होने से समूह में ऐच्छिक अनुपस्थिति (voluntary absenteeism) बढ़ती है जो असन्तुष्टि (dissatisfaction) का (अर्थात समूह प्रभावशीलता में कमी का) द्योतक है। स्लेटर (Slater, 1958) ने भी अपने अध्ययन के आधार पर यह बतलाया है कि 5 सदस्यों वाले समूह में 5 से अधिक सदस्यों वाले समूह की अपेक्षा अधिक सन्तुष्टि (satisfaction) थी। बड़े समूह के सदस्य अधिक आक्रमणकारी (aggressive), संवेदनशील तथा प्रतियोगी (competitive) होते देखे गये हैं जिससे ऐसे समूह अधिक प्रभावशाली (effective) नहीं हो पाते हैं। इतना ही नहीं, कुछ लोगों ने जैसे, मेरीऔट (Marriott, 1949) ने अपने अध्ययन में यह भी पाया है कि समूह के आकार द्वारा समूह की उत्पादकता (productivity) भी प्रभावित होती है। इन्होंने इस अध्ययन में पाया कि 10 से कम सदस्यों वाले समूह की उत्पादकता 30 से अधिक सदस्यों वाले समूह की उत्पादकता से 7% अधिक थी। इसका मतलब यह हुआ कि समूह का आकार तथा समूह उत्पादकता में नकारात्मक सह-सम्बन्ध (negative correlation) है। कुछ मनोवैज्ञानिकों जैसे कार्टर एवं उनके सहयोगियों (Carter et. al., 1951) ने अपने अध्ययन में यह पाया है कि बड़े समूह में कुछ ही सदस्य जो सबल (dominant) होते हैं, भाग ले पाते हैं, परन्तु छोटे समूह में सभी सदस्य खुलकर समूह विचार-विमर्श (group discussion) में भाग ले पाते हैं। इसका परिणाम यह होता है कि छोटे समूह के सदस्यों में सन्तुष्टि (satisfaction) बड़े समूह के सदस्यों की अपेक्षा अधिक होती है।

इन विभिन्न अध्ययनों के आधार पर हम इस निष्कर्ष पर पहुँचते हैं कि छोटा समूह बड़ा समूह की अपेक्षा अधिक प्रभावकारी (effective) होता है।

(ii) समूह संघटन *(Composition of group)*—समूह प्रभावशीलता पर सिर्फ समूह के आकार का ही नहीं बल्कि समूह के संघटन (composition) का भी प्रभाव पड़ता है। समूह के संघटन से तात्पर्य सदस्यों की वैयक्तिक शीलगुणों (individual traits) तथा उनके सदस्य प्रतिरूप (membership pattern) से होता है। समाज मनोवैज्ञानिकों द्वारा किये अध्ययनों से यह स्पष्ट हो जाता है कि सदस्यों में जब कुछ खास-खास शीलगुण (traits) होते हैं तो वे प्रभावकारी सदस्य (effective members) कहलाते हैं तथा साथ-ही-साथ समूह में प्रभावशीलता (effectiveness) भी अधिक होती है। उसी तरह से इन लोगों के अध्ययनों से यह भी स्पष्ट हो गया है कि एक विशेष तरह की सदस्यता प्रतिरूप (membership pattern) रहने पर समूह की प्रभावशीलता अधिक होती है।

हेथौर्न (Haythorn, 1963) ने अपने अध्ययन के आधार पर यह बतलाया है कि कुछ व्यवहारपरक शीलगुण (behavioural traits) जैसे सहकारिता (cooperativeness), कार्यकुशलता (efficiency) तथा सूझ (insight) आदि के होने पर समूह की उत्पादकता बढ़ती है, अर्थात समूह प्रभावशाली (effective) होता है। परन्तु जब सदस्यों में कुछ दूसरे शीलगुण जैसे—आक्रमणशीलता (aggressiveness), आत्मविश्वास (self-confidence), वैयक्तिक समाधान में अभिरुचि तथा सत्ताधारी (authoritarianism) प्रवृत्ति अधिक होती है, तो इससे समूह समग्रता (group cohesiveness) तथा दोस्ताना संबंधों में कमी आती है और समूह उत्पादकता कम हो जाती है।

सदस्यता प्रतिरूप (membership pattern) की दो विमाएँ (domensions) हैं जिनका प्रभाव समूह प्रभावशीलता पर अधिक पड़ता है—एकरूपता (homogeneity) तथा संगतता (compatability)। समाज मनोवैज्ञानिकों के अध्ययनों से यंह स्पष्ट हुआ है कि जब सदस्यों के मूल्यों (values), अभिरुचियों (interests) एवं मनोवृत्तियों (attitudes) में एकरूपता या समानता होती है, तो उनके द्वारा बनने वाला समूह स्थिर (stable) तथा समग्र (cohesive) होता है और सदस्यों में सन्तुष्टि एवं समूह उत्पादकता (group productivity) अधिक होती है। हॉलिंगशेड (Hallingshead, 1949) ने अपने अध्ययन में पाया कि हाई स्कूल के लड़कों एवं लड़कियों के वैसे समूह में सन्तुष्टि अधिक थी जिनकी अभिरुचियों एवं मनोवृत्तियों में समानता थी। टरमैन तथा उनके सहयोगियों (Terman et. al., 1938) तथा पेटजेल एवं उनके सहयोगियों (Petzel et. al., 1952) ने अपने-अपने अध्ययनों में पाया है कि जब पति-पत्नी की अभिरुचियों एवं मनोवृत्तियों में समानता होती है तो इससे उनका वैवाहिक जीवन अधिक सुखमय होता है। कुछ अध्ययनों से पता चलता है कि विषमांग समूह (heterogeneous group) में उत्पादकता एकरूप समूह (homogeneous group) की अपेक्षा अधिक होती है। जैसे, हॉफमैन (Hoffman, 1959) ने अपने अध्ययन में पाया कि आविष्कारशील (inventive) समस्याओं के समाधान में विषमांग समूह एकरूप समूह की अपेक्षा अधिक श्रेष्ठ (superior) था। परन्तु हॉफमैन के निष्कर्ष को एक सामान्य निष्कर्ष नहीं माना जा सकता है क्योंकि कैटेल एवं उनके सहयोगियों (Cattell et al., 1953) ने अपने अध्ययन के आधार पर यह साबित कर दिया है कि कुछ खास-खास शीलगुणों में विषमांगता (heterogeneity) रहने से समूह निर्णायकता (group decisions) की यथार्थता अधिक होती है तथा कुछ खास-खास शीलगुणों में विषमांगता कम रहने पर (अर्थात एकरूपता अधिक रहने पर) समूह निर्णायकता की यथार्थता कम होती है।

सदस्यता प्रतिरूप की दूसरी विमा संगतता (compatibility) है। समूह संगत (compatible) हो सकता है या असंगत (incompatible)। संगत समूह में एक ही केन्द्रीय या महत्त्वपूर्ण व्यक्ति (focal person) होता है तथा इनके सदस्यों की अन्तर वैयक्तिक क्रियाओं (interpersonal activities) में काफी समानता होती है। असंगत समूह (incompatible group) में दो या दो से अधिक केन्द्रीय या महत्त्वपूर्ण व्यक्ति होते हैं जिनकी अभिरुचियाँ एवं मनोवृत्ति भिन्न होती है जिसके फलस्वरूप इसके सदस्यों का कुछ उपसमूह (subgroup) भी बन जाता है। शुज (Schutz, 1958) ने अपने अध्ययन में पाया है कि जब किसी सरलतम समस्या का समाधान करना होता है तब तो इन दोनों तरह के समूहों की उत्पादकता में कोई विशेष अन्तर नहीं आता है। परन्तु जैसे-जैसे समस्या की जटिलता (complexity) बढ़ती जाती है, वैसे-वैसे संगत समूह (compatible group) की उत्पादकता असंगत समूह की उत्पादकता की अपेक्षा तीव्र होती जाती है।

निष्कर्ष हुआ कि समूह प्रभावशीलता (group effectiveness) सदस्यों के खास-खास शीलगुणों एवं सदस्यता प्रतिरूप द्वारा भी प्रभावित होती है।

(iii) पद शृंखला *(Status hierarchy)*—समूह प्रभावशीलता पर पद शृंखला (status hierarchy) का भी प्रभाव पड़ता है। समूह में सदस्यों की एक पद शृंखला होती है। कुछ सदस्य इस शृंखला में ऊँचे पद (position) पर होते हैं तथा कुछ सदस्य नीचे पद पर होते हैं। नीचे पद के सदस्य ऊँचे पद के सदस्यों के प्रति संचार (communication) अधिक करते हैं। थिबौट (Thibaut, 1950) तथा केली (Kelley, 1951) द्वारा किये गये अध्ययनों से यह स्पष्ट हुआ है कि समूह में पद शृंखला (status hierarchy) द्वारा सदस्यों के बीच संचार (communication) प्रभावित होता है जिससे सदस्यों की कार्यकुशलता (efficiency) प्रभावित होती है। हिनकी तथा बेल्स (Heinicke & Bales, 1953) ने अपने अध्ययन के आधार पर यह बतलाया है कि वैसे समूह जिसमें सदस्यों की पद शृंखला स्थिर (stable) होती है, उन समूहों की अपेक्षा अधिक प्रभावशील (effective) होते हैं जिनके सदस्यों की पद शृंखला अस्थिर होती है। जब पद शृंखला स्थिर होती है, तो सदस्यों में समस्या के सही समाधान से संबंधित वाद-विवाद या मतभेद नहीं होता है और सभी लोग ऊँचे पद के सदस्यों द्वारा व्यक्त किये गये मतों को या उनके द्वारा रखे गये समाधान को सहर्ष स्वीकार कर लेते हैं। इस तरह से पद शृंखला में स्थिरता होने से समूह की प्रभावशीलता (effectiveness) में वृद्धि हो जाती है।

(iv) संचार प्रणाली *(Channels of Communication)*—समूह की प्रभावशीलता पर समूह की संचार-प्रणाली का भी प्रभाव पड़ता है। सामान्यतः संचार प्रणालियाँ (communications channels) दो प्रकार की होती है जिनका प्रभाव समूह की प्रभावशीलता पर स्पष्ट रूप से पड़ता है—वृत्त जाल संचार (circle net communciation) तथा चक्र जाल संचार

(Wheel net communication)। किसी समूह में वृत्त जाल संचार के होने पर प्रत्येक सदस्य आने बायें या दायें बैठे सदस्य के साथ संचार कर सकता है (चित्र 10.1 (अ) देखें)। परन्तु चक्र जाल समूह में किसी खास सदस्य के माध्यम से ही अन्य सदस्य आपस में संचार कर सकते हैं। जैसे, चित्र 10.1 (ब) में बीच का सदस्य अन्य सदस्यों के साथ सीधे संचार कर सकते हैं परंतु अन्य सदस्य बीच के सदस्य की सहायता के बिना आपस में बातचीत नहीं कर सकते हैं।

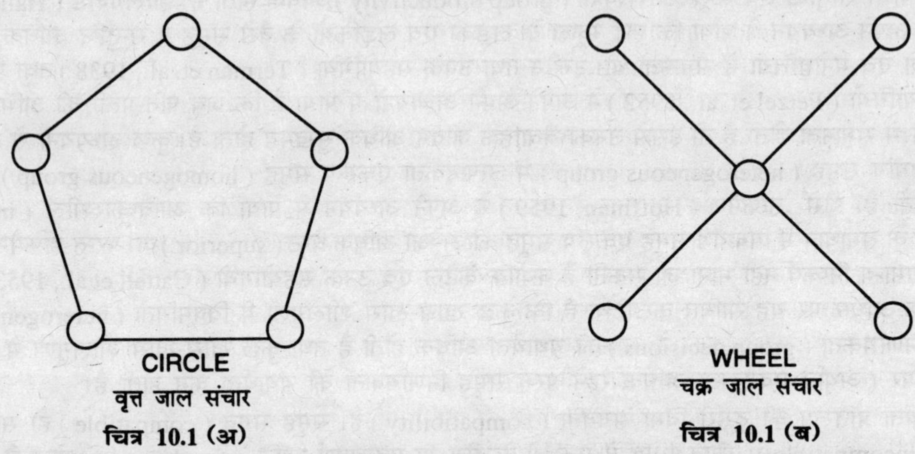

CIRCLE
वृत्त जाल संचार
चित्र 10.1 (अ)

WHEEL
चक्र जाल संचार
चित्र 10.1 (ब)

लिभिट (Leavitt, 1951) ने एक अध्ययन किया जिसमें पाँच-पाँच सदस्यों के कई समूह बनाये गये। कुछ समूह में वृत्त जाल प्रणाली द्वारा संचार किया जा रहा था तथा कुछ समूह में चक्र जाल प्रणाली द्वारा संचार किया जा रहा था। परिणाम में देखा गया कि दी गयी समस्या के समाधान में वृत्त जाल संचार वाले समूह ने चक्र जाल वाले समूह की अपेक्षा अधिक तेजी से समस्या का समाधान किया। इतना ही नहीं, इस तरह के समूह द्वारा समस्या के समाधान में कम-से-कम त्रुटि (error) भी की गई। बाद में शॉ (Shaw, 1954) ने अपने अध्ययनों के आधार पर लिभिट के प्रयोगात्मक तथ्य की पुष्टि की है। इन्होंने अपने प्रयोग में पाया कि साधारण समस्याओं के समाधान में चक्र-जाल संचार वाला समूह वृत्त जाल संचार वाले समूह की अपेक्षा अधिक प्रभावशील होता है क्योंकि ऐसी समस्याओं के समाधान में उनके द्वारा कम-से-कम समय लिया जाता था। परन्तु जटिल समस्याओं के समाधान में वृत्त जाल संचार वाला समूह चक्र जाल संचार वाले समूह की अपेक्षा अधिक आगे रहता था। बाद में कुछ समाज मनोवैज्ञानिकों जैसे क्रिस्टी एवं उनके सहयोगियों (Christie at., 1952), गिलक्राइस्ट तथा उनके सहयोगियों (Gilchrist et. al., 1955) ने अपने-अपने अध्ययनों के आधार पर यह बतलाया है कि जिस संचार प्रणाली में सम्बद्धता (connectivity) जितनी ही अधिक होती है, उस समूह की प्रभावशीलता उतनी ही ज्यादा होती है। यही कारण है कि इन लोगों ने 'अखिल प्रणाली संचार जाल' (All channel communication net) को जिसमें सम्बद्धता (connectivity) अधिकतम होती है, समूह प्रभावशीलता के लिए सबसे उत्तम संचार प्रणाली बतलाया है। इसे 'कमकौन[1] संचार जाल' (Comcon communication net) भी कहा जाता है। अन्य दो तरह के शृंखला संचार जाल (Chain communication net) तथा वाई संचार जाल (Y-communication net) में भी तुलनात्मक रूप से सम्बद्धता (connectivity) कम होती है। इसलिए इन दोनों तरह के संचार जाल में भी समूह प्रभावशीलता कम होती है।

(ख) अन्त:क्रिया समूह से संबंधित कारक *(Factors related to group interactions)*—समूह की प्रभावशीलता कुछ वैसे मध्यवर्ती चरों (intermediate variables) द्वारा भी प्रभावित होती है जिसका संबंध सदस्यों द्वारा की गई अन्तःक्रियाओं (interactions) से होता है। ऐसे मध्यवर्ती चर (intermediate variables) तीन हैं—नेतृत्व प्रकार (leadership style), समूह कार्य प्रेरणा (group work motivation) तथा मैत्री संबंध (friendship relations)। इन तीनों का वर्णन निम्नांकित है—

(i) नेतृत्व प्रकार *(Leadership style)*—समूह प्रभावशीलता पर नेतृत्व प्रकार (leadership style) का भी

1. 'Comcon' शब्द 'Completely Connected' का संक्षिप्त रूप है।

असर पड़ता है। मनोवैज्ञानिक प्रयोगों से यह स्पष्ट हो गया है कि यदि नेता प्रभावशाली (effective) होंगे तो स्वभावतः समूह भी प्रभावशाली होगा। मायर तथा सोलेम (Maier & Solem, 1952) ने अपने अध्ययन के आधार पर यह बतलाया कि जिस नेतृत्व में समूह के अन्य सभी सदस्यों को भाग लेने के लिए प्रोत्साहित किया गया और साथ-साथ ही जिसमें प्रश्न पूछ कर सामूहिक क्रियाओं को उत्तेजित किया गया, ऐसे समूह अन्य दूसरी तरह के नेतृत्व वाले समूह की अपेक्षा अधिक प्रभावशील (efective) हो गये। पेल्ज (Peltz, 1956) ने भी अपने अध्ययन में पाया है कि सहभागी नेतृत्व (participatory leadership) या प्रजातांत्रिक नेतृत्व (democrative leadership) में समूह प्रभावशीलता निदेशात्मक नेतृत्व (directive leadership) में समूह प्रभावशीलता की अपेक्षा अधिक होती है। समाज मनोवैज्ञानिकों द्वारा किये गये अध्ययनों से यह भी पता चला है कि नेतृत्व व्यवहार (leadership behaviour) के तीन पहलू ऐसे हैं जिनका समूह प्रभावशीलता पर सीधा असर पड़ता है। वे तीन पहलू हैं—नेता की भूमिका (leader's role), निरीक्षण की संकीर्णता (closeness of supervision) तथा कर्मचारी-अभिमुखीकरण (employee orientation)। काह्न तथा काज (Kahn & Katz, 1983) के अनुसार नेतृत्व के ये तीनों पहलू कुछ ऐसे हैं जिनसे समूह की उत्पादकता सीधे प्रभावित होता है। विभिन्न मनोवैज्ञानिकों द्वारा किये गये अध्ययनों की समीक्षा (review) करने के बाद काह्न तथा काज (Kahn & Katz) इस निष्कर्ष पर पहुँचे हैं कि जिन पर्यवेक्षकों (supervisors) (जो अपने समूह के नेता थे) ने सक्रिय होकर नेतृत्व की बागडोर को संभाला, उनके समूह की उत्पादकता (productivity) अन्य समूहों की अपेक्षा काफी बढ़ गयी। उसी तरह से जिन पर्यवेक्षकों ने अपने समूह के कार्यों का निरीक्षण (supervision) काफी कड़ी नजर रख कर किया, उनके समूह की उत्पादकता कम हो गयी। कारण, कड़ी नजर रख कर निरीक्षण करने पर कर्मचारियों को काम करने की स्वतंत्रता में बाधा पहुँचती थी। उसी तरह जो पर्यवेक्षक (supervisors) कर्मचारीउन्मुखी (employee-oriented) थे अर्थात् जो कर्मचारी के कल्याण की बात अधिक सोचते थे, उनके समूह की उत्पादकता अन्य पर्यवक्षकों की अपेक्षा जो मात्र उत्पादन-उन्मुखी (production-oriented) थे, अधिक थी।

निष्कर्ष यह है कि नेतृत्व के प्रकार (style) द्वारा समूह की उत्पादकता (productivity) अर्थात समूह की प्रभावशीलता (effectiveness) प्रभावित होती है।

(ii) समूह कार्य प्रेरणा *(Group-work motivation)*—प्रत्येक समूह का एक लक्ष्य (goal) होता है। बहुत हद तक समूह की प्रभावशीलता समूह के सदस्यों में कार्य करके उस लक्ष्य को प्राप्त कर लेने की प्रेरणा पर निर्भर करती है। वैसी प्रेरणा जितनी ही अधिक होती है समूह की प्रभावशीलता भी सामान्यतः अधिक होती है। डियुटश (Deutsch, 1949) ने अपने अध्ययन में पाया कि जब समूह में सहकारिता (cooperation) की प्रेरणा थी तो उसकी उत्पादकता तथा सदस्यों में सन्तुष्टि काफी अधिक थी। परन्तु जिन समूह के सदस्यों में प्रतियोगिता (competition) की प्रेरणा थी, उनके सदस्यों में असन्तोष तथा संघर्ष की भावना अधिक थी। फलस्वरूप इनकी उत्पादकता भी काफी कम देखी गयी। फोरिजोश तथा उनके सहयोगियों (Fouriezos et al., 1950) ने अपने प्रयोग के परिणाम में पाया कि जब समूह के सदस्यों में आत्म-उन्मुखी आवश्यकता (self-oriented need) अधिक हो जाती है, तो सदस्यों में सन्तोष (satisfaction) की मात्रा कम हो जाती है तथा साथ-ही-साथ संघर्ष (conflict) की भावना तीव्र हो जाती है। इस तरह की आवश्यकता अधिक सबल होने पर सदस्यों का ध्यान समूह के लक्ष्य की ओर कम परन्तु अपनी आवश्यकताओं की सन्तुष्टि की ओर अधिक रहता है। कुछ समाज मनोवैज्ञानिकों ने समूह की प्रभावशीलता (effectiveness) को बढ़ाने के लिए सदस्यों के समूह लक्ष्य (group goal) के प्रति अधिक प्रेरित (motivate) करने की सिफारिश की है। थॉमस (Thomas, 1957) ने अपने अध्ययन में यह देखा कि जब सदस्यों को समूह लक्ष्य (group goal) की प्राप्ति के लिए कार्य करने में एक-दूसरे पर निर्भर बना दिया जाता है तो वैसी अवस्था में उनकी अभिप्रेरणा (motivation) में वृद्धि हो जाती है और वे लक्ष्य की प्राप्ति की ओर कार्य करने की ओर अग्रसर होते हैं। कोच तथा फ्रेंच (Coch & French, 1948) ने अपने अध्ययन में यह पाया है कि जब सदस्यों द्वारा स्वयं ही समूह के लक्ष्य (goal) का निर्धारण किया जाता है तो वैसी परिस्थिति में वे उस लक्ष्य को सहर्ष स्वीकार कर उसकी प्राप्ति के लिए प्रेरित हो उठते हैं। परन्तु यदि समूह का लक्ष्य उनपर नेता या अन्य किसी व्यक्ति द्वारा थोप दिया जाता है तो वे उसकी प्राप्ति की ओर न के बराबर कार्य करने को प्रेरित रहते हैं। स्पष्ट है कि समूह लक्ष्य को निर्धारित करने में सदस्यों की सहभागिता से समूह अधिक प्रभावशाली (effective) बनता है।

(iii) मैत्री संबंध *(Friendship relations)*—समूह के सदस्यों के बीच मैत्रीपूर्ण संबंध बढ़ने से सदस्यों में संतुष्टि तथा खुशी (happiness) अधिक हो जाती है परन्तु इससे समूह प्रभावशीलता (group effectiveness) का

बढ़ना आवश्यक नहीं है। समूह की उत्पादकता (productivity) जो समूह प्रभावशीलता का एक प्रमुख सूचक (index) है, पर मैत्रीपूर्ण संबंध का प्रभाव सामान्यतः दो तरह का होता है। पहला मैत्रीपूर्ण संबंध रहने से सदस्यों के बीच संचार में वृद्धि हो जाती है, तथा सहभागिता (participation) में किसी प्रकार का संकोच नहीं होता है। इसका परिणाम यह होता है कि समूह की प्रभावशीलता अधिक बढ़ जाती है। दूसरा, अधिक मैत्रीपूर्ण संबंध होने से सदस्य समूह लक्ष्य (group goal) की प्राप्ति की ओर ध्यान कम देकर मात्र सामाजिक क्रियाओं से ही संतुष्टि प्राप्त करना प्रारंभ कर देते हैं। इसका परिणाम यह होता है कि समूह की उत्पादकता कम हो जाती है। दूसरे शब्दों में, समूह की प्रभावशीलता में कुछ कमी आ जाती है। इन दोनों तरह के प्रभावों के पक्ष में प्रयोगात्मक सबूत हैं। वान जेल्स (Van Zelst, 1952) ने अपने प्रयोगात्मक अध्ययन में पाया है कि जिस समूह में मैत्रीपूर्ण संबंध अधिक था, उसमें कार्य संतोष (job satisfaction) अधिक था तथा साथ-ही-साथ समूह की उत्पादकता अधिक थी। हार्सफाल तथा अरेन्सबर्ग (Horsfall & Arensberg, 1949) ने अपने अध्ययन में पाया है कि जिस समूह में उत्पादकता तथा कार्यकुशलता (efficiency) अधिक थी उनमें सामाजिक क्रियाएँ कम होती थीं। ऊपर के प्रयोगात्मक अध्ययनों से स्पष्ट है कि मैत्रीपूर्ण संबंध द्वारा समूह की उत्पादकता अर्थात प्रभावशीलता तभी बढ़ती है जब उनके सदस्यों द्वारा समूह के कार्य लक्ष्य (task goal) को स्वीकार कर लिया जाता है। जब वे स्वीकार नहीं कर पाते हैं तो मैत्रीपूर्ण संबंध से समूह प्रभावशीलता नहीं बढ़कर मात्र सामाजिक क्रियाएँ बढ़ती हैं।

उपर्युक्त वर्णन से स्पष्ट है कि समूह की प्रभावशीलता (effectiveness), अंशतः (partly) समूह की संरचना (structure) से संबंधित कारकों द्वारा तथा अंशतः समूह के सदस्यों के बीच होने वाले अन्तःक्रियात्मक (interactional) कारकों द्वारा निर्धारित होती है।

अध्याय सारांश
(Chapter Summary)

1. समूह प्रभावशीलता (group effectiveness) एक बहुविमीय चर (multidimensional variable) है। दूसरे शब्दों में, किसी समूह की प्रभावशीलता के निर्णय करने की कसौटी (criterion) भिन्न-भिन्न है। फिर भी समाज मनोवैज्ञानिकों में इस बात की सहमति है कि समूह प्रभावशीलता को मूलतः दो तरह के मापदण्डों या कसौटियों के आधार पर ही समझना अधिक वैज्ञानिक होगा। ये दो मापदण्ड हैं—समूह की उत्पादकता (group productivity) तथा सदस्यों की संतुष्टि (member satisfaction)। यदि किसी समूह में सदस्यों के बीच काफी संतोष (satisfaction) होता है तथा उस समूह की उत्पादकता अधिक है तो हम निश्चित रूप से इस निष्कर्ष पर पहुँचते हैं कि वह समूह अधिक प्रभावशाली (effective) है।
2. समूह की प्रभावशीलता दो तरह के कारकों द्वारा प्रभावित होती है—समूह की संरचना (structure) से संबंधित कारक तथा समूह के सदस्यों के बीच हुई अन्तःक्रिया (interaction) से संबंधित कारक। समूह की संरचना (structure) से संबंधित कारक चार हैं—समूह का आकार (size of the group), समूह का संघटन (composition), पद श्रृंखला (status hierarchy) तथा संचार प्रणाली (communication channels)।
3. समूह की प्रभावशीलता अन्तःक्रियात्मक कारकों (interactional factors) द्वारा भी प्रभावित होती है। समाज मनोवैज्ञानिकों द्वारा किये गये अध्ययनों से यह स्पष्ट हो गया है कि इसमें तीन कारक प्रमुख हैं—नेतृत्व प्रकार (leadership style), समूह कार्य प्रेरणा (group work motivation) तथा मैत्री संबंध (friendship relations)।

❑

अध्याय 12

समूह गतिकी एवं समग्रता

(GROUP DYNAMICS AND GROUP COHESIVENESS)

समूह गतिकी का अर्थ
(Meaning of Group Dynamics)

समाज मनोविज्ञान में समूह गतिकी (group dynamics) एक महत्त्वपूर्ण संप्रत्यय (concept) है। इस संप्रत्यय का प्रतिपादन सबसे पहले कर्ट लेविन (Kurt Lewin) ने 1945 में किया। लेविन के अनुसार समूह गतिकी से तात्पर्य समूह के विशेषकर छोटे समूह (small group) के उन बलों (forces) एवं प्रभावों (influences) से होता है जिनसे सदस्यों का व्यवहार एक निश्चित दिशा में परिवर्तित होता है। स्पष्ट है कि समूह गतिकी का तात्पर्य समूह के भीतर के उन बलों (forces) एवं दबावों (pressures) से होता है जो सदस्यों के व्यवहारों को इस सीमा तक प्रभावित करते हैं कि उनमें महत्त्वपूर्ण परिवर्तन आ जाते हैं। फलस्वरूप समाज मनोवैज्ञानिकों ने समूह गतिकी के अन्तर्गत समूह के भीतर भिन्न-भिन्न तरह घटित प्रक्रियाओं जैसे, शक्ति (power), शक्ति परिवर्तन (power shifts), समूह निर्माण (group formation) नेतृत्व, अन्य समूहों के प्रति प्रतिक्रियाएँ, निर्णयकार्य (decision making) आदि के अध्ययनों पर अधिक बल डाला है। चूँकि इन सभी समूह प्रक्रियाओं (group processes) का प्रभाव छोटे समूहों में स्पष्ट रूप से देखने को मिलता है, इसलिए कुछ समाज मनोवैज्ञानिकों, जिनमें लेविन (Lewin) भी हैं, ने समूह गतिकी का प्रयोग छोटे समूह (small group) तक ही सीमित रखा है। **फिशर**[1] (Fisher, 1983) के शब्दों, में ''समूह गतिकी अध्ययन का एक ऐसा क्षेत्र है, जो उन बलों या दबावों पर प्रकाश डालता है जिनसे छोटे समूह में व्यक्तियों का व्यवहार प्रभावित होता है।''

लेविन (Lewin, 1945), फिशर (Fisher, 1983) तथा फेल्डमैन (Feldman, 1985) का मत है कि समूह और उसका वातावरण (environment) एक साथ मिलकर व्यक्ति के लिए सामाजिक क्षेत्र (social field) का निर्माण करता है। इस सामाजिक क्षेत्र में समूह के प्रत्येक सदस्य का एक अपना विशिष्ट स्थान (position) होता है। प्रत्येक सदस्य अपने इस विशिष्ट पद या स्थान के अनुसार व्यवहार करता है। प्रत्येक सदस्य का व्यवहार अन्य सदस्यों द्वारा किये गये व्यवहारों द्वारा प्रभावित होता है। इसे समाज मनोवैज्ञानिकों ने *'गत्यात्मक अन्तरनिर्भरता'* (dynamic interdependence) कहा है। समूह में संसशक्तिशील (cohesive) तथा विघटनकारी (disruptive) दोनों तरह के बल (forces) कार्य करते हैं। इन दोनों तरह के बलों से सदस्यों का व्यवहार प्रभावित होता है तथा समूह में परिवर्तन आता है। जब सदस्यों के बीच का सम्बन्ध सहयोगी तथा आकर्षक (attractive) होता है तो समूह में संसक्तिशील बल (cohesive force) कार्य करता है। ऐसी स्थिति में सदस्यों की अधिकतम आवश्यकताओं की संतुष्टि हो पाती है। जब सदस्यों का वैयक्तिक लक्ष्य (individual goal) तथा समूह के लक्ष्य (group goal) में संघर्ष (conflict) होता है या सदस्यों के बीच उचित संचार (communication) में बाधा होने से उनके बीच दीवार खड़ी हो जाती है तो समूह में विघटनकारी बल (disruptive forces) अधिक सक्रिय माने जाते हैं। ऐसी स्थिति में समूह का अस्तित्व खतरे में पड़ जाता है।

पूर्व विवरण से 'समूह गतिकी' के संप्रत्यय के बारे में हमें निम्नांकित तथ्य मिलते हैं—

(1) समूह गतिकी में समूह में व्याप्त उन बलों (forces) का अध्ययन किया जाता है जिनसे सदस्यों का व्यवहार प्रभावित होता है।

---

1. Group dynamics is "area of study focusing on the social forces or pressures that affect the behaviour of the individual in a small group." —Fisher : *Social Psychology*, 1983. p. G-7

(2) समूह से संसक्तिशील बल (cohesive forces) तथा विघटनकारी बल (disruptive forces) में से कोई भी बल कार्य कर सकता है तथा सदस्यों के व्यवहार में परिवर्तन ला सकता है।

(3) छोटे समूहों (small groups) में इन बलों (forces) का प्रभाव स्पष्ट रूप से देखने को मिलता है। फलतः छोटे समूहों में परिवर्तन की सम्भावना अधिक रहती है।

समूह गतिकी के क्षेत्र में किये गये कुछ प्रमुख प्रयोग एवं उनकी उपयोगिताएँ (Some Important Experiments done in the Field of Group Dynamics and their Utilities)

समूह गतिकी के संप्रत्यय (concept) के महत्त्व से प्रभावित होकर अनेक समाज मनोवैज्ञानिकों ने कई तरह के प्रयोग एवं शोध (research) किये हैं। द्वितीय विश्वयुद्ध के दौरान लेविन (Lewin, 1958) ने इस क्षेत्र में कई प्रयोग किये जिनमें सामूहिक निर्णय कार्य (group decision making) की प्रक्रिया द्वारा सदस्यों के व्यवहारों में परिवर्तन कराया गया। समूह के सदस्यों के व्यवहारों में सामूहिक निर्णय प्रक्रिया (group decision process) द्वारा परिवर्तन लाने में मूलतः सात चरण या सोपान (steps) पाये गये जिसपर यहाँ ध्यान देना आवश्यक है। सेकर्ड तथा बैकमैन (Secord & Backman, 1974) के अनुसार ये सात चरण निम्नांकित हैं—

(1) समूह का नेता समूह में सदस्यों की आवश्यकताओं एवं प्रेरणाओं (motivations) के अनुकूल समस्या (problem) को रखता है जिसमें एक निश्चित कार्यक्रम भी होता है।

(2) उस कार्य को सम्पन्न कराने में सदस्य अपने विचारों एवं भावनाओं की अभिव्यक्त करते हैं तथा किसी सदस्य द्वारा किसी बिन्दु पर विरोध किये जाने पर लोग आपस में विचार-विमर्श करते हैं।

(3) नेता सदस्यों द्वारा विरोध (objections) के बिन्दुओं (points) को बिना किसी हिचकिचाहट के स्वीकार करता है।

(4) यह स्वयं भी समस्या से संबंधित सूचनाओं को सदस्यों को देता है।

(5) वह सदस्यों के बीच परिचर्चा (discussion) को प्रोत्साहित करता है ताकि विरोध बिन्दुओं (objection point) का उत्तर अधिक-से-अधिक मिल सके।

(6) परिचर्चा समाप्त होने पर समूह का नेता सदस्यों से स्पष्टतः इस बात का निर्णय करवाते हैं कि वे वांछित क्रियाओं (desired actions) को सफलतापूर्वक सम्पन्न करेंगे या नहीं।

(7) अन्त में समूह का नेता इस बात की सम्भावना पर भी ध्यान देता है कि कितने और लोग नयी क्रियाओं को कार्यरूप देने के लिए सहमत हो पाते हैं।

लेविन (Lewin, 1958) द्वारा किये गये प्रयोगों में इन सातों चरणों का यथोचित समावेश देखने को मिलता है। लेविन के एक ऐसे ही प्रयोग का मुख्य उद्देश्य गृहपत्नियों (housewives) में कुछ खास-खास कम लोकप्रिय (unpopular) माँस (meat) के प्रकार जैसे—गाय का हृदय (beef hearts), गाय का गुर्दा (beef kidneys), फेफड़ा (lungs) आदि के उपभोग को लोकप्रिय बनाना था। इसके लिए उन्होंने गृहपत्नियों के छह समूह तैयार किये जिनमें से तीन समूहों को मांस के इन प्रकारों की उपयोगिताओं एवं लाभों से भाषण विधि (lecture method) द्वारा अवगत कराया गया। बाकी तीन समूहों में सामूहिक निर्णय (group decision) की प्रक्रिया द्वारा मांस के इन प्रकारों के विभिन्न लाभों एवं उपयोगिताओं द्वारा उपर्युक्त सात सोपानों के अनुसार परिचर्चा (discuss) करके एक निश्चित निष्कर्ष पर पहुँचा गया। कुछ दिन बाद इन दोनों तरह की विधियों से प्रशिक्षित की गई गृहपत्नियों से यह पूछा गया कि वे मांस के इन प्रकारों का उपभोग कर रही हैं या नहीं। परिणाम में देखा गया कि भाषण विधि से प्रशिक्षित महिलाओं में से मात्र 30% महिलाओं द्वारा इन मांसों का उपभोग किया जा रहा था जबकि परिचर्चा विधि (discussion method) से प्रशिक्षित महिलाओं में से 82% महिलाओं द्वारा इन मांसों का उपभोग किया जा रहा था। परिणाम से स्पष्ट है कि सामूहिक निर्णय प्रक्रिया (group decision process) द्वारा सदस्यों के व्यवहारों में महत्त्वपूर्ण परिवर्तन आता है। अतः सामूहिक निर्णय (group decision) समूह गतिकी (group dynamics) का एक महत्त्वपूर्ण तत्त्व है।

समूह गतिकी के क्षेत्र में दूसरा महत्त्वपूर्ण अध्ययन लिपिट तथा ह्वाइट (Lippit & White, 1960) द्वारा किया गया। इस अध्ययन का उद्देश्य समूह के नेता द्वारा उत्पन्न किया गया सामाजिक आबोहवा (social climate) का प्रभाव सदस्यों

के व्यवहारों पर देखना था। इस अध्ययन में दस साल के लड़कों के तीन समूह बनाये गये। एक समूह का नेता प्रजातांत्रिक (democrative) था। फलस्वरूप, वह सदस्यों के साथ काफी उदारतापूर्वक व्यवहार करता था तथा साथ-ही-साथ सदस्यों के कार्यों को प्रोत्साहन भी देता था। दूसरे समूह के नेता सत्तावादी (authoritarian) था। फलस्वरूप, वह सदस्यों को मात्र अपना निर्देश देता था परन्तु किसी प्रकार का प्रोत्साहन नहीं। तीसरे समूह का नेता अहस्तक्षेपी (Laissez faire) था जो समूह के कार्य में किसी प्रकार का हस्तक्षेप नहीं करता था। फलस्वरूप, वह मात्र एक प्रेक्षक (observer) के रूप में ही कार्य करता था। परिणाम में देखा गया कि प्रजातांत्रिक नेतृत्व में प्रारंभ से समूह का निष्पादन अवश्य कम हुआ। परन्तु धीरे-धीरे सामान्य स्तर तक पहुँच गया। सत्तावादी नेतृत्व में प्रारंभ में समूह का निष्पादन अधिक हुआ परन्तु धीरे-धीरे उसका स्तर गिरता चला गया। प्रजातांत्रिक नेतृत्व तथा सत्तावादी नेतृत्व के निष्पादन में इस अन्तर का मौलिक कारण 'सामाजिक आबोहवा' (social climate) में विभिन्नता बतलाया गया। प्रजातांत्रिक नेतृत्व की आबोहवा में अधिक उदारता, मैत्री तथा सहयोगिता की भावना भी जबकि सत्तावादी नेतृत्व की आबोहवा (climate) में बैर-भाव (hostility) तथा आक्रमणशीलता (aggressiveness) अधिक थी। अहस्तक्षेपी नेतृत्व में समूह का निष्पादन बिलकुल ही कम पाया गया क्योंकि इसकी आबोहवा (climate) अधिक उदासीन (indifferent) थी। इस अध्ययन से स्पष्ट हो जाता है कि नेता द्वारा सृजित सामाजिक आबोहवा (social climate) से सदस्यों का व्यवहार एवं समूह का निष्पादन काफी प्रभावित होता है।

समूह गतिकी के क्षेत्र में तीसरा प्रमुख अध्ययन किपनिस (Kipnis, 1958) द्वारा किया गया। इन्होंने अपने अध्ययन में सहभागी नेतृत्व (participatory leadership) की तुलना नेतृत्व के एक ऐसे प्रकार (style) से तीन परिस्थितियों में किया है जहाँ नेता मात्र भाषण (lecture) देकर ही सदस्यों में अपना स्थान कायम किये हुए थे। वे तीन परिस्थितियाँ इस प्रकार की थीं—पहली परिस्थिति वह थी जहाँ सदस्यों द्वारा अनुपालन (compliance) दिखलाये जाने पर नेता उन्हें पुरस्कार देता था। दूसरी परिस्थिति वह थी जहाँ सदस्यों द्वारा अनुपालन नहीं दिखलाने पर नेता उन्हें दण्ड देने की धमकी देता था तथा तीसरी परिस्थिति वह थी जहाँ नेता द्वारा किसी प्रकार का न तो पुरस्कार और न ही दण्ड दिया जाता था। परिणाम में देखा गया कि भाषण नेतृत्व (lecture leadership) की तुलना में सहभागी नेतृत्व द्वारा प्रथम और अन्तिम परिस्थिति में सदस्यों के व्यवहारों एवं मनोवृत्तियों में अधिक परिवर्तन लाया गयां। सहयोगी नेतृत्व की तुलना में भाषण नेतृत्व द्वारा दूसरी परिस्थिति में (अर्थात दण्ड की धमकी वाली परिस्थिति में) सदस्यों के व्यवहारों एवं मनोवृत्तियों में अधिक परिवर्तन लाया गया।

समूह गतिकी के क्षेत्र में और भी बहुत सारे अध्ययन किये गये हैं। उपर्युक्त अध्ययनों एवं उनके समान अन्य किये गये अध्ययनों के आधार पर मनोवैज्ञानिकों को समूह गतिकी (group dynamics) के बारे में कुछ खास तथ्यों (facts) का पता चला है जिनमें से निम्नांकित प्रमुख है—

(1) सामूहिक निर्णय प्रक्रिया (group decision process) द्वारा सदस्यों के व्यवहारों में अधिक आसानी से परिवर्तन लाया जा सकता है क्योंकि इस प्रक्रिया में स्वयं इनके द्वारा ही सुझाव रखे जाते हैं और निर्णय पर पहुँचा जाता है।

(2) सदस्यों में कार्य सन्तुष्टि (work satisfaction) तथा समूह का निष्पादन (performance) बहुत कुछ नेतृत्व के प्रकार (style) पर निर्भर करता है। प्रजातांत्रिक नेतृत्व में सदस्यों में कार्य सन्तुष्टि तथा समूह का निष्पादन सत्तावादी नेतृत्व की अपेक्षा अधिक होता है।

(3) सहभागी नेतृत्व (participatory leadership) में भाषण नेतृत्व (lecture leadership) की अपेक्षा सदस्यों के व्यवहारों में परिवर्तन तेजी से आता है।

(4) छोटे समूहों में बड़े समूहों की अपेक्षा सदस्यों के व्यवहारों में परिवर्तन लाना अधिक आसान होता है। शायद यही कारण है कि 'समूह गतिकी' का संप्रत्यय जितना छोटे समूह पर प्रभावी उतरता है उतना बड़े समूह पर नहीं।

समूह समग्रता का अर्थ
(Meaning of Group Cohesiveness)

समग्रता (cohesiveness) समूह की संरचना (structure) का एक प्रमुख विमा (dimension) मानी गयी है। ऐसे तो समूह समग्रता को भिन्न-भिन्न अर्थों में लोगों ने प्रयोग किया है परन्तु समाज मनोवैज्ञानिकों ने इसका प्रयोग एक खास

अर्थ में किया है। समूह समग्रता से तात्पर्य इस बात से होता है कि समूह के सभी सदस्य किस सीमा (extent) तक समूह में बने रहने के लिए प्रेरित (motivated) रहते हैं। जिस सीमा तक समूह के सदस्य समूह में बने रहने के लिए प्रेरित रहते हैं, समूह की समग्रता उतनी ही अधिक समझी जाती है। दूसरे शब्दों में यह कहा जा सकता है कि समूह समग्रता यह बतलाती है कि सदस्यों के लिए समूह कितना आकर्षक (attractive) है। जिस कारण से भी सदस्यों के लिए समूह जितना ही आकर्षक होगा, सदस्य उतना ही समूह में बने रहना चाहेंगे और तब समूह की समग्रता (cohesiveness) उतनी ही अधिक होगी। फेल्डमैन[1] (Feldman, 1985) के अनुसार, ''समूह समग्रता से तात्पर्य उस सीमा से होता है जिस सीमा तक समूह के सदस्यों में सदस्य बने रहने की इच्छा होती है।'' फेस्टिंगर[2] (Festinger, 1950) के अनुसार, ''समूह समग्रता उन सभी बातों (forces) के परिणामी (resultant) होता है जो सदस्यों को समूह में रहने के लिए बाध्य करता है।'' टेलर, पेपलाऊ एवं सीयर्स[3] (Taylor, Peplau & Sears, 2006) के अनुसार, ''समूह समग्रता से तात्पर्य वैसे बलों, धनात्मक तथा ऋणात्मक दोनों ही से होता है जो सदस्यों को समूह में रहने का कारण होते हैं। समग्रता पूरे समूह की एक विशेषता होती है जो समूह के प्रति प्रत्येक व्यक्ति के संयोजित वचनबद्धता पर आधारित होती है।'' ऐसी ही अनेक परिभाषाओं का विश्लेषण करने पर हमें समूह समग्रता (group cohesiveness) के बारे में निम्नांकित तथ्य (facts) प्राप्त होते हैं—

(1) समूह के सदस्यों द्वारा समूह जितना ही अधिक आकर्षक (attractive) दीख पड़ता है, समूह में समग्रता (cohesiveness) उतनी ही अधिक होती है।

(2) समूह में समग्रता अधिक होने से सदस्यों में सन्तोष (satisfaction) की भावना अधिक होती है जिसका कारण धनात्मक (positive) तथा ऋणात्मक (negative) बल कुछ भी हो सकता है।

(3) समूह में समग्रता होने पर सदस्यों को समूह लक्ष्य (group goal) की ओर प्रेरित करने के लिए अधिक प्रयास तथा प्रोत्साहन (incentive) की जरूरत नहीं पड़ती है।

(4) समग्र समूह (cohesive group) अधिक स्थिर (stable) होता है तथा साथ-ही-साथ इसमें सदस्यों का मनोबल (morale) ऊँचा भी होता है। ऐसे समूह में संघर्ष (conflict) कम-से-कम होता है।

समूह समग्रता को प्रभावित करनेवाले तत्त्व (Factors influencing Group Cohesiveness)

समाज मनोवैज्ञानिकों ने बहुत से ऐसे कारकों (factors) या चरों (variables) का भी अध्ययन किया है जिनसे समूह समग्रता प्रभावित होती है। दूसरे शब्दों में, कुछ ऐसे कारकों का भी अध्ययन किया गया है जिससे समूह की समग्रता घटती या बढ़ती पायी गयी है। कुछ प्रमुख ऐसे कारक निम्नांकित हैं—

1. आवश्यकताओं की सन्तुष्टि *(Satisfaction of needs)*—समूह समग्रता इस बात से सीधे प्रभावित होती है कि समूह में भिन्न-भिन्न कोटि (ranks) के सदस्य होते हैं। कुछ सदस्य प्राथमिक (primary) होते हैं तथा कुछ सदस्य गौण (secondary) होते हैं। प्राथमिक सदस्यों की भूमिका (role) समूह के लिए गौण सदस्यों की भूमिका की अपेक्षा अधिक महत्त्वपूर्ण होती है। फलस्वरूप समूह प्रथमिक सदस्यों की अधिकतर आवश्यकताओं की एवं गौण सदस्यों की कुछ खास-खास आवश्यकताओं की पूर्ति करता है। समाज मनोवैज्ञानिकों का विचार हे कि जिस समूह में दोनों तरह के सदस्यों की अधिकतर आवश्यकताओं की पूर्ति होती है, वह समूह सदस्यों के लिए अधिक आकर्षक होता है तथा उसमें समूह समग्रता (group cohesiveness) अधिक होती है। अगर किसी कारणवश सदस्यों की आवश्यकताओं की

1. "Group cohesiveness refers to the extent to which members of a group want to continue as members of the group." —Feldman : *Social Psychology,* 1985, p. 376

2. Group cohesiveness refers to "the resultant of all forces acting on members to remain in the group." —Festinger : Informal Social Communication : *Psychological Review,* 1950, p. 274

3. "[Group] cohehiveness refers to forces both positive and negative, that cause members to remain in a group. Cohesiveness is a characteristics of a group as a while, based on the combined committment of each invidual to the group." —Taylor, Peplau & Sears : *Social Psychology,* 2006, p. 311

सन्तुष्टि समूह द्वारा नहीं हो पाती है, तो वैसी परिस्थिति में समूह सदस्यों के लिए आकर्षक नहीं रह जाता है और उसके अस्तित्व (existence) ही खतरे में पड़ जाता है।

2. समूह लक्ष्य *(Group goals)*—प्रत्येक समूह का एक लक्ष्य (goal) होता है जिसे हम समूह लक्ष्य (group goal) कहते हैं। समूह के प्रत्येक सदस्य का इस लक्ष्य में एक सामान्य विश्वास होता है। इस समूह लक्ष्य के अलावा सदस्यों का अपना वैयक्तिक लक्ष्य (individual goal) भी होता है जो प्रायः छिपा होता है। उदाहरणार्थ, डॉक्टरों के समूह का लक्ष्य (group goal) मानव जाति का कल्याण करना हो सकता है परन्तु कुछ डाक्टरों का अपना वैयक्तिक लक्ष्य जैसे अधिक-से-अधिक धन कमाना या अधिक-से-अधिक सामाजिक सम्पर्क बनाना आदि भी हो सकता है। समाज मनोवैज्ञानिकों का सामान्य मत यह है कि जब समूह का लक्ष्य (group goal) तथा सदस्य के वैयक्तिक लक्ष्य (individual goal) में संगति (congruence) होती है तो समूह समग्रता अधिक होती है। परन्तु यदि इन दोनों तरह के लक्ष्यों में किसी तरह की असंगति (incongruence) उत्पन्न हो जाती है, तो समूह में समग्रता (cohesiveness) की कमी हो जाती है और सदस्य समूह लक्ष्य (group goal) को गौण (secondary) समझकर अपने वैयक्तिक लक्ष्य को प्रधान समझने लगता है। ऐसी परिस्थिति में समूह समग्रता (group cohesiveness) कम हो जाती है। फेल्डमैन[1] (Feldman, 1985) के शब्दों में, हम इस प्रकार कह सकते हैं, ''वैसे समूहों की समग्रता जिसमें समूह के लक्ष्य तथा सदस्यों के लक्ष्य में संगति होती है, उन समूहों की समग्रता से अधिक होती है जिसके सदस्य समूह के लक्ष्य के साथ साझेदारी नहीं करते हैं।''

3. सदस्यों में आकर्षकता *(Member attractiveness)*—सदस्यों में आकर्षकता एक ऐसा चर है जिसका प्रभाव समग्रता पर सीधा पड़ता देखा गया है। यदि कोई समूह अपने लक्ष्य (goal) की प्राप्ति नहीं भी कर पाया हो परन्तु उसकी सदस्यता किसी कारण से सदस्यों के लिए आकर्षक होती है, तो वैसी परिस्थिति में समूह समग्रता (group cohesiveness) बनी रहती है। दूसरी तरफ यदि समूह में सदस्यों का एक-दूसरे के प्रति आकर्षकता (attractiveness) नहीं है अर्थात सदस्य एक-दूसरे को पसन्द नहीं करते हैं तो वैसी परिस्थिति में समूह के लक्ष्य (group goal) की प्राप्ति सदस्यों के लिए गुणकारी एवं लाभदायक होते हुए भी समूह समग्रता (cohesiveness) तथा सहभागिता (participation) में कमी हो जाती है। फेस्टिंगर तथा केली (Festinger & Kelly, 1951) ने अपने एक अध्ययन में इस तथ्य की पुष्टि भी की है। इन्होंने अपने इस अध्ययन में पाया है कि किरायेदारों (tenants) के एक समूह में समूह समग्रता काफी कम थी हालाँकि इस समूह का लक्ष्य (goal) एक ऐसा संगठन तैयार करना था जिससे उनकी आवसीय परियोजना (housing project) में काफी सुधार लाया जा सकता था। इसमें समूह समग्रता के कम होने का प्रमुख कारण यह था कि किरायेदार एक-दूसरे को निम्न एवं कमजोर वर्ग का समझ कर एक-दूसरे के साथ अन्तःक्रिया (interaction) करना उचित नहीं समझते थे। उपर्युक्त वर्णन से स्पष्ट है कि समूह सदस्यों की आकर्षकता एक ऐसा चर हैं जो समूह समग्रता के निर्धारण में समूह लक्ष्य के महत्त्व से भी अधिक महत्त्वपूर्ण है।

4. समूह की क्रियाएँ एवं नेतृत्व *(Group activities and leadership)*—समूह की समग्रता सदस्यों की क्रियाओं (activities) एवं समूह के नेतृत्व (leadership) पर भी निर्भर करता है। यदि समूह द्वारा की जाने वाली क्रियाएँ (activities) ऐसी हैं जिनके प्रति सदस्यों में आकर्षकता (attractiveness) होती है तथा जिसे सदस्यों द्वारा सफलतापूर्वक पूरा कर लिया जा रहा है, तो ऐसी परिस्थिति में समूह समग्रता (cohesiveness) अधिक होती है। कोच एवं फ्रेंच (Coch & French, 1948) ने एक अध्ययन औद्योगिक कर्मचारियों (industrial workers) पर किया जिसमें यह देखा गया कि वैसे समूह के कर्मचारियों में जिनकी उत्पादकता समूह द्वारा निर्धारित किये गये मानक (standard) से नीचे थी, कम्पनी (company) को स्वेच्छा से छोड़कर चले जाने की प्रवृत्ति अधिक थी। दूसरे शब्दों में, कर्मचारियों में समूह समग्रता (group cohesiveness) काफी कम थी। हैकमैन एवं ओल्डहाम (Hackman & Oldham, 1976) ने एक अध्ययन किया जिसमें यह पाया गया कि जब कर्मचारियों के क्रिया-कलापों एवं उत्तरदायित्व को अधिक विस्तृत कर दिया जाता

1. "Cohesiveness is clearly higher in groups in which the goals of the group are congruent with the goals of the members than in groups in which the members don't share the group's overall goals."

—Feldman : *Social Psychology,* 1985, p. 377

है, तो इससे कर्मचारी अपने काम (job) को अधिक आकर्षक (attractive) समझने लगते हैं जिसका परिणाम यह होता है कि इसमें समग्रता (cohesiveness) अधिक बढ़ जाती है।

समूह समग्रता(group cohesiveness)समूह के नेता के व्यवहार द्वारा भी प्रभावित होती है। कार्टराईट(Cartwright, 1968) ने अपने अध्ययन में पाया कि जिस समूह का नेता प्रजातंत्रात्मक (democratic) ढंग से व्यवहार करता था तथा महत्त्वपूर्ण निर्णय (decision) एवं कार्यों में सदस्यों की सहभागिता (participation) को प्रोत्साहन देता था, वैसे समूह में समग्रता (cohesiveness) अधिक होती पायी गयी तथा दूसरी तरफ जिस समूह का नेता सत्तावादी (authoritarian) ढंग से व्यवहार करता था तथा सभी निर्णय करके सदस्यों पर थोप देता था उस समूह में समग्रता (cohesiveness) काफी कम देखी गयी।

ऊपर किये गये वर्णन से यह स्पष्ट हो जाता है कि समूह समग्रता (group cohesiveness) के बहुत से कारण हैं।

समूह समग्रता का प्रभाव
(Effects of Group Cohesiveness)

समाज मनोवैज्ञानिकों ने यह देखने की कोशिश की है जब समूह में समग्रता (choesiveness) अधिक होती है तो उसका क्या परिणाम होता है। विभिन्न लोगों द्वारा किये गये अध्ययनों को ध्यान में रखते हुए यह कहा जा सकता है कि समूह समग्रता के निम्नांकित चार महत्त्वपूर्ण प्रभाव होते हैं—

1. सदस्यता का सम्पोषण (*Maintenance of membership*)—अगर समूह में समग्रता अधिक है, यानी, समूह सदस्यों के लिए काफी आकर्षक (attractive) है, तो वैसी परिस्थिति में यह स्वाभाविक है कि अधिकतर सदस्य उस समूह की सदस्यता को स्वेच्छा से समाप्त कर देना चाहेंगे। उदाहरणार्थ, यदि कोई व्यक्ति यह देखता है कि अब भारतीय जनता पार्टी उतनी आकर्षक नहीं रह गई है, तो वह स्वभावतः इस पार्टी की सदस्यता त्याग कर किसी आकर्षक पार्टी में सम्मिलित हो जाना चाहेगा। थिबौट तथा केली (Thiabut & Kelley, 1959) ने अपने अध्ययन के आधार पर यह बतलाया है कि किसी समूह की समग्रता (cohesiveness) अधिक होने पर भी व्यक्ति उसकी सदस्यता का स्वेच्छा से त्याग करना चाहता है बशर्ते कि उसके सामने कोई और अधिक आकर्षक विकल्प(attractive alternative) उपलब्ध हो।

2. सदस्यों पर नियंत्रण(*Control over members*)—जब समूह में समग्रता अधिक होती है तो समूह का सदस्यों पर प्रभाव (influence) एवं नियंत्रण अधिक होता है, समूह की समग्रता कम होने पर ऐसी बात नहीं देखी जाती है। फेस्टिंगर एवं उनके सहयोगियों (Festinger et al., 1950) ने इस तथ्य की पुष्टि करते हुए कहा है कि समूह में समग्रता (cohesiveness) अधिक होने से सदस्यों में अनुरूपता व्यवहार (conformity behaviour) अधिक बढ़ जाता है। दूसरे शब्दों में, यदि समूह अधिक समग्र (cohesive) होता है, तो वैसी परिस्थिति में सदस्य समूह के मूल्यों (values) तथा मानक (norms) आदि के अनुरूप अधिक व्यवहार करते हैं। उनके व्यवहार समूह के मूल्यों एवं मानकों के साथ कहीं भी टकराते नहीं हैं।

3. आत्म-सम्मान (*Self-esteem*)—समाज मनोवैज्ञानिकों द्वारा किये गये अध्ययनों से यह स्पष्ट हो जाता है कि जब समूह में समग्रता अधिक होती है तो उनके सदस्यों में सुरक्षा की भावना अधिक होती है तथा उनमें चिन्ता की मात्रा कम होती है। फलस्वरूप, सदस्यों द्वारा समूह में सहभागिता (participation) बढ़ती है तथा उनका आत्म-सम्मान (self-esteem) भी अधिक ऊँचा हो जाता है। जिस समूह में समग्रता कम होती है, उसके सदस्यों में असुरक्षा की भावना एवं चिन्ता अधिक होती है। फलस्वरूप, उनमें आत्म-सम्मान का कोई प्रश्न ही नहीं उठता है। पेपिटोन तथा रिकलिंग (Pepitone & Reichling, 1955) ने एक अध्ययन किया जिसमें अधिक समग्र समूह (cohesive group) तथा निम्न समग्र समूह (low cohesive group) को एक-दूसरे व्यक्ति द्वारा (जो इन दोनों समूहों में से किसी का सदस्य नहीं था) अपमानित (insult) किया गया। परिणाम में देखा गया कि निम्न समग्र समूह के अधिकतर सदस्य अपमान का चुप रहकर स्वीकार करते रहे और उनकी अपमानजनक टिप्पणियों को अनसुनी करते रहे। परन्तु अधिक समग्र समूह के सदस्यों ने उस अपमान का एक जुट होकर सामना किया और उस व्यक्ति के प्रति शाब्दिक आक्रामकता (verbal aggression) खुलकर दिखलाया। इस अध्ययन के परिणाम से यह स्पष्ट हो जाता है कि अधिक समग्र समूह (high cohesive group) के सदस्यों में मनोबल एवं आत्म-सम्मान अधिक होता है। शायद यही कारण है कि उनमें एक-जुट होकर सामना करने की शक्ति अधिक होती है।

4. समूह की उत्पादकता *(Productivity of group)*—समूह की समग्रता का प्रभाव समूह की उत्पादकता (productivity) पर पड़ता है। सामान्यतः लोग ऐसा समझते हैं कि यदि समूह में समग्रता अधिक होती है तो उसकी उत्पादकता (productivity) भी अधिक होती है। लेकिन समाज मनोवैज्ञानिकों द्वारा किये गये अध्ययनों से ऐसा पता चला है कि इन दोनों चरों के बीच का यह संबंध सीधा नहीं है बल्कि शर्तबन्द (conditional) है। इन लोगों का मत है कि यदि समूह का मानक (norms) ऐसा है जिसमें अधिक उत्पादकता (high productivity) पर बल दिया गया है, तब तो अधिक समग्र समूह के होने पर उत्पादकता अवश्य ही होगी परन्तु यदि समूह का मानक अधिक उत्पादकता को निरूत्साहित (discourage) करता है तो वैसी परिस्थिति में समूह समग्रता अधिक होने पर भी उत्पादकता अधिक नहीं होगी। जैण्डर (Zander, 1977) ने अपने अध्ययन में पाया कि यदि समूह का मानक (group norms) उत्पादकता को प्रोत्साहन नहीं करता है, तो अधिक समग्रता होने के बावजूद भी उत्पादकता में कमी आ जाती है।

ऊपर के विवरण से यह स्पष्ट हो जाता है कि समूह समग्रता के प्रभाव अधिक स्पष्ट होते हैं। चूँकि समग्रता का प्रभाव आमतौर पर धनात्मक (positive) होता है, अतः यह कहा जा सकता है कि समूह के लिए यह एक महत्त्वपूर्ण पहलू है।

समूह समग्रता की माप
(Measurement of Group Cohesiveness)

समाज मनोवैज्ञानिकों ने समूह समग्रता को मापने की भी कोशिश की है। हालाँकि इस क्षेत्र में उन्हें उतनी सफलता हासिल नहीं हो पायी है जितनी की उन्हें समूह समग्रता के कारणों (causes) एवं परिणामों की व्याख्या करने में हुई है। यही कारण है कि आज भी समूह समग्रता को मापने की कोई ऐसी विधि नहीं है जिसके बारे में सभी मनोवैज्ञानिकों की समान सहमति हो।

कुछ समाज मनोवैज्ञानिकों ने समग्रता को मापने के लिए 7 बिन्दु मापनी (7-point scale) जैसे रेटिंग मापनी का निर्माण किया है जिसमें सदस्य सम्पूर्ण समूह के प्रति अपनी आकर्षकता (attractiveness) को व्यक्त करता है। इसके बाद इसका सांख्यिकीय विश्लेषण करके समग्रता की माप की जाती है। कुछ दूसरे समाज मनोवैज्ञानिकों ने समग्रता को मापने के प्रत्येक सदस्य का रेटिंग (ratings) प्राप्त करके उसकी औसत (average) ज्ञात कर लेने की सिफारिश की है। इसी औसत के आधार पर फिर समूह समग्रता की माप की जाती है। इशमैन (Eishman, 1959) का विचार है कि समूह समग्रता मापने की ये दोनों विधियाँ आपस में सहसंबंधित (correlated) है, फिर भी कभी-कभी ये दोनों विधियाँ स्वतंत्र रूप से भी प्रयोग की गयी हैं।

इन दोनों विधियों के अलावा आजकल समूह समग्रता की माप मोरेनो (Moreno, 1953) की समाजमितीय विधि (sociometric method) द्वारा भी की जा रही है। इस विधि में सदस्यों से उन व्यक्तियों का नाम गुप्त रूप से पूछा जाता है जिनके साथ वे समूह के लिए उपयोगी क्रिया-कलाप में भाग लेना पसंद करेंगे। यदि अधिक-से-अधिक सदस्य वैसे व्यक्ति के नाम लेते हैं जो अपने समूह के सदस्य न होकर दूसरे समूह के सदस्य होते हैं, तो यह समझा जाता है कि समूह में समग्रता (cohesiveness) कम है। दूसरी तरफ, यदि अधिक-से-अधिक सदस्य अपने ही समूह के अन्य सदस्यों के नाम लेते हैं तो ऐसा समझा जाता है कि समूह में समग्रता अधिक है। मोरेनो (Moreno) ने समाजमितीय पसन्दों (sociometric choices) को आलेख (graph) द्वारा दिखलाने की सिफारिश की है। इस आलेख को समाजमितिक रेखा-चित्र (sociogram) की संज्ञा दी गयी है। इस रेखा-चित्र का सबसे प्रधान गुण यह बतलाया गया है कि इसे मात्र देखकर यह जाना जा सकता है कि समूह में समग्रता (cohesiveness) है या नहीं। इस रेखा-चित्र का एक प्रधान अवगुण (demerit) यह बतलाया गया है कि रेखा-चित्र द्वारा समूह की समग्रता का अन्दाज तभी सही-सही लगाया जा सकता है जब समूह में सदस्यों की संख्या कम हो अर्थात जब समूह छोटा होता है। बड़ा समूह के होने पर रेखा-चित्र एक ऐसे जाल (net) के समान दीख पड़ता है जिससे समग्रता के बारे में किसी तरह का अन्दाज लगाना असम्भव हो जाता है।

अध्याय सारांश
(Chapter Summary)

1. समूह गतिकी (group dynamics) समाज मनोविज्ञान का एक महत्त्वपूर्ण संप्रत्यय (concept) है। यद्यपि समूह गतिकी का अर्थ भिन्न-भिन्न समाज मनोवैज्ञानिकों ने थोड़ा अपने-अपने ढंग से लगाया है, फिर भी इन लोगों में इस बात की सहमति है कि समूह गतिकी से तात्पर्य समूह में विशेषकर छोटे समूह में घटित उन बलों तथा प्रभावों से होता है जिनका प्रभाव सदस्यों पर इतना अधिक पड़ता है कि इससे उनके व्यवहारों में परिवर्तन हो जाता है।
2. समूह गतिकी के क्षेत्र में अनेक समाज मनोवैज्ञानिकों ने जिनमें लेविन (Lewin, 1958) तथा लिपिट एवं ह्वाईट (Lippit & White, 1950) प्रमुख हैं, कई महत्त्वपूर्ण अध्ययन किये हैं। इन अध्ययनों से कई महत्त्वपूर्ण सार तत्त्व सामने आए हैं। जैसे—लेविन द्वारा किये गये अध्ययनों से यह पता चला है कि सामूहिक निर्णय प्रक्रिया (group decision process) द्वारा सदस्यों से व्यवहारों में महत्त्वपूर्ण परिवर्तन आते हैं। लिपिट तथा ह्वाइट द्वारा किये गये अध्ययन से यह पता चला है कि समूह में नेता द्वारा सृजित सामाजिक आबोहवा (social climate) से सदस्यों का व्यवहार एवं समूह का निष्पादन (performance) काफी प्रभावित होता है।
3. समूह समग्रता (group cohesiveness) समूह की संरचना की एक प्रमुख विमा (dimension) है। समूह समग्रता से तात्पर्य इस बात से होता है कि समूह के सभी सदस्य किस सीमा तक समूह में बने रहने के लिए प्रेरित रहते हैं। जिस सीमा तक समूह के सदस्य में बने रहने के लिए वे प्रेरित रहते हैं, समूह की समग्रता उतनी अधिक समझी जाती है।
4. समाज मनोवैज्ञानिकों ने समूह समग्रता के अनेक कारण या कारक बतलाये हैं। इन कारकों द्वारा समग्रता सीधे प्रभावित होती है। इन कारकों में से प्रमुख कारक हैं—आवश्कताओं की सन्तुष्टि, समूह-लक्ष्य, सदस्यों में आकर्षकता तथा समूह की क्रियाएँ एवं नेतृत्व।
5. समूह समग्रता का कुछ स्पष्ट प्रभाव भी देखने को मिलता है। यही कारण है कि एक अधिक समग्र समूह के सदस्यों का व्यवहार एक कम समग्र समूह के सदस्यों के व्यवहारों से भिन्न होता है। समूह समग्रता के स्पष्ट प्रभावों में प्रमुख हैं—सदस्यों का सम्पोषण (maintenance), सदस्यों पर नियंत्रण, आत्म-सम्मान (self-esteem) तथा समूह की उत्पादकता (productivity)।
6. समूहों की समग्रता का मापन करने के लिए समाज मनोवैज्ञानिकों ने अभी तक कोई ऐसी विधि का प्रतिपादन नहीं किया है जो सभी को मान्य हो। फिर भी रेटिंग विधि (rating method) तथा समाजमितिक विधि (sociometric method) का प्रयोग समग्रता के मापन में अधिक किया जा रहा है। इन दोनों विधियों में समाजमितिक विधि रेटिंग विधि से अधिक लोकप्रिय हो पायी है।

❑

अध्याय 13

समूह प्रभाव
(GROUP INFLUENCE)

व्यक्ति अपनी जिन्दगी का अधिक समय साथियों, परिवार के सदस्यों, सहकर्मियों, छात्रों आदि के बीच बीताता है। ऐसे समूहों का उनके वैयक्तिक व्यवहार पर क्या प्रभाव पड़ता है? इस अध्याय का उद्देश्य वैयक्तिक व्यवहार (individual behaviour) पर पड़ने वाले ऐसे प्रभावों का अध्ययन करना है। समाज मनोवैज्ञानिकों द्वारा ऐसे प्रभावों का विस्तृत रूप से अध्ययन किया गया है। ऐसे प्रभावों का अध्ययन हम यहाँ निम्नांकित छह प्रमुख भागों में बाँटकर करेंगे—

(1) सामाजिक सरलीकरण (social facilitation)
(2) जनसंकुलन (crowding)
(3) सामाजिक श्रमावनयन (social loafing)
(4) निर्व्यष्टिकरण या निर्वैयक्तिता (deindividuation)
(5) समूह ध्रुवीकरण (group polarization)
(6) समूहसोच (groupthink)

इन सभी संप्रत्ययों (concepts) का अध्ययन हम अलग-अलग अनुच्छेदों में सविस्तार करेंगे।

सामाजिक सरलीकरण
(Social Facilitation)

समाज मनोविज्ञानियों ने एक महत्त्वपूर्ण प्रश्न के अध्ययन में काफी अभिरुचि दिखलाया है। प्रश्न है—दूसरों की उपस्थिति मात्र से किसी व्यक्ति का व्यवहार किस तरह प्रभावित होता है? यहाँ 'उपस्थिति मात्र' से तात्पर्य यह होता है कि दूसरा व्यक्ति या व्यक्तियों का समूह उस परिस्थिति में जिसमें कोई व्यक्ति कार्य कर रहा होता है, कोई अन्तःक्रिया नहीं करता है बल्कि सिर्फ वह अपना केवल शारीरिक उपस्थिति बना करके रखता है। ऐसे व्यक्ति को *निष्क्रिय श्रोता* (passive audience) या *सहभागीवर्त्ता* (coactor) कहा जाता है।

उक्त विषय का सबसे पहले ट्रिप्लेट (Triplett, 1897) ने एक साधारण प्रेक्षण किया जिसमें उन्होंने पाया कि जब साइकिल चलाने वाला व्यक्ति अन्य व्यक्तियों के साथ प्रतियोगिता करते हुए चलाता है, तो वह काफी तेजी से दौड़ लगा पाता है परंतु यदि वह अकेले साइकिल चलाता है, तो उसकी गति धीमी हो जाती है। ट्रिप्लेट के इस प्रेक्षण के पीछे सोच यह थी कि अन्य लोगों की उपस्थिति से साइकिल चलाने वाले व्यक्ति में शायद अतिरिक्त शारीरिक ऊर्जा उत्पन्न हो जाती है जो उसे तेजी से दौड़ लगाने के लिए बाध्य करता है। अपनी इस सोच या प्राक्कल्पना (hypothesis) की जाँच करने के उद्देश्य से उन्होंने एक प्रयोग बच्चों पर किया जो समाज मनोविज्ञान के क्षेत्र में पहला प्रयोग था। उन्होंने बच्चों को एक रील पर रस्सी लपेटने का कार्य जल्द-से-जल्द करने के लिए कहा। कुल प्रयास के आधे प्रयासों में प्रत्येक बच्चा इस कार्य को एकांत परिस्थिति में अलग-अलग किया परंतु बाकी आधे प्रयासों में दो के समूह में जिसमें आपस में प्रतियोगिता थी, किया। परिणाम में देखा गया कि प्रतियोगिता की परिस्थिति में बच्चे एकांत परिस्थिति की तुलना में अधिक तेजी से कार्य किये तथा उनका निष्पादन (performance) भी काफी अच्छा था। ट्रिप्लेट के इस प्रयोग ने कई अन्य शोधों के लिए प्रेरणा प्रदान किया जिसमें यह पाया गया कि दूसरों की उपस्थिति में किया गया

कार्य का निष्पादन अकेले में किये गए कार्य के निष्पादन से उत्तम होता है। यहाँ पर हम कुछ ऐसे ही अध्ययनों पर प्रकाश डालेंगे—

ट्रैविस (Travis, 1925) ने एक अध्ययन किया जिसमें प्रयोज्यों ने अनुधावन रोटर कार्य (pursuit rotor task) पर एकांत परिस्थिति में तथा फिर चार से पाँच लोगों की उपस्थिति पर अभ्यास किया। परिणाम में देखा गया कि करीब 80% से ज्यादा प्रयोज्यों ने निष्क्रिय श्रोतागण (passive audiences) की उपस्थिति में एकांत परिस्थिति की तुलना में उत्तम निष्पादन दिखाया। आलपोर्ट (Allport, 1924) ने एक दूसरा प्रयोग किया जिसमें प्रयोज्यों ने विभिन्न तरह के कार्य जैसे शब्दों से विशेष अक्षरों को काटना, गुणा से संबंधित समस्याओं का समाधान करना तथा शब्द को उससे संबंधित शब्द को बतलाना आदि किये। प्रयोज्यों ने यह कार्य एकांत परिस्थिति में या फिर चार से पाँच अन्य प्रयोज्यों की उपस्थिति में जो वही कार्य कर रहे थे, किया। परिणाम में देखा गया कि दूसरों की उपस्थिति में किया गया कार्य का निष्पादन एकांत परिस्थिति में किया गया कार्य के निष्पादन की तुलना में अधिक श्रेष्ठ था।

करीब इसी तरह का परिणाम पशुओं के अध्ययन में भी पाया गया। चेन (Chen, 1937) ने एक अध्ययन चींटियों पर किया जिसमें उन्होंने चींटियों द्वारा मिट्टी के गोली तथा बसेरा बनाने के कार्यों का अध्ययन किया। कुछ परिस्थिति में चींटियों ने यह कार्य स्वतंत्र रूप से अलग-अलग किया तथा कुछ परिस्थिति में यही कार्य चींटियों द्वारा एक समूह में किया गया। परिणाम में देखा गया कि समूह की परिस्थिति में प्रत्येक चींटी ने काफी मेहनत किया तथा काफी अधिक गोलियाँ बनायीं जबकि एकांत परिस्थिति में वे ऐसा नहीं कर पाये और उनका निष्पादन तुलनात्मक रूप से घटिया रहा। बेयर (Bayer, 1829) ने मुर्गी के बच्चों पर अध्ययन किया जिसमें बच्चों को एकांत परिस्थिति में और फिर अन्य बच्चों के समूह में दाना चुगने के लिये छोड़ा गया। परिणाम में देखा गया कि समूह में होने पर बच्चों ने तेजी से तथा जल्दी-जल्दी दाना चुगा जबकि एकांत परिस्थिति में होने पर वे धीरे-धीरे और कम दाना चुग पाये।

ऊपर में मनुष्यों तथा पशुओं पर किये गये अध्ययनों से प्राप्त साक्ष्य लगभग एक समान है—अन्य लोगों की उपस्थिति चाहे निष्क्रिय (passive) हो या सक्रिय हो, निष्पादन (performance) में उत्कृष्ठता आती है क्योंकि कार्य को करने में मदद मिलती है। उस घटना को समाज मनोविज्ञान में *सामाजिक सरलीकरण* (social facilitation) की संज्ञा दी गयी जिसे फेल्डमैन (Feldman, 1985) ने परिभाषित करते हुए कहा है कि इससे तात्पर्य एक ऐसी प्रक्रिया से होती है जिसमें दूसरों की उपस्थिति से निष्पादन में वृद्धि होती है।

प्रश्न यहाँ पर समाज मनोवैज्ञानिकों ने यह उठाया कि क्या दूसरों की उपस्थिति से निष्पादन में हमेशा वृद्धि ही होती है? नहीं, ऐसा नहीं होता है। कुछ शोध ऐसे किये गये हैं जिनके परिणाम में यह देखा गया है कि दूसरों की उपस्थिति से निष्पादन में वृद्धि न होकर कमी होती है और इसे समाज मनोवैज्ञानिकों ने *सामाजिक अवरोध* (social inhibition) की संज्ञा दी है। ऐल्ली एवं मासुर (Allee & Masure, 1936) ने तिलचट्टा (cockroach) पर, गेट्स एवं ऐली (Gates & Allee, 1933) ने टुइयाँ तोता (parakeets) पर तथा क्लोफर (Klopfer, 1958) ने ग्रीनफिन्च (Greenfinch) (एक तरह का पक्षी) पर अध्ययन में पाये कि जब वे अपने-अपने समूह में होते हैं, तो वे भूलभूलैया में दौड़ लगाना धीमी गति से सीखते हैं। परंतु जब वे एकांत परिस्थिति में होते हैं, तो वे इस कार्य को तीव्र गति से सीखते हैं। मनुष्यों पर भी कुछ प्रयोग किये गए हैं जिनमें दूसरों की उपस्थिति से निष्पादन पर ध्वंसात्मक प्रभाव पड़ते देखा गया है। हसवैंड (Husband, 1931) ने अपने अध्ययन में पाया कि श्रोतागण की उपस्थिति से अँगुली भूलभूलैया कार्य (finger maze taxk) को सीखने में प्रयोज्यों ने बाधा महसूस किया। पेस्सीन (Pessin, 1933) ने अपने अध्ययन में पाया कि भूलभूलैया कार्य तथा निरर्थक पदों को सीखने की गति पर अन्य लोगों की उपस्थिति का बुरा प्रभाव पड़ा। परंतु यदि इन कार्यों को सीख लेने के बाद अन्य लोगों की उपस्थिति हो तो वे अपने निष्पादन को उनके सामने उत्तम ढंग से दिखा सकने में समर्थ हुए। देशियल (Dashiell, 1930) ने अपने अध्ययन में पाया कि दूसरे लोगों की उपस्थिति में प्रयोज्यों को निरर्थक पदों को सीखने में एकांत परिस्थिति की तुलना में अधिक कठिनाई हुई। पेसीन एवं हसवैंड (Pessin & Husband, 1933) ने अपने अध्ययन में पाये कि दूसरों की उपस्थिति में गुणा (multiplication) से संबंधित जटिल समस्याओं का समाधान करने में प्रयोज्यों ने तुलनात्मक रूप से एकांत परिस्थिति की तुलना में अधिक समय लिया एवं अधिक त्रुटियाँ किया।

उक्त अध्ययनों के आलोक में यह कहा जा सकता है कि दूसरों की उपस्थिति से कार्य निष्पादन में मदद तथा बाधा दोनों ही होती है। इस तरह का परस्पर विरोधी परिणाम ने समाज मनोवैज्ञानिकों को एक ऐसी व्याख्या की खोज के लिए

मजबूर कर दिया जिससे समूह के बाधक(inhibitory)तथा सरलीकृत(facilitative)दोनों प्रभावों का वर्णन संतोषजनक ढंग से हो सके।

जायंस (Zajonc, 1965) ने समूह के इस परस्पर विरोधी प्रभाव की व्याख्या करने के लिए अपने गहन शोध के आधार पर एक सिद्धान्त का प्रतिपादन किया जिसे *सामाजिक सरलीकरण का प्रणोद सिद्धान्त* (drive theory of social facilitation) कहा जाता है। इस सिद्धान्त का आधार हल-स्पेंस (Hull Spence) के प्रणोद सिद्धान्त का वह मौलिक नियम है जो यह बतलाता है कि जब प्राणी में उत्तेजन (arousal) का स्तर ऊँचा होता है, तो अच्छे ढंग से सीखी गयी अनुक्रियाओं का उत्तम निष्पादन (better performance) होता है परंतु ठीक ढंग से नहीं सीखे गये अनुक्रियाओं का निष्पादन खराब होता है। जायंस के प्रणोद सिद्धान्त के निम्नांकित तीन बिंदु प्रमुख हैं—

(1) दूसरे लोगों की मात्र उपस्थिति से व्यक्ति के अभिप्रेरण स्तर या प्रणोद स्तर में वृद्धि हो जाती है।

(2) प्रणोद स्तर में वृद्धि होने से व्यक्ति पहले से ठीक ढंग से सीखी गयी अनुक्रियाओं का निष्पादन (dominant response) की संज्ञा दिया है। इस तरह की प्रक्रिया को सामाजिक सरलीकरण (social facilitation) कहा जाता है।

(3) दूसरे लोगों की उपस्थिति में की जाने वाली अनुक्रिया से व्यक्ति यदि पहले ठीक से परिचित नहीं होता है या वह अनुक्रिया नयी एवं जटिल होती है या कम सीखी गयी होती है, तो ऐसी परिस्थिति में सामाजिक अवरोध (social inhibition)उत्पन्न होता है क्योंकि संवर्द्धित प्रणोद के कारण चिन्ता से संबंधित अनुक्रियाएँ प्रबलतर होने के कारण कम सीखी गयी सही अनुक्रिया को अवरुद्ध कर देती है।

उक्त तीन बिंदुओं का आशय यह है कि दूसरे लोगों की मात्र उपस्थिति से नये या जटिल अनुक्रियाओं को सीखना को बाधित करता है परंतु उत्तम ढंग से सीखी गयी अनुक्रिया के निष्पादन में मदद होती है। अपने इस सिद्धान्त के समर्थन में जायंस एवं सेल्स (Zajonc & Sales, 1966) ने एक महत्त्वपूर्ण अध्ययन किया। इस अध्ययन में उन्होंने प्रयोज्यों को कुछ निरर्थक पदों (nonsense syllables) को बार-बार दिखाया कि वे उन्हें ठीक से सीख लें तथा कुछ पदों को मात्र एक-दो बार ही उन्हें दिखाया गया ताकि वे उन्हें ठीक ढंग से नहीं सीख पायें। बाद में प्रयोज्यों को काफी धीमा रोशनी में उनके सामने रखे गये पर्दा (screen) पर पदों को दिखाने का बहाना किया गया। सचमुच में, पर्दा पर कुछ दिखलाया नहीं जा रहा था परंतु उनसे यह कहा गया कि पर्दा पर निरर्थक पर्दा दिखाये जा रहे हैं और उन्हें यह बताना है कि कौन-सा निरर्थक पद दिखाया जा रहा है। परिणाम में देखा गया कि जब अन्य लोग कमरे में उपस्थित रहते थे, तो प्रयोज्यों ने अच्छे से सीखे गये पदों का अनुमान अधिक लगाया परंतु ऐसी परिस्थिति में कम सीखे गये पदों का अनुमान बहुत कम बाद वे लगा पायें। इस प्रयोग के परिणाम में जायंस के प्रणोद सिद्धान्त की प्राक्कल्पना की संतुष्टि होती है।

बाद में जायंस, हिनगार्टनर तथा हरमैन (Zajonc, Heingartner & Herman, 1969) ने तिलचट्टा (cockroach) पर एक अध्ययन किया जिसमें भी प्रणोद सिद्धान्त की संपुष्टि की गयी। जैसा कि हम जानते हैं, तिलचट्टा एक ऐसा जीव है जिसे रोशनी पसंद नहीं है। अतः वह अँधरे को ही अधिक पसंद करता है। इस विशेषता को मद्देनजर रखते हुए इन लोगों ने दो विशेष भूलभूलैया (maze) बनवाया जिसे चित्र 12.1 में दिखलाया गया है। तिलचट्टा को पहले भूलभूलैया में उस बिंदु पर छोड़ा जाता था जहाँ 'प्रारंभ' लिखा हुआ है। इसके बाद रोशनी जला दी जाती थी जिससे तिलचट्टा सामने वाले लक्ष्य बॉक्स में जाकर अपने आप को बचा सकता था। लक्ष्य बॉक्स अँधेरा एवं सुरक्षित होता था। एक दूसरा भूलभूलैया का निर्माण किया गया जिसमें लक्ष्य बॉक्स में पहुँचना तुलनात्मक रूप से कठिन था तथा तिलचट्टा को इसमें पहुँचने के लिए दायें तरफ मुड़कर दौड़ लगाना सीखना होता था। जायंस का मत था कि पहले भूलभूलैया में लक्ष्य बॉक्स में पहुँचना एक आसान कार्य था जो एक प्रबल अनुक्रिया (dominant response) का उदाहरण था। दूसरे भूलभूलैया में लक्ष्य बॉक्स में पहुँचना एक कठिन कार्य था जो एक गौण अनुक्रिया (subordinate response) का उदाहरण होगा। प्रयोगकर्त्ताओं ने तिलचट्टा को भूलभूलैया में दौड़ लगाते समय चार और तिलचट्टा को उसमें छोड़ा। परिणाम में देखा गया कि अन्य चार तिलचट्टा की उपस्थिति से प्रयोगात्मक तिलचट्टा पहले भूलभूलैया के लक्ष्य बॉक्स में (जो आसान था) तेजी से दौड़कर चला गया जबकि उसकी अनुपस्थिति में दौड़ लगाने में अधिक समय लिया। दूसरे भूलभूलैया में जहाँ लक्ष्य बॉक्स में पहुँचना थोड़ा कठिन था, अन्य साथी तिलचट्टों की उपस्थिति होने से प्रयोगात्मक तिलचट्टा लक्ष्य बॉक्स तक दौड़ लगाने में अधिक समय लिया। परंतु साथी तिलचट्टाओं के अनुपस्थित रहने पर वह तुलनात्मक रूप से दौड़ पूरा करने में कम समय लिया।

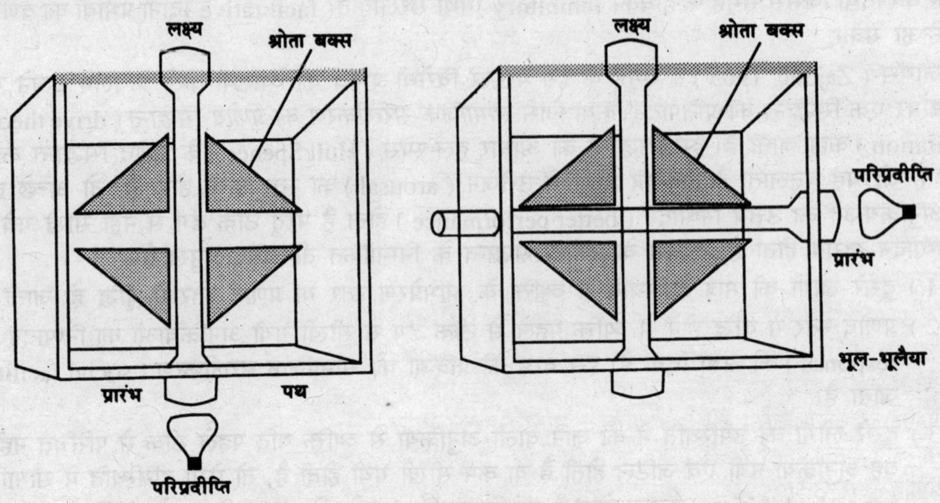

चित्र 12.1 : जायंस तथा उनके सहयोगियों द्वारा तैयार किया गया एक भूलभूलैया

हंट एवं हिलेरी (Hunt & Hillery, 1973) ने अपने एक अध्ययन में पाया कि अन्य लोगों की उपस्थिति होने से छात्रों ने साधारण भूलभूलैया को सीखने में कम समय लिया तथा जटिल भूलभूलैया को सीखने में अधिक समय लिया। माइकेल एवं उनके सहयोगियों (Michael et. al., 1982) ने भी अपने अध्ययन में ऐसा ही तथ्य पाया है। जैक्सन एवं लताने (Jackson & Latane, 1981) तथा नोलेस (Knowles, 1983) ने अपने-अपने शोधों के आधार पर यह भी बतलाया है कि अन्य लोगों की उपस्थिति का प्रभाव व्यक्तियों की संख्या में वृद्धि होने के साथ-साथ बढ़ती है। कुछ प्रयोगकर्त्ताओं जैसे गीन एवं गैगे (Geen & Gange, 1983) तथा मूर्रे एवं वेरोन (Moore & Baron, 1983) ने यह भी अपने अध्ययन में पाया है कि अन्य लोगों की उपस्थिति से कभी-कभी लोगों में अधिक पसीना आने लगता है, साँस की गति अनियमित एवं तीव्र हो जाती है, मांसपेशियों में तनाव बढ़ जाता है तथा रक्त चाप एवं हृदय गति तीव्र हो जाती है।

उपर्युक्त प्रस्तुत तथ्यों के आलोक में हम कह सकते हैं कि अन्य लोगों की मात्र उपस्थिति का प्रभाव व्यक्ति के व्यवहार पर पड़ता है। अन्य लोगों की उपस्थिति का प्रभाव सकारात्मक तथा नकारात्मक दोनों ही होता है। यदि किया जाने वाला व्यवहार सरल एवं आसान है, तो प्रभाव सकारात्मक होता है तथा यदि किया जाने वाला व्यवहार जटिल एवं कठिन है तो प्रभाव नकारात्मक होगा।

यद्यपि समूह प्रभाव की उक्त व्याख्या को अधिकतर लोगों का समर्थन प्राप्त है, फिर भी बाद में किये गये कुछ शोधों से यह स्पष्ट हुआ हे कि दूसरे लोगों की उपस्थिति मात्र से ही व्याख्या पूर्ण नहीं होती है। कोट्टरेल्ल (Cottrell, 1972) ने इस विषय पर शोध करके एक भिन्न दृष्टिकोण रखा है जिसे *मूल्यांकन आशंका सिद्धान्त* (evaluation apprehension theory) कहा जाता है। इस सिद्धान्त के अनुसार दूसरे लोगों की उपस्थिति मात्र से कार्य निष्पादन प्रभावित नहीं होता है बल्कि जब व्यक्ति यह समझता है कि अन्य उपस्थित लोग उसके कार्य निष्पादन को अवश्य ही मूल्यांकन कर रहे होंगे, तो उससे उनका निष्पादन प्रभावित होता है। इस सिद्धान्त की मान्यता यह है कि जब व्यक्ति को यह महसूस होता है कि अन्य उपस्थित लोग उनका मूल्यांकन कर रहे हैं, तो सामाजिक सरलीकरण (social facilfitation) होता है और जब उसे यह महसूस होता है कि वे लोग उनका मूल्यांकन नहीं कर रहे हैं, तो सामाजिक सरलीकरण की मात्रा में कमी आ जाती है। इस तथ्य की सम्पुष्टि स्ट्रव, माइल्स एवं फिन्क (Strub, Miles & Finch, 1981) के अध्ययन में हुआ है। इस प्रयोग में कुछ धीमी गति से टहलने वाले व्यक्तियों का प्रयोगकर्त्ताओं द्वारा तीन परिस्थितियों में प्रेक्षण किया गया। पहली प्रयोगात्मक परिस्थिति ऐसी थी जिसमें टहलने वाले व्यक्तियों का प्रेक्षण किसी के द्वारा नहीं किया गया। दूसरी प्रयोगात्मक अवस्था ऐसी थी जिसमें उनका प्रेक्षण यदा-कदा कर लिया जाता था और बीच-बीच में प्रेक्षक अपना ध्यान प्रेक्षण से इधर-उधर मोड़ लेता था। तीसरी प्रयोगात्मक अवस्था ऐसी थी जिसमें टहलने

वाले व्यक्तियों का प्रेक्षण काफी ध्यान देकर किया गया। प्रेक्षण के दौरान टहलने वाले व्यक्तियों के आँख में आँख भी डालकर प्रेक्षण किया जाता था ताकि वे स्पष्ट रूप से समझ सकें कि उनका मूल्यांकन भी किया जा रहा है। प्रयोग के परिणाम की व्याख्या टहलने वाले व्यक्तियों के चलने या दौड़ने की गति (speed) के रूप में की गयी। परिणाम में यह देखा गया कि तीसरी अवस्था में जिसमें ध्यान देकर प्रेक्षण किया जा रहा था, माध्य गति (mean speed) सार्थक रूप से उस अवस्था की तुलना में अधिक था जिसमें कोई प्रेक्षक नहीं था (पहली अवस्था)। दूसरी अवस्था जिसमें प्रेक्षक ध्यान देकर प्रेक्षण नहीं करते थे, कोई सरलीकरण प्रभाव (facilitation effect) नहीं पड़ता देखा गया। इस परिणाम से यह स्पष्ट हो जाता है कि अन्य लोगों की मात्र उपस्थिति से ही सामाजिक सरलीकरण (social faciliation) नहीं होता है। इसके होने के लिए यह आवश्यक है कि अन्य उपस्थित लोग इस बात पर भी ध्यान दें कि व्यक्ति क्या कर रहा है।

सामाजिक सरलीकरण की व्याख्या करने के लिए एक अन्य सिद्धान्त का भी प्रतिपादन किया गया है जिसे *अनमन्यसकता सिद्धान्त* (distraction theory) या *संघर्ष सिद्धान्त* (conflict theory) कहा जाता है। सैण्डर्स (Sanders, 1981) इस सिद्धान्त के समर्थक हैं जिन्होंने यह दावा किया है कि जब व्यक्ति को अन्य व्यक्तियों की उपस्थिति में कुछ कार्य करना होता है, तो अन्य लोगों की उपस्थिति से एक तरह का विकर्षण होता है या मानसिक संघर्ष होता है। जब व्यक्ति द्वारा किया जाने वाला कार्य सरल होता है तो विकर्षण या अनमन्यसकता का कोई खास प्रभाव नहीं होता है। ऐसी परिस्थिति में प्रणोद स्तर ऊँचा होने से निष्पादन अच्छा हो जाता है। परंतु व्यक्ति द्वारा किया जाने वाला कार्य यदि जटिल होता है तो ऐसी परिस्थिति में उत्पन्न प्रणोद की मात्रा इतनी नहीं होती है कि वह विकर्षण के प्रभाव को हटा दें। फलतः निष्पादन में गिरावट आ जाती है।

निष्कर्षतः यह कहा जा सकता है कि सामाजिक सरलीकरण (social facilitation) की व्याख्या करने के लिए कई तरह के दृष्टिकोण या उपागम का प्रतिपादन किया गया है और प्रत्येक के पक्ष में कुछ-न-कुछ सबूत उपलब्ध हैं। अतः समाज मनोवैज्ञानिकों द्वारा किसी एक दृष्टिकोण को सही मानकर अन्य दृष्टिकोणों को अस्वीकृत नहीं किया जा रहा है। बल्कि इन लोगों की वर्तमान कोशिश इस बात की जाँच करनी है कि किस परिस्थिति में कौन उपागम या दृष्टिकोण तथ्य की व्याख्या सबसे उचित ढंग से करेगा।

जनसंकुलन
(Crowding)

जनसंकुलन का अर्थ—जनसंकुलन (crowding) एक महत्त्वपूर्ण संप्रत्यय है जिसके माध्यम से समाज मनोवैज्ञानिकों द्वारा व्यक्ति के व्यवहार पर पड़ने वाले समूह प्रभावों (group influences) का अध्ययन किया गया है। सामान्यतः जनसंकुलन से तात्पर्य कम जगह में अधिक लोगों के एकत्रित हो जाने से उत्पन्न स्थिति से होता है। स्पष्टतः जगह तथा व्यक्तियों की संख्या के साथ जनसंकुलन को यहाँ जोड़ा गया है। परंतु वास्तविकता यह है कि जनसंकुलन की वैज्ञानिक परिभाषा में जगह तथा व्यक्तियों की संख्या को महत्त्व नहीं दिया जाता है। व्यक्ति एक बस में होने पर जनसंकुलन का अनुभव कर सकता है परंतु बस के जगह के बराबर वाले किसी कमरे में व्यवस्थित की गयी पार्टी में ऐसा अनुभव नहीं कर सकता है। उसी तरह से व्यक्ति किसी स्टेडियम में बैठे 50,000 हजार व्यक्तियों के बीच होने पर भी जनसंकुलन का अनुभव नहीं कर सकता है अगर उस स्टेडियम में दो लाख लोगों की बैठने की क्षमता है। इन उदाहरणों से स्पष्ट हो जाता है जनसंकुलन का सही परिभाषा में जगह तथा लोगों की संख्या का महत्त्व नहीं होता है। स्टोकोल (Stokols, 1978) का मत है कि जनसंकुलन को सही अर्थ में समझने के लिए यह आवश्यक है कि उपलब्ध जगह तथा व्यक्तियों की संख्या दोनों की प्रति व्यक्ति की मनोवैज्ञानिक अनुभूति (psychological experience) को जानना आवश्यक है। ऐसी स्थिति में तब जनसंकुलन (crowding) तथा उससे संबंधित पद घनत्व (density) के अंतर को समझना अति आवश्यक है। घनत्व से तात्पर्य परिस्थिति के भौतिक एवं स्थानिक (spatial) पहलुओं से होता है अर्थात प्रति स्थानिक इकाई (spatial unit) में व्यक्तियों की संख्या से होती है। प्रति स्थानिक इकाई व्यक्तियों की संख्या जितनी ही अधिक होगी, घनत्व (density) उतना ही अधिक होगा। जनसंकुलन (crowding) से तात्पर्य व्यक्ति की उन मनोवैज्ञानिक या आत्मगत अनुभूति से होता है जिसके माध्यम से वह उपलब्ध जगह में अन्य व्यक्तियों की संख्या के बारे में सोचता है। दूसरे शब्दों में, जनसंकुलन प्रति व्यक्ति उपलब्ध स्थान को छोटा या कम समझने से होता है। यह व्यक्ति का एक ऐसी

मनोवैज्ञानिक अवस्था है जो घनत्व से सीधे साहचर्यित हो भी सकता है या नहीं भी हो सकता है। जनसंकुलन की कुछ महत्त्वपूर्ण परिभाषाएँ इस प्रकार दी गयी है—

स्टोकोल्स[1] (Stocols, 1972) के अनुसार, "स्थानिक, सामाजिक एवं व्यक्तिगत कारकों की अन्तःक्रियाओं से उत्पन्न अभिप्रेरणात्मक अवस्था को जनसंकुलन कहा जाता है।"

वर्केल तथा **कूपर**[2] (Worchel & Cooper, 1979) के अनुसार, "जनसंकुलन व्यक्ति की मनोवैज्ञानिक अवस्था होती है जो घनत्व से प्रत्यक्ष रूप से संबंधित हो सकता है या नहीं भी हो सकता है।"

फेल्डमैन[3] (Feldman, 1985) के अनुसार, "जनसंकुलन से तात्पर्य एक परिस्थिति में उत्पन्न मनोवैज्ञानिक या आत्मगत कारकों से होता है—किसी विशेष स्थान में व्यक्तियों को दी गयी संख्याओं को व्यक्ति किस तरह प्रत्यक्षण करता है।"

इन परिभाषाओं के विश्लेषण से हमें जनसंकुलन के स्वरूप के बारे में निम्नांकित तथ्य प्राप्त होते हैं—

(1) जनसंकुलन का संबंध व्यक्ति के मनोवैज्ञानिक अनुभूति से होता है न कि परिस्थिति के भौतिक एवं स्थानिक हालातों से। व्यक्ति किसी संगीत प्रोग्राम को देख रहे एक लाख जनसमूह के बीच होकर भी जनसंकुलन का अनुभव नहीं कर सकता है परंतु पुस्तकालय में अगल-बगल बैठे तीन-चार आदमियों की उपस्थिति से ही जनसंकुलन का अनुभव कर सकता है। जनसंकुलन एक नकारात्मक मनोवैज्ञानिक अनुक्रिया (negative psychological response) है क्योंकि ऐसी अनुभूति तनाव उत्पन्न करने वाली होती है।

(2) जनसंकुलन घनत्व से प्रत्यक्ष रूप से संबंधित हो भी सकता है या नहीं भी हो सकता है।

(3) जनसंकुलन में व्यक्ति उपलब्ध स्थान में उपस्थित व्यक्तियों की संख्या का विशेष ढंग से प्रत्यक्षण करता है।

समाज मनोवैज्ञानिकों ने वैसी परिस्थितियों का विशेष रूप से अध्ययन किया है जिसमें मानव घनत्व (human density) अधिक था। इन लोगों का सामान्य निष्कर्ष यह रहा है कि ऐसी परिस्थिति व्यक्ति में उत्तेजना उत्पन्न करती है। मनोवैज्ञानिकों ने यहाँ एक महत्त्वपूर्ण प्रश्न उठाया है—ऐसी परिस्थिति में उत्तेजित होने का परिणाम क्या होता है? इस प्रश्न के दो उत्तर मनोवैज्ञानिकों द्वारा अभी दिये गये हैं जिनपर अच्छा वाद-विवाद चल रहा है। पहला उत्तर यह है कि घनत्व व्यक्ति में मौजूद प्रवृत्ति चाहे अच्छी हो या बुरी, उसे तीव्र (intensity) कर देता है तथा दूसरा उत्तर यह है कि घनत्व का प्रभाव अधिकतर नकारात्मक (negative) ही होता है। इन दोनों उत्तरों को हम अलग-अलग अनुच्छेद में वर्णन करेंगे।

1. घनत्व-तीव्रता *(Density-Intenstity)*

घनत्व-तीव्रता नियम के अनुसार जनसंख्या या सामाजिक घनत्व में वृद्धि होने से उस परिस्थिति के प्रति व्यक्ति की प्रतिक्रिया (reaction) में वृद्धि होती है। इस नियम के मुख्य समर्थक फ्रीडमैन (Freedman, 1975) है। इनका मत है कि अगर व्यक्ति की प्रतिक्रिया जनसंख्या या सामाजिक घनत्व के प्रति पहले से धनात्मक होती है तो ऐसी घनत्व से उसमें सकारात्मक अनुक्रिया की संख्या में वृद्धि हो जाएगी या ऐसी अनुक्रियाएँ और तीव्र हो जाएगी। दूसरे तरफ यदि व्यक्ति की प्रतिक्रिया जनसंख्या या सामाजिक घनत्व के प्रति पहले से नकारत्मक है, तो ऐसी घनत्व में वृद्धि होने से व्यक्ति के नकारात्मक अनुक्रियाएँ और तीव्र हो जाएगी। यही कारण है कि जब कोई व्यक्ति अपनी इच्छा नहीं रहने पर भी अपने बच्चों के साथ सर्कस देखने जाता है, तो वहाँ एकत्रित लोगों की संख्या में वृद्धि होने से (घनत्व में वृद्धि होने से) बच्चे सर्कस देखकर और अधिक खुश होते हैं (क्योंकि सर्कस के प्रति उनकी प्रतिक्रिया पहले से धनात्मक होती है)। परंतु वहाँ बढ़ती भीड़ से उस व्यक्ति में नकारात्मक अनुक्रियाएँ पहले से और भी तीव्र हो जाएँगी क्योंकि

1. "Crowding is a motivational state aroused through the interaction of spatial, social and personal factors."
—Stokols : On the distinction between density and crowding, *Psychological review,* 1972, 79, p. 275.
2. "Crowding is a psychological state of the individual that may or may not be directly associated with density."
—Worchel & Cooper : *Understanding Social Psychology,* 1979, p. 594.
3. "Crowding refers to the psychological or subjective factors in situation—how an individual perceives a given number of people in a particular case."
—Feldman : *Social Psychology,* 1985, p. 515.

उसकी अपनी इच्छा सर्कस देखने का नहीं था। कई प्रयोगों से भी घनत्व-तीव्रता नियम की संपुष्टि हो पायी है। स्किफेनवाऊर तथा स्कियाभो (Schiffenbauer & Schiavo, 1976) तथा स्ट्रॉम्स एवं थॉमस (Stroms & Thomas, 1977) ने अपने-अपने अध्ययनों में पाया कि ऐसे लोग जिनमें आपस में दोस्ताना संबंध था, जब एक-दूसरे के साथ एक जगह बैठे तो वे एक-दूसरे के प्रति अधिक खुशी का इजहार करते पाए गए परंतु जब ऐसे लोग जिनमें आपस में वैरपूर्ण संबंध था जब एक-दूसरे के साथ एक जगह बैठे, तो वे एक-दूसरे के प्रति पहले से अधिक अप्रसन्नता (displeasure) व्यक्त करते पाये गए। फ्रीडमैन तथा उनके सहयोगियों (Freedman et. al., 1979, 1980) ने भी अपने प्रयोग में उक्त तथ्य का समर्थन किया है। इस तरह से घनत्व-तीव्रता अध्ययनों से यह स्पष्ट हो जाता है कि दूसरे लोगों की उपस्थिति से व्यक्ति की वर्तमान अनुक्रियाएँ तीव्र हो जाती हैं। इभान्स (Evans, 1979) ने भी इस तथ्य को अपने प्रयोग से समर्थन प्रदान किया है।

2. घनत्व प्रभाव अधिकतर नकारात्मक होते हैं *(Density effects are mostly negative)*

जनसंख्या घनत्व या सामाजिक घनत्व के बारे में समाज मनोविज्ञानियों के बीच दूसरी विचारधारा यह है कि सामाजिक घनत्व सिर्फ उत्तेजन (arousal) ही उत्पन्न नहीं करता है बल्कि यह तनाव भी उत्पन्न करता है अर्थात् इसका प्रभाव नकारात्मक (negative) भी होता है। इपस्टीन तथा उनके सहयोगियों (Epstein et al., 1981) द्वारा किये गए अध्ययनों से यह स्पष्ट हुआ है कि सामाजिक घनत्व में वृद्धि होने से व्यक्ति का व्यक्तिगत स्थान (personal space) पर अतिक्रमण, प्रतिबंधित व्यवहार (constrained behaviour) तथा उद्दीपन अतिभार (stimulus overload) आदि जैसे नकारत्मक अनुभूतियाँ (negative experiences) होती हैं जिनका स्पष्टतः नकारात्मक परिणाम (negative consequences) होता है। इन परिणामों में एक प्रमुख परिणाम व्यक्तिगत नियंत्रण (personal control) में कमी होना है जिससे व्यक्ति में कुंठा, तनाव तथा अन्य घातक अनुभूतियाँ होती हैं।

स्पष्ट हुआ कि घनत्व में वृद्धि का प्रभाव अधिकतर नकारात्मक (negative) ही होते हैं। इस तथ्य के समर्थन में मनुष्यों तथा पशुओं दोनों पर प्रयोग किये गए हैं तथा उनसे प्राप्त साक्ष्य के आधार पर घटना की संपुष्टि की गयी है। कालहोन (Calhoun, 1962) तथा क्रिश्चियन तथा उनके सहयोगियों (Christian et al., 1960) ने चूहों तथा हरिणों पर अध्ययन किये जिसमें यह पाया गया कि जब इन पशुओं को एक सीमित वातावरण में एक साथ रहने के लिए बाध्य किया गया तो उनमें तनावपूर्ण व्यवहार अधिक होते देखे गए। इन लोगों ने अपने इस अध्ययन में देखा कि ऐसी परिस्थिति में पशुओं में असामान्य लैंगिक व्यवहार, उग्र आक्रामकता तथा मृत्यु दर में वृद्धि, आदि स्पष्ट रूप से पाये गये। कुछ इसी तरह के सबूत मनुष्यों के अध्ययन में भी देखा गया। जैसे—क्रिमेयर (Kirmeyer, 1978) ने अपने अध्ययन में पाया कि ऐसे शहरी क्षेत्र जिसमें जनसंख्या का घनत्व अधिक था, उसके वासियों में अपराध की प्रवृत्ति तथा सांवेगिक व्यथा (emotional distress) अधिक थी। रोडिन (Rodin, 1976) ने अपने अध्ययन में पाया कि ऐसे बच्चे जिनके परिवार में सदस्यों की संख्या अधिक होती है, उनमें व्यक्तिगत नियंत्रण को दृढ़तापूर्वक व्यक्त नहीं कर पाते हैं। मिलग्राम (Milgram, 1977) तथा न्यूमैन तथा मैककाऊले (Newman & McCauley, 1977) ने ग्रामीण क्षेत्रों के लोगों की तुलना (कम जनसंख्या घनत्व) शहरी क्षेत्रों के लोगों (अधिक जनसंख्या घनत्व) से किया और पाया कि शहरी क्षेत्र के लोगों में किसी अपरिचित से हाथ मिलाने की प्रवृत्ति, अगल-बगल से गुजरने वाले व्यक्तियों से सीधा नेत्र सम्पर्क स्थापित कर बातचीत करने की प्रवृत्ति तथा जरूरत पड़ने पर दूसरे लोगों को मदद करने की भी प्रवृत्ति कम होती है। पॉलुस, मैककेन तथा कौक्स (Paulus, McCain & Cox, 1985) ने कैद (prison) जैसे वातावरण के सामाजिक घनत्व का व्यक्ति के व्यवहार पर पड़ने वाले प्रभावों का अध्ययन किया है। इन लोगों ने कैद रिकार्ड (prison record) का विश्लेषण किया तो पाया कि जैसे-जैसे कैद में व्यक्तियों की संख्या में वृद्धि होती गयी, कैदियों में उच्च रक्तचाप, तरह-तरह की बीमारियाँ, आत्महत्या की प्रवृत्ति, उच्च मृत्यु दर तथा अनुशासन से संबंधित समस्याओं में वृद्धि होते गयी। कुछ अध्ययन कॉलेज छात्रों के रहने के स्थानों से संबंधित है। बेरोन (Baron, 1976) तथा मैकनील (McNeel, 1980) ने अपने-अपने अध्ययनों में पाये कि जब एक ही कमरा में कई छात्रों को रहने के लिए बाध्य किया जाता है तो प्रत्येक छात्र कमरे की क्रियाओं पर व्यक्तिगत नियंत्रण में कमी का अनुभव करते हैं। इतना ही नहीं, कार्लिन (Karlin, 1979) तथा ग्लासमैन (Glassman, 1978) ने तो अपने-अपने अध्ययन से तथ्य की भी संपुष्टि किया है कि जब एक ही कमरे में तीन छात्र एक साथ रहते हैं तो प्रत्येक को परीक्षा में निम्न उपलब्धि हासिल होती है।

उक्त अध्ययनों के आलोक में हम इस अंतिम निष्कर्ष पर पहुँचते है कि सामाजिक घनत्व (social density) में वृद्धि का प्रभाव नकारात्मक ही होता है क्योंकि यह न केवल मनुष्यों में बल्कि पशुओं में भी नकारात्मक अनुभूतियाँ उत्पन्न करता है।

सामाजिक श्रमावनयन (Social Loafing)

सामाजिक सरलीकरण (social facilitation) के ही समान व्यक्ति के व्यवहार पर समूह के प्रभाव के कारण एक दूसरी घटना अक्सर देखने को मिलती है। लताने (Latane, 1981) ने इस घटना को *सामाजिक श्रमावनयन* (social loafing) कहा है। अक्सर यह देखा गया है कि जब व्यक्ति एक समूह में होकर कोई कार्य करता है, तो वह अपने ऊपर उतनी जवाबदेही लेकर कार्य नहीं करता है जितना कि वही कार्य को वह अकेले करता है। इसका परिणाम यह होता है कि उस कार्य का निष्पादन खराब हो जाता है। इसे ही सामाजिक श्रमावनयन (social loafing) कहा जाता है। इसे मायर्स[1] (Myers, 1988) के शब्दों में इस प्रकार परिभाषित किया जा सकता है, ''सामाजिक श्रमावनयन से तात्पर्य लोगों की उस प्रवृत्ति से होता है जिसमें वे किसी सामान्य लक्ष्य की प्राप्ति की ओर कार्य करने पर उस कार्य के लिए अकेले उत्तरदायी होने की अपेक्षा कम प्रयास करते हैं।''

सामाजिक श्रमावनयन की उक्त परिभाषा से यह स्पष्ट है कि उसकी निम्नांकित विशेषताएँ हैं—

(1) सामाजिक श्रमावनयन की घटना के लिए सम्मिलित सामूहिक क्रिया (shared group activity) का होना आवश्यक है।

(2) अन्य लोगों की सामाजिक उपस्थिति से व्यक्ति अपना वैयक्तिक प्रयास(individual effort)सामान्य लक्ष्य की प्राप्ति में कम करता है। वैयक्तिक प्रयास में कमी का मुख्य कारण यह होता है कि अन्य लोगों की उपस्थिति से सामान्य-लक्ष्य की प्राप्ति के लिए कार्य करने का सामाजिक दवाब(social pressure)कम हो जाता है या बँट जाता है।

सामाजिक श्रमावनयन की घटना को दिखाने के लिए लताने, विलियम्स तथा हार्किन्स (Latane, Williams & Harkins, 1979) ने रस्सी खींचने की समस्या पर आरंभिक प्रयोग किये। इन्होंने पुरुष छात्रों को अकेले में तथा फिर दो, चार तथा छह व्यक्तियों के समूह में जितना जोर से हो सके ताली बजाने या चिल्लाकर जय ध्वनि करते हुए रस्सी खींचने के लिए कहा ताकि प्रयोगकर्त्ता आसानी से यह माप सके कि व्यक्ति किसी सामाजिक परिस्थिति में कितना अधिक-से-अधिक आवाज उत्पन्न कर सकता है। परिणाम में बिलकुल ही यह स्पष्टतः देखा गया कि जैसे-जैसे समूह का आकार बढ़ते गया, वैसे-वैसे प्रत्येक व्यक्ति द्वारा ताली बजाने में या चिल्लाकर आवाज करने में लगाये गये प्रयास में पर्याप्त कमी आते गयी। छह व्यक्तियों के समूह में होने पर प्रत्येक व्यक्ति द्वारा अकेले में किये गए प्रयास का करीब आधा ही प्रयास लगाकर आवाज उत्पन्न की गयी। इस परिणाम से सामाजिक श्रमावनयन की घटना की स्पष्ट रूप से संपुष्टि होती है। बाद में हार्किन्स, लताने एवं विलियम्स(Harkins, Latane & Williams, 1980),हार्किन्स एवं पेटी(Harkins & Petty, 1982) तथा विनर, लताने तथा पाण्डेय (Weiner, Latane & Pandey, 1981) ने अपने-अपने अध्ययनों में सामाजिक श्रमावनयन की घटना को विभिन्न तरह के कार्यों में तथा विभिन्न संस्कृतियों के दोनों यौन (sex)के व्यक्तियों में होते पाया है।

अब प्रश्न उठता है कि सामाजिक श्रमावनयन की घटना क्यों होती है? यद्यपि इस प्रश्न का उत्तर बताने तथा उनके अन्य सहकर्मियों द्वारा किए गए प्रयोगों में नहीं मिलता है। फिर भी समाज मनोवैज्ञानिकों ने इसके तीन सम्भावित कारणों का उल्लेख किया है जो निम्नांकित है—

(1) व्यक्ति समूह में होने पर यह प्रत्यक्षण कर सकता है कि अन्य व्यक्ति उसमें कम प्रेरित हैं या कम योग्य हैं। ऐसा सोचकर व्यक्ति अपने सामान्य लक्ष्य की प्राप्ति की दिशा में अपना प्रयास कम कर देता है।

(2) प्रायः समूह में व्यक्ति कुछ ऐसे लक्ष्यों को चुनता है जो अधिक भव्य नहीं होते हैं और उसकी पूर्वकल्पना यह होती है कि जब अन्य लोग हैं ही तो निश्चित रूप से कार्य करना आसान ही होगा। जब लक्ष्य ही निम्न होता है, तो यह स्वाभाविक है कि व्यक्ति उसे प्राप्त करने के लिए प्रयास कम करेगा।

---

1. **"Social loafing refers to the tendency for people to exert less effort when they pool their efforts towards a common goal then when they are individually accountable."** **—Myers : *Social Psychology,* 1988, p. 329**

(3) समूह में होकर कोई कार्य करने पर यदि व्यक्ति यह सोचता है कि समूह के अंतिम लक्ष्य उनके द्वारा किया गया प्रयास से बहुत अधिक संबंधित नहीं है, तो वह उस लक्ष्य की प्राप्ति की ओर प्रयास कम कर देता है। फलतः सामाजिक श्रमावनयन की परिस्थिति उत्पन्न हो जाती है।

अब एक दूसरा प्रश्न पर समाज मनोवैज्ञानिकों ने ध्यान देना प्रारंभ किये है। प्रश्न है कि क्या किसी सामूहिक परिस्थिति से सामाजिक श्रमावनयन की घटना को कम नहीं किया जा सकता है? इस प्रश्न को लेकर समाज मनोवैज्ञानिकों ने कुछ प्रयोग भी किये हैं और अपने प्रयोग के आधार पर कुछ महत्त्वपूर्ण सुझाव भी दिये हैं जो निम्नांकित हैं—

(1) विलियम्स, हार्किन्स तथा लताने (Williams, Harkins & Latane, 1981) ने यह बतलाया है कि यदि परिस्थिति ऐसी कर दी जाती है जिसमें समूह के प्रत्येक व्यक्ति द्वारा किये गए प्रयास को आसानी से पहचान कर ली जाती है, तो ऐसी हालत में कोई भी व्यक्ति सामान्य लक्ष्य की प्राप्ति की ओर वैयक्तिक स्तर पर अधिक-से-अधिक प्रयास करने में मुँह नहीं मोड़ेगा क्योंकि उसे पकड़े जाने का भय बना रहेगा।

(2) सामाजिक श्रमावनयन को कम करने की दूसरा तरीका यह हो सकता है कि सफल कार्य निष्पादन के प्रति समूह के सदस्यों की वचनबद्धता (committment) में वृद्धि की जाए। इस प्रविधि में समूह के प्रत्येक सदस्य पर अधिक-से-अधिक सामान्य लक्ष्य (common goal) की प्राप्ति की दिशा में कार्य करने पर बल डालने की कोशिश की जाती है। समूह का आकार जितना ही बड़ा होता है उस पर उतना ही अधिक दवाब डालना चाहिए। इसका परिणाम यह होगा कि समूह की आकार में वृद्धि होने पर प्रति सदस्य समूह की उत्पादकता में कमी न होकर वृद्धि होगी। इस तथ्य की संपुष्टि जाकारो (Zaccaro, 1984) के एक अध्ययन में हुआ है। इस अध्ययन में महिला तथा पुरुष प्रयोज्यों को एक सरल कार्य अर्थात् 15 मिनट के भीतर दिये गये कागज से जितना अधिक-से-अधिक हो सके एक खास आकार के वस्तु बनाने के लिए कहा गया। प्रयोज्यों के दो समूह थे—एक दो व्यक्तियों का समूह तथा दूसरा चार व्यक्तियों का समूह। इन दोनों समूहों के आधे प्रयोज्यों को उच्च कार्य आकर्षकता अवस्था में तथा बाकी आधे प्रयोज्यों को निम्न कार्य आकर्षकता अवस्था (low task attractiveness condition) में कार्य करने के लिए कहा गया। उच्च कार्य आकर्षकता अवस्था में प्रयोज्यों को एक विशेष तरह की सूचना दी गयी जिससे उच्च निष्पादन के प्रति उनके सदस्यों में बचनबद्धता काफी बढ़ सके। जैसे—उनसे यह कहा गया कि अध्ययन का संबंध अमेरिकन कार्यकर्त्ताओं की उत्पादकता में हाल में हुए गिरावट

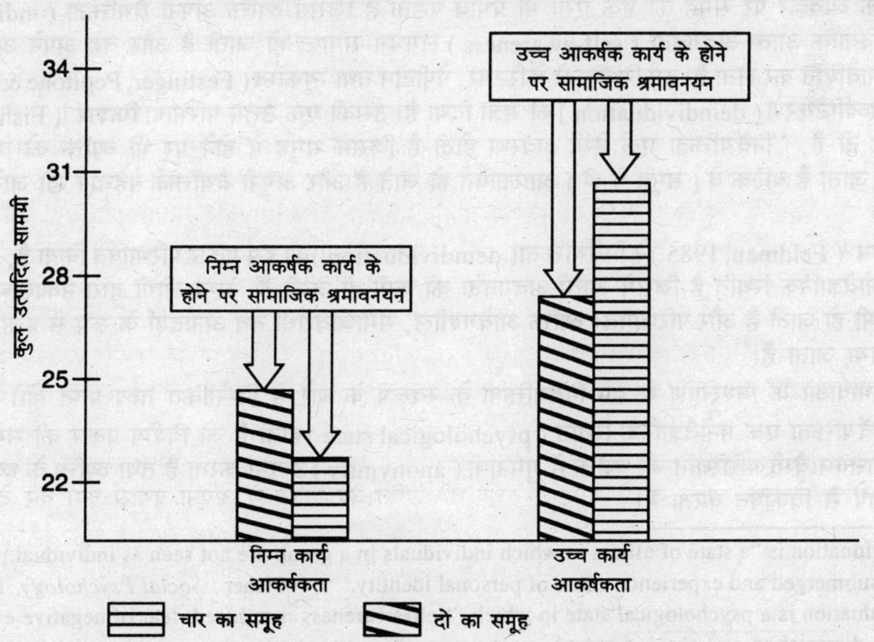

चित्र 12.2 : सामाजिक श्रमावनयन पर कार्य आकर्षकता के प्रभाव

से है तथा उनसे यह भी कहा गया कि यदि समूह का निष्पादन श्रेष्ठ होता है तो उसे लाभांस (bonus) भी दिया जाएगा। निम्न कार्य आकर्षकता अवस्था में प्रयोज्यों को कोई इस तरह का अतिरिक्त सूचना नहीं दी गयी। परिणाम में देखा गया कि निम्न कार्य आकर्षकता अवस्था में समूह के आकार में वृद्धि होने से निष्पादन में कमी अयी (अर्थात सामाजिक श्रमावनयन की घटना हुई) परंतु उच्च कार्य आकर्षकता अवस्था में समूह के आकार में वृद्धि होने से निष्पादन में वृद्धि हुई (अर्थात सामाजिक श्रमावनयन की घटना में कमी हुई)। इस तथ्य को चित्र 12.2 में भी दिखलाया गया है। चित्र से स्पष्ट है कि आकर्षकता की अवस्था में दोनों समूह का निष्पादन का आयत चित्र निम्न कार्य आकर्षकता की अवस्था में दोनों समूह के निष्पादन की तुलना में काफी अधिक था।

(3) सामाजिक श्रमावनयन को कम करने का तीसरा तरीका यह है कि समूह परिस्थिति को इस ढंग से संरचित किया जाए कि प्रत्येक सदस्य समूह के समग्र परिणाम (outcomes) के लिए वैयक्तिक रूप से जिम्मेवार हो सके और इसके लिए सबसे उत्तम प्रविधि एक समूह मानक को विकसित करना है जो समूह के निष्पादन में व्यक्ति विशेष के योगदानों का विशिष्ट उल्लेख करता हो।

(4) जैक्सन तथा विलियम्स (Jackson & Williams, 1985), जैक्सन एवं हार्किन्स (Jackson & Harkins, 1985) ने अपने-अपने अध्ययनों के आधार पर यह बतलाया है कि जब समूह के कार्य को चुनौतीपूर्ण बना दिया जाता है, जब समूह के सदस्य यह अनुभव करते हैं उनका योगदान समूह के प्रति विचित्र तथा असाधारण होगा तथा जब उन्हें यह विश्वास उत्पन्न हो जाता है कि अन्य सदस्य कठिन-से-कठिन मेहनत कर रहे हैं तो सामाजिक श्रमावनयन अपने आप बहुत कम हो जाता है।

स्पष्ट हुआ कि सामाजिक श्रमावनयन कोई ऐसी घटना या तथ्य नहीं है जिसपर आसानी से काबू नहीं पाया जा सकता है। चूँकि सामाजिक श्रमावनयन समूह की समग्र उत्पादकता को पीछे खींच लेता है, अतः इसे कम किया जाना आवश्यक है। इस सिलसिले में मनोवैज्ञानिकों द्वारा किया गया प्रयास निश्चित रूप से सराहनीय है।

निर्व्यष्टिकरण या निर्वैयक्तिकता
(Deindividuation)

वैयक्तिक व्यवहार पर समूह का एक ऐसा भी प्रभाव पड़ता है जिसमें व्यक्ति अपनी वैयक्तिता (individuation) खो देता है क्योंकि आत्म-अवगतता (self-awareness) लगभग समाप्त हो जाती है और वह अपने आप को समूह में पूर्णतः समावेशित कर लेता है। इस स्थिति को फेस्टिंगर, पेपीटोन तथा न्यूकॉम्ब (Festinger, Pepitone & Newcomb, 1952) ने निर्व्यष्टिकरण (deindividuation) की संज्ञा दिया है। उसकी एक उत्तम परिभाषा **फिशर**[1] (Fisherm, 1982) ने इस प्रकार दी है, ''निर्वैयक्तिता एक ऐसी अवस्था होती है जिसमें समूह में होने पर भी व्यक्ति को व्यक्ति के रूप में नहीं देखा जाता है बल्कि वे (समूह में ही) आप्लावित हो जाते हैं और अपनी वैयक्तिक पहचान खो जाने का अनुभव करते हैं।''

फेल्डमैन[2] (Feldman, 1985) ने निर्वैयक्तिता (deindividuation) को इस प्रकार परिभाषित किया है, ''निर्वैयक्तिता एक ऐसी मनोवैज्ञानिक स्थिति है जिसमें आत्म-अवगतता की कमी हो जाती है, अन्य लोगों द्वारा नकारात्मक मूल्यांकन का डर में कमी हो जाती है और परिणामतः व्यक्ति आवेगशील, समाजविरोधी तथ अनादर्श के रूप से प्रचलित व्यवहारों को करता पाया जाता है।''

इन परिभाषाओं के विश्लेषण से हमें निर्वैयक्तिता के स्वरूप के बारे में निम्नांकित तथ्य प्राप्त होते हैं—

(1) निर्वैयक्तिता एक मनोवैज्ञानिक स्थिति (psychological state) होती है जो विशेष प्रकार की समूह परिस्थिति खासकर वैसी परिस्थिति जो व्यक्ति में गुमनामी (anonymity) उत्पन्न करता है तथा व्यक्ति के ध्यान को अपने आप से विकर्षित करता है।

---

1. "Deindividuation is "a state of affairs in which individuals in a group are not seen as individual members but become submerged and experience a loss of personal identity." —Fisher : *Social Psychology,* 1982, p. 245
2. Deindividuation is a psychological state in which, "self-awareness is reduced, fear of negative evaluation by others is diminished and the individual is consequently more apt to engage in impulsive antisocial and nonnormatively sanctioned behaviours." —Feldman : *Social Psychology,* 1985, p. 316

(2) इसमें व्यक्ति समूह में होते हुए भी अपनी वैयक्तिता से अवगत नहीं होता हे अर्थात् उसमें आत्म-अवगतता की कमी पायी जाती है।

(3) इसमें व्यक्ति को नकारात्मक मूल्यांकन (negative evaluation) का डर नहीं रहता है क्योंकि वह जानता है कि उसकी पहचान सम्भव नहीं हो पायेगी।

(4) निर्वैयक्तिकता के कारण व्यक्ति प्रायः आवेगशील, आक्रमक एवं समाजविरोधी व्यवहार करता पाया जाता है। समाज मनोवैज्ञानिकों ने निर्वैयक्तिकता को आक्रमकता (aggressiveness) का एक प्रमुख कारक माना है।

स्पष्ट हुआ कि निर्वैयक्तिकता एक ऐसी मनोवैज्ञानिक स्थिति है जिसमें समूह में होते हुए भी व्यक्ति की अपनी पहचान खत्म हो जाती है और इस गुमनामी की आड़ में तरह-तरह के समाज-विरोधी व्यवहार को अंजाम देने में वह तनिक भी मुकरता नहीं है।

निर्वैयक्तिता को प्रयोगशाला में अध्ययन करने का सबसे पहला सफल प्रयास जिम्बार्डो (Zimbardo, 1969) द्वारा किया गया। इन्होंने कू क्ल्यूक्स क्लान (Ku Klux Klan) रैली के मॉडल के आधार पर प्रयोग किया। इस रैली की विशेषता यह है कि इसके सभी सदस्य सिर से पैर तक लम्बा उजला चोंगा (robe) पहनकर प्रदर्शन करते हैं। इनमें किसी व्यक्ति विशेष की पहचान सम्भव नहीं हो पाती है क्योंकि इनका चेहरा पर उजला जामा लगा होता है। इस प्रयोग में चार कॉलेज छात्राओं को दो अवस्थाओं में रखकर एक महिला को बिजली का शॉक लगाना था। पहली अवस्था में इन चार महिलाओं को एक विशेष प्रयोगशाला कोट पहना दिया गया तथा चेहरा भी इस तरह ढँक दिया गया था कि उनकी पहचान न हो सके। अतः यह अवस्था पूर्णतः गुमनामी (anonynity) की अवस्था थी। दूसरी अवस्था में न तो उन्हें किसी प्रकार का कोट पहनाया गया और न ही उनका चेहरा ही ढँका गया। परिणामतः इस अवस्था में उनकी पहचान बिलकुल ही स्पष्ट थी। परिणाम में देखा गया कि गुमनामी की अवस्था में प्रयोज्यों ने अधिक लम्बे समय तक बिजली का शॉक लगाया जबकि स्पष्ट पहचान हो जाने की अवस्था में उन्होंने तुलनात्मक रूप से कम समय तक शॉक लगाया। इस परिणाम के आधार पर जिम्बार्डो ने यह स्पष्ट किया कि निर्वैयक्तिता (deindividuation) कुछ विशेष सामाजिक अवस्थाओं (social conditions) जैसे गुमनामी का भाव तथा उत्तरदायित्व का विसरण (diffusion of responsibility) से उत्पन्न होती है। ये दोनों कारक प्रयोग की पहली अवस्था में थी। प्रयोज्यों में गुमनामी का भाव तो था ही साथ-ही-साथ कौन कितना मात्रा में बिजली शॉक लगा रहा है, इसकी भी कोई स्पष्ट जानकारी नहीं होती थी। जिम्बार्डो का मत है कि निर्वैयक्तिता की अवस्था विकसित होने पर व्यक्ति में आंतरिक परिवर्तन जैसे आत्म-बोध (self-awareness) में कमी तथा दूसरों की प्रतिक्रियाओं पर कम-से-कम सोचना आदि होता है। इन सबका समग्र प्रभाव यह होता है कि ऐसे व्यक्ति विभिन्न तरह के आवेगशील व्यवहार करने की प्रतिबंधता में कमी आ जाती है।

जिम्बार्डो के प्रयोग के परिणाम यद्यपि निर्वैयक्तिकता के सिद्धान्त का समर्थन करता है, परंतु फिर भी अन्य प्रयोगकर्त्ताओं जैसे—डाइनर (Diner, 1980), प्रेंटिस-डन्न तथा रोजर्स (Prentice-Dunn & Rogers, 1983) तथा प्रेंटिस-डन्न तथा स्पाईवी (Prentice-Dunn & Spivey, 1986) के प्रयोगों से थोड़ा भिन्न तस्वीर सामने आयी है। इन लोगों के प्रयोगों से यह स्पष्ट हुआ है कि निर्वैयक्तिता को समझने के लिए आत्म-बोध (self-awareness) में होने वाले परिवर्तनों (shifts) पर ध्यान देना होगा। वास्तव में आत्म-बोध के दो भिन्न प्रकार हैं और निर्वैयक्तिकता में इन दोनों भूमिका अलग-अलग है। ये दो तरह के आत्म-बोध हैं—गुप्त आत्म-बोध (private self-awareness) तथा सार्वजनिक आत्म-बोध (public self-awareness)। गुप्त आत्म बोध से तात्पर्य इस ख्याल या अनुभूति से होता है कि हम दूसरों के नजर में कैसा दिखते हैं। प्रेंटिस-डन्न तथा रोजर्स (Prentice-Dunn & Rogers, 1982, 1983) द्वारा किये गए शोधों से यह स्पष्ट हुआ है कि जब व्यक्ति के निजी आत्म बोध (private self-awareness) में कमी आती है तो निर्वैयक्तिकता (deindivudation) की अवस्था उत्पन्न होती है। इस ढंग की कमी या परिवर्तन प्रायः समूह में होने के कारण व्यक्ति के उत्तेजन स्तर (arousal level) में वृद्धि से तथा समूह समग्रता की भाव आदि से उत्पन्न होता है। इन कारणों से व्यक्ति में निर्वैयक्तिक अवस्था (deindividuated state) की उत्पत्ति होता है और तब व्यक्ति तरह-तरह के आवेगशील व्यवहार तथा अवांछित व्यवहार करने लगता है। दूसरे तरफ, जब व्यक्ति के सार्वजनिक आत्म-बोध (public self-awareness) में कमी होती है जो प्रायः गुमनामी तथा अन्य संबंधित कारकों से उत्पन्न होती है, तो इसका प्रभाव कुछ उस ढंग का नहीं होता है। इनसे भी आवेगशील एवं अनियंत्रित व्यवहार व्यक्ति में अवश्य होता है।

परंतु ऐसा व्यक्ति के इस विश्वास के कारण करता है उन्हें अपने इस कार्य के लिए उत्तरदायी नहीं माना जा सकता है। ऐसी परिस्थिति में निर्वैयक्तिकता (deindiviaduation) की कोई भूमिका नहीं होती है।

निष्कर्षतः यह कहा जा सकता है कि व्यक्ति में निर्वैयक्तिकता की उत्पत्ति एक प्रमुख समूह प्रभावों(group influences) में से है और इसी उत्पत्ति का संबंध निजी आत्म-बोध में कमी से है। दूसरे शब्दों में वे सारे कारक जो व्यक्ति को अपनी मनोवृत्ति, भावों एवं मूल्यों पर ठीक ढंग से ध्यान देने में बाधा पहुँचाते हैं, उन्हें कुछ इस ढंग से समूह में व्यवहार से निश्चित रूप से भिन्न हो जाते हैं। स्पष्टतः तब यह एक प्रमुख तरीका है जिसमें व्यक्ति के व्यवहार पर समूह का प्रभाव पड़ता दीखता है।

समूह ध्रुवीकरण
(Group Polarization)

समूह ध्रुवीकरण के संप्रत्यय का प्रतिपादन मोसकोविसी (Moscovici) एवं फ्रेजर (Fraser) द्वारा किया गया। समूह ध्रुवीकरण से तात्पर्य इस बात से होता है कि समूह परिचर्चा (group discussion) से समूह के सदस्यों की आरंभिक मनोवृत्ति या झुकाव पहले से और भी अधिक मजबूत हो जाती है। जैसे—यदि किसी समूह के सदस्य में भारत के विदेश नीति (foreign policy) के प्रति एक विशेष औसत झुकाव (average inclination) नकारात्मक है, तो समूह परिचर्या के बाद यह झुकाव और भी अधिक नकारात्मक हो सकता है। उसी तरह से यदि समूह के सदस्यों का औसत झुकाव सकारात्मक है, तो समूह परिचर्या के बाद यह झुकाव और भी अधिक सकारात्मक हो सकता है। स्पष्टतः तब समूह ध्रुवीकरण प्राक्कल्पना इस बात की ओर इशारा करता है कि समूह के सदस्यों की मनोवृत्ति झुकाव (attitudinal learning) समूह परिचर्चा से और भी अधिक मजबूत हो जाती है। इसे चित्र 12.3 में उत्तम ढंग से दिखाया गया है। चित्र से यह स्पष्ट है कि समूह परिचर्या के पहले की तुलना में समूह परिचर्या के बाद वाले बिंदु पर प्रतिकूल मनोवृत्ति वाला आयताकार आकृति के नीचे की ओर झुका हुआ तथा अनुकूल मनोवृत्ति वाला आयताकार आकृति ऊपर की ओर अधिक तना हुआ है।

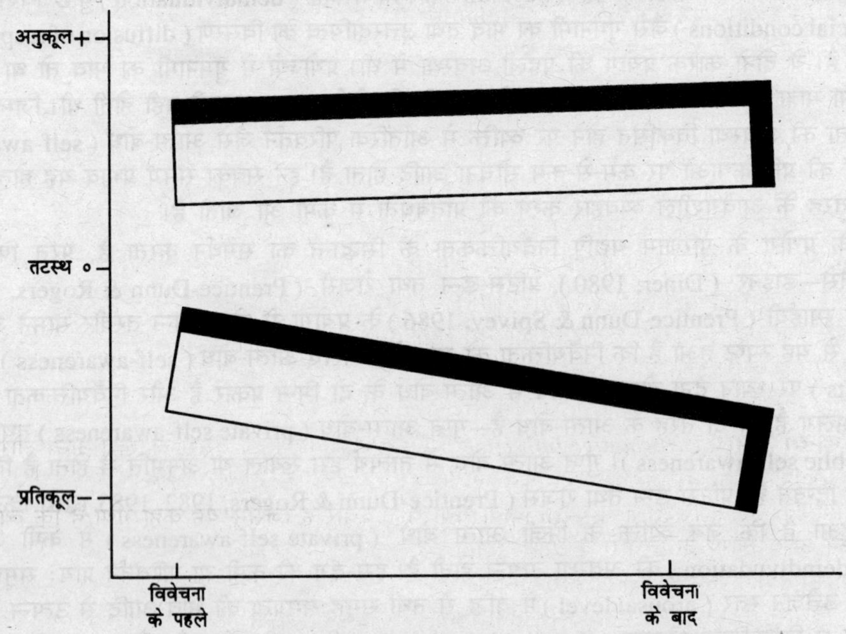

चित्र 12.3 : समूह ध्रुवीकरण प्रभाव (Group polarization effects)

समूह ध्रुवीकरण को दिखाने के लिए मनोवैज्ञानिकों द्वारा कई प्रयोग किये हैं। इसमें से एक प्रमुख प्रयोग मोसकोविसी तथा जावालोनी (Moscovici & Zavallovi, 1969) द्वारा किया गया। यह अध्ययन फ्रेंच छात्रों के एक समूह पर किया

गया। परिचर्चा के प्रारंभ के पहले इन छात्रों की मनोवृत्ति फ्रांस के प्रधानमंत्री के प्रति अनुकूल तथा अमेरिकन के प्रति नकारात्मक थी। समूह परिचर्चा (group discussion) समाप्त होने के बाद यह देखा गया कि फ्रांस के प्रधानमंत्री के प्रति इन छात्रों की मनोवृत्ति पहले से और अधिक अनुकूल तथा अमेरिकन के प्रति पहले से और अधिक प्रतिकूल हो गयी। मायर्स तथा विसोप (Myers & Bishop, 1970) ने एक दूसरा अध्ययन किया जिसमें यह पाया गया कि हाई स्कूल के पूर्वाग्रहित छात्रों की मनोवृत्ति समूह परिचर्चा के बाद और अधिक पूर्वाग्रहित हो गयी तथा कम पूर्वाग्रहित छात्रों की मनोवृत्ति समूह परिचर्चा के बाद और कम हो गयी। इन अध्ययनों से स्पष्ट होता है कि समूह परिचर्चा के बाद समूह की मनोवृत्ति का अन्त्य (extreme) की ओर ध्रुवीकरण हो जाता है।

समूह ध्रुवीकरण का उदाहरण हमें दिन-प्रतिदिन की जिन्दगी में भी मिलता है। कोलमैन(Coleman, 1957)के अनुसार दो समुदाय के बीच संघर्ष छिड़ने पर प्रायः यह देखा जाता है कि समान-मनोवृत्ति वाले लोग एक-दूसरे के साथ तुरंत साहचर्यित (associate)हो जाते हैं और इस तरह से अपने समान प्रवृत्तियों को विस्तरित कर देते हैं। उसी तरह कार्टराइट (Cartwright, 1975) ने अपने अध्ययन में पाये कि अपराधियों को अपने वैसे पड़ोसियों के अपराधियों के समूह में होने से पारस्परिक पुनर्बलन (mutual reinforcement) मिलता है जिनकी सामाजिक-आर्थिक स्तर समान होती है।

प्रश्न अब यह उठता है कि समूह ध्रुवीकरण क्यों होता है? समाज मनोवैज्ञानिकों द्वारा इस क्षेत्र में किये गए अध्ययनों के आधार पर यह पता चला है कि निम्नांकित दो तरह के प्रभावों के कारण समूह ध्रुवीकरण की प्रक्रिया होती है—

(1) सूचना सम्बन्धी प्रभाव (informational influence)

(2) मानक सम्बन्धी प्रभाव (normative influence)

इन दोनों का वर्णन निम्नांकित है—

1. सूचना संबंधी प्रभाव *(Informational influence)*—जब व्यक्ति समूह में किसी समस्या के बारे में परिचर्चा करता है, तो इससे सदस्यों का एक-दूसरे का तर्क सुनने का मौका मिलता है तथा साथ ही समस्या के प्रति व्यक्ति की अपनी स्थिति का पता भी चलता है। वर्नस्टिन तथा विनोकुर (Bernstein & Vinokur, 1977) तथा हिन्ज एवं डेविस (Hinsz & Davis, 1984) ने अपने-अपने अध्ययनों के आधार पर यह बतलाया है कि जब व्यक्ति दूसरे व्यक्ति के तर्क को सुनता है तथा समस्या के बारे में उनके विशिष्ट स्थिति (position) के बारे में वह नहीं जानता है, तो ऐसी परिस्थिति में भी वे अपनी मनोवृत्ति में परिवर्तन ला देते हैं। अतः स्पष्ट हुआ कि सदस्यों द्वारा तर्क के माध्यम से दी गयी सूचना मनोवृत्ति के ध्रुवीकरण में महत्त्वपूर्ण भूमिका निभाते हैं। इतना ही नहीं, जब सदस्यगण परिचर्चा में सक्रिय रूप से भाग लेते हैं, तो इससे निष्क्रिय होकर सुनने की अपेक्षा मनोवृत्ति में अधिक परिवर्तन आते हैं। परिचर्चा में प्रेक्षक (observers) तथा सहभागी (participants) एक ही विचार या सूचनाओं को सुनते हैं, परंतु जब सहभागी उन विचारों की अभिव्यक्ति अपने शब्दों के रूप में करते है, तो इससे उनमें शाब्दिक वचनबद्धता (verbal committment)बढ़ती है जिससे परिचर्चा का विस्तरित प्रभाव सदस्यगण पर पड़ता है और उनकी औसत मनोवृत्ति का ध्रुवीकरण भी तेजी से होता है।

फिजपैट्रीक तथा इगली (Fitzpatrick & Eagly, 1981) का मत है कि जब समूह में व्यक्ति किसी समस्या पर ऐसे व्यक्तियों के साथ परिचर्चा करने के लिए बैठता है जो समस्या के जानकार होने के साथ-ही-साथ विरोधी विचार व्यक्त करने वाले होते हैं तो यह व्यक्ति को अपने तर्क को मजबूत करने की प्रेरणा देता है जिसके परिणामस्वरूप व्यक्ति और भी अन्त्य (extreme) स्थिति (position) की अभिव्यक्ति करने लगता है।

2. मानक सम्बन्धी प्रभाव *(Normative Influence)*—समूह ध्रुवीकरण की दूसरी व्याख्या अन्य लोगों के साथ सामाजिक तुलना (social comparison) के रूप में की गयी। इस व्याख्या का आधार फेस्टिंगर (Festinger, 1954) द्वारा प्रतिपादित सामाजिक तुलना सिद्धान्त में व्यक्त किया गया वह विचार है जिसमें यह कहा गया है कि व्यक्ति अपने विचारों का मूल्यांकन अन्य लोगों के विचारों के साथ तुलना करके करता है। प्रत्येक व्यक्ति की इच्छा यह होती है कि उनका प्रत्यक्षण तथा मूल्यांकन अन्य व्यक्तियों द्वारा अनुकूल ढंग से किया जाय। जब समूह में वे यह पाते हैं कि अन्य सदस्यों द्वारा उनके विचारों का अनुकूल मूल्यांकन उतना किया जा रहा है जितना कि वे उम्मीद भी नहीं किये थे, तो स्वभावतः वे अपने विचार या मत को और भी अधिक ढंग से व्यक्त करने लगते हैं। समूह परिचर्चा में जब सदस्य अपनी विचारों की तुलना अन्य व्यक्ति के विचारों से करने के बाद इस निष्कर्ष पर पहुँचता है कि अधिकतर लोग उनके विचार के आरंभिक स्थिति का समर्थन करने वाले हैं तो इससे उनकी आरंभिक विचार और भी मजबूत हो जाता है जिसके कारण

ध्रुवीकरण की घटना होते देखी जाती है। आइसेंगर एवं मिल्स (Eisenger & Mills, 1968) ने अपने अध्ययन में पाया है कि समूह में व्यक्ति उन व्यक्तियों को अधिक योग्य एवं सच्चा समझता है जो परिचर्चा के विषय के बारे में उनके समान परंतु अन्त्य(extreme)विचार व्यक्त करने वाले होते हैं। इससे भी ध्रुवीकरण होता है। सैण्डर्स एवं बेरोन(Sanders & Baron, 1977) तथा गोयथल्स एवं जाना (Goethals & Zanna, 1979) ने अपने-अपने अध्ययन में तो यहाँ तक पाया है कि जब व्यक्ति पहले से किसी अनुक्रिया के प्रति कोई वचनबद्धता (committment) नहीं किये होता है, तो वह अन्य व्यक्तियों के विचारों से मात्र अवगत होने पर ही हल्का ध्रुवीकरण दिखाता है। इतना अवश्य है कि इस तरह के ध्रुवीकरण की मात्रा उतनी नहीं होती है जितना कि समूह परिचर्चा के बाद ध्रुवीकरण होता है।

कुछ मनोवैज्ञानिकों का मत है कि सामाजिक तुलना(social comparison) तथा विश्वासोत्पादक तर्क(persuasive argument) अर्थात् मानक सम्बन्धी प्रभाव एवं सूचना संबंधी प्रभाव दोनों ही एक दूसरे के विरोधी न होकर साथ-साथ होते हैं और समूह ध्रुवीकरण उत्पन्न करते हैं। जब समूह परिचर्चा में व्यक्ति को यह पता चलता है कि अन्य लोग भी उनके विचारों से सहमत हैं(सामाजिक तुलना) तो इससे उनका तर्क या सूचना में विश्वासोत्पादकता(persuasibility)अधिक बढ़ जाती है (संबंधी प्रभाव) और तब इससे उस व्यक्ति की आरंभिक मनोवृत्ति और भी अधिक मजबूत हो जाती है।

समूहसोच
(Groupthink)

व्यक्ति का व्यवहार समूहसोच (groupthink) द्वारा काफी प्रभावित होता पाया गया है। समूहसोच एक ऐसी अवस्था होती है जिसमें समूह के लोग अपने वास्तविक विचार को इस कारण अभिव्यक्त नहीं कर पाते हैं क्योंकि समूह की आमसहमति की समग्रता (cohesiveness) बनाये रखने के ख्याल से इसे कहीं अधिक महत्त्वपूर्ण समझा जाता है। इस क्षेत्र में जेनिस (Janis, 1971, 1972) द्वारा किया गया योगदान काफी महत्त्वपूर्ण रहा है। जेनिस[1] ने समूहसोच को निम्नांकित ढंग से परिभाषित किया है—

''समूहसोच से तात्पर्य समूह के भीतर के दबावों के परिणागस्वरूप नैतिक निर्णय, वास्तविकता की जाँच तथा मानसिक क्षमता में उत्पन्न कमी से होता है।''

इस परिभाषा से यह स्पष्ट है कि समूहसोच की अवस्था उत्पन्न होने पर व्यक्ति की अपनी आलोचनात्मक चिन्तन क्षमता समूह के भीतर के दवाबों के सामने समाप्त हो जाती है और समूह समग्रता (group cohesiveness) के दिखावे के नाम पर गलत निर्णय ले लिया जाता है। इसमें सर्वसम्मति (unanimity) तथा समूह के नेता के आभासी या बाहरी (apparent) स्थिति के प्रति तीव्र झुकाव उत्पन्न हो जाता है तथा समूह के प्रति समग्र रूप से आकर्षकता इतनी अधिक बढ़ जाती है कि परिस्थिति का मूल्यांकन तथा आलोचनात्मक विश्लेषण (critical analysis) असंभव हो जाता है। जैसे—अक्सर राजनैतिक पार्टी में जब उनके नेता का बोल-बाला या प्रभाव काफी अधिक होता है तो नेता द्वारा प्रस्तावित विचार को पार्टी ध्वनिमत से पारित कर देता है और परिस्थिति ऐसी होती है कि उस विचार के गुण-अवगुण का मूल्यांकन हो ही नहीं पाता है।

समूहसोच के निम्नांकित आठ विशेषताएँ (characteristics) या लक्षण (symptoms) बतलाये गए है जो इस प्रकार हैं—

1. अदोषपूर्णता का भ्रम (*Illusion of Invulnerability*)—समूह में यह भ्रम विकसित हो जाता है कि समूह अदोषपूर्ण (invulnerable) है तथा कोई महत्त्वपूर्ण त्रुटि नहीं कर सकता है।

2. यौक्तिकीकरण (*Rationalization*)—समूहसोच की स्थिति में वैसी सूचनाओं को महत्त्व नहीं दिया जाता है या उन्हें युक्तिसंगत (rationalize) करने की कोशिश की जाती है जो समूह के प्रमुख विचारों के विरोधी होते हैं।

3. समूह की नैतिकता में अटूट विश्वास(*Unqestioned belief in groups morality*)—समूह के सदस्य नैतिक समस्याओं को दरकिनार करके समूह के भीतर की अपनी नैतिकता में अटूट विश्वास विकसित कर लेते हैं।

4. विरोधियों में प्रति रूढ़िबद्ध या घिसा-पिटा विचार (*Stereotyped view of opponents*)—समूहसोच की

1. "Groupthink refers to the "determinantion of mental efficiency, reality testing and moral judgement and results from in-group pressure." —Janis : *Victims of Groupthink,* 1972, p. 9.

स्थिति उत्पन्न होने पर समूह के सदस्य अपने विरोधी सदस्यों से बातचीत करना भी बुरा समझते हैं तथा उन्हें इतना कमजोर या मूर्ख समझते हैं कि वे समस्या के प्रति कभी वैज्ञानिक एवं वास्तविक दृष्टिकोण अपना ही नहीं सकते हैं।

5. अनुरूपता या अनुपालन से सम्बद्ध दबाव (*Conformity pressure*)—समूहसोच में विचार विभिन्नता की प्रशंसा नहीं की जाती है। जो सदस्य समूह के निर्णय या पूर्वकल्पना (assumption) के प्रति किसी ढंग का शक व्यक्त करते हैं, उन्हें विरोधी तर्क देकर दूर हटाया जाता है या कभी-कभी उन्हें दूर हटाने के लिए व्यक्तिगत व्यंग्योक्ति (personal sarcasm) का भी सहारा लेना पड़ता है।

6. आत्म-सेंसर कार्य (*Self-censorship*)—चूँकि असहमति से कष्ट होता है तथा अधिकतर सदस्यों को सहमति में बँधे देखकर विरोधी समूह सदस्यगण अपने विचार की अभिव्यक्ति स्वयं ही नहीं करना चाहते हैं या वे उनका परित्याग करने के लिए तत्पर हो जाते हैं।

7. सर्वसम्मति का भ्रम (*Illusion of unanimity*)—चूँकि समूह के सदस्यों में अनुपालन दिखाने का दबाव होता है तथा उनके आत्म-सेंसर कार्य की प्रबलता होती है, एक सर्वसम्मति का भ्रम विकसित हो जाता है जिससे समूह के प्रबल विचार (dominant viewpoint) का अपने आप समर्थन हो जाता है।

8. मनरक्षण (*Mindgaurds*)—समूह के कुछ सदस्य समूह को उन सूचनाओं से बचाते हैं जिसमें समूह द्वारा लिए गए निर्णयों की नैतिकता या प्रभावशीलता खतरे में पड़ सकती है। इसे जैनिस ने *मनरक्षण* की संज्ञा दिया है।

समूहसोच (groupthink) की वैधता को दिखाने के लिए समाज मनोवैज्ञानिकों द्वारा कई प्रयोग किये गए हैं। इसमें फ्लावर्स (Flowers, 1977) तथा टेटलॉक (Tetlock, 1979) द्वारा किया गया प्रयोग महत्त्वपूर्ण है। फ्लावर्स ने कॉलेज छात्रों को उच्च एवं निम्न समग्र समूहों (cohesive groups) में बाँटकर एक समस्या का समान करने के लिए कहा। इसमें से कुछ समूहों को एक ऐसा नेता दिया गया जो सदस्यों के सुझावों को ध्यान में रखकर कोई निर्णय करता था तथा कुछ समूह को ऐसा निरंकुश नेता दिया गया जो सदस्यों के सुझावों का बिलकुल ख्याल नहीं करता था। पहले तरह के नेता समूह में परिचर्चा (discussion) को बढ़ावा देता था तथा अपनी इच्छा को उनपर लादता नहीं था। दूसरे तरह के नेता समूह के किसी तरह की सहभागिता (participation) को बढ़ावा नहीं देता था। परिणाम में देखा गया कि परिचर्चा को बढ़ावा देने वाला नेता के समूह का निष्पादन दूसरे तरह के नेता के समूह के निष्पादन से उत्तम था तथा उनके सदस्यों में तुष्टि भी अधिक थी। इस तरह का परिणाम उच्च एवं निम्न दोनों तरह के समग्र समूह में पाया गया। फ्लावर्स के अनुसार निरंकुश नेतृत्व के सदस्यों में समूहसोच (groupthink) उत्पन्न हो गयी थी जिसके कारण उनका निष्पादन अच्छा नहीं था। इस अध्ययन से भी पता चलता है कि नेतृत्व शैली (leadership style) एक महत्त्वपूर्ण कारक है जिससे समूहसोच की उत्पत्ति होती है। टेटलाक (Tetlock, 1979) ने नेताओं द्वारा विभिन्न संकटकालीन परिस्थितियों में दिये गए व्यक्तव्यों का अंतर्वस्तु विश्लेषण (content analysis) किया गया और प्राप्त तथ्यों के आधार पर समूहसोच (groupthink) की घटना के लिए सबूत उपलब्ध कराये गए। जिन परिस्थितियों में समूहसोच की उत्पत्ति होते पायी गयी, उनमें नेताओं द्वारा दिये गये व्यक्तव्यों की प्रकृति सरल परंतु स्वीकारात्मक अधिक थी।

उक्त अध्ययनों से इस बात की संपुष्टि हो जाती है कि समूहसोच की घटना द्वारा व्यक्ति का व्यवहार प्रभावित होता है। चूँकि समूहसोच को एक युक्तिसंगत सोच नहीं कहा जा सकता है, अतः समाज मनोवैज्ञानिकों द्वारा समूहसोच को नियंत्रित करने की कोशिश की गयी है। समूह सोच को रोकने के लिए जेनिस ने निम्नांकित तरीकों को महत्त्वपूर्ण बतलाया है—

(1) समूह के सदस्यों को समूहसोच के संप्रत्यय से अवगत करा देना चाहिए तथा उसके कारण एवं परिणामों के बारे में विस्तृत रूप से बतला देना चाहिए।

(2) समूह के नेता को पक्षपातपूर्ण रवैया नहीं अपनाना चाहिए तथा अपने विचार को समूह के सदस्यों पर थोपना नहीं चाहिए।

(3) सदस्यों को आलोचनात्मक मूल्यांकन करने की प्रेरणा नेता को देना चाहिए तथा उन्हें सदस्यों के मन में व्याप्त किसी तरह के शक एवं शंका को खुलकर अभिव्यक्ति करने के लिए प्रेरित करना चाहिए।

(4) समूह के कुछ सदस्यों को समूह की नीतियों एवं निर्णयों के विषय में बोलने का जिम्मा देना चाहिए।

(5) बीच-बीच में समूह को छोटे-छोटे उपसमूह में बाँट देना चाहिए तथा उन्हें अलग-अलग आपस में समूह की

समस्या पर परिचर्चा करने देना चाहिए और फिर उन सभी समूहों को एक साथ मिलाकर उन्हें अंतिम परिचर्चा के लिए प्रेरित करना चाहिए।

(6) समस्या के प्रति समूह जब कोई आरंभिक निर्णय ले लेता है, तो फिर सभी सदस्यों की एक दूसरी सभा बुलानी चाहिए ताकि प्रत्येक सदस्य अपने मन में रह गये कुछ शक या शंका आदि की अभिव्यक्त अंतिम निर्णय लेने के पहले कर सके।

(7) जब समूह की समस्या प्रतिद्वन्द्वी समूह (rival group) के साथ संबंध से जुड़ी होती है, तो समूह के सदस्यों को सभी तरह के चेतावनी संकेतों तथा प्रतिद्वन्द्वी समूह द्वारा किये गए सभी कार्यों का पर्याप्त अवलोकन करने का मौका दिया जाना चाहिए।

(8) समूह की सभा में बाह्य विशेषज्ञ को भी बुलाना चाहिए तथा उन्हें समूह के विचारों को चुनौती देने के लिए कहा जाना चाहिए।

(9) समूह के प्रत्येक सदस्य को समूह के विचारों के बारे में किसी विश्वासी व्यक्ति के साथ बातचीत करना चाहिए तथा उनकी प्रतिक्रियाओं से अवगत होना चाहिए।

(10) समूह के समस्या से संबंधित विभिन्न पहलुओं पर कई स्वतंत्र समूहों (independent groups) द्वारा एक साथ कार्य किया जाना चाहिए।

जेनिस द्वारा बतलाये गए उक्त दस बिंदु सुझाव को कई मनोवैज्ञानिकों द्वारा समूह सोच को रोकने की दिशा में एक महत्त्वपूर्ण कदम बतलाया है।

समूहसोच सम्प्रत्यय का मूल्यांकन
(Evaluating Groupthink Concept)

समाज मनोवैज्ञानिकों ने समूहसोच के संप्रत्यय का मूल्यांकन निम्नांकित दो कसौटियों पर करने की कोशिश किये हैं—

(1) क्या समूहसोच के सम्प्रत्यय का समूह प्रभाव को शोधों के साथ तालमेल है? (Do groupthink concepts harmonize with research on group influence ?)

(2) समूह सोच का प्रत्यक्ष जाँच (Putting groupthink to direct test)

इन दोनों का वर्णन निम्नांकित है—

1. क्या समूहसोच के सम्प्रत्यय का समूह प्रभाव के शोधों के साथ तालमेल है? *(Do groupthink concepts harmonize with research on group influence)*—यदि समूह प्रभाव के अन्य क्षेत्रों में किये गए शोधों के परिणाम पर देखें तो हम सम्भवतः इस निष्कर्ष पर पहुँचेंगे कि समूहसोच के जो लक्षण (symptoms) बतलाये गए हैं, वे इन शोधों के साथ सही बैठते हैं। आत्म-औचित्य (self-justification), आत्म-पोषक पूर्वाग्रह (self-serving bias) तथा अनुपालन (conformity) के क्षेत्र में किए गए अध्ययनों के परिणाम समूहसोच के लक्षणों के अनुकूल हैं। स्टीनर (Steiner, 1982) ने भी इस बिंदु पर अपनी प्रतिक्रिया जाहिर करते हुए कहा है कि समूहसोच की प्रक्रिया समूह प्रभाव के क्षेत्र में किये गए गत शोधों के अनुरूप है। समस्या समाधान समूहों (problem solving groups) में आत्म सेंसर कार्य (self-censorship), पूर्वाग्रहित परिचर्चा (biased discussion) तथा किसी एकांकी समाधान की ओर झुकाव की प्रवृत्ति तीव्र देखी जाती है। गत शोधों को ध्यान में रखते हुए स्टीनर ने भी इस बिंदु को स्पष्ट कर दिया है कि समूह समग्रता (group cohesiveness) अपने आप में समूहसोच उत्पन्न नहीं करता है बल्कि समग्रता की इच्छा (desire for cohesion) से समूहसोच उत्पन्न होता है।

स्पष्ट हुआ कि इस कसौटी पर समूहसोच का संप्रत्यय सही उतरता है।

2. समूहसोच का प्रत्यक्ष जाँच *(Direct test of groupthink)*—जैनिस ने समूहसोच की प्रत्यक्ष जाँच करने के लिए केस अध्ययनों (case studies) का सहारा लिया। इन्होंने एक विशेष प्रश्न का निर्माण किया। प्रश्न था क्या समूह प्रक्रियाओं (group processes) के आधार पर लिए गए उत्तम या बुरे निर्णय समूहसोच द्वारा बतलाये गए पूर्वकथनों (predictions) के आधार पर एक-दूसरे से भिन्न साबित होते हैं? जैनिस (Janis, 1985) ने कार्यकर्त्ताओं (workers)

तथा प्रबंधकों (managers) का एक समग्र तथा आमने-सामने समूह (face-to-face group) के अनौपचारिक विश्लेषण करने के बाद यह पूर्व चेतावनी दिया कि इस तरह के समूह में समूहसोच विकसित होने की सम्भावना काफी तीव्र होती है। मांज तथा सिम्स (Manz & Sims, 1982) ने बैटरी संयोजन कम्पनी (battery assembly plant) के कई स्वतंत्र कार्य समूहों (work groups) का अध्ययन किया और पाया कि इनमें समूह सोच जिनका स्वरूप प्रजातंत्रीय (democratic) अधिक था, कोई खराब समूह नहीं होता है परंतु उन्हें निश्चित रूप से समूहसोच को रोकने वाले उपायों का अभ्यास करना चाहिए।

स्पष्ट हुआ कि समूहसोच का उक्त दोनों कार्यों पर किया गया मूल्यांकन अनुकूल प्रतीत होता है। अतः इसकी वास्तविकता तथा वैधता दोनों सही है। फलस्वरूप, समूह प्रक्रियाओं के अध्ययनों में समूहसोच जैसी संप्रत्यय की उत्पत्ति न हो, इस पर विशेष ध्यान देने की जरूरत है।

व्यक्ति के व्यवहार पर समूह के पड़ने वाले प्रभावों के बारे में सामान्य निष्कर्ष *(General conclusion regarding the influence of group upon the behaviour of the individual)*

इस अध्याय में व्यक्ति के व्यवहार पर समूह के पड़ने वाले प्रभावों का सविस्तार वर्णन किया गया है। इस सिलसिले में मुख्य रूप से छह सूचकांकों का वर्णन किया गया है। इनमें से सामाजिक सरलीकरण, जनसंकुलन (crowding), समूह ध्रुवीकरण, समूहसोच(groupthink)आदि के क्षेत्र में समाज मनोवैज्ञानिकों की सक्रियता अधिक रही है। इन सूचकांकों का व्यक्ति के व्यवहार पर स्पष्ट प्रभाव पड़ता देखा गया है। अतः इसे तुलनात्मक रूप से अधिक महत्त्व दिया गया है।

अध्याय सारांश (Chapter Summary)

1. सामाजिक सरलीकरण (social facilitation) को व्यक्ति के व्यवहार पर पड़ने वाले एक प्रमुख प्रभाव बतलाया गया है। मनुष्यों तथा पशुओं पर किये गए अध्ययनों से यह स्पष्ट हुआ है कि अन्य लोगों की उपस्थिति चाहे निष्क्रिय हो या सक्रिय हो, से निष्पादन में उत्कृष्टता आती है। इसे ही सामाजिक सरलीकरण कहा जाता है। सामाजिक सरलीकरण की व्याख्या प्रणोद सिद्धान्त(drive theory), मूल्यांकन-आशंका सिद्धान्त तथा अन्यमन्यसकता सिद्धान्त(distraction theory) द्वारा किया गया है।
2. जनसंकुलन (crowding) एक प्रमुख समूह प्रभाव है जिसमें व्यक्ति में एक ऐसी मनोवैज्ञानिक स्थिति उत्पन्न होती है जो जनसंख्या के घनत्व से प्रत्यक्ष रूप से संबंधित हो भी सकता है या नहीं भी हो सकता है। इसमें व्यक्ति दो या तीन व्यक्तियों के बीच में भी रहकर जनसंकुलन का अनुभव कर सकता है या फिर 50,000 व्यक्तियों के बीच में भी रहकर जनसंकुलन का अनुभव नहीं कर सकता है।
3. सामाजिक श्रमानवयन (social loafing) से तात्पर्य व्यक्तियों की उस प्रवृत्ति से होता है जिसमें वे किसी सामान्य लक्ष्य की प्राप्ति की ओर कार्य करने पर उसी कार्य के लिए अकेले उत्तरदायी होने की अपेक्षा कम प्रयास करते हैं। इसका भी व्यक्ति व्यवहार पर स्पष्ट प्रभाव पड़ता है।
4. निर्व्यष्टिकरण या निर्वैयक्तिता (deindividuation) एक ऐसा समूह प्रभाव है जिसमें समूह में होने के बावजूद भी व्यक्ति को विशेष के रूप में नहीं देखा जाता है बल्कि व्यक्ति अपने आप को समूह में ही आप्लवित (submerged) पाता है और अपनी वैयक्तिक पहचान पूर्णतः खो देता है।
5. समूह ध्रुवीकरण (group polarization) से तात्पर्य इस बात से होता है कि समूह परिचर्चा से समूह के सदस्यों की आरंभिक मनोवृत्ति या विचार या झुकाव पहले से अधिक मजबूत हो जाती है अर्थात उनके विचारों का ध्रुवीकरण हो जाता है। समूह ध्रुवीकरण की व्याख्या सूचना संबंधी प्रभाव (informational influence) तथा मानक संबंधी प्रभाव (normative influence) दोनों के रूप में की गयी है।
6. समूहसोच (groupthink) से तात्पर्य समूह के भीतर के दवाबों के परिणामस्वरूप नैतिक निर्णय, वास्तविकता की जाँच तथा मानसिक क्षमता में उत्पन्न कमी से होता है। जैनिस (Janis) द्वारा इस क्षेत्र में महत्त्वपूर्ण कार्य किये गये हैं। इन्होंने समूहसोच के आठ लक्षणों तथा उसे रोकने के लिए दस सुझावों का वर्णन किया है जिसे समाज मनोविज्ञान के क्षेत्र में एक महत्त्वपूर्ण योगदान माना गया है।

❑

अध्याय 14

समूह मनोबल
(GROUP MORALE)

समूह मनोबल का अर्थ
(Meaning of Group Morale)

समूह मनोबल समूह की एक प्रबल विशेषता है। समाज मनोवैज्ञानिकों के अनुसार समूह मनोबल एक जटिल (complex) एवं बहुविमीय (multidimensional) संप्रत्यय (concept) है जिसके परिणामस्वरूप इसकी परिभाषा में कुछ विभिन्नताएँ हमें मिलती हैं। इस विभिन्नता के बावजूद समाज मनोवैज्ञानिकों में इस बात की सहमति (agreement) है कि मनोबल समूह का एक वांछित गुण (desired trait) है।

समूह मनोबल की कुछ महत्त्वपूर्ण परिभाषाएँ इस प्रकार हैं—**क्रेच** तथा **क्रचफिल्ड**[1] (Kretch & Crutchfield, 1948) के अनुसार, ''मनोबल से तात्पर्य समूह का कार्य के स्तर तथा समूह की एकता, एकात्मकता या समस्वार्थता एवं सामूहिक भावना से होता है।'' **लिण्डग्रेन**[2] (Lindgren, 1973) के अनुसार, ''समूह की समस्या या कार्य के प्रति सदस्यों में आशावाद एवं विश्वास की भावना को मनोबल कहा जाता है। समूह मनोबल वैयक्तिक सदस्यों का मनोबल का यौगिक (composite) होता है।'' इन परिभाषाओं से हमें समूह मनोबल के स्वरूप (nature) का पता चलता है। यदि इन परिभाषाओं का हम ध्यानपूर्वक पठन करें, तो हमें इसके स्वरूप के बारे में निम्नांकित तथ्य प्राप्त होते हैं—

(1) समूह मनोबल का सम्बन्ध सदस्यों की एकता, एकात्मकता (solidarity) तथा उनमें व्याप्त सामूहिक भावना से होता है। यदि किसी समूह के सदस्यों द्वारा समूह-लक्ष्य (group goal) को प्राप्त करने में काफी सहयोगिता (cooperativeness) तथा सहभागिता (participation) दिखलायी जाती है तो ऐसा समझा जाता है कि समूह में मनोबल (morale) अधिक है।

(2) समूह मनोबल का सम्बन्ध सदस्यों के आत्म-विश्वास से भी होता है। समूह मनोबल ऊँचा रहने पर सदस्यों में आत्म-विश्वास अधिक होता है।

(3) समूह मनोबल का सम्बन्ध सदस्यों में आशावाद (optimism) की भावना से भी है। समूह में मनोबल (morale) होने से सदस्यों में समूह लक्ष्य की प्राप्ति से सम्बन्धित धनात्मक प्रत्याशाएँ (positive expectations) अधिक होती हैं।

(4) समूह मनोबल में सदस्यों में समग्रता (cohesiveness) अधिक होती है क्योंकि समूह का लक्ष्य (goal), क्रियाएँ (activities) आदि सदस्यों के लिए काफी आकर्षक (attractive) होतीं हैं।

(5) समूह मनोबल सभी सदस्यों के वैयक्तिक मनोबल (individual morale) का एक योग होता है। यदि सभी सदस्यों का वैयक्तिक मनोबल ऊँचा होता है तो समूह का मनोबल भी ऊँचा होता है परन्तु यदि सभी सदस्यों का वैयक्तिक मनोबल नीचा होता है तो समूह का मनोबल भी नीचा होता है।

---

1. "Mroale refers to the level of group functioning, the unity and solidarity of the group its *esprit de corps*."
—Krecth & Crutchfield : *Theory and Problems of Social Psychology*, 1948, p. 504

2. "The feeling of confidence and optimism with respect to problems or tasks is termed as morale. Group morale is the composite of the morale of individual members."
—Lindgren : *An Introduction to Social Psychology*, 1973, p. 343

उच्च एवं निम्न समूह मनोबल की कसौटी
(Criteria of High and Low Group Morale)

किसी समूह का मनोबल (morale) ऊँचा (high) हो सकता है या नीचा (low) हो सकता है। समाज मनोवैज्ञानिकों ने कुछ कसौटियों (criteria) या सूचकांकों (indeces) का वर्णन किया है जिनके आधार पर यह आसानी से जाना जा सकता है कि समूह का मनोबल ऊँचा है या नीचा है। किसी समूह में यदि निम्नांकित सूचक (index) मौजूद हों तो समूह का मनोबल ऊँचा समझा जाता है परन्तु यदि समूह में विपरीत स्थिति होती है, तो समूह का मनोबल (morale) नीचा समझा जाता है।

(1) समूह में एकता तथा एकात्मकता *(Unity and solidarity in the group)*—जब समूह के सदस्यों में एकता तथा एकात्मकता की भावना किसी बाह्य दबाव (external pressure) के कारण नहीं बल्कि आन्तरिक समग्रता (internal cohesiveness) के कारण होती है, तो वैसी परिस्थिति में समूह का मनोबल ऊँचा समझा जाता है। आन्तरिक समग्रता के आधार पर एकता होने पर सदस्य अपनी इच्छानुसार एक-दूसरे से मिलकर समूह लक्ष्य की प्राप्ति की ओर अग्रसर होते हैं। फलतः समूह का मनोबल ऊँचा होता है। किसी समूह में कभी-कभी किसी बाहरी परिस्थिति के कारण भी थोड़े समय के लिए एकता उत्पन्न हो जाती है परन्तु इसके आधार पर हम यह नहीं कहेंगे कि समूह मनोबल ऊँचा है क्योंकि बाहरी परिस्थिति से पड़ने वाला दबाव समाप्त होते ही समूह की एकता भी समाप्त हो जाती है। किसी शहर में हिन्दू-मुस्लिम दंगा की संभावना के कारण सम्भव है कि शहर के सभी मुसलमानों में काफी एकता तथा एकात्मकता (solidarity) की भावना उत्पन्न हो जाये परन्तु यह निश्चित रूप से मनोबल का सूचक नहीं होगा क्योंकि दंगा की सम्भावना समाप्त होते ही उनके बीच से एकता भी करीब-करीब समाप्त हो जायेगी।

(2) विभाजक संघर्ष का न्यूनतम स्तर *(Minimum level of divisive frictions)*—जिस समूह के सदस्यों में भेदभाव एवं फूट डालने वाली प्रवृत्ति कम होती है वह समूह अधिक संगठित (organised) होता है तथा साथ-ही-साथ उसका मनोबल (morale) ऊँचा होता है। परन्तु जिस समूह में विभाजक शक्तियाँ (divisive forces) अधिक होती हैं, उनके सदस्यों में संगठन काफी कम होता है। फलस्वरूप समूह का मनोबल काफी नीचा होता है।

(3) समूह को सदस्यों एवं नेतृत्व के प्रति अनुकूल मनोवृत्ति *(Favourable attitude towards group members and leadership)*—जब समूह में सदस्यों की मनोवृत्ति एक-दूसरे के प्रति एवं समूह के नेता के प्रति अनुकूल होती है तो समूह का मनोबल ऊँचा होता है। ऐसी परिस्थिति में समूह के सदस्य एक-दूसरे के प्रति तथा साथ-ही-साथ समूह के नेता के प्रति काफी निष्ठावान (loyal) होते हैं। इसके विपरीत जब सदस्यों की मनोवृत्ति एक-दूसरे के प्रति एवं साथ-ही-साथ समूह के नेता के प्रति नकारात्मक (negative) होती है तो स्थिति भयावह हो जाती है और समूह का मनोबल काफी नीचा समझा जाता है।

(4) नयी एवं परिवर्तनशील परिस्थितियों के प्रति अनुकूलता *(Adaptability to new and changing circumstances)*—जब समूह के सदस्यों में नयी एवं परिवर्तनशील परिस्थितियों के प्रति अपने आप को अनुकूल (adapt) करने की क्षमता अधिक होती है, तो वैसी परिस्थिति में सदस्यों में आन्तरिक संघर्ष (internal conflict) होने की संभावना कम होती है। फलस्वरूप, सदस्यों का मनोबल काफी ऊँचा होता है। दूसरी तरफ यदि सदस्यों में नयी एवं परिवर्तनशील परिस्थिति के साथ अनुकूलन (adaptation) करने की क्षमता नहीं होती है तो वैसी परिस्थिति में समूह में आन्तरिक संघर्ष अधिक होता है और समूह का मनोबल नीचा समझा जाता है।

(5) सदस्यों में पर्याप्त मात्रा में मैत्री-भाव *(Substantial amount of friendliness among members)*—अगर समूह के सदस्यों के बीच मैत्री-भाव पर्याप्त मात्रा में है तो समूह का मनोबल ऊँचा होता है। ऐसी परिस्थिति में समूह के सदस्यों में एक-दूसरे के प्रति पसंदगी (likings) भी अधिक होती है। दूसरी तरफ यदि समूह की सदस्यों में मैत्री-भाव का अभाव होता है तो सदस्यों में एक-दूसरे के प्रति नापसंदगी (dislikings) अधिक होती है और समूह का मनोबल (morale) नीचा होता है।

(6) वैयक्तिक सदस्यों के उद्देश्यों की समानता *(Communality of the goals of individual members)*—समूह में प्रत्येक सदस्य का अपना-अपना एक विशेष उद्देश्य (goal) होता है। वैसे समूह का मनोबल ऊँचा समझा जाता है जिसके अधिकतम सदस्यों का वैयक्तिक उद्देश्य करीब-करीब एक ही समान हो। इस समानता के कारण सदस्यों में

एकजुट होकर कार्य करने की प्रवृत्ति अधिक होती है जिससे उनमें एकता की वृद्धि होती है और समूह का मनोबल ऊँचा होता है। दूसरी तरफ यदि वैगक्तिक सदस्यों के उद्देश्यों में असमानता एवं विभिन्नता होती है तो इससे सदस्यों में आपसी मनमुटाव बढ़ता है तथा समूह का मनोबल (morale) नीचा समझा जाता है।

(7) समूह समग्रता *(Group cohesiveness)*—जब समूह के सदस्यों में समूह में बने रहने के लिए आकर्षकता (attractiveness) अधिक होती है, (यानी समूह में समग्रता अधिक होती है) तो उस समूह का मनोबल (morale) ऊँचा होता है। दूसरी तरफ जब सदस्यों के लिए समूह आकर्षक नहीं रह जाता है जिसके परिणामस्वरूप वे सदस्यता को स्वेच्छा से त्यागने के लिए तैयार रहते हैं, तो समूह का मनोबल नीचा समझा जाता है। अतः समूह समग्रता भी समूह मनोबल की एक प्रमुख पहचान है।

(8) अहम्-संहिता*(Ego-involvement)*—जब समूह में सदस्यों में अहम्-संहिता (ego involvement) का भाव अधिक होता है, तो वह समूह के साथ एक तरह का तादात्म्य या एकीकरण (indentification) स्थापित कर लेता है। वह समूह के लिए ही जीता है या मरता है। ऐसे समूह का मनोबल स्वभावतः ऊँचा होता है। दूसरी तरफ जब सदस्यों में अहं-आवेष्टन की भावना कम होती है तो वह समूह के सदस्यों के रूप में जो आवश्यक औपचारिकता (formalities) होती है, मात्र उसे किसी तरह निभा देता है, फलतः ऐसे समूह का मनोबल प्रायः नीचा होता है।

(9) उत्तरदायित्व की एवं समूह में होने की भावना *(Feeling of responsibility and belongingness)*— किसी समूह के उच्च मनोबल की एक पहचान यह भी है कि उसके सदस्यों में उत्तरदायित्व की भावना अधिक होती है तथा साथ-ही-साथ वह यह भी समझता है कि समूह हमारा है या हम समूह के है। दूसरी तरफ जब समूह का मनोबल नीचा होता है तो उसके सदस्यों में उत्तरदायित्व की भावना कम होती है और वे समूह की सदस्यता को एक भार एवं औपचारिकता समझते हैं।

(10) उत्पादकता*(Productivity)*—कुछ समाज मनोवैज्ञानिकों का विचार है कि उत्पादकता के आधार पर भी मनोबल की पहचान की जा सकती है। यदि समूह की उत्पादकता (productivity) अधिक है तो ऐसा समझा जाता है कि अवश्य ही उस समूह का मनोबल भी ऊँचा होगा। दूसरी तरफ यदि समूह की उत्पादकता कम है तो ऐसा समझा जाता है कि समूह का मनोबल भी नीचा होगा। परन्तु आधुनिक समाज मनोवैज्ञानिकों ने उत्पादकता तथा मनोबल के बीच इस तरह के धनात्मक सम्बन्ध (positive relationship) का खंडन किया है। इन लोगों का कहना है कि समूह का मनोबल कम रहने पर भी अन्य कारणों से समूह की उत्पादकता अधिक हो सकती है। जैसे—मेयर्स (Myers, 1987) के अनुसार यदि समूह में अधिक उत्पादकता के लिए विशेष पुरस्कार की घोषणा कर दी जाती है तो मनोबल कम रहने पर भी समूह की उत्पादकता बढ़ जाती है। यही कारण है कि क्रेच तथा क्रचफिल्ड (Kretch & Crutchfield, 1948) ने उत्पादकता को मनोबल का एक भ्रामक सूचक (misleading) माना है।

ऊपर वर्णन किये गये मानदण्डों के आधार पर हम यह आसानी से पहचान कर ले सकते हैं कि किसी समूह का मनोबल ऊँचा है या नीचा है।

समूह मनोबल के निर्धारक
(Determinants of Group Morale)

हम देख चुके हैं कि किसी समूह का मनोबल ऊँचा हो सकता है या नीचा हो सकता है। प्रश्न अब यह उठता है कि ऐसा क्यों होता है? वे कौन-कौन कारक(factors) हैं जिनसे समूह का मनोबल प्रभावित होता है? समाज मनोवैज्ञानिकों ने कुछ ऐसे कारकों का विशेष वर्णन किया है जिनके द्वारा किसी समूह का मनोबल प्रभावित होता है। इन कारकों या निर्धारकों को मूल रूप से दो भागों में बाँटा गया है—

(क) सकारात्मक निर्धारक (Positive determinants)

(ख) नकारात्मक निर्धारक (Negative determinants)

इन दोनों का वर्णन इस प्रकार है—

(क) सकारात्मक निर्धारक *(Positive determinats)* मनोबल के कुछ सकारात्मक निर्धारक हैं। सकरात्मक निर्धारक का संबंध सदस्यों के धनात्मक उद्देश्यों से होता है जिनकी प्राप्ति करने के लिए समूह का प्रत्येक सदस्य प्रेरणात्मक

(motivative) , संवेगात्मक (emotional) तथा संज्ञानात्मक (cognitive) प्रयास करता है। दूसरे शब्दों में यह कहा जा सकता है कि सकारात्मक निर्धारक का संबंध सदस्यों के प्रेरणात्मक, संवेगात्मक तथा संज्ञानात्मक कारकों से होता है जो व्यक्ति को धनात्मक उद्देश्य(positive goals)की प्राप्ति में सहायक होता है। प्रमुख सकारात्मक कारकों या निर्धारक का वर्णन निम्नांकित है—

1. धनात्मक लक्ष्य *(Positive goals)* किसी समूह में ऊँचा मनोबल होने के लिए यह अति आवश्यक है कि समूह के सदस्यों के सामने एक धनात्मक (positive) एवं स्पष्ट लक्ष्य (goal) हो। समाज मनोवैज्ञानिकों का मत है कि जब समूह का लक्ष्य स्पष्ट एवं धनात्मक(positive) होता है अर्थात ऐसा होता है जो सदस्यों में आकर्षण(attraction) प्रदान करता है, तो उस समूह का मनोबल अच्छा एवं ऊँचा होता है। धनात्मक लक्ष्य सदस्यों में एकता पैदा करके उन्हें अपनी ओर आकर्षित कर लेता है। अत: धनात्मक लक्ष्य एक तरह का चुम्बकीय बल्ला (magnetic pole) के रूप में कार्य करता है जो सदस्यों में एकात्मकता (solidarity) का भाव उत्पन्न करके उन्हें संगठित करता है और समूह का मनोबल ऊँचा करता है। वाटसन (Watson,1942) के शब्दों में, ''सबसे पहले, मनोबल के लिए एक चुम्बकीय बल्ला की जरूरत होती है जिसके प्रति व्यक्तियों की आकांक्षाएं आकर्षित होती है।'' यहाँ चुम्बकीय बल्ला से वाटसन का तात्पर्य समूह का एक धनात्मक लक्ष्य (positive goal) से था। ऊपर के विवरण से स्पष्ट है कि समूह में ऊँचे मनोबल के लिए स्पष्ट एवं धनात्मक लक्ष्य का होना अनिवार्य है।

2. सहायक आवश्यकताओं की संतुष्टि *(Satisfaction of accessory needs)* समूह सदस्यता (group membership) का मूल उद्देश्य किसी सामान्य लक्ष्य (common objective) की प्राप्ति होती है। परंतु इस मूल उद्देश्य के अलावा भी एक और लक्ष्य होता है जो समूह सदस्यता को प्रेरित करता है। वह लक्ष्य है सहायक आवश्यकताओं की संतुष्टि। प्रत्येक सदस्य की कुछ सहायक (assessory) आवश्यकताएं एवं सहभागिता की आवश्यकता (need for participation), आत्म-अभिव्यक्ति की आवश्यकता (need for self-expression) तथा आदर एवं सम्मान की आवश्यकता (need for recognaition and prestige) आदि होती है, जिनकी संतुष्टि समूह में होती है। जिस समूह में इन सहायक आवश्यकताओं की संतुष्टि जितनी ही अधिक होती है, उस समूह का मनोबल उतना ही ऊँचा होता है। कुछ समाज मनोवैज्ञानिकों जैसे—फिशर (Fisher,1983) तथा मेयर्स (Myers, 1987) ने इस क्षेत्र में किये गये अध्ययनों की समीक्षा (review) करके यह बतलाया है कि समूह में जिस सीमा तक इन सहायक आवश्यकताओं की संतुष्टि होती है, उस सीमा तक समूह में सहभागिता (cooperativeness) उत्पन्न होती है और समूह का मनोबल ऊँचा उठता है।

3. लक्ष्य की ओर प्रगति की भावना *(Sense of advancement towards the goal)*—समूह मनोबल को ऊँचा बनाये रखने के लिए सिर्फ यही आवश्यक नहीं है कि समूह लक्ष्य धनात्मक (Positive) हो तथा उसे प्राप्त करने के लिए स्पष्ट प्रविधियाँ (techniques) मौजूद हों बल्कि यह भी आवश्यक है कि सदस्यों में इस बात का ज्ञान हो कि वे प्रगति की ओर अग्रसर हो रहे हैं। ऐसी भावना से उनका हौसला बुलंद होता है। और समूह का मनोबल ऊँचा हो जाता है। यही कारण है कि युद्ध के समय सैनिकों का मनोबल ऊँचा रखने के लिए बार-बार यह घोषणा की जाती है कि हमलोग मैदान में आगे बढ रहे हैं तथा दुश्मन पीछे की ओर हटते जा रहे हैं। समाज मनोवज्ञानिकों द्वारा किये गये अध्ययनों से यह स्पष्ट हो गया है कि समूह की संरचना चाहे प्रजातंत्रात्मक(democratic) हो या सत्तावादी(authoritarian) हो, जब सदस्यों में समूह लक्ष्य की प्राप्ति की दिशा में आगे बढ़ते रहने का ज्ञान प्रबल होता है, तो समूह का मनोबल ऊँचा हो जाता है। क्रेच एवं क्रचफिल्ड (Kretch Crutchfield, 1948) ने ठीक ही कहा है, ''जब कभी भी समूह के सदस्य यह देखते हैं या विश्वास कर पाते हैं कि वे समूह की ओर आगे बढ़ रहे हैं, तो इससे मनोबल ऊँचा होने की संभावना बढ़ जाती है।''

---

1. "Morale, first of all, demands a magnetic pole toward which the aspirations of man are drawn."

—Watson : *Five factors in morale.* 1942.

2. "Whenever group members can see or believe they can see evidences of advancement, toward the group objective, morale is thereby likely to be strengthened."

—Kretch & Crutchfield : *Theory and Problems of Social Psychology* 1948 p. 409.

4. समय परिप्रेक्ष्य *(Time perspective)*—किसी समूह का मनोबल समय प्ररिप्रेक्ष्य (time perspective) द्वारा भी प्रभावित होता है। समय परिप्रेक्ष्य का संबंध समूह में अतीत की घटनाओं (past events) तथा भविष्य में समूह की प्राप्ति के संबंध में बनायी जाने वाली नीतियों एवं योजनाओं से हैं। इसके अलावा समय परिप्रेक्ष्य का संबंध इस बात से भी होता है कि कहाँ तक समूह के सदस्य समूह की वर्तमान क्रियाओं (present activities) का संबंध लक्ष्य से जोड़ पाते हैं। अगर समूह ऐसा है जिसके सदस्य समूह की अतीत की घटनाओं का अनुभव से फायदा उठाकर अपने व्यवहारों में सुधार लाता है तथा समूह लक्ष्य के लिए समूह की वर्तमान क्रियाओं (Present activities) की महत्ता को सही-सही समझता है, तो उस समूह का मनोबल ऊँचा हो जाता है। क्रेच एवं क्रचफिल्ड (Kretch & Crutchfield, 1948) का कहना है कि जब समूह के सदस्य को समूह लक्ष्य एवं उससे संबंधित नीति एवं योजनाओं के बारे में कुछ नहीं बतलाया जाता है तथा समूह की क्रमिक क्रियाएँ (successive activities) सदस्यों के दृष्टिकोण से पृथक एवं असंबंधित होतीं हैं, तो समूह का मनोबल नीचा हो जाता है। इन लोगों ने विशेषकर इस बात पर बल डाला है कि जब सदस्यों को भविष्य की योजनाओं एवं नीतियों के बारे में अंधेरे में रखा जाता है तो इससे सदस्यों की असुरक्षा (insecurity) की भावना उत्पन्न होती है एवं साथ-ही-साथ उनमें कुंठा (frustration) भी उत्पन्न होती हो जो समूह मनोबल को गिरा देती है। यही कारण है कि युद्ध के मैदान में उन सैनिकों का मनोबल नीचा हो जाता जिनके मन में भविष्य के बारे में तरह-तरह की अटकलबाजियाँ होती हैं। प्रायः इनके मन में यह प्रश्न उठता रहता है कि अब उन्हें कहाँ भेजा जायेगा। किस प्रकार का कार्य (duty) उन्हें करना होगा, उनके साथ और कौन-कौन लोग जायेंगे आदि, आदि।

लेविन (Lewin, 1942) ने अपने अध्ययनों के आधार पर यह बतलाया है कि उच्च मनोबल (high moral) तथा लंबा समय परिप्रेक्ष्य (long perspective) में संबंध पारम्परिक (reciprocal) होता है। दूसरे शब्दों में, न सिर्फ किसी समूह के लम्बे समय प्ररिप्रेक्ष्य द्वारा समूह मनोबल ऊँचा होता है बल्कि जब समूह का मनोबल ऊँचा होता है, तो वह स्वयं ही लम्बा समय परिप्रेक्ष्य विकसित कर लेता है। इस बात की पुष्टि बेभिलास एवं लेविन (Bavelas & Lewin, 1942) द्वारा किये गये प्रयोग से हो जाती है। इस प्रयोग में बच्चों के एक समूह का मनोबल जब प्रयोगकर्त्ताओं ने अपने विशेष प्रयास द्वारा ऊँचा कर दिया तो बच्चे यही चाहते थे कि समूह का अस्तित्व अधिक लम्बे समय तक बना रहे। जब प्रयोगकर्त्ता ने यह साफ-साफ बतला दिया कि उनके पास कोई वयस्क नेता (adult leader) नहीं है जो समूह का नेतत्व कर सके और इसलिए समूह के अस्तित्व को समाप्त करना आवश्यक है तो बच्चे स्वयं ही समूह के लिए परियोजना (project) बनाने के लिए तैयार हो गये ताकि समूह लम्बे समय तक कायम रहे। वेभिलास एवं लेविन के अनुसार इसका मुख्य कारण यह था कि बच्चों का मनोबल काफी ऊँचा था। स्पष्ट हुआ कि मनोबल ऊँचा रहने पर समूह स्वयं ही लंबा समय परिप्रेक्ष्य विकसित कर लेता है।

5. आकांक्षा-स्तर तथा उपलब्धि स्तर *(Level of aspiration and level of achivement)*—समूह के मनोबल को ऊँचा रखने के लिए यह भी आवश्यक है कि सदस्यों का आकांक्षा-स्तर तथा उपलब्धि-स्तर(level of achivevement) में एक ऐसा ताल-मेल हो कि दोनों में एक निश्चित संतुलन बना रहे। सदस्य अपने उपलब्धि-स्तर के आधार पर ही आकांक्षा-स्तर का निर्माण करते हैं। लेविन (Lewin, 1942) ने अपने प्रयोग के आधार पर यह बतलाया है कि यदि समूह का आकांक्षा स्तर पहले की उपलब्धि-स्तर से काफी ऊँचा होता है, तो इससे समूह में कुंठा (frustration) तथा संघर्ष की भावना बढ़ती है क्योंकि आकांक्षा के उस बढ़े हुए स्तर पर पहुँचना समूह के लिए नाकों चने चबाने के समान होता है। ऐसी परिस्थिति में समूह का मनोबल गिर जाता है। दूसरी तरफ यदि समूह के आकांक्षा-स्तर का निर्धारण पहले के उपलब्धि स्तर को ध्यान में रखते हुए एक ऐसे बिंदु पर किया जाता है जहाँ समूह के सदस्य आसानी से पहुँच सकते हैं तो ऐसी परिस्थिति में समूह के सदस्यों में लक्ष्य तक पहुँचने के लिए सहयोगिता (co-coperativeness) की भावना तीव्र हो जाती है और समूह का मनोबल ऊँचा हो जाता है। इससे स्पष्ट हुआ कि समूह मनोबल को ऊँचा रखने के लिए समूह के आकांक्षा-स्तर एवं उपलब्धि स्तर में एक निश्चित ताल-मेल का होना अनिवार्य है।

6. समूह के अंतर्गत त्याग या लाभ में समानता*(Equality of sacrifice or gain within the group)* —समूह में ऊँचा मनोबल के लिए यह आवश्यक है कि सभी सदस्यों में यह भावना हो कि उन्हें सामान लाभ हो रहा है या यदि समूह को अपने लक्ष्य प्राप्ति के लिए कुछ त्याग करना पड़ रहा है तो सभी सदस्य समान रूप से त्याग कर रहे हैं। कहने का तात्पर्य यह है कि सदस्यों में समान लाभ या त्याग की भावना का होना ऊँचा मनोबल के लिए आवश्यक है। यदि किसी कारण से सदस्यों में यह भावना उत्पन्न हो जाती है कि उन्हें समूह में दूसरे सदस्यों की अपेक्षा कम लाभ हो रहा है परंतु उसे त्याग अधिक करना पड़ रहा है तो ऐसी परिस्थिति में समूह के नेतृत्व में सदस्यों का विश्वास समाप्त

हो जाता है और समूह के भीतर अनेक उपसमूह (sub groups) कायम हो जाते हैं और आपस में वैर-भाव (hostility) अधिक बढ़ जाता है। इन सबका परिणाम यह होता है कि समूह का मनोबल (moral) नीचा हो जाता है। स्पष्ट है कि सदस्यों में समान त्याग तथा लाभ की भावना से समूह का मनोबल प्रभावित होता है।

7. एकात्मकता, तादात्म्य तथा आवेष्टन की भावना *(Feeling of solidarity, identification and involvement)*—समूह का मनोबल सदस्यों में एकात्मकता, तादात्म्य तथा आवेष्टन की भावना द्वारा प्रभावित होता है। सचमुच में मनोबल का यह एक संवेगात्मक निर्धारक (emotional determinant) है। समाज मनोवैज्ञानिकों द्वारा किये गये अध्ययनों से यह स्पष्ट हो जाता है कि इन तीनों संवेगात्मक कारकों का प्रभाव मनोबल पर सीधा पड़ता है।

वाटसन (Watson, 1942) के अध्ययनों से यह स्पष्ट हो जाता है कि सदस्यों में जब एकात्मकता (solidarity) की भावना तीव्र होती है तो ऐसी परिस्थिति में उनमें एकजुट होकर समूह लक्ष्य और कार्य करने की प्रेरणा अधिक मिलती है। इससे समूह का मनोबल (morale) ऊँचा हो जाता है। राईट (Wright, 1940) ने एक अध्ययन बच्चों पर किया और पाया कि बच्चों के समूह में गहरी दोस्ती होने पर उत्पन्न की गई कुंठा (frustration) का कोई प्रभाव उन पर नहीं पड़ता है क्योंकि उनमें एकात्मकता अधिक होने से मनोबल अधिक ऊँचा होता है। परंतु वैसे बच्चों के समूह में जिसके सदस्यों में गहरी दोस्ती नहीं थी, बच्चे इस तरह की कुंठा द्वारा अधिक हतोत्साहित हो गये और उनका मनोबल गिरता पाया गया। वाटसन तथा राईट के अध्ययनों से यह पता चलता है कि समूह में एकात्मकता की भावना उत्साह-भंग (demoralization) के प्रति एक तरह का बचाव (defense) का काम करता है।

तादात्म्य (identification) का भी समूह मनोबल (group morale) पर पड़ता है। समूह तादात्म्य से तात्पर्य सदस्यों द्वारा समूह को अपना समूह, समूह कल्याण (Welfare) को अपना कल्याण तथा समूह की उपलब्धियों को अपनी उपलब्धि समझने की प्रवृति (tendency) से होता है। मनोवैज्ञानिक प्रयोगों से यह सिद्ध हो चुका है कि अन्य बातों के समान रहने पर, सदस्य समूह के साथ जितना ही अधिक तादात्म्य स्थापित करते हैं, समूह मनोबल उतना ही अधिक ऊँचा होता है। समूह के साथ अधिक तादात्म्य स्थापित हो जाने से सदस्य समूह लक्ष्य (group goal) को अपना व्यक्तिगत लक्ष्य समझ कर उनकी प्राप्ति के लिए अग्रसर होते हैं। फलतः समूह का मनोबल तेजी से ऊँचा उठता है।

जब तादात्म्य द्वारा सदस्य समूह लक्ष्य को अपना व्यक्तिगत लक्ष्य समझकर पूरा करने के लिए क्रियाएँ करता है तो उसमें आवेष्टन (involvement) भी बढ़ जाता है। वह उस काम को पूरा करने के लिए जमकर उत्तरदायित्व निभाता है और अन्य लोगों को भी उसमें हाथ बंटाने के लिए प्रोत्साहित करता है। मायर्स (Myers, 1957) के अनुसार यदि समूह के सदस्यों का समूह कार्य को पूरा करने में आवेष्टन (involvement) अधिक होता है तो इससे उनमें सहकारिता (cooperativeness) की भावना बढ़ती है तथा प्रतियोगिता (competition) तथा अन्य प्रकार के संघर्ष (conflict) की सम्भावना कम हो जाती है जिसका परिणाम यह होता है कि समूह की मनोबल (morale) ऊँचा हो जाता है।

8. नेतृत्व *(Leadership)*—समूह का मनोबल नेतृत्व पर भी निर्भर करता है क्योंकि समूह के लिए नेता एक महत्वपूर्ण शक्ति होता है। समाज मनोवैज्ञानिकों द्वारा किये गये अध्ययनों से यह स्पष्ट हुआ कि सत्तावादी नेता (aurhoritarian leader) की अपेक्षा प्रजातंत्रात्मक नेता (democratic) के होने पर समूह का मनोबल अधिक उँचा होता है क्योंकि इस प्रकार के नेतृत्व में सदस्यों द्वारा समूह कार्य में सहभागिता (participation), तादात्म्य (indentification) की भावना, विचारों की स्वतंत्रता तथा अन्य प्रेरणात्मक बल (motivational forces) अधिक होते हैं। फिशर (Fisher, 1993) तथा आलपोर्ट (Allport, 1980) के अनुसार प्रजातंत्रात्मक नेतृत्व में सत्तावादी नेतृत्व की अपेक्षा मनोबल ऊँचा होने का प्रधान कारण यह है कि, इस तरह के समूह में आपसी संघर्ष कम तथा 'हम का भाव' (we-feeling) अधिक होता है जिसका सीधा प्रभाव मनोबल पर पड़ता है अर्थात मनोबल ऊँचा हो जाता है

9. सामाजिक एवं आर्थिक कारक *(Social and economic factors)*—समूह का मनोबल सामाजिक व्यवस्था तथा सदस्यों की आर्थिक स्थिति पर भी निर्भर करता है। यदि सामाजिक व्यवस्था ऐसी है जिसमें सभी योग्य व्यक्तियों को उचित स्थान दिया जाता है, तो वैसे समूह या समाज में अधिक-से-अधिक व्यक्ति शामिल होना चाहते हैं और प्रायः ऐसे समूह का मनोबल ऊँचा होता है। हिल्टन तथा डैनली (Hilton & Danley, 1985) द्वारा किये गये अध्ययनों से उसकी पुष्टि भी होती है। कुछ समाजशास्त्रियों जैसे डीफ्लेवर (DeFlavour, 1982) तथा पेज (Page, 1975) ने भी अपने अध्ययनों से इस बात की पुष्टि की है। सदस्यों की आर्थिक स्थिति का भी प्रभाव समूह-मनोबल पर पड़ता है। यदि समूह के लोगों को धन कमाने का स्पष्ट स्रोत है और साथ-ही-साथ उनमें बेरोजगारी (unemployment) नहीं है तो

वैसी परिस्थिति में सदस्यों का मनोबल ऊँचा होता है। परंतु यदि सदस्यों में गरीबी एवं भूखमरी व्याप्त है तो इससे समूह के सदस्यों का मनोबल नीचा हो जाता है।

(ख) नकारात्मक निर्धारक*(Negative determinant)*—ऊपर वर्णन किये गये सकारात्मक निर्धारकों के अलावा कुछ नकारात्मक निर्धारक (negative determinants) भी हैं जिनका प्रभाव समूह मनोबल पर पड़ता है। नकारात्मक निर्धारक में चिंता (anxiety), खतरा (danger), आदि प्रमुख हैं। अनेक ऐसे उदाहरण हमें मिलते हैं जिनमें यह देखा गया है कि जब-जब समूह के सदस्यों में बाहर के समूहों में खतरा या डर उत्पन्न हो जाता है, वे आपसी भेद-भाव को भूलकर तुरंत संगठित हो जाते हैं तथा काफी एकता एवं एकात्मकता (solidarity) दिखलाते हैं, इससे समूह का मनोबल ऊँचा हो जाता है। हिन्दू-मुस्लिम दंगा के समय हिन्दुओं में तथा मुसलमानों में एकता तथा एकात्मकता काफी बढ़ जाती है जिससे इन दोनों समूहों का मनोबल ऊँचा हो जाता है।

कुछ समाज मनोवैज्ञानिकों ने प्रयोगात्मक सबूत (experimental evidences) प्रदान करके धनात्मक निर्धारक (positive determinant) तथा नकारात्मक निर्धारक द्वारा उत्पन्न मनोबल की तुलना किया है और बतलाया है कि नकारात्मक धनात्मक निर्धारक से निम्नांकित दो अर्थों में भिन्न है—

(1.) नकारात्मक निर्धारक (negative determinant) जैसे-भय, चिन्ता आदि समूह के मनोबल को ऊँचा करने में उतना प्रभावकारी नहीं होते जितना कि धनात्मक निर्धारक होते हैं।

(2.) नकारात्मक निर्धारक (negative determinant) द्वारा उत्पन्न मनोबल (morale) सकारात्मक या धनात्मक निर्धारक द्वारा उत्पन्न मनोबल की अपेक्षा कम स्थायी होता है। गोंडोन (Gordon, 1940) ने अपने अध्ययन में पाया कि धनात्मक निर्धारकों के आधार पर बना समूह नकारात्मक निर्धारकों के आधार पर बने समूह की अपेक्षा प्रयोगकर्त्ता द्वारा उत्पन्न किये गये भेद-भाव से लगभग न के बराबर प्रभावित हुआ क्योंकि पहले तरह के समूह का मनोबल दूसरे तरह के मनोबल की अपेक्षा ऊँचा एवं स्थिर था। उसी तरह से लेविन, लिपिट तथा ह्वाईट (Lewin, Lippitt & White, 1939) ने अपने अध्ययन में पाया कि नकारात्मक निर्धारकों के आधार पर बने समूह में संघर्ष तथा आपसी भेद-भाव सकारात्मक निर्धारकों के आधार पर बने समूह का अपेक्षा अधिक था। फलतः पहले तरह के समूह का मनोबल थोड़े समय के लिए अवश्य ही ऊँचा हो जाता था। परंतु बाद में वैसे समूह के मनोबल बिल्कुल ही रसातल में चला जाता था। ऐसे भी हमारे सामने अनेक उदाहरण हैं जिनसे स्पष्ट हो जाता है कि बाहरी संकट या डर होने पर समूह के सदस्यों का मनोबल ऊँचा हो जाता है परंतु उस संकट या डर की संभावना समाप्त होते ही सदस्यों में असहयोगिता, भाषा साम्प्रदायिकता के नाम पर आपस में मनमुटाव आदि बढ़ जाते हैं। परिणामस्वरूप, समूह का मनोबल गिर जाता है।

निष्कर्ष यह है कि समूह का मनोबल सकारात्मक या धनात्मक तथा नकारात्मक कारकों दोनों से ही प्रभावित होता है। सकारात्मक कारकों का प्रभाव मनोबल को ऊँचा तथा स्थिर (Stable) बनाना होता है। नकारात्मक कारकों का प्रभाव प्राय- अस्थायी होता है। थोड़ी देर के लिए समूह का मनोबल इनसे भले ही ऊँचा हो जाता है परंतु बाद में मनोबल रसातल में चला जाता है।

समूह मनोबल को मापने की विधियाँ
(Methods of Measuring Group Morale)

किसी समूह के मनोबल को मापने के लिए समाज मनोवैज्ञानिकों ने भिन्न-भिन्न विधियों (methods) का प्रतिपादन किया है। इन विधियों में निम्नांकित चार प्रमुख हैं—

1. साक्षात्कार विधि *(Interview method)*—इस विधि द्वारा समूह का मनोबल मापने में समूह के सदस्यों का साक्षात्कार लिया जाता है जिससे भेंटकर्ता (interviewer) सदस्यों से समूह के मनोबल के विभिन्न पहलुओं (aspects) जैसे समूह की एकता, एकात्मकता (solidarity), आपसी संबंध, अन्य सदस्यों एवं समूह के नेता के प्रति मनोवृत्ति आदि से संबंधित प्रश्नों को पूछता है और दिये गये उत्तरों का विश्लेषण करके यह पता लगाया जाता है समूह का मनोबल ऊँचा है या नीचा है। साक्षात्कार का स्वरूप संरचित (Structured) या असंरचित (unstructured) कुछ भी हो सकता है। संरचित साक्षात्कार होने पर भेंटकर्त्ता समूह के सदस्यों से पूर्व निर्मित प्रश्नों को एक निश्चित क्रम (sequence) में पूछता है। असंरचित साक्षात्कार में भेंटकर्त्ता समूह के सदस्यों से जिन प्रश्नों को पूछता है वे न तो पूर्वनिर्मित होते हैं और न ही उनका कोई क्रम ही होता है। फलस्वरूप असंरचित साक्षात्कार में लचीलापन (flexibility) का गुण अधिक होता है।

चाहे साक्षात्कार संरचित हो या असंरचित, इसे प्रारम्भ करने के पहले भेंटकर्ता को यह देख लेना होता है कि समूह का आकार (size) क्या है। यदि समूह का आकार छोटा है अर्थात सदस्यों की संख्या कम है तो वैसी परिस्थिति में सभी सदस्यों का साक्षात्कार लिया जाता है। परंतु यदि समूह का आकार काफी बड़ा अर्थात सदस्यों की संख्या काफी अधिक है तो भेंटकर्ता साक्षात्कार प्रारम्भ करने के पहले उस बड़े समूह में से एक प्रतिदर्श (sample) यादृच्छिक रूप से (randomly) ऐसा चुनता है जो पूरे समूह का सही-सही प्रतिनिधित्व कर सके और इस प्रतिदर्श के प्रत्येक सदस्य के साक्षात्कार द्वारा मनोबल की माप की जाती है। यदि इस प्रतिदर्श का मनोबल ऊँचा पाया जाता है तो समझा जाता है कि पूरे समूह का (जिसका वह प्रतिनिधित्व कर रहा है) मनोबल ऊँचा होगा और यदि उस प्रतिदर्श का मनोबल नीचा होता है तो उस समूह का मनोबल नीचा समझा जाता है।

यद्यपि साक्षात्कार विधि का प्रयोग समूह मनोबल को मापने में प्रायः किया जाता है फिर भी इस विधि के कुछ दोष (demerits) पाये गये हैं जो निम्नांकित हैं—

(1) इस विधि का सबसे प्रमुख दोष यह बतलाया गया है कि इसमें आत्मनिष्ठता (subjectivity) अधिक होती है। प्राय- देखा गया है कि समूह के सदस्य अन्य सदस्यों या नेता के भय से या सामाजिक प्रतिष्ठा के कारण समूह के विभिन्न पहलुओं के बारे में स्पष्ट रूप से नहीं बता पाते हैं। वे प्रायः समूह के नकारात्मक पक्षों(negative aspects) को छिपा लेते है। इसका परिणाम यह होता है कि समूह मनोबल का सही-सही मापन नहीं हो पाता है। साक्षात्कार के इस दोष को कम करने के लिए कुछ सामाज मनोवैज्ञानिकों ने साक्षात्कार में कुछ वैसे सदस्यों को शामिल करने की सिफारिश किया है जो उस समूह को छोड़ चुके हैं। ऐसे सदस्य समूह के भीतरी बात को बतलाने में तनिक भी हिचकिचाते नहीं हैं।

(2) यह भी देखा गया है कि भेंटर्कैर्त्ता (interviewer) साक्षात्कार में दिये गये उत्तरों के आधार पर समूह मनोबल के बारे में अंतिम निर्णय करते समय पक्षपात (biases) से काफी प्रभावित हो जाते हैं। फलस्वरूप वे समूह मनोबल के बारे में सही-सही निर्णय नहीं ले पाते हैं।

(3) साक्षात्कार में चूँकि समूह के सदस्यों को पूछे गये प्रश्नों का उत्तर देना पड़ता है इसलिए कुछ सदस्य परिस्थिति की नवीनता के कारण घबड़ाकर सही उत्तर नहीं दे पाते हैं। ऐसी परिस्थिति में समूह मनोबल के बारे में कुछ भी अंदाज लगाना मुश्किल हो जाता है।

2. समाजमिति विधि *(Sociometric Method)*—समाजमिति विधि का प्रतिपादन मोरेनो (Moreno, 1943) द्वारा किया गया। जेनकिन्स (Jenkins, 1947) ने इसमें संशोधन किया और इसे *मनोनयनविधि* (nominating technique) कहा है। जेनकिन्स ने इस विधि का प्रयोग सफलतापूर्वक नौसेना के सदस्यों का मनोबल मापने में किया है।

समाजमिति विधि का वर्णन अध्याय—2 में किया जा चुका है फिर भी उसका एक संक्षिप्त विवरण यहाँ अपेक्षित है। इस विधि में जिस समूह के सदस्यों का मनोबल (morale) मापना है, उनसे व्यक्तिगत रूप में यह पूछा जाता है कि किसके साथ मिलकर वे समूह की क्रियाओं में हाथ बँटाना पसंद करेंगे। प्रत्येक सदस्य अपनी इस पसंदगी की अभिव्यक्ति (expression) गुप्त रूप से करता है। जब प्रत्येक सदस्य की पसंदगी (likings) का पता चलता है तो उसे एक विशेष चित्र द्वारा हम दिखलाते हैं जिसे समाज आलेख (sociogram) कहा जाता है (देखे अध्याय—2) इस आलेख पर नजर डालने से हमें समूह की संरचना के बारे में स्पष्ट रूप से कुछ ऐसी बातों का पता चलता है जिससे समूह मनोबल को आसानी से मापा जा सकता है। उदाहरणस्वरूप, समाज आलेख को देखने से यह पता चलता है कि समूह में कितने बहिष्कृत सदस्य (rejected member) हैं, कितने प्रकार के गुट (clique) है, कितने पारस्परिक युग्म (mutual pair) हैं कितने विविक्त (isolates) हैं, तथा समूह का नेता कौन है। बहिस्कृत सदस्य उन्हें कहा जाता है जो समूह में दूसरों को पसंद करते हैं परंतु उन्हें कोई नहीं पसंद करता है।, गुट में तीन सदस्य होते हैं जो प्रत्येक एक-दूसरे को पसंद करते हैं किसी अन्य को नहीं और न तो कोई दूसरा ही इन तीनों को पसंद करता है। पारस्परिक युग्म में दो सदस्य होते हैं जो एक-दूसरे को पसंद करते हैं परंतु तीसरा सदस्य इन दोनों में से किसी को पसंद नहीं करता है। विविक्त (isolate) सदस्य को समूह में कोई पसंद नहीं करता है और खुद भी वह किसी अन्य को पसंद नहीं करता है। समूह का नेता वह व्यक्ति होता है जिसे समूह के अधिकतम सदस्य पसंद करते हैं। जिस समूह में गुट, पारस्परिक युग्म तथा विविक्त सदस्य अधिक होते हैं, उस समूह का मनोबल नीचा होता है क्योंकि ऐसे समूह में आंतरिक संघर्ष (internal conflict) तथा भेद-भाव (hostility) अधिक होते हैं। दूसरी तरफ जब समूह की संरचना ऐसी होती है जिसमें इन तत्त्वों का अभाव

होता है तथा समूह के सदस्यों को मात्र अपना नेता प्यारा होता है, तो समूह का मनोबल ऊँचा होता है, क्योंकि ऐसे समूह में समग्रता (cohesiveness) तथा एकात्मकता (solidarity) अधिक होती है।

यद्यपि समाजमिति विधि द्वारा समूह के मनोबल का मापन वैज्ञानिक ढंग से होता है फिर भी इस विधि में कुछ दोष (demerits) पाये गये हैं, जो निम्नांकित हैं—

(i) इस विधि द्वारा समूह के मनोबल का मापन तभी सही ढंग से होता है जब समूह का आकार (size) छोटा हो अर्थात उसमें सदस्यों की संख्या कम हो। फिशर (Fisher, 1983) के अनुसार समूह का आकार बड़ा रहने पर समाज आलेख (sociogram) से कुछ निश्चित निष्कर्ष निकालना कठिन होता है। अतः जब समूह का आकार छोटा होता है तो हमें समूह की संरचना के विभिन्न तत्वों का पता आसानी से लग जाता है जिसके आधार पर हमें समूह मनोबल को मापने में आसानी होती है।

(ii) समाजमिति विधि द्वारा समूह मनोबल के कुछ घटकों (components) जैसे उपलब्धि स्तर (level of achievement), आकांक्षा स्तर (level of aspiration), अहं-आवेष्टन (ego involvement) आदि का सही-सही मापन नहीं होता है।

3. प्रश्नावली विधि *(Questionnaire method)*—समूह मनोबल का मापन प्रश्नावली विधि द्वारा भी होता है। इस विधि में शोधकर्त्ता (research worker) द्वारा समूह में एकता, एकात्मकता, सदस्यों के एक-दूसरे के प्रति मनोवृत्ति, नेता में विश्वास आदि के संबंध में छोट-छोटे प्रश्नों या कथनों की एक सूची बना ली जाती है। इस सूची को प्रश्नावली कहा जाता है। प्रायः इन प्रश्नों या कथनों का उत्तर समूह के सदस्यों को 'हाँ' या 'नहीं' के रूप में देना होता है।, उनके द्वारा दिये गये उत्तरों का साख्यिकीय विश्लेषण (statistical analysis) करके समूह के मनोबल का मापन किया जाता है। साख्यिकीय विश्लेषण करने के बाद यदि यह पता चलता है कि समूह के सदस्यों का नेता में विश्वास है, तथा सदस्यों में एक-दूसरे के प्रति आदर-भाव, सहकारिता, एकता तथा एकात्मकता की भावना है, तो समूह का मनोबल ऊँचा समझ जाता है। परंतु यदि यह पता चलता है कि समूह के सदस्यों में उपर्युक्त तथ्यों की कमी है तो ऐसा समझा जाता है कि समूह में मनोबल नीचा है। इस विधि में सरलता तथा व्यापकता का गुण पाया जाता है। यह भी कहा जाता है कि इसके द्वारा मनोबल मापने में कम समय तथा खर्च लगता है। इस गुणों के बावजूद भी प्रश्नावली विधि के कुछ दोष (demerits) हैं जिनमें निम्नांकित प्रमुख हैं—

(i) अक्सर यह देखा गया है कि प्रश्नावली में दिये गये प्रश्नों के सही उत्तर को सदस्य छिपा लेते हैं और उसकी जगह मनगढंत उत्तर (fake answer) दे देते हैं। इसका परिणाम यह होता है कि समूह के बारे में सही तस्वीर नहीं मिल पाती है और फिर उसके आधार पर मनोबल को सही-सही मापना सम्भव नहीं हो पाता है।

(ii) प्रश्नावली विधि द्वारा समूह मनोबल मापने में कभी-कभी एक और कठिनाई सामने आती है। ऐसा देखा गया है कि समूह के कुछ सदस्य अँगुठा छाप अर्थात अनपढ़ होते हैं। फलस्वरूप वे प्रश्नों को पढ़ नहीं सकते हैं। अतः ऐसे सदस्यों के विचारों को हम प्रश्नावली विधि द्वारा नहीं जान पाते हैं।

(iii) कभी-कभी कोई-कोई सदस्य प्रश्नावली के कुछ प्रश्नों का उत्तर छोड़ देते हैं। ऐसी परिस्थिति में भी इस विधि द्वारा समूह-मनोबल (group morale) को मापना सम्भव नहीं है।

(iv) ऐसा देखा गया है कि जब समूह का आकार (size) बड़ा होता है और उसके सदस्य एक जगह पर न होकर बड़े भू-भाग में बिखरे होते हैं। शोधकर्त्ता ऐसे समूह के मनोबल को मापन करने के लिए डाक-प्रश्नावली (mail questionnaire) का प्रयोग करता है। इसमें डाक द्वारा प्रश्नावली को सदस्य के निवास स्थान पर भेज दिया जाता है और सदस्य प्रश्नों का उत्तर देने के बाद उसे डाक से ही लौटा देते हैं। इस डाक प्रश्नावली द्वारा मनोबल अध्ययन करने में देखा गया है कि प्रायः सदस्य प्रश्नावली को लौटाते ही नहीं हैं और यह भी देखा गया है कि प्रश्नों का उत्तर वे स्वयं न देकर दूसरों से दिलवा देते हैं। ऐसी परिस्थिति में समूह का मापन सही-सही करना संभव नहीं हो पाता है।

(4) मनोवृत्ति मापनी *(attitude scale)*—समूह मनोबल को मापने के लिए समाज मनोवैज्ञानिकों ने मनोवृत्ति मापनी का भी सहारा लिया है। एक सदस्य की मनोवृत्ति दूसरे सदस्यों के प्रति, नेता के प्रति समूह-लक्ष्य (group goal) के प्रति अध्ययन करके समूह के मनोबल (morale) का मापन किया जाता है। इनलोगों ने थर्स्टन विधि, लिकर्ट विधि तथा गटमैन विधि द्वारा विभिन्न तरह की मनोवृत्ति मापनियों का निर्माण किया है, जिससे नेतृत्व, अन्य सदस्यों एवं समूह-लक्ष्य के प्रति सदस्यों की मनोवृत्ति को मापकर समूह के मनोबल का मापन किया जाता है। यदि सदस्यों की मनोवृत्ति

अपने नेता, समूह के अन्य सदस्यों एवं समूह लक्ष्य के प्रति सकारात्मक (positive) होती है तो समूह का मनोबल ऊँचा समझ जाता है। परंतु जब ऐसी मनोवृत्तियाँ नकरात्मक (negative) होतीं हैं, तो समूह का मनोबल नीचा समझा जाता है।

मनोवृत्ति मापनी विधि के भी कुछ दोष (demerits) हैं जिसमें निम्नांकित प्रमुख हैं—

(i) मनोवृत्ति मापनी में प्रायः सदस्य वास्तविक मनोवृत्ति की अभिव्यक्ति न करके एक सामाजिक रूप से वांछित मनोवृत्ति (socially desirable attitude) की अभिव्यक्ति करते हैं। उदाहरणस्वरूप, सम्भव है कि नेता तथा समूह लक्ष्य के प्रति उनकी मनोवृत्ति नकारात्मक हो परंतु सामाजिक प्रतिष्ठा या डर के कारण वे अपनी मनोवृत्ति को सकरात्मक बतलावें। इससे समूह मनोबल का मापन सही-सही नहीं हो पाता है।

(ii) मनोवृत्ति मापनी द्वारा मनोवृति का मापन उस मापनी में छपे हुए कथनों को पढ़कर तथा उसके प्रति अनुक्रिया करने पर होता है। इसका स्पष्ट मतलब तब यह हुआ कि यदि सदस्य में छपे हुए प्रश्नों को पढ़कर समझने तथा अनुक्रिया करने की क्षमता नहीं है, तो उन पर मनोवृत्ति मापनी का प्रयोग समूह मनोबल को मापने में नहीं किया जा सकता है।

उपर्युक्त विधियों के अलावा भी समाज मनोवैज्ञानिकों ने समूह मनोबल को मापने के लिए कुछ वस्तुनिष्ठ मानदण्डों (objective measures) का वर्णन किया है। इन मापदण्डों में समूह की उत्पादकता (productivity), सदस्यों की शिकायतें (grievances), सदस्यों की अनुपस्थिति (absenteeism) आदि प्रधान है। यदि किसी समूह में सदस्यों की शिकायतें अधिक होती हैं, सदस्य समूह कार्य से प्रायः अनुपस्थित रहते हैं और समूह की उत्पादकता कम रहती है, तो समूह का मनोबल (morale) नीचा समझा जाता है। इसके विपरीत यदि समूह में सदस्यों की शिकायतें काफी कम होती हैं, सदस्यों की अनुपस्थिति कम होती है तथा समूह की उत्पादकता अधिक होती है, तो समझा जाता है कि समूह मनोबल (morale) ऊँचा है।

इस तरह से हम देखते हैं कि समूह मनोबल को मापने की अनेक विधियां समाज मनोवैज्ञानिकों द्वारा प्रतिपादित की गयी है। इन विधियों में समाजमिति विधि तथा प्रश्नावली विधि अन्य विधियों की तुलना में अधिक लोकप्रिय है।

समूह मनोबल को बढ़ाने की विधियाँ (Methods of Improving Group Morale)

समाज मनोवैज्ञानिकों ने कुछ ऐसी विधियों का भी प्रतिपादन किया हे जिनके सहारे समूह का मनोबल यदि कम है, तो और उसे अधिक बढ़ाया जा सकता है। समूह मनोबल ऊँचा होने से समूह के निष्पादन (performance) पर सीधा असर पड़ता है। बढ़े हुए मनोबल से समूह का निष्पादन भी अधिक बढ़ जाता है। यही कारण है कि इन विधियों की महत्ता समाज मनोविज्ञान में काफी है। कुछ प्रमुख विधियाँ निम्नांकित हैं—

1. विशेषज्ञ विधि (*Expert Method*)—समूह मनोबल ऊँचा करने की यह एक सरलतम विधि है। इस विधि में समूह में एक विशेषज्ञ (expert) बुलाया जाता है जो समूह के सदस्यों से सीधा बातचीत कर नीचा मनोबल के कारणों का पता लगाता है। इस तरह से समूह का अध्ययन विशेषज्ञ स्थान पर (on-the-spot) जाकर करता है तथा सदस्यों के साथ सीधा बातचीत करके अनुभव प्राप्त करता है। आवश्यकतानुसार, वह विशेष प्रश्नावली तथा साक्षात्कार का प्रयोग करके निम्न मनोबल के सही कारणों का पता लगाता है तथा उसे दूर करने के लिए सुझाव देता है। उसकी सलाह या सुझाव के अनुसार कार्य करके समूह का नेता समूह मनोबल को ऊँचा करने का प्रयास करता है। कभी-कभी ऐसा भी होता है कि एक विशेषज्ञ का सुझाव अधिक प्रभावकारी नहीं होने के कारण समूह के नेता दूसरे विशेषज्ञ को भी बुलाते हैं जो फिर समूह के सदस्यों से बातचीत कर निम्न मनोबल के कारण का पता लगाने की कोशिश करते हैं। नया विशेषज्ञ पहले विशेषज्ञ के सुझाव पर भी ध्यान देता है और इन सुझावों की खामियों की ओर वह नेता का ध्यान आकृष्ट करता है।

यद्यपि समूह मनोबल को ऊँचा करने की यह एक सरलतम विधि है फिर भी इस विधि में एक प्रमुख दोष है। ऐसा देखा गया है कि विशेषज्ञ को समूह के सदस्य नेता के भय या अन्य सामाजिक परिस्थितियों के कारण सही एवं वास्तविक बात नहीं बता पाते हैं। इसका परिणाम यह होता है कि विशेषज्ञ को निम्न मनोबल के प्रमुख कारणों का पता नहीं चल पाता है। फलस्वरूप उनके द्वारा मनोबल को ऊँचा करने के लिए दिया गया सुझाव अधिक प्रभावकारी (effective) नहीं हो पाता है।

2 जासूस विधि (*Spy Method*)—समाज मनोवैज्ञानिकों ने विशेषज्ञ विधि के उपर्युक्त दोष को दूर करने के ख्याल से समूह मनोबल के मापन के लिए एक दूसरी विधि का प्रतिपादन किया है जिसे *जासूस विधि* (spy method) कहा जाता है। जासूस विधि में भी किसी विशेषज्ञ (expert) का सहारा लिया जाता है जो समूह के सदस्यों के बीच विशेषज्ञ के रूप में नहीं बल्कि एक नये सदस्य के रूप में रहकर एवं उनलोगों से बातचीत करके निम्न मनोबल के कारणों का पता लगाता है। समूह के अन्य सदस्य उसे सामान्य सदस्य समझकर स्पष्ट रूप से बातचीत करते हैं और समूह में निम्न मनोबल के कारणों पर निःसंकोच प्रकाश डालते हैं। इसका परिणाम यह होता है कि जासूस विशेषज्ञ (spy expert) को निम्न मनोबल के सही कारणों का पता चल जाता है और फिर वह समूह के नेता को मनोबल ऊँचा करने का सुझाव देकर समूह से गायब हो जाता है।

इस विधि का सबसे प्रमुख लाभ यह है कि इसके द्वारा निम्न समूह मनोबल के वास्तविक कारणों का पता आसानी से चल जाता है। फलतः विशेषज्ञ द्वारा दिया गया सुझाव काफी लाभप्रद होता है। इस गुण के बावजूद भी इस विधि के निम्नांकित दो प्रमुख अवगुण (demerits) बतलाये गये हैं—

(i) कभी-कभी सदस्य को जासूस विशेषज्ञ (spy expert) पर शक हो जाता है। फलस्वरूप सदस्य यह समझने लगते हैं कि यह नया सदस्य नहीं बल्कि कोई प्रेक्षक (obsesver) है जो हमारे समूह की गुप्त बात को जानना चाहता है। ऐसा समझकर सदस्य अपना स्वाभाविक व्यवहार बंदकर अस्वाभाविक व्यवहार करना प्रारंभ कर देते हैं जिनके परिणामस्वरूप समूह के निम्न मनोबल के वास्तविक कारणों का पता नहीं चलता है और फिर तब विशेषज्ञ द्वारा दिया गया सुझाव अपने आप व्यर्थ साबित हो जाता है।

(ii) जासूस विशेषज्ञ अपना कार्य समाप्त करने पर समूह से अचानक गायब हो जाता है। इससे समूह के सदस्यों की मनोवृत्ति समूह के नेता के प्रति नकारात्मक हो जाती है तथा साथ-ही-साथ उसमें विश्वास कम हो जाता है। इसका परिणाम यह होता है कि समूह मनोबल ऊँचा होने के बजाय और नीचा हो जाता है।

4. सलाहकार विधि (*Counselor method*) —इस विधि में समूह के निम्न मनोबल को ऊँचा करने के लिए सलाहकार (counselor) का प्रयोग किया जाता है जो वास्तव में मानव संबंधों (human relations) को समझने में एक विशेषज्ञ (expert) होता है। समूह के सदस्यों को यह कहा जाता है कि इस व्यक्ति को वास्तव में सदस्यों के कल्याण का ध्यान रखने के लिए बुलाया गया है। अतः इन्हें सदस्यों की एक अच्छा प्रतिनिधि (represenattive) माना जा सकता है। सदस्य अपनी समस्याओं के बारे में इस सलाहकार से खुलकर बातचीत करते हैं तथा इनके काम में सहयोग देते हैं। सदस्यगण समूह में व्याप्त संघर्ष, प्रतियोगिता की भावना, एक दूसरे के प्रति नकारात्मक मनोवृत्ति (जिन सबके कारण समूह का मनोबल नीचा है) के बारे में सलाहकार को बतलाते हैं। सलाहकार इन सभी समस्याओं का अध्ययन करके उसे दूर करने के तरीकों का सुझाव देता है ताकि समूह का मनोबल ऊँचा हो सके।

यह विधि उपर्युक्त दोनों विधियों से इस अर्थ में भिन्न है कि समूह के सदस्यगण को यह पता होता है कि यह एक सलाहकार के कार्य में अपना पूर्ण सहयोग देते हैं।

यद्यपि यह विधि उपर्युक्त दोनों विधियों से अधिक लाभप्रद है, फिर भी इसमें एक दोष बतलाया गया है। कुछ समाज मनोवैज्ञानिकों का विचार है कि प्रायः सलाहकार कुछ विशेष कारणों से समूह में व्याप्त निम्न मनोबल के कारणों को ठीक ढंग से एवं गहन रूप से अध्ययन नहीं कर पाते हैं जिससे इस विधि की सार्थकता बहुत नहीं रह जाती है।

4. सदस्य-समस्या विधि (*Member problem method*)—समूह मनोबल को ऊँचा करने की यह विधि अन्य तीनों विधियों से अधिक लोकप्रिय (popular) है। सचमुच में इस विधि में प्रजातंत्रात्मक ढंग से समूह के मनोबल को ऊँचा उठाने का प्रयत्न किया जाता है। इस विधि में एक प्रशिक्षित मनोवैज्ञानिक (trained psychologist) या विशेषज्ञ सदस्यगण के सामने निम्न मनोबल के कारणों से संबंधित समस्या को रखते हैं और सदस्यगण को आपस में रायमशवरा करके उस समस्या का समाधान करना होता है। विशेषज्ञ या प्रशिक्षित मनोवैज्ञानिक समस्या के समाधान में अपनी ओर से कोई बाधा तो नहीं डालते हैं परंतु बीच-बीच में आवश्यकता पड़ने पर अपना निर्देशन (guidance) अवश्य देते हैं। जब सदस्यगण समस्या के समाधान के बारे में एक निर्णय (decision) पर पहुँच जाते हैं तो स्वाभावतः इससे उनमें दो तरह की भावनाओं का विकास होता है—सामूहिक सहयोग (group co-operation) की भावना तथा समूह की क्रियाओं में सहयोगिता (participation) तथा आवेष्टन (involvement) की भावना। इन दोनों तरह की भावनाओं का स्वाभाविक

परिणाम यह होता है कि इससे समूह का मनोबल अपने आप ऊँचा हो जाता है क्योंकि समूह में एकता, एकात्मकता (solidarity) तथा अहं-आवेष्टन (ego-involvement) आदि की वृद्धि हो जाती है।

इस विधि में कुछ ऐसे गुण (merits) हैं जो अन्य विधियों में नहीं है। इसके प्रमुख गुण (merits) निम्नांकित हैं—

(i) इस विधि में सदस्यगण स्वयं ही समस्या के समाधान के बारे में निर्णय लेते हैं। फलतः सदस्यों में सहयोग, सहयोगिता तथा आवेष्टन (involvement) की भावना इतनी तीव्र हो जाती है कि मनोबल अपने आप ऊँचा हो जाता है।

(ii) चूँकि इस विधि में समूह के मनोबल ऊँचा करने के लिए एक प्रजातंत्रात्मक तरीका अपनाया जाता है, इसलिए सदस्यों को मनोवृत्ति समूह लक्ष्य एवं समूह नेतृत्व के प्रति अधिक सकारात्मक (positive) होती है जो मनोबल को ऊँचा करने में काफी सहायक होती है।

इन गुणों के बावजूद इस विधि का एक प्रधान अवगुण (demerit) भी है। समाज मनोवैज्ञानिकों का मत है कि इस विधि का संचालन एक प्रशिक्षित मनोवैज्ञानिक या कुशल विशेषज्ञ ही कर सकता है। इसका मतलब यह हुआ कि ऐसे व्यक्तियों के अभाव में इस विधि द्वारा समूह मनोबल को ऊँचा करने के लिए अनेक विधियों का प्रतिपादन किया है। इन विधियों में से किसी एक या एक से अधिक का एक साथ प्रयोग करके समूह के मनोबल को ऊँचा किया जा सकता है।

अध्याय सारांश
(Chapter Summary)

1. समूह मनोबल समूह की एक प्रमुख विशेषता है। यह एक जटिल एवं बहुविमीय संप्रत्यय है। समूह मनोबल का संबंध सदस्यगण की एकता, एकात्मकता (solidarity), आत्मविश्वास, समूह लक्ष्य तथा समूह नेतृत्व के प्रति सकारात्मकमनोवृत्ति तथा सदस्यों में समग्रता (cohesiveness) से होता है।
2. समाज मनोवैज्ञानिकों ने उच्च समूह मनोबल की कुछ कसौटियों (crietrion) का भी वर्णन किया है। समूह में एकता तथा एकात्मकता, विभाजक संघर्ष का न्यूनतम स्तर, समूह के सदस्यों एवं नेतृत्व के प्रति अनुकूल मनोवृत्ति, नयी एवं परिवर्तनशील परिस्थितियों के प्रति अनुकूलता, सदस्यों में पर्याप्त मात्रा में मैत्री भाव, वैयिक्ति सदस्यों के उद्देयों की समानता, समूह समग्रता, अहं-आवेष्टन, उत्तरदायित्व एवं समूह में होने की भावना तथा उत्पादकता, आदि ऐसे मापदंड या कसौटियाँ हैं जिनके रहने से समूह का मनोबल ऊँचा समझा जाता है। इन कसोटियों के नहीं होने पर या विपरीत होने पर यह समझा जाता है कि समूह का मनोबल नीचा है।
3. समाज मनोवैज्ञानिकों ने कुछ ऐसे निर्धारकों का भी वर्णन किया है जिनसे समूह मनोबल प्रभावित होता है। इन निर्धारकों को मूलतः दो भागों में बाँटा गया है—सकारात्मक निर्धारक में धनात्मक लक्ष्य, सहायक आवश्यकताओं की संतुष्टि, लक्ष्य की ओर प्रगति की भावना, समय परिप्रेक्ष्य, आकांक्षा स्तर, समूह के अंतर्गत त्याग या लाभ में समानता, एकात्मकता, तादात्म्य तथा आवेष्टन की भावना, नेतृत्व तथा सामाजिक एवं आर्थिक कारक प्रमुख हैं। नकारात्मक निर्धारक में चिंता, खतरा, भय आदि प्रमुख हैं।
4. समूह मनोबल को मापने के लिए कुछ विधियों का भी प्रतिपादन किया गया है। इन विधियों में साक्षात्कार विधि, समाजमितिविधि, प्रश्नावली विधि तथा मनोवृत्ति मापनी विधि प्रमुख हैं।
5. समाज मनोवैज्ञानिकों ने समूह के निम्न मनोबल को ऊँचा करने की विधियों का भी वर्णन किया है। इन विधियों में विशेषज्ञ विधि, जासूस विधि, सलाहकार विधि तथा सदस्य-समस्या विधि प्रधान हैं। इन चार विधियों में से सदस्य-समस्या विधि अपेक्षाकृत अधिक लोकप्रिय है।

❑

अध्याय 15

सामाजिक मानक तथा अनुरूपता व्यवहार
(SOCIAL NORMS AND COFORMITY BEHAVIOUR)

सामाजिक मानक का अर्थ
(Meaning of Social Norms)

प्रत्येक व्यक्ति का एक समाज एवं संस्कृति होता है। वह अपनी आवश्यकताओं की पूर्ति के लिए समाज में भिन्न-भिन्न तरह का व्यवहार करता है। परंतु समाज सदस्यों को मनमाने ढंग से व्यवहार करने की स्वतंत्रता नहीं देता है। प्रत्येक समाज में कुछ नियम एवं परम्परा होते हैं जिनके अनुसार ही व्यक्ति को व्यवहार करना होता है। यदि व्यक्ति का व्यवहार इन सामाजिक नियमों के अनुरूप होता है तो समाज उसे एक भद्र व्यक्ति समझता है। परंतु यदि उसका व्यवहार इन सामाजिक नियमों के विरुद्ध होता है तो समाज उसे एक अभद्र आदमी समझता है और उसे दण्ड देने में भी हिचकता नहीं है। इन समाजिक नियमों, प्रथाओं एवं परम्पराओं को ही *सामाजिक मानक* (social norms) कहा जाता है।

कई समाज मनोवैज्ञानिकों ने सामाजिक मानक (social norms) का अध्ययन विस्तृत रूप से किया है और साथ-ही-साथ उसे परिभाषित भी किया है। इन मनोवैज्ञानिकों में **शेरीफ** तथा **शेरीफ** (Sherif & Sherif, 1969) का नाम सबसे पहले लिया जाता है। इन लोगों ने सामाजिक मानक (social norms) को इस प्रकार परिभाषित किया है, ''सामाजिक मानक से तात्पर्य अनुभव व्यवहार की उस कसौटी से होता है जो सामूहिक अंत:क्रिया में निर्मित होती है तथा जिसके द्वारा संगत उद्दीपन परिस्थिति में सदस्यों के व्यहवारों का नियंत्रण होता है।''[1]

सेकर्ड एवं **बैकमैन**[2] (Secord & Backman, 1974) के अनुसार, ''सामाजिक मानक समूह के सदस्यों द्वारा साझा की गई एक ऐसी प्रत्याशा (expectation) है जो उन व्यवहारों का उल्लेख करत है जिसे एक दी हुई परिस्थिति के लिए उपयुक्त समझा जाता है।''

अलब्रेक, थॉमस चादविक[3] (Albrecht, Thomas & Chadwick, 1980) के अनुसार, ''सामाजिक मानक हमलोगों के लिए उन व्यवहारों एवं मनोवृत्तियों को परिभाषित करते हैं जो एक दी हुई परिस्थिति के लिए उपयुक्त होता है, वे हमलोगों को यह बतलाते हैं कि हमलोगों को क्या करना चाहिए और उसके विपरीत हमलोगों को क्या नहीं करना चाहिए।''

इन परिभाषाओं का विश्लेषण करने पर हमें सामाजिक मानक के स्वरूप के विषय में कुछ विशेष तथ्य प्राप्त होते हैं। इन तथ्यों में प्रमुख निम्नांकित हैं–

(1) सामाजिक मानक का निर्माण सामूहिक अंत-क्रियाओं से प्राप्त अनुभवों एवं व्यवहारों के आधार पर होता है।

---

1. "Social norms refer to any critera of experience and behaviour formed in group interaction which regulates the behaviour of individual members in relevant stimulus situation"
—Sherif & Sherif : *An Outline of Social Psychology,* 1962, p. 179.

2. "A social norm is an expection shared by group membesrs which specifies behaviour that is considered appropriate for a given situation."
—Secord & Backman : *Social Psychology,* 1974, p. 300.

3. "Social norms......define for us the behaviours and attitudes that are appropriate for given situations, they tell us what we ought to do and conversely, what we ought not to do."
—Albrecth, Thomas & Chadwick: *Social Psychology,* 1980, p. 127-128.

(2) सामाजिक मानक सदस्यों के लिए इस बात का उल्लेख करता है कि किस परिस्थिति में व्यक्ति को क्या नहीं करना चाहिए।

(3) सामाजिक मानक द्वारा समाज या समूह के सदस्यों का नियंत्रण होता है।

एक उदाहरण देकर इन तथ्यों को हम इस प्रकार समझा सकते हैं। हिन्दू समाज में यह एक प्रमुख सामाजिक मानक (social norm) है कि विवाहित स्त्रियाँ माँग में सिंदूर, जो उनके सुहाग की एक प्रमुख निशानी है, भरेंगी। इस सामाजिक मानक के निर्माण के पीछे भिन्न-भिन्न तरह की सामाजिक अंतःक्रियाएँ हुई होंगी। यह मानक प्रत्येक विवाहित स्त्री को इस बात के लिए बाध्य करता है कि विवाह के बाद से कभी भी वह अपनी माँग खाली नहीं रखेगी। साथ-ही-साथ यह मानक इस बात पर भी बल डालता है कि विवाहिता स्त्री के लिए खाली माँग अशोभनीय एवं अशुभ होती है इसलिए वह ऐसा नहीं करे। इस मानक द्वारा प्रत्येक विवाहित स्त्री का व्यवहार अपने-आप ही नियंत्रित रहता है। ऐसी स्त्रियों का ध्यान अपने सुहाग एवं सौंदर्य की ओर अन्य चीजों की अपेक्षा अधिक होता है। उनकी माँग कभी सूनी न हो इसके लिए वे प्राय- उन कार्यों को करने की प्राथमिकता देती है जिनसे उनका सुहाग दीर्घायु हो सके तथा साथ-ही-साथ माँग भरी रहे।

इस तरह के अनेक ऐसे उदाहरण दिये जा सकते हैं जिनसे सामाजिक मानक का स्वरूप स्पष्ट होता है। शादी के पहले स्त्री तथा पुरुष द्वारा लैंगिक सम्बंधी (sexual relationship) का वर्जित होना, भाई-बहन में लैंगिक सम्बंधी (sexual relationship) का वर्जित होना तथा हिन्दुओं द्वारा गाय के माँस को न खाना आदि कुछ अन्य प्रमुख सामाजिक मानक के उदाहरण हैं। इन सामाजिक मानकों द्वारा यह पता चलता है कि हमें क्या करना चाहिए और क्या नहीं करना चाहिए। स्वभावतः इसके द्वारा हमारे सामाजिक व्यवहारों का उचित नियंत्रण हो पाता है। इसके अभाव में समाज में अराजकता पनप सकती है और सामाजिक व्यवस्था (social system) अस्त-व्यस्त हो जा सकती है। अतः सामाजिक मानक सामाजिक व्यवस्था को सुचारु रूप से चलने में एक महत्त्वपूर्ण भूमिका निभाता है।

सामाजिक मानक की विशेषताएँ (Characteristics of Social Norms)

सामाजिक मानक एक तरह का सामाजिक नियम है, जिसका पालन समाज के सभी सदस्यों को करना होता है। यह समाज के सदस्यों पर इतना दबाव डालने की शक्ति रखता है कि सदस्य उसके नियंत्रण से बाहर नहीं जा पाते हैं। सामाजिक मानक के क्षेत्र में किये गये अध्ययनों के आधार पर मिलने वाले तथ्यों से हमें इसकी कुछ खास-खास विशेषताओं का पता चलता है जो निम्नांकित हैं—

(1) सामाजिक मानक का निर्माण समाज में व्यक्तियों द्वारा की गई अंतक्रियाओं (interaction) से प्राप्त अनुभवों एवं व्यवहारों से होता है।

(2) सामाजिक मानक सामाजिक अंतःक्रियाओं एवं सामाजिक आवश्यकताओं के अनुसार परिवर्तित भी होता है। 50-60 साल पहले स्त्री शिक्षा को तुच्छ समझा जाता था। परंतु आजकल इस सामाजिक मानक में काफी परिवर्तन आया है और अब स्त्री-शिक्षा को पुरुष-शिक्षा से किसी भी स्तर पर कम नहीं समझा जाने लगा है।

(3) सामाजिक मानक में मूल्यों (values) का निर्णय सम्मिलित होता है। सामाजिक मानक इस बात का उल्लेख करता है कि व्यक्ति को क्या करना चाहिए और क्या नहीं करना चाहिए। अगर कोई व्यक्ति सामाजिक मानक के अनुरूप कार्य करता है, तो उसके व्यवहारों का अनुमोदन किया जाता है तथा जो व्यक्ति इन मानकों के अनुरूप कार्य नहीं करता है, उसकी निंदा की जाती है। इस तरह से सामाजिक मानकों में सामाजिक मूल्यों (social values) का भी निर्णय सम्मिलित होता है।

(4) सामाजिक मानक में उच्च सांवेगिक रंग (emotional tone) सम्मिलित होता है। उदाहरणार्थ, हिन्दू गाय का मांस नहीं खाते हैं और जो लोग ऐसा करते हैं, उनके प्रति अन्य हिन्दू प्रायः नकारात्मक भाव (negative affect) दिखलाते हैं। इसी तरह मुस्लिम स्त्रियों में परदा प्रथा (purdah system) अधिक प्रचलित है और जिन मुस्लिम स्त्रियों द्वारा इसका उल्लंघन किया जाता है उनके प्रति अन्य मुस्लिम स्त्रियाँ की भावात्मक प्रतिक्रिया (affective reaction) नकारात्मक ही होती है।

(5) सामाजिक मानक का हस्तांतरण एक पीढ़ी से दूसरी पीढ़ी के व्यक्तियों में होता है। दोनों हाथ जोड़कर प्रणाम करना या पैर छूकर प्रणाम करना, मंदिर में प्रवेश करने के पहले जूता खोल देना आदि कुछ ऐसे सामाजिक मानक

हैं जो हिन्दू समाज में पहले की अनेकों पीढ़ियों से होता हुआ चला आ रहा है हालाँकि कुछ विदेशी संस्कृति से प्रभावित हो जाने के कारण हिन्दू समाज में भी प्रणाम करने के ढंग में अब कुछ परिवर्तन देखा जा रहा है।

(6) सामाजिक मानक एक ऐसा विस्तृत रूप है जिसमें प्रथा (customs), मूल्य जनरीतियाँ (mores), धर्म रूढ़ियाँ आदि के रूप में विभिन्न प्रकार की सामाजिक प्रत्याशाएँ (social expectations) सम्मिलित होतीं हैं। यही कारण है कि सामाजिक मानक दृढ़ (rigid) ने होकर परिवर्तनशील होता है।

(7) सामाजिक मानक व्यक्तियों के सामाजिक व्यवहार का नियंत्रण करता है। प्रायः सामाजिक मानक के अनुरूप व्यवहार करने के लिए व्यक्ति पर दबाव भी पड़ता है।

(8) सामाजिक मानकों को व्यक्ति सामाजिक मूल्य एवं आदर्श समझकर अपना लेते हैं।

(9) सामाजिक मानक व्यक्ति के व्यवहार को तो प्रभावित करते ही हैं, साथ-ही-साथ उन व्यवहारों द्वारा प्रभावित भी होते हैं।

(10) सामाजिक मानक किसी समूह या समाज के व्यक्तियों के सामाजिक व्यवहारों का आईना (mirror) होता है जिसमें उस समाज के व्यक्तियों की मूल प्रेरणाओं एवं प्रत्यशाओं (expectations) को देखा जा सकता है।

सामाजिक मानक का विकास
(Formation of Social Norms)

सामाजिक मानक का विकास उन सामाजिक परिस्थितियों (social situation) में तीव्रता से होता है जो अस्पष्ट (vague) एवं असंरचित (unstructured) होती है। शेरीफ (Sherif, 1948) ने यह बतलाया है कि जब परिस्थिति स्पष्ट एवं संरचित (structrued) होती है तो उसमें वस्तुनिष्ठता (objectivity) अधिक होती है। फलस्वरूप, उसमें किसी प्रकार का नया समाजिक मानक विकसित होने का प्रश्न ही नहीं उठता है। परंतु यदि सामाजिक परिस्थिति अस्पष्ट एवं असंरचित होती है तो उसमें आत्मनिष्ठता (subjectivity) अधिक होती है और प्रत्येक व्यक्ति परिस्थिति का अपना अलग मूल्यांकन करते हुए अंत में एक निश्चित निष्कर्ष पर पहुंचने का प्रयास करता है। इस प्रयास के फलस्वरूप विशेष परिस्थिति में एक नया सामाजिक मानक (social norm) की उत्पत्ति होती है।

अस्पष्ट एवं असंरचित परिस्थिति में सामाजिक मानक के विकास को दिखलाने का प्रयोगात्मक अध्ययन (expermental study) सबसे पहले शेरीफ (Sherif, 1948) ने किया है। उनका यह प्रयोग समाज मनोविज्ञान के क्षेत्र में अनेकों मशहूर प्रयोगों में से एक है। उनके इस बहुचर्चित प्रयोग में प्रयोज्यों (subjects) को एक अंधेरे कमरे में बैठाकर उन्हें रोशनी की एक बिन्दू (a point of light) कुछ समय के लिए दिखलायी जाती थी। प्रयोज्य से यह कहा गया कि रोशनी की बिंदु इधर-उधर घूमती नजर आयेगी और उन्हें यह बतलाना होगा कि रोशनी की बिंदु कितनी इंच घुमी। सच्चाई यही थी कि रोशनी की बिन्दु स्थिर (stationary) थी परंतु कमरा पूर्णतः अंधेरा होने के कारण प्रयोज्य (subject) को यह भ्रम (illusion) होता था कि बिंदु स्थिर न होकर इधर-उधर घूम रही थी। इस तरह के प्रत्यक्षणात्मक प्रभाव (perceputal effect) को *स्वतः चालित प्रभाव* (autokinetic effect) कहा जाता है। शेरीफ ने यह प्रयोग दो परिस्थितियों में किया—वैयक्तिक परिस्थिति (individual condition) जहाँ कमरा में मात्र एक ही प्रयोज्य होता था तथा अपना निर्णय बतलाता था एवं सामूहिक परिस्थिति जहाँ कमरा में कम-से-कम तीन प्रयोज्य होते थे जो अपना निर्णय बतलाते थे। कुछ प्रयोज्यों को एक परिस्थिति में निर्णय देने के बाद दूसरी परिस्थिति में हस्तातंरण (transfer) कर दिया जाता था। परिणाम में देखा गया कि रोशनी की बिंदु की गति (movement) की दूरी के निर्णय में प्रयोज्यों ने प्रारंभिक कुछ प्रयासों (trials) में 2 इंच से 12 इंच का अंतर बतलाया परंतु जैसे-जैसे प्रयासों (trials) की संख्या बढती गयी वे लोग सहमति की ओर अग्रसर होते गये और अंत में वे लोग एक माध्य दूरी (mean distance) अर्थात 7 इंच एवं 8 इंच की दूरी पर पूर्णतः सहमत हो गये। इस दूरी के प्रसार (range) के निर्णय को शेरीफ (Sherif) ने सामाजिक मानक (social norms) की संज्ञा दी है।

शेरीफ ने इस प्रयोगात्मक अध्ययन से प्राप्त परिणामों का जब विस्तृत विश्लेषण किया गया तो निम्नांकित तथ्य (fact) प्राप्त हुए—

(1) जब व्यक्ति सामूहिक परिस्थिति (gruop situation) में एक मानक (norm) विकसित कर लेता है तो वैयक्तिक परिस्थिति (individual situation) में वह उस निर्णय को दोहराता है। उदाहरणार्थ जब सामूहिक परिस्थिति

में कोई प्रयोज्य इस बात से सहमत हो गया है कि रोशनी की बिंदू की गति की दूरी 7 इंच थी, तो अकेले होने पर भी वह बिंदु की गति की यही दूरी बतलाता था।

(2) अगर व्यक्ति अलग वैयक्ति परिस्थिति (individual) में अलग-अलग मानक विकसित भी कर लिया होता है तो सामूहिक परिस्थिति (individual situation) में भी निर्णय देते समय आपसी अंतर को भी वह कम कर लेंता है और पुनः वह एक बिंदु पर पहुँच जाता है जो सभी को मान्य होता है। उदाहरणार्थ, सम्भव है कि किसी प्रयोज्य ने वैयक्तिक परिस्थिति में रोशनी की बिंदु की गति 3 इंच आँका हो तो किसी ने 5 इंच आँका हो तो किसी ने 2 इंच आँका हो। सामूहिक परिस्थिति में आने पर वे तीनों निर्णय के इन आपसी अंतरों को भूलकर एक सामान्य दूरी जैसे 4 इंच का मान लेते हैं।

(3) इस प्रयोगात्मक परिस्थिति के अधिकतर प्रयोज्य (subject) यही कहते पाये गये कि वे रोशनी की गति की दूरी के निर्णय में दूसरों के निर्णय द्वारा नहीं प्रभावित हुए हैं।

(4) सेकर्ड तथा बैकमैन (Secord & Backman, 1974) के अनुसार, व्यक्ति अपना मत (opinions) एवं क्रियाओं के बारे में निर्णय करते समय सूचनाओं (information) के दो स्रोतों (sources) पर निर्भर करता है—भौतिक वास्तविकता (physical reality) तथा सामाजिक वास्तविकता (social reality)। निर्णय करते समय जो भौतिक वात्रावरण (physical environment) के तत्व होते हैं, उनसे हमारा ज्ञानेन्द्रिय (sense organs) प्रभावित होता है और महत्त्वपूर्ण सूचनाएँ प्राप्त करता है जिसके आधार पर हम व्यवहारों एवं मतों का मूल्यांकन करते हैं। सामाजिक वास्तविकता (social reality) से तात्पर्य दूसरे व्यक्तियों द्वारा किये गये निर्णयों एवं मूल्यांकन (evaluations) से होता है। जब भौतिक वातावरण अस्पष्ट होता है (जैसा कि शेरीफ के प्रयोग में था, क्योंकि कमरा पूर्णतः अंधेरा था और रोशनी की बिंदु की गति की दूरी के निर्णय में व्यक्ति को वातावरण से कोई संकेत (clues) नहीं मिल रहा था) तो सामाजिक वास्तविकता (social reality) को ध्यान में रखकर व्यक्ति अपना मत व्यक्त करता है।

निष्कर्ष यह कि सामाजिक मानक का निर्माण अस्पष्ट असंरचित परिस्थिति में तीव्रता से होता है, किसी मत या बिंदु पर सहमति होने में अन्य व्यक्तियों के निर्णयों एवं मतों का अर्थात् सामाजिक वास्तविकता (social reality) का ध्यान अधिक महत्त्वपूर्ण होता है। यद्यपि व्यक्ति इस सहमति पर पहुँचने में समूह के दबाव (group Pressure) के महत्त्व को स्वीकार नहीं करता है फिर भी सच्चाई यह है कि वह समूह के अन्य व्यक्तियों द्वारा व्यक्त किये गये मतों के प्रति अनुरूपता (confomity) दिखलाता है।

अनुरूपता व्यवहार का अर्थ
(Meaning of Confromity Behaviour)

प्रत्येक व्यक्ति किसी समाज या समूह का सदस्य होता है। अतः उससे उम्मीद की जाती है कि वह उस समाज या समूह के मानक (norms) के अनुसार व्यवहार करेगा तथा समूह के निर्णय को स्वीकार करेगा। कभी-कभी उसे व्यक्ति अपनी इच्छा से समूह के निर्णय को स्वीकार कर लेता है, परंतु कभी-कभी उसे न चाहते हुए भी उस निर्णय को स्वीकार करना पड़ता है। इसे समाज मनोविज्ञान में, *'समूह दबाव'* (group pressure) कहा जाता है। जब व्यक्ति समूह दबाव के कारण अपने व्यवहार तथा मनोवृत्ति में परिवर्तन इस दबाव द्वारा वांछित दिशा में लाता है तो उसे *अनुरूपता* (conformity) की संज्ञा देते हैं। इसका स्पष्ट मतलब यह हुआ कि अनुरूपता का अर्थ समूह दबाव के सामने आत्मसमर्पण कर देना होता है। सच्चाई यह है कि अनुरूपता उत्पन्न होने के लिए व्यक्ति को व्यक्तिगत निर्णय तथा समाज या समूह के दबावों (pressures) के बीच एक प्रकार का मानसिक संघर्ष (mental conflict) होता है। इस संघर्ष में वह इस मानसिक द्वंद्व से घिरा रहता है कि उसे अपने व्यक्गित विचारों एवं मतों के अनुसार व्यवहार करना चाहिए या समूह के दबावों या सामाजिक मानकों (norms) तथा मूल्यों के अनुकूल व्यवहार करना चाहिए। अनेकों कारणों से वह समूह के मानकों एवं मूल्यों को तोड़ना नहीं पसंद करता है। फलतः अपने व्यक्तिगत निर्णय को छोड़कर समूह दबाव (group pressures) के सामने वह घुटने टेक देता है। इसे ही समाज मनोविज्ञान में अनुरूपता (conformity) की संज्ञा दी जाती है।

अब कुछ मनोवैज्ञानिकों द्वारा अनुरूपता की दी गयी परिभाषाओं की ओर ध्यान दिया जाये तथा उनका विश्लेषण किया जाय। इस परिभाषाओं के स्वरूप तथा उनके विश्लेषण पर ध्यान देने से यह स्पष्ट हो जाता है कि अनुरूपता व्यवहार का वैज्ञानिक अर्थ क्या होता है।

क्रेच, क्रचफिल्ड तथा **वैलेची**[1] (Kretch, Crutchfield & Ballachy, 1962) के अनुसार ''अनुरूपता का सार है समूह दबावों के सामने झुक जाना।'' **किसलर** तथा **किसलर**[2] (Kieslar & Kiesler, 1961) के अनुसार, ''वास्तविक या काल्पनिक समूह दबाव के कारण समूह के प्रति व्यक्ति के व्यवहार या विश्वास में परिवर्तन को अनुरूपता कहा जाता है।''

वर्केल तथा **कूपर**[3] (Worchel and Cooper, 1969) के अनुसार, ''अनुरूपता एक ऐसा व्यवहार है जिसके सहारे व्यक्ति समूह दबाव के सामने झुक जाता है हालाँकि उसकी व्यक्तिगत अनुभूतियाँ दूसरे ढंग से विचार करना चाहतीं है।''

इन परिभाषाओं के विश्लेषण करने पर हमें अनुरूपता का वैज्ञानिक अर्थ स्पष्ट होता है; क्योंकि ऐसा करने पर हमें निम्नांकित तथ्य प्राप्त होते हैं—

(1) अनुरूपता में व्यक्ति अपने व्यक्तिगत विचार एवं मतों को त्याग कर समूह दबाव के सामने झुक जाता है।

(2) समूह दबाव में समूह के मानक (morms), मूल्यों (values), रीति-रिवाजों द्वारा व्यक्ति पर दबाव दिया जाता है। यह दबाव वास्तविक (real) भी हो सकता है या काल्पनिक (imagined) भी हो सकता है। वास्तविक समूह दबाव में व्यक्ति को अनुरूपता (conformity) नहीं दिखलाने पर समूह से दंड देने की धमकी प्राप्त होती है। काल्पनिक समूह दबाव में व्यक्ति को किसी तरह से यह विश्वास हो जाता है कि अनुरूपता नहीं दिखलाने पर उसे समूह द्वारा दण्डित किया जायेगा, हालाँकि समूह अपनी ओर से किसी प्रकार का दण्ड देने की धमकी नहीं दिया होता है।

(3) अनुरूपता की उत्पत्ति एक मानसिक संघर्ष (conflict) से होती है। अनुरूपता के लिए व्यक्ति के व्यक्तिगत निर्णय (personal decision) तथा समूह दबावों (group prssures) के बीच एक प्रकार के संघर्ष (conflict) का होना अनिवार्य है। इसी अर्थ में अनुरूपता दो अन्य सम्बन्धित सप्रत्ययों (related concepts) अर्थात एकरूपता (uniformity) तथा रूढ़िवादिता (conventionality) से भिन्न है क्योंकि इन दोनों में मानसिक संघर्ष का अभाव पाया जाता है। सुबह में सभी लोग दाँत एवं मुँह साफ करते हैं। यह एकरूपता का एक उदाहरण है तथा माथे पर टीक रखना और शादी-विवाह के अवसर पर पीला वस्त्र पहनना रूढ़िवादिता (conventionality) का उदाहरण है। इन दोनों तरह के संप्रत्ययों (concepts) में किसी प्रकार का मानसिक संघर्ष नहीं पाया जाता है। अतः वे अनुरूपता (conformity) से भिन्न है।

अनुरूपता का एक उदाहरण—मान लिजिए कि एक 20 वर्षीय हिन्दू युवती विधवा हो जाती है। अपने जीवन की व्यक्तिगत समस्याओं को ध्यान में रखते हुए वह पुनः शादी करना चाहती है। परंतु सामाजिक मूल्यों (values) तथा मानकों (norms) के प्रभाव के कारण वह इस मानसिक संघर्ष में पड़ जाती है कि उसे ऐसा करना चाहिए या नहीं। यदि शादी नहीं करती है तो जिंदगी की लम्बी सफर को वह अकेले कैसे तय कर पायेगी। समझ नहीं पाती है और यदि शादी करती है तो वह ऐसा समझती है कि इससे समाज एवं समूह की परम्पराओं एवं मानकों को धक्का पहुँचेगा। उसे डर है कि ऐसा करने से समाज उसे बुरी निगाह से देखेगा तथा लोग उसका मजाक उड़ायेंगें। अंत में यदि वह महिला अपनी शादी की बात त्यागकर आजीवन विधवा रहने का निश्चय कर लेती है, तो यह एक अनुरूपता (conformity) का उदाहरण होगा। इस उदाहरण में अनुरूपता के उपर्युक्त तीनों तत्त्वों का समावेश मिलता है। पहला, इसमें विधवा के मन में अपने व्यक्तिगत इच्छा एवं विचार (अर्थात शादी करने की इच्छा) तथा सामाजिक मूल्यों एवं मानकों के बीच एक संघर्ष होता है। दूसरा, संघर्ष में वह अपनी व्यक्तिगत इच्छा को त्यागकर समूह दबाव (group pressure) के सामने झुक जाती है अर्थात पुनः शादी न करने का फैसला कर लेती है। तीसरा, इस उदाहरण में काल्पनिक समूह दबाव (imagined group pressure) उत्पन्न हो रहा है क्योंकि समाज स्पष्ट रूप से यह नहीं कहता है कि विधवा द्वारा पुनः शादी किये जाने पर लोग उसकी खिल्ली उड़ायेंगे या बुरी निगाह से देखेंगे।

---

1. "The essence of conformity is the yielding to group pressures".
—Kretch, Crutchfield & Ballachey : *Indicidual in society*, 1962, p. 506.

2. Confomity refers to "a change in behaviour or belief toward group as a result of real or imagined group pressure."
—Kiesler & Kiesler : *Experimental Social Psychology,* 1969.

2. "Conformity is behaviour by which an individual yields to group pressure, despite the personal feeling that he or she should act in some other manner." —Worchel & Cooper : *Understading Social Psychology*, 1969,

अनुरूपता व्यवहार की विशेषताएँ
(Characteristics of Conformity Behaviour)

ऊपर के विवरण से स्पष्ट है कि अनुरूपता सामाजिक प्रभाव (social influence) का महत्त्वपूर्ण साधन (means) है। अनुरूपता के सहारे व्यक्ति के व्यवहारों एवं मनोवृत्तियों का नियंत्रण सामाजिक मूल्यों (social values) तथा सामाजिक मानकों (socil norms) के अनुकूल होता है। अनुरूपता के क्षेत्र में शेरीफ (Sherif, 1948), ऐश (Asch, 1951) तथा क्रचफिल्ड (Crutchfield, 1955) द्वारा किये गये अध्ययनों से उसके स्वरूप (nature) या विशेषता के बारे में बहुत सारे तथ्यों का पता चलता है। इन तथ्यों पर ध्यान देने से अनुरूपता की विशेषताओं की स्पष्ट झलक हमें प्राप्त हो जाती है। ऐसी विशेषताएँ निम्नांकित हैं—

(1) अनुरूपता की सबसे प्रमुख विशेषता यह है कि इसमें मानसिक संघर्ष या तनाव पाया जाता है। यह संघर्ष (conflict) व्यक्ति के व्यक्तिगत मतों एवं विचारों तथा समूह या समाज से उत्पन्न होने वाले दबावों (pressures) के बीच होता है। उपर्युक्त उदाहरण में विधवा युवती की शादी करने की व्यक्तिगत इच्छा तथा इस तरह के विवाह के प्रति समाज के खौफनाक दृष्टिकोण के बीच में एक प्रकार का संघर्ष होता है जिससे युवती तनावग्रस्त हो जाती है और सोचती है कि उसे शादी कर लेना चाहिए या सामाजिक मूल्यों का कदर करते हुए शादी नहीं करनी चाहिए।

(2) अनुरूपता की दूसरी प्रमुख विशेषता यह होती है कि व्यक्ति यहां समूह दबावों के कारण अपनी व्यक्तिगत इच्छाओं एवं मनोवृत्तियों का त्याग कर उसके सामने घुटने टेक देता है। समूह दबाव वास्तविक (real) या प्रकट (explicit) भी हो सकता है काल्पनिक (imagined) या अप्रकट (implicit) भी हो सकता है। वास्तविक या प्रकट समूह दबाव में व्यक्ति को समूह की ओर से अनुरूपता नहीं दिखाने पर दंडित किये जाने का धमकी मिलती है परंतु काल्पनिक या अप्रकट समूह दबाव में व्यक्ति को किसी कारण से ऐसा विश्वास हो जाता है कि अनुरूपता नहीं दिखलाने पर उसे दंडित किया जा सकता है हालाँकि समूह की ओर से ऐसा कुछ स्पष्ट संकेत नहीं होता है। ऊपर के उदाहरण में विधवा युवती काल्पनिक या अप्रकट समूह दबाव के सामने झुकती है क्योंकि समाज की ओर से ऐसा कोई स्पष्ट संकेत नहीं होता है कि विधवा विवाह नहीं होना चाहिए।

(3) डियूट्स तथा गेरार्ड (Deutsh & Gerard, 1955) के अनुसार, अनुरूपता में समूह द्वारा व्यक्ति पर दिये जाने वाले दबाव (pressure) के दो प्रमुख तत्त्व (components) होते हैं—आदर्शी सामाजिक प्रभाव (normative social influence) तथा सूचनात्मक सामाजिक प्रभाव (informational social influence)। आदर्शी सामाजिक प्रभाव का सम्बंधी समूह या समाज के मानक (norms) से होता है। व्यक्ति में इस ढंग का प्रभाव इसलिए क्रियाशील होता है क्योंकि वह हमेशा कोशिश यही करता है कि समाज या समूह के मानक के अनुकूल ही उसका व्यवहार हो। वह जानता है कि ऐसा नहीं होने पर समाज द्वारा उसकी आलोचना की जायेगी तथा मजाक उड़ाया जायेगा। सूचनात्मक सामाजिक प्रभाव का सम्बंधी समूह के अन्य व्यक्तियों द्वारा दी जानेवाली सूचनाओं से होता है। व्यक्ति पर इस ढंग का प्रभाव इसलिए महत्त्पूर्ण होता है क्योंकि स्वयं उसे दी जानेवाली सूचना का ज्ञान नहीं है। फलतः समूह के अन्य व्यक्तियों द्वारा दी जाने वाली सूचना को सही मानकर वह अनुरूपता (conformity) दिखलाता है। उपर्युक्त उदाहरण में विधवा युवती द्वारा आदर्शी सामाजिक प्रभाव (normative social influence) के कारण अनुरूपता दिखलायी जा रही है। शेरीफ (Sherif) के स्वतः चालित प्रभाव (autokinetic effect) वाले प्रयोग में अनुरूपता का कारण सूचनात्मक प्रभाव (informational influence) था।

(4) सामान्यतः अनुरूपता के दो प्रकार बतलाये गये हैं—सामयिक अनुरूपता (expedient conformity) तथा वास्तविक अनुरूपता (true conformity)। सामयिक अनुरूपता में व्यक्ति बाहर से समूह या समाज के दबाव के साथ सहमत हो जाता है परंतु भीतर से उन दबावों (pressures) के प्रति असहमत (disagreed) रहता है। केलमैन (Kelman, 1958) ने इसे अनुपालन या अनुवृत्ति (compliance) कहा जाता है। वास्तविक अनुरूपता में व्यक्ति समूह या समाज के दबावों के प्रति भीतर तथा बाहर दोनों से ही अनुरूपता दिखलाता है। इन दोनों तरह की अनुरूपता में वास्तविक अनुरूपता (true conformity) सामयिक अनुरूपता की अपेक्षा अधिक स्थिर (stable) एवं टिकाऊ होता है। व्यक्ति के मन में समूह दबाव से उत्पन्न डर जैसे ही समाप्त हो जाता है, सामयिक अनुरूपता भी समाप्त हो जाती है और व्यक्ति अपनी वास्तविक एवं भीतरी मतों को खुलकर प्रकट करने लगता है।

(5) अनुरूपता की मात्रा एक ही समूह के सभी सदस्यों में समान नहीं होती है, कुछ सदस्यों में अनुरूपता अधिक पायी जाती है तो कुछ सदस्यों में इनकी मात्रा बहुत ही कम होती है। इसका कारण यह है कि अनुरूपता अंशतः (partly) व्यक्तित्व के गुणों तथा अंशतः परिस्थिति के स्वरूप (nature of situtation) पर निर्भर करती है।

अनुरूपता प्रतिअनुरूपता तथा स्वतंत्रता (Conformity, Counterconformity and Independece)

समूह दबाव (group pressure) के प्रति तीन तरह की प्रतिक्रियाएं (reactions) होती हैं—अनुरूपता (conformity), प्रति अनुरूपता (counterconformity) तथा स्वतंत्रता (independence)। अनुरूपता को पूर्णरूपेण समझने के लिए यह आवश्यक है कि इन अन्य दो सम्बन्धित पदों (terms) से इसका अंतर समझ जाये। अनुरूपता में व्यक्ति समूह दबावों (group pressures) के सामने अपनी व्यक्तिगत इच्छाओं एवं प्रेरणाओं का गला घोंट देता है। परंतु प्रति अनुरूपता तथा स्वतंत्रता (independence) में व्यक्ति समूह दबावों (group pressures) के प्रभावों को अपनी व्यक्तिगत इच्छाओं एवं प्रेरणाओं पर न पड़ने देने की कोशिश करता है। प्रति अनुरुपता (counterconformity) में व्यक्ति समूह निर्णय (group decision) का विरोध करता है तथा उसके प्रति नकारात्मक मनोवृत्ति बना लेता है। वह अपने विचारों एवं समूह निर्णय के बीच की खाई को भरने के बजाय विस्तृत करना चाहता है। स्वतंत्रता (independence) अनुरूपता तथा प्रतिअनुरूपता दोनों से भिन्न है। इसमें व्यक्ति समूह-दबाव के सामने न तो झुकता ही है और न ही उसका खुलकर विरोध करता है बल्कि स्वतंत्र होकर एक ऐसा निर्णय लेता है जिसके अनुसार समूह का साथ देने या समूह छोड़ने की एक स्पष्ट प्रवृत्ति उसमें दिखलायी देती है।

स्पष्ट है कि अनुरूपता, प्रतिअनुरूपता तथा स्वतंत्रता को एक ही सांत्यक (continuum) के तीन अलग-अलग बिंदु मानना भ्रामक होगा, बल्कि इन तीनों को एक ही त्रिभुज (triangle) के तीन शीर्ष (vertices) माना जा सकता है।

अनुरूपता के कुछ महत्त्वपूर्ण अध्ययन एवं प्रयोगात्मक मापन (Experimental Measurment and Some important studies of Conformity)

समाज मनोवैज्ञानिक द्वारा इस क्षेत्र में अनेकों प्रयोगात्मक अध्ययन किये गये हैं जिनसे यह स्पष्ट हो जाता है कि व्यक्तियों में समूह के मानक (norms) के प्रति अनुरूपता दिखलाने की एक जबर्दस्त प्रवृत्ति विकसित हो जाती है। इसका मतलब यह हुआ कि जब व्यक्ति समूह में होता है तो वह समूह दबाव (group pressure) से काफी प्रभावित होता है जिसके कारण वह अपनी मनोवृत्ति तथा व्यवहार को समूह के अनुरूप बना लेता है।

जिन मनोवैज्ञानिकों ने अनुपरूपता के क्षेत्र में प्रयोगात्मक अध्ययन किये है उनमें तीन व्यक्तियों के नाम अधिक मशहूर है। वे तीन व्यक्ति हैं—शेरीफ (Sherif, 1948), ऐश (Asch, 1975) तथा क्रचफिल्ड (Crtuchfield, 1955)। इन तीनों व्यक्तियों द्वारा अनुरूपता के प्रयोगात्मक अध्ययन में अपनायी गयी प्रविधियों (techniques) तथा उनसे मिलने वाले परिणामों की व्याख्या निम्नांकित हैं—

1. शेरीफ प्रविधि *(Sherif technique)*—शेरीफ (1948) ने स्वतः चालित प्रभाव (autokinetic effect) के सहारे समूह में मानक (norms) का विकास तथा अनुरूपता व्यवहार (conformity behaviour) का अध्ययन किया है। (इस अध्ययन का वर्णन इस अध्याय के 'सामाजिक मानक का विकास'' वाले अनुच्छेद में किया जा चुका है।) इस अध्ययन में शेरीफ ने यह स्पष्ट रूप से पाया कि जब प्रयोज्य को अंधेरे कमरे में रोशनी की बिंदु की दूरी आँकना होता था, तो उस पर समूह द्वारा स्वीकृत किये गये निर्णय का काफी प्रभाव पड़ता था। यहाँ तक कि प्रयोज्य अपना व्यक्तिगत निर्णय (individual decision) को भी समूह निर्णय (group decision) के अनुरूप बनाने के लिए परिवर्तित कर देता था। जब कई प्रयोज्य एक रोशनी की बिंदु की दूरी आँकते थे, तो वे लोग धीरे-धीरे दूरी का एक प्रसार (range) निश्चय कर लेते थे और बाद के सभी प्रयासों (trials) में वे उसी प्रसार के अनुकूल अपना निर्णय देते थे। दूसरे शब्दों में, वे उसी प्रसार (range) के प्रति अनुरूपता (conformity) दिखलाते थे। स्पष्ट है कि प्रयोग में अनुरूपता का कारण सूचनात्मक प्रभाव (informationl influence) था न कि आदर्शी प्रभाव (normative influence)। बाद में इसी तरह के किये गये प्रयोगों में यह देखा गया कि प्रयोगकर्ता या उनका कोई साथी (confederate) विशेष सुझाव (suggestion) देकर अनुरूपता (conformity) की मात्रा में वृद्धि करने में सफल हुए। जैसा कि बेरोन तथा बर्न (Baron & Byrne,

1977) ने यह बतलाया है कि जब प्रयोगकर्ता या उनका कोई साथी प्रयोज्यों (subjects) को यह कहता था कि रोशनी की बिंदु एक चाप (arc) बनाते हुए घूमी तो अधिकतर प्रयोज्यों द्वारा भी ऐसा ही कहा जाता था।

शेरीफ के प्रयोग की या शेरिफ प्रविधि (Sherif technique) का उपयोग करनेवाले अन्य प्रयोगों की एक बड़ी विशेषता यह पायी गयी कि जिन प्रयोज्यों (subject) ने अनुरूपता (conformity) दिखलायी, वे स्वयं इस बात से साफ-साफ इनकार करते थे कि उनका निर्णय या व्यवहार दूसरे व्यक्तियों के निर्णय या व्यवहार से प्रभावित हो रहा था। लेकिन बाद के प्रयोगात्मग्क अध्ययनों से यह स्पष्ट हो गया कि प्रयोज्यों के निर्णय पर समूह या अन्य व्यक्तियों के निर्णय का प्रभाव काफी पड़ता है। सेकर्ड तथा बैकमैन (Secord & Backman, 1974) के अनुसार, जब एक बिलकुल ही नये प्रयोज्य को एक उच्चस्तरीय व्यक्ति (high status person) के साथ युग्मित (paired) कर अंधेरे कमरे में रोशनी की बिंदु की गति की दूरी को आँकने के लिए कहा गया है तो देखा गया कि नया प्रयोज्य उच्चस्तरीय व्यक्ति द्वारा स्थापित मानक (norm) या स्वीकृत निर्णय के अनुरूप ही अपना भी निर्णय देता था। अगर उच्च स्तरीय व्यक्ति गति की दूरी कम बतलाता या तो दूसरा व्यक्ति भी अपने निर्णय में दूरी कम करके बतलाता था और यदि वह व्यक्ति रोशनी की बिंदू की गति की दूरी अधिक बतलाता था तो दूसरा व्यक्ति भी उसकी दूरी अधिक बतलाता था।

शेरीफ. (Sherif) द्वारा किये गये अध्ययनों से वह स्पष्ट हो जाता है कि व्यक्ति के अनुरूपता व्यवहार (conformity behaviour) पर समूह निर्णय (group decision) का बहुत ही तीखा एवं स्पष्ट प्रभाव पड़ता है।

2. ऐश प्रविधि *(Asch technique)*—ऐश (Asch, 1951, 1952, 1956) ने कई प्रयोगात्मक अध्ययन किये हैं जिनका मूल उद्देश्य यह देखना था कि जब व्यक्ति का व्यक्तिगत विचार, प्रत्यक्षण (perception) तथा मनोवृत्ति समूह के विचार प्रत्यक्षण एवं मनोवृत्ति से टकराता है तो क्या होता है? क्या व्यक्ति अपने व्यक्तिगत विचारों एवं मनोवृत्तियों को त्याग कर समूह के विचारों तथा मनोवृत्तियों के साथ अनुरूपता (conformity) दिखलाता है या अपने व्यक्तिगत विचारों एवं मनोवृत्तियों पर अडिग रहता है ?

ऐश (Asch) ने अपने एक प्रयोग में प्रयोज्यों (subjects) के दो समूह तैयार किये—प्रयोगात्मक समूह (experimental group) तथा नियंत्रित समूह (control group)। दोनों समूह में 7 से 8 प्रयोज्यों ने भाग लिया। सच्चाई थी कि प्रयोगात्मक समूह में वास्तविक प्रयोज्य (real subject) एक ही था बाकी प्रयोज्य प्रयोगकर्त्ता के ही साथी (confederates) थे। परंतु यह बात वास्तविक प्रयोज्य को मालूम नहीं था। प्रयोज्यों को एक मानक रेखा (standard line) की लंबाई की मिलान (matching) दी गई तीन रेखाओं में से किसी एक की लम्बाई के साथ करनी थी। इन तीन रेखाओं में से एक की लम्बाई मानक रेखा की लम्बाई के बराबर थी और बाकी अन्य दोनों रेखाओं की लम्बाई भिन्न थी। कुल 18 प्रयास दिये गये। प्रयोज्यों को अपना निर्णय जोर से बोलकर करना होता था। बैठने का प्रबंध (arrangement) इस ढंग का था कि वास्तविक प्रयोज्य को अपना निर्णय देने की बारी करीब-करीब अंत में होती थी। प्रयोगात्मक समूह के सभी प्रयोज्यों को(वास्तविक प्रयोज्य को छोड़कर) प्रयोगकर्ता यह पहले ही गुप्त रूप से(secretly) कह रखे थे कि वे लोग एक मत होकर जानबूझकर 18 प्रयासों (trial) में से 12 प्रयास में गलत अनुक्रिया (incorrect response) करेंगे और बाकी 6 प्रयासों में सही अनुक्रिया करेंगे। नियंत्रित समूह (control group) में सभी वास्तविक प्रयोज्य थे जिन्होंने भी अपना निर्णय 18 प्रयासों में बतलाया। प्रयोगात्मक समूह के समान इसमें जान-बूझकर कोई गलत अनुक्रिया देने वाला व्यक्ति नहीं था। इस प्रयोग के परिणाम बड़े रोचक थे। परिणाम में देखा गया कि नियांत्रित समूह के 95% प्रयोज्यों ने रेखाओं के मिलान में कोई त्रुटि (error) नहीं की। पंरतु प्रयोगात्मक समूह में वास्तविक प्रयोज्य (real subjects) ने 37% प्रयासों में समूह के साथ अनुरूपता दिखलाते हुए स्वयं भी गलत निर्णय दिया। इस परिणाम से यह स्पष्ट हो जाता है कि व्यक्ति अपने व्यक्तिगत विचारों एवं मतों के विरुद्ध समूह के साथ अनुरूपता दिखलाने के लिए भी गलत अनुक्रिया कुछ प्रयासों में कर बैठता है। बाद के एक प्रयोग में ऐश (Asch, 1956) ने प्रयोग की इस विधि में थोड़ा परिवर्तन लाकर एक प्रयोग किया। इस प्रयोग में प्रयोज्यों को अपना निर्णय बोलकर नहीं बल्कि गुप्त रूप से लिखकर देना था। ऐसी परिस्थिति में प्रयोज्यों में समूह निर्णय (group decision) के प्रति अनुरूपता कम देखी गयी। फेल्डमैन (Feldman, 1985) के अनुसार ऐश के प्रयोगों में प्रयोज्यों पर आदर्शी सामाजिक प्रभाव (normative social influence) तथा सूचनात्क सामाजिक प्रभाव (informational social influence) दोनों ही कार्य कर रहे थे। यहाँ प्रयोज्य समूह द्वारा स्थापित मानक (norms) के प्रति अनुरूपता अशंतः हँसी या मजाक उड़ाये जाने के डर से (आदर्शी सामाजिक प्रभाव) तथा अंशतः (partly) यह समझकर दिखला रहे थे कि अन्य लोगों के पास कुछ ऐसा

ज्ञान (knowledge) या सूचनाएँ हैं जो उसके पास नहीं है। (सूचनात्मक सामाजिक प्रभाव)। ऐश प्रविधि को समाज मनोवैज्ञानिकों ने सरल एवं प्रयोज्यों के मन में सहयोगिता की भावना उत्पन्न करने वाली प्रविधि बतलायी है।

कुछ लोगों ने ऐश की प्रयोगात्मक विधि (experimental method) की आलोचना करते हुए कहा है कि ऐश के प्रयोगों में प्रयोज्य समूह के साथ अनुरूपता नहीं दिखलाते थे बल्कि वे समूह की प्रत्याशाओं (expectation) को समझकर वैसी अनुक्रियाएँ करते थे। वह जानता था कि समूह यही चाहता है। अतः उसे इस तरह की अनुक्रिया करनी चाहिए। कुछ लोगों ने जैसे बेरोन तथा बर्न (Baron & Byrne, 1977) ने यह भी कहा है कि ऐश की प्रयोगात्मक विधि में समय काफी लगता है तथा साथ-ही-साथ प्रयोगकर्ता के सहयोगी या मित्रबंधु (confederates) की निपुणता (skill) पर प्रयोग का सफलता बहुत अधिक निर्भर करती है। अगर ये अनुभवी एवं निपुण नहीं हुए तो प्रयोग की सफलता करीब-करीब समाप्त हो जायेगी।

3. क्रचफिल्ड प्रविधि (*Crutchfied technique*)—इस प्रविधि का प्रतिपादन क्रचफिल्ड (Crutchfiled, 1955) ने किया। क्रचफिल्ड की इस विधि में ऐश प्रविधि (Asch technique) के उस दोष को दूर किया गया है जो प्रयोगकर्ता के मित्र-बंधु (confederates) के प्रयोग से सम्बन्धित था। इस विधि द्वारा मित्र-बंधु की सहायता के बिना ही अनुरूपता का प्रयोगात्मक मापन सम्भव था।

अनुरूपता के अध्ययन में क्रचफिल्ड ने एक विशेष उपकरण(apparatus) का प्रयोग किया जिसे क्रचफिल्ड उपकरण (Crtuchfield apparatus) कहा गया। इस उपकरण की विशेषता यह थी कि इसमें पाँच प्रयोज्य (subjects) एक ही साथ प्रयोग में भाग ले सकते थे। पाँच प्रयोज्यों की एक-दूसरे के अगल-बगल बैठा दिया जाता था। प्रत्येक दो प्रयोज्यों के बीच में एक पर्दा (screen) होता था ताकि वे आपस में बातचीत नहीं कर सके। प्रत्येक प्रयोज्यों के सामने एक बिजली का पैनल (electrical panel) था और प्रयोज्य से यह कहा जाता था कि प्रत्येक प्रयोज्य द्वारा दी गई अनुक्रिया (response) को सभी पाँचों पैनेल पर दिखलाया जायेगा। लेकिन सच्चाई यह थी कि पाँचों पैनेल पर दिखलायी गयी सूचना स्वयं प्रयोगकर्ता (experimenter) द्वारा दी जाती थी न कि प्रयोज्य (subjects) द्वारा। बिजली के पैनेल पर प्रयोगकर्त्ता द्वारा प्रायः गलत सूचनाओं को ही अन्य प्रयोज्यों द्वारा दी गई सूचनाओं के रूप में दिखलाया जाता था। प्रयोज्यों को भिन्न-भिन्न प्रकार की समस्या के प्रति अनुक्रिया करनी होती थी। जैसे, कभी उन्हें दो समान वृत्तों के आकार (size) के बारे में निर्णय करना होता था तो कभी दूसरों की मनोवृत्ति तथा मतों के प्रति अनुक्रिया करनी होती थी। इस तरह से प्रयोज्यों को आसान (easy) तथा कठिन दोनों तरह के कार्य करने होते थे। अनुक्रिया करने की बारी (turn) आने से पहले प्रत्येक प्रयोज्य को बिजली के पैनेल पर यह दिखला दिया जाता था कि उनके अन्य चार साथियों का सम्बन्धित समस्या के प्रति कैसी अनुक्रियाएँ थीं। क्रचफिल्ड ने इस प्रविधि द्वारा करीब 600 व्यक्तियों में अनुरूपता (conformity) का अध्ययन किया। उनके अध्ययन के सामान्य परिणाम (general findings) इस प्रकार के थे—

(1) अधिकतर प्रयोज्यों ने समूह द्वारा किये गये गलत निर्णय के प्रति अनुरूपता दिखलाई। दूसरे शब्दों में, समूह के गलत निर्णय के अनुकूल अपना निर्णय दिया।

(2) कठिन एकांशों (items) के प्रति अनुक्रिया करने में प्रयोज्यों ने आसान एकांशों के प्रति अनुक्रिया करने की अपेक्षाा अधिक अनुरूपता दिखलायी।

(3) अनुरूपता दिखलाने में प्रयोज्यों (subjects) में वैयक्तिक विभिन्नाएँ (individual differences) पायी गयी। कुछ प्रयोज्यों ने सभी तरह के एकांशों (items) के प्रति अनुक्रिया करने में अनुरूपता दिखलाई, कुछ ऐसे भी प्रयोज्य थे जिन्होंने किसी भी एकांश पर अनुरूपता नहीं दिखलायी तथा अधिकतर प्रयोज्य ऐसे थे जिन्होंने कुछ एकांशों पर अनुरूपता दिखलायी परंतु कुछ पर नहीं।

(4) समूह सत्र (group session) समाप्त होने के बाद अधिक अनुरूपता दिखलाने वाले प्रयोज्यों को वैयक्ति ढंग से गुप्त रूप से वैसे ही एकांशों के प्रति (जिन एकांश के प्रति अनुक्रिया करने में अधिक अनुरूपता दिखलायी गयी थी।) जब अपना निर्णय देने को कहा गया तो देखा गया कि अनुरूपता की मात्रा में कमी आ गयी और व्यक्ति अपने निजी मत तथा निर्णय जिसे समूह में समूह दबाव के कारण व्यक्त नहीं कर पया था, को खुलकर व्यक्त किया।

क्रचफिल्ड के प्रयोगों के परिणाम से स्पष्ट हो जाता है कि व्यक्ति समूह में होने पर समूह के निर्णय के अनुकूल ही अपना निर्णय देता है अर्थात समूह-निर्णय (गलत होने पर भी) के प्रति वह अपने निजी मत एवं इच्छा को त्याग कर अनुरूपता दिखलाता है।

अनुरूपता के प्रयोगात्मक मापन के बारे में सामान्य निष्कर्ष

शेरीफ (Sherif), ऐश (Asch) तथा क्रचफिल्ड (Crutchfield) द्वारा किये गये अध्ययनों से स्पष्ट हो जाता है कि अनुरूपता में समूह-दबाव (group pressure) की भूमिका काफी महत्त्वपूर्ण होती है। समूह दबाव के प्रभाव के कारण व्यक्ति अपना निजी मत तथा निर्णय जिसे वह समूह निर्णय से अधिक सही एवं संगत (relevant) समझता है, त्यागकर समूह निर्णय को स्वीकार कर लेता है। अनुरूपता में वैयक्तिक विभिन्नता (individual difference) होती है कुछ व्यक्तियों में अनुरूपता की प्रवृत्ति अधिक होती है तथा कुछ में ऐसी प्रवृत्ति कम होती है।

अनुरूपता को प्रभावित करने वाले कारक
(Factors Influencing Conformity)

समाज मनोवैज्ञानिकों द्वारा किये गये अध्ययनों से यह स्पष्ट हो गया है कि व्यक्ति समूह दबाव (group pressure) के प्रति अनुरूपता (conformity) दिखलाता है। अतः इन लोगों के लिए यह भी स्वाभाविक था कि वे उन निर्धारकों (conditions) का पता लगावें जिनसे व्यक्ति में अनुरूपता कभी कम होती पायी जाती है तो कभी अधिक। प्रमुख समाज मनोवैज्ञानिकों ने कुछ ऐसे निर्धारकों का पता लगाया है जिन्हें मूलतः तीन भागों में बाँटा जा सकता है—

(क) समूह-सम्बन्धी कारक (Group-related fcators)

(ख) व्यक्ति-सम्बन्धी कारक (Personality-related factors)

(ग) कार्य-सम्बन्धी कारक (Task-related factors)

इन तीनों कारकों का वर्णन निम्नलिखित हैं—

(क) समूह सम्बन्धी कारक *(Group related factors)*—समूह दबाव (group pressure) द्वारा व्यक्ति में उत्पन्न अनुरूपता समूह की विशेषताओं या स्वरूप (nature) पर निर्भर करती है। इन विशेषताओं में समूह का आकार (size), संरचना (composition) सर्वसम्मति (unanimity), निर्णय की चरमसीमा (extermeness of judgement), निग्रह बल (coersive force) तथा विस्तृत सामाजिक संदर्भ (larger social context) आदि प्रधान है। इस सभी कारकों का वर्णन इस प्रकार है—

(1) समूह का आकार *(Size of the group)*—मनोवैज्ञानिक प्रयोगों से स्पष्ट हो गया है कि जब समूह का आकार बड़ा होता है तो अनुरूपता (conformity) अधिक होती है। दूसरे शब्दों में, यदि किसी व्यक्ति के मत या निर्णय के विपरीत अधिक व्यक्तियों का मत या निर्णय होता है तो वह व्यक्ति बहुत जल्द ही अपने व्यक्तिगत मत या निर्णय को त्यागकर समूह के मतों के अनुकूल ही अपना मत बना लेता है। ऐश (Asch, 1965) ने अपने प्रयोग में पाया कि जब किसी एक व्यक्ति के मत का विरोध मात्र एक व्यक्ति द्वारा होता था, तो अनुरूपता न के बराबर होती थी। यदि दो व्यक्तियों द्वारा उसके मत का विरोध होता था तो कुछ अनुरूपता देखने को मिलती थी परंतु यदि तीन या चार व्यक्तियों द्वारा उसके मत का विरोध किया जाता था तो उस व्यक्ति द्वारा अधिकतम अनुरूपता (maximum conformity) दिखलायी जाती थी। इन्होंने अपने अध्ययन के आधार पर यह भी बतलाया है कि एक खास संख्या के बाद यदि विरोध करने वाले व्यक्तियों की संख्या बढ़ती है तो इससे अनुरूपता में वृद्धि नहीं होती है क्योंकि अनुरूपता पहले ही अधिकतम सीमा पर पहुँच गयी होती है। उदाहरणार्थ, तीन-चार सदस्यों द्वारा विरोध किये जाने पर ही व्यक्ति में अनुरूपता अधिकतम सीमा पर होते ऐश (Asch) द्वारा अपने प्रयोगों में देखा गया। उसके बाद विरोध करने वाले व्यक्तियों की संख्या बढ़ने पर भी अनुरूपता की मात्रा में कोई वृद्धि नहीं आयी।

(2) समूह का संघटन *(Composition of grop)*—अनुरूपता सिर्फ इस बात पर ही निर्भर नहीं करती कि एक व्यक्ति के निर्णय को कितने व्यक्तियों के द्वारा विरोध किया जा रहा है बल्कि इस बात पर भी निर्भर करता है कि विरोध करने वाले व्यक्ति कैसे हैं? क्या वे उस व्यक्ति से अधिक योग्य (competent) हैं? क्या अन्य व्यक्ति उनके दोस्त हैं या बिलकुल ही अपरिचित हैं? आदि आदि। मनोवैज्ञानिक अध्ययनों में यह देखा गया है कि यदि व्यक्ति विरोध करने वाले व्यक्तियों को अपने से कम योग्य समझता है, तो अनुरूपता कम होती है। परंतु यदि विरोध करने वाले व्यक्तियों को वह अपने से अधिक योग्य एवं कुशल (skilled) मानता है, तो अनुरूपता अधिक होती है। क्रचफिल्ड (Crutchfield, 1955) ने अपने प्रयोगात्मक अध्ययन से इस तथ्य की पुष्टि की है। उसी तरह यदि विरोध करने वाले

व्यक्तियों को वह अपना दोस्त समझता है, तो वह अनुरूपता कम दिखलाता है क्योंकि दोस्ती के कारण अनुरूपता नहीं दिखलाने पर भी उसे किसी प्रकार के विरोध (opposition) का डर नहीं रहता है। परंतु कुछ लोगों का यह मत है कि यदि विरोध करने वाले दोस्त हों, तो परिणाम उल्टा भी हो सकता है अर्थात अनुरूपता अधिक भी हो सकती है। यदि व्यक्ति अपने दोस्तों का सचमुच में कदर करता हो तथा उनके निर्णय को महत्त्व देता है, तो वैसी परिस्थिति में यह अधिक अनुरूपता दिखलायेगा ताकि उसे अन्य दोस्तों का प्यार एवं स्नेह मिलता रहे।

(3) समूह की सर्वसम्मतता *(Unanimity of group)*—अनुरूपता इस बात पर भी निर्भर करती है कि एक व्यक्ति के मत का विरोध करने पर व्यक्तियों में सर्वसम्मतता (unanimity) है या नहीं। यदि सर्वसम्मति से उस व्यक्ति के मत का विरोध किया जाता है तो उस व्यक्ति में अनुरूपता अधिक पायी जाती है परंतु यदि विरोध करने वाले व्यक्तियों में से एक या दो व्यक्ति भी पहले व्यक्ति के मत का समर्थन कर देते हैं तो इससे अनुरूपता काफी कम हो जाती है। ऐश (Asch) ने अपने प्रयोग से इस तथ्य पुष्टि की है।

(4) समूह सहमति की चरमसीमा *(Extremeness of group consensus)*--अनुरूपता इस बात पर भी निर्भर करती है कि समूह सहमति से उत्पन्न निर्णय तथा व्यक्तिगत निर्णय में व्यक्ति कितना अंतर (discrepancy) देखता है। हालाँकि अनुरूपता तथा इस तरह के अंतर के बीच का सम्बंधी सीधा न होकर जटिल है, फिर भी कुछ समाज मनोवैज्ञानिकों जैसे टुडेनहाम (Tuddenham, 1961) ने अपने अध्ययन के आधार पर यह बतलाया है कि यदि समूह सहमति से उत्पन्न निर्णय में व्यक्ति एक स्वीकार्य सीमा (acceptable range) तक विकृति (distoration) पाता है तो वह समूह सहमति के निर्णय के प्रति अनुरूपता दिखलाता है परंतु यदि वह उस सीमा के बाहर समझता है तो किसी प्रकार की अनुरूपता नहीं दिखलाता है।

(4) बलप्रयोग की शक्ति *(Strength of coersion)*—अनुरूपता की मात्रा इस बात पर भी निर्भर करती है कि समूह द्वारा व्यक्ति पर किये गये बल प्रयोग (coersion) की शक्ति कितनी है। समूह दबाव के सामने न झुकने के बुरे परिणाम का स्पष्ट उल्लेख होने पर या इसके सामने झुकने पर अर्थात इसके प्रति अनुरूपता दिखलाने पर इनाम का स्पष्ट उल्लेख होने से व्यक्ति में अनुरूपता प्रभावित होती है। इन दोनों परिस्थितियों में व्यक्ति समूह दबाव के प्रति अधिक अनुरूपता दिखलाता है। समूह व्यक्ति पर कितने निग्रह बल (coercive force) का उपयोग करेगा यह इस बात पर निर्भर करता है कि जिस समस्या के प्रति व्यक्ति को तथा समूह को अपना निर्णय देना है वह कितना महत्त्वपूर्ण है। स्कैक्टर (Schachter, 1951) ने अपने अध्ययनों में पाया कि जब समस्या ऐसी होती है कि समूह किसी व्यक्ति के अलग एवं स्वतंत्र निर्णय को बर्दाश्त कर सकता है क्योंकि इससे समूह-लक्ष्य (group goal) की उपलब्धि में कोई बाधा नहीं पहुँच रही है तो स्वभावतः समूह व्यक्ति पर कम निग्रह बल (coercive force) डालता है। परंतु यदि समस्या इतनी महत्त्वपूर्ण होती है कि किसी भी एक सदस्य के अलग एवं स्वतंत्र विचार के होने पर समूह-लक्ष्य की उपलब्धि खतरे में पड़ सकती है तो समूह व्यक्ति पर अधिकतम निग्रह बल डालता है। ऐसी परिस्थिति में अनुरूपता अधिक होती है।

(4) वृहत सामाजिक संदर्भ *(larger social context)*—कोई भी समूह बिलकुल अकेला न होकर वर्तमान वृहत सामाजिक संदर्भ का एक हिस्सा होता है। दूसरे शब्दों में, समूह की अंतःक्रियाएँ सिर्फ अपने सदस्यों द्वारा ही प्रभावित न होकर समाज के वर्तमान राजनीतिक (political), समाजशास्त्रीय (sociological) तथा ऐतिहासिक (historical) परिस्थितियों द्वारा भी प्रभावित होती है। जब इस वृहत्त सामाजिक संदर्भ का रुख ऐसा होता है कि किसी व्यक्ति द्वारा सामाजिक मानक (social norms) के प्रति अनुरूपता नहीं दिखलाने पर कड़ी-से-कड़ी सजा (punishment) देने पर बल दिया जाता है तो ऐसी परिस्थिति में कोई व्यक्ति समूह निर्णय से अलग एवं स्वतंत्र निर्णय देने की इच्छा का त्याग कर समूहा के प्रति अधिक अनुरूपता दिखलाता है। शायद यही कारण है कि तानाशाही शासन में व्यक्ति सामाजिक मानक एवं समूह दबाव के प्रति अधिक अनुरूपता दिखलाता है क्योंकि वह जानता है कि ऐसा नहीं करने पर उसका प्राण खतरे में पड़ सकता है। परंतु यदि सामाजिक संदर्भ ऐसा होता है जहाँ किसी व्यक्ति विशेष द्वारा समूह निर्णय को न मानकर स्वतंत्र निर्णय देने पर कोई सख्ती नहीं दिखलायी जाती है तो वैसी परिस्थिति में अनुरूपता कम होती देखी गयी है।

(ख) व्यक्तित्व-सम्बन्धी कारक *(Personality-related factors)*—अनुरुपता परिस्थिति सम्बन्धी कारकों के अलावा व्यक्तित्व से सम्बन्धित कारकों जैसे प्रेरणात्मक कारक (motivationa factors), संवेगात्मक कारक (emotiona factors) तथा संज्ञानात्मक कारक (Cognitive factors) आदि द्वारा भी प्रभावित होती है। कुछ ऐसे मनोवैज्ञानिक कारकों (psychological factors) का वर्णन निम्नांकित है—

(i) व्यक्तित्व-सम्बन्धी कारक (Personality-related factors)—अनुरूपता सम्बन्धी कारकों के अलावा व्यक्तित्व से सम्बन्धित कारकों जैसे प्रेरणात्मक कारक (motivational factors), संवेगात्मक कारक (emotional factors) तथा संज्ञानात्मक कारक (cognitive factors) आदि द्वारा भी प्रभावित होती है। कुछ प्रमुख ऐसे मनोवैज्ञानिक कारकों (psychological factors) का वर्णन निम्नांकित हैं—

(1) आत्म-सम्मान तथा सामर्थ्यता *(Self-esteem and Competence)*—कुछ व्यक्ति ऐसे होते हैं जिनमें आत्म-सम्मान तथा सामर्थ्यता (competence) का गुण अधिक होता है और कुछ व्यक्ति ठीक इसके विपरीत होते हैं। ऐसे व्यक्ति जिनमें आत्म-सम्मान तथा सामर्थ्यता अधिक होता है, उन्हें अपने आप पर अधिक भरोसा होता है तथा वे स्वतंत्र विचार के होते हैं। ऐसे व्यक्ति आदर्शी सामाजिक प्रभाव (normative social influence) के प्रति अधिक उत्तरदायी (responsible) नहीं होते हैं। कम आत्म-सम्मान तथा कम सक्षम व्यक्ति दूसरे से समर्थन की उम्मीद करते हैं तथा उन्हें खुश करने की कोशिश करते हैं। पहले तरह शीलगुण वाले व्यक्तियों में समूह दबाव के प्रति अनुरूपता कम देखी जाती है। इस तथ्य की पुष्टि स्टैंग (Stang, 1972) ने अपने प्रयोगात्मक अध्ययन से की है। इस प्रयोग में उन्होंने प्रयोज्यों के दो समूह तैयार किये। एक समूह के प्रयोज्यों में आत्म-सम्मान (self-esteem) का शीलगुण अधिक था तथा दूसरे समूह के प्रयोज्य में आत्म-सम्मान का शीलगुण कम था। इन दोनों समूहों में अनुरूपता की माप क्रचफिल्ड प्रविधि (Crutchfield technique) द्वारा की गई जिसमें प्रयोज्यों को कई तरह के दृष्टि कार्य (visual task) से सम्बन्धित निर्णय करना था। परिणाम में देखा गया कि अधिक आत्म-सम्मान वाले प्रयोज्यों में कम आत्म-सम्मान वाले प्रयोज्यों की अपेक्षा कम अनुरूपता पायी गई।

(2) कृपादृष्टि प्राप्त करने की प्रवृत्ति *(Tendency to ingratiate)*—कुछ लोग ऐसे होते हैं जिनमें दूसरों की कृपादृष्टि प्राप्त करने की तीव्र प्रवृत्ति होती है। ऐसे लोगों द्वारा अनुरूपता अधिक दिखलायी जाती है। ऐसे लोग यह भली-भाँति जानते है कि दूसरे व्यक्ति या वांछित-व्यक्तियों के समूह को खुश करने का सबसे आसान तरीका यही है कि वे जो कहें। उसमें हाँ में हाँ मिलाते चलें। ऐसा करने से उनकी कृपादष्टि भी बनी रहेगी तथा उनका काम भी होता रहेगा। जोन्स (Jones, 1964) ने अपने प्रयोगात्मक अध्ययन से इस तथ्य की पुष्टि की है। जिन लोगों में दूसरों की कृपादृष्टि प्राप्त करने की या चमचागिरी करने की प्रवृत्ति अधिक नहीं होती है। उनमें विचारों की स्वतंत्रता अधिक देखी जाती है। फलतः उनमें अनुरूपता कम होती है।

(3) प्रेरणा *(Motivation)*—कुछ समाज मनोवैज्ञानिकों ने यह प्रयोग कर दिखलाया है कि अनुरूपता व्यवहार व्यक्ति को दिये जानेवाले पुरस्कार एवं दंड द्वारा भी प्रभावित होता है। एण्डलर (Endler 1965) ने एक प्रयोग किया जिसमें कुछ प्रयोज्यों को प्रयोगकर्त्ता द्वारा समूह के गलत निर्णय के साथ सहमत होने के लिए पुरस्कार दिया गया तथा कुछ प्रयोज्यों को समूह निर्णय से असहमति दिखलाने पर पुरस्कार दिया गया। परिणाम में यह देखा गया कि पहले तरह के प्रयोज्यों में अनुरूपता (conformity) अधिक देखी गयी तथा दूसरे तरह के प्रयोज्यों में अनुरूपता की मात्रा कमती देखी गयी। ऐण्डलर (Endlar 1966) ने अपने बाद में किये गये प्रयोग में यह भी पाया कि जब प्रयोज्यों को समूह निर्णय के साथ सहमति व्यक्त करने के लिए प्रत्येक प्रयास (trial) में पुरस्कार दिया जाता है तो अनुरूपता की मात्रा उस परिस्थिति की अपेक्षा अधिक होती है जहाँ ऐसे सहमति व्यक्त करने पर भी मात्र आधे प्रयासों में ही पुरस्कार दिया जाता है। दिन प्रतिदिन के अनुभव से भी हमें इस बात की पुष्टि होती है। यदि हम दूसरों के मतों एवं मनोवृत्ति के प्रति अनुरूपता दिखलाते हैं और इसे वे लोग काफी पसंद करते हैं तो इससे हमें एक तरह का पुनर्बलन (reinforcement) प्राप्त होता है और बाद की परिस्थितियों में हम और भी अधिक अनुरूपता दिखलाने के लिए तत्पर रहते हैं।

(4) आकर्षकता *(Attraction)*—किसी समूह के प्रति अनुरूपता इस बात पर निर्भर करती है कि व्यक्ति के लिए वह समूह कितना आकर्षक (attractive) है। जितना वह समूह व्यक्ति के लिए अधिक आकर्षक होगा, उतना ही अधिक व्यक्ति का व्यवहार उस समूह के निर्णय एवं मानकों (norms) के अनुकूल होगा। दूसरे शब्दों में, संदर्भ समूह (reference group) जितना ही व्यक्ति के लिए आकर्षक होगा, समूह के प्रति अनुरूपता भी अधिक होगी। साकुराई (Sakurai, 1975) ने अपने अध्ययन में पाया है कि जब संदर्भ समूह व्यक्ति के लिए काफी आकर्षक होता है, तो उसके प्रति व्यक्ति में अनुरूपता अधिक होती है। फेस्टिंगर, स्कैटर तथा बैक (Festinger, Schachter & Back, 1950) ने अपने अध्ययन में पाया कि छात्रों ने उन मोहल्लों के मानक (norms) के प्रति व्यक्ति में अनुरूपता दिखलाई जिन मोहल्लों में उनके मित्र-बंधु रहते थे, अर्थात जिन मोहल्ले के प्रति मित्र-बंधु के कारण उनमें आकर्षकता

अधिक थी। सिर्फ समूह के प्रति आकर्षकता द्वारा ही नहीं बल्कि किसी व्यक्ति विशेष के प्रति आकर्षकता से भी अनुरूपता की मात्रा में वृद्धि होते पाया गया है। साभेल (Savel, 1971) ने अपने अध्ययन में पाया कि जब किसी व्यक्ति के मत से दूसरा व्यक्ति सहमत हो जाता है तो दूसरे व्यक्ति के प्रति आकर्षकता बढ़ जाती है साथ-साथ उसमें अनुरूपता भी अधिक बढ़ जाती है।

(ग) कार्य सम्बन्धी कारक (*Task-related factors*)—समाज मनोवैज्ञानिकों द्वारा किये गये अध्ययनों से यह भी स्पष्ट हो गया है कि अनुरूपता पर प्रयोज्यों को दिये गये कार्य (task) का भी प्रयोग प्रभाव पड़ता है। ब्लैक, हेल्सन तथा मूटोन (Black, Helson & Mouton, 1956) ने अपने प्रयोग के आधार पर यह दिखलाया है कि जब प्रयोज्यों को कठिन एवं अस्पष्ट (vague) कार्य के प्रति निर्णय देना होता है तो उसमें अनुरूपता (conformity) बढ़ जाती है परंतु जब कार्य बिल्कुल ही स्पष्ट होता है, तो उसमें अनुरूपता घट जाती है। ऐश (Asch,1952) ने भी अपने प्रयोग में पाया कि जब प्रयोज्यों (subject) को ऐसी रेखाओं (lines) का मिलान करना होता था जिनकी लंबाई में बहुत कम अंतर होता था (अर्थात कार्य स्पष्ट था) तो प्रयोज्यों में अनुरूपता बढ़ जाती थी। परंतु जब उनकी लम्बाई में स्पष्ट अंतर दिखलाई देता था, तो उनमें अनुरूपता घटती जाती थी। कार्य स्पष्ट होने से व्यक्ति समूह को या अन्य व्यक्तियों द्वारा किये गये निर्णय को ही सूचना का स्रोत मानता है और उसके प्रति अनुरूपता दिखलाता है। अतः ऐसी परिस्थिति में सूचनात्मक समूह दबाव (informational group pressure) अधिक प्रभावकारी होती है। क्रचफिल्ड (Crutchfield, 1955) ने अपने अध्ययन में पाया कि जब प्रयोज्यों को दिखलाई गई तस्वीर के प्रति अपनी व्यक्तिगत पसंद (presonal preference) बतलाना था तो उनमें अनुरूपता कम गयी परंतु जब उसके बारे में एक निश्चित सही उत्तर पर पहुँचना था तो अनुरूपता कम गयी। ऐलेन तथा लेभाईन (Allen & Levine, 1971) ने अपने अध्ययन में पाया कि मत व्यक्त करने वाले एकांशों (opinion items) की तुलना में दृष्टि एकांशों (Visual items) के होने पर प्रयोज्यों में अनुरूपता (conformity) कम हो गयी।

निष्कर्ष यह है कि अनुरूपता पर मूलतः तीन तरह के कारकों (factors) का प्रभाव पड़ता है। कुछ कारक समूह से सम्बन्धित होते है, कुछ कारक व्यक्ति (individual) से सम्बन्धित होते हैं तथा कुछ कारक प्रयोज्यों (subjects) को दिये जाने वाले कार्य (task) से सम्बन्धित होते हैं। ये तीनों तरह के कारक आपस में काफी सम्बन्धित हैं तथा अनुरूपता व्यवहार को एक साथ मिलकर काफी प्रभावित करते हैं।

अनुरूपता व्यवहार से सिद्धान्त
(Theories of Conformity Behaviour)

समाज मनोवैज्ञानिकों ने अनुरूपता व्यवहार (conformity behaviour) की व्याख्या करने के लिए कुछ सिद्धान्तों का प्रतिपादन किया है। इन सिद्धान्तों में इस बात पर बल डाला गया है कि व्यक्तियों में अनुरूपता व्यवहार क्यों होता है। इससे सम्बन्धित सिद्धान्तों को मूलतः दो भागों में बाँटा गया है। व्यक्तित्व सिद्धांत (personality theories) तथा समूह-केन्द्रित सिद्धांतों (group-centered theories) इन दोनों सिद्धान्तों की व्याख्या इस प्रकार है—

1. व्यक्तित्व सिद्धान्त (*Personality Theories*)—जैसा कि समाज मनोवैज्ञानिकों के अध्ययनों से यह स्पष्ट हो चुका है कि कुछ व्यक्तियों में समूह दबाव (guoup pressure) तथा समूह मानक (group norms) के प्रति अनुरूपता (conformity) दिखलाने की तीव्र प्रवृत्ति होती है परंतु कुछ लोग ऐसे होते हैं जिनमें ऐसी प्रवृत्ति बहुत ही कम होती है। वे जल्दी दूसरे व्यक्तियों के दबाव या समूह के मानक के सामने झुकते नहीं है। आखिर ऐसा क्यों होता है ? अनुरूपता का व्यक्तित्व सिद्धान्त इसकी व्याख्या व्यक्तित्व के शीलगुणों (traits) के रूप में करता है। इस सिद्धान्त के अनुसार दो या दो से अधिक व्यक्तियों में एक ही तरह के समूह दबाव या समूह मानक के प्रति अनुरूपता में अंतर होने का मुख्य कारण व्यक्तित्व की शीलगुण है। अनुरूपता दिखलाने वाले व्यक्तियों में कुछ ऐसे व्यक्तित्व शीलगुण पाये जाते हैं जो अनुरूपता नहीं या कम दिखलाने वाले व्यक्तियों के शीलगुण से भिन्न होते हैं। ध्यान रहे कि यह सिद्धान्त किसी एक व्यक्ति द्वारा प्रतिपादित नहीं किया गया है बल्कि कई व्यक्तियों द्वारा किये गये प्रयोगों एवं शोधों (research) का एक प्रतिफल (product) है। विभिन्न व्यक्तियों द्वारा किये गये गये शोध एवं प्रयोग के आधार पर जो तथ्य प्राप्ति हुए हैं उनसे यह पता चलता है कि कुछ व्यक्तित्व चर ऐसे होते हैं जिनसे अनुरूपता की मात्रा में बिलकुल स्पष्ट अंतर पड़ता है।

क्रचफिल्ड (Crutchfield, 1955) ने बहुत सारे ऐसे अध्ययन किये हैं, जिनमें अनुरूपता दिखानेवाले व्यक्तियों के शीलगुणों की तुलना अनुरूपता नहीं या बहुत ही कम दिखलाने वाले व्यक्तियों के साथ की गई है। उन्होंने अपने एक मशहूर अध्ययन में सैनिकों एवं व्यवसायियों (businessmen) में अनुरूपता का अध्ययन किया और पाया कि जिन व्यक्तियों में अनुरूपता अधिक देखी गयी, वे सामान्यतः कम अनुरूपता वाले व्यक्तियों की तुलना में कम बुद्धि के थे, तथा उनमें नेतृत्व गुणों (leadership qualities) की कमी थी। साथ-ही-साथ ऐसे व्यक्तियों में हीनता की भावना (feeling of inferiority) अधिक थी तथा उनमें सत्तावादी प्रकृति (authoritarian nature)की झलक अधिक मिलती थी। अनुरूपता कम दिखलाने वाले व्यक्तियों में श्रेष्ठता की भावना (feeling of superiority)अधिक पायी गयी तथा ऐसे लोग प्रजातंत्रात्मक स्वभाव (democratic nature) के थे। बाद के अध्ययनों में उन्होंने और भी कुछ ऐसे व्यवितत्व चरों का पता किया जो अधिक अनुरूपता दिखलाने वाले व्यक्ति में कम अहम-शक्ति (less ego strength), भावनाओं एवं इच्छाओं को रोकने की कम शक्ति, अस्पष्टता (ambiguity) को अधिक पसंद करने की क्षमता, उत्तरदायित्व (responsibility) ग्रहण न करने की इच्छा, कम आत्म-सूझ (less self-insight), मौलिकता (originality) की कमी, अधिक पूर्वाग्रही (prejudiced) तथा सत्तावादी मनोवृत्ति (authoraitrian attitude) जैसे शीलगुण पाये गये। इस शीलगुणों के विपरीत शीलगुण कम अनुरूपता दिखलाने वाले व्यक्तियों में पाये गये। मालोफ तथा लौट (Malof & Lott, 1962) ने अपने अध्ययन में पाया कि अधिक पूर्वाग्रही व्यक्तियों (highly prejudiced persons) में अनुरूपता दिखलाने की प्रवृत्ति कम पूर्वाग्रही व्यक्तियों की अपेक्षा अधिक होती है। कौन्सटाजो (Constanzo,1970) ने अपने अध्ययन में पाया है कि जिन व्यक्तियों में अनुरूपता दिखलाने की प्रवत्ति अधिक होती है, वे किसी काम के नकारात्मक परिणामों (negative consequences) के लिए अपने आप को दोषी अधिक ठहरते हैं। स्टैंग (Stang, 1979) ने अपने अध्ययन में पाया कि अधिक अनुरूपता दिखलाने वाले व्यक्तियों में कम अनुरूपता दिखलाने वाले व्यक्तियों की अपेक्षा निम्न आत्म-सम्मान (lower self esteem) होता है।

कुछ समाज मनोवैज्ञानिकों ने अनुरूपता पर उम्र तथा यौन (sex) के प्रभाव का भी अध्ययन किया है। हार्टअप (Hartup,1970) ने अनुरूपता (conformity) तथा उम्र (age) को सम्बन्धित करने वाले अध्ययनों की समीक्षा (review) करके यह बतलाया है कि उम्र तथा अनुरूपता में एक निश्चित तथा संगत (consistent) सम्बंधी नहीं होता है। कुछ अध्ययनों में उम्र तथा अनुरूपता में एक धनात्मक सम्बंधी (positive realionship) पाया गया है। दूसरे शब्दों में, जैसे-जैसे व्यक्ति की उम्र बढ़ती है, अनुरूपता दिखलाने की प्रवृत्ति भी बढ़ती है। इन अध्ययनों से तब यह निष्कर्ष निकलता है कि अनुरूपता एक सीखी गयी प्रक्रिया (learnt process) है। कुछ अन्य अध्ययनों में पाया गया कि 13-14 वर्ष की आयु होने पर व्यक्तियों में अनुरूपता की मात्रा कम होने लगती है और व्यक्ति अपना स्वतंत्र मस्तिष्क (independent mind) से अधिक नियंत्रित होता है। ऐलेन तथा न्यूटसन (Allen & Newtson, 1972) ने यह बतलाया है कि उम्र के साथ अनुरूपता का कम या अधिक होना कई बातों पर निर्भर करता है जिनमें व्यक्ति का यौन (Sex), विषय (topic) तथा अनुरूपता के लिए दबाव डालने वाले व्यक्तियों की महत्ता (importace) अधिक महत्त्वपूर्ण है।

बच्चों तथा वयस्कों पर किये गये अनेकों अध्ययनों में जिनमें गेराई एवं उनके सहयोगियों (Gerared et al. 1968) तथा जुलियन एवं साथी (Julian et. al 1968) प्रमुख है, यह पाया गया है कि महिलाओं में पुरुष की अपेक्षा अनुरूपता (conformity) अधिक होती है। इसका एक सामान्य कारण यह बतलाया गया है कि हमारे संस्कृति (culture) में बचपन से ही महिलाओं को अधिक विनम्र (submissive), आज्ञापरायण (docile) तथा अनुपालक (compliant) होने की शिक्षा दी जाती है। यह बात भारतीय संस्कृति तथा अमेरिकन संस्कृति में समान रूप में देखी गयी है। परंतु सिसट्रान्क तथा मैकडेविड (Sistrunk & McDavid, 1971) ने अपने अध्ययन में यह पाया है कि अनुरूपता व्यक्ति के यौन द्वारा सीधे प्रभावित नहीं होती है बल्कि अनुरूपता का कम या अधिक होना इस बात पर निर्भर करता है जिन उद्दीपकों या एकांशों (items) के प्रति व्यक्ति को निर्णय देना है, वे यौन सम्बन्धित (sex-related) हैं या नहीं। इन्होंने अपने अध्ययन में पाया कि महिलाओं में अनुरूपता (conformity) पुरुषसम्बन्धी एकांशों (masculine items) के प्रति अधिक देखी गयी, पुरुषों में अनुरूपता स्त्री-सम्बन्धी एकांशों (feminine items) के प्रति अधिक देखी गयी तथा तटस्थ एकांशों के प्रति पुरुष तथा महिलाओं दोनों में ही समान रूप से अनुरूपता पायी गयी। इस अध्ययन से स्पष्ट हो गया है कि महिलाओं में पुरुषों की अपेक्षा अधिक अनुरूपता की उम्मीद करना एक अयथार्थ यौन अंतर (incorrect sex differece) होगा।

इस तरह से स्पष्ट है कि व्यक्तित्व सिद्धान्त में अनुरूपता की व्याख्या भिन्न-भिन्न व्यक्तित्व चरों (personality variables) के रूप में की जाती है। यद्यपि इस सिद्धांत द्वारा अनुरूपता की एक सरल व्याख्या होती है फिर भी इस सिद्धांत के दो प्रमुख दोष (demerits) बतलाये गये हैं, जो निम्नांकित हैं—

(1) मारलो तथा गेरगेन (Marlow & Gergen, 1970) ने यह बतलाया है कि यद्यपि कुछ समाज मनोवैज्ञानिकों ने अनुरूपता दिखलाने वाले व्यक्ति और अनुरूपता नहीं दिखलाने वाले व्यक्तियों में व्यक्तित्व के शीलगुणों का अंतर बतलाया है, अनेकों ऐसे अध्ययन किये गये हैं जिसमें इन दोनों तरह के व्यक्तियों के व्यक्तित्व गुणों में कोई अंतर नहीं पाया गया है। उदाहरण के लिए क्रचफिल्ड (Crutchfield,1960) ने अपने अध्ययन में पाया है कि अनुरूपता दिखलाने वाले व्यक्तियों के समूह तथा अनुरूपता नहीं दिखलाने वाले व्यक्तियों के समूह में MMPI (Minnesota Multiphasic Personaltiy Inventory) के किसी भी मापनी (scale) पर अंतर नहीं था। यह अध्ययन और ऐसे ही कई अध्ययनों के परिणाम को ध्यान में रखने पर हमें यह शक होने लगता है कि व्यक्तित्व के शीलगुणों का सम्बंधी अनुरूपता (conformity behaviour) से है या नहीं।

(2) इस सिद्धान्त की दूसरी परिसीमा (limitation) इस तथ्य से सम्बन्धित है कि अगर व्यक्ति किसी खास-खास शीलगुण के कारण अनुरूपता दिखलाता है तो उसे हर परिस्थिति (situation) में समान रूप से अनुरूपता दिखलानी चाहिए क्योंकि वह खास शीलगुण तो उनमें हमेशा मौजूद रहते हैं। परंतु प्रयोगात्मक अध्ययनों से यह सिद्ध हो चुका है कि ऐसा नहीं होता है और एक परिस्थिति से दूसरी परिस्थिति में अनुरूपता की मात्रा समान नहीं रहती है। स्ट्रीकर, मेसिक तथा जैक्शन (Stricker, Messick & Jackson, 1970) ने एक अध्ययन किया जिसमें समूह निर्णय (group decision) के प्रति प्रयोज्यों की अनुरूपता चार विभिन्न परिस्थितियों में अध्ययन किया गया। इन विभिन्न परिस्थितियों में दिखलायी गयी अनुरूपताओं में सहसम्बंधी की मात्रा .06 से .06 तक पाया गया। इस परिणाम से यह स्पष्ट है कि एक परिस्थिति से दूसरी परिस्थिति में समान शीलगुण के होने पर भी अनुरूपता की मात्रा समान नहीं होती है। मैकगुरी (McGurie, 1968) ने उसी तरह अपने अध्ययन में यह दिखलाया है कि जो लोग अनुरूपता नहीं दिखलाते हैं, उनमें भी अनुरूपता न दिखलाने के समान प्रवृत्ति हर परिस्थिति में नहीं होता है।

निष्कर्ष यह है कि यद्यपि व्यक्तित्व सिद्धांत हमें उन व्यक्तियों की पहचान करने में मदद अवश्य करता है जिनमें अनुरूपता कम या अधिक होती है परंतु यह सिद्धांत वैज्ञानिक रूप से यह नहीं बतला पाता है कि व्यक्ति अनुरूपता क्यों दिखलाता है। अतः इस सिद्धान्त पर पूर्णरूपेण भरोसा नहीं किया जा सकता है।

2. समूह-केंद्रित सिद्धान्त (*Group-Centered Theories*)—इस सिद्धांत का भी प्रतिपादन किसी एक व्यक्ति द्वारा नहीं किया गया है बल्कि यह अनेकों मनोवैज्ञानिकों द्वारा किये गये समान शोधों (researches) एवं प्रयोगों का प्रतिफल है। इस सिद्धान्त का सार (essence) यही है कि अनुरूपता का मूल कारण समूह दबाव (group pressure) होता है। इस सिद्धांत के समर्थन में जिन समाज मनोंवैज्ञानिकों ने मत व्यक्त किये हैं उसमें ऐश (Asch, 1952) केली (Kelley, 1952), कैम्पबेल (Campbell, 1961) डयूट्रश तथा गेरार्ड (Deutsh & Gearad, 1955), फेस्गिगर (Festinger, 1950) आदि अधिक प्रमुख हैं।

इस सिद्धान्त के अनुसार दो तरह के समूह दबाव (group pressure) होते हैं जिनके कारण व्यक्ति अनुरूपता (conformity) दिखलाता है—सूचनात्मक दबाव (informational pressure) तथा आदर्शी सामाजिक दवाब (normative social pressure)। सूचनात्मक दबाव (informational pressure) से तात्पर्य वैसे दाबव से होता है जो व्यक्ति पर इसलिए प्रभावकारी (effective) होता है क्योंकि व्यक्ति स्वयं उस सूचना के बारे में कुछ नहीं जानता है। अतः उसे सही समझकर उसके अनुकूल अपना व्यवहार एवं मनोवृत्ति बना लेता है अर्थात उसके प्रति अनुरूपता (conformity) दिखलाने लगता है। चूँकि व्यक्ति इन सूचनाओं के माध्यम से वास्तविकता (reality) को समझने की कोशिश करता है, इसलिए वह इन्हें महत्त्वपूर्ण समझकर अनुरूपता दिखलाता है। समाज मनोवैज्ञानिकों का सामान्य मत यह है कि जब बच्चा कुछ परिपक्व हो जाता है, तो वह दो स्रोतों (sources) से सूचना प्राप्त करता है—व्यक्तिगत स्रोत (personal sourece) तथा सामाजिक स्रोत (social source)। एक बच्चा प्रयत्न तथा भूल (trial and error) के आधार पर स्वयं ही यह सीख सकता है कि आगे छूने से वह जल जायेगा। इस तरह की सीखी गयी सूचना को व्यक्तिगत सूचना (personal information) की संज्ञा दी जाती है। फेस्टिंगर (Festinger, 1950) के अनुसार व्यक्तिगत सूचना का सम्बंधी भौतिक वास्तविकता (physical reality) से होता है, क्योंकि सचमुच में आग छूने के बाद ही उसे जल जाने

का अनुभव प्राप्त होता है। दूसरे प्रकार की सूचना को सामाजिक सूचना (social information) कहा जाता है क्योंकि इसे व्यक्ति अपने निजी अनुभव से नहीं बल्कि दूसरे व्यक्तियों के समूह द्वारा प्राप्त करता है। उदाहरणार्थ, जब कोई छात्र अपने बारे में दूसरों से यह सुनता है कि उसे एक मेधावी एवं मेहनती छात्र समझा जाता है तो यह एक सामाजिक सूचना का उदाहरण होगा। इस तरह के सामाजिक सूचना का सम्बंधी सामाजिक वास्तविकता (social reality) से होता है हालाँकि इसमें भौतिक वास्तविकता (physical reality) का भी समावेश हो सकता है। उदाहरणार्थ, एक बच्चा अपने माता-पिता से सुनकर यह सीख सकता है कि आग छूने से वह जल जायेगा। इस उदाहरण में बच्चा को अनुभव व्यक्तिगत स्रोत (personal source) से नहीं बल्कि सामाजिक स्रोत (social source) से प्राप्त हो रहा है।

फेस्टिंगर (Festinger, 1950), केली (Kelley 1952) तथा ऐश (Asch, 1952) अपने प्रयोगों के आधार पर बतलाया है कि सामाजिक स्रोत से मिलने वाली सूचना के दबाव का प्रभाव अनुरूपता पर काफी पड़ता है। दूसरे शब्दों में, सूचनात्मक सामाजिक प्रभाव के कारण व्यक्तियों के व्यवहारों में अनुरूपता अधिक होता है। इन समाज मनोवैज्ञानिकों का मत है है कि जब हम दूसरे व्यक्यिों पर या किसी समूह पर किसी प्रकार की सामाजिक सूचना (social information) के लिए निर्भर करते हैं तो उन व्यक्तियों या समूह में हमारे मनोवृत्ति एवं व्यवहारों को प्रभावित करने की शक्ति तीव्र हो जाती है। दूसरे शब्दों में, उन व्यक्तियों या समूह का सूचनात्मक दबाव (informational pressure) हमारे व्यवहार एवं मनोवृत्तियों पर बढ़ जाता है और तब हम उनके प्रति अनुरूपता (conformity) दिखलाना शुरू कर देते हैं। शेरीफ (Sherif) द्वारा स्वतः चालित प्रभाव (autokinetic effect) वाले प्रयोग में प्रयोज्यों द्वारा समूह के मानक (norms) के प्रति अनुरूपता (conformity) दिखलाने का मूल कारण सूचनात्मक सामाजिक दबाव (informational social pressure) था। ऐश (Asch) के भी प्रयोग में (जिसमें प्रयोज्यों को रेखा (line) का मिलान (matching) करना था) प्रयोज्यों में अनुरूपता का कारण सूचनात्मक सामाजिक दबाव था।(शेरीफ तथा ऐश के प्रयोग का वर्णन इसी अध्याय में पहले किया जा चुका है) सूचनात्मक सामाजिक दबाव द्वारा उत्पन्न अनुरूपता का उदाहरण हमें भारतीय स्वतंत्रता संग्राम (Indian Freedom movement) में भी मिलता है। इस संग्राम में भारतीयों को अंग्रेजी सैनिकों से लड़ना पड़ रहा था जो भारतीयों की अपेक्षा आधुनिक अस्त्र-शस्त्र से अधिक लैश थे। इस बीच महात्मा गाँधी ने एक अहिंसा तथा असहयोग (noncooperation) की शिक्षा देकर भारतीयों में यह विश्वास उपन्न कराया कि उन्हें आजादी इन तरीकों से आसानी से मिल सकती है। अधिकतर भारतीय गाँधीजी के इस प्रविधि को सफल होते देखा और उसके प्रति अनुरूपता (conformity) दिखलाना प्रारंभ कर दिये।

समूह दबाव (guoup pressure) का दूसरा महत्त्वपूर्ण प्रकार आदर्शी सामाजिक दबाव (normative social power) है जिसके कारण भी व्यक्ति अनुरूपता दिखलाता है। आदर्शी सामाजिक दबाव में समूह द्वारा व्यक्ति पर दबाव इसलिए पड़ता है क्योंकि वह समूह के मानक (norms) के अनुकूल व्यवहार करना चाहता है। व्यक्ति वह भली-भाँति जानता है कि यदि वह समूह के मानकों (norms) का उल्लंघन करेगा तो समूह उसे सजा देगा, उसकी आलोचना करेगा तथा यदि उसका व्यवहार उन मानकों से अत्यधिक विपरीत हुआ तो समूह उसे बाहर भी निकाल देगा। जब व्यक्तियों में इन सब बातों का भय या चिंता होती है तो वे समूह के प्रति अनुरूपता दिखलाने के लिए एक तरह का दबाव का अनुभव करते हैं। इस तरह के आदर्शी सामाजिक दबाव (normative social pressure) के कारण व्यक्ति में अनुरूपता विकसित होती है। वर्केल तथा कूपर[1] (Worchel & Cooper, 1979) ने उसे और भी अधिक स्पष्ट करते हुए कहा है, "समूह द्वारा अस्वीकार किये जाने के डर से या अन्य दूसरे प्रकार के नकारात्मक पुनर्बलन दिये जाने के डर से ही समूह अपना आदर्शी दबाव प्राप्त करता है।" ऐश (Asch) द्वारा किये गये प्रयोग में सूचनात्मक सामाजिक दबाव (information social pressure) के अलावा आदर्शी सामाजिक दबाव (mormative social pressure) भी कार्य कर रहा था क्योंकि प्रयोज्यों में इस बात का डर था कि यदि वे समूह द्वारा स्थापित मानक से अलग निर्णय देंगे तो समूह के अन्य सदस्यों द्वारा उनकी खिल्ली उड़ाया जायेगा। प्रारंभ में दिये गये अनुरूपता के उदाहरण में विधवा युवती द्वारा पुनः न शादी कर आजीवन विधवा ही रहने का निर्णय एक आदर्शी सामाजिक दबाव (mormative social pressure) का उदाहरण है।

---

1. "The group derives its normative pressure from the individual's fear of rejection or his fear of receiving some other type of negative reinforcment from the group."

—Whorchel & Cooper : *Understanding Social Psychology, 1979*, p. 380.

इस तरह से हम देखते हैं कि समूह व्यक्ति पर अनुरूपता दिखलाने के लिए कभी तो कुछ महत्त्वपूर्ण सूचना देकर दबाव डालता है (सूचनात्मक सामाजिक दबाव) तथा कभी मानक (norms) से अलग हटकर व्यवहार करने पर दंड देने की धमकी देकर भी अनुरूपता दिखलाने के लिए बाध्य करता है (आदर्श सामाजिक दबाव)। जीवन के अधिकतर परिस्थितियों में दोनों तरह के प्रभाव व्यक्ति पर पड़ते हैं। कुछ विशेष परिस्थिति में सम्भव है कि एक तरह का प्रभाव व्यक्ति को अनुरूपता दिखलाने के लिए अधिक बाध्य करे परंतु सामान्यतः दोनों तरह का प्रभाव व्यक्ति पर एक साथ पड़ता है।

समूह-केन्द्रित सिद्धान्त (group-centered theories) को व्यक्तित्व सिद्धान्त (personality theories) की अपेक्षा समाज मनोवैज्ञानिकों द्वारा अधिक महत्त्वपूर्ण माना गया क्योंकि इसके द्वारा अनुरूपता व्यवहार (conformity behaviour) की एक संतोषजनक एवं वैज्ञानिक व्याख्या होती है।

अध्याय सारांश
(Chapter Summary)

1. सामाजिक मानक (social norms) व्यक्तियों के लिए एक ऐसा प्रत्याशा (expectation) होता है जिनसे यह पता चलता है कि किस परिस्थिति में व्यक्ति को क्या करना चाहिए तथा क्या नहीं करना चाहिए। इस तरह के मानक का निर्माण सामूहिक अंतःक्रियाओं (social interactions) से प्राप्त अनुभवों एवं व्यवहारों के आधार पर होता है।
2. सामाजिक मानक की अनेक विशेषताएँ हैं। जैसे, सामाजिक मानक में मूल्यों (values) का निर्णय सम्मिलित होता है, इसमें उच्च सांवेगिक रंग होता है: इससे व्यक्तियों के सामाजिक व्यवहार का नियंत्रण होता है: यह सामाजिक अंतःक्रियाओं एवं सामाजिक आवश्यकताओं के अनुसार परिवर्तित भी होता है तथा सामाजिक मानक तथा प्रथा, मूल्य, जनरीतियाँ, धर्म, रूढ़ियों आदि के रूप में विभिन्न प्रकार के सामाजिक प्रत्याशाएँ भी सम्मिलित होती हैं।
3. सामाजिक मानक का विकास प्रायः अस्पष्ट एवं असंरचित (unstructured) परिस्थिति में भी होता है। इस तथ्य की पुष्टि शेरीफ (Sherif, 1946) ने सामाजिक मानक के विकास पर स्वतः चालित गति (autokinetic movement) के प्रभाव को एक मशहूर प्रयोग में दिखलाकर किया है।
4. जब व्यक्ति अपनी व्यक्तिगत इच्छाओं एवं विचारों का त्यागकर समूह निर्णय को स्वीकार करने के लिए उसके सामने नतमस्तक हो जाता है, तो इसे समाज मनोविज्ञान में अनुरूपता की संज्ञा दी जाती है। स्पष्ट है कि अनुरूपता में व्यक्ति का व्यक्तिगत निर्णय (personal decision) तथा समूह निर्णय (group decision) के बीच एक प्रकार का तनाव या संघर्ष होता है।
5. अनुरूपता की कई विशेषताएँ हैं। जैसे, इसमें मानसिक संघर्ष या तनाव पाया जाता है, व्यक्ति यहाँ अपने व्यक्तिगत इच्छाओं को त्यागकर समूह निर्णय के सामने नतमस्तक हो जाता है। अनुरूपता में व्यक्ति पर दो तरह का सामाजिक दबाव पड़ता है—सूचनात्मक सामाजिक दबाव (information social pressure) तथा आदर्शी सामाजिक दबाव (normative social pressure)। अनुरूपता के दो रूप होते हैं—सामयिक अनुरूपता तथा वास्तविक अनुरूपता। अनुरूपता की मात्रा एक ही समूह के सभी सदस्यों में एक समान नहीं होती है।
6. अनुरूपता दो अन्य सम्बन्धित पदों (terms) से अर्थात प्रतिअनुरूपता (counterformity) तथा स्वतंत्रता (independece) से भिन्न होता है।
7. अनुरूपता का प्रयोगात्मक अध्ययन (experimental study) तीन प्रविधियों द्वारा किया गया है—शेरीफ प्रविधि, ऐश प्रविधि तथा क्रचफिल्ड प्रविधि।
8. अनुरूपता को प्रभावित करने वाले मुख्य तीन तरह के कारक हैं—समूह से सम्बन्धित कारक, व्यक्तित्व से सम्बन्धित कारक तथा कार्य (task) से सम्बन्धित कारक। ये तीनों कारक आपस में काफी सम्बन्धित है।
9. अनुरूपता व्यक्ति क्यों (why) दिखलाता है, इनकी व्याख्या करने के लिए दो तरह के सिद्धान्तों का प्रतिपादन किया गया है—व्यक्तित्व सिद्धान्त (personality theories) तथा समूह-केन्द्रित सिद्धांत (group-centred theories)। व्यक्तित्व सिद्धान्त के अनुसार व्यक्ति अपने शीलगुणों के कारण अनुरूपता दिखलाता है तथा समूह केन्द्रित के अनुसार व्यक्ति दो तरह के समूह दबाव अर्थात सूचनात्मक सामाजिक दबाव (informational social pressure) तथा आदर्शी सामाजिक दबाव (normative social pessure) के कारण अनुरूपता दिखलाता है।

❑

अध्याय 16

भीड़ तथा श्रोतागण
(CROWD AND AUDIENCE)

भीड़ का अर्थ
(Meaning of Crowd)

भीड़ (crowd) शब्द का उपयोग हम अपने जीवन में प्रतिदिन ही करते हैं । फिर भी यह उपयोग एक निश्चित एवं वैज्ञानिक अर्थ में नहीं होता है। साधारण अर्थ में जब किसी जगह या स्थान पर अनेक व्यक्ति एकत्रित हो जाते हैं उसे हम 'भीड़' कहते हैं। जैसे—कॉलेज से विद्यार्थियों के आते हुए झुंड को देखकर हम कहते हैं कि विद्यार्थियों की भीड़ आ रही है। सिनेमा घर के पास एकत्रित बहुत-से व्यक्तियों को देखकर हम कहते हैं कि यहाँ एक बड़ी भीड़ एकत्रित हो गयी है आदि, आदि। समाज मनोविज्ञान में भीड़ शब्द का अर्थ इस सामान्य अर्थ से कुछ हटकर है। मनोवैज्ञानिक अर्थ में मात्र व्यक्तियों की संख्या से भीड़ का निर्माण नहीं हो जाता है। उदाहरणार्थ, यदि फुटपाथ पर लोग काफी अधिक संख्या में इधर-उधर चल रहे हों, तो इससे भीड़ का निर्माण नहीं हो जाता है। व्यक्तियों के संग्रह को भीड़ कहलाने के लिए यह आवश्यक है कि उनके बीच एक सामान्य अभिरुचि हो जिसके प्रति वे सब प्रतिक्रिया (reaction)कह रहे हों। जैसे कि **किम्बल यंग**[1](Kimball Young, 1975) ने कहा है, ''मनोवैज्ञानिक अर्थ में केवल व्यक्तियों की संख्या से भीड़ का निर्माण नहीं हो जाता है। यदि लोग फुटपाथ पर इधर-उधर चल रहे हों, तो इससे भीड़ का निर्माण तब तक नहीं होता है जब तक कि उनके बीच सामान्य अभिरुचि की कोई बिंदु हो जिसके प्रति वे लोग प्रतिक्रिया करना प्रारम्भ कर दें।'' किम्बल यंग के इस कथन से स्पष्ट है कि व्यक्तियों के मात्र संग्रह को ही भीड़ नहीं कहा जा सकता है बल्कि उस संग्रह को भीड़ कहलाने के लिए विशेष मनोवैज्ञानिक स्थिति (psychological state) की जरूरत है जो प्रेरणात्मक (motivation) एवं तनावपूर्ण होती है। उदाहरणार्थ, कॉलेज के मैदान में अनेकों छात्र इधर-उधर घूमते रहते हैं। परंतु इसे भीड़ नहीं कहा जायेगा। हाँ यदि किसी छात्र को कोई एक तमाचा लगाकर भाग खड़ा हो तो अधिकतर छात्र उत्तेजित होकर उसे पकड़ने के उद्देश्य से यदि उसके पीछे टूट पड़ते हैं, तो इसे भीड़ की संज्ञा दी जायेगी। उसी तरह प्लेटफार्म या बस अड्डा पर अनेकों एकत्रित लोगों को भीड़ नहीं कहा जायेगा परंतु यदि किसी पॉकेटमार को पकड़ने तथा दंडित करने के उद्देश्य से यदि कुछ ही लोग उसके पीछे टूट पड़ते हैं, तो उसे हम भीड़ कहेंगे।

उपर्युक्त अर्थ में ही समाज मनोवैज्ञानिकों द्वारा भीड़ को परिभाषित किया गया है। कुछ प्रमुख समाज मनोवैज्ञानिकों द्वारा भीड़ की दी गयी परिभाषाएँ निम्नांकित हैं—

किम्बल यंग[2] (Kimball Young, 1953) के अनुसार, ''सामान्य ध्यान बिंदु के केन्द्र के चारों तरफ पर्याप्त संख्या में एकत्रित लोगों को संग्रहण को भीड़ कहा जाता है। इसी परिभाषा[3] को 1957 में उन्होंने और अधिक मनोवैज्ञानिक बनाया जो इस प्रकार है, ''भीड़ एक ऐसी सामूहिकता है जिसमें ध्यान के कुछ सामान्य वस्तु के प्रति एक सीमित स्थान के भीतर अनुक्रिया करते हुए अनिवार्यतः व्यक्तियों की एक पर्याप्त संख्या सम्मिलित होती है।''

1. "In a psychological sense mere numbers don't make a crowd. people walking back and forth along a sidewalk don't form a crowd unless they develop some point of common interest and begin to react to it"
—Kimball Young : *Hankbook of socil Psychology,* 1957.
2. "A Crowd is a gathering of considerable number of persons around a centre of a point of common attention."
—Kimball Yong : *Hankbook of Social Psychology*, 1953, p. 284.
3. "The crowd is a collectivity involving essentially a considerable number of individuals responding within a limited space to some common object of attention."
—Kimball Yong : *Hankbook of social Psychology,* 1957, p. 286.

थाउलेस[1] (Thouless, 1951) के अनुसार, ''भीड़ एक ऐसा अस्थायी निकटस्थ समूह है जो पूर्णत- प्रवेश्य सीमा से संगठित होता है तथा जो किसी सामान्य अभिरुचि के फलस्वरूप स्वतः उत्पन्न होता है तथा जो किसी सामान्य अभिरुचि के फलस्वरूप स्वतः उत्पन्न होता है''।

इन विभिन्न परिभाषाओं का विश्लेषण करने पर हमें भीड़ के वैज्ञानिक अर्थ से सम्बन्धित कुछ तथ्यों का पता चलता है। इन तथ्यों में निम्नांकित प्रमुख हैं—

(i) भीड़ में व्यक्तियों का संग्रह (Collection) होता है जिसमें व्यक्तियों की संख्या अच्छी खाशी होती है। किम्बल यंग (Kimball Young) ने अपनी परिभाषा में इस पक्ष पर बल डाला है।

(ii) भीड़ में व्यक्तियों का संग्रह अस्थायी होता है। यही कारण है कि थाउलेस (Thouless) ने इसे एक अस्थायी समूह (transitory group) कहा है। अगर किसी कारण से व्यक्तियों का यह संग्रह स्थायी हो जाता है, तो इसे फिर भीड़ न कहकर संघ या समिति (association) कहा जायेगा।

(iii) भीड़ में शारीरिक समीपता (contiguity) पायी जाती है। भीड़ में एक व्यक्ति से दूसरे व्यक्ति में शारीरिक निकटता पायी जाती है, दूसरे शब्दों में एक व्यक्ति का अंग दूसरे व्यक्ति के अंग से प्रायः छूता रहता है। भीड़ के इस पक्ष पर थाउलेस (Thouless) ने अपनी परिभाषा में बल डाला है।

(iv) भीड़ में मनोवैज्ञानिक निरन्तरता (psychological continuity) भी होती है क्योंकि इसके सदस्यों में तनावपूर्ण, प्रेरणात्मक एवं संवेगात्मक विशेषताएँ पायी जातीं हैं। सच पूछा जाये तो जबतक किसी स्थान विशेष पर एकत्रित व्यक्तियों में एक सामान्य लक्ष्य की प्राप्ति के लिए प्रेरणात्मक एवं संवेगात्मक गुण नहीं विकसित होता है, उसे भीड़ कहा ही नहीं जा सकता है। किसी पार्टी में अनेक लोगों का एकत्रित होना भीड़ नहीं कहा जायेगा। परंतु इसी बीच यदि कोई पॉकेटमार किसी व्यक्ति के जेब काटकर भाग खड़ा हो और अधिकतर लोग उसे पकड़ने के उद्देश्य से यदि उसके पीछे दौड़ पड़े तो यह अवश्य ही भीड़ का उदाहरण हो जायेगा क्योंकि यहाँ सदस्यों में एक विशेष तनावपूर्ण मनोवैज्ञानिक स्थिति पायी जाती है।

ऊपर के विवरण से भीड़ का वैज्ञानिक अर्थ बिल्कुल ही स्पष्ट हो जाता है। निष्कर्षः यह कहा जा सकता है कि भीड़ एक स्थान विशेष पर एकत्रित या उपस्थित व्यक्तियों का ऐसा समूह है जिसके सदस्यों का ध्यान, प्रेरणा आदि एक सामान्य लक्ष्य (common goal) या बिन्दु की ओर केन्द्रित रहता है।

भीड़ की विशेषताएँ
(Characteristics of Crowd)

समाज मनोवैज्ञानिकों ने भीड़ की कुछ विशेषताओं का चर्चा किया है जिसकी जानकारी आवश्यक है। हालाँकि भीड़ का अर्थ बतलाते समय इन विशेषताओं का हल्का-फुल्का वर्णन किया जा चुका है, फिर भी इनका विस्तृत वर्णन अलग से यहाँ अपेक्षित है। कुछ ऐसे प्रमुख विशेषताओं का वर्णन निम्नांकित हैं—

1. व्यक्तियों का संग्रहण *(Collection of Individuals)*—भीड़ की सबसे प्रमुख विशेषता यह है कि किसी स्थान-विशेष पर काफी लोग शारीरिक रूप से एकत्रित हों। बिना व्यक्तियों के एकत्रित हुए भीड़ का निर्माण सम्भव नहीं है। इससे स्पष्ट है कि भीड़ में व्यक्तियों की संख्या पर्याप्त होती है जिनके बीच निकटतम शारीरिक सम्पर्क होता है।

2. सामान्य उद्देश्य या अभिरुचि *(Common purpose or intercest)*—भीड़ का एक सामान्य उद्देश्य होता जिसमें भीड़ के सदस्यों की एक समान रुचि होती है। इस समान रुचि के कारण ही भीड़ के सभी सदस्यों का ध्यान एक सामान्य वस्तु (common object) पर केन्द्रित होता है। जब सदस्यों का ध्यान एक सामान्य वस्तु पर केन्द्रित हो जाता है तो उस प्रक्रिया को ध्रुवीकरण (polarisation) कहा जाता है जो भीड़ का एक प्रमुख गुण है। सड़क पर जब

1. "Crowd is a transitory contiguous group, organized with completely permeable boundries spontaneously formed as a result of some common interest." —Thouless : *General and social Psychology* 1951, p. 258.

कोई व्यक्ति सुरीला एवं आकर्षक ध्वनि में गीत गाना प्रारंभ कर देता है तो धीरे-धीरे उसके चारों ओर भीड़ बढ़ने लगती है। यहाँ एकत्रित व्यक्तियों का एक ही सामान्य उद्देश्य (या अभिरूचि) होता है और वह है—गायक को गाते हुए देखना तथा उसके आवाज का आनंद उठाना। एकत्रित व्यक्तियों का ध्यान एक ही बिंदु अर्थात गायक पर केन्द्रित होता है। दूसरे शब्दों, में एकात्रित व्यक्तियों में ध्रुवीकरण (polarisation) भी पाया जाता है।

3. अस्थिर प्रकृति *(Transitory nature)*—भीड़ की एक उल्लेखनीय विशेषता यह है कि इसमें अस्थिरता पायी जाती है। प्रायः भीड़ का निर्माण किसी तात्कालिक घटना या परिस्थिति के आधार पर होती है। जैसे ही वह तात्कालिक घटना या परिस्थिति समाप्त हो जाती है, भीड़ भी तितर-बितर हो जाती है। उदाहरणार्थ, सड़क पर किसी व्यक्ति द्वारा सुरीले साज-आवाज के साथ गाने पर भीड़ एकत्रित हो जाती है है। परंतु जैसे ही वह व्यक्ति गीत गाना बंद करके अन्यत्र चला जाता है, तो भीड़ तितर-बीतर हो जाती है। स्पष्ट है कि जैसे ही भीड़ के सदस्यों के सामने की बिंदु (अर्थात गायक) हट जाता है या समाप्त हो जाता है तो भीड़ अपने आप ही तितर-बितर हो जाती है। इससे स्पष्ट है कि भीड़ की प्रकृति अस्थायी होती है।

4. सामान्य प्रेरणात्मक एवं संवेगात्मक स्थिति *(Common motivational and emotional state)*—चूँकि भीड़ के सदस्यों का एक सामान्य लक्ष्य होता है तथा एक सामान्य अभिरूचि भी होती है, इसलिए इनमें सामान्य प्रेरणात्मक (motivational) एवं संवेगात्मक (emotional) स्थिति भी पायी जाती है। उदाहरणार्थ, मान लिजिए कि किसी बारात पार्टी में दूल्हा को घायल करके एक व्यक्ति भागने का प्रयास करता है। स्वभावतः उसे पकड़ने के लिए बारात के सभी लोग या अधिकतर लोग उसके पीछे दौड़ पड़ेंगे। ऐसे सभी लोग मिलकर मनोवैज्ञानिक अर्थ में भीड़ का निर्माण करते हैं। अब इन व्यक्तियों की प्रेरणात्मक एवं संवेगात्मक स्थिति की ओर ध्यान दीजिए। इन सभी व्यक्तियों की मुख्य प्रेरणा (motivation) घायल करके भागने वाले व्यक्ति को पकड़ना है। शायद यही कारण है कि वे लोग उस व्यक्ति के पीछे दौड़ते जाते हैं। ऐसे सभी व्यक्तियों में समान संवेगात्मक पैटर्न भी देखने को मिलता है। इन सारे व्यक्तियों में दूल्हा के प्रति सहानुभूति तथा घायल करके भागने वाले व्यक्ति के प्रति घृणा एवं तिरस्कार की भावना होती है।

5. असंगठित *(Unorgainzed)*—भीड़ असंगठित होती है। प्रसिद्ध समाजशास्त्री मैकलेवर तथा पेज[1] (Maclver & Page, 1953) ने कहा है, ''भीड़ असंगठित समूहों की श्रेणी में आती है। इससे हमलोगों का अर्थ यह नहीं है कि भीड़ का कोई पैटर्न नहीं होता या भीड़ की कोई विशिष्ट अभिव्यक्ति नहीं होती है। इसका अर्थ केवल इतना ही है कि भीड़ की इकाइयाँ एक-दूसरे से संगठित नहीं होती है।'' मैकाइवर तथा पेज के उपर्युक्त विचारों से स्पष्ट है कि भीड़ का स्वरूप असंगठित होता है। भीड़ असंगठित होने का एक प्रमाण यह भी है कि इसे सोच-विचार कर भड़काया भी जा सकता है। सदस्यों के विचारों एवं भावनाओं के आधार पर इसका नेतृत्व भी किया जा सकता है। चूँकि भीड़ का निर्माण किसी पूर्व सूचना के बिना ही एकाएक किसी तात्कालिक घटना के घटित होने के कारण हो जाता है, इसलिए इसे संगठित होने का अवसर ही नहीं मिलता है। खासकर के अनौपचारिक भीड़[2] (Informal crowd) में असंगठित होने का गुण अधिक देखने को मिलता है।

6. स्थानीय वितरण *(Spatial distribution)*—भीड़ के इस विशेषता पर किम्बल यंग (Kimball Young) ने काफी बल डाला है। इनका कहना है क भीड़ एक सीमित क्षेत्र (limited space) के अंदर फैला होता है। पूरे शहर या गाँव में फैले व्यक्तियों के समूह को भीड़ नहीं कहा जा सकता है। इसके लिए यह आवश्यक है कि समूह किसी निश्चित स्थान पर इस ढंग से एकत्रित हो कि उनमें शारीरिक निकटता बनी रहे। जितने बड़े स्थान में भीड़ के सदस्य फैले होते हैं, उसे ही भीड़ का स्थानीय वितरण (spatial distribution) कहा जाता है। भीड़ की यह विशेषता इस बात की ओर स्पष्टतः संकेत करती है कि भीड़ के निर्माण के लिए निश्चित स्थान का होना अनिवार्य है।

7. सामूहिक शक्ति की अनुभूति *(Sense of collective power)*—भीड़ के सदस्य एक सामूहिक शक्ति का

---

1. The Crowd belongs to the category of unorganized groups. We Mean by this not that crowd exhibits no patterns, no characteristics expressions but that units in it are not organized in relation to one another.
   —Maclver & Page : Society : An Introductory Analysis. 1953, p. 422.
2. अनौपचारिक भीड़ (informal crowd) की व्याख्या 'भीड़ के प्रकार' वाले अनुच्छेद में आगे की गयी है।

अनुभव करते हैं। भीड़ के सदस्यों में चूँकि 'कंधे-से-कंधे' का संबंध होता है, इसलिए उन्हें यह महसूस होता है कि उनके साथ बहुत से लोग हैं। अतः सदस्यों को सामूहिक शक्ति का अनुभव होता है। यही कारण है कि भीड़ में रहने पर जब व्यक्ति अपना पृथक अस्तित्व नहीं बनाये रखें पाता है तो वह अपने व्यक्तित्व को सम्पूर्ण समूह के व्यक्तित्व के साथ घुल-मिला पाता है। भीड़ की इस सामूहिक शक्ति का ही परिणाम है कि भीड़ में रहने पर व्यक्ति कभी-कभी इतना साहसी काम कर बैठता है जिसे वह अकेले कभी नहीं कर सकता है। उदाहरणार्थ, भीड़ में होने पर व्यक्ति थाना पर भी आक्रमण कर बैठता है और पुलिसकर्मियों की अच्छी पिटाई भी कर देता है। यही कार्य अकेले संभवतः वह कभी नहीं कर सकता है।

8. अनुकरण तथा प्रभावनीयता (*Imitation and suggestibility*)—भीड़ के सदस्यों में अनुकरणशीलता तथा प्रभावनीयता (suggestibility) का गुण पाया जाता है। यदि भीड़ में एक सदस्य चोर या उच्चका या पॉकिटमार को एक चाटा लगाता है तो दूसरा सदस्य भी बिना किसी हिचकिचाहट के उसका अनुकरण करते हुए चाटा लगा देता है। अन्य सदस्य भी प्रायः ऐसा ही करते हैं। इस तरह से भीड़ की अवस्था में एक सदस्य द्वारा किये गये व्यवहारों का अनुकरण अन्य सदस्यों द्वारा आसानी से होता है। इतना ही नहीं भीड़ में यदि एक सदस्य का सुझाव यह होता है कि उसे गदहा पर बैठाकर घुमा देना चाहिए तो अन्य सदस्य भी ऐसा ही सुझाव देने में पीछे नहीं रहते हैं।

उपर्युक्त विशेषताओं से यह बिलकुल ही स्पष्ट है कि भीड़ सामूहिक व्यवहार (collective behaviour) का एक ऐसा पहलू है जो मनोवैज्ञानिकों एवं समाजशास्त्रियों दोनों के लिए ही समान रूप से आकर्षक रहा है।

भीड़ तथा समूह में अंतर
(Difference Between Crowd and Group)

भीड़ भी एक तरह का समूह ही है। फलतः भीड़ के अर्थ तथा समूह के अर्थ में कुछ समानता (similarity) है। इन दोनों में सबसे प्रमुख समानता यह है कि दोनों में ही व्यक्तियों का संग्रह (collection) होता है तथा सदस्यों में एक समान लक्ष्य (common goal) पाया जाता है। इस समानता के बावजूद भी इन दोनों में निम्नांकित अंतर है—

(1) भीड़ में प्रायः व्यक्तियों की एक बड़ी संख्या होती है जबकि समूह का निर्माण मात्र दो व्यक्ति द्वारा भी हो सकता है।

(2) भीड़ का स्वरूप अस्थायी होता है जबकि समूह का स्वरूप अपेक्षाकृत स्थायी होता है।

(3) भीड़ के निर्माण के लिए सदस्यों की शारीरिक उपस्थिति तथा उनका कंधे-से-कंधे मिलाना आवश्यक है जबकि समूह की सदस्यता के लिए न तो सदस्यों की शारीरिक उपस्थिति अनिवार्य है और न ही सदस्यों के कंधे-से-कंधे का मिलना ही।

(4) भीड़ में सदस्यों में एक तनावपूर्ण स्थिति पायी जाती है जबकि समूह के सदस्यों में तनावपूर्ण स्थिति नहीं होती है।

(5) भीड़ के सदस्य अधिक उत्तेजित एवं संवेगशील होते हैं जबकि समूह के सदस्य अधिक शांत एवं विवेकशील होते हैं।

(6) भीड़ में सदस्यों के सामने कोई मानक (norms) नहीं होता है परंतु समूह में एक मानक (norms) होता है जिसके अनुसार सदस्यों का व्यापार निदेशित होता है।

(7) समूह में सदस्यों का भार एक-दूसरे से जुड़ा होता है। किसी भी घटना का प्रभाव समूह के सभी सदस्यों पर समान रूप से पड़ता है। भीड़ में ऐसी बात नहीं होती है। भीड़ का एक सदस्य पुलिस के डंडा से अधिक घायल हो सकता है तो दूसरा न के बराबर।

(8) भीड़ के सदस्य सामूहिक शक्ति (collective strength) का अनुभव करते हैं जबकि समूह के सदस्यों द्वारा ऐसी शक्ति की अनुभूति नहीं होती है।

(9) भीड़ में अनुकरण तथा प्रभावनीयता (suggestibility) का गुण पाया जाता है परंतु समूह के सदस्यों में इन गुणों का अभाव पाया जाता है।

(10) भीड़ में स्थानीय वितरण (spatial distribution) का गुण पाया जाता है परंतु समूह में इस तरह के गुण का अभाव पाया जाता है।

भीड़ का वर्गीकरण
(Classification of Crowd)

भिन्न-भिन्न मनोवैज्ञानिकों एवं समाजशास्त्रियों (sociologists) ने भीड़ का वर्गीकरण अपने-अपने ढंग से किया है। यहाँ उन सभी वैज्ञानिकों के वर्गीकरण को प्रस्तुत करना तो सम्भव नहीं है फिर भी कुछ प्रमुख एवं लोकप्रिय (popular) वैज्ञानिकों द्वारा किये गये वर्गीकरण का वर्णन हम नीचे प्रस्तुत कर रहे हैं—

(क) किम्बल यंग का वर्गीकरण *(Classification of Kimball Young)*—किम्बल यंग (Kimball Young 1957) ने भीड़ को निम्नांकित दो मुख्य भागों में बाँटा है—

1. औपचारिक या संस्थागत भीड़ *(Formal or institutionalized crowd)*—यह एक प्रकार का नियमित भीड़ होता है जिसमें कुछ संस्थागत रीतियों एवं नियमों का पालन होता है। यही कारण है कि इस तरह के भीड़ के सदस्यों के व्यवहारों में कुछ संगति (consistency) तथा निश्चितता देखने को मिलता है। औपचारिक भीड़ का सबसे उत्तम उदाहरण श्रोतागण (audience) है।

2. अनौपचारिक भीड़ *(Informal crowd)*—जैसा कि नाम से ही स्पष्ट है, इस प्रकार की भीड़ में किसी प्रकार की औपचारिकता, रीति या नियमों का पालन नहीं होता है। इस प्रकार के भीड़ का निर्माण किसी आकस्मिक घटना के आधार पर होता है। उदाहरणार्थ, सड़क पर अचानक रिक्शा एवं स्कूटर में टक्कर होने पर कुछ समय के लिए वहाँ कुछ व्यक्ति एकत्रित होकर जिस भीड़ का निर्माण करते हैं, वह अनौपचारिक भीड़ का उदाहरण होगा।

अनौपचारिक भीड़ को फिर किम्बल यंग (Kimbal Young) ने निम्न भागों में इस प्रकार बाँटा है—

(a) निष्क्रिय भीड़ *(Passive crowd)*—निष्क्रिय भीड़ की सबसे बड़ी विशेषता यह है कि इसके सदस्यों में सक्रिय भागेदारी (active participation) की कमी पायी जाती है। वे निष्क्रिय होकर भीड़ की सदस्यता बनाये रखते हैं। उदाहरणार्थ सड़क पर जब दो व्यक्तियों में कहा-सुनी या झगड़ा होने लगता है तो वहाँ कुछ व्यक्ति एकत्रित होकर उन दोनों व्यक्तियों को निष्क्रिय होकर (passively) मात्र देखते रहते हैं तथा उनके बातों को सुनते रहते हैं। यह भीड़ एक निष्क्रिय भीड़ का उदाहरण है।

(b) आक्रमणकारी भीड़ *(Attack range crowd)*—इस प्रकार के भीड़ में सदस्यों में उत्तेजनशीलता तथा संवेगशीलता अपने चरम सीमा पर होती है। प्रायः वे अपने उद्देश्य की प्राप्ति के लिए दूसरों पर आक्रमण करने तथा उसे नुकसान पहुँचाने में तनिक भी हिचकिचाते नहीं हैं। वे प्रायः अश्लील शब्दों का व्यवहार करने तथा कभी-कभी दूसरों की हत्या तक कर देने में भी तनिक नहीं हिचकिचाते हैं। भारत में प्रायः भाषा, जाति तथा धर्म के आधार पर हुए दंगे में व्यक्तियों की जो भीड़ सम्मिलित होती है, वह आक्रमणकारी भीड़ (Attack range crowd) का अच्छा उदाहरण है।

(c) भयभीत *(Panic corwd)*—इस तरह के भीड़ का निर्माण व्यक्तियों में डर, आतंक (panic) भगदड़ आदि के होने के फलस्वरूप होता है। जब कॉलेज के भीतर आकर पुलिस लाठी चार्ज करती है, तो छात्रों, शिक्षकों एवं कर्मचारियों में एक आतंक फैल जाता है और वे डर से इधर-उधर भाग खड़े होते हैं। इस तरह की परिस्थिति में उत्पन्न भीड़ को भयभीत भीड़ (panic crowd) की संज्ञा दी जाती है।

(ख) मैकाइवर तथा पेज का वर्गीकरण *(Classification of Maclver & Page)*—मैकाइवर तथा पेज (Maclver & Page, 1953) ने भीड़ को निम्नांकित दो भागों में बाँटा है—

1. समान अभिरुचि वाली भीड़ *(Like-interest Crowd)*—इस तरह के भीड़ की मुख्य विशेषता यह है कि इसके सदस्यों की अभिरुचि समान होती है और इसी समान अभिरुचि के कारण ही वे एक जगह एकत्रित होकर भीड़ का निर्माण करते हैं। इस तरह के भीड़ में निष्क्रियता अधिक पायी जाती है। उदाहरणार्थ, धार्मिक अभिरुचि वाले लोग प्रायः किसी संत या साधु के प्रवचन को सुनने के लिए एक जगह एकत्रित होकर भीड़ का निर्माण करते हैं। इस तरह की भीड़ को समान अभिरुचि वाली भीड़ (like-interest crowd) की संज्ञा दी जाती है।

2. सामान्य अभिरुचि वाली भीड़ *(Common interest crowd)*—जैसा कि बहुत कुछ नाम से स्पष्ट है, इस तरह के भीड़ का निर्माण वैसे व्यक्तियों द्वारा होता है जिनका एक सामान्य उद्देश्य (common purpose) या सामान्य अभिरूचि होती है। इसी सामान्य उद्देश्य की प्राप्ति के लिए वे भीड़ का निर्माण करते हैं। इस तरह के भीड़ में सक्रियता

अपेक्षाकृत अधिक होती है। विश्वविद्यालय के कर्मचारियों के हड़ताल के सिलसिले में जो भीड़ एकत्रित होती है, वह एक सामान्य अभिरुचि वाली भीड़ (common interest crowd) का उदाहरण होगा क्योंकि इन सभी कर्मचारियों का एक सामान्य उद्देश्य या अभिरुचि होती है—अपनी माँगों को पूरा करवाना। इस तरह की भीड़ आवश्यकतानुसार नारेबाजी, घटना आदि जैसे क्रियाओं में भाग लेकर अपनी सक्रियता का परिचय देती है।

(ग) ब्लूमर का वर्गीकरण *(Blumer's Classfication)*—ब्लूमर (Blumer, 1951) ने भीड़ को निम्नांकित चार भागों में बांटा है—

1. सामयिक या आकस्मिक भीड़ *(Causal crowd)*—जैसा कि नाम से ही स्पष्ट है, इस तरह के भीड़ का निर्माण किसी क्षणिक आकर्षण (momentary attraction) के आधार पर अचानक हो जाता है। इस तरह के भीड़ में अनयिमितता अधिक होती है तथा इसका संगठन बहुत ही ढीला-ढाला होता है। इस तरह की भीड़ में निष्क्रियता (passivity) अधिक होती है। सड़क पर बंदर का नाच देखने वाले का भीड़ या टेलीविजन के दुकान में टेलीविजन पर दिखलाये जाने वाले 'कोई आकर्षक कार्यक्रम' का भीड़ सामयिक या आकस्मिक भीड़ का उदाहरण है।

2. परम्परागत भीड़ *(Conventional crowd)*—इस प्रकार के भीड़ का निर्माण कुछ परम्परागत अर्थात पहले से निश्चित और निर्धारित नियमों के आधार पर होती है। इस तरह के भीड़ में भी निष्क्रियता (passivity) अधिक होती है। दूसरे शब्दों में, इसके सदस्य अधिक निष्क्रिय होते हैं। मंदिर, मस्जिद में पूजा करने वाले की भीड़ तथा मैदान में टेस्ट-मैच को देखने के लिए भीड़ इस तरह के भीड़ का उदाहरण है।

3. क्रियाशील भीड़ *(Active crowd)*—इस तरह के भीड़ की मुख्य विशेषता यह होती है कि इसके सदस्यों में सक्रियता काफी होती है। इस तरह के भीड़ में उग्रता तथा आक्रमणशीलता अधिक पायी जाती है और किसी उद्देश्य या हित की पूर्ति के लिए यह अधिक क्रियाशील होती है। अपने उद्देश्य की पूर्ति करने के लिए भीड़ लूट-मार, हत्या, दंगा आदि कुछ भी कर सकती है। किम्बल यंग द्वारा प्रस्तावित सक्रिय भीड़ के अंतर्गत आनेवाले सभी प्रकार के भीड़ इसके उदाहरण हैं।

4. अभिव्यक्तात्मक भीड़ *(Expressive crowd)*—इस प्रकार की भीड़ अपने कुछ संवेगों या अनुभूतियों को व्यक्त करने के लिए शारीरिक रूप से अधिक क्रियाशील होती है। ऐसी भीड़ का मुख्य उद्देश्य एक निश्चित संवेगों एवं अनुभूतियों को व्यक्त करना होता है। अभिव्यक्तात्मक भीड़ क्रियाशील भीड़ (active crowd) से भिन्न होता है। क्रियाशील भीड़ में संवेगों के प्रदर्शन के साथ-साथ आक्रमणशीलता भी पायी जाती है परंतु अभिव्यक्तात्मक भीड़ में संवेगों की मात्र अभिव्यक्ति होती है, किसी प्रकार की आक्रमणशीलता इसमें नहीं पायी जाती है। सड़क पर हँसता एवं नाचता हुआ व्यक्तियों का भीड़ इस तरह के भीड़ का उदाहरण है।

(घ) रोजर ब्राउन का वर्गीकरण *(Roger Brown's classfication)*—ब्राउन ने भीड़ के दो सामान्य प्रकार बतलाया है—क्रियाशील भीड़ (active crowd) तथा श्रोतागण (audience)। फिर उन्होंने क्रियाशील भीड़ का चार प्रकार बतलाया है—उग्रवादी भीड़ (aggressive crowd), पलायनवादी भीड़ (escape crowd), संग्रहात्मक भीड़ (acquisitive crowd) तथा अभिव्यक्तात्मक भीड़ (expressive crowd)। भीड़ के इन सभी प्रकारों की व्याख्या निम्नांकित हैं—

(i) श्रोतागण *(Audience)*—भीड़ का एक विशिष्ट प्रकार श्रोतागण हैं। श्रोतागण एक निश्चित उद्देश्य को लेकर किसी पूर्व निश्चित समय या स्थान पर एकत्रित होते हैं। यह अव्यवस्थित समूह (unoraganized group) नहीं होता है। यह एक प्रकार का संस्थागत (institutionalized) भीड़ है। श्रोतागण की व्याख्या अलग से इसी अध्याय के अंत में की जायेगी।

2. क्रियाशील भीड़ *(active crowd)*—ब्राउन (Brown) के अनुसार इस प्रकार का भीड़ अधिक सक्रिय एवं संवेगशील (emotiona) होता है। इस तरह के भीड़ के निम्नांकित मुख्य चार प्रकार हैं—

(i) उग्रवादी भीड़ *(Aggressive crowd)*—उग्रवादी भीड़ का मुख्य उद्देश्य दूसरे को नुकसान पहुँचाना होता है। इस तरह की भीड़ किसी भी तरह के संवेग अर्थात घृणा, क्रोध आदि के कारण उग्र रूप धारण कर लेती है। डोलार्ड तथा उनके सहायोगियों (Dollard et al., 1993) ने उग्रवादी भीड़ को परिभाषित करते हुए कहा है, "जब किसी दूसरे

1. Aggressive crowd may be defined as "the crowd which has its goal response of the injury of some person."
—Dollard et al, : *Frustration adn aggression,* 1933, p. 71.

व्यक्ति को घायल करना किसी भीड़ का लक्ष्य अनुक्रिया (goal response) होता है, तो इसे उग्रवादी भीड़ कहा जाता है।''उग्रवादी भीड़ के सदस्यों का व्यवहार ध्वंसात्मक (destructive) तथा विवेकहीन (irrational) होता है।

ब्राउन ने उग्रवादी भीड़ के तीन प्रकार बतलाये हैं—आतंकवादी भीड़ (terrorist crowd), हत्यावादी भीड़ (lynching) तथा दंगे (riots)। आतंकवादी भीड़ की मुख्य विशेषता यह होती है है कि इसके सदस्य इतना अधिक संवेगशील एवं उत्तेजित हो जाते हैं कि वे चारों तरफ आतंक फैला देते हैं। वे तोड़-फोड़ करना प्रारंभ कर देते हैं, सार्वजनिक सम्पत्ति को नष्ट कर देते हैं, बस में आग लगा देते हैं, डाकखाना एवं बैंक लूट लेते हैं, पुलिसकर्मियों की पिटाई करने लगते हैं आदि, आदि। इस तरह के भीड़ द्वारा फैलाये आतंक का शिकार जनता तो होती है, साथ-साथ सरकार भी हो जाती है। हत्याकारी भीड़ (lynchings) की मुख्य विशेषता यह होती है कि इसके सदस्यों में संवेगशीलता (emotionality) इतनी तीव्र हो जाती है कि वे समाज के नियम-कानून का उल्लंधन करते हुए अपने विरोधियों या दुश्मनों की हत्या करने के बाद ही शांत होते हैं। रेपर (Rapar, 1993) के अनुसार हत्याकारी भीड़ के दो प्रमुख स्वरूप होते हैं—अभिजातवर्गीय हत्याकारी भीड़ तथा सर्वहारा वर्गीय हत्याकारी भीड़। जब पूँजीपतियों तथा शासक वर्ग के लोग सत्ता एवं अधिकार को प्राप्त करने के ख्याल से कमजोर या सर्वहारा वर्ग के लोगों की हत्या करने की लिए किसी समूह का निर्माण करते हैं तो उसे अभिजातवर्गीय हत्याकारी भीड़ कहा जाता है। इसके विपरीत, जब गरीब एवं सर्वहारा वर्ग पूँजीपतियों एवं शासकवर्ग के अत्याचार एवं शोषण से तंग आकर शासकवर्ग के लोगों की हत्या करने के लिए किसी भीड़ का निर्माण करता है, तो इसे सर्वहारावर्गीय हत्याकारी भीड़ की संज्ञा दी जाती है। भारत में इन दोनों तरह के हत्याकारी भीड़ के अनेकों उदाहरण देखने को मिलते हैं। दंगे (riots) उग्रवादी भीड़ का तीसरा प्रकार है। इस तरह के भीड़ में एक समुदाय के लोग विरोधी समुदाय पर आक्रमण करते हैं जिसके प्रत्युत्तर में विरोधी समुदाय के लोग भी अपनी पूरी शक्ति से पहले समुदाय का न केवल विरोध करते हैं बल्कि उससे भी कहीं अधिक भयंकर रूप धारण कर प्रतिक्रिया करते हैं। ऐसी परिस्थिति में दोनों समुदाय के बीच आक्रमण तथा प्रत्याक्रमण होने लगता है जिसे हम दंगा (riot) की संज्ञा देते हैं।

(ii) पलायनवादी भीड़ या भयभीत भीड़ *(Panicky crowd or Escape crowd)*—इस तरह के भीड़ की मुख्य विशेषता यह है कि भयोत्तेजक परिस्थिति के कारण भीड़ के सदस्य इधर-उधर भाग खड़े होते हैं। चूँकि यह भयोत्तेजक परिस्थिति अचानक उत्पन्न हो जाती है, इसलिए इसके सदस्य काफी भयभीत हो जाते हैं और मुख्य उद्देश्य को त्यागकर इधर-उधर भाग खड़े होते हैं। उदाहरणार्थ, सर्कस देखते समय अचानक यदि एक बाघ पिंजरे से किसी कारणवश बाहर निकल जाये, तो सर्कस देख रहे व्यक्तियों में खलबली मच जायेगी और लोग अपने मुख्य उद्देश्य (सर्कस देखना) को छोड़कर इधर-उधर भाग खड़े होंगे। इस तरह की भीड़ भयभीत भीड़ या पलायनवादी भीड़ का उदाहरण होगा। भयभीत भीड़ दो प्रकार का होता है—*असंगठित भयभीत भीड़* (unorganised escape crowd) तथा *संगठित भयभीत भीड़* (organised escape crowd)। असंगठित भयभीत भीड़ के सदस्य भयोत्तेजक परिस्थिति में असंगठित होकर इधर-उधर भागते हैं। साधारणतः इस तरह के भीड़ में संकटमय स्थिति अधिक गंभीर होती है। फलस्वरूप इसके सदस्य पूर्णतः स्वार्थी होकर भाग खड़े होते हैं। यही कारण है कि ऐसी भीड़ में व्यक्ति अपनी बीबी-बच्चे को भी छोड़कर भाग खड़ा होता है। संगठित भयभीत भीड़ के सदस्य भयोत्तेजक परिस्थिति में संगठित होकर एक निश्चित दिशा में भागते हैं। इस भीड़ के सदस्य इस तरह की परिस्थिति में होने के बावजूद भी अनुशासन या सामाजिक नियम को नहीं तोड़ते हैं और अपने नेता के आदेश के अनुकूल कार्य करते हैं। परंतु अक्सर यही देखा गया है कि यदि परिस्थिति अधिक गंभीर हो जाती है तो संगठित भीड़ भी असंगठित भयभीत भीड़ में बदल जाती है।

(iii) संग्रहात्मक भीड़ *(Acquisitive Crowd)*—जब व्यक्तियों को भविष्य में आने वाली किसी संकट की आशंका हो जाती है, तो वे उस परिस्थिति का सामना करने के लिए आवश्यक एवं संबंधित वस्तुओं का संग्रह करने के लिए एक विशेष भीड़ का निर्माण करते हैं। इस तरह के भीड़ को *संग्रहात्मक भीड़* (acquisitive crowd) कहा जाता है। उदाहरणार्थ, जब लोगों को यह आशंका हो जाती है कि चीनी, नमक या मिट्टी का तेल अब कुछ महीनों तक नहीं मिल पायेगा, तो उसे खरीदने के लिए दुकानों पर जो भीड़ जमा होती है, उसे संग्रहात्मक भीड़ कहा जाता है। इस तरह से यह स्पष्ट है कि संग्राहात्मक भीड़ का मुख्य उद्देश्य आवश्यक वस्तुओं को जमा करना होता है। यह भी स्पष्ट है क पलायनवादी भीड़ के ही समान संग्रहात्मक भीड़ में भी परिस्थिति का अधिक महत्त्व होता है। अंतर इतना ही है

कि पलायनवादी भीड़ में सदस्य परिस्थिति छोड़कर भाग जाते हैं जबकि संग्रहात्मक भीड़ के सदस्य परिस्थिति से बचने के लिए वस्तुओं का संग्रह करते हैं।

(iv) अभिव्यक्तात्मक भीड़ *(Expressive crowd)*—अभिव्यक्तात्मक भीड़ एक ऐसी सक्रिय भीड़ है जो अपने संवेगों की अभिव्यक्ति खुल कर करती है। होली के त्योहार पर होली खेलने वालों की भीड़ अभिव्यक्तात्मक भीड़ का सदस्य बन जाता है।

इस तरह हम देखते हैं कि भीड़ के कई प्रकार हैं। यदि इन सभी प्रकारों पर गंभीरतापूर्वक ध्यान दिया जाय तो हम पायेंगे कि भीड़ के इन विभिन्न प्रकारों में सक्रिय भीड़ (active crowd) ही सबसे अधिक प्रमुख है क्योंकि यह एक विस्तृत श्रेणी (broad category) है जिसमें उन सभी तरह के भीड़ों का समावेश होता है जिसे हम अक्सर अपने दिन-प्रतिदिन की जिन्दगी में देखते हैं।

क्रियाशील भीड़ या भीड़ व्यवहार का मनोविज्ञान (Psychology of Action Crowd or Crowd Behaviour)

मनोवैज्ञानिक ने क्रियाशील भीड़ (action crowd) के अध्ययन पर अधिक बल डालता है जिसका प्रमुख कारण यह है कि इस तरह की भीड़ अधिक उत्तेजनशील एवं संवेगशील होती है। इस तरह के भीड़ की उत्तेजनशीलता एवं संवेगशीलता की चपेट में आम जनता तो अक्सर आ जाती ही है परंतु कभी-कभी सरकार को भी इसका स्वाद चखना पड़ता है। चूँकि क्रियाशील भीड़ का व्यवहार हमेशा अनिश्चित, गतिशील एवं अनियमित होता है, इसलिए क्रियाशील भीड़ का मनोविज्ञान अन्य दूसरे तरह के भीड़ जैसे निष्क्रिय भीड़ के मनोविज्ञान से भिन्न होता है। क्रियाशील भीड़ की अपनी कुछ मनोवैज्ञानिक विशेषताएँ (psychological characteristics) होतीं हैं जिनका मनोवैज्ञानिकों द्वारा अध्ययन अधिक किया गया है। ऐसे प्रमुख विशेषताएँ निम्नांकित हैं—

1. अविवेकपूर्ण व्यवहार या निम्नस्तरीय बौद्धिक व्यवहार *(Irrational behaviour or low level of intellectual behaviour)*—अधिकतर समाज मनोवैज्ञानिकों का मत यह है कि क्रियाशील भीड़ अविवेकपूर्ण व्यवहार करता है। इसके सदस्यों के पास न तो कोई तर्क होता है और न ही कोई उचित-अनुचित का मापदंड ही। स्वभावतः तब ऐसी परिस्थिति में भीड़ का व्यवहार बौद्धिक दृष्टिकोण (intellectual point view) से निम्नकोटि का होता है। मैकडुगल (McDougall, 1930) के अनुसार क्रियाशील भीड़ में सदस्यों का व्यवहार अधिक मूर्खतापूर्ण, गलत एवं दोषयुक्त होता है। इस भीड़ का सबसे कम बुद्धि का भी व्यक्ति कहीं अकेले में अधिक विवेकपूर्ण व्यवहार कर सकता है। स्पष्ट है कि क्रियाशील भीड़ में व्यक्ति का व्यवहार पूर्णतः अविवेकपूर्ण हो जाता है। मर्फी (Murphy, 1935) के अनुसार क्रियाशील भीड़ के अविवेकपूर्ण व्यवहार या निम्नस्तरीय बौद्धिक व्यवहार के निम्नांकित प्रमुख कारण हैं—

(1) क्रियाशील भीड़ में चूँकि सदस्यों का आपसी संबंध अस्थिर एवं संवेगशील होता है। इसलिए इस तरह के भीड़ में सामूहिक विचार-विमर्श का कोई प्रश्न ही नहीं उठता है। फलतः सदस्यों का व्यवहार अविवेकपूर्ण होता है।

(2) क्रियाशील भीड़ के अधिकतर सदस्य कम बुद्धि के होते हैं।

(3) क्रियाशील भीड़ के सदस्यों में सुझाव ग्रहण करने की क्षमता (suggestibility) अधिक होती है। फलतः वह अविवेक सुझाव को भी सहर्ष ग्रहण करके अविवेकपूर्ण व्यवहार करता है।

(4) क्रियाशील भीड़ में उत्तेजना या जोश की स्तर अधिक ऊँची होती है।

(5) क्रियाशील भीड़ के सदस्यों में अनुकरणशीलता अधिक पायी जाती है।

2. संवेग का उत्तेजन *(Arousal of emotions)*—क्रियाशील भीड़ की दूसरी मनोवैज्ञानिक विशेषता उसकी संवेगात्मक उत्तेजन (emotional arousal) है। इस तरह के भीड़ के सदस्यों में क्रोध, हर्ष, भय, घृणा आदि संवेग अपनी चरम सीमा पर होती है। इस संदर्भ में किम्बल यंग[1] (Kimball Young, 1957) ने ठीक ही कहा है। ''क्रियाशील भीड़ वह है जिसमें भय, प्रेम, क्रोध या लड़ाई झगड़ा होता है।'' इस तरह की भीड़ में किसी सदस्य को

1. "The action crowd is one in which love, fear, rage or hostility emerges."

—Kimball Young : *Handbook of Social Psychology*, 1957 p. 287.

यदि कुछ बोलना होता है, तो वह अपना चेहरा, हाथ आदि की विशेष भंगिमा बनाते हुए चिल्ला-चिल्ला कर बोलता है। उसी ढंग से यदि किसी सदस्य को हर्ष तथा खुशी व्यक्त करना होता है, तो वह गगनभेदी हर्षध्वनि करते हुए अपनी खुशी व्यक्त करता है। इन सबसे यह स्पष्ट है कि क्रियाशील भीड़ में संवेगात्मकता (emotionalism)अधिक होती है। क्रियाशील भीड़ में कभी-कभी यह भी देखा गया है कि जहाँ इससे कुछ संवेगों को उभरने का मौका मिलता है तो कुछ संवेग इसके द्वारा दब भी जाते हैं। उदाहरणार्थ, यदि एक क्रियाशील भीड़ मार-पीट, लूट-पाट में लग जाती है तो स्पष्ट है कि इसके द्वारा क्रोध का संवेग तो उभर रहा है परंतु भीड़ के सदस्यों में डर का संवेग दब रहा है।

3. उत्तरदायित्व की भावना का अभाव *(Lack of sense of responsibility)*—क्रियाशील भीड़ के सदस्यों में उत्तरदायित्व की भावना की कमी पायी जाती है। इसका कोई भी सदस्य भीड़ के किसी कार्य के लिए अपने आपको उत्तरदायी नहीं समझता है। भीड़ में व्यक्ति अन्य लोगों के साथ अपने आपको पूर्णतः आत्मसात (internalise) कर देता है, अतः अपने आपको भीड़ से पूर्णतः पृथक नहीं समझता है। भीड़ का कोई भी कार्य सामूहिक रूप से संपूर्ण भीड़ की क्रिया समझी जाती है। इसलिए भीड़ के किसी खास सदस्य पर भीड़ के किसी भी कार्य के लिए कोई उत्तरदायित्व नहीं होता है। कुछ समाज मनोवैज्ञानिकों ने इस तरह के भीड़ में उत्तरदायित्व की भावना की कमी के कारणों पर प्रकाश डालते हुए कहा है कि इसके प्रमुख कारण इस प्रकार है—

(1) भीड़ में उत्तरदायित्व सभी लोगों में बँट जाता है जिसके कारण किसी भी कार्य का विशिष्ट उत्तरदायित्व किसी विशेष सदस्य पर नहीं दिया जाता है।

(2) भीड़ में आत्मचेतना (self-consciousness) का स्तर काफी कम हो जाता है। फलतः कोई भी सदस्य अपने द्वारा किये जा रहे कार्यों के बारे में कुछ नहीं सोचता है।

(3) भीड़ में सदस्यों में विवेक तथा बुद्धि का स्तर काफी कम हो जाता है। इसका स्वाभाविक परिणाम यह होता है कि सदस्य में व्यक्तिगत उत्तरदायित्व की भावना कम हो जाती है।

4. अतिरिक्त शक्ति का आभास *(Awareness of additional power)*—क्रियाशील भीड़ में प्रायः व्यक्तियों की संख्या अधिक होती है और उनकी अभिरूचि एवं लक्ष्य भी एक ही होती है। फलस्वरूप इसके सदस्य अपने आप को अधिक शक्तिशाली महसूस करता है। इस तरह के भीड़ में व्यक्ति उस कार्य को भी आसानी से कर लेता है जिसे वह सामान्यतः अपनी शक्ति से बाहर समझता है। उसे कभी-कभी अपने आप पर आश्चर्य भी होता है कि वह इस प्रकार का कार्य किस तरह का बैठा। ग्रिन्सवर्ग (Grinsberg, 1952) ने क्रियाशील भीड़ के सदस्यों में उत्पन्न इस अतिरिक्त शक्ति के कारण पर प्रकाश डालते हुए कहा है कि इस भीड़ में सामूहिकता की मूल-प्रवृत्ति (herd instinct) अधिक उत्पन्न हो जाने से सदस्यों में एक प्रकार का तंत्रिका उल्लास (nervous exaltation) उत्पन्न हो जाता है जिससे उनमें अतिरिक्त खुशी, प्रोत्साहन एवं शक्ति का आभास होता है। वह हमेशा एक विशेष अनुभूति द्वारा नियंत्रित होते है—''हम अकेले नहीं हैं।'' फलतः भीड़ में उसे आश्चर्यजनक एवं साहसी कार्य करने में किसी प्रकार की हिचकिचाहट नहीं होती है।

5. मानसिक एकरूपता *(Mental homogeneity)*—भीड़ के सदस्यों की बुद्धि, चरित्र, पेशा आदि में विभिन्नता होने के बावजूद भी उनके व्यवहारों एवं विचारों में समानता या एकरूपता होती है। इसी एकरूपता के आधार पर वे भीड़ के सदस्य के रूप में एकजुट होकर डटे रहते हैं। ऐसा क्यों होता है? इसकी व्याख्या एक सिद्धान्त के रूप में लिबोन (Le Bon, 1903) ने समूह-मस्तिक के आधार पर, फ्रायड (Freud, 1922) ने अचेतन मन (unconscious mind) के आधार पर तथा आलपोर्ट (Allport, 1924) ने सामाजिक सरलीकरण (social facilitation) के आधार पर किया है। इन सिद्धान्तों की व्याख्या आगे इसी अध्याय में की जायेगी। फिर भी यहाँ इतना कह देना अनिवार्य होगा कि चूँकि भीड़ के सभी सदस्यों के विचायों या ध्यान का केन्द्र एक सामान्य बिंदु (common point) होता है, इसलिए एकरूपता (mental homogeneity) का यह एक प्रधान कारण है।

6. अनैकिता की प्रधानता *(Dominance of immorality)*—क्रियाशील भीड़ में अमानवीय गुणों जैसे-क्रूरता, पाशविकता या अनैतिकता की अधिक प्रधानता होती है। भीड़ के सदस्यों के रूप में व्यक्ति विभिन्न प्रकार के उत्तेजनाओं एवं संवेगों में बहते रहता है, उसे नैतिकता एवं सामाजिकता के बारे में सोचने का मौका ही कहाँ मिलता है। इस तरह के भीड़ में कुछ लोग तो काफी विवेकहीन एवं निम्नकोटि के होते हैं जो अपने व्यवहारों द्वारा भीड़ में अनैतिकता को बढ़ावा देते हैं और अन्य लोग जो अच्छे व्यक्ति भी होते हैं, उन अनैतिक व्यवहारों का अनुकरण कर वैसा ही करने

लगते हैं। इन सबका परिणाम यह होता है कि क्रियाशील भीड़ में अनैतिकता इतनी तेजी से पनपती है कि इस तरह के भीड़ को यदि अनैतिक भीड़ ही कहा जाये तो कोई अतिशयोक्ति (exaggeration) नहीं होगी।

7. उच्च सुझाव ग्रहणशीलता एवं आशुविश्वास *(Heightened suggestibility and credulity)*—भीड़ की एक मनोवैज्ञानिक विशेषता यह भी है कि इसके सदस्यों में सुझाव ग्रहणशीलता अधिक होती है तथा वे सहज विश्वासी होते हैं। इस तरह के भीड़ के सदस्य को जो कुछ भी कहा जाता है, बिना किसी तर्क या विचार-विमर्श के ही वे इसे सही मान लेते हैं क्योंकि मन में सुझाव ग्रहणशीलता (suggestibility) अधिक हो जाती है। वर्गेसेन (Bergesen, 1969) के अनुसार भीड़ में सुझाव ग्रहणशीलता की अधिकता का मूल कारण दैहिक (physiological) है। इनके अनुसार जब हाइपौथेलमस (hypothalamus) पर कार्टेक्स (cortex) का नियंत्रण कुछ ढीला पड़ जाता है तो सदस्यों में सांवेगिकता (emotionality) बढ़ जाती है तथा उनका बौद्धिक स्तर गिर जाता है। फलस्वरूप, उनमें सुझाव-ग्रहणशीलता बढ़ जाती है रॉस (Ross, 1955) ने इस बिंदु पर टिप्पणी करते हुए कहा है कि क्रियाशील भीड़ के सदस्यों के लिए अतीत का कोई अस्तित्व नहीं होता है। इसमें दिये गये तथ्यों के तार्किक विश्लेषण (logical analysis) का कोई प्रश्न ही नहीं उठता है। इसके सदस्यों की समस्त क्षमताएँ निद्रित होती हैं।

8. सामाजिक प्रोत्साहन *(Social facilitation)*—किम्बल यंग (Kimball Young, 1954) का मत है कि, ''दूसरे लोगों की उपस्थिति या क्रियाओं के कारण किसी व्यक्ति की अनुक्रियाओं में वृद्धि को सामाजिक प्रोत्साहन की संज्ञा दी जाती है। क्रियाशील भीड़ में सदस्यों के बीच मात्र आमने-सामने का ही नहीं बल्कि कंधे-से-कंधे का संबंध होता है: फलतः जब भीड़ का कोई सदस्य यह देखता है कि अन्य सदस्यों द्वारा अमुक कार्य किया जा रहा है तो वह सदस्य स्वयं ही उस कार्य को करने के लिए प्रेरित हो जाता है और बिना कुछ सोचे-समझे ही उसे कर बैठता है।

9. संकल्प-शक्ति का अभाव *(Lack of volition)*—क्रियाशील भीड़ में संकल्प शक्ति की कमी होती है। इनके सदस्यों में संवेगशीलता (emotionality) अधिक होती है। इसके कारण वे कोई भी कार्य सोच-समझ कर नहीं करते हैं। इतना ही नहीं, इस तरह के भीड़ में चूँकि सुझाव ग्रहणशीलता अधिक होती है तथा इसके सदस्य सहजविश्वासी होते हैं फलस्वरूप इनके सदस्यों में किसी प्रकार का विचार-विमर्श नहीं हो पाता है जिससे इनमें संकल्प-शक्ति (volition) का सर्वथा अभाव पाया जाता है।

10. नेतत्व *(Leadership)*—भीड़ व्यवहार (Crowd behaviour) की एक मनोवैज्ञानिक विशेषता यह है कि कभी तो इसका नेता पूर्वनिश्चित रहता है और कभी तत्काल ही कोई सदस्य इसका नेता बन जाता है। जब भीड़ आकस्मिक एवं संगठित होती है, तो उसका नेता पूर्वनिश्चित नहीं होता है। परंतु उग्रवादी भीड़ पलायनवादी भीड़ या हत्याकारी भीड़ आदि के रहने पर उसका नेता पूर्व निश्चित होता है और वह अपनी पूर्वनियेजित कार्यक्रम के अनुसार कार्य करता है। भीड़ में नेता प्रायः एक उद्दीपक (stimulus) का कार्य करता है और भीड़ के अन्य सदस्यों का वह मार्ग निदेर्शन करता है। समाज मनोवैज्ञानिकों एवं समाजशास्त्रियों ने भीड़ के कार्य के प्रश्न पर भी गंभीरतापूर्वक विचार किया है और कहा है कि ऐसी परिस्थिति में नेता मूलतः निम्नांकित कार्य करता है—

(1) नेता भीड़ के सदस्यों का ध्यान एक बिंदु पर केन्द्रित करता है था साथ-ही-साथ अपने महत्त्व से उन्हें अवगत करता है।

(2) नेता भीड़ का अगुवा बनकर नारा लगाता है तथा अपनी बुद्धि एवं अनुभव के आधार पर भीड़ के सदस्यों को सुलझाकर सदस्यों का आकर्षण (attraction) प्राप्त करता है।

(3) भीड़ का नेता अगुवा बनकर अपने ऊपर जोखिम का चादर ओढ़ लेता है जिससे सदस्यों की नजर में उसकी गरिमा और भी बढ़ जाती है।

(4) नेता भीड़ के सदस्यों की सांवेगिकता के स्तर को ऊँचा बनाता है तथा लोगों में उत्साह, साहस और जोश जगाता है।

(5) नेता झटपट भीड़ के लिए एक योजना तैयार कर लेता है और प्रतिष्ठा सुझाव (prestige suggestion) द्वारा उस योजना की सार्थकता को वह सदस्यों के बीच समझाता है।

(6) नेता भीड़ में सामाजिक प्रोत्साहन (social facilition) बनाये रखता है ताकि उसके सदस्य अनुभव कर सके कि वह अकेले नहीं है बल्कि उसके साथ नेता की शक्ति भी जुड़ी हुई है।

11. दमित इच्छाओं की अभिव्यक्ति *(Experssion of repressed wishes)*—कुछ समाज मनोवैज्ञानिकों का विचार है कि भीड़ में व्यक्तियों की दमित इच्छाओं की अभिव्यक्ति (expression) खुलकर होती है। भीड़ में सदस्यों में अधिक शक्ति का आभास, संवेगात्मकता की उच्च स्तर, उत्तरदायित्व की भावना का न होना आदि कुछ ऐसे कारण हैं जिससे व्यक्ति अपनी दमित इच्छाओं की अभिव्यक्ति खुलकर करता है। भीड़ में व्यक्ति अपने आप को सभी तरह के बंधन से मुक्त समझता है जिससे उनकी दमित इच्छाएँ नग्न रूप में व्यक्त होते देखी जाती है। प्रायः देखा गया है कि क्लब (club) या बड़े-बड़े पार्टियों में उच्च पदाधिकारी भी बच्चों के सामने नृत्य करते हैं। अपने ऑफिस या घर पर वे ऐसा नृत्य करने की बात चेतना (consciousness) में भी कभी नहीं ला पाते हैं और यदि आता भी है तो उसे अनुचित एवं अव्यावहारिक समझ कर दमित (repressed) कर दिया जाता है। भीड़ में होने पर उनका यह विवेक समाप्त हो जाता है। फलस्वरूप उनकी दमित इच्छाएँ बाहर निकल पड़तीं हैं।

निष्कर्ष यह है कि भीड़ व्यवहार की मनोवैज्ञानिक विशेषताएँ अनेक हैं। इन विशेषताओं का ज्ञान होने से हमें प्रमुख लाभ वह होता है कि भीड़ व्यवहार (crowd behaviour) के भिन्न-भिन्न पहलुओं को हम आसानी से समझ लेते हैं।

भीड़ तथा आक्रमणकारी भीड़ में अंतर
(Distinction between Crowd and Mob)

साधारण भीड़ तथा आक्रमणकारी भीड़ में समाज मनोवैज्ञानिकों ने अंतर किया है। दोनों में प्रमुख अंतर निम्नांकित हैं—

(1) साधारण भीड़ में क्रियाशीलता कम होती है तथा हिंसात्मक प्रवृत्ति बिल्कुल ही नहीं होती है। परंतु आक्रमणकारी भीड़ में क्रियाशीलता एवं हिंसात्मक प्रवृत्ति दोनों ही चरम सीमा पर होती है। एक उदाहरण से इसे इस प्रकार बतलाया जा सकता है। सड़क पर एक भिखारी का सुरीला तान सुनकर जो भीड़ बनती है, उसे साधारण भीड़ कहेंगे क्योंकि इसमें क्रियाशीलता कम होती है और हिंसात्मक प्रवृत्ति के होने का तो कोई प्रश्न ही नहीं उठता है। छात्रों का एक झुंड यदि अपनी माँगों की पूर्ति पर बल डालने के ख्याल से सरकारी बस में आग लगा देता है, मारपीट और तोड़-फोड़ करता हुआ विनाशकारी एवं ध्वंसात्मक कार्य करता है, तो यह एक आक्रमणकारी भीड़ (mob) का उदाहरण होगा। स्पष्ट है कि आक्रमणकारी भीड़ में सक्रियता इतना अधिक होती है कि इस तरह की भीड़ हत्या तक कर देने में हिचकिचाती नहीं है।

(2) साधारण भीड़ में अविवेकशीलता होती है परंतु इसकी मात्रा कम होती है। इस तरह के भीड़ में व्यक्ति कभी-कभी विवेकपूर्ण व्यवहार भी कर लेता है। परंतु आक्रमणकारी भीड़ में अविवेकशीलता की मात्रा काफी अधिक होती है। रेनहार्ट[1] (Reinhardt, 1957) ने इस अंतर पर टिप्पणी करते हुए कहा है, ''आक्रमणकारी भीड़ साधारण भीड़ से इस अर्थ में भिन्न है कि इसे अविवेकशीलता एवं हिंसक घटनाओं की विशेषताओं द्वारा जाना जाता है।'' स्पष्ट है कि आक्रमणकारी भीड़ में साधारण भीड़ की अपेक्षा अविवेकशीलता अधिक होती है। इसे एक उदाहरण द्वारा इस तरह समझाया जा सकता है। सड़क पर एक व्यक्ति को यदि कोई छुरा से घायल कर भाग जाता है, तो उसके आस-पास एक भीड़ इकट्ठा हो जायेगी। सम्भव है कि उसे कराहता देखकर भीड़ के कुछ सदस्य मिलकर उसका प्राथमिक उपचार (first aid) करे और बाद में उसे घर या अस्पताल पहुँचा दे। यह एक साधारण भीड़ का उदाहरण है। इस उदाहरण में सदस्यों ने कुछ विवेकपूर्ण कार्य भी किया है। परंतु मान लीजिए कि कार द्वारा कुचलकर एक युवती के मर जाने पर उत्पन्न भीड़ उस कार में आग लगा देती है और उस आग में हाथ-पैर बाँधकर ड्राइवर को फेंक देती है यह एक आक्रमणकारी भीड़ का उदाहरण होगा।

(3) साधारण भीड़ में संवेगशीलता एवं उत्तेजनशीलता कम होती है। परंतु आक्रमणकारी भीड़ में इन दोनों का स्तर अपनी चरम सीमा पर होती है।

(4) साधारण भीड़ के सदस्यों में कुछ उत्तरदायित्व का एहसास रहता है। भीड़ के सदस्य के रूप में इन्हें इस बात का हल्का-फुल्का एहसास रहता है कि वे क्या कर रहे हैं, उन्हें वह कार्य करना चाहिए या नहीं। परंतु आक्रमणकारी

---

1. "The mob as distinguished from the ordinary crowd is characterized by irrational and violent action."
—Reingardt : *Social Psychology*, 1957 p. 207.

भीड़ के सदस्यों में उत्तरदायित्व का कोई एहसास नहीं होता है और वे ऑख मुंदकर अपना कार्य भीड़ में करते हैं। उदाहरणार्थ, यदि कोई आक्रमणकारी भीड़ बस में आग लगाती है तो उसका कोई सदस्य यह नहीं कभी सोचता है कि वह गलत कार्य कर रहा है और उसका उत्तरदायित्व ऐसी परिस्थिति में क्या है।

(5) साधारण भीड़ के सदस्यों की अपेक्षा आक्रमणकारी भीड़ के सदस्यों में बुद्धि का स्तर काफी नीचा होता है। आक्रमणकारी भीड़ के हिंसात्मक स्वरूप के कारण समाज के अच्छे एवं उच्च बुद्धि के लोग अपने आप को उससे अलग कर लेते हैं। फलस्वरूप, ऐसी भीड़ में अधिकतर मंद बुद्धि एवं निम्न कोटि के लोग शामिल होते हैं। सड़क पर किसी भिखारी का सुरीला तान सुनने वालों की भीड़ में अनेकों सज्जन एवं उच्च बुद्धि के व्यक्ति हो सकते हैं परंतु डाकखाना लूटने तथा बस जलाने वाले की भीड़ में ऐसे लोगों की संख्या शायद ही एकाध हो।

(6) साधारण भीड़ में सामाजिक नियमों एवं निषेधों के प्रति कुछ-न-कुछ जागरूकता होती है। ऐसे भीड़ के सदस्य अपनी अच्छाओं की अभिव्यक्ति इन नियमों एवं निषेधों के अनुकूल ही करते हैं परंतु आक्रमणकारी भीड़ के सदस्य अपनी दमित इच्छाओं की नग्न अभिव्यक्ति करने में तनिक भी नहीं हिचकिचाते हैं। इसके सदस्य अश्लील भाषा का खुलकर प्रयोग करते हैं, दूसरे को मारपीट भी कर सकते हैं तथा मौका मिलने पर अपने प्रतिद्वंद्वियों की हत्या कर देते हैं। साधारण भीड़ में इन क्रियाओं का सर्वथा अभाव पाया जाता है।

उपर्युक्त विवरण से स्पष्ट है कि साधारण भीड़ तथा आक्रमणकारी भीड़ में मौलिक अंतर है।

भीड़ व्यवहार के कुछ प्रमुख सिद्धान्त
(Some Important Theories of Crowd Behaviour)

समाज मनोवैज्ञानिकों ने भीड़ व्यवहार की व्याख्या करने के लिए कुछ सिद्धान्तों का प्रतिपादन किया है। जिस तरह का व्यवहार व्यक्ति भीड़ में करता है, वैसा व्यवहार वह भीड़ से बाहर रहकर कदापि नहीं करता है। ऐसा क्यों होता है ? इसकी व्याख्या भीड़ व्यवहार के कुछ सिद्धान्त द्वारा की गयी है। यहाँ हम सिर्फ उन्हीं सिद्धान्तों का वर्णन करेंगे जो अधिक महत्त्वपूर्ण एवं लोकप्रिय है। कुछ ऐसे प्रमुख सिद्धान्त निम्नांकित हैं—

1. समूह मन का सिद्धान्त (*Theory of Grouping*)—इस सिद्धांन्त का प्रतिपादन गसटेभ निवोल (Gustave Lebon, 1986) नामक समाजशास्त्री ने अपनी पुस्तक 'दी क्राउड' (The Crowd) में किया। उन्होंने अपने इस सिद्धान्त में भीड़ व्यवहार की व्याख्या समूह-मन (group mind) के संप्रत्यय (concept) के आधार पर किया है। अब प्रश्न यह उठता है कि समूह-मन या समूह-मस्तिष्क (group mind) क्या है ? यह किस तरह के व्यक्तिगत मन (individual mind) से अलग है।

लिवोन (Lebon) के अनुसार जब व्यक्ति अकेले में होता है, तो एकाग्रचित होकर किसी सदस्य के पक्ष-विपक्ष के पहलुओं पर सोच-विचार कर एक निर्णय लेता है। इसे व्यक्तिगत मन (individulrnind) की संज्ञा दी जाती है। परंतु जब वह कसी भीड़ में होता है तो वहाँ उपस्थित सदस्यों के व्यक्तिगत मनों (individual minds) के मिलने से एक समूहिक मन (collective mind) का जन्म होता है। इस सामूहिक मन को 'समूहन मन' (group-mind) कहा जाता है। भीड़ में सदस्यों का व्यवहार इस समूह मन द्वारा नियंत्रित होता है न कि व्यक्तिगत मन द्वारा। समूह मन की विशेषता यह है कि इसमें जो गुण पाये जाते हैं वे इसकी किसी भी संरचनात्मक तत्त्व (sturctural element) अर्थात् व्यक्तिगत मन में नहीं पाये जाते हैं। स्पष्ट है कि लिबोन का यह संप्रत्य (concept), ब्राउन (Brown, 1920) के मानसिक रसायन के सिद्धान्त' (principle of mental chemistry) तथा वुंट (Wundt, 1896) के 'रचनात्मक संश्लेषण के सिद्धान्त' (principle of creative synthesis) के समान है। अपने-अपने इन सिद्धान्तों में सम्बन्धित वैज्ञानिकों ने इस बात पर बल डाला था कि एक मानसिक अनुभूति का निर्माण कई तरह के तत्त्वों के मिलने से होता है फिर भी विशेष संश्लेषण के कारण इस नयी मानसिक अनुभूति में कुछ ऐसा विशेष गुण विकसित हो जाता है जो उसके किसी भी संरचनात्मक तत्त्व में नहीं होता है। लिबोन ने भीड़ व्यवहार की व्याख्या में अपने समूह मन के संप्रत्यय (concept) का अनुपम उपयोग किया है। उसके अनुसार भीड़ में सदस्यों का व्यक्तिगत मन (individual mind) आपस में मिलकर इस तरह से परिवर्तित (transform) हो जाता है कि उसके जगह पर एक सामूहिक मन (collective mind) या समूह मन का निर्माण होता है। यह समूह मन अपने संरचनात्मक तत्त्व अर्थात प्रत्येक व्यक्तिगत मन से भिन्न होता है। भीड़ में व्यक्तियों का नियंत्रण इसी समूह मन द्वारा होता है न कि प्रत्येक व्यक्तिगत मन द्वारा। यह कारण है कि एक व्यक्ति

का व्यवहार भीड़ में कुछ और होता है तथा अकेले में कुछ और। भीड़ में सभी सदस्यों का व्यवहार एक ही मस्तिष्क (mind) जिसे समूह मस्तिष्क कहा जाता है, द्वारा नियंत्रित होता है। भीड़ से बाहर आने पर यानी अकेले में प्रत्येक व्यक्ति का व्यवहार अपने-अपने व्यक्तिगत मन द्वारा नियंत्रित होने लगता है।

भीड़ में सदस्यों के व्यवहारों में एकरूपता या समानता का कारण भी समूह-मस्तिष्क ही है। भीड़ में व्यक्ति चूँकि एक सामूहिक मन या समूह मस्तिष्क के अनुकूल कार्य करता है, अतः इसके व्यवहारों में समानता बिल्कुल ही अपेक्षित है। ऐसी परिस्थिति में उसका व्यक्तिगत मन (individual mind) बिल्कुल ही गौण (secondary) होता है। फलतः सदस्यों को अपने-अपने ढंग से व्यवहार करने का प्रश्न ही नहीं उठता है। लिवोन ने इस बात पर भी बल डाला है कि समूह मन में अविवेकिता (irrationality), अतार्किकता (illogicality) तथा असंगतता (incongruency अधिक होती है। यही कारण है कि भीड़ में सदस्यों का व्यवहार अधिक अविवेकपूर्ण तथा अतार्किक (incogruent) होता है।

लिबोन ने भीड़ व्यवहार के तीन प्रमख प्रक्रम (mechanisms) का वर्णन किया है जो निम्नांकित है—

(1) भीड़ में व्यक्ति का व्यक्तिगत उत्तरदायित्व (individual resposibility) भी समाप्त हो जाते हैं जिसके परिणामस्वरूप उनमें बहुत तरह के अवरोध (inhibitions) भी समाप्त हो जाते है और खुलकर वह वैसी क्रियाओं को करता है जिसे वह अकेले में नहीं कर सकता है।

(2) भीड़ में संसर्ग प्रवृत्ति (contagion tendency) होता है। दूसरे शब्दों में, भीड़ का व्यवहार तथा सदस्यों का मनोभाव (sentiments) छूआछूत की बीमारी की भाँति इस प्रकार फैल जाती है कि प्रत्येक सदस्य भीड़ के मात्र इशारों पर सब कुछ करने के लिए तत्पर रहता है।

(3) भीड़ का तीसरा प्रक्रम (mechanism) सुझाव-ग्रहणशीलता (suggestibility) है। भीड़ के सदस्यों में सुझाव-ग्रहणशीलता इतनी अधिक बढ़ जाती है कि वे इस सुझाव से हटकर किसी भी तरह की क्रिया करने की बात कभी सोचते भी नहीं है।

उपर्युक्त तीनों प्रक्रम (mechanisms) के कारण भी भीड़ में व्यक्तियों का व्यवहार अकेले में किये गये व्यवहार से भिन्न होता है।

लिबोन का समूह मन का यह सिद्धान्त अब एक क्लासिकी सिद्धांन्त (clssical theory) की श्रेणी में रखा जाता है। इस सिद्धांन्त को अनेकों समाजशास्त्रियों (sociologists) तथा समाज मनोवैज्ञानिकों द्वारा त्महत्त्वपूर्ण बतलाया गया है। आधुनिक समाजशास्त्रियों एवं समाज मनोवैज्ञानिकों ने इस सिद्धान्त में कुछ दोष (demerits) बतलाया है जो निम्नांकित है—

(1) मिलग्राम तथा टोक (Milgram & Toch, 1969) के अनुसार लिबोन का यह सिद्धान्त अक्रमबद्ध सबूतों (unsystematic evidences) पर आधारित है जो वैज्ञानिक रूप में मान्य नहीं है।

(2) मिलग्राम तथा टोक (Milgram & Toch, 1969) ने यह भी कहा है कि लिबोन के सिद्धान्त में भीड़ व्यवहार के अविवेकिता (irrationality) की तुलना अकेले में व्यक्ति के व्यवहारों के साथ किया गया है और कहा गया है कि भीड़ में होने पर व्यक्ति का व्यवहार अविवेक तथा सांवेगिक (emotional) होता है। इन आलोचकों का मत है कि अकेले में भी व्यक्ति का व्यवहार अविवेकपूर्ण तथा सांवेगिक होता है। लिबोन के इस सिद्धान्त द्वारा इस बात की व्याख्या नहीं होती है कि भीड़ की अविवेकिता तथा सांवेगिकता किस तरह से व्यक्तिगत व्यवहार (individual behaviour) की सांवेगिकता एवं अविवेकिता से भिन्न है।

(3) आलपोर्ट (Allport, 1925) ने भीड़ व्यवहार की व्याख्या के लिए लिबोन द्वारा प्रस्तावित 'समूह मन' (group mind) के संप्रत्यय को स्वीकार करने से इनकार कर दिया है। इनके अनुसार 'समूह मन' की कल्पना ही गलत है और भीड़ में भी व्यक्तियों का व्यवहार व्यक्तिगत मन (individual mind) द्वारा ही नियंत्रित होता है। उन्होंने यह भी कहा कि यदि सचमुच में समूह मस्तिष्क नाम की कोई चीज होती है, तो भीड़ में सभी सदस्यों का व्यवहार पूर्णतया एकरूप (identical) होता तथा इसमें तनिक भी अंतर नहीं होता। उन्होंने यह भी कहा कि मन (mind) के लिए तो स्नायुमंडल (nervous system) का होना आवश्यक है जो सिर्फ व्यक्ति में होता है, भीड़ में नहीं। अतः यह कहना है कि जब व्यक्ति भीड़ में होता है तो उसका व्यवहार अपने मस्तिष्क द्वारा नियंत्रित न होकर समूह मस्तिष्क (group mind) द्वारा नियंत्रित होता है, सही नहीं है।

2. दमित इच्छाओं का सिद्धान्त (*Theory of repressed desire*)—इस सिद्धान्त का प्रतिपादन फ्रायड तथा उनके सहयोगियों ने मिलकर किया। सचमुच में इस सिद्धान्त के प्रतिपादन में लिबोन का सिद्धान्त प्रमुख प्रेरणा श्रोतों में से एक रहा है।

फ्रायड के अनुसार मन (mind) के तीन प्रमुख स्तर होते हैं—चेतन (conscious), अर्द्धचेतन (subconscious) तथा अचेतन (unconscious)। चेतन का संबंध हमारे वर्तमान इच्छाओं से होता है। अर्द्धचेतन में वैसी इच्छाएँ होतीं है जिन्हें हम थोड़ी कोशिश करने के बाद चेतन में ला पाते हैं। अचेतन में पड़ी इच्छाओं से हम सामान्यतः अवगत नहीं हो पाते हैं। हाँ, विशेष मनोवैज्ञानिक प्रविधियों जैसे स्वप्न (dream), सम्मोहन (hypnosis) आदि के सहारे इन इच्छाओं को जाना जा सकता है। फ्रायड का विचार था कि जिन इच्छाओं की संतुष्टि चेतन स्तर पर सामाजिक एवं सांस्कृतिक कारणों से नहीं हो पाती है, उनका अचेतन में दमन (repression) हो जाता है। अचेतन में दमित होने वाली इच्छाएँ अनैतिक, विवेकहीन तथा असामाजिक होतीं हैं। ऐसी इच्छाएँ अचेतन में पहुँचकर दम नहीं तोड़ देतीं हैं बल्कि व्यक्ति के व्यवहार को परोक्ष रूप से नियंत्रित करतीं हैं और हमेशा सामान्य परिस्थिति में अभिव्यक्ति चाहती है। परंतु सामाजिक नियंत्रणों के कारण उनकी अभिव्यक्ति नहीं हो पाती है। व्यक्ति जब भीड़ में होता है, तो उस पर सामाजिक नियंत्रण थोड़ा ढ़ीला पड़ जाता है। फलस्वरूप, उसका वैयक्तिक उत्तरदायित्व (individual responsibility) समाप्त हो जाती है और दमित इच्छाओं को उभरने का अवसर मिल जाता है। अतः भीड़ की परिस्थिति में व्यक्ति, अपनी इच्छाओं की संतुष्टि करने में लग जाता है। यही कारण है कि भीड़ व्यवहार (crowd behaviour) व्यक्ति व्यवहार (individual behaviour) से सर्वथा भिन्न होता है।

फ्रायड के उपर्युक्त सिद्धान्त पर यदि गौर से ध्यान दें तो यह स्पष्ट हो जायेगा कि भीड़ में व्यक्ति अमानवीय व्यवहारों जैसे आक्रमणकारी व्यवहार, हत्याकारी आदि को क्यों करता है। इस तरह के व्यवहारों का मूल कारण दमित, अनैतिक एवं असामाजिक इच्छाओं का नग्न अभिव्यक्ति (expression) है। उनके सिद्धान्त से यह स्पष्ट है कि भीड़ के सदस्यों के व्यवहारों में समानता (similarity) अधिक क्यों होती है। फ्रायड के इस सिद्धांन्त के अनुसार भीड़ के सभी सदस्यों के अचेतन मन में एक ही तरह की इच्छाएँ अर्थात अनैतिक, असामाजिक एवं कामुक इच्छाएँ दमित रहती है जिनकी अभिव्यक्ति भीड़ व्यवहार द्वारा होती है। यही करण है कि भीड़ के सदस्यों के व्यवहारों में अधिकतम समानता पायी जाती है।

फ्रायड के इस सिद्धान्त में कुछ दोष (demerits) हैं जो निम्नांकित हैं—

(1) फ्रायड के इस सिद्धान्त से यह स्पष्ट है कि भीड़ के व्यवहार का नियंत्रण केवल दमित इच्छाओं एवं आवेगों (impulses) द्वारा होता है। भीड़ व्यवहार में न तो कोई नया मूल्य (value) होता है और ना ही कोई विशेषता। शेरीफ तथा शेरिफ (Sherif & Sherif, 1948) ने फ्रायड के इस व्याख्या का खंडन करते हुए कहा है कि वास्तव में भीड़ में जोरदार पारस्परिक प्रक्रियाएँ (interaction process) होतीं हैं जिससे एक सामान्य मूल्य (common value) का जन्म होता है जो व्यक्ति के व्यवहारों को भीड़ में नियंत्रण करता है। फ्रायड के सिद्धान्त में इन पारस्परिक प्रक्रियाओं की अनदेखी की गयी है।

(2) फ्रायड के इस सिद्धान्त द्वारा सभी तरह के भीड़ की व्यवहार की व्याख्या नहीं हो पाती है। भीड़ द्वारा किये गये अनैतिक एवं समाज विरोधी कार्य की व्याख्या तो अचेतन में दमित अनैतिक इच्छाओं द्वारा हो जाती है। परंतु भीड़ सदैव अनैतिक ही व्यवहार नहीं करती है। उदाहरणार्थ, किसी मकान में आग लग जाने पर एकत्रित भीड़ परोपकारी एवं सामाजिक कार्य में अर्थात मकान में फँसे लोगों को निकालने में व्यस्त रहती है। फ्रायड के सिद्धान्त द्वारा इस तरह के भीड़ व्यवहार की व्याख्या नहीं की जा सकती है।

(3) फ्रायड ने भीड़ व्यवहार की व्याख्या अचेतन की दमित इच्छाओं के आधार पर किया है। परन्तु सच्चाई यह है कि भीड़ में व्यक्ति का व्यवहार चेतन इच्छाओं (conscious wishes) द्वारा भी नियंत्रित होता है।

(4) मैकाईवर (MacIver, 1955) के अनुसार भीड़ व्यवहार की व्याख्या अचेतन इच्छाओं एवं मूलप्रवृत्तियों (instincts) द्वारा संभव नहीं है क्योंकि भीड़ व्यवहार पर सामाजिक परिस्थितियों का अधिक प्रभाव पड़ता है तथा मूलप्रवृत्तियों का कम।

3. सामाजिक प्रोत्साहन का सिद्धान्त (*Theory of Social facilitation*)—इस सिद्धान्त का प्रतिपादन आलपोर्ट (Allport, 1975) द्वारा किया गया है। इस सिद्धान्त के अनुसार भीड़ व्यवहार (crowd behaviour) तथा वैयक्तिक व्यवहार (individual behaviour) में कोई मौलिक अंतर नहीं होता है। व्यक्ति भीड़ में भी वैसा ही व्यवहार करता

है जैसा कि वह अकेले में करता है। अंतर सिर्फ इतना ही है कि भीड़ में व्यक्ति के व्यवहार की उत्तेजनशीलता थोड़ी अधिक होती है। इस प्रकार से स्पष्ट है कि भीड़ में तथा अकेले में होने वाले व्यवहारों में सिर्फ मात्रा का अंतर होता है गुण का नहीं।

अब प्रश्न यह उठता है कि भीड़ व्यवहार तथा वैयक्तिक व्यवहार (individual behaviour) के इस मात्रात्मक अंतर की व्याख्या आलपोर्ट (Allport) ने अपने सिद्धान्त में किस प्रकार किया है ? इसकी व्याख्या आलपोर्ट (Allport) ने सामाजिक प्रोत्साहन या सुगमता (social facilitation) के आधार पर किया है। आलपोर्ट का विचार था कि भीड़ में व्यक्ति अपनी वैयक्तिकता (individuality) खोता नहीं है बल्कि उसे बनाये रखते हुए भीड़ की सामाजिक परिस्थिति के अनुसार एक-दूसरे के व्यवहारों का अनुकरण करते हैं। अतः भीड़ में सदस्यों के व्यवहारों में समानता के कारण सामाजिक प्रोत्साहन या सुगमता (जो विशेष सामाजिक परिस्थिति के कारण उत्पन्न होती है) होती है। उदाहरणार्थ, किसी शव यात्रा (funeral procession) में भाग लेने वाले व्यक्तियों के भीड़ के सभी सदस्य एक सामन अर्थात शोकमय व्यवहार करते हैं जिसका प्रमुख कारण उस परिस्थिति में उत्पन्न एक खास ढंग का सामाजिक सुगमता या प्रोत्साहन (social facilitation) है।

इस प्रकार से यह स्पष्ट है कि आलपोर्ट ने अपने सिद्धान्त में भीड़ व्यवहार की व्याख्या करने में यह स्पष्ट कर दिया है कि भीड़ में सदस्य अपनी वैयक्तिकता (individuality) खोते नहीं हैं बल्कि इसे बनाये रखते हुए सामाजिक प्रोत्साहन या सुगमता द्वारा एक-दूसरे के समान व्यवहार करने के लिए उत्तेजित एवं प्रेरित होते हैं।

इस सिद्धान्त में कुछ दोष भी पाये गये हैं। इसके प्रमुख दोष (demerits) निम्नांकित हैं—

(1) आलपोर्ट ने अपने सिद्धान्त में भीड़ व्यवहार की व्याख्या करने में परिस्थिति या वातावरण पर अनावश्यक रूप से अधिक महत्त्व डाला है। परंतु उनके द्वारा भीड़ व्यवहार की उत्पत्ति में जैविक कारकों जैसे मूलप्रवृत्तियों (instincts) आदि की उपेक्षा की गयी है।

(2) अनेकों समाज मनोवैज्ञानिकों ने जिसमें थॉम्पसन (Thompson, 1983)तथा वैगस्टाफ (Wagstaff, 1976) प्रधान है, का विचार है कि आलपोर्ट का यह कहना है कि भीड़ में होनेवाले व्यवहार तथा भीड़ से बाहर होने वाले व्यवहारों में केवल मात्रा का अंतर है, सही नहीं है। सच्चाई यही है कि इन दोनों तरह के व्यवहारों में मात्रात्मक अंतर होने के साथ ही गुणात्मक अंतर (qualitative differences) भी होता है। उदाहरणार्थ, एक सज्जन एवं भद्र व्यक्ति अकेले में हमेशा सभ्य ढंग से व्यवहार करता है, परंतु यदि वह किसी भीड़ से घिर जाता है तो उसके व्यवहार में गुणात्मक परिवर्तन दीख पड़ता है अर्थात वह असभ्य ढंग से व्यवहार करने लगता है।

4. मैकडुगल का मानसिक समरूपता सिद्धान्त *(Mc Dougall Mental Homogeneity theory)*—मैकडुगल (McDougall, 1928) ने अपनी पुस्तक "The Group Mind" (संशोधित) में इस सिद्धान्त का प्रतिपादन किया। उनका यह सिद्धान्त लिवोन (Lebon) के समूह-मन (group mind) के सिद्धान्त में काफी मिलता-जुलता है क्योंकि मैकडुगल ने भी समूह मन के संप्रत्यय (concept) को भीड़ व्यवहार (crowd behaviour) की व्याख्या में परिमार्जित रूप से (modified form) से स्वीकार किया है। मैकडुगल ने समूह मन (group mind) का प्रयोग मूलतः दो अर्थों में किया है। पहले अर्थ में किसी भीड़ या समूह में व्यक्ति के शामिल होने या उसके सदस्य होने की चेतना (consciousness) को समूह-मन कहा जाता है और दूसरे अर्थ में पूरे समूह या भीड़ के मन या चेतना को समूह-मन कहा जाता है। भीड़ में व्यक्ति का व्यवहार इसी समूह चेतना के कारण अकेले में किये गये व्यवहार से भिन्न होता है। मैकडुगल ने स्पष्ट रूप से यह बतलाया है कि भीड़ व्यवहार में कुछ ऐसी विशेषताएँ पायी जातीं हैं जो स्पष्टतः वैयक्तिक व्यवहार (individual behaviour) में नहीं पायी जाती है। ऐसी विशेषताओं में से निम्नांकित विशेषताएँ प्रमुख हैं।

(1) भीड़ व्यवहार या समूह व्यवहार में आत्म-चेतना (self-consciousness) पायी जाती है अर्थात समूह के भिन्न-भिन्न पहलुओं यानी, उसके स्वरूप, रचना तथा इसके साथ हुए व्यक्तिगत संबंधी का आत्मबोध पाया जाता है।

(2) समूह व्यवहार द्वारा समूह के अस्तित्व की निरंतरता (continuity) पायी जाती है।

(3) समूह व्यवहार में प्रथाओं (customs), आदतों, मानकों (norms) तथा परम्पराओं (traditions) के प्रभावों की अभिव्यक्ति (experssion) होती है।

(4) समूह व्यवहार में समूह के कार्यों का भेदीकरण (differentiation) एवं विशिष्टीकरण (specification) का औचित्य (justification) देखने को मिलता है।

उपर्युक्त विशेषताओं के कारण समूह या भीड़ व्यवहार वैयक्तिक व्यवहार (individual behaviour) से भिन्न होता है तथा समूह या भीड़ में व्यक्तियों में आपस में एक तरह की मानसिक समरूपता (mental homogeneity) पायी जाती है। इसी मानसिक समरूपता के कारण भीड़ में नेतृत्व (leadership) तथा उचित संचार (communication) का गुण देखा जाता है। दूसरे शब्दों में, इसी मानसिक समरूपता के कारण भीड़ में भी कोई एक व्यक्ति नेतृत्व प्रदान करता है जो सदस्यों को उचित संचार (communication) करके एक निश्चित दिशा में उनके व्यवहारों को नियंत्रित करता है। प्रायः इस तरह का नेतृत्व एवं संचार संगठित भीड़ (organised crowd) में कम देखने को मिलता है। सेना दल (Army troop) का भीड़ जो एक संगठित भीड़ का उदाहरण है, में नेतृत्व एवं संचार का गुण इन्हीं कारणों से अधिक देखने को मिलता है।

मैकडुगल के भीड़ व्यवहार के सिद्धान्त की आलोचना आलपोर्ट (Allport, 1924) द्वारा की गयी है। इन्होंने समूह-मन के सम्प्रत्यय (concept) को ग़लत साबित किया है और कहा है कि भीड़ व्यवहार की व्याख्या में मैकडुगल ने भी वही गलती किया है जो लिवोन (Lebon) ने अपने सिद्धान्त में किया था। ब्रिट (Britt, 1952) ने भी मैकडुगल को गलत ठहराते हुए कहा है कि सचमुच में समूह-मन जैसे चीज का कोई अस्तित्व नहीं है और भीड़ व्यवहार में सदस्यों का व्यवहार व्यक्तिगत मन द्वारा ही संचालित एवं नियंत्रित होता है। इन आलोचनाओं के बावजूद भी वह निश्चित रूप से कहा जा सकता है कि भीड़ में सदस्यों के व्यवहारों में एक समानता होती है जिसका मूल कारण सदस्यों की मानसिक समरूपता (mental homogeneity) ही होती है।

5. ससंर्ग सिद्धान्त *(Contagion Theory)*—इस सिद्धान्त का प्रतिपादन लिवोन (Lebon, 1986) द्वारा किये गये क्लासिकी कार्यों पर आधारित है। इस सिद्धान्त में भीड़ व्यवहार की व्याख्या करने के लिए उद्दीपक-अनुक्रिया (stimulus response) तथा सांवेगिक संसर्ग (emotional cantagion) जैसे संप्रत्ययों को प्रयोग किया गया है। इस सिद्धान्त के अनुसार भीड़ में जैसी-जैसी अनुक्रियाएँ बढ़ती जाती हैं, वैसे-वैसे भीड़ में उत्पन्न संवेग एक सदस्य से दूसरे सदस्य तक छुआछूत के रोग के समान तीव्रता से फैलने लगता है। प्रत्येक सदस्य समूह या भीड़ के इस सांवेगिक प्रभाव से इतना अधिक प्रभावित हो जाता है कि उसका व्यवहार भीड़ में पूर्णतः परिवर्तित हो जाता है और अकेले में किये गये व्यवहार से भिन्न होता है। भीड़ में सदस्यों का व्यवहार कुछ ऐसा हो जाता है जिसके बारे में उसके वैयक्ति के विशेषताओं के आधार पर कुछ भी नहीं कहा जा सकता है। अल्ब्रेक, थॉमस तथा चादविक[1] (Albrecht, Thomas & Chadwick, 1980) के अनुसार, 'संसर्ग सिद्धान्त के अनुसार भीड़ की परिस्थिति में व्यक्ति अपने आप को पूर्णतः भीड़ संवेग में खो देता है और वह कुछ ऐसा करता है जिसके बारे में उसके वैयक्तिक विशेषताओं के आधार पर बतलाया नहीं जा सकता है।'

स्पष्ट है कि संसर्ग सिद्धान्त में सांवेगिक संसर्ग (emotional contagion) पर अधिक बल डाला गया है। भीड़ में यहीं सांवेगिक संसर्ग सदस्यों को अनुक्रिया करने के लिए उत्तेजित करता है। उत्तेजना होने पर व्यक्ति भीड़ में अपनी वैयक्तिकता (individuality) पूर्णतः खोकर सम्पूर्ण भीड़ का एक अंश के रूप में कार्य करता है। उदाहरणार्थ, यदि छात्रों की एक भीड़ कुलपति (vice-chancellor) के निवास स्थान पर पथराव कर रहा हो और इसी बीच पुलिस आ जाती है तो भीड़ के सांवेगिक उत्तेजना की स्तर पहले से और भी बढ़ जाती है तथा यदि उसमें से एक छात्र भागता है तो उसे देखकर अन्य छात्रों में भी डर का संवेग उत्पन्न हो जाता है और तब भीड़ के सभी सदस्य तितर-बितर हो जाते हैं। इस उदाहरण में संसर्ग सिद्धान्त द्वारा भीड़ की दी गयी व्याख्या की पुष्टि होती है। छात्रों की भीड़ में सांवेगिक उत्तेजना उत्पन्न होने पर प्रत्येक छात्र अपने वैयक्तिकता खो देता है और एक-दूसरे को भागते देखकर स्वयं भी भाग खड़ा होता है। इसका प्रमुख कारण यह है कि भीड़ में छात्र एक विशेष संवेग (डर) के संसर्ग (contagion) के चपेट में आ जाते हैं।

1. "According to contagion theory, the individual in a crowd situation loses himself or herself to the emotion of the crowd and does something that could not be predicted on the basis of individual characteristics."
—Albreсth, Thomas & Chawick : Social Psychology, 1980 p. 70.

इस सिद्धान्त की कुछ आलोचनाएँ की गयी हैं जो निम्नलिखित हैं—

(1) भीड़ की व्याख्या में संसर्ग सिद्धान्त मात्र सांवेगिक संसर्ग (emtional contagion) पर ही अपने आप को केन्द्रीभूत कर रखा है। कुछ समाज मनोवैज्ञानिकों का मत है कि भीड़ व्यवहार की व्याख्या में अन्य कारक (factors) भी है जो काफी महत्त्वपूर्ण है। परंतु इस सिद्धान्त में उन सभी कारकों की अनदेखी की गयी है।

(2) संसर्ग सिद्धान्त की व्याख्या से भीड़ व्यवहार के कुछ पहलुओं पर तो बिल्कुल ही प्रकाश नहीं पड़ता है। जैसे—भीड़ व्यवहार में संगठन (organization) कैसे और क्यों विकसित होता है, की व्याख्या इस सिद्धान्त द्वारा बिल्कुल ही नहीं होती है।

(3) अल्ब्रेक, थॉमस तथा चादविक (Albrecht, Thomas & Chadwick, 1980) के अनुसार, संसर्ग सिद्धान्त द्वारा भीड़ व्यवहार की जो व्याख्या की गयी है, उसका प्रयोगात्मक सत्यापन (experimental verification) संभव नहीं है। यदि इस सिद्धान्त के तथ्य एवं व्याख्या की प्रयोगात्मक सत्यापन नहीं की जा सकती है, तो इस पर निर्भर करना तथा उसके आधार पर किसी तरह का सामान्यीकरण (generalization) करना संभव नहीं है।

6. अभिसरण सिद्धान्त *(Convergence Theory)*—अभिसरण सिद्धान्त द्वारा भीड़ व्यवहार की व्याख्या अन्य सिद्धान्तों से अलग हटकर की गयी है। इस सिद्धान्त के अनुसार भीड़ विशेषकर क्रियाशील भीड़ (Active crowd) के सदस्य पहले से ही उत्तेजनशील कार्य के लिए तत्पर रहते हैं। भीड़ उन्हें अपने इस कार्य को पूरा करने का मात्र एक अवसर प्रदान करता है। ऐसे व्यक्ति जब अपने आप को भीड़ के सदस्य के रूप में प्रत्यक्षण (preception) करते हैं, तो उनमें पहले से मौजूद भावनाएँ और भी तीव्र हो जाती हैं और वह एक शक्तिशाली एवं संयुक्त कार्य (concerted action) करने के लिए अग्रसर हो जाता है। इस तरह से इस सिद्धान्त के अनुसार भीड़ की व्याख्या भीड़ के सभी सदस्यों जिनकी पूर्ववृत्ति (predisposition) या विश्वास एक सामान होती है, की समकालिक (simultaneous) उपस्थिति के रूप में की जाती है। चूँकि समकालिक रूप से (simultaneously) उपस्थित सभी सदस्यों की पूर्ववृत्ति (predisposition) या विश्वास एक समान होती है, अतः भीड़ में सभी सदस्यों का व्यवहार भी एक समान होती है।

कुछ समाज मनोवैज्ञानिकों ने अभिसरण सिद्धान्त की आलोचना की है, जो निम्नांकित हैं—

(1) वर्क (Berk, 1974) ने अपने प्रयोगात्मक अध्यन में अभिसरण के प्रतिकूल में तथ्य पाया है। इन्होंने छात्रों के एक भीड़ का अध्ययन किया जो प्रशासकों (administrators) के साथ टकराव (confrontation) करने के ख्याल से एक मोरचा (barricade) तैयार कर रहे थे। इस अध्ययन में उन्होंने पाया कि इस परिस्थिति के प्रति भीड़ के सदस्यों में भिन्न-भिन्न तरह के विश्वास तथा पूर्ववृत्तियाँ (predispositions) थी न कि उन सभी में एक ही तरह की पूर्ववृत्ति थी जैसा कि अभिसरण सिद्धान्तों का कहना है।

(2) संसर्ग सिद्धान्त के समान ही अभिसरण सिद्धान्त द्वारा भी उत्पन्न संगठन (organization) का अध्ययन सम्भव नहीं है। उदाहरणार्थ, इस सिद्धान्त की व्याख्या से हमें इस बात का कोई संकेत नहीं मिलता है कि भीड़ में नेतृत्व का संगठन किस प्रकार का हो जाता है।

(3) चूँकि अभिसरण सिद्धान्त के अनुसार भीड़ के सभी सदस्यों में एक ही पूर्ववृत्ति (predisposition) होती है, अतः सभी सदस्यों का व्यवहार भीड़ में हमेशा एक ही दिशा में होना चाहिए। परंतु सचमुच में ऐसा नहीं होता है बल्कि इसके विपरीत होता है। क्रियाशील भीड़ में प्रायः यह देखा जाता है कि भीड़ के कुछ सदस्य तो परिस्थिति का डट कर मुकाबला करते हैं परंतु कुछ सदस्य उस परिस्थिति से भाग खड़ा होते हैं।

7. निर्गत-मानक सिद्धान्त *(Emergent-norm Theory)*—इस सिद्धान्त का प्रतिपादन टर्नर तथा किलियन (Turner & Killian, 1957) द्वारा किया गया। इस सिद्धान्त द्वारा मुख्य बल इस बात पर डाला जाता है कि जिस तरह से मनुष्य से अधिकतर व्यवहार एक सामाजिक मानक (social norms) द्वारा निर्देशित एवं नियंत्रित होता है, उसी तरह से भीड़ व्यवहार भी एक सामाजिक मानक (social norms) द्वारा ही नियंत्रित होता है। अंतर केवल इतना ही है कि इस तरह का सामाजिक मानक का जन्म तुरंत भीड़ में ही हो जाता है जबकि पहले के सामाजिक मानक का जन्म भिन्न-भिन्न परिस्थितियों में किये गये अंतःक्रियाओं (interactions) के कारण होता है। अतः इस सिद्धान्त के अनुसार भीड़ व्यवहार भीड़ की परिस्थिति के अनुकूल उत्पन्न या निर्गत मानक (emergent norms) के अनुसार किया गया व्यवहार होता है। उदाहरणार्थ, किसी हत्याकारी भीड़ (lynching crowd) में परिस्थिति के अनुकूल लक्ष्य व्यक्तियों (target persons) की हत्या करना एक मानक (norms) कार्य बन जाता है और जो सदस्य इस कार्य का विरोध करते हैं, उनका या तो तिरस्कार किया जाता है या उन्हें घृणा की दृष्टि से देखा जाता है। यहाँ हत्या करने का मानक (norms) एक परिस्थिति विशेष से जुड़ा हुआ है और किसी खास आवश्यकता की पूर्ति के लिए उत्पन्न होता है। हत्या कार्य समाप्त होने पर भीड़ के सदस्य पुनः अपने सामान्य मानक (general norm) पर आ जाते हैं और वे हत्या करना बंद कर देते हैं।

निर्गत-मानक सिद्धान्त में भीड़-व्यवहार की व्याख्या में निम्नांकित तीन कारक (factor) महत्त्वपूर्ण हैं—

(1) चूँकि भीड़ में एक सामाजिक मानक (social norms) उत्पन्न होता है, इसलिए सदस्यों के व्यवहारों में समरूपता (conformity) अधिक होती है क्योंकि सभी सदस्यों का व्यवहार उसी मानक द्वारा निर्देशित एवं नियंत्रित होता है।

(2) इस सिद्धान्त के अनुसार दर्शकगण (bystanders) में भी इतना तीव्र संवेग उत्पन्न हो जाता है कि जो घटना घट रही है उसका सही-सही प्रेक्षण (observation) कर वे कुछ समझ नहीं पाते हैं।

(3) यह सिद्धान्त इस बात पर भी बल डालता है कि भीड़ में सामूहिक उत्तेजना (group stimulation) से सदस्यों में संवेग की मात्रा काफी बढ़ जाती है जिसका परिणाम यह होता है कि कुछ सदस्य तो उस निर्गत मानक (emergent norms) के प्रतिकूल (countrary) में व्यवहार करने के लिए तत्पर हो जाते हैं तथा कुछ डर से उसके अनुरूप व्यवहार करने लगते हैं।

कुछ लोगों ने इस सिद्धान्त की आलोचना किया है। उदाहरणार्थ, वर्क (Berk, 1974) ने इस सिद्धान्त की आलोचना करते हुए कहा कि टर्नर तथा किलियन (Turner & Killian) ने निर्गत मानक (emergent norm) के उत्पन्न होने के वास्तविक स्रोत (actual source) के बारे में कुछ नहीं बतलाया है। इस तरह का मानक भीड़ की परिस्थिति में किस प्रकार उत्पन्न हो जाता है, कहीं पूर्णतः स्पष्ट नहीं किया गया है।

8. स्मेलसर का मूल्य-योगित सिद्धान्त *(Smelser's Value-added theory)*—इस सिद्धान्त का प्रतिपादन नील स्मेलसर (Neil Smelser) नामक एक समाजशास्त्री (sociologist) द्वारा 1963 में किया गया। स्मेलसर ने अपने इस सिद्धान्त में भीड़ व्यवहार की व्याख्या करते हुए कहा है कि भीड़ चाहे सक्रिय (active) हो या निष्क्रिय (passive), इसमें खास प्रक्रिया (process) सम्मिलित होती है जिसमें छह चरण (stages) होते हैं। प्रत्येक चरण द्वारा भीड़ का अंतिम रूप (final outcome) प्रदान करने में अपना एक विशेष योगदान किया जाता है। अतः भीड़ व्यवहार की उत्पत्ति प्रत्येक चरण द्वारा किये गये योगदान या उनके द्वारा दिये गये मूल्यों (value) को एक साथ जोड़ने पर होती है। वे छह चरण निम्नांकित हैं—

1. संरचनात्मक योग्यता *(Structural conduciveness)*—संरचनात्मक योग्यता से तात्पर्य होता है कि किसी भीड़ व्यवहार के उत्पन्न होने के लिए एक विशेष परिस्थिति (conditions) का होना अनिवार्य है। अगर परिस्थिति ऐसी है जिसमें खास प्रकार की भीड़ उत्पन्न नहीं हो सकती है, तो भीड़ व्यवहार के उत्पन्न होने का प्रश्न ही नहीं उठता है। हत्याकारी भीड़ (lynching crowd) देहाती क्षेत्रों में शहरी क्षेत्रों की अपेक्षा प्रायः देखने को मिलता है। रोंगटे खड़े कर देने वाला बिहार राज्य में पिपरा कांड तथा बेलछी कांड जिसमें दलितों का सफाया कर दिया गया था, देहाती क्षेत्र के हत्याकारी भीड़ के कुछ ज्वलंत उदाहरण है। इन देहातों की सामाजिक परिस्थिति (social conditions) ही कुछ ऐसी थी जिनसे इस तरह के भीड़ के जन्म होने में सुविधा हुई।

2. संरचनात्मक तनाव *(Structural strain)*—भीड़ व्यवहार की उत्पत्ति की प्रक्रिया में दूसरा चरण (step) संरचनात्मक तनाव (structural strain) का है। संरचनात्मक तनाव से तात्पर्य सामाजिक तंत्र (social system) में मौजूद विशिष्ट तनाव (specific strain) से होता है। बेलछी तथा पिपरा हत्याकारी भीड़ के निर्माण में सरकार द्वारा दिये गये अधिकारों पर बल डालने के ख्याल से दलितों एवं पिछड़े वर्गों द्वारा उठायी गयी आवाज महत्त्वपूर्ण है। स्वाभाविक है कि इस तरह के आवाज से सबल वर्ग के लोगों में एक तरह का तनाव एवं खिचाव उत्पन्न हो गया था जो इन लोगों को (सबल वर्ग के लोगों को) दलितों की हत्या करने पर मजबूर कर दिया।

3. एक सामान्यीकृत विश्वास की उत्पत्ति एवं फैलाव *(Growth and spread of a generalized belief)*—भीड़ का निर्माण करने वाले सम्भाव्य व्यक्तियों (potential persons) में तनाव एवं खिंचाव के कारणों एवं उसे दूर

करने के उपायों के बारे में एक सामान्यीकृत विश्वास (generalized belief) का होना तीसरा चरण (stage) है। ऐसे व्यक्तियों में तनाव (stress) के स्रोत (source) के बारे में एक सामान्य विश्वास तथा उसे दूर करने के उपायों के बारे में एक आम-सहमति होती है जिसके अनुसार वे कार्य करने का निर्णय करते हैं। उदाहरणार्थ, बेलछी तथा पिपरा ग्राम के सबल वर्ग के सदस्यों में यह एक आम विश्वास था कि सरकार प्रदत्त अधिकारों पर बल डालकर दलितों उनका बगावत कर सकते हैं। अतः क्यों न उन्हें जड़ से ही समाप्त कर दिया जाये, ऐसा सोचकर वे एक हत्याकारी भीड़ का निर्माण करने में सफल हुए थे।

4. उत्पन्न करने वाला कारक *(Precipitation factor)*–भीड़ व्यवहार उत्पन्न करने में यह चौथा प्रमुख चरण है। संरचनात्मक योग्यता, संरचनात्मक तनाव तथा सामान्यीकृत विश्वास के कारण परिस्थिति इस प्रकार परिपक्व हो जाती है कि मात्र कोई एक ऐसी क्रिया की जरूरत होती है जो भीड़ व्यवहार की शुरुआत कर दे। इस तरह के क्रिया को भीड़ उत्पन्न करने वाला कारक (precipitating factor) की संज्ञा दी जाती है। यदि किसी गाँव का सबल वर्ग यह तैयारी कर चुका है कि उसे हरिजनों को सफाया कर देना है तो किसी एक हरिजन द्वारा भी सबल वर्ग के किसी सदस्य का कहना न मानना ही हत्याकारी भीड़ (lynching crowd) को उत्पन्न करने के लिए काफी होगा।

5. क्रिया करने के लिए सदस्यों का संग्रहण *(Mobilization of participants for action)*—भीड़ व्यवहार की उत्पत्ति की प्रक्रिया के इस पाँचवें चरण में सदस्यों को एक जगह इकट्ठा किया जाता है ताकि भीड़ द्वारा अपने लक्ष्य (target) के प्रति क्रिया प्रारंभ किया जाये। सदस्यों का संग्रहण (mobilization) मूलत- दो कारकों द्वारा निर्धारित होता है—नेतृत्व (leadership) तथा संचार (communication)। नेता व्यक्तियों के असंगठित समूह (unorganized group) को अपने लक्ष्य के प्रति एक समन्वित (coordinated) कार्य करने में मदद करता है तथा फिर उचित संचार (communication) के माध्यम से भीड़ के सदस्यों को एक खास दिशा में कार्य करने के लिए प्रेरित किया जाता है।

6. सामाजिक नियंत्रण का संचालन *(Operation of social control)*—भीड़ व्यवहार की उत्पत्ति में यह छठा चरण है जो उपर्युक्त पाँचों चरण से भिन्न है। भीड़ व्यवहार की उत्पत्ति के लिए उपर्युक्त पाँचों कारकों की उपस्थिति अनिवार्य है जबकि यह अंतिम कारक सामाजिक नियंत्रण की अनुपस्थिति ही भीड़ व्यवहार की उत्पत्ति के लिए आवश्यक है। सामाजिक नियंत्रण का संचालन मजबूत होने से भीड़ व्यवहार नहीं हो सकता है। उदाहरणार्थ, यदि सरकार को पहले से यह सूचना हो जाती है कि अमुक स्थान पर लूट-मार या आगजनी के खयाल से भीड़ इकट्ठी हो रही है, तो वहाँ पुलिस तथा अन्य वरिष्ठ पदाधिकारी को भेजकर वह एक ऐसा सामाजिक नियंत्रण का माहौल तैयार कर लेती है कि भीड़ तुरंत ही तीतर-बितर हो जाती है। अतः सामाजिक नियंत्रण का कारक ऐसा है जिसकी उपस्थिति से भीड़ व्यवहारा उत्पन्न ही नहीं होती है। दूसरे शब्दों में, भीड़ व्यवहार तभी तक बना रहता है जब तक कि सामाजिक नियंत्रण की प्रक्रिया प्रारंभ न हो।

स्मेलसर के इस सिद्धान्त की उपयोगिता अन्य सिद्धान्त से काफी अधिक है। उदाहणार्थ, मान एवं उनके सहयोगियों (Mann et al., 1976) ने इस सिद्धान्त का उपयोग आस्ट्रेलिया में आर्थिक आतंक (economic panic) के अध्ययन में किया, पिनार्ड (Pinard, 1971) ने इसका उपयोग कनाडा में दक्षिणपंथी राजनैतिक पार्टी के अध्ययन में किया तथा जुकेर एवं उनके सहयोगियों (Zurcher et al., 1971) ने अमेरिका में अश्लील साहित्य विरोधी आंदोलन (antiporonography movement) के अध्ययन में किया। इस सारे उपयोगिताओं के बावजूद भी इस सिद्धान्त की निम्नांकित ढंग से आलोचना की गयी है—

(1) आलोचकों ने स्मेलसर के सामान्यीकृत विश्वास (generalized belief) के संप्रत्यय की वैधता (validity) को स्वीकार नहीं किया है। आलोचकों का मत है कि इस संप्रत्यय को स्वीकार करने का मतलब यह हुआ कि भीड़ के सभी सदस्यों तथा नेता के विचार एक समान होते हैं। परंतु सचाई यह है कि भीड़ के कुछ सदस्य ऐसे भी होते हैं जिनका विचार नेता के विचार से तथा अन्य सदस्यों के विचार से भिन्न होता है।

(2) कुछ आलोचकों का मत है कि स्मेलसर के कुछ संप्रत्यय (concepts) जैसे संरचनात्मक योग्यता (structural conduciveness) तथा संरचनात्मक तनाव (structural tension) ऐसे हैं जिनका वस्तुनिष्ठ (objective) सत्यापन सम्भव नहीं है। अतः इन पर आधारित निष्कर्ष को मानना सम्भव नहीं है।

भीड़ व्यवहार के सिद्धान्तों के बारे में सामान्य निष्कर्ष *(General conclusion regarding theories of crowd behaviour)*—भीड़ व्यवहार की व्याख्या करने के लिए जितने भी सिद्धान्तों का वर्णन किया गया है, प्रत्येक

का अपना-अपना गुण-दोष है। इन गुण-दोषों को ध्यान में रखते हुए समाज मनोवैज्ञानिकों एवं समाजशास्त्रियों का सामान्य मत यह है कि स्मेलसर का सिद्धान्त भीड़ व्यवहार की सबसे उत्तम व्याख्या प्रस्तुत करता है। इस सिद्धान्त की उपयोगिता की जाँच भी अनेक वैज्ञानिकों ने अपने भिन्न-भिन्न अध्ययनों में कर चुके हैं जिनसे इस सिद्धान्त की श्रेष्ठता की पुष्टि हो जाती है।

श्रोतागण का अर्थ (Meaning of Audience)

श्रोतागण (audience) एक तरह का भीड़ ही है। किम्बल यंग (Kimball Young, 1957) के श्रोतागण को एक तरह का औपचारिक भीड़ (formal crowd) कहा है क्योंकि इस तरह के भीड़ का संगठन एक खास नियमों, प्रथाओं आदि के अनुकूल होता है तथा इसका एक निश्चित उद्देश्य भी होता है। श्रोतागण अपने इस निश्चित उद्देश्य के साथ एक खास समय में एक जगह एकत्रित होते हैं। इस तरह की भीड़ में विचारों की प्रधानता होती है न कि संवेग एवं उत्तेजनशीलता का।

कुछ समाज मनोवैज्ञानिकों ने श्रोतागण (audience) को इस तरह से परिभाषित किया है—

किम्बल यंग[1] (Kimbal Young, 1957) के अनुसार, ''श्रोतागण एक प्रकार का संस्थागत भीड़ है।''

आर० डब्ल्यू० ब्राउन[2] (R.W. Brown, 1969) के अनुसार, ''निष्क्रिय होकर सुनने वाला भीड़ को श्रोतागण कहा जाता है।''

इन दोनों महत्त्वपूर्ण परिभाषाओं पर गौर करने से हमें श्रोतागण के स्वरूप के बारे में स्पष्ट रूप से पता चलता है। किम्बल यंग ने श्रोतागण को एक संस्थागत भीड़ (institutionalized crowd) कहा है। किम्बल यंग के अनुसार संस्थागत भीड़ के तीन गुण होते हैं—

(i) इस तरह के भीड़ का एक विशिष्ट उद्देश्य होता है जिसके बारे में अधिकतर सदस्यों को पहले से ही सूचना होती है।

(ii) इस तरह की भीड़ एक पूर्व निश्चित समय तथा जगह पर मिलता है। इसकी सूचना सदस्यों को पहले से होती है।

(iii) इसमें अंतःक्रिया तथा ध्रुवीकरण (polarization) का एक मानक प्रतिरूप (standard form) होता है।

दूसरे शब्दों में, सदस्यों को पहले से यह पता होता है कि कौन वक्ता (speaker) है, कौन-कौन लोग वक्ता का भाषण सुनने वाले हैं और वक्ता तथा सुनने वाले व्यक्तियों में किस ढंग की अंतःक्रिया होगी। इसका मतलब यह हुआ कि श्रोतागण में शामिल व्यक्ति मनमाने ढंग से व्यवहार नहीं करते हैं बल्कि उनके व्यवहार एवं आचरण की एक औपचारिक आरंभ (formal beginning) तथा औपचारिक समाप्ति (formal end) होता है। वे निष्क्रिय रूप से (passively) परिस्थिति के नियमों का पालन करते हुए वक्ता का भाषण सुनते हैं।

स्पष्ट है कि श्रोतागण को एक संस्थागत भीड़ जो निष्क्रिय होती है, क्यों कहा गया है। श्रोतागण के संस्थागत एवं निष्क्रिय प्रकृति को एक उदाहरण द्वारा इस प्रकार समझाया जा सकता है—मान लीजिए कि शहर में प्रधानमंत्री का भाषण होने वाला है। इसकी सूचना पहले से ही जनता को अखबार, इश्तहार, लाउडस्पीकर, रेडियो तथा टेलीफोन आदि माध्यमों से दी जाती है ताकि उन्हें यह मालूम हो जाये कि अमुक स्थान पर अमुक दिन अमुक समय पर प्रधानमंत्री पधार रहे हैं। उस दिन व्यक्तियों को बैठने का एवं प्रधानमंत्री जी के भाषण मंच का विशेष इन्तजाम किया जाता है। भाषण-मंच को फूलों की माला से सजा दिया जाता है। प्रधानमंत्री के उस दिन आने पर सभी लोग सम्मानपूर्वक खड़े होकर जयध्वनि के साथ उनका स्वागत करते हैं। सभी लोग पुनः बैठ जाते हैं तथा सभा का कार्य प्रारम्भ होता है। कुछ सम्मानित व्यक्ति या उच्च पदाधिकारी प्रधानमंत्री का स्वागत करते हैं, उन्हें माला पहनाते हैं तथा अंत में प्रधानमंत्री जी भाषण देने के लिए खड़े होते हैं। भाषण की समाप्ति पर आम जनता की ओर से कोई व्यक्ति प्रधानमंत्री को धन्यवाद देता है और फिर सभी

---

1. "Audience is a form of institutionalized crowd." —Kimbal Young : *Handbook of social Psychology,* 1957
2. "The passive listening crowd is audience." —R.W. Brown in G. Lindzey's *Hanbook of social Psychology,* Vol. IV. 1969.

लोग खड़े होकर राष्ट्रीय गीत गाते हैं और सभा की समाप्ति होती है। प्रधानमंत्रीजी का भाषण सुनने के लिए इस एकत्रित श्रोतागण (audiences) में वे सभी गुण हैं जिसे किम्बल यंग तथा ब्राउन ने बतलाया है तथा जिनकी चर्चा ऊपर की जा चुकी है। अतः निष्कर्ष रूप में यह कहा जा सकता है कि श्रोतागण एक ऐसी निष्क्रिय एवं संस्थागत भीड़ है जो एक पूर्व निश्चित जगह पर पूर्व निश्चित समय के अनुसार कुछ निश्चित उद्देश्यों की पूर्ति के लिए एकत्रित होती है तथा जिसके सदस्यों का आचरण एवं व्यवहार स्वीकृत नियम, प्रथा एवं परम्परा के अनुकूल होता है।

श्रोतागण की विशेषताएँ
(Characteristics of Audience)

ब्रिट (Britt, 1952) ने श्रोतागण को एक विशिष्ट प्रकार की भीड़ माना है। अतः इसकी अपनी कुछ विशेषताएँ हैं जिनके आधार पर उसे आसानी से समझा जा सकता है। प्रमुख ऐसी विशेषताएँ निम्नांकित हैं—

1. विशिष्ट उद्देश्य (*Specific purpose*)—श्रोतागण का एक विशिष्ट उद्देश्य होता है जो निश्चित एवं पूर्वनिर्धारित होता है। इसी उद्देश्य के कारण वे एक जगह एकत्रित होते हैं। किसी राजनैतिक पार्टी के नेता का भाषण सुनने, किसी साधु-संत का प्रवचन सुनने, किसी गायक का गीत सुनने के उद्देश्य या ऐसी ही अन्य उद्देश्यों को लेकर ही श्रोतागण एकत्रित होते हैं।

2. पूर्व निश्चित समय तथा स्थान (*Predetermined place and time*)—अधिकांशतः श्रोतागण का स्थान तथा समय पहले से निर्धारित एवं निश्चित होता है। दूसरे शब्दों में, श्रोतागण कहाँ एकत्रित होंगे और कब एकत्रित होंगे, यह बात पहले से निश्चित होती है। उदाहरणार्थ, श्रोतागण को सिर्फ यह नहीं पता होता है कि मंत्री महोदय आ रहे हैं बल्कि यह भी पता होता है कि मंत्री महोदय का भाषण किस स्थान पर होने जा रहा है तथा किस समय होने जा रहा है।

3. शारीरिक सम्पर्क (*Physical contacts*)—श्रोतागण में भीड़ की तरह सदस्यों में कंधों-से-कंधों का शारीरिक सम्पर्क तो नहीं होता परंतु उनमें शारीरिक निकटता अवश्य होती है। प्रत्येक सदस्य के बैठने या खड़ा होने का स्थान निश्चित रहता है। इसलिए इन्हें एक-दूसरे की उपस्थिति पता तो चलता ही है भले उनमें कोई निकट सम्बन्ध का अनुभव नहीं है। श्रोतागण में शारीरिक निकटता उनकी संख्या तथा स्थान पर निर्भर करती है। यदि श्रोतागण की संख्या अधिक है तथा बैठने का स्थान छोटा है तो शारीरिक निकटता बढ़ जायेगी। दूसरे तरफ यदि उसकी संख्या कम है तथा बैठने का स्थान बड़ा है, तो उनमें शारीरिक निकटता कम हो जायेगी।

4. व्यवहार का एक निश्चित प्रतिरूप (*Definite pattern of behaviour*)—श्रोतागण चूँकि एक प्रकार का संस्थागत भीड़ (institutionalized crowd) है, अतः इसके सदस्यों का व्यवहार मनमाने ढंग का न होकर स्वीकृत नियमों एवं परम्पराओं के अनुकूल होता है। उदाहरणार्थ, प्रधानमंत्री का भाषण सुनने के लिए आये श्रोतागण शांतिपूर्वक बैठकर या खड़ा होकर भाषण सुनते हैं। वे किसी प्रकार का अभद्र व्यवहार नहीं करते हैं या कम-से-कम वैसी परिस्थिति में अभद्र व्यवहार करने की सामाजिक स्वीकृति नहीं होती है। हाँ, अगर बीच में कोई घटना घट जाये तो बात कुछ और है और वैसी परिस्थिति में श्रोतागण एक भीड़ में बदल जायेंगे। जैसे—भाषण के दौरान अचानक यदि कोई बम का विस्फोट हो जाये, तो एक भगदड़ मच जायेगी और श्रोतागण का निश्चित व्यवहार एक अव्यवस्थित क्रियाओं में परिणत हो जायेगी तथा श्रोतागण एक भयभीत भीड़ में बदल जायेंगे।

5. ध्रुवण तथा पारस्परिक क्रिया (*Polarization and interaction*)—श्रोतागण तथा वक्ता के बीच उचित अंतः क्रिया हो, इसके लिए यह आवश्यक है कि उचित व्यवस्था की जाये ताकि श्रोतागण में ध्रुवण (polarization) सरलता से हो अर्थात श्रोतागण का ध्यान वक्ता की ओर आसानी से केन्द्रित या ध्रुवित (polarized) हो। इसके लिए कुछ खास-खास बातों का ध्यान देना आवश्यक है। जैसे—बैठने की व्यवस्था इस प्रकार की हो कि श्रोतागण के ध्यान का केंद्र वक्ता हो, रोशनी का उचित प्रबंध हो तथा श्रोतागण के ध्यान को मंच की ओर आकर्षित करने के लिए मंच की सजावट आकर्षक हो तथा कार्यक्रम भी रूचिकर हो।

6. श्रोतागण का भंग होना (*Termination of audience*)—विषय की समाप्ति पर श्रोतागण धीरे-धीरे टूटने लगते हैं। यह अंत भी शांतिपूर्ण होना चाहिए अन्यथा फिर श्रोतागण के सदस्य भीड़ के सदस्य बन जायेंगे। श्रोतागण के मस्तिष्क पर विषय का एक स्पष्ट छाप पड़ता है। शायद यही कारण है कि सभा या विषय की समाप्ति के बाद निकलते समय सदस्य विषय के संबंध में अपने विचारों का आदान-प्रदान करते दीख पड़ते हैं। बस, श्रोतागण के जीवन अवधि भी यहीं समाप्त हो जाती है।

इस तरह से हम देखते हैं कि श्रोतागण की कई विशेषताएँ हैं जिनके आधार पर उसके स्वरूप को आसानी से समझा जा सकता है।

श्रोतागण का प्रकार
(Typs of Audience)

भीड़ के ही समान श्रोतागण के भी कई प्रकार हैं। कुछ प्रमुख मनोवैज्ञानिकों एवं समाजशास्त्रियों ने श्रोतागण के मुख्य प्रकार का वर्णन इस प्रकार किया है—

ब्रिट (Britt, 1992) ने श्रोतागण के निम्नांकित पाँच प्रकार बतलाये हैं।

(1) पैदल श्रोतागण *(Pedestrian audience)*—पैदल श्रोतागण से तात्पर्य वैसे श्रोतागण से होता है जो किसी व्यक्ति का भाषण सुनने, खेल देखने, गीत सुनने आदि के लिए पैदल चलकर एक जगह पर एकत्रित होते हैं। उदाहरणार्थ, किस नर्तकी का नाच देखने के लिए सड़क पर पैदल चलकर आने वालों की जो भीड़ जमा होती है, उसे पैदल श्रोतागण कहा जायेगा।

(2) निष्क्रिय श्रोतागण *(Passive audience)*—इस प्रकार का श्रोतागण से तात्पर्य वैसे श्रोतागण से होता है जो बिलकुल ही निष्क्रिय होकर अर्थात शांतचित होकर नाटक, सिनेमा, नृत्य देखता है या किसी साधु-संत का प्रवचन आदि सुनता है। ऐसे श्रोतागण बिना किसी प्रतिक्रिया के किसी का भाषण, नृत्य, नाटक, सिनेमा आदि देखते रहते हैं।

(3) चुने हुए श्रोतागण *(Selected audience)*—कुछ श्रोतागण वैसे होते हैं जिसके सदस्य आम जनता नहीं बल्कि कुछ खास-खास चुने गये व्यक्ति होते हैं। उदाहरणार्थ, किसी बड़े पुल (bride) या अस्पताल का उद्घाटन-समारोह में आम जनता को निमंत्रित नहीं किया जाता है बल्कि समाज के कुछ चुने हुए प्रतिष्ठित व्यक्तियों को निमंत्रित किया जाता है। ऐसे व्यक्तियों से निर्मित श्रोतागण, 'चुने गये श्रोतागण' के उदाहरण हैं।

(4) केन्द्रित श्रोतागण *(Concerted audience)*—इस प्रकार के श्रोतागण से तात्पर्य वैसे श्रोतागण से होता है जिसके सदस्यों में एक खास योग्यता का होना अनिवार्य है। उदाहरणार्थ कॉलेज-कक्षा, कुलपति सभा (Vice-chancellor conference) आदि। स्पष्ट है कि कॉलेज के किसी भी कक्षा के सदस्य होने के लिए उनमें एक विशेष योग्यता तथा कुलपति सभा के सदस्य होने के लिए कुलपति का होना अनिवार्य है।

(5) संगठित श्रोतागण *(Organised)*—जब किसी खास उद्देश्य को आधार मानकर व्यवस्थित ढंग में व्यक्तियों को एकत्रित किया जाता है, तो इसे संगठित श्रोतागण की संज्ञा दी जाती है। उदाहरणार्थ, सैनिकों की प्रशिक्षण की कक्षा, शारीरिक शिक्षा की कक्षा आदि।

किम्बल यंग (Kimball Young, 1960) ने श्रोतागण को निम्नांकित तीन भागों में बाँटा है—

1. सूचना प्राप्त करने वाला श्रोतागण *(Information seeking audience)*—जैसा कि नाम से ही स्पष्ट है, इस तरह के श्रोतागण का मुख्य उद्देश्य सूचना प्राप्त करना होता है चाहे उस सूचना का स्वरूप धार्मिक हो, सामाजिक हो या मात्र मनोरंजन के लिए ही हो। उदाहरणार्थ, कॉलेज के वर्ग में प्राध्यापक का भाषण सुनता हुआ छात्र समूह, किसी मैदान में प्रधामंत्री का भाषण सुनता हुआ व्यक्तियों का समूह, किसी धर्मशाला में साधु-संत का प्रवचन सुनता हुआ व्यक्तियों का समूह आदि।

2. मनोरंजन प्राप्त करने वाला श्रोतागण *(Recreation seeking audience)*—जब व्यक्तियों का समूह किसी जगह पर मात्र मनोरंजन प्राप्त करने के ख्याल से इकट्ठा होता है तो इसे मनोरंजन प्राप्त करने वाला श्रोतागण कहा जाता है। उदाहरणार्थ, किसी गायक का गीत सुनने के ख्याल से एकत्रित समूह, किसी नाटक देखने के ख्याल से एकत्रित समूह आदि इसके उदाहरण हैं।

3. विचार-परिवर्तन के ख्याल से एकत्रित श्रोतागण *(Conversational audience)*—इस तरह के श्रोतागण का उद्देश्य अपने वर्तमान विचारों को परिवर्तन करना होता है। ऐसे श्रोतागण इसी उद्देश्य से ही एक जगह पर एकत्रित होते हैं। उदाहरणार्थ, किसी महान फकीर या साधु-संत के पास अपने विचारों में परिवर्तन के खयाल से एकत्रित समूह ऐसे श्रोतागण के ज्वलंत उदाहरण है।

ब्राउन (Brown, 1965) ने श्रोतागण के मुख्य दो प्रकार बतलाये हैं, जो निम्नांकित हैं।

1. आकस्मिक श्रोतागण *(Casual audience)*—आकस्मिक श्रोतागण जैसा कि नाम से ही पता चलता है, किसी तात्कालिक परिस्थितिवश निर्मित हो जाते हैं। उदाहरणार्थ, सड़क पर डमरू की डम-डम की आवाज सुनकर पैदल चलते व्यक्तियों में से कुछ व्यक्ति उस जगह पर एकत्रित होकर जिस श्रोतागण का निर्माण करते हैं, उसे आकस्मिक श्रोतागण की संज्ञा दी जाती है।

2. संकल्पित श्रोतागण *(Intentional audience)*—संकल्पित श्रोतागण वैसे श्रोतागण को कहा जाता है जिसके सदस्य जान-बूझकर एक निश्चित जगह पर एक स्पष्ट उद्देश्य की पूर्ति के लिए एकत्रित होते हैं। उदाहरणार्थ, प्रधानमंत्री का भाषण सुनने के लिए एकत्रित समूह संकल्पित श्रोतागण (intentional audience) के उदाहरण हैं।

भीड़ तथा श्रोतागण में अंतर
(Distinction between Crowd and Audience)

यद्यपि श्रोतागण (audience) एक प्रकार की भीड़ ही है, फिर भी इन दोनों में कुछ अंतर हैं, जो निम्नांकित हैं-

(1) भीड़ व्यक्तियों का तात्कालिक संग्रह है जबकि श्रोतागण व्यक्तियों का एक संस्थागत समूह (institutionalized group) है। यही कारण है कि भीड़ की कार्यप्रणाली एवं स्थिरता के संबंध में कोई निश्चितता नहीं होती है जबकि श्रोतागण की कार्यप्रणाली एवं स्थिरता के संबंध में एक निश्चितता होती है।

(2) भीड़ का निर्माण प्रायः कुछ आकस्मिक घटनाओं के कारण ही होता है। शायद यही कारण है कि इसके सदस्यों को यह पता नहीं होता है कि उन्हें कहाँ एकत्रित होना है तथा कौन-सी भूमिका करनी है। परंतु श्रोतागण के साथ ऐसी बात नहीं है। इसके सदस्यों को यह पहले से पता होता है कि उन्हें कहाँ एकत्रित होना है तथा उनकी भूमिका क्या होगी।

(3) भीड़ में कोई पूर्वनिश्चित उद्देश्य (predetermined purpose) नहीं होते हैं परंतु श्रोतागण का कोई-न-कोई पूर्वनिश्चित उद्देश्य अवश्य होता है।

(4) भीड़ के सदस्यों का विशेषकर क्रियाशील भीड़ के सदस्यों का व्यवहार असामाजिक, अनैतिक एवं अविवेकपूर्ण होते हैं जबकि श्रोतागण के सदस्यों का व्यवहार सामाजिक, नैतिक एवं विवेकपूर्ण होता है।

(5) भीड़ का आरंभ और अंत दोनों ही अनिश्चित होता है। कोई व्यक्ति यह नहीं बतला सकता है कि भीड़ किस रूप में आरंभ होगी और किस रूप में समाप्त होगी। परंतु श्रोतागण के साथ ऐसी बात नहीं है। इसका आरंभ किस प्रकार होगा तथा उसकी समाप्ति किस तरह होगी, दोनों ही निश्चित होती है।

(6) भीड़ के सदस्यों में उत्तरदायित्व का ज्ञान नहीं होता है क्योंकि सदस्यों में अवैयक्तिकता (deindividuation) अधिक पायी जाती है। परन्तु श्रोतागण के सदस्यों में उत्तरदायित्व का ज्ञान अधिक होता है क्योंकि उनमें सदस्यों की वैयक्तिकता कायम रहती है।

(7) भीड़ में प्रायः एक निश्चित नेतत्व का अभाव रहता है जबकि श्रोतागण में एक निश्चित एवं पूर्व निर्धारित नेतृत्व होता है। इतना ही नहीं, नेता का कोई गुण नहीं होने पर भीड़ में कोई व्यक्ति मात्र संयोगवश नेता बन जाता है परंतु श्रोतागण का नेता प्रायः योग्य एवं अनुभवी व्यक्ति होता है।

(8) भीड़ के सदस्यों के विचार, भाव एवं संवेग में काफी अस्थिरता होती है। भीड़ एक क्षण जिस व्यक्ति को नेता समझती है दूसरे क्षण उसी व्यक्ति को अपने क्रोध का शिकार भी बना लेती है। श्रोतागण के सदस्यों के विचार, भाव एवं संवेग में इतनी अस्थितरता नहीं होती है।

(9) भीड़ के मुख्य विषय के प्रति सदस्यों का ध्यान बनाकर रखने का कोई प्रत्यन नहीं किया जाता है और न तो भीड़ के सदस्यों के बीच के संबंध को समुचित बनाये रखने के कोई उपाय ही किया जाता है। परंतु श्रोतागण के सदस्यों का ध्यान मुख्य विषय की ओर बना रहे अर्थात उन्हें मुख्य विषय पर ध्यान देने में आपस में कोई टकराव नहीं हो, इसका भी उचित प्रबंध किया जाता है। दूसरे शब्दों में, श्रोतागण में ध्रुवीकरण का एक मानक रूप (standard form) पाया जाता है।

(10) भीड़ के सदस्यों में शारीरिक सम्पर्क (physical contact) अधिक होता है। इसके सदस्यों में कंधे-से-कंधे का संबंध अधिक होता है परंतु श्रोतागण के सदस्यों में इतना अधिक शारीरिक सम्पर्क नहीं होता है। हाँ, वे एक-दूसरे से शारीरिक रूप से निकट बैठे या खड़े हो सकते हैं।

11. भीड़ में दूसरे की उपस्थिति एवं किये गये कार्यों का प्रभाव प्रत्येक सदस्य पर काफी पड़ता है। यदि भीड़ का कोई एक सदस्य दूसरे सदस्य को किसी पाकेटमार को तमाचा मारते देखता है तो इससे प्रेरित होकर भी एक तमाचा लगा देता है। परंतु श्रोतागण में ऐसी बात नहीं पायी जाती है। श्रोतागण के सदस्य अपने अगल-बगल में बैठे या खड़े किसी दूसरे सदस्य के व्यवहार से अधिक प्रभावित नहीं होते हैं और वे अपनी सूझ-बूझ से ही काम लेते हैं।

अध्याय सारांश
(Chapter Summary)

1. मनोवैज्ञानिक अर्थ में केवल व्यक्तियों की संख्या से भीड़ का निर्माण नहीं हो जाता है। भीड़ एक स्थान विशेष पर एकत्रित या उपस्थित व्यक्तियों का एक ऐसा संग्रहण है जिसके सदस्यों का ध्यान, प्रेरणा आदि एक सामान्य लक्ष्य (common goal) या बिंदु की ओर केन्द्रित रहता है
2. भीड़ की अनेक विशेषताएँ हैं जिनमें कुछ प्रमुख इस प्रकार है—भीड़ में व्यक्तियों का संग्रहण होता है, इसके सदस्यों में समान अभिरुचि या उद्देश्य होता है, इसमें अस्थिरता पायी जाती है, भीड़ के सदस्यों में समान प्रेरणात्मक एवं संवेगात्मक स्थिति पायी जाती है, भीड़ असंगठित होता है, भीड़ में स्थानीय वितरण होता है, भीड़ में सामूहिक शक्ति की अनुभूति होती है तथा भीड़ में अनुकरण तथा प्रभावनीयता (suggestibility) पायी जाती है।
3. भीड़ भी एक तरह का समूह ही है। फलतः भीड़ के अर्थ तथा समूह के अर्थ में समानता है। इस समानता के बावजूद भी इसमें कुछ विभिन्नताएँ हैं। ऐसी दस प्रमुख विभिन्नताओं का वर्णन हम कर चुके हैं।
4. समाज मनोवैज्ञानिकों एवं समाजशास्त्रियों ने मिलकर भीड़ को कई भागों में बाँटा है। जैसे-किम्बल यंग ने भीड़ को दो भागों में यानी औपचारिक भीड़ या संस्थागत भीड़ तथा अनौपचारिक भीड़ में बाँटा है, मैकाइवर तथा पेज ने भी भीड़ को दो भागों में यानी समान-अभिरुचि वाली भीड़ तथा सामान्य अभिरुचि वाली भीड़ में बाँटा है। ब्लूमर ने भीड़ को चार भागों में बाँटा है—सामाजिक भीड़, परम्परा भीड़, क्रियाशील तथा अभिव्यक्तात्मक भीड़। रोजर ब्राउन ने भीड़ को दो मुख्य भागों में बाँटा है—क्रियाशील भीड़ तथा श्रोतागण। फिर क्रियाशील भीड़ के मुख्य चार प्रकार बतलाये गये हैं—उग्रवादी भीड़, पलायनवादी भीड़, संग्रहात्मक भीड़ तथा अभिव्यक्तात्मक भीड़।
5. भीड़ व्यवहार की मनोवैज्ञानिक विशेषताओं का विशेष अध्ययन करने पर इसके कुछ पक्ष अधिक महत्त्वपूर्ण बतलाये गये हैं—अविवेकपूर्ण व्यवहार, संवेगों का उत्तेजन, उत्तरदायित्व की भावना का अभाव, अतिरिक्त शक्ति का आभास, मानसिक एकरूपता, अनैतिकता की प्रधानता, उच्च सुझाव ग्रहणशीलता एवं विश्वास, सामाजिक प्रोत्साहन, संकल्प-शक्ति का अभाव, नेतृत्व, दमित इच्छाओं की अभिव्यक्ति आदि।
6. भीड़ (crowd) तथा आक्रमणकारी भीड़ (mob) में मनोवैज्ञानिकों द्वारा अंतर बतलाया गया है और ऐसे छह बिन्दुओं की चर्चा की गयी।
7. भीड़ व्यवहार की व्याख्या करने के लिए कुछ सिद्धान्तों का भी प्रतिपादन किया गया है जिनमें प्रमुख हैं—समूह मस्तिष्क का सिद्धान्त, दमित इच्छाओं का सिद्धान्त, सामाजिक प्रोत्साहन का सिद्धान्त, मैकडुगल का मानसिक एकरूपता सिद्धान्त, संसर्ग सिद्धान्त, अभिसरण सिद्धान्त, निर्गत-मानक सिद्धान्त तथा समेलसर का मूल्योचित सिद्धान्त।
8. श्रोतागण को परिभाषित करते हुए यह कहा गया है कि यह एक प्रकार का संस्थागत भीड़ (institutionalized crowd) है। ब्राउन ने निष्क्रिय होकर सुनने वाला भीड़ को श्रोतागण कहा है।
9. श्रोतागण की कुछ खास-खास विशेषताएँ होती है हैं जिनमें प्रमुख हैं—विशिष्ट उद्देश्य, पूर्व निश्चित समय तथा स्थान, शारीरिक संपर्क, व्यवहार का एक निश्चित प्रतिरूप, ध्रुवण तथा पारस्परिक क्रिया तथा श्रोतागणों का भंग होना।
10. श्रोतागण के भी भिन्न-भिन्न प्रकार हैं। ब्रिट (B itt) के अनुसार श्रोतागण के पाँच प्रकार हैं—पैदल श्रोतागण, निष्क्रिय श्रोतागण, चुने हुए श्रोतागण, केन्द्रित श्रोतागण तथा संगठित श्रोतागण। किम्बल यांग के अनुसार श्रोतागण के तीन प्रकार हैं—सूचना प्राप्त करनेवाला श्रोतागण, मनोरंजन प्राप्त करने वाला श्रोतागण तथा विचार परिवर्तन के ख्याल से एकत्रित श्रोतागण। ब्राउन ने श्रोतागण के मुख्य दो प्रकार बतलाये हैं—आकस्मिक श्रोतागण तथा संकल्पित श्रोतागण।
11. विशेषज्ञों ने भीड़ तथा श्रोतागण में अंतर किया है। ऐसे प्रमुख ग्यारह अंतरों की व्याख्या की गयी है।

❑

अध्याय 17

नेतृत्व
(LEADERSHIP)

नेतृत्व का अर्थ एवं स्वरूप
(Meaning and Nature of Leadership)

नेतृत्व एक विश्वव्यापी प्रक्रिया है जो मनुष्यों एवं पशुओं दोनों के समाज में पाया जाता है। अगर किसी से यह पूछा जाये कि किसी अमुक समूह का नेता कौन है तो उस व्यक्ति का सीधा एक स्पष्ट उत्तर यही होगा कि इस समूह का नेता वही है जिसका सदस्यों द्वारा अनुसरण (follow) किया जाता है। यद्यपि यह साधारण दृष्टिकोण बहुत हद तक सही प्रतीत होता है, फिर भी मात्र इतना कह देने से नेतृत्व की कोई वैज्ञानिक व्याख्या नहीं हो पाती है। अतः यह आवश्यक है कि हम कुछ समाज मनोवैज्ञानिक द्वारा दी गयी परिभाषाओं पर गौर करें।

लिण्डग्रेन[1](Lindgren, 1973) के अनुसार, ''समूह के ऐसे सदस्य को नेता कहा जाता है जो अपनी पसंद के अनुसार अन्य सदस्यों को व्यवहार करने के लिए अपोक्षाकृत अधिक प्रभाव डालता है।''

लापीयर तथा **फ्रान्सवर्थ**[2] के अनुसार, ''नेतृत्व वह व्यवहार है जो अन्य व्यक्तियों के व्यवहार को उससे कहीं अधिक प्रभावित करता है जितना कि उन सभी व्यक्तियों का व्यवहार नेता को प्रभावित करता है।''

वॉस[3](Bass, 1990) ने नेतृत्व को काफी विस्तृत एवं वैज्ञानिक ढंग से परिभाषित किया है, ''नेतृत्व एक ऐसे समूह के बीच अंतःक्रिया है जिसमें सदस्यों की प्रत्याशाओं एवं प्रत्यक्षणों तथा परिस्थितियाँ प्रायः संरचित एवं पुनर्संरचित होती रहती है। नेता को परिवर्तन का एजेंट समझा जाता है तथा वह ऐसा व्यक्ति होता है जिनके कार्य का प्रभाव अन्य सदस्यों पर इन सदस्यों द्वारा किये गये कार्यों का उन पर पड़ने वाले प्रभाव से अधिक होता है। नेतृत्व की उत्पत्ति तब होती है जब समूह का एक सदस्य अन्य सदस्यों की सामर्थ्यता तथा अभिप्रेरण को परिवर्तित करता है।''

इन तीनों परिभाषाओं में काफी समानता है क्योंकि इन तीनों मनोवैज्ञानिकों के नेता को इनके द्वारा समूह के अन्य सदस्यों पर दिये जाने वाले प्रभाव के रूप में परिभाषित किया है। फाइडलर (Fiedler, 1971) तथा स्टॉगडिल (Stogdill, 1948) ने भी इसी प्रकार के विचार व्यक्त करके इन तीनों विशेषज्ञों के मतों का समर्थन किया है। इन परिभाषाओं के विश्लेषण से नेतृत्व की एक महत्त्वपूर्ण विमा (dimension) पर रोशनी पड़ती है और वह यह है कि नेतृत्व में दो पक्ष होते हैं—एक नेता जो नेतृत्व करता है तथा दूसरा जो नेतृत्व को स्वीकार करते हैं, अर्थात अनुयायी लोग (followers)। नेतृत्व की प्रक्रिया में ये दोनों पक्ष एक-दूसरे को प्रभावित करते हैं। नेता अनुयायी लोगों

---

1. "A leader is a group member who influences other members to behave in ways he prefers more than they influence him." —Lindgren : *An Introduction to Social Psychology,* 1973, p. 405.
2. "Leadership ia behaviour that affects the behaviour of other people more than their behaviour affect that of leader." —Lapiere & Fransworth : *Social Psychology,* 1949, p. 257.
3. "Leadership is an interaction between two or more members of group that other involves a structuring and restructuring of the situation and the perceptions and expectations of the members. Leaders are agents of change, persons whose acts affect other people more than other people's act affect them. Leadership occurs when one group member modifies the motivation or comptencies of others in the group." —Bass : *The Handbook of Leadership,* 1990, p. 19-20.

(followers) को प्रभावित करता है तथा अनुयायी लोग भी नेता को प्रभावित करते हैं। अंतर सिर्फ इतना होता है कि नेता पर अनुयायियों के व्यवहारों का प्रभाव जितना पड़ता है उससे कहीं अधक प्रभाव अनुयायियों पर नेता के व्यवहारों का पड़ता है। इसका मतलब यह हुआ कि नेता तथा अनुयायियों (followers) के बीच एकतरफा (one-way) सम्बन्ध न होकर दो तरफा (two-way affair) सम्बन्ध होता है और इन दोनों के बीच पारस्परिक प्रभाव की मात्रा में अंतर होता है। हेथ्रोन (Haythrone, 1956) ने भी अपने अध्ययन से इस दो तरफा सम्बन्ध की पुष्टि किया है। इसे एक उदाहरण द्वारा इस प्रकार समझा जा सकता है। यदि कोई सेनापति अपने सिपाहियों को कुछ करने का आदेश देता है परंतु उन लोगों के सुझाव को ध्यान में रखते हुए यदि वह अपने आदेश में कुछ परिमार्जन (modification) करता है, तो यह नेतृत्व में दो-तरफा सम्बन्ध का परिचायक होगा। कभी-कभी नेता पूर्ण या निरंकुश प्रभुत्त्व (absolute domination) के लिए प्रयास करता है ताकि वह अपने अनुयायियों को तो प्रभावित कर सके परंतु स्वयं अनुयायियों के व्यवहार द्वारा बिलकुल ही प्रभावित न हो। ऐसी परिस्थिति में व्यक्ति अधिक समय तक नेता के पद पर बना नहीं रह सकता है तथा उसका नेतृत्व जल्द ही समाप्त हो जाता है। अतः यह आवश्यक है कि नेता अपने अनुयायियों की प्रतिक्रियाओं को समझे तथा उसके अनुसार एक सीमा तक व्यवहार करने की कोशिश करे। यही कारण है कि प्रायः लोग कहते हैं कि अनुयायी भी नेता के समान ही समूह का नेतृत्व करते हैं। अतः नेतृत्व की प्रभावशीलता (effectiveness) इस तथ्य पर आधारित होती है कि अनुयायी द्वारा नेता को अपना ही समझा जाय। क्रेच, क्रचफिल्ड तथा बैलेची[1] (Kretch, Crutchfield & Ballachey, 1963) ने ठीक ही टिप्पणी करते हुए कहा है कि अनुयायियों के दृष्टिकोण से नेता को ''उन लोगों में से एक तथा उनमें से अधिकतर लोगों में श्रेष्ठ'' समझा जाना चाहिए।

नेतृत्व के अर्थ एवं स्वरूप की व्याख्या तबतक पूरी नहीं होती है जब तक कि नेता तथा औपचारिक अध्यक्ष (formal head) के अंतर को न दर्शाया जाये। इस पर गिब (Gibb, 1969) ने अपना मत व्यक्त करते हुए कहा है कि नेता को अपने अनुयायियों द्वारा स्वतः (spontaneously) ही प्रभाव दिखलाने का अधिकार मिल जाता है जबकि एक औपचारिक अध्यक्ष (formal head) को दूसरों पर प्रभाव दिखलाने का अधिकार स्वतः न होकर अपने औपचारिक पद (formal position) के कारण होता है। उदाहरणार्थ, एक कुलपति (vice-chancellor) का प्रभाव विश्वविद्यालय के शिक्षकों, कर्मचारियों एवं छात्रों पर उनके पद के कारण होता है। कभी-कभी यह निश्चित करना कठिन हो जाता है कि समूह या संगठन के अन्य सदस्य एक अच्छा नेता समझकर उनका अनुसरण (follow) करते हैं या उनके पद की मर्यादा को ध्यान में रखकर वैसा करते हैं। सच्चाई यह है कि सभी औपचारिक अध्यक्ष (formal leaders) वास्तविक नेता (actual leaders) नहीं होते हैं।

निष्कर्ष यह है कि नेतृत्व एक ऐसी प्रक्रिया है जिसमें अंतर्वैयक्तिक अंतःक्रिया (interpersonal interaction) होती है क्योंकि नेता अपने अनुयायियों पर प्रभाव डालता है तथा अनुयायी अपने नेता पर प्रभाव डालते हैं। अंतर सिर्फ इतना होता है कि नेता का प्रभाव अनुयायी के प्रभाव से अधिक होता है। अतः इन दोनों के बीच पारस्परिक प्रभाव की मात्रा में अंतर होता है। नेता अपने इस तरह के प्रभाव के कारण ही औपचारिक अध्यक्ष (formal head) से भिन्न होता है।

नेतृत्व तथा प्रभुत्व में अंतर
(Difference between Leadership and Dominance)

नेतृत्व तथा प्रभुत्व दो ऐसे पद हैं जिनका प्रयोग बोलचाल की भाषा में लगभग समान अर्थ में ही किया जाता है। परंतु समाज मनोविज्ञान में इन दोनों के अर्थ में अंतर बतलाया गया है। जैसा कि हम पहले बतला चुके हैं कि नेतृत्व में नेता एवं अनुयायियों के बीच एक पारस्परिक सम्बन्ध होता है जिसके परिणामस्वरूप अपने अनुयायियों द्वारा प्रभावित होते हुए भी नेता अपनी कुशलता एवं बुद्धि के बल पर अनुयायियों का मार्गदर्शन करता है। परंतु प्रभुत्व में ऐसी बात नहीं होती है। किम्बल यंग[2] (Kimbal Young, 1957) के अनुसार, ''प्रभुत्व एक ऐसी अनुक्रिया है जो दसूरों की

1. Leader must be perceived by followers as "one of us, most of us and better than most of us."
—Kretch, Crutchfield & Ballachey : *Individual in Society,* 1963, p. 438.

2. "we define dominace as an act or reponse which affects the attitude and act of another. This may be viwed as a power device used by one person to control or modify the actions of others."
—Kimbal Young : *Handbook of Social Psychology,* 1957, p. 251.

मनोवृत्ति एवं क्रियाओं को प्रभावित करती है। अतः यह एक शक्ति साधन (power device) है जिसका उपयोग एक व्यक्ति द्वारा दूसरे व्यक्तियों की मनोवृत्तियों एवं क्रियाओं को नियंत्रित करने अथवा परिवर्तित करने के लिए किया जाता है।'' प्रभुत्व की इस व्याख्या से यह स्पष्ट है कि नेतृत्व में जैसे दो पक्ष अर्थात नेता एवं अनुयायी होते हैं उसी तरह से प्रभुत्व में दो पक्ष होते हैं—एक व्यक्ति प्रभुता सम्पन्न होता है तथा दूसरा उसके अधीन में नम्र (submisive) होता है। जिस तरह से अनुयायियों के बिना नेता नहीं हो सकता है उसी तरह से अधीनता के बिना प्रभुत्व नहीं हो सकता है। किम्बल यंग की व्याख्या से यह भी स्पष्ट हो जाता है कि प्रभुत्व में सत्ता या शक्ति का तत्त्व होता है जिससे प्रभुत्वशाली व्यक्ति अपने अधीन व्यक्तियों की मनोवृत्तियों एवं व्यवहारों का नियंत्रण करता है। उदाहरणार्थ, एक अफसर का प्रभुत्व किरानियों पर, किरानियों का प्रभुत्व चपरासियों पर, शिक्षक का प्रभुत्व छात्रों पर तथा मिल मालिकों का प्रभुत्व अपने कर्मचारियों पर होता है जिसका मूल कारण यह होता है कि अफसर, किरानी, शिक्षक एवं मिल मालिकों के हाथ मं कुछ शक्ति या सत्ता होती है। प्रभुत्व एवं नेतृत्व के अंतर को और भी स्पष्ट रूप से हम इस प्रकार बतला सकते हैं।

(1) नेतृत्व में अनुयायियों के विचारों को ध्यान में रखा जाता है तथा साथ-ही-साथ उनके विचारों से सहमत होकर नेता प्रभावित भी होते हैं। परंतु प्रभुत्व में अधीन रहनेवाले व्यक्तियों पर सत्ता या शक्ति से दबाव डाला जाता है। उनके विचारों से सहमत होने का कोई प्रश्न ही नहीं उठता है।

(2) प्रभुत्व में अधीन रहने वाले व्यक्तियों में एक प्रकार का डर तथा अनिवार्यता की भावना होती है परंतु नेतृत्व में इस प्रकार की भावना नहीं होती है। सफल नेतृत्व में तो यहाँ तक देखा गया है कि अनुयायियों में स्वेच्छापूर्वक पूर्ण समर्पण की भावना होती है। हाँ, कभी-कभी ऐसी परिस्थितियाँ आ जातीं हैं जहाँ नेता बलपूर्वक तथा अनिवार्य रूप से अपने अनुयायियों पर बल डालता है। परंतु हमेशा ऐसा नहीं होता है।

(3) नेतृत्व एक प्रकार की पारस्परिक उत्तजेना (mutual stimulation) की प्रक्रिया होती है जिसमें नेता पर अनुयायियों के व्यवहारों का पर्याप्त प्रभाव पड़ता है जबकि प्रभुत्व मूलतः एक नियंत्रण की प्रक्रिया है जिसमें प्रभुत्वशाली व्यक्ति अपनी इच्छा से चुने हुए उद्देश्यों की पूर्ति के लिए दूसरों के व्यवहारों को एक खास दिशा में नियंत्रण करता है।

इस तरह से यह स्पष्ट है कि नेतृत्व तथा प्रभुत्व में अंतर है।

नेतृत्व के सामान्य गुण
(Common traits or attributes of Leadership)

नेतृत्व के कुछ गुण होते हैं जिनके आधार पर एक नेता को आसानी से समझा जा सकता है या पहचाना जा सकता है। विभिन्न मनोवैज्ञानिकों ने नेतृत्व के गुणों की संख्या अलग-अलग बतलाया है। आलपोर्ट (Allport) के अनुसार नेतृत्व के 18 गुण होते हैं तथा टीड (Tead) के अनुसार नेतृत्व के 10 गुण होते हैं। इन सभी समाज मनोवैज्ञानिकों के विचारों का अध्ययन करने पर हम इस निष्कर्ष पर पहुँचते हैं कि नेतृत्व के कुछ सामान्य गुण होते हैं जिसमें निम्नांकित प्रमुख हैं—

1. शारीरिक गुण *(Physical attributes)*—नेता के कुछ शारीरिक गुण होते हैं जिनके आधार पर उन्हें कोई भी व्यक्ति आसानी से नेता के रूप में प्रत्यक्षण कर लेता है। टरमैन (Terman, 1904), स्टॉगडिल (Stogdill, 1956), पेट्रिज (Patridge, 1961), काल्डवेल (Caldwell, 1953) द्वारा किये गये अध्ययनों से यह स्पष्ट हो गया है कि नेता के तीन प्रमुख शारीरिक गुण होते हैं—ऊँचाई (height), वजन (weight), स्फूर्ति एवं अच्छा स्वास्थ्य। प्रायः नेताओं की ऊँचाई सामान्य रूप से अधिक होती है। अधिक लम्बाई व्यक्ति की असाधारणता प्रदान करती है जिसके परिणामस्वरूप उसे नेतृत्व का कार्य भार संचालन में कुछ सुविधा होती है। प्रायाः देखा गया है कि अलग-अलग समूह के नेता की लम्बाई भी अलग-अलग होती है। खिलाड़ियों के नेता प्रायः अधिक लम्बे होते हैं परंतु राजनैतिक नेताओं की लम्बाई कम भी हो सकती है। श्री महात्मा गाँधी तथा श्री लालबहादुर शास्त्री जैसे राजनैतिक नेताओं की लम्बाई अपने अधिकतर अनुयायियों (followers) से कम ही थी। वजन (weight) नेता का दूसरा प्रमुख शारीरिक गुण है। पेट्रिज (Partidge, 1961) तथा स्टॉगडिल (Stogdill, 1966) के अध्ययनों से यह साबित हो गया है कि नेता प्रायः भारी शरीर वाले होते हैं। परंतु यह कोई जरूरी नहीं है क्योंकि बहुत सारे नेताओं का शरीर भारी न होकर हल्का

या कम वजन का ही होता है। तीसरा शारीरिक गुण है—स्फूर्ति एवं स्वास्थ्य। अधिकतर मनोवैज्ञानिकों का मत है कि नेता का स्वास्थ्य आम व्यक्तियों से अच्छा होता है तथा उनमें स्फूर्ति भी अधिक होती है।

ऊपर बतलाये गये नेता के तीनों शारीरिक गुण कुछ ऐसे हैं जो एक नेता के लिए शोभनीय अवश्य है परंतु आवश्यक नहीं है। संसार के बड़े-बड़े नेता जैसे महात्मा गाँधी, नेपोलियन तथा हिटलर अपने अनुयायियों से न तो लम्बे थे, न भारी शरीर के ही थे और न अधिक शारीरिक रूप से शक्तिमान ही थे। अतः निष्कर्ष है कि उपयुक्त शारीरिक गुण किसी नेता के लिए अति आवश्यक गुण नहीं है।

2. व्यक्तित्व शीलगुण *(Personality traits)*—शारीरिक गुण के अलावा नेता में व्यक्तित्व (personality) से सम्बन्धित शीलगुण भी पाये जाते हैं। ऐसे गुणों को मनोवैज्ञानिक गुण (psychological traits) भी कहा गया है। प्रमुख ऐसे मनोवैज्ञानिक गुण निम्नांकित हैं—

(i) बुद्धि *(Intelligence)*—सामान्य ज्ञान (common sense) यह बतलाता है कि नेता अपने अनुयायियों (followers) की तुलना में अधिक बुद्धि का होता है। समाज मनोवैज्ञानिकों द्वारा किये गये अध्ययनों से भी इस तथ्य की पुष्टि होती है। गिब्ब (Gibb, 1969), मान्न (Mann, 1959), स्टॉगडिल्ल, (Stogdill, 1948) आदि मनोवैज्ञानिकों ने विभिन्न समूहों के नेता को अपने अनुयायियों की तुलना में अधिक बुद्धि का होते पाया है। फिर भी बुद्धि तथा नेतृत्व में सहसम्बन्ध (correlation) काफी अधिक नहीं पाया गया है। मान्न (Mann, 1959) ने अपने अध्ययन में सहसम्बन्ध .25 के आसपास पाया, किसलिंग तथा कालिश (Kiessling & Kalish, 1961) ने इन दोनों के बीच .35 का सहसम्बन्ध पाया तथा लिण्डग्रेन (Lindgren, 1973) ने सहसम्बन्ध .38 से .41 तक पाया। कुछ ऐसे भी मनोवैज्ञानिक जैसे लोरेटो तथा विलियम्स (Leretto & Williams, 1974) हैं, जिन्होंने बुद्धि तथा नेतृत्व के बीच कोई सहसम्बन्ध (correlation) नहीं पाया है। इन मनोवैज्ञानिक अध्ययनों के परिणाम से हम इस निष्कर्ष पर पहुँचते हैं कि नेता अपने अनुयायियों से हमेशा काफी अधिक बुद्धि का ही हो यह कोई जरूरी नहीं है।

(ii) आत्म विश्वास *(Self-confidence)*—नेता का दूसरा प्रमुख गुण आत्मविश्वास बतलाया गया है। नेता को अपने अनुयायियों का पथ प्रदर्शन करना होता है तथा कठिन-से-कठिन परिस्थितियों के बीच भी उन्हें हमेशा लोगों को प्रोत्साहित करना होता है। स्टॉगडिल (Stogdill, 1948) तथा मान (Mann, 1959) ने अपने अध्ययनों में पाया है कि नेतृत्व तथा आत्म-विश्वास सार्थक रूप से सहसम्बन्धित होते हैं। यदि नेता में आत्म विश्वास की कमी होती है तो अनुयायियों का विश्वास उस पर से उठ जाता है और उसका नेतृत्व भी समाप्त हो जाता है। जो नेता काफी आत्म-विश्वास के साथ अनुयायियों के बीच आचरण करता है, उसका नेतृत्व अधिक सफल रहता है।

(iii) शब्दाडम्बर *(Verbosity or Talkativeness)*—शब्दाडम्बर नेता के प्रमुख गुणों में से एक है। शब्दाडम्बर से तात्पर्य अधिक बोलने की आदत से होता है। रिकेन (Riecken, 1958), बास्ल (Bass, 1949) तथा मैकग्रेथ एवं जुलियन (McGrath & Julian, 1968) ने अपने-अपने अध्ययनों से इस तथ्य की पुष्टि किया है कि समूह का सबसे अधिक बोलने वाला सदस्य को नेता के रूप में देखा जाता है। इसे नेतृत्व का "बड़ा मुँह सिद्धान्त" (Big mouth theory) कहा जाता है। वेभलास तथा उनके सहयोगियों (Bavelas et al., 1965) ने एक अध्ययन किया जिसमें नेतृत्व तथा शब्दाडम्बर के बीच सम्बन्ध पाये गये। इस अध्ययन में चार प्रयोज्यों का एक समूह के तीन विभिन्न सत्रों (sessions) में विचार-विमर्श (discussion) करने के लिए कहा गया। इन चारों प्रयोज्यों ने दिये गये समस्या पर बातचीत किया और प्रेक्षकों (observers) ने प्रत्येक सदस्य द्वारा बोलने में लिए गये समय को लिख लिया। इसके बाद प्रयोज्यों ने एक-दूसरे को नेतृत्व के विमा (dimensions) पर रेट (rate) किया और परिणाम में देखा गया कि सबसे अधिक समय तक बोलने वाले प्रयोज्यों को अन्य प्रयोज्यों ने समूह का नेता माना। बाद में गिटनर तथा लिण्डस्कोल्ड (Gitner & Lindskold, 1975) तथा सोरेन्टीनो एवं वोटिलर (Sorrentino & Botiller, 1975) ने भी अपने-अपने अध्ययन में शब्दाडम्बर तथा नेतृत्व के सम्बन्ध की पुष्टि किया है।

(iv) प्रभुत्व *(Dominance)*—मान्न (Mann, 1959) ने अपने अध्ययनों में नेतृत्व तथा प्रभुत्व में धनात्मक सह-सम्बन्ध (positive correlation) पाया। इसका स्पष्ट मतलब यह हुआ कि नेतृत्व का गुण बढ़ने से व्यक्ति में प्रभुत्व का शीलगुण भी बढ़ता है। मिगार्गी (Megargee,1968) ने एक अध्ययन किया जिसमें कैलिफोर्निया साइकॉलोजिकल इन्वेन्ट्री (California Psychological Inventory) के प्रभुत्व मापनी (dominance scale) के प्राप्तांकों के आधार पर दो तरह के व्यक्तियों को चुना गया। कुछ व्यक्ति ऐसे थे जिनका प्राप्तांक उस मापनी पर काफी अधिक तथा कुछ व्यक्ति

ऐसे थे जिनका प्राप्तांक (scale) उस मापनी पर काफी कम था। स्वभावतः पहले तरह के व्यक्तियों में प्रभुत्व का शीलगुण अधिक था तथा दूसरे तरह के व्यक्तियों में प्रभुत्व का शीलगुण कम था। इन दोनों तरह के व्यक्तियों में से एक-एक व्यक्ति को लेकर कई समूह बनाये गये। इस तरह से प्रत्येक समूह में दो व्यक्ति थे—एक अधिक प्रभुत्व शीलगुण वाला तथा दूसरा कम प्रभुत्व शीलगुण वाला। समूह का नेता कौन बनेगा, इसका निर्णय समूह के दोनों ही सदस्यों को मिलकर करना था। परिणाम में देखा गया कि 75% अधिक प्रभुत्व शीलगुण वाले पुरुषों ने तथा 70% अधिक प्रभुत्व शीलगुण वाले महिलाओं ने समूह का नेतृत्व अपने-अपने हाथों में लेने की इच्छा व्यक्त किया। इस अध्ययन से इस तथ्य की पुष्टि हो जाती है कि प्रभुत्व शीलगुण होने पर समूह का नेता बनना आसान हो जाता है या यों कहा जाये कि समूह के नेतृत्व में प्रभुत्व का गुण अधिक सहायक होता है।

(v) **समायोजन** *(Adjustment)*—नेता में सामंजस्य या समायोजन (adjustment) का गुण होता है। समूह का नेतृत्व करने में यह स्वाभाविक है कि उसे कठिन-से-कठिन परिस्थितियों से गुजरना पड़ता है तथा समस्याओं के साथ जूझना पड़ता है। ऐसी परिस्थिति से निपटने के लिए यह आवश्यक है कि नेता में समायोजन का शीलगुण हो। नेतृत्व के क्षेत्र में किये गये अध्ययनों की समीक्षा (review) करने पर मान्न (Mann, 1959) इस निष्कर्ष पर पहुँचे हैं कि करीब-करीब 30% अध्ययनों में नेतृत्व तथा समायोजन करने की क्षमता (adjustment capacity) एक-दूसरे से धनात्मक रूप से (positively) सम्बन्धित पाये गये। फिजसिमोन्स तथा मारकुस (Fitzsimmons & Marcuse, 1961) ने एक अध्ययन किया जिसमें 50 नेता तथा 50 अनुयायियों को समायोजन (adjustment) के 12 प्रकारों (types) में वाक्य पूर्ति परीक्षण (Sentence comptetion test) द्वारा मापा गया। परिणाम में देखा गया कि समायोजन के 12 में से 11 क्षेत्रों में नेता अनुयायियों की अपेक्षा अधिक समायोजित (well-adjusted) थे। नेतागुणों में तंत्रिकातापी शीलगुण (neurotic traits) भी काफी कम थे। मोवर्ग (Moberg, 1953) ने भी अपने अध्ययनों में नेतृत्व तथा समायोजन (adjustment) में धनात्मक सहसम्बन्ध दिखलाकर फिजसिमोन्स तथा मारकुस के निष्कर्ष की पुष्टि किया है।

(vi) **सामाजिकता** *(Sociability)*—सामाजिकता नेता का एक प्रमुख गुण है। सफल एवं उच्च कोटि के नेता हमेशा सामाजिक जमघट एवं मित्रता पसंद करते हैं। उनमें अपने अनुयायियों से मिलने तथा उनके विचारों एवं मनोवृत्तियों को समझने की तीव्र प्रवृत्ति होती है। शेरीफ (Sherif, 1958) तथा कैटेल एवं स्टाइस (Cattle & Stice, 1957) ने यह बतलाया है कि जब नेता में सामाजिकता का शीलगुण होता है तो इससे उनमें एवं अनुयायियों में पारस्परिक सम्बन्ध अधिक घनिष्ठ एवं दृढ़ होता है और उनके नेतृत्व की सफलता चरम कोटि पर होती है।

(vii) **परिश्रमप्रियता** *(Industriousness)*—नेता को परिश्रमप्रिय होना आवश्यक है। समूह का कोई सदस्य जब परिश्रम से दूर भागता है, तो वह एक सफल नेता नहीं बन सकता है। आलसी एवं कामचोर व्यक्ति भी सफल नेता बना हो, इतिहास इसकी पुष्टि नहीं करता है। दूसरी तरफ इतिहास इस बात का साक्षी है कि बहुत से व्यक्ति करीब एवं साधनहीन परिवार में जन्म लेने के बादजूद भी एक सफल नेता अपने परिश्रमप्रियता के कारण बन चुके हैं। स्वर्गीय प्रधानमंत्री लाल बहादुर शास्त्री इसके ज्वलंत उदाहरण हैं।

(viii) **कल्पना एवं दूरदर्शिता** *(Imagination and Foresightedness)*—सफल नेता के लिए कल्पना शक्ति का अधिक होना अनिवार्य है। इस तरह की शक्ति के आधार पर आगे आने वाली समस्याओं का अंदाज नेता अच्छी तरह कर लेता है और फिर इस तरह से अपने व्यवहारों में परिवर्तन लाता है कि लक्ष्य-उपलब्धि (goal-achievement) के सम्बन्ध में किसी प्रकार की योजना बनाने में उसे किसी प्रकार की कोई कठिनाई नहीं हो। कल्पना शक्ति के अलावा नेता में दूरदर्शिता (foresightedness) का गुण होना अनिवार्य है। दूरर्शिता का गुण होने से नेता को अपने अनुयायियों की प्रतिक्रियाओं को समझने में तथा समूह के बारे में पूर्व-कथन (prdiction) करने में उसे काफी मदद मिलती है। शेरीफ (Sherif, 1953) तथा लिण्डग्रेन (Lindgern, 1973) ने अध्ययनों की समीक्षा (review) करके यह बतलाया है कि अधिकतर मनोवैज्ञानिकों ने नेतृत्व के लिए अच्छा कल्पना शक्ति एवं उच्च कोटि की दूरदर्शिता को परम आवश्यक शीलगुण बतलाया है।

(ix) **चमत्कार** *(Charisma)*—वर्केल तथा कूपर (Worchel & Cooper, 1979) के अनुसार कुछ नेता में एक विशेष प्रकार चुम्बकीय खिंचाव (magnetic pull) का गुण होता है जिसे चमत्कार (charisma) का गुण कहा जाता है। इस तरह का गुण संसार प्रसिद्ध कुछ नेताओं जैसे मार्टिन लूथर किंग (Martin Luther King), जौन॰ एफ॰ केनेडी (John F. Kennedy), एडोल्फ हिटलर (Adolf Hitler), हो ची मिन्ह (Ho Chi Minh), महात्मा गाँधी में अधिकतर

देखा गया है। मैक्स वेबर (Mex Weber, 1958) के अनुसार यह एक प्रकार का अलौकिक गुण (supernatural quality) है जिसके द्वारा नेता विशेषकर संकटकालीन परिस्थिति में कुछ इस ढंग का कार्य कर लेता है जिसे आम व्यक्ति ठीक ढंग से समझ भी पाता है। यह सत्य है कि नेता के इस तरह के गुण द्वारा सभी व्यक्ति प्रभावित नहीं होते हैं। यही कारण है कि चमत्कारी नेता (charismatic leader) के कुछ समर्थक होते हैं तो कुछ आलोचक भी। अन्य गुणों के अलावा अपने चमत्कारी गुण के कारण महात्मा गाँधी बिना खडग एवं अन्य किसी प्रकार के अस्त्र-शस्त्र के ही भारत को आजादी दिला सकने में समर्थ हुए परंतु कुछ ऐसे व्यक्ति आज भी हैं जो उनके कार्यों की आलोचना करने से बाज नहीं आते हैं।

(x) संकल्प शक्ति *(Will power)*—नेता को अनेकों तरह की कठिन परिस्थितियों में होकर गुजरना पड़ता है। ऐसी परिस्थितियों में उनके द्वारा किया गया निर्णय का प्रभाव समूह के सभी सदस्यों पर समान रूप से पड़ता है। इन कठिन परिस्थितियों में संकल्पच्युत होना नेता का एक महान गुण समझा जाता है। मेयर्स तथा जोन्स (Myers & Jones, 1980) के अनुसार, विभिन्न परिस्थितियों में जिन नेताओं द्वारा संकल्पशक्ति अधिक दिखलायी जाती है, उनकी प्रतिष्ठा अनुयायियों (followers) की नजर में उतनी ही अधिक हो जाती है।

उपर्युक्त शीलगुणों के आधार पर क्या हम यह कह सकते हैं कि अधिकतर नेताओं में सामान्य शीलगुणों (common traits) का एक सेट (set) होता है ? शायद नहीं। आजकल के मनोवैज्ञानिकों ने यह सिद्ध कर दिया है कि इन शीलगुणों द्वारा नेता की विशेषताओं को समझने में भले ही कुछ मदद मिल जाती है परंतु इसके आधार पर यह नहीं कहा जा सकता है कि मात्र गुणों के ही आधार पर व्यक्ति समूह का नेता बन जाता है। इतना ही नहीं, अनेकों अध्ययनों से यह साबित हो गया है कि अधिकतर नेताओं में कोई सामान्य शीलगुण (common traits) नहीं होते हैं। वर्केल तथा कूपर[1] (Worchel & Cooper, 1979) ने ठीक ही टिप्पणी किया है, ''सैकड़ों अध्ययनों जिनमें अधिकतर नेताओ में सामान्य गुण नाम की कोई चीज नहीं पायी गयी है, का सुझाव है कि सचमुच में नेतृत्व में व्यक्तित्व या शारीरिक गुणों के सेट से कहीं अधिक कुछ और ही पाया जाता है।''

नेतृत्व का उद्भव
(Emergence or Origin of Leadership)

समूह का नेता अपने विशेष पद के कारण समूह के लक्ष्यों (goals), संरचना (sturcture), विचार (ideology) आदि को प्रभावित कर उनमें परिवर्तन लाता है। परंतु समूह की संरचना, विचारधाराओं एवं लक्ष्यों द्वारा यह भी निर्धारित होता है कि समूह में किस तरह से नेतृत्व का उद्भव (origin) होता है। समाज मनोवैज्ञानिकों एवं समाजशास्त्रियों ने मिलकर कुछ ऐसे कारकों (factors) का वर्णन किया है। जिनसे समूह में नेतृत्व का उद्भव (origin) सीधे प्रभावित होता है। कुछ ऐसे ही कारकों का वर्णन निम्नांकित हैं—

1. समूह की जटिलता *(Group Complexity)*–जैसे-जैसे किसी समूह की जटिलता बढ़ती जाती है, वैसे-वैसे समूह में नये-नये नेताओं के बनने की सम्भावना भी बढ़ती जाती है। दूसरे शब्दों में, जैसे-जैसे समूह का आकार (size) एवं कार्य (functions) में वृद्धि होती जाती है, समूह में प्राथमिक नेता (primary leaders) तथा द्वितीयक नेता (secondary leaders) के उत्पन्न होने की सम्भावना बढ़ती जाती है। इस तरह से यह स्पष्ट है कि समूह की जटिलता बढ़ने से नेता की एक श्रृंखला (hierachy) का जन्म होता है। इस श्रृंखला के सबसे ऊपरी सतह पर प्राथमिक नेता होते हैं तथा निचली सतहों पर द्वितीयक नेतागण (secondary leaders) होते हैं। अतः यह स्पष्ट है कि बड़ा संगठन या समूह होने से कई तरह के नेताओं का जन्म हो जाता है। प्रसिद्ध समाजशास्त्री ह्वाइट (Whyte, 1948) ने रेस्तराँ उद्योग (Restaurant industry) में अध्ययन पर उपर्युक्त तथ्य की पुष्टि की है।

2. समूह संकट *(Group crisis)*—जब किसी समूह को बाहरी तत्त्वों से अपनी सुरक्षा का खतरा होता है या समूह अपने निर्धारित लक्ष्यों को प्राप्त करने में असफल रहता है तो ऐसी परिस्थिति में नये नेता का जन्म होता है। इस प्रकार की संकटकालीन परिस्थिति में यदि कोई व्यक्ति अपने व्यक्तिगत गुणों या अन्य कारणों से उस खतरा को दूर

1. "The hundreds of studies that have failed to indentify traits common to most leaders suggest that there is, indeed, a great deal more to leadership than simple set of personality or physical traits."
—Worchel & Cooper : *Undrstanding Social Psychology,* 1979 p. 442.

करने में या समूह को अपने निर्धारित लक्ष्यों तक पहुँचाने में समर्थ होता है, तो उसे आसानी से लोग समूह का नेता मान लेता है। हैम्बलिन (Hamblin, 1958) ने एक प्रयोग कर इसे साबित कर दिया है। इस अध्ययन में 3-3 व्यक्तियों का 24 समूह था जिसमें से 12 संकटग्रस्त समूह (crisis group) थे। संकटग्रस्त समूह को खेल का विशेष नियम को एक संकटकालीन परिस्थिति में सीखना था जहाँ खेल के नियम में अचानक परिवर्तन करके उसे सीखना जान-बूझकर कठिन बना दिया जाता था। परंतु नियंत्रित समूह को खेल के नियम को एक सामान्य परिस्थिति में सीखना था। परिणाम में दो बातें पायीं गयीं। पहला तो यह कि संकटकालीन परिस्थिति में नेता की शक्ति (power) बढ़ जाती है तथा अनुयायियों द्वारा ऐसी परिस्थिति में नेता को तुरंत ही स्वीकार कर लिया जाता है। दूसरा यह कि संकटकालीन परिस्थिति की समस्याओं को यदि पुराना नेता ठीक ढंग से समाधान नहीं कर पाता है तो उसे तुरंत ही नया नेता द्वारा प्रतिस्थापित (replace) कर दिया जाता है। हैम्बलिन ने अपने प्रयोग में पाया कि 12 संकटग्रस्त समूहों में से 9 ने अपने पुराने नेता को नये नेता द्वारा प्रतिस्थापित कर दिया जबकि 12 नियंत्रित समूहों में से मात्र 3 समूह ने ही ऐसा किया। समूह संकट (group crisis) का प्रभाव सिर्फ नेतृत्व के उद्‌भव (emergence) पर ही नहीं पड़ता है बल्कि नेतृत्व के वितरण (distribution) पर भी पड़ता है। हैम्बलिन (Hamblin, 1958) ने यह बतलाया है जब संकट अधिक तीव्र होती है या समूह को खतरा अधिक हो जाता है तो वैसी परिस्थिति में सत्ताधारी नेता (authoritatriran leader) के उत्पन्न होने की संभावना अधिक होती है। उसी तरह जब समूह के सामने कोई कठिन कार्य आ जाता है तो वैसी परिस्थिति में कई सदस्यों द्वारा मिलकर आपस में नेतृत्व सम्बन्धी कार्यों का बँटवारा कर लिया जाता है।

3. समूह अस्थिरता *(Group instability)*—कभी-कभी ऐसा होता है कि समूह के सदस्यों में आपसी मतभेद काफी बढ़ जाता है जिससे समूह-लक्ष्य की प्राप्ति खतरे में पड़ जाती है तथा समूह में अस्थिरता की स्थिति उत्पन्न हो जाती है। ऐसी परिस्थिति में नये नेता के बनने की और पुराने नेता के हटने की सम्भावना तीव्र हो जाती है। समूह का कोई भी व्यक्ति जो इस तरह की अस्थिरता को दूर करके लक्ष्य की प्राप्ति की ओर समूह को ले जाता है, उसे समूह अपना नेता मान लेता है। क्रोकेट (Crockett, 1955) ने अध्ययन कर यह बतलाया है कि यदि समूह लक्ष्य के बारे में सदस्यों के विचार आपस में विभाजित होते हैं तो वैसी परिस्थिति में नेता के उत्पन्न होने की सम्भावना काफी तीव्र हो जाती है। इसका ज्वलंत उदाहरण हमें राज्य के मुख्यमंत्रियों के फेर-बदलाव से मिलता है। बिहार को ही ले लिया जाये।

4. अधिकृत अध्यक्षों की असफलता *(Failure of authorised heads)*—जब समूह का वर्तमान अधिकृत अध्यक्ष अपनी जवाबदेही निभाने में असमर्थ हो जाता है तो वैसी परिस्थिति में नये नेता के उभरने की सम्भावना अधिक तीव्र हो जाती है। एक अधिकृत अध्यक्ष अनेकों कार्य जैसे योजना का निर्माण करना, समूह की नीति बनाना, विरोध का कार्य करना आदि करते हैं। इन कार्यों के करने से समूह के लक्ष्य की प्राप्ति तेजी से होती है। जब किसी कारणवश अध्यक्ष इन कार्यों को नहीं कर पाते हैं तो इससे समूह लक्ष्य की प्राप्ति नहीं होती है और उनका पद दूसरे को दे दिया जाता है अर्थात समूह का नेता कोई दूसरा व्यक्ति हो जाता है। क्रोकेट (Crocket, 1955) ने अपने अध्ययन में पाया है कि 83% असफल औपचारिक अध्यक्ष तथा मात्र 39% सफल औपचारिक अध्यक्ष के जगह पर समूह के सदस्यों ने नये नेताओं का चयन किया। काज एवं उनके सहयोगियों (Katz et. al., 1951) ने रेल-सड़क कर्मचारियों के समूहों के नेताओं के अध्ययन में भी इस प्रकार का तथ्य पाया है।

5. नेता की असफलताएँ *(Wants or needs of Leaders)*—कुछ आवश्यकताएँ (wants or needs) ही इस प्रकार की होतीं हैं जिनसे नेतृत्व के उद्‌भव में सहायता मिलती है। उदाहरणार्थ, सत्ता (power) में आने की आवश्यकता (need for power), प्रतिष्ठा पाने की आवश्यकता (need for prestige), धन कमाने की इच्छा, दूसरों पर प्रभुत्व दिखाने की इच्छा (need for dominance) इत्यादि कुछ ऐसी ही आवश्यकताएँ हैं। यदि समूह ऐसा है जिसके अधिकतर सदस्यों में इन आवश्यकताओं का भरमार है, तो वैसी परिस्थिति में समूह में कई नेता के उभरने की सम्भावना बढ़ जाती है। दूसरे तरफ यदि समूह ऐसा है जिसके एकाध सदस्य में ही इस तरह की आवश्यकताएँ हैं, तो वैसी परिस्थिति में समूह में वह व्यक्ति तुरत नेता बन जायेगा। परंतु यदि समूह के कोई भी सदस्य में ऐसी आवश्यकताएँ नहीं है, तो वैसी परिस्थिति में कोई भी व्यक्ति समूह का नेतृत्व संभाल नहीं पायेगा और समूह विघटित हो जायेगा।

6. व्यक्तित्व कारक *(Personality factors)*—नेतृत्व की उत्पत्ति प्रभावशाली व्यक्तित्व के कारण भी हो सकती है। कुछ समाज मनोवैज्ञानिकों का मत है कि यदि किसी व्यक्ति में बुद्धि, शक्ति, सूझ (insight), शब्दाडम्बर

(verbosity), सांवेगिक स्थिरता (emotional mobility) आदि का गुण पर्याप्त होता है तो वह व्यक्ति आसानी से समूह का नेता बन जाता है। इन गुणों से व्यक्ति में कार्य करने की क्षमता बढ़ती है तथा सामाजिक समस्याओं का समाधान करने एवं विभिन्न प्रकार की योजनाओं एवं नीतियों का कार्यरूप देने में मदद मिलती है। इन सब के बावजूद भी आधुनिक समाज मनोवैज्ञानिकों को यह मंजूर नहीं है कि कोई भी व्यक्ति मात्र व्यक्तित्व के शीलगुणों के ही आधार पर समूह का नेता बन सकता है। इन लोगों के अनुसार नेता बनने के साथ-साथ उपयुक्त सामाजिक परिस्थिति (adequate social situation) का भी होना अनिवार्य है।

ऊपर के विवरण से यह स्पष्ट है कि नेता का उद्‌भव (origin) कई कारकों से होता है जिसमें समूह से सम्बन्धित कारक एवं शीलगुण महत्त्वपूर्ण हैं।

नेता के कार्य
(Functions of Leaders)

नेता अपने समूह के लिए भिन्न-भिन्न तरह के कार्य के करता है। किसी समूह विशेष में नेता के कितने कार्य होंगे यह मूलतः इस बात पर निर्भर करता है कि समूह के सामने मुख्य समस्याएँ कौन-कौन-सी है जिनका समाधान वह करना चाहता है। फिर भी सामान्य तौर पर एक नेता को कुछ खास-खास कार्य निश्चित रूप से करना होता है चाहे समूह का स्वरूप जैसा भी हो। क्रेच, क्रचफिल्ड तथा बैलेची (Kretch, Crutchfield & Ballachey, 1962) के अनुसार, ऐसे प्रमुख कार्यों को दो भागों में बाँटा गया—*प्रधान कार्य* (primary functions) तथा *सहायक कार्य* (accessory functions)। इन दोनों का वर्णन निम्नांकित हैं—

(क) प्रधान कार्य *(Primary functios)*—प्रधान कार्य से तात्पर्य वैसे कार्यों से होता है जिसे उन्हें करना नेता पद पर बने रहने के लिए आवश्यक हो जाता है। प्रमुख ऐसे कार्य निम्नांकित हैं—

1. कार्यकारिणी के रूप में नेता *(Leader as executive)*—कार्यकारिणी के रूप में नेता समूह के कार्यक्रमों का संचालन एवं निर्देशन करता है। समूह के सभी क्रियाओं का उसे सर्वोच्च संचालक माना जाता है। वह इन विभिन्न कार्यों का समूह के सदस्यों के बीच उचित बँटवारा भी करता है। कार्यकारिणी के रूप में वह समूह के किसी कार्य को स्वयं न करके कभी-कभी वह इसका कार्यभार दूसरे सदस्यों पर भी दे देता है। इस तरह से कार्यकारिणी के रूप में नेता एक महत्त्वपूर्ण भूमिका निभाता है।

2. योजना निर्माता के रूप में नेता *(Leader as planner)*—नेता का दूसरा महत्त्वपूर्ण कार्य समूह के लक्ष्यों एवं उद्देश्यों की प्राप्ति के लिए योजना बनाना होता है। दूसरे शब्दों में, नेता समूह के उद्देश्य एवं लक्ष्यों की प्राप्ति के लिए विभिन्न साधनों एवं तरीकों का एक पूर्ण योजना तैयार करता है। लक्ष्यों की प्राप्ति के अल्पकालीन एवं दीर्घकालीन दोनों ही तरह की योजनाओं को नेता द्वारा ही बनाया जाता है। प्रायः यह सिर्फ नेता को ही पता होता है कि सामूहिक लक्ष्यों की प्राप्ति का कौन-कौन-सा उत्तम तरीका एवं साधन हो सकता है तथा उन साधनों को कैसे जुटाया जा सकता है। आदि-आदि।

3. नीति निर्माता के रूप में नेता *(Leader as policy maker)*—नेता समूह के लक्ष्यों एवं नीतियों (policy) का निर्माता भी होता है। किसी भी समूह में दो तरह की नीति हो सकती है—आंतरिक नीति (internal policy) तथा बाह्य नीति (external policy)। चाहे नीति आंतरिक हो या बाह्य, वह मूलतः तीन स्रोतों (sources) से उपजता है।

(i) कभी-कभी उच्चस्तरीय नेताओं द्वारा नीति का निर्धारण कर दिया जाता है और इसे अपने अधीनस्थ नेताओं एवं सदस्यों को दे दिया जाता है। ऐसी परिस्थिति में भी अधीनस्थ नेताओं के विचारों को नीति निर्माण में जगह दी जाती है।

(ii) कभी-कभी समूह नीति का निर्धारण ऊपर से न होकर नीचे से ही होता है। ऐसी परिस्थिति में समूह के सभी सदस्य मिलकर एक ठोस नीति का निर्धारण करते हैं। परंतु इसमें भी नेता स्वयं उपस्थित होकर सदस्यों द्वारा किये जा रहे विचार-विमर्श (discussion) का निर्देशन करता है और इस तरह से नीति निर्धारण के साथ अपने आप को जोड़े रखता है।

(iii) जब नेता को नीति निर्माण करने की पूर्ण स्वतंत्रता होती है, तो वह स्वयं ही नीति का निर्माण कर लेता है।

इस तरह से स्पष्ट है कि नीति के उद्‌भव का स्रोत कुछ भी क्यों न हो, नीति निर्धारण की अंतिम जवाबदेही नेता पर ही होता है।

4. विशेषज्ञ के रूप में नेता *(leader as expert)*—नेता समूह सदस्यों के लिए एक विशेषज्ञ के रूप में भी कार्य करता है तथा परामर्श देता है। समूह के सदस्यों में ऐसा विश्वास होता है कि नेता को अपने समूह की समस्याओं के बारे में उच्चतम तकनीकी ज्ञान (technological knowledge) होगा। यह विश्वास सदस्यों में जितना ही अधिक होता है, नेता की शक्ति अधिक होती है जिससे नेता के चारों तरफ शक्ति का ध्रुवीकरण (polarization) अधिक हो जाता है। इस विश्वास के कारण ही सदस्यगण आवश्यकता पड़ने पर नेता को मार्गदर्शन (guidance) करने का आग्रह करते हैं। प्रायः देखा गया है कि धार्मिक नेता धर्म के बारे में, राजनीतिक नेता राजनीति के बारे में तथा सामाजिक कार्य के बारे में विशेषज्ञ के रूप में अच्छी सलाह अपने-अपने समूह के सदस्यगणों को देते हैं।

5. बाह्य प्रतिनिधि के रूप में नेता *(Leader as external group representative)*—किसी भी बड़े समूह के सभी सदस्यों के लिए यह सम्भव नहीं है सब मिलकर ही पूरे समूह का प्रतिनिधित्व किसी बाह्य समूह के संदर्भ (context) में करे। अतः समूह के बाह्य प्रतिनिधित्व का कार्य भार भी नेता को ही संभालना पड़ता है और अन्य समूह या संगठन उपस्थित होकर अपने सभी सदस्यों के विचारों को एक प्रतिनिधि (representative) के रूप में रखता है। इस तरह से नेता अपने समूह का अधिकारिक प्रवक्ता (official spokesman)होता है। अपने समूह से बाहर जाने वाले सभी तरह की सूचनाओं एवं बाहर से अपने समूह में आने वाले सभी तरह की सूचनाओं का आदान-प्रदान अधिकारिक प्रवक्ता अर्थात नेता के ही माध्यम से होता है। इस विशेष अर्थ में लेविन (Lewin) ने नेता को *'द्वारपाल'* (Gatekeeper) की संज्ञा दी है।

6. आंतरिक सम्बन्धों के नियंत्रक के रूप में नेता *(Leader as controller or internal relations)*—नेता अपने समूह के सदस्यों के आपसी एवं भीतरी सम्बन्धों को निर्धारित एवं नियंत्रित करता है। उसका हर सम्भव प्रयास यही होता है कि सदस्यों का आपसी सम्बन्ध सौहार्द्रपूर्ण बना रहे। इसके लिए वह अपने सदस्यों को समय-समय पर उपदेश भी देता है तथा अच्छे सम्बन्धों का फायदा बताकर उन्हें प्रेरित भी करता है। इस तरह से नेता अपने समूह के सदस्यों के आंतरिक संबंधों का एक नियंत्रक के रूप में कार्य करता है।

7. पुरस्कार एवं दंड के प्रबंध के रूप में नेता *(Leader as purveyor of reward and punishment)*—नेता अपने समूह के सदस्यों को दंड एवं पुरस्कार भी देता है। जो सदस्य समूह के मानक (norms) के अनुकूल व्यवहार करते हुए समूह लक्ष्यों की प्राप्ति में काफी मदद करते हैं, नेता उन्हें उचित पुरस्कार देता है। इस पुरस्कार का स्वरूप कुछ भी हो सकता है। नेता वैसे सदस्यों को नगद पुरस्कार भी दे सकता है या उनकी पदोन्नति (promotion) भी दे सकता है। दूसरे तरफ जो सदस्य समूह के मानक के प्रतिकूल व्यवहार करते हैं तथा लक्ष्यों की प्राप्ति में विघ्न डालते हैं, उन्हें नेता उचित दंड भी देता है। दंड के रूप में सम्भव है कि नेता वैसे सदस्यों का पदावन्नति (domotion) कर दे या समूह से निष्कासित कर दे। इस तरह से समूह का नेता सदस्यों को पुरस्कृत एवं दंडित करके अपने समूह पर उचित नियंत्रण बनाये रखता है।

8. पंच तथा मध्यस्थ के रूप में नेता *(Leader as arbitrator and mediator)*—ऐसा देखा गया है कि कभी-कभी समूह के सदस्यों के बीच आपस में मनमुटाव एवं संघर्ष की स्थिति उत्पन्न हो जाती है। ऐसी परिस्थिति में नेता एक पंच तथा मध्यस्थ के रूप में कार्य कर सदस्यों की बीच आपसी मनमुटाव एवं संघर्ष को दूर करता है। इस समझौता में वह प्रत्येक सम्बन्धित सदस्य की बातों को सुनता है तथा उसके बाद एक अपना निर्णय देकर सदस्यों के मनमुटाव को दूर करता है।

(ख) सहायक कार्य *(accessory function)*—उपर्युक्त प्रधान कार्यों के अलावा नेता अपने समूह के सदस्यों के लिए कुछ सहायक कार्य (accessory functiuons) भी करता है। सहायक कार्य से तात्पर्य वैसे कार्यों से होता है जिसे नेता या तो स्वयं करने को ठान लेता है या समूह सदस्यों के आग्रह पर करने का निश्चय कर लेता है। इन कार्यों का स्वरूप कुछ ऐसा होता है कि यदि नेता चाहे तो उसे स्वयं नहीं भी कर सकता है। इसे नहीं करने से भी पद पर से उन्हें कोई हटा नहीं सकता है। ऐसे प्रमुख सहायक कार्य निम्नांकित हैं—

1. आदर्श के रूप में नेता *(Leader as exemplar)*—नेता समूह के सदस्यों के लिए एक आदर्श (exemplar) या मॉडल (model) के रूप में कार्य करता है। व्यवहारों का एक नमूना या उदाहरण देकर नेता अन्य सदस्यों से भी वैसा ही व्यवहार की उम्मीद रखता है। एक राजनीतिक नेता अपने पार्टी के सदस्यों के सामने पार्टी के आदर्श के अनुकूल व्यवहार करने की उम्मीद रखता है। उसी तरह से धार्मिक नेता धर्म के अन्य अनुयायियों के लिए एक उदाहरण के रूप में कार्य करता है।

2. समूह के प्रतीक के रूप में नेता *(Leader as symbol of the group)*—नेता अपने समूह के प्रतीक (symbol) के रूप में कार्यकर समूह में एकता (unity) तथा निरंतरता (continuity) बनाये रखता है। पूरे समूह को उस प्रतीक द्वारा आसानी से जाना जाता है तथा समूह के स्वरूप को समझा भी जाता है। उदाहरणार्थ, श्री राजीव गाँधी को कांग्रेस (ई) पार्टी के प्रतीक के बारे में जाना जा सकता है।

3. व्यक्तिगत उत्तरदायित्व के लिए स्थानापन्न के रूप में नेता *(Leader as the substitute for individual responsibility)*—नेता कभी-कभी अपने समूह के सदस्यों का व्यक्तिगत उत्तरदायित्व अपने कंधे पर ले लेता है। विशेषकर संकटकालीन परिस्थिति में जब सदस्यों को व्यक्तिगत रूप में कुछ खतरनाक निर्णय लेना होता है। (जिसे सचमुच में वह नहीं लेना चाहता है) तो इसकी जवाबदेही अपने कंधे पर लेकर नेता उन सदस्यों को चिंता से मुक्त कर देता है। इन सदस्यों के व्यक्तिगत उत्तरदायित्व के लिए वह एक स्थानापन्न के रूप में भी कार्य करता है।

4. सिद्धान्तवादी के रूप में नेता *(Leader as ideologist)*—नेता समूह के सदस्यों के लिए एक सिद्धान्तवादी के रूप में कार्य करता है। वह समूह के सिद्धान्तों, मूल्यों (values), मानकों (norms) के अनुकूल व्यवहार कर सदस्यों के समाने एक पूर्ण सिद्धान्त के रूप में पेश आता है। नेता जब एक सिद्धान्तवादी के रूप में अपने समूह के सदस्यों के सामने पेश आता है तो उसके पीछे एक खास उद्देश्य भी होता है और वह यह होता है कि समूह के अन्य सदस्य भी सिद्धान्तों के अनुकूल ही व्यवहार करें।

5. पिता तुल्य के रूप में नेता *(Leader as father figure)*—संवेगात्मक भूमिका (emotional role) के खयाल से जो स्थान पिता का अपने परिवार में होता है, करीब-करीब वही स्थान नेता का अपने समूह में होता है। जिस तरह से परिवार के सदस्य अपने पिता को धनात्मक सांवेगिक भावों (positive emotional feelings) का केंद्र मानते हैं उसी तरह से समूह के सदस्य भी नेता को धनात्मक सांवेगिक भावों का केन्द्र बिन्दु मानकर उसके साथ तादात्म्य स्थापित करते हैं। नेता अपने सदस्यों को इस कार्य में विशेष रूप में मदद करता है। फिशर (Fisher, 1982) के अनुसार जब नेता अपने इस कार्य में किसी कारण से असमर्थ रहता है तो वैसी परिस्थिति में वह समूह का एक प्रभावकारी नेता (effective leader) नहीं समझा जाता है।

6. बलि के बकरा के रूप में नेता *(Leader as scapegoat)*—जब कभी भी समूह लक्ष्य की प्राप्ति नहीं हो पाती है, तो वैसी परिस्थिति में सदस्यों में निराशा उत्पन्न होती है और सदस्य नेता के प्रति आक्रोश दिखलाना प्रारंभ कर देते हैं। प्रायः सदस्य इसका सारा दोष नेता पर मढ़ देते हैं जिसका परिणाम यह होता है कि नेता को या तो अपने पद से हटा दिया जाता है या उसकी हत्या कर दी जाती है। इस तरह से नेता को कभी-कभी बलि की सूली पर भी चढ़ जाना पड़ता है। भारतीय समाज में महात्मा गाँधी, इंदिरा गाँधी एवं राजीव गाँधी की हत्या नेता के इस विशेष कार्य का एक सबसे अच्छा उदाहरण है।

ऊपर के विवरण से यह स्पष्ट है कि एक नेता को अपने समूह में तरह-तरह का कार्य करना पड़ता है। एक प्रभावकारी नेता होने के लिए यह आवश्यक है कि वह इन कार्यों की सूची में से अधिकतम कार्य सफलतापूर्वक करे।

नेता के प्रकार
(Types or Styles of Leader)

समाजशास्त्रियों एवं समाज मनोवैज्ञानिक द्वारा नेता के कई प्रकारों (types or styles) का वर्णन किया है। इन सभी प्रकारों की विस्तृत्व व्याख्या तो यहाँ सम्भव नहीं है परंतु कुछ प्रमुख वैज्ञानिकों द्वारा बतलाये गये नेता के प्रकारों का वर्णन निम्नांकित हैं—

(क) बोगार्डस का वर्गीकरण *(Classification of Bogardus)*—बोगार्डस (Bogardus, 1940) ने नेतृत्व के निम्नांकित पाँच प्रकार बतलाया है—

1. प्रत्यक्ष एवं अप्रत्यक्ष नेतृत्व *(Direct and indirect ledership)*—प्रत्यक्ष नेतृत्व में नेता का सम्बन्ध अनुयायियों (followers) के साथ सीधा होता है। वह अपने समूह के सदस्यों के साथ सीधे बातचीत करता है, उनकी समस्याओं के बारे में सुनता है तथा उनके समाधान के बारे में अपनी सुझाव पेश करते हैं। इस तरह से प्रत्यक्ष नेतृत्व में समूह के सदस्य नेता को देख सकते हैं, सुन सकते हैं तथा उनसे बातचीत कर सकते हैं। अप्रत्यक्ष नेतृत्व में नेता

का सम्बन्ध अनुयायियों के साथ अप्रत्यक्ष होता है। ऐसे नेता अप्रत्यक्ष रूप में अपने अनुयायियों के विचारों को प्रभावित करते हैं तथा उनपर नियंत्रण रखते है। बड़े-बड़े वैज्ञानिक, लेखक, दार्शनिक इत्यादि अप्रत्यक्ष रूप से ही अपने-अपने क्षेत्र के अनुयायियों पर नियंत्रण रखते हैं।

2. सपक्षीय एवं वैज्ञानिक नेतृत्व (*Partisan and Scientific leadership*)—सपक्षीय नेतृत्व में नेता अपने समूह के पक्ष में कार्य करता है। दूसरे समूहों के सामने ऐसा नेता अपने समूह के सिर्फ अच्छाइयों एवं प्रशंसाजनक पहलुओं की ही चर्चा करता है और बुरे एवं निन्दनीय पहलुओं को छिपा लेता है। इस तरह के नेता का प्रयत्न यही रहता है कि उसका समूह अन्य समूहों की तुलना में सबसे अच्छा समझा जाये। आजकल के राजनीतिक नेता प्रायः सपक्षीय नेता होते हैं क्योंकि वे आम जनता के सामने पार्टी के लिए अच्छे गुणों को ही दर्शाते हैं।

वैज्ञानिक नेतृत्व में नेता सत्य एवं न्यायप्रियता पर अधिक बल डालता है। इस तरह का नेता अपने समूह की अच्छाई एवं बुराई दोनों पक्षों की चर्चा करता है। सत्य की खोज में अच्छे तथ्य एवं बुरे तथ्य दोनों को वह प्रकाश में लाता है। इस प्रकार का नेता या नेतृत्व विज्ञान के क्षेत्र में अधिक देखे जाते हैं। बड़े-बड़े वैज्ञानिक अपने क्षेत्र की खोज में जुड़े रहते हैं। इस खोज में वे अच्छे एवं बुरे दोनों तरह के पक्षों को जनता के सामने रखते हैं। इस तरह से हम देखते हैं कि वैज्ञानिक नेतृत्व सपक्षीय नेतृत्व के ठीक विपरीत होता है।

3. सामाजिक कार्यकारिणी एवं मानसिक नेतृत्व (*Social, Executive and Mental leadership*)—सामाजिक नेतृत्व में नेता अपने समूह के लिए सामाजिक एवं सार्वजनिक कार्य करता है। इस तरह के नेतृत्व में अनुयायियों के साथ नेता का प्रत्यक्ष सम्बन्ध पाया जाता है तथा सभी प्रकार की सामाजिक समस्याओं का निराकरण एक खुले वातावरण में होता है। संक्षेप में, इस क्षेत्र के नेता में समाज-सेवी गुणों की प्रधानता होती है। मानसिक नेतृत्व में नेता अपने कार्यों को करने के लिए एक एकाकी और शांतिपूर्ण वातावरण की माँग करता है। इस तरह के नेता अपने विचारों द्वारा दूसरों के दिल-दिमाग पर इस ढंग का प्रभाव डालता है कि वे लोग उनके कहे अनुसार व्यवहार करने के लिए उत्प्रेरित हो जाते हैं। कार्यकारिणी नेतृत्व में नेता में सामाजिक एवं मानसिक दोनों तरह के गुणों का समावेश पाया जाता है। ऐसे नेता में एक अच्छे समाज-सेवी का तो गुण होता है साथ-ही-साथ उनमें अच्छे विचारों को भी प्रस्तुत करने की क्षमता होती है। ऐसे नेता में शासन एवं प्रबंधन-सम्बन्धी गुणों की भी अधिकता होती है।

4. समाजवादी, करिश्माई, पैतृक एवं प्रजातंत्रात्मक नेतृत्व (*Autocratic, Charismatic, Paternal and Democratic leadership*)—सत्ताधारी नेतृत्व (atuocratic leadership) में नेता अपने समूह का सर्वेसर्वा (all-in-all) होता है। ऐसे नेता को निरपेक्ष अधिकार (absolute power) अधिक होता है। वह समूह के सभी नीतियों एवं योजनाओं को स्वयं बनाता है और उसे लागू करता है। वह अपनी इच्छा से किसी को दंड देता है तो किसी को पुरस्कार देता है। इसके लिए वह किसी के सामने न तो उत्तरदायी होता है और न ही इसके लिए उससे कोई औचित्य (justification) ही पूछा जा सकता है। ऐसे नेता को अपने सदस्यों की अच्छाई एवं भलाई की चिंता कम होती है।

करिश्माई नेता का नेतृत्व कुछ करिश्मों या चमत्कारी कार्यों पर निर्भर करता है। ऐसे व्यक्तियों का नेतृत्व इसलिए स्वीकार कर लिया जाता है क्योंकि इनमें कुछ अद्वितीय एवं असाधारण गुण पाये जाते हैं। ऐसे नेताओं में पर्याप्त साधना, प्रयत्न एवं ऐसे ही अन्य गुणों के कारण कुछ चमत्कार दिखलाने की वास्तविक एवं काल्पनिक शक्ति होती है। जादूगर, धार्मिक नेता, पीर, पैगम्बर, साई आदि इसी श्रेणी के नेता होते हैं। ऐसे नेता का नेतृत्व तबतक चलता है जबतक कि उसमें चमत्कार करने की शक्ति मौजूद होती है।

पैतृक नेतृत्व में नेता अपने अनुयायियों के लिए पिता समतुल्य होता है। अनुयायियों के मन में इस तरह के नेता के प्रति अधिक श्रद्धा एवं आदर का भाव होता है। ऐसे नेता भी एक पिता के समान अपने अनुयायियों के उचित-अनुचित का खयाल करता है।

प्रजातंत्रात्मक नेतृत्व सत्ताधारी नेता के ठीक विपरीत होता है। इस तरह के नेता समूह के सभी सदस्यों के साथ विचार-विमर्श कर ही किसी नीति एवं योजना का निर्माण करता है। इस तरह के नेता एवं सदस्यों के बीच सीधा सम्बन्ध होता है। ऐसे नेता सदस्यों की सुख-सुविधाओं एवं भावनाओं का काफी कद्र करता है तथा अपने विचारों और इच्छाओं को उनपर जबरदस्ती नहीं थोपता है। इस तरह के नेतृत्व में अधिकारों का विकेन्द्रीकरण (decentralization) देखा जाता है।

5. पैगम्बर, संत, विशेषज्ञ एवं मालिक *(Prophets, Saints, Experts and Boss)*—पैगम्बर एक नेता होता है जो भगवान या किसी अन्य तरह के अलौकिक शक्ति का प्रतिनिधित्व करता है और अपने क्रियाओं एवं व्यवहारों द्वारा लोगों के मन में यह आस्था उत्पन्न कर देता है कि भगवान की सारी शक्ति उसमें आ गयी है। ऐसी शक्ति देखकर उनके अनुयायी उनसे काफी प्रभावित हो जाते हैं और उसे भगवान के समान पूजने लगते हैं तथा उनकी बातों को ब्रह्मवाक्य मानने लगते हैं। संत लोग ईश्वर भक्ति एवं अपने पवित्र आचरण द्वारा दूसरों लोगों पर आधिपत्य जमाते हैं। उनमें कुछ ऐसी विशेषताएँ होतीं हैं जिसे अलौकिक ही कहा जा सकता है। इन विशेषताओं से आम व्यक्ति काफी प्रभावित हो जाते हैं। विशेषज्ञ वैसे व्यक्ति को कहा जाता है तो एक खास क्षेत्र में किसी विषय के बारे में विशेष ज्ञान रखता हो। ऐसे व्यक्ति किसी विशेष कार्य कला में निपुण होते हैं। अपनी इसी विशिष्टता के कारण वे लोगों के बीच पूजे जाते हैं और लोगों पर उनका विशेष अधिकार बना रहता है। इस तरह के विशेषज्ञ में उच्चकोटि का विशेषीकरण (specialization) होता है। मालिक (Boss) एक ऐसा नेता होता है जो अपनी चतुराई के कारण दूसरे व्यक्तियों को अपनी ओर खींच लेता है। ऐसे नेताओं में वाक्पटुता तथा नकली सामाजिकता का गुण अधिक होता है। फैक्ट्री के मालिक, दफ्तरों के बड़े पदाधिकारी इसी श्रेणी के नेता होते हैं।

(ख) किम्बल यंग का वर्गीकरण *(Kimball Young's classfication)* : किम्बल यंग ने नेतृत्व को निम्नांकित छः भागों में बाँटा है—

1. राजनीतिक नेता *(Political boss)*—इस प्रकार के नेता राजनीतिक पार्टी से सम्बन्धित होते हैं। ऐसे नेता सत्ता के इच्छुक होते हैं तथा गुटबंदी और संघर्ष करने में तेज होते हैं। ऐसे नेता अन्य लोगों के विरोध करने पर भी अपनी नेतागिरी को बनाये रखते हैं। ऐसे नेता अपने दल को ठीक ढंग से संगठित रखने की कोशिश करते हैं और इस बात पर कड़ी निगरानी रखते हैं कि दल का कार्य सुचारु रूप से चल रहा है। ऐसा इसलिए वे करते हैं क्योंकि वे जानते हैं कि दल टूट जाने से उनका नेतृत्व समाप्त हो जायेगा।

2. प्रजातंत्रात्मक नेता *(Democratic leader)*—इस तरह के नेता समूह के साथ विचार-विमर्श करते हुए किसी नेता एवं योजना का निर्धारण करता है। उसे अपने सदस्यों की सुख-सुविधा तथा भलाई का अधिक ख्याल होता है। वह किसी तरह का निर्णय मिल-जुलकर कर करता है न कि अपने द्वारा लिए गये निर्णय को लोगों पर थोप देता है। ऐसे नेता सहनशील होते हैं एवं आम सदस्यों की राय के अनुकूल चलने वाले होते हैं।

3. नौकरशाही नेता *(Bureaucrats)*—नौकरशाही नेता उसे कहते हैं जो निश्चित नियमों एवं निर्धारित कानूनों के अनुसार सरकार का प्रशासन चलाते हैं। ऐसे नेता सरकारी विभाग का काम काफी कुशलता एवं बुद्धिमत्ता से चलाते हैं। वे किसी समस्या पर निर्णय स्वयं न लेकर उसे अपने से उच्च अधिकारियों पर छोड़ देना अधिक पसंद करते हैं। फलतः वे अपने से बड़े अफसरों एवं राजनैतिक नेताओं की चापलूसी करना अच्छी तरह से जानते हैं। वे अधिकार (power) प्रेमी होते हैं।

4. कूटनीतिज्ञ (*Diplomat)*—कूटनीतिज्ञ सरकार के प्रतिनिधि के रूप में किसी दूसरे देश या अंतर्राष्ट्रीय क्षेत्र में काम करते हैं। कूटनीतिज्ञ जिस प्रकार का प्रतिनिधित्व करता है, वह उसके द्वारा बनाये गये नीतियों एवं योजनाओं को अनुकूल ही कार्य करता है। वह अपनी सरकार के उद्देश्य की पूर्ति के लिए शब्दों का प्रयोग काफी चतुराई एवं कुशलता से करता है। किम्बल यंग[1] (Kimbal Young, 1975) ने एक सफल कूटनीतिज्ञ के बारे में ठीक ही टिप्पणी किया है, ''जब कूटनीतिज्ञ 'हाँ' कहता है। तो उसका मतलब 'शायद' से होता है, अगर वह, शायद, करता है तो उसका मतलब 'नहीं' होता है और अगर वह स्पष्टतः 'नहीं' करता है, तो इसका मतलब होता है कि वह कूटनीतिज्ञ है ही नहीं।''

5. सुधारक *(Reformer)*—सुधारक एक आदर्शवादी नेता होते हैं जिन्हें वर्तमान सामाजिक व्यवस्था में कुछ स्पष्ट दोष नजर आते हैं। इन दोषों को दूर करने के लिए वे भिन्न-भिन्न तरह के प्रयास करते हैं तथा एक नयी दुनिया बसाने का स्वप्न देखते हैं। ऐसे नेता व्यवहारिक कम तथा सैद्धांतिक अधिक होते हैं। इन नेताओं में संवेगों की अधिकता होती है। फलतः वे काफी भावुक होते हैं।

6. सिद्धान्तवादी *(Theorist)*—सिद्धान्तवादी नेता के विचारों का सम्बन्ध मात्र सिद्धान्तों से होता है। अतः यह

---

1. "If a diplomat says, 'yes', he means perhaps; if he says 'perhaps', he means 'no', if the says 'no', he is no displomat." —Kimball Young : *Handbook of Social Psychology,* 1957 p. 273

स्वाभाविक है कि उसके विचारों एवं व्यवहारों में व्यावहारिकता कम हो। वह अपने विचारों की पुष्टि के लिए तर्क (logic) का सहारा लेता है। वह तर्क के ही संसार में रहता है तथा तर्क द्वारा ही अपने अनुयायियों को प्रभावित करके रखता है।

7. लिपिट एवं ह्वाइट का वर्गीकरण *(Lippitt & White's classification)*—लिपिट तथा ह्वाइट (Lippitt & White, 1939) ने कर्ट लेविन (Kurt Lewin) के निर्देशन में एक अध्ययन किया जिसके परिणामस्वरूप उनलोगों ने नेतृत्व के निम्नांकित तीन प्रकार बतलाते हैं—

1. सत्ताधारी नेतृत्व *(Authoritarian Leadership)*—सत्तावादी नेता अपने समूह में निरपेक्ष अधिकार या सत्ता (absolute power) अधिक रखता है। वह स्वयं ही समूह की नीतियों का निर्माण करता है तथा समूह की योजनाएँ तैयार करता है। समूह लक्ष्यों की प्राप्ति की दिशा में किये जाने वाली क्रियाओं के क्रम (sequence) को स्वयं जानता है। वह सदस्यों की क्रियाओं एवं उनके सम्बन्धों का निर्धारण स्वयं ही करता है। वह अपने ही यह निश्चित करता है कि समूह में किस व्यक्ति को ईनाम दिया जाये तथा किस व्यक्ति को दंड दिया जाये। इस तरत से समूह के प्रत्येक सदस्य के भाग्य की कुंजी उसके ही हाथ में होती है। ऐसा नेता जान-बूझकर समूह की संरचना (structure) इस ढंग का बनाकर रखता है कि सदस्य आपस में कुछ विचार-विमर्श न कर सके तथा समूह के भीतर आने वाले तथा समूह से बाहर जाने वाले सभी तरह का संचार (communication) उसी के माध्यम से हो। ऐसे समूह की समाजमितीय संरचना (sociometric structure) एक तारा के आकार (star-shaped) का होता है। (चित्र 16.1 देखें)

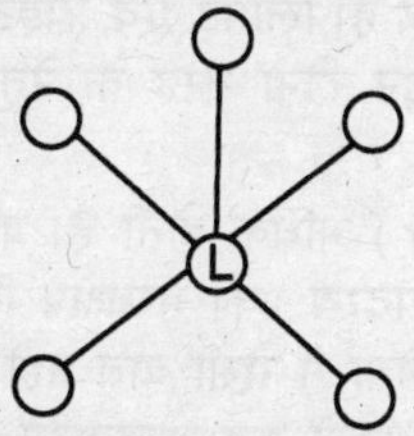

तारा-आकारीय संरचना
(Star-shaped structure)

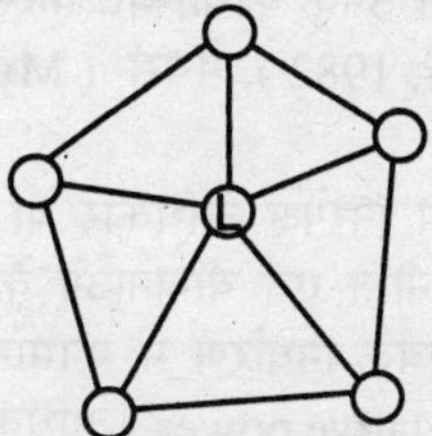

जाल-आकारीय संरचना
(Net-shaped structure)

चित्र 16.1 : सत्तावादी नेतृत्व तथा प्रजातंत्रात्मक नेतृत्व में समूह की समाजमितीय संरचना

लिपिट तथा ह्वाइट (Lippitt & White, 1939) के अनुसार सत्तावादी नेता कार्य-अभिमुखी (task-oriented) होता है। इसका मतलब यह हुआ कि ऐसे नेता सदस्यों के कल्याण की चिंता कम तथा सदस्यों द्वारा समूह की प्राप्ति की दिशा में अधिक-से-अधिक कार्य किये जाने पर बल डालते हैं। ऐसे नेतृत्व में समूह के सदस्यों का मनोबल (morale) कम होता है। फलतः नेता के मर जाने पर या लम्बे समय तक अनुपस्थित हो जाने पर समूह धीरे-धीरे टूटते लगता है। अयूब खान, याहिया खान, हिटलर आदि कुछ ऐसे ही सत्तावादी नेता के उदाहरण हैं।

2. प्रजातंत्रात्मक नेतृत्व *(Democratic leadership)*—प्रजातंत्रात्मक नेता सत्तावादी नेता के ठीक विपरीत होता है। वह समूह लक्ष्यों की प्राप्ति के लिए बनाये जाने वाले नीतियों एवं योजनाओं का निर्धारण करने के लिए सभी प्रमुख सदस्यों के साथ विचार-विमर्श कर एक निश्चित निर्णय पर पहुँचता है। वह समूह के कार्यों को सभी सदस्यों में बाँट देता है तथा सदस्यों की भलाई के लिए हर सम्भव प्रयत्न करता है। इस तरह से ऐसे नेतृत्व में अधिकारों एवं सत्ता (powers) का विकेन्द्रीकरण (decentralisation) होता है। नेता तथा सदस्यों के बीच का सम्बन्ध सीधा होता है। ऐसे नेतृत्व वाले समूह के समाजमितीय संरचना (sociometric structure) जाल (net) के समान होता है। (चित्र 16.1 देखें) इससे स्पष्ट है कि किसी समस्या पर सदस्य इस तरह के नेतृत्व में आपस में बातचीत या विचार-विमर्श खुलकर करते हैं। नेता का उनके कार्यों में किसी तरह की हस्तक्षेप नहीं होता है। ऐसे नेतृत्व में समूह के सदस्यों का मनोबल (morale) ऊँचा होता है। फलतः नेता के मर जाने पर भी या कुछ समय तक अनुपस्थित हो जाने पर भी समूह विघटित नहीं होता है। श्री लालबहादुर शास्त्री, श्रीमती इंदिरा गाँधी तथा राष्ट्रपिता महात्मा गाँधी प्रजातांत्रिक नेता के कुछ प्रमुख उदाहरण हैं।

3. अहस्तक्षेपी नेतृत्व (*Laissez-faire or abdicratic leadership*)—इस तरह के नेतृत्व का प्रतिपादन सबसे पहले-पहल 18वीं शताब्दी में फ्रांस में हुआ था। इस तरह के नेतृत्व से तात्पर्य वैसे नेतृत्व से होता है जहाँ नेता अपने समूह के सदस्यों पर नाम मात्र का नियंत्रण रखता है। इस तरह के नेतृत्व में नेता न तो मार्गदर्शन करता है और न ही किसी तरह का निर्देश अपनी ओर से देता है। सदस्यगण को पूरी स्वतंत्रता होती है कि समूह लक्ष्यों की प्राप्ति के लिए कौन-सा कार्य करें तथा कौन-सा कार्य न करे। रेबर[1] (Reber, 1985) ने अहस्तक्षेपी नेतृत्व को इस प्रकार परिभाषित किया है, ''समाज मनोविज्ञान में अहस्तक्षेपी नेतृत्व उस तरह के नेतृत्व तंत्र को कहा जाता है जो न्यूनतम नियंत्रण के साथ कार्य करता है। वास्तविक अहस्तक्षेपी तंत्र में नेता द्वारा किसी ढंग का नियंत्रण नहीं किया जाता है, यहाँ तक कि किसी प्रकार की सहायता या मार्गदर्शन भी नहीं किया जाता है।''

इस तरह से हम देखते हैं कि समाज मनोविज्ञान में नेतृत्व के कई प्रकार बतलाये गये हैं। इन प्रकारों में से दो प्रकार अधिक लोकप्रिय है—सत्तावादी नेता तथा प्रजातंत्रात्मक नेता। फिर इन दोनों में से प्रजातंत्रात्मक नेतृत्व अधिक सामान्य (common) है क्योंकि संसार के अधिकतर देशों में इसी ढंग का नेतृत्व देखने को मिलता है।

सत्तावादी नेता तथा प्रजातंत्रात्मक नेता में अंतर
(Difference between Authoritrarian Leader and Democratic Leader)

सत्तावादी नेता (authoritrian leader) तथा प्रजातंत्रात्मक नेता (democratic leader) नेता के प्रमुख प्रकारों में से है। अतः इन दोनों के अंतर पर विचार करना आवश्यक है। यद्यपि इन दोनों तरह के नेताओं के अधिकार कार्य में काफी समानता है फिर भी उनके कार्यान्वित करने की विधियों में काफी अंतर है। लिपिट एवं ह्वाइट (Lippitt & White, 1939) फिशर (Fisher, 1982), मेयर्स (Myers, 1988) के अनुसार इन दोनों तरह के नेतृत्व में निम्नांकित मूल अंतर है—

1. सत्तावादी नेता में निरपेक्ष अधिकार या शक्ति (absolute power) अधिक होती है। प्रायः यह देखा गया है कि ऐसे नेता समूह की नीति एवं योजनाओं के निर्माण में किसी अन्य सदस्य का हस्तक्षेप बिलकुल ही पसंद नहीं करता है तथा वह इन सबके निर्धारण में मनमानी करता है। प्रजातंत्रात्मक नेता में ऐसी बात नहीं होती है। उसमें सापेक्ष अधिकार या शक्ति (relative power) अधिक होती है। वह समूह की नीतियों एवं योजनाओं को अंतिम रूप देने में सदस्यों की राय को महत्त्व देता है और उनके द्वारा किये गये निर्णय को ही अपना निर्णय समझता है।

2. सत्ताधारी नेता कार्य-उन्मुखी (task-oriented) होता है जबकि प्रजातंत्रात्मक नेता सदस्य उन्मुखी (member-oriented) होता है। इसका मलतब यह हुआ कि सत्ताधारी नेता अपने सदस्यों के हित एवं भलाई की चिन्ता कम एवं उनसे समूह लक्ष्यों की प्राप्ति के लिए कार्य करवाने की चिन्ता अधिक करता है। सदस्यों से सिर्फ उसे काम चाहिए, भले ही सदस्यों को इससे किसी भी तरह का नुकसान क्यों न हो? प्रजातंत्रात्मक नेता समूह के कार्य के साथ-ही-साथ सदस्यों की भलाई एवं हित पर भी बल डालता है। वह सदस्यों के कल्याण के लिए हर सम्भव प्रयत्न करता है। यही कारण है कि प्रजातंत्रात्मक नेता अपने समूह में सत्तावादी नेता की अपेक्षा अधिक प्रतिष्ठा एवं इज्जत पाता है।

3. सत्तावादी नेता अपने समूह का तानाशाह (dictator) होता है क्योंकि उसी के हाथों में अधिकारों (power) का केन्द्रीकरण (centralization) पाया जाता है। समूह लक्ष्य की प्राप्ति के लिए वह स्वयं ही समूह की नीतियों एवं योजनाओं का निर्धारण करता है। समूह के सदस्यों की इसकी भनक तक नहीं मिल पाती है। दूसरे तरफ प्रजातंत्रात्मक नेता अपने समूह का एजेन्ट (agent) होता है क्योंकि वह समूह-लक्ष्य की प्राप्ति के लिए सभी सदस्यों द्वारा निर्धारित नीतियों एवं योजनाओं के अनुकूल कार्य करता है। वह किसी ढंग की मनमानी नहीं करता है।

4. सत्तावादी नेतृत्व में नेता तथा अनुयायियों के बीच सीधा सम्बन्ध नहीं होता है। दूसरे शब्दों में, सत्तावादी नेतृत्व में नेता तथा अनुयायियों के बीच सामाजिक दूरी अधिक होती है। यह बात समूह में और भी स्पष्ट रूप से देखने को मिलता है। आम सदस्य ऐसे नेता से सीधे नहीं बात कर सकते हैं बल्कि वे नेता द्वारा प्रमाणित किसी व्यक्ति या कोई

---

1. "In social psychology, it (laissez-faire) is used to characterize any leadership system that operates with minimum control. In the true laissze-fare system no control is provided by the leader not even assitance or guidance."
—Reber : *The Penguin Dictionary of Psychology*, 1958, p. 388.

उपनेता से ही बातचीत कर सकते हैं। ऐसे प्रमाणित व्यक्ति या उपनेता उनके विचारों को नेता तक पहुँचा देता है। यही कारण है कि सत्तावादी नेतृत्व के समूह की समाजमितिय संरचना (sociometric structure) तारा के आकार (star-shaped) की होती है (चित्र 16.1 देखें) । दूसरे तरफ प्रजातंत्रात्मक नेतृत्व में नेता और अनुयायियों के बीच सीधा सम्बन्ध होता है तथा इनके बीच सामाजिक दूरी भी कम होती है। प्रत्येक सदस्य किसी भी समस्या पर आपस में विचार-विमर्श भी कर सकता है। यही कारण है कि प्रजातंत्रात्मक नेतृत्व के समूह की समाजमितीय संरचना एक जाल (net) के आकार की होती है (चित्र 16.1 देखें)

5. सत्तावादी नेता अपने समूह का सबसे महत्त्वपूर्ण (keystone) व्यक्ति होता है जिनके मर जाने पर या काफी लंबे समय तक अनुपस्थित हो जाने पर समूह की संरचना विघिटित हो जाती है। परंतु प्रजातंत्रात्मक नेतृत्व में ऐसी बात नहीं देखने को मिलती। प्रजातंत्रात्मक नेता के मर जाने या अनुपस्थित होने पर समूह विघटित नहीं होता है। हाँ, थोड़ी देर के लिए हल्का उथल-पुथल अवश्य आ जाता है। सचमुच में प्रजातांत्रात्मक नेता तो अपनी सफलता की जाँच इस बात द्वारा ही करते हैं कि उनकी अनुपस्थिति में समूह कहाँ तक समूह लक्ष्य की प्राप्ति की दिशा में संतोषजनक ढंग से कार्य कर पाता है।

6. सत्तावादी नेतृत्व में नेता के प्रति अनुयायियों के व्यवहार में अधिक अधीनतास्वीकरण(submission)तथा दब्बूपन होता है। वे चाहकर भी नेता का विरोध खुले स्वर में नहीं कर पाते हैं। परंतु प्रजातंत्रात्मक नेतृत्व में नेता के प्रति अनुयायियों का व्यवहार अधिक दोस्ताना (friendly) होता है। अपने विचारों को खोलकर नेता के सामने रखते हैं।

7. सत्तावादी नेता दमनकारी (repressive) एवं आक्रमणकारी होता है। वह दमन एवं आक्रमण की नीति पर चलकर अपने समूह के सदस्यों को कुचलता है तथा अपने स्वार्थ की सिद्धि करता है। दूसरे तरफ प्रजातन्त्रात्मक नेता अपने समूह के सदस्यों के प्रति अधिक सह्कारिता (co-operativeness), सहानुभूति एवं भिन्नता का भाव दिखलाता है। वह सहकारिकता, सहानुभूति एवं भिन्नता की नीति अपनाकर अपने सदस्यों का दिल जीतता है तथा उनलोगों में प्रतिष्ठा एवं सम्मान पाता है।

8. सत्तावादी नेता में 'पहले करने तथा आदेश का पक्ष' (iniating and directing aspect) प्रधान होता है तथा विचार-विमर्श करने का पक्ष (consideration aspect) गौण होता है। सत्तावादी नेता की एक प्रमुख विशेषता यह होती है कि वह स्वयं ही किसी कार्य की शुरुआत करता है और उस कार्य को पूरा करने का आदेश देता है। इसमें वह अन्य सदस्यों के सुझाव को नहीं मानता है तथा उनसे किसी ढंग का विचार विमर्श के लिए वह तैयार भी नहीं होता है। दूसरे तरफ प्रजातंत्रात्मक नेता में विचार-विमर्श करने का पक्ष (consideration aspect) प्रधान होता है। यह किसी नीति एवं योजना के क्रियान्वयन के बारे में अंतिम रूप देने के लिए अन्य सदस्यों के साथ विचार-विमर्श कर लेता है। ऐसे नेता अपने सदस्यों को आदेश कम देते हैं परंतु आग्रह करके कार्य करवा लेने में अधिक विश्वास करते हैं।

9. सत्तावादी नेतृत्व में समूह के सदस्यों का मनोबल (morale) नीचा होता है। समूह के प्रत्येक सदस्यों में भाई-चारे की भावना न होकर 'हम श्रेष्ठ है' की भावना प्रबल होती है। इसका परिणाम यह होता है कि समूह के सदस्यों में एकता (unity) तथा हमदर्दी की भावना नहीं होती है जो निम्न मनोबल (low morale) का सूचक है। नेता के हटते ही इस तरह का समूह पूर्णतः विघटित हो जाता है। प्रजातंत्रात्मक नेतृत्व में समूह के सदस्यों में भाई चारे एवं हम-भावना (we-feeling) अधिक होती है। ऐसे समूह में सदस्य नेता के प्रति एवं एक-दूसरे के प्रति अनुकूल मनोवृत्ति रखते हैं। फलस्वरूप समूह का मनोबल ऊँचा रहता है। नेता के अनुपस्थित होने पर या मर भी जाने पर समूह की संरचना उच्च मनोबल के कारण संगठित रहती है।

10. सत्तावादी नेता सदस्यों में 'फूट डालो एवं शासन करो' (divide and rule) की नीति पर चलता है। शायद यही कारण है कि उसे सदस्यों का आपस में मिलना-जुलना तथा समूह लक्ष्यों की प्राप्ति के बारे में विचार-विमर्श करना अधिक पसंद नहीं होता है। इसके विपरीत प्रजातंत्रात्मक नेता सदस्यों में मेल-जोल बढ़ाकर उनका सहयोग प्राप्त कर प्रशासनिक कार्य करता है। समूह लक्ष्यों एवं समूह-नीतियों के निर्धारण में जब उसे सदस्यों का सहयोग नहीं मिलता है, तो वह बेचैन होने लगता है।

11.सत्तावादी नेता अपनी इच्छा से समूह के किसी सदस्य को पुरस्कार या दंड देता है। इस कार्य के लिए या अन्य किसी भी कार्य के लिए समूह के सदस्य उससे किसी प्रकार का स्पष्टकीकरण नहीं पूछ सकते हैं। दूसरे तरफ

प्रजातंत्रात्मक नेता से कोई भी सदस्य यह निडर होकर पूछ सकता है कि अमुक सदस्य को पुरस्कार या दंड देने का कारण क्या है। प्रजातंत्रात्मक नेता ऐसे प्रश्नों का उत्तर भी संतोजनक ढंग से देते हैं।

12. किसी संकटकालीन परिस्थिति में सत्तावादी नेतृत्व वाले समूह के सदस्यों में कार्य करने की प्रवृत्ति तेजी से विघटित होती है परंतु ऐसी परिस्थिति में प्रजातंत्रात्मक नेतृत्व वाला समूह के सदस्यों में एकजुट होकर कार्य करने की प्रवृत्ति हो होती है।

ऊपर के विवरण से यह स्पष्ट है कि सत्तावादी नेतृत्व एवं प्रजांतत्रात्मक नेतृत्व अपने कार्यविधियों में एक-दूसरे से काफी भिन्न हैं।

नेतृत्व के सिद्धान्त (Theories of leadership)

समाज मनोवैज्ञानिकों एवं समाजशास्त्रियों ने नेतृत्व के सबंध में कुछ विशेष प्रश्न का समाधान चाहा है। इन प्रश्नों में प्रमुख हैं—व्यक्ति समूह का नेता कैसे बन जाता है ? क्या नेता जन्मजात होते हैं? एक नेता कुछ परिस्थिति में प्रभावकारी (effective) होता है परंतु दूसरे तरह की परिस्थिति में अप्रभावकारी (ineffective)। आखिर क्यों ? इन प्रश्नों का संतोषजनक उत्तर देने के लिए कई मनोवैज्ञानिकों के नेतृत्व के कुछ सिद्धान्तों का प्रतिपादन किया है। जिनमें निम्नलिखित प्रमुख हैं—

(1) शीलगुण सिद्धान्त (Trait theory)
(2) परिस्थितिजन्य सिद्धान्त (Situational theory)
(3) प्रासंगिकता सिद्धान्त (Contingency theory) इस श्रेणी के प्रमुख सिद्धान्त हैं—
 (i) फाइडलर सिद्धान्त (Fiedler theory)
 (ii) पथ-लक्ष्य सिद्धान्त (Path-goal theory)
 (iii) भूम-एटेन सिद्धान्त (Vroom-Yetton theory)

इन सिद्धान्तों की आलोचनात्मक व्याख्या इस प्रकार है—

शीलगुण सिद्धान्त (Trait Theory)

इस सिद्धान्त को *महान-मानव सिद्धान्त* (Great Man Theory) भी कहा जाता है। नेतृत्व की व्याख्या करने के प्रारंभिक प्रयासों के फलस्वरूप इस सिद्धान्त का जन्म हुआ। यह सिद्धान्त इस विश्वास पर आधारित है कि नेता जन्मजात होता है, बनाया नहीं जाता *(leaders are born and not made)*। इस सिद्धान्त के अनुसार महान मानव (Great man) या नेता (leader) में कुछ ऐसे खास-खास जन्मजात शीलगुण (traits) होते हैं जिसके कारण वह अपने अनुयायियों (followers) से अधिक प्रभावकारी (effective) होता है तथा समूह का नेता बन जाता है। इन शीलगुणों के सेट (set) के कारण नेता हर परिस्थिति में प्रभावकारी होता है। मार्टिन लूथर किंग, महात्मा गाँधी, हिटलर, नेपोलियन आदि नेताओं में कुछ ऐसे ही असाधारण (unique) शीलगुण थे जो उनके अनुयायियों में नहीं थे तथा जिनके कारण वे एक प्रभावकारी नेता के रूप में लोगों के सामने उभर कर आये।

शीलगुण सिद्धान्त के दो प्रमुख महत्त्वपूर्ण पूर्वकल्पना (assumpitons) हैं जो निम्नांकित हैं—

(i) इस सिद्धान्त की पहली महत्त्वपूर्ण पूर्वकल्पना (assumption) यह है कि नेतृत्व एक सामान्य गुण (common atribut) होता है। एक व्यक्ति जो नेता बन गया, वह सभी परिस्थितियों एवं समय में नेता बना रहेगा। कुछ ऐसे प्रायोगिक सबूतें (experimental evidences) हैं जो इस पूर्वकल्पना का समर्थन करते हैं। जैसे, कार्टर (Carter, 1953) तथा गिण्व (Gibb, 1947) ने अपने प्रयोगों में पाया कि जब एक समूह से नेता को हटाकर दूसरे समूह में रख दिया जाता है तो वह वहाँ भी समूह का नेता बन जाता है। परंतु अनेकों ऐसे अध्ययन हुए हैं जिनसे यह साबित हो जाता है कि नेतृत्व एक सामान्य गुण (common attribute) नहीं हैं। कार्टर तथा निक्शन (Carter & Nixon, 1949) तथा मेरी (Merei, 1949) द्वारा किये गये महत्त्वपूर्ण अध्ययनों ने साबित कर दिया है कि नेतृत्व एक सामान्य गुण नहीं है और एक परिस्थिति में नेता होना इस बात की कोई गारंटी नहीं देता है कि वह अन्य परिस्थितियों में भी नेता होगा।

(ii) इस सिद्धान्त की दूसरी पूर्वकल्पना (assumption) यह है कि नेता में कुछ असाधारण शीलगुण (unique traits) होते हैं जो उन्हें अपने अनुयायियों से भिन्न कर देते हैं।

अनेकों ऐसे अध्ययन किये गये हैं जिनमें यह स्थापित करने की कोशिश की गयी है कि कौन-कौन वैसे शीलगुण हैं जिनके होने से व्यक्ति समूह का नेता बन जाता है। स्टॉगडील (Stogdill 1948) ने इस सम्बन्ध में किये गये 124 अध्ययनों के परिणामों का तथा मान्न (Mann, 1959) ने 125 ऐसे अध्ययनों का सर्वे किया और इनलोगों ने पाया कि तीन तरह के शीगुण प्रमुख हैं जिसके होने पर कोई भी समूह का नेता बन जाता है—शारीरिक शीलगुण (physical traits), व्यक्तिगत शीलगुण (personality traits) तथा अर्जित शीलगुण (acquired triats)। शारीरिक शीलगुणों में व्यक्ति के शारीरिक आकार, शक्ति तथा आयु आदि पर अधिक बल डाला गया है। आमतौर पर नेता बनने के लिए लंबा, भारी, स्वस्थकर शरीर तथा अपेक्षाकृत अधिक आयु के व्यक्ति का होना अनिवार्य है। टरमैन (Terman, 1940), पैट्रिज (Patridge 1961), काल्डवेल (Caldwell, 1953) आदि द्वारा किये गये अध्ययनों से नेतृत्व के अभिर्भाव (emergence) में इन गुणों की महत्ता साबित हो गयी है। व्यक्तित्व शीलगुणों (personality traits) में बुद्धि,आत्मविश्वास, शब्दाडम्बर (verbosity), प्रभुत्व, समायोजन (adjustment), सामाजिकता, परिश्रमप्रियता, दूरदर्शिता चमत्कार (charisma) तथा कल्पना शक्ति आदि प्रधान हैं। इसकी पुष्टि अनेकों अध्ययनों में की गयी है जिसमें गिब्ब (Gibb, 1961), लोरेट्टो तथा विलियम्स (Loretto and Williams 1974), मैकग्रेथ एवं जुलियन (McGreth & Julian, 1963), वेभिलास एवं उनके सहयोगियों (Bavelas et al, 1965) आदि द्वारा किये गये अध्ययन काफी महत्त्वपूर्ण है। कुछ मनोइतिहासज्ञ (psychochistrorians) का कहना है कि अधिक शक्तिशाली नेता का उद्भव अपने आप में देखे गये कमजोरियों (weaknesses) को दूर करने का प्रयास से होता है। वाल्फनस्टीन (Wolfenstein, 1967) ने लेनिन, ट्राटस्काई (Trotsky) तथा महात्मा गाँधी के इतिहास का अध्ययन कया और पाया कि किशोरावस्था में इनलोगों को महत्त्वपूर्ण पुरुषों से काफी संघर्ष करने में असमर्थता ने बाद में इनलोगों को एक शक्तिशाली नेता के रूप में उभरने में मदद किया। कुछ ऐसे अर्जित शीलगुण (acquired traits) भी होते हैं जो व्यक्ति को नेता बनने में मदद करता है। ऐसे शीलगुणों में समूह स्थिति (group status) एक महत्त्वपूर्ण शीलगुण है। मिल्स (Mills, 1967) ने यह बतलाया है कि संसार के अधिकतर नेता अपना पद अंशतः (partly) इसलिए प्राप्त कर पाये हैं क्योंकि उनका जन्म उच्च परिवारों में हुआ था। वार्नर तथा एवेग्गलेन (Warner & Abegglen, 1955) ने भी अपने अध्ययन में पाया कि अधिकतर अमेरिकन व्यवसायी प्रबंधक अपना पद इसलिए प्राप्त कर पाये हैं क्योंकि उनका जन्म उच्च परिवारों में हुआ था। रुद्रस्वामी (Rudraswamy, 1964) ने भी एक अध्ययन किया जिसमें उन्होंने पाया कि जब कुछ प्रयोज्यों को यह विश्वास दिलाया गया कि उनका पद या स्थिति (position) समूह में काफी ऊँचा है, तो वे अपने व्यवहारों में नेतृत्व गुणों का प्रदर्शन प्रारंभ कर दिये।

क्या शीलगुण सिद्धान्त (trait theory) की व्याख्या आधुनिक समाज मनोवैज्ञानिकों को मान्य है? शायद नहीं। इसका प्रमुख कारण यह है कि इस सिद्धान्त की कुछ कमजोरियाँ (weaknesses) हैं जिनमें निम्नांकित प्रमुख हैं—

(i) इस सिद्धान्त द्वारा वैसे सार्वत्रिक (universal) शीलगुणों का पता नहीं चलता है जो सभी नेताओं में समान रूप से पाये जाते हैं हालाँकि ऐसे शीलगुणों का पता लगाना इस सिद्धान्त का एक मुख्य उद्देश्य है। इतना ही नहीं, नेतृत्व व्यवहार एवं शीलगुणों के बीच समाज मनोवैज्ञानिकों ने बहुत निम्न सहसम्बन्ध (correlation) पाया है जिससे इस तथ्य की ओर इशारा होता है कि मात्र शीलगुणों के आधार पर यह नहीं कहा जा सकता है कि कौन समूह का नेता है? या क्यों व्यक्ति समूह का नेता हो जाता है ?

(ii) इस सिद्धान्त के समर्थन में किये गये अध्ययनों में असंगति (inconsistency) एवं विरोधाभास अधिक है। फलतः इस सिद्धान्त को अधिक विश्वसनीय (reliable) तथा वैध (valid) नहीं माना जा सकता है।

(iii) इस सिद्धान्त द्वारा इस तथ्य की भी व्याख्या नहीं हो पाती है कि व्यक्ति जिन्हें अपने जीवन की प्रारंभिक अवस्थाओं में अधिक संघर्ष करना पड़ा या जिन्हें असमर्थता का सामना करना पड़ा उसमें से कुछ नेता लोग तो महान नेता जैसे गाँधी और लेनिन क्यों बन गये परंतु अधिकतर लोग छोटा नेता भी क्यों नहीं बन पाये।

इस आलोचनाओं के आलोक में हम इस निष्कर्ष पर पहुँचते हैं कि शीलगुण सिद्धान्त द्वारा न तो नेतृत्व के उद्भव (origin) की व्याख्या होती है और न ही उसकी प्रभावशीलता (effectiveness) की। अतः आधुनिक समाज मनोवैज्ञानिकों ने इस सिद्धान्त को अन्य नये सिद्धान्तों द्वारा प्रतिस्थापित कर दिया है।

परिस्थितिजन्य सिद्धान्त
(Stituational theory)

परिस्थिजन्य सिद्धान्त(situational theory)का प्रतिपादन शीलगुण सिद्धान्त से उत्पन्न असंतुष्टि के फलस्वरूप हुआ। जब समाज मनोवैज्ञानिकों को यह पूर्ण विश्वास हो गया कि शीलगुण सिद्धान्त से नेतृत्व के उद्भव (origin)या अविर्भाव (emergence)की व्याख्या नहीं की जा सकती है तो इनलोगों ने समूह परिस्थिति (group situation)की विशेषताओं की ओर मुड़े। इस सिद्धान्त के अनुसार नेतृत्व उद्भव में व्यक्ति के शीलगुणों(triats)का हाथ नहीं बल्कि समूह परिस्थिति की विशेषताओं का हाथ होता है। समूह का नेता कौन व्यक्ति होगा इसका निर्धारण व्यक्ति के व्यक्तित्व के शालगुणों द्वारा नहीं बल्कि समूह की वर्तमान परिस्थिति या समय द्वारा होता है। इसलिए इस सिद्धान्त को *समय सिद्धान्त* (Time theory) या *जिटागिस्ट सिद्धान्त* (Zeitgeist theory) भी कहा जाता है। स्पष्टतः तब इस सिद्धान्त के अनुसार नेता जन्मजात नहीं होते बल्कि परिस्थितियों मे ढलकर उत्पन्न होते हैं। इस सिद्धान्त के अनुसार एक व्यक्ति एक परिस्थिति में नेता हो सकता है लेकिन दूसरी परिस्थिति में वह नेता नहीं भी हो सकता है क्योंकि परिस्थिति की विशेषताओं न कि शीलगुणों द्वारा नेता पद किसी व्यक्ति विशेष को मिलता है। फेल्डमैन[1] (Feldman, 1985)ने इस सिद्धान्त की व्याख्या करते हुए कहा ''परिस्थितिक सिद्धान्त यह बतलाता है कि कोई खास व्यक्ति एक परिस्थिति में नेता हो सकता है परंतु दूसरे में नहीं क्योंकि परिस्थिति की विशेषताओं न कि व्यक्ति की विशेषताओं द्वारा नेतृत्व की प्राप्ति होती है।''

स्पष्ट हुआ कि परिस्थितिजन्य सिद्धान्त के अनुसार समूह का नेता कौन होगा, इस बात का निर्धारण परिस्थिति या समय करता है। कूपर तथा मैकगॉफ (Cooper & McGaugh, 1969) ने इस सिद्धान्त के समर्थन में अध्ययन कर कुछ तथ्यों को प्रकाश में लाया है। इनलोगों का कहना है कि हिटलर (Hitler) ने जर्मनी के बदले अमेरिका में यदि अपना आंदोलन छेड़ा होता, तो उसे जेल में फेंक दिया जाता या किसी मानसिक रोगशाला में भर्ती करा दिया जाता। परंतु जर्मनी में उस समय की परिस्थिति ही कुछ ऐसी थी जो उन्हें नेता बना दिया। भारत में भी इसके कुछ ताजा उदाहरण है। अगर श्रीमती इंदिरा गाँधी को 31 अक्तूबर, 1984 को गोली मारकर हत्या नहीं कर दी गयी होती तो क्या तुरंत राजीव गाँधी भारत के प्रधानमंत्री होते? शायद नहीं। परंतु उनकी हत्या से उत्पन्न परिस्थिति ही कुछ इस प्रकार की थी कि उन्हें भारतवासियों का नेता बना दिया गया। उसी तरह से 1974 के पहले श्री जयप्रकाश नारायण ने एक उतना सफल नेतृत्व लोगों को नहीं दिया। परंतु मार्च, 1974 के बाद कुछ ऐसी परिस्थिति उत्पन्न हो गयी जिसके कारण वे एक सफल क्रांतिकारी नेता बन कर लोगों के सामने उभर आये। स्पष्ट है कि एक खास परिस्थिति या समय जबतक नहीं आता, व्यक्ति नेता के रूप में नहीं उभर पाता है। अतः समय बलवान होता है न कि स्वयं व्यक्ति।

अब प्रश्न यह उठता है कि समूह परिस्थिति की कौन-कौन-सी विशेषताएँ हैं जिनसे नेतृत्व का उद्भव (origin) प्रभावित है। इस सिलसिले में अनेकों अध्ययन किये गये हैं। कुछ प्रमुख अध्ययनों के आलोक में जो समूह विशेषताएँ सामने आयी हैं, वे इस प्रकार हैं—कार्टर एवं सहयोगियों (Carter et al. 1951) एवं क्रेच तथा उसके सहयोगियों (Kretch et al. 1962) के अध्ययनों से स्पष्ट हुआ है कि जब समूह बड़ा होता है, तो उसमें कई तरह के नेता के उत्पन्न होने की सम्भावना अधिक हो जाती है। कुरोकावा तथा मिसूमी (Kurokawa & Misumi, 1975) ने अपने अध्ययन के आधार पर बतलाया है कि समूह के आकार (size) द्वारा नेतृत्व के प्रकार का भी निर्धारण होता है। जैसे, कार्य-उन्मुखी नेतृत्व (task-oriented leaders) की उत्पत्ति बड़े समूहों में अधिक होती है परंतु छोटे समूहों में सांवेगिक नेताओं (emotional leaders) की उत्पत्ति अधिक होती है। उसी तरह में डाइसन एवं उनके सहयोगियों (Dyson et al. 1976) ने अपने अध्ययन के आधार पर बतलाया है कि समजातीय समूह (homogenous group) में नेता का उद्भव देरी से होता है। कुछ अध्ययनों से यह पता चला है कि समूह की संकटकालीन परिस्थिति (crisis situation) का भी प्रभाव समूह नेतृत्व में उद्भव में पर पड़ता है। यदि समूह के सामने भयंकर संकट आ गया है या समूह के सदस्यों में प्रतियोगिता की भावना काफी तीव्र हो गयी है, तो वैसी परिस्थिति में समूह में सत्तावादी नेता (authoritarian leader) के उत्पन्न होने की सम्भावना काफी तीव्र हो जाती है। हम्बलीन (Humbin, 1958) एवं वर्केल तथा उनके सहयोगियों (Worchel et al., 1977) ने अपने-अपने अध्ययनों के आधार पर इस तथ्य की पुष्टि किया है।

कुछ अध्ययनों से यह भी पता चला है कि समूह की आवश्यकता (need of the group) से भी नेतृत्व का उद्भव

1. "The situational approach implies that a particular individual can be leader in one setting and not in another because it is the characteristics of the situation and not the person that lead to leadership attainment".
—Feldman : *Social Psychology,* 1985, p. 358.

प्रभावित होता है। प्रत्येक परिस्थिति में समूह की कुछ खास-खास आवश्यकताएँ होती हैं। जो व्यक्ति उन आवश्यकताओं की पूर्ण संतुष्टि कर देने में समर्थ हो जाता है, समूह उसे अपना नेता मान लेता है। भारतीय स्वतंत्रता संग्राम आंदोलन की मुख्य आवश्यकता एक ऐसे नेतृत्व की थी जो भारतीयों को अंग्रेजी राज्य में संतोषजनक ढंग से मुक्ति दिला दे। चूँकि इस आवश्यकता की पूर्ति करने में महात्मा गाँधी, नेहरू आदि व्यक्तियों ने सफलता प्राप्त किया, अतः भारतवासियों ने उन्हें अपना नेता स्वीकार कर लिया। बेल्स (Bales, 1953) ने अपने अध्ययन के आधार पर भी दिखलाया है कि जब समूह आवश्यकता परिवर्तित हो जाती है, तो इससे समूह के नेता में भी परिवर्तन आ जाता है। ऐसा इसलिए होता है क्योंकि परिवर्तित आवश्यकता को पुराने नेता संतुष्ट नहीं कर पाते हैं। बाद में वार्नलुंड (Barnlund, 1962) ने भी वेल्स के निष्कर्ष की पुष्टि किया है क्योंकि इन्होंने अपने प्रयोग में पाया कि समूह के कार्य के बदलने पर नेतृत्व बदल जाता है।

इस तरह से यह स्पष्ट है कि नेतृत्व के उद्भव पर कई प्रकार के परिस्थितिजन्य कारकों का प्रभाव पड़ता है। परिस्थिति की विशेषताओं से सिर्फ यह नहीं पता चलता है कि समूह का नेता कौन होगा बल्कि यह भी पता चलता है कि वह व्यक्ति किस प्रकार का नेता होगा। सैनफोर्ड (Sanford, 1950) ने अपने अध्ययन में पाया कि सत्ताधारी अनुयायी (authoritarian followers) समूह-उन्मुखी (group-oriented) या प्रजातंत्रात्मक नेता नहीं पसंद करते हैं। वे सत्ताधारी ही पसंद करते हैं। हालपिन (Halpin, 1954) के अनुसार कम खतरे वाले कार्यों को करने में समूह के सदस्य प्रजातंत्रात्मक नेतृत्व चाहते हैं परंतु अधिक खतरे वाले कार्यों को करने में अनुयायी सत्ताधारी एवं कार्य-उन्मुखी (task-oriented) नेता चाहते हैं।

परिस्थितिजन्य सिद्धान्त की कुछ आलोचनाएँ भी की गयी हैं जो निम्नलिखित हैं—

(1) इस सिद्धान्त द्वारा इस तथ्य की व्याख्या नहीं हो पाती है कि समान परिस्थिति होने पर भी क्यों कुछ लोग हमेशा नेता बने रहते हैं तथा क्यों कुछ लोग हमेशा अनुयायी ही बने रहते हैं।

(2) यह सिद्धान्त यह भी नहीं बता पाता कि किस परिस्थिति विशेष में कौन व्यक्ति नेता बनेगा। फोल्डमैन[1] (Feldman, 1985) ने इस आलोचना के समर्थन में अपना विचार व्यक्त करते हुए कहा है कि इस सिद्धान्त में ''सबसे बड़ी कठिनाई यह है कि हमलोग यह बतलाने में असमर्थ रहते हैं कि कौन व्यक्ति नेता चुना जायेगा। अतः नेता कौन होने जा रहा है, इसका पूर्वानुमान या पूर्वकथन (prediction) करने में परिस्थितिजन्य सिद्धान्त अपर्याप्त है।''

निष्कर्ष यह है कि नेतृत्व के अविर्भाव (emergence) या उद्भव की व्याख्या करने में परिस्थितिजन्य सिद्धान्त अपने आप में उसी तरह अधूरा है जिस तरह शीलगुण सिद्धान्त। सचमुच में नेतृत्व की पूर्व व्याख्या तभी संतोषजनक ढंग से हो पती है जब हम इसे परिस्थितजन्य सिद्धान्त एवं शीलगुण सिद्धान्त दोनों से ही सम्बन्धित करते हैं। अतः नेतृत्व का सबसे उत्तम सिद्धान्त (best theory) वह है जो व्यक्ति के शीलगुण (traits) एवं परिस्थिति की विशेषताओं दोनों को ध्यान में रखता हो। मनोवैज्ञानिकों ने प्रासंगिकता सिद्धान्त (contingency theory) के अंतर्गत ऐसा ही बल डाला है।

प्रासंगिकता सिद्धान्त (Contingency theory)

प्रासंगिकता सिद्धान्त का सम्बन्ध नेता के अविर्भाव (emergence) से कम है तथा उसके प्रभावशीलता (effectiveness) से अधिक है। इस सिद्धान्त के अनुसार एक प्रभावकारी नेता (effective leader) वही व्यक्ति हो सकता है जिसमें नेतृत्व के उपयुक्त शीलगुण (appropriate traits) हो तथा साथ-ही-साथ जो परिस्थिति की माँगों (demands) को पूरा कर सके। स्पष्ट है कि प्रासंगिकता सिद्धान्त में नेतृत्व की व्याख्या शीलगुणों एवं परिस्थिति (situations) के पारस्परिक क्रिया (interaction) या प्रभाव द्वारा होता है। प्रासंगिकता सिद्धान्त में मूल रूप से तीन सिद्धान्त काफी महत्त्वपूर्ण है। इन तीनों की व्याख्या हम एक-एक करके अलग कर रहे हैं—

1. "The greatest difficulty is that we are unable to tell which particular individual will be chosen as leader...In terms of perdicting who is going to emerge as leader, then a purely situational approach is inadequate."
—Feldman : Social Psychology 1985, p. 360.

फाईडलर का प्रासंगिकता सिद्धान्त
(Fieldler's contingency theory)

जैसा कि नाम से ही स्पष्ट है, इस सिद्धान्त का प्रतिपादन फ्रेड फाईडलर (Fred Fiedler) ने 1964 में किया। फाईडलर ने अपने इस सिद्धान्त में यह व्याख्या करने की कोशिश किया है कि नेता इसलिए प्रभावकारी (effective) हो पाता है क्योंकि उनमें व्यक्तित्व शीलगुण (personality traits) होते हैं तथा साथ-ही-साथ परिस्थिति भी अनुकूल होती है। दूसरे शब्दों में, फाईडलर के अनुसार नेतृत्व की प्रभावशीलता नेतृत्व प्रकार (leadership style) तथा समूह की परिस्थिति दोनों द्वारा निर्धारित होती है। राजीव गाँधी के नेतृत्व की प्रभावशीलता (effectiveness) का कारण एक ओर तो उनका अपना व्यक्तित्व का शीलगुण था तथा दूसरी ओर देश की विशेष परिस्थिति ऐसी थी जहाँ कॉंग्रेस (ई) पार्टी का कोई सफल वैकल्पिक पार्टी (alternative party) नहीं दीख पड़ता था।

फाईडलर के प्रासंगिकता सिद्धान्त की वैज्ञानिक व्याख्या निम्नांकित भागों में बाँटकर की गयी है—

(अ) परिस्थिति (situation) (ब) नेतृत्व प्रकार (leader's style) (स) मॉडल जिससे यह पता चलता है कि नेतृत्व का कौन प्रकार किस परिस्थिति में अधिक प्रभावकारी होता है।

इन तीनों का वर्णन इस प्रकार है—

(अ) परिस्थिति *(Stituation)*—परिस्थिति नेता के पद के अनुकूल (favourable) हो सकता है या प्रतिकूल (unfavourable) हो सकता है। अनुकूल परिस्थिति उसे कहा जाता है जब नेता अपने समूह के सदस्यों को नियंत्रित करने में सफल हो जाता है। अनुकूल परिस्थिति में नेतृत्व की प्रभावशीलता बढ़ जाती है। फाईडलर के अनुसार निम्नांकित तीन ऐसे कारक हैं जो नेता के लिए परिस्थिति की अनुकूलता (favourableness) का निर्धारण करते हैं—

1. नेता-सदस्य सम्बन्ध *(Leader member relations)*—यदि नेता तथा समूह के सदस्यों के बीच मधुर सम्बन्ध है, तो वह परिस्थिति नेतृत्व के लिए काफी अनुकूल माना जाता है। परंतु यदि सदस्य नेता को शक की निगाह से देखते हैं, उससे घृणा करते हैं तो वह परिस्थिति नेतृत्व की प्रभावशीलता के लिए प्रतिकूल (unfavourable) समझी जाती है।

2. कार्य संरचना *(Task structure)*—जब सदस्यों द्वारा किये जाने वाला कार्य संरचित (structrued) होता है तथा उसमें इतनी स्पष्टता होती है कि सदस्यों को उसे करने में कोई उलझन नहीं होता है, तो वह परिस्थिति भी नेतृत्व की प्रभावशीलता के लिए अनुकूल मानी जाती है। दूसरे तरफ जब सदस्यों के सामने असंरचित कार्य (unstructured task) रहता है जिसमें अस्पष्टता अधिक होती है तो समूह के नेतृत्व प्रदान करना मुश्किल हो जाता है और नेतृत्व की प्रभावशीलता कम हो जाती है।

3. नेता का शक्ति स्तर *(Power position of leader)*—नेता की शक्ति (power position) जितना ही विस्तृत होता है, नेतृत्व की प्रभावशीलता के लिए वह परिस्थिति उतनी ही अनुकूल (favourable) समझी जाती है। नेता की शक्ति स्तर से तात्पर्य अपने सदस्यों को पुरस्कार (reward) तथा दंड (punishment) देने का विशेषाधिकार से होता है।

(ब) नेतृत्व शैली *(Leadership style)*—फाइडलर के सिद्धान्त में नेतृत्व प्रभावशीलता में सिर्फ समूह की परिस्थिति ही नहीं बल्कि नेतृत्व के गुण या प्रकार भी महत्त्वपूर्ण होता है। उनके सहयोगियों द्वारा किये गये अध्ययनों से यह स्पष्ट हो गया है कि नेतृत्व के निम्नांकित दो प्रकार (styles) होते हैं।

1. कार्य-उन्मुखी नेतृत्व *(Task-oriented leadership)*—कार्य-उन्मुखी नेता मूलतः अपने सदस्यों से किसी भी कीमत पर काम करा लेने में विश्वास रखते हैं। इन्हें सिर्फ काम चाहिए चाहे उससे किसी को कुछ नुकसान भी क्यों न उठाना पड़े। इस तरह के नेता को सदस्यों के आपसी सम्बन्धों एवं हितों का कोई ख्याल नहीं होता है।

2. समूह-उन्मुखी नेतृत्व *(Group-oriented leadership)*—समूह-उन्मुखी नेता अपने सदस्यों के साथ सौहार्द्रपूर्ण संबंध बनाये रखने का प्रयत्न अधिक करते हैं तथा सदस्यों के हितों का अधिक ख्याल करते हुए उनके कार्य करते हैं।ऐसे नेता सदस्यों के साथ घनिष्ठ व्यक्तिगत सम्बन्ध (close personal relationship) को बनाये रखने पर अधिक बल डालते हैं। इसलिए ऐसे नेता को सम्बन्ध उन्मुखी नेता (relationship-oriented leader) भी कहा जाता है।

फाइडलर ने एक प्रश्नावली का भी निर्माण किया है जिसके उत्तरों के आधार पर वे निश्चित कर पाते थे कि अमुक नेता कार्य-उन्मुखी (task-oriented) है या समूह-उन्मुखी (group-oriented) है। इस प्रश्नावली को उन्होंने *लीस्ट प्रेफर्ड कोवर्कर स्केल* (Least Perferred Coworker Scale or LPC Scale) (अर्थात सबसे कम पसंद किया जाने वाला सहकर्मी मापनी) की संज्ञा दिया है जो 8-बिंदुओं द्वारा एक-दूसरे से अलग किये होते हैं। (चित्र-16.2 देखें)

प्रत्येक विशेषण के युग्म पर के आठ बिन्दुओं में से प्रयोज्य (subject) द्वारा चिह्नित बिन्दु ही वास्तविक प्राप्तांक (score) होते हैं। सभी युग्मों (pairs) पर आये प्राप्तांक को एक साथ जोडक़र उस प्रयोज्य का कुल प्राप्तांक ज्ञात किया जाता है। यदि कुल प्राप्तांक ऊँचा (high LPC) होता है, तो समझा जाता है कि व्यक्ति समूह-उन्मुखी नेता (group-oriented leader) है परंतु यदि कुल प्राप्तांक कम होता है (low LPC) तो समझा जाता है कि व्यक्ति कार्य-उन्मुखी नेता (task-oriented leader) है। पहले तरह के नेता (समूह उन्मुखी) सदस्यों की संतुष्टि एवं उनके सौहार्द्रपूर्ण सम्बन्ध को प्रथम स्थान देता है तथा कार्य संपादन को गौण स्थान देता है जबकि दूसरे तरह के नेता कार्य संपादन को प्रथम स्थान देता है तथा सदस्यों की संतुष्टि को गौण स्थान देता है।

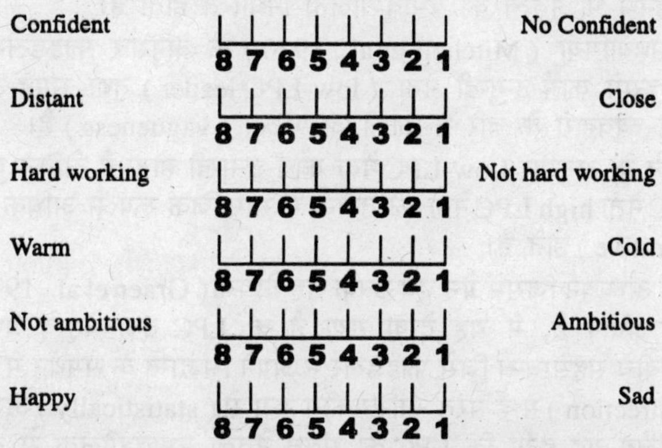

चित्र 16.2 : LPC मापनी का एक उदाहरण

(स) मॉडल से पूर्वकथन (*Prediaction from Model*)—जब फाइडलर ने परिस्थिति की अनुकूलता तथा नेतृत्व प्रकार की व्याख्या कर लिया तो अंत में उन्होंने अपने इस मॉडल के आधार पर नेता की प्रभावशीलता (effectiveness of leader) के बारे में कुछ पूर्वकथन (predictions) किया जो निम्नांकित हैं—

(1) कार्य-उन्मुखी नेता (task-oritnted leader) अधिक अनुकूल (highly favourable) तथा अधिक प्रतिकूल (highly unfavourable) दोनों ही परिस्थितियों में प्रभावकारी (effective) सिद्ध होते हैं। परंतु जब परिस्थिति की अनुकूलता (fovourability) बीचों-बीच की होती है (अर्थात न कम और न ज्यादा) तो वैसी परिस्थिति में कार्य-उन्मुखी नेता उतना अधिक प्रभावकारी सिद्ध नहीं होते हैं।

(2) समूह-उन्मुखी नेता (group-oriented leader) का पैटर्न इसके विपरीत होता है। जब परिस्थिति की अनुकूलता बीचों-बीच की होती है तो समूह-उन्मुखी नेता अधिक प्रभावकारी होते हैं परंतु परिस्थिति की अनुकूलता कम या अधिक होने पर इनकी प्रभावशीलता जाती रहती है।

फाइडलर के इस सिद्धान्त की वैधता (validity) की जाँच करने के लिए अनेकों समाज मनौवैज्ञानिकों ने जैसे—चेमर्स तथा स्र्कजीपेक (Chemers & Skerzypeck, 1972), राईस (Rice, 1981) तथा ग्रेन एवं उनके सहयोगियों (Graen et. al, 1970) ने शोध किया है। अधिकतर परिणाम इस सिद्धान्त के पक्ष में गये हैं। परंतु कुछ लोगों ने इस सिद्धान्त में कुछ अवगुण (demerits) भी पाया है। अवगुणों की व्याख्या करने के पहले इस सिद्धान्त के निम्नांकित तीन गुणों (merits) की व्याख्या करना हम अनिवार्य समझते हैं—

(i) यह पहला ऐसा सिद्धान्त है जो स्पष्टत: बतलाया है कि नेता की प्रभावशीलता का स्वरूप परिस्थिति की विशेषताओं एवं नेतृत्व के गुण या प्रकार दोनों द्वारा ही निर्धारित होती है।

(ii) यह सिद्धान्त नेता के उन गुणों तथा परिस्थिति के उन विशेषताओं के बारे में खासतौर से पूर्वकथन करता है जिनसे नेता की प्रभावशीलता का निर्धारण होता है।

(iii) स्टर्ब एवं गारसीया (Sturbe & Garcia, 1980) ने इस सिद्धान्त के क्षेत्र में 1980 तक अध्ययनों का विश्लेषण कर यह बतलाया है कि फाइडलर का सिद्धान्त नेतृत्व प्रभावशीलता के बारे में एक सफल, विश्वसनीय एवं वैध पूर्वकथन करता है।

इन गुणों के बावजूद भी इस सिद्धान्त के कुछ अवगुण (demerits) हैं जो निम्नांकित हैं—

(i) कुछ मनोवैज्ञानिकों जैसे—स्कीन (Schein, 1980) का कहना है कि फाइडलर सिद्धान्त के प्रासंगिकता चरों (contingency variables) को मापना एक कठिन कार्य है। उदाहरणार्थ, यह सही-सही मापना कठिन है कि नेता और सदस्यों का सम्बन्ध (leader-member relations) कितना अच्छा है, समूह कार्य कितना संरचित है और नेता को अपने सदस्यों पर अधिकार कितना है, आदि-आदि। इन सबका परिणाम यह होता है कि इस सिद्धान्त द्वारा नेतृत्व प्रभावशीलता की व्याख्या सही-सही नहीं हो पाती है।

(ii) इस सिद्धान्त में समूह के सदस्य अर्थात अनुयायियों की विशेषताओं को नजरअंदाज किया गया है जबकि सच्चाई यह है कि इनसे भी नेतृत्व की प्रभावशीलता निर्धारित होती है।

(iii) मिचेल एवं उनके सहयोगियों (Mitchell et al., 1970) के अनुसार फाइडलर सिद्धान्त की एक मुख्य समस्या यह है कि इसमें कार्य-उन्मुखी नेता (low-LPC leader) तथा समूह-उन्मुखी नेता (high LPC leader) के विशिष्ट व्यवहारों के बारे में काफी अस्पष्टता (vagueness) है।

फाइडलर के अध्ययन के अनुसार Low-LPC नेता कार्य-उन्मुखी होता है लेकिन कुछ अध्ययनों में यह देखा गया है कि low LPC नेता high LPC नेता की तुलना में सामाजिक रूप से अधिक संवेदनशील (sensitive) तथा दंडात्मक (punitive) होते हैं।

(iv) हाल में किये गये कई अध्ययन जिसमें ग्रेन एवं उनके सहयोगियों (Graen et al., 1970) एवं अशोर (Ashour, 1973) के अध्ययन प्रधान हैं, में यह देखा गया है क LPC तथा नेतृत्व प्रभावशीलता (leadership effectiveness) के बीच सहसम्बन्ध जिसे फाइडलर ने अपने सिद्धान्त के समर्थन में उल्लिखित किया है, यद्यपि सही दिशा (right direction) में है परंतु सांख्यिकीय रूप से (statistically) असार्थक (nonsignificant) है। इसका स्पष्ट मतलब यह हुआ कि LPC का संबंध नेतृत्व प्रभावशीलता से तब नहीं होता है।

(v) वर्केल तथा कूपर (Worchel & Cooper, 1970) के अनुसार इस सिद्धान्त में परिस्थिति की अनुकूलता (favourableness) को मापने का कोई वस्तुनिष्ठ तरीका (objective ways) नहीं बतलाया गया है।

(vi) कुछ लोगों का यह भी मत है कि फाइडलर ने अपने सिद्धान्त में मात्र तीन विमाओं (dimensions) के आधार पर ही परिस्थिति का वर्गीकरण किया है परंतु अन्य ऐसे बहुत-सी विमाएँ (dimensions) हैं जिनके आधार पर परिस्थिति का वर्गीकरण किया जा सकता है। ऐसी विमाओं का जिक्र तक भी इस सिद्धान्त में नहीं किया गया है।

(vii) वर्केल तथा कूपर (Worchel & Cooper, 1979) ने यह भी बतलाया है कि नेतृत्व प्रभावशीलता (leadership effectiveness) पर परिस्थिति में होने वाले परिवर्तन के प्रभावों की व्याख्या इस सिद्धान्त में नहीं की गयी है। उदाहरणास्वरूप, मान लिया जाय कि एक low LPC नेता एक ऐसे समूह में प्रवेश करता है जहाँ परिस्थिति प्रतिकूल (unfavourable) है परंतु अपने प्रयासों से वह इसे थोड़ा अनुकूल (moderately favouarable) बना लेता है तो क्या वह इस उन्नत (improved) परिस्थिति में भी वह प्रभावकारी (less effective) होगा? इस प्रश्न का उत्तर इस सिद्धान्त में स्पष्टतः नहीं मिल पाता।

इन आलोचनाओं के आलोक में यह संदेह मन में ही रह जाता है कि फाइडलर का प्रासंगिकता सिद्धान्त (contingency theory) कहाँ तक नेतृत्व प्रभावशीलता का सही-सही पूर्वकथन (prediction) करता है। फिर भी इस सिद्धान्त का महत्त्व काफी है क्योंकि इसमें यह स्पष्टतः कहा गया है कि नेतृत्व प्रभावशीलता नेतृत्व प्रकार या गुण एवं परिस्थिति दोनों के संगम पर आधारित होता है।

पथ लक्ष्य सिद्धान्त (Path-goal Theory)

इस सिद्धान्त की जड़मूल मॉर्टीन इभान्स (Martin Evans, 1970) तथा राबर्ट हाऊस एवं उनके सहयोगियों (Robert House et al., 1971) द्वारा किये गये शोधों एवं प्रयोगों में है। इस सिद्धान्त का सार यह है कि नेता का व्यवहार एवं प्रासंगिकता कारकों (contingency factors) दोनों ही मिलकर अनुयायियों के व्यवहारों एवं मनोवृत्तियों को ठीक ढंग से प्रभावित करते हैं तथा नेतृत्व की प्रभावशीलता को बढ़ाते हैं। इस सिद्धान्त के अनुसार एक नेता अपने समूह के सदस्यों की संतुष्टि (satisfaction), प्रेरणा (motivation) एवं उनके निष्पादन (performance) को

निम्नांकित तीन तरीकों से प्रभावित कर पाता है।

(1) अपने सदस्यों को उचित पुरस्कार (rewards) देकर उनकी संतुष्टि प्रेरणा एवं निष्पादन को प्रभावित कर सकते हैं।

(2) निष्पादन लक्ष्यों (performance goals) की प्राप्ति होने पर ही वैसे पुरस्कारों को देकर नेता सदस्यों की संतुष्टि, प्रेरणा एवं निष्पादन को प्रभावित कर सकते हैं।

(3) पोडसाकॉफ (Podsakoff, 1982) के अनुसार सदस्यों की संतुष्टि, प्रेरणा एवं निष्पादन को बढ़ाने का तीसरा तरीका यह है कि अपने अनुयायियों या अधीनस्थ (subordinates) को लक्ष्य (goal) तक पहुँचाने वाले पथ (path) को स्पष्ट करे (यानि उन्हें बतलावें कि लक्ष्य की प्राप्ति के लिए उन्हें क्या करना चाहिए) तथा उन पथों (paths) पर उन्हें चलना आसान बनावें (अर्थात् अपने अधीनस्थों को जरूरत के अनुसार उचित दिशा (directions) एवं राय (advice) प्रदान करें)।

पथ-लक्ष्य सिद्धान्त के मूल तथ्यों को मोटे तौर पर दो भागों में बाँटकर उपस्थित किया जा सकता है।

(क) नेतृत्व व्यवहार के व्यवहार (Styles of leadership behaviour)

(ख) प्रासंगिकता कारक (Contingency factors)

इन दोनों की व्याख्या इस प्रकार है—

(क) नेतृत्व व्यवहार के प्रकार *(Styles of leadership behaviour)*—इस सिद्धान्त में नेतृत्व व्यवहार के निम्नांकित चार प्रकारों पर बल डाला गया है—

1. दिशासूचक नेतृत्व *(Directive leadership)*—इस तरह के नेतृत्व में नेत अपने अधीनस्थों (subordinates) को लक्ष्य पर पहुंचने से संबंधित तरह-तरह की राय या सुझाव देता है। वह उनलोगों को बतलाता है कि उन्हें क्या करना चाहिए, कैसे करना चाहिए, आदि ताकि वे लक्ष्य पर जल्द-से-जल्द पहुँच जायें। ऐसे नेता अपने सदस्यों को एक मानक नियम (standard rules) के अनुसार कार्य करने के लिए भी प्रेरणा देता है।

2. सहायक नेतृत्व *(Supportive leadership)*—इस तरह के नेतृत्व में नेता अपने अनुयायियों या अधीनस्थों के हित एवं भलाई का अधिक ख्याल करता है। वह हर संभव कोशिश करता है कि इनके अधिक-से-अधिक आवश्यकताओं की पूर्ति की जाये।

3. सहभागी नेतृत्व *(Participative leadership)*—इस तरह के नेतृत्व में नेता कोई भी निर्णय अपने अधीनस्थों (subordinates) से राय लेकर करता है तथा उन सबों के सुझाव का विशेष आदर करता है। इन सबके निर्णय को कार्यान्वित करने के लिए काफी तत्परता दिखलाता है।

4. उपलब्धि-उन्मुखी नेतृत्व *(Achievement-oriented leadership)*—इस तरह के नेतृत्व में नेता अपने अधीनस्थों (subordinates) के लिए चुनौतीपूर्ण लक्ष्यों का निर्धारण करता है तथा उन्हें प्राप्त करने के लिए अधीनस्थों को व्यक्तिगत जवाबदेही (personal responsbility) उठाने के लिए प्रेरित करता है। नेता प्रायः इस बात पर बल डालता है कि हमारे अनुयायी इतने सक्षम हैं कि वे इन चुनौतीपूर्ण लक्ष्यों की प्राप्ति अवश्य कर पायेंगे।

इस सिद्धान्त के क्षेत्र में किये गये अध्ययनों से यह स्पष्ट हो गया है कि एक ही नेता द्वारा विभिन्न परिस्थितियों में चारों नेतृत्व प्रकारों को अपनाया जा सकता है।

(ख) प्रासंगिकता कारक *(Contingency factors)*—इस सिद्धान्त में इस तथ्य पर बल डाला गया है कि कोई भी एक तरह का नेतृत्व प्रकार (leadership style) से हर परिस्थिति में अधीनस्थों या अनुयायियों की संतुष्टि (satisfaction) एवं प्रेरणा (motivation) में वृद्धि नहीं हो पाती है। अतः भिन्न-भिन्न परिस्थितियों के लिए भिन्न-भिन्न तरह के नेतृत्व प्रकार प्रभावकारी होता है। इस सिद्धान्त में निम्नांकित दो तरह के परिस्थितिक कारकों (stituational factors) को महत्त्वपूर्ण माना गया है जो यह बतलाता है कि कहाँ तक नेतृत्व का अमुक प्रकार सदस्यों में संतुष्टि एवं प्रेरणा के स्तर को बढ़ाने में सफल हो सकेगा—

(अ) व्यक्तिगत गुण *(Personal characteristics)*—समूह के सदस्यों के कुछ व्यक्तिगत गुण होते हैं जो यह निर्धारित कर पाते हैं कि कहाँ तक नेतृत्व के अमुक प्रकार से उनमें संतुष्टि हो रही है। ऐसे प्रमुख गुण निम्नांकित हैं—

1. क्षमता *(Ability)*—जब समूह के सदस्यों की क्षमता कम होती है, तो वे दिशासूचक नेतृत्व (directive leadership) को पसंद करते हैं और इस प्रकार के नेत से उनमें संतुष्टि अधिक होती है तथा उनके प्रेरणा (motivation) का स्तर ऊँचा उठ जाता है। परंतु जब सदस्यों की क्षमता अधिक होती है तो दिशासूचक नेतत्व उन्हें

पसंद नहीं होता है और ऐसे नेता को वे लक्ष्य प्राप्ति की दिशा में एक प्रमुख बाधक समझते हैं। स्पष्ट हुआ कि दिशासूचक नेता की प्रभावशीलता (effectiveness) उसी परिस्थिति में होती है जब सदस्यों की क्षमता कम होती है।

2. नियंत्रण बिन्दु *(Focus of control)*—समूह में सदस्य दो प्रकार के होते हैं। कुछ सदस्य ऐसे होते हैं जिनका नियंत्रण बिंदु आंतरिक (internal) होता है परंतु कुछ ऐसे भी होते हैं जिनका नियंत्रण बिंदु बाह्य होता है। आंतरिक नियंत्रण बिन्दु वाले सदस्य यही समझते हैं जो भी घटना उनके साथ घटता है उनका नियंत्रण उनके अपने हाथ में है परंतु बाह्य नियंत्रण बिंदु वाले सदस्य यह समझते हैं कि उनकें साथ जो भी हो रहा है उनका नियंत्रण बाहरी परिस्थिति द्वारा किया जा रहा है। मिचेल तथा उनके सहयोगियों (Mitchel et al., 1975) ने अपने अध्ययन के आधार पर यह बतलाया है कि आंतरिक नियंत्रण बिंदु वाले सदस्य सहभागी नेतृत्व (participative leadership) को अधिक पसंद करते हैं तथा ऐसे नेताओं से वे अधिक संतुष्ट रहते हैं जबकि बाह्य निंत्रण बिन्दु वाले सदस्य दिशासूचक नेतृत्व (directive leadership) को अधिक पसंद करते हैं तथा उनसे उन्हें अधिक संतुष्टि होती है।

3. आवश्यकताएँ एवं प्रेरणाएँ *(Needs and motives)*—सदस्यों की आवश्यकताएँ एवं प्रेरणाओं द्वारा भी इस तथ्य का निर्धारण होता है कि उन्हें तरह के नेतृत्व प्रकार (leadership style) में अधिक संतुष्टि (satisfaction) होगी। उदाहरणस्वरूप, जिन सदस्यों में उपलब्धि आवश्यकता (need for achievement) अधिक होती है, वे उपलब्धि उन्मुखी नेतृत्व (achievement oriented leadership) को अधिक पसन्द करते हैं तथा ऐसे नेता के साथ कार्य करने में उन्हें अधिक संतुष्टि होती है। परन्तु जिन सदस्यों में सम्बन्धन आवश्यकता (need for affiliation) अधिक मजबूत होती है, वे सहयोगी (supportive) या सहभागी नेतृत्व को अधिक पसन्द करते हैं।

(ब) कार्य वातावरण की विशेषताएँ *(Characteristics of work environment)*—जिस वातावरण में सदस्य अपने लक्ष्य-प्राप्ति (goal attainment) के लिए कार्य करते हैं, उसे कार्य-वातावरण कहा है। कार्य वातावरण की कुछ विशेषताएँ हैं जिनसे भी यह निर्धारित होता है कि किस तरह के नेतृत्व से सदस्यों में अधिक संतुष्टि होगी। हाऊस (House, 1971) के अनुसार सबसे प्रभावकारी नेतृत्व प्रकार (effective leadership style) वह होता है जो अपने अनुयायियों के कार्य वातावरण की कमी को को अपना मार्गदर्शन एवं समर्थन देकर पूरा करता है। अगर समूह में सदस्य किसी अस्पष्ट कार्य को कर रहे हैं तो इस सिद्धान्त के अनुसार वैसी परिस्थिति में दिशा सूचक नेतृत्व अधिक प्रभावकारी (effective) होगी। ऐसे नेतृत्व में इन सदस्यों की संतुष्टि, प्रेरणा एवं निष्पादन काफी अच्छी होगी। दूसरी तरफ यदि समूह में सदस्य एवं संरचित (structured) कार्य कर रहे हैं जहाँ कार्य नीति (work policy) बिलकुल ही स्पष्ट है, वहाँ दिशासूचक नेतृत्व लाभकारी एवं प्रभावकारी नहीं होगा बल्कि इससे सदस्यों में कुंठा (frustration) उत्पन्न होगा। इससे स्पष्ट है कि यह सिद्धान्त इस तथ्य पर बल डालता है कि किसी भी तरह के नेतृत्व प्रकार (leadership style) को अपनाने के पहले नेता को यह चाहिए कि वह यह देख लें कि सदस्यों के कार्य वातावरण (word enviornment) कैसा है अर्थात किस तरह की परिस्थिति (stituation) में उसे कार्य करना पड़ रहा है।

इस सिद्धान्त का सबसे प्रमुख गुण यह बतलाया गया है कि इसमें नेतृत्व के सिर्फ विभिन्न प्रकारों (styles) की ओर ही नहीं बल्कि अधीनस्थों (subordinates) की विशेषताओं एवं नेतृत्व परिस्थितियों (leadership situation) की विशेषताओं की ओर भी ध्यान दिलाया गया है जिससे नेतृत्व की प्रभावशीलता (effectiveness) प्रभावित होती है। इसके बावजूद भी इस सिद्धान्त के कुछ अवगुणों (demerits) की ओर लोगों ने ध्यान दिलाने की कोशिश किया है। रॉबिन्स (Robbins, 1983) के अनुसार चूँकि यह सिद्धान्त अभी बिलकुल ही नया है अतः इसके संप्रत्ययों (concepts) की प्रयोगात्मक सत्यता की जाँच पूर्णरूपेण नहीं की गयी है। अतः इसके संप्रत्ययों (concepts) की प्रयोगात्मक सत्यता की जाँच पूर्णरूपेण नहीं की गयी है। अतः इसके पूर्वकथन (predictions) को सही मानना उचित नहीं होगा। स्जीलागी तथा वालेस (Szilagyi & Wallace, 1980) ने इस सिद्धान्त के निम्नांकित दो प्रमुख त्रुटियों की ओर ध्यान आकृष्ट किया है—

(1) इस सिद्धान्त में नेतृत्व के चार प्रकारों (stypes) का वर्णन किया गया है। परंतु उन्हें कैसे मापा जाता है या उसके मापने की कसौटी (criteria) क्या है, इसकी व्याख्या नहीं की गयी है। विशेषकर सहभागी नेतृत्व (participative leadership) तथा उपलब्धि-उन्मुखी नेतृत्व (achievement-oriented leadrship) का मापन और भी अधिक स्पष्ट है।

(2) इस सिद्धान्त में समूह के सदस्यों की संतुष्टि एवं प्रेरणा (motivation) के पूर्वकथन (predication) पर तो अधिक बल डाला गया है परंतु सदस्यों के निष्पादन (perfomance) के पूर्व कथन की उपेक्षा की गयी है यद्यपि सदस्यों की संतुष्टि (satisfaction), प्रेरणा (motion) तथा निष्पादन (performance) तीनों को ही समान महत्त्वपूर्ण संप्रत्यय (concepts) माना गया है।

भ्रूम तथा ऐटन का सिद्धान्त (Vroom & Yetton's Theory)

इस सिद्धान्त का प्रतिपादन भ्रूम तथा ऐटन (Vroom & Yetton, 1973) द्वारा किया गया है। इस सिद्धान्त में नेता की सबसे प्रमुख भूमिका (Role) निर्णय लेना (decision making) माना गया है और इसी बिंदु पर यह सिद्धान्त मूलरूप में प्रकाश डालता है। प्रासंगिकता सिद्धान्त (contingency theory) के मूल भाव (spirit) को ध्यान में रखते हुए यह सिद्धान्त उन परिस्थितियों(situations)की भी व्याख्या करता है जिसमें निर्णय प्रक्रिया के विभिन्न प्रकार(styles) अधिक प्रभावकारी साबित हो सकते हैं, इन सिद्धान्त को निम्नांकित तीन भागों में बाँटकर हम उसकी व्याख्या कर सकते हैं—

(अ) वैकल्पिक निर्णय प्रकार *(Alternative decision)*—इस सिद्धान्त में पाँच वैकल्पिक निर्णय प्रकारों (alternative decision styles)—इस सिद्धान्त में पाँच वैकल्पिक निर्णय प्रकारों (alternative decision styles) का वर्णन किया गया है जिसे एक नेता किसी समस्या पर निर्णय करने में उपयोग कर सकता है। वे पाँच प्रकार निम्नांकित हैं—

1. सत्तावादी निर्णय *(Autocratic decision style)*—इस तरह के निर्णय प्रकार (decision style) में नेता अपने अधीनस्थों (subordinates) को समूह की उस समस्या के बारे में तनिक भी जानकारी नहीं देता है है जिसके बारे में निर्णय लिया जाने वाला है। इसके दो वैकल्पिक (alternatives) होते हैं—AI तथा AII .AI प्रकार (styles) में अधीनस्थ (subrodinates) को बिना कुछ बतलाये नेता निर्णय ले लेता है परंतु AII में वह निर्णय लेने से पहले समस्या के एकाध पहलुओं पर आंशिक रूप से अपने अधीनस्थों से कुछ पूछ लेता है।

2. सलाहकार प्रकार *(Consultative styles)*—इस प्रकार में नेता अपने अनुयायियों से समूह की समस्या पर निर्णय लेने में उनकी सलाह लेता है तथा उनकी मदद की उम्मीद रखता है। इसके दो वैकल्पिक (alternatives) होते हैं—CI तथा CII । CI में नेता अपने समूह के प्रत्येक सदस्य से व्यक्तिगत रूप से सलाह लेता है और तब एक निर्णय पर पहुँचता है। परंतु CII में नेता सदस्यों से व्यक्तिगत रूप से नहीं बल्कि सामूहिक रूप में सलाह लेता है और एक निर्णय पर पहुँचता है।

3. सामूहिक सहमति प्रकार(*Group consensus style)*—इसे GII कहा गया है तथा इस निर्णय प्रकार(decision style) में नेता अपने अनुयायियों के साथ एक समूह में बैठकर समूह की सहमति प्राप्त करके एक निर्णय लेता है। इस प्रक्रिया में निर्णय की अंतिम जवाबदेही (responsibility) एवं प्राधिकार (authority) नेता की ही होती है।

इस तरह से हम देखते हैं कि पाँच वैकल्पिक निर्णय प्रकार—AI, AII, CI, CII तथा GII है जिसका उपयोग नेता करता है।

(ब) निर्णय प्रभावशीलता *(Decision effectiveness)*—भ्रूण तथा ऐटन के सिद्धान्त में तीन ऐसे महत्त्वपूर्ण तत्त्वों (components) का उल्लेख किया गया है जिनसे नेता द्वारा लिए गये नियम की प्रभावशीलता पर असर होता है। वे तीन तत्त्व निम्नांकित हैं—

1. निर्णय गुण *(Decision quality)*—अगर समूह की समस्या काफी महत्त्वपूर्ण है तथा उसके दिये गये वैकल्पिक समाधान (altenaitve solution) कुछ ऐसे हैं जो एक-दूसरे से काफी भिन्न हैं तो वैसी परिस्थिति में यह आवश्यक है कि एक ऐसा निर्णय लिया जाये जिसमें उच्चस्तरीय गुण (quality) हो ताकि समस्या का समाधान संतोषजनक ढंग से हो। दूसरे तरफ जब समस्या साधारण होती है तथा जिसके वैकल्पिक समाधान (alternative solutions) करीब-करीब एक ही समान होते हैं तो वैसी परिस्थिति में निर्णय के गुणात्मक स्तर को ऊँचा होना आवश्यक नहीं है। अतः परिस्थिति की महत्ता के अनुकूल निर्णय लिए जाने पर नेता की प्रभावशीलता बढ़ जाती है।

2. निर्णय की स्वीकृति *(Decision acceptance)*—निर्णय की स्वीकृति से तात्पर्य होता है कि नेता द्वारा लिए गये निर्णय को कहाँ तक उनके अधीनस्थों (subordinates) द्वारा स्वीकार किया जाता है तथा उनका अनुपालन किया जाता है। नेता द्वारा किये गये निर्णय की प्रभावशीलता (effectiveness) स्पष्टतः इस बात पर निर्भर करती है कि कहाँ तक उसे अधीनस्थों या अनुयायियों द्वारा स्वीकार किया जाता है तथा उसका पालन किया जाता है। उच्चस्तरीय गुण वाला निर्णय भी तुच्छ हो सकता है यदि उसका अनुपालन एवं उपयोग अधीनस्थों द्वारा नहीं किया गया हो।

3. सामयिकता (*Timeliness)*—सामयिकता (timeliness) से तात्पर्य होता है कि निर्णय एक निश्चित अवधि

के भीतर कर लेना चाहिए। न तो नेता के लिए और न ही उनके अधीनस्थों (subordinates) के लिए यह शोभनीय होता है कि एक उच्चस्तरीय गुण वाला निर्णय लेने में जरूरत से अधिक समय लगे। यदि वे लगाते हैं तो इससे उनकी प्रभावशीलता (effectiveness) पर बुरा असर पड़ता है।

(स) एक खास निर्णय शैली का चयन *(Choosing p particular decision style)*—भ्रूम तथा ऐटन के सिद्धान्त में एक महत्त्वपूर्ण पहलू यह है कि नेता कौन-सी निर्णय शैली (decision style) अपनाता है क्योंकि निर्णय की प्रभावशीलता (effectiveness) सीधे उस शैली द्वारा प्रभावित होती है। इस सिद्धान्त के अनुसार नेता में लचीलापन (effectiveness) सीधे उस शैली द्वारा प्रभावित होती है। इस सिद्धान्त के अनुसार नेता में लचीलापन (flexibility) अधिक होता है। अतः एक ही परिस्थिति में विभिन्न तरह के निर्णय शैली (decision style) जैसी सत्तावादी शैली (autocrative style) या सलाहकार शैली (consulative style) अपनाकर उस परिस्थिति विशेष में अपने निर्णय को वह प्रभावशाली बना लेता है। ऐसा नहीं होता है कि सत्तावादी प्रकार के निर्णय करने वाले नेता सलाहकारी कार्यक्रम कर ही नहीं सकते हैं। वह इस सिद्धान्त का एक विशेष गुण बतलाया गया है। इस सिद्धान्त में कुछ ऐसे प्रश्नों पर भी विचार किया गया है जिनके उत्तरों के आधार पर नेता यह निर्णय कर पाता है कि अमुक परिस्थिति में उसे कौन-सा निर्णय शैली (decision style) अपनाना चाहिए।

इस सिद्धान्त के कुछ गुण (merits) तथा अवगुण (demerits) हैं।

प्रमुख गुण (merits) निम्नांकित हैं—

(i) यह सिद्धान्त नेतृत्व का एक आदर्शी मॉडल (normative model) है जो उन तत्त्वों की व्याख्या करता है जिनसे नेता की परिस्थिति के अनुकूल निर्णय की प्रक्रिया में अपनी सहभागिता (participation) का स्तर निर्धारण करने में मदद मिलती है। रॉबिन्स (Robbins, 1979) के अनुसार यह इस सिद्धान्त का प्रमुख गुण है।

(ii) एरनोल्ड तथा फेल्डमेन (Arnold & Feldman, 1986) के अनुसार एक दूसरा प्रमुख गुण यह है कि इस सिद्धान्त में नेता को एक लचीला (flexible) न कि दृढ़ (rigid) व्यक्ति माना गया है। दूसरे शब्दों में, नेता परिस्थिति के अनुकूल अपने निर्णय प्रकार (decision style) में परिवर्तन का समायोजन (adjustment) कर लेता है। यदि परिस्थिति में सत्तावादी प्रकार(autrocratic style)अधिक प्रभावकारी होगा, तो वह सत्तावादी निर्णय लेने की ओर अग्रसर होता है और यदि यह समझता है कि परिस्थिति में सलाहकारी निर्णय(consulative decision) अधिक प्रभावकारी होता तो वह इस तरह के निर्णय लेने की ओर अग्रसर होता है। सचमुच में सिद्धान्त का यह गुण उसे फाइडलर सिद्धान्त(Fiedler theory)से भिन्न कर देता है क्योंकि फाइडलर सिद्धान्त में नेता को एक दृढ़ (rigid) न कि लचीला व्यक्ति माना गया है। फाइडलर सिद्धान्त के अनुसार सत्तावादी नेता सिर्फ सत्तावादी निर्णय ही ले सकते हैं। अन्य दूसरे प्रकार के निर्णय करने की क्षमता उनमें नहीं होती है। स्पष्ट है कि भ्रूम तथा ऐटन सिद्धान्त में नेता को फाइडलर सिद्धान्त की अपेक्षा अधिक प्रभावकारी समझा जाता है।

इस गुणों के बावजूद भी इस सिद्धान्त के कुछ अवगुण (demerits) बतलाये गये हैं जो निम्नांकित हैं—

(i) कुछ समाज मनोवैज्ञानिकों ने इस सिद्धान्त को एक जटिल सिद्धान्त बतलाकर उसकी उपेक्षा किया है और कहा है कि इस जटिलता के बावजूद भी इस सिद्धान्त द्वारा नेतृत्व-व्यवहार की व्याख्या सभी परिस्थितियों में नहीं हो पाती है।

(ii) इस सिद्धान्त के वास्तविक आँकड़े नेतृत्व परिस्थितियों में नहीं बल्कि भिन्न-भिन्न संगठनों (organization) के प्रबंधकों (managers) के आत्म-प्रतिवेदनों (self-report) द्वारा प्राप्त किये गये थे। अतः कुछ आलोचकों का मत है कि सिद्धान्त की सत्यता संगठनात्मक नेतृत्व (organizational leadership) के संदर्भ में तो हो सकती है परंतु अन्य सामान्य समूह की परिस्थितियों में भी होगा, यह कहना मुश्किल है।

इन आलोचनाओं के बावजूद भी यह सिद्धान्त जैसा कि फेल्ड (Field, 1912) ने बतलाया है, नेतृत्व के क्षेत्र में एक महत्त्वपूर्ण कदम है। यह सिद्धान्त नेतृत्व एवं निर्णय प्रक्रिया (decision-making process) का एक ऐसा असाधारण मॉडल की व्याख्या करता है, जो हमें अन्य सिद्धान्तों में नहीं मिलता है।

नेतृत्व प्रशिक्षण
(Leadership Training)

अर्थ *(Meaning)*—नेतृत्व प्रशिक्षण का अर्थ नेता को अपनी भूमिका-निर्वाह से संबंधित आवश्यक तथ्यों से ज्ञान कराना है। संसार के करीब-करीब सभी प्रजातंत्रात्मक देशों (democratic countries) में पहले यह अनुभव किया जाता

था कि नेतृत्व प्रशिक्षण एक बहुत ही गुणकारी चीज नहीं है। यह धारणा मूलतः दो बातों पर आधारित थी—पहला तो यह कि नेता जन्म से पैदा होते हैं, बनाये नहीं जाते हैं (leaders are born not made)। अतः प्रशिक्षण देने से कोई फायदा नहीं होगा। जो पैदाइशी नेता है, वे नेता बने रहेंगे तथा जो पैदाइशी नहीं है, उन्हें प्रशिक्षण देकर भी नेता नहीं बनाया जा सकता है। दूसरी बात यह थी कि प्रजातंत्र में थोड़ी-सी भी परिस्थिति अनुकूल मिल जाने पर कोई भी व्यक्ति नेता हो सकता है। अतः नेतृत्व प्रशिक्षण जैसी चीज गोबर में घी डालने के समान है, परंतु धीरे-धीरे ये दोनों तरह की अवधारणाएँ की मान्यता टूटती गयीं और अब यह बिलकुल ही स्थापित हो गया है कि नेतृत्व प्रशिक्षण द्वारा नेता को अधिक प्रभावकारी एवं गुणकारी बनाया जा सकता है। वेभेलस (Bavelas, 1942) द्वारा किये अध्ययनों से स्पष्ट हो गया है कि प्रशिक्षित नेतृत्व में समूह उत्पादकता (group productivity) अप्रशिक्षित नेतृत्व की उपेक्षा कहीं अधिक होती है।

महत्त्व (*Importace*)—नेतृत्व प्रशिक्षण की महत्ता काफी है। भिन्न-भिन्न क्षेत्रों के समूहों की समस्याओं के अध्ययन करने पर हम इस निष्कर्ष पर पहुँचते हैं कि यदि समूह का नेता प्रशिक्षित (trained) होता है, तो उस समूह का मनोबल (morale) तथा उत्पादकता (productivity) दोनों ही ऊँचा होता है। ऐसा समूह अपने लक्ष्यों (goals) की प्राप्ति की ओर तेजी से अग्रसर होता है। विभिन्न क्षेत्रों में नेतृत्व प्रशिक्षण के महत्त्व को हम इस प्रकार बतला सकते हैं—

(1) उद्योग धंधों में नेतृत्व का विशेष महत्त्व है। उद्योगों में सर्वेक्षक (supervisors) तथा फोरमैन (foreman) के सामने अनेकों तरह की समस्याएँ आती हैं जिनका समाधान करने के लिए उन्हें प्रशिक्षित होना आवश्यक है। ब्लम तथा नेलर (Blum & Naylor, 1984) के अनुसार औद्योगिक संगठनों के लिए एक प्रशिक्षित पर्यवेक्षक अप्रशिक्षित सर्वेक्षक की उपेक्षा कई गुणा श्रेष्ठकर होता है।

(2) व्यवसाय संगठनों (Business organization) में कार्यपालक (executives) तथा प्रबंधक (managers) होते हैं जिनका निर्णय व्यवसाय को या तो अधिकतम मुनाफा दिला देता है या घाटा। अतः यह आवश्यक है कि उचित परिस्थिति में उचित निर्णय लें। इसके लिए भी इन्हें प्रशिक्षित होना अनिवार्य है अन्यथा व्यावसायिक संगठन घाटा में चलेगा और एक दिन बंद भी हो जा सकता है।

(3) नेतृत्व प्रशिक्षण का महत्त्व सरकारी संस्थानों में भी काफी है। सरकार के प्रशासनिक अफसरों (administrative officers) को भी अपने कार्य संचालन में भिन्न-भिन्न तरह की समस्याओं का सामना करना पड़ता है। साथ-ही-साथ उन्हें अपने उच्च अधिकारियों एवं अधीनस्थों (subordinates) दोनों के साथ ऐसा तालमेल रखना पड़ता है कि उनके प्रशासनिक आज्ञाओं का सही समय में अनुपालन हो सके। इसके लिए यह आवश्यक है कि उनमें प्रशासनिक कुशलता (administrative skills) हो। यह तभी संभव है जब उन्हें ठीक ढंग से प्रशिक्षित किया गया हो। यही कारण है कि भारत सरकार I.A.S. तथा I.P.S. एवं अन्य उच्च पदाधिकारियों का पद भार ग्रहण करने के पहले कुछ दिनों तक उन्हें प्रशिक्षित करती है। प्रत्येक राज्य सरकार भी अपने अधिकारियों को प्रशिक्षण देती है और संबंधित क्षेत्रों में विशेष ज्ञान प्राप्त करने के लिए इन्हें विदेश तक भेजने में हिचकिचाती नहीं है। सरकार द्वारा प्रशिक्षण पर इतना बल दिये जाने से सरकारी संस्थाओं में नेतृत्व प्रशिक्षण की महत्ता अपने आप ही स्पष्ट हो जाती है।

(4) शिक्षा (education) के क्षेत्र में नेतृत्व प्रशिक्षण की महत्ता काफी है। कॉलेज एवं स्कूल के शिक्षक तथा प्रिन्सिपल आदि यदि प्रशिक्षित होंगे तो स्वभावतः उन्हें अपने कार्यों को पूरा करने में और उत्तरदायित्व निभाने में सहूलियत होगी तथा छात्रों के साथ पूर्ण न्याय कर पायेंगे। इसी उद्देश्य की पूर्ति के लिए भारत सरकार अपनी एक उच्चतर संस्थान अर्थात विश्वविद्यालय अनुदान आयोग (University Grants Commission) द्वारा पूरे भारत में कॉलेज शिक्षकों को प्रशिक्षित करने के लिए विशेष तरह का कॉलेज (College) खुलवाया जिसे एकेडेमिक स्टाफ कॉलेज (Academic Staff College) की संज्ञा दी गयी है। प्रत्येक राज्य के कुछ चुने हुए विश्वविद्यालय में इस ढंग का कॉलेज खोला गया है जहाँ कॉलेज शिक्षकों को यथोचित प्रशिक्षण दिया जा रहा है। पूरे भारत में अभी 48 विश्वविद्यालय में ऐसी प्रशिक्षण दी जा रही है। बिहार में पटना विश्वविद्यालय, बिहार विश्वविद्यालय तथा राँची विश्वविद्यालय में ऐसे कॉलेज खोले गये हैं जहाँ संबंधित विश्वविद्यालय एवं अन्य नजदीक के विश्वविद्यालय के शिक्षक प्रशिक्षित किये जा रहे हैं।

उपर्युक्त विवरण से यह स्पष्ट हो जाता है कि नेतृत्व प्रशिक्षण का महत्त्व काफी है तथा इसका सफलतापूर्वक प्रयोग भिन्न-भिन्न क्षेत्रों में करके इसे और भी अधिक गुणकारी बनाया जा रहा है।

1. भाषण विधि (Lectured method)
2. सम्मेलन विधि (Conference method)
3. समस्या विवेचन विधि (Case discussion mthod)
4. भूमिका निर्वाह विधि (Role plying method)

इन सबका वर्णन निम्नांकित है—

1. भाषण विधि *(Lecture method)*—इस विधि में प्रशिक्षण पाने वाले नेतागण एक खास जगह पर एवं एक खास समय पर एकत्रित होते हैं और कोई विशेषज्ञ (expert) उन्हें नेतृत्व संचालन से संबंधित भिन्न-भिन्न पहलुओं पर भाषण देता है एवं समस्याओं के समाधान के तरीकों पर प्रकाश डालता है। प्रशिक्षण पाने वाले नेता चुपचाप बैठकर विशेषज्ञों की बात को सुनते हैं तथा बतलाये गये दिशाओं में अपने व्यवहारों एवं मनोवृत्तियों में परिवर्तन लाने की कोशिश करते हैं।

यद्यपि इस विधि द्वारा नेता को प्रशिक्षित करना काफी आसान है, फिर भी इस विधि में कुछ कठिनाइयाँ हैं। जैसे—कुछ लोगों का कहना है कि इस तरह की विधि में अधिकतर नेताओं को कोई फायदा नहीं हो पाता है और वे विशेषज्ञ की बातों को एक कान से सुनकर दूसरे कान से निकाल देते हैं। यह भी बतलाया गया है कि उच्च बुद्धि के नेता इस विधि से कोई खास लाभ नहीं उठा पाते हैं क्योंकि इनका ध्यान भाषण पर केन्द्रित हो ही नहीं पाता है। मायर (Maier, 1970) के अनुसार मात्र भाषण सुन लेने से नेताओं में व्यावहारिक कौशलता (practical skils) विकसित नहीं होता है। ऐसे प्रशिक्षण नेताओं को अपने कार्य पर लौटने पर फिर वही कठिनाई सामने आने लगती है।

2. सम्मेलन विधि *(Conference method)*—सम्मेलन विधि में प्रशिक्षण पाने वाले नेता या सर्वेक्षकगण (supervisors) एक बड़े हॉल (hall) में एकत्रित होते हैं तथा नेतृत्व संबंधित समस्याओ पर किसी विशेषज्ञ (expert) के मागदर्शन में वे विचार-विमर्श करते हैं। यहाँ विशेषज्ञ भाषण नहीं देता है बल्कि सभी उपस्थित नेताओं से आपस में विचार-विमर्श कराकर नेतृत्व की कुशलता तथा प्रभावशीलता के बढ़ाने की विधियों से उन्हें अवगत कराता है। इस तरह से नेता सम्मेलन विधि द्वारा प्रशिक्षित हो जाते हैं। यह विधि भाषण विधि से थोड़ा श्रेष्ठकर इसलिए होती है क्योंकि इसमें प्रशिक्षण पाने वाले नेताओं की भूमिका अधिक सक्रिय होती है तथा इनका आवेष्टन (involvement) भी होता है। इस विधि द्वारा अधिक बुद्धि के नेताओं को प्रशिक्षण देना कठिन है क्योंकि ऐसा देखा गया है कि ऐसे नेता सम्मेलन में चुपचाप बैठे रह जाते हैं। वे किसी भी पहलुओं पर अपना विचार नहीं व्यक्त कर पाते हैं। इस तरह से उनमें नीरसता आने लगती है और धीरे-धीरे सम्मेलन में मानसिक रूप से वे अलग हो जाते हैं।

3. समस्या-विवेचन विधि *(Case discussion method)*—समस्या-विवेचन विधि बहुत कुछ सम्मेलन विधि के ही समान है। अंतर सिर्फ इतना है क इसमें नेता के प्रशिक्षण का केंद्र बिंदु (focal point) कुछ चुनी' हुए विशिष्ट समस्याएँ होती हैं। इन समस्याओं पर बारी-बारी से कोई एक विशेषज्ञ प्रशिक्षण पाने वाले नेताओं के साथ (जिनका संख्या कम होती है) विचार-विमर्श करता है। इस विचार-विमर्श के दौरान उन्हें नये-नये अनुभव होते हैं और इस तरह से वे धीरे-धीरे प्रशिक्षित होने लगते हैं। फिशर (Fisher, 1982) के अनुसार यह विधि सम्मेलन विधि से अधिक प्रभावकारी दो कारणों से सिद्ध हुआ है। पहला तो यह कि समस्या-विवेचन विधि में प्रिशिक्षण पाने वाले व्यक्तियों का एक छोटा समूह होता है जिससे विचार-विमर्श में प्रशिक्षार्थियों (trainees) की सहभागिता (participation) अधिक हो पाती है। दूसरा यह है समस्या-विवेचन विधि में विचार-विमर्श नेतृत्व के सामान्य पहलुओं पर न होकर विशिष्ट समस्याओं पर केन्द्रित होता है। फलतः प्रशिक्षार्थियों को लाभ अपेक्षाकृत अधिक होता है।

4. भूमिका निर्वाह विधि *(Role playing mehtod)*—नेतृत्व प्रशिक्षण के इस विधि का प्रतिपादन का स्रोत मोरेनो (Moreno, 1930) का 'मनोनाटक' (Psychodrama) विधि है। भूमिका-निर्वाह विधि की सबसे प्रमुख पूर्वकल्पना (assumption) यह है कि हम जो चीज करके सीखते हैं (Learning by doing) वह अधिक मजबूत एवं टिकाऊ होती है। इस विधि में प्रशिक्षण पाने वाले नेताओं को कुछ विशेष भूमिका निभाना होता है। भूमिका निभाते समय उस भूमिका से संबंधित नियमों एवं कर्त्तव्यों का भी पालन करना होता है। इस तरह से नेता भूमिका से सम्बन्धित कर्त्तव्यों

(duties) एवं अधिकारी को निभाना सीख लेते हैं। उदाहरणार्थ, एक समूह में कुछ सर्वेक्षकों (supervisors) को मालिक (proprietor) की भूमिका निभाने के लिए कहा जा सकता है तथा कुछ को ऐसे कर्मचारी (employees) की जो मालिक का घेराव वेतन वृद्धि की माँग को पूरा करने के लिए कर रहे हों। स्वभावतः मालिक की भूमिका निभाने में उसे सर्वेक्षक (supervisor) को उन कठिनाइयों का सामना करना पड़ेगा जो सचमुच में एक मालिक को करना पड़ता है। कर्मचारी की भूमिका में सर्वेक्षकों को उन कर्त्तव्यों का ज्ञान होगा जो एक कर्मचारी में होता है। नेतृत्व प्रशिक्षण में भूमिका-निर्वाह विधि की सार्थकता की पुष्टि अनेकों मनोवैज्ञानिकों जैसे ब्रेडफोर्ड तथा लिपिट (Bradford & Lipitt, 1945) एवं फ्रेंच (French, 1946) आदि ने अपने-अपने अध्ययनों के आधार पर किया है।

इस तरह से हम देखते हैं कि नेतृत्व प्रशिक्षण के कई प्रविधियाँ (techniques) हैं। इन प्रविधियों में अपनी सरलता के कारण भाषण विधि एवं सम्मेलन विधि अन्य विधियों की अपेक्षा अधिक प्रचलित हो पायी है।

नेतृत्व प्रशिक्षण के मार्ग में बाधाएँ *(Obstacles in the way of leadership training)*—कुछ ऐसे कारक (factors) है जिनके चलते नेतृत्व प्रशिक्षण के मार्ग में बाधाएँ उत्पन्न हो जाती हैं। उन कारकों में प्रमुख निम्नांकित हैं—

(1) सम्भव है कि नेता यह महसूस ही नहीं करे कि उसे किसी प्रकार की प्रशिक्षण की जरूरत है समूह की सभी क्रियाएँ उसे ठीक-ठीक नजर आती हों और वह यह भी समझता हो कि समूह का मनोबल (morale) एवं उत्पादकता का स्तर वही है जो होना चाहिए। अगर उसे समूह में कभी गड़बड़ी नजर भी आये तो वह इसका कारण स्वयं पर न लेकर कुछ ऐसे कारकों पर फेंक दे जो उसके नियंत्रण से बाहर हो।

(2) प्रशिक्षण प्रक्रियाओं के प्रति नेता की मनोवृत्ति अनुकूल नहीं होने से भी नेतृत्व प्रशिक्षण के मार्ग में बाधा पहुँचती है। मनोवृत्ति अनुकूल नहीं होने से वह यह सोच सकता है कि समूह के प्रमुख नीतियों एवं योजनाओं के निधारिण में वह इतना सक्षम है कि न तो उनमें किसी प्रकार की प्रशिक्षण की जरूरत है और न ही किसी सदस्य के राय की।

(3) कभी-कभी नेता का स्वयं अपना व्यक्तित्व (personality) भी नेतृत्व प्रशिक्षण के मार्ग में बाधक हो जाता है। अक्सर देखा गया है कि नेताओं में पद चेतना (status consciousness) काफी होता है जिसके कारण वह अपनी कमजोरियों को हमेशा छिपा कर नेतृत्व का कार्य करता है। प्रशिक्षण से इन कमजोरियों को प्रकाश में आने का भय बना रहता है। फलतः वह हर सम्भव प्रयास कर अपने आपको प्रशिक्षण को दूर रखने की कोशिश करता है।

(4) प्रशिक्षण का एक उद्देश्य यह होता है कि नेता प्रशिक्षण के बाद नयी भूमिका अदा करेंगे। इस नयी नेतृत्व भूमिका के लिए जिन कौशलों (skills) का होना अनिवार्य है, सम्भव है कि उस नेता में नहीं हो। ऐसी परिस्थिति में नेता प्रशिक्षण के लिए तैयार नहीं होगा क्योंकि वह जानता है कि प्रशिक्षण समाप्त होने के बाद भूमिका योग्य वह नहीं है।

ऊपर किये गये वर्णनों से यह स्पष्ट हो जाता है कि नेतृत्व प्रशिक्षण एक उपयोगी कार्यक्रम होते हुए भी कुछ बाधाओं से ग्रसित है। समाज मनोवैज्ञानिकों का यह प्रयास रहा है कि जब वे नेता को प्रशिक्षण नेता प्रारंभ करें तो यथासम्भव इन बाधाओं को दूर करके ही प्रशिक्षण का कार्यक्रम आरंभ करें।

अध्याय शारांश
(Chapter Summary)

1. नेतृत्व एक ऐसी अंतर्वैयक्तिक अंतःक्रिया (interpersonal interaction) की प्रक्रिया है जिसमें समूह का प्रत्येक सदस्य एक-दूसरे को प्रभावित करता है परंतु किसी एक व्यक्ति का प्रभाव सर्वश्रेष्ठ होता है। ऐसे व्यक्ति को समूह का नेता कहा जाता है।
2. नेतृत्व एवं प्रभुत्व (dominance) एक-दूसरे के समान होते हुए भी काफी भिन्न है। तीन प्रमुख विभिन्नताओं की बिंदु पर इस अध्याय में प्रकाश डाला गया है।
3. नेता के कुछ सामान्य गुण बतलाये गये हैं। ये सामान्य गुण कुछ तो उनके शारीरिक गुण (physical attributes) जैसे—ऊँचाई, वजन, स्फूर्ति, अच्छा स्वास्थ्य आदि से संबंधित हैं तथा कुछ उनके व्यक्तिगत शीलगुणों

(personality traits) जैसे—बुद्धि, आत्म-विश्वास, शब्दाडम्बर, प्रभुतत्व समायोजन की क्षमता, सामाजिकता, परिश्रमप्रियता, कल्पना, दूरदर्शिता, चमत्कार एवं संकल्प शक्ति (will power) से संबंधित है।

4. नेता का उद्‌भव (emergence) मूलतः समूह से सबंधित कारकों द्वारा प्रभावित होता है। इन कारकों में समूह की जटिलता (complexity) समूह संकट (group crisis), समूह अस्थिरता, अधिकृत अध्यक्षों की असफलता, नेता की आवश्यकताएँ एवं व्यक्तित्व कारक प्रधान हैं।

5. नेता के मुख्य दो तरह के कार्य (funcitions) होते हैं—प्रधान कार्य (primary functions) तथा सहायक कार्य (accessory functions) । प्रधान कार्य में कार्यकारिणी (executive) का कार्य, योजना निर्माता का कार्य, नीति निर्माता का कार्य, विशेषज्ञ के रूप में कार्य, पुरस्कार एवं दंड के प्रबंधक के रूप में कार्य तथा पंच (arbitrator) एवं मध्यस्थ (mediator) के रूप में कार्य प्रधान है। सहायक कार्यों में आदर्श के रूप में नेता का कार्य, समूह के प्रतीक के रूप में कार्य, पिता तुल्य (father figure) के रूप में कार्य तथा बलि के बकरा के रूप में कार्य प्रधान है।

6. नेता के प्रकार (types) के बारे में विभिन्न मनोवैज्ञानिकों ने अलग-अलग विचार व्यक्त किये हैं। इस अध्याय में बोगार्डस (Bogardus) का वर्गीकरण, किम्बल यंग (Kimbal Young) का वर्गीकरण तथा लिपिट एवं ह्वाईट (Lippit & White) का वर्गीकरण प्रस्तुत किया गया है। इन विभिन्न प्रकारों में नेतृत्व के तीन प्रकार अर्थात सत्तावादी नेतृत्व (authoritarian leadership), प्रजातंत्रात्मक नेतृत्व (democratic leadership तथा अहस्तक्षेपी नेतृत्व अधिक लोकप्रिय (popular) है।

7. समाज मनोवैज्ञानिकों ने सत्तावादी नेतृत्व (authoritarian leadership) तथा प्रजातंत्रात्मक नेतृत्व (democratic leadership) के प्रमुख अंतरों पर अलग से बल डाला है। इस अध्याय में 11 ऐसे बिन्दुओं (points) की चर्चा की गयी है।

8. नेतृत्व की व्याख्या के लिए समाज मनोवैज्ञानिकों ने कई सिद्धान्तों का वर्णन किया है कि जिनमें से इस अध्याय में 5 प्रमुख सिद्धान्त को चुना गया है। वे पाँच सिद्धान्त हैं—शीलगुण सिद्धान्त (trait theory), पारिस्थितिक सिद्धान्त (situational theory) एवं तीन प्रासंगिकता सिद्धान्त (contingency theory)—फाइडलर सिद्धान्त (Fielder theory), पथ लक्ष्य सिद्धान्त (path-goal theory) तथा भ्रूण ऐटन सिद्धान्त (Vroom-Yetton theory)। प्रत्येक सिद्धान्त का आलोचनात्मक विश्लेषण (critical analysis) किया गया है।

9. नेतृत्व प्रशिक्षण के चार प्रविधियों (techniques) का वर्णन किया गया है। साथ ही, नेतृत्व प्रशिक्षण के मार्ग में आने वाले कुछ प्रमुख बाधाओं (obstacles) का वर्णन किया गया है।

❑

अध्याय 18

संस्कृति एवं व्यक्तित्व
(CULTURE AND PERSONALITY)

संस्कृति का अर्थ
(Meaning of Culture)

व्यक्ति किसी एक समाज में जन्म लेता है तथा वहीं पाला-पोषा जाता है। स्वयं समाज की संरचना उस समाज की संस्कृति के आधार पर बनती है। इसका स्पष्ट मतलब तब यह हुआ कि व्यक्ति के व्यक्तित्व का निर्धारण न केवल सामाजिक कारकों बल्कि सांस्कृतिक कारकों द्वारा होता है। अब प्रश्न उठता है कि संस्कृति (culture) क्या है ? सामान्यतः संस्कृति (culture) से तात्पर्य उन सभी सीखें गये व्यवहारों की समग्रता से होता है जिनका संबंध प्रथा, मानक (norms), विश्वास (belief), कला, ज्ञान, मूल्यों (values) आदि से होता है। संस्कृति की कुछ आधुनिक वैज्ञानिक परिभाषाएँ इस प्रकार है—

लिण्डग्रेन[1] (Lindgren, 1973) के अनुसार, ''संस्कृति मूल्यों (values), विश्वासों, मानकों (norms), कौशलों तथा प्रतीकों (symbols) से बना होता है जोएक समाज द्वारा विकसित होते हैं तथा उनके सदस्यों द्वारा प्रयोग किये जाते है।''

सार्टेन, नार्थ, स्ट्रेन्ज तथा **चैपमैन**[2] (Sartain, North, Strange & Chapman, 1973) के अनुसार, ''संस्कृति से हमलोगों का अभिप्राय उन खास तरीकों से होता है जिनके अनुसार समाज के सदस्य व्यवहार करते हैं तथा जिसे वे नयी पीढ़ियों तक पहुँचाते हैं। संस्कृति के तत्त्वों में व्यक्तियों की भाषा, कौशल, कला, धर्म, नियम, प्रथा तथा भौतिक सम्पत्ति सम्मिलित होते हैं।''

होवेल[3] (Hoeble, 1958) के अनुसार, ''संस्कृति संगठित सीखे गये व्यवहार प्रतिमानों का एक ऐसा सम्पूर्ण योग है जो समाज के सदस्यों की विशेषताएँ होतीं हैं और इसलिए वे जैविक विरासत (biological inheritance) का परिणाम नहीं होते हैं।''

इन परिभाषाओं का विश्लेषण करने पर हमें संस्कृति के स्वरूप (nature) के बारे में कुछ तथ्य प्राप्त होते हैं जो निम्नांकित हैं—

(1) संस्कृति के तत्त्व (elements) जैसे—भाषा, कला, धर्म, नियम (laws), विश्वास, मूल्य (values) तथा भौतिक सम्पत्ति अर्जित होते हैं न कि वे जैविक विरासत होते हैं। दूसरे शब्दों में, संस्कृति के तत्त्व सीखे गये या अर्जित होते हैं न कि व्यक्ति में जन्म से ही अपने आप मौजूद होते हैं।

(2) संस्कृति का प्रभाव समाज के सभी व्यक्तियों पर पड़ता है। यही कारण है कि एक संस्कृत्ति में पले व्यक्तियों के व्यवहारों में समानता होती है।

---

1. "Culture consists of systems of values, beliefs, norms, artifacts and symbols that have been developed by a society and that are shared by its members."—Lindgren : *An Introduction to Social Psychology.* 1973, p. 270.
2. "By culture we mean the typical ways in which members of a sociey behave and which they transmit to new generations. Among the elements of culture are people's languages, skills, arts, religion, customs and materials possessions." —Sartain, North, Strange & Chapman : *Psychology.* 1973, p. 90.
3. "Culture is the sum total of integrated learned behaviour patterns, which are characteristics of the members of a society and which are, therefore, not the result of biological inheritance." —Hoebel : *Man in the Primitive World* 1958, p. 71.

(3) संस्कृति के तत्त्व समाज के व्यक्तियों में सिर्फ पाया ही नहीं जाता है बल्कि उसका विकास भी इन्हीं व्यक्तियों के क्रियाओं द्वारा होता है।

(4) संस्कृति के तत्त्वों को व्यक्ति सीखकर उसका हस्तांतरण पीढ़ी-दर-पीढ़ी करते हैं।

संस्कृति के प्रकार
(Kinds of Culture)

पिडिंगटन (Piddington, 1952) ने संस्कृति के दो तत्त्व बतलाये हैं—भौतिक तत्त्व (material elements) तथा अभौतिक तत्त्व (non-material element)। मकान, मंदिर, कपड़े, बर्त्तन, सड़कें आदि भौतिक तत्त्व के उदाहरण हैं तथा प्रथा, विश्वास, मानक (norms), मूल्य (values), धर्म आदि अभौतिक तत्त्व के उदाहरण हैं। इन दोनों तत्त्वों के आधार पर कुछ लोगों ने संस्कृति के निम्नांकित दो प्रकार बतलाए हैं—

1. भौतिक संस्कृति *(Material Culture)*—भौतिक संस्कृति में भौतिक तत्त्वों (material elements) जैसे—मंदिर, मकान, उपकरण, दूकान, औजार, मूर्त्तियाँ आदि का समावेश होता है। इन तत्त्वों द्वारा व्यक्तियों का व्यवहार एवं मनोवृत्ति परोक्ष रूप से प्रभावित होता है।

2. अभौतिक संस्कृति *(Non-material Culture)*—अभौतिक संस्कृति के निर्माण में अभौतिक तत्त्वों का समावेश होता है। इसके अंतर्गत समाज के मानक (norms), मूल्यों (values), विश्वासों (beliefs), प्रथाओं (customs), परम्पराओं (traditions) आदि की गणना की जाती है। अभौतिक संस्कृति का प्रभाव समाज के व्यक्तियों के व्यवहारों एवं मनोवृत्तियों पर सीधा पड़ता है। फलस्वरूप यह लोगों के अंतर्वैयक्तिक सम्बन्धों (interpersonal relationship) का भी निर्धारित सीधे करता है।

क्रेच, क्रेचफिलड तथा बैलेची (Kretch, Crutchfield & Ballachey, 1962) ने संस्कृति को निम्नांकित दो भागों में बाँटा है—

1. व्यक्त संस्कृति *(Explicit Culture)*—व्यक्त संस्कृति से तात्पर्य समाज के सदस्यों के शाब्दिक (verbal) तथा अशाब्दिक (non-verbal) व्यवहार में प्रत्यक्ष रूप से देखे गये निरंतरता (continuity) तथा नियमितता (regularity) से होता है। सदस्यों के व्यवहारों में दिखाई देने वाले सभी तरह के व्यवहार प्रतिमान (behavioural patterns) इस संस्कृति के अंतर्गत आते हैं।

2. अव्यक्त संस्कृति *(Implicit Culture)*—अव्यक्त संस्कृति में समाज के मानक (norms), मूल्य (values), विश्वास (beliefs), परम्परा (traditions) आदि सम्मिलित होते हैं। समाजशास्त्रियों, समाज मनोवैज्ञानिकों एवं मानवशास्त्रियों (anthropologists) द्वारा समाज के व्यक्तियों के भिन्न-भिन्न तरह के असंबंधित (unrelated) व्यवहारों को समझने के लिए इसका प्रयोग किया जाता है।

संस्कृति के अध्ययन एवं उसकी तुलना की विधि
(Methods of studying Culture and Comparison of Cultures)

जब भी समाज वैज्ञानिक किसी समाज की संस्कृति का विस्तृत अध्ययन करते है तो उन्हें इस संस्कृति का विश्लेषण (analysis) करना पड़ता है ताकि वे उससे संबंधित समस्याओं का अध्ययन ठीक ढंग से कर सके। इसके लिए उन्होंने कुछ विधियों (methods) का प्रतिपादन किया है। ऐसी प्रमुख विधियाँ निम्नांकित पाँच (five) है—

1. क्षेत्र विधि *(Field method)*—इस विधि में अध्ययनकर्त्ता को उन व्यक्तियों के साथ रहना पड़ता है जिनके संस्कृति का वे अध्ययन कर रहे हैं। वह उनके व्यवहारो को प्रेक्षण घर में, बाहर में तथा अन्य जगहों में करता है। वह इन व्यक्तियों के शादी-विवाह तथा अन्य सामाजिक कार्यक्रम में एक अध्ययनकर्त्ता की हैसियत से भाग लेता है तथा उन सभी के व्यवहारों का एक-एक रिकार्ड तैयार करता है। इस तरह से इस विधि में अध्ययनकर्त्ता एक सहभागी प्रेक्षक (participant observer) के रूप में कार्य करता है। व्यक्तियों के व्यवहारों का अध्ययन करने में वह प्रेक्षण प्रविधि (observation technique) के अलावा साक्षात्कार (interview) का प्रयोग करता है। इसमें वह अध्ययन किये जा रहे संस्कृति में पले व्यक्तियों से उनके रहन-सहन एवं जीवन के अन्य पहलुओं के बारे में पूछ-ताछ कर एक रिकार्ड तैयार करता है। तैयार किये गये रिकार्ड का विश्लेषण कर अध्ययनकर्त्ता संस्कृति के बारे में कुछ निष्कर्षों पर पहुँचता है।

इस विधि का प्रमुख गुण (merit) यह बतलाया गया है कि यह सरल विधि है तथा इसके द्वारा चूँकि अध्ययनकर्त्ता वास्तविक परिस्थिति (real situation) में रहकर तथ्य को प्राप्त करता है, अतः इसका परिणाम अधिक निर्भर योग्य होता है। इस विधि का प्रधान अवगुण (demerits) यह है कि इसमें विश्वसनीयता (reliability) कम पायी गयी है। रेडफिल्ड (Redfield, 1946) तथा लेविस (Lewis, 1951) ने एक ही गाँव की संस्कृति का अलग-अलग स्वतंत्र रूप से अध्ययन कर यह पाया कि दोनों व्यक्तियों द्वारा तैयार किये गये रिकार्ड में काफी अंतर थे जिनसे इन लोगों ने यह स्पष्ट निष्कर्ष निकाला कि क्षेत्र विधि में विश्वसनीयता अर्थात संगति (consistency) नहीं होती है।

2. विषय विश्लेषण *(Content Analysis)*—एक शोध प्रविधि (research technique) के रूप में इस विधि का उपयोग बेरेलसन (Berelson, 1952) द्वारा सबसे अधिक किया गया है। इस विधि में प्राप्त संचारों (communications) के विषय (content) का क्रमबद्ध (systematic), वस्तुनिष्ठ (objective) वर्णन किया जाता है। इस विधि द्वारा किसी संस्कृति के अध्ययन करने में या विभिन्न संस्कृतियों का आपस में तुलनात्मक अध्ययन करने में एक महत्त्वपूर्ण पूर्वकल्पना (assumption) यह होती है कि समाज के लोकप्रिय संचार (popular communications) जो मैगजिन, नाटक, रेडियो, टेलीविजन, अखबार आदि द्वारा प्राप्त किये जाते हैं, उसके द्वारा समाज के व्यक्तियों की सामान्य मनोवृत्ति, रहन-सहन तथा अन्य व्यवहारों का सही-सही स्पष्टीकरण होता है। इस विधि द्वारा संस्कृत्ति के अध्ययन करने में निम्नांकित चार कदम (steps) प्रधान बतलाये गये हैं—

(1) अध्ययन के पहले चरण में अध्ययनकर्त्ता को यह निश्चित करना होता है कि संचार (communications) के कौन रूप (form) को चुना जाये। उदाहरणार्थ, किसी संस्कृति के अध्ययन करने के लिए अध्ययनकर्त्ता वहाँ से प्रकाशित अखबारों के सम्पादकीय विचारों(editorial notes)को विषय(content)के रूप में चुन सकता है।

(2) अध्ययन के दूसरे चरण में वह विषय (content) के तत्त्वों (elements) की गणना करता है। यहाँ तत्त्व से मतलब विषय (content) की मुख्य घटनाओं (events), जैसे—दूसरों को मदद करने की घटना, उपलिब्ध (achievement), लड़ाई-झगड़ा की घटना आदि से होता है। तत्त्वों की गणना करने के लिए वह विश्लेषण (analysis) की इकाई (unit) तैयार करता है। विश्लेषण की इकाई शब्द (words) वाक्य, पैराग्राफ (paragraph) कुछ भी हो सकता है।

(3) अध्ययन का तीसरा चरण जो सबसे महत्त्वपूर्ण होता है, में अध्यनकर्त्ता उपयुक्त विश्लेषणात्मक श्रेणियों (analytical categories) को चुनता है। विश्लेषणात्मक श्रेणी मूल्य श्रेणी (value categories) के हो सकते हैं या विषय वस्तु श्रेणी (subject-matter categories) के हो सकते हैं या, फिर पक्ष-प्रतिपक्ष श्रेणी (pro-con categories) के हो सकते हैं।

(4) अध्ययन के अंतिम चरण में अध्ययनकर्त्ता तैयार किये गये विश्लेषणत्मक श्रेणियों के आधार पर मात्रात्मक व्याख्या (quantitative interpretation) करता है। कभी-कभी वह इन मात्रात्मक व्याख्या के अलावा गुणात्मक व्याख्या (qualitative interpretation) भी मात्रात्मक व्याख्या के संपूरक (supplement) के रूप में करता है।

चाइल्ड तथा उनके सहयोगियों (Child et al., 1946) तथा मैकग्रानाहन एवं बेनी (McGranahan & Wayne, 1948) ने अपने-अपने अध्ययनों में इस विधि की उपयोगिता साबित किया है। इस विधि का एक प्रमुख अवगुण यह बतलाया गया है कि इसका प्रयोग संस्कृति के हर पहलुओं के अध्ययन में नहीं किया जा सकता है। खासकर अव्यक्त संस्कृति (implicit culture) के कुछ पहलुओं के अध्ययन में इसका प्रयोग सम्भव नहीं हो पाता है।

3. क्रॉस-सांस्कृतिक विधि *(Cross-cultural method)*—इस विधि का प्रयोग मूलतः कुछ सीमित संख्या में चुने गये समाज के संस्कृतियों का आपस में तुलना करने के लिए किया जाता है। इस विधि का मुख्य उद्देश्य चुने गये विभिन्न संस्कृतियों के बीच समानता तथा अंतर पर प्रकाश डालना होता है। इस विधि में सबसे पहले अध्ययनकर्त्ता कुछ खास-खास सांस्कृतिक पहलुओं (cultural dimensions) को चुनता है और उन्हीं पहलुओं पर वह चुने गये समाज के संस्कृतियों की तुलना करता है। प्रत्येक समाज की संस्कृति को वह उन पहलुओं जैसे-कोई विशेष प्रथा (custom), रीति-रिवाज, विश्वास, मूल्य (value) पर एक प्राप्तांक (score) प्रदान करता है और बाद में वह इन्हीं प्राप्तांकों की तुलना करके विभिन्न संस्कृतियों के बीच व्याप्त समानता तथा अंतर के बारे में एक सामान्य निष्कर्ष पर पहुँचता है। ह्वाटिंग (Whiting, 1954) मुरडॉक (Murdock, 1954) ने अपने-अपने अध्ययनों में इस विधि की उपयोगिता सिद्ध किया है।

4. प्रक्षेपी विधियाँ एवं मनोवृत्ति मापनी *(Projective techniques and Attitude scales)*—कुछ अध्ययनकर्त्ताओं ने प्रक्षेपी प्रविधि तथा मनोवृत्ति मापनी द्वारा भी संस्कृति (culture) का अध्ययन किया है। प्रक्षेपी प्रविधि में संस्कृति के मूल्यों (values) मानकों (norms) आदि से संबंधित तस्वीर होते हैं जिन्हें देखकर कुछ प्रश्न का उत्तर उन व्यक्तियों को देना होता है जो उस संस्कृति में पाले-पोसे गये होते हैं। उनके दिये गये उत्तरों का विश्लेषण कर अध्ययनकर्त्ता संबंधित सांस्कृतिक मूल्यों (cultural values) तथ सांस्कृतिक मानकों (cultural norms) के बारे में अंदाज लगाते हैं। गोल्डस्कीम्ड तथा एगर्टन (Goldschmid & Adgerton, 1961) ने प्रक्षेपी प्रविधि द्वारा अमेरिका के एक जनजाति (tribe) के सांस्कृतिक मूल्यों (cultural values) का संतोषजनक अध्ययन किया। मनोवृत्ति मापनी (atitude scales) द्वारा भी संस्कृति के तत्त्वों (elements) का अध्ययन किया गया। मनोवृत्ति मापनी विशेष रूप से एक प्रश्नावली विधि के समान है जिसमें अंकित कथनों के प्रति की गयी अनुक्रियाओं (responses) के आधार पर संस्कृति के तत्त्वों अर्थात मूल्यों (values), प्रथाओं (customs) आदि के बारे में अंदाज लगाया जाता है। टर्नर (Turner, 1960) ने एक मनोवृत्ति मापनी जो गटमैन प्रविधि (Guttman technique) पर आधारित था, बनाकर अमेरिकन छात्रों एवं अंग्रेजी छात्रों (English students) के सांस्कृतिक मूल्यों का संतोषजनक तुलनात्मक अध्ययन किया।

इन प्रविधियों का एक दोष (demerit) यह बतलाया गया है कि व्यक्ति अध्ययनकर्त्ता के साथ खुलकर सहयोग नहीं देते और उत्तरों की वास्तविक दिशा का ज्ञान अध्ययनकर्त्ता को नहीं होने देते हैं। इसका परिणाम यह होता है कि इस विधि द्वारा प्राप्त आँकड़ों पर पूर्णरूपेण भरोसा नहीं किया जा सकता है।

5. कारक विश्लेषण विधि *(Factor analytic Method)*—कारक विश्लेषण आधुनिक सांख्यिकीय अध्ययनों (statistical studies) की देन है। मूलतः (originally) इस विधि का प्रतिपादन व्यक्तियों में विभिन्न मनोवैज्ञानिकों कारकों (psychological factors) को एक-दूसरे से अलग करने के लिए किया गया था। परंतु कुछ लोगों ने इस विधि का प्रयोग संस्कृति के तत्त्वों (elements) को पता लगाने में किया है। कारक विश्लेषण एक जटिल सांख्किीय विधि (complex statistical technique) है जिसमें सहसंबंधों (correlations) के आधार पर कुछ प्रमुख कारकों (primary factors) का पता लगाया जाता है। कैटेल (Cattell, 1949) ने इस विधि का प्रयोग कर संस्कृति के मुख्य विमाओं (dimensions) का पता लगाया है। इस अध्यन में उन्होंने 69 राष्ट्रीय संस्कृतियों (national cultures) से 2 चरों (variables) पर विभिन्न जीवन-संबंधी घटनाओं (boigraphical events) तथा प्रक्षेपी (documentary) स्रोतों के आँकड़े इकट्ठा कर 2,556 अंतर सहसंबंध (intercorrelations) ज्ञात किया। इन अंतरसहसम्बन्धों के आधार पर उन्होंने कुल 12 कारकों (factors) को अलग किया जिसे उस संस्कृति विशेष का प्रमुखत विमा (dimension) माना गया।

इस विधि का प्रमुख अवगुण (demerits) यह बतलाता है कि यह एक ऐसी सांख्यिकीय विधि है जो काफी जटिल (complex) है जिसके कारण इसका उपयोग हर परिस्थिति में सम्भव नहीं है। विशेषकर जहाँ चरों (variables) की संख्या अधिक होती है, वहाँ इस प्रविधि का उपयोग करके कम समय में किसी निश्चित निष्कर्ष पर पहुँचना सम्भव नहीं है।

इस तरह से हम देखते हैं कि संस्कृति के तत्त्वों अर्थात सांस्कृतिक मूल्यों (cultrual values), मानकों (norms), प्रथाओं (customs) आदि के अध्ययन के करने तथा उनकी तुलना दूसरे संस्कृति के तत्त्वों से करने की अनेक विधियाँ हैं। इन विधियों में से प्रथम तीन अर्थात क्षेत्र विधि (field method), विषय-विश्लेषण विधि (content analysis method) तथा क्रॉस-सांस्कृतिक विधि (cross-cultural mehtod) अपेक्षाकृत अधिक महत्त्वपूर्ण है।

व्यक्तित्व का अर्थ
(Meaning of Personality)

मनोवैज्ञानिक द्वारा व्यक्तित्व का अध्ययन प्रारंभ से ही किया जा रहा है। अतः यह बिलकुल स्वाभाविक है कि व्यक्तित्व की अनेकानेक परिभाषाएँ दी गयी हो। सन् 1937 में आलपोर्ट ने उस समय तक व्यक्तित्व की दी गयी सभी परिभाषाओं को एकत्रित किया और पाया कि उनकी संख्या 49 थी। इन परिभाषाओं को उन्होंने पाँच श्रेणी में विभाजित कर उसका अध्ययन किया। परिभाषाओं के क्रम में पुरानी परिभाषा (यानी सबसे पहली परिभाषा) व्यक्तित्व शब्द की उत्पत्ति से संबंधित संप्रत्यय (concept) पर आधारित पायी गयी। व्यक्त्वि का अंग्रेजी अनुवाद personality है जो लैटिन शब्द परसोना (Personal) से बना है जिसका अर्थ 'नाकाब' (mask) से होता है जिसे नायक (actor) नाटक करते समय अपने चेहरे पर लगा लेते हैं। इस शाब्दिक अर्थ को ध्यान में रखते हुए बाहरी वेश-भूषा तथा दिखावा के

आधार पर व्यक्तित्व को परिभाषित किया गया था। इसके अनुसार जिस व्यक्ति का बाहरी दिखावा भड़कीला होता था, उसका व्यक्तित्व अच्छा समझा जाता था तथा जिस व्यक्ति का बाहरी दिखावा साधारण होता था, उसका व्यक्तित्व भी साधारण ही समझा जाता था। परंतु इस तरह की विचारधारा वाला परिभाषा बहुत दिनों तक नहीं चल पाया। उसके बाद फिर दूसरे तरह की परिभाषाएँ क्षेत्र में आयीं और फिर उसके बाद तीसरे एवं चौथे तरह की। जैसा कि ऊपर कहा जा चुका है, ऐसी सभी तरह की परिभाषाओं की संख्या 49 थीं। इसके बाद आलपोर्ट (Allport, 1937) में 50वीं परिभाषा अपनी ओर से दिया जो अधिक वैज्ञानिक एवं विस्तृत (comprehensive) होने के कारण आज भी मशहूर है।

आलपोर्ट[1] (Allport, 1937) के अनुसार, ''व्यक्तित्व व्यक्ति के भीतर उन मनोशारीरिक तंत्रों का गतिशील या गत्यात्मक संगठन है जो वातावरण में उनके समायोजन को निर्धारित करता है।''

आलपोर्ट की इस परिभाषा में व्यक्तित्व के भीतरी गुणों (inner qualities) तथा बाहरी गुण यानी व्यवहार दोनों को ही सम्मिलित किया गया है, परंतु उन्होंने व्यक्तित्व के भीतरी गुणों पर ही अधिक बल डाला है।

आइजेन्क[2] (Eysenck, 1952) के अनुसार, ''व्यक्तित्व के चरित्र, चितप्रकृति, ज्ञानशक्ति तथा शरीर गठन का करीब-करीब एक स्थायी एवं टिकाऊ संगठन है जो वातावरण में उसके अपूर्व समायोजन का निर्धारण करता है।''

आइजेन्क (Eysenck) ने आलपोर्ट (Allport) के ही समान व्यक्तित्व को परिभाषित करने में व्यक्तित्व के भीतरी गुणों (inner qualities) तथा बाहरी गुण यानी व्यवहार को सम्मिलित किया है। परंतु उन्होंने भीतरी गुणों पर अधिक बल डाला है। इस तरह से आलपोर्ट तथा आइजेन्क दोनों के ही परिभाषाओं में व्यवहार (behaviour) पक्ष पर कम बल डाला गया है। वाल्टर मिसकेल (Walter Mischel, 1976) ने हाल ही में एक ऐसा परिभाषा दिया है जो आधुनिक मनोवैज्ञानिकों के बीच अधिक लोकप्रिय (popular) हो पाया है तथा साथ-ही-साथ उससे आलपोर्ट तथा आइजेन्क की परिभाषाओं की कमी भी दूर हो गयी है क्योंकि इन परिभाषाओं में व्यक्तित्व के भीतरी गुणों (inner quality) के अलावा व्यवहार (behaviour) पर भी बल डाला गया है।

वाल्डर मिसकेल[3] (Walter Mischael, 1976) के अनुसार, ''व्यक्तित्व से तात्पर्य प्रायः व्यवहार के उस विशिष्ट पैटर्न (जिसमें चिन्तन एवं संवेग भी सम्मिलित है) से होता है जो प्रत्येक व्यक्ति की जिंदगी की परिस्थितियों के साथ होने वाले समायोजन का निर्धारण करता है।''

ऊपर में तीन प्रमुख मनोवैज्ञानिकों की परिभाषाओं का उल्लेख किया गया है। इनमें से प्रथम दो कुछ पहले की परिभाषा है तथा अंतिम परिभाषा (वाल्टर मिसकेल) हाल ही की है। यदि हम इन तीनों परिभाषाओं का एक संयुक्त विश्लेषण करें तो हमें व्यक्तित्व का अर्थ और भी स्पष्ट हो जायेगा। इसका एक संयुक्त विश्लेषण इस प्रकार है—

1. मनोशारीरिक तंत्र *(Psychophysical system)*—व्यक्तित्व एक ऐसा तंत्र (system) है जिसका मानसिक या मनोवैज्ञानिक (psychological) तथा शारीरिक (physical) दोनों ही पक्ष होते हैं। यह तंत्र ऐसे तत्त्वों का एक गठन होता है जो आपस में अंतःक्रिया करते हैं। इस तंत्र के मुख्य तत्त्व शीलगुण (trait), संवेग (emotion), आदत (habit), ज्ञानशक्ति (intellect), चित्रप्रकृति (temperament), चरित्र (character) तथा अभिप्रेरक (motive) आदि हैं जो सभी मानसिक गुण है परंतु इनका आधार शारीरिक (physical) अर्थात व्यक्ति के ग्रंथीय प्रक्रियाओं एवं तांत्रिकीय प्रक्रियाएँ (neural processes) हैं। इसका स्पष्ट मतलब यह हुआ कि व्यक्तित्व न तो पूर्णतः मानसिक या मनोवैज्ञानिक है और न तो पूर्णतः शारीरिक ही है। व्यक्तित्व इन दोनों तरह के पक्षों का मिश्रण है।

2. गत्यात्मक संगठन (*Dynamic organization)*—गत्यात्मक संगठन से यह तात्पर्य होता है कि मनोशारीरिक तंत्र (psychophysical system) के भिन्न-भिन्न तत्त्व (elements) जैसे—शीलगुण (traits), चित्रप्रकृति (temperament), चरित्र (character) आदि एक-दूसरे से इस तरह संबंधित होकर संगठित होते हैं कि उन्हें एक-दूसरे से पूर्णतः अलग

1. "Personality is the dynamic organization within the individual of those psychophysical ststems that determine his unique adjustments to his environment."—Allport : Personality : *A Psychological Intepretation,* 1937, p. 48.
2. "Personality is more or less stable and enduring organisation of person's character, temperament, intellect and physique that determines his unique adjustments to his environment."

   —Eysenck : *The Scientific Study of Personality,* 1952, p. 16.
3. "Personality usually refers to the distinctive patterns of behaviour (including thoughts and emotions) that characterize each individual's adaptation to the situations of his or her life."

   —Walter Mischel : *Introduction to Personality,* 1976, p. 2.

नहीं किया जा सकता है। इस संगठन में परिवर्तन सम्भव है। यही कारण है कि इसे एक गत्यात्मक संगठन कहा गया है। उदाहरणस्वरूप, कोई व्यक्ति नौकरी (service) पाने के पहले एक ईमानदार, उत्तरदायी (responsible) तथा समयनिष्ठ (punctual) गुणों को दिखा सकता है परंतु नौकरी मिलने के कुछ वर्षों बाद उसमें उत्तरदायित्व (responsibility) तथा समयनिष्ठता (punctuality) का शीलगुण ज्यों-का-त्यों हो सकता है परंतु सम्भव है कि उसमें ईमानदारी का गुण बदलकर बेइमानी का गुण विकसित हो जाय। इन शीलगुणों के संगठन में इस तरह के परिवर्तन गत्यात्मक संगठन (dynamic organization) का उदाहरण है। इस तरह के संगठन में विसंगठन (disorganization) भी सम्मिलित होता है जिसके सहारे असामान्य व्यवहार (abnormal behaviour) की भी व्याख्या होती है। दूसरे शब्दों में, यदि कोई व्यक्ति के शीलगुणों के संगठन में इस ढंग का परिवर्तन आ जाता है कि उसका व्यवहार विसंगठित (disorganized) हो जाता है तथा जिसके परिणामस्वरूप वह असामान्य व्यवहार अधिक करने लग जाता है, तो इसे भी गत्यात्मक संगठन (dynamic organization) की श्रेणी में ही रखेंगे।

3. वातावरण में अपूर्व समायोजन का निर्धारण (*Determination of unique adjustment to environment*)— प्रत्येक व्यक्तित्व में मनोशारीरिक गुणों का एक ऐसा गत्यात्मक संगठन (dynamic organization) पाया जाता है कि उसका व्यवहार वातावरण में अपने-अपने ढंग का अपूर्व (unique) होता है। इसका मतलब यह हुआ कि वातावरण समान होने पर भी प्रत्येक व्यक्ति का व्यवहार, चिंतन प्रक्रिया, संवेग आदि अपूर्व होता है जिसके कारण वातावरण के साथ समायोजन करने का ढंग भी प्रत्येक व्यक्ति में अलग-अलग होता है। आइजेक (Eysenk), आलपोर्ट (Allport) तथा मिसकेल (Mischael) ने इस पक्ष पर करीब-करीब समान रूप से अपनी-अपनी परिभाषाओं में बल डाला है। यही कारण है कि आलपोर्ट (Allport, 1961) ने अपनी 1937 की परिभाषा का अंतिम पाँच शब्द बदलकर इस प्रकार दिया—"unique adjustment to his environments" के जगह "characteristic behaviour and thought" को सम्मिलित किया गया। इस परिवर्तन का उद्देश्य यह बतलाना था कि व्यक्ति का व्यवहार मात्र अनुकूली ही नहीं होता है बल्कि कथनीय (expressive) भी होता है। इसका मतलब यह हुआ कि व्यक्ति वातावरण के साथ सिर्फ अभियोजन (adjustment) या अनुकूलन (adaptation) ही नहीं करता है बल्कि इस वातावरण के साथ वैसी अंतःक्रिया भी करता है जिससे वातावरण को भी व्यक्ति के साथ अनुकूल या अभियोजन योग्य होना पड़ता है।

निष्कर्ष है कि व्यक्तित्व में विभिन्न शीलगुणों (traits) का एक ऐसा गत्यात्मक संगठन (dyanamic organization) होता है जिसके कारण व्यक्ति का व्यवहार तथा विचार किसी भी वातावरण में अपने ढंग का अर्थात अपूर्व (unique) होता है।

संस्कृति एवं व्यक्तित्व में सम्बन्धों का स्वरूप (Nature of Relationship between Culture and Personality)

संस्कृति एवं व्यक्तित्व का संबंध काफी घनिष्ठ एवं दो-तरफा (two-way) है। मतलब यह हुआ कि संस्कृति (culture) व्यक्तित्व को प्रभावित करता है तथा व्यक्तित्व भी संस्कृति को प्रभावित करता है। संस्कृति का व्यक्तित्व के ऊपर व्यापक प्रभावों के कारण सामाजिक स्थिरता (social stability) एवं निरन्तरता (continuity) बनी रहती है तथा व्यक्ति का संस्कृति के ऊपर प्रभाव के कारण सामाजिक परिवर्तन (social change) आते हैं। **क्रेच, क्रचफिल्ड** तथा **बेलेची**[1] (Kretch, Crutchfield & Ballachey, 1962) ने संस्कृति एवं व्यक्तित्व के संबंधों पर टिप्पणी करते हुए कहा है, ''संस्कृति और व्यक्ति का संबंध एक तरफा नहीं होता है बल्कि दोनों एक-दूसरे को प्रभावित करते हैं। संस्कृति व्यक्ति को प्रभावशाली एवं व्यापक रूप से प्रभावित करता है और इस तरह से संस्कृति की निरन्तरता तथा समाज की स्थिरता को बनाये रखता है। व्यक्ति भी संस्कृति को प्रभावित करता है और इस प्रकार से सामाजिक परिवर्तन आता है।''

1. "The relation between culture and the individual is not a one-way affair. The lines of influence run both ways. Culture influences the person in a massive and pervasive way and thus makes for the stability to society and the continuity of its culture; the person also influences his culture and thus makes for clear change."
—Kretch, Crutchfield & Ballachey : *Individual in Society,* 1962, p. 340-41.

जहाँ तक व्यक्ति पर संस्कृति के पड़ने का सम्बन्ध है, इसके अध्ययन पर मनोवैज्ञानिकों, समाजशास्त्रियों एवं मानवशास्त्रियों (anthropologists) ने अधिक बल डाला है। जॉन गिल्लिन (John Gillin, 1948) के अनुसार निम्नांकित ढंगों से संस्कृति का प्रभाव व्यक्तित्व पर पड़ता है—

(1) जन्म लेते ही शिशु एक ऐसा मानव निर्मित वातावरण (man-made environment) में प्रवेश करता है जहाँ कि भौतिक वस्तुएँ (मकान, फर्नीचर आदि) तथा अभौतिक वस्तुएँ (धर्म, प्रथा, परंपरा, विश्वास आदि) उसे घेरे रखता है। इसी वातावरण में उसका पालन-पोषण होता है तथा इसका प्रभाव उसके व्यक्तित्व के विकास पर पड़ता है।

(2) प्रत्येक संस्कृति की भिन्न-भिन्न सामाजिक परिस्थितियों में व्यवहार करने के लिए कुछ मानक (norms), रीति-रिवाज तथा संस्थागत तरीके (institutionalized modes) होते हैं जिनके अनुसार व्यक्ति को व्यवहार करना पड़ता है। इसका मतलब यह हुआ कि संस्कृति व्यक्ति की कुछ मानकों (norms) के अनुसार व्यवहार करने के लिए प्रेरित करता है। व्यक्ति भी अपनी आवश्यकताओं की पूर्ति के लिए उन तौर-तरीकों एवं व्यवहारों को सीख लेता है। यही कारण है किसी एक संस्कृति में पले व्यक्तियों के व्यवहारों में अधिक समानता (similarity) होती है। सच पूछा जाये तो संस्कृति में एक तरह का सामाजिक गुण विदित होते हैं जो सम्पूर्ण सामाजिक जीवन का प्रतिनिधित्व करती है। संस्कृति किसी व्यक्ति-विशेष या पाँच-दस व्यक्तियों की धरोहर नहीं होती है बल्कि पूरे सामाजिक एवं सामूहिक जीवन को ही व्यक्त करती है।

(3) विशेष पुरस्कार द्वारा संस्कृति अपने समाज के सदस्यों को उचित व्यवहार को सीखने में मदद करती है तथा दंड एवं भर्त्सना द्वारा अपने सदस्यों की बुरी आदतों एवं अनुचित व्यवहारों को छोड़ने के लिए दबाव भी डालती है।

लिन्टन (Linton, 1936) के अनुसार व्यक्ति पर संस्कृति के पड़ने वाले प्रभावों को निम्नांकित दो ढंगों से व्यक्त किया जा सकता है—

(1) प्रत्येक संस्कृति में यह निश्चित रहता है कि समाज के वयस्क सदस्य बच्चों के साथ किस ढंग से व्यवहार करेंगे या किस ढंग से व्यवहार को अनुचित कहेंगे। इसका स्पष्ट प्रभाव बच्चों के व्यक्तित्व पर पड़ता है। कुछ संस्कृति में ऐसा देखा गया है कि माता-पिता बच्चों को देख-भाल करने में अधिक समय देते हैं तथा उनके प्रति उदारता की भाव अधिक रखते हैं। परंतु कुछ संस्कृतियों में माता-पिता बच्चों को देख-भाल करने में उतनी अभिरुचि नहीं दिखलाते हैं तथा उनके साथ रूढ़ता के साथ पेश आते हैं। पहले तरह की संस्कृति में पलने वाले बच्चों का व्यक्तित्व दूसरे तरह के संस्कृति में पलने वाले बच्चों के व्यक्तित्व में सर्वथा भिन्न होता है। दूसरे प्रकार के बच्चे प्रायः हिंसक एवं झगड़ालू प्रवृत्ति के होते हैं तथा वे संदेहशील एवं अविश्वासी भी होते हैं।

(2) संस्कृति का प्रभाव इस बात पर भी निर्भर करता है कि बच्चा किन संस्कृति के किन मानकों (norms), प्रथाओं एवं धर्मों को सीखता है तथा कितनी मात्रा में सीखता है।

उपर्युक्त दोनों तरह का प्रभाव बच्चों पर स्वतंत्र रूप से न पड़कर कुछ मिले-जुले ढंग के होते हैं। लिन्टन (Linton, 1936) ने यह भी स्पष्ट कर दिया है कि संस्कृति का प्रभाव केवल बचपन में ही नहीं बल्कि उसके बाद भी आजीवन पड़ता रहता है। लिन्टन[1] (Linton, 1936) के ही शब्दों में ''जहाँ किसी समाज की संस्कृति अपने सदस्यों के व्यक्तियों के गहरे स्तर तक बच्चे के पालन-पोषण को विशिष्ट प्रविधियों द्वारा निश्चित करती है, इसका प्रभाव यहीं समाप्त नहीं हो जाता है। यह (संस्कृति) व्यक्तियों के शेष भागों को विशिष्ट अनुक्रियाओं के लिए मॉडल प्रदान करते हुए ढालती रहती है। यह बाद की प्रक्रिया जिंदगी भर चलती रहती है।''

रूथ बेनेडिक्ट (Ruth Benedict, 1959) ने भी संस्कृति एवं व्यक्तित्व के संबंधों के स्वरूप पर टिप्पणी करते हुए कहा है कि संस्कृति तथा व्यक्तित्व में घना संबंध है। सचमुच में संस्कृति व्यक्ति को कच्चा माल (raw material) प्रदान करती है जिससे वह अपने जीवन का निर्माण करता है। यदि किसी कारण से यह कच्चा माल अपर्याप्त होता है, तो व्यक्ति का विकास पूर्णरूपेण नहीं हो पाता है परंतु यदि वह पर्याप्त (sufficient) होता है, तो व्यक्ति को उसका

1. "While the culture of any society determines the deeper levels of its member's personalities through the particular techniques of child rearing to which it subjects them, its influence does not end with this. It goes on to shape the rest of their personalities by providing models for their specific responses as well. This latter process continues throughout life." —Linton : *The Cultural Background of Personality*, p. 143.

सदुपयोग करने का अवसर मिल जाता है। इसका स्वाभाविक परिणाम यह होता है कि जब बच्चा खास संस्कृति में पलते-पलते वयस्क हो जाता है तो संस्कृति की आदतें तथा संस्कृति का विश्वास, उसका विश्वास बन जाता है।

उपर्युक्त विवरण से यह स्पष्ट है कि संस्कृति एवं व्यक्तित्व में घनिष्ठ संबंध है। चूँकि प्रत्येक समाज की संस्कृति अपनी भौगोलिक एवं सामाजिक परिस्थितियों के कारण भिन्न-भिन्न होती है, इसलिए एक संस्कृति में रहने वाले व्यक्तियों का व्यवहार दूसरे संस्कृति में रहने वाले व्यक्तियों के व्यवहार से भिन्न होता है। सच्चाई यह है कि समाज के संस्कृति की विशेषताओं की छवि हमें उस समाज के सदस्यों के व्यवहार पैटर्नस (behavioural patterns) में मिलता है तथा जब समय के बदलने के साथ-साथ सांस्कृतिक तत्त्वों (cultural element) में परिवर्तन होता है तो उसी के अनुसार सदस्यों के व्यक्तित्व गुणों में भी परिवर्तन आ जाता है। इसी अर्थ की महत्ता को ध्यान में रखते हुए ब्राउन (Brown, 1960) ने *व्यक्तित्व को संस्कृति का आत्मगत पक्ष कहा है* (Personality is the subjective aspect of culture)।

संस्कृति तथा व्यक्तित्व में सम्बन्ध
(Relationship between Culture and Personality)

जैसा कि ऊपर वर्णन किया जा चुका है, संस्कृति तथा व्यक्तित्व में दो-तरफा सम्बन्ध (two-way affair) है। दूसरे शब्दों में, संस्कृति व्यक्तित्व को प्रभावित करती है तथा व्यक्तित्व संस्कृति को प्रभावित करता है। यहाँ हम इन दोनों तरह के प्रभावों (impacts) की चर्चा निम्नांकित दो अलग-अलग अनुच्छेदों (sections) में करेंगे—

(क) संस्कृति का व्यक्तित्व पर प्रभाव (Impact of Culture on Personality)

(ख) व्यक्तित्व का संस्कृति पर प्रभाव (Impact of Personality on Culture)

इन दोनों तरह की प्रभावों का वर्णन निम्नांकित हैं—

(क) संस्कृति का व्यक्तित्व पर प्रभाव *(Impact of Culture on Personality)*—संस्कृति की छाप व्यक्तित्व के शीलगुणों के विकास पर सीधी पड़ती है। संस्कृति विशेष पालन-पोषण प्रक्रिया (rearing practices) एवं अन्य समान प्रक्रियाओं द्वारा व्यक्तित्व के शीलगुणों को विकसित करता है तथा उसे खास साँचे में ढालता भी है। व्यक्तित्व पर संस्कृति के प्रभावों को दिखलाने के लिए वैज्ञानिकों ने जितने भी अध्ययन किये हैं, उन्हें मूलतः दो भागों में बाँटा जा सकता है—

1. पुरातन समाजों में संस्कृति तथा व्यक्तित्व से सम्बन्धित अध्ययन (Studies relating to culture and personality in premitive societies)
2. आधुनिक समाजों में संस्कृति तथा व्यक्तित्व से सम्बन्धित अध्ययन (Some studies relating to culture and personality in modern society) ।

1. संस्कृति तथा व्यक्तित्व से सम्बन्धित कुछ पुरातन अध्ययन *(Some primitive studies on culture and personality)*—व्यक्तित्व पर संस्कृति के प्रभावों को दिखलाने के लिए कुछ अध्ययन जनजातियों (tribes) एवं असभ्य समाज (primitive societies) के प्रजातियों पर मूलतः सांस्कृतिक मानवशास्त्रियों (cultural anthropologists) द्वारा किया गया है। ऐसे मानवशास्त्रियों में दो का नाम अधिक मशहूर है—रूथ बेनेडिक्ट (Ruth Benedict) तथा मारगैरेट मीड (Margaret Mead) । रूथ बेनेडिक्ट (Ruth Benedict, 1934) ने अपनी पुस्तक *पैटनर्स ऑफ कलचर* (Patterns of culture) में निम्नांम्कित तीन पुरातन समाज के सदस्यों के व्यक्तित्व पर उनके संस्कृति का पड़ने वाले प्रभावों के अध्ययन की चर्चा की है। वे तीन समाज हैं—क्वाकियूटल समाज (Kwakiutal socitety), डूबो समाज (Dobu society) तथा जूनी समाज (Zuni society)।

(i) क्वाकियूटल समाज *(Kwakiutal Society)*—क्वाकियूटल समाज के जनजाति (tribe) के लोग प्रशांत उत्तरी पश्चिमी क्षेत्र (Pacific Notrhwest region) में रहते हैं। इस समाज में वर्ग व्यवस्था (class system) के नियमों का पालन काफी कठोरता से किया जाता है। प्रत्येक वर्ग के मुखिया या प्रधान को धार्मिक या राजनैतिक अधिकार प्राप्त होते हैं। समाज में उन व्यक्तियों की प्रतिष्ठा सबसे अधिक होती है जो धन अधिक मात्रा में इकट्ठा करते हैं तथा उनकी बर्बादी भी अधिक मात्रा में करते हैं। समाज में पितृ-सत्तात्मक परिवार होते हैं जिसके अनुसार पिता के बाद परिवार के

समस्त सम्पत्ति का उत्तराधिकारी बड़ा भाई होता है। सबसे छोटे लड़का को काफी चतुर एवं चलाक समझा जाता है। ऊँचे कुल की लड़कियों से शादी हो जाने पर उस परिवार की सामाजिक प्रतिष्ठा एवं स्तर (status) बढ़ी हुई मान जाती है। असाधारण बहादुरी दिखलाने पर भी व्यक्ति का सामाजिक स्तर ऊँचा उठ जाता है। इस समाज में अपने सामाजिक स्तर को ऊँचा करने के लिए विशेष संस्थागत प्रविधि (institutionalized techniqe) भी होता है जिसे 'पोटलैच' (Potlatch) कहा जाता है। लोग मछलियों एवं अन्य समुद्री जानवरों का शिकार वैयक्तिक आधार पर करते हैं।

क्वाकियूटल जनजाति के इस सांस्कृतिक प्रतिमानों का प्रभाव उनके व्यक्तित्व विकास पर काफी अधिक पड़ता है, चूँकि समाज में वर्ग व्यवस्था अधिक कटुरूप से होती है तथा उच्च सामाजिक प्रतिष्ठा प्राप्त करने के लिए एक होड़-सा रहता है, अतः इन लोगों में प्रतिस्पर्द्धा (competition) की भावना तीव्र होती है। प्रतिस्पर्द्धा की भावना के अलावा इन लोगों में तीव्र ईर्ष्या की भावना होती है। चूँकि बड़े भाई को ही समस्त सम्पत्ति मिल जाती है, इसलिए अन्य भाईयों के हृदय में बड़े भाई के प्रति तीव्र ईर्ष्या एवं प्रतिस्पर्द्धा की भावना उत्पन्न हो जाती है। इस समाज में जो धनहीन होता है, उसमें आत्मग्लानि एवं हीनता की भावना अधिक पनपती है। इस जनजाति में धार्मिक विश्वास का भी अभाव पाया जाता है क्योंकि इनकी संस्कृति भौतिकवादी होती है।

(ii) डूबो समाज *(Dobu Society)*—डोबू जनजाति के लोग पूर्वी न्यू गिनिया (Estern New Guinea) के नजदीक एक द्वीप में रहते हैं। इस समाज की संस्कृति में धोखेबाजी (cheating), चोरी, दूसरों को क्षति पहुँचाना आदि कार्यों को अच्छा समझा जाता है। पति एवं पत्नी के बीच विद्वेष (hostility) अधिक पायी जाती है। प्रत्येक व्यक्ति दूसरे व्यक्ति को किसी-न-किसी तरह के शक की निगाह से देखता है। इनलोगों में ऐसा विश्वास पाया जाता है कि दूसरों के आक्रमण से बचने के लिए तथा दूसरों पर आक्रमण करने के लिए जादू (magic) का ट्रिक जानना जरूरी है। डोबू समाज के इस सांस्कृतिक प्रतिमानों (cultural patterns) का परिणाम उनके व्यक्तित्व विकास पर अधिक पड़ता है। बेनेडिक्ट (Benedict) के अनुसार इस जनजाति के लोग अधिक ईर्ष्यालु (jealous), विद्वेषी (resentful) तथा शक्की (suspicious) होते हैं। जो व्यक्ति इस समाज में सबसे सामान्य (normal) होता है, उसे हमलोग अपने समाज में असामान्य (abnormal) कह सकते हैं।

(iii) जूनि समाज *(Zuni Society)*—इस समाज में नेतृत्व संबंधी कार्यो एवं प्रभुत्व (dominance) को बुरा समझा जाता है और जो व्यक्ति इस तरह का कार्य करते हैं, उसे घृणा की दृष्टि से देखते हैं। ये लोग शांति तथा दोस्ताना संबंधी कार्यों को अधिक महत्त्वपूर्ण समझते है। प्रतिस्पर्द्धा की भावना सिर्फ धार्मिक कार्यों में होती है। इन लोगो में विवाह, मृत्यु, धार्मिक कार्य तथा अन्य व्यक्तिगत संबंधों में सांवेगिक अधिकता (emotional excess) को पसंद नहीं किया जाता है। ऐसे लोग जादू का प्रयोग बुरी आत्माओं (evil spirits) को खुश करने तथा दूसरों के प्रति अपना विद्वेष करने के लिए करते हैं। जूनि समाज के इन सांस्कृति प्रतिमानों (cultural patterns) का परिणाम यह होता है कि इन लोगों के व्यक्तित्व में सहनशीलता, सांवेगिक स्थिरता (emotional stability) तथा क्रमबद्धता (orderliness) आदि जैसे शीलगुणों का विकास तेजी से होता है।

इसके अलावा 1935 में मारगैरेट मीड (Margaret Mead) ने अपनी पुस्तक *'सेक्स एंड टेम्परामेंट इन थ्री प्रिमिटिव सोसाइटिज* (Sex and Temperament in three Primitive Societies) में न्यूगिनिया (New Guinea) के निम्नांकित तीन जनजातियों में व्यक्तित्व के विकास में उनके सांस्कृतिक प्रतिमानों (cultural patterns) के प्रभावों को दिखलाकर रूथ बेनेडिक्ट के विचारों को पुष्ट किया है—

(i) एरापेश जनजाति *(Arapesh tribe)*—जैसा कि कहा जा चुका है, यह जनजाति न्यू गिनिया (New Guinea) में पायी जाती हैं। इस जनजाति के लोग न्यूगिनिया के ऐसे पहाड़ी क्षेत्र में रहते हैं जो उन्हें बाहरी दुश्मनों से पूर्णरूपेण सुरक्षा प्रदान करता है। ये लोग कृषि, व्यापार (trade) एवं शिकार (hunting) द्वारा अपना रोजी-रोटी चलाते हैं। इन जनजाति के लोगों में कोई सामाजिक संगठन (social organization) नहीं होता है क्योंकि इसकी कोई जरूरत नहीं महसूस की जाती है। बिना इस तरह के संगठन के ही लोगों में एक-दूसरे को मदद करने की भावना तीव्र होती है। चूँकि उनके क्षेत्र की सड़कें एवं गलियाँ काफी फिसलदार (slippery) होती है, अतः उनमें कोई बड़ा सामाजिक पार्टी या कार्यक्रम अक्सर नहीं हो पाता है। इस जनजाति के पुरुषों तथा स्त्रियों दोनों में ही नारी-गुण की श्रेष्ठता पायी जाती है। इन लोगों में शिशुओं के पालन-पोषण में माता और पिता समान रूप से हाथ बँटाते हैं।

ऐरापेश जनजाति के इन सांस्कृतिक प्रतिमानों (cultural patterns) का परिणाम यह होता है कि ऐसे लोगों के व्यक्तित्व में सहानुभूति, प्रेम, सद्भावना, एवं सहयोग आदि का शीलगुण पाया जाता है। चूँकि इन लोगों में लड़ने झगड़ने की आवश्यकता ही नहीं होती है, इसलिए वे लोग शांत, नम्र एवं शिष्ट होते हैं। सांस्कृतिक प्रभावों के कारण इस जनजाति में उन लोगों की प्रशंसा अधिक की जाती है जो शर्मीले एवं आक्रमण की इच्छाओं का दमन करने वाले होते हैं।

(ii) मुण्डुगुमोर जनजाति (*Mundugumor tribe*)—यह जनजाति (tribe) भी न्युगिनिया (New Guinea) में ही पायी जाती है। इस जनजाति की भौगोलिक स्थिति तथा जलवायु करीब-करीब एरापेश जनजाति के भौगोलिक स्थिति एवं जलवायु के ही समान है। फिर भी इनके व्यक्तित्व के शीलगुण (trait) एरापेश जनजाति के शीलगुणों से काफी भिन्न होते हैं। मुण्डुगुमोर जनजाति में बच्चों के पालन-पोषण (child rearing) करने का तरीका ही कुछ ऐसा है जिससे बाद में चलकर उनमें असुरक्षा एवं निराशा की भावना ही नहीं बल्कि निर्दयता एवं आक्रामकता की भावना तीव्र रूप से उत्पन्न हो जाती है। इस जनजाति की स्त्रियाँ अपने शिशुओं का पालन-पोषण करने में उन्हें स्तन-पान नहीं कराना चाहती हैं या बहुत कम समय तक करा कर बंद कर देती है। जब शिशु रोते हैं, तो स्त्रियां उन्हें थप्पड़ मार-मारकर चुप कराती हैं। शिशुओं के पालन-पोषण से वे काफी दूर रहना चाहती हैं तथा वे उनका तिरस्कार भी काफी करती हैं। ऐसा देखा गया है कि कभी-कभी माँ की उपेक्षा के कारण शिशुओं की मृत्यु भी हो जाती है। शिशुओं को अपनी माताओं से इस प्रकार का मिलनेवाला दुर्व्यवहार, तिरस्कार एवं फटकार का परिणाम यह होता है कि वयस्क होने पर वे लोग निर्दयी आक्रामक (aggressive), प्रतिद्वंद्वी, ईर्ष्यालु, शंकालु, अहंवादी (egoist) आदि स्वभाव के हो जाते हैं।

(iii) शाम्बूली जनजाति (*Tchambuli tribe*)—इस जनजाति की संस्कृति स्त्री-प्रधान (female-dominanted) होती है। इसमें महिलाएँ कठिन एवं सभी महत्त्वपूर्ण कार्य करती है और समाज पर उन्हीं लोगों का हुकूमत चलता है। पूरे समुदाय का शासन प्रबन्ध स्त्रियाँ ही करती हैं। पुरुष घर का काम-काज संभालते हैं तथा रसोई एवं बच्चों के पालन-पोषण की ज़िम्मेवारी उन्हीं की होती है। पुरुष क्लब (club) में जाते हैं और नाचते भी हैं। स्त्रियाँ उनके नाचों को देखने के लिए दूर-दूर से आकर एकत्रित होती हैं। स्त्रियाँ स्वयं ही अपने पति का चुनाव करती हैं परंतु पुरुषों को अपने पत्नी चुनने का अधिकार नहीं होता है। ऐसी संस्कृति प्रतिमान का प्रभाव यह होता है कि पुरुषों में विनम्रता, सहनशीलता एवं भावुकता का शीलगुण अधिक होता है जबकि स्त्रियों में प्रभुत्व (dominance), आक्रामकता (aggressiveness), उत्तरदायित्व (responsibility) आदि का शीलगुण अधिक होता है।

इन सभी के अलावा समाजशास्त्रियों (sociogists) तथा सांस्कृतिक मानवशास्त्रियों (cultural anthropologists) ने कुछ और जनजातियों के संस्कृति एवं उनके व्यक्तित्व पर पड़नेवाले प्रभावों का अध्ययन किया है। इनमें न्यू मैक्सिको (New Mexico) के होपी जनजाति (Hopi tribe) तथा ग्रीनलैंड (Greenland) के एस्किमो (Eskimo) अधिक प्रधान है। होपी जनजाति में वर्ग-व्यवस्था (class system) नहीं पाया जाता है तथा समाज की आर्थिक व्यवस्था को सुचारु रूप से चलाने में लोग आपस में सहयोग अधिक करते हैं। इस जनजाति में धार्मिक व्यवस्था को छोड़कर अन्य सभी तरह की सामाजिक व्यवस्था में स्त्रियों का स्थान प्रमुख होता है। इनका प्रमुख व्यवसाय कृषि होता है। खेतों में पुरुष कार्य करता है परंतु उपज पर अधिकार स्त्रियों का होता है, पुरुषों का नहीं। सम्पत्ति का हस्तांतरण माता से पुत्री को होता है पुत्र का नहीं। स्पष्ट है कि इनका परिवार मातृवंशीय (matrilineal) होता है। इन लोगों में सहयोगिता के अलावा धर्मपरायणता भी पायी जाती है। इस तरह की संस्कृति में चलने के कारण होपी लोग दयालु, सहयोगी एवं समाजसेवी आदि अधिक होते हैं। इन लोगों में दूसरों पर आश्रित रहने की प्रवृत्ति भी अधिक होती है तथा घमंड एवं स्वार्थ संबंधी इच्छाओं का सर्वथा अभाव पाया जाता है।

एस्किमो जनजाति की संस्कृति में व्यक्तिवादिता (individualism) अधिक पायी जाती है। शिकार करके जीविका चलाना यहाँ के लोगों का मुख्य धंधा है। प्रत्येक व्यक्ति शिकार अपने लिए अलग-अलग करता है और यहाँ तक कि औजारों एवं हथियारों (weapons) का निर्माण भी स्वयं ही करता है। कोई भी दूसरा व्यक्ति उन औजारों एवं हथियारों का प्रयोग नहीं कर सकता है। प्रत्येक व्यक्ति को चाहे जिस तरीका से क्यों न हो, आर्थिक योगदान करना होता है। फलतः इन लोगों में प्रतिस्पर्द्धा (competition) में भावना तीव्र होती है। अगर कोई व्यक्ति अपनी शारीरिक दुर्बलता या अन्य किसी कारण से आर्थिक योगदान नहीं कर पाता है, तो उसकी तीव्र भर्त्सना की जाती है और कभी-कभी उसे जान से मार भी दिया जाता है। एस्किमो के इस सांस्कृतिक प्रतिमान (cultural pattern) का प्रभाव यह होता है कि इन लोगों ने आत्म-निर्भरता, प्रतिद्वंद्विता, आक्रमकता, नेतृत्व आदि शीलगुणों (traits) की प्रधानता होती है।

ऊपर के विवरण से स्पष्ट है कि संस्कृति का प्रभाव व्यक्तित्व के शीलगुणों के विकास पर सीधा एवं प्रत्यक्ष रूप से पड़ता है। संस्कृति में जिन-जिन कार्यों पर अधिक बल डाला जाता है, इन कार्यो से संबंधित शीलगुणों का विकास तीव्रता से होता है।

2. संस्कृति तथा व्यक्तित्व के कुछ आधुनिक अध्ययन *(Some modern studies on culture and personality)*—कुछ समाजशास्त्रियों, मानवशास्त्रियों (anthropologist) तथा मनोवैज्ञानिकों ने संस्कृति के जनजातियों (tribes) पर अध्ययन न करके आम व्यक्तियों पर अध्ययन किया है और अपने-अपने अध्ययनों के आधार पर यह दिखलाया है कि संस्कृति का प्रभाव व्यक्तित्व विकास पर काफी पड़ता है। उदाहरणार्थ, एडम्स एवं टूकर (Adams & Tucker, 1972) ने अपने अध्ययन में पाया कि जिस संस्कृति में बच्चों का पालन-पोषण माता द्वारा नहीं होता है, उस संस्कृति के बच्चों में सांवेगिक अस्थिरता (emotional instability) अधिक पायी जाती है। इतना ही नहीं, जब ऐसे बच्चों को अपने पिता का भी प्यार नहीं मिल पाता है तो उनका मानसिक स्वास्थ्य (mental health) तेजी से गिरता है तथा उनमें अवांछनीय व्यक्त्वि शीलगुणों (unwanted personality traits) का विकास तेजी से होता है। एन्थोनी (Anthony, 1974) के अध्ययन के अनुसार जिस संस्कृति में पारिवारिक कलह एदं झगड़े होते रहते हैं, उनके बच्चोंकी बुद्धि, सर्जनात्मक क्षमता (creative ability) तथा संज्ञानात्मक शैली (cognitive styles) का विकास मंदित हो जाता है।

ब्रौनफेनब्रेनर (Bornfenbrenner, 1970) ने एक अध्ययन किया जिसमें अमेरिकन एवं रूसी बच्चों की मनोवृत्ति (attitudes) की तुलना की गयी। इस अध्ययन में पाया गया कि अमेरिकन बच्चों की मनोवृत्ति साथी-उनमुखी (peer-oriented) अधिक तथा वयस्क-उन्मुखी (adult-orinted) कम थी जबकि रूसी बच्चों की मनोवृत्ति वयस्क-उन्मुखी अधिक तथा साथी-उन्मुखी कम थी। कागन एवं मैडसेन (Kagan & Madsen, 1972) ने एक अध्ययन किया जिसमें देहाती मैक्सिकन बच्चों की तुलना देहाती अमेरिकन बच्चों (दोनों तरह के बच्चों का उम्र समान था) से किया गया। परिणाम में देखा गया कि अमेरिकन बच्चे मैक्सिकन बच्चों की अपेक्षा अधिक आक्रमणकारी (aggressive) थे। प्रयोगकर्त्ताओं के अनुसार इसका एक सम्भावित सांस्कृतिक कारण (possible cultural reason) यह हो सकता है कि अमेरिकन माता-पिता मैक्सिकन माता-पिता की तुलना में अपने बच्चों द्वारा दिखलाये जानेवाले आक्रमणकारी व्यवहारों (aggressive behaviours) को अधिक बर्दाश्त करते हैं। स्टैनली मिलग्राम (Stanley Milgarm, 1961) ने एक अध्ययन किया जिसमें फ्रेंच बच्चों (French children) की तुलना नार्वेयिन बच्चों (Norweian children) के साथ की गयी। परिणाम में देखा गया कि फ्रेंच बच्चों में स्वतंत्रता (independence) का शीलगुण तुलनात्मक रूप से अधिक था परंतु नार्वेयिन बच्चों में अनुरूपता (conformity) का गुण फ्रेंच बच्चों की अपेक्षा अधिक थी। कोनिंग (Koening, 1971) ने एक अध्ययन किया जिसमें तीन संस्कृति के व्यक्तियों की तुलना की गयी। वे तीन संस्कृति थे—अमेरिकन, फ्रेंच तथा स्वेडिस। परिणाम में यह देखा गया कि अमेरिकन प्रयोज्यों (Americal subjects) द्वारा फ्रेंच प्रयोज्यों की तुलना में सहमतिजन्य अनुक्रियाएँ (consensual responses) अधिक की गयी तथा फ्रेंच प्रयोज्यों ने स्वेडिस प्रयोज्यों की अपेक्षा ऐसी अनुक्रियाएँ अधिक किया। इन्होंने अपने इस अध्ययन में यह भी पाया कि इन तीनों सांस्कृतियों में प्रथम जन्म क्रम वाले बच्चों में सहमतिजन्य अनुक्रियाएँ बाद के जन्म क्रम वाले बच्चों (later-born children) की अपेक्षा अधिक थी। कोनिंग (Koening) ने यह भी बतलाया है कि स्वेडिस माता-पिता (Sewedish parents) अमेरिकन या फ्रेंच माता-पिता की तुलना में अपने बच्चों के प्रति अधिक अनुक्रियाशील (responsive) नहीं होते हैं। फलस्वरूप इन बच्चों में स्वतंत्रता (independence) तथा सांवेगिक आत्मनिर्भरता (emotional self-reliance) का भाव अपेक्षाकृत कम विकसित होता है। पोलिस (Polis, 1965) ने एक अध्ययन किया जिसमें पाया गया कि ग्रीकवासियों का आत्मसंप्रत्यय (self-concept) अन्य पश्चिमी देशों की संस्कृतियों में पाये जाने वाले आत्म-संप्रत्यय[1] से काफी भिन्न होता है। अन्य पश्चिमी देशों की संस्कृतियों में आत्म-संप्रत्यय के विकास में स्वयं व्यक्ति की अपनी जिम्मेवारी को महत्त्वपूर्ण माना गया है जबकि ग्रीकवासियों की संस्कृति में आत्म-सम्प्रत्यय किसी एक व्यक्ति की व्यक्तिगत जिम्मेवारी नहीं बल्कि कई व्यक्तियों की सामूहिक जिम्मेवारी (collective responsibility) होती है। ग्रीकवासियों की संस्कृति में समझौता (compromise) को एक तरह से समूह निष्ठा के प्रति धोखा समझा जाता है। फलस्वरूप, ग्रीकवासियों का स्वाभिमान (self-esteem) पश्चिमी देशों के लोगों के स्वाभिमान से काफी भिन्न होता है।

---

1. आत्म-संप्रत्यय (self-concept) से तात्पर्य उन विचारों एवं धारणाओं से होता है जो एक व्यक्ति स्वयं अपने बारे में विकसित करता है।

राष्ट्रीय चरित्र (national character) या मॉडल व्यक्तित्व (modal personality) के क्षेत्र में किये गये अध्ययनों से भी व्यक्तित्व के विकास में संस्कृति का प्रभाव प्रमाणित होता है। गोरेर तथा रिकमैन (Gorer & Rickman, 1949) ने रूसी राष्ट्रीय चरित्र (Russian national character) का अध्ययन कर बतलाया कि इन लोगों में सत्तावादिता (anthoritarianism) तथा अनुशासन-पालन जैसे गुणों की अधिकता होती है। लैचमैन (Lachman, 1969) ने जापानी एवं पुर्त्तगाली राष्ट्रीय चरित्रों का अध्ययन किया और बतलाया कि जापानी लोगों में क्रमबद्धता (orderliness), बाध्यता (compulsion) तथा दमित आक्रमकता (repressive aggressiveness) का शीलगुण अधिक पाया जाता है जबकि पुर्त्तगालियों में विनम्रता (submissiveness), धूर्त्तता (cunning) आदि जैसे शीलगुणों की प्रधानता होती है।

सांस्कृतिक विभिन्नताओं (cultural differences) के कारण व्यक्ति का प्रत्यक्षण भी काफी हद तक प्रभावित होता है। इस सिलसिले में डेनिस (Dennis, 1957) द्वारा किया गया अध्ययन काफी मशहूर है। इन्होंने तीन संस्कृतियों (cultures) के समान उम्र एवं बुद्धि के बच्चों को अपने अध्ययन के लिए चुना। वे तीन संस्कृति है—अमेरिकन लिवनिज (Lebanese) तथा सुडानिज (Sudanese)। इन तीनों तरह के बच्चों को कुछ सामान्य वस्तुएँ (common objects) जैसे—कुत्ता, हाथ, सोना, बिल्ली, टेबुल, कुर्सी आदि शब्दों की उपयोगिता बतलाने को कहा गया। परिणाम में देखा गया कि सांस्कृतिक विभिन्नताओं के कारण इन सामान्य वस्तुओं का प्रत्क्षण भी अलग-अलग ढंग से किया गया है। जैसे—'हाथ' शब्द के प्रति मात्र कुछ ही अमेरिकन बच्चों ने 'खाना खाने' की अनुक्रिया (eating responses) किया (मात्र 6%) जबकि अधिकतर सुडानिज बच्चों ने ऐसी ही अनुक्रिया किया (33%) तथा लिवनिज बच्चों ने भी थोड़ा कम प्रतिशत में ऐसी अनुक्रिया किया (23%)। इसका स्पष्ट कारण यह बतलाया गया कि अमेरिका में खाना-खाने में छूरी काँटा (cutlery) का प्रयोग अधिक होता है तथा हाथ का काम कम जबकि सुडानिज तथा लिवनिज में हाथ का प्रयोग अधिक होता है तथा छुरी-काँटा का प्रयोग कम। ऐसे ही अन्य कई अध्ययनों से स्पष्ट हो जाता है कि हम किसी वस्तु का प्रत्यक्षण (perception) कैसे करते हैं, यह बहुत कुछ हमारी संस्कृति पर निर्भर करता है। यही कारण है कि संस्कृति को एक *प्रत्यक्षणात्मक फिल्टर* (perceptual filter) कहा गया है।

व्यक्तित्व के निर्माण में पड़ने वाले सांस्कृतिक प्रभाव का कुछ उदाहरण हमें मानसिक विकारों (mental disorders) तथा उनसे संबंधित व्यक्तित्व शीलगुणों (personality traits) के अध्ययन से भी मिलता है। कॉडिल तथा लिन (Candil & Lin, 1969) एवं भॉन मेरिंग तथा कासदान (Von Mering & Kasdan, 1970) आदि मानवशास्त्रियों (anthropologists) ने अपने-अपने अध्ययनों के आधार पर निम्नांकित निष्कर्ष दिया है—

(1) मानसिक अवस्था (mood) के बदलाव से संबंधित बीमारियाँ एवं व्यवहार में विकृतियाँ विकसित देशों (developed countries) की संस्कृतियों में कम तथा अविकसित देशों की संस्कृतियों की अधिक होती है।

(2) अफ्रीका एवं एशिया के देहाती क्षेत्रों में व्यवहारों एवं विचारों की अनावश्यक पुनरावृत्ति (repetition) से संबंधित लक्षण नहीं दिखलाई देते हैं हालांकि भारत जैसे देश के बड़े-बड़े शहरों में ऐसे लक्षण प्रायः देखने को मिलता है।

(3) अशिक्षित समाज की संस्कृतियों में यौन-भूमिका (sex role) से संबंधित मनोवृत्ति कम देखने को मिलता है परंतु शिक्षित एवं विकसित समाज (developed societies) की संस्कृतियों में यह प्रायः देखने को मिलता है।

(4) जापान, स्वीटरजरलैंड, स्वीडन तथा डेनमार्क की संस्कृतियों में आत्महत्या (suicide) एवं उससे सम्बन्धित व्यवहारों की आवृत्ति (frequency) अधिक पायी गयी है परंतु भारत, पाकिस्तान, लंका, वर्मा आदि की संस्कृतियों में ऐसी प्रवृत्तियों की कमी पायी गयी है।

ऊपर किये गये अध्ययनों से यह स्पष्ट हो जाता है कि व्यक्तित्व निर्माण में संस्कृति का प्रभाव काफी पड़ता है।

(ख) व्यक्तित्व का संस्कृति का प्रभाव (*Impact of Personality on Culture*)—जिस तरह से संस्कृति का प्रभाव व्यक्तित्व निर्माण पर पड़ता है, उसी तरह से व्यक्तित्व का भी प्रभाव संस्कृति के विकास पर पड़ता है। व्यक्तित्व पर संस्कृति के प्रभावों को दिखलाने के लिए जितने अध्ययन किये गये हैं तथा जितने सबूत (evidences) प्रस्तुत किये गये हैं, उतना तो संस्कृति पर व्यक्तित्व के प्रभावों को दिखलाने के लिए नहीं किया गया है। फिर भी समाज मनोवैज्ञानिकों

ने कुछ सबूत उपस्थित कर यह दिखलाया है कि संस्कृति भी व्यक्तित्व द्वारा प्रभावित होती है। क्रेच, क्रचफिल्ड तथा वैलेची (Kretch, Crutchfield & Ballachey, 1962) के अनुसार व्यक्ति निम्नांकित चार तरह की भूमिकाओं (role) द्वारा अपने समाज की संस्कृति को प्रभावित करता है—

(1) व्यक्ति संस्कृति की एक विशेष सृष्टि जीव (creature) के रूप में कार्य करता है। इस तरह की भूमिका में संस्कृति के विभिन्न भौतिक तत्त्व तथा अभौतिक तत्त्वों के साथ वह अनुपालन (conformity) दिखलाया है और प्रत्येक परिस्थिति में उपयुक्त ढंग से व्यवहार करने को प्रेरित रहता है।

(2) व्यक्ति संस्कृति के वाहक (carrier) के रूप में कार्य कर संस्कृति के तत्त्व को प्रभावित करता है। वाहक के रूप में वह एक सक्रिय एवं धनात्मक भूमिका निभाता है तथा सांस्कृतिक तौर-तरीकों, मूल्यों, मानकों तथा उपयोगिताओं का वर्णन दूसरों के सामने करके एक पीढ़ी से उसे दूसरे पीढ़ी तक पहुँचाता है।

(3) संस्कृति के परिचालक (manipulator) के रूप में व्यक्ति समाज के सामान्य (common) मनोवृत्तियों (attitudes), मूल्यों (values), मानकों (norms) आदि का प्रयोग. एक विशेष उद्देश्य की पूर्ति करने के लिए करता है। इस भूमिका में पूर्ण सफलता मिलने पर व्यक्ति सांस्कृतिक तत्त्वों की महत्ता को अधिक प्रभावकारी बना पाता है।

(4) संस्कृति के सृष्टिकर्त्ता (creator) के रूप में व्यक्ति संस्कृति में आवश्यक परिवर्तन लाता है तथा इसमें से अमानवीय तत्त्वों को निकालकर बाहर फेंक देता है। इससे संस्कृति की उज्ज्वलता बढ़ जाती है। भारतीय संस्कृति में राजाराम मोहनराय तथा महात्मा गाँधी की भूमिका इसके सटीक उदाहरण है। राजा राम मोहन राय ने भारतीय संस्कृति से 'सती प्रथा' को हटाकर तथा महात्मा गाँधी ने भारतीय संस्कृति से 'छुआछूत' (untouchability) जैसे कुप्रथा को हटाकर इस संस्कृति की उज्जवलता को काफी बढ़ाया है। इस तरह से इन दोनों महान व्यक्तियों ने भारतीय संस्कृति में महत्त्वपूर्ण सांस्कृतिक परिवर्तन लाकर उसमें चार चाँद लगाया है।

ऊपर किये गये वर्णन से यह स्पष्ट है कि व्यक्तित्व का प्रभाव भी संस्कृति पर पड़ता है।

संस्कृति एवं व्यक्तित्व के सम्बन्धों के बारे में एक सामान्य निष्कर्ष *(General conclusion regarding the relationship between Culture and Personality)*—संस्कृति तथा व्यक्तित्व के बीच में दोहरा सम्बन्ध (two-way) होता है। संस्कृति व्यक्तित्व विकास को काफी प्रभावित करता है तथा स्वयं महान व्यक्तियों से प्रभावित भी होता है। जब संस्कृति के तत्त्व महान व्यक्तियों से प्रभावित होते हैं, तो उसमें महत्त्वपूर्ण सामाजिक एवं सांस्कृतिक परिवर्तन (social and cultural changes) आते हैं।

अध्याय शारांश
(Chapter Summary)

1. प्रत्येक समाज की एक विशेष संस्कृति होती है। संस्कृति से तात्पर्य समाज के मूल्यों, विश्वासों, मानकों (norms), कौशलों तथा प्रतीकों (symbols) से होता है जिसे व्यक्ति सीखता है तथा उसके अनुकूल व्यवहार करता है।

2. संस्कृति के तत्त्वों के आधार पर संस्कृति को दो भागों में बाँटा गया है—भौतिक संस्कृति (material culture) तथा अभौतिक संस्कृति। क्रेच एवं उनके सहयोगियों (Kretch et al., 1962) ने उसे व्यक्त संस्कृति (explicit culture) तथा अव्यक्त संस्कृति (implicit culture) को दो भागों में बाँटा है।

3. समाज मनोवैज्ञानिकों, समाजशास्त्रियों एवं मानवशास्त्रियों ने संस्कृति एवं विभिन्न संस्कृतियों की तुलनात्मक अध्ययन करने के लिए पाँच विधियों का प्रतिपादन किया है—क्षेत्र विधि, विषय विश्लेषण (content anlaysis), क्रॉस सांस्कृतिक विधि (cross-cultural method), प्रक्षेपी विधियाँ, मनोवृत्ति मापनी (projective methods and attitude scales) तथा कारक विश्लेषण विधि (factor analysis method) ।

4. व्यक्तित्व तथा संस्कृति में दो-तरफा संबंध (two-way relationship) है। व्यक्तित्व विभिन्न शीलगुणों का एक ऐसा गत्यात्मक संगठन (dynamic organisation) है जिसके कारण व्यक्ति का व्यहवार तथा विचार किसी भी वातावरण में अपने ढंग का अर्थात् अपूर्व (unique) होता है।

5. संस्कृति तथा व्यक्तित्व के आपसी सम्बन्धों के दो पहलू हैं—संस्कृति का व्यक्तित्व पर प्रभाव तथा व्यक्तित्व का

संस्कृति पर प्रभाव। पहले तरह के सम्बन्ध को दिखलाने के लिए दो तरह के सबूतों को रखा गया है—कुछ पुरातन समाज (primitive societies) में संस्कृति तथा व्यक्तित्व को दिखलाने के लिए किये गये अध्ययनों से प्राप्त सबूतों तथा आधुनिक समाज में संस्कृति तथा व्यक्तित्व के सम्बन्ध को दिखलाने के लिए किये गये अध्ययनों से प्राप्त सबूतें। जिन पुरातन समाज के जनजातियों (tribes) के संस्कृति का अध्ययन किया गया है, उसमें क्वाकियूटल (Kwakiutal) जनजाति (tribes), डोबू जनजाति (Dobu tribe), जूनि जनजाति (Zuni tribe), एरापेश जनजाति (Arapesh tribe), मुण्डुगुमोर जनजाति (Mundugumor thribe), शाम्बुली जनजाति (Tchambuli tribe), होपी जनजाति (Hopi tribe) तथा एस्किमो जनजाति (Exkimo tribe) प्रधान है। व्यक्तित्व का प्रभाव भी संस्कृति पर पडता है। व्यक्ति संस्कृति की एक विशेष सृष्टि जीव (creature) के रूप में, वाहक (carrier) के रूप में, परिचालक (manipulator) के रूप में तथा सृष्टिकर्ता के रूप में कार्य कर संस्कृति के तत्त्व को प्रभावित करता है। जब महान व्यक्तित्व का प्रभाव समाज की संस्कृति पर पड़ता है, तो सामाजिक (social) एवं संस्कृति (cultural) में परिवर्तन आते हैं।

❑

अध्याय 19

प्रचार
(PROPAGANDA)

प्रचार का अर्थ
(Meaning of Propaganda)

आधुनिक प्रजातांत्रिक युग में प्रचार का महत्त्व काफी है। यह एक ऐसी प्रविधि है जिसके सहारे एक व्यक्ति दूसरे व्यक्ति के विचारों, मतों एवं मूल्यों (values) को बदल सकने में समर्थ होता है। यही कारण है कि इसका प्रयोग जीवन के प्रत्येक क्षेत्र में जैसे व्यवसाय, शिक्षा, युद्ध, धर्म, उद्योग आदि में आजकल सफलतापूर्वक किया जा रहा है।

प्रश्न अब उठता है कि 'प्रचार' शब्द का वैज्ञानिक अर्थ क्या है ? प्रचार का अंग्रेजी पर्यायवाची शब्द 'Propaganda' है जो लैटिन शब्द 'Propagare' से बना है। 'Propagare' शब्द का अर्थ होता है उगाना, बढ़ाना या विकास करना। इस शाब्दिक अर्थ में प्रचार एक ऐसी विधि है जिसके द्वारा हम किसी चीज को अपनी इच्छानुसार उगाते या बढ़ाते हैं। इस शाब्दिक अर्थ को ध्यान में रखकर हम तब यह कह सकते हैं कि प्रचार एक ऐसा सचेत प्रत्यन है जिसके द्वारा हम कुछ खास विचारों, मूल्यों एवं विश्वासों को पनपाते हैं। **लूमेले**[1] (Lumley, 1933) ने ठीक ही कहा है, 'प्रचार अपने आप जन्म नहीं लेता, बल्कि एक बलकृत उत्पत्ति है।'' परंतु समाज मनोवैज्ञानिकों ने प्रचार को और भी विस्तृत एवं स्पष्ट ढंग से परिभाषित करने की कोशिश किया क्योंकि शाब्दिक व्याख्या से प्रचार का मात्र एक संकुचित अर्थ निकलता है। **किम्बल यंग**[2] (Kimball Young, 1953) के अनुसार, ''प्रचार मुख्यतः सुझाव तथा संबंधित मनोवैज्ञानिक प्रविधियों द्वारा प्रतीकों का जान-बूझकर नियोजित तथा क्रमबद्ध उपयोग है जिसका उद्देश्य पहले मतों, विचारों तथा मूल्यों को परिवर्तित तथा नियंत्रित करना और अंत में पूर्व निर्धारित दिशा में क्रियाओं को परिवर्तित करना है।'' डूब[3] (Doob, 1925) के अनुसार, ''प्रचार किसी इच्छुक व्यक्ति या व्यक्तियों द्वारा सुझाव के माध्यम से अन्य व्यक्तियों के समूहों की मनोवृत्तियों को नियंत्रित करने का और परिणामस्वरूप, उनकी क्रियाओं को नियंत्रित करने का एक क्रमबद्ध प्रयास है।'' **जेम्स ड्रीभर**[4] (James Drever, 1964) के अनुसार, ''प्रचार सांवेगिक शब्दों तथा सुझाव द्वारा दूसरों लोगों या जनता के कुछ खास मनोवृत्तियों में परिवर्तन करने का एक संगठित प्रयास है।''

इन सभी परिभाषाओं में प्रचार को मुख्यतः एक ऐसी प्रविधि (technique) बतलायी गयी है जिसके द्वारा दूसरों की मनोवृत्तियों एवं व्यवहारों को एक निश्चित दिशा में मोड़ने का सचेत प्रयास किया जाता है। फिर भी प्रचार के स्वरूप

---

1. "Propaganda is not breeding that would take place of itself, it is forced generation"
—Lumley : *The Propaganda Menace,* 1933, p. 188.
2. "For our purpose, we shall define propaganda as the more or less deliberately planned systematic use of symbol chiefly through suggestion and related psychological techniques, with a view first to altering and controlling opinions, ideas and values and unltimately to changing over action along predetermined lines."
—Kimball Young : *Handbook of Social Psychology,* 1953, p. 457.
3. "Propaganda is a systematic attempt by an interested individuals to control the attitudes of groups of individuals through the use of suggestion and consequently, to control the action"—Doob : *Propaganda,* 1925 p. 75-76.
4. "Propaganda is "organised efforts to induce certain attitudes in other people or in the public largely by of suggestion and the utilization of emotionally tinged words."
—James Drever : *The Penguin Dictionary of Psychology,* 1964, p. 226.

(nature) को पूर्णतः समझने के लिए यह आवश्यक है कि उसके कुछ प्रमुख विशेषताओं (characteristics) पर ध्यान दिया जाये। ऐसी प्रमुख विशेषताएँ निम्नांकित हैं—

(1) प्रचार की सबसे प्रमुख मनोवैज्ञानिक प्रविधि सुझाव (suggestion) है। सुझाव द्वारा एक पक्ष दूसरे पक्ष के सामने अपने पूर्व नियोजित प्रस्ताव को इस प्रकार रखता है कि प्रस्ताव दूसरे पक्ष द्वारा आसानी से ग्रहण कर लिया जाये। इस तरह का सुझाव प्रायः भाषण, अखबार, रेडियो, टेलीविजन आदि माध्यमों से ही दिया जाता है।

(2) प्रचार व्यक्तियों के समूह के मतों, विचारों एवं मनोवृत्तियों को बदलने तथा अंत में उनकी क्रियाओं एवं व्यवहारों को बदलने की एक प्रविधि (technique) है।

(3) प्रचार अनजाने में नहीं बल्कि सचेत रूप से पूर्व योजना के अनुसार क्रमबद्ध ढंग से किया जाता है। यही कारण है कि प्रचार को एक संगठित प्रयास (organized effort) कहा गया है।

(4) प्रचार का निश्चित उद्देश्य होता है। यह कभी भी उद्देश्यहीन नहीं होता है। प्रायः इनका उद्देश्य दूसरे व्यक्तियों की मनोवृत्तियों, विचारों एवं मतों को एक ऐसी दिशा में परिवर्तन करना होता है कि प्रचारक के स्वार्थ की सिद्धि हो जाये या उसके उद्देश्य की पूर्ति हो जाये। उदाहरणार्थ, आम चुनाव (general election) के समय विरोधी पार्टियाँ सरकार द्वारा किये गये कार्यों में दोष निकालकर उसे जनता के सामने इस तरह उछालती है या उसका प्रचार करती है कि जनता की मनोवृत्ति उनके अनुकूल हो जाये तथा सरकार के खिलाफ हो जाये।

(5) सफल प्रचार के लिए यह भी आवश्यक है कि जिस घटना, व्यक्ति या वस्तु के बारे में प्रचार किया जा रहा हो, उसका कई विकल्प (several alternatives) हो। जिस वस्तु, व्यक्ति या घटना का कोई विकल्प नहीं होगा, उसके प्रचार का कोई प्रश्न ही नहीं उठता है।

(6) प्रचार में असत्यता तथा भ्रामक तथ्यों की सम्भावना हमेशा बनी रहती है। प्रचारक अपने लक्ष्य की प्राप्ति के लिए जनता को गलत या असत्य सूचना या सुझाव देकर बहका सकता है।

(7) प्रचार एक दो स्तरीय प्रक्रिया है। इससे पहले प्रचारक व्यक्तियों के विचारों एवं मतों आदि को परिवर्तित एवं नियंत्रित करता है और फिर बाद में वह उन व्यक्तियों या क्रियाओं को पूर्व नियोजित दिशा में बदलता है।

ऊपर के विवरण से स्पष्ट है कि प्रचार एक जटिल प्रक्रिया है जिसमें व्यक्तियों के मतों, विचारों एवं मनोवृत्तियों को और अंत में उनके व्यवहारों को बदलने का एक संगठित प्रयास किया जाता है।

प्रचार के प्रकार
(Types of Propaganda)

समाज मनोवैज्ञानिकों ने प्रचार के कई प्रकारों (types) का वर्णन किया है। बहुत सारे मनोवैज्ञानिकों ने प्रचार को निम्नांकित तीन भागों में बाँटा है—

1. खुला प्रचार *(Open Propaganda)*—जैसा कि नाम से ही स्पष्ट है, इस प्रकार के प्रचार में प्रचारक के उद्देश्य को जनता स्पष्ट रूप से जानती है। प्रचारक की ओर से भी कोई ऐसा प्रयास नहीं किया जाता है कि उद्देश्य छिपाकर रखा जाये। जैसा परिवार कल्याण के प्रचार का उद्देश्य सभी लोग जानते हैं। अतः यह खुला प्रचार का उदाहरण है। इसे प्रत्यक्ष प्रचार (direct propaganda) भी कहा जाता है।

2. बंद या गुप्त प्रचार *(Closed or hidden Propaganda)*—बंद प्रचार वह प्रचार है जिसमें प्रचारक प्रचार के वास्तविक उद्देश्य को छिपाकर रखता है। यहाँ प्रचारक के उद्देश्य की जानकारी आम जनता को नहीं होती है। उदाहरणार्थ, प्रचारक द्वारा यह कहना कि 'Why should vidocon T.V. not be banned? (विडियोकोन टेलीविजन पर क्यों नहीं प्रतिबंध लगा दिया जाय?'') एक बंद प्रचार का उदाहरण है। यहाँ वास्तव में प्रचारक का उद्देश्य 'Videocon' टेलीविजन की बिक्री पर प्रतिबंध लगाना नहीं है बल्कि उसके प्रति जनता में एक उत्सुकता उत्पन्न कर उसकी मनोवृत्ति को अनुकूल बनाकर उसकी बिक्री को बढ़ाना है। इसे अप्रत्यक्ष प्रचार (indirect propaganda) भी कहते हैं। युद्ध या अन्य संकटकालीन परिस्थिति में बंद प्रचार काफी किया जाता है।

3. विलंबित प्रचार *(Delayed Propaganda)*—विलंबित प्रचार उसे कहते है जिसमें प्रचारक का वास्तविक उद्देश्य कुछ समय बाद प्रकट होता है। उदाहरणार्थ, युद्ध जैसे संकटकालीन परिस्थिति में देश के नवयुवकों में पहले देश प्रेम की भावना जागृत कर दी जाती है तथा बाद में उन्हें फौज में भर्ती होने के लिए बाध्य किया जाता है।

क्रेच तथा क्रचफिल्ड (Kretch & Crtuchfield, 1949) ने प्रचार को निम्नांकित दो भागों में बाँटा है—

1. चेतन प्रचार *(Conscious Propaganda)*—चेतन प्रचार उस प्रचार को कहा जाता है जहाँ प्रचारक जान-बूझकर जनता की मनोवृत्तियों एवं विचारों को बदलने का एक सचेत प्रयास (conscious effort) करता है। जैसे, जब प्रचारक यह कहता है कि 'सोनी टेलीविजन सभी आधुनिक तकनीकी गुणों से परिपूर्ण है जिसका मुकाबला नहीं है' तो वह चेतन प्रचार का उदाहरण है।

2. अचेतन प्रचार *(Unconscious Propaganda)*—अचेतन प्रचार उस प्रचार को कहा जाता है जिसमें प्रचारक का मूल उद्देश्य जनता की मनोवृत्तियों एवं व्यवहारों को एक निश्चित दिशा में परिवर्तित करना तो नहीं होता परंतु फिर भी ऐसा हो जाता है। स्पष्ट है कि यहाँ प्रचारक जनता की मनोवृत्तियों एवं व्यवहारों को भी प्रभावित करने का कोई सचेत प्रयास नहीं करता है। उदाहरणार्थ, यदि कोई राजनीतिक नेता आम चुनाव (general election) के मौके पर जनता के बीच में भाषण करते समय किसी उदाहरण के रूप में यह भी बोल देता है कि "टाटा उत्पादकों की विश्वसनीयता अभी भी अधिक है।" तो यह अचेतन प्रयास का उदाहरण होग। यहाँ नेता के भाषण का उद्देश्य जनता से वोट प्राप्त करना है न कि टाटा उत्पादकों (Tata products) के बारे में प्रचार करना है। परंतु उनके द्वारा भाषण के दौरान किसी उदाहरण के रूप में टाटा उत्पादकों के बारे में कुछ कहने से अचेतन रूप में इन उत्पादकों के बारे में प्रचार हो जाता है।

किम्बल यंग (Kimbal Young, 1957) ने प्रचार को निम्नांकित तीन भागों में बाँटा है—

1. परिवर्तनात्मक प्रचार *(Conversionary Propaganda)*—इस प्रकार के प्रचार में जनता को किसी वस्तु या घटना के बारे में कुछ समझाया जाता है फिर तर्क तथा अनुनय (persuation) द्वारा व्यक्तियों की मनोवृत्तियों, विचारों एवं मूल्यों को और अंत में उसके व्यवहारों में परिवर्तन लाने की कोशिश की जाती है। आजकल अधिकतर व्यापार-संबंधी विज्ञापन (commercial advertisements) इस श्रेणी में आते हैं जिसमें वस्तुओं के गुणों आदि पर तार्किक प्रकाश डालकर आम जनता की मनोवृत्तियों को उसके अनुकूल बनाने की कोशिश की जाती है।

2. विभेदात्मक प्रचार *(Divisive Propaganda)*—इस प्रकार के प्रचार में प्रचारक जनता के बीच 'फूट डालो और मतलब साधो' का उद्देश्य रखता है। उसके प्रचार का मूल उद्देश्य जनता में विभेद पैदा करके अपना मतलब सिद्ध करना होता है। आम चुनाव (general election) के समय राजनैतिक पार्टियों द्वारा तथा युद्ध के समय एक राष्ट्र द्वारा शत्रु-पक्ष के सैनिकों एवं आम जनता के बारे में इस प्रकार का प्रचार काफी किया जाता है।

3. एकीकरणात्मक प्रचार *(Consolidatary Propaganda)*—इस प्रकार के प्रचार में प्रचारक लोगों को संगठित करने का प्रयास करता है, उनमें एकता उत्पन्न करके उनके सामूहिक बलों को ऊँचा उठाने का भी प्रयास किया जाता है। युद्ध के समय जनता में एकता तथा संगठन बनाये रखने के लिए तथा उनके मनोबल (moral) को ऊँचा उठाकर रखने के लिए इस तरह का प्रचार काफी किया जाता है।

स्पष्ट हुआ कि प्रचार के कई प्रकार है। इन सभी प्रकारों में खुला प्रचार (open propaganda तथा गुप्त प्रचार (hidden propaganda) सबसे अधिक लोकप्रिय है।

प्रचार तथा शिक्षा
(Propaganda and Education)

प्रचार तथा शिक्षा (eduction) दो ऐसे संप्रत्यय (concepts) है जिनमें गहरा संबंध है। प्रचार एक ऐसी प्रविधि (technique) है जिसमें लोगों को विचारों, मतों एवं व्यवहारों में एक परिवर्तन लाने का सचेत प्रयास किया जाता है। शिक्षा भी एक ऐसी प्रक्रिया है जो औपचारिक नियमों (formal principles) के अनुसार शिक्षार्थियों को शिक्षण (teaching) एवं प्रशिक्षण (training) के रूप में दिया जाता है। प्रचार तथा शिक्षा में कुछ समानताएँ (similarities) हैं तथा इन दोनों में कुछ अंतर भी है। कुछ प्रमुख समानताएँ (similarities) निम्नांकित है—

1. शिक्षा में प्रचार के ही समान सुझाव (suggestion) दिया जाता है। जिस तरह से प्रचारक आम जनता को सुझाव देता है, ठीक उसी तरह शिक्षक भी शिक्षार्थियों को कुछ औपचारिक नियमों के अनुकूल सुझाव देते हैं।

2. जिस तरह प्रचार बिना उद्देश्य का नहीं होता है उसी तरह शिक्षा भी बिना उद्देश्य का नहीं होता है। दूसरे शब्दों में प्रचार तथा शिक्षा दोनों में ही एक निश्चित उद्देश्य पाये जाते हैं।

3. प्रचार तथा शिक्षा दोनों ही पूर्व नियोजित एवं क्रमबद्ध (systematic) होते हैं। प्रचारक के समान शिक्षक भी एक पूर्व निश्चित योजना के अनुकूल शिक्षा देता है।

4. प्रचार तथा शिक्षा दोनों में ही व्यक्तियों के मनोवृत्तियों (attitudes), विचारों एवं मतों में परिवर्तन लाने की कोशिश की जाती है।

इन समानताओं के बावजूद भी इन दोनों में कुछ विभिन्नताएँ हैं जो निम्नांकित हैं—

1. प्रचार में प्रचारक का मूल उद्देश्य अपने लक्ष्य की प्राप्ति करना होता है। वह जनता के हित का ख्याल बहुत ज्यादा नहीं करता है। परंतु शिक्षा में ऐसी बात नहीं होती है। शिक्षा में शिक्षक शिक्षार्थियों के लाभ एवं हित का अधिकतम ध्यान रखते हैं।

2. प्रचार से सही-सही ज्ञान अर्जन नहीं होता है जबकि शिक्षा से सही-सही ज्ञान अर्जन होता है। प्रचारक अपने उद्देश्य की पूर्ति के लिए अपने वस्तु या चीज के बारे में बढ़ा-चढ़ाकर सूचनाएँ देता है और यहाँ तक कि गलत सूचना देकर भी अपना मतलब सिद्ध करने में पीछे नहीं रहता है। ऐसी परिस्थिति में सही-सही ज्ञान अर्जन का कोई प्रश्न ही नहीं उठता है। परंतु शिक्षा के साथ ऐसी बात नहीं है। शिक्षक विद्यार्थियों को हमेशा सही बतलाते हैं तथा नयी-नयी चीजों की जानकारी देते हैं जिससे उनलोगों का ज्ञान अर्जन करने का पूरा-पूरा मौका मिलता है।

3. प्रचार में असत्यता (falsity) का महत्त्व काफी होता है परंतु शिक्षा में सत्यता का महत्त्व अधिक होता है। प्रायः यह देखा गया है कि प्रचारक प्रचार करते समय कुछ झूठ बोलता है तथा आम जनता को अपनी पूर्व योजना के अनुसार गुमराह भी करता है। शिक्षा के साथ ऐसी बात नहीं है। शिक्षक शिक्षा देते समय अपने विद्यार्थियों को गुमराह नहीं करते हैं। वे सदा तथ्यों की सही पृष्ठभूमि उन लोगों के सामने रखते हैं।

4. शिक्षा से व्यक्ति, राष्ट्र तथा समाज सबको लाभ पहुँचता है। दूसरे शब्दों में, शिक्षा से एक तरह का सर्वांगीण विकास होता है। परंतु प्रचार के साथ ऐसी बात नहीं है। सच पूछा जाये तो अधिकतर प्रचार में प्रचारक को छोड़कर अन्य सभी लोगों को हानि ही हानि होती है। बहुत कम ही ऐसे प्रचार होते हैं जिनसे व्यक्ति, समाज या राष्ट्र को लाभ पहुँचता है।

5. प्रचार तथा शिक्षा में एक अंतर इसके पीछे छिपे उद्देश्यों के आधार पर किया गया है। प्रचार के पीछे प्रचारक का मूल उद्देश्य अपना व्यक्तिगत लाभ की प्राप्ति के ख्याल से जनता की मनोवृत्तियों एवं विचारों में परिवर्तन लाना होता है जबकि शिक्षा का उद्देश्य शिक्षार्थियों को लाभ पहुँचाने के खयाल से उनकी मनोवृत्तियों एवं विचारों में परिवर्तन करना होता है।

ऊपर किये गये वर्णन से यह स्पष्ट हो जाता है कि शिक्षा तथा प्रचार में समानता होने के बावजूद भी इन दोनों में अंतर है।

प्रचार का मनोवैज्ञानिक आधार या प्रचार का मनोविज्ञान
(Psychological basis of Propaganda or The Psychology of Propaganda)

समाज मनोवैज्ञानिकों ने प्रचार का विश्लेषण किया है और उसमें निहित मनोवैज्ञानिक प्रक्रम (psychological mechanisms) का वर्णन किया है। किम्बल यंग (Kimball Young, 1957) के अनुसार ऐसे मनोवैज्ञानिक प्रक्रम चार हैं—उद्देश्य या प्रेरणा (purpose or motivation), प्रतीकात्मक सामग्री (symbolic content), सुझावों तथा अन्य मनोवैज्ञानिक प्रविधियाँ (suggestion and other psychological techniques) तथा प्रचार का प्रभाव (effect of Propaganda) । इन चारों मनोवैज्ञानिक प्रक्रमों की व्याख्या एक-एक करके निम्नांकित ढंग से की जा रही है।

1. उद्देश्य या प्रेरणा *(Purpose or Motivation)*—प्रत्येक प्रचार के पीछे एक निश्चित उद्देश्य होता है। प्रचार में प्रचारक लोगों की आवश्यकताओं (needs) का पहले पता लगता है और फिर प्रचार का संबंध इन आवश्यकताओं से जोड़ता है। वह प्रचार में उनकी आवश्यकताओं की संतुष्टि का आश्वासन देता है। ऐसा करने से जनता का ध्यान उसके प्रचार की ओर आकर्षित हो जाता है और साथ-ही-साथ प्रचारक की स्वार्थ की सिद्धि भी हो जाती है। प्रचारक प्रचार करते समय इस बात पर भी पूर्णरूपेण ध्यान देता है कि जनता को यह स्पष्ट न हो कि प्रचारक अपने स्वार्थ के लिए ही प्रचार कर रहा है। एक सफल प्रचारक जनता की आवश्यकताओं के साथ कुछ संवेगों (emotions) जैसे भय, क्रोध, आशा आदि को भी जोड़ता है क्योंकि वह जानता है कि मानवीय आवश्यकताएँ सांवेगिक होती हैं। जैसे, एक जीवन बीमा एजेन्ट

जब यह कहता है कि जीवन बीमा सिर्फ आपके लिए ही नहीं है बल्कि आपके पूरे परिवार का भविष्य उज्ज्वल करता है तथा उसे सुरक्षा प्रदान करता है, तो यहाँ प्रचारक अपने उद्देश्य की प्राप्ति में जल्दी सफलता प्राप्त कर लेता है और लोग बीमा कराने के लिए आसानी से तैयार हो जाते हैं। यहाँ प्रचारक (यानी बीमा एजेन्ट) मानवीय आवश्यकताओं एवं संवेगों को मिश्रित कर अपने प्रचार को अधिक प्रभावकारी बना लेता है।

2. प्रतीकात्मक सामग्री *(Symbolic contents)*—प्रचारक अपने उद्देश्य की पूर्ति के लिए समाचार पत्रों, पत्रिकाओं, रेडियो, चलचित्रों, व्यक्तिगत भाषणों आदि साधनों का सहारा लेता है। साथ-ही-साथ अपने प्रचार को अधिक सुगम्य एवं अर्थपूर्ण बनाने के लिए इन्हीं साधनों में वह कुछ प्रतीकों (symbols) का भी सहारा लेता है। इन प्रचारात्मक प्रतीक को विकसित करते समय इस बात पर विशेष रूप से ध्यान रखा जाता है कि प्रतीक का अर्थ सरलता से लोग समझ सके तथा वह जनता की मुख्य आवश्यकताओं से संबंधित हो तथा उससे जनता में कुछ विशिष्ट संवेगों को उभारने में मदद मिल सके। प्रचार में प्रतीक का प्रयोग कई ढंग से किया जाता है। जैसे विरोधी नेता एवं अनुयायियों को प्रतीकात्क उपाधियाँ देना, जुलूस निकालना, नारेबाजी करना, अज्ञानता एवं अंधविश्वासों का लाभ उठाकर ईश्वरीय प्रतीकों का उपयोग करना आदि। व्यापार-संबंधी प्रचारों (commercial propaganda) में कुछ प्रतीकात्मक शब्द जैसे हनुमान डालडा, कामधेनु डिपोजिट, ह्वील साबुन आदि काफी प्रचलित है। ऐसे प्रतीकों के प्रयोग से प्रचार अधिक अर्थपूर्ण हो जाता है तथा वह जनता के मन पर असर जल्दी करता है। अब हनुमान डालडा को ही लीजिए। डालडा के डिब्बे पर 'हनुमान' शब्द का प्रयोग या हनुमान की मूर्ति का होना शायद जनता को यह बतलाता है कि उसके प्रयोग से उसका शरीर भी हनुमान जी के सामन काफी मजबूत हो जायेगा।

3. सुझाव एवं अन्य मनोवैज्ञानिक प्रविधियाँ *(Suggestion and other psychological technique)*—प्रचार में प्रचारक कई तरह की मनोवैज्ञानिक प्रविधियों का उपयोग करता है। इस प्रविधि में सुझाव (suggestion) एक महत्त्वपूर्ण प्रविधि है। प्रचार में सुझाव के महत्त्व को देखते हुए किम्बल यंग[1] (Kimball Young, 1957) ने कहा है, ''सुझाव प्रचार की क्रियाशीलता की कुंजी है।'' जैसा कि हम जानते हैं, सुझाव यह प्रक्रिया है जिसके द्वारा किसी प्रस्ताव एवं क्रिया बिना किसी तार्किक या प्रमाणिक आधार के ही स्वीकार कर लिया जाता है। प्रचारक सचमुच में यही चाहता है कि जो प्रस्ताव वह लोगों के सामने रख रहा है, उसे लोग बिना किसी आलोचना के ही स्वीकार कर ले। यही कारण है कि प्रचारक सुझाव का सहारा लेकर अपने प्रचार को अधिक प्रभावकारी बनाने की काशिश करता है। सुझाव के ही तरह प्रचारक भी अपने प्रस्ताव को लोगों के सामने बार-बार दोहराता है ताकि लोग उसे सही मानकर स्वीकार कर ले। प्रचार में सुझाव के कई प्रकारों (forms) का प्रयोग किया जाता है जिसमें प्रतिष्ठा सुझाव (prestige suggestion) अधिक लोकप्रिय है। इस सुझाव में प्रचार करते समय समाज के प्रतिष्ठित व्यक्तियों का सहारा लिया जाता है। जैसे, बालों में लगाने वाला तेल का प्रचार करते समय किसी फिल्मी हिरोईन से यदि यह कहला दिया जाये कि उनके सुंदर बालों का राज अमुक केस तेल है, तो यह प्रचार में प्रतिष्ठा सुझाव के प्रयोग का एक उदाहरण होगा। प्रचार में सुझाव के अलावा अनुनय (persuasion) का भी प्रयोग किया जाता है। इसके अलावा प्रचार में प्रयोग किये जाने वाला सात अन्य प्रविधियों (techniques) का भी वर्णन किम्बल यंग ने किया है जिसकी चर्चा हम अगले अनुच्छेद में करेंगे।

4. प्रचार का प्रभाव एवं स्वीकृति *(Acceptance and effect of Propaganda)*—ऐसा देखा गया गया है कि लोग उस प्रचार को अधिक स्वीकार करते हैं जिसका सुझाव जनता के विचारों, आदर्शों, मतों एवं भावनाओं के अनुकूल होता है। यह भी देखा गया है कि उस प्रचार को भी जनता जल्द स्वीकार कर लेती है जो समस्या या संकट में उसे मदद करने वाला होता है। जब व्यक्ति प्रचारक के प्रचार को स्वीकार कर लेता है तो इसका परिणाम यह होता है कि वह अपनी मनोवृत्तियों एवं मूल्यों में प्रस्तावित परिवर्तन और फिर बाद में अपने व्यवहारों में परिवर्तन कर लेता है।

स्पष्ट है कि प्रचार में कई मनोवैज्ञानिक प्रक्रम सम्मिलित होती है। एक सफल प्रचारक को इन संरचनाओं का ज्ञान होना आवश्यक है।

---

1. "Suggestion is the key to the operation of propanganda."

—Kimball Young : *Handbook of Social Psychology*, 1957, p. 461.

प्रचार की प्रविधियाँ
(Tchniques or Devices of Propaganda)

समाज मनोवैज्ञानिकों तथा समाजशात्रियों ने कुछ प्रविधियों (techniques) का भी वर्णन किया है जिनके अनुकूल प्रचार करने पर प्रचार अधिक प्रभावशाली बन जाता है। किम्बल यंग (Kimball Young, 1960) ने सात ऐसी प्रविधियों का वर्णन किया है जिनका उपयोग आज भी प्रचार के क्षेत्र में काफी किया जा रहा है। इन प्रविधियों का वर्णन निम्न प्रकार हैं—

1. नामकरण प्रविधि *(Name calling technique)*—यह एक बहुत ही सामान्य प्रविधि है जिसका प्रयोग प्रचारक प्रायः करता है। इस प्रविधि में प्रचारक अपने एवं अपने समर्थकों को अच्छा नाम से सम्बोधित करता है तथा सकारात्मक उपाधियाँ देता है परंतु अपने विरोधियों को बुरे नामों से पुकारता है तथा भिन्न-भिन्न प्रकार की नकारात्मक उपाधियाँ भी देता है ताकि वह समाज की नजरों में गिर जाय और बुरी तरह बदनाम हो जाये। इस तरह से इस प्रविधि में प्रचारक अपने तथा अपने समर्थकों की प्रशंसा करता है और अपने विरोधियों की बुराई कर जनता में उनके प्रति प्रतिकूल भावनाओं को उभारता है। चुनाव के समय प्रायः राजनैतिक पार्टियाँ चुनाव की इन प्रविधि का उपयोग करती है। अपने विरोधी पार्टी को एक राजनीतिक पार्टी घूसखोर, गद्दार, तानाशाह, देशद्रोही आदि जैसी विशेषणों से विभूषित करती है ताकि जनता उनके पक्ष में वोट न दें। प्रचार की इस प्रविधि का प्रयोग प्रजातंत्रात्मक देशों में सत्तावादी देशों की अपेक्षा अधिक किया जाता है क्योंकि प्रजातंत्रात्मक देशों में लोगों को बोलने की छूट अपेक्षाकृत अधिक होती है। यह भी देखा गया है कि कम पढ़े-लिखे एवं निम्न स्तर के व्यक्तियों पर नामकरण प्रविधि द्वारा किये गये प्रचार का असर काफी पड़ता है।

2. प्रमाणपत्र प्रविधि *(Testimonial device)*—इस प्रविधि में प्रचारक प्रचार-सामग्री के साथ महान नेताओं, बड़े-बड़े समाज सुधारकों, कलाकारों या अन्य सम्मानित व्यक्तियों के विचारों को जोड़ता है तथा जनता को प्रभावित करने की कोशिश करता है। ऐसा देखा गया है कि जनता या श्रोतागण इस प्रकार के प्रचार को जल्दी इसलिए स्वीकार कर लेते हैं क्योंकि प्रमाणपत्र (testimonial) देने वाला व्यक्ति एक सम्मानित व्यक्ति होता है। इस प्रविधि का प्रयोग व्यापार-सम्बन्धी विज्ञापनों में काफी देखने को मिलता है। उदाहरणार्थ, डाबर आँवला केश तेल के प्रचार में प्रसिद्ध फिल्मी हिरोइन पूनम ढिल्लो यह कहती है कि उसके सुन्दर बालों का राज है डाबर आँवला केश तेल़ इस तरह के प्रचार में प्रमाणपत्र प्रविधि का उपयोग किया जा रहा है। आम चुनाव के अवसर पर काँग्रेस (ई) पार्टी के नेता वोट माँगते समय श्री गाँधी, श्री नेहरू, श्रीमती इन्दिरा गाँधी का नाम उल्लेख कर अपने प्रचार अभियान को इस प्रविधि का उपयोग कर मजबूत बनाते हैं।

3. लुभावक सामान्यता प्रविधि *(Glittering generality technique)*—इस विधि में प्रचारक कुछ लुभावने एवं आकर्षक शब्दों या कथनों का प्रयोग करता है जिनसे श्रोतागण काफी उत्तेजित हो जाते हैं। उनमें सांवेगिक लहर दौड़ने लगती है और वे इतना आनंदित हो उठते हैं कि प्रचार को खुशी-खुशी स्वीकार कर लेते हैं। सच्चाई यह है कि इस विधि में प्रचारक वास्तविकता को सावधानीपूर्वक छिपा लेता है तथा अपने प्रचार में प्रेम, न्याय, स्वतंत्रता, अखंड़ता आदि जैसे लुभावने एवं आकर्षक शब्दों का प्रयोग कर लोगों के मन को जीत लेता है। उदाहरणार्थ, कुछ राजनैतिक पार्टी के नेता अपने आपको देश की स्वतंत्रता एवं अखंडता का रक्षक बतलाकर जनता को गुमराह करते हैं तथा अपना मतलब सिद्ध करते हैं।

4. स्थानांतरण प्रविधि *(Transfer technique)*—इस विधि द्वारा प्रचार करने में प्रचारक अपनी नीतियों को या प्रचार सामग्री को किसी सम्मानित प्रतीक जैसे गाय, बैल, दीपक, हाथ, क्रॉस, देवता आदि के साथ जोड़ता है। इसका परिणाम यह होता है कि श्रोतागण या जनता का ध्यान उस ओर जल्दी ही आकर्षित हो जाता है और वे उनसे काफी प्रभावित हो जाते हैं। फलस्वरूप, प्रचारक के स्वार्थ की सिद्धि हो जाती है। चुनाव के समय राजनैतिक पार्टी के नेता अपने नाम के बगल में कोई-न-कोई प्रतीक अवश्य छपवा कर प्रचार करते हैं तथा उसकी महत्ता को अपने प्रचार सामग्री में सम्मिलित करते हैं। कोई नेता 'दो बैलों का जोड़ा' प्रतीक के रूप में रखता है तो कोई 'हाथ', तो कोई 'दीपक' आदि।

5. सरल जनसमूह विधि *(Plain Folk device)*—इस विधि में प्रचारक अपनी वाक्पटुता तथा व्यवहार-कुशलता द्वारा जनसमूह के मस्तिष्क में यह बैठाने की कोशिश करता है कि वह कोई दूसरा व्यक्ति नहीं है बल्कि इसी जनसमूह का एक सदस्य है जो उनका शुभचिन्तक भी है। लोग उसे अपने अनुकूल या समान व्यवहार करते देखकर

उसे अपना हितैषी समझ बैठते हैं और उनके प्रचार के जाल में फँस जाते हैं। इस प्रविधि का प्रयोग भी राजनैतिक नेताओं द्वारा काफी किया जाता है। नेता हरिजनों की बस्ती में जाकर सफाई करवाते हैं, वहाँ मुफ्त दवाइयाँ बाँटते हैं तथा उनके दुःखों को सुनकर घड़ियाली आँसू बहाना भी नहीं भूलते हैं। इतना ही नहीं, कई बार नेता गरीब लोगों के घर में बैठकर बातचीत करते हुए या उनकी समस्याओं को सुनते हुए स्थिति में अखबार में या पत्रिकाओं में तस्वीर छपवाते हैं। इन सबका परिणाम यह होता है कि भोली-भाली जनता उन्हें अपना ही समझने की भूल की बैठती है और उनके प्रचार के चंगुल में फँस जाते हैं।

6. छल-कपट प्रविधि *(Card staking technique)*—जैसा कि नाम से ही स्पष्ट है, प्रचार की इस प्रविधि में प्रचारक छल-कपट, धोखा आदि का सहारा इस सतर्कता से लेता है कि साँप भी मर जाये और लाठी न टूटे। यहाँ प्रचारक सत्य को इतना तोड़-मरोड़ कर श्रोतागण या जनता के सामने रखता है कि जनता उसकी बातों को सही समझकर उनके जाल में फँस जाती है। अतः इस विधि में प्रचारक सत्य को सिर्फ छिपाता ही नहीं है बल्कि जनता में भ्रम उत्पन्न करता है और धोखा देने का भी प्रयास किया जाता है। इस प्रविधि द्वारा प्रचार करने में प्रचारक को काफी सावधानी बरतनी पड़ती है क्योंकि यह सच को छुपाकर झूठ तथा धोखा के रास्ते से निकलना चाहता है। उसमें हमेशा इस बात का डर बना होता है कि असलियत खुल जाने पर उसका प्रचार तो खटाई में पड़ जायेगा ही साथ-ही-साथ जनता उसका सामाजिक बहिष्कार (social bycott) भी कर सकती है। इस प्रविधि का प्रयोग राजनैतिक नेताओं द्वारा अक्सर किया जाता है। इसका सबसे अच्छा उदाहरण 1977 के लोक सभा के आम चुनाव से मिलता है। इस चुनाव में विरोधी दलों ने इन्दिरा गाँधी सरकार द्वारा आपातकालीन समय में किये गये कार्यों एवं उनसे संबंधित मनगढ़ंत कहानियों को जनता के सामने इतना उछाला कि जनता उनके बहकाये में आ गयी और इन्दिरा सरकार की पराजय के साथ-साथ स्वयं श्रीमति इंदिरा गाँधी भी चुनाव हार गयीं।

7. सार्वभौमिकता की प्रविधि *(Band-wagon technique)*—इस प्रविधि में प्रचारक जनता के मन में यह विश्वास दिलाता है कि वह जो कुछ भी कह रहा है वह उसका विचार नहीं है बल्कि बहुमत का विचार है। प्रचारक लोगों से अपील यह कह कर करता है कि 'सभी लोग ऐसा ही कर रहे हैं। भले ही सभी लोग वास्तव में ऐसा नहीं कर रहे हों। जनता या श्रोता में बहुमत की ओर झुकने की एक स्वाभाविक प्रवृत्ति होती है। अतः जब प्रचारक की ओर से वह यह सुनता है कि सभी लोग ऐसा कह रहे हैं, तो वह स्वयं उसकी ओर झुक जाता है और उसे सच मान लेता है। इस तरह से जनता प्रचारक के भ्रमात्मक (illusionary) बातों में आ जाता है और प्रचारक अपना उल्लू सीधा कर लेता है। यही कारण है कि आलपोर्ट (Allport, 1961) ने इस प्रविधि को *सार्वभौमिकता का भ्रम* (illusion of universality) कहा है। इस विधि का प्रयोग भी राजनैतिक पार्टियाँ द्वारा अधिक किया जाता है। व्यापार संबंधी प्रचारों में भी इसका प्रयोग अधिक किया जाता है। आये दिय रेडियो एवं टेलीविजन से यह विज्ञापन आता रहता है कि अमुक चीज जैसे मारुति कारों का प्रयोग आप भी करें क्योंकि हजारों लाखों लोग की आजमाई एवं भरोसेमंद सवारी है मारुति। इस तरह के विज्ञापन सुनने पर लोग मारुति की सवारी की ओर आकर्षित होने लगते हैं।

इस तरह से हम देखते हैं कि प्रचार को प्रभावकारी बनाने के लिए समाज मनोवैज्ञानिकों एवं समाजशास्त्रियों ने अनेकों तरह की प्रविधियों (techniques or devices) का वर्णन किया है। इसके अलावा भी कुछ लोगों ने कुछ और प्रविधियों का वर्णन किया है। परंतु उनकी लोकप्रियता एवं विश्वसनीयता उतनी अधिक नहीं बतलायी गयी है। जैसे, इन सातों प्रमुख प्रविधियों के अलावा एक प्रविधि है—भय कक्ष प्रविधि (chamber of horror device) जिसमें प्रचारक जनता में भय के संवेग और असुरक्षा की भावना को भड़काता है तथा अपने प्रचार का सफल बनाता है। चुनाव के समय एक राजनैतिक पार्टी प्रायः वह कहती है कि अमुक पार्टी यदि इस बार चुनाव में विजयी हुई तो देश की स्वतंत्रता एवं अखंडता को खतरा पहुँचेगा। इस तरह के प्रचार से जनता सर्तक हो जाती है और उस अमुक पार्टी को वोट न देकर प्रचारक के पार्टी को ही अपना बहुमूल्य वोट देने के लिए विवश हो जाती है।

प्रचार के सिद्धांत या नियम
(Principles of Propaganda)

प्रचार को अधिक प्रभावशाली बनाने के लिए समाज मनोवैज्ञानिकों एवं समाजशास्त्रियों ने कुछ सिद्धांतों एवं नियमों का प्रतिपादन किया है। यदि प्रचारक प्रचार करते समय उन सिद्धांतों पर अमल करता है, तो उसका प्रचार निश्चित रूप से प्रभावकारी होगा। प्रचार के सिद्धांत के संबंध में प्रसिद्ध समाज मनोवैज्ञानिक डूब (Doob, 1948) ने काफी सराहनीय

कार्य किया है। इन्होंने प्रचार के कुछ सिद्धांतों का प्रतिपादन किया है जो आज भी अधिकतर मनोवैज्ञानिकों को मान्य है। ऐसे प्रमुख सिद्धांतों का वर्णन निम्नांकित है–

1. अभिप्राय का सिद्धांत (*Principle of Intention*)—यह सिद्धांत इस बात पर बल डालता है कि जो प्रचार किसी निश्चित उद्देश्य या अभिप्राय (intention) के साथ किया जाता है उसे अधिक सफलता मिलती है। परतु जो प्रचार बिना किसी निश्चित उद्देश्य के ही शुरू कर दिया जाता है उससे प्रचारक को सफलता नहीं मिल पाती है। कारण स्पष्ट है। जब प्रचारक एक निश्चित उद्देश्य या अभिप्राय बनाकर प्रचार करता है तो उसके सामने एक पूर्व योजना होती है तथा लक्ष्य पर पहुँचने के लिए निश्चित सोपान (steps) भी होते हैं। परंतु जब प्रचारक बिना उद्देश्य या अभिप्रायों के ही प्रचार शुरू कर देता है तो सामने कोई पूर्व योजना नहीं होता है, और प्रचार अभियान में उसे असफलता ही हाथ लगती है। अतः प्रचारक को चाहिए कि वह प्रचार करने के पूर्व एक निश्चित योजना बना ले जिसका संबंध एक खास उद्देश्य की प्राप्ति से सीधा हो। एक सफल प्रचारक चाहे वह व्यापार के क्षेत्र में प्रचार कर रहा हो या राजनीति के क्षेत्र में प्रचार कर रहा हो, अपने प्रचार को इस नियम पर अवश्य ही आधारित करता है।

2. प्रत्यक्षण का सिद्धांत (*Principle of Perception*)—यह सिद्धांत बतलाता है कि व्यक्तियों द्वारा प्रचारक की प्रचार-सामग्री का ठीक ढंग से प्रत्यक्षण किया जाता है, तो वह प्रचार अधिक सफल होता है। परंतु जब प्रचार-सामग्री के लोगों द्वारा या श्रोतागण द्वारा ठीक ढंग से प्रत्यक्षण नहीं किया है, तो वह प्रचार सफल नहीं हो पाता है। जब लोगों द्वारा प्रचार-सामग्री का सही-सही प्रत्यक्षण हो जाता है, तो उनके मन में प्रचारक के सुझाव के प्रति सभी तरह के संदेह दूर होकर विश्वास तथा निष्ठा उत्पन्न हो जाती है। इस सिद्धांत का प्रयोग व्यापार संबंधी प्रचार तथा चुनाव-संबंधी प्रचारों में खुब किया जाता है। यही कारण है कि चुनाव के समय किये जा रहे प्रचारों में काँग्रेस (ई) पार्टी श्रीमती इन्दिरा गाँधी या श्री राजीव गाँधी का फोटो भी छपवाती है ताकि लोग उसका ठीक से प्रत्यक्षण करें। उसी तरह यूनाइटेड प्रेशर कूकर के विज्ञापनों के साथ एक सुंदर अभिनेत्री का फोटो रहने का भी यही राज है।

3. प्रचार के प्रकार का सिद्धांत (*Principle of type of Propaganda*)—प्रचार के कई प्रकार होते हैं। जैसे, प्रकट प्रचार (open propaganda), बंद प्रचार (closed propaganda) तथा विलंबित प्रचार (delayed propaganda) । परिस्थिति के अनुसार प्रचारक इनमें से किसी एक या एक से अधिक प्रचार का प्रयोग कर प्रचार को प्रभावशाली बनाता है। खुले प्रचार में प्रचारक का उद्देश्य आरंभ से ही स्पष्ट होता है। पत्रिकाओं, पोस्टरों एवं समाचार पत्रों में विज्ञापन के माध्यम से किया गया प्रचार खुला प्रचार का उदाहरण है। बंद या अप्रकट प्रचार में प्रचारक का वास्तविक उद्देश्य छिपा रहता है। वह अपने छिपे उद्देश्य को घुमा-फिराकर जनता के सामने उपस्थित करता है तथा उसके विचारों, मतों एवं मनोवृत्तियों को प्रकट करता है। विलंबित प्रचार में प्रचारक का उद्देश्य कुछ समय के बाद जनता को समझ में आता है। प्रचारक पहले अपना सुझाव एक खास पृष्ठभूमि तैयार करने के लिए देता है और बाद में अपनी वास्तविकता पर उतर आता है। उदाहरणार्थ, युद्ध काल में नागरिकों में पहले देशप्रेम एवं देशभक्ति का भाव उत्पन्न किया जाता है और बाद में उनमें से कुछ लोगों को फौज में भर्ती कर लिया जाता है। एक सफल प्रचारक इनमें किसी भी प्रचार का प्रयोग परिस्थिति एवं उद्देश्य के अनुकूल करता है।

4. संबंधित मनोवृत्ति का सिद्धांत (*Principle of related attitude*)—यह सिद्धांत इस बात पर बल डालता है कि जो प्रचार श्रोतागण या जनता की मनोवृत्तियों के अनुकूल होता है, उसकी सफलता अधिक होती है। दूसरे शब्दों में जो प्रचार जनता की मनोवृत्तियों से सीधा संबंधित होता है, वह अधिक सफल एवं प्रभावकारी होता है। अतः एक सफल प्रचारक को चाहिए कि वह श्रोतागण की मनोवृत्तियों को उपयुक्त सुझाव देकर अपनी प्रचार-सामग्री के अनुकूल बनाये और अंत में वह अपनी प्रचार सामग्री के बारे में प्रचार करे। प्रचार के इस सिद्धांत का उपयोग राजनैतिक पार्टियाँ खूब करती हैं। चुनाव के कुछ दिन पहले से ही विरोधी पार्टियों द्वारा सत्तारूढ़ पार्टी की गलतियों को बढ़ा-चढ़ाकर उछाला जाता है ताकि जनता के मन में सत्तारूढ़ पार्टी के बारे में प्रतिकूल एवं अपने प्रति अनुकूल मनोवृत्ति (favourable attitude) कायम हो जाये और ऐसा होने के बाद वे जनता से स्पष्टतः कहते हैं ''आप अपना बहुमूल्य वोट देकर हमें विजयी बनावें ताकि हम अपने वायदों को कायदे के अनुकूल पूरा कर सके।''

5. वांछित संगठन का सिद्धांत (*Principle of Desired Intergation*)—यह सिद्धांत इस तथ्य पर बल डालता है कि सफल प्रचारक अपने प्रचार संबंधी कार्यों को इस प्रकार संगठित करता है कि इससे वांछित उद्देश्यों की पूर्ति होने में तीव्रता से मदद मिल सके। यही कारण है कि प्रचारक अपने वांछित उद्देश्यों की पूर्ति के लिए इश्तहार छपवाता है।

साईनबोर्ड लगवाता है, लोगों से पर्चे बँटवाता है, प्रतिष्ठित व्यक्तियों द्वारा अपनी प्रचार-सामग्रियों के बारे में कुछ अनुकूल बातें कहलवाता है, आदि-आदि।

6. विरोधी प्रचार का सिद्धांत (*Principle of Counter Propaganda*)—प्रत्येक प्रचार के विरोध में कोई-न-कोई दूसरा प्रचार किया जाता है। इस तरह के प्रचार को विरोधी प्रचार (counter propaganda) कहा जाता है। प्रचार का यह सिद्धांत इस बात पर बल डालता है कि एक सफल प्रचारक को चाहिए कि वह श्रोतागण को इस ढंग का सुझाव दे कि उसे अपनी वस्तु या सामग्री का तो प्रचार हो ही साथ-ही-साथ विरोधी प्रचारों का उचित काट भी हो सके। ऐसा नहीं करने से सम्भव है कि प्रचारक का प्रचार सफल नहीं हो। उदाहरणार्थ, चुनाव के समय विरोधी पार्टियाँ सिर्फ अपनी नीतियों एवं कार्यक्रम के बारे में प्रचार नहीं करती है बल्कि सत्तारूढ़ पार्टी के खिलाफ भी प्रचार करती है तथा उनके द्वारा बतलाये गये तथ्यों का काट भी लोगों को सामने रखती है। इसका परिणाम यह होता है कि भोली-भाली जनता उनके बहकावे में तुरंत आ जाती है।

7. अनुनयन का सिद्धांत (*Principle of Persuation*)—यह सिद्धांत इस बात पर बल डालता है कि जब प्रचारक जनता या श्रोतागण से बार-बार व्यक्तिगत स्तर पर या सामूहिक स्तर पर जाकर मिलता है तथा अपने प्रचार सामग्री की याद दिलाता है तो इससे प्रचार प्रभावकारी (effective) बनता है तथा प्रचारक को काफी सफलता मिलती है। उदाहरणार्थ, प्रायः प्रकाशक (publisher) अपने एजेन्टों को थोड़े-थोड़े समय पर स्कूल तथा कॉलेज में भेजते रहते हैं ताकि व्यक्तिगत स्तर पर शिक्षकों से सम्पर्क बना रहे और उनकी पुस्तकों की अनुशंसा (recommendation) छात्रों से होता रहे। उसी तरह जीवन बीमा (life insurance) के एजेन्ट भी आम जनता से बार-बार मिलकर बीमा कराने का आग्रह करते हैं और अपने अनुनयन (persuation) के कारण वह इसमें सफलता भी प्राप्त कर लेते हैं।

8. अस्पष्ट परिस्थिति का सिद्धांत (*Principle of ambiguous situation*)—यह सिद्धांत बतलाता है कि जो प्रचारक अपना सुझाव (suggestion) अस्पष्ट परिस्थितियों में देता है, उसका प्रचार या सुझाव अधिक सफल होता है। इसका कारण यह है कि परिस्थिति स्पष्ट होने से जनता में तर्क-वितर्क की क्षमता समाप्त हो जाती है। फलस्वरूप उसमें आलोचनात्मक क्षमता (critical ability) कम हो जाती है तथा सुझाव ग्रहणशीलता (suggestibility) अधिक बढ़ जाती है। फलस्वरूप, जो भी प्रचारक कहता है, उसे वह मान लेता है। अतः एक सफल प्रचारक पहले जनता के मन में एक स्पष्ट स्थिति जैसे उलझन की स्थिति पैदा कर देता है और फिर अपना सुझाव लोगों के सामने रखता है। यही कारण है कि यह कहा गया है कि *'प्रचारक गंदे पानी में मछली पकड़ता है।'* (A propagandist catches fish in muddy water) ।

9. सार्वजनिकता का सिद्धांत (*Principle of Universality*)—इस सिद्धांत के अनुसार जिस प्रचार में या सुझाव में सार्वजनिकता (universality) का गुण होता है, वह अधिक सफल एवं प्रभावकारी होता है। एक सफल प्रचारक को चाहिए कि वह जनता के बीच में यह विश्वास उत्पन्न करे कि उसका सुझाव कुछ ऐसा है जिसे अधिकतर व्यक्ति पहले ही मान चुके हैं। जब जनता के मन में यह विश्वास उत्पन्न हो जायेगा, तो स्वभावतः यह प्रचारक के सुझाव को तुरंत मान लेगा और प्रचार प्रभावकारी (effective) हो जायेगा।

10. उत्तेजना प्रस्तुतीकरण का सिद्धांत (*Principle of Stimulus Presentation*)—इस सिद्धांत के अनुसार जब कोई प्रचार या सुझाव लक्ष्य समूह (target group) के व्यक्तियों के मूल्यों (values) के अनुकूल बनाकर उनके सामने प्रस्तुत किया जाता है, तो वह अधिक सफल एवं प्रभावकारी (effective) होता है। यही कारण है कि एक सफल प्रचारक लक्ष्य-समूह के व्यक्तियों के अनुसार पहनावा (dress) पहनता है तथा उनके ही द्वारा बोले गये शब्दों का अधिक-से-अधिक प्रयोग करता है। यह ध्यान-आकर्षण के सभी नियमों का पालन कर अपने प्रचार अभियान को अधिक प्रभावकारी बनाने की भी कोशिश करता है। चुनाव के समय राजनैतिक नेता इस सिद्धांत का अधिकतम प्रयोग करते हैं। जैसे, जब उन्हें राजस्थान में प्रचार अभियान प्रारंभ करना होता है, तो वे राजस्थानी वेश-भूषा में मंच पर उपस्थित होकर भाषण करते हैं और अपने भाषण के दौरान बीच-बीच में कुछ राजस्थानी भाषा के शब्दों का प्रयोग कर लेते हैं। परंतु वही नेता जब बिहार में आकर प्रचार अभियान प्रारंभ करते हैं तो उनकी वेश-भूषा यहाँ के लोगों की वेश-भूषा के अनुकूल हो ज़ाती है और अपने भाषण में वे कभी भोजपुरी तो कभी मगही भाषा के शब्दों का इस्तेमान करते हैं। कहने का तात्पर्य यह है कि कोई भी प्रचार या सुझाव का बाहरी प्रस्तुतीकरण जब इस ढंग से किया जाता है कि वह लक्ष्य-समूह के व्यक्तियों के मूल्यों (values) के अनुकूल होता है, तो उसकी ग्रहणशीलता (acceptibility) बढ़ जाती

है तथा वह प्रचार या सुझाव भी काफी प्रभावकारी (effective) सिद्ध होता है। क्रेच तथा क्रचफिल्ड[1] (Kretch & Crutchfield, 1948) ने ठीक ही टिप्पणी की है, ''एक सुझाव जो उद्दीपक प्रस्तुतीकरण के सिद्धांत का प्रभावकारी प्रयोग करता है, उसे वह सुझाव की अपेक्षा अधिक तत्परता के साथ ग्रहण किया जाता है जो इस सिद्धांत की उपेक्षा करता है।''

इस तरह से यह स्पष्ट है कि प्रचार के कई सिद्धांत (principles) हैं। कोई भी प्रचार या सुझाव तभी प्रभावकारी होगा जब वह इन सिद्धांतों के अनुकूल किया गया हो।

प्रचार के माध्यम या साधन
(Media or Tools of Propaganda)

आधुनिक युग में प्रचार की भूमिका काफी बढ़ गयी है। इसके महत्त्व को देखते हुए लोगों ने इसके लिए भिन्न-भिन्न माध्यमों या साधनों का सहारा लिया है। यहाँ माध्यमों या साधनों से तात्पर्य होता है उन प्रविधियों या उपकरणों से जिनके द्वारा प्रचार किया जाता है। आधुनिक युग में प्रचार के प्रमुख साधन निम्नांकित हैं—

1. टेलीविजन *(Television)*—आधुनिक युग में टेलीविजन प्रचार का एक प्रमुख साधन है। इसकी लोकप्रियता काफी तेजी से शहरी एवं ग्रामीण दोनों ही क्षेत्रों में बढ़ रही है। ऐसा देखा जा रहा है कि सत्तारूढ पार्टी, विरोधी पार्टी एवं अन्य व्यावसायिक कम्पनियाँ प्रचार के इस माध्यम पर सबसे अधिक बल डाल रही है और काफी धन लगाकर तथा समय देकर अपना प्रचार टेलीविजन के प्रचार सम्बन्धी मानकों (norms) के अनुकूल बनाते हैं। इतना ही नहीं, टेलीविजन पर तरह-तरह के नाटक, कहानी, वार्तालाप आदि के माध्यम से भी प्रचार किये जाते हैं।

प्रचार के माध्यम के रूप में टेलीविजन को सफलता के कई कारण बतलाये गये हैं। पहला, यह एक ऐसा माध्यम है जिसका प्रभाव शिक्षित एवं अशिक्षित दोनों तरह के व्यक्तियों पर होता है। दूसरा, इसमें नवीनता (novelty) का गुण है क्योंकि यह प्रचार के अन्य माध्यमों जैसे रेडियो की तुलना में नया है। फलस्वरूप, इससे लोगों में नीरसता या उब (monotony) नहीं उत्पन्न होता है। इन गुणों के बावजूद भी प्रचार के इस माध्यम में एक अवगुण यह बतलाया गया है कि यह प्रचार का एक काफी खर्चीला साधन है तथा समय की भी पाबंदी काफी होती है जिससे प्रचारक को उतना समय नहीं मिल पाता है जितना उसे सचमुच में चाहिए। यह भी कहा जाता है कि यह प्रचार एक अप्रत्यक्ष माध्यम (indirect medium) है।

2. भाषण (*Lecture)*—भाषण भी प्रचार का एक शक्तिशाली माध्यम है। इस माध्यम में प्रचारक श्रोतागण या जनता को अपने मृदु, सरल एवं चटकदार वाणी से उनकी मनोवृत्तियों एवं मतों को और अंत में उनके व्यवहारों को इच्छित दिशा में परिवर्तित करने का भरपूर प्रयास करता है। प्रायः वह अपने भाषण के लिए एक ऐसा स्थान चुनता है जहाँ अधिक-से-अधिक श्रोतागण एकत्रित हो सके। चुनाव के समय राजनैतिक नेता इस माध्यम का अधिकतम प्रयोग करते हैं। आवश्यकतानुसार वे इस समय प्रत्येक प्रांत या फिर प्रत्येक जिला में अपने कार्यक्रम एवं नीतियों का प्रचार भाषण देकर करते हैं। प्रायः यह देखा गया है कि भाषण देते समय प्रचारक कुछ ऐसे चटकदार भाषणा का प्रयोग करता है जिससे जनता का दिल गद्‌गद हो जाता है और वह आसानी से इनके प्रचार का शिकार हो जाता है।

प्रचार के इस माध्यम के कुछ खास-खास गुण (merit) है। इसका पहला सबसे प्रमुख गुण यह है कि प्रचार का यह एक प्रत्यक्ष माध्यम (direct media) है जहाँ प्रचारक को श्रोतागणों एवं जनता के साथ सीधा सम्पर्क होता है और अपनी वाणी की प्रतिक्रिया जानने का सीधा मौका प्रचारक को मिलता है। इसका दूसरा गुण यह बतलाया गया है कि इस माध्यम से प्रचार करने पर प्रचारक अपना संदेश सभी वर्गों, धर्मों व उम्रों के व्यक्तियों तक आसानी से पहुँचा देता है जिनसे उसके प्रचार की प्रभावशीलता काफी बढ़ जाती है। तीसरा गुण यह बतलाया गया है कि इस माध्यम से प्रचार करने पर प्रचारक को अपने विशेष हाव-भाव, वेश-भूषा, भ्रामक शब्दों का प्रयोग आदि के द्वारा श्रोतागणों को संवेगात्मक रूप से उत्तेजित करने का काफी अवसर मिलता है। जब श्रोतागण संवेगात्मक रूप से उत्तेजित हो जाते हैं तो उनमें तर्क एवं विवेक की शक्ति खत्म हो जाती है और वे प्रचारक के जाल में आ फँसते हैं।

1. "A suggestion that makes effective use of the principles of stimulus presentations will be more readily accepted than one that neglects these considerations."

—Kretch & Crtuchfield : *Theory and Practice of Social Psychology*, 1948, p. 160.

3. समाचार-पत्र *(Neswspaper)*—समाचार पत्र भी प्रचार का एक महत्त्वपूर्ण माध्यम है। समाचार-पत्रों में लेखों, खबरों तथा सम्पादकीय टिप्पणियों के द्वारा अप्रत्यक्ष रूप से तथा छपे विज्ञापनों के द्वारा प्रत्यक्ष रूप से प्रचार किया जाता है। अतः समाचार-पत्रों द्वारा प्रत्यक्षतः (directly) तथा अप्रत्यक्षः (indirectly) दोनों ढंग से प्रचार किया जाता है। प्रचार के इस माध्यम का महत्त्व प्रजातांत्रिक देशों में काफी होता है। खासकर चुनाव, युद्ध या अन्य किसी संकटकालीन परिस्थिति में प्रचार के माध्यम के रूप में समाचार-पत्र का महत्त्व काफी बढ़ गया है। अक्सर देखा गया है कि जो समाचार-पत्र किसी राजनैतिक दल के प्रभुत्व में रहता है या किसी अन्य कारणों से किसी खास राजनैतिक दल का समर्थक होता है, तो प्रायः उस राजनैतिक दल के पक्ष में खबरों को बार-बार छापता है जिससे जनता की मनोवृत्ति और अंत में व्यवहार भी उसके अनुकूल हो जाता है। इसी तरह जिस राजनैतिक दल का वे समर्थन नहीं करते हैं, उसके बारे में प्रतिकूल खबरें छापकर जनता में प्रतिकूल मत पैदा करते हैं।

प्रचार के इस माध्यम का सबसे बड़ा गुण उसकी व्यापकता है। समाचार-पत्र में छपी खबर एक बहुत बड़ी संख्या तक बहुत ही कम समय में पहुँच जाती है परंतु इस माध्यम के कुछ अवगुण (demerits) भी है। प्रमुख अवगुण यह बतलाया गया है कि इस माध्यम की पहुँच मात्र शिक्षित व्यक्तियों तक ही है। जो व्यक्ति पढ़े लिखे नहीं हैं, वे इसका प्रयोग नहीं कर पाते हैं। फलतः इसके द्वारा किया गया प्रचार ऐसे व्यक्तियों पर कोई प्रभाव नहीं डालता है। दूसरा अवगुण यह बतलाया गया है कि यह प्रचार का एक अप्रत्यक्ष माध्यम (indirect medium) है। इस माध्यम द्वारा प्रचारक अपने विशेष भाव-भंगिमा का उपयोग कर जनता को प्रभावित नहीं कर सकता है।

4. रेडियो *(Radio)*—आधुनिक युग में प्रचार के एक साधन के रूप में रेडियो का भी एक महत्त्वपूर्ण स्थान है। इस माध्यम द्वारा कुछ ही क्षणों में प्रचारक अपना संदेश संसार के एक कोने से दूसरे कोने में पहुँचा देता है। शहर और देहात दोनों में रेडियो काफी प्रचलित है। रेडियो द्वारा प्रचारात्मक कार्य तथा मनोरंजन सम्बन्धी कार्य दोनों ही किये जाते हैं। वस्तुओं के विज्ञापन-संबंधी प्रचार तथा सरकारी नीतियों से सम्बन्धित प्रचार रेडियो के माध्यम से काफी किया जाता है। युद्ध-काल तथा चुनाव में भी इस माध्यम का प्रयोग काफी किया जाता है। प्रचार के इस माध्यम से उपयुक्त सुझाव देकर श्रोतागण एवं जनता की मनोवृत्तियों का और फिर बाद में उनके व्यवहारों में परिवर्तन लाने का हर सम्भव प्रयास किया जाता है।

प्रचार के इस माध्यम के भी कुछ गुण एवं अवगुण हैं। इसका प्रमुख गुण यह है कि इस माध्यम के प्रयोग से प्रचारक अपना संदेश शिक्षित एवं अशिक्षित दोनों तरह के व्यक्तियों तक पहुँचा पाता है। दूसरा गुण यह बतलाया गया है कि इसमें श्रोतागण ऊबते नहीं है क्योंकि अक्सर प्रचार का संदेश एवं मनोरंजन साथ-साथ चलता रहता है। विविध भारती के संगीत कार्यक्रम में बीच-बीच में आये प्रचार पर श्रोतागण का ध्यान बरबस चला जाता है जो अक्सर प्रभावकारी भी होता है। इन गुणों के बावजूद इनमें कुछ अवगुण (demerits) भी है। इसका पहला अवगुण यह बतलाया गया है कि प्रचारक चाहकर भी अपने भाव-भंगिमा तथा श्रोतागण को प्रभावित नहीं कर सकता है क्योंकि रेडियो प्रचार का एक अप्रत्यक्ष माध्यम (indirect medium) है। दूसरा अवगुण यह बतलाया गया है कि रेडियो द्वारा कार्यक्रम प्रसारण समयाभाव के कारण तीव्रगति से होता है जिसका प्रभाव सिर्फ उन्हीं व्यक्तियों या श्रोतागण पर ठीक ढंग से होता है जिनका बौद्धिक स्तर कुछ ऊँचा होता है। कभी-कभी तो रेडियो द्वारा किया गया प्रचार व्यक्ति के सर के ऊपर से निकल जाता है।

5. सिनेमा एवं चलचित्र *(Cinema and Movies)*—आधुनिक युग में सिनेमा एवं चलचित्र प्रचार का एक लुभावना एवं आकर्षक माध्यम है। सिनेमा के माध्यम से व्यावसायिक कम्पनियाँ अपनी वस्तुओं का विज्ञापन काफी करती है। सरकार भी अपनी नीतियों एवं सामाजिक कार्यक्रमों का प्रचार इस माध्यम से काफी करती है। इतना ही नहीं, इस माध्यम से भिन्न-भिन्न तरह की लघु-कहानियाँ बनाकर भी दिखलाया जाता है जिसका मात्र उद्देश्य जतना की मनोवृत्तियों को प्रभावित करना होता है एवं साथ-ही-साथ उसके व्यवहारों में एक निश्चित दिशा में परितर्वन लाना भी। सरकार का जन-सम्पर्क विभाग सरकारी नीतियों का प्रचार इस माध्यम के सहारे खुलकर करता है। आये दिन परिवार कल्याण (family welfare) से संबंधित प्रचार हम सिनेमा के परदों पर देखते हैं जिसका असर आम जनता पर काफी होता है। शायद यही कारण है कि अब अधिकतर व्यक्तियों में यह भावना जग उठी है 'हम दो और हमारे दो' ही एक खुशहाल परिवार के लिए काफी है।

प्रचार के इस माध्यम के भी कुछ गुण-दोष हैं। इसका सबसे प्रमुख गुण यह है कि इसमें प्रचारक अपनी विशेष

भाव-भंगिमा द्वारा जनता को संवेगात्मक बनाकर अपने प्रचार को अधिक प्रभावशाली बना सकता है। दूसरा गुण यह बतलाया गया है कि प्रचार के इस माध्यम द्वारा प्रचारक अपना संदेश सभी वर्ग, धर्म के लोगों तक पहुँचाने में सफल हो जाता है। इन गुणों के बावजूद भी प्रचार के इस माध्यम के कुछ अवगुण हैं। इसका सबसे महत्त्वपूर्ण अवगुण (demerit) यह बतलाया गया है कि इस माध्यम द्वारा किया गया प्रचार या सुझाव उन्हीं व्यक्तियों तक सीमित रह जाता है जो सिनेमा हॉल में सिनेमा देखने जाते हैं। आज भी कुछ ऐसे व्यक्ति हैं जो सिनेमा हॉल में कई कारणों से नहीं जाना चाहते हैं। फलतः प्रचारक ऐसे व्यक्तियों तक पहुँच ही नहीं पाता है। दूसरा अवगुण यह बतलाया गया है कि प्रचार के इस माध्यम की लोकप्रियाता शहरों में तो काफी है परंतु देहातों में नहीं है। आज भी भारत के अधिकतर ग्रामीण क्षेत्रों में बिजली की प्रबंध नहीं है और जहाँ है भी वहाँ उसका प्रयोग मात्र कृषि-संबंधी उद्देश्यों की पूर्ति के लिए ही किया जाता है।

6. पुस्तक एवं पत्रिकाएँ *(Books and Magazines)*—प्रचार के साधन के रूप में पुस्तक एवं पत्रिकाओं की भी भूमिका कम नहीं है। प्रचारक अपनी प्रचार-सामग्री से संबंधित सुझावों को एक अच्छे विशेषज्ञों से लिखवाकर उसे एक पुस्तक के रूप में छपवाता है और पुस्तक को आम जनता में मामूली कीमतों पर और कभी-कभी मुफ्त में भी बँटवाता है। इसके तथ्यों को पढ़कर वह अपनी मनोवृत्तियों एवं मतों में परिवर्तन लाता है और फिर धीरे-धीरे अपने व्यवहारों में भी परिवर्तन कर लेता है। इसका सबसे अच्छा उदाहरण हमें ईसाई प्रचारकों से मिलता है जो अपने विचारों को एक पुस्तक में छपवाकर जनता में बाँटते हैं और अपने धर्म का प्रचार करते हैं। पत्रिकाओं (magazines) का भी प्रयोग प्रचारक काफी करते हैं। अक्सर पत्रिकाओं में कुछ तथ्यों पर लगातार विभिन्न तरह के विज्ञापन ही नजर आते हैं। करीब-करीब सभी तरह की पत्रिकाओं में विज्ञापन छपते हैं। अतः पत्रिका द्वारा भी एक अच्छा खासा प्रचार हो जाता है।

अन्य माध्यमों के समान इस माध्यम के भी कुछ गुण-दोष है। इसका सबसे प्रधान गुण यह बतलाया गया है कि इसके द्वारा एक बार में ही प्रचार काफी व्यापक पैमाने पर हो जाता है। प्रचारक द्वारा दिया गया संदेश इस माध्यम से काफी दूर-दराज तक आसानी से पहुँच जाता है। इस माध्यम का सबसे प्रधान अवगुण यह है कि इसके द्वारा किया गया प्रचार या सुझाव मात्र शिक्षित व्यक्तियों तक ही सीमित रह जाता है। दूसरा अवगुण यह है कि यह माध्यम प्रचारक एवं जनता दोनों के लिए ही खर्चीला साबित होता है। अधिकतर पत्रिकाओं का मूल्य ज्यादा होने से लोग उसे खरीदने से हिचकिचाते हैं। साथ-ही-साथ प्रचारक को भी अपना प्रचार पत्रिकाओं में छपवाने के लिए अच्छी कीमत चुकानी पड़ती है।

इस तरह से हम देखते हैं कि प्रचार के बहुत सारे माध्यम (medium) है। परंतु इनमें से आजकल जिन माध्यमों का प्रयोग सबसे अधिक किया जा रहा है, वे हैं—टेलीजिवन, भाषण तथा रेडियो। प्रचार की सफलता ऐसे तो कई कारकों पर निर्भर करती है परंतु उनमें से एक कारक प्रचार का उपयुक्त माध्यम का अपनाया जाना भी है।

प्रचार का महत्त्व
(Importance of Propaganda)

आधुनिक युग के करीब-करीब प्रत्येक क्षेत्र में प्रचार का एक महत्त्वपूर्ण स्थान है। सामान्यतः यह विश्वास किया जाता है कि प्रचार एक बुरी चीज है क्योंकि प्रचार में प्रचारक लोगों को बहकाकर या भ्रम में डालकर इनके व्यवहारों को गलत दिशा में मोड़ देता है। परंतु ऐसी बात हमेशा नहीं होती है। प्रचार सकारात्मक भी होता है। प्रचार में लोगों की मनोवृत्ति एवं व्यवहारों में परिवर्तन उनके कल्याण (welfare) के लिए भी किया जाता है। उदाहरणार्थ, महामारी फैल जाने पर जनकल्याण-संबंधी सुझावों का सरकार द्वारा या अन्य समाजसेवी संस्थानीं द्वारा प्रचार काफी किया जाता है जिसका मूल उद्देश्य जनता का कल्याण करना होता है। यही कारण है कि केथेरिन जिरोउल्ड (Katherine Gerould, 1952) ने कहा है, ''प्रचार एक अच्छा शब्द है जो बुरा बन गया है'' (Propaganda is a good word gone wrong)। प्रचार की महत्ता निम्नांकित वर्णनों से और भी स्पष्ट हो जाती है—

1. लोकतंत्र एवं प्रचार *(Democracy and Propaganda)*—प्रजातंत्र या लोकतंत्र में प्रचार का महत्त्व सर्वाधिक होता है। प्रजातंत्र में प्रजा या जनता की आवाज सर्वोपरि होती है। विभिन्न राजनैतिक दल अपनी नीतियों एवं कार्यक्रमों को प्रचार के माध्यम से ही जनता के सामने रखते हैं। जनता के न्यायालय में उन नीतियों एवं कार्यक्रमों का मूल्यांकन किया जाता है और फिर जनता उनमें से सर्वश्रेष्ठ को चुनकर विजयी बनाती है। स्पष्ट है कि यदि प्रचार के विभिन्न

माध्यमों (medium) जैसे अखबार, रेडियो, टेलीविजन आदि का सहारा राजनैतिक दल न ले, तो जनता यह भी निर्णय नहीं कर पायेगी कि उसे किस पार्टी को वोट देकर विजयी बनाना है। फलतः प्रजातंत्र का कायम रहना सम्भव नहीं हो पायेगा। अतः प्रजातांत्रिक ढाँचे को बनाये रखने के लिए यह आवश्यक है कि वहाँ एक स्वस्थ प्रचार हो तथा प्रचार के माध्यमों को पर्याप्त स्वतंत्रता (independence) हो। इसी उद्देश्य की प्राप्ति के ख्याल से केंद्र सरकार द्वारा रेडियो एवं दूरदर्शन को स्वायत्तता प्रदान करने के ख्याल से 'प्रसार भारती बिल' संसद द्वारा पास कराकर एक नियम बना दिया गया है। राजनैतिक क्षेत्र में एक और भी कारण से प्रचार अधिक महत्त्वपूर्ण समझा जाता है। प्रचार सिर्फ किसी एक देश के भीतर राजनैतिक जीवन (political life) को ही कायम नहीं रखता है बल्कि संसार के विभिन्न देशों के बीच भिन्नता एवं सद्भावना भी इस प्रचार द्वारा कायम रहता है। इस तरह से प्रचार अंतर्राष्ट्रीय राजनैतिक संबंधों को भी सुदृढ़ एवं मजबूत करता है।

2. युद्ध एवं प्रचार *(War and Propaganda)*—युद्धकाल में प्रचार का महत्त्व काफी बढ़ जाता है। आधुनिक युद्ध का स्वरूप पुरातन युद्ध के स्वरूप से भिन्न है। आधुनिक युद्ध तोपों, बमों एवं लड़ाकू हवाई जहाजों द्वारा किया जाता है जिसे जीतने के लिए आवश्यक है कि दुश्मन देश के सिपाहियों एवं उसकी जनता के मनोबल और उत्साह को नीचा किया जाये तथा अपने देश की जनता एवं सिपाहियों का मनोबल और उत्साह ऊँचा किया जाये। ये दोनों स्वस्थ प्रचार द्वारा ही सम्भव है। युद्धकाल में प्रचार के विशेष महत्त्व को इस प्रकार बतलाया जा सकता है—

(1) युद्धकाल में शत्रु देश के प्रति घृणा उत्पन्न करने के लिए तथा उस देश की जनता के मनोबल एवं उत्साह को नीचा दिखलाने के लिए प्रचार का प्रयोग किया जाता है।

(2) युद्धकाल में अपने देशवासियों में एकता तथा उत्साह बनाये रखने के लिए एवं सिपाहियों का मनोबल ऊँचा करने के लिए काफी प्रचार किया जाता है।

(3) तटस्थ देशों एवं अन्य शक्तिशाली देशों के साथ मित्रता और सद्भाव बनाये रखने के लिए तथा आवश्यकता पड़ने पर उनका सहयोग प्राप्त करने के लिए प्रचार का सहारा लिया जाता है।

(4) युद्ध के समय आवश्यक सतर्कताओं एवं सावधानियों पर जनता का ध्यान आकर्षित करने के लिए भी प्रचार काफी लाभदायक सिद्ध होता है।

3. शांति और प्रचार *(Peace and Propaganda)*—प्रचार का महत्त्व सिर्फ युद्धकाल में ही नहीं बल्कि शांति एवं सुव्यवस्था कायम करने में भी काफी होता है। प्रचार के आधार पर एक स्वस्थ जनमत तैयार किया जा सकता है जिससे एक सुव्यवस्थित एवं सुसंगठित राज्य कायम किया जा सकता है ताकि शांति उसमें अपने आप कायम हो सके। इतना ही नहीं, स्वस्थ प्रचार द्वारा बुरे प्रचार के प्रभावों एवं अफवाहों को दूर भी किया जा सकता है। इससे भी देश में शांति कायम करने में काफी मदद मिलती है। स्वस्थ प्रचार द्वारा सामाजिक कुरीतियों एवं धार्मिक भेद-भाव से उत्पन्न तनाव को भी आसानी से दूर किया जा सकता है। अतः शांति स्थापित करने के उपकरण के रूप में भी प्रचार का महत्त्व अद्वितीय है।

4. व्यापार एवं प्रचार *(Business and Propaganda)*—व्यवसाय एवं वाणिज्य के क्षेत्र में प्रचार काफी महत्त्वपूर्ण सिद्ध हुआ है। यदि यह कहा जाये कि प्रचार व्यवसाय एवं वाणिज्य की आत्मा है (Propaganda is the soul of business and commerce) तो कोई अतिशयोक्ति (exaggeration) नहीं होगी। प्रचार के अभाव में सारा व्यापार एवं वाणिज्य के क्षेत्र सूना दीख पड़ेगा। प्रचार के ही माध्यम से व्यापारी अपने उत्पादनों (products) की सही-सही जानकारी ग्राहकों को दे पाते हैं। इससे वे लोग ग्राहकों की मनोवृत्तियों एवं मतों का वांछित दिशा में मोड़ने में सफल हो जाते है। यही कारण है कि रेडियो, अखबारों, पत्रिकाओं एवं टेलीविज़न द्वारा तरह-तरह के विज्ञापन काफी किये जाते हैं तथा अपने व्यापारों और उद्योगों को अधिक मजबूत बनाया जाता है।

5. शिक्षा और प्रचार *(Education and Propaganda)*—शिक्षा के क्षेत्र में भी प्रचार का महत्त्व काफी है। भारत जैसे देश में जहाँ शिक्षा की रोशनी आज भी अधिकतर गाँवों में पहुँचना बाकी है, प्रचार का महत्त्व और भी विशेष बढ़ जाता है। वयस्क शिक्षा (adult education) संबंधी कार्यक्रमों को सफल बनाने के लिए सरकार द्वारा तरह-तरह के प्रचार किये जा रहे हैं। इतना ही नहीं, स्कूली एवं कॉलेजों में भी शिक्षा के प्रसार के लिए प्रचार किया जाता है। इस उद्देश्य से सरकार भी कुछ विशेष पुस्तकें प्रकाशित करती हैं एवं विशेष डॉकुमेन्टरी फिल्म (documentary film) तैयार करवाती है।

6. जनमत तथा प्रचार (*Public opinion and Propaganda*)—चाहे प्रजातंत्र हो या राजतंत्र, प्रचार का महत्त्व जनमत निर्माण में काफी है। प्रचार द्वारा जनमत को स्वस्थ बनाया जा सकता है या बिगाड़ा भी जा सकता है। चुनाव के समय विरोधी राजनैतिक पार्टियाँ द्वारा अपने पक्ष में जनमत बनाने की कोशिश करती हैं तथा सत्तारूढ़ पार्टी की प्रतिकूल जनमत की एक पृष्ठभूमि तैयार करती है। एक सफल प्रचारक अपने उत्पादकों के प्रति प्रचार द्वारा स्वस्थ जनमत तैयार कर लेता है। प्रायः जनमत तैयार करने के लिए प्रचार के लिए जिन माध्यमों का उपयोग किया जाता है, उनमें रेडियो, दूरदर्शन, भाषण, सिनेमा आदि प्रमुख हैं।

उपर्युक्त विवरण से यह स्पष्ट है कि प्रचार का महत्त्व काफी है। अनेकों क्षेत्रों में प्रचार का सहारा लेकर प्रचारक उच्च कोटि की सफलता प्राप्त करता है।

प्रचार की सीमाएँ
(Limitations of Propaganda)

यद्यपि आधुनिक युग में प्रचार का महत्त्व काफी है, फिर भी समाज मनोवैज्ञानिकों ने इसकी कुछ सीमाएँ (limitations) बतलाया है, जो निम्नांकित हैं—

1. सभी तरह की परिस्थितियों में प्रचार सफल नहीं होता है। प्रायः देखा गया है कि परिस्थिति जब अस्पष्ट एवं असंरचित (unstructuctured) होती है, जैसे, युद्धकाल की परिस्थिति या चुनाव की परिस्थिति, तो प्रचार की सफलता तथा प्रभावशीलता काफी अधिक हो जाती है। परंतु यदि परिस्थिति बिलकुल ही स्पष्ट होती है, तो वैसी परिस्थिति में प्रचार की सफलता एवं प्रभावशीलता काफी कम हो जाती है। सच्चाई यह है कि जब परिस्थिति स्पष्ट एवं संरचित होती है तो प्रचार की कोई खास जरूरत ही नहीं पड़ता है।

2. प्रचार की प्रभावशीलता लोगों के ज्ञान द्वारा भी सीमित होती है। यदि श्रोतागण अधिक शिक्षित एवं बुद्धिमान है, तो प्रचारक को अपने प्रचार द्वारा मतलब पूरा करने में बहुत ही कम सफलता मिलती है। परंतु यदि श्रोतागण अशिक्षित, अंधविश्वासी एवं अज्ञानी हैं, तो प्रचारक को अपने प्रचार में काफी सफलता मिलती है तथा प्रचार की प्रभावशीलता (effectiveness) भी अधिक होती है। सचमुच में, प्रचारक अज्ञानता एवं अंधविश्वास के अंधेरे में ही जनता को राह दिखला पाता है।

3. प्रचार प्रचारक के व्यक्तित्व की सीमाओं में भी बँधा होता है। यदि प्रचारक का व्यक्तित्व संदेहात्मक एवं घटिया है जिस पर से आम जनता का विश्वास उठ गया है, तो वैसे व्यक्ति द्वारा किया गया प्रचार अधिक प्रभावकारी नहीं हो सकता चाहे वह प्रचार या सुझाव कितना भी तर्कपूर्ण एवं विवेकपूर्ण क्यों न हो।

4. प्रचार समूह के लोगों के विश्वासों, धर्मों, पूर्वाग्रहों एवं स्वार्थों द्वारा भी सीमित होता है जो प्रचार समूह या समुदाय के लोगों के विश्वासों, धर्मों, मानकों के विरुद्ध में किया जाता है, उसका प्रभाव व्यक्तियों पर नहीं होता है। उदाहरणार्थ, यदि हिन्दुओं के बीच कोई प्रचारक गाय के मांस की पौष्टिक उपयोगिता बताकर उसका तर्कपूर्ण एवं विवेकपूर्ण प्रचार भी करता है, तो उस प्रचार का प्रभाव शायद ही हिन्दुओं पर पड़ सकता है क्योंकि गाय का मांस खाना हिन्दू के धार्मिक विश्वासों के विपरीत है। उसी तरह समूह-स्वार्थ भी विशेष समूह के सदस्यों को दूसरे समुदाय या समूह के व्यक्तियों के प्रति अंधा बना देता है। इससे भी प्रचार की प्रभावशीलता काफी कम हो जाती है। उदाहरणार्थ, उद्योग मालिकों का स्वार्थ मात्र मुनाफा कमाने का होता है। श्रमिकों की भलाई की ओर उनका ध्यान न के बराबर रहता है। ऐसी परिस्थिति में श्रमिकों के कल्याण-संबंधी किये गये प्रचार से उद्योग मालिक नहीं के बराबर ही प्रभावित होते हैं।

5. विरोधी प्रचार (counter propaganda) द्वारा भी प्रचार की प्रभावशीलता सीमित होती है। जब किसी प्रचार के विरोध में दूसरा प्रचार किया जाता है, तो वह प्रचार अधिक सफल नहीं हो पाता है। परंतु यदि किसी प्रचार के विरोध में दूसरा प्रचार नहीं होता है, तो उसकी प्रभावशीलता बनी रहती है। आजकल हॉकिन्स प्रेशर कूकर की प्रतिस्पर्द्धा (competition) में युनाइटेड प्रेशर कूकर का प्रचार आने से हॉकिन्स प्रेशर कूकर के प्रचार की प्रभावशीलता में कुछ कमी आ गयी है जिनका स्पष्ट कारण यही विरोधी प्रचार ही है।

इस तरह से स्पष्ट है कि प्रचार की प्रभावशीलता कुछ कारणों से सीमित होती है।

प्रचार से बचने के उपाय
(Propaganda Prophylaxis)

समाज मनोवैज्ञानिकों ने प्रचार के भ्रामक एवं दुष्प्रभाव से बचने के कुछ उपायों का भी वर्णन किया है जिसमें निम्नांकित प्रमुख हैं—

1. जनता को प्रचारक के अभिप्राय को पहचानने का प्रशिक्षण दिया जाना चाहिए *(Public should be trained to recongnize the intention of propagandist)* प्रचार के भ्रामक एवं दुष्प्रभाव से बचने का सबसे उत्तम तरीका यह है कि जनता को इस ढंग से प्रशिक्षित किया जाये कि वे लोग प्रचारक के वास्तविक अभिप्राय को सही-सही परख सके। इसके लिए उन्हें प्रचार का मनोविज्ञान (psychology of propaganda) के बारे में भी बतलाना चाहिए। यदि जनता प्रचारक के वास्तविक अभिप्राय को परख लेगी, तो वह अपने ही विवेक से काम कर सकेगी तथा प्रचारक के भ्रामक जालों में नहीं फँस पायेगी।

2. परिस्थिति की अस्पष्टता को दूर कर देना चाहिए *(Ambiguity of the situation should be removed)*—भ्रामक प्रचार विशेष रूप से स्पष्ट परिस्थितियों में अधिक सफल होता है। अतः प्रचार के दुष्प्रभाव से बचने का एक तरीका यह भी है कि परिस्थिति को स्पष्ट कर देना चाहिए। यदि सरकार या अन्य कोई संस्थान परिस्थिति को बिलकुल ही स्पष्ट कर देती है तो वैसी परिस्थिति में विशेषकर भ्रामक प्रचार नहीं फैल सकता है।

3. प्रचार के उद्देश्यों को स्पष्ट करना *(Explaining the aims of propaganda)*—प्रचार के गलत प्रभावों से बचने का एक रास्ता यह भी है कि जनता के सामने प्रचार के वास्तविक उद्देश्यों को स्पष्ट कर दिया जाये। जब जनता प्रचार के वास्तविक उद्देश्य को जान लेती है, तो उसे गुमराह होने का प्रश्न ही नहीं उठता है तब वैसी परिस्थिति में जनता अपने आप ही प्रचार के दुष्परिणाम से बच जायेगी।

4. विरोधी प्रचार का व्यवहार करना *(To apply counter propaganda)*—प्रचार के प्रभाव से बचने का एक तरीका है—विरोधी प्रचार (counter propaganda) । जब भ्रामक प्रचार किया जा रहा हो, तो जनता को उसके कुप्रभाव से बचाने का सबसे सीधा तरीका उसके विरोध में प्रचार शुरू कर देना होता है। विरोधी प्रचार के शुरू होते ही पहले तरह के प्रचार का प्रभाव कमने लगता है और जनता प्रचारक के जाल में फँसने से बच जाती है।

5. वैधानिक कदम उठाना *(To take legal steps)*—सरकार वैधानिक कदम उठाकर भी जनता को भ्रामक प्रचार से बचा सकती है। भ्रामक प्रचार करने वाले प्रचारक को सख्त-से-सख्त सजा देने का कानून बना देने पर स्वभावतः उनके द्वारा किये जाने वाले प्रचार की सम्भावना कम हो जाती है। इस प्रकार के कानून की जरूरत विशेष रूप से उस समय अधिक पड़ती है जब देश में गृह-युद्ध जैसी स्थिति उत्पन्न हो रही हो।

स्पष्ट है कि यदि प्रचार का दुष्परिणाम कुछ है, तो उससे बचा भी जा सकता है बशर्ते कि उपर्युक्त उपायों पर ध्यान दिया जाये।

अध्याय सारांश
(Chapter Summary)

1. प्रचार एक ऐसी जटिल प्रक्रिया है जिसके द्वारा पहले लोगों की मनोवृत्तियों एवं मतों में परिवर्तन करने की कोशिश की जाती है और अंत में उनके व्यवहारों में एक निश्चित दिशा में भी परिवर्जन किया जाता है।
2. समाज मनोवैज्ञानिकों ने प्रचार के कई प्रकार बतलाये हैं। जैसे, खुला प्रचार, गुप्त प्रचार तथा विलंबित प्रचार। किम्बल यंग के अनुसार प्रचार को तीन भागों में बाँटा गया है—परिवर्तनात्मक प्रचार, विभेदात्मक प्रचार तथा एकीकरण प्रचार।
3. प्रचार तथा शिक्षा में कुछ समानताएँ होते हुए भी काफी विभिन्नताएँ हैं। इस अध्याय में चार ऐसी समानताओं एवं पाँच ऐसी विभिन्नताओं का वर्णन किया गया है।
4. समाज मनोवैज्ञानिकों ने प्रचार की प्रक्रिया में निहित मनोवैज्ञानिक प्रक्रमों (psychological mechanisms) का भी वर्णन किया है। किम्बल यंग के अनुसार इस तरह की प्रक्रम प्रमुख चार हैं—उद्देश्य की प्रेरणा, प्रतीकात्मक सामग्री सुझाव एवं अन्य मनोवैज्ञानिक प्रविधियाँ, प्रचार की स्वीकृति तथा प्रभाव।

5. किम्बल यंग ने प्रचार की कुछ प्रविधियों (techniques) का भी वर्णन किया है जिनमें सात प्रविधियाँ अधिक प्रचलित हैं। इन प्रविधियों में नामकरण प्रविधि (Name calling technique), सार्वभौमिकता की प्रविधि (Band wagon technique) अपेक्षाकृत अधिक प्रमुख हैं।
6. डूब (Doob) ने प्रचार के कुछ सिद्धांतों (principles) का वर्णन किया है जिनमें से अभिप्राय का सिद्धांत, प्रत्यक्षण का सिद्धांत, प्रचार के प्रकार का सिद्धांत, वांछित संगठन का सिद्धांत तथा अनुनयन का सिद्धांत अपेक्षाकृत अधिक महत्त्वपूर्ण है।
7. आधुनिक युग में प्रचार के कई साधन (tools) बतलाये गये हैं जिनमें टेलीविजन, भाषण, रेडियो, समाचार-पत्र, सिनेमा एवं चलचित्र आदि प्रधान बतलाये गये हैं।
8. प्रचार का महत्त्व विभिन्न क्षेत्रों में काफी अधिक है। जैसे, इनका महत्त्व प्रजातंत्र, युद्ध, शांति, व्यापार तथा शिक्षा में काफी है।
9. प्रचार की कुछ सीमाएँ (limitations) भी हैं। जैसे, प्रचार की प्रभावशीलता (effectiveness) जनता के ज्ञान द्वारा सीमित होती है, परिस्थिति की अस्पष्टता द्वारा भी इसकी प्रभावशीलता सीमित होती है, आदि-आदि।
10. प्रचार के दुष्प्रभाव से बचने के भी कुछ उपायों का वर्णन समाज मनोवैज्ञानिकों द्वारा किया गया है। अन्य उपायों में परिस्थिति की अस्पष्टता को दूर करना, प्रचार के उद्देश्यों को स्पष्ट करना, जनता को प्रचारक के अभिप्राय (intention) को पहचानने का प्रशिक्षण देना, वैधानिक कदम उठाना आदि प्रधान है।

❑

अध्याय 20

जनमत
(PUBLIC OPINION)

जनमत का अर्थ एवं स्वरूप (Meaning and Nature of Public Opinion)

जैसा कि नाम से स्पष्ट है, जनमत(Public opinion)दो पदों अर्थात जन या जनता(public)और मत(opinion) के मेल से बना है। अतः यह आवश्यक है कि इन दो पदों के अर्थ को अलग-अलग समझा जाये।

जनता (public) क्या है ? (What is public ?)—जनता का अंग्रेजी रूप 'Public' लैटिन शब्द 'Publicus' से बना है जिसका अर्थ होता है जनसमूह (people) । इसी अर्थ में व्यक्तियों के किसी समूह को जनता कहा जाता है। परंतु वैज्ञानिक अर्थ इस शाब्दिक से कहीं भिन्न है। समाज मनोवैज्ञानिकों ने इस पद का प्रयोग कुछ दूसरे अर्थ में किया है। इन लोगों का सामान्य मत यह है कि जनता वैसा असंगठित एवं आकारहीन समूह होता है जिससे व्यक्तियों की संख्या विभिन्न स्थानों पर फैली होती है एवं जिनमें आपसी व्यक्तिगत सम्बन्ध नहीं होता है, परंतु विचार एवं अभिरुचियाँ लगभग समान होती हैं। उदाहरण के रूप में हम नीचे किम्बल यंग (Kibmall Young) तथ गिन्सबर्ग (Ginsberg) के विचारों को प्रस्तुत कर रहे हैं।

किम्बल यंग[1] (Kimball Young, 1957) के अनुसार, ''सामान्य अभिरूचि वाले व्यक्तियों के एक ढीले-ढाले रूप से गठित और संयुक्त समूह को जनता कहते हैं।''

गिन्सबर्ग[2] (Ginsberg, 1954) के अनुसार, ''जनता वैसा असंगठित और अनाकार (amprphous) व्यक्तियों का समूह है, जिसके सदस्य सामान्य इच्छाओं और मतों के आधार पर एक-दूसरे से बँधे होते हैं परंतु जिनकी संख्या इतनी बड़ी होती है कि वे एक-दूसरे के साथ प्रत्यक्ष रूप से व्यक्तिगत सम्बन्ध बनाये नहीं रख सकते हैं।''

इन परिभाषाओं के विश्लेषण करने पर जनता की अपनी कुछ विशेषताओं का पता चलता है जो इस प्रकार है—

(1) जनता व्यक्तियों का एक ऐसा समूह है जो असंगठित एवं अनाकार (amorphous) होता है। इसे अनाकार इसलिए कहा जाता है क्योंकि इसमें सदस्यों की संख्या काफी बड़ी और अनिश्चित होती है।

(2) संख्या अधिक होने पर यह संभव नहीं है कि प्रत्येक व्यक्ति एक-दूसरे के साथ प्रत्यक्ष रूप से व्यक्तिगत सम्बन्ध बनाये रखे।

(3) जनता के सदस्य देश के भिन्न-भिन्न कोनों से छिटके रहते हुए भी सामान्य (common) अभिरुचि, इच्छा तथा मत के कारण रेडियो, समाचार-पत्रों, पत्रिकाओं आदि के द्वारा एक-दूसरे से परोक्ष रूप से सम्बन्ध बनाये रखते हैं।

(4) चूँकि जनता एक असंगठित समूह होता है, इसलिए इसके सदस्यों का व्यवहार किसी मानक (norms) या नियम आदि द्वारा निर्धारित नहीं होता है।

---

1. ".........the public refers to a rather loosely organized and conjoined grouping of people with a common interest.''
—Kimball Young : *Handbook of Social Psychology,* 1957, p. 333.

2. ''The public may be described as an organized and amorphous aggregation of individuals who are bound together by common opinion and desires but are too numerous of each to maintain personal relations with the others."
—Ginsberg : *Psychology of Society*, 1954, p. 137.

जनता का अर्थ समझ लेने पर जनमत का दूसरा पद मत (opinion) का भी अर्थ समझ लेना आवश्यक है।

मत क्या है ? (*What is opinion*)—साधारण अर्थ में 'मत' से तात्पर्य किसी विषय के सम्बन्ध में सोच-समझकर व्यक्त किये गये विचार से होता है। परंतु समाज मनोवैज्ञानिकों का विचार उससे भिन्न है। अधिकतर समाज मनोवैज्ञानिकों का विचार है कि मत किसी विवादास्पद विषय (controversial subject) के बारे में एक प्रकार का विश्वास (belief) होता है। किसी मत की उत्पत्ति उस समय होती है जब भिन्न-भिन्न व्यक्तियों की प्रतिक्रिया किसी विषय के प्रति भिन्न-भिन्न होती है। उदाहरणस्वरूप, सहशिक्षा (co-education) की ही समस्या को लिया जाय। कुछ लोग इसे अच्छा एवं मानसिक विकास के लिए एक आवश्यक शिक्षा-पद्धति कहेंगे तो कुछ लोग इसे अनुचित एवं चरित्र बिगाड़ने वाली पद्धति कह कर अस्वीकृत कर देंगे। **किम्बल यंग**[1] (Kimball Young, 1957) के अनुसार, ''मत ऐसा विश्वास है जो साधारण विचार अथवा धारणा से अधिक तीव्र एवं प्रबल होता है किंतु यह पूर्ण या पर्याप्त सबूतों पर आधारित निश्चित ज्ञान से कम प्रबल होता है। वस्तुतः मत किसी विवादग्रस्त विषय से सम्बन्धित होता है।'' करीब-करीब इसी तरह का विचार गिन्सवर्ग (Ginsberg) का भी है। उपर्युक्त परिभाषा से स्पष्ट है कि मत का सम्बन्ध विवादग्रस्त विषयों से है। यदि विषय ऐसा है जिस पर कोई विवाद नहीं है अर्थात जिस विषय के सम्बन्ध में अधिकतर लोगों का विचार एक-सा है, उसे मत नहीं कहा जा सकता है परंतु कुछ समाज मनोवैज्ञानिकों जैसे स्प्रॉट्ट (Sprott) तथा कूली (Cooley) के अनुसार मत को केवल विवादग्रस्त विषयों तक ही सीमित नहीं रखना चाहिए। मत कभी-कभी महत्त्वपूर्ण विषयों या विचारों जो विवादग्रस्त नहीं होते हैं, से भी सम्बन्धित होता है परंतु अधिकतर परिस्थितियों में मत के अंतर्गत पारस्परिक विरोधी विचारों को ही अर्थात विवादग्रस्त विचारों को ही सम्मिलित किया जाता है। मत शब्द प्रायः मनोवृत्ति के समान दीखता है परंतु सही अर्थ में वह इससे भिन्न है। मनोवृत्ति (attitude) क्रिया करने की मानसिक झुकाव है जबकि मत मूलतः मौलिक (verbal) एवं प्रतीकात्मक (symbolic) होता है। इसी तरह मत का अर्थ मनोभाव (sentiment) से भी मिलता-जुलता दीख पड़ता है। परंतु सच्चाई यह है कि इसका स्वरूप मनोभाव से भिन्न होता है। मनोभाव में संवेगात्मक झुकाव (emotional disposition) पाया जाता है जो मत में नहीं होता है। मनोभाव का विषय विवादग्रस्त नहीं होता है जबकि मत किसी विवादग्रस्त विषय से ही सम्बन्धित होता है।

जनता तथा मत के अर्थ को समझ लेने के बाद जनमत को परिभाषित करना तथा इसके स्वरूप (nature) को समझना आसान है। साधारण अर्थ में जनमत जनता का मत होता है। इसके लिए केवल बहुमत अपर्याप्त है परंतु एकमत भी आवश्यक नहीं। सच्चाई यह है कि जनमत किसी विशेष स्थान या समय में प्रभावपूर्ण विवादग्रस्त विचारधाराओं पर निर्मित एक सार्वजनिक मत है जिसमें सार्वजनिक हित की बात सम्मिलित होती है। इसकी परिभाषा कुछ समाज वैज्ञानिकों (social scientists) ने इस प्रकार दिया है—

गिन्सवर्ग[2] (Ginsberg, 1955) के अनुसार, ''जनमत का अर्थ समुदाय में प्रचलित उन विचारों एवं निर्णयों का समूह होता है जो बहुत कुछ निश्चित रूप से प्रतिपादित होता है, जिसमें कुछ स्थायित्व होता है और जिसके प्रतिपादक उसे सामाजिक इस अर्थ में समझते हैं कि वह अनेकों मस्तिष्कों के सामूहिक विचार का परिणाम होता है।''

किम्बल यंग[3] (Kimball Young, 1957) के अनुसार, ''जनमत वह मत है जिसे जनता किसी समय पर व्यक्त करती है।''

इन परिभाषाओं का विश्लेषण करने के बाद हम इस निष्कर्ष पर पहुँचते है कि किसी विवादग्रस्त विषय के प्रति लोगों का मत ही जनमत जैसा दीखता है परंतु मात्र इतना कह देने से जनमत का स्वरूप (nature) स्पष्ट नहीं होता

---

1. An opinion is belief somewhat stronger or more intense than a mere notion or inpression but less stronger than positive knowledge based on complete or adequate proof. Opinions are really beliefs about a controversial topic."
—Kimball Young : *Handbook of Social Psychology,* 1957, p. 430-31.
2. "By public opinion is meant the mass of ideas and judgements operative in a community which are more or less definitely formulated and have a certain stability and are felt by the people who entertain or hold them to be social in the sense that they are result of many minds acting in common."
—Ginsberg : *The Psychology of Society,* 1954, p. 137.
3. "Public opinion consists of the opinions held by a public at a certain time."
—Kimball Young : *Handbook of Social Psychology,* 1957, p. 334.

है। हाँ, यदि हम जनमत के निम्नांकित विशेषताओं पर ध्यान दें तो इससे इसका स्वरूप (nature) एवं अर्थ (meaning) दोनों के बारे में हमें पूर्ण ज्ञान हो जाता है—

(1) जनमत का सम्बन्ध किसी ऐसे विषय से होता है जो व्यक्ति विशेष के हित से नहीं, बल्कि सार्वजनिक हित से सम्बन्धित होता है।

(2) जनमत जनता का न एक मत है और न वैसा बहुमत ही, जो जनहित के विरुद्ध हो। जनमत का निर्माण बहुमत द्वारा प्रतिपादित वैसे मतों के आधार पर होता है जिसमें अल्पसंख्यक भी अपने हितों की झलक पाते हैं।

(3) जनमत किसी एक प्रभावशाली व्यक्ति के मत की उपज नहीं होता है। जब समुदाय के अनेक व्यक्ति किसी विवादग्रस्त प्रश्न पर चिन्तन करते हैं तब इसकी उत्पत्ति होती है।

(4) जनमत कोई स्थिर विचार या धारणा नहीं है। यह बदलता रहता है। एक विषय पर आज जो जनमत है, दो महीने बाद भी बना रहेगा, यह निश्चित नहीं। व्यक्तियों की प्रेरणा, संवेग आदि में परिवर्तन होने से यह बदलता रहता है। प्रचार के विभिन्न माध्यमों के प्रभाव से भी इसमें परिवर्तन आता रहता है।

(5) यद्यपि जनमत जनता के सभी व्यक्तियों का मत नहीं होता है, फिर भी इसमें प्रत्येक व्यक्ति को सक्रिय बनाने की शक्ति होती है।

(6) जनमत हमेशा वाद-विवाद एवं विचार-विमर्श द्वारा पारस्परिक मत अनुकूलन के आधार पर बनता है। इस तरह जनमत किसी खास मत का प्रतिनिधित्व नहीं करता है, बल्कि समस्या विशेष पर प्रचलित सभी मतों के आधार पर मान्य एक सामान्य मत का प्रतिनिधित्व करता है।

(7) प्रत्येक जनमत का एक सामाजिक एवं सांस्कृतिक आधार होता है जिन पर यह विकसित होता है।

(8) जनमत में जनता के बीच एक सामान्य अभिरुचि तथा इच्छा पायी जाती है जिसके कारण वे दूर होते हुए भी आपस में बँधे होते हैं।

जनमत निर्माण की प्रक्रिया
(Process of Formation of Public Opinion)

सरकार का रूप चाहे प्रजातंत्र का हो या राजतंत्र का, उसमें जनमत का महत्त्व काफी है। जनमत कभी भी अचानक नहीं बनता है। अन्य सामाजिक प्रक्रियाओं के समान जनमत के भी निर्माण में कुछ चरण या अवस्थाएँ (stages) होते हैं। किम्बल यंग (Kimball Young, 1957) के अनुसार जनमत के निर्माण में निम्नांकित चार अवस्थाएँ (stages) या प्रक्रियाएँ होती हैं—

1. कुछ समस्याओं की उपस्थिति *(Presence of some problems)*—किम्बल यंग (Kimball Young, 1957) के अनुसार, जनमत के निर्माण का प्रथम चरण किसी समस्या का होना है। समस्या ऐसी हो जो व्यक्ति विशेष से सम्बन्धित न होकर समुदाय के हित से सम्बन्धित हो तभी सभी व्यक्ति उसमें अभिरुचि दिखला सकते हैं एवं उसपर विचार-विमर्श कर सकते हैं। जनमत के निर्माण के लिए समस्या के स्वरूप को विवादास्पद भी होना अनिवार्य है। इस तरह की समस्या जन-कल्याण जैसे—शिक्षा, बेरोजगारी, परिवार नियोजन, पानी-बिजली का प्रबंध आदि से सम्बन्धित हो सकता है। किम्बल यंग के अनुसार इस अवस्था का सार यह है कि यहाँ समस्या को इस लायक बना दिया जाता है कि उस पर समाज के अधिकतर व्यक्तियों द्वारा वाद-विवाद हो सके। उदाहरण के लिए मान लें कि समस्या यह है कि समाज में परिवार कल्याण के साधनों द्वारा परिवार को सीमित रखा जाय या इनका उपयोग प्रकृति के विरुद्ध माना जाये।

2. समस्या के सम्बन्ध में विचार-विमर्श *(Deliberations about the issue)*—जनमत के निर्माण की यह दूसरी अवस्था है। यहाँ समस्या से सम्बन्धित भिन्न-भिन्न प्रश्नों पर विचार-विमर्श किया जाता है। इस अवस्था में इस बात पर विचार किया जाता है कि समस्या कितनी गंभीर है, इसका हल क्या हो सकता है, यह किन-किन व्यक्तियों से अधिक सम्बन्धित है, समस्या के समाधान के लिए किन-किन विशेषज्ञों की राय अपेक्षित है, आदि-आदि। भिन्न-भिन्न विचारों एवं समस्याओं को भी समाचार-पत्रों, रेडियो, टेलीविजन, पत्रिकाओं के द्वारा सामान्य जनता तक पहुँचाया जाता है। इस तरह से जनता समस्या तथा उसके प्रस्तावित हल से अवगत होती है और साथ ही अपना मत भी प्रकट करती है। समस्या के प्रस्तावित हल पर विशेषज्ञों (experts) एवं सामाजिक संगठनों (social organizations) के भी विचार प्राप्त करने

की कोशिश की जाती है। अतः इस दूसरी अवस्था में समस्या की गंभीरता तथा उसके प्रस्तावित हल के छानबीन पर विचार-विमर्श किया जाता है। इस तरह से इस बात पर विचार किया जायेगा कि परिवार कल्याण के साधन क्या है ? किस साधन में कितना लाभ होगा तथा कितनी हानि होगी ? कौन साधन अधिक खर्चीला और कौन साधन कम खर्चीला होगा ? इस सम्बन्ध में डाक्टरों के जो इस क्षेत्र के विशेषज्ञ हैं, विचार भी प्राप्त किये जायेंगे।

3. विकल्पी समाधान *(Alternative solutions)*—जनमत निर्माण की यह तीसरी अवस्था है जहाँ समस्या के समाधान के सम्बन्ध में अनेक विकल्प (alternative), सुझाव या हल प्रस्तुत किये जाते हैं। इस तरह से यहाँ वाद-विवाद एक संगठित (organized) रूप ले लेता है। इसमें व्यक्ति समस्या के हल से सम्बन्धित भी अपने-अपने ढंग से देना प्रारंभ कर देता है। कभी-कभी देखा गया है कि इस तरह का सुझाव देने में व्यक्ति अपना विवेक (rationality) खोकर व्यक्तियों द्वारा भीड़ में किये गये व्यवहारों के समान व्यवहार करने लगता है। ऐसी परिस्थिति में अविवेकपूर्ण विचारों (irrational thought) के बीच विवेकपूर्ण विचार काफी कमजोर पड़ जाते हैं। यही कारण है कि किम्बल यंग[1] (Kimball Young, 1957) ने कहा है, ''यह अवस्था महत्त्वपूर्ण है क्योंकि इस अवस्था तक समस्या साधारणतः स्पष्ट हो जाती है और महत्त्वपूर्ण निर्णय न केवल विवेकी कारकों(rational factors)द्वारा बल्कि अविवेकी कारकों(irrational factors)द्वारा भी निर्धारित होते हैं।'' इस तरह से इस अवस्था तक लोगों का विचार परिवार कल्याण(family welfare) के पक्ष या विपक्ष में करीब-करीब एक ठोस आकार ले लेता है। इस अवस्था में लोगों का निर्णय यह हो सकता है कि परिवार कल्याण के कुछ खास तरीकों को अपनाया जा सकता है।

4. सर्वसम्मति की अवस्था *(Stage of Consensus)*—जनमत के निर्माण का यह अंतिम चरण होता है। इस अवस्था में लोग करीब-करीब एकमत्य या सर्वसम्मति (consensus) पर पहुँच पाते हैं। इस तरह से सभी प्रकार के वाद-विवाद तथा अनिश्चितता (uncertaninty) समाप्त हो जाती है और जनमत निर्मित हो जाता है परंतु यह आवश्यक नहीं है कि इस सर्वसम्मति में प्रत्येक का मत एक समान हो। सच्चाई यह है कि इसमें बहुसंख्यक मत(majority opinion) अवश्य होता है परंतु इसमें अल्पसंख्यकों के हित की भी बात होती है। उदाहरणार्थ, अब इस निर्णय पर पहुँचा जा सकता है कि ''परिवार कल्याण के कुछ तरीकों जैसे लूप तथा निरोध के द्वारा परिवार के आकार (size) को सीमित रखा जा सकता है।'' इस निर्णय के बावजूद भी कुछ लोग ऐसे हो सकते हैं जो इन दोनों तरीकों के अलावा दूसरे तरीकों के प्रति अधिक सहमति व्यक्त करते हों।

इस तरह से यह स्पष्ट है कि जनमत के निर्माण की कई अवस्थाएँ होती हैं। किसी भी तरह के जनमत के निर्माण में इन चारों अवस्थाओं की भूमिका सराहनीय होती है।

जनमत को प्रभावित करने वाले कारक
(Factors influencing Public Opiniaon)

किसी समस्या के प्रति जनमत स्वतः नहीं बन जाता है। यह धीरे-धीरे कुछ अवस्थाओं से होकर गुजरता है और तब अंत में जाकर इसका निर्माण होता है। अतः यह स्वाभाविक है कि जनमत का निर्माण कई कारकों (factors) द्वारा प्रभावित होता हो। कुछ ऐसे कारकों का वर्णन निम्नलिखित है—

1. सामाजिक घटनाएँ *(Social events)*—जनमत के निर्माण पर सामाजिक घटनाओं जैसे—किसी नेता की हत्या, लूटमार, डकैती, सामूहिक बलात्कार आदि का प्रभाव काफी पड़ता है। सिर्फ इन घटनाओं के होने का प्रभाव जनमत पर नहीं पड़ता है बल्कि उनकी व्याख्या किस तरह से की जाती है, उसका भी प्रभाव जनमत के निर्माण पर काफी पड़ता है। किम्बल यंग[2] (Kimball Young, 1957) ने ठीक ही कहा है, ''घटनाएँ जनमत को निश्चित रूप से प्रभावित करती है। उनका केवल घटित होना ही नहीं बल्कि जिस ढंग से उनकी व्याख्या की जाती है, वह भी महत्त्वपूर्ण है।''

उसका सबसे अच्छा उदाहरण भारत के भूतपूर्व प्रधानमंत्री स्वर्गीय श्रीमती इंदिरा गाँधी की राजनीति से मिलता है।

---

1. "This stage is impotant because by this time the issue is usually shortly drawn and the major decisions may be cotrolled not only by rational but by irrational factors."
—Kimball Young : *Handbook of Social Psychology*, 1957, p. 335.

2. "Events do influence public opinion. Not merely their occurrence but the manner in which they are interpreted is important."
—Kimball Young : *Handbook of Social Psychology*, 1957.

इनके सरकार द्वारा आपातकाल (emergency) के दौरान कुछ इस प्रकार की सामाजिक घटनाएँ देश के भिन्न-भिन्न स्थानों में घटी जिसके कारण जनमत श्रीमती इन्दिरा गाँधी के विरुद्ध हो गया और 1977 के चुनाव में उनकी तथा उनकी पार्टी की करारी हार हुई। इतना ही नहीं, जब 1984 में उनकी हत्या कर दी गयी, तब फिर सहानुभूतिवश जनमत उनके पक्ष में हो गया जिसका तुरंत परिणाम यह हुआ कि उनकी जगह पर उनके सुपुत्र श्री राजीव गाँधी को भारत का प्रधानमंत्री बना दिया गया। इन उदाहरणों से यह स्पष्ट हो जाता है कि जनमत के निर्माण में सामाजिक घटनाओं की भूमिका काफी होती है।

2. सामाजिक मानक एवं मूल्य *(Social Norms and Values)*—प्रत्येक समाज में कुछ खास-खास मानक (norms) तथा मूल्य (values) होते हैं जिनके अनुसार ही किसी समस्या के प्रति जनमत का निर्माण होता है। समाज का कोई भी व्यक्ति उस सामाजिक मानक एवं मूल्य के विपरीत अपना मत नहीं व्यक्त कर सकता है। उदाहरणार्थ, कोई भी हिन्दू अपना धर्मग्रन्थ 'रामायण' एवं 'गीता' के विरुद्ध मत नहीं व्यक्त कर सकता है। उसी तरह कोई भी मुसलमान अपना धर्मग्रंथ 'कुरान शरीफ' के विरुद्ध मत नहीं व्यक्त कर सकता है। दशहरा, होली एवं लक्ष्मी पूजा हिन्दुओं का पर्व है। फलतः हिन्दुओं के जनमत इनके पक्ष में अधिक होगा। ठीक उसी तरह ईद, मुहर्रम जैसे पर्वों के प्रति मुसलमानों का जनमत अधिक पक्ष में होगा।

3. सामाजिक वर्ग का प्रभाव *(Influence of Social class)*—जनमत के निर्माण में सामाजिक वर्ग का भी प्रभाव पड़ता है। समाज में पेशे के आधार पर कई वर्ग होते हैं। कर्मचारी वर्ग, मजदूर वर्ग, शिक्षक वर्ग, इंजीनियर वर्ग, डॉक्टर वर्ग, स्वर्णकार वर्ग आदि, आदि। उसी तरह से सामाजिक-आर्थिक स्थिति के आधार पर समाज को मूलतः तीन वर्गों में रखा गया है—उच्चवर्ग, मध्यम वर्ग तथा निम्न वर्ग। प्रत्येक वर्ग का स्तर (position), प्राधिकार (authority) एवं प्रतिष्ठा निश्चित होती है। प्रत्येक व्यक्ति अपने वर्ग के प्रति कुछ निश्चित कर्त्तव्य एवं निष्ठा को भी निभाता है। यही कारण है कि किसी विषय पर अपना मत देते समय वह इस कर्त्तव्य को ध्यान में रखते हुए अपना मत व्यक्त करता है। उदाहरणार्थ, वेतन वृद्धि एवं अन्य आर्थिक माँगों के प्रति एक मजदूर अपना जनमत पक्ष में देगा परंतु एक मालिक या व्यवसायी अपना जनमत विपक्ष में देगा। यदि कोई मजदूर किसी कारण से उन आर्थिक माँगों का समर्थन नहीं भी करता है, तो अपने वर्ग (मजदूर वर्ग) के प्रति निष्ठा एवं कर्त्तव्य पालन की भावना से ओत-प्रोत होकर वह अपना मत उसके विरुद्ध में नहीं व्यक्त करेगा। स्पष्ट है कि जनमत के निर्माण में सामाजिक वर्ग का भी प्रभाव पड़ता है।

4. नेतृत्व *(Leadership)*—जनमत के निर्माण में नेतृत्व तथा नेतृत्व-शैली (leadership style) का प्रभाव काफी अधिक पड़ता है। एक सफल नेता कई ढंग से जनमत के निर्माण में योगदान करता है—

(i) सबसे पहले नेता ही जनता के सामने समस्या या विषय (issue) को प्रस्तुत करता है तथ उसका स्पष्टीकरण करते हुए अपना मत प्रकट करता है। इस मत से प्रभावित होकर जनता भी उसी प्रकार का मत व्यक्त करने के लिए सोचने लगती है।

(ii) बहुधा नेता अपने उद्देश्यों की पूर्ति करने के लिए जनता की इच्छाओं की एक खास ढंग से व्याख्या कर विशेष दिशा में जनमत का निर्माण करता है।

(iii) नेता के प्रकार (types) का भी प्रभाव जनमत पर अधिक पड़ता है। प्रजातंत्रात्मक नेता (democratic leader) समूह के सदस्यों के कार्यों में सहभागिता (participation) एवं सहयोगिता का गुण दिखलाकर बहुत जल्द ही एक विशेष जनमत तैयार कर लेता है। दूसरी तरफ सत्तावादी नेता (autocratic leader) इस तरह से जनमत निर्माण करने में अधिक सफल नहीं हो पाते हैं। हाँ, वे अपनी सत्ता (power) के अधिकारी का प्रयोग करके कुछ जनमत का निर्माण कर लेते हैं।

5. विरोधी दबाव *(Cross Pressure)*—जनमत के निर्माण में विरोधी दबाव की भी भूमिका महत्त्वपूर्ण होती है। विरोधी प्रभाव से तात्पर्य एक ही व्यक्ति या समूह पर दो विभिन्न या दो से अधिक विभिन्न मत निर्धारकों द्वारा पड़ने वाले प्रभाव से होता है। जैसा कि हम जानते हैं कि प्रत्येक व्यक्ति एक सामाजिक सदस्य होने के नाते कई संस्थाओं, वर्गों, समूहों आदि से सम्बन्धित होता है। प्रायः इन संस्थाओं, वर्गों एवं समूहों के उद्देश्य भिन्न-भिन्न होते हैं जिसके कारण व्यक्ति पर परस्पर विरोधी प्रभाव पड़ते हैं। इन विरोधी प्रभावों के कारण व्यक्ति अपना मत में परिवर्तन कर एक ऐसा मत बना लेता है जो जनमत के अनुकूल होता है। उदाहरणार्थ, यदि कोई व्यक्ति का व्यक्तिगत मत काँग्रेस (ई) पार्टी के विपक्ष में परंतु उसके परिवार, धर्म, जाति के अधिकतर लोगों का मत उसके पक्ष में है, तो ऐसी परिस्थिति

में व्यक्ति पर विरोधी प्रभाव (crossed pressure) पड़ता है जिससे प्रभावित होकर सम्भव है कि वह भी अपना मत उसके पक्ष में ही व्यक्त करें। अतः स्पष्ट है कि जनमत के निर्माण में विरोधी प्रभाव की भूमिका अधिक होती है।

6. पूर्वाग्रह, विश्वास तथा रूढ़िकृति *(Prejudicie, Belief and Stereotype)*—जनमत के निर्माण में पूर्वाग्रह, विश्वास तथा रूढ़िकृति का भी प्रभाव देखा गया है। अक्सर ऐसा देखा गया है कि हम किसी विषय या समस्या की वास्तविकता पर ध्यान न देकर अपनी पूर्वाग्रह, विश्वास तथा रूढ़िकृति के आधार पर ही अपना मत व्यक्त कर दिया करते हैं। यही कारण है कि व्यक्ति या समूह या घटना के सम्बन्ध में पहले से चली आ रही पूर्वाग्रह, विश्वास तथा रूढ़िकृति के अनुसार ही अक्सर हम अपना मत व्यक्त कर देते हैं। उदाहरणार्थ, हिन्दुओं का जनमत गोहत्या (cow slaughter) के विपक्ष में होता है जिसका प्रधान कारण उनका पूर्वाग्रह, एक खास विश्वास तथा रूढ़िकृति ही है। उसी तरह से अपने चचेरे-मौसेरे भाइयों एवं बहनों के साथ शादी के प्रति मुसलमानों का जनमत पक्ष में होने के कारण भी उनका पूर्वाग्रह, विश्वास एवं रूढ़िकृति ही है।

7. प्रचार के माध्यमों का प्रभाव *(Pressure of media or Propaganda)*—जनमत में कुछ जन माध्यमों (public media) जैसे—रेडियो, टेलीविजन, समाचार-पत्र, सिनेमा, इश्तहार आदि का भी प्रभाव पड़ता है। प्रचार के इन माध्यमों का प्रयोग करके जनमत का निर्माण एक खास दिशा में किया जाता है। प्रचार के इन माध्यमों का सर्वाधिक उपयोग करके भारत सरकार परिवार कल्याण (family walfare) के पक्ष में जनमत निर्माण करने में काफी सफल हुई हैं। उसी तरह भारत सरकार पंचायती राज के पक्ष में जनमत पैदा करने के लिए रेडियो, टेलीविजन का खुलकर उपयोग कर रही है। चुनाव के समय विभिन्न राजनैतिक पार्टियों अपने-अपने पक्ष में जनमत उत्पन्न करने के लिए साधनों का खुलकर प्रयोग करती है।

8. आत्मगत निर्धारक *(Subjective determinants)*—आत्मगत निर्धारकों से तात्पर्य उन कारकों से होता है जो स्वयं व्यक्ति से सम्बन्धित होते हैं। ऐसे आत्मगत कारकों में व्यक्ति का मूल्य तंत्र (value system) सबसे प्रधान है। अपने व्यक्तिगत मूल्य तंत्र के आधार पर वह अपने बारे में एक निश्चित संप्रत्यय (concept) बना कर रखता है जिसे आत्म-संप्रत्यय (self-concept) कहा जाता है। यद्यपि यह सही है कि किसी समस्या या विषय के प्रति मत व्यक्त करने में वह उपयुक्त बाहरी कारकों (external factors) द्वारा प्रभावित होता है फिर भी वह अंतिम निर्णय अपने व्यक्तिगत मूल्य तंत्र (personal value system) के अनुकूल ही लेता है। उदाहरणार्थ, यदि किसी व्यक्ति का मूल्य तंत्र (value system) ऐसा है जिसमें जाति-पाँति जैसे कारकों का कोई महत्त्व नहीं है, तो वह व्यक्ति अंतरजातीय विवाह (intercaste marriage) के पक्ष में अपना मत व्यक्त करेगा। दूसरा महत्त्वपूर्ण आत्मगत निर्धारक व्यक्ति की आवश्कता (need) है। अपनी आवश्यकता के अनुसार ही व्यक्ति किसी समस्या के पक्ष या विपक्ष में मत व्यक्त करता है। उदाहरणार्थ, भारत जैसे गरीब देश में 'रोटी, कपड़ा तथा मकान' की आवश्यकता जनता की मूल आवश्यकता है। अतः जो राजनैतिक पार्टी इस मूल आवश्यकता की पूर्ति करने का आश्वासन देती है, उसके प्रति जनता अपना बहुमत पक्ष में बना लेती है।

निष्कर्ष यह है कि जनमत के निर्माण में बहुत से कारकों का प्रभाव पड़ता है। बाह्य कारकों (external factors) के अलावा आत्मगत कारकों (subjective factors) द्वारा भी जनमत का सही-सही निर्माण होता है।

जनमत के साधन या माध्यम
(Agencies or Media of Pubic Opinion)

जनमत का निर्माण करने एवं उसे सुदृढ़ करने में कुछ साधनों (agencies) की भूमिका काफी महत्त्वपूर्ण है। इन साधनों द्वारा जनमत से सम्बन्धित विचारों को फैलाने तथा उसे मजबूत करने में भी काफी सहायता पहुँचती है। प्रमुख ऐसे साधन निम्नांकित हैं—

1. प्रेस और समाचार-पत्र *(Press and Newspaper)*—जनमत के निर्णय में प्रेस की भूमिका काफी महत्त्वपूर्ण है। प्रेस में तरह-तरह की पत्रिकाएँ, पुस्तकें, इश्तहार आदि को छापा जाता है। इनमें सार्वजनिक हित से सम्बन्धित समस्याओं का भी विवरण भी रहता है जिसे पढ़कर आम जनता वाद-विवाद द्वारा एक विशेष जनमत तैयार करती है। प्रेस में ही समाचार-पत्र भी छपते हैं जिनकी भूमिका जनमत के निर्माण में और भी अधिक है। आधुनिक युग में प्रेस से छपने वाली सभी चीजों में समाचार-पत्र का महत्त्व जनमत के निर्माण में सर्वाधिक है। स्वस्थ जनमत के निर्माण के लिए एक स्वतंत्र एवं निष्पक्ष समाचार-पत्र का होना अनिवार्य है। इन समाचार-पत्रों द्वारा जनता को सामाजिक, राजनैतिक, धार्मिक, आर्थिक

एवं अन्य प्रकार की समस्याओं के बारे में सूचना मिलती है। फिर भी इन समस्याओं के प्रस्तावित समाधान भी इन समाचार-पत्रों में छपते हैं जिसे पढ़कर आम जनता भी अपना विचार व्यक्त करने के लिए बाध्य हो जाती है। इससे समस्या के प्रति धीरे-धीरे एक जनमत का निर्माण हो जाता है। इतना ही नहीं, समाचार-पत्र सरकार की गलतियों एवं अनुचित कार्रवाईयों का भी पर्दाफाश करके एक विशेष दिशा में जनमत का निर्माण करने में सहायक होते हैं। भारत सरकार द्वारा बोफर्स बंदूक (Bofors gun) के खरीदे जाने की समस्या से सम्बन्धित एक विशेष तरह का जनमत तैयार करने में समाचार-पत्रों ने जो भूमिका निभायी थी, उसे कोई भी शिक्षित भारतीय कदापि नहीं भूल सकता है। इस साधन का सबसे बड़ा अवगुण यह बतलाया गया है कि इसका प्रयोग मात्र शिक्षित व्यक्तियों तक ही सीमित होता है। फलस्वरूप अशिक्षित व्यक्तियों द्वारा जनमत के निर्माण में इन साधनों की उपयोगिता के बराबर है।

2. रेडियो और टेलीविजन *(Radio and Television)*—अगर थोड़ी देर के लिए यह कहा जाये कि आधुनिक युग रेडियो एवं टेलीविजन का ही युग है, तो कोई अतिशयोक्ति (exaggeration) नहीं होगी। जनमत के निर्माण में रेडियो तथा टेलीविजन की महत्ता अपने आप में इतना स्पष्ट है कि इस पर कोई विशेष टिप्पणी की जरूरत नहीं है। रेडियो का महत्त्व जनमत के निर्माण में इसलिए अधिक हो जाता है क्योंकि क्षणभर में ही रेडियो द्वारा समाचार दुनिया के कोने-कोने में प्रसारित हो जाता है। विशेष समस्या के बारे में जनता को पल भर में ही ज्ञान हो जाता है। फलस्वरूप जनमत के निर्माण के लिए जनता में तुरंत ही वाद-विवाद शुरू हो जाता है। रेडियो द्वारा दी गयी सूचनाओं का उपयोग अनपढ़ व्यक्ति भी कर लेते हैं तथा समस्या के प्रति भिन्न-भिन्न ढंगों से सोचना भी प्रारंभ कर देते हैं। इस तरह का लाभ समाचार पत्रों द्वारा जनमत निर्माण में नहीं हो पाता है क्योंकि इनका प्रयोग तो सिर्फ पढ़े-लिखे व्यक्तियों द्वारा ही हो पाता है। किसी समस्या के बारे में रेडियो द्वारा प्रसारित खबरों पर आम जनता का विश्वास भी अखबार में छपे खबरों की अपेक्षा अधिक होता है। फलस्वरूप इसके द्वारा प्रसारित खबरों से जनमत का निर्माण तेजी से होता है तथा वह तेजी से फैलता भी है। परंतु कभी-कभी देखा गया है कि रेडियो पर सरकार का सख्त नियंत्रण लगा देती है और प्रत्येक सूचना को आने से परख कर ही प्रसारित होने देती है। ऐसी अवस्था तानाशाही सरकार में अधिक एवं प्रजातंत्रात्मक सरकार (democratic government) में कभी-कभी उत्पन्न होती है। सख्त नियंत्रण रखने पर जनमत के निर्माण में रेडियो की भूमिका काफी सीमित हो जाती है। इस साधन का एक सबसे प्रमुख अवगुण यह है कि इसके द्वारा दी गयी सूचनाओं में टिकाऊपन का गुण नहीं होता है, फलतः जनमत निर्माण में कुछ बाधा पहुँचती है।

टेलीविजन, जो आधुनिक समय की जनता की एक प्रमुख सनक (craze) है, द्वारा भी जनमत का निर्माण आसानी से होता है। टेलीविजन में व्यक्ति समस्याओं, घटनाओं आदि के बारे में सुनता भी है तथा उसका चित्र भी देखता है। फलस्वरूप उसे ऊबन (boredom) नहीं होता है और उन खबरों को ध्यान से सुनता तथा देखता है। इनसे उसके मस्तिष्क पर अधिक प्रभाव पड़ता है और जल्द समस्याओं एवं घटनाओं के बारे में अन्य व्यक्तियों से विचार-विमर्श शुरू कर देता है। अंततः वह किसी निश्चित निष्कर्ष पर पहुँच कर एक विशेष मत की अभिव्यक्ति करता है जो बाद में जनमत बनाने में योगदान करता है।

3. टेलीफोन तथा टेलीग्राफ *(Telephone and Telegraph)*—टेलीफोन तथा टेलीग्राफ द्वारा भी जनमत का निर्माण आसानी से होता है। ये दोनों माध्यमों द्वारा दुनिया के एक कोने से दूसरे कोने में किसी घटना या समस्या के बारे में सूचनाओं का आदान-प्रदान किया जा सकता है। टेलीफोन द्वारा जनमत का निर्माण प्रत्यक्षतः (directly) होता है। टेलीफोन द्वारा बड़े-बड़े राजनैतिक नेता एवं समाज सुधारक आपस में बातचीत करके सार्वजनिक हित की समस्याओं का समाधान करने की कोशिश करते हैं तथा एक विशेष तरह के जनमत से निर्माण में सक्रिय योगदान करते हैं। वे आपस में बातचीत करके इन समस्याओं को अधिक अर्थपूर्ण बनाकर जनता के सामने उनके मत की अभिव्यक्ति के लिए रखते हैं। टेलीग्राफ द्वारा समाचार-पत्रों के संवाददाता दुनिया भर के समाचार देश के एक कोने से दूसरे कोने के समाचार-पत्रों, पत्रिकाओं आदि में छपने के लिए भेजते हैं। इन समाचारों का पत्रिकाओं एवं समाचार-पत्रों में प्रकाशन होने के बाद इन्हें लाखों-करोड़ों लोग पढ़ते हैं तथा उन पर विचार-विमर्श कर अपना अंतिम निर्णय विशेष मत के रूप में प्रदान करते हैं। इस तरह से हम देखते हैं कि टेलीग्राफ परोक्ष रूप से जनमत के निर्माण में एक महत्त्वपूर्ण भूमिका निभाता है। टेलीफोन जैसे साधन के साथ एक अवगुण यह बतलाया गया है कि यह सभी व्यक्तियों के लिए सुलभ उपलब्ध नहीं है।

4. सिनेमा *(Cinema)*—सिनेमा का महत्त्व भी जनमत निर्माण में काफी है। जनमत निर्माण का यह माध्यम भी टेलीविजन के ही समान है जिसमें जनता समस्या, विषयों एवं घटनाओं के बारे में देखती भी है तथा सुनती भी है। फलस्वरूप

इसका भी प्रभाव जनता के मन पर अधिक रोचक (pleasing) होता है। सिनेमा के पर्दे पर बड़े-बड़े समाज सुधारक, धार्मिक नेता एवं राजनैतिक नेता सार्वजनिक हित की समस्याओं के बारे में विचार व्यक्त करते हैं जिनसे दर्शकगण काफी प्रभावित होते हैं तथा विशेष तरह का जनमत का निर्माण करते हैं। जनता में विशेष जनमत तैयार करने के लिए सरकार कभी-कभी लघु फिल्में भी तैयार करती है। इससे भी जनमत निर्माण में काफी सहायता मिलती है। सिनेमा के पर्दे पर अस्वस्थ चीजों एवं विषयों का प्रदर्शन करने में अस्वस्थ जनमत भी तेजी से विकसित होता है। इस साधन की उपयोगिता कुछ सीमित है। ऐसा देखा गया है कि कई कारणों से कुछ लोग सिनेमा हॉल में जाना पसंद करते हैं। फलतः ऐसे लोगों में मतों का निर्माण इस साधन द्वारा नहीं हो पाता है।

5. सार्वजनिक भाषण *(Public speeches)*—सार्वजनिक सभाओं में नेतागण सार्वजनिक भाषण देकर जनमत के निर्माण में काफी सहायता करते हैं। इन सभाओं में सावर्जनिक हित की समस्याओं पर विचारों का आदान-प्रदान किया जाता है। इन सभाओं में वक्ता अपने भाषण के माध्यम से जनता में एक सबल भावना एवं इच्छा भी जगाने का प्रयास करता है जिससे जनता बहुत जल्दी ही उन समस्याओं के प्रति बतलायी गयी दिशा में अपना मत व्यक्त कर देती है और एक जनमत का निर्माण हो जाता है। सार्वजनिक भाषण का माध्यम समाचार-पत्र एवं पत्रिका जैसे माध्यमों से अधिक प्रभावकारी होता है क्योंकि इसका प्रभाव शिक्षित तथा अशिक्षित दोनों तरह के व्यक्तियों पर पड़ता है। इसका दूसरा गुण यह बतलाया गया है कि यहाँ वक्ता अपने हाव-भाव द्वारा श्रोतागण को प्रभावित कर जनमत का निर्माण जल्दी कर लेता है। इस साधन का सबसे बड़ा अवगुण (demerit) यह बतलाया गया है कि इसकी सफलता के लिए यह आवश्यक है कि श्रोतागण का समूह छोटा हो तथा सीमित हो।

6. धार्मिक, सांस्कृतिक एवं शिक्षण संस्थाएँ *(Religious, Cultural and Educational Institutions)*—धार्मिक, सांस्कृतिक एवं शिक्षण संस्थाओं का महत्त्व भी जनमत निर्माण में काफी है। शिक्षण संस्थानों में मूलरूप से छात्रों में सामाजिक चेतना उत्पन्न होती है और वे सामाजिक हित की समस्याओं पर विचार-विमर्श करके अपना मत अभिव्यक्त करते हैं। उसी तरह अन्य सामाजिक संस्थानों जैसे धार्मिक एवं सांस्कृतिक संस्थानों में भी बड़े-बड़े समाज सुधारकों एवं नेताओं द्वारा श्रोतागण के बीच सामूहिक हित के प्रशनों पर विचार का आदान-प्रदान होता है। इस आदान-प्रदान से उन समस्याओं तथा प्रश्नों का उचित समाधान निकलता है जिसका श्रोतागण सहर्ष स्वागत करते हैं तथा फिर उसके पक्ष में अपना मत व्यक्त करते हैं। जनमत के निर्माण में इन संस्थानों की महत्ता भी एक अर्थ में सीमित है। ऐसा देखा गया है कि इन धार्मिक एवं सांस्कृतिक संस्थानों में वही लोग जाते हैं जो उनके सदस्य होते हैं। इसका स्पष्ट मतलब यह हुआ कि जो लोग इन संस्थाओं के सदस्य नहीं हैं, उनके मतों का ज्ञान हमें नहीं हो पाता है।

7. राजनीतिक दल *(Political Parties)*—जनमत के निर्माण में राजनैतिक पार्टियों का महत्त्व कम नहीं है। विशेषकर प्रजातंत्रात्मक देशों में इन राजनैतिक दलों का महत्त्व काफी होता है। ऐसे देशों में सभी राजनैतिक पार्टियों को दो प्रमुख भागों में बाँटा जाता है—सत्तारूढ़ राजनैतिक पार्टी तथा विरोधी राजनैतिक पार्टी। सत्तारूढ़ राजनैतिक पार्टी सरकार के पक्ष में जनमत का निर्माण करने के लिए तरह-तरह के उपाय करती है। वह प्रचार के सभी साधनों का उपयोग करने में तनिक भी हिचकिचाती नहीं। दूसरी तरफ विरोधी राजनैतिक पार्टी अपने पक्ष में तथा सरकार के दोषों का पर्दाफाश कर उसके विपक्ष में जनमत तैयार करने में काफी महत्त्वपूर्ण भूमिका निभाती है। 1989 में लोकसभा के करीब-करीब 100 विपक्षी सदस्यों ने लेखा नियंत्रक एवं परीक्षक (Comptoller and Auditor General) की रिपोर्ट पर लोक सभा की सदस्यता से इस्तीफा देकर अपने पक्ष में तथा सरकार के विपक्ष में जनमत निर्माण करने का एक अच्छा उदाहरण प्रस्तुत किया था। भारतीय इतिहास में विपक्षी सदस्यों द्वारा अपनायी गयी यह एक ऐसी अनोखी विधि है जिसका कोई दूसरा उदाहरण नहीं मिलता है।

इस तरह से देखते हैं कि जनमत निर्माण के बहुत से साधन हैं। कोई भी संस्था या वक्ता अपने पक्ष या विपक्ष में जनमत तैयार करने के लिए इन साधनों में से एक या एक से अधिक साधनों का खुलकर उपयोग करता है। भारत जैसे देश के लिए अभी यही कहा जा सकता है कि इन सभी साधनों में रेडियो का महत्त्व जनमत निर्माण में सर्वाधिक है क्योंकि यह एक सस्ता एवं गाँव-गाँव तक पहुँचा हुआ एक ऐसा माध्यम है जिससे शिक्षित एवं अशिक्षित दोनों तरह के व्यक्ति प्रभावित होकर अपना मत व्यक्त करने के लिए बाध्य हो जाते हैं। अन्य साधनों में इतनी व्यापकता नहीं है।

प्रबुद्ध जनमत के विकास के लिए आवश्यक परिस्थितियाँ
(Essential conditions for the Growth of enlightened Public Opinion)

किसी भी समाज के स्वस्थ विकास के लिए यह आवश्यक है कि उस समाज की समस्याओं एवं प्रमुख घटनाओं के प्रति एक प्रबुद्ध जनमत (enlightened public opinion) का निर्माण हो। इसके लिए समाज मनोवैज्ञानिकों एवं समाजशास्त्रियों ने कुछ आवश्यक शर्त्तों (conditions) का वर्णन किया है जो निम्नांकित है—

(1) किसी सामजिक समस्या या घटना के प्रति प्रबुद्ध जनमत के निर्माण के लिए यह आवश्यक है कि वहाँ के प्रचार के साधन जैसे—रेडियो, टेलीविजन, समाचार-पत्र आदि स्वतंत्र एवं निष्पक्ष हो। यदि इन साधनों पर किसी तरह का अंकुश किसी ओर से होता है, तो वे जनता को सही एवं यथार्थ खबर नहीं दे पायेंगे और फिर वैसी परिस्थिति में एक स्वस्थ जनमत का निर्माण नहीं हो पायेगा।

(2) देश में आर्थिक समानता होनी चाहिए। यदि देश की कुछ जनता अधिक धनी तथा अधिकतर जनता गरीब होगी तो फिर एक प्रबुद्ध जनमत नहीं तैयार हो पायेगा। गरीबी के कारण अधिकतर जनता अपनी रोजी-रोटी कमाने से ऊपर सार्वजनिक हित की समस्याओं के बारे में कभी सोच ही नहीं पायेगी। इतना ही नहीं, अधिक धनी लोग इन गरीब-लाचार का शोषण भी करते हैं। इन सभी कारणों से फिर गरीब लोगों का मत हमें नहीं प्राप्त हो सकेगा और जो भी मत मिलेगा वह समाज के मात्र धनी लोग का ही होगा। ऐसा मत कभी प्रबुद्ध जनमत नहीं हो सकता है।

(3) देश के सभी राजनैतिक दलों का उद्देश्य जनता का हित करना होना चाहिए। अगर राजनैतिक दल अपनी जनता के हित की बात छोड़कर अपने-अपने स्वार्थ की सिद्ध के लिए प्रचार करना शुरू कर देते हैं, तो जनमत का निर्माण भले ही हो जाये एक प्रबुद्ध एवं स्वस्थ जनमत का निर्माण नहीं हो सकता है। इतना ही नहीं, ऐसी परिस्थिति में जनता में तनाव एवं मानसिक उलझन भी अधिक होगी जिसके कारण वह कभी भी किसी सार्वजनिक समस्या पर ठीक ढंग से सोच-विचार नहीं कर पायेगी।

(4) देश की जनता की शिक्षा-दिक्षा का स्तर ऊँचा होना चाहिए। यदि देश के अधिकांश जनता कम पढ़ी-लिखी है तो स्वभावतः किसी सामाजिक समस्या के समाधान में उसकी सहभागिता(participation)कम हो जायेगी। फलस्वरूप, ऐसी समस्याओं के प्रति भी अपना मत ठीक से नहीं व्यक्त कर पायेगी और एक प्रबुद्ध जनमत विकसित नहीं हो पायेगा।

(5) देश में सरकार की ओर से ऐसा विधान हो जिसके सहारे अल्पसंख्यकों को अपना विचार खुलकर व्यक्त करने की स्वतंत्रता हो। ऐसा नहीं होने पर अल्पसंख्यकों में असुरक्षा की भावना मौजूद रहेगी और वे लोग किसी भी सामाजिक हित से सम्बन्धित समस्याओं पर अपना मत व्यक्त करने में काफी हिचकिचायेंगे। फलतः एक प्रबुद्ध जनमत का निर्माण मात्र एक सपना ही होकर रह सकेगा।

अगर किसी देश में ऊपर बतलायी गयी परिस्थितियाँ मौजूद होगी, तो अवश्य ही एक प्रबुद्ध जनमत का निर्माण हो पायेगा।

जनमत की माप
(Measurement of Public Opinion)

समाज मनोवैज्ञानिकों ने जनमत की माप के लिए कुछ प्रविधियों का प्रतिपादन किया है। जनमत के मापन (measurement) से तात्पर्य यह मूल्यांकन करना होता है कि किसी समस्या या विषय के सम्बन्ध में जनता का विचार या मत अनुकूल है या प्रतिकूल है। जनमत को मापने की आवश्यकता प्रजातंत्रात्मक देशों में अधिक होती है क्योंकि ऐसे देशों में जनता के ही चुने हुए प्रतिनिधियों द्वारा सरकार चलायी जाती है। अतः सरकार जनमत के खिलाफ रहकर कार्य नहीं कर सकती है। यही कारण है कि प्रजातंत्रात्मक सरकार कोई भी नीति या कार्यक्रम का क्रियान्वयन करने के पहले सम्बन्धित समस्या के प्रति जनमत को माप लेना उचित समझती है। जनमत को मापने की कई प्रविधियाँ(techniques) हैं जिनमें से निम्नलिखित प्रमुख हैं—

1. मतदान विधि *(Polling method)*—किम्बल यंग (Kimball Young, 1951) के अनुसार, प्रजातंत्रिक समाज में जनमत मापने के लिए मतदान विधि से अधिक उपयुक्त कोई दूसरी विधि शायद ही हो। इस विधि का प्रतिपादन अमेरिका के राष्ट्रपति के चुनाव की भविष्यवाणी करने के लिए डॉ. जी. एच. गालप (Dr. G. H. Gallup) द्वारा सबसे पहले-पहल किया गया। तब से जनमत मापने में इस विधि की लोकप्रियता उत्तरोत्तर बढ़ती जा रही है। इस विधि द्वारा

जनमत मापने के लिए समस्या या विषय से सम्बन्धित कुछ प्रश्नों की एक सूची बनायी जाती है जिसका उत्तर जनता 'हाँ' या 'नहीं' या कुछ ऐसे ही अल्पशब्दों में करती है। उनके द्वारा सभी प्रश्नों पर दिये गये उत्तरों का विश्लेषण करके जनमत को आँका जाता है।

इस विधि का उपयोग अक्सर आम चुनाव के कुछ दिन पहले किसी खास राजनैतिक पार्टी के प्रति जनमत जानने के लिए किया जाता है। इस विधि का एक प्रमुख अवगुण (demerit) जैसा कि रोजर्स (Rogers, 1941), काज (Katz, 1955) ने बतलाया है, यह है कि इसमें चूँकि जनता को 'हाँ' या 'नहीं' या अन्य ऐसे ही अल्प शब्दों में अपनी राय व्यक्त करने के लिए के कहा जाता है, इसलिए इसके द्वारा जनमत की दिशा (direction) का पता चलता है परंतु तीव्रता (intensity) का नहीं। काज (Katz, 1941) ने इस विधि का प्रयोग अमेरिकन राष्ट्रपति के चुनाव के पूर्व जनमत को मापने के लिए किया था और उसके आधार पर किया गया पूर्वकथन (prediction) गलत सिद्ध हुई थी। इससे भी यह पता चलता है कि जनमत के मापने की यह विधि अधिक उत्तम नहीं है।

2. जनसमूह निरीक्षण विधि *(Mass observation method)*—जैसा कि नाम से ही स्पष्ट है, इस विधि द्वारा जनमत मापने में जनसमूह के व्यवहारों एवं क्रिया-कलापों का निरीक्षण अनियंत्रित परिस्थितियों (uncontrolled situation) में कुछ प्रशिक्षित प्रेक्षकों (trained observers) द्वारा किया जाता है। प्रेक्षक जनता के व्यवहारों का निरीक्षण विभिन्न परिस्थितियों में करते हैं। जैसे वे आम परिस्थितियों में विभिन्न सार्वजनिक समस्याओं पर जनता द्वारा अनौपचारिक ढंग से बातचीत करते हैं तथा उनके क्रिया-कलापों का निरीक्षण करते हैं। इन सभी के आधार पर जनमत के बारे में जाना जाता है। कभी-कभी ऐसा भी होता है कि जान-बूझकर प्रेक्षक जनता को किसी सार्वजनिक समस्या के बारे में अपनी प्रतिक्रिया व्यक्त कर उन्हें संवेगात्मक बना देता है जो फिर उस समस्या के प्रति खुले शब्दों में अपनी प्रतिक्रिया व्यक्त करना प्रारंभ कर देते हैं। इसका प्रेक्षण या निरीक्षण करके वे जनमत की अनुकूलता या प्रतिकूलता का अंदाज करते हैं। निरीक्षण करते समय प्रायः अपनी पहचान गुप्त ही रखता है।

इस विधि का सबसे प्रमुख गुण यह है कि इसमें जनमत को मापने का आधार वास्तविक परिस्थिति में जनता द्वारा व्यक्त किया गया विचार या मत होता है जिसकी निर्भरता अधिक होती है। अतः इस विधि द्वारा प्राप्त परिणाम अधिक विश्वसनीय होते हैं। इस विधि में कुछ अवगुण भी हैं। इस विधि की सफलता के लिए यह आवश्यक है कि प्रेक्षक प्रशिक्षित (trained) हो। कभी-कभी यह भी देखा गया है कि निरीक्षक से प्राप्त आँकड़ों का विश्लेषण करने में प्रेक्षक अपने पूर्वाग्रहों (prejudices) तथा विश्वासों द्वारा भी प्रभावित हो जाता है जिससे उनके द्वारा किया गया जनमत का मापन अधिक विश्वसनीय नहीं होता है।

3. प्रश्नावली विधि *(Questionnaire method)*—जनमत मापने की इस विधि का प्रयोग खासकर के उस परिस्थिति में अधिक होता है जब जनता या सूचनादाता दूर-दूर तक फैले होते हैं। इस विधि में समस्या के विषय में सम्बन्धित प्रश्नों को तैयार करके उन्हें एक पुस्तिका (booklet) के रूप में छपवा लिया जाता है। प्रश्नों का उत्तर प्रायः 'हाँ' या 'नहीं' या अन्य अल्पशब्दों में ही देना होता है। इस प्रश्नावली पुस्तिका (questionnaire booklet) को अक्सर डाक (post) द्वारा सूचनादाता को इस प्रार्थना के साथ भेज दिया जाता है कि वे उसमें दिये गये प्रश्नों का उत्तर देकर उन्हें डाक द्वारा ही लौटा दें। इस तरह की प्रश्नावली को डाक प्रश्नावली (mail questionnaire) कहा जाता है। कभी-कभी किसी प्रश्नावली में प्रश्नों का उत्तर 'हाँ' या 'नहीं' में दिये जाने के बजाय दो-चार पंक्तियाँ लिखकर भी देना होता है। इस तरह के प्रश्नावली को खुली प्रश्नावली (open questionnaire) कहा जाता है। जब प्रश्नों का उत्तर पूर्व निश्चित होता है, जैसे 'हाँ' या 'नहीं' तो इस प्रश्नावली को बंद प्रश्नावली (closed questionnaire) कहा जाता है।

प्रश्नावली विधि का सबसे महत्त्वपूर्ण गुण (merit) यह बतलाया गया है कि इस विधि द्वारा कम समय में ही काफी व्यक्तियों के मत प्राप्त हो जाते हैं। फलतः इस विधि द्वारा कम ही समय में जनमत का मापन करना सम्भव हो जाता है। इस विधि का सबसे प्रमुख अवगुण (demerit) यह बतलाया गया है कि इसमें व्यक्ति या सूचनादाता सही मतों को छिपाकर उसकी जगह पर सामाजिक रूप से अनुमोदित मत (socially approved opinion) को ही व्यक्त करता है। यह बात विशेषकर उस समय अधिक देखने को मिलती है जब विषय या समस्या का नैतिक मूल्य (moral value) अधिक होता है जैसे—विधवा विवाह, सती होने से सम्बन्धित विषय, समजातीय लैंगिकता (homosexuality) आदि।

4. साक्षात्कार विधि *(Interview method)*—जनमत मापने में साक्षात्कार विधि का भी प्रयोग किया जाता है। इस विधि में अध्ययनकर्त्ता किसी समस्या या विषय से सम्बन्धित प्रश्नों को सूचनादाता (respondent) या जनता से

पूछते हैं। प्रायः सूचनादाता को एक-एक करके अलग बुलाकर प्रश्नों को पूछा जाता है। इसे वैयक्तिक साक्षात्कार(personal interview)कहा जाता है। दिये गये उत्तरों के आधार पर जनमत की अनुकूलता या प्रतिकूलता के बारे में अंदाज लगाया जाता है। जनमत मापने के लिए कभी-कभी कई लोगों को एक साथ बैठ कर अध्ययनकर्त्ता विषय या समस्या से सम्बन्धित प्रश्नों को पूछता है। इसे सामूहिक साक्षात्कार (group interview) कहा जाता है। साक्षात्कार का रूप संगठित (structured)भी हो सकता है या असंगठित(unstructured)भी। संगठित साक्षात्कार में अध्ययकर्त्ता पहले से संरचित प्रश्नों को ही सभी सूचनादाताओं से एक निश्चित क्रम में पूछता है। साक्षात्कार का रूप चाहे संरचित हो या असंरचित हो, सूचनादाता द्वारा दिये गये उत्तरों के ही आधार पर जनमत की प्रतिकूलता या अनुकूलता का अंदाज लगाया जाता है।

साक्षात्कार विधि द्वारा जनमत मापने में कुछ गुण तथा अवगुण दोनों ही पाये जाते हैं। इस विधि का सबसे महत्त्वपूर्ण गुण यह बतलाया गया है कि इसमें अध्ययनकर्त्ता के लिए यह सम्भव होता है कि विषय या समस्या से सम्बन्धित पर्याप्त प्रश्नों को पूछे तथा उनके हाव-भाव तथा अन्य प्रतिक्रियाओं का भी अवलोकन करे। इससे विशेष फायदा यह होता है कि अध्ययनकर्त्ता को जनमत का सही मूल्यांकन करने में सुविधा होती है। इस विधि का अवगुण यह है कि प्रायः इसके द्वारा जनमत मापने में काफी समय लगता है। मेयर्स (Myers, 1985) के अनुसार सामूहिक साक्षात्कार करने पर भी इस विधि द्वारा जनमत को मापने में काफी समय लगता है। दूसरा अवगुण यह बतलाया गया है कि समस्या या विषय पर सूचनादाता अध्ययनकर्त्ता के समक्ष खुलकर अपना विचार कई कारणों से व्यक्त नहीं कर पाते हैं। इतना ही नहीं, यह भी देखा गया है कि जब अध्ययनकर्ता उस समस्या या विषय पर विचार व्यक्त करने के लिए सूचनादाता पर दबाव डालते हैं, तो इससे उनमें घबड़ाहट तथा सांवेगिक प्रतिक्रियाएँ (emotional reactions) होने लगती है जिससे भी वह अपना मत खुलकर व्यक्त नहीं कर पाता है। इस परिस्थिति में साक्षात्कार विधि द्वारा जनमत को मापना कठिन है।

5. सम्पादकों एवं जन-अधिकारियों के नाम पत्र *(Letters to Editors and Public Officials)*—अक्सर देखा जाता है कि सार्वजनिक हित से सम्बन्धित किसी विषय या समस्या पर समाचार पत्रों में लोग सम्पादक के नाम चिट्ठियाँ लिखते हैं या अन्य सरकारी अधिकारियों जैसे-मुख्यमंत्री, प्रधानमंत्री आदि के पास उन समस्याओं से सम्बन्धित पत्र भेजते हैं। इन पत्रों में समस्या या विषय का उल्लेख तो रहता ही है साथ-ही-साथ उनके समाधान के लिए कुछ प्रस्तावित सुझाव भी होते हैं। इन पत्रों में व्यक्त विचारों का विश्लेषण करने पर जनमत की अनुकूलता या प्रतिकूलता का पता चलता है। उदाहरणास्वरूप, राजस्थान में रूप कुँवर नामक महिला के सती हो जाने पर उससे सम्बन्धित संपादकीय पत्रों एवं राजस्थान के मुख्यमंत्री को भेजे गये पत्रों में व्यक्त किये गये विचारों एवं मतों का यदि विश्लेषण किया जाये तो हम इस निष्कर्ष पर पहुंचते हैं कि जनमत सती हो जाने के प्रतिकूल है। उसी तरह कानपुर में तीन सगी बहनों द्वारा पंखा में लटककर आत्महत्या कर लेने से सम्बन्धित सम्पादकीय पत्रों का विश्लेषण करने पर स्पष्टतः हम इस निष्कर्ष पर पहुँचते हैं कि जनमत दहेज-प्रथा के पक्ष में नहीं है।

इस विधि का सर्वोत्तम गुण यह है कि इसमें समस्या या विषय के प्रति जनता अपनी इच्छा से मत या विचार व्यक्त करती है। अतः उससे प्राप्त सूचनाएँ निश्चित रूप से सच्चा जनमत व्यक्त करती है। इस विधि द्वारा जनमत मापने में श्रम तथा समय की भी बचत होती है। इस विधि का अवगुण यह बतलाया गया है कि बहुत कम ही व्यक्ति सम्पादक के नाम या राजकीय पदाधिकारियों के नाम पत्र लिखकर अपने विचार को व्यक्त करते हैं। ऐसे ही कुछेक व्यक्तियों के मत को जनमत मान लेना उचित नहीं होगा। इसके अलावा यह भी देखा गया है कि प्रायः इन पत्रों में व्यक्ति खुलकर अपना विचार नहीं व्यक्त कर पाता है क्योंकि इसमें अपने आपको गोपनीय रखने का कोई उपाय नहीं है।

इस तरह से स्पष्ट है कि जनमत मापने की कई विधियों का प्रतिपादन समाज मनोवैज्ञानिकों ने किया है। समस्या के स्वरूप एवं सूचनादाता को ध्यान में रखते हुए इनमें से किसी विशेष विधि को चुनकर जनमत का मापन किया जाता है।

क्या जनमत बहुसंख्यकों का मत होता है? (Is Public Opinion Views of Majority ?)

कुछ लोगों का कहना है कि किसी भी समस्या या विषय पर जनमत निर्माण करने के लिए यह आवश्यक है कि समाज या देश के अधिकांश सदस्यों का विचार या मत एक समान हो तथा उनके विचारों में पर्याप्त एकता हो। परंतु सचमुच में जनमत का यह मतलब नहीं है कि सम्पूर्ण या अधिकांश जनता का एक मत हो। वास्तव में किसी भी सार्वजनिक समस्या या विषय पर तो देश की पूरी जनता या अधिकांश लोगों का एकमत होना सम्भव नहीं है। अतः बहुसंख्यकों

का मत बहुमत हो सकता है, परंतु जनमत नहीं भी हो सकता है। बहुसंख्यक जनता भी कभी-कभी अपने स्वार्थ के लिए सामान्य हित की बात न करके अपने ही पक्ष में या अल्पसंख्यकों के हित के विरुद्ध में मत व्यक्त कर सकती है। निश्चित रूप में इस ढंग के मत को जनमत नहीं कहा जा सकता भले ही बहुमत क्यों न कहा जाये। परंतु जब अल्पसंख्यक जनता किसी बहुमत को इसलिए स्वीकार कर लेती है क्योंकि उसमें जनहित का तत्त्व सम्मिलित है तो वह बहुमत जनमत का रूप धारण कर लेती है। अतः किसी विषय या समस्या के प्रति व्यक्त किया गया अधिकतर लोगों का मत अर्थात् बहुमत भी जनमत तबतक नहीं हो सकता है जबतक कि अल्पसंख्यक लोग भी उसे स्वेच्छा एवं विश्वास से (न कि डर से) स्वीकार न कर लेते हैं। लोवेल[1] (Lowell, 1962) ने ठीक ही कहा है "किसी भी मत को जनमत कहलाने के लिए केवल बहुमत ही पर्याप्त नहीं है और न ही एकमत (unanimity) आवश्यक है बल्कि इस मत को ऐसा होना चाहिए कि अल्पसंख्यक (minority) उसमें हिस्सेदार बनते हुए उसे स्वीकार करने के लिए डर से नहीं बल्कि विश्वास (conviction) के आधार पर बाधित महसूस करे।"

ऊपर के विवरण से यह स्पष्ट हो जाता है कि मात्र बहुमत से जनमत नहीं बनता है। जबतक अल्पसंख्यक जनता भी इस बहुमत को स्वेच्छा, विश्वास एवं अपनी प्रेरणा से प्रेरित होकर स्वीकार नहीं करती, वह जनमत नहीं हो सकता है। अल्पसंख्यक जनता उसे तभी स्वीकार करेगी जब उसमें कुछ जनहित या समाज कल्याण का भाव हो। इस तरह जनमत का आधार लोकहित होता है न कि बहुमत या अल्पमत। अतः हम निष्कर्ष तौर पर निम्नांकित तथ्य को ही स्वीकार कर सकते हैं—

(i) जनमत का आधार बहुमत नहीं होता।

(ii) जनमत का सम्बन्ध केवल उन विषयों से होता है जिसमें लोकहित का गुण है।

(iii) किसी समस्या या विषय के सम्बन्ध में व्यक्त किये गये बहुमत को जब अल्पसंख्यकों की स्वीकृति अपनी इच्छा से मिल जाती है, तो वह बहुमत का रूप ले लेता है परंतु यदि स्वीकृति डर से मिलती है, तो उस बहुमत को जनमत नहीं कहा जा सकता है।

जनमत का महत्त्व
(Importance of Public Opinion)

आज का युग प्रजातंत्रात्मक युग है और इस युग में जनमत का महत्त्व काफी होता है। प्रजातंत्र की सफलता स्वस्थ जनमत पर ही निर्भर करती है। जनमत के इस महत्त्व को हम निम्नांकित ढंग से प्रस्तुत कर सकते हैं—

1. जनमत तथा प्रजातांत्रिक नेतृत्व (*Public Opinion and Democratic Leadership*)—प्रजातांत्रिक नेतृत्व के लिए जनमत की भूमिका अधिक महत्त्वपूर्ण है। सचमुच में प्रजातंत्र में जनमत जनता की नाड़ी के समान होता है। जिस तरह से जबतक नाड़ी चलती रहती है, व्यक्ति जिन्दा रहता है उसी तरह से जबतक जनमत का समर्थन प्रजातांत्रिक नेतृत्व को प्राप्त रहता है, उसका प्रभुत्व बना रहता है। प्रजातंत्र में बिना जनमत के किसी व्यक्ति का नेता पद पर बना रहना बिल्कुल ही असम्भव बात है। सन् 1975-76 की आपातकालीन अवधि के दौरान श्रीमती इन्दिरा गाँधी सरकार द्वारा की गई वास्तविक एवं काल्पनिक घटनाओं से जब जनमत श्रीमती इन्दिरा गाँधी के नेतृत्व के विपक्ष में हो गया तो वैसी परिस्थिति में उनका नेतृत्व अधिक दिन तक चल नहीं सका और 1977 के आम चुनाव में न केवल इनकी पार्टी की ही बल्कि स्वयं इनकी भी करारी हार हुई। अतः प्रजातांत्रिक नेतृत्व की मूल बुनियादी जनमत ही होता है।

2. जनमत एवं सरकारी प्रशासन (*Public opinion and Government administration*)—जनमत का महत्त्व सरकारी प्रशासन में भी काफी है। जनमत द्वारा सरकार को अपनी नीतियों एवं कार्यक्रमों के बारे में यथोचित ज्ञान मिलता है। यदि किसी नीति या कार्यक्रम के प्रति जनमत पक्ष में होता है तो सरकार उस पर और भी अधिक बल डालती है तथा उसे मंजबूत करने की कोशिश करती है। उसी तरह यदि सरकार यह जान लेती है कि अमूक नीति या कार्यक्रम के विषय में जनमत नहीं बन रहा है तो उस नीति या कार्यक्रम में वह तबदीली लाती है और उसे एक नया रूप देकर पुनः जनता की प्रतिक्रिया का इंतजार करती है। इस विवरण से यह स्पष्ट है कि जनमत से सरकार को शासन चलाने

1. "In order that an opinion may be public a majority is not enough and unanimaity is not required but the opinion must be such that while the minority may not share it, they feel bound, by conviction and not by fear, to accept it".
—Lowell : *Public Opinion and Popular Government*, 1962, p. 18.

में काफी मदद मिलती है। गिन्सवर्ग (Ginsberg, 1954) ने सरकार को सफलतापूर्वक चलाने में जनमत के महत्त्व की चर्चा करते हुए कहा है कि जनता जनमत के माध्यम से यह बतलाती है कि सरकार में किस तरह की कमियाँ हैं। इतना ही नहीं, जनमत सरकार के गलत इरादों पर लगाम लगाने का भी काम करता है। जनमत एक ऐसी शक्तिशाली ताकत है जिसका डर सरकार को काफी होता है। अतः शासन चलाते समय वह हर कदम फूँक-फूँक कर रखती है कि जनमत उसके विपक्ष में न हो जाये।

3. जनमत एवं अन्तर्राष्ट्रीय सम्बन्ध *(Public opinion and International relationship)*—जनमत का महत्त्व अन्तर्राष्ट्रीय सम्बन्धों को कायम करके रखने में भी काफी है। प्रायः देखा गया कि किसी विषय या समस्या पर जब कई राष्ट्रों का एक मत होता है तथा उसमें सबको भलाई दिखती है तो उन राष्ट्रों के व्यक्तियों के बीच जनमत तेजी से बनता है और फिर भी सभी राष्ट्र एक-दूसरे को अच्छे मित्र हो जाते हैं। इस तरह स्वस्थ्य जनमत द्वारा अंतर्राष्ट्रीय सम्बन्ध भी काफी सुदृढ़ मैत्रीपूर्ण हो जाता है।

4. जनमत एवं जनता की सर्वांगीण प्रगति *(Public opinion and whole some development of people)*—जनमत से जनता का चौतरफा विकास होता है। जनमत के परिणामस्वरूप आम जनता पहले से अधिक सक्रिय हो जाती है और उसमें सामाजिक एवं राजनैतिक जागरूकता काफी बढ़ जाती है। फलस्वरूप वह सामाजिक कल्याण (social welfare) के कार्यों में अधिक सक्रिय होकर भाग लेना प्रारंभ कर देती है और इस तरह से उसका सर्वांगीण विकास सम्भव हो पाता है। सचमुच में जनमत से अवगत होने पर जनता अपने कर्त्तव्यों, अधिकारों एवं माँगों के प्रति भी काफी जागरूक हो जाती है और सरकार से उन अधिकारों का पूरा करवाने की कोशिश करती है।

5. जनमत एवं जन सूचना *(Public opinion and Public information)*—जनमत की महत्ता इसलिए भी काफी अधिक है क्योंकि इसके द्वारा समाज या राज्य के व्यक्तियों को अन्य लोगों एवं व्यक्तियों के मतों तथा विचारों के बारे में सूचना मिलती है। किसी विषय या समस्या के प्रति जबतक व्यक्ति जनमत के बारे में जान नहीं लेता है तबतक वह अंधकार में रहता है। वह अपने आपको गलत धारणाओं (misconceptions) एवं रूढ़िकृतियों (stereotypes) से दबा हुआ पाता है। प्रचार के आम साधन जैसे अखबार, पत्रिका, सिनेमा आदि भी कभी-कभी उन्हें और भी गुमराह कर देते हैं। जनमत कोई भी व्यक्तियों को उचित सूचना देकर इस अंधकार एवं गलत धारणाओं को दूर करता है। जब कोई भी व्यक्ति किसी समस्या या विषय के प्रति जनमत को जान लेता है तो अपने को सही दिशा में पाता है और उसकी अज्ञानता भी दूर हो जाती है।

इस तरह से यह स्पष्ट है कि कई कारणों से जनमत का महत्त्व हमारे समाज में काफी है।

जनमत सम्बन्धी शोध में निहित खतरे
(Dangers in Public Opinion Research)

यद्यपि जनमत सम्बन्धी शोध की सामाजिक उपयोगिताएँ (social significance) काफी हैं, फिर भी समाज मनोवैज्ञानिकों ने यह स्पष्ट रूप से बतलाया है कि इस तरह के शोध में कुछ खतरें (dangers) भी हैं। क्रेच तथा क्रचफिल्ड (Kretch & Crutchfield, 1948) के अनुसार, इस तरह के खतरें निम्नांकित दो हैं—

1. जनता को भ्रम में डालना *(Misleading the public)*—जनमत सम्बन्धी शोध का एक खतरा यह है कि अध्ययनकर्त्ता या शोधकर्त्ता किसी विषय या समस्या से सम्बन्धित प्राप्त आँकड़ों की गलत व्याख्या कर या एक पक्षपातपूर्ण व्याख्या कर सामान्यतः जनता को भ्रम में डाल सकता है या गुमराह कर सकता है। उदाहरणार्थ, परिवार कल्याण के साधनों का आम जनता द्वारा किये गये प्रयोग के सम्बन्ध में शोध करके कोई शोधकर्ता अपने आँकड़ों को तोड़-मरोड़ कर व्याख्या करते हुए यदि यह कहता है कि परिवार कल्याण के सामान्य साधन जैसे—लूप, निरोध, खाने की गोलियों के भयानक दुष्प्रभाव यहाँ तक कि यौन अंगों में कैंसर हो जाता है, तो स्वभावतः इससे जनता गुमराह होकर इसका प्रयोग कम कर दे सकती है और तब इससे देश की जनसंख्या की वृद्धि पर बुरा असर पड़ सकता है।

2. नेतृत्व को कमजोर बनाना *(Emasculating leadership)*—जनमत सम्बन्धी शोध से किसी समाज या देश के नेता को कमजोर बनाया जा सकता है। फिशर (Fisher, 1983) के अनुसार, ऐसा दो कारणों से होता है। पहला कारण तो यह है कि इससे स्वयं नेता का मनोबल कुछ कम हो जाता है तथा दूसरा यह है कि आम जनता में नेता की आज्ञा की अवहेलना करने की प्रवृत्ति अधिक बढ़ जाती है। उदाहरणार्थ, यदि कोई शोधकर्ता सरकार की जवाबदेहियों

के बारे में गलत शोध करके यह लोगों को बतलाता है कि कई स्थानों पर सरकारी जवाबदेहियों को वैधानिक रूप से स्वयं सरकार नहीं निभा पायी है, तो सम्भव है कि इससे उनकी शक्ति कमजोर पड़ जाये और उनकी प्रभावशीलता भी कम हो जाये।

अध्याय सारांश
(Chapter Summary)

1. जनमत (public opinion) दो पदों अर्थात जन या जनता (public) तथा मत (opinion) के मेल से बना है। इस साधारण अर्थ में जनमत जनता का अर्थ होता है। इसके लिए केवल बहुमत अपर्याप्त है, परंतु एकमत भी आवश्यक नहीं है। सच्चाई यह है कि किसी विशेष स्थान या समय में प्रभावपूर्ण विवादग्रस्त विचारधाराओं पर निर्मित यह एक सार्वजनिक मत है जिसमें सार्वजनिक हित की बात सम्मिलित होती है।
2. जनमत के निर्माण में चार प्रमुख प्रक्रियाएँ निहित होती हैं—समस्या की उपस्थिति, समस्या के सम्बन्ध में विचार-विमर्श, विकल्पी समाधान (solutions alternative) तथा सर्वसम्मति की अवस्था।
3. समाज मनोवैज्ञानिक ने कुछ वैसे कारकों (factors) का भी वर्णन किया है जिनके द्वारा जनमत प्रभावित होता है। ऐसे कारकों में सामाजिक घटनाएँ, सामाजिक मानक एवं मूल्य, सामाजिक वर्ग का प्रभाव, नेतृत्व विरोधी दबाव (crossed pressure), पूर्वाग्रह, विश्वास एवं रूढ़ियुक्तियाँ, प्रचार के माध्यम तथा आत्मगत निर्धारक आदि प्रमुख हैं।
4. जनमत निर्माण में कुछ साधनों या माध्यमों (media) का हाथ भी प्रमुख है। इन साधनों में प्रेस और समाचार-पत्र, रेडियो एवं टेलीविजन, टेलीफोन तथा टेलीग्राफ, सिनेमा, सार्वजनिक मापन, धार्मिक, सामाजिक एवं शिक्षण संस्थाएँ, राजनैतिक दल आदि प्रमुख हैं।
5. समाज मनौवैज्ञानिकों ने कुछ उन परिस्थितियों के शर्तों का वर्णन किया है जिनके होने से एक प्रबुद्ध (enlightened) जनमत का निर्माण होता है।
6. जनमत को मापने की अनेक प्रविधियाँ (techniques) हैं जिनमें मतदान विधि, जनसमूह निरीक्षण विधि, प्रश्नावली विधि, साक्षात्कार विधि, संपादकों एवं जन-अधिकारियों के नाम पत्र आदि प्रमुख हैं।
7. जनमत बहुसंख्यकों का मत नहीं होता है अगर उसमें जनहित या लोकहित की बात नहीं होती।
8. कई कारणों से जनमत का महत्त्व काफी बतलाया गया है। जनमत का महत्त्व प्रजातांत्रिक नेतृत्व, सरकारी प्रशासन, अंतर्राष्ट्रीय सम्बन्ध, जनता का सर्वांगीण विकास तथा जन सूचना (public information) के लिए काफी है।
9. जनमत सम्बन्धी शोध के कुछ खतरे भी हैं। इस तरह के गलत शोध से जनता को भ्रम में डाला जा सकता है तथा नेतृत्व को कमजोर किया जा सकता है।

❑

अध्याय 21

अफवाह
(RUMOUR)

अफवाह का अर्थ
(Meaning of Rumour)

साधारणतः बिना सच्चाई की जाँच किये जब कोई संवेगात्मक समाचार एक व्यक्ति से दूसरे तक तेजी से फैलता है तो उसे अफवाह या जनप्रवाद (rumour) की संज्ञा दी जाती है। विभिन्न मनोवैज्ञानिकों द्वारा दी गयी परिभाषाएँ निम्नांकित हैं—

आलपोर्ट तथा **पोस्टमैन**[1] (Allport & Postman, 1948) के अनुसार, ''अफवाह विश्वास के आधार पर किया जाने वाला एक विशिष्ट (या विषयगत) प्रस्ताव है जो एक व्यक्ति से दूसरे व्यक्ति तक मौखिक रूप से सही और संगत प्रमाण के बिना फैलायी जाती है।''

स्प्रौट[2](Sprott, 1949) के अनुसार, ''जो कहानी एक मुँह से दूसरे मुँह तक पहुँचती है, उसे अफवाह कहना पूर्णतः उचित है क्योंकि उस दौर में उस कहानी में कुछ भी परिवर्तन हो सकता है।''

जेम्स ड्रीभर[3] (James Drever, 1983) के अनुसार, ''अफवाह किसी समुदाय में बिना वास्तविकता के जाँच की फैलती कहानी है जिसमें घटना-विशेष के होने की चर्चा होती है।''

वर्केल तथा **कूपर**[4] (Worchel & Cooper, 1979) के अनुसार, ''अफवाह एक गलत रिपोर्ट है जिसे मुँह के शब्दों द्वारा एक व्यक्ति से दूसरे व्यक्ति तक प्रचलित किया जाता है।''

इन परिभाषाओं का विश्लेषण करने पर हमें अफवाह के कुल तीन तत्त्वों का पता चलता है जो निम्नांकित है—

(1) अफवाह एक ऐसी कहानी या प्रस्ताव होता है जिसके सत्यासत्य को जाँच किये बिना ही लोग उस पर विश्वास कर लेते हैं।

(2) अफवाह का सम्बन्ध किसी व्यक्ति या घटना से होता है। दूसरे शब्दों में अफवाह हमेशा किसी व्यक्ति या घटना के बारे में ही फैलता है।

(3) अफवाह मुँह के शब्दों द्वारा समुदाय में एक व्यक्ति से दूसरे व्यक्ति तक पहुँचता है।

अतः यह स्पष्ट है कि अफवाह एक ऐसी कहानी या प्रस्ताव होता है जो व्यक्तियों के जीवन से सम्बन्धित घटनाओं से जुड़ी होने के कारण मौखिक शब्दों द्वारा समुदाय में फैल जाता है तथा जिसके सत्यासत्य को बिना जाँच किये हुए ही लोग उस पर विश्वास कर लेते हैं।

1. "A rumour is specific (topical) proposition for belief passed along from person to person, usually by word of mouth without secure standard of evidence being present."
—Allport & Postman : *The Psychology of Rumour,* 1948, p. 9.
2. "It is perfectly plausible to call any story that passes from mouth to mouth a rumour because in the passing, it is liable to undergo certain changes." —Sprott : *Social Psychology*, 1949, p. 412.
3. Rumour is "an unverified story circulating in a community alleging the occurrence of a certain event."
—James Drever : *The Penguin Dictionary of Psycholgy*. 1983, p. 254.
4. "Rumour is a false report that is passed from person to person by word of mouth."
—Worchel & Cooper : *Social Psychology*, 1979, p. 538.

अफवाह की विशेषताएँ
(Characteristics of Rumour)

अफवाह एक ऐसी कहानी या प्रस्ताव है जो समुदाय के किसी संवेगात्मक घटना से सम्बन्धित होती है और जो मौखिक रूप से समुदाय के सदस्यों के बीच रंग बदलते हुए फैल जाती है। इसकी सच्चाई पर लोग आँख मूँदकर विश्वास कर लेते हैं। अफवाह की कुछ सामान्य विशेषताएँ निम्नांकित हैं—

(1) अफवाह एक मात्र समाचार हो सकता है या पूरा कहानी भी। जैसे—मात्र एक समाचार के रूप में यह अफवाह उड़ सकती है कि छात्रों की एक भीड़ ने कुलपति (Vice-chancellor) के ऑफिस में आग लगा दी अथवा एक कहानी के रूप में यह अफवाह फैल सकती है कि छात्रों की एक उग्र भीड़ पहले कहीं जमा हुई, उसके बाद मुख्य पथों से होती हुई कुलपति-विरोधी नारा लगाती हुई भीड़ कुलपति के ऑफिस के पास पहुँची। वहाँ पुलिस के साथ कैसे मुठभेड़ हुई, कुलपति के ऑफिस में किन-किन पदाधिकारियों एवं किरानियों की पिटाई हुई, कैसे आग लगायी गई, उसका धुआँ कितनी दूर तक फैल गया, फायर बिग्रेड के घंटों के प्रयास के बाद आग नहीं बुझी, आदि, आदि। इस कहानी में कितनी बात झूठ है और कितनी सच, इसका जॉच करना भी व्यक्ति के लिए सम्भव नहीं है।

(2) अफवाह की दूसरी प्रमुख विशेषता यह है कि जैसे-जैसे वह एक व्यक्ति से दूसरे व्यक्ति तक फैलती जाती है, वैसे-वैसे विषय-वस्तु में परिवर्तन होता जाता है तथा उसका तीखापन भी बदल जाता है क्योंकि प्रत्येक व्यक्ति अपनी ओर से कुछ-न-कुछ नमक-मिर्च उसमें लगा ही देता है।

(3) अफवाह का सम्बन्ध समुदाय से सम्बन्धित किसी ऐसी घटना से होता है जो संवेगात्मक (emotional) होती है। घटना में संवेग उत्पन्न करने की शक्ति होने से लोग उसमें अधिक रूचि लेते हैं और प्रत्येक व्यक्ति अपनी ओर से घटना के मूल तत्त्व में कुछ-न-कुछ जोड़ता जाता है।

(4) अफवाह की घटना में संवेगात्मक तत्त्व (emotional element) बहुत अधिक होते हैं। इसलिए कोई भी व्यक्ति असत्य एवं हास्यास्पद होने पर भी बिना सोचे-समझे उसमें विश्वास कर लेता है और उसे दूसरों से कहने के लिए तत्पर रहता है। 21 अगस्त, 1988 को भूकंप का तीव्र झटका आया था जिससे काफी मात्रा में जान एवं माल की क्षति हुई थी। बाद में यह अफवाह फैली की फिर अमुक समय में भूकंप होगा जिस पर लोगों ने विश्वास मूलतः इसलिए किया था कि उससे लोग काफी डर (संवेगात्मक तत्त्व) गये थे।

(5) अफवाह के मूल स्रोत का पता लगाना कठिन है। इसमें व्यक्ति प्रायः यह कहते हुए पाया जाता है कि उसने ऐसा सुना है परंतु कौन वह आदमी है जिसने अफवाह चक्र को सबसे चलाया है, इसका पता लगाना कठिन है। सच्चाई यह है कि अफवाह में संवेगात्मक तत्त्व इतना तीव्र होता है कि किसी व्यक्ति के मन में घटना की विश्वस्तता जानने की बात आती ही नहीं है।

(6) अफवाह में एक प्रकार का सुझाव (suggestion) भी निहित होता है जो अफवाह के फैलने के साथ-साथ बढ़ता जाता है। शुरू में एक साधारण घटना को बढ़ा-चढ़ा कर कहने से अफवाह की शुरूआत होता है और बाद में वह एक रोचक कहानी भी बन जाती है।

(7) अफवाह में लोगों की भीड़ एकत्रित करने की शक्ति होती है क्योंकि इसकी घटना रोचक होता है और संवेगपूर्ण होती है। इसकी रोचकता तथा संवेग का परिणाम यह होता है कि भीड़ उचित एवं अनुचित सभी प्रकार के काम करने के लिए तैयार रहती है और कभी-कभी तो ऐसा देखा गया है कि कुछ अवांछनीय कार्य भी भीड़ द्वारा कर दिया जाता है।

(8) अफवाह कुछ प्रतिक्रिया भी उत्पन्न करती है। अफवाह का बौद्धिक पक्ष कमजोर होता है। अफवाह फैलाने वाले व्यक्ति यह नहीं सोचते हैं कि इसका प्रभाव सामाजिक संगठन पर क्या पड़ेगा। इस तरह से अफवाह फैलाने वाले व्यक्ति में उत्तरदायित्व (responsibility) की भावना का नितांत अभाव पाया जाता है।

(9) अफवाह में जिस घटना को आधार माना जाता है, वह सामाजिक दृष्टिकोण से काफी महत्त्वपूर्ण होता है परंतु उसका स्वभाव अस्पष्ट (vague) होता है। महत्त्वपूर्ण होने के नाते व्यक्ति उसमें अधिक रुचि लेता है तथा अस्पष्ट होने के नाते अपनी ओर से उसमें कुछ नमक-मिर्च लगा देता है। परिस्थिति का महत्त्वपूर्ण होना तथा साथ-ही-साथ उसका अस्पष्ट होना अफवाह उत्पन्न होने के लिए आवश्यक है।

(10) अफवाह की प्रकृति (nature) अस्थायी होती है। जैसे ही अधिकारी या विश्वसनीय स्रोतों (reliable suurcess) द्वारा घटना की सच्चाई स्पष्ट की जाती है, अफवाह समाप्त हो जाती है। सामाजिक दृष्टिकोण से अफवाह की ऐसी प्रकृति लाभदायक है क्योंकि अफवाह के समाप्त होने से समाज में व्याप्त तनाव, अनिश्चितता तथा आतंक भी समाप्त हो जाता है।

अफवाह के प्रकार
(Kinds of Rumour)

अफवाह के मुख्य निम्नांकित छः प्रकार बतलाये गये हैं—

1. भय अफवाह (*Fear Rumour*)—इस प्रकार के अफवाह का मूल आधार लोगों में भय तथा असुरक्षा की भावना है। इस तरह की संवेगात्मक स्थिति में लोग बहुत घबड़ाये होते हैं। फलतः किसी भी तरह की सूचनाओं को वे सही मान लेते हैं और इस तरह से अफवाह फैलता जाता है। भूकंप, युद्ध, क्रांति, साम्प्रदायिक दंगे के समय इस प्रकार की अफवाहें काफी फैलती हैं। हिन्दू-मुसलमान के दंगे से हिन्दुओं में अक्सर यह अफवाह फैलायी जाती है कि मुसलमानों ने भारी मात्रा में गोले बारूद जिसे पाकिस्तानी सरकार द्वारा गुप्त रूप से भेजा जा रहा है, अमुक मस्जिद में जमा कर रखा है।

2. दिवास्वप्नमय अफवाह (*Daydream Rumour*)—इस तरह की अफवाह व्यक्ति की अतृप्त इच्छाओं, कामनाओं एवं कल्पनाओं के आधार पर फैलती है। अफवाह फैलाकर व्यक्ति अपनी अतृप्त इच्छाओं एवं कल्पनाओं की संतुष्टि करता है। इसमें व्यक्ति अपनी इच्छा एवं कल्पना के अनुसार जिस बात को चाहता है, फैलाता है। जैसे--बीच-बीच में यह अफवाह उड़ती है कि नेताजी (सुभाष चंद्र बोस) अभी जीवित हैं और वे चीन के किसी जेल में नजरबंद हैं। उसी तरह जुलाई 1988 में जब विपक्ष के करीब 70-80 लोकसभा के सदस्यों ने इसकी सदस्यता से इस्तीफा दे दिया तो अफवाह फैली कि लोकसभा को भंग करने की सिफारिश की जा रही है तथा राजीव गाँधी भी प्रधान मंत्री पद से इस्तीफा देने जा रहे हैं।

3. युसुत्सात्मक अफवाह (*Combat or Wedge-drive Rumour*)—इस प्रकार की अफवाह में घृणा, हिंसा, शत्रुता, ईर्ष्या आदि भावनाओं से व्यक्ति प्रेरित होकर अफवाह फैलाता है। सच्चाई यह होती है कि इन सभी तरह की नकारात्मक भावनाएँ (nagative feeling) अपनी संतुष्टि चाहतीं हैं। परंतु व्यक्ति वास्तविक क्रियाओं द्वारा इन सबकी अभिव्यक्ति नहीं कर सकता क्योंकि ये सब समाज विरोधी भावनाएँ हैं। फलतः व्यक्ति उनकी अभिव्यक्त अफवाहें फैलाकर परोक्ष रूप से करता है। उदाहरणार्थ, जब किसी व्यक्ति को कुछ कारण से किसी खास व्यक्ति के प्रति घृणा एवं ईर्ष्या हो जाती है तो वह व्यक्ति उस खास व्यक्ति के बारे में झूठ-सच बोलकर तरह-तरह की अफवाहें फैलाता है, यहाँ तक कि उसके चरित्र से सम्बन्धित अफवाह फैलाकर अपनी संतुष्टि करता है।

4. उत्सुकतापूर्ण अफवाह (*Curiosity Rumour*)—इस तरह के अफवाह का आधार व्यक्ति की उत्सुकता (curiosity) होती है। व्यक्ति वैसी घटनाओं एवं चीजों के बारे में सही-सही सूचना प्राप्त करना चाहता है जिनके बारे में उसे उत्सुकता होती है। यदि वह सही सूचना नहीं प्राप्त कर पाता है, तो उसे जो कुछ भी सूचना प्राप्त हो जाती है, उसी के आधार पर अफवाह फैलाना शुरू कर देता है। उदाहरणार्थ, परीक्षार्थी परीक्षाफल की सही तिथि जानने के लिए काफी उत्सुक रहते हैं। फलतः वे बहुत से व्यक्तियों से इसके बारे में कुछ पूछ-ताछ करना शुरू कर देते हैं। इस सिलसिले में उन्हें कोई निम्नवर्गीय कर्मचारी जैसे—चपरासी यूँ ही यदि बतला देता है कि परीक्षाफल इस शनिवार को आ रही है, तो इस तिथि के बारे में परीक्षार्थियों के बीच तेजी से अफवाह फैल जाती है।

5. ज्योतिष-सम्बन्धी अफवाह (*Astrological Rumour*)—ज्योतिष-सम्बन्धी अफवाह मूलतः ज्योतिषियों द्वारा की गयी भविष्यवाणी पर आधारित होती है। प्रायः ज्योतिषी लोग भूकंप, बाढ़, महामारी तथा अन्य सामाजिक संकट के बारे में भविष्यवाणी करते हैं। इस तरह का अफवाह एसी ही भविष्यवाणियों से सम्बद्ध होती है। उदाहणार्थ, 1962 में ज्योतिषियों ने यह भविष्यवाणी की थी कि फरवरी माह में सभी ग्रह एकत्रित होंगे और पृथ्वी उन सबों में टकराकर चूर-चूर हो जायेगा। इस प्रकार के अपवाह से पीडितों ने पूजा-पाठ के नाम पर अच्छी कमाई भी कर लिया था। इस तरह की अफवाह उन देशों में ज्यादा फैलती है जहाँ के लोगों में धार्मिक प्रवृत्ति अधिक होती है।

6. अतिरंजित अफवाह (*Exaggerated Rumour*)—इस तरह की अफवाह में अफवाह सुनने वाला व्यक्ति तथा

फैलाने वाला व्यक्ति दोनों ही घटना को बढ़ा-चढ़ा कर कहता है। सचमुच में वह तिल को ताड़ तथा राई को पर्वत बना देता है। 21 अगस्त, 1988 को भूकंप में तरह-तरह की अफवाहें सुनने को मिलीं जिनमें से एक अफवाह यह थी कि मुंगेर शहर में एक विशाल पक्के मकान के गिरने से घरती फट गयी और उससे इतना पानी निकलना शुरू हो गया कि आस-पास के इलाके में बाढ़ जैसी स्थिति उत्पन्न हो गयी। लोगों में त्राहि-त्राहि मच गयी और सरकारी मशीनरी हिम्मत हार कर स्थिति से रफूचक्कर हो गयी।

अफवाह एवं जनमत में अंतर
(Distinction between Rumour and Public Opinion)

अफवाह तथा जनमत में कुछ समानताएँ हैं तथा कुछ विभिन्नताएँ भी। जनमत जनता का एक ऐसा मत होता है जिसका सम्बन्ध सार्वजनिक समस्याओं से होता है। अफवाह भी जनता द्वार प्रसारित एक ऐसी कहानी है जिसका सम्बन्ध महत्त्वपूर्ण सामाजिक समस्याओं से होता है। व्यक्ति अफवाह तथा जनमत दोनों ही के द्वारा अपनी इच्छाओं एवं विचारों को प्रक्षेपित करता है। अफवाह तथा जनमत दोनों ही के द्वारा आम जनता प्रभावित होती है तथा उनके व्यवहारों का नियंत्रण एक खास दिशा में होता है।

इस समानता के बावजूद भी इन दोनों में भिन्नता है जो निम्नांकित हैं—

(1) किसी विषय या समस्या के पक्ष में या विपक्ष में जनमत तैयार करने में काफी प्रयास एवं मेहनत करना पड़ता है। लेकिन अफवाह उत्पन्न करने के लिए इतनी मेहनत की जरूरत नहीं पड़ती है। अगर परिस्थिति महत्त्वपूर्ण है, तो बात-बात में अफवाह फैल जाती है। इसी अर्थ में कुछ लोगों ने अफवाह को आपातिक जनमत (emergency public opinion) कहा है।

(2) जनमत का विकास धीरे-धीरे होता है परंतु अफवाह का विकास बड़ी तेजी से होता है।

(3) जनमत तैयार हो जाने पर उसे बदलना काफी कठिन कार्य होता है परंतु अफवाह का स्वरूप क्षणिक होता है। जैसे ही किसी अधिकारी या विश्वसनीय स्रोत द्वारा घटना की सच्चाई स्पष्ट की जाती है, अफवाह समाप्त हो जाती है।

अफवाह को फैलाने वाली परिस्थितियाँ
(Conditions for Spread of Rumour)

कुछ ऐसी परिस्थितियाँ होतीं हैं जिनमें अफवाह तेजी से फैलता है। आलपोर्ट तथा पोस्टमैन (Allport & Postman, 1948) ने ऐसी परिस्थितियों का अध्ययन किया और बतलाया कि अफवाह को फैलाने वाली प्रमुख परिस्थितियाँ निम्नांकित हैं—

1. सामान्य समस्या या विषय (*General issue*)—अफवाह किसी व्यक्ति विशेष से सम्बन्धित घटना या परिस्थिति के बारे में धीरे-धीरे तथा सामाजिक घटना (social events) (जिसमें समाज के बहुत से व्यक्ति शामिल होते हैं) से सम्बन्धित परिस्थिति के बारे में तेजी से फैलती है। दूसरे शब्दों में, यह कहा जा सकता है कि यदि घटना या समस्या ऐसी है जिससे किसी समुदाय के पूरे लोग या अधिकतर लोग जुड़े हुए हैं तो वैसी परिस्थिति में अफवाह तेजी से फैलती है। शायद यही कारण है कि दंगा, युद्ध, क्रांति, अकाल, भूकंप आदि सामाजिक परिस्थितियों में अफवाह बहुत तेजी से फैलती है।

2. समस्या का महत्त्व (*Importance of the situation*)—महत्त्वपूर्ण घटना या परिस्थिति से सम्बन्धित अफवाह तेजी से फैलती है। आलपोर्ट तथा पोस्टमैन (Allport & Postman, 1948) ने इस बात पर विशेष रूप में बल डाला है कि जो घटना सामाजिक, आर्थिक, नैतिक और राजनैतिक दृष्टि से महत्त्वपूर्ण होती है, अर्थात जिसका सामाजिक, आर्थिक, नैतिक एवं राजनैतिक दृष्टिकोण से पूरे समुदाय पर एक समान प्रभाव पड़ने वाला होता है, वैसी घटना के सम्बन्ध में अफवाह तेजी से फैलती है। समस्या के महत्त्वपूर्ण होने के कारण सभी लोगों की रूचि उसमें अधिक होती है। फलतः प्रत्येक व्यक्ति उसमें कुछ-न-कुछ नमक-मिर्च लगाकर घटना को बढ़ा-चढ़ा देता है। भारत-पाक युद्ध तथा बांग्ला देश के युद्ध में (जिसमें भारत की भूमिका सराहनीय थी) हमें तरह-तरह की अफवाहें सुनने को मिलती थीं, क्योंकि युद्ध सभी के लिए समान रूप से महत्त्वपूर्ण थी। शायद यही कारण है कि दंगा-फसाद तथा क्रांति आदि के समय भी भिन्न-भिन्न प्रकार की अफवाहें सुनने को मिलती है।

3. परिस्थिति की अस्पष्टता *(Ambiguity of situation)*—अफवाह फैलने के लिए यह भी आवश्यक है कि परिस्थिति अस्पष्ट (vague) हो। यदि परिस्थिति स्पष्ट है तो उसके बारे में कोई भी अफवाह फैलने का प्रश्न ही नहीं उठता है। यदि परिस्थिति महत्त्वपूर्ण होने के साथ-ही-साथ अस्पष्ट भी है तो दो कारणों से अफवाह तेजी से फैलते हैं। पहला कारण तो यह है कि महत्त्वपूर्ण परिस्थिति यदि अस्पष्ट है तो लोगों की उत्सुकता उसके बारे में इतनी बढ़ जाती है कि किसी भी स्रोत से प्राप्त सूचनाओं को वे सही समझ बैठते हैं और अफवाह तेज़ी से फैलने लगती है। दुसरा कारण यह है कि परिस्थिति के अस्पष्ट रहने से प्रत्येक व्यक्ति को अपनी ओर से कुछ-न-कुछ जोड़ने का अच्छा मौका मिलता है और इस मौके का फायदा हर व्यक्ति उठाता है। फलस्वरूप अफ़वाह तेजी से फैलती है।

ऊपर के विवरण से स्पष्ट है कि अफवाह फैलने के लिए सामान्य समस्या का केवल महत्त्वपूर्ण होना ही आवश्यक नहीं है बल्कि उसका स्पष्ट होना भी अति अनिवार्य है। इस आधार पर आलपोर्ट तथा पोस्टमैन (Allport & Postman) ने अफवाह का एक नियम (principle of rumour) का प्रतिपादन किया है। इस नियम की व्याख्या करते हुए उन लोगों ने कहा है कि *अफवाह समस्या या विषय के महत्त्व तथा स्पष्टता का गुणक है(Rumour is the product of ambiguity and importanace of the issue) ।* इसे सूत्र के रूप में उनलोगों ने इस प्रकार व्यक्त किया है—

$$\text{Intensity of Rumour} = \text{Importance} \times \text{Ambiguity}$$

अफवाह के नियम (principle) के सूत्र से स्पष्ट है कि अफवाह फैलने के लिए विषय की महत्ता तथा अस्पष्टता में से किसी को शूल्य (zero) नहीं होना चाहिए नहीं तो अफवाह की तीव्रता (intensity of rumour) भी शून्य हो जायेगी अर्थात अफवाह फैल ही नहीं सकती है। आलपोर्ट तथा पोस्टमैन[1] ने ठीक कहा है, ''किसी समूह में दिये हुए विषय के बारे में अफवाह का होना समूह के व्यक्तियों के लिए विषय की अस्पष्टता एवं महत्त्व के समानुपात पर निर्भर करता है।''

ऐसे तो कुछ कठिनाइयों के कारण अफवाह के क्षेत्र में मनोवैज्ञानिकों द्वारा काफी कम प्रयोग (experiments) किये गये हैं फिर भी स्कैक्टर तथा बर्डिक (Schachter & Burdick, 1955) ने एक प्रयोग किया है जिससे आलपोर्ट तथा पोस्टमैन(Allport & Postman)के अफवाह के नियम(principle of rumour)का पूर्ण समर्थन मिलता है। यह अध्ययन छोटी-छोटी लड़कियों के स्कूल में जहाँ छठी कक्षा तक पढ़ाई होती थी, किया गया। एक दिन स्कूल की प्रिंसिपल स्वयं छः वर्गों में से चार वर्ग में पढ़ाई चलते समय प्रवेश की और प्रत्येक वर्ग से एक औसत बुद्धि की छात्रा की और इशारा किया और उसे अपना स्कूल बैग लेकर आने को कहा गया। वास्तव में इन चार छात्राओं को एक-दूसरे कैम्पस में ले जाया गया जहाँ वे दिन भर अपना समय व्यतीत किये। इस घटना से स्वभावतः इन चार वर्गों की छात्राओं में एक संज्ञानात्मक अस्पष्टता (congitive ambiguity) उत्पन्न हो गयी। बाकी दो वर्गों (पाँचवीं कक्षा तथा छठी कक्षा) में प्रिंसिपल नहीं गयीं। फलस्वरूप इन वर्गों की छात्राओं में किसी तरह की संज्ञानात्मक अस्पष्टता नहीं थी। अब इसके बाद प्रथम चार वर्गों में (जिसमें एक-एक छात्रा को प्रिंसिपल ले गयी थीं) से दो वर्गों में तथा उन दोनों वर्गों में भी जिसमें प्रिंसिपल गयी नहीं थीं, प्रिंसिपल द्वारा उन चारों लडकियों से सम्भावित पूछ-ताछ के बारे में अफवाहें फैलायी गयी। जहाँ तक परिस्थिति की महत्ता (importance) का प्रश्न है, वह काफी अधिक था क्योंकि स्कूल की प्रिंसिपल ने वर्ग में खुद ही जाकर उन छात्राओं को बुलाया था। ऊपर के विवरण से यह भी स्पष्ट है कि इस प्रयोग में तीन तरह की अवस्थाएँ (conditions) थीं—

1. अस्पष्ट घटना एवं अफवाह की परिस्थिति *(Ambiguity of event and rumour conditioins)*—यह वह परिस्थिति थी जिसमें प्रथम चार वर्गों में से दो वर्गों के छात्राओं में अफवाह फैलायी गयी थी।

2. अस्पष्ट घटना एवं अफवाह रहित परिस्थिति *(Ambiguous event and nor rumour conditions)*—यह वह परिस्थिति थी जिसमें चार वर्गों में दो ऐसे वर्गों की छात्राएँ थीं जिसमें कोई अफवाह नहीं फैलायी गयी थी।

3. अस्पष्ट घटनारहित परंतु अपवाह की परिस्थिति *(No ambiguous event but a rumour)*—यह वह

---

1. "....Rumours concerning a given subject-matter will circulate within a group in proportion to importance and ambiguity of the subject-matter in lives of individual members of the group."

—Allport & Postman : *The Basic Psychology of Rumour, Quoted by Katz et al., in public opinion and propoganda*, 1962, p. 394.

परिस्थिति थी जिसमें उन दो वर्गों की छात्राएँ थीं जिनमें प्रिंसिपल वर्ग में नहीं गयी थीं परंतु अफवाह (उन चारों छात्राओं के बारे में) फैलायी गयी थी।

परिणाम में देखा गया कि सभी छः वर्गों की छात्राओं में अफवाह तेजी से फैली परंतु पहली परिस्थिति में छात्राओं में से 70% ने अफवाह फैलाने में सक्रिय योगदान किया जबकि तीसरी परिस्थिति की मात्र 15% छात्राओं ने ही ऐसा किया। तीसरी परिस्थिति में अफवाह का प्रसार(spread)कम हुआ क्योंकि इस परिस्थिति के बारे में छात्राओं ने संज्ञानात्मक अस्पष्टता (cognitive ambiguity)नहीं थी भले ही परिस्थिति महत्त्वपूर्ण एवं रोचक अवश्य थी। इस अध्ययन से स्पष्ट है कि अफवाह फैलने के लिए परिस्थिति या विषय का महत्त्वपूर्ण होना तथा उसमें अस्पष्टता (vagueness) का भी होना अनिवार्य है। इस तरह से स्कैटर तथा बर्डिक(Schachter & Burdick)ने अपने अध्ययन से पोस्टमैन तथा आलपोर्ट द्वारा प्रतिपादित अफवाह के सिद्धांत(principle of rumour)की सत्यता का प्रयोगात्मक समर्थन प्रदान किया है। आलपोर्ट तथा पोस्टमैन[1] ने यह भी अंत में स्पष्ट कर दिया है कि अफवाह वास्तव में पूर्णतः कल्पित कहानी नहीं होती है अपितु उसका सम्बन्ध सच्चाई से होता है। उन लोगों के ही शब्दों में, ''अफवाह में निश्चित रूप से कुछ-न-कुछ सत्यता का अंश होता है परंतु एक व्यक्ति से दूसरे व्यक्ति तक पहुँचने के दौरान काल्पनिक विस्तार (elaboration) से वह इतना ढँक जाता है कि उस सत्यता के अंश को अलग करना या उसकी पहचान करना सम्भव नहीं रह जाता है।''

अफवाह के कारण
(Cause of Rumour)

लोग अफवाह को क्यों फैलाते हैं या अफवाहों के फैलने के कारण क्या होते हैं, इस प्रश्न पर भी समाज मनोवैज्ञानिकों द्वारा गंभीरतापूर्वक विचार किया गया है। ऐसा देखा गया है कि परिस्थिति के सरल होने पर कुछ लोग अफवाह फैलाने में सक्रिय रूप से भाग लेते हैं जबकि कुछ लोग ऐसा करने में अधिक रुचि नहीं दिखलाते हैं। प्रश्न यह उठता है कि ऐसा क्यों होता है? वे कौन-कौन से मनोवैज्ञानिक कारण है जो व्यक्ति को अफवाह फैलाने के लिए प्रेरित करते हैं। इस सिलसिले में मनोवैज्ञानिकों द्वारा किये गये कार्यों को ध्यान में रखते हुए निम्नांकित कारकों(factors) को अधिक महत्त्वपूर्ण बतलाया गया है—

1. आवश्यकता की संतुष्टि *(Satisfaction of needs)*—व्यक्ति अपनी आवश्यकता की संतुष्टि करने के लिए अफवाह फैलता है। व्यक्ति की आवश्यकताएँ अनन्त होती है। इसमें से कुछ आवश्यकताएँ ऐसी होतीं हैं जिनकी संतुष्टि किसी कारण से नहीं हो पाती है। व्यक्ति अफवाहें उड़ाकर अपनी ऐसी आवश्कताओं की संतुष्टि कर लेता है। ऐसा देखा गया है कि कुछ सामाजिक निषेध के कारण जब यौन आवश्कता की संतुष्टि सीधे नहीं हो पाती है तो व्यक्ति इससे सम्बन्धित अफवाहें तेजी से फैलाकर ऐसी इच्छाओं को आंशिक रूप से संतुष्ट करता है। शायद यही कारण है कि स्त्री-पुरुष के गलत सम्बन्धों तथा प्रेम-कथाओं के बारे में भिन्न-भिन्न प्रकार की अफवाहें उड़ती हैं।

2. स्पर्द्धा तथा प्रतिशोध की भावना *(Feeling of rivalary and revenge)*—व्यक्ति अपने शत्रु या जिससे वह प्रतिशोध लेना चाहता है उसको अक्सर नीचा दिखलाना चाहता है। परंतु जब वह ऐसा करने से पूर्णतः सफल नहीं होता है, तो उसके बारे में कुछ अफवाहें फैलाना शुरू कर देता है। 1962 में चीन द्वारा तथा 1965 में पाकिस्तान द्वारा भारत के विरुद्ध तरह-तरह की अफवाहें उड़ाई गई। उसी तरह विपक्षी पार्टियाँ सत्तारूढ़ पार्टी के प्रति तरह-तरह की अफवाहें स्पर्धा तथा प्रतिशोध की भावना के कारण फैलती है। यही कारण है कि 21 जून, 1987 को यह अफवाह फैलायी गयी कि आज शाम तक राजीव सरकार को राष्ट्रपति ज्ञानी जैल सिंह बर्खास्त करने जा रहे हैं। इस तरह हम देखते है कि स्पर्द्धा एवं प्रतिशोध की भावना से प्रेरित होकर कुछ लोग अफवाह फैलाने में सक्रिय भाग लेते हैं।

3. चिंता तथा भय *(Anxiety and fear)*—अफवाह के फैलने का बहुत बड़ा कारण व्यक्ति की चिंता एवं भय है। यदि व्यक्ति किसी घटना या व्यक्ति विशेष से भयभीत हो जाता है या उससे काफी अधिक चिन्तित हो जाता है तो उसके मन में एक तरह का सांवेगिक तनाव (emotional tension) उत्पन्न हो जाता है जिससे छुटकारा पाने की

---

1. "To be sure, in rumour, there is always some residual particle of news, a kernel of turth but in the course of transmission it has become so overlaid with fanciful elaboration that it is no longer separable or detectable."
—Allport & Postman : *The Psychology of Rumour*, 1948, p. 33.

वह कोशिश करता है। इस तरह के तनाव से छुटकारा पाने के लिए वह अफवाह फैलाना प्रारंभ करता है। वह अपनी चिन्ता या भय से सम्बन्धित बातों में नमक-मिर्च लगाकर दूसरे-तीसरे व्यक्ति से कहता है और इस तरह अफवाह फैलती जाती है। आलपोर्ट तथा पोस्टमैन[1] के शब्दों में ''अफवाह इसलिए फैलती है कि वह व्यक्तियों को संवेगात्मक प्रभावों की व्याख्या करने तथा इनसे छुटकारा पाने में सहायता करती है।''

4. प्रक्षेपण *(Projection)*—प्रक्षेपण(projection)वह मनोरचना(mental mechanism)है जिसके द्वारा व्यक्ति अपने बुरे विचारों या इच्छाओं को दूसरों पर आरोपित करके मानसिक संघर्ष एवं द्वंद्व को दूर करता है। अफवाह के फैलाने में प्रक्षेपण की भी भूमिका अधिक बतलायी गयी है। चिन्तित तथा भयभीत व्यक्ति अधिक परामर्शग्राही(suggestion) बन जाता है और आसानी से अफवाह में विश्वास कर उसे फैलाने में सक्रिया भूमिका निभाता है। अफवाह में अक्सर व्यक्ति अपनी असुरक्षा एवं अपर्याप्तता की भावनाओं का ही प्रक्षेपण करता है। उदाहरणार्थ, आजकल सरकारी दफ्तरों, बैंकों एवं बड़े-बड़े कल-कारखानों में 'कम्प्यूटर' (computer) का प्रयोग अधिक होने लगा है। जैसे ही किसी बैंक या दफ्तर में कम्प्यूटर आने वाला होता है, कर्मचारियों विशेषकर अस्थायी कर्मचारियों (temporary employees) द्वारा इस बात की अफवाह फैलायी जाती है कि 'कम्प्यूटर' के प्रयोग से बेरोजगारी बढ़ेगी क्योंकि कई व्यक्तियों का काम 'कम्प्यूटर' अकेला ही कर लेता है। इस तरह की अफवाह में अस्थायी कर्मचारियों को 'कम्प्यूटर' की भावना का प्रक्षेपण हो रहा है क्योंकि वे जानते है कि सबसे पहले उन्हें ही हटाया जायेगा।

5. आशा एवं इच्छा *(Expectation and desire)*—अफवाह के फैलाने का एक कारण व्यक्ति की वैसी आशाएँ एवं इच्छाएँ होती हैं जिनकी पूर्ति किसी कारणवश नहीं हो पाती है। अफवाह फैलाकर व्यक्ति उन इच्छाओं एवं प्रत्याशाओं (expectation) को पूरा करता है। उदाहरणार्थ, कोई छात्र अच्छे व्यक्तिगत सम्बन्ध के कारण किसी उदार प्रवृत्ति के शिक्षक से यह आशा कर सकता है कि शिक्षक उसे परीक्षा भवन में भी कुछ मदद करेंगे। परंतु जब उसकी इस इच्छा एवं आशा पर पानी फिर जाता है तो वह छात्र उस शिक्षक के सम्बन्ध में तरह-तरह की अफवाहें फैलाना शुरू कर देता है।

6. गपशप *(Gossip)*—व्यक्ति अपना खाली समय बिताने के लिए दूसरों के साथ बैठकर कुछ गपशप करता है। इस गपशप के दौरान मजाक में व्यक्ति कभी-कभी कुछ इस प्रकार की बात बोल देता है जो धीरे-धीरे अफवाह का रूप ले लेती है। जैसे, गपशप में मजाक के तौर पर यदि एक छात्र दूसरे छात्र से यह बोल देता है कि कल उसने अंजु (जो किसी उसी के वर्ग की छात्रा है) को मोहन (जो अंजु के ही वर्ग का है)—के साथ सिनेमा हॉल में बैठा देखा है तो फिर छात्रों में मंजु तथा मोहन के बारे में ऐसी-ऐसी अफवाहें फैल जायेगी कि सुननेवाला निश्चित रूप से इसी निष्कर्ष पर पहुँचेगा कि दोनों में निश्चित रूप से गलत सम्बन्ध है। किम्बल यंग[2] (Kimball Young, 1957) ने ठीक ही कहा है, ''गपशप द्वारा अधिक प्रभावशाली अफवाह फैलायी जाती है।''

7. अस्पष्टता *(Ambiguity)*—परिस्थिति अस्पष्ट होने से अफवाह का जन्म ही नहीं होता है बल्कि वह तीव्रता से फैलती भी है। किसी भी समस्या परिस्थिति के ज्ञान के सम्बन्ध में जितनी ही अस्पष्टता होती है, उतनी ही तेजी से अफवाह फैलती है। अस्पष्टता की परिस्थिति में व्यक्ति किसी भी अधूरी रचना को अपनी कल्पना के रंग से रंजित करके उसे दूसरों को विश्वास के साथ बतलाता है और दूसरा भी उसे स्वीकार कर लेता है। इस तरह से अफवाह अस्पष्टता के कारण तेजी से फैलती है।

उपर्युक्त विवरण से यह स्पष्ट है कि अफवाह के फैलने के बहुत से कारण हैं। इन कारणों को दूर करके अफवाह को कुछ हद तक रोका जा सकता है।

अफवाह का मनोवैज्ञानिक विश्लेषण
(Psychological Anlaysis of Rumour)

कुछ मनोवैज्ञानिकों द्वारा अफवाह के फैलाव (spread) का मनोवैज्ञानिक विश्लेषण किया गया है। आलपोर्ट तथा पोस्टमैन (Allport & Postman, 1948) ने अफवाह का एक मनोवैज्ञानिक विश्लेषण कर यह बतलाया है कि अफवाह

1. "Rumuour circulates because it serves the twin function of explaining and relieving emotional tension felt by individuals. —Allport & Postman : the basic psychology of Rumour, 1947, p. 325.
2. "By gossip, the most effective rumours are spread."
—Kimball Young : Handbook of Social psychology, 1957, p. 224

के फैलने में मुख्यतः निम्नांकित तीन प्रक्रियाएँ (processes) सम्मिलित होते हैं—

1. चौरस करना *(Levelling)*—अफवाह में असत्यता, अस्पष्टता एवं व्यक्तिगत कल्पनाओं को इस तरह से मिश्रित किया जाता है कि वह लोगों का ध्यान आसानी से आकर्षित कर ले। इसमें घटना से सम्बन्धित स्पष्ट एवं वास्तविक कथनों के जगह पर अस्पष्ट एवं गलत कथनों को संक्षिप्त कर अधिक सारिक (concise) एवं आसानी से ग्रहणयोग्य (graspable) बनाया जाता है। इस प्रक्रिया को चौरस करना (levelling) कहा जाता है। वर्केल तथा कूपर[1] (Wodchel & Cooper, 1979) के शब्दों में 'चौरस करना वह प्रक्रिया है जिसमें सूचनाओं को छोटा किया जाता है, सारिक(concise) बनाया जाता है तथा आसानी से ग्रहण योग्य बनाया जाता है।'' चौरस करने की प्रक्रिया को एक उदाहरण द्वारा इस प्रकार समझाया जा सकता है—भारत द्वारा किये जा रहे शांति के प्रयासों के खिलाफ जब-जब पाकिस्तान अफवाह फैलाता है तो वह कथनों एवं सूचनाओं को इस ढंग से चौरस या आकर्षक बनाते हुए लोगों के सामने रखता है कि लोग तुरंत ही उसके अफवाह को सही मान लें। अन्य बातों के अलावा, भारतीय सैनिकों द्वारा सीमा उल्लंघन तथा गोलीबारी का झूठा आरोप अवश्य ही उसमें शामिल रहता है।

2. तीक्ष्ण या तीखा करना *(Sharpening)*—अफवाह के फैलने में दूसरी मनोवैज्ञानिक प्रक्रिया तीक्ष्ण या तीखा करने का है जिसमें अफवाह को व्यक्तियों की ओर से काफी नुकीला अर्थात चटकदार एवं संवेगात्मक बनाया जाता है। इस प्रक्रिया में सिर्फ वैसी ही सीमित बातों पर बल दिया जाता है जो अफवाह सुनने वाले व्यक्तियों के हृदय में सीधे प्रवेश कर उसे भी अन्य लोगों से कहने के लिए बाध्य करता है। वर्केल तथा कूपर[2] (Worchel & Cooper, 1979) के शब्दों में ''तीक्ष्ण या तीखी करने की प्रक्रिया वह है जिसमें सीमित तथ्यों पर प्रकाश डाला जाता है एवं उसमें नमक-मिर्च लगायां जाता है।'' इस तरह के इस प्रक्रिया में अफवाह में तीक्ष्णता पैदा कर दिया जाता है, जो व्यक्ति के मन में इतना तनाव पैदा कर देती है कि वह दूसरे व्यक्ति से नमक-मिर्च लगाकर बातें कहकर अपना तनाव कम करता है। उदाहरणार्थ, हिन्दू-मुस्लिम के दंगें को ही लें। यदि किसी पक्ष का एक भी व्यक्ति मारा गया तो वह पक्ष इस बात को बढ़ा-चढ़ाकर कहते हुए अफवाह को तीक्ष्ण बनायेगा। संभव है कि वह कहे कि उसके पक्ष के पाँच-पाँच आदमी और वह भी सभी एक ही परिवार के मार डाले गये। इन सबसे अफवाह में तेजी आती है। साथ-ही-साथ यह भी बात फैलायी जाती है कि वे लोग इतनी क्रूरता से मारे गये हैं कि उसका कोई पूर्व उदाहरण तक नहीं मिलता। और तो और, यह बात भी उसमें जोड़ दी जा सकती है कि पाँच में तीन 20 वर्षीय युवतियाँ थीं जिन्हें मारने के पूर्व सामूहिक बलात्कार किया गया, फिर स्तन काट दिया गया। इस तरह हम देखते हैं कि अफवाह के फैलाव में तीक्ष्णता लाने के लिए उसमें तरह-तरह के नमक-मिर्च लगाये जाते हैं जिनसे वह अधिक प्रभावशाली बन जाता है।

3. आत्मसात करना *(Assimilation)*—आत्मसात करने से तात्पर्य अफवाह के विषय को आसानी से समझने एवं उसे पचाने योग्य बनाने से होता है। वर्केल तथा कूपर[3] (Worchel & Cooper, 1979) के ही शब्दों में, ''आत्मसात वह प्रक्रिया है जिसमें अफवाह फैलाने वाला व्यक्ति अपनी रूचि एवं विचार के अनुकूल अफवाह को अधिक समानुरूप एवं संगत बनाता है'' अफवाह के द्वारा जो बात फैलायी जाती है, उसके बारे में यह ध्यान रखा जाता है कि उसे इस ढंग से प्रस्तुत किया जाये कि उसमें सरलता एवं सुगमता बनी रहे ताकि लोग उसे आसानी से समझकर पचा जायें या उसका आत्मसात कर लें। अफवाह द्वारा फैलायी गयी सूचना को जितनी ही तेजी से व्यक्ति आत्मसात करेगा, उतनी ही तेजी से अफवाह समुदाय में फैलेगी।

ऊपर दिये गये वर्णन से यह स्पष्ट है कि अफवाह के फैलाने में तीन मनोवैज्ञानिक प्रक्रियाओं अर्थात चौरस करना (levelling), तीक्ष्ण करना (sharpening) तथा आत्मसात करना (assimilation) की भूमिका काफी महत्त्वपूर्ण होती है।

---

1. Levelling is the process "in which the message is shortened, made more concise and more easily graspable."
—Worchel & Cooper : *Understanding Social Psychology*, 1979, p. 537.

2. Sharpening is the process in which a limited number of details are focused on and established."
—Worchel & Cooper : *Understanding Social Psychology*, 1979, p. 537

3. Assimilation is the process "in which the reports had to become more coherent and consistent with views and interests of the reporting individual." —Worchel & Cooper, Ibid. p. 537

अफवाह फैलाने के साधन
(Media of Spreading Rumour)

अफवाह कई साधनों द्वारा समाज में फैलायी जाती है। आधुनिक युग में अफवाह फैलाने के लिए मूलतः निम्नांकित साधनों का उपयोग किया जाता है—

1. गपशप या बातचीत *(Gossiping and Talking)*—प्रायः यह देखा जाता है कि महत्त्वपूर्ण विषयों के बारे में लोग सूचना प्राप्त करने के लिए अधिक उत्सुक रहते हैं। क्लब, दफ्तर, होटल, गली के मोड़, बस स्टैण्ड, रेलवे प्लेटफार्म आदि स्थानों में लोग ऐसे विषयों के बारे में कुछ सूचना दूसरी से प्राप्त करते हैं तथा फिर उसमें कुछ नमक-मिर्च लगाकर दूसरों को देते हैं। इस तरह से एक मुँह से दूसरे मुँह और फिर दूसरे मुँह से तीसरे मुँह द्वारा अफवाह फैलते जाती है तथा उसमें संवेगात्मक रंग भी घटता जाता है। इस तरह हम देखते हैं कि विचारों के आदान-प्रदान द्वारा अफवाह फैलती है।

अफवाह फैलाने का यह साधन सबसे सरलतम है। इसमें धन, श्रम तथा समय तीनों की बचत होती है। परंतु इस साधन का अवगुण यह है कि इसके द्वारा अफवाह मात्र किसी एक जगह में जैसे एक ही शहर या गाँवों में ही फैलायी जा सकती है। देश के बहुत बड़े हिस्से में इस साधन द्वारा अफवाह नहीं फैलायी जा सकती है।

2. रेडियो एवं टेलीविजन *(Radio and Television)*—आज के युग में रेडियो तो प्रत्येक परिवार में तथा टेलीविजन भी अधिकतर परिवार में है। अतः इन साधनों के द्वारा बहुत कम समय में बहुत बड़ी जनसंख्या में अफवाह आसानी से फैलायी जा सकती है। चुनाव के समय इन साधनों का प्रयोग राजनैतिक पार्टियों द्वारा एक-दूसरे के पक्ष एवं विपक्ष में अफवाह फैलाने के लिए खुलकर किया जाता है। युद्ध के समय इन साधनों का उपयोग अपने देश की जनता एवं सैनिकों का मनोबल ऊँचा करने के लिए तथा शत्रु देश की जनता एवं सैनिकों का मनोबल नीचा करने के लिए खुलकर किया जाता है।

3. पत्र, तार एवं दूरभाष *(Letter, Telegram and Telephone)*—पत्र, तार एवं दूरभाष द्वारा भी अफवाहें फैलायी जा सकती है। जब एक व्यक्ति दूसरे व्यक्ति को पत्र लिखता है तो उसमें अपने व्यक्तिगत विचारों के अलावा कभी-कभी उन सार्वजनिक घटनाओं के बारे में भी लिखता है जो वहाँ घटित हुई है। इसका परिणाम यह होता है कि फिर वह व्यक्ति उस घटना के बारे में आस-पास के लोगों से बढ़ा-चढ़ा कर कहता है जो धीरे-धीरे अफवाह का रूप ले लेता है। उसी ढंग से तार एवं दूरभाष द्वारा भी अफवाहें फैलतीं हैं। बम्बई से तार या टेलीफोन आया कि श्री अमिताभ बच्चन सूटिंग के दौरान घायल हो गये हैं और उन्हें अस्पताल में भर्ती करवा दिया गया है। दूसरे ने तीसरे से कहा कि अमिताभ बच्चन बुरी तरह घायल होकर अस्पताल में हैं और उन्हें खून दिया जा रहा है। डॉक्टरों का कहना है कि कल सुबह तक यदि उनका शरीर दी जा रही दवाइयों के प्रति अनुक्रिया नहीं करता तो कुछ भी हो सकता है। तीसरे ने चौथे से कहा कि अमिताभ बच्चन चंद घंटों के मेहमान हैं। फलस्वरूप दर्शकों की एक विशाल भीड़ उनका अंतिम दर्शन के लिए उमड़ पड़ी है जिसमें अभिनेत्री रेखा भी बुरका पहनकर उनका अंतिम दर्शन करने गयी है। स्पष्ट है कि तार एवं दूरभाष से प्राप्त सूचना द्वारा किस तरह से अफवाह जोर पकड़ती है। अभी हाल में भगवान गणेश जी द्वारा दूध पीये जाने का सात समुंदर पार तक फैले अफवाह में भी दूरभाष की अच्छी भूमिका रही।

अफवाह का यह साधन भी काफी सरल है तथा कम खर्चीला एवं कम समय लेने वाला है। इन साधनों द्वारा भी अफवाह एक बड़े पैमाने पर फैलायी जाती है।

4. समाचार-पत्र *(Newspaper)*—समाचार-पत्र अफवाह फैलाने का एक महत्त्वपूर्ण साधन है। समाचार-पत्रों में छपी खबरों को पढ़कर तथा उसे फिर एक मुँह से दूसरे मुँह तक तोड़-मरोड़ कर पहुँचाकर हम अफवाह फैलाते हैं। बाढ़, युद्ध, दंगे या अन्य संकटकालीन परिस्थितियों में समाचार-पत्र में छपी खबरों को पढ़ कर लोग तिल को ताड़ करके एक-दूसरे के बीच प्रसारित कर देते हैं और अफवाह का जन्म हो जाता है। चुनाव के समय भी अफवाह फैलाने में इन समाचार पत्रों की भूमिका महत्त्वपूर्ण होती है। जब समाचार-पत्र में किसी खास राजनैतिक पार्टी के पक्ष में समाचार छपते हैं तो उस पार्टी के उम्मीदवार के जीतने की सम्भावना तीव्र हो जाती है क्योंकि लोग उस छपी खबरों में की गयी प्रशंसा को काफी बढ़ा-चढ़ाकर एक मुँह में दूसरे मुँह तक पहुँचा देते हैं। उसी तरह जब समाचार-पत्र में किसी खास राजनैतिक

पार्टी के विपक्ष में समाचार छपते हैं तो उस पार्टी के उम्मीदवार के हारने की सम्भावना तीव्र हो जाती है क्योंकि लोग उसमें छपी खबरों को बढ़ा-चढ़ाकर एक मुँह में दूसरे मुँह तक फैलाते हैं।

5. पुस्तक, पत्रिका तथा पैम्पलेट *(Books, Magzines and Pamplets)*—अफवाह फैलाने के लिए पुस्तक, पत्रिका तथा पम्मलेट जैसे साधनों का भी प्रयोग किया जाता है। कुछ पुस्तकों में लेखक द्वारा किसी समस्या या विषय पर इस तरह से प्रकाश डाला जाता है कि अफवाह काफी फैलती है। पत्रिकाओं के साथ भी यही बात है। फिल्मी जगत के नायक नायिकाओं के कार्यों एवं सम्बन्धों पर अनेक पुस्तकें तथा पत्रिकाएँ उपलब्ध हैं जिन्हें पढ़कर लोग उन लोगों के बारे में अनेकों तरह की अफवाह उड़ा देते हैं। विशेषकर फिल्मी नायक, नायिकाओं, निदेशकों एवं निर्माताओं के आपसी सम्बन्धों पर आधारित अफवाहों को फैलाने में ऐसी पुस्तकों एवं पत्रिकाओं जैसे साधनों की भूमिका अधिक है। उसी तरह से पैम्पलेट का प्रयोग अफवाह फैलाने में काफी किया जाता है। चुनाव के समय राजनैतिक पार्टियाँ अपनी विरोधी पार्टी के विपक्ष के पैम्पलेट के माध्यम से काफी अफवाह फैलाती है तथा अपना उल्लू सीधा करती है।

इस तरह से हम देखते हैं कि अफवाह फैलाने के बहुत सारे साधन उपलब्ध है। इन साधनों में रेडियो, टेलीविजन एवं समाचार-पत्र जैसे साधनों का उपयोग अन्य साधनों की अपेक्षा अधिक होता है।

अफवाह के फैलने पर रोकथाम
(Checks on spread of Rumour)

इस बात से करीब-करीब सभी लोग सहमत हैं कि अफवाह बुरी चीज होती है। इससे व्यक्ति, समाज और यहाँ तक कि राष्ट्र को हानि पहुँचता है। अतः इस पर रोकथाम करना अति आवश्यक है। समाज मनोवैज्ञानिकों ने इसकी रोकथाम के कुछ उपाय बतलाये हैं जो निम्नांकित हैं—

1. कठोर दंड *(Severe Punishment)*—यदि सरकार अफवाह फैलाने वाले को कठोर दंड देने की घोषणा करती है तो इससे लोग भयभीत हो जाते हैं और वे अफवाह को फैलाने में सक्रिय भाग नहीं लेते हैं। युद्ध, दंगा-फसाद, बाढ़, भूकंप आदि संकटकालीन परिस्थितियों में प्रायः सरकार इस विधि का सहारा लेती है जिससे अफवाह प्रसारण पर कुछ रोक-थाम हो पाता है।

2. आपसी सम्पर्कों पर रोक *(Restriction upon mutual contacts)*—अफवाह फैलाने का सबसे महत्त्वपूर्ण कारण लोगों का आपस में मिलना-जुलना होता है। अतः जिस समय अफवाह फैलने की आशंका होती है, उस समय यदि सरकार लोगों को आपस में मिलने-जुलने या एक जगह इकट्ठा होकर सभा आदि पर रोक लगा देती है तो अफवाह अपने आप बहुत हद तक रुक जाती है। शायद यही कारण है कि दंगा-फसाद होने पर (जब अफवाहें फैलने की आशंका तीव्र होती है) अधिक लोगों को आपस में न मिलने के लिए सरकार धारा 144 लागू करती है। यदि दंगा-फसाद काफी संवेगात्मक तथा तीव्र हुआ तो वैसी परिस्थिति में अफवाह फैलने का डर अधिक होता है और इस परिस्थिति से निपटने के लिए सरकार 'कर्फ्यू' की घोषणा करती है जिसमें व्यक्ति को घर से निकलना तक मना रहता है।

3. जनता को उचित एवं सत्य की सूचना देने की व्यवस्था *(Provision of giving adequate and true news to public)*—प्रायः देखा गया है कि अफवाहें उसी समय तेजी से फैलती हैं जब लोगों को उचित एवं सही सूचना देने वाला कोई नहीं होता है। ऐसी परिस्थिति में जो भी व्यक्ति जो कुछ भी कह देता है, उस पर लोग विश्वास कर लेते हैं और इस तरह से अफवाहें उड़ चलती है। यदि सरकार की ओर से कोई ऐसी संस्था हो जो दिन-रात लगातार सच्ची सूचना देने के लिए तैनात रहती हो तो स्वभावतः अफवाह फैलने का कोई प्रश्न नहीं नहीं उठता है, बल्कि लोग उल्टे अफवाह फैलाने वाले की ही निन्दा करेंगे।

4. सेन्सरशिप *(Cenorship)*—सेन्सरशिप का तात्पर्य होता है कि किसी सूचना को लोगों को देने के पहले सरकार द्वारा जाँच करवाना और उसकी अनुमति के बाद ही उसे जनता के सामने प्रस्तुत करना। अफवाह को रोकने के लिए प्रत्यक्षतः या अप्रत्यक्षतः सरकार की ओर से ऐसी व्यवस्था होनी चाहिए कि रोडियो, टेलीविजन, टेलीफोन, पत्रिका, सिनेमा आदि लोकप्रिय माध्यमों से कोई भी सूचना छानबीन कर दी जाये तथा सत्य या असत्य का पता लगाने के बाद ही दी जाये। इससे स्वभावतः अफवाह का फैलना रुक जायेगा।

5. सत्य समाचारों को अफवाहों से अलग करने का प्रशिक्षण (*Training for keeping true news away from rumour*)—यदि सरकार सामाजिक शिक्षा के कार्यक्रमों द्वारा लोगों में कम-से-कम इतनी सूझ-बूझ पैदा कर देती है कि वे सत्य समाचारों को अफवाही समाचारों से भिन्न करने के लायक हो जाते हैं तो स्वभावतः वे अफवाह नहीं फैलायेंगे और अपने को ऐसे समाचारों से दूर रखेंगे। इतना ही नहीं, वे परिवार के सदस्यों को भी ऐसी अफवाह समाचार से अलग रखेंगे। हाल ही में कुछ दिन पहले भारत सरकार द्वारा टेलीविजन पर दिखलाया जाने वाला एक कार्यक्रम 'ज्ञानदीप' ऐसी ही सामाजिक शिक्षा का कार्यक्रम था।

6. विरोधी अफवाहें करना (*To provide counter rumour*)—अफवाह को फैलने से रोकने तथा उसके कुपरिणाम से बचने का एक तरीका यह भी है कि की जा रही अफवाह के विरोध में अफवाह की जाय। इस साधन का उपयोग प्रायः युद्ध के समय या घरेलू दंगा-फसाद के समय अधिक किया जाता है। प्रायः यह देखा गया है कि शत्रु देश युद्ध के समय दूसरे देशों के प्रति अफवाहें फैलाकर अपना उल्लू सीधा करना चाहते हैं। इससे बचने का एक उपाय यह है कि उस अफवाह के विरोध या काट के रूप में दूसरी अफवाह की जाय। जब 1965 में भारत-पाक युद्ध हुआ तो पाकिस्तान द्वारा भारतीय सैनिकों के बारे में फैलायी गयी अफवाहों को कम करने के लिए भारत सरकार को भी कुछ अफवाहें फैलानी पड़ी थी।

7. अस्पष्टता को दूर करना (*To remove ambiguity*)—अफवाह उस परिस्थिति में सबसे अधिक फैलती है जब घटना में अस्पष्टता (vagueness) होती है। अतः यदि विषय या घटना को विश्वसनीय सूत्रों द्वारा स्पष्ट कर दिया जाता है तो स्वभावतः अफवाह फैलने का कोई प्रश्न ही नहीं उठता है।

निष्कर्ष यह है कि अफवाह को उचित साधनों के प्रयोग द्वारा जिस तरह फैलाया जा सकता है, वैसा ही उचित विधि अपनाकर उसे रोका भी जा सकता है।

अध्याय सारांश
(Chapter Summary)

1. अफवाह एक ऐसी कहानी या प्रस्ताव होता है जो व्यक्तियों के जीवन में सम्बन्धित घटनाओं से जुड़ी होने के कारण मौखिक शब्दों द्वारा समुदाय में फैल जाती है तथा जिसके सत्यासत्य को बिना जाँच किये उस पर विश्वास कर लेते हैं।
2. अफवाह की कुछ विशेषताएँ होतीं हैं। जैसे, यह एक मात्र समाचार हो सकता है या पूरी कहानी हो सकती है। इसकी दूसरी विशेषता यह होती है जैसे-जैसे वह एक व्यक्ति से दूसरे व्यक्ति तक फैलती है, वैसे-वैसे विषय-वस्तु में परिवर्तन होता जाता है। अन्य विशेषताओं में अफवाह की घटना में संवेगात्मक तत्त्व का होना, प्रभावीकरण का अभाव आदि प्रमुख हैं।
3. अफवाह कई प्रकार की होतीं है जिससे भय अफवाह, दिवास्वप्न अफवाह, युयुत्सात्मक अफवाह, उत्सुकतापूर्ण अफवाह, ज्योतिष-सम्बन्धी अफवाह, अतिरंजित अफवाह आदि प्रधान हैं।
4. अफवाह तथा जनमत में समानता होने के बावजूद भी कुछ विभिन्नता है। जैसे, जनमत का विकास धीरे-धीरे होता है जबकि अफवाह का विकास बड़ी तेजी से होती है। जनमत तैयार हो जाने पर उसे बदलना काफी कठिन कार्य होता है जबकि अफवाह का स्वरूप क्षणिक होता है। उसी तरह से यह भी कहा जाता है कि किसी विषय या समस्या के प्रति जनमत तैयार करने में काफी समय लगता है तथा प्रयास भी काफी करना पड़ता है लेकिन अफवाह करने के लिए इतनी मेहनत की जरूरत नहीं पड़ती है।
5. आलपोर्ट तथा पोस्टमैन ने कुछ वैसी परिस्थितियों का वर्णन किया है जिनमें अफवाह तेजी से फैलती है। इन परिस्थितियों में सामान्य समस्या या विषय का होना, समस्या का महत्त्व तथा परिस्थिति की अस्पष्टता आदि प्रधान है।
6. अफवाह के कई कारण बतलाये गये हैं जिसमें आवश्यकता की संतुष्टि, स्पर्द्धा तथा प्रतिशोध की भावना, चिन्ता तथा भय, प्रक्षेपण (projection), आशा एवं इच्छा, गपशप (gossip) तथा अस्पष्टता आदि प्रधान है।
7. आलपोर्ट तथा पोस्टमैन (Allport & Postman, 1948) ने अफवाह के फैलाव का मनोवैज्ञानिक विश्लेषण किया

है और इसमें तीन प्रक्रियाओं (processes) को महत्त्वपूर्ण बतलाया है—चौरस करना (levelling), तीक्ष्ण या तीखा करना (sharpening) तथा आत्मसात् करना (assimilation) ।

8. आधुनिक युग में अफवाह फैलने या फैलाने के कई साधन हैं जिनमें गपशप एवं बातचीत (gossiping and talking), रेडियो, टेलीविजन, पत्र, तार, दूरभाष, समाचार पत्र, पुस्तक, पत्रिका तथा पैम्पलेट आदि प्रधान है।

9. चूँकि अफवाह से न तो जनता को ही लाभ होता है और न ही राष्ट्र को, अतः समाज मनोवैज्ञानिकों ने उसकी रोकथाम पर भी बल डाला है। इसके रोकथाम के उपायों में कठोर दंड, आपसी सम्पर्कों पर जनता को उचित एवं सत्य सूचना देने की व्यवस्था, सेन्सरशिप, सत्य समाचारों को अलग करने का प्रशिक्षण, विरोधी अफवाहें करना तथा अस्पष्टता को दूर करना आदि सम्मिलित है।

❑

अध्याय 22

सामाजिक तनाव
(SOCIAL TENSION)

सामाजिक तनाव का अर्थ
(Meaning of Social Tension)

'तनाव' (tension) सचमुच में एक ऐसी मानसिक स्थिति है जिसमें व्यक्ति किसी परिस्थिति या किसी अन्य व्यक्ति के संबंध में एक अजीब खिंचाव या उलझन-सा महसूस करता है। इसमें व्यक्ति चिंता, अशांति तथा पेशीय तनाव का भाव अनुभव करता है। इस तरह के व्यक्तिगत तनाव के परिणामस्वरूप व्यक्ति का उस व्यक्तिविशेष या परिस्थिति के साथ अनुकूलन (adaptation) एवं समायोजन (adjusment) ठीक ढंग से नहीं हो पाता है। जब इसी प्रकार के तनाव की स्थिति दो समूह या समुदाय या एक ही समूह या समुदाय के अधिकांश व्यक्तियों के बीच पायी जाती है तो इसे *सामाजिक तनाव* (social tension) या *सामूहिक तनाव* (group tension) कहा जाता है। दूसरे शब्दों में, सामाजिक तनाव[1] को परिभाषित करते हुए यह कहा जा सकता है कि यह एक ऐसी सामाजिक स्थिति होती है जिसमें दो या दो से अधिक समूह के सदस्यों में या किसी एक ही समाज या समूह के अधिकांश या सभी सदस्यों में अशांति, बैचेनी, चिंता की लहर दौड़ पड़ती है। सामाजिक तनाव या सामूहिक तनाव की स्थिति उत्पन्न होने पर सदस्यों में चिन्ताग्रस्तता (anxiousness) तथा बैचेनी (restlessness) काफी बढ़ जाती है तथा साथ-ही-साथ उन लोगों में किंकर्त्तव्यविमूढ़ता भी काफी बढ़ जाता है। उदाहरणास्वरूप, जब रेडियो या टेलीविजन पर सरकार द्वारा सम्भावित भूकंप या बाढ़ आने की घोषणा की जाती है, तो समाज के लोगों में एक विशेष बैचेनी तथा चिन्ताग्रस्तता छा जाती है। थोड़ी देर के लिए वे समझ नहीं पाते हैं कि वे क्या करें और क्या नहीं करें। परिस्थिति अधिक गंभीर हो जाने पर वे रात-रात भर जाग कर बिता देना सोने की अपेक्षा अधिक उचित समझते हैं। इसी तरह जब किसी एक समुदाय के कुछ लोग को दूसरे समुदाय के लोगों द्वारा किसी स्वार्थ, जीवन-आदर्श, मूल्य (value) धार्मिक विश्वास आदि में विभिन्नता होने के कारण मारा-पीटा जाता है तो इससे भी समुदाय के लोगों में एक विशेष खिंचाव (tension) की स्थिति उत्पन्न हो जाती है जिसे सामाजिक तनाव (social tension) की संज्ञा दी जाती है। अक्सर भारतीय समाज में भाषा, जाति, धर्म के नाम पर इस ढंग के सामाजिक तनाव होते रहते हैं। इस सिलसिले में रामनवमी तथा मुहर्रम के अवसर पर हिन्दू एवं मुसलमान समुदायों के बीच होने वाला सामाजिक तनाव का उदाहरण अधिक सटीक बैठता है।

ऊपर के विवरण से स्पष्ट है कि सामाजिक तनाव (social tension) एक ऐसी सामाजिक परिस्थिति होती है जहाँ सांस्कृतिक, धार्मिक, राजनैतिक, सामाजिक हितों अथवा लक्ष्यों के कारण दो या दो से अधिक समुदायों में या किसी एक ही समुदाय के अधिकांश लोगों में एक टकराव जैसी स्थिति उत्पन्न हो जाती है। सामाजिक तनाव की कुछ विशेषताएँ निम्नांकित हैं—

(1) सामाजिक तनाव में पूरे समुदाय या समाज के अधिकतर व्यक्तियों में या सभी व्यक्तियों में अशांति एवं चिन्ताग्रस्तता की स्थिति पाई जाती है।

(2) सामाजिक तनाव दो या दो से अधिक समुदायों के बीच या एक ही समुदाय के सदस्यों में ही कुछ आपसी मतभेद के कारण उत्पन्न हो सकता है। सिया और सुन्नी मुसलमानों में (जो एक ही समुदाय के दो धार्मिक

---

1. "Social tension (or group tension) may be defined as such a social state in which two or more than two groups or all or most members of a group develop anxiety and restlessness to the extent that they lack the mental peace."

विचारधाराओं को मानने वाले होते हैं, अक्सर किसी धार्मिक विषय पर मतभेद हो जाया करता है तो धीरे-धीरे सामाजिक तनाव का रूप ले लेता है।

(3) सामाजिक तनाव का संबंध प्रायः किसी स्वार्थ, जीवन-आदर्श, मूल्य, धार्मिक विश्वास, जाति एवं प्रजातीय समस्याओं में विभिन्नताओं से होता है।

(4) सामाजिक तनाव के प्रभाव धनात्मक (positive) भी होते हैं तथा ऋणात्मक (nagative) भी होते हैं। बाढ़, भूकंप, आगजनी जैसी परिस्थिति से उत्पन्न सामाजिक तनाव में समुदाय के सदस्यों में चट्टानी एकता एवं असमानान्तर सहयोग (unparallel cooperation) की भावना देखी जाती है, परंतु धार्मिक विश्वासों में विभिन्नता के कारण उत्पन्न सामाजिक तनाव में जैसा कि अक्सर रामनवमी तथा मुर्हरम जैसे अवसरों पर देखने को मिलता है, समुदाय या समाज के लोगों में काफी जान-माल की क्षति भी होती है। स्पष्ट है कि सामाजिक तनाव धनात्मक (positive) भी हो सकता है तथा ऋणात्मक (negative) भी हो सकता है।

सामाजिक तनाव के प्रकार
(Types of Social Tension)

सामाजिक तनाव के कई रूप या प्रकार हो सकते हैं। इसके प्रमुख प्रकार निम्मांकित हैं—

1. जातीय तनाव (*Caste tension*)—भारत में जातिवाद(casteism)जैसी सामाजिक बुराई(social evil)अपनी चरम सीमा पर है। भारतीय समाज का स्वरूप कुछ ऐसा है जो ऊपर से संगठित दिखलाई देता है परंतु भीतर से जाति के नाम पर विभाजित है। सामान्यतः यहाँ दो तरह की जातियाँ हैं—उच्च जाति तथा पिछड़ी एवं दलित जाति। उच्च जाति के लोग पिछड़ी एवं दलित जाति के लोगों को नीचा समझते हैं, उनके अधिकार एवं रोटी को छीनने की कोशिश करते हैं और यहाँ तक कि उनकी बहू-बेटियों की इज्जत से खेलने में भी कभी-कभी हिचकिचाते नहीं हैं। ग्रामीण क्षेत्रों में पिछड़ी एवं दलित जाति के लोगों के साथ सामाजिक कार्यक्रमों के अवसर पर खुलकर उच्च जाति के लोग भेद-भाव बरतते हुए अपने को श्रेष्ठ बतलाते हैं। यहाँ तक कि गाँव के सभी लाभदायक पदों (मुखिया, प्रमुख, सरपंच, ग्रामसेवक) आदि पर वे स्वयं ही कब्जा कर रखते हैं। इन सबका परिणाम यह होता है कि उच्च जाति एवं पिछड़ी एवं दलित जाति के बीच में सामाजिक तनाव (social tension) उत्पन्न हो जाता है जिसे हम जातीय तनाव (caste tension) की संज्ञा देते हैं। यदि इस तरह के जातीय तनाव को रोका नहीं गया तो फिर बाद में यह जातीय दंगे (caste riot) का रूप ले लेता है। बिहार में 'परियाँ कांड' 'बेलची कांड, 'कंशारा कांड' तथा 'सेनारी कांड' इसी प्रकार के जातीय दंगों के ज्वलंत उदाहरण है।

2. वर्ग-तनाव (*Class tension*)—आर्थिक हितों के आधार पर आधुनिक समाज को दो वर्गों में बाँटा जा सकता है—शोषक वर्ग तथा शोषित वर्ग। सामाजिक एवं आर्थिक शक्ति(social and economic power)के आधार पर आधुनिक समाज के दो वर्गों में बाँटा गया है—सबल वर्ग (advantaged group) तथा असबल वर्ग (disadvantage group)। शोषक वर्ग जैसे पूँजीपति लोग शोषित वर्ग जैसे श्रमिक वर्ग या मजदूर वर्ग का खुलेआम शोषण करते हैं। श्रमिक या मजदूर के खून-पसीने की कमाई मार कर पूँजीपति लोग अपने मौज-मस्ती करते हैं। उधर एक श्रमिक या मजदूर वर्ग के लोग दिन-रात की कड़ी मेहनत के बावजूद भी अपना पेट आँसू पीकर ही भरते हैं जबकि पूँजीपति लोग हर तरह की मौज-मस्ती कर पानी के समान धन बहाते जाते हैं। मजदूर वर्ग पूँजीपति वर्ग से अपनी मेहनत की कमाई का अधिक-से-अधिक भाग लेना चाहते हैं जबकि पूँजीपति वर्ग इस कमाई का अधिक-से-अधिक भाग अपने ही पास रखना चाहता है। इसका परिणाम यह होता है कि मजदूर वर्ग तथा पूँजीपति वर्ग में तनाव (tension) तथा संघर्ष की स्थिति उत्पन्न हो जाती है जिसे वर्ग तनाव (class tension) की संज्ञा दी जाती है। करीब-करीब ऐसी ही दरारें सबल तथा असबल वर्ग के बीच में देखी जाती है जिनसे इन दोनों वर्गों के बीच वर्ग तनाव की स्थिति उत्पन्न हो जाती है।

3. सामाजिक तनाव (*Communal tension*)—दो या दो से अधिक संप्रदाय के लोगों के बीच सामाजिक या धार्मिक विश्वासों में विभिन्नता के फलस्वरूप जो तनाव की स्थिति उत्पन्न होती है, उसे साम्प्रदायिक तनाव(communal tension) की संज्ञा दी जाती है। भारतीय समाज में हिन्दू एवं मुसलमान के बीच इस प्रकार का तनाव अक्सर उत्पन्न हो जाता है। इन दोनों समुदाय के लोगों में किसी विषय पर धार्मिक विश्वासों एवं खयालों में कभी-कभी अंतर हो जाता है जिससे तनाव जैसी स्थिति उत्पन्न हो जाती है। पंजाब में सिक्ख एवं हिन्दू सम्प्रदाय के लोगों में भी जो साम्प्रदायिक तनाव बना हुआ है उसका प्रमुख कारण कुछ सामाजिक धार्मिक विश्वासों में विभिन्नताएँ हीं हैं।

4. राजनीतिक तनाव (*Political tension*)—राजनैतिक तनाव सामाजिक तनाव का एक प्रमुख प्रकार है। देश की विभिन्न राजनैतिक पार्टियों में उनके आदर्श, सिद्धांत, लक्ष्य एवं कार्यक्रम में विभिन्नता के कारण जो तनाव उत्पन्न हो जाता है, उसे राजनैतिक तनाव कहा जाता है। इस प्रकार का तनाव संसार के सभी देशों में है क्योंकि राजनीतिक पार्टियाँ सभी देशों में होती है। राजनैतिक पार्टी जनता के सामने अपने को श्रेष्ठ तथा अपने विरोधी पार्टी को तुच्छ साबित करने के लिए झूठा प्रचार भी करने लगती है। वह अपने आदर्शों को जनता का आदर्श तथा अपनी नीतियों को जनता की नीति बतलाकर अपने को श्रेष्ठ तथा विरोधी पार्टी के आदर्शों एवं नीतियों को घटिया एवं जनता विरोधी बतलाकर अपना उल्लू सीधा करती है। ऐसी स्थिति में विभिन्न राजनैतिक पार्टियों के बीच एक तरह का तनाव उत्पन्न हो जाता है जिसे राजनैतिक तनाव की संज्ञा दी जाती है। भारतीय राजनीति में इस ढंग के तनाव की चरम सीमा आम-चुनाव के समय स्पष्ट रूप से देखने को मिलती है। कभी-कभी दो राजनैतिक पार्टियों के कार्यकर्ताओं को आपस में टकराव भी होता देखा जाता है।

5. प्रजातीय तनाव (*Racial tension*)—प्रजातीय तनाव भारत जैसे देश में कम तथा अमेरिका, अफ्रीका, जापान जैसे देशों में अधिक देखा गया है। जब दो प्रजाति (race) के व्यक्तियों में सामाजिक, आर्थिक एवं धार्मिक कारणों से मतभेद होने के कारण हीनता या श्रेष्ठता की भावना उत्पन्न हो जाती है, तो इससे इन दोनों प्रजातियों में एक तरह के तनाव की स्थिति उत्पन्न हो जाती है जिसे प्रजातीय तनाव (racial tension) कहा जाता है। अमेरिका में गोरे या श्वेत अमेरिकन एवं काले या निग्रो अमेरिकन के बीच सामाजिक एवं आर्थिक स्तरों में विभिन्नता के कारण प्रायः एक तनाव की स्थिति रहती है। प्रायः गोरे अमेरिकन अपने को श्रेष्ठ, बुद्धिमान एवं अच्छे वर्ग के समझते हैं तथा निग्रो को बुद्धिहीन, मूर्ख आदि समझकर उसकी उपेक्षा करते हैं। इससे इनलोगों के बीच एक तरह के तनाव की स्थिति बनी रहती है जिसे प्रजातीय तनाव (racial tension) कहा जाता है। अफ्रीका में भी श्वेत एवं श्याम प्रजातियों के लोगों में इस प्रकार का तनाव देखा जाता है।

स्पष्ट है कि सामाजिक तनाव के कई रूप होते हैं। इनमें से साम्प्रदायिक तनाव, जातीय तनाव तथा राजनैतिक तनाव भारत जैसे देश में अधिक देखने को मिलता है।

सामाजिक तनाव के प्रभाव
(Effects of Social Tension)

सामाजिक तनाव का महत्त्वपूर्ण प्रभाव हमारे सामाजिक जीवन (social life) पर पड़ता है। समाज मनोवैज्ञानिकों एवं समाजशास्त्रियों ने इन प्रभावों को दो मुख्य भागों में बाँटा है—धनात्मक प्रभाव (positive effect) तथा नकारात्मक प्रभाव (negative effect)। इन दोनों तरह के प्रभाव की व्याख्या निम्नांकित हैं—

1. धनात्मक प्रभाव (*Positive effect*)—यद्यपि सही है कि सामाजिक तनाव एक अप्रिय सामाजिक घटना (unpleasant social phenonenon) है फिर भी इसके कुछ प्रभाव ऐसे हैं जो गुणकारी एवं सराहनीय होते हैं बशर्ते कि सामाजिक तनाव की मात्रा काफी अत्यधिक न हो। प्रसिद्ध मनोवैज्ञानिक लेविन (Lewin) ने कहा है कि सामाजिक तनाव हो या और भी कोई तनाव क्यों न हो, यदि उसकी मात्रा अधिक नहीं है, तो इसका प्रभाव व्यक्ति पर प्रेरणात्मक होता है और व्यक्ति को अपने लक्ष्य की ओर पहुँचने में इससे किसी-न-किसी प्रकार की मदद ही मिलती है। उदाहरणार्थ, अक्सर देखा जाता है कि जब शहर के किसी खास मुहल्ले में पेय जल की आपूर्ति (supply) या बिजली की आपूर्ति नियमित नहीं होती है तो इससे उस मोहल्ले के लोगों में एक तरह की बेचैनी एवं चिन्ताग्रस्तता उत्पन्न हो जाती है जिससे सामाजिक तनाव (social tension) की उत्पत्ति होती है। स्वभावतः इस तरह के तनाव की मात्रा कम होती है। फलस्वरूप उस मोहल्ले के लोग पेयजल एवं बिजली की आपूर्ति कराने के लक्ष्य से आपसी भेद-भाव भूलकर संगठित हो जाते हैं और अपनी नाराजगी एवं कठिनाइयों की अभिव्यक्ति संबंधित पदाधिकारी के पास जाकर करते हैं। इस तरह से स्पष्ट है कि यदि सामाजिक तनाव की मात्रा साधारण होती है तो इससे लोगों में एकता कायम करने की प्रेरणा मिलती है और अपने लक्ष्य तक पहुँचने की इच्छा तीव्र हो जाती है। इस तरह से हम देखते हैं कि सामाजिक तनाव में व्यक्तियों में सक्रियता काफी बढ़ जाती है।

सामाजिक तनाव का एक लाभ यह भी है कि इससे समुदाय या समाज के लोगों में सम्बन्धन आवश्यकता (need for affiliation) बढ़ जाता है। स्कैक्टर (Schachter, 1959) ने अपने प्रयोग के आधार पर यह दिखला दिया है कि

जब सामूहिक तनाव बढ़ता है, तो उसमें एक-दूसरे के साथ होने की आवश्यकता या सामुदायिकता बढ़ जाती है। इतना ही नहीं, यह भी देखा गया है कि सामाजिक तनाव होने पर समुदाय या समाज के लोगों का आपसी संबंध पहले से अधिक घनिष्ठ हो जाता है एवं एक-दूसरे के प्रति प्रेम एवं निष्ठा का भाव बढ़ जाता है। हिन्दू मुसलमान में साम्प्रदायिक तनाव (communal tension) होने पर यह देखा जाता है कि दोनों समुदाय के भीतर सदस्यों में एकता एवं प्रेम-भाव काफी बढ़ जाते हैं।

2. नकारात्मक प्रभाव (*Negative effect*)—सामाजिक तनाव का नकारात्मक प्रभाव धनात्मक प्रभाव से अधिक स्पष्ट एवं विस्तृत (broad) होता है। इतना ही नहीं, इसका नकारात्मक प्रभाव हमारे सामाजिक जीवन में त्राहि-त्राहि मचा देता है। फलस्वरूप, यह आवश्यक है कि इसके ऋणात्मक प्रभाव पर अधिक ध्यान दिया जाये। इसके प्रमुख ऋणात्मक प्रभाव निम्नांकित हैं—

(i) जातिगत दंगा (*caste riot*)—सामाजिक तनाव विशेषकर जातिगत तनाव (caste tension) का एक नकारात्मक प्रभाव जातिगत दंगा होता है। भारत में भिन्न-भिन्न जाति के लोग रहते हैं जिनका अपना-अपना विश्वास (beliefs) एवं सामाजिक मूल्य (social values) है। इस विभिन्नता के कारण उनमें सामाजिक तनाव हो जाता है जिसके कुपरिणाम के रूप में जातिगत दंगे होते हैं। इस तरह के दंगों में एक जाति के लोग दूसरे जाति के लोगों के कट्टर दुश्मन बन जाते हैं और मौका मिलते ही उनके जान-माल, इज्जत आदि का खुलकर दुरूपयोग करते हैं। इससे सामाजिक जीवन की नियमितता खतरे में पड़ जाती है और सरकार को भी कानून एवं व्यवस्था (law and order) बनाये रखने के नाम पर अधिक सतर्कता बरतनी पड़ती है।

(ii) साम्प्रदायिकता दंगा (*communal riots*)—दो समुदाय के लोगों के बीच में सामाजिक तनाव होने से साम्प्रदायिक दंगे भी भड़कते हैं। इस तरह के दंगे का परिणाम काफी घातक होता है। बड़े पैमाने पर जान-माल की क्षति होती है। यदि इस प्रकार के दंगे को दबाया नहीं गया तो देश की अखंडता एवं स्वतंत्रता भी खतरे में पड़ सकती है। भारत में हिन्दू, मुसलमान एवं सिक्ख आदि में अक्सर साम्प्रदायिक दंगे होते रहते हैं जिनसे सामाजिक जीवन में खलबली मच जाती है।

(iii) वर्ग संघर्ष (*class struggle*)—सामाजिक तनाव का एक महत्त्वपूर्ण कुपरिणाम वर्ग संघर्ष होता है। जब दो वर्गों के बीच में इस तरह का तनाव बढ़ता है तो उससे इन दोनों वर्गों में एक तरह का संघर्ष छिड़ता है जिसे वर्ग संघर्ष कहा जाता है। बिहार में पिछड़ा वर्ग (backward class) तथा उन्नत वर्ग (forward class) के बीच में अक्सर संघर्ष जैसी स्थिति देखने को मिलती है। सरकारी नौकरियों में आरक्षण (reservation) के मामले को लेकर अभी कुछ समय पहले इन दोनों वर्गों में भयंकर संघर्ष छिड़ा जिसे नियंत्रित करना सरकार के लिए भी काफी महँगा पड़ा।

(iv) उत्पादकता एवं संतुष्टि में ह्रास (*decrement in satisfaction and productivity*)—सामाजिक तनाव का कुपरिणाम यह भी होता है कि इससे उत्पादकता एवं व्यक्तियों की आत्म संतुष्टि पर बुरा प्रभाव पड़ता है तथा उसकी मात्रा में ह्रास होता है। सामाजिक तनाव से समूह मनोबल (group morale) एवं समूह समग्रता (group cohesiveness) में कमी आ जाती है जिसके परिणामस्वरूप समूह में विघटनकारी बल (disintegrating forces) अधिक हो जाता है। अतः समूह की उत्पादकता कम हो जाती है। जब समूह की उत्पादकता कम हो जाती है, तो व्यक्तियों की आम संतुष्टि का स्तर भी कम हो जाता है और उनके जीवन के घुटन बढ़ जाती है।

(v) कुसमायोजन (*maladjustmet*)—सामाजिक तनाव का एक कुपरिणाम यह भी होता है कि इससे समाज के व्यक्तियों में कुसुमायोजन (maladjustment) बढ़ता है। समाज के सबल लोग निःसहाय एवं गरीब लोगों पर अपने अत्याचार की लगाम और मजबूत करना प्रारंभ कर देते हैं। गरीब एवं निःसहाय लोगों को भी यह विश्वास हो जाता है कि शायद ही अब सरकार भी उनलोगों को इस तरह के सामाजिक कुचक्र से बचा पायेगी। इस तरह पूरे समुदाय या समाज में अराजकता एवं कुसमायोजन का चक्र चलने लगता है।

ऊपर के विवरण से यह स्पष्ट है कि सामाजिक तनाव धनात्मक एवं नकारात्मक दोनों ही प्रभाव होते हैं। नकारात्मक प्रभाव अधिक कष्टकर तथा धनात्मक प्रभाव कम सुखकर होता है।

सामाजिक तनाव के कारण
(Causes of Social Tension)

सामाजिक तनाव के भिन्न-भिन्न रूप होते हैं। ऐसे तो विभिन्न तरह के सामाजिक तनाव जैसे साम्प्रदायिक तनाव, जातिगत तनाव, वर्ग तनाव आदि के मूल कारण (root cause) अलग-अलग हो सकते हैं। परंतु कुछ ऐसे भी कारक हैं जिनसे सभी तरह के सामाजिक तनाव की उत्पत्ति होती है। ऐसे कारकों (factors) या निर्धारक (determinants) को निम्नांकित प्रमुख भागों में बाँटा गया है—

1. मनोवैज्ञानिक कारक *(Psychological causes)*—ऐसा देखा गया है कि सामाजिक तनावों को उत्पन्न करने में मनोवैज्ञानिक कारकों का बहुत बड़ा हाथ है। इन मनोवैज्ञानिक कारकों के महत्त्व को देखते हुए मर्फी (Murphy, 1953) ने ठीक ही कहा है, ''तनाव व्यक्तियों के मन में पहले उपजता है और तब क्षेत्र में जाता है।'' (Tensions begin in the minds of men first and them go to the field) ऐसे कारकों में निम्नांकित प्रमुख हैं—

(i) निराशा या कुण्ठा *(furstration)*—मिलर एवं डोलार्ड (Miller & Dollard, 1938) के अनुसार तनाव एवं हिंसा का एक प्रमुख कारण कुंठा या निराशा होता है। समाज या समुदाय के अधिकतर व्यक्तियों में लक्ष्य की प्राप्ति न होने पर उनमें एक सामान्य निराशा या कुण्ठा उत्पन्न हो जाती है। इस तरह के तनाव के कारण ही प्रायः समाज में जातिगत दंगे होते रहते हैं। उदाहरणार्थ, जब-जब सरकार पिछड़ी एवं हरिजन जातियों को दी जाने वाली सुविधाओं का एलान करती है, तब-तब उससे उच्च जाति के लोगों में निराशा या कुण्ठा उत्पन्न होती है क्योंकि वे लोग ऐसा समझने लगते हैं कि उनकी रोटी छीनकर दूसरे की दी जा रही है। शायद यही कारण है कि पिछड़े वर्ग एवं उच्च चर्ग के लोगों में सामाजिक तनाव (social tension) अक्सर बना रहता है।

(ii) ध्वंसात्मक प्रवृत्ति *(destructive instinct)*—सामाजिक तनाव का एक मुख्य कारण कुछ मूलप्रवृतियाँ भी होती हैं। सिगमंड फ्रायड (Sigmund Freud) ने मूलप्रवृत्ति (instinct) को मूलतः दो भागों में बाँटा है—जीवन मूलप्रवृत्ति (life instinct) तथा मृत्यु मूलप्रवृत्ति (death instinct)। जीवन मूलप्रवृत्ति के कारण व्यक्ति तरह-तरह के रचनात्मक कार्यों को करता है तथा मृत्यु प्रवृत्ति (death instinct) के कारण व्यक्ति ध्वंसात्मक कार्यों (destructive works) को करता है। यही कारण है कि इसे ध्वंसात्मक प्रवृत्ति (destructive instinct) भी कहा जाता है। इस ध्वंसात्मक प्रवृत्ति से तरह-तरह के सामाजिक तनाव का जन्म होता है। साम्प्रदायिक तनाव, जातिगत तनाव एवं वर्ग तनाव में विशेषकर इस प्रकार की ध्वंसात्मक प्रवृत्ति की अभिव्यक्ति किसी-न-किसी रूप में अक्सर होती देखी गयी है।

(iii) असुरक्षा का भाव *(feeling of insecurity)*—जब किसी समाज या समुदाय के अधिकतर लोगों में असुरक्षा की भावना उत्पन्न हो जाती है तो इससे भी सामाजिक तनाव उत्पन्न हो जाता है। उदाहरणार्थ जब हिन्दुओं में इस कारण असुरक्षा की भावना उत्पन्न हो जाती है कि उनके मोहल्ले के मुसलमानों द्वारा गोला बारूद एवं तरह-तरह के घातक हथियारों को इकट्ठा किया जा रहा है, तो इससे हिन्दू एवं मुसलमान में साम्प्रदायिक दंगा होने की सम्भावना बढ़ जाती है। उसी तरह युवक एवं युवतियों में अपने भविष्य के प्रति असुरक्षा की भावना होने के कारण उनमें असंतुष्टि एवं तनाव जैसी स्थिति बनी रहती है। किसी मोहल्ले में अमुक जाति के लोगों का दबदबा अधिक होने के कारण अन्य जाति के लोगों के साथ तनाव जैसी स्थिति उत्पन्न हो जाती है जिसे जातिगत तनाव (caste tension) की संज्ञा दी जाती है।

(iv) प्रतियोगिता एवं प्रतिद्वन्द्विता *(competition and rivalry)*—जब एक समुदाय या समाज के लोग दूसरे समुदाय या समाज के लोगों के साथ किसी विषय पर प्रतियोगिता करते हैं तो इससे उनमें प्रतिद्वन्द्विता (rivalry) की भावना उत्पन्न होती है जिससे सामाजिक तनाव की उत्पत्ति होती है। आर्थिक क्षेत्र तथा राजनैतिक क्षेत्र में अन्य क्षेत्रों की तुलना में समाज के भिन्न-भिन्न वर्गों में काफी अधिक प्रतियोगिता होती है जिसके परिणामस्वरूप वर्ग तनाव (class tension) उत्पन्न होने की सम्भावना अधिक रहती है। आर्थिक क्षेत्र में सबल वर्ग तथा निर्बल वर्ग के बीच तीव्र प्रतियोगिता होती है जिसके कारण इन दोनों के बीच अक्सर तनाव एवं संघर्ष जैसी स्थिति बनी रहती है।

(v) त्रुटिपूर्ण अनुकूलन *(Maladjustment)*—ऐसा देखा गया है कि कभी-कभी किसी समाज या समुदाय के लोगों में कुछ सामाजिक एवं सांस्कृतिक परिस्थिति में विभिन्नता के कारण उनका अनुकूलन (adaptation) ठीक ढंग से नहीं हो पाता है जिसके कारण भी सामूहिक तनाव उत्पन्न हो जाता है। उदाहरणार्थ दलित की बस्तियों में यदि कुछ उच्च जाति के लोग रहने लगते हैं, तो दोनों तरह के व्यक्तियों में सामाजिक एवं सांस्कृतिक विभिन्नता के कारण ठीक

ढंग से अनुकूलन (adaptation) नहीं हो पाता है जिससे इन दोनों वर्गों में एक तरह का सामाजिक तनाव उत्पन्न हो जाता है।

2. सामाजिक कारक *(social factors)*—सामाजिक तनाव का दूसरा प्रमुख कारण कुछ ऐसे सामाजिक कारक (social factors)है जिसका संबंध सामाजिक मूल्य(social values),सामाजिक मानक(social norms)तथा विश्वास (belief) आदि से होता है। मूल्यों, मानकों, विश्वासों एवं पूर्वाग्रहों में विभिन्नता के कारण एक समुदाय या समाज के लोगों के बारे में दूसरे समुदाय या समाज के लोगों में कुछ गलतफहमियाँ उत्पन्न हो जाती है जिनसे सामाजिक तनाव बढ़ता है। उच्च वर्ग तथा निम्न वर्ग के बीच सामाजिक तनाव (social tension) रहने का यह एक प्रमुख कारण है। उसी तरह से हिन्दू अपने समाज के मानकों, मूल्यों एवं विश्वासों को मुसलमान समाज के मानकों, मूल्यों, विश्वासों एवं पूर्वाग्रहों से अधिक श्रेष्ठ समझते हैं और उसी तरह से फिर मुसलमान समाज के लोग अपने समाज के मानकों, मूल्यों, विश्वासों एवं पूर्वाग्रहों को अधिक श्रेष्ठ समझते हैं। इसका परिणाम यह होता है कि दोनों समुदाय के लोगों में एक-दूसरे के प्रति कुछ गलतफहमियाँ उत्पन्न हो जाती है जो धीरे-धीरे सामाजिक तनाव (social tension) का रूप ले लेती है।

3. आर्थिक कारक *(economic factors)*—सामाजिक तनाव का एक मुख्य कारण आर्थिक होता है। जब समाज में आर्थिक विषमता, आर्थिक संकट, आर्थिक पिछड़ापन आदि बढ़ जाता है तो इससे समाज में तनाव एवं संघर्ष तेजी से उत्पन्न होता है। किसी भी समाज में जब धनी व्यक्ति अधिक धनी होते चले जाते हैं तथा गरीब व्यक्ति अधिक गरीब होते चले जाते हैं तो इससे समाज में आर्थिक विषमता बढ़ती है और गरीब लोगों में धनी व्यक्तियों के प्रति आक्रमणकारी एवं हिंसक व्यवहार तीव्र हो जाता है तथा उधर धनी व्यक्तियों द्वारा दमनकारी व्यवहार बढ़ जाता है। इसका स्वाभाविक परिणाम होता है–दोनों वर्ग के लोगों में एक तरह का सामाजिक तनाव (social tension)। हिन्दू समाज के पिछड़ा वर्ग (backward class) तथा दलितों एवं उच्च जाति के लोगों के बीच संघर्ष और तनाव उत्पन्न होने का एक प्रमुख कारण यही आर्थिक विषमता है। आर्थिक पिछड़ेपन के कारण जब दलित एवं पिछड़े वर्ग के लोग अपनी जरूरत की आवश्यकताओं की संतुष्टि नहीं कर पाते हैं तो इससे उनके मन में निराशा एवं कुण्ठा उत्पन्न हो जाती है जिसके कारण वे धनीं एव उच्च जाति के लोगों के प्रति आक्रमणकारी व्यवहार करने लगते हैं जिनसे निपटने के लिए वे अपना दमन-चक्र चलाना आरंभ कर देते हैं। इसका परिणाम यह होता है कि दोनों वर्गों के लोगों में सामाजिक तनाव(social tension) उत्पन्न हो जाता है।

4. धार्मिक कारक *(Religious factors)*—भारत जैसे देश में सामाजिक तनाव बहुत हद तक धार्मिक अंधविश्वासों के कारण होता है। यहाँ भिन्न-भिन्न धर्म के लोग रहते हैं। प्रायः यह देखा गया है कि लोग अपने धर्म एवं मजहब को श्रेष्ठ मानते हैं तथा दूसरों के धर्म एवं मजहब को हीनता के भाव से देखते हैं। इस अंधविश्वास के कारण प्रायः साम्प्रदायिक दंगे (communal role) होते हैं। हिन्दू एवं मुसलमान के बीच प्रायः जो साम्प्रदायिक दंगे होते रहते हैं, एक उनका एक प्रमुख करण कुछ धार्मिक अंधविश्वास है। उदाहरणार्थ, हिन्दू धर्म में गाय को एक माता का दर्जा दिया गया है जिसे काटना एक जघन्य पाप समझा जाता है। इस्लाम धर्म में गाय को एक सामान्य पशु मानकर इसे काटने पर या इसका मांस खाने पर कोई प्रतिबंध नहीं है। अब जहाँ भी मुसलमानों द्वारा गाय काटने की घटना हिन्दुओं के बीच फैलती है, हिन्दू समाज में एक अजीब सनसनी-सी फैली जाती है जो भीतर-ही-भीतर घुमड़ती रहती है और अंत में साम्प्रदायिक दंगारूपी ज्वालामुखी के रूप में प्रस्फुटित हो जाती है।

5. राजनीतिक कारक *(political factors)*—सामाजिक तनाव राजनैतिक कारकों द्वारा भी उत्पन्न होता है। भिन्न-भिन्न राजनैतिक दलों के अपने-अपने मूल्य (values) तथा अपने-अपने मानदंड (norms) होते हैं जिनके अनुसार उनके सदस्यों का व्यवहार निर्देशित एवं नियंत्रित होता है। प्रत्येक दल यह भी चाहता है कि उसे ही अधिक-से-अधिक जनता का वोट प्राप्त हो ताकि उसके ही दल की सरकार बन पाये एवं सत्ता उन्हीं लोगों के हाथ में हो। इस उद्देश्य की प्राप्ति करने के लिए राजनैतिक नेता समाज में जातिवाद (casteism), सम्प्रदायवाद (communalism), वर्ग विभेद आदि के भाव उत्पन्न करके समाज को कई टुकडों में विभाजित कर अपना उल्लू-सीधा करते हैं। इस तरह के विभाजन के प्रभाव से समाज में जातीय तनाव, साम्प्रदायिक तनाव एवं वर्ग तनाव आदि का जन्म होता है और उनका पोषण होता है।

6. सांस्कृतिक कारक *(cultural factors)*—संस्कृति एक ऐसा सामान्य पद है जिसमें व्यक्तियों की रीति-रिवाज, धर्म, मानक (norms), मूल्य (values), विचारधारा (ideology), भाषा आदि सम्मिलित होते हैं। संस्कृति के इन तत्त्वों

(elements)में विभिन्नता होने के कारण सामाजिक तनाव उत्पन्न होता है। मानवशास्त्रियों(antropologists)तथा समाज मनोवैज्ञानिकों द्वारा किये गये अध्ययनों से यह स्पष्ट हो गया है कि सांस्कृतिक विभिन्नता (cultural differences) के कारण व्यक्तित्व के शीलगुण (traits) में भी विभिन्नता पायी जाती है। इन विभिन्नता के कारण किसी खास संस्कृति में पले व्यक्ति अधिक आक्रमणकारी होता है तो किसी अन्य संस्कृति में पला व्यक्ति अधिक विनम्र होता है। स्वभावतः पहले तरह की संस्कृति में सामाजिक तनाव दूसरी तरह की संस्कृति के सामाजिक तनाव की अपेक्षा अधिक होगा। शेरीफ (Sherif, 1967) ने अपने अध्ययनों के आधार पर इसकी पुष्टि की है। हिन्दू संस्कृति तथा मुस्लिम संस्कृति में विभिन्नता भी इन समुदायों के बीच तनाव उत्पन्न करने में एक प्रमुख कारण है।

7. भौगोलिक कारक *(geographical factors)*—भिन्न-भिन्न भौगोलिक क्षेत्र में रहने वाले व्यक्तियों की आदत, रहन-सहन, बोल-चाल, रीति-रिवाज़, पहनावा आदि में विभिन्नता होती है जिसके कारण पृथकवाद की प्रवृत्ति जन्म लेती है जो बाद में सामाजिक तनाव उत्पन्न करती है। विभिन्न भौगोलिक क्षेत्रों में रहने वाले व्यक्ति एक-दूसरे को सिर्फ अलग ही नहीं समझते हैं बल्कि उन लोगों में आपसी सद्‌भावना की भी कमी होती है। भोजपुर क्षेत्र में रहने वाले व्यक्ति मगह क्षेत्र के लोगों में भिन्न समझते हैं तथा उनकी प्रति वैर-भाव रखते हैं। मैथिली क्षेत्र में रहने वाले व्यक्ति भी सामान्यतः अपने को श्रेष्ठ एवं भोजपुर तथा मगह क्षेत्र के लोगों को अधिक हीन भाव से देखते हैं। इसका परिणाम यह होता है कि इन क्षेत्र के लोगों में एक-दूसरे के प्रति तनाव एवं संघर्ष जैसी स्थिति उत्पन्न हो जाती है। इतना ही नहीं, कभी-कभी एक प्रांत के लोग दूसरे प्रांत के लोगों की हीनता एवं तुच्छता की निगाह से देखते हैं जिनसे भी सामाजिक तनाव बढ़ता है। इस प्रकार के तनाव को प्रांतीय तनाव(provincial tension)कहा जाता है। कुछ लोगों ने जिनमें न्यूकॉम्ब(Newcomb, 1977) तथा आलपोर्ट (Allport, 1958) का नाम अधिक मशहूर है, यह बतलाया है कि जिन भौगोलिक भू-भाग में व्यक्तियों के बीच प्रतिद्वन्द्विता (rivalry) एवं प्रतियोगिता (competition) की भावना अधिक होती है, उस भूखंड के विभिन्न समुदाय या समाज में तनाव अधिक होता है।

8. ऐतिहासिक कारक *(historical factors)*—सामाजिक तनाव की उत्पत्ति कुछ ऐतिहासिक कारकों से भी होती है। पहले की ऐसी घटनाओं जिसे सुनकर व्यक्ति में संवेग एवं मनोभाव (sentiments) उत्तेजित हो जाते हैं तथा व्यक्ति में वैर-भाव उत्पन्न हो जाता है, से भी सामाजिक तनाव (social tension) की उत्पत्ति होती है। भारतीय इतिहास में ऐसी अनेक घटनाएँ घटी हैं जिनके बारे में जानकर व्यक्ति का खून खौल जाता है और तनाव एवं संघर्ष पर व्यक्ति उतरने के लिए बाध्य हो जाता है। उदाहरणार्थ, ऐसा सुना जाता है कि पहले के समय में उन्नत वर्ग के लोग जिनकी जमींदारी होती थी, गरीब एवं कमजोर वर्ग की बहू-बेटियों की डोली अपने यहाँ उतरवाते थे और उसके कुछ दिनों के बाद वह डोली अपने वास्तविक घर में जाती थी। इसे सुनकर आज का कमजोर वर्ग काफी उत्तेजित हो जाता है तथा उन्नत वर्ग से बदला लेने के लिए तैयार हो जाता है। दोनों वर्गों के बीच सामाजिक तनाव बने रहने के कई कारणों में से एक कारण ऐसी ऐतिहासिक पृष्ठभूमि भी है। इसी तरह से औरंगजेब के समय हिन्दुओं पर किये गये अत्याचार को जब कोई हिन्दू सुनता है तो उसके मन में मुसलमानों के प्रति घृणा एवं वैर-भाव उत्पन्न हो जाते हैं। हिन्दू एवं मुसलमान के बीच साम्प्रदायिक तनाव जैसी स्थिति बने रहने का एक कारण यह भी है।

स्पष्ट हुआ कि सामाजिक तनाव कई कारणों से उत्पन्न होता है।

सामाजिक तनाव को दूर करने के उपाय या विधियाँ
(Measures or Method of reducing Social Tension)

सामाजिक तनाव एक ऐसी बुरी सामाजिक स्थिति है जो रोकथाम के अभाव में भयानक कुपरिणाम उत्पन्न कर सकता है। अतः समाज मनोवैज्ञानिकों ने कुछ ऐसे उपायों का भी वर्णन किया है जिसके द्वारा सामाजिक तनाव को कम किया जा सकता है। इन उपायों की चर्चा करने के पहले यह बतला देना उचित होगा कि यद्यपि सामाजिक तनाव को नियंत्रित करने के उपाय कई हैं फिर भी इसे पूर्णतः समाप्त नहीं किया जा सकता है क्योंकि समाज में अनेकों तरह की सामाजिक विषमताएँ होती हैं जिन्हें चाहते हुए भी पूर्णतः दूर नहीं किया जा सकता है। सामाजिक तनाव को दूर करने के प्रमुख उपायों का वर्णन निम्नांकित हैं—

1. राष्ट्रीय धन एवं सम्पत्ति का उचित वितरण *(Proper distribution of national property and wealth)*— सामाजिक तनाव को दूर करने का सबसे प्रमुख तरीका आर्थिक असमानता को मिटाना है। जब समाज के कुछ ही लोगों

के पास राष्ट्र के धन एवं सम्पत्ति का अधिक भाग होता है, तो इससे मुट्ठी भर लोग खुशहाल होते हैं परंतु अधिकांश लोग गरीब, भुखमरी एवं बेरोजगारी से पीड़ित होते हैं, जिससे सामाजिक तनाव में वद्धि होती है। इन दोनों तरह के लोगों में तनाव एवं संघर्ष होने की भयानक स्थिति उत्पन्न हो जाती है। अतः यह आवश्यक है कि राष्ट्रीय धन एवं सम्पत्ति का उचित वितरण किया जाय तथा जहाँ तक सम्भव हो आर्थिक समानता लायी जाय ताकि समाज के अधिकांश लोग भी मुट्ठी भर लोगों के समान सुखमय जीवन व्यतीत कर सके। ऐसा होने से स्वभावतः सामाजिक तनाव में कमी आयेगी।

2. उचित शिक्षा *(Proper education)*—सामाजिक तनाव अज्ञानता (ingorance) के कारण भी उत्पन्न होता है। सचमुच में अज्ञानता सभी तरह की सामाजिक बुराइयों की जड़ है। अतः उचित शिक्षा के प्रसारण द्वारा अज्ञानता को दूर किया जा सकता है तथा बच्चों का स्वस्थ समाजीकरण भी किया जा सकता है। उचित शिक्षा देकर समाज के व्यक्तियों एवं बच्चों में विभिन्न समुदाय के लोगों के प्रति स्वस्थ मनोवृत्ति उत्पन्न की जा सकती है और तब मानसिक तनाव को भी बहुत हद तक नियंत्रित किया जा सकता है। यदि बच्चों को प्रारंभ से ही उचित शिक्षा दी जाय और उनसे किसी जाति या सम्प्रदाय की श्रेष्ठता या हीनता की बात नहीं कही जाये, तो उम्मीद यह है कि इन बच्चों में जाति तनाव (caste tension) एवं साम्प्रदाायिक तनाव (communal tension) के उभरने की सम्भावना कम हो जाती है।

3. पारस्परिक सम्पर्क को बढ़ाना *(Increasing interpersonal contact)*—सामाजिक तनाव को रोकने का एक सरल उपाय यह भी है कि समाज के विभिन्न वर्गों के लोगों या विभिन्न समुदाय के लोगों के बीच पारस्परिक सम्पर्क को बढ़ाया जाय तथा उनके बीच की सामाजिक दूरी (social distance) को घटाया जाय। पारस्परिक सम्पर्क को बढ़ाने के लिए यह आवश्यक है कि समय-समय पर सभी वर्गों या समुदायों के लोगों के लिए विचार-गोष्ठी, सम्मेलन, रेडियो एवं टेलीविजन प्रोग्राम आदि किया जा सके। ऐसा होने पर एक वर्ग या सम्प्रदाय के लोग दूसरे वर्ग या सम्प्रदाय के लोगों को ठीक ढंग से समझ पायेंगे एवं कुछ गलतफहमियों को भी दूर कर पायेंगे। इससे पारस्परिक सम्पर्क तो बढ़ेगी ही, साथ-साथ सामाजिक तनाव भी दूर हो जायेगा। कुछ ऐसे अध्ययन भी समाज मनोवैज्ञानिकों ने किये हैं जिनमें यह पाया गया है कि यदि समुदाय के लोगों में पारस्परिक सम्पर्क बन जाता है, तो इससे उनके बीच का तनाव कम हो जाता है। फिशर (Fisher, 1983) ने अपने अध्ययन में पाया कि यदि एक ही धंधे में गोरे अमेरिकन एवं निग्रो अमेरिकन कुछ महीनों तक कार्य करते हैं, तो इससे दोनों तरह के व्यक्तियों के बीच पारस्परिक सम्पर्क बढ़ता है और गोरे अमेरिकन की नकारात्मक मनोवृत्ति एवं तनावपूर्ण रवैया में कमी आ जाती है।

4. सामान्य लक्ष्य *(Common goal)*—सामाजिक तनाव को कम करने का एक सरल उपाय यह भी है कि समाज को संगठित रखा जाये तथा सदस्यों में सहयोग (co-operation) की भावना जगायी जाये। इसके लिए यह आवश्यक है कि सदस्यों के सामने एक सामान्य लक्ष्य (common goal) हो। सामान्य लक्ष्य होने पर समाज के सभी वर्ग के सदस्य स्वय ही उसके प्रति आकर्षित होंगे और उनमें एकता परस्पर निर्भरता, पारस्परिक आदर-भाव आदि की भावना उत्पन्न होगी और तब सामाजिक तनाव अपने आप ही कम हो जायेगा। उदाहरणार्थ, यदि राष्ट्रीय एकता (national unity) एवं राष्ट्रीय अखंडता को एक सामान्य लक्ष्य (common goal) माना जाय तो इससे स्वभावत' वर्ग तनाव, साम्प्रदायिक तनाव तथा जातिगत तनाव काफी हद तक कम हो जायेंगे। शायद यही कारण है कि भारत सरकार राष्ट्रीय एकीकरण (national integration) एवं भावनात्मक समीकरण (emotioanl integration) को देश की जनता के समक्ष एक सामान्य लक्षण (common goal) बनाकर पेश करती है।

5. सामाजिक सुधार एवं उचित विधान *(Social reforms and Proper legislation)*—सामाजिक तनाव को कम करने के लिए सामाजिक सुधार जैसे उपायों को अपनाना अनिवार्य है। समाज सुधार के उपायों द्वारा भाषा, रहन-सहन, रीति-रिवाजों आदि में व्याप्त विषमताओं को कुछ कम किया जा सकता है जिससे भी सामाजिक तनाव में कमी आयेगी। परंतु सिर्फ समाज सुधार के उपायों से काम नहीं चलेगा। इसके लिए सरकार को आगे आना होगा और कुछ इस प्रकार का विधान या कानून बनाना होगा जिससे समाज में उत्पन्न तनाव अपने आप कम हो जाय। उदाहरणार्थ, दलितों के कल्याण से संबंधित अनेकों विधान या कानून बनाकर आज सरकार ने दलितों एवं सबल वर्ग के लोगों के बीच सामाजिक तनाव को कम कर दिया है। इन विधानों की आड़ में हरिजन अपने आप को सुरक्षित महसूस करता है तथा सबल वर्ग भी अपनी सीमा को पहचानने लगे हैं। सरकार अंतर्जातीय विवाह से संबंधित कानून बनाकर तथा उसे प्रोत्साहन देकर बहुत हद तक जातिगत तनाव (caste tension) को कम करने में समर्थ हुई है।

6. स्वस्थ समाजीकरण *(Healthy socialization)*—समाजिकरण एवं सामाजिकता सीखना की प्रक्रिया है।

सामाजिक तनाव को कम करने का एक उपाय यह भी है कि बच्चों का स्वस्थ समाजीकरण किया जाये। बच्चों का सबसे पहला समाजीकरण माता-पिता द्वारा होता है जिसे *प्राथमिक समाजीकरण* (primary socialization) कहा जाता है। माता-पिता को चाहिए कि बच्चों के सामने किसी समुदाय या वर्ग या जाति के लोगों के प्रति किसी तरह की घृणित बातें या विद्वेषपूर्ण बातें न करें ताकि बच्चे के मन में किसी वर्ग या समुदाय या जाति के प्रति तनाव एवं नकारात्मक मनोवृत्ति उत्पन्न हो। बाद में जब बच्चा कुछ बड़ा हो जाता है, तो उसका समाजीकरण अन्य माध्यमों जैसे स्कूल, राजनैतिक संगठन, पास-पड़ोस, पुस्तकालय आदि द्वारा भी होता है। इसे *द्वितीयक समाजकीरण* (secondary socialization) कहा जाता है। द्वितीयक समाजीकरण के साधनों या माध्यमों को भी चाहिए कि व्यक्तियों के मन में कोई ऐसा भाव न उत्पन्न करें जिससे किसी वर्ग, समुदाय या जाति के लोगों के प्रति तनाव उत्पन्न हो सके। अतः स्वस्थ समाजीकरण भी सामाजिक तनाव को कम करने में एक महत्त्वपूर्ण भूमिका निभाता है।

7. गाँधीवादी तरीका *(Gandhian Technique)*—सामाजिक तनाव एवं संघर्ष को कम करने का एक तरीका गाँधीवादी तरीका भी है जिसका प्रतिपादन महात्माँ गाँधी ने किया है। गाँधीजी ने सामाजिक तनाव को कम करने के लिए अहिंसा एवं सत्याग्रह की प्रविधि पर बल डाला है। गाँधीजी ने अपने 'आटोवायोग्राफी' (Autobiography, p. 494-514) में बतलाया है कि सत्याग्रह द्वारा सामाजिक तनाव एवं संघर्ष को कम करने में निम्नांकित तीन चरण (steps) होते हैं—

(1) तथ्यों को संग्रह करके समस्या जिसके कारण तनाव उत्पन्न हो रहा है, का अध्ययन करना।

(2) अनुनयन (persuasion), समझौते की बातचीत (negotiation) तथा अगर आवश्यक हुआ तो मध्यस्थता (arbitration) आदि करके समस्या का समाधान करना ताकि सामाजिक तनाव अपने आप ही खत्म हो जाये।

(3) अंत में जब सभी तरीके काम न करें तो सत्याग्रह करके समस्या को सुलझाना। सत्याग्रह में सत्याग्रही शांतिपूर्ण तरीके से अपनी समस्या को सुलझाने की बात सीधे उपयुक्त (appropriate) प्राधिकारी (authority) से करता है।

गाँधीजी ने इस तरह की प्रविधि की शुरुआत चम्पारण में की थी। शायद यही कारण है कि उनका चम्पारण सत्याग्रह इतिहास के पन्नों में सुनहरे अक्षरों में लिखा गया है। वहाँ के किसानों तथा अँग्रेजी सरकार के बीच जो तनाव की स्थिति उत्पन्न हो गयी थी, उसे उन्होंने इस विधि द्वारा दूर किया था।

8. आपत्तिजनक घटनाओं पर रोक *(Ban on objectionable events)*—सामाजिक तनाव को रोकने का एक तरीका यह भी है कि कुछ आपत्तिजनक घटनाओं का प्रकाशन तथा उनकी सामाजिक अभिव्यक्ति (social experssion) पर रोक लगा दी जाय। उदाहरणास्वरूप, यदि उच्च एवं सबल वर्गों द्वारा निम्न वर्ग एवं दलितों पर किये गये अत्याचार की खुलेआम पर्चाबाजी पर रोक लगा दी जाय, तो सम्भव है कि तनाव एक खास क्षेत्र में ही सीमित रह जाये और वह एक सामाजिक तनाव का रूप ले ही नहीं। इस तरह से रामनवमी एवं मुहर्रम से संबंधित जुलूसों को निकालने पर यदि रोक लगा दी जाये तो इससे भी सामाजिक तनाव विशेषकर हिन्दू एवं मुस्लिम के बीच का साम्प्रदायिक तनाव काफी हद तक कम हो जायेगा।

इस तरह से हम देखते हैं कि सामाजिक तनाव को दूर करने के लिए बहुत से उपायों का वर्णन किया गया है। इन उपायों को यदि ठीक ढंग से लागू किया जाये, तो सामाजिक तनाव बहुत हद तक कम हो सकता है।

अध्याय सारांश
(Chaper Summary)

1. सामाजिक तनाव एक ऐसी सामाजिक स्थिति होती है जिसमें दो या दो से अधिक समाज या समूह के सदस्यों में या किसी एक ही समाज या समूह के अधिकांश या सभी सदस्यों में बेचैनी, अशांति, चिन्ता की लहर दौड़ पड़ती है।
2. सामाजिक तनाव कई प्रकार के होते हैं जिनमें जातीय तनाव, वर्ग तनाव, साम्प्रदायिक तनाव, राजनैतिक तनाव एवं प्रजातीय तनाव आदि प्रमुख हैं।
3. सामाजिक तनाव का परिणाम (effect) धनात्मक (positive) भी होता है तथा नकारात्मक (negative) भी।

सामाजिक तनाव उत्पन्न हो जाने पर किसी एक वर्ग या समुदाय के लोगों में काफी एकता (unity) एवं एकात्मकता (solidarity) उत्पन्न हो जाती है। सामाजिक तनाव का प्रभाव नकारात्मक (negative) अधिक होता है। इस नकारात्मक प्रभाव के फलस्वरूप जातिगत दंगा, साम्प्रदायिक दंगा, वर्ग संघर्ष, उत्पादकता एवं संतुष्टि में ह्रास तथा कुसमायोजन आदि प्रमुख हैं।

4. सामाजिक तनाव के बहुत से कारण हैं जिनमें मनोवैज्ञानिक कारक प्रधान हैं।

5. सामाजिक तनाव को दूर करने के लिए बहुत सारी विधियों एवं उपायों का वर्णन किया गया है जिनमें राष्ट्रीय धन एवं सम्पत्ति का उचित वितरण, उचित शिक्षा, पारस्परिक सम्पर्क को बढ़ाना, सामान्य लक्षण, सामाजिक सुधार एवं उचित विधान, स्वस्थ समाजीकरण एवं आपत्तिजनक घटनाओं पर रोक आदि प्रमुख हैं।

❑

अध्याय 23

सामाजिक संज्ञान, सामाजिक प्रत्यक्षण, व्यक्ति प्रत्यक्षण तथा आत्म-प्रत्यक्षण

(SOCIAL COGNITION, SOCIAL PERCEPTION, PERSON PERCEPTION AND SELF PERCEPTION)

सामाजिक संज्ञान का अर्थ (Meaning of Social Cognition)

सामाजिक संज्ञान (social cognition) एक विस्तृत पद (broad term) है जिससे तात्पर्य उन तरीकों से होता है जिसके सहारे व्यक्ति अपनी सामाजिक दुनिया (social world) के बारे में प्राप्त सूचनाओं की व्याख्या तथा विश्लेषण कर उन्हें याद रखता है तथा उसका उपयोग अपनी आवश्यकताओ के अनुरूप करता है। दूसरे शब्दों में कहा जा सकता है कि सामाजिक संज्ञान एक ऐसी प्रक्रियाएँ है जिसके माध्यम से व्यक्ति अन्य लोगों के बारे में सोचता है, उनके साथ स्थापित सम्बन्धों के बारे में सोचता है तथा उस सामाजिक वातावरण (social environment) के बारे में भी सोचता है जिसमें वह रहता है।

सामाजिक संज्ञान को **बेरोन, वर्न** तथा **ब्रैन्सकॉम्व**[1] (Baron, Byrne & Branscombe, 2006) ने इस प्रकार परिभाषित किया है, ''सामाजिक संज्ञान से तात्पर्य उन तरीकों से होता है जिसके सहारे हमलोग सामाजिक दुनिया के बारे में प्राप्त सूचनाओं की व्याख्या, विश्लेषण, उसे याद रखना तथा उनका उपयोग करते हैं।''

रेबर एवं **रेबर**[2] (Reber & Reber, 2001) ने सामाजिक संज्ञान को परिभाषित करते हुए कहा है, ''सामाजिक संज्ञान इस बात पर ध्यान केन्द्रित करता है कि व्यक्ति किस तरह से दूसरों तथा अपने द्वारा किये गए क्रियाओं का प्रत्यक्षण, प्रत्याह्वान, चिंतन तथा उसकी व्याख्या करता है।''

टेलर, पेपलाऊ तथा **सीयर्स**[3] (Taylor, Peplau & Sears, 2006) के अनुसार, ''वातावरण में सामाजिक सूचनाओं से व्यक्ति किस तरह से अनुमान लगता है, का अध्ययन सामाजिक संज्ञान कहलाता है।''

इन परिभाषाओं का विश्लेषण करने पर हमें सामाजिक संज्ञान के स्वरूप के बारे में निम्नांकित तथ्य प्राप्त होते हैं—

(i) सामाजिक संज्ञान में व्यक्ति अपनी सामाजिक दुनिया या वातावरण से सूचनाओं को प्राप्त कर उसकी व्याख्या एवं विश्लेषण करता है।

(ii) सामाजिक संज्ञान में व्यक्ति इन सूचनाओं का सिर्फ व्याख्या एवं विश्लेषण ही नहीं करता है, बल्कि उसका उपयोग करके सामाजिक वातावरण को समझने की कोशिश करता है।

---

1. "Social cognition (is) the ways in which we interpret, analyze, remember and use information about the social world; in other words, how we think about other people, our relation with them and the social environments in which we live." Baron, Byrne & Bransconbe : *Social Psychology*, 2006, p. 41
2. "Social cognition ... focuses on how individuals perceive, recall, think about and interpret information about the actons of themselves and others." Reber & Reber : *The Penguin Dictionary of Psychology,* 2001, p. 687.
3. "Social cognition is the study of how people form inferences from the social information in the environment." Taylor, Peplau & Sears : *Social Psychology*, 2006, p. 65

(iii) सामाजिक संज्ञान में व्यक्ति उपयोग किये गए सूचनाओं के आधार पर सामाजिक वातावरण के बारे में एक विशेष निर्णय पर भी पहुँचता है।

(iv) सामाजिक संज्ञान में व्यक्ति दूसरे व्यक्ति, सामाजिक समूह, सामाजिक भूमिकाओं (social roles) तथा सामाजिक परिस्थिति में अपने में उत्पन्न अनुभूतियों के बारे में एक सामाजिक निर्णय करता है।

सामाजिक संज्ञान के तत्त्व : स्कीमा (Component of Social Cognition : Schema)

सामाजिक संज्ञान का एक महत्त्वपूर्ण तत्त्व स्कीमा (schema) है जिसमें व्यक्ति सामाजिक परिस्थितियों, अन्य लोगों, सामाजिक समूह (social groups) आदि के बारे में जो ज्ञान, पूर्वकल्पनाएँ (assuptions), सूचनाएँ आदि उपलब्ध होती हैं, उसके ठीक ढंग से संगठित कर लेता है। अतः स्कीमा को परिभाषित करते हुए यह कहा जाता है कि यह एक ऐसी मानसिक संरचना (या फ्रेमवर्क) होती है जिसमें सामाजिक सूचनाओं को संगठित किया जाता है ताकि ऐसी सूचनाओं को संसाधित किये जाने की प्रक्रिया ठीक से सम्पन्न हो सके। इस तरह से स्कीमा व्यक्ति को बहुत सारे सूचनाओं को संसाधित करने में मदद करता है ताकि उसे सरलीकृत एवं संगठित किया जा सके। बहुत ही सामान्य घटनाओं के बारे में जो स्कीमा होते हैं उसे *स्क्रिप्ट* (script) कहा जाता है। एबेलसन (Abelson, 1976) के अनुसार एक दिये हुए समाज में व्यवहारों के मानक क्रम को स्क्रिप्ट द्वारा दिखलाया जाता है।

सामाजिक संज्ञान की प्रक्रिया पर स्कीमा का बहुत ही सार्थक प्रभाव पड़ते देखा गया है। एक बार स्कीमा का निर्माण हो जाने पर वह सामाजिक संज्ञान के विभिन्न पहलुओं को प्रभावित करना प्रारम्भ कर देता है। समाज मनोवैज्ञानिकों द्वारा किये गए शोधों से यह स्पष्ट हुआ कि स्कीमा सामाजिक संज्ञान (social cognition) के निम्नांकित तीन पहलुओं (aspect) पर सीधा प्रभाव डालता है:—

1. अवधान (attention)
2. कूटसंकेतीकरण (encoding)
3. पुनःप्राप्ति (retrieval)

इन तीनों पर स्कीमा के पड़ने वाले प्रभावों का वर्णन निम्नांकित है—

1. अवधान या ध्यान (*Attention*)—अवधान से तात्पर्य इस बात से होता है कि व्यक्ति किस तरह की सूचनाओं को देखता है तथा उस पर ध्यान देता है। यहाँ स्कीमा एक फिल्टर (filter) के समान कार्य करता है। जो सूचना स्कीमा के साथ संगत (constent) होता है, उस पर व्यक्ति अधिक ध्यान देता है और ऐसी सूचनाओं को चेतन में प्रवेश करने की सम्भावना काफी अधिक होती है। उसी तरह से जो सूचना स्कीमा के साथ मेल नहीं खाती है, उस पर व्यक्ति ध्यान नहीं देता है। इस तथ्य की सम्पुष्टि फिस्के (Fiske, 1993) के अध्ययन से हो चुका है। परंतु कुछ लोगों के अध्ययन से यह भी स्पष्ट हुआ है कि यदि कोई सूचना स्कीमा से बिलकुल ही भिन्न होती है, तो उसे अपवाद समझकर व्यक्ति उसपर भी ध्यान देता है।

2. कूटसंकेतीकरण (*Encoding*)—कूटसंकेतीकरण से तात्पर्य इस बात से होता है कि कौन-सी सूचनाएँ स्मृति में प्रवेश पाती हैं। यहाँ भी समाज मनोवैज्ञानिकों द्वारा किये गए शोधों से यह स्पष्ट हुआ है कि जो सूचनाएँ स्कीमा के साथ संगत होती है, वह स्मृति में प्रवेश करती है तथा असंगत सूचनाएँ स्मृति में प्रवेश नहीं कर पाती हैं अर्थात् उनका कूटसंकेतीकरण नहीं हो पाता है। परंतु अध्ययनों से यह भी पता चला है कि जो सूचनाएँ स्कीमा से काफी अधिक असंगत होती है, उसका भी कूटसंकेतन एक अलग स्मृति के रूप में व्यक्ति कर लेता है। स्टैनगोर तथा मैकमिलन (Stangor & McMillan, 1992) ने अपने अध्ययन के आधार पर यह बतलाया है कि इस ढंग की अत्यन्त असंगत सूचनाएँ इतनी अप्रत्याशित होती हैं कि व्यक्ति उस पर ध्यान देने के लिए बाध्य हो जाता है तथा उसे अपने स्मृति में भी रखता है। जैसे, यदि कोई शिक्षक क्लास में पढ़ाने के जगह जादू दिखलाने लगे, तो यह, शिक्षक स्कीमा से असंगत सूचना होगी और छात्र इस पर अपवाद के रूप में ध्यान देंगे तथा उसे हमेशा याद भी रखेंगे।

3. पुनःप्राप्ति (*Retrieval*)—पुनःप्राप्ति में व्यक्ति स्मृति में संचित सूचनाओं को प्रत्याह्वान करता है ताकि उसका उपयोग सही तरीके से हो सके। कई अध्ययनों में इस तथ्य पर विचार किया गया है कि स्कीमा से संगत सूचनाओं की

पुनःप्राप्ति ज्यादा होती है। इस क्षेत्र में किये गए विभिन्न अध्ययनों का समग्र निष्कर्ष (overall conclusion) यह है कि व्यक्ति स्कीमा से संगत (consistent) सूचनाओं को ज्यादा प्रत्याह्वान (recall) करता है तथा उसका उपयोग करता है। परंतु इसका मतलब यह नहीं है कि असंगत सूचनाओं को व्यक्ति स्मृति में नहीं रखता है। सच्चाई यह है कि व्यक्ति असंगत सूचनाओं को भी उतनी ही मजबूती से स्मृति में संचित रखता है जितना कि संगत सूचनाओं को। परंतु व्यक्ति सिर्फ उन्हीं सूचनाओं को लोगों को बतलाता है या प्रत्याह्वान करता है जो उसे स्कीमा के अनुरूप या संगत दिखते हैं। इस तथ्य की सम्पुष्टि स्टैनगोर तथा मैकमिलिन (Stangor & Mc Millian, 1992) के अध्ययन से की गयी है।

सामाजिक संज्ञान पर स्कीमा का पड़ने वाला प्रभाव उपर्युक्त कारकों के अलावा अन्य कारकों पर भी निर्भर करता है। जैसे, टाईस तथा उनके सहयोगियों (Tice et al, 2000) तथा स्टैनगोर तथा मैकमिलन (Stangor & McMillan, 1992) द्वारा किये गए अध्ययनों से यह स्पष्ट हुआ है कि जब स्कीमा स्वयं ही काफी विकसित एवं मजबूत होता है, तो ऐसे स्कीमा का प्रभाव सामाजिक संज्ञान पर बहुत ही ज्यादा पड़ता है। इतना ही नहीं, कुन्डा (Kunda, 1999) ने अपने शोध के आधार पर यह बतलाया है कि जब संज्ञानात्मक भार (cognitive load) अर्थात् व्यक्ति किसी खास समय में कितना मानसिक प्रयास लगा रहा है, अधिक होता है, तो इसका प्रभाव सामाजिक संज्ञान पर अधिक पड़ता है।

यद्यपि स्कीमा का सामाजिक संज्ञान पर काफी अधिक प्रभाव पड़ता है, फिर भी इसके कुछ गम्भीर दोष हैं जिनपर भी विचार करना आवश्यक है:—

(i) स्कीमा व्यक्ति के सामाजिक दुनिया के बारे में सही बोध (understanding) में विकृति (distortion) उत्पन्न करता है। समाज मनोवैज्ञानिकों द्वारा किये गए अध्ययनों से यह स्पष्ट हुआ है कि स्कीमा पूर्वाग्रह (prejudice) तथा रूढ़िकृत (stereotypes) के निर्माण में महत्त्वपूर्ण भूमिका निभाती है। जब व्यक्ति विशेष स्कीमा के कारण पूर्वाग्रहित हो जाता है, तो उसे अपनी सामाजिक दुनिया के बारे में यथार्थ ज्ञान प्राप्त नहीं कर पाता है। कुण्डा तथा ओलोसन (Kunda & Oleson, 1995) ने अपने अध्ययन के आधार पर यह बतलाया है कि स्कीमा का एक बार निर्माण हो जाने पर उसमें परिवर्तन आसानी से नहीं होता है। यहाँ तक कि परस्पर विरोधी तथ्य के उपस्थित होने पर भी उसमें परिवर्तन नहीं होता है। इसे *दृढ़ता प्रभाव* (perseverance effect) कहा जाता है।

(ii) कभी-कभी स्कीमा आत्म-पूरक प्रकृति (self-fulfilling nature) की होती है। जब स्कीमा का स्वरूप आत्म-पूरक प्रकृति (self-fulfilling effects) का होता है, तो व्यक्ति स्कीमा की माँग के अनुरूप न चाहते हुए भी व्यवहार करता है और इस तरह से उसका सामाजिक संज्ञान में विकृति उत्पन्न हो जाती है। रोजेनथल तथा जैकोबसन (Rosenthel & Jacobson, 1968) ने अपने अध्ययन के आधार पर इस तथ्य की सम्पुष्टि किया है।

सामाजिक संज्ञान में मानसिक प्रयास को किस तरह कम किया जाता है?
(How is Mental effort reduced in Social Cognition ?)

व्यक्ति एक समय में निश्चित मात्रा में ही सूचनाओं के साथ निपट सकता है। यदि सूचनाओं की संख्या इस निश्चित मात्रा से अधिक होती है, तो इस स्थिति को मनोवैज्ञानिकों *सूचना अधिभार* (Information overload) की संज्ञा दिया है।

चाजुट तथा अल्गोम (Chajut & Algom, 2003) द्वारा किये गए शोधों से यह स्पष्ट हुआ है कि ऐसी परिस्थिति में संज्ञानात्मक तंत्र (cognitive system) के सामने माँगों (demands) उसकी क्षमता के अनुपात में काफी अधिक हो जाती है। परिणामस्वरूप, संज्ञानात्मक तंत्र की संसाधन क्षमता (processing capacity) काफी कमजोर पड़ जाती है। इस परिस्थिति से निबटने के लिए व्यक्ति कई तरह की रणनीति (stratagies) अपनाता है ताकि उसकी संज्ञानात्मक साधन (cognitive resources) अधिक मजबूत हो सके और तब कम प्रयास में व्यक्ति अधिक-से-अधिक कार्य कर सके। इसे *मानसिक संक्षिप्तिकरण* (mental short-cut) कहा जाता है।

समाज मनोवैज्ञानिकों द्वारा किये गए शोधों से यह स्पष्ट हुआ है कि संज्ञानात्मक तंत्र की क्षमता को बढ़ाने के लिए निम्नांकित दो तरह की रणनीतियाँ (stratagies) अधिक उपयोगी होती है।

(क) स्वतःशोध संसाधन (heuristic processing)

(ख) अविवेचित संसाधन (automatic processing)

इन मनोवैज्ञानिकों के शोधों से यह भी स्पष्ट हुआ है कि ये दोनों रणनीतियों को सफल होने के लिए यह आवश्यक है कि निम्नांकित दो जरूरतें (requirements) पूरी होती हों।

(i) रणनीति (strategy) में यह गुण अवश्य हो कि उसके माध्यम से काफी ज्यादा संख्या में सूचनाओं को सरल एवं तेजी से निबटा जाए।

(ii) रणनीति ठीक-ठाक ढंग से कार्य करें अर्थात विभिन्न सूचनाओं के साथ सही-सही ढंग से निबटने में वह अन्य रणनीतियों की तुलना में अधिक सफल हो।

उपर्युक्त दोनों रणनीतियों (strategies) का वर्णन निम्नांकित है—

(क) स्वत:शोध रणनीति *(Heuristic Strategy)*

स्वतःशोध रणनीति से तात्पर्य वैसे रणनीतियों से होता है जिनमें व्यक्ति सरल नियमों का उपयोग करते हुए जटिल निर्णय लेता है या फिर प्रयासरहित तरीका से वह आसानी से किसी निर्णय पर पहुँच जाता है। जैसे, $4 \times 18 \times 16 \times 0 \times 32 \times 36 = ?$ इसका उत्तर व्यक्ति शून्य कहेगा और यहाँ वह गणित के उस नियम का उपयोग कर रहा होता है जिसमें उसे यह पता होता है कि शुन्य से किसी भी अंक में गुणा करने पर उत्तर शून्य आता है न कि प्रत्येक अंकों को आपस में गुणा करके वह सही उत्तर पर पहुँचता है। प्रमुख स्वतःशोध रणनीति जिसके माध्यम से व्यक्ति कम प्रयास में अधिक कार्य कर लेता है, निम्नांकित हैः—

(1) प्रतिनिधिकता *(Representativeness)*—इस स्वतःशोध रणनीति में व्यक्ति समानता के आधार पर किसी निर्णय पर पहुँचता है। जब कोई वर्तमान उद्दीपक (stimulus) या घटना अन्य विशेष श्रेणी के उद्दीपक या घटना से काफी मिलते-जुलते है, तो व्यक्ति उस उद्दीपक को उसी श्रेणी का उद्दीपक होने का अनुमान लगा लेता है। जैसे यदि कोई व्यक्ति खादी के कपड़े का कुर्ता पैजामा एवं वातूनी शैली में आपके सामने पेश होता है तो सम्भवतः आप उसे किसी राजनैतिक पार्टी का सदस्य होने का अनुमान लगायेंगे। यहाँ प्रतिनिधिकता स्वतः शोध का उपयोग किया जा रहा है।

परंतु कभी-कभी प्रतिनिधिकता के आधार पर जो निर्णय लिए जाते हैं, वे गलत भी हो जाते हैं। टर्भस्काई तथा काहनेमैन (Tversky & Kehneman, 1973) तथा कोहेलर (Kohler, 1993) ने अपने-अपने अध्ययनों के आधार पर बतलाया है कि प्रतिनिधिकता के आधार पर जो निर्णय लिए जाते हैं, उसमें गलती इसलिए होती है क्योंकि आधार रेट (base rate) की इसमें उपेक्षा होती है अर्थात इस बात की उपेक्षा होती है कि यहाँ पूरे जीव संख्या (population) में किसी घटना या पैटर्न के होने की बारंबारता (frequency) का पता नहीं लगाया जाता है। जैसे, सम्भव है कि व्यक्ति एक राजनैतिक पार्टी के नेता के समान दिखता हो परंतु वह राजनीतिज्ञ न होकर एक व्यवसायी हो।

(2) प्राप्यता *(Availability)*—किसी सूचना की प्राप्यता एक दूसरा प्रमुख स्वतः शोध रणनीति है जो सामाजिक संज्ञान में किये जाने वाले मानसिक प्रयास (effort) में कमी लाकर आसानी से व्यक्ति को किसी निर्णय पर पहुँचने में मदद करता है। प्राप्यता से तात्पर्य इस बात से होता है कि जब किसी सूचना को मन में लाना आसान होता है, तो इससे सामाजिक निर्णय (social judgements) आसानी से प्रभावित होता है। ऐसे सूचनाओं के आधार पर व्यक्ति तुरंत ही कोई निर्णय ले लेता है। जैसे, व्यक्ति अपने माता-पिता से सम्बन्धित सूचनाएँ मन में जल्द ले आता है परंतु अपने दोस्त के माता-पिता से सम्बन्धित सूचनाओं को उतना आसानी से मन में ला नहीं पाता है। अतः वह अपने माता-पिता के आदतों, स्वभाव आदि के बारे में दोस्त के माता-पिता के आदतों एवं स्वभाव की तुलना में जल्द ही कोई निर्णय ले लेता है।

समाज मनोवैज्ञानिकों द्वारा किये गए अध्ययनों से यह भी स्पष्ट हुआ है कि सूचनाओं को आसानी से मन में आने के अलावा सूचनाओं की मात्रा (amount) से सामाजिक निर्णय प्रभावित होता है। स्वार्ज तथा उनके सहयोगियों (Schwarz et al., 1991) ने अपने अध्ययन के आधार पर यह बतलाया है कि जब व्यक्ति के मन में किसी वस्तु, उद्दीपक या घटना से सम्बन्धित सूचनाएँ अधिक मात्रा में आती हैं, तो इससे भी व्यक्ति का निर्णय प्रभावित होता है। रोथमैन एवं हार्डिन (Rothman & Hardin, 1997), रूडर एवं ब्लेस्स (Ruder & Bless, 2003) तथा टेलर, पेपलाऊ तथा सीयर्स (Taylor, Peplau & Sears, 2006) के अध्ययनों से यह स्पष्ट हुआ है कि यदि सूचनाओं का सम्बन्ध संवेग (emotion) या भाव (feeling) से होता है, तब वहाँ व्यक्ति का निर्णय 'आसानी से उपलब्ध सूचना' द्वारा प्रभावित होता है परंतु यदि सूचना का सम्बन्ध किसी तथ्य (fact) से होता है, तो वहाँ व्यक्ति का निर्णय सूचना की मात्रा (amount) से प्रभावित होता है।

जब व्यक्ति को किसी खास घटना या उद्दीपक से अनावृत्त (expose) होने से बहुत सारी सूचनाएँ उपलब्ध हो जातीं हैं, तो इस विशेष अवस्था को समाज मनोवैज्ञानिकों ने *प्रिमिंग* (Priming) की संज्ञा दिया है। इससे भी व्यक्ति की सामाजिक चिन्तन (social thought) काफी अधिक प्रभावित हो जाता है। जैसे, यदि कोई व्यक्ति भयावह फिल्म (horror film) देखकर जब घर आता है, तो अपने घर के अंधेरे तथा बगल के बाग-बगीचे की साया आदि से भी काफी डर उत्पन्न हो जाता है। यह स्पष्टतः प्रिमिंग के कारण ही होता है। प्रिमिंग का सामाजिक संज्ञान पर पड़ने वाले प्रभावों की सम्पुष्टि हिगिन्स एवं किंग (Higgins & King, 1981) के अध्ययन से हुआ है।

प्राप्यता स्वतःशोध को दोष यह है कि कभी-कभी इसके आधार पर वैसी घटना जो यदा-कदा होते हैं के बारे में व्यक्ति निर्णय करने में अतिआकलन (over-estimation) से प्रभावित हो जाता है। जैसे, हवाई जहाज से सफर करने में बहुत लोग सड़क मार्ग से कार या बस से सफर करने की तुलना में अधिक डर जाते हैं क्योंकि हवाई जहाज से आकाश में उड़ने और उससे सम्बन्धित किसी प्रकार की गड़बड़ी की आशंका को व्यक्ति मन में आसानी से उपलब्ध करा लेता है। परंतु कार या बस से सफर करने पर सम्बन्धित आशंकाओं को व्यक्ति मन में उतना आसानी से नहीं ला पाता है हालाँकि सड़क मार्ग से सफर करते समय मरने की सम्भावना हवाई जहाज से सफर करने पर मरने की संभावना से कई गुनी अधिक होती है। यहाँ सामाजिक निर्णय में दोष का कारण प्राप्यता स्वतःशोध है।

(3) संयोजन त्रुटि *(Conjunction error)*—प्रतिनिधिकता स्वतःशोध से संयोजन त्रुटि की उत्पत्ति कभी-कभी हो सकती है जिसमें व्यक्ति दो तरह की सूचनाओं को एक साथ या श्रेणी के होने का अनुमान लगा लेता है हालाँकि वे एक श्रेणी के नहीं होते हैं भले ही ऐसा वे दीखते हों कि एक ही श्रेणी के हैं। अतः जब व्यक्ति को यह विश्वास हो जाता है कि कई घटनाएँ या उद्दीपक जो साथ-साथ होते दीखते हैं, भविष्य में एक साथ ही होंगे, तो इस ढंग की त्रुटि को संयोजन त्रुटि कहा गया है। संयोजन त्रुटि के आधार पर व्यक्ति बहुत ही जल्द सामाजिक परिस्थिति के बारे में एक निर्णय ले लेता है। स्लोभिक, फिशहौफ तथा लिचटनस्टीन (Slovic, Fishhoff & Lichtenstein, 1977) ने एक अध्ययन कर इस तथ्य की सम्पुष्टि किया है। इस अध्ययन में कुछ छात्रों से यह कहा गया कि एक छात्र का स्वरूप मिलनसार (gregarious) तथा साहित्यिक (literary) है। आप यह बतलावें कि यह छात्र अभियांत्रिकी (engineering) का हो सकता है, या अभियांत्रिकी की पढ़ाई शुरू करने के बाद उसे छोड़कर फिर वह पत्रकारिता (Journalism) में दाखिला ले लिया होगा। छात्रों ने उस छात्र को अभियांत्रिकी की छात्र में होने की सम्भावना नहीं व्यक्त की परंतु पत्रकारिता में होने की सम्भावना व्यक्त किया। छात्र में मिलनसार होने तथा साहित्यिक होने का गुण पत्रकारिता में होने के सम्प्रत्यय (concept) में ज्यादा फिट करता है परंतु अभियांत्रिकी के संप्रत्यय से कम। परंतु ऐसा नहीं भी हो सकता है। एक अभियांत्रिकी का छात्र मिलनसार तथा साहित्यिक दोनों ही गुणों से ओत-प्रोत हो सकता है। स्पष्ट हुआ कि संयोजन त्रुटि के कारण सामाजिक निर्णय प्रभावित हो जाता है।

(4) उत्तेजन स्वत:शोध *(Stimulation heuristic)*—उत्तेजन स्वतःशोध रणनीति में व्यक्ति किसी उद्दीपक या घटना के बारे में तरह-तरह के अनुमान लगाते हुए किसी सबसे उत्तम अनुमान के आधार पर ही कोई सामाजिक निर्णय लेता है। इसमें व्यक्ति का मन तरह-तरह की सम्भावनाओं से उत्तेजित हो जाता है और उसमें से सबसे उचित सम्भावना को ही आधार बनाकर व्यक्ति किसी सामाजिक परिस्थिति के बारे में निर्णय लेता है। इस तरह की रणनीति को काहेनमैन एवं टभर्स्काई (Kahenman & Tversky, 1982) ने *उत्तेजन स्वतःशोध* (stimulation heuristic) की संज्ञा दिया है। जैसे, मान लिया जाए कि आप अपने पिताजी के कार को लेकर अपने दोस्त का जन्मदिन पार्टी में भाग लेने जाते हैं। और रास्ते में कार दुर्घटनाग्रस्त हो जाती है जिसमें आप बाल-बाल बच जाते हैं परंतु कार बुरी तरह क्षतिग्रस्त हो जाती है। ऐसी परिस्थिति में अब आपके मन में तरह-तरह के अनुमान लगाए जा सकते हैं—आपके पिताजी आपको बुरी तरह डॉट सकते हैं? आपके पिताजी क्षतिग्रस्त कार को ठीक-ठाक करने का खर्च उठाने के लिए कह सकते है? आपके पिताजी आपको कुछ नहीं कहेंगे और उसे किसी गराज (garage) में लगवा देने को कहेंगे आदि-आदि। परंतु इसमें सबसे आसानी से आपके मन में पहली अनुमान अर्थात् बुरी तरह से डॉट पड़ने का अनुमान आता है। फलस्वरूप, आप इस घटना के बारे में इसी अनुमान के आधार पर एक निर्णय ले लेते हैं (कि अब बुरी तरह डॉट खानी ही है)। इस तरह के अनुमान को उत्तेजन स्वतःशोधन की संज्ञा दी जाती है।

(5) स्थिरण एवं समायोजन *(Anchoring and Adjustment)*—इस स्वतःशोध रणनीति में व्यक्ति किसी संख्या (number) या मूल्य (value) को एक प्रारम्भ बिन्दु (starting point) मानकर उसके साथ वह समायोजन करने

की कोशिश करता है। प्रारम्भ बिन्दु को स्थिरण (anchoring) की संज्ञा दी जाती है। सामाजिक परिस्थिति अक्सर अस्पष्ट होती है और इसमें जब व्यक्ति को कोई निर्णय लेना पड़ता है, तो वह एक प्रारम्भ बिन्दु या स्थिरण (anchoring) बना लेता है और फिर धीरे-धीरे उसके साथ समायोजन करता है।

स्थिरण एवं समायोजन रणनीति का उपयोग व्यक्ति उस परिस्थिति में अक्सर करता है जब वह किसी वस्तु की खरीददारी कर रहा होता है। जैसे, मान लिया जाए कि किसी दुकान में श्याम अपने बच्चे के लिए एक खिलौना खरीदने गया। खिलौना का दाम दुकानदार ने 300 रुपये बतलाया जबकि आपके हिसाब से उसका दाम 250 रुपये से ज्यादा नहीं होना चाहिए। अतः रुपये 250 श्याम के मन में एक स्थिरण (anchoring) बिन्दु होगा। वह इसका दाम रूपये 240 बतला सकता है। परंतु दुकानदार द्वारा नहीं स्वीकार किये जाने पर उसे तब वह 250 रुपये बतला सकता है। फिर भी दुकानदार द्वारा नहीं स्वीकार किये जाने पर उसका दाम 260 रुपये श्याम बतला सकता है और उसे देने का आग्रह कर सकता है। ये सारी प्रक्रियाएँ समायोजन (adjustment) के तहत आयेंगी। एपले तथा गिलोविच (Eplay & Gilovich, 2004) ने एक अध्ययन कर यह साबित कर दिया है कि किसी वस्तु के खरीददारी की परिस्थिति में अक्सर व्यक्ति स्थिरण एवं समायोजन स्वतः शोध अपनाकर किसी सामाजिक परिस्थिति के बारे में कोई निर्णय लेता है।

स्थिरण तथा समायोजन का उपयोग सिर्फ खरीददारी जैसी परिस्थिति में ही नहीं होती है बल्कि अन्य कई परिस्थितियों में भी होता है। जैसे, गिलोविच तथा उनके सहयोगियों (Gilowich et. al., 2000) ने एक अध्ययन किया जिसमें उनलोगों ने यह बतलाया कि व्यक्ति की निजी अनुभूतियाँ (personal experiences) अपने विचार के लिए एक स्थिरण का काम करती है हालांकि व्यक्ति यहाँ यह भी समझता है कि उनकी यह अनुभूतियाँ थोड़ा विचित्र एवं असाधारण (unusual) है। जैसे, मान लिया जाय कि कोई व्यक्ति पहली बार नई दिल्ली जाता है और पाता है कि उसके सड़क पर काफी भीड़-भाड़ भरा हुआ, पार्क गन्दगी से भरा हुआ तथा होटल के कमरे अव्यवस्थित तथा गलियों में रिक्शा, ठेला अदि लगे हुए हैं तो आपका निष्कर्ष यह होगा कि नई दिल्ली को एक सुंदर एवं रोमैन्टिक शहर कहा जाना बहुत तर्कसंगत नहीं दिखता। परंतु तभी उस व्यक्ति को यह पता चलता है कि वह उस समय दिल्ली आया था जब ट्रैफिक पुलिस दिल्ली नगर निगम के कर्मचारी, निजी होटल कर्मचारी संघ का हड़ताल चल रहा था तथा सम्बन्धित सभी कर्मचारी पिछले एक हफ्ते से कार्य नहीं कर रहे थे। इस तरह की सूचना के बावजूद तथा व्यक्ति द्वारा यह भी समझे जाने पर कि उसकी अनुभूतियाँ थोड़ी असाधारण थीं, वह अपनी आरम्भिक अनुभूति के साथ कुछ समायोजन करते हुए अपने आरम्भिक विचार में थोड़ा परिवर्तन लाता है और उसे धनात्मक बनाता है। फिर भी व्यक्ति अपने आरम्भिक विचार को नई दिल्ली एक सुंदर एवं रोमान्टिक शहर है, पर नहीं लौटता है।

(ख) अविवेचित संसाधन (*Automatic processing*)

अविवेचित संसाधन सामाजिक सूचनाओं को संसाधित करने का एक ऐसा तरीका है जो अचेतन स्तर पर होता है तथा यह साभिप्रायरहित (unintentional), अनैच्छिक (involuntary) तथा प्रयासरहित (effortless) होता है। अविवेचित संसाधन (automatic processing) तब विकसित होता है जब व्यक्ति किसी सूचना या कार्य के साथ काफी अनुभव प्राप्त कर चुका होता है और एक ऐसी अवस्था पर पहुँच जाता है जहाँ वह उस सूचना का संसाधन या उस कार्य को बिना किसी प्रयास एवं ध्यान किये ही कर पाता है। जैसे, एक व्यक्ति जो आज 20 वर्षों से साइकिल चला रहा है, यदि उससे यह पूछा जाय कि जब आप पहली बार साइकिल चला रहे थे तथा आज इतने अनुभव के साथ साइकिल चला रहे हैं, दोनों में क्या फर्क पाते हैं, तो सम्भवतः उसका उत्तर यही होगा कि पहली बार साइकिल चलाने में वह काफी सचेत एवं ध्यान देकर चलाता था परंतु अब उसे यह महसूस होता है कि साइकिल चलाने में उसे कोई विशेष ध्यान एवं सचेतता दिखलाने की जरूरत नहीं पड़ती है। इस दूसरी अवस्था को अविवेचित संसाधन (automatic processing) की अवस्था कहा जाएगा जबकि पहली अवस्था को नियंत्रित संसाधन (controlled processing) की अवस्था कहा जाएगा जो चेतन होता है तथा प्रयासयुक्त होता है।

सामाजिक संज्ञान (social cognition) में अविवेचित संसाधन की अहं भूमिका होती है और इसके द्वारा उपलब्ध मानसिक संक्षिप्तिकरण (mental shortcut) के सहारे व्यक्ति अन्य व्यक्तियों की भूमिका के बारे में आसानी से निर्णय ले पाता है। जैसे, प्रत्येक समाज में डाक्टर, अभियंता (engineer) एवं अन्य पेशा के लोगों के प्रति एक विकसित स्कीमा (schema) होता है जिसके कारण हमलोग उस पेशा के लोगों के प्रति तुरंत ही कुछ खास ढंग से सोचने लगते हैं और

निर्णय ले लेते हैं। जैसे, जब हम किसी डाक्टर के बारे में सोचते है तो हम तुरत ही अनुमान लगा लेते हैं कि वह बुद्धिमान (intelligent), व्यस्त (busy) तथा उदारता दिखलाने वाला व्यक्ति होगा। परंतु कुछ अध्ययन से यह पता चला है कि अविवेचित संसाधन में किसी समूह के बारे में निर्णय लेने में प्रयास (effort) की कमी तथा समय की जो बचत होती है, उससे कुछ खतरा भी उत्पन्न हो जाता है। पर्राटो एवं वार्घ (Pratto & Bargh, 1991) के अध्ययन से यह पता चला है कि ऐसी परिस्थिति में व्यक्ति में रुढ़िकृति (stereotype) भी उत्पन्न हो जाता है जिससे सामाजिक निर्णय कुप्रभावित हो जाते हैं। जैसे, कुछ डॉक्टर उदार न होकर रोगी को परेशान करने वाले भी हो सकते हैं, परंतु चूँकि डाक्टर को एक उदार व्यक्ति के रूप में समझा जा रहा है, अतः यह निश्चित रूप से उस डॉक्टर के बारे में एक गलत निर्णय साबित होगा जो उदार कम एवं रोगियों को परेशान अधिक करते हैं। स्पष्ट हुआ कि सामाजिक सूचनाओं का अविवेचित संसाधन में कुछ त्रुटियाँ भी हो सकतीं हैं।

अभी हाल में किये गए अध्ययनों से यह स्पष्ट हुआ कि किसी घटना, उद्दीपक या वस्तु का स्वतः संसाधन (automatic processing) जो अचेतन (unconscious) साभिप्रायहीन (unintentional) तथा प्रयासरहित (effortless) होता है तथा नियंत्रित संसाधन (controlled processing) जो चेतन (conscious), साभिप्राय (intention) तथा प्रयासयुक्त (effortful) होता है, का संचालन मस्तिष्क के दो अलग-अलग भागों से होता है जिसका स्पष्ट मतलब यह हुआ कि दोनों तरह के संसाधनों में मौलिक अंतर (difference) है। फेल्प्स तथा उनके सहयोगियों (Phelps et. al., 2001) ने अपने अध्ययन के आधार पर यह बतलाया है कि एमिगडाला (Amygdala) द्वारा अविवेचित संसाधन या अविवेचित मूल्यांकन की प्रक्रिया सम्पन्न होती है डनकन तथा ओवेन (Duncan & Owen, 2000) द्वारा किये गए अध्ययन से यह कि प्रीफ्रन्टल कर्टेक्स (Prefrontal cortex) का कुछ भाग जैसे मेडियल प्रीफ्रन्टल कार्टेक्स (medial prefrontal cortex) तथा भेन्टोलेट्राल प्रीफन्टल कार्टेक्स (Ventromedial prefrontal cortex) द्वारा नियंत्रित संसाधन (controlled processing) या नियंत्रित मूल्यांकन की प्रक्रिया सम्पन्न होती है। कन्नघिंम तथा उनके सहयोगियों (Conningham et al., 2003) द्वारा किये गए अध्ययन से उक्त निष्कर्षों की सम्पुष्टि हुई है।

सामाजिक संज्ञान में त्रुटियों के सम्भावित स्रोत
(Potential Source of Errors in Social Cognition)

जब व्यक्ति दूसरों के व्यवहारों को समझने की कोशिश करता है या किसी समूह की भूमिकाओं को या स्वयं की भूमिका को समझने की कोशिश करता है, तो उसकी कोशिश यह होती है कि उसकी सोच एवं तर्क काफी संगत एवं यथार्थपूर्ण रहें। परन्तु ऐसा हो नहीं पाता है और कुछ उसमें त्रुटियाँ सम्मिलित हो जातीं हैं जिससे सामाजिक संज्ञान (social cognition) में कुछ विकृति (distortion) उत्पन्न हो जाता है। इस अनुच्छेद में हम कुछ ऐसी ही त्रुटियों पर प्रकाश डालेंगे।

1. नकारात्मक पूर्वाग्रह *(Negativity bias)*—नकारात्मक पूर्वाग्रह से तात्पर्य व्यक्ति में नकारात्मक या ऋणात्मक (negative) सूचनाओं के प्रति धनात्मक सूचना के तुलना में अधिक संवेदनशीलता दिखलाने की प्रवृत्ति से होता है। इस तरह का पूर्वाग्रह सामाजिक सूचना तथा वातावरण के अन्य पहलुओं से सम्बन्धित सूचनाओं के साथ पाया जाता है। नकारात्मक पूर्वाग्रह को एक उदाहरण द्वारा इस प्रकार समझाया जा सकता है—मान लिया जाय कि किसी आदमी के बारे में मोहन को बहुत सारे धनात्मक चीजें बतलायी जाती है। जैसे, यह कहा जाता है कि वह आदमी बुद्धिमान, देखने में सुंदर, ईमानदार तथा सामाजिक है। परंतु इसके बाद उसके एक ऋणात्मक गुण के बारे में भी बतलाया जाता है और कहा जाता है कि वह शराबी है। ऐसी परिस्थिति में मोहन के मन में शराबी होने का गुण अन्य धनात्मक गुणों की अपेक्षा अधिक प्रबल बना रहेगा और याद रहेगा। कुण्डा (Kunda, 1999) के अध्ययन के अनुसार नकारात्मक सूचना व्यक्ति के मन में अधिक मजबूती से तरोताजा बना होता है जो सामाजिक संज्ञान को प्रभावित करता है।

इस ढंग की प्रवृत्ति क्यों होती है? इसकी व्याख्या करते हुए मनोवैज्ञानिकों द्वारा यह कहा गया है कि नकारात्मक सूचना व्यक्ति के अहं (ego) को एक तरह से धमकी (threat) प्रदान करता है। यही कारण ऐसी सूचनाओं या ऐसे उद्दीपकों के प्रति व्यक्ति अधिक संवेदनशीलता दिखलाता है और उसके प्रति तुरंत अनुक्रिया करता है। ओहमैन, लुण्डक्विस्ट तथा एस्टीभ्स (Ohman, Lundquist & Esteves, 2001) द्वारा एक अध्ययन किया गया जिसमें यह देखा गया कि सहभागियों ने जिन्हें तीन तरह की आनन अभिव्यक्ति (facial expression) अर्थात् *तटस्थ* (neutral), *दोस्ताना*

(friendly) तथा *धमकीपूर्ण* (threatening) वाले चेहरे दिखलाये गए थे, में से उनलोगों ने बहुत सही-सही एवं तेजी के साथ वैसे चेहरे की पहचान तुलनात्मक रूप से अधिक किये जो अधिक धमकीपूर्ण (threatening) थे। स्पष्ट हुआ कि व्यक्ति में नकारात्मक उद्दीपकों या सूचनाओं के प्रति संवेदनशीलता अधिक होती है जिसके कारण सामाजिक संज्ञान में कुछ त्रुटि होने की सम्भावना बढ़ जाती है।

2. आशावादी पूर्वाग्रह (*Optimistic bias*)—आशावादी पूर्वाग्रह से तात्पर्य एक ऐसी प्रवृत्ति से होती है जिसमें व्यक्ति बहुत सारी परिस्थितियों (contexts) में धनात्मक घटनाएँ एवं परिणाम की उम्मीद करता है और उसी के अनुरूप वह सामाजिक घटनाओं की व्याख्या एवं विश्लेषण करता है। ऐसा पूर्वाग्रह में व्यक्ति नकारात्मक घटनाओं के बारे में कम-से-कम सोचता है। इसी तरह से व्यक्ति को कभी-कभी अपने द्वारा लिए गए निर्णयों तथा विचारों में एक सम्भावना से बहुत ज्यादा विश्वास होता है। इसे मैल्लोन, रॉस्स तथा लेप्पर (Vallone, Ross & Lepper, 1985) ने *अतिविश्वास अवरोध* (overconfidence barrier) की संज्ञा दी जाती है।

आशावादी पूर्वाग्रह की अभिव्यक्ति कई तरह से होती है। योजना भ्रान्ति (planning fallacy) एक ऐसी ही प्रवृत्ति है जिसके माध्यम से आशावादी पूर्वाग्रह की अभिव्यक्ति होती है। योजना भ्रान्ति से तात्पर्य एक ऐसी प्रवृत्ति से होती है जिसमें व्यक्ति को यह विश्वास हो जाता है कि एक दिये हुए समय में वह जितना वह कर सकता है, उससे कहीं अधिक करके वह दिखला सकता है। सरकार तथा अन्य निजी संस्थाओं द्वारा प्रायः इस ढंग की योजना भ्रान्ति पैदा की जाती है।

योजना भ्रान्ति कई कारकों द्वारा उत्पन्न होता है जिसमें दो कारक सबसे महत्त्वपूर्ण हैं। ब्यूहलर, ग्रिफ्फिन एवं रॉस्स (Buchler, Griffin & Ross, 1994) ने एक अध्ययन किया जिसके आधार पर उन्होंने यह बतलाया कि योजना भ्रान्ति इसलिए उत्पन्न होती है क्योंकि जब व्यक्ति यह पूर्वानुमान लगता है कि अमुक कार्य इतने दिनों में सफलतापूर्वक पूरा हो जायेगा, तो वह चिन्तन के योजना या वर्णनात्मक (narrative) प्रकार में होता है जहाँ मूलतः भविष्य के बारे में तथा आने वाले समय में कार्य को पूरा कर लेने के बारे में ही सोचता है। भूत में ऐसे ही कार्यों को पूरा करने में आयी बाधाओं (obstacles) की वह उपेक्षा करता है तथा उन बाधाओं को उनके अपने नियंत्रण से बाहर मानकर उस पर ज्यादा ध्यान नहीं देता है जिसके कारण उसकी आशावादी चिन्तन और भी मजबूत हो जाती है। योजना भ्रान्ति के उत्पन्न होने में एक और कारक की भूमिका महत्त्वपूर्ण बतलायी गयी है, और वह कारक है *कार्य को पूरा करने का अभिप्रेरण* (motivation to complete the fast)। जब व्यक्ति किसी कार्य को पूरा करने के लिए काफी अभिप्रेरित रहता है, तो वह स्पष्ट रूप से यह पूर्वानुमान लगाता है कि वे वांछित परिणाम इतने दिनों में अवश्य प्राप्त कर लेंगे। ब्यूहलर, ग्रिफ्फिन तथा मैकडोनल्ड (Buehler, Griffin & MacDonald, 1995) ने अपने शोध के आधार पर इस तरह के पूर्वानुमान या पूर्वकथन की पुष्टि किया है। योजना भ्रान्ति के उत्पन्न होने का कारण चाहे जो भी हो, इसका परिणाम बेबुनियाद आशावादी प्रवृत्तियाँ (unfounded optimistic tendencies) होती है जिसके कारण व्यक्ति सामाजिक घटनाओं एवं सामाजिक भूमिकाओं की व्याख्या करने में गलती कर बैठता है।

अभी हाल में किये गए शोधों से यह भी स्पष्ट हुआ है कि आशावादी पूर्वाग्रह (optimistic bias) उस परिस्थिति में भी देखी जाती है जब व्यक्ति भूत की तुलना भविष्य से करता है। यहाँ व्यक्ति भूत (past) को सफलता तथा असफलता दोनों के मिश्रण के रूप में देखता है परंतु भविष्य को वह सिर्फ सफलता एवं अन्य आशावादी प्रवृत्तियों से ओत-प्रोत के रूप में ही प्रत्यक्षण करता है। न्यूली-क्लार्क तथा रॉस (Newly-Clark & Ross, 2003) के अनुसार इस ढंग की प्रवृत्ति इतनी तीव्र होती है कि यह उस समय भी पायी जाती है जब व्यक्ति अभी तुरंत ही अपने गत जीवन में असफलता या नकारात्मक घटना का प्रत्यक्ष अनुभव किया हो। इसका प्रधान कारण यह बतलाया गया है कि जब व्यक्ति अपने गत जिंदगी के बारे में सोचता है, तो वह आसानी से इस जीवन में घटी नकारात्मक घटनाओं जैसे असफलताओं (failures), दुःखद घटनाओं/अनुभूतियों की याद करता है। परंतु जब वह अपने भविष्य के बारे में सोचता है तो वह सुखद घटनाओं एवं व्यक्तिगत खुशियों पर ही ज्यादा ध्यान देता है। फ्रोस्टर, फ्रिडमैन तथा लिवरमैन (Forster, Friedman & Livreman, 2004) ने अपने अध्ययन के आधार पर यह बतलाया है कि जब व्यक्ति दूर भविष्य के बारे में सोचता है, तो वह अधिक अमूर्त्त ढंग (abstractly) न कि ठोस ढंग (concretely) सोचता है जिससे उसमें सर्जनात्मकता (creativity) बढ़ जाती है। यह एक विशेष फायदा व्यक्ति को होता है।

कुछ अध्ययनों से यह भी स्पष्ट हुआ है कि आशावादी पूर्वाग्रह (optimistic bias) कुछ विशेष परिस्थिति में जैसे जब व्यक्ति कुछ बुरी खबर या घटना जिसका बुरा परिणाम हो सकता है, की उम्मीद करता है, तो वह बदलकर व्यक्ति

में निराशावाद (pessimism) पैदा करता है। ऐसी परिस्थिति में व्यक्ति अपने आप को हानि सहने के लिए तैयार करता है और नकारात्मक परिणाम (negative outcomes) का पूर्वानुमान लगाने की प्रवृत्ति दिखलाने लगता है। टेलर तथा शेप्पर्ड (Taylor & Shepperd, 1998) ने अपने अध्ययन के आधार पर इस तथ्य की सम्पुष्टि किया है। ऐसा इसलिए होता है क्योंकि ऐसी परिस्थिति में व्यक्ति हानि या बुरी घटनाओं को गले लगाने के लिए एक तरह से मानसिक रूप से तैयार हो जाता है।

3. प्रतितथ्यक चिन्तन *(Counterfactual thinking)*—प्रतितथ्यक चिन्तन से तात्पर्य एक ऐसी प्रवृत्ति से होता है जिसमें व्यक्ति किसी परिस्थिति में होने वाले परिणाम से भिन्न परिणाम के बारे में सोचता है अर्थात इसमें ऐसा भी हो सकता था, जैसी चिन्तन व्यक्ति में होती है। ऐसी चिन्तन से व्यक्ति के सामाजिक चिन्तन (social thought) तथा सामाजिक संज्ञान में कुछ विकृति (distortion) उत्पन्न हो जाती है। प्रतितथ्यक चिन्तन सिर्फ वैसी परिस्थिति में नहीं उत्पन्न होती है जिसमें व्यक्ति में उदासी (disappointment) उत्पन्न हुआ हो बल्कि अन्य कई परिस्थितियों में भी उत्पन्न होता है।

अध्ययनों से स्पष्ट हुआ कि प्रतितथ्यक चिन्तन व्यक्ति की सहानुभूति (sympathy) को प्रत्यक्ष रूप से प्रभावित करता है जिससे व्यक्ति का सामाजिक संज्ञान प्रभावित हो जाता है। जैसे, यदि कोई व्यक्ति अपनी गलती से हवालात में पहुँच जाता है तो प्रायः दूसरा व्यक्ति यही कहता है कि वह वैसा काम नहीं करता तो पुलिस उसे पकड़ कर हवालात में बन्द नहीं करती? फलतः इस ढंग का प्रतितथ्यक चिन्तन के होने से उस व्यक्ति के प्रति अन्य व्यक्ति की सहानुभूति कम हो जाती है।

प्रतितथ्यक चिन्तन बहुत सारे परिस्थितियों में स्वतः (automatically) होते देखे गये हैं। उसके प्रभाव को कम करने के लिए व्यक्ति को कुछ जटिल संज्ञानात्मक कार्य करना होता है जिसके कारण प्रतितथ्यक चिन्तन दब जाते हैं या उनका प्रभाव बहुत कम हो जाता है। रोएजी (Roese, 1997) ने अपने अध्ययन के आधार पर यह बतलाया है कि प्रतितथ्यक चिन्तन के कई तरह के प्रभाव (effects) हो सकते हैं जिसमें कुछ व्यक्ति के लिए लाभदायक तथा कुछ हानिकारक हो सकते हैं। जैसा चिन्तन का केन्द्रबिन्दु होगा, उसी के अनुरूप प्रतितथ्यक चिन्तन व्यक्ति की मनोदशा (moods) को ऊपर ले जा सकता है या फिर नीचे खींच सकता है। जो व्यक्ति अपने वर्तमान परिणाम की तुलना उस परिणाम से करता है जो वर्तमान परिणाम से अधिक उत्तम रहा था, तो ऐसे व्यक्ति में असंतुष्टि (dissatisfaction) होती है। सान्ना (Sanna, 1997) का विचार है कि ऐसे व्यक्ति ऐसा महसूस करता है कि कि भविष्य में वे कोई अच्छा परिणाम नहीं पा सकते हैं। जैसे, ओलम्पिक खिलाड़ी जो यह सोच कर आते हैं कि सोने का मेडल (Gold medal) जीत कर आयेंगे परंतु वे सचमुच में चाँदी का मेडल (Silver medal) ही जीत पाते हैं, तो इससे उनमें ऐसी असंतुष्टि अक्सर होती है। दूसरे तरफ यदि व्यक्ति अपने वर्तमान परिणाम को कुछ कम अच्छे पहले के परिणाम से तुलना करता है या कुछ यदि वह ऐसा सोचता है जिसमें विभिन्न तरह के निराशावादी परिणाम को हटाकर उसके जगह पर धनात्मक परिणाम के ही बारे में सोच पाता है, तो उनमें संतुष्टि या आशावाद की धनात्मक भाव (positive feeling) उत्पन्न होता है। जैसे, यदि कोई ओलम्पिक खिलाड़ी ताम्र मेडल (bronze medal) जीतता है और यह सोचता है कि खाली हाथ लौटने से तो यह परिणाम अच्छा है, तो इस खिलाड़ी में खुशी एवं संतुष्टि होगी।

स्पष्ट हुआ कि व्यक्ति की वह प्रवृत्ति जिसमें वह सिर्फ यह नहीं सोचता है कि क्या है परंतु यह भी सोचता है कि क्या हो सकता है, से सामाजिक व्यवहार तथा सामाजिक चिन्तन के कई पहलू प्रभावित होते हैं।

4. चिन्तन दमन *(Thought suppression)*—जैसा कि नाम से ही स्पष्ट है इस प्रकार के चिन्तन में कुछ विशेष तरह के चिन्तन या सोच को चेतन (consciousness) में प्रवेश करने से रोक देता है। वेगनर (Wegner, 1992) ने दमन का अध्ययन काफी गहराई से किया है और इसके आधार पर उन्होंने यह बतलाया है कि चिन्तन दमन में दो तत्त्व (components) सम्मिलित होते हैं। *मॉनीटरिंग प्रक्रिया* (Monitoring process) तथा *संक्रियात्मक प्रक्रिया* (operating process)। मॉनीटरिंग प्रक्रिया स्वतः (automatic) होती है जो व्यक्ति को यह बतलाती है कि कुछ अवांछित चिन्तन (unwanted thoughts) मन को प्रभावित करने वाली है। इसके बाद दूसरी प्रकिग्रा जिसे संक्रियात्मक प्रक्रिया (operating process) कहा जाता है, प्रारम्भ हो जाती है जिसका स्वरूप प्रयासयुक्त (effortful) होता है और यह स्वतः न होकर नियंत्रित ढंग से व्यक्ति की इच्छा के अनुसार होता है। इसमें व्यक्ति पूरे होश-हवाश में तथा काफी प्रयास करते हुए कुछ इस ढंग से सोचना प्रारम्भ कर देता है ताकि वह अपने आप को उस अवांछित चिन्तन से दूर रख सके।

इसका मतलब यह हुआ कि मॉनीटरिंग प्रक्रिया एक तरह से आरम्भिक-चेतावनी की प्रक्रिया होती है जो व्यक्ति को यह बतलाता है कि अवांछित चिन्तन मन में उपस्थित है तथा संक्रियात्मक प्रक्रिया एक संक्रिय रोकथाम तंत्र (active prevention system) के रूप में कार्य करती है जिसके माध्यम से व्यक्ति वैसे अवांछित चिन्तन को विकर्षण (distraction) के माध्यम से चेतन में प्रवेश करने से रोकता है।

वेगनर (Wegner, 1992) ने अपने शोध के आधार पर यह भी बतलाया है कि सामान्य परिस्थिति में ये दोनों प्रक्रिया मिलकर बहुत ही आसानी से अवांछित चिन्तन को चेतन से बाहर रखने में सफल रहती है। परंतु जब व्यक्ति काफी थका हुआ अवस्था में होता है या फिर वह सूचना अधिभार (information overload) की स्थिति से गुजर रहा है, तो वैसी परिस्थिति में मॉनीटरिंग प्रक्रिया तो ठीक से कार्य करती है परंतु संक्रियात्मक प्रक्रिया ठीक ढंग से कार्य नहीं कर पाती। फलस्वरूप अवांछित चिन्तन का बड़े धमाकेदार प्रवेश चेतन में होता है और व्यक्ति इसकी गम्भीरता पहले से अधिक मात्रा में अनुभव करता है। इसे *धमाका प्रभाव* (rebound effect) कहा जाता है जो व्यक्ति के सामाजिक संज्ञान पर एक विशेष दिशा में बहुत ही गहरा प्रभाव डालता है।

अब प्रश्न उठता है कि चिन्तन दमन के क्या प्रभाव होते हैं? सामान्यतः व्यक्ति अपने व्यवहारों एवं भावों को प्रभावित करने के लिए चिन्तन दमन में लिप्त होता है। जैसे, यदि कोई व्यक्ति क्रोध से दूर हटना चाहता है, तो इसका उत्तम तरीका यह है कि वह क्रोध उत्पन्न करने वाले घटनाओं के बारे में सोचे ही नहीं। कभी-कभी व्यक्ति दूसरे व्यक्ति के कहने पर भी चिन्तन दमन में लिप्त होता है जैसा कि एक चिकित्सक जो क्लायंट को उसके व्यक्तिगत समस्याओं से निजात देने में मदद कर रहा होता है, उसे चिन्तन दमन करने के लिए कह सकता है। जैसे, एक चिकित्सक शराब की आदत छुड़ाने के ख्याल से शराब पीने वाले व्यक्ति को यह कह सकता है कि अल्कोहल के आनन्द के बारे में वह न सोचे और यदि ऐसा करने में वह सफल हो जाता है, तो उसे शराब पीने की समस्या से स्वतः निजात मिल जाएगा। केल्ली तथा नाउटा (Kelly & Nauta, 1997) द्वारा किये गए शोध से यह स्पष्ट हुआ है कि जिन व्यक्तियों में *प्रतिघात* (reactance) की प्रवृत्ति अधिक होती है, वे लोग दूसरों द्वारा दिये गए सुझाव को नहीं मानते हैं क्योंकि ऐसे लोग अपने व्यक्तिगत स्वतंत्रता से सम्बद्ध किसी प्रकार की आभासी धमकी (perceived threats) के प्रति नकारात्मक रूप से प्रतिक्रिया करते हैं। ऐसे व्यक्तियों में चिन्तन दमन (thought suppression) की प्रक्रिया असफल रहती है।

5. जादुई चिन्तन (*Magical thinking*)—सामाजिक संज्ञान में विकृति का एक स्रोत जादुई चिन्तन (magical thinking) भी है। जादुई चिन्तन एक ऐसा चिन्तन को कहा जाता है जो कुछ ऐसी पूर्वकल्पनाओं (assumptions) पर आधृत होते हैं जिसमें युक्तिसंगत संवीक्षा (rational scrutiny) नहीं होती है। रोजीन तथा नेमेरोफ्फ (Rosin & Nemeroff, 1990) के अनुसार मानव सोच काफी हद तक इस जादुई चिन्तन से प्रभावित होता है। जादुई चिन्तन किस तरह से व्यक्ति के चिन्तन को प्रभावित करता है, इसे एक उदाहरण द्वारा इस प्रकार समझाया जा सकता है— अगर आपको एक छिपकली (lizard) के रूप-रंग एवं आकार के समान एक चाकलेट दिया जाय, तो बहुत उम्मीद यही है कि आप उसे यह समझते हुए भी नहीं खायेंगे कि यह छिपकिली के बिल्कुल समान है और छिपकिली को खाया नहीं जाता है हालांकि स्वाद का सम्बन्ध उसके आकार एवं रूप-रंग से कुछ भी नहीं है। यहाँ व्यक्ति युक्तिसंगतता (rationality) को समझते हुए भी खाने से इनकार कर देता है। स्पष्ट हुआ कि व्यक्ति का सामाजिक संज्ञान उसके जादुई चिन्तन द्वारा थोड़ा विकृत (distorted) हो जाता है।

स्पष्ट हुआ कि सामाजिक संज्ञान में त्रुटि (error) उत्पन्न होने के कई स्रोत हैं। इन त्रुटियों के बावजूद व्यक्ति दूसरों के बारे में प्रभावी ढंग से सोचने का कार्य सम्पन्न करता है। कई तरह के सामाजिक सूचनाओं से आच्छादित होने के बावजूद इन सूचनाओं में से अधिकतर को व्यक्ति संचित करके रखता है, उसे समय पर याद कर उसका बुद्धिमानी से उपयोग भी करता है।

संज्ञान एवं भाव
(Cognition and Affect)

समाज मनोवैज्ञानिकों द्वारा किये गए शोधों से यह स्पष्ट हुआ है कि व्यक्ति का *भाव* (affect) अर्थात् उसकी वर्तमान मनोदशा (current mood) तथा *संज्ञान* (cognition) अर्थात् जिस तरीके से व्यक्ति सामाजिक सूचनाओं को संसाधित करता है, संचित करता है, याद रखता है तथा उसका उपयोग करता है, के बीच एक जटिल अन्योन्य-क्रिया (interplay)

होती है। ऐसा इसलिए कहा जाता है कि इन दोनों अर्थात् संज्ञान एवं भाव के बीच दो-तरफा सम्बन्ध (two-way relationship) होता है। मैकडोनाल्ड एवं हिर्ट (McDonald & Hirt, 1997), सेटा, हेज, एवं सेटा (Seta, Hayes & Set, 1994) के शोधों में यह स्पष्ट रूप से पाया गया है कि व्यक्ति का भाव एवं मनोदशा से संज्ञान प्रभावित होता है तथा फिर संज्ञान भी उसके भाव एवं मनोदशा को काफी प्रभावित करता है। अतः हम इस अनुच्छेद में इन दोनों तरह के प्रभावों का सविस्तार चर्चा करेंगे।

1. संज्ञान पर भाव का प्रभाव *(Impact of affect upon cognition)*—व्यक्ति का वर्तमान मनोदशा तथा भाव उसके द्वारा अन्य वस्तुओं, व्यक्तियों तथा सामाजिक घटनाओं के प्रति किये जाने वाले व्यवहारों को काफी प्रभावित करता है। ग्रासिया-मारक्यूस तथा उनके सहयोगियों (Gracia-Marques et al., 2004) द्वारा किये गए अध्ययन से यह स्पष्ट हुआ है कि जब व्यक्ति धनात्मक मनोदशा (positive mood) में होता है, तो वह कथनों (statements) को उसी परिस्थिति की तुलना में सही अधिक मानता है, जब वह तटस्थ मनोदशा (neutral mood) में होता है। बेरोन (Baron, 1993) रॉबिन्स तथा डेनिसी (Robbins & Denisi, 1994) एवं वेगनर एवं गोल्ड (Wegner & Gold, 1998) ने अपने-अपने अध्ययनों के आधार पर यह बतलाया है कि साक्ष्यकारकर्त्ता (interviewer) जब धनात्मक मनोदशा (positive mood) में होता है, तो खराब मनोदशा में होने की अपेक्षा व्यक्ति को साक्षात्कार में उच्च रोटिंग्स (high ratings) देते हैं।

समाज मनोवैज्ञानिकों द्वारा किये गए अध्ययनों से यह स्पष्ट हुआ है कि भाव (affect) का संज्ञान के दो तत्त्वों (components) पर काफी गहरा प्रभाव पड़ता है। जिनमें *स्मृति* (memory) तथा *सर्जनात्मकता* (creativity) प्रमुख हैं। इनका वर्णन इस प्रकार है:—

(i) स्मृति पर पड़नेवाले प्रभाव *(Effect on memory)*—स्मृति पर भाव का पड़ने वाला दो भिन्न परंतु सम्बन्धित प्रभावों को समाज मनोवैज्ञानिकों द्वारा काफी अहमियत दी गयी है। एक प्रभाव को *मनोदशा-आधृत स्मृति* (mood-dependent memory) तथा दूसरे प्रभाव को *मनोदशा सामंजस्य स्मृति* (mood congruence memory)। मनोदशा-आधृत स्मृति से तात्पर्य एक ऐसे प्रभाव से होता है जिसमं व्यक्ति जिस मनोदशा में कुछ याद करता है, वह अंशतः इस बात से निर्धारित होता है कि व्यक्ति पहले वैसी ही मनोदशा में क्या सीखा होता है। जैसे, व्यक्ति यदि धनात्मक मनोदशा में किसी पाठ को सीखा है और यदि उसका प्रत्याह्वान (recall) वह वैसी ही मनोदशा में बाद में कर रहा होता है, तो ऐसी परिस्थिति में उसे इस तरह के स्मरण में अधिक सफलता मिलती है। इसका मतलब यह हुआ कि व्यक्ति का वर्तमान मनोदशा एक तरह का पुनःप्राप्ति संकेत (retrieval cue) के रूप में कार्य करता है जो स्मृति में संचित साहचर्यों को जिसे वैसी ही मनोदशा में व्यक्ति पहले सीखा था, याद करने में अभी सहायक होता है।

मनोदशा-सामंजस्य स्मृति (mood congruence memory) से तात्पर्य इस बात से होता है कि व्यक्ति उन सूचनाओं का स्मरण उत्तम ढंग से करता है जो उसके वर्तमान मनोदशा के सामंजस्य में होता है अर्थात् उसके तालमेल में होता है। इसका मतलब यह हुआ कि जब व्यक्ति उत्तम एवं धनात्मक मनोदशा में होता है तो वह इस मनोदशा के अनुरूप सूचनाओं पर ध्यान देता है तथा उन्हें याद रखता है और यदि वह खराब एवं दुखी मनोदशा में होता है, तो फिर उसी के अनुरूप सूचनाओं पर ध्यान देता है तथा उन्हें याद रखता है।

जब हम मनोदशा-आधृत स्मृति तथा मनोदशा-सामंजस्य स्मृति के स्वरूप पर विचार करें तो यह स्पष्ट होगा कि मनोदशा-आधृत स्मृति में सूचनाओं के स्वरूप का कोई खास महत्त्व नहीं होता है। सिर्फ महत्त्वपूर्ण होता है सीखने के समय की मनोदशा तथा उसे फिर प्रत्याह्वान करने के समय की मनोदशा। मनोदशा-सामंजस्य स्मृति में सूचना का स्वरूप अर्थात् वह व्यक्ति में उत्तम मनोदशा (जैसे खुशी) या खराब मनोदशा (जैसे दुःख) उत्पन्न कर रहा है, का महत्व होता है। जब व्यक्ति धनात्मक मनोदशा में होता है, तो वह धनात्मक सूचनाओं को तथा जब वह ऋणात्मक मनोदशा में होता है तो वह ऋणात्मक सूचनाओं पर ही अधिक ध्यान देता है तथा उसे याद भी रखता है।

ईक (Eich, 1995) ने अपने अध्ययन के आधार पर मनोदशा-आधृत स्मृति के स्वरूप की पुष्टि करते हुए कहा है कि इस तरह के प्रभाव से स्पष्टतः व्यक्ति का संज्ञान प्रभावित होता है। शायद यही कारण है कि एक विषादी व्यक्ति (depressed people) अपने जिंदगी के उन लम्हों या क्षणों को याद करने में कठिनाई महसूस करता है जिसमें वे काफी खुश रहा करते थे। परंतु इस विषादी मनोदशा में वे जीवन के उन अनुभूतियों को अच्छा से याद कर पा लेते थे जब वे काफी दुःख एवं विषाद का अनुभव किये थे।

(ii) सर्जनात्मकता पर पड़नेवाले प्रभाव *(Effect upon creativity)*—कुछ अध्ययनों से इस बात के सबूत मिले हैं कि व्यक्ति के भाव एवं मनोदशा का प्रभाव उसके सर्जनात्मकता (creativity) पर भी पड़ता है। जब व्यक्ति उत्तम मनोदशा तथा भाव (feeling) की अवस्था जैसे खुशी की अवस्था में होता है, तो उसके मन में तरह-तरह के नये-नये विचार एवं साहचर्य आते हैं जो नकारात्मक मनोदशा के होने पर नहीं आते हैं। ऐसे नये-नये विचारों एवं साहचर्यों का उपयोग करके व्यक्ति अपनी सर्जनात्मकता के स्तर का मजबूत कर लेता है। एस्ट्राडा, इनसान एवं यंग (Estrada, Isan & Young, 1995) तथा रॉबिन्सन (Robbins, 2005) ने अपने आप अध्ययनों से इस तथ्य की सम्पुष्टि किया है।

कुछ अध्ययनों के आधार पर यह भी पता चला है कि ऐसी सूचनाएँ जो व्यक्ति के संवेग एवं भाव से सम्बद्ध होतीं हैं या व्यक्ति को सांवेगिक रूप से उत्तेजित करतीं है, उनका संसाधन (processing) भी अन्य सामाजिक सूचनाओं से भिन्न ढंग से व्यक्ति करता है। संवेग उत्पन्न करने वाली सूचनाओं का प्रायः स्वतः शोध (heuristic) या स्वतः (automatic) संसाधन (processing) होता है, न कि उनका क्रमबद्ध संसाधन (systematic processing)। इसका कारण यह बतलाया गया है कि संवेग उत्पन्न करने वाली सूचनाओं का स्वरूप प्रायः विसरित (diffused) होता है।

2. भाव पर संज्ञान का प्रभाव *(Effect of cognition on affect)*—कुछ अध्ययन ऐसे हुए हैं जिनसे यह पता चलता है कि व्यक्ति के संज्ञान (cognition) द्वारा उसका भाव एवं सांवेगिक अवस्था प्रभावित होता है। इस तथ्य की व्याख्या निम्नलिखित ढंग से की जा सकती है:—

(i) स्कैक्टर (Schachter, 1964) के द्वारा प्रस्तावित संवेग के द्विकारक सिद्धान्त (two-factor theory) से इस बात की व्याख्या होती है कि संज्ञान द्वारा व्यक्ति का भाव प्रभावित होता है। प्रायः व्यक्ति अपने संवेग या भाव से अनभिज्ञ होता है क्योंकि वे आंतरिक अवस्थाएँ होतीं हैं। परंतु जब बाह्य परिस्थिति या सामने मौजूद उद्दीपक (stimulus) की व्याख्या वह करता है, तो व्यक्ति को सम्बन्धित संवेग या भाव का ज्ञान होता है। जैसे, यदि व्यक्ति किसी सुंदर एवं आकर्षक महिला की सामीप्यता से अपने में उत्तेजन महसूस करता है, तो ऐसा कहा जा सकता है कि व्यक्ति को उस महिला से प्यार (love) है। यहाँ व्यक्ति में संवेग या भाव का होना उद्दीपक (अर्थात् महिला) से उत्पन्न उत्तेजन की व्याख्या (interpretation) पर आधृत होता है।

(ii) दूसरा तरीका जिसमें संज्ञान व्यक्ति के भाव (affect) को प्रभावित करता है वह है जिसमें संज्ञान उन स्कीमा (schema) को उत्तेजित करता है जिसमें भावात्मक तत्त्व (affective component) सम्मिलित होते हैं। जैसे, यदि हम किसी व्यक्ति को अमुक जाति या श्रेणी का सदस्य के रूप में प्रत्यक्षण करते हैं, तो उसमें उस जाति या श्रेणी के सभी गुणों को होने की उम्मीद करती है और इतना ही नहीं, उस जाति या श्रेणी से सम्बन्धित भाव या संवेग की भी अभिव्यक्ति होते पाते हैं। अगर कोई व्यक्ति अमुक जाति के प्रति नकारात्मक भाव रखता है, और किसी व्यक्ति को वह उसी जाति का सदस्य के रूप में जानता है, तो उसके प्रति भी उसका भाव नकारात्मक ही होगा। स्पष्ट हुआ कि व्यक्ति में संज्ञान एक विशेष तरह की स्कीमा उत्पन्न कर सम्बन्धित सांवेगिक प्रतिक्रियाएँ उत्पन्न करता है।

(iii) कुछ ऐसे अध्ययन हुए हैं जिनमें यह पाया गया है कि व्यक्ति का संज्ञान उसके भाव एवं संवेग को नियमित (regulate) करके उसे प्रभावित करता है। समाज मनोवैज्ञानिकों के अनुसार उत्तम व्यक्तिगत समायोजन (good personal adjustment) के लिए यह आवश्यक है कि व्यक्ति अपने नकारात्मक भाव तथा संवेग के साथ ठीक ढंग से निबटना सीखें। कुछ ऐसी प्रविधियाँ हैं जिसके सहारे व्यक्ति अपनी मनोदशा (mood) तथा संवेग (emotion) को नियमित करता है। इसे *संज्ञानात्मक प्रक्रम* (cognitive mechanisms) की संज्ञा दी जाती है। ऐसे इस ढंग की संज्ञानात्मक प्रविधियाँ कई हैं परंतु उनमें निम्नांकित दो तुलनात्मक रूप से अधिक महत्त्वपूर्ण है।

(a) प्रायः व्यक्ति प्रतितथ्यक चिन्तन (counterfactual thinking) द्वारा नकारात्मक घटनाओं (negative events) से उत्पन्न संवेगों को नियमित करता है। इस ढंग का चिन्तन जिसमें व्यक्ति नकारात्मक घटनाओं की प्रसम्भाव्यता के (probability) के प्रति अपने विचारों को समायोजित करता है, द्वारा यह सोच उत्पन्न करता है कि नकारात्मक घटनाएँ तो अवश्यंभावी है, और उसका सामना डर कर व्यक्ति को करना चाहिए। ऐसी घटनाएँ प्रत्येक व्यक्ति की जिन्दगी में होती हैं। फलतः इससे घबड़ाने की जरूरत नहीं है। इस ढंग का प्रतितथ्यक चिन्तन से व्यक्ति में दुःख की अनुभूति तो अवश्य ही कम हो जाती है। जैसे परिवार में किसी की मृत्यु हो जाने पर पास-पड़ोस के व्यक्ति परिवार के सदस्यों को ढाढस एवं शक्ति प्रदान के लिए प्रायः यह कहते हैं, मृत्यु तो अवश्यंभावी है। ईश्वर की इच्छा के आगे न किसी का कुछ चला है या न चलेगा।'' इस ढंग के वाक्यों को सुनने से परिवार के सदस्य में प्रतितथ्यक चिन्तन उत्पन्न होता है

जिससे दुःख/दर्द की गम्भीरता में कुछ कमी अवश्य आती है। टाइकोसिनस्की (Tykocinski, 2001) ने अपने अध्ययन के आधार पर इस तथ्य की सम्पुष्टि किया है कि प्रतितथ्यक चिन्तन से व्यक्ति अपने संवेगों एवं भावों को विशेषकर नकारात्मक संवेग तथा भाव को नियमित एवं नियंत्रित करने में सफल होता है।

(b) एक दूसरा संज्ञानात्मक प्रक्रम जिसके माध्यम से व्यक्ति अपने नकारात्मक भाव को कम करता है या दूर करता है, वह है प्रलोभन (tempetation) में पड़ना। प्रायः देखा गया है जब व्यक्ति किसी दुःख की अवस्था या विषादी (depressed) अवस्था में होता है, तो वह अपना गम को भूलाने या कम करने के लिए कुछ ऐसा कार्य करता है जो उसे थोड़े समय अच्छा लगता है हालांकि वह समझता है कि भविष्य में इससे उसे हानि ही होगी। अनेकों ऐसे उदाहरण हैं जिसमें यह देखा गया है कि व्यक्ति अपने गम को भूलाने के लिए सिगरेट या शराब पीना प्रारंभ कर देता है। अब प्रश्न यह उठता है कि व्यक्ति ऐसा क्यों करता है? पहले तो यह समझा जाता था कि व्यक्ति द्वारा जो सांवेगिक दुःख का अनुभव किया जाता है, उसके कारण व्यक्ति में उन क्रियाओं को करने की अभिप्रेरण या क्षमता नहीं रह जाती है, जिनसे उन्हें खुशी मिल सकता है। परंतु टाईस तथा उनके सहयोगियों (Tice et al., 2000) द्वारा किये गए अध्ययन से यह स्पष्ट हुआ है कि ऐसे व्यवहारों में संज्ञानात्मक कारकों (cognitive factors) की भूमिका होती है। उनका मत है कि जब व्यक्ति नकारात्मक भाव का अनुभव करता है, तो कभी-कभी वह जान-बूझ कर किसी प्रलोभन की ओर आकर्षित हो जाता है। इसका मतलब यह हुआ कि यह व्यक्ति की कोई निजी कमजोरी (weakness) नहीं है या कोई स्वतः होने वाली प्रक्रिया नहीं होती है बल्कि यह एक काफी सोचा-समझा हुआ कदम होता है जिसे व्यक्ति उठाता है। व्यक्ति प्रलोभन के प्रति इसलिए आकर्षित हो जाता है क्योंकि तीव्र नकारात्मक भाव की अवस्था में होने पर व्यक्ति अपनी प्राथमिकता को बदल देता है। यहाँ नकारात्मक भाव को कम करने के लिए जो भी हो सकता है, उसे वह करने के लिए तत्पर रहता है। टाईस तथा उनके सहयोगियों (Tice et al., 2000) ने इन पूर्वकथनों की जाँच के लिए एक बहुत ही महत्त्वपूर्ण प्रयोग किया है जिसका वर्णन यहाँ अपेक्षित है। इस अध्ययन में सहभागियों (partcipants) के एक समूह में कुछ सहभागियों में उत्तम मनोदशा (good mood) तथा कुछ अन्य सहभागियों में खराब मनोदशा (bad mood) उत्पन्न किया गया। उत्तम मनोदशा तथा खराब मनोदशा की उत्पत्ति उनमें कुछ विशेष कहानी सुनाकर किया गया था। इसके बाद एक अवस्था में उनसे कहा गया कि उनकी मनोदशा में परिवर्तन होगा तथा दूसरी अवस्था में फिर रखे गए सुगंधित मोमबत्ती के जलने के कारण उनकी मनोदशा में नाम मात्र का ही परिवर्तन हो सकता है या नहीं भी हो सकता है। इसके बाद सहभागियों से कहा गया कि आप लोगों पर एक बुद्धि परीक्षण का क्रियान्वयन किया जाएगा और उन्हें अपने निष्पादन के बारे में पुनर्निवेशन (feedback) भी मिलेगा। परीक्षण प्रारम्भ होने के पहले उन्हें 15 मिनट का एक अभ्यास सत्र (practice session) भी दिया जाएगा। इसके बाद प्रयोगकर्त्ता कमरा में ही सहभागियों को छोड़कर चले गए जहाँ अभ्यास तथा विकर्षक (distractors) के लिए पर्याप्त सामग्रियाँ उपलब्ध थीं। यहाँ विकर्षक कार्य से तात्पर्य वैसे कार्यों से था जिसपर सहभागी (बुद्धि परीक्षण के अलावा) कार्य कर सकते थे। आधे सहभागियों के लिए विकर्षक कार्य काफी आकर्षक एवं प्रलोभन उत्पन्न करने वाले थे क्योंकि उनमें विडियो खेल, लोकप्रिय मैगजिन, तथा चुनौती प्रदान करने वाला पहेली (puzzle) आदि रखे गए थे जबकि आधे सहभागियों के लिए ऐसे विकर्षक कार्य कम आकर्षक तथा प्रलोभन उत्पन्न करने वाले होते थे क्योंकि वे प्लास्टिक के खिलौने जिससे छोटे बच्चे खेलते हैं तथा बहुत पुराने मैगजिन आदि के रूप में थे। यहाँ महत्त्वपूर्ण प्रश्न था। क्या खराब मनोदशा वाले सहभागी उत्तम मनोदशा वाले सहभागी की तुलना में विकर्षकों (distractors) के साथ अभ्यास का अधिक समय बिताएँगे? उससे भी महत्त्वपूर्ण प्रश्न यह था कि क्या ऐसी प्रक्रिया सिर्फ उसी अवस्था में होगी जिसमें सहभागियों को यह विश्वास था उसकी मनोदशा में परिवर्तन होगी? टाईस तथा उनके सहयोगियों का प्राक्कल्पना (hypothesis) यह था कि खराब मनोदशा में सहभागियों द्वारा अधिक समय विकर्षक के साथ तभी बिताया जाएगा जब उन्हें यह विश्वास हो कि ऐसा करने की उनकी मनोदशा परिवर्तित होकर उत्तम हो जाएगी। परिणाम में इस प्राक्कल्पना की सम्पुष्टि की गयी क्योंकि इसमें स्पष्टतः देखा गया कि व्यक्ति में प्रलोभन के प्रति आकर्षित होने तथा निषिद्ध आनन्द (forbidden pleasure) में सम्मिलित होना जो एक संज्ञानात्मक प्रविधि है तथा जिसके माध्यम से व्यक्ति किसी दुःख की घड़ी की नकारात्मक भावों को कम करता है। यह एक सुनियोजित एवं चेतन स्तर पर किया गया प्रयास होता है न कि अपने आवेगों को नियंत्रित न रखने की क्षमता या अभिप्रेरण की कमी के कारण होता है।

स्पष्ट हुआ कि भाव एवं मनोदशा तथा संज्ञान के बीच दो तरफा सम्बन्ध है। दोनों ही एक दूसरे को प्रभावित करते हैं।

सामाजिक प्रत्यक्षण के अर्थ एवं स्वरूप
(Meaning and Nature of Social Perception)

जब हम किसी वस्तु या व्यक्ति का प्रत्यक्षण करते हैं, तो उसके सामाजिक अर्थ (social meaning) से भी प्रभावित होते हैं। प्रायः जब व्यक्ति किसी वस्तु का प्रत्यक्षण करता है, वह अपने सामाजिक मानकों एवं सांस्कृतिक मूल्यों से प्रभावित होता है। जब वह किसी दूसरे व्यक्ति का प्रत्यक्षण करता है, तो वह उसके बारे में तरह-तरह के अनुमान लगाता है। जैसे-व्यक्ति यह अनुमान लगा सकता है कि वह व्यक्ति किस तरह का होगा तथा वह दूसरों के साथ कैसा व्यवहार करेगा, आदि-आदि। विस्तृत अर्थ में (broadly) इन सभी का अध्ययन सामाजिक प्रत्यक्षण (social perception) कहलाता है।

समाज मनोविज्ञान में सामाजिक प्रत्यक्षण (social perception) का प्रयोग मुख्यतः दो अर्थों में किया जाता है, पहले अर्थ में इसमें उन सभी व्यक्तिगत (personal) एवं सामाजिक (social) कारकों का अध्ययन किया जाता है जिनसे व्यक्ति का प्रत्यक्षण प्रभावित होता है। इसमें व्यक्ति की आवश्यकता (need), अभिप्रेरक (motives), मूल्य (values) तथा सांवेगिक अवस्थाओं (emotional states) द्वारा व्यक्ति का प्रत्यक्षण कैसे प्रभावित होता है, का अध्ययन किया जाता है। दूसरे अर्थ में सामाजिक प्रत्यक्षण में इस बात का अध्ययन किया जाता है कि प्रत्यक्षणकर्ता (perceiver) किस तरह से दूसरे व्यक्ति या व्यक्तियों के बारे में एक खास विचार या राय (impression) बनाता है और किस तरह से यह विचार उद्दीपक व्यक्ति (stimulus person) के गुणों, समाज में उसका स्तर या पद (position) तथा प्रत्यक्षण (perceiver) के साथ उसका संबध (relanionship) आदि द्वारा प्रभावित होता है। दूसरों के बारे में एक खास राय या विचार बना लेने की इस प्रक्रिया को व्यक्ति प्रत्यक्षण (person perception) कहा जाता है।

स्पष्ट है कि सामाजिक प्रत्यक्षण (social perception) एक विस्तृत पद (broad term) है जिसमें निम्नांकित विशेषताएँ (characteristics) होती है—

(1) सामाजिक प्रत्यक्षण (social perception) में उन प्रक्रमों का अध्ययन किया जाता है जिसके सहारे आवश्यकता, मूल्य (value) तथा सांवेगिक कारकों का प्रत्यक्षण पर पड़नेवाले प्रभावों का अध्ययन किया जाता है। अतः इसमें प्रत्यक्षणात्मक सुरक्षा (perceptual defense), प्रत्यक्षणात्मक बलाघात (perceptual accentuation) तथा अवचेतन प्रत्यक्षण (subliminal perception) आदि का अध्ययन किया जाता है।

(2) सामाजिक प्रत्यक्षण में व्यक्ति प्रत्यक्षण (person perception) भी सम्मिलित होता है।

(3) सामाजिक प्रत्यक्षण (social perecption) में मूलतः एक सामाजिक संज्ञान (social cognition) की प्रक्रिया होती है।

इन सभी विशेषताओं को ध्यान में रखते हुए तब यह कहा जा सकता है कि सामाजिक प्रत्यक्षण सचमुच में सामाजिक चिंतन का एक ऐसा पहलु है जिसके माध्यम से हमलोग दूसरों को समझने एवं उसके बारे में जानने की कोशिश करते हैं।

व्यक्ति प्रत्यक्षण का अर्थ एवं स्वरूप
(Meaning and Nature of Person Perception)

सामाजिक प्रत्क्षण (social perception) का एक महत्त्वपूर्ण पहलू व्यक्ति प्रत्यक्षण (person perception) होता है। व्यक्ति प्रत्यक्षण (person perception) वस्तुओं के प्रत्यक्षण Perception of objects) से कई अर्थों में भिन्न है। जैसे, व्यक्ति प्रत्यक्षण (person perception) में किसी जीते-जागते व्यक्ति का प्रत्यक्षण होता है, किसी निर्जीव वस्तु का नहीं। अतः व्यक्ति प्रत्यक्षण हमारे उन अनुक्रियाओं को प्रभावित करता है जिसके कारण हमारे प्रति उस व्यक्ति का व्यवहार भी प्रभावित होता है।

जब हम किसी अन्य व्यक्ति के संपर्क में आते हैं तो यह जानने की कोशिश करते हैं कि वह दूसरा व्यक्ति कैसा है, उसकी मनोवृत्ति (attitude), विचार आदि क्या है, उसकी विशेषताएँ क्या हैं, उसे कौन-कौन-सी चीजें अभिप्रेरित करती है आदि-आदि। दूसरे शब्दों में, हम दूसरे व्यक्ति के बारे में एक विचार या छवि (impression) बनाते हैं। दूसरे के बारे में छवि (imperssion) बनाने की इस प्रक्रम को *छवि निर्माण* (impression formation) कहा जाता है और

इसे ही व्यक्ति प्रत्यक्षण (person perception) के नाम से जाना जाता है। इसी अर्थ में **सेकर्ड** तथा **बैकमैन**[1] (Secord & Backman, 1964) ने व्यक्ति प्रत्यक्षण (person perception) को परिभाषित करते हुए कहा है, ''व्यक्ति प्रत्यक्षण एक ऐसी प्रक्रिया पर प्रकाश डालता है जिसके सहारे अन्य व्यक्तियों के बारे में कुछ विचारों मतों एवं भावनाओं का निर्माण किया जाता है।''

फेल्डमैन[2] (Feldman, 1985) के शब्दों में, ''दूसरों के संबंध में समस्त छवि बनाने में विशिष्ट शीलगुणों पर व्यक्ति द्वारा जिस ढंग से ध्यान केन्द्रित किया जाता है, उसे व्यक्ति प्रत्यक्षण (person perception) कहा जाता है।''

इन परिभाषाओं का विश्लेषण करने पर हमें व्यक्ति प्रत्यक्षण के स्वरूप (nature) के बारे में कुछ महत्त्वपूर्ण तथ्य प्राप्त होते हैं जो निम्नांकित हैं—

(i) व्यक्ति प्रत्यक्षण में एक व्यक्ति दूसरे व्यक्ति का न कि किसी निर्जीव वस्तु का प्रत्यक्षण करता है। इस तरह से व्यक्ति प्रत्यक्षण (person perception) निर्जीव वस्तु के प्रत्यक्षण (perception of objects) से भिन्न होता है।

(ii) व्यक्ति प्रत्यक्षण में एक व्यक्ति दूसरे व्यक्ति के संबंध के बारे में उसके शीलगुणों के आधार पर एक छवि (impression) का निर्माण करता है। यही कारण है कि व्यक्ति प्रत्यक्षण को छवि निर्माण (imperssion formation) की प्रक्रिया भी कहा जाता है। इसे निर्णय प्रक्रिया (judgement process) भी कहा जाता है क्योंकि इसमें व्यक्ति को अन्य व्यक्तियों के बारे में कुछ खास-खास तरह का निर्णय भी करता है।

(iii) व्यक्ति प्रत्यक्षण एक तरह का अन्वैयक्तिक प्रत्यक्षण (interpersonal perception) होता है क्योंकि जब एक व्यक्ति किसी दूसरे व्यक्ति के बारे में एक छवि (imperssion) का निर्माण करता है तो दूसरा भी पहले के बारे में एक विशेष छवि का निर्माण करता है। इसी अन्तर्वैयक्तिक प्रत्यक्षण (iterpersonal procees) का परिणाम यह होता है कि कथित प्रत्यक्षण संचार प्रक्रिया (communication process), सामाजिक अंत:क्रिया (social interaction) का एक प्रमुख निर्धारक बनता है।

(iv) व्यक्ति प्रत्यक्षण में परिवर्तनशीलता एवं जटिलता का गुण पाया जाता है। जीवन की अनुभूतियों में परिवर्तन होने के साथ-साथ व्यक्ति प्रत्यक्षण (person perception) प्रभावित हो जाता है। व्यक्ति प्रत्यक्षण में जटिलता इसलिए होती है क्योंकि इसका निर्धारण मूलतः जीवन के नयी-नयी अनुभूतियों (experiences) एवं मनोवैज्ञानिक कारणों से होता है जिसके बारे में स्वयं व्यक्ति को ही कुछ निश्चित निष्कर्ष पर पहुँचना एक कठिन कार्य होता है।

(v) व्यक्ति प्रत्यक्षण से प्रत्यक्षणकर्त्ता (perceiver) की मनोवृत्तियों (attitudes), मानसिक झुकावों तथा मूल तंत्रों का पता चलता है क्योंकि इन सबका स्पष्ट प्रभाव व्यक्ति प्रत्यक्षण (person perception) पर पड़ता है।

(vi) कार्यात्मक कारकों (functional factors) के सक्रिय होने के कारण व्यक्ति प्रत्यक्षण (person perception) में अस्पष्टता (vagueness) अधिक होती है।

स्पष्ट हुआ कि व्यक्ति प्रत्यक्षण (person perception) का स्वरूप जटिल होता है। फिर भी इसे सामाजिक अंत:क्रिया (social interaction) का एक महत्त्वपूर्ण निर्धारक माना गया है तथा छवि निर्माण (impression formation) की एक प्रक्रिया के रूप में इसकी महत्ता अधिक बतलायी है।

व्यक्ति प्रत्यक्षण के सामान्य नियम
(General Principles of Person Perception)

व्यक्ति प्रत्यक्षण में कम-से-कम छह सामान्य नियमों को ध्यान में रखा जाता है जो इस प्रकार है—

(1) व्यक्ति दूसरे व्यक्ति के बारे में न्यूनतम सूचना के आधार पर एक छवि का निर्माण करके उसके बारे में कुछ शीलगुणों के होने का अनुमान लगा लेता है।

---

1. "Person perception focuses on the procees by which inperssions, opinions or feelings about other persons are formed."
—Secord & Backman : *Social Psychology,* 1964 p. 49.

2. "Person perception refers to the way individuals focus on specific traits to form overall impression of others."
—Feldman : *Social Psychology* : 1985, p. 77.

(2) व्यक्ति प्रत्यक्षण में व्यक्ति दूसरे व्यक्ति के प्रत्येक विशिष्टता (feature) पर ध्यान न देकर उसके सबसे महत्त्वपूर्ण विशिष्टता पर ध्यान देता है। दूसरे शब्दों में, व्यक्ति के उस गुण पर अधिक ध्यान दिया जाता है जो उसे असाधारण या भिन्न करता है।

(3) व्यक्ति प्रत्यक्षण में दूसरों के बारे में जिन सूचनाओं को संसाधित किया जाता है, उनके व्यवहार में एक सुसंगत (coherent) अर्थ ढूँढा जाता है। इस तरह के प्रत्यक्षण में एक सीमा तक व्यक्ति के व्यवहार के संदर्भ (context) का उपयोग उस अर्थ को ढूँढने में किया जाता है।

(4) व्यक्ति अपना स्थायी संज्ञानात्मक संरचनाओं (cognitive structures) का उपयोग करके दूसरे व्यक्ति के व्यवहार को समझने की कोशिश करता है। जैसे, यदि किसी व्यक्ति को एक मेडिकल डॉक्टर के रूप में पहचान किये जाने पर हमलोग अपने संज्ञान में डॉक्टर के बारे में पहले से संचित सूचनाओं का उपयोग करके उसके गुणों तथा उसके व्यवहार को समझने की कोशिश करते हैं।

(5) व्यक्ति प्रत्यक्षण में व्यक्ति दूसरे व्यक्ति को समूहीकृत (categorise) करके उसके बारे में एक छवि का निर्माण करता है। यहाँ व्यक्ति जिस दूसरे व्यक्ति के बारे में छवि का निर्माण करता है, उसे वह एक अलग व्यक्ति के रूप में प्रत्यक्षण न करके किसी समूह के सदस्य के रूप में प्रत्यक्षण करता है। जैसे, रेलवे स्टेशन पर किसी व्यक्ति को काला कोट और उजला पैंट पहने देखकर उसे टिकट परीक्षक (Ticket Examiner) या टिकट संग्राहक (Ticket collector) के रूप में प्रत्यक्षण करते हैं हालाँकि उसमें कुछ ऐसे गुण हो सकते हैं जो उसे अन्य टिकट संग्राहक या परीक्षक से भिन्न करता हो।

(6) व्यक्ति की अपनी आवश्यकता (need) तथा वैयक्तिक लक्ष्य इस बात को प्रभावित करता है कि वह दूसरों को किस तरह से प्रभावित करता है। जैसे, आप किसी ऐसे व्यक्ति के बारे में जिससे पहली बार मिले हो, एक ऐसा छवि का निर्माण करेंगे जो अपने पड़ोसी के छवि से भिन्न होगा।

स्पष्ट हुआ कि व्यक्ति प्रत्यक्षण में कुछ सामान्य नियमों का पालन किया जाता है।

छवि निर्माण में सूचना संसाधन
(Information Proccessing in Impression Formation)

समाज मनोवैज्ञानिकों के अध्ययनों से यह स्पष्ट हो गया कि छवि निर्माण (impression formation) उन सूचनाओं (formation) द्वारा भी प्रभावित होता है जो किसी एक व्यक्ति को दूसरे व्यवित के बारे में प्राप्त होता है। सूचना प्राप्त करनेवाला व्यक्ति इन सूचनाओं को भिन्न-भिन्न ढंग से संसाधित (processing) करता है और उनके आधार पर उस व्यक्ति के बारे में एक निश्चित छवि(impression)का निर्माण करता है। इसे सूचना संसाधन(infomation processing) की प्रक्रिया कहा जाता है। इस प्रक्रिया में आने वाले प्रमुख कारक निम्नांकित हैं—

1. सूचना की बहुइकाइयाँ *(Multiple units of Information)*—अक्सर किसी व्यक्ति को दूसरे व्यक्ति के बारे में कई तरह की सूचनाएँ मिलती हैं। व्यक्ति इन सूचनाओं को संकलित (integrate) करके उसके आधार पर छवि निर्माण (impression formation) करता है। समाज मनोवैज्ञानिकों ने अपने शोधों के आधार पर दो अलग-अलग मॉडल (models) बनाया है जो इस बात की व्याख्या करता है कि इन सूचनाओं के विभिन्न इकाइयों को आपस में मिलाकर व्यक्ति उस व्यक्ति के बारे में छवि निर्माण कैसे करता है जिसके बारे में उसे सूचना मिली है। ऐसे दो मॉडल हैं—

(i) योगात्मक मॉडल (Additive Model) तथा

(ii) औसत मॉडल (Averaging Model)

(i) योगात्मक मॉडल (Additive model) का प्रतिपादन एण्डरसन (Anderson, 1965) द्वारा किया गया। यह मॉडल यह बतलाता है कि मिलने वाली सूचना के विभिन्न इकाइयों (units) को व्यक्ति एक साथ जोड़ देता है और इसके आधार पर वह उस व्यक्ति के बारे में एक निश्चित छवि (impression) का निर्माण करता है जिसके बारे में यह सूचना दी गयी थी। उदाहरण के लिए मान लिया जाय कि कोई विद्यार्थी अपने नये सहपाठी (class fellow) का रेटिंग 1 से 10 बिन्दु पर चार शीलगुणों (traits) के आधार पर इस प्रकार प्रकट करता है—बुद्धि (intelligence) = 9, आकर्षकता (attractiveness) = 8, उत्तरदायित्व (responsibility) = 9 तथा अदोस्ताना (unfriendliness) = 2।

योगात्मक मॉडल के अनुसार इन सभी को जोड़ने से 9 + 8 + 9 + 2 = 28 होगा और विद्यार्थी इसी के आधार पर सहपाठी के बारे में विचार या छवि का निर्माण करेगा। इस मॉडल से यह स्पष्ट है कि प्रत्येक अतिरिक्त धनात्मक शीलगुण (additional positive traits) के जोड़ने से व्यक्ति की छवि उस व्यक्ति के प्रति धनात्मक हो जायेगी जिसके बारे में उसे एक छवि या विचार का निर्माण करना है।

(ii) औसत मॉडल (aveaging model) का भी प्रतिपादन एण्डरसन (Anderson, 1974) द्वारा ही किया गया था। यह मॉडल या बतलाता है कि लक्ष्य व्यक्ति (target person) के बारे में मिली सूचनाओं के रेटिंग को व्यक्ति जोड़ता नहीं है बल्कि उनका एक औसत (average) ज्ञात करता है और उसी के आधार पर लक्ष्य व्यक्ति (target person) के बारे में छवि निर्माण (impression formation) करता है। उदाहरण के लिए मान लिया जाय कि उपर्युक्त उदाहरण में यदि एक और शीलगुण यानी जिद्दीपन्ना (stubborness) को जोड़ दिया जाता है और उसका रेटिंग थोड़ी देर के लिए मान लिया जाये कि 2 होता है, तो योगात्मक मॉडल के अनुसार उस विद्यार्थी का सहपाठी के प्रति कुल प्राप्तांक 28 से बढ़कर 28 + 2 = 30 हो जायेगा अर्थात विद्यार्थी का सहपाठी के प्रति पहले से और अधिक अनुकूल छवि(favourable impression) हो जायेगा। परंतु औसत मॉडल के अनुसार पहली परिस्थिति में (9 + 8 + 9 + 2) ÷ 4 = 28 ÷ 4 = 7 कुल प्राप्तांक होगा तथा 'जिद्दीपन' के लिए 2 जोड़ने के बाद औसत प्राप्तांक (9 + 8 + 9 + 2 + 2) ÷ 5 = 30 ÷5 = 6 हो जायेगा। स्पष्ट है कि औसत मॉडल के अनुसार कुल प्राप्तांक 7 से घटकर 6 हो जायेगा। फलतः विद्यार्थी की समस्त विचार (overall imperssion) अपने सहपाठी के प्रति पहले की तुलना में कम अनुकूल हो जायेगा।

इन दोनों मॉडल (models) में कौन उत्तम है ? इस प्रश्न को लेकर मनोवैज्ञानिकों द्वारा कई तरह के शोध किये गये हैं। इन शोधों से यह स्पष्ट हो गया है कि प्रायः व्यक्ति औसत मॉडल के ही अनुसार व्यक्ति के बारे में विचार निर्माण (impression formation) करता है। हालाँकि कुछ अध्ययन ऐसे हुए हैं जिनमें योगात्मक मॉडल (additive model) को ही अधिक समर्थन मिल पाया है। इन अध्ययनों में एण्डरसन (Anderson, 1962), फिशवि तथा हंटर (Fishbein & Hunter, 1964) द्वारा किये गये अध्ययन काफी मशहूर है। एण्डरसन (Anderson, 1974) ने कई ऐसे अध्ययनों की समीक्षा (review) किये हैं जिसमें योगात्मक मॉडल तथा औसत मॉडल (averaging model) का तुलनात्मक अध्ययन किया गया था। समीक्षा के आधार पर वे इस निष्कर्ष पर पहुँचे कि अधिकतर अध्ययनों में औसत मॉडल (averaging model) को योगात्मक मॉडल (additive model) से उत्तम माना गया है। अतः निष्कर्ष यह हुआ कि व्यक्ति सूचनाओं के विभिन्न इकाइयों का औसत(average) ज्ञात करके ही एक समस्त विचार(overall impression) का निर्माण करता है।

2. प्राप्त किये गये सूचना के क्रम *(Order of the information received)*—समाज मनोवैज्ञानिकों के अध्ययनों से यह स्पष्ट हो गया है कि व्यक्ति को लक्ष्य व्यक्ति[1] (target person) के प्रति मिलने वाले सूचनाओं (information) के क्रम (sequence) का भी प्रभाव छवि निर्माण (information formation) पर पड़ता है। लक्ष्य व्यक्ति के बारे में जिस तरह की सूचना व्यक्ति को पहले प्राप्त हो जाती है, उसके बारे में वैसे ही छवि (impression) का निर्माण हो जाता है। बाद में मिलने वाली सूचनाएँ उतनी प्रभावकारी नहीं हो पाती है। पहले तरह के प्रभाव को *प्राथमिकी प्रभाव* (primacy effect) तथा दूसरे तरह के प्रभाव की *अभिनवता प्रभाव* (recency effect) कहा जाता है। ऐश (Asch, 1946) ने एक अत्यंत ही महत्त्वपूर्ण प्रयोग इस विषय पर किया है। इस प्रयोग में दो क्रमों (sequences) में किसी व्यक्ति के बारे में एक ही तरह की सूचनाओं को प्रयोज्यों के दो समूहों को दिया गया। सूचना के रूप में 6 शीलगुणों का उल्लेख किया गया। पहले समूह को जो सूचना दी गयी उसमें धनात्मक शीलगुण (positive traits) को पहले रखा गया जो इस प्रकार थे—

बुद्धिमान (intelligent), मेहनती (industrious), आवेगशील (impulsive), विवेचनात्मक (critical), जिद्दी (stubborn) तथा डाही (envious) ।

प्रयोज्य के दूसरे समूह को भी यही सूचना दी गयी परंतु विलोम क्रम (opposite sequence) में जिसके कारण सभी ऋणात्मक शीलगुण (negative traits) पहले हो गये। जैसे—

---

1. लक्ष्य व्यक्ति (target person) उस व्यक्ति को कहा जाता है जिसके बारे में एक विचार या छवि का निर्माण होता है।

डाही(envious),जिद्दी(stubborn),विवेचनात्मक(critical),आवेगशील(impulsive),मेहनती(industrious) तथा बुद्धिमान (intelligent) ।

परिणाम में पाया गया कि पहले समूह के प्रयोज्यों द्वारा व्यक्ति के बारे में एक अनुकूल धारणा (favourable impression) के निर्माण हुआ और दूसरे समूह के प्रयोज्यों द्वारा एक प्रतिकूल धारणा (unfavourable impression) का निर्माण हुआ। ऐश (Asch, 1964) के इस प्रयोगात्मक अध्ययन का समर्थन केली (Kelley, 1950) तथा लूचिन्स (Luchins, 1975) आदि अध्ययनों द्वारा किया गया। ऐश ने अपने प्रयोग के परिणाम की व्याख्या करते हुए कहा है कि ऐसा इसलिए होता है कि पहले क्रम (sequence) की सूचनाओं से व्यक्ति के मन में एक खास तरह की तत्परता (set) पैदा हो जाती है जो बाद में दी गई सूचनाओं की व्याख्या (interpretation) को भी अपने रंग में रंग देती है। कुछ मनोवैज्ञानिकों ने ऐश की व्याख्या से अलग व्याख्या दी है। इन लोगों का मत है कि बाद में दी गई सूचनाओं पर व्यक्ति पहले दी गई सूचनाओं की तुलना में कम ध्यान(attention)देता है। यही कारण है कि छवि निर्माण(impression formation) में पहले दी गई सूचनाओं का महत्त्व बाद में दी गई सूचनाओं के महत्त्व की तुलना में अधिक होता है। एण्डरसन तथा बैरिओस (Anderson & Barrios, 1961) ने अपने अध्ययन के आधार पर बतलाया है कि जब व्यक्ति को बहुत सारी सूचनाएँ दी जातीं हैं, तो वैसी अवस्था में पहले दी गई सूचनाओं को व्यक्ति भूल जाता है और बाद में दी गई सूचनाओं के अनुरूप ही लक्ष्य व्यक्ति (target person) के बारे में एक छवि का निर्माण करता है। एण्डरसन तथा बैरिओस (Andeson & Barrios, 1961) के प्रयोग में देखा गया कि प्रारंभ में दी गई सूचनाओं के आधार पर व्यक्ति एक छवि का निर्माण किया परंतु जैसे-जैसे व्यक्ति को और अधिक सूचनाएँ दी गयीं उसमें प्राथमिकी प्रभाव (primacy effect) कम गया।

3. धनात्मक तथा ऋणात्मक सूचना *(Positive and Negative Information)*—कभी-कभी व्यक्ति को लक्ष्य व्यक्ति (target person) के बारे में धनात्मक सूचना (positive inforamation) तथा ऋणात्मक सूचना (negative information)दोनों ही प्राप्त होते हैं। ऐसी परिस्थिति में जैसा कि कई मनोवैज्ञानिकों जैसे—रिश्की तथा विर्नवॉम(Riskey & Birnbaum, 1974) एवं विर्नवॉम (Birnbaum, 1972, 1973) ने अपने अध्ययन में पाया है कि नकारात्मक या ऋणात्मक सूचनाएँ लक्ष्य व्यक्ति के बारे में छवि निर्माण(impression formation) में धनात्मक या स्वीकारात्मक सूचनाओं (positive information) की तुलना में अधिक प्रभावकारी होते हैं। इसका कारण बतलाते हुए मनोवैज्ञानिकों ने कहा है कि धनात्मक व्यवहार वस्तुतः सामाजिक मानक (social norms) के दबाव में आकर व्यक्ति करता है। अतः इससे उसके व्यक्तिगत विशेषताओं की वास्तविकता का पता नहीं चलता है। परंतु नकारात्मक व्यवहार(negative behaviour) मुख्य भूमिका (role) से परे व्यवहार होता है जिससे व्यक्ति के व्यक्तिगत विशेषताओं की वास्तविकता का पता चल जाता है। इतना ही नहीं, नकारात्मक शीलगुण तुलनात्मक रूप से अधिक असाधारण (unusual) होने के कारण विशिष्ट (distinctive) भी होते हैं। अतः प्रत्यक्षणकर्त्ता इस पर अधिक ध्यान देता है तथा इसे तुलनात्मक रूप से अधिक महत्त्व देता है। बौन्क (Vonk, 1993) का मत है कि अन्य चीजें समान रहने पर नकारात्मक शीलगुण धनात्मक शीलगुण की तुलना में छवि निर्माण को अधिक प्रभावित करता है। इसे *नकारात्मकता प्रभाव* (negativity effect) की संज्ञा दी गयी है।

4. संगतता प्रदान करना *(Imputing consistencies)*—सामान्यतः व्यक्ति दूसरे व्यक्ति के बारे में एक संगत छवि (consistent impression) का निर्माण करता है। एक संगत छवि का निर्माण की प्रवृत्ति उस परिस्थिति में भी होती है जब उसके पास दूसरे व्यक्ति के बारे में थोड़ी ही सूचना उपलब्ध होती है। जब प्रत्यक्षणकर्त्ता किसी व्यक्ति को 'अच्छा' या 'बुरा' के रूप में देखता है, तो उसमें वह अन्य शीलगुणों को उसके अनुरूप होने का अनुमान लगा लेता है। इस तरह के मूल्यांकन प्रवृत्ति (evaluative tendency) को *खोखला प्रभाव* (halo effect) की संज्ञा दी गयी है। जैसे, यदि प्रत्यक्षणकर्त्ता लक्ष्य व्यक्ति को पसंद करता है, तो वह उसे आकर्षक (attractive), बुद्धिमान, उदार एवं स्नेहमयी होने का भी अनुमान लगा लेता है। उसी तरह से यदि वह उसे पसंद नहीं करता है, तो वह उसे कुरूप, बदमाश, दक्षताहीन (inept) आदि होने का अनुमान लगा लेता है।

स्पष्ट हुआ कि व्यक्ति प्रत्यक्षण (person perception) या छवि निर्माण (impression formation) में व्यक्ति को लक्ष्य व्यक्ति (target person) के बारे में कई ढंग की सूचना मिलती है और फिर वह उसे खास तरह से संसाधित (processing) करता है।

व्यक्ति प्रत्यक्षण में अशाब्दिक संकेत का महत्त्व
(Role of Non-verbal Cues in Person Perception)

समाज मनोवैज्ञानिकों द्वारा किये गये अध्ययनों से यह स्पष्ट हो जाता है कि व्यक्ति प्रत्यक्षण (person perception) या छवि निर्माण (impression formation) में लक्ष्य व्यक्ति (target person) से मिलने वाला अशाब्दिक संकेत (nonverbal behaviour) या अशाब्दिक संकेत (nonverbal cues) का महत्त्व काफी होता है। अशाब्दिक संकेत (nonverbal cues) या अशाब्दिक सूचनाओं (nonverbal information) में वे सारी सूचनाएँ आती हैं जो लक्ष्य व्यक्ति (target person) के आनन अभिव्यक्ति (facial expression), शारीरिक डीलडौल (body build), अभिव्यक्तात्मक मुद्राएँ (expressive postures), पराभाषा (paralanguage) आदि से संबंधित होते हैं। इसमें आनन अभिव्यक्ति, शारीरिक डील-डौल, अभिव्यक्तात्मक मुद्राएँ (extressive postures) आदि को अशाब्दिक संचार (non verbal communication) का *दृश्य माध्यम* (visible channel) तथा शब्दों जैसे उसके तारत्व (pitch) या प्रबलता (loudness) को छोड़कर किये गए संभाषण (speech) से प्राप्त सूचनाओं को अशाब्दिक संचार का *पराभाषाई माध्यम* (paralanguistic channel) कहा जाता है।

व्यक्ति प्रत्यक्षण (person perception) में अशाब्दिक संकेत (nonverbal cues) का महत्त्व कई कारणों से अधिक बतलाया गया-है। इन कारणों में निम्नांकित प्रमुख हैं—

(i) आमने-सामने की अंतः क्रिया (interaction) में जहाँ शाब्दिक व्यवहार (verbal behaviour) मुख्य रूप से संचार (communication) का माध्यम होता है, कभी-कभी व्यक्ति आसानी से अपने वास्तविक भावनाओं को अभिव्यक्ति न करके उसे छिपा लेता है। फिर भी ऐसी परिस्थिति में व्यक्ति अपने कुछ अशाब्दिक व्यवहार (nonverbal behaviour) के माध्यम से इन भावनाओं की अभिव्यक्ति बहुत हद तक कर देता है। फलस्वरूप ऐसे अशाब्दिक संकेतों (nonverbal cues) के आधार पर लक्ष्य के बारे में छवि निर्माण (impression formation) में काफी मदद मिलती है।

(ii) वैसी परिस्थिति में जहाँ लक्ष्य व्यक्ति (target person) के बारे में अधिक सूचनाएँ (information) किसी कारण से प्रत्यक्षणकर्त्ता (perceiver) को प्राप्त नहीं हो पाता है, वहाँ ऐसे अशाब्दिक संकेत छवि निर्माण के लिए काफी महत्त्वपूर्ण माने जाते हैं।

(iii) अशाब्दिक संकेतों (nonverbal cues) का व्यक्ति प्रत्यक्षण में इसीलिए भी महत्त्व है क्योंकि इन संकेतों के आधार पर प्रत्यक्षणकर्ता (perceiver) कुछ उन चरों (variables) की पहचान आसानी से कर लेता है जो आसानी से आमने-सामने की परिस्थिति की जटिलता से दबे हुए थे।

उपर्युक्त कारणों से अशाब्दिक संकेत (nonverbal cues) का महत्त्व व्यक्ति प्रत्यक्षण में काफी बतलाया गया है। अशाब्दिक व्यवहारों (nonverbal behaviours) में मुख्य रूप से निम्नांकित व्यवहारों का अध्ययन विशेष रूप में किया गया है—

1. शारीरिक डील-डौल एवं रूप-रंग *(Body build and Physical qppearence)*—व्यक्ति के शारीरिक डील-डौल देखकर उसमें कुछ खास-खास शीलगुणों (traits) के होने का अंदाज आसानी से लगाया जाता है। इस सिलसिले में क्रेश्चमर (Krestcmer, 1925) तथा शेल्डन एवं स्टीवेन्स (Sheldon & Stevens, 1942) द्वारा किये गये कार्य काफी महत्त्वपूर्ण हैं। इन लोगों के अध्ययन के अनुसार नाटे-मोटे व्यक्ति प्रायः आराम-पसंद एवं सुस्त प्रकृति के होते हैं। गठीले मासंपेशियों वाले व्यक्ति अधिक फुर्तीले एवं कर्मठ (energetic) समझे जाते हैं, उसी तरह से दुबले-पतले डील-डौल वाले व्यक्ति लजालु एवं शंकालु प्रकृति के समझे जाते हैं। इन लोगों के विचार से स्पष्ट हो जाता है कि विचार या छवि (impression) के निर्माण में शारीरिक डील-डौल का महत्त्व काफी होता है। इसी प्रकार समाज में आँख, नाक एवं होंठ की बनावट से संबंधित कुछ रूढ़ियुक्तियाँ (stereotypes) हैं जिनके आधार पर भी हम दूसरों के बारें में एक छवि का निर्माण करते हैं। एक रूढ़ियुक्ति यह भी है कि प्रायः ऊँचे माथे वाले व्यक्ति अधिक बुद्धि के होते हैं। दूसरी रूढ़ियुक्ति यह भी है कि मोटे होठ वाले व्यक्ति कम बुद्धि के परंतु उच्छृंखल प्रकृति के होते हैं। कुछ ऐसे अध्ययन भी हुए हैं जिनसे यह पता चलता है कि आँख, नाक, होठ आदि के बनावट के आधार पर व्यक्ति एक खास तरह की छवि का निर्माण करता है। सेकर्ड तथा मूथार्ड (Secord & Muthard, 1955) ने अपने अध्ययन में पाया कि वैसी महिलाएँ जिनकी आंखें छोटी, मुँह गोल एवं आकर्षक, त्वचा मुलायम तथा होठ पर पर्याप्त लिपिस्टिक होता है, उनके बारे में

सामान्यतः यह समझा जाता है कि स्त्रैण (feminine) गुणों से परिपूर्ण होगी तथा लैंगिक रूप से आकर्षक (sexually attractive) होगी। उसी तरह से एक दूसरा अध्ययन सेकर्ड, डियूक्स तथा विभान (Secord, Dukes & Bevan, 1954) द्वारा किया गया जिसमें यह पाया गया कि जिन पुरुषों के त्वचा एवं भौह मोटे होते हैं, लंबे आकार का चेहरा एवं त्वचा का रंग अधिक श्याम होता है, वे अधिक आक्रोशी (hostile)] तुनुकमिजाजी, धूर्त्त एवं गर्वीला (conceited) प्रकृति के होते हैं।

2. आनन अभिव्यक्ति, संवेग एवं मन:स्थिति *(Facial experssions, Emotions and Moods)*—समाज मनोवैज्ञानिकों द्वारा किये गये शोधों के आधार पर यह स्पष्ट हो गया है कि हमलोग बहुत हद तक लक्ष्य व्यक्ति (target person) द्वारा दिखलाये गये आनन अभिव्यक्ति (facial experssion) के आधार पर उस व्यक्ति के बारे में एक छवि या विचार (impression) का निर्माण कर पाते हैं। सामान्यतः आनन अभिव्यक्ति द्वारा व्यक्ति के प्रमुख संवेगों जैसे—आश्चर्य, क्रोध, घृणा, भय, दुःख तथा प्रसन्नता आदि की अभिव्यक्ति स्पष्ट रूप से होती है। एकमैन, फ्रीसेन तथा एल्सवर्थ (Ekman, Friesen & Ellsworth, 1982) ने अपने प्रयोगात्मक अध्ययन के आधार पर यह स्पष्ट कर दिया है कि व्यक्ति के चेहरे पर सिर्फ संवेग एवं उसकी मनोदशा (mood) आदि की ही परख नहीं होती है बल्कि अन्य तरह-तरह की सूचनाएँ भी मिलतीं हैं जिनसे उसके बारे में एक खास छवि (impression) बनाने में काफी मदद मिलती है। एकमैन(Ekman, 1972, 1973)ने संसार के कई संस्कृतियों से व्यक्तियों के आनन अभिव्यक्ति द्वारा दिखलाये जाने वाले संवेग का अध्ययन किये और इस निष्कर्ष पर पहुँचे कि इन सभी संस्कृति के लोगों द्वारा आनन अभिव्यक्ति करके करीब-करीब सभी प्रमुख संवेगों को आसानी से दिखलाया जाता है। अतः आनन अभिव्यक्ति द्वारा संवेग को दिखलाने की घटना को एक सार्वजनिक घटना (universal phenomenon) माना गया है। इन संवेगों को समझकर व्यक्ति आसानी से उसके बारे में यह छवि निर्माण कर लेता है कि लक्ष्य व्यक्ति लजालु, क्रोधी, संकोचशील आदि में से किस प्रकृति का है।

आनन अभिव्यवित (facial expression) द्वारा व्यक्ति के संवेग तथा मनोदशा (mood) को समझकर उसके बारे में एक धारणा या छवि (impression) का निर्माण करने में एक मूल कठिनाई जो सामने आती है वह यह है कि प्रायः व्यक्ति अपने संवेग को छिपा लेने में समर्थ हो जाता है और उसके जगह पर कोई दूसरा संवेग की अभिव्यक्ति भी कर सकने में समर्थ हो जाता है। फलतः सही छवि निर्माण में कुछ संशय की स्थिति बन जाती है।

3. नेत्र सम्पर्क *(Eye contact)*—नेत्र सम्पर्क के आधार पर भी छवि निर्माण होता है। जब लक्ष्य व्यक्ति प्रत्यक्षणकर्त्ता को सीधा एवं लम्बे समय तक एक टक देखता है, तो सामान्यतः इसका अर्थ यह निकाला जाता है लक्ष्यकर्त्ता या तो प्रेम दिखला रहा है या फिर धमकी (threat) दे रहा है। जैसे, एल्लसवर्थ एवं कार्लस्मीथ (Ellsworth & Carlsmith, 1973) ने अपने अध्ययन के आधार पर यह बतलाया कि जब दो खिलाड़ी खेल के मैदान में एक-दूसरे पर एकटक होकर देखता है, तो इससे धमकी देने का छवि निर्माण होता है। चाहे नेत्र सम्पर्क से प्रेम/दोस्ती का छवि निर्माण होता हो या धमकी का, दोनों में अधिकाधिक आवेष्टन (involvement) तथा उच्च सांवेगिक अंश (emotional content) का पता चलता है। दूसरे तरफ जब प्रत्यक्षणकर्त्ता से लक्ष्य व्यक्ति बातचीत करते समय नेत्र सम्पर्क हटा लेता है, तो इससे पता चलता है कि लक्ष्य व्यक्ति की अभिरुचि प्रत्यक्षणकर्त्ता में न के बराबर है। यही बात उस परिस्थिति में भी सत्य साबित होती है जब प्रत्यक्षणकर्त्ता लक्ष्य व्यक्ति से अपना नेत्र सम्पर्क हटाकर बातचीत करता है। परंतु इस तरह के नेत्र सम्पर्क से कभी-कभी कुछ दूसरे तरह का भी अर्थ निकलता है। जैसे, यदि कोई व्यक्ति किसी दूसरे व्यक्ति को बुरी खबर सुना रहा होता है या कोई दर्दनाक बातें (painful matter) कह रहा होता है, तो उस परिस्थिति में वह अपना नेत्र सम्पर्क हटा कर ही ऐसा करता है। नेत्र सम्पर्क की कमी का अर्थ कभी-कभी यह भी निकाला जाता है कि व्यक्ति या तो डरा हुआ है या शर्मीला है।

4. हाव-भाव, मुद्रा तथा गति-विधि *(Gestures, Postures and movements)*—कुछ समाज मनोवैज्ञानिकों का मत है कि हाव-भाव(gestures), मुद्रा(postures) तथा उसके गतिविधि से व्यक्ति के बारे में छवि निर्माण(impression formation) करने में विशेष मदद मिलती है। जब व्यक्ति झुककर धीरे-धीरे चलने की मुद्रा दिखलाता हो, तो यह समझा जाता है कि वह एक सुस्त (dull), जीवनहीन एवं मन्दित प्रकृति का व्यक्ति है। उसी तरह से जब व्यक्ति अनियमित गतिविधि (erratic movement) दिखलाता है, तो समझा जाता है कि वह व्यग्र प्रकृति का व्यक्ति है। उसी तरह जब कोई व्यक्ति प्रायः झटकेदार ढंग से हाथ मिलाता है, तो यह धारणा निर्माण की जाती है कि व्यक्ति में हार्दिकता(warmth)

की कमी है। उसी ढंग से यदि कोई व्यक्ति सीमित गतिविधि (movement) करते हुए अपने तौर-तरीके में ऐंठन दिखलाता है, तो यह समझा जाता है कि व्यक्ति अन्तर्मुखी (introvert) प्रकृति के हैं। एकमैन (Ekman, 1964) ने अपने अध्ययनों के आधार पर यह संपुष्टि किया है कि शरीर की गतिविधियों (body movements) के आधार पर अच्छा संकेत मिलता है कि व्यक्ति मोटे तौर पर किस प्रकृति (nature) का है जिससे फिर उसके आधार पर एक खास विचार या छवि का निर्माण करने में काफी मदद मिलती है। टागिउरी (Tagiuri, 1960) ने एक अध्ययन किया जिसमें कुछ रेखीय चित्रों (line figures) को प्रयोज्यों (subjects) को यह कहकर दिया कि ये रेखीय चित्र उस पथ (path) को बतलाते हैं जिससे होकर अमुक व्यक्ति चलकर गुजरा है। ये रेखीय चित्र तीन प्रकार के थे—सीधी रेखा, नियमित वक्र (regular curve) तथा बहुत अनियमित (erratic) रेखा। अधिकतर प्रयोज्यों ने सीधी रेखा के अनुरूप चलने वाले व्यक्तियों को एक सीधा-साधा, भोला-भाला एवं ईमानदार प्रकृति के व्यक्ति होने का अनुमान लगाया तथा अनियमित रेखानुमा एवं वक्र बनाकर चलनेवाले व्यक्ति के बारे में यह अनुमान लगाया कि ऐसे व्यक्ति फरेबी, अस्थिर एवं अनिर्भर योग्य (undependable) होंगे। रॉस एवं वक (Ross & Buck, 1982) ने भी इसी तरह एक प्रयोग रेखीय चित्रों (line figures) पर करके टागिउरी (Tagiuri, 1960) के प्रयोग के परिणाम की पुष्टि की है।

5. वाचिक गुण तथा पोशाक *(Voice Quality and Dress)*—कुछ ऐसे अध्ययन किये गये हैं जिसमें व्यक्ति के आवाज (voice) के गुण के आधार पर उसके बारे में एक विशेष विचार (impression) या छवि का निर्माण होता पाया गया है। टेलर (Taylor, 1934) तथा फे एवं मिडलेटन (Fay & Middleton, 1941) ने यह बतलाया है कि लक्ष्य व्यक्ति (target person) के आवाज को सुनकर उसके व्यक्तित्व के शीलगुणों (traits) के बारे में आसानी से अंदाजा लगाया जा सकता है। इतना ही नहीं, इन आवाजों के आधार पर व्यक्ति द्वारा अभिव्यक्त किये गये संवेगों (emotions) के बारे में भी ठीक ढंग से अंदाज लगा लिया जाता है। स्टोन (Stone, 1959) तथा फेल्डमैन (Feldman, 1985) के अध्ययन के अनुसार, व्यक्ति द्वारा पहने गये पोशाक के भी आधार पर पता चलता है कि व्यक्ति में कौन-कौन सम्भावित शीलगुण होंगे। अतः छवि निर्माण (impression formation) में व्यक्ति के आवाज एवं पोशाक आदि का भी योगदान होता है।

6. स्पर्श *(Touching)*—स्पर्श या दैहिक सम्पर्क (physical contact) से भी व्यक्ति के विचार एवं आगे किये जाने वाले सम्भावित व्यवहार के बारे में अनुमान लगाया जाता है। कई अध्ययनों से यह स्पष्ट हुआ है कि जब स्पर्श या दैहिक सम्पर्क को उचित समझा जाता है तो उससे स्पर्श किये गए व्यक्ति में धनात्मक प्रतिक्रियाएँ होतीं हैं और एक उत्तम छवि का निर्माण होता है। इस तथ्य की सम्पुष्टि स्मीथ, गियर एवं विल्लिस (Smith, Gier & Willis 1982) ने अपने अध्ययन से किया है। मनोवैज्ञानिकों द्वारा हाथ मिलाना (hand shake) को भी एक महत्त्वपूर्ण सूचक माना गया है। जब व्यक्ति ठीक एवं सुदृढ़ (firm) ढंग से हाथ मिलाता है, तो वह स्वभावतः एक उत्तम छवि की छाप दूसरे व्यक्ति जिससे वह हाथ मिलाया था, छोड़ता है। चैपलिन तथा उसके सहयोगियों (Chaplin et. al., 2000) द्वारा किये गए अध्ययन से यह स्पष्ट हुआ है कि जब कोई व्यक्ति थोड़ा अधिक समय देते हुए सुदृढ़ ढंग से हाथ मिलाता है, तो उसे सामान्यतः बहिर्मुखी (extrovert) तथा खुले प्रकृति का व्यक्ति समझा जाता है। साथ-ही-साथ ऐसे व्यक्ति दूसरे व्यक्ति में जिससे वह हाथ मिलाता है, एक उत्तम प्रथम छवि (good first impression) भी उत्पन्न करने में सक्षम हो पाता है।

स्पष्ट हुआ कि व्यक्ति प्रत्यक्षण (person perception) में अशाब्दिक सूचनाओं (nonverbal information) की अहमियत काफी होती है। इन सूचनाओं के आधार पर व्यक्ति लक्ष्य व्यक्ति (target person) के बारे में एक खास तरह की छवि या विचार का निर्माण कर पाता है।

व्यक्ति प्रत्यक्षण में प्रत्यक्षणकर्ता के गुणों का महत्त्व
(Role of Perceiver's Characteristics in Person Perception)

प्रत्येक प्रत्यक्षणकर्ता (perceiver) की अपनी-अपनी कुछ विशेषताएँ होतीं हैं जिनका सीधा प्रभाव व्यक्ति प्रत्यक्षण (person perception) पर पड़ता है। इन विशेषताओं से प्रभावित होकर वह लक्ष्य व्यक्ति (target person) का प्रत्यक्षण एक खास ढंग से करता है। इन विशेषताओं (characteristics) में निम्नांकित को महत्त्वपूर्ण बतलाया गया है—

1. अव्यक्त व्यक्तित्व *(Implicit Personality)*—समाज मनोवैज्ञानिकों का मत है कि प्रत्यक्षणकर्त्ता (perceiver) दूसरे के बारे में एक राय या एक विचार बनाते समय अपने एक निश्चित पूर्वाग्रहों (biases) से अधिक प्रभावित होते

है। इसे ब्रुनर या टागिउरी (Bruner & Tagiuri, 1954) ने *अव्यक्त व्यक्तित्व सिद्धांत* (implicit personality theory) कहा है। इसके अनुसार बिना किसी तरह के अनुभव के ही प्रत्यक्षणकर्त्ता (perceiver) में दूसरे लोगों के बारे में एक खास पूर्वाग्रह या सिद्धांत होता है जिसके आधार पर वह दूसरों के बारे में एक छवि या राय (impression) बनाते हैं। कुछ मनोवैज्ञानिकों का मत है कि प्रत्यक्षणकर्ता में कुछ खास-खास शीलगुणों को आपस में सहसम्बन्धित करने का एक पूर्वाग्रह (bias) होता है जिससे किसी अन्य व्यक्ति का प्रत्यक्षण प्रभावित होता है। जैसे-प्रत्यक्षणकर्त्ता (perceiver) में यह पूर्वाग्रह हो सकता है कि जो लोग उदार प्रकृति के होते हैं, वे ईमानदार (honest) भी होते हैं तथा जो लोग अधिक बक-बक करने वाले होते है, वे धूर्त्त एवं अनिर्भर योग्य (undependable) होते हैं। सेकर्ड (Secord, 1964) ने अपने अध्ययन के आधार पर इसकी सम्पुष्टि की है। स्कनिडर (Schinder, 1973) ने अपने अध्ययन के आधार पर यह भी बतलाया है कि प्रत्येक संस्कृति (culture) में लोगों के बीच यह सहमति होती है कि कौन-कौन-सा शीलगुण प्रायः किसी व्यक्ति में एक साथ होते पाये जाते हैं। अव्यक्त व्यक्तित्व सिद्धान्त दूसरों के प्रति किसी छवि या राय को कैसे प्रभावित करता है, इसे दिखलाने के लिए ऐश (Asch, 1964) ने एक अतिमहत्त्वपूर्ण अध्ययन किया। इस अध्ययन में कॉलेज के छात्रों को कुछ खास-खास शीलगुण जैसे कर्मठ (energetic), बातूनी (talkative), निरूत्साह (cold), विश्वासोत्पादक (persuasive) आदि की एक सूची दी गयी। परिणाम में पाया गया कि अधिकतर छात्र इन गुणों को समन्वित करके काल्पनिक लक्ष्य व्यक्ति के बारे में एक समस्त (overall) छवि या राय बनाने में सफल हो पाये। ऐश (Asch) ने अपने अध्ययन में यह भी पाया कि छात्र समस्त छवि (overall impression) बनाने में मूल सूची में दिये गये शीलगुणों के अलावा भी कुछ अन्य शीलगुण को अपनी ओर से जोड़ दिया। ऐश ने अपने प्रयोग में यह भी पाया कि छात्र को दिये गये शीलगुणों की सूची में यदि कुछ नये शीलगुण जैसे उदारता (warmth) को जोड़ दिया जाता है, तो इससे छात्र के छवि निर्माण (impression formation) में मौलिक परिवर्तन आ जाते हैं परंतु कुछ अन्य शीलगुण जैसे नम्रता (polite) को जोड़ दिया जाता है, तो इससे उसके धारणा निर्माण में न के बराबर परिवर्तन आते हैं। पहले तरह के शीलगुण को ऐश (Asch) ने केंद्रीय शीलगुण (central traits) की संज्ञा दी है जिसकी अहमियत छवि निर्माण (impression formation) में अधिक होता है। बाद में जैना एवं हेमिल्टन (Zanna & Hamilton, 1972) ने भी इस तथ्य की पुष्टि अपने प्रयोगात्मक अध्ययन से किया है।

2. संज्ञानात्मक (*Cognitive style*)—व्यक्ति प्रत्यक्षण (person perception) पर प्रत्यक्षणकर्त्ता (perceiver) के संज्ञानात्मक शैली (congitive style) का भी प्रभाव पड़ता है। संज्ञानात्मक शैली की एक महत्त्वपूर्ण विमा मूर्त्तता-अमूर्त्तता (concreteness-abstractness) है। हार्वे, हण्ट तथा रोडर (Harvey, Hun & Schroder, 1961) के अनुसार मूर्त्तता-प्रधान व्यक्ति अधिक सीमांत (extreme) निर्णय जैसे सही-गलत, अच्छा-बुरा लेने में समर्थ हो पाते हैं। ऐसे लोग दूसरों पर विशेष रूप से परंपरा (tradition) पर अधिक निर्भर करते हैं। ऐसे लोग व्यवहार में अस्पष्टता तनिक भी बर्दाश्त रूप से परम्परा (tradition) पर अधिक निर्भर करते हैं। ऐसे लोग व्यवहार में अस्पष्टता तनिक भी बर्दाश्त नहीं करते हैं तथा ऐसे लोगों में जरूरत पड़ने पर दूसरों की भूमिका निभाने की अक्षमता होती है। अमूर्त्तता (abstractness) प्रधान व्यक्ति इसके विपरीत व्यवहार करने वाले होते हैं। हार्वे, हण्ट तथा रोडर (Harvey, Hunt & Schroder, 1961) ने अपने प्रयोग में प्राक्कल्पना (hypothesis) बनाया कि यदि किसी लक्षित व्यक्ति (target person) के बारे में विभिन्न प्रकार की सूचनाएँ दी जाये तो अमूर्त्त प्रत्यक्षणकर्त्ता (abstract perceiver) उन विभिन्न सूचनाओं को समन्वित करने में मूर्त्त प्रत्यक्षणकर्त्ता (concrete perceiver) की तुलना में अधिक सफल होंगे। इस प्राक्कल्पना (hypothesis) की जाँच करने के लिए इन लोगों ने प्रत्यक्षणकर्त्ताओं के एक समूह को विशेषणों की दो सूचियाँ दीं जिनके दो विपरीत अर्थ थे और प्रत्येक सूची के आधार पर एक छवि या राय बनाने को कहा गया। बाद में इन लोगों को इन दोनों तरह की छवियों को किसी एक व्यक्ति के बारे में समन्वित करने को कहा गया। परिणाम में देखा गया कि अमूर्त्त प्रत्यक्षणकर्ताओं (abstract perceivers) ने विरोधी विशेषताओं को एक साथ सम्मिलित करके एक विशेष राय या छवि का निर्माण करने में सफल हो सके जबकि मूर्त्त प्रत्यक्षणकर्त्ताओं (concrete perceivers) ने लक्षित व्यक्ति को या तो अच्छा या बुरा ही के रूप में प्रत्यक्षित किया। इससे स्पष्ट है कि मूर्त्तता-अमूर्त्तता (concreteness-abstractness) के विमा से व्यक्ति प्रत्यक्षण (person perception) प्रभावित होता है।

3. सांवेगिक स्थिति (*Emotional state*)—व्यक्ति की अपनी संवेगात्मक स्थिति (emotional state) का प्रभाव छवि निर्माण पर पड़ता है। एडवाईस एवं उनके सहयोगियों (Edwards et. al., 2000) तथा गासपर एवं क्लोट

(Gossper & Clot, 1989) द्वारा किये गए अध्ययनों से यह स्पष्ट हुआ है कि जब स्वयं व्यक्ति उत्तम सांवेगिक स्थिति या मनोदशा (mood) में होता है तो वह दूसरों के बारे में धनात्मक छवि (positive impression) तथा जब वह उत्तम मनोदशा में नहीं होता है, तो दूसरों के बारे में कम धनात्मक छवि का निर्माण करता है। इतना ही नहीं, कुछ अध्ययनों जैसे इसेन (Isen, 1999) तथा स्टैनगोर (Stangor, 1990) द्वारा किये गए अध्ययनों से यह स्पष्ट हुआ है कि मनोदशा (mood) या सांवेगिक स्थिति का उक्त पूर्वाग्रहित प्रभाव (biasing effect) उस समय अधिक सुस्पष्ट दिखता है जब दूसरा व्यक्ति तटस्थ ढंग से व्यवहार कर रहा होता है। कुछ नवीनतम अध्ययनों से यह भी स्पष्ट हुआ है कि मनोदशा से दूसरे व्यक्ति के बारे में निर्मित छवि का अन्तर्वस्तु (content) ही सिर्फ प्रभावित नहीं होता है बल्कि इससे छवि निर्माण की प्रक्रिया (process) भी प्रभावित होता है। विशेषकर यह देखा गया है कि प्रत्यक्षणकर्त्ता का नकारात्मक मनोदशा (negative mood) उस व्यक्ति को दूसरों के बारे में छवि निर्माण करने की प्रक्रिया में खण्डशः संसाधन (piecemal processing) न कि सुनिश्चित संसाधन (categorical processing) का उपयोग अधिक करने के लिए बाध्य करता है जबकि धनात्मक मनोदशा में व्यक्ति छवि निर्माण करते समय सुनिश्चित संसाधन का उपयोग अधिक करता है खण्डशः संसाधन की प्रक्रिया में प्रत्यक्षणकर्त्ता दूसरे व्यक्ति के महत्त्वपूर्ण विशेषताओं को अलग-अलग क्रमबद्ध ढंग से विश्लेषित करता है।

4. सत्तावादी व्यक्तित्व *(Authoritarian personality)*—व्यक्ति प्रत्यक्षण पर सत्तावादी शीलगुणों(authoritarian traits) का भी प्रभाव पड़ता है। सत्तावादी व्यक्तित्व वाले व्यक्ति मध्यवर्गीय मूल्यों का पालन करने वाले होते हैं तथा वे अपने समूह के अधिकारियों (authorities) के प्रति अधिक विनीतता एवं दब्बूपन (submissive) ढंग से व्यवहार करने वाले होते हैं परंतु बाह्य समूह (outgroup) के व्यक्तियों के प्रति अधिक आक्रोशपूर्ण एवं शत्रुतापूर्ण व्यवहार करते पाये जाते हैं। ऐसे लोग सत्ता (power) को पसंद करते हैं तथा अपना सम्बन्ध उन व्यक्तियों के साथ अधिक रखते हैं जो सत्ताधारी होते हैं। सत्तावादी शीलगुणों को मापने के लिए ऐडोरनो (Adorno et. al., 1910) ने एक मापनी का निर्माण किया है, जिसे *एफ-मापनी* (F-scale) की संज्ञा दी गयी है। सत्तावादी शीलगुण का व्यक्ति प्रत्यक्षण (person perception) पर पड़नेवाले प्रभावों का अध्ययन कई मनोवैज्ञानिकों जैसे स्कोडेल एवं फ्रीडमैन (Scodel & Freedman, 1956) तथा क्रौकेट एवं मिडिंगर (Crockett & Meidinger, 1956) आदि द्वारा किया गया। इन अध्ययनों में प्रयोज्यों को प्रायः दो के युग्म (pair) में एक कमरे में कुछ विषय जैसे रेडियो, टेलीविजन, चलचित्र आदि के बारे में बातचीत करते हुए इंतजार करने को कहा गया। उसके बाद उन्हें एक-दूसरे का मूल्यांकन एफ-मापनी (F-scale) पर करने को कहा गया। प्रयोग के परिणाम बड़े रोचक थे। परिणाम में देखा गया कि उच्च सत्तावादी शीलगुण (high authoritarian traits) वाले प्रत्यक्षणकर्त्ता(perceiver) ने प्रायः यह छवि(impression) निर्माण किया कि दूसरे व्यक्ति में भी सत्तावादी शीलगुण (authoritarian traits) अधिक थे और वे उनके समान ही विचार रखते थे परंतु निम्न सत्तावादी शीलगुण (low authoritatian traits) वाले व्यक्ति ने लक्षित व्यक्ति को अपने समान निम्न सत्तावादी व्यक्तित्व वाला नहीं बतलाया। कुछ ऐसे भी अध्ययन हुए हैं जिनमें उपर्युक्त तथ्य का समर्थन नहीं मिला है। फिर भी इतना तो स्पष्ट है कि सत्तावादी शीलगुण (low authoritarian traits) वाले व्यक्ति ने लक्षित व्यक्ति को अपने समान निम्न सत्तावादी व्यक्तित्व वाला नहीं बतलाया। कुछ ऐसे भी अध्ययन हुए हैं जिनमें उपर्युक्त तथ्य का समर्थन नहीं मिला है। फिर भी इतना तो स्पष्ट है कि सत्तावादी शीलगुण (authoritarian traits) से व्यक्ति प्रत्यक्षण (person perception) काफी हद तक प्रभावित हो जाते हैं।

5. उम्र विभिन्नता *(Age differences)*—व्यक्ति प्रत्यक्षण (person perception) पर प्रत्यक्षणकर्त्ता(perceiver) के उम्र (age) का भी प्रभाव पड़ता है। आयु में वृद्धि होने से व्यक्ति में तरह-तरह के जटिल संप्रत्ययों (complex concepts) का विकास होता है जिसके फलस्वरूप वह किसी व्यक्ति का वर्णन गहराई में जाकर करता है तथा उसका आलोचनात्मक मूल्यांकन (critical evaluation) भी करने में समर्थ हो पाता है। आयु बढ़ने पर व्यक्ति में वैयक्तिक अन्तर्ग्रस्तता (personal involement) भी बढ़ जाती है। शायद यही कारण है कि एक बालक तथा एक वयस्क एक लक्षित व्यक्ति (target person) का प्रत्यक्षण अलग-अलग ढंग से करता है। बालक उस लक्षित व्यक्ति का मात्र ऊपरी शीलगुणों को आधार पर वर्णन करता है जबकि वयस्क उस व्यक्ति के साथ किये गये अंतःक्रियाओं से गूढ़ अर्थ ज्ञात कर उसका वर्णन करता है या उसके बारे में एक छवि(impression) का निर्माण करता है। फेल्डमैन(Feldman, 1979) ने अपने अध्ययन के आधार पर इस तथ्य की पुष्टि किया है।

6. यौन विभिन्नता *(Sex differences)*—व्यक्ति प्रत्यक्षण पर प्रत्यक्षणकर्ता (perceiver) के यौन (sex) में अंतर का भी प्रभाव पड़ता है। कोहन एवं फिडलर (Kohn & Fiedler, 1961) ने एक अध्ययन किया जिसमें यह देखा गया कि स्त्रियाँ पुरुषों की अपेक्षा वयस्क व्यक्तियों का प्रत्यक्षण कम अविशिष्ट (undifferentiated) परंतु अधिक अनुकूल (favourable) तरीकों से करती है। इतना ही नहीं, स्त्री प्रत्यक्षणकर्त्ता (female perceiver) किसी व्यक्ति के प्रत्यक्षण करने में पुरुषों की अपेक्षा रूढ़ियुक्ति (stereotypes) का प्रयोग अधिक करती है। शायद यही कारण है कि ऐसी महिला प्रत्यक्षणकर्त्ता किसी व्यक्ति के प्रति विशेष छवि निर्माण का उचित एवं तार्किक (logical) औचित्य नहीं दे पाते हैं। इन कारणों से स्त्री प्रत्यक्षणकर्त्ता का व्यक्ति प्रत्यक्षण (person perception) पुरुष प्रत्यक्षणकर्त्ता के व्यक्ति प्रत्यक्षण की तुलना में भिन्न होता है।

स्पष्ट हुआ कि प्रत्यक्षणकर्त्ता (perceiver) की विशेषताओं का भी प्रभाव व्यक्ति प्रत्यक्ष (person perception) पर काफी पड़ता है।

व्यक्ति प्रत्यक्षण में जारी अंत:क्रियाओं का महत्त्व
(Role of Ongoing Interactions in Person Perception)

व्यक्ति किसी अन्य व्यक्ति के बारे में किस तरह का विचार तथा भाव (feelings) विकसित करता है, यह इस बात पर भी निर्भर करता है कि प्रत्यक्षणकर्त्ता (perceiver) तथा लक्षित व्यक्ति (target person) के बीच जो अंत:क्रिया (interaction) हो रही है, उसका स्वरूप कैसा है। अध्ययनों से इस तथ्य पर प्रकाश पड़ा है कि लक्षित व्यक्ति (target person) का प्रत्यक्षणकर्त्ता (perceiver) के प्रति किये गये व्यवहार का भी प्रभाव प्रत्यक्षणकर्त्ता द्वारा छवि निर्माण (impression formation) पर पड़ता है। इतना ही नहीं, प्रत्यक्षणकर्त्ता का स्वयं अपना व्यवहार का भी प्रभाव लक्षित व्यक्ति के बारे में उसके छवि निर्माण पर पड़ता है।

समाज मनोवैज्ञानिकों ने प्रत्यक्षणकर्त्ता (perceiver) तथा लक्षित व्यक्ति (target person) के बीच हुए अंत:क्रियाओं (interactions) का छवि निर्माण (impression formation) या व्यक्ति प्रत्यक्षण (person perception) पर पड़ने वाले प्रभावों को निम्नांकित तीन भागों में बाँटकर अध्ययन किया है—

(1) प्रत्यक्षणकर्त्ता के व्यवहार का प्रभाव (effect of perceiver's behagviour)

(2) छवि प्रबंधन (impression management)

(3) कारण बिन्दु (locus of cause)

इन तीनों का वर्णन इस प्रकार है—

1. प्रत्यक्षणकर्त्ता के व्यवहार का प्रभाव *(Effect of perceiver's behaviour)*—समाज मनोवैज्ञानिकों का मत है कि प्रत्यक्षणकर्त्ता (perceiver) का अपना व्यवहार भी लक्षित व्यक्ति (target person) के बारे में छवि निर्माण की प्रक्रिया को प्रभावित करता है। प्रत्येक प्रत्यक्षणकर्त्ता (perceiver) लक्षित व्यक्ति (target person) का प्रत्यक्षण करके कुछ खास तरह का व्यवहार करता है जिसके प्रति लक्षित व्यक्ति भी कुछ निश्चित व्यवहार करता है। लक्षित व्यक्ति के इसी व्यवहार के आधार पर प्रत्यक्षणकर्त्ता उसके बारे में एक छवि निर्माण (impression formation) करता है। जैसे—यदि कोई प्रत्यक्षणकर्त्ता किसी व्यक्ति को देखकर अधिक वैर (hostility) दिखलाता है, तो इससे लक्षित व्यक्ति में भी वैर-भाव उत्पन्न हो जायेंगे जिसे देखकर प्रत्यक्षणकर्त्ता तब यह छवि बना सकता है कि लक्षित व्यक्ति एक विद्वेषी प्रकृति का है। केली एवं स्टाहेल्सकी (Kelley & Stahelski, 1970) ने अपने प्रयोग के आधार पर इस तथ्य की पुष्टि की है। इन लोगों ने अपने अध्ययन में पाया कि प्रतियोगिता की भावना रखने वाले प्रयोज्य अन्य सभी प्रयोज्यों को प्रतियोगिता (competition) की भावना से ओत-प्रोत के रूप में होने का प्रत्यक्षण किया क्योंकि उनके प्रतियोगी व्यवहार (competitive behaviour) उत्पन्न कर दिया। स्पष्ट है कि प्रत्यक्षणकर्त्ता का लक्षित व्यक्ति के प्रति अपना व्यवहार लक्षित व्यक्ति को खास तरह से व्यवहार करने के लिए बाध्य करता है। लक्षित व्यक्ति का यही व्यवहार उसके प्रति छवि का आधार बनता है।

2. छवि प्रबंधन *(Impression Management)*—प्रायः यह देखा गया है कि व्यक्ति अपने आप को दूसरे के सामने इस तरह प्रकट या प्रस्तुत करता है कि वह दूसरा व्यक्ति उसके बारे में एक धनात्मक (positive) एवं अनुकूल

(favoruable) छवि बना सके। इसे धारणा या छवि प्रबंधन (impression management) या आत्म-प्रस्तुतीकरण (self-persantation) कहा जाता है। अपने व्यवहारों को दूसरे के सामने एक खास तरह से प्रकट करने के प्रयास को आत्मबोधक व्यवहार (self-monitoring behaviour) कहा जाता है। कूपर (Cooper, 1969) ने यह दिखलाया है कि ऐसे व्यवहारों में वैयक्तिक विभिन्नता (individual difference) पायी जाती है क्योंकि कुछ लोगों में ऐसा आत्म-बोध व्यवहार (self-monitoring behaviour) अधिक होता है तो कुछ में कम होता है। जिन व्यक्तियों में यह व्यवहार अधिक होता है, वे अपने व्यवहारों को दूसरों की प्रत्याशाओं (expectations) के अनुरूप ढाल लेने में अधिक सफल हो जाते हैं। फलस्वरूप वे अपने बारे में प्रत्यक्षणकर्त्ता द्वारा किये जा रहे छवि निर्माण को सफलतापूर्वक प्रभावित कर लेते हैं। जिनमें इस तरह के व्यवहार की कमी रहती है वे अपना छवि प्रत्यक्षणकर्त्ता की नजर में अनुकूल बनाने में असमर्थ रहते हैं।

इस संदर्भ में समाज मनोवैज्ञानिकों में चाटुकारिता कला (ingratiation tactics) को भी महत्त्वपूर्ण बतलाया है क्योंकि इसके माध्यम से भी एक व्यक्ति दूसरे व्यक्ति के नजर में अच्छा एवं अनुकूल छवि बना सकने में सफल हो पाता है। चाटुकारिता कला (ingratiation tactics) वह कला है जिसमें एक व्यक्ति लक्षित व्यक्ति (target person) के नजर में अपना छवि सुंदर एवं उत्तम बनाने के ख्याल से लक्षित व्यक्ति की प्रशंसा करते हैं, उसकी हाँ में हाँ मिलाता है, उसके कार्यों को उचित बताता है, उसके सामने अपने को अयोग्य एवं असहाय बताता है, आदि-आदि। जोन्स (Jones, 1964) ने अपने अध्ययन से यह स्पष्ट कर दिया है कि इस ढंग का चाटुकारी व्यवहार लक्षित व्यक्ति के ऊपर अधिक प्रभाव जमाने में तभी सफल होता है जब इस तरह के व्यवहार करने वाले व्यक्ति का इरादा छिपा हो तथा उसका कोई स्वार्थ नहीं हो। यह भी देखा गया है कि ऐसी परिस्थितियों में लक्षित व्यक्ति पर तो प्रभाव पड़ता है अर्थात लक्षित व्यक्ति की नजर में अनुकूल राय या छवि बनती है, साथ-ही-साथ इसका प्रभाव अन्य देखने वाले व्यक्तियों पर भी पड़ता है। जोन्स (Jones, 1964) ने अपने अध्ययन के आधार पर यह भी दिखलाया है कि इस ढंग की चाटुकारिता कला का ह्रासमान प्रतिगमन (diminishing return) होता है। दूसरे शब्दों में, चाटुकारिता व्यवहार एक सीमा तक तो लक्षित व्यक्ति की नजर में अनुकूल छवि उत्पन्न कर सकने में समर्थ होता है परंतु उस सीमा के बाद भी इस तरह का व्यवहार जारी रहने से लक्षित व्यक्ति में उस व्यक्ति के बारे में एक अनुकूल छवि न बनकर प्रतिकूल छवि बनने लगता है।

जोन्स तथा वाटरमैन (Jones & Waterman, 1973) ने अपने अध्ययन के आधार पर यह भी दिखला दिया है कि यदि व्यक्ति दूसरे व्यक्ति के मत को पहले ज्ञात कर ले और फिर उन्हें ऐसे प्रस्तुत करे जैसे कि वह उसके अपने मत हो तो इसका प्रभाव छवि या धारणा निर्माण में अधिक अनुकूल (favourabe) पड़ता है। इभरसन (Iverson, 1968) के अध्ययन के अनुसार चाटुकारी व्यवहार करने वाले व्यक्ति के पद (status) का भी प्रभाव चाटुकारिता के प्रभावशीलता (effectiveness) पर पड़ता है। यदि उच्च पद वाला व्यक्ति ऐसे व्यक्ति की प्रशंसा करता है जिसकी सामाजिक प्रतिष्ठा या पद उससे नीचा है, तो इससे उसके नेक इरादा पर किसी प्रकार का शक नहीं होता है और उसका एक अच्छा एवं अनुकूल छवि उसके मन में (निम्न स्तर वाले व्यक्ति के मन में) बनता है परंतु यदि निम्न स्तर या पद वाला व्यक्ति उच्च स्तर या पद वाले व्यक्ति की प्रशंसा या चाटुकारिता करता है, तो उसके इरादे पर लोगों को शक होने लगता है तथा उसके चाटुकारी व्यवहार की प्रभावशीलता कम हो जाती है। फलतः उच्च स्तरीय व्यक्ति की नजर में निम्न स्तरीय व्यक्ति के बारे में एक बहुत ही अच्छा छवि या राय (impression) का निर्माण नहीं हो पाता है।

स्पष्ट है कि राय या छवि प्रबंधन (impression management) की प्रक्रिया ऐसी है जिसमें एक व्यक्ति दूसरे व्यक्ति के साथ एक खास तरह से अंतःक्रिया (interaction) करके अपने बारे में एक अनुकूल छवि या राय का निर्माण करने में सफल होता है। हाल में छवि प्रबन्धन के कुछ विशेष रणनीतियों (tactics) की पहचान समाज मनोवैज्ञानिकों द्वारा की गयी है जिसके महत्त्व के कारण उनकी चर्चा हम अलग से आगे इसी अध्याय में करेंगे।

3. कारण बिन्दु *(Locus of cause)*—समाज मनोवैज्ञानिकों के अनुसार दो व्यक्तियों के बीच हुए अंतःक्रियाओं (interactions) के कारण बिन्दु (locus of cause) को महत्त्वपूर्ण बतलाया गया है। इस विचार के प्रवर्त्तक हाईडर (Heider, 1958) हैं। (Heider, 1958) हैं। हाईडर (Heider) के अनुसार, व्यक्ति के किसी व्यवहार का कारण या तो बाह्य परिस्थिति (external circumstances) में हो सकता है या स्वयं व्यक्ति के भीतर हो सकता है। उत्तरदायित्व (responsibility), युक्तिसंगतता (justifiablity) तथा साभिप्रायता (intentionality) तीन ऐसे चर हैं जिनकी व्याख्या कारण बिन्दु (locus of cause) के रूप से की गयी है। इससे सबंधित कई मनोवैज्ञानिक जैसे जोन्स एवं डीचार्म्स (Jones

& Decharmes, 1958), थिवौट एवं राइकेन (Thibaut & Riecken, 1955), पेपीटोन (Pepitone, 1958) आदि ने अध्ययन किया है। इन अध्ययनों में यह देखा गया है कि यदि प्रत्यक्षणकर्त्ता (perceiver) के प्रति उद्दीपक व्यक्ति (stimulus person) ऐसी सद्भावनापूर्ण व्यवहार करता है जो वास्तव में उसके भीतर से स्वतः उपजे थे, तो इससे प्रत्यक्षकर्त्ता की नजर में उद्दीपक व्यक्ति (stimulus person) की प्रतिष्ठा बढ़ जाती है और प्रत्यक्षणकर्त्ता उस व्यक्ति के बारे में अनुकूल छवि (favourable impression) बना लेता है। परंतु यदि इस ढंग का सद्भावनापूर्ण व्यवहार किसी बाहरी परिस्थिति के दबाव में होता है, तो उससे प्रत्यक्षणकर्त्ता में उद्दीपक व्यक्ति (stimulus person) के प्रति कोई अनुकूल छवि का निर्माण नहीं होता है। जब व्यवहार का कारण व्यक्ति के भीतर होता है, तो इसके लिए उसे पूर्णतः उत्तरदायी समझा जाता है परंतु जब उसका कारण बाह्य परिस्थिति में होता है तो उस पर नाममात्र का उत्तरदायित्व रखा जाता है। (जोन्स एवं डी वार्म्स,1958)। युक्तिसंगतता (justifiablility) की व्याख्या भी कारण बिन्दु के रूप में की गयी है। यदि उद्दीपक व्यक्ति (stimulus person) प्रत्यक्षणकर्त्ता के प्रति वैरपूर्ण व्यवहार (hosile behaviour) करता है और यदि इस व्यवहार का कारण उद्दीपक व्यक्ति स्वयं होता है, तो ऐसी परिस्थिति के प्रत्यक्षणकर्त्ता में उद्दीपक व्यक्ति के बारे में एक प्रतिकूल छवि (unfavourable impression) बनता है परंतु यदि इस तरह के व्यवहार का कारण उद्दीपक व्यक्ति स्वयं न होकर बाह्य परिस्थिति होता है जिसके दबाव में उसे ऐसा करना होता है, तो ऐसी परिस्थिति में प्रत्यक्षणकर्त्ता में उद्दीपक व्यक्ति के बारे में कोई प्रतिकूल छवि का निर्माण नहीं होता है। (पेपीटोन , 1958) । जैसे यदि कोई व्यक्ति अपने दोस्त को घर पर बुलाकर स्वयं जान-बूझकर गायब हो जाता है, तो इससे दोस्त के मन में उस व्यक्ति के प्रति एक प्रतिकूल छवि बनेगी। परंतु यदि यह पता चलता है कि उसके पिताजी दुर्घटनाग्रस्त हो गये थे जिसके कारण उसे अचानक अस्पताल जाना पड़ गया और इस कारण से वह घर पर उस समय नहीं था, तो दोस्त के मन में कोई प्रतिकूल छवि का निर्माण नहीं होगा। उसी तरह से लक्षित व्यक्ति का वह व्यवहार जो अच्छे इरादे (intention) से किये जातें हैं, प्रत्यक्षणकर्त्ता (perceiver) में लक्षित व्यक्ति के प्रति एक अनुकूल छवि या राय (impression) का निर्माण होता है परंतु यदि प्रत्यक्षणकर्त्ता लक्षित व्यक्ति के व्यवहार के पीछे कोई गलत इरादा छिपा पाता है, तो इससे उसके बारे में एक अनुकूल छवि का निर्माण नहीं होता है (पेपीटोन तथा शा, 1967)

निष्कर्ष यह कहा जा सकता है कि अंतः क्रिया के दौरान व्यक्तियों के बारे में जो राय कायम होता है, तो उसे कारण बिन्दुओं (locus of causes) के रूप में आसानी से विश्लेषित किया जा सकता है। समाज मनोवैज्ञानिकों ने कारण बिन्दुओं की व्याख्या उत्तरदायित्व(responsibility),युक्तिसंगतता(justifibility)तथा साभिप्रायता(intentionality) जैसे तीन चरों के रूप में किये हैं। इसमें छवि प्रबंधन की भूमिका भी काफी महत्त्वपूर्ण बतलायी गयी है।

रूढ़ियुक्तियों का व्यक्ति प्रत्यक्षण में महत्त्व
(Role of Stereotypes in Person Perception)

ऐसा देखा गया है कि समान सूचनाएँ मिलने पर भी विभिन्न व्यक्तियों का अन्य व्यक्तियों के प्रति जो छवि (impression) बनते हैं, उसमें काफी अंतर होता है। आखिर ऐसा क्यों होता है ? इस प्रकार की बनने वाली धारणाएँ वस्तुतः सामाजिक वातावरण विशेषकर हम दूसरों के बारे में कैसे सोचते हैं, उसके व्यवहारों का कैसे विश्लेषण करते हैं, उन सबका प्रतिनिधित्व अपनी स्मृति में कैसे करते हैं, आदि से काफी प्रभावित होता है। दूसरे शब्दों में ऐसा छवि निर्माण या व्यक्ति प्रत्यक्षण (person perception), सामाजिक संज्ञान (social cognition) से काफी प्रभावित होता है।

सामाजिक संज्ञान (social cogintion) का एक विशेष तत्त्व (element) रूढियुक्तियाँ (stereotypes) है। इस पद का प्रयोग सबसे पहले वाल्टर लिपमैन (Watler Lippman, 1922) द्वारा किया गया। रूढ़ियुक्ति में किसी समूह के सदस्यों के बारे में एक स्थूल सामान्यीकरण (gross generalization) किया जाता है जिसमें वैयक्तिक विभिन्नता (individual difference) पर बिलकुल ही ध्यान नहीं दिया जाता है। सचमुच में किसी सामाजिक समूह(social group) के सभी सदस्यों में कोई खास गुण.का व्यापक रूप से होने का विश्वास रूढ़ियुक्त कहलाता है। चाहे गुण कुछ भी हो, दिये हुए श्रेणी समूह के सभी लोगों में उसे निहित समझा जाता है और इसिलए समूह के अन्य सभी सदस्यों की भाँति ही उसे देखा जाता है तथा समझा जाता है। सेकर्ड तथा बैकमैन (Secord & Backman, 1974) ने रूढ़ियुक्तियों (stereotypes) को 'संस्कृति द्वारा प्रदत्त श्रेणियाँ' (culturally provided categories) कहा है। दिन-प्रतिदिन की जिन्दगी में प्रायः हमें किसी व्यक्ति के बारे में कुछ सीमित एवं सुनीश्चित सूचना (categorical information) ही मिल पाते

हैं। जैसे—हमें मालूम होता है कि मोहन एक राजनीतिज्ञ है। अब यदि मोहन के बारे में हमें कोई दूसरी सूचना नहीं मिलती है, तो पहली सूचना के आधार पर हम उसके बारे में एक विशेष छवि या राय (imperssion) का निर्माण कर लेते हैं। चूँकि मोहन एक राजनीतिज्ञ हैं, इसलिए वह एक अवसरवादी व्यक्ति अवश्य ही होगा, ऐसी धारणा हम प्रायः बना लेते हैं। इस प्रकार की राय बनने का कारण एक राजनीतिज्ञ के प्रति हमारा रूढ़ियुक्ति है।

रूढ़ियुक्ति की एक विशेषता यह होती है कि उन सभी व्यक्तियों में जिनमें किसी लक्षित व्यक्ति के प्रति रूढ़ियुक्ति (stereotype) होती है, लक्षित व्यक्ति में संबंधित गुण और इससे संबंधित श्रेणी (category) होने के बारे में पर्याप्त सहमति (agreement) होती है। प्रिन्सटन विश्वविद्यालय के छात्रों पर भिन्न-भिन्न तीन समय अंतरालों (time interval) पर किये गये अध्ययन जिसे काज एवं ब्रेली (Katz & Braly, 1932), गिलबर्ट (Gilbert, 1951) तथा कार्लिन्स, कॉफमैन एवं वाल्टर्स (Karlins, Coffman & Walters, 1969) ने किया था, काफी महत्त्वपूर्ण है और इस पर हम यहाँ पर्याप्त प्रकाश डालते हैं। काज तथा ब्रेली के अध्ययन में 100 छात्रों को 84 वैयक्तिक गुणों (personal attributes) जैसे—आक्रामक, मेहनती, बुद्धिमान आदि की एक सूची दी गयी और साथ ही 10 देशवासियों जैसे अमेरिकन, जर्मन, जापानी, चीनी आदि के नामों की एक सूची दी गयी। इन छात्रों से यह अनुरोध किया गया कि वैयक्तिक गुणों की सूची में दिये गये गुणों में से प्रत्येक देश के निवासियों की विशेषताओं को अभिव्यक्ति करने वाले पाँच प्रमुख गुणों का चयन करें। यदि सचमुच में वे गुणों का चुनाव यादृच्छिक रूप से करते तो प्रत्येक 100 छात्रों में $5/84 \times 100 = 5.94 = 6$ छात्र ही किसी विशेष देशों के लोगों में विशेष गुण का आरोपण करते। वास्तव में छात्रों द्वारा गुणों का चयन इस संयोग स्तर (chance level) अर्थात 6% से काफी ऊँचा था और कुछ गुणों का चयन (choice) की आवृत्ति तो काफी अधिक पायी गयी। जैसे—काज तथा ब्रेली (Katz & Braly, 1932) ने यह पाया कि जर्मन को 32% छात्रों ने बुद्धिमान कहा। 1950 में (N = 333) तथा 1967 में (N = 150) जब इस अध्ययन को गिलबर्ट (Gillbert, 1951) तथा कार्लिन्स, कॉफमैन एवं वाल्टर्स (Karlins, Coffman & Walters, 1969) द्वारा क्रमशः दोहराया गया तो वह प्रतिशत क्रमशः 32% एवं 19% था जो स्पष्टतः संयोग स्तर के प्रतिशत यानी 6% से काफी अधिक था। इन अध्ययनों से इस बात की पुष्टि होती है कि सामाजिक रूढ़ियुक्ति (social stercotype) का महत्त्व व्यक्ति प्रत्यक्षण में काफी होता है। रूढ़ियुक्तियों की खास विशेषता यह होती है कि यदि हम किसी व्यक्ति को किसी श्रेणी में रख देते हैं तो उस श्रेणी के समस्त गुण उस व्यक्ति में होने का सरल अंदाज कर लेते हैं।

रूढ़ियुक्ति के इस खास विशेषता के आलोक में समाज मनोवैज्ञानिकों ने यह प्रश्न उठाया है—क्या सामाजिक रूढ़ियुक्तियाँ झूठ होती हैं या उसमें सच्चाई भी होती है? अधिकर समाज मनोवैज्ञानिकों का यह मत है कि ऐसी रूढ़ियुक्तियाँ गलत होती है। इसका मूल कारण यह है कि इसमें यह मान लिया जाता है कि अमुक व्यक्ति में अमुक गुण होंगे ही क्योंकि वह अमुक श्रेणी का है। जैसे—चूँकि मोहन राजनीतिज्ञ (politicain) है, इसलिए वह अवसरवादी होगा ही। सच्चाई यह है किसी भी श्रेणी के सभी व्यक्तियों में उस श्रेणी में आरोपित गुण समान मात्रा में नहीं होते हैं और कभी-कभी तो ऐसा भी देखा गया है कि उस श्रेणी में आरोपित गुण समान मात्रा में नहीं होते हैं और कभी-कभी तो ऐसा भी देखा गया है कि उस श्रेणी के कुछ कम प्रतिशत में ऐसे लोग भी है जिनमें वह गुण बिल्कुल ही नहीं होता है, फिर भी चूँकि वह उस श्रेणी का व्यक्ति है अतः उसमें वह गुण आसानी से आरोपित कर दिया जाता है। परंतु रूढ़ियुक्तियाँ हमेशा गलत नहीं होती है। कभी-कभी उनमें सत्यता भी होती है (सेकर्ड तथा बैकमैन, 1974)।

मनोवैज्ञानिक अध्ययनों से यह भी पता चला है कि समय बीतने के साथ-साथ ही व्यक्तियों के सामाजिक संज्ञान (social congition) में परिवर्तन हो जाता है। फलस्वरूप व्यक्ति के रूढ़ियुक्ति (stereotype) में परिवर्तन हो जाते हैं जिससे व्यक्ति प्रत्यक्षण (person perception) काफी प्रभावित होता है। प्रिन्सटन विश्वविद्यालय (Princeton University) के छात्रों पर तीन भिन्न-भिन्न समय अर्थात काज एवं ब्रेली, 1932, गिलबर्ट, 1951 तथा कार्लिन्स, कॉफमैन तथा वाल्टर्स, 1967 के अध्ययनों से यह स्पष्ट हो गया है कि पैंतीस वर्षों के अंतराल में कुछ रूढ़ियुक्तियाँ में सार्थक परिवर्तन आया जबकि कुछ रूढ़ियुक्तियाँ जस-के-तस बनी रहीं। जैसे—निग्रो के बारे में 'अंधविश्वासी', 'सुस्त', 'मस्तमौला' (happy-go-lucky) नकारात्मक (negative) गुणों के प्रत्यक्षण में 1932 की अपेक्षा 1967 में काफी कमी आयी। अध्ययनों से यह भी पता चला है कि जब दो समूहों के पारस्परिक संबंधों में परिवर्तन होते हैं, तो उसके साथ ही उनके बारे में रूढ़ियुक्तियों (stereotypes) में भी परिवर्तन आ जाते हैं जिसके फलस्वरूप व्यक्ति का प्रत्यक्षण परिवर्तित हो जाता है। सिन्हा एवं उपाध्याय (Sinha & Upadhayay, 1960) ने एक अध्ययन कर इस तथ्य की पुष्टि की है। इस अध्ययन

में पटना विश्वविद्यालय के छात्रों में नौ अन्य देशवासियों के साथ चीनी (Chinese) लोगों के बारे में रूढ़ियुक्तियों का अध्ययन भारत-चीन युद्ध के पहले यानी 1959 के फरवरी में और फिर उसी वर्ष सीमा विवाद के बाद दिसम्बर में किया गया। परिणाम में यह देखा गया कि सीमा विवाद के पूर्व भारतीय छात्रों द्वारा चीनियों को 'ईमानदार', 'प्रगतिशील', 'अच्छे मित्र', 'वीर' आदि बतलाये गये किन्तु सीमा विवाद के बाद उन्हें 'आक्रामक', 'बेईमान', 'युद्धोत्तेजक', 'स्वार्थी' आदि के रूप में प्रत्यक्षण (perception) किया गया। स्पष्ट है कि भारत-चीन संबंध खराब होने पर चीनियों के बारे में चली आ रही रूढ़ियुक्तियाँ परिवर्तित हो गयीं जिनसे उनका प्रत्यक्षण भी बदल गया। शायद यही कारण है कि द्वितीय महायुद्ध के बाद अमेरिका में जापानी और जर्मन लोगों के प्रति व्याप्त रूढ़ियुक्तियों के निषेधात्मक गुणों में अधिक वृद्धि हो गयी।

निष्कर्षतः यह कहा जाता है कि व्यक्ति प्रत्यक्षण में रूढ़ियुक्तियों (stereotypes) की भूमिका काफी होती है। रूढ़ियुक्तियों के आधार पर हम अन्य व्यक्तियों में खास-खास शीलगुण आरोपित करते हैं। यद्यपि सामाजिक रूढ़ियुक्तियों (social stereotypes) में असत्यता (falsity) का गुण अधिक होता है, फिर भी इससे व्यक्ति प्रत्यक्षण प्रभावित होता है। समय बीतने में रूढ़ियुक्तियों में परिवर्तन होता है जिससे दूसरों के प्रत्यक्षण में भी परिवर्तन हो जाता है।

छवि प्रबन्धन की रणनीतियाँ
(Tactics of Impression Management)

सामाजिक अंतक्रिया में छवि प्रबन्धन की अहं भूमिका होती है। शार्प एवं गेज (Sharp & Getz, 1996) द्वारा किये गए अध्ययनों से यह स्पष्ट हुआ है कि जो व्यक्ति सफलतापूर्वक छवि प्रबन्धन की प्रक्रिया को सम्पन्न करते हैं, वे अधिकतर सामाजिक परिस्थितियों में फायदे में होते हैं। अब प्रश्न उठता है कि लोग दूसरों पर उत्तम छवि प्रबन्धन करने के लिए कौन-कौन-सी रणनीतियों को अपनाते हैं? ऐसे तो कई रणनीतियों को अपनाकर लोग दूसरों की नजर में अपनी छवि को उन्नत बनाने की कोशिश करते हैं परंतु उनमें निम्नांकित दो रणनीतियाँ अधिक प्रचलित हैं।

1. आत्म्-वृद्धि रणनीति (*Self-enhancement tactics*)—यह एक ऐसी रणनीति होती है जिसमें व्यक्ति अपनी छवि को दूसरों या लक्ष्य व्यक्ति के नजर में उत्तम लगने के लिए अपने आप को सजता एवं संवारता है। विशेष प्रकार के पोशाक, विशेष तरह का हाव-भाव एवं अन्य शृंगार आदि करके लक्ष्य व्यक्ति के नजर में अपनी छवि को दुरुस्त एवं उत्तम करता है। टेरीं एवं क्रैन्ज (Terry & Krantz, 1993) ने अपने अध्ययन के आधार पर बतलाया कि दूसरों के नजर में एक बुद्धिमान एवं स्मार्ट व्यक्ति की छवि का निर्माण करने के खयाल से व्यक्ति विशेष तरह का चश्मा (eyeglass) का उपयोग करता है। स्टीभेन्स एवं क्रिस्टोफ (Stevens & Kristof, 1995) ने अपने अध्ययन के आधार पर यह बतलाया है कि व्यक्ति अपनी छवि को उन्नत बनाने के लिए अपने आप को अधिक कुशल तथा अपने आप के बारे में बहुत-सारी धनात्मक बातें (positive matters) भी बतलाता है। युवक-युवती एक दूसरे को रिझाने में अक्सर आत्म-वृद्धि रणनीति के विभिन्न पहलुओं पर काफी ध्यान देते पाये जाते हैं।

2. अन्य-वृद्धि रणनीति (*Other-enhancement tactics*)—इस रणनीति में व्यक्ति बहुत सारी प्रविधियों को अपनाकर लक्ष्य व्यक्ति में धनात्मक मनोदशा (positive mood) तथा धनात्मक प्रतिक्रियाएँ (positive reactions) उत्पन्न करने की कोशिश करता है। बर्न (Byrne, 1992) ने कई शोध करके यह दिखला दिया है कि इस तरह के प्रयास का परिणाम यह होता है कि लक्ष्य व्यक्ति में उस व्यक्ति के प्रति विशेष पसंदगी (liking) उत्पन्न हो जाता है। इसका सबसे अच्छा उदाहरण चापलूसी (flattery) है जिसमें व्यक्ति लक्ष्य व्यक्ति को खुश करने के लिए उसकी अप्रत्याशित प्रशंसा करता है। मार्रिसन एवं विज (Morrison & Bies, 1991) ने अपने अध्ययन के आधार पर यह बतलाया है कि कुछ लोग लक्ष्य व्यक्ति के विचारों को न चाहते हुए भी पर्याप्त सहमति व्यक्त करके अर्थात हाँ में हाँ मिलाकर, उनकी नजर में अपना छवि उन्नत करने की कोशिश करते हैं। कुछ लोग लक्ष्य व्यक्ति से किसी समस्या पर उनकी राय एवं उनसे पुनर्निवेशन (feedback) प्राप्त करके भी उसे खुश करना चाहते हैं।

स्पष्ट हुआ कि छवि प्रबन्धन की कई रणनीतियाँ हैं जिन्हें अपनाकर व्यक्ति दूसरों की नजर में अपनी छवि को उन्नत बनाने की कोशिश करता है। अब प्रश्न उठता है कि क्या रणनीतियाँ सचमुच में सफलतापूर्वक कार्य करती है? क्या ऐसी रणनीतियों से लक्ष्य व्यक्ति में धनात्मक भाव (positive feeling) उत्पन्न होते हैं? इस बिन्दु पर किये गए शोधों की समीक्षा करने पर हम इस निष्कर्ष पर पहुँचते हैं कि सचमुच में यह सफलतापूर्वक कार्य करता है बशर्ते की उसका अधिक

उपयोग नहीं किया जाए तथा काफी सावधानीपूर्वक एवं कुशलतापूर्वक उसका उपयोग किया जाए। जैसे, वेनी तथा उनके सहयोगियों (Wayne et al., 1997) ने वृहत स्तर पर एक अध्ययन किया जिसमें 1400 कर्मचारियों ने भाग लिया और पाया कि उनके निष्पादन मूल्यांकन तथा पदोन्नति का निर्णय लेने में सामाजिक कौशल (social skills) जिसमें छवि प्रबन्धन (impression management) भी सम्मिलित होता है, एक महत्त्वपूर्ण एकलौता सूचक (index) था। विट्ट एवं फेर्रिस (Witt & Ferris, 2003) तथा पाउलहस, ब्रुस तथा ट्रेपनेल (Paulhus, Bruce & Trapnell, 1995) द्वारा किये गए अध्ययनों से भी उक्त तथ्य की सम्पुष्टि हुई है।

उपर्युक्त वर्णन के आलोक में हम इस अंतिम निष्कर्ष पर पहुँचते हैं कि छवि प्रबन्धन की रणनीतियाँ प्रभावी होती हैं। परंतु यहाँ यह भी सचेत कर देना उचित होगा छवि प्रबन्धन की रणनीतियों को यदि अधिक उपयोग किया जाता है या फिर उसका ठीक ढंग से उपयोग नहीं किया जाता है, तो ऐसी स्थिति में लक्ष्य व्यक्ति में धनात्मक भाव उत्पन्न होने के बजाय नकारात्मक भाव एवं घृणा आदि उत्पन्न हो जाता है। जैसे, एक अत्यन्त ही महत्त्वपूर्ण अध्ययन में एक महिला समाज मनोवैज्ञानिक वॉन्क (Vonk, 1998) ने यह दिखलाया है कि व्यक्ति में वैसे व्यक्तियों के प्रति बहुत ही तीव्र नकारात्मक भाव की प्रवृत्ति (tendency) उत्पन्न हो जाती है जो अपने से वरिष्ठों (superiors) का तो तलवा चाटते हैं परंतु अपने से कनिष्ठों (juniors) को घृणा एवं तिरस्कार करते हैं। वॉन्क ने इस प्रवृत्ति को *अवपंक या स्लाइम प्रभाव* (slime effect) कहा है। वॉन्क के इस विचार से इतना तो स्पष्ट ही हो जाता है कि छवि प्रबन्धन की रणनीतियाँ कार्य तो अवश्य करतीं हैं परंतु हमेशा ऐसा नहीं होता है और उसका धमाका प्रभाव भी होता है और लक्ष्य व्यक्ति में धनात्मक भाव के जगह पर ऋणात्मक भाव ही मजबूत हो जाता है।

छवि प्रबन्धन में संज्ञानात्मक भार की भूमिका
(Role of Cognitive load in Impression Management)

छवि प्रबन्धन के क्षेत्र में किये गए अध्ययनों से यह स्पष्ट हुआ कि पूरी जिन्दगी व्यक्ति उत्तम छवि प्रबन्धन के लिए कोशिश करता रहता है। धीरे-धीरे यह प्रक्रिया व्यक्ति द्वारा स्वतः बिना किसी के प्रयास के होने लगता है। परंतु ऐसा देखा गया है कि जब व्यक्ति को एक सीमित समय में बहुत सारे कार्य करना होता है, तो ऐसी परिस्थिति में व्यक्ति में संज्ञानात्मक भार (cognitive load) बढ़ जाता है क्योंकि वह एक ही समय में बहुत सारे कार्यों को करता पाया जाता है। ऐसी परिस्थिति में वह थकान महसूस करने लगता है और उससे भारी गलतियाँ भी हो जाती है। जब व्यक्ति संज्ञानात्मक भार की अवस्था में होता है, तो वह अपने आप को दूसरों के सामने ठीक ढंग से उपस्थित करने का ख्याल छोड़ देता है और तब छवि प्रबन्धन की प्रक्रिया बाधित हो जाती है। कुछ लोग ऐसे स्वभाव के होते हैं जो कुछ सामाजिक परिस्थिति में बहुत ही अच्छा एवं निश्चिन्त (comfortable) नहीं महसूस करते हैं क्योंकि ऐसी परिस्थिति में वे यह सोच-सोचकर चिन्तित रहते हैं कि पता नहीं दूसरे लोग उसे कैसे समझेंगे एवं प्रत्यक्षण करेंगे। जब ऐसे लोग विभिन्न तरह के कार्यों में अपने आप को व्यस्त रखते हैं, तो इससे उनका ध्यान वैसे भाव एवं चिन्ता से दूर हट जाता है और तब वे अपने आप को दूसरों की नजर में उत्तम दिखने की क्षमता को उन्नत कर लेते हैं। पोन्टारी एवं स्केलेन्कर (Pontari & Schlenkar, 2000) ने अपने अध्ययन के आधार पर इस तथ्य की सम्पुष्टि किया है। इस अध्ययन में एक नकली साक्षात्कार (mock interview) में कुछ अन्तर्मुखी (introvert) तथा कुछ बहिर्मुखी (extrovert) सहभागियों ने भाग लिया। इस साक्षात्कार में सहभागियों ने या तो जैसा वे थे (अर्थात् अन्तर्मुखी या बहिर्मुखी) वैसा ही अपने आप को उपस्थित किये या फिर वे अपने आप को विपरीत ढंग से (अर्थात् बहिर्मुखी अन्तर्मुखी बनकर तथा अन्तर्मुखी बहिर्मुखी बनकर) उपस्थित किये। साक्षात्कार के दौरान कुछ सहभागी अन्य तरह के कार्य जैसे आठ अंकों की संख्या को याद करने में लगे थे तथा कुछ सहभागी ऐसे कार्यों में व्यस्त नहीं थे। परिणाम में यह देखा गया कि बहिर्मुखी सहभागी को अन्तर्मुखी ढंग से पेश आने में संज्ञानात्मक व्यस्तता (आठ अंकों की संख्या को याद करना) से बाधा पहुँची परंतु अन्तर्मुखी सहभागियों को बहिर्मुखी ढंग से पेश आने में ऐसी संज्ञानात्मक व्यस्तता से मदद मिली। इस परिणाम की व्याख्या करते हुए पोन्टारी एवं स्केलेन्कर ने यह स्पष्ट रूप से कहा कि संज्ञानात्मक व्यस्तता अन्तर्मुखी को अपनी चिन्ता एवं आशंकाओं पर से ध्यान हटाकर विशेष कार्य में मदद प्रदान की और यह उसके लिए लाभकारी सिद्ध हुआ क्योंकि तब वह अपनी छवि को उन्नत करके प्रस्तुत करने में सफल हो पाये।

स्पष्ट हुआ कि संज्ञानात्मक भार से छवि प्रबन्धन में सामान्यतः बाधा पहुँचती है। परंतु कुछ लोगों के लिए कुछ परिस्थिति में इस ढंग का भार से छवि प्रबन्धन में मदद भी मिलती है।

आत्म-प्रत्यक्षण
(Self-perception)

स्वरूप *(Nature)*—समाज मनोवैज्ञानिकों ने एक मूलभूत प्रश्न में दिलचस्पी दिखलाना प्रारंभ किया है—व्यक्ति अपने आपको किस तरह जान पाता है तथा समझ पाता है ? जिस प्रक्रिया के द्वारा व्यक्ति अपने-आपको समझ पाता है या अपने आप के बारे में ज्ञान प्राप्त कर पाता है, उसे *आत्म-प्रत्यक्षण* कहा जाता है। सामान्यतः व्यक्ति अपने व्यवहारों, भावों आदि का प्रत्यक्षण अपने स्पष्ट क्रियाओं (overt actions) का प्रेक्षण करके करता है। जैसे—यदि कोई व्यक्ति अपने अंगों का प्रत्यक्षण कर यह अनुमान लगाता है कि वह पहले से अधिक गोरा तथा मोटा हो गया है, तो यह आत्म-प्रत्यक्षण का उदाहरण होगा। बेरोन तथा बर्न[1] (Baron & Byrne, 1987) ने आत्म-प्रत्यक्षण को इस प्रकार परिभाषित किया है, ''जिस प्रक्रिया द्वारा हमलोग अपने भावों, शीलगुणों तथा अभिप्रेरकों को समझते हैं, उसे आत्म प्रत्यक्षण कहा जाता है। हमलोग इसे अपने स्पष्ट व्यवहार के प्रेक्षण के आधार पर अनुमान लगाते है।'' यदि हम इस परिभाषा का विश्लेषण करें, तो आत्म-प्रत्यक्षण के स्वरूप में बारे में निम्नांकित तथ्य प्राप्त होते हैं—

(1) आत्म-प्रत्यक्षण एक मानसिक प्रक्रिया है जिसमें आत्म-गुणारोपण (self-attribuation) की विशेषता होती है।

(2) आत्म-प्रत्यक्षण की प्रक्रिया में व्यक्ति अपने भावों, शीलगुणों एवं अभिप्रेरकों को समझने की कोशिश करता है।

(3) आत्म-प्रत्यक्षण का आधार व्यक्ति द्वारा किये गये स्पष्ट व्यवहारों (overt behaviours) का प्रेक्षण (observation) होता है।

बेम द्वारा प्रतिपादित आत्म-प्रत्यक्षण का सिद्धांत
(Bem's Theory of Self Perception)

बेम (Bem, 1972) ने आत्म-प्रत्यक्षण का एक सिद्धांत का प्रतिपादन किया है जो अपने आप में काफी लोकप्रिय एवं महत्त्वपूर्ण हुआ। इस सिद्धांत का सारभूत तत्त्व यह है कि हमलोग अपने मनोवृत्ति, भाव एवं संवेगों को सीधे नहीं समझते हैं बल्कि इनके बारे में अपने व्यवहारों को प्रेक्षण के आधार पर अनुमान लगाते हैं। बेम का मत है कि व्यक्ति अपने बारे में ठीक उसी तरह से अनुमान लगाता है जैसे वह दूसरों के बारे में अनुमान लगाता है। परिणामतः वे प्रक्रियाएँ जिसके सहारे व्यक्ति अपने आप को समझता है, उन प्रक्रियाओं के समान है जिसके सहारे व्यक्ति दूसरों को जानता है तथा समझता है।

बेम का मत है कि व्यक्ति अपने मनोवृत्ति, भाव एवं संवेगों को अपने व्यवहारों के प्रेक्षण के आधार पर उस परिस्थिति में अधिक समझता है जहाँ उससे संबंधित आंतरिक संकेत (internal cues) अस्पष्ट होते हैं। दूसरे शब्दों में, जहाँ ऐसे आंतरिक संकेत स्पष्ट होते हैं, वहाँ व्यक्ति अपनी मनोवृत्ति, भाव, संवेग आदि को प्रत्यक्षतः समझ लेता है न कि उसे अपने व्यवहारों के प्रेक्षण से प्राप्त निष्कर्ष के आधार पर समझना पड़ता है। जैसे—यदि हम किसी व्यक्ति को तीव्र रूप से घृणा करते है, तो हम इससे सबंधित भाव (feeling) को इस व्यवहार के प्रेक्षण के आधार पर नहीं जानते हैं कि हमें उसके साथ कहीं जाना पसंद नहीं है बल्कि संबंधित भाव का ज्ञान प्रत्यक्षतः हो जाता है। ऐसा इसलिए होता है क्योंकि इस उदाहरण में घृणा से संबंधित आंतरिक संकेत स्पष्ट हैं।

बेम सिद्धांत का समर्थन अनौपचारिक प्रेक्षणों (informal observation) तथा प्रयोगात्मक शोध (experimental research) दोनों से होता है। अनौपचारिक प्रेक्षण को एक उदाहरण इस प्रकार दिया जा सकता है। कभी-कभी ऐसा होता है कि व्यक्ति खाना खाने बैठता है, तो उसे महसूस होता है कि भूख तो नहीं है। परंतु खाना खाने लगे तो बहुत खा गये। इस उदाहरण में व्यक्ति को अपने आंतरिक अवस्था का ठीक-ठीक ज्ञान नहीं था (अर्थात आंतरिक संकेत अस्पष्ट थे) फलस्वरूप खाना खाने जैसे स्पष्ट व्यवहार के प्रेक्षण से भूख की स्थिति को समझने में मदद मिली। किसलर, कोलिन्स तथा मिलर (Kiesler, Collins & Miller, 1969) ने अपने प्रयोगात्मक अध्ययन के आधार पर इस सिद्धांत को समर्थन प्रदान किया है। इनके प्रयोगात्मक अध्ययन के आधार पर यह देखा गया है कि जब व्यक्ति अपनी मनोवृत्ति के अनुकूल व्यवहार करता है, तो उसे अपने इस व्यवहार में पहले से अधिक विश्वास उत्पन्न हो जाता है।

---

1. "Self perception refers to the process through which we seek to understand our own feelings, traits and motives. We must often infer those from ovservation of our overt behaviour."
— Baron & Byrne : *Social Psychology,* 1987, p. 72.

बेम के आत्म-प्रत्यक्षण सिद्धांत द्वारा आंतरिक अभिप्रेरण (intrinsic motivation) से संबंधित तथ्यों को समझने में काफी मदद मिली है। जब व्यक्ति किसी कार्य को अपनी इच्छा से मात्र आनन्द प्राप्त करने के लिए करता है, तो इस तरह के अभिप्रेरण को आंतरिक अभिप्रेरण कहा जाता है, परंतु जब व्यक्ति किसी कार्य या व्यवहार को किसी बाह्य पुरस्कार(external reward)प्राप्त करने के ख्याल से करता है, तो इस तरह के अभिप्रेरण को बाह्य अभिप्रेरण(extrinsic motlivation)कहा जाता है। वेम के अनुसार किसी व्यवहार को करने के बाद जब उसे बाह्य पुरस्कार(external reward) मिलता है, तो इससे इस कार्य को करने के पीछे छिपे आंतरिक अभिप्रेरण में कमी आ जाती है। इस तरह के प्रभाव को *अतितार्किकरण प्रभाव* (overjustfication effect) कहा जाता है। इस तरह के अतितार्किकरण प्रभाव का समर्थन डेसी (Deci, 1975) तथा लीपर एवं ग्रीनी (Leepar & Greene, 1978) आदि के द्वारा किये गये प्रयोगों में हुआ है। इन अध्ययनों में यह स्पष्ट रूप से देखा गया कि जब प्रयोज्यों को कोई ऐसा कार्य करने के लिए जिसे करने में उसे प्रारंभ में आनन्द आता था, बाह्य पुरस्कार (extrinsic reward) दिया गया, तो ऐसे व्यक्ति को इन कार्यों को करने में अभिरुचि कम होती देखी गयी तथा उनके निष्पादन (performance) में कमी आ गयी। कुछ प्रयोगात्मक सबूतों से यह भी पता चला है कि इस तरह का प्रभाव उस परिस्थिति में अधिक होता है जिसके बारे में बेम का यह सिद्धांत पूर्वकथन कर चुका है अर्थात उस परिस्थिति में अधिक होता है जब किये जाने वाले कार्य से संबंधित आंतरिक संकेत (internal cues) अस्पष्ट होते हैं।

अब प्रश्न यह उठता है कि बाह्य पुरस्कार देने से किये जाने वाले कार्य से प्राप्त आनंद तथा अभिरुचि में जो कमी आती है, उसका कारण क्या है ? इसकी दो व्याख्याएँ प्रदान की गयी हैं—

(1) किसी व्यवहार या कार्य करने के बाद बाह्य पुरस्कार मिलने से व्यक्ति यह समझने लगाता है कि वह कार्य मात्र बाह्य पुरस्कार की प्राप्ति के लिए कर रहा है। फलतः उस कार्य को करने में पहले के समान आनन्द या अभिरुचि नहीं रह जाता है।

(2) किसी व्यवहार या कार्य करने के बाद बाह्य पुरस्कार मिलने से उस कार्य से प्राप्त आन्नद या पुरस्कार में इसलिए कमी आ जाती है क्योंकि व्यक्ति यह सोचता है कि उसे कार्य करने के लिए घूस दिया जा रहा है या उस पर दबाव डाला जा रहा है। इस तरह से व्यक्ति में एक तरह का नकारात्मक प्रभाव (negative effect) उत्पन्न हो जाता है। प्रेटी तथा सेलिगमैन (Pretty & Seligman, 1984) ने अपने अध्ययन के आधार पर इस तथ्य की संपुष्टि भी किया है।

निष्कर्षतः यह कहा जा सकता है कि बेम का आत्म-प्रत्यक्षण का सिद्धांत, जिसे कभी-कभी आत्म-गुणारोपण सिद्धांत (self-attribution theory) भी कहा जाता है, के अनुसार व्यक्ति अपने व्यवहारों को प्रेक्षण करके ही संबंधित मनोवृत्ति, संवेग तथा भाव के बारे में जान पाता है। वह उस परिस्थिति में विशेष रूप से ऐसा करता है जहाँ उस व्यवहार से संबंधित आंतरिक संकेत (internal cues) अस्पष्ट होते हैं। बेम सिद्धांत द्वारा आंतरिक अभिप्रेरण (intrinsic motivation) से संबंधित तथ्यों की भी व्याख्या की गयी है। कई अध्ययनों से यह स्पष्ट हुआ है कि बाह्य पुरस्कार (external reward) देने से व्यक्ति के आंतरिक अभिप्रेरण (intrinsic motivation) में कमी आ जाती है।

अध्याय सरांश
(Chapter Summary)

1. सामाजिक संज्ञान (social cognition) से तात्पर्य उन तरीकों से होता है जिसके सहारे हमलोग सामाजिक दुनिया के बारे में प्राप्त सूचनाओं की व्याख्या तथा विश्लेषण करते हुए उसे याद रखते हैं तथा उनका उपयोग करते हैं। स्कीमा (schema) सामाजिक संज्ञान का एक प्रमुख तत्त्व है।
2. सामाजिक संज्ञान में मानसिक प्रयास को स्वतः शोध संसाधन (heuristic processing) तथा अविवेचित संसाधन (automatic processing) द्वारा कम किया जाता है।
3. समाज मनोवैज्ञानिकों द्वारा किये गए अध्ययनों से यह स्पष्ट हुआ है कि संज्ञान तथा भाव (affect) एक-दूसरे को प्रभावित करते हैं।
4. सामाजिक प्रत्यक्षण (social perception) एक व्यापक शब्द है। इसका प्रयोग दो अर्थों में किया जाता है। पहले अर्थ में इसमें उन सभी व्यक्तिगत (personal) एवं सामाजिक (socail) कारणों का अध्ययन किया जाता है जिससे व्यक्ति का प्रत्यक्षण प्रभावित होता है। दूसरे अर्थ में सामाजिक प्रत्यक्षण में इस बात का अध्ययन किया जाता है

कि प्रत्यक्षणकर्त्ता किस तरह दूसरे व्यक्ति या व्यक्तियों के बारे में एक खास विचार या राय बनाता है। इस प्रक्रिया को प्रत्यक्षण (person perception) कहा जाता है।

5. सामाजिक प्रत्यक्षण (social perception) का दूसरा महत्त्वपूर्ण भाग व्यक्ति प्रत्यक्षण (person perception) है। जब हम किसी दूसरे व्यक्ति के सम्पर्क में आते हैं तो उसके बारे में एक छवि (impression) बनाते हैं। इस प्रक्रिया को छवि निर्माण (impression formation) या व्यक्ति प्रत्यक्षण (person perception) कहा जाता है। व्यक्ति प्रत्यक्षण के छह प्रमुख सामान्य नियमों का उल्लेख समाज मनोवैज्ञानिकों द्वारा किया गया है।
6. समाज मनोविज्ञान के अध्यनों से यह पता चला है कि छवि निर्माण में सूचना संसाधन (information processing) का विशेष महत्त्व होता है। इसमें अन्य बातों के अलावा सूचना के बहुइकाइयाँ (multiple unit of information), प्राप्त किये गये सूचनाओं के क्रम तथा धनात्मक एवं ऋणात्मक सूचना मुख्य रूप से महत्त्वपूर्ण है।
7. व्यक्ति प्रत्यक्षण में अशाब्दिक संकेत (nonverbal cues) के महत्त्व पर भी मनोवैज्ञानिकों ने प्रकाश डाला है। इनमें शारीरिक डील-डौल एवं रूप-रंग, आनन अभिव्यक्ति, संवेग एवं मनःस्थिति (mood), हाव-भाव, मुद्रा तथा गतिविधि, वाचक गुण तथा पोशाक आदि काफी महत्त्वपूर्ण है।
8. व्यक्ति प्रत्यक्षण में प्रत्यक्षणकर्त्ता के गुणों का भी महत्त्व काफी है। इन विशेषताओं में अव्यक्त व्यक्तित्व (implicit personality), संज्ञानात्मक शैली (cognitive style), सत्तावादी व्यक्तित्व (authoritarian personality), उम्र विभिन्नता (age differences) तथा यौन विभिन्नता (sex defferences) आदि प्रमुख है।
9. व्यक्ति प्रत्यक्षण में प्रत्यक्षकर्त्ता (perceiver) तथा लक्षित व्यक्ति (target person) के बीच जारी अंतःक्रियाओं का भी महत्त्व काफी होता है।
10. अंत में समाज मनोवैज्ञानिकों ने यह भी दिखलाया है कि व्यक्ति प्रत्यक्षण में रूढ़ियुक्तियों (stereotypes) का महत्त्व काफी है। यद्यपि सामाजिक रूढ़ियुक्तियों में असत्यता का तत्त्व काफी होता है, फिर भी इसका प्रभाव छवि या राय निर्माण में काफी होता है। समय बीतने के साथ रूढ़ियुक्तियों में परिवर्तन आता है और उसी के साथ-साथ व्यक्ति का प्रत्यक्षण में भी परिवर्तन आता है।
11. आत्म-प्रत्यक्षण (self-perception) के क्षेत्र में बेम (Bem) द्वारा प्रतिपादित सिद्धांत अपने आप में काफी महत्त्वपूर्ण है।

❑

अध्याय 24

गुणारोपण
(ATTRIBUTION)

गुणारोपण के अर्थ एवं विशेषताएँ
(Meaning of Characteristics of Attribution)

गुणारोपण (attribution) एक काफी महत्त्वपूर्ण संज्ञानात्मक प्रक्रिया (cognitive procees) है। जब भी कोई व्यक्ति किसी दूसरे व्यक्ति के व्यवहारों का प्रत्यक्षण करता है, तो उस समय वह मात्र इतनी ही जानकारी से संतुष्ट नहीं हो जाता है कि उसने अमुक व्यवहार किया है बल्कि वह उन व्यवहार के कारणों अथवा उनकी उत्पत्ति के स्रोतों या प्रेरकों का भी अनुमान कर लेता है। किसी व्यक्ति और उसके कार्यों एवं व्यवहारों को प्रत्यक्षण करते समय इस प्रकार का अनुमान कर लेना ही गुणारोपण (attribution) कहलाता है। फेल्डमैन[1] (Feldman, 1985) के शब्दों में इसे इस प्रकार परिभाषित किया जाता है, ''दूसरे लोगों के व्यवहार के कारणों को समझाना तथा उसके बारे में निर्णय लेना ही गुणारोपण कहा जाता है।'' बेरोन तथा बर्न[2] (Baron & Byrne, 1987) के अनुसार, ''गुणारोपण वह प्रक्रिया है जिसके द्वारा हमलोग दूसरों के व्यवहारों के कारणों का निर्धारण करते हैं तथा उनके स्थायी शीलगुणों एवं चित्त-वृत्ति के बारे में ज्ञान प्राप्त करते है।''

फेल्डमैन तथा बेरोन एवं बर्न द्वारा दिये गये इन सरल परिभाषाओं से गुणारोपण (attribution) की प्रक्रिया के बारे में कुछ महत्त्वपूर्ण तथ्य हमें मिलते हैं जो इस प्रकार हैं—

(1) गुणारोपण की प्रक्रिया एक संज्ञानात्मक प्रक्रिया (attribution) है जिसके द्वारा दूसरे व्यक्तियों के व्यवहारों के कारण का पता चलता है।

(2) गुणारोपण की प्रक्रिया व्यक्ति प्रत्यक्षण (person perception) से अंतर्बद्ध (tied) हैं। प्रत्यक्षणकर्त्ता (perceiver) किसी लक्षित व्यक्ति (target person) के व्यवहारों का पहले प्रत्यक्षण करता है। (व्यक्ति प्रत्यक्षण) तथा बाद में उन व्यवहारों के सम्भावित कारणों (causes) को ढूँढता है और एक निश्चित निर्णय करता है।

(3) गुणारोपण की प्रक्रिया में लक्षित व्यक्ति के व्यवहार के पीछे छिपे कारणों पर बल डाला जाता है और उसी के संदर्भ में उसके शीलगुणों एवं चित्तवृत्तियों के बारे में किसी निर्णय पर पहुँचने की कोशिश की जाती है।

एक उदाहरण (One example)—मान लिया जाय कि कोई महिला फटे-चिटे गंदे कपड़े पहने हुए आप से भूकंप में गिरे घर की मरम्मत के लिए आर्थिक सहायता माँगती है। ऐसी परिस्थिति में आप मात्र उसकी शारीरिक स्थिति तथा फटे-चिटे कपड़े के संदर्भ में ही उसके द्वारा किये गये आर्थिक सहायता की माँग का प्रत्यक्षण नहीं करते बल्कि यह भी अनुमान कर लेते हैं कि उसकी यह स्थिति वास्तविक गरीबी के कारण है या वह मात्र दूसरों को धोखा देकर पैसा कमाने के लिए भीख माँग रही है, आदि आदि। किसी व्यक्ति के व्यवहारों का प्रत्यक्षण करते समय इस तरह का अनुमान करना गुणारोपण (attirbution) कहलाता है। अतः गुणारोपण में प्रत्यक्षणकर्त्ता (perceiver) लक्षित व्यक्ति के व्यवहार के कारण का अनुमान लगा लेते हैं। इसलिए गुणारोपण को *कारणता का प्रत्यक्षण* (Perception of causality) के नाम से भी पुकारा जाता है।

1. "Attribution is the understanding and judgements about ths causes underlying people's behaviour."
—Feldman : *Social Psychology,* 1985, p. 529.

2. "Attribution is "the process through which we seek to determine the causes of other's behaviour and gain knowledge of their stable traits and dispositions." —Baron & Byrne : *Social Psychology,* 1987, p. 71.

गुणारोपण के आंतरिक तथा बाह्य कारक
(Internal and External factors in Attribution)

गुणारोपण (attribution) की प्रक्रिया को समान्यतः दो कारकों (factors) के रूप में समझने की कोशिश की गई है–

1. आंतरिक कारक *(Internal factors)*—इससे तात्पर्य वैसे कारकों से होता है जो लक्षित व्यक्ति (target person) जिसके व्यवहारों का कारण प्रत्यक्षणकर्त्ता ढूँढ़ता है, में निहित होते हैं। इसमें मूल रूप से लक्षित व्यक्ति के योग्यता, शीलगुण आदि से संबंधित कारक होते हैं।

2. बाह्य कारक *(External factors)*—बाह्य कारक से तात्पर्य वैसे कारक से होता है जो मूलतः वातावरण के कारकों से संबंधित होते हैं और उसी के रूप में लक्षित व्यक्ति के व्यवहारों के कारणों की व्याख्या की जाती है।

एक उदाहरण (An example)—मान लिया जाये कि किसी कर्मचारी (employee) को नौकरी से निलंबित (suspend) कर दिया जाता है। इस निलंबन (suspension) का कारण या तो कर्मचारी में (आंतरिक कारक) अथवा उसके बाहर (बाह्य कारक) या अंशतः दोनों में स्थित हो सकते हैं। आंतरिक कारकों में कर्मचारी की बुरी लतें, मानसिक अयोग्यता, काम में अरुचि आदि हो सकते हैं तथा बाह्य कारकों (external factors) में उसके बॉस (Boss) का सख्त मनोवृत्ति (tough attitude), कार्य का दुर्लभ स्वरूप, कार्य के वातावरण (environment) का असंतोषजनक होना आदि हो सकता है।

जब प्रत्यक्षणकर्त्ता (perceiver) लक्षित व्यक्ति (target person) के व्यवहारों के कारण के बारे में यह निश्चित होकर तय कर लेता है कि कारण आंतरिक (internal) हैं या बाह्य (external), तो इससे भविष्य के व्यवहारों के बारे में पूर्वानुमान (prediction) करने में सहूलियत होती है। जैसे, यदि निलम्बन का कारण व्यक्ति की बुरी आदतों को समझा गया तो प्रत्यक्षणकर्ता भविष्य में भी उस कर्मचारी से ऐसे ही व्यवहार की आशा करेगा। यदि इसका कारण बॉस की सख्त मनोवृत्ति (tough attitude) हुआ तो प्रत्यक्षणकर्त्ता (perceiver) यह समझेगा कि अन्य कर्मचारी भी जल्दी ही निलंबित किये जा सकते हैं। इस तरह से प्रत्यक्षणकर्त्ता द्वारा किये जाने वाले गुणारोपण दूसरे व्यक्तियों एवं उनके व्यवहारों को समझने में काफी मदद करते हैं और साथ-ही-साथ एक विशेष धारणा या विश्वास उत्पन्न करने में भी सहायक होते हैं।

गुणारोपण के नियम
(Principles of Attribution)

प्रत्यक्षणकर्त्ता (perceiver) किसी व्यक्ति या लक्षित व्यक्ति द्वारा सम्पादित व्यवहारों एवं उसके परिणामों का प्रेक्षण करने के बाद उन व्यवहारों को उत्पन्न करने वाले कारणों का अनुमान करता है। इस प्रक्रिया को कारणात्मक गुणारोपण (causal attribution) कहा जाता है। विभिन्न व्यवहारों का कारणात्मक गुणारोपण (causal attribution) करते समय हम कुछ मूलभूत नियमों का पालन करते हैं। यह आवश्यक नहीं है कि इन नियमों द्वारा किसी व्यवहार के वास्तविक कारण को हम ज्ञात कर ही लें क्योंकि व्यवहार के कारणों का अनुमान करते समय ये मूलभूत नियम हमारी मदद अवश्यक करते हैं परंतु अनुमानित कारण की परिशुद्धता के तार्किक सबूत पर आवश्यक बल नहीं देते।

गुणारोपण के मूलभूत नियम निम्नांकित चार हैं–

1. सहपरिवर्तन का नियम (Principle of covariation)
2. आत्यंतिकता का नियम (Principle of extermity)
3. नगण्य करने के नियम (principle of discounitng)
4. संवर्धन का नियम (Augmentation principle)

इनका वर्णन निम्नांकित हैं–

1. परिवर्तन का नियम *(Principle of convariation)*—इस नियम का प्रतिपादन केली (Kelly, 1967) द्वारा किया गया है। इस नियम को अन्य नियमों की तुलना में अधिक श्रेष्ठ (superior) माना गया है। इस नियम के अनुसार

जब प्रत्यक्षणकर्त्ता (perceiver) किसी एक घटना में होने वाले परिवर्तन के साथ-साथ किसी दूसरी घटना में होने वाले परिवर्तनों का प्रत्यक्षण (perception) करता है तो वह एक को दूसरे संबंधित मान लेता है। जैसे, यदि घटना 'अ' के घटित होने के समय घटना 'ब' अवश्य घटित हो तथा घटना 'ब' के न घटित होने की स्थिति में घटना 'अ' भी न घटित हो तो हम 'अ' एवं 'ब' को आपस में संबंधित मान लेते हैं। सामान्यतः यह मान लिया जाता है कि समय (time) की विमा पर जो पहले घटित होती है, वह बाद की घटना का कारण होती है तथा बाद मे होने वाले घटना पहली घटना का परिणाम (effect) होती है। परंतु सच्चाई यह है कि सहपरिवर्तन का यह नियम तार्किक ढंग से यह नहीं बतलाता है कि कौन-सी घटना कारण है तथा कौन-सी उसका परिणाम।

2. आत्यंतिकता का नियम *(Principle of extermity)*—समाज मनोवैज्ञानिकों की आम सहमति यह है कि सामाजिक व्यवहारों (social behaviours) का स्वरूप जटिल (complex) होता है और किसी सामाजिक व्यवहार के कारणों की संख्या प्रायः एक से अधिक हुआ करती है। इस तरह की परिस्थिति की व्याख्या करने के लिए समाज मनोवैज्ञानिकों ने दो तरह के संप्रत्यय (concepts) का निर्माण किया है—बहुल पर्याप्त कारणत्व (multiple sufficient causation) तथा बहुल आवश्यक कारणत्व (multiple necessary causation)। बहुल पर्याप्त कारणत्व का अर्थ यह होता है कि किसी घटना के कई कारण उपस्थित हैं और उनमें से प्रत्येक अलग-अलग अकेले ही उस घटना को उत्पन्न करने के लिए पर्याप्त है। बहुल आवश्यक कारणत्व (multiple necessary causation) का अर्थ यह होता है कि किसी घटना की उत्पत्ति के कई कारण हैं और उसके घटित होने में सभी कारणों का योगदान है। किसी भी एक कारण की अनुपस्थिति से घटना घटित नहीं हो सकती है।

समाज मनोवैज्ञानिकों का मत है कि ऐसे कई कारक हैं जो यह तय करते हैं कि कोई प्रत्यक्षणकर्ता (perceiver) घटना के किसी एक ही कारण को पर्याप्त मानेगा या सभी सम्भावित कारणों का अनिवार्य एवं महत्त्वपूर्ण समझेगा। इस सम्बन्ध में घटना के परिणाम (result) की मात्रा को एक महत्त्वपूर्ण संकेत माना जाता है। परिणाम की मात्रा के आधार पर गुणारोपण करने पर आत्यंतिकता नियम (extermity principle) द्वारा अधिक बल डाला जाता है। इस नियम के अनुसार किसी व्यवहार से उत्पन्न परिणामों की संख्या एवं परिणाम में जैसे-जैसे वृद्धि होती है, प्रत्यक्षीकृत कारणों की संख्या में भी वृद्धि होने की सम्भावना बढती जाती है। जैसे, मान लिया जाये कि मोहन एवं सोहन एक लोहे के बड़े भारी संदूक को खिसका कर आगे बढ़ा रहा है। इस उदाहरण में आगे बढ़ने की संदूक की गति जितनी ही अधिक होगी, उसकी गति के कारण को उन दोनों के संयुक्त प्रयास पर आरोपित होने की सम्भावना भी अधिक हो जायेगी।

इस नियम का दोष यह है कि यह नियम गुणारोपण के लिए संकेत तो अवश्य प्रदान करता है परंतु प्रत्यक्षित कारणों की विश्वसनीयता, वैधता एवं निश्चयता के बारे में कोई महत्त्वपूर्ण सूचना नहीं देता है।

3. नगण्य करने के नियम *(Principle of discounting)*—यह नियम इस बात पर बल डालता है कि किसी घटना के होने से सम्भावित कारणों की संख्या जैसे-जैसे बढ़ती जाती है, गुणारोपण में किसी एक कारण की प्रत्यक्षित भूमिका की मात्रा घटती जाती है। जैसे, यदि 5 आदमी मिलकर संदूक को आगे बढ़ा रहे हों तो उन सबके अलग-अलग योगदानों को समझ पाना प्रत्यक्षणकर्ता के लिए एक कठिन एवं जटिल कार्य होगा। इसी तरह से जैसे-जैसे व्यक्तियों की संख्या बढ़ती जायेगी, गुणारोपण उतनी ही कठिन, जटिल एवं अविश्वसनीय होता चला जायेगा।

4. संवर्धन नियम *(Augmentation principle)*—इस नियम के अनुसार किसी सामाजिक व्यवहार के होने में दो तरह के कारणों का सापेक्षित योगदान होता है—सहायक कारण (facilitatory causes) तथा अवरोधक कारण (inhibitory causes)। इस नियम के अनुसार किसी व्यवहार के सहायक कारणों के प्रत्यक्षित योगदान में उस समय वृद्धि हो जाती है जब प्रत्यक्षणकर्त्ता उस व्यवहार को किसी अवरोधक कारण की उपस्थिति में घटित होते हुए देखता है। अवरोधक व्यक्तियों की मात्रा जैसे-जैसे बढ़ती जाती है, सहायक व्यक्तियों की प्रत्यक्षित योगदान में भी वृद्धि होती जाती है। जैसे, यदि मोहन उस संदूक को अकेले ठेल कर सपाट सतह पर आगे बढ़ाता है और सोहन उस संदूक को अकेले ही ढालुदार सतह पर नीचे से ऊपर की ओर ठेल कर आगे बढ़ाता है तो प्रत्यक्षणकर्त्ता सोहन को मोहन से अधिक शक्तिशाली समझेगा क्योंकि वह मोहन के बराबर निष्पादन (performance) एक अवरोधक कारण (ऊँचाई) की उपस्थिति में कर रहा है।

निष्कर्षतः यह कहा जा सकता है कि प्रत्यक्षणकर्त्ता किसी लक्षित व्यक्ति द्वारा किये गये व्यवहारों तथा उसके

परिणामों का प्रेक्षण करने के बाद कारणात्मक गुणारोपण करते समय उपर्युक्त नियमों में से एक या एक से अधिक नियमों का उपयोग करते हुए उस व्यवहार के वास्तविक कारण को समझने की कोशिश करता है।

गुणारोपण के सिद्धांत
(Theories of Attribution)

समाज मनोवैज्ञानिकों ने गुणारोपण की व्याख्या करने के लिए कुछ सिद्धांतों (theories) का प्रतिपादन किया है। इन सिद्धांतों में इस बात की व्याख्या करने की कोशिश की गयी है कि व्यक्ति के अमुक व्यवहार के सम्भावित कारण क्या हो सकते हैं क्योंकि व्यक्ति प्रायः एक खास तरह से व्यवहार करता है। सामान्यतः व्यवहार के दो कारण हो सकते हैं—आंतरिक (internal) तथा बाह्य (external)। जब व्यवहार का कारण व्यक्तिगत शीलगुण होते हैं, तब उन कारणों को आंतरिक कारण कहा जाता है और जब व्यवहार के कारण पर्यावर्णी कारण (environmental causes) होते हैं तब उन कारणों को बाह्य कारण कहा जाता है। गुणारोपण की प्रक्रिया की व्याख्या करने के लिए समाज मनोवैज्ञानिकों ने निम्नांकित चार तरह के सिद्धांतों (theories) का प्रतिपादन किया है—

1. हाइडर का सहज मनोविज्ञान गुणारोपण सिद्धांत (Heider' s Naive Psychology Attribution theory)
2. जोन्स तथा डेविस का सहसंवादी अनुमान सिद्धांत (Jones and Davis's Correspondent Inference theroy)
3. केली का सह-परिवर्तन गुणारोपण सिद्धांत (Kelley's Covariaion Attribution theory)
4. शेभर का गुणारोपण सिद्धांत (Shaver's Attribution theory)

इन सिद्धांतों का आलोचनात्मक व्याख्या निम्नांकित है—

1. हाइडर का सहज मनोविज्ञान गुणारोपण सिद्धांत *(Heider's Naive Psychology Attribution theory)*— इस सिद्धांत का प्रतिपादन हाइडर (Heider, 1958) द्वारा किया गया। हाइडर का यह सिद्धांत व्यक्तियों के व्यवहारों के सम्भावित कारणों की व्याख्या एक सरलतम ढंग से करता है। हाइडर का मत है कि अधिकतर व्यक्ति एक तरह से 'सहज मनोवैज्ञानिक' (naive psychologist) के रूप में कार्य करते हुए दूसरों के व्यवहारों को समझने की कोशिश करता है ताकि वैसे व्यवहारों के बारे में पहले से ही भविष्य में पूर्वानुमान लगाया जा सके। हाइडर का मत है कि अधिकतर व्यक्ति दूसरों के व्यवहारों के कारणों को समझने के लिए निम्नांकित तीन सम्भावित व्याख्याओं में से किसी एक पर बल डालते हैं—

(1) प्रत्यक्षणकर्त्ता यह मान लेता है कि किसी व्यक्ति के व्यवहार का कारण उसके इर्द-गिर्द की परिस्थिति (situation) होती है। दूसरे शब्दों में, कोई व्यक्ति इर्द-गिर्द परिस्थिति के पड़ने वाले दबाव के कारण ही अमुक व्यवहार करता है।

(2) दूसरी वैकल्पिक व्याख्या यह है कि प्रत्यक्षणकर्त्ता (perceiver) यह समझने की कोशिश करता है कि लक्षित व्यक्ति (target individual) द्वारा किया गया व्यवहार बिना किसी उद्देश्य के ही था अर्थात मात्र संयोगवश (accidental) था।

(3) तीसरी वैकल्पिक व्याख्या यह है कि प्रत्यक्षणकर्त्ता यह समझने की कोशिश करता है कि लक्षित व्यक्ति ने अमुक व्यवहार कोई निश्चित उद्देश्य (intention) के साथ किया है और साथ-ही-साथ इस व्यवहार के कारण लक्षित व्यक्ति की व्यक्तिगत विशेषता (personal attribute) है।

हाइडर के इस सिद्धांत के अनुसार प्रत्यक्षकर्त्ता (perceiver) लक्षित व्यक्ति के व्यवहारों के कारणों की व्याख्या उपर्युक्त तीन वैकल्पिक व्याख्याओं के रूप में करता है। इनमें से जब व्यवहार के कारणों की व्याख्या व्यक्तिगत विशेषताओं (personal) के रूप में किया जाता है, तो इस तरह की सूचना के आधार पर उसके भविष्य में होने वाले व्यवहार का पूर्वानुमान आसानी से लगाया जाता है।

इस सिद्धांत का गुण (merit) यह है कि इसके द्वारा गुणारोपण की व्याख्या अति सरल ढंग से होती है और इसकी व्याख्या में किसी प्रकार की जटिलता नहीं होने से यह लोगों के बीच में लोकप्रिय है। इस सिद्धांत की परिसीमा (limitation) यह है कि इसके द्वारा गुणारोपण की जो व्याख्या की गयी है, वह बिलकुल ही 'सहज' (naive) है और इसमें वैज्ञानिकता एवं निर्भरता की कमी है।

2. जोन्स तथा डेविस का सहसम्बन्धी अनुमान सिद्धांत *(Jones and Davis Correspondent Inference Attribution) theory)*—इस सिद्धांत का प्रतिपादन जोन्स तथा डेविस (Jones and Davis, 1965) द्वारा किया गया। इस सिद्धांत के अनुसार प्रत्यक्षणकर्त्ता (perceiver) दूसरे व्यक्ति या लक्षित व्यक्ति द्वारा किये गये किसी व्यवहार से उत्पन्न परिणामों (effects) का प्रेक्षण करता है और इन परिणामों के आधार पर लक्षित व्यक्ति का मूल्यांकन या उनके व्यवहारों का गुणारोपण किया जाता है। इस सिद्धांत की एक महत्त्वपूर्ण पूर्वकल्पना यह है कि लक्षित व्यक्ति की व्यक्तिगत प्रवृत्ति (personal tendency) तथा उसके व्यवहारों द्वारा वांछित परिणाम पाने के उसके उद्देश्यों में पारस्परिक सहमति होती है। इस पूर्वकल्पना के अनुसार यह जानने के बाद कि कोई लक्षित व्यक्ति किन परिणामों प्रभावों को उत्पन्न करना चाहता है, प्रत्यक्षणकर्त्ता (perceiver) उसकी मनोवृत्तियों (attitudes) एवं अन्य वैयक्तिक शीलगुणों (personal traits) के बारे में एक अच्छा संज्ञान प्राप्त करता है।

किसी व्यक्ति द्वारा किया गया कोई भी सामाजिक अनुक्रिया (social behaviour) से प्रायः एक या एक से अधिक प्रभाव उत्पन्न होते हैं। यदि उस सामाजिक अनुक्रिया से केवल एक ही प्रभाव उत्पन्न हो तो उस प्रभाव या परिणाम का प्रेक्षण करके प्रत्यक्षत्णकर्त्ता (perceiver) यह आसानी से समझ जाता है कि उस प्रभाव को उत्पन्न करना व्यक्ति का उद्देश्य था और उसी के अनुरूप वह व्यक्ति में कुछ विशेषताओं का गुणारोपण करता है। परंतु यदि सामाजिक अनुक्रिया (social behaviour) से कई तरह के प्रभाव का परिणाम उत्पन्न होते हैं। तो वैसी परिस्थिति में प्रत्यक्षतणकर्त्ता (perceiver) के सम्मुख दो प्रश्न उठते हैं—क्या व्यक्ति का उद्देश्य उन सभी प्रभावों या परिणामों का उत्पन्न करना था ? यदि नहीं, तो व्यक्ति अपने व्यवहार द्वारा कौन-सा प्रभाव या परिणाम उत्पन्न करता चाहता था और कौन-सा नहीं ? सच्चाई यह है कि शायद ही कोई सामाजिक व्यवहार ऐसा होता है जिसका उद्देश्य मात्र एक प्रभाव उत्पन्न करना होता है। गुणारोपण की लगभग प्रत्येक परिस्थिति में प्रत्यक्षणकर्त्ता (perceiver) लक्षित व्यकित के व्यवहारों के अनेक प्रभाव का प्रत्यक्षण करता है और यह निर्णय लेता है कि किन प्रभावों को उत्पन्न करना लक्षित व्यक्ति का उद्देश्य था। किसी व्यक्ति के व्यवहार के ऐसे प्रभाव या परिणाम जिसे उत्पन्न करना उंसका उद्देश्य नहीं होता, उसे गुणारोपण (attribution) में कोई स्थान नहीं दिया जाता है।

जोन्स तथा डेविस (Jones & Davis, 1965) के सिद्धांत के अनुसार जब व्यक्ति दो या दो अधिक विकल्पों (alternatives) में से किसी एक को चुनने का निर्णय लेता है तो उनके द्वारा सम्पादित व्यवहार उन सभी विकल्पों (alternatives) से अलग-अलग उत्पन्न हो सकने वाले प्रभावों या परिणामों से 'असमान परिणाम' (uncommon effect) उत्पन्न करने के उद्देश्य से होती हुई समझी जाती है। प्रश्न यह उठता है कि असमान परिणाम क्या है तथा यह किस तरह से समान परिणाम या प्रभाव से भिन्न होता है। इसकी व्याख्या इस प्रकार की जा सकती है। मान लिया जाये कि मोहन किसी परिस्थिति में दो व्यवहार करने में सक्षम है—'A' तथा 'B'। 'A' व्यवहार के करने से X, Y तथा Z तीन तरह के प्रभाव या परिणाम होते हैं तथा 'B' व्यवहार के करने से X, K तथा Z तीन प्रभाव होते हैं। ऐसी परिस्थिति में दोनों व्यवहारों (behaviours) से उत्पन्न होने वाले प्रभाव अर्थात् X तथा Z समान प्रभाव (similar effect) कहे जायेंगे जबकि प्रभाव 'Y' व्यवहार 'A' से तथा 'K' प्रभाव 'B' व्यवहार से उत्पन्न असमान प्रभाव के उदाहरण होंगे। इस सिद्धांत के अनुसार जब व्यक्ति 'A' व्यवहार करता है तो इसका मतलब यह हुआ कि वह 'Y' प्रभाव उत्पन्न करना चाहता है और यदि वह 'B' व्यवहार करता है तो इसका मतलब यह हुआ कि वह 'K' प्रभाव उत्पन्न करना चाहता है। इस तरह से व्यक्ति अपनी सामाजिक अनुक्रियाओं (social response) का चयन असमान प्रभावों को उत्पन्न करने के उद्देश्य से करता है। कुछ अध्ययनों से यह स्पष्ट हुआ कि असमान प्रभावों की संख्या में वृद्धि से प्रत्यक्षणकर्त्ता (perceiver) के लिए विश्वास के साथ यह कहना कठिन हो जाता है कि किस विशेष असमान प्रभावों को उत्पन्न करने के लिए व्यक्ति ने सामाजिक अनुक्रिया किया है या अमुक निर्णय लिया है। फिर भी प्रत्यक्षणकर्त्ता (perceiver) द्वारा एक बार यह निर्णय ले लेने के बाद कि किन असमान प्रभावों को उत्पन्न करने के उद्देश्य से व्यक्ति ने अनुक्रिया की, व्यक्ति की विशेषताओं (attributes) एवं प्रवृत्तियों का गुणारोपण हो जाता है।

इस सिद्धांत का प्रमुख गुण यह है कि इसमें गुणारोपण (attribution) की व्याख्या व्यक्ति द्वारा किये गये व्यवहार के परिणामों (effects) के रूप में की जाती है। समाज मनोवैज्ञानिकों का आम मत यह है कि किसी व्यवहार के परिणाम को देखकर उस व्यवहार के पीछे छिपे कारणों का पता लगाकर गुणारोपण (attribution) करने से उनमें वैज्ञानिकता एवं विश्वसनीयता अधिक होती है।

3. केली का सहपरिवर्तन गुणारोपण सिद्धांत *(Kelley's Covariation Attribution theory)*—इस सिद्धांत का प्रतिपादन केली (Kelly, 1967, 1971) द्वारा किया गया। इस सिद्धांत के अनुसार प्रत्यक्षणकर्त्ता (perceiver) या प्रेक्षक (observer) किसी व्यक्ति द्वारा संपादित व्यवहार के तीन संभावित कारणों में से एक रूप में गुणारोपण करता है। वे तीन कारण हैं—

(1) स्वयं व्यवहारकर्त्ता जो खास क्रिया कर रहा है से संबंधित कारण। इसमें उन कारणों को रखा जाता है जो व्यवहारकर्ता के व्यक्तिगुण गुणों से संबंधित होते हैं।

(2) लक्षित व्यक्ति (target person) जिसके प्रति व्यवहार किया गया, से संबंधित कारण।

(3) परिस्थिति (stituation) जिसमें व्यवहार उत्पन्न हुआ है से संबंधित कारण। इसमें उन कारणों को रखा जाता है जो परिस्थिति से संबंधित होते हैं।

केली (Kelley) का मत है कि इन कारणों में से दो को यदि स्थिर (constant) रखा जाये और तीसरे को परिवर्तित किया जाये तो आसानी से दूसरे व्यक्तियों के व्यक्तिगत गुणों (personal attributes) के बारे में सही-सही अनुमान लगा सकता है।

किसी व्यक्ति के व्यवहार के कारणों को समझने के लिए उपर्युक्त तीन कारणों को एक उदाहरण द्वारा इस प्रकार समझाया जा सकता है। मान लिया जाए कि किसी पार्टी में राम ने मोहन को एक तमाचा लगा दिया। यहाँ तमाचा लगाने का व्यवहार (या परिणाम) हुआ जिसके संभावित तीन कारण हो सकते हैं—

(1) पहला कारण इसमें कर्त्ता (actor) अर्थात राम से संबंधित हो सकता है। संभव है कि राम एक गुस्सैल प्रकृति का व्यक्ति हो।

(2) दूसरा कारण लक्षित व्यक्ति (target person) अर्थात मोहन से संबंधित हो सकता है। संभव है कि मोहन ने कुछ ऐसा व्यवहार किया हो जो राम को तमाचा मारने के लिए बाध्य किया हो।

(3) तीसरा कारण परिस्थिति (situation) से संबंधित हो सकता है। संभव है कि पार्टी में ही कुछ ऐसी बात हो गयी हो जिसके कारण उसने मोहन को तमाचा मारा हो।

सचमुच में यह जानने के लिए कि उपर्युक्त कारणों में से कौन-सा कारण व्यवहार के लिए सबसे अधिक उत्तरदायी है, प्रत्यक्षणकर्त्ता (perciever) या प्रेक्षक को कुछ खास तरह की सूचनाओं की आवश्यकता होती है। केली के अनुसार गुणारोपण के लिए प्रत्यक्षणकर्त्ता को कुल तीन प्रकार की ऐसी सूचनाएँ प्राप्त हो सकती है जो निम्नांकित हैं—

(1) विशिष्टता (distinctiveness)

(2) सहमति (consensus)

(3) संगतता (consistency)

इन तीनों का वर्णन इस प्रकार है—

(1) *विशिष्टता* से तात्पर्य इस बात से होती है कि कहाँ तक वैसा ही व्यवहार अन्य व्यक्तियों या उद्दीपकों (stimuli) के प्रति किया जाता है। अगर राम को अन्य व्यक्तियों पर गुस्सा नहीं आता है परंतु मोहन पर ही गुस्सा आता है, तो यह कहा जायेगा कि वह व्यवहार विशिष्टता की विमा (dimension) पर अधिक ऊँचा है अर्थात विशिष्टता काफी अधिक है परंतु यदि राम को प्रत्येक व्यक्ति जो मोहन के समान व्यवहार करने वाले होते हैं, पर गुस्सा आता है, तो यह कहा जायेगा कि उसका यह व्यवहार विशिष्टता में कम (low) है।

(2) *सहमति* (consensus) से तात्पर्य इस बात से होता है कि क्या अन्य लोग भी उस परिस्थिति में उसी ढंग का व्यवहार करते हैं। जैसे, यदि मोहन के प्रति प्रायः लोग गुस्सा करते हैं, तो यह कहा जायेगा कि इस व्यवहार की सहमति अधिक है। परंतु यदि शायद ही कोई मोहन के प्रति गुस्सा करता है, तो यह नियम असहमति का उदाहरण होगा।

(3) *संगतता* (consistency) से तात्पर्य इस बात से होता है कि कहाँ तक कर्त्ता (actor) अन्य परिस्थितियों में लक्षित व्यक्ति के साथ उसी ढंग से व्यवहार करता है। जैसे—यदि राम मोहन को पार्टी में प्रायः तमाचा मारता है तो कहा जायेगा कि उसके व्यवहार में संगतता (consistency) काफी अधिक है परंतु यदि वह मोहन के प्रति शायद ही कभी गुस्सा दिखलाता है, तो यह कहा जायेगा कि उसके व्यवहार में संगतता (consistency) कम है।

केली के इस सिद्धांत के अनुसार इन तीन तरह की सूचनाओं को आधार पर गुणारोपण की व्याख्या या तो कर्त्ता की मनोवृत्ति तथा चित्तवृत्ति (disposition) के रूप में की जाती है या फिर परिस्थितिजन्य कारणों (situational factors) (अर्थात लक्षित व्यक्ति की विशेष परिस्थिति) के रूप में की जाती है। जैसा कि चित्र 24.1 से स्पष्ट है, जब व्यक्ति का व्यवहार विशिष्टता तथा सहमति में निम्न परंतु संगतता (consistency) से ऊँचा होता है, तो वैसी परस्थिति में कर्त्ता (actor) से संबंधित कारणों के रूप में गुणारोपण (attribution) किया जाता है परंतु जब सहमति, संगतता एवं विशिष्टता तीनों ही अधिक होते हैं तो परिस्थितिजन्य कारणों (situational factors) तथा लक्षित व्यक्ति के वृत्तियों के रूप में हमलोग गुणारोपण (attribution) करते हैं।

सूचना के प्रकार *(Kinds of information)*	**मात्रा** *(degree)*	**गुणारोपण** *(attribution)*
सहमति संगतता विशिष्टता	निम्न उच्च निम्न	कर्ता (actor) से संबंधित कारण (आंतरिक कारण)
सहमति संगतता विशिष्टता	उच्च उच्च उच्च	परिस्थितिजन्य (बाह्य) कारण, लक्षित व्यक्ति से संबंधित कारण)

चित्र : 24.1 केली द्वारा प्रतिपादित कारणात्मक गुणारोपण का मॉडल

केली द्वारा प्रतिपादित कारणात्मक गुणारोपण सिद्धांत (causal attribution theory) द्वारा किये गये उपर्युक्त तथ्यों का प्रयोगात्मक समर्थन कई मनोवैज्ञानिकों जैसे—मैकअर्थर (Mc Arthur, 1972) जुकरमैन (Zuckerman, 1978) ने अपने-अपने प्रयोगात्मक अध्ययनों से किया है जिनसे गुणारोपण की व्याख्या करने में इस सिद्धांत की वैधता (validity) साबित हो जाती है।

इस सिद्धांत की एक प्रमुख परिसीमा (limitation) भी बतलायी गयी है। सिलर्स (Silars, 1982) ने यह दलील प्रस्तुत किया है कि केली का यह सिद्धांत गुणारोपण की व्याख्या करने में सिर्फ उस परिस्थिति में सक्षम है, जब लोगों को सहमति (consensus), संगतता (consenus) तथा विशिष्टता (distinctiveness) से संबंधित ठोस एवं निश्चित सूचनाएँ उपलब्ध की जाती है परंतु जब ऐसी सूचनाएँ अमूर्त्त स्तर (abstract level) पर दी जाती है, तो यह सिद्धांत गुणारोपण की व्याख्या संतोषजनक ढंग से नहीं कर पाता है।

4. शेभर का गुणारोपण सिद्धांत *(Shaver's Attribution theory)*—जैसा कि नाम से स्पष्ट है, इस सिद्धांत का प्रतिपादन शेभर (Shaver, 1975) द्वारा किया गया। शेभर ने उपर्युक्त तीनों सिद्धांतों में से प्रत्येक से महत्त्वपूर्ण तत्त्वों को लेकर गुणारोपण (attribution) का एक सामान्य सिद्धांत (general theory) तैयार किया है। शेभर ने अपने सिद्धांत में मानव प्रकृति (human nature) के बारे में निम्नांकित तीन पूर्वकल्पनाएँ (assumption) किये हैं जो निम्नांकित हैं—

(i) शेभर की एक पूर्वकल्पना (assumption) यह है कि मानव व्यवहार यादृच्छिक ढंग से (randomly) उत्पन्न नहीं होते हैं, बल्कि कुछ निश्चित कारणों से उत्पन्न होते हैं। गुणारोपण सिद्धांत इस अवस्था में मानव व्यवहार के मूल कारणों की पहचान करने की स्थिति में नहीं होता परंतु यह निश्चित रूप से पूर्वकल्पना करता है कि कुछ व्यक्तित्व शीलगुणों द्वारा ही व्यक्ति के व्यवहार सम्पन्न किये जाते हैं।

(ii) दूसरी पूर्वकल्पना यह की गयी है कि व्यक्तियों में दूसरे के व्यवहारों को समझने, व्याख्या करने तथा उसके बारे में पूर्वानुमान (prediction) करने की तीव्र लालसा होती है। इस पूर्वकल्पना (assumption) को शेभर ने गुणारोपण के लिए अधिक महत्त्वपूर्ण बतलाया है।

(iii) व्यक्ति के प्रत्यक्षणीय व्यवहार (observable behaviour) के आधार पर उसके संभावित कारणों (probable causes) यानी व्यक्तित्व शीलगुणों (personality characteristics) के बारे में आसानी से अनुमान लगाया जा सकता है।

उपर्युक्त तीनों पूर्वकल्पनाओं को ध्यान में रखते हुए शेभर (Shaver) ने गुणारोपण का एक मॉडल बनाया जिसमें निम्नांकित तीन चरणों में गुणारोपण की प्रक्रिया सम्पन्न की जाती है—

(1) सबसे पहले प्रत्यक्षणकर्त्ता (perceiver) यह निश्चित करता है कि कर्त्ता (actor) ने कौन-कौन सा व्यवहार किया है।

(2) इसके बाद यह निश्चित किया जाता है कि कर्त्ता (actor) का यह व्यवहार साभिप्रायित (intentional) था या ऐसी ही मात्र संयोगवश कर दिया गया था। इसे शेभर ने गुणारोपण का एक महत्त्वपूर्ण कदम बतलाया है, क्योंकि यदि कर्त्ता का व्यवहार साभिप्रायित न होकर मात्र संयोगवश हुआ, तो इसके आधार पर कर्त्ता के व्यक्तिगत गुणों के बारे में उनके व्यवहार के आधार पर कोई अर्थपूर्ण अनुमान नहीं लगाया जा सकता है और तब ऐसे व्यवहारों का गुणारोपण (attribution) करना संभव नहीं हो पाता है। परंतु यदि कर्त्ता का व्यवहार साभिप्रायित (intentional) है, तो वैसी परिस्थिति में उस व्यवहार से संबंधित व्यक्तिगत गुणों (personal attributes) के बारे मं अनुमान लगाने की कोशिश सफल हो पाती है।

(3) तीसरे चरण में यह निश्चित किया जाता है कि क्या कर्त्ता (actor) का व्यवहार ऐच्छिक (voluntary) था या उसने अमुक व्यवहार किसी दबाव (pressure) में आकर किया था? शेभर का मत है कि बाहर दबाव (pressure) तथा बल (coercion) के पड़ने से यदि कर्त्ता कोई व्यवहार करता है तो ऐसी परिस्थिति में गुणारोपण (attribution) की प्रक्रिया का एक धक्का पहुँचाता है क्योंकि ऐसी परिस्थिति में कर्त्ता (actor) के व्यवहार के आधार पर उसके व्यक्तिगत गुणों (personal attributes) के बारे में किसी निश्चित निष्कर्ष पर पहुँचना संभव नहीं हो पाता है। परंतु यदि कर्त्ता का व्यवहार ऐच्छिक (voluntary) होता है, तो वैसी परिस्थिति में गुणारोपण की प्रक्रिया अधिक विश्वास के साथ की जाती है। मिलर एवं उनके सहयोगियों (Miller et at., 1977) तथा जोन्स, डेविस एवं गेरगेन (Jones, Davis and Geergen, 1961) ने भी अपने-अपने अध्ययनों के आधार पर इस तथ्य की पुष्टि किया है कि किसी तरह के बाह्य दबाव (external pressure) में आकर कर्त्ता द्वारा किये गये व्यवहार के कारणों को उसके व्यक्तिगत गुणों (personal attributes) के रूप में समझना उचित नहीं है।

शेभर के सिद्धांत का गुण (merit) यह है कि इस सिद्धांत में उन कारकों को नियंत्रित करने पर पर्याप्त बल डाला गया है जिससे गुणारोपण (attribution) की प्रक्रिया प्रभावित होती है। जैसे—इस सिद्धांत में कर्त्ता का साभिप्राय (intention) तथा उसके व्यवहार की ऐच्छिकता आदि पर पर्याप्त बल डाला गया है ताकि कर्त्ता के व्यक्तिगत गुणों (personal attributes) तथा परिस्थितिजन्य कारकों (situational factors) के रूप में उसके व्यवहार के संभावित कारणों को गुणारोपित किया जाये।

इस सिद्धांत की प्रमुख परिसीमा (limitation) यह बतलायी गयी है कि इसमें व्यक्ति या कर्त्ता के कुछ सीमित प्रेक्षणीय व्यवहारों (observable behaviours) के आधार पर उसके संभावित गुणों का अनुमान लगाया जाता है। इस ढंग का अनुमान प्रायः संदेह के घेरे में होता है। अलब्रेक, थॉमस तथा चादविक (Albercht, Thomas & Chadwick, 1980) ने अपने प्रयोग में स्पष्टतः पाया है कि कर्त्ता के व्यवहार तथा उसके व्यक्तिगत गुणों (personal attributes) के बीच का सम्बन्ध परिस्थिति (situation) द्वारा काफी प्रभावित होता है। अतः मात्र व्यवहार के आधार पर व्यक्तिगत गुणों के बारे में अनुमान सही-सही ढंग से नहीं लगाया जा सकता है।

निष्कर्षतः यह कहा जा सकता है कि यद्यपि शेभर के सिद्धांत में कुछ परिसीमा नजर तो अवश्य आती है, फिर भी यह सिद्धांत एक वैज्ञानिक, विश्वसनीय एवं वैध सिद्धांत है, क्योंकि इस सिद्धांत में गुणारोपण (attribution) की व्याख्या मानव स्वभाव (human natue) की वास्तविकता के आलोक में किया गया है।

गुणारोपण सिद्धान्त की उपयोगिताएँ (Applications of Attribution Theory)

कई समाज मनोवैज्ञानिकों जिसमें ग्राहम तथा फोल्कस् (Graham & Folkes, 1990) तथा मिल्लर एवं रोमपेल (Miller & Rompel, 2000) का नाम मुख्य हैं, ने गुणारोपण सिद्धान्तों की स्पष्ट उपयोगिताओं (applications) पर

काफी बल डाला है। इन विभिन्न उपयोगिताओं में से निम्नांकित दो महत्त्वपूर्ण है।

1. विषाद में गुणारोपण सिद्धान्त की उपयोगिता (*Application of Attribution Theory in Depression*)

कुछ वैज्ञानिकों का मत है कि आधे से अधिक मनुष्य जाति के लोग जिन्दगी के किसी-न-किसी अवस्था में विषाद (depression) का अनुभव अवश्य करते है। इन लोगों के अध्ययन से यह भी स्पष्ट हुआ है कि विषादी व्यक्ति नकारात्मक परिणामों का गुणारोपण अपने भीतर के शीलगुणों एवं क्षमता की कमी के रूप में तथा धनात्मक परिणामों का गुणारोपण बाह्य कारकों (external factors) जैसे भाग्य का साथ देना या किसी दूसरे का विशेष मदद मिलना आदि के रूप में करते हैं। इसका परिणाम यह होता है कि ऐसे व्यक्ति को लगता है कि उन्हें उनके साथ जो होता है, उस पर कोई नियंत्रण नहीं है। ऐसी अवस्था में वे और भी विषादी (depressed) हो जाते हैं जिससे उनमें इस तरह का आत्म-पराजित पैटर्न (self-defeated pattern) मजबूत हो जाता है और एक तरह का दुर्दम्य चक्र (vicious cycle) उत्पन्न होता है जो ऐसी गुणारोपण प्रवृत्ति को मजबूत करके विषाद उत्पन्न करता है जिससे फिर वैसी प्रवृत्तियाँ और मजबूत होकर अधिक मात्रा में विषाद उत्पन्न करती है।

गुणारोपण तथा विषाद में इस ढंग के सम्बन्ध की अहमियत को देखते हुए मनश्चिकित्स्क (psychotherapy) के कुछ इस तरह के नवीन प्रारूप तैयार किये गए हैं जिसमें विषादी रोगियों को अपने गुणारोपण में परिवर्तन के लिए सलाह दी जाती है। दूसरे शब्दों में, जीवन के सफल परिणामों के लिए उन्हें व्यक्तिगत रूप से अपनी क्षमताओं एवं शीलगुणों को महत्त्वपूर्ण मानने की सलाह दी जाती है तथा असफल परिणामों के लिए अपने आप को दोषी न मानने की सलाह दी जाती है। चूँकि गुणारोपण सिद्धान्त इन नये तरह की चिकित्सा का एक उत्तम आधार प्रदान करता है, अतः इसकी उपयोगिता यहाँ अपने आप सिद्ध हो जाती है।

2. गुणारोपण तथा यौन उत्पीड़न की प्रतिक्रिया को समझना (*Attribution and Understaning Reaction to sexual Harrasment*)

गुणारोपण सिद्धान्त की एक प्रमुख उपयोगिता विभिन्न सरकारी एवं गैर-सरकारी संगठनों के कार्य-स्थल में हो रहे यौन उत्पीड़न (sexual harrassment) को समझने तथा उसे कम करने में पायी गयी है। यौन उत्पीड़न से तात्पर्य अवांछित सम्पर्क या संचार (communication) जो लैंगिक स्वरूप का होता है, से होता है। ग्रीनवर्ग तथा बेरोन (Greenberg & Baron, 2002) ने अपने अध्ययन से इस बात की पुष्टि किया है कि कई दफ्तरों या अन्य संगठनों में काम करने वाली करीब एक-तिहाई महिलाओं का यौन-उत्पीड़न का शिकार होना पड़ता है और पुरुष द्वारा महिलाओं का यौन उत्पीड़न महिलाओं द्वारा पुरुष का यौन उत्पीड़न से कहीं अधिक होता है। वेनी, रियोर्डन तथा थॉमस (Wayne, Riordan & Thomas, 2001) एवं स्माइर्लस (Smirlas, 2004) द्वारा किये गए अध्ययनों से यह स्पष्ट हुआ है कि यौन उत्पीड़न को समझने तथा उसे कम करने में गुणारोपण सिद्धान्त की उपयोगिता काफी है। यहाँ उदाहरण के रूप में स्माइर्लस (Smirles, 2004) द्वारा किया गया बहुचर्चित प्रयोग का वर्णन अपेक्षित है।

इस अध्ययन में पुरुष एवं महिला छात्रों को एक नियोक्ता (employer) के बारे में तैयार किया गया लघु चित्रण (brief desciption) पढ़ने के लिए दिया गया। इस चित्रण में नियोक्ता एक कर्मचारी को उसके साथ लैंगिक सम्बन्ध न रखने पर तरह-तरह की धमकियाँ देते वर्णित किया गया था। इस वर्णन में नियोक्ता (employer) तथा पीड़ित (victim) के लिंग (sex) को क्रमबद्ध रूप से परिवर्तित किया गया ताकि सहभागियों (participants) के विभिन्न समूहों को सभी तरह के सम्भावित समुच्चय (combination) से अनावृत्त किया जाय (जैसे, एक पुरुष दूसरे पुरुष को उत्पीड़ित करते हुए, एक पुरुष महिला को उत्पीड़ित करते हुए, एक महिला दूसरे महिला को उत्पीड़ित करते हुए तथा महिला पुरुष को उत्पीड़ित करते हुए पाया जाए) इस चित्रण को पढ़ने के बाद उनसे इस बात की रेटिंग करने के लिए कहा गया कि किस सीमा तक नियोक्ता तथा किस सीमा तक पीड़ित (victim) इस तरह की घटना के लिए उत्तरदायी है। इस अध्ययन के परिणाम में यह पाया गया कि पीड़ित या नियोक्ता के लिंग की अनदेखी करते हुए पुरुष सहभागी (छात्र) महिला सहभागी (छात्रा) की तुलना में पीड़ित को अधिक तथा नियोक्ता को इस घटना के लिए कम उत्तरदायी ठहराया। ऐसा क्यों हुआ? इसका उत्तर गुणारोपण सिद्धान्त के विशेष पहलू रक्षात्मक गुणारोपण (defensive attribution) में छिपा है। रक्षात्मक गुणारोपण उस परिस्थिति में उत्पन्न होता है जब व्यक्ति यह देखता है कि वह उसके ही समान है जो पीड़ित है (यहाँ यौन उत्पीड़न का पीड़ित उदाहरण है) इससे व्यक्ति को तकलीफ या मानसिक व्यथा होती है क्योंकि वह सोचता है कि वह पीड़ित के ही समान है, अतः उसे भी ऐसा ही परिणाम भुगतना पड़ सकता है। इस व्यथा को कम करने के लिए

वह दोष का गुणारोपण बाह्य कारकों (external factors) (यहाँ नियोक्ता) पर मढ़ देता है। शायद यही कारण है कि महिला सहभागियों ने पीड़ित को कम दोषी तथा नियोक्ता को अधिक दोषी ठहराया (महिलाएँ यहाँ यह सोचतीं होंगी कि ज्यादा यौन उत्पीड़न का शिकार महिला ही होती हैं, और वे भी महिला है, फलतः ऐसा उनके साथ भी हो सकता है।) अतः वे ऐसी घटना का दोष पीड़ित पर कम तथा नियोक्ता पर अधिक डालकर अपनी मानसिक व्यथा को कम कर सकने में सफल हुए।

इस अध्ययन के दूसरे भाग में सहभागियों (पुरुष तथा महिला) दोनों को यौन उत्पीड़न के प्रति पीड़ित के बयानों या अनुक्रियाओं को पढ़वाया गया। यौन उत्पीड़न के प्रति पीड़ितों का दो तरह की अनुक्रियाएँ थी— यौन स्वीकृति (acquiecence) की अनुक्रिया जिसमें पीड़ित नियोक्ता की माँग मान गए थे तथा दूसरा प्रतिरोध (resistance) की अनुक्रिया जिसमें पीड़ित नियोक्ता के माँग के विरुद्ध पर्यवेक्षकों से शिकायत दर्ज करते थे। यहाँ गुणारोपण सिद्धान्त का यह पूर्वकथन (prediction) होगा कि जो पीड़ित नियोक्ता की माँग को स्वीकार करते है, वे उत्पीड़न के लिए अधिक उत्तरदायी होंगे वनिस्पत कि वैसे पीड़ितों से जो नियोक्ता के माँग को ठुकरा देते हैं। सिद्धान्त के अनुसार जो पीड़ित नियोक्ता की माँग का विरोध करने में सफल नहीं हुए, वे इस कार्य का गुणारोपण आंतरिक कारकों अर्थात् अपनी कमजोरी या अपने आप को रोकने की असमर्थता के रूप में करेंगे। अध्ययन के इस भाग के परिणाम में इस पूर्वकथन की पुष्टि की गयी, क्योंकि परिणाम में स्पष्ट रूप से यह पाया गया कि जो पीड़ित नियोक्ता के माँग की मौन स्वीकृति दे चुके थे, वे महिला तथा पुरुष दोनों सहभागियों द्वारा यौन उत्पीड़न के लिए अधिक उत्तरदायी वैसे पीड़ितों की तुलना में ठहराये गए जो नियोक्ता की माँग को ठुकरा दिये थे।

इस अध्ययन तथा ऐसे और भी किये गए अन्य अध्ययनों के परिणाम से यह स्पष्ट होता है कि गुणारोपण सिद्धान्त यौन उत्पीड़न (sexual harassment) के कारणों को समझने एवं उसे रोकने की दिशा में महत्त्वपूर्ण सुझाव देता है। स्पष्ट हुआ कि गुणारोपण सिद्धान्त की उपयोगिताएँ सामाजिक व्यवहार के विभिन्न पहलुओं को समझने में काफी है।

गुणारोपण में पूर्वाग्रह या त्रुटियाँ
(Biases or Errors in attribution)

गुणारोपण (attribution) के क्षेत्र में किये गये मनोवैज्ञानिक अध्ययनों से यह स्पष्ट हो गया है कि एक समान सूचनाओं के उपलब्ध रहने पर भी भिन्न-भिन्न प्रत्यक्षणकर्त्ता (perceiver) या प्रेक्षक किसी व्यक्ति के व्यवहारों का गुणारोपण भिन्न-भिन्न ढंग से करते हैं। इसका परिणाम यह होता है कि उनके द्वारा अनुमानित कारण एक समान नहीं होकर भिन्न-भिन्न हो जाते हैं। गुणारोपण में इस वैयक्तिक विभिन्नता (individual difference) का अध्ययन मनोवैज्ञानिकों ने विस्तृत रूप से किया है और प्राप्त प्रायोगिक परिणामों के आधार पर कई ऐसे कारकों का वर्णन किया है जिनसे गुणारोपण (attribution) में पूर्वाग्रह (biases) या त्रुटियाँ उत्पन्न हो जाती हैं। इन कारकों में निम्नांकित महत्त्वपूर्ण हैं—

1. मूल गुणारोपण त्रुटि *(Fundamental attribution error)*—गुणारोपण की एक प्रमुख त्रुटि पूर्वाग्रह (bias) बतलाया गया है। मूल गुणारोपण त्रुटि एक ऐसी त्रुटि है जिसमें प्रत्यक्षणकर्त्ता (perceiver) या प्रेक्षक (observer) किसी व्यक्ति के व्यवहारों का गुणारोपण करते समय उस व्यक्ति के आंतरिक कारणों को अर्थात चित्तवृत्ति कारणों (dispositional causes) पर जरूरत से ज्यादा बल डालता है जबकि परिस्थितजन्य कारणों (situational causes) का अनदेखी करता है। इसे *अनुकूलता त्रुटि* (corespondence bias) भी कहा जाता है। गिलबर्ट एवं जोन्स (Gilbert & Jones, 1986), जॉनसन, जेर्मोट तथा पेटीग्रिव (Johnson, Jemmort & Pettigrew, 1984) के अध्ययनों से मूल गुणारोपण त्रुटि (fundamental attribution error) के अस्तित्व को समर्थन प्राप्त होता है। मूल गुणारोपण त्रुटि से यह स्पष्ट हो जाता है कि जब प्रत्यक्षणकर्त्ता (perceiver) किसी व्यक्ति के व्यवहारों का गुणारोपण परिस्थिति की वास्तविकता को अनदेखी करते हुए उसके शीलगुणों या चित्तवृत्ति (disposition) के रूप में करता है, तो इससे उसके द्वारा किया गया गुणारोपण कहाँ तक वस्तुनिष्ठ होगा, कहना मुश्किल है। जैसे—यदि कोई प्रेक्षक या प्रत्यक्षणकर्त्ता यह देखता है कि एक महिला ने सड़क पर जाती हुई दूसरी महिला को एक तमाचा लगा दिया और इसे देखकर यदि प्रेक्षक यह निष्कर्ष लगा लेता है कि पहली महिला गुस्सैल है, तो यह मूल गुणारोपण त्रुटि का उदाहरण होगा। संभव है कि परिस्थिति ही कुछ ऐसी हो गयी हो कि पहली महिला को दूसरी महिला पर तमाचा लगाना पड़ गया हो। इस

तरह के परिस्थितिजन्य कारकों की अनदेखी करने से गुणारोपण त्रुटिपूर्ण होता है और उसकी वैज्ञानिकता समाप्त हो जाती है।

अनुकूलता त्रुटि या मूल गुणारोपण त्रुटि ऐसे तो कई परिस्थितियों में होता है परंतु शोध अध्ययनों से यह स्पष्ट हुआ है कि यह उस परिस्थिति में सर्वाधिक होता है जिसमें सर्वसहमति (consensus) तथा विशिष्टता (distinctiveness) दोनों ही काफी कम होते हैं तथा यह उस परिस्थिति में भी अधिक होती है जब हम किसी व्यक्ति के व्यवहार को तात्कालिक भविष्य में पूर्वकथन न करके बहुत आगे आने वाले समय में करते हैं। ऐसा इसलिए होता है कि जब हम बहुत ही आगे के समय में होने वाले व्यवहार के बारे में पूर्वकथन करते हैं, तो हमलोग दूसरों के बारे में एक व्यापक शीलगुण (global trait) के बारे में ही सोच पाते हैं तथा व्यवहार के सम्भावित बाह्य कारकों के बारे में अंदाज नहीं लगा पाते हैं। रॉबिन्स, स्प्रैनका तथा मेन्डेलसोन (Robins, Spranca & Mendelsohn, 1996) ने अपने शोध के आधार पर यह उत्तर देने की कोशिश किया है कि इस तरह की त्रुटि क्यों होती है? इनके अनुसार जब हम दूसरे व्यक्ति के व्यवहार का प्रेक्षण करते हैं, तो हमलोगों का ध्यान उसकी क्रियाओं (actions) पर जाता है तथा उस संदर्भ (context) पर जाता है जिसमें व्यक्ति वैसा व्यवहार करता है। फलतः उसके व्यवहार का सम्भावित परिस्थितिजन्य कारण प्रायः एक पृष्ठभूमि में गुम-सा होता है। परिणामस्वरूप, आंतरिक कारण (internal causes) या चित्रवृत्ति कारक (dispositional causes) परिस्थितिजन्य कारकों की तुलना में अधिक स्पष्ट होता है और व्यक्ति इन्हीं कारकों के रूप में गुणारोपण कर त्रुटि कर बैठता है। एक दूसरी व्याख्या यह की गयी है कि हमलोग कुछ परिस्थितिजन्य कारकों को देखते तो हैं परन्तु गुणारोपण में उसे कम महत्त्व देते हैं। एक तीसरी व्याख्या यह दी गयी है कि जब हम किसी व्यक्ति के व्यवहार पर देखते हैं, तो यह पूर्वकल्पना कर लेते हैं कि उनका व्यवहार उनके अन्तर्निहित शीलगुणों का निश्चित रूप से परावर्तित कर रहा है। इसके बाद हमलोग बाह्य परिस्थिति के सम्भावित पड़नेवाले प्रभाव पर विचार करके कुछ संशोधन करते हैं परंतु यह संशोधन (correction) प्रायः अपर्याप्त होता है और व्यक्ति गुणारोपण में त्रुटि कर बैठता है।

2. कर्त्ता-प्रेक्षक प्रभाव *(Actor-observer effect)*—कर्त्ता-प्रेक्षक प्रभाव से तात्पर्य एक ऐसी प्रव्त्ति से होती है जिसमें प्रेक्षक (observer) या प्रत्यक्षणकर्त्ता अपने व्यवहारों को बाह्य या परिस्थितिजन्य कारणों के रूप में गुणारोपण करता है तथा दूसरों के व्यवहारों को आंतरिक कारणाों (internal causes) अर्थात व्यक्तित्व-सम्बन्धी चित्तवृत्ति (dispositions) के रूप में गुणारोपण करता है। इस तरह के कर्त्ता-प्रेक्षक प्रभाव (actor-observer effect) का नतीजा यह होता है कि गुणारोपण में आत्मनिष्ठता (subjectivity) आ जाती है और उसमें वैयक्तिक विभिन्नता (individual difference) उत्पन्न हो जाती है। जोन्स तथा निसबेट (Jones & Nisbett, 1971) तथा इसेन (Eisen, 1979) ने अपने-अपने अध्ययनों मे इस कर्त्ता-प्रेक्षक प्रभाव (actor-observer effect) के अस्तित्व तथा गुणारोपण पर उसके पड़नेवाले कुप्रभावों को दिखलाया है। कर्त्तप्रेक्षक प्रभाव स्पष्टतः सफलता/असफलता के गुणारोपण में अधिक देखने को मिलता है। व्यक्ति अपनी सफलता का कारण अपनी योग्यता को एवं असफलता का कारण परिस्थितिजन्य कारणों (situational causes) को एवं दूसरे व्यक्ति की सफलता का कारण परिस्थितजन्य कारणों (situational causes) को एवं दूसरे व्यक्ति की असफलता का कारण उसकी अयोग्यता को समझता है। इसे एक उदाहरण द्वारा और भी स्पष्ट ढंग से किया जा सकता है। मान लिया जाय कि आप डाक टिकट (postal stamp) खरीदने के लिए लंबी लाइन में लगे हैं। इतने में कोई दूसरा व्यक्ति बिना लाइन में लगे सीधे काउंटर (counter) से टिकट लेने का प्रयास करता है। चूँकि आप लाइन में हैं, अतः इस बात की संभावना है कि आप उस व्यक्ति में शिष्टाचारहीनता, असभ्यता एवं अनुशासहीनता जैसे गुणों का आरोपण करेंगे। अब थोड़े देर के लिए मान लिया जाये कि सभी लोग लाइन में हैं और आप बिना लाइन के ही टिकट लेने का प्रयास करते हैं तो लोग आपको भला-बुरा कहेंगे परंतु अधिकतर संभावना इस बात की है कि आप अपने इस व्यवहार का गुणारोपण करने में अपने अन्दर अनुशासनहीनता, शिष्टाचारहीनता जैसे गुणों का आरोपण न करके कुछ परिस्थितिजन्य कारणों (situational causes) जैसे समय की कमी, अवस्थ होना आदि को उत्तरदायी समझेंगे तथा इन्हीं कारकों के रूप में गुणारोपण करेंगे।

3. आत्म-सेवन पूर्वाग्रह *(Self-serving bias)*—इस तरह के पूर्वाग्रह का वर्णन सबसे पहले मिलर तथा रॉस (Miller & Ross, 1975) द्वारा किया गया। यह एक ऐसी प्रवृत्ति (tendency) है जिसमें व्यक्ति अपने व्यवहार के धनात्मक परिणामाओं (positive outcomes) का कारण आंतरिक कारक (internal factors) जैसे अपनी योग्यता एवं विशिष्टता मानता है परंतु ऋणात्मक परिणामों (negative outcomes) का कारण बाह्य (external) या परिस्थितिजन्य

कारक (situational factors) जैसे—कठिन कार्य, अन्य लोगों से सहयोग न मिलना आदि मानता है। इस तरह के आत्मसेवन पूर्वाग्रह (self-serving bias) के अस्तित्व को तथा उससे गुणारोपण में उत्पन्न होने वाले त्रुटियों (errors) की सम्पुष्टि अर्कीन, ग्लिसन एवं जौन्सटन (Arkin, Gleson & Johnston, 1976) एवं ओमाली तथा बेकर (O'Malley & Becker, 1984) के अध्ययनों से की गयी है।

गुणारोपण में आत्म-सेवन पूर्वाग्रह (self-serving bias) क्यों उत्पन्न होता है? इसकी व्याख्या करने के लिए दो तरह के विचारधारा उपलब्ध है—संज्ञानात्मक (cognitive) व्याख्या तथा अभिप्रेरणात्मक (motivational) व्याख्या। संज्ञानात्मक मॉडल के अनुसार जैसा कि रॉस (Ross, 1997) ने कहा है, गुणारोपण में त्रुटि या पूर्वाग्रह मूलतः सामाजिक सूचनाओं (social information) को किस तरह से संसाधित किया जाता है, से उत्पन्न होता है। विशेष रूप से व्यक्ति धनात्मक परिणाम को आंतरिक कारणों तथा ऋणात्मक परिणाम को बाह्य कारकों के रूप में गुणारोपण इसलिए करते हैं क्योंकि हमलोग सफलता की उम्मीद रखते हैं और सम्भावित परिणाम को बाह्य कारकों की अपेक्षा आंतरिक कारकों के रूप में अधिक गुणारोपित करते हैं। दूसरे तरफ अभिप्रेरणात्मक मॉडल (motivational model) जैसा कि ग्रीन वर्ग, पिससिजिन्सकी एवं सोलोमोन (Greenberg, Psyszczynski & Solomon, 1982) के अनुसार इस तरह की त्रुटि अन्य व्यक्तियों की नजर में उत्तम लगने या अपने आत्म-सम्मान (self-esteem) को बढ़ाने की अभिप्रेरण से ऐसा होता है। ब्राऊन तथा रोजर्स (Brown & Rogers, 1991) द्वारा किये गए शोधों से यह स्पष्ट हुआ कि इन दोनों ही तरह की व्याख्या में अभिप्रेरणात्मक व्याख्या को अधिक समर्थन प्राप्त है।

4. व्यक्ति की मनोवृत्ति एवं मूल्य *(Attitudes and values of the individuals)*—कोई भी गुणारोपण (attribution) की प्रक्रिया व्यक्ति की मनोवृत्ति एवं मूल्य (values) से स्वतंत्र नहीं होता है। दूसरे शब्दों में, व्यक्ति की अपनी मनोवृत्ति एवं मूल्य भी गुणारोपण की प्रक्रिया को प्रभावित करता है जिससे गुणारोपण में पूर्वाग्रह हो जाता है। फिदर (Feather, 1985) द्वारा इस सिलसिले में एक महत्त्वपूर्ण प्रयोग करके इस तथ्य की पुष्टि की गयी है। इस अध्ययन में कॉलेज के कुछ छात्रों को बेरोजागारी के संभावित कारणों (potential causes) को बतलाने के लिए कहा गया। इनमें से कुछ लोगों ने इसका कारण व्यक्तिगत कारण जैसे बेरोजगारों के बीच अभिप्रेरण की कमी तथा कुछ छात्रों ने इसका कारण बाह्य (external) जैसे आर्थिक मंदी (economic reassion) आदि बतलाया। इसके अलावा इन छात्रों की राजनीतिक मनोवृत्ति (political attitude) एक विशेष प्रश्नावली के माध्यम से भी मापा गया। परिणाम में यह देखा गया कि इस तरह की मनोवृत्ति तथा बेरोजगारी के संभावित कारणों के बीच सहसम्बन्ध थे। जैसे—जिन छात्रों की मनोवृत्ति रूढ़िवादी (consevative) थी, वे लोग बेरोजगारी का कारण के रूप में व्यक्तिगत कारकों को महत्त्वपूर्ण बतलाया तथा जिन छात्रों की मनोवृत्ति उदार (liberal) थी, उन लोगों द्वारा बेरोजगारी के कारण के रूप में बाह्य कारकों जैसे—सरकारी नीति, सामान्य आर्थिक अवस्थाएँ आदि बतलायी गयी हैं। फिदर तथा टिगरमैन (Feather & Tiggerman, 1984) ने एक अध्ययन में भी इस तरह के तथ्य पाये हैं। इन अध्ययनों से यह स्पष्ट हो जाता है कि किसी सामाजिक घटना या दूसरों के व्यवहारों की व्याख्या (explanation) बहुत हद तक व्यक्ति की मनोवृत्ति, विश्वास एवं मूल्य (values) द्वारा प्रभावित होती है जिससे गुणारोपण में त्रुटियाँ (errors) उत्पन्न हो जातीं हैं।

5. परिणामों की गंभीरता *(Seriousness of consequenses)*—किसी व्यवहार के कारणों का प्रत्यक्षण उस व्यवहार से उत्पन्न परिणामों की गंभीरता से भी प्रभावित होता है। गंभीर परिणाम के लिए प्रेक्षक या प्रत्यक्षणकर्त्ता किसी व्यक्ति को उत्तरदायी समझता है परंतु यदि किसी क्रिया के परिणाम गंभीर नहीं है, तो प्रेक्षक संयोग अथवा परिस्थिति पर गुणारोपण करता है। मान लिया जाए, सड़क पर एक आदमी चलती कार से टकरा कर गंभीर रूप से घायल हो जाता है तथा थोड़े देर के लिए मान लिया जाये कि दूसरी परिस्थिति वह है जिसमें चलती कार से कोई आदमी को मामूली धक्का लग जाता है जिससे उसे मात्र हल्का-फुल्का चोट लगता है। पहली परिस्थिति में परिणाम की गम्भीरता अधिक है तथा दूसरी परिस्थिति में ऐसी गम्भीरता कम है। अधिक सम्भावना इस बात की है कि प्रेक्षक पहली परिस्थिति में दुर्घटना का कारण ड्राइवर को मानेंगे और दूसरी परिस्थिति में प्रेक्षक ड्राइवर की लापरवाही का कम समझेंगे। सच्चाई यह है कि दोनों परिस्थितियों में ड्राइवर ने गलती की है क्योंकि तभी ही आदमी दुर्घटनाग्रस्त हुआ। अतः चोट की मात्रा या परिणाम या गंभीरता चाहे कितनी भी क्यों न हो, ड्राइवर का दोष दोनों परिस्थितियों में समान समझा जाना चाहिए। परंतु ऐसा वास्तव में होता नहीं है। अतः हम किसी व्यवहार का गुणारोपण परिणामों की गंभीरता के आधार पर करते हैं।

मनोवैज्ञानिकों ने गुणारोपण के उपर्युक्त पूर्वाग्रह (bias) की वैज्ञानिक व्याख्या प्रदान करते हुए कहा है कि गंभीर परिणामों के लिए प्रेक्षक (observer) या प्रत्यक्षणकर्त्ता किसी व्यक्ति को उत्तरदायी इसलिए समझता है क्योंकि गंभीर परिणामों को मात्र संयोगवश घटित मान लेने से उसका एक भयंकर निष्कर्ष यह निकलता है कि ऐसी दुर्घटना उसके साथ भी हो सकती है। इस तरह का विचार व्यक्ति में चिन्ता उत्पन्न करने वाला होता है। फलस्वरूप वह आदमी का बच जाना उसके भाग्य के कारण होगा परंतु मर जाना दुर्भाग्य के कारण नहीं बल्कि ड्राइवर की असावधानी एवं लापरवाही के कारण होगा।

6. कर्त्ता का भ्रम *(Illusion of actor)*—गुणारोपण में पूर्वाग्रह (bias) उत्पन्न होने का एक कारण यह है कि व्यक्ति अक्सर इस भ्रम में होता है कि अमुक घटनाओं का घटित होना अथवा घटित न होना किसी-न-किसी व्यक्ति के विशेष प्रयास से होता है जबकि सच्चाई यह है कि उनमें अधिकतर घटनाएँ किसी व्यक्ति के नियन्त्रण में नहीं होती। इसे बर्टमैन (Bertman, 1976) तथा लर्नर (Learner, 1965) ने अपने-अपने अध्ययनों से पुष्टि की है। दैनिक जीवन में अनेकों ऐसे उदाहरण मिलते हैं जिसमें यह देखा गया है कि अनेक व्यक्ति अच्छी तथा बुरी घटनाओं का कारण स्वयं को अथवा किसी अन्य व्यक्ति को मानकर उसकी शिकायत या प्रशंसा करते हैं जबकि सच्चाई यह है कि ऐसी घटनाएँ मात्र संयोगवश हुई रहती है।

स्पष्ट हुआ कि गुणारोपण (attribution) में पूर्वाग्रह (bias) के कई स्रोत हैं जिनसे गुणारोपण में वैयक्तिक विभिन्नता (individual differences) उत्पन्न हो जाती है।

अध्याय सारांश
(Chapter Summary)

1. गुणारोपण (attribution) एक ऐसी प्रक्रिया है जिसके द्वारा हमलोग दूसरे के व्यवहारों के कारणों का निर्धारण करते हैं तथा साथ-ही-साथ उसके स्थायी शीलगुणों एवं चित्तवृत्ति के बारे में ज्ञान प्राप्त करते हैं।
2. सामान्यतः गुणारोपण (attribution) आंतरिक एवं बाह्य दो कारकों के रूप में किया जाता है। आंतरिक कारणों में लक्षित व्यक्ति (target person) की अयोग्यता, शीलगुण आदि को महत्त्वपूर्ण समझा जाता है जबकि बाह्य कारकों में लक्षित व्यक्ति के व्यवहार के कारणों की व्याख्या परिस्थितजन्य कारकों (situational factors) के रूप में की जाती है।
3. गुणारोपण की प्रक्रिया चार नियमों के अनुरूप की जाती है—सहपरिवर्तन का नियम (principle of covariation), आत्यंतिकता का नियम (principle of extermity), नगण्य करने के नियम (principle of discounting) तथा संवर्धन का नियम (augmentation principle) ।
4. समाज मनोवैज्ञानिकों ने गुणारोपण के कई सिद्धांत का वर्णन किया है जिसमें चार को प्रमुख बतलाया गया है—हाइडर का सिद्धांत, जोन्स तथा डेविस का सिद्धांत, केली का सिद्धांत तथा शेभर का सिद्धांत। इसमें केली द्वारा प्रतिपादित सिद्धांत को अधिक महत्त्वपूर्ण माना गया है।
5. गुणारोपण में कुछ पूर्वाग्रह (biases) भी देखने को मिले हैं जिनसे इस प्रक्रिया में वैयक्तिक भिन्नता (individual differences) काफी हो जाते हैं। इन पूर्वाग्रहों में मूल गुणरोपण त्रुटि (fundamental attribution error), कर्त्ता-प्रेक्षक प्रभाव, आत्म-सेवन पूर्वाग्रह (self-serving bias), व्यक्ति की मनोवृत्ति एवं मूल्य, परिणामों की गंभीरता तथा कर्त्ता का भ्रम (illusion) आदि प्रधान हैं।

❑

अध्याय 25

अन्तर्वैयक्तिक आकर्षण
(INTERPERSONAL ATTRACTION)

अन्तर्वैयक्तिक आकर्षण के अर्थ एवं स्वरूप
(Meaning and Nature of Interpersonal Attraction)

अन्तर्वैयक्तिक आकर्षण (Interpersonal attraction) समाज मनोवैज्ञानिकों के लिए एक महत्त्वपूर्ण संप्रत्यय (concept) है। इस संप्रत्यय का मुख्य पद आकर्षण जिसका अंग्रेजी रूपान्तर attraction है, लैटिन के दो शब्दों अर्थात 'ad' एवं trahere' से मिलकर बना है। 'ad' का मतलब 'को' (to) तथा 'trahere' का मतलब खींचना (to draw or to pull) होता है। इस शाब्दिक अर्थ को देखते हुए दूसरों के प्रति खिंचाव को आकर्षण कहा जाता है। परंतु समाज मनोविज्ञान में आकर्षण का अर्थ पसंदगी (liking) या नापसन्दगी (disliking) की एक मनोवृत्ति (attitude) से होती है। **राथस**[1] (Rathus, 1981) के शब्दों में, ''समाज मनोविज्ञान में आकर्षण को पसंदगी या नापसंदगी की एक मनोवृत्ति के रूप में परिभाषित किया गया है। बर्स्किड (Berschied, 1976) ।''

बेरोन, बर्न तथा **ब्रैनस्कोम्ब**[2] (Baron, Byrne & Branscombe, 2006) ने उपर्युक्त अर्थ को मद्देनजर रखते हुए अन्तर्वैयक्तिक आकर्षण का एक सर्वोत्तम परिभाषा इस प्रकार दिया है, ''किसी दूसरे व्यक्ति को स्वीकारात्मक या अस्वीकारात्मक ढंग से मूल्यांकन करना अन्तर्वैयक्तिक आकर्षण कहलाता है।'' इन दोनों मनोवैज्ञानिकों ने अन्तर्वैयक्तिक आकर्षण के क्षेत्र में अति महत्त्वपूर्ण योगदान करके 1988 में अपनी परिभाषा को और सरल बनाते हुए कहा है, ''अन्तर्वैयक्तिक आकर्षण से तात्पर्य दूसरों के प्रति हमारी मनोवृत्ति से होता है। इस तरह की मनोवृत्ति अस्वीकारात्मक-स्वीकारात्मक विमा जो घृणा से प्रेम तक प्रसारित होती है, में सुसज्जित होती है।''[3]

इन परिभाषाओं के विश्लेषण से अन्तर्वैयक्तिक आकर्षण (intepersonal attraction) के स्वरूप (nature) के बारे में हमें कुछ महत्त्वपूर्ण तथ्य का पता चलता है जो निम्नांकित हैं—

(i) अन्तर्वैयक्तिक आकर्षण दूसरों के प्रति एक तरह की हमारी मनोवृत्ति को कहा जाता है।

(ii) मनोवृत्ति के समान अन्तर्वैयक्तिक आकर्षण स्वीकारात्मक या धनात्मक (positive) तथा अस्वीकारात्मक या ऋणात्मक (negative) कुछ भी हो सकता है। व्यक्ति जब किसी लक्षित व्यक्ति के प्रति आकृष्ट होता है, तो इसका मतलब यह हुआ कि वह लक्षित व्यक्ति के प्रति धनात्मक मनोवृत्ति (positive attitude) विकसित करता है तथा वह उसके प्रति प्रेम-भाव दिखलायेगा ऐसा भी होता है कि व्यक्ति का किसी के साथ वैर-विरोध हो जाता है और तब वह उसके प्रति ऋणात्मक या निषेघात्मक मनोवृत्ति (negative attitude) विकसित कर लेता है। ऐसी परिस्थिति में वह उस लक्षित व्यक्ति के साथ घृणा करेगा।

---

1. "Attraction has been defined in social psychology as an attitude of liking and disliking (Bersceid, 1976)"
—Rathus : *Psychology* 1981, p. 670.

2. "Interpersonal attraction is the evaluation of another person in a positive or negative way."
—Baron & Byme : *Social Psychology* 1977, p. 499.

3. "Interpersonal attraction refers to the attitude we hold about another person. These evaluations of people fall along a diversion that involves liking of one end and disliking at the other."
—Baron, Byrne & Branscombe : *Social Psychology* 2006, p. 258

बेरीन तथा बर्न (Baron & Byrne, 1988) ने अपने प्रमुख शोधों (researches) के आधार पर यह भी स्पष्ट कर दिया है कि लोगों के आकर्षण संबंधों का निर्धारण अन्तर्वैयक्तिक मूल्यांकनों (intepersonal evaluation) की दिशा (धनात्मक या ऋणात्मक) और तीव्रता (कम या अधिक) के आधार पर होता है। इस प्रकार के मूल्यांकन (evaluation) व्यक्ति के व्यवहारों को किस प्रकार प्रभावित करते हैं। इसे चित्र 25.1 में दिखलाया गया है।

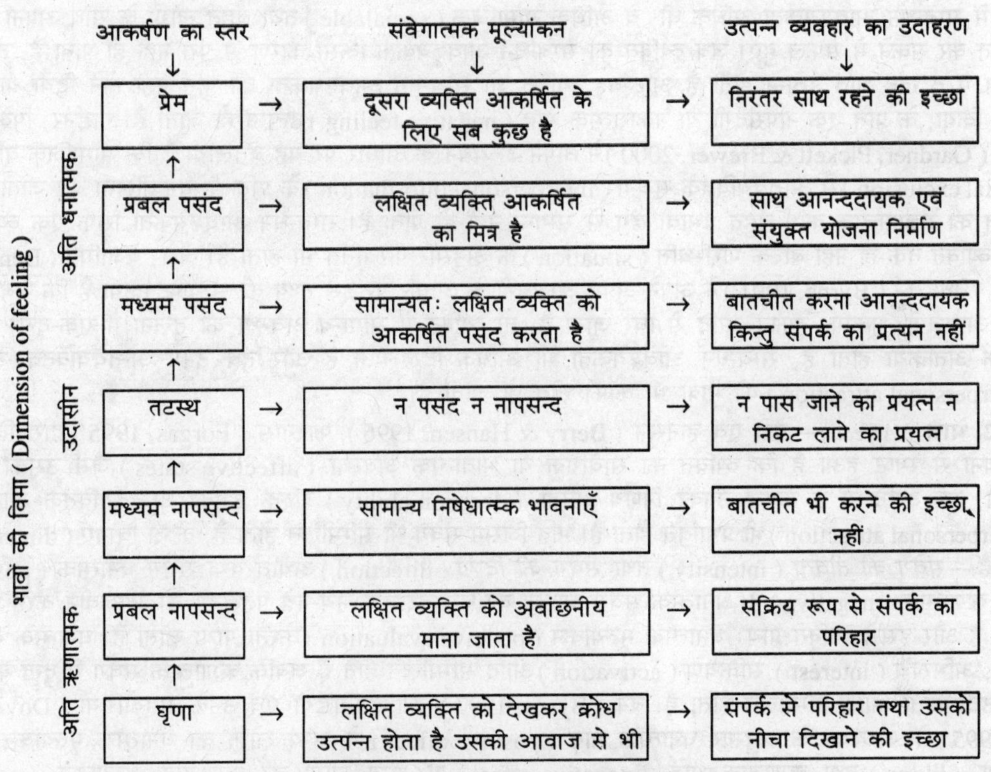

चित्र 25.1 : अन्तर्वैयक्तिक आकर्षण : दूसरे के प्रति मनोवृत्ति के रूप में, बेरोन तथा बर्न (1988) पर आधृत।

अन्तर्वैयक्तिक आकर्षण के निर्धारण (Determinants of Intepersonal Attraction)

समाज मनोवैज्ञानिकों द्वारा अन्तर्वैयक्तिक आकर्षण (intererpersonal attraction) के क्षेत्र में किये गये अध्ययनों के आधार पर कहा जा सकता है कि अन्तर्वैयक्तिक आकर्षण के मुख्य तीन प्रमुख निर्धारक श्रेणियाँ हैं—

(क) आन्तरिक निर्धारक (Internal determinants)
(ख) बाह्य निर्धारक (External determinants) तथा
(ग) अन्तःक्रियात्मक कारक (Inthactive determinants)

इन तीनों तरह के निर्धारकों (determinants) का वर्णन निम्नांकित हैं—

(क) आन्तरिक निर्धारक (*Internal determinants*)

अन्तर्वैयक्तिक आकर्षण (interpersonal attraction) के आन्तरिक निर्धारक में उन कारकों को रखा जाता है जो व्यक्ति के भीतरी मनोवैज्ञानिक अवस्थाओं जैसे अभिप्रेरण, भाव, संवेग आदि से सम्बद्ध होते हैं और व्यक्ति के पसंदगी (liking) या नापसंदगी (disliking) को प्रभावित करता है। इसके तहत निम्नांकित कारकों को प्रधान बतलाया गया है।

1. सम्बन्धन आवश्यकता (*Need for affiliation*)—बाल्डविन (Baldwin, 2000) ने अपने अध्ययन के आधार पर यह बतलाया है कि मानव शिशु में जन्म से ही दूसरे व्यक्तियों के साथ सम्बन्ध स्थापित करने की अभिप्रेरण होता है। इसके कारण व्यक्ति एक उत्तम अन्तर्वैयक्तिक सम्बन्ध (interpersonal relationship) बनाकर रख पाता है। जिस व्यक्ति में यह सम्बन्धन आवश्यकता अधिक होती है, उसमें दूसरे के प्रति अन्तर्वैयक्तिक आकर्षण भी अधिक होता है। क्रेग, कोस्टनर एवं जुरोर्फ (Craig, Koestner & Zuroff, 1994) ने अपने अध्ययन में यह पाया कि कॉलेज के जिन छात्रों में सम्बन्धन आवश्यकता अधिक थी, वे अधिक सामाजिक (socialable) तथा बहुत लोगों के साथ अपना सम्बन्ध स्थापित कर सकने में सफल हुए। जब व्यक्ति का सम्बन्धन आवश्यकता किसी कारण से पूरा नहीं हो पाता है, तो इससे व्यक्ति में दुःखद भाव उत्पन्न होती है ओर वह व्यक्ति जो सम्बन्धन आवश्यकता की पूर्ति नहीं होने दिया या जिसने उपेक्षा किया, के प्रति एक नापसंदगी या नकारात्मक भाव (negative feeling) उत्पन्न हो जाती है। गार्डनर, पिकेट्ट तथा ब्रिउर (Gardner, Pickett & Brewer, 2000) ने अपने अध्ययन के आधार पर यह बतलाया है कि सामाजिक बहिष्करण (social exclusion) से अन्तर्वैयक्तिक सूचना (interpersonal information) के प्रति संवेदनशीलता बढ़ जाती है और व्यक्ति का संज्ञानात्मक कार्य बहुत प्रभावी ढंग से सम्पन्न नहीं हो पाता है। सम्बन्धन आवश्यकता सिर्फ एक व्यक्ति से दूसरे व्यक्ति तक ही नहीं बल्कि परिस्थिति (situation) के अनुसार परिवर्तित भी होता है। जैसे, बेंजामिन (Benjamin, 1998) तथा वर्न (Byrne, 1991) ने अपने-अपने अध्ययनों के आधार पर इस तथ्य की सम्पुष्टि किया है कि जब व्यक्ति बाढ़, आगजनी, भूकम्प, तूफान आदि से घिर जाता है, तो व्यक्ति में सामान्य अवस्था की तुलना में एक-दूसरे के प्रति अधिक अंतक्रिया होती है, सम्बन्धन आवश्यकता भी अधिक दिखलाता है और तब उनमें अन्तर्वैयक्तिक आकर्षण (interpersonal attraction) की मात्रा भी काफी तीव्र हो जाती है।

2. भाव (*Affect*)—बेरी एवं हानसेन (Berry & Hansen, 1996), फोरगास (Forgas, 1995) द्वारा किये गये अध्ययनों से स्पष्ट हुआ है कि व्यक्ति का सांवेगिक या भावात्मक अवस्था (affective states) जैसे उसकी खुशी, उदासी, डर आदि से न केवल उनकी निर्णय क्षमता (decision ability) बल्कि उसका अन्तर्वैयक्तिक आकर्षकता (interpersonal attraction) भी प्रभावित होता है। भाव जिसमें संवेग भी सम्मिलित होता है, के दो विमाएँ (dimension) होती हैं—*संवेग की तीव्रता* (intensity) तथा *संवेग की दिशा* (direction) अर्थात् क्या संवेग धनात्मक (positive) है या ऋणात्मक (negative) है। धनात्मक संवेग व्यक्ति को वातावरण के नये-नये पहलुओं को खोजबीन करने में मदद करता है और इससे व्यक्ति प्रायः धनात्मक मूल्यांकन (positive evaluation) करता पाया जाता है। धनात्मक संवेग में खुशी, अभिरुचि (interest), संक्रियण (activation) आदि सम्मिलित होते हैं जबकि ऋणात्मक संवेग में दुख का भाव, डर, उदासीनता आदि सम्मिलित होता है। बर्न (Byrne, 1997) तथा डोविडियों एवं उनके सहयोगियों (Dovidio et. al., 1995) के अध्ययन के अनुसार धनात्मक भाव (positive affect) से अन्य लोगों का धनात्मक मूल्यांकन अर्थात् पसंदगी (liking) तथा ऋणात्मक भाव (negative affect) से अन्य लोगों का ऋणात्मक मूल्यांकन (negative evaluation) अर्थात् नापसंदगी (disliking) का भाव उत्पन्न होता है। ग्रिफ्फिट्ट (Griffitt. 1970) तथा गोअक्स (Gouax, 1971) ने अपने-अपने अध्ययनों के आधार पर यह बतलाया है कि धनात्मक संवेग एवं भाव जैसे सुखाभास (euphoria) आदि उत्पन्न होने पर व्यक्ति दूसरे व्यक्तियों के प्रति आकर्षकता (attractiveness) दिखलाता है। उसी तरह से कष्टकर संवेग या भाव जैसे विषाद (depression) उत्पन्न होने पर व्यक्ति में अन्य व्यक्ति के प्रति आकर्षकता में काफी कमी आ जाती है।

अध्ययनों से स्पष्ट हुआ कि संवेग की आकर्षकता पर दो तरह के प्रभाव पड़ते हैं—*प्रत्यक्ष प्रभाव* (direct effect) तथा *अप्रत्यक्ष प्रभाव* (indirect effect)। जब कोई व्यक्ति आपसे आपके बारे में कुछ अच्छी बातें कहता है तो उसके प्रति आप में एक धनात्मक भाव उत्पन्न होता है जिसका सीधा प्रभाव यह होता है कि आप उस व्यक्ति के प्रति आकर्षित हो जाते हैं। उसी तरह से यदि कोई व्यक्ति किसी दूसरा व्यक्ति के बारे में बुरी बातें कहता है, तो दूसरा व्यक्ति में नकारात्मक भाव उत्पन्न होता है जिसका सीधा प्रभाव यह होता है कि दूसरा व्यक्ति पहले व्यक्ति के प्रति नापसंदगी (disliking) दिखलाना प्रारम्भ कर देता है। स्पष्टतः इन दोनों उदाहरणों में संवेग की आकर्षकता पर सीधा प्रभाव पड़ते देखा जा रहा है। इस तथ्य की सम्पुष्टि बेन-पोराथ (Ben-Porath, 2002) के अध्ययन से हो चुका है। इसके अतिरिक्त, मैक डोनाल्ड (Mc Donald, 1962) ने भी अपने अध्ययन में कुछ ऐसा ही पाया है। इनके अध्ययन के परिणाम में पाया गया कि उस व्यक्ति के प्रति आकर्षकता कम हो जाती है जो किसी व्यक्ति के निष्पादन के मूल्यांकन में पुरस्कार न देकर दंड (punishment) देता है।

संवेग का आकर्षकता पर अप्रत्यक्ष प्रभाव (indirect effect) भी पड़ता है। इस तरह का अप्रत्यक्ष प्रभाव उस समय पैदा होता है जब व्यक्ति में किसी अन्य व्यक्ति या घटना से सांवेगिक अवस्था उत्पन्न होने के समय कोई दूसरा व्यक्ति उपस्थित होता है। हालाँकि इस उपस्थित व्यक्ति किसी भी तरह से उस व्यक्ति में उत्पन्न होनेवाले धनात्मक या ऋणात्मक भाव के लिए जिम्मेवार नहीं होता है, फिर भी व्यक्ति उसके प्रति आकर्षकता (attractiveness) या अनाकर्षकता (unattractive) महशुश करने लगता है। इस तरह के अप्रत्यक्ष प्रभाव को *साहचर्यित प्रभाव* (associated effect) भी कहा जाता है। जैसे, यदि कोई छात्र परीक्षा में काफी अप्रत्याशित (unexpected) उच्च अंक (marks) से सफल घोषित होता है और ठीक परिणाम घोषित होने के समय कोई एक अपरिचित व्यक्ति से मुलाकात होती है, जो उस अपरिचित व्यक्ति के प्रति छात्र की पसंदगी (liking) सामान्यतः बढ़ जाती है। ओलसन एवं फाजियो (Olson & Fazio, 2001) ने ऐसे अप्रत्यक्ष प्रभाव की व्याख्या क्लासिकी अनुबंधन (classical conditioning) के रूप में किया है। जब कोई तटस्थ उद्दीपक (neutral stimulus) (जैसे यहाँ अपरिचित व्यक्ति) धनात्मक उद्दीपक (positive stimulus) के साथ संयोजित (pair) हो जाता है, तो उसका (अर्थात् तटस्थ उद्दीपक का) मूल्यांकन उस परिस्थिति की तुलना में जब तटस्थ उद्दीपक का संयोजन किसी ऋणात्मक उद्दीपक (negative stimulus) के साथ किया जाता है, अधिक धनात्मक रूप से किया जाता है।

(ख) बाह्य निर्धारक *(External determinants)*

इस तरह के निर्धारक में उन गुणों या विशेषताओं को रखा जाता है जो लक्षित व्यक्ति में होने से प्रत्यक्षणकर्त्ता (perceiver) उसके प्रति आकर्षित हो जाता है। ऐसे कारक चूँकि प्रत्यक्षणकर्त्ता के व्यक्तित्व के भीतर न होकर बाहर होते हैं, अतः इन्हें बाह्य निर्धारक कहा जाता है। इन कारकों में प्रधान निम्नांकित हैं—

1. शारीरिक आकर्षकता *(Physical attractiveness)*—सामान्यतः यह कहा जाता है कि सुंदर चेहरा को किसी प्रशस्ति पत्र की आवश्यकता नहीं होती है। सुन्दर चेहरा स्वयं एक प्रशस्ति पत्र होता है। सुन्दर रूप वाले व्यक्ति को देखते ही अधिकतर लोग उस व्यक्ति को अधिक समायोजित एवं सदगुणी तथा प्रतिभा सम्पन्न मानने लगते हैं और उसके प्रति आकर्षित हो जाते हैं। इसे समाज मनोवैज्ञानिकों ने *शारीरिक आकर्षकता रूढ़िकृति* (physical attractiveness stereotype) कहा है। अनेक अध्ययनों में शारीरिक आकर्षकता रूढ़िकृति (physical attractiveness stereotype) की पुष्टि की गयी है। जैसे, ब्रिघम (Brigham, 1980) ने अपने अध्ययन में पाया कि पुरुष तथा महिलाओं दोनों ने ही आकर्षक व्यक्ति को अधिक सामाजिक, स्वतंत्र (independent), मनोरंजक एवं लैंगिक रूप से नियंत्रित बतलाया जबकि अनाकर्षक व्यक्तियों को तरह-तरह के मानसिक विकृतियों (mental disorders) से ग्रस्त बतलाया। इतना ही नहीं, गिलेन (Gillen, 1981) ने अपने अध्ययन में यह भी पाया कि शारीरिक रूप से आकर्षक पुरुषों को पुरुष-सुलभ (masculine) गुणों से परिपूर्ण तथा शारीरिक रूप से आकर्षक स्त्रियों को स्त्रैण (feminine) गुणों से परिपूर्ण माना है। काज एवं डेविस (Katz & Davis) ने उसी तरह से अपने अध्ययन में पाया कि अनाकर्षक स्त्रियों की तुलना में आकर्षक स्त्रियों के जीवन में प्रेम प्रसंग की घटना अधिक संख्या में होती है। कुछ अध्ययनों में यह भी पाया गया है कि शारीरिक आकर्षता वाले व्यक्तियों में अधिक उपलब्धि (high achievement) होने का भी गुणारोपण किया जाता है। उमर्वसन तथा हुग्स (Umberson & Hughes, 1984) ने अपने अध्ययन में पाया है कि शारीरिक आकर्षकता (physical attractiveness) का संबंध(relationship) कुछ खास-खास चरों जैसे शैक्षिक उपलब्धि(education achievement), आय, व्यावसायिक प्रतिष्ठा (occupational prestige) तथा मानसिक स्वास्थ्य के साथ धनात्मक (positive) होता है। लिपसन (Lipson, 1983) के अनुसार सुन्दर व्यक्ति दर्पण के सामने अधिक समय व्यतीत करते हैं। एब्बाट्ट (Abbott, 1992) के अध्ययन के अनुसार आकर्षक व्यक्तियों में आत्म-सम्मान (self-esteem) तथा सामाजिक आत्म-विश्वास (social self-confidence) अनाकर्षक व्यक्तियों की उपेक्षा अधिक होती है। ऐसे व्यक्तियों को दूसरों से काफी सहयोग मिलता है तथा उन्हें महत्त्व दिया जाता है। फलस्वरूप, वे किसी कार्य में अधिक सफल होते हैं।

कुछ अध्ययनों से यह भी पता चला है कि विषमलिंगी आकर्षण(heterosexual attraction) में शारीरिक आकर्षकता की अहमियत काफी होती है। हुस्सेन एवं कुरेशी (Hussain & Kureshi, 1983) ने इसे अपने अध्ययन के आधार पर संपुष्टि किया है परंतु ऐसा अल्पकालिक सान्निध्य के लिए भी होता है। जब दीर्घकालिक संबंध जैसे वैवाहिक संबंध की समस्या सामने आती है तो शारीरिक आकर्षकता को सर्वाधिक महत्त्वपूर्ण नहीं माना जाता है। वकील (Vakil, 1973)

ने एक अध्ययन करके इस तथ्य की पुष्टि किया है। इनके अध्ययन में 300 छात्रों एवं छात्राओं को विशेषण की एक सूची दी गयी और उनसे कहा गया है कि पत्नी या पति में इन गुणों की वांछनीयता के महत्त्व के अनुसार उन्हें कोटि (rank) में व्यवस्थित करें। परिणाम में देखा गया कि शारीरिक आकर्षकता को जीवन साथी के वांछनीय विशेषता के रूप में छात्राओं ने बाइसवाँ कोटि तथा छात्रों ने बारहवाँ कोटि दिया।

शारीरिक आकर्षकता के उपर्युक्त लाभों (advantages) के बावजूद कुछ शोधकर्त्ताओं जैसे हैटफिल्ड एवं स्प्रेकर (Hatfield & Sprecher, 1986) ने यह बतलाया है कि कुछ अवस्थाओं में आकर्षक रूप वाले व्यक्तियों के साथ निषेधात्मक विशेषताएँ (negative characteristics) भी आरोपित हो जाती है। जैसे, अधिक सुंदर स्त्रियों को अहंकारी एवं दुर्बल चरित्र का समझा जाता है तथा ऐसी स्त्रियों को अन्य स्त्रियों का विद्वेष (resentment) तथा पुरुषों द्वारा अवांछित लैंगिक प्रस्तावों (unwanted sexual advances) का सामना अधिक करना पड़ता है जिससे उनकी मानसिकता पर बुरा प्रभाव पड़ता है। सिगोल (Siegol, 1986) के अनुसार यदि कोई आकर्षक शरीर वाला व्यक्ति अपने सौंदर्य का उपयोग दूसरे को धोखा देने के लिए करता है तो उसके प्रति लोगों में निषेधात्मक धारणाएँ (negative images) उत्पन्न हो जाती है।

स्पष्ट हुआ कि शारीरिक आकर्षकता (attractiveness) अनाकर्षकता (unattractiveness) की अपेक्षा अधिक महत्त्वपूर्ण कारक है जिससे अन्तर्वैयक्तिक संबंध (interpersonal relationship) प्रभावित होता है।

(ग) अन्तक्रियात्मक कारक *(Interactive factors)*

इसके अन्तर्गत उन कारकों को रखा जाता है जो प्रत्यक्षणकर्त्ता तथा लक्ष्य व्यक्ति (target person) दोनों से सम्बन्धित होते हैं तथा दोनों इसके आधार पर एक-दूसरे के प्रति अंतक्रिया (interaction) करते हैं। इसके अंतर्गत आने वाले प्रमुख कारक निम्नांकित हैं—

1. समानता *(Similarity)*—यह प्रारंभ से ही माना जाता है कि दो व्यक्तियों में परस्पर आकर्षण होने का एक मुख्य आधार या कारण दोनों के बीच समानता (similarity) होती है। समाज मनोवैज्ञानिकों ने अन्तर्वैयक्तिक आकर्षण में समानता के तीन विमाओं (dimensions) को महत्त्वपूर्ण बतलाया है। वे तीन विमाएँ (dimensions) हैं—

(i) मनोवृत्ति की समानता (attitude similarity)
(ii) व्यक्तित्व की समानता (personality similarity)
(iii) व्यवहारगत समानता (behavioural similarity)

अन्तर्वैयक्तिक आकर्षण (intepersonal attraction) में तीनों के महत्त्व की व्याख्या इस प्रकार किया जाता है—

(i) मनोवृत्ति की समानता *(Attitude Similarity)*—यह सामान्यतः देखा जाता है कि कोई भी व्यवित्त उन व्यक्तियों के प्रति अधिक आकर्षित होते हैं, जिनकी मनोवृत्ति (attitude) उसकी मनोवृत्ति के समान होती है। कई प्रयोगशालीय अध्ययनों (laboratory studies) में भी इस तथ्य की संपुष्टि की गयी है। काप्लान तथा एण्डरसन (Kaplan & Anderson, 1973) ने अपने अध्ययन में पाया कि कॉलेज छात्रों में एक-दूसरे के प्रति उस परिस्थिति में आकर्षकता (attractiveness) बढ़ जाती है जब उनकी मनोवृत्ति किसी विषय या घटना के प्रति समान (similar) होती है। बर्न तथा नेल्सन (Byrne & Nelson, 1965) ने अपने अध्ययन में यह भी स्पष्ट किया कि अन्तर्वैयक्तिक आकर्षण (interpersonal attraction) के लिए सिर्फ समान मनोवृत्ति की संख्या ही नहीं बल्कि ऐसी मनोवृत्तियों का अनुपात (proportion) भी महत्त्वपूर्ण होता है। जैसे, यदि कोई व्यक्ति 6 विषयों में से 5 पर अन्य व्यक्ति के साथ समान मनोवृत्ति दिखलाता है, तो इनमें अन्तर्वैयक्तिक आकर्षकता उन दो व्यक्तियों की अपेक्षा अधिक होगी जो 6 विषयों में से मात्र 3 विषयों पर ही मनोवृत्ति समानता (attitude similarity) दिखलाते हैं। बर्न तथा नेल्सन (Byrne & Nelson, 1965) के अनुसार दो व्यक्तियों के बीच मनोवृत्ति समानता का अनुपात (proportion) जितना ही अधिक होगा, उनमें परस्पर आकर्षकता उतनी ही अधिक होगी। मनोवृत्ति समानता तथा आकर्षण के संबंधों की संपुष्टि हुस्सैन तथा कुरेशी (Hussian & Krueshi, 1983) ने अपने अध्ययन से किया है। इन्होंने अपने अध्ययन में देखा कि समलिंगी तथा समान सामाजिक-आर्थिक स्तर के लोगों में पाये जाने वाले परस्पर आकर्षकता का आधार मनोवृत्ति (attitude) तथा मूल्यों (values) में समानता ही होती है। पाण्डे एवं रस्तोगी (Pandey & Rastogi, 1978) ने भी अपने कारकीय विश्लेषण अध्ययन (factor analytic studies) में मनोवृत्ति समानता तथा परस्पर आकर्षकता के धनात्मक संबंधों (postitive relationship) की पुष्टि की है।

(ii) व्यक्तित्व की समानता (*Personality Similarity*)—समाज मनोवैज्ञानिकों ने यह दिखलाया है कि अधिकांश लोग अपने व्यक्तित्व शीलगुणों के समान शीलगुणों की ओर आकर्षित होते हैं। व्यक्तित्व शीलगुणों से संबंधित एक महत्त्वपूर्ण बात यह है कि कुछ व्यक्तित्व शीलगुण सभी के लिए आकर्षक होते हैं। चाहे वे प्रत्यक्षणकर्त्ता के व्यक्तित्व शीलगुण के समान हो या नहीं हो। जैसे, रिसकिन्ड एवं विल्सन (Riskind & Wilson, 1982) ने यह दिखलाया है कि प्रतियोगी व्यक्तियों (competitive individuals) के प्रति स्त्री तथा पुरुष दोनों ही आकर्षित होते हैं, उसी तरह पालमर तथा वर्न (Palmer & Byrne, 1970) ने अपने प्रयोग के आधार पर यह दिखलाया है कि प्रभावशील व्यक्ति (dominant individuals) के प्रति अन्य प्रभावशील व्यक्ति तो आकर्षित होते ही हैं, दब्बू एवं प्रभावहीन व्यक्ति भी उनकी ओर आकर्षित होते हैं। हिल तथा स्टल (Hill & Stull, 1981) ने अपने अध्ययन में पाया कि कॉलेज की छात्राएँ उन छात्राओं के साथ रहना अधिक पसंद करती हैं जिनकी सामाजिक मूल्य (social values) उनके सामाजिक मूल्य (social values) के समान होते हैं। रूबिन (Rubin, 1980) तथा इलिस एवं उनके सहयोगियों (Ellis et al., 1981) ने अपने अध्ययन के आधार पर यह दिखलाया है कि सात-आठ साल के उम्र से बच्चे अन्य बच्चों के प्रति आकर्षित होकर उन्हें मित्र बनाने लगते हैं। कैन्डेल (Kandel, 1978) के अनुसार हाई स्कूल में पढ़ने वाले बच्चों की मित्रता आयु, धर्म तथा जाति जैसे कारकों से प्रभावित होती पायी गयी है।

कुछ लोगों जैसे ब्लेकेनशिप तथा उनके सहयोगियों (Blackenship et al., 1984) ने अपने अध्ययन के आधार पर यह बतलाया है कि व्यक्तित्व समानता परस्पर आकर्षण का उतना प्रबल कारक नहीं है जितना मनोवृत्ति समानता का कारक है। इन मनोवैज्ञानिकों के अनुसार दो व्यक्तियों के बीच जैसे-जैसे अन्तक्रिया (interaction) में वृद्धि होती जाती है, वैसे-वैसे ही व्यक्तियों की समानताओं में भी वृद्धि होती जाती है। फीनवर्ग, मिलर तथा रौस (Fienberg, Miller & Ross, 1981) का कहना है कि जब दो व्यक्तियों में अन्तर्क्रिया बढ़ती है, तो उनमें व्यक्तित्व समानता न होने पर भी वे यह मान लेते हैं कि उनके व्यक्तित्व में समानता है।

(iii) व्यवहारगत समानता (*Behavioural Similarity*)—किसी परिस्थिति में एक ही समान व्यवहार करने वाले व्यक्तियों में परस्पर आकर्षकता अधिक होती पायी गयी है। सचमुच में ऐसे व्यवहारगत समानता (behavioural similarity) के आधार पर आकर्षित होने की प्रवृत्ति बाल्यावस्था से ही दृष्टिगोचर होने लगती है। टेस्सर, कैम्पबेल तथा स्मीथ (Tesser, Campbell & Smith, 1984) ने अपने अध्ययन में पाया कि प्राथमिक कक्षाओं के छात्र उनके साथ अधिक मैत्री संबंध स्थापित करते हैं जो खेल, संगीत एवं अध्ययन आदि में उनके समान व्यवहार करते हैं। कैन्डल तथा सहयोगियों (Kandel et al., 1976) के अनुसार उन छात्रों में आपस में अच्छा दोस्ताना संबंध होता है जो एक तरह के विसामान्य व्यवहार (deviant behaviour) जैसे सिगरेट पीना, शराब पीना, शादी पूर्व यौन समागम करना आदि करते पाये जाते हैं।

स्पष्ट हुआ कि अन्तर्वैयक्तिक आकर्षण (interpersonal attraction) का एक महत्त्वपूर्ण निर्धारक व्यवहारगत समानता (similarity) है। प्रश्न यह उठता है कि व्यवहारगत समानता से अन्तर्वैयक्तिक आकर्षण में वृद्धि क्यों होती है ? साधारणतः इस प्रश्न का उत्तर दो ढंगों से देने की कोशिश की गयी है। कुछ समाज मनोवैज्ञानिकों के अनुसार चूँकि समानता सुखदायी होती है तथा इससे व्यक्तियों की धारणाओं की संपुष्टि होती है, इसलिए समानता से परस्पर आकर्षकता बढ़ती है। एक दूसरी विचारधारा जिसमें सैण्डर्स (Sanders, 1982) की भूमिका बतलायी गयी है, के अनुसार समानता एक-दूसरे के लिए धनात्मक प्रतिपूर्ति का कार्य करके एक प्रकार से सामाजिक तुलना (social comparison) के प्रक्रम को मजबूत बनाती है। व्यक्ति को जब यह अनुभव होता है कि किसी विषय के प्रति उसकी मनोवृत्ति अन्य व्यक्तियों की मनोवृत्ति के समान है, तो वह अपनी मनोवृत्ति को वैध मानकर उन व्यक्तियों के प्रति आकर्षित हो जाता है।

2. पारस्परिक पसंदगी (*Mutual liking*)—पारस्परिक पसंदगी अन्तर्वैयक्तिक आकर्षकता (interpersonal attraction) का एक दूसरा प्रमुख अन्तःक्रियात्मक निर्धारक (interactive determinant) है। वर्न (Byrne, 1971) का कहना है कि एक तरफा आकर्षण बहुत दिनों तक नहीं चलता है। आकर्षण को कायम रखने के लिए यह आवश्यक है कि वह पारस्परिक और एक-दूसरे पर आश्रित हो। दोनों में ही पारस्परिक स्नेह का होना अनिवार्य है। गोल्ड, राइकमैन तथा मोजले (Gold, Ryckman & Mosley, 1984) ने अपने अध्ययन में पाया कि यदि किसी पुरुष के व्यवहार के प्रति कोई महिला दृष्टि सम्पर्क (eye contact) बनाये हुए उसके तरफ झुककर बातचीत करती है तो भले ही वह महिला

असमान मनोवृत्ति (attitude) वाली हो, पुरुष उसके प्रति आकर्षित हो जाता है। परंतु यदि समान मनोवृत्ति वाली महिला भी किसी पुरुष के व्यवहार के प्रति उपयुक्त पारस्परिकता के साथ अनुक्रिया नहीं करती है, तो पुरुष उसके प्रति कम आकर्षित होते हैं। हेज (Hays, 1984) के अध्ययन के अनुसार जब दो व्यक्तियों के बीच पारस्परिक आदर, स्नेह, अभिरुचि आदि की भावना होती है, तो उनमें अन्तर्वैयक्तिक आकर्षण बढ़ जाती है। परंतु यदि इस तरह की पारस्परिकता नहीं होने पर समान शीलगुणों के रहने पर भी उसमें अन्तर्वैयक्तिक आकर्षण नहीं होता है।

3. चाटुकारिता *(Ingratiation)*—अन्तर्वैयक्तिक आकर्षण का एक निर्धारक चाटुकारिता भी है। किसी भी समाज में कुछ लोगों को चाटुकार, चापलूस और जी-हुजुरी करने वाला माना जाता है। सामान्यतः ऐसे लोगों के प्रति लोग निषेधात्मक मत व्यक्त करते हैं। परंतु कुछ खास-खास परिस्थिति में इनकी चाटुकारिता आकर्षकता बढ़ाने में सफल हो जाती है। अध्ययनों में यह स्पष्ट हुआ है कि यदि चाटुकारिता के लिए लक्षित व्यक्ति स्वयं निम्न स्तरीय सम्मान वाला है और वह चाटुकारिता के वास्तविक उद्देश्य को नहीं समझता है, तो उसके लिए चाटुकारिता आकर्षण उत्पन्न करती है परंतु यदि चाटुकारिता के लिए लक्षित व्यक्ति उच्चस्तरीय सम्मान वाला है और चाटुकारिता के पीछे छिपे मन्तव्य को वह समझता है, तब वैसी परिस्थिति में चाटुकारिता आकर्षण उत्पन्न करने में सफल नहीं हो पाता है (वार्टरमैन, 1990)। वाल्स्टर तथा फेस्टिंगर (Walster & Festinger, 1962) के अनुसार जो चाटुकारिता लक्षित व्यक्ति के परोक्ष में की जाती है, वह सफल होती है। जोन्स, जोन्स एवं गर्गेन (Jones, Jones & Gergen, 1964) के अनुसार एक अनुभवी चाटुकार लक्षित व्यक्ति के साथ समय-समय पर असहमति प्रकट करके अपने-आपको आकर्षक बनाये रखने में समर्थ हो पाता है।

4. समीपता या सन्निकटता *(Proximity or Propinquity)*—स्थानिक सन्निकटता (physical proximity) अन्तर्वैयक्तिक आकर्षक (interpersonal attraction) का एक प्रमुख निर्धारक माना गया है। अगर ध्यान से देखा जाये तो अधिकतर अन्तर्वैयक्तिक संबंधों की शुरुआत स्थानिक सन्निकटता से ही होती है। किसी कार्यालय में साथ-साथ काम करने वाले कर्मचारी, किसी कक्षा में एक साथ बैठने वाले छात्र, छात्रावास में रहने वाले छात्र प्रायः एक-दूसरे के प्रति धनात्मक अभिरूचियाँ एवं भावनाएँ विकसित कर लेते हैं। फलस्वरूप इनमें अन्तर्वैयक्तिक आकर्षण (interpesonal attrcation) विकसित हो जाते हैं। फेस्टिंगर, स्कैकटर तथा वेक (Festinger, Schachter & Back, 1970) ने अपने अध्ययन में पाया कि जिन विवाहित छात्र दम्पत्तियों के आवास की दूरी 22 फीट या उससे कम थी, उनमें अन्तर्वैयक्तिक आकर्षण अधिक थी। 80 फीट या उससे अधिक दूरी पर रहने वाले ऐसे दम्पत्ति कभी भी एक-दूसरे के प्रति आकर्षण तथा दिलचस्पी नहीं दिखलाए। इभान्स तथा विल्सन (Evans & Wilson, 1949) ने छात्रावासों के बहुतलीय मंजिलों में रहने वाले छात्रों की आकर्षकता का अध्ययन किया और पाया कि एक तल पर रहने वाले छात्रों जिनके कमरे अगल-बगल में होते हैं, उनमें अन्तर्वैयक्तिक आकर्षकता अधिक पायी गयी। उसी तरह से नाहमाऊ तथा लाटन (Nehmau & Latan, 1975) के अध्ययन के अनुसार बहुतलीय आवास घरों में एक तल पर रहने वाले परिवारों में अन्तर्वैयक्तिक आकर्षण अधिक पाया गया। वासर्ड (Basard, 1932) ने एक मनोरंजक सर्वे किया जिसमें उन्होंने फिलाडेल्फिया में विवाह पंजीकरण कार्यालय से 5,000 प्रेम-विवाह आवेदनों को लेकर उसका गहन अध्ययन किया और पाया कि प्रस्तावित वर-वधू के निवास स्थान अधिकांशतः एक-दूसरे के अत्यंत नजदीक थे। अधिक दूरी पर रहने वाले वर-वधुओं की संख्या नाम मात्र की थी।

स्पष्ट हुआ कि स्थानिक निकटता का प्रभाव अन्तर्वैयक्तिक आकर्षकता (interpersonal attraction) पर अधिक पड़ता है। इसके अतिरिक्त एक ही कमरे में छात्रों के बैठने की व्यवस्था का भी प्रभाव अन्तर्वैयक्तिक आकर्षण पर पड़ता है। इस सिलसिले में दीक्षित (Dixit, 1985) का अध्ययन विशेष रूप से उल्लेखनीय है। इस अध्ययन में प्रयोगशाला को एक कार्यालय के रूप में व्यवस्थित किया गया जहाँ कई मेजें रखी गई थीं। व्यवस्था इस ढंग की थी कि कुछ लोग आमने-सामने बैठे, कुछ लोग अगल-बगल में बैठे तथा कुछ एक-दूसरे की ओर पीठ करके बैठे। परिणाम में पाया गया कि आमने-सामने एवं अगल-बगल बैठे व्यक्तियों में साथ-साथ बातचीत करने के अवसर के कारण उनमें उन व्यक्तियों की अपेक्षा आपस में परस्पर आकर्षकता अधिक थी जो एक-दूसरे की ओर पीठ करके बैठे थे तथा जिनमें आपस में बातचीत करने का मौका भी काफी कम था।

उपर्युक्त अध्ययनों से यह स्पष्ट हो जाता है कि स्थानिक सन्निकटता एक ऐसा कारक है जिससे अन्तर्वैयक्तिक आकर्षकता में वृद्धि होती है परंतु इस तरह की सन्निकटता से सर्वथा अन्तर्वैयक्तिक आकर्षकता में वृद्धि नहीं होती है

बल्कि कभी-कभी इस तरह की स्थानिक सन्निकटता से विकर्षण भी उत्पन्न हो जाता है। जैसे, यदि आस-पड़ोस में कोई ऐसा परिवार रहता है जो अपने सहन-सहन, धार्मिक विश्वास आदि के कारण इर्द-गिर्द के अन्य परिवारों से काफी भिन्न है, तो ऐसे परिवारों में आकर्षण के जगह पर विकर्षण होगा क्योंकि इनमें मनोवैज्ञानिक दूरी अधिक होगी।

समाज मनोवैज्ञानिकों ने उन कारकों का भी अध्ययन किया है जिनसे यह पता चलता है कि स्थानिक निकटता से व्यक्तियों में अन्तर्वैयक्तिक आकर्षण (interpersonal attraction) में क्यों वृद्धि हो जाती है। इसके दो कारण इन लोगों ने बतलाया है–

(i) अंतःक्रिया (interaction) तथा
(ii) अनावरण (exposure)

इन दोनों का वर्णन इस प्रकार है—

(i) अंत:क्रिया *(Interaction)*—जब दो या से अधिक व्यक्तियों के बीच स्थानिक सन्निकटता (physical proximity) होती है, तो उनमें आपस में अंतःक्रिया (interaction) करके एक-दूसरे को समझने का मौका काफी मिलता है। इसका परिणाम यह होता है कि उनमें परस्पर आकर्षकता बढ़ जाती है। न्यूकॉम्ब (Newcomb, 1961) ने अपने अध्ययन में पाया कि जब दो अपरिचित छात्रों को एक ही कमरे में रखकर उन्हें अंतःक्रिया करने का पर्याप्त मौका दिया जाता है, तो उनमें मैत्री बढ़ जाती है और उनमें आकर्षकता तीव्र हो जाती है। अरकिन तथा बर्गर (Arkin & Burger, 1980) ने भी अपने अध्ययन में इस तथ्य की पुष्टि किया है। इन अध्ययनकर्त्ताओं के अनुसार परस्पर अंतः क्रिया करने से एक-दूसरे के प्रति पसंदगी (liking) में इसलिए वृद्धि हो जाती है क्योंकि वे लोग अपनी महानताओं को समझकर अपने आपको एक ही सामाजिक इकाई (social unit) में बँधे पाते हैं।

(ii) अनावरण *(Exposure)*—समाज मनोवैज्ञानिकों का मत है कि स्थानिक सन्निकटता (physical proximity) के कारण बार-बार व्यक्तियों में आमना-सामना होने से एक-दूसरे के बारे में जानकारी प्राप्त होती है जो आगे चलकर आकर्षण का आधार बनती है। जायंस (Zajonc, 1968) के अनुसार जब व्यक्ति के सामने एक ही उद्दीपक को बार-बार रखा जाता है तो उस उद्दीपक के प्रति उसकी मनोवृत्ति अनुकूल हो जाती है। मोरलैंड तथ जायंस (Moreland & Zajonc, 1982) ने अपने प्रयोग के आधार पर यह स्पष्ट रूप से दिखलाया है कि पुनरावृत्ति अनावरण (repeated exposure) से आकर्षकता (attractiveness) में वृद्धि होती है। इस अध्ययन में प्रयोज्यों के एक समूह के कुछ छात्रों को एक पुरुष छात्र का तस्वीर लगातार चार सप्ताह तक नित्य दिखलाया गया। दूसरे समूह को चार सप्ताह तक प्रति सप्ताह में भिन्न-भिन्न तस्वीरों को दिखलाया गया। प्रत्येक प्रयोगात्मक सत्र के बाद प्रयोज्यों से लक्षित चित्र के आकर्षण की रेटिंग करा ली जाती थी। परिणाम में देखा गया कि पहले समूह के प्रयोज्यों का जैसे-जैसे एक तस्वीर को बार-बार देखने से उसके साथ सम्पर्क बढ़ता गया, उनमें उस तस्वीर के लिए आकर्षकता बढ़ती गयी। दूसरे समूह के साथ प्रति सप्ताह चित्र के बदले जाने से चित्रों के प्रति उनमें आकर्षकता नहीं पायी गयी। इस प्रयोग के परिणाम से यह स्पष्ट हो जाता है कि पुनरावृत्ति अनावरण (repeated exposure) से व्यक्ति में आकर्षकता बढ़ती है।

5. अन्य प्रेक्षणीय कारक *(Other observable factors)*—समाज मनोवैज्ञानिकों द्वारा किये गए अध्ययनों से यह स्पष्ट हुआ है कि लक्षित व्यक्ति (target person) से सम्बन्धित कुछ ऐसे कारक भी है जिनके कारण उसे प्रत्यक्षणकर्त्ता पसंद या नापसंद करता है। लक्षित व्यक्ति का पोशाक (clothing) एक ऐसा प्रमुख कारक है। यदि लक्षित व्यक्ति का पोशाक साफ-सुथरा एवं आकर्षक रंग का है, तो सामान्यतः ऐसे व्यक्ति के प्रति आकर्षकता पहले की अपेक्षा थोड़ा अधिक हो जाती है। इस तथ्य की सम्पुष्टि चेबरटन एवं बर्न (Cheverton & Byrne, 1998) तथा जारेल (Jarrell, 1998) एवं मियर, रॉबिन्सन एवं क्लोर (Meier, Robinson & Clore, 2004) के अध्ययनों से की गई है। लक्षित व्यक्ति (पुरुष) के प्रति आकर्षकता उसके सिर एवं चेहरे पर के बाल तथा चश्में की उपस्थिति से भी प्रभावित होते पायी गयी है। इस तथ्य की सम्पुष्टि शैनोन तथा स्टार्क (Shannon & Stark, 2003) के अध्ययन से हुई है। व्यक्ति का शारीरिक कद (physique) भी आकर्षकता का एक कारण है। गार्डनर तथा टोकरमैन (Gardner & Tockerman, 1994), रिकमैन एवं सहयोगियों (Ryckman et al., 1989) द्वारा किये गये शोधों से यह स्पष्ट हुआ है कि एक गोल-मटोल मोटा शारीरिक कद द्वारा उदास एवं बेढंगा (sloppy) व्यक्ति होने का अंदाज लगाया जाता है, कठोर एवं मजबूत मांसपेशीयुक्त शारीरिक कद वाला व्यक्तित्व से उत्तम स्वास्थ्य एवं बुद्धि की कमी का पता चलता है तथा दुबला-पतला इकहरा (angular) शारीरिक कद से बुद्धिमान एवं निर्भिकता (fearfulness) का पता चलता है। इन विभिन्न तरह के शारीरिक

कंदों से सम्बद्ध अध्ययनों में लगभग एक सतत परिणाम (consistent result) यह रहा है कि मोटा शारीरिक कद वाले व्यक्ति के प्रति आकर्षकता सबसे कम होता है। इस तथ्य की सम्पुष्टि हार्रिस, हार्रिस एवं वोकनर (Harris, Harris & Bochner, 1982) तथा लुंडवर्ग एवं शीहन (Lundberg & Sheehan, 1994) द्वारा अपने-अपने अध्ययनों से किया जा चुका है।

व्यक्ति के व्यवहार में प्रेक्षणीय अंतरों (observable differences) से भी आकर्षकता प्रभावित होती है। मॉंटेपेयर तथा जेवरोबिज-मैकअर्थर (Montepare & Zebrowitz-Mc Arthur, 1988) ने अपने अध्ययन के आधार पर यह बतलाया है कि व्यक्ति चाहे जिस उम्र या यौन (sex) का हो जब वह जोरदार एवं सुव्यवस्थित व्यवहार करता है तो उसके प्रति लोगों की आकर्षकता बढ़ जाती है परंतु जब कोई व्यक्ति काफी सहमा-सहमा एवं डरा-डरा सा व्यवहार करता है, तो उसके प्रति आकर्षकता तीव्र हो जाती है। बर्नियर तथा उनके सहयोगियों (Bernier et. al., 1996) के अध्ययन के अनुसार जिस व्यक्ति का व्यवहार सजीव, फुर्तिला एवं जोशपूर्ण होता है, उसके प्रति आकर्षकता अधिक होती है; बेल (Bell, 1995) के अनुसार जो छात्र वर्ग में सक्रिय होकर विचार-विमर्श करते हैं, उनके प्रति लोगों की आकर्षकता अधिक होती है तथा हरेली एवं विनर (Hareli & Weiner, 2000) के अध्ययन के अनुसार जो व्यक्ति विनयशील ढंग से न कि अहंकारी ढंग (arrogantly) व्यवहार करता है, उसके प्रति लोगों की आकर्षकता अधिक होती है।

स्पष्ट हुआ कि अन्तर्वैयक्तिक आकर्षण(interpersonal attraction)का निर्धारण आंतरिक, बाह्य एवं अंतक्रियात्मक तीनों तरह के कारकों द्वारा होता है। इनमें वैयक्तिक कारकों को तुलनात्मक रूप से अधिक महत्त्वपूर्ण माना गया है।

अन्तर्वैयक्तिक आकर्षण के सिद्धांत
(Theroies of Interpersonal Attraction)

अन्तर्वैयक्तिक आकर्षण की व्याख्या करने के लिए समाज मनोवैज्ञानिकों ने कई सिद्धांतों का प्रतिपादन किया है जिसमें निम्नांकित प्रमुख हैं—

1. संतुलन सिद्धांत (Balance theory)
2. पुनर्वलन सिद्धांत (Reinforcement theory)
3. विनिमय सिद्धांत (Exchange theory)
4. समदृष्टि सिद्धांत (Equity theory)
5. पूरक आवश्यकता सिद्धांत (Complimentary Need theory)

इन सिद्धांतों की व्याख्या निम्नांकित हैं—

संतुलन सिद्धांत
(Balance Theory)

संतुलन सिद्धांत का प्रतिपादन न्यूकाम्ब (Newcomb, 1961) द्वारा हाइडर (Heider, 1945, 1958) के विचारों से प्रभावित होकर किया गया। हाइडर का सिद्धांत मनोवृत्ति परिवर्तन (attitude change) का सिदान्त है और न्यूकाम्ब (Newcomb) को अन्तर्वैयक्तिक आकर्षण (interpersonal attraction) की व्याख्या करने की प्रेरणा उन्हीं के सिद्धांत से मिली थी। न्यूकाम्ब (Newcomb) के इस सिद्धांत को ABX सिद्धांत (ABX theory) भी कहा जाता जो एक प्रमुख संज्ञानात्मक सिद्धांत (cognitive theory) है।

न्यूकाम्ब (Newcomb) के अनुसार अन्तर्वैयक्तिक आकर्षण (interpersonal attraction) में तीन प्रमुख तत्त्व होते हैं—A, B तथा X जिसमें A तथा B दो व्यक्ति होते हैं जो X जैसे वस्तु या व्यक्ति के प्रति परस्पर अंतःक्रिया करते हैं। A तथा B अपने अनुभव के आधार पर X के प्रति धनात्मक (positive) या ऋणात्मक (negative) मनोवृत्ति (attitude) विकसित कर लेते हैं जिसके परिणामस्वरूप इन तीनों में संतुलन (balance) या असंतुलन (unbalance) की अवस्था उत्पन्न हो जाती है। जैसे, अगर A तथा B दोनों एक-दूसरे को पसंद करते हैं तथा एक-दूसरे के प्रति आकर्षित होते हैं एवं यदि उनकी मनोवृत्तियाँ (attitudes) X के प्रति समान होतीं हैं, तो इससे संतुलन (balance) की अवस्था

उत्पन्न होती है। परंतु यदि उनकी मनोवत्तयाँ X के प्रति भिन्न होती है, तो इससे असंतुलन (unbalance) की अवस्था होती है। उस परिस्थिति में भी असंतुलन की अवस्था होगी जब A तथा B एक-दूसरे को पसंद हीं करते हैं परंतु X के प्रति समान मनोवृत्ति रखते हैं। इन तीनों अवस्थाओं को अर्थात एक संतुलन तथा दो असंतुलन की अवस्था को चित्र संख्या 25.1 में दिखलाया गया है—

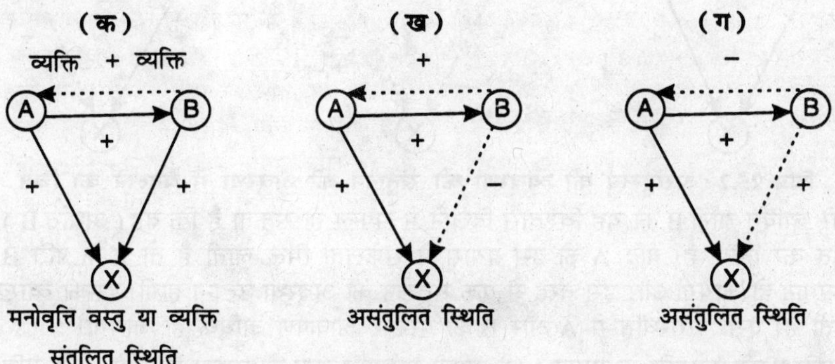

(ठोस रेखा द्वारा X एवं B के प्रति A की मनोवृत्ति तथा टूटी रेखा द्वारा A का वह प्रत्यक्षण (perception) का पता चलता है जिसमें वह अपने प्रति तथा X के प्रति B की मनोवृत्ति को समझता है।)

चित्र 25.1 : संतुलित तथा असंतुलित अवस्थाओं का चित्रण

चित्र से स्पष्ट है कि संतुलन की स्थिति तब बनती है जब A तथा B दोनों ही X के प्रति समान मनोवृत्ति दिखलाता है। (चित्र 25.1 क देखें)। ऐसी अवस्था में अंतःक्रिया होने पर मनोवृत्ति की समानता होने के कारण A तथा B में अन्तर्वैयक्तिक आकर्षण (interpersonal attraction) में बढ़ोत्तरी होगी। असंतुलन की स्थिति तब उत्पन्न होती है जब A तथा B के बीच में अंतः क्रिया हो रही हो एवं दोनों को यह संज्ञान (cognition) हो कि जिस X के प्रति एक की मनोवृत्ति धनात्मक है तो दूसरी की ऋणात्मक है, अर्थात X के प्रति दोनों की मनोवृत्तियों में भिन्नता है चित्र 25.1 ख देखें) । असंतुलन की स्थिति तब भी उत्पन्न हो जाती है जब A तथा B की मनोवृत्तियाँ X के प्रति तो समान होती है परंतु उन दोनों का आपस में एक-दूसरे के प्रति नापसंदगी (disliking) होती है। असंतुलन की इन दोनों ही परिस्थितियों में अन्तर्वैयक्तिक आकर्षण (interpersonal attribution) नहीं के बराबर होगी। न्यूकाम्ब (Newcomb, 1961) के अनुसार इस तरह की असंतुलन (unbalance) की मात्रा (amount) निम्नांकित तीन कारकों के सीधे प्रभावित होती है—

(i) A तथा B के प्रति आकर्षकता (attraction) की मात्रा कितनी है। यह मात्रा अधिक होने से असंतुलन की मात्रा में कमी होने की संभावना होती है।

(ii) X के प्रति A की मनोवृत्ति की तीव्रता (intensity) की स्तर कितनी है।

(iii) X के प्रति A की मनोवृत्ति तथा X के प्रति B की मनोवृत्ति में अंतर कितनी है। यह अंतर जितनी ही अधिक होगी, असंतुलन की मात्रा को अधिक होने की संभावना हो जाती है।

न्यूकाम्ब (Newcomb, 1961) के इस सिद्धांत में असंतुलन की दिशा को संतुलित बनाने के लिए विशेष प्रकार के संबंध आवश्यक होते हैं। स्थिति को संतुलित होने के लिए तीनों में से किसी एक में परिवर्तन अनिवार्य है। इस सिद्धांत में असंतुलन की दिशा को संतुलित करने के चार उपाय बतलाये गये हैं जो निम्नांकित हैं—

(i) अपने संतुलन का समाधान करने के लिए A दूसरे व्यक्ति अर्थात B के प्रति अपनी मनोवृत्ति (attitude) से संबंधित अपने विश्वास में परिवर्तन ला सकता है। वह ऐसा सोच सकता है कि यह उसकी भूल थी कि उसने X के प्रति B की मनोवृत्ति को अपनी मनोवृत्ति से भिन्न समझा (देखें चित्र 25.2 क) इससे असंतुलन की अवस्था संतुलन की अवस्था में बदल जाएगी। इस तरह के समाधान को भ्रम (misperception) भी कहा जाता है।

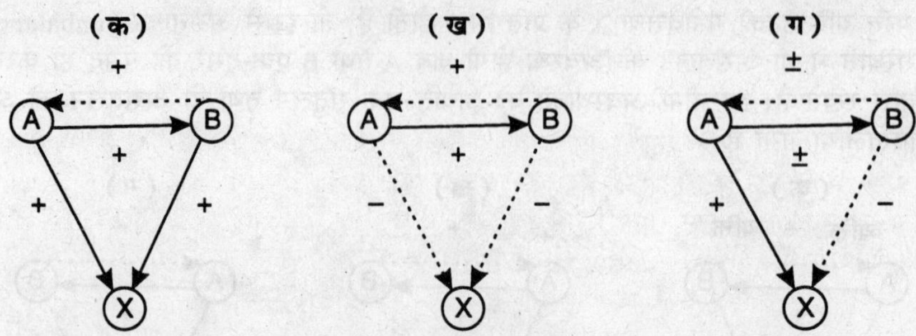

चित्र 25.2 : असंतुलन की व्यवस्था को संतुलन की अवस्था में बदलने का चित्र

(ii) A दूसरे व्यक्ति यानी B को यह विश्वास दिलाने में सफल हो सकता है कि वह (अर्थात B) X के प्रति गलत मनोवृत्ति विकसित कर लिया है। यदि A को इस प्रयास में सफलता मिल जाती है तो X के प्रति B की मनोवृत्ति A की मनोवृत्ति के समान हो जायेगी और इस तरह से एक संतुलन की अवस्था उत्पन्न होगी। इसकी व्याख्या भी चित्र 25.2 क से ही हो जाती है। ऐसी परिस्थिति में A और B का परस्पर आकर्षण अधिक हो जायेगा।

(iii) X के प्रति B की मनोवृत्ति के समान A भी अपनी मनोवृत्ति बना ले सकता है। जैसे, X के प्रति B की ऋणात्मक मनोवृत्ति के समान A भी X के प्रति ऋणात्मक मनोवृत्ति करके एक संतुलित अवस्था उत्पन्न कर सकता है। उससे इन दोनों के बीच परस्पर आकर्षकता में वृद्धि हो जायेगी। इसे चित्र 25.2 ख में दिखलाया गया है।

(iv) A अपना आकर्षण B के प्रति कम कर ले सकता है और यह भी विश्वास कर ले सकता है कि B का आकर्षण भी उसके प्रति बहुत कम है। इससे भी असंतुलन (unbalance) की अवस्था संतुलन की अवस्था में बदल जायेगी। इसमें दोनों ही व्यक्ति X के प्रति अपनी मनोवृत्ति में कोई परिवर्तन नहीं ला पाते हैं। इसे चित्र 25.2 ग में दिखलाया गया है। ऐसी परिस्थिति में A तथा B में अन्तर्वैयक्तिक आकर्षण विकर्षण में बदल जाता है।

न्यूकाम्ब के इस सिद्धांत का दूसरा महत्त्वपूर्ण संप्रत्यय (concept) है—मनोवृत्ति वस्तु (attitude object) का महत्त्व (importance) तथा सामान्य प्रासंगिकता (common relevance) क्योंकि इन दोनों से अन्तर्वैयक्तिक आकर्षण (interpersonal attraction) प्रभावित होता है। मनोवृत्ति वस्तु (attitude object) के महत्त्व (importance) से तात्पर्य इस वस्तु के प्रति दोनों व्यक्तियों (अर्थात A एवं B) के भाव (feeling) की मात्रा, विश्वास की तीव्रता तथा निहित व्यवहार की मात्रा से होता है। प्रासंगिकता (relevance) से तात्पर्य दोनों व्यक्तियों के उस संज्ञान (cognition) से होता है जिसमें उस मनोवृत्ति द्वारा दोनों के जीवन को प्रभावित करने की क्षमता का आभास या प्रत्यक्षण होता है। ऐसी मनोवृत्तियाँ (attitudes) जितनी ही अधिक महत्त्वपूर्ण होगी और दोनों के लिए वे सामान्य रूप से प्रासंगिक (relevance) होगी, उनसे उत्पन्न संतुलन उतना ही मधुर एवं प्रबल होगा। ऐसी महत्त्वपूर्ण एवं प्रासंगिक मनोवृत्तियों में समानता होने पर A तथा B के बीच आकर्षण अधिक होगा किन्तु भिन्नता होने पर प्रबल विकर्षण अधिक होगा।

न्यूकाम्ब के इस सिद्धांत द्वारा समानता निर्धारित अन्तर्वैयक्तिक आकर्षण की व्याख्या संतोषप्रद ढंग से हो जाती है। इस सिद्धांत के अनुसार जो लोग किसी महत्त्वपूर्ण एवं सामान्य रूप से प्रासंगिक वस्तु की ओर से समान मनोवत्तियाँ (चाहे सकारात्मक हो या नकारात्मक हो) रखते हैं, उनके बीच आकर्षण अधिक होता है। इस तथ्य की पुष्टि न्यूकाम्ब (Newcomb, 1956) ने एक अध्ययन से किया है जिसमें एक ही मकान में कुछ अजनबी (stranger) छात्रों को 16 सप्ताह तक रखा गय।। विभिन्न वस्तुओं के प्रति उनकी मनोवृत्तियों (attitudes) एवं उनमें परस्पर विकसित आकर्षण को समय-समय पर मापा गया। यह देखा गया कि जिन छात्रों की मनोवृत्तियाँ एक-दूसरे के समान थीं, उनमें अन्तर्वैयक्तिक आकर्षण (interpersonal attraction) अधिक पाया गया। इन निष्कर्ष में न्यूकाम्ब के सिद्धांत के पूर्वानुमान (prediction) की संपुष्टि होती है।

कुछ ऐसे ही अध्ययन हुए हैं जिसमें यह पाया गया है कि दो व्यक्तियों में अन्तर्वैयक्तिक आकर्षण अधिक था जब उसमें से एक व्यक्ति दूसरे व्यक्ति को वैसा ही समझता है जैसा कि पहला व्यक्ति अपने आपको समझता है। डोहर्टी तथा सकेर्ड (Dogerty & Secord, 1971) ने आत्म-वर्णन (self-description) तथा अन्तर्वैयक्तिक आकर्षण के इस

संबंध की पुष्टि अपने अध्ययन के आधार पर किया है। इससे भी न्यूकाम्ब के समानाता आधारित अन्तर्वैयक्तिक आकर्षण (interpersonal attraction) के संबंधों की पुष्टि होती है।

न्यूकाम्ब के इस संतुलन सिद्धांत की कुछ परिसीमाएँ (limittions) भी हैं जो निम्नांकित हैं—

(i) न्यूकाम्ब के इस सिद्धांत के अनुसार महत्त्वपूर्ण मनोवृत्तियों में समानता होने पर आकर्षण उत्पन्न होता है परंतु कुंछ परिस्थितियाँ ऐसी हो सकतीं हैं जहाँ दो व्यक्तियों के महत्त्वपूर्ण मनोवृत्तियों में समानता होने पर आकर्षण के जगह पर विकर्षण उत्पन्न हो सकता है। जैसे, मान लिया जाए कि एक सुंदर लड़की के प्रति मोहन एवं सोहन दोनों प्रबल प्रकार की धनात्मक मनोवृत्तियाँ (positive attitudes) रखते हैं। न्यूकाम्ब के संतुलन सिद्धांत के अनुसार मोहन एवं सोहन के बीच धनात्मक संबंध होना चाहिए और अंतर्वैयक्तिक आकर्षण बढ़ना चाहिए। परंतु यह आसानी से अनुमान लगाया जा सकता है कि ऐसी परिस्थिति में मोहन तथा सोहन के बीच आकर्षण नहीं बल्कि विकर्षण होगा क्योंकि दोनों ही एक-दूसरे को प्रतिद्वन्द्वी (competitors) मानकर अंतःक्रिया करेंगे।

(ii) डेभोल(Devaol, 1959)ने अपने अध्ययन में पाया कि न्यूकाम्ब का यह सिद्धांत पसंदगी(liking)की व्याख्या करने में जितना ही सफल है, नापसंदगी (disliking) की व्याख्या करने में उनती ही असफल है। समाजमितीय विधि द्वारा किये गये अध्ययन में यह स्पष्ट रूप से पाया गया कि प्रयोज्यों के नकारात्मक भावों (negative feelings) वाली परिस्थितियों में संतुलन प्रवृत्ति भिन्न थी।

(iii) न्यूकाम्ब के इस सिद्धांत द्वारा उन परिस्थितियों में अन्तर्वैयक्तिक आकर्षण की व्याख्या सफलतापूर्वक हो पाती है जिनमें सदस्यों के बीच सामाजिक-सांवेगिक संबंधों (social-emotional relationship) की प्रधानता होती है। उन परिस्थितियों में अन्तर्वैयक्तिक आकर्षण (interpersonal attraction) की व्याख्या नहीं हो पाती है जिनके सदस्यों के बीच कार्योन्मुखी संबंध(task-oriented relationship)होता है। मोरान(Moran, 1966)तथा लेस्टर(Lester, 1965) ने अपने-अपने अध्ययनों से इस तथ्य की संपुष्टि की है।

(iv) न्यूकाम्ब का यह सिद्धांत अन्तर्वैयक्तिक आकर्षण के प्रथम चरण की व्याख्या करने में अधिक सफल है परंतु उत्तरकालीन चरणों में हुए आकर्षण की व्याख्या ठीक ढंग से यह नहीं कर पाता है।

इन परिसीमाओं के बावजूद न्यूकाम्ब का सन्तुलन सिद्धांत अन्तर्वैयक्तिक आकर्षण (interpersonal attraction) की व्याख्या संतोषजनक ढंग से कर सकने में सक्षम है, क्योंकि इस तरह की व्याख्या का आधार मूलतः मनोवृत्ति में समानता एवं प्रासंगिकता (relevance) है।

पुनर्बलन सिद्धांत
(Reinforcement Theories)

अन्तर्वैयक्तिक आर्कषण (interpersonal attraction) के पुनर्बलन सिद्धांतों की ऐतिहासिक उत्पत्ति सीखने के सिद्धांतों (learining theories) से हुई है तथा इन सिद्धांत के समर्थकों का कहना है कि अन्तर्वैयक्तिक पसंदगी (interpersonal likes) तथा नापसंदगी (dislikes) एक तरह की सीखी गयी अनुक्रिया होती है। परस्पर आकर्षण की व्याख्या करने के लिए ऐसे तो कई पुनर्बलन सिद्धांत हैं, परंतु उनमें निम्नांकित दो अधिक महत्त्वपूर्ण बतलाया गया है—

1. अन्तर्वैयक्तिक आकर्षण का गौण पुनर्बलन सिद्धान्त(Secondary reinformcement theory of Interpersonal attraction)
2. पुनर्बलन अन्तःभाव सिद्धान्त (Reinforcement affect theory)

इन सिद्धान्तों की व्याख्या निम्नांकित है—

1. अन्तर्वयक्तिक आकर्षण का गौण पुनर्बलन सिद्धांत *(Secondary reinfocement theory of Interpersonal attraction)*—इस सिद्धांत का प्रतिपादन अल्वर्ट लाट्ट (Albert Lott) तथा वार्निस लाट्ट (Bernice Lott) जो पति-पत्नी थे, द्वारा 1974 में किया गया। इस सिद्धांत में अर्न्वैयक्तिक आकर्षण की व्याख्या गौण पुनर्बलन (secondary reinforcement) के आधार पर किया है। पुनर्बलन नियम (reinforcement principle) के अनुसार जब व्यक्ति को किसी व्यक्ति से पुरस्कार प्राप्त होता है तो पुरस्कार पाने वाले व्यक्ति पुरस्कार दाता के प्रति आकर्षित हो जाता है। मानव

के संदर्भ में पुरस्कार से तात्पर्य आदर, सम्मान, धन, सामग्री, सेवा या श्रम संबंधी सहायता, प्रेम, स्नेह आदि से होता है। पुनर्बलन प्राथमिक (primary) भी हो सकता है तथा गौण (secondary) भी। प्राथमिक पुनर्बलन से व्यक्ति की जैविक शारीरिक आवश्यकताओं की तुष्टि सीधे होती है। पुनर्बलन (reinforcement) गौण (secondary) भी होता है जिसमें प्राथमिक पुनर्बलन के समय उपस्थित व्यक्ति या वस्तु के प्रति वे सारी अनुक्रियाएँ (responses) अनुबंधित (conditioned) हो जातीं हैं जो प्राथमिक पुनर्बलन के प्रति होतीं थीं।

लाट्ट तथा लाट्ट (Lott and Lott, 1974) का मत है कि प्राथमिक पुनर्बलन (primary reinforcement) के समय घटित होने वाली अनुक्रियाएँ जैसे किसी व्यक्ति द्वारा मुस्कुरा देना, शाबासी देना, आदि-आदि उस समय उपस्थित व्यक्ति के प्रति अनुबंधित हो जाती है। इस तरह से बार-बार अनुक्रिया पुनर्बलित होते समय जो व्यक्ति मौजूद रहता है, वह स्वयं धीरे-धीरे प्रबलकारी बन जाता है और पुरस्कार प्राप्त करने वाला व्यक्ति उसकी ओर आकर्षित हो जाता है। उसके विपरीत यदि कोई व्यक्ति अन्य व्यक्तियों की उपस्थिति में दण्ड पाता है, तो उसकी विकर्षणात्मक अनुक्रियाएँ उन अन्य व्यक्तियों के प्रति भी अनुबंधित (conditioned) हो जाती है जो अक्सर उस दण्डात्मक परिस्थिति में उपस्थित रहते हैं।

स्पष्ट हुआ कि अन्तर्वैयक्तिक आकर्षण गौण पुनर्बलन या प्रबलन (secondary reinforcement) पर आधारित अनुबंधित अनुक्रिया (conditional response) होती है। लाट्ट ने इस सिद्धांत के समर्थन में किये गये प्रयोगों के आधार पर यह भी बतलाया है कि तात्कालिक पुनर्बलन (immediate reinforcement) के बाद अधिक आकर्षण तथा विलंबित पुनर्बलन (delayed reinfrocement) के बाद कम आकर्षण होता है। लाट्ट तथा लाट्ट के इस सिद्धांत के समर्थन में कई अध्ययन किये गये हैं जिसमें ग्रिफिट तथा पीटर (Griphitt & Peter, 1961) का अध्ययन विशेष रूप से उल्लेखनीय है। इस अध्ययन में प्रयोज्यों (subfects) के एक समूह का मूल्यांकन (evaluation) एक निरीक्षणकर्त्ता (observer) से करवाया गया। मूल्यांकन करते समय निरीक्षणकर्त्ता के बगल में एक तटस्थ आदमी (neutral person) जो प्रयोगकर्त्ता का ही सहयोगी था, उपस्थित था। निरीक्षणकर्त्ता ने कुछ प्रयोज्यों का मूल्यांकन (evaluation) धनात्मक ढंग से (positively) किया तथा कुछ प्रयोज्यों का मूल्यांकन ऋणात्मक ढंग से (negatively) किया। बाद में निरीक्षकणकर्त्ता तथा तटस्थ व्यक्ति दोनों के प्रति आकर्षता (attractiveness) का मूल्यांकन (evaluation) प्रयोज्यों द्वारा करवाया गया। परिणाम में देखा गया कि धनात्मक मूल्यांकन पाने वाले प्रयोज्यों ने निरीक्षणकर्त्ता तथा तटस्थ व्यक्ति दोनों को ही अधिक आकर्षकता सूचक अंक प्रदान किये, परंतु ऋणात्मक मूल्यांकन पाने वाले प्रयोज्यों ने दोनों को ही काफी कम ऐसे अंक प्रदान किये। बाद में ग्रिफीट एवं गुवा (Griphitt & Guwa, 1969) ने भी अपने अध्ययन में इस तथ्य की पुष्टि की है। इनके अध्ययन में यह पाया गया कि धनात्मक मूल्यांकन पाने वाले प्रयोज्यों ने निरीक्षणकर्त्ता तथा तटस्थ व्यक्ति दोनों को ही समान रूप से आकर्षक बतलाया। सचमुच में उनकी आकर्षकता की मात्रा में कोई अंतर नहीं था। उसके विपरीत ऋणात्मक मूल्यांकन पाने वाले प्रयोज्यों ने दण्ड देने वाले व्यक्ति की तुलना में तटस्थ व्यक्ति को अधिक अनाकर्षक बतलाया। इन अध्ययनों के परिणामों से मूल्यांकन पुनर्बलन (evaluation reinfrocement) के आधार पर आकर्षण तथा विकर्षण के अनुबंधन (conditioning) संबंधी प्राक्कल्पना (hypothesis) को बल मिलता है।

लाट्ट तथा लाट्ट (Lott and Lott) के इस सिद्धांत की व्याख्या में यद्यपि आकर्षकता (attractiveness) की व्याख्या काफी सरल ढंग से पुनर्बलन (reinforcement) पर आधारित अनुबंधन (conditioning) द्वारा हो जाती है, फिर भी यह कहा गया है कि इसके लिए पुनर्बलन जैसे व्यवहारवादी संप्रत्यय(behavioural concept) की कोई खास आवश्यकता नहीं थी (जैसा कि लाट्ट तथा लाट्ट ने अपने सिद्धांत में प्रस्तुत किया है)। यह भी कहा जाता है कि इस सिद्धांत के समर्थन में किये गये प्रयोगों में प्रयोज्यों ने तटस्थ व्यक्तियों के प्रति आकर्षण का संभवतः प्रदर्शन इसलिए किया हो कि उन्होंने तटस्थ व्यक्ति को अपने इस तरह के मूल्यांकन के लिए मात्र औपचारिक मान लिया हो। इन साधारण आलोचनाओं से सचमुच में सिद्धांत को कोई विशेष ठेस नहीं पहुँचती है। इस सिद्धांत की वैधता आज भी कई मनोवैज्ञानिकों को अपनी ओर आकर्षित किये हुए हैं।

2. पुनर्बलन अंत:भाव सिद्धांत *(Reinforcement affect theory)*—इस सिद्धांत का प्रतिपादन वर्न तथा क्लोर (Byrne & Clore, 1970) द्वारा किया गया जिसकी समीक्षा कर क्लोर तथा वर्न (Clore & Byrne, 1974) ने वर्तमान संशोधित रूप में इसे तैयार किया। इस सिद्धांत के अनुसार भी अन्तर्वैयक्तिक आकर्षकता (interpersonal attraction) का कारण पुनर्बलन (reinforcement) है। इस सिद्धांत के अनुसार हमलोग किसी अन्य व्यक्ति का मूल्यांकन (evaluation) अपने धनात्मक भावों या ऋणात्मक भावों (feelings) के आधार पर करते हैं। जब हममें धनात्मक भाव

(positive feeling) उत्पन्न होता है, जो स्पष्टतः तब होता है, जब हमें किसी प्रकार का पुरस्कार अन्य व्यक्तियों से मिलता है, तो उसके प्रति हमारी आकर्षकता (attractiveness) बढ़ जाती है तथा जब हममें ऋणात्मक भाव (negative feeling) उत्पन्न होता है जो किसी अन्य व्यक्ति द्वारा दण्ड मिलने से होता है तो उसके प्रति हमारी अनाकर्षकता (unattractiveness) उत्पन्न हो जाती है। इस सिद्धांत के चार नियम (principles) बतलाये गये हैं जो निम्नांकित हैं—

(1) अधिकतर उद्दीपक जिनके सम्पर्क में हम आते हैं, को दो भागों में बाँटा जा सकता है, पुरस्कार-प्रदायी उद्दीपक (rewarding stimulus) तथा दण्डात्मक-उद्दीपक (punishing stimulus) । व्यक्ति पुरस्कार-प्रदायी उद्दीपक के साथ निकट संपर्क में रहना चाहता है तथा दण्डात्मक उद्दीपन से दूर रहना चाहता है।

(2) पुरस्कार-प्रदायी उद्दीपक व्यक्ति में सुखद अंतःभाव (pleasant affect) या धनात्मक भाव (positive feeling) तथा पीड़ात्मक या दंडात्मक उद्दीपन व्यक्ति में दुखद अंतःभाव (unpleasant affect) या ऋणात्मक भाव (negative feeling) उत्पन्न करता है। सभी ऐसे भावात्मक अनुक्रियाएँ (affective respones) एक सांतत्यक (continuum) पर अत्यंत धनात्मक से अत्यंत ऋणात्मक की दिशा में सुव्यवस्थित (arrange) होते हैं।

(3) किसी भी उद्दीपक का अच्छे या बुरे में मूल्यांकन (evaluation) किया जाये यह इस बात पर आधारित होता है कि उससे व्यक्ति में ऋणात्मक भाव या धनात्मक भाव उत्पन्न हो रहे हैं। व्यक्ति में उत्पन्न ऐसे भावों की शक्ति की अभिव्यक्ति (expression) उसके धनात्मक तथा ऋणात्मक मूल्यांकनों (evaluation) से होता है। इसका परिणाम यह होता है कि व्यक्ति अपनी पसन्दगी (liking) तथा नापसन्दगी (disliking) को एक क्रम (sequence) में व्यक्त कर पाने में समर्थ हो पाता है।

(4) साधारण अनुबंधन (simple conditioning) के नियमानुसार कोई भी तटस्थ उद्दीपक साहचर्यित (neutral stimulus) जब किसी पुरस्कार-प्रदायी उद्दीपक या दण्डात्मक उद्दीपक (punishing stimulus) के साथ सहचारित होता है तो उस तटस्थ उद्दीपक में क्रमशः धनात्मक भाव या ऋणात्मक भाव उत्पन्न करने की क्षमता उत्पन्न हो जाती है। परिणामतः हम उसे पसंद या नापसन्द करते हैं। धनात्मक भाव की स्थिति में हम उसे पसंद करते हैं तथा ऋणात्मक भाव की स्थिति में हम उसे नापसन्द करते हैं।

इन नियमों के आधार पर एक महत्त्वपूर्ण निष्कर्ष यह निकलता है कि यह कोई आवश्यक नहीं है कि आकर्षण उत्पन्न करने के लिए व्यक्ति स्वयं पुरस्कार दे या विकर्षण उत्पन्न करने के लिए वह स्वयं दण्ड दें। सच्चाई यह है कि पुरस्कार उत्पन्न करने वाले उद्दीपक के साथ मात्र साहचर्य रखने से ही व्यक्ति के साथ सुखद अंतःभाव (pleasant afect) जुड़ जाते हैं और पुरस्कृत व्यक्ति उस व्यक्ति के प्रति आकर्षित हो जाता है। ठीक उसी तरह दण्ड देने वाले उद्दीपक के साथ साहचर्य रखने से ही व्यक्ति के साथ सुखद अंतःभाव (pleasant affect) जुड़ जाते हैं और पुरस्कृत व्यक्ति उस व्यक्ति के प्रति आकर्षित हो जाता है। ठीक उसी तरह दण्ड देने वाले उद्दीपक के साथ साहचर्य रखने मात्र से ही व्यक्ति के साथ दुःखद अंतःभाव जुड़ जाते हैं और दण्डित व्यक्ति उसकी ओर से विकर्षित हो जाता है। कुछ प्रयोगात्मक अध्ययनों मे इन तथ्यों की संपुष्टि की गयी है। जैसे—में एवं हेमिल्टन (May & Hamilton, 1974) ने अपने अध्ययन में यह दिखलाया है कि महिलाओं ने अपने प्रिय संगीत से संबंधित पुरुषों का अत्यन्त धनात्मक मूल्यांकन किया एवं अप्रिय संगीत से सम्बन्धित पुरुषों के साथ अल्पतम मात्रा में धनात्मक मूल्यांकन किया। इसका मतलब यह हुआ कि पहली परिस्थिति में अधिक आकर्षण दिखलायी गयी तथा दूसरी परिस्थिति में कम आकर्षण दिखलायी। ग्रिफिट तथा ह्वाईट (Griphitt & White, 1971) ने अपने अध्ययन में उपर्युक्त तथ्य की पुष्टि की है। इनके अध्ययन में कुछ प्रयोज्यों को एक ऐसे कमरे में कुछ काम करने के लिए कहा गया जहाँ तापक्रम अधिक था तथा उस कमरे में बहुत लोगों की भीड़ थी। अतः यह एक दुःखद भाव उत्पन्न करने वाली परिस्थिति थी। कुछ प्रयोज्यों का एक सामान्य तापक्रम वाले एवं आरामदेह कमरे में बैठकर वैसा ही कार्य करने के लिए कहा। अतः यह एक सुखद भाव उत्पन्न करने वाली परिस्थिति थी। जब दोनों तरह के कमरों में कार्य जारी था, तो प्रयोगकर्त्ता के एक गुप्त सहयोगी जो प्रयोज्यों के लिए अपरिचित था, ने एक मनोवृत्ति प्रश्नावली भरवायी। बाद में दोनों कमरों के प्रयोज्यों से उस अपरिचित व्यक्ति के प्रति उनलोगों की आकर्षकता का मूल्यांकन करवाया गया। परिणाम में यह देखा गया कि दुःखद भाव उत्पन्न करने वाली परिस्थिति में काम करने वाले प्रयोज्यों (subjects) ने अपरिचित को कम आकर्षक तथा सुखद भाव उत्पन्न करने वाली परिस्थिति में काम करने वाले प्रयोज्यों ने अपरिचित को अधिक आकर्षक बतलाया। अभी बिलकुल हाल में ही ग्रिफिट तथा बैकमैन (Griphitt & Backman, 1992) ने भी अपने प्रयोग के आधार पर उपर्युक्त तथ्यों की संपुष्टि की है। उपर्युक्त सभी प्रयोगों के परिणाम से पुनर्बलन अंतःभाव सिद्धांत (reinforcement affect theory) की व्याख्या की पुष्टि होती है।

यद्यपि पुनर्बलन अंतःभाव (reinforcement affect therory) की व्याख्या की पुष्टि कई अध्ययनों में हुई है, फिर भी कुछ ऐसे अध्ययन हुए हैं जिनसे इस सिद्धांत की परिसीमा (limitation) पर भी प्रकाश पड़ता है। जैसे—इस सिद्धांत के अनुसार दुःखद परिस्थिति में किसी तटस्थ व्यक्ति का साहचर्य प्रयोज्य को अनाकर्षक बल देता है परंतु केनरिक तथा जॉनसन (Kanrick & Johnson, 1980) ने अपने प्रयोग में इस तथ्य के विपरीत तथ्य को दिखलाया है। इनके प्रयोग में प्रयोज्यों को एक ऐसी परिस्थिति में रखा गया जिसमें रह-रहकर अरुचिकर एवं दुखदायी ध्वनि उत्पन्न की जाती थी। अंत में, प्रयोज्यों ने एक-दूसरे के प्रति अपनी आकर्षकता का इजहार किया जिसमें पाया गया कि उनमें एक-दूसरे के प्रति आकर्षकता बढ़ गयी थी भले ही सभी प्रयोज्यों ने उस अनुभव को काफी अप्रिय बतलाया। दिन-प्रतिदिन के अनुभव भी इसके साक्षी है कि कभी-कभी दुःख में सामाजिकता व्यक्तियों में इतना अधिक आकर्षण उत्पन्न कर देता है कि उनमें एक स्थायी मैत्री संबंध बन जाता है।

इस हल्की-फुल्की आलोचना से पुनर्बलन अंतःभाव सिद्धांत (reinforcement affect theory) में कुछ और निखार बढ़ जाता है जिसके कारण इस सिद्धांत के संप्रत्यय कई मनोवैज्ञानिकों के लिए शोध का नया आकर्षण आज भी बना हुआ है।

विनिमय सिद्धांत (Exchange Theory)

अन्तर्वैयक्तिक आकर्षण (interpersonal attraction) की व्याख्या करने के लिए विनिमय सिद्धांत का प्रतिपादन कई मनोवैज्ञानिकों के संयुक्त योगदान से हुआ है। इन मनोवैज्ञानिकों में थिवोट तथा केली (Thiabaut & Kelly, 1959), होमांस (Homans, 1961), ब्लाऊ (Blau, 1964) का योगदान महत्त्वपूर्ण है। विनिमय सिद्धांत में अन्तर्वैयक्तिक आकर्षण की व्याख्या करने के लिए पुरस्कार (reward) तथा लागत या व्यय (cost) जैसे पुनर्बलन संप्रत्ययों (reinforcement concepts) का प्रयोग किया जाता है, फिर भी यह सिद्धांत अन्तर्वैयक्तिक आकर्षण के पुनर्बलन सिद्धांत (reinfrcement theory) से भिन्न है क्योंकि विनियम सिद्धांत में व्यक्तियों के सम्बन्धों (relations) पर अधिक बल डाला जाता है न कि स्वयं व्यक्ति पर (जैसा कि पुनर्बलन सिद्धांत में होता है।)

विनिमय सिद्धांत द्वारा अन्तर्वैयक्तिक आकर्षण में निम्नांकित चार प्रमुख सम्प्रत्ययों (concepts) का प्रयोग किया जाता है—

1. पुरस्कार (reward), 2. व्यय या लागत (cost), 3. परिणाम (outcome) 4. तुलना स्तर (comparison level)

1. पुरस्कार *(reward)*—किसी व्यक्ति का ऐसा व्यवहार जिससे दूसरे व्यक्ति की आवश्यकता की तुष्टि होती है, वह व्यवहार दूसरे व्यक्ति के लिए पुरस्कार (reward) कहलायेगा। इसमें उन व्यवहारों को भी सम्मिलित किया जाता है जिससे व्यक्ति को अपने प्रति या दूसरे के प्रति मनोवृत्ति का वैधीकरण (validation) होता है तथा असंवादिता (dissonance) का समाधान होता है या नकारात्मक अन्तर्नोद (negative drive) में कमी होती है।

2. व्यय या लागत *(cost)*—व्यय एक ऐसी अनुक्रिया है जो दण्ड (punishment) या दण्ड के तुल्य होता है। जब व्यक्ति किसी ऐसे व्यवहार या अनुक्रिया को करता है जिससे उनमें चिन्ता या थकान (fatigue) उत्पन्न होता है, तो उसमें भी व्यय (cost) सम्मिलित किया जाता है। होमान्स (Homans, 1961) के अनुसार जब व्यक्ति कोई ऐसा व्यवहार करता है, जिससे उसे मिलने वाला पुरस्कार (reward) में कमी हो जाती है, तो इसे भी व्यय की श्रेणी में ही रखा जाता है।

3. परिणाम *(outcome)*—पुरस्कार में से व्यय को घटा देने के बाद जो कुछ बच जाता है, उसे परिणाम (outcome) कहा जाता है। यह धनात्मक (positive) भी हो सकता हैं या फिर नकारात्मक (negative) भी हो सकता है। जब पुरस्कार की मात्रा लागत की मात्रा से अधिक होती है, तो व्यक्ति को लाभ होता है और इसे धनात्मक परिणाम (positive outcome) की संज्ञा दी जाती है। परन्तु जब पुरस्कार की मात्रा लागत की मात्रा से कम होती है तो व्यक्ति को हानि होती है और इसे ऋणात्मक परिणाम (negative outcome) की संज्ञा दी जाती है। किसी व्यक्ति के साथ अंतःक्रिया (interaction) करने पर यदि उसे लाभ होता है (धनात्मक परिणाम) तो यह आवश्यक नहीं है कि वह उस दूसरे व्यक्ति को पसंद (like) करेगा ही या उसके प्रति आकर्षित (attraction) होगा ही। सचमुच में आकर्षण (attraction) उत्पन्न होने के

लिए आवश्यक है कि व्यक्ति को होने वाला लाभ उसके न्यूनतम प्रत्याशा स्तर (minimum level of expectation) से ऊँचा हो।

4. तुलना स्तर *(Comparison level)*—तुलना स्तर से तात्पर्य उस न्यूनतम प्रत्याशा स्तर (expectation level) से होता है जिसके अनुरूप एक व्यक्ति दूसरे व्यक्ति के साथ अंतःक्रिया (interaction) करने पर लाभ की उम्मीद (धनात्मक परिणाम) करता है। किसी व्यक्ति को अन्य व्यक्ति के साथ अंतःक्रिया (interaction) करने में लाभ का स्तर तुलना स्तर में जिनता ही अधिक ऊपर होगा, वह व्यक्ति दूसरे व्यक्ति के प्रति उतना ही अधिक आकर्षित होगा। तुलना स्तर की विशेषता यह है कि यह भिन्न-भिन्न व्यक्तियों में भिन्न-भिन्न हुआ करता है क्योंकि इस पर व्यक्ति का पूर्वाग्रह (prejudice), गत अनुभूतियों (past experiences) तथा अन्य विकल्पी संबंधों के रूप में उपस्थित परिणामों (outcome) का प्रभाव पड़ता है। इतना ही नहीं, उपशा (Upshaw, 1967) ने अपने अध्ययन के आधार पर यह भी दिखलाया है कि तुलना स्तर (comparison level) में वैयक्तिक विभिन्नता (individual differences) का कारण पुरस्कार (reward) तथा लागत (cost) के प्रति उन्मुखता में अंतर होता है। कुछ लोगों में पुरस्कार की ओर उन्मुखता अधिक होती है तथा कुछ लोगों में व्यय (cost) की ओर उन्मुखता अधिक होती है।

समाज मनोवैज्ञानिकों द्वारा किये गये अध्ययन से यह स्पष्ट हुआ है कि पुरस्कार तथा व्यय में तथा तुलना स्तर (comparison level) में कई कारणों से परिवर्तन होते रहते हैं। व्यक्ति के पुरस्कार तथा व्यय में परिवर्तन होने से उसके परिणाम (outcome) में भी परिवर्तन हो जाते हैं तथा सेकर्ड तथा बैकमैन (Secord & Backman, 1974) के अनुसार व्यक्ति में पुरस्कार तथा व्यय में परिवर्तन के निम्नांकित पाँच स्रोत होते हैं—

(1) गत विनिमय (past exchange) के परिणामस्वरूप व्यक्ति द्वारा अनुभव किये गये पुरस्कार तथा व्यय में परिवर्तन हो सकता है। दूसरे शब्दों में व्यक्ति के परिणाम (outcome) में परिवर्तन हो सकता है। उदाहरणास्वरूप जैसे-जैसे परस्पर अंतःक्रिया करने वाले व्यक्तियों की आवश्यकताओं की संतुष्टि होती जाती है वैसे-वैसे पुरस्कार का महत्त्व कम होता जाता है। इस तरह की परिस्थिति अधिक समय तक बने रहने पर व्यय (cost) के बढ़ने की सम्भावना तीव्र हो जाती है। अंततः ऐसी परिस्थिति में व्यक्ति का एक-दूसरे के प्रति आकर्षकता (attractiveness) में कमी आ जायेगी।

(2) परस्पर अंतः क्रिया करने वाले व्यक्तियों की विशेषताओं (characteristics) में परिवर्तन होने से भी पुरस्कार एवं व्यय में परिवर्तन हो सकता है। व्यक्तियों की मनोवृत्तियों, मूल्यों (values), मतों एवं आत्मधारणाओं (self conceptions) में परिवर्तन होने से पुरस्कार तथा व्यय में परिवर्तन होने की सम्भावना तीव्र हो जाती है। जैसे—यदि A तथा B दोनों मिलकर एक नया लक्ष्य (new goal) विकसित कर लेते हैं और इन दोनों के प्रति उनकी मनोवृत्तियाँ एक समान होतीं हैं, तो इससे दोनों में आकर्षण (attraction) में वृद्धि हो जायेगी क्योंकि इनके द्वारा अनुभव किया गया पुरस्कार तथा व्यय अब पहले से परिवर्द्धित होगा। नये लक्ष्य के विकसित होने से ऐसा भी हो सकता है कि किसी एक व्यक्ति का व्यवहार जिसका पहले पुरस्कार मूल्य (reward value) अभी की तुलना में अधिक था या जिसका मूल्य (cost value) अभी की तुलना में पहले कम था, में परिवर्तन हो जाये। ऐसी परिस्थिति में इन दोनों के बीच परस्पर आकर्षण में कमी आ जायेगी।

(3) जब बाह्य परिस्थिति में इस ढंग का परिवर्तन हो जाता है कि परस्पर अंतःक्रिया कर रहे व्यक्तियों के लिए नये पुरस्कार-व्यय मूल्य विकसित हो जाता है, तो ऐसी परिस्थिति में भी पुरस्कार-व्यय में परिवर्तन स्वाभाविक रूप से हो जाता है। जैसे—यदि परिस्थिति ऐसी हो जातीं हैं कि जिसमें किसी विशेषज्ञ (expert) के विचार को जानना आवश्यक हो जाता है, तो यहाँ अचानक उस विशेषज्ञ के प्रति आकर्षकता (attractiveness) में वृद्धि हो जाती है और अब उनकी सेवाओं एवं सुझावों का महत्त्व (पुरस्कार) बढ़ जाता है तथा उस सेवा या सुझाव को ग्रहण करने में लगा समय, थकान (व्यय) आदि घट जाता है। इस तरह से पुरस्कार-व्यय में परिवर्तन आ जाता है।

(4) पुरस्कार-व्यय में परिवर्तन का चौथा स्रोत अंतःक्रिया करने वाले व्यक्तियों के आपसी संबंध (relation) में निहित होता है। यदि किसी अमुक अंतःक्रिया से A को B से लाभ हो रहा है, तो वह अर्थात A उस लाभ को अधिक बढ़ाने के ख्याल से अंतःक्रिया करेगा और इस तरह से पुरस्कार में परिवर्तन लायेगा। उसी ढंग से यदि किसी अंतःक्रिया से A को B से हानि हो रहा है तो वैसी परिस्थिति में B कोशिश करेगा कि A को हानि होता रहे और A दूसरे तरफ यह कोशिश करेगा कि उसे हानि न हो। इन दोनों तरह के प्रयासों का क्रम (sequence) जारी रहेगा।

(5) जब परस्पर अंतःक्रिया कर रहे व्यक्तियों का संबंध कुछ ऐसे व्यवहारों (behaviours) से हो जाता है जिसका

पुरस्कार-व्यय मूल्य (reward-cost values) पहले के व्यवहारों के पुरस्कार-मूल्य से भिन्न होता है तो इससे भी पुरस्कार व्यय में परिवर्तन हो जाता है।

थिबौट तथा केली (Thibaut & Kelley, 1959) ने अपने अध्ययन के आधार पर यह भी बतलाया है कि जब व्यक्ति के तुलना-स्तर (comparison level) में यथार्थपूर्ण परिवर्तन आते हैं तो उसका असर अन्तर्वैयक्तिक आकर्षण (interpersonal attraction) पर पड़ता है। इन्होंने यह बतलाया है कि दो व्यक्तियों के पुरस्कार-व्यय परिणाम (reward-cost outcome) जैसे-जैसे अच्छा होते जाता है, तुलना-स्तर में भी धीरे-धीरे वृद्धि होने लगती है। परंतु जैसे-जैसे पुरस्कार-व्यय परिणाम में कमी होने लगती है, तुलना-स्तर में भी गिरावट आने लगती है। किसी अंतःक्रिया से प्राप्त लाभ (profit) की अपेक्षा यदि तुलना-स्तर (comparison level) अधिक है, तो व्यक्ति को इससे असंतुष्टि (dissatisfactin) होती है और इससे आकर्षकता (attractiveness) में कमी आ जाती है। ठीक इसके विपरीत, यदि प्राप्त लाभ की अपेक्षा तुलना-स्तर कम है, तो व्यक्ति को इससे अप्रत्याशित संतुष्टि (unexpected satisfaction) होती है और इसमें आकर्षकता में वृद्धि आ जाती है।

थिबौट तथा केली (Thibaut & Kelley, 1959) ने यह भी कहा है कि व्यक्ति अपने समक्ष उपलब्ध सभी विकल्पों (alternatives) का मूल्यांकन तुलना-स्तर (comparison level) की कसौटी पर रखकर करता है। कभी-कभी ऐसा भी होता है कि सभी उपलब्ध विकल्प (alternatives) उसके तुलना-स्तर (comparison level) के नीचे ही होते हैं, तब वैसी परिस्थिति में वह इन सभी विकल्पों (alternatives) के लिए अलग से एक तुलना-स्तर (comprison level) का विकास करता है जिसे विकल्पों के लिए तुलना-स्तर (camparison level for alternatives) की संज्ञा दी जाती है। अब वह विभिन्न विकल्पों में से उस विकल्प का चुनाव कर लेता है जो तुलना स्तर (comparison level) के सबसे नजदीक होता है। दूसरे शब्दों में, व्यक्ति यह निर्णय करता है कि पुरस्कार का कौन-सा न्यूनतम स्तर उसे स्वीकार्य होगा। यदि पति-पत्नी के संबंधों की अंतःक्रिया (interaction) का पुरस्कार-व्यय परिणाम (reward-cost outcome) विकल्पों के लिए तुलना-स्तर (comparison level for alternatives) से ऊपर होता है, तो वह संबंध तो बना रहेगा परंतु उसमें आकर्षकता नहीं होती है और दाम्पत्य संबंध बना रहता है क्योंकि जो इसके अन्य विकल्प (alternatives) जैसे—तलाक, अलगाव आदि हैं उसमें व्यय (cost) अधिक होते हैं तथा पुरस्कार (reward) कम होता है। अतः इस उदाहरण में पुरस्कार-व्यय परिणाम (outcome) विकल्पों के तुलना-स्तर (comparison level for alternatives) से ऊँचा है, अतः पति-पत्नी का संबंध जारी रहेगा भले ही इन दोनों में एक-दूसरे के प्रति कोई आकर्षकता (attractiveness) न हों।

विनिमय सिद्धांत (exchange theory) द्वारा कई तरह की परिस्थितियों में अन्तर्वैयक्तिक आकर्षकता (interpersonal attraction) की व्याख्या की गयी है। इस सिद्धांत की प्रमुख उपयोगिताएँ (applications) निम्नांकित हैं—

1. समानता के कारण उत्पन्न अन्तर्वैयक्तिक आकर्षकता की व्याख्या *(Explanation of interpersonal attraction due to similiarity)*—विनियम सिद्धांत इस बात की व्याख्या करने में पूर्णतः सक्षम है कि दो व्यक्तियों के बीच आयु, सामाजिक-आर्थिक स्तर, आवास-स्थान, वर्ग, धर्म, भाषा आदि में समानता होने से अन्तर्वैयक्तिक आकर्षण (interpesonal attraction) में क्यों वृद्धि होती है। इस सिद्धांत के समर्थकों के अनुसार ऐसी अन्तर्वैयक्तिक आकर्षकता (interpersonal attraction) के दो कारण होते हैं—

(1) दो व्यक्तियों में उक्त तरह की समानता होने से उनमें आपस में अंतःक्रिया (interaction) करने की बारम्बारता (frequency) अधिक हो जाती है क्योंकि इनमें अंतःक्रिया करने के अवसर अधिक होते हैं। फलतः उनमें अन्तर्वैयक्तिक आकर्षकता (interpersonal attraction) अधिक हो जाते हैं।

(2) लेजार्सफिल्ड तथा मार्टन (Lazarsfeld & Marton, 1954) के अनुसार जब दो व्यक्तियों के सामाजिक-संस्कृति पृष्ठभूमि में समानता होती है, तो उनके सामाजिक मूल्यों (social values) में भी समानता बढ़ जाती है जो एक-दूसरे के लिए पुरस्कार का कार्य करता है। परिणामतः थोड़े व्यय (cost) पर ही प्रत्येक व्यक्ति एक-दूसरे के लिए सहमतिजन्य वैधीकरण (consensual validation) का कार्य करता है जिससे अन्तर्वैयक्तिक आकर्षकता (interpersonal attraction) की मात्रा बढ़ जाती है।

दो व्यक्तियों में शीलगुण (traits) एवं क्षमता (ability) में समानता होने से भी अन्तर्वैयक्तिक आकर्षकता में वृद्धि हो जाती है। ऐसी समानता होने पर संबंधित व्यक्तियों को अपनी क्षमताओं एवं शीलगुणों की तुलना दूसरे व्यक्ति

की क्षमताओं एवं शीलगुणों से करने के लिए मिलता है। ऐसी परिस्थिति में इन व्यक्तियों के बीच आकर्षकता मूलतः इस बात पर निर्भर करते हैं कि वे दोनों अपने विशेष क्षमता या शीलगुण के कारण एक ऐसे कार्य करने में सक्षम होते हैं जो दोनों के लिए पुरस्कार का कार्य करता है। जैसे—यदि दो व्यक्तियों में ब्रिज (Bridge) खेलने का समान कौशल या क्षमता उपलब्ध हो तो वे प्रतियोगिता-टीम कार्य (competitive team work) में भाग लेकर पर्याप्त आनन्द (पुरस्कार) ले सकते हैं। परंतु यदि इनमें से किसी एक की कौशलता उत्तम नहीं है, तो इससे उनमें विकर्षकता उत्पन्न होगी क्योंकि आनन्द (पुरस्कार) में कमी तथा व्यय (cost) अर्थात ऊब एवं परेशानी आदि में वृद्धि होगी।

2. पारस्परिक क्रिया के अवसर के कारण आकर्षकता *(Atrractiveness due to opportunity for interaction)*—विनिमय सिद्धांत द्वारा इस बात की भी व्याख्या की जाती है कि जहाँ पारस्परिक क्रिया के अवसर अधिक एवं आसान होता है, वहाँ अन्तर्वैयक्तिक आकर्षण अधिक क्यों होता है। अध्ययनों से पता चलता है कि पारस्परिक क्रिया अधिक एवं सहज रूप से दो व्यक्ति तब कर पाते हैं जब उनमें भौतिक निकटता (physical proximity) होती है। यही कारण है कि एक ही मुहल्ले में रहने वालों में परस्पर अंतःक्रिया अधिक होती है और उसी तरह से पास-पड़ोस में रहनेवालों के बीच परस्पर अंतःक्रिया अधिक होती है। थिबौट तथा केली (Thibaut & Kelley, 1959) के अनुसार ऐसी परिस्थिति में निम्नांकित पाँच कारणों से एक व्यक्ति में दूसरे व्यक्ति के प्रति आकर्षकता अधिक बढ़ जाती है—

(1) दो व्यक्तियों में भौतिक निकटता (physical proximity) होने से जैसे पास-पड़ोस में ही रहने से बहुत कम श्रम (लागत) लगाकर ही आपस में वे एक-दूसरे से मिलने-जुलने में सफल हो पाते हैं। अतः बहुत ही आसानी से वे ऐसे व्यवहारों या क्रियाओं की खोज कर लेते हैं जो दोनों के लिए ही लाभप्रद होते हैं।

(2) जो लोग भौतिक रूप से या भौगोलिक रूप से एक-दूसरे के नजदीक होते हैं, उनमें प्रायः सामाजिक-आर्थिक स्तर में समानता होती है जिससे उनमें परस्पर आकर्षकता में वृद्धि होती है।

(3) जब दो व्यक्ति लगातार एक-दूसरे से मिलते-जुलते रहते हैं, तो वे आसानी से एक-दूसरे के व्यवहार के बारे में पूर्वानुमान (prediction) लगा लेते हैं जिनसे उनमें परस्पर आकर्षकता में वृद्धि होती है।

(4) जो लोग एक-दूसरे के नजदीक रहते हैं, वे कम व्यय या लागत (cost) पर ही अर्थात कम समय एवं मेहनत में आपस में अंतःक्रिया करने में सफल हो पाते हैं। फलतः उनमें दूर-दूर में रहने वाले लोगों की अपेक्षा आपस में अंतःक्रिया अधिक होती है जिससे उनमें परस्पर आकर्षकता में वृद्धि हो जाती है।

(5) दो व्यक्तियों में भौतिक निकटता होने से उनमें सूचनाओं का आदान-प्रदान अधिक होता है जिससे उनमें अन्तर्वैयक्तिक आकर्षकता (interpersonal attraction) में वृद्धि हो जाती है।

3. मित्रता तथा प्रेम के कारण उत्पन्न आकर्षकता *(Attraction due to friendship and love)*—मित्रता तथा प्रेम के कारण उत्पन्न आकर्षकता की व्याख्या भी विनियम सिद्धांत (exchange theory) कर सकने में सफल है। मित्रता तथा प्रेम में आकर्षकता के पाँच चरण इस सिद्धांत के अनुसार बतलाये गये हैं जो निम्न हैं—

(1) पहला चरण प्रतिदर्शन (sampling) का होता है जिसमें जब दोनों व्यक्ति पहली बार एक-दूसरे से मिलते हैं तो उनमें आपस में किये गये अंतःक्रियाओं (interaction) में से कुछ खास-खास अंतःक्रियाओं, जिनमें उनमें आकर्षकता बनी रह सकती है, का चयन कर लिया जाता है।

(2) दूसरा चरण आकलन (extimation) का होता है जिसमें दो व्यक्ति चयन किये गये व्यवहारों या अंतःक्रियाओं के पुरस्कार-व्यय परिणाम (reward-cost outcome) का अंदाजा लगाता है।

(3) सौदाकारी (bargaining)—सौदाकारी एक ऐसी प्रक्रिया है जिसमें दोनों व्यक्ति न्यूनतम लागत या व्यय (minimum cost) पर अधिकतर पुरस्कार (maximum reward) प्राप्त करना चाहते हैं।

(4) वचनबद्धता (commitment)—जैसे ही दोनों व्यक्ति में संबंध घनिष्ठ हो जाता है, एक नयी अवस्था आती है जहाँ व्यक्ति वैकल्पिक व्यक्तियों (alternative persons) के साथ अनुक्रिया या तो पूर्णतः कम कर देता है या बंद कर देता है।

(5) सांस्थानिकता (Institutionalization)—मित्रता तथा प्रेम की यह अंतिम अवस्था होती है जिसमें दोनों के संबंध स्थापित हो जाते हैं और दोनों व्यक्ति एक साथ रहने का फैसला कर लेते हैं या आपस में शादी कर लेते हैं।

4. पूरक आवश्यकतओं की तुष्टि से उत्पन्न आकर्षकता की व्याख्या *(Explanation of attractiveness due to satisfaction of complimentary needs)*—विनिमय सिद्धांत (exchange theory) द्वारा दो ऐसे व्यक्तियों के बीच हुए आकर्षकता की भी व्याख्या होती है जिनकी आवश्यकताएँ भिन्न (defferent) परंतु पूरक (complimentary) होती है। एक सत्तावादी व्यक्ति (authoritarian person) तथा एक आज्ञाकारी व्यक्ति (obedient person) के बीच इसलिए आकर्षकता बनी रहती है क्योंकि इन दोनों के अंतःक्रिया (interaction) से प्रत्येक सदस्य को कम-से-कम लागत या व्यय (cost) तथा अधिक-से-अधिक पुरस्कार का लाभ (reward) मिलता है। दोनों का व्यवहार एक-दूसरे की आवश्यकता के पूरक होते हैं।

विनिमय सिद्धांत (exchange theory) के उपर्युक्त उपयोगिताओं के बावजूद इसकी एक परिसीमा (limitation) या दोष (demerit) है। सचमुच में यदि हम इस सिद्धांत की व्याख्या पर ध्यान दें तो पायेंगे कि इसमें अन्तर्वैयक्तिक आकर्षण (interpersonal attraction) की व्याख्या पुरस्कार-व्यय परिणाम (reward-cost outcome) के विश्लेषण द्वारा की जाती हैं। परंतु कुछ आकर्षकता विशेषकर रोमानी प्रेम या तीव्र प्रेम की आकर्षकता का स्वरूप ऐसा होता है जिसकी व्याख्या साधारण आकर्षकता के समान पुरस्कार-व्यय परिणाम में विश्लेषित करके नहीं किया जा सकता है। सचमुच में ऐसे तीव्र प्रेम या आकर्षण से पुरस्कार तथा व्यय या लागत जैसी चीजों पर सोच-विचार लगभग समाप्त ही हो जाता है। स्पष्टतः इस प्रकार के अन्तर्वैयक्तिक आकर्षण की व्याख्या विनिमय सिद्धांत द्वारा सम्भव नहीं है।

विनिमय सिद्धांत (exchange theory) की दूसरी आलोचना यह है कि इस सिद्धांत में जो अन्तर्वैयक्तिक आकर्षण की व्याख्या की जाती है, वह आंशिक एवं एक-तरफा (one-sided) होता है क्योंकि इससे दो व्यक्ति में से सिर्फ अंतःक्रिया प्रारंभ करने वाले व्यक्ति को उस अंतःक्रिया से मिलने वाले पुरस्कार-व्यय परिणाम (reward-cost outcome) का ध्यान रखा जाता है तथा जिसके साथ अंतःक्रिया किया जा रहा है, उसे अंतःक्रिया से कितना अधिक या कम पुरस्कार-व्यय परिणाम (reward-cost outcome) प्राप्त हो रहा है, इसका ध्यान बिल्कुल ही नहीं रखा जाता है।

समदृष्टि सिद्धांत
(Equity Theory)

अन्तर्वैयक्तिक आकर्षकता (interpersonal attraction) की व्याख्या समदृष्टि सिद्धांत (equity theory) द्वारा भी की गयी है। सचमुच में यह सिद्धांत अर्न्वैयक्तिक आकर्षक की व्याख्या विनिमय सिद्धांत (exchange theory) से एक कदम आगे चलकर करता है। इस सिद्धांत के प्रमुख समर्थक वालस्टर, वालस्टर तथा वर्स्कीड (Walster, Walster & Berchid, 1978) हैं। इस सिद्धांत से अन्तर्वैयक्तिक आकर्षण (interpersonal attraction) की व्याख्या दो व्यक्ति में से किसी एक ही की पुरस्कार-व्यय परिणाम (reward-cost outcome) के रूप में नहीं बल्कि दोनों के पुरस्कार तथा व्यय एवं जिनके साथ अंतःक्रिया (interaction) किया जा रहा है, उनके पुरस्कार तथा व्यय के बीच एक संतुलन (balance) के रूप में होती है। जैसे A तथा B में अर्न्वैयक्तिक आकर्षकता है, तो इसका कारण यह है कि यहाँ A को B के साथ अंतःक्रिया (interaction) करने में मिलने वाला पुरस्कार (reward) तथा व्यय (cost) में एक संतुलन (balance) या समदृष्टि (equity) हैं। यदि किसी कारणवश A (या B) यह समझने लगता है कि अन्तःक्रिया (interaction) के फलस्वरूप उसे मिलनेवाला पुरस्कार (reward) या व्यय B (या A) को मिलने वाला पुरस्कार तथा व्यय से अधिक है या कम है, तो उससे एक तरह का असंतुलन या असमदृष्टि (inequity) की स्थिति उत्पन्न होगी। ऐसी परिस्थिति में व्यक्ति अपने भाव (feeling) या प्रत्यक्षण (perception) को इस ढंग से परिवर्तित करेगा कि उसे एवं उसके सहयोगी (partner) दोनों को मिलने वाला पुरस्कार तथा व्यय के बीच एक संतुलन या समदृष्टि (equity) कायम हो जाये।

इस सिद्धांत की मुख्य विशेषताओं का संक्षेपीकरण इस प्रकार किया जाता है—

(1) इस सिद्धांत में अन्तर्वैयक्तिक आकर्षण (interpersonal interaction) की व्याख्या पुरस्कार (reward) तथा (cost) के परिणाम (outcome) के रूप में की जाती है। अतः इसकी समानता विनिमय सिद्धांत (exchange theory) से अधिक है।

(2) इस सिद्धांत में अंतःक्रिया करने वाले तथा जिसके साथ अंतःक्रिया किया जाता है, दोनों को मिलने वाले पुरस्कार तथा व्यय के बीच संतुलन (balance) स्थापित किया जाता है।

(3) परस्पर अंतःक्रिया कर रहे व्यक्ति में से यदि किसी एक-दूसरे की अपेक्षा पुरस्कार-व्याय परिणाम अधिक ऊँचा (high) होता है, तो इससे असमदृष्टि (inequity) की अवस्था उत्पन्न हो जाती है।

(4) असमदृष्टि (inequity) की अवस्था उत्पन्न हो जाने पर दोनों व्यक्ति अपने प्रत्यक्षण एवं भाव (feeling) में कुछ इस ढंग का परिवर्तन लाते हैं कि उनमें पुनः एक संतुलन या समदृष्टि (equity) कायम हो सके।

(5) समदृष्टि (equity) पुनः कायम हो जाने पर दोनों के बीच आकर्षकता (attractiveness) बनी रहती है।

इस सिद्धांत की आलोचना करते हुए समाज मनोवैज्ञानिकों ने कहा है कि यह सिद्धांत दोनों सहयोगियों (partners) की अंतःक्रियाओं में पुरस्कार तथा व्यय परिणाम में संतुलन की बात तो अवश्य करता है परंतु संतुलन की आदर्श बिन्दु क्या होगा, इसका उल्लेख नहीं करता है। ऐसा भी संभव है कि दोनों में कभी एक स्वीकार्य संतुलन (acceptable) स्थापित नहीं हो फिर भी परिस्थितिवश दोनों में आकर्षकता बनी रहे। इसका अच्छा उदाहरण हमें उस परिस्थिति से मिलता है जिसमें दो व्यक्तियों के पुरस्कार तथा व्यय परिणाम में भिन्नता तो होती है परंतु किसी अन्य व्यक्ति या व्यक्तियों के समूह से उन दोनों को समान मात्रा में धमकी (threats) मिल रहा है।

इस आलोचना के बावजूद समदृष्टि सिद्धांत (equity theory) को विशेष अर्थ में विनिमय सिद्धांत (exchange theory) से उत्तम माना गया है।

पूरक आवश्यकता सिद्धांत
(Complimentary need Theory)

इस सिद्धांत का प्रतिपादन विन्च (Winch, 1958) द्वारा किया गया है। इस सिद्धांत के अनुसार दो व्यक्तियों की आवश्यकताओं में विभिन्नता (differences) न कि समानता (similarities) उन दोनों के बीच अन्वैंयक्तिक आकर्षण (interpersonal attraction) का आधार होता है। अतः इस सिद्धांत का मानना है कि दो व्यक्तियों में अन्तर्वैयक्तिक आकर्षकता (interpersonal attraction) का कारण उन दोनों की वैसी आवश्कताएँ हैं जिन्हें एक-दूसरे का पूरक (complimentary) कहा जा सकता है। इस सिद्धांत का प्रतिपादन मूलतः साथी चयन (mate selection) के संबंध में किये गये अध्ययनों पर आधारित है। विन्च का यह मत यद्यपि सही है कि एक-दूसरे से प्रेम एवं विवाह करने वाले व्यक्तियों की सामाजिक पृष्ठभूमि (social background) एक समान होती है, फिर भी उन लोगों के बीच आकर्षण का मुख्य कारण उन दोनों की पूरक आवश्यकताएँ (complimentary needs) ही होतीं हैं। जैसे—पुरुष की लैंगिक आवश्यकता की पूर्ति स्त्री से एवं स्त्री की लैंगिक आवश्यकता की पूर्ति पुरुष से होती है। इसके कारण इन दोनों में आकर्षकता बनी रहती है।

विन्च (Winch, 1951) ने पूरक आवश्यकताओं (complimentary needs) से उत्पन्न होने वाले अन्तर्वैयक्तिक आकर्षण (interpersonal attraction) के दो कारण बतलाया है—

(1) पूरक आवश्यकता (complimentary need) की संतुष्टि की परिस्थिति में एक व्यक्ति द्वारा किया गया अंतःक्रिया (interaction) दूसरे व्यक्ति के लिए एक पुरस्कार का काम करता है। जैसे—यदि एक व्यक्ति में प्रभुत्व की आवश्यकता (need for dominance) अधिक है और दूसरे में अधीनता की आवश्यकता (need for submissiveness) अधिक है तो इन दोनों द्वारा किया गया अंतःक्रिया (interaction) एक-दूसरे के लिए पूरक होंगे और एक तरह का पुरस्कार का कार्य करेंगे। फलतः उनमें आकर्षण बना रहेगा।

(2) दूसरा कारण यह बतलाया गया है कि एक व्यक्ति (A) किसी ऐसी विशेषता या गुण वाले व्यक्ति (B) के प्रति आकर्षित होता है जिसे प्राप्त करने की इच्छा उसे कभी हुई थी परंतु परिस्थितिवश वह उसे प्राप्त करने में सफल नहीं हो सका था।

विन्च (Winch, 1958) ने पूरक आवश्यकताओं (complimentary needs) के दो प्रकार बतलाये हैं—

(क) टाइप वन पूरक आवश्यकता (Type I complimentary need) तथा

(ख) टाइप टू पूरक आवश्यकता (Type II complimentary need)

टाइप वन पूरक आवश्यकता का अर्थ यह होता है कि जो आवश्यकता एक व्यक्ति अर्थात A में अधिक है तो यही आवश्यकता दूसरे व्यक्ति अर्थात B में कम है। जैसे—एक व्यक्ति जिसमें दूसरों पर आधिपत्य जमाने की आवश्यकता (need of dominance) अधिक है तथा दूसरा व्यक्ति जिसमें ऐसी आवश्यकता कम है, एक-दूसरे के प्रति परस्पर आकर्षित होंगे और यह आवश्यकता टाइप वन पूरक आवश्यकता कहलायेगी।

टाइप टू पूरक आवश्यकता (Tppe II complimentary need) का अर्थ यह होता है कि कोई व्यक्ति (A) किसी एक या एक से अधिक आवश्यकता में उच्च हो सकता है तथा B किसी दूसरे आवश्यकता में उच्च या निम्न हो सकता है। ऐसी परिस्थिति में भी दोनों में आकर्षकता (attractiveness) बनी रहती है। जैसे—एक व्यक्ति में दूसरों पर निर्भर रहने की आवश्यकता यदि तीव्र है तथा दूसरे व्यक्ति में दूसरों का स्नेह या प्यार पाने की आवश्यकता तीव्र है, तो ये दोनों व्यक्ति एक-दूसरे के प्रति आकर्षित रहेंगे।

पूरक आवश्यकता सिद्धांत के समर्थन में कुछ प्रयोगात्मक सबूत भी पाये गये हैं हालाँकि ऐसे सबूतों (evidences) में संगतता (consistency) नहीं है। जैसे—विन्च एवं उनके सहयोगियों (Winch et. al., 1959) ने एक अध्ययन किया जिसमें विवाहित जोड़ों की आवश्यकता संरचना (need structure) का अध्ययन किया और पाया कि उनमें परस्पर आकर्षकता का कारण उनकी पूरक आवश्यकताएँ थीं। अन्य अध्ययनों जैसे—बोअयरमैन तथा डे (Bowerman & Day, 1956), स्केलनवर्ग तथा बी (Schelenberg & Bee, 1960), मर्स्टीन (Murstein, 1961) आदि के अध्ययनों से विन्च के सिद्धांत को समर्थन नहीं मिला है परंतु कर्कहॉफ तथा डेभिस (Kerchoff & Davis, 1962) के अध्ययन में विन्च के परिणामों को पूर्णतः समर्थन मिला है।

इस सिद्धांत की कुछ आलोचनाएँ की गयी हैं जिनमें प्रमुख निम्नांकित हैं—

(1) सेकर्ड (Secord, 1972) के अनुसार पूरक आवश्यकता सिद्धांत (complimentary need theory) भीतर से एक कमजोर सिद्धांत (weak theory) है। इसका प्रमाण हमें इस बात से मिल जाता है कि इसके समर्थन में जो प्रयोगात्मक सबूत दिये गये हैं वे असंगत (inconsistent) हैं।

(2) बैकमैन (Backman, 1973) तथा सेकर्ड एवं मुथार्ड (Secord & Muthard, 1965) ने अपने-अपने अध्ययनों के आधार पर बतलाया है कि बहुत ही कम परिस्थिति ऐसी होती है जिसमें परस्पर आकर्षकता (attraction) का कारण पूरक आवश्यकताएँ होती हैं। अधिकतर परिस्थिति में ऐसी आकर्षकता का कारण समान आवश्यकताएँ (similar needs) ही होती हैं।

(3) कुछ मनोवैज्ञानिकों जैसे—लविंगर (Levinger, 1968) ने यह बतलाया है कि इस सिद्धांत में पूरक आवश्यकताओं को मापने की कोई विधि नहीं बतलायी गयी है। इतना ही नहीं, इस सिद्धांत में संप्रत्यय-संबंधी (conceptual) तथा अध्ययन विधि (methodological) दोष भी कुछ हैं जिनसे इस सिद्धांत की वैधता (validity) प्रभावित हुई है।

निष्कर्षतः यह कहा जा सकता है कि पूरक आवश्यकता सिद्धांत (complimentary need theory) अन्तर्वैयक्तिक आकर्षण (interpersonal attraction) की व्याख्या करने में विनिमय सिद्धांत एवं अन्य सिद्धांतों के समान सक्षम नहीं है। इसकी आंशिक सफलता को मद्देनजर रखते हुए यह कहा जा सकता है कि यह सिद्धांत उतना वैध (valid) एवं विश्वसनीय (reliable) नहीं है।

अध्याय सारांश
(Chapter Summary)

1. किसी व्यक्ति का स्वीकारात्मक या अस्वीकारात्मक ढंग से मूल्यांकन करना अन्तर्वैयक्तिक आकर्षण कहलाता है।

2. अन्तर्वैयक्तिक आकर्षण (interpersonal attraction) के तीन मुख्य निर्धारक (determinants) बतलाये गये हैं—बाह्य निर्धारक (etternal determinants), आंतरिक निर्धारक (internal determinant), तथा अंतक्रियात्मक निर्धारक (interactive determinants)।

3. अन्तर्वैयक्तिक आकर्षक (interpersonal attraction) की सैद्धांतिक व्याख्या (theoretical explanation) करने के लिए कई सिद्धांतों का वर्णन किया गया है जिसमें संतुलन सिद्धांत, पुनर्बलन सिद्धांत, विनिमय सिद्धांत, समदृष्टि सिद्धांत (equity theory) तथा पूरक आवश्यकता सिद्धांत प्रमुख हैं जिनकी आलोचनात्मक व्याख्या प्रस्तुत की गयी है।

❑

अध्याय 26

सामाजिक भूमिका तथा भूमिका संघर्ष

(SOCIAL ROLE & ROLE CONFLICT)

सामाजिक भूमिका के अर्थ एवं स्वरूप
(Meaning and Nature of Social Role)

सामाजिक व्यवहार (social behaviour) के अध्ययन में समाज मनोवैज्ञानिकों (social psychologists) द्वारा प्रायः एक विशेष पद अर्थात सामाजिक तंत्र (social system) का प्रयोग किया जाता है। सामाजिक तंत्र से तात्पर्य सामाजिक कोटि (social position) की एक शृंखला (series) से होती है। जैसे—यदि हम परिवार (family) को एक सामाजिक तंत्र (social system) के रूप में लेते हैं तो पाते हैं कि इसमें कई तरह की सामाजिक कोटियाँ (social positions) जैसे—माता, पिता, बेटी, पति, पत्नी, भाई, बहन आदि की होती है। प्रत्येक ऐसे कोटि (position) से सम्बन्धित एक निश्चित प्रत्याशित व्यवहारात्मक पैटर्नस (expected behavioural patterns) होता है। इसे ही *सामाजिक भूमिका* (social role) की संज्ञा दी जाती है। जैसे—परिवार में पिता (father) से एक खास-खास प्रकार के व्यवहार, मनोवृत्ति की प्रत्याशा (expectation) की जाती है। उसी तरह बहन, भाई, माँ आदि से एक खास प्रकार के व्यवहार की प्रत्याशा होती है। प्रत्येक सामाजिक कोटि (social position) तथा उससे सम्बन्धित व्यवहारात्मक प्रत्याशा (behavioural expectation) को सामाजिक भूमिका (social role) की संज्ञा दी जाती है। **सेकर्ड** तथा **बैकमैन**[1] (Secord and Backman, 1974) ने सामाजिक भूमिका (social role) की परिभाषा कुछ इसी लहजे में इस प्रकार दिया है, ''अधिक सामान्य पद सामाजिक भूमिका (या सिर्फ भूमिका) से तात्पर्य किसी कोटि तथा उससे सम्बन्धित प्रत्याशाओं दोनों से होता है।''

रेबर[2] (Reber, 1986) के अनुसार, ''समाज मनोविज्ञान में भूमिका से तात्पर्य सामान्यतः कोई भी ऐसे व्यवहार से होता है जिसमें कुछ अधिकार (rights), आभार (obligations), कर्त्तव्य (duties) सम्मिलित होते हैं तथा जिसे व्यक्ति एक दी हुई सामाजिक परिस्थिति में करने के लिए प्रत्याशित, प्रशिक्षित तथा प्रोत्साहित होता है।''

इन परिभाषाओं का विश्लेषण करने पर सामाजिक भूमिका (social role) के स्वरूप (nature) के बारे में निम्नांकित तथ्य प्राप्त होते हैं—

(1) सामाजिक भूमिका का सम्बन्ध सामाजिक तंत्र (social system) के सामाजिक कोटि या पद (social position) से होता है।

(2) सामाजिक भूमिका (social role) में प्रत्येक सामाजिक कोटि (social position) से एक विशेष प्रत्याशा (expectation) बनी हुई रहती है। इस तरह के प्रत्याशा (expectation) की दो विशेषताएँ (characteristics) बनी हुई रहतीं हैं। इस तरह के प्रत्याशा (expectation) की दो विशेषताएँ (characteristics) होती हैं—

(a) ऐसे प्रत्याशा पूर्वाभासी (anticipatory) होते हैं। इसका मतलब यह हुआ कि प्रत्येक सामाजिक भूमिका (social role) में कोई भी व्यक्ति यह उम्मीद करता है कि वह खास तरह से व्यवहार करेगा और वह अन्य व्यक्तियों से भी

1. "The more general term social role (or simply role) is used to refer to both a position and its associated expectations." —Secord and Backman : *Social Psychology* 1974, p.405.
2. "In social psychology role refers generally to certain rights, obligations and duties which an individual is expected, trained and indeed, encouraged to perform in a given social situation." —Reber : *Psychology* 1986, p.650.

एक खास तरह के व्यवहार की उम्मीद करता है जिनके साथ वह अंत:क्रिया (interaction) करता है। इस तरह से जैसा कि मीड (Mead, 1954) ने कहा है, सामाजिक भूमिका (social role) के पूर्वाभासी गुण (anticipatory quality) द्वारा व्यक्ति का व्यवहार निर्देशित (guide) होता है क्योंकि इसमें सामाजिक भूमिका करने वाला व्यक्ति यह पूर्वाभास करता है कि अन्य दूसरे लोग उसके व्यवहार के प्रति किस तरह प्रतिक्रिया करेंगे और उसी के अनुरूप वह फिर व्यवहार करता है। पिता की भूमिका में कोई व्यक्ति यह पूर्वाभास करेगा कि उसे अपने बच्चों के साथ कैसा व्यवहार करना चाहिए तथा फिर बच्चों के व्यवहार से प्राप्त संकेतों (cues) के आधार पर वह अपने व्यवहार को नियंत्रित एवं निर्देशित करेगा।

(b) ऐसे प्रत्याशा (expecation) आदर्शक (normative) भी होते हैं। दूसरे शब्दों में सामाजिक भूमिका से सम्बन्धित प्रत्याशा (expectation) यह भी बतलाता है कि व्यक्ति को उस सामाजिक भूमिका में क्या करना चाहिए तथा क्या नहीं करना चाहिए। अगर कोई व्यक्ति इस आदर्शक प्रत्याशा को पूरा नहीं करता है तो इससे आश्चर्य, क्रोध, विरक्ति (digust) जैसे संवेगों की उत्पत्ति होती है। जैसे-पिता की सामाजिक भूमिका स्पष्ट रूप से यह बतलाता है कि उसे इस भूमिका में क्या करना चाहिए और क्या नहीं करना चाहिए। यदि कोई व्यक्ति इस सामाजिक भूमिका में आदर्शक प्रत्याशा (normative expectation) के विरुद्ध कार्य या व्यवहार करता है, तो इससे अन्य व्यक्तियों में निश्चित रूप से आश्चर्य, क्रोध, विरक्ति (disgust) जैसे संवेग उत्पन्न होंगे। जैसे—थोड़ी देर के लिए मान लिया जाये कि कोई पिता अपने नन्हें बालक का अपहरण कराने में अपहरणकर्त्ता की मदद करता है तो पिता का यह व्यवहार आदर्शक प्रत्याशा (normative expectation) के विरुद्ध होगा और पिता के इस व्यवहार से लोगों को आश्चर्य आदि होगा ही।

(3) सामाजिक भूमिका अर्जित या सीखे गये व्यवहारों की एक शृंखला (series) होती है।

(4) सामाजिक भूमिका क्षणिक (momentary) भी हो सकते हैं या स्थायी (permanent) थी। जैसे—किसी खेल में विजयी घोषित होना एक क्षणिक भूमिका का उदाहरण होगा परंतु स्त्री भूमिका (female role) तथा पुरुष भूमिका (male role) स्थायी भूमिका (permanent role) के उदाहरण हैं।

स्पष्ट हुआ कि सामाजिक भूमिका (social role) की कई विशेषताएँ (characteristics) हैं जिन्हें ध्यान में रखकर यह कहा जा सकता है कि सामाजिक भूमिका (social role) द्वारा व्यक्ति का व्यवहार सामाजिक तंत्र (social system) में पूर्णरूपेण निर्देशित एवं नियंत्रित होता है।

सामाजिक भूमिका में सम्बन्धित कुछ महत्त्वपूर्ण संप्रत्यय
(Some Important Concepts Related to Social Roles)

सामाजिक भूमिका (social role) से सम्बन्धित कुछ महत्त्वपूर्ण संप्रत्यय (concepts) हैं जिन्हें समझना आवश्यक है अन्यथा सामाजिक भूमिका के स्वरूप (nature) को ठीक ढंग से नहीं जाना जा सकता है। ऐसे सम्प्रत्यय (concepts) निम्नांकित तीन हैं—

1. भूमिका श्रेणी या भूमिका कोटि (Role category or Role position)
2. भूमिका प्रत्याशा (Role expectation)
3. भूमिका व्यवहार (Role behaviour)

इन तीनों का अर्थ निम्नांकित है—

1. भूमिका श्रेणी या भूमिका कोटि *(Role category or Role Position)*—भूमिका श्रेणी (role category) या भूमिका कोटि (role position) से तात्पर्य व्यक्तियों के एक श्रेणी (category) से होता है जिनका सामाजिक सम्बन्ध (social relation) में एक खास स्थान होता है। भूमिका श्रेणी के व्यक्ति को भूमिकाकर्त्ता (role player or actor) कहा जाता है। किसी भी भूमिका श्रेणी (role category) में व्यक्ति का समूहन (grouping) तीन आधारों पर किया जाता है—(i) किसी सामाजिक सम्बन्ध या तंत्र (system) में एक ही कोटि (position) वाले सभी व्यक्तियों को एक भूमिका श्रेणी में रखा जाता है। (ii) किसी छोटे समूह में विशेष कोटि (special position) के सभी व्यक्तियों को एक ही भूमिका श्रेणी में रखा जाता है। (iii) किसी भूमिकाकर्त्ता (role actor) में ही कुछ खास-खास ऐसे गुण होते हैं जिनके आधार पर उन्हें एक विशेष भूमिका श्रेणी (role category) में रखा जाता है। बूढ़ी महिला तथा बूढ़े पुरुष आदि की भूमिका श्रेणी पहले तरह के, समाचारवाचक की भूमिका श्रेणी दूसरे तरह के तथा 'हाँ-में-हाँ मिलाने वाले व्यक्ति की भूमिका श्रेणी तीसरे तरह के भूमिका श्रेणी के उत्तम उदाहरण हैं।

2. भूमिका प्रत्याशा *(Role expectation)*—भूमिका प्रत्याशा से सम्बन्ध उन उम्मीदों या प्रत्याशाओं(expectations) से होता है जो एक दिये गये भूमिका श्रेणी (role category) से सम्बन्धित होता है। कुछ भूमिका प्रत्याशाएँ (role expectations) ऐसी होतीं है जिनमें भूमिकाकर्त्ता (role actors) के बीच काफी सहमति (agreement) होती है तथा कुछ ऐसे होते हैं जो खास-खास भूमिकाकर्त्ता को ही पसंद आते हैं। हमारे समाज में अधिकतर लोग इस बात से सहमत होंगे कि पति को नौकरी करके पत्नी एवं बच्चों का पालन-पोषण करना चाहिए। बहुत कम ही ऐसे लोग होंगे जो यह पसंद करेंगे कि पत्नी को नौकरी करके पति एवं बच्चों का पालन-पोषण करना चाहिए।

3. भूमिका व्यवहार *(Role behaviour)*—भूमिका व्यवहार से तात्पर्य किसी भूमिका श्रेणी में भूमिकाकर्त्ता के उन व्यवहारों से होता है जो उनकी भूमिका की प्रत्याशा (expectation)के अनुरूप होता है। भूमिका व्यवहार भूमिका प्रत्याशा (role expectation) के अनुरूप भी हो सकते हैं या नहीं भी हो सकते हैं। जैसे—यदि कोई प्रोफेसर वर्ग में किसी विषय का वर्णन ठीक ढंग से नहीं करते है, तो उनका यह व्यवहार भूमिका व्यवहार (role behaviour) तो कहलायेगा परंतु इस भूमिका व्यवहार को भूमिका प्रत्याशा (role expectation) के अनुरूप नहीं माना जायेगा क्योंकि उनसे यह उम्मीद नहीं की जा सकती है कि वे किसी विषय का वर्णन कक्षा में ठीक ढंग से नहीं करेंगे।

भूमिका व्यवहार (role behaviour) तथा भूमिका प्रत्याशा (role expectation) दोनों ही काफी सम्बन्धित दीखते हैं परंतु इन दोनों के सूक्ष्म अंतर से भी वाकिफ होना जरूरी है। भूमिका प्रत्याशा (role expectation) यह बतलाता है कि अमुक भूमिका में भूमिकाकर्त्ता (role actor) को कैसा व्यवहार करना चाहिए। भूमिका व्यवहार (role behaviour) से तात्पर्य भूमिकाकर्त्ता द्वारा किये गये वास्तविक व्यवहार से होता है जो भूमिका प्रत्याशा (role expectation) के अनुरूप हो भी सकता या नहीं भी हो सकता है।

सामाजिक भूमिका तथा सामाजिक तंत्र
(Social Roles and Social System)

किसी भी सामाजिक भूमिका (social role) को अन्य सामाजिक भूमिकाओं (social roles) से अलग करके नहीं समझा जा सकता है। सचमुच में प्रत्येक सामाजिक भूमिका अन्य सामाजिक भूमिकाओं से सम्बन्धित (related) होतें हैं और एक साथ मिलकर एक विशेष सामाजिक संरचना (social structure) का निर्माण करते हैं जिसे सामाजिक तंत्र (social system) कहा जाता है। ऐसे सामाजिक तंत्र (social system) का अच्छा नमूना परिवार (family) है जिसमें हम पाते हैं कि पति तथा पत्नी, माता तथा पिता, पिता तथा पुत्र, माता तथा पुत्री आदि कई सामाजिक भूमिकाएँ होतीं हैं जो आपस में संबंधित होकर परिवार का निर्माण करते हैं।

समाज मनोवैज्ञानिकों का मत है कि सामाजिक भूमिका (social roles) तथा सामाजिक तंत्र (social system) के सम्बन्धों पर प्रकाश निम्नांकित दो चरणों (steps) में डाला जा सकता है—

(i) विभिन्न सामाजिक भूमिकाओं का आपसी सम्बन्ध (Relations among various social roles)
(ii) अंतःक्रिया करने के दौरान सामाजिक भूमिका (Social roles during interactions)

इन दोनों का वर्णन निम्नांकित हैं—

(i) विभिन्न सामाजिक भूमिकाओं का आपसी सम्बन्ध *(Relations among various social roles)*—विभिन्न सम्बन्धित भूमिका श्रेणियों (role categories) के भूमिकाकर्त्ताओं (role actors) को भूमिका में सहयोगी (role partners) कहा जाता है। एक भूमिका श्रेणी से सम्बन्धित प्रत्याशाएँ (expectations) दूसरे सम्बन्धित भूमिका श्रेणियों के भूमिकाकर्त्ताओं(actors)के प्रति किये जाने वाले व्यवहारों का उल्लेख करता है। सम्बन्धित भूमिका श्रेणियों का उदाहरण हैं—शिक्षक तथा छात्र, डॉक्टर तथा रोगी, माँ तथा बच्चे, पति तथा पत्नी आदि। कोई भी भूमिकाकर्त्ता के बहुत सारे भूमिका सहयोगी (role partners) होते हैं जिनके साथ उनकी अंतक्रिया (interaction) होती है। जैसे एक छात्र की भूमिका सहयोगी सिर्फ उसके शिक्षक ही नहीं होते हैं बल्कि माता, पिता, भाई, बहन, पड़ोसी, दोस्त आदि सभी होते हैं जिनके साथ उनकी अंतःक्रिया होती है। समाज मनौवैज्ञानिकों ने विभिन्न सम्बन्धित भूमिका श्रेणियों (role categories) के घनिष्ठ सम्बन्धों (intimate connection) को भूमिका सहयोगियों (role partners) के आभारों (obligations) तथा अधिकारों (rights) के रूप में समझने की कोशिश की है। एक भूमिकाकर्त्ता (role actor) का अपने भूमिका के प्रति जो आभार

(obligations) होते हैं, उन्हें भूमिका सहयोगी का अधिकार (rights) माना जाता है तथा भूमिकाकर्त्ता के जो अपने अधिकार (rights) होते हैं, उन्हें भूमिका सहयोगी का आभार (obligations) माना जाता है। इसे दो सम्बन्धित भूमिका श्रेणियों अर्थात पति एवं पत्नी के अधिकारों (rights) एवं आभारों (obligations) से इस प्रकार समझा जा सकता है—पति की भूमिका (role) में पति को पत्नी के लिए रोटी, कपड़ा तथा मकान जैसी सुविधाएँ प्रदान करना पति के लिए एक आभार (obligations) कहलायेगा परंतु पत्नी के लिए यह एक अधिकार (rights) होगा। उसी तरह एक पति पत्नी से सेवाएँ जैसे—घर की देख-भाल, सफाई, बच्चे की देख-रेख आदि की उम्मीद करता है, यह पति के लिए अधिकार (rights) होगा परंतु पत्नी के लिए आभार (obligations) होंगे। स्पष्ट हुआ कि किसी भूमिकाकर्त्ता का आभार (obligations) उनके भूमिका सहयोगी के लिए अधिकार (rights) होते हैं तो उनके अपने अधिकार भूमिका सहयोगी (role partner) के लिए आभार (obligations) होते हैं।

(ii) अंत:क्रिया करने के दौरान सामाजिक भूमिका *(Social roles during interaction)*—किसी भी दिये हुए समय में भूमिकाकर्त्ता (role actor) कई तरह के भूमिका श्रेणियों (role categories) से एक साथ सम्बन्धित होता है और उसका व्यवहार इन श्रेणियों से सम्बन्धित भूमिका प्रत्याशाओं (role expectations) से प्रभावित होता है। जैसे—यदि एक शिक्षक जो कक्षा में अपने पुत्र या पुत्री को अन्य छात्रों के साथ पढ़ा रहे हाते हैं, वे एक साथ ही शिक्षक तथा पिता की भूमिका में होते हैं। जब किसी व्यक्ति को एक साथ ही दो से अधिक ऐसी भूमिकाएँ करनी होती हैं, जिनकी उम्मीदें या प्रत्याशाएँ परस्पर विरोधी (contradictory) होतीं हैं, तो इनसे भूमिका तनाव (role starain) की उत्पत्ति होती है। परंतु सच्चाई यह है कि किसी भी एक ही समय में कोई भी भूमिकाकर्त्ता (role actor) उन सभी भूमिका श्रेणी की भूमिकाओं को नहीं करता है जिनसे वह संबंधित होता है। किसी एक समय में उनमें से कुछ भूमिका श्रेणी अधिक प्रबल एवं सक्रिय होती है तो कुछ दुर्बल एवं निष्क्रिय (passive) होते हैं। अतः प्रबल एवं सक्रिय भूमिका के अनुरूप उससे व्यवहार की उम्मीद की जातीं हैं। शिक्षक जब अपने ही पुत्र या पुत्री को अन्य छात्रों के साथ कक्षा में पढ़ाते हैं, तो उनके लिए वहाँ शिक्षक की भूमिका श्रेणी प्रबल होती है और पिता की भूमिका श्रेणी दुर्बल या निष्क्रिय (passive) होती है। अतः यह उम्मीद की जाती है कि कक्षा में शिक्षक अपने पुत्र या पुत्री के साथ अन्य छात्रों के समान सिर्फ शिक्षक की भूमिका के अनुरूप ही व्यवहार करेंगे। परंतु घर पर उनकी शिक्षक की भूमिका गौण हो जाती है और पिता की भूमिका प्रधान एवं प्रबल हो जाती है। अतः घर पर उनसे पिता की भूमिका से सम्बन्धित व्यवहार न कि शिक्षक की भूमिका से संबंधित व्यवहार की उम्मीद की जायेगी। व्यक्ति की वास्तविक जिन्दगी में एक भूमिका श्रेणी (role category) से दूसरी भूमिका श्रेणी में इस तरह से परिवर्तन होते रहता है।

किसी भी समय में व्यक्ति कौन-सा भूमिका श्रेणी (role category) अपनायेगा, उस भूमिका श्रेणी से सम्बन्धित प्रत्याशाएँ (expectations) क्या होंगे तथा व्यक्ति उससे संबंधित कैसा व्यवहार करेगा, यह बहुत कुछ उसके अंतःक्रियात्मक संदर्भ (interactional context) पर निर्भर करता है। इस तरह के संदर्भ में दो तरह के कारकों (factors) को महत्त्वपूर्ण बतलाया गया है—परिस्थिति की विशेषताएँ (characteristics of the situation) तथा भूमिकाकर्त्ताओं की विशेषताएँ (characteristics of the actors)। प्रायः व्यक्तियों को किसी भी भूमिका श्रेणी (role category) में उनके व्यवहारों एवं विशेषताओं (characteristics) के अनुरूप श्रेणीकृत (categorized) किया जाता है और उसी के अनुरूप उससे भूमिका प्रत्याशा (role expectations) की जाती है। इस ढंग की प्रत्याशा या उम्मीद करते समय व्यक्ति परिस्थिति की विशेषताओं को भी ध्यान में रखता है। जैसे—यदि मोहन सोहन के घर हाथ में किताब लिए पहुँचता है, तो ऐसी परिस्थिति में दोनों एक-दूसरे को एक विशेष भूमिका श्रेणी (role category) में श्रेणीकृत (categorize) करने की कोशिश करेंगे। सोहन मोहन को एक छात्र समझता है जबकि मोहन सोहन को (उम्र, वेशभूषा) आदि के आधार पर एक शिक्षक समझ सकता है। यदि सचमुच में ऐसा होता है तो दोनों एक-दूसरे से कुछ प्रत्याशा या अपेक्षा (expctation) करेंगे और दोनों में कुछ अंतःक्रियाएँ (interaction) होगी। परंतु यदि सोहन के घर पहुँचने पर अचानक सोहन मोहन पर बंदूक तान देता है, तो ऐसी परिस्थिति में सोहन मोहन के एक भिन्न भूमिका श्रेणी (role category) में (न कि छात्र की भूमिका में) रखेगा और उससे सम्बन्धित प्रत्याशा (expectations) भी बदल जायेंगे। उसी तरह से यदि सोहन मोहन को अपने घर पर आते देख कहीं छिप जाता है, तो इससे मोहन सोहन को एक भिन्न भूमिका श्रेणी में (न कि शिक्षक की भूमिका श्रेणी में) रखेगा और उससे संबंधित प्रत्याशाएँ (expectations) भी बदल जायेंगे। इन उदाहरणों से स्पष्ट है कि व्यक्ति को पहले किसी भूमिका श्रेणी (role category) में श्रेणीकृत (categorize) किया जाता है और बाद में उससे सम्बन्धित प्रत्याशाएँ (expectations) की जाती है।

सामाजिक भूमिका तथा सामाजिक अंत:क्रिया
(Social Role and Social Interaction)

समाज मनोवैज्ञानिकों ने सामाजिक अंतःक्रिया (social interaction) का विश्लेषण (analysis) कुछ सामाजिक भूमिकाओं (social roles) के रूप में करने की कोशिश की है। सामाजिक अंतःक्रिया (social interaction) की परिस्थितियों में बदलाव आने से एक ही सामाजिक भूमिका (social role) करने में भिन्न-भिन्न व्यक्तियों में काफी भिन्नता (differnces) आती है। इस संदर्भ में समाज मनोवैज्ञानिकों ने निम्नांकित चार कारकों (factors) की पहचान किया है जिनसे सामाजिक भूमिकाओं (social roles) का निरूपण (portrayal) प्रभावित होता है—

1. परिस्थितिजन्य माँग (Situational demands), 2. व्यक्तित्व कारक (Personality factors), 3. घुसपैठी भूमिकाएँ (Intruding role), 4. भूमिका वार्ता (Role negotiation)

इन चारों का वर्णन निम्नांकित है—

1. परिस्थतिजन्य माँग *(Situational demands)*—व्यक्ति विभिन्न परिस्थितियों में उनकी माँग (demands) के अनुसार भूमिका करता है। इसे ही परिस्थितिजन्य माँग (situational demands) कहा गया है हालाँकि कुछ लोगों जैसे सारबिन एवं ऐलेन(Sarbin & Allen, 1969)ने इसे भूमिका की माँग(role demands)की संज्ञा दी है। व्यक्ति परिस्थिति की विशेषताओं या माँगों के अनुरूप अंतःक्रिया (interaction) करके भूमिका (role) करता है। इस तथ्य का प्रयोगात्मक समर्थन (experimental support) क्रोगर (Kroger, 1976) द्वारा किये गये अध्ययन से होता है। इस अध्ययन में छात्रों के समूहों का व्यावसायिक अभिरूचि तथा सौदर्यपरक पसंदों (vocatioanl interest and aeshetic prefernces) का अध्ययन दो अलग-अलग परिस्थितियों (situations) में किया गया। एक परिस्थिति सैनिक विभाग (military department) की थी जिसमें उक्त परीक्षण के प्रयोग एक सैनिक ऑफिसर (military officer) द्वारा क्रियान्वयन किया गया तथा दूसरी परिस्थिति वह थी जिसमें वही परीक्षण (test) को एक मनोवैज्ञानिक द्वारा ऐसे मनोवैज्ञानिक प्रयोगशाला (psychological laboratory) में क्रियान्वयन किया गया जो कई तरह के कला सामग्रियों (art materials) से युक्त थे। प्रयोग के परिणाम बड़े रोचक थे। परिणाम में देखा गया कि जब परीक्षण को सैनिक अवस्थाओं में क्रियान्वयन (administer) किया गया तो छात्रों ने इसे सैनिक प्रभावशीलता (military effectiveness) का परीक्षण समझकर उसके अनुसार भूमिका निष्पादन (role performance) किये। परंतु जब वही परीक्षण का क्रियान्वयन कलात्मक अवस्थाओं (artistic conditions) मे किया गया तो छात्रों ने उसे कलात्मक क्षमता (artistic ability) का परीक्षण समझकर भूमिका निष्पादन (role performance) किया। स्पष्ट हुआ कि छात्रों ने एक ही परीक्षण (test) को परिस्थिति, परीक्षक (tester) तथा परीक्षण के नाम (test lables) (जिन सबने मिलकर एक खास परिस्थितिजन्य माँग (situational demands उत्पन्न किया) के अनुरूप दो अलग-अलग क्षमताओं का परीक्षण समझकर भूमिका निष्पादन (role performance) किये।

2. व्यक्तित्व कारक *(Personality factors)*—भूमिकाकर्त्ता (actors) के व्यक्तित्व कारकों (personality factors) से भी उनकी भूमिका क्रियान्वयन (role enactment) काफी प्रभावित होता है। दूसरे शब्दों में, भूमिकाकर्त्ता का भूमिका क्रियान्वयन उसके अभिक्षमता (aptitude), मनोवृत्ति (attitude), आवश्यकता (need) उसके आत्म-संप्रत्यय (self-concept) तथा भूमिका विशिष्टता (role indentity) द्वारा प्रभावित होता है। भूमिका विशिष्टता से तात्पर्य अपने भूमिका निष्पादन (performance) के बारे में एक आदर्श धारणा (idealized conception) से होता है। अतः भूमिका विशिष्टता द्वारा भूमिकाकर्त्ता के आत्म-संप्रत्यय (self-concept) के महत्त्वपूर्ण एवं संगत पहलुओं की अभिव्यक्ति (expression) होती है। मैककाल तथा सिमोन्स (McCall & Simmons, 1966) द्वारा किये गये अध्ययनों से यह स्पष्ट हुआ है कि भूमिका क्रियान्वयन भूमिकाकर्त्ता के भूमिका निष्पादन द्वारा सबसे अधिक प्रभावित होता है। यदि किसी कारण से भूमिकाकर्त्ता के व्यक्तित्व शीलगुणों एवं भूमिका प्रत्याशा (role expectation) में अंतर हो जाता है तो इससे व्यक्ति में भूमिका तनाव (role strain) उत्पन्न हो जाता है।

3. घुसपैठी भूमिकाएँ *(Intruding role)*—भूमिका क्रियान्वयन (role enactment) की दिशा का तीसरा महत्त्वपूर्ण स्रोत घुसपैठी भूमिकाएँ (intruding role) है। अगर हम दिन-प्रतिदिन की जिन्दगी में झाँके तो पायेंगे कि शायद ही

कभी कोई भी व्यक्ति सिर्फ एक ही भूमिका (role) करता है। सच्चाई तो यह है कि व्यक्ति एक ही साथ कई भूमिका श्रेणियों (role categories) से सम्बद्ध होता है। फलस्वरूप उससे कई तरह की भूमिका प्रत्याशाएँ (not expectations) होती है। किसी एक परिस्थिति में कोई एक भूमिका अधिक प्रबल (dominant) होती है, तो अन्य भूमिका तुलनात्मक रूप से दबी हुई होतीं हैं। ऐसी परिस्थिति में भूमिकाकर्त्ता का व्यवहार प्रबल भूमिका द्वारा अधिक मात्रा में तथा दबी हुई भूमिकाओं (depressed roles) से कम मात्रा में प्रभावित एवं निर्देशित होती है। शायद यही कारण है कि एक महिला डॉक्टर तथा एक पुरुष डॉक्टर की भूमिकाओं में अंतर हो जाता है क्योंकि डॉक्टर की भूमिका में यौन भूमिका (sex role) द्वारा घुसपैठी (intrusion) होती है।

4. भूमिका वार्ता *(Role negotiation)*—किसी भी भूमिका क्रियान्वयन (role enactment) को बहुत हद तक भूमिका वार्ता से भी दिशा निर्देश मिलता है। कोई भी भूमिकाकर्त्ता (actor) तथा भूमिका सहयोगी (role partners) प्रत्यक्ष या अप्रत्यक्ष रूप से वार्ता (negotiation) द्वारा यह तय कर लेते हैं कि किसी खास परिस्थिति में वे कैसे व्यवहार करेंगे। सचमुच भूमिका वार्ता (role negotiation) की प्रक्रिया बहुत ही सूक्ष्म (subtle) एवं अप्रत्यक्ष (indrirect) ढंग से होने वाली प्रक्रिया होती है जो अपने आप ही भूमिकाकर्त्ता (role actor) तथा भूमिका सहयोगी (role partner) के बीच धीरे-धीरे एक विशेष समझ (understanding) विकसित कर देता है जिसका परिणाम यह होता है कि वे दोनों ही अनजाने में ही किसी खास भूमिका समझौता (role bargain) की ओर अग्रसर होने लगते हैं।

ऐसे तो सभी तरह के सम्बन्धों में भूमिका वार्ता (role negotiation) द्वारा भूमिकाकर्त्ता (actor) का व्यवहार प्रभावित होते पाया जाता है परंतु निम्नांकित परिस्थितियों (situation) में इससे भूमिका व्यवहार (role behaviour) काफी प्रभावित होते पाया गया है।

(i) जब भूमिका (role) का स्वरूप (nature) कुछ ऐसा होता है कि उसे कोई सीमा में नहीं बाँधा जा सकता है और जिसके परिणामस्वरूप भूमिका निष्पादन (role performance) के विशिष्ट स्वरूप का उल्लेख करना मुश्किल हो जाता है।

(ii) जब भूमिकाकर्त्ता तथा भूमिका सहयोगियों (role partners) की प्रत्याशाएँ (expectations) अपने-अपने भूमिका व्यवहारों के बारे में एक-दूसरे से मेल नहीं रखते हों।

(iii) जहाँ परिस्थिति ही कुछ ऐसी होती है जो भूमिका क्रियान्वयन (role enactment) में बाधा पहुँचाती है।

(iv) जब भूमिकाकर्त्ता तथा भूमिका सहयोगी के सामाजिक सत्ता (social power) में बहुत अधिक अंतर नहीं होता।

(v) जहाँ भूमिकाकर्त्ता (actor) की विशेषताएँ कुछ ऐसी होती हो जो उन्हें सामान्य ढंग से भूमिका क्रियान्वयन करने में बाधा डालता है।

भूमिका वार्ता (role negotiation) के महत्त्व को वैवाहिक सम्बन्ध (marriage relation) के उदाहरण द्वारा जिनमें उपर्युक्त पाँचों तरह की परिस्थितियाँ होती हैं, इस प्रकार समझाया जा सकता है—पति तथा पत्नी की भूमिकाएँ प्रत्येक संस्कृति में एक विस्तृत सीमाओं (broad limits) में होता है जिसके कारण निश्चित रूप से यह नहीं कहा जा सकता है कि पति कौन-कौन तरह का व्यवहार करेगा तथा पत्नी कौन-कौन तरह का व्यवहार करेगी; पति तथा पत्नी शायद ही कभी अपनी-अपनी भूमिकाओं के सभी पहलुओं (aspects) पर सहमत होते हैं; परिस्थिजन्य कारकों (situational factors) से भी पति तथा पत्नी को भूमिका व्यवहार करने में बाधा पहुँचाती है; पति तथा पत्नी की मनोवृत्तियाँ (attitudes), व्यक्तित्व शीलगुण, भूमिका विशिष्टता (role identity) भी पूर्णरूपेण पति या पत्नी की भूमिका निर्वाह में बाधा पहुँचाते हैं।

निष्कर्षतः यह कहा जा सकता है कि सामाजिक तंत्र (social system) के भिन्न-भिन्न तत्त्वों या कारकों से भूमिका क्रियान्वयन (role enactment) को उचित दिशा निर्देश मिलता है। इन कारकों में से ब्लमस्टीन (Blumstein, 1975) ने द्वारा घुसपैठी भूमिकाओं (intruding role) तथा भूमिका वार्ता (role negotiation) की तुलनात्मक रूप से अधिक महत्त्व (weight) दिया गया है।

सामाजिक भूमिका : एक संगठित संप्रत्यय
(Social Role : An integrating Concept)

व्यवहारपरक विज्ञानों (behavioural sciences) में सामाजिक भूमिका (social role) का महत्त्व अत्यधिक बतलाया गया है क्योंकि यह एक ऐसा संप्रत्यय (concept) है जिसके माध्यम से किसी व्यक्ति के विभिन्न भूमिकाओं (roles)

को आसानी से एक साथ संगठित (integrate) किया जाता है। सामाजिक भूमिका (social role) का संप्रत्यय सचमुच में संगठनात्क कार्य (integrating functions) को काफी बेहतरीन ढंग से करता है। इस संदर्भ में सामाजिक भूमिका के निम्नांकित तीन कार्य काफ़ी महत्त्वपूर्ण बतलाये गये हैं—

(i) समूह के सदस्यों के विभिन्न कार्यों को सामाजिक भूमिका (social role) संघटित करके समूह के क्रियाओं को एकता (unity) प्रदान करता है।

(ii) सामाजिक भूमिका व्यक्ति को समूह तथा समाज (society) से जोड़ता है।

(iii) सामाजिक भूमिका किसी व्यक्ति के भिन्न-भिन्न कार्यों को संघटित करके उसे अधिक अर्थपूर्ण बनाता है।

अगर हम किसी एक व्यक्ति के विभिन्न भूमिकाओं(roles)तथा उससे सम्बन्धित व्यवहार(behaviour)का अध्ययन करें तो पायेंगे कि वह इन भिन्न-भिन्न भूमिकाओं को करके अपने व्यक्तित्व में एक एकता (unity) बनाये रखता है तथा साथ-ही-साथ अपना सम्बन्ध विभिन्न समूहों (groups) से जोड़े रखता है। जैसे—हम देखते हैं कि एक महिला घर में एक आदर्श माँ का व्यवहार करती है, ऑफिस में अपने सहकर्मियों एवं बॉस (boss) के साथ स्नेहात्मक अंतःक्रिया करती है, तथा पति के साथ प्यारपूर्ण व्यवहार करती है। इन विभिन्न व्यवहारों को अर्थपूर्ण ढंग से सामाजिक भूमिकाओं द्वारा जोड़कर वह अपनी प्रतिभा एक आदर्श (ideal woman) के रूप में बनाकर रखने में सफल हो पाती है।

समाजशास्त्रियों (sociologists) तथा मानवशास्त्रियों (anthropologists) ने भी सामाजिक भूमिका के संप्रत्यय (concept) को इन तीन महत्त्वपूर्ण क्षेत्रों को आपस में सम्बन्धित करने में काफी महत्त्वपूर्ण बतलाया है। वे तीन क्षेत्र हैं—सामाजिक तंत्र (social system), व्यक्तित्व (personality) तथा संस्कृति (culture) । समाजशास्त्रियों द्वारा सामाजिक तंत्र(social system)पर अधिक बल डाला गया है तथा मानवशास्त्रियों द्वारा संस्कृति(culture)तथा विभिन्न सामाजिक संरचनाओं (social structures) के तुलनात्मक अध्ययन पर अधिक बल डाला गया है। इन लोगों द्वारा किसी भी समूह में होने वाले परस्पर अंतःक्रियाओं (recurring interactions) को समझने में तथा उसे एक-दूसरे से सम्बन्धित कर एक अर्थपूर्ण निष्कर्ष निकालने में सामाजिक भूमिका (social role) के संप्रत्यय को काफी महत्त्वपूर्ण एवं लाभदायक (useful) माना गया है। सच्चाई तो यह है कि इन सामाजिक भूमिकाओं (social roles) के माध्यम से किसी समूह में होने वाले अंतःक्रियाओं (interactions) या व्यवहारों का विश्लेषण (analysis) आसानी से किया जाना सम्भव हो पाता है।

इस तरह से हम पाते हैं कि सामाजिक भूमिका (social role) का संप्रत्यय (concept) संघटनात्मक परिप्रेक्ष्य में भी काफी महत्त्वपूर्ण है।

भूमिका संघर्ष तथा भूमिका तनाव के अर्थ (Meaning of Role Conflict and Role Strain)

भूमिका संघर्ष (role conflict) तथा भूमिका तनाव (role strain) दो ऐसे पद (terms) हैं जिनमें काफी समानता (similarity) है फिर भी इन दोनों में एक सूक्षम (subtle) अंतर है। भूमिका संघर्ष तथा भूमिका तनाव में समानता यह है कि दोनों से तात्पर्य किसी भी भूमिका से सम्बन्धित प्रत्याशाओं (expectations) के अनुपालन सम्बन्धी कठिनाइयों से होती है। परंतु इन देनों में अंतर है। भूमिका संघर्ष (role conflict) उन परिस्थितियों में होता है जहाँ भूमिकाकर्त्ता (actor) को संघर्षात्मक या प्रतिद्वन्द्वात्मक (colflicting or competitive) प्रत्याशाओं (expectations) का सामना करना पड़ता है। जब एक ही भूमिका (role) के अंतर्गत विभिन्न तरह के प्रतिद्वन्द्वात्मक प्रत्याशाओं (competitive expectations)का सामना करना पड़ता है, तो इससे व्यक्ति में जो भूमिका संघर्ष(role conflict)होता है उसे *अंतःभूमिका संघर्ष* (intra role conflict) कहा जाता है। जैसे—विश्वविद्यालय में कुलपति (Vice-chancellor) से विभिन्न समूहों जैसे—शिक्षकों, छात्रों एवं कर्मचारियों (employees) की प्रत्याशाएँ (expectations) अलग-अलग होती हैं जिन्हें कुलपति को पूरा करना होता है। इससे कुलपति को होनेवाला भूमिका संघर्ष (role conflict) को अंतःभूमिका संघर्ष (intra role conflict) कहा जायेगा। परंतु जब किसी व्यक्ति एक से अधिक भूमिका (role) करने में प्रतिद्वन्द्वात्मक प्रत्याशाओं (competitive expectations) का सामना करना पड़ता है तो इससे उत्पन्न होने वाला भूमिका संघर्ष (role conflict) को अंतर भूमिका संघर्ष (inter role conflict) की संज्ञा दी जाती है। जैसे—एक ऑफिसर सिर्फ अपने दफ्तर का ऑफिसर (officer) ही नहीं होता है बल्कि अपने बच्चों का पिता भी होता है। पिता के रूप में उससे यह उम्मीद

की जाती है कि वह अपने बच्चों को स्नेह, प्यार, उनके पढ़ाई-लिखाई में अधिक समय देगा, परंतु ऑफिसर के रूप में उसे दफ्तर के कार्यों में अधिक समय देने एवं रूचि लेने की उम्मीद की जाती है। ऐसी परिस्थिति में जो भूमिका संघर्ष (role conflict) स्पष्टतः होगा जिसे अंतर भूमिका संघर्ष (inter role conflict) की संज्ञा दी जाती है।

भूमिका तनाव (role strain) का कार्यक्षेत्र (scope) भूमिका संघर्ष (role conflict) से बड़ा होता है और इसमें वे सारी परिस्थितियाँ तो सम्मिलित होतीं हैं जिनसे व्यक्ति में भूमिका संघर्ष (role conflict) होता है तथा इसके अलावा इसमें वे सारी परिस्थितियाँ भी सम्मिलित होती हैं जिनमें व्यक्ति अपने सामाजिक भूमिका से सम्बन्धित प्रत्याशाओं (expectations) को पूरा करने में आत्मगत रूप से (subjectively) कठिनाई का अनुभव करता है। अतः मनोवैज्ञानिकों ने भूमिका तनाव (role strain) पद का प्रयोग अधिक व्यापक समझकर भूमिका संघर्ष (role conflict) की अपेक्षा अधिक किया है।

भूमिका तनाव के कारण
(Causes of Role Strain)

समाजशास्त्रियों (sociologigsts), मानवशास्त्रियों (anthropologists) तथा समाज मनोवैज्ञानिकों द्वारा किये गये अध्ययनों से यह स्पष्ट हो गया है कि भूमिका तनाव (role strain) के कई कारण हैं और इन कारणों को मूलतः निम्नांकित तीन मुख्य श्रेणियों में बाँटा जा सकता है—

(1) सामाजिक तंत्र से उत्पन्न भूमिका तनाव (Role strain originating from social system)

(2) व्यक्तित्व शीलगुणों से उत्पन्न भूमिका तनाव(Role strain originating from personality characteristics)

(3) सांस्कृतिक कारकों से उत्पन्न भूमिका तनाव (Role strain originating from cultural factors)

इन तीनों तरह के श्रेणियों तथा उनके अंतर्गत आने वाले कारकों (factors) का वर्णन निम्नांकित हैं—

(1) सामाजिक तंत्र से उत्पन्न भूमिका तनाव *(Role strain originating from social system)*—समाजशास्त्रियों (sociologists) ने भूमिका तनाव के कारणों की व्याख्या करने में सामाजिक तंत्र (social system) को अधिक महत्त्वपूर्ण बतलाया है। सामाजिक तंत्र में भूमिका तनाव की व्याख्या भूमिकाकर्त्ताओं की विशेषताओं (characteristics) के रूप में ही नहीं बल्कि विभिन्न भूमिकाकर्त्ता (actors) के आपसी सम्बन्धों की विशेषताओं के रूप में की गयी है। विशेषज्ञों ने सामाजिक तंत्र (social system) के अंतर्गत निम्नांकित सात कारकों को महत्त्वपूर्ण माना है जिनसे व्यक्ति में भूमिका तनाव (role strain) उत्पन्न होता है। वे सात कारक निम्नांकित हैं—

(i) किसी सामाजिक तंत्र (social system) में जब किसी भूमिका (role) से सम्बन्धित उम्मीदें या प्रत्याशाएँ (expectations) अस्पष्ट होतीं हैं तथा भूमिकाकर्त्ताओं (actors) के बीच भूमिका क्रियान्वयन (role enactment) के बारे में सहमति (consensus) नहीं होती है तो ऐसी परिस्थिति में भूमिका तनाव का उत्पन्न होना अवश्यम्भावी हो जाता है। ऐसी परिस्थिति में एक भूमिकाकर्त्ता (actor) को यह नहीं समझ में आता है कि उसे दूसरे भूमिकाकर्त्ता (actor) से क्या उम्मीद या प्रत्याशा(expectation) करना चाहिए और साथ-साथ किये गये भूमिका व्यवहार (role behaviour) का अर्थ भी अलग-अलग ढंग से लगाया जाने लगता है। भूमिका प्रत्याशा (role expectation) में स्पष्टता के कई कारण हो सकते हैं जिसमें दो कारण को महत्त्वपूर्ण बतलाया गया है—किसी भूमिका (role) के भीतर कुछ नयी भूमिका (role) विकसित हो जाने से, जैसा कि स्वार्ज (Schwartz, 1957) ने अपने अध्ययन के आधार पर बतलाया है, भूमिका प्रत्याशा में अस्पष्टता उत्पन्न हो जाती है। उसी तरह से रोज (Rose, 1951) ने अपने अध्ययन में पाया कि जब किसी भूमिका में आनुक्रमिक परिवर्तन(successive change)होता है, तो इससे भी भूमिका प्रत्याशा(role expectation)में अस्पष्टता आ जाती है और यह भूमिका तनाव उत्पन्न करने में सहायक हो जाती है।

(ii) किसी सामाजिक तंत्र (social system) में भूमिका तनाव (role strain) का कारण किसी एक ही सामाजिक भूमिका से परस्पर संघर्षात्मक या प्रतिद्वन्द्वात्मक (conflicting or competing) प्रत्याशाओं (expectations) का होना होता है। इस तरह का प्रतिद्वंद्व या संघर्ष एक ही भूमिका सहयोगी (role parter) के व्यवहार से भी सम्बन्धित हो सकता है या विभिन्न भूमिका सहयोगियों (role partners) के व्यवहार से भी सम्बन्धित हो सकता है। एक माँ, जो यह भलीभाँति जानती है कि उसे अपने बच्चों को डाँट-फटकार नहीं करना चाहिए परंतु यह भी जानती है कि उन्हें अनुशासित करना

भी आवश्यक है, का व्यवहार एक ही भूमिका सहयोगी (role partner) से दो परस्पर विरोधी प्रत्याशाएँ (expectations) के उदाहरण हैं और इनसे उसमें भूमिका तनाव (role strain) उत्पन्न होगी। जब एक माँ यह समझती है कि वह अपने बच्चों की देख-रेख में अपने परिवार के अन्य सदस्यों के कारण उतना समय नहीं दे पाती है जितना देना चाहिए था, तो इस उदाहरण में दो भूमिका सहयोगियों (role partners) से सम्बन्धित प्रत्याशाएँ (expectations) आपस में टकराकर माँ में भूमिका तनाव (role strain) उत्पन्न कर रहा है। ग्रॉस, मेसन तथा मैकएकर्न (Gross, Mason & McEachern, 1958) द्वारा स्कूल निरीक्षकों (school superintendents) पर किया गया अध्ययन स्पष्टतः पहले तरह की परिस्थिति में उत्पन्न भूमिका तनाव (role strain) का उदाहरण है। स्कूल अधीक्षक या निरीक्षक को कई तरह के लोगों जैसे-शिक्षकों, किरानियों, सरकारी ऑफिसरों आदि के साथ अंतःक्रिया (expectations) होती है जो अक्सर परस्पर विरोधी होती है। (जैसे शिक्षक की उम्मीद होती है कि वे अधिक वेतनमान निर्धारण करने की अनुशंसा करेंगे जबकि सरकारी ऑफिसरों की उम्मीद होती है कि वे शिक्षकों का कम-से-कम वेतन निर्धारण करने की अनुशंसा करेंगे। इसका परिणाम यह होता है कि भूमिकाकर्त्ता अर्थात् स्कूल अधीक्षक में भूमिका तनाव (role strain) उत्पन्न होने लगता है।

(iii) कभी-कभी ऐसा होता है कि किसी व्यक्ति या भूमिकाकर्त्ता (actor) को जिन्हें आनुक्रमिक (successive) भूमिकाएँ करनी होती हैं उनमें अनिरंतरता (discontinuities) उत्पन्न हो जातीं हैं। इससे भी व्यक्ति में भूमिका तनाव (role strain) उत्पन्न होता है। इस तरह की अनिरंतरता दीर्घकालीन (long-term) भी हो सकती है तथा लघुकालीन (short-term) भी हो सकती है। वेनेडिक्ट (Benedict, 1938) ने यह बतलाया है कि एक बच्चा तथा एक वयस्क (adult) से हमारे समाज में परस्पर विरोधी भूमिका प्रत्याशाएँ (role expectation) की जाती है। जैसे—एक बच्चे में उत्तरायित्व की कमी, यौन इच्छाओं की कमी तथा दब्बूपन आदि होने की उम्मीद की जाती है जबकि एक वयस्क में इन सभी गुणों के विपरीत गुण होने की उम्मीद की जाती है। फलतः जब एक बच्चा अपने बचपनावस्था को समाप्त कर किशोरावस्था या वयस्कावस्था में प्रवेश करता है, तो उसे इन नये भूमिका व्यवहार (new role behaviour) को सीखना होता है और साथ-ही-साथ कुछ पुराने भूमिका व्यवहार का परित्याग करना भी सीखना होता है। इस तरह के पारगमन (transition) में उसे भूमिका तनाव (role strain) का सामना करना पड़ता है। विडवेल (Bidwell, 1961) ने भी अपने अध्ययन में इस तथ्य की पुष्टि किया है। पारगमन (transition) लघुकालीन (short term) भी हो सकता है। जैसे—यदि कोई ऑफिसर सारा दिन ऑफिस में अपने सहकर्मियों (colleagues) के साथ आक्रामक व्यवहार दिखलाकर यदि रात में अपने घर के सदस्यों के प्रति स्नेहात्मक व्यवहार दिखलाने की कोशिश करता है, तो इससे उसमें जो भूमिका तनाव (role strain) उत्पन्न होगा, वह एक लघुकालीन पारगमन (short-term transition) से उत्पन्न तनाव कहलायेगा।

(iv) सामाजिक तंत्र (social system) में जब कोई व्यक्ति या भूमिकाकर्त्ता एक ही साथ दो या दो से अधिक कोटि (position) में रहकर भूमिका व्यवहार (role behaviour) करता है तथा इससे भी उसमें भूमिका तनाव (role strain) उत्पन्न होता है। इन विभिन्न कोटियों (positions) से सम्बन्धित प्रत्याशाएँ (expectations) जितनी ही अधिक आपस में प्रतिद्वन्द्वी तथा विरोधी होती है तथा जितनी ही अधिक कठोरता से उनका पालन किया जाना होता है, व्यक्ति में भूमिका तनाव (role strain) की मात्रा उतनी ही अधिक होती है। ग्रास, मेसन तथा मैकाएकर्न (Gross, Mason & MvEachern, 1958) ने स्कूल अधीक्षकों (school superintendents) के अध्ययन में पाया कि अधिकतर अधीक्षकों को एक पिता, पति तथा स्कूल अधीक्षक की भूमिकाओं (roles) में से किस भूमिका में अधिक समय दिया जाये, से सम्बन्धित भूमिका तनाव (role strain) बना रहता है। इनके अध्ययन में पाया गया कि अधिकतर स्कूल अधीक्षक यह कहते पाये गये कि उनकी पत्नियाँ विशेषकर शाम का समय उनके साथ बिताने पर जोर डालती थी जबकि एक स्कूल अधीक्षक के रूप में उन्हें अधिकतर शाम शिक्षकों एवं कर्मचारियों की समस्याओं की विवेचना (discussion) पर बिताना पड़ता था।

(v) किसी भी भूमिका श्रेणी (role category) के भूमिकाकर्त्ता (actor) के जो आभार (obligations) होते हैं, वे उनके भूमिका सहयोगी (role partner) के अधिकार होते हैं। जैसे-पत्नी की रक्षा करना तथा उनके रोटी, कपड़ा एवं मकान का प्रबंध करना पति की भूमिका के लिए आभार (obligation) है परंतु पत्नी की भूमिका के लिए उपर्युक्त सुविधाओं को प्राप्त करना उनका अधिकार (rights) कहलायेगा। कभी-कभी सामाजिक तंत्र (social system) इस तरह से संगठित हो जाता है कि किसी सामाजिक भूमिका (social role) से अधिकार (rights) पुरस्कृत या प्रोत्साहन नहीं होता है और भूमिकाकर्त्ता (actor) यह अनुभव करने लगता है कि उसके साथ धोखा हुआ है। ऐसी परिस्थिति में वह अपने भूमिका सहयोगी (role parter) से सम्बन्धित प्रत्याशाओं (expectations) को पूरा नहीं कर पाता है। इससे भूमिका तनाव (role strain) उत्पन्न होता है। इतना ही नहीं, इभान (Evan, 1962) ने अपने अध्ययन के आधार पर यह भी बतलाया है किसी भूमिका के अधिकारों (rights) तथा आभारों (obligations) में असुंतलन या असमानता होने पर भी भूमिकाकर्त्ता (actor) को भूमिका तनाव (role strian) उत्पन्न होता है।

(vi) जब सामाजिक तंत्र (social system) ऐसा होता है जिसमें एक भूमिकाकर्त्ता द्वारा किये गये प्रयासों से भूमिका सहयोगियों (role partner) को अपने लक्ष्य (goal) की प्राप्ति में बाधा पहुँचती है तो इससे भूमिका तनाव उत्पन्न होता है। फॉसकेट(Foskett, 1960)ने इस तथ्य को एक प्रतियोगिता खेल-कूद जैसे—फुटबॉल(Fooball)के खेल के उदाहरण से स्पष्ट किया है। इस खेल में किसी एक समूह के खिलाड़ी (player) के प्रयास से दूसरे समूह के खिलाड़ी को अपने लक्ष्य (goal) पर पहुँचने में बाधा होती है। इसके परिणामस्वरूप उसमें भूमिका तनाव (role strain) उत्पन्न होता है। इस तरह का तनाव खेल-कूद की परिस्थिति से हटकर अन्य सामान्य परिस्थिति में भी हो सकता है।

(vii) कभी-कभी सामाजिक तंत्र (social system) इस प्रकार होता है कि एक व्यक्ति या भूमिकाकर्त्ता (actor) के दो (दो या से अधिक) भूमिका सहयोगी (role partner) होते हैं और इनमें से कोई दो आपस में मिलकर तीसरे के लक्ष्य उपलब्धि में बाधा डालकर भूमिका तनाव (role strain) उत्पन्न कर सकते हैं। जैसे—एक रोगी (patient) के दो भूमिका सहयोगी (role partner) होते हैं—नर्स एवं डॉक्टर। अब रोगी तथा नर्स आपस में मिलकर डॉक्टर में भूमिका तनाव (role strain) उत्पन्न कर सकते हैं (जैसे—रोगी डॉक्टर द्वारा बतलाये गये दवा को खाये ही नहीं तथा नर्स डॉक्टर को यह बतलावे कि रोगी दवा खा चुका है।)

इस तरह से हम देखते हैं कि सामाजिक तंत्र (social system) से संबंधित सात ऐसे प्रमुख कारक (factors) हैं जो व्यक्ति में भूमिका तनाव (role strain) उत्पन्न करते हैं।

(2) व्यक्तित्व शीलगुणों से उत्पन्न भूमिका तनाव *(Role strain originating from Personality characteristics)*—भूमिकाकर्त्ता (role actor) के व्यक्तित्व की कुछ ऐसी विशेषताएँ (characteristics) भी होतीं हैं जिनसे उनमें भूमिका तनाव उत्पन्न होता है। ऐसी विशेषताएँ (characteristics) निम्नांकित तीन तरह की होती है—

(i) विशेष क्षमता या योग्यता की कमी *(Lack of certain ablities)*—भूमिकाकर्त्ता में दिये गये भूमिका से सम्बन्धित व्यवहार को करने की क्षमता या विशेषता की कमी हो सकती है जिससे उसमें भूमिका तनाव(role strain) उत्पन्न हो सकता है। इस तरह की विशेषता या गुण (qualities) व्यक्तिगत (personal) हो सकता है या सामाजिक (social) हो सकता है। व्यक्तिगत गुण में व्यक्ति के शारीरिक गुण, कौशल, क्षमताएँ एवं व्यक्तित्व शीलगुणों (personal traits) को रखा जाता है तथा सामाजिक विशेषताओं (social characteristics) में शैक्षिक उपाधि (academic degree), अनुज्ञप्ति (licence) आदि को रखा जाता है। ये सारी विशेषताएँ व्यक्ति को भूमिका व्यवहार करने में बाधा पहुँचाते हैं। जब वे बाधा पहुँचाते हैं, तो इससे व्यक्ति में भूमिका तनाव उत्पन्न होता है। इन्केल्स (Inkeles, 1963) ने अपने अध्ययन में पाया कि जिन छात्रों में सत्तावाद (authoritarinism) का शीलगुण होता है, उन्हें सैनिक क्रियाओं से संबंधित भूमिकाओं (military roles) करने में अधिक मदद मिलती है। फलस्वरूप, उन्हें ऐसी भूमिकाओं को करने में कम भूमिका तनाव(role strain)होता पाया गया। कभी-कभी व्यक्ति के शीलगुण तो भूमिका व्यवहार से सीधे टकराते हैं और अत्यधिक मात्रा में भूमिका तनाव (role strain) उत्पन्न करते हैं। जैसे, यदि एक दुबला-पतला कमजोर व्यक्ति को फुटबॉल खेलने के लिए मैदान में उतारा जाये, तो इससे उसमें भूमिका तनाव उत्पन्न होगा। उसी तरह से यदि साधारण क्षमता वाले छात्र को इंजीनियरिंग की पढ़ाई करने को कहा जाये तो इससे भी उसमें भूमिका तनाव (role strain) उत्पन्न होगा। स्टर्न, स्टीन तथा ब्लूम (Stern, Stein & Bloom, 1966) ने एक अध्ययन किया जिसमें उन्होंने सत्तावादी उन्मुखता (authoritarian orienation) रखने वाले छात्रों को उन मूल्यों (values) से सम्बन्धित क्रियाओं को करने में उत्पन्न भूमिका तनाव(role strain)तथा उसके प्रभावों का अध्ययन किया जो उस तरह की उन्मुखता(orientation)के विपरीत था। परिणाम (result) में देखा गया है कि कॉलेज में एक साल बिताने के बाद 20% वैसे छात्रों ने अपना सम्बन्ध उस कॉलेज से तोड़ लिया जिससे उन्हें अपनी सत्तावादी उन्मुखता के विपरीत मूल्यों से सम्बन्धित कार्य करना पड़ता था। परंतु जिन छात्रों में ऐसी उन्मुखता कम थी वे लोग कॉलेज से अपना सम्बन्ध बनाये रखे। विश्लेषण से पता चला कि कॉलेज से नाता तोड़ने वाले छात्रों में भूमिका तनाव अधिक था क्योंकि उन्हें अपनी व्यक्तिगत शीलगुण(सत्तावादी उन्मुखता) के विपरीत कार्य करने पड़ रहे थे।

उपर्युवत तथ्यों से यह स्पष्ट हो गया कि भूमिका तनाव(role strain)में व्यक्ति की विशेषताओं(characteristics) एवं गुणों (qualities) का योगदान अधिक होता है।

(ii) आत्म-सम्प्रत्यय से टकराव *(Confronation with self concept)*—प्रत्येक व्यक्ति को अपने बारे में मन में एक विशेष छवि होती है जिसे *आत्म-सम्प्रत्यय* (self-concept) कहा जाता है। वह अपने इसी छवि के अनुरूप दूसरों के साथ व्यवहार करता है तथा यह उम्मीद करता है कि दूसरे लोग भी एक खास तरह से उनके प्रति व्यवहार करेंगे। व्यक्ति भरपूर कोशिश करता है कि वह एक ऐसी भूमिका का चयन करे जो इसके आत्म-संप्रत्यय (self-concept) से टकराता नहीं हो। परंतु कभी-कभी उसे ऐसी भूमिका का चयन होता है, जो उसके आत्म-संप्रत्यय से टकराने लगता है और तब ऐसी परिस्थिति में भूमिका तनाव (role strain) का उत्पन्न होना अवश्यम्भावी हो जाता है। जैसे, एक ईमानदार किरानी को यदि अपने भ्रष्ट पदाधिकारी (corrupt office) के दबाव में आकर घूस लेना पड़े, तो यहाँ किरानी में जो भूमिका तनाव (role strain) उत्पन्न होगा उनका स्पष्ट कारण उसके आत्म-संप्रत्यय (self-concept) तथा उसके द्वारा किये गये भूमिका व्यवहार (role behaviour) में टकराव (confrontation) का होना है। रेकलेस, डिनिज तथा मर्रे (Rckles, Dinitz & Murray, 1956) तथा बेकैन एवं सेकर्ड (Backman & Secord, 1968) ने अपने-अपने अध्ययनों से इस तथ्य की पुष्टि किया है।

(iii) मनोवृत्ति तथा आवश्यकताओं द्वारा बाधा *(Interference by attitudes and needs)*—व्यक्ति की अपनी मनोवृत्ति (attutude) तथा आवश्यकता (needs) का स्वरूप कुछ ऐसा हो सकता है जो उसे अमुक भूमिका व्यवहार (role behaviour) करने में बाधा पहुँचाता हो। ऐसी परिस्थिति में भी व्यक्ति में भूमिका तनाव (role strain) उत्पन्न होगा। एक व्यक्ति जिसकी मनोवृत्ति (attutude) अपने प्राधिकारी (authority figure) के प्रति यदि अनुकूल है, तो उसे अधीनस्थ (subordinate) की भूमिका करने में कोई तनाव (starin) नहीं होगा। परंतु यदि उसकी मनोवृत्ति प्राधिकारी के प्रति प्रतिकूल (unfavourable) है, तो उसे एक अधीनस्थ (subordinate) की भूमिका करने में काफी तनाव (strain) उत्पन्न होगी। उसी तरह व्यक्ति की आवश्यकता (need) भी भूमिका तनाव (role strain) उत्पन्न करने में मदद करती है। यदि कोई व्यक्ति को कोई ऐसी भूमिका (role) करने के लिए बाध्य किया जाता है, जिसमें उसकी आवश्यकता की अभिव्यक्ति नहीं हो पाती है तथा उसकी कुशलता तथा क्षमता का पूर्ण उपयोग नहीं हो पाता है, तो इससे उसमें असंतोष उत्पन्न होता है और व्यक्ति में भूमिका तनाव (role strain) उत्पन्न होता है। जैसे, कोई इंजीनियर से ऑफिस का लिपिकीय कार्य करवाया जाये, तो इससे इंजीनियर में भूमिका तनाव (role strain) उत्पन्न होगा क्योंकि इस कार्य में इंजीनियर की कौशलता एवं क्षमताओं का पूरा उपयोग नहीं हो पायेगा। उसी तरह यदि किसी व्यक्ति में उपलब्धि आवश्यकता (achievement need) अधिक है और यदि उसे एक ऐसी भूमिका करने को कहा जाये जिसमें इस आवश्यकता की अभिव्यक्ति पूर्णतः नहीं हो पा रही है, तो उससे भी व्यक्ति में भूमिका तनाव उत्पन्न होगा।

(3) सांस्कृतिक कारकों से उत्पन्न भूमिका तनाव *(Role strain originating from cultural factors)*—प्रत्येक समाज की एक संस्कृति (culture) होती है। इस संस्कृति के कुछ सामान्य विश्वास (belief) तथा सामान्य विचारधारा (ideology) होते हैं। यदि किसी व्यक्ति को इस सांस्कृतिक विश्वास एवं विचारधारा के विपरीत कोई भूमिका करने को कहा जाये तो इससे भूमिका तनाव (role strain) उत्पन्न होगा। जैसे, यदि किसी हिन्दू नवयुवक को अपने मौसेरी या फुफेरी बहन से शादी करने के लिए कहा जाये, तो इससे उस नवयुवक में एक भूमिका तनाव (role strain) उत्पन्न होगा परंतु यदि एक मुस्लिम नवयुवक को अपने मौसेरी या फुफेरी बहन से शादी करने के लिए कहा जाए तो उसे किसी प्रकार का भूमिका तनाव (role strain) नहीं होगा। इसका मूल कारण हिन्दू संस्कृति तथा मुस्लिम संस्कृति के विश्वास तथा विचारधाराओं में अंतर है।

स्पष्ट हुआ कि भूमिका तनाव (role-strain) के कई कारण हैं। इन कारणों में समाज मनोवैज्ञानिकों द्वारा व्यक्तित्व सम्बन्धी कारकों पर, समाजशास्त्रियों (sociologists) द्वारा सामाजिक तंत्र (social system) के कारकों पर तथा मानवशास्त्रियों (anthropologists) द्वारा सांस्कृतिक कारकों (cultural factors) पर तुलनात्मक रूप से अधिक बल डाला गया है।

भूमिका तनाव का समाधान
(Resolution of Role Conflict)

जैसा कि हम जानते हैं, भूमिका तनाव (role strain) के तीन कारण होते हैं—सामाजिक तंत्र (social system), वैयक्तिक व्यक्तित्व (individual personality) तथा सांस्कृतिक कारक (cultural factor)। अतः समाज मनोवैज्ञानिकों

ने भूमिका तनाव के समाधान के लिए भी तीन तरह के उपायों (strategies) का वर्णन किया है—(क) सामाजिक तंत्र से सम्बन्धित समाधान,(ख) वैयक्तिक व्यक्तित्व से सम्बन्धित समाधान तथा(ग) सांस्कृतिक चरों(cultural variables) से सम्बन्धित समाधान। इन तीनों तरह के समाधान का वर्णन निम्नांकित है—

(क) सामाजिक तंत्र पर आधृत समाधान (Resolution based upon Social System)—भूमिका तनाव को उत्पन्न करने में सामाजिक तंत्र (social system) से सम्बन्धित चरों (variables) की प्रबलता है। अतः समाज मनोवैज्ञानिकों ने इस तरह के तनाव को कम करने के लिए सामाजिक तंत्र (social system) पर आधारित कुछ उपायों (strategies) का वर्णन किया है, तो निम्नांकित है—

1. सर्वसम्मति की बढ़ाने का प्रक्रम *(Mechanism for increasing consenus)*—भूमिकाकर्त्ताओं (role actors) के बीच विभिन्न भूमिका प्रत्याशाओं (role expectations) के बारे में सहमति (consenus) नहीं रहने से भूमिका तनाव (role strain) उत्पन्न होता है। अतः समाज मनोवैज्ञानिकों का मत है कि यदि विभिन्न भूमिकाओं में किये गये प्रत्याशाओं (expectations) के बारे में यदि भूमिकाकर्त्ताओं (actors) के बीच सहमति (consensus) उत्पन्न कर दी जाती है, तो इससे भूमिका तनाव अपने आप कम हो जायेगा। भूमिकाकर्त्ताओं में ऐसी सहमति (consensus) उत्पन्न करने के ख्याल से विभिन्न तरह की समन्वय समितियों (coordination committees) का निर्माण, नये भूमिकाकर्त्ताओं का प्रशिक्षण (training), उनके आभारों (obligations) तथा अधिकारों (rights) को स्पष्टतः परिभाषित करना आदि मुख्य हैं। इन सब प्रविधियों के अपनाने से विभिन्न भूमिकाकर्त्ताओं में विभिन्न भूमिकाओं (roles) के बारे में एक सर्वसम्मति (consensus) उत्पन्न हो जाती है और तब उनमें भूमिका तनाव (role strain) अपने आप कम होने लगता है।

2. प्रतिद्वन्द्वात्मक भूमिका प्रत्याशाओं की कमी *(reduction of conflicting role expectations)*—प्रतिद्वन्द्वात्मक भूमिका प्रत्याशाओं से व्यक्ति में भूमिका तनाव (role strain) उत्पन्न होता है। अतः समाज मनोवैज्ञानिकों ने यह सुझाव दिया है कि ऐसी भूमिका प्रत्याशाओं को कम कर देने से व्यक्ति में भूमिका तनाव (role strain) अपने आप कम हो जायेगा। मर्टन (Merton, 1957), पार्सन (Parson, 1951) तथा टोबी (Toby, 1952) ने अपने-अपने अध्ययनों से बतलाया है कि जब किसी भूमिका (role) से सम्बन्धित आभार (obligations) की प्राथमिकता (priorities) बराबर-बराबर होती है तो उनसे तनाव अधिक होती है। अतः इन लोगों ने सुझाव दिया है कि इन भूमिका प्रत्याशाओं को प्राथमिकता के क्रम में यदि व्यवस्थित कर दिया जाता है तो स्वभावतः ऐसी अवस्था में किसी एक भूमिका प्रत्याशा (role expectation) की प्राथमिकता (priority) दूसरे भूमिका प्रत्याशा की प्राथमिकता (priority) से अधिक हो जाती है, और तब तनाव कम हो जाता है।

इसके अलावा यदि भूमिका सहयोगियों (role partners) के बीच सत्ता (power) में समानता न होकर असमानता उत्पन्न कर दी जाती है तथा किसी एक ही व्यक्ति को कई तरह के भूमिका श्रेणियों (role categories) में नहीं रखा जाता है तथा भूमिका सहयोगियों को स्थान या समय के ख्याल से एक-दूसरे से अलग (जैसा कि एक जगह से दूसरे जगह अंतरण (transfer) आदि करके किया जाता है) कर दिया जाता है, तो इससे भी व्यक्ति में भूमिका तनाव (role strain) में कमी आ जाती है।

3. भूमिका श्रेणियों में पारगमन को स्वचल बनाना *(To make transition of role position automatic)*—समाज में व्यक्ति की कुछ भूमिकाएँ स्वचल न होकर किसी निष्पादन (performance) पर आधारित होता है। जैसे किसी प्रतियोगिता परीक्षा में पास करके व्यक्ति पुरानी भूमिका (old role) का परित्याग करके किसी नयी भूमिका को सीखता है। ऐसी परिस्थिति में भूमिका तनाव (role strain) अधिक होती है क्योंकि ऐसे पारगमन (transition) में अनिश्चितता (uncertainy) हमेशा बनी रहती है। अतः समाज मनोवैज्ञानिकों का मत है कि यदि एक भूमिका से दूसरी भूमिका में पारगमन (transition) का तरीका आसान एवं स्वचल (automatic) बना दिया जाता है, तो इससे अपने आप भूमिका तनाव (role strain) में कमी आ जाती है। इन लोगों का मत है कि यदि इस तरह का पारगमन (transition) का आधार तैथिक आयु (chronological age), वरिष्ठता (seniority) आदि होता है जहाँ पारगमन की प्रक्रिया स्वतः हो जाती है उससे भूमिका परिवर्तन से व्यक्ति में किसी प्रकार का तनाव (strain) नहीं होता है। ऐसी भूमिका परिवर्तन में काफी निश्चितता (certainty) भी होती है। अतः इसमें तनाव नहीं होता है।

4. भूमिका सहयोगियों के अधिकारों एवं आभारों में पुनर्समायोजन *(Readjustment of rights and obligations of role partners)*—जैसा कि हम जानते हैं, अधिकतर भूमिका तनाव (role strain) भूमिका सहयोगियों

(role partners) के अधिकारों (rights) तथा आभारों (obligations) के बीच अतुल्य संतुलन (inequitable balance) के कारण उत्पन्न होता है। अतः यदि भूमिका सहयोगी आपस में अपने अधिकारों (rights) एवं आभारों (obligations) में पुनर्समायोजन (readjustment) करके उनके बीच एक तुल्य संतुलन (equitable balance) स्थापित कर लेते हैं, तो इससे स्वभावतः उनमें भूमिका तनाव (role strain) में कमी आ जाती है। जैसे, यदि पति-पत्नी का युग्म (pair) ऐसा है जिसमें पत्नी कहीं नौकरी करती है तथा पति बेरोजगार हैं तो पत्नी अपने आप को घरेलू एवं बाहरी जिम्मेवारियों से दबी हुई पाती है। इससे पत्नी का दृष्टिकोण पति के प्रेम उतना हार्दिक (warm) नहीं होगा। इससे दुखी होकर पति यदि अपनी पत्नी के प्रति किये गये भूमिका व्यवहार (role behaviour) में परिवर्तन कर लेता है और वह भी घरेलू कामों में पत्नी के साथ हाथ बँटाना प्रारंभ कर देता है, तो इससे पत्नी तथा पति के बीच एक नया समायोजन विकसित होगा और उनके अधिकारों एवं आभारों (obligations) के बीच एक नया संतुलन विकसित होगा जिससे उनके भूमिका तनाव (role strain) में स्वभावतः कमी हो जायेगी।

(ख) वैयक्तिक व्यक्तित्व से सम्बन्धित समाधान *(Resolution based upon Individual Personality)*— भूमिका तनाव (role strain) को कम करने में भूमिकाकर्त्ता की अपनी वैयक्तिक क्रियाओं (individual processes) का भी महत्त्व काफी बतलाया गया है। जैसे, वह अपने मूल्य तंत्रों (value system) को एक अनुक्रम (hierarchy) में सुव्यवस्थित करके उनसे सम्बन्धित भूमिका प्रत्याशाओं (expectations) को एक-एक करके पूरा करने की कोशिश कर सकता है। वेल्स (Bales, 1975) के अनुसार ऐसा करने से भूमिका तनाव (role strain) में काफी कमी आ जाती है। भूमिका तनाव को कम करने के लिए वह कुछ अहम् प्रक्रम (ego mechanism) जैसे यौक्तिकीकरण (rationalization), विस्थापन (displacment) तथा अन्य इच्छापरक कल्पनाओं का उपयोग भी कर सकता है। इतना ही नहीं, भूमिकाकर्त्ता (role actor) किसी भूमिका से सम्बन्धित प्रत्याशा (expectation) को युक्तिसंगत (legitimate) या अयुक्तिसंगत (illegitimate) के रूप में वर्गीकृत (classify) करके, प्रतिद्वन्द्वी प्रत्याशाओं (conflicting or competing expectations) के प्रति उनकी उन्मुखता (orientation) की पहचान करके भी भूमिका तनाव (role strain) को कम कर सकता है। इस सिलसिले में ग्रास, मेसन एवं मैकएकर्न (Gross, Mason & Mc Eachern, 1958) ने एक विशेष सिद्धांत (theory) का भी प्रतिपादन किया है जिससे मूलतः अंतःभूमिका तनाव (intra role strain) को कम करने की सैद्धान्तिक व्याख्या की गयी है।

(ग) सांस्कृति चरों से सम्बन्धित समाधान *(Resolution based upon cultural variables)*—कुछ खास-खास तरह के सांस्कृतिक कारकों का भी योगदान भूमिका तनाव (role strain) को कम करने में महत्त्वपूर्ण बतलाया गया है। जब एक ही तरह की भूमिका श्रेणियों (role category) के व्यक्तियों द्वारा भूमिका करने में समान ढंग से तनाव (strain) उत्पन्न होता है, तो वे एक साथ मिलकर एक ऐसी विचारधारा (ideology) या विश्वास (belief) उत्पन्न कर ले सकते हैं जिनसे वे उस तरह के तनाव (strain) का एक आदर्शात्मक समाधान (normative solution) विकसित कर लेते हैं। इस तरह के नये विश्वास का सम्बन्ध भूमिका प्रत्याशाओं (role expectations) के पुनर्निर्माण (reconstruction) से तथा नये मूल्य तंत्रों (new value system) के विकास से हो सकता है। इस सिलसिले में कोहेन (Cohen, 1955) द्वारा महत्त्वपूर्ण योगदान करके यह दिखलाया गया है कि जब कई या अधिकतर सदस्य किसी भूमिका व्यवहार (role behaviour) को वर्तमान सामाजिक मानक (social norms) या सामाजिक प्रत्याशाओं (social expectations) के अनुरूप नहीं कर पाते हैं, तो वे पारस्परिक अंतःक्रिया (mutual interaction) की प्रक्रिया के द्वारा प्रत्याशाओं (expectations) का एक नया सेट विकसित कर लेते हैं जिससे उस भूमिका व्यवहार को न किये जा सकने से उत्पन्न भूमिका तनाव (role strain) समाप्त हो जाता है या काफी कम हो जाता है। जैसे, जिस संस्कृति के सदस्यों में प्रतियोगिता (competition) द्वारा कुछ उपलब्धि प्राप्त करने पर अधिक बल डाला जाता है परंतु इनके कुछ सदस्य प्रतियोगिता के आधार पर उपलब्धि (achievement) प्राप्त करने में असफल रहते हैं, तो उनमें भूमिका तनाव (role strain) काफी उत्पन्न हो जाता है। वे आपस में यह प्रत्याशा (expectation) विकसित करके इस भूमिका तनाव को आसानी से कम कर ले सकते हैं कि प्रतियोगिता (competition) से प्राप्त उपलब्धि का आजकल सामाजिक मूल्य (social value) कम हो गया है और फिर बहुत सारी उपलब्धियाँ (achievements) ऐसी हैं जो प्रतियोगिता से प्राप्त उपलब्धि से कहीं श्रेष्ठ (superior) होती है।

निष्कर्षतः यह कहा जा सकता है कि भूमिका तनाव (role strain) को कम करने के बहुत सारे उपाय हैं। सचमुच

में इन तीनों तरह के उपायों को संयोजित (combined) करके भूमिका तनाव (role strain) को काफी प्रभावकारी ढंग से कम किया जा सकता है।

भूमिका तनाव समाधान के सिद्धांत (Theories of Role Conflict Resolution)

समाज मनोवैज्ञानिकों ने भूमिका तनाव समाधान की व्याख्या कुछ सिद्धांतों के रूप में किया है। इन सिद्धांतों में से निम्नांकित दो सिद्धांत अधिक महत्त्वपूर्ण है—

(1) ग्रॉस तथा उनके सहयोगियों का सिद्धांत (Gross et. al, theory)

(2) गुड्डी का भूमिका-सौदाकारी सिद्धांत (Goode's theory of role bargaining)

इन दोनों सिद्धांतों का वर्णन निम्नांकित है—

(1) ग्रॉस तथा उनके सहयोगियों का सिद्धांत *(Gross et al. theory)*—इस सिद्धांत का प्रतिपादन ग्रॉस, मैसन तथा मैकएकर्न (Gross, Mason & McEachern, 1958) द्वारा किया गया। इस सिद्धांत में अंतःभूमिका संघर्ष (intra role conflict) जहाँ व्यक्ति को एक ही भूमिका श्रेणी (role category) के प्रतिद्वन्द्वी प्रत्याशाओं (conflicting expectations) का सामना करना पड़ता है, के समाधान पर बल डाला गया है। इस सिद्धांत के अनुसार जब कोई व्यक्ति दो प्रतिद्वन्द्वी प्रत्याशाएँ (conflicting expectation) जैसे प्रत्याशा A तथा प्रत्याशा B से घिर जाता है, तो सामान्यतः निम्नांकित तीन विकल्पों (alternatives) में से वह किसी एक का चयन करता है—

(i) वह प्रत्याशा A तथा B में से किसी एक के साथ अनुपालन (conformity) दिखलाता है।

(ii) वह दोनों प्रत्याशाओं अर्थात A एवं B को अंशतः पूरा करके अपनी अनुक्रिया कर सकता है।

(iii) वह इन दोनों ही तरह के प्रत्याशाओं से अपने आप को अलग कर ले सकता है।

सचमुच में व्यक्ति किसी ऐसी प्रतिद्वन्द्वी परिस्थिति (conflicting situation) में किस तरह की अनुक्रिया का चयन करेगा, वह मूलतः तीन चरों (variables) पर निर्भर करता है—

(1) युक्तिसंगतता (legitimacy), (2) अनुमोदन (sanction), (3) उन्मुखता (orientation) इन तीनों का वर्णन निम्नांकित है—

1. युक्तिसंगतता *(Legitimacy)*—कोई भी व्यक्ति किसी भूमिका प्रत्याशा (role expectation) को युक्तिसंग (legitimate) तब मानता है जब वह यह समझता है कि उसके भूमिका सहयोगी (role parter) को उस तरह के प्रत्याशा का अधिकार है। जैसे, यदि पत्नी अपने पति से ही अपनी सुरक्षा, भोजन, आवास आदि की प्रत्याशा करती है, तो पति के लिए यह एक युक्तिसंगत प्रत्याशा (legitimate expectation) का उदाहरण होगा। परंतु यदि कोई अनजबी महिला उसके पति से इस तरह का प्रत्याशा करती है, तो इस पुरुष के लिए वह एक अयुक्तिसंगत प्रत्याशा (illegitimate expectation) का उदाहरण होगा। ग्रॉस तथा उनके सहयोगियों (Gross et. at., 1958) का मत है कि व्यक्ति अर्थात भूमिकाकर्त्ता युक्तिसंगत प्रत्याशा (legitimate expectation) के साथ अनुपालन दिखलाता है। अगर व्यक्ति के सामने एक युक्तिसंगत प्रत्याशा तथा दूसरी अयुक्तिसंगत प्रत्याशा होती है, तो वह युक्तिसंगत प्रत्याशा को स्वीकार करेगा। अगर दोनों ही युक्तिसंगत होते हैं, तो वह इन दोनों में समझौता (compromise) करेगा। परंतु अगर दोनों ही प्रत्याशाएँ अयुक्तिसंगत हों, तो वह दोनों से अपने आप को दूर करके भूमिका तनाव (role strain) कम कर लेगा।

2. अनुमोदन *(Sanction)*—अनुमोदन से तात्पर्य वैसी क्रियाओं से होता है जिसके करने से भूमिका सहयोगी (role partner) या भूमिकाकर्त्ता (actor) की आवश्यकताओं (need) की संतुष्टि या असंतुष्टि होती है। जब आवश्यकता की संतुष्टि हो जाती है, तो वैसी क्रियाओं को धनात्मक अनुमोदन (positive saction) तथा जब आवश्यकता की संतुष्टि में बाधा पहुँचती है, तो इसे नकारात्मक अनुमोदन (negative sanction) की संज्ञा दी जाती है।

इस सिद्धांत की पूर्वकल्पना (assumption) यह है कि व्यक्ति उन प्रत्याशाओं (expectations) को स्वीकार करने के लिए अधिक प्रेरित रहता है जिसका अपालन (nonconformity) करने से तीव्र नकारात्मक अनुमोदन (negative sanction) की संभावना होती है। इस पूर्वकल्पना के आलोक में तब यह कहा जा सकता है कि व्यक्ति जब दो ऐसे प्रत्याशाओं (expectations) से घिर जाता है जिसमें से एक के प्रति नकारात्मक अनुमोदन (strong negative snaction) तथा दूसरे के प्रति कमजोर या हल्का-फुल्की नकारात्मक अनुमोदन (light negative sanction) करना होता है, तो इस तरह की परिस्थिति में उत्पन्न भूमिका तनाव को व्यक्ति पहले तरह के प्रत्याशा के प्रति अनुपालन दिखलाकर कम कर लेगा। अगर दोनों ही प्रत्याशाओं के साथ तीव्र नकारात्मक अनुमोदन (strong negative sanction) सम्बन्धित होता है, तो व्यक्ति दोनों के साथ एक समझौता करके अपना तनाव कम कर लेगा। परंतु जब दोनों ही प्रत्याशाओं के साथ कमजोर नकारात्मक अनुमोदन (negative sanction) सम्बन्धित होगा, तो इस सिद्धांत के अनुसार कुछ भी पूर्वानुमान (prediction) लगाना सम्भव नहीं है। ऐसी परिस्थिति में व्यक्ति अपना भूमिका तनाव अनुमोदन (sanction) के चर द्वारा नहीं बल्कि युक्तिसंगतता (legitimacy) के चर द्वारा करेगा। सचमुच में दिन-प्रतिदिन की परिस्थिति में व्यक्ति युक्तिसंगतता (legitimacy) तथा अनुमोदन (sanction) को स्वतंत्र रूप से भूमिका तनाव कम करने में प्रयोग नहीं करता है बल्कि इन दोनों तरह के चरों का उपयोग संयुक्त एवं संतुलित (balanced) ढंग से करता है।

3. उन्मुखता *(Orientation)*—इस सिद्धांत के प्रतिपादकों का मत है कि भूमिका प्रत्याशा (role expectation) के युक्तिसंगतता (legitimacy) तथा अनुमोदन (sanction) के प्रति व्यक्ति में उन्मुखताएँ (orientation) अलग-अलग होती हैं। ऐसी उन्मुखताएँ तीन प्रकार की होती है—

(i) नैतिक उन्मुखता *(Moral orienation)*—ऐसी उन्मुखता वाले व्यक्ति भूमिका प्रत्याशा (role expectation) की युक्तिसंगतता (legitimacy) विमा को प्राथमिकता देने वाले होते हैं। किसी संघर्षमय परिस्थिति में या तनाव उत्पन्न करने वाले परिस्थिति में ऐसी उन्मुखता वाले व्यक्ति हमेशा युक्तिसंगत प्रत्याशा को ही स्वीकार करेंगे तथा अयुक्तिसंगत प्रत्याशा को अस्वीकृत (reject) कर देंगे। अगर दोनों ही प्रत्याशाएँ युक्तिसंगत होंगी, तो तनाव (strain) कम करने के लिए वह दोनों के बीच एक समझौता (compromise) का रास्ता ढूँढ लेगा। अगर दोनों ही अयुक्तिसंगत होंगे, तो वह दोनों को अस्वीकृत कर देगा।

(ii) कार्य-साधक उन्मुखता *(Expedient orienation)*—ऐसी उन्मुखता वाले व्यक्ति भूमिका प्रत्याशा (role expectation) के अनुमोदन (snaction) विमा को युक्तिसंगतता (legitimacy) विमा की तुलना में अधिक प्राथमिकता (primacy) देगी। ऐसा व्यक्ति उन भूमिका प्रत्याशाओं (role expectation) का चयन करेगा जिसके अपालन (nonconformity) से सबसे तीव्र नकारात्मक अनुमोदन (strongest negative sanction) मिलता हो।

(iii) नैतिक-कार्य साधक उन्मुखता *(Moral-expedient orientation)*—इस तरह की उन्मुखता वाले व्यक्ति प्रत्याशा (expectation) के दोनों विमाओं (dimensions) अर्थात युक्तिसंगतता (legitimacy) तथा अनुमोदन (sanction) को प्राथमिकता देता है तथा दोनों के संतुलन (balance) से जो व्यवहार किया जा सकता है, उसे ही करता है।

इस सिद्धांत का प्रयोग सफलतापूर्वक कई परिस्थितियों में भूमिका तनाव में हुई कमी की व्याख्या करने के लिए किया गया है। जैसे, ग्रॉस, मेसन तथा मैकएकर्न (Gross, Mason & McEachern, 1958) ने इस सिद्धांत का उपयोग स्कूल अधीक्षकों (School Superintendets) में कई तरह की परिस्थितियों में उत्पन्न भूमिका तनावों में हुई कमी की व्याख्या करने में सफलतापूर्वक किया गया है। उसी तरह यर्टलिक तथा उनके सहयोगियों (Yertilk et al., 1964) ने पुलिस पदाधिकारियों (Police officers) तथा पुलिस प्रशिक्षणार्थियों की भूमिका तनाव की कमी की व्याख्या करने में इस सिद्धांत का सफलतापूर्वक उपयोग किया है। शूल्ल तथा मिल्लर (Shull & Miller, 1960) ने इस सिद्धांत द्वारा व्यावसायिक प्रशासकों (business executives) के दो समूहों यानि, प्रशिक्षण निदेशकों के एक समूह तथा श्रमिक नेता के एक समूह का अध्ययन किया और देखा कि उनकी भूमिका तनाव के सम्बन्ध में इस सिद्धांत के आलोक में किया गया पूर्वानुमान (prediction) की परिशुद्धता (accuracy) 70% थी।

(ख) गुड्डे का भूमिका-सौदाकारी सिद्धांत *(Goode's theory of role bargaining)*—इस सिद्धांत का प्रतिपादन गुड्डे (Goode, 1960) द्वारा किया गया। इस सिद्धांत के अनुसार व्यक्ति अपने भूमिका तनाव में कमी भूमिका-सौदाकारी (role bargaining) की प्रक्रिया द्वारा करता है। गुड्डे का यह सिद्धांत बहुत कुछ विनिमय सिद्धांत (exchange theory) के समान ही है। गुड्डे का मत है कि चूँकि व्यक्ति अपने भूमिका सहयोगियों (role partner) के सभी उम्मीदों या प्रत्याशाओं (expectations) को कई कारणों से पूरा नहीं कर पाता है, अतः वह उनके साथ एक तरह का सौदाकारी (bargaining) करके उनमें से कुछ प्रमुख प्रत्याशाओं को पूरा करके अपना भूमिका तनाव (role strain) दूर करता है। यहाँ वह यह निश्चित करता है कि किस भूमिका सहयोगी की प्रत्याशा को वह पूरा करेगा और किस सीमा तक उसे पूरा करेगा और ऐसा करने में उसे कितना लाभ तथा कितनी हानि होगी, आदि-आदि। ऐसी परिस्थिति में वह किस सीमा तक अपने भूमिका सहयोगी की प्रत्याशा (expectation) को पूरा करेगा। यह निम्नांकित तीन बातों पर निर्भर करती है—

(i) जिस प्रत्याशा से सम्बन्धित भूमिका व्यवहार (role behaviour) को करने से उसे आंतरिक संतुष्टि मिलती है तथा जो उसके मूल्यों के अनुरूप होती है।

(ii) व्यक्ति का यह प्रत्यक्षण कि उसके व्यवहार को उसके भूमिका सहयोगी (role parter) किस हद तक पुरस्कृत या दंडित करेगा।

(iii) जो लोग व्यक्ति के नजर में महत्त्वपूर्ण हैं, वे कहाँ तक उसके भूमिका व्यवहार तथा उनके भूमिका सहयोगियों के उस व्यवहार को जिससे उसे भूमिका व्यवहार करने में मदद मिलती है, आदर या अनादर की दृष्टि से देखते हैं।

गुड्डी का यह सिद्धांत सचमुच में इस ओर संकेत करता है कि भूमिका तनाव को दूर करने के लिए व्यक्ति अपने व्यक्तित्व एवं भूमिका श्रेणी (role category) के अनुरूप भूमिका सहयोगी (role partner) के साथ अपने सम्बन्ध में परिवर्तन करने की कोशिश करता है।

अध्याय सारांश
(Chapter Summary)

1. समाज मनोविज्ञान में सामाजिक भूमिका से तात्पर्य किसी भूमिका श्रेणी (role category) तथा उससे सम्बन्धित प्रत्याशाओं (role expectations) से होती है। भूमिका श्रेणी (role category) या भूमिका कोटि (role position) से तात्पर्य व्यक्तियों के एक ऐसी श्रेणी से होता है जिसका सामाजिक सम्बन्ध (social relation) में एक खास स्थान होता है। भूमिका प्रत्याशा (role expectation) से तात्पर्य उन उम्मीदों या प्रत्याशाओं (expectations) से होता है जो एक दिये हुए भूमिका श्रेणी (role category) से सम्बन्धित होता है। भूमिका व्यवहार (role behaviour) से तात्पर्य किसी भूमिका श्रेणी में भूमिकाकर्त्ता के उन व्यवहारों से होता है जो उनके भूमिका के प्रत्याशा (expectation) के अनुरूप होते हैं। भूमिका व्यवहार, भूमिका प्रत्याशा (role expectation) के अनुरूप हो भी सकते हैं या नहीं भी हो सकते हैं।
2. समाज मनोवैज्ञानिकों (social psychologists) द्वारा समाजिक भूमिका (social role) तथा सामाजिक तंत्र (social system) के सम्बन्धों पर दो चरणों में प्रकाश डाला गया है—विभिन्न सामाजिमक भूमिकाओं का आपसी सम्बन्ध (relations among various social roles) तथा अंतःक्रिया करने के दौरान सामाजिक भूमिका (social roles during interaction) ।
3. सामाजिक अंतःक्रिया (social interaction) का विश्लेषण कुछ सामाजिक भूमिकाओं (social roles) के रूप में करने के लिए किया गया है। इस सम्बन्ध में समाज मनोवैज्ञानिकों ने चार कारकों (factors) की पहचान किया है जिनसे सामाजिक भूमिकाओं का निरूपण (portyal) प्रभावित होता है। वे चार कारक हैं—परिस्थितिजन्य माँग, व्यक्तित्व कारक, घुसपैठी भूमिकाएँ (intruding role) तथा भूमिका वार्ता (role negotiation)।
4. समाज मनोवैज्ञानिकों ने सामाजिक भूमिका (social role) को एक संघठित संप्रत्यय (integrating concept) के रूप में वर्णन किया है। सचमुच में समूह के सदस्यों के विभिन्न कार्यों को सामाजिक भूमिका संघटित करके समूह के क्रियाओं को एकता (unity) प्रदान करता है। सामाजिक भूमिका व्यक्ति को समूह तथा समाज से जोड़ता है।
5. भूमिका तनाव (role strain) एक विस्तृत संप्रत्यय (broad concept) है जिसमें सचमुच में भूमिका संघर्ष (role conflict) भी सम्मिलित होता है। भूमिका तनाव में वे सारी परिस्थितियाँ आती हैं जिनसे व्यक्ति में भूमिका संघर्ष (role conflict) तो होता ही है तथा इसमें व्यक्ति अपने सामाजिक भूमिका से संबंधित प्रत्याशाओं (expectations) को पूरा करने में आत्मगत रूप से (subjectively) कठिनाई का अनुभव करता है।

6. भूमिका तनाव (role strain) के कई कारण बतलाये गये हैं जिन्हें मूलतः तीन विस्तृत श्रेणियों (broad categories) में बाँटा गया है—सामाजिक तंत्र (social system) से उत्पन्न भूमिका तनाव, व्यक्तित्व विशेषताओं (personality characterstics) से उत्पन्न भूमिका तनाव तथा सांस्कृतिक कारकों या चरों (cultural variables) से उत्पन्न भूमिका तनाव।

7. भूमिका तनाव (role strain) को कम करने के लिए जो उपाय बतलाये गये हैं वे भी उपर्युक्त तीन श्रेणियों से ही सम्बन्धित हैं। पहले श्रेणी के उपाय में सामाजिक तंत्र से सम्बन्धित चरों से उत्पन्न तनाव को दूर किया जाता है, दूसरे श्रेणी के उपाय में वैयक्तिक व्यक्तित्व (individual personality) से सम्बन्धित चरों से उत्पन्न तनाव को दूर किया जाता है तथा तीसरे श्रेणी के उपायों में सांस्कृतिक चरों से उत्पन्न तनावों को दूर किया जाता है।

8. भूमिका तनाव को दूर करने के दो प्रमुख सिद्धांतों का भी वर्णन किया गया है।

❑

अध्याय 27

सामूहिक संघर्ष या सामाजिक संघर्ष
(GROUP CONFLICT OR SOCIAL CONFLICT)

मनोविज्ञान में 'संघर्ष' (conflict) तथा 'तनाव' (tension) दो ऐसे पद (terms) हैं जिनका उपयोग बहुत साथ-साथ और कभी-कभी एक-दूसरे के लिए भी (interchangeably) किया जाता है परंतु सचमुच में इन दोनों पद में सूक्ष्म अंतर है जिससे अवगत होना आवश्यक है क्योंकि तब ही जाकर समूह संघर्ष (group conflict) या सामाजिक संघर्ष (social conflict) का अर्थ सही-सही समझ में आ पायेगा। गसुर्व (Gsurve, 1968) के अनुसार व्यक्ति या समूहों में तनाव (tension) पहले उत्पन्न होता है और बाद में इससे संघर्ष (conflict) की उत्पत्ति होती है। इस तरह संघर्ष (conflict) तनाव का परिणाम (aftermath) होता है। तनाव एक बेचैनी (restlesness) तथा चिन्ता (anxiety) की अवस्था होती है जबकि संघर्ष एक तरह की आक्रामकता (attack) की अवस्था होती है जो शाब्दिक (verbal) या शारीरिक (physical) या दोनों हो सकती है। अतः तनाव व्यक्ति में आत्मनिष्ठ रूप से (subectively) अनुभव की गयी अवस्था होती है जबकि संघर्ष एक ऐसा व्यवहार होता है जिसका अवलोकन बाह्य रूप से संभव है। जब व्यक्तियों का दो समूह खुलेआम एक-दूसरे को गाली देते हुए या शारीरिक रूप से आक्रमण करते हुए देखे जाते हैं, तो इसे संघर्ष (conflict) की संज्ञा दी जाती है परंतु यदि दोनों समूह के सदस्य मन-ही-मन एक-दूसरे के व्यवहार से चिन्तित एवं बेचैन रहते हैं, तो यह तनाव (tension) का उदाहरण होगा।

सामाजिक संघर्ष या सामूहिक संघर्ष का अर्थ एवं स्वरूप
(Meaning and Nature of Group or Social Conflict)

समाज मनोवैज्ञानिकों, समाजशास्त्रियों (sociologists) तथा मानवशास्त्रियों (anthopologists) ने सामाजिक संघर्ष (social conflict) या सामूहिक संघर्ष के अध्ययन पर बल डाला है। जब दो या दो से अधिक व्यक्तियों या व्यक्तियों के दो या दो से अधिक समूहों के बीच इस ढंग की अंतःक्रिया (interaction) होती है जिसमें लोग किसी-न-किसी ढंग से एक-दूसरे का विरोध (oppose) करते हैं, तो इसे **सामूहिक संघर्ष** (group conflict) या **सामाजिक संघर्ष** (social conflict) कहा जाता है। **ऑलसन**[1] (Olsen, 1978) के शब्दों में इसे इस ढंग से परिभाषित किया जा सकता है, ''सामाजिक संघर्ष (या सामूहिक संघर्ष) तब उत्पन्न होता है जब दो या दो से अधिक व्यक्ति सामाजिक अंतःक्रिया में एक-दूसरे का विरोध करते हैं, एक दुलर्भ या असंगत लक्ष्यों की प्राप्ति करने के लिए एक-दूसरे पर सामाजिक सत्ता का उपयोग करते हैं और अपने विरोध से उन लक्ष्यों को प्राप्त करने में बाधा डालते हैं।''

वेबर[2] (Weber, 1964) ने भी सामाजिक संघर्ष (Social conflict) को कुछ इसी तरह परिभाषित करते हुए कहा है, ''सामूहिक संघर्ष एक सामाजिक संबंध होता है जहाँ व्यक्ति अपनी अच्छानुसार जान-बूझकर अन्य पार्टी या पार्टियों के प्रतिरोध (resistance) के प्रतिकूल अनुक्रिया करता है।''

---

1. "Social conflict (or group conflict) occurs when two or more actors oppose one another in social interaction, reciprocally exerting social power in an effort to attain scarce or incompatible goals and prevent the opponent from attaining them." —Olsen : *The Process of Social Organization* 1978, p. 310.
2. "Group conflict is a relationship where the action is oriented intentionally for carrying out the actor's own will against the resistance of other party or parties." —Weber : *The Thory of Social and Economic Organization,* 1964, p. 132

इन परिभाषाओं का विश्लेषण करने पर सामूहिक संघर्ष या सामाजिक संघर्ष के स्वरूप के बारे में कुछ तथ्यों का पता चलता है जो निम्नांकित है—

1. समूह संघर्ष में सामाजिक सत्ता सम्मिलित होती है *(Group conflict involves social power)*—किसी तरह के सामाजिक संघर्ष में सामाजिक सत्ता (social power) सम्मिलित होता है। इस तरह की सत्ता (power) का प्रयोग करके प्रत्येक समूह अपना-अपना लक्ष्य प्राप्त करना चाहता है। परिणाम यह होता है जिसकी सत्ता अधिक शक्तिशाली होती है, वह जीत जाता है अर्थात लक्ष्य की प्राप्ति कर लेता है तथा जिसकी सत्ता कमजोर होती है, वह लक्ष्य को प्राप्त करने में असफल रह जाता है।

2. समूह संघर्ष में असंगति या असमंजस्य होता है *(Group conflict involves incompatibility)*—सचमुच में सामूहिक संघर्ष (group conflict) एक ऐसा संघर्ष होता है जिसमें सभी लोगों को वह चीज या वस्तु नहीं मिल जाती है जिसकी उसे चाह होती है। कुछ लोग तो अपनी चाह पूरा करने में सफल हो जाते हैं तो कुछ लोग की चाह मात्र चाह बनकर ही रह जाता है। कहने का तात्पर्य यह है कि सामूहिक या सामाजिक संघर्ष की परिस्थिति ऐसी होती है कि कुछ व्यक्ति अन्य व्यक्तियों की कीमत पर ही किसी लक्ष्य की प्राप्ति कर सकने में समर्थ हो पाते हैं।

3. समूह संघर्ष अवश्यम्भावी होता है *(Group conflict is inevitable)*—अधिकतर सामाजिक परिस्थितियाँ (social situations) इस ढंग की होतीं हैं कि उनमें सभी व्यक्तियों की रूचियाँ या उनके विचार शायद ही कभी बिलकुल ही एक समान (identical) होते हैं। वे हमेशा यह कोशिश करते हैं कि उनके द्वारा किये गये अंतःक्रिया (interaction) से उनकी ही जीत हो। अन्य दूसरे लोग अंतःक्रिया (interaction) को अपने पक्ष में ले जाने की भरसक कोशिश करते हैं और वे चाहते हैं कि जीत उनकी हो। ऐसी परिस्थिति में समूह या सामाजिक संघर्ष अवश्यम्भावी होता है।

समूह संघर्ष (group conflict) की उपर्युक्त विशेषताएँ प्रधान हैं। इन विशेषताओं के अलावा समाज मनोवैज्ञानिकों का मत यह भी है कि शुद्ध समूह संघर्ष (pure group conflict) विरले (rare) होता है क्योंकि संघर्ष के साथ-साथ प्रायः सहयोगिता (co-operation) भी व्यक्ति या समूह दिखलाता है।

सामूहिक या सामाजिक संघर्ष के प्रकार
(Types of Group Conflict or Social Conflict)

समाज मनोवैज्ञानिकों तथा समाजशास्त्रियों ने मिलकर सामूहिक संघर्ष (group conflict) के तीन मुख्य प्रकार बतलाया है—

1. प्रत्यक्ष संघर्ष (overt conflict)
2. वस्तुनिष्ठ संघर्ष (objective conflict)
3. आत्मनिष्ठ संघर्ष (subjective conflict)

इन तीनों का वर्णन निम्नांकित है—

1. प्रत्यक्ष संघर्ष *(Overt conflict)*—प्रत्यक्ष संघर्ष वह संघर्ष होता है जो बिलकुल ही खुला एवं स्पष्ट होता है। इनमें दोनों ही समूह या पार्टियों में प्रतिस्पर्द्धा (competition) तीखा एवं प्रत्यक्ष होता है। जैसे, मजदूरों एवं मालिकों के बीच किसी समझौता के लिए वार्ता (negotiation), वाद-विवाद (debate) में समूहों के बीच प्रतिस्पर्द्धा (competition), दो देशों के बीच में युद्ध आदि प्रत्यक्ष सामूहिक संघर्ष या सामाजिक संघर्ष (social conflict) के उदाहरण हैं।

2. वस्तुनिष्ठ संघर्ष *(Objective conflict)*—वस्तुनिष्ठ संघर्ष वैसे संघर्ष को कहा जाता है जिसमें परिस्थिति ऐसी होती है कि एक समूह अन्य दूसरे समूहों की कीमत पर कुछ लाभ प्राप्त करने की कोशिश करता है। इस तरह से वस्तुनिष्ठ संघर्ष से तात्पर्य एक ऐसी सामाजिक परिस्थिति (social situation) से होता है जहाँ कुछ लोगों को लाभ होता है तो कुछ लोगों को हानि होती है क्योंकि परिस्थिति ही ऐसी होती है। जैसे, सरकार द्वारा सामाजिक सुधार के लिए उठाये गये कदमों से जनता को समान लाभ होना चाहिए परंतु अक्सर देखा गया है कि कुछ लोग उससे अधिक लाभान्वित हो जाते हैं तो कुछ लोग बहुत ही कम लाभान्वित हो पाते हैं। नतीजन, एक सामाजिक संघर्ष (social conflict) उत्पन्न हो जाता है जिसे वस्तुनिष्ठ संघर्ष (objective conflict) कहा जाता है।

3. आत्मनिष्ठ संघर्ष (*Subjective conflict*)—जब व्यक्ति किसी ऐसी परिस्थिति की पहचान या प्रत्यक्षण करता है जिसे वह संघर्ष की परिस्थिति कहता है, तो उसे आत्मनिष्ठ संघर्ष (subjective conflict) कहा जाता है। कभी-कभी ऐसा होता है कि आत्मनिष्ठ संघर्ष व्यक्तियों में अधिक दिनों तक बिना उसे प्रत्यक्ष संघर्ष (overt conflict) में बदले ही बना रहता है। जैसे, यदि श्रमिक वर्ग मालिकों पर अधिक बल डालने के ख्याल से संगठित हो जाते हैं और उधर मालिक अपने साधनों को इस ढंग से सीमित कर रखता है कि श्रमिकों को अत्यधिक लाभ (benefit) नहीं मिल सके, तो इन दोनों का संघर्ष एक आत्मनिष्ठ संघर्ष (subjective conflict) का उदाहरण होगा।

स्पष्ट हुआ कि संघर्ष (conflict) के तीन प्रकार होते हैं जिनकी अपनी-अपनी विशेषताएँ हैं।

भारतीय समाज में सामूहिक संघर्ष को उत्पन्न करनेवाली समस्याएँ (Problems encouraging Group Conflict in Indian Society)

प्रत्येक समाज की कुछ सामाजिक समस्याएँ(social problems)होती हैं जिनसे सामाजिक संघर्ष(social conflict) या सामूहिक संघर्ष(group conflict)उत्पन्न होता है। भारतीय समाज(Indian society)में भी कुछ सामाजिक समस्याएँ हैं जिनसे सामाजिक संघर्ष (social conflict) की उत्पत्ति होती है। इन सामाजिक समस्याओं (social problems) में निम्नांकित प्रमुख हैं—

1. जनजाति समस्या (*Tribal Problems*)—भारतीय समाज में जनजातियों (tribal groups) की अपनी विशेष समस्या है। वे अल्पसंख्यक हैं। अतः वे अपना स्वतंत्र अस्तित्व (independent existence) बनाये रखने पर अधिक बल डालते हैं क्योंकि वे समझते हैं कि बहुसंख्यकों (majority groups) के साथ रहने पर उनकी स्वतंत्र पहचान कभी भी नहीं बन पायेगी और वे हमेशा दबे ही रह जायेंगे। बिहार में जनजातियों (tribal groups) द्वारा उनके लिए एक अलग राज्य बनाये जाने पर बल डालना इस तरह की समस्या का उत्तम उदाहरण है। इससे जनजातियों एवं सरकार के बीच एक संघर्ष (conflict) उत्पन्न हो गया है।

2. जाति समस्या (*Caste Problems*)—भारत जैसे देश में जाति को एक महत्त्वपूर्ण सामाजिक चर (social variable) माना जाता है। भारत में कुल जातियों को तीन श्रेणियों में बाँटा गया है—उच्च जाति (forward castes), पिछड़ी जाति (backward castes) तथा हरिजन एवं आदिवासी (schedule caste and schedule tribes)। इन विभिन्न जातियों में एक-दूसरे से श्रेष्ठ एवं सबल समझने की प्रवृत्ति भी तीव्र होती है। फलस्वरूप उनकी जातीय समस्या उग्र रूप धारण कर लेती है जिससे सामाजिक संघर्ष (social conflict) उत्पन्न होता है।

3. साम्प्रदायिक समस्या (*Communal Problem*)—भारत जैसे देश में सांप्रदायिक समस्या (communal problems) भी है। हिन्दू एवं मुस्लिम के बीच प्रायः संघर्ष हुआ करता है जिसका कारण इन दोनों समुदायों में एक-दूसरे के प्रति कुछ धार्मिक एवं सांप्रदायिक गलतफहमियाँ हैं।

4. मजदूर-मालिक समस्या (*labour-management problems*)—भारत में मजदूर एवं मालिकों के संबंध की समस्या से भी समूह संघर्ष (group conflict) काफी होते पाया जाता है। मजदूर वर्ग अपने मालिकों से उचित मजदूरी (fair wages) तो चाहता ही है साथ-ही-साथ एक सम्मानित सामाजिक स्थान (fair social status) भी चाहता है। वह व्यवस्था (management) के संचालन में भी एक स्थान चाहता है। दूसरे तरफ मालिक वर्ग उसे कम-से-कम मजदूरी देकर तथा उनका यथासम्भव शोषण करके उल्लू सीधा करते हैं। परिणामतः इन दोनों वर्गों में संघर्ष उत्पन्न हो पाता है।

5. छात्र समस्या (*Student problem*)—आजकल छात्रों की समस्याएँ भी धीरे-धीरे उग्र रूप लेती जा रहीं हैं। छात्र वर्ग में असंतोष एवं कुण्ठा व्याप्त है। वे दिशाहीन हैं। उनके सामने सामाजिक एवं आर्थिक समस्याएँ भी होती हैं। आधुनिक भारतीय समाज में, जैसा कि त्रिपाठी (Tripathi, 1989) ने कहा है, उच्चतर शिक्षा (higher education) में फैलाव (expansion) अधिक हुआ है परंतु उसके अनुपात में नौकरी के अवसर (job opportunities) उत्पन्न नहीं हुए हैं। फलस्वरूप उनमें असंतोष अधिक है और वे संघर्ष पर उतारू हैं।

6. भूस्वामी-किरायेदार समस्या (*Landlord-tenant problem*)—भारत में भूस्वामी किरायेदार की समस्या से कई बार जबर्दस्त संघर्ष उत्पन्न होते देखे गये हैं। भूस्वामी किरायेदारों का शोषण तरह-तरह ढंग से करना चाहते हैं। किरायेदार वर्ग भी अपने अधिकारों के प्रति सजग हो गये हैं और भूस्वामियों को नाजायज लाभ उठाने की दिशा में रोड़े अटकाते हैं। परिणामतः इन दोनों में एक संघर्ष (conflict) की उत्पत्ति होती है।

7. लाभान्वित वर्ग एवं अलाभान्वित वर्ग का टकराव *(Confrontation between advantaged class and diasdvantaged class)*—भारत में सामाजिक एवं आर्थिक सम्पन्नता की कसौटी के आधार पर दो वर्ग है—लाभान्वित वर्ग (advantges class) तथा अलाभान्वित वर्ग (disadvantaged class)। भारत की राजनैतिक स्वतंत्रता (political freedom) तथा आर्थिक विकास (economical development) की नीति से सम्पत्तियों का उचित बँटवारा लोगों के बीच नहीं हो पाया है। धनी वर्ग और अधिक धनी हो गये हैं और गरीब वर्ग और अधिक गरीब हो गये हैं। फलस्वरूप इन दोनों वर्गों में टकराव की स्थिति उत्पन्न हो गयी है जिससे भयानक सामूहिक संघर्ष (group conflict) इन दोनों के बीच प्रायः होते पाया गया है।

8. भाषा समस्या *(Language Problem)*—भारत में भाषा संबंधित कई समस्याएँ (problems) हैं। ऐसी आशंका कुछ लोगों में विशेषकर दक्षिण भारत के लोगों में है कि उन पर हिन्दी भाषा कभी भी थोपा जा सकता है। कुछ राज्यों में क्षेत्रीय भाषा (regional language) को ही राज्य का अधिकारिक या सरकारी भाषा (official language) बनाने की माँग है। कुछ राज्य के लोगों की माँग है कि उर्दू को राज्य का अधिकारिक या सरकारी भाषा बना दिया जाये। भाषा संबंधी इस तरह की परस्पर विरोधी माँग को लेकर प्रायः टकराव एवं संघर्ष (conflict) की स्थिति बनी होती है।

9. नौकरी की समस्या *(Problem of jobs)*—भारत में बेरोजगारी अधिक है। युवावर्ग विश्वविद्यालय के प्रमाण-पत्रों (certificates) के बंडलों को माथे पर इधर-से-इधर ढोते नजर आते हैं। उनका आत्म-विश्वास टूटने लगा है क्योंकि उच्चतर प्रमाण-पत्र के बावजूद भी उसे कोई नौकरी नहीं मिलती है। इतना ही नहीं, आजकल अपने ही राज्य के लोगों को अपने राज्य में अधिक-से-अधिक नौकरी दिया जाये, इस पर भी लोग बल डाल रहे हैं। इन सब समस्याओं का परिणाम यह हुआ कि एक नया सामाजिक संघर्ष जिसमें बेरोजगार युवक एवं युवतियों की भूमिका प्रधान है, उत्पन्न हुआ है।

इस तरह से स्पष्ट हुआ कि भारतीय समाज में समूह संघर्ष (group conflict) के कई कारण हैं। भारत जैसे विशाल देश में अन्य दूसरे तरह के नये सामाजिक या सामूहिक संघर्ष की उत्पत्ति की सम्भावना से इनकार नहीं किया जा सकता है।

सामूहिक संघर्ष समाधान की विधियाँ
(Methods of Group Conflict Resolution)

सामाजिक मनोवैज्ञानिकों द्वारा सामूहिक संघर्ष के समाधान (resolution) की कुछ विधियों का वर्णन किया गया है जिनमें निम्नांकित प्रमुख हैं—

(1) पारस्परिक लाभदायक लक्ष्य (mutually beneficial goal)

(2) समझौता (compromise)

(3) विशेष मानक का उपयोग (use of special norms)

(4) प्रति-सामाजिक व्यवहार (prosocial behaviour)

(5) वैज्ञानिक उपागम का उपयोग (use of scientific approaches)

(6) द्विविमीय मॉडल का उपयोग (use of two-dimensional model)

(7) तीसरी-पार्टी से संपर्क (third party consulation)

इन सबों का वर्णन निम्नांकित है—

1. पारस्परिक लाभदायक लक्ष्य *(Mutually beneficial goals)*—सामूहिक संघर्ष को समाप्त करने का एक सामान्य तरीका यह है कि दोनों समूहों या पार्टियों के बीच एक पारस्परिक लाभदायक लक्ष्य (mututally beneficial goal) को रखा जाये। ऐसे लक्ष्य के होने पर दोनों समूह आपस में मिलकर काम करेंगे तथा एक-दूसरे की कठिनाइयों के समाधान में हाथ बँटा कर समूह संघर्ष को कम करेंगे। शेरीफ तथा शेरीफ(Sherif & Sherif, 1953)द्वारा इस सिलसिले में एक महत्त्वपूर्ण अध्ययन किया गया है। इस अध्ययन में छात्रों के दो समूहों में संघर्ष (conflct)उत्पन्न करने के ख्याल से पहले प्रतिस्पर्द्धात्मक परिस्थिति (competing situation)जैसे कई तरह के खेल प्रतियोगिता (tournament) परस्पर

विरोधी पार्टी के रूप में खेल खेलने के लिए कहा गया। फलस्वरूप, इन दोनों समूहों में तीव्र संघर्ष उत्पन्न हो गया। इसके बाद इन दोनों समूहों में इस संघर्ष को दूर करने के ख्याल से कुछ पारस्परिक लाभदायक लक्ष्य(mutually beneficial goal) रखे गये जहाँ दोनों समूह को एक साथ मिलकर कार्य करना था। परिणाम में देखा गया कि दोनों समूहों जिनमें पहले वैमनस्य अधिक थी अब उनमें दोस्ताना संबंध हो गया था। स्पष्ट हुआ कि पारस्परिक लाभदायक लक्ष्य (mutual beneficial goal) के होने पर सामूहिक संघर्ष (group conflict) कम हो जाता है।

2. समझौता *(Compromise)*—दोनों प्रतिद्वन्द्वी समूहों के बीच समझौता करा देने से भी समूह संघर्ष में कमी आ जाती है। सिम्मोल (Simmel, 1957) का मत है कि समझौता एक ऐसी प्रविधि है जिसमें दोनों समूहों में से कोई भी समूह को न लाभ होता है या न हानि होती है। फलस्वरूप, उसमें संघर्ष अपने आप कमने लगता है।

3. विशेष मानक का उपयोग *(Use of special norms)*—व्यक्तियों के दो समूहों के बीच का संघर्ष एक विशेष मानक विकसित करके भी किया जाता है। जैसे, क्रिकेट के खेल में पहले बैटिंग कौन करेगा जैसे प्रश्न को लेकर दोनों पार्टियों में संघर्ष हो सकता है। परंतु जब दोनों पार्टी यह मानक (norm) बना लेते हैं कि जिसे अम्पायर पहले बैटिंग करने के लिए कहेंगे, वही पार्टी पहले बैटिंग करेगा। स्वभावतः तब इस तरह के मानक को विकसित कर लेने से दोनों समूहों में उस समस्या से संबंधित संघर्ष कम हो जायेगा। थिबौट एवं गुर्डर (Thibat & Gurder, 1969) एवं मुर्डोक (Murdock, 1967) ने अपने-अपने अध्ययन के आधार पर उन परिस्थितियों पर प्रकाश डाला है जिनमें दो समूहों द्वारा एक मानक (norms) बनाकर बीच का संघर्ष दूर किया जाता है। इन मनोवैज्ञानिकों के अनुसार जब दोनों समूहों को एक-दूसरे को प्रभावित करने की क्षमता होती है और उन दोनों में उस क्षमता के प्रयोग की लालसा होती है तो वैसी परिस्थिति में दोनों समूह या पार्टी मिलकर एक नया मानक (norms) विकसित कर अपने बीच के संघर्ष को दूर कर लेते हैं।

4. प्रति-सामाजिक व्यवहार *(Prosocial behaviour)*—प्रति-सामाजिक व्यवहार से तात्पर्य वैसे व्यवहार से होता है जो अन्य व्यक्तियों के लिए धनात्मक सामाजिक प्रभाव (positive social consequences) उत्पन्न करता है। जैसे, दान देना, दूसरों की भलाई करना, सामान्य लक्ष्य की प्राप्ति में सहयोग करना, तकलीफ में दूसरों की मदद करना आदि प्रति-सामाजिक व्यवहार के कुछ उदाहरण हैं। लातेन एवं डारले (Latane & Darley, 1968) ने अपने अध्ययन के आधार पर यह बतलाया है कि जब एक व्यक्ति या समूह दूसरे व्यक्ति या समूह के प्रति किसी तरह का प्रति-सामाजिक व्यवहार करता है, तो इससे सामूहिक संघर्ष में अपने आप कमी आ जाती है। इन लोगों ने अपने अध्ययन के आधार पर यह बतलाया है कि जब व्यक्ति किसी अन्य व्यक्ति को संकट में मदद करता है, तो उसमें कम-से-कम चार अवस्थाएँ(stages) होती है। पहली अवस्था में व्यक्ति परिस्थिति की गंभीरता को समझता है जिसमें पीड़ित व्यक्ति की सहायता करनी है। दूसरी अवस्था में व्यक्ति पीड़ित व्यक्ति को मदद करने का उत्तरदायित्व संभालता है। तीसरी अवस्था में वह पीड़ित व्यक्ति को मदद करना चाहता है और चौथी अवस्था में वह इस तथ्य से भी अवगत होता है कि उसमें पीड़ित व्यक्ति को मदद करने की पर्याप्त क्षमता है। इन चार अवस्थाओं से गुजरकर प्रति-सामाजिक व्यवहार की जाती है जिससे संघर्ष में कमी आती है।

5. वैज्ञानिक उपागमों का उपयोग *(Use of scientific approaches)*—सामूहिक संघर्ष को कम करने के लिए समाज मनोवैज्ञानिकों द्वारा कुछ वैज्ञानिक उपागमों (approaches)की चर्चा की जाती है जिनमें निम्नांकित तीन प्रमुख हैं—

(1) जीत-हार उपागम (win-lose appoach)

(2) हार-हार उपागम (lose-lose approach)

(3) हार-जीत उपागम (lose-win approach)

इन तीनों का वर्णन निम्नांकित हैं—

1. जीत-हार उपागम *(Win-lose approach)*—इस उपागम में एक पार्टी या समूह दूसरे पार्टी या समूह को विभिन्न तरीका अपनाकर हराने की कोशिश करता है ताकि वह जीत जाये तथा संघर्ष का समाधान हो जाये। दूसरे शब्दों में, इस उपागम में एक समूह इस तरह की विधि या तरीका अपनाता है कि वह लक्ष्य पर पहुँच जाये परंतु दूसरा समूह उस लक्ष्य पर न पहुँच पाये। इस उपागम की दो पूर्वकल्पनाएँ (assumptions) हैं—पहली पूर्वकल्पना यह है कि लोगों के बीच संघर्ष अवश्यम्भावी होता है तथा उनमें सहमति असंभव है। दूसरी पूर्वकल्पना यह होती है कि जब एक पार्टी

कुछ पाता है तथा दूसरी पार्टी निश्चित रूप से कुछ खोता है। इस उपागम में चूँकि पूर्वकल्पना यह होती है कि समूहों के बीच संघर्ष का होना अवश्यम्भावी है, इसलिए अपने लक्ष्य पर पहुँचने के लिए अपने विरोधी समूह को मात देना ही उपयुक्त व्यवहार समझा जाता है। ऐसा करने के लिए सामाजिक रूप से स्वीकृत साधनों का उपयोग जैसे नेता अपने अधिकार का प्रयोग करके या बहुमत प्राप्त करके करता है और कभी-कभी वह सामाजिक रूप से अमान्य तरीकों जैसे विरोधी पार्टी को धमकी देकर, भीतर-भीतर कुछ अवांछनीय जोड़-तोड़ का तरीका अपनाकर भी विरोधी का लक्ष्य पर पहुँचने से रोककर स्वयं लक्ष्य पर पहुँच जाता है। इस तरह के उपागम में एक पार्टी अपने को उचित एवं योग्य मानता है जबकि विरोधी पार्टी को वह अनुचित एवं अयोग्य मानता है।

2. हार-हार उपागम *(Lose-lose approach)*—संघर्ष समाधान के इस उपागम को हार-हार उपागम इसलिए कहा जाता है क्योंकि दोनों पार्टी या समूह को इसमें कुछ खास लाभ नहीं होता है। दोनों पार्टी या समूह जो चाहते हैं, वह नहीं हो पाता है। इस उपागम की पूर्वकल्पना यह है कि कुछ नहीं से कुछ तो अच्छा होता है तथा संघर्ष करने से अच्छा उससे दूर रहना ही होता है। ब्लेक एवं उनके सहयोगियों (Blake et al. 1964) का मत है कि हालाँकि कि संघर्ष तो होते ही हैं परंतु कुछ उसमें सहमति संभव है। जब समूहों के बीच हल्का-फुल्का सहमति हो जाने से संभावित टकराव की स्थिति समाप्त हो जाती है, तो इस दृष्टिकोण को हार-हार उपागम (lose-lose approach) का उदाहरण माना जायेगा। इस उपागम के द्वारा जो समाधान की प्राप्ति होती है उसका स्वरूप तीव्र (quick) होता है तथा उसमें व्यक्तियों के अभिप्रेरण तथा मूल्यों (values) का कोई महत्त्व नहीं दिया जाता है।

3. जीत-जीत उपागम *(Win-win approach)*—यह उपागम ऊपर के दोनों उपागमों से भिन्न है तथा इसे संघर्ष समाधान का एक आदर्श उपागम कहा जा सकता है। इसमें दोनों समूहों या पार्टियों द्वारा विभिन्न तरह के सहयोगात्मक समस्या समाधान प्रविधियों को अपनाकर संघर्ष का एक चेतन समाधान किया जाता है ताकि दोनों पार्टियों को अधिक-से-अधिक लाभ हो सके। इस उपागम में संघर्ष को एक ऐसी पारस्परिक समस्या (mutual problem) समझा जाता है जिसका समाधान किया जा सकता है। इस उपागम द्वारा संघर्ष के समाधान में दोनों पार्टियों की आवश्यकताओं तथा कठिनाइयों पर न कि दोनों पार्टियों को जीतने के उपायों पर अधिक बल डाला जाता है। दोनों पार्टी एक साथ मिलकर समस्या समाधान का निर्णय करते हैं और जो भी समाधान पर पहुँचा जाता है, वह दोनों को समान रूप से स्वीकार्य होता है। इस उपागम को सफल होने के लिए मानव संबंध के कौशल एवं धैर्य उच्च स्तरीय मात्रा में होना आवश्यक है अन्यथा इस उपागम द्वारा सामूहिक संघर्ष का समाधान संभव नहीं है।

उपर्युक्त तीन तरह के उपागमों की प्रभावशीलता (effectiveness) को दिखाने के लिए जो शोध किये गये हैं, वे यद्यपि सीमित हैं फिर भी सामाजिक मनोवैज्ञानिकों ने इसका प्रयोगशाला प्रयोगों में उपयोग करके सामूहिक संघर्ष का समाधान करने का उस उत्तम तरीका बतलाये हैं। ब्लेक एवं मूटोन (Blake & Mouton 1964, 1968) द्वारा किये गये शोध के परिणामें में इस मौलिक तथ्य को समर्थन मिलता है। इन लोगों के शोधों के आधार पर संघर्ष समाधान के पाँच प्रमुख उपाय (strategies) बतलाये गये हैं जो इस प्रकार हैं—

(i) प्रत्याहार *(withdrawing)*—इसमें व्यक्ति संघर्ष का समाधान उससे दूर हटकर या चुप रहकर करता है (हार-हार उपागम)।

(ii) निर्वाध *(smoothing)*—इस तरीका (strategy) में व्यक्ति या पार्टी अंतर (differences) को कम करने की कोशिश करता है तथा सामान्य बिन्दु पर बल डालता है तथा किसी ऐसी विवादास्पद समस्या पर बातचीत नहीं करता है (हार-हार उपागम)।

(iii) समझौता *(compromising)*—इसमें बातचीत के द्वारा अंतर बिंदुओं को कम किया जाता है। (हार-हार उपागम)

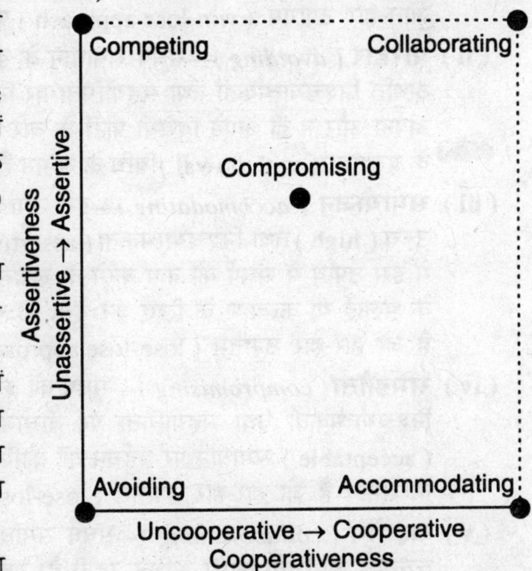

चित्र 27.1 : संघर्ष प्रबंधन का द्विआयामीय मॉडल

(iv) बल *(forcing)*—यह एक ऐसा उपागम है जिसमें प्रतियोगिता तथा निरोधात्मक दृष्टिकोण अपनाया जाता है तथा कोशिश की जाती है कि चाहे समाधान सम्पूर्ण हो या फिर बिल्कुल ही नहीं हो परंतु अधूरा नहीं हों। (जीत-हार उपागम)।

(v) मुकाबला तथा समस्या समाधान *(confrontation and problem solving)*—इसमें दोनों पार्टी या समूह खुलकर विचारों का आदान-प्रदान करते हैं तथा परस्पर स्वीकार्य एवं आदर्श समाधान पर पहुँचने की कोशिश करते हैं (जीत-जीत उपागम)।

(6) द्विविमीय मॉडल का उपयोग *(use of two dimensional model)*—सामूहिक संघर्ष को कम करने के लिए समाज मनोवैज्ञानिकों द्वारा एक द्विविमीय मॉडल (two dimensional model) का विकास किया गया है। थोमस (Thomas, 1976) तथा रबल एवं थॉमस (Ruble & Thomas, 1976) ने अपने शोधों के आधार पर इस मॉडल का विकास किया है। जैसा कि नाम से ही स्पष्ट है, इस मॉडल के अनुसार सामूहिक संघर्ष समाधान में दो विभिन्न आयाम (dimension) होते हैं जो महत्त्वपूर्ण होते हैं। वे दो आयाम हैं—निश्चयात्मकता (assertiveness) तथा सहयोगिता (cooperativeness)। निश्चयात्मकता में एक पार्टी या समूह अपनी इच्छा या अभिप्रेरण की तुष्टि की इच्छा व्यक्त करता है जबकि सहयोगिता में पार्टी या समूह दूसरे पार्टी या समूह की इच्छा या अभिप्रेरण की तुष्टि करने का भी अधिक-से-अधिक ख्याल रखता है।

संघर्ष समाधान व्यवहार के ये दोनों विमाएँ एक-दूसरे से स्वतंत्र (independent) होते हैं। एक्स अक्ष (X-axis) पर सहयोगिता को तथा वाई-अक्ष (Y-axis) पर निश्चयात्मकता (assertiveness) को रखकर थॉमस तथा किलमान (Thomas & Kilmann, 1976) ने एक मॉडल का निर्माण किया जिसे चित्र 27.1 में दिखलाया गया है। निश्चयतत्मकता (assertiveness) तथा सहयोगिता (cooperativeness) के इन दोनों आयामों के विभिन्न संयोगों (combinations) के आधार पर थॉमस (Thomas, 1976) ने निम्नांकित पाँच तरह के सामूहिक संघर्ष से निबटने के तरीकों (conflict-handing modes) का वर्णन किया है जो इस प्रकार है—

(i) प्रतियोगिता *(competing)*—इस तरीका में एक पार्टी या समूह काफी अधिक हठधर्मी व्यवहार (assertive behaviour) लेकिन सहयोगिता के आयाम पर काफी निम्न (low) व्यवहार दिखलाता है। इसमें एक पार्टी अपनी अच्छा तथा अभिरुचि (interest) की दूसरी पार्टी के कीमत पर अधिक महत्त्व देते हुए संघर्ष का समाधान चाहता है। यह ब्लेक एवं मुटोन (Black & Mouton, 1964) के 'बल' (forcing) तरीका के समान है जो जीत-हार उपागम (win-lose approach) पर आधृत होता है।

(ii) परिहार *(avoiding)*—संघर्ष समाधान के इस उपाय की उत्पत्ति तब होती है जब दोनों पार्टी दोनों आयामों अर्थात निश्चयात्मकता तथा सहयोगिता पर निम्न (low) व्यवहार दिखलाता है तथा कोई भी पार्टी न तो स्वयं अपना और न ही अपने विरोधी पार्टी के बारे में किसी तरह की चिन्ता जताता है। यह उपाय बलेक एवं मुटोन के प्रत्याहार (withdrawal) विधि के समान है जो हार-हार उपागम (lose-lose approach) पर आधृत होता है।

(iii) समायोजन *(accomodating)*—इस उपाय में संघर्षरत दो पार्टियों में से एक सहयोगिता के आयाम पर उच्च (high) तथा निश्चयात्मकता (assertiveness) के आयाम पर निम्न व्यवहार दिखलाता है। दूसरे शब्दों में इस उपाय में संघर्ष को कम करने के ख्याल से एक पार्टी अपनी अभिरुचि एवं इच्छा का त्याग दूसरी पार्टी के भलाई या कल्याण के लिए कर देता है। यह ब्लेक एवं मुटोन के निर्वाध (smoothing) उपाय के समान है जो हार-हार उपागम (lose-lose approach) पर आधृत है।

(iv) समझौता *(compromising)*—संघर्ष को कम करने के इस उपाय में दोनों समूह या पार्टी दोनों आयामों अर्थात निश्चयात्मकता तथा सहयोगिता पर बीचोबीच की स्थिति बनाकर रखता है तथा एक उत्तम तथा ग्राह्य (acceptable) समाधान पर पहुँचने की कोशिश करता है। यह ब्लेक एवं मुटोन द्वारा बतलाये गये एक उपाय के समान है जो हार-हार उपागम (lose-lose approach) पर आधृत है।

(v) सहयोग *(collaborationg)*—संघर्ष समाधान के इस उपाय में पार्टी को अपने लिए तथा विरोधी पार्टी के कल्याण की चिंता काफी अधिक रहती है। यह ब्लेक एवं मुटोन द्वारा बतलाये गये सामना (confrontation) तथा समस्या समाधान (problem-solving) पर आधृत है।

समाज मनोवैज्ञानिकों द्वारा किये गये शोधों से इस द्विआयामीय मॉडल (two-dimensional model)को पूर्ण समर्थन मिला है। इस मॉडल की व्यवहारिकता को अधिक विस्तृत बनाने के लिए थॉमस तथा किलमान (Thomas & Kilmann, 1974, 1977) ने संघर्ष समाधान के उक्त पाँचों तरीकों को मापने के लिए एक विशेष आत्म-प्रतिवेदन मापक (self-report measure) विकसित किये हैं जिसका नाम है—*मैनेजमेंट ऑफ डिफरेंसेज एक्सरसाइज* (Management of Differences Exercise) जिसे संक्षेप में 'MODE' कहा गया है। इस मापक में व्यक्ति के सामने कथन (statement) के माध्यम से ऐसी परिस्थितियाँ उत्पन्न की जातीं हैं जिसमें उत्तरदाता (respondent) की इच्छा दूसरे व्यक्ति की इच्छा से भिन्न होती है परंतु उत्तरदाता को यह बतलाने के लिए कहा जाता है कि वह उसमें किस तरह से अनुक्रिया करेगा। प्रत्येक एकांश (intem) में दो विकल्प होते हैं और प्रत्येक विकल्प द्वारा संघर्ष समाधान के पाँच तरीकों में से एक-एक का प्रतिनिधित्व होता है। उत्तरदाता को इन दोनों विकल्पों में से किसी एक का चयन करके अपनी अनुक्रिया करना होता है। प्रत्येक एकांश का उत्तर देने के बाद यह तय किया जाता है कि प्रत्येक तरीका को उत्तरदाता द्वारा कितनी बार पसंद किया गया। इसके बाद इस प्राप्तांक की व्याख्या फिर द्विआयामीय मॉडल (two-dimensional model) द्वारा किया जाता है। थॉमस तथा किलमान्न (Thomas & Kilmann, 1974) ने अपने अध्ययन के आधार पर यह बतलाया है कि MODE परीक्षण में कोई सही या गलत उत्तर नहीं होता है और कुछ परिस्थितियों में तो संघर्ष समाधान के सभी पाँच तरीके लाभदायक सिद्ध होते पाये गये हैं। किलमान्न तथा थॉमस (Kilmann & Thomas, 1977) द्वारा किये गये अध्ययनों से यह स्पष्ट हुआ है कि संघर्ष समाधान के प्रति वैयक्तिक दृष्टिकोण के मापने के लिए MODE उत्तम परीक्षण है। क़ई अध्ययनों में व्यक्तित्व शीलगुणों में MODE परीक्षण के प्राप्तांक संबंधित होते पाये गये हैं जिनसे भी उसकी वैधता (validity)को समर्थन मिलता है। जैसे, किलमान्न तथा थॉमस (Kilmann & Thomas, 1975) ने अपने अध्ययन में पाया है कि अंतर्मुखी व्यक्तित्व (introverted individual) वाले व्यक्ति परिहार (avoidance) पर अधिक प्राप्तांक लाते हैं जबकि अपनी भावनाओं को खुले रूप से अभिव्यक्त करने वाले व्यक्ति समायोजन (accomodating) पर अधिक प्राप्तांक लाते हैं। उसी तरह से यह देखा गया कि जिन व्यक्तियों की उपलब्धि (achievement) अधिक होती है वे सहयोग (collaborating) तरीका पर अधिक बल डालते हैं तथा जिन व्यक्तियों में आक्रमकता (aggression) अधिक होता है, वे संघर्ष समाधान की प्रतियोगिता के तरीका पर अधिक बल डालते हैं। इन तथ्यों से स्पष्ट होता है कि व्यक्तित्व शीलगुण तथा अभिप्रेरक का संबंध उन तरीकों से सार्थक रूप से होता है जिनके माध्यम से वे संघर्ष का समाधान करते हैं।

(7) तीसरा पार्टी से संपर्क *(Third party consultation)*—संघर्ष समाधान के इस तरीका में दोनों व्यक्ति या पार्टी संघर्ष के सांवेगिक पहलू तथा मौलिक संबंध के बारे में खोज-बीन करता है तथा सर्जनात्मक समस्या समाधान ढूँढने का प्रयास करता है। इस तरह के संपर्क (consultation) से मिलता-जुलता दो और पद (ter*m) हैं जिनका भी उपयोग अक्सर होता है परंतु वे उससे भिन्न हैं। वे दो पद हैं—मध्यस्थता (arbitration) तथा* बीचबचाव (mediation)। मध्यस्था में तीसरा पार्टी द्वारा एक ऐसा निर्णय दिया जाता है जो दोनों पार्टियों के गुणों को ध्यान में रखते हुए किया जाता है और उसके बाद एक तरह का समझौता (settlement) से दोनों को बाँध दिया जाता है। बीचबचाव (mediation) में एक कुशल एवं योग्य तीसरा पार्टी होता है जो संघर्ष में लिप्त दोनों व्यक्तियों या पार्टियों को समस्या के विशिष्ट एवं बिंदुओं पर जिसे बातचीत के सहारे समाधान किया जा सकता है, समझौता कराने की कोशिश करते हैं। तीसरा पार्टी संपर्क (third party consultation) की यह विधि मध्यस्थता तथा बीचबचाव दोनों से भिन्न होती है। इसमें संघर्ष में लिप्त दोनों पार्टियों पर किसी तरह का समझौता अपनी ओर से लादने का प्रयास तीसरा पार्टी द्वारा नहीं किया जाता है हालाँकि कि वह दोनों पार्टियों से संपर्क इस ख्याल से अवश्य करता है कि एक सार्थक एवं तर्कसंगत (rational) संधिवार्ता (negotiation) हो सके। इस तरह से इस तीसरा पार्टी संपर्क की प्रक्रिया से संपर्क (consultation) का उद्देश्य दोनों पार्टियों को व्यवहार तथा मनोवृत्ति दोनों के ख्याल से जीत-हार उपागम (win-lose approach) या हार-हार उपागम (lose-lose approach) से जीत-जीत उपागम (win-win approach) की ओर ले जाने की होती है।

इस तरह के तीसरा-पार्टी संपर्क द्वारा निम्नांकित कार्य किये जाते हैं—

(i) सहयोग के माध्यम से समस्या समाधान के लिए दोनों पार्टियों में एक पारस्परिक धनात्मक अभिप्रेरण उत्पन्न करना।

(ii) अन्तर्वैयक्तिक तथा सामूहिक कौशलों का उपयोग करके दोनों पार्टियों के बीच संचार की परिशुद्धता तथा उसके खुलेपन को बढ़ावा देना।

(iii) सामाजिक विज्ञान के संप्रत्ययों एवं सिद्धांतों का उपयोग करके दोनों समूहों या पार्टियों के बीच व्याप्त संघर्ष की पहचान करना।

(iv) दोनों पार्टियों को आमने-सामने बैठाकर उनके बीच अंतक्रिया को बढ़ाना, ध्वंसात्मक व्यवहार को सीमित करना तथा समस्यात्मक पहलू को हल्का करना। विभिन्न अवस्थाओं से गुजरते हुए दोनों पार्टियों के बीच विचार-विमर्श करना।

स्पष्ट हुआ कि सामूहिक संघर्ष समाधान को कई तरीके हैं जिनका उपयोग करके उन्हें कम किया जाता है या दूर किया जाता है।

भारतीय संदर्भ में सामूहिक संघर्ष का समाधान (Resolution of Group Conflict in Indian Context)

भारत एक विशाल देश है जिसमें कई तरह के समूह संघर्ष (group conflict) या सामाजिक संघर्ष (social conflict) होते रहते हैं। इन संघर्षों का समाधान यद्यपि उपर्युक्त तरीकों से बहुत हद तक संभव है, फिर भी इन समस्याओं का समाधान करने के लिए कुछ विशेष उपायों पर भारतीय मनोवैज्ञानिकों ने बल डाला है। इन उपायों का वर्णन निम्नांकित है–

1. सांप्रदायिक संघर्ष का समाधान *(Resolution of communal conflict)*—भारत जैसे देश में हिन्दू एवं मुस्लिम के बीच का सांप्रदायिक संघर्ष (communal conflict) सबसे अधिक प्रमुख है। इस तरह के संघर्ष के समाधान का संबंध अल्पसंख्यक समस्या (minority problem) से है क्योंकि मुस्लिम की संख्या भारत में हिन्दुओं की संख्या से काफी कम है। इस तरह के संघर्ष को दूर करने के लिए मुस्लिम भाइयों को उचित शिक्षा, संसद में तथा राज्य के विधान मंडलों में उनका पर्याप्त प्रतिनिधित्व, उनकी मातृभाषा उर्दू को पर्याप्त दर्जा देना तथा उनके आवासीय मकानों का पृथक्कीकरण (segregation) की योजना की समाप्ति आदि को प्रधान बतलाया गया है।

2. जनजातीय संघर्ष का समाधान *(Resolution of caste conflict)*—जनजातियों (tribals) के मन में यह विश्वास हो गया है कि उनकी आर्थिक एवं शैक्षिक पिछड़ेपन तबतक दूर नहीं हो सका है जब तक कि उनका अलग एवं स्वतंत्र पहचान न हो। सरकार को उनके इस विश्वास को दूर करना होगा तथा उनमें एक नया विश्वास उत्पन्न करना होगा कि सरकार उनके उत्थान पर पूरा-पूरा ध्यान दे रही है तथा काफी प्रत्यनशील है।

3. जातीय संघर्ष का समाधान *(Resolution of caste conflict)*—भारतीय समाज में उच्चजाति (forward caste), पिछड़ी जाति (backward caste) तथा दलितों के बीच प्रायः संघर्ष हुआ करते हैं। इस संघर्ष को दूर करने के लिए विशेषज्ञों ने कई तरह के सुझाव दिये हैं। जैसे, पिछड़ी जाति तथा हरिजनों को शिक्षित करना, उन्हें आर्थिक समानता दिलाना, सरकारी नौकरियों में आरक्षण दिलाना आदि प्रमुख है। इस सिलसिले में भारत सरकार तथा राज्य सरकारों द्वारा कुछ ठोस कदम उठाये जा चुके हैं। फिर भी अभी इस दिशा में काफी कुछ करना बाकी है।

4. श्रमिक-मालिक संघर्ष का समाधान *(Resolution of Labour-management conflict)*—श्रमिक-मालिक संघर्ष वास्तव में एक सामाजिक समस्या (social problem) है। अक्सर श्रमिकों का सामाजिक-स्तर एवं आर्थिक स्तर मालिकों या व्यवस्थापकों (managements) से निम्न होता है। परिणामतः इन दोनों वर्गों में संघर्ष होते रहते हैं। इसे दूर करने के लिए जैसा कि मुखर्जी (Mukherjee, 1988) ने बतलाया है कि श्रमिकों के सामाजिक-आर्थिक स्तर को ऊँचा करना होगा। इसके लिए उन्हें उचित शिक्षा, उचित मजदूरी तथा अपने कार्य के वातावरण (work environment) में सहभागिता (participation) आवश्यक है।

5. छात्र-संघर्ष का समाधान *(Resolution of students conflict)*—भारतीय छात्रों में कुंठा तथा चिन्ता नस-नस में व्याप्त है। अतः वे संघर्ष पर उतारू हो गये हैं। इस संघर्षात्मक मनोवृत्ति को दूर करने के लिए उनके कुंठा(frustration) तथा चिन्ता (anxiety) को दूर करना होगा। उनकी शिक्षा रोजगार-उन्मुखी (job oriented) होनी चाहिए ताकि शिक्षा समाप्त करने के बाद उन्हें किसी प्रकार का मानसिक तनाव तथा कुंठा आदि का सामना नहीं करना पड़े। विश्वविद्यालय द्वारा दिये जाने वाले डिग्री का संबंध रोजगार से न्यूनतम होना चाहिए। सरकार को उच्च शिक्षा के विस्तरण(expansion) तथा आर्थिक विस्तरण (economic expansion) के बीच एक निश्चित अनुपात रखना चाहिए ताकि छात्रों के मन में अनिश्चितता (uncertainty) का भाव समाप्त हो जाये।

6. किरायेदार एवं भूमिहीन किसानों के संघर्ष का समाधान *(Resolution of tenants and Landless Labourers)*—भारत जैसे देश में भूमिहीन किसानों की समस्या गंभीर है। शहरों में किरायेदारों एवं मकान मालिकों के बीच हमेशा ठनी रहती है। इसके लिए किरायेदारों को उचित अधिकार प्रदान करना होगा ताकि उनका मकान मालिकों द्वारा शोषण नहीं किया जा सके। भूमिहीन किसानों में जमीन का वितरण ठीक ढंग से किया जाना चाहिए। अक्सर सरकार उन्हें जमीन तो दे देती है परंतु उसपर उनका कब्जा नहीं हो पाता है। फलतः फसल बोते वे लोग हैं परंतु काटते हैं दूसरे लोग। ऐसी समस्याओं पर सरकार तथा समाज-सेवी संस्थानों को काफी ध्यान देना होगा अन्यथा उनकी संघर्षमय नीति में कमी नहीं होगी।

7. आर्थिक असमानताओं को दूर करना *(Removal of economic disparity)*—अधिकतर सामूहिक संघर्ष (group conflict) या सामाजिक संघर्ष का कारण मुट्ठी भर लोगों के हाथ में आर्थिक संपन्नता का होना है। इससे समाज में दो वर्गों का निर्माण हो जाता है—लाभान्वित वर्ग (advantaged group) तथा अलाभान्वित वर्ग (disadvanaged group)। इन दोनों वर्गों को समाप्त करने का उत्तम तरीका समाज में यथासंभव आर्थिक समानता को बनाये हुए रखना है। त्रिपाठी तथा सिन्हा (Tripathi & Sinha, 1984) के अनुसार आर्थिक समानता होने से समाज के दोनों ही वर्गों में बराबरी का भाव उत्पन्न हो जाता है और लाभान्वित समूह द्वारा अलाभान्वित समूह का शोषण बंद हो जाता है।

अध्याय सारांश
(Chapter Summary)

1. जब दो या दो से अधिक व्यक्ति सामाजिक अंतक्रिया में एक-दूसरे का विरोध करते हैं, तो इस स्थिति को सामूहिक संघर्ष (group conflict) की संज्ञा दी जाती है।
2. सामूहिक संघर्ष के कई प्रकार होते हैं—प्रत्यक्षण संघर्ष, वस्तुनिष्ठ संघर्ष तथा आत्मनिष्ठ संघर्ष।
3. भारतीय समाज में कई ऐसी समस्याओं की पहचान की गयी है जिनसे सामूहिक संघर्ष उत्पन्न होता है। इन समस्याओं में जनजाति समस्या, जाति समस्या, सांप्रदायिक समस्या, मजदूर-मालिक समस्या, छात्र समस्या, भूस्वामी किरायेदार समस्या, लाभान्वित वर्ग एवं अलाभान्वित वर्ग का टकराव, भाषा समस्या, नौकरी की समस्या आदि प्रधान है।
4. सामूहिक संघर्ष के समाधान के कई तरीके हैं जिनमें समझौता, पारस्परिक लाभदायक लक्ष्य, वैज्ञानिक उपागम का उपयोग, तीसरी पार्टी से संपर्क तथा प्रतिसामाजिक व्यवहार आदि प्रमुख हैं।
5. भारतीय संदर्भ में सामूहिक संघर्ष के विशेष समाधान पर भी बल डाला गया है। ऐसे सात प्रमुख उपायों का वर्णन किया गया है।

❑

अध्याय 28

सामाजिक विनिमय

(SOCIAL EXCHANGE)

सहकारिता तथा प्रतिस्पर्द्धा
(Co-operation and Competition)

समाज में प्रत्येक व्यक्ति एक-दूसरे के साथ तरह-तरह की अंतःक्रियाएँ (interactions) करता है। ऐसी अंतःक्रियाएँ अनेक प्रकार के सामाजिक संबंधों (social relations) का आधार बनती है तथा साथ-ही-साथ पहले से स्थापित संबंधों को अभिव्यक्त भी करती है। प्रायः सामाजिक अन्तःक्रियाएँ (social interactions) दो ढंग से की जाती हैं—सहकारिता (co-operation) के ढंग से या प्रतिस्पर्द्धात्मक (competitive) ढंग से।

सहकारिता (co-operation) की अन्तःक्रिया एक ऐसी अन्तःक्रिया होती है जिसमें लोग किसी लक्ष्य पर पहुँचने के लिए मिल-जुलकर प्रयत्न करते हैं और उसका लाभ सभी व्यक्ति को मिलता है। इसमें सूचनाओं का आदान-प्रदान भी हितकर वातावरण में होता है। प्रतिस्पर्द्धा (competition) की अन्तःक्रिया एक ऐसी अन्तःक्रिया को कहा जाता है जिसमें एक व्यक्ति या समूह किसी लक्ष्य को इस ढंग से प्राप्त करना चाहता है कि कोई दूसरा व्यक्ति या समूह उस लक्ष्य को प्राप्त न कर सके। प्रतिस्पर्द्धा की अन्तःक्रिया में सफलता किसी एक व्यक्ति या समूह को मिलता है तथा अन्य को असफलता मिलती है। इसमें लोग एक-दूसरे के साथ सूचनाओं को आदान-प्रदान हितकर वातावरण में नहीं करते हैं और न लाभ का उचित वितरण ही हो पाता है।

सहकारिता (co-operation) तथा प्रतिस्पर्द्धा (competition) के अनेक उदाहरण हमें तरह-तरह के खेलों में मिलते हैं। जैसे, फुटबाल के ही खेल को ले लिया जाए। दोनों फुटबाल टीम के सदस्य अपनी क्रियाओं को अपने ही टीम के अन्य दूसरे सदस्य की क्रियाओं के साथ समन्वित करने का प्रयास करते हुए सहकारिता की अन्तःक्रिया का अच्छा नमूना पेश करते हैं परन्तु प्रत्येक टीम का सदस्य दूसरी टीम के सदस्यों के साथ प्रतिस्पर्द्धात्मक अन्तःक्रिया (competitive interaction) करता है। यदि हम दैनिक जीवन के विभिन्न क्रियाकलापों पर ध्यान दें तो पायेंगे कि अधिकतर अन्तःक्रियाओं में सहकारिता तथा प्रतिस्पर्द्धा अलग-अलग नहीं होती बल्कि दोनों का सम्मिश्रण हो जाता है। अधिकांश अन्तःक्रियाओं में लोग कुछ हद तक सहाकारिता का व्यवहार करते हैं तो कुछ हद तक प्रतिस्पर्द्धा (competition) का। ऐसी अन्तःक्रियाओं को *मिश्रित-अभिप्रेरण सम्बन्ध* (mixed-motive relationship) की संज्ञा दी गयी है। रैवेन तथा रूबिन (Raven & Rubin, 1983) ने मिश्रित अभिप्रेरण सम्बन्ध का उदाहरण कार दौड़ (car race) के चालकों के व्यवहारों से दिया है। ऐसे चालक कार चलाते समय शुद्ध प्रतिस्पर्द्धा (competition) का प्रदर्शन तो करते ही हैं परन्तु आवश्यकतानुसार जगह-जगह पर एक-दूसरे चालक को मोड़ पर पहले मुड़ जाने देते हैं ताकि कार टकराकर दुर्घटनाग्रस्त न हो जाए क्योंकि जीवित बचे रहना दोनों का ही एक सामान्य लक्ष्य (common goal) होता है।

सहकारिता तथा प्रतिस्पर्द्धा के कुछ प्रयोगात्मक अध्ययन
(Some Experimental Studies of Co-operation and Competition)

समाज मनोवैज्ञानिकों ने सहकारिता (co-operation) तथा प्रतिस्पर्द्धा (competition) का प्रयोगात्मक अध्ययन किया है। इन लोगों ने प्रयोगशाला अध्ययनों में अनेक प्रकार की अन्तःक्रियाओं (interactions) का उपयोग किया गया है जिसमें विभिन्न प्रकार के खेल (play) सम्मिलित है। इन खेलों को सामान्य जीवन में घटित होने वाली विभिन्न तरह

की अनुक्रियाओं के अनुकूल (simulate) किया गया है। इन खेलों में *ट्रक चालन का खेल* (Trucking game) तथा कैदी के संकट का खेल (Play of Prisoner's dilemma) प्रमुख हैं। इन अध्ययनों से सहकारिता (co-operation) तथा प्रतियोगिता (competition) के बारे में कई तरह के महत्त्वपूर्ण तथ्य प्राप्त हुए हैं।

ट्रक चालन का खेल (*Trucking game*)—इस खेल का प्रतिपादन ड्यूिश तथा क्राउस्स (Deutsch & Krauss, 1960) द्वारा किया गया। इस खेल का मुख्य उद्देश्य सहकारिता (co-operation) पर अव्यक्त धमकी (implicit threat) के पड़ने वाले प्रभाव का अध्ययन करना था। इस खेल में दो व्यक्ति एक साथ भाग लेते हैं जिन्हें काल्पनिक रूप से ट्रक चलाने का काम करना पड़ता है।

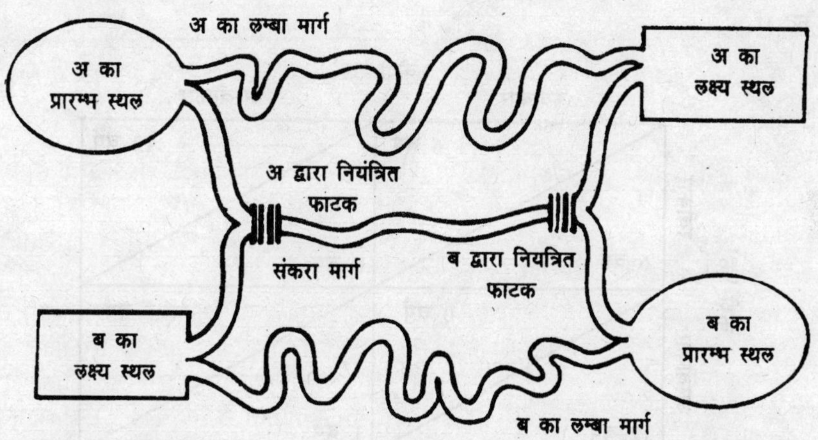

चित्र 28.1 : ड्यूश तथा क्राउस द्वारा प्रतिपादित ट्रक चालन खेल के भाग का एक चित्र

इन दोनों व्यक्तियों को चित्र संख्या 28.1 में दिखलाये गये मार्ग से होकर काल्पनिक रूप से ट्रक चलाना होता था। प्रत्येक व्यक्ति को एक खास स्थान से ट्रक चलाकर एक निर्दिष्ट स्थान (लक्ष्य) पर पहुँचना था। प्रत्येक को ट्रक चलाकर इस प्रारंभ बिन्दु से लक्ष्य तक जल्द-से-जल्द पहुँचना होता था। चित्र से यह भी स्पष्ट है कि दोनों व्यक्तियों के लिए लक्ष्य स्थल पर पहुँचने के लिए एक अलग-अलग लंबा मार्ग है। परन्तु इसके अलावा एक छोटा मार्ग भी है जिसपर एक समय में एक ही ट्रक चलाया जा सकता है। यह मार्ग दोनों के लिए है और दोनों को एक-दूसरे के विपरीत दिशा में जाना है। इसका मतलब यह हुआ कि यदि एक व्यक्ति इस मार्ग का उपयोग करता है तो दूसरे को प्रतीक्षा करनी पड़ती है। इसके अतिरिक्त दोनों चालकों के अधिकार में इस लघु परन्तु सँकरे मार्ग पर अलग-अलग फाटक बने हैं जिनका खुलना या बन्द होना इन चालकों के मन पर है। चित्र से स्पष्ट है कि एक फाटक पर एक चालक का अधिकार था तथा दूसरे फाटक पर दूसरे चालक का अधिकार था। दोनों में से किसी एक फाटक के बन्द हो जाने पर किसी भी चालक को अपने लक्ष्य तक पहुँचना सम्भव नहीं था। चित्र 28.1 से यह भी स्पष्ट है कि प्रत्येक चालक को विकल्प (alternative) के रूप में लंबा मार्ग उपलब्ध है जिससे होकर जाने पर चालक को अंक खोना पड़ सकता है। प्रत्येक चालक को यथासम्भव शीघ्रातिशीघ्र अपने लक्ष्य पर पहुँचना है। ऐसी परिस्थिति में देखा गया कि दोनों चालकों ने सँकरे मार्ग का सहकारितापूर्ण उपयोग करने अर्थात बारी-बारी से उपयोग करने पर राजी हो गए।

इसके बाद प्रयोगकर्त्ताओं ने खेल में एक नये विमा (dimension) को जोड़ा और वह यह था अब वे फाटक का प्रयोग करके अपने विरोधी चालक (opponent driver) को लक्ष्य पर न पहुँचने देने की धमकी का उपयोग करने को कहा। इसके लिए एक-पार्श्विक धमकी अवस्था (unilateral threat condition) तथा द्वि-पार्श्विक धमकी अवस्था (bilateral threat condition) का उपयोग किया गया। एक पार्श्विक धमकी में किसी एक चालक को ही फाटक का उपयोग करने दिया जाता था परन्तु द्वि-पार्श्विक धमकी अवस्था में दोनों चालक को फाटक का उपयोग करने का अधिकार दिया गया। ध्यान रहे कि फाटक का उपयोग कर चालक अपने विरोधी चालक को लघु मार्ग द्वारा ट्रक चालन करने में रोकता था। परिणाम में देखा गया कि द्वि-पार्श्विक धमकी अवस्था (bilateral threat condition) में सहकारिता की मात्रा एक पार्श्विक धमकी अवस्था में सहकारिता की मात्रा से कम थी। इसका स्पष्ट मतलब यह हुआ कि जब व्यक्ति को

अपने विरोधियों को दबाने के लिए अव्यक्त धमकी (implicit threat) देने का प्रावधान कर दिया जाता है, तो उनमें सहकारिता (co-operation) की मात्रा कम हो जाती है।

कैदी के संकट का खेल (*Play of Prisoner's dilemma*)—यह खेल सचमुच में दो कैदियों की कहानी पर आधारित है। पुलिस ने दो ऐसे कैदियों को पकड़ा जिनके बारे में पुलिस का मानना था कि उन्होंने ही अपराध किया है परन्तु पुलिस के पास इसके लिए कोई साक्ष्य नहीं था। पुलिस अधिकारी ने इन कैदियों से अलग-अलग बातचीत की और उन्हें बतलाया कि प्रत्येक के पास दो ही विकल्प (alternative) हैं—वे या तो अपराध को स्वीकार कर ले या उसे स्वीकार नहीं करे। यदि दोनों ही अपने-अपने अपराध को स्वीकार कर लेते हैं, तो उन्हें साधारण दण्ड दिया जाएगा (6-6 साल की कैद)।

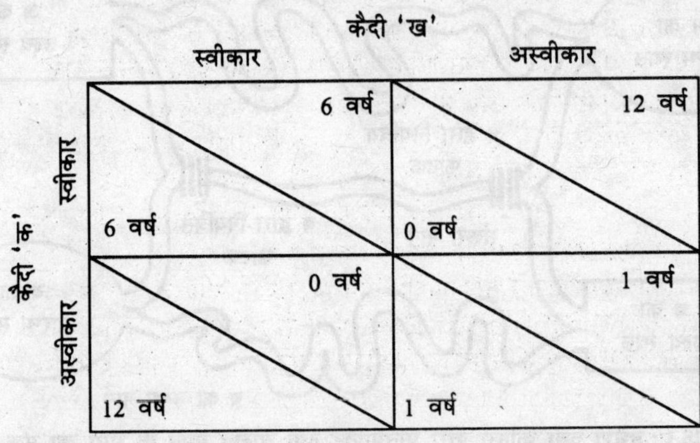

चित्र 28.2 : कैदी संकट खेल का एक प्रारूप

यदि दोनों में से कोई एक अपराध को स्वीकार कर लेता है तथा दूसरा स्वीकार नहीं करता है, तो अपराध स्वीकार करने वाले को रिहा कर दिया जाएगा (0 साल की कैद) परन्तु अपराध स्वीकार नहीं करने वाले को अधिकतम दण्ड (maximum punishment) दिया जाएगा (12 साल की कैद)। यदि दोनों ही अपराध को स्वीकार नहीं करते हैं, तो दोनों को ही अति साधारण दण्ड दिया जाएगा (1-1 साल की कैद)। खेल की इस शर्त को चित्र 28.2 में दिखलाया गया है। चित्र से स्पष्ट है कि दोनों ही अपराधियों को एक मानसिक द्वन्द्व की स्थिति में डाला जाता है। प्रत्येक अपराधी के मन में द्वन्द्व उपस्थित होता है कि दूसरे अपराधी पर स्वीकृति या अस्वीकृति के लिए वह निर्भर करे या न करे। सचमुच में यह स्थिति अपराधियों के लिए एक मिश्रित अभिप्रेरण (mixed motive) की अवस्था है।

समाज मनोवैज्ञानिकों ने सहकारिता (co-operation) तथा प्रतिस्पर्द्धा (competition) का अध्ययन करने के लिए प्रयोगशाला में इस खेल को रूपान्तरित किया है। इस खेल में दो प्रयोज्य (subject) होते हैं जो आमने-सामने बैठकर खेल खेलते हैं। प्रत्येक खिलाड़ी अपने लिए उपलब्ध दो बटनों (buttons) में से किसी एक बटन को दबाते हैं। उन्हें बटन दबाने पर पहले बतलाये गए नियम के अनुसार अंक दिए जाते हैं। खेल कई प्रयासों तक खेल जाता है और एक बार बटन दबाने की प्रक्रिया को एक प्रयास माना जाता है। चित्र 28.3 में एक ऐसे भुगतान मैट्रिक्स (play matrix) को दिखलाया गया है जिसके अनुसार प्रत्येक खिलाड़ी बटन दबाने पर अंक प्राप्त करता है या अंक खोता है। अतः यह एक मिश्रित अभिप्रेरण (mixed motive) की अवस्था होती है। चित्र 28.3 से स्पष्ट है कि यदि दोनों खिलाड़ी बटन 'अ' को दबाते हैं, तो दोनों को 6-6 अंक मिलते हैं परन्तु यदि खिलाड़ी 'क' बटन 'ब' को दबाता है और खिलाड़ी 'ख' बटन 'अ' को दबाता है, तो खिलाड़ी 'क' को 13 अंकों का फायदा हो जाता है तथा खिलाड़ी 'ख' को 13 अंकों का घाटा हो जाता है। दूसरे तरफ यदि खिलाड़ी 'क' बटन 'अ' को दबाता है तथा खिलाड़ी 'ख' बटन 'ब' को दबाता है, तो खिलाड़ी 'क' को 13 अंकों का नुकसान होता है परन्तु खिलाड़ी 'ख' को 13 अंकों का फायदा होता है परन्तु यदि दोनों खिलाड़ी बटन 'ब' को दबाते हैं, तो दोनों को ही 3-3 अंकों का नुकसान होता है। खेल खेलने से पहले प्रयोज्यों को इतना बतला दिया जाता है कि दोनों अधिक-से-अधिक अंक प्राप्त करने की कोशिश करे और अंक यथासम्भव न खोएँ। खेल में निहित प्रक्रमों का विश्लेषण समाज मनोवैज्ञानिकों द्वारा करके इस निष्कर्ष पर पहुँचा गया है कि यदि प्रयोज्य

बार-बार सहकारिता जैसी योजना (strategy) का उपयोग करते हैं, तो दोनों ही अधिक अंक प्राप्त करने में सफल होते हैं। परन्तु यदि वे प्रतिस्पर्द्धात्मक जैसी योजना का उपयोग करते हैं तो कुछ प्रयासों तक तो वे लाभान्वित होते हैं किन्तु उसके बाद दोनों को ही हानि होने लगती है।

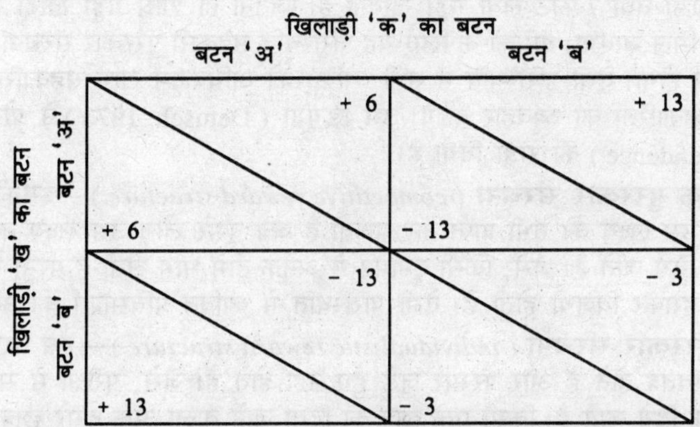

चित्र 28.3 : कैदी संकट खेल में व्यवहृत एक सामान्य भुगतान मैट्रिक्स

मैसिक एवं थॉर्नगेट(Meshick & Thorngate, 1967)तथा मैक्लीनटाक एवं मैक्नील(McClentak & McClean, 1967), कैकिओपो (Cacioppo, 1980) द्वारा किये गये अध्ययनों में पाया गया है कि इस तरह के खेल में प्रयोज्य अधिकतर प्रतिस्पर्द्धात्मक योजना (competitive strategy)ही अपनाते हैं। ऐसा लगता है कि लोग प्रायः अपनी तरक्की की तुलना में प्रतिद्वन्द्वी को नीचा दिखाना श्रेयस्कर समझते हैं।

सहकारिता तथा प्रतिस्पर्द्धा में निर्धारक
(Determinants of Co-operation and Competition)

समाज मनोवैज्ञानिकों द्वारा किये गये अध्ययनों से यह स्पष्ट हुआ है कि यद्यपि अधिकतर सामाजिक सम्बन्धों एवं विनिमयात्मक अन्तःक्रियाओं में व्यक्ति प्रतिस्पर्द्धात्मक योजना (competitive strategy) का ही पालन करते हैं, फिर भी ऐसा देखा गया है कि कई परिस्थितियों में लोग सहकारिता (co-operation) तथा कई अन्य परिस्थितियों में लोग प्रतिस्पर्द्धात्मक व्यवहार करते हैं। प्रश्न यह उठता है कि ऐसा क्यों होता है? वे कौन-कौन कारक हैं जिनसे यह निर्धारित होता है कि व्यक्ति अमुक परिस्थिति में सहकारिता (co-operation) तथा अमुक परिस्थिति में प्रतिस्पर्द्धा का व्यवहार करेगा। यदि हम समाज मनोवैज्ञानिकों द्वारा किए गए अध्ययनों पर ध्यान दें, तो पायेंगे कि उन्होंने निम्नांकित कारकों को महत्त्वपूर्ण बतलाया है जिनसे सहकारिता तथा प्रतिस्पर्द्धा का व्यवहार होता है—

1. पुरस्कार संरचना (Reward structure)
2. अन्तर्वैयक्तिक संचार (Interpersonal communication)
3. सामाजिक सांस्कृतिक कारक (Socio-cultural factors)
4. प्रतिभागियों के बीच सामाजिक सम्बन्ध (Social relations among participants)
5. वैयक्तिक विभिन्नता (Individual differences)

इनका वर्णन निम्नांकित है—

1. पुरस्कार रचना *(Reward structure)*—समाज मनोवैज्ञानिकों का मत है कि किसी भी अन्तःक्रियात्मक परिस्थिति(interactional situation)में लोग सहकारिता(co-operation)का व्यवहार करेंगे या प्रतिस्पर्द्धा(competition) का, यह उस परिस्थिति की पुरस्कार संरचना (reward structure) पर निर्भर करता है। अंतःक्रियात्मक परिस्थिति की पुरस्कार संरचना (reward structure) तीन प्रकार की होती है—

(i) सहकारी पुरस्कार संरचना (co-operative reward structure), (ii) प्रतिस्पर्द्धात्मक पुरस्कार संरचना (competitive reward structure) तथा (iii) वैयक्तिक पुरस्कार संरचना (individualistic reward structure)।

(i) सहकारी पुरस्कार संरचना *(co-operative reward structure)*—इस परिस्थिति में सभी सहभागीगण (participants) लक्ष्य से इस ढंग से जुड़े होते हैं कि किसी एक सहभागी के लिए लक्ष्य पर पहुँचना संभव तभी हो सकता है जबकि अन्य सहभागी भी उस लक्ष्य पर पहुँचने में सफल हो जाए। मान लिया जाए कि 5 श्रमिकों को एक 5 फीट गहरा, 6 फीट चौड़ा तथा 7 फीट लंबा गड्ढा खोदना है। जितना ही शीघ्र गड्ढा खोदा जाता है, उतना ही जल्दी उन्हें पूरा-पूरा पारिश्रमिक मिल जाएगा। श्रमिकों के लिए यह परिस्थिति सहकारी पुरस्कार संरचना (co-operative reward structure) का उदाहरण होगा। ऐसी परिस्थिति में सभी व्यक्ति को अधिकतम लाभ सहकारिता से उत्पन्न होगा। अतः वे ऐसी परिस्थिति में सहकारिता का व्यवहार करेंगे। उसे ड्यूिश (Detusch, 1973) ने *प्रोन्नतिकारी अन्योन्याश्रियता* (promotive interdependence) की संज्ञा दिया है।

(ii) प्रतिस्पर्द्धात्मक पुरस्कार संरचना *(competitive reward structure)*—इसकी परिस्थिति ऐसी होती है जिसमें कोई भी व्यक्ति उस लक्ष्य को तभी प्राप्त कर सकता है जब दूसरे लोग उस लक्ष्य को प्राप्त करने में असफल होते हैं या असफल कर दिये जाते हैं। जैसे, किसी टूर्नामेंट में अनेक टीमें भाग लेती हैं परन्तु कोई एक ही टीम अन्तिम रूप से अन्य टीमों को हराकर विजयी होती है। ऐसी परिस्थिति में व्यक्ति प्रतिस्पर्द्धा का आचरण करेगा।

(iii) वैयक्तिक पुरस्कार संरचना *(individualistic reward structure)*—इस तरह की स्थिति में व्यक्तियों के लक्ष्य-एक दूसरे से स्वतंत्र होते हैं और परस्पर जुड़े हुए नहीं होते हैं। जैसे, परीक्षा में सभी परीक्षार्थियों को अपने उत्तरों के आधार पर अंक दिये जाते हैं। किसी एक छात्र को दिया जाने वाला अंक दूसरे छात्र को दिये जाने वाले अंक से स्वतंत्र होता है।

2. अन्तर्वैयक्तिक संचार *(Interpersonal communication)*—कुछ ऐसे अध्ययन किए गए हैं जिनमें यह स्पष्ट रूप से पाया गया है कि जब अन्तःक्रिया (interaction) करने वाले व्यक्तियों के बीच प्रभावशाली संचार होता है और ऐसा संचार प्रायः होता है, तो उनके बीच सहकारिता (co-operation) अधिक पायी जाती है। विकमैन (Wichman, 1970) ने एक अध्ययन किया जिसमें कैदी के संकट के खेल(Play of prisoner's dilemma) चार अवस्थाओं में खेलवाया गया। पहली अवस्था में खेलने वाले न तो एक-दूसरे को देख सकते थे और न किसी प्रकार से वे बातचीत ही कर सकते थे (संचार का पूर्णतः अभाव की अवस्था) दूसरी अवस्था में दोनों खिलाड़ी एक-दूसरे को देख सकते थे किन्तु बातचीत नहीं कर सकते थे। तीसरी अवस्था ऐसी थी जिसमें वे दोनों एक-दूसरे से बातचीत कर सकते थे किन्तु एक-दूसरे को देख नहीं सकते थे। चौथी अवस्था ऐसी थी जिसमें दोनों खिलाड़ी एक-दूसरे को देख भी सकते थे और बातचीत भी आसानी से कर सकते थे (पूर्ण संचार की अवस्था)। परिणाम में विकमैन ने पाया कि संचार के पूर्ण अभाव वाली दशा में अधिक प्रतिस्पर्द्धा थी तथा पूर्ण संचार वाली अवस्था में सहकारी व्यवहार अधिक हुए। यह भी देखा गया कि संचार के पूर्ण अभाव वाली अवस्था में सहकारिता का व्यवहार मात्र 40% हुआ जबकि वाचिक संचार वाली अवस्था (यानी तीसरी अवस्था में) सहकारिता का व्यवहार मात्र 70% हुआ। डियूश तथा क्राउस (Deutsch & Krauss, 1960) ने अपने अध्ययन के आधार पर यह बतलाया है कि अन्तःक्रिया करते समय यदि एक व्यक्ति अपने प्रतिद्वन्द्वी को डराने-धमकाने वाला संचार करता है, तो इससे सहकारिता के व्यवहार में कमी आती है। उसी तरह से स्मिथ एवं एण्डरसन (Smith & Anderson, 1975) ने अपने अध्ययन में पाया कि यदि परिस्थिति ऐसी है जिसमें सिर्फ डराने-धमकाने वाले संचार उपलब्ध हों, तो वैसे संचार से प्रतिस्पर्द्धा उत्पन्न नहीं होते हैं परन्तु यदि ऐसे संचार के साथ अन्य प्रकार के भी संचार उपलब्ध हो, तो उससे सहकारिता के व्यवहार में बाधा पहुँचती है और प्रतिस्पर्द्धा में वृद्धि होती है। स्पष्ट हुआ कि अन्तर्वैयक्तिक संचार(interpersonal communication) से भी प्रतिस्पर्द्धा तथा सहकारिता का आचरण प्रभावित होता है।

3. सामाजिक-सांस्कृतिक कारक *(Socio-cultural factors)*—कुछ ऐसे भी अध्ययन हुए हैं जिनसे यह पता चलता है कि सामाजिक-सांस्कृतिक विभिन्नता से भी प्रतिस्पर्द्धा एवं सहकारिता का आचरण प्रभावित होता है। जैसे, मागरिट मीड (Margaret Mead, 1935) ने अपने अध्ययन में पाया कि अपनी विशेष संस्कृति के कारण एरापेश जनजाति के लोगों में सहकारिता का आचरण अधिक पाया जाता है। उसी तरह से रथ बेनेडिक्ट (Ruth Bendict, 1934) ने अपने अध्ययन में पाया कि अपनी विशेष सामाजिक-सांस्कृतिक विशेषता के कारण ही क्वाक्यूटल जनजाति (Kwakiutal tribe) के लोगों में प्रतिस्पर्द्धात्मकता का व्यवहार अधिक पाया जाता है। वर्नर (Vernor, 1979) ने अपने अध्ययन में पाया कि अमेरिकन लोगों में प्रतिस्पर्द्धात्मक प्रवृत्ति सर्वाधिक होती है। स्मिथ एवं एण्डरसन(Smith & Anderson, 1975) ने अपने अध्ययन में पाया कि शहरी क्षेत्र के बच्चों में प्रतिस्पर्द्धा का व्यवहार अधिक तथा सहकारिता का व्यवहार कम होता है जबकि ग्रामीण क्षेत्र के बच्चों में सहकारिता का व्यवहार अधिक तथा प्रतिस्पर्द्धा का व्यवहार कम होता है।

4. सहभागियों के बीच समाजिक सम्बन्ध (*Social relations among participants*)—बेण्टन (Benton, 1977) तथा मार्गन एवं शेभर (Morgan & Shaver, 1967), ड्यूिश (Deutsch, 1978) के अध्ययनों से पता चलता है कि परस्पर सम्बन्धित व्यक्तियों में सहकारिता के आचरण की प्रधानता होती है। स्विंगल तथा गिल्स (Swingle & Gills, 1968) द्वारा इस सिलसिले में किया गया एक अध्ययन विशेष रूप से उल्लेखनीय है। प्रयोज्यों ने 'कैदी के संकट के खेल' (play of prisoner dilemma) में भाग लिया। प्रयोज्यों ने यह खेल दो अवस्थाओं में खेले। एक अवस्था में वे इस विश्वास के साथ खेले कि उनका प्रतिद्वन्द्वी उनका मित्र है तथा दूसरी अवस्था में वे इस विश्वास के साथ खेल खेले कि उनका प्रतिद्वन्द्वी पूर्णतः अपरिचित (stranger) है। परिणाम में देखा गया कि पहली अवस्था में जहाँ प्रयोज्यों को यह विश्वास था कि वे अपने मित्र के साथ खेल रहे हैं तो उनका खेल अत्यन्त ही सहकारी ढंग से हुआ परन्तु दूसरी अवस्था में जहाँ प्रयोज्यों को यह विश्वास था कि उनका प्रतिद्वन्द्वी अपरिचित व्यक्ति है, तो खेल को प्रतिस्पर्द्धात्मक ढंग से खेला गया। स्पष्ट हुआ कि व्यक्तियों के बीच का सामाजिक संबंध (social relation) से सहकारिता तथा प्रतिस्पर्द्धा का व्यवहार प्रभावित होता है।

कुछ ऐसे अध्ययन किये गये हैं जिनमें यह दिखलाया गया है कि सहभागियों के बीच सहकारिता तथा प्रतिस्पर्द्धा का व्यवहार सामाजिक शक्ति (social power) पर भी निर्भर करता है। ब्लैक एवं हिगबी (Black & Highbee, 1973) ने एक प्रयोग किया जिसमें प्रयोज्यों ने कैदी के संकट का खेल (play of prisoner dilemma) तीन अवस्थाओं में खेला। पहली अवस्था में अपने प्रतिद्वन्द्वी की तुलना में प्रयोज्य को अधिक सामाजिक शक्ति प्राप्त थी, दूसरी अवस्था में प्रयोज्य एवं प्रतिद्वन्द्वी की सामाजिक शक्ति (social power) बराबर-बराबर थी तथा तीसरी अवस्था में प्रतिद्वन्द्वी की सामाजिक शक्ति (social power) अधिक थी। यहाँ सामाजिक शक्ति से तात्पर्य प्रत्येक व्यक्ति द्वारा दूसरे को किये जानेवाले भुगतान (pay-off) की क्षमता पर नियन्त्रण से था। परिणाम में देखा गया कि जब प्रयोज्यों में अपने प्रतिद्वन्द्वी (opponents) की तुलना में सामाजिक शक्ति (social power) अधिक होती है, तो वह उसका शोषण (exploit) करता है। फलस्वरूप, इसमें सहकारिता का व्यवहार अधिक होता है परन्तु यदि प्रतिद्वंन्द्वी की सामाजिक शक्ति प्रयोज्य की सामाजिक शक्ति की तुलना में अधिक होती है, तो सहकारिता व्यवहार में कमी आ जाती है। बाद में स्विंगल (Swingle, 1970) ने भी अपने अध्ययनों से इस तथ्य की पुष्टि किया है।

5. वैयक्तिक विभिन्नता (*Individual difference*)—सहकारिता एवं प्रतिस्पर्द्धा का आचरण करने में कुछ लोग अपने विशेष शीलगुणों के कारण अधिक सहकारी एवं कुछ अधिक प्रतिस्पर्द्धा करने वाले होते हैं। विभिन्न समाज मनोवैज्ञानिकों ने जिसमें डियूश तथा केलमैन (Deutsch & Kelman, 1978) का नाम अधिक मशहूर है, द्वारा किये गये अध्ययनों के आधार पर सामान्य लोगों को तीन वर्गों में बाँटा गया है—*सहकारिता प्रधान* (co-operators), *प्रतिस्पर्द्धा प्रधान* (competitors) तथा *व्यष्टिनिष्ठ* (individualists)। सहकारिता प्रधान व्यक्ति सहकारी ढंग से अर्थात मिल-जुलकर अन्तःक्रिया करने में अधिक विश्वास रखते हैं तथा प्रतिस्पर्द्धा (competition) से अपने आप को दूर रखते हैं। प्रतिस्पर्द्धा प्रधान व्यक्ति अपने सहकर्मियों या प्रतिद्वन्द्वियों की तुलना में स्वयं ही अधिक-से-अधिक पुरस्कार पा लेने की भरपूर कोशिश करते हैं। वे यह चाहते हैं कि उनका प्रतिद्वन्द्वी को उनसे कम श्रेष्ठ परिणाम प्राप्त हो। व्यष्टिनिष्ठ व्यक्ति सिर्फ अपने ही लाभ की बात सोचते हैं। ये लेशमात्र भी अपने सहकर्मियों (colleagues) के हित के बारे में नहीं सोचते हैं। ऐसे व्यक्ति में सहकारिता का आचरण नहीं के बराबर होता है।

स्पष्ट हुआ कि सहकारिता (co-operation) तथा प्रतिस्पर्द्धा (competition) का व्यवहार कई कारकों (factors) द्वारा प्रभावित होता है। व्यक्ति किस परिस्थिति में सहकारिता का व्यवहार करेगा तथा किस परिस्थिति में प्रतिस्पर्द्धा का व्यवहार करेगा, यह बहुत हद तक इन कारकों के सम्मिलित प्रभाव पर आधारित होता है।

अध्याय सारांश
(Chapter Summary)

1. मनोवैज्ञानिकों ने सामाजिक विनिमय के दो पहलू माना है—सहकारिता तथा प्रतिस्पर्द्धा।

2. सहकारिता तथा प्रतिस्पर्द्धा को अनुकृत (simulated) परिस्थितियों में अध्ययन किया गया है।

3. सहकारिता तथा प्रतिस्पर्द्धा के पाँच महत्त्वपूर्ण निर्धारकों का वर्णन किया गया है। यह पाँच निर्धारक हैं—पुरस्कार संरचना, अन्तर्वैयक्तिक संचार, सामाजिक-सांस्कृतिक कारक, प्रतिभागियों के बीच सामाजिक सम्बन्ध तथा वैयक्तिक विभिन्नता।

❑

अध्याय 29

सामाजिक शक्ति, सामाजिक प्रभाव तथा मॉडलिंग
(SOCIAL POWER, SOCIAL INFLUENCE AND MODELLING)

सामाजिक शक्ति के अर्थ एवं विशेषताएँ (Meaning and Characteristics of Social Power)

सामाजिक सामर्थ्य या शक्ति (social power) सचमुच में दो या दो से अधिक व्यक्तियों के बीच के सम्बन्ध की एक खास विशेषता होती है। सामाजिक शक्ति का प्रयोग प्रायः व्यक्ति दूसरे व्यक्ति के व्यवहारों को प्रभावित करने के लिए करता है। इस अर्थ में **फेल्डमैन**[1] (Feldman, 1985) ने सामाजिक शक्ति को इस प्रकार परिभाषित किया है, ''सामाजिक शक्ति से तात्पर्य किसी व्यक्ति द्वारा दूसरे व्यक्ति के व्यवहारों को मोड़ने तथा नियंत्रित करने की क्षमता से होती है।''

बर्केल तथा **कूपर**[2] (Worchel & Cooper, 1979) ने सामाजिक शक्ति (social power) को परिभाषित करते हुए कहा है, ''सामाजिक शक्ति दूसरों को प्रभावित करने की क्षमता या अंतःशक्ति (potentials) है तथा दूसरों से प्रभावित होने की रोकने की क्षमता होती है।

सेकर्ड तथा **बैकमैन**[3] (Secord & Backman, 1974) द्वारा दी गयी परिभाषा भी बहुत हद तक वर्केल तथा कूपर (Worchel & Cooper) के ही समान विनियम प्रक्रिया(exchange process) पर आधारित है। उनके अनुसार ''सामाजिक शक्ति वह सत्ता है जिसमें दूसरे व्यक्ति O पर किसी व्यक्ति अर्थात P की शक्ति उनके परिणामों (outcomes) की तुलना में O के परिणामों की प्रभावित करने की क्षमता का एक संयुक्त प्रतिफल होता है।''

इन परिभाषाओं का विश्लेषण करने पर हमें सामाजिक शक्ति (social power) के स्वरूप के बारे में जो तथ्य मिलते है, वे इस प्रकार हैं—

1. सामाजिक शक्ति में एक व्यक्ति (जैसे, P) दूसरा व्यक्ति (जैसे, O) को प्रभावित करता है।
2. इसमें P सिर्फ O को प्रभावित ही नहीं करता है परंतु वह अपने ऊपर O के पड़ने वाले प्रभावों को रोकता भी है अर्थात वह O को प्रभावित तो कर देता है, परंतु उससे प्रभावित नहीं होना चाहता है। इस तथ्य पर वर्केल तथा कूपर एवं सेकर्ड तथा बैकमैन की परिभाषाओं में बल डाला गया है। जितना ही अधिक P द्वारा O प्रभावित होगा और अपने ऊपर O का प्रभाव नहीं पड़ने देगा, P की सामाजिक शक्ति (social power) O पर उतनी ही अधिक होगी।
3. सामाजिक शक्ति (social power) की प्रक्रिया मूलतः एक विनिमय प्रक्रिया (exchange process) होती है जिसमें दो व्यक्ति एक-दूसरे को प्रभावित करते हैं।

एक उदाहरण ***(An example)***—राम और श्याम दो व्यक्ति हैं जिनमें सामाजिक सम्बन्ध (social relationship) ऐसा है कि राम एक दिये हुए खास व्यवहार (behaviour) को करने के लिए श्याम पर दबाव डालने में समर्थ हो

1. "Social power refers to a person's ability to control and shape another's behaviour."
—Feldman : *Social Psychology*, 1985, p. 352.
2. "Social power is the capacity or the potential to influence others and to resist influence from others."
—Worchel & Cooper : *Understanding Social Psychology*, 1979, p. 417.
3. Social power is the "the power of person P over person O and is a joint function of his capacity for affecting the outcomes of person O relative to his own outcomes."—Secord & Backman : *Social Psychology*, 1974, p. 246.

पाता है। श्याम उस कार्य को न करने के लिए अपना प्रभाव दिखलाता है परंतु राम का प्रभाव श्याम पर इतना अधिक हो जाता है कि श्याम का प्रभाव (राम पर) कोई खास असर डालने में समर्थ नहीं हो पाता है। इस उदाहरण में राम की सामाजिक शक्ति (social power) श्याम पर अधिक है क्योंकि वह एक न्यूनतम लागत या व्यय (cost) पर श्याम पर दबाव डालने में समर्थ हो जाता है। यहाँ न्यूनतम लागत की मात्रा श्याम द्वारा राम पर डाले गये प्रभाव की मात्रा के बराबर होगी।

सामाजिक शक्ति के आधार या प्रकार
(Bases or Types of Social Power)

फ्रेंच तथा रैभेन (French & Raven, 1979), रैभेन (Raven, 1974) तथा रैभेन एवं रूबिन (Raven & Rubin, 1983) द्वारा किये गये अपने-अपने शोधों के आधार पर सामाजिक शक्ति (social power) के निम्नांकित छह प्रकार बतलाएँ गये हैं—

1. पुरस्कार शक्ति (Reward Power)
2. अवपीड़क शक्ति (Coercive Power)
3. वैध शक्ति (Legitimate power)
4. संदर्भ शक्ति (Referent Power)
5. विशेषज्ञ शक्ति (Expert Power)
6. सूचनात्मक शक्ति (Informational Power)

इन सबका वर्णन निम्नांकित है—

1. पुरस्कार शक्ति *(Reward Power)*—इस तरह की शक्ति में एक व्यक्ति दूसरे व्यक्ति को प्रभावित करने के लिए उसे पुरस्कार देता है। जैसे, एक पदाधिकारी किरानी को इसलिए प्रभावित कर सकने में समर्थ होता है क्योंकि पदाधिकारी किरानी के वेतन में वृद्धि या उसके पदोन्नति आदि की अनुशंसा कर सकता है जो एक तरह का पुरस्कार होगा। यहाँ पदाधिकारी किरानी के ऊपर जो शक्ति (power) का उपयोग कर रहा है, उसे पुरस्कार शक्ति (reward power) कहा जाता है। पुरस्कार भौतिक (material) तथा मौखिक (verbal) दोनों रूप में दिया जा सकता है। रुपया या अन्य कोई मूल्यवान वस्तु जैसे सोना, चाँदी, हीरा आदि भौतिक पुरस्कार के उदाहरण हैं तथा प्रशंसा (praise) एक मौखिक पुरस्कार (verbal reward) का उदाहरण है। अध्ययनों से पता चला है कि वयस्कों के व्यवहारों को प्रभावित करने के लिए प्रशंसा (praise) आदि का प्रयोग भौतिक वस्तुओं के प्रयोग की अपेक्षा अधिक होता है। परंतु बच्चों के व्यवहारों को प्रभावित करने में भौतिक पुरस्कार तुलनात्मक रूप से अधिक महत्त्वपूर्ण होता देखा गया है।

पुरस्कार शक्ति (reward power) के साथ एक प्रमुख परिसीमा (limitation) यह देखने को मिलता है कि पुरस्कार के आधार पर व्यक्तियों की मनोवृत्तियों का आन्तरीकरण (internalization) नहीं हो पाता है। फलस्वरूप उससे प्रभावित होने वाले व्यवहार में स्थायित्व नहीं रह जाता है।

2. अवपीड़क शक्ति *(Corecive Power)*—अवपीड़क शक्ति पुरस्कार शक्ति (reward power) के ठीक विपरीत है। इस तरह की शक्ति इस बात पर आधारित होती है कि O व्यक्ति समझता है कि P को उसे दंड देने का भी अधिकार है। जैसे, किरानी द्वारा यह समझना है कि उसका बॉस (boss) उसे निलंबित (suspend) कर सकता है या पदावनति (demotion) कर सकता है, बॉस का किरानी पर एक अवपीड़क शक्ति (coercive power) का उदाहरण होगा। शिक्षक को अपने छात्रों को दंड देने का अधिकार होता है। छात्र जहाँ तक इस तथ्य का प्रत्यक्षण करते हैं, शिक्षक का अवपीड़क शक्ति (coercive power) उतना ही अधिक होता है। माता-पिता का अपने बच्चों पर अवपीड़क शक्ति होती है जिससे वे उनके व्यवहारों को बहुत हद तक नियंत्रित करते हैं।

यद्यपि अवपीड़क शक्ति दूसरों के व्यवहारों को नियंत्रित करने का एक अच्छा साधन है, फिर भी इसकी कुछ परिसीमाएँ (limitations) हैं, जो इस प्रकार हैं।

(i) रूबिन तथा लिविकी (Rubin & Lewicki, 1973) ने अपने अध्ययन के आधार पर यह बतलाया है कि निम्न शक्ति (low-power) वाले व्यक्ति इस तरह के अवपीड़न शक्ति के प्रयोग को अच्छा नहीं समझते हैं तथा उच्च शक्ति

वाले व्यक्ति के प्रति नकारात्मक मनोवृत्ति (negative attitude) विकसित कर लेते हैं। जैसे—माता-पिता अपने पुत्र पर अधिक अवपीड़क शक्ति का यदि प्रयोग करने लगते हैं, इससे पुत्र को अपराधी बनने एवं गैर-सामाजिक व्यवहार (anti-social behaviours) करने की बुरी लत पड़ सकती है।

(ii) अवपीड़न शक्ति के प्रयोग से निम्न शक्ति वाले व्यक्ति उच्च शक्ति वाले व्यक्ति से सम्बन्ध विच्छेद कर लेते हैं।

(iii) अवपीड़न शक्ति के प्रयोग में उच्च शक्ति वाले व्यक्ति के लिए निगरानी रखना आवश्यक हो जाता है ताकि उसके शक्ति के प्रयोग से होने वाला प्रभाव गुणकारी हो।

कुछ समाज मनोवैज्ञानिकों जैसे सुलजर, एजारौफ तथा मेयर (Sulzer, Azaroff & Mayer, 1984) ने पुरस्कार शक्ति (reward power) तथा अवपीड़न शक्ति (coercive power) की तुलनात्मक अध्ययन करके यह बतलाया है कि पुरस्कार शक्ति की प्रभावशीलता अवपीड़न शक्ति से अधिक होती है।

3. वैध शक्ति *(Legitimate Power)*—व्यक्ति में कुछ सामाजिक शक्ति (social power) उनके औपचारिक श्रेणी (formal position) या उनकी विशेष सामाजिक भूमिका (social role) के कारण होती है। इस तरह की सामाजिक शक्ति को *वैध शक्ति* (legitimate power) कहा जाता है। इस तरह की शक्ति प्रायः 'चाहिए' आदि वाक्यांशों द्वारा व्यक्त किया जाता है। जैसे—कभी-कभी बच्चों को यह कहा जाता है कि उन्हें अपने माता-पिता की बातों पर ध्यान देना चाहिए। इस तरह के उपदेश का आधार कोई तर्कणा (reasoning) नहीं होता है बल्कि यह तथ्य होता है कि वे उनके माता-पिता हैं जो हमेशा उनकी भलाई ही चाहेंगे। अतः उन्हें उनकी बातों पर ध्यान देना चाहिए। इसी वैध शक्ति का प्रयोग करके शिक्षक अपने छात्रों के व्यवहार को तथा नेता अपने अनुयायियों के व्यवहारों को प्रभावित करते हैं। ध्यान रहे कि वैध शक्ति में एक व्यक्ति के प्रभाव से दूसरा व्यक्ति इसलिए नहीं प्रभावित होता है कि वह सही प्रभाव डालता है बल्कि इसलिए प्रभावित होता है कि उसे प्रभाव (influence) डालने का औपचारिक अधिकार प्राप्त होता है।

4. संदर्भ शक्ति *(Referent Power)*—संदर्भ शक्ति आत्मीकरण (identification) की प्रक्रिया पर आधारित होती है। सचमुच में व्यक्ति का पुरस्कार शक्ति (reward power) ही धीरे-धीरे संदर्भ शक्ति में बदल जाता है। जब एक व्यक्ति दूसरे व्यक्ति के लिए काफी आकर्षक (attractive) होता है, तो दूसरा व्यक्ति अपने आप ही अपनी मनोवृत्ति तथा व्यवहार बहुत कुछ पहले व्यक्ति जो उनके लिए आकर्षक है, के अनुरूप कर लेता है। इस तरह की आकर्षकता (attractiveness) जितनी ही अधिक होती है, पहले व्यक्ति का दूसरे व्यक्ति पर संदर्भ शक्ति उतनी ही अधिक होती है। आकर्षकता (attractiveness) के कारण इस तरह के उत्पन्न शक्ति को धनात्मक संदर्भ शक्ति (positive referent power) कहा जाता है। संदर्भ शक्ति (referent power) नकारात्मक (negative) भी हो सकती है। ऐसी परिस्थिति में एक व्यक्ति जैसे P दूसरे व्यक्ति जैसे O के लिए अनाकर्षक (unattractive) हो सकता है। ऐसी परिस्थिति में P, O को अपने विपरीत व्यवहार के लिए प्रभावित करता है।

5. विशेषज्ञ शक्ति *(Expert Power)*—इस शक्ति का आधार ज्ञान (knowledge) होता है। अतः 'ज्ञान ही शक्ति है' (Knowledge in power) जैसी उक्ति इस विशेष शक्ति (expert power) का आधार है। जिस व्यक्ति में कोई विशेष ज्ञान (knowledge) होता है तो उसकी शक्ति उस व्यक्ति पर होती है जिन्हें उस ज्ञान की जरूरत होती है। जैसे—एक डाक्टर का अपने रोगी पर विशेषज्ञ शक्ति (expert power) होता है जिससे डाक्टर रोगी के व्यवहार को एक खास दिशा में मोड़ने में या प्रभावित करने में सफल हो जाते हैं। रोगी भी उनके द्वारा द्वारा दिये गये सुझावों को मानकर चूँकि लाभान्वित होता है, अतः वह अपने व्यवहार में परिवर्तन लाने के लिए तत्पर रहता है। विशेषज्ञ शक्ति (expert power) किसी उच्च प्रतिष्ठित व्यक्ति का धरोहर नहीं होता है। एक बालक में भी विशेषज्ञ शक्ति (expert power) हो सकता है यदि उसमें कुछ ज्ञान की विशिष्टता हो। विशेषज्ञ शक्ति की परिसीमा (limitation) यह है कि इसमें व्यक्ति को जो शक्ति (power) प्राप्त होती है वह ज्ञान के एक खास क्षेत्र तक ही सीमित होती है।

6. सूचनात्मक शक्ति *(Informational Power)*—जब कोई व्यक्ति को ऐसी सूचना या तथ्य प्राप्त होती है जो अन्य किसी व्यक्ति को नहीं प्राप्त होता है, तो वह व्यक्ति अपना प्रभाव अन्य व्यक्तियों पर डालना प्रारंभ कर देता है, सूचना दे देने के बाद इस तरह की शक्ति कमजोर हो जाती है या समाप्त हो जाती है और फिर उस व्यक्ति का (अर्थात सूचना देने वाले व्यक्ति का) प्रभाव दूसरे पर नहीं पड़ता है। जैसे—किसी अपराध का चश्मदीद गवाह (eyewitness) अपनी विशेष सूचना देकर जज तथा वकील दोनों को ही प्रभावित करने में सफल होता है। परंतु सूचना दे देने के बाद

फिर उसका प्रभाव जज तथा वकील किसी पर नहीं पड़ता है और इस तरह से उसकी सूचनात्मक शक्ति (informational) power) समाप्त हो जाती है।

स्पष्ट हुआ कि सामाजिक शक्ति (social power) के छह प्रकार होते हैं। ये सभी प्रकार पूर्णतः एक-दूसरे से स्वतंत्र (independent) नहीं है और वास्तविक परिस्थिति में किसी शुद्ध रूप में (pure form) में शायद ही कभी पाये जाते हैं। वास्तविक परिस्थिति में जैसे माता-पिता (parents) में उपर्युक्त सभी छह तरह की शक्ति पायी जाती है परंतु जैसे-जैसे उनके बच्चे बड़े होते जाते हैं, माता-पिता के विशेषज्ञ शक्ति, पुरस्कार शक्ति तथा अवपीड़न शक्ति (coercive power) अपने आप कम होते चले जाते हैं। एक शिक्षक को अपने छात्र पर कक्षा अनुशासन (classroom discipline) के बारे में वैध शक्ति (legitimate power) प्राप्त होता है तथा कुछ हद तक पुरस्कार राशि (reward power) एवं अवपीड़क शक्ति (coercive power) भी प्राप्त होता है।

सामाजिक शक्ति के निर्धारक
(Determinants of Social Power)

समाज मनोवैज्ञानिकों ने सामाजिक शक्ति (social power) के कई निर्धारक (determinants) का वर्णन किया है। इन निर्धारकों से यह पता चलता है कि किस हद तक एक व्यक्ति दूसरे व्यक्ति को प्रभावित कर सकता है। ऐसे कारकों में सेकर्ड तथा बैकमैन (Secord & Backman, 1964, 1974) ने निम्नांकित तीन कारकों को महत्त्वपूर्ण बतलाया है—

1. साधन (Resource)
2. निर्भरता (Dependencies)
3. विकल्प (Alternatives)

इन तीनों कारकों का वर्णन निम्नांकित है—

1. साधन *(Resources)*—साधन से तात्पर्य व्यक्ति की विशेषताओं से होता है जिसके आधार पर वह दूसरों के व्यवहारों को प्रभावित करने में सफल हो पाता है। इस विशेषता का सम्बन्ध व्यक्ति के पुरस्कार शक्ति (reward power), अवपीड़क शक्ति (coercive power), विशेषज्ञ शक्ति (expert power), वैध शक्ति (legitimate power), संदर्भ शक्ति (referent power) तथा सूचनात्मक शक्ति से हो सकता है। फ्रेंच तथा रेवेन (French & Raven, 1959) ने इन शक्तियों को सामाजिक शक्ति (social power) का प्रमुख निर्धारक (determinant) माना है। जिस व्यक्ति में उपर्युक्त साधनों (resources) की अधिकता होती है, उसकी सामाजिक शक्ति (social power) उस व्यक्ति की तुलना में अधिक होती है जिनमें इन विशेषताओं या गुणों का अभाव पाया जाता है। फेल्डमैन तथा कोहेन (Feldman & Cohen, 1987) ने भी अपने अध्ययन के आधार पर इस तथ्य की पुष्टि की है। स्पष्ट हुआ कि सामाजिक शक्ति का एक प्रमुख निर्धारक साधन (resources) है। साधन की प्रबलता होने से सामाजिक शक्ति (social power) भी अधिक प्रबल होता है।

2. निर्भरता *(Dependencies)*—सामाजिक शक्ति (social power) का दूसरा प्रमुख निर्धारक निर्भरता (dependencies) है। यदि O व्यक्ति P व्यक्ति पर अधिक निर्भर रहता है, तो ऐसी परिस्थिति में P की सामाजिक शक्ति (सामाजिक शक्ति का चाहे जो प्रकार क्यों न हो) O पर अधिक होगी। इस तरह की निर्भरता (dependencies) जितनी ही अधिक होगी, सामाजिक शक्ति (social power) उतनी ही अधिक होगी। इस तरह के निर्भरता का सम्बन्ध व्यक्ति की विशेषताओं (characteristics) या परिस्थिति की विशेषताओं या फिर दोनों से हो सकता है। व्यक्ति की विशेषताओं में एक खास तरह की सामाजिक आवश्यकता (social needs) की उत्पत्ति होती है जो व्यक्ति को दूसरों पर निर्भर रहने के लिए आकर्षित करता है। जैसे—जिस व्यक्ति में अनुमोदन आवश्यकता (need for approval) तथा संवेगात्मक समर्थन (emotional support) की सामाजिक आवश्यकता (social need) अधिक होती है, वे वैसे लोगों पर अधिक निर्भर रहेंगे जो इन आवश्यकताओं की संतुष्टि कर सके। ऐसी परिस्थिति में दूसरे तरह के लोगों की सामाजिक शक्ति पहले तरह के लोगों पर अधिक होगी। इस सिलसिले में कई अध्ययन भी हुए हैं। जैसे—गोल्ड (Gold, 1958) ने बच्चों के समूह के अध्ययन में पाया कि वैसे बच्चे जिनके व्यवहारों से दूसरे बच्चों के सामाजिक-सांवेगिक आवश्यकताओं (social emotional needs) की संतुष्टि होती है, उनकी सामाजिक शक्ति (social power) इन बच्चों पर अधिक होता है। रोजेन,

लेविनार तथा लिप्पिट (Rogen, Levinger & Lippit, 1961) ने बतलाया कि इस तरह का तथ्य सिर्फ बच्चों में ही नहीं वयस्क महिलाओं (adult women) में भी पाया जाता है।

3. विकल्प *(Alternative)*—सामाजिक शक्ति का तीसरा प्रमुख निर्धारक विकल्प (alternative) है। सचमुच में सामाजिक शक्ति एक व्यक्ति (P) के साधन (resource) तथा उस पर दूसरे व्यक्ति (O) की निर्भरता के साथ-ही-साथ इस बात पर भी निर्भर करता है कि यदि O, P के प्रति अनुपालन (conformity) नहीं दिखलाता है, तो उसके क्या परिणाम (consequence) हों। ऐसी परिस्थिति में O, P के प्रति अनुपालन (conformity) करने से उत्पन्न पुरस्कार-लागत परिणाम (reward-cost outcome) की तुलना अपालन (non-compliance) से उत्पन्न पुरस्कार-लागत परिणाम से करेगा। यदि इन दोनों परिणामों (outcomes) में विभिन्नता (differences) अधिक होगी, तो वैसी परिस्थिति में पहले व्यक्ति यानी, P की सामाजिक शक्ति O पर अधिक होगी। इस तरह की विभिन्नता सचमुच में O के सामान्य उपलब्ध विकल्पों (alternatives) का परिणाम होता है। यदि अच्छे एवं उपयुक्त विकल्प प्राप्त या उपलब्ध हो जाते हैं, तो वैसी परिस्थिति में O व्यक्ति P व्यक्ति की शक्ति (power) से प्रभावित नहीं होगा या कम प्रभावित होगा। इसका सबसे अच्छा नमूना हमें विशेषज्ञ शक्ति (expert power) के क्षेत्र में देखने को मिलता है। जैसे—यदि किसी शहर में एक ही अधिक योग्य एवं निपुण डाक्टर हैं तो रोगियों पर उनकी सामाजिक शक्ति (social power) अधिक होगी परंतु यदि शहर में कई योग्य एवं निपुण डॉक्टर हों, तो रोगियों पर उनकी सामाजिक शक्ति कम हो जायेगी। क्योंकि ऐसी परिस्थिति में रोगियों के सामने विकल्प उपलब्ध होंगे।

स्पष्ट हुआ कि सामाजिक शक्ति के कई निर्धारक हैं। सामाजिक शक्ति (social power) का निर्धारण सचमुच में पहले व्यक्ति (P) के साधन (resources), उस व्यक्ति पर दूसरे व्यक्ति यानी, O की निर्भरता (dependencies) तथा O के समक्ष विकल्पों (alternatives) पर संयुक्त रूप से निर्भर करता है।

असंतुलित शक्ति सम्बन्धों को दूर करने के तरीके
(Modes of Resolving Imbalanced Power Relations)

जब युग्म (pair) के दोनों व्यक्ति अर्थात P एवं O की सामाजिक शक्ति (social power) एक-दूसरे पर समान (equal) या लगभग समान होती है, तो इस स्थिति को एक संतुलित शक्ति सम्बन्ध (balanced power relation) कहा जाता है। इस तरह की परिस्थिति में दोनों एक-दूसरे पर कम प्रभाव (influence) डाल पाते हैं परंतु उनमें संघर्ष (conflict) होने की सम्भावना अधिक होती है। परंतु जब परिस्थिति ऐसी होती है जहाँ P तथा O की निर्भरता (dependncies) या सामाजिक शक्ति (social power) समान न होकर असमान (unequal) होता है जिसके परिणामस्वरूप किसी एक की निर्भरता दूसरे व्यक्ति पर तुलनात्मक रूप से अधिक होती है, तो इस अवस्था को असंतुलित शक्ति सम्बन्ध (imbalanced power relation) कहा जाता है। ऐसी असंतुलित सम्बन्ध उत्पन्न होने पर व्यक्ति उसे तुरंत ही संतुलित करने का भरसक प्रयास जारी कर देता है।

असंतुलित शक्ति सम्बन्ध का उदाहरण *(An example of imbalanced power relation)*—मान लिया जाये कि संजय एवं अनिता एक-दूसरे से प्यार करते हैं। थोड़ी देर के लिए यह भी मान लिया जाये कि जब परिस्थिति ऐसी आ गयी है जहाँ संजय की अभिरुचि अनिता में पहले से कम गयी है परंतु अनिता की अभिरुचि पहले के समान ही संजय में बनी है। दूसरे शब्दों में, संजय की निर्भरता (dependencies) अनिता पर कम गयी है परंतु अनिता की निर्भरता संजय पर बनी हुई है। ऐसी परिस्थिति में संजय का अनिता पर सामाजिक शक्ति अनिता का संजय पर की सामाजिक शक्ति से अधिक होगी। अगर वह इस शक्ति का उपयोग करता है, तो वह अनिता से मिलने का वादा करके पीछे हट जायेगा या उससे मात्र औपचारिक ढंग से बातचीत करके ही अपना समय बिता देना चाहेगा, आदि-आदि। यह एक असंतुलित शक्ति सम्बन्ध का उदाहरण है। संजय के व्यवहार से अनिता के मन में दुःख होगा अर्थात विनिमय सिद्धांत (exchage theory) की भाषा में, अनिता को मनोवैज्ञानिक लागत (psychological cost) अधिक सहना पड़ेगा। फलस्वरूप, वह अपने इस असंतुलित शक्ति सम्बन्ध (imbalanced power relations) को दूर करने के उपाय ढूँढ़ने लगेगी।

समाज मनोवैज्ञानिकों ने विशेषकर इमरसन (Emerson, 1962) ने इस क्षेत्र में महत्त्वपूर्ण योगदान किया है और उन्होंने कुछ प्रमुख ऐसी प्रविधियों या उपायों का वर्णन भी किया है। इन उपायों (modes) में निम्नांकित प्रमुख हैं—

1. प्रत्याहार प्रविधि (Withdrawal technique)

2. वैकल्पिक सम्बन्धों का निर्माण (Formation of alternative relations)
3. पदवी विभेदात्मक प्रविधि (Technique of status differentials)
4. सम्मिलन निर्माण प्रविधि (Coalition formation technique)

इन प्रविधियों का वर्णन निम्नांकित है—

1. प्रत्याहार प्रविधि *(Withdrawal technique)*—इस प्रविधि में व्यक्ति असंतुलित शक्ति सम्बन्धों को संतुलित करने के लिए अपने सम्बन्धों को पुनः परिभाषित करता है और वह ऐसा सोचने लगता है कि उनका सम्बन्ध उस दूसरे व्यक्ति के साथ तो मात्र थोड़े समय के लिए ही था। ऐसा सोचकर वह अपने आपको उस व्यक्ति से धीरे-धीरे दूर रखने की आदत बना लेता है और उस पर से निर्भरता (dependencies) लगभग समाप्त कर लेता है। उपर्युक्त उदाहरण में अनिता भी धीरे-धीरे संजय से मिलना-जुलना यह सोचकर कम कर देगी कि उसका सम्बन्ध तो उससे थोड़े दिन का था ही। ऐसा करने से स्वभावतः असंतुलित शक्ति सम्बन्ध अपने आप कम होने लगेगा।

2. वैकल्पिक सम्बन्धों का निर्माण *(Formation of alternative relations)*—इस प्रविधि में व्यक्ति असंतुलित शक्ति सम्बन्धों को दूर करने के लिए एक नया सम्बन्ध विकल्प के रूप में विकसित कर लेता है। जैसे—अनिता संजय पर अपनी निर्भरता को मोहन के साथ नया प्रेम-सम्बन्ध करके कम कर ले सकती है। इसे इमरसन ने *शक्तिजाल का विस्तार* (extension of power network) कहा है।

3. पदवी विभेदात्मक विधि *(Status differential technique)*—उच्च सामाजिक शक्ति (high social power) वाले व्यक्ति को जो पदवी (status) दिया जाता है उससे काफी संतुष्टि होती है। यह पदवी कम सामाजिक शक्ति (low social power) वाले व्यक्ति द्वारा उच्च सामाजिक व्यक्ति को आदरस्वरूप दिया जाता है। ऐसी परिस्थिति में उच्च सामाजिक व्यक्ति वाले व्यक्ति निम्न सामाजिक शक्ति वाले व्यक्ति से और भी धनात्मक मूल्यांकन (positive equation) की उम्मीद करने लगते हैं ताकि उनकी प्रतिष्ठा और आदर ऐसे व्यक्तियों की नजर में और भी अधिक बढ़ जाये। इससे उनमें कम शक्ति वाले व्यक्तियों पर निर्भरता (dependency) बढ़ जाती है। कम शक्ति वाले व्यक्ति में तो अधिक शक्ति वाले पर निर्भरता पहले से ही होती है। इस तरह से दोनों की निर्भरता एक-दूसरे पर असमान न होकर अब लगभग समान हो जाती है और असंतुलित शक्ति सम्बन्ध (imbalanced power relation) संतुलित हो जाता है।

4. सम्मिलित निर्माण प्रविधि (Coalition formation techinique)—इस प्रविधि पर मिल्लस (Mills, 1956) ने काफी बल डाला है। यह एक ऐसी प्रविधि है जिसमें एक व्यक्ति की सामाजिक शक्ति (social power) को अन्य व्यक्ति आपस में एक संयुक्त मोर्चा या सम्मिलन (coalition) बनाकर संतुलित (balanced) करते हैं। जैसे—मान लिया जाये कि तीन बच्चों का एक समूह है जिसमें से एक बच्चा अन्य दोनों बच्चों पर हमेशा अपना दबदबा या शक्ति का प्रयोग करते रहता है। इस शक्ति को दोनों बच्चे आपस में एक सम्मिलन (coalition) निर्माण करके संतुलित कर सकते हैं। वे आपस में यह निर्णय ले सकता है कि वे दोनों उनके साथ तब तक नहीं खेलेगा जबतक कि वह अपने दबदबा बनाये रखने की प्रवृत्ति में परिवर्तन नहीं कर देता है। स्वभावतः ऐसी परिस्थिति में पहले बच्चे की निर्भरता भी अन्य दोनों बच्चे के इस सम्मिलन (coalition) पर बढ़ जायेगा और इस तरह से असंतुलित शक्ति सम्बन्ध संतुलित हो जायेगी।

उपर्युक्त विवरण से यह स्पष्ट हो जाता है कि व्यक्तियों के बीच असंतुलित शक्ति सम्बन्धों (imbalanced power relations) को दूर करने के कई उपाय हैं। इन उपायों का प्रयोग करके व्यक्ति शक्ति सम्बन्धों (power relations) के कारण उत्पन्न मनोवैज्ञानिक लागत (psychological cost) (विनिमय सिद्धांत की भाषा में) को कम कर लेता है।

सामाजिक प्रभाव के अर्थ एवं स्वरूप
(Meaning and Nature of Social Influence)

मनुष्य एक सामाजिक प्राणी है और उसका जीवन सामाजिक प्रभावों (social influence) से निर्धारित एवं नियंत्रित होता है। सामाजिक अंतःक्रिया (social interaction) के माध्यम से प्रत्येक व्यक्ति दूसरे व्यक्ति को प्रभावित करता है। जैसे—शिक्षक अपने छात्रों को, माता-पिता अपने बच्चों को तथा नेता अपने अनुयायियों को तरह-तरह के सामाजिक अंतःक्रिया (social interactions) करके उन्हें प्रभावित करता है। सामाजिक प्रभाव (social influence) से तात्पर्य किसी व्यक्ति के विश्वासों, मनोवृत्तियों (attitudes), अभिप्रेरकों (motives) आदि में वैसे परिवर्तन से होता है जिसे किसी अन्य व्यक्ति या व्यक्तियों ने उत्पन्न किया है। फ्रेंच तथा रेवेन (French & Reven, 1959) रेवेन तथा क्रुगलान्सकी (Raven

& Kruglanski, 1970), रेवेन (Raven, 1974) के अनुसार सामाजिक प्रभाव (social influence) से तात्पर्य व्यक्ति की मनोवृत्ति तथा व्यवहार में उस परिवर्तन से होता है जो अन्य व्यक्ति द्वारा उत्पन्न किया जाता है। इस तरह का प्रभाव साभिप्राय (intentional) हो सकता है या प्रासंगिक (unintentional) भी हो सकता है। जो व्यक्ति या व्यक्तियों का समूह दूसरों पर प्रभाव डालता है, उसे प्रभावक अभिकर्त्ता (influencing agent) कहा जाता है तथा जो व्यक्ति प्रभावित होता है उसे लक्षित व्यक्ति (target person) कहा जाता है। प्रभावित करने की क्षमता को सामाजिक शक्ति (social power) कहा जाता है। सामाजिक प्रभाव (social influence) तथा सामाजिक शक्ति (social power) में मूल अंतर यह है कि सामाजिक प्रभाव तब उत्पन्न हुआ माना जाता है जब व्यक्ति वास्तव में अन्य व्यक्ति के व्यवहार में परिवर्तन ला पाता है जबकि सामाजिक शक्ति से तात्पर्य मात्र ऐसी परिवर्तन लाने की क्षमता (ability) से होता है।

सामाजिक प्रभाव (social influence) के क्षेत्र में किये गये अध्ययनों के आधार पर इसके स्वरूप (nature) के बारे में कुछ तथ्यों का पता चला है जो निम्नांकित है—

1. सामाजिक प्रभाव की एक प्रमुख विशेषता यह है कि यह सर्वथा स्थायी नहीं होता है। कुछ सामाजिक प्रभाव सामाजिक रूप से आश्रित प्रभाव (socially dependent influence) होते हैं और तभी तक प्रभावी होते हैं जबतक व्यक्ति प्रभावक अभिकर्त्ता से सम्बन्धित रहता है। एक हाई स्कूल के शिक्षक का प्रभाव उनके छात्र पर तभी तक बना रहता है जबतक कि छात्र मैट्रिक की परीक्षा पास नहीं कर पाता है। उसके बाद छात्र का सम्बन्ध स्कूल के शिक्षक से समाप्त हो जाता है और शिक्षक का प्रभाव भी छात्र पर से समाप्त हो जाता है। कुछ सामाजिक प्रभाव सामाजिक रूप से (socially) आश्रित प्रभाव होता है और वे स्थायी होते हैं। जैसे—यदि रोगी डाक्टर द्वारा दिये गये सलाह की औचित्य को स्वीकार कर उसे अपने संज्ञान (cognition) में सम्मिलित कर लेता है, तो यह सामाजिक रूप से आश्रित प्रभाव का उदाहरण होगा। यह प्रभाव या परिवर्तन स्थायी होगा।

2. सामाजिक प्रभाव (social influence) तीन तरह के व्यवहारों द्वारा प्रतिबिम्बित होता है—समरूपता या अनुरूपता (conformity), अनुपालन (compliance) तथा आज्ञापालन (obedience) । सामाजिक प्रभाव दो प्रकार के होते हैं—धनात्मक (positive) तथा ऋणात्मक (negative) । धनात्मक सामाजिक प्रभाव (positive social influence) से तात्पर्य यह होता है कि प्रभावक अभिकर्त्ता (influencing agent) जिस तरह का प्रभाव उत्पन्न करना चाहता है, उसी प्रकार का प्रभाव उत्पन्न हो। जैसे—शिक्षक छात्र को यह कहते हैं कि उन्हें गृह-कार्य (home task) बनाकर कल लाना होगा। यदि छात्र ऐसा करते हैं तो यह धनात्मक सामाजिक प्रभाव (positive social influence) का उदाहरण होगा। धनात्मक सामाजिक प्रभाव की विशेषता यह होती है कि इसमें व्यक्ति सामाजिक व्यवस्था के नियमों के अनुरूप व्यवहार करता है, प्रभावक अभिकर्त्ता की आज्ञाओं का पालन करता है तथा सामाजिक व्यवस्था के नियमों का अनुपालन करता है। सामाजिक प्रभाव ऋणात्मक (negative) भी होता है। इसमें प्रभावक अभिकर्त्ता (influencing agent) द्वारा किये गये प्रयत्नों के विपरीत व्यवहार व्यक्ति करता है। इस तरह से सामाजिक प्रभाव के विपरीत होने पर व्यक्ति विपरीत व्यवहार करके विचलित (deviant) हो जाता है। कभी-कभी सामाजिक प्रभाव डालने के कारण व्यक्ति में विपरीत प्रभाव पहले से भी अधिक प्रबल हो जाता है। इसे समाज मनोवैज्ञानिकों ने *धमाका प्रभाव* (Boomrang effect) कहा है।

3. सामाजिक प्रभाव (social influence) की एक विशेषता यह भी है कि इसका स्वरूप सामाजिक शक्ति (social power) के स्रोतों या आधारों (bases) द्वारा निर्धारित होता है। रैवेन तथा रूबिन (Raven & Rubin, 1983) के अनुसार, सामाजिक शक्ति (social power) के छह आधार बतलाये गये हैं—पुरस्कार, अवपीड़न (coercion), विशेज्ञता, संदर्भ एवं आत्मीकरण (reference and indentification), वैधता (legitimacy) तथा सूचना। इन्हीं स्रोतों के अनुरूप सामाजिक प्रभाव का स्वरूप निर्धारित होता है।

स्पष्ट हुआ कि सामाजिक प्रभाव जिसका सम्बन्ध सामाजिक सत्ता (social power) से काफी है, का स्वरूप कुछ ऐसा है जिससे हमें सामाजिक अंतःक्रिया (social interaction) की दिशा का पता चलता है।

सामाजिक प्रभाव के प्रकार
(Types of Social Influence)

समाज मनोवैज्ञानिकों ने सामाजिक प्रभाव (social influence) के कई प्रकार बतलाये हैं। डोन्नरस्टीन तथा डोन्नरस्टीन (Donnerstein & Donnerstein, 1984) एवं काह्न (Kahn) ने सामाजिक प्रभाव के दो प्रकार बतलाये हैं—

1. सूचनात्मक सामाजिक प्रभाव (Informational social influence) तथा
2. मानकात्मक सामाजिक प्रभाव (Normative social influence)

1. सूचनात्मक सामाजिक प्रभाव (informational social influence) में व्यक्ति किसी सामाजिक यथार्थ (social reality) के बारे में दूसरे व्यक्ति द्वारा दी गई सूचना को स्वीकार कर अपने व्यवहार एवं मनोवृत्तियों में परिवर्तन कर लेता है। जैसे—यदि कोई विश्वसनीय व्यक्ति यह सूचना देता है कि कल भूकंप आ सकता है और इससे प्रभावित होकर यदि दूसरा व्यक्ति मकान छोड़कर किसी मैदान में बसेरा कर लेता है, तो यह प्रभाव सूचनात्मक सामाजिक प्रभाव (informational social influence) कहा जायेगा। सच्चाई यह है कि सूचनात्मक सामाजिक प्रभाव व्यक्ति में सामाजिक वास्तविकताओं (social realities) के बारे में सही या वैध जानकारी प्राप्त करने की इच्छा के फलस्वरूप उत्पन्न होता है।

2. मानकात्मक सामाजिक प्रभाव (normative social influence) में व्यक्ति दूसरे के प्रभाव को सामाजिक रूप से स्वीकृत इच्छा की पूर्ति या प्रशंसा पाने की इच्छा से प्रेरित होकर स्वीकार कर लेता है और अपने व्यवहार में उसी के अनुरूप परिवर्तन लाता है। इसमें व्यक्ति दूसरे के प्रभाव को इसलिए स्वीकार कर लेता है क्योंकि उसे ऐसा करने से प्रशंसा या इनाम मिलता है तथा दंड या अपवादात्मक स्थिति से वह अपने आपको बचा लेता है। जैसे—परीक्षा में असफल हो जाने पर विद्यार्थी अपने माता-पिता का पढ़ाई से सम्बन्धित प्रत्येक सुझाव को तुरंत मान लेने के लिए तैयार हो जाता है क्योंकि वह यह समझता है कि ऐसा करने से उसे माता-पिता से फटकार नहीं मिल पायेगा। यह मानकात्मक सामाजिक प्रभाव (normative social influence) का उदाहरण होगा।

रैवेन तथा रूबिन (Raven & Rubin, 1983) ने सामाजिक शक्ति (social power) के आधार पर सामाजिक प्रभावों का वर्गीकरण किया है। उनका कहना है कि प्रभाव उत्पन्न करने वाले अभिकर्त्ता के पास छह प्रकार के सामाजिक शक्ति में से एक या एक से अधिक शक्ति हो सकता है जिससे वह लक्ष्य व्यक्ति (target person) की मनोवृत्ति (attitude) एवं व्यवहारों (behaviours) में वांछित परिवर्तन लाकर वह विशेष सामाजिक प्रभाव उत्पन्न कर सकता है।

सामाजिक प्रभाव के प्रति प्रतिक्रियाएँ
(Reactions to Social Influence)

यहाँ एक महत्त्वपूर्ण प्रश्न यह उठता है कि जिन लोगों को सामाजिक रूप से प्रभावित करने की कोशिश की जाती है, वे उन सामाजिक प्रभावों के प्रति किस तरह की प्रतिक्रिया करते हैं ? समाज मनोवैज्ञानिकों की आम राय यह है कि ऐसी परिरिस्थिति में लक्षित व्यक्ति (target power) तीन तरह की प्रक्रियाएँ (reactions) करता है जो निम्नांकित है—

(i) अनुरूपता या समरूपता (Conformity)
(ii) अनुपालन (Compliance)
(iii) आज्ञापालन (Obedience)

इन तीनों में से यहाँ हम सिर्फ अंतिम दो का वर्णन अलग-अलग अनुच्छेदों में करेंगे। अनुरूपता का वर्णन पहले ही अध्याय-15 में किया जा चुका है।

अनुपालन के अर्थ एवं स्वरूप
(Meaning and Nature of Compliance)

सामाजिक प्रभाव के प्रति अनुपालन एक प्रमुख प्रतिक्रिया माना गया है। जब कोई व्यक्ति दूसरे व्यक्ति के अनुरोध या प्रतिवेदन के अनुरूप व्यवहार करता है तो इसे अनुपालन (compliance) कहा जाता है। अनुपालन के अनेक उदाहरण हमारे समाज में मिलते हैं। जैसे—शिक्षक छात्र को कक्षा में भाषण समाप्त होने के बाद मिलने का अनुरोध करते हैं, नेता जनता से उन्हें वोट देने का अनुरोध करते हैं, पिता पुत्र को पढ़ने का अनुरोध करते हैं, आदि-आदि। ये सभी अनुरोध अनुपालन के उदाहरण होंगे यदि किये गये अनुरोध के अनुसार सम्बन्धित व्यक्ति व्यवहार करते हैं।

कुछ अनुरोध ऐसे होते हैं जिनका अनुपालन (compliance) व्यक्ति काफी सोच-समझकर करता है तथा कुछ ऐसे अनुरोध होते हैं जिनका अनुपालन व्यक्त आदतन बिना सोचे-समझे ही कर देता है। गंभीर एवं दायित्वपूर्ण व्यवहारों के

लिए अनुपालन व्यक्ति काफी सोच-समझकर तथा अनुपालन के सम्भावित प्रभावों का आकलन करके करता है। परंतु साधारण व्यवहारों के लिए अनुपालन व्यक्ति समाजीकरण (socialization) के प्रभाव से उत्पन्न आदतों के कारण स्वतः चालित रीति से कर देता है।

अनुपालन (compliance) तथा अनुरूपता (conformity) में मुख्य अन्तर यह है कि अनुरूपता में सामाजिक दबाव (social pressure) अप्रत्यक्ष होता है जबकि अनुपालन में सामाजिक दवाब प्रत्यक्ष होता है। इस प्रकार के प्रत्यक्ष सामाजिक दबाव के कारण व्यक्ति दिन-प्रतिदिन की जिन्दगी में प्रायः अपने व्यवहार में परिवर्तन लाते पाये जाते हैं।

अनुपालन की प्रविधियाँ
(-Techniques of Compliance)

लोग अपनी इच्छानुसार या अनुरोध के अनुसार दूसरों से कार्य करवाने के लिए अनेक प्रकार के अनुपालन की प्रविधियों का उपयोग करते हैं। बर्न तथा बेरोन (Byrne & Baron, 1988) के अनुसार ऐसी प्रविधियों को निम्नांकित तीन प्रमुख श्रेणियों में बाँटा गया है—

1. चाटुकारिता (Ingratiation)
2. पारस्पारिकता (Reciprocity)
3. बहुल निवेदन (Multiple requests)

इन तीनों तरह की प्रविधियों का वर्णन निम्नांकित है—

1. चाटुकारिता *(Ingratiation)*—प्रत्येक व्यक्ति में दूसरों द्वारा पसंद किये जाने या दूसरों के लिए आकर्षक होने की प्रेरणा थोड़ी या अधिक मात्रा में होती है। इसका परिणाम यह होता है कि लोग उस व्यक्ति विशेष की दृष्टि में श्रेष्ठ, महत्त्वपूर्ण एवं आकर्षक होने के लिए उसकी बातों में हाँ में हाँ मिलाते जाते हैं, उसकी यश गाथा गाते हैं तथा उसकी तुलना में अपने आपको हीन दिखाने की कोशिश करते हैं। ऐसा करने से व्यक्ति विशेष उसे पसंद करने लगता है और फिर वह व्यक्ति अपनी इच्छाओं एवं अनुरोधों को उनसे अनुपालन कराते जाता है। इसे ही चाटुकारिता की संज्ञा दी जाती है। जोन्स (Jones) ने अपने अध्ययन के आधार पर यह बतलाया है कि व्यक्ति पहले अपने को लक्षित व्यक्ति विशेष की दृष्टि में आकर्षक एवं महत्त्वपूर्ण बना लेता है और ऐसा कर लेने के बाद उनके अनेक प्रकार के निवेदन या अनुरोधों का अनुपालन कराता है। सियाल्दीनी (Cialdini, 1985)के अनुसार चाटुकारिता के माध्यम से अनुपालन कराने की अनेक प्रविधियाँ हैं जिनमें निम्नांकित की प्रयोगात्मक पुष्टि (experimental confirmation) की गयी है—

(i) वर्शचिड (Berscheid, 1985) के अनुसार चाटुकारिता द्वारा अनुपालन कराने वाले व्यक्ति अपने को शारीरिक रूप से आकर्षक बना कर रखते हैं क्योंकि वे जानते हैं कि शारीरिक रूप से आकर्षक होने पर वे अपने लक्ष्य पर जल्द पहुँच सकते हैं।

(ii) बर्न (Byrne, 1971) ने अपने अध्ययन के आधार पर यह बतलाया कि चाटुकारिता द्वारा अनुपालन कराने वाले व्यक्ति अपनी मनोवृत्ति एवं व्यवहार में लक्ष्य व्यक्ति की मनोवृत्ति एवं व्यवहार से समानता दिखलाते हैं।

(iii) कुछ समाज मनोवैज्ञानिकों जैसे—वोर्टमैन तथा लिनसेनमियर (Wortman & Linsenmeier, 1977) के अनुसार चाटुकारिता द्वारा अनुपालन कराने वाला व्यक्ति लक्ष्य व्यक्ति(target person)के प्रति उच्च कोटि का व्यक्तिगत आदर एवं स्नेह दिखलाता है और वह यह विश्वास उत्पन्न करने की कोशिश करता है कि वह उसका सबसे बड़ा हितैषी है।

(iv) कुछ समाज मनोवैज्ञानिकों के अनुसार चाटुकारिता द्वारा अनुपालन कराने वाला व्यक्ति छवि प्रबंधन(impression management) का सहारा लेता है। छवि प्रबंधन एक ऐसी प्रक्रिया है जिसमें व्यक्ति अपने आपको दूसरों के सामने अधिक श्रेष्ठ, अनुकूल एवं महत्त्वपूर्ण गुणों से ओत-प्रोत दिखलाने की कोशिश करता है। छवि प्रबंधन की प्रक्रिया द्वारा ऐसे व्यक्ति लक्ष्य व्यक्ति (target person) का दिल जीत लेते हैं और फिर उनसे अपने अनुरोधों का अनुपालन करवाते हैं।

(v) चाटुकारिता द्वारा अनुपालन कराने वाला व्यक्ति कभी-कभी अपने आपको एक अच्छे प्रकृति की व्यक्ति साबित करवा लेते हैं और फिर उनसे अपने अनुरोधों का अनुपालन करवाते हैं।

स्पष्ट हुआ कि चाटुकारिता (ingratiation) को सफल बनाने के लिए व्यक्ति कई तरह की प्रविधियों का उपयोग करता है।

2. पारस्परिकता *(Reciprocity)*—अनुपालन (compliance) की एक दूसरी प्रविधि पारस्परिकता (reciprocity) है। इस प्रविधि के पीछे पूर्वकल्पना (assumption) यह होती है कि जो लोग हमारे साथ जैसा व्यवहार करते हैं, हमें भी उनके साथ वैसा ही व्यवहार करना चाहिए। अगर किसी व्यक्ति ने हमें कोई लाभ प्रदान किया हो, तो हम भी कुछ वैसा ही करके उन्हें लाभ भविष्य में प्राप्त करने में मदद करते हैं। जब किसी व्यक्ति को दूसरे व्यक्ति से भविष्य में किसी महत्त्वपूर्ण काम को करवाना होता है, तो वह पहले उसके छोटे-मोटे अनुरोधों का सदैव अनुपालन कर देता है ताकि फिर बाद में उससे अपने अनुरोध का अनुपालन अच्छे ढंग से कराया जाये। रीगन (Regan, 1971) ने अपने अध्ययन के आधार पर यह बतलाया है कि जब कोई व्यक्ति किसी अन्य व्यक्ति से किसी प्रकार का छोटा-मोटा भी लाभ या अन्य समान चीज प्राप्त कर लेता है, तो वह उस व्यक्ति का कृतज्ञ हो जाता है तब उसके लिए उसके अनुरोधों की उपेक्षा करना असम्भव नहीं तो अत्यंत कठिन अवश्य हो जाता है। पारस्परिकता का अनुपालन के रूप में प्रयोग किये जाने के अनेकों उदाहरण हमें दैनिक जीवन में मिलते हैं। प्रायः लोग ऊँचे-ऊँचे सरकारी पदाधिकारियों को महँगे-महँगे उपहार देते हैं तथा उनके निर्देशों को ईश्वर का निर्देश समझकर अनुपालन करते हैं ताकि भविष्य में उनसे आवश्यकतानुसार अपने अनुरोधों का अनुपालन कराया जाये।

3. बहुल निवदेन *(Multiple request)*—बहुत निवेदन सचमुच में अनेक प्रकार के जटिल तकनीकों का सामूहिक नाम है। इसके अंतर्गत आने वाले कई प्रविधियों में से निम्नांकित प्रमुख हैं—

(i) अंगुली पकड़कर हाथ पकड़ना (The foot-in-the-door technique)

(ii) बड़ी माँग जताकर छोटी माँग पूरी करना (The-door-in-the face-technique)

(iii) छलछद्म की प्रविधि (The low-balling technique)

(iv) सब-यही-नहीं-है प्रविधि (That's-not-all technique)

(v) कमी-आधृत रणनीति (Scarcity-based strategies)

(vi) मनोदशा आधृत रणनीति (Mood-based tactics)

इन प्रविधियों का वर्णन निम्नांकित है—

(i) अंगुली पकड़कर हाथ पकड़ना *(The-foot-in-the-door technique)*—इसमें व्यक्ति लक्ष्य व्यक्ति (target person) से पहले एक या दो छोटे अनुरोध करता है जिसका अनुपालन लक्ष्य व्यक्ति आदतन बिना सोचे-समझे कर देता है। इसके बाद वह व्यक्ति धीरे-धीरे बड़े अनुरोधों का अनुपालन कराना प्रारंभ कर देते हैं। इस तरह की प्रविधि का प्रयोग चतुर दोस्त तथा प्रेमी प्रायः कर अपना उल्लू सीधा करते हैं। वीमैन तथा उनके सहयोगियों (Beamen et. 1983) ने इसे एक काफी सफल प्रविधि माना है। बेरोन (Baron, 1973) ने कई प्रकार के आवदेन (petition) पर हस्ताक्षर कराने तथा प्लाइनर एवं उनके सहयोगियों (Pliner et al, 1974) ने अच्छे कामों के लिए चंदा प्राप्त करने में इस प्रविधि का प्रयोग सफलतापूर्वक किया। फ्रीडमैन तथा फ्रेजर (Freadman & Freaser, 1966) ने इस प्रविधि की प्रभावोत्पादकता का एक अति महत्त्वपूर्ण अध्ययन किया है। इस अध्ययन में एक पुरुष प्रयोगकर्त्ता ने दूरभाष(telephone) पर कुछ गृहणियों से किसी उपभोक्ता संगठन (consumer's organisation) के एक सक्रिय सदस्य के रूप में सम्पर्क स्थापित किया। इस प्रारंभिक सम्पर्क में प्रयोगकर्त्ता ने गृहणियों से घर में उपयोग किये जाने वाले साबुनों (soaps) के बारे में कुछ प्रश्नों का उत्तर देने का अनुरोध किया। गृहणियों ने उन प्रश्नों का उत्तर सहर्ष दे दिया। कुछ दिनों के बाद उसी प्रयोगकर्त्ता ने उन्हीं गृहणियों से दूरभाष पर सम्पर्क करके एक बड़ा अनुरोध किया। अनुरोध था—क्या वह अपने पाँच-छः सदस्यों को उनके पास भेजकर उनके द्वारा लाई जाने वाली उपभोक्ता सामग्रियों के बारे में कुछ प्रश्न करवा सकता है? यह भी बतलाया गया कि इस कार्य के लिए उन्हें करीब दो घंटे समय देना होगा। प्रश्न और उत्तर के समय सहायकगण गृहणियों के घर में सभी सामानों की जाँच करेंगे तथा आलमारियों एवं ड्रावर (drawers) में रखे सामानों को भी देखेंगे। निश्चित रूप से यह कहा जा सकता है कि दूसरा अनुरोध पहले किये गये अनुरोध से काफी बड़ा था। इस प्रयोग के नियंत्रित अवस्था (control condition) में कुछ गृहणियों से मात्र एक बार सम्पर्क किया गया और पहली बार ही इस बड़े अनुरोध को दूसरी बारी में सम्पर्क रखा गया था। परिणाम बड़े रोचक थे। परिणाम में देखा गया कि

एक ही बार के सम्पर्क में बड़े अनुरोध को स्वीकार कर अनुपालन की सहमति मात्र 22.5 %गृहणियों ने की परंतु दो बार सम्पर्क स्थापित करने की अवस्था में 52.8% गृहणियाँ बड़े अनुरोध का अनुपालन करने के लिए सहमत हो गयीं।

उपर्युक्त प्रयोग से स्पष्ट है कि अंगुली पकड़कर हाथ पकड़ने की अनुपालन प्रविधि एक प्रभावोत्पादक विधि है। यह विधि क्यों एक प्रभावोत्पादक विधि सिद्ध हुई है? इसके प्रभावोत्पादकता के क्या कारण हैं? समाज मनोवैज्ञानिकों ने इसकी व्याख्या दो तरह से किया है—

पहली व्याख्या यह दी गयी है कि जब कोई व्यक्ति किसी अन्य व्यक्ति के छोटे एवं साधारण प्रार्थना का अनुपालन कर देता है, तो उनके आत्म-प्रत्यक्षण (self-perception) में थोड़ा परिवर्तन आ जाता है। वे अपने आपको एक ऐसा व्यक्ति समझने लगते हैं जो अनुरोध करने पर दूसरों की मदद करता है। जब ऐसे व्यक्ति के सामने कोई फिर बड़ा अनुरोध किया जाता है, तो वे अपने बदले हुए आत्म-प्रत्यक्षण (self-perception) के साथ संगतता (consistency) बनाये रखने के ख्याल से उस बड़े अनुरोध का भी अनुपालन बेझिझक कर बैठते हैं। इस व्याख्या का प्रयोगात्मक संपुष्टि डिजोन्ग तथा मुसिली (Dejong & Musili, 1982) द्वारा किया गया।

दूसरी व्याख्या ऐसी है जिससे यह कहा गया है कि जब कोई व्यक्ति छोटे अनुरोध का अनुपालन कर देता है, तो वह ऐसी परिस्थिति के प्रति एक धनात्मक विचार (positive view) बना लेता है। दूसरे शब्दों में, वह ऐसी परिस्थिति को पहले तुलना में कम दुःखद तथा कम तनाव पूर्ण समझता है। फलतः बड़े अनुरोध किये जाने पर वह उसका तुरंत अनुपालन कर देता है। इस व्याख्या का समर्थन रिट्टल (Rittle, 1981) द्वारा किया गया।

(ii) बड़ी माँग जताकर छोटी माँग पूरी करना *(The-door-in-the face technique)*—दी-डोर-इन-दी-फेस (The-door-in-the face) पद का प्रतिपादन सियाल्दीनी एवं उनके सहयोगियों (Cialdini et al. 1975) द्वारा किया गया। यह एक ऐसी प्रविधि है जिसमें व्यक्ति लक्षित व्यक्ति (target person) के सामने एक ऐसा बड़ा अनुरोध या माँग रखता है जिसे लक्षित व्यक्ति सामान्यतः पूरा नहीं कर पाता है या अस्वीकार कर देता है। इसके बाद वह व्यक्ति छोटा, वास्तविक एवं वांछित अनुरोध इस उम्मीद से लक्षित व्यक्ति के सामने रखता है कि वह इस अनुरोध का अनुपालन अवश्य कर देगा। इस तथ्य का प्रयोगात्मक समर्थन सियाल्दीनी एवं उनके सहयोगियों (Cialdini et al. 1975) ने इस सिलसिले में एक अति महत्त्वपूर्ण अध्ययन में किया है। इस अध्ययन में छात्रों के एक समूह से एक बड़ी माँग या अनुरोध की गयी। अनुरोध थी—क्या वे बाल अपराधियों की देखभाल और परामर्श के लिए बिना किसी पारिश्रमिक लिए ही प्रति सप्ताह 2 घंटे का समय दो वर्षों तक देंगे ? स्पष्टतः यह एक बड़ी अनुरोध है जिसे कोई भी छात्र आसानी से स्वीकार नहीं कर सकता। फलतः कोई भी छात्र इसके लिए राजी नहीं हुआ। इसके बाद प्रयोगकर्त्ताओं ने अपनी माँग को छोटी कर दूसरा अनुरोध किया—क्या वे बाल अपराधियों के एक समूह को दो घंटे के लिए चिड़ियाघर दिखाने ले जायेंगे ? छात्रों का एक दूसरा समूह भी था जो नियंत्रित समूह (control group) था और जिससे मात्र दूसरा अनुरोध ही किया गया था। परिणाम में देखा गया कि प्रयोगात्मक समूह यानी पहले समूह के छात्रों में से 50% इस दूसरे अनुरोध का पालन करने के लिए तत्पर थे परंतु नियंत्रित समूह (control group) के मात्र 17% छात्र ही दूसरे अनुरोध का पालन करने के लिए तैयार थे। इस अध्ययन में सचमुच में एक तीसरे समूह का भी प्रयोग किया गया था जिनसे दोनों अनुरोधों में से किसी एक का अनुपालन करने का अनुरोध किया गया था। इस तीसरे समूह के मात्र 25% प्रयोज्य ने ही दूसरे अनुरोध का पालन करने को तत्पर पाये गये। इस प्रायोगिक परिणाम में यह स्पष्ट हो जाता है कि बड़ी माँग जताकर छोटी माँग पूरा करना अनुपालन का एक प्रमाणिक प्रविधि है। इस प्रविधि का उपयोग हमें दैनिक जीवन में काफी देखने को मिलता है। फेरी वाले प्रायः अपने माल का दाम अधिक करके रखते हैं और बाद में वे 30% से 40% दाम घटाकर बेचते हैं और लोग उनका माल खुशी-खुशी खरीद लेते हैं।

डिजांग (Dejang, 1979) के अनुसार इस प्रविधि की सफलता विशेष प्रकार की स्थितियों पर निर्भर करता है। प्रथमतः इस प्रविधि में पहली माँग या अनुरोध इतनी बड़ी होती है कि उसका अनुपालन करने से विमुख होने पर कोई निषेधात्मक मनोदशा नहीं उत्पन्न होती है। दूसरे तरफ इस प्रविधि में दूसरा अनुरोध वही व्यक्ति करता है जिसके प्रथम अनुरोध को ठुकरा दिया गया होता है। सचमुच में इस दूसरे अनुरोध को प्रयोज्य (subject) एक छूट समझता है जिसे प्रयोगकर्त्ता ने प्रयोज्य के लिए प्रदान किया है। पारस्परिकता मानक (reciprocity norms) के उत्पन्न हो जाने के कारण व्यक्ति दबाव का अनुभव करता है कि वह भी छूट दे। शायद यही कारण है कि इस प्रविधि में व्यक्ति तुरंत अनुपालन

कर देता है। कुछ समाज मनोवैज्ञानिकों का मत है कि ऐसे लोग समझते हैं कि छोटे अनुरोध को भी ठुकरा देने से उनके छवि (impression) दूसरे के मन में खराब हो सकती है।

(iii) छलछद्म की प्रविधि (*The-low-balling or throwing-the-technique*)—यह एक ऐसी प्रविधि है जिसमें किसी अनुरोध का अनुपालन कराने के उद्देश्य से अनुरोध के बारे में अपूर्ण सूचना देकर (अर्थात कुछ सूचना को देकर तथा कुछ सूचना को छिपाकर) उसे पहले आकर्षक बना दिया जाता है और बाद में पूर्ण सूचना प्राप्त हो जाने पर उसका अनुपालन कष्टदायी होने पर भी व्यक्ति करता पाया जाता है। इस प्रविधि का नामकरण सियाल्दीनी एवं उनके सहयोगियों (Cialdini et al., 1978) द्वारा किया गया। इस प्रविधि का प्रयोगात्मक समर्थन एक मशहूर अध्ययन जिसे पालाक, कूक तथा सूलिवान (Pallak, Cook & Sullivan, 1980) द्वारा किया गया, से हुआ है। इस अध्ययन में अमेरिका के आयोवा (lowa) राज्य के निवासियों को सम्मिलित किया गया। यहाँ के निवासी अपने आवासों को गर्म रखने के लिए प्राकृतिक गैस (natural gas) का उपयोग करते हैं। प्रयोगकर्त्ता ने जब इन निवासियों से अनुरोध किया कि यदि वे जाड़े के मौसम में गैस कम खर्च करें और बचाएँ तो समाचार-पत्रों में लोक कल्याणकर्त्ता के रूप में उनका नाम प्रकाशित किया जायेगा। ऐसे आवासियों द्वारा छः महीने तक खर्च किये गये गैस का हिसाब-किताब रखा गया जिसके विश्लेषण से यह ज्ञात हुआ कि यह प्रविधि काफी प्रभावशाली सिद्ध हुई क्योंकि इन्होंने अपने औसत गैस के खर्चे में 12% गैस की बचत की। तत्पश्चात इन लोगों को यह सूचना दी गयी कि उनका नाम कुछ कारणों से समाचार-पत्र में प्रकाशित नहीं किया जायेगा। इसके बाद यह देखने की कोशिश की गयी अब ये लोग गैस की बचत की प्रक्रिया जारी रखते हैं कि नहीं। यहाँ पर सामान्य प्रत्याशा यह होगी कि इस सूचना के बाद से वे गैस बचाना बंद कर देंगे क्योंकि सचमुच में वे समाचार-पत्र में अपना नाम छपवाकर अपना सम्मान बढ़ाना चाहते थे। परंतु गैस बचाने से यदि ऐसा सम्मान नहीं मिलेगा तो वे गैस क्यों बचायेंगे ? परंतु जब उनके गैस खपत का विश्लेषण किया गया तो पाया गया कि इस सूचना के बाद गैस खपत सामान्य से अब 15% घट गई अर्थात गैस बचाने की आदत में 3% प्रतिशत की बढ़ोत्तरी हो गई। इस परिणाम की पुष्टि फिर इन्हीं लोगों द्वारा किये गये एक-दूसरे अध्ययन से हुई। इस अध्ययन में मकान मालिकों से कहा गया कि यदि वे बिजली खपत में कमी करे तो उनके नामों को प्रकाशित कर प्रशंसा की जायेगी। इस प्रविधि इस बार भी काफी प्रभावोत्पादक सिद्ध हुई और आवासियों ने बिजली की खपत में 28% की कमी कर दी। इसके बाद उन्हें सूचना दी गई कि उनके नाम कुछ कारणों से प्रकाशित नहीं किये जाएँ। इसके बावजूद भी बिजली की खपत में कमी 28% से बढ़कर 42% हो गई। प्रयोग के परिणामों में छल-छद्म प्रविधि की प्रभावोत्पादकता का समर्थन हुआ। इस प्रविधि को प्रभावोत्पादकता की व्याख्या करते हुए सियाल्दीनी (Cialdini, 1985) ने कहा कि आकर्षक अनुरोध के कारण व्यक्ति अनुपालन करने के लिए उसके प्रति प्रतिबद्ध हो जाते हैं और इस प्रतिबद्धता (committment) के औचित्य को सिद्ध करने के लिए अतिरिक्त युक्तियाँ ढूँढ लेते हैं। यही कारण है कि अनुरोध के प्रारंभिक आकर्षण की समाप्ति के बाद भी वे अनुपालन की प्रक्रिया को बनाये रखते हैं।

(iv) सब-यही-नहीं-है प्रविधि (*That's-not-all technique*)—इस प्रविधि में व्यक्ति लक्ष्य व्यक्ति से 'हाँ' या 'नहीं' कहवाने के पहले आरंभिक प्रार्थना या सौदा (deal) के साथ कुछ अतिरिक्त प्रलोभन (incentive) जोड़ देता है। ऐसा करने से लक्ष्य व्यक्ति को यह महशुश होता है कि उसे तो मात्र आरंभिक प्रार्थना या सौदा का ही कीमत चुकाना पड़ रहा है तथा अतिरिक्त मिलने वाला प्रलोभन उसे मुफ्त में मिल रहा है। ऐसा सोचकर आसानी से लक्ष्य व्यक्ति उस व्यक्ति के प्रस्ताव को स्वीकार करके अनुपालन दिखला देता है। जैसे, मान लिया जाए कि आप किसी दुकान में एक टेलीविजन सेट खरीदने जाते हैं। दुकानदार कहता है कि ऐसे तो इस टेलीविजन सेट का दाम 10 हजार रुपया है परंतु उसे आज तक खरीदने पर एक कलाई घड़ी जिसकी कीमत 1500 रुपया है, मुफ्त में दिया जाएगा। क्रेता ऐसा महशुश करता है कि टेलीविजन सेट की खरीददारी पर उसे कुछ छूट दिया जा रहा जो अतिरिक्त प्रेरणा (कलाई घड़ी) दी जा रही है, वह एक अच्छी बात है। इससे प्रभावित होकर क्रेता, विक्रेता के प्रार्थना को स्वीकार करके टेलीविजन सेट खरीदने का निर्णय ले लेता है।

(v) कमी-आधृत रणनीति (*Tactics based on scarcity*)—समाज मनोवैज्ञानिकों का मत है कि जब बार-बार किसी चीज की कमी होने का अनुभव किसी व्यक्ति में कराया जाता है, तो यह देखा जाता है उस व्यक्ति में उस चीज के प्रति अनुपालन दिखलाने की तत्परता बढ़ जाती है। जैसे, मान लिया जाए कि आपको अमुक कम्पनी का 10 टेलीविजन सेट की जरूरत है। आप उसके स्टॉकिस्ट या आपूर्तिकर्त्ता से इसके बारे में बातचीत करते हैं। वह कहता है कि उसे

5 दिन इसके लिए रूकना होगा। फिर पाँच दिन के बाद आप उससे 10 टेलीविजन सेट की आपूर्ति के लिए सम्पर्क करते हैं। परंतु फिर उसकी कमी बतलाकर आपसे सात दिन रूकने के लिए कहता है। सात दिन के बाद पुनः यह सोचकर उसके इस प्रार्थना को स्वीकार कर लेते हैं कि जब उक्त सेट की इतनी कमी है, तो क्यों नहीं जितना मिल रहा है, उसे अभी ले लिया जाए। इस तरह से कमी दिखलाकर व्यक्ति लक्ष्य व्यक्ति से अनुपालन करवा लेता है।

(v) मनोदशा-आधृत रणनीति (*Tactics based on mood*)—यह स्थापित तथ्य है कि जब व्यक्ति की मनोदशा उत्तम होती है, तो वह अनुपालन अधिक दिखलाता है। इस नियम का फायदा उठा कर प्रायः क्रेता, विक्रेता की प्रशंसा एवं चाटुकारिता दिखलाकर उसमें एक उत्तम मनोदशा उत्पन्न करता है ताकि उससे फिर वांछित ढंग से अनुपालन करवाया जाय या अपनी माँग को उनसे स्वीकार कराया जाए।

स्पष्ट हुआ कि अनुपालन की कई प्रविधियाँ (techniques) हैं जिनकी मदद से लक्षित व्यक्ति (target person) से अनुरोध या माँगों का अनुपालन (compliance) कराया जाता है।

आज्ञापालन के अर्थ एवं प्रयोगात्मक अध्ययन
(Meaning and Experimental Studies of Obedience)

सामाजिक प्रभाव (social influence) उत्पन्न करने का सबसे सीधा तरीका आदेश देकर उसका पालन कराने से होता है। आज्ञापालन में एक व्यक्ति दूसरे को किसी आज्ञापालन करने का आदेश देता है। जैसे—मंत्री अपने विभागीय सचिव को आदेश देते हैं, पदाधिकारी अपने किरानी को आदेश देते हैं, सेना के अधिकारी अपने अधीनस्थों (subordinates) को आदेश देते हैं, आदि-आदि। सभी आज्ञापालन के उदाहरण हैं।

आज्ञापालन एक अर्थ में अनुरूपता (conformity) तथा अनुपालक (compliance) से भिन्न होता है। अनुरूपता में व्यक्ति को यह स्वतंत्रता होती है कि वह समरूप व्यवहार करे या न करे तथा उसी ढंग से अनुपालन (compliance) में भी यह स्वतंत्रता होती है कि वह किसी अनुरोध का पालन करे या न करे। परंतु आज्ञापालन की स्थिति में ऐसी व्यक्तिगत स्वतंत्रता नहीं होती है। इस स्थिति में व्यक्ति को प्रभावित होने या न होने की स्वतंत्रता उपलब्ध नहीं होती है। आज्ञा का उल्लंघन करने पर उसे पुरस्कार से तो वंचित रह ही जाना पड़ता है, साथ-ही-साथ उसे दंड का भी भागी बनना पड़ता है।

ऊपर दिये गये आज्ञा पालन के कुछ उदाहरण से यह स्पष्ट है कि इसमें प्रायः आदेश देने वाले व्यक्ति के पास पर्याप्त शक्ति या सामर्थ्य (power) होता है जिसके कारण व्यक्ति उनके आदेश का पालन करता है। परंतु कुछ ऐसे भी अध्ययन हुए हैं जिनमें यह दिखलाया गया है कि आदेश देने वाले व्यक्ति के पास कोई भी शक्ति या सामर्थ्य नहीं होने पर भी उनके आदेश का पालन किया जाता है। इस सिलसिले में मिलग्राम (Milgram, 1963, 1974) द्वारा किया गया अध्ययन विशेष रूप से उल्लेखनीय है। मिलग्राम ने अपने इस अध्ययन के लिए 40 पुरुषों को चुना और यह अध्ययन येल विश्वविद्यालय में किया गया। इन सभी पुरुषों को पारिश्रमिक देकर प्रयोग में भाग लेने के लिए एकत्र किया गया गया था। इस प्रयोग का मूल्य उद्देश्य यह जानना था कि प्रयोज्य क्या प्रयोगकर्त्ता के उस आदेश का आज्ञापालन करेगा जिसमें उसे एक अपरिचित व्यक्ति को विद्युताघात करने के लिए कहा जायेगा ? इन्होंने प्रयोज्यों को बतलाया कि इस प्रयोग में सीखने की प्रक्रिया पर दंड के प्रभाव का अध्ययन किया जाने वाला है। उनका कार्य दूसरे व्यक्ति को उस समय विद्युताघात करना होगा जब वह दिये गये कार्य को सीखने में त्रुटि (error) करता हो। इस तरह सिखाने वाले को सीखने वाले द्वारा त्रुटि होने पर विद्युताघात करना था। सीखने वाले को कुर्सी पर बैठा दिया जाता था तथा उनके हाथों में एलक्ट्रॉड (electrode) लगा दिये जातो थे जिससे होकर उसे बिजली का आघात मिलता था। सिखाने वाले को एक मशीन के सामने बैठा दिया जाता था। मशीन में कई लीवर (lever) बने हुए थे और प्रत्येक के नीचे इंगित था कि किसके घुमाने से कितने वोल्ट का विद्युताघात सीखने वाले को लगेगा। वोल्टेज का विस्तार 15 वोल्ट से 450 वोल्ट तक था। 15 वोल्ट के बाद 30 वोल्ट, उसके बाद 45 वोल्ट और इसी तरह से 15-15 वोल्ट के अंतराल पर अंतिम वोल्ट 450 था जिसे 'xxx' द्वारा दिखलाया गया था। वोल्टेज बतलाने वाले अंकों के ऊपर विद्युताघात के हानिकारक प्रभाव को दिखलाने के लिए हल्का, मध्यम, भारी, बहुत भारी, तीव्र, अति तीव्र, घातक (xxx) आदि लिखा था। सिखाने वाले उच्च स्वर में शब्द युग्मों को पढ़ता था और सीखने वाले को उन युग्मों को याद करना होता था। सिखाने वाले की दूरी सीखने वाले से इतनी थी कि वह वहाँ से देख नहीं सकता था। किसी प्रयास में प्रयोज्य द्वारा त्रुटिपूर्ण अनुक्रिया होने पर सिखाने वाले को लीवर घुमाकर सीखने वाले व्यक्ति को विद्युताघात देना था। पहली गलती पर सिखाने वाले ने 15 वोल्ट का

आघात दिया। इसके बाद जब कभी सीखने वाला त्रुटि करता था तो प्रयोगकर्त्ता सिखाने वाले को पिछली बारी से और अधिक ऊँचे वोल्ट का आघात देने का आदेश देता था। इस प्रकार प्रयोगकर्त्ता ने 15 वोल्ट से बढ़ाकर 450 वोल्ट तक आघात देने का आदेश देता था। इस प्रकार प्रयोगकर्त्ता ने 15 वोल्ट से बढ़ाकर 450 वोल्ट तक आघात देने का आदेश दिया। जब आघात का स्तर 450 वोल्ट पहुँच गया, तो सीखने वालों ने प्रयोग की परित्याग करने की इच्छा प्रकट की। ऐसी परिस्थिति में सिखाने वाले व्यक्ति प्रयोगकर्त्ता से निर्देश माँगता था। प्रयोगकर्त्ता उन्हें अपने कार्य जारी रखते हुए आगे बढ़ने का आदेश देता था। जब आघात का स्तर 300 वोल्ट हो जाता था तब सीखने वाले प्रयोज्य कमरे की दीवार पर जोर-जोर से पीटने लगता था और उसके बाद वह सीखाने वाले को किसी प्रश्न का उत्तर नहीं देता था। ऐसी परिस्थिति में प्रयोगकर्त्ता सिखाने वाले को बतलाता था कि किसी भी तरह का उत्तर न देने की घटना एक त्रुटि है, अतः उसे आघात मिलना चाहिए। फलस्वरूप, सिखाने वाले ऐसी परिस्थिति में भी प्रयोज्य को आघात देता था।

परिणाम के विश्लेषण में यह पाया गया है कि 40 में से 26 प्रयोज्य ने अर्थात 65% प्रयोज्यों ने तीव्रता सीमा तक अर्थात 450 वोल्ट तक विद्युताघात देने का आदेश का पालन किया। इस आघात स्तर (यानी 450 वोल्ट) से नीचे शत-प्रतिशत प्रयोज्यों ने प्रयोगकर्त्ता द्वारा विद्युताघात देने के आदेश का पालन किया। इस परिणाम का सबसे रोचक बात यह थी कि 300 वोल्ट तक सभी प्रयोज्यों ने बिना किसी झिझक के विद्युताघात दिया।

प्रयोग के इस परिणाम की पुष्टि मिलग्राम (Milgram) के अन्य अध्ययनोंसे भी हो जाता है। उन्होंने विश्वविद्यालय की प्रयोगशाला से हटकर दूसरे शहर के बीच स्थित एक कार्यालय में इसी तरह का अध्ययन किया। परिणाम में देखा गया कि आज्ञापालन की मात्रा में कुछ कमी आयी परंतु वह कमी कोई सार्थक नहीं था। 48% प्रयोज्यों ने प्रयोगकर्त्ता के आदेशानुसार तीव्रतम आघात देने के लिए तैयार पाये गये।

मिलग्राम के इस अध्ययन की आलोचना वॉमरिण्ड (Baumrind, 1969), ओरने (Orne, 1962) तथा ओरने एवं हॉलैंड (Orne & Holland, 1968) द्वारा की गयी। इन लोगों का मत है कि चूँकि मिलग्राम का मुख्य अध्ययन येल विश्वविद्यालय (Yale University) में किया गया, इसलिए येल विश्वविद्यालय की ख्याति के कारण इन प्रयोज्यों ने सम्भवतः वैज्ञानिक जानकारी को बढ़ावा देने के आदर्श को ध्यान में रखते हुए ऐसी क्षतिकारी आज्ञाओं का पालन किया। सच्चाई यह है कि वास्तविक जीवन में ऐसा नहीं होता है। इतना ही नहीं, इन आलोचकों का मत है कि मिलग्राम के प्रयोग के परिणाम प्रायोगिक प्रक्रिया की माँगपरक विशेषता (demand character) के कृत्रिम प्रभाव हैं। शायद इस ढंग का परिणाम इसलिए प्राप्त हुए क्योंकि प्रयोज्यों को प्रयोग प्रारंभ के समय उनके अधिकारों को स्पष्ट नहीं किया गया और यह भी नहीं बताया गया कि वे चाहे तो विद्युताघात न देकर प्रयोग का परित्याग भी कर सकते हैं। मिलग्राम के बाद किये गये अध्ययनों में इन आलोचनाओं को निराधार साबित कर दिया गया।

आज्ञापालन को प्रभावित करने वाले कारक
(Factors Affecting Obedience)

कुछ ऐसे अध्ययन किये गये हैं जिनमें उन कारकों (factors) पर प्रकाश डाला गया है, जिनसे आज्ञापालन प्रभावित होते हैं। ऐसे कारकों में निम्नांकित दो कारकों को अधिक प्रबल माना गया है—

1. अधिकारियों से समीपता *(Closeness of authority figure)*—समाज मनोवैज्ञानिकों का मत है कि जब व्यक्तियों का अधिकारियों (authority figures) से समीपता अधिक होता है तो आज्ञापालन की मात्रा भी अधिक होती है। परंतु यदि वह समीपता कम होती है तो आज्ञापालन की मात्रा में भी कमी आ जाती है। मिलग्राम (Milgram, 1977) ने एक अध्ययन करके इस तत्य की पुष्टि किया है। इस अध्ययन में तीन अवस्थाएँ (conditions) थीं—एक अवस्था में प्रयोगकर्त्ता (अधिकारी) प्रयोज्य (subject) से कुछ फीट की दूरी पर बैठकर यह देखता था कि उसके आदेश का पालन करते हुए प्रयोज्य सीखने वाले को विद्युताघात करता है या नहीं। दूसरी अवस्था यह थी कि जिसमें प्रयोगकर्त्ता प्रयोज्य को विद्युताघात के बारे में निर्देश (instruction) देकर कमरा से बाहर चला जाता था। तीसरी अवस्था वह थी जिसमें प्रयोज्यों को विद्युताघात-सम्बन्धी निर्देश टेप रिकार्डर (tape recorder) के माध्यम से दिया गया और इस अवस्था के प्रयोज्य कभी भी प्रयोगकर्त्ता को देख नहीं पाये। स्पष्ट है कि पहली अवस्था में प्रयोज्यों का अधिकारियों अर्थात प्रयोगकर्त्ता से समीपता (closeness) अधिक थी तथा अंतिम अवस्था में ऐसी समीपता काफी कम थी। दूसरी अवस्था में ऐसी समीपता बीचोबीच की थी। परिणाम में देखा गया कि पहली अवस्था में आज्ञापालन (obedience) की मात्रा सबसे अधिक थी

जबकि अन्तिम अवस्था में आज्ञापालन की मात्रा सबसे कम थी। स्पष्ट हुआ कि प्रयोज्यों का प्रयोगकर्त्ताओं से समीपता एक ऐसा कारक या चर है जिससे आज्ञापालन की मात्रा प्रभावित होती है। राडा एवं रोजर्स (Rada & Rogers, 1973) ने भी अपने अध्ययन में आज्ञापालन तथा प्रयोज्यों से प्रयोगकर्त्ता की समीपता के इस सम्बन्ध की पुष्टि किया है।

2. सीखनेवाला तथा सीखानेवालों में समीपता *(Closeness between learner and teacher)*—मिलग्राम (Milgram, 1965) ने अपने अध्ययन के आधार पर यह भी दिखलाया है कि सीखने वाले तथा सीखाने वाले व्यक्तियों में समीपता द्वारा भी आज्ञापालन (obedience) की मात्रा प्रभावित होती है। इन दोनों में समीपता जितनी ही अधिक होती है आज्ञापालन का स्तर उतना ही नीचा होता है। मिलग्राम (Milgram, 1965) ने एक अध्ययन के आधार पर इस तथ्य की पुष्टि किया है। इस अध्ययन में प्रयोग की चार अवस्थाएँ (conditions) थीं। पहली अवस्था दूरस्थ पुनर्निवेशन (remote feedback) अवस्था थी जिसमें सीखलाने वाला व्यक्ति सीखने वाले व्यक्ति को न कभी देख पाता था और न ही उनकी बातों को सुन ही पाता था। कभी-कभी वह सीखाने वाले व्यक्ति द्वारा मुक्का से उस बूथ (booth) के दीवार पर मारने की आवाज बाहर से सुनता था जिसमें वह (सीखने वाला) बैठा होता था। दूसरी अवस्था आवाज पुनर्निवेशन (voice feedback) की थी जिसमें सीखलाने वाला व्यक्ति सीखने वाले व्यक्ति की बातों को सुनता था परंतु उसे देख नहीं पाता था। तीसरी अवस्था समीपता अवस्था (proximity condition) की थी जिसमें सीखाने वाले और सीखने वाले दोनों ही एक कमरे में थे ताकि सीखने वाले सीखाने वाले को देख एवं सुन सकते थे। चौथी अवस्था स्पर्श-समीपता की अवस्था (touch-proximity condition) की थी जिसमें सीखने वाला सीखाने वाले के ठीक दायें बगल में बैठता था और जब वह (सिखाने वाला) वैद्युताघात करता था, तो वह सीखने वाले के हाथ को पकड़कर आघात प्लेट (shock-plate) पर रख देता था ताकि उसे आघात ठीक ढंग से लग सके। ध्यान रहे कि अन्य तीन अवस्थाओं में भी सीखाने वाले सीखने वाले को प्रयोगकर्त्ता के आदेश के अनुसार वैद्युताघात देता था। परिणाम में देखा गया कि सीखने वाले तथा सीखाने वाले व्यक्ति से जितनी ही अधिक समीपता होती थी (जैसे—चौथी अवस्था में), आज्ञापालन की मात्रा या स्तर में उतनी ही कमी आती गयी।

उपर्युक्त प्रयोगात्मक अध्ययनों से स्पष्ट हो जाता है कि आज्ञापालन की मात्रा अधिकारियों से समीपता (closeness of authority figure) एवं सीखने वाले तथा सीखाने वालों में समीपता (closeness of learner and teacher) द्वारा काफी प्रभावित होता है।

मॉडलिंग
(Modelling)

अर्थ (Meaning)—बहुत सारी सामाजिक परिस्थितियाँ ऐसी होती हैं जिनमें व्यक्ति के भाव, व्यवहारों तथा चिन्तन दूसरों द्वारा दिखलाये गये व्यवहारों से प्रभावित होते हैं। जैसे—जब हम कई व्यक्तियों को एक निश्चित दिशा में देखते हुए पाते हैं तो हम भी उसी दिशा में देखने लगते हैं। जब हम किसी परिस्थिति में दूसरों को हँसते देखते हैं, तो उसे देखकर हम भी हँसने लगते हैं। इस तरह के सामाजिक प्रभाव (social influence) को अभिप्रायहीन सामाजिक प्रभाव (unintentional social influence) की संज्ञा दी जाती है। कुछ समाज मनोवैज्ञानिकों ने इस तरह की प्रक्रिया को मॉडलिंग (modelling) कहा है। अतः स्पष्ट हुआ कि मॉडलिंग एक ऐसी प्रक्रिया है जिसमें व्यक्ति का व्यवहार, भाव तथा चिन्तन दूसरों द्वारा दिखलाये गये व्यवहार तथा उसके परिणामों से प्रभावित होता है।

मॉडलिंग : सैद्धांतिक व्याख्या
(Modelling : Theoretical explanation)

मॉडलिंग की प्रारम्भिक व्याख्या (early explanation) अनुकरण (imitation) के रूप में की गयी है। अनुकरण की प्रक्रिया में एक व्यक्ति दूसरे व्यक्ति के व्यवहारों के साथ अपने व्यवहारों को मिलान करता है। दूसरे शब्दों में, वह ठीक वैसा ही करता है जैस कि वह दूसरों को करते देखता है। कई मनोवैज्ञानिक अध्ययनों से यह स्पष्ट हुआ कि व्यक्ति उन व्यक्तियों के व्यवहारों से अधिक प्रभावित होकर उनकर अनुकरण करता है, जिनसे उन्हें पुरस्कार या प्रशंसा मिलता है तथा उन व्यक्तियों के व्यवहारों से कम प्रभावित होता है जिन्हें वह अनाकर्षक एवं असफल समझता है तथा जिनसे उन्हें किसी प्रकार की कोई प्रशंसा आदि नहीं मिलती है। मिलर तथा डोलार्ड (Miller & Dollard, 1941) ने अपने प्रयोग में पाया कि बच्चे या वयस्क को दूसरों के व्यवहारों का अनुकरण के लिए जब पुनर्बलन (reinforcement)

दिया गया, तो वे बहुत ही आसानी से उनके व्यवहारों का अनुकरण कर सकने में समर्थ हुए। उसी तरह से बेरोन (Baron, 1970) तथा येरो एवं स्कॉट (Yarow & Scott, 1972) ने अपने-अपने अध्ययनों के आधार पर यह बतलाया है कि प्रयोज्यों में आकर्षक, सफल एवं दोस्ताना व्यवहार दिखाने वाले व्यक्तियों के व्यवहारों के साथ मिलान करने की प्रवृत्ति अधिक तीव्र देखी गयी है।

हाल के वर्षों में मॉडालिंग की व्याख्या मात्र अनुकरण (imitation) के रूप में करना अधिक उपयुक्त नहीं समझा गया है। अलबर्ट बैण्डुरा (Albert Bandura) एक ऐसे मनोवैज्ञानिक हैं जिन्होंने मॉडलिंग के क्षेत्र में असामान्तर कार्य किये हैं और अपने विभिन्न प्रयोगात्मक अध्ययनों के आधार पर एक विशेष सिद्धांत का प्रतिपादन किये हैं जिसे *सामाजिक सीखना सिद्धांत* (Social learning theory) कहा गया है। इस सिद्धांत की व्याख्या यहाँ अपेक्षित है।

बैण्डुरा (Bandura, 1973, 1974) के सिद्धांत के अनुसार, सामाजिक मॉडल का व्यक्ति के व्यवहारों पर पड़नेवाला प्रभाव को निम्नांकित तीन श्रेणी में बाँटा है—

1. अवरोधात्मक या अनावरोधक प्रभाव (inhibitory or disinhibitory effect)
2. अनुक्रिया-सुसाध्य प्रभाव (response-facilitating effect)
3. प्रेक्षणात्मक सीखना प्रभाव (observational learning effect)

इन तीनों का वर्णन निम्नांकित है—

1. अवरोधात्मक या अनावरोधक प्रभाव *(Inhibitory or Disinhibitory effect)*—मॉडलिंग के इस पहलू में बैण्डुरा इस बात पर बल डालने की कोशिश किये हैं कि कोई प्रेक्षक (observer) या व्यक्ति दूसरे व्यक्ति को कोई कार्य करते देखता है तथा उसके परिणामों (consequences) को उस व्यक्ति को भुगतने भी देखता है, तो इससे प्रेक्षक में वैसे कार्यों को करने की या तो प्रेरणा मिलती है या उसे न करने की प्रेरणा मिलती है। जैसे—यदि कोई प्रेक्षक यह देखता है कि कोई वर्जित कार्य को करने से व्यक्ति को कितना तीव्र दंड मिला तो प्रेक्षक में वैसा कार्य न करने की प्रेरणा मजबूत हो जाती है। उसी तरह से जब प्रेक्षक यह देखता है कि वर्जित कार्य करने से व्यक्ति को किसी प्रकार का कोई दंड नहीं मिला तो उसमें ऐसे कार्य को करने की प्रेरणा मजबूत पड़ जाती है और वह भी इस मौके की तलाश में होता है कि वह ऐसा ही कार्य करे। किमब्रेल तथा ब्लेक (Kimbrell & Blacke, 1958) ने एक प्रयोग करके इस तथ्य की संपुष्टि किया है। इस प्रयोग में प्रयोज्यों को नमकीन वस्तु खिलाकर प्यास उत्पन्न किया गया। इसके बाद प्रयोज्यों को एक आगंतुक (जो प्रयोगकर्त्ता का ही सहयोगी था) के साथ एक कमरे में इंतजार करने के लिए कहा गया। कमरे से सटे हुए पानी पीने का नल का प्रबंध था परंतु वहाँ यह लिखा था कि इस नल का उपयोग वर्जित है। प्रयोग के परिणाम प्रत्याशा (expectation) के अनुकूल थे। जो प्रयोज्य अधिक प्यासे थे वे वर्जित होने के बावजूद नल से पानी पी लिए। कुछ प्रयोज्यों ने जब देखा कि आगंतुक भी पानी पीने लगा, तो उसे देखकर वे लोग भी पानी पीना प्रारंभ कर दिये। इस प्रयोग के परिणाम से यह स्पष्ट हो जाता है कि व्यक्ति जब दूसरों को कोई वर्जित कार्य करते देखता है, तो इससे उसका अपना नियंत्रण (restraint) कमजोर पड़ जाता है और वह भी उस तरह के कार्य को करने में कम हिचकिचाता है। बाद में वाल्टर्स, लीट एवं मेजी (Walters, Leat & Mazei, 1963) ने भी अपने अध्ययन में इस तरह के तथ्य की संपुष्टि किया है।

2. अनुक्रिया सुसाध्य प्रभाव *(Response facilitating effect)*—मॉडलिंग प्रभाव का दूसरा महत्त्वपूर्ण प्रकार अनुक्रिया-सुसाध्यता (response facilitation) है। अनुक्रिया सुसाध्यता से तात्पर्य एक ऐसी परिस्थिति से होती है जिसमें प्रेक्षक व्यक्ति को अमुक व्यवहार करता देख पूर्णतः अविवेचित ढंग (automatic manner) से वैसा ही व्यवहार करने लगता है। जैसे—दूसरों को जम्हाई लेते देख स्वयं जम्हाई लेना तथा दूसरों को किसी निश्चित दिशा में देखते हुए देखकर स्वयं भी पूर्णतः अविवेचित ढंग से उसी दिशा में देखना अनुक्रिया-सुसाध्यता के कुछ उदाहरण है। इस तथ्य का प्रयोगात्मक सत्यापन मिलग्राम, बिकमैन एवं बर्कोविज (Milgram, Bickman & Berkowitz, 1969) द्वारा अपने अध्ययन में किया गया। इस प्रयोग में प्रयोगकर्त्ता ने प्रयोज्यों को विभिन्न संख्याओं जैसे—1, 2, 5, 10 तथा 15 की संख्या में शहर के व्यस्त एवं भीड़-भाड़ रोड पर रुककर रोड के मकान के छठे मंजिल पर गौर से ध्यान देकर देखने को लिए कहा। इसके बाद विशेष प्रयास कर उनलोगों की गिनती की गई जो उसे सड़क से गुजरते समय प्रयोज्यों को छठे मंजिल पर देखते देखकर देखे या रुककर उस मंजिल पर देखे। परिणाम में देखा गया कि जैसे-जैसे छठे मंजिल की ओर देखने वाले प्रयोज्यों की संख्या में वृद्धि होती गयी, उस सड़क से गुजरने वाले व्यक्तियों को जिन्होंने उन सबों को देखकर उस मंजिल की

ओर देखा की संख्या में पर्याप्त वृद्धि होती गयी। इस प्रयोग के परिणाम से यह स्पष्ट हो जाता है कि मॉडलिंग का एक प्रभाव अनुक्रिया-सुसाध्यता (response facilitation) भी है।

3. प्रेक्षणात्मक सीखना *(Observational Learning)*—मॉडलिंग का तीसरा प्रभाव प्रेक्षणात्मक सीखना (observational learning) है। जब व्यक्ति किसी सामाजिक मॉडल (social model) के व्यवहार को देखता है या सामाजिक मॉडल को कोई व्यवहार करते हुए पाता है, तो मात्र उसे देखकर ही वह कुछ नयी चीजों या व्यवहारों को सीख लेता है। इस तरह के प्रभाव को प्रेक्षणात्मक सीखना (observational learning) कहा जाता है। जैसे—दूरदर्शन या सिनेमा हाल में डकैती या अन्य बुरे कार्य के दृश्य को घटित होते जब व्यक्ति देखता है, तो उससे वह कुछ नयी प्रविधि को सीख लेता है जिसका वह भी वैसी ही कार्यों में उपयोग करता है। इस क्षेत्र में वैण्डुरा (Bandura, 1973) तथा उनके सहयोगी द्वारा किये गये शोधों से यह स्पष्ट हुआ है कि प्रेक्षणात्मक सीखना निम्नांकित तरह के कारकों द्वारा प्रभावित होता है।

(i) ध्यान *(Attention)*—प्रेक्षणात्मक सीखने की प्रक्रिया तबतक सम्पन्न नहीं हो सकती है जबतक कि व्यक्ति या प्रेक्षक दूसरों द्वारा किये जाने वाले व्यवहार पर गौर से ध्यान दें। प्रेक्षक सामाजिक मॉडल के व्यवहार पर जितना ही ध्यान देता है, प्रेक्षणात्मक सीखना उतना ही मजबूत होता है।

(ii) धारण *(Retention)*—प्रेक्षणात्मक सीखने की प्रक्रिया सिर्फ ध्यान पर ही नहीं बल्कि धारण की प्रक्रिया पर भी निर्भर करता है। दूसरे शब्दों में, सामाजिक मॉडल के व्यवहार को देखने के बाद व्यक्ति कहाँ तक उसके व्यवहार का प्रत्याह्वान (recall) कर पाता है, एक महत्त्वपूर्ण कारक है। जितना ही वह अधिक-से-अधिक प्रत्याह्वान करने में सफल होता है, प्रेक्षक सामाजिक मॉडल से उतना ही अधिक प्रभावित होता है। इस तरह की धारणशक्ति अन्य बातों के अलावा दो बातों से सीधे प्रभावित होता है—किस सीमा तक व्यक्ति सामाजिक मॉडल के व्यवहारों का एक संक्षिप्त प्रस्तुतीकरण कर पाता है तथा कितना अधिक-से-अधिक उसे मन-ही-मन दोहरा पाता है। ये दोनों ही कारक जितना ही अधिक मात्रा में होंगे, धारणशक्ति उतनी मजबूत होगी।

(iii) सज्जित पुररूत्पादन *(Motoric reproduction)*—प्रेक्षणात्मक सीखने का एक महत्त्वपूर्ण अंश सज्जित पुररूत्पादन है। सज्जित पुनरूत्पादन से तात्पर्य इस बात से होता है कि मॉडल द्वारा दिखलाये जाने वाले जटिल व्यवहारों का सीखना इस बात पर आधारित होता है कि प्रेक्षक पहले से जटिल व्यवहार के तत्त्वों (components) को कितना जानता है। यदि उन तत्त्वों का ज्ञान उसे पहले से ही तो वह मॉडल द्वारा किये गये व्यवहार को तुरंत समझ जाता है तथा उसके जटिल पैटर्न को करना भी जान जाता है।

(iv) प्रोत्साहन या अभिप्रेरणात्मक कारक*(incentive or motivational factors)*—प्रेक्षणात्मक सीखने से प्राप्त व्यवहार का वास्तविक उपयोग व्यक्ति तभी कर पाता है जब वह यह उम्मीद करता है कि ऐसा करने से उसे पुरस्कार मिलेगा या कम-से-कम दंड नहीं मिलेगा। जैसे—यदि कोई बालक दूरदर्शन पर आक्रामक व्यवहारों के दृश्य को देखकर यदि आक्रामकता दिखाने का नया कौशल सीख लेता है, तो वह इसका उपयोग अपने माता-पिता पर नहीं करेगा क्योंकि वह जानता है कि ऐसा करने से उसे दंड मिलेगा परंतु वह अपने दोस्तों के बीच खुलकर कर सकता है ताकि कुछ दोस्त उसकी महज प्रशंसा करे।

स्पष्ट हुआ कि सामाजिक मॉडल (social model) या मॉडलिंग के तीन तरह के प्रभावों का वर्णन सामाजिक सीखना सिद्धांत के तहत किया गया है। इन तीन तरह के प्रभावों में प्रेरक्षणात्मक सीखना के प्रभाव को सबसे अधिक महत्त्वपूर्ण माना गया है।

आक्रामकता, परोपाकरिता तथा आत्म-नियंत्रण पर मॉडलिंग का प्रभाव
(Impact of Modeling upon Aggression, Altruism and Self-regulation or Control)

सामाजिक मॉडल या दूसरों के व्यवहारों को प्रेक्षण से अपना व्यवहार, चिन्तन, भाव आदि का प्रभावित होना एक ऐसा क्षेत्र रहा है जिसमें समाज मनोवैज्ञानिकों द्वारा काफी अभिरुचि दिखायी गयी है। ऐसे सामाजिक मॉडल व्यक्ति के विभिन्न तरह के व्यवहारों को प्रभावित करते हैं। इस अनुच्छेद में हम इस बात पर विचार करेंगे कि सामाजिक मॉडल का प्रभाव तीन महत्त्वपूर्ण व्यवहारों अर्थात आक्रामकता, परोपकारिता तथा आत्म-नियमन या नियंत्रण पर किस तरह का पड़ता है।

1. मॉडलिंग का आक्रमकता का प्रभाव *(Impact of modeling upon aggression)*—समाज मनोवैज्ञानिकों ने इस प्रश्न पर गंभीरतापूर्वक विचार किया है कि क्या यदि व्यक्ति को एक ऐसा मॉडल दिखलाया जाता है जो दूसरों के प्रति आक्रमक ढंग से व्यवहार करता है, तो इससे क्या उस व्यक्ति की आक्रमकता या उसका आक्रमक व्यवहार प्रभावित होगा ? इस प्रश्न के दो सम्बन्धित पहलुओं पर विचार किया गया है। पहला, कुछ समाज मनोवैज्ञानिकों का मत है कि सजीव आक्रमक मॉडल (live aggressive model) की उपस्थिति से प्रेक्षक (observer) में कई तनावपूर्ण परिस्थितियों में आक्रामक व्यवहार करने में मदद मिलेगी। बेरोन (Baron, 1974) तथा बेरोन तथा बेल (Baron & Bell, 1975) ने अपने अध्ययन के आधार पर इसकी सम्पुष्टि किया है। दूसरा, जब प्रेक्षक या व्यक्ति को दूरदर्शन या अन्य ऐसे स्रोतों से धीरे-धीरे आक्रमक व्यवहारों को दिखलाया जाता है, तो इससे उनमें विशेषकर बच्चों में उसी तरह से व्यवहार करने की प्रवृत्ति में वृद्धि हो जाती है।

उक्त दो तरह के पहलुओं में से दूरदर्शन तथा अन्य समान माध्यमों से दिखलाये गये आक्रमक व्यवहार का बच्चों पर पड़नेवाले प्रभावों का विशेष रूप से अध्ययन किया गया। ऐसे अध्ययन तीन अलग-अलग अवस्थाओं (phrases) में किया गया है जिनका वर्णन यहाँ अपेक्षित है—

(i) पहली अवस्था *(First Phase)*—इस अवस्था में अलबर्ट बैण्डुरा (Albert Bandura) तथा उनके सहयोगियों द्वारा कुछ महत्त्वपूर्ण शोध किया गये हैं। बैण्डुरा, रॉस तथा रॉस (Bandura, Ross & Ross, 1963) तथा बैण्डुरा (Bandura, 1965) ने कुछ ऐसे अध्ययन किये हैं जिसमें स्कूली बच्चों को कुछ लघु फिल्में दूरदर्शन के माध्यम से दिखायी गयी। इन फिल्मों में वयस्क व्यक्तियों को एक बड़े नकली जोकर (जो प्लास्टिक का बना था) जिसका नाम 'बोबो डॉल' (Bobo Doll) था, के प्रति आक्रामक व्यवहार करते दिखलाया गया। इसके बाद उन बच्चों को एक ऐसे कमरे में रखा गया जिसमें कई तरह के खिलौने बिखरे थे। बच्चों को करीब 20 मिनट तक इस परिस्थिति में रखा गया। इस अंतराल के दौरान बच्चों के व्यवहार का ठीक ढंग से प्रेक्षण करने पर यह पाया गया कि अधिकतर बच्चे खिलौनों के साथ ठीक उसी ढंग का आक्रामक व्यवहार दिखला रहे थे जैसा कि वे फिल्म मॉडल को दिखलाते पाये थे।

कुछ आलोचकों जिनमें क्लैप्पर (Klapper, 1968) का नाम मुख्य है, बैण्डुरा तथा उनके सहयोगियों द्वारा किये गये उक्त अध्ययनों की आलोचना किया है। पहली आलोचना यह है कि उक्त अध्ययनों में प्लास्टिक के विभिन्न खिलौने के प्रति न कि किसी जीवित व्यक्ति के प्रति आक्रामक व्यवहार दिखलाया गया है। अतः यह निश्चितपूर्वक नहीं कहा जा सकता है कि उनका व्यवहार आक्रामक था क्योंकि उसमें किसी को कोई चोट भी नहीं पहुँची थी। दूसरी आलोचना यह थी कि दूरदर्शन पर दिखाया गया फिल्म कोई मानक फिल्म (standard film), जिसमें एक कहानी होता है तथा एक निश्चित पृष्ठभूमि में क्रियाएँ होती है, से भिन्न था। फलस्वरूप, जो भी आक्रामक व्यवहार दिखलाये गये, उसमें स्वाभाविकता की कमी थी। अंतिम आलोचना यह की गयी कि उन प्रयोगों में जान-बूझकर बच्चों के सामने ऐसी परिस्थिति उपस्थित की गयी जिसमें वे ठीक उसी ढंग से आक्रामक व्यवहार दिखला सके जैसा कि फिल्म में वयस्क मॉडल द्वारा दिखलाया गया था।

उक्त आलोचनाओं के आलोक में इस निष्कर्ष पर पहुँचना अधिक युक्तिसंगत नहीं लगता है कि फिल्म द्वारा या दूरदर्शन पर दिखलाये गये आक्रमकता में अन्तर्वैयक्तिक आक्रमकता (interpersonal aggression) में वृद्धि होती है।

(ii) दूसरी अवस्था *(Second Phase)*—इस दूसरी अवस्था में जो प्रयोग किये गये हैं उसमें पहली अवस्था की आलोचनाओं को दूर करने की कोशिश की गयी। इन प्रयोगों में प्लास्टिक की वस्तु की जगह पर जीवित व्यक्तियों का उपयोग किया गया तथा दूरदर्शन पर फिल्म में दिखायी जाने वाले परिस्थिति तथा उस परिस्थिति, जिसमें बच्चों को फिल्म देखने के बाद आक्रमक व्यवहार करना होता है, में विभिन्नता को भी दूर करने का प्रयास किया गया। टानेनबाम तथा जिलमान्न (Tannenbaum & Zilmann, 1975) एवं वर्कोविज एवं ऐलिओटो (Berkowitz & Alioto, 1973), ग्रीन एवं स्टोन्नर (Green & Stonner, 1972) ने कई प्रयोग किये जिनमें प्रयोज्यों को पहले दूरदर्शन पर फिल्मों के वास्तविक आक्रमकपूर्ण दृश्यों को दिखलाया गया और उसके बाद उन्हें लक्ष्य व्यक्ति के प्रति बटन दबाकर आक्रामक व्यवहार करने को कहा गया। बटन दबाने से लक्ष्य व्यक्ति को बिजली का आघात लगता था या उसके आस-पास तीव्र आवाज होने लगता था या उसे जोरों का जलन-सा महसूस होता था। परिणाम में देखा गया कि आक्रामक दृश्यों को देखने के बाद प्रयोज्यों में आक्रमकता के स्तर में वृद्धि हो गयी है।

जबकि इस दूसरी अवस्था के प्रयोगात्मक शोधों में पहली अवस्था के दोषों या आलोचनाओं को दूर करने का भरसक प्रयास किया गया है, फिर भी इनकी भी कुछ आलोचनाएँ की गयीं हैं। इन आलोचनाओं में निम्नांकित प्रमुख है—

(a) कुछ मनोवैज्ञानिकों का मत है कि इन प्रयोगों में आक्रमकता को मापने के लिए जिन साधनों का उपयोग किया गया, वे अपने आप में परिपूर्ण नहीं थे। इन लोगों का मत है कि मनुष्य शायद ही कभी दूसरी के प्रति आक्रमक व्यवहार बटन दबाकर करता है।

(b) कुछ समाज मनोवैज्ञानिकों ने यह बतलाया है कि यद्यपि इन प्रयोगों में जो आक्रामक दृश्य दिखलाये गये थे, वे वास्तविक थे परंतु फिर भी वे बहुत ही थोड़े समय के लिए दिखलाये गये थे। चूँकि वास्तव में आक्रमक दृश्य की अवधि इतनी छोटी नहीं होती है, अतः संभव है कि इतने लघु अवधि का प्रभाव प्रयोज्यों पर कुछ दूसरा ही पड़ा होगा।

(c) उक्त प्रयोगों में दिखाये गये आक्रमक दृश्य का सिर्फ तात्कालिक प्रभाव (immediate effect) का अध्ययन किया गया। उसके दीर्घकालीन प्रभाव का अध्ययन नहीं किया गया।

उपर्युक्त कठिनाइयों या आलोचनाओं को दूर करने के लिए समाज मनोवैज्ञानिकों ने तीसरे दौर का प्रयोगात्मक अध्ययन किया।

(iii) तीसरी अवस्था *(Third Phase)*—इस अवस्था में जो प्रयोग किये गये उनका उद्देश्य दूसरी अवस्था की आलोचनाओं को दूर करना था। इस अवस्था में जो प्रयोग किये गये उनमें बच्चों को आक्रामक फिल्ड थोड़े समय के लिए नहीं बल्कि उस पूरी फिल्म को शुरू से अंत तक पूरी अवधि के लिए दिखलाया गया। उसके बाद उनके आक्रामक व्यवहारों का गहन अध्ययन किया गया। लेयेन्स तथा उनके सहयोगियों (Leyens et al. 1975) ने एक प्रयोग किया जिसमें कुछ बच्चों को कई आक्रामक फिल्में कई दिनों तक दिखाई गयी तथा कुछ बच्चों को ऐसी फिल्में न दिखाकर अनाक्रमक फिल्में कई दिनों तक दिखाई गयी। इसके बाद दोनों तरह के बच्चों के व्यवहारों का क्रमबद्ध अध्ययन करने पर यह देखा गया कि आक्रमक फिल्में देखने वाले बच्चों के व्यवहार में आक्रमकता का स्तर अनाक्रमक फिल्म देखने वाले बच्चों के आक्रमकता का स्तर से काफी अधिक ऊँचा था। इस तरह के वृद्धि के तीन कारक बतलाये गये—

(a) उक्त परिस्थिति में बच्चे आक्रमक दृश्यों को देखकर आक्रमक व्यवहार करने के नये-नये तरीकों को सीख चुके थे। इसे प्रेक्षणात्मक सीखना (observational learning) कहा जाता है।

(b) आक्रमक व्यवहार को देखते-देखते वैसे व्यवहार को करने के नियंत्रण पर उनमें धीरे-धीरे कमी आ जाती है। इसे *अनावरोध* (disinhibition) की संज्ञा दी गयी।

(c) लगातार आक्रमक दृश्यों को देखने से प्रयोज्यों में आक्रमकता के प्रति असंवेदीकरण (desensitization) विकसित हो जाता है जिसके परिणामस्वरूप उनमें ऐसे आक्रमक व्यवहारों के प्रति नकारात्मक भाव उत्पन्न ही नहीं होते थे।

सामान्य निष्कर्ष *(General conclusion)*—उपर्युक्त तीनों अवस्थाओं में आक्रमकता पर सामाजिक मॉडल के पड़नेवाले प्रभावों का अध्ययन करने के लिए किये गये प्रयोगों का सामान्य निष्कर्ष यह है कि जब व्यक्ति आक्रमक दृश्यों को देखता है, तो उसमें आक्रामक व्यवहार करने की प्रवृत्ति तीव्र हो जाती है तथा उसमें नये-नये कौशल भी सीख लिए जाते हैं। परंतु समाज मनोवैज्ञानिकों के कुछ अध्ययन ऐसे भी रहे हैं जिनसे यह पता चलता है कि ऐसे आक्रमक दृश्यों को देखने से उनके वास्तविक व्यवहार में आक्रमकता का स्तर में कमी हो जाती है। जैसे, फेशवैक एवं सिंगर (Fesbach & Singer, 1971) ने अपने अध्ययन में पाया है कि आक्रामक दृश्य देखनेवाले बच्चों द्वारा आक्रमक दृश्य नहीं देखनेवाले बच्चों की तुलना में आक्रमक व्यवहार कम किये गये। उसी तरह मिलग्राम तथा स्कॉटलैंड (Milgram & Scotland, 1973) ने अपने अध्ययन में पाया कि आक्रमक फिल्म देखने के बाद बच्चों की आक्रमकता में न तो वृद्धि हुई और न ही कमी। परंतु चूँकि इन दोनों अध्ययनों में विधि प्रणाली से सम्बन्धित कई दोष पाये गये, अतः इनके निष्कर्ष पर उतना भरोसा न करके हम अंतिम रूप से इस निष्कर्ष पर पहुँचते हैं कि आक्रमक फिल्म या दृश्य देखने से व्यक्ति के आक्रमक प्रवृत्ति में वृद्धि हो जाती है।

2. परोपकारिता पर मॉडलिंग का प्रभाव *(Impact of modelling upon altruism)*—समाज मनोवैज्ञानिकों द्वारा किये गये अध्ययनों से यह स्पष्ट हुआ कि परोपकारिता या बिना किसी तरह के उम्मीद किये दूसरों को मदद करने

का व्यवहार सामाजिक मॉडल के क्रियाओं या व्यवहारों द्वारा काफी प्रभावित होता है। इस तथ्य को साबित करने के लिए समाज मनोवैज्ञानिकों द्वारा वयस्कों तथा बच्चों दोनों पर अध्ययन किये गये हैं। वयस्कों पर किये गये अध्ययन से यह स्पष्ट हुआ कि जब वयस्क इस तरह का सामाजिक मॉडल देखता है जिसमें परोपकारी व्यवहार को दिखलाया जाता है, तो उनके द्वारा मौका मिलने पर या वैसी परिस्थिति आने पर परोपकारी व्यवहार अधिक किया जाता है। जैसे, ब्रायन एवं टेस्ट (Bryan & Test, 1967) ने एक अध्ययन वयस्क पर करके इस तथ्य की संपुष्टि किया है। इस अध्ययन में विशेष प्रबंध इस तरह का किया गया कि मोटर चालकों को गाड़ी चलाते समय दो प्रयोगात्मक अवस्थाओं में से एक से अवश्य होकर गुजरना पड़े। पहली प्रयोगात्मक अवस्था वह थी जिसमें दो युवतियों के साथ उनकी (युवतियों की) कार को सड़क के किनारे कर दिया गया था। इसमें एक युवती के कार के चक्का को एक पुरुष बदल रहा था तथा दूसरी युवती निःसहाय होकर वहीं खड़ी थी और अपने कार को देखकर चिन्तित हो रही थी। इस तरह से इस प्रयोगात्मक अवस्था में मोटर चालकों के सामने एक सहायता प्रदान करनेवाला मॉडल उपस्थित किया गया तथा फिर उन्हें सहायता पहुँचाने का अवसर भी प्रदान किया गया। दूसरी प्रयोगात्मक अवस्था में मोटरचालकों को एक ऐसे रास्ते में जाने के लिए कहा गया जिसमें दूसरी युवती के समान परिस्थिति कायम कर रखी गयी थी। इसका मतलब यह हुआ कि इन लोगों को मदद पहुँचाने का अवसर देने के पहले किसी सहायता या मदद देने वालो मॉडल को दिखलाया नहीं गया। परिणाम में देखा गया कि पहली प्रयोगात्मक अवस्था में गुजरनेवाले चालकों में उस दूसरी महिला को मदद करने की प्रवृत्ति अधिक पायी गयी परंतु दूसरी प्रयोगात्मक अवस्था में गुजरनेवाले चालकों में महिला का मदद करने की प्रवृत्ति नहीं देखी गयी। इसका मुख्य कारण यह था कि पहली प्रयोगात्मक अवस्था में चालकों ने सहायता प्रदान करने वाले मॉडल (व्यक्ति) को पहली महिला को मदद करते हुए देखा था।

बच्चों पर भी किये गये अध्ययन के परिणाम भी कुछ वैसे ही थें। ग्रुसेक (Grusec, 1972) तथा ह्वाइट (White, 1972) द्वारा किये गये अध्ययनों से यह स्पष्ट हुआ कि जब बच्चों को एक ऐसे सामाजिक मॉडल के साथ कार्य करना पड़ता है जो अधिक उदारता दिखला रहा हो, तो उन बच्चों में भी उदारता तथा परोपकारिता की प्रवृत्ति में वृद्धि हो जाती है परंतु जब बच्चों को ऐसे मॉडल के साथ कार्य न करवा के एक ऐसा मॉडल के साथ कार्य करने के लिए कहा जाता है जो स्वार्थपूर्ण व्यवहार अधिक करता है, तो इससे उनमें परोपकारिता की मात्रा कम होते देखी गयी है।

बच्चों के साथ किये गये अध्ययनों में एक प्रश्न जो उठाया गया, वह यह था कि अगर बच्चों को एक ऐसे मॉडल के सामने लाया जाता है जो कहता कुछ हो परंतु करता कुछ और हो, तो इन दोनों में से किससे वे अधिक प्रभावित होंगे ? क्या बच्चे मॉडल के शाब्दिक उपदेश (verbal preaching) के अनुसार कार्य करेंगे या वे उनके द्वारा किये गये कार्य के अनुसार अपना व्यवहार करेंगे ? इस विषय पर जेम्स ब्रायन (James Bryan, 1970, 71) तथा उनके सहयोगियों द्वारा प्रारंभ में कई अध्ययन किये गये जिनका सामान्य निष्कर्ष यह था कि इस तरह के परस्पर विरोधी परिस्थिति के होने पर बच्चे मॉडल के व्यवहार द्वारा उनके शाब्दिक उपदेश की तुलना में अधिक प्रभावित होते हैं। रशटन (Rushton, 1975) ने बाद में प्रयोग के आधार पर यह दिखलाया है कि बच्चों के व्यवहार को प्रभावित करने में मॉडल का शाब्दिक उपदेश उनके कार्य या व्यवहार की तुलना में कुछ विशेष परिस्थिति में कभी-कभी अधिक प्रभावकारी हो सकते हैं। जैसे, रशटन ने जब बच्चों को यह बतलाया कि मॉडल (अर्थात वह व्यक्ति जो उन्हें उपदेश दे रहा है) उनके स्कूल का शिक्षक बनने वाला है, तो ऐसी परिस्थिति में बच्चे उपदेश से उनके व्यवहार की तुलना में अधिक प्रभावित होते पाये गये।

3. मॉडलिंग का आत्म-नियंत्रित व्यवहार का प्रभाव *(Impact of modelling upon self-regulated behaviour)*—कुछ समाज मनोवैज्ञानिकों ने मॉडलिंग का आत्म-नियंत्रित व्यवहार (self-regualated behaviour) पर पड़ने वाले प्रभावों का अध्ययन किया है। आत्म-नियंत्रित व्यवहार से तात्पर्य वैसे व्यवहार से होता है जिसमें व्यक्ति का व्यवहार कुछ आंतरिक मानकों (internal standards) के तहत नियंत्रित होता है। जैसे, मान लिया जाये कि आप अपने शिक्षक के घर जाते हैं और उनके टेबुल पर प्रश्न-पत्र रखा पाते हैं जिसकी परीक्षा अगले सप्ताह होनी है। क्या आप उस प्रश्न-पत्र को चुरा लेंगे ? शायद नहीं और आप अपने आपको अपनी भीतरी नियमन शक्ति से नियंत्रित रखते हैं। कुछ परिस्थितियों में तो व्यक्ति बहुत ही आसानी से अपने आपको नियंत्रित रखते हुए व्यवहार कर पाता है परंतु कुछ अन्य परिस्थिति में उसे अपने आपको नियंत्रित रखने में काफी कठिनाई का सामना करना पड़ता है। इस तरह का आत्म-नियंत्रित व्यवहार के कई रूप होते हैं जिसमें दो महत्त्वपूर्ण हैं—

(i) लालच से बचना : दूसरों की गलतियों या उन्हें दिये जाने वाले दंड से सीखना (Resistance to temptation : learning from mistakes of punisments of others)

(ii) संतुष्टि को रोक कर रखने की क्षमता : पुरस्कार के लिए इंतजार करना (Ability to delay gratification : waiting for rewards)

इन दोनों का वर्णन निम्नांकित है—

(i) लालच से बचना : दूसरों की गलतियों या उन्हें दिये जाने वाले दंड से सीखना *(Resistance to temptation : Learning from Mistakes or Punismments of others)*—कुछ समाज मनोवैज्ञानिकों ने यह प्रयोग कर दिखलाया है कि जब बच्चे किसी मॉडल को वैसे कार्य करते देखते हैं, जिन्हें उन्हें करने के लिए मना कर दिया जाता है तथा जिन्हें कर देने पर दंड मिलता है, तो इससे बच्चा में वैसे कार्य करने का अपना अवरोध (inhibition) अधिक मजबूत हो जाता है। इसका कारण यह है कि वैसे कार्य को करने से व्यक्ति बहुत सीख लेता है। वाल्टर्स, लीट तथा मेजी (Walters, Leat & Mezei, 1963) ने इस सिलसिले में एक अध्ययन किया। इस प्रयोग में बच्चों के दो समूह को एक फिल्म दिखलाया गया। एक समूह ने यह देखा कि बच्चों को कमरे का आकर्षक खिलौना को छूने पर पुरस्कार दिया गया था तथा दूसरा समूह ने यह देखा कि बच्चों को ऐसा करने पर उन्हें दंड दिया गया था। फिल्म देखने के बाद इन बच्चों को एक कमरे में छोड़ दिया गया जिसमें कई तरह के आकर्षक खिलौना बिखरे थे और प्रयोगकर्त्ता द्वारा उन्हें खिलौनों को छूने के लिए मना किया गया था। परिणाम में देखा गया कि जिन बच्चों ने दंड पाने वाले मॉडल फिल्म देखा था वे प्रयोगकर्त्ता द्वारा लगाये गये रोक (अर्थात् खिलौना को न छूने की चेतावनी) को हटाने के प्रति अनिच्छुक थे। परंतु जिन छात्रों ने पुरस्कार पाने वाले मॉडल फिल्म देखा था, वे प्रयोगकर्त्ता द्वारा लगाये गये रोक को हटाने के प्रति इच्छुक थे। इसी तरह के परिणाम बैण्डुरा (Bandura, 1974) द्वारा भी प्राप्त किया गया। इन प्रयोगों के परिणाम के आधार पर इस निष्कर्ष पर पहुँचा गया कि जब भी व्यक्ति रोक लगाये गये व्यवहार को करने के लिए लालायित होता है लेकिन यह देखता है कि किसी व्यक्ति द्वारा जब ऐसा व्यवहार किया जाता है, तो उसे दंड मिलता है तो ऐसे व्यवहार को न करने का उनका आत्म नियंत्रण पहले से और मजबूत हो जाता है।

(ii) संतुष्टि को रोक कर रखने की क्षमता : पुरस्कार के लिए इंतजार करना *(Delay of rewards : waiting for reward)*—मनोवैज्ञानिकों द्वारा किये गये अध्ययनों से यह भी स्पष्ट हुआ है कि मॉडलिंग का प्रभाव तात्कालिक संतुष्टि (immediate gratification) तथा विलंबित संतुष्टि (delayed gratification) से सम्बन्धित व्यवहार पर भी पड़ता है। इस सिलसिले में ऐसे तो कई अध्ययन किये गये हैं परंतु सबसे प्रमुख अध्ययन स्टुम्पफाऊजा (Stumphauza, 1972) का है। यह अध्ययन पुरुष अपराधियों (male offenders) पर किया गया। ऐसे पुरुषों में से उन पुरुषों का चयन कर लिया गया जिनमें तात्कालीन पुरस्कार (immediate reward) पाने की तत्परता अधिक थी। बाद में इनमें से कुछ को एक ऐसा मॉडल दोस्त से परिचय करवाया गया जिनमें तुरंत छोटे पुरस्कार पाने की अपेक्षा थोड़ा विलम्ब से परंतु बड़ा पुरस्कार पाने की इच्छा अधिक थी। परंतु कुछ प्रयोज्यों को इस तरह के मॉडल से परिचय नहीं करवाया गया। इसके बाद इन दोनों तरह के प्रयोज्यों को अपना नया पसंदगी (preference) बतलाने के लिए कहा गया। परिणाम में देखा गया कि जिन प्रयोज्यों को मॉडल से परिचय करवाया गया था, वे लोग अपने पुराने पसंदगियों (preference) में काफी परिवर्तन कर दिये और वे अब थोड़ा विलंब से परंतु बड़ा पुरस्कार को ही तुरंत छोटा पुरस्कार की तुलना में अधिक उचित मानने लगे। जिन प्रयोज्यों को ऐसे मॉडल से परिचित नहीं करवाया गया था, उनकी प्रवृत्ति में कोई परिवर्तन नहीं देखने को मिला और वे तुरंत परंतु लघु पुरस्कार को उत्तम समझते रहे।

सामान्य निष्कर्ष *(General conclusion)*—उपर्युक्त अध्ययनों के आधार पर हम इस निष्कर्ष पर पहुँचते हैं कि मॉडलिंग (modelling) या सामाजिक मॉडल (social models) का प्रभाव महत्त्वपूर्ण सामाजिक व्यवहारों जैसे आक्रमकता, परोपकारिता तथा आत्म-नियंत्रण आदि पर सार्थक रूप से पड़ता है। सामाजिक मॉडल को देखकर व्यक्ति अपने व्यवहार में कुछ वैसा परिवर्तन लाता है जैसा कि वह मॉडल को करते देखता है। अगर मॉडल द्वारा आक्रमकता अधिक दिखलाया जाता है, तो व्यक्ति में आक्रमकता का स्तर पहले से बढ़ जाता है। अगर मॉडल द्वारा परोपकारिता अधिक दिखलाया जाता है, तो व्यक्ति में परोपकारी व्यवहार की प्रवृत्ति अधिक तीव्र हो जाती है। उसी तरह से यदि मॉडल तथा आत्म-नियंत्रित व्यवहार अधिक किया जाता है, तो व्यक्ति में ऐसे व्यवहार करने की प्रवृत्ति अधिक तीव्र हो जाती है।

अध्याय सारांश
(Chapter Summary)

1. सामाजिक सामर्थ्य या शक्ति से तात्पर्य वैसी शक्ति या सामर्थ्य से होती है जिसके सहारे व्यक्ति दूसरों को प्रभावित करता है परंतु दूसरों के प्रभाव को अपने ऊपर पड़ने देने से रोकता है।
2. सामाजिक सामर्थ्य या शक्ति के कई आधार (bases) या प्रकार (types) हैं जिसमें पुरस्कार शक्ति (reward power), अवपीड़क शक्ति, वैध शक्ति, संदर्भ शक्ति, विशेषज्ञ शक्ति तथा सूचनात्मक शक्ति प्रधान है।
3. सामाजिक शक्ति के निर्धारक (deteminants) हैं—साधन (resource), निर्भरता (dependencies) तथा विकल्प (alternatives) ।
4. असंतुलित शक्ति सम्बन्धों (inbalance power relations) को दूर करने के कई तरीके हैं जिनमें चार पर अधिक बल डाला गया है—प्रत्याहार प्रविधि, वैकल्पिक सम्बन्धों का निर्माण (formation of alternative relation), पदवी विभेदात्मक प्रविधि (technique of status differentials) तथा सम्मिलन निर्माण प्रविधि (coalition formation technique) ।
5. सामाजिक प्रभाव (social influence) से तात्पर्य किसी व्यक्ति के विश्वासों, मनोवृत्तियों (attitudes), अभिप्रेरकों (motives) आदि में वैसे परिवर्तन से होता है जिसे किसी अन्य व्यक्ति या व्यक्तियों ने उत्पन्न किया है।
6. सामांजिक प्रभाव(social influence)के कई प्रकार हैं जिनमें सूचनात्मक सामाजिक प्रभाव(informational social influence) तथा मानकात्मक सामाजिक प्रभाव (normative social influence) प्रमुख है।
7. सामाजिक प्रभाव के प्रति तीन तरह की प्रतिक्रियाएँ की जाती हैं—अनुरूपता या समरूपता(conformity),अनुपालन (compliance) तथा आज्ञापालन (obedience) ।
8. जब कोई व्यक्ति दूसरे व्यक्ति के अनुरोध या निवेदन के अनुरूप व्यवहार करता है तो इसे अनुपालन(compliance) कहा जाता है। अनुपालन की कई प्रविधियाँ (techniques) हैं जिनमें चाटुकारिता (ingratiation), पारस्परिकता (reciporcity) तथा बहुल निवेदन (multiple requests) प्रमुख है।
9. आज्ञापालन कई कारकों से प्रभावित होता है जिसमें अधिकारियों से समीपता (closeness of authority figure) तथा सीखने वाले एवं सीखाने वालों में समीपता (closeness between learner and teacher) प्रधान है।
10. साम्यता सिद्धांत (equity theory) की शोध उपयोगिताओं एवं आलोचनाओं पर भी प्रकाश डाला गया है।
11. माडलिंग की सैद्धांतिक व्याख्या तथा उसका आक्रमकता, परोपकारिता तथा आत्म-नियंत्रण पर पड़ने वाले प्रभावों का वर्णन किया गया है।

❑

अध्याय 30

प्रसामाजिक व्यवहार : परोपकारी एवं सहायतापरक व्यवहार

(PROSOCIAL BEHAVIOUR : ALTRUSTIC AND HELPING BEHAVIOUR)

प्रसामाजिक व्यवहार तथा परोपकारी व्यवहार : स्वरूप एवं विशेषताएँ
(Prosocial behaviour and Altruistic behaviour : Nature and Characteritstics)

प्रसामाजिक या समाजोपयोगी व्यवहार (Prosocial behaviour) एक ऐसा व्यवहार है जिसके अध्ययन में समाज मनोवैज्ञानिकों ने काफी अभिरुचि दिखलाया है। प्रसामाजिक व्यवहार वैसे व्यवहार को कहा जाता है जिनका मूल्यांकन धनात्मक रूप से किया जाता है। इस तरह के व्यवहार से दूसरों को लाभ पहुँचता है तथा व्यवहार करने वाले को किसी तरह का लाभ न पहुँचकर कुछ हानि ही होने की संभावना होती है या हो भी जाती है। ऐसे व्यवहार सामाजिक मूल्यों (social values) एवं मर्यादाओं के अनुकूल होते हैं तथा सामाजिक मानकों (social norms) के अनुरूप होते हैं। रक्तदान करना, मेधावी छात्रों को छांत्रवृत्ति देना, गरीब लोगों को रोटी, कपड़ा एवं मकान के लिए आर्थिक सहायता देना, सूखा-बाढ़ क्षेत्रों के लिए खाद्य पदार्थ पहुँचना, दान देना आदि प्रतिसामाजिक व्यवहार के उदाहरण है। स्पष्ट हुआ कि प्रसामाजिक व्यवहार में व्यवहारकर्त्ता का स्वयं लाभ न के बराबर पहुँचकर दूसरे व्यक्तियों को लाभ अधिक पहुँचता है। लगभग इसी अर्थ में बेरोन, बर्न तथा ब्रैनस्कौम्ब[1] (Baron, Byrne and Branscombe, 2006) ने प्रसामाजिक व्यवहार को परिभाषित किया है और कहा है, ''प्रसामाजिक व्यवहार एक ऐसा सहायक व्यवहार होता है जिसमें सहायता करने वाले व्यक्ति को बिना कोई प्रत्यक्ष फायदा के ही दूसरों को फायदा होता है और सहायता करने वाले व्यक्ति को बल्कि कुछ जोखिम भी उठाना पड़ सकता है।'' ब्राउन तथा कूक[2] (Brown & Cook, 1986) के अनुसार, ''प्रसामाजिक व्यवहार को दूसरों की मदद करने, सहभागिता दिखाने तथा सहयोगी दिखाने के रुप में परिभाषित किया जाता है। इस तरह से प्रसामाजिक व्यवहार में एक या एक से अधिक व्यक्तियों द्वारा किये गये कई तरह के कार्य होते हैं जिनसे एक या एक से अधिक व्यक्तियों को लाभ पहुँचता है तथा ऐसे कार्य करने वाले व्यक्ति को भी लाभ पहुँच सकता है।''

प्रसामाजिक व्यवहार (prosocial behaviour) के कई श्रेणी हैं जिनमें से एक प्रमुख श्रेणी को सहायतापरक व्यवहार (helping behaviour) है। सहायतापरक व्यवहार से तात्पर्य वैसे व्यवहार से होता है जिसमें स्वेच्छा से व्यक्ति दूसरे व्यक्तियों को लाभ पहुँचाता है, जिससे उनकी चिन्ताएँ कम होती हैं तथा किसी प्रकार के संकट से दूसरों को छुटकारा दिलाते हैं। सहायतापरक व्यवहार (helping behaviour) की तीन विशेषताएँ होती हैं जो निम्नांकित हैं—

(i) सहायतापरक व्यवहार व्यक्ति अपनी स्वेच्छा से करता है।

(ii) सहायतापरक व्यवहार का उद्देश्य दूसरों को लाभ पहुँचाकर उनका कल्याण करना होता है।

(iii) सहायतापरक व्यवहार को करते समय व्यक्ति अपनी हानि या लाभ के विचारों को महत्त्व नहीं देता है। संभव है कि ऐसे व्यवहार को करते समय व्यक्ति को कुछ आर्थिक हानि या शारीरिक दंड आदि भी मिले परंतु वह ऐसे व्यवहार को करने से फिर भी विचलित नहीं होता है।

---

1. "Prosocial behaviour refers to a helpful action that benefits other people without necessarily providing any direct benefits to the person performing the act, and may even involve a risk for the person who helps."
—Baron, Byrne and Branscombe : *Social Psychology*, 2006, p. 379.

2. "We can define behaviour as helping, sharing or cooperating with others. Thus prosocial behaviour includes a wide variety of acts performed by one or more individuals and may also benefit those perfoming the acts."
—Brown & Cook : *Indroductory Psychology*, 1986, p. 416.

सहायतापरक व्यवहार के एक प्रकार को परोपकारी व्यवहार (altruistic behaviour) कहा जाता है। परोपकारी व्यवहार वैसे व्यवहार को कहा जाता है जो बिना किसी स्वार्थ के या बदले में मिलने वाले किसी इनाम पाने की उम्मीद किये बिना ही दूसरों को कल्याण या लाभ पहुँचाने के लिए किया जाता है। बिना पारिश्रमिक लिए निर्धन बच्चों को पढ़ाना, मुफ्त चिकित्सा करना, अपने धन का उपयोग गरीबों के बच्चों की शिक्षा में करना तथा जलते ट्रेन या मकान से किसी पीड़ित को बचा लेना आदि परोपकारी व्यवहार (altruistic behaviour) के कुछ नमूने हैं। परोपकारी व्यवहार की प्रेरणा दूसरों को लाभ पहुँचाने की इच्छा से उत्पन्न होती है न कि अपने कल्याण की कामना से। परोपकारी व्यक्ति स्वयं हानि उठाकर दूसरे को लाभ पहुँचाता है। परोपकारी व्यवहार में अपने लाभ की कामना मौजूद नहीं होती है। स्पष्टतः तब कोई व्यवहार परोपकारी है कि नहीं यह मदद करने वाले व्यक्ति के इरादा (intention) पर निर्भर करता है। यदि जलते ट्रेन या मकान से किसी व्यक्ति को बचा लेने के बाद मदद करने वाला व्यक्ति उससे कुछ पुरस्कार की माँग कर देता है, तो स्पष्टतः ऐसे व्यवहार को परोपकारी व्यवहार नहीं कहा जाएगा।

मेयर्स (Myers, 1988) ने परोपकारी व्यवहार या परोपकारिता के दो प्रकार बतलाये हैं—परस्पर विनिमय परोपकारिता (altruism of reciprocal exchange) तथा शर्तरहित परोपकारिता। परस्पर विनिमय परोपकारिता में व्यक्ति दूसरों की मदद तभी करता है जब दूसरा भी उसे मदद किया होता है। शर्तरहित परोपकारिता में व्यक्ति दूसरों को बिना किसी प्रकार के शर्त के ही मदद करता है। यहाँ वह दूसरों की मदद करता है परंतु कुछ बदले में उम्मीद नहीं करता है।

परोपकारी व्यवहार तथा प्रसामाजिक व्यवहार में अंतर
(Distinction between Prosocial behaviour and Altruistic behaviour)

प्रसामाजिक व्यवहार (Prosocial behaviour) तथा परोपकारी व्यवहार का अर्थ ऊपर स्पष्ट किया जा चुका है। कभी-कभी ये दोनों तरह के व्यवहार को एक-दूसरे के लिए उपयोग किया जाता है परंतु इन दोनों मं एक सूक्ष्म अंतर (microdifference) है जिसपर ध्यान देना आवश्यक है।

बैटसोन (Batson, 1998) के अनुसार प्रसामाजिक व्यवहार एक विस्तृत पद (broad term) है। इसमें वे सारे व्यवहार सम्मिलित होते हैं जिसके माध्यम से दूसरों की मदद की जाती है चाहे मददकर्त्ता का इरादा कुछ भी हो। परंतु परोपकारी व्यवहार इससे भिन्न होता है। इसमें सिर्फ वैसा ही व्यवहार सम्मिलित किया जाता है जिसे मददकर्त्ता द्वारा किसी भी रूप में बिना किसी इनाम (reward) पाने की इच्छा के किया जाता है। अधिक-से-अधिक इस तरह के व्यवहार से व्यक्ति को इतना ही संतोष रहता है कि उसने एक नेक काम किया है। लगभग इसी दृष्टिकोण से स्क्रोएडर, पेन्नर, डोभिडो एवं पिलियाभीन[1] (Schroeder, Penna, Dovidio & Piliavin, 1995) ने परोपकारी व्यवहार को परिभाषित इस प्रकार किया है ''परोपकारिता से तात्पर्य स्वेच्छा से किसी दूसरे को किसी भी रूप में इनाम न पाने की प्रत्याशा से किया गया व्यवहार होता है जिसमें अधिक-से-अधिक सिर्फ एक नेक कार्य किये जाने का भाव सम्मिलित होता है।''

बहुत सारे प्रसामाजिक व्यवहार (Prosocial behaviour) को परोपकारी व्यवहार (altruistic behaviour) की श्रेणी में नहीं रखा जा सकता है। जैसे, यदि कोई व्यक्ति स्वेच्छा से ऐसा संगीत कार्यक्रम में भाग लेता है जिसमें एक तरफ तो वह अपने दोस्तों के समूह को मदद कर रहा है परंतु दूसरे तरफ उसका गुप्त इरादा यह है कि इससे उसका संगीत से जीवन-वृत्ति का भविष्य संवर जायेगा या उज्ज्वल हो जाएगा, तो उसका यह व्यवहार प्रसामाजिक व्यवहार भले ही कहलायेगा परंतु परोपकारी व्यवहार नहीं कहलायेगा।

सहायतापरक व्यवहार के होने बनाम न होने को निर्धारित करने वाले चरण
(Steps determining helping Versus not helping behaviour)

जैसा कि हम जानते हैं, प्रसामाजिक व्यवहार के अध्ययन में मनोवैज्ञानिकों में अभिरुचि तब जगी जब इन लोगों द्वारा यह देखा गया कि दर्शक (bystander) अपरिचित को तकलीफ में होने पर मदद के लिए आगे नहीं आते हैं। लताने

1. "Altruism is performing an act voluntarily to help somone else where there is no expectation of a reward in any form, except perhaps a feeling of having done a good deed."
—Schroeder, Penne, Dovidio & Piliavin : *The Psychology of Helping and Altruism,* 1995, p. 300

एवं डार्ले (Latane & Darley, 1970) ने इसकी व्याख्या के लिए एक संज्ञानात्मक मॉडल (cognitive model) तैयार किया है जिसके अनुसार किसी भी सहायतापरक या प्रसामाजिक व्यवहार (Prosocial behaviour) के घटित होने में पाँच चरण सम्मिलित होते हैं। सहायतापरक व्यवहार के होने के लिए यह आवश्यक है कि सहायता करने वाला इन पाँच चरणों पर धनात्मक निर्णय ले। यदि वह धनात्मक निर्णय नहीं लेता है तो सहायता न करने का व्यवहार घटित हो सकता है। वे पाँच चरण निम्नांकित हैं—

1. पहला चरण : आपात स्थिति का प्रत्यक्षण एवं उस पर पर्याप्त ध्यान देना (*First Step : To perceive and give attention upon the emergency situation*)—सहायतापरक व्यवहार के होने के लिए यह आवश्यक है कि व्यक्ति या दर्शक (by stander) यह प्रत्यक्षण करें कि परिस्थिति असाधारण या आपातकालीन (emergency) है तथा उस पर अच्छा से ध्यान दे। यदि वह ऐसा नहीं करता है, तो सहायतापरक व्यवहार करने का प्रश्न ही नहीं उठता है। अध्ययनों से यह स्पष्ट हुआ है कि यदि व्यक्ति अपने व्यक्तिगत कार्यों में काफी व्यस्त रहता है, तो वह अगल-बगल की घटनाओं पर ध्यान नहीं दे पाता है। परिणामतः प्रसामाजिक व्यवहार के होने की सम्भावना काफी कम हो जाती है। डारलें एवं बैटसन (Darley & Batson, 1973) ने एक अध्ययन करके इस तथ्य की सम्पुष्टि किया है। इस अध्ययन के परिणाम में पाया गया कि जब प्रयोज्यों के पास अपने व्यक्तिगत कार्यों के कारण पर्याप्त समय नहीं होता था, तो इनमें से मात्र 10% लोग ही पीड़ित (victim) को मदद करने के लिए तैयार हुए, परंतु दूसरा समूह के प्रयोज्यों जिनके पास पर्याप्त समय होने के कारण अच्छी तरह से पीड़ित के व्यवहार पर ध्यान दिये थे, में से करीब 63% प्रयोज्यों या सहभागियों (participants) ने उसे मदद करने की पेशकश की। स्पष्टतः तब यह कहा जा सकता है कि जब व्यक्ति अपने इर्द-गिर्द की घटनाओं पर अपना व्यक्तिगत व्यस्तता के कारण ध्यान नहीं दे पाता है, तो प्रसामाजिक व्यवहार के होने की सम्भावना कम हो जाती है।

2. दूसरा चरण : घटना को सही-सही ढंग से एक आपातकाल के रूप में व्याख्या करना (*Second Step : Interpreting correctly the event as an emergency*)—दर्शक (bystander) पीड़ित को मदद करेगा या नहीं, यह इस बात पर निर्भर करता है कि दर्शक की नजर में परिस्थिति या घटना जिससे पीड़ित घिरा हुआ है, सचमुच में आपातकालीन है या नहीं। यदि दर्शक उसे एक आपातकाल के रूप में सही-सही व्याख्या करता है, तब तो वह पीड़ित को मदद कर सकता है, परंतु यदि परिस्थिति की कोई दूसरी व्याख्या होती है, तो वह मदद नहीं करेगा। अध्ययन में यह पाया गया कि जब घटना पर कई व्यक्ति (दर्शक) मौजूद होते हैं, तो वे घटना की व्याख्या करने के लिए सामाजिक तुलना (social comparison) पर निर्भर करते हैं। यदि दर्शक यह पाता है कि अन्य दर्शक चुपचाप है और अन्य दर्शकों द्वारा घटना को आपातकालीन होने के बारे में किसी प्रकार का कोई संकेत नहीं दिया जा रहा है, तो वह दर्शक भी अन्य दर्शकों के समान चुपचाप रहता है हालाँकि सच्चाई यह होती है कि सभी उपस्थित दर्शकों में से किसी को भी यह पता नहीं होता है कि क्या हो रहा है या उन्हें क्या करना चाहिए? इस तरह की परिस्थिति को *अनेकवादी अनभिज्ञता* (pluristic ignorance) कहा जाता है और ऐसी परिस्थिति में सामान्यतः अनुक्रियाशीलता (responsiveness) में कमी आ जाती है और तब सहायतापरक व्यवहार नहीं हो पाता है। रूटकोवस्किी, ग्रुडर तथा रोमर (Rutkowski, Gruder & Romer, 1983) ने अपने अध्ययन के आधार पर यह बतलाया है कि यदि दर्शकों का समूह में अपरिचित न होकर दोस्त लोग या परिचित लोग होते हैं, तो उनमें अनुक्रियाशीलता (responsiveness) में कमी नहीं आती है और तब वे एक साथ आसानी से मिलकर घटना या परिस्थिति की सही-सही व्याख्या कर लेते हैं।

3. तीसरा चरण : मदद करने का उत्तरदायित्व को स्वीकारना (*Third step : Assumption of responsibility to provide help*)—तीसरे चरण में दर्शक को पीड़ित को मदद करने का उत्तरदायित्व को स्वीकार करता है। यदि घटनास्थल पर एक ही दर्शक (bystander) है, तो वह तो तुरंत ही मदद करने का उत्तरदायित्व स्वीकार कर लेता है। परंतु जब घटनास्थल पर कई दर्शक उपस्थित होते हैं, तो उत्तरदायित्व लेने में थोड़ा विलम्ब होता है, क्योंकि दर्शकगण यह सोचने लगते हैं कि जो यहाँ नेतृत्व की भूमिका प्रदान कर रहा है, वह ही मदद करने का उत्तरदायित्व यहाँ लें। ऐसी परिस्थिति में *उत्तरदायित्व का बिखराव* (diffusion of responsibility) भी हो जाता है और मदद करने का व्यवहार प्रभावित होता है। इसे डार्ले तथा लताने (Darley & Latane, 1969) ने *दर्शक प्रभाव* (Bystander effect) कहा है।

4. चौथा चरण : दर्शक में आवश्यक ज्ञान तथा/या कौशल का होना (*Fourth step : Necessary knowledge and/or skills must be in the bystander*)—दर्शक तीसरे चरण तक आ पहुँचने अर्थात् मदद करने का

उत्तरदायित्व स्वीकार करने के बाद भी वह पीड़ित को सचमुच में तबतक मदद नहीं कर सकता जब तक कि उसके पास यह ज्ञान या कौशल नहीं हो, कि उसे कैसे मदद करना चाहिए। कुछ परिस्थिति तो बहुत ही सरल होती है और इसमें मदद करने के लिए कोई विशेष ज्ञान या कौशल की जरूरत नहीं होती है। जैसे, सड़क पर चलते समय यदि किसी व्यक्ति का पाँव फिसल जाता है और वह गिर जाता है, तो कोई भी उसे सहारा देकर उठा देगा और आवश्यक मदद कर देगा। परंतु कुछ परिस्थिति ऐसी होती है जिसमें व्यक्ति तभी किसी को मदद कर सकता है, जब स्वयं उसके पास पर्याप्त ज्ञान या कौशल हो। जैसी, मान लिया जाए यदि कोई व्यक्ति कार को सड़क के एक किनारे लगाकर उसके हुड (hood) को खोलकर देख रहा है। स्पष्टतः इस व्यक्ति को कोई दर्शक तभी मदद कर सकता है जब वह खुद कार के तकनीकी से वाकिफ हो। उसी तरह यदि कोई व्यक्ति पानी में डुब रहा है, तो वहाँ उपस्थित दर्शक में सिर्फ वही दर्शक उसे मदद कर सकता है जिसे तैरना आता हो। स्पष्टतः तब जैसा कि क्रैमर तथा उनके सहयोगियों (Cramer et. al., 1988) ने भी अपने अध्ययन से सम्पुष्ट किया है, जब घटना या आपातकालीन (emergency) परिस्थिति में मदद पहुँचाने के लिए विशेष कौशल की जरूरत पड़ती है, तो कुछ सीमित दर्शक ही मदद कर पाते हैं, सभी नहीं।

5. पाँचवाँ चरण : मदद करने सम्बन्धी अंतिम निर्णय लेना *(Fifth step : Making final decision about providing help)*—प्रथम चार चरण के बाद इस अंतिम चरण में सहायता करने का व्यवहार तब तक नहीं होता है जब तक कि व्यक्ति सचमुच में अपने दृढ़ विचार से सहायता करने का व्यवहार करने का निश्चय कर लिया हो। फ्रिजकी, फिकेलस्टीन तथा पेन्नर (Fritzsche, Finkelstein & Penner, 2000) द्वारा किये अध्ययन से यह स्पष्ट हुआ है कि व्यक्ति यहाँ सचमुच में एक *'संज्ञानात्मक बीजगणित'* (Cognitive algebra) में अपने आप को तल्लीन करते हुए वह मदद करने में सम्भावित धनात्मक (positive) तथा ऋणात्मक (negative) पक्ष का विश्लेषण करता है। जैसा कि हम जानते हैं, मददकर्त्ता को मदद करने का ईनाम उसकी संतुष्टि, विश्वास (belief) तथा संवेग ही होते हैं परंतु उसका सम्भावित नकारात्मक प्रभाव कई तरह के हो सकते हैं। जैसे, पानी में डूबते किसी व्यक्ति को बचाने में बचाने वाला स्वयं डूब सकता है या धारा में बह जा सकता है। उसी तरह कोई बहाना बनाकर आपसे मदद माँग सकता है और मदद देने पर फिर वही व्यक्ति पिस्तौल के बल पर आपको लूट सकता है, आदि-आदि। वर्न (Byrne, 2001) ने अपने अध्ययन से उन नकारात्मक प्रभावों की संपुष्टि किया है।

स्पष्ट हुआ कि सहायतापरक व्यवहार के होने या न होने का निर्धारण पाँच चरणों में होता है।

सहायतापरक व्यवहार के निर्धारक
(Determinants of Helping Behaviours)

समाज मनोवैज्ञानिकों द्वारा किये गये अध्ययन से यह स्पष्ट हुआ है कि किसी भी सहायतापरक व्यवहार या प्रसामाजिक व्यवहार (prosocial behaviour) के घटित होने में पाँच चरण सम्मिलित होते हैं जिनका वर्णन ऊपर किया जा चुका है।

प्रत्येक चरण पर सहायतापरक हस्तक्षेप (helping intervention) के निर्णयों को अनेक प्रकार के निर्धारक प्रभावित करते हैं। समाज मनोवैज्ञानिकों ने उन सभी निर्धारकों (determinants) को निम्नांकित तीन श्रेणियों में बाँटा है—

(क) परिस्थितिजन्य निर्धारक (situational determinants)

(ख) सामाजिक निर्धारक (social determinants)

(ग) व्यक्तिपरक निर्धारक (individual determinants)

परिस्थितिजन्य निर्धारक तथा सामाजिक निर्धारक को एक साथ मिलकर *बाह्य निर्धारक* (external determinant) तथा व्यक्तिपरक निर्धारक (invididual determinants) को आंतरिक निर्धारक (internal determinant) भी कहा जाता है।

इन तीन तरह के निर्धारकों (determinants) का वर्णन निम्नांकित है—

(क) परिस्थितिजन्य निर्धारक *(Situational deteminants)*—समाज मनोवैज्ञानिकों द्वारा किये गये अध्ययनों के आधार पर कुछ ऐसे परिस्थितिजन्य कारकों में उन कारकों की पहचान की गयी है, जिनसे सहायतापरक व्यवहार प्रभावित होता है। परिस्थितिजन्य कारकों में उन कारकों को रखा जाता है जो उस परिस्थिति विशेष से संबंधित होतें हैं तथा जो

आपातकालीन होने के कारण सहायतापरक हस्तक्षेप (helping interaction) के लायक होती है। ऐसे कारकों में निम्नांकित प्रमुख है—

1. सहायता की पुकार *(Cry for Help)*—सहायतापरक हस्तक्षेप के लिए आपात स्थिति का ज्ञान होने से संकट में पड़े व्यक्ति की चीख, सहायता के लिए गुहार आदि की भूमिका महत्त्वपूर्ण होती है। अगर कोई व्यक्ति संकटकालीन परिस्थिति में करुण ढंग से सहायता के लिए चीखता है तथा करुण ढंग से चिल्लाकर सहायता माँगता है तो उस परिस्थिति को गंभीर आपातकालीन समझकर लोग उसे तुरंत सहायता करने के तैयार हो जाते हैं। क्लार्क एवं बार्ड (Clark & Baird, 1972, 1974) ने अपने प्रयोगात्मक अध्ययन के आधार पर यह बतलाया है कि बगल के कमरे से किसी की चीख सुनने पर लोग सहायता के लिए तुरंत तत्पर हो गये परंतु किसी अन्य व्यक्ति द्वारा किसी संकटकालीन या आपात स्थिति में फँसे व्यक्ति की सूचना पाकर बहुत कम लोग सहायता के लिए तत्पर हुए। मेयर तथा मुलहेरिन (Mayer & Mulgerin, 1980) ने ऐसे अध्ययनों से एक कदम आगे बढ़कर अध्ययन किये और इन लोगों ने अपने अध्ययन के परिणाम में यह पाये कि जब सहायता करने वाला व्यक्ति यह समझता है कि संकट में पड़े व्यक्ति स्वयं अपने कारनामों से या गलती से उसमें फँसा है, तो वह उसे मदद नहीं करता है परंतु यदि वह यह समझता है कि संकटकालन परिस्थिति के लिए वह स्वयं दोषी नहीं है बल्कि कुछ ऐसी परिस्थितियाँ रही हैं जो पीड़ित व्यक्ति के नियंत्रण से बाहर है, तो वैसी परिस्थिति में वह सहायता देने के लिए तत्पर हो उठता है।

2. दर्शकों की उपस्थिति *(Bystander's presence)*—संकटकालीन या आपातकालीन परिस्थिति में दर्शकों की उपस्थिति से भी सहायतापरक व्यवहार प्रभावित होता है। आपात स्थिति के उत्पन्न हो जाने पर तथा आपात स्थिति का स्वरूप अस्पष्ट (vague) होने से दर्शक यह निश्चित नहीं कर पाते हैं कि वास्तव में क्या घटित हो रहा है तथा घटना की गंभीरता क्या है ? ऐसी स्थिति में दर्शक एक-दूसरे के तरफ देखता है तथा दूसरों के व्यवहारों को देखकर ही गंभीरता का अनुमान लगाता है तथा फिर वह यह निश्चित करता है कि आपातकालीन स्थिति में फँसे व्यक्ति को सहायता देनी चाहिए या नहीं देनी चाहिए। समाज मनोवैज्ञानिकों द्वारा किये गये अध्ययनों से यह स्पष्ट हुआ कि संकटकालीन परिस्थिति में जैसे-जैसे दर्शकों की संख्या में वृद्धि होती जाती है, वैसे-वैसे किसी भी दर्शक द्वारा परोपकारी व्यवहार दिखलाने की संभावना में कमी आते जाती है। इस तरह के प्रभाव को *दर्शक प्रभाव* (bystander effect) कहा जाता है जिसकी संपुष्टि कई प्रयोगों या अध्ययनों में किया गया है। लताने तथा रोडीन (Latane & Rodin, 1969) ने अपने एक अध्ययन में इस तथ्य की संपुष्टि किया है। इस अध्ययन में कुछ पुरुषों ने प्रयोज्य के रूप में कार्य किये। इनमें से कुछ प्रयोज्यों ने युग्म (pair) के रूप में कार्य किया तो कुछ प्रयोज्यों ने अकेले-अकेले कार्य किया। एक महिला प्रयोगकर्त्ता ने प्रयोज्यों को कुछ प्रश्नावली भरने के लिए दिया और यह कहकर वह बगल वाले कमरे में चली गयी। कुछ मिनट के बाद महिला प्रयोगकर्त्ता जोरों से मदद के लिए चिल्लायी और अपना पैर पकड़कर यह कहते हुए कराह रही थी कि कुर्सी के गिर जाने से उसके पैर में कसकर चोट लगी है। परिणाम में देखा गया कि जो प्रयोज्य अकेले में बैठकर प्रश्नावली को भर रहे थे, वे 70% केसेज में महिला के प्रति धनात्मक रूप से व्यवहार किये अर्थात उसे मदद किये। परंतु जो प्रयोज्य युग्म में बैठकर प्रश्नावली भर रहे थे, वे मात्र 40% केसेज में ही महिला की मदद करने के लिए उठे। परिणाम से यह स्पष्ट है कि प्रयोज्यों की संख्या में वृद्धि होने से सहायतापरक व्यवहार की मात्रा में कमी आ गयी। बाद में, अन्य अध्ययनों जिसे लताने एवं एलमैन (Latane & Elman, 1970), पेटी, विलियम्स, हारकिन्स एवं लताने (Petty, Williams, Harkins & Latane, 1977) द्वारा किया गया, में भी उक्त प्रयोगात्मक परिणाम की पुष्टि की गयी है। इस तरह के दर्शक प्रभाव (bystander effect) के तीन संभावित कारण बतलाये गये हैं—

(i) संकटकालीन परिस्थिति में दर्शक की संख्या अधिक हो जाने पर कुछ दर्शक तो घटना को ठीक ढंग से देख नहीं पाते हैं और तब परोपकारी व्यवहार करने का प्रश्न ही नहीं उठता।

(ii) अधिक संख्या में दर्शकों की उपस्थिति होने पर कोई भी दर्शक परिस्थिति को आपातकालीन नहीं मानता है।

(iii) परिस्थिति में दर्शकों की संख्या अधिक हो जाने से कोई भी दर्शक अपने ऊपर उत्तरदायित्व (responsibility) नहीं लेना चाहता है। चूँकि दर्शकों में उत्तरदायित्व की मात्रा विघटित हो जाती है, अतः सहायतापरक हस्तक्षेप (helping intervention) की मात्रा स्वभावतः कम हो जाती है।

कुछ अध्ययनों में यह भी दिखलाया गया है कि संकटकालीन परिस्थिति में उपस्थित दर्शकों की मात्र संख्या ही

नहीं बल्कि उनका आपस में जान-पहचान से भी परोपकारी व्यवहार प्रभावित होता है। जब संकटकालीन परिस्थिति में ऐसे दर्शक उपस्थित होते हैं, जिनमें आपस में परिचय नहीं है, तो वे आपस में बातचीत नहीं करना चाहेंगे और तब परोपकारी व्यवहार करने में वे हिचकिचाएँगे। परंतु जब वे पहले से परिचित हैं तो वे आपस में बातचीत करेंगे, अपनी-अपनी जिम्मेवारी तय करके पीड़ित को सहायता के लिए तुरंत कदम उठा पायेंगे। इस तत्य की संपुष्टि लताने एवं रोडीन (Latane & Rodin, 1969) तथा रूतकोवस्की, ग्रुडर एवं रोमर (Rutkowski, Gruder & Romer, 1983) ने अपने-अपने अध्ययनों से किया है।

निष्कर्षतः यह कहा जा सकता है कि संकटकालीन परिस्थिति में अन्य दर्शकों की उपस्थिति से परोपकारी व्यवहार या सहायतापरक व्यवहार में कमी तब आती है जब—

(i) संकटकालीन परिस्थिति अस्पष्ट होती है।

(ii) परिस्थिति में उपस्थित दर्शक एक-दूसरे के लिए अजनबी होते हैं जो एक-दूसरे की प्रतिक्रियाओं को आसानी से नहीं समझ पाते हैं।

3. सम्भावित भौतिक क्षति *(Possible physical loss)*—यति मददकर्त्ता को दूसरों की सहयता करने से उसे किसी प्रकार की भौतिक क्षति की सम्भावना दिखाई पड़ती है, तो सहायतापरक व्यवहार में कमी आ जाती है। इस तथ्य का प्रयोगात्मक जाँच एलेन (Allen, 1970) द्वारा किया गया। इन्होंने अपने अध्ययन में स्पष्ट रूप से देखा कि दर्शकों ने जब सहायतापरक व्यवहार प्रस्तुत करने वाले व्यक्तियों पर किसी प्रकार अनुचित प्रभाव होते नहीं देखा तब उनमें से 50% दर्शकों ने सहायतापरक व्यवहार प्रदर्शित किया। इसके विपरीत जब दर्शकों ने यह देखा कि सहायता करने वाले व्यक्तियों को लोगों ने भला-बुरा कहा अथवा उन्हें धमकी दी गयी तो क्रमशः मात्र 28% तथा 16% दर्शकों ने ही सहायतापरक व्यवहार प्रदर्शित किया। पिल्लियविन तथा पिल्लियविन(Pilliavin & Pilliavin, 1972)ने भी एक अध्ययन किया जिससे उक्त तथ्य की संपुष्टि होती है। इस अध्ययन में देखा गया कि एक मूर्छित हो गये व्यक्ति जिसके शरीर में रक्त बह रहा था, लोगों ने कम सहायता की तथा एक-दूसरे व्यक्ति को अधिक सहायता की जिसके शरीर से रक्त नहीं निकल रहा था। इसका कारण यह है कि सामान्यतः लोगों में रक्त के प्रति विकर्षण होता है और रक्तरंजित लोगों की सहायता करने से लोग यह सोचकर अधिक हिचकिचाते हैं कि शायद उन्हें मदद करने में वे ही किसी-न-किसी मुसीबत में न फँस जाये।

4. समयाभाव *(Lack of time)*—जब परिस्थिति ऐसी होती है कि व्यक्ति किसी महत्त्वपूर्ण कार्य में व्यस्त होता है और उसके पास समय का अभाव होता है, तो वैसी परिस्थिति में वह सहायतापरक व्यवहार नहीं कर पाता है। डार्ले तथा वैस्टन (Darley & Baston, 1973) ने एक अध्ययन किया जिसमें उन्होंने कुछ छात्रों को एक निश्चित समय पर भाषण देने के लिए बुलाया। छात्र जब भाषण देने जा रहे थे तो मार्ग में एक बूढ़ा व्यक्ति गिर पड़ा था जो रुक-रुक कर जोर-जोर से खाँस रहा था। कुछ छात्र भाषण देने के लिए समय से काफी पूर्व आ गये थे तथा कुछ विलम्ब करके पहुँचे। स्पष्टतः पहले तरह के छात्रों के पास समय पर्याप्त था तथा दूसरे के छात्रों के पास समयाभाव था। परिणाम में देखा गया कि जो छात्र समय से पूर्व आ गये थे, वे मार्ग में गिरे पड़े व्यक्ति की सबसे अधिक सहायता किये। इसके विपरीत जो छात्र विलंब करके आये थे, वे मार्ग में गिरे व्यक्ति को छोड़कर आगे बढ़ गये थे और उनमें से कुछ तो उसे लाँघकर चले गये थे। इस अध्ययन से यह स्पष्ट हो जाता है कि सामान्यतः समय की कमी होने पर व्यक्ति दूसरों की सहायता कर अपने कार्य का नुकसान उठाना नहीं चाहते हैं।

5. नकल या अनुकृति *(Mimicry)*—प्रसामाजिक व्यवहार (prosocial behaviour) का एक महत्त्वपूर्ण निर्धारक नकल या अनुकृति (mimicry) बतलाया गया है। नकल या अनुकृति से तात्पर्य एक ऐसी स्थिति से होती है जिससे व्यक्ति उस व्यक्ति के व्यवहार का नकल करता है जिसके साथ वह अंतर्क्रिया (interact) करता है। चूँकि नकल या अनुभूति से व्यक्ति में परानुभूति (empathy), पसंदगी (liking) तथा सौहार्द्र-सम्बन्ध (rapport) बढ़ता है, अतः यह सामाजिक अंतर्क्रियाओं (social interaction) में महत्त्वपूर्ण भूमिका निभाता है। चारट्रेन्ड, माडुअक्स तथा लाकिन (Chartrand, Maddux & Lakin, 2004) ने अपने प्रयोग से इस तथ्य की सम्पुष्टि किया है। भान बारेन तथा उनके सहयोगियों (Van Baaren et. al., 2003) द्वारा किये गए अध्ययन से यह स्पष्ट हुआ है कि अनुकृति से प्रसामाजिक व्यवहार में वृद्धि होती है। *(Mimicry enhances prosocial behaviour)*। इनके एक अध्ययन में सहभागियों (participants) ने 6 मिनट तक दो तरह के प्रयोगकर्त्ताओं (experiments) के साथ अंतक्रिया किये। पहले तरह के वैसे

प्रयोगकर्त्ता थे जिन्होंने सहभागियों के हाव-भाव, शारीरिक उन्मुखता (body orientation), हाथ-पैर की स्थिति का नकल किया तथा दूसरे तरह के वैसे प्रयोगकर्त्ता थे जिन्होंने सहभागियों के किसी भी तरह के शारीरिक स्थिति, हाव-भाव आदि का नकल नहीं किये। इसके बाद प्रयोगकर्त्ता ने कमरे के सतह पर जान-बुझकर कुछ कलम गिरा दिये। इसके बाद यह देखा गया कि वे सभी सहभागियों जिनके हाव-भाव एवं शारीरिक स्थिति का नकल किया गया था, वे कलम को सतह पर से उठाने में प्रयोगकर्त्ता का मदद किये परंतु सिर्फ एक तिहाई वैसे सहभागियों ने इस कार्य में प्रयोगकर्त्ता को मदद किये जिनके हाव-भाव तथा शारीरिक स्थिति का नकल नहीं किया गया था। ऐसा कहा गया कि चूँकि अनुकृति से आकर्षकता (attraction) बढ़ जाती है, अतः इस परिणाम को सिर्फ आकर्षकता प्रभाव कहा जा सकता है न कि यह कहा जा सकता है कि अनुकृति की भूमिका इसमें होती है। अतः इस तथ्य की सम्पुष्टि के लिए कुछ नये प्रयोग भान वारेन तथा उनके सहयोगियों (Van Barren et. al., 2004) से किये गए। इन प्रयोग में कुछ छात्रों के व्यवहारों का नकल प्रयोगकर्त्ता द्वारा छह मिनट तक किये गए अन्तःक्रिया में किया गया तथा कुछ छात्रों के व्यवहारों का नकल प्रयोगकर्त्ता द्वारा नहीं किया गया। इसके बाद तीन प्रयोगात्मक अवस्थाओं में छात्रों के सहायतापरक व्यवहार का अध्ययन किया गया। एक प्रयोगात्मक अवस्था में एक अपरिचित व्यक्ति (अर्थात् प्रयोगकर्त्ता से भिन्न व्यक्ति) ने सतह पर कुछ कलम गिरा दिये। दूसरी अवस्था में स्वयं प्रयोगकर्त्ता ने कुछ कलम सतह पर गिरा दिये थे और तीसरी अवस्था में छात्रों को दो यूरो (euros) दिया गया और उनसे यह कहा गया कि इस मुद्रा (Money) को चाहे तो आप अपने पास भी रख सकते हैं या फिर उसमें से कुछ अंश या सभी को दान में ऐसे संस्था को दे सकते हैं जो बीमार बच्चों के इलाज में उसे खर्च करेगा। प्रयोग के परिणाम में देखा गया कि इन तीनों प्रयोगात्मक अवस्थाओं में जिन छात्रों के व्यवहारों का नकल सामाजिक अंतःक्रिया के दौरान किया गया था, उन्होंने प्रयोगकर्त्ता को तुलनात्मक रूप से उन छात्रों की अपेक्षा अधिक मदद किया जिनके व्यवहारों की नकल नहीं की गयी थी। स्पष्ट हुआ कि अनुकृति या नकल से प्रसामाजिक व्यवहार मजबूत होती है और इसका कारण यह है कि नकल एक अशाब्दिक संकेत (nonverbal cue) बन जाता है जो इस बात की ओर इशारा करता है कि हमलोग एक समान (similar) है। इसके अतिरिक्त नकल या अनुकरण को अधिगम (learning) का भी एक प्रमुख पहलू माना गया है जिसके कारण भी इसकी भूमिका अहं मानी गयी है।

6. प्रसामाजिक मॉडल से अनावरण *(Exposure to prosocial model)*—प्रसामाजिक मॉडल से भी सहायतापरक व्यवहार में वृद्धि होती है। जैसे, जब कोई व्यक्ति दूसरे व्यक्ति को किसी अन्य को मदद करते देखता है, तो इस तरह के प्रेक्षण (observation) से व्यक्ति में सहायतापरक व्यवहार करने की प्रवृत्ति तीव्र हो जाती है। ब्रायन एवं टेस्ट (Bryan & Test, 1967) द्वारा किये गए एक क्षेत्र प्रयोग (field experiment) से इस तथ्य की सम्पुष्टि होती है। इस क्षेत्र प्रयोग में एक महिला शोध सहायक (research assistant) को एक सड़क के किनारे अपने कार के पन्चरड् चक्का (punctured wheel) बदलने के लिए कहा गया। सड़क पर आने-जाने वाले व्यक्तियों में से वैसे व्यक्तियों ने इस महिला को मदद करने की पेशकश किया जिसने अभी कुछ देर पहले एक ऐसा दृश्य देखा था जिसमें किसी गाड़ी चलाने वाली महिला को किसी अन्य व्यक्तियों द्वारा मदद की गयी हो।

अपने दिन-प्रतिदिन के प्रसामाजिक मॉडल (prosocial model) के अतिरिक्त मीडिया में दिखलाए गये सहायतापरक मॉडल से भी व्यक्ति में सहायतापरक व्यवहार करने की प्रेरणा तीव्र होती है। स्प्रैफकिन लाइवर्ट तथा पोलोस (Sprafkin, Liebert & Poulous, 1975) ने छह साल के बच्चों में दूरदर्शन पर देखे गए प्रसामाजिक मॉडल (prosocial model) का उनके व्यवहार पर पड़ने वाले प्रभावों का अध्ययन किया गया। बच्चों के एक समूह को एक बचाव दृश्य (rescue scene) दिखलाया गया जिसमें कुछ लोग दूसरों को किसी आपातकालीन परिस्थिति में होने के कारण उनकी मदद कर रहे थे। बच्चों का दूसरे समूह को एक ऐसा दृश्य दिखलाया गया जिसमें कोई ऐसा बचाव कार्य नहीं था। बच्चों के तीसरे समूह को एक हँसने-हँसाने का दृश्य दिखलाया गया जिसमें भी कोई प्रसामाजिक तत्त्व (prosocial element) नहीं था। इसके बाद इन तीनों समूह के बच्चों ने एक खेल खेला जिसमें जीतने वाले को पुरस्कार का प्रावधान था। खेल के ही दौरान बच्चों के सामने चीखता एवं भूखा कुत्ता का कुछ बच्चा (puppies) आता था। यहाँ पर बच्चों के सामने एक विकल्प था कि चाहे तो वह खेल रोककर कुत्ते के बच्चे की मदद करे (और इस तरह से खेल जीतने की तमन्ना का त्याग कर दें) या फिर बच्चे की उपेक्षा करते हुए खेल जारी रखे ताकि वह पुरस्कार जीत सके। परिणाम में देखा गया कि दूरदर्शन पर देखे गए दृश्य से बच्चे काफी प्रभावित हो रहे थे। यह पाया कि बचाव दृश्य देखने वाले बच्चे खेल रोककर कुत्ते के बच्चे की मदद करने में अन्य दोनों समूह के बच्चों की तुलना में अधिक समय दिये। इससे स्पष्ट हो जाता है कि दूरदर्शन पर प्रसामाजिक मॉडल से सम्बद्ध दृश्य देखने पर व्यक्ति के वास्तविक जिंदगी में प्रसामाजिक व्यवहार

करने की प्रवृत्ति मजबूत हो जाता है। फोर्ज एवं फेमिस्टर (Forge & Phemister, 1987) ने भी अपने अध्ययन से इस तथ्य की सम्पुष्टि किया है। एण्डरसन एवं बुशमैन (Anderson & Bushman, 2001) ने अपने अध्ययन में यह पाया कि जब सहभागियों द्वारा आक्रामक विडियो खेल (violent video game) खेला जाता था तो उससे प्रसामाजिक व्यवहार में कमी आती थी।

स्पष्ट हुआ कि परिस्थिति से सम्बन्धित कई कारक होते हैं जिनसे सहायतापरक व्यवहार प्रभावित होता है।

(ख) सामाजिक निर्धारक *(Social determinants)*—प्रत्येक व्यक्ति एक समाज में जन्म लेता है, बड़ा होता है तथा फिर उस समाज के मानकों, मूल्यों आदि के अनुरूप ही व्यवहार करना वह सीख लेता है। इस तरह के सामाजिक सीखना (social learning) से परोपकारी व्यवहार (altruistic behaviour) तथा सहायतापरक व्यवहार (helping behaviour) सीधे प्रभावित होता पाया गया है। समाज मनोवैज्ञानिकों द्वारा किये गये अध्ययनों के आलोक में निम्नांकित तीन तरह के सामाजिक कारकों की पहचान की गयी है जिनसे सहायतापरक व्यवहार सीधे प्रभावित होता है—

1. सामाजिक दायित्व (social responsibility)
2. समदृष्टि तथा पारस्परिकता (equity and reciprocity)
3. सामाजिक विनिमय (social exchange)

इन तीनों का वर्णन निम्नांकित है—

1. सामाजिक दायित्व *(Social responsibility)*—इस कारक के अनुसार व्यक्ति दूसरों की मदद इसलिए कर पाता है क्योंकि दूसरों की मदद करना उसके लिए समाज का एक मानक (norms) है। वह जिस समाज में पाला-पोषा गया होता है, उसके नियमों, मानकों एवं मूल्यों (values) को ध्यान में रखते हुए वह दूसरों की मदद करता है। ऐसे सामाजिक मानक के अनुसार दूसरों की मदद करना प्रत्येक व्यक्ति का एक तरह का सामाजिक दायित्व (social responsibility) होता है। एक कारक जो यह निश्चित करता है कि सामाजिक दायित्व जिससे सहायतापरक व्यवहार प्रभावित होता है वह यह है कि मददकर्त्ता मदद करने वाले व्यक्ति में निर्भरता (dependency) कितनी अधिक मात्रा में मौजूद पाता है। बर्कोविज तथा डैनियल्स (Berkwitz & Daniels, 1963) ने एक अध्ययन करके इस तथ्य की संपुष्टि किया है। इस अध्ययन में एक छात्र से यह कहा गया कि उन्हें एक पर्यवेक्षक (supervisor) के रूप में कार्य करना है। उनसे यह कहा गया कि उन्हें एक-दूसरे छात्र जिन्हें कागज का बक्सा बनाना था, के कार्य का पर्यवेक्षण करना होगा। बक्सा बनाने वाले छात्र को कार्यकर्ता (worker) कहा गया। दोनों ही एक-दूसरे से अलग होकर कार्य करते थे और उन्हें प्रयोगकर्त्ता अपनी ओर से कुछ लिखित संदेश दे देकर नियंत्रित करते थे। उच्चतम निर्भरता की स्थिति में कार्यकर्त्ता से यह कहा गया कि यदि अधिक संख्या में कागज बक्स उनके द्वारा बना दिये जाते हैं, तो इससे पर्यवेक्षक को इनाम मिल सकता है। निम्नतम निर्भरता की स्थिति में ऐसी कोई बात नहीं की गयी। परिणाम में देखा गया कि उच्चतम निर्भरता की स्थिति में जहाँ पर्यवेक्षक को इनाम मिलना कार्यकर्त्ता द्वारा किये गये कार्य के परिणाम पर आश्रित था, कार्यकर्त्ता ने अधिक कागज बक्स बनाये। इस अध्ययन से यह स्पष्ट हो जाता है कि जब किसी एक व्यक्ति का दूसरे व्यक्ति की मदद पर अधिक निर्भरता होती है, तो सहायतापरक व्यवहार के होने की संभावना अधिक बढ़ जाती है।

कुछ ऐसे भी अध्ययन हुए हैं जिनमें यह दिखलाया गया है कि निर्भरता की प्रत्येक स्थिति में सामाजिक दायित्व के कारक को सहायतापरक व्यवहार का आधार नहीं माना जा सकता है। जैसे, जब सहायता के लिए दूसरों पर आश्रित होने का कारण व्यक्ति के नियंत्रण से बाहर है, तो ऐसी परिस्थिति में दायित्व बोध के आधार पर सहायता प्रचुर मात्रा में दी जाती है। शायद यही कारण है कि विकलांग व्यक्ति या किसी भयंकर रोग से ग्रसित व्यक्ति को दूसरे व्यक्ति तुरंत ही सहायता देने के लिए तैयार हो जाते हैं। परंतु यदि सहायता के लिए दूसरों पर आश्रित होने का कारण अपनी लापरवाही या अपनी न्यूनताएँ होतीं हैं (जिस पर उनका पूर्ण नियंत्रण होता है) तो उन्हें सहायता देने में लोग हिचकिचाते हैं। शायद यही कारण है कि एक शराबी या जुआरी को संकटकालीन परिस्थिति में फँसे देखकर भी उसे कोई सहायता के लिए तैयार नहीं होता है। इस तथ्य की प्रयोगात्मक संपुष्टि ब्रायन तथा डेवेनपोर्ट (Bryan & Davenport, 1968) के अध्ययन द्वारा भी की जा चुकी है।

2. समदृष्टि एवं पारस्परिकता *(Equity and reciprocity)*—समदृष्टि एवं पारस्परिकता के मानक से भी सहायतापरक व्यवहार प्रभावित होता है। समदृष्टि मानक के अनुसार यदि किसी व्यक्ति को जितना तकलीफ या पीड़ा

होना चाहिए, उससे अधिक मात्रा में उसे तकलीफ या पीड़ा का सामना करना पड़ रहा है, तो ऐसे व्यक्ति के साथ न्याय करने के लिए तुरंत उसे सहायता दी जानी चाहिए। पारस्परिकता मानक (reciprocity norms) के अनुसार मददकर्त्ता तभी किसी दूसरे को मदद करता है जब वह यह समझता है कि भविष्य में वह भी मुझे मदद करेगा। कई अध्ययनों में सहायतापरक व्यवहार में समदृष्टि एवं पारस्परिकता मानक के कारक के महत्त्व को दिखलाया गया है। विल्की एवं लैंजेटा (Wilke & Lanzetta, 1970) ने अपने अध्ययन में पाया कि एक व्यक्ति द्वारा दूसरे व्यक्ति को मदद करना स्पष्टतः इस तथ्य पर आधारित होता है कि पहले उस व्यक्ति को दूसरे व्यक्ति से कितना मदद मिल चुका है। अगर उन्हें पहले अधिक मदद मिल चुका होता है, तो वे भी अधिक मदद करने के लिए तैयार रहते हैं। पारस्परिकता तथा समदृष्टि मानक द्वारा यह भी प्रभावित होता है कि मदद पाने वाले व्यक्ति किस तरह मददकर्त्ता का मूल्यांकन(evaluation) करते हैं। गेरगेन तथा उनके सहयोगियों (Gergen et al., 1975) ने तीन विभिन्न देशों अर्थात अमेरिका, स्वीडेन तथा जापान में मदद के पारस्परिक विनिमय (reciprocal exchange) का अध्ययन किया। प्रत्येक देश के प्रयोज्यों ने जुआ के खेल के दौरान धन या पैसा देने वाले व्यक्ति को उस परिस्थिति में अधिक धनात्मक मूल्यांकन किया जब व्यक्ति ने प्रयोज्यों से दिये गये धन को लौटाने के लिए कहा। परंतु जब वे धन को उपहार में दिया गया धातु समझकर नहीं लौटाने के लिए कहे तो उनका अधिक धनात्मक मूल्यांकन नहीं किया गया। स्पष्टतः धन प्राप्त करनेवाले व्यक्ति पारस्परिकता के रूप में परिस्थिति का मूल्यांकन करते देखे गये। शायद यही कारण है कि लोग उपहार रूपी ऋण से दबा रहना पसंद नहीं करते हैं।

3. सामाजिक विनिमय *(Social exchange)*—सामाजिक विनिमय का भी प्रभाव सहायतापरक व्यवहार पर पड़ता है। सामाजिक विनिमय में सहायतापरक व्यवहार का होना इस व्यवहार के संभावित लाभ या पुरस्कार तथा हानि का विश्लेषण से होता है। सहायतापरक व्यवहार की परिस्थिति में व्यक्ति अपने व्यवहार से अधिकतम लाभ तथा न्यूनतम हानि प्राप्त करना चाहता है। सहायतापरक व्यवहार को करने से उसे कितना लाभ तथा कितनी हानि होगी, इसका आकलन करने के बाद ही कोई व्यक्ति इस निष्कर्ष पर पहुँचता है कि वह सहायतापरक व्यवहार प्रदर्शित करे अथवा न करे। सहायतापरक व्यवहार से मिलने वाले लाभ के अनेक रूप जैसे चिन्ता में कमी, प्रशंसा, प्रतिष्ठा, आभार प्रदर्शन कुछ भी हो सकते हैं। सहायतापरक व्यवहार से उत्पन्न होनेवाले हानि के भी अनेक रूप जैसे समय तथा परिश्रम का अपव्यय, स्वयं संकट में फँसना आदि भी हो सकते हैं। यदि संकटकालीन स्थिति में व्यक्ति को लाभ या पुरस्कार की मात्रा हानि की मात्रा से अधिक है, तो व्यक्ति द्वारा सहायतापरक व्यवहार करने की संभावना अधिक होती है।

स्पष्ट हुआ कि कई तरह के सामाजिक कारक हैं जिनसे सहायतापरक व्यवहार प्रभावित होते हैं।

(ग) व्यक्तिपरक निर्धारक *(Individual Determinants)*—सहायतापरक व्यवहार दिखलाने में वैयक्तिक विभिन्नता पाई जाती है। कौन व्यक्ति किसकी सहायता करेगा यह वैयक्तिक कारकों से प्रभावित होता है। समाज मनोवैज्ञानिकों द्वारा किये गये अध्ययनों से यह स्पष्ट हुआ है कि किन विशेषताओं वाले व्यक्ति किस प्रकार का सहायतापरक व्यवहार प्रदर्शित करते हैं और दर्शकों की अस्थायी अवस्थाएँ एवं उनकी मनोदशाएँ किस प्रकार सहायतापरक या परोपकारी व्यवहार को प्रदर्शित करते हैं। कुछ ऐसे ही कारकों का वर्णन निम्नांकित है—

1. पसंदगी *(Likings)*—मनोवैज्ञानिकों द्वारा किये गये अध्ययनों से यह स्पष्ट हुआ कि जिसे व्यक्ति पसंद करता है, उसकी मदद वह तुरंत करना चाहता है। परंतु जिसे वह पसंद नहीं करता है, उसकी मदद करने में वह टाल-मटोल करने लगता है। गुडस्टाड (Goodstadt, 1971) ने अपने अध्ययन से इस तथ्य की संपुष्टि की है कि जिसे व्यक्ति पसंद करता है, उसे तुलनात्मक रूप से उस व्यक्ति की तुलना में अधिक मदद करता है जिसे वह कम पसंद करता है या नहीं पसंद करता है। बेन्सन, काराबेनिक तथा लर्नर (Bensen, Karabenick & Learner, 1976) ने एक क्षेत्र प्रयोग किया जिसमें इन लोगों ने दैहिक आकर्षता जो पसंदगी का एक महत्त्वपूर्ण विमा है, का सहायतापरक व्यवहार पर पड़नेवाले प्रभावों का अध्ययन किया। इन प्रयोज्यों को टेलीफोन बूथ में बैठने के लिए कहा गया जहाँ एक भरा हुआ आवेदन-पत्र (application), फोटो तथा स्टाम्प लगा लिफाफा रखा हुआ था। स्पष्टतः इसका उद्देश्य आवेदन-पत्र को डाक से अपने गंतव्य स्थान पर भेजना था। प्रयोज्यों से विशेष प्रार्थना किया गया कि क्या वे आवेदन-पत्र को लिफाफा में रखकर उसे अपने गंतव्य स्थान पर डाक से भेजने का सहायता प्रदान करेंगे ? प्रयोज्यों द्वारा किये गये अनुक्रियाओं के प्रेक्षण से यह पता चला कि आकर्षक फोटो लगे आवेदन-पत्र को तो लिफाफा में रखकर उसे डाक से प्रयोज्यों ने भेद देने की

तत्परता दिखायी परंतु अनाकर्षक फोटो लगे आवेदन-पत्र को ज्यों-का-त्यों छोड़ दिया। इससे स्पष्ट होता है कि प्रयोज्यों की पसंदगी सहायतापरक व्यवहार का एक उत्तम निर्धारक है।

2. प्रजाति *(Race)*—कुछ अध्ययनों में यह देखा गया है कि जब मदद चाहने वाला व्यक्ति उसी प्रजाति का होता है जिस प्रजाति का मददकर्त्ता होता है तो उसे मददकर्त्ता उसे फौरन सहायता पहुँचाता है। परंतु यदि वह भिन्न प्रजाति का होता है, तो मददकर्त्ता मदद करने में हिचकिचाता है। गेरटनर तथा विकमैन (Geartner & Bickman, 1971) ने अपने अध्ययन में पाया कि श्वेत मददकर्त्ता श्वेत पीड़ितों को श्याम पीड़ितों की अपेक्षा अधिक मदद करते थे। परंतु कुछ ऐसे भी अध्ययन किये गये हैं जिनमें इस तथ्य की संपुष्टि नहीं की गयी है। काज, कोहेन तथा ग्लास (Katz, Cohen & Glass, 1975) ने अपने अध्ययन में प्रजाति समानता का सहायतापरक व्यवहार पर कोई प्रभाव पड़ते नहीं देखा है। बल्कि कुछ प्रयोगकर्त्ताओं जैसे डुट्टोन (Dutton, 1973) एवं डुट्टोन तथा लेक (Dutton & Lake, 1973) ने विपरीत विभेदन प्रभाव (reverse discrimination effect) को होते देखा जिसमें श्वेत व्यक्तियों ने श्याम पीड़ितों का श्वेत पीड़ितों की अपेक्षा अधिक मदद करते पाये गये।

3. समानता *(Similarity)*—सहायतापरक व्यवहार पर पीड़ित व्यक्ति तथा सहायता प्रदान करने वाले व्यक्ति के बीच समानता का सीधा एवं प्रत्यक्ष प्रभाव पड़ता है। वेश-भूषा की शैली में समानता, राजनैतिक विचारधारा में समानता तथा राष्ट्रीयता में समानाता, मनोवृत्ति में समानता आदि होने पर सहायतापरक व्यवहार अधिक प्रभावित होता है। कई अध्ययनों जैसे एम्सविलर, डॉक्स एवं विलियट (Amesvilar, Doex & Villiat, 1971) ने वेश-भूषा में समानता, बैरोन (Baron, 1971) ने मनोवृत्ति में समानता तथा एहलर्ट, एहलर्ट तथा मैरोन (Ahlert, Ahlert & Maron, 1973) ने राजनैतिक विचारधारा में समानता को सहायतापरक व्यवहारों के लिए अनुकूल बतलाया है।

4. परानुभूति *(Empathy)*—परानुभूति के कारण भी सहायतापरक व्यवहार में अन्तर हो जाता है। परानुभूति में दूसरे व्यक्ति के सांवेगिक अवस्थाओं के प्रति भावात्मक (affective) तथा संज्ञानात्मक अनुक्रिया (cognitive responses) किये जाते हैं तथा इसमें सहानुभूति (sympathy), किसी समस्या का समाधान करने की इच्छा, तथा दूसरे लोगों के परिप्रेक्ष्य (perspective) को समझा जाता है। डार्ले (Darley, 1993) तथा डुआन (Duan, 2000) का मत है कि एक परानुभूति दिखलाने वाला व्यक्ति वैसा ही महसूस करता है जैसा कि दूसरा व्यक्ति महसूस कर रहा है तथा साथ-ही-साथ यह भी समझता है कि क्यों वह व्यक्ति वैसा अनुभव कर रहा है जैसा वह करता है। समाज मनोवैज्ञानिकों द्वारा किये गए अध्ययनों से यह स्पष्ट हुआ है कि जिस व्यक्ति में परानुभूति का भाव अधिक होता है, उनके द्वारा प्रसामाजिक व्यवहार (prosocial behaviour) अधिक किये जाते हैं। इन लोगों के अध्ययनों से यह भी स्पष्ट हुआ है कि किस सीमा तक व्यक्ति परानुभूति भाव के साथ अनुक्रिया कर पाता है, यह आनुवंशिक (hereditary) कारकों तथा अधिगम अनुभूतियों (learning experiences) पर निर्भर करता है। ट्रोबस्ट, कोल्लिनस तथा इमब्री (Trobust, Collins & Embree, 1994) द्वारा किये गए अध्ययनों से यह पता चला है कि या तो आनुवंशिक कारकों या भिन्न तरह के समाजीकरण की अनुभूतियों के कारण सामान्यतः पुरुषों की अपेक्षा महिलाओं में परानुभूति का उच्च स्तर होता है। एण्डरसन (Anderson 1993) ने अपने अध्ययन के आधार पर यह दिखलाया है कि द्वितीय विश्वयुद्ध में नाजी (Nazis) से यहुदियों (Jews) को बचाने के कार्य में महिलाओं की संख्या पुरुषों से अधिक थी जो ट्रोबस्ट तथा उनके सहयोगियों के परिणाम को परोक्ष रूप से समर्थन प्रदान करता है।

5. पीड़ित व्यक्ति का लिंग *(Sex of Victim)*—सहायतापरक व्यवहार पीड़ित व्यक्ति के लिंग (sex) से भी प्रभावित होता है। मनोवैज्ञानिकों द्वारा किये गये अध्ययनों से यह स्पष्ट हुआ है कि यदि पीड़ित व्यक्ति का लिंग पुरुष न होकर महिला होता है तो उसे अधिक लोग सहायता करने के लिए तैयार हो जाते हैं। पोमाजल एवं क्लोर (Pomazal & Clore, 1973) ने एक अध्ययन किया जिसमें एक पुरुष तथा एक महिला को सड़क के किनारे अपने-अपने कारों के खराब हो जाने के कारण चिन्तित होने का बहाना बनाकर तथा कार के ट्रंक को ऊपर उठाकर उसके ईंजन में गड़बड़ी का पता लगाने के ख्याल से झाँकते रहने के लिए कहा गया। महिला तथा पुरुष सड़क पर अलग-अलग दूरी पर अपने कार के साथ खड़े थे परंतु उन्हें सड़क से गुजरते लोगों की ओर देखने तथा हाव-भाव द्वारा मदद माँगने को मना किया था। परिणाम में देखा गया कि महिला को मदद करने के लिए सड़क पर गुजरते समय प्रत्येक चार में से एक कार चलाने वाले व्यक्ति ने उसे रुककर मदद करना चाहा। परंतु पुरुष को मदद करने के लिए सड़क पर गुजरते समय प्रत्येक पचास में से एक कार चलाने वाले व्यक्ति ने रुककर उसे मदद करना चाहा। यहाँ ध्यान देनेवाली बात यह है कि मदद करनेवाले

सभी व्यक्ति पुरुष थे। वेस्ट, विटनी एवं स्केन्डलर (West, Whitney & Schnedler, 1975) ने बाद में किये गये अध्ययन में उक्त तथ्य की संपुष्टि की है।

6. सहायता प्रदान करनेवाले का व्यक्तित्व विशेषताएँ (*Personality characteristics of helper*)—व्यक्तित्व की विशेषताओं का भी प्रभाव सहायतापरक व्यवहार पर पड़ता है। हालाँकि यह आवश्यक नहीं है कि जो व्यक्ति एक तरह की परिस्थिति में सहायतापरक व्यवहार दिखाता है वह दूसरी वैसी परिस्थिति में भी वैसा ही सहायतापरक व्यवहार दिखलायेगा। मैकगवर्न (McGovern, 1976) ने अपने अध्ययन के आधार पर यह बतलाया है जिस मददकर्त्ता में उलझन में पड़ने का डर अधिक होता है, वे सहायतापरक व्यवहार कम करते हैं। उसी तरह से कुछ अध्ययनों में यह भी देखा गया है कि सामाजिक उत्तरदायित्व, सामाजिक अभिरुचि, बहिर्मुखता, मित्र का आकर्षण तथा सहानुभूतिपरक उन्मुखता जिन व्यक्तियों में अधिक होती है, उनमें सहायतापरक व्यवहार करने की प्रवृत्ति अधिक होती है। साटो (Satow, 1975) ने अपने अध्ययन में पाया कि जिन व्यक्तियों में उच्च अनुमोदन आवश्यकता (high approval need) पाया जाता है, उनमें सहायतापरक व्यवहार उन व्यक्तियों की अपेक्षा अधिक पाया जाता है जिसमें उच्च अनुमोदन आवश्यकता की कमी पायी जाती है। कुछ अध्ययनों में यह पाया गया है कि जिन व्यक्तियों में अन्तर्वैयक्तिक विश्वास (interpersonal trust) अधिक होती है, वे प्रसामाजिक व्यवहार (prosocial behaviour) अधिक करते हैं। इस तथ्य की सम्पुष्टि काडेनहेड तथा रिचमैन (Cadenhead & Rechman, 1996) ने अपने अध्ययन के आधार पर किया है। उसी तरह से मैकहॉसकी (McHoskey, 1999) ने अपने अध्ययन के आधार पर यह बतलाया है कि जिन व्यक्तियों में *मैकियाभेलियनिज्म* (Mechiavellianism) अधिक होती है, उनमें प्रसामाजिक प्रवृत्तियाँ (prosocial tendencies) कम होती है। ऐसे व्यक्ति अविश्वासी, जोड़-तोड़ करनेवाले, आत्मकेन्द्रित तथा कटुस्वभाव (cynical) के होते हैं।

उक्त अध्ययनों से एक बात स्पष्ट होकर यह आयी है कि चूँकि प्रसामाजिक व्यवहार में व्यक्तित्व का बहुत सारे पहलू अन्तर्निहित होते हैं, इसलिए कुछ शोधकर्त्ताओं द्वारा कई ऐसे पहलुओं को मिलाकर एक विशेष तरह के व्यक्तित्व जिसे *परोपकारी व्यक्तित्व* (altruistic personality) कहा गया का प्रतिपादन किया गया। ऐसे व्यक्तित्व के पाँच विमा (dimension) बतलाये गए हैं और एक परोपकारी व्यक्ति इन पाँचों विमाओं पर सामान्यतः अपने आप को ऊँचा रेटिंग करता है। वे पाँच विमाएँ निम्नांकित हैं:—

(i) परानुभूति (*empathy*)—परोपकारी व्यक्ति में परानुभूति का शीलगुण अधिक होता है। ऐसे व्यक्ति आत्म-नियंत्रित (self-controlled), उत्तम छवि बनाने के लिए अभिप्रेरित एवं उत्तरदायित्व निभाने वाले होते हैं।

(ii) यथातथ्य संसार में विश्वास (*belief in just world*)—परोपकारी व्यक्ति को संसार न्यायोचित एवं एक पूर्वानुमेय (predictable) स्थान लगता है जिसमें उत्तम व्यवहार को पुरस्कृत दिया जाता है तथा बुरे व्यवहार को दंडित किया जाता है। इस विश्वास का परिणाम यह होता है कि ऐसे व्यक्ति उन व्यक्तियों को मदद करने में तनिक भी नही हिचकिचाते हैं जिन्हें उनकी आवश्यकता है। इनमें ऐसा विश्वास भी रहता है कि ऐसे नेक काम से एक दिन उनका भी भला होगा।

(iii) सामाजिक उत्तरदायित्व (*Social responsibility*)—एक परोपकारी व्यक्ति में यह भी विश्वास होता है कि प्रत्येक व्यक्ति को वैसे व्यक्ति की मदद करने की जवाबदेही बनती है जिन्हें ऐसी मदद की आवश्यकता है।

(iv) नियंत्रण का आंतरिक बिन्दुपथ (*Internal locus of Control*)—जिन व्यक्तियों में परोपकारी प्रवृत्ति होती है, उनका नियंत्रण का आंतरिक बिंदुपथ होता है अर्थात् इनका यह विश्वास होता है कि व्यक्ति उत्तम परिणाम को उन्नत कर सकता है तथा बुरे परिणाम को रोक सकता है क्योंकि उसमें ऐसी क्षमता होती है। जिन लोगों में परोपकारी व्यवहार की कमी होती है, उनका नियंत्रण बिन्दुपथ बाह्य (external) होता है क्योंकि ऐसे लोग का विश्वास होता है कि मदद करने का प्रयास अनुचित एवं गलत होगा क्योंकि कोई व्यवहार और उसका परिणाम मात्र संयोग, शक्तिशाली व्यक्ति तथा अन्य अनियंत्रित कारकों द्वारा नियंत्रित होता है।

(v) आत्मकेन्द्रिता का निम्न स्तर (*Low level of ego centrism*)—परोपकारी व्यक्ति में आत्म-केन्द्रिता का निम्न स्तर पाया जाता है तथा ऐसे लोग न तो प्रतियोगिता (competition) दिखलाने वाले होते हैं और न ही ऐसे लोग आत्म-समाविष्ट (self-absorbed) होते हैं। ऐसे लोगों का विचार खुला होता है तथा वे परहित एवं जनहित की भावना से ओत-प्रोत होते हैं।

स्पष्ट हुआ कि परोपकारी कार्य करनेवाले व्यक्तियों के व्यक्तित्व में खास-खास शीलगुण होते हैं।

7. मददकर्त्ता की मनोदशा या संवेग *(Mood or Emotion of helper)*—जब व्यक्ति अच्छी मनोदशा में होता है, अर्थात वह स्वयं को अच्छा, स्वस्थ एवं उत्साहवर्द्धक मानसिक अवस्था में पाता है, तो उसका चिन्तन अधिक विवेकशील एवं विधेयात्मक होता है और वह जीवन के प्रति अधिक आशावादी दृष्टिकोण होता है। ऐसी परिस्थिति में वह सहायतापरक व्यवहार उस मनोदशा के होने से अधिक करता है, जो इन सबों का विपरीत होता है। इसेन (Isen, 1970) ने एक अध्ययन कर इस तथ्य की संपुष्टि किया है। इस अध्ययन में स्कूल शिक्षकों को उनके विभिन्न क्षेत्रों के निष्पादन को या तो बहुत अच्छा बतलाया गया या निम्नस्तरीय बतलाया गया। इसके बाद उनसे पुस्तकालय को वातानुकूलित करने के लिए चंदे की माँग की गयी। प्रयोग के परिणाम बड़े रोचक थे। परिणाम में यह स्पष्टतः देखा गया कि जिन स्कूल शिक्षकों के निष्पादन को श्रेष्ठ या उच्चस्तरीय बतलाया गया था, उन्होंने उन स्कूल अध्यापकों की अपेक्षा सात गुणा अधिक धन दिया जिनके निष्पाइन को घटिया या निम्नस्तरीय बतलाया गया था। इसका मूल कारण यह था कि उच्चस्तरीय निष्पादन वाले शिक्षकों की मनोदशा निम्नस्तरीय निष्पादन वाले शिक्षकों की मनोदशा से उत्तम थी। विलसन (Wilson, 1981) ने अपने अध्ययन के आधार पर यह बतलाया कि जब व्यक्ति की मनोदशा एक प्रहसनी (comediation) को सुनने के बाद उत्तम हो जाती है, तो वह प्रसामाजिक व्यवहार अधिक करता है। व्यक्ति के संवेग या मनोदशा पर गन्ध (smell) का भी प्रभाव पड़ता है। आनन्दायक एवं खुशबू भरे सुगन्ध से व्यक्ति की मनोदशा उत्तम हो जाती है और तब वह फिर सहायतापरक व्यवहार अधिक करता है। बेरोन (Baron, 1990) तथा बेरोन एवं थोमली (Baron & Thomley, 1994) ने अपने अध्ययन के आधार पर इस तथ्य की संपुष्टि किया है। कुछ अध्ययनों के आधार पर यह बतलाया गया है कि उत्तम मनोदशा का सहायतापरक व्यवहार पर जो अच्छा प्रभाव पड़ता है, वह स्थायी नहीं होता है। इसका कारण है कि अच्छी मनोदशा स्वयं ही स्थायी नहीं होती है। इसेन, क्लार्क तथा स्वार्ज (Isen, Clark & Swartz, 1976) ने अपने प्रयोग के आधार पर इस तथ्य की संपुष्टि किया है। कुछ विशिष्ट हालातों में एक उत्तम एवं धनात्मक मनोदशा (positive mood) भी व्यक्ति को प्रसामाजिक व्यवहार (prosocial beheviour) करने की प्रवृत्ति को कमजोर कर सकता है। राजेनहान, सालोभी एवं हारगिस (Rosenhan, Salovey & Hargis, 1981) ने अपने अध्ययन में पाया है कि दर्शक काफी धनात्मक एवं सुखद मनोदशा में होने पर आपातकालीन परिस्थिति की व्याख्या साधारण ढंग से करते हैं और यदि उसे वहाँ कोई कठिन एवं कुछ दुःखद (unpleasant) कार्य करने की नौबत आती है, तो निश्चित रूप से वह सहायतापरक व्यवहार में कमी कर देता है ताकि उसके खुशी पर या उसके उत्तम मनोदशा पर कोई आँच न आए।

बुरी या असंतोषजनक मनोदशा के होने से सहायतापरक व्यवहार में जो कमी आती है, इसका भी समर्थन प्रयोगात्मक अध्ययनों से हुआ है। अंडरवुड तथा उनके सहयोगियों (Underwood et al., 1977) ने एक अध्ययन किया जिसमें प्रयोज्यों के दो समूह ने भाग लिया। प्रयोगात्मक समूह के प्रयोज्यों को एक ऐसा सिनेमा दिखलाया गया जिसके बाद वे काफी दुःखी एवं उदास थे परंतु नियंत्रित समूह के प्रयोज्यों को ऐसा सिनेमा नहीं दिखलाया गया। इसके बाद इन दोनों समूहों को किसी विशेष कार्य के लिए चंदा देने के लिए कहा गया। परिणाम में देखा गया कि प्रयोगात्मक समूह के प्रयोज्यों ने उतना उदारतापूर्वक चंदा नहीं दिया जितना कि नियंत्रित समूह के प्रयोज्यों ने दिया। कारण, इन दोनों समूहों की मनोदशा में अंतर का होना है। एमेटो (Amato, 1986) ने अपने अध्ययन से यह स्पष्ट किया है कि एक दुःखी आदमी या दुःखद मनोदशा के होने पर व्यक्ति स्वयं ही अपनी समस्याओं पर ध्यान केन्द्रित रखता है तथा वह प्रसामाजिक व्यवहार में कम-से-कम हाथ बँटा पाता है। परंतु कुछ ऐसी परिस्थितियाँ होती हैं जिसमें इस तरह की प्रवृति का उल्टा भी होता देखा गया है। सियालदिनी, केनटिक एवं वाऊमैन (Cialdini, Kenrick & Bauman, 1982) ने अपने अध्ययन के आधार पर यह बतलाया है कि अगर सहायतापरक व्यवहार ऐसा है जिसको करने से व्यक्ति को अधिक अच्छा लगता है, तो बुरी मनोदशा में होने के बावजूद भी वह वैसे व्यवहार को करना चाहता है। उसी तरह से कुनिंघम तथा उनके सहयोगियों (Cunnigham et al., 1990) ने अपने अध्ययन के आधार पर यह बतलाया है कि व्यक्ति का नकारात्मक संवेग (negative emotion) का भी प्रभाव प्रसामाजिक व्यवहार पर धनात्मक पड़ता है बशर्ते कि नकारात्मक संवेग में अत्यधिक तीव्रता न हो, अगर आपातकालीन परिस्थिति अस्पष्ट न होकर स्पष्ट हो और सहायतापरक व्यवहार अपने आप में काफी मनोरंजक न कि उबाऊ (dull) हो।

स्पष्ट हुआ कि कई कारक ऐसे हैं जिनसे सहायतापरक व्यवहार प्रभावित होता है। उन कारकों या निर्धारकों को

ध्यान में रखकर समाज मनोवैज्ञानिकों द्वारा सहायतापरक व्यवहार के सिद्धांतों का प्रतिपादन करने में विशेष मदद मिली है।

प्रसामाजिक व्यवहार करने के पीछे प्रमुख अभिप्रेरण
(Basic Motives behind Prosocial Behaviour)

समाज मनोवैज्ञानिकों द्वारा कई ऐसे प्रयास किये गए हैं जिनके माध्यम से यह समझने की कोशिश की गयी है कि व्यक्ति जो प्रसामाजिक व्यवहार (prosocial behaviour) करता है, उसके पीछे किस तरह का अभिप्रेरण (Motives) होता है प्रसामाजिक व्यवहार के पीछे छिपे चार तरह की अभिप्रेरण की व्याख्या की गयी है:—

(1) परानुभूति-परोपकारिता प्राक्कल्पना (Empathy-altruism hypothesis)

(2) नकारात्मक-अवस्था शमन मॉडल (Negative-state Relief model)

(3) परानुभूति-खुशी प्राक्कल्पना (Empathic Joy hypothesis)

(4) जननिक-निर्धार्यता मॉडल (Genetic-Determinism model)

इन सबों का वर्णन निम्नांकित है:—

(1) परानुभूति-परोपकारिता प्राक्कल्पना *(Empathy-altrusim hypothesis)*—इस प्राक्कल्पना की उत्पत्ति बैटसन एवं उनके सहयोगियों (Batson et. al., 1981) द्वारा किये गए शोधों से हुआ है। इस प्राक्कल्पना के अनुसार कम-से-कम कुछ प्रसामाजिक व्यवहार, आवश्यकता दिखलाने पर दूसरों की सहायता करने की इच्छा से अभिप्रेरित होता है तथा साथ-ही-साथ इस बात से भी निर्धारित होता है कि ऐसा करने में उसे अच्छा लगता है। यह अभिप्रेरण इतना मजबूत हो सकता है कि दूसरों की मदद करने के लिए स्वयं व्यक्ति खतरनाक कार्य एवं जिंदगी को काफी दुःख पहुँचाने वाला कार्य भी करने के लिए तैयार हो जाता है। बैटसन तथा उनके सहयोगियों (Batson et. al., 1983) ने एक प्रयोग करके इस तथ्य की सम्पुष्टि किया है। इन लोगों ने एक विशेष प्रयोगात्मक विधि (experimental procedure) को अपनाया जिसके माध्यम से सहभागियों (participants) में परानुभूति उत्पन्न किये। इन्होंने सहभागियों के एक समूह से यह कहकर पीड़ित (victim) के प्रति परानुभूति उत्पन्न किया कि वे बिल्कुल ही उनके समान हैं। सहभागियों के दूसरे समूह को यह बतलाया गया कि पीड़ित और उनमें काफी असमानता है ताकि उनमें पीड़ित के प्रति कोई परानुभूति उत्पन्न नहीं हो सके। इसके बाद सहभागियों को एक प्रेक्षक (observer) की भूमिका करने के लिए कहा गया जिसमें उन्हें एक टेलीविजन पर महिला को कुछ कार्य करते दिखलाया गया जो काम के दौरान बिजली का झटका (काल्पनिक रूप से) भी खा रही थी। सचमुच में दूरदर्शन पर दिखाई गयी महिला और कोई नहीं थी बल्कि शोध सहायक (research assistant) ही थी। जब कार्य हो ही रहा था, तो शोध सहायक यह कही कि उसे बिजली का झटका के कारण काफी बेचैनी महसूस हो रही है तथा दर्द भी हो रहा है। यहाँ प्रयोगकर्त्ता ने 'प्रेक्षक' की भूमिका निभा रहे सहभागियों से पूछा कि आप लोगों में से कोई उनकी जगह लेना चाहता है, जो उस महिला सहायक को मदद कर सकते हैं या फिर प्रयोग के यही बीच से ही समाप्त कर दिया जाए। परिणाम में देखा गया कि जब परानुभूति की मात्रा कम थी (अर्थात् सहभागियों एवं पीड़ित में असमानता थी) तो सहभागियों ने ऐसा दर्दनाक प्रसामाजिक व्यवहार (painful prosocial behaviour) करने की अपेक्षा प्रयोग को यही बीच में समाप्त कर देने की उन्मुखता दिखलाया। परंतु जिन सहभागियों में परानुभूति अधिक था (अर्थात् सहभागी तथा पीड़ित में समानता बतलायी गयी थी), वे पीड़ित के जगह पर अपने आप को रखने के लिए तैयार थे अर्थात् वे बिजली का झटका खाते हुए कार्य करने के लिए तैयार थे। इस परिणाम से स्पष्टतः तब परानुभूति-परोपकारिता प्राक्कल्पना की सम्पुष्टि होती है। बैटसन, अहमद एवं उनके सहयोगियों (Batson, Ahmed et al., 1999) ने अपने अध्ययन से यह बतलाया है कि जब पीड़ित एक न होकर बहुत सारे होते हैं और उन सबों को मदद की आवश्यकता होती है, तो उसमें से सभी को मदद किसी एक व्यक्ति के लिए करना सम्भव नहीं हो पाता है और तब किसी एक को ही व्यक्ति चुनकर सही ढंग से मदद कर पाता है। इसे *'चयनात्मक परोपकारिता'* (Selective altruism) की संज्ञा दी गयी है।

परानुभूति-परोपकारिता प्राक्कल्पना के प्रतिकूल भी तर्क दिये गए हैं। जैसे, सियालदिनी तथा उनके सहयोगियों (Cialdini et. al., 1997) ने अपने शोध के आधार पर यह दिखलाया है कि परानुभूति से निश्चित रूप से परोपकारी व्यवहार प्रोत्साहित होता है परन्तु ऐसा तभी होता है जब सहभागियों को स्वयं तथा अन्य लोगों के बीच एक परस्परव्यापन

(overlap) का अनुभव करता है। इसका मतलब यह हुआ कि मदद करने वाले सहभागी सचमुच में पीड़ित के साथ तादात्म्य (identification) स्थापित कर लेता है और सचमुच में वह अपने आप को ही मदद कर रहा होता है। उन्होंने अपने शोध में यह स्पष्ट रूप से पाया कि बिना इस तरह के अपनापन के भाव का सहायतापरक व्यवहार नहीं होता है। इसका मतलब यह हुआ कि मात्र परानुभूति के भाव से ही परोपकारी व्यवहार उत्पन्न नहीं होता है। इसका मतलब तब यह हुआ कि परानुभूति-परोपकारिता प्राक्कल्पना से सम्बद्ध तथ्यों का स्पष्ट निराकरण अभी नहीं हो पाया है और आगे इस दिशा में शोध की आवश्यकता है।

(2) नकारात्मक-अवस्था शमन मॉडल (Negative-state relief model)—कभी-कभी ऐसा होता है कि परोपकारी व्यवहार व्यक्ति इसलिए नहीं करता है कि उसमें धनात्मक संवेग उत्पन्न होता हैं, बल्कि इसलिए करता है कि किसी पीड़ित को तकलीफ में देखकर व्यक्ति अपने में उत्पन्न नकारात्मक संवेग से अपने आप को छुटकारा दिला सके। सियालदिनी, वाऊमान तथा केनरिक (Cialdini, Baumann & Kenrick, 1981) ने प्रसामाजिक व्यवहार की इस व्याख्या को *नकारात्मक-अवस्था शमन मॉडल* (negative-state relief model) की संज्ञा दिया है। इस प्राक्कल्पना की जाँच करने के लिए जो शोध किये गये हैं उनका सामान्य निष्कर्ष यह रहा है कि सचमुच में नकारात्मक संवेग तथा भाव से सहायतापरक व्यवहार अधिक होता है। डायटरिक तथा वर्कोविज (Dietrich & Berkowitz, 1997), फूल्ज, स्काल्लर तथा सियालदिनी (Fultz, Schaller & Cialdini, 1988) ने इस प्राक्कल्पना की जाँच के लिए अग्रणी शोध किये हैं। इन शोधों में यह स्पष्ट रूप से पाया गया कि चाहे दर्शक में नकारात्मक संवेग की उत्पत्ति आपातकालीन परिस्थिति से सम्बन्ध हो या न हो, दर्शक सहायतापरक व्यवहार करके अर्थात् पीड़ित को मदद करके अपने में उत्पन्न नकारात्मक संवेग को निश्चित रूप से दूर करने की कोशिश करते हैं। सियालदिनी (Cialdini, 1989) का यहाँ तक दावा है कि दुःखद संवेग से प्रसामाजिक व्यवहार की उत्पत्ति होती है जबकि परानुभूति को ऐसे व्यवहार का एक आवश्यक तत्त्व नहीं माना जा सकता है।

(3) परानुभूतिक-खुशी प्राक्कल्पना (*Empathic-Joy hypothesis*)—इस प्राक्कल्पना के अनुसार मददकर्त्ता पीड़ित को इसलिए मदद करता है क्योंकि उसे ऐसा विश्वास होता है कि ऐसा करने से किसी की जिंदगी में बहार तथा खुशहाली लौटेगी। यहाँ मौलिक सोच मददकर्त्ता का यह होता है कि वह पीड़ित के लिए कुछ कर रहा है और यही कुछ करना ही उसके लिए खुशी का कारण बनता है। इस प्राक्कल्पना का एक महत्त्वपूर्ण पक्ष यह है कि मददकर्त्ता को यह पता होना चाहिए कि उसके व्यवहार अर्थात् मदद से पीड़ित की जिंदगी में धनात्मक प्रभाव होगा। अगर परोपकारी व्यवहार सिर्फ परानुभूति पर आधारित होता है, तो फिर उसके बारे में पुनर्निवेशन (feedback) की कोई जरूरत नहीं है। स्मीथ, कीटिंग तथा स्टॉटलैंड (Smith, Keating and Stotland, 1989) ने एक अध्ययन किया जिसमें इस प्राक्कल्पना की जाँच की गयी। इस अध्ययन में सहभागियों (participants) को एक विडियो (video) दिखलाया गया जिसमें एक महिला छात्र को यह कहते हुए दिखलाया गया कि वह कॉलेज छोड़ देगी क्योंकि वह काफी व्यथित (distressed) तथा तनहा-तनहा महसूस करती है। सहभागियों के एक समूह को महिला छात्र से उनकी समानता बतलायी गयी ताकि उनमें उच्च परानुभूति (high empathy) उत्पन्न हो सके तथा सहभागियों के दूसरे समूह को महिला छात्र से उनकी असमानता (dissimilarity) बतलायी गयी ताकि इससे इनमें निम्न परानुभूति (low) उत्पन्न हो सके। विडियो देखने के बाद सहभागियों को उस महिला छात्र को मददपूर्ण राय (advice) देने का अवसर प्रदान किया गया। इन सहभागियों में से कुछ को यह कहा गया कि उनलोगों को दिये गए राय की प्रभावशीलता के बारे में उन्हें पुनर्निवेशित (feedback) किया जाएगा जबकि कुछ सहभागियों को यह कहा गया कि उनके द्वारा दिये गए राय का प्रभाव महिला छात्र के निर्णय पर क्या पड़ा, इसके बारे में कुछ भी उसे बतलाया नहीं जाएगा। परिणाम में देखा गया कि परानुभूति अकेले ही प्रसामाजिक व्यवहार या सहायतापरक व्यवहार उत्पन्न करने में पर्याप्त नहीं साधित हुआ परंतु जब सहभागियों में उच्च परानुभूति होने के साथ-ही-साथ उनके द्वारा दिये गए राय का पड़ने वाले प्रभाव के बारे में भी बतलाया गया, तो प्रसामाजिक व्यवहार अधिक मात्रा में होता पाया गया।

उपर्युक्त तीनों प्राक्कल्पनाओं/मॉडल द्वारा प्रसामाजिक व्यवहार के बारे में जो व्याख्या की गयी है, उनमें कुछ सामान्य बातें हैं जो इस प्रकार हैंः—

(i) तीनों तरह के प्राक्कल्पनाओं/मॉडल का पूर्वकल्पना यह है कि कोई व्यक्ति सहायतापरक व्यवहार इसलिए करता है क्योंकि ऐसा करना उसे अच्छा लगता है या फिर इससे वह बुरा अनुभव नहीं करता है।

(ii) इन तीनों प्राक्कलपनाओं द्वारा प्रसामाजिक व्यवहार की व्याख्या विशिष्ट अवस्थाओं (specific conditions) में ही होती है।

(4) जननिक-निर्धार्यता मॉडल *(Genetic deteminism model)*—इस मॉडल द्वारा प्रसामाजिक व्यवहार की व्याख्या एक सामान्य जैविक परिप्रेक्ष्य (biological perspective) में होता है। हमलोग प्रसामाजिक व्यवहार इसलिए करते हैं क्योंकि ऐसा करने के लिए कुछ ऐसे जीन्स (genes) हमारे शरीर में होते हैं जिसे व्यक्ति अपने माता-पिता से प्राप्त करता है। समाज मनोवैज्ञानिकों द्वारा यहाँ एक महत्त्वपूर्ण प्रश्न पर विचार किया गया है। प्रश्न है—क्या यह सम्भव है कि सहायतापरक व्यवहार अनुकूली (adaptive) हो सकता है? विभिन्न प्रजातियों (species) पर किये गए अध्ययनों से यह स्पष्ट हुआ है कि दो जीवों में जब अत्यधिक जननिक समानता (genetic similarity) होती है, तो बहुत सम्भावना इस बात की होती है कि जरूरत पड़ने पर एक जीव दूसरे जीव को मदद करेगा। इस तथ्य की सम्पुष्टि रिडली एवं डाकिन्स (Ridley & Dawkins, 1981) ने अपने अध्ययन के आधार पर किया है। क्रमविकासात्मक मनोवैज्ञानिकों ने इस घटना का वर्णन के लिए एक विशेष पद का प्रतिपादन किया है जिसे *'स्वार्थी जीन'* (selfish gene) की संज्ञा दिया है। रूशटन, रूस्सेल तथा वेल्स (Rushton, Russell & Wells, 1984) के अध्ययन के अनुसार यदि व्यक्तियों में समानता (similarity) अधिक होती है, तो इसका मतलब यह हुआ कि इन दोनों में सामान्य जीन्स (common genes) अधिक है। ऐसी स्थिति में यदि इसमें से एक व्यक्ति दूसरे व्यक्ति को मदद करता है, तो मदद करने वाले व्यक्ति के जीन्स का कुछ भाग सम्भवतः आगे के पीढ़ियों में जननिक परस्परव्यसन (genetic overlap) के कारण प्रतिनिधित्व पाता है। इस परिप्रेक्ष्य में तब यह कहा जा सकता है कि परोपकारिता से कोई जरूरी नहीं हैं कि मदद करनेवाला व्यक्ति को लाभ हो ही परंतु इसे अनुकूली (adaptive) इसलिए कहा जाता है क्योंकि अनुकूलन (adaptation) किसी व्यक्ति विशेष या उसके उत्पादक क्षमता (reproductive fitness) तक ही सीमित नहीं होता है बल्कि इसमें *समावेशित क्षमता* (inclusive fitness) भी सम्मिलित होता है। समावेशित क्षमता से तात्पर्य इस बात से होता है कि स्वाभाविक चयन (natural selection) न सिर्फ व्यक्तियों के लिए ही उपयुक्त होता है बल्कि इसमें वैसे व्यवहार भी सम्मिलित होते हैं जिनसे उन व्यक्तियों को लाभ पहुँचता है जिनके साथ हमलोगों का जीन्स सामान्य (common) होता है। इसे कभी-कभी *'संगोत्र चयन'* (kin selection) भी कहा जाता है। बर्नस्टीन, क्रैन्डल तथा किटयामा (Burnstein, Crandall & Kitayama, 1994) ने कई ऐसे शोध किये जिसमें इस बात का विशेष रूप से अध्ययन किया गया कि किसी आपातकालीन परिस्थिति में व्यक्ति किन व्यक्तियों की मदद करने के लिए चुनता है। परिणाम में देखा गया कि इस तरह का चयन का आधार जननिक समानता (genetic similarity) बतलाया गया अर्थात् व्यक्ति अपने निकट सम्बन्धियों को दूरस्थ सम्बन्धियों (distant relative) या अपरिचित की अपेक्षा मदद करने के लिए अधिक चुनने की इच्छा जाहिर किए। इतना ही नहीं, इनमें से कमसीन सम्बन्धियों को वृद्ध सम्बन्धियों की तुलना में अधिक मदद करने की उन्मुखता दिखलायी गयी क्योंकि इनमें उत्पादन क्षमता (reproductive ability) ज्यादा होती है।

स्पष्ट हुआ कि प्रसामाजिक व्यवहार करने के पीछे कई तरह के अभिप्रेरण होते हैं। फलतः उनकी अलग-अलग व्याख्या चार ढंग से की गयी है।

प्रसामाजिक व्यवहार के सिद्धान्त
(Theories of Prosocial behaviour)

प्रसामाजिक व्यवहार या सहायतापरक व्यवहार की व्याख्या सैद्धान्तिक संदर्श (theoretical perspective) में करने के लिए निम्नांकित पाँच तरह सिद्धान्तों का वर्णन किया गया है:—

(1) क्रमविकासवादी संदर्श (Evolutionary perspective)

(2) सामाजिक-सांस्कृतिक संदर्श (Socio-cultural perspective)

(3) अधिगम संदर्श (Learning perspective)

(4) निर्णयन-प्रक्रिया संदर्श (Decision-making perspective)

(5) गुणारोपण संदर्श (Attribution perspective)

इन पाँचों का वर्णन निम्नांकित हैः—

(1) क्रम विकासवादी संदर्श *(Evolutionary perspective)*—क्रमविकावादी वैज्ञानिकों (evalutionary scientists) तथा समाज-जैविक विज्ञानियों ने प्रसामाजिक व्यवहार की व्याख्या क्रमविकासवादी संदर्श में किया है जिसका एक झलक इसके पीछे के अनुच्छेद के जननिक-निर्धार्यता मॉडल (genetic-determinism model) में भी देखा जा सकता है। क्रमविकासवादी संदर्श में दूसरों की मदद करना मानव जननिक एवं क्रमविकासवादी दाय (human genetic evolutionary heritage) का एक अंश है। वैज्ञानिकों द्वारा पशुओं एवं मनुष्यों दोनों में ही सहायतापरक व्यवहार का अध्ययन किया गया है। चार्ल्स डारविन (Charles Darwin, 1871) ने यह बतलाया कि खरगोशों द्वारा अपने पिछले दोनों पैरों से आघात उत्पन्न करके दूसरे खरगोशों को परभक्षियों से बचने की चेतावनी देकर मदद की जाती है। उसी तरह से बैबून के कुछ प्रजातियों द्वारा विशेष तरह के व्यवहार करके अन्य वैबूनों को खतरे से बचाया जाता है। डालफिन्स (Dolphins) में भी ऐसी प्रवृत्ति पायी जाती है। मनुष्यों द्वारा भी अन्य व्यक्तियों को जो आपातकालीन परिस्थिति से घिरे होते हैं, मदद की जाती है। परंतु प्रायः देखा गया है कि एक व्यक्ति जितना अपने सम्बन्धियों (relatives) की मदद करता है उतना अन्य व्यक्तियों को नहीं।

अब प्रश्न उठता है कि क्रमविकासवादी संदर्श इन प्रसामाजिक व्यवहार की व्याख्या किस तरह से करता है? इस सिद्धान्त का मानना है कि कोई भी जननिक रूप से निर्धारित शीलगुण का उच्च उत्तरजीविता मूल्य (high survival value) होता है तथा ऐसे शीलगुण एक पीढ़ी से दूसरी पीढ़ी में अंतरित होते रहते हैं। जननिक रूप से निर्धारित शीलगुण (genetically determined trait) से तात्पर्य वैसे शीलगुण से होता है जिसे व्यक्ति अपने माता-पिता से जीन्स (genes) के माध्यम से प्राप्त करता है और फिर उस शीलगुण को वह अपने बच्चों में जीन्स के माध्यम से ही अंतरित (transfer) करता है। इस तरह से ऐसे शीलगुण एक पीढ़ी से दूसरी पीढ़ी में जीन्स के माध्यम से अंतरित होते रहते हैं। उत्तरजीवित मूल्य से तात्पर्य वैसे मूल्यों से होता है जो व्यक्ति को जीवित रहने में मदद करता है। दूसरों की मदद करने की प्रवृत्ति व्यक्ति के जीन्स के लिए उच्च उत्तरजीविता मूल्य का हो सकता है परंतु स्वयं व्यक्ति के लिए नहीं भी हो सकता है। फलतः यह प्रवृत्ति आसानी से ऐसे व्यक्ति के बच्चों में जीन्स के माध्यम से अंतरित हो जाता है। शायद यही कारण है कि व्यक्ति अपने निकट सम्बन्धियों (close relatives) को जिनमें समान जीन्स के वितरण का प्रतिशत ज्यादा होता है, को अन्य लोगों की अपेक्षा अधिक मदद करने की तत्परता दिखलाया है। अपने निकट सम्बन्धियों को मदद करके अगले पीढ़ियों के व्यक्ति के जीन्स की उत्तरजीविता को मजबूत कर देता है।

क्रमविकासवादियों द्वारा पारस्परिक परोपकारिता (reciprocal altruism) का भी जैविक आधार (biological basis) बतलाने की कोशिश किया है। पारस्परिक परोपकारिता में जब 'अ' 'ब' को मदद करता है तो 'ब' भी 'अ' को वैसा ही मदद करके एक पारस्परिक सम्बन्ध को दिखलाता है। इस सिद्धान्त के अनुसार दूसरों को मदद करने का सम्भावित कीमत (cost) दूसरों से मिलने वाली काफी मदद की सम्भावना से प्रतिसंतुलित हो जाती है, परंतु इस ढंग का पारस्परिक मदद का जो यह तंत्र (system) है, को कुछ ऐसे नकलबाजों (chaeater) से धक्का पहुँचता है जो मदद तो ले लेते हैं परंतु दूसरों को मदद देते नहीं है। इस ढंग की परिसिथति से निपटने के लिए स्वभाविक चयन (natural selection) के संप्रत्यय द्वारा एक विशेष तरह शील या स्ववृत्ति (disposition) जैसे दोषभाव (guilt feeding) तथा पारस्परिक मदद की प्रवृत्ति को सामाजिक तरीकों जैसे जो लोग सामाजिक मानक या नियम के अनुसार नहीं चलते हैं, को दंडित करने आदि का प्रावधान किया गया है। इस तरह से पारस्परिक परोपकारिता का भी एक जैविक आधार होता है।

क्रमविकासवादी सिद्धान्त द्वारा कुछ विशिष्ट पूर्वकथन (prediction) किया जाता है जो इस प्रकार है—

(i) मानव तथा पशु दोनों ही उन्हें ज्यादा मदद करेंगे जो उनसे जननिक रूप से (genetically) सम्बन्धित होते हैं। शायद यही कारण है कि किसी विपत्ति या आपातकालीन परिस्थिति में होने पर एक व्यक्ति पहले अपने रिश्तेदारों एवं निकट सम्बन्धियों को मदद करना चाहता है तब अन्य लोगों को।

(ii) माता-पिता स्वस्थ बच्चों (healthy children) के प्रति अस्वस्थ बच्चों की अपेक्षा अधिक परोपकारी ढंग से व्यवहार करेंगे क्योंकि अस्वस्थ बच्चों की उत्तरजीविता (survival) मूल्य काफी कम होता है।

(iii) माताएँ, पिता की तुलना में अपने संतान को अधिक मदद करेगी। इसके पीछे तर्क यह दिया गया है कि बहुत सारे प्रजातियों में पुरुषों में बहुत सारे संतान पैदा करने की जैविक अन्तःशक्ति (biological potential) होती

है जबकि स्त्रियों से ऐसी अन्तःशक्ति कुछ ही संतान पैदा करने तक सीमित रहता है। फलस्वरूप स्त्री प्रजातियाँ अपने प्रत्येक संतान को ज्यादा मदद करती है ताकि उनके अपने जीन्स की उत्तरजीविता (survival) को सुनिश्चित कर सके।

क्रमविकासवादी सिद्धान्त के विरुद्ध में कुछ तथ्यों का प्रेक्षण किया गया है। जैसे, डोविडियो तथा उनके सहयोगियों (Dovidio et. al., 1991) तथा वेबस्टर (Webster, 2003) ने अपने-अपने अध्ययनों से यह बतलाया है कि मनुष्यों पर किये गए अध्ययनों से इस सिद्धान्त के पूर्वकथनों को तो समर्थन मिलता है परंतु क्रमविकास (evolution) मात्र एकलौता ऐसा कारक नहीं है जो उसकी व्याख्या करता हो। बैटसन (Batson, 1998) का मत है कि यह दावा करना है कि दूसरों को मदद करना मानव स्वभाव का एक जननिक रूप से निर्धारित अंश (genetically determined part) है, एक विवादास्पद तथ्य है।

कुछ लोगों का यह भी कहना है कि व्यक्तियों में प्रसामाजिक व्यवहार के निर्धारण में सामाजिक कारक (social factors) जैविक कारकों से अधिक महत्त्वपूर्ण होता है। कैम्पबेल (Campbell, 1975) का दावा है कि जननिक कारकों द्वारा कुछ ही तरह के प्रसामाजिक व्यवहार जैसे माता-पिता द्वारा अपने संतान को मदद किया जाना या सम्बन्धियों (relatives) द्वारा एक-दूसरे को मदद किया जाय, की व्याख्या सम्भव है, अन्य सभी तरह के प्रसामाजिक व्यवहार की व्याख्या जननिक कारकों द्वारा सम्भव नहीं है।

इन आलोचनाओं के बावजूद क्रम विकासवादी विचारधारा प्रसामाजिक व्यवहार का एक महत्त्वपूर्ण व्याख्या माना गया है।

2. सामाजिक-सांस्कृतिक संदर्श *(Socio-cultural perspective)*—इस सिद्धांत के अनुसार व्यक्ति किसी दूसरे व्यक्ति को मदद मन में कुछ परिकलन (calculation) करके नहीं करता है बल्कि सामाजिक मानक (social norms) के कारण करता है। सामाजिक मानक में सामाजिक प्रत्याशाएँ (social expectations), सामाजिक मूल्य (social values) तथा सामाजिक रीति-रिवाज आते हैं जो व्यक्ति को यह बतलाता है कि उसे क्या करना चाहिए और क्या नहीं करना चाहिए। सहायतापरक व्यवहार व्यक्ति इसलिए करता है क्योंकि समाजीकरण (socializaiton) के दौरान उसे सीखलाया गया होता है कि हमें दूसरों की भरसक मदद करनी चाहिए। इस क्षेत्र में किये गये अध्ययनों से यह स्पष्ट हो गया है कि तीन तरह के सामाजिक मानक होते हैं जिनसे परोपकारी व्यवहार या सहायतापरक व्यवहार की व्याख्या होता है—

(i) सामाजिक उत्तरदायित्व मानक (Social responsibility norms)

(ii) पारस्परिकता मानक (Reciprocity norms)

(iii) सामाजिक न्याय का मानक (Norms of social justice)

(i) सामाजिक उत्तरदायित्व मानक के अनुसार प्रत्येक समाज में प्रत्येक व्यक्ति का कुछ सामाजिक दायित्व होता है जिसके कारण यह असहाय, निर्बल तथा किसी प्रकार से दूसरों पर आश्रित लोगों की मदद करता है। अतः इस मानक के अनुसार समाज में दूसरों की मदद करना एक दायित्व समझा जाता है। इसी सामाजिक दायित्व के कारण लोग बिना किसी पुरस्कार या लाभ की उम्मीद किये ही असहाय लोगों की सहायता करते हैं। बर्कोविज (Berkowitz, 1972) ने आश्रित लोगों की सहायता में सामाजिक दायित्व के महत्त्व का विस्तृत अध्ययन किया है। बर्कोविज तथा डैनियल्स (Berkowitz & Daniels, 1963) ने इस सिलसिले में एक महत्त्वपूर्ण अध्ययन किया है। इस अध्ययन का वर्णन इसी अध्याय में पहले किया जा चुका है। इस अध्ययन के परिणाम में यह देखा गया कि उच्चतम निर्भरता (highest dependency) की अवस्था में जहाँ पर्यवेक्षक (supervisor) को इनाम मिलना कार्यकर्त्ता द्वारा किये गये कार्य के परिणाम पर आधारित थे, कार्यकर्त्ता ने अधिक कागज बक्स बनाये। इस अध्ययन से यह स्पष्ट हो जाता है कि जब एक व्यक्ति का दूसरे व्यक्ति पर निर्भरता होता है, तो व्यक्ति अपना सामाजिक दायित्व समझकर उसे अधिक मदद करने के लिए तत्पर हो जाता है। कुछ अध्ययनों से यह स्पष्ट हुआ है कि सहायतापरक व्यवहार का होना निर्भरता के कारण पर भी आधारित होता है। जैसे—पिलियाविन, रोडीन एवं पिलयाविन (Piliavin, Rodin & Piliavin, 1969) ने अपने अध्ययन में पाया कि जब दूसरों पर मदद के लिए आश्रित होने का कारण कुछ ऐसे तथ्य या घटना होती है जिस पर मदद प्राप्तिकर्त्ता का कोई नियंत्रण नहीं रहता है, तो ऐसी परिस्थिति में 95% केसेज में लोग खुलकर मदद करने के लिए तैयार

हो जाते हैं परंतु यदि मदद का कारण कुछ ऐसे तथ्य या घटना होती है जो मदद प्राप्तिकर्त्ता के नियंत्रण में होता है, तो ऐसी परिस्थिति में 50% केसेज से अधिक लोग मदद के लिए तैयार नहीं होते हैं। बर्कोविज (Berkowitz, 1969) ने भी अपने अध्ययन में इस तथ्य की संपुष्टि किया है। इन लोगों के अध्ययन के आधार पर तब यह भी निष्कर्ष निकलता है कि निर्भरता के प्रत्येक स्थिति में सामाजिक उत्तरदायित्व (social responsibilities) के मानक को सहायतापरक व्यवहार के आधार नहीं माना जा सकता है। सामाजिक दायित्व के मानक के आधार पर सहायतापरक व्यवहार की व्याख्या करने में एक-दूसरी कठिनाई यह उत्पन्न होती है कि एक ही समाज में पुरुषों एवं महिलाओं के सहायतापरक व्यवहार में काफी विभिन्नता पायी जाती है हालाँकि दोनों के लिए निर्भर लोगों की सहायता के लिए एक समान मानक होते हैं।

इन सीमाओं के कारण सहायतापरक व्यवहार की व्याख्या में सामाजिक दायित्व मानक का उपयोग सभी परिस्थितियों में नहीं किया जा सकता है परंतु उससे उसके महत्त्व पर कोई आँच नहीं आती है।

(ii) पारस्परिकता का मानक (reciprocity norms) दूसरा महत्त्वपूर्ण मानक है जिससे सहायतापरक व्यवहार की व्याख्या होती है। इस मानक के अनुसार व्यक्ति उन लोगों की मदद करता है जो उनकी मदद किये होते हैं। इस तरह से व्यक्ति दूसरे द्वारा किये गये मदद को एक दिन उसके प्रति परोपकारी व्यवहार दिखलाकर लौटा देता है। गाउल्डनर (Gouldner, 1960) ने यह विचार व्यक्त किया है कि कोई व्यक्ति उसी व्यक्ति को मदद करता है जिससे उसे पहले मदद मिल चुका होता है या कोई व्यक्ति उस व्यक्ति को हानि नहीं पहुँचाता है जिसके व्यवहार से उसको किसी प्रकार की हानि नहीं हुई होती है। इसका मतलब तब यह भी हुआ कि कोई व्यक्ति उस व्यक्ति के प्रति सहायतापरक व्यवहार नहीं प्रदर्शित करता है जिसने उसे सहायता देना अस्वीकार कर दिया हो। विल्की तथा लैजेट (Wilke & Lanzett, 1970) ने अपने अध्ययन से इस तथ्य की सम्पुष्टि किया है। इस अध्ययन में इन लोगों ने यह पाया कि एक व्यक्ति द्वारा दूसरों की मदद करना स्पष्टतः इस तथ्य पर आधारित होता है कि पहले उस व्यक्ति को उस दूसरे व्यक्ति ने कितना मदद किया है और अगर उसे पहले अधिक मदद मिल चुका होता है, तो वह भी सहायतापरक व्यवहार दिखलाकर उरा मदद रूपी कर्ज को लौटा देता है।

पारस्परिकता मानक के आधार पर होनेवाले व्यवहारों को प्रभावित करने वाले कुछ अन्य कारक भी हैं जिन पर इस सिद्धांत में प्रकाश डाला गया है। वार्केल तथा उनके सहयोगियों (Warchel et al. 1976) ने अपने अध्ययन में पाये हैं कि मददकर्त्ता द्वारा किये गये व्यवहार के मूल में मदद प्राप्त करने वाला व्यक्ति यदि कोई उसका छिपा निहित स्वार्थ या उद्देश्य का प्रत्यक्षण करता है, तो ऐसे व्यक्ति को भविष्य में मदद प्राप्ति करनेवाला व्यक्ति अधिक मात्रा में सहायतापरक व्यवहार नहीं दिखलाता है। उसी तरह फ्रेजर तथा फूटीटोमी (Fraser & Footitomi, 1972) ने अपने प्रयोग में यह दिखलाया है कि अधिक दबाव अथवा प्रतिफल में सहायता प्राप्त करने के उद्देश्य से प्रस्तुत किये गये सहायतापरक व्यवहारों के प्रति भी भविष्य में होने वाले सहायतापरक व्यवहार की मात्रा कम हो जाती है।

(iii) मानव समाज सामाजिक न्याय का मानक भी विकसित करता है जिससे तात्पर्य औचित्य (fairness) तथा संसाधनों (resources) का उचित वितरण से होता है। एक सामान्य औचित्य नियम *समदृष्टि* (equity) का है। इस नियम के अनुसार दो व्यक्ति जो किसी कार्य को पूरा करने में समान योगदान करते हैं, को समान पुरस्कार (equal reward) मिलना चाहिए। अगर किसी एक को दूसरे की अपेक्षा ज्यादा मिल जाता है, तो दोनों पर समान वितरण करने का दवाब उत्पन्न हो जाता है। जिस व्यक्ति को कम पुरस्कार मिलता है, उसमें कुछ तनाव बना होता है। सबसे मनोरंजक परिणाम यहाँ यह रहा है कि जिस व्यक्ति को अधिक पुरस्कार मिलता है, वह उस पुरस्कार में से कुछ दूसरे व्यक्ति जिसे कम पुरस्कार मिला होता है, दे देता है ताकि परिस्थिति में समदृष्टि (equity) बना रहे। यहाँ तक कि तीसरा व्यक्ति जो इस तरह का अयुक्तिसंगत परिस्थिति को देखने पर अपनी ओर से कम इनाम पाने वाले व्यक्ति को कुछ देकर विशेष मदद करता है ताकि परिस्थिति में समदृष्टि बना रहे। अक्सर व्यक्ति बाढ़ पीड़ितों या अन्य आपातकालीन परिस्थिति से पीड़ित व्यक्तियों को कुछ धन देकर मदद करते हैं जो स्पष्टतः सामाजिक न्याय के मानक के प्रति अनुपालन का एक उदाहरण है।

कई अध्ययन ऐसे किये गए हैं जिनके परिणाम में यह देखा गया है कि अधिक लाभ या पुरस्कार पाने वाला व्यक्ति अपने पुरस्कार या लाभ में से कुछ दूसरे को जिसे कम पुरस्कार या लाभ प्राप्त होता है, देकर उसकी मदद करता है तथा परिस्थिति में समदृष्टि कायम करता है। वर्स्टीड तथा वालस्टर (Berscheid & Walster, 1967) ने कई अध्ययन करके इस तथ्य की सम्पुष्टि किया है। इनके शोधों में प्रयोज्यों ने एक खेल (game) खेला जिसमें एक व्यक्ति बहुत सारा धन

हार गया जबकि दूसरा सहयोगी बहुत धन जीत गया। खेल खत्म होने के बाद जीतने वाला व्यक्ति को यह मौका दिया गया कि वह हारने वाले अपने सहयोगियों को चाहे तो कुछ धन देकर उसे मदद करे। परिणाम में देखा गया कि जीतने वाले व्यक्ति में कुछ धन हारने वाले सहयोगी को देने की तीव्र लालसा थी हालांकि उस व्यक्ति ने पूरे वैधानिक तरीके से खेल में धन जीता था। यह भी पाया गया कि जब दोनों सहयोगियों द्वारा समान मात्रा में धन जीता जाता था, तो कोई एक-दूसरे को धन देकर मदद नहीं करता था। स्कमिट्ट तथा मारवेल्ल (Schmitt & Marwell, 1972) ने एक दूसरा अध्ययन किया जिसमें यह पाया गया अधिक लाभान्वित व्यक्ति कम लाभान्वित व्यक्ति को कुछ धन देकर मदद करने की पेशकश जब करता है तो पुरस्कार को सात्विक या न्याय संगत (equitable) बनाया जा सकता है।

स्पष्ट हुआ कि तीनों मानक (norms) अर्थात् सामाजिक उत्तरदायित्व (social responsibility) *पारस्परिकता* (reciprocity) तथा सामाजिक न्याय (social justice) द्वारा प्रसामाजिक व्यवहार को समझने का एक सांस्कृतिक आधार (cultural basis) प्रदान किया जाता है। समाजीकरण की प्रक्रिया द्वारा व्यक्ति इन नियमों (rules) को सीखता है और उनके दिशानिर्देश के अनुरूप प्रसामाजिक व्यवहार (prosocial behaviour) करता है। व्यक्ति अपने सम्बन्धियों (relatives) तथा दोस्तों को अपरिचितों (stranger) की तुलना में अधिक मदद इसलिए करता है क्योंकि ऐसा करने का एक सामाजिक मानक (social norms) ही होता है। जो व्यक्ति हमारे निकट सम्बन्धी या दोस्त हैं, उनकी मदद का उत्तरदायित्व (responsibility) हम ज्यादा महसूस करते हैं और साथ-ही-साथ यह भी मानते हैं कि अगर जरूरत हुआ तो वे हमें मदद भी करेंगे।

क्रॉस सांस्कृतिक अध्ययनों से यह स्पष्ट हुआ है कि करीब-करीब सभी सांस्कृतियों में दूसरों की मदद करने का एक मानक होता है परंतु 'किसे' मदद किया जाय तथा 'कब' मदद किया जाय, इस सम्बन्ध में एक संस्कृति से दूसरे संस्कृति में पर्याप्त भिन्नता है। जोन मिल्लर (Joan Miller, 1994) ने एक महत्त्वपूर्ण कार्य इस दिशा में किया है। यह महिला मनोवैज्ञानिक ने भारत के हिन्दुओं के सामाजिक उत्तरदायित्व (social responsibility) में विश्वास की तुलना अमेरीकन के सामाजिक उत्तरदायित्व में विश्वास से किया। हिन्दू संस्कृति में जैसा कि हम जानते हैं, लोगों में अन्तर सहसम्बन्धता (interconnectedness) तथा सामाजिक समूह के प्रति व्यक्ति का आभार अधिक होता है। दूसरे तरफ, अमेरीकन संस्कृति में व्यक्तिवाद(individualism)तथा आत्म-निर्भरता(self-reliance)पर अधिक बल डाला जाता है। इसके परिणामस्वरूप मिल्लर का ऐसा विश्वास था कि अमेरीकन लोग दूसरे व्यक्ति को मदद करने का निर्णय अपने व्यक्तिगत पसंदगी(personal choice) के फलस्वरूप करते हैं जबकि हिन्दुओं द्वारा दूसरों की मदद करने का निर्णय उनके नैतिक आधार तथा कर्त्तव्य (duty) से जुड़ा हुआ होता है। मिल्लर बरसोफ तथा हारवुड (Miller, Devsoff & Harwood, 1990) ने इस तरह के क्रास सांस्कृतिक विभिन्नता का प्रसामाजिक व्यवहार पर पड़ने वाले प्रभाव का अध्ययन किया। इस अध्ययन में 180 अमेरीकन तथा 180 हिन्दुओं द्वारा जरूरतमंद व्यक्तियों की आवश्यकताओं से सम्बन्धित कहानियों का मूल्यांकन किया गया। इस कहानी में जरूरतमन्द व्यक्तियों के दो तरह की समस्याएँ थीं—साधारण समस्या तथा काफी गम्भीर समस्या जिसमें उन्हें मदद की जरूरत पड़ती थी। कहानियों में मददकर्त्ता (helper) तथा मदद प्राप्तकर्त्ता के बीच के सम्बन्ध भी भिन्न-भिन्न थे। जैसे, कुछ अपरिचित थे, कुछ दोस्त थे, कुछ माता-पिता थे तथा कुछ एक छोटा बच्चा था। परिणाम में देखा गया कि जब पीड़ित या मदद प्राप्ति की समस्या गम्भीर होती थी, तो हिन्दू और अमेरीकन दोनों में यह विश्वास व्यक्त किया कि अपरिचित होने पर भी उनका मदद किया जाना चाहिए। परंतु जब समस्या साधारण थी, तो हिन्दुओं द्वारा अमेरिकन की तुलना में अपना एक नैतिक आभार मानकर अधिक मदद करने का विश्वास दिखलाया गया। जैसे, 88 प्रतिशत हिन्दुओं ने यह मत जाहिर किया कि पीड़ित को अपरिचित होने पर भी जरूरत पड़ने पर उसे साधारण समस्या से घिरे होने के बावजूद मदद करना उनकी नैतिक जिम्मेवारी है परंतु मात्र 41 प्रतिशत अमेरीकन ने ऐसा विचार व्यक्त किया।

स्पष्ट हुआ कि प्रसामाजिक व्यवहार की व्याख्या सामाजिक-सांस्कृतिक संदर्भ में भी उत्तम ढंग से की जाती है।

3. अधिगम संदर्श *(Learning Perspective)*

बैटसोन (Batson, 1998) अधिगम संदर्श के पक्षधर हैं और इन्होंने प्रसामाजिक व्यवहार में अधिगम के महत्त्व को स्वीकार किया है। एक व्यक्ति दूसरे व्यक्ति को मदद करना समाज में सीखता है। इस संदर्श के समर्थकों का कहना है कि इस तरह से प्रसामाजिक व्यवहार को सीखने में *पुनर्वलन* (reinforcement) तथा *प्रेक्षाणात्मक अधिगम* (observational learning) का विशेष महत्त्व है जिसपर प्रकाश डालना यहाँ उचित है।

(i) पुनर्वलन *(Reinformcement)*—कई अध्ययनों से इस तथ्य की सम्पुष्टि हुई है कि बच्चे दूसरे बच्चों को मदद या उसके साथ सहभागिता तब अधिक दिखलाते हैं जब वे अपने द्वारा किये गए प्रसामाजिक व्यवहार के लिए पुरस्कृत किये जाते हैं। फिशर (Fischer, 1963) ने चार साल के बच्चों पर एक अध्ययन किया और पाया कि ऐसे बच्चे संगमरमर के टुकड़ों के साथ खेलते समय दूसरे बच्चों को भी वैसे टुकड़े देकर खेलने में तब मदद अधिक किये जब उन्हें इस कार्य के लिए मनपसंद टॉफी दिया गया था। इस क्षेत्र में अन्य किये गए शोधों से यह स्पष्ट हुआ है कि विशेष तरह की प्रशंसा (praise) अन्य दूसरे तरह की प्रशंसा की तुलना में प्रसामाजिक व्यवहार को करने में अधिक प्रोत्साहन प्रदान करता है। जैसे मिल्लस एवं ग्रुसेक (Mills & Grusec, 1989) ने 8 से 9 साल के बच्चों पर एक अध्ययन किया जिसमें कुछ बच्चों ने दूसरे बच्चे विशेषकर गरीब बच्चों को खेल में मदद किया। इसके बाद ऐसे बच्चों को सहायतापरक व्यवहार के लिए दो तरह की प्रशंसा की गयी। एक परिस्थिति चित्तवृत्तिक प्रशंसा अवस्था (dispositional praise condition) की थी जिसमें उनमें दूसरों की मदद करने के शीलगुण की प्रशंसा की गयी तथा दूसरी परिस्थिति सामान्य प्रशंसा अवस्था (general praise condition) की थी जिसमें शोधकर्त्ताओं द्वारा बच्चों के व्यवहार न कि उसके व्यक्तित्व शीलगुण की प्रशंसा की गयी। इसके बाद फिर इन सभी बच्चों को साथ खेलने के लिए छोड़ दिया गया और ऐसा अनुरोध किया गया कि वे चाहे तो गरीब बच्चों को खेल में मदद कर सकते हैं। परिणाम में देखा गया कि जिन बच्चों को चित्तवृत्तिक अवस्था में प्रशंसा की गयी थी, ने गरीब बच्चों को उन बच्चों की अपेक्षा जिनकी प्रशंसा सामान्य प्रशंसा अवस्था में की गयी थी, अधिक मदद किये। शोधकर्त्ताओं के अनुसार इसका कारण यह था कि चित्तवृत्तिक अवस्था में प्रशंसा किये जाने का मतलब बच्चों द्वारा यह समझा गया कि मदद करना उनके व्यक्तित्व शीलगुण का एक अंश है।

(ii) प्रेक्षणात्मक अधिगम *(Observational learning)*—किये गए शोधों से यह स्पष्ट हुआ है कि जब व्यक्ति किसी प्रसामाजिक मॉडल (prosocial model) के व्यवहार का प्रेक्षण करता है, तो वह उसी के अनुरूप व्यवहार करने को तत्पर होता है। जैसे, स्प्राफकिन, लाइबर्ट तथा पौलोस (Sprafkin, Heibert & Poulos, 1975) ने एक अध्ययन किया जिसमें बच्चों के दो समूह को दूरदर्शन पर फिल्म दिखलाया गया। बच्चों के एक समूह को ऐसा फिल्म दिखलाया गया जिसमें कुछ लोग कुत्ते के बच्चों को एक गड्ढे में से निकालने में एक-दूसरे को मदद करते दिखलाये गए थे। बच्चों के दूसरा समूह को जो फिल्म दिखलाया गया उसमें कोई ऐसा प्रसामाजिक मॉडल (prosocial model) को नहीं दिखलाया गया था। इसके बाद इन दोनों तरह के बच्चों को एक ऐसी परिस्थिति में रखा गया जिसमें उन्हें कुत्ते के कुछ बच्चों को मुसीबत में होने के कारण उन्हें मदद करना था। परिणाम में देखा गया कि जिन बच्चों ने दूरदर्शन पर प्रसामाजिक मॉडल को देखा था, उन्होंने कुत्ते के बच्चों को मुसीबत में से निकालने में अधिक मदद किया जबकि जिन बच्चों ने ऐसा प्रसामाजिक मॉडल नहीं देखा था, उनलोगों ने कुत्ते के बच्चों की मदद कम किया। इस अध्ययन से यह स्पष्ट हो जाता है कि प्रेक्षणात्मक अधिगम से भी प्रसामाजिक व्यवहार करने की प्रेरणा मिलती है। रूशटन तथा टीचमैन (Rushton & Teachman, 1978) ने एक अध्ययन किया जिसमें प्रसामाजिक व्यवहार पर मॉडलिंग तथा पुनर्वलन (reinforcement) के संयुक्त प्रभाव को दिखलाया गया है। इस अध्ययन में एक वयस्क ने कुछ बच्चों को कुछ ऐसे प्रतीक (tokens) को वॉवी (Bobby) नाम का अनाथ बच्चा को देकर मदद करने के लिए कहा जिसे वे किसी खेल में जीते थे। इस अध्ययन में कुछ बच्चों को ऐसा करने पर प्रशंसा की गयी, कुछ बच्चों की आलोचना की गयी तथा कुछ बच्चों को न तो प्रशंसा की गयी और न ही आलोचना अर्थात् इन्हें किसी तरह का कोई पुनर्वलन (reinforcement) नहीं दिया गया। इन बच्चों को फिर तुरंत और दो सप्ताह बाद वॉवी की मदद करने का अवसर प्रदान किया गया। परिणाम में पाया गया कि जिन बच्चों की प्रशंसा की गयी थी, उन लोगों ने वॉवी को अधिक प्रतीक दिये तथा जिन बच्चों की निन्दा की गयी थी, उसने वॉवी को कम प्रतीक दिये। इस अध्ययन से पुनर्वलन तथा मॉडलिंग का प्रसामाजिक व्यवहार पर पड़ने वाले प्रभाव का स्पष्ट पता चलता है।

4. निर्णयन-प्रक्रिया संदर्श *(Decision-making perspective)*

निर्णयन-प्रक्रिया संदर्श में एक व्यक्ति किसी दूसरे व्यक्ति की मदद तब करता है जब वह काफी सोच-समझकर ऐसा निर्णय लेता है। इस संदर्श के अनुसार एक व्यक्ति दूसरे व्यक्ति को मुसीबत में पड़े देखकर मदद करने का जो निर्णय लेता है, उसमें मूलतः निम्नांकित चार कदम (steps) सम्मिलित होते हैं जो इस प्रकार है:—

(i) मदद करने की आवश्यकता का प्रत्यक्षण *(Perceiving a need to help)*—निर्णयन प्रक्रिया संदर्श की यह पहली अवस्था है जिसमें मददकर्त्ता यह साफ-साफ प्रत्यक्षण करता है कि अमुक प्राणी संकट से घिरा हुआ है, अतः

उसे मदद की आवश्यकता है। कभी-कभी तो ऐसी आवश्यकता तो बिल्कुल ही स्पष्ट होती है। जैसे, सड़क पर कोई व्यक्ति ट्रक या कार से कुचलकर घायल हो जाता है, तो उसे तुरंत मेडिकल मदद की आवश्यकता होती है और ऐसी परिस्थिति में उसे तुरंत मदद मिल जाती है। परंतु कभी-कभी परिस्थिति अस्पष्ट होती है जैसे रात में किसी की चीख की आवाज एकाध बार सुनायी देता है, तो व्यक्ति परिस्थिति की स्पष्टता को ठीक ढंग से समझ नहीं पाता है। फलतः ऐसी परिस्थिति में मदद नहीं भी मिल सकती है। क्लार्क तथा वुड (Clark & Wood, 1972) ने एक अध्ययन करके इस तथ्य की सम्पुष्टि किया है। इस अध्ययन के परिणाम में यह स्पष्ट रूप से पाया गया कि जब छात्रों द्वारा एक स्पष्ट आपातकालीन परिस्थिति का प्रत्यक्षण किया गया जैसे बिजली के पोल से मैकेनिक का जमीन पर गिर जाना आदि, तो वे सभी उसकी मदद में लग गये। परंतु जब छात्रों ने किसी अस्पष्ट आपातकालीन परिस्थिति जैसे किसी के गिरने की आवाज परंतु उसके साथ किसी प्रकार की कोई चीख नहीं, तो सिर्फ 30 प्रतिशत छात्रों ने ही मदद करने के लिए आगे आये।

अब प्रश्न यह उठता है कि लोग किस ढंग का संकेत का उपयोग करके यह निर्णय लेते हैं कि परिस्थिति आपातकालीन (emergency) है? शोटलैंड एवं हस्टन (Shotland & Huston, 1979) ने किसी घटना की पाँच ऐसी विशेषताओं का वर्णन किया है जिसके आधार पर व्यक्ति यह निर्णय करता है कि परिस्थिति आपातकालीन है या नहीं? ये पाँचों विशेषताएँ निम्नांकित हैः—

(a) जब कुछ अचानक एवं अप्रत्याशित ढंग से घटित होता है।

(b) पीड़ित को हानि पहुँचने का स्पष्ट प्रत्यक्षण हो।

(c) पीड़ित को पहुँचने वाला हानि का स्वरूप समय बीतने के साथ अधिक एवं गम्भीर होने की सम्भावना हो।

(d) पीड़ित असहाय हो तथा उसे बाहरी मदद की आवश्यकता हो।

(e) कुछ प्रभावी हस्तक्षेप (effective intervention) की सम्भावना हो।

इन संकेतों के आधार पर सामान्यतः व्यक्ति द्वारा यह निर्णय किया जाता है कि परिस्थिति आपातकालीन है या नहीं। अध्ययनों से यह भी स्पष्ट हुआ है कि व्यक्ति परिस्थिति की व्याख्या किस ढंग से करता है क्योंकि उसके इस व्याख्या पर भी मदद करने या न करने का निर्णय निर्भर होता है। शौटलैंड एवं स्ट्रॉ (Shotland & Straw, 1976) ने एक अध्ययन कर इस तथ्य की सम्पुष्टि किया है। इस अध्ययन में छात्रों के समूह को समरूप लड़ाई का दृश्य से उत्पन्न आवाज को उस समय सुनने का मौका दिया गया, जब वे एक मनोवृत्ति प्रश्नावली भर रहे थे। सचमुच में यह लड़ाई का दृश्य एक चरण था। एक दृश्य से एक महिला यह कहते हुए सुनी गयी कि 'मैं यह नहीं समझ पायी हूँ कि मैंने क्यों तुमसे शादी की है' तथा दूसरे दृश्य में महिला यह कहती सुनी गयी कि ''मैं तुम्हें नहीं जानती हूँ।'' पहली अवस्था की व्याख्या छात्रों ने पति-पत्नी के बीच का मामला समझकर मात्र 19 प्रतिशत लोग ही उस महिला को मदद करने के लिए आगे आये जबकि दूसरी अवस्था में महिला को अपरिचित द्वारा छेड़-छाड़ किये जाने के रूप में व्याख्या की गयी। फलतः 65 प्रतिशत छात्रों द्वारा मदद की पेशकश की गयी। स्पष्ट हुआ कि एक ही परिस्थिति की जब व्याख्या भिन्न-भिन्न होती है, तो उससे मदद किये जाने का स्वरूप भी बदल जाता है।

(ii) व्यक्तिगत उत्तरदायित्व लेना *(Taking personal responsibility)*—सहायतापरक व्यवहार या प्रसामाजिक व्यवहार के होने में दूसरा चरण व्यक्तिगत उत्तरदायित्व स्वीकार करना है। अगर परिस्थिति ऐसी है जिसमें मददकर्त्ता ने मदद करने के लिए व्यक्तिगत उत्तरदायित्व को स्वीकारा है, तो स्पष्टतः वह खुले मन से व्यक्ति को मदद करता है। परंतु यदि ऐसी जवाबदेही मददकर्त्ता पर नहीं है, तो वह मदद करने की उत्सुकता नहीं दिखलाता है। इस तथ्य की सम्पुष्टि *मोरियारिटी* (Moriarity, 1975) ने अपने अध्ययन के आधार पर किया है। इस अध्ययन में एक महिला समुन्द्र के घाट पर आकर प्रयोगकर्त्ता के सहयोगी के बगल में चादर बिछाकर अपना सामान जैसे रेडियो आदि रखती है और तैरने के लिए समुन्द्र में चली जाती है। दूसरी अवस्था में महिला समुन्द्र में तैरने जाने के पहले अपने बगल के व्यक्ति (सहयोगी) से यह प्रार्थना करती है कि वह तैरने जा रही है आप उनका सामान का देखभाल करेंगे। परिणाम में देखा गया कि जब कुछ अज्ञात व्यक्ति द्वारा उसके रेडियो को उठाकर ले जाया जाने लगा, तो पहली अवस्था में सहयोगी ने अपनी ओर से रोकने के लिए कुछ नहीं किया। परंतु, दूसरी अवस्था में चूँकि व्यक्ति में महिला के सामान का देख-रेख की जवाबदेही व्यक्तिगत रूप से उस पर थी, अतः उसके सामान की रक्षा करके महिला को अधिक मदद किया गया। स्पष्ट होता है

जब व्यक्ति किसी की मदद करने का व्यक्तिगत उत्तरदायित्व अपने ऊपर लेता है, तो वह दूसरों की मदद अधिक करता है। कुछ अध्ययन से यह स्पष्ट हुआ है कि प्रत्यक्षित उत्तरदायित्व (perceived responsibility) व्यक्ति की सामर्थ्यता (competence) से प्रभावित होता है। अगर व्यक्ति में मदद करने से सम्बन्धित पर्याप्त सामर्थ्यता होती है, तो वह किसी व्यक्ति को तुलनात्मक रूप से अधिक मदद करता है। इस तथ्य की सम्पुष्टि क्लार्क तथा वार्ड (Clark & Ward, 1974) के अध्ययन से हुआ है। इनके अध्ययन में प्रयोग के सहभागियों ने यह देखा कि खराब रख-रखाव के कारण किसी वैद्युतीय उपकरण से एक व्यक्ति को आघात (shock) लग गया। ऐसा देखा गया कि इन सहभागियों में से जिन्हें वैद्युतीय उपकरण की जटिलता को समझने का औपचारिक प्रशिक्षण था, उनलोगों ने उन सहभागियों की अपेक्षा जिन्हें इस ढंग का प्रशिक्षण नहीं प्राप्त था, अधिक मदद किया।

(iii) लाभ तथा कीमत का आकलन करना *(Weighing the benefits and costs)*—निर्णयन प्रक्रिया संदर्श का तीसरा चरण यह बतलाता है कि किसी व्यक्ति को मदद करना इस बात के आकलन पर भी निर्भर करता है कि उससे उसे सम्भावित कितना लाभ या हानि अर्थात् उसकी कीमत चुकानी पड़ेगी। यदि वह यह समझता है कि किसी को मदद करने से उसे न मदद करने की तुलना में अधिक लाभ होगा, तो वह किसी व्यक्ति को अधिक मदद करता है। इस तरह से मदद करने के व्यवहार के सम्भावित लाभ से व्यक्ति का निर्णय प्रभावित होता है। डोविडियो तथा उनके सहयोगियों (Dovidio et. al., 1991) ने सहायतापरक के इस मॉडल का अपने अध्ययन से समर्थन प्रदान किया है।

(iv) किस तरह से मदद की जाय, का निर्णय करना तथा उसे क्रियान्वयन करना *(Deciding how to help and take action and execute them)*—सबसे अन्त में यह निर्णय किया जाता है कि किस तरह की मदद की जाती है और तब उसी के अनुरूप व्यवहार किया जाता है। यदि परिस्थिति आपातकालीन है तथा पीड़ित (victim) स्वयं काफी कष्ट में होता है, तो सभी तरह की मदद उसे तुरंत दी जाती है, परंतु यदि परिस्थिति ठीक इसके विपरीत है, तो लोग काफी सोच-समझकर मदद देने का निर्णय लेते हैं और कभी-कभी तो व्यक्ति से ऐसा करने में कुछ गलतियाँ भी हो जाती हैं।

निर्णय प्रक्रिया संदर्श (decision-making perspective) के विश्लेषण पर विचार करने से यह स्पष्ट हो जाता है कि जब व्यक्ति किसी अन्य व्यक्ति को मदद नहीं कर पाता है, तो इसके कई कारण हो सकते हैं जिसमें निम्नांकित विशेष रूप से महत्त्वपूर्ण हो सकते हैं—

(i) व्यक्ति यह नहीं प्रत्यक्षण कर सकता है कि सचमुच में जिसे मदद चाहिए, उसके पास कोई समस्या है या उसके समस्या को वह तुच्छ समझकर मदद की विचार को त्याग दे सकता है।

(ii) व्यक्ति को मदद करने की आवश्यकता महसूस हो सकती है परंतु वह व्यक्तिगत रूप से अपने आप को इसके लिए उत्तरदायी नहीं मान सकता है।

(iii) व्यक्ति को ऐसा विश्वास हो सकता है कि मदद या सहायता करने की कीमत जरूरत से ज्यादा है।

(iv) व्यक्ति मदद तो करना चाहता हो परंतु असमर्थ हो, या फिर उसे पकड़े जाने का भय सताता हो, आदि।

5. गुणारोपण संदर्श *(Attribution Perspective)*

व्यक्ति किसी दूसरे व्यक्ति को मदद करने का निर्णय इस तथ्य पर भी आधारित करता है कि वह जिस कारण से संकट में घिरा है, वह उसके नियंत्रण में था या उसके नियंत्रण से बाहर था। यदि वह यह समझता है कि पीड़ित के संकट का कारण उसके नियंत्रण से बाहर था, तो मदद करनेवाला व्यक्ति में सहानुभूति एवं दया उत्पन्न होती है, और उसे खुलकर मदद करता है। परंतु, यदि मदद करने वाला व्यक्ति पीड़ित के संकट का कारण उसके नियंत्रण में होते पाता है जिस पर वह ध्यान नहीं दिया, तो ऐसी स्थिति में मदद करने वाले व्यक्ति में क्रोध, परिहार (avoidance) तथा तिरस्कार का भाव उत्पन्न होता है और फिर तब वह उसकी मदद नहीं करता है। इस तरह की व्याख्या का समर्थन मेयर तथा मुलहीरिन (Meyer & Mulherin, 1980) ने अपने प्रयोग से किया है। इस अध्ययन में यह देखा गया कि कॉलेज छात्रों द्वारा किसी परिचित को मुद्रा (money) उसके बीमार पड़ने की स्थिति में देने के लिए तैयार थे परंतु यदि वे यह समझते थे कि मुद्रा की आवश्यकता उसके अपनी फिजुलखर्ची से उत्पन्न हुई है, तो वे उसे मुद्रा देकर मदद करने के लिए तैयार नहीं थे। विनर (Weiner, 1980) ने भी अपने अध्ययन के आधार पर यह बतलाया है कि यदि व्यक्ति अपनी

गलती से जान-बुझकर किसी संकटकालीन परिस्थिति में फँसता है, तो लोग उसकी मदद कम करना चाहते हैं और उल्टे ऐसी परिस्थिति में व्यक्ति के प्रति क्रोध एवं तिरस्कार (neglect) का भाव भी तीव्र हो जाता है।

स्पष्ट हुआ कि प्रसामाजिक व्यवहार की व्याख्या करने के लिए कई तरह के सैद्धान्तिक संदर्श (theoretical perspective) उपलब्ध है।

सहायतापरक व्यवहार को समृद्ध कैसे बनाया जाये? (How can helping behaviour be increased ?)

समाज मनोवैज्ञानिकों द्वारा कुछ ऐसी प्रविधियों का वर्णन किया गया जिसके माध्यम से सहायतापरक व्यवहार को सिखलाया जा सकता है या उसे अधिक समृद्ध बनाया जा सकता है। ऐसी प्रविधियों का वर्णन निम्नांकित है—

(1) प्रसामाजिक मूल्यों के साथ बच्चों का पालन-पोषण (raising children with prosocial values)

(2) पर्यावरणी अस्पष्टता को कम करना (reducing environmental ambiguity)

(3) उत्तरदयित्व की भावना बढ़ाना (increasing responsibility)

(4) परोपकारिता की शिक्षा (teaching altruism)

इन चारों का वर्णन निम्नांकित है—

1. प्रसामाजिक मूल्यों के साथ बच्चों का पालन-पोषण *(Raising children with prosocial values)*— कुछ मनोवैज्ञानिकों ने यह मत जाहिर किया है कि बच्चों में यदि आंतरिक नियंत्रण (internal control) को ठीक ढंग से विकसित कर दी जाती है, तो उसमें सहायतापरक व्यवहार (helping behaviour) करने की क्षमता में वृद्धि हो जाती है। यह कार्य उन्हें एक उचित दुलार प्यार की स्थिति में रखकर पालन-पोषण करने से ही संभव है। हॉफ्फमैन (Haffman, 1975) ने यह विचार व्यक्त किया है कि ऐसे बच्चे जिनमें सहायतापरक व्यवहार करने की प्रवृति अधिक होती है, उनके माता-पिता में से कोई एक में ऐसे व्यवहार दिखाने के प्रति उन्मुखता अधिक होती है। कई मनोवैज्ञानिक अध्ययन में यह देखा गया है कि यदि बच्चे को एक उचित सांवेगिक वातावरण अर्थात स्नेह, प्यार आदि के वातावरण में रखकर पाला-पोसा जाता है तथा उन्हें भौतिक दंड देकर अनुशासित नहीं किया जाता है तो ऐसे बच्चों में प्रतिसामाजिक मूल्य (prosocial values) अधिक तीव्रता से विकसित होता है और इनमें सहायतापरक व्यवहार के प्रति उन्मुखता अधिक देखी जाती है। दूसरे तरफ जिन बच्चों में सिर्फ सामाजिक नियम के प्रति अनुक्रिया करना सिखलाया जाता है और जिन्हें ऐसे नियमों को तोड़ने के लिए दंड मिलता है, उनमें बाह्य उद्दीपनों या संकेतों से निदेशित होने की उन्मुखता अधिक होती है। ऐसे बच्चों में प्रसामाजिक मूल्य तेजी से नहीं विकसित होते हैं और वे सहायतापरक व्यवहार दिखलाने में हिचकिचाते हैं।

2. पर्यावरणी अस्पष्टता को कम करना *(Reducing environmental ambiguity)*—मनोवैज्ञानिकों द्वारा किये गये अध्ययनों से यह स्पष्ट हुआ है कि जब उस परिस्थिति जिसमें पीड़ित व्यक्ति या मदद पाने वाला व्यक्ति होता है, का स्वरूप कुछ अस्पष्ट होता है अर्थात उस परिस्थिति के स्वरूप के बारे में उपस्थित दर्शक (Bystander) सीधे ढंग से नहीं समझ पाते हैं तो वे सहायतापरक व्यवहार करने के लिए तत्पर नहीं होते हैं। अतः सहायतापरक व्यवहार उत्पन्न करने के लिए यह आवश्यक है कि पीड़ित व्यक्ति की परिस्थिति को बिल्कुल ही स्पष्ट रखा जाये अर्थात उपस्थित दर्शक यह ठीक ढंग से समझ सके कि पीड़ित व्यक्ति क्यों और कैसे इस आपातकालीन स्थिति में फँस गया है। इतनी स्पष्टता प्राप्त कर लेने से पीड़ित व्यक्ति के प्रति सहायतापरक व्यवहार की उन्मुखता में वृद्धि हो जाती है।

3. उत्तरदायित्व की भावना में वृद्धि करना *(Increasing responsibility)*—पीड़ित व्यक्ति के पास जब अधिक संख्या में दर्शक उपस्थित हो जाते हैं तो सहायतापरक व्यवहार में कमी हो जाती है। इसका कारण यह है कि अधिक संख्या में दर्शक होने से उत्तरदायित्व में विसरण (diffusion) हो जाती है। यदि दर्शकों में उत्तरदायित्व की भावना में वृद्धि कर दी जाती है ताकि दर्शक पीड़ित व्यक्ति को मदद करना अपना फर्ज समझने लगे तो इससे स्वभावतः सहायतापरक व्यवहार में वृद्धि होगी। शेफर (Shaffer, 1976) ने अपने अध्ययन के आधार पर इस तथ्य की पुष्टि किया है।

4. परोपकारिता का शिक्षा *(Teaching altruism)*—कुछ मनोवैज्ञानिकों ने इन तथ्य पर बल डाला है कि परोपकारी व्यवहार को अन्य व्यवहारों के समान सीखलाया जा सकता है। स्टाब (Staub, 1975) ने कई ऐसे प्रयोग किये हैं जिनमें बच्चों को सहातापरक व्यवहार करने के लिए सफलतापूर्वक सीखलाया गया। इनके एक प्रयोग में कुछ बच्चों को अन्य बच्चों द्वारा अनुचित व्यवहार करने को रोकने के लिए प्रोत्साहित किया गया। ऐसे करते-करते ऐसे बच्चों में स्वयं परोपकारी व्यवहार करने के प्रति तीव्र उन्मुखता उत्पन्न हो गयी। इसके कुछ अन्य प्रयोग में पाँचवें एवं छठे वर्ग के छात्रों को पहले और दूसरे वर्ग के छात्रों को परोपकारी व्यवहार सीखलाने का उपदेश देने को कहा गया। ऐसा कई दिनों तक करने के बाद देखा गया कि इनमें परोपकारी व्यवहार करने की उन्मुखता उन लोगों की अपेक्षा अधिक पायी गयी जिन्हें उपदेश देने का ऐसा मौका नहीं दिया गया था।

कुछ मनोवैज्ञानिकों ने परोपकारी व्यवहार को सीखलाने के लिए सामाजिक मॉडल (model) का सहारा लिया है। रस्टन तथा कैम्पबेल (Ruston & Cambell, 1976) ने अपने अध्ययन के आधार पर यह दिखलाया है कि यदि व्यक्ति किसी दूसरे व्यक्ति को एक वास्तविक या उसके समान परिस्थिति में मदद करता है, तो वह भी वैसी परिस्थिति में अन्य लोगों की मदद करना सीख लेता है। कुछ मनोवैज्ञानिकों ने यह सुझाव दिया कि बच्चों को विशेष तरह का फिल्म दिखाकर जिसमें परोपकारी व्यवहार को पुनर्बलित होते दिखाया गया हो, सहायतापरक व्यवहार करने के लिए सीखलाया जा सकता है।

स्पष्ट हुआ कि कई तरह की प्रविधियों द्वारा व्यक्ति के परोपकारी व्यवहार में वृद्धि की जा सकती है।

भारतीय संदर्भ में परोपकारी व्यवहार
(Altruistic behaviour in Indian Context)

भारतीय संदर्भ में भी मनोवैज्ञानिकों द्वारा सहायतापरक व्यवहार का अध्ययन किया गया है। हालाँकि यह बात सच है कि इस क्षेत्र में भारतीय मनोवैज्ञानिकों का ध्यान देर से गया है और सीमित संख्या में ही मनोवैज्ञानिकों द्वारा इस क्षेत्र में अध्ययन हो पाया है। जैसा कि हम जानते हैं, परोपकारी व्यवहार वैसा व्यवहार होता है जिसे दूसरों की मदद करने के लिए बिना किसी तरह के पुरस्कार या लाभ के उम्मीद के ही किया जाता है। यद्यपि परोपकारिता भारतीयों की एक पौराणिक मूल्य (traditional value) माना जाता है, फिर भी आधुनिक समाज में प्रायः एक-दूसरे के प्रति कुछ-न-कुछ निर्दयता या बेदर्दी भी देखने को मिलता ही है। कागल एवं गोपीनाथ (Kagal & Gopinath, 1979) ने 'इम्प्रिन्ट' (Imprint) नामक पत्रिका के फरवरी अंक में बम्बई के एक सड़क के किनारे बेहोशी में पड़े एक व्यक्ति की घटना का उल्लेख करते हुए विश्लेषण किया कि उसके आंस-पास से गुजरते हुए व्यक्तियों ने उस पर कोई ध्यान नहीं दिया और एक तरह का तटस्थ तथा विरक्त मनोवृत्ति दिखाया। इसका कारण यह था कि आसपास से गुजरते हुए व्यक्तियों में बेहोशी में पड़े व्यक्ति को मदद करने से इसलिए घबड़ाहट होती थी कि वे अनावश्यक रूप से पुलिस अनुसंधान में हाथ बँटाने के लिए बाध्य हो जायेंगे या फिर वह जिस आदमी को मदद करने वाला है, वह स्वयं ही एक अपराधी किस्म का व्यक्ति हो सकता है जो बाद में उसे अनावश्यक रूप से उलझन में डाल दें। इसका मतलब यह हुआ कि मदद करने की प्रत्याशित कीमत (expected cost) भी कभी-कभी व्यक्ति को परोपकारी व्यवहार दिखाने में बाधक होता है। इसके बावजूद भी भारतीय मनोवैज्ञानिकों द्वारा परोपकारी व्यवहार के विभिन्न प्रारूपों का अध्ययन किया गया है।

नायडू (Naidu, 1980) ने दीन-हीन बच्चे (destitute children) जो सरकारी कल्याण संस्थान में रहते थे, के परोपकारी व्यवहार का अध्ययन किये। इन्होंने अपने अध्ययन में पाया कि परोपकारी व्यवहार तथा इच्छा व्यक्ति के उम्र, मनोदशा (wood), घरेलू वातावरण, धर्म, जन्म क्रम तथा समाजीकरण करने वाले एजेंट के व्यक्तित्व आदि पर निर्भर करता है। जैसे—इन्होंने पाया कि 11 साल के बच्चों में 7 से 9 साल के बच्चे की अपेक्षा उदारता तथा परोपकारिता अधिक पायी गयी। उत्तम मनोदशा (good mood) के होने पर बच्चों द्वारा खराब मनोदशा होने की अपेक्षा अधिक उदारता दिखाई जाती है। इन्होंने अपने अध्ययन में यह भी देखा कि संस्थानों में पलने वाले दीन-हीन बच्चों में घर पर पलने वाले दिन-हीन बच्चों की तुलना में परोपकारिता अधिक होती है। भार्गव एवं गुप्ता (Bhargava & Gupta, 1979), गुप्ता एवं भार्गव (Gupta & Bhargava, 1977), सेठ एवं गुप्ता (Seth & Gupta, 1983) तथा श्रीवास्तव एवं गुप्ता

(Shrivatava & Gupta, 1981) ने सहायतापरक तथा साझेदारी (sharing) व्यवहार से संबंधित कई अध्ययन किये हैं। गुप्ता तथा भार्गव (Gupta & Bhargava, 1977) ने 5-7 साल के कुछ बच्चों को एक उदार मॉडल की अंत:क्रियाओं तथा कुछ बच्चों को एक कंजूस मॉडल की अंत:क्रिया को देखने दिया गया। परिणाम में देखा गया कि उदार मॉडल को देखने वाले बच्चों में एक-दूसरे के प्रति उदारता अधिक देखी गयी जबकि कंजूस मॉडल की अंत:क्रियाओं को देखने वाले बच्चों में अनुदारता तथा सख्ती का व्यवहार अधिक देखा गया। सेठ एवं गुप्ता (Seth & Gupta, 1983, 1984) ने अपने अध्ययन में हिन्दू, मुस्लिम तथा ईसाई कॉलेज के छात्राओं में परोपकारी व्यवहार का अध्ययन किया और पाया कि इनमें परोपकारी व्यवहार के ख्याल से कोई सार्थक अंतर नहीं पाया। फिर भी मुस्लिम तथा हिन्दू महिला छात्राओं में अपने समुदाय के प्रति तुलनात्मक रूप से कुछ अधिक उदारता पायी गयी। भार्गव एवं गुप्ता (Bhargava & Gupta, 1980) ने बच्चे के साझेदारी व्यवहार (sharing behaviour) पर मॉडल के यौन पर पड़ने वाले प्रभाव का अध्ययन किया है। परिणाम में यह देखा गया कि यद्यपि बच्चों ने महिला तथा पुरुष दोनों मॉडलों का अनुकरण किये परंतु उदार पुरुष मॉडल के अनुकरण तथा उदार महिला मॉडल के अनुकरण में सार्थक अंतर पाया गया। एक-दूसरे अध्ययन में भार्गव तथा गुप्ता (Bhargva & Gupta, 1978) ने यह भी पाया कि उदार बच्चे की माताओं का व्यक्तित्व दयालु एवं सहानुभूतिशील (compassionable personality) था जबकि अनुदार बच्चों की माताओं का व्यक्तित्व बाध्यतापूर्ण (compulsive) था।

हाल में, पाण्डे तथा उनके सहयोगियों ने प्रतिसामाजिक व्यवहार (prosocial behaviour) के विकासात्मक तथा सामाजिक-मनोवैज्ञानिक निर्धारकों का अध्ययन किया है। इन अध्ययनों में बच्चों के उम्र, जन्म-क्रम तथा यौन का सहायतापरक व्यवहार पर सार्थक प्रभाव पड़ता देखा गया (Mishra, 1982; Pandey, Bish & Rani, 1989; Pandey & Mishra, 1982) । अध्ययन में पाया गया कि परिवार में प्रथम जन्म-क्रम वाले बच्चे अंतिम जन्म-क्रम वाले बच्चे या एकलौता बच्चा की अपेक्षा मदद के रूप में अधिक दान देने का वादा या वास्तव में अधिक दान दिये। इतना ही यह भी देखा गया कि अधिक उम्र के बच्चों द्वारा कम उम्र के बच्चों की अपेक्षा दान देने के प्रति अधिक उदार मनोवृत्ति दिखायी गयी। पाण्डे एवं मिश्रा (Pandey & Mishra, 1982) ने बच्चों के सहायतापरक व्यवहार पर मॉडल के व्यवहार पर पड़ने वाले प्रभावों का अध्ययन किया। इन लोगों ने अपने अध्ययन में पाया कि जब मॉडल स्वार्थपूर्ण व्यवहार करता था तथा अपने स्वार्थपूर्ण व्यवहार को उचित सिद्ध करता है, तो बच्चे मॉडल को स्वीकारात्मक ढंग से प्रत्यक्षण करते हैं तथा उनका अनुकरण भी करते हैं। परंतु यदि मॉडल अपने स्वार्थपूर्ण व्यवहार को उचित सिद्ध नहीं कर पाता है तो बच्चे उस मॉडल के प्रति नकारात्मक प्रतिक्रिया व्यक्त करते हैं तथा उसका उल्टा व्यवहार करते हैं। पाण्डे, विश एवं रानी (Pandey, Bish & Rani, 1987) ने विकासात्मक कारक जैसे—उम्र का सहायतापरक व्यवहार पर सार्थक प्रभाव पड़ते देखा। अधिक उम्र के बच्चों द्वारा कम उम्र के बच्चों की अपेक्षा अधिक सहायतापरक व्यवहार दिखलाया गया। हाल में स्वर्गीय प्रो० दुर्गानन्द सिन्हा (Late Prof. D. Sinha, 1984) ने प्रतिसामाजिक व्यवहार के अध्ययन में भारतीय संदर्भ की विशिष्टताओं के रूप में अध्ययन करने पर बल डाला है जो बहुत ही युक्तिसंगत लगता है। इनका मत है कि प्रतिसामाजिक व्यवहार का पश्चिमी मॉडल का दृष्टिकोण वैयक्तिक (individualistic) है जो भारतीय संदर्भ में फिट नहीं बैठता है। भारतीय संदर्भ में पूरे समुदाय (community) को एक लक्ष्य मानकर प्रतिसामाजिक व्यवहार को अध्ययन करने की आवश्यकता पर बल डाला गया है क्योंकि भारतीय दृष्टिकोण में मनुष्य को समाज से अलग करके अध्ययन करना व्यर्थ साबित होगा।

निष्कर्षतः यह कहा जा सकता है कि भारत में सहायतापरक व्यवहार के क्षेत्र में किये जाने वाले शोध अभी उतने मजबूत नहीं है और इस क्षेत्र में पूरे समुदाय के सामाजिक-सांस्कृतिक चरों को ध्यान में रखते हुए कार्य करने की अभी नितांत आवश्यकता है।

अध्याय सारांश
(Chapter Summary)

1. प्रसामाजिक व्यवहार वैसे व्यवहार को कहा जाता है जिससे मदद का व्यवहार करने वाले को कोई लाभ न होकर कभी-कभी कुछ हानि ही हो जाती है। ऐसे व्यवहार का आधार आचरण या सामाजिक व्यवहार के नैतिक मानक होते हैं।

2. सहायतापरक व्यवहार के कई निर्धारक हैं जिनमें तीन महत्त्वपूर्ण हैं—परिस्थितिजन्य निर्धारक, सामाजिक निर्धारक तथा व्यक्तिपरक निर्धारक।
3. प्रसामाजिक व्यवहार के करने के पीछे कुछ अभिप्रेरक होते हैं जिसकी व्याख्या चार तरह के मॉडल/प्राक्कल्पना के सहारे किया गया है।
4. प्रसामाजिक व्यवहार की व्याख्या करने के लिए पाँच तरह के सिद्धान्तों का प्रतिपादन किया गया है—क्रमविकासवादी संदर्भ, सामाजिक-सांस्कृतिक संदर्भ, अधिगम संदर्भ, निणर्यन-संदर्भ तथा गुणारोपण संदर्भ।
5. सहायतापरक व्यवहार को समृद्ध बनाने के कई प्रविधियों का वर्णन किया गया है जिनमें प्रतिसामाजिक मूल्यों के साथ बच्चों का पालन-पोषण, पर्यावरणी अस्पष्टता को कम करना, उत्तरदायित्व की भावना को बढ़ाना, परोपकारिता का मिश्रण आदि प्रमुख है।
6. भारतीय संदर्भ में सहायतापरक व्यवहार के क्षेत्र में किये गये शोध अभी बाल्यावस्था में है और इस सिलसिले में पूरे समुदाय को एक लक्ष्य मानकर शोध करने की नितान्त आवश्यकता है।

❑

अध्याय 31

संचार एवं भाषा
(COMMUNICATION AND LANGUAGE)

संचार का अर्थ एवं स्वरूप (Meaning and Nature of Communication)

मानव अंतःक्रिया (human interaction) का एक महत्त्वपूर्ण प्रक्रिया संचार (communication) है। सामाजिक अंतःक्रिया के जटिल प्रक्रियाओं का यह एक मौलिक अंश है। 'संचार' का अंग्रेजी रूपांतर communication है जो लैटिन शब्द 'Communis' से उत्पन्न हुआ है जिसका अर्थ सामान्य (common) होता है। संचार में एक जीवित प्राणी दूसरे जीवित प्राणी से एक सामान्य बोध (understanding) स्थापित करता है। अतः यह कहा जा सकता है कि संचार में दो या दो से अधिक प्राणी या व्यक्ति सूचनाओं एवं अनुभूतियों को आपस में विनिमय करते हैं। पशु में भी संचार की क्षमता होती है। वे अपने विशेष भाव-भंगिमा या बोली के माध्यम से अपनी अनुभूतियों को अपने प्रजाति के अन्य सदस्यों तक पहुँचाते हैं। मानव संचार (human communication) पशु संचार (animal communication) से इस अर्थ में भिन्न होता है कि मानव में संचार के दौरान कुछ सामान्य प्रतिक्रिया संकेतों (common symbols) जैसे शब्द आदि का उपयोग करने की क्षमता होती है। इस तरह मानव में लिखित या वाचिक (oral) भाषा का उपयोग करने की क्षमता होती है। संचार में इनका उपयोग करके व्यक्ति अपने विचारों, चिन्तनों आदि को दूसरों तक पहुँचाता है तथा दूसरों के चिन्तनों, विचारों आदि से अवगत भी होता है। यदि हम संचार[1] को परिभाषित करना चाहे, तो इस प्रकार परिभाषित कर सकते हैं—*भाषा, संकेत या चिह्न आदि के माध्यम से अपने चिन्तन एवं विचार को दूसरों तक पहुँचाने की प्रक्रिया को संचार कहा जाता है। इस प्रक्रिया में व्यक्ति दूसरों के चिन्तन एवं विचार से अवगत भी होता है।*

जहाँ तक मानव संचार (human communication) का प्रश्न है इसका संबंध विभिन्न तरह की परिस्थितियों से होता है। ऐसी परिस्थिति का स्वरूप व्यक्तिगत हो सकता है या अव्यक्तिगत हो सकता है, औपचारिक ((formal) हो सकता है या अनौपचारिक(informal)हो सकता है, प्रत्यक्ष हो सकता या है अप्रत्यक्ष हो सकता है। समाज मनोवैज्ञानिकों ने इस तरह की परिस्थिति को पाँच मुख्य भागों में बाँटा है जो निम्नलिखित है—

1. द्वयवैयक्तिक संचार *(two-way communication)*—इस तरह की परिस्थिति में मात्र दो व्यक्ति होते हैं जो अपने में विचारों का आदान-प्रदान करते हैं। पति-पत्नी के बीच का संचार, दो दोस्त के बीच का संचार, माँ-बेटी के बीच का संचार इस तरह के संचार का उदाहरण है। इस तरह के संचार का स्वरूप अनौपचारिक (informal) अधिक होता है।

2. लघु समूह संचार *(Small group communication)*—इस तरह की परिस्थिति में जो संचार होता है उसमें दो से अधिक व्यक्ति सम्मिलित होते हैं। यहाँ संचार का स्वरुप प्रत्यक्ष भी हो सकता है या अप्रत्यक्ष भी। जब अप्रत्यक्ष होगा, तो वह समूह के अन्य सदस्यों के माध्यम से होगा। परिवार, पास-पड़ोस तथा अपने सहकर्मियों के बीच किया गया संचार इस तरह के संचार का उदाहरण है। इस तरह के संचार का स्वरूप अनौपचारिक अधिक होता है।

3. लोक संचार *(Public communication)*—इस तरह का संचार सार्वजनिक स्थानों जैसे स्कूल, कॉलेज, दफ्तर, मंदिर, मस्जिद, खेल के मैदान आदि में होता है। इस तरह के संचार का स्वरूप औपचारिक ज्यादा तथा अनौपचारिक (informal) कम होता है।

---

1. "Communication is the process of importing one's thoughts and ideas to other by speech, symbols or signs. In this process the individual also becomes aware to other's thinking and ideas." —Author

4. संगठनात्मक संचार *(organizational communication)*—इस तरह के संचार की परिस्थिति कोई-न-कोई संगठन या संस्थान जैसे अस्पताल, उद्योग, सरकारी संस्थान, शैक्षिक संस्थान आदि होता है। इस तरह का संचार औपचारिक (formal) संरक्षित (structured) तथा विशिष्ट उद्देश्य के साथ किया जाता है। इस तरह के संचार में कई तरह के माध्यमों (channels) का उपयोग किया जाता है।

5. जनसंचार *(mass communication)*—इस तरह के संचार में बहुत सारे लोग सम्मिलित होते हैं तथा इसमें जन संपर्क के माध्यमों जैसे रेडियो, दूरदर्शन, समाचार-पत्र, सिनेमा आदि का उपयोग किया जाता है। इस तरह का संचार अन्य संचारों की तुलना में अधिक औपचारिक तथा संरचित होता है। इस तरह का संचार एक मार्गी (one-way) होता है।

स्पष्ट हुआ कि संचार का स्वरुप कुछ जटिल ही होता है। इसके स्वरुप की जटिलता का अंदाज इसके विभिन्न रूपों से आसानी से हो जाता है।

संचार के प्रकार
(Types of Communication)

यदि संचार पर ठीक से ध्यान दें तो यह स्पष्ट होगा कि इसके कई प्रकार हैं—जैसे निचली संचार (downward communication), ऊपरी संचार (upward communication), एक-मार्गी संचार (one-way communication, द्विमार्गी संचार (two-way communication) आदि-आदि। परंतु इन सभी तरह के संचारों को मोटे तौर पर दो मुख्य श्रेणियों में बाँटा जा सकता है—

1. शाब्दिक संचार (Verbal Communication)—शाब्दिक संचार वैसे संचार को कहा जाता है जिसका आधार भाषा (language) होता है। ऐसे संचार में संप्रेषक (communicator) अपने विचारां एवं भावों की अभिव्यक्ति लिखित भाषा या शब्दों या वाक्यों के रूप में बोलकर करता है। ऐसे आवाजों को सुनकर या लिखित संदेश को पढ़कर संदेश प्राप्तिकर्त्ता (receiver) उनका अर्थ समझता है और उसके अनुरूप प्रतिक्रिया करता है। शाब्दिक संचार का उपयोग मनुष्यों द्वारा अधिक किया जाता है। परंतु मनुष्यों के अलावा इसका उपयोग वनमानुष, बंदरों एवं सुग्गा (Parrot) द्वारा भी किया जाता है हालाँकि इन पशुओं द्वारा उपयोग किया गया शाब्दिक संचार उतना विकसित नहीं होता है। अभी तक के ज्ञात तथ्यों के अनुसार वनमानुष करीब 300 विभिन्न तरह की आवाजों का उपयोग संचार करने में करते हैं। टॉरेन्स (Torrance, 1986) के अनुसार वनमानुष को अमेरिकन चिह्न भाषा के 200 शब्दों तक आसानी से सीखलाया जा सकता है।

मनुष्यों के शाब्दिक संचार (Verbal communication) तथा पशुओं के शाब्दिक संचार में एक अंतर यह भी है कि मनुष्य विभिन्न शब्दों को मिलाकर अपने विचारों को लंबे-लंबे वाक्य के रूप में अभिव्यक्त कर पाते हैं जबकि पशुओं में ऐसी क्षमता नहीं होती है। इतना ही नहीं, मनुष्य नये-नये शब्दों का निर्माण कर उसका उपयोग कर पाते हैं परंतु पशुओं में ऐसी क्षमता नहीं होती है।

2. अशाब्दिक संचार *(Non-verbal Communication)*—संचार में व्यक्ति सिर्फ भाषा का ही प्रयोग नहीं करता है बल्कि उसके अलावा वह अन्य अशाब्दिक व्यवहारों का भी उपयोग करता है। जैसे, आवाज का उतार-चढ़ाव, शारीरिक मुद्रा, आनन अभिव्यक्ति (facial expression) आदि का भी उपयोग संचार में किया जाता है। ऐसे संकेतों को अशाब्दिक संकेत (non-verbal cues) कहा जाता है तथा ऐसे संचार को अशाब्दिक संचार (non-verbal communication) कहा जाता है। दूसरे शब्दों में, अशाब्दिक संचार से तात्पर्य वैसे संचार से होता है जिसमें व्यक्ति अशाब्दिक संकेतों का उपयोग कर अपने विचारों एवं भावों की अभिव्यक्त करता है।

डैनगिंजर (Danzinger, 1976), हारपर एवं उनके सहयोगियों (Harper et al., 1978) तथा मेहराबियन (Mehrabian, 1972), बेरोन, बर्न तथा ब्रैन्सकौम्ब (Bayon, Byrne & Branscombe, 2006), द्वारा किये गये अध्ययनों से यह स्पष्ट हुआ कि अशाब्दिक संचार (non-verbal communication) के कई तत्त्व या पहलू हैं जिनमें निम्नांकित पाँच प्रमुख हैं—

1. प्रोएक्सेमिक्स (Proxemies), 2. काइनेसिक्स (Kinesics), 3. आनन अभिव्यक्ति (Facial expression), 4. र्स्पश (Touching), 5. पाराभाषा (Paralanguage)

इन पाँचों के महत्त्व का वर्णन निम्नांकित है—

1. प्रोएक्सेमिक्स *(proxemics)*—अशाब्दिक संचार के इस तत्त्व या पहलू में संप्रेषक (communicator) तथा सूचना प्राप्तिकर्त्ता (receiver) के बीच भौतिक दूरी (physical distance) से मिलने वाले संकेतों का अध्ययन किया जाता है। मनोवैज्ञानिकों द्वारा किये गये अध्ययनों से यह स्पष्ट हुआ है कि संप्रेषक तथा सूचना प्राप्तिकर्त्ता के बीच की दूरी एवं दोनों व्यक्तियों के बीच पूर्व में किये गये अंतःक्रियाओं से उत्पन्न मनोवृत्ति का पता चलता है। यदि इन दोनों के बीच भौतिक दूरी कम होती है, तो सामान्यतः यह समझा जाता है कि उनके बीच का संबंध मधुर एवं घनिष्ठ है। हेशिका एवं नेलसन (Heshka & Nelson, 1972) ने अपने अध्ययन के आधार पर यह बतलाया कि जब इन दोनों के बीच की भौतिक दूरी कम होती है अर्थात वे आस-पास बैठे होते हैं या खड़े होते हैं, तो इसका मतलब यह होता है कि दोनों में मधुर संबंध है तथा दोनों की मनोवृत्ति एक-दूसरे के प्रति अनुकूल है। मेहराबियन (Mehrabian, 1968) ने भी अपने अध्ययन के आधार पर इस तथ्य की संपुष्टि की है। बेकर (Becker, 1973) ने अपने अध्ययन में पाया कि जब संप्रेषक तथा सूचना प्राप्तिकर्ता एक-दूसरे से अपरिचित होते हैं, तो उनके बीच अंतःक्रिया करते समय भौतिक दूरी अधिक होती है।

2. काइनेसिक्स *(Kinesics)*—अशाब्दिक संचार का यह तत्त्व या पहलू का संबंध संचार करते समय संप्रेषक (communicator) द्वारा दिखलाये गये शारीरिक स्थिति, शारीरिक मुद्रा (posture), हाव-भाव (gesture) तथा अन्य शारीरिक गतियों (bodily movements) से होता है। इसे संयुक्त रूप से *शरीर की भाषा* (body language) कहा जाता है। अक्सर देखा गया है कि संप्रेषक कोई सूचना देते समय विशेष भाव-भंगिमा बनाता है तथा विशेष तरह की शारीरिक मुद्रा अपनाता है। ऐसे भाव-भंगिमा तथा शारीरिक मुद्रा अपने आप में बहुत कुछ कह जाते हैं तथा उसका विशेष अर्थ अन्य व्यक्ति आसानी से लगा लेता है। इससे संबंधित कई अध्ययन हुए हैं। मेहराबियन (Mehrabian, 1968) ने अपने अध्ययन के आधार पर यह बतलाया है कि जब दो व्यक्ति आपस में बातचीत करते हैं, तो उनमें जो व्यक्ति अधिक ढीला-ढाला शारीरिक मुद्रा (relaxed body posture) अपनाता है, उसे उच्च कोटि या स्तर का व्यक्ति समझा जाता है। निम्न कोटि या स्तर के व्यक्ति को अपने से उच्च स्तर के व्यक्ति के सामने ढीला-ढाला शारीरिक मुद्रा अपनाया जाना अपमानजनक समझा जाता है। इसके अलावा व्यक्ति के चलने-फिरने के ढंग से भी व्यक्ति के आत्मविश्वास (self-confidence) तथा स्थिति या पदवी (statue) का पता चलता है। जो व्यक्ति चलते समय तना हुआ शारीरिक मुद्रा अपनाता है, तो इसका सामान्यतः अर्थ यह होता है कि व्यक्ति में आत्मविश्वास अधिक है तथा उसका सामाजिक पदवी (social status) अधिक श्रेष्ठ है। अन्य शारीरिक मुद्राओं तथा हाव-भाव से भी काफी महत्त्वपूर्ण अर्थ निकलते हैं। मेहराबियन (Mehrabian, 1971) ने अपने अध्ययन में पाया है कि जब व्यक्ति झुका हुआ शारीरिक मुद्रा बनाकर चलता है तो इसका मतलब यह होता है कि वह सांवेगिक दुख की अवस्था में है। मेहराबियन ने एक अध्ययन में प्रयोज्यों को संप्रेषण की विभिन्न मुद्रा में लिए गये कुछ तस्वीर दिखलाये और उसका अर्थ बतलाने के लिए कहा गया। जब संप्रेषक थोड़ा आगे झुककर एक खुला एवं आकर्षक शारीरिक मुद्रा, हाव-भाव दिखलाते पाया गया तो उसे एक सम्मानित, आत्म-विश्वासी तथा उच्च आदर्शीय व्यक्ति के रूप में उसका प्रत्यक्षण किया गया। इसी तरह यदि कोई व्यक्ति झटकेदार ढंग से हाथ मिलाता है, तो मेहराबियन के अनुसार इसका अर्थ यह होता है कि व्यक्ति मात्र ऊपरी मन से ही सम्मान का इज्जत दिखला रहा है।

कई ऐसे अध्ययन हुए हैं जिनसे यह पता चला है कि शरीर की भाषा से व्यक्ति की सांवेगिक स्थिति (emotional states) का भी पता चलता है। जैसे, जब शरीर का एक हिस्सा दूसरे भाग के लिए कुछ करता है (जैसा कि कुछ स्पर्श करने, मशलने, रगड़ने आदि में होता है) तो इससे सांवेगिक उत्तेजन (emotional arousal) का पता लगता है। उसी तरह से बड़े स्तर पर किया गया शारीरिक गति (large-scale body movements) से भी व्यक्ति के संवेगों एवं उसके आभासी शीलगुणों (apparent traits) के बारे में महत्त्वपूर्ण सूचना मिलती है। इस तथ्य की संपुष्टि एरोनोफ्फ, वोइकी तथा हाइमैन (Aronoff, woike & Hyman, 1992) के एक अध्ययन से हुआ है। इस अध्ययन में क्लासिक नृत्य-नाटक (classical ballet) के दो तरह के पात्रों (characters) की पहचान की गयी—एक तरह के पात्र वे थे जो खतरनाक (dangerous) तथा धमकीपूर्ण (threatening) भूमिका किया करते थे तथा दूसरे तरह के पात्र वे थे जो सौहार्द्रपूर्ण एवं सहानुभूतिपूर्ण (sympathetic) भूमिका किया करते थे। इसके बाद वास्तविक नृत्य में इन दोनों तरह के पात्रों द्वारा किये गये नाचों (dances) के उदाहरण का विश्लेशण यह जानने के लिए किया गया कि

क्या वे सचमुच में भिन्न-भिन्न मुद्रा (postures) अपनाते हुए नृत्य करते थे। एरोनोफ्फ तथा उनके सहयोगियों का प्राक्कल्पना (hypothesis) यह था कि खतरनाक एवं धमकीपूर्ण पात्रों द्वारा नृत्य करते समय तुलनात्मक रूप से अधिक तिरछा (diagonal) या कोणात्मक (angular) हाव-भाव (postures) अपनाया जाएगा जबकि सौहार्द्रपूर्ण एवं सहानुभूतिपूर्ण पात्रों द्वारा नृत्य करते समय तुलनात्मक रूप से अधिक गोलाकार या चक्रदार हावभाव किये जायेंगे। शोध के परिणाम में इस प्राक्कल्पना की पुष्टि होते पायी गयी। अभी हाल में स्कूबर्ट (Schubert, 2004) द्वारा किये गए अध्ययन से यह पता चला है कि विशिष्ट हाव-भाव (specific pasture) का अर्थ पुरुष एवं महिलाओं के लिए अलग-अलग होता है। उदाहरणस्वरूप, पुरुषों के लिए शारीरिक बल (bodily force) से सम्बन्धित हाव-भाव जैसे बंधा हुआ हाथ की मुट्ठी से यह पता चलता है कि उस व्यक्ति के पास मजबूत विचार या सत्ता (power) है या उसे प्राप्त करना चाहता है। इस तरह के हाव-भाव महिला द्वारा करने पर उसकी बेबशी, सत्ता न पाने की निराशा आदि का पता चलता है।

3. आनन अभिव्यक्ति *(Facial expression or display)*—अशाब्दिक संचार में आनन अभिव्यक्ति एक महत्त्वपूर्ण तत्त्व है। आनन अभिव्यक्ति से संबंधन (affiliation) का स्तर तथा व्यवहारिक संबंध में उदारता के स्तर का पता चलता है। नेत्र संपर्क तथा नेत्र गति (eye movement) द्वारा घनिष्ठता (closeness) का पता चलता है। मेहराबियन (Mehrabian, 1971) ने अपने अध्यन से इस तथ्य की संपुष्टि किया है। एक्सलाइन तथा विन्टर्स (Exline & Winters, 1965) ने अपने अध्ययन के आधार पर यह बतलाया है कि यदि दो व्यक्ति एक-दूसरे को पसंद करते हैं तथा एक-दूसरे के प्रति अनुकूल मनोवृत्ति रखते हैं, तो इन दोनों में नेत्र संपर्क (eye contact) सीधा एवं प्रत्यक्ष होता है परंतु यदि वे एक-दूसरे से घृणा करते हैं, तो वे एक-दूसरे को देखना भी पसंद नहीं करेंगे। रूबिन (Rubin, 1970) ने अपने अध्ययन में पाया कि विपरीत लिंगी स्नेह या प्यार (heterosexual love) में दोनों व्यक्ति एक-दूसरे से सीधा नेत्र संपर्क (direct eye contact) बनाये रखते हैं। ऐल्सवर्थ (Ellsworth, 1979) ने अपने अध्ययन में पाया है कि जब कोई व्यक्ति भौं चढ़ाकर एवं नाक सिकुड़कर कुछ सूचना देता है, तो इसका मतलब यह हुआ कि व्यक्ति अप्रसन्नता एवं घृणा का भाव दिखला रहा है।

4. स्पर्श *(Touching)*—स्पर्श या दैहिक सम्पर्क (physical contact) से भी व्यक्ति के विचार एवं आगे किये जाने वाले सम्भावित व्यवहार का पता चलता है। स्पर्श या दैहिक सम्पर्क से सम्बन्धित कई कारक है जिनपर मनोवैज्ञानिकों का ध्यान गया है। कौन व्यक्ति (दोस्त, अपरिचित अपने यौन का व्यक्ति या विपरीत यौन का व्यक्ति) स्पर्श कर रहा है? शारीरिक सम्पर्क की प्रकृति क्या है? अर्थात् थोड़े देर के लिए स्पर्श किया जा रहा है या लम्बे समय तक के लिए, साधारण ढंग से स्पर्श किया जा रहा है या जोर से झटकेदार ढंग से स्पर्श किया जा रहा है; शरीर के किस हिस्से का स्पर्श किया जा रहा है तथा किस परिस्थिति में स्पर्श किया जा रहा है, आदि-आदि। स्पर्श के इन सब पहलुओं से कई तरह के व्यवहार के बारे में अंदाज लगाया जाता है जिनसे स्नेह, सम्मान, लैंगिक अभिरुचि (sexual interest) प्रभुत्व (dominance) तथा आक्रामकता (aggression) आदि का पता चलता है। अलगना तथा उनके सहयोगियों (Alagna et. al., 1979) तथा स्मीथ, गियर एवं विल्लिस (Smith, Gier & Willis, 1982) द्वारा किये गए अध्ययनों से यह स्पष्ट हुआ है कि जब स्पर्श या दैहिक सम्पर्क को उचित समझा जाता है, तो इससे स्पर्श किये गए व्यक्ति में धनात्मक प्रतिक्रियाएँ (positive reactions) उत्पन्न होतीं हैं। मनोवैज्ञानिकों द्वारा हाथ-मिलाप (hand-shake) को भी एक महत्त्वपूर्ण सूचक माना गया है। जब व्यक्ति ठीक एवं सुदृढ़ (firm) ढंग से हाथ मिलाता है, तो स्वभावतः वह एक उत्तम छवि की छाप दूसरे व्यक्ति जिससे वह हाथ मिलाया था, छोड़ता है। चैपलिन तथा उनके सहयोगियों (Chaplin et. al., 2000) द्वारा किये गए अध्ययन से यह स्पष्ट हुआ कि जब कोई व्यक्ति थोड़ा अधिक समय देते हुए एवं सुदृढ़ ढंग से (firmly) हाथ मिलाता है, तो उसे सामान्यतः अधिक बहिर्मुखी (extravent) तथा खुले प्रकृति का व्यक्ति समझा जाता है। साथ-ही-साथ ऐसे व्यक्ति दूसरे व्यक्ति पर जिससे वह हाथ मिलाया है, एक उत्तम पहला छवि (good first impression) भी उत्पन्न करने में सक्षम हो पाता है।

5. पाराभाषा *(Paralanguage)*—पाराभाषा से तात्पर्य संप्रेषक (communicator) द्वारा मुँह से निकाले गये आवाज की विशेषताओं जैसे आवाज की तीव्रता, भारीपन, स्वरमान (pitch) आदि से होता है। इन विशेषताओं के आधार पर संप्रेषक की अभिप्रेरणा तथा संवेग का पता चलता है। यदि कोई व्यक्ति जोर-जोर की आवाज में बोलता हुआ सुना जाता है तो इससे यह स्पष्ट अर्थ निकलता है कि व्यक्ति क्रोध की स्थिति में है तथा वह अपनी नकारात्मक मनोवृत्ति

(negative feeling) की अभिव्यक्ति कर रहा है। उसी तरह से यदि कोई संप्रेषक मृदु आवाज में कुछ कहता है तो इससे यह पता चलता है कि व्यक्ति शांत भाव से एवं उदार मन से कुछ कह रहा है।

स्पष्ट हुआ कि अशाब्दिक संचार (non-verbal communication) एक महत्त्वपूर्ण संचार है जिससे संप्रेषक (communicator) के कई पहलुओं के बारे में महत्त्वपूर्ण सूचना मिलती है। इन पहलुओं में संप्रेषण की निकटता (closeness), विश्वास (trust), शक्ति (power), आकर्षकता (attraction) तथा पदवी या स्थिति (status) आदि प्रमुख है। शाब्दिक संचार (verbal communication) द्वारा उन पहलुओं पर प्रत्यक्ष रूप से कोई प्रकाश नहीं पड़ता है। मेहराबियन (Mehrabian, 1972) ने अपने कई अध्ययनों के आधार पर संचार (communication) के तीन पहलुओं अर्थात् आनन (facial), वाचिक (vocal) तथा शाब्दिक (verbal) पहलुओं के तुलनात्मक महत्त्व (relative importance) दिखलाने के लिए एक सूत्र तैयार किया है जो निम्नांकित है—

Total feeling = 55% facial + 38% vocal + 7% verbal

इस सूत्र को ध्यान में रखते हुए यह कहा जा सकता है कि संचार में अशाब्दिक तत्वों (nonverbal components) अर्थात आनन तथा आवाज के तत्त्वों का संयुक्त योगदान 55% + 38% = 93% है जबकि शाब्दिक संचार का महत्त्व मात्र 7% है। इसका मतलब यह हुआ कि अशाब्दिक संचार का महत्त्व शाब्दिक संचार की तुलना में अधिक है। परंतु कुछ मनोवैज्ञानिकों ने मेहराबियन के उस सूत्र की आलोचना किया है और कहा है कि इस सूत्र द्वारा शाब्दिक तथा अशाब्दिक संचार के दिखलाये गये महत्त्व को प्रत्येक परिस्थिति में स्वीकार करना संभव नहीं है। फायरस्टोन (Firestone, 1977) ने यह मत जाहिर किया है कि मनोवैज्ञानिकों को चाहिए कि संचार का संपूर्ण प्रभाव (overall affect) दिखलाने के लिए किस तरह से शाब्दिक तथा अशाब्दिक तत्त्व आपस में संगठित होते है, इसका विशेष अध्ययन करें।

छल या कपट की पहचान में अशाब्दिक संकेतों की भूमिका
(Role of Non-verbal cues in recognizing Deception)

लगभग सभी लोग झूठ बोलते हैं या कुछ छल-कपट (deception) अपने दैनिक जीवन में करते हैं। डीपाऊलो एवं काशी (Depaulo & Kashy, 1998) ने अपने अध्ययन के आधार पर यह बतलाया है कि प्रतिदिन व्यक्ति एक या एक से अधिक झूठ बोलता है। अब प्रश्न उठता है कि क्यों व्यक्ति झूठ बोलता है? इसके कई उत्तर दिये जाते हैं—जैसे-दूसरों को चोट पहुँचाने से बचने के लिए, अपने वास्तविक भाव (feeling) को छिपाने के लिए, कुकर्मों (mideeds) के लिए मिलनेवाले दंड से बचने के लिए व्यक्ति झूठ बोलता है। अब जब यह स्थापित हो चुका है कि व्यक्ति झूठ बोलता है, तो समाज मनोवैज्ञानिकों का ध्यान इस ओर गया है कि हमलोग किस तरह से इस झूठ या छल-कपट की पहचान उत्तम ढंग से कर सकते हैं?

समाज मनोवैज्ञानिकों द्वारा किये गये शोधों से यह स्पष्ट हुआ है कि यदि हमलोग झूठ बोलने वाले व्यक्ति द्वारा उत्पन्न किये गये अशाब्दिक संकेत (non-verbal cues) तथा शाब्दिक संकेत (verbal cues) पर यदि हम ध्यान दें, तो निश्चित रूप से ऐसे झूठ, छल-कपट करने वाले व्यक्ति की पहचान किया जा सकता है। डीपाऊलो एवं उनके सहयोगियों (Depaulo et.al., 2003) द्वारा किये गए शोधों से कुछ ऐसे अशाब्दिक संकेतों (non-verbal cues) की पहचान की गयी जिसके आधार पर छल, कपट, झूठ आदि की पहचान करने में कुछ मदद मिलती है। ऐसे संकेतों में निम्नांकित प्रमुख है:—

(1) सूक्ष्म अभिव्यक्ति (*Microexpression*)—मनोवैज्ञानिकों का मत है कि एक सेकंड का लगभग दशवें भाग के समय के बराबर व्यक्ति के चेहरे पर क्षणिक अभिव्यक्ति उस समय प्रायः बनती है जब व्यक्ति के सामने कोई संवेग उत्पन्न करने वाली घटना होती है और व्यक्ति के लिए सम्बन्धित संवेग को दबाना कठिन हो जाता है। इसे सूक्ष्म अभिव्यक्ति कहा जाता है जिसके आधार पर व्यक्ति का वास्तविक संवेग या भाव का पता चल जाता है। यदि कोई व्यक्ति किसी वस्तु या चीज को देखकर अप्रसन्न होने की आनन अभिव्यक्ति करने के तुरंत बाद दूसरी अभिव्यक्ति अर्थात, मुस्कुराने की अभिव्यक्ति करता है,तो इससे स्पष्टतः इस निष्कर्ष पर पहुँचा जा सकता है कि व्यक्ति झूठ बोल रहा है अर्थात् वह कह कुछ रहा है जबकि उसके मन में कुछ और बात है।

(2) नेत्र सम्पर्क (*Eye contact*)—नेत्र सम्पर्क के कुछ पहलू ऐसे हैं जिनसे भी यह पता चलता है कि व्यक्ति झूठ, छल या कपट का सहारा ले रहा है। जो व्यक्ति झूठ बोल रहा होता है, वे आँख थोड़ा अधिक मिचकाते हैं तथा

उनकी पुतली थोड़ी अधिक फैली-सी लगती है वनिस्पत कि वैसे व्यक्ति से जो सच बोलते हैं। इतना ही नहीं, झूठ बोलने वाले व्यक्ति का सीधा नेत्र सम्पर्क का स्तर निम्न होता है या फिर कभी-कभी असाधारण ढंग से उनका नेत्र सम्पर्क का स्तर काफी ऊँचा हो जाता है क्योंकि वे दूसरों की नजर में अपने आप को बेगुनाह या ईमानदार साबित करना चाहते हैं।

(3) अन्तर माध्यम विभिन्नता *(Interchannel discrepancies)*—झूठ, छल या कपट की पहचान करने का एक अशाब्दिक संकेत अन्तर माध्यम विभिन्नता (interchannel discrepancies) भी है। अशाब्दिक संकेत के कई माध्यम होते हैं। जैसे आनन अभिव्यक्ति (facial expression) एक माध्यम है जबकि शारीरिक गति (body movement) दूसरा माध्यम है। अन्तर माध्यम विभिन्नता से तात्पर्य तब ऐसी विभिन्नता से होती है जिसमें व्यक्ति विभिन्न माध्यमों से प्राप्त अशाब्दिक संकेतों (non-verbal cues) के बीच असंगति (inconsistencies) पाता है। जब व्यक्ति झूठ बोलता है, तो वह अशाब्दिक संकेतों के सभी माध्यमों पर नियंत्रण नहीं रख पाता है और फिर उसमें स्पष्ट रूप से असंगति दिखता है। उदाहरणस्वरूप, एक झूठ बोलने वाला व्यक्ति अपनी आनन अभिव्यक्ति (facial expression) को प्रबंधित तो आसानी से कर ले सकता है (ताकि देखने में दूसरों को यह लगे कि वह झूठ नहीं बोल रहा है) परंतु वह सीधा नेत्र सम्पर्क बनाकर रखने में अपने आप को अक्षम पाये। स्वभावतः इससे अन्तर माध्यम विभिन्नता उत्पन्न हो जाती है जिससे उसका झूठ बोलना या उसका छल-कपट आसानी से पकड़ा जाता है।

(4) अतिरंजित आनन अभिव्यक्ति *(Exaggerated facial expression)*—कभी-कभी अतिरंजित आनन अभिव्यक्ति के आधार पर भी व्यक्ति द्वारा झूठ बोलने या छल-कपट दिखाने की प्रक्रिया पकड़ में आती है। ऐसी अवस्था में व्यक्ति अधिक हँसने लगता है या जोर-जोर से भी कभी हँसने लगता है या परिस्थिति के अनुरूप दुःख न दिखलाकर उससे कहीं ज्यादा दुःख दिखलाने का नाटक करने लगता है। इन सभी अतिरंजित आनन अभिव्यक्ति इस बात का पक्का सबूत देता है कि व्यक्ति झूठ बोल रहा है। जैसे, यदि आपके प्रार्थना को कोई व्यक्ति अस्वीकार कर देता है और फिर उसके बाद उसके लिए काफी अफसोस दिखलाता है तो इससे यह स्पष्ट रूप से यह पता चलता है कि जिस कारण से व्यक्ति प्रार्थना (request) को अस्वीकार किया था, वह सही नहीं था। स्पष्टतः तब अतिरंजित आनन अभिव्यक्ति के माध्यम से भी झूठ, छल या कपट की पहचान की जाती है।

इन अशाब्दिक संकेतों (non-verbal cues) के अलावा कुछ शाब्दिक संकेत (verbal cues) भी हैं जिनसे झूठ, छल या कपट की पहचान होती है। इनमें विशिष्ट भाषाई शैली (specific linguistic style) प्रमुख है। व्यक्ति अपने भाषायी शैली में जिस तरह से उतार-चढ़ाव करता है उससे झूठ पकड़ने में मदद मिलती है। झूठ, छल या कपट की पहचान व्यक्ति द्वारा बोले गये शब्दों के स्तर से भी होता है। जब व्यक्ति झूठ बोल रहा होता है, तो उसके आवाज का तारत्व (pitch) प्रायः ऊँचा हो जाता है और यह तब होता है जब व्यक्ति झूठ बोलने के लिए काफी अभिप्रेरित होता है। उसी तरह से झूठ बोलने वाला व्यक्ति किसी प्रश्न का उत्तर देने या किसी घटना, उद्दीपक आदि का वर्णन प्रारम्भ करने में अधिक समय लेते हैं। इतना ही नहीं, वे किसी वाक्य का शुरू करके, उसे बीच में ही रोक देते हैं और फिर उसे प्रारम्भ करते हैं। इसका स्पष्ट मतलब यह हुआ कि व्यक्ति की भाषाई शैली (linguistic style) से भी झूठ, छल या कपट की पहचान की जाती है। ब्रिज तथा उनके सहयोगियों (Vriz et. al., 2000) ने तो अपने अध्ययन के आधार पर यहाँ तक बतलाया है कि जब व्यक्ति झूठ बोल रहा होता है, तो वह सच बोलने की तुलना में भिन्न शब्द का भी उपयोग करता है। उन्होंने इसके तीन कारण बतलाये हैं—

(i) झूठ बोलने वाला व्यक्ति प्रायः 'मैं', 'मुझे' आदि जैसे शब्दों का उपयोग नहीं करता है क्योंकि वह अन्य व्यक्तियों का ध्यान अपनी ओर करने से दूर भागना चाहता है।

(ii) झूठ बोलने वाले व्यक्ति में दोष भाव (guilt feeling) होता है। अतः वे प्रायः ऐसे शब्दों का उपयोग करते हैं जिससे नकारात्मक संवेग (negative emotion) की अभिव्यक्ति होती हो।

(iii) झूठ बोलने वाला व्यक्ति किसी घटना, परिस्थिति आदि का वर्णन न करके उसे अपने मन के अनुरूप ढालने की कोशिश करता है, अतः वे साधारण क्रियाओं जैसे 'जाना', 'रोना' 'सोना' आदि का उपयोग अधिक करते हैं तथा बहुत कम ऐसे शब्दों का उपयोग करते हैं जिससे कहानी में विशिष्टता (specificity) आये। यही कारण है कि वे 'लेकिन', 'के अतिरिक्त' आदि जैसे शब्दों का उपयोग कम करते हैं।

न्यूमैन तथा उनके सहयोगियों (Newman, et. al., 2003) द्वारा किये गए अध्ययन से इस बात की सम्पुष्टि हुई है कि झूठ बोलने वाले व्यक्ति तथा सच बोलने वाले व्यक्ति द्वारा अलग-अलग ढंग के भाषायी शैली का उपयोग किया जाता है।

स्पष्ट हुआ कि झूठ, छल या कपट की पहचान के लिए अशाब्दिक तथा शाब्दिक दोनों तरह के कुछ संकेत हैं जिनका उपयोग करके बहुत कुछ सफलता इस कार्य में पायी जा सकती है।

संचार प्रक्रिया : संचार का एक मौलिक मॉडल
(Communication Process : A basic Model of Communication)

समस्त मनोवैज्ञानिकों द्वारा किये गये अध्ययनों से यह स्पष्ट हुआ है कि संचार की प्रक्रियाओं में कुछ तत्त्व सम्मिलित तत्त्व होते हैं। ऐसे तत्त्वों की संख्या निम्नांकित आठ है—

1. स्रोत या संप्रेषक (source or communicator)
2. सूचना (message)
3. कूटसंकेतन (encoding)
4. माध्यम (channel)
5. प्राप्तिकर्त्ता (receiver)
6. अर्थ परिवर्तन (decoding)
7. पुनर्निवेशन (feedback)
8. आवाज (noise)

इन तत्त्वों का वर्गीकरण निम्नांकित है—

1. स्रोत या संप्रेषक *(Source or Communicator)*—संचार प्रक्रिया की शुरुआत एक विशेष स्रोत से होता है जहाँ से सूचनार्थ कुछ बातें कही जाती है। स्रोत से सूचना की उत्पत्ति होती है और स्रोत एक व्यक्ति या व्यक्तियों का समूह भी हो सकता है। इसी को संप्रेषक (communicator) कहा जाता है।

2. सूचना *(Message)*—संचार प्रक्रिया का दूसरा महत्त्वपूर्ण तत्त्व सूचना (message) है। सूचना से तात्पर्य उस उद्दीपक से होता है जिसे स्रोत या संप्रेषक दूसरे व्यक्ति अर्थात सूचना प्राप्तिकर्त्ता (receiver) को देता है। प्रायः सूचना लिखित (written) या मौखिक शब्दों के माध्यम से अंतरित होता है। परंतु अन्य सूचनाएँ कुछ अशाब्दिक संकेत (non-verbal cues) जैसे, हाव-भाव, शारीरिक मुद्रा, शारीरिक भाषा (body language) आदि के माध्यम से भी दिया जाता है।

3. कूटसंकेतन *(Encoding)*—कूटसंकेतन संचार प्रक्रिया का तीसरा महत्त्वपूर्ण तथ्य है जिसमें दी गयी सूचनाओं को समझने योग्य संकेत में बदला जाता है। कूटसंकेतन की प्रक्रिया सरल भी हो सकती है तथा जटिल भी। घर में नौकर को चाय बनाने की आज्ञा देना एक सरल कूट संकेतन का उदाहरण, लेकिन मूली खाकर उसके स्वाद के बारे में बतलाना एक कठिन कूटसंकेतन का उदाहरण है क्योंकि इस परिस्थिति में संभव है कि व्यक्ति (स्रोत) अपने भाव को उपयुक्त शब्द में बदलने में असमर्थ पाता है।

4. माध्यम *(Channel)*—माध्यम संचार प्रक्रिया का चौथा तत्त्व है। माध्यम से तात्पर्य उन साधनों से होता है जिसके द्वारा सूचनाएँ स्रोत से निकलकर प्राप्तिकर्त्ता (receiver) तक पहुँचतीं हैं। आमने-सामने का विनिमय (face to face exchange) संचार प्रक्रिया का सबसे प्राथमिक माध्यम (primary channel) होता है। परंतु इसके अलावा भी संचार के अन्य माध्यम जिसे जन माध्यम (Mass media) कहा जाता है, भी है। इनमें दूरदर्शन, रेडियो, फिल्म समाचार पत्र, मैगजीन आदि प्रमुख हैं।

5. प्राप्तिकर्त्ता *(Receiver)*—प्राप्तिकर्त्ता से तात्पर्य उस व्यक्ति से होता है जो सूचना को प्राप्त करता है। दूसरे शब्दों में स्रोत से निकलने वाली सूचना को जो व्यक्ति ग्रहण करता है, उसे प्राप्तिकर्त्ता (receiver) कहा जाता है। प्राप्तिकर्त्ता की यह जिम्मेवारी होती है कि वह इस सूचना का सही-सही अर्थ ज्ञात करके उसके अनुरूप कार्य करे।

6. अर्थ परिवर्तन *(Decoding)*—अर्थ परिवर्तन संचार प्रक्रिया का छठा महत्त्वपूर्ण पहलू है। अर्थ परिवर्तन वह प्रक्रिया है जिसके माध्यम से सूचना में व्यवहृत संकेतों (symbols) के अर्थ की व्याख्या प्राप्तिकर्त्ता द्वारा की जाती है। अधिकतर परिस्थिति में संकेतों का साधारण ढंग से व्याख्या करके प्राप्तिकर्त्ता अर्थ परिवर्तन कर लेता है परंतु कुछ परिस्थिति में जहाँ संकेत का सीधे-साधे अर्थ लगाना कठिन है, अर्थ परिवर्तन एक जटिल एवं कठिन कार्य होता है।

7. पुनर्निवेशन *(Feedback)*—पुनर्निवेशन संचार का सातवाँ तत्त्व है। पुनर्निवेशन एक तरह की सूचना होती है जो प्राप्तिकर्त्ता (receiver) की ओर से स्रोत या संप्रेषक को प्राप्त होता है। जब स्रोत को प्राप्तिकर्त्ता से पुनर्निवेशन या परिणाम ज्ञान (knowledge result) की प्राप्ति होती है, तो वह अपने द्वारा संचारित सूचना के महत्त्व या प्रभावशीलता को समझ पाता है। पुनर्निवेशन के ही आधार पर स्रोत यह भी निर्णय कर पाता है कि क्या उसके द्वारा दी गयी सूचना

में किसी प्रकार का परिमार्जन (modofication) की जरूरत है। यहाँ ध्यान देने वाली बात यह है कि केवल द्विमार्गी संचार (two-way communication) में पुनर्निवेशन तत्त्व पाया जाता है। अगर संचार का स्वरूप एक मार्गी (one-way) है, जो पुनर्निवेशन का तत्त्व उसमें नहीं पाया जाता है।

8. आवाज *(Noise)*—संचार प्रक्रिया में आवाज भी एक तत्त्व है। यहाँ आवाज से तात्पर्य उन सभी बाधाओं से होता है जिसके कारण स्रोत द्वारा दी गयी सूचना को प्राप्तिकर्त्ता ठीक ढंग से ग्रहण नहीं कर पाता है या प्राप्तिकर्त्ता द्वारा प्रदत्त पुनर्निवेशित सूचना को स्रोत ठीक ढंग से ग्रहण नहीं कर पाता है। अक्सर देखा गया है कि स्रोत द्वारा दी गई सूचना को व्यक्ति या प्राप्तिकर्त्ता अनावश्यक शोरगुल या अन्य समान कारणों से ठीक ढंग से ग्रहण नहीं कर पाता है। इससे संचार का मौलिक उद्देश्य की पराजय होती है और संचार की प्रभावशीलता कम हो जाती है।

स्पष्ट हुआ कि संचार के आठ तत्त्व हैं। ये सभी तत्त्व एक निश्चित क्रम में क्रियाशील होते हैं, और इस क्रम को संचार का एक मौलिक मॉडल (basic model) कहा जाता है जिसे नीचे के चित्र 31.1 में दिखलाया गया है—

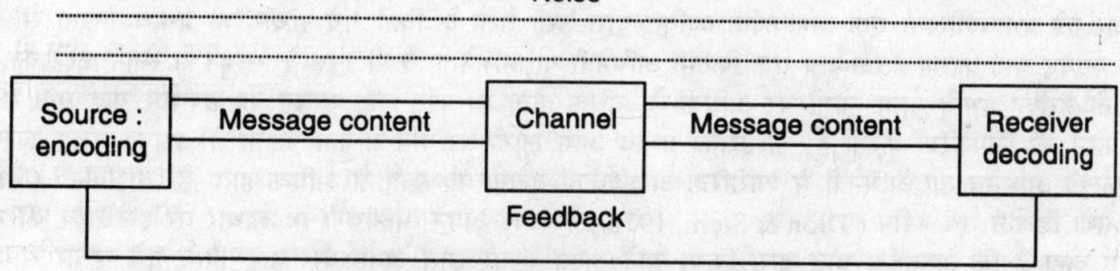

चित्र 31.1 : संचार का मौलिक मॉडल (Basic Model)

संचार की प्रभावशीलता को प्रभावित करने वाले कारक
(Factors influencing the effectiveness of Communication)

प्रत्येक संचार का उद्देश्य उस व्यक्ति को प्रभावित करना होता है जो उसे ग्रहण करता है। दूसरे शब्दों में स्रोत या संप्रेषक संचार के माध्यम से प्राप्तिकर्त्ता (receiver) को प्रभावित करने की कोशिश करता है। परंतु हमेशा प्राप्तिकर्त्ता पर वांछित प्रभाव डालने में वह असमर्थ होता है। इसका कारण यह है कि बहुत सारे ऐसे कारक हैं जिनसे संचार की प्रभावशीलता (effectiveness) प्रभावित होती है। समाज मनोवैज्ञानिकों ने ऐसे चार प्रमुख कारकों की पहचान की है, जो निम्नांकित हैं—

1. स्रोत या संप्रेषक की विशेषताएँ (characteristics of source or communication)
2. सूचना की विषय-वस्तु (content of message)
3. संचार का माध्यम (channel of communication)
4. ग्रहणकर्त्ता या प्राप्तिकर्त्ता की विशेषताएँ (characteristics of receiver)

इन चारों कारकों का संचार की प्रभावशीलता पर पड़ने वाले प्रभाव का वर्णन निम्नांकित है—

1. स्रोत या संप्रेषक की विशेषताएँ
(Characteristics or Source or Communicator)

जो व्यक्ति सूचना देता है, उसे स्रोत (source) या संप्रेषक (communicator) कहा जाता है। समाज मनोवैज्ञानिकों द्वारा किये गये अध्ययनों के आधार पर यह स्पष्ट हुआ है कि स्रोत की कुछ विशेषताएँ (characteristics) होतीं हैं जिनसे संचार की गुणवत्ता प्रभावित होती है। ऐसी विशेषताओं में निम्नांकित प्रमुख है—

1. विश्वसनीयता *(credibility)*—जब स्रोत या संप्रेषक अधिक विश्वसनीय होता है, तो उसके द्वारा किया गया संचार की प्रभावशीलता उस स्रोत या संप्रेषक द्वारा किये गये संचार से अधिक होता है जो तुलनात्मक रूप से कम विश्वसनीय होता है। एक विश्वसनीय स्रोत (credible source) को भरोसे का (trustworthy) तथा विशेषज्ञ (expert) दोनों ही समझा जाता है। यही कारण है कि यदि कोई जाने-माने अर्थशास्त्री किसी विशेष कर प्रणाली के पक्ष में या विपक्ष में

बोलते हैं, तो उसका प्रभाव देश के अधिकतर लोगों पर पड़ता है और उनके तर्क के अनुरूप व्यक्ति सोचने के लिए बाध्य हो जाता है। उसी तरह से यदि कोई डाक्टर किसी विशेष दवा की अनुशंसा करते हैं, तो व्यक्ति उसे आँख मूंदकर स्वीकार कर लेता है। इन उदाहरणों से स्पष्ट है कि जब स्रोत या संप्रेषक विश्वसनीय होता है, तो उसके द्वारा किये गये संचार से लोग अधिक प्रभावित होते हैं। होभलैंड तथा विस (Howland & Weiss, 1952) ने एक प्रयोग किया जिसमें उन्होंने स्रोत के विश्वसनीयता का संचार की ग्रहणशीलता पर पड़नेवाले प्रभावों का अध्ययन किया। प्रयोज्यों को कई विषयों से सम्बन्धित कुछ संदेश दिये गये। कुछ प्रयोज्यों को यह बतलाया गया कि संदेश देनेवाला व्यक्ति काफी विश्वसनीय है और कुछ प्रयोज्यों को यह बतलाया गया कि संदेश देने वालों में अधिक विश्वास नहीं किया जा सकता है। परिणाम में देखा गया कि उच्च विश्वसनीय स्रोत (high credible source) के होने पर लोगों ने उनके संचार को अधिक महत्त्व दिया तथा उसे स्वीकार किया। परंतु निम्न विश्वसनीय स्रोत के होने पर उनके द्वारा दिये गये संदेश या संचार को लोगों ने कम मात्रा में स्वीकार किया।

2. आकर्षकता *(Attractiveness)*—यदि स्रोत या संप्रेषक आकर्षक (attractive) होता है, तो उसके द्वारा किये गये संचार की प्रभावशीलता एक अनाकर्षक व्यक्ति द्वारा उसी तरह के किये गये संचार की प्रभावशीलता से अधिक होता है। शायद यही कारण है कि जब एक फिल्मी अभिनेत्री या अभिनेता किसी तरह के साबुन से स्नान करने का संदेश देते हैं, तो उसका प्रभाव आम लोगों पर अधिक-से-अधिक होता है। परंतु वही साबुन का उपयोग यदि एक साधारण व्यक्ति करने की सिफारिश करता है, तो इसका प्रभाव आम लोगों पर कम-से-कम पड़ता है। इसका मुख्य कारण यह है कि फिल्मी अभिनेता या अभिनेत्री में शारीरिक आकर्षकता तुलनात्मक रूप से अधिक होता है। चाइकिन (Chaikin, 1979) तथा डियोन एवं स्टीन (Dion & Stein, 1978) ने अपने-अपने अध्ययनों के आधार पर इस तथ्य की संपुष्टि करते हुए कहा है कि आकर्षक स्रोत द्वारा किया जाने वाला संचार स्रोत अनाकर्षक द्वारा किये गये संचार से अधिक प्रभावी (effective) होता है।

3. समानता *(Similarity)*—स्रोत या संप्रेषक की समानता भी एक कारक है जिससे उसका संचार प्रभावित होता है। जब स्रोत या संप्रेषक की समानता सूचना प्राप्तिकर्त्ता (receiver) से अधिक होती है तो प्राप्तिकर्त्ता स्रोत से काफी अधिक प्रभावित होता है और उसके संचार को ग्रहण करने की उन्मुखता उसमें अधिक होती है। सचमुच में स्रोत तथा प्राप्तिकर्त्ता में समानता अधिक होने से आकर्षकता में वृद्धि हो जाती है। फलस्वरूप, स्रोत द्वारा किया गया संचार में प्रभावशीलता बढ़ जाती है। डेम्ब्रोस्की तथा उनके सहयोगियों (Dembroski et al., 1978) ने एक प्रयोग करके इस तथ्य की संपुष्टि किया है। इस प्रयोग में कुछ श्याम छात्रों को कुछ दंत चिकित्सकों (श्याम एवं गोरे) से दाँत के देख-रेख के बारे में कुछ उत्तम सुझाव दिये गये। सुबह होकर जब इन छात्रों के दाँतों की जाँच की गयी तो पाया गया कि श्याम दंत चिकित्सकों द्वारा दिये गये गये सुझाव को गोरे दंत चिकित्सकों द्वारा किये गये सुझाव की अपेक्षा इन छात्रों द्वारा अधिक पालन किया गया। इस प्रयोग से यह स्पष्ट हो जाता है कि स्रोत या संप्रेषण की समानता एक महत्त्वपूर्ण कारक है जिससे संचार की गुणवत्ता प्रभावित होता है।

स्पष्ट हुआ कि स्रोत की कई विशेषताओं के कारण संचार की प्रभावशीलता कम या अधिक होती है।

2. सूचना का विषय-वस्तु
(Contents of Message)

संचारित सूचना (communicated information) की कुछ विशेषताएँ होतीं हैं जिनसे सूचना की प्रभावशीलता कम या अधिक होती है। ऐसी विशेषताएँ निम्नांकित चार हैं—

1. नवीनता (novelty)
2. सांवेगिक प्रार्थना (emotional appeal)
3. एक-तरफा सूचना बनाम दो-तरफा सूचना (one-sided information versus two-sided information)
4. प्राथमिकता बनाम नवीनता (primacy versus recency)

इन चारों विशेषताओं का वर्णन निम्नांकित है—

1. नवीनता *(novelty)*—जब संचारित सूचना में नवीनता होती है, तो व्यक्ति उसके तरफ तुरंत ध्यान देता है

और उसे ग्रहण करने की बात सोचने लगता है। परंतु जब संचारित सूचना में किसी प्रकार की कोई नवीनता नहीं होती है, तो व्यक्ति उसके तरफ कोई ध्यान नहीं देता है तथा ऐसी सूचना की प्रभावशीलता कम होती है। अतः सूचना की नवीनता एक कारक है जिससे संचार की प्रभावशीलता प्रभावित होती है। जान्ना तथा उनके सहयोगियों (Zanna et al., 1976) ने अपने अध्ययन से इस तथ्य की संपुष्टि किया है। इन्होंने अपने अध्ययन में पाया कि जब प्रयोज्यों को दी गयी सूचना उनके पास मौजूद सूचना से भिन्न होती थी, अर्थात उसमें कुछ नवीनता होती थी, तो वे उसपर अधिक ध्यान देते थे उसे स्वीकार करने के लिए तर्क-वितर्क करना प्रारंभ कर देते थे।

2. सांवेगिक प्रार्थना *(Emotional appeal)*—वैसा संदेश या सूचना जिससे प्राप्तिकर्त्ता (receiver) अधिक खुश हो जाता है तथा जिसके प्रति सांवेगिक प्रतिक्रिया सुखदायी होती है, वह अधिक प्रभावशील (effective) होता है क्योंकि इससे व्यक्तियों में अनुकूल प्रतिक्रिया उत्पन्न होती है। दूसरे तरफ यदि सूचना ऐसी होती है जो व्यक्ति में प्रतिकूल सांवेगिक प्रतिक्रिया (unfavourable emotional reaction) जैसे डर, घृणा आदि उत्पन्न करता है तो ऐसी सूचना की प्रभावशीलता कम हो जाती है और व्यक्ति उससे प्रभावित कम होता है। हालाँकि लवेनथल (Leventhal, 1970) ने अपने अध्ययन में पाया है कि जब सूचना व्यक्ति में अधिक भय या डर उत्पन्न करता है, तो उसकी प्रभावशीलता (effectiveness) घटने के बजाय बढ़ती है। कुछ अध्ययनों में यह देखा गया कि सूचना सुखदायी (pleasant) होने पर अधिक प्रभावशाली हो पाया। जैसे डाब्स तथा जैनिस (Dabbs & Janis, 1965) ने अपने अध्ययन में पाया कि छात्र दिये गये सूचना को पढ़कर अधिक प्रभावित तब हुए जब उन्हें उनके साथ पेप्सी (Pepsi) पीने के लिए दिया गया। गालिजो एवं हेनड्रीक (Galizio & Hendrick, 1972) ने अपने अध्ययन में पाया कि जब छात्रों को मधुर गिटार संगीत के साथ गाना सुनाया गया तो वे उससे उस परिस्थिति की तुलना में अधिक प्रभावित हुए जब उन्हें मात्र गाना सुनाया गया था और किसी प्रकार का गिटार संगीत नहीं। इन अध्ययनों से यह स्पष्ट हो जाता है कि सूचना यदि सुखदायी होता है, तो उसकी प्रभावशीलता अधिक हो जाती है।

3. एक-तरफा सूचना बनाम दो-तरफा सूचना *(one-sided infomation versus two-sided infomation)*—किसी भी सूचना के दो पहलू होते हैं—नकारात्मक (negative) तथा धनात्मक (positive)। मनोवैज्ञानिकों ने इस तथ्य का अध्ययन किया है कि जब सूचना के एक पहलू को सिर्फ व्यक्ति या सूचना प्राप्तिकर्त्ता के सामने उपस्थित किया जाता है और ज़ब दोनों पहलू अर्थात धनात्मक एवं ऋणात्मक पहलुओं को उसके सामने उपस्थित किया जाता है तो इसकी प्रभावशीलता में क्या अंतर होता है। होभलैंड तथा सहयोगियों (Hoviland et al., 1949) ने एक अध्ययन किया। इस अध्ययन में कुछ सैनिकों को अमेरिकन-जापान युद्ध के बारे में एक-तरफा सूचना दी गयी जिसमें इस बात पर सिर्फ बल डाला गया कि जापान के साथ अमेरिका का युद्ध लंबे समय तक चल सकता है। कुछ अन्य सैनिकों को दो-तरफा सूचना दी गयी जिसमें युद्ध से अमेरिका को होनेवाले लाभों एवं जापान को होनेवाले हानियों पर बल दिया गया। इन दोनों तरह की सूचना में कौन अधिक प्रभावशील हो पाया, यह सुननेवाले अर्थात सैनिकों पर निर्भर होता पाया गया। परिणाम में देखा गया कि जिन सैनिकों में यह विश्वास था कि जापान को आसानी से हराया नहीं जा सकता है, दो-तरफा सूचना से अधिक प्रभावित हुए परंतु जिन सैनिकों को यह विश्वास था कि जापान को आसानी से पराजित किया जा सकता है, क्योंकि उसके पास लड़ने के आधुनिक साधन नहीं है, एक-तरफा सूचना से अधिक प्रभावित हुए। इसी तरह के तथ्य अन्य अध्ययन से भी प्राप्त हुए हैं। इन अध्ययनों के आधार पर हम इस निष्कर्ष पर पहुँचते हैं कि अगर सूचना प्राप्तिकर्त्ता भली-भाँति से किसी विषय को पहले से ही जानता है, तो उसके सामने सूचना के दोनों तरह के पक्षों की उपस्थिति करने की सूचना की प्रभावशीलता अधिक होती है।

4. प्राथमिकता बनाम अभिनवता *(Primacy versus recency)*—मनोवैज्ञानिकों द्वारा किये गये अध्ययनों से यह स्पष्ट हुआ है कि जो सूचनाएँ व्यक्ति के सामने पहले दी जातीं हैं, उनका प्रभाव व्यक्ति पर उन सूचनाओं की तुलना में अधिक होती है जो बाद में दी जातीं हैं। पहले तरह के प्रभाव को *प्राथमिकता प्रभाव* (primacy effect) तथा दूसरे तरह के प्रभाव को *अभिनवता प्रभाव* (recency effect) कहा जाता है। इस तथ्य की संपुष्टि ऐश (Asch, 1946) ने अपने एक बहुचर्चित अध्ययन से किया है। इस अध्ययन में छात्रों के दो समूह को मिस्टर जॉन (Mr. John) के बारे में छह विशेषणों की सूची उपस्थित किया गया। अंतर इतना ही था कि छात्रों के एक समूह को धनात्मक विशेषण पहले तथा ऋणात्मक विशेषण बाद में तथा दूसरे समूह को ऋणात्मक विशेषण पहले तथा धनात्मक विशेषण बाद में दिया

गया। क्रम इस प्रकार था—

जॉन (John) : बुद्धिमान, मेहनती, आवेगशील, विवेचनात्मक, जिद्दी तथा डाही।

जॉन (John) : डाही, आवेगशीनल, जिद्दी, विवेचनात्मक, मेहनती तथा बुद्धिमान।

प्रयोग के परिणाम बड़े रोचक थे। परिणाम में पाया गया कि जिन छात्रों को पहले तरह की सूचना दी गयी थी, उन लोगों ने जॉन (John) के बारे में एक अनुकूल छवि बनायी तथा जिन लोगों को दूसरे तरह की सूचना दी गयी थी, उनलोगों ने प्रतिकूल छवि बनाया। इसका कारण है कि ऊपर वाली सूचना में धनात्मक विशेषण पहले तथा ऋणात्मक विशेषण बाद में दिये गये थे जबकि नीचे वाले सूचना में ऋणात्मक विशेषण पहले तथा धनात्मक विशेषण बाद में दिये गये थे। इसी तरह के कई अन्य अध्ययन किये गये हैं जिनमें लैंगर तथा रौथ (Langer & Roth, 1975) तथा मैकएण्ड्रयू (McAndrew, 1981) द्वारा किये गये अध्ययन अधिक मशहूर हैं। इन प्रयोगों में प्रयोज्यों को एक ऐसा कार्य करना होता था जिसमें सफलता अटकलबाजी (gussing) पर आधारित था। परिणाम में देखा गया कि जिन प्रयोज्यों ने प्रारंभिक अटकलबाजी में ही सफलता अधिक बार प्राप्त किया, उसे अन्य लोगों द्वारा उन प्रयोज्यों की तुलना में अधिक बुद्धि का समझा गया जिन्हें सफलता प्रारंभिक असफलताओं के बाद हाथ लगी। स्पष्ट हुआ कि प्रारंभिक सूचना की प्रभावशीलता उत्तरकालीन सूचना की तुलना में अधिक होता है।

3. संचार का माध्यम
(Medium of Communication)

संचार के माध्यम से तात्पर्य यह होता है कि सूचना किस तरह से स्रोत (source) द्वारा व्यक्ति या सूचना प्राप्तिकर्त्ता को दिया जाता है। सूचना आमने-सामने उपस्थित होकर दी जा सकती है, लिखकर दी जा सकती है, फिल्म दिखाकर दी जा सकती है तथा अन्य माध्यम से भी दी जा सकती है। इन माध्यमों से सूचना की प्रभावशीलता प्रभावित होती है। ऐसे माध्यमों से संबंधित कारक जिनका प्रयोगात्मक अध्ययन किया गया है, निम्नांकित है—

1. सक्रिय अनुभूति बनाम निष्क्रिय अभिग्रहण *(Active experience vs Passive peception)*—मनोवैज्ञानिकों ने इन दोनों तरह के माध्यमों का तुलनात्मक अध्ययन किया है। जब स्रोत द्वारा सूचना ग्रहणकर्त्ता के सामने उपस्थित होकर सूचना दी जाती है, तो यह सक्रिय अनुभूति का उदाहरण बनता है। परंतु जब सूचनाग्रहणकर्त्ता दिवाल पर लिखे वाक्यों, दिवाल पर सटे पोस्टरों तथा स्रोत द्वारा लिखकर भेजवाये गये पत्रों के माध्यम से सूचना प्राप्त करता है, तो यह निष्क्रिय अभिग्रहण (passive reception) का उदाहरण बनता है। मनोवैज्ञानिकों द्वारा किये गये अध्ययनों से यह स्पष्ट हुआ कि निष्क्रिय अभिग्रहण (passive reception) द्वारा संचारित सूचनाएँ कम प्रभावशील होती है परंतु सक्रिय द्वारा संचारित सूचनाएँ अधिक प्रभावशील होती है क्योंकि ऐसी सूचनाओं पर व्यक्ति ध्यान कम देता है।

2. व्यक्तिगत संपर्क बनाम जन प्रभाव *(Personal contact versus Media influence)*—व्यक्तिग संपर्क में स्रोत द्वारा सूचना प्राप्तिकर्त्ता को व्यक्तिगत रूप से उससे बातचीत करके तथा उससे एक संपर्क कायम करके दिया जाता है। जन प्रभाव में सूचना का माध्यम रेडियो, दूरदर्शन, समाचार-पत्र आदि होता है। मैकोबी (Maccoby, 1980) एवं मैकोबी तथा एलेकजेण्डर (Maccoby & Alexander, 1980) ने एक अध्ययन किया जिसमें सूचना के इन दोनों माध्यमों की प्रभावशीलता का तुलनात्मक अध्ययन किया गया। इस अध्ययन में एक स्वास्थ्य संबंधी सूचना कुछ लोगों को जनसंपर्क के माध्यम से जैसे रेडियो, दूरदर्शन आदि से दी गयी तथा कुछ लोगों को वही सूचना संचारक या संप्रेषक द्वारा घर-घर घूम करके बातचीत द्वारा एक विशेष संपर्क स्थापित करने के बाद दिया गया। कुछ दिनों के बाद दी गई सूचना की प्रभावशीलता की जाँच करने पर पाया गया कि जन संपर्क से सूचना प्राप्त करने वाले व्यक्तियों में से बहुत कम लोग उस स्वास्थ्य संबंधी सूचना से प्रभावित हुए जबकि व्यक्तिगत संपर्क स्थापित करने के बाद प्राप्त सूचना से बहुत सारे व्यक्ति प्रभावित हुए और सूचना द्वारा दिये गये सुझाव को व्यवहार में लाया। इस अध्ययन से स्पष्ट हो जाता है कि जन संपर्क के माध्यम की तुलना में व्यक्तिगत संपर्क का माध्यम अधिक प्रभावशील (effective) होता है।

स्पष्ट हुआ कि संचार के माध्यम (medium) से भी सूचना की प्रभावशीलता पर असर पड़ता है।

4. ग्रहणकर्त्ता या प्राप्तिकर्त्ता की विशेषताएँ
(Characteristics of Receiver)

सूचना चाहे जिस माध्यम से क्यों न दिया जाये, इसकी प्रभावशीलता बहुत हद तक सूचना प्राप्तिकर्त्ता या ग्रहणकर्त्ता (receiver) पर भी निर्भर करता है। सूचना प्राप्तिकर्त्ता की कुछ ऐसी विशेषताएँ होतीं हैं जिनसे प्राप्त सूचना की ग्रहणशीलता प्रभावित होतीं हैं। ऐसी ही कुछ विशेषताओं में निम्नांकित प्रमुख है–

1. प्रत्ययकारिता *(Persuability)*—प्रत्ययकारिता एक ऐसा व्यक्तित्व शीलगुण है जिसमें व्यक्ति को आसानी से किसी दी गई सूचना में विश्वास उत्पन्न करने के लिए राजी किया जा सकता है। लेजारसफेल्ड (Lazarsfeld, 1984) ने अपने अध्ययन में पाया है कि जिन व्यक्तियों में प्रत्ययकारिता का शीलगुण होता है, उन्हें आसानी से दी गई सूचना को स्वीकार करा लिया जाता है। इसका मतलब यह हुआ कि सूचना प्राप्तिकर्त्ता में इस तरह के शीलगुण होने से सूचना की प्रभावशीलता अधिक होने की संभावना होती है।

2. आत्म-सम्मान *(Self-esteem)*—जिन व्यक्तियों में आत्म-सम्मान का गुण अधिक होता है उनमें आत्म-विश्वास भी अधिक होता है। ऐसे लोगों में आलोचनात्मक क्षमता (critical ability) अधिक होती है। इन्हें जब भी कोई सूचना दी जाती है, वे उसका पहले अपने स्तर से मूल्यांकन करते हैं और तब उसे ग्रहण करते हैं। अतः जिन व्यक्तियों में आत्म-सम्मान अधिक होता है, वे लोग दी गयी सूचना को तुरंत स्वीकार नहीं कर लेते हैं। मैकग्यूरी (McGurie, 1967) ने अपने अध्ययन के आधार पर इस तथ्य की संपुष्टि किया है। इन्होंने अपने अध्ययन में पाया कि जिन लोगों में आत्म-सम्मान अधिक होता है, उनमें सफलता का अपना बुलंद इतिहास होता है। ऐसे लोग किसी सूचना को तुरंत स्वीकार नहीं कर लेते हैं। यदि सूचना प्राप्तिकर्त्ता में अधिकतर लोग ऐसे ही हैं, तो सूचना की प्रभावशीलता कम होती है।

3. आक्रामकता *(Aggressiveness)*—मनोवैज्ञानिकों द्वारा किये गये अध्ययनों से यह भी स्पष्ट हुआ है जिन व्यक्तियों में आक्रामकता का शीलगुण अधिक होता है, वे किसी भी तरह की सूचना को जल्दी स्वीकार नहीं करते हैं। ऐसे लोग अपने दावे की वैधता में जरूरत से ज्यादा विश्वास रखते हैं। फलस्वरूप, वे लोग दी गई सूचना की वैधता को अधिक महत्त्व नहीं देते हैं। परिणामस्वरूप आक्रामकता का शीलगुण होने से सूचना की ग्राह्यशीलता या उसकी प्रभावशीलता में कमी आ जाती है।

स्पष्ट हुआ कि सूचना प्राप्तिकर्त्ता की कुछ विशेषताएँ होतीं हैं जिनसे संचार की प्रभावशीलता प्रभावित होती है।

संचार नेटवर्क
(Communication Network)

संचार नेटवर्क से तात्पर्य किसी समूह के सदस्यों के बीच संचार माध्यमों के विभिन्न पैटर्न से होता है। समाज मनोवैज्ञानिकों ने समूह में विशेषकर लघु समूह (small group) में विभिन्न तरह के संचार नेटवर्क तथा उनका समूह संतुष्टि (group satisfaction), कार्य-क्षमता (efficiency) तथा नेतृत्व प्रत्यक्षण (leadership perception) पर पड़नेवाले प्रभावों का अध्ययन किया है। संचार नेटवर्क का अध्ययन लिभिट्ट (Leavitt, 1951) तथा शॉ (Shaw, 1964) द्वारा किया गया है। लिभिट्ट (Leavitt, 1951) द्वारा किये गये अध्ययनों के आधार पर चार तरह के संचार नेटवर्क की पहचान की गयी है। इस अध्ययन मे पाँच व्यक्तियों का समूह था। वे चार तरहके संचार नेटवर्क इस प्रकार थे–

1. चक्र नेटवर्क *(Wheel network)*—इस तरह के नेटवर्क में समूह में एक व्यक्ति ऐसा होता है जिसकी स्थिति (position) अधिक केन्द्रित (centralised) होती है। (चित्र 31.2 देखें)। उसे लोग समूह के नेता के रूप में प्रत्यक्षण करते हैं।

2. शृंखला नेटवर्क *(Chain network)*—शृंखला नेटवर्क में समूह का प्रत्येक सदस्य अपने निकटतम सदस्य के साथ ही कुछ संचार कर सकता है (चित्र 30.2 देखें)। इस तरह के नेटवर्क में सूचना ऊपरी तथा निचली किसी भी दिशा में प्रभावित हो सकती है।

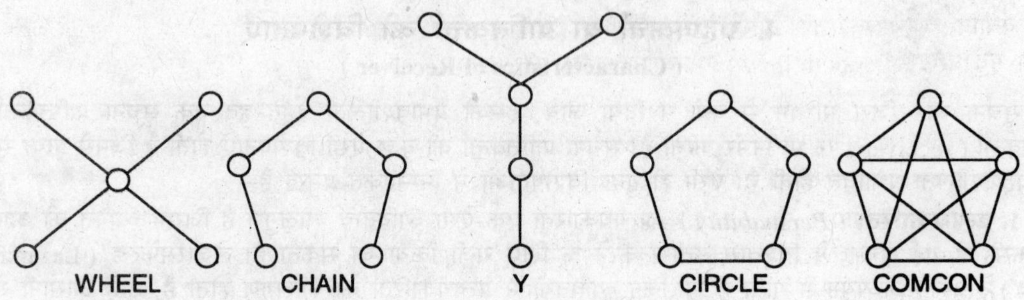

चित्र 31.2 : संचार नेटवर्क

3. वृत्त नेटवर्क *(Circle network)*—इस तरह के नेटवर्क में समूह का कोई सदस्य केन्द्रित स्थिति में नहीं होता है तथा संचार सभी दिशाओं में प्रभावित होता है (चित्र 31.2 देखें)।

4. वाई नेटवर्क *('Y' network)*—वाई नेटवर्क एक केन्द्रित नेटवर्क (centralised network) होता है जिसमें एक व्यक्ति ऐसा है जो अन्य व्यक्तियों की तुलना में अधिक महत्त्वपूर्ण होता है (चित्र 31.2 देखें)

शॉ (Shaw, 1964) ने अपने अध्ययन में पाँच तरह के संचार नेटवर्क का उल्लेख किया है। इनके अध्ययन में भी पाँच सदस्यों का एक समूह ने भाग लिया था और उनके बीच संचार नेटवर्क का अध्ययन किया गया था। इन पाँच नेटवर्क में चार तो वही थे जिनका वर्णन ऊपर किया जा चुका है तथा उनके अतिरिक्त एक और नेटवर्क पाया गया जिसका वर्णन इस प्रकार है—

5. कमकन नेटवर्क *(Comcon network)*—कमकन नेटवर्क में एक तरह से खुला संचार (open communication) होता है जिसमें समूह का प्रत्येक सदस्य दूसरे से सीधे संचार स्थापित करने के लिए स्वतंत्र होता है।

उपर्युक्त पाँच तरह के संचार नेटवर्क में दो अर्थात चक्र एवं वाई नेटवर्क केन्द्रित संचार तंत्र (centralised communication system) के उदाहरण है तथा बाकी तीन अर्थात श्रृंखला, वृत्त एवं कमकन नेटवर्क विकेन्द्रित संचार नेटवर्क (dencentralised network) के उदाहरण हैं। इन विभिन्न तरह के नेटवर्क का प्रभाव समूह निष्पादन (group performance) तथा समूह तुष्टि पर अलग-अलग पड़ता है। कुछ संचार नेटवर्क जैसे वृत्त नेटवर्क तथा कमकन नेटवर्क में संचार की दिशा मंद होती है तथा सदस्यों में समस्या समाधान की अक्षमता होती है। परंतु समूह के सदस्यों में तुष्टि (satisfaction) अधिक होती है। परंतु अधिक केन्द्रित पैटर्न जैसे चक्र (wheel) तथा वाई नेटवर्क में सदस्यों में कार्य-क्षमता (work efficiency) अधिक होती है परंतु इससे सदस्यों में तुष्टि (satisfaction) अधिक नहीं होती है। लिभिट्ट (Leavitt) ने अपने अध्ययन में यह भी पाया कि संचार नेटवर्क का पैटर्न अधिक केन्द्रित (centralised) होने से सदस्य द्वारा कार्य-उन्मुखी व्यवहार (task-oriented behaviour) अधिक किया जाता है। शॉ (Shaw, 1981) ने अपने अध्ययन में पाया कि जिस व्यक्ति को केन्द्रीय स्थिति (central position) में (जैसे चक्र नेटवर्क के केंद्र में) रखा जाता है, उसे समूह के अन्य सदस्य नेता के रूप में प्रत्यक्षण करता है। लिभिट्ट (Leavitt, 1951) के अध्ययनों के अनुसार सदस्यों में कार्य तुष्टि तथा मनोबल (morale) विकेन्द्रित नेटवर्क संचार (decentralised network communication) में केन्द्रित नेटवर्क संचार (centralised network communication) की तुलना में अधिक होती है। शॉ (Shaw, 1954) ने अपने अध्ययन में पाया कि केन्द्रित नेटवर्क (centralised network) साधारण कार्यों के लिए अधिक लाभकारी सिद्ध होता है परंतु कार्य का स्वरूप जटिल होने से विकेन्द्रित संचार नेटवर्क (decentralised communication network) तुलनात्मक रूप से अधिक प्रभावशील होता है।

प्रभावशील संचार के मार्ग में बाधाएँ
(Barriers to Effective Communiaction)

संप्रेषक (communicator) की कोशिश यह होती है कि उनके द्वारा किया गया संचार अधिक-से-अधिक प्रभावशील (effective) हो। परंतु कभी-कभी कुछ कारणों से या कारकों से संचार की प्रभावशीलता में कमी आ जाती

है क्योंकि इन कारकों की उपस्थिति से संचार के प्रवाह में बाधाएँ उत्पन्न होतीं हैं। कुछ ऐसे ही कारक जिनसे संचार का मृदु प्रवाह (smooth flow) प्रभावित होता है, का वर्णन निम्नांकित है—

1. सूचना में अस्पष्टता (vagueness in message)
2. सूचना में अजनाने में उत्पन्न विकृत्तियाँ (unintentional distortions of the message)
3. सूचना ग्रहणकर्त्ता की क्षमता की सीमाएँ (limitations of receiver's capacity)
4. भौतिक बाधाएँ (physical barriers)
5. संचार माध्यमों की गुणवत्ताहीन होना (poor quality of communication channel)
6. वैयक्तिक बाधाएँ (personal barriers)

इन सभी तरह के कारकों का वर्णन निम्नांकित है—

1. सूचना में अस्पष्टता *(Vagueness in message)*—संचार की प्रभावशीलता उस समय काफी कम हो जाती है जब संचारित सूचना में विभिन्न शब्दों तथा असाधारण व्यवहारों के प्रयोग से अस्पष्टता उत्पन्न हो जाती है। ऐसी परिस्थिति में संचारक या संप्रेषक का उद्देश्य कुछ खास तरह का संचार करना होता है परंतु इसका अर्थ सूचना प्राप्तिकर्त्ता द्वारा कुछ और ही लगाया जाता है। ऐसी परिस्थिति में संप्रेषक तथा सूचना प्राप्तिकर्त्ता द्वारा संचारित सूचना का अर्थ अलग-अलग लगाया जाता है। फलस्वरूप, संचार की प्रभावशीलता कम हो जाती है।

2. सूचना में अनजाने में उत्पन्न विकृतियाँ *(Unintentional distortions of the message)*—कभी-कभी सूचना प्राप्तिकर्त्ता (receiver) प्राप्त सूचना को अपने विशेष पूर्वाग्रह, मनोवृत्ति तथा अभिप्रेरण के कारण ठीक उसी ढंग से व्याख्या करता है, जिस ढंग से वह उसे चाहता है या पसंद करता है। ऐसी परिस्थिति में सूचना की व्याख्या वास्तविक एवं वस्तुनिष्ठ न होकर आत्मनिष्ठ (subjective) हो जाती है। इससे सूचना की व्याख्या में अनजाने में कई तरह की विकृतियाँ (distorting) उत्पन्न हो जातीं हैं और सूचना का मृदु प्रवाह बाधित हो जाता है।

3. सूचना ग्रहणकर्त्ता की क्षमता की सीमाएँ *(Limitations of receiver's capacity)*—संचार की प्रभावशीलता (effectiveness) इसलिए भी कम हो सकती है क्योंकि सूचना ग्रहणकर्त्ता में पर्याप्त क्षमताएँ नहीं हो। संभव है कि सूचना प्राप्तिकर्त्ता के पास शब्दावली अपर्याप्त हो, वह कम बुद्धि का हो, उसमें श्रवण दोष हो तथा उसमें ध्यान क्षणभंगुरता जैसे गुण विराजमान हों। ऐसी परिस्थिति में प्राप्त सूचना की उचित व्याख्या वह नहीं कर पाता है और वह कुछ और ही अर्थ उससे निकाल पाता है। इससे सूचना में अस्पष्टता उत्पन्न हो जाती है और संचार की प्रभावशीलता कम हो जाती है।

4. भौतिक बाधाएँ *(Physical barriers)*—भौतिक बाधाओं से भी संचार की प्रभावशीलता में कमी आ जाती है। अनावश्यक आवाज, अत्यधिक दूरी, अत्यधिक दृष्टि आदि भौतिक कारकों से संचार की प्रवाहशीलता में बाधाएँ उत्पन्न हो जातीं हैं। इन कारकों से कभी-कभी संप्रेषक से संचारित सूचना प्राप्तिकर्त्ता तक नहीं पहुँच पाता है। इससे संचार का वास्तविक उद्देश्य पराजित हो जाता है।

5. संचार माध्यमों की गुणवत्ता में कमी *(Poor quality of communication channel)*—संचार को प्रभावी बनाने के लिए संप्रेषक विभिन्न तरह के संचार माध्यमों का उपयोग करता है। इसमें दूरभाष, पत्राचार आदि का उपयोग सर्वाधिक होता है। जब दूरभाष का उत्तम प्रबंध होता है, तो संचार की प्रवाहिता काफी अधिक होती है। परंतु यदि दूरभाष में विध्न एवं बाधाएँ होती हैं, तो संचार ठप्प पड़ जाता है और उसकी प्रभावशीलता लगभग समाप्त हो जाती है। बड़े-बड़े संगठनों (organisations) तथा संस्थानों में दूरभाष की सेवा में विध्न पड़ने से उनकी उत्पादकता क्षमता (production capacity) में सुल्ज (Shultz, 1989) के अध्ययन के परिणाम के अनुसार, लगभग 65% की कमी हो जाती है। दूरभाष के अलावा संचार के अन्य माध्यम जैसे पत्राचार, वैयक्तिक संपर्क आदि चूँकि अधिक समय लेने वाला संचार का माध्यम है और इसकी गुणवत्ता पर अधिक भरोसा नहीं किया जा सकता है, अतः इनसे भी संचार की प्रभावशीलता अधिक उत्तम नहीं हो पाती है।

6. संप्रेषक की वैयक्तिक बाधाएँ *(Personal barriers of communication)*—कभी स्वयं संप्रेषक का ही व्यक्तित्व शीलगुण संचार के मृदु प्रभावशीलता में बाधक हो जाता है। संप्रेषक में अनावश्यक रूप से डरने का गुण,

हिचकिचाहट, भाषा-दोष, श्रवण-दोष, बुद्धि की कमी आदि पाया जाता है। इन कारकों के होने से संप्रेषक अपनी इच्छाओं एवं भावनाओं की अभिव्यक्ति ठीक ढंग से नहीं कर पाता है। फलस्वरूप, संचार की प्रवाहिता तथा प्रभावशीलता (effectivness) दोनों ही काफी प्रभावित हो जाते हैं।

निष्कर्षतः यह कहा जा सकता है कि संचार की प्रभावशीलता कई कारकों से प्रभावित होता है। इन कारकों को दूर करके या उसे नियंत्रित करके हम संचार को अधिक प्रभावकारी बना सकते हैं तथा उसकी प्रवाहिता में वृद्धि कर सकते हैं।

भाषा का अर्थ एवं तत्त्व
(Meaning and Components of Language)

मनुष्यों को पशुओं से मूलतः इसलिए अलग किया जाता है कि मनुष्यों के पास संचार (commuication) के लिए एक अपना विकसित भाषा (language) होता है भाषा क्या है ? भाषा से तात्पर्य ध्वनि पैटर्न (शब्द एवं वाक्य) का एक संरचित तंत्र (structured system) से होता है जिसका सामाजिक रूप से स्वीकृत एवं मानक अर्थ (standard meaning) होता है। डि भिटो (De Vito, 1970) के अनुसार भाषा द्वारा संकेतों (symbols) का एक ऐसा सेट प्रदान किया जाता है जो मानव वातावरण (human environment) में वस्तुओं, घटनाओं एवं प्रतिक्रियाओं को ठीक ढंग से क्रमबद्ध करता है। सारांश यह है कि भाषा एक ऐसा माध्यम है जिसके द्वारा व्यक्ति अपने इच्छाओं, भावनाओं, विचारों आदि को एक सामाजिक रूप से स्वीकृत मानक संकेतों (standardised symbols) के रूप में अभिव्यक्त करता है।

भाषा विकास के क्षेत्र में किये गये अध्ययनों से यह स्पष्ट हुआ है कि भाषा के चार प्रमुख तत्त्व (components) होते हैं जो निम्नांकित हैं—

1. स्वर विज्ञान *(Phonology)*—इसमें भाषा की ध्वनियों के तंत्र (system) का वर्णन किया जाता है। दूसरे शब्दों में, इस विज्ञान में इस बात का अध्ययन किया जाता है कि किस तरह से मौलिक ध्वनि इकाई जिसे ध्वनिग्राम (phoneme) कहा जाता है, को एक साथ मिलाकर शब्दों का निर्माण किया जाता है और किस तरह से वाक्यों एवं वाक्याशों (phrases) के स्वर शैली (intonation) पैटर्न का निर्धारण होता है। ध्वनिग्राम से तात्पर्य भाषा की लघुत्तम इकाई से होती है जिसमें परिवर्तन होने से उसके अर्थ में परिवर्तन हो जाता है। जैसे, 'लड़का' तथा 'लड़की' के अर्थ में जो अंतर हो रहा है वह अंतिम ध्वनिग्राम में अंतर होने से होता है।

2. अर्थ विज्ञान *(Semantics)*—भाषा के इस पहलू में शब्दों एवं वाक्यों के अर्थ का अध्ययन किया जाता है। इस विज्ञान में अन्य बातों के अलावा दो बातों पर विशेष रूप से ध्यान दिया जाता है। व्यक्ति विभिन्न शब्दों एवं वाक्यों का अर्थ कैसे समझता है तथा कब समझना प्रारंभ कर देता है ? दूसरा, व्यक्ति शब्दों का उपयोग उसके अर्थ को अभिव्यक्त करने के लिए कैसे सीखता है ? इस क्षेत्र में किये गये अध्ययनों से यह स्पष्ट हुआ है कि शब्दों के अर्थ के कई पहलुओं का ज्ञान बच्चों में नयी-नयी अनुभूतियों एवं वातावरण के वस्तुओं की विशेषताओं एवं उनके संबंधों को जानने पर आधारित होती है।

3. वाक्य-विन्यास का वाक्य रचना *(Syntax)*—वाक्य रचना या वाक्य विन्यास द्वारा भाषा की रचना का अध्ययन किया जाता है। दूसरे शब्दों में, वाक्य-विन्यास द्वारा भाषा के उन नियमों का अध्ययन किया जाता है जो वाक्य में शब्दों के क्रम (order) तथा कार्य का निर्धारण करते हैं। इसमें इस बात का उल्लेख होता है कि किस तरह से वाक्य में अलग-अलग शब्दों का अर्थ आपस में मिलकर वाक्य के अर्थ का निर्धारण करते हैं। प्रत्येक भाषा का वाक्य रचना-संबंधी नियम अलग-अलग होते हैं और इन नियमों के सीखने से व्यक्ति में भाषा संबंधी सर्जनात्मकता (linguistic creativity) के वृद्धि का अवसर बढ़ जाता है।

वाक्य विन्यास (syntax) तथा अर्थ विज्ञान (semantics) भाषा के दो ऐसे पहलू हैं जिन्हें पूर्णतः एक-दूसरे से अलग करना संभव नहीं है। वाक्य की रचना और उसका अर्थ दोनों ही एक-दूसरे से पूर्णतः संबंधित होते हैं। आधुनिक समय में भाषा के इन दोनों पहलुओं को संयोजित करने का उत्तम प्रयास हुआ है तथा रचना एवं अर्थ के बीच के संबंध के अध्ययन को और भी मजबूत करने पर बल डाला गया है। वाक्य रचना से संबंधित नियमों का ज्ञान बच्चों में लगभग 4 या 5 साल की आयु तक पूर्ण हो जाता है परंतु उसके अर्थ से संबंधित ज्ञान उनके बाद भी विकसित होते रहता है।

4. व्यावहारिकी *(Pragmatics)*—भाषा का यह चौथा पहलु है, जिससे तात्पर्य किसी वास्तविक परिस्थिति में बोलने तथा सुनने वाले व्यक्तियों द्वारा भाषा के वास्तविक उपयोग के निर्धारण से होता है। भाषा के इस तथ्य या पहलू की उत्पत्ति का मूल आधार यह पूर्वकल्पना होती है कि व्यक्ति के भाषा के अधिक अंशों को उसके संदर्भ तथा वास्तविक परिस्थिति जिसमें उसका उपयोग किया जाता है, के ज्ञान के अभाव में समझा नहीं जा सकता है। व्यवहारिकी का संबंध इस बात से भी होता है कि व्यक्ति या बच्चे बातचीत संबंधी नियमों को कैसे सीखते हैं और इस तरह से भाषा के इस पहलू द्वारा भाषा विकास (language development) तथा भाषा का महत्त्वपूर्ण उद्देश्य अर्थात संचार (communication) के बीच एक स्पष्ट संबंध हो पाता है।

स्पष्ट हुआ कि भाषा के प्रमुख चार तत्त्व हैं। इन तत्त्वों के आपसी संयोजन से ही भाषा का उत्तम विकास हो पाता है तथा व्यक्ति में भाषीय सर्जनात्मक (linguistic creativity) विकसित हो पाता है।

भाषा के कार्य
(Functions of Language)

व्यक्ति भाषा क्यों सीखता है ? इस प्रश्न का प्रत्यक्ष उत्तर यह है कि व्यक्ति भाषा इसलिए सीखता है क्योंकि भाषा का उपयोग करके वह दिन-प्रतिदिन के कई तरह के कार्यों को सही-सही ढंग से सम्पन्न कर पाता है। हालीडे (Halliday, 1975) ने भाषा के निम्नांकित सात प्रमुख कार्यों का वर्णन किया है जो अपने आप में महत्त्वपूर्ण है—

1. साधनात्मक कार्य *(Instrumental function)*—भाषा का एक प्रमुख कार्य व्यक्ति को अपनी आवश्यकताओं की अभिव्यक्ति में मदद करता है। भाषा का उपयोग करके बच्चे या व्यक्ति अपनी आवश्यकता की अभिव्यक्ति करते हैं तथा फिर उस अभिव्यक्ति से उनकी आवश्यकताएँ तुष्ट हो पातीं हैं।

2. विनियामक कार्य *(Regulatory function)*—भाषा का उपयोग करके व्यक्ति दूसरे के व्यवहारों को बहुत हद तक नियंत्रित कर पाता है। जैसे, भाषा का उपयोग करके व्यक्ति दूसरों को किसी खास तरह का व्यवहार करने तथा अन्य विशेष प्रकार का व्यवहार न करने का आदेश देता है तथा इस तरह से वह दूसरों के व्यवहार पर नियंत्रण रख पाता है।

3. अन्तर्वैयक्तिक कार्य *(Interpersonal function)*—भाषा का उपयोग करके व्यक्ति अपने सामाजिक जिन्दगी को अधिक जागरूक बनाता है। दूसरे शब्दों में भाषा का उपयोग बच्चे अपने सामाजिक जिन्दगी में अंतःक्रिया करने के लिए करते हैं। इससे उनका सामाजिक जिन्दगी अधिक उपयोगी हो पाता है।

4. वैयक्तिक कार्य *(Personal function)*—भाषा व्यक्ति को अपने विचारों, भावों एवं मनोवृत्ति को अभिव्यक्ति करने में मदद करता है। भाषा की मदद से व्यक्ति अपना वैयक्तिक पहचान (personal idnetity) स्थापित कर पाता है।

5. स्वतः शोध कार्य *(Heuristic function)*—जब व्यस्क या बच्चे अपने वातावरण से अपने आपको अलग कर सकने की सामर्थ्यता विकसित कर लेते हैं, तो वे भाषा का उपयोग अपने वातावरण को समझने तथा उसके नये-नये पहलुओं को खोज करने से करते हैं।

6. काल्पनिक कार्य *(Imaginative function)*—भाषा के ही माध्यम से व्यक्ति वास्तविकता से दूर हटकर अपनी कल्पनाशक्ति को मजबूत करता है तथा तरह-तरह के सर्जनात्मक कार्य (creative functions) में सक्रिय योगदान कर पाता है।

7. सूचनात्मक कार्य *(Informative function)*—भाषा का एक कार्य नयी-नयी सूचनाओं के आदान-प्रदान में मदद करना होता है। भाषा के माध्यम से व्यक्ति दूसरों को नयी सूचना देता है तथा दूसरों से नयी सूचना प्राप्त करता है।

उपर्युक्त विवरण से यह स्पष्ट है कि भाषा द्वारा कई तरह के कार्य किये जाते हैं। उपर्युक्त तथ्यों के आलोक में यह कहा जा सकता है कि भाषा व्यक्ति के प्रत्यक्षण को संगठित करता है, उसके चिन्तन को निर्देशित करता है, क्रियाओं को नियंत्रित करता है तथा स्मृति को मजबूत करता है। दूसरे शब्दों में, भाषा से व्यक्ति का संज्ञान (cognition) विकसित एवं मजबूत होता है।

भाषा विकास के सिद्धांत
(Theories of Language Development)

व्यक्ति में भाषा का विकास कैसे होता है, इसकी व्याख्या कई दृष्टिकोणों से की गयी है। एक उपागम (approach) या दृष्टिकोण से व्यक्ति में भाषा के विकास का आधार उसके जैविक तंत्र (biological system) होते हैं जो व्यक्ति में जन्मजात होता है। अतः इस उपागम के अनुसार भाषा व्यक्ति का एक जन्मजात गुण होता है जो अपने आप विकसित होता है। दूसरा उपागम या दृष्टिकोण ठीक इसके विपरीत है जो इस बात पर बल डालता है कि भाषा व्यक्ति का एक अर्जित (acquired) या सीखा गया गुण होता है। विशेष प्रयास करके भाषा को व्यक्ति सीखता है। तीसरा उपागम इन दोनों उपागमों का प्रतिफल (product) है जो यह मानता है कि व्यक्ति जैविक रूप से किसी भाषा को सीखने के लिए तत्पर रहता है और विशेष प्रयास करने पर वह उसे सीख लेता है। इन तीनों उपागमों के आलोक में भाषा विकास के निम्नांकित तीन सिद्धांतों का वर्णन किया गया है—

(1) जैविक या संज्ञानात्मक सिद्धांत (Biological or Cognitive theory)

(2) अधिगम सिद्धांत (Learning theory)

(3) अंतःक्रियावादी सिद्धांत (Interactionist theory)

इन सबों का वर्णन अलग-अलग अनुच्छे में किया जाएगा।

जैविक या संज्ञानात्मक सिद्धांत
(Biological or Cognitive Theory)

इस सिद्धांत का सार तत्त्व यह है कि भाषा व्यक्ति का जन्मजात गुण (innate property) होता है। इस सिद्धांत के समर्थन में कई मनोवैज्ञानिकों द्वारा योगदान किये गये हैं जिनमें निम्नांकित प्रमुख हैं—

(1) भाषा के जैविक सिद्धांत के सबसे बड़े समर्थक चौमस्की (Chomsky, 1968) हैं जिनका मत है कि मानव तंत्रिकातंत्र में एक विशेष मानसिक संरचना (mental structure) होती है जिसमें भाषा को अर्जित करने की एक जन्मजात क्षमता होती है। चौमस्की का मत है कि बच्चों में जन्मजात तंत्रिका प्रक्रम (innate neurological mechanism) होता है जो लगभग व्याकरण (grammar) के समान होता है। इसी प्रक्रम के कारण बच्चे वाक्य-विन्यास (syntax) को सीख लेते हैं। इस तरह के प्रक्रम को *भाषा अधिग्रहण तंत्र* (Language Acquisition Device या LAD) या अधिगम मॉडल (Aquisition model या AM) कहा जाता है। इसी तरह से चौमस्की के अनुसार प्रत्येक व्यक्ति या बच्चा में भाषा सीखने की एक जन्मजात अंतःशक्ति (innate potentital) होती है। चौमस्की के अनुसार भाषा विकास की निपुणता (competence) इस बात पर आधारित होती है कि बच्चों में वाक्य विन्यास के नियमों का ज्ञान कितना है और इसी ज्ञान पर नये वाक्यों को बनाकर बोलने की क्षमता निर्भर करता है। चौमस्की ने ऐसे नियमों को दो भागों में बाँटा है—सतही संरचना (surface structure) से संबंधित नियम तथा गहरी संरचना (deep structure) से संबंधित नियम। किसी वाक्य की सतही संरचना (surface structure) से तात्पर्य उसके विभिन्न अंशों (parts) जैसे संज्ञा, क्रिया कर्म आदि तथा उनके आपसी संबंध से होता है। वाक्य के अर्थ का निर्धारण गहरी संरचना (deep structure) से होता है। भाषा को समझने में सबसे बड़ी दिक्कत या कठिनाई वाक्य की सतही संरचना के आधार पर गहरी संरचना का पता लगाने में होता है। दूसरे शब्दों में, भाषा को समझने में सबसे बड़ी कठिनाई वाक्य के विभिन्न अंशों यथा संज्ञा, क्रिया, कर्म आदि तथा उनकी आपसी संबंध के आधार पर उसके अर्थ (meaning) का पता लगाना होता है। चौमस्की के अनुसार व्यक्ति यह कार्य दो तरह के नियमों के आधार पर कर पाता है—*वाक्यांश संरचना नियम* (phrase structure rule) तथा *रूपान्तर संबंधी नियम*(transfomational rule)। इन दोनों नियमों को एक साथ मिला कर*रूपातंर संबंधी नियम* (transfomational grammar) कहा जाता है। वाक्यांश संरचना नियम का संबंध वाक्यांश के शब्द इकाइयों (words unit) के प्रकार एवं कार्य (function) से होता है। जैसे 'दी इण्डियन' (The Indian) एक संज्ञा वाक्यांश (noun phrase) का उदाहरण है। इसकी संरचना (structure) में दो शब्द मिले हैं—एक उपपद (article) तथा एक संज्ञा (noun)। वाक्यांश संरचना नियम के अनुसार एक संज्ञा (इण्डियन) हो सकता है, एक उपपद तथा एक संज्ञा (दी इण्डियन) हो सकता है या एक उपपद, एक विशेषण तथा एक संज्ञा हो सकता है (दी गुड इण्डियन) । रूपान्तर-संबंधी नियम (transformational rules) से तात्पर्य वैसे नियमों से होता है जो वाक्यांश की संरचना (structure) को अर्थ में बदलने में मदद करता

है। संक्षेप में, ऐसे नियमों द्वारा हम किसी वाक्य के अर्थ को समझ पाते हैं। जैसे, किसी रूपांतर-संबंधी नियम में यह उल्लेख हो सकता है कि वाक्य में एक कम-से-कम संज्ञा वाक्यांश (noun phrase) तथा एक क्रिया वाक्यांश (verb phrase) हो (जैसे भारतीय शाकाहारी भोजन पसंद करते हैं) इस उदाहरण में संज्ञा वाक्यांश तथा क्रिया वाक्यांश दोनों ही मिलकर वाक्य का निर्माण कर रहे हैं। चौमस्की के अनुसार इन नियमों को सीखने की क्षमता व्यक्ति में जन्मजात होती है।

(2) लेनेवर्ग (Lenneberg, 1967) दूसरे ऐसे मनोवैज्ञानिक हैं जिन्होंने इस बात पर बल डाला है कि भाषा सीखने की क्षमता व्यक्ति में जन्मजात होती है तथा जाति-विशिष्ट (species-specific) होता है। इनका मत है कि भाषा का विकास विशिष्ट जैविक प्रक्रम (specialized biological mechanism) पर आधारित होता है जो बच्चों को भाषा सीखने के लिए उन्मुख करता है। इन जैविक निर्धारकों (biological determinants) में अन्य चीजों के अलावा उच्चारण तंत्र (articulatory system), भाषा विकास के लिए जिम्मेवार विशिष्ट मस्तिष्कीय केंद्र (specific brain centre) तथा विशिष्ट श्रवण तंत्र जो ध्वनि भाषा को गुणात्मक रूप से अन्य ध्वनियों से अलग करता है, आदि प्रमुख है। लेनेवर्ग ने अपने जैविक विचारधारा (biological viewpoint) के समर्थन में यह भी बतलाया है कि संसार के प्रत्येक सामान्य बच्चों में भाषा विकास एक निश्चित क्रम (order) में होता है तथा सांस्कृतिक विभिन्नताओं (cultural variations) के बावजूद भाषा विकास ऐसे सभी बच्चों में समान दर से होता है। जैसे, संसार के सभी सामान्य बच्चे छह महीने की आयु में बलबलाना प्रारंभ कर देते हैं। पहले साल के अंत तक पहला शब्द बोलने लगते हैं, दूसरे साल के अंत तक दो शब्दों को मिलाकर बोलने लगते हैं तथा 4 या 5 साल की आयु तक के वाक्य विन्यास (syntax) के नियमों को सीख लेते हैं। लेनेवर्ग के अनुसार भाषा विकास के ये सभी निश्चित क्रम का आधार जैविक परिपक्वता (biological maturation) होता है जो जन्मजात होता है।

लेनेवर्ग (Lenneberg, 1967) ने अपने जैविक सिद्धांत में यह भी दलील उपस्थित किया है कि मनुष्य जैविक विकास (biological development) के एक निश्चित अवस्था में अर्थात शैशवावस्था (infancy) से तरुणावस्था (puberty) के बीच ही भाषा को अधिक आसानी एवं तेजी से सीख पाते हैं। तरुणावस्था के पहले बच्चे किसी भी भाषा में प्रवाहिता (fluency) प्राप्त कर सकते हैं परंतु तरूणावस्था के बाद उन्हें किसी अन्य भाषा को सीखना काफी कठिन हो जाता है। लेनेवर्ग ने अपने अध्ययन के आधार पर यह भी बतलाया है कि मस्तिष्कीय क्षति (brain damage) के कारण यदि भाषा में उत्पन्न ह्रास तरुणावस्था के बाद होता है, तो उसकी क्षतिपूर्ति कठिन हो जाती है। इन सारे प्रेक्षणों के संदर्भ में लेनेवर्ग का अंतिम तर्क यह था कि भाषा के विकास का आधार जैविक (biological) होता है जिसका स्वरूप जन्मजात (innate) होता है।

यद्यपि व्यक्ति किसी भी भाषा को सीखने के लिए जैविक रूप से उन्मुख रहता है, फिर भी यह कहना कि भाषा विकास के सभी पहलू का आधार जैविक ही होता है, उचित नहीं है। जैविक सिद्धांत की कुछ परिसीमाएँ (limitations) है जिनमें निम्नांकित प्रमुख हैं—

(i) डेनजिन (Denzin, 1977) ने यह कहा है कि अगर बच्चे पुनर्बलन (reinforcement), अनुकरण (imitation) आदि के आधार पर शब्दों को बोलना न सीखकर वे अपने जन्मजात जैविक प्रक्रम के आधार पर ही उसे सीखते है तो प्रश्न यह उठता है कि वे इन शब्दों के सही उच्चारण के लिए बने नियमों को कैसे सीख पाते हैं ? इस प्रश्न का उत्तर लेनेवर्ग के सिद्धांत में नहीं मिलता है।

(ii) भाषा विकास के उक्त सिद्धांत में जन्मजात जैविक प्रक्रम (innate biological mechnism) पर अधिक बल डाला गया है। परंतु आलोचकों को मत है कि कहीं भी लेनेवर्ग ने अपने सिद्धांत में यह स्पष्ट नहीं किया है कि जन्मजात जैविक प्रक्रम से उनका क्या तात्पर्य था तथा वह किस तरह से भाषा को सीखने में मदद करता है।

उपर्युक्त सीमाओं के आलोक में यह कहा जा सकता है कि भाषा विकास के जैविक सिद्धांत की व्याख्या द्वारा उसके सभी पहलुओं की व्याख्या नहीं हो पाती है।

अधिगम सिद्धांत
(Learning theory)

कुछ मनोवैज्ञानिकों ने सीखने की व्याख्या, अनुबंधन (conditioning) के नियमों के संदर्भ में करते हुए कहा है कि भाषा विकास की व्याख्या अनुबंधन नियमों से ठीक उसी प्रकार होती है जैसा कि समाज मनोविज्ञान के क्षेत्र में अन्य व्यवहारों की व्याख्या होती है। इन मनोवैज्ञानिकों में स्कीन्नर (Skinner, 1957), मिलर तथा डोल्लार्ड (Miller &

Dollard, 1941) तथा माऊर्र (Mowrer, 1960) के नाम उल्लेखनीय है। इन मनोवैज्ञानिकों का दावा है कि भाषा विकास की व्याख्या क्लासिकी एवं क्रियाप्रसूत अनुबंधन (operant conditioning) के नियमों द्वारा की जा सकती है। इन मनोवैज्ञानिकों के अनुसार प्रारंभ में बच्चे कई तरह की ध्वनियाँ उत्पन्न करते हैं जिनका अर्थ न तो स्वयं उनके लिए होता है और न उन वयस्क के लिए जो उसके वातावरण में होते हैं। धीरे-धीरे बच्चे सिर्फ वैसे ही ध्वनि करने की कोशिश करते हैं जैसा कि वयस्क भाषा (adult language) में किया जाता है। वयस्क ऐसे ध्वनियों के प्रति धनात्मक रूप (positively) से अनुक्रिया करते हैं तथा उन्हें 'शाबास' आदि कहकर पुरस्कृत भी करते हैं। माता-पिता या अन्य वयस्क से इस तरह के क्रमबद्ध प्रोत्साहन तथा पुनर्बलन (reinforcement) पाकर बच्चे सही आवाज को उत्पन्न करना सीख लेते हैं। इतना ही नहीं, माता-पिता बच्चों द्वारा गलत उच्चारण किये जाने पर उसका सही उच्चारण करके शब्दों को ठीक ढंग से बोलने का अभ्यास कराते हैं। इसे बच्चे अनुकरण करते हैं और धीरे-धीरे वे उन शब्दों को सही-सही ढंग से बोलना सीख लेते हैं।

इस तरह से इन मनोवैज्ञानिकों का मत है कि भाषा व्यक्ति का एक अर्जित गुण होता है न कि जन्मजात गुण होता है। भाषा विकास के दौरान बच्चे पहले ध्वनियों को मिलाकर शब्द बनाना सीखते हैं। इसे रूपात्मक विकास (morphological development) कहा जाता है। इसके बाद बच्चे इन शब्दों के प्रति किये गये माता-पिता या अन्य वयस्कों की प्रतिक्रियाओं के आलोक में शब्दों को एक साथ मिलाकर उसका विशेष अर्थ निकालने की कोशिश करते हैं। इसे *अर्थगत विकास* (semantic development) कहा जाता है।

इस सिद्धांत के समर्थकों के अनुसार बच्चों में भाषा विकास में अन्य बातों के अलावा सीखने के तीन संप्रत्ययों (concepts) अर्थात पुनर्बलन (reinforcement), अनुकरण (imitation) तथा समाान्यीकरण (generalization) की भूमिका महत्त्वपूर्ण होती है। बच्चे अपने माता-पिता या अन्य वयस्क द्वारा बोले गये शब्दों का अनुकरण कर बोलते हैं जिसे सुनकर माता-पिता उन्हें पुनर्बलित (reinforce) करते हैं तथा प्रोत्साहन देते हैं। बच्चे फिर उन शब्दों को धीरे-धीरे बोलना सीख जाते है और उसका उपयोग विभिन्न परिस्थितियों में करने लगते हैं। (सामान्यीकरण)। सिद्धांत के इस दावे के समर्थन में रोजेन्थल, जिम्मरमैन तथा डर्निग (Rosenghal, Zimmerman & During, 1970) ने एक प्रयोग किया जिसमें यह देखा गया कि अनुकरण (limitation) द्वारा बच्चों के शाब्दिक व्यवहार (verbal behaviour) के कुछ पहलुओं को परिवर्तित किया जा सकता है। उसी तरह रेनगोल्ड, गीवर्ज तथा रॉस (Rheingold, Gewirtz & Ross, 1959) ने अपने अध्ययन में पाया कि 3 महीने की आयु वाले शिशुओं को स्वरीकरण (vocalization) के लिए यदि सामाजिक पुनर्बलन (social reinforcement) दिया जाता है, तो उनमें स्वरीकरण की मात्रा में पर्याप्त वृद्धि हो जाती है। उसी तरह से राऊथ (Routh, 1969) ने अपने अध्ययन में पाया कि बच्चों को पुनर्बलन (reinforcement) के आधार पर विशेष तरह की ध्वनि को उत्पन्न करने की क्षमता को बढ़ाया या घटाया जा सकता है।

यद्यपि भाषा विकास के सीखने के सिद्धांत द्वारा भाषा विकास की व्याख्या सीधे ढंग से होती है, फिर भी सिद्धांत की आलोचना निम्नांकित बिन्दुओं पर की गयी है।

(i) भिन्न-भिन्न संस्कृतियों में बच्चों के भाषा विकास के दौरान भिन्न-भिन्न ढंग से तथा भिन्न-भिन्न तरह के सामाजिक पुनर्बलन (social reinforcement) दिये जाते हैं। ऐसी परिस्थिति में अधिगम या सीखने के सिद्धांत के अनुसार विभिन्न संस्कृति के बच्चों के भाषा विकास में विभिन्नता होनी चाहिए थी। परंतु सचमुच में ऐसा होता नहीं है। सांस्कृतिक विभिन्नताओं एवं सामाजिक पुनर्बलन में विभिन्नताओं के बावजूद उनमें भाषा-विकास एक खास क्रम में लगभग एक समान होता पाया जाता है। लेन्नेवर्ग (Lenneberg, 1969) ने अपने अध्ययन में इस तथ्य की संपुष्टि किया है। इन्होंने अपने अध्ययन से यह स्पष्ट किया है कि शिशुओं में भाषा विकास माता-पिता द्वारा बोले गये शब्दों की ध्वनियों की मात्रा, प्रकृति आदि द्वारा प्रभावित नहीं होता है—

(ii) भाषा विकास के अधिगम सिद्धांत की एक आलोचना यह भी है कि अक्सर बच्चे वैसे शब्दों या वाक्यों को भी बोलते हैं जिसे वे अपने माता-पिता या परिवार के अन्य वयस्क को बोलते नहीं सुने होते हैं। इससे यह पता चलता है कि बच्चे अनुकरण के अभाव में भी कुछ शब्दों या वाक्यों को बोलना तथा उसके अर्थ को समझना सीख लेते हैं। जैसे, बच्चे कभी-कभी 'रोटी' को 'ओटी' बोलते हैं जबकि माता-पिता से वे हमेशा 'रोटी' ही सुनते हैं। ऐसे शब्दों के सीखने की व्याख्या अधिगम सिद्धांत द्वारा नहीं हो पाती है।

(iii) अधिगम सिद्धांत की एक मान्यता यह है कि माता-पिता बच्चों के संभाषण (speech) में शुद्धिकरण (correction) करते हैं जिनसे बच्चे शब्दों को सही-सही बोल पाते हैं तथा उसका अर्थ समझ पाते हैं। परंतु मनोवैज्ञानिकों

का मत है कि यदि माता-पिता तथा बच्चे की अंतःक्रिया पर ध्यानपूर्वक विचार किया जाये तो यह स्पष्ट होगा कि माता-पिता बच्चों द्वारा बोले गये शब्दों या वाक्यों में शुद्धिकरण करने के बजाय यह समझने पर अधिक बल डालते हैं कि बच्चा क्या कहने की कोशिश कर रहा है। इतना ही नहीं, काजडेन (Cazden, 1965) ने तो यहाँ तक दिखलाया है कि यदि थोड़े देर के लिए शुद्धिकरण की बात को सही भी मान लिया जाता है तो इस तरह के शुद्धिकरण से बच्चों में भाषा विकास पर कोई अनुकूल प्रभाव नहीं पड़ता है। इनके प्रयोग में बच्चों का दो समूह लिया गया। बच्चों के एक समूह में बच्चों द्वारा बोले गये शब्दों या वाक्यों को प्रयोगकर्त्ता द्वारा दोहराया नहीं गया। बच्चों के दूसरे समूह में प्रयोगकर्त्ता द्वारा बच्चों द्वारा बोले गये शब्दों या वाक्यों को सावधानीपूर्वक केवल दोहराया ही नहीं गया बल्कि उसे एक व्याकरण प्रारूप के अनुरूप करते हुए शुद्ध करके भी बोला गया। बाद में कई भाषायी मापों (linguistic measures) के आधार पर उसके भाषा विकास का माप किया गया। परिणाम में देखा गया कि जिस समूह की भाषा को शुद्ध करके बच्चों को सुनाया गया था, का निष्पादन नियंत्रित समूह (control group) अर्थात उस समूह जिससे प्रयोगकर्त्ता ने बच्चों द्वारा बोले गये शब्दों को दोहराया नहीं था, के निष्पादन से कुछ ही अधिक उत्तम था।

(iv) मनोवैज्ञानिकों का मत है कि यदि बच्चे सिर्फ उन्हीं शब्दों को सीख पाते हैं जिनका वे ठीक ढंग से अनुकरण करते हैं तथा जिसके करने के बाद उन्हें पुनर्बलन (reinforcement) दिया जाता है, तो वे वैसे वाक्य या शब्द को कैसे बोल पाते हैं जिनके बारे में वे कभी भी दूसरों से सुने नहीं होते हैं। इस प्रश्न का उत्तर भाषा विकास के अधिगम सिद्धांत में नहीं मिलता है। दिन-प्रतिदिन के प्रेक्षणों से यह स्पष्ट है कि बच्चे तथा वयस्क दोनों ही द्वारा नये-नये वाक्यों एवं शब्दों का उपयोग काफी अधिक किया जाता है जिनके लिए न तो वे अनुकरण करते हैं और न ही उन्हें किसी प्रकार का पुनर्बलन (reinforcement) ही मिलता है।

इन आलोचनाओं के बावजूद भाषा विकास के अधिगम सिद्धांत में भाषा सीखने के प्रमुख तत्त्वों, प्रशिक्षण अनुकरण तथा पुनर्बन को महत्त्वपूर्ण माना गया है।

अंत:क्रियावादी सिद्धांत
(Interactionist Theory)

इस सिद्धांत पर आधुनिक मनोवैज्ञानिकों ने काफी बल डाला है। जैसा कि नाम से ही स्पष्ट है, इस सिद्धांत के अनुसार भाषा विकास, जैविक तत्परता (biological readiness) तथा पर्यावरण में सीखने के प्रदत्त अवसर दोनों के अंतःक्रिया पर निर्भर करता है। इस सिद्धांत के समर्थकों का मत है कि बच्चे भाषा सीखने के लिए जन्म से जैविक रूप से तैयार होते हैं लेकिन मात्र इसी से उसमें भाषा विकास नहीं हो पाता है। उत्तम भाषा विकास के लिए इस ढंग की जैविक तत्परता के साथ-ही-साथ बच्चों को अभिव्यक्त भाषा (expressed language) के साथ पर्याप्त अनुभव भी होना चाहिए। इस सिद्धांत के समर्थकों का दावा है कि बच्चों का सामाजिक वातावरण (social environment) खासकर उनके माता-पिता विभिन्न तरीकों से बच्चों को भाषा सीखने में मदद करते हैं। माता-पिता बच्चों के साथ विभिन्न प्रकार का अशाब्दिक खेल (non-verbal plays), मधु एवं सरल संभाषण (simplified speech) आदि का उपयोग करके उनके भाषा अर्जन क्षमता को बढ़ाते हैं। मनोवैज्ञानिकों द्वारा किये गये अध्ययनों से यह स्पष्ट हुआ है कि सभी संस्कृतियों में बालकों को माता-पिता द्वारा उपर्युक्त प्रकार की मदद भाषा सीखने में नहीं की जाती है फिर भी वे अपने समाज की भाषा को सीख लेते हैं। इसका मतलब यह हुआ है कि माता-पिता द्वारा बच्चों को भाषा सीखलाने के लिए अपनाये गये विभिन्न तरीका महत्त्वपूर्ण अवश्य है परंतु आवश्यक नहीं है।

अध्याय सारांश
(Chapter Summary)

1. भाषा संकेत या चिह्न आदि के माध्यम से अपने चिन्तन एवं विचार को दूसरों तक पहुँचाने की प्रक्रिया को संचार (communication) कहा जाता है। इस प्रक्रिया में व्यक्ति दूसरों के चिन्तन एवं विचार से अवगत भी होता है।

2. संचार के दो मुख्य प्रकार हैं—शाब्दिक संचार (verbal communication) तथा अशाब्दिक संचार (non-verbal communication)। अशाब्दिक संचार के चार प्रमुख पहलुओं पर बल डाला गया है—प्रोक्सेमिक्स (proxemics), काइनेसिक्स(Kinesics),आनन-अभिव्यक्ति(facial display),स्पर्श(touching)तथा पारभाषा(paralanguage)।

3. संचार प्रक्रिया (communication process) के एक विशेष सामान्य मॉडल का वर्णन किया गया है जिसमें आठ तत्त्व हैं—स्रोत, सूचना, कूटसंकेतन, माध्यम, प्राप्तिकर्त्ता, स्पर्श(touching) अर्थ परिवर्तन, पुनर्निवेशन तथा आवाज।
4. संचार की प्रभावशीलता को प्रभावित करने वाले प्रमुख चार कारक हैं जो इस प्रकार है—स्रोत या संप्रेषक की विशेषताएँ (characteristics of source or communication), सूचना का विषय-वस्तु (content of message), संचार का माध्यम (channel of communication) तथा ग्रहणकर्त्ता या प्राप्तिकर्त्ता की विशेषताएँ (channel of communication) तथा ग्रहणकर्त्ता या प्राप्तिकर्त्ता की विशेषताएँ (characteristics of receiver)।
5. संचार नेटवर्क (communication network) में कई तरह के नेटवर्क की पहचान की गयी है जिनमें चक्र नेटवर्क, शृंखला नेटवर्क, वृत्त नेटवर्क, वाई नेटवर्क तथा कमकन नेटवर्क प्रधान है।
6. प्रभावशील संचार के मार्ग में बाधाएँ भी आती हैं जिनमें सूचना की अस्पष्टता, सूचना में अनजाने में उत्पन्न विकृतियाँ, सूचना ग्रहणकर्त्ता की क्षमता की सीमाएँ, भौतिक बाधाएँ, संचार माध्यमों की गुणवत्ताहीन होना तथा वैयक्तिक बाधाएँ प्रमुख हैं।
7. भाषा एक ऐसा माध्यम है जिसके द्वारा व्यक्ति अपनी इच्छाओं, भावनाओं, विमाएँ आदि को एक सामाजिक रूप से स्वीकृत मानक संकेतों (standarized symbols) के रूप में अभिव्यक्त करता है। भाषा के चार प्रमुख तत्त्व हैं—स्वर विज्ञान, अर्थ विज्ञान, वाक्य विन्यास तथा व्यवहारिकी।
8. भाषा के सात प्रमुख कार्यों का उल्लेख किया गया है।
9. भाषा विकास के तीन सिद्धांतों का वर्णन किया गया है—जैविक या संज्ञानात्मक सिद्धांत (biological or cognitive theory), अधिगम सिद्धांत तथा अंतःक्रियावादी सिद्धांत। इन सिद्धांतों का आलोचनात्मक वर्णन अलग-अलग किया गया है।

❑

अध्याय 32

सामाजिक परिवर्तन
(SOCIAL CHANGE)

सामाजिक परिवर्तन के अर्थ एवं स्वरूप
(Meaning and Nature of Social Change)

समाजिक परिवर्तन से तात्पर्य समाज में परिवर्तन से होता है। समाज सामाजिक सम्बन्ध (social relationship) का एक जाल होता है। अतः सामाजिक परिवर्तन से तात्पर्य सामाजिक सम्बन्धों में परिवर्तन से होता है। सामाजिक सम्बन्ध में परिवर्तन से तात्पर्य सामाजिक प्रक्रियाएँ (social processes), सामाजिक पैटर्न (social patterns), सामाजिक मूल्य (social values), सामाजिक मानक (social norms) आदि में परिवर्तन से होता है। परंतु यहाँ ध्यान देने वाली बात यह है कि सामाजिक सम्बन्ध के इन विभिन्न तत्त्वों में छोटे-मोटे परिवर्तन को सामाजिक परिवर्तन में शामिल नहीं किया जाता है। इसमें सिर्फ उन परिवर्तनों (changes) को सम्मिलित किया जाता है जो महत्त्वपूर्ण एवं विस्तृत प्रकृति के होते हैं तथा जो पूरे समाज में होता है। जैसे, यदि एक हिन्दू परिवार में कोई व्यक्ति बिना दहेज लिए या दिये अपने पुत्र या पुत्री की शादी करता है, तो यह नहीं कहा जा सकता है कि भारतीय समाज में एक महत्त्वपूर्ण सामाजिक परिवर्तन (social change) आया है और वह यह है कि इससे दहेज प्रथा अब समाप्त हो गयी परंतु थोड़ी देर के लिए यह मान लिया जाये अधिकतर या सभी हिन्दू परिवारों में शादी बिना दहेज के होने लगे और लोग इसे सहर्ष स्वीकार कर ले, तो इसे सामाजिक परिवर्तन में सम्मिलित किया जायेगा। **फिशर**[1] (Fisher, 1983) ने सामाजिक परिवर्तन को परिभाषित कुछ उपर्युक्त अर्थ में ही करते हुए कहा है, ''समाज के सामाजिक संरचना में, यानी समाज के प्रचलित मूल्यों, मानकों, भूमिकाओं तथा अन्य इसी तरह के तत्त्वों जिनसे होकर रहन-सहन के मूल अवस्था की अभिव्यक्ति होती है, परिवर्तन को सामाजिक परिवर्तन कहा जाता है।''

जोन्स[2] (Jones, 1968) के अनुसार, ''सामाजिक परिवर्तन एक ऐसा पद है जिससे तात्पर्य सामाजिक प्रक्रियाओं, सामाजिक पैटर्न्स, सामाजिक अंतःक्रिया तथा सामाजिक संगठन के किसी पहलू में होने वाले परिमार्जन या विभिन्नता से होती है।''

मेरिल्ल तथा **एल्ड्रेज**[3] (Merill & Eldredge, 1975) के अनुसार, ''सामाजिक परिवर्तन से अर्थ यह होता है कि अधिक संख्या में लोग वैसी क्रियाएँ करने लगते हैं जो उन क्रियाओं से भिन्न होता है जो उनके नजदीकी पूर्वजों द्वारा कुछ समय पहले किया जाता है।''

इन परिभाषाओं और ऐसी कई अन्य परिभाषाओं जिसे अन्य महत्त्वपूर्ण समाजशास्त्रियों (sociologists) तथा समाज

---

1. "Social cgnage is the modificatıon or alteration in the social stucture of a society, that is, in the basic arrangements of liviing as experssed in the society's shared values, norms, roles and so on,"
—Fisher : *Social Psychology* 1983, p. 448.
2. "Social change is a term to describe variations in or modifications of any aspect of social processes, social patterns, social interactions or social organization." —Jones : *Basic Sociological Principles* 1968, p. 96.
3. "Social change means that a large number of persons are engaging in activities that differ from those which they or their immediate forefathers engaged in some time before."
—Merrill & Eldredge : *Culture and Society*, 1975, p. 513.

मनोवैज्ञानिकों (social psychologists) द्वारा दी गयी है, का विश्लेषण से हमें सामाजिक परिवर्तन के मूल स्वरूप (basic nature) के बारे में कुछ महत्त्वपूर्ण तथ्य पता चलता है जो निम्नांकित है—

(i) सामाजिक परिवर्तन मूलतः समाज के सामाजिक सम्बन्धों (social relationship) में परिवर्तन की ओर संकेत करता है।

(ii) सामाजिक परिवर्तन में यह जरूरी नहीं है कि समाज के प्रत्येक व्यक्तियों द्वारा स्वीकृत मूल्यों (values), भूमिकाओं (roles) तथा मानकों (norms) में परिवर्तन आये। उसके लिए आवश्यक यह होता है कि समाज के अधिकतर व्यक्ति समाज के पुराने मूल्यों, भूमिकाओं एवं मानकों (norms) में परिवर्तन करके उसे स्वीकार करते हों।

(iii) सामाजिक परिवर्तन इस तरह के मूलतः व्यक्तियों की जिन्दगी के पैटर्न एवं मूल्यों में विस्तृत परिवर्तन होता है।

स्पष्ट हुआ कि सामाजिक परिवर्तन एक व्यापक पद है जिसमें समाज में संपूर्ण रूप से होने वाले परिवर्तनों को शामिल किया जाता है।

सामाजिक परिवर्तन की मुख्य विशेषताएँ
(Major characteristics of Social Change)

सामाजिक परिवर्तन मूलतः समाज के प्रमुख मूल्यों (vlaues), भूमिकाओं (roles) तथा मानकों (norms) में परिवर्तन होता है जिसे समाज के अधिकतर व्यक्ति स्वीकार कर चुके होते हैं। सामाजिक परिवर्तन के स्वरूप को और भी स्पष्ट करने के लिए कुछ उन विशेषताओं (characteristics) पर प्रकाश डालना आवश्यक है जो सामाजिक परिवर्तन से जुड़ीं हैं। ऐसी कुछ प्रमुख विशेषताएँ (characteristics) निम्नांकित हैं—

1. सामाजिक परिवर्तन एक सर्वव्यापक घटना है *(Social change is a universal phenomenon)*—सामाजिक परिवर्तन सभी तरह के समाज में होते हैं। चाहे समाज पुरातन (primitive) हो या आधुनिक (modern) हो, उसमें स्थिरता नहीं होती है। उसकी जनसंख्या, सामाजिक मूल्य, सामाजिक मानक, सामाजिक आदर्श (social ideologies), तकनीकी (technology) एवं सामाजिक साधनों (social resources) में बदलाव आते रहते हैं। अंतर केवल इतना ही होता है कि कुछ समाज में सामाजिक परिवर्तन तेजी से होता है जबकि कुछ समाज में सामाजिक परिवर्तन थोड़ी धीमी गति से होता है।

2. सामाजिक परिवर्तन कई कारकों के अंत:क्रिया का प्रतिफल होता है *(Social change is the product of interaction of several factors)*—सामाजिक परिवर्तन कई तरह के कारकों का परिणाम होता है। इसमें जैविक कारक (biological factors), भौतिक कारक (physical factors), तकनीकी कारक (technological factors) आदि का संयुक्त योगदान होता है भले ही ऊपर से देखने में लगे कि कोई एक ही कारक द्वारा सामाजिक परिवर्तन हो गया है। सच्चाई यह है कि इस एक कारक के पीछे कई अन्य कारक छिपे रहते हैं जिससे सामाजिक परिवर्तन होते हैं।

3. सामाजिक परिवर्तन अवश्यम्भावी होता है *(Social change is inevitable)*—सामाजिक परितर्वन की एक विशेषता यह है कि अवश्यम्भावी होता है। कोई भी ऐसे समाज का उदाहरण नहीं दिया जा सकता है जिसमें अभी तक किसी प्रकार का सामाजिक परिवर्तन नहीं हुआ है। सच्चाई यह है कि सामाजिक परिवर्तन को न तो रोका जा सकता है और न उससे किसी तरह बचा जा सकता है।

4. सामाजिक परिवर्तन चक्रीय होता है *(Social change is cyclical)*—सामाजिक परिवर्तन की एक विशेषता यह है कि इसका स्वरूप चक्रीय (cyclical) होता है। इसका मतलब यह हुआ कि समाज के जो मूल्य, मानक आदि पहले प्रचलित थे, सामाजिक परिवर्तन हो जाने से वे लुप्त हो गये परंतु पुनः सामाजिक परिवर्तन हो जाने से वे प्रचलन में आ गये। जैसे, भारतीय समाज में बहुत पहले बाल-विवाह का रस्म निषेध माना जाता था। बीच में यह रस्म कुछ जोर पकड़ लिया था और पुनः आधुनिक समय में यह रस्म लुप्त-सा हो गया है। उसी तरह से भारतीय समाज में पहले निजीकरण (privatisation) को अच्छा समझा जाता था। फिर राष्ट्रीयकरण (nationalisation) को अच्छा समझा जाने लगा और आज पुनः निजीकीरण को अच्छा समझा जाने लगा है।

5. सामाजिक परिवर्तन अपूर्वानुमेय होता है *(Social change is unpredictable)*—सामाजिक परिवर्तन किस

दिशा में होगा और कितनी मात्रा में होगा, इसका पूर्वानुमान सही-सही लगाना संभव नहीं है। अधिक-से-अधिक यह कहा जा सकता है कि सामाजिक परिवर्तन होगा। भारतीय समाज में स्त्री शिक्षा में काफी परिवर्तन हुए हैं और हो रहे हैं परंतु यह निश्चित रूप से नहीं कहा जा सकता है कि इस तरह का परिवर्तन का स्वरूप आगे आने वाला समय में क्या होगा?

6. सामाजिक परिवर्तन की गति अनियिमत होती है *(Social change has irregular speed)*—सामाजिक परिवर्तन की गति एक समान न होकर अनियमित होती है। कभी इसकी गति तीव्र होती है तो कभी इसकी गति धीमी हो जाती है। सामाजिक परिवर्तन की गति में ऐसी अयिमितता कई कारकों पर आधारित होती है। भारत में स्वतंत्रता प्राप्ति के पहले स्त्री शिक्षा तथा तकनीकी परिवर्तन (technoligical changes) की गति काफी धीमी थी। आज स्त्री शिक्षा की गति तीव्र से तीव्रतर होती जा रही है। उसी ढंग से आधुनिक समय में तकनीकी परिवर्तन (technological changes) भी काफी तेजी से हो रहे हैं।

7. सामाजिक परिवर्तन में क्रमिक प्रतिक्रिया शृंखला होती है *(Social change shows chain reaction sequence)*—सामाजिक परिवर्तन वास्तव में एक क्रमिक प्रतिक्रिया शृंखला के रूप में घटित होता है। समाज के मूल्यों, मानकों, भूमिकाओं आदि के अनेक अंश होते हैं। किसी एक अंश में परिवर्तन होने से वह दूसरे अंश को परिवर्तिन कर देता है और दूसरा अंश फिर तीसरे अंश को परिवर्तिन कर देता है और यह प्रक्रिया तबतक चलती रहती है जबतक सामाजिक सम्बन्ध (social relationship) में पूर्णरूपेण परिवर्तन न हो जाये। जैसे, भारतीय समाज में औद्योगीकरण से घरेलू रोजगार धंधे पर बुरे असर पड़े हैं। यदि यह कहा जाये कि औद्योगीकरण से घरेलू रोजगार ने करीब-करीब दम तोड़ दिया है तो कोई अतिशयोक्ति (exaggeration) नहीं होगी। इससे भारतीय महिलाओं को घर छोड़कर दफ्तर तथा कारखानों की ओर कदम बढ़ाना पड़ा। फलस्वरुप उनमें आर्थिक स्वतंत्रता (economic dependence) आयी और पुरुषों पर से उनकी आर्थिक निर्भरता लगभग समाप्त हो गयी। इससे स्त्री वर्ग में अपने अधिकारों के प्रति अधिक जागरूकता आ गयी। आगे क्या होता है, अभी देखना है। स्पष्ट हुआ कि सामाजिक परिवर्तन में एक क्रमिक प्रतिक्रिया शृंखला होती है।

8. कभी-कभी सामाजिक परिवर्तन में आकस्मिकता का गुण पाया जाता है *(Sometimes social change involves the trait of suddeness)*—कभी-कभी ऐसा देखा गया है कि सामाजिक परिवर्तन बहुत ही आकस्मिक ढंग से हो जाता है। आकस्मिक से मतलब यहाँ यह नहीं है कि शाम में वह परिवर्तन नहीं था और सुबह हो गया। आकस्मिक से तात्पर्य इस बात से होता है कि कुछ सामाजिक परिवर्तन बहुत कम समय के प्रयास में ही हो जाते हैं। प्रायः ऐसे परिवर्तन का सम्बन्ध उस मानक या मूल्य के परिवर्तन से होता है जिससे समाज के अधिकतर व्यक्तियों में व्यग्रता होती है और वे लोग परिवर्तन के लिए काफी अधिक तत्पर रहते हैं। ऐसी परिस्थिति में लोगों को एक प्रभावशाली नेतृत्व को मात्र इंतजारी होती है। जैसे, राजा राममोहन राय के नेतृत्व मिलते ही भारतीय समाज से सती प्रथा का प्रचलन समाप्त हो गया। इस तरह की प्रथा से आम लोगों में एक व्यग्रता तथा बेचैनी भी थी। शायद यही कारण है कि इस तरह का सामाजिक परिवर्तन अन्य सामाजिक परिवर्तन की तुलना में काफी आसानी से और जल्दी हो गया।

9. सामाजिक परिवर्तन में प्रतिरोध भी होता है *(Social change involves resistance)*—सामाजिक परिवर्तन में प्रतिरोध (resistance) का तत्त्व पाया जाता है। जब-जब सामाजिक परिवर्तन की आग समाज में सुलगती है, कुछ लोग उस आग पर पानी फेंकने के लिए तत्पर हो जाते हैं। परिणामतः सामाजिक परिवर्तन की गति धीमी पड़ जाती है या फिर सामाजिक परिवर्तन थोड़े देर के लिए पुराने मूल्यों (values) एवं मानकों (norms) के दामन में ही चिपकरने लगता है। इसका सबसे अच्छा उदाहरण हाल ही में भारत सरकार द्वारा दलितों को सामाजिक न्याय एवं बराबरी का दर्ज लाने के ख्याल से मंडल आयोग (Mandal Commission) की सिफारिशें लागू करके महत्त्वपूर्ण सामाजिक परिवर्तन लाना था जिसका व्यापक प्रतिरोध हुआ और जिसके चलते इसके संभावित प्रभाव में कमी आ गयी।

10. सामाजिक परिवर्तन एक जटिल प्रक्रिया होती है *(Social change is a complex process)*—सामाजिक परिवर्तन में चूँकि भौतिक परिवर्तनों के अलावा अभौतिक परिवर्तन भी होते हैं, इसलिए इसकी प्रक्रिया जटिल होती है। भौतिक परिवर्तन जैसे लोगों के खान-पान, रहन-सहन आदि में परिवर्तन व्यक्त परिवर्तन (explicit change) होते हैं

तथा अभौतिक परिवर्तन जैसे सामाजिक मूल्यों, प्रथाओं, मानकों आदि में परिवर्तन अव्यक्त परिवर्तन (implicit change) होते हैं। इन दोनों तरह के परिवर्तनों में सामाजिक परिवर्तन की प्रक्रिया जटिल हो जाती है।

स्पष्ट हुआ कि सामाजिक परिवर्तन की कई विशेषताएँ होतीं हैं जिनसे इसका स्वरूप स्पष्ट होता है।

सामाजिक परिवर्तन के प्रकार
(Types of Social Change)

काज (Katz, 1974) ने सामाजिक परिवर्तन का सामाजिक-मनोवैज्ञानिक व्याख्या किया है और सामाजिक परिवर्तन के निम्नांकित तीन महत्त्वपूर्ण प्रकारों का वर्णन किया है—

1. आनुक्रमिक सामाजिक परिवर्तन (Incremental social change)
2. आमूल सामाजिक परिवर्तन (Redical social change)
3. सांस्कृतिक परिवर्तन (Cultural change)

इन तीनों प्रकारों का वर्णन निम्नांकित है—

1. आनुक्रमिक सामाजिक परिवर्तन *(Incremental social change)*—यह परिवर्तन वैसे परिवर्तन को कहा जाता है जिसमें मौजूदा सामाजिक संरचना में तो परिवर्तन हो जाता है परंतु समाज के मूल सामाजिक, आर्थिक तथा राजनैतिक प्रबंधो (arrangements) की कोई क्षति नहीं होती है। इस ढंग का परिवर्तन मौजूदा सामाजिक संरचना को अधिक विस्तृत (broaden) कर देता है या उसे एक नयी दिशा में परिवर्तित कर देता है। जैसे, विभिन्न प्रकार के सामाजिक कल्याण (social welfare) सम्बन्धी नीतियों से आनेवाले सामाजिक परिवर्तन इस श्रेणी के परिवर्तन है। भारतीय समाज में सती प्रथा तथा बाल-विवाह आदि के समाप्त हो जाने से उत्पन्न सामाजिक परिवर्तन इस श्रेणी के परिवर्तन है।

2. आमूल सामाजिक परिवर्तन *(Radical social change)*—ऐसे परिवर्तन से तात्पर्य उस तरह के परिवर्तन से होता है जिसमें सामाजिक संरचना में आमूल परिवर्तन हो जाते हैं एवं जिसके परिणामस्वरूप समाज के राजनैतिक एवं आर्थिक तंत्र (systems) पहले से बिलकुल ही परिवर्तित हो जाते हैं। इसका परिणाम यह होता है कि सामाजिक संरचना के कुछ तत्त्वों का नाश हो जाता है और उसके जगह पर नये तत्त्वों को निर्माण हो जाता है। राजनैतिक क्रांति (political evolution) विशेषकर मार्क्सवादी क्रांति का इसका उत्तम उदाहरण है। भारतीय समाज में 'भारत छोड़ो आन्दोलन' से उत्पन्न सामाजिक परिवर्तन इसका एक अच्छा उदाहरण है।

3. सांस्कृतिक परिवर्तन*(Cultural change)*—सांस्कृतिक परिवर्तन वैसे परिवर्तन को कहा जाता है जिसमें समाज के व्यक्तियों की मनोवृत्तियों, मूल्यों तथा व्यवहारों में परिवर्तन आता है। इस तरह के सामाजिक परिवर्तन में सामाजिक संरचना(social structure)में परिवर्तन नहीं आता है परंतु लोगों के सामान्य रहन-सहन एवं उनके मूल्यों में एक पूर्वाग्रहित बदलाव (based shifts) आते हैं। भारतीय समाज तथा जापानी समाज का पश्चिमीकरण (westernization) इसका उत्तम उदाहरण है।

कुछ लोगों ने सामाजिक परिवर्तन को उसके विमा (dimension) एवं दिशा (derection) के आधार पर निम्नांकित चार भागों में बाँटा है—

1. चेतन सामाजिक परिवर्तन *(Conscious social change)*—इस श्रेणी में समाज के मूल्यों, मानकों आदि में हुए वैसे परिवर्तन को रखा जाता है जिसके लिए व्यक्तियों को तथा उनके नेताओं को काफी संघर्ष आदि भी करना पड़ता है। इस तरह का परिवर्तन पूर्वनियोजित एवं सुनियोजित होता है। इसके लिए समाज के लोगों को आन्दोलन तथा क्रांति करके अपना आवाज भी बुलंद करना पड़ता है। भारतीय समाज में गाँधी जी ने हिन्दू समाज से छुआछूत जैसी समस्या को हटाकर तथा राजाराम मोहन राय ने सती प्रथा जैसी चीजों को हटाकर जो परिर्वतन लाया है, वह चेतन सामाजिक परिवर्तन के अच्छे उदाहरण हैं।

2. अचेतन सामाजिक परिवर्तन*(Unconcious social change)*—कुछ सामाजिक परिवर्तन ऐसे होते हैं जो सहज एवं स्वाभाविक रूप से अपने आप हो जाता है। इसके लिए समाज के व्यक्तियों या नेताओं को कोई विशेष प्रयास नहीं करना होता है और ना ही इसके लिए कोई विशेष अभियान (comapign) या आंदोलन (movement) आदि का सहारा

लेना पड़ता है। प्रायः देखा जाता है कि भूकंप, बाढ़, अकाल, महामारी आदि के समय अपने आप ही सामाजिक संरचना में काफी परिवर्तन आ जाते हैं। कभी-कभी मनुष्य द्वारा उत्पन्न किये गये विशेष संकट आदि के कारण भी इस तरह के सामाजिक परिवर्तन हो जाते हैं। जैसे दंगा, युद्ध आदि जैसे संकटों के उत्पन्न हो जाने से भी अपने आप कुछ इस प्रकार के सामाजिक परिवर्तन हो जाते हैं जिन्हें अचेतन सामाजिक परिवर्तन की श्रेणी में रखा जाता है।

ऊर्ध्वगामी सामाजिक परिवर्तन *(Upward social change)*— जैसा कि नाम से ही स्पष्ट है कि इस श्रेणी में उन सामाजिक परिवर्तनों को रखा जाता है जिसकी दिशा धनात्मक होती है तथा जिसमें सामाजिक संरचना पहले से अधिक उन्नत हो जाती है। इसमें सामाजिक मूल्यों एवं मानक (norms) में परिपक्वता तथा वास्तविकता काफी बढ़ जाती है। विभिन्न तरह के सरकारी समाज कल्याण नीतियों से जो भारतीय समाज में धनात्मक परिवर्तन आये हैं, वे ऊर्ध्वगामी सामाजिक परिवर्तन के उदाहरण हैं। स्त्री शिक्षा पर बल तथा जनसंख्या की वृद्धि पर रोक के प्रति आम जागरूकता भारतीय समाज में उर्ध्वगामी सामाजिक परिवर्तन के दो अच्छे उदाहरण हैं।

4. अधोगामी सामाजिक परिवर्तन *(Downward social change)*—इस श्रेणी में उन सामाजिक परिवर्तन को रखा जाता है जिससे वास्तव में समाज में उन्नति न होकर अवनति होती है और वर्तमान सामाजिक मूल्यों एवं मानकों को ठेस पहुँचती है जिससे वर्तमान सामाजिक संरचना (social structure) अस्त-व्यस्त हो जाती है। जैसे, बाँगला देश में स्वतंत्रता संग्राम के बाद वहाँ काफी ऐसे परिवर्तन हुए जिससे वहाँ की मूल सामाजिक संरचना चरमरा गयी तथा लोगों में त्राहि-त्राहि मच गयी। थोड़ी देर के लिए वहाँ की सभ्यता को काफी ठेस पहुँची और समाज की संस्कृति पीछे अी और मुड़ गयी। ये सभी अधोगामी सामाजिक परिवर्तन के उदाहरण हैं।

स्पष्ट हुआ कि सामाजिक परिवर्तन (social change) के कई प्रकार हैं जिनका अध्ययन करके समाज मनोवैज्ञानिक सामाजिक बदलाव के स्वरूप को समझकर उसकी व्याख्या करने में समर्थ हो पाते हैं।

सामाजिक परिवर्तन की विमाएँ
(Dimensions of Social Change)

समाज मनोवैज्ञानिकों ने कुछ ऐसी विमाओं का भी वर्णन किया है जिनसे होकर सामाजिक परिवर्तन की अभिव्यक्ति (expression) होती है। इन विमाओं (dimensions) में निम्नांतिक प्रमुख है—

1. समाज के आकार *(Size of society)*—सामाजिक परिवर्तन का सबसे प्रमुख विमा है—समाज के आकार (size) में परिवर्तन। मेडिकल सुविधा एवं अस्पतालों की बेहतरीन सेवा, जीवन-मृत्यु के प्रति उदार मनोवृत्ति आदि की प्रबलता होने से कुछ ऐसे सामाजिक परिवर्तन होते हैं जिसमें समाज का आकार अर्थात उसके सदस्यों की संख्या में वृद्धि हो जाती है। भारतीय समाज का आकार पहले की अपेक्षा अधिक बड़ा होने में इन दोनों कारकों की भूमिका महत्त्वपूर्ण है। उसी तरह युद्ध, अकाल, महामारी आदि जैसे संकट उत्पन्न होने से जो सामाजिक परिवर्तन होता है, उसमें समाज का आकार छोटा हो जाता है।

2. सामाजिक नेतृत्व*(Social leadership)*—सामाजिक परिवर्तन का दूसरा प्रमुख विमा सामाजिक नेतृत्व(social leadership) है। सामाजिक परिवर्तन की अभिव्यक्ति सामाजिक नेतृत्व के माध्यम से खूब हो रहा है। आधुनिक समाज में धीरे-धीरे सत्ताधारी नेतृत्व (authoritarian leadership) लुप्त होते जा रहे हैं एवं प्रजातंत्रात्मक नेतृत्व (democrative leadership) की प्रबलता बढ़ती जा रही है। पहले सामाजिक नेतृत्व की बागडोर एक व्यक्ति से होता था परंतु आज इसकी बागडोर कई व्यक्तियों के हाथ में है। कहने का तात्पर्य यह है कि सामाजिक नेतृत्व का केन्द्रीकरण धीरे-धीरे विकेन्द्रीकरण में बदलता जा रहा है।

3. सामाजिक मूल्य तथा सामाजिक मानक *(Social values and social norms)*—सामाजिक परिवर्तन होने पर सामाजिक मूल्य (social value) तथा सामाजिक मानक (social norms) में परिवर्तन हो जाते हैं। सचमुच में ये दोनों सूचकांकों (indices) को सामाजिक परिवर्तन का प्रमुख विमा माना गया है। गिल्लिन एवं गिल्लिन (Gillin & Gillin, 1970) के अनुसार सामाजिक परिवर्तन की झलक हमें परिवर्तित सामाजिक मूल्यों एवं मानकों के रूप में जितना स्पष्ट मिलता है, उतना दूसरे किसी विमाओं के रूप में नहीं मिलता है। आजकल भारतीय समाज में सामाजिक परिवर्तन के फलस्वरूप उसके मूल्यों तथा मानकों में काफी परिवर्तन आ गया है जिसके कारण इसमें बाल-विवाह, विधवा विवाह, सती प्रथा, छुआछूत जैसी सामाजिक प्रचलनों में काफी बदलाव आ गया है।

4. सामाजिक बनावट *(Social composition)*—सामाजिक परिवर्तन की अभिव्यक्ति सामाजिक बनावट की विमा में हुए परिवर्तन के रूप से भी होती है। सामाजिक बनावट से तात्पर्य इस बात से होती है कि समाज में कितने शिक्षित, अशिक्षित, अमीर, गरीब, शहरी क्षेत्र में रहने वाले, देहाती क्षेत्र में रहने वाले आदि हैं। इतना ही नहीं, इसमें कितने बूढ़े, कितने बच्चे, कितने पुरुष तथा कितनी महिलाएँ आदि हैं, का भी लेखा-जोखा रखा जाता है। सामाजिक परिवर्तन से इस सामाजिक बनावट (social composition) में बदलाव आता है। भारतीय परिवेश में स्वतंत्रता प्राप्ति के पहले की तुलना में आज शहरी क्षेत्र की जनसंख्या में वृद्धि हुई, गरीबी हटी है, महिलाओं को आर्थिक स्वतंत्रता में वृद्धि हुई है, आदि-आदि।

5. सामाजिक संगठन *(Social organization)*—सामाजिक परिवर्तन की अभिव्यक्ति सामाजिक संगठन (social organization) के रूप में होती है। सामाजिक परिवर्तन के कारण पारिवारिक संगठन, सामुदायिक संगठन तथा अंतर्राष्ट्रीय संगठन के स्तर में परिवर्तन आ जाते हैं। भारतीय परिवेश में स्वतंत्रता के बाद संयुक्त परिवार में विघटन तथा आणविक परिवार (nuclear family) का उदय, विभिन्न तरह के सामुदायिक परियोजनाओं की शुरूआत तथा युद्ध न करने की नीति और अन्तर्राष्ट्रीय शांति बनाये रखने के विभिन्न तरह के संगठनों को कायम करने का प्रयास इन सबके अच्छे उदाहरण हैं। सामाजिक संगठन तथा विघटन की प्रक्रिया में समय लगता है परंतु सामाजिक परिवर्तन की अभिव्यक्ति स्पष्ट रूप से होती है।

6. संचार श्रृंखला *(Channel of communication)*—सामाजिक परिवर्तन का एक महत्त्वपूर्ण विमा संचार श्रृंखला (channel of communication) है। आधुनिक समय में संसार के करीब-करीब सभी देशों में जो सामाजिक परिवर्तन आये हैं, उनमें एक महत्त्वपूर्ण परिवर्तन श्रृंखला में परिवर्तन है। आजकल नये-नये वैज्ञानिक उपकरणों के निकल जाने से संचार श्रृंखला में अभूतपूर्व परिवर्तन आये हैं। टेलीफोन, टेलीप्रिंटर आदि जैसे नवीनतम तकनीकी के निकल जाने से लोगों के बीच अन्तर्वैयक्तिक सम्बन्ध (interpersonal relation) जो पहले बहुत कठिन था, अब आसान हो गया है। इससे आधुनिक समाज में लोगों के बीच मनोवैज्ञानिक तथा सामाजिक दूरी में काफी कमी आ गयी है।

स्पष्ट हुआ कि सामाजिक परिवर्तन के कई विमाएँ (dimensions) होती हैं जिन पर सामाजिक परिवर्तन का स्पष्ट प्रभाव पड़ता है।

सामाजिक परिवर्तन के सिद्धांत
(Theories of Social Change)

कुछ समाज मनोवैज्ञानिकों तथा समाजशास्त्रियों (sociologists) ने मिलकर सामाजिक परिवर्तन (social change) के कई सिद्धांत का प्रतिपादन किया है जिसमें निम्नांकित प्रमुख हैं—

(1) विकासात्मक सिद्धांत (Evolutionary theories)
(2) चक्रीय सिद्धांत (Cyclical theories)
(3) संतुलन सिद्धांत (Equilibrium theories)
(4) संघर्ष सिद्धांत (Conflict theories)

इन सिद्धांतों का वर्णन निम्नांकित है—

1. विकासात्मक सिद्धांत *(Evolutionary theories)*—यह सिद्धांत 18वीं शताब्दी में अगस्ट कोमे (Auguste Come) तथा हरबर्ट स्पेसर (Herbert Spence) के प्रयासों के फलस्वरूप प्रतिपादित किया गया। इस सिद्धांत की आधारशिला विकासवाद (Evolutionism) माना गया है। विकासवाद एक ऐसा विश्वास तंत्र (belief system) है जो इस बात पर बल डालता है कि प्रत्येक समाज बढ़ती हुई जटिलता के सोपानों (stages) के माध्यम से पूर्णता (perfection) की ओर अग्रसित होता है। यह प्रगति सरल से जटिल की दिशा में होती है। विकासात्मक सिद्धांत के अनुसार सामाजिक परिवर्तन की तीन अस्स्थाएँ होती हैं—*ईश्वरपरक अवस्था* (theological stage), *तात्त्विक अवस्था* (metaphysical stage) तथा *धनात्मक अवस्था* (positive stage or positivism)। ईश्वरपरक अवस्था (theological stage) में लोगों का चिन्तन एवं विश्वास में अलौकिक शक्तियों का प्रभाव अधिक देखा जाता है। जैसे, इस अवस्था में प्राकृतिक घटनाओं

(natural events) का कारण देवी-देवताओं का प्रकोप समझा जाता है। इस अवस्था की चिन्तन में निर्जीव वस्तुओं को सजीव समझा जाता है। सामाजिक परिवर्तन की यह अवस्था काफी सरल होती है। तात्त्विक अवस्था (metaphysical stage) दूसरी अवस्था होती है जहाँ व्यक्तियों का चिन्तन इसके पहले की अवस्था से थोड़ा जटिल (complex) होता है। इस अवस्था में प्राकृतिक घटनाओं (natural events) की व्याख्या कुछ अमूर्त्त बलों (abstract forces) के रूप में की जाती है। अंतिम अवस्था धनात्मक अवस्था होती है जिसे धनात्मकता (positivism) भी कहा जाता है। इस अवस्था में व्यक्तियों का चिन्तन सबसे अधिक जटिल (complex) हो जाता है और लोग प्रत्येक घटना की व्याख्या वैज्ञानिक ढंग से उसके कारण-प्रभाव सम्बन्ध (cause-effect relationship) के रूप में करते हैं।

विकासात्मक सिद्धांत के अनुसार पहली अवस्था में सामाजिक परिवर्तन सरल होता है परंतु अंतिम अवस्था में यह परिवर्तन जटिल हो जाता है। इन अवस्थाओं की दो विशेषताएँ होतीं हैं—

(i) सामाजिक परिवर्तन की उपर्युक्त अवस्थाएँ सार्वजनिक (universal) होतीं है क्योंकि सभी तरह के समाज को इन अवस्थाओं से होकर गुजरना पड़ता है।

(ii) सामाजिक परिवर्तन की उपर्युक्त अवस्थाएँ प्रगतिशील (progressive) होतीं है क्योंकि प्रत्येक अवस्था उसके पहले अवस्था में श्रेष्ठ (superior) होती है।

आधुनिक विकासवादियों (modern evolutionists) द्वारा कुछ भिन्न मत प्रकट किया गया है। इन लोगों का कहना है कि सामाजिक परिवर्तन की उपर्युक्त अवस्थाओं को सार्वजनिक (universal) तथा प्रगतिशील (progressive) मानना अधिक उचित नहीं होगा। सामाजिक परिवर्तन में एक अवस्था के बाद दूसरी अवस्था हो ही, कोई जरूरी नहीं है और न तो विकास का कोई एक निश्चित रेखा या पक्ष ही है जिससे होकर सभी समाज की प्रगति गुजरे। कुछ समाज में प्रगति तेजी से होती है तथा कुछ समाज में प्रगति मंद गति से होती है। तेजी से प्रगति होने वाले समाज में सामाजिक परिवर्तन तेजी से होता है जबकि मंद गति से प्रगति होने वाले समाज में सामाजिक धीमी गति से होती है।

2. चक्रीय सिद्धांत (*Cyclical theories*)—जैसा कि नाम से ही स्पष्ट है, इस सिद्धांत के अनुसार प्रत्येक सामाजिक घटना (social event) अपने आप ही कुछ समय के बाद एक चक्र के रूप में बार-बार घटित होते रहते हैं और उनसे सामाजिक परिवर्तन (social change) हुआ करते हैं। इस सिद्धांत के प्रमुख समर्थक सोरोकिन (Sorokin) तथा स्पेनगलर (Spengler) हैं। सोराकिन का मत है कि कोई भी समाज दो विलोमी संस्कृति (opposite culture) के बीच झूलता रहता है—*संवेदनशील संस्कृति* (sensitive culture) तथा *उद्‌भावनापूर्ण संस्कृति* (Ideational culture)। संवेदनशील संस्कृति की अवस्था में समाज भौतिकवादी एवं सुखदायी मूल्यों (pleasure seeking values) पर अधिक बल डालता है। उद्‌भावनापूर्ण संस्कृति की अवस्था वह अवस्था होती है जिसमें समाज आदर्शों एवं आध्यात्मिक सम्बन्धों पर अधिक बल डालना प्रारम्भ कर देता है। प्रत्येक समाज इन दोनों अवस्थाओं में पहले से दूसरे तथा दूसरे से पहले अवस्था में आते-जाते रहता है और उसी से सामाजिक परिवर्तन होते रहते हैं। स्पेनगलर (Spengler) के अनुसार समाज की सभ्यता (civilization) का जीवन चक्र (life cycle) किसी व्यक्ति के जीवन चक्र के समान होता है। जिस तरह से एक व्यक्ति की जिन्दगी में अच्छे एवं बुरे दिन आते-जाते रहते हैं और इन दिनों में समयानुसार उनके व्यवहारों एवं मनोवृत्तियों में परिवर्तन आते हैं, ठीक उसी तरह एक सभ्यता (civilization) में भी कभी उन्नति (rise) तो कभी अवनति (fall) के दिन आते-जाते रहते हैं और उसी के अनुरूप उस समाज के सामाजिक मूल्यों, मानकों (norms) आदि में पर्याप्त परिवर्तन होते रहते हैं।

आधुनिक वैज्ञानिकों द्वारा चक्रीय सिद्धांत की मान्यता करीब-करीब समाप्त हो गयी है। आधुनिक विशेषज्ञों का यह मानना है कि किसी समाज में सामाजिक परिवर्तन उसकी नयी प्रगति पर आधारित होती है और इस अति आधुनिक युग में किसी समाज को पीछे मुड़ने की कल्पना करना वैज्ञानिक नहीं दिखता है।

3. संतुलन सिद्धांत (*Equilibrium theory*)—इस सिद्धांत का प्रतिपादन समाजशास्त्र (sociology) के एक प्रसिद्ध संप्रदाय कार्यवाद (functionalism) द्वारा किया गया है। कार्यवाद एक ऐसा संप्रदाय है जिसके अनुसार सामाजिक पैटर्न (social pattern) को उसके गत ऐतिहासिक विकास (past historical develoment) के रूप में नहीं समझा जा सकता है बल्कि उसके वर्तमान कार्यों, उपयोगिताओं एवं परिणामों (consequences) के रूप में सही-सही समझा जाता है। इस सिद्धांत के अनुसार समाज विभिन्न अंशों (parts) का अंतर-निर्भर तंत्र (interdependent system) होता

है। जैसे ही किसी एक अंश (part) में परिवर्तन होता है वह अन्य अंशों (parts) को प्रभावित करता है। प्रत्येक परिवर्तन सामाजिक तंत्र (social system) के कार्य को प्रभावित करता है क्योंकि तंत्र हमेशा अपने आप में संतुलित (balanced) होता है। इस तरह के परिवर्तन में सामाजिक तंत्र में असंतुलन आ जाता है और चूँकि समाज संतुलित अवस्था बनाये रखने के लिए भरसक प्रत्यनशील होता है, इसलिए वह असंतुलन की अवस्था फिर धीरे-धीरे संतुलन की अवस्था में बदलने लगती है। इस तरह से समाज का इतिहास संतुलन (equilibrium), असंतुलन (disequilibrium) तथा पुनः संतुलन के खोज करने का इतिहास होता है। आगवर्न (Ogburn, 1964) के विचारधारा से इस सिद्धांत को अधिक बल मिला है। आगवर्न का मत है कि समाज के सभी भाग (parts) तुरंत परिवर्तित नहीं होते हैं, बल्कि किसी एक भाग में परिवर्तन पहले होता है फिर जब उस परिवर्तन के कार्यात्मक स्वरूप (functional nature) से लोग समायोजित हो जाते हैं तो दूसरे भाग में परिवर्तन होता है। उदाहरणस्वरूप, समाज में प्रौद्योगिकी जैसे कम्प्यूटर (computer) के आने से तरह-तरह के परिवर्तन होने लगे हैं। इस परिवर्तन के साथ समाज के अन्य क्षेत्र या भाग के लोग समायोजन(adjustment) नहीं कर पा रहे हैं। अतः इससे असंतुलन (disequilibrium) की अवस्था उत्पन्न हो जाती है परंतु धीरे-धीरे यह अवस्था समाप्त होने लगी है, क्योंकि लोग इसके साथ समायोजन (adjustment) करने लगे हैं। यह अवस्था संतुलन की अवस्था हो जाती है। इस तरह से पुनः संतुलन की अवस्था कायम होकर सामाजिक परिवर्तन समाज में सुदृढ़ (consolidate) हो जाता है।

4. संघर्ष सिद्धांत *(Conflict theory)*—इस सिद्धांत का प्रतिपादन काल मार्क्स (Karl Marx) तथा मैक्स वेबर (Max Weber) के विचारों द्वारा हुआ है। जैसा कि हम जानते हैं, इन वैज्ञानिकों का मत है कि समाज कई समूहों का एक योग (aggregate) होता है। समाज का प्रत्येक समूह एक-दूसरे से संघर्ष की स्थिति में होता है। ऐसा इसलिए होता है कि प्रत्येक समूह का मूल्य (value) तथा मानक (norms) भिन्न-भिन्न होता है और उनकी शक्ति या सामर्थ्य साधन (power resources) भी भिन्न-भिन्न होते हैं। इसका परिणाम यह होता है कि सभी समूह अपने-अपने लक्ष्यों (goals) की प्राप्ति की ओर इस शक्ति साधन का उपयोग करते हैं तथा वे हमेशा अपने-अपने अभिरुचियों एवं लक्ष्यों के अनुरूप सामाजिक मूल्य एवं मानक में परिवर्तन चाहते हैं। इस दौड़ में कुछ समूह की जीत हो जाती है और कुछ समूह की हार हो जाती है। जैसे ही कुछ समूह अपने उद्देश्य की प्राप्ति में सफल हो जाते हैं और कुछ समूह उसमें असफल रह जाते है, सामाजिक परिवर्तन (social change) की प्रक्रिया भी प्रारंभ हो जाती है।

इस तरह से हम देखते हैं कि सामाजिक परिवर्तन (social change) के कई सिद्धान्त हैं। इन सिद्धांतों की वैधता एवं उपयोगिता समाज मनोवैज्ञानिक एवं समाजशास्त्रियों (sociologists) द्वारा अभी भी सिद्ध की जा रही है।

सामाजिक परिवर्तन की प्रक्रिया
(Process of Social Change)

सामाजिक परिवर्तन की प्रक्रिया कई अवस्थाओं से गुजरकर पूरा हो पाती है। अधिकतर समाज मनोवैज्ञानिकों ने जिसमें कर्ट लेविन (Kurt Lewin, 1947) का नाम प्रमुख है, सामाजिक परिवर्तन की प्रक्रिया में निम्नांकित तीन अवस्थाओं (phases) को महत्त्वपूर्ण बतलाया है—

1. पिघलाने की अवस्था (Phase of unfreezing)
2. परिवर्तन की अवस्था (Phase of changing)
3. पुनः ठोस करने की अवस्था (Phase of refreezing)

इन तीनों अवस्थाओं का वर्णन निम्नांकित है—

1. पिघलाने की अवस्था *(Phase of unfreezing)*—सामाजिक परिवर्तन की यह पहली अवस्था होती है। इसमें समाज के लोगों को पुराने सामाजिक मूल्यों (values) तथा मानकों (norms) के हानिकारक प्रभाव के प्रति जागरूक करके उसे त्यागने की उत्सुकता उत्पन्न की जाती है। दूसरे शब्दों में, इस अवस्था में व्यक्तियों को पुराने घिसे-पिटे सामाजिक सम्बन्धों (social relationship) का त्याग करके उसकी जगह पर नये सम्बन्धों को विकसित करने के लिए एक तरह से पिघलाया जाता है। इस अवस्था में सचमुच में नये मूल्यों एवं मानकों की आवश्यकता की पहचान लोगों में करायी जाती है ताकि वे उसकी जरुरतों को समझें और उसके प्रति स्वयं आकर्षित हो। भारतीय परिवेश में राजा राम मोहन राय ने सती प्रथा के कुप्रभावों के प्रति लोगों में पहले विरुचि (disgust) उत्पन्न किया था जिससे आम लोगों में इसके

हानिकारक प्रभाव से बचने की जागरूकता उत्पन्न हो गयी थी। इसी तरह महात्मा गाँधी ने छुआछूत (untouchability) जैसे सामाजिक समस्या को दूर करके एक क्रांतिकारी सामाजिक परिवर्तन लाने के उद्देश्य से पहले लोगों को इसके दुष्कर एवं हानिकारक प्रभाव के प्रति जागरूक किया और उसका परित्याग करने की आवश्यकता उत्पन्न की।

2. परिवर्तन की अवस्था *(Phase of changing)*—सामाजिक परिवर्तन की इस अवस्था में लोग अन्ततः इस निष्कर्ष पर पहुँचे हैं कि उन्हें अपने पुराने मूल्यों एवं मानकों का परित्याग कर देना चाहिए और उसकी जगह पर प्रस्तावित नये मूल्यों एवं मानकों के अनुरूप व्यवहार करना चाहिए। इस तरह इस अवस्था में लोग सती प्रथा को हटाने तथा छुआछूत जैसी सामाजिक बुराई को हटाने का निर्णय निश्चित रूप से ले लेते हैं। कहने का तात्पर्य यह है कि इस अवस्था में सामाजिक परिवर्तन का जन्म होता है।

3. पुनः ठोस या जमा कर देने की अवस्था *(Phase of refreezing)*—सामाजिक परिवर्तन की यह अंतिम अवस्था होती है जहाँ लोगों द्वारा स्वीकृत किये गये मूल्यों एवं मानकों (norms) को सुदृढ़ किया जाता है ताकि लोग उसे अधिक-से-अधिक व्यवहार में लाये एवं उस पर अमल करें। सती प्रथा एवं छुआछूत के प्रतिरोध में भारत में लोगों में उत्पन्न किये गये नये मूल्य (value) अब पूर्णतः जम चुके हैं। शायद यही कारण है कि ये दोनों तरह की सामाजिक बुराइयाँ अब समाज में न के बराबर ही अर्थात इक्के-दुक्के ही मिलती हैं।

स्पष्ट हुआ कि सामाजिक परिवर्तन की प्रक्रिया की तीन प्रमुख अवस्थाएँ (phases) होती हैं। पहली अवस्था में सामाजिक परिवर्तन की आवश्यकता महसूस की जाती है, दूसरी अवस्था में सामाजिक परिवर्तन का जन्म होता है और तीसरी अवस्था में सामाजिक परिवर्तन का संपोषण कर उसे सुदृढ़ बनाया जाता है।

कुछ समाजशास्त्रियों (sociologists) जैसे डाल्टन (Dalton, 1970, 1975) ने भी सामाजिक परिवर्तन की प्रक्रिया का विशेष अध्ययन करके उसमें निहित अवस्थाओं (phases) का वर्णन किया है। डाल्टन (Dalton, 1971) के अनुसार सामाजिक परिवर्तन की प्रक्रिया में निहित प्रमुख सोपान (steps) निम्नांकित है—

1. आत्म-सम्मान के प्रति प्रारम्भिक खतरा *(Initial danger to self-esteem)*—सामाजिक परिवर्तन की यह पहली अवस्था है जिसमें समाज में प्रचलित मूल्य (social value) तथा मानकों (norms) से लोगों के मन में एक तरफ तो खतरा उत्पन्न हो जाता है परंतु दूसरी तरफ वे उसे छोड़ने का साहस भी नहीं करते हैं क्योंकि इससे उनका आत्म-सम्मान एवं प्रतिष्ठा पर ठेस पहुँचती है। जैसे, जिस समय सती प्रथा का प्रचलन था, उस समय समाज में आमलोगों में इसके प्रति एक ऊब एवं असंतोष तो व्याप्त था ही परंतु कोई भी उसे विरोध करने का साहस नहीं करता था क्योंकि इस प्रथा से संबंधित सामाजिक मूल्य के प्रति उनके आत्म-सम्मान को ठेस पहुँचती थी। फलस्वरूप इसे हटाने की बात चलने पर लोग उसका ऊपरी मन से ही विरोध करते थे।

2. पुराने सामाजिक सम्बन्धों को तोड़ना *(Extinction of old social relationship)*—सामाजिक परिवर्तन की यह दूसरी अवस्था है जिसमें लोग पुराने सामाजिक मूल्यों (social values) तथा सामाजिक मानकों (social norms) को तोड़ने का दृढ़ निश्चय कर लेते हैं और समाज उसके जगह पर नये मूल्यों एवं मानकों को पूर्ण स्वीकृति दे देता है। इस तरह से डाल्टन के अनुसार इस अवस्था में सामाजिक परिवर्तन का जन्म हो जाता है। जैसे, इस अवस्था में समाज सती प्रथा का प्रचलन बंद करने की स्वीकृति दे देता है।

3. परिवर्तन की सुदृढ़ता *(Consolidation of change)*—सामाजिक परिवर्तन की इस अवस्था में हुए परिवर्तन को सुदृढ़ एवं मजबूत किया जाता है। यहाँ लोग अब हुए परिवर्तन के अनुरूप नये सामाजिक मूल्यों (social values) तथा सामाजिक मानकों का निर्माण करते हैं ताकि उसी के अनुसार लोगों का चिन्तन बन सके एवं लोग व्यवहार कर सके। जैसे, भारतीय परिवेश में आजकल बाल-विवाह की जगह पर वयस्क विवाह का सामाजिक परिवर्तन सुदृढ़ हो चुकी है। फलस्वरूप आधुनिक सामाजिक चिन्तन एवं सामाजिक मूल्य (social values) अब वयस्क विवाह के अनुरूप है।

4. आत्म-विश्वास का निर्माण *(Formation of self-confidence)*—सामाजिक परिवर्तन की इस अवस्था में हुए सामाजिक परिवर्तन से संबंधित मूल्यों (values) एवं मानकों (norms) में लोगों की पूर्ण अवस्था जम जाती है और उसी के अनुरूप कार्य करने में अपना मान-सम्मान समझते हैं। जैसे, अब भारतीय परिवेश में वयस्क विवाह में लोगों की पूर्ण आस्था हो गयी है। फलस्वरूप कोई माता-पिता अपने लड़के या लड़की की शादी वयस्कता आने पर करने में ही अपना आत्म-सम्मान समझते हैं। एक समय था जब वह आत्म-सम्मान बाल विवाह से संबंधित था।

स्पष्ट हुआ कि सामाजिक परिवर्तन की प्रक्रिया कई अवस्थाओं से गुजरकर पूरा हो पाती है। सामाजिक परिवर्तन की उत्पत्ति को समझने के लिए इन प्रक्रियाओं का ज्ञान आवश्यक है।

सामाजिक परिवर्तन के कारक या कारण
(Factors or Agents or Causes of Social Change)

समाजशास्त्रियों (sociologists), समाज मनोवैज्ञानिकों एवं मानवशास्त्रियों (anthropologists) ने मिलकर कुछ उन कारकों पर प्रकाश डाला है जिनसे सामाजिक परिवर्तन उत्पन्न होते हैं तथा जिनसे उनके स्वरूप को समझने में काफी मदद भी मिलती है। ऐसे कारकों को सामाजिक परिवर्तन का एजेंट (agent) भी कहा जाता है। ऐसे कारकों में से प्रमुख कारक निम्नांकित है—

1. जैविक कारक (*Biological factors*)—सामाजिक परिवर्तन का एक कारण जैविक बतलाया गया है। जैविक कारकों में उन कारकों को रखा जाता है जिससे मानव जाति का विकास पीढ़ी-दर-पीढ़ी प्रभावित होता है। इसमें आनुवंशिकता (heredity) प्रमुख बतलाया गया है। मानव समाज में जैविक कारकों का प्रभाव जनसंख्या में वृद्धि, पुरुष-नारी अनुपात आदि में मुख्य रूप से लक्षित होता है। जनसंख्या में वृद्धि होने से सामाजिक-आर्थिक स्तर में गिरावट आती है और उससे महत्त्वपूर्ण सामाजिक परिवर्तन आ सकता है। उसी तरह से यदि पुरुष-नारी अनुपात में एक निश्चित संतुलन किसी कारण से नहीं रह पाता है, तो इससे भी महत्त्वपूर्ण सामाजिक परिवर्तन जो मूलतः शादी से संबंधित हो सकते हैं, उत्पन्न हो सकता है। जैसे, यदि पुरुष की तुलना में स्त्रियों की संख्या काफी घट जाये, तो उम्मीद की जाती है भारतीय समाज से दहेज प्रथा स्वयं ही समाप्त हो जायेगा। इतना ही नहीं, जनसंख्या में वृद्धि हो जाने से सामाजिक मूल्य (social value) में परिवर्तन आ जाता है। शहरों में भीड़-भाड़ बढ़ने से स्वास्थ्य एवं नैतिकता सम्बन्धी मूल्यों (values) में परिवर्तन आ जाता है जिससे लोगों की आदतों एवं सामान्य रहन-सहन के स्तर में काफ़ी परिवर्तन आ जाता है। मैकाइवर तथा पेज (MacIver & Page, 1960) के अनुसार जैविक कारकों का प्रभाव सामाजिक मूल्यों पर इतना स्पष्ट पड़ता है कि इससे सामाजिक परिवर्तन में स्पष्ट तीव्रता आती है। परिणामतः सामाजिक विश्वासों, मूल्यों, रीति-रिवाजों एवं मानकों (norms) में स्पष्ट परिवर्तन घटित हो जाते हैं।

2. भौतिक कारक (*Physical factors*)—इस श्रेणी के कारकों में भौगोलिक या भौतिक वातावरण से संबंधित कारक आते हैं और उनसे सामाजिक परिवर्तन होता है। जैसे, बाढ़, भूकंप, अकाल, महामारी, युद्ध आदि कुछ ऐसे भौतिक कारण हैं जिनसे महत्त्वपूर्ण सामाजिक परिवर्तन उत्पन्न हो जाते हैं। इतिहास साक्षी है कि फ्रेंच क्रांति के बाद फ्रांस में आये सामाजिक परिवर्तन, भारत में स्वतंत्रता प्राप्ति के बाद आये सामाजिक परिवर्तन, हिरोशिमा तथा नागाशाकी में एटम बम गिरने के बाद का सामाजिक परिवर्तन इस भौतिक कारक से उत्पन्न सामाजिक परिवर्तन के उदाहरण है। युद्ध के अलावा, बाढ़, भूकंप, आकाल, महामारी से भी सामाजिक संरचना (social structure) में काफी परिवर्तन आ जाते हैं क्योंकि इन सब विपदाओं से स्वाभाविक तंत्र अस्त-व्यस्त हो जाते हैं। इतना ही नहीं, सामाजिक सम्बन्धों (social relationship) पर भौगोलिक वातावरण (geographical environment) का भी प्रभाव पड़ता है। यदि भौगोलिक वातावरण ऐसा है जो चारों ओर से लोगों को काफी सुरक्षा प्रदान करता है, तो वहाँ के लोगों के सामाजिक जीवन एवं सामाजिक सम्बन्ध में उन लोगों की अपेक्षा काफी विभिन्नता पायी जाती है जहाँ का प्राकृतिक वातावरण उसे उतना सुरक्षा प्रदान नहीं करता है। कई मानवशास्त्रियों जिनमें रूथ बेनेडिक्ट (Ruth Benedict) तथा मारग्रेट मीड (Margaret Mead) का नाम अधिक मशहूर है, इन तथ्यों का सत्यापन कर उन्हें वैध ठहराया है

3. प्रौद्योगिकी कारक (*Technological factors*)—प्रौद्योगिकी कारक की श्रेणी में उन कारकों को रखा जाता है जो नये-नये मशीन एवं प्रौद्योगिकी विकास (technological development) से संबंधित होते हैं। आधुनिक युग को मशीन युग कहा गया है क्योंकि इसमें पहले की तुलना में करीब-करीब प्रत्येक क्षेत्र में वैज्ञानिक मशीन का उपयोग किया जाता है। इन मशीनों के उपयोग होने से व्यक्तियों के सामाजिक सम्बन्धों (social relationship) में काफी बदलाव आ गया है। ऑगबर्न (Ogburn, 1965), क्लिन (Klinn, 1985), जॉन्सन (Johnson, 1975) द्वारा किये गये अध्ययनों से यह स्पष्ट हुआ कि प्रौद्योगिकी कारकों (technological factors) में चार कारक महत्त्वपूर्ण बतलाये गये हैं—

(i) उद्योग में मशीन के उपयोग में वृद्धि (*Increase in the use of machine in industries*)—उद्योग में मशीन

का उपयोग बढ़ने से उद्योगों की कार्य क्षमता एवं उत्पादन में वृद्धि हुई है जिससे उनमें काम करने वाले कर्मचारियों की आय बढ़ी है और उनके सामाजिक सम्बन्ध (social relationship) में काफी सुधार आया है।

(ii) संचार के साधनों का विकास *(Development of means of communication)*—तकनीकी विकास के संचार के नये-नये साधनों जैसे, टेलीफोन, टेलीप्रिंटर, टेलीविज़न, रेडियो, बेतार के तार, टेलिग्राफर, समाचार-पत्र आदि के आ जाने से पहले की अपेक्षा सामाजिक सम्बन्धों (social relationship) में महत्त्वपूर्ण परिवर्तन आये हैं। संचार के इन साधनों के विकास से सामाजिक सम्बन्धों में अधिक निकटता आ गयी है तथा लोगों को एक-दूसरे को समझने में काफी मदद मिली है।

(iii) यातायात के साधनों में वृद्धि *(Increase in means of transport)*—प्रौद्योगिकी विकास के क्षेत्र में यातायात के साधनों में वृद्धि एक महत्त्वपूर्ण कारक माना गया है। आजकल यातायात के आधुनिक साधनों जैसे कार, बस, रेल, हवाई जहाज आदि के आ जाने से लोगों के आने-जाने की सुविधा तो हो ही गयी है साथ-ही-साथ राष्ट्रीय एवं अन्तर्राष्ट्रीय व्यापारों में काफी वृद्धि हो गयी है। इनसे पुराने सामाजिक मूल्यों एवं विश्वासों में परिवर्तन आ गया है और क्रांतिकारी सामाजिक परिवर्तन हो गये हैं।

(iv) कृषि प्रविधियों में विकास *(Development of agricultural technique)*—प्रौद्योगिकी विकास के कारण कृषि क्षेत्र में महत्त्वपूर्ण परिवर्तन आये हैं। आधुनिक किसान इस नवनीतम कृषि प्रविधियों का उपयोग कर हरित क्रांति लाने में समर्थ हो सके हैं। इस हरित क्रांति के प्रभाव से उनकी आर्थिक समृद्धि में काफी वृद्धि हुई है और इनसे लोगों के सामाजिक सम्बन्धों (social relationship) पर बहुत ही अनुकूल प्रभाव पड़े हैं। इस तरह का सम्बन्ध अब पहले से अधिक उन्नत हो गया है।

4. आर्थिक कारक *(Economic factors)*—प्रसिद्ध समाजशास्त्री (sociologits) काल मार्क्स (Karl Marx) का मत है कि सामाजिक परिवर्तन समाज के आर्थिक परिवर्तनों से सीधे प्रभावित होता है। मानव इतिहास इस बात का साक्षी है कि जैसे-जैसे लोगों की आर्थिक उन्नति होती गयी, उनके चिन्तन, मनोवृत्ति, रहन-सहन के ढंग, सामाजिक प्रथा, सामाजिक मूल्यों में काफी परिवर्तन आये हैं। भारतीय परिवेश में यह स्पष्टतः देखने को मिलता है। दिनों-दिन भारतीय समाज में लोगों के आर्थिक स्तर में कुछ-न-कुछ सुधार होता जा रहा है। परिणामस्वरूप भारतीय समाज में स्त्री शिक्षा सम्बन्धी मूल्यों (values) एवं मानकों (norms) में काफी परिवर्तन आ गये हैं। इतना ही नहीं, आज औसत भारतीय के यहाँ आर्थिक सम्पन्नता के कारण आधुनिक नवीनतम आराम के उपकरण मौजूद हैं जिनसे इनके सामाजिक चिन्तन तथा सामाजिक सम्बन्धों में काफी बदलाव आ गये हैं। विदेशों में भी जिन-जिन देशों में आर्थिक सम्पन्नता आयी है, महत्त्वपूर्ण सामाजिक आन्दोलन उत्पन्न हुए हैं जिनसे सामाजिक परिवर्तन उत्पन्न हुए हैं।

5. सांस्कृतिक कारक *(Cultural factors)*—सामाजिक परिवर्तन पर सांस्कृति कारकों का भी प्रभाव पड़ा है। अध्ययनों से पता चला है कि भौतिक (material) तथा अभौतिक (non-material) दोनों तरह के सांस्कृतिक तत्त्वों का प्रभाव सामाजिक परिवर्तन पर पड़ते हैं। संस्कृति में परिवर्तन का असर सामाजिक मूल्यों(social values)तथा सामाजिक सम्बन्धों पर सीधा पड़ता है। भारतीय संस्कृति में परिवर्तन हो जाने से अब समाज में बड़े-बूढ़ों की कोई इज्जत नहीं करता है जबकि एक समय ऐसा भी था जहाँ इन लोगों की आज्ञा का पालन परिवार का प्रत्येक सदस्य सहर्ष करता था। इतना ही नहीं, आधुनिक भारतीय लड़कियों के पोशाक एवं फैशन आदि में इतनी आकर्षकता बढ़ गयी है कि लैंगिकता (sexuality)जैसे व्यवहारों में पहले की तुलना में काफी उत्तेजनशीलता आ गयी है। मानवशास्त्रियों(anthropologists) के अध्ययनों से यह पता चला है कि सांस्कृतिक विभिन्नता एवं परिवर्तन से सामाजिक रीति-रिवाजों, मानकों (norms), विश्वासों (beliefs) में काफी अंतर हो जाते हैं जिनसे सामाजिक परिवर्तन की प्रक्रिया तेजी से होती है।

6. शैक्षिक कारक *(Educational factors)*—कुछ ऐसे भी साक्ष्य (evidences) मिले हैं जिनके आधार पर यह कहा जाता है कि स्कूल तथा कॉलेज में दी जानेवाली औपचारिक शिक्षा तथा परिवार एवं समाज में दिये जाने वाले अनौपचारिक शिक्षा (informal education) का प्रभाव सामाजिक परिवर्तन पर काफी पड़ता है। भारतीय परिवेश में तो इस तरह के शिक्षा से महत्त्वपूर्ण सामाजिक परिवर्तन आये हैं। भारतीय समाज में स्त्रियों के सामाजिक जीवन में उन्नति, बाल-विवाह का अंत होना, विधवाओं के प्रति अधिक मानवीय व्यवहार, धार्मिक बंधन में ढीलापन तथा हरिजनों एवं पिछड़ी जातियों के प्रति अधिक उदारता का कारण शिक्षा के स्तर में वृद्धि बतलाया गया है। श्रीनिवासन (Shri Nivasan, 1989) के अनुसार भारत में शिक्षा में बढ़ती जागरूकता के कारण सामाजिक सम्बन्धों में काफी परिवर्तन आ गया है।

इस तरह की शिक्षा विशेषकर महिलाओं के जन-जीवन में महत्त्वपूर्ण परिवर्तन लाने में समर्थ हो पायी है और आज वे घर की चहारदिवारियों से सर उठाकर दफ्तर के बड़े-बड़े उत्तरदायित्व को संभालने में पुरुषों से कदम-में-कदम मिलाकर चल रही है।

7. मनोवैज्ञानिक कारक (*Psychological factors*)—मनोवैज्ञानिक कारणों का भी प्रभाव सामाजिक परिवर्तन पर पड़ता है। समाज मनोवैज्ञानिकों का मत है कि समाज के लोगों में व्याप्त कुंठा, प्रतियोगिता, सहकारिता, उत्सुकता, नवीनता आदि की प्रवृत्तियों से सामाजिक परिवर्तन तेजी से आती है। इन मनोवैज्ञानिक कारकों के कारण सामाजिक सम्बन्धों एवं उसकी संरचनाएँ काफी परिवर्तित हो गये हैं। नवीनता एवं उत्सुकता की तीव्र प्रवृत्ति के कारण आधुनिक समाज के सामाजिक मूल्यों में भी काफी परिवर्तन आ गये हैं। शायद यही कारण है कि आधुनिक रहन-सहन वाले एक परिवार के प्रति समाज के व्यक्तियों की मनोवृत्ति पारम्परिक रहन-सहन वाले एक परिवार के प्रति मनोवृत्ति से भिन्न होती है। इतना ही नहीं, ऐसे अति आधुनिक परिवार के लोगों के सामाजिक मूल्य (social values) भी कुछ भिन्न ही देखे जाते हैं। मैक्स (Max, 1969) तथा क्लिन्न (Klinn, 1975) का मत है जब पुराने सामाजिक मूल्यों तथा नये सामाजिक मूल्यों में टकराव होता है, तो उससे तनाव (strain) उत्पन्न होता है और उस तनाव को कम करने के लिए व्यक्ति सहर्ष नये मूल्यों को स्वीकार कर लेता है। इससे सामाजिक परिवर्तन (social change) अपने आप ही उत्पन्न हो जाते हैं।

8. राजनैतिक कारक (*Political factors*)—सामाजिक परिवर्तन में राजनैतिक कारकों की भी महत्त्वपूर्ण भूमिका रही है। किसी देश की राजनैतिक घटना, राजनैतिक नेतृत्व एवं राजनैतिक योजनाओं (political planning) का प्रभाव सामाजिक परिवर्तन पर स्पष्ट रूप से पड़ते देखे गये हैं। भारतीय समाज में स्वतंत्रता प्राप्ति के बाद जब राजनीतिक नीतियों एवं नेतृत्व में परिवर्तन आया, तो तरह-तरह के सामाजिक परिवर्तन आये। अनेक राजनैतिक पार्टियाँ दलितों एवं हरिजनों के उत्थान सम्बन्धी अपने इरादों को बुलंद किये और उन्हें कार्यान्वयन भी किये। परिणामतः ऐसे वर्गों की सामाजिक-आर्थिक स्तर में काफी बदलाव आया और आज वे अपने को समाज का एक महत्त्वपूर्ण वर्ग मानने में तनिक भी हिचकिचाते नहीं है। अंग्रेजों के समय की राजनैतिक अवस्थाएँ (political conditions) कुछ और थीं जिसके कारण भारतीय समाज में दमन, विभेदीकरण (discrimination) आदि अधिक प्रचलित थी। लोगों का सामाजिक-आर्थिक स्तर विशेषकर महिलाओं का सामाजिक जीवन (social life) आज की तुलना में काफी दमित (repressed) थी। उसी तरह यदि हम मुगल राजाओं के समय की राजनैतिक हालतों पर एक नजर डालें, तो स्पष्ट होगा कि उस समय के लोगों के सामाजिक मूल्यों एवं मानकों की बागडोर सीधा इन मुगल राजाओं के हाथ में होता था। व्यक्तिगत आजादी नाम की कोई चीज नहीं थी। राजाओं की गुलामी की जंजीर में जकड़े रहना ही प्रजा का परम धर्म समझा जाता है। सिर्फ भारत में ही नहीं, बल्कि अन्य देशों के इतिहास पर अवलोकन करने से यह स्पष्ट हो जाता है कि वहाँ की राजनैतिक घटनाओं, नीतियों एवं नेतृत्व का सीधा असर वहाँ की सामाजिक घटनाओं एवं सम्बन्धों पर पड़ा है। गिल्लिन एवं गिल्लिन (Gillin & Gillin, 1978) के अनुसार सामाजिक परिवर्तन पर जितना राजनैतिक कारकों का प्रभाव स्पष्ट रूप से पड़ता है, उतना किसी अन्य कारक का नहीं पड़ता है क्योंकि राजनैतिक हालातों तथा सामाजिक हालातों में सम्बन्ध सीधा होता है।

स्पष्ट हुआ कि सामाजिक परिवर्तन (social change) को उत्पन्न करने में कई कारकों का योगदान है। सामाजिक परिवर्तन क्यों होता है, इस प्रश्न का उत्तर पाने के लिए इन कारकों के स्वरूप को समझना आवश्यक है।

सामाजिक परिवर्तन के प्रति प्रतिरोध
(Resistance to Social Change)

सामाजिक परिवर्तन की कई विशेषताओं में एक प्रमुख विशेषता यह है कि इसमें प्रतिरोध (resistance) का तत्त्व शामिल होता है। जब-जब सामाजिक परिवर्तन होने लगता है कुछ लोगों द्वारा उसका विरोध किया जाता है। प्रश्न यह उठता है कि लोग ऐसे सामाजिक परिवर्तन का विरोध क्यों करते हैं ? वे कौन-कौन से कारक हैं जिनसे सामाजिक परिवर्तन की दिशा में रूकावट आ जाती है। समाज मनोवैज्ञानिकों एवं समाजशास्त्रियों ने मिलकर कुछ ऐसे ही कारकों की पहचान की है जो निम्नांकित है—

1. स्थिरता की इच्छा (*Desire for stability*)—समाज के अधिकांश लोग सामाजिक स्थिरता चाहते हैं। वे मौजूदा सामाजिक कूल्यों एवं मानकों का परित्याग नहीं करना चाहते हैं चाहे वह कष्टकर क्यों न हो। इसका प्रधान कारण यह है कि वे लोग उन मूल्यों एवं मानकों के प्रति समायोजित (adjusted) हो जाते हैं और उनसे उनके मन में स्थिरता

का भाव रहता है। परंतु जब उन्हें ऐसे मूल्यों एवं मानकों का परित्याग करके नये मूल्यों एवं मानकों (norms) को अपनाने के लिए कहा जाता है, तो उनके मन में अस्थिरता तथा अनिश्चितता का भाव उत्पन्न हो जाता है। वे इन नये मानकों, मूल्यों एवं विश्वासों के संभावित प्रभावों के प्रति आशंकित हो उठते हैं। अतः वे सामाजिक परिवर्तनों का प्रतिरोध करते हैं।

2. अज्ञानता *(Ignorance)*—सामाजिक परिवर्तन का प्रतिरोध लोग अज्ञानतावश भी करते हैं। जब-जब लोगों के सामने साामजिक परिवर्तन उत्पन्न करने के ख्याल से किसी नयी चीज खोज या अनुसंधान को सामने प्रस्तुत किया जाता है, लोग उसकी उपयोगिता के बारे में अज्ञानता के कारण आशंकित हो उठते हैं और उसे ठुकरा कर अपने पुराने मूल्यों एवं विश्वासों में चिपके रहना ही अधिक पसंद करते हैं। इससे सामाजिक परिवर्तन में अवरुद्धता उत्पन्न हो जाती है।

3. व्यक्तित्व कारक *(Personality factors)*—कई अध्ययनों से यह पता चला है कि लोगों की व्यक्तिगत आदत, मनोवृत्ति तथा अन्य प्रवृत्तियों (predispositions) से भी सामाजिक परिवर्तन में प्रतिरोध (resistance) उत्पन्न होता है। ऐसी आदतें एवं मनोवृत्तियाँ व्यक्ति को पुराने मूल्यों, विश्वासों एवं मानकों (norms) के साथ चिपके रहने के लिए बाध्य कर देती है जिससे सामाजिक परिवर्तन की गति अवरुद्ध हो जाती है। इस सिलसिले में कुछ प्रयोगात्मक साक्ष्य (experimental evidences) भी उपलब्ध है। जैसे, वेलिन (Wellin, 1955) ने एक अध्ययन किया जिसमें पेरू के एक गाँव में टायफायड (typhoid) तथा अन्य जल-जनित रोगों (water-born diseases) से लोगों को बचाने के लिए दूषित पानी को उबाल कर पीने तथा ऐसी उबले हुए पानी के स्वस्थकर मूल्यों (hygienic values) को लोगों को समझाया। परिणाम में देखा गया कि काफी प्रयास के बावजूद अधिकांश लोगों ने उबाले हुए पानी का व्यवहार में लाने से इनकार कर दिया। विश्लेषण से पता चला कि इन जानलेवा बीमारियों की उत्पत्ति के बारे में उनका अपना एक खास विश्वास था तथा उनकी नज़र में उबाले हुए पानी पीने तथा रोग की उत्पत्ति में कोई स्पष्ट सम्बन्ध नहीं था। अतः वे लोग प्रयोगकर्त्ता के प्रयास से अप्रभावित रहे। स्पष्ट है कि व्यक्तियों की अपनी मनोवृत्ति एवं विश्वास से सामाजिक परिवर्तन के रास्ते में बाधा उत्पन्न होता है।

रोजर्स तथा शूमेकर (Rogers & Shoemaker, 1971) ने भी एक ऐसा अध्ययन किया है जिससे यह स्पष्ट हो जाता है कि लोगों की अपनी मनोवृत्ति, विश्वास एवं आदत (habit) से सामाजिक परिवर्तन में काफी प्रतिरोध उत्पन्न होता है। दवा बेचने वाली एक अमेरिकन कंपनी द्वारा एनालोज (analose) जो एक ऐसी नयी दवा थी जिसमें दर्द को कम करने तथा पेट का ठंडा रखने दोनों का गुण था, का प्रचार किया गया। यह दवा एक टेबलेट के रुप में था जिसे मुँह में रखकर उसे चूस-चूस कर आसानी से खाया जा सकता था। ध्यान रहे कि अमेरिकन को ऐसी दवाओं का पानी के साथ निगलकर खाने की एक गहरी आदत होती है। परिणाम में देखा गया कि अधिकांश अमेरिकन एनोलोज को दवा के रूप में खाने से इनकार कर दिया क्योंकि उनकी आदत दवा को पानी के साथ निगलकर खाने की थी न कि मुँह में रखकर चूसने की। बहुत गहन एवं खर्चीले उपयोगों के बावजूद भी एनालोज की बिक्री नहीं हो सकती और कंपनी को अंत में इस दवा को बाजार से वापस ले लेना पड़ा।

उपर्युक्त अध्यननों से यह स्पष्ट है कि लोगों का अपना विश्वास, आदत एवं मनोवृत्ति से भी सामाजिक परिवर्तन में प्रतिरोध (resistance) उत्पन्न होता है।

4. आर्थिक लागत *(Economic cost)*—सामाजिक परिवर्तन के रास्ते में सबसे प्रमुख बाधा आर्थिक लागत (economic cost) बतलाया गया है। जिस समाज में आर्थिक साधनों की कमी होती है, वहाँ के लोग अति आधुनिक उपकरणों एवं उपलब्धियों का फायदा उठाने से वंचित रह जाते हैं जिससे सामाजिक परिवर्तन में अवरुद्धता आ जाती है। डीफ्लिऊर, डीएनटोनियो एवं डीफ्लिऊर (Defleur, D' Antonio & Defleur, 1976) ने एक अध्ययन किया जिसमें पाया कि गरीब देश के लोग चूँकि आधुनिक उपलब्धियों से इसलिए वंचित रह जाते हैं क्योंकि उसका आर्थिक भार वहन नहीं कर सकते हैं, इसलिए वैसे देशों में सामाजिक परिवर्तन के राह में अत्यधिक बाधा पहुँचती है। शायद भारत की गरीबी इस देश में आणुविक ऊर्जा (nuclear energy) पर आधारित परिवर्तन लाने में आज भी एक महत्त्वपर्ण प्रतिरोध सिद्ध हो रही है।

5. सामाजिक, धार्मिक एवं सांस्कृतिक विश्वास *(Social, Religious and Cultural beliefs)*—सामाजिक, धार्मिक एवं सांस्कृतिक विश्वास भी सामाजिक परिवर्तन के रास्ते में अवरोध खड़ा करते हैं। भारत जैसे देश में जहाँ हिन्दू की संख्या अधिकतम है, यदि कोई व्यक्ति गाय के मांस को आम लोगों द्वारा खाने तथा उसके गुणकारी उपयोगिता

का व्याख्यान करके उसे लोकप्रिय बनाने की कोशिश करे, तो वह सफल नहीं हो पायेगा क्योंकि हिन्दुओं में गाय का मांस खाना सांस्कृतिक, धार्मिक एवं सामाजिक विश्वास के विरुद्ध माना जाता है। हिन्दुओं के लिए गाय माता सदृश होती है। अतः इससे संबंधित परिवर्तन हिन्दू समाज में सफल नहीं हो पायेगा।

6. निहित स्वार्थ *(Vested interst)*—सामाजिक परिवर्तन में लोगों के निहित स्वार्थ के कारण भी बाधा पहुँचती है। ऐसे लोग सामाजिक परिवर्तन का विरोध इसलिए करते हैं कि सम्बन्धित सामाजिक परिवर्तन हो जाने से उनका नुकसान होगा। जैसे, सरकार जब-जब शराब, दारू तथा अन्य समान पेय पदार्थों के उपयोग पर प्रतिबंध लगाती है, इन सबसे सम्बन्धित रोजगार धंधे में लगे व्यक्ति उसका काफी विरोध करते हैं क्योंकि वे यह समझते हैं कि ऐसे प्रतिबंध से उनके धंधों को नुकसान होगा। स्पष्ट हुआ कि निहित स्वार्थ से सामाजिक परिवर्तन में प्रतिरोध उत्पन्न हो जाता है।

7. बौद्धिक उदासीनता *(Intellectual laziness)*—सामाजिक परिवर्तन की दिशा में बौद्धिक उदासीनता से भी प्रतिरोध उत्पन्न होती है। सामाजिक परिवर्तन के लिए आवश्यक है कि लोगों में बौद्धिक जागरूकता हो तथा वे होने वाले सामाजिक परिवर्तन पर बौद्धिाक विचार-विमर्श (intellectual discussion) करें। उनके अनुकूलता तथा प्रतिकूलता को समझें परंतु यदि ऐसा नहीं होता है और अधिकांश लोग बौद्धिक उदासीनता (intellectual laziness) बनाये रखते हैं अर्थात होने वाले परिवर्तन के प्रति तटस्थ रहते हैं, तो इससे सामाजिक परिवर्तन में प्रतिरोध (resistance) उत्पन्न हो जाता है।

स्पष्ट हुआ कि सामाजिक परिवर्तन में कई कारकों से प्रतिरोध (resistance) उत्पन्न होता है। सामाजिक परिवर्तन लाने वाले नेता या अन्य व्यक्तियों को इन प्रतिरोधों (resistances) से अवगत होना चाहिए।

सामाजिक परिवर्तन के प्रभाव
(Effect of Social Change)

मनोवैज्ञानिक एवं समाजशास्त्रीय अध्ययनों से यह पता चला है कि सामाजिक परिवर्तन के मुख्य दो तरह के प्रभाव होते हैं—

(क) हानिकारक प्रभाव *(harmful effects)* तथा (ख) लाभदायक प्रभाव (useful effects) । इन दोनों तरह के प्रभावों का वर्णन निम्नांकित है—

(क) हानिकारक प्रभाव *(Harmful effects)*—प्रमुख हानिकारक प्रभाव निम्नांकित हैं—

1. विघटनात्मक प्रभाव *(Disorganisational effect)*—सामाजिक परिवर्तन का परिवार (family), समुदाय (community), राष्ट्र (nation) तथा अन्तर्राष्ट्रीय (international) क्षैतिज पर कभी-कभी विघटनात्मक प्रभाव देखने को मिलते हैं। सामाजिक परिवर्तन का ही परिणाम है कि संयुक्त परिवार (joint family) की गौरव-गरिमा टूटती जा रही है और एकाकी परिवार (nuclear family) का उदय होता जा रहा है। इतना ही नहीं, आधुनिक परिवार तरह-तरह के संघर्षों एवं उपद्रवों का केंद्र बन गया है। घर की स्त्रियाँ दफ्तर में कदम रखी चुकी है। आर्थिक स्वतंत्रता प्राप्त कर लेने के कारण उनमें संघर्ष करने की क्षमता बढ़ गयी है। फलतः पारिवारिक विघटन की दीवार चारों तरफ से मजबूत हो गयी है। अब लोग माता-पिता की सेवा पुण्य नहीं बल्कि बोझ समझने लगे हैं।

पारिवारिक विघटन (family disorganization) के साथ-साथ सामुदायिक विघटन भी सामाजिक परिवर्तन के कारण हुए हैं। आज का प्रत्येक समुदाय चोरी, घूसखोरी, भ्रष्टाचार, अपराध आदि में लीन हैं। प्रायः सांप्रदायिक तनाव, दंगे आदि होते रहते हैं जिनका कारण आधुनिक समाज के बदले हुए मूल्य (value) तथा विश्वास (belief) हैं। एक समुदाय के लोग दूसरे समुदाय के लोगों को इस बदले हुए मूल्य एवं विश्वास के कारण ईर्ष्या, बैरभाव आदि की दृष्टि से देखते हैं।

सामाजिक परिवर्तन के विघटनात्मक प्रभाव राष्ट्रीय एवं अंतर्राष्ट्रीय क्षैतिजों पर भी होता पाया गया है। सामाजिक परिवर्तन के कारण देश के लोगों में अपने-अपने प्रांत की भलाई की बात अधिक उफान पर है। कोई व्यक्ति राष्ट्रीय हित की बात कम एवं प्रांतीय हित तथा सामुदायिक हित की बात ज्यादा सोचता है। परिणानस्वरूप, राष्ट्रीय अखंडता तथा एकीकरण खतरे में पड़ गया है। सामाजिक परिवर्तन का बुरा प्रभाव अंतर्राष्ट्रीय क्षैतिज पर भी पड़ा है। अगर हम अन्तर्राष्ट्रीय क्षैतिज पर ध्यान दें, तो उनमें औद्योगीकरण, नगरीकरण (urbanization) तथा अन्य प्रौद्योगिकी विकास (technological development) ही मूल रूप से सामाजिक परिवर्तन लाने में सफल हुए हैं।

परिणाम स्पष्ट है—अधिक सम्पन्न देश विकसित देशों पर अनावश्यक दबाव डालकर अन्तर्राष्ट्रीय तनाव उत्पन्न कर रहे हैं। प्रौद्योगिकी रूप से मजबूत देश दुर्बल देश पर अनावश्यक दबाव डालकर आक्रोश उत्पन्न कर रहा है।

स्पष्ट हुआ कि सामाजिक परिवर्तन के विघटनात्मक प्रभाव परिवार, समुदाय, राष्ट्रीय एवं अन्तर्राष्ट्रीय क्षैतिजों पर पड़ता है।

2. बेरोजगारी *(Unemployment)*—भारतीय समाज में आधुनिक सामाजिक परिवर्तन ने बेरोजगारी तथा बेकारी की समस्या को उत्पन्न किया है। औद्योगीकरण तथा प्रौद्योगिकी विकास ने छोटे-छोटे उद्योग-धंधे एवं कुटीर उद्योगों को लगभग बंद कर दिया है। अंतः इन धंधों में लगे लोग बेरोजगार होकर सड़क पर आ गये हैं। औद्योगीकरण एवं मशीनीकरण होने से स्वभावतः कम व्यक्ति की जरूरत पड़ती है क्योंकि कई व्यक्तियों का काम मशीन अकेले कर लेता है। फलतः ऐसे लोगों की नौकरी लघु उद्योग एवं कुटीर उद्योग बंद हो जाने से वहाँ से छूट गयी और दूसरी तरफ उन्हें बड़े-बड़े उद्योगों में भी पर्याप्त मात्रा में नौकरी नहीं मिल सकती। अतः उनमें बेरोजगारी की समस्या बद से बदतर हो गयी। बदले हुए सामाजिक परिवेश में लोग खेती एवं कृषि की उपेक्षा करके सफेदपोश नौकरियों की तलाश में शहर की ओर चल पड़े हैं। परिणामतः कृषि के प्रति इन युवकों की मनोवृत्ति प्रतिकूल हो गयी और बेरोजगारी की समस्या भीषण हो गयी।

3. सामाजिक संघर्ष तथा तनाव(*Social conflict and tension*)—सामाजिक परिवर्तन का एक स्पष्ट हानिकारक प्रभाव सामाजिक संघर्ष तथा सामाजिक तनाव में वृद्धि हुई है। इस बदले हुए सामाजिक हालातों में सामाजिक मूल्यों एवं लक्ष्यों की प्राप्ति में स्पर्द्धा काफी बढ़ गयी है। अधिकांश लोग अपने-अपने मूल्यों को महत्त्वपूर्ण समझकर उसपर अधिक बल डालने लगे हैं तथा दूसरों की मूल्यों की अवहेलना करना प्रारंभ कर दिय हैं। परिणामतः दफ्तर हो या उद्योग, सभी जगह सामाजिक संघर्ष एवं तनाव का दबदबा बढ़ गया है। लोगों पर पुराने मूल्यों एवं धर्मों का नियंत्रण हट गया है। महिलाओं में आर्थिक स्वतंत्रता पनप जाने से वे पुरुषों के अधीनस्थ के रूप में कार्य करने से उन्हें ठेस पहुँचता है। इन सबका नतीजा सामाजिक संघर्ष तथा तनाव है जिससे पूरा समाज आज परेशान है।

(ख) लाभदायक प्रभाव (*Useful effects*)—समाजिक परिवर्तन के जहाँ एक ओर हानिकारक प्रभाव उत्पन्न हुए हैं वहीं उसके कुछ लाभदायक प्रभाव (useful effect) भी है। ऐसे लाभदायक प्रभावों में निम्नांकित प्रमुख हैं—

1. सामाजिक बुराइयों से छुटकारा *(Removal of social evils)*—सामाजिक परिवर्तन का सबसे प्रमुख एवं लाभदायक प्रभाव सामाजिक बुराइयों को समाज से निकाल फेंकना है। सामाजिक परिवर्तन हो जाने से अधिकांशतः बुराइयाँ हट जाती हैं। यह सामाजिक परिवर्तन का ही परिणाम है कि भारतीय समाज से सती प्रथा छुआछूत (untouchability), बाल विवाह जैसी सामाजिक बुराइयाँ दूर हो गयी और समाज पुर्नसंगठित हो सका।

2. महिलाओं का सामाजिक स्थान में सुधार *(Improvement in women's position)*—आज तमाम संसार में महिलाओं की सामाजिक जीवन में पहले की तुलना में काफी उन्नति हुई है। कारण महिलाओं से संबंधित सामाजिक मूल्यों में परिवर्तन का होना है। पहले के समाज में महिलाओं को घर का काम-काज करने, पुरुषों का मन बहलाने एवं बच्चा पैदा करने का मात्र एक तंत्र के रूप में समझा जाता है। परंतु सामाजिक परिवर्तन होने से महिलाओं से संबंधित मूल्यों (values) तथा मानकों में काफी परिवर्तन आ गया है। फलतः अब महिलाओं को पुरुषों के समान हर क्षेत्र एवं कार्य के लिए योग्य समझा जाने लगा है। आज महिला पुलिस विभाग का दायित्व भी सँभाल रही हैं तथा पर्वतारोही समूह की सक्रिय सदस्या भी बनी हुई है। कार-दौड़ (car race) तथा साईकिल दौड़ (bicycle race) में महिलाएँ पुरुषों को पछाड़ रही है। इन बातों को पहले के समाज में सोचना तक पाप समझा जाता था। स्पष्ट हुआ कि सामाजिक परिवर्तन में महिलाओं के सामाजिक स्तर में काफी सुधार आ गया है। श्रीनिवासन (Shri Nivasan, 1975) के अनुसार सामाजिक परिवर्तन ने महिलाओं को पुरुषों से भी आगे आने की चेतना को सजग बना दिया है।

3. पददलितों में सामाजिक चेतना *(Social consciousness among downtroddens)*—सामाजिक परिवर्तन का एक लाभदायक भाव यह हुआ है कि दलितों (downroddens) में अपने अधिकारों के प्रति एक नयी सामाजिक चेतना उत्पन्न हो गयी है। वे पहले अपने को नीचा, टूटा हुआ एवं ईश्वरीय श्राप से युक्त मानते थे। यहाँ तक कि वे अपने को मंदिरों में प्रवेश के लायक भी नहीं मानते थे। परंतु सामाजिक परिवर्तन हो जाने से उनके सामाजिक मूल्यों एवं विश्वासों (beliefs) में काफी परिवर्तन हो गया है। वे अपने अधिकारों के प्रति चेतनशील हो गये हैं तथा उनमें आर्थिक सम्पन्नता में वृद्धि हो जाने से पुराने सामाजिक विश्वास हट गये हैं और उसकी जगह पर नये-नये सामाजिक विश्वास उत्पन्न हो गये हैं।

4. पूर्वाग्रहों एवं विभेदीकरण में कमी (*Reduction in prejudice and discrimination*)—सामाजिक परिवर्तन का एक प्रभाव यह हुआ है कि लोगों में अन्य लोगों के प्रति कई खास-खास पूर्वाग्रह (prejudice) में कमी आयी है। पाश्चात्य देशों में आधुनिक सामाजिक परिवर्तन हो जाने से गोरे (Whites) की मनोवृत्ति निग्रो (Negroes) के प्रति काफी बदल गयी है। परंतु सामाजिक परिवर्तन एवं सामाजिक आन्दोलन के कारण अब निग्रो के प्रति उनकी मनोवृत्ति प्रतिकूल से बदलकर अनुकूल हो गयी है। पाश्चात्य देशों में ही नहीं बल्कि अपने देश भारत में भी सामाजिक परिवर्तन एवं सामाजिक आन्दोलन के कारण उच्च वर्गों एवं जातियों के लोगों में निम्न एवं दलितों के प्रति पूर्वाग्रहों (prejudice) में काफी कमी आयी है। उल्टे अब दलित नेताओं के चरण स्पर्श करने एवं उनका दर्शन करने के लिए उच्च जाति एवं वर्गों के लोगों की लंबी कतार देखी जाती है। सामाजिक परिवर्तन में सिर्फ जाति पूर्वाग्रह ही नहीं बल्कि धार्मिक पूर्वाग्रह, समुदाय पूर्वाग्रह, साम्प्रदायिक पूर्वाग्रह आदि में भी महत्त्वपूर्ण परिवर्तन आये हैं।

5. सामाजिक उपलब्धियाँ (*Social achievements*)—सामाजिक परिवर्तन से सामाजिक उपलब्धियों (social achievements) में काफी सफलता मिलती है। सामाजिक परिवर्तन होने से भारतीय समाज में आर्थिक पिछड़ेपन (economic backwardness) दूर हुई है जिससे समाज के सामाजिक-आर्थिक स्तर में काफी सुधार हुआ है। लोगों की उपलब्धि आवश्यकता (need for achievemeents) तथा अर्जन आवश्यकता (need for acquisitiveness) पहले से अधिक हो गयी है। सामाजिक परिवर्तन के कारण समाज के सदस्य भी प्रविधियों को स्वीकार करते हैं जिससे उनमें नवीनता, अर्जनात्मकता (acquisitiveness), अधिक उपलब्धि पाप्त करने की लालसा आदि में काफी वृद्धि हो गयी है। इससे समाज के आर्थिक विकास में काफी मदद मिली है। परिणामतः सामाजिक उपलब्धियों (social achievements) का स्तर पहले से उँचा हो गया है। ध्यान रहे कि सामाजिक परिवर्तन होने के तुरंत बाद भले ही कुछ देर के लिए आर्थिक मंदता की स्थिति उत्पन्न हो जाती है परंतु जैसे ही सामाजिक परिवर्तन में सुदृढ़ता आती है, सामाजिक उपलब्धियाँ बढ़ जाती हैं एवं मंदता समाप्त हो जाती है और सम्पन्नता में वृद्धि होने लगती है।

स्पष्ट है कि सामाजिक परिवर्तन (social change) के कुछ लाभकारी (useful) एवं हानिकारक (harmful) दोनों ही प्रभाव होते हैं। इन दोनों तरह के प्रभावों का संयुक्त विश्लेषण करने पर हम इस निष्कर्ष पर पहुँचते हैं कि कुछ परिसीमाओं के बावजूद भी सामाजिक परिवर्तन सामाजिक संरचना की एक महत्त्वपूर्ण अनिवार्य घटना है जिसे अधिक लोग पसंग्द करते हैं।

भारतीय समाज में सामाजिक परिवर्तन की विशेषताएँ
(Characteristics of Social Changes in Indian Society)

प्रत्येक समाज के समान भारतीय समाज में भी सामाजिक परिवर्तन हुए हैं। भारतीय समाज में हुए सामाजिक परिवर्तन की पहचान कुछ खास विशेषताओं (characteristics) के आधार पर जाना जा सकता है। इन विशेषताओं में निम्नांकित प्रमुख हैः—

1. जाति व्यवस्था (*Caste system*)—आधुनिक भारतीय समाज में जो सामाजिक परिवर्तन हुए हैं, उसकी एक प्रमुख विशेषता यह है कि अब की जाति-व्यवस्था पहले की जाति-व्यवस्था से काफी भिन्न है। पहले की जाति-व्यवस्था व्यवसाय पर आधारित थी और शादी-विवाह जाति के अंदर ही संभव था। परंतु आजकल इसमें परिवर्तन हो गया है। आज किसी जाति का सदस्य कोई भी व्यवसाय कर सकता है। इतना ही नहीं, आज किसी भी जाति के लोग किसी भी जाति के लोग से शादी करके सुख-चैन से रह सकते हैं। ऐसी अन्तर्जातीय विवाह(intercaste marriage)को आजकल सरकारी मान्यता भी प्राप्त हो गयी है।

2. सामाजिक गतिशीलता एवं अनुकूलशीलता (*Social mobility and adaptability*)—भारतीय समाज में आधुनिक सामाजिक परिवर्तन की एक विशेषता यह है कि यहाँ के लोगों में देहातों से शहरों में आने की गतिशीलता (mobility) काफी बढ़ गयी है। लोग देहात के अपने जमीन-जायदाद को साग-सब्जी के भाव बेचकर शहर में मकान बना रहे हैं और कृषि से अपनी अभिरुचि हटाकर शहर के दफ्तर एवं कल-कारखानों में शरण पाने के लिए इधर-उधर घूमते रहते हैं। इस तरह से भारतीय समाज में एक-तरफा गतिशीलता (one-way mobility) देखने को मिल रहा है। भारतीय सामाजिक परिवर्तन (Indian social change) में अनुकूलशीलता की विशेषता पायी जाती है। भारत में जिन जिन संस्कृतियों का परिवेश हुआ उनके प्रति भारतवासियों ने पूर्ण अनुकूलता दिखलायी है। मुस्लिम संस्कृति तथा अंग्रेजी

संस्कृति के प्रति अनुकूलता का स्पष्ट छाप हमारी संस्कृति में देखने को मिलती है। भारतीय द्वारा फुलपैंट एवं बुशर्ट का पोशाक पहनना अंग्रेजी संस्कृति के प्रति अनुकूलता तथा पैजामा एवं कुरता पहनना मुस्लिम संस्कृति के प्रति अनुकूलता के चंद उदाहरण हैं।

3. सहनशीलता *(Tolerance)*—भारतीय सामाजिक परिवर्तन की एक विशेषता सहनशीलता है। आज के लोगों में नये सामाजिक मूल्यों को स्वीकार करने में उसके उत्पन्न कुप्रभाव को सहने की शक्ति पहले के लोगों की अपेक्षा बढ़ गयी है। जैसे, आज के बदले हुए परिस्थिति में स्त्री शिक्षा से सम्बन्धित मूल्यों को अधिक बढ़ावा दिया जाता है। स्त्री शिक्षा से उत्पन्न आर्थिक भार को परिवार के लोग धैर्यपूर्वक सहन (tolerate) करके उसके प्रति अनुकूलता (adaptability) दिखलाते हैं।

4. अनेकता में एकता *(Unity in diversity)*—भारत एक ऐसा देश है जिसमें कई तरह के समुदाय या समाज के लोग रहते हैं। प्रत्येक समुदाय या समाज की अपनी-अपनी विशेषताएँ(characterstics)हैं। इन विशेषताओं के बावजूद उनमें एक विशेषता ऐसी है जिससे वे एक सामान्य (common) सूत्र में बँधे हैं। वह सामान्य सूत्र यह है कि वे सभी भारतीय हैं। जैसे, सिक्ख समुदाय, हिन्दू समुदाय, मुस्लिम समुदाय, इसाई समुदाय के लोग अपने-अपने समाज की विशेषताओं को स्वीकार करते हुए यह भी मानते हैं कि हम सभी लोग मूलतः भारतीय हैं। इस प्रकार की भावना(feeling) का कारण आधुनिक सामाजिक परिवर्तन (social change) है।

5. आधुनिकीकरण *(Modernization)*—भारतीय सामाजिक परिवर्तन की एक विशेषता यह है कि यहाँ के लोगों में आधुनिक शिक्षा पद्धति, आर्थिक नीति, विदेश नीति, रहन-सहन के तौर-तरीकों में काफी बदलाव आया है तथा उनमें इन सब चीजों के प्रति जागरूकता अधिक उत्पन्न हो गयी है। वे इससे संबंधित अपने अधिकारों के प्रति अधिक सजग हो गये हैं।

स्पष्ट हुआ कि भारतीय समाज के सामाजिक परिवर्तन की कुछ अपनी खास-खास विशेषताएँ (characteristics) हैं जो उन्हें अपने अधिकारों के प्रति अधिक सजग हो गये हैं।

भारतीय सामाजिक परिवर्तन की विमाएँ
(Dimensions of Indian Social Change)

भारतीय समाज में जो सामाजिक परिवर्तन हुए हैं, उनकी अभिव्यक्ति (expression) कुछ खास-खास विमाओं (dimensions) के रूप में स्पष्ट रूप से होती पायी गयी है। इन विमाओं में निम्नांकित प्रधान हैं—

1. महिलाओं की स्थिति में परिवर्तन *(Changes in conditions of women)*—सामाजिक परिवर्तन की स्पष्ट अभिव्यक्ति हमें भारतीय महिलाओं की उन्नत स्थिति में देखने को मिलता है। पहले की स्त्रियाँ घरों में रहती थी। बच्चों का पालन-पोषण करना तथा पति की सेवा करने तक ही उनकी मुख्य जिम्मेवारियाँ थीं। उन्हें शिक्षित भी नहीं किया जाता था। ऐसा समझा जाता था कि उन्हें शिक्षा की कोई जरूरत नहीं है। विवाहित स्त्रियों के पति की मृत्यु होने पर उनके शव के साथ उन्हें भी जिन्दा जला दिया जाता था क्योंकि ऐसा समझा जाता था कि विवाहित स्त्री सिर्फ अपने पति की अमानत होती है जिसे उनकी मृत्यु के साथ भी समाप्त हो जाना चाहिए। आधुनिक सामाजिक परिवर्तन से महिलाओं के जीवन स्तर में काफी सुधार हुआ है। स्त्री शिक्षा पर बल दिया जा रहा है। आजकल यह समझा जाता है कि एक पुरुष को शिक्षित करना सिर्फ उन्हें शिक्षित करना है परंतु एक महिला को शिक्षित करने का अर्थ पूरे परिवार को शिक्षित करना है। पुरुषों के समान उन्हें हक एवं अधिकार दिलाने के लिए सरकार भी काफी प्रत्यनशील है और इस तरह का हक पाने के लिए स्वयं स्त्रियाँ भी आज अधिक जागरूक है। इतना ही नहीं, आधुनिक सामाजिक परिवर्तन से बहुविवाह की प्रथा समाप्त हो गयी है तथा सती प्रथा भी समाप्त हो गयी। विधवा-विवाह को बुरा नहीं समझा जाने लगा है। नतीजन, भारतीय समाज में इस सामाजिक परिवर्तन में महिलाओं के सामाजिक जीवन में काफी सुधार आया है।

2. सामाजिक मूल्यों एवं मानकों में परिवर्तन *(Changes in social values and social norms)*—भारतीय समाज में सामाजिक परिवर्तन की स्पष्ट अभिव्यक्ति के यहाँ के बदले हुए मूल्यों एवं मानकों (norms) से मिलता है। पहले समाज में ईमानदारी, परिवार में बुजुर्गों के प्रति निष्ठा आदि देखने को मिलता था। परन्तु आजकल बेईमानी, भ्रष्टाचार, बुजुर्गों को बोझ समझना जैसी सामाजिक मूल्यों की प्रधानता हो गयी है। पहले लोगों का पोशाक धोती कुर्ता था परन्तु आजकल यह पश्चिमी देशों के अनुरूप हो गया है और लोग पैन्ट, शर्ट या बुशर्ट आदि को अपना उत्तम पोशाक मानते

हैं। इतना ही नहीं, पहले हिन्दू समाज में पुरुषों द्वारा माथा पर टीका रखना, जनेऊ पहनना तथा परिवार के किसी सदस्या की मृत्यु हो जाने पर सिर का बाल मुड़ाना आदि प्रधान रूप से देखा जाता था। परन्तु आजकल ऐसे सामाजिक मूल्य एवं मानक करीब-करीब दम तोड़ चुके हैं। यह बदले हुए सामाजिक मूल्य का ही परिणाम है कि आजकल लड़के बाल बढ़ाते हैं तथा लड़कियाँ बाल कटाती हैं।

3. सामाजिक आर्थिक स्थिति में परिवर्तन *(Changes in socio-economic status)*—भारतीय समाज में सामाजिक परिवर्तन की अभिव्यक्ति यहाँ के लोगों के बदले हुए सामाजिक-आर्थिक स्थिति से भी पता चलता है। पहले के भारतीय समाज में सामाजिक प्रतिष्ठा जाति पर आधारित थी परंतु आधुनिक समय में सामाजिक प्रतिष्ठा जाति पर नहीं बल्कि धन एवं सम्पत्ति पर आधारित है। आजकल लोग यह समझते हैं कि धन ही सबसे बड़ी प्रतिष्ठा है। पहले के समाज में ब्राह्मणों को समाज में सबसे ऊँचा स्थान प्राप्त था तथा सबसे निचले स्तर पर शूद्र थे। परंतु आजकल सामाजिक प्रतिष्ठा में जाति का प्रभाव समाप्त हो गया है। आजकल शूद्र के भी चरण स्पर्श के लिए ब्राह्मणों की कतार देखी जाती है। स्पष्ट है कि भारतीय समाज में सामाजिक परिवर्तन से सामाजिक-आर्थिक स्थिति में काफी परिवर्तन आ गया है।

4. पारिवारिक स्थिति में परिवर्तन *(Changes in family status)*—भारतीय सामाजिक परिवर्तन की अभिव्यक्ति भारतीय परिवारों की बदली हुई स्थिति से भी होता है। यह सामाजिक परिवर्तन का ही प्रभाव है कि आज भारतीय समाज से संयुक्त परिवार(joint family)का अस्तित्व लुप्त हो गया है और उसके जगह पर एकाकी परिवार(nuclear family) उगते नजर आ रहे हैं। इतना ही नहीं, यदि हम ध्यान दें तो पायेंगे कि प्राचीन भारत में संयुक्त परिवार होने पर भी इनमें एक प्रमुख सामाजिक व्यवस्था (social system) थी। परिवार का प्रधान सबसे बुजुर्ग आदमी होता था जिसके प्रति सभी लोग स्नेह एवं आदर की दृष्टि से देखते थे। उनका मान-सम्मान पूरे परिवार का मान-सम्मान समझा जाता था। परंतु आजकल के एकाकी परिवार (nuclear famialy) में इस तरह का मान-सम्मान पति-पत्नी, पिता-पुत्र, माता-पुत्री एवं भाई-बहनों के बीच नहीं देखा जाता है। इसका मतलब यह हुआ कि आधुनिक भारतीय परिवार में सामाजिक विघटनात्मक बल अधिक सक्रिया हो उठे हैं।

5. व्यसाय में परिवर्तन *(Changes in occupation)*—सामाजिक परिवर्तन की अभिव्यक्ति व्यवसाय में परिवर्तन से भी होती है। प्राचीन भारत में व्यवसाय जाति पर आधारित था। एक ब्राह्मण का बच्चा कौन-सा व्यवसाय करेगा, एक चमार का बच्चा कौन-सा व्यवसाय करेगा या एक कुम्हार का बच्चा कौन-सा व्यवसाय करेगा, यह उसके जाति के आधार पर निश्चित रहता था। परंतु आज व्यवसाय का बँटवारा जाति पर न होकर व्यक्ति के शिक्षा-दीक्षा, उनके धन-दौलत, साधनों आदि पर निर्भर करता है। अब कोई भी व्यवसाय किसी जाति विशेष के लोगों की अमानत नहीं रह गयी है। एक ब्राह्मण हल जोत सकता है, बनियागिरी कर सकता है तथा एक चमार शिक्षक हो सकता है या जंग के मैदान में बहादुरी के साथ दुश्मनों के छक्के छुड़ा सकता है। आदि-आदि।

6. सांस्कृतिक प्रतिरूपों में परिवर्तन *(Changes in cultural patterns)*—प्राचीन भारत में प्रत्येक समाज या समुदाय के लोगों का एक विशेष सांस्कृतिक पहचान (cultural recognition) थी। हिन्दु, मुस्लिम, सिक्ख तथा इसाई समुदाय के रहन-सहन के निश्चित स्तर, निश्चित खान-पान एवं वेश-भूषा होते थे। परंतु सामाजिक परिवर्तन ने ऐसी सांस्कृतिक पहचान को करीब-करीब समाप्त कर दिया है। अब प्रत्येक समाज के लोगों के रहन-सहन के स्तर, पहनावा, खान-पान के तरीके करीब-करीब एक समान हो गये हैं। यहाँ तक कि शादी-विवाह के रस्म में कुछ बातों को छोड़कर इनमें पहले के समान विभिन्नता नहीं रह गयी है।

स्पष्ट हुआ कि भारतीय समाज में सामाजिक परिवर्तन की अभिव्यक्ति की विमाएँ (dimensions) कई हैं।

संस्कृतिकरण, पश्चिमीकरण एवं आधुनिकीकरण के अर्थ एवं विशेषता (Meaning and Characteristics of Sanskritization, Westernization and Modernization)

सामाजिक परिवर्तन की व्याख्या के संदर्भ में भारतीय समाज मनोवैज्ञानिकों द्वारा प्रायः तीन पक्षों का प्रयोग किया जाता है—संस्कृतिकरण(Sanskritization),पश्चिमीकरण(Westernization)तथा आधुनिकीकरण(Modernization)।

संस्कृतिकरण का सामान्य अर्थ होता है अपनी संस्कृति के मूल्यों(values),मानकों(norms),विश्वासों(beliefs) आदि से पूर्णतः प्रभावित होना। भारतीय संदर्भ में सांस्कृतिकरण का अर्थ है उच्च जाति के लोगों को संदर्भ समूह(reference group) मानकर उनके जीवन-शैली, विश्वासों, मूल्यों, मानकों आदि के अनुसार निम्न जाति के लोगों द्वारा अपने जीवन-

शैली, विश्वासों, मूल्यों एवं मानकों आदि में समान परिवर्तन लाना। सचमुच में संस्कृतिकरण पद की व्याख्या सबसे पहले श्रीनिवास[1] (Srinivas, 1952) ने अपनी प्रसिद्ध पुस्तक 'रिलीजन एंड सोसायटी एमांग दी कुर्ग्स' (Religion and Society among the Coorgs) में किया। उन्होंने संस्कृतिकरण (sanskiritization) को इस प्रकार परिभाषित किया है, ''संस्कृतिकरण एक ऐसी प्रक्रिया है जिसके द्वारा निम्न हिन्दू जाति या जनजाति या अन्य समूह अपने रीति-रिवाजों, कर्मकाण्डों, विचारधारा एवं जीवन-शैली में उच्च तथा प्रायः द्विजन्म जाति की दिशा में परिवर्तन लाता है।'' उन्होंने अपने प्रेक्षण (observation) के आधार पर यह बतलाया है कि संस्कृतिकरण की प्रक्रिया का ही यह आज परिणाम है कि पश्चिमी भारत के भील (Bhils) जनजाति के लोग तथा केन्द्रीय भारत (Central India) के गोंड एवं उराँव जाति के लोग आज जाति श्रृंखला (caste hierarchy) में अपना एक स्थान होने का दावा करते हैं। श्रीनिवास (Srinivas) ने संस्कृतिकरण को मूलतः एक तरह से ब्राह्मणवाद (Brhaminization) तक सीमित रखा था क्योंकि इन्होंने उच्च जाति से तात्पर्य मूलतः ब्राह्मण से लिया था। परंतु अन्य अध्ययनकर्त्ताओं (investigators) ने यह दिखलाया है कि संस्कृतिकरण का आधार अन्य उच्च जातियाँ भी हो सकती हैं।

उपर्युक्त विवरण के आलोक में संस्कृतिकरण की कुछ प्रमुख विशेषताएँ (characteristics) इस प्रकार बतलायी जा सकती हैं—

(i) संस्कृतिकरण में जनजाति या निम्न जाति के लोग उच्च जाति के रीति-रिवाजों, कर्मकाण्डों (rituals), विचारधाराओं (ideologies) आदि की तुलना बिन्दु (comparison point) मानते हैं। यही कारण है कि यह कहा गया है कि उच्च जाति के लोग निम्न जाति या जनजाति के लिए एक तरह से संदर्भ समूह (reference group) का कार्य करते हैं।

(ii) संस्कृतिकरण एक आरोही प्रक्रिया (ascending process) है जिसमें जनजाति एवं निम्न जाति के लोग जाति श्रृंखला (reference group) में एक ऊँचा स्थान प्राप्त करते हैं।

(iii) संस्कृतिकरण में सिर्फ ब्राह्मणों का ही नहीं बल्कि उच्च जातियों के रीति-रिवाजों, मूल्यों, कर्मकाण्डों (rituals) जीव-शैलियों का अनुकरण किया जाता है।

(iv) संस्कृतिकरण की प्रक्रिया सामान्यतः निम्न जाति से उच्च जाति की ओर होती है। कभी-कभी यह प्रक्रिया क्षैतिज (horizontal) भी हो सकती है।

भारतीय सामाजिक परिवर्तन में दूसरा महत्त्वपूर्ण संप्रत्यय (concept) *पश्चिमीकरण* (westernization) का है। संस्कृतिकरण के समान पश्चिमीकरण (westernization) के संप्रत्यय को उतना स्पष्ट रूप से परिभाषित नहीं किया गया है। फिर भी पश्चिमीकरण का सामान्य अर्थ भारतीय संस्कृति में पश्चिमी देशों की संस्कृति द्वारा की गयी घुसपैठी से उत्पन्न परिवर्तन से होता है। कुपुस्वामी[2] (Kuppuswami, 1986) के अनुसार, ''श्रीनिवास (1950) ने 19वीं तथा प्रारंभिक 20वीं शताब्दी में ब्रिटिश शासन के दौरान होने वाले परिवर्तनों को पश्चिमीकरण कहा है। मूलतः पश्चिमीकरण में पोशाक, खान-पान के तौर-तरीके आदि में परिवर्तन से होता है। बाद में पश्चिमीकरण में श्रीनिवास (1966) ने प्रौद्योगिकी संस्थाओं, विचारधाराओं एवं मूल्यों में होनेवाले परिवर्तनों को भी सम्मिलित किया जाता है।''

पश्चिमीकरण की उपर्युक्त परिभाषा से इसकी कुछ विशेषताओं (characteristics) की ओर संकेत मिलता है जो निम्नांकित है—

(i) पश्चिमीकरण एक व्यापक एवं बहुस्तरीय संप्रत्यय है *(Westernization is wider and multidimensional concept)*—पश्चिमीकरण एक व्यापक संप्रत्यय है क्योंकि इसमें विभिन्न स्तरों पर होने वाले परिवर्तनों की गणना की

---

1. Sanskritzation may be defined as "the process by which a low Hindu caste or tribal or other group changes its customs, ritual ideology and way of life in direction of a high and frequently twice-born caste."
—M. N. Srinivas : *Religion and Society Among Coorgs,* 1952.

2. "Shrinivas (1962) has also used the term 'westernization' to indicate the changes which took place in India during the British rule in the nineteenth and early twentieteh centuries chiefly. Westernization implies changes in dress, diet, style of eating, manners, etc. However, in his later essay, Shri Nivas (1966) extende his concept of westernization to include technology, institutions, knowledge, beliefs and values."
—Kuppuswami : *Social Changes in India,* 1986.

जाती है। उसमें खाना-पान, रहन-सहन बोलचाल में परिवर्तन के अलावा प्रौद्योगिकी(technology),संस्था(institutions), विचारधारा (ideology), मूल्यों आदि में हुए परिवर्तन को भी सम्मिलित किया जाता है।

(ii) पश्चिमीकरण की प्रक्रिया अंशत: चेतन एवं अंशत: अचेतन प्रक्रिया है *(Westernization is partly conscious and party unconscious process)*—भारतीय विशेषज्ञों का मानना है कि पश्चिमीकरण की प्रक्रिया अंशतः चेतन तथा अंशतः अचेतन होती है। कुछ परिवर्तन तो हम जानबूझ कर अपने आप में श्रेष्ठता उत्पन्न करने के लिए करते हैं तथा कुछ परिवर्तन बिना किसी तरह की चेतना के ही अपने आप हो जाते हैं। खान-पान एवं रहन-सहन में परिवर्तन अंशतः चेतन परिवर्तन के उदाहरण है, परंतु शादी विवाह के मौके पर अंग्रेजी साज-बाज से बारात का स्वागत करना अंशतः अचेतन परिवर्तन का उदाहरण है।

(iii) पश्चिमीकरण में नैतिक तटस्थता होती है *(Westernization involves ethical neutrality)*—भारतीय मनोवैज्ञानिकों का मत है कि पश्चिमीकरण में जैविक तटस्थता होती है क्योंकि पश्चिमीकरण में जो परिवर्तन होते हैं, उसे हम न तो खुलकर अच्छा और ना ही खुलकर बहुत खराब कह सकते हैं।

आधुनिकीकरण *(Modernization)* भी एक महत्त्वपूर्ण सम्प्रत्यय है जिसका प्रयोग सामाजिक परिवर्तन (social change) के संदर्भ में किया जाता है। आधुनिकीकरण में सामाजिक सम्बन्धों (social relationship) में होने वाले सभी तरह के परिवर्तनों को एवं सामाजिक मूल्यों (social values) में होने वाले परिवर्तन को सम्मिलित किया जाता है। इसमें सामाजिक, राजनैतिक तथा आर्थिक संगठनों में होने वाले सभी तरह के परिवर्तन सम्मिलित होते हैं। इसमें कृषि, प्रौद्योगिकी, शिक्षा, स्वास्थ्य, आधुनिक तकनीकी ज्ञान आदि को सम्मिलित किया जाता है। यह संप्रत्यय पश्चिमकीकरण(westernization) से भिन्न है क्योंकि पश्चिमकीकरण में सिर्फ उन्हीं परिवर्तनों को सम्मिलित किया जाता है जो पाश्चात्य संस्कृति के प्रभाव के कारण हुए हैं जबकि आधुनिकीकरण(modernisation) में किसी संस्कृति विशेष का प्रभाव नहीं होता है बल्कि नवीनतम एवं आधुनिकतम प्रविधियों, सिद्धांतों, एवं मूल्यों की प्रधानता के कारण परिवर्तन होता है।

संस्कृतिकरण तथा पश्चिमीकरण से सम्बन्ध
(Relation between Sanskiritzation and Westenization)

सामाजिक परिवर्तन में श्रीनिवास (Shrinivas, 1962) ने संस्कृतिकरण (sanskritization) तथा पश्चिमीकरण (westernization) के महत्त्व पर काफी बल डाला है। उससे अवगत होने के पहले इन दोनों तरह की प्रक्रियाओं (processes) की आपसी विभिन्नता को समझना आवश्यक है।

(i) संस्कृतिकरण की प्रक्रिया माँस खाने, शराब पीने तथा अन्य ऐसी ही प्रक्रियाओं को निषेधित (prohibit) करता है जबकि पश्चिमीकरण की प्रक्रिया माँस खाने तथा शराब पीने की प्रक्रियाओं को बढ़ावा देती है। परंतु पश्चिमीकरण से अत्यधिक प्रभावित होने वाले ब्राह्मण (Brahmin) आजकल इन दोनों तरह के सामाजिक निषेध का उल्लंघन कर चुके हैं।

(ii) संस्कृतिकरण तथा पश्चिमीकरण की प्रक्रिया में शादी एवं तलाक (divorce) से संबंधित विचारधाराएँ अलग-अलग हैं। संस्कृतिकरण में विधवा विवाह एवं तलाक वर्जित होता है। शायद यही कारण है कि प्राचीन भारत के ब्राह्मण परिवार में इन दोनों को सामाजिक निषेध माना जाता था। परंतु पश्चिमीकरण में पुनर्विवाह (remarriage), विधवा विवाह एवं तलाक अधिक प्रचलित रिवाजों में से माने जाते हैं। आधुनिक हिन्दू जाति में पुनर्विवाह, तलाक एवं विधवा विवाह को सामाजिक निषेध नहीं माना जाता है। अतः इसकी सामाजिक रीति-रिवाज इस बिन्दु पर पश्चिमीकरण के अनुरूप है। परंतु आजकल संस्कृतिकरण एवं पश्चिमीकरण में इन दोनों बिन्दुओं पर आधारित अंतर समाप्त हो चुका है क्योंकि आजकल दोनों यौनों (sexes) के व्यक्तियों में समानता का अधिकार तथा तलाक एवं पुनर्विवाह सम्बन्धी कई संवैधानिक प्रावधान क्रियान्वयन किये जा चुके हैं।

(iii) संस्कृतिकरण (sanskritization) द्वारा एक पवित्र दृष्टिकोण (sacred outlook) की झलक मिलती है जबकि पश्चिमीकरण (westernization) द्वारा एक धर्म निरपेक्ष दृष्टिकोण (secular outlook) की झलक मिलती है।

स्पष्ट हुआ कि संस्कृतिकरण तथा पश्चिमीकरण एक-दूसरे से थोड़ा भिन्न है। इसके बावजूद भी इन दोनों का महत्त्व भारतीय सामाजिक परिवर्तन में काफी है जिसकी चर्चा अगले अनुच्छेदों में किया जा रहा है।

सामाजिक परिवर्तन में संस्कृतिकरण का महत्त्व
(Importance of Sanskritization in Social Change)

सामाजिक परिवर्तन पर संस्कृतिकरण का प्रभाव अनेक रूपों में देखने को मिलता है। इनमें निम्नांकित प्रमख है—

1. कर्मकाण्डों एवं विचारधाराओं में परिवर्तन *(Changes in rituals and ideoligies)*—संस्कृतिकरण के कारण निम्न जातियों एवं जनजातियों (tribes) के कर्मकाण्डों एवं विचारधाराओं में अभूतपूर्व परिवर्तन आये हैं। ब्राह्मण की तरह एक शूद्र भी आज पूजा-पाठ, चंदन लेप करता है तथा जनेऊ का व्यवहार करते हैं। इतना ही नहीं, ब्राह्मण एवं कुछ अन्य उच्च जातियों के विचारधाराओं को अनुकरण करके अधिकतर निम्न जाति के लोग शराब पीना, मांस खाना आदि जैसे व्यवहार को छोड़कर शुद्ध शाकाहारी भोजन लेना प्रारंभ कर दिये हैं।

2. क्षैतिज परिवर्तन *(Horizontal changes)*—संस्कृतिकरण द्वारा जाति वर्ग में क्षैतिज परिवर्तन भी हुए हैं। एक ही जाति के कई उपजातियों में ऊँच-नीच की शृंखला होती है। जब एक ही जाति में निम्न उपजाति के लोग उच्च उपजाति के लोग को आदर्श मानकर अपने मनोवृत्तियों, रहन-सहन, रीति-रिवाजों में परिवर्तन करते हैं, तो उसे क्षैतिज परिवर्तन (horizontal changes) का कहा जाता है। जैसे, ब्राह्मण में ही कई उपजातियाँ जैसे गौड़, कान्यकुब्ज, सारस्वत आदि है। इनमें से यदि एक उपजाति का ब्राह्मण किसी दूसरे उपजाति के ब्राह्मण को अपना आदर्श मानकर अपने रीति-रिवाजों, रहन-सहन आदि में परिवर्तन करता है, तो यह क्षैतिज परिवर्तन का उदाहरण है। संस्कृतिकरण के कारण ऐसे क्षैतिज परिवर्तन भारत के भिन्न जातियों में सार्थक ढंग से हुए हैं।

3. अधोगामी परिवर्तन *(Downward changes)*—संस्कृतिकरण के कारण अधोगामी परिवर्तन (downward changes) भी भारतीय संदर्भ में देखने को मिलते हैं। यह सर्वविदित है कि निम्न जातियों में शराब पीना तथा मांसाहारी भोजन करना एक स्थापित रीति-रिवाज है। आजकल बहुत से ब्राह्मण या उच्च जाति के अन्य लोग (जिनमें ये दोनों ही निषेध माना जाता है) निम्न जाति के लोगों के व्यवहार एवं रीति-रिवाजों से प्रभावित होकर मदिरापान करना एवं मांसाहारी भोजन करना अपना गर्व समझते हैं। इसे मजुमदार (Mazumdar, 1973) ने असंस्कृतिकरण (desanskritization) की संज्ञा दी है।

4. राजनीतिक परिवर्तन *(Political changes)*—संस्कृतिकरण के कारण राजनैतिक परिवर्तन भी काफी हुए हैं। उच्च जाति को राजनीति में सक्रिय देखकर अनेक निम्न जाति एवं जनजाति के लोगों में भी राजनैतिक जागरण आ गया है और आजकल भारतीय राजनीति में कुछ निम्न जाति एवं जनजाति के लोगों का अच्छा बोलबाला है। यहाँ तक कि अब राष्ट्रपति एवं प्रधानमंत्री के पदों के लिए भी पिछड़े एवं अन्य दलित वर्ग के लोगों की सक्रिय तलाश होना प्रारंभ हो गया है।

स्पष्ट है कि संस्कृतिकरण की भूमिका भारतीय सामाजिक परिवर्तन में काफी दिलचस्प रही है।

सामाजिक परिवर्तन में पश्चिमीकरण का महत्त्व
(Importacne of Westernization in Social Changes)

भारतीय सामाजिक परिवर्तन पर पश्चिमीकरण का भी महत्त्वपूर्ण प्रभाव कई रूपों से पड़ा है। कुछ ऐसे महत्त्वपूर्ण परिवर्तनों की व्याख्या निम्नांकित है—

1. विचारधारा में परिवर्तन *(Changes in ideology)*—पश्चिमीकरण के कारण हमारे विचारधारा में स्पष्ट परिवर्तन आये हैं। पुराने भारतीय विचारधारा में आध्यात्मिकता (spiritualism) तथा भाग्यवादिता (fatalism) आदि की प्रधानता थी। पश्चिमीकरण के कारण आज इन दोनों विचारधाराओं में परिवर्तन हो गये। आज भौतिकवाद (materialism) तथा कर्मवाद आम भारतीय पर हावी है।

2. व्यवहारात्मक पहलू में परिवर्तन *(Chages in behavioural aspects)*—श्रीनिवास (Shrinivas, 1966) के पश्चिमीकरण के कारण औसत भारतीय के रहन-सहन, खान-पान, पोशाक पहनने आदि में सार्थक परिवर्तन आया है। आधुनिक लड़कियों द्वारा पैंट एवं शर्ट पहनना, अधिकांश भारतीयों द्वारा खाने में छुरी तथा टेबुल काँटा (table fork) का उपयोग करना, खाने के लिए टेबुल-कुर्सी का उपयोग करना आदि पश्चिमीकरण के कारण उत्पन्न होने वाले प्रमुख सामाजिक परिवर्तनों में से है।

3. ज्ञानात्मक पहलू में परिवर्तन *(Changes in knowledge aspect)*—श्रीनिवास (Shrinivas, 1966) ने पश्चिमीकरण के कारण भारतीयों के ज्ञानात्मक पहलू में होनेवाले परिवर्तन को भी महत्त्वपूर्ण माना है। पाश्चात्य साहित्य तथा विज्ञान के तरह-तरह की पुस्तकों एवं पत्रिकाओं को भारतीय युवकों द्वारा अपने देश के साहित्य एवं पत्रिकाओं की अपेक्षा अधिक सम्मान देना तथा उन्हें अधिक चाव से पढ़ना इस पश्चिमीकरण का ही प्रभाव है। पाश्चात्य देशों के विज्ञान के क्षेत्र में तरह-तरह के नवीनतम खोज एवं शोध (research) के अनुरूप अपने देश में भी खोज एवं शोध की जो होड़ आज दिखलाई देती है, उसका मुख्य कारण पश्चिमकीकरण (westernization) ही है।

4. मूल्यों में परिवर्तन *(Changes in values)*—पश्चिमीकरण के कारण आम भारतीयों के सामाजिक मूल्यों (social vlaues), धार्मिक मूल्यों (religious group) एवं नैतिक मूल्यों (moral values) में महत्त्वपूर्ण परिवर्तन आये हैं। प्राचीन भारत में सामाजिक मूल्यों, मानवतावादी मूल्य (humanistic value) तथा परोपकारिता सम्बन्धी गुणों की प्रधानता थी। पश्चिमीकरण के चपेट में आकर आजकल भौतिकवादी मूल्य (materalistic value) की प्रधानता हो गयी है एवं अपने स्वार्थ के लिए दूसरों को धोखा देना तथा हानि पहुँचाना हमलोग सीख चुके हैं। समाज ऐसे व्यक्तियों को आजकल अकलमंद या 'चालू' कहता है। पश्चिमीकरण के प्रभाव के कारण भी महिलाएँ घर से बाहर आकर महफिलों की शोभा बनने लगी है। प्राचीन भारत में व्याप्त धार्मिक मूल्यों की तुलना में आज के धार्मिक मूल्य पश्चिमीकरण के कारण अधिक बदल गये हैं। पहले के लोग पूजा-पाठ सच्चे दिल से करते थे। आजकल पूजा-पाठ को भी लोग व्यवसाय बना लिए हैं। पूजा-पाठ के नाम पर जबरन चंदा इकट्ठा कर तरह-तरह के तड़क-भड़क के साज और आवाज का प्रबंध करते हैं जिसकी गूंज से शायद भागवान का भी दिल-दिमाग शून्य हो जाता होगा। यह सब पश्चिमीकरण के मार-धाड़ एवं पॉप संगीत (pop music) का प्रभाव है।

5. शैक्षिक पहलुओं में परिवर्तन*(Chanes in educational aspects)*—पश्चिमीकरण के कारण औसत भारतीय की शिक्षा में काफी परिवर्तन आये हैं। आजकल प्रत्येक माता-पिता की तमन्ना यही होती है कि उनका बेटा एक दिन साहब बने। इसके लिए वे प्रारंभ से पश्चिमीकरण के प्रभाव के कारण अंग्रेजी माध्यम से शिक्षा देने वाले स्कूलों का दरवाजा खटखटना प्रारंभ कर देते हैं। यद्यपि अंग्रेज भारत छोड़कर चले गये परंतु उनके द्वारा कायम की गयी व्यवस्था (system) आज भी चल रही है। सभी महत्त्वपूर्ण प्रतिष्ठानों में काम-काज अंग्रेजी भाषा में होना इसका सबसे बड़ा सबूत है। इन प्रतिष्ठानों में आजकल अनेक ऐसे 'साहब' बैठे हैं जो बड़े गर्व के साथ कहते हैं कि उन्हें हिन्दी भाषा में काम-काज करने में दिक्कत होती है परंतु अंग्रेजी भाषा में उन्हें कोई कठिनाई नहीं होती है। यहाँ यह कहना अनुचित नहीं होगा कि शायद 'साहब' स्वयं ऐसा नहीं बोलते हैं बल्कि उनका पश्चिमीकरण ऐसा बोलता है। यह भी पश्चिमीकरण का ही प्रभाव है कि बच्चों को संस्कृति की शिक्षा पर बल न डालकर अंग्रेजी भाषा की शिक्षा पर अधिक बल डाला जाता है। शिक्षक की उपस्थिति में छात्रों द्वारा सिगरेट पीना तथा अन्य समान व्यवहार करना पश्चिमीकरण के जबर्दस्त प्रभाव का परिणाम है।

6. सामाजिक आन्दोलन में गतिशीलता एवं जागरूकता *(Mobility and consciousness in social movement)*—पश्चिमीकरण के प्रभाव के कारण आधुनिक सामाजिक आन्दोलन में अधिक गतिशीलता एवं जागरूकता आ गयी है। किसी तरह के सामाजिक बुराई के खिलाफ आवाज उठाने में लोगों में सक्रियता काफी पायी जाती है। लोग कुछ दिन पहले से ही आन्दोलन के लिए इकट्ठा होना प्रारंभ कर देते हैं, तथा वे सफल होने के लिए तरह-तरह के कार्यक्रम तैयार करते हैं। और तो और पाश्चात्य देशों के समान महिलाएँ भी हाथ में बैनर एवं पोस्टर लेकर ऊँचे आवाजों में आन्दोलन को सफल बनाने का हौसला दिखलाती है। एक समय था जब भारतीय महिला किसी तरह की भीड़-भाड़ में जाकर वहाँ सामाजिक बुराइयों के खिलाफ आवाज देने की कल्पना तक नहीं कर सकती थी।

स्पष्ट हुआ कि पश्चिमीकरण (westernization) ने भारतीय समाज को कई ढंगों से झकझोर दिया है और अपने रंग में रंग डाला है। अब देखना है इसके बाद क्या होता है?

अध्याय सारांश
(Chapter Summary)

1. सामाजिक परिवर्तन (social chnage) से तात्पर्य सामाजिक प्रक्रियाओं, सामाजिक पैटर्न्स, सामाजिक अंतःक्रिया या सामाजिक संगठन के किसी पहलू में होने वाले परिमार्जन या विभिन्नता से होती है।

2. सामाजिक परिवर्तन की अनेक विशेषताएँ (characteristics) है। जैसे सामाजिक परिवर्तन एक सर्वव्यापक घटना है; सामाजिक परिवर्तन अवश्यम्भावी होता है; सामाजिक परिवर्तन चक्रीय होता है, सामाजिक परिवर्तन अपूर्वानुमेय (unpredictable) होता है, सामाजिक परिवर्तन की गति अनियमित होती है; सामाजिक परिवर्तन में 'क्रमिक' प्रतिक्रिया शृंखला होती है, कभी-कभी सामाजिक परिवर्तन में आकस्मिकता का गुण पाया जाता है; सामाजिक परिवर्तन से प्रतिरोध भी होता है तथा सामाजिक परिवर्तन एक जटिल प्रक्रिया होती है।
3. सामाजिक परिवर्तन में कई प्रकार हैं। ऐसे पाँच-छः प्रकारों का उदाहरण सहित वर्णन किया गया है।
4. सामाजिक परिवर्तन के कई विमाएँ (demensions) हैं जिनसे होकर सामाजिक परिवर्तन की अभिव्यक्ति होती है। इन विमाओं में समाज के आकार, सामाजिक नेतृत्व, सामाजिक मूल्य तथा मानक, सामाजिक बनावट, सामाजिक संगठन, संचार शृंखला (channel of communication) आदि प्रधान हैं।
5. सामाजिक परिवर्तन के चार सिद्धांतों का भी वर्णन किया गया है—विकासात्मक सिद्धांत, चक्रीय सिद्धांत, संतुलन सिद्धांत तथा संघर्ष सिद्धांत।
6. सामाजिक परिवर्तन के कई प्रक्रियाओं (processes) का वर्णन किया गया है जिसमें कर्ट लेविन (Kurt Lewin) द्वारा सामाजिक परिवर्तन की प्रक्रिया की तीन अवस्थाएँ प्रमुख हैं।
7. सामाजिक परिवर्तन उत्पन्न करने वाले प्रमुख कारकों (factors) का भी वर्णन किया गया है। ऐसे आठ प्रमुख कारकों का वर्णन किया गया है।
8. कुछ ऐसे कारक हैं जिनसे सामाजिक परिवर्तन में प्रतिरोध (resistance) उत्पन्न होता है। ऐसे सात कारकों का वर्णन किया गया है।
9. सामाजिक परिवर्तन के मुख्य दो तरह के प्रभाव(effect) होते हैं—लाभकारी प्रभाव(useful effect) तथा हानिकारक प्रभाव (harmful effect)। इन दोनों तरह के प्रभावों का वर्णन यथोचित ढंग से किया गया है।
10. भारतीय सामाजिक परिवर्तन की कुछ विशेष विमाएँ (dimensions) हैं जिनसे होकर भारतीय समाज में होने वाले परिवर्तनों की अभिव्यक्ति होती है। ऐसी छह विमाओं का वर्णन किया गया है।
11. संस्कृतिकरण (sankritization) तथा पश्चिमीकरण (westernization) का विशेष प्रभाव भारतीय सामाजिक परिवर्तन में पड़ा है। सामाजिक परिवर्तन में इन दोनों प्रक्रियाओं के महत्त्व पर अलग-अलग ढंग से प्रकाश डाला गया है।

❑

अध्याय 33

आक्रामकता तथा सामाजिक हिंसा
(AGGRESSION AND SOCIAL VIOLENCE)

आक्रामकता के अर्थ एवं स्वरूप
(Meaning and Nature of Aggression)

आक्रामकता एवं हिंसा एक ऐसा व्यवहार है जो मनुष्य तथा पशुओं दोनों में पाया जाता है। अतः आक्रामक व्यवहार (aggressive behaviour)एक सार्वजनिक घटना(universal phenomenon)है। इसके अध्ययन में समाज मनोवैज्ञानिकों ने विशेष अभिरुचि दिखलायी है। इस अभिरुचि के कारण जाहिर है कि आक्रामकता को पहले समाज मनोवैज्ञानिकों ने उपयुक्त शब्दों (appropriate words) में परिभाषित करने की कोशिश किया है। यहाँ पर पहले हम कुछ प्रमुख उसी परिभाषाओं पर विचार करेंगे।

बस[1] (Buss, 1961) ने आक्रामकता (aggression) का एक सरलतम परिभाषा देते हुए कहा है, ''आक्रामकता ऐसी अनुक्रिया है जो दूसरे प्राणी को एक अनिष्ठकर उद्दीपक करता है।'' परंतु यह परिभाषा अत्यधिक विस्तृत एवं सरल होने के कारण समाज मनोवैज्ञानिकों को मान्य नहीं हो सकी। जैसे, कुछ समाज मनोवैज्ञानिकों ने यह आपत्ति उठायी कि यदि बस (Buss) की परिभाषा को सही मान लिया जाता है, तो एक दंत चिकित्सक द्वारा दाँत की सफाई करने के लिए किया गया ड्रिलिंग (drilling) या दाँत को उखाड़ना भी आक्रामक व्यवहार (aggressive behaviour) कहलायेगा हालोंकि यह स्पष्ट है कि दंत चिकित्सा का उद्देश्य (intention) रोगी को चंगा करना है न कि उसे हानि पहुँचाना है। कहने का तात्पर्य यह है कि बस की परिभाषा में आक्रामक व्यवहार करने वाले व्यक्ति के उद्देश्य (purpose) या अभिप्राय (intention) को ध्यान में नहीं रखा गया है जो एक आवश्यक तथ्य है। **वरकोविज**[2] (Berkowitz 1975) के अनुसार, आक्रामकता से तात्पर्य ''दूसरों के प्रति किये गये साभिप्राय क्षति या हानि से होती है।'' इस परिभाषा से स्पष्ट है कि आक्रामक व्यवहार उस व्यवहार को कहा जाता है जो दूसरों को सिर्फ हानि या क्षति ही नहीं पहुँचाता है बल्कि हानि या क्षति पहुँचाने का उद्देश्य भी रखता है।

कुछ समाज मनोवैज्ञानिकों ने आक्रामकता में उद्देश्य या साभिप्राय (intention) को सम्मिलित किये जाने पर यह कहते हुए आपत्ति जताया है कि यह एक ऐसा संप्रत्यय (concept) है जिसे सही-सही जाना या मापा नहीं जा सकता है। अतः आक्रामकता की परिभाषा में इसे सम्मिलित नहीं किया जाना चाहिए। परंतु इन समाज मनोवैज्ञानिकों की इस आपत्ति से बहुत लोग सहमत नहीं है और इसे खंडित करते हुए इन लोगों ने कहा है कि मनोवैज्ञानिक उन दशाओं या अवस्थाओं (conditions) की जाँच के आधार पर मनुष्य के आक्रामक व्यवहार के उद्देश्य के बारे में अनुमान लगाते हैं जो ऐसे व्यवहार को जन्म देते हैं। परिणामस्वरूप, अधिकतर समाज मनोवैज्ञानिकों ने उद्देश्य को मद्देनजर रखते हुए आक्रामक व्यवहार को परिभाषित किया है।

वेरोन एवं **वर्न**[3] (Baron & Byrne, 1987) के शब्दों में, ''आक्रामकता एक ऐसा व्यवहार होता है जिसका लक्ष्य दूसरों को क्षति पहुँचाना या घायल करना होता है तथा जिससे बचने के लिए वह (दूसरा व्यक्ति) प्रेरित होता है।

1. "Aggression is a response that delivers noxious stimuli to another organism." —Buss : *The Psychology of Aggression,* 1961, p.3.
2. "Aggession is the intentional injury of another." —Berkwitz : *A Survey of Social Psychology*. p.215.
3. "Aggression is a behaviour directed towards the goal of harming or injuring another living being who is motivated to avoid such treatment." —Baron & Byrne : *Social Psychology*, 1988, p. 331.

मेयर्स[1] (Myers, 1988) के अनुसार, ''आक्रामकता एक ऐसा शारीरिक या शाब्दिक व्यवहार होता है जिनका उद्देश्य दूसरों को चोट पहुँचाना होता है।''

एटकिन्सन, एटकिन्सन, स्मिथ एवं **हिलगार्ड**[2] (Atkinson, Atkinson, Smith & Hilgard, 1987) के अनुसार, ''आक्रामकता एक ऐसा व्यवहार होता जिसका उद्देश्य दूसरों को शारीरिक रूप से (physically) या शाब्दिक रूप से (verbally) घायल करना होता है या दूसरों के जायदाद को बर्बाद करना होता है।''

टेलर, पेपलाऊ एवं **सीयर्स**[3] (Taylor, Peplau & Sears, 2006) के अनुसार, ''कोई भी कार्य जिसका अभिप्राय दूसरों को हानि पहुँचाना होता है, को आक्रमकता कहा जाता है।''

इन प्रमुख परिभाषाओं में आक्रामकता (aggression) की व्याख्या में काफी समानता दिखलाई देती है जिसका विश्लेषण करने में हम आक्रामक व्यवहार के बारे में निम्नांकित प्रमुख तथ्य प्राप्त होते हैं—

1. आक्रामकता एक ऐसा व्यवहार होता है जो जानबूझकर दूसरों का या उसकी जायदाद (property) को हानि पहुँचाने के उद्देश्य से किया जाता है। अतः बिना उद्देश्य की परख किये किसी व्यवहार को आक्रामक (aggressive) नहीं कहा जा सकता है। एक दंत चिकित्सक द्वारा सड़े दाँत को उखाड़ने के सिलसिले में रोगी को एकाध चपत लगा देना एक आक्रामव्क व्यवहार नहीं कहलायेगा क्योंकि चिकित्सक का उद्देश्य वास्तव में रोगी की चोट पहुँचाना नहीं है। दूसरे तरफ फर्ज कर लीजिए कि एक हत्यारा मंत्री पर गोली चलाता है परंतु मंत्री जी बाल-बाल बच जाते हैं। यहाँ पर हत्यारे के व्यवहार का उद्देश्य क्षति पहुँचाना है परंतु किन्हीं कारणों से क्षति नही हुई। क्षति पहुँचाने का उद्देश्य होने के कारण हत्यारे का व्यवहार निश्चित रूप से एक आक्रामक व्यवहार कहलायेगा।
2. आक्रामक व्यवहार में अभिप्राय (intention) प्रकट (explicit) भी हो सकता है या अप्रकट (implicit) भी हो सकता है। उपर्युक्त उदाहरण में हत्यारे द्वारा किये गये आक्रामक व्यवहार में अभिप्राय प्रकट (explicit) था। ऐसे आक्रामकता को समाज मनोवैज्ञानिकों ने *बैरपूर्ण आक्रामकता* (hostile aggression) कहा है। आक्रामक व्यवहार करने में अभिप्राय छिपा हुआ या अप्रकट (implicit) भी हो सकता है। जैसे एक राजनैतिक नेता अपने विरोधी नेता के प्रति तटस्थता का भाव रखते हुए भी इस ढंग से प्रचार कर सकता है जिससे वह अपने विरोधी नेता को हराकर चुनाव जीत सके। यहाँ अभिप्राय छिपा हुआ है। ऐसे आक्रामकता को *साधनात्मक आक्रामकता* (instrumental agression) कहा जाता है।
3. आक्रामकता में पीड़ित (victim) या लक्ष्य व्यक्ति (target person) आक्रामक व्यवहार से बचने की कोशिश करता है। इसका मतलब यह हुआ कि यदि पीड़ित व्यक्ति उस आक्रामक व्यवहार से बचने की प्रेरणा नहीं रख सकता है, तो उसे आक्रामक व्यवहार (aggressive behaviour) नहीं कहा जायेगा।

स्पष्ट हुआ कि आक्रामक व्यवहार (aggressive behaviour) के कुछ निश्चित विशेषताएँ होती हैं जिनके आधार पर हम इसकी पहचान कर लेते हैं और इससे मिलते-जुलते सभी तरह के व्यवहार को आक्रामक व्यवहार नहीं कहते हैं।

आक्रमकता का स्वरूप समाजविरोधी (antisocial), प्रसामाजिक (prosocial) तथा इन दोनों के बीच स्वीकृत (sanctioned) कुछ भी हो सकता है। समाजविरोधी आक्रमकता से तात्पर्य वैसे आक्रमक व्यवहार से होता है जो समाज के नियमों के विरुद्ध होता है। जैसे किसी को गाली देना, तमाचा मारना आदि। इस अर्थ में आक्रमकता एक बुरा व्यवहार माना जाता है। परंतु कुछ आक्रमकता ऐसे होते हैं जो समाज के नियमों के अनुकूल होते हैं जिसे प्रसामाजिक आक्रमकता (prosical aggression) कहा जाता है। जैसे, माता-पिता का अनुशासनात्मक व्यवहार, युद्ध में कमांडर के आक्रमक आदेश का सिपाहियों द्वारा पालन करना आदि सभी प्रसामाजिक आक्रमकता के उदाहरण हैं। इन दोनों के बीच कुछ आक्रमक व्यवहार होते हैं जिसे अनुमोदित आक्रमकता (sanctioned aggression) कहा जाता है। इस तरह की आक्रमकता में

---

1. Aggression may be defined as "physical or verbal behaviour that is intended to hurt someone."
—Myers : *Social Psychology*, 1988, p. 395.
2. "Aggression is the behaviour that is intended to injure another person (physically or verbally) or to destroy property." —Atkinson, Atkinson, Smith & Hilgard : *Introduction to Psychology*, 1987, p. 369.
3. "Aggression is defined as any action that is interded to hurt others."
—Taylor, Peplau & Sears : *Social Psychology*, 2006, p. 407

वैसे आक्रमक व्यवहार सम्मिलित होते हैं जिसकी जरूरत सामाजिक मानकों (social norms) के अनुसार तो नहीं होती है परंतु उन्हें उनकी सीमा के भीतर रखा जा सकता है। ऐसे व्यवहार स्वीकृत नैतिक मानकों (accepted moral standards) का अतिक्रमण नहीं करते हैं। जैसे, एक बलात्कारी को महिला द्वारा तमाचा मारना अनुमोदित आक्रमकता का उदारहण है।

आक्रमकता के स्वरूप को ठीक समझने के लिए यह भी आवश्यक है कि आक्रमक व्यवहार तथा क्रोध (anger) में अन्तर किया जाए। क्रोध एक आक्रमक अनुभूति (aggressive experience) होती है जबकि आक्रमक व्यवहार उस अनुभूति का बाहरी रूपान्तरण (external transformation) है। व्यक्ति में क्रोध की अनुभूति होने पर सामान्यतः वह आक्रमक व्यवहार करता है परंतु कभी-कभी वह इन अनुभूतियों को नियंत्रित कर इस तरह व्यवहार करता है मानों उसे क्रोध का अनुभव हुआ ही नहीं।

आक्रामकता के सिद्धांत
(Theories of Aggression)

समाज मनोवैज्ञानिकों ने आक्रामकता (aggression) की उत्पत्ति (origin) की व्याख्या करने के लिए तरह-तरह के सिद्धांतों का वर्णन किया है। इन सिद्धांतों में आक्रामकता की उत्पत्ति के बारे में मुख्यतः तीन प्रकार के विचारों को प्रतिपादित किया गया है जो निम्नांकित है—

1. आक्रामक व्यवहार (aggressive behaviour) मानव प्रकृति (human nature) में व्याप्त मूलप्रवृत्ति (instinct) एवं अन्य जैविक कारकों (biological factors) के कारण उत्पन्न होता है। इसकी व्याख्या समाज मनोवैज्ञानिकों ने विशेष सिद्धांत जिसे मूलप्रवृत्तिक सिद्धांत (instinct theory) कहा जाता है, के अंतर्गत किया है।
2. आक्रामक व्यवहार बाह्य कुंठा या निराशा (frustration) के परिणामस्वरूप उत्पन्न होता है। इसकी व्याख्या जिस सिद्धांत के अंतर्गत की गयी है, उसे कुंठा-आक्रामकता सिद्धांत (frstration-aggression theory) कहा जाता है।
3. व्यक्ति आक्रामक व्यवहार अन्य व्यवहारों के समान किसी-न-किसी सामाजिक संदर्भ (social context) में सीखता है। इसकी व्याख्या जिस सिद्धांत के अंतर्गत की गयी है, उसे *सामाजिक सीखना सिद्धांत* (social learning theory) कहा जाती है।

स्पष्ट हुआ कि आक्रामकता (aggression) की व्याख्या करने के लिए मनोवैज्ञानिकों एवं समाजशास्त्रियों ने मिलकर तीन महत्त्वपूर्ण सिद्धांत का वर्णन किया है जो निम्नांकित है—

1. मूलप्रवृत्तिक सिद्धांत (Instinct theory)
2. प्रणोद सिद्धान्तः कुंठा-आक्रामकता प्राक्कल्पना (Drive Theory : Frustration-aggression hypothesis)
3. सामाजिक-सीखना सिद्धान्त (Social Learning Theory)
4. सामान्य आक्रमकता मॉडल : आक्रमकता का आधुनिक सिद्धान्त (General Aggresive Model : Modern theory of Aggression)

इन चारों का वर्णन हम अलग-अलग अनुच्छेदों में करेंगे।

मूलप्रवृत्तिक सिद्धांत
(Instinct Theory)

मूलप्रवृत्तिक सिद्धांत (instinct theory) के अनुसार, मनुष्य या पशु में आक्रामकता (aggression) एक जन्मजात व्यवहार (inborn behaviour) होता है जो मूलप्रवृत्ति (instinct) के कारण उत्पन्न होता है। मूलप्रवृत्ति (instinct) से तात्पर्य किसी उद्दीपक (stimulus) के प्रति एक खास तरह की अनुक्रिया करने की एक जन्मजात प्रवृत्ति (inherited tendency) से होता है।

मूलप्रवृत्तिक सिद्धांत (instinct theory) के अन्तर्गत मूलतः दो व्यक्तियों के सिद्धांतों को रखा गया है—फ्रायड का मनोविश्लेषणात्मक सिद्धांत (psychoanalytical theory) तथा लोरेन्ज (Lorenz) का *आचारशास्त्रीय* सिद्धांत (ethological theory)। इन दोनों सिद्धांतों का वर्णन हम इस प्रकार कर सकते हैं—

(क) फ्रायड का मनोविश्लेषणात्मक सिद्धांत *(Freud's psychoanlytical theory)*—इस सिद्धांत का प्रतिपादन साइमंड फ्रायड (Sigmund Freud) द्वारा किया गया था। इसे मनोविश्लेषणात्मक सिद्धांत इसलिए कहा जाता है क्योंकि इसका आधार मनोविश्लेषण (psychoanalysis) से प्राप्त मूल तथ्य है। आक्रामकता की व्याख्या मनोविश्लेषणात्मक सिद्धांत के तहत मूलप्रवृत्ति (instinct) के रूप में की गयी है। फ्रायड के अनुसार, प्रत्येक व्यक्ति में दो तरह के मूलप्रवृत्ति (instinct) पाये जाते हैं—*जीवन मूलप्रवृत्ति* (life instinct) तथा *मृत्यु मूलप्रवृत्ति* (death instinct)। जीवन मूलप्रवृत्ति को *इरोस* (Eros) भी यहाँ जाता है तथा यह व्यक्ति को सभी तरह के रचनात्मक कार्य (constructive functions) करने का पर्याप्त प्रेरणा देता है। मृत्यु मूलप्रवृत्ति (death instinct) जिसे थैनेटोस (Thanatos) भी कहा जाता है, जो सभी तरह के विध्वंसात्मक (destructive) तथा आक्रामक कार्य करने की प्रेरणा देती है। जब किसी व्यक्ति में मृत्यु मूलप्रवृत्ति की प्रबलता होती है, तो वह व्यक्ति आक्रामकता (aggression) अधिक करते पाया जाता है। सामान्यतः जीवन मूलप्रवृत्ति तथा मृत्यु मूलप्रवृत्ति (death instinct) में एक संतुलन बना रहता है जिससे व्यक्ति का समायोजन (adjustment) वातावरण के साथ भी ठीक होता है।

फ्रायड (Freud) के अनुसार, मृत्यु मूलप्रवृत्ति (death instinct) की अभिव्यक्ति की दिशा अंतर्मुखी (inward) तथा बहिर्मुखी (outward) दोनों हो सकता है। जब दिशा अंतर्मुखी होती है, व्यक्ति अपने आप के प्रति आक्रामकता दिखलाता है तथा अपने आप को ही क्षति पहुँचाने की कोशिश करता है। ऐसे व्यवहार का एक चरम उदाहरण आत्महत्या (suicide) का प्रयास करना है। जब दिशा बहिर्मुखी (outward) होता है तो व्यक्ति दूसरों की क्षति पहुँचाकर या सामाजिक रूप से स्वीकार योग्य दलीलें देकर अपनी आक्रामकता की अभिव्यक्ति करता है। फ्रायड का मत था कि जीवन मूलप्रवृत्ति (life instinct) प्रायः मूलप्रवृत्ति (death instinct) के विध्वंसकारी लक्ष्य (destructive goal) को अवरुद्ध (block) कर देता है और उसे बाहरी वस्तुओं या वस्तुओं की ओर उन्मुख कर देता है। उसका परिणाम यह होता है कि व्यक्ति बाहरी वस्तुओं या व्यक्तियों के प्रति आक्रामकता (aggression) तथा हिंसा (violence) दिखलाना प्रारंभ कर देता है। कभी-कभी जीवन मूलप्रवृत्ति मृत्यु मूल-प्रवृत्ति (death instinct) को उसे बाह्य वस्तुओं या व्यक्तियों की ओर मोड़ने में सफल नहीं हो पाती है। ऐसी परिस्थिति में व्यक्ति में आत्म-आक्रामक व्यवहार (self-aggression behaviour) में वृद्धि हो जाती है और चरम सीमा पर पहुँचने पर व्यक्ति आत्महत्या (suicide) भी कर लेता है।

(ख) आचारशास्त्रीय सिद्धान्त *(Ethological theory)*—इस सिद्धान्त का प्रतिपादन प्रसिद्ध आचारशास्त्री (ethologist) एवं नोबुल पुरस्कार विजेता कौनरेड लोरेन्ज (Konrad Lorenz) द्वारा किया गया। लोरेन्ज पशुओं पर अध्ययन करके इस सिद्धान्त का प्रतिपादन किये हैं और उसके तथ्यों को मानव-जाति के लिए सामान्यीकरण (generalization) किया है।

लोरेन्ज (Lorenz, 1967) ने प्रारंभ में तो फ्रायड के सिद्धांत की आलोचना की और बाद में उसकी वैधता (validity) को स्वीकार किया तथा उन्नत (improved) भी बनाया। उन्होंने फ्रायड (Freud) के समान आक्रामक व्यवहार (aggressive behaviour) को विध्वंसात्मक (destructive) नहीं बतलाया है बल्कि उनका मत था कि ऐसे व्यवहार अनुकूली (adaptive) होते हैं तथा पशुओं के अपने अस्तित्व को बनाये रखने के लिए आवश्यक बतलाया। पशुओं पर किये गये अध्ययनों के आधार पर लोरेन्ज (Lorenz) इस निष्कर्ष पर पहुँचे कि अस्तित्व लक्ष्य की मूल में आक्रामकता की मूलप्रवृत्ति (instinct) होती है। जिस पशु में आक्रामकता जितनी ही अधिक होगी, उस पशु को अस्तित्व में बने रहने और स्वयं को पुनरूत्पादित (reproduce) करने की संभावना उतनी ही अधिक होगी। इतना ही नहीं, आक्रामकता के सहारे पशु अपने क्षेत्र (territory) की रक्षा करते हैं तथा अपने एवं जातियों के अन्य सदस्यों के लिए भोजन एवं पानी का प्रबंध कर पाते हैं। आक्रामकता के कारण सिर्फ मजबूत पशु अस्तित्व एवं पुनरूत्पादक क्षमता बनाये रखते हैं तथा कमजोर पशु को अपना अस्तित्व त्यागना पड़ता है।

यद्यपि लॉरेंज (Lorenz, 1967) का कार्य मूलतः पशुओं के आक्रामक व्यवहार (aggressive behaviour) के अध्ययन पर आधारित था, फिर भी उन्होंने मानव आक्रमकता (human aggression) की व्याख्या को भी अपने सिद्धांत में सम्मिलित किया है और शायद यह बिन्दु उनके सिद्धांत का सबसे विवादास्पद (controversial) बिन्दु रहा है। उन्होंने मानव आक्रामकता (human agggression) की व्याख्या करने के लिए मूलतः दो प्रश्नों का उजागर किया है—पहला प्रश्न था *क्यों एक मानव दूसरे को जान से मार डालता है* (Why human beings kill each other) और दूसरा, *मूलप्रत्यात्मक आक्रामक शक्ति* (instinctual aggressive energy) का संचयन किस तरह होता है और बीच-बीच में

उसकी अभिव्यक्ति (expression) कैसे होती है ? इन दोनों प्रश्नों का उत्तर देकर उन्होंने मानव आक्रामकता (human aggression) की वैज्ञानिक व्याख्या किया है।

1. एक मनुष्य दूसरे मनुष्य को क्यों जान से मार डालता है *(Why one human kills another human)*— लोरेन्ज का मत था कि किसी भी तरह के खतरा (danger) के प्रति दो तरह की प्रक्रियाएँ की जाती है—लड़ना (fight) तथा भागना (flight)। वैसे पशुओं जिनके पास अपने आप को बचाने का पर्याप्त प्रक्रम (mechanism) नहीं होता है, जैसे पक्षी, हिरण आदि वे अपने दुश्मन का आक्रमण (aggressive) होते ही भाग जाते हैं। लोरेन्ज का मत है कि जिस पशु में लड़ने की क्षमता जितनी ही अधिक होती है उनमें अपने जाति के पशुओं के प्रति आक्रामकता दिखलाने की जन्मजात निषेध (innate inhibition) की प्रवृत्ति भी उतनी ही तेज होती है। परंतु जिन पशुओं में लड़ने की क्षमता अधिक नहीं होती है, उनमें ऐसी जन्मजात निषेध (innate inhibition) की प्रवृत्ति कमजोर होती है। फलतः इनमें अपने जातियों के सदस्यों के प्रति आक्रामकता (aggression) का कोई महत्त्व नहीं होती है। लॉरेन्ज के अनुसार मनुष्यों में यह पैटर्न (pattern) टूट चुका है। सृष्टि के प्रारंभ में तो आक्रमण होने पर मनुष्य भाग कर अपने आप को बचाते थे क्योंकि इनके पास अपने आप को बचाने के लिए पर्याप्त प्रक्रम (mechanism) नहीं था। इनमें अन्य मनुष्यों के प्रति आक्रामकता (aggressiveness) दिखलाने की जन्मजात निषेध की प्रवृत्ति भी कमजोर होती है। लेकिन प्रौद्योगिकी विकास (technological development) के कारण मनुष्यों के विध्वंसात्मक शक्ति (destructive power) में वृद्धि हो गयी है। एक तरफ ऐसी शक्ति में वृद्धि हो गयी है और दूसरे तरफ निषेधात्मक प्रवृत्ति की कमी पहले से ही मौजूद रहती है, फलतः मनुष्य जाति अपने ही जाति के अन्य सदस्यों को जाने से बेधड़क मार देते हैं। इस तरह का विकास किसी अन्य प्राणी में नहीं देखने को मिलता है।

2. मूलप्रत्यात्मक शक्ति का संचयन *(Building up of instinctual energy)*—लोरेन्ज द्वारा मूलप्रत्यात्मक आक्रामक शक्ति (instinctual aggressive energy) के स्वरूप की व्याख्या दूसरा महत्त्वपूर्ण पक्ष था। फ्रायड (Freud) के समान इनका भी मत यही था कि आक्रमण शक्ति (aggressive energy) हमेशा व्यक्ति में बनती रहती है तथा धीरे-धीरे जमा होती रहती है। वातावरण में कुछ उपयुक्त उद्दीपक (stimulus) द्वारा जबतक प्राणी उत्तेजित नहीं होता है, इस तरह की शक्ति निर्मुक्त (release) नहीं होती है। इस बिन्दु (point) पर लोरेन्ज का मत फ्रायड के मत से भिन्न था। फ्रायड के अनुसार ऐसी शक्ति की अभिव्यक्ति (expression) या निर्मुक्त होने के लिए किसी बाह्य उद्दीपक की जरूरत नहीं होती है जबकि लोरेन्ज के अनुसार ऐसी शक्ति की अभिव्यक्ति के लिए बाह्य उद्दीपक (external stimulus) द्वारा उत्तेजित होना आवश्यक है। आक्रामक व्यवहार की मात्रा इस बात पर निर्भर करती है कि प्राणी में मूलप्रत्यात्मक आक्रामक शक्ति (instinctual aggressive energy) कितनी मात्रा में जमा हो जाती है, तो वातावरण में बिना किसी उद्दीपक की उपस्थिति के भी अपने आप निर्मुक्त (release) हो सकती है।

लोरेन्ज के इस मॉडल का सबसे महत्त्वपूर्ण आशय यह है कि यदि संचित आक्रामक शक्ति को व्यक्ति सामाजिक रूप से अनुमोदित तरीकों से अभिव्यक्त कर देता है, तो उसके पास असामाजिक ढंग से अभिव्यक्त करने के लिए बहुत शक्ति नहीं रह जाती है। इसलिए समाज को चाहिए कि वह सामाजिक रूप से अनुमोदित तरीकों जैसे खेल-कूद आदि के द्वारा संचित आक्रामक शक्ति की पर्याप्त अभिव्यक्ति (expression) करा दे।

आलोचनाएँ *(Criticisms)*—यद्यपि मूलप्रवृत्तिक सिद्धांत (instinct theory) आक्रामक व्यवहार की व्याख्या सही ढंग से कर लेता है, फिर भी कुछ समाज मनोवैज्ञानिकों (Social psycholgists) ने इसकी व्याख्या पर कुछ आपत्तियाँ जतायीं हैं जिसमें निम्नांकित प्रमुख है—

1. इस सिद्धांत से तो यह स्पष्ट है कि प्राणी (organism) आक्रामक व्यवहार (aggressive behaviour) निश्चित रूप से करता है परंत यह स्पष्ट नहीं है कि प्राणी कब और कैसे इस तरह का आक्रामक व्यवहार करेगा।

2. मूलप्रवृत्तिक सिद्धांत को प्रयोगात्मक समर्थन की कमी है। अतः इसकी व्याख्या सुनने या देखने में भले ही तर्कसंगत कुछ लगे परंतु उसे वैज्ञानिक नहीं माना जा सकता है। इस सिद्धांत के कुछ संप्रत्यय जैसे मृत्यु प्रवृत्ति (death instinct) को तो मापा नहीं जा सकता है। अतः उसके लिए किसी प्रकार के प्रयोगात्मक समर्थन का प्रश्न ही नहीं उठता है।

3. मूलप्रवृत्तिक सिद्धांत के अनुसार व्यक्ति में संचित आक्रामक शक्ति का यदि अभिव्यक्ति समय-समय पर नहीं होती है तो आक्रामक व्यवहार अधिक मात्रा में करेगा। इससे एक प्राक्कल्पना (hypothesis) तब यह बनती है कि यदि

कोई व्यक्ति आक्रामक व्यवहार अधिक करता है, तो बाद में वह ऐसा व्यवहार कम दिखलायेगा क्योंकि उसके पास इस तरह के व्यवहार को उत्पन्न करने की शक्ति ही बहुत कम मात्रा में बच जायेगी। वालटर्स तथा ब्राऊन (Walters & Brown, 1963) द्वारा किये गये अध्ययन से इस प्राक्कल्पना (hypothesis) की संपुष्टि नहीं हो पायी है। इन्होंने अपने अध्ययन में पाया है कि जिन प्रयोज्यों को दिये गये वस्तु को चोट पहुँचाने के लिए पुरस्कार दिया गया था, उनमें उन प्रयोज्यों की अपेक्षा जिन्हें चोट नहीं पहुँचाने के लिए पुरस्कृत किया गया था, आक्रामक व्यवहार की मात्रा बाद में पहले की तुलना में अधिक थी। बर्कोविज (Berkowitz, 1973) ने भी अपने अध्ययन में पाया है कि जो लोग खेल-कूद में अधिक भाग लेते हैं, उनमें उन लोगों की अपेक्षा जो ऐसे खेल-कूद में भाग नहीं लेते हैं, आक्रामक व्यवहार कम नहीं होता है। बर्कोविज (Berkowitz) का यह परिणाम भी मूलप्रवृत्तिक सिद्धांत (instinct theory) के विरोध में जाता है।

4. कुछ ऐसे प्रयोगात्मक अध्ययन किये गये हैं जिनसे भी मूलप्रवृत्तिक सिद्धांत (instinct theory को गंभीर धक्का पहुँचा है। जैसे, सामान्यतः यह समझा जाता है बिल्ली चूहा का एक स्वाभाविक दुश्मन (natural enemy) होती है। जिंग यांग कुओ (Zing Yang Kuo, 1930) के अध्ययन ने इसे गलत साबित कर दिया गया है। उन्होंने बिल्ली के बच्चे के एक समूह को उन्होंने अपनी माँ के साथ रखकर जन्म से ही पाला-पोसा गया था। बिल्ली के बच्चे के एक समूह को उन्होंने अपनी माँ के साथ रखकर पाला-पोसा जो अपने माँ को चूहों का शिकार करते देखते थे। बिल्ली के बच्चे के दूसरे समूह को उन्होंने पृथक अवस्था (isolated condition) में रखकर पाला पोसा। इसमें ऐसे बच्चे चूहे को देख भी नहीं पाते थे। तीसरी अवस्था ऐसी थी जिसमें बिल्ली के बच्चे को चूहों के साथ दोस्त बनाकर पाला-पोसा गया था। परिणाम में देखा गया कि पहली अवस्था के 85% बिल्लियों में चूहों को देखते ही मार देने की प्रवृत्ति तीव्र थी तथा तीसरी अवस्था के मात्र 17% बिल्लियों में ही चूहों को मार देने की प्रवृत्ति देखी गयी। अध्ययन से स्पष्ट हो जाता है कि आक्रामक व्यवहार मात्र मूलप्रवृत्ति (instinct) द्वारा नियंत्रित नहीं होती बल्कि सामाजिक परिस्थिति भी महत्त्वपूर्ण होता है।

5. मॉन्टाग्यू (Montague, 1976) ने मूलप्रवृत्तिक सिद्धांत (instinct theory) के इस दावे को खंडित किया है कि आक्रामक व्यवहार व्यक्तियों में (या प्राणियों में) जन्मजात होते हैं। उन्होंने अपने प्रसिद्ध पुस्तक *दी नेचर ऑफ ह्यूमैन एग्रेसन* (The nature of human aggression) में जन्मजात आक्रामकता के संप्रत्यय (concept) को खंडित करते हुए कहा है कि कई समाज ऐसे हैं जिनके सदस्यों में आक्रामक व्यवहार नहीं देखने को मिलते हैं। जैसे, मारले के सीमांत प्रजाति में, इटूरी जंगल (Ituri Forest) के पिगमी (Pigmy) जाति में, मिनडानाओं के टासाडी (Tasady) जाति में आक्रामकता (aggression) बिलकुल ही नहीं पाया जाता है। इन प्रेक्षणों से यह स्पष्ट हो जाता है कि मूलप्रवृत्तिक सिद्धांत का यह दावा कि आक्रामक व्यवहार जन्मजात होती है, गलत साबित हो जाता है। आक्रमक क्रियाओं की बारंबारता (frequency) पूरे मानव समाज में काफी भिन्न-भिन्न होते देखी गयी है। इसका परिणाम यह होता है कि कुछ समाज में उनकी बारंबारता होती है परंतु कुछ में वैसी बारंबारता नहीं होती है। इस तथ्य को फ्राई (Fry, 1998) ने अपने अध्ययन के आधार पर दिखलाया है। ऐसी अवस्था में स्वाभाविक प्रश्न जो समाजिक मनोवैज्ञानिकों द्वारा उठाया गया है, वह यह है कि अगर इतना ज्यादा भिन्नताएँ आक्रमक व्यवहार में होती हैं, तो इसे जननिक (genetic) किस तरह से माना जा सकता है?

निष्कर्षतः यह कहा जा सकता है कि आक्रामकता का मूलप्रवृत्तिक सिद्धांत वैज्ञानिकता एवं वैधता (validity) की कसौटी पर सही नहीं उतरता है। अतः समाज मनोवैज्ञानिकों ने आक्रामक व्यवहार की व्याख्या करने के लिए अन्य सिद्धांत का वर्णन किया है।

प्रणोद सिद्धान्त : कुंठा-आक्रामकता प्राक्कल्पना
(Drive Theories : Frustration-Aggression Hypothesis)

जब समाजिक मनोवैज्ञानिकों ने फ्रायड एवं लोरेन्ज के द्वारा प्रतिपादित आक्रमकता के मूलप्रवृत्ति(instinct) विचारधारा को अस्वीकृत कर दिया तो वे एक दूसरे विकल्प की ओर बढ़े जिसे *प्रणोद सिद्धान्त* (drive theories) कहा गया जिसमें डोलार्ड तथा उनके सहयोगियों (Dollard et. al., 1999), वर्कोविज (Berkowitz, 1989) तथा फेश बेक (Feshbach, 1984) का योगदान महत्त्वपूर्ण है। प्रणोद सिद्धान्त के अनुसार आक्रमकता उन बाह्य अवस्थाओं (external conditions)

से उत्पन्न होता है जो व्यक्ति में दूसरों को क्षति या हानि पहुँचाने की प्रेरणा या प्रणोद (drive) से उत्पन्न होता है। आक्रमकता के प्रणोद सिद्धान्त में सबसे महत्त्वपूर्ण *कुंठा-आक्रमकता प्राक्कल्पना* (frustration-aggression hypothesis) है जिसपर हम गहराई से विचार करेंगे। इस सिद्धांत का प्रतिपादन डोलार्ड, डूब, मिलर माऊर्र तथा सिर्यस (Dollard, Doob, Miller, Mowrer & Sears, 1929) द्वारा येल विश्वविद्यालय (Yale University) में किये गये शोधों (researches) के परिणामस्वरूप हुआ। इस सिद्धांत में डोलार्ड एवं उनके उन सहयोगियों ने आक्रामकता (aggression) का कारण कुंठा या निराशा (frusrtation) माना है और इस कारण परिणाम संबंध की व्याख्या प्रयोगात्मक समर्थन (experimental support) के साथ किया है। जैसा कि नाम से ही स्पष्ट है, इस सिद्धांत में दो महत्त्वपूर्ण पद (terms) हैं—कुंठा (frustration) तथा आक्रामकता (aggression)। डोलार्ड तथा उनके सहयोगियों (Dollard et al., 1939) ने इन दोनों पदों को पहले स्पष्ट एवं वस्तुनिष्ठ (objective) ढंग से परिभाषित किये हैं जो इस प्रकार है—

1. कुंठा *(Frustration)*—किसी वांछित लक्ष्य (desired goal) पर पहुँचने के लिए व्यक्ति द्वारा किया गया व्यवहार जब बीच में ही अवरुद्ध (block) हो जाता है, तो इससे उत्पन्न होने वाली मनोदशा को कुंठा कहा जाता है।

2. आक्रामकता *(aggression)*—दूसरों की क्षति पहुँचाने के उद्देश्य से किया गया शाब्दिक या शारीरिक व्यवहार (verbal or physical behaviour) को डोलार्ड (Dollard) ने आक्रामकता (aggression) की संज्ञा दी है।

अपने मूल रूप (originally) में इस सिद्धांत में कुंठा (frustration) एवं आक्रामकता (aggression) के संबंधों को निम्नांकित दो प्राक्कल्पनाओं (hypotheses) के रूप में डोलार्ड एवं उनके सहयोगियों (Dollard et al., 1939) ने व्यक्त किया था—

(i) कुंठा (frustration) से हमेशा किसी-न-किसी प्रकार की आक्रामकता (aggression) उत्पन्न होती है।

(ii) आक्रामकता हमेशा कुंठा से उत्पन्न होती है *(Aggression always stems from frustration)*

इन दोनों प्रारंभिक प्राक्कल्पनाओं (early hypotheses) को मद्देनजर रखते हुए कहा जा सकता है कि इस सिद्धांत के अनुसार कुंठित व्यक्ति (frustrated persons) हमेशा किसी-न-किसी प्रकार का आक्रामक व्यवहार (aggressive behaviour) करता है और सभी तरह के आक्रामक व्यवहार वस्तुतः कुंठा (frustration) के ही परिणाम होते हैं।

इस सिद्धांत के अनुसार लक्ष्य-प्राप्त करने वाले व्यवहार बाधित या अवरुद्ध (blocked) होने पर व्यक्ति में पहले कुंठा (frustration) तथा फिर आक्रामकता (aggression) उत्पन्न करता है। व्यक्ति में कितनी कुंठा उत्पन्न होगी और फिर उससे कितनी आक्रामकता (aggression) उत्पन्न होगी, यह कई बातों पर निर्भर करता है। इसमें निम्नांकित तीन बातें अधिक महत्त्वपूर्ण बतलायी गयी है—

(i) व्यक्ति के लिए लक्ष्य (goal) कितना महत्त्वपूर्ण था। लक्ष्य का महत्त्व जितना ही अधिक होगा, लक्ष्य-प्राप्त करनेवाला व्यवहार बाधित होने पर कुंठा की मात्रा उतनी ही अधिक होगी।

(ii) व्यक्ति का लक्ष्य-निर्धारित व्यवहार अंशतः अवरुद्ध हुआ है या पूर्णतः इस पर भी कुंठा की मात्रा निर्भर करती है। आंशिक अवरुद्धता की दशा में कुंठा की मात्रा पूर्ण अवरुद्धता की दिशा से कम होती है।

(iii) लक्ष्य पर पहुँचने के कई रास्ते एवं उससे संबंधित कई व्यवहार हो सकते हैं। कुंठा की मात्रा इस पर भी निर्भर करती है कि कितने ऐसे व्यवहार अवरुद्ध हुए हैं। अवरुद्ध होने वाले ऐसे व्यवहार की संख्या जितनी ही अधिक होगी, कुंठा (frustration) की मात्रा भी उतनी ही अधिक होगी।

इस सिद्धांत के अनुसार व्यक्ति कुंठा उत्पन्न करने वाले स्रोत (source) या एजेंट (agent) के प्रति सीधे आक्रामकता दिखलाता है। इसे *प्रत्यक्ष आक्रामकता* (direct aggression) कहा जाता है परंतु कभी-कभी आक्रामकता दिखलाने वाला स्रोत (source) को व्यक्ति अपने से अधिक शक्ति वाला पाता है या उससे उसे दण्ड (punishment) मिलने की संभावना तीव्र होती है या स्रोत स्वयं उपस्थित नहीं होता है, तो वैसी परिस्थिति में व्यक्ति का आक्रामक व्यवहार किसी दूसरे से मिलते-जुलते स्रोत या एजेंट के प्रति विस्थापित (displaced) हो जाता है। इसे *विस्थापित आक्रामकता* (displaced aggression) कहा जाता है। जैसे, सिनेमा जाने की अनुमति पिता द्वारा नहीं मिलने पर युवक अक्सर अपने माता से ही उलझ जाता है। इस उलझन में पिता कुण्टा (frustration) के स्रोत (source) हैं परंतु युवक द्वारा पिता से न उलझकर माँ से उलझना अपने आक्रामकता को वास्तविक स्रोत से मिलते-जुलते दूसरे स्रोत अर्थात माँ के प्रति दिखलाया जाना विस्थापित आक्रामकता का उदाहरण है। साधारणतः व्यक्ति एक कमजोर स्रोत या सुरक्षित स्रोत के प्रति ही अपनी आक्रामकता

को विस्थापित करता है। मिल्लर (Miller, 1948) तथा वर्केविज एवं कनुरेक (Berkowitz & Kneurek, 1967) ने अपने-अपने अध्ययनों के आधार पर इस तथ्य की पुष्टि किया है कि व्यक्ति अपनी आक्रामकता (aggression) को मूल स्रोत (original source) से मिलते-जुलते स्रोत (similar source) के प्रति ही विस्थापित करता है। इस सिद्धांत के अनुसार व्यक्ति कुंठा उत्पन्न करने वाले स्रोत (source) के प्रति सीधा या प्रत्यक्ष आक्रामकता (direct aggression) दिखलाता है और यदि यह संभव नहीं हुआ तो वह फिर विस्थापित आक्रामकता (displaced aggression) दिखलाता है।

कुंठा तथा आक्रामकता के बीच उक्त संबंध का प्रायोगिक सत्यापन (experimental verification) कई अध्ययनों में किया गया है। जैसे, हैनर तथा ब्राऊन (Haner & Brown, 1955) ने एक प्रयोग किया जिसमें स्कूली छात्रों को एक बक्स के छेद में संगमरमर (marble) के कुछ टुकड़ों को भीतर ढकेलना था। कार्य सफलतापूर्वक एक नियत समय के भीतर कर लेने पर उन्हें इनाम देने की घोषणा की गयी। बगल में एक घंटी थी जिसमें एक नौब (knob) लगा था, जिसे दबाकर बजते हुए घंटी को बंद किया जा सकता था। घंटी बजाकर प्रयोगकर्त्ता प्रयोज्य (subject) को यह संकेत देता था कि उसका समय उस विशेष प्रयास (trial) के लिए हो गया है और अब वह बजते हुए घंटी को बजना बंद करके दूसरा प्रयास (trial) शुरू कर सकता है। इस अध्ययन में छात्र को कार्य पूरा करने के पहले ही घंटी बजाकर रोक दिया जाता था और इससे वे इनाम पाने से वंचित रह जाते थे तथा उनमें कुंठा उत्पन्न हो जाती थी। प्राक्कल्पना (hypothesis) यह थी कुंठा की मात्रा उस दशा में सर्वाधिक होगी जब छात्र लक्ष्य प्राप्त करने के बिलकुल ही नजदीक होंगे अर्थात कार्य समाप्त करने ही वाले होंगे कि उन्हें घंटी बजाकर रुकने के लिए कहा जायेगा। आक्रामकता (aggression) की माप नौव (knob) पर प्रयोज्य द्वारा दिये गये दबाव (pressure) के आधार पर की गयी। परिणाम में देखा गया कि जब छात्रों में कुंठा की मात्रा अधिक होती थी, (अर्थात छात्र कार्य को समाप्त कर अब इनाम पाने ही वाले होते थे कि उन्हें रोक दिया जाता था), तो उनमें आक्रामकता (aggression) की मात्रा भी अधिक होती थी। अध्ययन में कुंठा-आक्रामकता सिद्धांत (frustration-aggression theory) की वैधता का सत्यापन हो जाता है। इसी तरह का एक अन्य अध्ययन हैम्बलिन तथा उनके सहयोगियों (Hamblin et. al, 1963) द्वारा किया गया जिसमें कुंठा तथा आक्रामकता के उक्त संबंध की पुष्टि की गयी है।

कुंठा-आक्रामकता सिद्धांत में आक्रामकता (aggression) को कम करने के दो तरीकों (ways) का भी वर्णन किया गया है—

(i) पहला तरीका सरल है जिसमें कुंठा को समाप्त करने पर बल डाला जाता है। सिद्धांत का मानना है कि यदि कुंठा को व्यक्ति में उत्पन्न ही नहीं होने दिया जाये या उत्पन्न होने पर उसे समाप्त कर दिया जाये, तो अपने आप ही आक्रामकता कम हो जायेगी।

(ii) विवेचन (catharsis) की प्रविधि अपनाकर आक्रामकता (aggression) को कम किया जा सकता है। इस प्रविधि में व्यक्ति को आक्रामक व्यवहार करने के लिए प्रेरित किया जाता है। इसका परिणाम यह होता है कि आक्रामक व्यवहार करने की उत्तेजन शक्ति धीरे-धीरे कम हो जाती है और वह निकट भविष्य में फिर आक्रामकता न के बराबर ही दिखा पाता है।

आलोचना (*Critisisms*)—कुंठा-आक्रामकता सिद्धांत की कुछ आलोचनाएँ (criticisms) है जिनमें निम्नांकित प्रमुख है—

(i) कुछ मनोवैज्ञानिकों जिसमें बस्स (Buss, 1961) का नाम अधिक उल्लेखनीय है, ने सिद्धांत के इस दावे को चुनौती दिया है कि कुंठा हमेशा आक्रामक व्यवहार का कारण होता है। इन्होंने यह बतलाया है कि कुछ लोग ऐसे होते हैं जो भौतिक लाभ (material gain) की प्राप्ति के लिए आक्रामक व्यवहार करते हैं। ऐसी स्थिति में कुंठा (frustration) नहीं रहती है फिर भी व्यक्ति आक्रामकता दिखलाता है। बस का कहना है कि जब व्यक्ति यह अनुभव करता है कि आक्रामक व्यवहार दिखाने से उसे कुछ लाभ होगा, वह आक्रामकता दिखलाता है। इसके लिए उसे कुंठित (frustrated) होना अनिवार्य नहीं है। बर्कोविज (Berkowiz, 1978) के अनुसार कुंठा आक्रामकता के कई कारणों में से एक कारण भले ही हो सकता है। परंतु इकलौता कारण नहीं हो सकता है।

(ii) कुछ समाज मनोवैज्ञानिकों का मत है कि सचमुच में इस सिद्धांत में डोलार्ड तथा उनके सहयोगियों (Dollard, et. al) ने अपने प्राक्कल्पना (hypothesis) को जरूरत से ज्यादा उछाला है। इन मनोवैज्ञानिकों ने सिद्धांत के इस प्राक्कल्पना को चुनौती दिया है कि कुंठा हमेशा आक्रामकता (aggression) उत्पन्न करता है। कई आलोचकों जैसे ब्रिट्ट एवं जैनस

(Britt & Janus, 1940), रोजेनविग (Rosenwig, 1938), सार्जेन्ट (Sargent, 1948) ने यह स्पष्ट किया है कि कुंठा से हमेशा आक्रामकता (aggression) उत्पन्न नहीं होती है। कुछ अन्य लोगों ने यह कहा है कि सभी तरह के कुंठा से नहीं बल्कि कुछ खास-खास तरह की कुंठा से ही आक्रामकता उत्पन्न होती है। जैसे, यदि कुंठा की मात्रा तीव्र होती है और व्यक्ति उसे वैध (legitimate) न मानकर आवश्यक रूप से जान-बूझकर उस पर थोपा हुआ पाता है, तो ऐसे कुंठा से निश्चित रूप से आक्रामकता (aggression) उत्पन्न होता है।

इन आलोचनाओं का प्रभाव कुंठा-आक्रामकता सिद्धांत (frustration aggression theory) पर अधिक पड़ा। फलस्वरुप उस सिद्धांत में संशोधन (modification) किये गये जिस पर भी विचार करना आवश्यक है।

परिवर्तित कुंठा-आक्रामकता सिद्धांत *(Modified Frutration-Aggression Theory)*

कुंठा-आक्रामकता सिद्धांत का परिवर्तित रूप पहले की तुलना में अधिक उन्नत (improved) है। इस सिद्धांत में दो महत्त्वपूर्ण परिवर्तन करके सिद्धांत को उत्पन्न बनाया गया है। वे दो परिवर्तन निम्नांकित हैं—

(i) मिलर (Miller, 1941) जो इस सिद्धांत के पाँच मूल प्रतिपादकों (original propounders) में से एक थे, स्वयं स्वीकार किये कि कुंठा से हमेशा आक्रामकता (aggression) उत्पन्न नहीं होता है और उन्होंने अपने इस दावे में संशोधन करते हुए कहा कि कुंठा के प्रति व्यक्ति अनेक तरह की अनुक्रियाएँ करता है जिसमें आक्रामकता(aggression) एक है। इस संशोधन से सिद्धांत को बल मिला और सिद्धांत की दूसरी आलोचना जिसका वर्णन ऊपर किया गया है, अपने आप समाप्त हो जाती है।

(ii) दूसरा महत्त्वपूर्ण संशोधन बर्कोविज (Berkowitz, 1965) द्वारा प्रस्तावित किया गया है। बर्कोविज का कहना था कि कुंठा से आक्रामक व्यवहार सीधे उत्पन्न नहीं होते हैं बल्कि कुंठा व्यक्ति में आक्रामक व्यवहार करने के लिए एक तत्परता (readiness) उत्पन्न कर देता है जो एक ऐसी सांवेगिक अवस्था (emotional state) होती है जिसे क्रोध (anger) की संज्ञा दी जाती है। वास्तविक आक्रामक व्यवहार व्यक्ति तब करता है जब उसमें एक तरफ तो ऐसी तत्परता (या क्रोध की अवस्था) उत्पन्न हो जाती है और दूसरी तरफ वातावरण में व्यक्ति को कुछ ऐसा संकेत (cues) भी मिल जाता है जिससे उसकी छिपी आक्रामकता भड़क उठती है और वह आक्रामक व्यवहार करना प्रारंभ कर देता है। इस तरह के संकेत को आक्रामकता संकेत (aggression cues) कहा जाता है तथा बर्कोविज के इस विचारधारा को आक्रामकता का *संकेत सिद्धांत* (cue theory) कहा जाता है। बर्कोविज के अनुसार व्यक्ति तबतक आक्रामक व्यवहार नहीं दिखलाता है जब तक कि वातावरण से उसे उपयुक्त संकेत (cue) या उद्दीपक (stimuli) जो आक्रामक व्यवहार करने के लिए उत्तेजन(excite)कर सके, उपस्थित हो। बर्कोविज के संकेत सिद्धांत का प्रायोगिक समर्थन(experimental support) गीन तथा बर्कोविज (Geen & Berkowitz, 1967) के मशहूर प्रयोग से होता है। इस अध्ययन में कॉलेज के छात्रों को एक पहेली (puzzle) का समाधान निर्धारित समय में पूरा करने के लिए दिया गया। प्रयोग की तीन अवस्थाएँ (conditions) थी—*कुंठा की अवस्था* (condition of frustration), *अपमान की अवस्था* (condition of insult) तथा *नियंत्रित अवस्था* (controlled condition)। कुंठा की अवस्था में छात्रों को पहेली के रूप में ऐसी समस्या दी गयी जिसका समाधान वे निर्धारित समय में नहीं कर सकते थे। अपमान की अवस्था में प्रयोज्य को पहेली के रूप में ऐसी समस्या को दिया गया जिसे समाधान करने के पूर्व ही प्रयोगकर्त्ता के एक सहयोगी (confederate) द्वारा उन छात्रों को बौद्धिक रूप से निम्न बताकर अपमानित किया गया। नियंत्रित अवस्था (controlled condition) में प्रयोज्यों को पहेली के रूप में ऐसी समस्या दी गयी है जिन्हें समाधान करने का पर्याप्त अवसर तो प्रदान किया ही गया साथ-ही-साथ उन्हें अपमानित भी नहीं किया गया। इसके बाद प्रयोगकर्त्ता ने इन तीनों समूहों के प्रयोज्यों से प्रश्न पूछकर यह जानकारी प्राप्त किया कि कुंठा तथा अपमान की अवस्थाओं के प्रयोज्यों में नियंत्रित समूह के प्रयोज्यों की अपेक्षा क्रोध (anger) की भावना थी। प्रयोग के अगले भाग में इस प्राक्कल्पना (hypothesis) की जाँच की गयी कि आक्रमकता के संकेत क्रोधित व्यक्ति में आक्रामक व्यवहार (aggressive behaviour) उत्पन्न करते हैं या नहीं। छात्रों को अध्ययन के इस भाग में दो तरह की फिल्मों (एक आक्रामकता युक्त दृश्य वाली फिल्म तथा दूसरा आक्रामकता रहित दृश्यों वाला फिल्म में से किसी एक फिल्म को 7 मिनट के लिए दिखलाया गया। इसके बाद प्रयोज्यों को प्रयोगकर्त्ता के एक सहयोगी को हल्के विद्युतघात देने का अवसर प्रदान किया गया। परिणाम में देखा गया कि जिस फिल्म में आक्रामकता के संकेत (cues) उपस्थित किये गये थे, उस फिल्म को देखने वाले छात्रों ने प्रयोगकर्त्ता के सहयोगी (confederate)

को अधिक बार विद्युताघात किया और जिन छात्रों को आक्रामकता रहित दृश्यों वाला फिल्म दिखलाया गया था, उन छात्रों ने प्रयोगकर्त्ता के सहयोगी को कुछ ही बार विद्युताघात किया। साथ-ही-साथ यह भी देखा गया जिन छात्रों में क्रोध (anger) की मात्रा कम थी उन छात्रों ने दूसरे समूहों को क्रोधयुक्त छात्रों की तुलना में कम आवृत्ति के साथ विद्युताघात करने का व्यवहार किया।

गीन तथा बर्कोविट्ज (Geen & Berkowitz, 1967) के इस अध्ययन के परिणाम से यह स्पष्ट हो जाता है कि आक्रामकता के उपयुक्त संकेत (appropriate cues) वातावरण में उपलब्ध होने पर ही व्यक्ति में आक्रामक व्यवहार कुंठा पैदा करती है। स्पष्ट हुआ कि इस अध्ययन से परिवर्तित कुंठा आक्रामकता सिद्धांत (modified frustration-aggression theory) को पूर्णतः समर्थन मिलता है।

सामाजिक-सीखना सिद्धांत (Social Learning Theory)

इस सिद्धांत का प्रतिपादन बैण्डुरा (Bandura, 1973) द्वारा किया गया। बाद में इस सिद्धांत के विकास (develpment) में बैण्डुरा के अन्य सहयोगी जैसे वाल्टर्स(Walters, 1975) ने भी महत्त्वपूर्ण योगदान दिया। इस सिद्धांत का सार तत्त्व यह है कि व्यक्ति अन्य व्यवहारों के समान आक्रामकता को भी सीखता है और साथ-ही-साथ यह भी सीखता है कि किन-किन अवस्थाओं में ऐसी आक्रामकता की अनुक्रिया वांछित लक्ष्य (desired goal) को प्राप्त करने में मदद करती है। अतः इस सिद्धांत के अनुसार आक्रामक व्यवहार (aggressive behaviour) एक सीखा गया व्यवहार होता है।

सामाजिक सीखना सिद्धांत आक्रामकता (aggression) के सम्बन्ध में मूलतः तीन तरह के प्रश्नों का उत्तर देता है—

1. आक्रामक व्यवहार की उत्पत्ति के स्रोत क्या है? (What are the sources of origin of aggressive behaviour ?)
2. आक्रामक व्यवहार के उत्तेजक क्या है? (What are instigators of aggressive behaviour ?)
3. आक्रामक व्यवहार कैसे सीखा जाता है? (How is aggressive behaviour learnt ?)

इन तीनों प्रश्नों के उत्तर हमें सामाजिक-सीखना सिद्धांत में मिलता है। अतः हम इसका प्रश्नवार विश्लेषण करेंगे, तो निम्नांकित है—

1. आक्रामकता या आक्रामक व्यवहार की उत्पत्ति के स्रोत क्या है ? *(What are the sources of origin of aggression or aggressive behaviour ?)*—इस सिद्धांत के अनुसार व्यक्ति या समूह में आक्रामकता(aggression) उत्पन्न होने के तीन स्रोत (sources) बतलाये गये हैं—

(i) प्रत्यक्ष निर्देश *(Direct instruction)*—कुछ परिस्थितियाँ ऐसी होतीं हैं जिसमें व्यक्ति के आक्रामक व्यवहार करने के लिए सीधा या प्रत्यक्ष निर्देश (instruction) दिया जाता है और उसके परिणामस्वरूप, वह आक्रामक व्यवहार करता है। जैसे—युद्ध में सैनिकों को सेना नायक अपने दुश्मन पर आक्रमण करने का निर्देश देते हैं जिसके फलस्वरूप सैनिक आक्रामकता (aggression) दिखलाता है। अतः आक्रामकता का एक प्रमुख स्रोत प्रत्यक्ष निर्देश होता है।

(ii) प्रत्यन एवं त्रुटि सीखना *(Trial and error larning)*—आक्रमकता का दूसरा स्रोत प्रयत्न एवं त्रुटि सीखना (trial and error learning) है। जैसे, मान लिया जाये कि कोई एक बच्चा पर दूसरा बच्चा आक्रमण करता है। परिस्थिति ऐसी है कि पहला बच्चा भाग नहीं पाता है। परिणामस्वरूप, वह विवश होकर दूसरे बच्चे पर प्रतिआक्रमण(counterattack) करता है। थोड़ी देर के लिए मान लिया जाये कि पहला बच्चा प्रतिआक्रमण जीत जाता है। इसका परिणाम यह होगा कि पहला बच्चा जब-जब भविष्य में इस ढंग की परिस्थिति से घिर जायेगा, वह प्रतिआक्रमक व्यवहार (counter aggressive behaviour) करेगा क्योंकि पहले प्रयत्न एवं त्रुटि (trial and error) के आधार पर आक्रामकता (aggressiveness) को वह सफलीभूत कर चुका है।

(iii) प्रेक्षणात्मक सीखना *(Observation learning)*—आक्रामकता(aggression) का तीसरा स्रोत प्रेक्षणात्मक सीखना (observational learning) है। वैण्डुरा (Bandura, 1975) ने इस स्रोत पर अधिक बल डाला है और कहा है कि जब व्यक्ति दूसरों को आक्रमण व्यवहार करते देखता है, तो वह भी वैसा ही करना प्रारंभ कर देता है। वैण्डुरा

के अनुसार प्रेक्षणात्मक सीखना जीवन पर्यंत घटित होता रहता है। इस तरह के सीखना के कई स्रोत हमारे जीवन में होते हैं। जैसे, परिवार में उपलब्ध मॉडल, चलचित्र एवं दूरदर्शन पर दिखलाये जानेवाले आक्रामकता के दृश्य, शिक्षण संस्थान एवं अन्य व्यवसायों के सामाजिक संदर्भ (social context) में उपलब्ध मॉडल (model) आदि-आदि। वैण्डुरा (Bandura, 1973) तथा वाल्टर्स एवं वैण्डुरा (Watlers & Bandura, 1963) के अनुसार इस तरह का सीखना का आधार मूलतः पुनर्बलन (reinforcement) एवं अनुकरण होता है।

आक्रामकता के इन तीन स्रोतों का चित्रण चित्र 33.1 में किया गया है।

2. आक्रामक व्यवहार के उत्तेजक क्या है ? (What are the instigators of aggressive behaviour ?)—सामाजिक सीखना सिद्धांत न केवल इस बात की व्याख्या करता है कि आक्रामक व्यवहार के स्रोत (sources) कौन-कौन हैं बल्कि यह बात की भी व्याख्या करता है कि आक्रामक व्यवहार को उकसाने (instigation) वाले कारक कौन-कौन से हैं जिनसे आक्रामक व्यवहार के घटित होने की संभावना में वृद्धि हो जाती है। वैण्डुरा ने ऐसे चार कारकों की पहचान किया है जो निम्नांकित है—(चित्र 33.1 भी देखें)

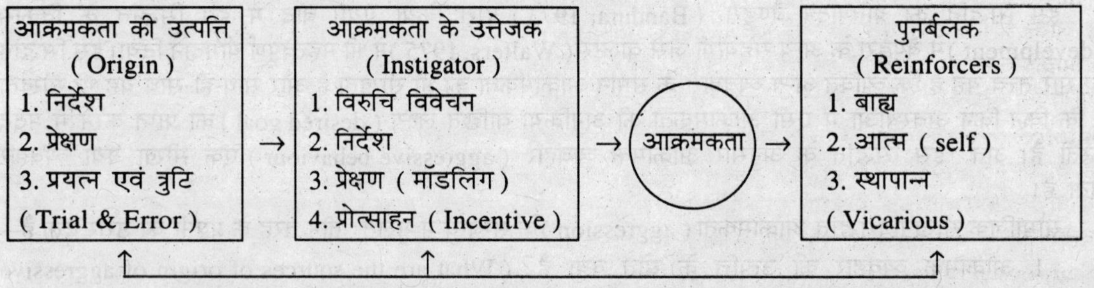

चित्र 33.1 : सामाजिक सीखना सिद्धांत द्वारा आक्रामकता के अनुक्रमों का चित्रण

(i) विरूचि विवेचन *(aversive treatment)*—समाज मनोवैज्ञानिकों द्वारा किये गये अध्ययन से यह स्पष्ट हो गया है कि दुखदायी, कष्टकर तथा कुंठित अनुभवों (frustrating experiences) से व्यक्ति न केवल सांवेगिक रूप से उत्तेजित ही होता है, बल्कि उसमें आक्रामकता (aggression) की भी प्रवृत्ति उत्पन्न होती है और वह भी समझ लेता है ऐसी आक्रामकता सामाजिक रूप से अनुमोदित (social approved) भी होती है।

(ii) निर्देश *(Insturction)*—सामाजिक सीखना सिद्धांत में निर्देश को आक्रामकता को उकसाने वाला एक प्रमुख कारक माना गया है। मिलग्राम (Milgram, 1964, 1965) ने अध्ययन करके यह दिखलाया है कि प्रयोगकर्त्ता से निर्देश मिलने पर प्रयोज्य कुछ वयस्कों को निर्दयतापूर्वक (mercilessly) उच्च वोल्ट का विद्युताघात करते थे। किसी प्राधिकारी (authority) या वैसे ही लोगों से आक्रामकता(aggressionदिखलाने का निर्देश मिलने पर व्यक्ति स्थिर मन से आक्रामक व्यवहार करता पाया जाता है।

(iii) प्रेक्षण *(Observation)*—बैण्डुरा (Bandura, 1973) के अनुसार आक्रामकता (aggression) को उकसाने वाला तीसरा कारक दूसरों को आक्रामक व्यवहार करते देखना है। व्यक्ति जब दूसरों द्वारा किये जा रहे आक्रामक व्यवहार का प्रेक्षण (observation) करता है, तो उसमें वैसा ही व्यवहार करने की प्रेरणा उत्पन्न हो जाती है। ऐसी परिस्थिति में व्यक्ति उस मॉडल (model) से आक्रामकता के व्यवहार को सीखने के साथ-ही-साथ यह भी सीख लेता है कि किस परिस्थिति में ऐसी अनुक्रिया उचित (appropriate) होगी। बैण्डुरा एवं रास्स (Bandura & Ross, 1974) ने अपने अध्ययन के आधार पर यह बतलाया कि उन बच्चों में आक्रामक व्यवहार की संख्या बढ़ गयी है जिन्हें टेलीविजन (television) पर आक्रामक दृश्य वाले फिल्म दिखलाये गये थे जबकि जिन बच्चों को ऐसा फिल्म देखने का मौका नहीं मिला था, उनमें आक्रामकता में कोई वृद्धि नहीं आयी थी।

(iv) प्रोत्साहन या पुरस्कार मिलने की आशा *(Anticipation of incentive or reward)*—जब व्यक्ति को यह महसूस होता है कि उसे आक्रामक व्यवहार करने से कुछ लाभ हो सकता है, तो वह यही निर्णय लेता है कि वांछित लक्ष्य (desired goal) पर पहुँचने का उत्तम रास्ता आक्रामकता दिखलाना ही है। ऐसी परिस्थिति में व्यक्ति आक्रामक व्यवहार करने के पहले ऐसे व्यवहार के संभावित पुरस्कार (reward) एवं दंड का अनुमान कर लेता है। यदि पुरस्कार

की संभावित मात्रा से दंड की मात्रा अधिक होती है, तो वह आक्रामक व्यवहार में तीव्रता दिखाता है परंतु यदि दंड की संभावित मात्रा बहुत अधिक होती है, तो वह आक्रामकता दिखलाने में जल्दीबाजी नहीं करता है।

3. आक्रामक व्यवहार कैसे सीखा जाता है? (How is aggressive behaviour learnt ?)—बैण्डुरा (Bandura, 1963) का मत है कि आक्रामक व्यवहार को व्यक्ति बाह्य पुनर्बलन (external reinforcement), आत्म-पुनर्बलन (self-reinformcement) तथा स्थानापन्न पुनर्बलन (vicarious reinforcement) के आधार पर सीखता है। बाह्य पुनर्बलन (external reinforcement) में ठोस पुरस्कार, सामाजिक अनुमोदन (social approval), सामाजिक प्रशंसा, सामाजिक स्तर (social status), कष्टकर अनुभूतियों से मुक्ति (removal of painful experiences), पीड़ित (victim) को क्षति पहुँचाना आदि सम्मिलित होते हैं। कई अध्ययनों से यह स्पष्ट हुआ कि यदि व्यक्ति को आक्रामक व्यवहार करने के बाद बाह्य पुनर्बलन (external reinforcement) मिलता है, तो वह वैसा व्यवहार भविष्य में अधिक करता पाया जाता है। गीन एवं स्टोनर (Geen & Stoner, 1973) ने अपने अध्ययन में पाया कि जब प्रयोज्यों को आक्रामक व्यवहार करने पर शाब्दिक पुनर्बलन (verbal reinforcement) दिया जाता था, तो उसमें आक्रामकता की तीव्रता अधिक बढ़ जाती थी। कोवान एवं वाल्टर्स (Cowan & Walters, 1973) ने अपने अध्ययन के आधार पर यह बतलाया है कि आक्रामकता पर पुनर्बलन अनुसूची (shedule of reinforcement) का काफी प्रभाव पड़ता है। उन्होंने अपने अध्ययन में पाया कि बच्चों की आक्रामकता पर सतत पुनर्बलन (continuous reinforcement) तथा आंशिकी पुनर्बलन (partial reinforcement) की प्रभावशीलता अलग-अलग होती है। उनके अनुसार आंशिक पुनर्बलन अनुसूची में जहाँ बच्चे के कुछ आक्रामक व्यवहार को पुनर्बलित (reinforce) किया गया था तथा कुछ ऐसे ही व्यवहार को पुनर्बलित नहीं किया गया था, आक्रामकता की तीव्रता सतत पुनर्बलन (continuous reinforcement) में जहाँ बच्चों के प्रत्येक आक्रामक व्यवहार को पुनर्बलित किया गया था, अधिक थी।

आत्म-पुनर्बलन (self-reinforcment) व्यक्ति में तब उत्पन्न होता है जब वह यह समझता है कि कुछ कष्ट होने के बावजूद भी उन्होंने लक्षित व्यक्ति (target person) या वस्तु से अपने आप को उचित आक्रामक व्यवहार करके बचा लिया है। कहने का तात्पर्य यह है कि आत्म-पुनर्बलन में व्यक्ति अपने द्वारा किये गये आक्रामक व्यवहार पर संतोष (satisfaction) व्यक्त करता है। अध्ययनों से पता चला है कि जिस आक्रामक व्यवहार के करने से व्यक्ति में आत्म-पुनर्बलन उत्पन्न होता है, वैसे आक्रामक व्यवहार की तीव्रता तथा बारंबरता (frequency) भविष्य में अधिक हो जाती है। अलब्रेक, थॉमस तथा चादविक (Albercht, Thomas & Chadwick, 1980) के अनुसार आत्म-पुनर्बलन का चूँकि प्रेक्षण (observation) करना कठिन है, अतः इसे सही-सही ढंग से मापा नहीं जा सकता है।

स्थानापन्न पुनर्बलन (vicarious reinforcement) से तात्पर्य आक्रामक व्यवहार दिखलाने वाले व्यक्ति में आक्रामकता से उत्पन्न परिणाम के साथ मनोवैज्ञानिक हिस्सेदारी (psychological sharing) से होता है। जैसे, कोई व्यक्ति उस समय गर्व महसूस करता है, जब खेल के मैदान में वह टीम जिसके साथ उसका तादात्म्य (indentification) स्थापित हो चुका है, विरोधी टीम को परास्त कर देता है। दूसरे तरह उसमें उस समय शर्म एवं दोष (guilt) उत्पन्न होता है जब वह यह पाता है कि उसका टीम विरोधी टीम द्वारा परास्त हो चुका है। सामाजिक-सीखना सिद्धांत के अनुसार स्थानापन्न पुनर्बलन (vicarious reinforcement) से भी व्यक्ति में आक्रामकता की अनुक्रिया तीव्र होती है हालाँकि अलब्रेक, थॉमस तथा चादबिक ने यह स्पष्ट कर दिया है कि स्थानापन्न पुनर्बलन उतना शक्तिशाली (powerful) नहीं होता है जितना कि बाह्य पुनर्बलन (external reinforcement) तथा आत्म-पुनर्बलन (self-reinforcement) होता है।

उपर्युक्त विवरण से यह स्पष्ट है कि सामाजिक सीखना सिद्धांत (social learning theory) इस तथ्य की व्याख्या करता है कि व्यक्ति आक्रामक व्यवहार (aggressive behaviour) कैसे (how) सीखता है? इसके अलावा यह सिद्धांत यह भी बतलाता है कि व्यक्ति में आक्रामकता को कैसे कम किया जाता है। बैण्डुरा तथा वाल्टर्स (Bandura & Walters, 1973) ने इस बात पर बल डाला है कि माता-पिता को बच्चों की शरारत पर उन्हें शारीरिक दण्ड नहीं देना चाहिए क्योंकि ऐसा करने से वे उनके इस व्यवहार (आक्रामक व्यवहार) को सीख लेते हैं। अतः उन्हें चाहिए कि वे स्वयं ऐसा व्यवहार नहीं करे। इसके द्वारा अप्रत्यक्ष रूप से बच्चों में आक्रामकता कम होती है। सामाजिक सीखना सिद्धांत के अनुसार आक्रमकता को कम करने का एक प्रत्यक्ष तरीका यह है कि बच्चे जब आक्रमक व्यवहार करे तो उन्हें नकारात्क पुनर्बलन (negative reinforcement) देकर जैसे दुलार एवं प्यार या वांछित वस्तु से वंचित करके उनके इस तरह के आक्रामक प्रवृत्ति को कम किया जा सकता है।

सामाजिक-सीखना सिद्धांत कई कारणों से आक्रामकता (aggression) का एक महत्त्वपूर्ण सिद्धांत माना गया है। इसमें एक महत्त्वपूर्ण कारण यह है कि इस सिद्धांत को कुंठा-आक्रमकता सिद्धांत (frustration-aggression theory) का एक पूरक (supplement) माना गया है क्योंकि इसके द्वारा उन प्रश्नों का भी उत्तर मिल जाता है जो कुंठा-आक्रामकता सिद्धांत द्वारा नहीं मिल पाता है। जैसे, कुंठा, आक्रामकता सिद्धांत यह नहीं बता पाता है कि एक ही कुंठित परिस्थिति में क्यों एक व्यक्ति मुक्केबाजी करता है, दूसरा रिवाल्वर का प्रयोग करता है और तीसरा किसी भी तरह की आक्रामकता नहीं दिखलाता है। सामाजिक सीखना सिद्धांत के अनुसार एक ही तरह की कुंठित परिस्थिति में आक्रामकता के इस वैयक्ति विभिन्नता (individual difference) का कारण उनके गत सीखी गयी अनुभूतियाँ (past experiences) होती है।

सामाजिक सीखना सिद्धांत काफी महत्त्वपूर्ण सिद्धांत है क्योंकि इसमें आक्रामकता के कारणों एवं उसे कम करने के उपायों का भी वर्णन किया गया है फिर भी इसकी कुछ आलोचनाएँ हैं जिनमें निम्नांकित प्रमुख हैं—

(i) इस सिद्धांत के अनुसार व्यक्ति आक्रामक़ता को ऐसे व्यवहार करने के बाद मिलने वाले पुनर्बलन (reinforcement) के आधार पर सीखता है। सिद्धांत में तीन तरह के पुनर्बलन का वर्णन किया है—बाह्य पुनर्बलन, आत्म-पुनर्बलन तथा स्थानापन्न पुनर्बलन। इसमें प्रथम दो पुनर्बलन को तो लोगों ने प्रभावकारी माना है परंतु तीसरे प्रकार के पुनर्बलन को अनावश्यक बताकर अस्वीकृत (reject) कर दिया है।

(ii) यह सिद्धांत इस प्रश्न का उत्तर तो संतोषजनक ढंग से दे पाता है कि व्यक्ति आक्रामक व्यवहार कैसे (how) सीखता है परंतु इस प्रश्न का उत्तर सही-सही नहीं दे पाता है कि व्यक्ति क्यों (why) आक्रामक व्यवहार दिखलाता है तथा वह क्यों अमुक वस्तु या व्यक्ति को ही अपने आक्रामकता का लक्ष्य (target) बनाता है ?

कुछ खामियों (limitations) के बावजूद भी सामाजिक-सीखना सिद्धांत को अभी अन्य सिद्धांत की तुलना में अधिक महत्त्वपूर्ण माना जाता है तथा इसकी मान्यता मनोवैज्ञानिकों के बीच अधिक है।

सामान्य आक्रामकता मॉडल (General Aggression Model or GAM)

आक्रामकता के सामाजिक सिद्धान्त के तथ्यों को आधारभूत बनाकर एण्डरसन (Anderson, 1997) तथा एण्डरसन एवं बुशमैन (Anderson & Bushman, 2002) ने सामान्य आक्रामकता मॉडल (General Aggression Model or GAM) का प्रतिपादन किया है। इसे आक्रमकता का *आधुनिक सिद्धान्त* भी कहा गया है। इस सिद्धान्त के अनुसार आक्रामकता मूलतः निम्नांकित दो तरह के निवेश चरों (input variables) द्वारा उत्पन्न होते हैं।

(i) परिस्थिति से सम्बद्ध कारक (Factors relating to the situation), तथा

(ii) व्यक्ति से सम्बद्ध कारक (Factors relating to the persons)

पहले तरह के कारकों को *परिस्थितिजन्य चर* (situational) तथा दूसरे तरह के कारकों को *वैयक्तिक चर* (personal factors) कहा जाता है और इन दोनों को मिलाकर उन्हें *निवेश चर* (input variables) कहा जाता है। कुंठा (frustration), किसी व्यक्ति द्वारा अपमानित किया जाना, आक्रामकता मॉडल (aggressive model) को वास्तविक या फिल्मी पर्दे पर देखना, अत्यधिक ऊँचा या नीचा पर्यावरणी तापक्रम, अत्यधिक तीव्र आवाज आदि परिस्थितिजन्य कारक के उदाहरण हैं जबकि वैयक्तिक चर में वैसे शीलगुण सम्मिलित होते हैं जो व्यक्ति को अधिक आक्रामक बनाते हैं। जैसे अत्यधिक चिड़चिड़ापन (irritability), आवेगशीलता, हिस्सा के प्रति खास तरह का विश्वास एवं मनोवृत्ति, दूसरों के विद्वेषी अभिप्राय को समझना तथा आक्रामकता से सम्बन्ध विशेष कौशल (skill) जैसे हथियार को उपयोग करने की विधि आदि सम्मिलित होता है।

सामान्य आक्रामकता मॉडल (General Aggression model) के अनुसार परिस्थितिजन्य तथा वैयक्तिक कारक दोनों ही मिलकर तीन मौलिक प्रक्रियाओं को प्रभावित करके व्यक्ति में आक्रामकता उत्पन्न करते हैं (देखें चित्र 33.2)।

वे तीन आंतरिक प्रक्रियाएँ निम्नांकित हैं:—

(i) भावात्मक अवस्था (*Affective states*)—उन दोनों तरह के कारकों से व्यक्ति में विद्वेषपूर्ण भाव (hostile feelings) उत्पन्न हो सकता है जिनका बाह्य संकेत क्रोधपूर्ण आनन अभिव्यक्ति (angry facial expression) होता है।

(ii) उत्तेजन (*Arousal*)—उन दोनों तरह के कारकों से व्यक्ति में दैहिक उत्तेजन (physiological excitement) उत्पन्न हो सकता है।

(iii) संज्ञान (*Cognition*)—उक्त दोनों तरह के कारक व्यक्ति में विद्वेषपूर्ण चिन्तन (hostile thoughts) या आक्रामकता के प्रति एक खास प्रकार का विश्वास एवं मनोवृत्ति (attitude) उत्पन्न कर सकता है।

उसके बाद इस सिद्धान्त के अनुसार व्यक्ति वर्तमान परिस्थिति तथा उपस्थित निरोधक कारक (restraining factors) जैसे पुलिस की उपस्थिति या फिर लक्षित व्यक्ति को हथियार से लैश देखकर, इन सबों का एक मूल्यांकन (appraisal) करता है जिसके परिणामस्वरूप वह दो तरह की क्रियाओं में से कोई एक तरह का व्यवहार करता है—व्यक्ति या तो काफी सोच-समझकर कुछ व्यवहार जैसे अपने आक्रामकता/क्रोध आदि को रोक लेता है या फिर वह काफी आवेगशील व्यवहार (impulsive behaviour) दिखलाता है जिसमें वह स्पष्ट रूप से आक्रामकता लक्ष्य व्यक्ति के प्रति दिखलाता है।

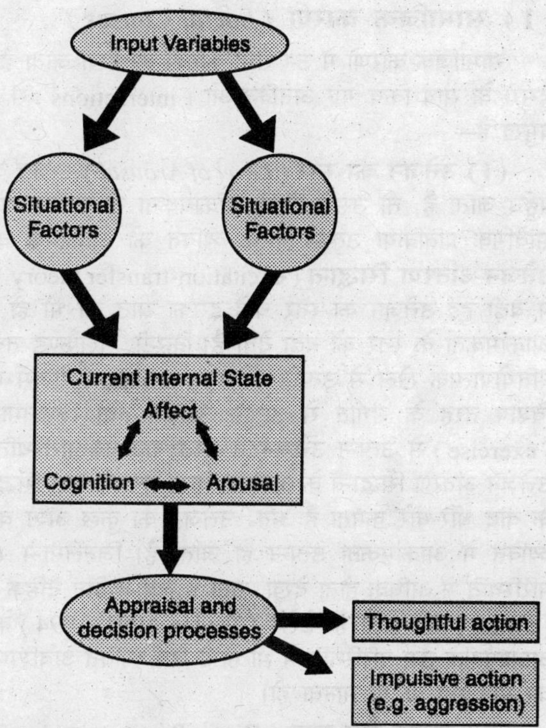

चित्र 33.2 : सामान्य आक्रामकता मॉडल : मानव आक्रामकता का एक आधुनिक सिद्धान्त

बुशमैन तथा एण्डरसन (Bushman & Anderson, 2002) ने इस सिद्धान्त का उपयोग यह व्याख्या करने के लिए किया कि क्यों वैसे व्यक्ति जिन्हें आक्रामकता का उच्च स्तर से अनावरण होना पड़ता है अर्थात् जो अपने दिन-प्रतिदिन की जिन्दगी में आक्रामकता मॉडल को अधिक देखते हैं या फिर फिल्मों या विडियो गेम्स में अधिक-से-अधिक आक्रामकता देखते हैं, अपने आप धीरे-धीरे अधिक आक्रामक व्यवहार दिखलाना प्रारम्भ कर देते हैं। इन शोधकर्त्ताओं का मत है कि इस ढंग के आक्रामक मॉडल से बार-बार अनावृत्त होने से व्यक्ति में आक्रामकता के प्रति *ज्ञान संरचना* (knowledge structure) अधिक मजबूत हो जाता है अर्थात् आक्रामकता से सम्बन्धित विचार, विश्वास, मनोवृत्ति, स्कीमा (schema) तथा आलेख (script) आदि काफी मजबूत हो जाता है। जैसे-जैसे यह ज्ञान संरचना मजबूत होते जाती है, व्यक्ति काफी आसानी से परिस्थितिजन्य या वैयक्तिक चरों (personal variables) से उत्तेजित हो जाता है और तब वह आक्रामकता अधिक दिखलाने लगता है।

चूँकि सामान्य आक्रामक मॉडल द्वारा मानव आक्रामक के स्वरूप को काफी विस्तृत ढंग से व्याख्या हो पाती है, अतः यह समाज मनोवैज्ञानिकों के बीच काफी लोकप्रिय है और इस मॉडल पर शोध कार्य भी अभी काफी हो रहे हैं। इस सिद्धान्त का स्वरूप आक्रामकता के पहले के सिद्धान्तों की तुलना में काफी जटिल है।

आक्रामकता तथा हिस्सा को उकसाने वाले कारण
(Factors Provoking Aggression and Violence)

समाज मनोवैज्ञानिकों द्वारा आक्रामकता तथा हिंसा के चार प्रमुख निर्धारक (determinants) बतलाये गए हैं—**(1) सामाजिक कारण** (Social causes), **(2) सांस्कृतिक कारण** (Cultural causes), **(3) वैयक्तिक कारण** (Personal causes) तथा **(4) परिस्थितिजन्य कारण** (Situational causes)। इन सभी कारकों तथा उसके अन्तर्गत आने वाले कारकों की व्याख्या यहाँ अपेक्षित है।

(1) सामाजिक कारण *(Social Causes)*

सामाजिक कारणों में उन सभी कारकों को रखा जाता है जो अन्य व्यक्तियों के कुछ कहने या करने के कारण अर्थात् दूसरों के साथ किये गए अंतक्रियाओं (interactions) से आक्रामकता को उत्पन्न करता है। ऐसे कारकों में निम्नांकित प्रमुख है–

(i) उत्तेजन का स्तर *(Level of Arousal)*—जब व्यक्ति में किसी घटना से सांवेगिक उत्तेजन उच्चतर सीमा तक पहुँच जाता है, तो उससे उसमें आक्रामकता तो उत्पन्न होता है साथ-ही-साथ बाद के असम्बन्धित परिस्थितियों में भी सांवेगिक प्रतिक्रिया उत्पन्न करके व्यक्ति को आक्रामक बना देता है। इसे जिल्लमान (Zillman, 1988, 1994) ने **उत्तेजन-अंतरण सिद्धान्त** (excitation-transfer theory) की संज्ञा दिया है। इस सिद्धान्त के अनुसार विशेष परिस्थिति में बढ़ी हुई उत्तेजन का स्तर चाहे इसका स्रोत जो भी हो, कुंठा (frustration), छेड़-छाड़ आदि होने पर व्यक्ति में आक्रामकता के स्तर को बढ़ा देता है। क्रिस्टी, गेलफैण्ड तथा हार्टमान्न (Christy, Gelfand & Hartmann, 1971) के प्रतियोगात्मक खेल से उत्पन्न उत्तेजन (arousal), रोजर्स एवं केटचर (Rogers & Ketcher, 1979) के अनुसार कुछ विशेष तरह के संगीत से उत्पन्न उत्तेजन तथा जिल्लमान (Zillmann, 1979) के अध्ययन के अनुसार व्यायाम (exercise) से उत्पन्न उत्तेजन से तुरंत बाद की परिस्थितियों में व्यक्ति में आक्रामकता बढ़ जाती है। इसकी व्याख्या उत्तेजन अंतरण सिद्धान्त के अनुसार किया गया है। इस सिद्धान्त के अनुसार चूँकि दैहिक उत्तेजन एक बार उत्पन्न हो जाने के बाद धीरे-धीरे कमता है अतः उत्तेजन का कुछ अंश बाद के तुरंत आनेवाली परिस्थितियों में बना रहता है जिससे व्यक्ति में आक्रामकता उत्पन्न हो जाता है। जिल्लमान्न (Zillmann, 1994) के अनुसार इस तरह का प्रभाव उस परिस्थिति में अधिक होता देखा जाता है जब व्यक्ति दैहिक उत्तेजन का अवशिष्ट अंश (residual portion) से अवगत (aware) नहीं होता है। टेलर (Taylor, 1991, 1994) के अनुसार उत्तेजन अंतरण सिद्धान्त यह भी बतलाता है कि आक्रामकता उस परिस्थिति में भी होगी जब व्यक्ति अवशिष्ट उत्तेजन (residual arousal) का कारण वर्त्तमान परिस्थिति को मान रहा हो या मानता हो।

(ii) प्रत्यक्ष छेड़-छाड़ *(Direct Provocation)*—नवीनतम शोधों से यह पता चला है कि अन्य व्यक्तियों द्वारा किया गया दैहिक शाब्दिक छेड़-छाड़ (verbal provocation) से आक्रामकता व्यक्ति में तीव्रता से उत्पन्न होता है। ओहवुकी एवं कैमबारा (Ohbuchi & Kambara, 1985) ने अपने अध्ययन में पाया है कि जब किसी अन्य व्यक्ति द्वारा किसी व्यक्ति की आलोचना की जाती है, व्यंग्यपूर्ण टिप्पणियाँ (sarcastic comments) या दैहिक रूप से हमला किया जाता है और इन सबों को व्यक्ति द्वारा अनुचित माना जाता है, तो ऐसी अवस्था में वह व्यक्ति ऐसी आलोचना या टिप्पणी करने वाले व्यक्ति के प्रति खुलकर तीव्र मात्रा में आक्रामकता दिखलाता है। अब प्रश्न उठता है कि किस तरह का छेड़-छाड़ (provocation) से आक्रामकता उत्पन्न होने की सम्भावना काफी अधिक होती है? शोधों से निम्नांकित तथ्य सामने आये हैं–

(i) हार्रिस (Harris, 1999) के अध्ययन से यह पता चला है कि जब एक व्यक्ति दूसरे व्यक्ति से अहंकारपूर्ण ढंग से व्यवहार करता है या उसका तिरस्कार करता है, तो इससे व्यक्ति में ऐसा करने वाले व्यक्ति के प्रति आक्रामकता उत्पन्न होती है।

(ii) बेरोन (Baron, 1993) के अनुसार वैसा तीखा एवं अनुचित आलोचना जिससे व्यक्ति पर सीधा प्रहार होता है, तो इसे भी एक महत्त्वपूर्ण एवं शक्तिशाली छेड़-छाड़ माना जाता है और इससे भी व्यक्ति में आक्रामकता उत्पन्न होती है।

(iii) तीसरे तरह का छेड़-छाड़ जिससे व्यक्ति में आक्रामकता उत्पन्न होता है, वह है अपने परिवार विशेषकर माता-पिता, भाई-बहन आदि के बारे में दिया गया अपमानजनक वक्तव्य या कथन होते हैं। ऐसे कथनों को सुनकर व्यक्ति अपना नियंत्रण खो देता है और आक्रामक व्यवहार प्रारम्भ कर देता है।

(iii) कुंठा *(Frustration)*—कुंठा-आक्रामकता प्राक्कल्पना (frustration aggression hypothesis) जिसकी चर्चा आक्रामकता के प्रणोद सिद्धान्त में की जा चुकी है, के अनुसार कुंठा (frustration) आक्रामकता का एक सामान्य कारण है। यह प्राक्कल्पना जिसे डोलार्ड एवं उनके सहयोगियों (Dollard et. al., 1939) ने प्रतिपादित किया था, के मौलिक प्रारूप में दो बातें कही गयी थीं।

(i) कुंठा *हमेशा* (always) किसी-न-किसी रूप में आक्रामकता उत्पन्न करता है, तथा

(ii) आक्रामकता हमेशा कुंठा से उत्पन्न होता है।

परंतु बाद में किये गए शोधों से यह स्पष्ट हुआ है कि प्राक्कल्पना के ये दोनों ही कथनों में कुछ अतिशयोक्ति (exaggerasion) है और कुंठा को आक्रामकता उत्पन्न करने में जरूरत से ज्यादा महत्त्व दिया गया है। सच्चाई यह है कि जब व्यक्ति कुंठित (frustrated) होता है, तो इससे हमेशा व्यक्ति में आक्रामकता उत्पन्न होगा ही, कोई जरूरी नहीं है। सचमुच में जब व्यक्ति कुंठित होता है, तो उसमें कई तरह की प्रतिक्रियाएँ (reactions) जैसे उदासी, विषाद (depression) आदि उत्पन्न होता है। इतना ही नहीं, वह कुंठा के स्रोत को भी हटाने की कोशिश करने लगता है। इसका मतलब यह हुआ कि कुंठा के प्रति तब आक्रमकता एवं स्वचालित अनुक्रिया (automatic response) नहीं होता है। इसके अतिरिक्त यह भी देखा गया है कि व्यक्ति कई कारणों से तथा कई विभिन्न कारकों के प्रति प्रतिक्रिया के रूप में आक्रामकता दिखलाता है। जैसे, पेशेवर मुक्केबाज एक-दूसरे मुक्केबाज के प्रति मुक्केबाजी के दौरान किसी कुंठा के वजह से आक्रामकता न दिखलाकर इनाम जीतने की इच्छा से आक्रामकता दिखलाता है।

इन तथ्यों के आलोक में अधिकतर समाज मनोवैज्ञानिकों का आजकल मत है कि कुंठा (frustration) आक्रामकता का एक प्रबल निर्धारक नहीं है। लोगों का इतना विश्वास जरूर है कि कुंठा निश्चित रूप से आक्रामकता के कई कारणों में एक कारण है। नवीनतम शोध जिसे फोलगर एवं वेरोन (Folger & Baron, 1996) ने किया है, से यह पता चला है कि कुंठा आक्रामकता का एक सफल कारण तभी बनता है जब व्यक्ति कुंठा को अनुचित एवं अवैध (illegimate) मानता है।

(iv) कुंठित करनेवाला व्यवहार का उद्देश्य *(Purpose of frustrating behaviour)*—कुंठा आक्रामकता सिद्धांत (frustration-aggression theory) से यह स्पष्ट हो गया कि आक्रामकता का एक सामान्य कारण कुंठा (frustration) है। अध्ययनों से यह पता चला है कि कुंठा व्यक्ति में आक्रामकता तभी उत्पन्न करता है जब कुंठा के स्रोत व्यवहार का उद्देश्य ही कुछ ऐसा होता है, परंतु यदि उस स्रोत व्यवहार का उद्देश्य विदित होता है, तो वैसी कुंठा से व्यक्ति में आक्रामकता उत्पन्न नहीं होती है। जैसे, आपके जन्म दिन पार्टी में आपको सबसे मुख्य मेहमान यदि तीन घंटे देर से आते हैं और देर होने के कारण कुछ विशेष न बताकर 'यूँ ही' कहकर रह जाते हैं तो उनके इस व्यवहार से आप में कुंठा अधिक उत्पन्न होता है और आप में उनके प्रति आक्रमकता (aggression) उत्पन्न होगी। परंतु, यदि मेहमान यह बतलाते हैं कि उनके विलम्ब का कारण उनके कार के इंजन में खराबी था, तो उनके विलम्ब होने से आप में कुंठा की मात्रा भी कम हो जाती है तथा साथ-साथ आक्रमकता (aggression) भी। वर्नस्टीन एवं वर्केल (Bernstein & Worchel, 1962) ने एक प्रयोगात्मक अध्ययन के आधार पर इस तथ्य की पुष्टि किया है। इस अध्ययन में प्रयोज्यों का एक समूह ने दो अवस्थाओं में एक विषय पर प्रयोगकर्त्ता के कुछ सहयोगियों के साथ समूह विवेचन (group discussion) में भाग लिया। पहली अवस्था में प्रयोगकर्त्ता के सहयोगियों ने निरंतर व्यवधान उत्पन्न करने वाला व्यक्ति श्रवण कार्य में सहायता प्रदान करने वाले ऐसे उपकरण को अपने कानों पर लगाये हुए था जिसका उपयोग प्रायः बधिर करते हैं (परंतु वास्तव में वे बधिर नहीं थे) दूसरी अवस्था में व्यवधान उत्पन्न करने वाले सहयोगी ने ऐसे उपकरण का उपयोग नहीं किया। पहली अवस्था में प्रयोज्यों (subjects) ने व्यवधान की व्याख्या उद्देश्यरहित रूप में की जबकि दूसरी अवस्था में प्रयोज्यों ने व्यवधान की व्याख्या जान-बूझकर अर्थात उद्देश्यपूर्ण रूप से की। समूह विवेचन (group discussion) समाप्त होने के बाद प्रयोज्यों से यह कहा गया कि वे एक ऐसे व्यक्ति का चयन करें जिनके साथ वे आगे पुनः समूह विवेचन में भाग लेंगे। प्रयोज्यों द्वारा दिखलाये गये नापसंदगी के इस व्यवहार का सम्बन्धित व्यक्ति के प्रति आक्रामकता के रूप में लिया गया। परिणाम में यह देखा गया कि प्रयोज्यों ने सबसे अधिक उस व्यक्ति के साथ समूह विवेचन (group discussion) में भाग लेना नापसंद किया जिस व्यक्ति ने श्रवण कार्य में सहायता प्रदान करने वाले उपकरण का प्रयोग न करते हुए समूह विवेचन में व्यवधान उत्पन्न किया था। अध्ययन के परिणाम से यह स्पष्ट हो जाता है कि कुंठा उत्पन्न करने वाले व्यक्ति का उद्देश्य एक महत्त्वपूर्ण कारक है जो यह निर्धारित करता है कि हम आक्रामक व्यवहार करेंगे या नहीं करेंगे।

(v) प्रतिकार की उम्मीद *(Expectation of retaliation)*—यदि व्यक्ति में प्रतिकार या बदला लेने का अभिप्रेरण होता है, तो इससे आक्रमकता उत्पन्न होती है। प्रयोगात्मक शोधों से यह स्पष्ट हुआ है कि जब व्यक्ति यह

समझता है कि वह अपने ऊपर किये गए अत्याचार का बदला लेने में सक्षम है, तो ऐसे व्यक्ति लक्ष्य व्यक्ति के प्रति अधिक आक्रामक व्यवहार दिखलाते हैं। टेलर (Taylor, 1992) ने अपने अध्ययन के आधार पर यह बतलाया है कि जो व्यक्ति प्रतिकार लेने के लिए सोचते हैं, अपने क्रोध के आरम्भिक कारणों से सम्बन्धित अनेक तरह नकारात्मक भाव एवं सूचनाओं का प्रत्याह्वान (recall) करते हैं जिससे उनकी आक्रामकता और भी तीव्र हो जाती है।

(vi) प्रतियोगिता *(Competition)*—ड्युटश (Deutsch, 1993) ने अपने अध्ययन के आधार पर यह बतलाया है कि जब परिस्थिति इस ढग की होती है कि वहाँ व्यक्तियों में प्रतियोगिता अधिक होती है, तो ऐसी हालत में आक्रामकता, तर्क-वितर्क तथा क्रोध का एक सिलसिला प्रारम्भ हो जाता है परंतु जब परिस्थिति ऐसी होती है जिसमें सहयोग एवं समर्थन अधिक होता है, तो उसमें ऐसी सिलसिला नहीं के बराबर होती है। एण्डरसन तथा मोर्रो (Anderson & Morrow, 1995) ने एक अध्ययन किया जिसमें कुछ सहभागियों (participants) को एक अस्पष्ट आक्रामक परिस्थिति के बारे में प्रतियोगिता के ख्याल से सोचने के लिए कहा गया जबकि कुछ सहभागियों को वैसा ही परिस्थिति के बारे में सहयोग (cooperation) के ख्याल से सोचने के लिए कहा गया। इसके बाद इन सभी सहभागियों को विडियो खेल (Video game) खेलने के लिए कहा गया। परिणाम में पाया गया कि जिन सहभागियों को परिस्थिति के बारे में प्रतियोगिता के ख्याल से सोचने के लिए कहा गया था, उनलोगों ने उन सहभागियों की तुलना में जिन्हें सहयोग एवं समर्थन के ख्याल से सोचने के लिए कहा गया था, अधिक विडियो पात्रों (Video characters) की हत्या किये। स्पष्टतः तब प्रतियोगिता की भावना से व्यक्ति में आक्रामकता व्यवहार की तीव्रता बढ़ जाती है।

(2) सांस्कृतिक कारण *(Cultural Causes)*

नवीनतम अध्ययनों से यह पता चला है कि व्यक्ति में आक्रामकता की उत्पत्ति कुछ सांस्कृतिक कारणों से भी होती है दूसरे शब्दों में, कुछ संस्कृति में ऐसा विश्वास (beliefs), मानक (norms) तथा प्रत्याशा (expectation) होता है कि अमुक परिस्थिति में आक्रामकता उपयुक्त (appropriate) है या आक्रामक व्यवहार करना जरूरी है। कुछ समाज मनोवैज्ञानिकों का मत है कि जब व्यक्ति की प्रतिष्ठा (honor) का कोई अपमान करता है, तो वहाँ आक्रामक व्यवहार एक उचित व्यवहार माना जाता है। इसे समाज मनोवैज्ञानिकों ने *प्रतिष्ठा की संस्कृति* (Cultures of honor) की संज्ञा दी गयी जिसपर कई महत्त्वपूर्ण शोध किये जा रहे हैं। ऐसी संस्कृति क्यों विकसित होती है? इस पर विचार करते हुए कोहेन तथा निसबट्ट (Cohen & Nishbett, 1997, 2000) ने यह स्पष्ट किया है कि कुछ संसार के भौगोलिक क्षेत्रों में धन-दौलत मूलतः ऐसे सम्पत्ति (asset) के रूप होती थी जिसे चुराया जा सकता है। फलतः जिन व्यक्तियों के पास ऐसी सम्पत्ति थी, उन्हें यह देखना आवश्यक था कि उन्हें अपनी सम्पत्ति की चोरी मंजूर नहीं है और वे अपने सम्मान या प्रतिष्ठा के प्रति इस ढंग का अनादर बर्दाश्त नहीं करेंगे। इसका परिणाम यह हुआ कि अपने सम्मान या प्रतिष्ठा के अनादर के प्रति आक्रामकता तथा हिंसा दिखलाने की संस्कृति विकसित हुई। वैनडेलो एवं कोहेन (Vandello & Cohen, 2003) द्वारा किये गए अध्ययनों से यह स्पष्ट हुआ है कि आज भी संसार के कई भागों में इस ढंग का सांस्कृतिक मानक (cultural norms) मौजूद है जिसमें अपनी इज्जत या समान को चोट पहुँचाने के ख्याल से किसी व्यक्ति द्वारा किये गये कार्य के प्रति आक्रामकता दिखलाया जाता है। इनके अध्ययन से यह भी स्पष्ट हुआ है कि ऐसी आक्रामकता लैंगिक ईर्ष्या (sexual jealousy) के क्षेत्र में बिलकुल ही स्पष्ट रूप से देखने को मिलती है। इसका एक उदाहरण इराक की संस्कृति में देखने को मिलती है। इस संस्कृति में कुछ मेडिकल डॉक्टर ऐसे हैं जिनका मुख्य कार्य यह तय करना है कि लड़की सही अर्थ में कुँवारी (virgin) है या नहीं। अगर कोई लड़की की शादी नहीं हुई है और वह कुँवारी भी नहीं रह गयी तो उसका परिवार उसे प्राणदंडित कर सकता है ताकि उसके परिवार की प्रतिष्ठा या सम्मान (honor) बचा रहे। अन्य देशों में जैसे अमेरिका, भारत आदि में कोई ऐसी बात तो नहीं है परंतु यदि किसी पति को यह पता चल जाता है कि उसकी पत्नी का किसी अन्य पुरुष के साथ प्रेमसम्बन्ध चल रहा है तो इससे उसमें इतना अधिक संवेग (ईर्ष्या) उत्पन्न हो जाता है कि वह या तो पत्नी को या फिर उसके दोस्त को जान से मार डालता है। उसी ढंग से यदि किसी लड़का को यह पता लग जाता है कि उसकी प्रेमिका अब किसी दूसरे लड़के के साथ प्रेम सम्बन्ध बनाकर उसकी उपेक्षा कर रहा है तो इस परिस्थिति में भी ईर्ष्या इतनी अधिक बढ़ जाती है कि लड़का अपनी प्रेमिका या उसके नये दोस्त के प्रति एक आक्रामकपूर्ण व्यवहार करना प्रारम्भ कर देता है। वेनडेल्लो एवं कोहेन (Vandello & Cohen, 2003) ने अपने कई

अध्ययनों से इस तथ्य की संपुष्टि किया है। उनके एक अतिचर्चित अध्ययन का वर्णन यहाँ प्रस्तुत किया जा रहा है—सहभागियों (participants) को कुछ संक्षिप्त कहानी पढ़ने के लिए कहा गया। कहानी में पति जिन्हें यह पता चल गया कि उनकी पत्नी उसके प्रति लैंगिक रूप विश्वासघात की है, के प्रति चिल्लाकर बोलता था, तो कुछ चिल्लाकर बोलता था तथा थप्पड़ भी मारता था तथा कुछ उसे तलाक देने की बात भी करता था। इसके सहभागियों ने ऐसे पति को कई तरह की विमाओं (dimensions) पर रेट किया। परिणाम में पाया गया वैसे सहभागी जो प्रतिष्ठा की संस्कृति (cultures of honor) से ताल्लुक रखनेवाले थे, वे पति के ऐसे अपमानजनक व्यवहार के प्रति सहनशीलता दिखलाते हुए उसे उत्तम ठहराया। परंतु कुछ सहभागी जो अन्य संस्कृति अर्थात् प्रतिष्ठा की संस्कृति से भिन्न संस्कृति से ताल्लुक रखते थे, ऐसे अपमान जनक व्यवहार पर कोई खास ध्यान नहीं दिया। इस अध्ययन से यह स्पष्ट हो जाता है कि ईर्ष्या सचमुच में आक्रामकता का एक महत्त्वपूर्ण कारण है। स्पष्टतः तब यह कहा जा सकता है कि आक्रामकता की उत्पत्ति में सांस्कृतिक कारकों की भी अहम भूमिका होती है।

(3) वैयक्तिक कारण *(Personal Causes)*

आक्रामकता के कुछ वैयक्तिक कारण भी हैं। वैयक्तिक कारक से तात्पर्य वैसे कारणों से होता है जो व्यक्ति के शीलगुण (traits) चितवृत्ति (temperament) आदि से सम्बन्धित होते हैं और आक्रामक व्यवहार को उत्पन्न करते हैं। ऐसे वैयक्तिक कारणों में निम्नांकित प्रमुख है—

(i) टाईप ए व्यवहार पैटर्न *(Type A behaviour pattern)*—मनोवैज्ञानिकों ने टाईप ए व्यवहार तथा टाईप बी व्यवहार पैटर्न का अध्ययन आक्रमकता से जोड़कर किया है। जैसा कि हम जानते हैं, *टाइप ए व्यवहार पैटर्न* एक ऐसा व्यवहार पैटर्न है जिसमें व्यक्ति अधिक प्रतियोगिता (competitiveness) का भाव दिखलाता है, समय की अत्यावश्यकता (urgency) अधिक होती है तथा इनमें विद्वेष (hostility) का मान भी तीव्र होता है। जिन व्यक्तियों में ऐसे गुण नहीं होते हैं, उसे *टाईप बी व्यवहार पैटर्न* (Type B behaviour pattern) कहा जाता है। कई शोधकर्त्ताओं जैसे बेरोन, रूस्सेल तथा आर्म्स (Baron, Russell & Arms, 1985), कार्भर तथा ग्लास्स (Carver & Glass, 1978) द्वारा किये गए अध्ययनों से यह स्पष्ट हुआ है कि टाईप ए व्यवहार पैटर्न वाले व्यक्ति टाईप बी व्यवहार पैटर्न वाले व्यक्ति की तुलना में आक्रामकता अधिक दिखलाते हैं। इतना ही नहीं, अध्ययनों से यह भी स्पष्ट हुआ है कि टाईप ए व्यवहार पैटर्न वाले व्यक्ति *विद्वेषपूर्ण आक्रामकता* (hostile aggression) टाईप बी व्यवहार पैटर्न वाले व्यक्ति की तुलना में अधिक दिखलाते हैं। ऐसी आक्रामकता में व्यक्ति पीड़ित (victim) को कुछ-न-कुछ हानि जरूर पहुँचाता है। परंतु टाईप ए व्यवहार पैटर्न वाले व्यक्ति *साधनात्मक आक्रामकता* (instrumental aggression) तुलनात्मक रूप से कम दिखलाते हैं। साधनात्मक आक्रामकता में पीड़ित को हानि पहुँचाने का मुख्य उद्देश्य व्यक्त में नहीं होता है बल्कि इसमें व्यक्ति कुछ अन्य लक्ष्य कड़े ढंग से व्यवहार करने पर प्रशंसा प्राप्त करना आदि दिखलाता है।

(ii) विद्वेषी गुणारोपण पूर्वाग्रह *(Hostile attribution bias)*—डोज एवं उनके सहयोगियों (Dodge et al., 1986) द्वारा किये गए अध्ययन से स्पष्ट हुआ है कि जब व्यक्ति में विद्वेषी गुणारोपण पूर्वाग्रह (hostile attribution bias) होता है, तो इससे उसमें आक्रामकता उत्पन्न होती है। विद्वेषी गुणारोपण पूर्वाग्रह से तात्पर्य व्यक्ति की ऐसी प्रवृत्ति (tendency) से होती है जिसके कारण वह दूसरों के व्यवहार में विद्वेषी इरादा या अभिप्रेरण (motive) उस परिस्थिति में निश्चित रूप से देखता है जब व्यवहार में अस्पष्टता (vagueness) होती है। जिन व्यक्तियों में ऐसी प्रवृत्ति या पूर्वाग्रह अधिक होती है, वे शायद ही कभी दूसरों को शक का लाभ देते है और सीधे-सीधे यह मान लेते हैं कि उनके द्वारा जान-बुझकर ऐसा व्यवहार किया गया है, अतः उसका समुचित जवाब (अर्थात् आक्रामक व्यवहार) देना उचित है। डोज तथा कोई (Dodge & Coie, 1987) द्वारा किये गए अध्ययन से इस तथ्य की स्पष्ट रूप से सम्पुष्टि हुई है।

(iii) संवेदन जिज्ञासा *(Sensation Seeking)*—कुछ व्यक्ति ऐसे होते हैं जिन्हें हमेशा कुछ नयी-नयी तरह की अनुभूतियों (experiences) को प्राप्त करने में आनन्द आता है। ऐसे व्यक्ति विशेषकर उन अनुभूतियों को प्राप्त करने में अधिक जिज्ञासा दिखलाते हैं जो उत्तेजक स्वरूप के होते हैं तथा जिनमें कुछ जोखिम भी सम्मिलित होता है। ऐसे व्यक्ति को समाज मनोवैज्ञानिकों द्वारा *संवेदन जिज्ञासु* (sensation seeker) तथा इस प्रक्रिया को *संवेदन जिज्ञासा* (sensation seeking) की संज्ञा दिया है। जुकरमैन (Zuckerman, 1994) के अनुसार यह आवेगशीलता (impulsivity) के शीलगुण से काफी सम्बन्धित होता है। समाज मनोवैज्ञानिकों का मत है कि जिन व्यक्तियों में संवेदन जिज्ञासा अधिक

होती है, वे आक्रामकता अधिक दिखलाते हैं। ऐसा क्यों होता है? की व्याख्या सामान्य आक्रामकता मॉडल (General Aggression Model) के अनुसार यह है कि ऐसे व्यक्ति जिनमें संवेदन जिज्ञासा या आवेगशीलता अधिक होती है, उनमें विद्वेष (hostile) तथा क्रोध का अनुभव अधिक होता है क्योंकि उनमें ऐसे संवेग बहुत आसानी से उत्पन्न हो जाते हैं। दूसरों के साथ आक्रामक ढंग से बातचीत करने में वे एक नयी उत्तेजक अनुभूति का अनुभव करते हैं। जोअरमैन, एण्डरसन तथा स्ट्रेथमैन (Joireman, Anderson & Strathman, 2003) ने अपने अध्ययन में पाया है कि जिन व्यक्तियों में संवेदन जिज्ञासा की प्रवृत्ति अधिक होती है, उनमें आक्रामकता से सम्बन्धित निम्नांकित तीन तरह की प्रवृत्तियाँ अधिक पायी जाती हैं:—

(i) ऐसे व्यक्ति आक्रामक-उत्पन्न करने वाली परिस्थितियों के प्रति आकर्षित होते हैं और ऐसी परिस्थिति में उन्हें काफी आनन्द आता है।

(ii) ऐसे व्यक्ति में क्रोध तथा ईर्ष्या अधिक होती है।

(iii) ऐसे व्यक्ति अपने द्वारा किये गए व्यवहार के तात्कालिक प्रभाव पर न कि विलंबित प्रभाव (delayed effect) पर अधिक ध्यान देते हैं।

इन तीनों तरह की प्रवृत्तियों का समग्र प्रभाव यह होता है कि व्यक्ति में अन्य व्यक्तियों की अपेक्षा दैहिक एवं शाब्दिक (verbal) आक्रामकता अधिक होती है।

(iv) यौन विभिन्नता *(Sex Differences)*—आक्रामकता पर व्यक्ति के लिंग (sex) का भी प्रभाव पड़ता है। सामान्यतः पुरुषों द्वारा महिलाओं की तुलना में अधिक आक्रामक व्यवहार दिखलाया गया है। इस तथ्य की पुष्टि कई लोगों ने जिसमें हर्रिस (Harris, 1994) तथा बोगार्ड (Bogard, 1990) मुख्य हैं, अपने अध्ययन से किया हैं। बाल्कर, रिचार्डसन तथा ग्रीन (Walker, Richardson & Green, 2000) ने अपने अध्ययन के आधार पर यह बतलाया है कि पुरुष तथा महिला में आक्रामक व्यवहार को करने में यह अंतर पूरे जीवन काल तक बना रहता है। परंतु अन्तर का आकार (size) निम्नांकित परिस्थिति के अनुरूप भिन्न होता है।

(a) जब परिस्थिति ऐसी होती है जिससे स्त्री तथा पुरुष में उत्तेजना (provocation) उत्पन्न नहीं होता है, तो ऐसी परिस्थिति में पुरुष स्त्री की तुलना में अधिक आक्रामक व्यवहार करते हैं। परंतु यदि परिस्थिति ऐसी है जिससे स्त्री तथा पुरुष दोनों में ही काफी अधिक उत्तेजना उत्पन्न होती है, तो इसमें आक्रामकता के ख्याल से स्त्री तथा पुरुष में अंतर समाप्त हो जाता है। दूसरे शब्दों में, स्त्रियाँ भी ऐसी परिस्थिति में पुरुषों के समान आक्रामक व्यवहार दिखलाना प्रारंभ कर देती है। इस तथ्य की सम्पुष्टि वेटेनकोर्ट तथा मिल्लर (Bettencourt & Miller, 1996) ने अपने अध्ययन के आधार पर किया है।

(b) आक्रामक व्यवहार को करने में स्त्री तथा पुरुष में पाये जाने वाला अंतर का आकार (size) तथा दिशा (direction) आक्रामकता के प्रकार से प्रभावित होता है। वर्जोकविस्ट, ओस्टरमैन तथा जेल्ट-वक (Bjorkquist, Osterman & Hjelt-Buck, 1994) ने अपने अध्ययन से इस तथ्य की सम्पुष्टि किया है। इनके अध्ययन से यह स्पष्ट हुआ है कि पुरुषों द्वारा प्रत्यक्ष आक्रामकता (direct aggression) के विभिन्न प्रकार जैसे, धक्का देना, थप्पड़ मारना, गाली देना, चिल्लाना, कोई चीज फेंक कर मारना आदि अधिक दिखलाया जाता है जबकि महिलाओं द्वारा अप्रत्यक्ष आक्रामकता अधिक दिखलाया जाता है जिसमें महिलाएँ प्रायः लक्षित व्यक्ति की आलोचना, उसके बारे में अफवाह, अन्य व्यक्ति को उस लक्षित व्यक्ति के साथ कोई सम्बन्ध नहीं रखने के लिए प्रचार करना आदि सम्मिलित होता है। ओस्टरमैन तथा उनके सहयोगियों (Osterman et. al., 1998) द्वारा किये गए अध्ययनों से यह स्पष्ट हुआ है कि आक्रामकता में ऐसी लैंगिक विभिन्नता 8 साल की आयु से प्रारम्भ होकर वयस्कावस्था तक बढ़ते जाती है। ओवेन्स, शुट तथा स्ली (Owens, Shute & Slee, 2000) के अध्ययन के अनुसार आक्रामकता में ऐसी लैंगिक विभिन्नता कई देशों यथा फिनलैंड, (Finland), पोलैंड (Poland), इटली तथा आस्ट्रेलिया (Australia) आदि में स्पष्ट रूप से देखा गया है।

(v) अवैयक्तिकता *(Deindividuation)*—अवैयक्तिकता एक ऐसी अवस्था होती है जिसमें व्यक्ति की पहचान छिपी होती है। कुछ समाज मनोवैज्ञानिकों जैसे जिवार्डो (Ziwardo, 1969) तथा डाइनर (Diener, 1969) का मत है कि अवैयक्तिकता से व्यक्ति में आत्मचेतना (self-awareness) कम हो जाती है तथा नकारात्मक मूल्यांकन का डर

समाप्त हो जाता है। परिणामस्वरूप, व्यक्ति आवेगशील, समाज विरोधी एवं आक्रामक व्यवहार अधिक करता है। हाल ही में प्रेनटिस-डुन एवं रोजर्स (Prentice-Dunn & Rogers, 1980) द्वारा किये गये अध्ययन से भी इस तथ्य की पुष्टि हुई है। इस अध्ययन में प्रयोज्यों को प्रयोगकर्त्ता के सहयोगी (confederate) को दो अवस्थाओं में विद्युताघात करना था—वैयक्तिकता (individuation) की अवस्था में तथा अवैयक्किता की अवस्था में। वैयक्तिकता की अवस्था में प्रयोज्य के नाम से बुलाया जाता था और विद्युताघात करते समय उसकी तीव्रता को प्रयोगकर्त्ता द्वारा देखा जाता था। अवैयक्किता की अवस्था में प्रयोज्यों को नाम से नहीं पुकारा जाता था तथा विद्युताघात करते समय प्रयोगकर्त्ता उन्हीं पर विद्युताघात की तीव्रता की जवाबदेही देकर स्वयं वहाँ से हट जाते थे। परिणाम में देखा गया कि अवैयक्तिकता की अवस्था में प्रयोज्यों ने वैयक्तिकता की अवस्था की तुलना में 50% अधिक विद्युताघात किया। स्पष्ट हुआ कि अवैयक्तिकता से व्यक्ति में आक्रामकता की प्रवृत्ति में वृद्धि होती है।

स्पष्ट हुआ कि कई वैयक्तिक कारक है जो व्यक्ति में आक्रामकता उत्पन्न करते हैं।

(4) परिस्थितिजन्य कारण (*Situational Causes*)

समाज मनोवैज्ञानिकों द्वारा किये गए अध्ययनों से यह स्पष्ट हुआ है कि आक्रामकता की उत्पत्ति कुछ ऐसे कारणों से भी होती है, जिनका सम्बन्ध परिस्थिति (situation) या पर्यावरण जिसमें व्यक्ति रहता है, से होता है। ऐसे कारणों को परिस्थितिजन्य कारण (situational causes) कहा जाता है। इन कारणों में निम्नांकित महत्त्वपूर्ण है:—

(i) तापक्रम (*Temperature*)—कई अध्ययनों से यह स्पष्ट हुआ है कि जब वातावरण का तापक्रम (temperature) ऊँचा होता है, तो इससे आक्रामकता में वृद्धि होती है। परंतु ऐसा लगातार होता नहीं चला जाता है। एक बिन्दु से अधिक तापक्रम बढ़ने पर फिर व्यक्ति की आक्रामकता में कमी आ जाती है। इन तथ्यों का खुलासा कई अध्ययनों से हुआ है। बेरोन (Baron, 1972) तथा बेरोन एवं लाटोन (Lawton, 1972) ने कुछ आरम्भिक अध्ययनों के परिणाम में यह स्पष्ट रूप से पाया था कि जब सहभागियों को एक सुखद तापक्रम जैसे 70°F से 72°F से अनावृत्त किया गया तथा कुछ को इससे काफी अधिक एवं गर्म परिस्थिति जैसे 94° से 98°F से अनावृत्त (expose) करने के बाद उन्हें दूसरे व्यक्तियों के प्रति आक्रामकता दिखलाने का मौका दिया गया। परिणाम में पाया गया कि उच्च तापक्रम से अनावृत्त होने के बाद व्यक्ति की आक्रामकता में वृद्धि होने के बजाय कमी आ गयी। इस तरह के परिणाम की व्याख्या करते हुए यह बतलाया गया कि चूँकि उच्च तापक्रम व्यक्ति को इतना बेचैन कर देता है कि वह हमेशा इससे छुटकारा पाने के लिए बेचैनी को कम करने के लिए प्रयत्नशील रहता है, अतः ऐसी परिस्थिति से यह बिलकुल ही स्वाभाविक है कि उसके आक्रामकता में कमी हो।

परंतु इन आरम्भिक अध्ययनों के परिणाम की व्याख्या में एक महत्त्वपूर्ण दोष (drawback) पाया गया जिसके कारण इस व्याख्या का सही-सही मूल्यांकन करना कठिन था। जैसे, इन प्रयोगों में सहभागियों को उच्च तापक्रम के प्रयोगात्मक परिस्थिति में बहुत कम समय के लिए अनावृत्त किया जाता था जबकि दिन-प्रतिदिन की जिंदगी में व्यक्ति उच्च तापक्रम से जब अनावृत्त होता है, तो लम्बे समय तक उसे इसका सामना करना पड़ता है। इसलिए बाद में कुछ ऐसे अध्ययन किये गए जिसमें कुछ अलग प्रकार की विधियों का उपयोग किया गया। इन अध्ययनों में एण्डरसन (Anderson, 1989), वेल (Bell, 1992) तथा एण्डरसन, बुशमैन तथा ग्रुम (Anderson, Bushman & Groom, 1997) प्रमुख है। इन अध्ययनों में अध्ययनकर्त्ताओं द्वारा तापक्रम की लम्बी अवधि तथा पुलिस में दर्ज विभिन्न तरह की आक्रामकतापूर्ण अपराध (aggressive crimes) के बीच के सम्बन्ध का विश्लेषण इस तथ्य की जाँच करने के लिए किया गया कि क्या तापक्रम में वृद्धि होने से ऐसे अपराधों की संख्या में वृद्धि होती है? उदाहरण के रूप में हम एण्डरसन, बुशमैन तथा ग्रुम (Anderson, Bushman & Groom 1977) के अध्ययन पर थोड़ा विस्तार से विचार करेंगे। इन शोधकर्त्ताओं द्वारा 45 सालों तक अर्थात् 1950 से 1995 तक अमेरिका के 50 शहरों का औसत वार्षिक तापक्रम का रिकार्ड संग्रह किया गया। फिर इन लोगों ने तीन तरह के अपराध अर्थात् हिंसापूर्ण अपराध (violent crime), सम्पत्ति से सम्बन्द्ध अपराध (property crime) तथा यौन अपराध (sex crime) जैसे बलात्कार आदि से सम्बन्ध सूचना इकट्ठा किए। इसके बाद वे विश्लेषण करके यह जानना चाहा कि तापक्रम तथा इन किये गए अपराधों में किस तरह का सम्बन्ध है? परिणाम में देखा गया कि जिन-जिन वर्षों में गर्मी अधिक पड़ी थी, अर्थात् तापक्रम ऊँचा रहा था, उनमें हिंसापूर्ण अपराध की संख्या में वृद्धि हुई परंतु संपत्ति एवं बलात्कार से सम्बन्ध अपराध में कोई खास वृद्धि नहीं हुई। इस अध्ययन से यह स्पष्ट हो

जाता है कि तापक्रम का सम्बन्ध आक्रामकता (aggression) से है। इस सम्बन्ध का पता लग जाने के बावजूद एक प्रश्न अनुतरित (unanswered) रह जाता है जो यह है—क्या तापक्रम-आक्रामकता सम्बन्ध की कोई सीमा है या नहीं? दूसरे शब्दों में, क्या जैसे-जैसे तापक्रम बढ़ता जाता है, व्यक्ति में आक्रामकता भी बढ़ते जाती है? कोहन तथा रोट्टोन (Cohn & Rotton, 1997) तथा रोट्टोन एवं कोहन (Rotton & Cohn, 2000) ने अपने अध्ययनों के आधार पर यह संकेत दिया है कि जब व्यक्तियों को लम्बे समय तक उच्च तापक्रम झेलना पड़ता है, तो व्यक्ति में इतना अधिक बेचैनी बढ़ जाती है कि उनमें सुस्ती बढ़ जाती है और अपनी बेचैनी को कम करने की बात अधिक सोचते हैं। वे शायद ही किसी के प्रति आक्रामकता दिखलाने की बात सोचते हैं। अतः निष्कर्ष यह हुआ कि बढ़ते तापक्रम से एक सीमा तक आक्रामकता में अवश्य वृद्धि होती है परंतु उस सीमा के बाद आक्रामकता में फिर कमी आ जाती है क्योंकि व्यक्ति में सुस्ती आने लगता है तथा वह बेचैनी को दूर करने पर अधिक ध्यान देने लगता है।

(ii) मदिरा एवं औषध *(Alcohol and Drug)*—कई अध्ययनों जिनमें बुशमैन तथा कूपर (Bushman & Cooper, 1990) एवं गुस्टाफ्सन (Gustafson, 1990) प्रमुख है, से यह स्पष्ट हुआ है कि पर्याप्त मात्रा में जब व्यक्ति मदिरापान कर लेता है, तो वह अधिक मात्रा में आक्रामकता दिखलाता है तथा किसी भी छेड़-छाड़ (provocation) के प्रति बहुत जल्द आक्रामक व्यवहार कर बैठते हैं। अल्कोहल या मदिरा का ऐसा प्रभाव की व्याख्या करते हुए यह कहा गया है कि मदिरापान करने पर व्यक्ति में आवेगशील ढंग से या खतरनाक ढंग से व्यवहार करने पर जो अवरोध (inhibition) होती है, वह लगभग समाप्त हो जाती है या फिर मदिरापान व्यक्ति को इतना अधिक संवेदनशील (sensitive) बना देता है कि व्यक्ति आक्रामकतापूर्ण व्यवहार करने को बाध्य हो जाता है। होमकेन, गियानकोला तथा पिह्ल (Hovken, Giancola & Pihl, 1998) ने अपने अध्ययन के आधार पर यह बतलाया है कि मदिरा व्यक्ति के उच्च स्तरीय संज्ञानात्मक कार्य (higher-order cognitive functions) को कमजोर कर देता है। परिणामतः व्यक्ति में उद्दीपकों एवं स्मृति से सम्बन्धित मूल्यांकन क्षमताओं में भारी कमी आ जाती है। इसका परिणाम यह होता है कि व्यक्ति दूसरे के अभिप्राय (intention) का मूल्यांकन नहीं कर पाता है। इतना ही नहीं, वह इस बात का भी मूल्यांकन नहीं कर पाता है कि उसके द्वारा दिखायी जानेवाली आक्रामकता का प्रभाव अन्य व्यक्तियों पर क्या पड़ेगा। गेटनर तथा टेलर (Getner & Taylor, 1992) ने भी अपने अध्ययन के आधार पर इस तथ्य का समर्थन किया है कि मदिरापन एक महत्त्वपूर्ण परिस्थितिजन्य कारक है जिससे व्यक्ति में आक्रामकतापूर्ण व्यवहार में वृद्धि होती है।

कुछ विशेष तरह के औषध (drug) के सेवन से भी व्यक्ति में आक्रामकता बढ़ती है। टेलर तथा उनके सहयोगियों (Taylor et al., 1975, 1976) ने अध्ययन करके इन तथ्य की सम्पुष्टि किया है। इस अध्ययन में कुछ सहभागियों (participants) को मैरीजुआना (marijuana) कम मात्रा में तथा कुछ सहभागियों को अधिक मात्रा में मैरिजुआना का सेवन कराया गया। इसके बाद उन्हें प्रयोगकर्त्ता के सहयोगी द्वारा क्रोधित किया गया और फिर उन्हें उस सहयोगी को विद्युताघात करने का मौका दिया गया। विद्युताघात की मात्रा से आक्रामकता (aggressiveness) की तीव्रता की माप की गयी। परिणाम में देखा गया कि अधिक मात्रा में मैरिजुआना सेवन करनेवाले सहभागियों ने कम मात्रा में मैरिजुआना सेवन करने वाले सहभागियों की तुलना में कम आक्रामकता दिखलाये। बहुत अधिक मात्रा में मैरिजुआना खाने वाले सहभागियों ने बहुत कम तीव्रता की आक्रामकता देखी गयी। इससे यह स्पष्ट हो जाता है कि मैरीजुआना की मात्रा से आक्रामकता में कमी आती है।

(iii) वातावरण में उपस्थित संकेत *(Cues available in environment)*—समाज मनोवैज्ञानिकों ने यह स्पष्ट किया है कि वातावरण में उपस्थित आक्रामकता के संकेत आक्रामकता को उत्पन्न करने में तथा उसे तीव्र बनाने में काफी मदद करते हैं। इन लोगों ने ऐसे संकेतों में हथियार (weapon) की उपस्थिति एक महत्त्वपूर्ण संकेत बताया है जिससे आक्रामकता में वृद्धि होती है। इसे *'हथियार प्रभाव'* (weapon effect) की संज्ञा दी गयी है। हथियार जैसे बंदूक, रिवाल्वर, तलवार, बम आदि की उपस्थिति में अन्य तटस्थ वस्तुओं की उपस्थिति की अपेक्षा आक्रामकता काफी बढ़ जाती है। इस तथ्य की प्रारम्भिक सत्यता की जाँच बर्कोविट्ज एवं लीपेज (Berkowitz & Lepage, 1967) ने एक प्रयोग में किया। इस प्रयोग में प्रयोज्यों के कार्य निष्पादन (world performance) के मूल्यांकनकर्त्ता को तीन अवस्थाओं में विद्युतघात देना था। आक्रामकता की माप विद्युताघात की तीव्रता से की गयी। प्रयोज्यों को एक समूह के सामने विद्युताघात देने वाले यंत्र की मेज पर एक रिवाल्वर तथा एक बंदूक रखा था तथा दूसरी अवस्था के प्रयोज्यों के सामने विद्युताघात देने वाले यंत्र की मेज पर बैडमिंटन-रैकेट रेखा था। तीसरी अवस्था के प्रयोज्यों के समक्ष किसी प्रकार की कोई वस्तु नहीं

गयी थी। परिणाम में देखा गया कि तीनों समूह के प्रयोज्यों ने मूल्यांकनकर्त्ता को विद्युतघात दिया किन्तु बंदूक एवं रिवाल्वर की उपस्थिति में विद्युताघात की तीव्रता में पर्याप्त वृद्धि पायी। स्पष्ट हुआ कि वातावरण में उपस्थित संकेत में आक्रामकता में वृद्धि होती है। बाद में टर्नर (Turner, 1977) तथा लेपेन्स एवं पर्क (Lepens & Perk, 1975) ने भी हथियार प्रभाव की पुष्टि अपने-अपने प्रयोगों से किया है।

(iv) आक्रामकता के संकेत के रूप में व्यक्ति *(Individual in form of cue of aggression)*—समाज मनोवैज्ञानिकों के सामने कुछ ऐसे सबूत हैं जिनके आधार पर यह कहा जाता है कि सिर्फ हथियार ही आक्रामकता के संकेत रूप में प्रभावकारी (effective) नहीं होते हैं बल्कि ऐसे व्यक्ति भी आक्रामकता के लिए संकेत के रूप में प्रभावकारी होते हैं जो किसी-न-किसी ढंग से आक्रामकता से सम्बन्धित होते हैं। वर्कोविट्ज एवं उनके सहयोगियों (Berkowitz et. al., 1967) का मत है कि व्यक्ति का नाम, चेहरा, व्यवसाय एवं उनके अन्य वस्तुएँ यदि किसी प्रकार से आक्रामकता से सम्बन्धित होते हैं तो ऐसी परिस्थिति में ये सभी आक्रामकता के संकेतों के रूप में आक्रामकता व्यवहार करने की प्रेरणा हमें देता है। शायद यही कारण है कि प्रायः कुख्यात अपराधियों के नाम से ही हमें क्रोध एवं आक्रामकता का भाव आने लगता है। यदि कहीं उनकी चेहरा समाचार पत्रों या अन्यत्र देखने को मिल जाता है तो उससे आक्रामकता और भड़क उठती है।

(v) कोलाहल *(Noise)*—कोलाहल के प्रभाव का भी अध्ययन समाज मनोवैज्ञानिकों ने किया है। उच्चस्तरीय कोलाहल से व्यक्ति में आक्रामकता में वृद्धि हो जाती है बशर्ते कि ऐसे व्यक्ति को कोलाहल में रखने से पहले किसी तरह से क्रोधित कर दिया गया हो या उसे उत्तेजित कर दिया गया हो। कहने का तात्पर्य यह है कि कोलाहल व्यक्ति में तभी आक्रामकता उत्पन्न करता है जब व्यक्ति पहले से उत्तेजित हो। इस तथ्य की पुष्टि कोनेकनी (Konecni, 1975) तथा डॉर्नस्टीन एवं विल्सन (Donnerstein & Wilson, 1976) तथा गीन (Geen, 1978) के अध्ययनों में किया गया है। डॉर्नस्टीन एवं विल्सन के एक अध्ययन में प्रयोज्यों को उन्हें विद्युताघात करने को कहा गया। जब वे विद्युताघात कह रहे थे तो ऐसी स्थिति में कानों पर लगे हेडफोन के माध्यम से उन्हें उच्च तथा निम्न तीव्रता का कोलाहल सुनाया गया। उच्च तीव्रता वाला कोलाहल 95 डेसिवल (decibel) का था। परिणाम में देखा गया कि जिन प्रयोज्यों ने उच्च तीव्रता वाला कोलाहल सुना था उन्होंने अधिक विद्युताघात किया अर्थात उनमें आक्रामक व्यवहार अधिक होता पाया गया। स्पष्ट हुआ कि उच्चस्तरीय कोलाहल से व्यक्ति की आक्रामकता में वृद्धि होती है।

निष्कर्षतः यह कहा जा सकता है कि आक्रामकता कई तरह के कारकों द्वारा प्रभावित होता है। व्यक्ति द्वारा किये गए आक्रामक व्यवहार को समझने के लिए इन सभी कारणों पर ध्यान देना अनिवार्य है।

आक्रामकता को रोकने तथा दूर करने के उपाय
(Measures of Preventing and Reducing Aggression)

आक्रामकता(aggression)चूँकि सामाजिक रूप से अवांछित व्यवहार(undesirable behaviour)है, अतः समाज मनोवैज्ञानिकों ने इसे रोकने तथा दूर करने के कुछ उपायों का वर्णन किया है। ऐसे उपायों (measures) में निम्नांकित प्रमख है—

1. प्रतिकार *(Retaliation)*—समाज मनोवैज्ञानिकों द्वारा किये गये अध्ययन से यह स्पष्ट हुआ है कि लक्षित व्यक्ति (target person) के प्रति आक्रामकता दिखलाने पर यदि लक्षित व्यक्ति से प्रत्याशित प्रतिकार(expected retaliation) प्रभावशाली (effective) एवं तीव्र होता है, तो इससे आक्रामकता की मात्रा में कमी आ जाती है। डोलार्ड एवं उनके सहयोगियों (Dollard et al., 1939) ने यह बतलाया है कि प्रत्याशित प्रतिकार (expected retaliation) किसी व्यक्ति को आक्रामकतापूर्ण ढंग से व्यवहार करने से रोकता है। डॉर्नस्टीन एवं डॉर्नस्टीन (Donnerstein & Donnesrstein, 1976) तथा रोजर्स (Rogers, 1983) ने अपने-अपने अध्ययन के आधार पर यह बतलाया है कि जब श्वेत प्रयोज्यों को श्याम प्रयोज्यों के प्रति आक्रामकता का व्यवहार प्रदर्शित करने का अवसर दिया गया और फिर श्याम प्रयोज्यों द्वारा प्रति आक्रामकता का व्यवहार प्रदर्शित करने का मौका दिया गया तो श्याम प्रयोज्यों के इस प्रतिकार की क्षमता से प्रभावित होकर श्वेत प्रयोज्यों की आक्रामकता में कमी आ गयी। डार्नस्टीन (Donnerstein, 1972) ने अपने अध्ययन के आधार पर यह भी दिखलाया है कि जब प्रयोज्यों के पास इस बात का संदेह करने का पर्याप्त कारण होता है कि दूसरा व्यक्ति

अवसर मिलते ही प्रतिकार (retaliate) करेगा, तो इससे भी प्रयोज्यों में आक्रामकता की मात्रा कम हो जाती है। डेंगारिक तथा लेवेन्डेस्की (Dengrink & Levendeski, 1972) ने अपने अध्ययन के आधार पर यह बतलाया है जब व्यक्ति को यह मालूम हो जाता है कि प्रतिकार करने वाले व्यक्ति के द्वारा प्रदर्शित की जानेवाली आक्रामकता की मात्रा अधिक होगी, तो ऐसी परिस्थिति में भी आक्रामक व्यवहार कम हो जाते हैं।

2. विरेचन विधि *(Catharsis method)*—कुछ मनोवैज्ञानिकों का मत है कि व्यक्ति अपनी आक्रामकता विरेचन विधि (catharsis mehtod) द्वारा भी दूर करता है। इस विधि में व्यक्ति लक्षित व्यक्ति या वस्तु के प्रति अपनी आक्रामकता या क्रोध व्यक्त करके भविष्य में उसकी तीव्रता या बारंबारता को कम कर देता है। फ्रायड एवं लॉरेंज (Freud & Lorenz) ने अपने *मूलप्रवृत्तिक सिद्धांत* (instinct theory) में इस विधि की सार्थकता पर बल डाला है। कुछ मनोवैज्ञानिकों का मानना है कि आक्रमण के कारण शारीरिक उत्तेजना (physiological arousal) घट जाता है जिससे भविष्य में आक्रामकता की तीव्रता में कमी हो जाती है। डूब तथा ऊड (Doob & Wood, 1972) ने अपने अध्ययन में पाया कि तात्कालिक आक्रमकता (immediate aggression) से भाविष्यक आक्रामकता (future aggession) में कमी आ जाती है। इनके अध्ययन में परिस्थिति के अनुसार प्रयोगकर्त्ता के सहयोगी द्वारा कुछ प्रयोज्यों को क्रोधित किया गया। आधे प्रयोज्यों द्वारा सहयोगी को विद्युताघात करने का अवसर दिया गया तथा बाकी आधे प्रयोज्यों को एक कमरा में इंतजार करने के लिए कहा गया और इन्हें किसी तरह का विद्युताघात का मौका नहीं दिया गया। अंत में सभी प्रयोज्यों ने प्रयोग की अंतिम अवस्था में भाग लिया जिसमें एक बार पुनः सहयोगी को विद्युताघात करने का मौका दिया गया। परिणाम में पाया गया कि जिन प्रयोज्यों को विद्युताघात करने का प्रारंभिक मौका दिया गया था, उसने अंतिम अवस्था में उन प्रयोज्यों की तुलना में कम विद्युताघात किया जिन्हें ऐसा मौका पहले नहीं दिया गया था। इस अध्ययन से स्पष्ट है कि आत्म अभिव्यक्ति के माध्यम से एक सीमा तक आक्रामकता पर नियंत्रण स्थापित किया जा सकता है। बेरोन (Baron, 1977) के अनुसार इस अध्ययन के परिणाम को स्वीकार करने में एक कठिनाई यह है कि इनके अनुसार आक्रामक अनुक्रिया का भविष्य में घटित होने वाली आक्रामकता प्रभाव मात्र उन्हीं अवस्थाओं में होगी जबकि प्रयोज्यों को पहले क्रोधित किया गया हो। यदि प्रयोज्यों को क्रोधित नहीं किया गया है, तो इस प्रकार का प्रभाव उत्पन्न नहीं होगा। गीन, स्टोन्नर एवं शोप (Geen, Stonner & Shope, 1975) तथा एब्वेसेन, डनकन तथ कोनेकनी (Ebbesen, Duncan & Konecani, 1975) ने भी अपने-अपने अध्ययनों में पाया है कि आक्रामकता का तात्कालिक व्यवहार बाद में व्यवहारात्मक तथा शाब्दिक आक्रामकता को घटाने के बजाय बढ़ाता है। अतः निष्कर्षतः यह कहा जा सकता है कि आक्रामकता को कम करने में विवेचन विधि की उपयोगिता सीमित है।

3. दंड *(Punisment)*—दंड से भी आक्रामकता को कम किया जाता है हालांकि इसे समाज मनोवैज्ञानिकों द्वारा उतना अधिक प्रभावकारी प्रविधि नहीं माना गया है। सीर्यस, मैकोवी तथा लेविन (Sears, Maccoby & Lewin, 1957) ने अपने अध्ययन के आधार पर यह बतलाया है जिन बच्चों को घर पर अत्यधिक शारीरिक दंड (physical punishment) दिया जाता है उन बच्चों में घर से बाहर के लोगों में आक्रामकता दिखाने की प्रवृत्ति अधिक होती है। इन लोगों ने यह भी पाया है कि जो बच्चे अधिक आक्रामक प्रवृत्ति के होते हैं उनके माता-पिता में दण्ड देने की प्रवृत्ति अधिक होती है। फेल्डमैन (Feldman, 1985) ने यह भी बतलाया है कि दण्ड से आक्रमकता में कमी नहीं होती है। हाँ, कुछ अवस्थाएँ (conditions) अवश्य ही ऐसी हो सकती है जिसमें आक्रामकता की प्रबलता को दण्ड द्वारा कम किया जा सकता है परंतु बेरोन (Baron, 1977) के अनुसार ऐसी अवस्थाएँ या परिस्थितियाँ काफी सीमित हैं। दण्ड को प्रभावकारी होने के लिए यह आवश्यक है कि दण्ड प्राप्त करने वाले व्यक्ति को निश्चित रुप से इस बात की अनुभूति होनी चाहिए कि दण्ड एक वैधानिक परिणाम के रूप में उसे प्राप्त हुआ है न कि अघोषित एवं अकारण घटित घटना के परिणामस्वरूप उसे प्राप्त हुआ है। इतना ही नहीं, जो व्यक्ति किसी अन्य व्यक्ति को आक्रमकता व्यवहार के लिए दण्ड दे रहा है, उसे अपने आपको कभी दण्ड प्राप्त किये व्यक्ति के सामने आक्रमकता मॉडल के रूप में प्रस्तुत नहीं करना चाहिए। बेरोन, बर्न तथा ब्रैनस्कोम्ब (Baron, Byrne & Branscombe, 2006) के अनुसार दंड से आक्रमकता में कमी तभी आती है जब निम्नांकित चार मौलिक अवस्थाएँ पूरित होती हों—

(i) दिया गया दंड तत्काल (prompt) हो अर्थात् आक्रमक व्यवहार के तुरंत बाद दंड दिया गया हो।

(ii) दंड की संभावना निश्चित रूप से बनी हो।

(iii) दंड की मात्रा काफी मजबूत एवं तीव्र हो ताकि दंडित व्यक्ति में फिर से आक्रमक व्यवहार करने की हिम्मत नहीं रह जाए।

(iv) दंड को दंड प्राप्त करने वाले व्यक्ति द्वारा यथोचित (justified) मानता हो।

प्रश्न उठता है कि आक्रामकता कम करने में दण्ड क्यों एक अप्रभावकारी प्रविधि साबित हुआ है . .नके निम्नांकित तीन कारण बतलाये गये हैं–

(i) शारीरिक दण्ड से व्यक्ति में क्रोध उत्पन्न होता और क्रोध से फिर आक्रामकता घटने के बजाय बढ़ती है।

(ii) जो व्यक्ति दूसरे को दण्ड देते हैं, वे स्वयं एक ऐसे मॉडल के रूप में अपने आपको उपस्थित करते हैं जिससे दण्डित व्यक्ति आक्रामकता करना सीख लेता है और भविष्य में करता भी पाया जाता है।

(iii) दण्ड का प्रभाव अक्सर क्षणिक ही होता है। सुलजर-एजारौफ एवं मेयर (Sulzer-Azaroff & Mayer, 1984) का मत है कि दण्ड से थोड़ी देर के लिए आक्रामकता भले ही कम हो जाये परंतु इसी तरह की कमी हमेशा बनी नहीं रहती है।

4. सामाजिक सीखना उपागम *(Social learning apporach)*–सामाजिक सीखना उपागम या सिद्धांत के अनुसार जिस तरह से आक्रामक मॉडल (aggressive model) को देखकर व्यक्ति आक्रामक व्यवहार को करना सीख लेता है, उसी तरह से व्यक्ति अनाक्रमक मॉडल (unaggressive model) को देखकर आक्रामकता की मात्रा को कम करना सीख लेता है। बेरोन तथा केपनर (Baron & Kepner, 1970) ने एक अध्ययन करके इस तथ्य की पुष्टि किया है। इस अध्ययन में छात्रों के एक समूह ने आक्रामक मॉडल तथा दूसरे समूह ने अनाक्रमक मॉडल का प्रेक्षण (observation) किया। परिणाम में देखा गया कि जिन छात्रों ने अनाक्रमक मॉडल का प्रेक्षण किया था, उनमें उन छात्रों की अपेक्षा आक्रामकता (aggression) कम पायी गयी जिन्होंने आक्रामक मॉडल को प्रेक्षण किया था। ह्यूसमान तथा उनके सहयोगियों (Hoesmann et. al., 1983) ने व्यक्ति में आक्रामकता कम करने की एक नयी प्रविधि (technique) का वर्णन किया है जिसमें मॉडल द्वारा किये गये व्यवहार की व्याख्या (interpretation) पर बल डाला गया है। इस प्रविधि में टेलीविजन, सिनेमा आदि में दिखलाये गये आक्रामक व्यवहार अवास्तविक (unrealistic) होते हैं तथा वे सभी कैमरा ट्रिक (trick) के कारण उन्हें दीख पड़ते हैं। ऐसे आक्रामक व्यवहार का वास्तविक संसार में कोई महत्त्व नहीं होता है, आदि। ह्यूसमान तथा उनके सहयोगियों (Huesmann et., 1983) ने एक क्षेत्र अध्ययन (field study) करके उपर्युक्त प्रविधि की सार्थकता एवं वैधता की जाँच किया है। इस अध्ययन में छात्रों के दो समूह तैयार किये गये–प्रयोगात्मक समूह (experimental group) तथा नियंत्रित समूह (control group)। प्रयोगात्मक समूह को टेलीविजन पर दिखलाये गये हिंसा एवं आक्रामकता की नयी व्याख्या जिनमें दिखलाये गये आक्रामकता को अवास्तविक एवं कमैरा ट्रिक कहा गया, करने के लिए विशेष प्रशिक्षण (training) दिया गया। नियंत्रित समूह (control group) जिन्होंने भी टेलीविजन के पर्दे पर आक्रामकता एवं हिंसा देखा था, को ऐसी कोई प्रशिक्षण नहीं दी गयी। उसके बाद इन छात्रों के व्यवहारों को मूल्यांकन उनके सहपाठियों (classmates) द्वारा नहीं किया गया। परिणाम में देखा गया कि उनके सहपाठियों ने प्रयोगात्मक समूह के छात्रों के व्यवहारों को नियंत्रित समूह के छात्रों के व्यवहारों की अपेक्षा कम आक्रमक बतलाया। इस अध्ययन से यह स्पष्ट हो जाता है कि आक्रामकता का अर्थ (meaning) के प्रति लोगों का प्रत्यक्षण (perception) एवं मनोवृत्ति (attitudes) में परिवर्तन लाकर उनमें आक्रामक व्यवहार की बारंबारता (frequency) तथा तीव्रता (intensity) को कम किया जा सकता है।

5. हल्की कामुकता तथा हास्य *(Mild sexual arousal humor)*—कामुकता (mild sexual arousal) तथा हास्य (humor) आदि के माध्यम से आक्रामकता को कम करने की सिफारिश की गयी है। इसके पीछे छिपी पूर्वकल्पना (assumption) यह होती है कि व्यक्ति एक ही समय में दो परस्पर अनुक्रिया (incompatible response) या दो परस्पर विरोधी सांवेगिक अवस्थाओं का अनुभव एक साथ नहीं कर सकता है। अतः आक्रामकता की स्थिति में व्यक्ति के होने पर यदि उसमें हल्की कामुकता या हास्य आदि जैसे संवेगात्मक अनुभूति उत्पन्न कर दी जाती है, तो उसमें स्वभावतः आक्रामकता (aggression) कम हो जायेगी। बेरोन तथा बाल (Baron & Baal, 1974) ने इसकी संपुष्टि अपने एक अध्ययन में किया है। इस अध्ययन में आक्रामकता पर हास्य प्रसंगों के प्रभावों का अध्ययन किया गया। अध्ययन में सभी प्रयोज्यों (subjects) को प्रयोगकर्त्ता के एक सहयोगी द्वारा क्रोधित किया गया। इसके बाद सभी प्रयोज्यों को कई तरह के चित्रों का मूल्यांकन करने के लिए कहा गया। कुछ प्रयोज्यों ने मंद हास्य उत्पन्न करने वाले चित्रों का मूल्यांकन किया

जबकि कुछ अन्य प्रयोज्यों ने तटस्थ वस्तुओं (neutral objects) जैसे टेबुल, कुर्सी आदि का मूल्यांकन (evaluation) किया। सभी प्रयोज्यों द्वारा चित्रों का मूल्यांकन कर लेने के बाद उन्हें प्रयोगकर्त्ता के सहयोगी को विद्युताघात करने का अवसर प्रदान किया गया। परिणाम में देखा गया कि जिन प्रयोज्यों ने हास्य उत्पन्न करने वाले चित्रों को देखा था वे उन प्रयोज्यों की अपेक्षा जिन्होंने तटस्थ चित्रों को देखा था, सहयोगी को कम विद्युताघात किया। स्पष्ट हुआ कि हास्य प्रसंग वाली अनुभूतियाँ व्यक्ति की आक्रामकता (aggression) को कम कर देतीं हैं। इसी प्रकार के परिणाम म्यूलर तथा डॉर्नस्टीन (Mueller & Donnerstein, 1977) ने भी अपने अध्ययन में पाया है।

कई अध्ययनों में कामोत्तेजक उद्दीपकों से उत्पन्न होने वाली कामोत्तेजना की भिन्न-भिन्न मात्रा का प्रभाव आक्रामकता पर क्या पड़ता है, इसे देखा गया। इन अध्ययनकर्त्ताओं में डार्नस्टीन एवं इवान्स (Donnerstein & Evans, 1975), डॉर्नस्टीन (Donnerstein, 1983), मैल्मथ एवं डॉर्नस्टीन (Malmath & Donnerstein, 1982) तथा जिल्लमैन (Zillman, 1971) का नाम अधिक उल्लेखनीय है। इन लोगों के अध्ययनों से यह निष्कर्ष निकला है कि मंद मात्रा में या हल्की मात्रा में कामोत्तेजना होने से आक्रामकता की मात्रा में कमी आ जाती है परंतु अधिक मात्रा में कामोत्तेजना होने से आक्रामकता की मात्रा में वृद्धि हो जाती है। इतना ही नहीं, डार्नस्टीन (Donnerstein, 1983) ने अपने अध्ययन में यहाँ तक पाया कि यदि कामोत्तेजक उद्दीपक के साथ आक्रामकता के संकेतों का उपयोग किया जाता है, जैसे सेक्सी फिल्मों में बलात्कार के दृश्य दिखलाये जाते हैं, तो इससे आक्रामकता की मात्रा में कमी के बजाय वृद्धि हो जाती है।

6. परानुभूति *(Empathy)*—कुछ मनोवैज्ञानिकों जैसे गीन (Geen, 1972), बेरोन (Baron, 1975), फ्रोडी (Frody, 1978) ने अपने-अपने अध्ययनों से यह बतलाया कि परानुभूति उत्पन्न हो जाने से आक्रामकता में कमी आ जाती है। इन लोगों ने इन अध्ययनों के आधार पर यह बतलाया कि आक्रामक तथा हिंसक व्यवहार के होने के फलस्वरूप यदि आक्रमणकर्त्ता (aggressor) को उसके आक्रमण या हिंसा से उत्पन्न पीड़ित व्यक्ति की दिशा को दिखला दिया जाता है तो इससे उकी आक्रमणशीलता (aggression) में कमी आ जाती है। पीड़ित व्यक्ति की चीख एवं कष्ट से आक्रमणकर्त्ता में आत्म-दोष, दुःख, पछतावा जैसी संवेगात्मक अनुभूतियाँ उत्पन्न हो जातीं हैं जिसके फ़लस्वरूप उस व्यक्ति के लिए आक्रामकता को जारी रखना संभव नहीं हो पाता है।

7. क्षमायाचना एवं प्राक्गुणारोपण *(Apology & Preattribution)*—क्षमायाचना एक ऐसी प्रक्रिया होती है जिसमें व्यक्ति अपने गलत व्यवहार या कार्यो को स्वीकार लेता है तथा उसे माफ कर देने की प्रार्थना करता है। ओहबुची, कामेडा तथा ऐगैरी (Ohbuchi, Kameda & Agarie, 1989) द्वारा किये गए अध्ययन से यह स्पष्ट हुआ है कि क्षमायाचना से आक्रामकता में कमी आ जाती है। क्षमायाचक के प्रति अन्य व्यक्ति जो अधिक आक्रामक व्यवहार करने वाला होता है, कम कर देता है।

जैसा कि हम जानते हैं, जब व्यक्ति क्रोधित (angry) होता है, तो उसमें ठीक ढंग से सोच-विचार करने की क्षमता में कमी आ जाती है, व्यक्ति अपने व्यवहार के परिणामों का भी मूल्यांकन ठीक ढंग से नहीं कर पाता है तथा व्यक्ति अपने व्यवहार पर नियंत्रण भी बनाकर रखने में असमर्थ होता है। समाज मनोवैज्ञानिकों का मत है कि वे सारी प्रविधियाँ जिनसे ऐसी संज्ञानात्मक कमी (cognitive deficit) होती है, व्यक्ति में आक्रामकता को कम कर देती है। इन प्रविधियों में क्षमायाचना के अतिरिक्त प्राक्गुणारोपण (preattribution) भी प्रधान है। प्राक्गुणारोपण एक ऐसी प्रक्रिया होती है जिसमें व्यक्ति दूसरों के आक्रामक व्यवहार का कारण कुछ उद्देश्यहीन कारण (unintentional causes) मानता है। जब वह ऐसा समझता है, तो स्वभावतः वह उतना तीव्र आक्रामक व्यवहार नहीं करने को ठानता है। दूसरी प्रविधि वह है जिसमें व्यक्ति अपने आप या अन्य को विगत वास्तविक या काल्पनिक गलतियों को याद न करने से रोकता है। इससे भी व्यक्ति में आक्रामकता में कमी आती है।

8. माफी देना *(Forgiveness)*—माफी देना भी एक ऐसी प्रविधि है जिससे व्यक्ति में आक्रामकता में कमी आता है। माफी देना एक ऐसी प्रविधि है जिसमें व्यक्ति उस व्यक्ति या व्यक्तियों को दंडित करने के विचार को त्याग कर देता है जो उन्हें चोट पहुँचाया है और उसके बदले में उसके प्रति सहयोग की भाव रखते हुए व्यवहार करता है। इस तथ्य की पुष्टि मैक कुल्लोघ तथा उनके सहयोगियों (Mc Cullough et al., 2001) ने अपने शोध के आधार पर किया है। फिर बाद में मैककुल्लोघ, फिनकेम तथा सांग (Mc Cullough, Finchem & Tsang, 2003) ने यह बतलाया है कि सचमुच में इसमें पहला लक्ष्य अर्थात् बदला लेने की भावना का त्याग करने का लक्ष्य पर तो आसानी से पहुँच जाता है परंतु दूसरा लक्ष्य अर्थात् इस हद तक दूसरे व्यक्ति द्वारा किये गए गंदे व्यवहार को इस सीमा तक भूल जायँ कि उसके साथ सहयोग

दिखाने लगे, थोड़ा कठिन है। फिर इन दोनों में पहला लक्ष्य ही आक्रामकता को कम करने के लिए पर्याप्त होता है क्योंकि इससे उस व्यक्ति पर जिसने गंदा व्यवहार किया है, चोट पहुँचाने की इच्छा में तो कमी आती ही है, साथ-ही-साथ व्यक्ति में अपना भी मानसिक तुष्टि (mental satisfaction) होती है तथा व्यक्ति में आत्म-सम्मान (self-esteem) का भाव मजबूत एवं नकारात्मक संवेगों में कमी आती है। इस तथ्य की सम्पुष्टि करेमैन्स तथा उनके सहयोगियों (Karremans et al., 2003) ने अपने अध्ययन से किया है। इस अध्ययन में सहभागियों से यह अनुरोध किया गया कि वे कोई ऐसी घटना के बारे में सोचे जिसमें आपको किसी व्यक्ति ने अपमानित किया हो। इसके बाद उनपर एक ऐसा परीक्षण (test) क्रियान्वयन किया गया जिसके द्वारा यह माप की गयी कि वे उस व्यक्ति को माफ कर दिये हैं। परीक्षण पर आये प्राप्तांक (score) के आधार पर उन्हें यह बतलाया गया कि वे उस व्यक्ति को माफ कर दिये हैं या माफ नहीं कर सकने में सफल हुए हैं। अन्त में सहभागियों का वर्त्तमान तनाव (tension) तथा उनके मनोवैज्ञानिक तन्दुरूस्ती (psychological well-being) को मापा गया। परिणाम में देखा गया कि जिन सहभागियों को यह विश्वास दिलाया गया था कि वे लोग माफी दे चुके हैं, में उच्चतर आत्म-सम्मान (higher self-esteem) तथा ऋणात्मक भाव (negative affect) का निम्न स्तर पाया गया जबकि जिन सहभागियों को ऐसा विश्वास नहीं दिलाया गया था, उनके आत्मसम्मान का स्तर निम्न तथा ऋणात्मक भाव (negative affect) का स्तर उच्च पाया गया। कुछ अन्य अध्ययनों में यह भी देखा गया कि माफी देने का लाभ स्वयं व्यक्ति तथा अपमान करने वाले व्यक्ति के सम्बन्ध पर भी निर्भर करता है। यदि अपमानित करने वाला व्यक्ति इस व्यक्ति का नजदीक का सम्बन्धी होता है जो अपमानित होता है, अपमान सहनेवाला व्यक्ति उसे बहुत जल्द ही माफ कर देता है। वेरी तथा उनके सहयोगियों (Berry et al., 2007) द्वारा किये गए अध्ययन से यह स्पष्ट हुआ है कि माफी देने वाले व्यक्तियों में दो शीलगुण (traits) ऐसा होता है जो उन्हें उन व्यक्तियों से भिन्न करते है जो माफी सामान्यतः नहीं देते हैं। ये दो शीलगुण हैं—*सहमतिजन्यता* (aggreableness) अर्थात् ऐसे लोग दूसरों पर विश्वास रखते हैं तथा उन्हें मदद करते हैं तथा *सांवेगिक स्थिरता* (emotional stability) अर्थात् ऐसे लोग नकारात्मक मनोदशा (mood) तथा संवेगों से कम प्रभावित होते हैं।

जनमाध्यम हिंसा का प्रभाव
(Effect of Media Violence)

जनमाध्यम (media) जैसे रेडियो, दूरदर्शन, सिनेमा, विडियो गेम (video game) आदि से जो आक्रामक दृश्यों (aggressive scene) को दिखलाये जाते हैं उनका प्रभाव उन व्यक्तियों पर अधिक पड़ता है जो ऐसे दृश्यों को नहीं देखे होते हैं या नहीं देख पाते है। इस तरह के दिखलाये गए हिंसा को *जनमाध्यम हिंसा* (media violence) कहा जाता है। ऐसा समझा जाता है कि जनमाध्यम हिंसा को देखकर व्यक्तियों में हिंसक तथा आक्रामक प्रवृत्तियाँ मजबूत होतीं हैं। एण्डरसन (Anderson, 1997), पैक तथा कॉमस्टॉक (Paik & Comstock, 1994) वुड, वांग एवं काकेर (Wood, Wong & Cachemre, 1991) द्वारा कई अध्ययन किये गए हैं जिनके परिणाम में यह पाया गया है कि जनमाध्यम हिंसा (media violence) से अनावृत्त होने पर बच्चों एवं वयस्कों में आक्रामक व्यवहार में वृद्धि हो जाती है। इस तथ्य की सम्पुष्टि कई भारतीय अध्ययनों से भी हुई है।

एण्डरसन (Anderson) को इस सोच का अग्रणी मनोवैज्ञानिक माना गया है तथा वे अपने कई अन्य सहकर्मियों के साथ मिलकर महत्त्वपूर्ण कार्य किये। एण्डरसन, वर्कोविज, डॉन्नरस्टीन, ह्यूसमान्न, जॉनसन, लिंज, मालामुथ तथा वार्टेल्ला (Anderson, Berkowitz, Donnerstein, Huesmann, Johnson, Linz, Malamuth and Wartlla, 2004) ने मिलकर इस क्षेत्र में किये गए अध्ययनों को सारणीबद्ध किया है और उसके आधार पर निम्नांकित महत्त्वपूर्ण निष्कर्ष पर पहुँच गया है—

(i) जनमाध्यमों के विभिन्न स्रोतों से आक्रामक दृश्यों एवं सामग्रियों को देखने से व्यक्तियों में हिंसात्मक एवं आक्रामक प्रवृत्ति मजबूत होती है।

(ii) जनमाध्यम हिंसा एवं आक्रामकता का प्रभाव लघुकालीन (short-term) तथा दीर्घकालीन दोनों ही प्रकृति का होता है।

(iii) जनमाध्यम हिंसा एवं आक्रामकता का प्रभाव व्यक्तियों पर काफी गहरा पड़ता है और व्यक्ति उससे काफी अधिक प्रभावित हो जाते हैं।

उपर्युक्त निष्कर्ष का आधार समाज मनोवैज्ञानिकों द्वारा किया गया कई प्रकार का अध्ययन है जिसमें *लघुकालीन प्रयोगशाला प्रयोग* (short-term laboratory experiments) तथा *अनुदैर्ध्य अध्ययन* (longitudinal studies) प्रधान हैं। जैसे वैडुरा, रॉस्स तथा रास्स (Bandura, Ross & Ross, 1963) ने एक बहुचर्चित लघुकालीन प्रयोगशाला प्रयोग किया है जिसमें स्कूल के बच्चों को वयस्क द्वारा तीन से चार फीट की एक गुड़िया जिसे बॉब गुड़िया (Bob Doll) का नाम दिया गया था, को उछालते हुए, मारते हुए एवं उसके प्रति आक्रामकता (aggression) दिखलाते हुए प्रदर्शित किया जब इन बच्चों को उसी गुड़िया के साथ अकेला छोड़ दिया गया तो देखा गया कि उनके द्वारा भी वैसा ही आक्रामक व्यवहार उस गुड़िया के प्रति दिखलाया गया। बाद के प्रयोगों में जब बच्चों के टेलीविजन पर ऐसे ही आक्रामक दृश्य (aggressive scene) दिखलाये गए तो उनका व्यवहार उन बच्चों की तुलना में अधिक आक्रामक हो गए जिन्हें ऐसे दृश्य टेलीविजन पर नहीं दिखलाये गए थे। बुशमैन तथा ह्युसमान्न (Bushman & Huesmann, 2001) ने वयस्कों पर प्रयोग करके यह दिखलाया है कि जिन वयस्कों ने आक्रामक फिल्म या कार्यक्रम देखा था, उनके व्यवहार में आक्रामकता उन वयस्कों की तुलना में अधिक देखी गयी जिन्हें ऐसा फिल्म या कार्यक्रम देखने का मौका नहीं मिला था।

एण्डरसन तथा बुशमैन (Anderson & Bushman, 2002) एवं ह्युसामान्य एवं एरोन (Huesmann & Eron, 1984, 1986) ने अनुदैर्ध्य अध्ययन (longitudinal studies) करके और भी मजबूत सबूत इस बात का प्रस्तुत किया है कि जनमाध्यम हिंसा एवं आक्रामकता से व्यक्तियों की आक्रामकता में वास्तविक वृद्धि होती है। जैसा कि हम जानते हैं, अनुदैर्ध्य अध्ययनों में एक ही सहभागियों (participants) के समूह का अध्ययन थोड़े-थोड़े समय अंतराल के बाद किया जाता है। इन लोगों के अध्ययन का निष्कर्ष यह था कि जब बच्चों द्वारा हिंसात्मक एवं आक्रामक फिल्म या कार्यक्रम (programme) देखा जाता है, तो ऐसे बच्चे किशोरावस्था या वयस्कावस्था में आने पर तुलनात्मक रूप से वैसे बच्चों की तुलना में जिन्होंने वैसा आक्रामक फिल्म या कार्यक्रम नहीं देखा था, अधिक आक्रामक व्यवहार दिखलते हैं। बोथा (Botha, 1990) के अनुसार इस ढंग का परिणाम कई देशों जैसे आस्ट्रेलिया (Australia), फिनलैंड (Finland), इजरैल (Israel), पोलैंड (Poland) तथा दक्षिणी अफ्रिका (South Africa) में भी पाया गया।

कुछ अध्ययनों में यह भी देखा गया है कि व्यवहार पर उपर्युक्त ढंग का प्रभाव सिर्फ आक्रामक फिल्मों या कार्यक्रम तक ही सीमित नहीं है। जैसे, एण्डरसन, कारनेजी एवं यूवैंक्स (Anderson, Carnagey & Eubanks, 2003) ने अपने अध्ययन में पाया है कि जब व्यक्ति समाचार कार्यक्रम (news programme), लोकप्रिय संगीत में हिंसक गीत (lyrics) आदि सुनता है, तो उससे उसके व्यवहार में आक्रामकता बढ़ जाती है।

अब प्रश्न उठता है कि जनमाध्यम हिंसा एवं आक्रामकता का प्रभाव क्यों (why) होता है? बुशमैन एवं एण्डरसन (Bushman & Anderson, 2002) ने जनमाध्यम हिंसा एवं आक्रामकता प्रभाव की व्याख्या सामान्य आक्रामकता मॉडल (General Aggressiveness Model or GAM) द्वारा किया है। जैसा हम जानते हैं इस मॉडल के अनुसार व्यक्तिगत (personal) तथा परिस्थितिजन्य (situational) कारक दोनों ही द्वारा व्यक्ति की आंतरिक अवस्था (internal states) प्रभावित होता है और यही आंतरिक अवस्था के आधार पर व्यक्ति किसी परिस्थिति का मूल्यांकन करता है और साथ-ही-साथ इस बात का भी निर्णय करता है कि उस परिस्थिति में आक्रामकतापूर्ण व्यवहार किया जाए या गैरआक्रामकतापूर्ण व्यवहार किया जाए। बुशमैन तथा एण्डरसन का मानना है कि जब व्यक्ति जनमाध्यम हिंसा (media violence) को बार-बार देखता है तो इससे उसका आक्रामकता से सम्बन्धित संज्ञान (cognition) प्रभावित होता है जिससे व्यक्ति में धीरे-धीरे एक *विद्वेषी प्रत्याशा पूर्वाग्रह* (hostile expectaiton bias) उत्पन्न हो जाता है जिसमें उसे यह विश्वास हो जाता है कि दूसरे लोगों का व्यवहार आक्रामकतापूर्ण होगा। इस पूर्वाग्रह का परिणाम यह होता है कि व्यक्ति स्वयं ही काफी आक्रामक रूप अपना लेता है। अपने इस तर्कणा (reasoning) की जाँच करने के लिए बुशमैन तथा एण्डरसन (Bushman & Anderson, 2002) ने एक प्रयोग किया जिसमें सहभागियों (participants) के एक समूह को काफी आक्रामक विडियो खेल (video game) दिखलाया गया तथा दूसरे समूह को गैरआक्रामक (noagressive) विडियो खेल दिखलाया गया। इसके बाद दोनों तरह के सहभागियों को ऐसे लघु कहानियाँ पढ़ने के लिए दिया गया जिसमें यह स्पष्ट नहीं था कि पात्र (character) आगे क्या करने वाला है। कहानी पढ़ने के बाद सहभागियों को यह बतलाना था कि जैसे-जैसे कहानी आगे बढ़ेगी, कहानी के पात्र क्या सोचेंगे, अनुभव करेंगे या करेंगे। बुशमैन तथा एण्डरसन (Bushman & Anderson) का मत था कि जिन सहभागियों ने आक्रामक विडियो खेल देखा था, वे यह बतलावेंगे कि कहानी का पात्र आगे अधिक आक्रामक ढंग से सोचते हुए व्यवहार करेंगे तथा अधिक क्रोध का अनुभव करेंगे परंतु गैर आक्रामक

विडियो खेल देखनेवाले सहभागियों द्वारा ऐसा अनुभव नहीं किया जायेगा। प्रयोग के परिणाम में उक्त तथ्य की सम्पुष्टि होते पायी गयी। ऐसा ही परिणाम बुशमैन तथा ह्युसमान्न (Bushman & Huesmann, 2001) एण्डरसन एवं उनके सहयोगियों (Anderson et. al., 2004) द्वारा अपने-अपने अध्ययनों में पाया गया। इन अध्ययनों से यह स्पष्ट हो जाता है कि आक्रामक जनमाध्यम (violent media) से बार-बार अनावृत्त होने से व्यक्ति का विश्वास, प्रत्याशा तथा आक्रामकता से सम्बन्धित अन्य संज्ञानात्मक प्रक्रियाएँ (cognitive processes) अधिक प्रभावित हो जातीं हैं जिससे व्यक्ति में आक्रामकता से सम्बन्धित एक मजबूत ज्ञान संरचना (knowledge structures) विकसित हो जातीं हैं। जब यह ज्ञान संरचना विभिन्न घटनाओं से उत्तेजित (activate) होती है तो व्यक्ति आक्रामक ढंग से सोचता है, अनुभव करता है तथा व्यवहार भी करता है क्योंकि ऐसा ही करना उसने सीखा है।

निष्कर्षतः यह कहा जा सकता है कि आक्रामकता (aggression) को कम करने या रोकने के कई उपायों का वर्णन समाज मनोवैज्ञानिकों द्वारा की गयी है। आक्रामकता को रोकने के लिए इनमें से उपयुक्त उपायों (appropriate measrures) का उपयोग समाज मनोवैज्ञानिक आवश्यकतानुसार करते हैं।

अध्याय सारांश
(Chapter Summary)

1. आक्रामकता एक ऐसी अनुक्रिया है जिसमें दूसरे प्राणी को एक अनिष्टकर उद्दीपक प्रदान किया जाता है परंतु यह परिभाषा उतनी संतोषजनक नहीं हो सकती। आधुनिक समाज मनोवैज्ञानिकों का मत है कि आक्रामक व्यवहार उस व्यवहार को कहा जाता है जो कि सिर्फ हानि या क्षति ही नहीं पहुँचाता है बल्कि हानि या क्षति पहुँचाने का उद्देश्य भी रखता है।

2. आक्रामकता के तीन मुख्य सिद्धांतों की आलोचनात्मक व्याख्या प्रस्तुत की गयी है। ये तीन सिद्धांत हैं—मूलप्रवृत्तिक (instinct theory), कुंठा-आक्रामकता सिद्धांत (frustration-aggrestion theory) तथा सामाजिक-सीखना (social learning theory)

3. समाज मनोवैज्ञानिकों ने कुछ वैसे कारकों का वर्णन किया है जिनसे व्यक्ति में आक्रामक व्यवहार में वृद्धि होती है। ऐसे दस कारकों का वर्णन प्रयोगात्मक सबूत के साथ किया गया है।

4. आक्रामकता को रोकने तथा दूर करने के कई उपायों का वर्णन किया गया है। इन उपायों में प्रतिकार (retaliation), दण्ड (punishment), सामाजिक-सीखना उपागम (social learning approch), हल्की कामुकता (mild sexual arousal), हास्य (humor) तथा पुरानुभूति (empathy), माफी देना, क्षमायाचना एवं प्राक्‌गुणारोपण आदि अधिक प्रधान हैं।

5. जनमाध्यम हिंसा (media violenence) के प्रभाव का अध्ययन समाज मनोवैज्ञानिकों द्वारा किया गया है। इन लोगों का सामान्य निष्कर्ष यह रहा है कि जब व्यक्ति जनमाध्यम हिंसा से अनावृत्त होता है, तो उसमें हिंसक एवं आक्रमक प्रवृत्तियाँ कमजोर हो जाती हैं।

❑

अध्याय 34

वर्तमान सामाजिक समस्याएँ
(PRESENT SOCIAL PROBLEMS)

सामाजिक समस्या का अर्थ एवं स्वरूप
(Meaning and Characteristics of Social Problem)

सामाजिक समस्या (social problem) से तात्पर्य एक ऐसी स्थिति से होती है जिससे समाज का एक खंड या एक बड़ा भाग प्रभावित होता है तथा जिसके ऐसे हानिकारक परिणाम होते हैं या हो सकते हैं जिनका मात्र सामूहिक रूप से ही समाधान संभव है। जैसे, भारत में व्याप्त बेरोजगारी की समस्या को ही लिया जाये। एह एक सामाजिक समस्या है क्योंकि इससे समाज का एक बड़ा भाग या वर्ग (विशेषकर युवा वर्ग) प्रभावित है तथा इसका निदान किसी एक युवक के प्रयास से संभव न होकर युवकों, सरकार तथा अन्य गैर सरकारी संस्थानों के संयुक्त प्रयास से ही संभव है। निर्धनता, जनसंख्या विस्फोट, युद्ध, असंतोष, आतंकवाद आदि सामाजिक समस्या कुछ उदाहरण हैं।

सामाजिक समस्या के स्वरूप को समझने के लिए यह आवश्यक है कि इसकी कुछ विशेषताओं पर एक नजर डाला जाए। इसकी कुछ ऐसी प्रमुख विशेषताएँ निम्नांकित है—

(i) सामाजिक समस्याएँ आदर्श तथा सामाजिक मानक (Social norms)से एक प्रकार का विचलन(deivation) होती है।

(ii) सामाजिक समस्याओं की उत्पत्ति का कोई समान आधार होता है।

(iii) सभी सामाजिक समस्याएँ कमोवेश एक-दूसरे से अंतर्सबंधित होती है।

(iv) सभी सामाजिक समस्याओं का जड़ सामाजिक ही होता है।

(v) सभी सामाजिक समस्याओं का परिणाम भी सामाजिक ही होता है क्योंकि उसका प्रभाव प्रत्यक्ष या अप्रत्यक्ष रूप से पूरे समाज पर ही पड़ता है।

(vi) सामाजिक समस्याओं के समाधान का दायित्व वैयक्तिक (individual) न होकर सामाजिक ही होता है। दूसरे शब्दों में, किसी भी सामाजिक समस्या का समाधान किसी एक व्यक्ति के प्रयास से संभव न होकर पूरे समाज के प्रयास से ही संभव होता है।

सामाजिक समस्याओं के प्रकार
(Types of Social Problems)

सामाजिक समस्याओं के प्रकार के बारे में समाजशास्त्रियों एवं समाज मनोवैज्ञानिकों द्वारा जो विचार उपस्थित किये गये हैं, उनका विश्लेषण करने के बाद हम इस निष्कर्ष पर पहुँचते हैं कि सामाजिक समस्याओं को निम्नांकित तीन श्रेणियों में बाँटा जा सकता है—

1. प्राकृतिक कारणों से उत्पन्न सामाजिक समस्याएँ—ऐसी सामाजिक समस्या की उत्पत्ति प्राकृतिक कारणों से होती है जो सामाजिक तंत्र को अस्त-व्यस्त कर देती है। अकाल, बाढ़, भूकंप आदि से उत्पन्न सामाजिक समस्याएँ इस श्रेणी की समस्याएँ हैं।

2. सुधारात्मक समस्याएँ—इस श्रेणी की समस्याओं का स्वरूप कुछ ऐसा होता है कि उसके कुप्रभावों के बारे में

आम सहमति है परंतु उनके समाधान के बारे में आम सहमति नहीं होती है। जैसे, गरीबी, अपराध, मादक पदार्थों का सेवन आदि से उत्पन्न समस्याएँ इस श्रेणी की सामाजिक समस्याएँ हैं।

3. नैतिक समस्याएँ—इस श्रेणी की सामाजिक समस्या कुछ ऐसी होती है जिनकी प्रकृति एवं कारणों के बारे में आम सहमति नहीं होती है। जैसे, तालाक, विधवा-विवाह, जुआ आदि की समस्याएँ इस श्रेणी की समस्या में आती है।

स्पष्ट हुआ कि सामाजिक समस्या के कई प्रकार हैं।

सामजिक समस्या के विकास में सम्मिलित विभिन्न चरण
(Steps Involved in Development of a Social Problem)

किसी भी सामाजिक समस्या की उत्पत्ति में कुछ निश्चित क्रमबद्ध चरण सम्मिलित होते हैं जिनकी चर्चा विभिन्न सामाजिक वैज्ञानिकों (social scientist) द्वारा की गयी है। फूलर तथा मेयर्स (Fuller & Meyers, 1941) के अनुसार सामाजिक समस्या के विकास में निम्नांकित तीन चरण (steps) मुख्य होते हैं—

1. जागरूकता *(Awareness)*—इस अवस्था में लोगों में यह जागरूकता उत्पन्न होने लगती है कि समस्या अवांछनीय है और इसका निवारण आवश्यक है। धीरे-धीरे इस तरह का अनुभव समाज के अधिकतर लोगों द्वारा होने लगता है।

2. नीति निर्धारण *(Policy determination)*—इस अवस्था में जैसे-जैसे समाज के अधिक-से-अधिक लोग समस्या से अवगत होते हैं, वैसे-वैसे उसके संभावित निवारण के उपायों को तय करने के लिए नीति के निर्धारण के लिए बहस छिड़ जाती है। अतः इस अवस्था में समस्या के निवारण के लिए क्या कुछ किया जा सकता है, इस पर बहस छिड़ जाती है।

3. सुधार *(Reform)*—इस चरण में निर्धारित नीतियों एवं समाधानों को कार्यरूप दिया जाता है। इसीलिए इस चरण को कार्यान्वित की स्थिति भी कहा जाता है—

स्पेक्टर तथा किट्सयूस (Spector & Kitsues, 1977) ने सामाजिक समस्या के विकास में निम्नांकित चार कारकों को कार्यान्वित की स्थिति भी कहा जाता है—

1. आंदोलन की अवस्था (stage of agitation)
2. तर्कसंगति एवं सहयोग की अवस्था (stage of legitimation and cooperation)
3. अधिकारी तंत्र एवं उसकी प्रतिक्रिया की अवस्था (stage of bureaucratization and its reaction)
4. आंदोलन के पुनः उद्गमन की अवस्था (stage of re-emergence of the movement)

इन चारों अवस्थाओं का वर्णन निम्नांकित है—

1. आंदोलन की अवस्था *(Stage of agitation)*—इस अवस्था में व्यक्ति समाज में उत्पन्न विशेष स्थिति से असंतुष्ट होकर उसके विरुद्ध आंदोलन करता है जिनका मूल उद्देश्य उस स्थिति के प्रति अधिक-से-अधिक लोगों का ध्यान आकृष्ट करना होता है ताकि स्थिति को सुधारने के लिए तुरंत कार्यवाही किया जा सके। इस तरह का आंदोलन पीड़ित व्यक्तियों द्वारा या उनके बदले सामाजिक कार्यकर्ताओं द्वारा भी चलाया जा सकता है। जैसे—बाल अपराध, बाढ़, अकाल से पीड़ित व्यक्तियों की सामाजिक समस्या से निबटने के लिए आंदोलन पीड़ित व्यक्तियों के बजाय सामाजिक कार्यकर्ताओं तथा सुधारकों द्वारा ही अधिक चलाया जाता है। कभी-कभी इस तरह का आंदोलन कुछ कारणों जैसे इनसे सम्बन्धित दावों का अस्पष्ट होना, आंदोलन करनेवाले समूह का निर्बल होना आदि में विफल भी हो जाता है।

2. तर्कसंगति एवं सहयोग की अवस्था *(Stage of legitimation and cooperation)*—जब समाज के प्रभुत्व व्यक्ति या सत्तारूढ़ व्यक्ति समस्या का समर्थन करते हैं या समस्या का होना मान लेते हैं तो वह समस्या तर्कसंगत बन जाती है। ऐसे व्यक्तियों को समस्या से पीड़ित व्यक्तियों का वैध अधिवक्ता माना जाता है। शायद यही कारण है कि समस्या के समाधान पर आयोजित सभा में इन्हें बहस के लिए सम्मिलित कर लिया जाता है। शायद यही कारण है कि किसी शैक्षिक समस्या का समाधान के लिए निर्मित शैक्षिक समितियों में छात्रों एवं शिक्षकों का प्रतिनिधित्व दे दिया जाता है।

3. अधिकारी तंत्र एवं उसकी प्रतिक्रिया की अवस्था *(Stage of bureaucratization and its reaction)*—

सामाजिक समस्या के विकास के इस तीसरी अवस्था में समस्या समाधान से निबटने के लिए व्यक्तियों का ध्यान सरकारी तंत्र और उनकी कार्यकुशलता पर जाता है। यदि सरकारी तंत्र अकुशल साबित हुआ तो उन्हें सफलता नहीं मिल पाती है और समस्या एक आंदोलन का स्वरूप धारण कर सकता है। अतः किसी सामाजिक समस्या का स्वरूप उपद्रवी होगा या नहीं, यह इस बात पर आधारित होता है कि सरकारी तंत्र किस सीमा तक समस्या का समाधान करने में सफल हो पाते हैं तथा किस सीमा तक वे अपने निहित स्वार्थों को समस्याओं से अलग रख पाते हैं।

4. आंदोलन के पुनः उद्‌गमन की अवस्था (*Stage of re-emergence of the movemnt*)—इस अवस्था में पीड़ित लोग तथा उनके नेतागण को यह विश्वास होने लगता है कि अधिकारियों एवं समुचित निर्णय लेने वालों द्वारा समस्या की गंभीरता को ठीक ढंग से समझा नहीं जा रहा है। फलस्वरूप उनकी भावनाएँ पुनः जागृत हो उठती हैं तथा संबद्ध सामाजिक समस्या के समाधान के लिए वे आंदोलन करने के लिए बाध्य हो जाते हैं।

स्पष्ट हुआ कि सामाजिक समस्या के विकास के कई चरण हैं। इन चरों से होकर सामाजिक समस्या की उग्रता में कमी या बेशी आती है।

इस अध्याय में कुछ विशेष तरह की सामाजिक समस्याओं का विस्तृत वर्णन किया जायेगा—

1. गरीबी या निर्धनता की समस्या (Problem of proverty)
2. वंचन की समस्या (Problem of deprivation)
3. जनसंख्या विस्फोट की समस्या (Problem of population explosion)
4. आर्थिक विकास से सम्बन्धित समस्या (Problem related to economic development)

इन सबों का वर्णन हम अलग-अलग अनुच्छेदों में करेंगे।

गरीबी का अर्थ एवं समस्या
(Meaning and Problem of Poverty)

साधारण अर्थ में धन के अभाव को गरीबी की संज्ञा दी जाती है। अधिक वैज्ञानिक अर्थ में गरीबी या निर्धनता एक ऐसी अवस्था होती है जिसमें व्यक्ति अपनी और अपने आश्रितों (dependents) की न्यूनतम आवश्यकताएँ जैसे, रोटी, कपड़ा, मकान आदि पूरा करने में तथा उनकी भली-भांति पालन-पोषण करने में असमर्थ रहता है। **गिल्लिन** एवं **गिल्लिन**[1] (Gillin & Gillin, 1972) ने गरीबी को परिभाषित करते हुए कहा है ''गरीबी एक ऐसी दशा है जिसमें कोई व्यक्ति कम आय तथा बुद्धिहीन खर्चे के कारण अपने जीवन-स्तर को अपनी शारीरिक तथा मानसिक कुशलता के योग्य रखने में असमर्थ रहता है तथा वह अपने स्वाभाविक आश्रितों को अपने समाज के स्तर के अनुकूल जिसका की वह सदस्य है, रखने में असमर्थ रहता है।''

पाण्डे[2] (Pandey, 1988) के अनुसार ''अगर कोई परिवार अपने सभी शक्ति, धन एवं समय लगाकर भी पर्याप्त पोषण नहीं प्रदान कर पाता है, तो उसे पूर्णतः गरीब परिवार कहा जाता है।''

इन परिभाषाओं से स्पष्ट है कि निर्धनता में व्यक्ति अपने सभी साधनों को लगाकर भी अपने एवं अपने सामाजिक आश्रितों की अनिवार्य आवश्यकताओं की पूर्ति करने में असमर्थ रहता है।

सचमुच में गरीब या निर्धनता एक ऐसा सम्प्रत्यय(concept)है जिसे समझने के लिए व्यक्ति के सामाजिक-सांस्कृतिक पृष्ठभूमि(socio-cultural background)को भी समझना आवश्यक है। भारतीय समाज में हम ज़िन कसौटियों के आधार पर गरीबी के स्वरूप को समझने की कोशिश करते हैं, उन्हीं कसोटियों के आधार पर अमेरिकन समाज में गरीबी को नहीं समझा जा सकता है। अमेरिकन परिवार में घर में कार न होना या टेलीविजन न होना एक गरीबी का सूचक हो

1. "Poverty is that condition in which a person either because of inadequate income or unwise expenditures does not maintain a scale of living high enough to provide for his physical and mental effeciency and to enable him and his natural dependents to fucnction usually according to the standards of society of which he is member."
—Gillin & Gillin : *Cultural Sociology,* 1972. 758.
2. "If a family does not get adequate nutrition even after spending all its time, energy and money trying to procure it, it should be considerd wholly poor." —Pandey : *Psychology in India,* 1988, vol. II, p. 133.

सकता है, परंतु हमारे देश में इन सूचकों के आधार पर गरीबी का स्वरूप को नहीं समझा जा सकता है। अध्ययनों से पता चला है कि ज्यों-ज्यों समाज के विकास का स्तर घटता जाता है त्यों-त्यों गरीबी को निर्धारित करने वाली रेखा भी परिवर्तित हो जाती है। सामान्यतः आर्थिक दृष्टिकोण से समाज के लोगों को निम्नांकित चार अवस्थाओं में बाँटा जाता है—

(i) वे लोग जो न्यूनतम निर्वाह स्तर पर अथवा उससे नीचे हैं।

(ii) वे लोग जो जीवन की आवश्यकताओं को आसानी से संतुष्ट कर रहे हैं।

(iii) वे लोग जो आराम की अर्थव्यवस्था में जीवन व्यतीत करते हैं।

(iv) वे लोग जो विलासिता के स्तर पर हैं अर्थात जिसके पास अर्थव्यवस्था इतनी अधिक सबल है कि वे जिस ढंग से चाहें अपनी जिन्दगी व्यतीत कर सकते हैं।

भारत देश में अधिकांश व्यक्ति पहले प्रकार की अवस्था में आते हैं, अर्थात वे न्यूनतम जीवन निर्वाह स्तर पर हैं या उससे नीचे हैं। भारत में गरीबी की सीमा (extent) का अंदाज कई लोगों ने अपने-अपने अध्ययनों में लगाया है। योजना आयोग (planning commission) द्वारा गठित विशेषज्ञ दल 'Task Force on Minimum Needs and Effective Consumption Demand' की रिपोर्ट के अनुसार ग्रामीण क्षेत्र में प्रति व्यक्ति 2400 कैलोरी तथा शहरी क्षेत्र में प्रति व्यक्ति 2100 कैलोरी प्रतिदिन के दर से भी जिन्हें प्राप्त नहीं हो पाता है, उसे गरीबी रेखा (poverty line) से नीचे माना गया है। प्रो॰ डी॰ टी॰ लकड़ावाला की अध्यक्षता में गठित विशेष दल के अनुसार प्रत्येक राज्य में मूल्य स्तर के आधार पर अलग-अलग निर्धनता रेखा का निर्धारण किया गया है। देश में 1999-2000 में निर्धनता रेखा से नीचे के लोगों की संख्या लकड़ावाला फॉर्मूले के अनुसार 26.10% थी। देश में सर्वाधिक निर्धनता अनुपात (47.15%) उड़ीसा में था तथा बिहार में (झारखंड गठन के पूर्व) निर्धनता अनुपात 42.60% आकलित किया गया था। दानदेकर तथा रथ (Dandekar & Rath, 1971) ने प्रारंभ में एक महत्त्वपूर्ण अध्ययन किया। उन्होंने अपने अध्ययन में पाया कि ग्रामीण जनसंख्या में 40% तथा शहरी जनसंख्या में 50% लोग गरीबी रेखा (poverty line) से नीचे अपना जीवन व्यतीत करते हैं और इनकी मासिक आय औसतन 22.50 रूपया है। गांगुली तथा गुप्ता (Ganguly & Gupta, 1976) ने अपने अध्ययन के आधार पर यह बतलाया है कि 1965 में ग्रामीण जनसंख्या के 32% तथा शहरी जनसंख्या के 20% लोग गरीबी रेखा के नीचे जीवन व्यतीत करते हैं। सिंह (Singh, 1983) के अध्ययन के अनुसार शहरी जनसंख्या के 38% तथा ग्रामीण जनसंख्या के 51% से नीचे अपनी जिन्दगी व्यतीत करते हैं। 1977-78 के कीमतों को आधार मान कर शहरी क्षेत्रों के लिए 75 रुपया प्रति माह तथा ग्रामीण क्षेत्रों के लिए 65 रुपया प्रति माह को गरीबी रेखा मानी गयी है जो अपने आप में बहुत ही कम है।

निर्धनता या गरीबी से महत्त्वपूर्ण समस्याओं (problems) का जन्म होता है। कुछ ऐसी ही समस्याओं को निम्नांकित प्रमुख अंशों में बाँटकर उन पर प्रकाश डाला जा सकता है—

1. पारिवारिक असंतोष एवं कलह (*family dissatisfaction and pugnactiy*)—गरीबी या निर्धनता से परिवार के सदस्यों में कई कारणों से असंतोष फैल जाता है जो धीरे-धीरे बढ़ते-बढ़ते पारिवारिक कलह का रूप ले लेते हैं। निर्धनता के कारण व्यक्ति अपने परिवार के सदस्यों की अनिवार्य आवश्यकताएँ जैसे भोजन की आवश्यकता, वस्त्र की आवश्यकता, मकान की आवश्यकता को भी पूरा करने में असमर्थ रहता है। फलस्वरूप परिवार के सदस्यगण अपने परिवार के सीमित साधनों को अपनी-अपनी ओर खींचने लगते हैं जिससे उनमें एक-दूसरे के प्रति स्नेह एवं प्रेम भाव की कमी आने लगती है और अविश्वास एवं असंतोष की पकड़ मजबूत होने लगती है। अंत में उनमें कलह होने लगती है जो पारिवारिक विघटन की समस्या उत्पन्न कर देती है।

2. उन्नति के मार्ग में बाधाएँ (*obstacles in the way of improvements*)—गरीब व्यक्ति तथा उसके परिवार के सदस्यगण सामाजिक, शैक्षिक, राजनैतिक एवं आर्थिक उन्नति में बाधा डालकर कई तरह की समस्याएँ उत्पन्न कर देता है। लाख योग्यता (merit) क्यों न हो, यदि व्यक्ति गरीब है तो न वह ठीक ठंग से अपने को शिक्षित कर सकता है और न वह अपने आपको आर्थिक रूप से उन्नत ही कर सकता है। इतना ही नहीं, अन्य सामाजिक क्षेत्रों में भी वह अपने आप को पिछड़ा पाता है, क्योंकि उसके सामने धनाभाव से कई तरह की समस्याएँ उस तरह उत्पन्न हो जातीं है कि उनके बोझ से वह दबने लगता है।

3. हीनता की भाव में तीव्रता *(intense feeling of inferiority)*—गरीबी से व्यक्ति में हीनता की भावना की उत्पत्ति होती है जो फिर कई तरह की सामाजिक समस्याएँ उत्पन्न कर देतीं हैं। गरीब परिवार के बच्चे अपने आपको देखकर तथा अपनी अवस्थाओं को समझकर अपने ही बारे में एक ऐसा संप्रत्यय (concept) विकसित कर लेते हैं जिसे हेथरिंगटन (Hethrington, 1973) ने *नकारात्मक आत्म-सम्प्रत्यय* (negative self-concept) कहा है। इस तरह के संप्रत्यय के फलस्वरूप वे अपने आपको हर तरह से हीन एवं कमजोर समझते हैं। हेथरिंगटन के अनुसार गरीब परिवार के बच्चों में पिछड़ने के कई कारणों में इसे एक महत्त्वपूर्ण कारण बतलाया गया है।

4. आकांक्षा स्तर में कमी *(reduction in the level of aspiration)*—हेथरिंगटन एवं पार्क (Hethrington & Parke, 1980) ने अपने सहसम्बन्धात्मक अध्ययन (correlational studies) के आधार पर यह बतलाया है कि गरीब परिवार के बच्चों की आकांक्षा स्तर अन्य समकक्षी बच्चे जो गरीब परिवार के नहीं थे, की आकांक्षा स्तर से काफी कम थी। ऐसे बच्चों के आकांक्षा स्तर की रीढ़ को निर्धनता इतनी झुका देती है कि वे कभी भी सीधे तनकर नहीं चल सकते हैं। वे रोज की रोटी के अलावा कुछ सोचते ही नहीं। उनका ध्यान इस ओर जाता ही नहीं है कि उनमें अन्य सबल लोगों के समान एक अंतःशक्ति (potential) है जिसका उपयोग कर वे समाज में अपना बहुमूल्य योगदान कर सकते हैं।

5. असामाजिक व्यवहारों के प्रति झुकाव *(inclination towards antisocial behaviour)*—कुछ अध्ययनों के आधार पर यह तथ्य प्रकाश में आया है कि निर्धनता व्यक्ति में असामाजिक व्यवहारों को करने के लिए प्रेरित करती है। हालिंगवर्थ (Hollingworth, 1978) ने अपने अध्ययन में पाया कि निर्धनता पुरुषों में चोरी, पाकेटमारी, डकैती जैसे व्यवहारों को करने की प्रेरणा देती है तथा महिलाओं में वेश्यावृत्ति (prostitution) एवं चोरी को पनपने में अधिक मदद करता है। इन्होंने बाद में (1982 में) एक सर्वे किया जिसमें वेश्याओं के सामाजिक-आर्थिक पृष्ठभूमि का विश्लेषण किया और पाया कि करीब 65% वेश्याओं को निर्धनता ने वेश्यावृत्ति अपनाने को मजबूर कर दिया।

6. आर्थिक प्रतियोगिता एवं अन्तर्समूह प्रतिद्वन्द्विता *(economic competiton and intergroup competition)*—निर्धनता से आर्थिक प्रतियोगिता एवं अन्तर्समूह प्रतिद्वन्द्विता में वृद्धि होती है। गरीब लोगों के पिछड़ेपन (backwardness) को दूर करने के लिए सरकार उनके लिए तरह-तरह के आरक्षण (reservation) की सुविधा प्रदान करती है। इसका परिणाम यह होता है कि आर्थिक रूप से सबल वर्ग यह समझने लगता है कि सरकार उनकी रोटी छीनकर निर्धन लोगों को दे रही है। फलतः वे निर्धन को अपना प्रतिद्वन्द्वी (rival) समझ बैठते हैं और उनके प्रति विद्वेष भाव रखना प्रारंभ कर देतें हैं। ऐसे सरकारी सुविधा का लाभ उठाकर यदि कुछ निर्धन अपनी आर्थिक स्थिति में सुधार कर लेते हैं, तो फिर उनकी प्रतियोगिता (competition) समाज के आर्थिक रूप से सबल व्यक्तियों से होने लगती है जिसका परिणाम यह होता है कि आर्थिक प्रतियोगिता तीव्र होती है जो सामाजिक दृष्टिकोण से हानिकर होती है क्योंकि इससे तरह-तरह के अवांछित चीजों का जन्म होने लगता है।

7. सामाजिक परिवर्तन के प्रति अनभिज्ञता *(ignorance towards social changes)* प्रत्येक सभ्य समाज में तरह-तरह के नये सामाजिक परिवर्तन होते रहते हैं जिन्हें अपनाकर व्यक्ति अपनी जिन्दगी में खुशहाली लाता है। निर्धनता व्यक्ति को ऐसे सामाजिक परिवर्तनों में अनभिज्ञता रखता है और निर्धन अपनी जिन्दगी को पुरानी ढाँचे में किसी तरह से ढोने के लिए विवश होते हैं।

8. शारीरिक एवं मानसिक रोगों से सम्बन्धित समस्याएँ *(problems relating to physical and mental diseases)*—निर्धनता में व्यक्ति दोनों शाम की रोटी किसी तरह जुटा पाता है। एक तरफ पोषक तत्त्वों के अभाव में तथा दूसरे तरफ कड़ी शारीरिक मेहनत के कारण निर्धन व्यक्ति की शारीरिक शक्ति धीरे-धीरे क्षीण होने लगते हैं जिससे उनमें शारीरिक रोग की प्रबलता तथा उससे सम्बन्धित समस्याओं में वृद्धि होने लगती है। ऐसे व्यक्तियों में रोग के इलाज के लिए साधन जुटाने की असमर्थता पायी जाती है। शारीरिक क्षमता धीरे-धीरे मानक व्याधियों को भी न्योता देने लगती है। अंत में दोनों मिलकर गरीब की जिन्दगी को जर्जर बना देते हैं और कई तरह के उलझनों एवं समस्याओं से उनकी जिन्दगी बोझिल हो जाती है।

9. सामाजिक उपेक्षा *(social dislike)*—निर्धनता से सामाजिक उपेक्षा एवं अरुचि के भाव भी उत्पन्न होते हैं। प्रायः गरीब व्यक्ति को समाज में उसकी तंगी के कारण लोग उसकी उपेक्षा करते हैं तथा अपने आपको उससे दूर रखने

का प्रयास करते हैं। समाज के सबल लोग अपने बच्चों को निर्धन के बच्चों के साथ मिलने-जुलने की उदार अनुमति नहीं देते हैं। इसका परिणाम यह होता है कि ऐसे बच्चों का सामाजिक तिरस्कार (social rejection) होता है जिससे उनमें असामाजिक प्रवृत्तियाँ (antisocial tendencies) अधिक तेजी से पनपती है।

निष्कर्षतः यह कहा जा सकता है कि निर्धनता एक सामाजिक ज्वालामुखी (social volcano) है जो समाज के मौलिक संरचनाओं (structures) को कमजोर कर देता है।

निर्धनता को दूर करने के उपाय
(Measures for alleviating Poverty)

समाजशास्त्रियों, मनोवैज्ञानिकों, वामपंथियों, पूँजीपतियों तथा बुद्धिजीवी द्वारा किये गये प्रयासों के आलोक में यह कहा जा सकता है कि निर्धनता के निवारण के लिए या कम-से-कम उसे काफी कम करने के लिए जितने भी उपाय हैं उन्हें निम्नांकित प्रमुख भागों में बाँटा जा सकता है—

1. कृषि तथा उद्योग में अधिक-से-अधिक रोजगार उत्पन्न करना (creating maximum employment in agriculture and industry)
2. जनसंख्या की वृद्धि को नियंत्रित करना (controlling population growth)
3. काले धन को समाप्त करना (elimination of black money)
4. वितरणात्मक न्याय (distributive justice)
6. योजना का विकेन्द्रीकरण एवं उनका क्रियान्वयन (decenralising planning and its execution)
7. विभिन्न उपाय (miscellaneous measures)

इन सभी उपायों का वर्णन निम्नांकित है—

1. कृषि तथा उद्योग में अधिक-से-अधिक रोगजार उत्पन्न करना *(creating maximum employment in agriculture and industry)*—निर्धनता का एक प्रमुख कारण बेरोजगारी होता है। अतः यदि देश के उद्योग धंघे तथा कृषि को अधिक उत्पादक बना दिया जाये ताकि उसमें अधिक-से-अधिक रोजगार के साधन उपलब्ध हो, तो इससे लोगों की आय में वृद्धि होगी तथा निर्धनता में कमी आयेगी। कृषि तथा उद्योग को मजबूत करने में सरकार की भूमिका सबसे प्रधान है। सरकार विभिन्न तरह की योजनाएँ चलाकर भी कुछ रोजगार उत्पन्न करने की कोशिश करती है और इससे निर्धनता कम करने में बहुत कुछ सहायता मिली है।

2. जनसंख्या की वृद्धि को नियंत्रित *(controlling population growth)*—भारत में निर्धनता को कम करने के लिए यह आवश्यक है कि इसके जनसंख्या की वृद्धि को नियंत्रित किया जाये। जनसंख्या में वृद्धि होने से विकास का फल हाथों हाथ लुप्त हो जाता है तथा इससे लोगों में भूखमरी की स्थिति बनी रह जाती है। अतः जनसंख्या को नियंत्रित करना आवश्यक है। जनसंख्या नियंत्रित हो जाने पर विकासात्मक उपाय से लोगों की आमदनी में वृद्धि होगी और निर्धनता में काफी कम आने की उम्मीद हो जाती है।

3. काले धन को समाप्त करना *(elimination of black money)*—काला धन एक गुप्त धन होता है जो कर चोरी करके छुपायी हुई आय है। ऐसे पैसों का उपयोग लोग अक्सर भ्रष्ट कार्यों में करते हैं। फलतः इससे आर्थिक शोषण बढ़ता है और निर्धनता मजबूत होती है। अतः निर्धनता को कम करने के लिए यह आवश्यक है कि काले धन को समाप्त किया जाये। काला धन को समाप्त होने से लोगों में उचित काम के लिए उचित पैसा या धन की प्राप्ति में मदद मिलती है। इससे लोगों की न्यायोचित आमदनी बढ़ेगी और निर्धनता में कमी आयेगी।

4. मनुष्य-भूमि स्वामित्व *(Man-land ownership)*—आजकल देहातों में अक्सर देखा गया है कि गरीबों को धनी वर्ग या भू-स्वामी अपने जमीन को जोतने के लिए दे देते हैं और उसके उपज का अच्छा अंश अपने पास रख लेते हैं। निश्चित रूप से यह कहा जा सकता है कि इससे गरीबों का शोषण होता है। अतः सरकार को यह चाहिए कि इस दिशा में उचित कदम उठावें ताकि जो जमीन को जोते, स्वामित्व का अधिकारी वही हो। इससे गरीबों का न केवल शोषण रुकेगा बल्कि उनकी आर्थिक हालात में भी सुधार होंगे।

5. वितरणात्मक न्याय *(distributive justice)*—निर्धनता की समस्या को कम करने के लिए सिर्फ यही आवश्यक

नहीं है कि देश का चौमुखी विकास हो बल्कि यह भी आवश्यक है कि उससे मिलने वाले लाभ का यथोचित वितरण हो। जबतक विकास से प्राप्त लाभ निर्धनों तक नहीं पहुँचेंगे, निर्धनता दूर नहीं होगी। कई विशेषज्ञों का मत है कि धनी तथा गरीब के बीच की खाई समाप्त करने के लिए उत्तम वितरणात्मक प्रयास जरूरी है। सरकार ऐसा कानून बना सकती है जिसके अनुसार धनी वर्गों को कर देना आवश्यक हो जाये तथा उससे प्राप्त आय को गरीबों की कल्याण एवं उत्थान के लिए लगाया जा सके। इससे बहुत हद तक गरीबी का उन्मूलन हो सकता है।

6. योजना का विकेन्द्रीकरण और उसका कार्यान्वयन *(decentralising planning and its execution)*—सरकार द्वारा ग्रामीणों के उत्थान तथा ग्रामीण जनता की गरीबी को दूर करने के लिए कई तरह के परियोजनाओं का निर्माण एवं क्रियान्यवन किया गया है। इनमें आई॰ आर॰ डी॰ डी॰ पी॰ (Integrated Rural Development Programme), एन॰ आर॰ ई॰ पी॰ (National Rural Employment Programme), टी॰ आर॰ वाई॰ एस॰ ई॰ एम॰ (Training for Rural Youth for Self Employment), आर॰ एल॰ ई॰ जी॰ पी॰ (Rural Labour Employment Guarantee Programme), जवाहर रोजगार योजना आदि प्रधान है। जबतक इन योजनाओं तथा उनके क्रियान्वयन का विकेन्द्रीकरण नहीं होगा, तबतक ग्राम पंचायतों द्वारा निर्धन व्यक्ति की पहचान स्थानीय स्तर पर नहीं की जायेगी। जब तक इन योजनाओं का लाभ गरीबों तक नहीं पहुँच पायेगा और गरीबी उन्मूलन कार्यक्रम सफल नहीं होगा। शहर के इलाके में नगर निगमों को भी ऐसे स्वरोजगार कार्यक्रमों को बढ़ावा देना होगा जो स्थानीय संसाधनों पर आधारित हों। ऐसा विकेन्द्रीत योजनाएँ ही निर्धनता को कम करने में सहायक होगी।

7. विभिन्न उपाय *(miscellaneous measures)*—गरीबी निवारण कार्यक्रम की सफलता उपर्युक्त उपायों के अलावा निम्नांकित कुछ उपायों पर भी निर्भर करता है—

(i) सरकारी ऋणदायी संस्थानों जैसे व्यावसायिक बैंक तथा क्षेत्रीय ग्रामीण बैंकों से सूद की उदार दरों पर ऋण उपलब्ध कराना।

(ii) कार्यान्मुखी कार्यक्रमों (job-oriented programme) को सरकारी एवं गैर-सरकारी स्तर पर बढ़ावा देना।

(iii) पंचायती राज संस्थानों को मजबूत करना।

(iv) युवकों को विभिन्न तरह का आधुनिक प्रशिक्षण देकर उसे स्वरोजगार के लायक बनाना।

(v) किसी कार्य विशेष को करने के प्रति नकारात्मक मानसिकता को दूर करना।

स्पष्ट हुआ कि निर्धनता निवारण की दिशा में कई तरह के महत्त्वपूर्ण सुझाव दिये गये हैं। इन सुझावों के सफल क्रियान्वयन से बहुत हद तक निर्धनता में कमी आने की उम्मीद की जा सकती है।

वंचन के अर्थ, प्रकार एवं समस्याएँ
(Meaning, Types and Problems of Deprivation)

वंचन (deprivation) का सामान्य अर्थ किसी वांछित वस्तु (deserved objects) की कमी से या उसकी अनुपस्थिति से उत्पन्न ऐसी अवस्था से होती है जो व्यक्ति के आंतरिक शक्तियों (inner potentials) के विकास में बाधक सिद्ध होता है। भारतीय मनोवैज्ञानिकों जैसे सिन्हा (Sinha, 1982) एवं त्रिपाठी (Tripathi, 1982) के अनुसार किसी व्यक्ति के वातावरण में अभाव की अवस्था जो व्यक्ति के स्वाभाविक विकास में बाधक सिद्ध होता है, को वंचन (deprivation) कहा जाता है।

वंचन (deprivation) तथा इससे एक मिलता-जुलता पद 'अलाभ' (disadvantage) है, में अंतर इसलिए जान लेना आवश्यक है क्योंकि कुछ लोग इसका उपयोग एक-दूसरे के लिए कर बैठते हैं जो वैज्ञानिक दृष्टिकोण से उचित नहीं है। इन दोनों पदों में एक सूक्ष्म अंतर है। 'अलाभ' एक विस्तृत पद है जिसमें ऑक्सफोर्ड इंगलिश शब्दकोश (Oxford English Dictionary) के अनुसार प्रतिकूल हालात तथा परिस्थिति, क्षति, घाटा, अन्याय तथा पूर्वाग्रह (prejudice) आदि सम्मलित होता है। इस तरह से 'अलाभ' की श्रेणी में दैहिक रूप से अलाभान्वित (physically handicapped) व्यक्ति भी आ जाते हैं। परंतु वंचन तुलनात्मक रूप से एक अधिक संकीर्ण पद है जिसमें सिर्फ वही हालात या परिस्थिति सम्मिलित होता है जो व्यक्ति के भीतर की क्षमताओं के विकास में बाधक सिद्ध होता है।

वंचन को मनोवैज्ञानिकों ने दो सामान्य श्रेणी में बाँटा है—

1. प्रवद्धित वंचन (prolonged deprivation)
2. सापेक्ष वंचन (relative deprivation)

प्रवर्द्धित वंचन (prolonged deprivation) में व्यक्ति लंबे अरसे से वांछित वस्तुओं के अभाव में रहता है। मिश्रा तथा त्रिपाठी (Mishra & Tripathi, 1980) ने व्यक्ति के वातावरण में विभिन्न पहलुओं का भी वर्णन किया है जिसमें लम्बे अरसे से अभाव होने पर व्यक्ति में प्रवर्द्धित वंचन (prolonged deprivation) की स्थिति उत्पन्न हो जाती है।

सापेक्ष वंचन (relative deprivation) से तात्पर्य इस बात से होती है कि व्यक्ति उन व्यक्तियों की तुलना में जिनके साथ अपनी तुलना का औचित्य समझता है, अपने में कुछ अभाव का अनुभव करता है। मान लिया जाये कि एक किरानी अपने मित्र (जो किरानी है) के यहाँ फ्रिज को देखकर यह अनुभव करता है कि उसके पास यह नहीं है जो सचमुच में होना चाहिए था, तो यह सापेक्ष वंचन का उदाहरण होगा।

कुछ मनोवैज्ञानिकों ने वंचन के निम्नांकित तीन विशिष्ट प्रकार (specific types) का वर्णन किया जो इस प्रकार है—

1. सांवेगिक वंचन (emotional deprivation)
2. सांस्कृतिक वंचन (cultural deprivation)
3. आर्थिक वंचन (economic deprivation)

इन तीनों का वर्णन इस प्रकार है—

1. सांवेगिक वंचन *(emotional deprivation)*—प्रत्येक व्यक्ति को अपने माता-पिता तथा अन्य श्रेष्ठ व्यक्तियों से उचित दुलार-प्यार एवं स्नेह की आवश्यकता पड़ती है। इस तरह के स्नेह एवं दुलार-प्यार से व्यक्ति को सांवेगिक सुख मिलता है तथा उसमें सांवेगिक समायोजन (emotional adjustment) स्थापित होता है। जब व्यक्ति को किसी भी कारण से वैसे स्नेह, दुलार-प्यार एवं सम्मान की कमी होती है, तो इससे उत्पन्न अवस्था को सांवेगिक वंचन(emotional deprivation) कहा जाता है। सांवेगिक वंचन में पलने वाले बच्चों को वयवस्कावस्था में आकर कई तरह की सांवेगिक समस्याओं का सामना करना पड़ता है जिसमें सांवेगिक अस्थिरता प्रधान है।

2. सांस्कृतिक वंचन *(cultural deprivation)*—भारत में जो लोग समाज की मुख्य धारा से जुड़े हुए हैं, वे लोग दूसरों की संस्कृति को अपनी तुलना में तुच्छ समझते हैं। इस देश में कुछ ऐसी जातियाँ एवं जनजातियाँ भी हैं जिनकी संस्कृति में पिछड़ेपन अधिक हैं तथा उनमें सामाजिक अलाभ (social disadvantage) की मात्रा काफी अधिक है। ऐसे लोग समाज के मुख्य धारा वाली संस्कृति में हाथ नहीं बँटा पाते हैं या हाथ बँटाने से वंचित रह जाते हैं। इस तरह के वंचन को सांस्कृतिक वंचन (cultural deprivation) कहा जाता है। सांस्कृतिक वंचन की स्थिति में लोगों का सामाजिक जीवन कुछ ऐसा होता है जिसमें सर्जनात्मक विचार, उच्च मूल्यों एवं लक्ष्यों का कोई महत्त्व नहीं रह जाता है तथा इसमें गरीबी, अस्त-व्यस्त घर-द्वार, अपर्याप्त पास-पड़ोस, परिवार में शिक्षा की कमी आदि प्रधान होता है।

3. आर्थिक वंचन *(economic deprivation)*—आर्थिक वंचन को साधारण अर्थ में गरीबी या निर्धनता कहा जाता है। आर्थिक वंचन की कई विशेषताएँ हैं जिनमें अपनी आवश्यकता की पूर्ति के लिए धन की कमी, कुपोषण, बेरोजगारी, अस्त-व्यस्त घर-द्वार, शिक्षा की कमी, माता-पिता के प्यार तथा स्नेह की कमी आदि प्रधान है। इस तरह से वंचन में व्यक्ति अपनी आवश्यकताओं को पूरा करने में असमर्थ रहता है।

वंचन का चाहे जो प्रकार क्यों न हो, इसका अध्ययन मनोवैज्ञानिकों ने विभिन्न तरह के सामाजिक-आर्थिक समूहों (socio-economic group) को चुनकर तथा उनका तुलनात्मक अध्ययन करके किया है। रथ एवं मिश्रा(Rath & Mishra, 1973), सिंह एवं सर्राफ (Singh & Sharaf, 1979), सिन्हा (Sinha, 1977), चटर्जी (Chatterjee, 1982), रथ, दास एवं रथ (Rath, Dash, Rath, 1974) ने वंचन (deprivation) के अध्ययनों में अनुसूचित जाति, (schedule caste), अनुसूचित जनजाति (schedule tribe), सामाजिक आर्थिक रूप से पिछड़े समूह (socio-economically backward group) आदि का प्रयोग वंचित समूह (deprived groups) के रूप में किया है तथा उनकी समस्याओं पर प्रकाश डाला है। मिश्रा एवं त्रिपाठी ने प्रवर्द्धित वंचन (prolonged deprivation) को मापने के लिए एक विशेष मापनी भी तैयार किया है जिसे *प्रवर्द्धित वंचन मापनी* (Prolonged Deprivation Scale or PDS) की संज्ञा दी गयी है।

भारतीय मनोवैज्ञानिकों ने वंचन (deprivation) से उत्पन्न होने वाले प्रमुख समस्याओं पर प्रकाश डाला है। इन समस्याओं को इन लोगों ने निम्नांकित तीन भागों में बाँटकर वर्णन किया है—

1. प्रेरणात्मक पैटर्नस से सम्बन्धित समस्या *(Problems related to motivational patterns)*—कई अध्ययन में यह देखने की कोशिश की गयी है कि वंचन का प्रभाव व्यक्ति के प्रेरणात्मक पैटर्नस पर क्या पड़ता है तथा उससे संबंचित कौन-कौन-सी समस्याओं का जन्म होता है। इन अध्ययनों से यह पता चला है कि वंचन (deprivation) से व्यक्ति के प्रेरणात्मक चर (motivational variables) काफी प्रभावित होते हैं। सिन्हा एवं मिश्रा (Sinha & Mishra, 1982), पारीक (Pareek, 1970), मेहता एवं मेहता (Mehta & Mehta, 1974) द्वारा किये गये अध्ययनों से यह स्पष्ट हुआ है कि वंचन (deprivation) तथा गरीबी (proverty) दोनों से ही व्यक्ति में उपलब्धि आवश्यकता (need for achievement) कम हो जाता है तथा दूसरों पर निर्भर रहने की आवश्यकता (need for dependency) में वृद्धि हो जाती है। फलस्वरूप ऐसे व्यक्तियों में सुझाव ग्रहणशीलता (suggestibility) का गुण विकसित हो जाता है जिससे फिर समायोजन-सम्बन्धी समस्याएँ (adjustment problems) उत्पन्न होतीं हैं। इतना ही नहीं, मिश्रा एवं त्रिपाठी (Mishra & Tripathi, 1980) ने अपने अध्ययन में यह भी पाया है कि कम वंचन समूह (low deprivation group) में उच्च वंचन समूह (high deprivation group) की अपेक्षा सम्बन्धनात्मक प्रवृत्ति (affiliative tendencies) अधिक होता है। सिन्हा (Sinha, 1969) ने अपने अध्ययन में पाया कि वंचन (deprivation) से आकांक्षा स्तर (level of aspiration) में कमी आती है। इन्होंने इस अध्ययन में यह पाया कि कम विकसित गाँव (less developed villages) जहाँ वंचन (deprivation) की मात्रा अधिक थी, के लोगों की आकांक्षा स्तर अवास्तविक होने के साथ-ही-साथ दबा (depressed) हुआ था। जनजाति बच्चों (tribal children) के एक समूह के अध्ययन में रथ (Rath, 1974) ने यह पाया कि आय, पेशा एवं शिक्षा के सम्बन्ध में इन बच्चों का आकांक्षा स्तर (level of aspiration) काफी कम या दबा हुआ था। सिंह (Singh, 1983) ने अपने अध्ययन में पाया कि वंचित समूह (deprived group) में आत्म-संप्रत्यय (self-concept) प्रतिकूल (unfavourable) होता है तथा उनमें आत्म-सम्मान (self-esteem) भी कम होता है। इनमें भाग्यवादिता, निराशावाद, लाचारी, आत्म-दया (self-pity) तथा भावशून्यता (apathy) आदि से सम्बन्धित समस्याएँ गंभीर होतीं हैं।

2. शैक्षिक उपलब्धि से सम्बन्धित समस्या *(Problems related to academic achievement)*—शैक्षिक उपलब्धि (academic achievement) पर वंचन (deprivation) के पड़ने वाले प्रभावों के कई अध्ययनों से यह तथ्य प्रकाश में आया है कि वंचित परिवार के बच्चे अर्थात सामाजिक रूप से अलाभान्वित समूह (socially disadvantaged group) दो स्तरों पर सामाजिक बुराइयों से पीड़ित रहते हैं जिससे उनकी शैक्षिक उपलब्धि (academic acievement) प्रभावित हो जाती है। वंचित परिवार से आने वाले बच्चों के पास स्कूली शिक्षा के लिए पर्याप्त साधन नहीं होते हैं जिनसे उनकी शैक्षिक उपलब्धि कमने लगती है। स्कूल में प्रवेश पाने पर शिक्षकों की भी मनोवृत्ति ऐसे बच्चों के प्रति अनुकूल नहीं होती है। इन दोनों कारकों से ऐसे बच्चों में तरह-तरह की शैक्षिक समस्याएँ (academic problems) उत्पन्न हो जातीं हैं। रथ, दास, एवं दास (Rath, Dash & Dash, 1979) ने भी अपने अध्ययन में पाया कि स्कूल में शिक्षकों ने अधिकतर ब्राह्मण बच्चों तथा अनुसूचित जाति के बहुत ही कम बच्चों को अपने अध्ययन में श्रेष्ठ होते बताया। सिंह (1983) ने वंचित बच्चे तथा लाभान्वित बच्चे के शैक्षिक उपलब्धि वक्र (academic attainment curve) का तुलनात्मक अध्ययन किया और पाया कि स्कूल में शिक्षकों ने अधिकतर ब्राह्मण बच्चों तथा अनुसूचित जाति के बहुत ही कम बच्चों को अपने अध्ययन में श्रेष्ठ होते बताया। सिंह (1983) ने वंचित बच्चे तथा लाभान्वित बच्चे के शैक्षिक उपलब्धि वक्र (academic attainment curve) का तुलनात्मक अध्ययन किया और पाया कि उनमें प्रारंभ में तो अंतर नहीं था परंतु बाद में इन दोनों में काफी अंतर हो गया और इस अंतर से लाभान्वित बच्चों की श्रेष्ठता तथा वंचित बच्चों की न्यूनता की झलक मिली थी। पांडे (Pandey, 1980) ने अपने अध्ययन में पाया कि वंचन (deprivation) से बच्चों में जो प्रमुख समस्याएँ उत्पन्न होती हैं, उनमें प्रधान हैं—स्कूल में साथियों के साथ कुसमायोजन (maladjustment), वर्ग से अनुपस्थित होना, एक ही कक्षा में कई बार असफल रहना, स्कूल में शिक्षकों के साथ कुसमायोजी व्यवहार (maladaptive behaviour), सांवेगिक अस्थिरता (emotional instability) आदि-आदि। इन तथ्यों की संतुष्टि अन्नामालाई (Annamalai, 1982) ने भी अपने अध्ययन से किया है।

3. संज्ञानात्मक पैटनर्स से सम्बन्धित समस्याएँ *(Problems related to cognitive patterns)*—कुछ अध्ययनों से इस तथ्य के संकेत मिले हैं कि वंचन (deprivation) से व्यक्ति के संज्ञानात्मक पैटनर्स, बुद्धि (intelligence),

प्रत्यक्षण, बोध (comprehension) आदि की क्षमता भी प्रभावित हो जाती है और उससे सम्बन्धित समस्याएँ खड़ी हो जाती है। दास, जाचुक एवं पंडा (Dash, Jachk, Panda, 1970) ने वंचित बच्चों (deprived children) तथा लाभान्वित बच्चों की तुलना कुछ खास-खास बुद्धि परीक्षण पर किया और पाया कि वंचित बच्चों का निष्पादन इन परीक्षणों पर लाभान्वित बच्चों के निष्पादन की तुलना में काफी कम था। अन्य संज्ञानात्मक कार्यों (cognitive functioning) जैसे बोध (comprehension) तथा साहचर्य (association) आदि में भी लाभान्वित बच्चे वंचित बच्चों की अपेक्षा श्रेष्ठ पाये गये। दास एवं सिन्हा (Das & Sinha, 1977), सिन्हा एवं शुक्ला (Sinha & Shukla, 1974) तथा सिन्हा (1977) द्वारा किये गये अध्ययनों से यह पता चला है कि वंचन (deprivation) से गहराई के प्रत्यक्षण (depth perception) तथा प्रत्यक्षणात्मक विभेदीकरण (perceptual differentiation) पर भी बुरा प्रभाव पड़ता है। इन लोगों के अध्ययन में यह स्पष्ट रूप में पाया गया कि वंचित समूह में इन दोनों तरह के प्रत्यक्षणात्मक क्षमताओं (perceptual abilities) की कमी पायी जाती है। त्रिपाठी (Tripathi, 1980) ने अपने अध्ययन में पाया है कि वंचन से व्यक्तियों में शाब्दिक सीखना (verbal learning), शाब्दिक तर्कणा (verbal reasoning) तथा अन्य प्रत्यक्षणात्मक कार्यों के क्षेत्रों में कई तरह की समस्याएँ उत्पन्न हो जातीं हैं। एक ही उम्र, जाति एवं बुद्धि के बावजूद भी उनके संज्ञानात्मक कार्यों (cognitive functioning) की मात्रा वंचन (deprivation) की अवधि के अनुरूप परिवर्तित होती रहती है।

निष्कर्षतः यह कहा जा सकता है कि वंचन (deprivation) एक प्रमुख कारक है जिससे व्यक्ति में तरह-तरह की समस्याएँ उत्पन्न हो जातीं हैं। इन समस्याओं में संज्ञानात्मक पैटनर्स, शैक्षणिक उपलब्धि तथा प्रेरणात्मक पैटनर्स से संबंधित समस्याएँ प्रमुख हैं।

जनसंख्या विस्फोट
(Population Explosion)

भारत में एक प्रमुख सामाजिक समस्या जनसंख्या विस्फोट (population explosion) की है। जनसंख्या विस्फोट का सामान्य अर्थ देश के संसाधनों की तुलना में जनसंख्या या व्यक्तियों की संख्या में बेतहाशा वृद्धि से होती है जिससे देश की अर्थव्यवस्था में अस्त-व्यवस्तता तथा अन्य समस्याएँ उत्पन्न हो जातीं हैं। चीन के बाद भारत विश्व का दूसरा, अमेरिका तीसरा तथा रूस चौथा सबसे बड़ा देश है। इन देशों की पूरे विश्व में जनसंख्या प्रतिशत इस प्रकार है—चीन (21.7%), अमेरिका (6%) तथा रूस (5%) । भारत, चीन, अमेरिका तथा रूस चारों देशों को मिलाकर विश्व की जनसंख्या की लगभग आधी (48.7%) जनसंख्या होती है।

जैसा कि हम जानते हैं भारत में सन् 1872 में पहली बार जनगणना संपन्न हुई थी परंतु जनसंख्या का क्रमवार आकलन 1881 से किया जा रहा है। 1891 में भारत की कुल जनसंख्या 23.6 करोड़ थी जो 1 मार्च, 2001 में बढ़कर 102.87 करोड़ हो गयी। इस जनसंख्या में पुरुष जनसंख्या 53.22 करोड़ (कुल जनसंख्या का 51.73 प्रतिशत) तथा स्त्री जनसंख्या 49.65 करोड़ (कुल जनसंख्या का 48.23 प्रतिशत) थी। 1991 की जनसख्या की तुलना में 2001 में जनसंख्या में कुल 18.23 करोड़ व्यक्तियों की वृद्धि हुई है। इसका मतलब यह हुआ कि 1991-2001 के दशक में भारत की जनसंख्या में 21.54 प्रतिशत वृद्धि हुई है। 2001 की जनगणना के अनुसार देश में जनसंख्या का घनत्व 325 व्यक्ति प्रति वर्ग किलोमीटर था। 2001 के ही जनगणना के अनुसार भारत में स्त्री-पुरुष अनुपात 933 महिलाएँ प्रति हजार पुरुष रहा। राज्यों में प्रति हजार पुरुषों पर महिलाओं की सर्वाधिक संख्या केरल में रही जो 1058 महिलाएँ प्रति हजार पुरुष थी तथा सबसे कम हरियाणा में अर्थात् 861 महिलाएँ प्रति हजार पुरुष थी। 2001 के ही जनगणना के अनुसार देश में अनुसूचित जाति की जनसंख्या 16.66 करोड़ अर्थात् कुल जनसंख्या का 16.2 प्रतिशत तथा अनुसूचित जनजाति की जनसंख्या 8.43 करोड़ अर्थात् कुल जनसंख्या का 8.2 प्रतिशत रहा। धर्म के आधार पर भारत की जनसंख्या के 2001 के आँकड़ों को संशोधित करके 9 सितम्बर, 2004 को जारी किये गए जिसके अनुसार देश की कुल 1.028 अरब जनसंख्या में हिन्दुओं की जनसंख्या 82.8 करोड़ (कुल जनसंख्या का 80.5 प्रतिशत), मुस्लिमों की जनसख्या 13.8 करोड़ (कुल जनसंख्या का 13.4 प्रतिशत), ईसाईयों की जनसंख्या 2.40 करोड़, सिक्ख की जनसख्या 1.90 करोड़, बौद्ध की जनसंख्या 79 लाख एवं जैन की संख्या 42 लाख थी। भारत की जनसंख्या के वृद्धि का यदि एक समग्र आकलन किया जाय तो यह कहा जा सकता है कि भारत सभी विकासशील देशों के जनसांख्यिकी संक्रमण के पैटर्न पर चल रहा है जो 'उच्च जन्म दर-उच्च मृत्यु दर' के आरंभिक स्तर से निकलकर 'उच्च जन्म दर-निम्न मृत्यु दर' के मध्यवर्ती परिवर्तन चरण पर है।

मई, 2000 में गठित *राष्ट्रीय जनसंख्या आयोग* की एक ताजा रिपोर्ट के अनुसार अगले 26 वर्षों में (2026 में) देश की कुल जनसख्या 140 करोड़ हो जाएगी। इस प्रकार 2001 की तुलना में जनसंख्या में वृद्धि 37.1 करोड़ (36 प्रतिशत) हो जाएगी। इसके चलते 2026 में जनसंख्या का घनत्व 426 व्यक्ति प्रतिवर्ग किलोमीटर हो जाएगी। 2026 तक स्त्री-पुरुष अनुपात 930 : 1000 तथा अपेक्षित जन्म दर 16 प्रति हजार तथा शिशु मृत्यु दर 40 प्रति हजार होने की संभावना व्यक्त की गयी है। अब देखना है कि सन् 2011 में प्रारंभ किये जानेवाले जनगणना के कार्य से किस तरह के चौंकाने वाले आँकड़े सामने आते हैं।

1981-91 के दशक में भारत की जनसंख्या 2.18 प्रतिशत की वार्षिक दर से बढ़ी जबकि 1971-81 के दशक में 2.2 प्रतिशत की दर से बढ़ी थी। 1981-91 के दशक में भारत की जनसंख्या में कुल 16.09 करोड़ व्यक्तियों की वृद्धि हुई जिसका अर्थ यह होता है कि 1.60 करोड़ व्यक्तियों की प्रतिवर्ष वृद्धि या लगभग 44.72 हजार व्यक्तियों का प्रतिदिन वृद्धि या 31.05 व्यक्तियों की प्रतिवर्ष वृद्धि या लगभग 44.72 हजार व्यक्तियों का प्रतिदिन वृद्धि या 31.05 व्यक्तियों की प्रतिवर्ष वृद्धि। परंतु परिवार कल्याण मंत्रालय के अनुसार भारत में प्रति मिनट वृद्धि 49 तथा प्रतिवर्ष वृद्धि 1.70 करोड़ है (हिन्दुस्तान टाइम्स, 23 अक्टूबर, 1992)। इसकी तुलना में 1961-71 के दशक में व्यक्तियों की संख्या दर से यह संकेत मिलता है कि वर्तमान शताब्दी के मध्य में जनसंख्या वृद्धि दर कम थी परंतु अंतिम वर्षों में यह दर बढ़ गयी है। कुछ राज्यों जैसे केरल, तमिलनाडु एवं गोवा में 1981-91 में जनसंख्या क्रमशः 13.98, 14.94 की प्रतिशत की दर से बढ़ी जो राष्ट्रीय वृद्धि दर से काफी दर कम है (आज, जुलाई 11, 1995)। परंतु चार बड़े हिन्दी राज्यों अर्थात उत्तर प्रदेश, बिहार, मध्य प्रदेश तथा राजस्थान में जनसंख्या की वृद्धि दर बहुत ऊँची बनी रही जो 1981-91 के दशक में क्रमशः 25.16, 23.49, 26.75 तथा 28.07 थी। भारत की जनसंख्या में वृद्धि इन चार राज्यों का योगदान लगभग 49% का है।

यदि हम उपर्युक्त आँकड़ों तथा परिवार कल्याण मंत्रालय द्वारा निर्गत आँकड़ों का विश्लेषण करें, तो हम निम्नांकित निष्कर्ष पर पहुँचेंगे—

1. पृथ्वी पर आज हर छठा व्यक्ति भारतीय है।
2. भारत प्रत्येक तीन सप्ताह में अपनी जनसंख्या में करीब-करीब 10 लाख व्यक्ति को जोड़ देता है। इसका मतलब यह हुआ कि भारतवर्ष प्रत्येक वर्ष अपनी जनसंख्या में एक आस्ट्रेलिया या एक श्रीलंका तथा प्रत्येक दस वर्ष में एक यूरोप के बराबर जनसंख्या जोड़ देता है।
3. भारत में वर्तमान जनसंख्या वृद्धि दर 21.1% है तथा चीन में 1.2%। इसका मतलब यह हुआ कि जब चीन में जनसंख्या दुगुनी होने में (1992 में चीन की जनसंख्या 117 करोड़ थी) 60 वर्ष लगेंगे तो भारत में मात्र 34 वर्ष लगेंगे। इसका अर्थ तब यह भी निकलता है कि 2025 तक भारत चीन को पीछे छोड़कर संसार का सबसे अधिक जनसंख्या वाला राष्ट्र बन जायेगा क्योंकि उस समय तक भारत की जनसंख्या 138 करोड़ होगी जबकि चीन की 123 करोड़।
4. वृद्धि की वर्तमान दर से अधिकतर भारतीयों का जीवन 35-40 वर्ष बाद कई कारणों से असहनीय हो जायेगा। इन कारणों में चिकित्सा-सुविधा उपलब्ध कराना मुश्किल हो जाना, शिक्षा, मकान आदि का खर्च असहनीय हो जाना, खाद्यान्न की कमी हो जाना प्रमुख होंगे।
5. प्रजनन अवधि (productive period) को पार करने वाले दंपत्तियों की तुलना में प्रति वर्ष तीन गुणा अधिक दम्पत्ति उसमें प्रवेश करते हैं और इनकी जनन क्षमता प्रजनन क्षेत्र को छोड़ने वाले लोगों की जनन क्षमता की तुलना में तीन गुणी अधिक होती है।

उपर्युक्त तथ्यों के आलोक में यह तो निश्चितपूर्वक कहा जा सकता है कि हम चाहे जो भी उपाय करना हो कर लें, भारत में जिस गति से जनसंख्या में वृद्धि हो रही है, वह निश्चित रूप से एक गंभीर चिंता का विषय है।

जनसंख्या में वृद्धि के कारण
(Causes of Population Growth)

जनसंख्या में वृद्धि के अनेक कारण बतलाये गये हैं जिनमें निम्नांकित प्रधान हैं—

1. जन्म दर तथा मृत्यु दर में अंतर (gap petween birth rate and death rate)
2. कम आयु में शादी (marriage at lower age)

3. परिवार नियोजन के प्रति धार्मिक एवं परम्परावादी विचार (traditional and religions thoughts regarding family planning)
4. घोर निरीक्षरता (high illiteracy)
5. गरीबी (poverty)
6. अपर्याप्त प्रेरणा (inadequate motivation)
7. विभिन्न कारक (miscellaneous causes)

इन कारणों का वर्णन निम्नांकित है–

1. जन्म दर तथा मृत्यु दर में अंतर *(gap between birth rate and death rate)*—पिछले कई दशकों में भारत के जन्म दर तथा मृत्यु दर में कमी आयी है। परंतु जन्म दर से मृत्यु दर की तुलना में कम गिरावट आयी है। इसका परिणाम यह हुआ है कि जन्म दर तथा मृत्यु दर में काफी अंतर हुआ है तथा जनसंख्या में उत्तम वृद्धि हुई है। 1961-71 में जन्म दर 41.2 प्रति हजार से घटकर 1971-81 में 37.2 प्रति हजार हो गयी तथा 1991 में इस जन्म दर में और भी कमी आयी क्योंकि इसमें यह 29.9 प्रति हजार थी। मृत्यु दर में भी कमी आयी है। 1961-71 में मृत्यु दर 19.2 प्रति हजार से कम होकर 1971-80 के दशक में 15.0 प्रति हजार हो गयी। 1988 में 11.0 की तुलना में मृत्यु दर 1991 में 9.2 प्रति हजार हो गयी। 1991-1996 के दौरान जन्म दर में लगभग 27.5 तथा मृत्यु दर में 8-7 गिरावट हुई। 2001 के जनगणना के आँकड़े के अनुसार भारत में जन्मदर (प्रति 1000) 24.8 तथा मृत्यु दर (प्रति 1000) 8.0 है। जन्म दर तथा मृत्यु दर में गिरावट होने के बावजूद इन दोनों में अंतर अधिक है तथा जन्म दर ऊँचा है। इस कारण जनसंख्या में लगातार वृद्धि हो रही है।

2. कम आयु में शादी *(marriage at lower age)*—भारत में जनसंख्या की वृद्धि का एक कारण महिलाओं तथा पुरुषों द्वारा कम उम्र में शादी करना है। 1931 के जनगणना के अनुसार भारतवर्ष में 34% शादी 10 वर्ष की आयु के पहले तथा 72% शादी 15 वर्ष के आयु के पहले हुई। कम आयु में शादी होने से जनन अवधि (productive period) शुरुआत होते ही शिशुओं का जन्म प्रारंभ हो जाता है। यह प्रक्रम जनन अवधि की समाप्ति तक जारी रहती है। फलस्वरूप जनसंख्या में काफी वृद्धि हो जाती है। सौभाग्य की बात यह है कि शादी की आयु में धीरे-धीरे वृद्धि हुई है। पुरुषों के विवाह की औसत आयु 1971 में 22.2, 1981 में 22.6 वर्ष तथा 1994 में 23.1 वर्ष आँका गया है जबकि महिलाओं की औसत आयु 1971 में 17.2, 1981 में 17.6 तथा 1994 में 18.1 वर्ष आँका गया है। इससे जनसंख्या की वृद्धि में थोड़ी कमी की उम्मीद अवश्य जगी है।

3. परिवार नियोजन के प्रति धार्मिक एवं परम्परावादी विचार *(traditional and religious thoughts regarding family planning)*—भारतीयों में विशेषकर भारतीयों महिलाओं में परिवार नियोजन के प्रति वैज्ञानिक एवं उत्तम मनोवृत्ति नहीं होती है। भारतीय महिलाएँ अधिक धार्मिक एवं रूढ़िवादी विचार की होती है जो परिवार नियोजन के साधनों को भगवान की इच्छा के विरुद्ध तथा एक तरह का पाप समझती है। कुछ ऐसी भी स्त्रियाँ हैं जो यह समझती हैं कि स्त्री जीवन की सफलता अधिक-से-अधिक बच्चों के जन्म देने में है। कुछ स्त्रियाँ तो सब कुछ भाग्य पर छोड़कर यह साफ-साफ कहती है कि यदि उसके भाग्य में अधिक बच्चे लिखे हैं, तो चाहे जो भी उपाय क्यों न किया जाये, उनके उतने बच्चे होंगे ही। इस तरह की मानसिकता से स्पष्टतः जनसंख्या में उत्तम वृद्धि हो जाती है।

4. घोर निरक्षरता *(high illiteracy)*—निरीक्षरता के कारण भी जनसंख्यां में परोक्ष रूप से वृद्धि होती है। निरक्षर या कम पढ़े-लिखे व्यक्ति परिवार नियोजन के महत्त्व को नहीं समझ पाते हैं क्योंकि इनमें नये विचारों को ग्रहण करने तथा तार्किक चिन्तन करने की क्षमता नहीं होती है। इनमें अतार्किक, रूढ़िवादी तथा धार्मिक विचारों की प्रधानता होती है। परिणामस्वरूप, ऐसे महिलाओं में जन्म दर अधिक होता है। इस तथ्य का खुलासा राज्यों के आँकड़ों से हो जाती है। 1991 में केरल में कुल साक्षरता 90.59% थी और स्त्रियों की साक्षरता दर 86.93% थी। यहाँ जन्म दर प्रति हजार 22.4 है। अब राजस्थान के आँकड़े को लें। राजस्थान में 1991 में स्त्रियों की साक्षरता दर बहुत कम अर्थात 20.84% थी तो वहाँ जन्म दर 32.64% थी। स्पष्ट हो जाता है कि बच्चों का जन्म दर साक्षरता दर से सम्बन्धित होता है। साक्षरता कम होने से जन्म दर में वृद्धि होती है जिससे अंत में जनसंख्या में वृद्धि हो जाती है।

5. गरीबी *(poverty)*—जनसंख्या में वृद्धि के कारण गरीबी भी है। सामान्यतः यह देखा गया है कि गरीब परिवार

में बच्चों की संख्या अधिक होती है। गरीब माता-पिता की अवधारणा यह होती है कि जब बच्चे अधिक होंगे तो उनकी आमदनी अधिक होगी क्योंकि प्रत्येक बच्चा कुछ-न-कुछ धन अर्जित करेगा। इससे उनका भरण-पोषण ठीक ढंग से हो पायेगा। इस तरह की मानसिकता के कारण गरीब परिवार में जन्म दर धनी परिवार की अपेक्षा जहाँ वैसी मानसिकता नहीं होती है, अधिक होती है। इससे जनसंख्या में धीरे-धीरे वृद्धि हो जाती है। इस तथ्य की संपुष्टि इस बात से भी होती है कि अपने देश में लगभग पाँच करोड़ बाल मजदूर हैं।

6. अपर्याप्त प्रेरणा (*inadequate motivation*)—औसत भारतीय परिवार में परिवार नियोजन के साधनों के प्रति उदासीनता तथा परिवार को सीमित रखने की अभिप्रेरण की कमी पायी जाती है। इसके कई कारण हैं जिनमें साक्षरता का अभाव, अपर्याप्त ज्ञान, धार्मिक एवं रूढ़िवादी विचार आदि प्रमुख हैं। अपर्याप्त प्रेरणा के होने पर पर वे परिवार नियोजन के साधनों का भरपूर फायदा नहीं उठा पाते हैं जिससे जनसंख्या के नियंत्रण पर कोई खास अनुकूल प्रभाव नहीं पड़ता है।

7. विभिन्न कारण (*Misellaneous causes*)—जनसंख्या में वृद्धि के अन्य कारण भी हैं जिनपर प्रकाश डालना आवश्यक है। इन कारणों में निम्नांकित प्रमुख हैं—

(i) परिवार नियोजन का सबसे सरल, सस्ती एवं शीघ्रगामी पद्धति अर्थात बैसक्टामी(vasectomy)तथा ट्यबक्टमी (tubectomy) के प्रति गलत जानकारी या भ्रान्तियाँ। सामान्यतः लोग यह समझते हैं कि इनसे काम वासना में क्षति, कमजोरी तथा शक्ति एवं ताकत में कमी आती है जो सर्वथा गलत है।

(ii) कुछ परिवारों में खास कर संयुक्त परिवार एवं युवा दम्पतियों में बच्चों को पालने की जिम्मेवारी का अभाव।

(iii) मनोरंजन के साधनों में कमी।

स्पष्ट हुआ कि जनसंख्या में वृद्धि के कई कारण हैं।

जनसंख्या में वृद्धि को नियंत्रित के उपाय
(Measures for Controlling Population Growth)

जनसंख्या विस्फोट की समस्या देश के सामने एक बड़ी चुनौती के रूप में उभरी है। सरकार इस मामले में काफी सजग है ताकि जनसंख्या को नियंत्रित किया जाये। इसके लिए कई तरह के प्रयास किये गये हैं जिनमें कुछ प्रमुख उपायों का वर्णन निम्नांकित है—

1. कम आयु में विवाह पर नियंत्रण (*ban on early marriage*)—जनसंख्या को कम करने का सीधा तरीका कम आयु में विवाह पर कानूनी नियंत्रण करने से है। शिक्षा के प्रसार से तथा साक्षरता स्तर में वृद्धि होने से इस दिशा में भारतीयों में कुछ चेतना अवश्य जगी है कि कम आयु में पुत्र एवं पुत्रियों की शादी न करें। सरकारी प्रयास भी इस सिलसिले में किये जा रहे हैं। विवाह की आयु अधिक होने से जनसंख्या वृद्धि पर कुछ हद तक काबू पाया जा सकता है। लड़कियों की शादी 22 वर्ष की आयु से नीचे नहीं तथा लड़कों की शादी 26 वर्ष की आयु से नीचे नहीं की जानी चाहिए। इसके लिए सख्त कानून बनाकर सरकार को उसे क्रियान्वयन करना चाहिए।

2. परिवार नियोजन के साधनों का आसान उपयोग (*easy application of family planning measures*)—जनसंख्या के नियंत्रण में परिवार नियोजन के साधनों को आसानी से उपलब्ध कराना तथा उनके उपयोग के लिए प्रशिक्षण देना एक महत्त्वपूर्ण काम है। परिवार नियोजन के साधनों में गर्भ-निरोधक गोलियाँ तथा कंडोम (condom) का उपयोग अन्य साधनों की अपेक्षा लोकप्रिय है। सरकार को इन साधनों को सस्ते दर पर उपलब्ध कराने की जरूरत है तथा उसके प्रति लोगों में सही मानसिकता विकसित करने की जरूरत है। परिवार नियोजन के अन्य साधनों जैसे लूप, जेली, झाग वाली टिकिया आदि का भी उपयोग के प्रति लोगों में सही मानसिकता जगाने की जरूरत है। इन साधनों को सस्ते दर पर तथा सभी प्राथमिक स्वास्थ्य केंन्द्रों पर उपलब्ध कराने की सरकारी जिम्मेवारी है।

3. आर्थिक विकास (*economic development*)—यदि देश का आर्थिक विकास होता है तो लोगों का सामान्य रहन-सहन का स्तर ऊँचा होगा, साक्षरता स्तर में वृद्धि होगी तथा परिवार नियोजन के साधनों के प्रति सही मानसिकता जगेगी। अतः देश का आर्थिक विकास जनसंख्या वृद्धि को रोकने की दिशा में एक महत्त्वपूर्ण कदम है। आर्थिक विकास

के लिए यह आवश्यक है कि देश के उद्योग-धंधे तथा कृषि का समुचित विकास हो। इसके लिए पुनः सरकारी प्रयास तथा आम जनता में जागरूकता उत्पन्न होना महत्त्वपूर्ण है।

4. वैधानिक प्रयास (*legal efforts*)—जनसंख्या वृद्धि में नियंत्रण करने के लिए कुछ वैधानिक उपाय भी किया जाना चाहिए। राष्ट्रीय विकास परिषद की जनसंख्या सम्बन्धी उपसमिति ने यह सुझाव दिया है जन प्रतिनिधित्व कानून (Representation of People Act) में संशोधन करके जिन व्यक्तियों को दो से अधिक संतान है, उन्हें संसद तथा राज्य विधान सभा चुनावों के लिए अयोग्य घोषित कर दिया जाना चाहिए। यदि यह सुझाव स्वीकृत हो जाती है, तो इससे जनसंख्या को नियंत्रित करने में अधिक मदद मिलेगी। इतना ही नहीं, सरकार को चाहिए कि ऐसे नवयुवकों को सरकारी नौकरी से वंचित रखे जो यह शपथ पत्र नहीं दाखिल करते हों कि शादी के बाद उनके मात्र दो संतान होंगे। राजस्थान सरकार ने 1992 में राजस्थान पंचायत एक्ट को संशोधित करके यह प्रावधान किया है जिन व्यक्तियों को दो से अधिक संतान है, वे पंचायत के लिए चुनाव लड़ने योग्य नहीं है। यदि पंचायत सदस्य होने के पश्चात व्यक्ति की तीसरी संतान हो जाती है, तो पंचायत की सदस्यता स्वतः समाप्त हो जायेगी (हिन्दुस्तान टाइम्स, नवम्बर 18, 1992)। इसी तरह के और भी कठोर वैधानिक उपायों के माध्यम से सरकार जनसंख्या पर अधिक-से-अधिक सफलता प्राप्त कर सकती है।

5. विभिन्न उपाय (*miscellaneous measures*)—जनसंख्या में वृद्धि को नियंत्रित करने के कुछ अन्य विभिन्न उपाय भी हैं जिनमें निम्नांकित उल्लेखनीय है—

(i) उन राज्यों, संस्थानों या व्यक्तियों को वित्तीय सहायता प्रदान करना जो परिवार नियोजन के क्षेत्र में अच्छा कार्य करते हों।

(ii) जनसंख्या के सभी उपलब्ध माध्यमों जैसे रेडियो, दूरदर्शन तथा फिल्म आदि के माध्यम से लोगों को शिक्षित करना।

(iii) नसबंदी के लिए सीधे प्रोत्साहन देना।

(iv) नसबंदी कराने वाले कार्यरत पुरुषों एवं महिलाओं को शीघ्र पदोन्नति देना।

(v) गर्भ निरोधक विषयों में शोध के लिए पुनर्बलन (reinforcemnt) देना।

निष्कर्षतः यह कहा जा सकता है कि जनसंख्या में वृद्धि को रोकने के कई उपाय हैं। इस दिशा में सफलता के लिए यह आवश्यक है कि इन सारे प्रयासों पर संयुक्त रूप से अमल किया जाये तथा उन्हें क्रियान्वित किया जाये।

जनसंख्या विस्फोट में मनोवैज्ञानिक कारकों की भूमिका
(Role of Psychological Factors in Population Explosion)

भारत की जनसंख्या आज विश्व की जनसंख्या की 16.0% है। चीन के बाद भारत विश्व का दूसरा सबसे बड़ा देश है। यदि जनसंख्या में वृद्धि की वर्तमान दर कायम रही तो 2035 तक भारत चीन के पीछे छोड़ संसार का सबसे अधिक जनसंख्या वाला राष्ट्र बन जायेगा। जनसंख्या में इस वृद्धि के कई कारण हैं जिन्हें मुख्य तौर पर दो श्रेणियों में बाँटा जा सकता है—

मनोवैज्ञानिक कारक (psychological factors) तथा गैरमनोवैज्ञानिक कारक (non-psychological factors)। मनोवैज्ञानिक कारकों में उन कारकों को रखा गया है जो व्यक्ति के विश्वास, विचार, मनोवृत्ति, मत, धारणा आदि से सम्बन्ध होते हैं तथा गैरमनोवैज्ञानिक कारकों (non-psychological factors) में उन कारकों को रखा गया है जिनमें इन मनोवैज्ञानिक धारणों से भिन्न यथा आर्थिक कारण, सामाजिक एवं धार्मिक व्यवस्थाएँ (practices) आदि मुख्य हैं। यहाँ पर हम केवल मनोवैज्ञानिक कारकों पर ही विचार स्पष्ट करेंगे—

1. परिवार नियोजन के प्रति मनोवैज्ञानिक धारणाएँ (*Psychological views about family planning*)—सरकार एवं अन्य सामानान्तर संस्थानों द्वारा जनसंख्या में वृद्धि को रोकने के लिए परिवार नियोजन के विभिन्न तरह के साधनों के उपयोग पर बल डाला गया है। समाज का कुछ वर्ग ऐसा है जिसमें परिवार नियोजन के प्रति उत्तम धारणाएँ होती हैं परंतु समाज का एक बड़ा वर्ग ऐसा भी है जिसमें परिवार नियोजन को अप्राकृतिक (natural) समझा जाता है और उसके साधनों के बारे में बातचीत करना भी अव्यावहारिक माना जाता है। जैसे, एल० एन० के० सिन्हा एवं

अंसारी (L.N.K. Sinha & Ansari, 1975) ने कॉलेज छात्रों एवं नौकरी करने वाले व्यक्तियों की मनोवृत्ति परिवार नियोजन के प्रति अनुकूल पाया। प्रताप एवं एस॰ के॰ श्रीवास्तव (Pratap & S.K. Shrivastava, 1982) ने अपने अध्ययन में पाया कि उच्च एवं निम्न सामाजिक-आर्थिक स्तर दोनों ही श्रेणियों के लोगों में परिवार नियोजन के अनुकूल मनोवृत्ति होती है। परंतु दलित, जनजातियों एवं अन्य अलाभान्वित समूहों में किये गये अध्ययनों से यह स्पष्ट हुआ है कि इन लोगों की धारणाएँ परिवार नियोजन के प्रति प्रतिकूल होती है जिसके कारण इन लोगों का योगदान जनसंख्या वृद्धि में तुलनात्मक रूप से अधिक होती है। गोरे (Gore, 1993) ने जनजातियों पर एक अध्ययन किया जिसमें यह देखा गया कि करीब 17% प्रयोज्यों ने परिवार नियोजन के प्रति तो अपने मत की अभिव्यक्ति करने में असमर्थता दिखलाया। जब इन लोगों से गर्भ निरोधक साधनों (contraceptive devices) के वास्तविक उपयोग के बारे में पूछा गया तो करीब 70% प्रयोज्यों ने उत्तर देने से इनकार कर दिया या फिर एक टालमटोल वाला (evasive) उत्तर दिया। उसी तरह से खान (Khan, 1979) ने कानपुर के मुसलमानों (muslims) पर एक अध्ययन किया और पाया कि मुस्लिम का उर्वरता व्यवहार (fertility behaviour) हिन्दुओं से सार्थक ढंग से भिन्न नहीं होता है। परंतु मुस्लिमों में परिवान नियोजन के प्रति नकारात्मक मनोवृत्ति के कारण धार्मिक भाग्यवादिता(religious fatalism),वर्तमान विधियों से असंतुष्टि, जटिलताओं का डर, उचित संचार एवं ज्ञान की कमी, पत्नियों में अपने-अपने पतियों से डर आदि मुख्य रूप से सम्मिलित होते हैं। इन सबों का परिणाम यह होता है कि ऐसे लोग एवं समान अन्य लोगों द्वारा चूँकि जनसंख्या की वृद्धि में तुलनात्मक रूप से अधिक योगदान किया जाता है, अतः जनसंख्या विस्फोट की स्थिति उत्पन्न हो जाती है।

2. मनोरंजन के साधन का अभाव *(Lack of means of entertainment)*—यद्यपि आज के युग में रेडियो, दूरदर्शन, सिनेमा, नाटक आदि मनोरंजन के मुख्य साधन के रूप में उभर कर लोगों के सामने आये हैं, फिर भी मनोरंजन का यह साधन शहरी क्षेत्रों तक ही लगभग सिमट कर रह गया है। इसका परिणाम यह होता है कि ग्रामीण क्षेत्रों में रहने वाले स्त्री-पुरुष मनोरंजन से लगभग वंचित रह जाते हैं। परिणामतः यौन व्यवहार को ही वे अपना मनोरंजन का साधन बना लेते हैं जिसका स्वाभाविक प्रभाव जनसंख्या में अप्रत्याशित वृद्धि होती है। दूसरे शब्दों में, पुरुष तथा स्त्री घर की ओर आकर्षित होने लगती है और जनसंख्या के वृद्धि में योगदान करती हैं। इसी तथ्य को ध्यान में रखते हुए यह कहा गया है, ''भारतीय'' विस्तर भारतीय खेतों की अपेक्षा अधिक उपजाऊ होते हैं।'' *(Indian beds are more fertile than Indian fields.)*

3. शिक्षा का अभाव *(Lack of education)*—आज भी भारत के संपूर्ण जनसंख्या का बड़ा हिस्सा अशिक्षित है या न्यून शिक्षित है। अशिक्षित या न्यूनशिक्षित होने से व्यक्तियों की संज्ञानात्मक क्षमता (cognitive capacities) भी अविकसित रह जाती है। परिणामतः ऐसे व्यक्ति परिवार के बड़ा होने के कुपरिणाम को ठीक ढंग से न तो सोच पाते हैं और न ही समझ पाते हैं। इसका स्वाभाविक परिणाम यह होता है कि उनका योगदान जनसंख्या वृद्धि में बिना किसी तरह के रोक-टोक के होते जाता है। दूसरे तरफ जो लोग शिक्षित होते हैं, उनकी मनोवैज्ञानिक समझ एवं सचेतता (awareness) अधिक होने के कारण परिवार के आकार को सीमित रखने में वे लोग विश्वास अधिक रखते हैं। डाभे एवं सदाशिवईया (Dave & Sadashivaiah, 1981) द्वारा इस क्षेत्र में किये गये अध्ययनों की समीक्षा के आधार पर यह बतलाया गया है कि यदि महिलाओं की शिक्षा स्तर एवं उनकी पदस्थिति (status) ऊँचा होता है, तो उनकी वांछित पारिवारिक आकार (desired family size) छोटा होता है।

4. सुरक्षा भाव की कमी *(Lack of feeling of Security)*—भारतीय जनता में असुरक्षा के भाव की इधर वृद्धि हुई है। सरकार की ओर से सामाजिक सुरक्षा की समुचित प्रबंध न होने के कारण लोग बच्चों को बुढ़ापे की लाठी मानते हैं और अधिक-से-अधिक संतानोत्पत्ति को आवश्यक मानते हैं। कुछ अध्ययनों में यह देखा गया है कि इस ढंग का विश्वास समाज के कमजोर एवं अलाभान्वित वर्ग के व्यक्तियों में अधिक होता है। चूँकि आज भी ऐसे वर्ग के लोगों की संख्या तुलनात्मक रूप से अधिक है, अतः इनका जनसंख्या वृद्धि में समग्र योगदान अधिक होता है।

5. स्त्रियों में निर्भरता का भाव *(Feeling of dependency among women)*—भारत में पहले की तुलना में स्त्री शिक्षा में वृद्धि होने के बावजूद भी अधिकांश स्त्रियाँ पुरुषों पर आश्रित होती हैं और सामाजिक रूप से निर्बल हैं। अतः पुरुषों की अपेक्षा उनके लिए विवाह अधिक अनिवार्य हो जाता है जो जनसंख्या वृद्धि का एक महत्त्वपूर्ण कारण है। स्त्रियों में इस ढंग की निर्भरता का ही यह परिणाम होता है कि 17-18 की आयु सीमा पार करते हैं उनके माता-पिता लड़की को शिक्षा देने से अधिक ध्यान शादी-ब्याह पर ही देना प्रारंभ कर देते हैं।

6. अविवेकपूर्ण मातृत्व *(Improvident maternity)*—कहा जाता है कि भारत में ऊँची जन्म दर (birth rate) का कारण स्वयं ऊँची मृत्यु दर (death rate) है। ऊँची मृत्यु दर होने के कारण भारतीयों माताओं को यह विश्वास ही नहीं रहता है कि उनके सभी बच्चे जीवित रहेंगे। इसलिए वे अधिक बच्चों को जन्म देने में ही विश्वास करती हैं ताकि उनके बच्चों में से कुछ की मृत्यु भी हो जाये तो भी शेष कुछ बचे रहें। भारतीय संदर्भ में अक्सर यह देखा जाता है कि उन्हीं माताओं के बच्चे अधिक होते हैं जो पहले ही तीन चार बच्चों को जन्म दे चुकी होती है। यदि हम आज दो बच्चों की आदर्श संख्या मान लें, तो 2 से अधिक होने वाली सभी जन्म को *अविवेकपूर्ण मातृत्व* (improvident maternity) कहा जायेगा। चूँकि अविवेकपूर्ण मातृत्व का आधार एक गलत विश्वास होता है, अतः कुछ लोगों द्वारा इसे जनसंख्या वृद्धि का एक महत्त्वपूर्ण कारक माना गया है।

7. धार्मिक एवं सामाजिक अंधविश्वास*(Religious and Social Superstition)*—एक साधारण भारतीय बच्चों को ईश्वर का देन मानता है और उसमें वह किसी प्रकार का हस्तक्षेप ठीक नहीं समझता है। यह अंधविश्वास एक साधारण भारतीय के मन में इतना गहरा होता है कि वह किसी भी कीमत पर इस स्वाभाविक कार्य में बाधा नहीं पड़ने देना चाहता है। ऐसी स्त्रियाँ प्रायः यह कहते हुए पायी जाती है; ''यदि मेरे भाग्य में अधिक बच्चे लिखे हैं, तो वे होंगे ही। यदि नहीं, तो नहीं होंगे। मुझे क्यों इसकी चिंता करनी चाहिए।'' इन सबों का प्रभाव यह होता है कि बच्चे की संख्या में उत्तरोत्तर वृद्धि होते चली जाती है।

निष्कर्षतः यह कहा जा सकता है कि जनसंख्या में वृद्धि के अनेक कारण हैं। इन कारणों को दूर करके बहुत हद तक जनसंख्या में वृद्धि की प्रवृत्ति को रोका जा सकता है।

जन्म नियंत्रक के कारक
(Factors in Birth Control)

कहना न होगा कि जनसंख्या में वृद्धि भारतीय अर्थव्यवस्था के सामने एक सबसे बड़ी चुनौती है। फलतः इसे नियंत्रित करना आवश्यक है। जन्म नियंत्रण के इस प्रक्रिया में विभिन्न तरह के विशेषज्ञों द्वारा कई सुझाव दिये गये हैं। समाज मनोवैज्ञानिकों द्वारा भी इस सिलासिले में महत्त्वपूर्ण भूमिका निभायी गयी है। यहाँ पर हम कुछ ऐसे कारकों पर विचार करेंगे जो जन्म नियंत्रण में मनोवैज्ञानिक दृष्टिकोण से अधिक प्रभावी रहा है। ऐसे कारकों में निम्नांकित प्रमुख हैं—

1. गर्भ निरोधकों के प्रति अनुकूल मनोवृत्ति उत्पन्न करना *(To induce favourable attitude towards cntraceptives)*—जन्म नियंत्रण का एक सबसे लोकप्रिय उपाय गर्भ निरोधकों का उपयोग है। यद्यपि यह सही है कि नये, सस्ते, उपयोग में आसान और हानिकारक गर्भ-निरोध की तलाश को अभी तक विशेष सफलता प्राप्त नहीं हुई है, फिर भी ऐसा देखा गया है कि इन गर्भ निरोधकों के प्रति लोगों की मनोवृत्ति अनुकूल नहीं होती है। अतः मनोवैज्ञानिकों को अपने स्तर से यह प्रयास जारी रखना चाहिए कि पहले आम लोगों में इन गर्भ निरोधकों के प्रति अनुकूल मनोवृत्ति उत्पन्न करे ताकि इनकी इन गर्भ निरोधकों की सार्थक भूमिका जन्म नियंत्रण में बना रहे।

2. प्रोत्साहन देना (Giving incentives)—यदि माता-पिता एक आदर्श परिवार (हम दो हमारे दो) के मॉडल को अपनाते हैं तो मनोवैज्ञानिकों की आम राय यह है कि उन्हें इसके लिए कुछ प्रोत्साहन जैसे नकद पुरस्कार, पदोन्नति, वेतन वृद्धि, विशेष भत्ते, शिक्षा भत्ता, आवास ऋण के लिए वरीयता, वाहन खरीदने के लिए कम ब्याज पर कर्ज आदि दिया जाना चाहिए। इसका परिणाम यह होता है कि कम बच्चे पैदा करने या उस आदर्श परिवार के मानक को ग्रहण करने में उन्हें न केवल अभिप्रेरण ही उत्पन्न होता है बल्कि आत्म-संतुष्टि(self-satisfaction)भी होता है। ऐसी परिस्थिति में स्वभावतः जन्म नियंत्रण की प्रक्रिया बहुत हद तक प्रशंसनीय होती है।

3. शिक्षा के स्तर को ऊँचा उठाना *(To raise the level of education)*—शिक्षा के स्तर को ऊँचा उठाकर व्यक्तियों का संज्ञानात्मक एवं मानसिक विकास कराया जा सकता है और फिर तब उनकी मनोवृत्ति जन्म नियंत्रण के प्रति अनुकूल की जा सकती है। अधिकांशतः यह देखा गया है कि कम पढ़े-लिखे व्यक्तियों में जन्म नियंत्रण के प्रति मनोवृत्ति प्रतिकूल होती है और वे इस सिलसिले में किसी तरह का सुझाव नहीं पसंद करते हैं। एक भारतीय मूल के अमेरीकरन प्रोफेसर अमर्त्य सेन जिन्हें नोबल पुरस्कार से सम्मानित भी किया गया है, अगस्त 1995 में दिल्ली में टाटा मेमोरियल भाषण शृंखला में जनसंख्या स्थिरीकरण कार्यक्रम विषय पर बोलते हुए कन्डोरसेट (Condorset) के विचार को स्वीकारा और कहा कि कन्डोरसेट का विश्वास था कि स्त्रीशिक्षा लोगों को स्वेच्छा से छोटे परिवार पर विचार करने

में प्रेरित करेगी और उत्पादकता दर में भी कमी लायेगी। मनोवैज्ञानिकों का मत है कि शिक्षा व्यक्ति को किसी समस्या के पक्ष तथा विपक्ष में तार्किक ढंग से सोचने की क्षमता प्रदान करती है। फलतः इससे पर्याप्त संज्ञानात्मक विकास होता है। यही कारण है कि एक शिक्षित पुरुष या शिक्षित महिला का जन्म नियंत्रण के प्रति सकारात्मक रूख होता है।

4. बड़े परिवार के अवगुणों से अवगत कराना *(To make aware with the problems of large family)*— मनोवैज्ञानिकों का एक सुझाव यह है कि जन्म नियंत्रण को सकारात्मक रूप तभी दिया जा सकता है कि जब आम जनता को बड़े परिवार की समस्याओं से अवगत करा दिया जाये। हालाँकि कुछ लोग इसे जन्म नियंत्रण का एक परोक्ष विधि मानते हैं, परंतु एल॰ पी॰ वर्मा (L.P. Verma, 1999) ने कुछ अध्ययनों की समीक्षा के बाद यह बतलाया है कि जब लोगों को बड़े परिवार की समस्याओं का ज्ञान हो जाता है, तो उनमें स्वभावतः जन्म नियंत्रण के प्रति एक सकारात्मक सोच उत्पन्न होती है जो उन्हें अपने परिवार को छोटा रखने के लिए प्रेरित करता है।

5. परिवार नियोजन कार्यक्रम को पुनर्सरचित करना *(Restructing the family planning programmes)*— कुछ लोगों ने जन्म नियंत्रण प्रक्रिया को मजबूत बनाने के लिए परिवार नियोजन कार्यक्रम को मजबूत करने के लिए तरह-तरह का सुझाव दिया है। के॰ एस॰ राव (K.S. Rao, 1976) ने परिवार नियोजन कार्यक्रम को लागू करने के लिए तरह-तरह के उपायों का वर्णन किया है जिनमें ऐच्छिक एजेंसियों (agencies) जैसे मेडिकल तथा पारामेडिकल स्टाफों तथा ग्राम पंचायतों का उपयोग को सम्मिलित करना प्रमुख है। के॰ बी॰ अग्रवाल (K.B. Agrawal, 1990) ने जन्म नियंत्रण कार्यक्रम को मजबूत करने के लिए सभी धार्मिक समुदायों में विवाह के लिए एकरूप कानूनी संहिता (uniform civil code) बनाने पर बल डाला है। इससे मुस्लिम महिलाओं की सामाजिक स्तर भी हिन्दू महिलाओं के समान हो जायेगा जो उनके उत्पादकता दर (fertility rate) को मंदित करेगा।

निष्कर्षतः यह कहा जा सकता है कि जन्म नियंत्रण कार्यक्रम को कई कारकों के आलोक में मजबूत किया जा सकता है।

स्वास्थ्य व्यवहार का मनोविज्ञान
(Psychology of Health Behaviour)

अनुप्रयुक्त समाज मनोविज्ञान(applied social psychology)एक ऐसा मनोविज्ञान है जिसमें सामाजिक मनोवैज्ञानिक शोध (social psychological research) तथा अभ्यासों (practices) का उपयोग वास्तविक पर्यावरणी परिस्थिति में इस उद्देश्य से होता है कि विभिन्न तरह के सामाजिक समस्याओं (social problems) का समाधान हो सके। समाज मनोविज्ञान के क्षेत्र में किये गये शोधों का एक मुख्य अनुप्रयोग व्यक्ति के स्वास्थ्य संबंधी समस्याओं के समाधान में है। इसे ही स्वास्थ्य व्यवहार का मनोविज्ञान (Psychology of health behaviour) कहा जाता है।

जिस तरह से नैदानिक मनोविज्ञान (clinical psychology) एवं समाज मनोविज्ञान (social psychology) एक साथ मिलकर सामुदायिक मनोविज्ञान(Community Psychology)का प्रारूप बनाते हैं और मानसिक कल्याण(mental well-being)की संवृद्धि के लिए कार्य करते हैं, ठीक उसी तरह से इन दोनों ही शास्त्र(disciplines)आपस में मिलकर *स्वास्थ्य देख-रेख मनोविज्ञान* (health care psychogy) के क्षेत्र में योगदान करते हैं जिसका उद्देश्य दैहिक स्वास्थ्य कल्याण को संवृद्ध (enrich) करना होता है। टेलर (Taylor, 1999) के अनुसार इस मनोविज्ञान में स्वास्थ्य एवं मनोवैज्ञानिक चरों के बीच के सम्बन्धों का अध्ययन किया जाता है। इस क्षेत्र के मनोवैज्ञानिकों का विश्वास है कि व्यक्ति के किसी विश्वास (beliefs), मनोवृत्ति (attitudes) एवं व्यवहार (behaviour) का उसके बीमारी के उत्पन्न होने एवं उसके रोक-थाम (prevention) पर सार्थक प्रभाव पड़ता है। इससे एक सम्बन्धित क्षेत्र जिसे *व्यवहारात्मक औषध* (behavioural medicine) कहा जाता है, में इन बीमारियों के उत्पन्न होने तथा उनके रोक-थाम (prevention) में व्यवहारात्मक (behavioural) तथा जैवमेडिकल (biomedical) ज्ञानों को एक साथ संयोजित किया जाता है, जो सामान्यतः साधारण मेडिकल क्षेत्र के माने जाते हैं। स्वास्थ्य मनोविज्ञान(Health psychology)तथा व्यवहारात्मक औषध (behavioural medicine)जिनकी शुरुआत1970वाले दशक में हुई थी, ने स्वास्थ्य व्यवहार के अध्ययन में मनोवैज्ञानिकों की भूमिका विशेषकर समाज मनोवैज्ञानिकों की भूमिका पर इसलिए बल डाला है कि आजकल लगभग यह स्थापित हो चुका है कि अधिकांशतः मृत्यु का कारण कोई छुतहा रोग (infectious disease) नहीं होकर दोषपूर्ण जीवन शैली (faulty life style) होता है जिसमें उचित सुधार मनोवैज्ञानिक ही कर सकते हैं। ऐसे जीवन शैली में सुराधात्मक उपायों

के जरिये पर्याप्त उन्नति लायी जा सकती है और तब व्यक्ति का स्वास्थ्य व्यवहार को संपुष्ट किया जा सकता है। अमेरिका में तो इस तरह के दोषपूर्ण जीवन शैली में सुधार लाने के लिए सरकार की ओर से एक विशेष प्रोजेक्ट (project) जिसे 'हेल्थी पिपुल 2000 इनिसियेटिव' (Healthy People 2000 Initiative) की संज्ञा दी गयी है, सफलतापूर्वक चलाया जा रहा है।

स्वास्थ्य व्यवहार के क्षेत्र में किये गये अध्ययनों से कुछ प्रमुख तथ्य सामने आये हैं जिन्हें व्यक्तियों के स्वास्थ्य को उन्नत बनाने की दिशा में महत्त्वपूर्ण माना गया है। ऐसे कारक निम्नांकित हैं—

(i) मनोवैज्ञानिक तनाव (psychological stress) से नकारात्मक दैहिक परिवर्तन (negative physiological changes) उत्पन्न होते हैं।

(ii) अर्जित स्वास्थ्य आदत (learned heath habits) व्यक्ति के स्वास्थ्य के लिए उत्तम होता है परंतु वे कभी-कभी हानिकारक भी साबित होते हैं।

(iii) व्यक्तित्व शीलगुण व्यक्ति में विशिष्ट बीमारी (specification illnesses) उत्पन्न करने में सहायक होते हैं।

(iv) व्यक्ति किस तरह से बीमारी से निपटता है, वह उतना ही महत्त्वपूर्ण हो सकता है जितना यह कि किस तरह से स्वास्थ्य देख-रेख तंत्र (health care system) के साथ वह निपटता है।

(v) धूम्रपान करने वालों द्वारा धूम्रमान नहीं करने वालों की अपेक्षा अल्कोहल तथा कॉफी (cofee) का अधिक भी उपयोग किया जाता है।

(vi) वैसे रोगी जो अपने बीमारी के साथ उत्तम ढंग से समायोजित (adjusted) है, में कैंसर से लड़ने वाली दैहिक अनुक्रियाएँ (concer-fighting physiological responses) तुलनात्मक रूप से अनुप्रभावी (ineffective) होतीं हैं। कुछ प्रतिक्रियाएँ जैसे क्रोध, कैंसर के फैलने के नियंत्रण के साथ प्रभावी ढंग से साहचर्यित होते हैं।

स्वास्थ्य व्यवहार के क्षेत्र में किये गये अध्ययनों की समीक्षा से कुछ ऐसे मनोवैज्ञानिकों को पूर्ववर्त्ती कारक (psychological antecedent factors) का पता चला है जिनसे स्वास्थ्य देख-रेख व्यवहार (health care behaviour) काफी प्रभावित होता पाया गया है। भारतीय मनोवैज्ञानिकों का भी इस क्षेत्र में अहम् भूमिका रही है। इन सभी अध्ययनों के आलोक में निम्नांकित तीन कारकों (factors) को महत्त्वपूर्ण बतलाया गया है—

(1) जीवन आसेधक (life stressors)
(2) चित्तवृत्ति कारक (dispositional factors)
(3) स्वास्थ्य जोखिम व्यवहार (health risk behaviour)

इन तीनों कारक की व्याख्या इस प्रकार है—

1. जीवन आसेधक *(Life stressors)*—इस क्षेत्र में किये गये अध्ययनों से यह स्पष्ट हुआ है कि व्यक्ति के जीवन में कुछ ऐसी घटनाएँ घटती हैं जो आसेधक (stressors) के रूप में होतीं हैं और उससे स्वास्थ्य व्यवहार प्रभावित होते हैं। इस क्षेत्र में आरंभिक कार्य सेली (Seyle, 1956) तथा होल्मस एवं राहे (Holmes & Rahe, 1967) द्वारा किया गया तथा इन आसेधक से उत्पन्न तनाव को मापने के लिए इन लोगों ने मापनी भी विकसित किया। भारतीय संदर्भ में एम॰ अग्रवाल तथा नायडू (M. Agrawal & Naidu, 1988) ने एक मापनी (scale) विकसित किया जिसका नाम *'स्ट्रेसफूल एक्सपिरियेन्सेज ऑफ दी पास्ट वन इयर'* (Stressful experiences of the Past one year) रखा गया। इस मापनी के सहारे अध्ययन करके इन लोगों ने यह बात बताया कि अवांछित घटनाएँ (undesirable events) अपने आप में बीमारी के लक्षणों का सार्थक भविष्यवाची (predictor) एवं सामाजिक प्रतिमा (social image) को कुप्रभावित करता है जिनसे व्यक्ति में जीवन आसेधकों (stressors) के साथ निपटने की क्षमता कम हो जाती है।

पूना (Poona) में दो अध्ययन ऐसे किये गये हैं जिनसे पता चला है कि दिन प्रतिदिन के आसेधक किस तरह से मानसिक स्वास्थ्य को प्रभावित करते हैं। एक अध्ययन लिपोर, इभान्स एवं पालसेन (Lepore, Evans, Palsane, 1991) तथा दूसरा अध्ययन लिफोर, पालसेन तथा इभान्स (Lepore, Palsane & Evans, 1571) द्वारा किया गया। इन अध्ययनों के आधार पर यह बतलाया गया कि चिरकालिक आसेधक (chronic stressors) जैसे गरीबी (poverty), बेरोजगारी (unemployment), गंदी बस्ती (slum) में निवास तथा जनसंकुलन (crowding) का स्वास्थ्य व्यवहार पर दिन प्रतिदिन के हस्ल्स (Hassles) की तुलना में अधिक प्रभाव पड़ता है। सरना एवं शुक्ला (Sarna & Shukla,

1994) ने लखनऊ के एक चिकेन उद्योग (Chikan Industry) जिसमें महिलाएँ सूक्ष्म सूई दस्तकारी (fine needle craft) करती है, के दैहिक स्वास्थ्य (physical health) का अध्ययन किया। इस दस्तकारी या शिल्पकारी में महिलाओं को एक शारीरिक मुद्रा (bolily posture) में लंबे समय तक बैठकर सूई से डिजाइन बनाना होती है। अध्ययन के परिणाम में पाया गया कि करीब 53.5 प्रतिशत महिलाओं के संधि (joints) में दर्द (pain) तथा फूलन (swelling) पाया गया; 80.5 प्रतिशत महिलाओं के रीढ़ में दर्द, 53 प्रतिशत महिलाओं में दृष्टि क्षीणता की शिकायत तथा 73 महिलाओं के आँख में संदूषण (infection) उत्पन्न हो गया। करीब आधे प्रयोज्यों में हृदय से संबंद्ध समस्याएँ एवं बाकी आधे प्रयोज्यों में खून की कमी (anemia) पायी गयी। इतना ही नहीं, ऐसी महिलाएँ चिड़चिड़े, चिंतित एवं शंकालु (apprehensive) प्रकृति की हो गयीं थीं।

कुछ ऐसे भी अध्ययन किये गये हैं जिनसे यह पता चला है कि किसी बीमारी से ग्रस्त व्यक्तियों द्वारा किस तरह के जीवन आसेधकों (stressors) की अनुभूति की गयी है। गुप्ता एवं श्रीवास्तव (Gupta & Shrivastava, 1983) ने यक्षमा तथा छाती के रोगियों का एक साल तक एक अनुवर्ती अध्ययन (follow-up study) किया और पाया कि ऐसे रोगी जिन्होंने गत एक साल की अवधि में कोई भी तनावपूर्ण घटना का अनुभव नहीं किया, उनमें उन्नति (improvement) के लक्षण उन रोगियों की तुलना में जिन्होंने ऐसी तनावपूर्ण घटना का अनुभव किया था, अधिक स्पष्ट पाये गये। अय्यर तथा बागाडिया (Ayyar & Bagadia, 1986) ने न्यूरोडरमैटिटिस (neurodermatitis) से ग्रस्त 25 रोगियों के पारिवारिक पृष्ठभूमि का अध्ययन करने पर यह पाया कि ऐसे रोगी बाल्यावस्था में सांवेगिक वंचन (emotional deprivation) से प्रभावित हुए थे; इनकी माताओं में व्यक्तित्व के असामान्य शीलगुण थे तथा इनमें आरंभिक अवस्था से ही घबड़ाहट की परिस्थिति में त्वचा को नोचने, रगड़ने आदि की आदत विकसित हो गयी थी। इन अध्ययनों से इस निष्कर्ष पर पहुँचा गया कि कोई भी बीमारी के पीछे कोई एक आसेधक नहीं होकर अनेकों आरोधकों का एक संचयी प्रभाव (cumulative effect) होता है।

2. चितवृत्ति कारक *(Dispositional factors)*—यहाँ मनोवैज्ञानिकों द्वारा किये गये शोधों के आधार पर यह पता लगाने की कोशिश की गई है कि विभिन्न रोगों के रोगियों में किस तरह के व्यक्तित्व शीलगुण साहचर्यित होते हैं। हुसैन, मुरूगप्पान तथा थिरूनानुक्कारासू (Hussain, Murugappan & Thirunanukkarasu, 1992) ने एच॰ आई॰ भी॰ धनात्मक (HIV Positive) रोगियों की तुलना एच॰ आई॰ भी॰ ऋणात्मक रोगियों में किया और पाया कि एच॰ आई॰ भी॰ रोगियों में चिंता, विषाद, स्नायुविकृति (neuroticism), मद्यपानता (alcoholism), दोष भाव, आत्महत्या से संबंद्ध विचार आदि एच॰आई॰भी॰ ऋणात्मक रोगियों की तुलना में अधिक थे। उसी तरह से वैध, श्रीवास्तव एवं श्रीवास्तव (Vaidya, Shrivastava & Srhivastava, 1985) ने कैंसर रोगियों को हाइपरटेंशन रोगियों के साथ तथा दो नियंत्रित समूहों जो आयु, यौन एवं शिक्षा (education) पर आधारित थे, तुलना किया और पाया कि कैंसर तथा हाइपरटेंशन रोगियों द्वारा सामान्य प्रयोज्यों या नियंत्रित प्रयोज्यों की तुलना में स्नायुविकृत प्रवृत्तियाँ (neurotic tendencies) अधिक थी। इन अध्ययनों से यह स्पष्ट हो जाता है कि विकृत स्वास्थ्य व्यवहार (distorted health behaviour) के साथ कुछ व्यक्तित्व कारक साहचर्यित होते हैं।

कुछ अध्ययनों में यह देखा गया है कि एक विशेष तरह का व्यवहार पैटर्न जिसे टाइप ए व्यावहार पैटर्न (Type A behaviour pattern) कहा जाता है, कोरेनरी हृदय रोग (Coronary Heart Disease CHD) से साहचर्यित होता है। टाइप ए व्यवहार पैटर्न एक ऐसा पैटर्न होता है जिसमें व्यक्ति में अत्यधिक प्रतियोगिता का भाव, समय पर कार्य करने की बाध्यता, किसी कार्य में जरूरत से ज्यादा आवेष्टन (involvement), ईर्ष्या (hostility), आक्रमकता (aggressiveness) आदि मुख्य रूप से दिखलाये जाते हैं। टाइप बी व्यवहार इसका विपरीत पैटर्न होता है जिसमें व्यक्ति अधिक तनावमुक्त (relaxed), दार्शनिक एवं खुशी की अवस्था में होता है। भाटिया तथा उनके सहयोगियों (Bhatia et al. 1990) ने CHD रोगियों के 72 प्रतिशत केसेज में टाइप-ए व्यवहार पैटर्न (Type A Behaviour Pattern) पाया। उसी तरह से गुलाम, गुप्ता, बंधोपाध्याय एवं मिश्रा (Ghulam, Gupta, Bandyopadhyaya & Mishra, 1990) ने यह पाया कि CHD के रोगियों द्वारा टाइप-ए व्यवहार के परीक्षण पर उच्च प्राप्तांक पाये गये।

चितवृत्ति कारक से सम्बन्ध अध्ययनों के आधार पर तब हम इस अंतिम निष्कर्ष पर पहुँचते हैं कि दैहिक स्वास्थ्य व्यवहार का साहचर्य व्यक्तित्व के विशेष तरह के शीलगुण एवं व्यवहार पैटर्न (behaviour pattern) के साथ भी होता है।

3. स्वास्थ्य जोखिम व्यवहार (*Health risk Behaviour*)—स्वास्थ्य जोखिम व्यवहार से तात्पर्य वैसे व्यवहार से होता है जिसे व्यक्ति प्रायः आदतन अपने जीवन में करता है परंतु उससे उसे कोई बीमारी होने का जोखिम बढ़ जाता है। टेलर (Taylor, 1991) ने अपने अध्ययन में पाया कि धूम्रमान (smoking) एक ऐसा व्यहवार पैटर्न है जिससे कैंसर एवं हृदय रोग के होने की संभावना काफी बढ़ जाती है। इनका दावा था कि इन रोगों से होने वाले मृत्यु का करीब 25 प्रतिशत केसेज को धूम्रमान की आदत को छुड़ाकर बचाया जा सकता है। इसके अतिरिक्त कुछ अध्ययनों में मद्यपानता (alcoholism) तथा औषध व्यसन (drug addiction) को भी प्रमुख जोखिम कारक (risk factors) माना गया है। पाई एवं गर्ग (Pai & Garg, 1984) ने अपने अध्ययन में 120 रोगियों के केस रिकार्ड (case record) की जाँच किया और पाया कि मद्यपानता से मूलतः वैसे पुरुष वयस्क प्रभावित होते हैं जिनकी आयु 26 वर्ष से ऊपर होता है, विवाहित होते हैं तथा न्यूक्लियर परिवार (nuclear family) में रहते हैं। इस प्रतिदर्श के करीब 50 प्रतिशत से अधिक रोगियों में मद्यपानता तथा मानसिक बीमारी का इतिहास पाया गया। अहमद, रामालिंगम् एवं अहमद (Ahmad, Ramlingam & Ahmad, 1984) ने नई दिल्ली के नजदीक एक कैम्प में कुछ पर्यटक (tourists) पर जिसमें मॉरीसस (Mauritious) तथा उत्तरी अमेरिका के कॉलेज छात्र थे, का औषध व्यसनियों का एक क्रॉस-सांस्कृतिक अध्ययन (cross-cultural studies) किया। इस अध्ययन में यह पाया गया कि विभिन्न व्यक्तित्व आयामों (personality dimensions) पर कॉलेज छात्रों में विभिन्नता थी परंतु कोई निश्चित पैटर्न स्पष्ट रूप से नहीं देखने को मिला। पी० गुप्ता एवं नवला (P. Gupta & Nawla, 1986) ने हेरोइन व्यसनी की तुलना कॉलेज के ऐसे छात्रों से किया जिनमें किसी प्रकार का कोई व्यसन (addiction) की आदत नहीं थी। परिणाम में देखा गया कि हेरोइन व्यसनी को अपने माता-पिता के साथ सम्बन्धात्मक समस्याएँ (relational problems) थीं तथा यहाँ तक कि वे अपने आत्म-संप्रत्यय (self-concept) के साथ भी ठीक ढंग से सम्बन्ध स्थापित नहीं कर पाते थे। हेरोइन व्यसनी का प्राप्तांक डर, दोष भाव आदि के माप पर तुलनात्मक रूप से अधिक था तथा आत्म-सम्प्रत्यय की माप पर निम्न था। अव्यसनी छात्र (nonaddicts) वैसे परिवार से आते थे जिनमें स्पष्टता तथा धार्मिकता (religiousity) का गुण तुलनात्मक रूप से अधिक था।

निष्कर्षतः यह कहा जा सकता है कि मनोवैज्ञानिकों द्वारा किये गये अध्ययनों से यह स्पष्ट हो जाता है कि स्वास्थ्य व्यवहार चाहे उसका सम्बन्ध मानसिक बीमारी से हो या दैहिक बीमारी से हो, निश्चित रूप से कुछ कारकों जैसे जीवन आसेधक, चित्तवृत्ति (disposition) तथा स्वास्थ्य जोखिम कारक (health risk factors) आदि से प्रभावित होते हैं।

बीमारियों का रोक-थाम, उपचार एवं स्वास्थ्य उन्नति
(Prevention, Treatment of illnesses and Health promotion)

समाज मनोविज्ञान में रोक-थाम (prevention) का संप्रत्यय एक महत्त्वपूर्ण संप्रत्यय है। रोक-थाम से तात्पर्य जनसंख्या में किसी रोग के उत्पन्न होने एवं उसे प्रचलित होने से रोकना होता है तथा यह कार्य जन-स्वास्थ्य कार्यकर्त्ताओं (public heath workers) द्वारा काफी किया जाता है। जन-स्वास्थ्य हस्तक्षेप (public health intervention) निम्नांकित तीन रूपों से हो सकते हैं—

(i) व्यक्तियों में ही कुछ इस ढंग का परिवर्तन कर दिया जाये कि वे रोगात्मक एजेंटों से डट कर मुकाबला करें। इसके तहत किसी रोग से असंक्रमीकरण अभियान (immunization campaign) को रखा जाता है।

(ii) रोगात्मक एजेंटों से सम्पर्क होने की सम्भावना (probability) को कम कर के भी हस्तक्षेप कार्य संपन्न किया जा सकता है। इसके अंतर्गत कुछ विशेष तरह की पोशाक पहनना, प्रभावित अंगों को असंदूषित (disinfect) करना आदि को रखा जाता है।

(iii) वातावरण को जिसमें रोगात्मक एजेंट परिभाषित होते हैं, को इस ढंग से परिवर्तित कर देना कि वैसे एजेंट पूर्णतः नष्ट हो जाएँ। इसमें जल-जमाव पर दवा का छिड़काव, नाली एवं नालों की सफाई आदि आते हैं।

जनस्वास्थ्य कार्यकर्त्ताओं (public health workers) तथा समाज मनोवैज्ञानिकों (social psychologists) ने जिसमें एडोल्फ मेयर (Adolf Meyer), लिण्डमान (Lindman) तथा काप्लान (Caplan) का नाम मशहूर है, ने रोक-थाम (prevention) के निम्नांकित तीन प्रकार बतलाये हैं—

(1) प्राथमिक निवारण या रोक-थाम (Primary Prevention)

(2) द्वितीयक निवारण या रोक-थाक (Secondary Prevention)

(3) तृतीयक निवारण या रोक-थाम (Tertiary Prevention)

इन तीनों का वर्णन निम्नांकित है—

1. प्राथमिक रोक-थाम(*Primary Prevention*)—प्राथमिक रोक-थाम से तात्पर्य वैसे रोक-थाम से होता है जिसका उद्देश्य वैसे जीवसंख्या या जनसंख्या में किसी बीमारी को उत्पन्न होने से रोकने से होता है जिसमें उस बीमारी के होने की संभावना अधिक तीव्र होती है। काप्लान (Caplan, 1964) के अनुसार प्राथमिक रोक-थाम (primary prevention) से तात्पर्य दोषपूर्ण परिस्थितियों को बीमारी उत्पन्न करने के पहले ही इस पर नियंत्रण कर लेने से होता है। काप्लान(Caplan) ने अपने 'निरोधक मनोरोगविज्ञान' (Preventive Psychiatry) में यह स्पष्ट किया है कि व्यक्ति के उपयुक्त विकास (appropriate development) के लिए कुछ 'आपूर्ति (supplies) की जरूरत होती है। इन 'आपूर्त्तियों' में कमी होने से स्वस्थ मनोवैज्ञानिक विकास (healthy psychological develompemnt) अवरुद्ध हो जाता है। ऐसी 'आपूर्त्ति' के तीन प्रकार बतलाये गये हैं—*दैहिक आपूर्त्ति* (physical supply), *मनोसामाजिक आपूर्त्ति* (psychosocial supply) तथा *सामाजिक-सांस्कृतिक आपूर्त्ति* (social-cultural supply)। दैहिक आपूर्ति में भोजन, आवास, सुरक्षा, संवेदी उत्तेजन (sensory stimulation) आदि सम्मिलित होते हैं। मनोसामाजिक आपूर्त्ति में वैसे तथ्य सम्मिलित होते हैं जिसे व्यक्ति दूसरों के साथ अंतःक्रिया (interaction) से प्राप्त करता है और इसमें सांवेगिक एवं बौद्धिक उत्तेजन (intellectual stimulation), स्नेह एवं प्यार (love nad affection), सामाजिक अंतःक्रिया में संतुष्टि आदि सम्मिलित होते हैं। सामाजिक-सांस्कृतिक आपूर्ति में वैसे सामाजिक बल (social forces) सम्मिलित होते हैं जिनसे व्यक्ति की सामाजिक प्रतिष्ठा तथा दूसरों की उनसे होनेवाली प्रत्याशा (expectations) की झलक मिलती है। लाभान्वित सामाजिक समूह (advantaged social group) में व्यक्तियों को ऐसी आपूर्ति अधिक होती है। इन तीन तरह की आपूर्त्तियों में से किसी भी तरह का आपूर्त्ति बाधित होने से व्यक्ति में मानसिक विकृति की उत्पत्ति की संभावना से इनकार नहीं किया जा सकता है। काप्लान के अनुसार प्राथमिक रोक-थाम (primary prevention) का दूसरा प्रमुख पहलू संकट निवारण (crisis resolution) है। उनका मत है कि संकट का स्वरूप चाहे आकस्मिक (accidental) हो या विकासात्मक (developmental) हो, उससे व्यक्ति की समायोजनशीलता की क्षमता प्रभावित होती है और उससे मानसिक विकृत्ति उत्पन्न होती है। अतः ऐसे संकटों का समाधान आवश्यक है।

काप्लान का मत है कि आवश्यक उपयुक्त आपूर्त्ति बनाये रखने के लिए तथा संकट-निवारण क्षमताओं को मजबूत बनाने के लिए प्राथमिक रोक-थाम की उपायों को सामाजिक क्रिया (social action) के स्तर पर तथा अन्तर्वैयक्तिक क्रिया (interpersonal action) के स्तर पर किया जा सकता है। सामाजिक क्रिया के स्तर पर वैधानिक एवं सामाजिक कार्यक्रम जो जन-कल्याण शिक्षा एवं स्वास्थ्य से सम्बन्धित होते हैं, को संचालित किया जाता है तथा अन्तर्वैयक्तिक क्रिया (interpersonal action) के स्तर पर प्रत्यक्ष एवं आमने-सामने की अंतःक्रियाओं (interactions) एवं हस्तक्षेपों (interventions) द्वारा व्यक्तियों, परिवारों एवं सामुदायिक समूहों को प्रभावित करने की कोशिश की जाती है।

2. द्वितीयक रोक-थाम(*Secondary Prevention*)—गौण रोक-थाम से तात्पर्य वैसे रोक-थाम से होता है जिसमें मानसिक समस्याओं की पहचान प्रारंभिक अवस्था में ही कर लिया जाता है तथा उसका उपचार (treatment) उसी अवस्था में करके आगे बढ़ने से उसे रोक दिया जाता है। इस तरह की रोक-थाम की एक महत्त्वपूर्ण पूर्वकल्पना यह है कि प्रारंभिक समस्याएँ कुछ आरंभिक लक्षणों के आधार पर पहचानी जा सकती है और यदि उस समय ही इनके साथ हस्तक्षेप (intervention) किया जाये तो इसकी गंभीरता को भविष्य में बढ़ने से रोका जा सकता है। गौण रोक-थाम की सार्थकता कई अध्ययनों जैसे काप्लान (Caplan, 1961), सेनफोर्ड (Sanford, 1965), ग्लास (Glass, 1963), आइसेनवर्ग (Eisenberg, 1962) तथा फेयर्स (Phares, 1984) द्वारा सम्पुष्ट की गयी है।

द्वितीयक रोकथाम कार्यक्रम की दो प्रमुख विशेषताएँ होतीं हैं—

(i) गौण रोक-थाम में वैसे सभी व्यक्तियों की जाँच (screening) व्यक्तित्व परीक्षण जैसे MMPI या अन्य इसी तरह के परीक्षणों के आधार पर किया जाता है जिसमें उस समय किसी भी तरह के स्पष्ट लक्षण नहीं दीखते हैं।

(ii) फिर ऐसे व्यक्तियों को उचित नैदानिक सेवाएँ प्रदान की जाती हैं।

स्कूलों में गौण रोक-थाम कार्यक्रम (secondary prevention programme) की सफलता के कई सबूत मिले हैं।

स्कूल में बच्चों की समस्याओं को प्रारंभिक अवस्था में ही पहचान करके उसे दूर करने के सफल प्रयास किये गये हैं। इस सिलसिले में जैक्स तथा कोवेन (Zax & Cowen, 1969), गिल्डवेन तथा स्वेलो (Glidewell & Swallow, 1968) आदि द्वारा महत्त्वपूर्ण कार्य किये गये हैं। स्कूल में गौण रोक-थाम (secondary prevention) कार्यक्रम के तहत शिक्षकों को बालकों की समस्याओं को प्रारंभिक अवस्था में ही पहचानने का प्रशिक्षण दिया जाता है। इस कार्यक्रम के तहत कभी-कभी माता-पिता या अभिभावकों का साक्षात्कार (interview) भी लिया जाता है। इसके अलावा बीअर (Bower, 1969) तथा कोवेन एवं उनके सहयोगियों (Cowen et. al., 1973) ने बालकों की समस्याओं को प्रारंभिक अवस्था में ही पहचान करने के लिए कुछ लघु परीक्षणों का भी निर्माण किया है।

ऊपर के वर्णन से स्पष्ट है कि गौण रोक-थाम (secondary intervention) के दो पहलू होते हैं—जाँच पड़ताल (screening) का कार्य तथा उसके बाद संभाव्य समस्याओं को दूर करने के लिए किया गया उपचार हस्तक्षेप (treatment intervention)। समाज मनोवैज्ञानिकों तथा सामुदायिक मनोवैज्ञानिकों दोनों का ही मत है कि जाँच-पड़ताल का काम कितना भी उत्तम ढंग से क्यों न किया गया हो, यदि उसके बाद उचित उपचार हस्तक्षेप (treatment intervention) नहीं किया गया, तो सफलता प्राप्त नहीं हो पाती है। इसलिए यह आवश्यक है कि प्रभावित लोग उचित उपचार हस्तक्षेप प्राप्त करें। इसके लिए गौण रोकथाम (secondary prevention) में तीन संबद्ध उद्देश्यों की प्राप्ति के लिए जन-सूचना कार्यक्रम (public infomation programme) चलाये जाते हैं—

(i) सामुदायिक मानसिक स्वास्थ्य विशेषज्ञ को मानसिक समस्याओं के प्रारंभिक अवस्था के लक्षणों के बारे में लोगों को बतला देना चाहए।

(ii) ऐसे विशेषज्ञों को इन समस्याओं को दूर करने के साधनों के बारे में बतला देना चाहिए। ऐसे साधन कब, कहाँ और कितनी कीमत पर उपलब्ध है, के बारे में लोगों की सूचना दे देनी चाहिए।

(iii) ऐसे विशेषज्ञों को उन पूर्वधारणाओं या पूर्वाग्रहों से लड़ना चाहिए जिसके कारण प्रभावित लोगों में अपनी समस्याओं के निवारण के लिए किसी विशेषज्ञ की सहायता लेने में हिचकिचाहट होती है।

कई अध्ययनों के आधार पर इस तथ्य की पुष्टि की गयी है कि यदि उपचार हस्तक्षेप (treatment intervention) सफलतापूर्वक पूरा कर लिया जाता है, तो गौण रोक-थाम (secondary prevention) का कार्यक्रम भी सफल हो जाता है।

3. तृतीयक रोकथाम (Tertiary prevention)—तृतीयक रोक-थाम में मानसिक रोग उत्पन्न हो जाने के बाद उसके प्रभावों को कम करने की कोशिश की जाती है। तृतीयक रोकथाम का मुख्य उद्देश्य किसी रोग से प्रभावित हो जाने के बाद उसके नकारात्मक प्रभावों (negative effects) तथा उसकी अवधि (duration) को कम करना होता है। इसमें रोगी को नया कौशल सिखलाया जाता है ताकि वह अपने हीन भाव (inferiority feeling) से लड़ सके तथा उसमें समायोजन एवं सामार्थ्यता की नयी शक्ति उत्पन्न हो सके। इसी रोक-थाम के तहत रोगियों का पुनर्वास (rehabilitation), सामुदायिक मानसिक स्वास्थ्य सेवा के प्रति नयी मनोवृत्ति, आंशिक अस्पातलीकरण (partial hospitalization) तथा सामुदायिक लॉज (community lodge) चलाने आदि की व्यवस्था होती है। इन सभी साधनों का प्रयोग करके रोगियों से उत्पन्न नकारात्मक प्रभावों से लड़ने की क्षमता में वृद्धि की जाती है ताकि वह अपने भविष्य के साथ ठीक ढंग से समायोजन कर सके।

आधुनिक चिकित्साशास्त्र (modern medicine) संक्रामक रोगों के उत्पन्न होने की संभावना को न केवल कम कर दिया है बल्कि चिरकालिक रोगों से उत्पन्न होने वाले दुःख दर्द को भी काफी नियंत्रित कर दिया है। इसके साथ ही एक नये विचार की भी उत्पत्ति हुई है और वह यह है कि बीमारी को प्रबंधित (managing) करने के महत्त्व का विशेषकर रोगियों द्वारा आत्म-प्रबंधन (self-management) की प्रक्रिया को अपनाया जाये। यहाँ मान्यता यह होती है कि सिर्फ स्वयं व्यक्ति ही अपनी आदत को ठीक ढंग से परिवर्तित कर सकता है या बीमारी या तनाव से निपटने का सही तरीका जान सकता है। स्वास्थ्य देख-रेख (health care) में इस ढंग की नयी चेतना के फलस्वरूप टेलर (Taylor, 1978) ने दो महत्त्वपूर्ण समस्याओं की ओर ध्यान आकृष्ट किया है जिसपर समस्त मनोवैज्ञानिकों को गंभीरतापूर्वक सोचना होगा—

(i) अपने बीमारियों के सफल आत्म-प्रबंधन (self-management) में रोगियों को मिश्रित करने तथा अभिप्रेरित करने में डाक्टर-रोगी सम्बन्ध का महत्त्व।

(ii) चिरकालिक बीमारियों के प्रति मनोवैज्ञानिक प्रतिक्रिया को इस तरीके से समझना जिससे रोगी तथा उनके परिवार तनाव के साथ ठीक ढंग से निबट सके।

इन दोनों का वर्णन इस प्रकार है :

(i) अपने बीमारियों के सफल आत्म-प्रबंधन में रोगियों को मिश्रित करने तथा अभिप्रेरित करने में डाक्टर-रोगी सम्बन्ध का महत्त्व (Importance of the doctor-patient relationship in educating and motivating patients to engage in successful self-management of their illness).

कई अध्ययनों से यह स्पष्ट हुआ है कि स्वास्थ्य देख-रेख (health care) में अंतर वैयक्तिक सम्बन्ध (interpersonal relationship) का महत्त्व होता है। फ्रिडमैन एवं डिमैटेइओ (Friedman & Dimatteo, 1970) ने इस बात पर बल डाला है कि आजकल चिकित्साशास्त्र के डाक्टरों द्वारा एक सम्पूर्ण उन्मुखतावादी (holistic orientation) उपागम का सहारा लिया जाता है जिसमें तकनीकी एवं भौतिक हस्तक्षेपों (intervention) के अतिरिक्त अन्तयर्वैयक्तिक कारकों (interpersonal factors) को महत्त्वपूर्ण बतलाया जाता है। उदाहरणास्वरूप, किसी भी सर्जरी (surgery) की सफलता सिर्फ सर्जन के कौशल (skill) तथा औजारों के आधुनिकीकरण (modernization) पर निर्भर नहीं करता है बल्कि इस बात पर भी निर्भर करता है कि हस्तक्षेप देने की प्रक्रिया में सम्मिलित व्यक्तियों का अन्तरवैयक्तिक सम्बन्ध द्वारा रोगी की मनोवैज्ञानिक अवस्था (psychological state) किस तरह से प्रभावित हुआ है। संक्षेप में, तब यह कहा जा सकता है किसी भी उपचार (treatment) की प्रक्रिया में अन्तर्वैयक्तिक कारकों (interpersonal factors) की उपेक्षा एक वैज्ञानिक त्रुटि होगी।

फ्रिडमैन एवं डिमैटियों (Friedman & Dimatteo) ने यह भी स्पष्ट किया है कि स्वास्थ्य देख-रेख (health care) तथा अंतरवैंयक्तिक प्रक्रियाओं के बीच सम्बन्धों की अभिव्यक्ति मूलतः तीन तरह को विषयों (themes) के रूप में की जाती है।

(a) पहला विषय वह है जिसमें स्वास्थ्य देख-रेख (health care) को सामाजिक प्रभाव (social influence) की प्रक्रिया मानी जाती है जिसमें एक स्वतंत्र एवं शक्तिशाली विशेषज्ञ (powerful expert) द्वारा एक आश्रित (dependent), अज्ञानी (ignorant) निम्न स्तरीय रोगी के व्यवहार एवं मनोवृत्ति को परिवर्तित करने की कोशिश की जाती है। सचमुच में इस प्रक्रिया के स्पष्ट भावात्मक (affective), संज्ञानात्मक (cognitive) तथा व्यवहारात्मक (behavioural) पहलू है जो डाक्टर तथा रोगी के बीच हुए शाब्दिक (verbal) तथा अशाब्दिक संचार (communication) से स्पष्ट हो जाते हैं। अध्ययनों से यह स्पष्ट हुआ है कि सबसे महत्त्वपूर्ण व्यवहारात्मक तत्त्व है—क्या रोगी डाक्टर के राय को मानता है या नहीं। इसे रोगी द्वारा किया गया अनुपालन (compliance) या सहयोग (cooperation) कहा जाता है। रोगी द्वारा दिखलाये गये सहयोग को जानने एवं उसके बारे में पूर्वकथन (prediction) करने के लिए विभिन्न तरह के मनोसामाजिक संप्रत्ययों (psycho-social concepts) पर नजर डालना होगा। रोडिन एवं जैनिस (Rodin & Janis, 1979) ने डाक्टर द्वारा रोगी को प्रभावित करने की शक्ति (power) का विश्लेषण किया और कई ऐसे सम्बन्ध को उन्नत करने की प्रविधियों का वर्णन किया जिससे रोगी का स्वास्थ्य व्यवहार उन्नत हो सके। कई अन्य अध्ययनों से यह स्पष्ट हुआ कि संदर्भ शक्ति (referent power) सबसे महत्त्वपूर्ण शक्ति है जिसके माध्यम से डाक्टर का रोगी पर प्रभाव बना होता है हालांकि कुछ अध्ययनों में पुरस्कार (reward), अवपीड़न (coersion) या सुविज्ञता (expertise) शक्ति का भी प्रभाव पड़ता देखा गया है। टेलर (1978), जैकोवी (Jacoby, 1995) तथा रैभन एवं हाले (Raven & Haley, 1980) द्वारा किये गये अध्ययनों से यह स्पष्ट हुआ है कि अन्तर्वैयक्तिक कौशलों (interpersonal skills) जैसे रोगी के प्रति आदर एवं निष्कपट व्यवहार दिखलाने से रोगी का डाक्टर के प्रति आकर्षण बढ़ता है और तब उपचार की सफलता मजबूत होती है।

(b) दूसरा विषय (theme) का सम्बन्ध इस तथ्य से है कि रोगी को एक वस्तु (object) के रूप में समझा जानना चाहिए जो डाक्टर द्वारा दिये गये तकनीकी राय को प्राप्त करता है तथा एक ऐसा मेडिकल देख-रेख प्रदान किया जाता है जिसमें उपचार रोगी को व्यक्ति न समझकर उसे केसेज समझकर किया जाता है। इस ढंग के मानवतावादी दृष्टिकोण अर्थात् रोगियों को एक सक्रिय (active), उत्तरदायी सहभागी (participant) समझने में वे जो अपना मेडिकल देख-रेख (medical care) खुद कर सकता है, अपनाने के पीछे कई महत्त्वपूर्ण कारण हैं। इस बिन्दु पर किये गये अध्ययनों से यह स्पष्ट हुआ है कि जिन रोगियों को व्यक्ति के रूप में समझा जाता है तथा आदर सम्मान किया जाता है, वे उपचार के दौरान तुलनात्मक रूप से अधिक सहयोग दिखलाते हैं तथा उपचार से संतुष्ट भी रहते हैं। ऐसे रोगी नकारात्मक मनोवैज्ञानिक प्रतिक्रियाएँ जैसे विषाद (depression) या निस्सहायता (helplessness) कम दिखलाते

हैं।

(c) तीसरा विषय (theme) का सम्बन्ध इस तथ्य से होता है कि रोगी को एक उपभोक्ता (consumer) के रूप में देखा जाता है। जब रोगी को एक उपभोक्ता के रूप में देखा जाता है, तो इसका विशेष लाभ यह होता है कि उसे उत्तम-से-उत्तम उपचार के रूप में देखा जाता है, तो सका विशेष लाभ यह होता है कि उसे उत्तम-से-उत्तम उपचार दिया जाना संभव हो पाता है क्योंकि ऐसी परिस्थिति में रोगी को उनकी आर्थिक सम्पन्नता के ख्याल से उपयुक्त डाक्टर के साथ सुमेलित किया जाना संभव हो जाता है। सचमुच में यहाँ समाज मनोवैज्ञानिकों द्वारा कुछ ऐसे जटिल शोध डिजाइन की आवश्यकता महसूस की गयी है जो रोगियों एवं परिस्थितियों (settings) के विभिन्न संयोगों (combinations) के लिए सबसे उचित उपचार प्रदान कर सके।

(ii) चिरकालिक बीमारियों के प्रति मनोवैज्ञानिक प्रतिक्रियाओं को इस तरीके से समझना जिससे रोगी तथा उनके परिवार तनाव के साथ ठीक ढंग से निबट सके। (Understanding the psychological reactions to chronic illness in ways that will help patients and their families cope with the stress that is involved)—

उपचार (treatment) एवं प्रबंधन (management) का एक दूसरा पहलू है दीर्घकालीन बीमारी (long-term illness) के प्रति रोगियों की प्रतिक्रिया(reaction)। इस तथ्य पर टेलर(Taylor, 1978)तथा फिशर(Fisher, 1999) ने अत्यधिक बल डाला है। समाज मनोवैज्ञानिक यह उत्तम ढंग से अध्ययन कर सकते हैं कि एक रोगी अपने रोग, उसके कारण तथा वह अपनी हालात में होने वाले परिवर्तनों को किस ढंग से व्याख्या करता है। समाज मनोवैज्ञानिकों का मत है कि गुणारोपण सिद्धांत(attribution theory)इन प्रक्रियाओं को समझने में काफी लाभदायक होता है। उदाहरणस्वरूप, रोडिन (Rodin, 1987) ने अपने अध्ययन के आधार पर यह बतलाता है कि किस तरह से गुणारोपण प्रक्रिया व्यक्ति के मनोवैज्ञानिक अवस्था तथा व्यवहार को प्रभावित करता है तथा साथ-ही-साथ इन्होंने यह भी बतलाया है कि गुणरोपण में त्रुटि (error) होने से उसका सार्थक प्रभाव व्यवहार पर पड़ता है एवं उससे रोग के उपचार की प्रक्रिया भी प्रभावित होती है। जो रोगी गुणारोपण की प्रक्रिया में अपने आप की निंदा करते हैं, वे जरूरत रहने पर भी पर्याप्त मेडिकल ध्यान अपने ऊपर नहीं दे पाते हैं। अध्ययनों से यह भी पता चला है कि उपचार के दौरान समाज मनोविज्ञान रोगी की प्रतिक्रियाओं को न केवल समझ सकते हैं बल्कि उसे नियंत्रित भी कर सकते हैं। उदाहरणास्वररूप, दर्द को प्रबंधित (manage) करने जैसा कठिन कार्य निश्चित रूप से रोगी के गुणारोपण (attribution) तथा नियंत्रित व्यवहार (control behaviour) से प्रभावित होता है। स्पष्ट हुआ कि लक्षणों का नियंत्रण एवं उपचार की प्रतिक्रिया भी एक महत्त्वपूर्ण क्षेत्र है जिसमें समाज मनोविज्ञानी एक मजबूत योगदान कर सकते हैं।

समाज मनोवैज्ञानिकों द्वारा व्यक्तियों के स्वास्थ्य उन्नति (health promotion) के लिए कुछ सुझाव दिये गये हैं जिनमें निम्नांकित प्रमुख हैं—

(i) मेडिकल संगठनों अर्थात् अस्पतालों में प्राधिकार (authority) की रेखा कई स्तरों पर न होकर सबसे ऊपरी स्तर पर केन्द्रित होता है, तो इससे ऐसे संगठनों द्वारा स्वास्थ्य उन्नति के बारे में उठाया गया कदम अधिक लाभकारी होता है।

(ii) रोगी तथा डाक्टर के अन्तर्वैयक्तिक कौशल (interpersonal skills) को उन्नत बनाने से भी स्वास्थ्य उन्नति तेजी से होता है। फिशर (Fisher, 1999) ने अपने अध्ययन से यह पाया है कि रोगी तथा डाक्टर का अन्तर्वैयक्तिक सम्बन्ध(interpersonal relationship)जितना ही घनिष्ठ एवं उत्तम होता है, रोगी का स्वास्थ्य व्यवहार उतना ही तेजी से उन्नत होता है।

(iii) डाक्टर का रोगी के ऊपर जितना ही सामाजिक प्रभाव (social influence) तथा सामाजिक सत्ता (social power) अधिक होता है, रोगी का स्वास्थ्य व्यवहार अधिक प्रबल होता है। रोजेल (Rozelle, 1999) ने अपने अध्ययन के आधार पर इस तथ्य की पुष्टि किया है।

(iv) फ्रिडमैन तथा डीमैटेयो (Friedman & Dimatto, 1990) ने अपने शोध के आधार पर यह बतलाया है जिन रोगियों में आत्म सम्मान (self-esteem) तथा आत्म-विश्वास मजबूत होता है, उनका स्वास्थ्य व्यवहार उन रोगियों की तुलना में अधिक तेजी से उन्नत होता है जिनमें ऐसा आत्म-सम्मान एवं आत्म-विश्वास कमजोर होता है। इसका तब स्पष्ट मतलब यह हुआ है कि रोगियों के स्वास्थ्य व्यवहार को उन्नत बनाने के लिए उनमें आत्म-सम्मान एवं आत्म-विश्वास को पहले मजबूत करना चाहिए।

स्पष्ट हुआ कि समाज मनोवैज्ञानिकों द्वारा लोगों के स्वास्थ्य व्यवहार को उन्नत बनाने के लिए कुछ प्रशंसनीय सुझाव दिये गये हैं।

आर्थिक विकास की समस्याएँ
(Problems of Economic Development)

पुरातन दिनों में व्यक्ति अपनी आवश्यकताओं की तुष्टि जंगल-झाड़ी में भोजन की खोज करके करता था। वह मूलतः पशुओं का शिकार करके ही अपनी प्रमुख आवश्यकताओं की पूर्ति करता था। उस समय उनके आर्थिक विकास तथा उससे सम्बन्धित समस्याएँ सीमित थीं। स्त्री एवं पुरुष दोनों मिलकर एक साथ बाहर शिकार किया करते थे तथा घरेलू जीवन में भी एक साथ हाथ बँटाकर कोई काम किया करते थे। इसके बाद मनुष्यों के आर्थिक विकास में कृषि की भूमिका आती है। लोगों द्वारा कुछ नये-नये औजार विकसित किये गये जिसका उपयोग कर खेतों में कुछ उपज की जाने लगी। इसमें वे पशुओं का प्रयोग बड़े पैमाने पर करने लगे। इससे उनमें कुछ आर्थिक सम्पन्नता बढ़ी और लोगों में आर्थिक जागृति भी उत्पन्न हुई। धीरे-धीरे कृषि (agriculture) एक महत्त्वपूर्ण व्यवसाय एवं धंधा बन गया। इसके बाद औद्योगिक क्रान्ति (industrial revolution) का युग आया जहाँ सभी महत्त्वर्पूण कार्य मनुष्य द्वारा नहीं बल्कि तरह-तरह के मशीनों द्वारा संपन्न होने लगे। आधुनिक युग की यही विशेषता है कि अब कोई कार्य आदमी द्वारा नहीं बल्कि मशीन द्वारा किया जाता है। आज हाथ की बनाई वस्तुओं को लोग उपेक्षा से देखते हैं और मशीन द्वारा बनायी वस्तुओं को लोग आँख फाड़-फाड़कर देखते हैं और ऐसी चीजों के उपयोग में अपना गर्व समझते हैं। आजकल प्रत्येक क्षेत्र में आर्थिक प्रतियोगिता (economic competition) लोगों में काफी बढ़ गयी है। फलस्वरूप वस्तुओं के उत्पादन, वितरण, उपयोग तथा प्रचार आदि में एक तरह की क्रांति आयी है तथा सरकारी नियंत्रण (governmental control) में भी काफी वृद्धि हो जाने से इनका विकास एक नया रुख अपनाया है।

मनोवैज्ञानिकों द्वारा कुछ अध्ययन ऐसे किये गये हैं जिनमें व्यक्ति की आर्थिक क्रियाएँ (economic activities) तथा अन्य मनोवैज्ञानिक सूचकांकों (psychological indices) जैसे उपलब्धि प्रेरणा (achievement motivation) के बीच सम्बन्धों का अध्ययन किया है तथा सम्बन्धित समस्याओं पर प्रकाश डाला गया है। मैक क्लिलैंड (Mc Clelland, 1961) ने एक अध्ययन किया जिसमें उन्होंने 1800 AD से 1950 तक की अवस्था में अमेरिकन समाज के उपलब्ध प्रसंगों (achievement themes) का विश्लेषण किया और पाया कि समाज में आर्थिक विकास (economic growth) जैसे-जैसे होते गया, उनके उपलब्धि प्रसंगों (achievement themes) में भी वृद्धि होती गयी। मॉर्गन (Morgan, 1964) ने एक इसी तरह का दूसरा अध्ययन किया जिसमें उन्होंने आत्म नियोजित व्यवसायियों (self-employed businessmen) के उपलब्धि प्राप्तांकों (achievement scores) का विश्लेषण किया। उन्होंने इस अध्ययन में पाया कि वैसे व्यवसायीगण जिनमें आर्थिक संपन्नता (economic enrichment) थी, उनका उपलब्धि प्राप्तांक उन व्यवसायीगण की अपेक्षा 73% अधिक था जिनमें आर्थिक सम्पन्नता नहीं थी। इस अध्ययन से यह स्पष्ट होता है कि आर्थिक विकास (economic development) होने से व्यक्ति की उपलब्धि में वृद्धि होती है तथा इससे सम्बन्धित समस्याएँ कमती हैं। भारत में भी उपलब्धि प्रेरणा (achievement motivation) तथा आर्थिक क्रियाओं (economic activities) के बीच के सम्बन्धों पर प्रकाश डाला गया है। सिन्हा एवं चौबे (Sinha & Chaube, 1972) ने एक उत्तम अध्ययन इस सिलसिले में किया है। इस अध्ययन मे इन्होंने इलाहाबाद के नजदीक के दो गॉवों के उपलब्धि प्रेरणाओं (achievement motivation) का एक तुलनात्मक अध्ययन किया। इनमें से एक गाँव कृषि, स्वास्थ्य, आवास आदि दृष्टिकोणों से अधिक विकसित था तथा दूसरा गाँव इन दृष्टिकोणों से पिछड़ा हुआ था। दोनों गाँवों के व्यक्तियों की उपलब्धि प्राप्तांकों की तुलना की गयी और पाया गया कि आर्थिक रूप से विकसित गाँव के लोगों की उपलब्धि प्रेरणा (achievement motivation) आर्थिक रूप से अविकसित गाँव के लोगों की उपलब्धि प्रेरणा से अधिक श्रेष्ठ थी। हुण्डल (Hundal, 1971) ने एक अध्ययन पंजाब में किया जिसमें उन्होंने व्यवसायियों की उपलब्धि प्रेरणा (achievement motivation) का अध्ययन किया और पाया कि आर्थिक विकास (economic growth) तथा उपलब्धि प्रेरणा से सार्थक धनात्मक सहसम्बन्ध होता है।

उपर्युक्त अध्ययनों से यह स्पष्ट हो जाता है कि आर्थिक विकास (economic development) से समाज तथा व्यक्ति पर अनुकूल प्रभाव पड़ता है। फिर भी इससे कुछ समस्याओं (problems) का भी जन्म होता है जिनमें निम्नांकित

प्रमुख हैं—

1. प्रतियोगिता एवं संघर्ष *(competition and conflict)*—मानव विकास का इतिहास इस बात का साक्षी है कि जैसे-जैसे लोगों में आर्थिक सम्पन्नता (economic enrichiment) आती गयी है, विभिन्न क्षेत्रों में प्रतियोगिता एवं संघर्ष भी बढ़ती गयी है। कृषि, उद्योग, शिक्षा आदि महत्त्वपूर्ण क्षेत्रों में जो आज इतनी तीव्र प्रतियोगिता देखने को मिल रही है वह अन्य बातों के अलावा लोगों के आर्थिक सम्पन्नता का परिणाम है। सिन्हा एवं दूबे (Sinha & Dubey, 1982) के अनुसार इस तरह की प्रतियोगिता आधुनिक समाज में समूह संघर्ष करने में महत्त्वपूर्ण भूमिका निभाया है और आधुनिक सामाजिक परिवर्तन (social change) में भी सक्रिय योगदान किया है।

2. शोषण *(Exploitation)*—आर्थिक विकास होने से ऐसा नहीं होता है कि समाज का प्रत्येक व्यक्ति आर्थिक रूप से सम्पन्न एवं सुखी हो जाता है। श्रीनिवासन (Shrinivasan, 1977) के अनुसार आर्थिक विकास होने से सामाजिक अनियमितता में भी वृद्धि हो जाती है। कुछ लोग आर्थिक रूप से सम्पन्न हो जाते हैं तथा कुछ लोगों की आर्थिक स्थिति में नाम मात्र का सुधार होता है। फलस्वरूप आर्थिक रूप से समृद्ध समाज दो भागों में बँट जाता है—आर्थिक रूप से सबल वर्ग तथा आर्थिक रूप से कमजोर वर्ग। पहला वर्ग दूसरे वर्ग का शोषण करना प्रारंभ कर देता है। चाहे कृषि हो, उद्योग हो, शिक्षा हो या स्वास्थ्य(health)हो, आर्थिक रूप से संपन्न व्यक्ति आर्थिक रूप से कमजोर व्यक्ति पर अनावश्यक रूप से दबाव डालकर उनसे मनचाहा काम कराकर न्यूनतम मजूदरी देते हैं और उनका शोषण करते हैं एवं अपनी सम्पन्नता को और मजबूत करते हैं। इससे समाज में आर्थिक विषमता (economic inequality) में वृद्धि होती है।

3. बेरोजगारी *(Unemployment)*—कुछ समाज वैज्ञानिकों का मत है कि आर्थिक विकास में जहाँ एक ओर समाज में खुशहाली आती है, वहीं दूसरी ओर उससे बेरोजगारी की समस्या भी उत्पन्न हो जाती है। आर्थिक विकास का एक स्पष्ट प्रभाव यह होता है कि उद्योग, कृषि आदि क्षेत्रों में नवीनतम मशीनों का प्रयोग बढ़ जाता है। मशीन कई व्यक्तियों का काम अकेले कर लेता है। फलस्वरूप इन व्यवसायी में अब पहले से कम व्यक्तियों की जरूरत होती है और पहले से कार्यरत कर्मचारियों की छँटनी होना अवश्यम्भावी हो जाता है। इतना ही नहीं, नये लोगों की नियुक्ति पर भी रोक लग जाता है। फलतः बेरोजगार व्यक्तियों की संख्या में वृद्धि हो जाती है। इस तरह की बेरोजगारी धीरे-धीरे अन्य सामाजिक समस्याओं का जन्म देने लगती है।

निष्कर्षतः यह कहा जा सकता है कि आर्थिक विकास (economic development) से जहाँ एक ओर कुछ श्रेष्ठकर प्रभाव जैसे उपलब्धि प्रेरणा (achievement motivation) में वृद्धि होती है, वहीं दूसरी ओर कुछ नयी-नयी समस्याओं का भी जन्म हो जाता है। इन समस्याओं में बेरोजगारी की समस्या, शोषण की समस्या तथा प्रतियोगिता एवं संघर्ष आदि में वृद्धि हो जाती है।

सामाजिक समस्याओं का समाधान
(Solution of Social Problems)

सामाजिक समस्याओं के समाधान के प्रति मनुष्यों में प्रारम्भ से ही चेतना रही है। ऐसी समस्याओं के समाधान के कई उपायों का वर्णन किया गया है। उन उपायों को मूलतः दो भागों में बाँटा जा सकता है—

(1) उपचारक विधियाँ (Remedial methods)

(2) निरोधक विधियाँ (Preventive methods)

उपचारक विधियों में उन विधियों को सम्मिलित किया जाता है जिसमें सामाजिक समस्या के परिणामों या लक्षणों (न कि उसके कारण) की पहचान करके उस समस्या को दूर करने की कोशिश की जाती है। निरोधक विधि से तात्पर्य वैसे विधियों से होता है जिसमें सामाजिक समस्याओं के कारणों का पता लगाकर उन्हें दूर करने के उपाय सोचे जाते हैं। गरीबी तथा वंचन (deprivation) से उत्पन्न तंगी की पहचान करके यदि इन समस्याओं को दूर करने का उपाय किया जाता है तो इसे उपचारक विधि (remedial measures) कहा जायेगा परंतु यदि इसके कारणों को ध्यान में रखकर उसे दूर करने का उपाय किया जाता है तो इसे निरोधक विधियाँ (preventive measures) कहा जायेगा।

कुछ समाज सुधारकों द्वारा सामाजिक समस्याओं के समाधान के लिए कुछ सामान्य सुझाव भी दिये गये हैं। जैसे, कुछ समाज सुधारकों का मत है कि अनुपयुक्त शिक्षा (inappropriate education) ही अधिकांश सामाजिक समस्याओं

की जड़ है। अतः उपयुक्त शिक्षा (appropriate education) देकर अधिकांश सामाजिक समस्याओं का समाधान किया जा सकता है।

सामाजिक समस्याओं के समाधान में कुछ बाधाएँ भी आ जातीं हैं जिसमें निम्नांकित प्रमुख हैं—

(1) सामाजिक समस्या के समाधान के लिए प्रस्तावित उपाय के प्रति लोग अक्सर अपने निहित स्वार्थ के लिए उसका विरोध करना प्रारम्भ कर देते हैं और वे यह दलील देना शुरू कर देते हैं कि इससे समस्या का समाधान न होकर समस्या की उग्रता में वृद्धि होगी। परिणामतः सामाजिक असमानता एवं समाधान अवरुद्ध हो जाता है। जैसे, भारतीय समाज में सामाजिक असमानता एवं शोषण की समस्या को मिटाने के लिए भारत सरकार ने आरक्षण नीति की घोषणा की। परंतु उसका कुछ लोगों द्वारा विरोध किया गया और उल्टा तर्क प्रस्तुत किया गया। परिणाम यह हुआ कि यह सरकारी उपाय ठीक ढंग से अभी भी क्रियान्वित नहीं हो पायी है।

(2) किसी सामाजिक समस्या के समाधान के रास्ते में अवरोध धन की कमी से भी उत्पन्न हो जाती है। स्वाभाविक है कि किसी सामाजिक समस्या का समाधान करने के लिए जब किसी उपाय या सुधार को कार्यरूप देने की बात सामने आती है तो इसके लिए कुछ अर्थ (finance) की जरूरत होती है। पर्याप्त धन एवं अर्थ के अभाव में न जाने कितने प्रोजेक्ट तथा सामाजिक उपाय (social measures) सरकारी दफ्तर के फाइलों में दम तोड़ चुके हैं। अतः धनाभाव भी सामाजिक समस्या के समाधान में एक महत्त्वपूर्ण बाधा उत्पन्न करता है।

(3) सामाजिक समस्या के समाधान में कुछ कठिनाई समाज में व्यक्ति की मनोवृत्तियाँ (attitudes) आदि से भी होती है। समाज में कुछ लोग ऐसे होते हैं जो सामाजिक बुराइयों के प्रति खुलकर अपनी मनोवृत्ति, चिन्तन, भाव आदि की अभिव्यक्ति नहीं करते हैं। परिणामतः उस समस्या का कारण तथा उसकी तीव्रता की मात्रा का पता नहीं चल पाता है। फलस्वरूप इन समस्याओं का समाधान ठीक से नहीं हो पाता है।

स्पष्ट हुआ कि सामाजिक समस्याओं के समाधान की विधियाँ तथा उपाय होते हुए भी कुछ कारणों से इन समस्याओं का पूर्णतः समाधान नहीं हो पाया है।

अध्याय सारांश
(Chapter Summary)

1. सामाजिक समस्या एक ऐसी स्थिति होती है जिसे समाज का एक खंड या एक बड़ा भाग प्रभावित होता है तथा जिनके हानिकारक परिणाम होते है एवं जिनका मात्र सामूहिक रूप से ही समस्या का समाधान संभव है।
2. किसी भी सामाजिक समस्या के विकास में कई चरण होते हैं जिनका विस्तृत वर्णन किया गया है।
3. गरीबी एक ऐसी अवस्था होती है जिसमें व्यक्ति अपनी बुद्धि, धन एवं समय लगाकर भी अपना या अपने परिवार का गुजर नहीं कर पाता है। गरीब लोग न्यूनतम निर्वाह स्तर पर या उससे भी नीचे रहते हैं।
4. निर्धनता को दूर करने के कई उपाय हैं। ऐसे सात उपायों का वर्णन किया गया है।
5. किसी व्यक्ति के वातावरण में अभाव की अवस्था जो व्यक्ति के स्वाभाविक विकास में बाधक होती है, को वंचन की अवस्था कहा जाता है।
6. वंचन से कई तरह की समस्याएँ उत्पन्न होतीं है जिसमें तीन प्रमुख हैं—प्रेरणात्मक पैटनर्स से सम्बन्धित समस्या, शैक्षिक उपलब्धि से सम्बन्धित समस्याएँ तथा संज्ञानात्मक पैटनर्स से सम्बन्धित समस्याएँ।
7. जनसंख्या विस्फोट (population explosion) से सम्बन्धित समस्या एक महत्त्वपूर्ण समस्या है जो किसी भी देश की अर्थ व्यवस्था को अस्त-व्यस्त कर देती है। जनसंख्या में वृद्धि के सात कारणों पर प्रकाश डाला गया है। जनसंख्या में वृद्धि को नियंत्रित करने के पाँच प्रमुख उपायों का वर्णन किया गया है। साथ-ही-साथ जनसंख्या विस्फोट में मनोवैज्ञानिक कारकों की भूमिका, स्वास्थ्य व्यवहार का मनोविज्ञान, बीमारियों का रोक-थाम, उपचार तथा स्वास्थ्य उन्नति आदि की भी व्याख्या की गयी है।
8. अर्थिक विकास की समस्या भी एक प्रमुख समस्या है। आर्थिक विकास से नई तरह की समस्याएँ उत्पन्न होती है।
9. सामाजिक समस्याओं के समाधान के कई तरीके हैं जिन पर भी पर्याप्त प्रकाश डाला गया है।

❑

अध्याय 35

राष्ट्रीय चरित्र एवं राष्ट्रीय एकीकरण
(NATIONAL CHARACTER AND NATIONAL INTEGRATION)

राष्ट्रीय चरित्र एवं अर्थ
(Meaning of National Character)

राष्ट्रीय चरित्र दो पद अर्थात राष्ट्र (nation) एवं चरित्र (character) के मेल से बना है। राष्ट्र से तात्पर्य विभिन्न प्रजातियों के व्यक्तियों के एक ऐसे समूह से होता है जिसका अपना एक स्वतंत्र भूखंड होता है तथा जिसके सदस्यों में लगभग समान विचार, भाव, भाषा एवं एक सामान्य उद्देश्य (common goal) होता है। चरित्र (character) से तात्पर्य एक ऐसी व्यवहार संहिता (code of behaviour) से होता है जिसके संदर्भ में व्यक्ति या उसके व्यवहारों का मूल्यांकन किया जाता है। राष्ट्र एवं चरित्र के अर्थ को समझ लेने के बाद राष्ट्रीय चरित्र के अर्थ को समझाना आसान है।

राष्ट्रीय चरित्र (National character) का पर्यायवाची शब्द रूपात्ममक व्यक्तित्व (modal personality) है। जिस तरह से किसी व्यक्ति का एक निश्चित चरित्र होता है, उसी तरह से राष्ट्र रूपी व्यक्ति का भी एक चरित्र होता है, जिसे *राष्ट्रीय चरित्र* की संज्ञा दी जाती है। सचमुच में राष्ट्रीय चरित्र से तात्पर्य विशिष्ट प्रतिरूपों (specific behavioural pattern), मनोवृत्तियों, विश्वासों, मूल्यों, मानकों (norms) आदि से होता है जो एक राष्ट्र के अधिकांश व्यक्तियों में पाया जाता है। क्रेच तथा क्रचफिल्ड (Kretch & Crutchfield, 1948) ने बतलाया है कि समाज मनोवैज्ञानिकों ने राष्ट्रीय चरित्र का प्रयोग मूलतः दो अर्थों में किया है। एक अर्थ में राष्ट्रीय चरित्र एक सांख्यिकीय संप्रत्यय (statistical concept) माना गया है जिसका अर्थ राष्ट्र की जनसंख्या में विभिन्न शीलगुणों के औसत वितरण (distribution) से होता है। उदाहणार्थ, यह कहा जा सकता है कि औसतन (on the average) अमेरिका के राष्ट्रीय चरित्र की तुलना में ब्रिटेन के राष्ट्रीय चरित्र में अधिक शुष्कता (reserveness) होती है। ब्रिटेन के राष्ट्रीय चरित्र की तुलना में जर्मनी के राष्ट्रीय चरित्र में अधिक विनम्रता (submissiveness) होती है तथा भारत के राष्ट्रीय चरित्र में पाश्चात्य देशों के राष्ट्रीय चरित्र की अपेक्षा अधिक धार्मिकता (religiousness) होती है। दूसरे अर्थ में, क्रेच एवं क्रचफिल्ड[1] के अनुसार, राष्ट्रीय चरित्र से तात्पर्य ''किसी देश के संगठनों में सामाजिक व्यवहार के विशिष्ट प्रतिरूपों (patterns) से होता है।'' इस तरह से किसी एक देश में व्यवहार प्रतिरूप प्रजातंत्रात्मक (democractic) हो सकता है तो दूसरे देश में वह प्रतिरूप सत्ताधारी (authoritatrian) हो सकता है। फलतः एक देश के बच्चों का पालन-पोषण अनुज्ञात्मक वातावरण (permissive atmosphere) में तथा दूसरे देश के बच्चों का पालन-पोषण एक कड़े नियंत्रण के वातावरण में हो सकता है। क्लाइनवर्ग (Klineberg, 1944) का मत है कि राष्ट्रीय चरित्र के ये दोनों अर्थ ठीक हैं तथा वे एक-दूसरे से स्वतंत्र भी नहीं है। देश में व्यक्तियों के शीलगुणों से सामाजिक संगठनों का प्रतिरूप तैयार होता है तथा सामाजिक संगठनों द्वारा भी सदस्यों के शीलगुण का प्रतिरूप निर्धारित होता है।

मैकडुगल (McDougall, 1910) ने अपनी पुस्तक 'ग्रुप माइन्ड' (Group Mind) में राष्ट्रीय चरित्र के सम्प्रत्यय पर प्रकाश डालते हुए यह कहा है कि राष्ट्रीय चरित्र निश्चित (fixed) एवं स्थायी (static) होता है परंतु बाद के मानवशास्त्रियों एवं समाज मनोवैज्ञानिकों द्वारा किये गये अध्ययनों से यह स्पष्ट हो गया है कि राष्ट्रीय चरित्र अस्थायी होता है तथा परिवर्तनशील होता है। यह राष्ट्र के आर्थिक स्थिति, भौगोलिक स्थिति, संस्कृति, राजनैतिक संगठन, धर्म,

1. "In another sense, national character refers to the typical patterns of social behaviour within the organization of a given nation." —Kretch & Crutchfield : *Theory and Problems of Social Psycholgy*. 1948, p. 592.

भाषा, वर्ग संरचना (class sturcture) आदि द्वारा प्रभावित होता है और उसमें परिवर्तन होता है। गिन्सवर्ग[1] (Ginsberg, 1947) ने ठीक ही कहा है, ''राष्ट्रीय चरित्र कुछ ऐसा नहीं होता है जो सदा के लिए समान रहता हो, यह हमेशा परिवर्तनशील होता है।''

ऊपर वर्णन किये गये तथ्यों के आधार पर राष्ट्रीय चरित्र के बारे में हमें निम्नांकित तथ्य प्राप्त होते है—

(1) राष्ट्रीय चरित्र एक जटिल संप्रत्यय (complex concept) है जिसके निर्माण में राष्ट्र के विभिन्न संगठनों एवं समुदायों के लोगों के विश्वासों, विचारों, मानकों (norms) आदि का एक संयुक्त योगदान होता है।

(2) राष्ट्रीय चरित्र परिवर्तनशील होता है। राष्ट्र के सामाजिक-आर्थिक स्तरों में परिवर्तन तथा संस्कृति में परिवर्तन होने से राष्ट्रीय चरित्र में परिवर्तन हो जाता है।

राष्ट्रीय चरित्र में विभिन्नता के कारण
(Causes of differences in National Character)

समाज मनोवैज्ञानिकों तथा मानवशास्त्रियों (anthropologists) द्वारा किये गये अध्ययनों एवं प्रेक्षणों (observations) से यह स्पष्ट हो गया है कि विभिन्न देशों के राष्ट्रीय चरित्र में विभिन्नता होती है। उदाहरणार्थ, ब्रिकनर (Brickner, 1943) ने अपने अध्ययन में पाया है कि जर्मनी के राष्ट्रीय चरित्र में सांस्कृतिक व्यामोह (cultural paranoia) का लक्षण अधिक तीव्र होता है। उन्होंने यह भी बतलाया है कि जर्मन के विशिष्ट व्यवहार प्रतिरूप में आक्रामकता, दंड का व्यामोह (delusion of prosecution), महत्त्वोन्माद (Megalinania) आदि प्रधान रूप से देखे जाते हैं। इसी तरह से गोरेर (Gorer, 1943) ने अपने अध्ययनों के आधार पर बतलाया है कि जापानियों के राष्ट्रीय चरित्र में आक्रामकता (aggressiveness) कूट-कूट कर भरी होती है क्योंकि इनकी संस्कृति में बच्चों के पालन-पोषण करने की विधि में काफी सख्ती दिखलायी जाती है। सिन्हा (Sinha, 1969) ने अपने अध्ययन में पाया कि भारतीयों के राष्ट्रीय चरित्र में धार्मिकता (religiousness) तथा सहनशीलता (tolerance) का लक्षण अधिक पाया जाता है।

ऊपर प्रस्तुत किये गये अध्ययनों से यह स्पष्ट हो जाता है कि राष्ट्रीय चरित्र में विभिन्नता होती है हालाँकि प्रथम दो अध्ययनों के निष्कर्ष को कुछ विधि-सम्बन्धी विषयों (methodological issues) के आधार पर क्रेच तथा क्रेचफिल्ड (Kretch & Crutchfield) ने आलोचना की है। जैसे—इन लोगों ने विक्रनर के अध्ययन की आलोचना करते हुए कहा है कि विक्रनर ने राष्ट्रीय चरित्र का जो अध्ययन किया था वह स्पष्टतः एक पक्षपात प्रतिदर्श (biased sample) के आधार पर था तथा जिसके आधार पर प्राप्त तथ्य को स्वीकार नहीं किया जा सकता है। इसी तरह गोरेर (Gorer, 1964) ने अध्ययन की आलोचना करते हुए उन्होंने कहा कि यहाँ भी अध्ययन में सम्मिलित किया गया प्रतिदर्श एक प्रतिनिधिक प्रतिदर्श (representative sample) नहीं था। अतः उसके निष्कर्ष पर निर्भर करना या उसे वैध (valid) मानना सर्वथा उचित नहीं होगा। इन आलोचनाओं के बावजूद भी इन अध्ययनों से तथा और ऐसे ही कई अध्ययनों से यह स्पष्ट हो गया है कि राष्ट्रीय चरित्र में विभिन्नताएँ होतीं हैं। क्रेच तथा क्रेचफिल्ड (Kretch & Crutchfield, 1948) के अनुसार राष्ट्रीय चरित्र में विभिन्नताओं के प्रमुख कारण निम्नांकित तीन हो सकते हैं—

(i) विभिन्न राष्ट्रों के बीच आवश्यकताओं (needs) की संतुष्टि तथा सामान्य कुंठा या निराशा के विभिन्न स्तर होते हैं जिनसे उन व्यवहार प्रतिरूपों (behaviour patterns) में विभिन्नता पायी जाती है जिससे कुछ प्रमुख व्यवहार जैसे आक्रामकता (aggressiveness) आदि नियंत्रित होते हैं। इन विभिन्नताओं के कारण राष्ट्रीय चरित्रों में विभिन्नता आ जाती है।

(ii) विभिन्न राष्ट्रों के बीच सांस्कृतिक प्रतिरूप (cultural patterns) में विभिन्नता पायी जाती है। इस विभिन्नता का परिणाम यह होता है कि किसी राष्ट्र के अधिकतर लोगों का व्यवहार प्रतिरूप (behaviour patterns) में विभिन्नता आ जाती है जिससे अंततः राष्ट्रीय चरित्र में भी अंतर हो जाता है।

(iii) राष्ट्रीय शिक्षा, अनुभवों, सांस्कृतिक प्रतिरूपों के कारण किसी देश के अधिकतर सदस्यों द्वारा मनोवृत्तियों एवं विश्वासों के प्रतिरूपों में विभिन्नता पायी जाती है जिससे भी एक देश का राष्ट्रीय चरित्र दूसरे देश के राष्ट्रीय चरित्र से भिन्न हो जाता है।

1. "National character is not something given once for all, it is always in the making." —Mosis Ginsberg, 1947

निष्कर्ष यह है कि प्रत्येक देश का राष्ट्रीय चरित्र एक-दूसरे से भिन्न होता है। विभिन्नता का कारण कोई एक कारक नहीं है बल्कि अनेक कारक हैं।

राष्ट्रीय चरित्र का निर्धारक
(Determinants of National Character)

विभिन्न देशों का राष्ट्रीय चरित्र अलग-अलग होता है। अब प्रश्न यह उठता है कि राष्ट्रीय चरित्र में विभिन्नता के निर्धारक (determinants) क्या हैं? दूसरे शब्दों में वे कौन-कौन से कारक (factors) हैं जिनसे किसी देश के राष्ट्रीय चरित्र का निर्माण प्रभावित होता है? समाज मनोवैज्ञानिकों द्वारा किये गये अध्ययनों से जो तथ्य प्राप्त हुए हैं उनके आधार पर निम्नांकित कारकों को राष्ट्रीय चरित्र के निर्माण में अधिक महत्त्वपूर्ण बतलाया गया है—

1. प्रजातीय कारक *(Racial factor)*—किसी भी राष्ट्र में प्रायः एक से अधिक प्रजाति (race) के लोग रहते हैं जो सामान्यतः एक भाषा बोलते हैं या कभी-कभी एक से अधिक भाषा भी बोलते हैं। कैम्पवेल (Campbell, 1958), मैगडुगल (McDougal, 1910) के अनुसार विभिन्न प्रजाति के लोगों में भिन्न-भिन्न तरह की मानसिक विभिन्नताएँ होती हैं जिनसे राष्ट्रीय चरित्र का निर्माण होता है। उदाहरण के लिए भारत के राष्ट्रीय चरित्र में अन्य गुणों के अलावा धार्मिकता (religiousness), सहनशीलता (tolerance) तथा भाग्यवादिता (fatalism) प्रधान है जिसका प्रधान कारण है कि इस देश की करीब-करीब सभी प्रजातियों में उपर्युक्त गुणों की प्रधानता होती है।

2. आर्थिक कारक *(Economic factor)*—राष्ट्रीय चरित्र के निर्माण में आर्थिक कारकों का भी महत्त्वपूर्ण प्रभाव पड़ता है। यदि देश सुखी संपन्न है एवं वहाँ का उद्योग, व्यवसाय तथा कृषि काफी उन्नत है तो ऐसे देश के राष्ट्रीय चरित्र में आत्मनिर्भरता, आत्म-विश्वास, आक्रामकता (aggressivenss) आदि अधिक देखने को मिलता है परंतु यदि देश अविकसित है तथा वहाँ के लोगों की आर्थिक स्थिति अच्छी नहीं होती है (क्योंकि वहाँ के उद्योग-धंघे एवं कृषि कम उन्नत होते हैं तथा आबादी अधिक होती है) तो ऐसे देश का राष्ट्रीय चरित्र कुछ दूसरा ही होता है। ऐसे देश के लोगों में धार्मिक विश्वास अधिक होता है तथा दूसरों पर निर्भरता (dependence) अधिक होती है। आर्थिक संपन्नता के कारण ही अमेरिकन एवं जापानियों का राष्ट्रीय चरित्र बांग्ला देशी एवं पाकिस्तानियों की अपेक्षा भिन्न होता है।

3. राजनीतिक कारक *(Political factor)*—प्रत्येक राष्ट्र की एक सरकार होती है जिसका एक खास संविधान होता है जिसके अनुसार सरकार राज्य चलाती है। संविधान का स्वरूप प्रजातंत्रात्मक (democractic) भी हो सकता है या सत्ताधारी (autocratic) या तानाशाही भी। अगर किसी देश के संविधान में तानाशाही प्रथा को श्रेष्ठता दी जाती है, तो वहाँ का राष्ट्रीय चरित्र एक खास ढंग का होता है जिसमें संकीर्णता (narrowness), दब्बूपना आदि की प्रधानता होती है। (Fisher, 1983) के अनुसार ऐसे देश के राष्ट्रीय चरित्र में आक्रामकता (aggressivenss) भी अधिक होती है क्योंकि यहाँ के लोगों में कुंठा या निराशा का स्तर ऊँचा होता है। दूसरे तरफ यदि देश के संविधान में प्रजातंत्रात्मक प्रथा की प्रधानता होती है और सरकार जनता की आवाज के अनुकूल कार्य करती है तो वहां के लोगों का राष्ट्रीय चरित्र भिन्न होता है। ऐसे देश के लोगों में उदारता, सहयोगिता (co-operativeness) तथा सहभागिता (participation) आदि प्रधान होते हैं। भारत को ही ले लिया जाये। जबसे भारत में प्रजातंत्रात्मक पद्धति कायम हुई है, यहाँ के लोगों में उदारता (liberalism), अहिंसा, विश्वबंधुत्व आदि जैसे गुणों की प्रधानता बढ़ गयी है।

4. धार्मिक कारक *(Religious factor)*—राष्ट्रीय चरित्र के निर्माण में धार्मिक कारकों जैसे धर्म तथा धार्मिक संस्थानों (religious institution) की भूमिका भी सराहनीय है। मूलरूप से संसार में छः धर्मों की प्रधानता है—ईसाई, धर्म, इस्लाम धर्म, हिन्दू धर्म, बौद्ध धर्म, जैन धर्म एवं सिक्ख धर्म। जिस देश में ईसाई धर्म की प्रधानता होती है अर्थात जहाँ के अधिकतर लोग इसी धर्म के मानने वाले होते हैं उनके राष्ट्रीय चरित्र में मानवता (humanity) तथा गतिशीलता (mobility) अधिक देखने को मिलती है। इस्लाम धर्म को प्रधानता देने वाले देशों के राष्ट्रीय चरित्र मं कठोरता एवं कट्टरता अधिक पायी जाती है। हिन्दू धर्म को प्रधानता देने वाला देश के राष्ट्रीय चरित्र में भाग्यवादिता (fatalism), आध्यात्मिकता (spiritualism) तथा अभियोजनशीलता आदि प्रधान होती है। उसी तरह सिक्ख धर्म तथा बौद्ध धर्म की प्रधानता देने वाला राष्ट्र के राष्ट्रीय चरित्र की अपनी-अपनी अलग विशेषताएँ होती हैं।

5. भौगोलिक कारक *(Geographical factor)*—किसी राष्ट्रीय चरित्र के निर्माण में भौगोलिक वातावरण (geographical environment) का भी हाथ होता है। दूसरे शब्दों में राष्ट्र के भूखंडों के आकार, आकृति, आंतरिक

संरचना, जलवायु आदि कारकों का प्रभाव उस देश के राष्ट्रीय चरित्र के निर्माण पर पड़ता है। मानवशास्त्रियों (anthoropologists) द्वारा किये गये कुछ अध्ययनों से यह स्पष्ट हो गया है कि देश के भौगोलिक वातावरण का प्रभाव वहाँ के राष्ट्रीय चरित्र पर पड़ता है। उदाहरणार्थ, मीड (Mead, 1933) ने अपने अध्ययन में पाया कि न्यू गिनिया के राष्ट्रीय चरित्र में दो तरह के विरोधी शीलगुणों की प्रधानता होती है जिसका प्रमुख कारण देश में दो भिन्न प्रकार के भौगोलिक वातावरण का होना है। देश का जो भू-भाग चारों तरफ से ऊँची-ऊँची पहाड़ियों से घिरा है, वहाँ के लोग शांत एवं सहयोगी होते हैं तथा उनमें सूझ एवं उच्च आकांक्षाओं की कमी होती है। देश का जो हिस्सा पहाड़ियों द्वार सुरक्षित न होकर खुला होता है, वहाँ के लोगों में आक्रामकता अधिक होती है तथा ऐसे लोग शंकालु स्वभाव के होते हैं।

ऊपर किये गये वर्णन के आधार पर यह स्पष्ट हो जाता है कि देश का राष्ट्रीय चरित्र के निर्माण पर कई कारकों का प्रभाव पड़ता है। सच पूछा जाये तो ये सभी कारक कुछ ऐसे हैं जो संयुक्त रूप से ही राष्ट्रीय चरित्र के निर्माण पर अपना प्रभाव डालते हैं।

भारतीय राष्ट्रीय चरित्र की विशेषताएँ
(Characteristics of Indian National Character)

प्रत्येक राष्ट्र का अपना एक राष्ट्रीय चरित्र होता है जो उसे अन्य देशों में अलग कर देता है। भारत का भी अपना विशेष राष्ट्रीय चरित्र है जिसके कारण यह दूसरे राष्ट्र से भिन्न है। भारतीय राष्ट्रीय चरित्र की प्रमुख विशेषताएँ निम्नांकित हैं—

1. भाग्यवादिता *(Fatalism)*—भारत के राष्ट्रीय चरित्र में भाग्यवादिता एक प्रमुख गुणों में से है। यहाँ के लोगों को भाग्य में काफी विश्वास है। प्रायः लोग यही कहते हैं कि किसी व्यक्ति के साथ वही होता है जो उसके भाग्य में लिखा रहता है। घटना अच्छी हो या बुरी, उसे भाग्य पर थोप दिया जाता है। भगवद्गीता में भी कुछ ऐसा ही कहा गया है कि मनुष्य को कोई भी काम उसके फल या परिणम की चिन्ता किये बिना ही करना चाहिए। उसके भाग्य में जैसा फल होगा, भगवान उसे अवश्य ही देगा।

2. सहनशीलता *(Tolerance)*—भारतीय राष्ट्रीय चरित्र की दूसरी विशेषता सहनशीलता है। यहाँ की संस्कृति सहनशीलता जैसे गुण को अधिक प्रधानता देती है। पांडे (Pandey, 1980) तथा सिंह (Singh, 1985) ने अपने अध्ययनों के आधार पर यह बतलाया है कि सहनशीलता का शीलगुण भारत के अधिकतर जातियों में काफी मात्रा में पाया जाता है। यहाँ तक कि आदिवासियों में भी इस तरह के शीलगुण की प्रचुरता देखी गयी है। इन लोगों के अनुसार भारतीय राष्ट्रीय चरित्र में सहनशीलता का शीलगुण होने का प्रधान कारण बचपन में बच्चों के प्रति उदार मनोवृत्ति एवं उनके पालन-पोषण में दिखलायी गयी उदारता होती है।

3. अहिंसा एवं विश्वबंधुत्व *(Non-violence and universal brothehood)*—भारतीय राष्ट्रीय चरित्र में अहिंसा एवं विश्वबंधुत्व काफी प्रधान है। भारतीय अहिंसा के पुजारी होते हैं। वे अपने लक्ष्य पर अहिंसा के रास्ते से पहुँचकर जितना खुश होते हैं उतना दूसरे रास्ते से पहुँचकर वे खुश नहीं होते हैं। महात्मा गाँधी ने इस अहिंसा के मार्ग पर चलकर भारत को अंग्रेजों से आजाद करवाया था। भगवान बुद्ध ने भी अपने जीवन-दर्शन में स्पष्टतः कहा है ''अहिंसा परमोधर्मः।'' भारतीय सिर्फ अहिंसा के ही पुजारी नहीं होते हैं बल्कि उनमें विश्वबंधुत्व की भी भावना श्रेष्ठ होती है। बचपन से ही भारतीय माता-पिता अपने बच्चों को इस बात का प्रशिक्षण देते हैं कि लड़ाई-झगड़ा बुरी बात है, सबों से दोस्ती रखना अच्छी बात है। बड़ा होने पर उन्हें समाज भी यही शिक्षा देता है कि अहिंसा का रास्ता सबसे उत्तम है तथा दुनिया के सभी मानव उनके बंधु ही हैं।

4. परोपकारिता *(Altruism)*—भारतीय राष्ट्रीय चरित्र में परोपकारिता का भी शीलगुण देखने को मिलता है। भारतीय संस्कृति कुछ ऐसी है जिसमें उन लोगों की प्रशंसा की जाती है जो दूसरों को हमेशा मदद करने के लिए तैयार रहते हैं। ऐसे लोग सर्वत्र पूजनीय होते हैं एवं लोग उन्हें सम्मान की नजर से देखते हैं। भारतीय संस्कृति में बचपन से ही बच्चों को माता-पिता द्वारा परोपकारिता की शिक्षा दी जाती है और वे स्वयं भी अपने बड़े भाई-बहनों एवं परिवार के अन्य सदस्यों को परोपकारी कार्य करते देखते हैं और वे खुद भी वैसा ही करने के लिए प्रेरित होते हैं।

5. सत्यनिष्ठा *(Truthfulness)*—भारतीयों के राष्ट्रीय चरित्र में सत्यनिष्ठता का भी शीलगुण अधिक देखा गया है। यहाँ के लोगों में सच के प्रति अधिक निष्ठा होती है और वे भरपूर कोशिश करते हैं कि सच ही बोले। यहाँ की संस्कृति सच बोलने वालों को सम्मान देती है तथा उसे आदर की दृष्टि से देखती है। यहाँ की संस्कृति का प्रमुख नारा (slogan) ही है, ''सत्यमेव जयते'' अर्थात सत्य बोलने वाले की हमेशा विजय होती है। इस ढंग के शीलगुण के विकास का कारण अंशतः विशेष शिशु प्रशिक्षण (child training) है।

6. आध्यात्मिकता *(Spiritualism)*—भारतीय राष्ट्रीय चरित्र में आध्यात्मिकता एवं धार्मिकता कूट-कूट कर भरी होती है। यहाँ के लोगों को धर्म में विश्वास तथा भगवान की अलौकिक शक्ति में इतना अधिक विश्वास होता है कि वे अपने प्रत्येक कार्य का शुभारंभ पूजा-पाठ से ही करते हैं और हमेशा भगवान से एक सफल कामना की दूआ करते हैं।

7. अभियोजनशीलता *(Adjustability)*—भारतीय राष्ट्रीय चरित्र की एक विशेषता यह भी है कि यहाँ के लोगों में अभियोजनशीलता काफी पायी जाती है। प्रत्येक भारतीय में अपनी परिस्थिति के अनुकूल अभियोजन करने की क्षमता होती है। जो जहाँ है और जिस तरह की परिस्थिति में है, धीरे-धीरे उसके साथ अभियोजन कर लेता है तथा अपने आपको संतुष्ट कर लेता है। इस तरह के अभियोजनशीलता भी भारतीय राष्ट्रीय चरित्र का एक प्रमुख अंश है।

8. तटस्थता *(Neutrality)*—एक आम भारतीय को इस उक्ति में सर्वाधिक विश्वास होता है कि एक सुखी एवं संतुलित जीवन के लिए तटस्थता काफी आवश्यक है। तटस्थता से यहाँ मतलब किसी घटना या व्यक्ति में आवेष्टन (involvement) न दिखलाने से है और ना ही पूर्णतः अपनयन (withdrawal) दिखलाने से होता है। अंतर्राष्ट्रीय स्तर पर भी भारत इसी तटस्थता की नीति के अनुकूल कार्य कर रहा है, और कुछ दबाव एवं कठिनाइयों के बावजूद भी इस नीति का खुलकर पालन भारत द्वारा किया जा रहा है। भारत की तटस्थता नीति पूरे संसार में काफी प्रचलित है जिसके कारण तटस्थता का यह गुण भारतीय राष्ट्रीय चरित्र का एक प्रमुख अंश बन गया है।

ऊपर किये गये वर्णन से यह स्पष्ट है कि भारतीय राष्ट्रीय की कुछ ऐसी खास-खास विशेषताएँ हैं जो उन्हें अन्य राष्ट्रों के राष्ट्रीय चरित्र से भिन्न बना देती है। भारतीय राष्ट्रीय चरित्र में इन शीलगुणों के होने के कारण एक औसत भारतीय का व्यवहार भी एक खास ढंग का होता है।

राष्ट्रीय चरित्र के सिद्धांत या उपागम
(Approaches or Theories of National Character)

राष्ट्रीय चरित्र या रूपात्मक व्यक्तित्व (modal personality) की व्याख्या करने के लिए मनोवैज्ञानिकों ने कई सिद्धांतों का प्रतिपादन किया है जिनमें निम्नांकित प्रमुख हैं—

(1) मनोविश्लेषणात्मक सिद्धांत (Psychoanlaytic theory)

(2) शिक्षण सिद्धांत (Learning theory)

(3) क्षेत्र सिद्धांत (Field theory) तथा

(4) प्रेरणात्मक सिद्धांत (Motivational theory)

इस सिद्धांत की आलोचनात्मक व्याख्या हम अलग-अलग अनुच्छेदों में करेंगे।

मनोविश्लेषात्मक सिद्धांत
(Psychoanalytic Theory)

जैसा कि नाम से ही स्पष्ट है, इस सिद्धांत का आधार मनोविश्लेषात्मक संप्रत्यय (psychoanalytic concepts) हैं। मनोविश्लेषण की सिद्धांत मूलतः फ्रायड (Freud) द्वारा प्रतिपादित किया गया परंतु बाद में इसके विकास में कुछ अन्य मनोवैज्ञानिकों का भी योगदान रहा है। मनोविश्लेषणात्मक सिद्धांत के अनुसार मानव का व्यवहार तथा शीलगुण का विकास मनोलैंगिक विकास (psychosexual development) की अवस्थाओं द्वारा नियंत्रित होता है। मनोलैंगिक विकास की पाँच अवस्थाओं में से प्रथम तीन अवस्थाओं पर अर्थात मौखिक अवस्था (oral stage), गुदा अवस्था (anal stage) एव लिंगप्रधानावस्था (phallic stage) पर अधिक बल डाला गया है और इनसे व्यक्तित्व शीलगुणों का विकास सीधे नियंत्रित होते बतलाया गया है। फ्रायड ने यह स्पष्ट किया था कि प्रत्येक अवस्था द्वारा नियंत्रित होने

वाला व्यक्तित्व का प्रकार अन्य दूसरी अवस्था द्वारा नियंत्रित होने वाले व्यक्तित्व से सर्वथा भिन्न होता है। आधुनिक समाज मनोवैज्ञानिकों ने फ्रायड के इस सिद्धांत का उपयोग रूपात्मक व्यक्तित्व (modal personality) की व्याख्या करने में किया है।

गोरेर तथा रिकमैन (Gorer and Rickman, 1949), टर्नर (Turner, 1960) ने रूसी रूपात्मक व्यक्तित्व (Russian modal personality) की व्याख्या मनोविश्लेषात्मक सिद्धांत से किया है और कहा है कि यहाँ के बच्चों के पालन-पोषण की प्रणाली ऐसी है कि उन पर कड़ा नियंत्रण प्रारम्भ से ही रखा जाता है। फलस्वरूप इसके रूपात्मक व्यक्तित्व शीलगुणों (modal personality traits) में या राष्ट्रीय चरित्र में अनुशासन, हठधर्मिता तथा सत्तावादी (authoritarianism) जैसे शीलगुणों की प्रधानता होती है। एडोरनो तथा उनके सहयोगियों (Adorno et al., 1950) ने जर्मनी के लोगों में बच्चों के पालन-पोषण प्रणाली से सख्त अनुशासन एवं सत्तावादी प्रवृत्तियों (authoritarian tendenceis) का बोल-बाला अधिक पाया है। परिणामस्वरूप जर्मनी के लोगों के व्यक्तित्व में सत्तावादी व्यक्तित्व (authoritarian personality) की प्रबलता पायी गयी है। टर्नर (Turner, 1971) ने जापानी के राष्ट्रीय चरित्र में परिश्रम करने के शीलगुण तथा साफ-सुथरा रहने की प्रबलता का कारण भी जापानी माता-पिता द्वारा बच्चों के पालन-पोषण में अपनायी गयी विशेष शौच-प्रशिक्षण प्रविधि ही बतलाया है। बैकमैन (Backman, 1975) ने भी अपने अध्ययन के आधार पर इस तथ्य की पुष्टि किया है।

कुछ मनोवैज्ञानिकों ने भारतीय राष्ट्रीय चरित्र की व्याख्या भी मनोविश्लेषणात्मक सिद्धांत के आलोक में किया है। भारत के राष्ट्रीय चरित्र में भाग्यवादिता, संवेगात्मक असुरक्षा, आध्यात्मिकता, सहनशीलता आदि गुणों की प्रधानता होती है। सिन्हा (Sinha, 1979), पांडे एवं त्रिपाठी (Pandey & Tripathi, 1989) ने इसका मूल कारण भारतीय माताओं द्वारा बच्चों के पालन-पोषण में कई तरह के अंधविश्वासों एवं उदारता उपस्थिति को बतलाया है। चटर्जी एवं सेनगुप्ता (Chatterjee & Sen Gupta, 1976) ने अपने कई अध्ययनों के आधार पर यह बतलाया है कि धर्म प्रधान परिस्थिति में भारतीय बच्चों का पालन-पोषण होने के कारण उनमें आध्यात्मिकता (spititualism) का शीलगुण अधिक पाया जाता है।

कुछ विशेषज्ञों का मत है कि राष्ट्रीय चरित्र या रूपान्तर व्यक्तित्व (modal personality) के विकास में बच्चों के पालन-पोषण सम्बन्धी नियमों, तथ्यों एवं सिद्धांतों के प्रभाव के सबूत हमेशा नहीं मिलते हैं। इतना ही नहीं, कुछ संस्कृति में तो इस तरह के सबूत की सर्वथा कमी पायी जाती है। इन सबसे यह स्पष्ट होता है कि राष्ट्रीय चरित्र की व्याख्या करने में मनोविश्लेषाणात्मक सिद्धांत पूर्णरूपेण सक्षम नहीं है।

शिक्षण सिद्धांत
(Learning Theory)

राष्ट्रीय चरित्र का यह सिद्धांत व्यवहारवादियों (behaviourists) के प्रयासों का परिणाम है। इस सिद्धांत के अनुसार सामान्य वातावरण (general environment) तथा उसमें प्राप्त प्रशिक्षण (training) तथा सीखे गये कौशल, आदत आदि के ही आधार पर ही व्यक्ति के राष्ट्रीय चरित्र (national character) का निर्माण होता है। इस सिद्धांत के अनुसार समाजीकरण (socialization) के साधन (agent) जैसे—स्कूल, शिक्षक, माता-पिता, पास-पड़ोस से व्यक्तियों को सीखने का जो अवसर मिलता है, उसकी भूमिका राष्ट्रीय चरित्र के निर्माण में सर्वाधिक पाया गया है। एक अमेरिकन के राष्ट्रीय चरित्र में प्रतियोगिता की भावना (feeling of cometition) अधिक तीव्र होती है। इसका प्रधान कारण यह है कि वहाँ का सामाजिक वातावरण ऐसा होता है जहाँ प्रत्येक क्षेत्र में प्रारंभ से ही अधिकतर कार्य प्रतियोगिता के दृष्टिकोण से किये जाते हैं।

शिक्षण सिद्धांत के अनुसार राष्ट्रीय चरित्र के निर्माण में अनुबंधन (conditioning) की भी भूमिका प्रधान होती है। इसका मतलब यह हुआ कि रूपांतर व्यक्तित्व शीलगुणों (modal personality traits) के निर्माण में पुरस्कार (reward) एवं दंड (punishment) की भूमिका भी प्रधान होती है। कई अध्ययनों से इस तथ्य की पुष्टि होती है। कार्डीनर (Kardiner, 1932) ने एक अध्ययन में बतलाया है कि यदि संस्कृति ऐसी है जिसमें बच्चों के व्यवहारों को दंडित कर उसे सुधारने में विश्वास किया जाता है, तो उनके राष्ट्रीय चरित्र में आक्रमकता, उदंडता, उत्तरदायित्वहीनता आदि का शीलगुण अधिक बढ़ जाता है। दूसरे तरह जब संस्कृति ऐसी होती है जिसमें बच्चों के व्यवहारों की पुरस्कृत

करके तथा उसके प्रति स्नेह एवं प्रेम-भाव दिखलाकर उनके व्यवहारों को उन्नत बनाने की कोशिश की जाती है तो उनके राष्ट्रीय चरित्र में आत्म-विश्वास (self-confidence), आत्म-सम्मान (self-esteem), उदारता जैसे शीलगुणों की प्रबलता पायी जाती है।

कुछ लोगों का मत है कि शिक्षण सिद्धांत में राष्ट्रीय चरित्र की व्याख्या का आधार सिर्फ सामाजिक कारकों को बनाया गया है जबकि सच्चाई यह है कि राष्ट्रीय चरित्र के निर्माण में कुछ जैविक कारकों (biological factors) की भी भूमिका होती है जिसकी उपेक्षा यह सिद्धांत स्पष्ट रूप से करता है।

क्षेत्र सिद्धांत
(Field Theory)

राष्ट्रीय चरित्र या रूपात्मक व्यक्तित्व (modal personality) की व्याख्या कर्ट लेविन (Kurt Lewin, 1945, 1948) द्वारा प्रतिपादित क्षेत्र सिद्धांत द्वारा भी की गयी है। कर्ट लेविन एक जाने-माने मनोवैज्ञानिकों हैं जिनकी विचारधारा गेस्टाल्ट मनोवैज्ञानिकों (Gestall psychologists) से काफी मिलती-जुलती है। लेविन ने व्यक्तित्व के शीलगुणों के निर्माण की संपूर्ण व्याख्या (whole explanation) करने में वातावरण (environment) की भूमिका को प्रधान बतलाया है। उन्होंने वातावरण (enviornment) को दो भागों में बाँटा है—भौतिक वातावरण (physical enviornment) तथा मनोवैज्ञानिक वातावरण (psychological enviornment) । भौतिक वातावरण से तात्पर्य व्यक्ति के इर्द-गिर्द के वातावरण से होता है तथा मनोवैज्ञानिक वातावरण से तात्पर्य भौतिक वातावरण से व्यक्ति में उत्पन्न प्रत्यक्षण, भाव, संवेग आदि से होता है। कर्ट लेविन का मत है कि दो व्यक्तियों के भौतिक वातावरण (physical environment) समान होने पर भी उनके मनोवैज्ञानिक वातावरण (psychological environment) में अंतर हो सकता है और इसके कारण व्यक्तित्व या चरित्र में स्पष्ट अंतर हो जाता है। इसी आधार पर समाज मनोवैज्ञानिकों का मत है कि दो देशों के भौतिक वातावरण (physical environment) समानता होने पर भी उनके राष्ट्रीय चरित्र में अंतर होता है। भारत एवं पाकिस्तान के राष्ट्रीय चरित्रों में एक मूल अंतर यह है कि भारत के राष्ट्रीय चरित्र में उदारता प्रबल है जबकि पाकिस्तान के राष्ट्रीय चरित्रों में कठोरता तथा कट्टरता अधिक प्रबल है। शायद इसका कारण यह है कि दोनों देश के औसत लोगों के मनोवैज्ञानिक वातावरण में विभिन्नता है हालाँकि इन दोनों देशों का भौतिक वातावरण (physical environment) लगभग एक समान-सा है। अमेरिकन के राष्ट्रीय चरित्र में भौतिकवाद की प्रबलता का कारण वहाँ का विशेष मनोवैज्ञानिक वातावरण (psychological environment) ही है।

कर्ट लेविन (Kurt Lewin) के इस सिद्धांत को पूर्णरूपेण एक सफल सिद्धांत नहीं माना गया है। इस सिद्धांत का सबसे बड़ा दोष (demerit) यह बतलाया गया है कि इसमें भौतिक वातावरण (physical environment) के महत्त्व की उपेक्षा की गयी है। सच्चाई यह है कि किस देश का भौतिक वातावरण विशेषकर उनकी भौतिक समृद्धि एक बहुत बड़ा कारक होता है जिससे वहाँ के लोगों में विशेष आदत का निर्माण होता है तथा विशेष प्रेरणा (motivation) बनती है। ऐसी आदतों एवं प्रेरणाओं का महत्त्व राष्ट्रीय चरित्र के निर्माण में अधिक होता है। इस सिद्धांत के अनुसार राष्ट्रीय चरित्र निर्माण में वर्तमान एवं भविष्य पर अधिक बल डाला जाता है तथा अतीत का तुलनात्मक रूप से उपेक्षा की जाती है। कुछ समाज मनोवैज्ञानिकों का मत है कि राष्ट्रीय चरित्र को समझने के लिए अतीत की घटनाओं एवं अनुभूतियों की भूमिका प्रधान होती है। भारत के राष्ट्रीय चरित्र में उदारता एवं सहनशीलता को समझने के लिए यह आवश्यक है कि अँग्रेजी राज्य के दौरान किये गये तबाहियों पर भी एक नजर डाला जाये।

इन दोनों आलोचनाओं के आलोक में क्षेत्र सिद्धांत को एक परिपूर्ण सिद्धांत मानना उचित नहीं है।

प्रेरणात्मक सिद्धांत
(Motivational Theory)

इस सिद्धांत का आधार प्रेरणा (motivation) के क्षेत्र में किये गये अध्ययन है। प्रेरणा के क्षेत्र में किये गये अध्ययनों में मैकक्लिलैण्ड (McCelland, 1961, 1972) एवं एटकिन्सन (Atkinson, 1975) द्वारा किये गये अध्ययन अधिक लोकप्रिय है। इन लोगों के अध्ययन से यह स्पष्ट हुआ कि व्यक्ति के प्रेरणा विशेष कर उपलब्धि प्रेरणा (achievement motivation) तथा आर्थिक क्रियाओं (economic activities) में गहरा सम्बन्ध है। सामान्यतः यह

देखा गया है कि उपलब्धि प्रेरणा अधिक होने से आर्थिक संपन्नता (economic enrichment) में वृद्धि होती है। मैकक्लिलैंड (McClelland, 1961) ने एक अध्ययन किया जिसमें 1800 AD से लेकर 1950 AD तक की अवस्था में अमेरिकन समाज के उपलब्धि प्रसंगों (achievement themes) में वृद्धि होने से आर्थिक संम्पन्नता में वृद्धि होती पायी गयी। मॉर्गन (Morgan, 1961) ने भी एक ऐसा ही अध्ययन करके इस तथ्य की पुष्टि किया है। ऐसे सम्बन्धों का राष्ट्रीय चरित्र के निर्माण पर अधिक प्रभाव पड़ता है। आर्थिक संपन्नता रहने पर, अन्य शीलगुणों के अलावा आत्म-निर्भरता (self-dependence), आत्म-सम्मान, अहंकारिता के शींलगुण की प्रधानता होती है।

कुछ लोगों ने जैसे केन्ट्रिल (Cantril, 1975) ने राष्ट्रीय चरित्र के निर्माण में संज्ञानात्मक पहलू की भूमिका को महत्त्वपूर्ण बतलाया है। इसकी पुष्टि बेकर तथा होमैन (Baker & Homan, 1978) द्वारा भी की गयी है। इन लोगों का मत है कि बच्चे प्रेरणात्मक शक्तियों (motivational energies) के कारण कुछ विशेष सामाजिक मूल्यों (social values) एवं विश्वासों (beliefs) के साथ तादात्म्य (identification) स्थापित कर लेते हैं। इसका परिणाम यह होता है कि उनमें विशेष तरह के शीलगुणों का विकास हो जाता है जो आगे चलकर राष्ट्रीय चरित्र का निर्माण करता है। एक अमेरिकन बच्चा अपने जीवन के प्रारंभ काल में ही कुछ ऐसे विश्वासों एवं मूल्यों के साथ तादात्म्य स्थापित कर लेता है जिसमें आकांक्षी (ambitious), बुद्धिमान, प्रगतिशील, परिश्रमी आदि की झलक उसके राष्ट्रीय चरित्र में मिलने लगती है। इसी आधार पर यह भी कहा जा सकता है कि इसी तरह के तादात्म्य का ही परिणाम है कि भारतीय राष्ट्रीय चरित्र में अहिंसा, भाग्यवादिता, निर्भरता, परोपकारिता, सहनशीलता आदि का शीलगुण विकसित हो जाता है। अन्य देशों के राष्ट्रीय चरित्र की व्याख्या भी इस तरह के तादात्म्य (indentification) के रूप में की जा सकती है हालाँकि इस सिलसिले में प्रयोगात्मक सबूत की सर्वथा कमी है।

निष्कर्षतः यह कहा जा सकता है कि राष्ट्रीय चरित्र की व्याख्या करने के लिए कई सिद्धांतों का प्रतिपादन किया है परंतु इन सिद्धांतों की मान्यता (acceptance) मनोवैज्ञानिकों के बीच मं थोड़ा कम है जिसका मूल कारण यह है कि इनके पक्ष में प्रयोगात्मक सबूत की कमी है।

राष्ट्रीय एकीकरण का अर्थ
(Meaning of National Intergration)

भारत जैसे देश में स्वतंत्रता प्राप्ति के पूर्व और बाद में राष्ट्रीय एकीकरण की समस्या महत्त्वपूर्ण समस्याओं में से प्रधान है। भारतीय इतिहास इस बात का साक्षी है कि भारत देश स्वतंत्रता-प्राप्ति के तुरंत पहले और बहुत पहले (पहली-दूसरी शताब्दी B.C.) से ही अनेक छोटे-छोटे राज्यों में बँटा था जो एक स्वतंत्र राजा के अधीन होता था। सच पूछा जाये तो इस तरह की खंडता से सामाजिक एवं आर्थिक विकास में काफी बाधाएँ पहुँचती थीं। स्वतंत्रता मिलने पर छोटे-छोटे राजाओं के राज्यों को लेकर एक अखंड़ भारत बनाया गया है। राष्ट्रीय एकीकरण[1] (national intergration) से तात्पर्य किसी राष्ट्र के विभिन्न समुदायों या समूहों के बीच सामाजिक सम्बद्धता (social cohesion) से होता है। किसी भी देश में तरह-तरह के समुदाय या समूह पाये जाते हैं जिनके बीच एक सौहाद्रपूर्ण सामाजिक सम्बन्ध हो भी सकता है या नहीं भी हो सकता है। यदि सचमुच में ऐसा सामाजिक सम्बन्ध है जिससे उन समुदायों एवं समूहों में सामाजिक सम्बद्धता (social cohesion) कायम हो जाती है तो स्पष्टतः इससे राष्ट्रीय एकीकरण (national intergation) का जन्म होता है। उदाहरणार्थ भारत को ही ले लिया जाय। यहाँ भिन्न-भिन्न समुदाय या समाज के लोग रहते हैं जिनकी भाषा, मूल्य (values) आदि में अंतर है। फिर भी वे सभी एक सामाजिक एवं राष्ट्रीय भावना के सूत्र में एक-दूसरे से इस तरह बंधे हैं कि उनमें एक सामाजिक सम्बद्धता (social cohesion) है। शायद यही कारण है कि भारत जैसे देश की विभिन्नता में भी एकता तथा एकीकरण है।

राष्ट्रीय एकीकरण को बढ़ाने वाले कारक
(Factors Promoting National Integration)

किसी भी राष्ट्र का राष्ट्रीय एकीकरण कुछ खास-खास कारकों द्वारा प्रभावित होता है। समाज मनोवैज्ञानिकों ने कुछ वैसे कारकों का वर्णन किया है जिनसे राष्ट्रीय एकीकरण (national integration) काफी मजबूत हो जाता है। कुछ

1. "By national intergration is meant social cohesion among different subgroups of a nation." —Author.

ऐसे ही कारकों (factors) का वर्णन निम्नांकित है—

1. राष्ट्रीय सम्पत्ति एवं उसका उचित वितरण *(National welth and its proper distribution)*—राष्ट्रीय एकीकरण को मजबूत करने वाले कारकों में राष्ट्रीय सम्पत्ति का अधिक होने एवं उनका देश के सभी क्षेत्र तथा सभी तरह के लोगों के बीच उचित वितरण करना एक मुख्य कारक है। यदि किसी राष्ट्र में सम्पत्ति कम होगी और उसका वितरण भी उचित नहीं होगा, तो वहाँ के लोगों में राष्ट्रीय एकीकरण की भावना नहीं जग पायेगी और उनका अधिकतर समय मुट्ठी भर लोगों की सम्पत्ति को हड़पने के प्रयास पर लगा रहेगा।

2. राजनीतिक स्वतंत्रता *(Political independence)*—राष्ट्रीय एकीकरण को मजबूत करने के लिए यह भी आवश्यक है कि राष्ट्र में राजनीतिक स्वतंत्रता हो। देश गुलाम नहीं हो तथा देश की राजनैतिक पार्टियाँ सरकार बनाकर कार्य करने के लिए स्वतंत्र हो। अगर देश में राजनैतिक स्वतंत्रता नहीं है, तो उसमें राष्ट्रीय एकीकरण का कोई प्रश्न ही नहीं उठता है क्योंकि गुलाम देश के लोगों में राष्ट्रीयता (nationalism) की भावना विदेशी सरकार उत्पन्न होने ही नहीं देगी।

3. आर्थिक विकास *(Economic development)*—राष्ट्रीय एकीकरण के लिए यह भी आवश्यक है कि देश का आर्थिक विकास निरंतर होता रहे तथा देश के उद्योग-धंधे, कृषि, व्यवसाय आदि विकसित हों। जिस देश का आर्थिक विकास अधिक होता है तथा देश सुखी संपन्न होता है, वहाँ के लोगों में राष्ट्रीयता की भावना तेजी से विकसित होती है और उनमें संगठित होने की प्रवृत्ति भी अधिक बढ़ जाती है। सिन्हा (Sinha, 1961) ने अपने अध्ययन के आधार पर यह बतलाया है कि आर्थिक रूप से मजबूत समुदाय में संगठन (organization) अधिक मजबूत होता है। दूसरे शब्दों में, आर्थिक रूप से विकसित समुदाय में सामाजिक एकीकरण (social integration) तीव्रता से होता है और जब सामाजिक एकीकरण तीव्रता से होता है तो फिर राष्ट्रीय एकीकरण भी तीव्रता से होगा क्योंकि राष्ट्रीय एकीकरण सामाजिक एकीकरण पर आधारित होता है।

4. सामाजिक संरचना एवं सामाजिक दृष्टिकोण में परिवर्तन *(Changes in social structure and social outlooks)*—राष्ट्रीय एकीकरण को मजबूत बनाने के लिए यह भी आवश्यक है कि परम्परागत सामाजिक दृष्टिकोण को छोड़कर उसकी जगह पर एक गतिशील (dynamic) सामाजिक दृष्टिकोण को अपनाया गया। समाज में तरह-तरह की पूर्वधारणाएँ (prejudices), रूढ़िकृतियाँ (stereotypes), विश्वास (beliefs) आदि इस ढंग के होते हैं जिनसे राष्ट्रीय एकता में बाधा पहुँचती है। वैसी पूर्वधारणाओं, रूढ़िकृतियों एवं विश्वासों का त्याग कर एक ऐसी सामाजिक संरचना की स्थापना करनी होगी जिसमें पिछड़े वर्ग एवं कमजोर वर्ग के लोगों के प्रति एक स्वस्थ मनोवृत्ति सबल एवं उच्च वर्ग के लोगों को स्वीकार हो सके। ऐसा हो जाने से राष्ट्रीय एकता में तीव्रता आ जाती है।

5. सामान्य भाषा *(Common language)*—राष्ट्रीय एकीकरण में एक ऐसी भाषा का भी होना अनिवार्य है जिसे देश के अधिकांश लोगों द्वारा सरलता से प्रयोग किया जाता हो। जब राष्ट्र के विभिन्न संगठनों या समुदायों के लोगों की भाषा एक होती है, तो लोगों में अपनापन का भाव जगता है और एकीकरण (integration) की प्रवृत्ति तीव्र हो जाती है। भारत एक बहुभाषी देश है, फिर भी यहाँ के अधिकांश लोग एक ही भाषा अर्थात हिन्दी का प्रयोग करते हैं जिसके कारण भारतीय विभिन्नता में भी एकता झलकती है। हाँ, यह बात अवश्य है कि पूरे देश में यदि हिन्दी भाषा की प्रधानता होती, तो इस देश का राष्ट्रीय एकीकरण कुछ कदम और ही आगे होता।

6. सामान्य धर्म *(Common religion)*—राष्ट्रीय एकीकरण को मजबूत बनाने में एक ऐसा धर्म जो राष्ट्र के विभिन्न संगठनों के लोगों द्वारा माना जाता है, की भी भूमिका सराहनीय है। एक ही धर्म के मानने वाले लोग प्रायः किसी-न-किसी धार्मिक मौके पर एक जगह एकत्रित होकर अपने विचारों का आदान-प्रदान करते हैं। यदि राष्ट्र में सभी लोग एक ही धर्म के मानने वाले होंगे तो स्वाभाविक है कि उन सभी लोगों में अंतःक्रियाएँ अधिक होंगी एवं उन लोगों में आपसी सूझ-बूझ एवं समझदारी बढ़ेगी और इस तरह से राष्ट्रीय एकीकरण की नींव मजबूत होगी। भारत,जैसे देश में विभिन्न धर्मों के मानने वाले लोग हैं और प्रत्येक धर्म के लोग अपने धर्म को श्रेष्ठ समझकर दूसरे धर्म की उपेक्षा खुलकर नहीं तो मन-ही-मन अवश्य करते हैं जिससे राष्ट्रीय एकीकरण में बाधा पहुँचती है।

7. सामाजिक समस्याओं की विवेचना के लिए एक सामान्य रंगमंच *(Common platform for discussing social problems)*—यदि राष्ट्र ऐसा है जिसमें किसी भी तरह की सामाजिक तथा राष्ट्रीय समस्याओं के बारे में विचार-विमर्श करने के लिए एक सामान्य रंगमंच (common platform) तैयार कर लिया जाता है, तो इससे भी राष्ट्रीय

एकीकरण में तेजी से मजबूती आती है। मेयर्स (Myers, 1988) ने यह बतलाया है कि सामान्य रंगमंच के होने से राष्ट्र के प्रत्येक संगठन या समुदाय के लोगों को सीधे एक-दूसरे से बातचीत करने का मौका मिलता है जिससे राष्ट्रीय परिपक्वता (national maturity) बढ़ती है और फिर राष्ट्रीय एकीकरण की नींव मजबूत होती है।

इस तरह से हम देखते हैं कि राष्ट्रीय एकीकरण को मजबूत बनाने में बहुत सारे कारकों का सक्रिय योगदान होता है। इन कारकों को ठीक ढंग से नियंत्रित करके हम किसी राष्ट्र के राष्ट्रीय एकीकरण को मजबूत बना सकते हैं।

राष्ट्रीय एकीकरण के मार्ग में बाधाएँ
(Hinderances in the way of National Integration)

सभी राष्ट्र यही चाहते हैं कि हमारे यहाँ राष्ट्रीय एकीकरण (national integration) की भावना अधिक हो तथा किसी भी प्रकार का सामाजिक तनाव या सामाजिक असंगठन (social disorganization) का भाव न हो। परंतु राष्ट्रीय एकीकरण के मार्ग में कुछ बाधाएँ (hinderances) आ जाती हैं जिनके कारण राष्ट्र की अखंडता एवं सुरक्षा में बाधा पड़ जाती है। ऐसी प्रमुख बाधाएँ (hinderances) निम्नांकित हैं—

1. सामाजिक-आर्थिक असमानताएँ *(socio-economic inequality)*—प्रत्येक राष्ट्र में कुछ वर्ग या समुदाय ऐसे होते है जो अधिक सबल एवं आर्थिक रूप से अधिक मजबूत होते हैं तथा कुछ वर्ग कमजोर एवं आर्थिक रूप से अधिक पिछड़े हुए होते हैं। इस तरह की सामाजिक-आर्थिक असमानताएँ के कारण दोनों वर्गों के बीच कटुता एवं बैर-भाव अधिक रहता है जिससे राष्ट्रीय एकीकरण में बाधा पहुँचती है।

2. शिक्षा का निम्न स्तर *(poor standard of education)*—जब राष्ट्र में शिक्षा का स्तर नीचा होता है, तो इससे भी राष्ट्रीय एकीकरण में बाधा पहुँचती है। शिक्षा का स्तर कम होने से लोगों में सामाजिक एवं राष्ट्रीय चेतना की कमी पायी जाती है। फलस्वरूप, उन लोगों में राष्ट्रीय हित से सम्बन्धित बात मन में आती ही नहीं है। अतः ऐसे लोगों के होने से राष्ट्रीय एकीकरण ठीक ढंग से नहीं हो पाता है।

3. गलत धारणाएँ *(misconceptions)*—हमारे सामाजिक संगठनों में एक-दूसरे के बारे में भिन्न-भिन्न तरह की गलत धारणाएँ किसी कारण से बन जाती है। इन गलत धारणाओं के कारण कभी भी एक सामाजिक संगठन दूसरे सामाजिक संगठन से ठीक ढंग से मेल-जोल एवं सौहार्द्र सम्बन्ध नहीं रखता है जिसका परिणाम यह होता है कि उनमें सामाजिक सम्बद्धता (social cohesion) नहीं विकसित होता है जो राष्ट्रीय एकीकरण के मार्ग में एक महत्त्वपूर्ण बाधा के रूप में उभर आता है।

4. सामान्य भाषा एवं धर्म का अभाव *(lack of common language and religion)*—यदि देश में एक ही भाषा बोलने तथा समझते वाले हों एवं एक ही धर्म को मानने वाले अधिकतर लोग हों तो इससे राष्ट्रीय एकीकरण तें तीव्रता आती है परंतु यदि देश बहुभाषी है तथा बहुत के धर्म के मानने वाले लोग हैं तो ऐसे लोगों में राष्ट्रीय एकीकरण तरह तीव्रता से नहीं उपजता है और प्रायः देखा गया है कि अपनी-अपनी भाषा एवं धर्म की श्रेष्ठता को लेकर काफी दंगे-फसाद होते रहते हैं। भारत जैसे देश में इस तरह के दंगे-फसाद अधिक होते हैं क्योंकि इस देश में अनेकों तरह की भाषाएँ बोली जातीं हैं तथा अनेकों तरह के धर्म को मानने वाले लोग हैं।

5. सामाजिक दूरी *(social distace)*—यदि राष्ट्र के विभिन्न संगठनों (organizations) की संरचना ऐसी है जिनमें सामाजिक दूरी (social distance) काफी है, तो स्वभावतः इससे राष्ट्रीय एकीकरण में अधिक बाधा पहुँचती है। बोगार्डस (Bogardus, 1940) ने अपने अध्ययन के आधार पर यह बतलाया है कि सामाजिक दूरी की सीमा अधिक होने से राष्ट्र में विघटनकारी ताकतें मजबूत हो जाती है और राष्ट्रीय एकीकरण (national integration) धूमिल हो जाता है।

ऊपर के विवरण से स्पष्ट है कि राष्ट्रीय एकीकरण के मार्ग में कुछ रुकावटें भी होती हैं। इन रुकावटों को दूर करके ही हम राष्ट्रीय एकीकरण की भावना को मजबूत कर सकते हैं।

अध्याय सारांश
(Chapter Summary)

1. राष्ट्रीय चरित्र का पर्यायवाची शब्द रूपात्मक व्यक्तित्व (modal personality) है। राष्ट्रीय चरित्र एक ऐसा जटिल संप्रत्यय (complex concept) है जिसके निर्माण में राष्ट्र के विभिन्न संगठनों एवं समुदायों के लोगों के विश्वासों, विचारों, मूल्यों एवं मानकों आदि का एक संयुक्त योगदान होता है। राष्ट्रीय चरित्र की एक विशेषता यह भी है कि वह परिवर्तनशील होता है।
2. प्रत्येक राष्ट्र का राष्ट्रीय चरित्र भिन्न होता है। समाज मनोवैज्ञानिकों ने इस विभिन्नता के कई कारण बतलाये हैं जिनमें तीन अधिक प्रमुख हैं।
3. राष्ट्रीय चरित्र के निर्माण में बहुत से कारकों (factors) का सक्रिय योगदान होता है। इन कारकों में से प्रजातीय कारक, आर्थिक कारक, राजनीतिक कारक, धार्मिक कारक, भौगोलिक कारक आदि प्रधान है।
4. भारतीय राष्ट्रीय चरित्र की कुछ अपनी विशेषताएँ हैं जिनमें भाग्यवादिता, सहनशीलता, अहिंसा एवं विश्वबंधुत्व, परोपकारिता, सत्यनिष्ठता, आध्यात्मिकता, अभियोजनशीलता, तटस्थता आदि प्रधान हैं।
5. राष्ट्रीय एकीकरण से तात्पर्य किसी राष्ट्र के विभिन्न समुदायों या समूहों के बीच एक सौहार्द्रपूर्ण सामाजिक सम्बद्धता (social cohesion) से होता है। राष्ट्रीय एकीकरण को मजबूत करने में जिन कारकों की भूमिका महत्त्वपूर्ण है, उनमें राष्ट्रीय सम्पत्ति एवं उनका उचित वितरण, राजनीतिक स्वतंत्रता, आर्थिक विकास, सामाजिक संरचना एवं सामाजिक दृष्टिकोण में परिवर्तन, सामान्य भाषा, सामान्य धर्म एवं सामाजिक समस्याओं की विवेचना के लिए एक सामान्य रंगमंच का होना अधिक महत्त्वपूर्ण है।
6. राष्ट्रीय एकीकरण के मार्ग में कुछ बाधाएँ भी हैं। इन बाधाओं में सामाजिक-आर्थिक असमानताएँ, शिक्षा का स्तर, गलत धारणाएँ, सामान्य भाषा एवं धर्म का अभाव तथा सामाजिक दूरी आदि प्रधान हैं।

अध्याय 36

पर्यावरणी मनोविज्ञान

(ENVIRONMENTAL PSYCHOLOGY)

पर्यावरणी मनोविज्ञान का प्रादुर्भाव
(Emergence of Environmental Psychology)

पर्यावरण (environment) व्यक्ति को प्रभावित करता है। यदि हम इस उक्ति के अध्ययन में अधिक अभिरुचि दिखाने वाले वैज्ञानिकों का नाम लें तो उसमें डॉ० एलेन बोमबार्ड (Dr. Alain) Bombard, 1953) जो एक फ्रेंच फिजिशियन थे, का नाम सबसे ऊपर में आता है। इनका सिद्धांत था कि मनुष्य नाव या जहाज पर समुद्र में बहुत दिनों तक बिना सामान्य भोजन या पानी के जीवित रह सकता है। वह समुद्र में होने पर मछलियों को खाकर तथा समुद्र का पानी पीकर अपने आप को जीवित रख सकता है। उनके इस दावे के कारण लोगों ने उन्हें मूर्ख तक कहा क्योंकि यह सर्वविदित है कि व्यक्ति न तो समुद्र का पानी पीकर तथा बीच समुद्र में मछली पकड़कर उसे सीधा खाकर जीवित रह सकता है। परंतु बोमगार्ड आमलोगों के इस सामान्य विचार को गलत साबित करने के लिए एक छोटे से रक्षा नौका (life boat) में विशाल समुद्र की ओर चल पड़े। वे करीब 65 दिनों तक अपनी समुद्री यात्रा पर रहकर लौटे और लोगों को आश्चर्यचकित कर दिया। उन्होंने अपने इस यात्रा के दौरान होने वाले कठिनाइयों का विस्तृत वर्णन किया जिसमें उन्होंने भूख तथा प्यास को मिटाने के लिए समुद्री मछलियों तथा समुद्र का पानी पीने तक का वर्णन किया है। मनोवैज्ञानिक दृष्टिकोण से उस वर्णन में जो महत्त्वपूर्ण पहलू था, वह यह था कि उनका व्यवहार समुद्र के एकाकी वातावरण से काफी प्रभावित हुआ। समुद्र के अलगाव या एकाकीपन तथा उसके तनहाई (solitude) का उनके व्यवहार पर काफी प्रभाव पड़ता देखा गया। वोमगार्ड के समुद्री यात्रा से यह स्पष्ट हो गया कि पर्यावरण का व्यक्ति के व्यवहार पर काफी अधिक प्रभाव पड़ता है। अन्य लोगों जैसे—स्टोकम (Stocum, 1948), बर्नी (Burney, 1944) तथा वायर्ड (Byrd, 1938) ने भी अपनी-अपनी यात्राओं में इस तरह की अनुभूतियों का जिक्र किया है। यहीं से मनोवैज्ञानिकों में पर्यावरण के विभिन्न पहलुओं तथा उसके मानव व्यवहार पर पड़ने वाले प्रभावों के अध्ययन की ओर झुकाव बढ़ने लगा।

हाल के वर्षों में समाज मनोवैज्ञानिकों द्वारा एक महत्त्वपूर्ण प्रश्न उठाया जा रह रहा है—व्यक्ति के संवेगों एवं व्यवहारों पर पर्यावरण का प्रभाव क्या पड़ता है तथा व्यक्ति के व्यवहारों एवं संवेगों का प्रभाव पर्यावरण का क्या पड़ता है ? सचमुच में यह एक व्यापक प्रश्न है जिसे एक सामाजिक विचार-वस्तु (social issue) माना गया है। यह एक ऐसी सामाजिक विचार-वस्तु है जिसका अध्ययन सामाजिक विज्ञान (social science) की विधियों द्वारा किया जा सकता है। सचमुच में यह वैज्ञानिकों की क्रियाओं का एक अन्तरशास्त्रीय क्षेत्र (interdisciplinary area) है जिसे पर्यावरणी मनोविज्ञान (environmental psychology) की संज्ञा दी गयी है।

1960 वाले दशक में कर्ट लेविन (Kurt Lewin), अल्टमैन (Altman), वेल, फिशर तथा लूमिस (Bell, Fisher & Loomis) तथा स्टोकोल्स (Stokols) वार्कर (Warkar) के प्रयासों से पर्यावरण तथा व्यवहार के अध्ययन के लिए एक नया विज्ञान का प्रादुर्भाव होने लगा जिसे आगे चलकर पर्यावरणी मनोविज्ञान के नाम से जाना गया। इस दशक में अन्य शोधकर्ताओं ने भी भौतिक पर्यावरण (physical environment) का व्यक्ति के व्यवहार पर पड़ने वाले प्रभावों के अध्ययन के प्रति अपनी-अपनी संवेदनशीलता दिखलाया। जैसे—सोम्मर (Sommer, 1969) ने फर्नीचर प्रबन्धन (furniture management) तथा भौतिक पर्यावरण का सामाजिक अंतःक्रिया (social interaction) पर पड़ने वाले स्पष्ट प्रभावों को दिखाया। इन्होंने इस अध्ययन में यह भी दिखा पाये कि लोग अपने भौतिक पर्यावरण को

सामाजिक सम्पर्क बढ़ाने के लिए किस तरह उसमें यथासंभव परिवर्तन लाते हैं। हॉल (Hall, 1966) ने व्यक्तिगत स्थान (personal space) के विभिन्न अयामों का अध्ययन किया तथा इस अध्ययन में उन्होंने यह दिखलाया कि लोगों के बीच अन्तर्वैयक्तिक दूरी उनके सम्बन्ध के अंतरंगता (intimacy), संस्कृति के मानक तथा अन्य सामाजिक चरों (social variables) से किस तरह से सम्बन्धित है। 1970 वाले दशक में विभिन्न तरह के वैज्ञानिकों की अभिरुचि एक साथ एक विशेष शीर्षक के तहत एक साथ आ मिली। शीर्षक जो लोगों द्वारा स्वीकृत किया गया, बह था—पर्यावरणी मनोविज्ञान (environmental psychology) जिसकी सर्वमान्य परिभाषा देना यद्यपि कठिन था परंतु फिर भी बेल, फ्रेजर तथा लूमिस[1] (Bell, Fraser & Loomis, 1978) ने इसे इस ढंग से परिभाषित किया—

पर्यावरणी मनोविज्ञान ''व्यवहार तथा निर्मित एवं स्वाभाविक पर्यावरण के अन्तरसम्बन्ध का अध्ययन'' करने वाला विज्ञान है।

पर्यावरणी मनोविज्ञान का क्षेत्र तेजी से आगे बढ़ने लगा। इस शाखा का व्यवसायिक साहचर्य (professional assciation) स्थापित हुए और अमेरिकन मनोविज्ञान संघ (American Psychological Association या APA) ने इसके लिए एक स्वतंत्र डिवीजन जिसे *पर्यावरणी मनोविज्ञान तथा जनसंख्या का डिवीजन* (Division of Population and Environmntal Psychology) कहा गया, की पहचान किया। कई नये-नये जनरल तथा पत्रिकाओं का प्रकाशन भी प्रारंभ किया गया।

स्टोकोल्स (Stokols, 1978) ने यह बतलाया है कि मानव-पर्यावरण अंतःक्रिया के सामान्य अध्ययन के क्षेत्र में पर्यावरणी मनोविज्ञान मौलिक मनोवैज्ञानिक प्रक्रियाओं तथा वैयक्तिक एवं सामूहिक स्तर के विश्लेषणों पर अधिक बल डालता है। इस बल के साथ-ही-साथ कुछ ऐसी विशेषताएँ एवं उन्मुखताएँ (orientations) भी हैं जो पर्यावरणी मनोविज्ञान को खास मनोविज्ञान तथा 1950 एवं 1960 के समाज मनोविज्ञान से भिन्न करता है। इन विशेषताओं एवं उन्मुखताओं में निम्नांकित प्रमुख हैं—

1. क्रमबद्धता दृष्टिकोण *(System approach)*—इस उपागम या दृष्टिकोण में व्यवहार-पर्यावरण सम्बन्ध (behaviour-environment relationship) को एक ऐसी इकाई के रूप में समझा जाता है जिसमें पारस्परिक प्रभाव होता है अर्थात जिसमें व्यवहार पर्यावरण को प्रभावित करता है तथा पर्यावरण व्यवहार को प्रभावित करता है।

2. समस्या उन्मुखता *(Problem orientation)*—इस दृष्टिकोण से पर्यावरणी विचार-वस्तु (environmental issues) को सामाजिक विचार-वस्तु (social issues) समझा जाता है तथा महत्त्वपूर्ण पर्यावरणी विचार-वस्तु या समस्या का समाधान को युक्ति संगत कार्य माना जाता है।

3. अन्तरशास्त्रीय बल *(Interdisciplinary emaphasis)*—इसके तहत इस बिंदु पर बल डाला जाता है कि विभिन्न शास्त्रों (disciplines) के सिद्धांतों एवं सप्रत्ययों (concepts) की जरूरत विश्लेषण के सभी स्तरों पर मानव-पर्यावरण अन्तःक्रिया (human environment interaction) को समझने तथा उसके बारे में पूर्वानुमान लगाने के लिए आवश्यक है।

4. सामाजिक-मनोवैज्ञानिक संदर्भ *(Social psychological perspective)*—इस संदर्भ में इस बात पर बल डाला जाता है कि किस तरह से सामाजिक सम्बन्ध (social relationship) तथा सामाजिक अंतःक्रिया (social interaction) आपस में भौतिक पर्यावरण (physical environment) से सम्बन्धित होते हैं। सचमुच में यहाँ इस तथ्य की पहचान की जाती है कि पर्यावरणी मनोविज्ञान तथा समाज मनोविज्ञान के बीच कई समान विधियाँ एवं अभिरुचियाँ हैं और अगर ऊपर के प्रथम तीन कारकों को ठीक ढंग से अनुसरण किया जाये तो उत्तम क्रॉस-निषेचन (cross fertillization) भी हो सकता है।

अगर गौर से देखा जाये तो यह तथ्य सामने आयेगा कि पर्यावरणी मनोविज्ञान तथा समाज मनोविज्ञान के बीच का सम्बन्ध विवादग्रस्त (debatable) है और इस वाद-विवाद के मुख्य संचालक के रूप में दो ऐसे समाज मनोवैज्ञानिकों के नाम लिए जाते हैं जिन्होंने पर्यावरणी मनोविज्ञान जैसे नये क्षेत्र या विज्ञान की स्थापना में सक्रिय भूमिका निभाये हैं। ये दो मनोवैज्ञानिक हैं—अल्टमैन (Altman) तथा प्रोशैनस्की (Proshansky) । पर्यावरणी मनोविज्ञान तथा समाज

---

1. Environmental Psychology is "the study of the interrelationship between behaviour as well as the built and natural environment."
—Bell, Fisher & Loomis : *Environmental Psychology,* 1978, p. 6

मनोविज्ञान के सम्बन्ध पर इन दोनों के विचार परस्पर विरोधी हैं। इन दोनों विज्ञानों के सम्बन्ध के बारे में अल्टमैन का दृष्टिकोण आशावादी है क्योंकि इन दोनों को एक-दूसरे से परस्पर लाभ हो सकता है। दूसरे तरफ प्रोशैनस्की ने इन दोनों विज्ञानों के सम्बन्धों के बारे में एक निराशावादी दृष्टिकोण का इजहार करते हुए यह कहे हैं कि इन दोनों विज्ञानों के परस्पर योगदानों (reciprocal contributions) से किसी भी विज्ञान को कोई विशेष फायदा नहीं होने वाला है।

स्टोकोल्स (Stocols, 1978) ने यह स्पष्ट किया है कि पर्यावरणी मनोविज्ञान एक पूर्णतः विस्तृत एवं सुसंगत विज्ञान के रूप में अभी विकसित नहीं हुआ है बल्कि यह कई अर्थ में स्वतंत्र शोध क्षेत्रों के मिलने से बना है। सचमुच में आज पर्यावरण तथा व्यवहार के बारे में क्या अध्ययन हो रहे हैं, इसे जानने के लिए कम-से-कम निम्नांकित दो क्षेत्रों के बारे में जानना आवश्यक है—

(i) मानव स्थानिक व्यवहार (human spatial behaviour)

(ii) व्यवहार पर पड़ने वाले पर्यावरणी प्रभाव (environmental effect upon behaviour)

इन दोनों क्षेत्रों का अध्ययन हम अलग-अलग अनुच्छेद में सविस्तार करेंगे।

मानव स्थानगत व्यवहार
(Human Spatial Behaviour)

मानव स्थानगत व्यवहार के अध्ययन को *प्रोएक्समिक्स* (Proxemics) कहा जाता है। इसमें इस बात का अध्ययन किया जाता है कि सामाजिक अंतःक्रियाओं (social interactions) को नियंत्रित या समंजित (regulate) करने के लिए लोग भौतिक स्थान (physical space) का उपयोग किस तरह से करते हैं। मानव स्थानगत व्यवहार से तात्पर्य वैसे व्यवहार से होता है जो व्यक्ति भौतिक स्थान के संदर्भ में करता है। जैसे—मान लिया जाये कि पुस्तकालय में आप बैठकर किताब पढ़ रहे हैं। उसी समय ठीक बगल के कुर्सी पर एक लड़की आकर बैठ जाती है और वह भी कुछ पढ़ना प्रारंभ कर देती है। ऐसी परिस्थिति में आप में किस तरह की अनुभूति होगी, आप किस ढंग का व्यवहार करेंगे। इस तरह के व्यवहार को मानव स्थानगत व्यवहार कहा जाता है जिसे स्टोकोल्स (Stocols, 1978) ने निम्नांकित चार प्रमुख भागों में बाँटकर अध्ययन करने की सिफारिश किया है—

(1) व्यक्तिगत स्थान (personal space)

(2) प्रादेशिकता या भूभागीयता (territoriality)

(3) जनसंकुलन (crowding)

(4) अलगाव या एकाकीपन (isolation)

इन चारों का वर्णन हम अलग-अलग अनुच्छेद से सविस्तार वर्णन करेंगे।

व्यक्तिगत स्थान
(Personal Space)

व्यक्तिगत स्थान के संप्रत्यय का विकास प्रसिद्ध मानवशास्त्र (anthropologist) एडवार्ड हॉल (Edwards Hall, 1966) तथा मशहूर समाज मनोवैज्ञानिक रोबर्ट सोम्मर (Robert Sommer, 1969) के सक्रिय प्रयासों के फलस्वरूप हुआ। व्यक्तिगत स्थान से तात्पर्य एक ऐसा अदृश्य क्षेत्र (invisible zone) से होता है जिसे प्रत्येक व्यक्ति अपने इर्द-गिर्द बना कर रखता है तथा जिसमें अधिकतर अन्य लोगों का प्रवेश वर्जित होता है। वह व्यक्तिगत स्थान एक बुलबुला (bubble) के समान होता है जो व्यक्ति के चारों तरफ से घेरकर सुरक्षा प्रदान करता है। इस तरह से व्यक्तिगत स्थान की सीमा के अंदर किसी का प्रवेश अतिक्रमण का द्योतक होता है और व्यक्ति इस अनचाहा अतिक्रमण को पसंद नहीं करता है। व्यक्तिगत स्थान का उद्देश्य अपने आप को जरूरत से अधिक अंतरंगता (intimacy) या उत्तेजन (stimulation) से उत्पन्न चिन्ता से बचाना होता है तथा सामाजिक रूप से अनुमोदित तरीकों से अन्तर्वैयक्तिक अंतःक्रिया करने में मदद करना होता है। इस तरह से बेल एवं उनके सहयोगियों (Bell et al., 1978) ने यह बिलकुल ही स्पष्ट कर दिया है कि व्यक्तिगत स्थान द्वारा सुरक्षात्मक तथा संचारात्मक (communicative) दोनों ही कार्य सम्पन्न किये जाते हैं।

सामाजिक अंतःक्रिया (social interaction) करने में लोग कई तरह के व्यक्तिगत स्थान का उपयोग करते हैं। हॉल (Hall, 1966) ने व्यक्तिगत स्थान या स्थानगत क्षेत्र (spatial zone) के चार विभिन्न प्रसारों (ranges) का वर्णन किया है जो निम्नांकित है–

1. अंतरंग क्षेत्र *(Intimate Zone)*—इस क्षेत्र में अन्तर्वैयक्तिक दूरी शून्य से 1.5 फीट तक की होती है और अंतरंग सम्बन्ध (intimate relationship) कायम करने के लिए इसे महत्त्वपूर्ण समझा जाता है। इस तरह के क्षेत्र या व्यक्तिगत स्थान का उपयोग पति तथा पत्नी के बीच, माँ तथा बच्चा के बीच, गोपनीय रीति से बातचीत कर रहे दो मित्रों के बीच तथा मल्ल युद्ध करते समय दो पहलवानों के बीच देखा जाता है। इस क्षेत्र पर आधारित अंतःक्रिया में स्पर्शानुभूति अधिक होती है।

2. व्यक्तिगत क्षेत्र *(Personal Zone)*—इस क्षेत्र में अन्तर्वैयक्तिक दूरी 1.5 फीट से 4 फीट तक की होती है। इस क्षेत्र का उपयोग सामान्य रूप से बातचीत करते हुए दो व्यक्तियों या परिचितों अथवा एक पक्ष के दो लोग अपने आप को किसी समूह के विरुद्ध सुरक्षित रखने के ख्याल से करता है। इस क्षेत्र पर आधारित अंतःक्रिया में शाब्दिक संचार (verbal communication) अधिक होता है।

3. सामाजिक स्थानगत क्षेत्र *(Social spatial Zone)*—इस क्षेत्र या स्थान की दूरी 4 से 12 फीट तक की होती है। इस प्रकार के क्षेत्र का उपयोग ग्राहक विक्रेता से मोलभाव करते समय, कर्मचारी अपने अधिकारी से बातचीत करते समय अथवा वयस्क पुत्र अपने पिता से निर्देश प्राप्त करते समय अक्सर करता है।

4. सार्वजनिक दूरी क्षेत्र *(Public Distance zone)*—इस क्षेत्र की दूरी 12 से 15 फीट तक की होती है। इस दूरी का उपयोग भाषण देते समय वक्ता अपने श्रोतागण से बनाकर रखता है। ऐसी दूरी होने पर लोग ऊँचे स्वर में बोलकर अपनी बात लोगों तक पहुँचाते हैं।

इसमें से प्रत्येक क्षेत्र की संवेदी निवेश (sensory inputs) की तीव्रता तथा बोध (awareness) की मात्रा अलग-अलग होती है। अंतरंग क्षेत्र की तीव्रता अधिक तथा सार्वजनिक क्षेत्र की तीव्रता सबसे कम होती है। प्रत्येक क्षेत्र एक खास तरह के सम्बन्ध के लिए अंतःक्रिया करने के लिए उपयुक्त होता है। हॉल (Hall, 1966) ने यह भी अपने अध्ययन के आधार पर स्पष्ट किया है कि व्यक्तिगत स्थान (personal space) के उपयोग में सांस्कृतिक अंतरों (cultural differences) का भी महत्त्व काफी होता है। जैसे उत्तरी यूरोपियन के लोग अपनी विशिष्ट सांस्कृतिक मानकों के अनुरूप समाजीकृत होने के कारण दक्षिणी यूरोपियन की तुलना में अधिक दूरी से अंतःक्रिया करना अधिक पसंद करते हैं।

हेडक (Hayduk, 1978) ने व्यक्तिगत स्थान का एक त्रिविमीय मॉडल (three dimensional model) विकसित कर यह दिखाने की कोशिश किया है कि शरीर के विभिन्न भाग की स्थानगत जरूरतें (spatial requirements) अलग-अलग होतीं हैं। इस मॉडल के अनुसार शरीर के ऊपरी आधे भाग के लिए सबसे अधिक व्यक्तिगत स्थान की जरूरत होती है तथा कमरे के नीचे सतह की ओर बढ़ने पर धीरे-धीरे व्यक्तिगत स्थान की मात्रा कमती जाती है। इन्होंने यह भी बतलाया है कि व्यक्तिगत स्थान एक दृढ़ स्थान (rigid space) नहीं होता है। परिस्थिति, जिस व्यक्ति के साथ अंतःक्रिया की जा रही है तथा व्यक्ति के व्यक्तित्व शीलगुणों के अनुरूप यह स्थान बढ़ता या कमता है।

लिट्टल (Little, 1965) ने हॉल द्वारा बतलाये गये व्यक्तिगत स्थान के विभिन्न अवस्थाओं को जाँचने के लिए एक प्रयोगशाला अध्ययन किया। इन्होंने कुछ प्रयोज्यों को दोस्त, अपरिचित तथा परिचित की भूमिका निभाने को कहा तथा एक सहयोगी (confederate) के साथ ऑफिस में, गली या सड़क पर तथा किसी कैम्पस में उस सहयोगी तथा परिस्थिति को ध्यान में रखते हुए जितनी दूरी पर वे आराम से उनके साथ बातचीत कर सकते हैं, करें। लिट्टल ने अपने अध्ययन में पाया कि प्रयोज्यों ने परिस्थिति तथा सहयोगी के साथ के सम्बन्ध के अनुरूप अपने आप को विभिन्न दूरियों पर रखकर उससे बातचीत करना अधिक पसंद किया। इससे हॉल द्वारा प्रतिपादित व्यक्तिगत स्थान के विभिन्न दूरियों के उपयोग की संपुष्टि होती है। इसके अतिरिक्त दो ओर भी ऐसे अध्ययन किये गये हैं जिनसे व्यक्तिगत स्थान क्षेत्रों के ज्ञान की संपुष्टि होती है। जैसे—होरविज, डफ तथा स्ट्रेटन (Horwitz, Duff & Stratton, 1964) ने अपने अध्ययन के आधार पर यह बतलाया है कि व्यक्तिगत स्थान क्षेत्र का आकार वृत्तीय (circular) न होकर अंडाकार होता है। व्यक्ति के पीछे की तुलना में सामने व्यक्तिगत स्थान का क्षेत्र बड़ा होता है तथा दोनों तरफ बगल में यह स्थान छोटा होता है। इसे चित्र 36.1 में दिखलाया गया है। चित्र से यह भी स्पष्ट है कि पुरुष जब पुरुष के साथ अंतःक्रिया करता

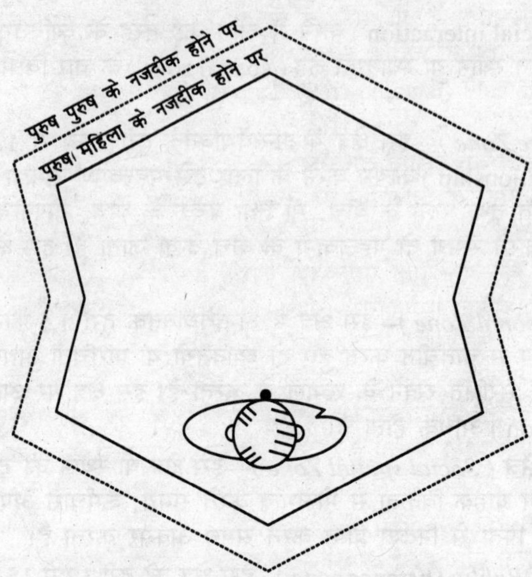

चित्र 36.1 : व्यक्तिगत स्थान का आकार

है तो अपना व्यक्तिगत स्थान महिला के साथ अंतःक्रिया करते समय के व्यक्तिगत स्थान से कम रखता है। अन्य अध्ययनों जैसे—नोलेस (Knowles, 1973), नोलेस एवं उनके सहयोगियों (Knowles et al., 1976) ने अपने-अपने अध्ययनों में यह पाये हैं कि व्यक्ति के समान समूह (group) का भी व्यक्तिगत स्थान (personal space) होता है। इन्होंने अपने अध्ययन में दो या चार व्यक्तियों का समूह तैयार करके उन्हें हॉल के केन्द्र में बैठने के लिए कहा। प्रयोगकर्त्ताओं द्वारा इस बात का सूक्ष्म प्रेक्षण किया गया कि हॉल से गुजरने वाले व्यक्ति समूह के व्यक्तिगत स्थान से होकर गुजरते हैं या उनके व्यक्तिगत स्थान से हटकर जाते हैं। परिणाम में यह देखा गया कि करीब 75% व्यक्ति समूह के व्यक्तिगत स्थान का अतिक्रमण न करके उसके बगल से गुजर गये।

उपर्युक्त अध्ययनों से यह स्पष्ट होता है कि व्यक्तिगत स्थान का महत्त्व सामाजिक अंतःक्रियाओं (social iteracting) में काफी अधिक है। व्यक्तिगत स्थान का उपयोग परिस्थिति तथा अन्य व्यक्ति के साथ सम्बन्ध के आधार पर व्यक्ति करता है।

व्यक्तिगत स्थान का विकास *(Development of personal space)*—समाज मनोवैज्ञानिकों तथा पर्यावरणी मनोवैज्ञानिकों द्वारा किये गये अध्ययनों से यह स्पष्ट हो गया है कि मनुष्य सामाजिक अंतःक्रिया करने में व्यक्तिगत स्थान क्षेत्र का उपयोग करते हैं। अब प्रश्न यह उठता है कि क्या व्यक्ति में जन्म से इस तरह का व्यक्तिगत स्थान क्षेत्र का होता है या व्यक्ति उसे अपने जीवन काल में सीखता है ? इस प्रश्न का उत्तर ढूँढने के लिए समाज मनोवैज्ञानिकों द्वारा कई शोध एवं प्रयोग किये गये हैं। इनसे उपलब्ध साक्ष्य इस बात को ओर संकेत करते हैं कि स्थानगत व्यवहार (spatial behaviour) जन्मजात न होकर अर्जित होते हैं। एवर्टस एवं लेपर (Eberts & Lepper, 1975) ने अपने अध्ययनों में पाया है कि 4 या 5 साल की आयु होने पर बच्चे स्थानगत व्यवहार करने लगते हैं। इसका मतलब यह हुआ कि 4 या 5 साल की आयु होने पर बच्चे सामाजिक अंतःक्रिया में व्यक्तिगत स्थान का उपयोग करने लगते हैं। एइल्लो एवं एइल्लो (Aiello & Aiello, 1974) ने अपने अध्ययन के आधार पर यह बतलाया है कि जैसे-जैसे बच्चे उम्र में बढ़ते जाते हैं, वैसे-वैसे उनके द्वारा सामाजिक अंतःक्रिया में बड़े आकार के व्यक्तिगत स्थान का उपयोग किया जाता है। इस तथ्य को किसी एक संस्कृति में नहीं बल्कि कई भिन्न-भिन्न संस्कृति में पले बच्चों में भी देखा गया। फ्राई एवं विल्लिस (Fry & Willis, 1971) ने एक अध्ययन किया जिसमें उन्होंने पाया कि जब वयस्क के व्यक्तिगत स्थान का अतिक्रमण छोटे बच्चों द्वारा किया जाता है, तो वे इसका सहन कर लेते हैं और बल्कि इससे वे नाखुश होने के बदले खुश ही होते हैं परंतु जब उनके व्यक्तिगत स्थान का अतिक्रमण बड़े बच्चों द्वारा किया जाता है, तो वे नाखुश होते हैं तथा इसे पसंद नहीं करते हैं।

उक्त सभी प्रयोगों के परिणामों से जो सामान्य निष्कर्ष निकलता है वह यह है कि व्यक्तिगत स्थान मानक (personal space norms) अर्जित नहीं होते हैं बल्कि व्यक्ति इसे सीखता है तथा तरूणावस्था (puberty) आते-आते बच्चों में एक स्थायी व्यक्तिगत स्थान (stable personal space) विकसित हो जाता है जिसका उपयोग वे सामाजिक अंतःक्रिया में करते हैं।

व्यक्तिगत स्थान को प्रभावित करने वाले कारक *(Factors influencing personal space)*—व्यक्तिगत स्थान के क्षेत्र में किये गये अध्ययनों से यह स्पष्ट हुआ है कि कई ऐसे कारक हैं जिनसे व्यक्तिगत स्थान प्रभावित हैं। ऐसे कारकों में निम्नांकित प्रमुख हैं—

1. *यौन (Sex)*—व्यक्ति का यौन एक महत्त्वपूर्ण कारक हैं जिससे उसका व्यक्तिगत स्थान प्रभावित होता है। एडवार्डस (Edwards, 1972), हेकेल एवं हायर्स (Heckel & Hiers, 1977) तथा इभान्स एवं होवार्ड (Evans & Howard, 1973) द्वारा किये गये अध्ययनों से यह स्पष्ट हुआ है कि महिलाओं का व्यक्तिगत स्थान पुरुषों से छोटा होता है। उसी तरह जब महिला और पुरुष आपस में अंतःक्रिया करते हैं, तो उनका व्यक्तिगत स्थान महिला और महिला तथा पुरुष तथा पुरुष के बीच हो रहे अंतःक्रियाओं में उपयोग में लाये गये व्यक्तिगत स्थान से छोटा होता है। उक्त मनोवैज्ञानिकों के अध्ययन से यह भी पता चलता है कि जब दो पुरुष आपस में अंतःक्रिया करते हैं, तो उनका व्यक्तिगत स्थान दो महिलाओं के आपस में होने वाले अंतःक्रिया में उपयुक्त व्यक्तिगत स्थान से बड़ा होता है।

वर्न, वास्केट तथा होज (Byrne, Baskett & Hodges, 1971) तथा फिशर एवं वर्न (Fisher & Byrne, 1975) ने अपने-अपने अध्ययनों में महिला और पुरुष के स्थानगत व्यवहारों में एक-दूसरे प्रकार का अंतर पाया है। पुरुष अपने व्यक्तिगत स्थान पर आगे से अतिक्रमण (forntal invasion) के प्रति नकारात्मक प्रतिक्रिया व्यक्त करते हैं जबकि महिला अपने व्यक्तिगत स्थान पर बगल (side) से अतिक्रमण होने के प्रति नकारात्मक प्रतिक्रिया व्यक्त करते हैं। इस परिणाम के आधार पर फिशर एवं वर्न ने तब यह प्राक्कल्पना (hypothesis) बनाया कि पुरुष व्यक्तिगत स्थान के अग्र भाग को अधिक बचानी चाहेंगें जबकि महिलाएँ अपने व्यक्तिगत स्थान के पार्श्विक भाग (lateral portion) को अधिक बचाना चाहेंगी। इस प्राक्कल्पना की जाँच के लिए प्रेक्षकों ने एक पुस्तकालय में महिला तथा पुरुष के व्यवहारों का प्रेक्षण किया। प्रेक्षकों द्वारा यह पाया गया कि पुरुषों द्वारा टेबुल पर अपने किताबों, कापियों एवं कलमों को अपने आगे रखते पाये गये ताकि कोई दूसरा व्यक्ति उनके आगे और सामने वाली कुर्सी पर बैठ न सके। महिलाएँ अपनी किताबों एवं कापियों को अधिकतर समय में बगल में रखते पायी गयी ताकि उस दिशा से कोई उनके व्यक्तिगत स्थान पर अतिक्रमण न करे दें। इस तरह इस प्रेक्षण से उक्त प्राक्कल्पना की संपुष्टि हो जाती है।

2. *आयु (Age)*—व्यक्तिगत स्थान पर आयु (age) का भी प्रभाव पड़ता है। एइलो एवं एइलो (Aiello & Aiello, 1974) तथा हेडुक (Hayduk, 1983) ने अपने-अपने अध्ययन में यह पाया है कि जैसे-जैसे बच्चों की आयु बढ़ती जाती है, उनके द्वारा होने वाले सामाजिक अंतःक्रिया में व्यक्तिगत स्थान भी बड़ी होती जाती है। जब बच्चे तरूणावस्था (puberty) में आ जाते हैं, तो उनमें एक स्थायी व्यक्तिगत स्थान मानक (stable personal norms) विकसित हो जाता है जिसका उपयोग वे विभिन्न सामाजिक अंतःक्रियाओं में सतत ढंग से करते हैं।

3. *प्रजाति एवं संस्कृति (Race and Culture)*—व्यक्तिगत स्थान पर व्यक्ति के प्रजाति (race) तथा उसकी संस्कृति (culture) का भी प्रभाव पड़ता है। विलिस (Willis, 1966) ने अपने अध्ययन में पाया है कि व्यक्ति अपनी प्रजाति तथा संस्कृति के अन्य व्यक्तियों के साथ सामाजिक अंतःक्रिया करने में दूसरी प्रजाति एवं संस्कृति के व्यक्तियों की तुलना में छोटा व्यक्तिगत स्थान का उपयोग करता है। उसी तरह से हॉल्ल (Hall, 1966) तथा वाटसन एवं ग्रेभस (Watson & Graves, 1966) ने अपने-अपने अध्ययनों के आधार पर यह बतलाया है कि लैटिन अमेरिकन, फ्रेंच तथा अरब के लोग संयुक्त राज्य अमेरिका, इंगलैंड तथा स्वीडेन के लोगों की तुलना में सामाजिक अंतःक्रिया करते समय लघु व्यक्तिगत स्थान का उपयोग (अर्थात एक दूसरे से नजदीक होकर) करते हैं। कुछ अध्ययनों से यह भी तथ्य प्राप्त हुए हैं कि देहाती क्षेत्र के लोग आपस में अंतःक्रिया करते समय बड़ा व्यक्तिगत स्थान का उपयोग करते हैं अर्थात् अन्तःक्रिया करते समय में उनमें आपस की दूरी अधिक होती है परंतु शहरी क्षेत्र के लोगों में यह दूरी कम होती है अर्थात ये लोग अपनी सामाजिक अंतःक्रिया में कम व्यक्तिगत स्थान का उपयोग करते हैं। इसका कारण बतलाते हुए यह कहा गया है कि देहाती क्षेत्रों में लोगों के घर काफी फैले हुए तथा एक-दूसरे से कुछ दूरी पर होते हैं तथा पड़ोसी तभी अंतःक्रिया करते हैं जब उन्हें जरूरत होती है। परंतु शहरी क्षेत्र का भौतिक वातावरण ही कुछ इतना

संकुचित होता है कि वे लोग कम व्यक्तिगत स्थान या दूरी का उपयोग करते हुए सामाजिक अंतःक्रिया करने के लिए बाधित हो जाते हैं।

4. *व्यक्तिगत शीलगुण (Personality traits)*—व्यक्ति के व्यक्तिगत स्थान पर व्यक्तित्व शीलगुण का भी प्रभाव पड़ता है। कई अध्ययनों से इस तथ्य की संपुष्टि हुई है। किनसेल (Kinsel, 1970) एवं हिलड्रेथ, डिरोगेटिस एवं मैककुसकर (Hildreth, Derogatis & Mc Cusker, 1971) ने अपने-अपने अध्ययनों में पाये कि जिन व्यक्तियों का व्यक्तित्व हिंसक (violent) होता है, वे सामाजिक अंतःक्रिया करने में अहिंसक व्यक्तित्व की तुलना में करीब तिगुना अधिक बड़ा व्यक्तिगत स्थान या दूरी बना कर रखता है। उसी तरह से सोम्मर (Sommer, 1959) ने अपने अध्ययन में पाया कि मनोविदालिता के रोगी सामाजिक अंतःक्रिया करने में दूसरे व्यक्ति के या तो काफी नजदीक या फिर काफी दूर बैठते थे जबकि सामान्य व्यक्ति इन दोनों के बीच की दूरी से सामाजिक अंतःक्रिया करना अधिक पसंद करते थे। एरोविज (Arrowitz, 1965, 1968) ने भी अपने अध्ययन में इस तथ्य की संपुष्टि किया है। क्लेक एवं उनके सहयोगियों (Kleck et. al. 1968) ने अपने अध्ययन में पाया कि जब व्यक्ति किसी निंदित या कलंकित व्यक्ति से बातचीत करता है, तो सामान्य व्यक्तियों से बातचीत करने की तुलना में अधिक व्यक्तिगत स्थान या दूरी बना कर रखता है। जैसे—प्रयोज्यों ने उन व्यक्तियों से दूर से ही बातचीत करना अधिक पसंद किये जो उनकी नजर में मिरगी के रोगी थे। स्पष्ट हुआ कि व्यक्ति के शीलगुणों से भी व्यक्तिगत स्थान या दूरी प्रभावित होती है।

5. *लक्ष्य व्यक्ति के साथ सम्बन्ध के प्रकार (Types of relationahip with target person)*—लक्ष्य व्यक्ति जिसके साथ अंतःक्रिया करनी होती है, के साथ सम्बन्ध से भी व्यक्तिगत स्थान या दूरी प्रभावित होती है। लेट, क्लार्क एवं अल्टमैन (Lett, Clark & Altman,1969) ने अपनी समीक्षा में पाया कि जब व्यक्ति लक्ष्य व्यक्ति को जानता या उसे पसंद करता है, तो उनके साथ अंतःक्रिया करते समय अन्तर्वैयक्तिक दूरी (interpersonal distance) कम होती है। इस निष्कर्ष पर इस क्षेत्र में किये गये करीब 40 अध्ययनों की समीक्षा के बाद वे पहुँचे। रेयन तथा काह्न (Ryen & Kahn, 1975) ने अपने अध्ययन में पाया कि जिन समूहों के बीच प्रतियोगिता अधिक थी, वे सहयोगी समूहों की तुलना में एक-दूसरे से दूर रहकर अंतःक्रिया करना अधिक पंसद किये। लत्ता (Latta, 1978) ने अपने अध्ययन में पाया कि व्यक्ति की पदवी या स्तर (status) से भी उसका व्यक्तिगत स्थान (personal space) प्रभावित होता है। इन्होंने कुछ कॉलेज छात्रों से तीन तरह के लक्ष्य व्यक्ति के साथ जिस दूरी से चाहें, अंतःक्रिया करने के लिए वे कहे। वे तीन लक्ष्य व्यक्ति थे—एक उच्च विद्यालय का छात्र, एक कॉलेज का छात्र तथा एक मनोविज्ञान के प्राचार्य (Professor)। परिणाम में देखा गया कि छात्रों द्वारा उच्च विद्यालय के छात्र के साथ बहुत नजदीक से, कॉलेज छात्र के साथ उससे कुछ अधिक दूरी से तथा प्राचार्य से (जिनका स्तर सबसे ऊँचा था) सबसे अधिक दूरी से अंतःक्रिया करना पसंद किया गया। इसका मतलब यह हुआ कि लक्ष्य व्यक्ति का स्तर या पदवी जितना ही ऊँचा होता है, उसके साथ अंतःक्रिया करने से व्यक्ति उतना ही अधिक व्यक्तिगत स्थान (personal space) दिखाता है। रोजेनफेल्ड (Rosenfeld, 1965) ने एक अध्ययन किया जिसमें उन्होंने आधे प्रयोज्यों को एक सहयोगी (confederate) से अनुमोदन (approval) प्राप्त करने के लिए कहा तथा बाकी आधे प्रयोज्यों को वह सहयोगी से अनुमोदन प्राप्त न करने के लिए कहा। प्रयोज्यों को बैठने के लिए कुर्सी दिया गया और कहा गया कि वे कल्पना करे कि एक बड़े कमरे में बैठे हुए हैं जहाँ वह सहयोगी पहले से ही बैठा हुआ था। ऐसी परिस्थिति में जिस दूरी पर चाहे अपनी कुर्सी रखकर वे उस सहयोगी के साथ अंतःक्रिया करे। परिणाम में यह देखा गया कि अनुमोदन प्राप्त करने वाले प्रयोज्यों ने अनुमोदन न प्राप्त करने वाले प्रयोज्यों की तुलना में उस सहयोगी के साथ अधिक नजदीक से सामाजिक अंतःक्रिया करने की तत्परता दिखाई। स्पष्ट हुआ कि लक्ष्य व्यक्ति के साथ जिस तरह का सम्बन्ध होता है, उससे भी व्यक्तिगत स्थान (personal space) प्रभावित होता है।

निष्कर्षतः यह कहा जा सकता है कि व्यक्तिगत स्थान (personal space) कई तरह के कारकों से प्रभावित होता है। चूँकि सामाजिक अंतःक्रिया करने में व्यक्तिगत स्थान का महत्त्व काफी होता है, अतः समाज मनोवैज्ञानिकों के लिए यह अति आवश्यक है कि वे लोग व्यक्तिगत स्थान को प्रभावित करने वाले कारकों पर भी ध्यान दें।

व्यक्तिगत स्थान के अतिक्रमण के प्रति प्रतिक्रिया *(Reactions to invasions of personal space)*—मनोवैज्ञानिकों द्वारा किये गये अध्ययनों से यह स्पष्ट हुआ है कि सामाजिक अंतःक्रिया करने में मनुष्य स्पष्टतः एक व्यक्तिगत स्थान क्षेत्र बनाकर रखता है जिसका आकार (size) कई चरों या कारकों द्वारा प्रभावित होता है। कोई व्यक्ति

अपने व्यक्तिगत स्थान में दूसरों द्वारा आक्रमण को पसंद नहीं करता है। परंतु वास्तविक जिन्दगी में ऐसा नहीं होता है। स्वयं व्यक्ति दूसरों के व्यक्तिगत स्थान में कभी-कभी अतिक्रमण करता है या दूसरे व्यक्ति उसके व्यक्तिगत स्थान में अतिक्रमण करते हैं। प्रश्न उठता है कि व्यक्तिगत स्थान में इस तरह के अतिक्रमण का क्या प्रभाव होता है? मनोवैज्ञानिकों द्वारा किये गए अध्ययनों से यह स्पष्ट हुआ है कि व्यक्तिगत स्थान में अतिक्रमण होने पर व्यक्ति निम्नांकित प्रतिक्रियाएँ करता है—

1. *तनाव (Stress)*—जब किसी व्यक्ति का व्यक्तिगत स्थान पर अन्य व्यक्ति द्वारा अतिक्रमण होता है, तो उससे व्यक्ति में तनाव (stress) उत्पन्न होता है। इस क्षेत्र में किये गये अध्ययन से यह स्पष्ट हुआ है कि व्यक्तिगत स्थान पर अतिक्रमण होने से व्यक्ति में दुखद अनुभूतियाँ होतीं हैं तथा उनमें कई तरह के शारीरिक परिवर्तन भी होते हैं। जैसे—मैकब्राइड, किंग एवं जेम्स (Mc Bride, King & James, 1965) ने अपने अध्ययन में पाये कि जब व्यक्ति का व्यक्तिगत स्थान पर अन्य व्यक्ति द्वारा अतिक्रमण होता है, तो उनमें दुखद अनुभूति उत्पन्न होने के साथ-ही-साथ गलवैनिक त्वचा प्रतिक्रिया (Galvanic skin reaction or GSR) बढ़ जाती है। व्यक्तिगत स्थान पर आगे की ओर अतिक्रमण होने पर बगल से अतिक्रमण होने की अपेक्षा GSR से अधिक वृद्धि होती पायी गयी। मिडलमिस्ट, नोलस एवं मैटर (Middlemist, Knowles & Matter, 1976) ने अपने अध्ययन में पाये कि जब पुरुष के शौचघर में उसके व्यक्तिगत स्थान पर अतिक्रमण किया गया, तो उनमें शारीरिक उत्तेजन में वृद्धि हो गयी।

2. *समायोजन (Adjustment)*—जब व्यक्ति के व्यक्तिगत स्थान पर अन्य व्यक्ति द्वारा अतिक्रमण किया जाता है, तो व्यक्ति उसमें उचित समायोजन दिखाकर अपनी प्रतिक्रिया व्यक्त करता है। व्यक्ति अपने उस स्थान या दूरी में या तो परिवर्तन करके समायोजन करता है या फिर वह अपने आप को उस परिस्थिति से दूर हटाकर समायोजन करता है। इस तथ्य की संपुष्टि कुछ अध्ययनों से की गयी है। सौम्मर (Sommer, 1969) ने मानसिक रोगियों पर अध्ययन किया। इन्होंने मानसिक रोगी को अकेले विछावन पर बैठा देखकर उससे छह इंच की दूरी पर सटकर जा बैठे। अगर रोगी खिसककर उससे कुछ अधिक दूरी पर चला जाता था, तो वे भी साथ-ही-साथ घिसक जाते थे कि छह इंच की दूरी बरकरार रहे। रोगी द्वारा इस स्थानगत अतिक्रमण के प्रति की गयी प्रतिक्रियाओं को ठीक ठंग से प्रेक्षण किया गया। इसी तरह प्रयोगात्मक समूह के अन्य प्रयोज्यों के साथ व्यवहार किया गया। नियंत्रित समूह (contol group) के प्रयोज्यों के व्यक्तिगत स्थान का अतिक्रमण उस ढंग से नहीं किया गया। परिणाम में देखा गया कि प्रयोगात्मक समूह के करीब 50% प्रयोज्यों ने सोम्मर द्वारा मात्र नौ मिनट तक अतिक्रमण करने के बाद अपनी जगह छोड़कर दूसरे जगह चले गये जबकि नियंत्रित समूह के मात्र 8% प्रयोज्य ही सोम्मर द्वारा मात्र नौ मिनट तक अतिक्रमण करने के बाद अपनी जगह छोड़कर दूसरे जगह पर गये। इतना ही नहीं, प्रयोगात्मक समूह के प्रयोज्य सोम्मर पर प्रत्यक्ष रूप से देखने से कतराते रहे, तथा अन्य क्रियाओं में अपने आप को फँसाकर रखे। बाद में सोम्मर ने इस अध्ययन को सामान्य महिला प्रयोज्यों (normal female subjects) पर दोहराया। पुस्तकालय में महिला प्रयोज्य किसी टेबुल पर किताब रखकर अकेले में पढ़ रही थी। इसके बाद सोम्मर की महिला सहकर्मियों (colleague) द्वारा उस महिला प्रयोज्य के साथ पाँच तरह का व्यवहार किया गया—कभी महिला सहकर्मी उस महिला प्रयोज्य के बगल की कुर्सी पर जाकर बैठ रहती थी और फिर उस कुर्सी को उस महिला की कुर्सी के नजदीक कर लेती थी, कभी महिला सहकर्मी बगल की कुर्सी पर जाकर बैठ रहती थी, कभी महिला सहकर्मी बगल की एक कुर्सी छोड़कर दूसरी कुर्सी पर बैठ रहती थी, कभी महिला सहकर्मी बगल की दो कुर्सी छोड़कर दूसरी कुर्सी पर बैठे रहती थी, तथा कभी महिला सहकर्मी प्रयोज्य महिला के टेबुल से हटकर दूसरे टेबुल पर जाकर बैठ जाती थी। प्रयोज्यों का एक नियंत्रित समूह भी था जिसमें महिला प्रयोज्य के टेबुल का अतिक्रमण नहीं किया गया। परिणाम में पाया गया कि पहली परिस्थिति में जिसमें सहकर्मी महिला प्रयोज्य के बगल में जा बैठी थी और अपनी कुर्सी को उसके कुर्सी से नजदीक कर ली थी, करीब 70% प्रयोज्य 30 मिनट बीतने पर टेबुल छोड़कर अलग चली गयी जबकि नियंत्रित अवस्था के मात्र 10% प्रयोज्यों ने ही ऐसा किया था। इतना ही नहीं, सोम्मर ने यह भी पाया कि टेबुल छोड़ने के पहले प्रयोज्यों ने अपने कुर्सी को अतिक्रमण करने वाली महिला की कुर्सी से थोड़ा दूर कर लिया, अपनी शारीरिक मुद्रा में परिवर्तन कर लिया तथा अपने एवं अतिक्रमण करने वाली महिला के बीच कुछ अवरोध (barrier) भी उत्पन्न कर दिया था ताकि अपने व्यक्तिगत स्थान के अतिक्रमण को बचाया जा सके। अध्ययन से यह स्पष्ट हो जाता है कि व्यक्ति अपने व्यक्तिगत स्थान पर अतिक्रमण होने से पहले इस ढंग से समायोजन करने की कोशिश करता है कि वह उस अतिक्रमण का सामना कर सके। परंतु यदि इसमें उसे सफलता नहीं मिल

पाती है, तो वह उस जगह को छोड़कर अन्यत्र चला जाता है ताकि उसका व्यक्तिगत स्थान की गुप्ति (privacy) बनी रही।

अर्गिल एवं डीन (Argyle & Dean, 1965) ने अन्तर्वैयक्तिक संचार (interpersonal communication) के ख्याल से स्थानगत व्यवहार (spatial behaviour) द्वारा किये संचार तथा संचार के अशाब्दिक तरीकों (nonverbal modes) के बीच सम्बन्ध की व्याख्या करने के लिए एक सिद्धांत का प्रतिपादन किया है जिसे *संतुलन सिद्धांत* (equilibrium theory) कहा गया है। अर्गिल एवं डीन का मत है कि अशाब्दिक माध्यम (nonverbal channels) द्वारा प्रतिपादित एक महत्त्वपूर्ण संचार अंतरंगता या आकर्षण होता है। जब एक व्यक्ति दूसरे व्यक्ति से काफी नजदीक से कुछ आँख में आँख डालकर कहता है, हँसता है तथा एक-दूसरे के प्रति झुक करके बातचीत करता है, तो उससे अंतरंगता का बोध होता है। परंतु जब एक व्यक्ति दूसरे व्यक्ति से हटकर तथा आँख बचाकर बातचीत करता है तो यह समझा जाता है, वह व्यक्ति अपनी नापसंदगी (disliking) का इजहार कर रहा है। इस तरह से अर्गिल एवं डीन ने यह बतलाया कि अशाब्दिक व्यवहार का उपयोग एक संतुलन तंत्र (equilibrium system) का निर्माण करने के लिए किया जाता है जिसके सहारे अंतरंगता की मात्रा की अभिव्यक्ति होती है। मेहराबियन (Mehrabian, 1972) ने ऐसे अशाब्दिक व्यवहार (non-verbal behaviours) जिसके द्वारा अंतरंगता का निर्धारण होता है, उसे *अव्यवधान व्यवहार* (immediacy behaviour) कहा जाता है क्योंकि उनके द्वारा यह निर्धारित होता है कि व्यक्ति कितना खुला या तात्कालिक (immediate) विचार का है। अव्यवधान व्यवहार में अन्तर्वैयक्तिक दूरी, नेत्र संपर्क, शारीरिक मुद्रा, हँसना, धड़ का झुकाव आदि प्रमुख है। इस संतुलन सिद्धांत का उपयोग करके व्यक्तिगत स्थान पर हुए अतिक्रमण के प्रति विभिन्न प्रकार की अनुक्रियाओं के बारे में पूर्वकथन किया गया है जैसे—पैट्टर्सन (Patterson, 1976) ने यह मत जाहिर किया है कि जब किसी व्यक्ति का व्यक्तिगत स्थान पर हुए अतिक्रमण होता है तो उसमें उत्तेजन (arousal) उत्पन्न होता है। वह उत्तेजन व्यक्ति में स्वीकारात्मक (positive) भी हो सकता है या नकारात्मक भी हो सकता है। स्वीकारात्मक होने पर प्यार, पसंदगी आदि होता है तथा नकारात्मक होने पर चिन्ता, अदुखद तथा परेशानी आदि होता है। अगर अतिक्रमण से उत्पन्न उत्तेजन को व्यक्ति नकारात्मक समझता है, तो व्यक्ति उस अतिक्रमण की क्षतिपूर्त्ति कम अंतरंग (intimate) या तात्कालिक (immediate) होकर करेगा अर्थात नेत्र सम्पर्क को कम करके करेगा, पीछे की ओर अलग हटकर या झुककर दूरी बढ़ा लेगा आदि व्यवहार करेगा। अगर उत्तेजन को व्यक्ति स्वीकारात्मक समझेगा, तो वैसी परिस्थिति में व्यक्ति उस अतिक्रमण के प्रति अधिक अंतरंगता दिखाकर प्रति उत्तर देगा अर्थात आँख में आँख डालकर बातचीत करेगा, एक-दूसरे के करीब झुककर अपनी प्रतिक्रिया करेगा।

उक्त विवरण से यह स्पष्ट है कि जब कोई व्यक्ति से जरूरत से ज्यादा नजदीक आ जाता है, तो इससे उसकी अंतरंगता (intimacy balance) असंतुलित हो जाती है। संतुलन सिद्धांत के अनुसार अतिक्रमित व्यक्ति विशेष दूरी (proper spacing) को बनाये रखने की पहले कोशिश करता है। परंतु यदि यह सम्भव नहीं हो पाता है, तो वह कई *अव्यवधान व्यवहार* (immediacy behaviour) अंतरंगता संतुलन को बनाये रखने के लिए करता है। ऐसी अवस्था में व्यक्तिगत स्थान के अतिक्रमण होने पर व्यक्ति नेत्र संपर्क में कमी कर देगा, पीछे की ओर अधिक झुका रहेगा, भौंहें चढ़ा लेना आदि व्यवहार करेगा। इन सभी तथ्यों को अर्गिल एवं डीन (Argyle & Dean, 1965) ने भी अपने अध्ययन में होते पाया है।

प्रादेशिकता या भूभागीयता
(Territoriality)

अर्थ *(Meaning)*—प्रादेशिकता या भूभागीयता एक ऐसा संप्रत्यय है जिसे पशु व्यवहार पर किये गये शोधों से लिया गया है। प्रादेशिकता से तात्पर्य विशेष भौगोलिक क्षेत्र पर स्वामित्व (ownership) के भाव विकसित होने से होता है। प्रादेशिकता कई वैज्ञानिकों द्वारा परिभाषित किया गया है। होलाहान (Holahan, 1982) का मत है कि प्रादेशिकता एक ऐसा व्यवहार है जो किसी क्षेत्र या जगह पर स्वामित्व या अधिकार कायम करने से होता है तथा जिसमें व्यक्ति जगह को अपना व्यक्तिगत वस्तु मानता है एवं उसे किसी प्रकार के अतिक्रमण से उसे बचाता है। अल्टमैन एवं सुंडस्ट्रोम (Altman & Sundstrom, 1974) ने प्रादेशिकता को परिभाषित करते हुए कहा है कि यह एक ऐसा व्यवहार

है जिसमें किसी वस्तु या क्षेत्र का व्यक्ति या समूह द्वारा एकान्तिक (exclusive) उपयोग किया जाता है। इन परिभाषाओं का विश्लेषण करने से हम प्रादेशिकता या भूभागीयता के बारे में निम्नांकित विशेषताएँ प्राप्त होती हैं—

(i) प्रादेशिकता सामान्यतः अन्तरविशिष्ट (intraspecific) होता है। इसका मतलब यह हुआ कि एक ही जाति के अन्य लोगों द्वारा क्षेत्र का उपयोग प्रतिबंधित होता है लेकिन अन्य जाति के सदस्य प्रायः उसमें प्रवेश करते रहते हैं। पोर्टीयस[1] (Porteous, 1976) ने भी इसे कुछ इसी तरह परिभाषित किया है।

(ii) प्रादेशिकता में अपने क्षेत्र में अन्य लोगों द्वारा किये जाने अतिक्रमण से बचाने का गुण होता है। इसके लिए आक्रामक व्यवहार भी यदि करना पड़े, तो व्यक्ति आसानी से करता है।

प्रादेशिक व्यवहार (territorial behaviour) मानव एवं पशु दोनों द्वारा ही किया जाता है परंतु इन दोनों के प्रादेशिक व्यवहार में अंतर है जो निम्नांकित है—

(i) पशुओं में प्रादेशिक व्यवहार जन्मजात होता है जबकि मनुष्यों में प्रादेशिक व्यवहार अर्जित होता है।

(ii) इटेलसन एवं उनके सहयोगियों (Ittelson et. al., 1974) ने अपने-अपने अध्ययन के आधार पर यह बतलाया है कि मनुष्यों द्वारा दिखलाये गये प्रादेशिक व्यवहार से 'स्वामित्व' (ownership) का गुण होता है जबकि पशुओं द्वारा दिखलाये गये प्रादेशिक व्यवहार में इस तरह का कोई स्वामित्व व्यवहार की विशेषता नहीं होती है।

(iii) अल्टमैन (Altman, 1975) के अनुसार पशु प्रादेशिक व्यवहार कोई एक जगह या क्षेत्र तक सीमित होता है परंतु मनुष्य प्रादेशिक व्यवहार कई जगहों पर बिखरे होते हैं। जैसे—व्यक्ति का अपना घर, ऑफिस, फुलवारी आदि विभिन्न क्षेत्रों पर एक साथ स्वामित्व होता है।

(iv) पशुओं में प्रादेशिक व्यवहार एक सीमित प्रकार (limited range) प्रायः जमीन तक ही सीमित होती है परंतु मनुष्यों में प्रादेशिक व्यवहार सिर्फ जमीन तक ही नहीं बल्कि अन्य वस्तुओं जैसे-कार, नाव, कलम, अलमीरा आदि पर भी होता है।

स्पष्ट है कि मनुष्यों के प्रादेशिक व्यवहार तथा पशुओं के प्रादेशिक व्यवहार में स्पष्ट अंतर है।

क्षेत्र या भूभाग के प्रकार *(Types of Territories)*—अल्टमैन (Altman, 1975) तथा टेलन एवं स्टाऊफ (Taylor & Stough, 1978) द्वारा किये गये अध्ययनों से यह स्पष्ट हुआ है कि क्षेत्र या भूभाग के निम्नांकित तीन सामान्य प्रकार होते हैं—

(1) प्राथमिक भूभाग या क्षेत्र (Primary territory)

(2) गौण भूभाग या क्षेत्र (Secondary territory)

(3) सार्वजनिक भूभाग या क्षेत्र (Public territory)

इन तीन क्षेत्रों का वर्णन इस प्रकार है—

1. *प्राथमिक भूभाग या क्षेत्र (Primary territory)*—प्राथमिक भूभाग या क्षेत्र से तात्पर्य वैसे क्षेत्र से होता है जो अपने स्वामी को पूर्ण नियंत्रण में होता है और उसका उस पर सर्वाधिकार स्थायी तौर पर होता है। अन्य लोगों द्वारा भी ऐसा ही समझा जाता है। ऐसे क्षेत्र का अन्य लोगों द्वारा किये गये अतिक्रमण को काफी गंभीरता से लिया जाता है और ऐसी परिस्थिति में अतिक्रमण करने वाले व्यक्ति को आक्रमकता (aggressiveness) का भी सामना करना पड़ता है और कभी-कभी उसे मृत्यु दंड का भी सामना करना पड़ जाता है। प्राथमिक भूभाग का सबसे उत्तम उदाहरण व्यक्ति का अपना मकान, फ्लैट और कुछ हद तक अपना कार्यालय आदि होता है।

2. *गौण भूभाग या क्षेत्र (Secondary territory)*—गौण भूभाग उस क्षेत्र को कहा जाता है जिसपर किसी व्यक्ति का व्यक्तिगत नियंत्रण (personal control) कम होता है। इस क्षेत्र का उपयोग स्थायी तौर पर किसी व्यक्ति द्वारा नहीं किया जाता है। जबतक व्यक्ति उस क्षेत्र को दखल किये हुए रहता है, वह उसका मालिक होता है। संभव है उस क्षेत्र पर फिर कल दूसरा व्यक्ति दखल कर ले और ऐसी परिस्थिति में पहला व्यक्ति दूसरे व्यक्ति को दखल से वंचित नहीं कर सकता है। इस तरह के क्षेत्र का सबसे उत्तम उदाहरण वर्ग या कक्षा का जगह जहाँ छात्र बैठकर शिक्षा हासिल करता

1. Territoriality is generally intraspecific, that is, "the use of the territory by other members of the same species is restricted, whereas members of other species may often freely enter." —Proteous, 1976

है। जबतक छात्र उस जगह या स्थान जहाँ वह बैठा है, उसके नियंत्रण में होता है। संभव है कि कल कोई दूसरा छात्र उस जगह पर बैठ जाए और ऐसी परिस्थिति में पहला छात्र उसे वहाँ से हटा नहीं सकता है क्योंकि आज दूसरे छात्र का नियंत्रण होता है।

3. *सार्वजनिक भूभाग या क्षेत्र (Public territory)*—सार्वजनिक भूभाग या क्षेत्र से तात्पर्य वैसे क्षेत्र से होता है जिसका उपयोग जनता (public) का कोई भी सदस्य उसे अपने उपयोग में ला सकता है। ऐसे क्षेत्र पर औपचारिक या अनौपचारिक ढंग से किसी का स्वामित्व नहीं होता है बल्कि इसका उपयोग कोई भी व्यक्ति जो करना चाहे, कर सकता है। इस क्षेत्र की विशेषता यह है कि जब तक व्यक्ति उसका उपयोग करता है, उस क्षेत्र पर उतने समय के लिए उसका स्वामित्व अवश्य होता है। जैसे—रेलवे प्लेटफार्म पर बैठने वाले बेंच पर की जगह। अगर कोई आदमी उस जगह पर बैठा है, तो उसपर उसका नियंत्रण ही रहता है। अगर वह कही यत्र-तत्र चला जाता है और इसी बीच में कोई दूसरा आदमी उस जगह पर बैठ जाता है, तो इस दूसरे व्यक्ति को पहला व्यक्ति हटा नहीं सकता है।

उक्त तीनों तरह के क्षेत्रों में अतिक्रमण होने पर व्यक्ति में उत्पन्न भाव एक समान न होकर अलग-अलग प्रवृत्ति के होते हैं। जैसे—प्राथमिक क्षेत्र का अतिक्रमण होने पर व्यक्ति अधिक आक्रमकता दिखलाता है जबकि गौण एवं सार्वजनिक क्षेत्र का अतिक्रमण होने पर व्यक्ति इस तरह का स्पष्ट आक्रमकता (overt aggression) नहीं दिखलाता है। वर्केल एवं लोलिस (Worchel & Lollis, 1972) ने अपने प्रयोग के आधार पर यह भी बतलाया है कि व्यक्ति इन विभिन्न क्षेत्रों को किस तरह से बचा पाता है, उसमें सांस्कृतिक अंतर (cultural differences) भी है। इन्होंने इस अध्ययन में अमेरिकन तथा ग्रीकवासियों की अनुक्रियाओं का प्रेक्षण किया। इन लोगों के प्राथमिक, गौण एवं सार्वजनिक क्षेत्रों में कूड़ा-कचरा का थैला रख दिया गया था। प्राक्कल्पना यह थी कि प्राथमिक एवं गौण क्षेत्रों में रखे गये थैलों को व्यक्ति सार्वजनिक क्षेत्र में रखे गये थैलों की अपेक्षा जल्दी हटा देंगे क्योंकि पहले दोनों तरह के क्षेत्रों पर तुलनात्मक रूप से प्रत्यक्ष नियंत्रण अधिक होता है। सचमुच में इस अध्ययन में कूड़ा-कचरा की थैली को घर के सामने खुला स्थान (प्राथमिक क्षेत्र), घर के सामने की पटरी (sidewalk) पर (गौण क्षेत्र) तथा घर के सामने गली की मोड़ (सार्वजनिक क्षेत्र) पर रखा गया था। अगर घरवासियों द्वारा इन थैलियों को 24 घंटे के भीतर नहीं हटाया गया, तो उसे प्रयोगकर्त्ताओं द्वारा हटा दिया जाता था। परिणाम में देखा गया कि घर के सामने खुला स्थान पर रखे गये थैलों को अमेरिकन तथा ग्रीसवासियों द्वारा तुरंत हटा दिया गया। परंतु घर के सामने की पटरी (sidewalk) तथा गली के मोड़ पर रखे गये थैलियों को अमेरिकन द्वारा ग्रीसवासियों की तुलना में जल्दी हटा द्रिया गया। इस अध्ययन से यह स्पष्ट हो जाता है कि गौण तथा सार्वजनिक क्षेत्र का प्रत्यक्षण अमेरिकन तथा ग्रीसवासियों द्वारा भिन्न ढंग से किया जाता है। ग्रीस में घर के सामने की पट्टरी (sidewalk) तथा घर के सामने की गली के मोड़ दोनों को सार्वजनिक क्षेत्र (bublic territory) के रूप में देखा जाता है जबकि अमेरिका में इन दोनों तरह के क्षेत्रों को गौण क्षेत्र (secondary territory) के रूप में देखा जाता है।

प्रादेशिकता या भूभागीयता के कार्य *(Functions of territoriality)*—भूभागीयता को पर्यावरणी मनोविज्ञान तथा समाज मनोविज्ञान में इतना अधिक महत्त्व इसलिए दिया जाता है क्योंकि इसके द्वारा निम्नांकित छह तरह के कार्य किये जाते हैं—

1. *भूभागीयता से सामाजिक अनुक्रिया में मदद मिलती है (Territoriality helps in social interactions)*—भूभागीयता से हमें उपयुक्त सामाजिक अंतःक्रिया में मदद मिलती है। जैसे—यदि हम भूभागीयता बना कर रखते हैं, तो हम अपने दिन प्रतिदिन की घटनाओं को ठीक ढंग से संगठित करते हैं तथा उसके अनुरूप व्यवहार करते हैं। अगर थोड़े देर के लिए मान लिया जाय कि हमारे पास कोई भी ऐसा क्षेत्र नहीं है जिसमें हमलोग दूसरों की उपस्थिति को प्रतिबंधित कर सके, तो संभवतः इसका परिणाम यह भी हो सकता है कि हमारे घर में कभी भी कोई स्वेच्छा से आ-जा सकता है और हम उसे रोक नहीं सकते हैं। इतना ही, भूभागीयता की जानकारी होने से हम यह भी आसानी से पूर्वानुमान लगा पाते हैं कि किसी अमुक क्षेत्र में किस तरह का कार्य होता होगा। यही कारण है कि हम जानते हैं कि रसोई घर में खाना पकाया जाता है तथा अध्ययन कक्ष में पढ़ाई की जाती है। इस तरह का बोध होने से व्यक्ति को निश्चित तौर पर सामाजिक अंतःक्रिया करने में काफी मदद मिलती है।

2. *भूभागीयता सामाजिक संगठन को विकसित, सुस्पष्ट एवं संपोषित करने में मदद करता है (Territoriality helps in developing, clarifying and maintaining social organization)*—अक्सर ऐसा देखा गया है कि वैसे

समूह जिसमें सामाजिक स्तर, प्रभुत्व (dominance) तथा सामाजिक भूमिकाएँ (roles) काफी विशिष्ट (differentiated) होतीं हैं, भूभागीयता का उपयोग कर व्यक्ति समूह में अपनी पदवी या स्थिति को दिखाता है। जैसे—जिस व्यक्ति में प्रभुत्व आवश्यकता (dominance need) अधिक होती है, वे उन व्यक्तियों की तुलना में जिनमें प्रभुत्व आवश्यकता कम होती है, भूभागीयता की माँग अधिक करते हैं। उसी तरह डीलौंग (Delong, 1973) ने अपने अध्ययन में पाया है कि उच्च स्तरीय व्यक्ति किसी सभा के दौरान प्रमुख व्यक्तियों के बैठने के लिए बने जगह के केंद्र में बैठना अधिक पसंद करते हैं। अल्टमैन एवं उनके सहयोगियों (Altman et al., 1971) ने अपने अध्ययन में पाये कि विमुक्त युग्म (isolated dyads) सामाजिक रूप से संगठित करने के ख्याल से अपने कमरों को विभिन्न स्पष्ट क्षेत्रों (distinctive territories) में बाँट लेते हैं ताकि उनमें किसी क्षेत्र के उपयोग से सम्बन्धित मतभेद न हो। रोजेनब्लाट तथा बड्ड (Rosenblatt & Budd, 1977) ने अपने अध्ययन में पाये कि विवाहित जोड़ों से अविवाहित परंतु साथ-साथ रहने वाले जोड़े की तुलना में भूभागीय व्यवहार (territorial behaviour) अधिक होता पाया गया। विवाहित जोड़ों में कमरा के प्रत्येक वस्तु या स्थान के उपयोग के बारे में एक सुस्पष्ट समझ थी। अविवाहित जोड़ों में ऐसी समझ नहीं थी।

3. *भूभागीयता गुप्ति का नियमन में भी मदद करता है (Territoriality helps in regulating privacy)*—भूभागीयता व्यक्ति को गुप्ति बनाये रखने में मदद करता है। कोई भी व्यक्ति अपने प्राथमिक क्षेत्र (primary territory) में प्रवेश करके अपने आपको अकेला कर सकता है और उसी के अनुरूप अनुक्रिया करके अपनी गुप्ति (privacy) बनाकर रख सकता है।

4. *भूभागीयता से सामूहिक तथा व्यक्तिगत पहचान बनती है (Territoriality helps in group and personal identity)*—इडनी (Edney, 1975) ने अपने अध्ययन में पाये कि भूभागीयता से सामूहिक तथा व्यक्तिगत पहचान बढ़ती है। जिन व्यक्तियों द्वारा एक ही क्षेत्र का उपयोग किया जाता है, उनमें एक समान अनुभूतियाँ उत्पन्न होतीं है तथा उनमें ज्ञान का एक उभयनिष्ठ आधार होता है। जैसे—ऐसे लोग एक ही दुकान में सामान खरीदेंगे, एक ही स्कूल में बच्चे पढ़ायेंगे तथा एक ही पार्क का उपयोग करेंगे आदि-आदि। इन समान अनुभूतियों से उनमें सामान्य समूह पहचान (common group indentity) विकसित होती है जिसकी अभिव्यक्ति कई तरीकों से जैसे एक ही भाषा का उपयोग, एक समान पोशाक पहनना तथा विशेष तरह की छुट्टी पर एक समान उत्सव मनाना आदि के रूप में होती है। ले एवं साइब्रिवस्की (Ley & Cybriwsky, 1974) ने अपने अध्ययन के आधार पर यह भी दिखलाया है कि अत्यधिक प्रादेशिकता या भूभागीयता से अन्तरसमूह विद्वेषता (intergroup hostility) में कमी आती है।

5. *भूभागीयता या प्रादेशिकता से मनुष्यों को सुरक्षा मिलती है (Territoriality provides for protection of the human beings)*—भूभागीयता से मनुष्यों में सुरक्षा का भाव उत्पन्न होता है जिसका परिणाम यह होता है कि व्यक्ति अपने क्षेत्र में होने से उत्तम निष्पादन करता है। कई प्रेक्षणों (observations) में यह देखा गया है कि अपने क्षेत्र में होने से सिपाही अधिक जोर लगाकर तथा मनोबल ऊँचा करके लड़ते हैं परंतु जब उन्हें यही लड़ाई दूसरे राष्ट्र के क्षेत्र में लड़ना होता है, तो उनका मनोबल उनता अधिक नहीं होता है। इडनी (Edney, 1975) ने अपने अध्ययन में पाये कि अपने घर के क्षेत्र में होने पर व्यक्ति को कार्य करने में अधिक तुष्टि मिलता है तथा उसे सुरक्षा का भाव अधिक उत्पन्न होता है। इन्होंने अपने इस अध्ययन में छात्रों का युग्म बनाया। प्रयोग युग्म के एक सदस्य के कमरे में किया गया। कमरा में युग्म के दोनों सदस्यों की तरह-तरह के कार्य जैसे कमरा में फर्नीचर को सुव्यवस्थित करना तथा कमरे के जमीन को साफ-सुथरा करना आदि था। युग्म के जिस सदस्य के कमरे में प्रयोग किया गया, उसे निवासी सदस्य (resident member) कहा गया तथा दूसरा सदस्य जो अपना कमरा छोड़कर उसके कमरे में आकर कार्य किया, उसे आगंतुक सदस्य (visitor member) कहा गया। परिणाम में पाया गया कि प्रवासी सदस्य आगंतुक सदस्य की अपेक्षा कार्य में अधिक सक्रिय भूमिका निभाया तथा अधिक सुखद अनुभव किया। इस अध्ययन से यह स्पष्ट हो जाता है कि व्यक्ति जब अपने गृह क्षेत्र में होता है, तो वह न केवल सुखद अनुभव ही करता है बल्कि कार्य को अधिक मन लगाकर भी करता है क्योंकि उसमें एक तरह का सुरक्षा तथा स्वामित्व का भाव होता है। मार्टिनडोल (Martindole, 1971) ने अपने अध्ययन में पाया है कि व्यक्ति अपने क्षेत्र में आगंतुकों (visitors) की तुलना में अधिक प्रभावोत्पादक ढंग से तर्क प्रस्तुत कर पाने में सक्षम हो पाता है।

6. *भूभागीयता पशु व्यवहार को नियमित एवं नियंत्रित करता है (Territoriality regulates and controls animal behaviour)*—भूभागीयता पशुओं के लिए भी कई दृष्टिकोण से प्रभावी माना गया है। भूभागीयता से पशुओं

में चयनात्मक प्रजनन (selective breeding) की प्रक्रिया ठीक ढंग से हो पाती है जिससे उस जाति का एक योग्य प्राणी का जन्म होता है। इतना ही नहीं, प्रत्येक पशु या पशुओं के समूह को शिकार करने का अपना क्षेत्र होता है। इसमें दूसरा प्रवेश सामान्यतः नहीं कर पाता है। इससे पशुओं को पर्याप्त भोजन भी उस क्षेत्र में उपलब्ध हो जाता है। यह भी देखा गया है कि विभिन्न पशुओं का क्षेत्र एक-दूसरे के नजदीक होने पर कभी भी वे संभावित खतरा के बारे में एक-दूसरे को आसानी से उसकी सूचना देकर अपनी क्रियाओं को समन्वित करते हैं।

स्पष्ट हुआ कि प्रादेशिकता या भूभागीयता के कई कार्य हैं। इन कार्य से न केवल मनुष्यों बल्कि पशुओं का भी व्यवहार नियमित एवं नियंत्रित होता है।

क्षेत्र को स्थापित करना तथा उसे सुरक्षा प्रदान करना *(Establishing and protecting territory)*— मनोवैज्ञानिकों द्वारा किये गये अध्ययनों से यह स्पष्ट हुआ है कि पशु तथा मनुष्य दोनों ही कुछ चिह्नक (markers) का उपयोग करके अपने क्षेत्र को अन्य लोगों के क्षेत्रों से अलग करते हैं तथा उस पर अपना स्वामित्व दिखाते हैं। कुछ पशु जैस कुत्ता अपने क्षेत्र को विशिष्ट (differentiate) करने के लिए पेशाब करता है या पैखाना करता है तथा हिरण पेड़ के छाल को नोच कर अपने क्षेत्र को चिह्नित करता है। मनुष्य अपने क्षेत्र को चिह्नित करने के लिए कुछ घेराबंदी (fencing) करते हैं। सामान्य प्राथमिक क्षेत्रों को विशिष्ट करने के लिए तथा उसे बचाने के लिए ही चिह्निक (Marker) का उपयोग किया जाता है। परंतु कुछ ऐसे अध्ययन हुए हैं जिनके आधार पर यह सबूत मिला है कि चिह्निक का उपयोग करके व्यक्ति गौण क्षेत्र (secondary territory) को विशिष्ट करने तथा उसे सुरक्षित करने के लिए करता है। सोम्मर एवं बेकर (Sommer & Becker, 1969) तथा वेकर (1973) ने अपने-अपने अध्ययनों में विभिन्न तरह के चिह्नकों की प्रभावशीलता का अध्ययन किया। इन लोगों ने भीड़ भरे बड़े कमरे में एक कुर्सी पर विभिन्न चिह्निकों (different markers) को रख दिया ताकि देखने वाले लोग यह समझ सके कि यह कुर्सी किसी व्यक्ति का है जो इसका उपयोग कर रहा है। प्रयोगकर्त्ताओं द्वारा यह काफी ठीक ढंग से प्रेक्षण किया गया है कि इस क्षेत्र का अतिक्रमण कितने लोगों द्वारा करके उसी कुर्सी का उपयोग किया जा रहा है। परिणाम में देखा गया कि चिह्नक की संख्या अधिक होने पर तथा उसका स्वरूप व्यक्तिगत होने पर उनके द्वारा क्षेत्र का उत्तम सुरक्षा होता था अर्थात तब चिह्नक क्षेत्र की सुरक्षा प्रदान करने में अधिक प्रभावी साबित होते थे।

उपर्युक्त अध्ययनों से यह स्पष्ट हुआ है कि चिह्नकों का उपयोग करके व्यक्ति अपने क्षेत्रों को विशिष्ट करता है तथा साथ-ही-साथ उसकी सुरक्षा भी प्रदान करता है। इन चिह्नकों की उपस्थिति से क्षेत्रों का अतिक्रमण भी रुकता है लेकिन कभी-कभी चिह्नक के होने के बावजूद भी क्षेत्र का अतिक्रमण हो जाता है। पशु अध्ययनों से यह स्पष्ट हुआ है कि पशु अपने क्षेत्र को बचाने के ख्याल से लड़ते हैं तथा अतिक्रमण करने वाले पशु को पीछे हटना पड़ता है। करीब-करीब इसी तरह का व्यवहार मनुष्यों द्वारा भी अपने क्षेत्र को बचाने के लिए किया जाता है परंतु जैसा कि बेकर एवं मेयो (Beker & Mayo, 1971) ने अपने अध्ययन में पाया है, गौण एवं सार्वजनिक क्षेत्र को बचाने के लिए मनुष्यों द्वारा शायद ही कभी आमने-सामने का मुकाबला किया जाता है। ऐसी परिस्थिति में प्रायः व्यक्ति मुकाबला न करके पीछे हट जाता है और एक नया क्षेत्र अपने उपयोग के लिए ढूँढ़ लेता है।

जनसंकुलन
(Crowding)

जनसंकुलन के कुछ पहलुओं पर अध्याय-12 में चर्चा की जा चुकी है। जैसा कि हम जानते हैं, जनसंकुलन से तात्पर्य व्यक्ति में एक ऐसी मनोवैज्ञानिक स्थिति (psychological state) होती है जिसमें किसी विशेष स्थान में व्यक्तियों की दी गयी संख्याओं के प्रत्यक्षण से होता है। परिस्थिति में दो-चार व्यक्ति के होने पर भी व्यक्ति अधिक जनसंकुलन का अनुभव कर सकता है या फिर एक हजार व्यक्ति के बीच में भी होने पर जनसंकुलन का अनुभव वह नहीं कर सकता है। जनसंकुलन एक तरह का नकारात्मक मनोवैज्ञानिक अनुक्रिया (negative psychological response) है। इससे व्यक्ति का कार्य निष्पादन, अन्तर्वैयक्तिक सम्बन्ध (interpersonal relationship) तथा स्वास्थ्य बुरी तरह प्रभावित होता है।

मनोवैज्ञानिकों द्वारा किये गये अध्ययनों से यह पता चला है कि जनसंकुलन का भाव व्यक्ति में तब उपजता है जब वह अपने भीतर उत्तेजन महसूस करता है और इस उत्तेजन का कारण स्थानगत प्रतिबंध (spatial restriction) को

मानता है। इस तथ्य की संपुष्टि वर्केल तथा टेड्डुल (Worchel & Teddle, 1976) के अध्ययन से हुआ है। इस तथ्य से तब यह पता चलता है कि जनसंकुलन का भाव का सम्बन्ध व्यक्तियों के घनत्व (density) से सीधा है। मनोवैज्ञानिकों द्वारा ऐसे घनत्व के दो मुख्य प्रकार बतलाये गये हैं—सामाजिक घनत्व (social density) तथा स्थानगत घनत्व (spatial density)। जैसे-जैसे किसी विशेष स्थान पर व्यक्तियों की संख्या में वृद्धि होती है, सामाजिक घनत्व वैसे-वैसे बढ़ता है। स्थानगत घनत्व तब बढ़ता है जब व्यक्तियों की दी गयी संख्या के लिए उपलब्ध स्थान में कमी आने लगती है। सामाजिक तथा स्थानगत घनत्व अधिक होने से विभिन्न तरह के व्यवहारों पर नकारात्मक प्रभाव पड़ता पाया गया है। जैसे—रॉस तथा उनके सहयोगियों ने अपने अध्ययन में पाया है कि इस तरह के घनत्व में वृद्धि होने से महिलाओं की अपेक्षा पुरुषों में नकारात्मक भाव अधिक उत्पन्न होते पाया है। इभान्स (Evans, 1979) ने ऐसे घनत्व में वृद्धि होने से दैहिक उत्तेजन (physilogical arousal) अधिक होते पाया है। पावलस तथा उनके सहयोगियों (Pavlus et. al., 1976) ने अपने अध्ययन में पाया कि ऐसे उच्च घनत्व में जटिल कार्यों पर व्यक्ति का निष्पादन प्रभावित हो जाता है परंतु साधारण कार्यों पर उनका कोई खास प्रभाव नहीं पड़ता है।

जनसंकुलन के प्रति अनुक्रियाएँ
(Responses to Crowding)

या जनसंकुलन के प्रभाव
(Effect of Crowding)

जनसंकुलन के प्रति प्राणी की प्रतिक्रियाएँ भिन्न-भिन्न होती पायी गयीं हैं। पर्यावरणी मनोवैज्ञानिकों द्वारा प्राणियों पर जनसंकुलन के पड़ने वाले प्रभावों पर सविस्तार अध्ययन किया गया है। इभान्स (Evans, 1980) ने अपने प्रयोग के आधार पर यह बतलाया है कि जनसंकुलन से व्यक्ति के भावात्मक अवस्था (affective stage) में परिवर्तन आ जाता है। जनसंकुलन व्यक्ति में चिंता, डर, क्रोध तथा अन्य दुखद अनुभूतियाँ उत्पन करता है। इस बात की पुष्टि कई प्रयोगशाला एवं क्षेत्र अध्ययनों से हुई है। जैसे—सेगर्ट, मैकइन्टोश तथा वेस्ट (Saegert, Macintosh & West, 1975) ने एक क्षेत्र अध्ययन किया जिसमें प्रयोज्यों को रेलवे स्टेशन पर कई तरह के कार्य करने के लिए दिये गये। एक अवस्था में प्रयोज्यों को भीड़-भाड़ या संकुल (crowded) परिस्थिति में कार्य करना था तथा दूसरी अवस्था में प्रयोज्यों को सामान्य अवस्था अर्थात संकुलरहित परिस्थिति में कार्य करना होता था। परिणाम में यह देखा गया कि संकुल अवस्था (crowded condition) के प्रयोज्यों में संकुलरहित परिस्थिति के प्रयोज्यों की तुलना में अधिक चिंता उत्पन्न हुई। वॉम तथा ग्रीनवर्ग (Baum & Greenberg, 1975) ने अपने अध्ययन के आधार पर यह बतलाया कि एक संकुल परिस्थिति (crowded situation) की कल्पना मात्र से ही व्यक्ति में नकारात्क सांवेगिक अनुभूतियाँ उत्पन्न होती हैं। एइलो, नाइकोसिया तथा थॉम्पसन (Aiello, Nicosia, Thompson, 1979) ने तो अपने अध्ययन में जनसंकुलन के प्रति होने वाली अनुक्रियाओं में यौन अंतर भी पाया है। महिलाओं में पुरुषों की तुलना में जनसंकुलन के प्रति कम नकारात्मक सांवेगिक प्रतिक्रिया उत्पन्न होती है।

जनसंकुलन के प्रति होने वाले प्रतिक्रियाओं का या उनके प्रभावों को निम्नांकित प्रमुख शीर्षकों के तुरत बाँट कर अध्ययन किया गया है—

1. *जनसंकुलन का मनोवैज्ञानिक तथा दैहिक प्रभाव (Psychological and Physiological effect of crowding)*— कई मनोवैज्ञानिक अध्ययनों में यह देखा गया है कि जनसंकुलन के मनोवैज्ञानिक तथा दैहिक दोनों तरह के प्रभाव उत्पन्न होते हैं। इभान्स (Evans, 1979) ने अपने अध्ययन में पाये है कि जनसंकुलन में हृदय गति (heart rate) तथा रक्च चाप (blood pressure) में वृद्धि हो जाती है। नोभाको (Novaco, 1979) ने अपने अध्ययन में यह पाये कि सड़क पर यातायात जाम में घिर जाने से वाहन चालकों में रक्तचाप में वृद्धि हो जाती है। कुछ अध्ययनों में यह भी पाया गया है कि जनसंकुलन का सम्बन्ध व्यक्तियों की बीमारियों से भी होता है। जैसे—कौक्स तथा उनके सहयोगियों (Cox et al., 1979) ने एक अध्ययन किया जिसमें इन लोगों ने जेल के विभिन्न संकुल घरेलू इकाइयों (crowded housing units) में रहने वाले कैदियों का प्रेक्षण किया और परिणाम में पाये कि संकुल इकाइयों में रहने वाले कैदियों में संकुलरहित इकाइयों में रहने वाले कैदियों की तुलना में विभिन्न बीमारियों की शिकायत अधिक पायी गयी। पॉलस,

मैककेन एवं कॉक्स (Paulus, McCain & Cox, 1978) द्वारा एक अन्य अध्ययन किया गया। इन लोगों ने गत 16 साल की अवधि में मनश्चिकित्सीय कैद (psyhiatric prison) में होने वाले मृत्युदर का अध्ययन किया। इनलोगों ने इस अध्ययन के परिणाम में पाये कि जैसे-जैसे जनसंख्या के घनत्व में वृद्धि होती गयी, मृत्यु दर में भी वृद्धि हुई।

2. *जनसंकुलन का अन्तर्वैयक्तिक आकर्षण पर प्रभाव (Effect of crowding upon interpersonal attraction)*—जनसंकुलन का अन्तर्वैयक्तिक आकर्षण पर भी प्रभाव पड़ता है। इस क्षेत्र में किये गये अध्ययनों एवं शोधों से यह स्पष्ट हुआ है कि सामाजिक घनत्व का सम्बन्ध अन्तर्वैयक्तिक आकर्षण से नकारात्मक होता है। इसका मतलब यह हुआ है कि सामाजिक घनत्व में वृद्धि होने से अन्तर्वैयक्तिक आकर्षण में कमी होती है। बेरोन तथा उनके सहयोगियों (Baron et al., 1976) द्वारा एक अध्ययन में इस तथ्य की संपुष्टि की गयी है। इनके अध्ययन में एक ऐसे कमरे में तीन छात्रों को रहने के लिए बाध्य किया गया जिसमें दो ही छात्र का रहने का समुचित प्रावधान था। इनसे प्राप्त अनुक्रियाओं की तुलना वैसे दो छात्रों की अनुक्रिया से की गयी जो ऐसे कमरे में रहते थे जिनमें दो ही छात्र के रहने का प्रावधान था। परिणाम में देखा गया कि संकुल कमरे में रहने वाले छात्रों का एक-दूसरे के प्रति न केवल आकर्षण में कमी थी बल्कि वे एक-दूसरे के कार्य में सहयोग भी कम करते थे। एइलो, वॉम तथा गोरम्ले (Aiello, Baum & Gormley, 1980) ने अपने अध्ययन में पाया कि संकुल कमरे में रहने वाले व्यक्तियों में एक-दूसरे के प्रति आकर्षण में तो कमी थी ही, साथ-ही-साथ उनमें अधिक सामाजिक तनाव तथा नकारात्मक संवेग (negative emotions) भी उत्पन्न होते पाये गये।

3. *प्रतिसामाजिक व्यवहार तथा आक्रमकता पर जनसंकुलन का प्रभाव (Effect of crowding upon prosocial behaviour and aggression)*—जनसंकुलन का प्रभाव प्रतिसामाजिक व्यवहार खासकर दूसरों को मदद करने वाले व्यवहार तथा आक्रमकता पर अधिक पड़ता है। जहाँ तक दूसरों की मदद करने वाले व्यवहार पर पड़ने वाले प्रभाव का प्रश्न है, प्रयोगात्मक साक्ष्य में कुछ असंगतता (inconsistency) है। जैसे—कोहेन एवं स्पाकापान (Cohen & Spacapan, 1978) ने अपने अध्ययन में पाया कि जब दूकान में अधिक लोग थे, तो प्रयोगकर्त्ता के सहयोगी (confederate) को सम्पर्क लेंस *(contact lens)* जो वहीं कहीं खो गया था, को खोजने में उस परिस्थिति की तुलना में कम लोग मदद किये जब दुकान की परिस्थिति संकुल (crowded) नहीं थी। इसका एक संभावित व्याख्या यह है कि संकुल परिस्थिति में उत्तरदायित्व का बिखराव पाया जाता है, इसलिए दूसरों को मदद करने जैसे व्यवहारों में भी कमी पायी जाती है।

यद्यपि अधिकतर शोध तथा प्रयोग इस तथ्य का ही समर्थन करते हैं कि जनसंकुलित परिस्थिति के होने से दूसरों को मदद करने जैसा व्यवहार में कमी आती है, कुछ ऐसे ही शोध हुए हैं जिनमें यह पाया गया है कि अधिक सामाजिक घनत्व होने से दूसरों को मदद करने वाले व्यवहार में कमी न होकर वृद्धि होती है। हाऊस तथा वोल्फ (House & Wolf, 1978) ने अपने अध्ययन में ऐसा ही पाया है।

जनसंकुलन का प्रभाव आक्रामक व्यवहार पर भी पड़ता है। जनसंकुलित परिस्थिति होने से लोगों में आक्रमकता बढ़ती है। स्टोकोल्स तथा उनके सहयोगियों (Stokols et al., 1973) ने अपने अध्ययन में पाये कि कई पुरुषों को जब छोटे कमरे में रखा जाता था तो उनमें आक्रमकता काफी बढ़ी रहती थी हालाँकि महिलाओं में ऐसा नहीं होते पाया जाता था। परंतु कुछ मनोवैज्ञानिकों जैसे लू (Loo, 1978) ने इसके विपरीत भी परिणाम पाये हैं। लू के परिणाम में यह पाया गया कि जब जनसंकुलन (crowding) का स्तर काफी ऊँचा होता है, तो वैसी परिस्थिति में लोगों में आक्रमकता में कमी हो जाती है क्योंकि उनमें आपस में आवेष्टन (involvement) के भाव में वृद्धि हो जाती है और वे उस क्षेत्र या स्थान पर आपस में मिलकर नियंत्रण कायम करना चाहते हैं।

4. *कार्य निष्पादन पर जनसंकुलन का प्रभाव (Effect of crowding upon task performance)*—जनसंकुलन का कार्य निष्पादन पर पड़ने वाले प्रभाव का स्वरूप कुछ अस्पष्ट ही है परंतु एक सामान्यीकरण यह है कि जनसंकुलन से साधारण कार्य का निष्पादन प्रभावित नहीं होता है परंतु जटिल कार्य का निष्पादन पर बुरा प्रभाव पड़ता है। जैसे फ्रीडमैन तथा उनके सहयोगियों (Freedman et al., 1972) तथा स्टोकील्स तथा उनके सहयोगियों (Stokols et al., 1973) ने अपने-अपने अध्ययनों में पाये कि साधारण कार्य के होने पर जनसंकुलन के कारण प्रयोज्यों का निष्पादन प्रभावित नहीं होता है। परंतु पॉलुस तथा मैथ्यूज (Paulus & Mathews, 1980) ने अपने अध्ययन में पाया कि जटिल कार्य के होने पर जनसंकुलन से निष्पादन बुरी तरह प्रभावित हो जाता है। इस तरह के परिणाम की व्याख्या यर्क्स-डोडसन नियम (Yerkes-Dodson law) द्वारा भी किया गया है जो यह बतलाता है कि उत्तेजन (arousal) से साधारण कार्य का

निष्पादन में वृद्धि होती है परंतु जटिल कार्य के निष्पादन में कमी आ जाती है। चूँकि जनसंकुलन से व्यक्ति में उत्तेजन उत्पन्न होता है, अतः इनका प्रभाव निश्चित रूप से कार्य के स्वरूप के अनुसार उसपर पड़ता है।

स्पष्ट हुआ कि जनसंकुलन का प्रभाव काफी व्यापक होता है तथा इसके समग्र प्रभाव को यदि देखा जाये तो हम इस निष्कर्ष पर पहुँचते हैं कि इसमें व्यक्ति को नुकसान ही ज्यादा होता है।

जनसंकुलन के प्रभाव को नियंत्रण करना (Controlling the effects of Crowding)

चूँकि जनसंकुलन के प्रभाव अधिकतर नकारात्मक होते हैं, इसीलिए पर्यावरणी मनोवैज्ञानिकों ने कुछ ऐसे सुझाव दिये हैं जिनके आधार पर उसके प्रभाव को नियंत्रित किया जा सकता है। ऐसे उपायों में कुछ प्रमुख निम्नांकित है—

(i) व्यक्तियों के प्रयोग में आने वाले भवन या मकान का स्वरूप कुछ ऐसा हो कि व्यक्ति को उसे उपयोग करते समय कोई दिक्कत या कठिनाई न हो।

(ii) भवन या मकान का क्षेत्र का स्वरूप कुछ ऐसा हो कि उसका उपयोगकर्त्ता उसमें वांछित परिवर्तन कर सके। दूसरों शब्दों में, मकान के दीवार तथा विभाजक दीवार (partition wall) ऐसे हों जिन्हें आसानी से इधर-उधर करके जगह को व्यक्ति अपने उपयोग के लायक बना सके।

(iii) भवन निर्माणकर्त्ता या डिजाइनर को स्थान या जगह का इस ढंग से निर्माण करना चाहिए कि जब उसमें एकत्रित होकर कार्य करें तो वे उस कार्य में ही खोये रहे। इससे अपने आप उनमें जनसंकुलन का अनुभव नहीं होगा।

(iv) कुछ मनोवैज्ञानिकों का सुझाव यह है कि भवन में चमकीले रंगों, तस्वीरों तथा उनके दीवार पर पोस्टरों आदि का पर्याप्त प्रयोग होना चाहिए ताकि जब लोग वहाँ एकत्रित होकर कोई कार्य करें तो उनका ध्यान एकत्रित व्यक्तियों पर कम तथा वहाँ के पर्यावरण पर अधिक हो। यदि ऐसा होता है तो व्यक्ति में जनसंकुलन का भाव अपने आप कम हो जायेगा।

स्पष्ट हुआ कि जनसंकुलन के प्रभाव को कम करने के लिए सुझाव भी मनोवैज्ञानिकों द्वारा दिये गये हैं। यद्यपि यह सही है कि इनमें से कोई भी सुझाव अकेले ऐसा नहीं है जो जनसंकुलन के नकारात्मक प्रभाव के लिए सम्पूर्ण उपचार साबित हो, वे निश्चित रूप से कुछ ऐसे कदम की ओर संकेत करते हैं जिनका अनुसरण करने से जनसंकुलन के नकारात्मक प्रभाव को कुछ हद तक नियंत्रित किया जा सकता है।

जनसंकुलन के सिद्धांत (Theories of Crowding)

पर्यावरणी मनोवैज्ञानिकों द्वारा जनसंकुलन के विभिन्न सिद्धांतों का वर्णन किया गया है जिनके माध्यम से मूलतः इस बात की व्याख्या की जाती है कि व्यक्ति कब और क्यों जनसंकुलन का अनुभव करता है तथा उसके प्रति सामान्यतः उनकी अनुक्रियाएँ क्या होती है ? इन सभी सिद्धांतों को निम्नांकित तीन मुख्य श्रेणियों में बाँटकर अध्ययन किया जा सकता है—

(1) अतिभार सिद्धांत (Overload theories)
(2) नियंत्रण सिद्धांत (Control theories)
(3) गुणारोपण सिद्धांत (Attribution theories)

इन तीनों का वर्णन इस प्रकार है—

1. अतिभार सिद्धांत *(Overload theories)*—इस सिद्धांत का दावा यह है कि जब व्यक्ति किसी ऐसी परिस्थिति में होता है जहाँ कम स्थान में बहुत से लोग होते हैं तथा जहाँ लोगों द्वारा बहुत तरह की क्रियाएँ की जाती हैं, तो इन सबों से उसका तंत्र (system) अतिभारित हो जाता है और उसमें तनाव (stress) उत्पन्न करता है। ईसर (Esser, 1973), स्टोकोल्स (Stokols, 1978), मिलग्राम (Milgram, 1970) ने यह मत जाहिर किया है कि

अत्यधिक उत्तेजन (excessive stimulation) से जब व्यक्ति में तनाव उत्पन्न होता है, तो उससे भी उसमें जनसंकुलन (crowding) का भाव उत्पन होता है।

अल्टमैन (Altman, 1975) ने अतिभार के उक्त मौलिक नियम पर आधृत करके जनसंकुलन (crowding) का उत्तम मॉडल का निर्माण किया है जिस पर मनोवैज्ञानिकों द्वारा काफी चर्चाएँ हुई हैं तथा शोध भी हुए हैं। इस मॉडल में गुप्ति प्रक्रम (privacy mechanism) पर अधिक बल डाला गया है और कहा गया है कि जब व्यक्ति को अन्य लोगों के साथ अनावश्यक सामाजिक सम्पर्क (social contact) करना पड़ता है, तो ऐसी परिस्थिति में उसकी गुप्ति प्रक्रम अधिक प्रभावी ढंग से कार्य नहीं कर पाता है। गुप्ति प्रक्रम से तात्पर्य उन साधनों या प्रक्रियाओं से होता है जिनके माध्यम से व्यक्ति यह तय करता है कि वह अपने निजी विचारों या मतों को किनसे कहेगा, कैसे कहेगा तथा उनके बारे में कितना बतायेगा। यही कारण है कि गुप्ति प्रक्रम को *'चयनित अलगाव'* (chosen isolation) भी कहा जाता है। अल्टमैन का मत है जब किसी परिस्थिति में प्राप्त गुप्ति (achieved privacy) का स्तर वांछित गुप्ति (desired privacy) के स्तर से कम होता है, तो इससे व्यक्ति में जनसंकुलन का भाव उत्पन्न होता है। इस बिन्दु को और भी स्पष्ट करते हुए यह कहा जा सकता है कि वैसी परिस्थिति में जब व्यक्ति यह देखता है कि प्राप्त गुप्ति वांछित गुप्ति (desired privacy) की तुलना में संगत नहीं है, तो वह तरह-तरह के शाब्दिक (verbal) तथा अशाब्दिक (nonverbal) व्यवहार करके, एक विशेष संतुलन (balance) बनाये रखने की कोशिश करता है ताकि परिस्थिति में वांछित स्तर तक गुप्ति किसी तरह वह कायम करके रख सके। परंतु यदि इन दोनों तरह के व्यवहारों के बावजूद भी व्यक्ति वांछित गुप्ति के स्तर को प्राप्त नहीं कर पाता है, तो उसमें तनाव उत्पन्न होता है और फिर वह जनसंकुलन के भाव से पीड़ित हो जाता है। किसी भी परिस्थिति में व्यक्ति वांछित गुप्ति के स्तर का निर्धारण कई तरह के व्यक्तिगत सामाजिक तथा परिस्थितिजन्य कारकों द्वारा होता है। व्यक्ति की अपनी अनुभूति, आदि व्यक्तिगत कारक के; समूह निर्णय, समूह संरचना आदि सामाजिक कारक के तथा पर्यावरणी समूह तथा कार्य की आवश्यकताएँ या माँगें (task demands) आदि परिस्थितिजन्य कारक के उदाहरण हैं।

स्पष्टतः तब अल्टमैन के मॉडल की खास विशेषता यह है कि इसमें जनसंकुलन की व्याख्या स्थानगत इकाइयों (spatial units) के साथ सम्बन्ध जोड़े बिना ही किया गया है। अल्टमैन के मॉडल से सीधा एक सामान्यीकरण (generalization) यह निकलता है कि जब व्यक्ति की गुप्ति (privacy) में कुछ कारणों से अनुचित हस्तक्षेप होता है, तो इससे उसमें जनसंकुलन के भाव का प्रभाव तीव्र हो जाता है। इस तथ्य की प्रयोगात्मक जाँच ग्रीनवर्ग तथा फायरस्टोन (Greenberg & Firestone, 1977) के एक विशेष अध्ययन से हो जाता है। इस प्रयोग में प्रयोज्यों से एक साक्षात्कार सत्र में भाग लेने के लिए कहा गया। इस प्रयोग में दो अवस्थाएँ थीं—निगरानी (surveillance) की अवस्था तथा निगरानी अनुपस्थित अवस्था। निगरानी की अवस्था में साक्षात्कार लेने के समय प्रयोगकर्त्ता के दो सहयोगी वहाँ मौजूद थे परंतु निगरानी अनुपस्थित अवस्था में प्रयोज्यों का साक्षात्कार लेते समय साक्षात्कारकर्त्ता के अलावा कोई व्यक्ति नहीं था। पहली अवस्था में अर्थात निगरानी की अवस्था में साक्षात्कारकर्त्ता द्वारा प्रयोज्यों के व्यक्तिगत स्थान (personal space) का अतिक्रमण सीधा आँख सम्पर्क स्थापित करके तथा प्रयोज्यों के ठेहुने को स्पर्श करके भी किया गया। दूसरी अवस्था में साक्षात्कारकर्त्ता द्वारा प्रयोज्यों के व्यक्तिगत स्थान पर कोई इस तरह का अतिक्रमण नहीं किया गया। परिणाम में, जैसा कि अल्टमैन मॉडल का दावा था, यह देखा गया कि निगरानी द्वारा व्यक्तिगत स्थान के अतिक्रमण से प्रयोज्यों की गुप्ति में काफी कमी आयी और फिर उस परिस्थिति में इन लोगों द्वारा जनसंकुलन (crowding) का अनुभव अधिक हो गया। इतना ही नहीं, यह भी देखा गया कि निगरानी-अतिक्रमण अवस्था में प्रयोज्यों ने साक्षात्कार के दौरान अपने बारे में बहुत कम बातें बतलाया जो स्पष्टतः इस ओर इशारा करता है कि प्रयोज्य विशेष स्थानगत व्यवहार (spatial behaviour) करके जब अपने गुप्ति के वांछित स्तर को कायम न कर पाये तो वे साक्षात्कार के दौरान व्यक्तिगत सूचनाएँ छिपाकर तथा खुलकर अपने विचार न व्यक्त करके अपने गुप्ति के मौजूदा स्तर को बचाने की कोशिश किया। बाद में, टुआन (Tuan, 1977) ने भी अल्टमैन के तर्क पर यह विचार व्यक्त किये कि व्यक्ति में जनसंकुलन का भाव इस विचार से ही उत्पन्न होता है कि उसके व्यवहारों का प्रेक्षण लोगों द्वारा किया जा रहा है।

यद्यपि अल्टमैन का अतिभार सिद्धांत या मॉडल इस क्षेत्र का सबसे प्रमुख मॉडल है क्योंकि इस पर अधिक शोध

हो चुके हैं तथा इसमें जनसंकुलन के व्याख्या स्थानगत संप्रत्ययों (spatial concepts) से अलग करके किया गया है, फिर भी इस सिद्धांत में कुछ खामियाँ हैं जो निम्नांकित हैं—

(i) मॉडल में कहीं भी इस बात का जिक्र नहीं किया गया है कि व्यक्ति अमुक परिस्थिति में गुप्ति का कितना स्तर चाहता है जबकि मॉडल में जनसंकुलन की व्याख्या का महत्त्वपूर्ण आधार वांछित गुप्ति का स्तर ही है।

(ii) मॉडल में यह भी स्पष्ट नहीं किया गया है कि गुप्ति का वांछित स्तर तथा प्राप्त स्तर का निर्धारण किन वस्तुनिष्ठ आधारों पर होता है या हो सकता है।

(iii) मॉडल से यह स्पष्ट नहीं होता है जब व्यक्ति की प्राप्त गुप्ति का स्तर वांछित गुप्ति के स्तर से कम होता है तो उसमें जनसंकुलन का ही भाव उत्पन्न होता है ? उसमें कुंठा (frustraction) या प्रतिघात (reactance) का भाव क्यों नहीं उत्पन्न होता है ?

इन खामियों को ध्यान में रखते हुए तब यह कहा जा सकता है कि इस अतिभार सिद्धांत या मॉडल में आगे शोध करके उसे परिशुद्ध करने की नितान्त आवश्यकता है।

(ख) नियंत्रण सिद्धांत *(Control theories)*—नियंत्रण सिद्धांत, अतिभार सिद्धांत के ही समान इस तथ्य में विश्वास रखता है कि जनसंकुलन (crowding) तथा सामाजिक घनत्व (social density) में आवश्यक रूप से सम्बन्ध नहीं है। इस सिद्धांत की मान्यता यह है कि जब व्यक्ति अधिक या उच्च सामाजिक घनत्व से घिर जाता है जिससे उसकी गुप्ति (privacy) या व्यक्तिगत नियंत्रण (personal control) में कमी आ जाती है, तो उससे जनसंकुलन (crowding) का भाव उत्पन्न होता है। सचमुच में इस सिद्धांत का मौलिक आधार सेलिगमैन (Seligman, 1975) का वह सिद्धांत या नियम है जिसमें उन्होंने यह दावा किया है कि जब व्यक्ति यह देखता है कि उसे अपने पर्यावरण पर कोई नियंत्रण (control) नहीं रह गया है, तो उसमें एक विशेष अवस्था उत्पन्न होती है जिसे *अर्जित निस्सहायता* (learned helplessness) कहा जाता है। इसका मतलब यह हुआ है कि जब व्यक्ति में यह भाव उत्पन्न हो जाता है कि उन्हें पर्यावरण पर कोई नियंत्रण नहीं रह गया है, तो वे पर्यावरण को अपनी ओर से प्रभावित करने की बात ही छोड़ देते हैं और अपने को पूर्णतः निस्सहाय समझकर उसके कहर को सहते रहते हैं।

रोडिन एवं वॉम (Rodin & Baum, 1978), बेरोन एवं रोडिन (Baron & Rodin, 1978) तथा कोहेन एवं शेरोड (Cohan & Sherrod, 1978) ने उक्त सिद्धांत के प्रमुख विचार अर्थात नियंत्रण में कमी को जनसंकुलन की व्याख्या करने से प्रयुक्त किया। इनके शोधों से यह स्पष्ट हुआ है कि जब परिस्थिति ऐसी होती है जिसमें सामाजिक घनत्व अधिक होता है तो इसमें की जा रही सामाजिक अंतःक्रियाओं (social interactions) पर व्यक्ति का नियंत्रण नहीं या बहुत ही कम रह जाता है। ऐसी परिस्थिति में व्यक्ति एक-दूसरे से अंतःक्रिया करने के लिए बाध्य हो जाते हैं और इन अंतःक्रियाओं को नियमित करने का उनके पास कोई साधन भी नहीं रह जाता है। रोडिन ने यह स्पष्ट किया है कि नियंत्रण पर इस ढंग की कमी से ही व्यक्ति में संकुलन (crowding) का भाव उत्पन्न होता है तथा साथ-ही-साथ उसमें अर्जित निस्सहायता (learned helplessness) का भाव भी विकसित हो जाती है। तब इनके विचार से यह भी अर्थ निकलता है कि वैसा उच्च सामाजिक घनत्व (high social density) जिसमें नियंत्रण (control) की कमी नहीं होती है, उससे व्यक्ति में जनसंकुलन (crowding) का भाव उत्पन्न नहीं होगा। इसे एक सूत्र के रूप में इस प्रकार व्यक्त कर सकते हैं—

उच्च घनत्व (high density) + नियंत्रण का लोप (loss of control) = जनसंकुलन (crowding)

उच्च घनत्व + नियंत्रण का लोप नहीं ≠ जनसंकुलन

कई अध्ययनों से इस बात की संपुष्टि हुई है कि जनसंकुलन (crowding) के अनुभव उत्पन्न होने में नियंत्रण (control) की भूमिका प्रधान होती है। शेरॉड (Sherrod, 1974) ने अपने अध्ययन में इस तथ्य की संपुष्टि किया है। इस प्रयोग में प्रयोज्यों का कुछ समूह उच्च घनत्व (high density) वाले परिस्थिति में अर्थात एक छोटा कमरा में तथा कुछ समूह निम्न घनत्व वाले परिस्थिति में अर्थात एक बड़े कमरे में विभिन्न तरह के कार्य किये। कुछ प्रयोज्यों को यह विश्वास दिलाया गया कि वे यदि चाहे तो छोटे कमरे को छोड़कर बड़े कमरे में जाकर कार्य कर सकते हैं। इस तरह से इन प्रयोज्यों में यह विश्वास उत्पन्न किया गया कि वे अपने सामाजिक घनत्व को नियंत्रित भी कर सकते हैं। परिणाम

में देखा गया कि उच्च घनत्व की परिस्थिति में कार्य करने वाले प्रयोज्यों जिन्हें इस घनत्व को नियंत्रित करने का मौका था, अन्य दूसरे समूह के प्रयोज्यों की तुलना में जिन्हें ऐसा मौका नहीं था, जनसंकुलन का कम अनुभव किया।

एक अन्य महत्त्वपूर्ण अध्ययन वॉम तथा वैलिन्स (Baun & Valins, 1977) द्वारा किया गया जिसमें इन लोगों ने आवासी घनत्व (residential density), नियंत्रण (control) तथा व्यवहार पर उनके पड़ने वाले प्रभावों का अध्ययन किया। इस अध्ययन में इन लोगों ने दो तरह के छात्र के व्यवहारों का अध्ययन किया—एक तरह के छात्र लंबी-गलियारा वाले शयनागार (long corridor dormitory) में रहते थे जबकि दूसरे तरह के छात्र लघु-गलियारा शयनागार (short corridor dormitory) में रहते थे। जाहिर है कि लंबी-गलियारा शयनागार में रहने वाले छात्रों को अधिक अवांछित सामाजिक अंतःक्रियाएँ (social interactions) करनी होती थी क्योंकि गलियारा लंबी होने के कारण वहाँ अधिक छात्र एकत्रित हो जाते थे। इतना ही नहीं, इस शयनागार में रहनेवाले छात्रों को सामाजिक अंतःक्रियाओं पर व्यक्तिगत नियंत्रण भी कम रह जाता था। इन लोगों ने अध्ययन के परिणाम में पाये कि लंबी-गलियारा शयनागार में रहने वाले छात्र लघु-गलियारा शयनागार में रहने वाले छात्रों की अपेक्षा अधिक जनसंकुलन का अनुभव किये। इतना ही नहीं, लंबी-गलियारा शयनागार में रहने वाले छात्रों ने यह भी मत व्यक्त किया कि शयनागार में किसी ढंग के परिवर्तन की बात को सोचना भी बेकार है क्योंकि उसमें कोई फायदा होने वाला नहीं है। जब इन दोनों तरह के शयनागार में रहने वाले छात्रों को मनोवैज्ञानिक प्रयोगशाला में लाया गया तो यह पाया गया कि लंबी गलियारा वाले शयनागार में रहने वाले छात्रों में लघु-गलियारा वाले शयनागार के छात्रों की अपेक्षा प्रयोग के बारे में सक्रियता कम पायी गयी तथा वे प्रयोग के बारे में किसी प्रकार की विशेष सूचना जानने की उत्सुकता भी तुलनात्मक रूप से कम दिखलाये। इसका मतलब यह हुआ कि लंबी-गलियारा वाले शयनागार में रहने वाले छात्रों में अर्जित निस्सहायता (learned helplessness) के स्पष्ट सबूत पाये गये।

नियंत्रण सिद्धान्त के विभिन्न प्रयोगों से तब निम्नांकित बातें बिलकुल ही स्पष्ट हो जाती हैं—

(i) जब परिस्थिति ऐसी होती है जिसमें व्यक्तिगत नियंत्रण (personal control) की कमी होती है, तो इससे जनसंकुलन का भाव उत्पन्न होता है।

(ii) व्यक्ति को उसी सामाजिक घनत्व (social density) से जनसंकुलन का भाव उत्पन्न होता है जिससे उसकी गुप्ति (privacy) या व्यक्तिगत नियंत्रण में कमी आती है।

(iii) व्यक्ति में उस सामाजिक घनत्व की परिस्थिति में जनसंकुलन का भाव उत्पन्न नहीं होता है जिससे उसके व्यक्तिगत नियंत्रण में कमी नहीं आती है।

(iv) अधिक सामाजिक घनत्व वाले परिस्थिति में जब व्यक्तिगत नियंत्रण में कमी होती है, तो एक तरह से व्यक्ति में अर्जित निस्साहयता (learned helplessness) का भी गुण विकसित हो जाता है।

3. गुणारोपण सिद्धांत *(Attribution theories)*—जनसंकुलन के इस मॉडल का प्रतिपादन वर्केल, टेडली, योहाई (Worchel, Teddlie & Yohai, 1978) द्वारा किया गया। इस मॉडल का उद्देश्य यह पता लगाना था कि कब और किस तरह से व्यक्ति में जनसंकुलन का भाव उत्पन्न होता है तथा जनसंकुलन के क्षेत्र में व्याप्त असंगतता (inconsistency) को किस तरह से दूर किया जा सकता है।

जनसंकुलन के क्षेत्र में अल्टमैन (Altman, 1975) तथा सुण्डस्ट्रोम (Sundstrom, 1978) के अध्ययनों से यह स्पष्ट हुआ कि जनसंकुलन के भाव से उत्तेजन होता है तथा यह तनावपूर्ण भी होता है। परंतु फ्रीडमैन (Freedman, 1975) के शोध से यह पता चलता है कि साधारण उच्च सामाजिक घनत्व से इस ढंग का उत्तेजन या तनाव नहीं होता है। स्वभावतः तब इससे जनसंकुलन के क्षेत्र में एक तरह की असंगति (inconsistency) उत्पन्न होती है जिससे जनसंकुलन की उचित व्याख्या नहीं हो पाती है। अतः जनसंकुलन की व्याख्या के लिए एक ऐसे मॉडल या सिद्धांत की नितान्त आवश्यकता है जो इस व्याख्या में उन कारकों की पहचान कर सके जिनसे तनाव (stress) उत्पन्न होता है। वर्केल के इस मॉडल में इस बात का भरपूर प्रयास किया गया है। वर्केल के इस मॉडल में जनसंकुलन की व्याख्या इस तरह से की गयी है—

(i) जनसंकुलन की उत्पत्ति से सबसे पहली अवस्था व्यक्तिगत स्थान (personal space) के अतिक्रमण (violation) का होता है।

(ii) जब व्यक्ति का व्यक्तिगत स्थान में अतिक्रमण होता है, तो उसमें उत्तेजन (arousal) की उत्पत्ति होती है। व्यक्ति कुछ तनावपूर्ण मनोदशा में हो जाता है।

(iii) जब व्यक्ति में उत्तेजन उत्पन्न होता है, तो वह उस उत्तेजन को विशेष लेबल (label) का नाम देने के ख्याल से पर्यावरण की छान-बीन करना प्रारंभ कर देता है। सामान्यतः व्यक्ति पर्यावरण में उपलब्ध संकेतों के आधार पर ही उत्तेजन का नामकरण का गुणारोपण करता है।

(iv) इस मॉडल के अनुसार व्यक्ति में जनसंकुलन (crowding) की उत्पत्ति तब होती है जब वह गुणारोपण करता है कि उत्तेजन का कारण अन्य व्यक्तियों द्वारा इतना उनके पास या नजदीक आ जाना है जितना कि उन्हें नहीं आना चाहिए था। अगर व्यक्ति यह गुणारोपण (attribute) करता है कि उत्तेजन का कारण अन्य व्यक्तियों का उनके पास आना न होकर कुछ अन्य कारक हैं, तो ऐसी परिस्थिति में जनसंकुलन का भाव उत्पन्न न होकर कुछ अन्य दूसरे तरह के भाव का उत्पन्न होता है।

उक्त तथ्यों को सुव्यवस्थित करके जनसंकुलन इस गुणारोपण मॉडल का चित्रांकन इस प्रकार किया जा सकता है—

व्यक्तिगत स्थान का अतिक्रमण (Violation of Personal space)

↓

उत्तेजन (arousal)

↓

गुणारोपण (attribution)

↓

↓	↓
अन्य व्यक्तियों द्वारा जरूरत से ज्यादा नजदीक आ जाने का गुणारोपण	व्यक्ति स्थान अतिक्रमण को छोड़कर अन्य कारकों के रूप में गुणारोपण
↓	↓
जनसंकुलन की उत्पत्ति (emergence of crowding)	जनसंकुलन से हटकर कुछ अन्य भाव की उत्पत्ति

चित्र 36.1 : जनसंकुलन का गुणारोपण मॉडल (Attribution model of crowding)

गुणारोपण मॉडल की उक्त व्याख्या से यह स्पष्ट है कि जनसंकुलन की व्याख्या करने में यह मॉडल निम्नांकित दो मुख्य पूर्वकल्पना (assumption) करता है—

(i) जनसंकुलन व्यक्तिगत स्थान (personal space) के अतिक्रमण से होता है न कि साधारण सामाजिक घनत्व (simple social density) के जोड़-तोड़ (manipulation) से।

(ii) उस तरह के व्यक्तिगत स्थान अतिक्रमण (personal space viloation) से जनसंकुलन का भाव उत्पन्न नहीं होगा जब प्रयोज्य के क्षेत्र का गलत गुणारोपण करता है।

उक्त दोनों पूर्वकल्पनाओं का प्रयोगात्मक सत्यापन किया जा चुका है। वर्केल तथा टेडुली (Worchel & Teddlie, 1976) ने एक प्रयोग करके प्रथम पूर्वकल्पना का प्रयोगात्मक सत्यापन किया है। इस अध्ययन में सामाजिक घनत्व तथा व्यक्तिगत स्थान का स्वतंत्र रूप से जोड़-तोड़ (manipulation) किया गया। इसमें आठ-आठ प्रयोज्यों के कई समूह तैयार किये गये जिसमें से कुछ समूह एक बड़े कमरे में बैठकर कार्य करते थे तथा कुछ समूह वही कार्य को छोटे कमरे में बैठकर करते थे। स्पष्ट है कि बड़े कमरे में सामाजिक घनत्व निम्न था जबकि छोटे कमरे में सामाजिक घनत्व अधिक था। आधे समूहों (half groups) में प्रयोज्यों को एक-दूसरे से इतना निकट बैठने के लिए बाध्य किया गया कि उनके व्यक्तिगत स्थान का स्पष्ट अतिक्रमण होता था। परंतु आधे समूहों में प्रयोज्यों को एक-दूसरे से काफी हटकर बैठने के लिए कहा गया ताकि व्यक्तिगत स्थान का अतिक्रमण न हो। परिणाम बड़े रोचक थे क्योंकि इसमें पाया गया कि चाहे कमरे का आकार बड़ा हो या छोटा, जब उनका व्यक्तिगत स्थान का अतिक्रमण होने पर प्रयोज्यों में जनसंकुलन का भाव उत्पन्न हुआ तो उनका निष्पादन भी बुरी तरह प्रभावित रहा। दूसरे तरफ यह भी देखा गया कि सिर्फ उच्च सामाजिक घनत्व के होने से प्रयोज्यों में न तो जनसंकुलन का ही भाव उत्पन्न हुआ और न तो उनमें किसी तरह का तनाव उत्पन्न

हुआ और न कार्य निष्पादन ही प्रभावित हुआ। इस परिणाम से मॉडल की पहली पूर्वकल्पना का स्पष्ट प्रयोगात्मक सत्यापन होता है।

मॉडल की दूसरी पूर्वकल्पना का भी प्रयोगात्मक सत्यापन वर्केल तथा योहाई (Worchel & Yohai, 1979) द्वारा अपने प्रयोग में किया गया। इस प्रयोग में एक ही यौन के पाँच-पाँच व्यक्तियों के कई समूह बनाये गये जिन्हें एक कमरे में कुछ कार्य करने के लिए दिये गये। कुछ समूह के प्रयोज्यों का व्यक्तिगत स्थान का अतिक्रमण नहीं किया गया। प्रयोज्यों द्वारा कार्य प्रारंभ करने के लिए पहले प्रयोगकर्त्ता ने उन्हें यह कहा कि वे निष्पादन पर अवचेतन उत्तेजन (subliminal stimulation) के पड़ने वाले प्रभावों का अध्ययन करना चाहते हैं। कुछ समूहों को यह बतलाया गया कि जब वे कमरे में कार्य करते रहेंगे तो एक अवचेतन आवाज (sublimunal noise) उत्पन्न किया जायेगा। (ऐसे आवाज को प्रयोज्य सुन नहीं सकता है।) ऐसे समूहों में से कुछ समूहों से यह कहा गया कि यद्यपि आवाज उन्हें सुनाई नहीं देगा फिर भी इससे उनमें उत्तेजन एवं तनाव stress) बढ़ेगा। ऐसे समूहों को *'उत्तेजन व्याख्या समूह'* (arousal explanation group) कहा गया। कुछ अन्य समूहों से यह कहा गया कि यद्यपि आवाज उन्हें सुनाई नहीं देगा, फिर भी उससे उन पर शांत एवं चैन उत्पन्न करने वाले प्रभाव पड़ेगा। इसे *विश्रांतिपूर्ण व्याख्या समूह* (relaxing explanation group) कहा गया। इन दोनों तरह के प्रयोगात्मक समूहों के अलावा एक नियंत्रित समूह (control group) भी था जिसे आवाज के प्रभाव के बारे में कुछ भी नहीं कहा गया था। इस प्रयोग की वास्तविकता यह थी कि सचमुच में कमरे में कोई आवाज उत्पन्न नहीं किया गया था बल्कि मात्र ऐसा करने के बारे में प्रयोज्यों को बतलाया गया था। जब प्रयोज्य दिये गये कार्यों को समाप्त कर लिया तो उन्हें इस प्रयोग के दौरान होने वाले भावों एवं अनुभूतियों को बतलाने के लिए कहा गया। परिणाम में देखा गया कि उत्तेजन व्याख्या समूह के वैसे प्रयोज्यों में जनसंकुलन का अनुभव कम हुआ जिनका व्यक्तिगत स्थान (personal spcace) का अतिक्रमण हुआ था। ऐसा इसलिए हुआ क्योंकि इन प्रयोज्यों ने अपने उत्तेजन (arousal) का गुणारोपण अवचेतन आवाज (subliminal noise) के रूप में किया। विश्रांतिपूर्ण व्याख्या वाले समूह के वैसे प्रयोज्यों ने अधिक जनसंकुलन का अनुभव किया जिनका व्यक्तिगत स्थान का अतिक्रमण हुआ था। इसका कारण यह था कि ऐसे प्रयोज्य शांति एवं चैन उत्पन्न करने वाले आवाज के होने से भी उत्तेजित हो रहे थे और वे अपने उत्तेजन का गुणारोपण आवाज के रूप में नहीं कर पा रहे थे। जिन प्रयोज्यों के व्यक्तिगत स्थान का अतिक्रमण नहीं हो रहा था, उनकी व्याख्या में की गयी जोड़-तोड़ (explanation manipulation) का कोई स्पष्ट प्रभाव नहीं पड़ रहा था। इस प्रयोग में जब पुरुष तथा महिला दोनों तरह के प्रयोज्यों के व्यक्तिगत स्थान का अतिक्रमण किया गया तो परिणाम में देखा गया कि दोनों ही तरह के प्रयोज्यों ने ऐसे अतिक्रमण से जनसंकुलन का अनुभव किये। इस प्रयोग में यह भी देखा गया कि जब उत्तेजन व्याख्या समूह के प्रयोज्यों के व्यक्तिगत स्थान का अतिक्रमण किया गया तो इससे इनके कार्य निष्पादन में तथा अन्तर्वैयक्तिक आकर्षण (interpersonal attraction) में कमी हो गयी। इस प्रयोग के परिणाम से यह स्पष्ट हो जाता है कि व्यक्तिगत स्थान के अतिक्रमण से गुणारोपण प्रक्रिया पर जनसंकुलन के भाव की उत्पत्ति होती है।

यद्यपि गुणारोपण सिद्धांत अन्य सिद्धांतों की तुलना में अधिक वैध (valid) दीखता है, यह सिद्धांत की भी समस्याएँ हैं। इस सिद्धांत द्वारा निम्नांकित प्रश्नों का उत्तर तो निश्चित रूप से नहीं मिल पाता है—

(i) इस सिद्धांत में जनसंकुलन की व्याख्या उत्तेजन (arousal) के गुणारोपण के रूप में की गयी है। वस्तुस्थिति यह है कि सिद्धांत में इस प्रश्न का कहीं कोई उत्तर नहीं मिलता है कि कब उत्तेजन का गुणारोपण व्यक्तिगत स्थान (personal space) पर केन्द्रित होगा तथा कब इस उत्तेजन का गुणारोपण अन्य पर्यावरणी कारकों पर आधारित होगा ?

(ii) इस सिद्धांत में इस प्रश्न का भी उत्तर नहीं मिलता है कि पर्यावरणी कारकों (environmental factors) के रूप में किया गया गलत गुणारोपण से जनसंकुलन की अनुभूति में कितने समय तक की कमी आयेगी ?

जनसंकुलन के विभिन्न सिद्धांतों के बारे में सामान्य निष्कर्ष *(General conclusion regarding different theories of crowding)*—जनसंकुलन के विभिन्न सिद्धांतों एवं सम्बन्धित शोधों को ध्यान में रखते हुए तब यह कहा जा सकता है कि उच्च सामाजिक घनत्व (high social density) अपने आप में एक दुखद या अवस्वस्थकर (unhealthy) कारक नहीं है। परंतु जब उच्च सामाजिक घनत्व का सम्बन्ध कुछ विशेष कारकों जैसे अतिउत्तेजन (overstimulation), व्यक्तिगत नियंत्रण में कमी तथा व्यक्तिगत स्थान के अतिक्रमण आदि से सम्बन्धित होता है, तो उससे निश्चित रूप से व्यक्ति में जनसंकुलन के भाव की उत्पत्ति होती है।

अलगाव या एकाकीपन
(Isolation)

एकाकीपन का प्रभाव मानव व्यवहार पर काफी पड़ता है। मानव व्यवहार पर एकाकीपन के पड़ने वाले प्रभावों ने बहुत लोगों का ध्यान अपनी ओर आकर्षित किया है फिर भी इस क्षेत्र में तुलनात्मक रूप से कम शोध तथा अध्ययन किये गये हैं। यदि हम ध्यान से देखें, तो यह स्पष्ट होगा कि मानव व्यवहार पर एकाकीपन के पड़ने वाले प्रभावों के बारे में जानकारी के दो स्रोत हैं—

(1) नाविकों एवं गवेषकों द्वारा लिखित आत्मकथाओं का विश्लेषण (Analysis of the autobiographics of sailors and explorers)

(2) एकाकीपन पर किये गये प्रयोगात्मक अध्ययन (Experimental studies done on isolation)

इन दोनों का वर्णन इस प्रकार है—

1. नाविकों तथा गवेषकों द्वारा लिखित आत्मकथाओं का विश्लेषण *(Analysis of autobiographics of sailors and explorers)*—मनोवैज्ञानिकों ने कई नाविकों तथा गवेषकों द्वारा समुद्री यात्रा के बाद अपनी लिखी गयी आत्मकथाओं जिनमें एकाकीपन तथा सम्बन्धित अनुभूतियों का चित्रण किया जाता है, का विश्लेषण किया है। एक ऐसा प्रमुख प्रयास लिल्ली (Lilly, 1956) द्वारा किया गया जिसमें उन्होंने करीब 18 ऐसे आत्मकथाओं का विश्लेषण किया है और पाया है कि इन सभी 18 नाविकों एवं गवेषकों द्वारा मानव व्यवहार पर एकाकीकपन के पड़ने वाले प्रभावों में काफी समरूपता (uniformity) पायी गयी। लिल्ली ने इन सबों का संयुक्त विश्लेषण करने के बाद एकाकीपन के निम्नांकित तीन तरह के प्रभावों को स्पष्ट रूप से होते पाया—

(1) एकाकीपन के प्रथम कुछ दिनों में तनहाई की तीव्र अनुभूति एवं साथ-ही-साथ डर का संवेग भी होता पाया गया है। सचमुच में प्रथम कुछ दिनों की ऐसी अनुभूतियों का व्यक्ति के व्यवहार पर काफी अधिक प्रभाव पड़ता है। बोमबार्ड (Bambaord, 1953), सोलकम (Solcum, 1948) तथा बायर्ड (Byrd, 1938) के आत्मकथाओं में ऐसी अनुभूतियों का स्पष्ट संकेत मिलता है। बोमबार्ड ने तो यहाँ तक अपनी आत्मकथा में लिखा है कि कोई नाविक अपनी समुद्री यात्रा के इन प्रथम कुछ दिनों की अनुभूतियों पर यदि वह काबू पा लेता है, तो उसे यात्रा के आगे के दिनों पर किसी तरह की कोई दिक्कत नहीं होगी। स्पष्ट हुआ कि एकाकीपन के पहले कुछ दिनों की अवधि का प्रभाव उसके संवेग तथा डर पर पड़ता है।

(2) प्रथम कुछ दिन बीतने के बाद एकाकीपन का प्रभाव व्यक्ति के प्रत्यक्षणात्मक एवं मानसिक क्षमता पर पड़ता है। इस अवधि में एकाकीपन से व्यक्ति में तरह-तरह के विभ्रम (hallucinations) तथा व्यामोह (delusions) पैदा होने लगते हैं। इसमें तरह-तरह के अंधविश्वास एवं कल्पनाओं में लीन रहने की प्रवृत्ति भी विकसित हो जाती है। जैसे—बोमबार्ड को रात्रि में तरह-तरह के अजूबे आवाज सुनाई देती थी। सोलकम को रात्रि में लगता था कि कोई व्यक्ति नाव के छोर पर बैठकर उसका नाव चला रहा है। उन्हें कुछ निर्जीव वस्तुओं से बातचीत करने की अनुभूति होने लगी थी।

(3) एकाकीपन की तीसरी अवस्था जो और कुछ दिन बीतने के बाद उत्पन्न होती है, में व्यक्ति अन्य व्यक्तियों से कुछ डरा-डरा-सा अनुभव करता है। वोमगार्ड तथा वर्नी (Burney) ने अपनी-अपनी आत्मकथाओं में यह स्पष्ट किया है कि इतने दिनों तक एकाकीपन में रहने के बाद अन्य व्यक्तियों से उन्हें इसलिए बोलने से डर लगता था क्योंकि लोग उन्हें पागल न समझ लें।

कई मनोवैज्ञानिकों द्वारा एकाकीपन के उक्त प्रभावों को बहुत अधिक वैध नहीं माना गया है। इसके तीन कारण बतलाये गये हैं—

(1) जिन नाविकों एवं गवेषकों द्वारा ऐसी अनुभूतियों का वर्णन किया गया था, उन्हें सामान्य जीवसंख्या (general population) का प्रतिनिधि नहीं माना जा सकता है। ऐसे नाविक एवं गवेषक साहसी व्यक्ति थे जिन्हें एकाकीपन (isolation) का पहले से ही कुछ अनुभव प्राप्त था।

(2) प्राय: ऐसा देखा जाता है कि नाविक तथा गवेषकों द्वारा अपनी यात्रा की अनुभूतियों को एक कथा का रूप यात्रा पूरा होने के कुछ दिनों बाद दिया जाता है। इसमें अक्सर त्रुटियाँ हो जाती हैं क्योंकि कभी कुछ छुट जाता है तो कभी कुछ नई अनुभूति जुट जाता है।

(3) इन नाविकों एवं गवेषकों द्वारा जिन अवस्थाओं में एकाकीपन (समुद्र में) का अनुभव किया गया, वह परिस्थिति काफी अनियंत्रित थी और इसमें इस निष्कर्ष पर पहुँचना काफी कठिन था कि सचमुच में एकाकीपन के कारण ही उनमें वैसी अनुभूतियाँ हो रही थीं।

उक्त कठिनाइयों से छुटकारा पाने के लिए मनोवैज्ञानिकों ने एकाकीपन का व्यवहार पर पड़ने वाले प्रभावों का अध्ययन करने के लिए नियंत्रित अवस्था में कुछ प्रयोग किये हैं जिनका वर्णन यहाँ अपेक्षित है।

2. एकाकीपन पर किये गये प्रयोगात्मक अध्ययन *(Experimental studies done on isolation)*—मनोवैज्ञानिकों ने मानव व्यवहार पर एकाकीपन के प्रभावों का अध्ययन करने के लिए कई प्रयोगशाला अध्ययन किये हैं जिन्हें मोटे तौर पर दो भागों में बाँटा जा सकता है—

(1) एकाकी व्यक्ति पर किया गया प्रयोग (experiment done on isolated individual)

(2) एकाकी लघु समूहों पर किया गया प्रयोग (experiment done on isolated small groups)

इन दोनों का वर्णन इस प्रकार है—

(a) एकाकी व्यक्ति पर किया गया प्रयोग *(Experiment done on isolated individual)*—एकाकी व्यक्ति पर किये गये प्रयोगों में यह जानने की कोशिश की गयी है कि सामाजिक एकाकीपन से व्यक्ति का व्यवहार किस तरह से प्रभावित होता है। अधिकतर ऐसे अध्ययनों में व्यक्ति को सामाजिक रूप से एकाकी परिस्थिति में ही नहीं बल्कि संवेदी वचन (sensory deprivation) की परिस्थिति में रखकर तथा उनका तुलनात्मक अध्ययन करके किसी निष्कर्ष पर पहुँचने की कोशिश की गयी। एक ऐसा ही अध्ययन जुकरमैन तथा उनके सहयोगियों (Zukerman et. al., 1968) द्वारा किया गया है। इस प्रयोग में सामाजिक एकाकीपन (social isolation) की अवस्था की तुलना संवेदी वचन (sensory deprivation) की अवस्था से की गयी है। इस प्रयोग में तीन अवस्थाएँ थीं—दो प्रयोगात्मक अवस्था तथा एक नियंत्रित अवस्था। एक प्रयोगात्मक अवस्था में प्रयोज्यों को संवेदी वंचन की अवस्था में रखा गया जिसमें उन्हें एक ऐसे अंधेरे कमरे में करीब आठ घंटों तक रखा गया जिसमें किसी तरह का कोई उत्तेजन (stimulation) उन्हें नहीं दिया गया। दूसरी प्रयोगात्मक अवस्था साधारण सामाजिक एकाकीपन (simple social isolation) की थी जिसमें प्रयोज्यों को उसी कमरे में रखा गया परंतु वे कुछ यात्रा दृश्यों (travel scence) को देख पा रहे थे तथा संगीत भी सुन पा रहे थे परंतु किसी अन्य व्यक्तियों से उनकी अंतःक्रिया (interaction) नहीं हो पा रही थी। इन दोनों प्रयोगात्मक समूह के अलावा एक नियंत्रित अवस्था थी जिसमें प्रयोज्य अन्य लोगों के साथ सामाजिक अंतःक्रिया करते थे। परिणाम में देखा गया कि साधारण सामाजिक एकाकीपन की अवस्था में नियंत्रित अवस्था के प्रयोज्यों की तुलना में विषादी प्रवृत्तियाँ (depressive tendecies), अपर्याप्त चिन्तन प्रक्रियाएँ एवं चिन्ताएँ तुलनात्मक रूप से अधिक थीं। लेकिन प्रयोज्यों में सबसे अधिक क्षुब्धता (disturbance) संवेदी वंचन की अवस्था में पायी गयी। इस प्रयोग में इतना तो स्पष्ट हो जाता है कि सामाजिक एकाकीपन (social isolation) का प्रभाव व्यक्ति के व्यवहारों पर पड़ता है।

मानव व्यवहार पर सामाजिक एकाकीपन (social isolation) के पड़ने वाले प्रभावों का अध्ययन करने के क्षेत्र में स्कैक्टर (Schachter, 1959) का भी योगदान कम महत्त्वपूर्ण नहीं है। इनके इस योगदान को दो स्तरों पर देखा जा सकता है—समीक्षा (review) के स्तर पर तथा दूसरा प्रयोग के स्तर पर। उन्होंने धार्मिक संत-फकीरों तथा युद्ध के कैदियों के कृतियों की समीक्षा किया ताकि सामाजिक एकाकीपन के प्रभाव का अध्ययन किया जा सके। अपनी इस समीक्षा के आधार पर वे निम्नांकित तीन-बिंदु निष्कर्ष पर पहुँचे—

(i) सामाजिक एकाकीपन से उत्पन्न व्यथा (pain) तथा एकाकीपन के समय में एक असमरूप सम्बन्ध (nonmonotic relationship) होता है। इसका मतलब यह हुआ एकाकीपन के प्रथम कुछ दिनों में व्यथा अधिक होती है और फिर बाद में एकाकीपन की अवधि और अधिक होने पर व्यथा में कमी होने लगती है।

(ii) सामाजिक एकाकीपन व्यतीत करने पर व्यक्ति अन्य व्यक्तियों के बारे में सोचता है, स्वप्न देखता है तथा तरह-तरह के भ्रम देखता है।

(iii) सामाजिक एकाकीपन में समय व्यतीत करने वाले वैसे व्यक्ति जो अपने आपको छोटे-मोटे दैहिक एवं मानसिक क्रीड़ा में लगाकर रखते थे, उनमें उन व्यक्तियों की अपेक्षा जो ऐसा नहीं कर पाते थे, अधिक भिन्न-भिन्न तरह की क्षुब्धताएँ पायी गयीं।

स्कैक्टर ने सामाजिक एकाकीपन का प्रयोगात्मक अध्ययन भी किया है। इन्होंने पाँच छात्रों को सामाजिक एकाकीपन में दो से आठ दिनों तक रहने के लिए राजी करवाया। प्रत्येक को एक दिन के लिए सामाजिक एकाकीपन में रहने के लिए 10 डॉलर दिया जाता था। प्रत्येक छात्र को एक ऐसा कमरा में रखा गया था जिसमें कोई खिड़की तक नहीं था परंतु उसमें कुर्सी, टेबुल, बत्ती तथा बिछावन आदि की सुविधा उपलब्ध थी। इसमें से कुछ प्रयोज्यों को कमरे में भूलभुलैया तथा क्रीड़ा के अन्य साधन उपलब्ध थे। परिणाम में पाया गया कि इसमें से एक प्रयोज्य ने मात्र दो घंटा तक रहने के बाद ही भीतर से दरवाजा पीटना शुरू कर दिया और वह बाहर निकलने की आतुरता दिखाने लगा। एक प्रयोज्य जो अपने आपको दो दिनों तक वैसे कमरे में रख पाया, ने यह स्वीकार किया उन्हें इस अवधि में मानसिक रूप से कुछ क्षति हुई है। एक प्रयोज्य जो आठ दिनों तक उस कमरे में अपने आप को रख पाया, ने यह बतलाया कि उन्हें कभी-कभी घबड़ाहट होती थी तथा वे अशांत हो जाते थे। परंतु परिस्थिति असहनीय नहीं होती थी। स्कैक्टर के इस प्रयोग से यह स्पष्ट हो जाता है कि सामाजिक एकाकीपन का प्रभाव व्यक्तियों के व्यवहार पर पड़ता है हालांकि ऐसा प्रभाव उतना दर्दनाक एवं विघटनकारी नहीं था जितना कि संत-फकीरों तथा आत्मकथाओं के विश्लेषण से प्राप्त अनुभूतियाँ थीं।

सामाजिक एकाकीपन (social isolation) का एक विशेष पहलू जिसे तनहाई (loneliness) कहा जाता है, से भी मानसिक तनाव एवं चिंता कुछ उतना ही तथा वैसी ही होता है जैसा कि सामाजिक एकाकीपन की स्थिति में होता है। तनहाई को सामाजिक एकाकीपन से इसलिए भिन्न माना जाता है कि इस तरह के एकाकीपन या तनहाई का अनुभव व्यक्ति कई दूसरे व्यक्तियों के बीच में होने के बाद भी कर सकता है। अतः तनहाई एक मनोवैज्ञानिक स्थिति है जिसकी उत्पत्ति तब होती है जब व्यक्ति अन्य लोगों के साथ होने वाले अंतःक्रिया से बचाने के लिए एक तरह का मानसिक दिवाल खड़ा कर लेता है या पहले से मौजूद ऐसे दिवाल को तोड़ने में अपने आप को असमर्थ पाता है। तनहाई के क्षेत्र में मनोवैज्ञानिक अध्ययनों की कमी है। सामाजिक एकाकीपन के प्रभाव को तो परिस्थिति में अन्य व्यक्तियों की उपस्थिति करके उसे दूर किया जा सकता है परंतु तनहाई को दूर करने में यह योजना सफल नहीं हो सकती है क्योंकि परिस्थिति में अधिक व्यक्तियों के होने से व्यक्ति अधिक अवैयक्तिकता (impersonality) का अनुभव करता है तथा व्यक्ति में तनहाई की मात्रा में वृद्धि ही हो सकती है। परंतु मनोवैज्ञानिकों का उस क्षेत्र में अब अध्ययन की रुचि दिन प्रतिदिन बढ़ रही है।

2. एकाकी लघु समूहों पर किया गया प्रयोग *(Experiments done on isolated small groups)*—कुछ प्रयोगों में एकाकीपन के प्रभावों का अध्ययन करने के लिए दो से तीन व्यक्तियों को एक-एक एकाकी समूह तैयार किया गया है और उनका आपस में तुलना करके किसी निष्कर्ष पर पहुँचने की कोशिश की गयी है। विभिन्न शोधकर्त्ताओं द्वारा ऐसे प्रयोग 8 से 21 दिनों तक *'नेभल मेडिकल रिसर्च इंस्टीच्यूट'* (Naval Medical Research Institute) में किया गया जिसमें एकाकीपन के भिन्न-भिन्न तरह के प्रभावों को देखा गया। हेथ्रोन तथा अल्टमैन (Haythorn & Altman, 1967) ने अपने अध्ययन में पाया कि ऐसे एकाकी लघु समूह के सदस्य एकाकीपन में अधिक समय बीतने पर एक-दूसरे के साथ कम अंतःक्रिया करते पाये जाते हैं। अल्टमैन, टेलर तथा ह्वीलर (Altman, Taylor & Wheeler, 1971) ने कई एकाकी युग्मों (isolated dyads) के व्यवहारों का अध्ययन किया और पाया कि प्रथम चार दिनों तक इन लोगों ने जागृतावस्था के करीब 50% समय एक-दूसरे के साथ अंतःक्रिया करने में बिताया परंतु अंतिम चार दिनों में इन दोनों की ऐसी अंतःक्रियाएँ घटकर मात्र 25% हो गयी। इतना ही नहीं, ऐसे युग्मों में भूभागीय व्यवहार (territorial behaviour) भी पाया गया। इन युग्मों ने कमरे के कुछ हिस्से, कुसियों तथा अन्य कुछ सामानों को 'मेरा' तथा 'तुम्हारा' के बीच बाँट लिए। इनमें धीरे-धीरे नीरसता, उब, सुस्ती, चिड़चिड़ापन आदि में वृद्धि हो गयी। करीब 30 से 50% युग्मों ने प्रयोगकर्त्ता से प्रयोग को आगे रोक देने की सविनय प्रार्थना भी किये। स्मीथ तथा हेथ्रोन (Smith & Haythorn, 1972) ने अपने अध्ययन में यह भी पाया कि एकाकीपन का नकारात्मक प्रभाव उस परिस्थिति में अधिक बढ़ जाता है जब मात्र लोगों को दो के समूह में पृथक किया जाता है। इन्होंने अपने अध्ययन में पाया कि दो व्यक्तियों के समूहों द्वारा तीन व्यक्तियों के समूहों की अपेक्षा एकाकीपन की परिस्थिति में होने पर अधिक क्रोध तथा चिन्ता व्यक्त की गयी।

निष्कर्षतः यह कहा जा सकता है कि एकाकीपन का व्यक्ति तथा समूह दोनों पर ही नकारात्मक प्रभाव पड़ता है। अंतर इतना ही होता है कि एकाकी समूह (isolated groups) में अंतर्वैयक्तिक संघर्ष (interpersonal conflict) अधिक होता है जबकि एकाकी व्यक्ति में अंतरवैंयक्तिक (intepersonal) तनाव एवं चिंता अधिक होती है।

चयनित एकाकीपन : गुप्ति (*Chosen isolation : Privacy*)

गुप्ति (privacy) एक प्रकार का एकाकीपन (isolation) है जिसे चयनित एकाकीपन (chosen isolation) कहा जा सकता है। कभी-कभी हमलोग अपने दिन-प्रतिदिन की अंतःक्रियाओं से उबकर या थककर हम अकेले में रहना अधिक पसंद करते हैं जिसमें हम अपनी इच्छानुसार संचार करते हैं। इस तरह के चयनित एकाकीपन (chosen isolation) को गुप्ति (privacy) कहा जाता है जो सामाजिक एकाकीपन (social isolation) से भिन्न है।

अल्टमैन[1] (अल्टमैन, 1975) ने गुप्ति (privacy) को परिभाषित करते हुए कहा है, ''अपने समूह या आत्मन के पहुँच पर किया गया चयनित नियंत्रण को गुप्ति कहा जाता है।'' इटेलसन तथा उनके सहयोगियाँ[2] (Ittelson et al., 1974) के अनुसार गुप्ति से तात्पर्य, ''व्यक्ति को यह चयन करने की स्वतंत्रता से होती है कि वह अपने बारे में क्या संचारित करेगा तथा वह किस परिस्थिति में किससे संचार स्थापित करेगा।''

उक्त परिभाषाओं के विश्लेषण से यह स्पष्ट है कि गुप्ति भी एक तरह का एकाकीपन (isolation) है जो बलकृत (forced) न होकर चयनित (choosen) होता है और इस अर्थ में वह सामाजिक एकाकीपन (social isolation) से भिन्न है (जिसकी प्रकृति बलकृत होती है)। इस तरह से गुप्ति में व्यक्ति यह चयनित करता है कि वह कब अन्य लोगों से अलग होगा, कहाँ अलग होकर रहेगा तथा कितनी देर रहेगा। अल्टमैन का मत है कि व्यक्ति अपनी इस गुप्ति की अवस्था को बनाये रखने के लिए कई तरह प्रक्रमों (mechanisms) का सहारा भी लेता है। कभी वह शाब्दिक प्रक्रम (verbal mechanism) जैसे 'बाहर रहिए', यहाँ पर रुकिए' आदि का बोर्ड लगाकर तो कभी वह पर्यावरणी प्रक्रम (environmental mechanism) जैसे दिवाल खड़ा करके, किसी संतरी को खड़ा करके आदि प्रक्रमों को अपना कर अपनी गुप्ति की रक्षा करता है।

पर्यावरणी मनोवैज्ञानिकों का मत है कि मनुष्यों की गुप्ति एक महत्त्वपूर्ण अवस्था है जो व्यक्ति को कभी-कभी अपने तनाव या चिंता से मुक्त करके उसे स्वच्छ अंतःक्रिया करने में मदद करता है। वेस्टीन (Westin, 1967) तथा अल्टमैन (Altman, 1975) के अनुसार गुप्ति द्वारा निम्नांकित चार मानव आवश्यकताओं (needs) की पुर्त्ति होती है—

(i) गुप्ति व्यक्ति की एक सीमा तक व्यक्तिगत स्वायत्तता (personal autonomy) प्रदान करता है और इस तरह से यह व्यक्ति को अपने पर्यावरण को नियंत्रण करने में उस सीमा तक मदद भी करता है।

(ii) गुप्ति व्यक्ति को अपने दिन-प्रतिदिन की चिंताओं एवं तनाव से मुक्ति पाने का एक अवसर प्रदान करता है।

(iii) गुप्ति व्यक्ति को आत्म-मूल्यांकन का अवसर प्रदान करता है क्योंकि इस अवस्था में होने पर व्यक्ति अपनी कमियों एवं कमजोरियों पर भी ध्यान दे पाता है।

(iv) गुप्ति व्यक्ति को सीमित एवं सुरक्षित संचार (protected communication) करने का अवसर प्रदान करता है क्योंकि इसमें किसके साथ संचार करेगा तथा कैसे और कबतक संचार करेगा, इसकी पूर्ण स्वतंत्रता उसे होती है।

स्पष्ट हुआ कि एकाकीपन (isolation) के कई पहलू हैं जिनका अध्ययन पर्यावरणी मनोविज्ञान में विशेषज्ञों द्वारा किया गया है।

व्यवहार पर पर्यावरणी प्रभाव
(Environmental effects on Behaviour)

अबतक इस बिंदु पर विचार किया गया है कि पर्यावरण में व्यक्तियों की संख्या का प्रभाव व्यवहार पर क्या पड़ता है ? अधिक संख्या में यदि व्यक्ति उपस्थित होते हैं, तो इससे जनसंकुलन (crowding) का भाव तथा बहुत कम संख्या में व्यक्ति यदि उपस्थित होते हैं, तो इससे एकाकीपन (isolation), तनाव आदि का भाव उत्पन्न होता है। अब प्रश्न

1. Privacy is, "the selective control of access to the self or to one's group."
—Altman : *The eenevironment and social behaviour.* 1975, p. 18.

2. Privacy is, "an individual's freedom to choose what he will communicate about himself and to whom he will communicate about it in a given circumstance."
—Ittelson, Proshansky, Rivlin & Wirnket : *An Indroduction to Environmental Psychology,* 1974, p. 74.

यह उठता है कि मानव व्यवहार पर पर्यावरण से सम्बन्धित कारक या चरों का कैसा प्रभाव पड़ता है ? ऐसे कारकों *अस्थानगत पर्यावरणी कारक* (nonspatial environmental factors) कहा जाता है। मनोवैज्ञानिकों ने निम्नांकित कुछ ऐसे कारकों या चरों की पहचान किया है—

(1) आवाज (noise)

(2) मौसम (weather)

इन दोनों कारकों का मानव व्यवहार पर पड़ने वाले प्रभावों का वर्णन इस प्रकार है—

1. *व्यवहार पर आवाज का प्रभाव (Effect of noise upon behaviour)*—कई मनोवैज्ञानिकों द्वारा किये गये अध्ययनों से यह स्पष्ट हुआ है कि आवाज का प्रभाव तनावपूर्ण (stressful) होता है। जब व्यक्ति को उच्च-तीव्रता की आवाज को सुनना पड़ता है, तो वे दैहिक रूप से अधिक उत्तेजित हो जाते हैं और उनके व्यवहार में चिड़चिड़ापन एवं आक्रमकता में वृद्धि हो जाती है। यह भी देखा गया कि इस तरह के आवाज से सतत घिरे रहने पर व्यक्ति उसके साथ धीरे-धीरे अपने आप को अनुकूलित कर लेता है। अनुकूलन (adaptations) के इस प्रक्रिया को हैरिस (Harris, 1943) ने *अभ्यास* (habituation) कहा है।

यद्यपि यह सही है कि आवाज के साथ अभ्यास की प्रक्रिया में व्यक्ति समंजन या अनुकूलन स्थापित कर लेता है, फिर भी यह मानव व्यवहार के कई पहलुओं पर दीर्घकालीन प्रभाव डालने में सक्षम होता है। इस सिलसिले में ग्लास तथा सिंगर (Glass & Singer, 1972) तथा ग्लास, सिंगर एवं पेनीवेकर (Glass, Singer & Penebaker, 1977) द्वारा कई महत्त्वपूर्ण अध्ययन किये गये हैं। इन अध्ययनों में इन लोगों ने प्रयोज्यों को विभिन्न तरह की आवाज उत्पन्न होते रहने की अवस्था में कुछ कार्य करने के लिए कहा। कुछ अवस्था में उच्च तीव्रता की आवाज तथा कुछ अवस्था में निम्न-तीव्रता की आवाज उत्पन्न की जाती थी तथा कुछ अवस्था में किसी भी तरह की आवाज उत्पन्न नहीं की जाती थी अर्थात वह शांत अवस्था होती थी। कुछ अवस्थाओं में आवाज पूर्वकथनीय (predictable) होता था कुछ अवस्था में आवाज पूर्वकथनीय नहीं था। इन सभी अवस्थाओं में प्रयोज्यों के दैहिक प्रतिक्रियाओं तथा उनके निष्पादन का मापन किया गया। परिणाम बड़े रोचक थे। निष्कर्ष में पाया गया कि साधारण आवाज से निष्पादन पर खराब प्रभाव नहीं पड़ता देखा गया। परंतु तीव्र आवाज से कार्य निष्पादन खासकर जटिल कार्य निष्पादन बुरी तरह प्रभावित होता पाया गया। दैहिक मापों के आधार पर यह देखा गया कि आवाज के पूर्वकथनीय नहीं होने पर भी प्रयोज्य अपने आपको उसके प्रति अनुकूलित (adapt) कर लिए।

यद्यपि यह सही है कि दैहिक माप (physiological measures) यह बतलाते है कि आवाज के प्रति व्यक्ति अनुकूलन (adaptation) स्थापित कर लेता है, परंतु फिर भी उसे इसकी कीमत चुकानी पड़ती है। ग्लास (Glass) का मत है कि इस अनुकूलन की प्रक्रिया में व्यक्ति को अपनी 'मनोवैज्ञानिक ऊर्जा' का खर्च करना पड़ता है जिसका परिणाम यह होता है कि उसे बाद के पर्यावरणी तनावों तथा कुंठाओं के साथ निबटने की शक्ति कम हो जाती है। इसका परिणाम यह होता है कि उसका सामान्य व्यवहार तथा स्वास्थ्य दोनों ही खराब हो जाता है। इस तथ्य की संपुष्टि ग्लास, सिंगर तथा फ्रीडमैन (Glass, Singer & Friedman, 1969) के एक अध्ययन से होती है। इनके प्रयोग में कुछ प्रयोज्यों को तीव्र आवाज तथा कुछ प्रयोज्यों को धीमा आवाज की अवस्था में कार्य करने के लिए दिया गया। इस तरह की आवाज कभी पूर्वकथनीय (predicatable) होता था तो कभी अपूर्वकथनीय (unpredictable) होता था। इसके बाद सभी प्रयोज्यों को शांत अवस्था में दो तरह के कार्य कने के लिए दिये गये—असमाधेय भूलभूलैया (insoluable puzzle) का समाधान करना तथा दूसरा प्रुफरीडिंग (proof reading) का कार्य। परिणाम में देखा गया कि अपूर्वकथनीय आवाज अवस्थाओं में कार्य करने वाले प्रयोज्यों पूर्वकथनीय आवाज अवस्थाओं में कार्य करने वाले प्रयोज्यों की तुलना में असमाधेय भूलभूलैया के समाधान के कार्य में अपने आपको अधिक देर तक लगा कर नहीं रख पाये। इतना ही नहीं, यह भी देखा गया कि अपूर्वकथनीय आवाज अवस्थाएँ के प्रयोज्यों द्वारा पूर्वकथनीय आवाज अवस्थाओं के प्रयोज्यों की तुलना में प्रुफ रीडिंग कार्य में अधिक त्रुटियाँ की गयीं। इस परिणाम में यह स्पष्ट हो जाता है कि आवाज खासकर अपूर्वकथनीय आवाज का उत्तरप्रभाव (after effect) अधिक तीव्र होता है। इसका कारण बतलाते हुए ग्लास तथा सिंगर ने कहा है कि जब अपूर्वकथनीय आवाज का सामना प्रयोज्यों को करना पड़ता है, तो इससे व्यक्ति में यह विश्वास उत्पन्न हो जाता है कि पर्यावरण पर उनका कोई नियंत्रण नहीं रह गया तथा वे अपने आप को निस्सहाय महसूस करने लगते हैं। ऐसे निस्सहाय व्यक्ति में कार्य करने की प्रेरणाशक्ति कम हो जाती है जिसका परिणाम यह होता है कि उनका कार्य निष्पादन खराब हो जाता है।

आवाज के और भी कई तरह के प्रभाव देखने को मिले हैं। आवाज की अवस्था में व्यक्ति पर्यावरण के प्रति कम अनुक्रियाशील होता है। कोहेन तथा उनके सहयोगियों (Cohen et. al., 1981) पेटरसन तथा उनके सहयोगियों (Peterson et. al., 1981) ने अपने अध्ययन में पाये कि लगातार उच्च आवाज के स्तर में कार्य करने से व्यक्ति में सामान्य स्वास्थ्य समस्याएँ तथा उच्च रक्तचाप की शिकायत हो जाती है। मीकम एवं स्मीथ (Meecham & Smith, 1977) ने तो अपने अध्ययन में यह भी पाया कि उच्च तीव्रता की आवाज में लगातार कार्य करने से उनमें मानसिक अस्तपाल में प्रवेश होने की प्रबलता अधिक बढ़ जाती है।

कुछ सामाजिक व्यवहारों पर भी आवाज का कुप्रभाव पड़ता है। जैसे, मैथ्यूज एवं कैनन (Mathews & Canon, 1975) ने अपने अध्ययन में पाया कि कोलाहलपूर्ण अवस्था में होने पर व्यक्ति किसी अन्य व्यक्ति को मदद कम करता है। एपलयार्ड तथा लिनटेल (Appleyard & Lintell, 1972) ने अपने अध्ययन में पाया कि कोलाहलपूर्ण पास पड़ोस होने पर अगल-बगल के व्यक्तियों के साथ सामाजिक अंतःक्रिया में कमी हो जाती है। डान्नरस्टीन तथा विलसन (Donnerstein & Wilson, 1976) ने अपने अध्ययन में पाये कि कोलाहालपूर्ण अवस्था में होने पर व्यक्ति को थोड़ा सा भी यदि छोड़ा जाता है, तो वह काफी आक्रमक व्यवहार करना प्रारम्भ कर देता है। इतना ही नहीं, सिगेल तथा स्टीली (Siegel & Steele, 1980) ने तो अपने अध्ययन में यहाँ तक पाया है कि कोलाहालपूर्ण अवस्था में घिर जाने पर व्यक्ति अन्य व्यक्तियों के बारे में अपरिपक्व निर्णय एवं प्रत्यक्षण करता है।

निष्कर्षतः यह कहा जा सकता है कि आवाज पर किये शोधों से यह स्पष्ट हुआ है कि आवाज क्षोभक या उत्तेजक (stimulant) होता है। अपने आप में आवाज व्यक्ति को पर्यावरण की वस्तुओं की ओर ध्यान केन्द्रित करने में बाधक होता है परंतु इसका उत्तर प्रभाव (after effect) काफी खतरनाक होता है। खासकर जब आवाज का स्वरूप अपूर्वकथनीय तथा अनियंत्रित योग्य (uncontrollable) होता है, तो उसका दुष्परिणाम और भी अधिक स्पष्ट होता है।

2. व्यवहार पर मौसम का प्रभाव *(Effect of weather on behaviour)*—दूसरा अस्थानगत (nonspatial) पर्यावरणी कारक जिसका प्रभाव मनुष्य के व्यवहार पर पड़ता है वह है—मौसम जिसमें तापक्रम (temperature), वायु प्रदूषण (air pollution), ऋणात्मक आयन (negative ions) ओजोन (ozone) तथा चंद्र चक्र (lunar cycles) आदि के व्यवहार पर पड़ने वाले प्रभावों का अध्ययन किया गया है।

मौसम में एक महत्त्वपूर्ण कारक तापक्रम (temperature) है जिसका मानव व्यवहार पर काफी स्पष्ट प्रभाव पड़ता देखा गया है। अमेरिकन रायट आयोग (Riot commission, 1968) तथा गोरेनसन एवं किंग (Goranson & King, 1970) ने अपने अध्ययन में यह बतलाया कि अधिकतर असैनिक संघर्ष गर्मी के मौसम में ही होते हैं। ग्रिफीट तथा विटिक (Griffitt & Veitch, 1971) ने अपने अध्ययन में पाया कि प्रयोज्यों को जब गर्म कमरा (93.5° F) में कार्य करने के लिए कहा गया तो उनमें ठंडे कमरे (73.4° F) में कार्य करने की तुलना में अधिक आक्रमक व्यवहार होता पाया गया। बेरोन तथा लॉटन (Baron & Lawton, 1972) ने अपने अध्ययन में पाया कि अगर प्रयोज्यों को गर्म कमरे में रखा जाता है, तो वे आक्रमक मॉडल (aggressive model) का अनुकरण ठंडे कमरे में रखे जाने की तुलना में अधिक करते हैं। एण्डरसन तथा एण्डरसन (Anderson & Anderson, 1984) ने अपने अध्ययन में दो बड़े अमेरिकन शहरों में गर्मी के दिनों में हुए आक्रमक अपराध (aggressive crimes) का प्रेक्षण किया और पाया कि जैसे-जैसे तापक्रम में वृद्धि होती है कुछ आक्रमक अपराध जैसे हत्या तथा बलात्कार (rape) में वृद्धि होती पायी गयी। परंतु कुछ अध्ययनों में यह भी देखा गया है कि जब तापक्रम में अत्यधिक वृद्धि हो जाती है, तो आक्रामक व्यवहार में वृद्धि होने के बजाय कमी आ जाती है। इन लोगों का मत है कि जब अत्यधिक तापक्रम के साथ-ही-साथ कुछ नकारात्मक कारक जैसे अन्य व्यक्तियों द्वारा अधिक असहमति तथा नकारात्मक मूल्यांकन आदि भी उपस्थित होते हैं, तो सचमुच में आक्रमकता में कमी आ जाती है। वेल तथा बेरोन का मत है कि जब व्यक्ति ऐसी परिस्थिति में अपने आप को घिरा पाता है जहाँ पर्यावरणी कारक अधिक कठोर एवं दमनात्मक हो जाते हैं तो व्यक्ति वैसे वातावरण में आक्रमक व्यवहार न दिखलाकर उस तरह की परिस्थिति से अपने आप को हटा लेना अधिक उचित समझता है।

वायु प्रदूषण (air pollution) का भी प्रभाव मानव व्यवहार पर काफी पड़ता देखा गया है। वायु प्रदूषण एक ऐसा सर्वव्यापी समस्या है जिसका प्रभाव सार्वजनिक रूप से लगभग सभी व्यक्तियों पर पड़ता देखा गया है। इवान्स तथा जैकोब्स (Evans & Jacobs, 1982) को एक अनुमान के अनुसार वायु प्रदूषण के कारण अमेरिकन स्वास्थ्य मद में करीब 250 मिलियन डातर तक खर्च किया जा चुका है परंतु फिर भी उसके नकारात्मक प्रभाव अभी तक पूर्णतः समाप्त

नहीं हुए हैं। भारत में भी कमोवेश परिस्थिति कुछ इसी प्रकार की है। वायु प्रदूषण से तात्पर्य वायु में विभिन्न तरह के विषाक्त तत्त्वों के मिश्रण से होता है। इसके अंतर्गत ओजोन, सल्फर आक्साइड, नाइट्रोजन आक्साइड तथा कार्बन मोनोआक्साइड की मुख्य भूमिका होती है। वायु प्रदूषण का प्रभाव स्वास्थ्य, कार्य निष्पादन तथा सामाजिक व्यवहार पर सर्वाधिक पड़ता देखा गया है।

वायु प्रदूषण का व्यक्ति के स्वास्थ्य पर सीधा असर पड़ता देखा गया है। कार्बन मोनोआक्साइड, सल्फर डाइआक्साइड आदि की सांद्रता (concentration) के कारण कई स्वास्थ्य सम्बन्धी समस्याएँ उठ खड़ी होतीं हैं। कार्बन-मोनोआक्साइड की अधिक सांद्रता होने से व्यक्ति में दृष्टिदोष, श्रवण दोष, सिर दर्द, मानसिक मदंता आदि की स्थिति उत्पन्न हो जाती है। हार्ट (Heart, 1976) के अनुसार वायु में कई प्रकार के प्रदूषकों के कारण व्यक्ति में एक विशेष प्रकार के लक्षण उत्पन्न हो जाते हैं जिसे वायु *प्रदूषक संलक्षण* (Air pollution Syndrome or APS) कहा जाता है। इस सलक्षण में व्यक्ति में थकान, सिर दर्द, चिड़चिड़ापन, विषाद (depression), आँखों में जलन तथा आन्त्र की समस्याएँ उत्पन्न हो जातीं हैं। आधुनिक विशेषज्ञों का मत है कि करीब 60 से 90% तक व्यक्तियों में होने वाले कैंसर का कारण किसी-न-किसी प्रकार का प्रदूषण ही होता है।

वायु प्रदूषण का कार्य निष्पादन पर भी बुरा प्रभाव पड़ता है। कई अध्ययनों में यह देखा गया है कि वायु प्रदूषण के कारण वाहन चलाने वाले व्यक्तियों की कार्य-क्षमता में काफी कमी आती है जिसके कारण दुर्घटना की आवृत्ति में वृद्धि हो जाती है। ब्रीड तथा बर्थेम (Breed & Berthem, 1967) ने एक अध्ययन किया जिसमें प्रयोज्यों को 50 से 250 अंश प्रति मिलियन कार्बन मोनोआक्साइड की उपस्थिति में रखा गया तथा समय अंतराल के विभेदन का निर्णय करने को कहा गया। परिणाम में देखा गया कि जैसे-जैसे कार्बन मोनोआक्साइड की सांद्रता में वृद्धि हुई निष्पादन में उसी स्तर की कमी होने लगी। इजमेरो (Ismaro, 1972) ने अपने अध्ययन में पाया कि कुछ वायु प्रदूषक जैसे नाइट्रोजन डाइआक्साइड तथा सल्फर डायआक्साइ व्यक्ति में संवेदनशीलता के सामान्य स्तर में विघटन उत्पन्न कर देता है। हालैंड तथा उनके सहयोगियों (Holland et al., 1978) ने अपने अध्ययन में पाया कि फोटो रसायनों (photo chemicals) से उत्पन्न धुएँ में मौजूद अवयवों का भी प्रयोज्यों के कार्य निष्पादन पर बुरा प्रभाव पड़ता है। स्पष्ट हुआ कि वायु प्रदूषण का प्रभाव कार्य निष्पादन पर बुरा ही पड़ता है।

वायु प्रदूषण का सामाजिक व्यवहार (social behaviour) पर भी बुरा प्रभाव पड़ता है। इवान्स तथा जैकोब्स (Evans & Jacobs, 1982) ने अपने अध्ययन में पाये हैं कि वायु प्रदूषण में वृद्धि हाने पर सहायतापरक व्यवहार में कमी तथा आक्रमक व्यवहार में वृद्धि होते पायी जाती है। काटन तथा उनके सहयोगियों (Katan et al., 1974) ने अपने अध्ययन में पाया कि प्रदूषण से अन्तर्वैयक्तिक आकर्षण (interpersonal attraction) में भी कमी आ जाती है।

ऋणात्मक आयन (negative ions) का भी प्रभाव व्यक्ति पर पड़ता देखा गया है। रोशनी, हवा तथा वायुमंडलीय कारकों के कण हवा के अणु (molucule) धनात्मक एवं ऋणात्मक रूप से आवेशित आयन्स में बँट जाते हैं। मनोवैज्ञानिकों का मत है कि वायुमंडलीय बिजली[1] (atmospheric electricity) की मात्रा से सामाजिक व्यवहार प्रभावित होता है। सुलमान तथा उनके सहयोगियों (Sulman et al., 1974) ने अपने अध्ययन के आधार पर यह बतलाया है कि वायुमंडल में आयन्स के स्तर में वृद्धि होने से आत्महत्या (suicide), औद्योगिक दुर्घटना तथा अन्य दूसरें तरह के अपराध आदि में वृद्धि होती पायी गयी। बेरोन, रूसेल तथा आर्म्स (Baron, Russell & Arms, 1985) ने प्रयोगशाला प्रयोग करके भी वायुमंडलीय बिजली के पड़ने वाले प्रभावों का अध्ययन किया है। इन लोगों ने प्रयोगशाला में एक विशेष उपकरण का प्रयोग किया जिससे उच्च स्तर का वायुमंडलीय बिजली का सृजन होता था। इस प्रयोग की प्राक्कल्पना (hypothesis) यह थी कि ऋणात्मक आयन्स से उच्च स्तरीय उत्तेजन उत्पन्न होता है तथा उस परिस्थिति में व्यक्ति में जो भी प्रवृत्ति होती है, वह प्रबल बन जाती है। परिणाम में पाया गया कि उच्च स्तर के ऋणात्मक आयन्स (negative ions) की परिस्थिति में होने से टाइप ए व्यक्ति की आक्रमकता में वृद्धि हो गयी क्योंकि उनमें पहले से ही ऐसी प्रवृत्ति मौजूद थी। बेरोन (Baron, 1987) ने एक अध्ययन इस प्राक्कल्पना की जाँच के लिए किया कि ऋणात्मक आयन्स का उच्च स्तर अन्तर्वैयक्तिक अवस्था (interpersonal attraction) को प्रभावित करेगा। परिणाम में पाया गया कि उच्च आकर्षक अवस्था (high attraction condition) में ऋणात्मक आयन्स की मात्रा में

1. किसी विशेष स्थान में धनात्मक (positive) तथा ऋणात्मक (negative) आयन्स (ions) की संख्या को वायुमंडलीय बिजली कहा जाता है।

वृद्धि होने से एक अपरिचित के प्रति दिखाये जाने वाला दोस्ताना सम्बन्ध में वृद्धि हो गयी परंतु निम्न आकर्षण अवस्था में इस अनुक्रिया में कमी आ गयी।

ओजोन (ozones) का भी प्रभाव व्यक्ति के व्यवहार पर पड़ता देखा गया है। ओजोन धूम-कोहरा (smog) का एक विशिष्ट प्रकार है जो औद्योगिक अवशेष (industrial wastes) तथा मोटर या कार निस्सरण (automobile emmission) आदि से बनता है। रोटोन तथा फ्रे (Rotton & Frey, 1985) ने एक अध्ययन किया जिसमें मिडवेस्टर्न शहर (Midwestern city) में दो साल की अवधि तक वायुमंडलीय ओजोन तथा पारिवारिक क्षुब्धता (family disturbances) के सम्बन्ध का अध्ययन किया। परिणाम में देखा गया कि जब वायुमंडल में ओजोन स्तर ऊँचा था तो पारिवारिक क्षुब्धता (family disturbances) अधिक पायी गयी तथा ओजोन स्तर निम्न था तो पारिवारिक क्षुब्धता में कमी आयी गयी।

कुछ ऐसे अध्ययन हुए हैं जिसमें चंद्र चक्र (lunar cycle) का भी प्रभाव व्यवहार पर पड़ता देखा गया है हालाँकि इस तरह के अध्ययन की वैधता में असंगतता (inconsistency) पायी गयी है। जिन मनोवैज्ञानिकों ने मानव व्यवहार पर चंद्र चक्र के प्रभाव का अध्ययन करने की कोशिश किये हैं, उनका तर्क है कि समुद्र में ज्वार भाटा चंद्रमा के कारण ही मूलतः होता है। मानव शरीर की संरचना के तत्त्व पृथ्वी की संरचना के तत्त्व के ही समान है अर्थात 80% जल तथा 20% कार्बनिक तत्त्व (organic element) तथा अकार्बनिक तत्त्व (inorganic element)। अगर चंद्रमा समुद्र के पानी में परिवर्तन ला सकता है, तो वह शरीर के भीतर के द्रव्यों में भी परिवर्तन ला सकता है। लाइवर तथा शेरीन (Lieber & Sherin, 1972) ने मानव व्यवहार पर चंद्र चक्र के पड़ने वाले प्रभाव का अध्ययन इस प्राक्कल्पना (hypothesis) के साथ किया कि चंद्र चक्र में होने वाले परिवर्तन से व्यवहार प्रभावित होगा। इन लोगों ने अमेरिका के दो राज्यों अर्थात ओहियो तथा फ्लोरिडा में नर हत्या तथा चंद्र चक्र (lunar cycles) के बीच के सम्बन्ध का अध्ययन किया और पाया कि अमावस्या (new-moon) तथा पूर्णमासी (full-moon) के तुरंत बाद नर हत्या सबसे अधिक संख्या में होते पायी गयी। परंतु अन्य शोधों से इस परिणाम की चूँकि न तो पुष्टि हो पायी है और न ही उत्तम विरोध ही हो पाया है, अतः इसकी वैधता पर अभी बहुत भरोसा नहीं किया जा सकता है।

निष्कर्षतः यह कहा जा सकता है कि मानव व्यवहार पर अस्थानगत कारकों जैसे आवाज तथा मौसम का प्रभाव पड़ता है। यद्यपि इस क्षेत्र में कुछ शोध किये गये हैं फिर भी अभी बहुत कुछ करना बाकी है। इस क्षेत्र के अध्ययनों में काफी असंगतता (inconsistency) है।

वास्तुशिल्पीय डिजाइन एवं सामाजिक व्यवहार
(Architectural Design and Social Behaviour)

व्यक्ति कृत्रिम वातावरण में रहता है। कृत्रिम वातावरण से तात्पर्य एक ऐसे वातावरण से होता है जिसे वह स्वयं तैयार करता है। इस निर्मित वातावरण को भवन (building) कहा जाता है। मनोवैज्ञानिकों द्वारा किये गये अध्ययनों से यह स्पष्ट हुआ है कि भवन का डिजाइन या कमरे का वास्तुशिल्पीय डिजाइन (architectural design) का उसमें रहने वाले व्यक्तियों के व्यवहार पर काफी अधिक पड़ता है। इन वैज्ञानिकों द्वारा भवन के वास्तुशिल्पीय डिजाइन तथा उससे सम्बन्धित कारकों का मानव व्यवहार पर उत्तम प्रभाव पड़ता देखा गया है। सामाजिक व्यवहार पर उनके पड़ने वाले प्रभावों का वर्णन निम्नांकित है—

(1) कमरे या भवन के रंग का प्रभाव (Effect of colour of room or building)

(2) कमरे के फर्नीचर की व्यवस्था का प्रभाव (Effect of arrangement of furniture in room)

(3) कमरे या भवन की भौतिक विशेषताएँ (Physical characteristics of room or building)

इन तीनों का वर्णन निम्नांकित है—

1. कमरे का भवन के रंग का प्रभाव *(Effect of colour of room or building)*—कई अध्ययनों से यह स्पष्ट हुआ है कि विभिन्न रंगों को लोग समान ढंग से पसंद नहीं करते हैं और विभिन्न रंगों के प्रति लोगों की मानसिक प्रतिक्रियाएँ तथा मनोदशाएँ (moods) अलग-अलग होती हैं। जैसे—बिनेट (Benett, 1977) ने अपने अध्ययन में पाया है कि नीला तथा हरा रंग को अधिक व्यक्तियों द्वारा पसंद किया जाता है जबकि पीला रंग को बहुत ही कम व्यक्तियों द्वारा पसंद किया जाता है। विल्सन (Wilson, 1966) ने अपने अध्ययन में पाया कि प्रयोज्यों में लाल स्लाइड

(red slide) को देखने पर हरा स्लाइड देखने की तुलना में दैहिक रूप से अधिक उत्तेजना पायी गयी। वेक्सनर (Wexner, 1994) ने अपने अध्ययन में छह रंगों में औसतन निम्नांकित मनोदशाओं (moods) को होते पाया है—

नीला : शांत, आरामदेह, सुरक्षा का भाव उत्पन्न करने वाला, शामक (soothing) एवं स्वच्छ
लाल : उत्तेजनापूर्ण, सुरक्षात्मक, रक्षित (defensive) तथा विद्रोही (defiant)
नारंगी : व्यथित तथा अशांति का भाव
काला : उदासी तथा शक्तिपूर्ण (powerful)
बैंगनी (purple) : सम्मानित (dignified)
पीला : प्रफुल्ल (cheerful)

उक्त अध्ययनों के आलोक में तब यह कहा जा सकता है कि यदि व्यक्ति को साधारण क्रियाएँ जैसे—पढ़ना, सोना तथा अध्ययन करना आदि करना हो तो उसे ऐसे कमरा में करना चाहिए जिसका रंग कम उत्तेजना उत्पन्न करने वाला जैसे नीला तथा हरा आदि हो। स्पष्ट हुआ कि कमरे के रंग का व्यक्ति के व्यवहार पर प्रभाव पड़ता है।

2. कमरे के फर्निचर की व्यवस्था का प्रभाव *(Effect of arrangement of furniture in room)*—कमरे के फर्निचर की व्यवस्था एक दूसरा कारक है जिससे व्यक्ति का व्यवहार प्रभावित होता है। औसमोण्ड (Osmond, 1957) ने अपने अध्ययन में पाया कि कमरे में फर्निचर की डिजाइन व्यवस्था (design arrangement) का व्यक्तियों के सामाजिक अंतःक्रियाओं पर काफी प्रभाव पड़ता है। इन्होंने इस डिजाइन व्यवस्था के दो प्रकार बतलाये हैं—*सोसियोपीटल स्थान* (sociopetal space) तथा *सोसियोफ्यूजल स्थान* (sociofugal space) । सोसियोपीटल स्थान से तात्पर्य फर्निचर की वैसी व्यवस्था से होती है जिसमें व्यक्तियों के बीच स्थिर अंतर्वैयक्तिक सम्बन्ध (interpersonal relationship) की उत्पत्ति होती है तथा उसका बढ़ावा मिलता है। सोसियोफ्यूजल स्थान से तात्पर्य फर्निचर की वैसी व्यवथा से होती है जो व्यक्तियों के बीच सामाजिक अंतःक्रिया को कम कर देता है। ओसमोण्ड ने अपना अध्ययन एक अस्पताल में किया था और पाया कि अस्पताल में इन दोनों तरह के फर्निचर के डिजाइन व्यवस्था का प्रभाव रोगियों पर अलग-अलग पड़ता है। सोम्मर तथा रॉस्स (Sommer & Ross, 1958) ने एक अध्ययन किया जिसमें इन्होंने एक अस्पताल में ही स्पेसियोपीटल व्यवस्था तथा सोसियोफ्यूजल व्यवस्था करके रोगियों के व्यवहार पर उनके पड़ने वाले प्रभावों का अध्ययन किया। एक परिस्थिति में अस्पताल के कुर्सियों तथा टेबुल को इस ढंग से सुव्यवस्थित किया गया कि एक कतार में रोगी एक-दूसरे के पीछे बैठ सके। स्पष्टतः यह एक सोसियोपीटल व्यवस्था थी जिसमें रोगियों के बीच सामाजिक अंतःक्रिया कम-से-कम होती थी। इसके बाद फर्नीचर की इस व्यवस्था में परिवर्तन कर दिया गया और इसमें अब एक छोटा वर्गाकार टेबुल को बीच में रखकर उसके चारों ओर चार कुर्सी लगा दिया गया। इस तरह की व्यवस्था होने से यह देखा गया कि रोगियों में सामाजिक अंतःक्रिया पहले से दुगुनी बढ़ गयी। इस अध्ययन से यह स्पष्ट हो जाता है कि कमरे में फर्निचर की डिजाइन व्यवस्था का प्रभाव उन व्यक्तियों के व्यवहार पर स्पष्टतः पड़ता है जो उस कमरे का उपयोग करते हैं।

3. कमरे का भवन की भौतिक विशेषताएँ *(Physical characteristics of room or building)*—अध्ययनों से यह स्पष्ट हुआ है कि कमरे की अन्य भौतिक विशेषताओं जैसे कमरे का आकार, कमरे की संख्या, कमरे में दरवाजा तथा खिड़कियों की संख्या आदि का भी प्रभाव सामाजिक अंतःक्रिया (social interaction) पर पड़ता है। रूईज (Ruyes, 1971) ने एक अध्ययन महिला कार्यकर्त्ताओं पर किया। इन महिला कार्यकर्ताओं को एक ऐसे कार्यालय में काम करना पड़ता था जिसमें कोई भी खिड़की नहीं थी। परिणाम में यह देखा गया कि करीब 47.5 महिला कार्यकर्ताओं ने यह बतलाया कि खिड़की नहीं होने से उनके कार्य तथा मनोवैज्ञानिक अवस्था पर ऋणात्मक प्रभाव (negative effect) पड़ता था। डेसर (Desor, 1972) ने अपने अध्ययन में पाये कि कमरे का मॉडल आकार तथा कमरे में दरवाजा की संख्या का भी प्रभाव व्यक्ति के व्यवहार पर पड़ता है। इन्होंने कमरे के दो तरह का मॉडल आकार तैयार किया—वर्गाकार तथा आयताकार कमरे जिसमें दरवाजा की संख्या दो से छह तक परिवतर्तित होती है। प्रयोज्यों से इन दोनों मरह के कमरों में तबतक छड़ीनुमा आकृति को रखने के लिए कहा गया जबतक कि कमरा उन्हें भरा-भरा महसूस न लगे। परिणाम में देखा गया कि आयताकार कमरे में वर्गाकार कमरे की तुलना मे छड़ीनुमा आकृति अधिक दिखे तथा उसी प्रकार के दो दरवाजे वाले कमरे में छह दरवाजे वाले कमरे की अपेक्षा छड़ीनुमा आकृति अधिक दिखे। इन प्रयोगों

से यह स्पष्ट हो जाता है कि कमरे का आकार तथा दरवाजे एवं खिड़कियों की संख्या का प्रभाव व्यक्ति के व्यवहार पर सार्थक रूप से पड़ता है। कुछ अध्ययनों में यह भी देखा गया है कि भवन का डिजाइन यदि ऐसा है कि उसमें रहनेवाले व्यक्तियों की आवश्यकता की पूर्त्ति उससे होती है, तो उससे पास-पड़ोस में अंतःक्रियाएँ अधिक होती है परंतु उसमें रहने वाले व्यक्तियों की आवश्यकता की पूर्त्ति नहीं होती है तो उससे पास-पड़ोस के लोगों में अंतःक्रियाएँ कम होती है। इस तथ्य की संपुष्टि यानेसी (Yanecy, 1971) तथा फेस्टिंगर, स्कैक्टर तथा वैक (Festinger, Schanchter & Back, 1950) के अध्ययन से हुई है।

स्पष्ट हुआ कि मकान तथा कमरा के वास्तुशिल्पीय डिजाइनों का व्यक्ति के सामाजिक व्यवहार पर काफी प्रभाव पड़ता है। स्पष्टतः कुछ डिजाइन से व्यक्तियों के बीच सामाजिक अंतःक्रिया में वृद्धि होती है तो कुछ डिजाइन से व्यक्तियों के बीच सामाजिक अंतःक्रिया में बाधा पहुँचती है।

नगरीय पर्यावरण तथा सामाजिक व्यवहार
(Urbal Environment and Social Behaviour)

आजकल देहात में शहरों की ओर तथा छोटे शहर से बड़े शहरों में जीवन व्यतीत करने की प्रवृत्ति काफी तीव्र हो गयी है। इसे समाजशास्त्रियों ने *नगरीकरण* (urbanization) कहा है। नगरीकरण एक ऐसी सीमाबद्ध (finite) प्रक्रिया है जो एक बिंदु पर प्रारंभ होकर दूसरे बिंदु पर आकार समाप्त हो जाती है। विकसित देशों में नगरीकरण की प्रक्रिया समाप्त होने पर है परंतु विकासशील देशों में यह प्रक्रिया अभी भी जारी है। भारत जैसे देशों में अभी नगरीकरण की प्रक्रिया जारी है।

प्रश्न उठता है कि नगरीकरण की प्रक्रिया क्यों होती है ? इसके उत्तर में समाज मनोवैज्ञानिकों तथा समाजशास्त्रियों ने दो कारण बतलाये हैं—

(1) नगरीय रहन-सहन तुलनात्मक रूप से अधिक लाभकरी होता है।

(2) औद्योगिक क्रांति के बाद भोजन के विभिन्न उत्पादकों (products) को अब शहरों में देहात की अपेक्षा आसानी से बना लिया जाता है।

नगरीय पर्यावरण का व्यक्ति के सामाजिक व्यवहार पर स्पष्ट रूप से प्रभाव पड़ता देखा गया है। इसके समर्थन में कई अध्ययन किये गये हैं जिनकी समीक्षा यहाँ आवश्यक है। परंतु उसके पहले नगरीय पर्यावरण (urban environment) की विशेषताओं पर प्रकाश डालना होगा। ऐसी विशेषताओं में निम्नांकित प्रमुख है—

(1) प्रसिद्ध समाज मनोवैज्ञानिक स्टेनले मिलग्राम (Stanley Milgram, 1970) के अनुसार नगरीय पर्यावरण में उत्तेजना (stimulation) की मात्रा अधिक होती है जिससे अतिभार (overload) की स्थिति उत्पन्न हो जाती है। दूसरे शब्दों में, नगरीय पर्यावरण में तरह-तरह के ध्वनि, कोलाहल, दृश्य विविधता, उच्च जनसंख्या घनत्व आदि के कारण उत्तेजन अधिक होता है जिससे अतिभार की स्थिति उत्पन्न हो जाती है। चूँकि इन सभी तरह के उत्तेजनों को व्यक्ति संसाधित नहीं कर सकता है, अतः वे कई तरह के साधक प्रक्रम (coping mechanism) विकसित कर लेते हैं। जैसे—उद्दीपकों (stimuli) पर ध्यान न देकर, सतही सामाजिक अंतःक्रिया करके, असफलता के लिए दूसरों को उत्तरदायी बनाकर, अवैयक्तिक जीवन व्यतीय करके वह अपने आपको उन उत्तेजनों से बचाता है। इसका परिणाम यह होता है कि व्यक्ति में कुछ खास-खास विशेषताएँ जैसे—सामाजिक उत्तरदायित्व की कमी, अवैयक्तिक गुमनामी (impersonal anonymity), सतही भूमिका व्यवहार (role behaviour) आदि विकसित हो जाते हैं और नगरीय पर्यावरण का सामाजिक मानक (social norms) बन जाते हैं।

(2) नगरीय पर्यावरण में मानव निर्मित पर्यावरण की प्रधानता तथा प्राकृतिक पर्यावरण की कमी पायी जाती है। बहुतलीय भवन, चौड़ी-चौड़ी पक्की सड़कें, द्रुतगति से चलने वाले वाहन, औद्योगिक प्रतिष्ठनों की चिमनियों से निकलने वाले धुएँ से ग्रसित आकाश, जगह-जगह पर बाजार तथा उसमें भीड़ का जमाव, लेक उपयोगिता वाली वस्तुएँ की आपूर्ति में व्यवधान, ध्वनि विस्तारक यंत्रों पर बनने वाले फिल्मी गाने या भक्ति के गीत, विभिन्न प्रकार के प्रदर्शन करने वाले लोगों के नारों से गूँजता आसमान आदि नगरीय पर्यावरण की पहचान बन गयी है।

नगरीय पर्यावरण का प्रभाव—व्यक्तियों के व्यवहार पर नगर पर्यावरण का दो तरह के प्रभाव पड़ते हैं—धनात्मक (positive) तथा ऋणात्मक (negative)। धनात्मक प्रभाव के रूप में निम्नांकित तथ्यों को अक्सर रखा जाता है—

(1) नगरीय पर्यावरण व्यक्ति के लिए तरह-तरह के उत्तेजक एवं मनोहर (fascinating) अवसर प्रदान करता है।

(2) नगरीय पर्यावरण अपने आप में एक सिनेमा के समान दृश्य उपस्थित करता है जहाँ व्यक्ति तरह-तरह की चीजों को देखते हैं तथा मन की ऊब को दूर करते हैं।

(3) नगरीय पर्यावरण में विभिन्न तरह के सांस्कृतिक कार्यक्रम होते रहते हैं जिनका भी सामान्य व्यक्तियों के आम चिन्तन तथा व्यवहार पर अनुकूल प्रभाव पड़ता है।

इन अनुकूल प्रभाव के अलावा नगरीय पर्यावरण का गंभीर प्रतिकूल प्रभाव (severe adverse effect) भी पड़ता है जिसमें निम्नांकित प्रमुख है—

(1) नगरीय पर्यावरण में दैहिक रोग अन्य क्षेत्रों की तुलना में अधिक होता है। मैकहार्ग (McHarg, 1969) ने अपने अध्ययन में पाये कि नगरीय क्षेत्र में मूलतः आठ तरह के दैहिक रोगों जैसे—ह्रदय रोग, क्षयरोग, मधुमेह, सिफिलिस (syphilis), यकृत रोग, सालमोनेलोसिस (salmonelosis) तथा पेचिश (dysentery) की अधिकता देखी जाती है।

(2) नगरीय पर्यावरण में अपराध की घटनाएँ अधिक होतीं हैं तथा इस क्षेत्र के लोगों में विद्वेष तथा अदोस्ताना व्यवहार (unfriendly behaviour) अधिक होता पाया गया है। इसमें रहने वाले लोगों में सामाजिक शिष्टाचार की भी कमी पायी जाती है। मिलग्राम (Milgram, 1977) ने अपने अध्ययन में पाया कि एक अपरिचित व्यक्ति के साथ बड़े शहर में रहने वाले लोग छोटे शहर में रहने वाले लोगों की अपेक्षा दोस्ताना ढंग से हाथ मिलाना पसंद नहीं करते हैं। मैककाऊले, कोलमैन तथा डीफ्यूसको (McCauley, Coleman & DeFusco, 1977) ने भी अपने अध्ययन में पाये कि एक अपरिचित व्यक्ति के साथ नगरीय क्षेत्र के लोगों में देहाती क्षेत्र की तुलना में नेत्र सम्पर्क बनाकर रखते हुए बातचीत करने की प्रवृत्ति कम होती है।

(3) नगरीय पर्यावरण का एक प्रभाव यह होता है कि इसमें लोग एक-दूसरे की सहायता बहुत ही कम करते हैं। सचमुच में नगरीय पर्यावरण में सामाजिक सम्बन्ध बिलकुल ही सतही होते हैं और अंतरंग सम्बन्ध के लिए नगरीय पर्यावरण एक बंजर भूमि के समान कार्य करता है। अमेटो (Amato, 1983) ने आस्ट्रेलिया के 55 शहरों से लिए प्रतिदर्श में पाँच तरह के सहायतापरक व्यवहार (helping behaviour) का अध्ययन किया। वे पाँच तरह के सहायतापरक व्यवहार थे—(a) किसी के गिरे हुए लिफाफे को उठाकर देना (b) किसी परोपकारी कार्य के लिए अर्थ दान करना (c) छात्रों द्वारा किये जाने वाले शोध में प्रयोज्य की हैसियत से अपने मनपसंद रंगों को लिखना (d) किसी व्यक्ति को अन्य व्यक्ति द्वारा गलत निर्देश दिये जाने पर से सही मार्गदर्शन करना (e) सड़क पर किसी अपरिचित से मूर्छित होकर गिर जाने पर उसकी मदद करना। परिणाम में यह देखा गया कि बड़े नगरीय क्षेत्रों में छोटे नगरीय क्षेत्रों की तुलना में इन सभी सहायतापरक व्यवहारों में कमी पायी गयी। कोर्ट (Korte, 1980) ने भी अपने अध्ययन से इस तथ्य की सम्पुष्टि किया है।

(4) मिलग्राम (Milgram, 1980) के अनुसार नगरीय पर्यावरण में व्यक्ति में अवैयक्तिता (impersonalization) अधिक होती है तथा उनमें औपचारिक संचार (formal communication) ही अधिक होता है।

(5) नगरीय पर्यावरण का एक प्रभाव यह होता है कि यहाँ के लोगों में एक विशेष तरह के संज्ञानात्मक नक्शा (cogitive map) विकसित हो जाता है जो उनके व्यवहार एवं चिंतन को निर्देशित करता है। लिंक (Lynch, 1960) ने अपने अध्ययन के आधार पर इस तथ्य की सम्पुष्टि किया है। संज्ञानात्मक नक्शा एक तरह का ऐसा मानसिक नक्शा या प्रतिमा है जिसका निर्माण पाँच तरह के चिह्नकों (markers) के आधार पर होता है। ये पाँच चिह्नक हैं—रास्ता (path) जिसमें सड़क, गली आदि आते हैं; जोड़ (mode) जिसमें दो रास्तों का क्रॉसिंग जहाँ अक्सर तरह-तरह की क्रियाएँ होती हैं, को रखा जाता है; इलाका (districts) जिसे वैसे क्षेत्रों को रखा जाता है जिससे कुछ उभयनिष्ठ भाव होते हैं तथा लैंडमार्क (landmarks) जिसे बड़े शहरों से संदर्भ बिंदु (reference point) के रूप में अक्सर उपयोग किया जाता है। एप्लयार्ड (Appleyard, 1970) ने अपने अध्ययन में पाये कि नगरीय क्षेत्र में महिलाएँ संज्ञानात्मक नक्शा का निर्माण लैंडमार्क तथा इलाका के आधार पर अधिक करतीं हैं जबकि पुरुष रास्ता तथा किनारों के आधार पर संरचनात्मक नक्शा का निर्माण करते हैं।

स्पष्ट हुआ है कि नगरीय पर्यावरण के कुछ स्पष्ट प्रभाव व्यक्ति के व्यवहारों पर पड़ता है।

समाज मनोवैज्ञानिकों तथा समाजशास्त्रियों ने विशेषकर फिशर (Fisher, 1976), रेडफिल्ड (Redfield, 1941) तथा विर्थ (Wirth, 1938) ने नगरीय पर्यावरण के उक्त प्रभावों की सैद्धांतिक व्याख्या करने के लिए निम्नांकित तीन तरह के सिद्धांतों का वर्णन किया है—

(1) निर्धारणवादी सिद्धांत (deterministic theory)
(2) संघटनात्मक सिद्धांत (compositional theory)
(3) उपसांस्कृतिक सिद्धांत (subcultural theory)

इन तीनों सिद्धांतों का वर्णन इस प्रकार है—

1. निर्धारणवादी सिद्धांत *(Deterministic theory)*—इस सिद्धांत पर रेडफिल्ड (Redfield, 1941) तथा विर्थ (Wirth, 1938) ने अधिक बल डाला है। इन लोगों का कहना है कि नगरीय जीवन भावशून्य (cold), बड़े क्षेत्र में फैला हुआ, विषम (heterogeneous), अवैयक्तिक (impersonal) तथा सांस्कृतिक रूप से विधि होता है तथा उससे सम्बन्धित शीलगुणों का निर्धारण प्रत्यक्ष रूप से करता है। इन्हीं विशेषताओं का परिणाम यह होता है कि शहरी लोगों का सामाजिक सम्बन्ध सतही होता है। चूँकि उन्हें प्रति सप्ताह सैकड़ों व्यक्तियों के साथ अंतःक्रिया करना होता है, अतः ऐसी परिस्थिति में उनके सम्बन्ध में घनिष्ठता नहीं विकसित हो पाती है। इस तरह के सतही एवं बिखरे हुए नगरीय सामाजिक सम्बन्ध का परिणाम यह होता है कि समाज के नैतिक ढाँचा (moral facbric) लगभग समाप्त हो जाता है। यही कारण है कि विर्थ (Wirth, 1938) ने कहा है कि नगरीय जीवन में प्रतियोगिता (competition), विवर्धन (aggrandizement) तथा पारस्परिक शोषण (mutual exploitation) के मनोभाव की प्रधानता होती है। नगरीय क्षेत्र में रहने वाले व्यक्तियों में अपने पास-पड़ोस के साथ दोस्ताना सम्बन्ध में कमी होती है और वे प्रायः एक आत्म-रक्षात्मक अकेलापन बना कर रखते हैं। इस तरह का अकेलापन तथा सांवेगिक रूप से रिक्त जिंदगी सभी तरह के स्वाभाविक सामाजिक समूह को नष्ट कर देता है तथा कई तरह की सामाजिक समस्याएँ उत्पन्न कर देतीं हैं। सारांश यह है कि इस सिद्धांत के अनुसार नगरीय पर्यावरण का स्वरूप कुछ ऐसा होता है कि उससे कई तरह के शीलगुणों एवं विशेषताओं का प्रत्यक्ष रूप से निर्धारण होता है।

2. संघटनात्मक सिद्धांत *(Compositional theory)*—इस सिद्धांत के प्रमुख समर्थक हरबर्ट गंस (Herbert Gans) तथा ओस्कार लेविस (Oscar Lewis) है जिन्होंने यह मत जाहिर किया है कि शहर या नगर का आकार बड़ा होने से सामाजिक समूह नष्ट नहीं हो जाते हैं बल्कि लघु, घनिष्ट तथा तीव्र दोस्ताना समूह बड़े शहरों या नगरों में भी होते हैं। संघटनात्मक सिद्धांत इस बात पर जोर डालता है कि नगरीय जनसंख्या की रचना या संघटन (composition) देहाती जनसंख्या की रचना या संघटन से कुछ विशेष कारकों जैसे—उम्र, सामाजिक वर्ग, शिक्षा, वैवाहिक स्तर आदि के ख्याल से निश्चित रूप से भिन्न होती है परंतु नगर का घनत्व या आकार यहाँ के लोगों के व्यक्तिगत शीलगुणों को सीधे (directly) प्रभावित या निर्धारित नहीं करते हैं। लेविस ने उन नगरों तथा देहातों में जाकर लोगों के व्यवहारों का प्रेक्षण किये जहाँ रेडफिल्ड (Redfield) गये थे तथा निर्धारणवादी सिद्धांत की व्याख्या प्रस्तुत किये थे। लेविस इस निष्कर्ष पर पहुँचे कि रेडफिल्ड का प्रेक्षण पूर्वाग्रहित था क्योंकि इन नगरों तथा देहातों की संस्कृति में उतना अंतर नहीं था जितना कि रेडफिल्ड ने बतलाया था।

3. उपसांस्कृतिक सिद्धांत *(Subcultural theory)*—फिशर (Fisher, 1976) ने हाल में ही उपसांस्कृतिक सिद्धांत का विकास किया है जिसमें निर्धारणवादी तथा संघटनात्मक दोनों ही सिद्धांतों के विचाराधाराओं को मिश्रित किया गया है। समग्र रूप से यदि देखा जाये तो यह सिद्धांत संघटनात्मक विचारधारा से अधिक नजदीक है। उपसांस्कृतिक सिद्धांत यह मानता है कि बड़े नगर या शहर में रहने वाले लोगों तथा देहात या छोटे-शहर में रहने वाले लोगों में जो अंतर होता है, उसका कारण नगर का आकार या जनसंख्या घनत्व (population density) नहीं होता है। इन दोनों तरह के लोगों में मौलिक अंतर होता है तथा नगर के लोगों के जीवन शैली में तुलनात्मक रूप से अधिक अंतर होता है। इस सिद्धांत की यह मान्यता है कि बड़े नगर में रहने वाले लोग अलग-थलग नहीं होते हैं और यह कहना कि नगर के आकार में वृद्धि होने से उनके विभिन्न सामाजिक समूह लुप्त हो जाते हैं, गलत है। सच्चाई यह है कि बड़े नगर में रहने वाले व्यक्तियों के विभिन्न तरह की सामाजिक समूह होते हैं और वे उन समूहों में सक्रिय होकर भाग लेते हैं। उसका परिणम यह होता है कि बड़े नगरों में विभिन्न तरह के उपसंस्कृतियाँ (subcultures) विकसित हो जातीं हैं। इस तरह से सच्चाई यह है कि नगर के जनसंख्या का घनत्व ही वह कारक है जो इन उपसंस्कृति को बढ़ावा देता है। ऐसे उपसंस्कृतिक समूह को कुछ लोग पसंद करते हैं तो कुछ लोग नहीं। ऐसे समूह अपने सदस्यों को अन्य समूह के

सदस्यों से अधिक भिन्न होने के लिए प्रोत्साहित करते हैं। फिसर ने यह स्पष्ट किया है कि बड़े नगरों में स्पष्टतः दो तरह की उपसंस्कृति स्पष्ट रूप से पायी जाती है—*सर्जनात्मक* (creative) *तथा उत्तेजनापूर्ण उपसंस्कृति* (creative exciting subculture) तथा *विसामान्य उपसंस्कृति* (deviant subculture) । सर्जनात्मक उपसंस्कृति कलाकारों, लेखकों, राजनैतिक तथा बुद्धिजीवियों के समूह, समाज सुधारकों एवं पत्रकारों के समूह के बौद्धिक वर्द्धन (intellectual growth) को बढ़ावा देता है। यही कारण है कि ऐसे लोग बड़े नगरों या शहरों में रहना अधिक पसंद करते हैं। परंतु बड़े नगरों में विसामान्य उपसंस्कृति जैसे अपराधी समूह, औषध व्यसनी, अश्लील साहित्य बेचने वाले का समूह आदि भी पाया जाता है। फिसर का मत है कि इन दोनों की उपसंस्कृतियाँ नगर में इसलिए होतीं हैं क्योंकि नगर, जनसंख्या का घनत्व या आकार के ख्याल से बड़ा होता है।

स्पष्ट हुआ कि नगरीय पर्यावरण में विभिन्नता तथा देहाती पर्यावरण से उसकी असमानता की व्याख्या करने के लिए समाज मनोवैज्ञानिकों तथा समाजशास्त्रियों ने कुछ सिद्धांतों का वर्णन किया है जिनमें उपसंस्कृति सिद्धांत को तुलनात्मक रूप से अधिक महत्त्व दिया गया है।

अध्याय सारांश
(Chapter Summary)

1. पर्यावरण मनोविज्ञान मनोविज्ञान की एक शाखा है जिसमें मानव व्यवहार पर निर्मित तथा स्वाभाविक पर्यावरण का पड़ने वाले प्रभावों का अध्ययन किया जाता है। 1960 वाले दशक में विभिन्न वैज्ञानिक द्वारा किये गये प्रयासों से मनोविज्ञान के इस शाखा के प्रति लोगों की अभिरुचि बढ़ी।
2. व्यक्तिगत स्थान (personal space) से तात्पर्य एक ऐसे अदृश्य क्षेत्र से होता है जिसे प्रत्येक व्यक्ति अपने इर्द-गिर्द बनाकर रखता है। सचमुच में व्यक्तिगत स्थान एक बुल-बुला के समान होता है जो व्यक्ति के चारों ओर से सुरक्षा प्रदान करता है। व्यक्ति अपने व्यक्तिगत स्थान का अतिक्रमण किसी भी कीमत पर पसंद नहीं करता है। व्यक्तिगत स्थान के चार प्रकार बतलाये गये हैं—अंतरंग क्षेत्र (intimate zone), व्यक्तिगत क्षेत्र (personal zone), सामाजिक स्थानगत क्षेत्र (social spatial zone) तथा सार्वजनिक दूरी क्षेत्र (public destance zone) ।
3. प्रादेशिकता (territoriality) या प्रादेशिक व्यवहार एक ऐसा व्यवहार है जिसमें किसी वस्तु या क्षेत्र का व्यक्ति या समूह द्वारा एकान्तिक उपयोग किया जाता है। प्रादेशिकता के तीन मुख्य प्रकार हैं—प्राथमिक भू-भाग या क्षेत्र, गौण भू-भाग या क्षेत्र तथा सार्वजनिक भू-भाग तथा क्षेत्र। भूभागीयता द्वारा कई तरह के कार्य सम्पन्न किये जाते हैं।
4. जनसंकुलन (crowding) से तात्पर्य व्यक्ति में एक ऐसी मनोवैज्ञानिक स्थिति (psychological state) से होती है जिसमें किसी विशेष स्थान में व्यक्तियों की दी गयी संख्याओं के प्रत्यक्षण से होता है। अध्ययनों से यह स्पष्ट हुआ है कि जनसंकुलन का प्रभाव कई तरह के व्यवहारों पर पड़ता देखा गया है।
5. अलगाव या एकाकीपन (isolation) का भी सामाजिक व्यवहार पर पड़ने वाले प्रभावों का अध्ययन किया गया है। समाज मनोवैज्ञानिकों तथा उनके सहयोगियों द्वारा अलगाव या एकाकीपन का मानव व्यवहार पर पड़ने वाले प्रभावों के बारे में दो स्रोतों से जाना गया है—नाविकों तथा गवेषकों द्वारा लिखित आत्मकथाओं का विश्लेषण करके तथा एकाकीपन पर किये गये प्रयोगात्मक अध्ययन का विश्लेषण करके।
6. पर्यावरणी मनोवैज्ञानिकों द्वारा व्यवहार पर अस्थानगत पर्यावरणी कारकों (nonspatial environmental factors) जैसे—आवाज (noise), मौसम आदि का भी विस्तृत अध्ययन किया गया है। मौसम में विशेष रूप से तापक्रम, वायु प्रदूषण (air pollution), ऋणात्मक आयन (negative ions), ओजोन तथा चंद्र चक्र (lunar cycles) आदि के पड़ने वाले प्रभावों का अध्ययन किया गया है।
7. कुछ अध्ययनों से यह स्पष्ट हुआ है कि भवन तथा कमरा के वास्तुशिल्पीय डिजाइन (architectural design) का भी प्रभाव व्यक्ति के सामाजिक व्यवहार पर पड़ता है। इन अध्ययनों से यह स्पष्ट हुआ है कि कमरे या भवन के रंग, कमरे के फर्निचर की व्यवस्था तथा कमरे या भवन की अन्य भौतिक विशेषताओं से भी व्यक्ति का सामाजिक व्यवहार प्रभावित होता है।
8. पर्यावरणी मनोवैज्ञानिकों द्वारा नगरीय पर्यावरण का व्यक्ति के सामाजिक व्यवहार पर पड़ने वाले प्रभावों का भी अध्ययन किया गया है। बड़े नगरों के पर्यावरण की तुलना छोटे शहरों के पर्यावरण तथा देहाती पर्यावरण से किया गया है तथा उसके प्रभावों की चर्चा की गयी है।

❑

अध्याय 37

समाज मनोविज्ञान : उपयोग के समकालीन क्षेत्र
(SOCIAL PSYCHOLOGY : CONTEMPORARY AREAS OF APPLICATIONS)

आजकल समाज मनोविज्ञान के सिद्धान्तों (theories), नियमों (principles) तथा संप्रत्ययों (concepts) का उपयोग जिन्दगी के भिन्न-भिन्न क्षेत्रों में किया जा रहा है। फलतः समाज मनोविज्ञान के इस नये उभरते उपशाखा (subbranch) जिसे *अनुपयुक्त समाज मनोविज्ञान* (Applied Social Psychology) कहा जाता है, की लोकप्रियता काफी बढ़ गयी है। 'इन्टरनेशनल एसोशियेशन ऑफ अप्लायड साइकोलॉजी' (International Association of Applied Psychology or IAPP) के अनुसार अनुपयुक्त समाज मनोविज्ञान के तहत 14 विभिन्न तरह मनोविज्ञानों को रखा गया है जिसमें निम्नांकित छह की चर्चा यहाँ की जायगी। इस अध्याय में समाज मनोविज्ञान की उपयोगिता की व्याख्या छह क्षेत्रों में किया जाएगा जो निम्नांकित है—

(1) शिक्षा का समाज मनोविज्ञान (Social Psychology of Education)

(2) न्याय एवं कानून का समाज मनोविज्ञान (Social Psychology of Law and Justice)

(3) समाज मनोविज्ञान तथा स्वास्थ्य एवं बीमारी (Social Psychology and Health as well as Illness)

(4) खेल-कूद या क्रीड़ा का समाज मनोविज्ञान (Social Psychology of Sports)

(5) राजनीति मनोविज्ञान (Political Psychology)

(6) यातायात एवं परिवहन मनोविज्ञान (Traffic and Transport Psychology)

इन सभी का सविस्तार अध्ययन वर्णन हम अलग-अलग अनुच्छेदों में करेंगे।

शिक्षा का समाज मनोविज्ञान
(Social Psychology of Education)

शिंक्षण संस्थानों (educational institutions) में छात्र एवं शिक्षकों के बीच की गयी सामाजिक अंतक्रियाओं (social interactions) का बहुत महत्त्व होता है। यही कारण है कि शिक्षण संस्थानों में ऐसी सामाजिक अंतक्रियाओं का अध्ययन करने में बहुत पहले से ही समाज मनोवैज्ञानिकों ने अभिरुचि दिखलाया है। गेट्जेल्स (Getzels, 1969) के अनुसार आरम्भ में समाज मनोवैज्ञानिक सिर्फ समाज मनोविज्ञान तथा शिक्षा (education) के बीच सम्बन्ध का अध्ययन करते थे। परंतु अब उनकी अभिरुचि में बदलाव आ गया है और वे अपना ध्यान सिर्फ इन दोनों के बीच सम्बन्ध का अध्ययन में नहीं बल्कि विभिन्न तरह के सामाजिक-मनोवैज्ञानिक चरों (social-psychological variables) तथा उनका शिक्षण संस्थानों में शिक्षक एवं छात्रों के बीच होने वाली अंतक्रिया पर पड़ने वाले प्रभावों के अध्ययन में भी देने लगे हैं। अब समाज मनोवैज्ञानिक शिक्षण संस्थानों को समझने तथा उन्हें उन्नत बनाने की दिशा में काफी प्रयत्नशील दीखते हैं। गेट्जेल्स (Getzels, 1969) के अनुसार अब शिक्षा का समाज मनोविज्ञान (Social psychology of education) से तात्पर्य इस बात से होता है कि शिक्षण संस्थानों को एक सामाजिक तंत्र (social system) के रूप में समझते हुए उसमें किये गए समूह व्यवहारों तथा सामाजिक अंतक्रियाओं (social interactions) का अध्ययन किया जाता है। बार-टाल एवं सैक्से (Bar-Tal & Saxe, 1978) *शिक्षा का समाज मनोविज्ञान* (Social Psychology of Education) तथा *शिक्षा के लिए समाज मनोविज्ञान* (Social Psychology for Education) में अंतर किया है। शिक्षा के लिए समाज मनोविज्ञान में कॉलेज छात्रों पर किये गए प्रयोगशाला शोधों से प्राप्त मौलिक सामाजिक-मनोवैज्ञानिक नियमों (basic social-psychological principles) के मात्र उपयोग से होता है ताकि शिक्षण संस्थानों की समस्या की व्याख्या की जा सके। परंतु इसका दोष यह है कि इससे शिक्षक एवं शिक्षाविद् सामाजिक-मनोवैज्ञानिक चरों से अवगत तो हो जाते हैं परंतु

इससे शैक्षिक समस्याओं के समाधान की ओर कोई प्रकाश नहीं पड़ता है। परंतु शिक्षा का समाज मनोविज्ञान में शैक्षिक तंत्रों (educational system) में समूह एवं व्यक्ति के सामाजिक कार्यों से सम्बन्ध सामाजिक-मनोवैज्ञानिक समस्याओं के अध्ययन पर बल डाला जाता है।

शिक्षा का समाज मनोविज्ञान को उत्तम ढंग से समझने के लिए विश्लेषण-स्तर उपागम(level-of-analysis approach) को महत्त्वपूर्ण बतलाया गया है। इस उपागम में व्यक्ति (individual) तथा समूह (group) दोनों स्तरों पर विश्लेषण कर शैक्षिक संस्थानों की समस्याओं को समझने एवं उनका समाधान करने की कोशिश की गयी है। वैयक्तिक स्तर पर किये गए विश्लेषणों में छात्र या शिक्षक की विशेषताओं एवं उनके द्वारा किये गए शैक्षिक परिणामों के आलोक में किये गए व्यवहारों का विश्लेषण किया जाता है। यहाँ छात्रों को उन शिक्षण शैलियों (teaching styles) या शैक्षिक वातावरण के साथ सुमेलित कर अध्ययन किया जाता है जो उनके उत्तम अधिगम एवं उपलब्धि के लिए होते हैं। इसका परिणाम यह होता है कि विश्लेषण का अन्तर्वैयक्तिक स्तर (interpersonal level of analysis) पर बल देते हुए छात्र तथा शिक्षक के सम्बन्ध को उन्नत बनाने की कोशिश की जाती है। शिक्षा का समाज मनोविज्ञान में समूह (group) विश्लेषण का एक अहं स्तर (level) होता है। समूह का कार्य की गतिकी (dynamics) जिसमें नेतृत्व (leadership) भी सम्मिलित होता है, से कक्षा में होने वाले व्यवहार काफी प्रभावित होते हैं। उसी तरह से अन्तर समूह सम्बन्ध (intergroup relations) जिसमें शैक्षिक परिस्थितियाँ काफी प्रभावित होती हैं, का भी विश्लेषण समूह के स्तर पर किया जाता है। चूँकि स्कूल एक तरह का संगठन (organization) होता है, अतः संगठनात्मक स्तर पर का विश्लेषण से स्कूल के बारे में उत्तम ढंग से समझा जाता है तथा शैक्षिक परिवर्तनों के लिए उत्तम रणनीति बनाने में भी इससे मदद मिलती है।

शिक्षा का समाज मनोविज्ञान का गहन अध्ययन निम्नांकित शीर्षकों के तहत किया गया है—

(1) एक सामाजिक तंत्र के रूप में स्कूल (School as a Social system)
(2) सामाजिक कारक, अभिप्रेरण एवं शैक्षिक उपलब्धि (Social factors, Motivation and Academic achievement)
(3) नेतृत्व एवं सामूहिक प्रक्रियाएँ (Leadership and Group processes)
(4) छात्रों की सक्रियतावाद, अशांति एवं समस्या व्यवहार (Student's activism, Unrest and Problem Behaviours)
(5) शिक्षा के परिणाम को उन्नत बनाना (Improving the outcome of Education)

इन पाँचों का वर्णन निम्नांकित है:—

1. एक सामाजिक तंत्र के रूप में स्कूल *(School as a social system)*

स्कूल सचमुच में एक सामाजिक संगठन (social oprganization) होता है जिसमें बहुत तरह की अंतःक्रियाएँ (interacting) की जाती हैं जो आपस में मिलकर एक स्कूली आबोहवा (school climate) का निर्माण करते हैं। यह आबोहवा (climiate) एक छोर पर बन्द प्रकार (closed types) से दूसरी छोर पर खुला प्रकार (open type) तक का होता है। हालपिन (Halpin, 1966) ने स्कूली आबोहवा (school climate) के 8 विमा (dimensions) बतलाये हैं जिसमें एम॰ एस॰ विश्वविद्यालय (M. S. University), बदोदरा के सेन्टर ऑफ एडभान्स स्टडी इन एजुकेशन (Centre of Advanced Study in Education) में तीन शोधकर्त्ताओं अर्थात् डारजी (Darji, 1975) देक्खतावाला (Dekhtawala, 1975) तथा शैलत (Shelat, 1974) ने अपने-अपने शोधों के आधार पर इसमें 4 और विमाओं को जोड़ दिया और इसे मापने के लिए एक विशेष प्रश्नावली जिसे *ऑरगनाइजेशन्स क्लाइमेट डेवलपमेंट प्रश्नावली* (Organizational Climate Development Questionaire or OCDQ) कहा गया, विकसित किये गये। इसमें जोड़े गए नये विमा थे—संगठनात्मक संरचना (organizational hierarchy), संचार (communication), मानव सम्बन्ध (human relations) तथा स्वतंत्रता एवं प्रजातंत्रीकरण (freedom and democratization)। कुछ अन्य आरम्भिक अध्ययनों में स्कूली आबोहवा को छह प्रकार में बाँटा गया है—खुला (open), नियंत्रित (controlled), स्वायत्त (autonomous), परिचित (familiar), पैतृक (parental) तथा बन्द (closed)। इन प्रकारों में खुला तथा बन्द प्रकारों का तथा शैक्षिक उपलब्धि पर उनके पड़ने वाले प्रभावों का अध्ययन काफी किया गया है।

एक ही क्षेत्र या जिला के सभी स्कूल एक समान नहीं होते हैं। कुछ स्कूल में सिर्फ लड़का या सिर्फ लड़की पढ़ती है तो कुछ में दोनों यौन (sex) के छात्र पढ़ते हैं। कुछ बड़े स्कूल होते हैं तो कुछ छोटे होते हैं, कुछ समन्वित

(integrated) होते हैं तो कुछ पृथक्कृत (segregated) होते हैं। इतना ही नहीं, ये सभी स्कूल की सामाजिक आबोहवा (social climate), शैक्षिक आदर्श (educational idealogy), पाठयेत्तर क्रियाएँ (extracurricular activities) भी भिन्न-भिन्न होतीं हैं। स्कूल के भीतर एवं बाहर इस तरह की भिन्नता का प्रभाव छात्रों के शैक्षिक उपलब्धि (educational achievement) तथा उनके सांवेगिक (emotional) एवं सामाजिक समायोजन (social adjustment) पर काफी पड़ता है।

अगर स्कूल को एक सामाजिक तंत्र (social system) के रूप में सही-सही समझना है तो यह देखना आवश्यक होगा कि जैसे-जैसे स्कूल में बच्चे बड़े होते जाते हैं, स्कूल का संगठन (organization) और उसका प्रभाव किस तरह से बदलता जाता है। सचमुच में प्राक्स्कूल (preschool) जैसे नर्सरी, प्रेप आदि कक्षाओं तक के स्कूल का सामाजिक संदर्भ, प्राथमिक विद्यालय तथा उच्च विद्यालय (high school) का सामाजिक संदर्भ (social context) से भिन्न-भिन्न होता है। ये विद्यालय भिन्न-भिन्न ढंग से संगठित होते हैं, बच्चे उनका प्रत्यक्षण भी अलग-अलग ढंग से करते हैं और बच्चों की बढ़ती आवश्यकताओं (needs) एवं क्षमताओं (capacities) के कारण विद्यालय में सामाजिक व्यवहार (social behaviour) के विभिन्न पहलुओं की अभिव्यक्ति होती है। जैसे-जैसे छात्र की आयु बढ़ती जाती है, स्कूल के वातावरण में भी जटिलता (complexity) तथा कार्यक्षेत्र (scope) बढ़ता जाता है। जैसे, प्राक्स्कूली वातावरण (नर्सरी एवं प्रेप स्कूलों का) एक तरह का सुरक्षित वातावरण (protected environment) प्रस्तुत करता है जिसकी एक विशेष कड़ी सीमा (boundary) होती है तथा ऐसे स्कूल का कार्यक्षेत्र (scope) भी सीमित होता है। सचमुच में प्राक्स्कूली बच्चे अपनी कक्षा (classroom) को एक संगठित समाज (organized society) के रूप में नहीं समझ पाते हैं। ऐसे बच्चे एक या दो शिक्षक से दिनभर अंतक्रिया करते रहते हैं तथा इस स्तर पर उनके साथी-संगी (peers) भी काफी सीमित होते हैं। ऐसे प्राक्स्कूली बच्चों की दुनिया यहाँ तक ही सीमित होती है। बच्चे इन्हीं कुछ शिक्षकों एवं साथी-संगी को महत्त्वपूर्ण व्यक्ति समझकर उनके साथ अंतक्रिया करके संतुष्ट रहते हैं। प्राथमिक स्कूल के छात्रों के लिए कक्षा (classroom) एक बड़ा संदर्भ (context) तो अवश्य होता है परंतु इसे वे एक सामाजिक इकाई (social unit) के रूप में अनुभव करते हैं और यहाँ सामाजिक अभिव्यक्ति (social expression) तथा अधिगम (learning) की इकाई अधिक जटिल होती है। छात्र अपने शिक्षकों एवं साथी-संगी के साथ अन्तःक्रिया करने को प्राथमिकता देते हैं। शिक्षक को वे एक प्राधिकार (authority) के रूप में समझते हैं तथा उनके नेतृत्व को वे सम्मान देते हैं। इस तरह के कक्षा का एक विशेष आबोहवा (climiate) स्थापित होता जिसमें अपने वर्ग के साथी-संगी के साथ सभी सम्भावित सम्बन्ध स्थापित होते हैं और यहाँ वर्ग को एक सामाजिक समूह (social group) के रूप में छात्र प्रत्यक्षण करने लगते हैं। उच्च विद्यालय (high school) में प्रवेश करने पर छात्रों के लिए स्कूल पूर्णरूपेण ढंग से एक सामाजिक क्षेत्र (social field) हो जाता है न कि उसकी क्रियाएँ मात्र एक कक्षा तक सीमित रह जाती है। उच्च विद्यालय के किशोर छात्र विभिन्न तरह के शिक्षकों एवं साथी-संगी (peers) के साथ सम्पर्क में आते हैं और वर्ग या कक्षा से बाहर भी उन्हें बहुत तरह की क्रियाओं में भाग लेना पड़ता है। इस अवस्था पर छात्र स्कूल को एक सामाजिक संगठन (social organization) के रूप में स्वीकार करते हैं और वे या तो इस सामाजिक तंत्र (social system) को स्वीकार करते हैं या फिर उसका खुलेआम चुनौती दे बैठते हैं।

भारतीय मनोवैज्ञानिकों द्वारा स्कूल को एक सामाजिक तंत्र के रूप में अध्ययन करने के उपरांत इस तथ्य पर पहुँचा गया है कि यह तंत्र छात्रों के उपलब्धि (achievement) में सक्रिय योगदान करता है। एम॰ शर्मा (M. Sharma, 1971) ने अपने अध्ययन में पाया कि उन छात्रों की उपलब्धि वैसे स्कूलों में अधिक थी जिनके शिक्षकों में सामाजिक आवश्यकताओं (social needs) की संतुष्टि का स्तर ऊँचा था अर्थात् जहाँ के शिक्षकों एवं छात्रों के बीच की सामाजिक अन्तःक्रिया काफी संतोषप्रद थी। के॰ कुमार (K. Kumar, 1972, 1975) स्कूल में पाये जाने वाले छह तरह के सामाजिक आबोहवा (social climate) का छात्रों के व्यवहार विशेषकर उसके व्यक्तिगत सामाजिक अभियोजन (personal social adjustment), मूल्य उन्मुखता (value orientation), कुछ विशेष शैक्षिक वस्तुओं के प्रति मनोवृत्ति एवं शैक्षिक उपलब्धि (educational achievement) पर पड़ने वाले प्रभावों का अध्ययन किया तथा परिणाम में पाया गया कि व्यक्तिगत तथा सामाजिक समायोजन पर खुला आबोहवा (open climate) का सबसे उत्तम प्रभाव पड़ता है और उसके बाद बन्द (closed), पैतृक (parental), स्वायत्त (autonomous), नियंत्रित (controlled) तथा अन्त में परिचित (familiar) आबोहवा का प्रभाव पड़ता देखा गया है। परंतु इनका अन्य चरों जैसे शैक्षिक निष्पादन (scholistic performance) तथा स्कूल के प्रति मनोवृत्ति पर कोई खास प्रभाव पड़ता नहीं देखा गया। वाई॰ आर॰ राव (Y. R. Rao,

1976) ने अपने अध्ययन से इस तथ्य की सम्पुष्टि किया है कि खुला संगठनात्मक आबोहवा (open organization climate) शिक्षकों की संतुष्टि एवं छात्रों की उपलब्धि की दृष्टिकोण से उत्तम होता है। इस तरह के आबोहवा का प्रभाव से छात्रों का व्यक्तिगत तथा सामाजिक समायोजन, मूल्य निर्माण (value formation) एवं मनोवृत्ति विकास (attitude development) अनुकूल ढंग से प्रभावित होता है।

2. सामाजिक कारक, अभिप्रेरण तथा शैक्षिक उपलब्धि *(Social factors, Motivation and Academic achievement)*

शिक्षा का समाज मनोविज्ञान का दूसरा महत्त्वपूर्ण पहलू छात्रों का सामाजिक सम्बन्ध है। छात्रों के माता-पिता, साथी-संगी (peers), शिक्षक (teachers) के साथ के सम्बन्धों का उनके शैक्षिक उपलब्धि तथा सामाजिक अभिप्रेरण (social motivation) पर काफी प्रभाव पड़ता है। समाज मनोवैज्ञानिक इन सम्बन्धों को उन्नत बनाकर छात्रों के शैक्षिक वातावरण को प्रभावित कर सकने में सफल हो पाते हैं। इन सबका संक्षिप्त विवरण निम्नांकित है—

(a) *माता-पिता (Parents)*—इक्केलस, विगफिल्ड एवं स्कीफेली (Eccles, Wigfield & Schiefled, 1998) ने एक अध्ययन करके यह बतलाया है कि जनकता (parenting) तथा बच्चों के सामाजिक अभिप्रेरक में सीधा सम्बन्ध है। इस अध्ययन में जनकता के निम्नांकित तीन विशेषताओं को बच्चों के शैक्षिक उपलब्धि के लिए महत्त्वपूर्ण बतलाया गया है:—

(i) *जनसांख्यिकी विशेषताएँ (Demographic characteristics)*—जिन माता-पिता की शिक्षा पर्याप्त होती है, वे अपने बच्चों की शिक्षा में वैसे माता-पिता की तुलना में जिनकी शिक्षा कम होती है, अधिक अभिरुचि दिखलाते हैं तथा वे बौद्धिक रूप से उत्तेजना प्रदान करने वाले सामग्रियों को अपने घर पर अधिक रखना पसंद करते हैं। इस तथ्य की सम्पुष्टि स्कीन्नर तथा कोलमैन (Schinner & Coleman, 1994) ने अपने अध्ययन से किया है। जब माता-पिता का ध्यान बच्चों पर कम तथा अन्य चीजों पर अधिक होता है, तो इससे बच्चों का सामाजिक अभिप्रेरण तथा उपलब्धि में कमी हो जाती है।

(ii) *बच्चों के पालन-पोषण पद्धति (Child-rearing practices)*—इकक्लेस (Eccles, 1993) तथा इकक्लेस, विगफिल्ड एवं स्कीफेली (Eccles, Wigfield & Schiefele, 1998) द्वारा किये गए अध्ययनों से यह स्पष्ट हुआ है कि जब माता-पिता द्वारा बच्चों के पालन-पोषण का धनात्मक पद्धति (positive practices) अपनाया जाता है, तो इससे बच्चों का अभिप्रेरण एवं उपलब्धि अधिक मजबूत होता है। धनात्मक पद्धति में बच्चों को पालन-पोषण के दौरान धनात्मक सांवेगिक वातावरण प्रदान करना, पर्याप्त मात्रा में समर्थन एवं उचित मात्रा में चुनौती बच्चों के सामने रखना तथा उनके सामने अभिप्रेरित उपलब्धि व्यवहार (motivated achievement behaviour) का मॉडल रखना आदि मुख्य रूप से सम्मिलित होता है।

(iii) *विशिष्ट तरह की अनुभूतियों को घर पर उपलब्ध कराना (To make available specific experiences at home)*—छात्रों के उपलब्धि एवं अभिप्रेरण को मजबूत करने के लिए माता-पिता बच्चों में विशिष्ट तरह की अनुभूति घर पर उत्पन्न कर सकते हैं। जब ऐसे बच्चों को तरह-तरह के पठन सामग्रियाँ घर पर उपलब्ध करा दी जाती हैं, तो उनके पठन कौशल (reading skills) तथा पढ़ने से सम्बन्धित कार्य करने की आदतें काफी अच्छी हो जाती हैं जिसका उनके अभिप्रेरण एवं शैक्षिक उपलब्धि पर अधिक अनुकूल प्रभाव पड़ता है। इस तथ्य की सम्पुष्टि विगफिल्ड एवं एशर (Wighfield & Asher, 1984) के अध्ययन से हुआ है।

(b) *साथी-संगी (Peers)*—छात्रों का अभिप्रेरण एवं उनका शैक्षिक उपलिब्ध पर उनके साथी-संगी का बहुत ही गहरा प्रभाव पड़ता है। प्रायः छात्र अपने दोस्त छात्रों से तुलना करके यह जानने की कोशिश करते हैं कि शैक्षिक एवं सामाजिक रूप से उनके तुलना में वे कहाँ अवस्थित हैं। अध्ययनों से स्पष्ट हुआ है कि कम उम्र के छात्रों की तुलना में किशोर (adolescents) अपनी तुलना अन्य किशोरों से अधिक करते हैं अर्थात् सामाजिक तुलना (social comparison) अधिक करके वे अपने आप को मूल्यांकन करते हैं। रूबल (Ruble, 1983) तथा हार्टर (Harter, 1990) ने अपने अध्ययन के आधार पर इस तथ्य की सम्पुष्टि किया है। कई अध्ययनों से यह स्पष्ट हुआ है कि किशोरों द्वारा धनात्मक सामाजिक तुलना (positive social comparison) करने से छात्रों में उच्च आत्म-सम्मान (self-esteem) तथा ऋणात्मक सामाजिक तलना (negative social comparison) से छात्रों का आत्म-सम्मान कम होता है। प्रायः छात्र अपनी तुलना

वैसे ही अन्य छात्र से करते हैं जो उम्र, क्षमता तथा अभिरुचि (interest) में समान होते हैं। एशर एवं कोई (Asher & Coie, 1990) तथा वेन्टजेल (Wentzel, 1996) ने अपने-अपने अध्ययनों के आधार पर यह बतलाया है कि जो छात्र अपने साथी-संगी द्वारा स्वीकृत (accepted) किये जाते हैं तथा जिनमें सामाजिक कौशल (social skills) उत्तम होता है, वे स्कूल में अच्छा प्रदर्शन करते हैं तथा उनमें धनात्मक शैक्षिक उपलब्धियाँ प्रचुर मात्रा में होतीं हैं। दूसरे तरफ, जिन छात्रों को अन्य समकक्षी छात्रों द्वारा अस्वीकृत कर दिया जाता है, उनकी शैक्षिक उपलब्धियाँ घटिया होतीं हैं तथा ऐसे छात्र प्रायः स्कूल छोड़ देते हैं। भारतीय मनोवैज्ञानिक एन॰एस॰ बाल (N. S. Bal, 1974) ने एक अध्ययन किया जिसमें छात्रों का अपने समूह के लोकप्रियता (popularity) तथा शैक्षिक उपलब्धि में (बुद्धि के प्रभाव को नियंत्रित करते हुए) सहसम्बन्ध ज्ञात किया और पाया कि इन दोनों में धनात्मक सहसम्बन्ध (positive correlation) है अर्थात् छात्र की लोकप्रियता अपने समूह में अधिक होने से उसकी शैक्षिक उपलब्धि का स्तर भी अधिक होता है।

(c) *शिक्षक-छात्र सम्बन्ध (Teacher-Student relationship)*—छात्रों के अभिप्रेरण एवं उपलब्धि स्तर पर शिक्षक छात्र सम्बन्ध का प्रत्यक्ष प्रभाव पड़ता है। यदि शिक्षक-छात्र सम्बन्ध मधुर होता है तथा शिक्षक की भूमिका सत्तावादी नेतृत्व में न होकर प्रजातांत्रिक नेतृत्व में होती है, तो उस कक्षा के छात्रों की शैक्षिक उपलब्धि तथा अभिप्रेरण दोनों ही काफी संतोषजनक होता है। स्टीपेक (Stipak, 2002) ने अपने अध्ययन के आधार पर यह बतलाया है कि बहुत सारे ऐसे छात्र जो स्कूल में लगातार अच्छा निष्पादन नहीं दिखला पाते हैं, उनकी अंतक्रिया (interaction) शिक्षकों से अच्छा नहीं होता है। ऐसे छात्रों के प्रति शिक्षक प्रायः यह शिकायत करते हैं कि वे दिये गये कार्य (assignment) को पूरा नहीं करते हैं, वर्ग में पढ़ाई पर ध्यान नहीं देते हैं तथा अन्य छात्रों के साथ मिलकर वर्ग के अनुशासन को भंग करते हैं। ऐसे छात्रों के लिए कक्षा एक दुःखदायी स्थान होता है। ऐसे छात्रों का सम्बन्ध शिक्षक से घटिया होता है। मैककॉम्बस (McCombs, 2001), न्यूमैन (Newman, 2002) तथा रेयान एवं डेसी (Ryan & Deci, 2000) ने अपने-अपने अध्ययनों के आधार पर यह बतलाया है कि जब शिक्षक-छात्र सम्बन्ध मधुर होता है तथा छात्र यह महसूस करते हैं कि उनके शिक्षक काफी हिमायती (supportive) है तथा शिक्षक उनके प्रति उदार-भाव रखते हैं, वे उन छात्रों की अपेक्षा जो इसके विपरीत भाव अपने मन में रखते हैं, का शैक्षिक उपलब्धि (academic achievement) काफी अधिक होता है तथा अभिप्रेरण का स्तर भी काफी ऊँचा होता है। कोभिंगटन तथा ड्रे (Covington & Dray, 2002) ने अपने अध्ययन में पाया है कि जब शिक्षक छात्रों को शिक्षण-उन्मुखी वातावरण (mastery-oriented environment) में चुनौतीपूर्ण कार्य (challanging task) करने देते हैं जिसमें उत्तम सांवेगिक तथा संज्ञानात्मक समर्थन, सीखने के लिए अर्थपूर्ण एवं रुचिपूर्ण सामग्रियाँ तथा स्वायत्तता (autonomy) तथा पहल (initiative) करने का अवसर प्रदत्त होता है, तो इससे छात्रों की शैक्षिक उपलब्धि तथा अभिप्रेरण स्तर में वृद्धि हो जाती है। बैण्डुरा (Bandura, 1976) ने अपने अध्ययन के आधार पर यह बतलाया है कि पूरे स्कूल के अभिप्रेरण एवं आबोहवा (climate) का असर भी छात्रों के शैक्षिक स्तर एवं अभिप्रेरण को प्रभावित करता है। जिन स्कूलों की प्रत्याशाएँ (expectations), शैक्षिक मानक (academic standard) एवं छात्रों के प्रति शैक्षिक एवं सांवेगिक समर्थन अधिक होता है, उनके छात्रों में उपलब्धि आवश्यकता (achievement need) सामान्यतः काफी अधिक होता है।

भारतीय मनोवैज्ञानिकों द्वारा शिक्षक-छात्र सम्बन्ध के विभिन्न पहलुओं का छात्रों के शैक्षिक उपलब्धि तथा अभिप्रेरण पर पड़ने वाले प्रभावों का अध्ययन किया गया है। छात्रों एवं शिक्षक के बीच किये गए अंतक्रियाओं (interactions) का विश्लेषण फ्लैण्डर्स अंतक्रिया विश्लेषण (Flanders Interactions Analysis) जिसमें 10 श्रेणियाँ होते हैं, के माध्यम से किया जाता है। इस प्रविधि का निमार्ण फ्लैण्डर्स (Flanders, 1970) द्वारा किया गया है जिसमें शिक्षक के शाब्दिक व्यवहार (verbal behaviour) जो छात्रों के व्यवहार को प्रत्यक्ष एवं अप्रत्यक्ष रूप से प्रभावित करता है, का विश्लेषण किया जाता है। शिक्षकों की पहल (initatives) या छात्रों को प्रत्यक्ष रूप से प्रभावित करने की कोशिश में कुछ खास-खास व्यवहार जैसे भाषण देना (leacturing), आलोचना करना (criticizing), अधिकारियों का युक्तिसंगत ठहराना तथा छात्रों को निर्देश देना (giving direction) आदि सम्मिलित होता है। छात्रों को अप्रत्यक्ष रूप से (indirectly) प्रभावित करने में छात्रों के भाव एवं विचार को स्वीकार करना तथा उन्हें प्रशंसा या प्रोत्साहन देना आदि सम्मिलित होता है। ये दोनों श्रेणियाँ नेतृत्व के निरंकुश शैली (autocratic style) तथा प्रजातंत्रात्मक शैली (democratic style) से मिलता-जुलता है।

जे॰ डी॰ झा (J. D. Jha, 1973) ने अपने अध्ययन के आधार पर यह बतलाया है कि वैसे शिक्षक जो अनिरंकुशवादी

ढंग से (non-authoriatative) छात्रों के साथ व्यवहार करते हैं, उन्हें छात्र अधिक पसंद करते हैं और वे उनके नेतृत्व में कुछ नये पाठ सीखने के लिए काफी अभिप्रेरित रहते हैं। आर॰ सिंह (R. Singh, 1974) ने अपने अध्ययन के आधार पर यह बतलाया है कि छात्रों की उपलब्धि शिक्षक के व्यवहार के विभिन्न आयामों (dimensions) के साथ अधिक परंतु बुद्धि के साथ कम सहसम्बन्ध होता है। बी॰ महंथी तथा बी॰ पाणी (B. Mohanthy & B. Pani, 1979) ने अपने अध्ययन में छात्रों के शैक्षिक निष्पादन पर वर्ग में किये गए शिक्षक-छात्र अंतक्रिया के प्रभाव का विश्लेषण किया है। फ्लैण्डर्स प्रविधि (Flander's technique) का उपयोग करते हुए शिक्षक-छात्र सम्बन्ध के चार स्तरों को कक्षा में उपयोग में लाया गया। परिणाम में देखा गया कि सातवीं कक्षा के छात्रों के शैक्षिक निष्पादन पर कक्षा में किये गए इन चार स्तरों का काफी सार्थक प्रभाव पड़ा। उदय पारीख तथा टी॰ वी॰ राव (Udai Pareek & T. V. Rao, 1976) ने अपने अध्ययन में पाया कि कक्षा में अप्रत्यक्ष व्यवहार करने वाले शिक्षक प्रत्यक्ष व्यवहार करने वाले शिक्षक की तुलना में छात्रों में उत्तम समायोजन स्तर, उच्च स्तर का बुद्धि, अधिक पहल (initiative) करने की क्षमता, कम दंडात्मक अनुक्रियाओं को अधिक प्रोत्साहन देते हैं जिनका छात्रों के शैक्षिक उपलब्धि पर काफी अनुकूल प्रभाव पड़ता है। कुछ अध्ययन में यह देखा गया कि शिक्षक का व्यवहार एक ही कक्षा में अलग-अलग छात्रों के लिए भिन्न-भिन्न मनोवैज्ञानिक वातावरण (psychological environment) पैदा कर सकने में सफल होता है। डी॰ वी॰ कक्कर (D. B. Kakkar, 1982) ने एक अध्ययन किया जिसमें दो कक्षाओं में एक महीने के अंतराल पर दो शिक्षक के व्यवहार की पहचान प्रशंसा (praise) तथा निन्दा (reproof) मापनी पर किया गया। कक्षा के प्रशंसा-प्रधान वातावरण में पढ़ने वाले छात्रों का शैक्षिक उपलब्धि, बुद्धि सम्पूर्ण व्यक्तित्व, आत्म-संप्रत्यय (self-concept) तथा सामाजिक-आत्मन् (social self) प्राप्तांक कक्षा के निन्दा प्रधान वातावरण में पढ़ने वाले छात्रों की अपेक्षा सार्थक रूप से धनात्मक ढंग से भिन्न था।

स्पष्ट हुआ कि कई ऐसे सामाजिक कारक हैं जो छात्रों के अभिप्रेरण तथा शैक्षिक उपलब्धि को प्रभावित करते हैं।

3. नेतृत्व एवं सामूहिक प्रक्रियाएँ (*Leadership and group processes*)

कई अध्ययन ऐसे हुए हैं जिनमें स्कूल में नेतृत्व जिसकी बागडोर सामान्य स्कूल के प्रिंसिपल या वरीय शिक्षक के हाथ में होती है, का प्रभाव तथा स्कूल के आबोहवा (climate) के साथ उनके सहसम्बन्ध (correlation) का पता लगाया गया है। अधिकतर अध्ययनों में ए॰ डब्ल्यू॰ हालपिन (A. W. Halpin, 1966) द्वारा प्रतिपादित नेतृत्व के मॉडल का उपयोग किया गया है। इस मॉडल के अनुरूप नेतृत्व के दो मुख्य आयामों (dimensions) अर्थात् पहल संरचना (initatiing structure) तथा मानव संरचना (consideration structure) के आधार पर चार श्रेणियों का निर्णय किया गया। जैसा कि हम जानते हैं, पहल संरचना वाले नेतृत्व शैली में नेता आने अधीनस्थों को निर्देश देने एवं उनसे हर हालत में कार्य पूरा करवाना इनकी अहं प्राथमिकता होती है जबकि मनन या सम्मान शैली वाले नेता वैसा व्यवहार करता है जिसमें कर्मचारियों में विश्वास, पारस्परिक आदर, दोस्ती, उनका सम्मान आदि का विशेष ख्याल करता है। वे चार श्रेणियाँ इस प्रकार हैं—उच्च पहल संरचना तथा उच्च मनन संरचना (high initiating structure and high consideration structure—HH) उच्च पहल संरचना तथा निम्न मनन संरचना (high initiating structure and low consideration structre—HL), निम्न पहल संरचना तथा उच्च मनन संरचना (Low initiating structure and high consideration structure—LH) तथा निम्न पहल संरचना तथा निम्न मनन संरचना (Low initiating structure and Low consideration structure—LL)। एम॰ शर्मा (M. Sharma, 1972) द्वारा किये गए अध्ययन में यह पाया गया कि स्कूली आबोहवा (school climiate) तथा HH पैटर्न में सार्थक रूप से धनात्मक सहसम्बन्ध था जिससे खुला आबोहवा (open climate) की उत्पत्ति होती है जिसमें छात्रों में शैक्षिक उपलब्धि (academic achievement) तथा शिक्षकों में तुष्टि (satisfaction) अधिक होती थी। नेत्तव के LH पैटर्न से स्कूल का बंद तंत्र (closed system) की उत्पत्ति होती देखी गयी जिसमें छात्रों की शैक्षिक उपलब्धियाँ कम थीं तथा शिक्षक दंडात्मक तरीकों का अधिक उपयोग करते थे। डी॰ आर॰ डारजी (D. R. Darji, 1975) ने 100 स्कूलों में नेतृत्व व्यवहार तथा उसके सहसम्बन्धता (correlates) का अध्ययन किया। इन स्कूलों से 100 प्रिंसिपल (principles), 400 शिक्षकों तथा 1000 छात्रों ने भाग लिया। इस अध्ययन के परिणाम में यह पाया गया कि खुला आबोहवा के स्कूलों में सभी प्रिंसिपलों ने नेतृत्व व्यवहार का HH पैटर्न दिखलाये जबकि बन्द आबोहवा के स्कूलों में प्रिंसिपलों द्वारा LL व्यवहार पैटर्न दिखलाया गया। डी॰ बी॰ देसाई एवं पी॰ बी॰ देखतावाला (D. B. Desai & P. B. Dekhtawala, 1979) ने अपने अध्ययन के आधार पर यह बतलाया है कि स्कूलों में HH पैटर्न वाले नेतृत्व LL पैटर्न की तुलना में गुजरात राज्य में अधिक है। खुला आबोहवा के स्कूलों में HH पैटर्न तथा बंद आबोहवा के स्कूलों

में LL पैटर्न पाये गए। कुछ चर जैसे शहरी-ग्रामीण क्षेत्र, स्कूल के प्रकार तथा स्कूल के आकार (size) का नेतृत्व व्यवहार से कोई सम्बन्ध नहीं देखा गया परंतु स्कूल के छात्रों की शैक्षिक उपलब्धि तथा नेतृत्व व्यवहार (leadership behaviour) आपस में सम्बन्धित पाये गए।

नेतृत्व व्यवहार के अतिरिक्त समूह प्रक्रियाओं (group processes) के प्रभावशीलता का भी अध्ययन इस संदर्भ में किया गया है कि उससे किस तरह शैक्षिक उपलब्धि, सामाजिक सम्बन्ध (social relationship) तथा अन्य सम्बन्धित चर प्रभावित होते हैं। स्कूल तंत्र (school system) के भीतर कक्षा (class) एक तरह का समूह होता है। जे॰ आर॰ व्यथित (J. . Vyathit, 1973) ने एक अध्ययन किया जिसमें प्रभावी (effective) तथा अप्रभावी कक्षा समूह (ineffective class room) का तुलनात्मक अध्ययन करने के बाद यह पाया गया कि प्रभावी कक्षा समूह में छात्रों में अन्तर्वैयक्तिक सम्बन्ध (interpersonal relations) अधिक उत्तम होता है। पी॰ ओपल तथा ए॰ सेन (P. Opal & A. Sen, 1980) ने निजी स्कूल (private school) तथा सरकारी स्कूल (government school) के कार्यों (functions) में स्पष्ट अंतर पाया और यह भी देखा गया कि निजी स्कूलों में स्व (self) के प्रति धनात्मक मनोवृत्ति, पर्याप्त सामाजिक सम्बन्ध, उपलब्धि आवश्यकता, परिपोषण आवश्यकता (nurturance need) तथा सहनशीलता (endurance) आवश्यकता सरकारी स्कूल के छात्रों के समूह की अपेक्षा अधिक थी। जे॰ बी॰ पी॰ सिन्हा (J. B. P. Sinha, 1980) ने निजी बालिका विद्यालय (private girls schools) तथा पुरुष छात्रों के निजी विद्यालय (private boys schools) में तीन तरह के नेतृत्व (leadership) शैली अर्थात् निरंकुश (authoritative), सहभागी (participant) तथा परिपोषित कार्य-उन्मुखी (nurturant task-oriented) प्रकार के शैली के विभिन्न तरह के समूह प्रक्रियाओं पर पड़ने वाले प्रभावों का अध्ययन किया है। इस अध्ययन में पाया गया कि विभिन्न प्रिंसिपलों (निजी बालिका विद्यालय के प्रिंसिपलों को छोड़कर) द्वारा दिखलाये गए इन शैलियों में कोई अंतर नहीं था। निजी बालिका स्कूल के प्रिंसिपल तुलनात्मक रूप से अधिक परिपोषित (nurturant) एवं कार्य-उन्मुखी (task-oriented) पाये गए। पुरुष छात्रों के निजी स्कूलों के प्रिंसिपल अधिक निरंकुशवादी (authoritarianism) प्रकृति के पाये गए। महिला शिक्षक पुरुष शिक्षकों की तुलना में अधिक प्रजातांत्रिक तथा उदार-मनोवृत्ति दिखलाने वाली थी। निजी स्कूलों में शिक्षकों का आपस में सम्बन्ध सरकारी स्कूलों की तुलना में अधिक उत्तम था।

कक्षा समूह (classroom group) में शिक्षक कक्षा के नेता होते हैं। शिक्षक की प्रभावशीलता तथा छात्रों का अभिप्रेरण बहुत कुछ इस बात पर भी निर्भर करता है कि कक्षा का भौतिक व्यवस्था (physical arrangement) किस प्रकार का है। रेन्नी (Renne, 1997) ने एक अध्ययन किया जिसमें उन्होंने कक्षा के भौतिक व्यवस्थाओं (physical arrangement) के निम्नांकित पाँच शैलियाँ (styles) बतलाये हैं—

(a) *श्रोतकक्ष शैली (Auditorium style)*—इस तरह की कक्षा शैली में सभी छात्र इस ढंग से कक्षा में बैठते हैं जिसमें शिक्षक के साथ आमने-सामने चेहरा होता है। ऐसे कक्षा में शिक्षक कहीं भी आ-जा सकते हैं। इस तरह की शैली का उपयोग तब होता है तब शिक्षक को भाषण (lecture) देना होता है या पूरे कक्षा के सामने कुछ प्रस्तुतीकरण (presentation) करना है।

(b) *आमने-सामने की शैली (Face-to-face style)*—इस तरह की कक्षा शैली में छात्र एक-दूसरे से आमने-सामने होकर बैठते हैं। इस तरह की शैली में एक छात्र का दूसरे छात्र से विकर्षण (distraction) काफी अधिक होती है।

(c) *ऑफ-सेट शैली (Off-set style)*—इस तरह की कक्षा शैली में छात्रों का छोटा समूह जिसकी संख्या सामान्यतः 3 से 4 होती है, एक ही टेबुल पर बैठते हैं लेकिन उनका चेहरा आमने-सामने नहीं होता है जिससे उनमें विकर्षण कम होता है। सहयोगात्मक अधिगम क्रियाओं (cooperative learning activities) के लिए इस तरह का शैली अधिक प्रभावी होता है।

(d) *सेमिनार कक्षा शैली (Seminar style)*—इस तरह की कक्षा शैली में बहुत सारे छात्र गोलाकार (circular), वर्गाकार (square), या यू-आकारीय व्यवस्था में बैठते हैं। यह शैली तभी प्रभावी होता है जब शिक्षक यह चाहते हैं कि कक्षा में किसी बिन्दु पर विचार-विमर्श करने पर वे आपस में बात-चीत या अंतक्रिया करे।

(e) *गुच्छ शैली (Cluster style)*—इस कक्षा शैली में छात्रों का छोटा समूह सामान्यतः 4 से 8 की संख्या में एक निकट एवं घनिष्ठ समूह बनाकर कार्य करते हैं। इस तरह का समूह सहयोगात्मक अधिगम क्रियाओं के लिए काफी प्रभावी होता है।

इन विभिन्न शैलियों में से उद्देश्यानुसार शिक्षक किसी शैली का उपयोग करके कक्षा में छात्रों के समूह में एक स्वस्थ अंतक्रिया को बढ़ावा देकर छात्रों के अभिप्रेरण स्तर एवं उपलब्धि स्तर को मजबूत करते हैं।

4. छात्रों की सक्रियतावाद, अशांति एवं समस्या व्यवहार (*Student's activitism, Unrest and Problem behaviours*)

आजकल स्कूल एवं कॉलेजों में छात्रों की भूमिकाओं में पहले की तुलना में काफी बदलाव आया है। इनके विभिन्न भूमिकाओं में काफी द्वन्द्व (conflict) उत्पन्न हो गया है। सचमुच में छात्रों में अन्तरसमूह द्वन्द्व (integroup conflict), अलगाव (isolation), कुंठा (frustration) तथा सामर्थ्यहीनता (powerlessness) आदि से स्कूल एवं कॉलेजों के वातावरण में काफी बदलाव आया है। समाज मनोवैज्ञानिकों द्वारा इन सबका अध्ययन करने के बाद इस निष्कर्ष पर पहुँचा गया है कि इन सबों का सामान्य कारण छात्रों एवं शिक्षकों द्वारा भूमिका प्रत्याशा (role expectation) तथा भूमिका निष्पादन (role performance) में काफी अंतर का होना है। इसके अलावा स्कूल एवं कॉलेजों में छात्रों की अशांति का कारण रोजगारी की नाउम्मीदी, शिक्षा का पौराणिक विधि, शिक्षकों एवं माता-पिता की उदासीनता (apathy), स्वार्थी राजनैतिज्ञों द्वारा छात्रों एवं शिक्षकों का शोषण तथा राष्ट्रीय चरित्र (national character) का प्रजातंत्रीकरण (democratization) आदि प्रधान हैं। छात्रों की अशांति को कम करने के लिए समाज मनोवैज्ञानिकों ने छात्रों में विश्लेषणात्मक (analytical) एवं आलोचनात्मक (critical) चिन्तन को मजबूत करने का सुझाव दिया है तथा मानव व्यवहार से सम्बन्ध विभिन्न विचारों को उन्नत बनाने पर बल दिया है। एम॰ एल॰ मैनडोट (M. L. Mandot, 1970) ने अपने सुझाव में कहा है कि छात्रों में व्यावसायिक शिक्षा (vocational education) को प्रोत्साहित करके उनके बीच व्याप्त अशांति को कम किया जा सकता है। स्वर्गीय प्रो॰ दुर्गानन्द सिन्हा (D. Sinha, 1973) ने कहा है कि छात्रों में अशांति को पुनर्बलन मॉडल (reinforcement model) का उपयोग करके कम करने का प्रयास एक सार्थक प्रयास माना जा सकता है।

बालासुंदरम (Balasundram, 1978) ने एक आनुभविक शोध (empirical research) करके छात्रों में अशांति का कारण सामाजिक, सांस्कृतिक आर्थिक एवं राजनैतिक कारकों की जटिल अंतक्रिया बतलाया है। इनके अनुसार छात्रों में अशांति का कारण बढ़ता बेरोजगारी दर, सांस्कृतिक फूट एवं मतभेद से उत्पन्न वंचन का भाव, शैक्षिक वातावरण की विशेषताएँ, पारम्परिक अधिकारियों (traditional authority) की कमजोरियाँ, छात्र संघों का राजनीतिकरण आदि बतलाया गया है। पी॰ एस॰ पाण्डे (P. S. Pandey, 1974) ने छात्रों के अशांति (unrest) में अंतरपीढी द्वन्द्व (intergenerational conflict) या कैम्पस के विभिन्न तरह की समस्याओं का प्रतिबिम्बन (reflection) माना है। एच॰ सी॰ श्रीवास्तव (H. C. Shrivastava, 1974) ने अपने अध्ययन के आधार पर यह बतलाया है कि कैम्पस में जो हिंसाएँ छात्रों द्वारा की जातीं हैं, वे कई तरह के कारणों का परिणाम होता है। एस॰ पी॰ दुग्गल (S. P. Duggal, 1972) का मत है कि अशांति फैलाने वाले छात्र एवं विमुखी छात्र (alienated students) अप्रिय ढंग से इसलिए व्यवहार करते हैं क्योंकि वे अपने-अपने परिवार के असाधित द्वन्द्व (unresolved conflict) के प्रति एक तरह से अनुक्रिया कर रहे होते हैं। अशांति एवं उत्तेजन, छात्रों के उत्तेनजशीलता आवश्यकता (excitement need) को अंशतः पूरा करने में सक्षम होता है। कुछ अध्ययनों में यह भी पाया गया है कि जन मीडिया (mass media) एवं औषध लेने की प्रवृत्तियों से भी छात्रों में अशांति (unrest) एवं हिंसा में लिप्त होने की प्रवृत्ति तेज होती है।

कुछ मनोवैज्ञानिकों जैसे एस॰ एल॰ शर्मा (S. L. Sharma, 1971) ने अपने अध्ययन के आधार पर यह बतलाया है कि उत्तेजनशील छात्र (activitist) पढ़ने-लिखने में अतिसाधारण श्रेणी के होते हैं और ऐसे अनेकों छात्र बिना किसी स्पष्ट उद्देश्य के ही शिक्षा हासिल करने वाले होते हैं। ऐसे छात्र प्रायः ऐसे परिवारों से आते हैं जिनमें शिक्षा का स्तर बहुत ही गिरा हुआ होता है और अधिकतर छात्र अपने माता-पिता की सहमति से ही कैम्पस में ऐसी गतिविधियाँ करते हैं। एम॰ रेड्डी (M. Reddy, 1974) ने एक अध्ययन किये जिसमें 1,127 छात्रों का एक प्रतिदर्श (sample) ने भाग लिया। इन्होंने अपने अध्ययन में सामाजिक-आर्थिक स्तर (socio-economic status) तथा छात्रों की उत्तेनजशीलता (activism) तथा ग्रामीण आवास एवं उत्तेजनशीलता में एक धनात्मक सहसम्बन्ध (positive correlation) पाया। पी॰ सी॰ डेब एवं बी॰ के॰ अग्रवाल (P. C. Deb & B. K. Agrawal, 1979) ने अपने अध्ययन में यह पाया है कि सक्रिय एवं उत्तेनशील छात्र नेता अधिकतर ग्रामीण पृष्ठभूमि से एवं उच्च सामाजिक-आर्थिक स्तर से आते हैं। ऐसे अधिकतर नेताओं का घरेलू अनुशासन (home discipline) घटिया था। ऐसे अधिकतर छात्र अपने माता-पिता की राय से ही स्कूल एवं कॉलेज में अधिकारियों का विरोध करते पाये जाते हैं।

कुछ अध्ययनों से यह स्पष्ट हुआ है कि छात्रों में विमुखता (alienation) भी स्कूल तथा कॉलेज में छात्रों में सर्जनात्मकता (creativity) को रोकने की दिशा में महत्त्वपूर्ण रहा है। शक्तिहीनता (powerlessness), मानकहीनता (normlessness), अर्थहीनता (meaninglessness), सामाजिक अलगाव (social isolation) तथा स्कूल या कॉलेज से विरक्ति (estrangement) विमुखता के प्रमुख विमाएँ (dimensions) हैं। एम॰ रेड्डी (M. Reddy, 1974) ने ओसमानिया विश्वविद्यालय के छात्रों पर एक अध्ययन किया और पाया कि विमुखता (alienation) तथा सक्रियातावाद (activism) में धनात्मक सम्बन्ध है। एस॰ आर॰ सिन्हा तथा जे॰ बी॰ पी॰ सिन्हा (S. R. Sinha & J. B. P. Sinha, 1974) ने पटना विश्वविद्यालय के छात्रों में विमुखता (alienation) का अध्ययन करके यह दिखलाया है कि छात्रों के बीच सक्रियातावादी प्रवृत्ति को मजबूत करने में अलगाव (irrolation), मानकहीनता (normlessnss) तथा नैतिकता (morality) की अहं भूमिका होती है।

5. शिक्षा के परिणाम को उन्नत बनाना *(Improving the outcome of Education)*

आजकल स्कूल तथा कॉलेजों में दी जा रही शिक्षा की कटु आलोचनाएँ विभिन्न बिन्दुओं पर की गयी हैं जिनमें से एक प्रमुख बिन्दु छात्र एवं शिक्षक के बीच होने वाले अंतक्रियाओं में अपर्याप्तता एवं हीनता बतलाया गया है। अनुभवी शिक्षक द्वारा भी आजकल के शिक्षा की आलोचना की गयी है। अपनी प्रसिद्ध पुस्तक *हाऊ चिल्ड्रेन फेल* (How Children Fail) में होल्ट (Holt, 1964) ने यह बतलाया है कि किस तरह से स्कूल कभी-कभी कुशाग्र बच्चों (bright children) को भी बर्बाद कर देता है तथा उसके बौद्धिक विकास (intellectual growth) तथा अधिगम की क्षमता को नष्ट कर देता है।

ऐसी परिस्थिति में प्रयुक्त समाज मनोविज्ञान (applied social psychology) की मुख्य भूमिका यह बनती है कि शिक्षाविदों एवं शिक्षकों को वर्तमान की हकीकत (reality) से अवगत कराया जाय तथा छात्रों एवं शिक्षकों दोनों के लिए होने वाले शैक्षिक अनुभूतियों (educational experiences) को उन्नत बनाया जाए। इसके लिए समाज मनोविज्ञान के सिद्धान्तों एवं नियमों का अनुप्रयोग (application) सभी स्तर पर किया जा सकता है परन्तु निम्नांकित तीन महत्त्वपूर्ण बिन्दु ऐसे हैं जिनपर ध्यान देने से लाभकारी शैक्षिक परिवर्तन में प्रयुक्त समाज मनोविज्ञान (applied social psychology) की अहं भूमिका साबित हो जाती है:—

(a) *अन्तर्वैयक्तिक सम्बन्ध (Interpersonal relations)*—वास्तविक अधिगम (learning) तथा उत्तम शैक्षिक उपलब्धि (educational achievement) के लिए यह आवश्यक है कि शिक्षकों में एक प्रभावी मददकारी सम्बन्ध (effective helping relationship) हो क्योंकि छात्रों के साथ स्थापित इस ढंग का अन्तर्वैयक्तिक सम्बन्ध से छात्रों में पहल (initiativeness) तथा अधिगम क्षमता दोनों ही मजबूत होती है। एक शिक्षक जो अपने आप को एक सच्चे शिक्षक की भूमिका में छात्रों के सामने उपस्थित करते हैं, अपने छात्रों को अपनी ओर अधिक आकर्षित करते हैं तथा शैक्षिक प्रक्रियाओं में उनके सहभागिता को बढ़ावा देते हैं। उसी तरह से जो शिक्षक छात्रों की भावनाओं को स्वीकार करते हैं उनपर भरोसा करते हैं तथा उनकी प्रशंसा करते हैं, वे छात्रों में वर्द्धन (growth) तथा अधिगम की क्षमता को काफी मजबूत करते हैं। ऐसे शिक्षक छात्रों को एक आत्म-पहल युक्त अधिगम (self-initiated learning) के वातावरण में रखने में सक्षम होते हैं जहाँ छात्रों में अभिप्रेरण (motivation) तथा उपलब्धि का भाव काफी मजबूत हो जाता है। रोजर्स (Rogers, 1969) ने कई ऐसे उदाहरण अपनी पुस्तक *फ्रीडम टू लर्न* (Freedom to Learn) में दिया है जिसमें यह दिखलाया गया है कि शिक्षकों के मौलिक गुण जैसे, निष्कपटता (genuineness), शर्तहीन हार्दिकता (unconditional warmness) तथा परानुभूति बोध (empathic understanding) से प्राथमिक स्कूल (primary school) से लेकर विश्वविद्यालय स्तर पर के छात्रों में शैक्षिक उपलब्धियाँ मजबूत हो जातीं हैं। कारखुफ तथा स्पायी (Carkhuff & Aspy, 1969) ने भी अपने अध्ययन के आधार पर यह बतलाया है कि कक्षा में शिक्षकों द्वारा दिखलाये गए निष्कपटता, सम्मान तथा परानुभूति (empathy) का प्रभाव छात्रों की उपलब्धि पर सार्थक एवं धनात्मक पड़ता है। इस तथ्य का आशय (implication) गॉर्डन (Gorden, 1974) ने बतलाते हुए यह कहा है कि शिक्षक अपने अन्तर्वैयक्तिक कौशल (interpersonal skills) जैसे छात्र की बातों को सक्रिय होकर सुनना (active listening) तथा सहयोगितापूर्ण ढंग से समस्या समाधान में भाग लेना आदि एवं अन्तर्वैयक्तिक प्रभावशीलता को बढ़ाकर अपने लिए तथा अपने छात्रों दोनों के लिए अधिक संतुष्टि (satisfaction) एवं प्रवीणता का अनुभव कर सकते हैं। स्पष्टतः साबित हो जाता है कि छात्र-केन्द्रित उपागम (student-centred approach) को यदि कक्षा में शिक्षक अपनाते हैं, तो इससे छात्र एवं शिक्षक दोनों

का भला होता है। परंतु समाज मनोविज्ञान का प्रसिद्ध नेतृत्व का प्रासंगिकता सिद्धान्त (contingency model) इस सम्भावना की ओर इशारा करता है कि सर्वाधिक शैक्षिक उपलब्धि को प्राप्त करने के लिए विभिन्न कक्षा की विभिन्न परिस्थितियों में भिन्न-भिन्न तरह की शिक्षण शैली (teaching styles) की जरूरत हो सकती है ठीक वैसे ही जैसे भिन्न-भिन्न परिस्थिति में एक नेता को प्रभावी (effective) होने के लिए अलग-अलग नेतृत्व शैली की आवश्यकता पड़ती है। कक्षा (classroom) की कुछ परिस्थितियाँ ऐसी भी हो सकती हैं जहाँ शिक्षक को छात्र केन्द्रित उपागम न अपनाकर नियंत्रणकारी उपागम (controlling approach) अपनाने की जरूरत पड़ सकती है। जैसे जिस कक्षा में छात्रों का अभिप्रेरण स्तर काफी कम होता है तथा कार्य सरल होता है, तो वहाँ इस ढंग का नियंत्रणकारी उपागम अधिक प्रभावी होगा।

(b) *लघु समूह प्रक्रियाएँ (Small group processes)*—स्कूल हो या कॉलेज या कोई अन्य शैक्षिक संस्थान, बहुत सारी अधिगम परिस्थितियाँ (learning situations) ऐसी होती हैं जिसमें छात्रों या शिक्षार्थियों का एक लघु समूह (small group) का उपयोग किया जाता है जहाँ एक शिक्षक तथा 15 से 20 छात्र होते हैं। अतः मनोवैज्ञानिकों की कोशिश इस बात की ओर रहा है कि किस तरह लघु समूह गत्यात्मककता (small group dynamics) को शिक्षा में उपयोग किया जाए ताकि शैक्षिक परिणाम को उन्नत बनाया जा सके। आजकल समाज मनोवैज्ञानिकों द्वारा लघु समूह प्रक्रियाएँ यथा, संचार (communication), निर्णय प्रक्रिया (decision-making), मानक विकास (norms development), नेतृत्व (leadership) आदि के बारे में पर्याप्त ज्ञान उपलब्ध कराये गए हैं जिनका उपयोग कक्षा में छात्रों के व्यवहार का विश्लेषण करने तथा शिक्षण के लिए प्रभावी विधियों का सुझाव देने से काफी किया जा रहा है। गोरमैन (Gorman, 1969), माईलस (Miles, 1969) तथा स्टैनफोर्ड (Stanford, 1977) ने अपने-अपने शोधों से यह स्पष्ट किया है कि मानव सम्बन्ध प्रशिक्षण (human relations training) की बढ़ती महत्ता से अनुभवजन्य अधिगम (experential learning) के लिए बहुत सारी विधियाँ (methods) तथा प्रविधियाँ (techniques) विकसित हुई हैं जिसे सफलतापूर्वक विभिन्न शैक्षिक परिस्थितियों (educational settings) में उपयोग किया गया है। ये सभी विधियाँ वयस्क शिक्षा के क्षेत्र में होने वाले अनुभवजन्य अधिगम के नियमों (principles) के अनुरूप ही हैं। इन सभी उपागमों तथा विधियों में छात्र या शिक्षार्थी को एक सर्जनात्मक (creative) एवं सहयोगपूर्ण सामूहिक अधिगम (group learning situation) का एक सक्रिय (active) सम्पूर्ण सहभागी (participating) सदस्य के रूप में समझा जाता है।

समूह विधियों (group methods) को शिक्षण (teaching) में अनुग्रहित करने का सबसे पहला उत्तम चरण इस बात को स्वीकार करना है कि कक्षा (classroom) व्यक्तियों का ऐसा समूह है जिसके सदस्यों में सांझा (shared) प्रत्याशा (expectation), मूल्य (values), मानक (norms) तथा लक्ष्य (goals) हैं। ऐसा समूह अलग-अलग शिक्षक-छात्र सम्बन्धों का मात्र एक संग्रहण (collection) नहीं है। स्टैनफोर्ड (Stanford, 1977) ने अपने अध्ययन के आधार पर यह बतलाया है कि अक्सर यह देखा गया है कि एक कक्षा जिसमें बहुत सारे छात्र हैं, एक समूह के रूप में कार्य नहीं करता है। ऐसे छात्रों में समूह पहचान (group identity) नहीं होता है। छात्र एक-दूसरे के साथ बहुत अच्छा अनुभव नहीं करते हैं। वे हँसी उड़ाये जाने या लज्जा (embarrassment) के कारण खुलकर कक्ष में कुछ योगदान भी नहीं करते हैं। प्रायः वे एक-दूसरे के साथ उग्र होकर प्रतियोगिता दिखलाते हैं। जब उनसे सहयोग करने के लिए कहा जाता है, उनका प्रयास प्रायः बेकार जाता है क्योंकि उनमें साथ-साथ सहयोग दिखाकर कार्य करने का कौशल नहीं होता है।

ऐसे छात्रों को कक्षा में एक समूह के रूप में कार्य करने के लिए यह आवश्यक है कि उसमें कुछ परिवर्तन हो। स्टैनफोर्ड ने ऐसे कई मानव सम्बन्ध अभ्यासों (human relations exercises) को एक क्रमबद्ध तकनीकी (systematic technolgy) में विकसित किया है ताकि कक्षा के छात्रों को एक समूह (group) के रूप में विकसित किया जा सके। इसे समूह प्रक्रियाओं (group processes) का विकासात्मक मॉडल (developmental model) कहा गया जिसमें पाँच अवस्थाएँ होती हैं—*उन्मुखता की अवस्था* (stage of orientation), *मानक स्थापित करने की अवस्था* (stage of establishing norms), *द्वन्द्व के साथ निपटने की अवस्था* (stage of coping with conflict), *उत्पादकता की अवस्था* (stage of productivity) तथा *समापन की अवस्था* (stage of termination)। इन अवस्थाओं से गुजरकर कक्षा के छात्रों का जमावड़ा या संग्रहण (collection) एक समूह बन जाता है। स्टैनफोर्ड ने प्रत्येक अवस्था के लिए एक सैद्धान्तिक वर्णन (theoretical description), मददगारी शिक्षक व्यवहार के लिए सुझाव (suggestion for helpful teacher behaviour) तथा संरचित अभ्यासों (structured exercises) का एक सेट तैया किया है जिसके आधार पर

सही अर्थ में कक्षा एक समूह के रूप में विकसित हो पाता है। इस प्रक्रिया को अधिक स्पष्ट करने के लिए स्टैनफोर्ड के कार्यक्रम (programme) से एक उदाहरण दिया जा रहा हे जो समूह में साँझा उत्तरदायित्व का मानक विकसित करने (developing a norm for shared responsibility in the group) से सम्बन्धित है। समूह मानक के विकास में उन्मुखता (orientation) की पहली अवस्था प्रारम्भ होगी—छात्रगण अपनी प्रत्याशाओं (expectations) को एक-दूसरे से बतलायेंगे, एक-दूसरे से अपने आप को परिचय करायेंगे तथा सहायता प्रदत्त शिक्षक व्यवहार (helpful teacher behaviour) तथा संरचित अभ्यासों (structured exercises) के माध्यम से विकास का भाव विकसित करेंगे। उसी तरह से उत्तरदायित्व (responsibility) का भाव विकसित करने में समूह को आवश्यक कौशल (necessary skills) सीखने का अवसर प्रदान किया जाता है और अपने व्यवहारों को अभ्यास करने के लिए कहा जाता है। शिक्षक छात्रों के समूह को प्रशिक्षित करते हैं तथा तर्कसंगत स्वतंत्रता (reasonable independence) का अभ्यास भी कराते हैं। यहाँ शिक्षक अपना सभी नियंत्रण को समाप्त तो नहीं करते हैं परंतु कक्षा की क्रियाओं को नियोजित करने तथा उन्हें कार्यान्वित करने में बहुत ही सक्रिय भूमिका निभाते हैं।

निष्कर्षतः यह कहा जा सकता है कि समूह प्रक्रियाओं (group processes) द्वारा अधिगम (learning) को उन्नत बनाने का तरीका उन सभी शिक्षकों एवं छात्रों के लिए जो जोखिम (risk) उठाने तथा आवश्यक कौशलों को विकसित करने के लिए तत्पर रहते हैं, एक उत्तम कदम है। जो शैक्षिक तंत्र (educational system) समूह अधिगम (group learning) पर आधृत होता है, उनमें वे सारी कठिनाइयाँ एवं कमियाँ दूर हो जाती हैं जिन्हें आलोचकों द्वारा प्रायः चिह्नित किया जाता है। ऐसे शैक्षिक तंत्र में छात्र एवं शिक्षक अर्थपूर्ण ढंग से अधिगम लक्ष्यों को पूरा करने में एक-दूसरे के साथ सहयोग दिखलाते हुए आगे बढ़ते हैं।

(c) *स्कूल में संगठनात्मक विकास (Organizational development in schools)*—संगठनात्मक विकास की प्रविधियों को शैक्षिक संस्थानों में उपयोग करके उत्तम परिणाम पाये गए हैं। संक्षेप में संगठनात्मक विकास से तात्पर्य संगठन (organization) के संस्कृति को प्रभावी एवं सहयोगपूर्ण प्रबन्धन के माध्यम से उन्नत बनाने से होता है ताकि संगठन की समस्या समाधान प्रक्रियाएँ पहले से अधिक प्रभावी एवं मजबूत हो सके। स्कूल के शैक्षिक वातावरण को उन्नत बनाने के लिए संगठनात्मक विकास के नियमों एवं संप्रत्ययों का उपयोग काफी किया गया है। स्कमुक एवं माईल्स (Schmuck & Miles, 1971) ने स्कूलों में किये गए संगठनात्मक विकास की समीक्षा किया और बतलाया है कि शैक्षिक परिणामों (educational outcomes) को उन्नत बनाने के लिए कई तरह की रणनीतियों (strategies) का उपयोग किया जाता है जिसमें समस्या-समाधान की विधियाँ एवं कक्षा समूह प्रक्रियाओं को उन्नत बनाना, सर्वे प्रदत्त पुनर्निवेशन (survey data feedback) का उपयोग, परिवर्तन एजेन्ट दल (change agent team) का उपयोग तथा छात्रों के समर्थन को मजबूत करना आदि प्रमुख है। स्कमुक तथा उनके सहयोगियों (Schmuck et. al., 1971, 1977) ने अपने पुस्तक में कुछ ऐसे विचार व्यक्त किये हैं जो इस ओर इशारा करता है कि किस तरह से विभिन्न तरह के प्रशिक्षण एवं परामर्श (consultation) का उपयोग करके शैक्षिक वातावरण को उन्नत बनाया जा सकता है। इसमें इनलोगों द्वारा अन्य बातों के अलावा संचार को स्पष्ट करने, लक्ष्य स्थापित करने, द्वन्द्व को प्रबंधित करने, सभाओं (meetings) को उन्नत बनाने, समस्या का समाधान करने एवं निर्णय लेने जैसी विधियों पर अधिक बल डाला है। कई ऐसे अध्ययन किये गये हैं जिनसे यह पता चलता है कि संगठनात्मक विकास द्वारा स्कूल के शैक्षिक कार्यों एवं वातावरण को उन्नत बनाया जा सकता है। उदाहरण रूप में एक बहुचर्चित अध्ययन जिसे कीज एवं वार्टुनेक (Keys & Bartunek, 1979) द्वारा किया गया है, यहाँ वर्णन किया जा रहा है—यह अध्ययन संगठनात्मक सिद्धान्त (organizational theory) एवं शोध के इस मौलिक नियम पर आधृत है कि यदि मानव सम्बन्ध कौशल (human relation skills) का उपयोग करते हुए सदस्यों को लक्ष्य (goal) के निर्धारण में भाग लेने के लिए कहा जाता है तो इससे सदस्यों में साथ-साथ मिलकर कार्य करने की क्षमता में वृद्धि हो जाती है। शोधकर्त्ताओं ने संगठनात्मक सिद्धान्त के इस नियम को स्कूल जो एक ढीला-ढाला संगठन होता है, में उपयोग करके यह देखने की कोशिश किया यह किस तरह से कार्य करता है। इस अध्ययन में शिकागो के साथ प्राथमिक स्कूलों के शिक्षकों एवं प्रिंसिपल ने भाग लिया। प्रत्येक स्कूल से सात शिक्षक एवं प्रिंसिपल ने एक प्रशिक्षण कार्यक्रम में भाग लिया। अन्य सात ऐसे स्कूल थे जिनके शिक्षकों एवं प्रिंसिपल को ऐसा प्रशिक्षण कार्यक्रम में भाग नहीं लिए। प्रशिक्षण कार्यक्रम सहभागियों को संचार कौशल (communication skills), मिल-जुलकर समस्या समाधान करना (participative problem solving) तथा द्वन्द्व प्रबन्धन (conflict management) में प्रशिक्षण दिया गया। इन सहभागियों को तब

अपने-अपने स्कूलों में बाकी शिक्षकों को वैसा ही प्रशिक्षण देने को कहा गया जैसा कि उन्हें यहाँ दिया गया था। अगले शैक्षिक सत्र (academic session) में स्कूल के सभी शिक्षक मिलकर कुछ ऐसे उभयनिष्ठ लक्ष्य (common goal) की पहचान किये जो शैक्षिक परिवर्तन (educational change) का आधार बन सके। मानव सम्बन्ध कौशलों (human relation skills) तथा लक्ष्यों पर शिक्षकों के बीच सहमति की सीमा जानने के लिए प्रत्येक स्कूल के सभी शिक्षकों को प्रश्नावली (questionnaire) के माध्यम से तथा दो शिक्षकों का साक्षात्कार लेकर किया गया। इसी तरह के आँकड़े उन सातों स्कूलों से संग्रह किये गए जिन्हें प्रशिक्षण नहीं दिया गया था। नये शिक्षक जो स्कूल में अगले साल नये शैक्षिक सत्र में अपना योगदान किये थे, प्रश्नावली एवं साक्षात्कार के माध्यम से उनके विचार भी जानने की कोशिश की गयी।

परिणाम में देखा गया कि वैसे स्कूल के शिक्षकों जिन्हें प्रशिक्षण दिया गया था, वैसे स्कूल के शिक्षकों की तुलना में जिन्हें प्रशिक्षण नहीं दिया गया था, को लक्ष्य सहमति (goal agreement) में अधिक लाभ प्राप्त हुआ। प्रशिक्षित स्कूल के शिक्षकों ने निर्णयन प्रक्रिया में अप्रशिक्षित स्कूल के,शिक्षकों की अपेक्षा अधिक सहभागिता दिखलाया। इतना ही नहीं, प्रशिक्षित स्कूल के शिक्षकों ने द्वन्द्व प्रबन्धन (conflict management) का उपयोग अप्रशिक्षित स्कूल के शिक्षकों की तुलना में अधिक करते पाये गए। संक्षेप में यह कहा जा सकता है कि प्रशिक्षित स्कूल के शिक्षकों द्वारा मानव सम्बन्ध कौशलों (human relation skills) का उपयोग अप्रशिक्षित स्कूल के शिक्षकों की अपेक्षा अधिक किया गया। इतना ही नहीं, प्रशिक्षित स्कूलों में नये सत्र में योगदान करने वाले शिक्षकों में भी मानव सम्बन्ध कौशलों का अंतरण होते पाया गया। निष्कर्षतः यह कहा जा सकता है कि संगठनात्मक विकास प्रशिक्षण (organizational development training) से निर्णय प्रक्रिया (decision making) तथा समस्या समाधान में सदस्यों की सहभागिता काफी बढ़ जाती है जिसका परिणाम यह होता है कि स्कूलों में शैक्षिक माहौल उत्तम हो जाता है।

स्पष्ट हुआ कि शिक्षा का समाज मनोविज्ञान मूलतः शैक्षिक संस्थानों (educational system) को एक सामाजिक तंत्र (social system) के रूप में स्वीकार करता है जहाँ अन्तर्वैयक्तिक व्यवहार तथा समूह व्यवहार के नियमों एवं सिद्धान्तों का उपयोग करके शैक्षिक संस्थानों की प्रभावशीलता को उन्नत बनाने का कार्य किया जाता है।

न्याय एवं कानून का समाज मनोविज्ञान
(Social Psychology of Law and Justice)

जैसा कि हम जानते हैं, समाज मनोवैज्ञानिकों द्वारा सामाजिक चिन्तन (social throught) एवं व्यवहार (behaviour) से सम्बन्धित कई तरह के विषयों का अध्ययन किया जाता है। अतः यह कोई आश्चर्य की बात नहीं है कि कई ऐसे विषयों पर भी समाज मनोवैज्ञानिकों द्वारा शोध किये गए हैं जिनका सम्बन्ध कानून एवं न्याय से अधिक है। दूसरे शब्दों में यह कहा जा सकता है कि समाज मनोवैज्ञानिकों द्वारा समाज मनोविज्ञान के कुछ नियमों एवं सिद्धान्तों का उपयोग कानून एवं न्याय से सम्बन्धित विषयों के अध्ययन में सफलतापूर्वक किया गया है।

सचमुच में यदि कोई अपराधिक न्याय तंत्र (criminal justuce system) के बारे में सही-सही ज्ञान प्राप्त करना चाहता है, तो उसे इस प्रक्रिया के प्रत्येक भाग से सम्बन्धित कई तरह के सामाजिक-मनोवैज्ञानिक प्रश्नों (social psychological questions) को पूछना आवश्यक होगा। दूसरे शब्दों में, हमें गिरफ्तार (arrest), दोष सिद्धि (conviction), कारावास (imprisonment) तथा पुनर्वास (rehabilitation) आदि के बारे में कुछ सामाजिक-मनोवैज्ञानिक प्रश्नों को पूछाना होगा। जैसे–

(i) किस तरह से सामाजिक प्रत्यक्षण तथा मनोवृत्ति व्यक्ति के व्यवहार को प्रभावित करता है : क्या होता जब पुलिस किसी व्यक्ति को गिरफ्तार करता है?

(ii) किस तरह से सामूहिक बल (group forces) निर्णयन प्रक्रिया (decision process) को प्रभावित करता है : किस तरह से अभिनिर्णायक (jury) एक दोषपूर्ण निर्णय पर पहुँचता है?

(iii) किस तरह से आम जनता की आवाज से सरकारी निर्णय प्रभावित होते हैं। किस तरह से सरकार आम जनता की आवाज पर अधिक जेल तथा जेल में अधिक-से-अधिक सुविधा प्रदान करती है, आदि-आदि।

यदि मनोविज्ञान एवं कानून (law) के ऐतिहासिक सम्बन्ध पर हम विचार करें तो यह स्पष्ट होगा कि ये दोनों ही एक-दूसरे से बिलकुल ही अपरिचित नहीं रहे हैं। टेप्प (Tapp, 1976) के अनुसार इन दोनों शास्त्रों का सम्बन्ध की शुरूआत की ऐतिहासिक जड़ें बीसवी शताब्दी के प्रारम्भ से ही देखा जा सकता है। उस समय मुख्य अभिरुचि इन प्रश्नों

का उत्तर जानने में था—प्रत्यदर्शी साक्ष्य (eyewitness testimony) किस तरह से प्रत्यक्षण की प्रक्रियाओं से प्रभावित होता है? व्यक्तिक का वैयक्तिक शीलगुण किस तरह से अपराधिक व्यवहार (criminal behaviour) से सम्बन्धित होता है? फिर भी मनोविज्ञान एवं कानून के सम्बन्ध में प्रगति बहुत ही मंद गति से होती रही और अन्त में, 1960 वाले दशक में इन दोनों शास्त्रों के सम्बन्ध में घनिष्ठता बढ़ने लगी क्योंकि मनोवैज्ञानिकों तथा वकीलों (lawas) के बीच विचार-विमर्श का सिलसिला मजबूत होने लगा। बहुत सारे ऐसे सम्मेलन, प्रशिक्षण कार्यक्रम, पाठ्यपुस्तक (text books) तथा उनकी समीक्षाओं का प्रकाशन किया गया जिसमें मनोविज्ञान तथा कानून के बीच के मजबूत रिश्ते का महत्त्व समझा गया।

टेप्प (Tapp, 1976) ने निम्नांकित तीन ऐसे क्षेत्रों की पहचान किया है जिसमें समाज मनोविज्ञान तथा कानून का जोरदार अंतक्रियाएँ होती हैं:—

(1) कानूनी समाजीकरण (Legal socialization)

(2) न्यायिक प्रक्रिया (Judicial process)

(3) अपराधिक न्याय प्रक्रिया (Criminal Justice system)

इन तीनों का वर्णन हम अलग-अलग अनुच्छेदों में करेंगे।

(1) कानूनी समाजीकरण (*Legal socialization*)

कानूनी समाजीकरण की प्रक्रिया मूलतः समाज एवं समुदाय (community) में होती है। कानूनी समाजीकरण से तात्पर्य कानूनी मनोवृत्ति (legal attitudes) तथा व्यवहार को सीखने से होता है, तथा साथ-ही-साथ क्या गलत है या क्या सही है, के बारे में कानूनी निर्णय लेने के लिए वैयक्तिक मानक (individual standards) के विकास से होता है। इसमें व्यक्ति समाज की समस्याओं का समाधान करने के लिए न्यायिक तंत्र (legal system) का उपयोग करना सीखता है। नैतिक विकास (moral development) के सिद्धान्तों एवं अध्ययन समाज के नियमों तथा व्यक्ति के व्यवहारों को समझने में काफी उपयोगी सिद्ध हुए हैं।

कानूनी समाजीकरण में स्पष्टतः तब पुलिस (police) की अहं भूमिका होती है। सचमुच में पुलिस अपराधिक न्याय तंत्र (criminal justice system) तथा आम नागरिक के बीच एक पुल (bridge) का कार्य करता है। अपराधिक न्याय तंत्र में पुलिस पहला व्यक्ति होता है जिसे अपना विवेक या स्वनिर्णय (discretion) के उपयोग का अधिकार होता है। इस विवेक का उपयोग करके वह निर्णय लेता है कि किसी को गिरफ्तार किया जाय या गिरफ्तार नहीं किया जाय। ब्लैक (Black, 1971) तथा शेभर एवं उनके सहयोगियों (Shaver et. al., 1975) द्वारा किये गए शोधों से यह स्पष्ट हुआ है कि पुलिस का यह निर्णय कई तरह के सामाजिक-मनोवैज्ञानिक चरों (social psychological variables) द्वारा प्रभावित होता है। पुलिस ऑफिसर को नियम एवं कानून के बारे में विशेष मत होता है तथा साथ-ही-साथ वह सावधानीपूर्वक संदेहभाजन या संदिग्ध व्यक्ति (suspect) द्वारा दिखलाये आदर या अनादर की मनोवृत्ति (attitude) पर ध्यान देता है। जैसे ही संदिग्ध व्यक्ति को गिरफ्तार किया जाता है, फिर इसका पूछ-ताछ (interogation) प्रारम्भ होता है जहाँ फिर एक बार पुलिस ऑफिसर को अपना विवेक का उपयोग करना होता है। यहाँ अधिकतर लोगों की मान्यता यह है कि पूछ-ताछ करने वाले पुलिस अधिकारी *कुतूहली उपागम* (inquisitorial approach) जिसमें वे सच्चाई जानना चाहते हैं अपनायेंगे न कि *विरोधात्मक उपागम* (adversarial approach) जिसमें पुलिस अधिकारी अनइच्छुक प्रतिवादी (unwilling defendent) से जबरदस्ती कुछ मनवाकर या स्वीकार करवा के उसके दोष को साबित करना चाहते हैं, को अपनायेंगे। इसका मतलब यह हुआ कि हमलोग में अधिकतर लोग यह पसंद करते हैं कि पुलिस को सूचना इकट्ठा करना चाहिए न कि सामाजिक प्रभाव (social influence) या अनुनयन (perusasion) का एक अवांछित प्रारूप अपनाकर प्रतिवादी से कुछ मनवा लेना या स्वीकार करा लेना चाहिए।

अध्ययनों से स्पष्ट हुआ है कि पुलिस द्वारा विरोधात्मक उपागम नहीं अपनाये जाने के बावजूद भी इस प्रक्रिया में कुछ गम्भीर पूर्वाग्रह प्रवेश कर जाता है। पूछ-ताछ किये जाने के दौरान संदिग्ध व्यक्ति अपने आप को इतना तनावपूर्ण एवं संवेगात्मक परिस्थिति में पाता है कि वह घबड़ाकर वैसे अपराध को करने की बात को स्वीकार कर लेता है जिसे वह कभी नहीं किया है। इसका परिणाम यह होता है कि जूरी या अभिनिर्णायक (jury) उसके स्वीकारोक्ति (confession) को सही मानकर उसे सजा दे देते हैं। इस तरह के पूर्वाग्रह को दूर करने के लिए समाज मनोवैज्ञानिकों का सुझाव है कि पूछ-ताछ की पूरी प्रक्रिया को विडियो टेप कर लिया जाय क्योंकि विडियो टेप करने से पुलिस अधिकारी किसी जबरदस्ती

या अवपीड़न (coercion) का उपयोग नहीं कर पायेंगे। ऐसा विडियो टेप जब अभिनिर्णायक को दिखलाया जाता है, तो वे भी सही-सही इंस निर्णय पर पहुँच पायेंगे कि संदिग्ध व्यक्ति द्वारा किया गया स्वीकारोक्ति सही है या गलत। परंतु इसमें भी एक दोष पाया गया। अधिकतर केसेज में देखा गया है कि जब संदिग्ध व्यक्ति का पुलिस अधिकारी द्वारा किया गया पूछ-ताछ का विडियो टेप किया जाता है, तो टेप का फोकस का केन्द्र संदिग्ध व्यक्ति ही होता है। ऐसी परिस्थिति में फिर निर्णय में कुछ पूर्वाग्रह उत्पन्न हो जाता है क्योंकि व्यक्ति में एक महत्त्वपूर्ण प्रवृत्ति यह होती है कि जो भी व्यक्ति के ध्यान का केन्द्र होता है, उसे वह उन घटनाओं की तुलना में अधिक महत्त्व देता है, जो उसके ध्यान केन्द्र से बाहर होता है। ऐसी परिस्थिति में बहुत उम्मीद यह बनती है कि जूरी या अभिनिर्णायक संदिग्ध व्यक्ति द्वारा किए गए किसी भी स्वीकारोक्ति (confession) को सही एवं ऐच्छिक (voluntary) मान लेगा। इस प्राक्कल्पना की जाँच करने के लिए लास्सिटर तथा उनके सहयोगियों (Lassiter et al., 2002) ने एक प्रयोग किया जिसमें सहभागियों (participants) को पूछ-ताछ (interogation) का कुछ विडियो टेप दिखलाया गया जिसमें संदिग्ध व्यक्ति द्वारा कुछ स्वीकारोक्ति भी की गयी थी। एक अवस्था ऐसी थी जिसमें विडियो टेप करते समय कैमरा सिर्फ संदिग्ध व्यक्ति (suspect) पर फोकस किया गया था तथा दूसरी अवस्था ऐसी थी जिसमें कैमरा का फोकस संदिग्ध व्यक्ति तथा पूछताछ करने वाले व्यक्ति दोनों पर ही होता था। इन दोनों अवस्थाओं में अन्य सारी चीजों जैसे संदिग्ध व्यक्ति का उत्तर, पूछ-ताछ करने वाले अधिकारी का प्रश्न आदि सभी यथावत थे। परिणाम में देखा गया कि सहभागियों ने प्रथम अवस्था में किये गये स्वीकारोक्ति को दूसरी अवस्था के किये गये स्वीकारोक्ति की तुलना में अधिक ऐच्छिक (voluntary) तथा वास्तविक माने हालांकि संदिग्ध व्यक्ति के उत्तर एक समान थे। इतना ही नहीं, संदिग्ध व्यक्ति को प्रथम अवस्था में अधिक दोषी समझा गया और तुलनात्मक रूप से कड़ी सजा देने की अनुशंसा की गयी। इस परिणाम से यह स्पष्ट हो जाता है कि जो भी चीज/घटना व्यक्ति के ध्यान के केन्द्र में होता है, वही व्यक्ति के आरम्भिक सोच एवं चिन्तन का केन्द्र बिन्दु हो जाता है जो बाद में होने वाले निर्णयों को काफी प्रभावित होता है। इस अध्ययन का स्पष्ट आशय (inplication) तब यह है कि पुलिस द्वारा किये गये पूछ-ताछ का विडियो टेपिंग उत्तम एवं लाभदायक तभी होता है जब कैमरा द्वारा दोनों अर्थात् संदिग्ध व्यक्ति (suspect) तथा पूछताछ करने वाले अधिकारी को दिखलाया जाता है। अगर सिर्फ कैमरा का फोकस संदिग्ध व्यक्ति पर होता है तो इससे अभिनिर्णायकों (juries) को यह निर्णय करने में गलती हो सकती है कि स्वीकारोक्ति किस सीमा तक ऐच्छिक है।

कभी-कभी पुलिस सामाजिक-मनोवैज्ञानिक रणनीतियों (social-psychological tactics) को अपनाकर स्वीकारोक्ति (confession) करवाती है। इस तरह की सम्पुष्टि जिम्बार्डो (Zimbardo, 1969) के अध्ययन से हुआ है। पुलिस या पूछ-ताछ अधिकारी संदिग्ध व्यक्ति के साथ दोस्ताना परन्तु झूठा सम्बन्ध (false relationship) स्थापित कर लेते हैं ताकि संदिग्ध व्यक्ति को यह विश्वास हो जाए कि सही-सही बात बतलाने से भी उसे कोई खास नुकसान नहीं होगा। इस तरह से पूछताछ अधिकारी सामाजिक अनुमोदन (social approval) को एक पुनबर्लक (reinforcer) के रूप में उपयोग करके संदिग्ध व्यक्ति को चालाकी से प्रभावित करते हैं। कृपादृष्टि प्रविधि (ingratiation techniques) जैसे चापलूसी करके (flattery) तथा अशाब्दिक प्रविधियाँ (non-verbal techniques) जैसे संदिग्ध व्यक्ति के कंधे पर थपथपाकर पूछताछ करने वाले अधिकारी संदिग्ध व्यक्ति को पूछताछ के दौरान सहयोग दिखलाने के लिए बाध्य करते हैं। शेभर तथा उनके सहयोगियों (Shaver et. al., 1975) ने अपने अध्ययन के आधार पर यह विचार व्यक्त किया है कि पूछताछ की प्रविधियों में से किसका उपयोग पुलिस अधिकारी अधिक करेंगे, यह सामाजिक-मनोवैज्ञानिक कारकों (social-psychological factors) पर उतना ही निर्भर करता है जितना कि यह कानून के स्थापित नियमों पर।

पुलिस पदाधिकारी द्वारा किया गया पूछताछ इस बात से भी प्रभावित होता है कि इस ढंग का पूछ-ताछ कहाँ किया जा रहा है? सामान्यतः यह देखा गया है कि पूछ-ताछ करने वाले अधिकारी अभित्रस्त करने वाले स्थान (intimidating location) जैसे पुलिस कार्यालय में न कि सामान्य जगह जैसे, घर, दफ्तर, कॉलेज आदि में पूछताछ करना अधिक पंसद करते हैं। गुडजॉनस्सोन एवं क्लार्क (Gudjonsson & Clark, 1986) ने अपने अध्ययन के आधार पर यह बतलाया है कि इस तरह के अभित्रस्त उत्पन्न करने वाले स्थान में पूछताछ करने से आम जनता में यह विश्वास मजबूत होता है कि एक सही अधिकारी ही संदिग्ध व्यक्ति से पूछताछ कर रहा है कोई अन्य व्यक्ति नहीं।

2. न्यायिक प्रक्रिया (*Judicial process*)

सैक्स तथा हास्टी (Saks & Hastier, 1978) ने अपने प्रसिद्ध पुस्तक *सोसल साइकोलॉजी इन कोर्ट* (Social

Psychology in Court) में यह स्पष्टतः दिखलाया है कि समाज मनोविज्ञान न्यायिक प्रक्रिया में अपना योगदान किस तरह से करता है। इस पुस्तक में इन दोनों लेखकों ने अन्य बातों के अलावा न्यायमूर्तियों (judges) के व्यवहारों, अभिनिर्णायकों का चयन (jury selection) एवं उनकी निर्णयन प्रक्रिया (decision-making), वकीलों एवं प्रतिवादियों (defendents) का व्यवहार, प्रत्यक्षदर्शी साक्ष्य (eyewitness testimony) की सबूत तथा वैधता आदि के महत्त्व पर काफी बल डाला है। इन महत्त्वपूर्ण तथ्यों पर हम एक-एक करके विचार इस प्रकार करेंगेः—

(क) प्रत्यक्षदर्शी साक्ष्य *(Eyewitness testimony)*—प्रत्यक्षदर्शी साक्ष्य से मतलब उस व्यक्ति द्वारा सबूत या प्रमाण देने से होता है जिसने अपराध को अपनी आँखों से होता देखा है। सरसरी निगाह से तो यह अतिउत्तम दीखता है कि इससे अच्छा न्यायिक प्रक्रिया के लिए और क्या हो सकता है कि अपराध होते जिस व्यक्ति ने देखा है, वही खुद उसका सबूत उपस्थित कर रहा है, परंतु हकीकत कुछ और है। सच्चाई यह है कि व्यक्ति का प्रत्यक्षण (perception), चिन्तन (thinking) तथा स्मृति (memory) कभी पूर्ण नहीं होते हैं और उसमें स्वभावतः विकृतियाँ (distortions) उत्पन्न हो जाती हैं। ऐसी अवस्था में प्रत्यक्षदर्शी साक्ष्य पर बहुत भरोसा नहीं किया जा सकता है। वेल्स (Wells, 1993) ने अपने अध्ययन में पाया है कि प्रत्यक्षदर्शी साक्ष्य में प्रायः निर्दोष लोग भी गलत तरीके से फँसा दिये जाते हैं तथा जारागोजा एवं उनके सहयोगियों (Zaragoza et al., 2001) ने अपने अध्ययन में पाया कि प्रत्यक्षदर्शी साक्ष्य में व्यक्ति कभी-कभी कुछ वैसी घटनाओं का भी उल्लेख कर देता है जो वास्तव में घटे ही नहीं होते हैं।

समाज मनोवैज्ञानिकों द्वारा प्रत्यक्षदर्शी साक्ष्य में होने वाले त्रुटियों एवं विकृतियों (distortions) के कारणों का पता लगाने के लिए कुछ शोध किये गए हैं जिनके आधार पर निम्नांकित दो ऐसे कारकों की पहचान की गयी जिससे प्रत्यक्षदर्शी साक्ष्य में त्रुटियाँ उत्पन्न होती हैं।

(a) आकलक चर (Estimator variables)

(b) तंत्र चर (System variables)

इन दोनों चरों का वर्णन निम्नांकित है—

(a) आकलन चर *(Estimator variables)*

आकलन चर से तात्पर्य उन कारकों से होता है जो स्वयं प्रत्यक्षदर्शी से या उस परिस्थिति से संबंधित होता है जिसमें घटना होते व्यक्ति द्वारा देखा गया है। इसमें निम्नांकित कारकों को महत्त्वपूर्ण बतलाया गया हैः—

(i) *प्रत्यक्षण करने का अवसर (Viewing Opportunity)*—अध्ययनों से यह स्पष्ट हुआ है कि यदि साक्षी घटना को ठीक ढंग से नहीं देखता है या उसके बारे में नहीं सुन पाता है, तो उसके बारे में वह सही-सही सूचना नहीं दे पाता है। साक्षी जब किसी घटना को 20 गज की दूरी से दिन में देखता है, तो वह उसपर काफी ध्यान भी देता है तथा उसकी सूचना भी ठीक-ठाक दे पाता है। परंतु यदि किसी घटना को रात में 100 गज की दूरी से देखता है, तो उस घटना पर तो वह ध्यान भी ठीक से नहीं दे पाता है तथा साथ-ही-साथ उसका याद भी वह नहीं रख पाता है। शापिरो एवं पेनरॉड (Shapiro & Penrod, 1986) ने अपने अध्ययन के आधार पर यह बतलाया है कि साक्षी उस परिस्थिति में चेहरों को अच्छे ढंग से पहचान कर पाते हैं जब उन्हें उस पर अधिक लम्बे समय तक देखने का मौका मिलता है और उसपर अधिक ध्यान देने का मौका मिलता है।

(ii) *सांवेगिक उत्तेजन एवं तनाव (Emotional arousal and stress)*—साक्षी द्वारा दिये गए सूचना अंशतः इसलिए विकृत हो जाते हैं क्योंकि अपराध का दृश्य व्यक्ति में तीव्र नकारात्मक संवेग एवं उत्तेजन उत्पन्न करता है। नकारात्मक संवेग के उत्तेजन से प्रभावित होकर साक्षी कुछ ऐसा गलती कर बैठता है जिससे निर्दोष को भी सजा मिल जाता है। जैसे, लोफ्टस (Loftus, 1992) ने एक ऐसा केस का वर्णन किया है जिसमें बलात्कार की पीड़िता ने गलत पुरुष को बलात्कारी के रूप में पहचान कर लिया जिसके कारण उस निर्दोष व्यक्ति को सजा दे दी गयी। क्रिस्टियानसन (Christianson, 1992) ने अपने अध्ययन में पाया कि नकारात्मक संवेगात्मक घटना (negative emotional event) व्यक्ति में स्वयं अपने बारे में (यानी कि घटना के बारे में) एक सही स्मृति अवश्य उत्पन्न करता है परंतु उस घटना के बाद या पहले के तथ्यों के बारे में कम यथार्थ स्मृति उत्पन्न करता है। जैसे, एक व्यक्ति (साक्षी) जिसने एक हिंसात्मक घटना को देखा है, उसमें उस हिंसात्मक घटना की यादगारी तो उत्तम होता है परंतु उस घटना के बाद हिंसा करने वाला व्यक्ति क्या किया, इसकी याद कम रहती है।

(iii) *शस्त्र फोकस प्रभाव (Weapon focus effect)*—शस्त्र फोकस प्रभाव एक ऐसी घटना होती है जिससे भी साक्षी द्वारा प्रस्तुत किया गया सूचना विकृत हो जाता है। इस तरह की घटना में प्रत्यक्षदर्शी (eyewitness) अपराध करने में उपयोग में लाया गया शस्त्र के बारे में अधिक याद रखता है परंतु उस अपराधी के बारे में जिसने अपराध किया है, बहुत कम याद रख पाता है। इसका कारण समाज मनोवैज्ञानिकों ने यह बतलाया है कि किसी अपराध में शस्त्र का उपयोग होने पर प्रत्यक्षदर्शी अपना ध्यान शस्त्र पर अधिक फोकस करता है, अपराधी पर कम। स्टेबले (Steblay, 1992) ने अपने अध्ययन के आधार पर इस तथ्य की सम्पुष्टि किया है। पिकेल (Pickel, 1999) तथा शॉ एवं स्कॉलनिक (Shaw & Skolnick, 1999) ने अपने अध्ययन के आधार पर यह बतलाया है कि जब अपराध में नये एवं अजूबा प्रकार का शस्त्र का उपयोग किया जाता है, तो प्रत्यक्षदर्शी का ध्यान उस शस्त्र पर ज्यादा देर तक बना रहता है और उससे सम्बन्धित सूचना को वह काफी समय तक याद रखता है। पिकेल (Pickel, 1999) ने अपने अध्ययन के आधार पर यह भी बतलाया है कि शस्त्र फोकस प्रभाव (weapon focus effect) उस परिस्थिति में और ज्यादा स्पष्ट ढंग से होते पाया गया है जहाँ लोग शस्त्र होने की उम्मीद नहीं करते हैं। जैसे, प्रत्यक्षदर्शी का ध्यान मंदिर या मस्जिद में अपराधी द्वारा उपस्थित किये गए शस्त्र पर तुलनात्मक रूप से एक पार्क या किसी सुन-सान जगह पर उपस्थित किये गए शस्त्र की अपेक्षा अधिक जायेगा। शस्त्र फोकस प्रभाव में चूँकि प्रत्यक्षदर्शी का ध्यान अपराध तथा अपराधी पर शस्त्र की तुलना में कम जाता है, इसलिए वह अपराधी को पहचानने या उससे सम्बन्धित सूचना की याद भी बहुत उत्तम ढंग से नहीं रख पाता है।

(iv) *समय एवं मध्यवर्त्ती सूचनाएँ (Time and intervening situation)* —प्रत्यक्षदर्शी द्वारा दी गयी सूचना में विकृति का एक कारण घटना घटने एवं उसका फिर प्रत्याह्वान (recall) या प्रत्यभिज्ञान (recognition) किये जाने के बीच का समय अंतराल तथा उस समय अंतराल में किए गए अन्य मध्यवर्त्ती क्रियाएँ या सूचनाएँ होतीं हैं। यह समय अंतराल जितना ही लम्बा होता है, प्रत्यक्षदर्शी द्वारा दी गयी सूचनाओं में विकृति उतनी ही अधिक होती है जिसका प्रमुख कारण यह है कि समय बीतने के साथ वह अपराधी एवं अपराध के स्वरूप दोनों के बारे में भूलता जाता है। वेल्स (Wells, 2002) ने अपने अध्ययन के आधार पर यह बतलाया है कि दी गयी सूचनाओं की परिशुद्धता में घटना के तुरंत बाद बहुत तेजी से गिरावट आती है और फिर उसमें धीरे-धीरे गिरावट आती है। लोफ्टस (Loftus, 1992) ने अपने अध्ययन के आधार पर यह बतलाया है कि घटना घटने तथा उसका प्रत्याह्वान या प्रत्यभिज्ञान करने के बीच प्रत्यक्षदर्शी को कई तरह के भ्रामक सूचनाओं (misleading information) का सामना होता है। ऐसी सूचनाओं को वह कई स्रोतों जैसे पुलिस द्वारा किये गए प्रश्नों, समाचार (news) तथा अन्य व्यक्तियों द्वारा दी गयी सूचनाओं आदि से प्राप्त करता है। ये सारी सूचनाएँ उस सूचना के साथ संयोजित हो जाती है जो मुख्य रूप से अपराध से सम्बन्धित होते हैं। प्रत्यक्षदर्शी द्वारा त्रुटियाँ इसलिए हो जाती हैं क्योंकि वह जो अपराध से सम्बन्धित सूचनाओं को मूलतः याद किया है और जो बाद में याद हुआ है, में अंतर नहीं कर पाता है।

(b) तंत्र चर *(System Variables)*

तंत्र चर में वैसे कारकों को रखा जाता है जो अपराधिक न्याय (criminal justice) या कानूनी तंत्र (legal system) के नियंत्रण में प्रत्यक्षतः होता है तथा प्रत्यक्षदर्शी साक्ष्य की परिशुद्धता को प्रभावित करता है। इसके तहत निम्नांकित कारकों को मुख्य माना गया है:—

(i) *प्रश्न करने की प्रविधि (Questioning Techniques)*—रोयबर्स तथा स्कनीडर (Roebers & Schneider, 2000) तथा वेल्स (Wells, 2002) द्वारा किये गए अध्ययनों से यह स्पष्ट हुआ है कि पुलिस अधिकारी या अपराधिक अन्वेषणकर्त्ता (criminal investigators) किस तरह से प्रश्नों को अपराधियों से पूछते हैं, उसका प्रभाव न केवल उनके उत्तरों पर पड़ता है बल्कि उन घटनाओं के दीर्घकालीन स्मृति को भी प्रभावित करता है। कुछ प्रश्न विचारोत्तेजक (suggestive) होते हैं परंतु वे जान-बूझकर भ्रामक (misleading) बना दिये जाते हैं। प्रश्न के शब्द में हल्का परिवर्तन से भी व्यक्ति उसके प्रति अपना उत्तर में बदलाव कर लेता है। इस तथ्य की पुष्टि लोफ्टस तथा पालमर (Loftus & Palmer, 1974) ने अपने अध्ययन के आधार पर किया है। इस अध्ययन में सहभागियों (participants) को कार दुर्घटना का एक दृश्य दिखलाया गया। इसके बाद उनसे दुर्घटना के समय कार की सम्भावित गति (possible speed) बतलाने के लिए कहा गया। एक ही प्रश्न में थोड़ा संशोधन करके पूछने पर सहभागियों ने कार की सम्भावित गति का आकलन अलग-अलग किया। जैसे, प्रश्न इस तरह किया गया कि जब कार दुर्घटना के समय दूसरे चीज से *सम्पर्क* (contact) किया, तो उसकी सम्भावित गति क्या थी, तो उसका उत्तर 31.8 मील प्रति घंटा बतलाया गया। परंतु जब कार दुर्घटना

में दूसरे चीज से टकराकर टुकड़ा-टुकड़ा (smashed) हो गया, तो उस समय उसकी सम्भावित गति क्या थी, के उत्तर में सहभागियों ने कार की संभावित गति 40.8 प्रति घंटा की दर से आकलन किया। स्पष्ट हुआ कि प्रत्यक्षदर्शी द्वारा दुर्घटना के दृश्य की गयी व्याख्या इस बात से प्रभावित होता है कि किस ढंग से प्रश्न पूछा गया या घटना का वर्णन किया गया।

कुछ प्रश्न जान-बूझकर भ्रामक बना दिये जाते हैं क्योंकि कुछ ऐसी सूचनाओं को पूछा जाता है जिससे सम्बद्ध तथ्य घटना में होते ही नहीं हैं। इसे *उत्तर घटना सूचना* (post event information) कहा जाता है। जैसे, लोफ्टस (Loftus, 1975) ने एक दूसरा अध्ययन किया जिसमें सहभागियों को एक कार दुर्घटना का दृश्य दिखलाया गया। उसके बाद सहभागियों से निम्नांकित दो प्रश्नों में से एक प्रश्न पूछा गया।

(a) सड़क पर जाते समय उजला रंग का कार की सम्भावित गति क्या थी?

(b) सड़क पर जाते समय जब उजला रंग का कार खलिहान (farm) से होकर गुजर रहा था, तो उस वक्त उसकी सम्भावित गति क्या थी?

परिणाम में देखा गया कि 17 प्रतिशत वैसे सहभागियों जिनसे दूसरा प्रश्न पूछा गया था, ने यह कहा कि वह दृश्य में खलिहान देखा था (जब कि सच्चाई यह थी कि दृश्य में कोई खलिहान नहीं था) जब मात्र 3 प्रतिशत वैसे सहभागियों ने जिनसे पहला प्रश्न किया गया था, ने दृश्य में खलिहान देखने की बात कहा। इस परिणाम से स्पष्ट हो जाता है कि जब प्रश्न ऐसे होते हैं जिसमें उत्तर घटना सूचना (postevent information) सम्मिलित होते हैं, व्यक्ति को यह सोचने के लिए मजबूर कर देता है कि उसे सचमुच में कुछ याद है (जो वास्तव में मौजूद ही नहीं था)

समाज मनोवैज्ञानिकों ने इस उत्तरघटना सूचना प्रभाव (postevent information effect) जिससे स्मृति प्रभावित होती है, कि व्याख्या तीन तरह से किया है—

(a) पहली व्याख्या को *अतिलेखन प्राक्कलपना* (overwriting hypothesis) कहा गया जिसके अनुसार किसी घटना को देखने के बाद साक्षी को जो सूचना मिलती है, वह स्थायी तौर पर घटना के मौलिक स्मृति चिह्नों का नाश कर देती है। इस प्राक्कल्पना के अनुसार स्मृति सचमुच में श्यामपट (blackboard) पर कुछ लिखे गए अक्षर/शब्द के समान होता है जिसे मिटाकर फिर उस पर कुछ भी नया लिखा जा सकता है।

(b) दूसरी व्याख्या को *विस्मरण प्राक्कल्पना* (forgetting hypothesis) कहा गया है जिसके अनुसार समय बीतने के साथ व्यक्ति देखे गये घटना से सम्बन्धित तथ्यों को भूलता जाता है और जब उसके बारे में कुछ प्रश्न किया जाता है, तो वह अन्य प्राप्य सूचनाओं (available information) के आधार पर कुछ अन्य तरह की सूचना जो जिसे उत्तर घटना सूचना में सम्मिलित कर लिया जाता है, दे देता है। इसे ध्यान में रखते हुए मैकक्लॉजकी तथा जारागोसा (McCloskey & Zaragosa, 1985) ने यह कहा है कि विस्मरण प्राक्कल्पना के अनुसार उत्तर घटना सूचना वर्तमान स्मृति को परिवर्तित नहीं करता है परंतु यह निश्चित रूप से विस्मरण द्वारा उत्पन्न खाई को भरने का काम करता है।

(c) तीसरी व्याख्या को समाज मनोवैज्ञानिकों ने *स्रोत मॉनिटरिंग सिद्धांत (Source monitoring theory)*—कहा है जिसके अनुसार व्यक्ति मौलिक घटना तथा उत्तर घटना सूचना (postevent information) दोनों तरह की सूचनाओं को स्मृति में संचित करते हैं। यहाँ साक्षी (witness) को स्रोत मानिटरिंग (Source monitoring) में दिक्कत होती है। स्रोत मॉनिटरिंग की प्रक्रिया एक ऐसी प्रक्रिया है जिसमें व्यक्ति स्मृति में संचित सूचनाओं के स्रोत की पहचान करता है। स्रोत मॉनिटरिंग की प्रक्रिया में दिक्कत होने के कारण साक्षी को यह गलतफहमी हो जाती है कि उत्तर घटना सूचनाएँ सचमुच में मौलिक घटना के प्रेक्षण (observation) से ही आये हैं।

(ii) कतारबद्ध पूर्वाग्रह *(Lineup biases)*—प्रायः देखा गया है कि पुलिस अन्वेषणकर्त्ता (Police investigators) प्रायः साक्षी से संदिग्ध व्यक्ति (sespect) की पहचान करवाते हैं। इसके लिए साक्षी को पुलिस द्वारा कई व्यक्तियों का फोटोग्राफ दिखलाया जाता है या फिर एक या कई सम्भावित संदिग्ध व्यक्तियों को एक कतार में खड़ा करके उसमें से उसे पहचान करने के लिए कहा जाता है। पहले तरह की प्रक्रिया को *फोटोस्प्रेड* (photospread) कहा जाता है तथा दूसरी प्रक्रिया को *व्यक्तियों के बीच की पहचान* (in-person identification) कहा जाता है।

व्यक्तियों के बीच की पहचान में दो प्रविधियाँ सम्मिलित होती हैं—*शोअप* (showup) तथा *लाइनअप* (Lineup)। शोअप एक ऐसी प्रविधि है जिसमें साक्षी (witness) के सामने एक ही व्यक्ति को उपस्थित किया जाता है और उससे पूछा जाता है कि क्या यह वही व्यक्ति है जिसने अपराध किया है? लाइनअप (lineup) में कई व्यक्तियों को एक साथ

कतार में उपस्थित करके साक्षी को उसमें से संदिग्ध व्यक्ति की पहचान करने के लिए कहा जाता है। सामान्यतः लोगों का विचार है कि शोअप लाइनअप की तुलना में अधिक विचारोत्तेजक (suggestive) होता है क्योंकि एक ही आदमी को साक्षी के सामने उपस्थित करने से इस बात की उम्मीद बहुत बढ़ जाती है कि वह संदिग्ध व्यक्ति की सही पहचान कर लें। परंतु स्टेबले तथा उनके सहयोगियों (Steblay et. al., 2003) ने अपने अध्ययन के आधार पर यह दिखला दिया है कि साक्षी द्वारा किया गया पहचान की दर (rate) लाइनअप तथा शोअप दोनों में एक समान होता है। साथ ही यह भी पाया गया कि जब संदिग्ध व्यक्ति सचमुच में लाइनअप या शोअप में अनुपस्थित रहता है, तो साक्षी (witness) शोअप में लाइनअप की तुलना में गलत पहचान कम करता है।

लाइनअप दो तरह के होते हैं—*समकालिक लाइनअप* (Simultaneous lineup) तथा *आनुक्रमिक लाइनअप* (Sequential lineup) समकालिक लाइनअप ऐसा लाइनअप होता है जिसमें कई सम्भावित संदिग्ध व्यक्तियों को एक साथ एक कतार में साक्षी के सामने उपस्थित किया जाता है और साक्षी को सही अपराधी को पहचान करने के लिए कहा जाता है। वेल्स (Wells, 1984) के अनुसार समकालिक लाइनअप में सही संदिग्ध व्यक्ति की पहचान करना समस्यात्मक होता है क्योंकि इसमें साक्षी निरपेक्ष निर्णय (absolute judgement) न करके सापेक्ष निर्णय (relative judgement) करता है। दूसरे शब्दों में, समकालिक लाइनअप में साक्षी को यह निर्णय करना पड़ता है कि कौन व्यक्ति संदिग्ध व्यक्ति से मिलता-जुलता है न कि कौन व्यक्ति संदिग्ध व्यक्ति है। आनुक्रमिक लाइनअप में सम्भावित संदिग्ध व्यक्तियों को एक-एक करके साक्षी के सामने उपस्थित किया जाता है और साक्षी को यह बतलाना होता है कि संदिग्ध व्यक्ति असली अपराधकर्त्ता है या नहीं। इसके बाद ही फिर दूसरे व्यक्ति को उसके सामने उपस्थित किया जाता है। इस तरह के लाइनअप में साक्षी प्रत्येक व्यक्ति पर काफी ध्यान देता है ओर सापेक्ष निर्णय की सम्भावना इसमें काफी कम हो जाती है। स्टेबले तथा उनके सहयोगियों (Steblay et al., 2001) ने अपने शोध के आधार पर यह बतलाया है कि आनुक्रमिक लाइनअप में समकालिक लाइनअप की तुलना में साक्षी द्वारा अपराधकर्त्ता को पहचानने में कम त्रुटि की जाती है।

लाइनअप में साक्षी द्वारा त्रुटियों को कम करने के लिए तथा उसकी गुणवत्ता को बढ़ाने के लिए कुछ विशेष कारगर उपाय बतलाये गए हैं। वेल्स तथा लुस्स (Wells & Luss, 1990) ने यह सुझाव दिया है कि लाइनअप सामाजिक मनोवैज्ञानिक प्रयोग (social psychological experiment) के समान होता है। पुलिस अधिकारी जो लाइनअप संचालित करता है, वह *प्रयोगकर्त्ता* (experimenter) के समान होता है। प्रत्यक्षदर्शी साक्षीगण (eyewitnesses) शोध सहभागी (research participants) के समान होते हैं। संदिग्ध व्यक्ति मूल *उद्दीपक* (stimulus) होता है। साक्षी द्वारा संदिग्ध व्यक्तियों में से सही अपराधकर्त्ता को पहचानना अनुक्रिया आँकड़ों (response data) के समान होता है तथा असंदिग्ध व्यक्ति (nonsuspects) तथा लाइनअप की व्यवस्था *शोध डिजाइन* (research design) के समान होता है। इतना ही नहीं, पुलिस अन्वेषणकर्त्ता एक *प्राक्कल्पना* (hypothesis) भी बनाते हैं जो इस तथ्य से सम्बन्धित होता है कि संदिग्ध व्यक्ति (respect) दोषी होता है। इस पूरे सादृश्यता (analogy) पर आधृत करते हुए यह कहा जा सकता है कि पुलिस सामान्य प्रयोगात्मक विधि जैसे एक रिक्त लाइनअप नियंत्रित समूह (blank lineup control group) का उपयोग करके लाइनअप की परिशुद्धता (accuracy) को अधिक बढ़ा सकता है। रिक्त लाइनअप नियंत्रित समूह एक ऐसा समूह होता है जिसमें साक्षी को पहले ऐसे व्यक्तियों को कतार में खड़ा करके उन्हें दिखलाया जाता है जिसमें सभी निर्दोष (innocent) होते हैं। साक्षी को इनमें से संदिग्ध व्यक्ति को पहचानने के लिए कहा जाता है। अगर साक्षी इनमें से संदिग्ध व्यक्ति की पहचान करने में असफल होता है, तो इससे स्वभावतः यह विश्वास उत्पन्न हो जाता है कि उसकी पहचान सही एवं परिशुद्ध है। अगर साक्षी किसी निर्दोष व्यक्ति को ही संदिग्ध व्यक्ति या अपराधी के रूप में पहचान करे लेता है, तो उसे इस गलत पहचान के सम्भावित खतरे के बारे में बतलाया जाता है जिसका परिणाम यह होता है कि जब वास्तविक लाइनअप उपस्थित किये जाते हैं, तो उससे उसकी परिशुद्धता बढ़ जाती है।

कल्टर, पेनरॉड तथा मार्टेन्स (Culter, Penrod & Martens, 1987) ने अपने अध्ययन के आधार पर यह बतलाया है कि पहचान प्रक्रिया के पहले साक्षी को यदि अपराध के दृश्य तथा पीड़ित को उसके सामने उपस्थित किया जाता है, तो इससे लाइनअप की परिशुद्धता बढ़ जाती है। इस तरह की परिस्थिति में सामान्यतः एक समय में लाइनअप का एक सदस्य को उपस्थित किया जाता है और साक्षी को उसे देखकर अपनी पहली प्रतिक्रिया देनी होती है।

अब प्रश्न यह उठता है कि प्रत्यक्षदर्शी साक्ष्य (eyewitness testimony) की परिशुद्धता (accuracy) जब कई कारकों द्वारा प्रभावित होती है तो समाज मनोवैज्ञानिक किस तरह से यह तय कर पायेंगे कि साक्षी (witness) सही सूचना प्रदान कर रहा है? समाज मनोवैज्ञानिकों ने इसके लिए कुछ उपाय बतलाये हैं जिनमें निम्नांकित प्रमुख हैं:—

(i) कई अध्ययनों जिसे ब्रेवर एवं बर्की (Brewer & Burkee, 2002), पोट्टर तथा बेवर (Potter & Brewer, 1999) द्वारा किया गया है, से यह स्पष्ट हुआ है कि पुलिस अधिकारी तथा अनुसंधानकर्त्ता वैसे साक्षी द्वारा दी गयी सूचनाओं पर अधिक विश्वास करते हैं जो इसकी अभिव्यक्ति अधिक विश्वास के साथ करते हैं।

(ii) हाल में किये गए शोधों से यह स्पष्ट हुआ है कि साक्षी (witness) द्वारा पहचान करने में लिये गए समय के आधार पर भी प्रत्यक्षदर्शी साक्ष्य की परिशुद्धता में वृद्धि होती है। स्मीथ तथा उनके सहयोगियों (Smith et al., 2000) तथा ड्यूनिंग एवं पेरेंटा (Dunning & Perreta, 2002) द्वारा लिए गए अध्ययनों से यह स्पष्ट हुआ है कि जो साक्षी संदिग्ध व्यक्ति को तुरंत पहचान लेता है, उसमें परिशुद्धता की सम्भावना उस परिस्थिति की तुलना में जिसमें साक्षी संदिग्ध व्यक्ति की पहचान से अधिक समय लगाता है, अधिक होती है।

(ख) अपराधी प्रतिवादी *(Criminal Defendant)*

न्यायिक प्रक्रिया में समाज मनोवैज्ञानिकों द्वारा अपराधी प्रतिवादी (criminal defendants) की अनुभूतियों को भी महत्त्वपूर्ण बतलाया गया है और ऐसी अनुभूतियों में निम्नांकित दो को सर्वाधिक महत्त्व दिया गया है।

1. *झूठा अपराध-स्वीकरण (False confession)*—जब पुलिस अधिकारी या अन्य अन्वेषणकर्त्ता संदिग्ध अपराधी से पूछताछ करते हैं, तो वे सामान्यतः यह कोशिश करते हैं कि संदिग्ध अपराधी यह स्वीकार कर ले कि अपराध उसने ही किया है। किसी व्यक्ति द्वारा अपराध नहीं किये जाने पर भी यह स्वीकार किया जाय कि उसने अपराध किया है, कुछ अटपटा दीखता है। परंतु फिर भी इस ढंग का अपराध स्वीकरण होता है। कास्सिन तथा राइट्समैन (Kassin & Wrightsman, 1985) ने अपने अध्ययन के आधार पर यह बतलाया है कि झूठा अपराध स्वीकरण तीन तरह का होता है— *ऐच्छिक झूठा अपराध स्वीकरण* (Voluntary false confessions), *अवपीड़ित-नमनशील झूठा अपराध-स्वीकरण* (Coercred-Compliant false confession) तथा *अवपीड़ित आन्तरिकृत झूठा अपराध स्वीकरण* (Coerced-internalized false confession)। जब व्यक्ति अपनी इच्छा से वैसे अपराध को किये जाने को स्वीकार कर लेता है जिसे उसने नहीं किया है, तो इसे ऐच्छिक झूठा अपराध-स्वीकरण कहा जाता है। जैसे, एक पिता अपने पुत्र को जेल में जाने से बचाने के लिए स्वयं ही अपने सिर पर अपराध किये जाने का आरोप स्वीकार कर ले सकता है। स्पष्टतः यह ऐच्छिक झूठा अपराध स्वीकरण का उदाहरण होगा। जब कोई व्यक्ति किसी तरह के दबाव में आकर किसी ऐसे अपराध को स्वीकार कर लेता है जिसने वह नहीं किया है, तो इसे अवपीड़ित-नमनशील झूठा अपराध स्वीकरण (Coerced-Compliant false confession) कहा जाता है। जब कोई निर्दोष व्यक्ति पर अपराध स्वीकार किये जाने का दबाव डाला जाता है और तब उस दबाव के कारण उसे अहसास होता है कि वास्तव में उसने तो वह अपराध किया था, तो इसे अवपीड़ित आन्तरिकृत झूठा अपराध स्वीकरण (Coerced-intenalized false confession) की संज्ञा दी जाती है। जैसे, एक व्यक्ति को पुलिस द्वारा तब गिरफ्तार किया गया जब उसकी वयस्क बेटी ने यह शिकायत की कि उसके पिता ने उसके साथ लैंगिक दुर्व्यवहार (sexual misbehaviour) किया है। व्यक्ति प्रारम्भ में तो अपने को निर्दोश बतलाया परंतु जब गहराई से पूछताछ की गयी तो उसे अहसास हुआ कि उसने तो सचमुच में लैंगिक दुर्व्यवहार किया है। इसे अवपीड़ित-आन्तरिकृत झूठा अपराध-स्वीकरण की संज्ञा दिया जायेगा। समाज मनोवैज्ञानिकों द्वारा किये गए शोधों से यह स्पष्ट हुआ है कि गलत अपराध स्वीकरण किशोरों एवं वैसे व्यक्तियों जो सुझावग्राही (suggestible) होते हैं, द्वारा अधिक किया जाता है। इनके द्वारा किये गए शोधों से यह स्पष्ट हुआ है कि प्रश्न पूछने का ढंग या तरीका से भी झूठा-अपराध स्वीकरण में वृद्धि होती है। कास्सिन एवं मैकनाल्ल (Kassin & McNall, 1991) ने एक ऐसी प्रविधि जिसे *न्यूनीकरण* (minimization) कहा है, जिसमें पुलिस अधिकारी जान-बूझकर अपराध के महत्त्व को कम करके पूछताछ करते हैं ताकि संदिग्ध उसे आसानी से स्वीकार कर ले। जैसे, पुलिस अधिकारी संदिग्ध व्यक्ति से यह कह सकता है, मुझे लगता है कि कहीं गलती हुई है, तुम मुझे क्यों नहीं यह बतलाते हो कि क्या घटना घटी थी?'' स्पष्टतः यह न्यूनीकरण का उदाहरण है और ऐसा पुलिस अधिकारी द्वारा कहने पर इस बात की सम्भावना अधिक है कि संदिग्ध व्यक्ति झूठा अपराध स्वीकार कर ले सकता है।

2. *झूठ अभिज्ञान (Lie detection)*—समाज मनोवैज्ञानिकों द्वारा कुछ खास-खास प्रश्नों पर काफी विचार किया गया

है—क्या होता है जब एक संदिग्ध व्यक्ति अपराध नहीं किये जाने की स्वीकारोक्ति करता है और पुलिस अधिकारी के पास कोई खास सबूत नहीं होता है जिसके माध्यम से वह इस स्वीकारोक्ति का सम्बन्ध दिखा सके? दूसरे शब्दों में, यह कहा जा सकता है कि पुलिस अधिकारी कैसे यह पता लगायेंगे कि संदिग्ध व्यक्ति अपराध में अपनी संलिप्तता के बारे में झूठ बोल रहा है? समाज मनोवैज्ञानिकों का मत है कि जब अपराधी झूठ बोलता है, तो वह कुछ अशाब्दिक संकेत (nonverbal cues) जैसे आँख मटमटाना या अपना सिर घुमा लेना आदि दिखलाता है। परंतु इन अशाब्दिक संकेतों के बावजूद पुलिस अधिकारी जो एक प्रशिक्षित व्यक्ति होता है, झूठ बोलने वाले अपराधी की सही-सही पहचान करने में असमर्थ रहता है। जैसे, मान्न, व्रिज एवं बुल्ल (Mann, Vritz & Bull, 2004) ने एक अध्ययन किया जिसमें यह पाया गया है कि पुलिस अधिकारी को एक ऐसा विडियो दिखलाया गया जिसमें पूछताछ के दौरान कुछ संदिग्ध व्यक्ति झूठ बोल रहे थे तथा कुछ संदिग्ध व्यक्ति सच बोल रहे थे। पुलिस अधिकारियों द्वारा सच बोलने वाले संदिग्धों की पहचान 66% तथा झूठ बोलने वाले संदिग्धों की पहचान 64% किया गया। स्पष्ट हो जाता है कि पुलिस अधिकारी द्वारा सच बोलने वाले संदिग्ध व्यक्तियों की पहचान की प्रतिशत तथा झूठ बोलने वाले संदिग्ध व्यक्तियो की पहचान के प्रतिशत में कोई खास अंतर नहीं किया जा सका।

अब प्रश्न यह उठता है कि प्रशिक्षित अनुसंधानकर्त्ता या पुलिस अधिकारी भी झूठ बोलने वाले संदिग्ध व्यक्तियों की पहचान करने में क्यों असमर्थ रह जाते हैं? समाज मनोवैज्ञानिकों के अनुसार इसका कारण यह बतलाया गया है कि झूठ अभिज्ञान ऐसे तो अपने आप में एक कठिन कार्य है तथा साथ-ही-साथ पुलिस अधिकारी एवं अन्य प्रशिक्षित अधिकारी संदिग्ध व्यक्तियों द्वारा दिये गए दैहिक संकेतों (physical cues) के बारे में कुछ गलत धारणा रखते हैं जिनसे भी उन्हें पहचान करने में धोखा होता है। जैसे, स्ट्रॉमवाल एवं ग्रैनहाग (Stromwall & Granhag, 2003) ने अपने अध्ययन में पाया है कि पुलिस अधिकारी के मन में प्रायः यह गलत धारणा होती है कि पूछताछ के दौरान यदि संदिग्ध व्यक्ति सीधे आँख मिलाकर बातचीत न करके आँख झुकाकर बातचीत करता है, तो इसका मतलब यह हुआ कि संदिग्ध व्यक्ति झूठ बोल रहा है। परंतु इस तथ्य की सम्पुष्टि सामाजिक मनोवैज्ञानिक शोध में नहीं हुआ है। दूसरा कारण यह बतलाया गया है कि पुलिस अधिकारी या अन्य अन्वेषणकर्त्ता प्रायः यही उम्मीद करते हैं कि संदिग्ध व्यक्ति धोखा देगा ही जिसका परिणाम यह होता है कि वह इस तथ्य का अतिआकलन (overestimate) करते हैं कि संदिग्ध व्यक्ति अवश्य ही झूठ बोल रहा होगा। मिस्सनर तथा कास्सिन(Meissner & Kassin, 2002)ने अपने अध्ययन के आधार पर इस तथ्य की सम्पुष्टि किया है।

अब प्रश्न यहाँ यह उठता है कि जब पुलिस अधिकारी विश्वास के साथ यह नहीं कह सकते हैं कि संदिग्ध व्यक्ति झूठ बोल रहा है या सच बोल रहा है तो इस बात की क्या गारंटी है कि निर्दोष संदिग्ध व्यक्ति को दंडित नहीं किया जा रहा है तथा दोषी संदिग्ध व्यक्ति को दंडित किया जायेगा। इस दिशा में पुलिस अधिकारी को मदद करने के लिए जिस प्रविधि (techniques) का उपयोग किया जाता है, उसे *'पोलीग्राफ'* (Polygraph) या झूठ की पहचान करने वाला परीक्षण (lie detection test) कहा जाता है। पोलीग्राफ परीक्षण का एक सामान्य प्रारूप जिसे नियंत्रित प्रश्न परीक्षण (control question test) कहा जाता है, में संदिग्ध व्यक्ति से अपराध में उसकी संलिप्तता के बारे में जानने की कोशिश की जाती है। जैसे, बैंक के खजाने से दो लाख रुपये के गबन में आपका क्या हाथ रहा है? नियंत्रित प्रश्न परीक्षण के तर्काधार के अनुसार निर्दोष व्यक्ति पहले के गलत कार्यों (जिसे वह सम्भवतः नहीं किया होगा) से सम्बन्धित नियंत्रित प्रश्नों का उत्तर देते समय उस परिस्थिति की तुलना में अधिक उत्तेजित होगा जब वह उस अपराध (crime) से सम्बन्धित प्रश्नों का उत्तर देता है जिसे सम्भवतः वह किया होगा। इसके विपरीत, एक दोषी व्यक्ति जब अपराध से सम्बन्धित प्रश्नों का उत्तर दे रहा होता है, तो वह अधिक उत्तेजित हो जाता है।

पोलीग्राफ परीक्षण की परिशुद्धता पर लोगों ने प्रश्न उठाया है? इस परीक्षण के समर्थकों का मत है कि पोलीग्राफ परीक्षण करीब 90% केसेज में सफल होते हैं। परंतु कई शोधों में जिसमें इकोनो तथा लिक्केन (Iacono & Lykken, 2002) तथा फिडलर एवं उनके सहयोगियों (Fiedler et. al., 2002) ने यह बतलाया है कि पोलीग्राफ परीक्षण की परिशुद्धता स्तर विशेष कर नियंत्रित प्रश्न परीक्षण (control question test) के लिए 70% से अधिक नहीं होता है। हान्टस, रासकिन तथा किरकर (Hants, Raskin & Kircher, 1994) ने अपने अध्ययन के आधार पर यह बतलाया है कि दोषी व्यक्ति को जब पोलीग्राफ परीक्षण के तर्काधार के बारे में थोड़ा-सा भी संकेत पहले से दे दिया जाता है, तो वह इस परीक्षण के अभिप्राय को पहले के गलत व्यवहारों के बारे में पूछे गए नियंत्रित प्रश्नों के प्रति अपनी दैहिक अनुक्रियाओं (physiological response) में वृद्धि करके नष्ट कर देता है। इससे भी पोलीग्राफ परीक्षण की वैधता पर प्रश्न उठ खड़ा होता है।

अपराधी प्रतिवादी (Criminal defendant) की अनुभूतियों के अलावा उसकी कुछ ऐसी विशेषताएँ भी हैं जिनसे न्यायिक प्रक्रिया प्रभावित होती है। कुछ समाज मनोवैज्ञानिकों ने अपने अध्ययन में पाया है कि प्रतिवादी की शारीरिक आकर्षकता (physical attractiveness), लिंग (gender) तथा सामाजिक-आर्थिक स्तर (socio-economic status) का सीधा प्रभाव न्यायमूर्ति (judges) द्वारा किये गए, निर्णयों पर पड़ता है। जैसे माग्जेल्ला तथा फिनगोल्ड (Mazzella & Feingold, 1994) ने अपने अध्ययन के आधार पर यह बतलाया है कि शारीरिक रूप से आकर्षक महिला जिसपर गम्भीर अपराध का आरोप है, को न्यायमूर्त्तियों द्वारा हल्का-फुल्का दंड देकर छोड़ दिया जाता है। अन्य लोगों जैसे क्यूग्लि तथा उनके सहयोगियों (Quigley et al., 1995) ने भी अपने अध्ययन के आधार पर यह बतलाया है कि शारीरिक रूप से सुंदर महिला अपराधी के प्रति न्यायमूर्त्ति अधिक सहानुभूति दिखलाते हुए हल्का-फूल्का सजा ही देकर उसे छोड़ देते हैं। इन व्यक्तिगत गुणों के अलावा कोर्ट के कम्रे में प्रतिवादी किस तरह से व्यवहार करता है, इससे भी न्यायिक प्रक्रिया प्रभावित होती है। लाफ्रांस तथा हेक्ट (LaFrance & Hecht, 1995) ने अपने अध्ययन के आधार पर यह बतलाया है कि मुस्कुराते हुए रहने पर प्रतिवादी को गम्भीर रहने पर प्रतिवादी को सजा में थोड़ी राहत सामान्यतः मिलती है। प्रतिवादी द्वारा किसी दोष को स्वीकार नहीं किये जाने से न्यायमूर्त्ति पर कोई खास असर नहीं पड़ता है परंतु यदि वह उन दोषारोपण (accusations) को भी मानने से इनकार कर देता है, जो सचमुच में उनपर लगाये गए थे, तो ऐसे प्रतिवादी को झूठा और अपराध के लिए उत्तरदायी माना जाता है और इसे दोषी करार दिये जाने की संभावना अधिक होती है।

(ग) अधिवक्ता तथा न्यायमूर्त्ति का प्रभाव *(Effect of Attorney and Judges)*

अधिवक्ता (attorney) का व्यवहार का भी प्रभाव न्यायिक प्रक्रिया पर पड़ता है। क्या अधिवक्ता गवाह से मार्गदर्शक प्रश्न (leading questions) पूछ रहा है या मात्र सीधे-साधे ढंग से वह प्रश्न कर रहा है, का काफी प्रभाव पड़ता है। मार्गदर्शक प्रश्न वैसे प्रश्नों को कहा जाता है जिसका उद्देश्य गवाह से विशिष्ट अनुक्रिया (specific response) पैदा करना होता है। मुकदमा (trial) चलने के दौरान मानलिया जाए कि अधिवक्ता कुछ ऐसा मार्गदर्शक प्रश्न पूछता है या कुछ इस ढंग की टिप्पणी करता है जिसे न्यायमूर्त्ति (judge) प्रतिवादी (defendant) के लिए उचित नहीं समझते हैं तो वे जूरी (jury) को इस पर ध्यान न देने की सलाह देते हैं। यहाँ पूर्वकल्पना (assumption) यह होती है कि जूरी इस सूचना की उपेक्षा (ignore) करे। इस बिन्दु पर सामाजिक मनोवैज्ञानिकों द्वारा कई शोध किये गए हैं जिनसे यह पता चलता है कि वैसी सूचनाएँ जिनसे सांवेगिक प्रतिक्रिया (emotional researches) उत्पन्न होती हैं, उनकी उपेक्षा करना सम्भव नहीं हो पाता है। एडवार्डस तथा ब्राइन (Edwards & Bryan, 1997) ने अपने अध्ययन के आधार पर यह बतलाया है कि वैसी सूचनाएँ जो सांवेगिक प्रतिक्रिया उत्पन्न करतीं हैं, वह *मानसिक संदूषक* (mental contamination) का एक प्रमुख स्रोत (potent source) होता है। विलसन एवं ब्रेक्की (Wilson & Brekke, 1994) के अनुसार मानसिक संदूषक एक ऐसी प्रक्रिया है जिसमें व्यक्ति का निर्णय, संवेग तथा व्यवहार वैसे मानसिक प्रक्रियाओं (mental processes) से प्रभावित होता है जो व्यक्ति के नियंत्रण से बाहर होता है। समाज मनोवैज्ञानिकों का मत है कि वैसी सूचनाएँ या प्रश्न जिनसे सांवेगिक प्रतिक्रिया (emotional researches) उत्पन्न होतीं हैं, द्वारा इस ढंग़ के मानसिक प्रभाव उत्पन्न होने की सम्भावना इसलिए होती हैं क्योंकि सांवेगिक प्रतिक्रिया का स्वरूप विकीर्ण (diffuse) होता है और उनसे कुछ वैसे चिन्तन उत्पन्न होते हैं जो तर्कसंगत (rational) तथा वैश्लेषिक (analytic) प्रकृति के *नहीं* होते हैं। इसका समग्र प्रभाव यह होता है कि जैसे ही व्यक्ति संवेग-उत्पन्न करने वाले सूचनाओं से अनावृत्त होता है, वह उसकी उपेक्षा (ignore) नहीं कर पाता है चाहे वह कितना भी कठिन क्यों न हो।

अभी हाल के वर्षों में कई देशों की न्यायिक प्रक्रिया ने न्यायिक मनोवैज्ञानिक (forensic psychologists) से तरह-तरह की राय को काफी महत्त्वपूर्ण ठहराया है। इनके सुझावों एवं राय (advice) पर बहुत सारे देशों की न्यायिक प्रक्रिया में बहुत ही सार्थक परिवर्तन किये गए हैं जिनसे भी इस बात का सबूत मिलता है कि समाज मनोवैज्ञानिक के तथ्यों का न्यायिक प्रक्रिया में अहं भूमिका है।

न्यायमूर्त्ति (Judges) की विशेषताओं का भी अध्ययन समाज मनोवैज्ञानिकों द्वारा किया गया है। कोर्ट के बारे में वैसे जज या न्यायमूर्ति को बुद्धिमान, समझदार तथा न्यायसंगत (equitable) समझा जाता है परंतु वास्तविकता प्रायः इससे कुछ भिन्न ही होती है। स्लोभिक तथा उनके सहयोगियों (Slovic et. al., 1977) ने अपने अध्ययन के आधार पर यह बतलाया है कि न्यायमूर्त्ति निर्णय करते समय कुछ पूर्वाग्रह (prejudice) से प्रभावित होते हैं जिसके कई कारण बतलाये

गए हैं। न्यायमूर्ति की नियुक्ति में कुछ अस्पष्ट एवं आत्मनिष्ठ (subjective) कसौटियाँ होती हैं। इतना ही नहीं, इनके नियुक्ति में राजनैतिक प्रभावों (political influences) का भी काफी बोल-बोला होता है। ऐसी परिस्थिति में इस बात की कोई गारंटी नहीं होती है कि न्यायमूर्त्तियों का व्यवहार एक साधारण व्यक्ति के व्यवहार से भिन्न होगा। यही कारण है कि पर्याप्त प्रशिक्षण के बावजूद न्यायमूर्त्ति द्वारा किया गया निर्णय अक्सर पूर्वाग्रह मुक्त नहीं हो पाता है।

3. आपराधिक न्यायिक प्रक्रिया *(Criminal Justice System)*

इस प्रक्रिया में मूलतः सुधार (corrections) अर्थात् कैदखाना (prison) तथा प्रशिक्षण तथा अन्य सम्बन्धित कार्यक्रमों के माध्यम से सामाजिक मानकों (social norms) के अनुसार अपराधियों को पुनर्वासित (rehabilitate) करने तथा उन्हें आगे अपराध करने से रोकने आदि का कार्यक्रम सम्मिलित होता है। भय दिखलाकर रोकना (deferrence) आपराधिक न्यायिक प्रक्रिया का एक महत्त्वपूर्ण भाग है जिसके विभिन्न पहलुओं को समाज मनोवैज्ञानिकों द्वारा अध्ययन किया गया है। भय दिखलाकर रोकने की प्रक्रिया में आपराधिक व्यवहार (criminal behaviour) को दंड (punishment) का भय दिखलाकर रोकने का प्रयास किया जाता है। यही कारण है कि विभिन्न गम्भीरता वाले अपराध की सजा भी अलग-अलग ढंग की होती है। रुपया चोरी करने वाले अपराधी को साधारण ढंग की सजा तथा एक हत्यारा/खूनी (murderer) को फाँसी की सजा दी जाती है ताकि अन्य लोग जो अपराध करने की बात सोचते हैं, को सचमुच में अपराध करने से रोका जाय। सामाजिक अधिगम (social learning) के क्षेत्र में किये गए शोध एवं सिद्धान्त से इस बात का सबूत मिलता है कि ऋणात्मक पुनर्बलन (negative reinforcement) जैसे दंड (Punishment) देने से या धनात्मक पुनर्बलन (positive reinforcement) की कमी से अवांछित व्यवहार (unwanted behaviour) को दमित करने में मदद मिलता है। इतना ही नहीं, स्थानापन्न अधिगम (vicarious learning) में किये गए शोध इस बात की ओर इशारा करते हैं कि प्रेक्षक (observer), मॉडल के उस व्यवहार को नहीं करता है जिसके करने से उसे दंडित किया जाता है।

भय दिखलाकर रोकने की प्रक्रिया से सम्बन्ध मॉडल (deterrence model) में इस बात की भी पूर्वकल्पना (assumption) की जाती है कि अपराध करने वाला सम्भावित व्यक्ति दंड से अवगत है और अपराध किये जाने के बारे में कोई तर्कसंगत निर्णय करता है या नहीं। परंतु हकीकत यह है कि अधिकतर ऐसे व्यक्ति अपराध व्यवहार के लिए मिलने वाला सम्भावित दंड से अवगत नहीं होता है। इतना ही नहीं अधिकतर ऐसे अपराधिक व्यवहार का आधार कोई तर्कसंगत निर्णय न होकर एक स्वतः प्रसूत आवेग (spontaneous impulse) होता है। यह मॉडल व्यक्तिगत तथा पर्यावर्णी कारकों की उपेक्षा करते हुए उन लोगों को दंड देने की सिफारिश करता है जो जान-बूझकर नियम या कानून को तोड़ते हैं।

आपराधिक न्यायिक तंत्र (criminal justice system) को उन्नत बनाने के लिए समाज मनोवैज्ञानिकों द्वारा अपराध के रोकथाम (prevention) तथा अपराधियों के उपचार के लिए कुछ नये-नये विकल्प पर भी विचार किये हैं। इस विकल्प की खोज में समाज मनोवैज्ञानिकों द्वारा एक काफी महत्त्वपूर्ण भूमिका एक प्रयुक्त शोधकर्त्ता (applied researchers) के रूप में की जाती है। आपराधिक न्याय से सम्बन्धित नीतियों को उन्नत बनाने के लिए समाज मनोवैज्ञानिकों द्वारा काफी उत्तम शोध किये गए हैं। जैसे, केल्लिग एवं उनके सहयोगियों (Kelling et al., 1976) ने अपने अध्ययन के आधार पर यह बतलाया है कि पुलिस पेट्रोलिंग द्वारा आपराधिक क्रियाओं को कम करने की विधि को सामाजिक शोध (social research) के परिशुद्ध विधियों से अधिक सफलतापूर्वक मूल्यांकन किया जा सकता है। वॉनस्टीड (Bohnstedt, 1978) ने अपने अध्ययन के आधार पर यह बतलाया है कि किशोर दिशा परिवर्तन कार्यक्रम (Juvenile diversion programme) एक ऐसा ही वैकल्पिक कार्यक्रम है जिसमें किशोर अपराधियों को कोर्ट के न्यायिक प्रक्रिया (judicial process) से दूर हटाकर उन्हें पुनः समुदाय या परिवार की ओर ले आने की कोशिश की जाती है।

स्पष्ट हुआ कि समाज मनोवैज्ञानिक का योगदान कानून एवं न्यायिक प्रक्रिया में काफी महत्त्वपूर्ण है। इनके योगदानों से न्यायिक प्रक्रिया में काफी यथार्थता तथा मजबूती एवं लोगों में विश्वास उत्पन्न होने के सबूत मिले हैं।

समाज मनोविज्ञान तथा स्वास्थ्य एवं बीमारी
(Social Psychology and Health as well as Illnesses)

गत कुछ दशकों (decades) में स्वास्थ्य का संप्रत्यय (concept of health) में क्रान्तिकारी परिवर्तन आया है। स्वास्थ्य मनोविज्ञान (health psychology) के क्षेत्र में किये गए शोधों से यह स्पष्ट हुआ है कि स्वास्थ्य एक

जैवमनोसामाजिक प्रक्रिया (biopsychosocial process) है। इसका मतलब यह हुआ कि स्वास्थ्य को सिर्फ दैहिक प्रारूप (physical term) में समझना एक भूल होगा क्योंकि स्वास्थ्य, जैविक कारक (biological factors) जैसे, किसी विशेष रोग के प्रति जननिक झुकाव (genetic predisposition) या किसी वायरस (virus) से प्रभावित होना आदि; मनोवैज्ञानिक कारक (psychological factors) जैसे तनाव या प्रतिबल (stress) की अनुमति, तथ्य सामाजिक कारक (social factors) जैसे क्षेत्रों एवं परिवार से मिलने वाला सामाजिक समर्थन (social support) आदि की एक जटिल अंतक्रिया (complex interaction) है। इसकी पुष्टि शयोदन सिंह (Shyodan Singh, 2006) जो दिल्ली विश्वविद्यालय के मनोवैज्ञानिक है, ने भी अपने अध्ययन के आधार पर किया है। जैसे ही हमलोग यह स्वीकार करते हैं कि सामाजिक, मनोवैज्ञानिक तथा जैविक कारक स्वास्थ्य तथा बीमारी (illness) में सम्मिलित होता है, यह स्पष्ट हो जाता है कि उत्तम स्वास्थ्य कुछ ऐसा होता है जिसे व्यक्ति स्वास्थ्यकर जीवनशैली (healthstyle) अपनाकर मजबूत करता है। चूँकि समाज मनोविज्ञान में जीवनशैली (lifestyle) से सम्बद्ध विषयों जैसे मनोवृत्ति (attitude) एवं विश्वास (belief), प्रतिबल या तनाव के साथ निबटने के विभिन्न तरीके, तथा व्यक्तिगत विशेषताएँ (personal characteristics) जो स्वास्थ्य में महत्त्वपूर्ण भूमिका निभाते हैं का अध्ययन किया जाता है, अतः समाज मनोविज्ञान का योगदान व्यक्ति के स्वास्थ्य एवं तन्दुरुस्ती (well-being) में काफी प्रशंसनीय है। इस तथ्य की पुष्टि डंकली, जुर्रोफ एवं ब्लैकस्टीन (Dunklay, Zuroff & Blankstein, 2003) तथा काप्लान (Kaplan, 2000) द्वारा किये गए शोधों से स्पष्टतः हुआ है।

समाज मनोविज्ञान के योगदानों को व्यक्तिगत स्वास्थ्य में समझने के लिए निम्नांकित शीर्षकों पर विचार करना आवश्यक हैः—

1. स्वास्थ्य व्यवहार का संप्रत्यय (Concept of health behaviour)
2. स्वास्थ्य मनोवृत्ति एवं उनका व्यवहार पर प्रभाव (Health attitude and their impact upon behaviour)
3. स्वास्थ्य को प्रभावित करने वाले कुछ व्यक्तिगत विशेषताएँ (Some personal characteristicss affecting health)
4. प्रतिबल या तनाव का स्वरूप एवं स्रोत (Nature and sources of stress)
5. प्रतिबल से निपटने की युक्तियाँ (Strategies for coping stress)
6. युक्ति प्रक्रमों पर पड़ने वाले यौन अन्तर का प्रभाव (Effect of sex differences upon coping mechanism)

इन सबों का वर्णन निम्नांकित हैः—

1. स्वास्थ्य व्यवहार का संप्रत्यय *(Concept of Health Behaviour)*—स्वास्थ्य व्यवहार से तात्पर्य उन सभी व्यवहारों से होता है जिसे व्यक्ति अपने स्वास्थ्य को उत्तम बनाने के लिए या उत्तम स्वास्थ्य को सम्पोषित (maintain) करने के लिए करते हैं। ऐसे व्यवहारों में स्वास्थ्यकर भोजन करना, नियमित व्यायाम करना, तम्बाकू, अल्कोहल तथा औषध (drugs) का सेवन नहीं करना, पर्याप्त नींद लेना, मोटापा को कम करने का भरसक प्रयासरत रहना तथा नियमित स्वास्थ्य जाँच करना आदि सम्मिलित होते हैं। इन स्वास्थ्य व्यवहारों एवं आदतों के महत्त्व (importance) को वेल्लोक एवं ब्रेस्लो (Bellok & Breslow, 1972) द्वारा किये गए एक क्लासिक अध्ययन में दिखलाया गया है। इनलोगों ने अपने अध्ययन में सात प्रमुख स्वास्थ्य आदतों एवं व्यवहारों को चुनें जो इस प्रकार है— रात में सात से आठ घंटा सोना, धूम्रपान न करना, प्रत्येक दिन नियमित समय पर नाश्ता करना, शराब न पीना या नाममात्र का पीना, नियमित व्यायाम करना, दो भोजन के समय के बीच फिर कुछ नहीं खाना, तथा 10 प्रतिशत से अधिक का अति वजन (overweight) का न होना। इसके बाद वे लोग एक शहर के करीब 6,000 शहरवासियों का साक्षात्कार लिया जिसमें यह विशेषकर पूछा गया कि इन सात व्यवहारों में से वे कौन-कौन-सा व्यवहार नियमित रूप से करते हैं। इन लोगों से यह भी पूछा गया कि गत 6 से 12 महीनों में उनलोगों में कितनी बीमारियाँ हुई, कितने दिन बीमारी के वजह से वे काम पर नहीं जा सके तथा वे कितने दिन ऊर्जामान महसूस किये। परिणाम में देखा गया कि उक्त सात स्वास्थ्य व्यवहारों में अधिक-से-अधिक व्यवहारों को नियमित रूप से करने वाले व्यक्तियों में सभी तरह की बीमारियाँ कम-से-कम हुई तथा वे लोग अधिक दिनों में ऊर्जामान (energyful) महसूस करते थे। अध्ययन से यह स्पष्ट हो जाता है कि स्वास्थ्य व्यवहार तथा आदतों का नियमित उपयोग से व्यक्ति का व्यक्तिगत स्वास्थ्य (personal health) उत्तम रहता है।

2. स्वस्थ्य मनोवृत्ति एवं उनका व्यवहार पर प्रभाव *(Healthy attitude and their impact upon behaviour)*—चूँकि उत्तम स्वास्थ्य के लिए उत्तम स्वास्थ्य व्यवहार आवश्यक है, इसलिए उन मनोवृत्तियों (attitudes) के बारे में जानना आवश्यक है जो व्यक्ति को उत्तम स्वास्थ्य व्यवहार करने के लिए या गलत स्वास्थ्य व्यवहार न करने के लिए प्रेरित करता है। कुछ समाज मनोवैज्ञानिकों जैसे बैण्डुरा (Bandura, 1986) द्वारा किये गए शोधों से यह स्पष्ट हुआ है कि उत्तम स्वास्थ्य व्यवहार का किया जाना मूलतः पाँच तरह के विश्वासों (beliefs) के सेट पर निर्भर करता है।

(a) सामान्य स्वास्थ्य मूल्य जिसमें स्वास्थ्य में अभिरुचि (interest), अनुकूल मनोवृत्ति, स्वास्थ्य के बारे में चिन्ता आदि सम्मिलित होता है।

(b) इस बात का ज्ञान होना कि किसी रोग से स्वास्थ्य को होने वाला हानि कितना गंभीर है।

(c) किसी विकृति (disorders) या रोग के होने के व्यक्तिगत दोषपूर्णता (vulnerability) में विश्वास।

(d) आत्म-प्रभावोत्पादकता (self-efficacy) में विश्वास अर्थात् यह विश्वास कि रोग से लड़ने की पर्याप्त क्षमता उसमें है।

(e) अनुक्रिया प्रभावोत्पादकता (response efficacy) में विश्वास अर्थात यह विश्वास कि अमुक अनुक्रिया (response) से रोग की गम्भीरता को निश्चित रूप से कम किया जा सकता है।

इन पाँच स्वास्थ्य विश्वासों को लेकर कई तरह के स्वास्थ्य व्यवहार के बारे में समाज मनोवैज्ञानिकों ने पूर्वकथन (prediction) किया है। जैसे, काऊफर्ट तथा उनके सहयोगियों (Kaufert et al., 1986) ने इन विश्वासों के सेट के सहारे धूम्रपान कम करने, लियरी एवं जोन्स (Leavy & Jones, 1993) ने चर्म कैंसर रोकथाम क्रियाएँ (skin cancer prevention activities) को करने, एसपिनवाल एवं सहयोगियों (Aspinwall et al., 1991) ने एड्स से सम्बन्धित लैंगिक व्यवहार को रोकने तथा उजार्क एवं सहयोगियों (Uzark et. al., 2003) ने इन विश्वासों के सहारे मोटापा को नियंत्रित करने का व्यवहार के बारे में सफलतापूर्वक पूर्वकथन करने में सफल हुए हैं।

फिशबिन तथा आजेन (Fishbein & Ajzen, 1986) ने विश्वासों के इन पाँच के सेट में एक छठा मनोवृत्ति से सम्बद्ध तत्त्व (attitudinal component) को जोड़ा है जिसे *तर्कसंगत क्रिया मॉडल* (reasoned action model) की संज्ञा दिया है। इस मॉडल के अनुसार व्यक्ति द्वारा किया गया कोई भी व्यवहार मात्र व्यवहारपरक इरादा (behavioural intention) का परिणाम होता है। जब किसी व्यक्ति के इरादा के बारे में पता हो जाता है, तो उसके व्यवहार के बारे में आसानी से पूर्वकथन किया जा सकता है। जैसे, किसी व्यक्ति के इस व्यवहारपरक इरादा (behavioural intention) कि उसे किसी भी कीमत पर मोटापा कम करना है, के बारे में पता चल जाता है तो यह पूर्वकथन किया जा सकता है कि ऐसा व्यक्ति नियमित व्यायाम तथा वसारहित भोजन (fatless food) अवश्य करेगा। फिशर, फिशर एवं रे (Fisher, Fisher & Rye, 1995) ने अपने अध्ययन में पाया है कि व्यक्तियों के व्यवहारपरक व्यवहार के इरादे को जानकर एड्स-रोकथाम व्यवहार (AIDS-Preventive behaviour) के बारे में आसानी से पूर्वकथन करने में सफल हुए।

बैण्डुरा (Bandura, 1986) ने अपने अध्ययन के आधार पर यह बतलाया है कि स्वास्थ्य व्यवहार के निर्धारण में आत्म-प्रभावोत्पादकता या आत्म नियंत्रण (self-control) का विशेष महत्त्व बतलाया है। इसके आधार पर कॉलेज छात्रों द्वारा निरोध का उपयोग (condom use), व्यायाम (exercise), भोजन में परिवर्तन (diet change) तथा धूम्रपान छोड़ने से सम्बन्धित व्यवहार के बारे में पूर्वकथन करने में काफी सफलता मिली।

यद्यपि स्वास्थ्य व्यवहार को समझने के लिए कई निर्धारकों (determinants) की चर्चा ऊपर की गयी, फिर भी प्रश्न यह उठता है कि क्यों बहुत सारे लोग समग्र रूप से उत्तम स्वास्थ्य व्यवहार नहीं कर पाते हैं। इसका प्रमुख कारण यह है कि व्यक्ति के पास अनेकों ऐसे विश्वास या यौक्तिकीकरण (rationalizations) उपलब्ध होते हैं जिसके कारण व्यक्ति जानते हुए भी उत्तम स्वास्थ्य व्यवहारों का अभ्यास नहीं कर पाता है। जैसे, व्यायाम नहीं करने वाला एक व्यक्ति इस तरह का विश्वास कर सकता है कि अकेले व्यायाम से ही किसी बीमारी का खतरा नहीं टल सकता है। उसी तरह से एक मोटा व्यक्ति यह नहीं अनुभव कर सकता है कि थोड़ा अधिक शारीरिक वजन होने से उसके स्वास्थ्य को कोई विशेष खतरा है। इसके अतिरिक्त भी कुछ और कारक है जो स्वास्थ्य व्यवहार को करने के इरादे को चकनाचूर कर देता है। जैसे गिब्बसन तथा उनके सहयोगियों (Gibbson et al., 1998) ने अपने अध्ययन के आधार पर यह बतलाया है कि किशोरों में अधिकतर स्वास्थ्य के लिए खतरनाक व्यवहार सुनियोजित न होकर कुछ ऐसी परिस्थितियों के कारण होता है जिसके

कारण वे धूम्रपान, शराब पीना, असुरक्षित यौन क्रिया आदि करते हैं। उसी तरह से मैकडोनेल्ड, जान्ना एवं फोंगा (MacDonald, Zanna & Fong, 1996) ने अपने अध्ययन के आधार पर यह बतलाया है कि शराब पीने वाले कम उम्र के व्यस्कों में आत्म-नियंत्रण (self-control) कम होता है और उनमें धूम्रपान करने तथा असुरक्षित यौन क्रिया करने में कोई हिचकिचाहट नहीं होती है।

समाज मनोवैज्ञानिकों द्वारा कुछ ऐसे प्रयास किये गए हैं जिनके माध्यम से लोगों को अपने स्वास्थ्य आदतों में परिवर्तन लाया गया है। एक ऐसा ही हस्तक्षेपी प्रयास (intervention efforts) को आत्म-अभिपुष्टि (see-affirmation) कहा गया है जिसके अनुसार जब व्यक्ति को महत्त्वपूर्ण मूल्यों (important values) को सम्पुष्ट करने का पर्याप्त मौका मिलता है, तो उसकी आत्म-प्रतिमा (self-image) अधिक धनात्मक (positive) हो जाती है और अपने बारे में यह धनात्मक भाव उन्हें व्यक्तिगत रूप से संगत (relavant) एवं धमकीपूर्ण परिस्थितियों तथा सूचनाओं के साथ निबटने के लिए सक्षम बना देता है। शेरमैन, नेल्सन एवं स्टीली (Sherman, Nelson & Steele, 2000) ने अपने अध्ययन में इस व्याख्या की सत्यता की जाँच सफलतापूर्वक किया है। यह अध्ययन कॉलेज की छात्राओं पर की गयी। इन छात्राओं को पहले एक आत्म-अभिपुष्टि (self-affirmation test) दिया गया जिसमें उन्हें अपना सबसे महत्त्वपूर्ण या कम महत्त्वपूर्ण मूल्य के बारे में बतलाना होता था। इसके बाद उन्हें एक शोध पत्र पढ़ने के लिए दिया गया जिसमें स्तन कैंसर का सम्बन्ध कैफीन (Caffeine) लेने के साथ बतलाया गया था। वैसी कॉलेज की छात्राएँ जो कैफीन का उपयोग अधिक करती थीं, अर्थात् जिनके लिए सूचना महत्त्वपूर्ण था, उन छात्राओं की तुलना में जो कैफीन का उपयोग नहीं करतीं थीं, इस तरह की सूचना को अस्वीकृत कर दीं। परंतु जब ऐसी छात्राओं जिनके लिए यह सूचना (कैफीन तथा स्तन कैंसर का सम्बन्ध) महत्त्वपूर्ण था परंतु जिन्होंने आत्म-अभिपुष्टि कार्य पहले कर रखा था, उनलोगों ने इस सूचना के प्रति धनात्मक रूप से अनुक्रिया की और उन्होंने स्पष्ट रूप से यह भी बतलाया कि वे भविष्य में कैफीन का उपयोग कम करने की कोशिश करेंगी। स्पष्ट हुआ कि आत्म-अभिपुष्टि कार्य के माध्यम से व्यक्तियों को स्वास्थ्य आदतों एवं व्यवहारों में परिवर्तन लाया जा सकता है।

3. स्वास्थ्य को प्रभावित करने वाले कुछ व्यक्तिगत कारक (*Some personal characteristics affecting the health*)—कई शोध अध्ययनों से यह स्पष्ट हुआ है कि व्यक्ति की कुछ व्यक्तिगत विशेषताएँ (personal characteristics) होतीं हैं जिनसे उनका स्वास्थ्य प्रभावित होता है क्योंकि इन व्यक्तिगत विशेषताओं से व्यक्ति में तनाव से निबटने की क्षमता प्रभावित होती है। ऐसे व्यक्तिगत कारकों में निम्नांकित को अधिक महत्त्वपूर्ण समाज मनोवैज्ञानिकों द्वारा बतलाया गया है।

(i) *टाईप ए व्यवहार (Type A behaviour)*—टाईप ए व्यवहार पैटर्न जिसका अध्ययन सबसे पहले रोजेनमैन तथा उनके सहयोगियसों (Rosenman et. al., 1994) द्वारा किया गया, का हृदय रोग से गहरा सम्बन्ध बतलाया गया है। टाईप ए व्यवहार पैटर्न में उच्च प्रतियोगिता का भाव, समय अत्यावश्यकता (time urgency), कार्य में अधिक तल्लीनता, क्रोध (anger) एवं ईर्ष्या (hostility) आदि प्रमुख हैं। इनमें क्रोध तथा ईर्ष्या का सम्बन्ध उपयोग से सीधा बतलाया गया है। हालाँकि कुछ ऐसी परिस्थितियाँ होतीं हैं जिसमें क्रोध का पूर्ण औचित्य होता है, परंतु यदि व्यक्ति प्रायः क्रोधपूर्ण व्यवहार करता तो इससे उसके स्वास्थ्य पर निश्चित रूप से बुरा प्रभाव पड़ता है। कई अध्ययनों से इस तथ्य की सम्पुष्टि हुई है। कई अध्ययनों में स्मीथ (Smith, 2003) द्वारा किया गया अध्ययन विशेष रूप से उल्लेखनीय है। यह अध्ययन मेडिकल छात्रों पर किया गया। इस अध्ययन में छात्रों का दो समूह लिया गया—एक समूह ऐसा था जो तनाव की स्थिति में शांत रहता था तथा दूसरा समूह ऐसा था जो तनाव की स्थिति में काफी क्रोधित हो जाता था। परिणाम में पाया गया कि छात्रों का जो समूह तनाव के दौरान काफी क्रोधित हो जाता था, उनमें दूसरे समूह की अपेक्षा कम उम्र में ही हृदय रोग होने की सम्भावना तिगुना अधिक तथा हृदय आघात (heart attack) होने की सम्भावना पाँच गुना अधिक था। नियाऊरा तथा उनके सहयोगियों (Niaura et. al., 2002) ने अपने अध्ययन के आधार पर यह बतलाया है कि वृद्ध लोगों में ईर्ष्या का उच्च स्तर, धूम्रपान, (smoking), उच्च स्तर का क्लोरेस्टोल (cholestol), शराब पीना आदि की तुलना में हृदय रोग का उत्तम पूर्वसूचक (predictor) होता है। सुवारेज (Suarez, 1998) ने अपने अध्ययन के आधार पर यह बतलाया है कि जब काफी ईर्ष्यालु व्यक्ति को किसी घटना या अन्य व्यक्तियों से क्रोध उत्पन्न होता है तो उनमें तनाव के कई दैहिक लक्षण जैसे उच्च रक्तचाप (blood pressure), तीव्र हृदय गति, तीव्र श्वसन गति आदि उत्पन्न हो जाते हैं।

भारतीय मनोवैज्ञानिकों के अध्ययनों में भी टाईप ए व्यवहार तथा स्वास्थ्य के बीच पश्चिमी मनोवैज्ञानिकों के ही समान परिणाम पाये गये हैं। आर॰ वसु एवं एम॰ साहा (R. Basu & M. Saha, 1985) ने अपने अध्ययन में पाया कि जिन लोगों में चक्रीय ह्रदय रोग (Coronary Heart Disease, (CHD)) था, उनका प्राप्तांक टाईप ए व्यवहार के विमाओं (dimensions) पर सार्थक रूप से उच्च था। एम॰ ए॰ भाटिया, ए॰ तिवारी, एस॰ बालकृष्ण तथा एच॰ गुप्ता (M. S. Bhatia A. Tiwari, S. Balkrishna & H. Gupta, 1990) ने अपने अध्ययन में पाया कि 72 प्रतिशत CHD रोगियों में टाईप ए व्यवहार पैटर्न पाये गए। आर॰ गुलाम, एस॰ आर॰ गुप्ता, आर बन्धोपाध्याय तथा एस॰ एन॰ मिश्रा (R. Ghulam, S. R. Gupta, R. Bandhopadhyaya & S. N. Mishra, 1990) ने अपने अध्ययन में पाया कि CHD से ग्रस्त रोगियों का प्राप्तांक टाईप ए व्यवहार के मापनी पर अधिक था। एस॰ एस॰ कौशिक, ए॰ मुखोपाध्याय, के॰ शेक तथा एस॰ के॰ गोयल (S. S. Kaushik, A. Mukhopadhyay, K. Sheik & S. S. Goel, 1991) ने एक अध्ययन किया जिसमें CHD, के पुरुष रोगी, CHD के महिला रोगी तथा एक तुलनात्मक नियंत्रित समूह (control group) ने भाग लिया। परिणाम में पाया गया कि पुरुष तथा महिला CHD रोगियों दोनों के लिए ही टाईप ए व्यवहार एक सार्थक एवं महत्त्वपूर्ण प्रवाही (percipitating) कारक था हालांकि महिला रोगियों पर टाईप ए व्यवहार का प्रभाव तुलनात्मक रूप से अधिक था। हाल ही में मंजु मेहता तथा सीमा कालरा (Manju Mehta & Seema Kalra, 2006) ने अपने अध्ययन में चार विभिन्न तरह के पेशाओं अर्थात् सरकारी अधिकारी, सरकारी डॉक्टर, बैंक ऑफिसर तथा विश्वविद्यालय शिक्षक में कार्यरत महिलाओं में टाईप ए व्यवहार तथा उनके दैहिक एवं मानसिक स्वास्थ्य के बीच के सम्बन्ध का अध्ययन करने के बाद पाया कि टाईप ए व्यवहार का इन कार्यरत महिलाओं के शारीरिक एवं मानसिक स्वास्थ्य पर बुरा असर डालता है।

(ii) *पूर्णतावादी दृष्टिकोण (Perfectionistic viewpoints)*—व्यक्ति का पूर्णतावादी दृष्टिकोण भी इसके स्वास्थ्य पर बुरा असर डालता है। पूर्णवादी दृष्टिकोण एक ऐसा दृटिकोण होता है जिसमें व्यक्ति अपने आप को प्रत्येक व्यवहार जिसे वह करता है, में परिपूर्ण (perfect) समझता है। परंतु सच्चाई यह होता है कि चाहे वे लाख दावा परिपूर्ण होने का कर ले, उनमें कुछ कमियाँ रह ही जातीं हैं। पूर्णतावादी दृष्टिकोण दो तरह का होता है— *व्यक्तिगत मानक पूर्णतावादी दृष्टिकोण* (Personal standard perfectionistic viewpoints) तथा *आत्म-आलोचनात्मक पूर्णतावादी दृष्टिकोण* (Self-critical perfectionistic viewpoints)। पहले तरह के दृष्टिकोण में व्यक्ति अपने लिए खुद ही एक अवास्तविक रूप से उच्च मानक (high standard) का निर्धारण करता है तथा दूसरे तरह के दृष्टिकोण में व्यक्ति अपने व्यवहार की आलोचना करता है, जिन्दगी की सफलता से उसे कोई खुशी नहीं होती है तथा उसे दूसरों की उनसे उम्मीद या प्रत्याशाओं (expectations) के बारे में सतत चिंता बनी होती है। समाज मनोवैज्ञानिकों द्वारा किये गए अध्ययनों से यह पता चला है कि आत्म-आलोचनात्मक पूर्णतावादी दृष्टिकोण का प्रभाव व्यक्ति के स्वास्थ्य पर तुलनात्मक रूप से अधिक बुरा पड़ता है। ऐसे लोग हमेशा अपने आप की आलोचना करते हैं, उन्हें यह भी शक बना रहता है कि दूसरे लोग भी उसकी ऐसी आलोचना करते होंगे तथा तनावपूर्ण परिस्थितियों से निबटने की उनकी अपनी क्षमता पर शक बना होता है। इन सबों का परिणाम यह होता है कि ऐसे व्यक्तियों में नकारात्मक भाव (negative feelings) काफी मजबूत हो जाता है, तनाव का स्तर बढ़ जाता है तथा आशाहीनता (hopelessness) तथा निःसहायता (helplessness) का भाव मजबूत हो जाता है। इन सबों का प्रभाव उनके व्यक्तिगत स्वास्थ्य पर काफी बुरा पड़ता है जिसकी पुष्टि डंकले तथा उनके सहयोगियों (Dunkley et. al., 2003) के अध्ययन से हो चुकी है।

(iii) *सामाजिक-आर्थिक स्तर (Socio-economic status)*—मनोवैज्ञानिकों द्वारा सामाजिक आर्थिक स्तर का अध्ययन प्रायः किया जाता है और उसका सम्बन्ध व्यक्ति के स्वास्थ्य से जोड़ा गया है। अधिकतर अध्ययनों का निष्कर्ष यही रहा है कि उच्च सामाजिक-आर्थिक के व्यक्तियों का व्यक्तिगत स्वास्थ्य (personal health) निम्न सामाजिक-आर्थिक स्तर के व्यक्तियों के व्यक्तिगत स्वास्थ्य की तुलना में अच्छा होता है। स्टीनलैण्ड, हेनली तथा थुन (Steenland, Henley & Thun, 2002) ने अपने अध्ययन के आधार पर इस तथ्य की सम्पुष्टि किया है। इसका कारण यह बतलाया गया है कि उच्च सामाजिक-आर्थिक स्तर के लोगों को चूँकि उत्तम भोजन, उत्तम आवासीय स्थान तथा उत्तम स्वास्थ्य सुविधाओं पर आसान पहुँच आदि उपलब्ध होता है, अतः इनका व्यक्तिगत स्वास्थ्य तुलनात्मक रूप से अर्थात् निम्न सामाजिक-आर्थिक स्तर के लोगों की तुलना में उत्तम होता है। नवीनतम शोधों से यह पता चला है कि उच्च एवं निम्न सामाजिक स्तर के लोगों के व्यक्तिगत स्वास्थ्य में अंतर होने का कारण इनके अलावा सामान्य बुद्धि (general intelligence) के स्तर में अंतर होना है। उच्च सामाजिक-आर्थिक स्तर के लोगों की सामान्य बुद्धि निम्न सामाजिक-आर्थिक स्तर के व्यक्तियों की

तुलना में अधिक होती है, अतः इससे भी उनका व्यक्तिगत स्वास्थ्य तुलनात्मक रूप से अधिक होता है। दूसरे शब्दों में, उच्च सामाजिक-आर्थिक स्तर के व्यक्ति को चूँकि यह पता होता है कि एक स्वस्थ जिंदगी बीताने के लिए क्या-क्या चीजों की जरूरत होती हैं तथा किसी समस्या के साथ निपटने का उत्तम विधि कौन-सा होता है, अतः इनका स्वास्थ्य तुलनात्मक रूप से अधिक उत्तम होता है।

स्पष्ट हुआ कि व्यक्ति का स्वास्थ्य कई कारकों से प्रभावित होता है।

4. प्रतिबल या तनाव का स्वरूप एवं स्रोत (*Nature and Source of stress*)—जीवन की तनावपूर्ण या प्रतिबलयुक्त परिस्थितियाँ और व्यक्ति का उसके साथ निपटने का ढंग से भी स्वास्थ्य व्यवहार काफी प्रभावित होता है। इस बिन्दु पर स्वास्थ्य मनोवैज्ञानिक तथा समाज मनोवैज्ञानिकों का योगदान काफी सराहनीय रहा है। मनोवैज्ञानिकों ने तनाव या प्रतिबल को एक ऐसा नकारात्मक सांवेगिक अनुभूति (negative emotional experience) के रूप में परिभाषित किया है जिसमें स्पष्टतः दैहिक (physiological), जैवरासायनिक (biochemical) तथा व्यवहारपरक (behavioural) परिवर्तन होते हैं जिसके माध्यम से व्यक्ति प्रतिबलकों (stressors) के प्रभाव को या तो कम करता है या फिर उसे परिवर्तित करने की कोशिश करता है ताकि उसके साथ एक समायोजन हो सके। एक ही घटना एक व्यक्ति में तनाव उत्पन्न कर सकता है तो दूसरे व्यक्ति में नहीं भी कर सकता है। इसका मतलब यह हुआ कि व्यक्ति किसी घटना को किस तरह प्रत्यक्षण कर मूल्यांकित (appraise) करता है, इस पर यह निर्भर करता है कि उस घटना से व्यक्ति में तनाव उत्पन्न होगा या नहीं। शायद यही कारण है कि तनाव या प्रतिबल को एक मनोवैज्ञानिक प्रक्रिया (psychological process) कहा गया है। एक आवेदक के लिए साक्षात्कार तनाव उत्पन्न करने वाला हो सकता है परंतु दूसरे आवेदक के लिए साक्षात्कार एक खुशी उत्पन्न करने वाली प्रक्रिया हो सकती है। समाज मनोवैज्ञानिकों द्वारा किये गए अध्ययनों से यह स्पष्ट हुआ है कि ऐसी घटनाएँ जिनपर व्यक्ति का नियंत्रण नहीं होता है या जो अपूर्वानुमेय (unpredictable) होती है उनसे व्यक्ति में तनाव या प्रतिबल तुलनात्मक रूप से उन घटनाओं की अपेक्षा अधिक होती है जो व्यक्ति के नियंत्रण में होता है। इसका कारण यह बतलाया गया है कि अनियंत्रित घटनाएँ व्यक्ति को ऐसी घटनाओं से निबटने के लिए कोई युक्ति (strategies) पर सोचने का मौका ही नहीं देती हैं। उसी तरह से सारासन तथा उनके सहयोगियों (Sarason et. al., 1978) ने अपने अध्ययन के आधार पर यह बतलाया है कि अस्पष्ट घटनाओं (vague events) से व्यक्तियों में स्पष्ट घटनाओं की तुलना में अधिक तनाव उत्पन्न होता है तथा ऐसी समस्याएँ या घटनाएँ जिनका समाधान आसानी से नहीं हो पाता है उनसे भी व्यक्ति में तनाव काफी उत्पन्न होता है। घटनाओं का स्वरूप स्पष्ट होने से व्यक्ति उनका समाधान ढूँढने में सफल हो पाता है। फलस्वरूप ऐसी घटनाएँ व्यक्ति में कम तनाव उत्पन्न करतीं हैं। दिन-प्रतिदिन की तनावपूर्ण जिन्दगी की घटनाएँ जैसे पति या पत्नी की मृत्यु, नौकरी का छूटना, व्यवसाय में असफलता, आदि व्यक्ति में तनाव उत्पन्न करती हैं। ऐसी दिन-प्रतिदिन की घटनाओं का व्यक्ति पर पड़ने वाले प्रभाव को मापने के लिए सबसे पहले होलम्स तथा राहे (Holmes & Rahe, 1967) ने एक मापनी (scale) का निर्माण किया जिसमें 1 से 100 बिन्दु तक के प्राप्तांक के आधार पर व्यक्ति में तनाव का मापन होता है। इसके अतिरिक्त दिन-प्रतिदिन की छोटी-छोटी घटनाओं जो परेशानी (hassles) उत्पन्न करती है, भी तनाव या प्रतिबल का स्रोत है। परेशानी उत्पन्न करने वाली ऐसी छोटी-छोटी घटनाओं के कुछ उदाहरण हैं—मौसम का अचानक खराब हो जाना, मृत्यु के बारे में चिन्ता, खरीददारी के लिए पर्याप्त रुपया-पैसा का न होना, पर्याप्त नींद नहीं आना, एक ही शारीरिक मुद्रा बनाकर लम्बे समय तक कार्य करना, पालतू जानवरों की देख-रेख की चिन्ता आदि। डीलागिस तथा उनके सहयोगियों (Delagis et. al., 1989), लाजारस एवं उनके सहयोगियों (Lazarus et. al., 1985) द्वारा किये गये अध्ययनों से इस तथ्य की सम्पुष्टि की गयी है।

भारतीय मनोवैज्ञानिकों ने भी अपने अध्ययनों से दिन-प्रतिदिन की छोटी-छोटी घटनाओं जो व्यक्ति में परेशानी उत्पन्न करती है, को तनाव या प्रतिबल का एक मुख्य स्रोत माना है। टी सारना तथा ए॰ शुक्ला (T. Sarna & A. Shukla, 1990) ने वैसी महिलाओं के स्वास्थ्य समस्याओं का अध्ययन लखनऊ में किया जो घरेलू चिकन/कशीदा धंधे में लगी हुई थीं। चिकन/कशीदा एक ऐसा सूक्ष्म दस्तकारी (craft) है जिसमें महिलाओं को लम्बे समय तक एक ही शारीरिक मुद्रा में बैठकर सूई से हाथ के सहारे कार्य करना होता है। इस अध्ययन के परिणाम में यह पाया गया कि ऐसी महिलाओं में चिड़चिड़ापन (irritability) एवं चिन्ता (anxiety) का स्तर काफी अधिक था। करीब 53.5 प्रतिशत महिलाओं में हड्डियों के संधियों (joints) में दर्द एवं फूलन विकसित हो गया था तथा करीब 80.5 प्रतिशत महिलाओं में पीठ का दर्द तथा 53 प्रतिशत महिलाओं की आँख की रोशनी कमजोर पड़ गयी थी। लेपोर, इभान्स तथा पालसोने (Lepore, Evans

& Palsone, 1991) ने पूना में अध्ययन करके भी इस तथ्य की पुष्टि किया है कि दिन-प्रतिदिन की छोटी-छोटी परेशान कर देने वाली घटनाओं से व्यक्ति में तनाव या प्रतिबल उत्पन्न होता है। एस॰ कुमार, एस॰ पी॰ गुप्ता, एस॰ मोहन्थी तथा एस॰ कुलश्रेष्ठ (S. Kumar, S. P. Gupta, S. Mohanty & S. Kulshrestha, 2006) ने अपने अध्ययन के आधार पर यह बतलाया है कि जिंदगी की उच्च तनावपूर्ण घटनाओं का सम्बन्ध सिरदर्द (headache) से सार्थक रूप से होता है।

अब प्रश्न उठता है कि तनाव व्यक्ति के स्वास्थ्य को किस तरह प्रभावित करता है। बॉम (Baum, 1994) द्वारा दिये गए सुझावों के आधार पर जो एक मॉडल बनाया गया है, उसके अनुसार तनाव या प्रतिबल व्यक्ति के स्वास्थ्य को प्रत्यक्ष (direct) तथा अप्रत्यक्ष (indirect) दोनों ढंग से प्रभावित करता है। प्रत्यक्ष रूप से तनाव विशेषकर सतत (continuous) तनाव व्यक्ति के प्रतिरक्षक तंत्र (immune system) को प्रभावित करके व्यक्ति के स्वास्थ्य को खराब कर देता है। केमेनी (Kemeny, 2003) तथा ट्रॉक्सेल तथा उनके सहयोगियों (Troxel et. al., 2005) ने अध्ययन करके इस बात की पुष्टि किया है कि सतत तनाव की स्थिति में होने से लिम्फोसाइट्स (lymphocytes) अर्थात् श्वेत रक्त कोशिकाएँ (white blood cells) जो रोग एवं संक्रमण (infection) एवं तरह-तरह के बैक्ट्रीया (bacteria), वायरस (virus) तथा कैंसर उत्पन्न करने वाले कोशिकाओं से लड़ता है, की संख्या को कम कर देता है तथा एक विशेष हारर्मोन (harmone) जिसे कोर्टिसोल (cortisol) कहा जाता है, के स्तर को बढ़ा देता है जो प्रतिरक्षक तंत्र (immune system) के कार्यों को दबा देता है। इस मॉडल के अनुसार तनाव का व्यक्ति के स्वास्थ्य पर अप्रत्यक्ष प्रभाव (indirect effect) भी पड़ता है। अप्रत्यक्ष रूप से तनाव व्यक्ति के जीवनशैली (life style) को प्रभावित करके उसके स्वास्थ्य को प्रभावित करता है। तनाव व्यक्ति में एक छिन्न-भिन्न जीवनशैली जैसे समय से भोजन न करना, बीमार पड़ने पर समय पर मेडिकल सहायता न लेना, नियमित अभ्यास न करना आदि को अपनाकर अपने स्वास्थ्य को खराब कर लेता है। भारतीय मनोवैज्ञानिक एम॰ अग्रवाल तथा आर॰ के॰ नायडू (R. M. Agrawal & R. K. Naidu, 1988) ने तनाव का स्वास्थ्य पर पड़ने वाले प्रभाव की व्याख्या करते हुए कहा है कि अवांछित घटनाएँ जिनसे तनाव या प्रतिबल व्यक्ति में उत्पन्न होता है, व्यक्ति के आत्म-संप्रत्यय (self-concept) तथा सामाजिक प्रतिमा (social image) को नकारात्मक ढंग से प्रभावित करता है जिससे व्यक्ति में तनाव उत्पन्न करनेवाली घटनाओं से निबटने की क्षमता कमजोर पड़ जाती है और व्यक्ति का स्वास्थ्य खराब हो जाता है।

5. प्रतिबल से निबटने की युक्तियाँ *(Strategies for Coping with Stress)*—प्रतिबल या तनाव आज हमारे जिंदगी का एक प्रमुख हिस्सा है। अतः यह तो नहीं कहा जा सकता है कि इससे हमारी जिंदगी बिलकुल ही अलग हो सकती है। हाँ, इतना किया जा सकता है कि इसे कम करने की युक्तियों (strategies) पर अवश्य विचार किया जा सकता है ताकि यह व्यक्ति के स्वास्थ्य पर बुरा प्रभाव न डाले। इसके लिए तीन तरह के युक्तियों पर मनोवैज्ञानिकों द्वारा विचार किया गया है जो इस प्रकार हैः—

(क) संवेग-केन्द्रित युक्तियाँ (Emotion-focused strategies)

(ख) समस्या-केन्द्रित युक्तियाँ (Problem-focused strategies)

(ग) सामाजिक समर्थन (Social support)

इन सबों का वर्णन इस प्रकार है—

(क) संवेग-केन्द्रित युक्तियाँ *(Emotion-focused strategies)*—ऐसे युक्तियों में व्यक्ति तनाव के स्रोत को नहीं बल्कि स्वास्थ्य पर तनाव का पड़ने वाले नकारात्मक प्रभावों को कम करने की कोशिश करता है। इन युक्तियों में व्यक्ति परिस्थिति को धनात्मक परिप्रेक्ष्य में देखने के कोशिश करता है तथा अपने बारे में कुछ धनात्मक कथन (positive statements) का निर्माण करता है। ऐसे युक्तियों में व्यक्ति तरह-तरह के रक्षा प्रक्रमों (defence mechanism) जैसे प्रतिक्रिया निर्माण (reaction formation) यौक्तिकीकरण (rationalization), प्रक्षेपण (projection), विस्थापन (displacement) दमन (repression) आदि का उपयोग भी करता है।

अध्ययनों से यह स्पष्ट हुआ कि संवेग-केन्द्रित युक्तियों (emotion-focused strategies) में से कुछ युक्ति लघुकालीन अवधि में तो प्रभावी होते हैं परंतु दीर्घकालीन अवधि में व्यक्तिगत स्वास्थ्य के लिए खतरनाक साबित हो सकते हैं। जैसे, जब व्यक्ति तनाव में होता है, तो वह शराब पीकर अपने तनाव को कुछ देर के लिए तो अवश्य कम कर लेता है परंतु दीर्घकालीन स्तर पर यदि यह परम्परा जारी रही तो इससे उसका व्यक्तिगत स्वास्थ्य पर बुरा असर पड़

सकता है। उसी तरह से कई अध्ययनों से यह भी स्पष्ट हुआ है कि यदि व्यक्ति रक्षा प्रक्रमों का उपयोग बहुत ज्यादा करने लगता है, तो इससे थोड़े देर के लिए उसका तनाव तो कम हो जाता है परंतु भविष्य में कई तरह के असामान्य-मानसिक लक्षणों की उत्पत्ति की सम्भावना काफी बढ़ जाती है।

(ख) समस्या केन्द्रित युक्तियाँ *(Problem-focus strategies)*—ऐसी युक्तियों में व्यक्ति तनाव या प्रतिबल (stress) के कारणों (causes) को बदलकर उसके साथ निबटने की कोशिश करता है। इससे व्यक्ति काफी सक्रिय होकर तनाव उत्पन्न करनेवाले कारकों को हटा देने का भरसक प्रयास करता है या वह हर सम्भव ऐसा प्रयास करता है जिससे परिस्थिति उत्तम हो जाए और तनाव जड़ से ही खत्म हो जाए। ऐसे युक्तियों में व्यक्ति समस्या के आमने-सामने खड़ा होकर उसका मुकाबला करता है तथा उससे निबटने की पूरी कोशिश करता है।

(ग) सामाजिक समर्थन *(Social Support)*—तनाव से अपने व्यक्तिगत स्वास्थ्य को बचाने का एक अन्य युक्ति सामाजिक समर्थन (social support) हासिल करना होता है जिसमें व्यक्ति अपने दोस्तों तथा परिवार के सदस्यों से उचित राय, स्नेह एवं सहानुभूति प्राप्त करके तनाव के पड़ने वाले प्रभाव को कम करता है। मॉर्गन, कार्डर तथा नील (Morgan, Carder & Neel, 1997) ने अपने अध्ययन के आधार पर यह बतलाया है कि व्यक्ति अपने से समान (similar) व्यक्ति को सामाजिक समर्थन अधिक देता है। एलेन (Allen, 2003) ने एक अध्ययन के आधार पर यह बतलाया है कि आदमी न केवल आदमी से ही सामाजिक समर्थन प्राप्त कर अपना तनाव दूर करता है—बल्कि वह पालतू जानवरों से भी समर्थन पाकर अपना तनाव दूर करता है। एलेन, साइकौफ तथा इज्जो (Allen, Shykoff & Izzo, 2001) ने एक अध्ययन कुछ शेयर दलालों (Share brokers) पर किये। ऐसे शेयर दलालों को चुना गया जो अकेले रहते थे तथा जिनकी जिन्दगी अपने कार्य के दबाव से काफी तनावग्रस्त थी। ऐसे शेयर दलालों में से एक समूह को एक पालतू कुत्ता या बिल्ली दी गयी तथा दूसरे समूह को ऐसा पालतू कुत्ता या बिल्ली नहीं दी गयी। परिणाम में देखा गया कि ऐसे पालतू जानवर शेयर दलालों के लिए एक उत्तम सामाजिक समर्थन (social support) प्रदान करते थे तथा जिन शेयर दलालों को ऐसा पालतू जानवर मिला हुआ था, उनमें तुलनात्मक रूप से उच्च तनाव के लक्षण कम देखे गए। समाज मनोवैज्ञानिकों के अनुसार-पालतू जानवर तनाव कम करने में इसलिए सफल हो जाते हैं क्योंकि वे अपने मालिक को अनिर्णायक सामाजिक समर्थन (non-judgemental social support) प्रदान करते हैं अर्थात् वे अपने मालिक को सभी परिस्थितियों में बिना शर्त समर्थन प्रदान करते हैं।

एक नवीनतम अध्ययन से यह तथ्य सामने आया है कि सामाजिक समर्थन देना (giving social support) भी उतना ही महत्त्वपूर्ण होता है जितना कि सामाजिक समर्थन लेना (receiving social support)। ब्राउन एवं उनके सहकर्मियों (Brown et. al., 2003) ने एक अध्ययन करके इस तथ्य की सम्पुष्टि किया है। इन्होंने अपने इस अध्ययन में 846 वृद्ध विवाहित लोगों (elderly married people) को सम्मिलित किया जिनमें सामाजिक समर्थन देने तथा लेने का मर्त्यता (mortality) पर पड़ने वाले प्रभावों का अध्ययन किया गया। शोधकर्त्ताओं द्वारा पहले इस तथ्य का मूल्यांकन किया गया कि ऐसे विवाहित वृद्ध लोग कितना अपने पति/पत्नी या अन्य लोगों जैसे दोस्तों, पास-पड़ोस तथा सम्बन्धियों (relatives) से सामाजिक समर्थन लेते हैं तथा उन्हें जरूरत पड़ने पर सामाजिक समर्थन देते हैं। इसके बाद ऐसे लोगों में पाँच साल की अवधि में होने वाले मर्त्यता दर (mortality rate) का मापन किया। परिणाम में देखा गया कि जिन सहभागियों (participants) ने दूसरे लोगों को अधिक सामाजिक समर्थन दिया था, उनमें मर्त्यता दर इस पाँच साल की अवधि में तुलनात्मक रूप से उन सहभागियों की तुलना में काफी कम था जिन्होंने ऐसा सामाजिक समर्थन दूसरे लोगों को कम दिया था। दूसरे तरफ यह भी देखा गया कि अपने पति/पत्नी या अन्य लोगों से सामाजिक समर्थन प्राप्त करना इन सहभागियों के मर्त्यता दर पर कुछ खास प्रभाव नहीं डाल सका। इस परिणाम के आधार पर तब तो यह कहा जा सकता है कि जहाँ तक व्यक्ति के स्वास्थ्य पर सकारात्मक प्रभाव (positive effect) का सवाल है, दूसरों को समर्थन देना, दूसरों से समर्थन लेना की अपेक्षा अधिक लाभप्रद होता है।

6. युक्ति प्रक्रमों पर पड़ने वाले यौन अन्तर का प्रभाव *(Effect of sex differences upon coping strategies)*—समाज मनोवैज्ञानिकों द्वारा किये गए नवीनतम शोधों से यह स्पष्ट हुआ है कि पुरुष तथा महिला अलग-अलग युक्ति प्रक्रम अपनाकर तनावग्रस्त परिस्थितियों से निबटते हैं। जैसे टामरेस तथा उनके सहयोगियों (Tamres et. al., 2002) ने एक मेटा विश्लेषण (meta analysis) के आधार पर यह बतलाया है कि महिलाएँ समग्र रूप से पुरुषों की अपेक्षा समस्या-केन्द्रित युक्ति (problem-focused strategies) तथा संवेग-केन्द्रित युक्ति (emotion-focused strategies) दोनों तरह के युक्तियों का उपयोग तनाव या प्रतिबल से निबटने में अधिक करती हैं। इसके अलावा महिलाएँ तनाव से निबटने के लिए अपने आप या दूसरों के साथ शाब्दिक अभिव्यक्ति (verbal expression) का अधिक सहारा लेती है अर्थात् वे तनाव उत्पन्न करने वाले समस्याओं के बारे में दूसरों के साथ बातचीत करके, अपने बारे में धनात्मक बातचीत करके एवं परिवार तथा दोस्तों से सांवेगिक समर्थन (emotional support) प्राप्त करके अधिक करती है जबकि पुरुष समस्या या तनाव उत्पन्न करने वाले परिस्थिति से अपने आप को हटा करके उससे निबटने की कोशिश अधिक करते हैं। इतना ही नहीं, पुरुष महिलाओं की तुलना में तनाव उत्पन्न करने वाली परिस्थिति से आमने-सामने होकर उससे निबटने की कोशिश अधिक करते हैं हालाँकि इस विशेष तथ्य के पक्ष में अधिक शोध सबूत नहीं है।

तनाव से निबटने के लिए अपनाये गए युक्तियों में जो यह यौन विभिन्नता पायी जाती है, उसकी व्याख्या करते हुए समाज मनोवैज्ञानिकों ने यह कहा है कि इस विभिन्नता का मुख्य कारण समाज में पुरुष तथा स्त्री की अलग-अलग भूमिकाएँ (roles) होती है। समाज में ऐसा देखा गया है कि तनावग्रस्त परिस्थितियों में महिलाएँ दूसरों से अधिक समर्थन प्राप्त करने की कोशिश करती है जबकि पुरुष ऐसा कम या नहीं के बराबर करते हैं। इतना ही नहीं, महिलाएँ तनाव उत्पन्न करने वाले बहुत सारे उद्दीपकों (stimuli) को अधिक गम्भीर होने का प्रत्यक्षण करती हैं जिसके कारण वे उनसे निबटने के लिए बहुत तरह की युक्तियों जिनमें संवेग-केन्द्रित युक्ति तथा समस्या-केन्द्रित युक्ति दोनों ही शामिल होते हैं, का उपयोग किया जाता है। इन व्याख्याओं का प्रयोगात्मक समर्थन टामरेस, जानिकी तथा हेलगेसन (Tanres, Janicki & Helgason, 2002) के अध्ययन से भी हुआ है।

स्पष्ट हुआ है कि समाज मनोवैज्ञानिकों द्वारा व्यक्तिगत स्वास्थ्य (personal health) तथा बीमारियों के सम्भावित कारणों तथा उनसे निबटने के लिए विभिन्न तरह के युक्तियों (strategies) पर पर्याप्त ध्यान देकर एक आदर्श योगदान करते हुए समाज मनोविज्ञान की उपयोगिता को मजबूत किया गया है।

खेल-कूद या क्रीड़ा का समाज मनोविज्ञान
(Social Psychology of Sport)

खेल-कूद या क्रीड़ा मनोविज्ञान (sport psychology) मनोविज्ञान का एक नया एवं उभरता हुआ शाखा है जिसमें समाज मनोविज्ञान के प्रमुख नियमों एवं सिद्धान्तों का उपयोग करके इस मनोविज्ञान को अधिक वैज्ञानिक एवं लोकप्रिय बनाया गया है।

क्रीड़ा मनोविज्ञान मनोविज्ञान की एक ऐसी शाखा (branch) है जिसमें क्रीड़ा या खेल-कूद या व्यायाम (exercise) की परिस्थितियों में मनोवैज्ञानिक सिद्धान्तों एवं मॉडलों का उपयोग किया जाता है। इन सिद्धान्तों या मॉडलों का उपयोग करके खिलाड़ियों या व्यायामी (atheletics) के निष्पादन को उन्नत बनाने की कोशिश की जाती है हालाँकि क्रीड़ा मनोवैज्ञानिकों का उद्देश्य मात्र निष्पादन को उन्नत ही बनाना नहीं होता है बल्कि क्रीड़ा (sports) को एक मानव संवृद्धि (human enrichanent) के दृष्टिकोण से देखना भी होता है। अतः यह कहा जा सकता है कि क्रीड़ा मनोविज्ञान में खिलाड़ी के निष्पादन तथा मानव संवृद्धि के सामाजिक-मनोवैज्ञानिक (social-psychological) पहलुओं दोनों को ही उन्नत बनाने का प्रयास किया जाता है। क्रीड़ा मनोविज्ञान का प्रथम विश्व काँग्रेस (First world congress) 1865 में रोम (Rome) में हुआ जो एक महत्त्वपूर्ण घटना थी। इसके अतिरिक्त *'इन्टरनेशनल सोसाइटी ऑफ स्पोर्ट साइकोलॉजी'* (International Society of Sport Psychology) का भी प्रादुर्भाव हुआ जिससे मनोविज्ञान की इस शाखा का मनोबल मजबूत हुआ। परंतु क्रीड़ा मनोविज्ञान में पथप्रदर्शक मनोवैज्ञानिक शोध (Poinnearing psyhological research) 1895 में हुआ जब जी॰ डब्ल्यू॰ फिज (G. W. Fitz) द्वारा प्रतिक्रिया समय (reaction time) की माप के आधार पर व्यक्तियों के खेलकूद क्षमता (sporting abilities) तथा उनके प्रशिक्षणीयता (trainability) के बारे में पूर्वकथन (prediction) करने की कोशिश की गयी। परंतु क्रीड़ा मनोविज्ञान के क्षेत्र में शोध का सबसे पहला क्रमबद्ध एवं स्पष्ट उदाहरण 1897 में मिलता है जब नॉरमैन ट्रीपलेट्ट (Norman Triplett) ने साइकिल चलाने वालों के निष्पादन का प्रेक्षण सामाजिक सरलीकरण (social facilitation) की अवस्था में किया तथा जिसमें वे अन्ततः इस निष्कर्ष पर पहुँचे कि अन्य प्रतियोगियों (competitors) की उपस्थिति से साइकिल चलाने वालों को उत्तम निष्पादन देने में मदद (facilitation) होती है। फिर 1898 से 2000 के बीच और भी कई ऐसे अध्ययन अन्य मनोवैज्ञानिकों द्वारा किये गए। कोलमैन रॉबर्टस् ग्रिफिफ्थ (Coleman, Roberts Grifith) जिन्हें अमेरिका में *क्रीड़ा मनोविज्ञान का जनक* (Father of Sport psychology)

कहा जाता है, ने इस शाखा को अधिक सुस्पष्ट करने तथा उसके कार्य क्षेत्र को विस्तारित करने के लिए कई महत्त्वपूर्ण शोध किये। इन्होंने 1925 में क्रीड़ा मनोविज्ञान का प्रथम मनोवैज्ञानिक प्रयोगशाला की स्थापना इलिनोइस विश्वविद्यालय (University of Illinois) में किया और कई सालों तक मनोपेशीय कौशल (Psychomotor skills), पेशीय अधिगम (motor learning) तथा व्यक्तित्व चरों (personality variables) तथा पेशीय निष्पादन (motor performance) में सम्बन्ध (relationship) अध्ययन करके इस शाखा के कार्यक्षेत्र को सुस्पष्ट किया। इतना होने के बावजूद 1960 वाले दशक में ही क्रीड़ा मनोविज्ञान का एक स्वतंत्र पहचान स्थापित हो चुका और अमेरिका के कई विश्वविद्यालयों में इस मनोविज्ञान की औपचारिक पढ़ाई प्रारम्भ की गयी। 1960 वाले दशक में और उसके बाद कई पेशेवर क्रीड़ा मनोविज्ञान संगठनों (Professional Sport Psychology Organizations) का प्रादुर्भाव हुआ। जैसे, 1965 में इन्टरनेशनल सोसाइटी ऑफ स्पोर्ट साइकोलॉजी (International Society of Sport Psychology or ISSP) का जन्म हुआ जिसका मुख्य उद्देश्य पूरे विश्व में जगह-जगह पर क्रीड़ा मनोविज्ञान के क्षेत्र से सभा एवं कंफ्रेसेज (Conferences) को प्रोत्साहित करना। इसके द्वारा दो महत्त्वपूर्ण जरनल अर्थात् *दी स्पोर्ट साइकोलॉजिस्ट* (The Sport Psychologist) तथा *इन्टरनेशनल जरनल ऑफ स्पोर्ट साइकोलॉजी* (International Journal of Sport Psychology) का भी प्रकाशन किया गया। 1965 में कनाडा तथा अमेरिका के कुछ क्रीड़ा मनोवैज्ञानिकों एवं दैहिक प्रशिक्षकों (Physical educators) ने मिलकर एक अन्य संगठन की स्थापना किया जिसका नाम *नार्थ अमेरीकन सोसाइटी फॉर दी साइकोलॉजी ऑफ स्पोर्ट एण्ड फिजिकल एक्टिविटी* (North American Society for the Psychology of Sport and Physical Activity or NASPSPA) था तथा जो सालमेला (Salmela, 1992) के अनुसार क्रीड़ा मनोविज्ञान के कार्य क्षेत्र को विकसित करने में महत्त्वपूर्ण भूमिका निभाया। इस संगठन का मुख्य उद्देश्य प्रयोगात्मक शोध (experimental research) के माध्यम से क्रीड़ा मनोविज्ञान को उन्नत बनाना था। इसके तुरंत बाद फिर कनाडा में 1969 में एक दूसरा पेशेवर संगठन (Professional Organization) का उदय हुआ जिसे *कैनाडियन सोसाइटी फॉर साइकोमोटर लर्निंग एण्ड स्पोर्ट साइकोलॉजी* (Canadian Society for Psychomotor hearning and Sport Psychology or CSPLSP) कहा गया। मार्टेन्स (Martens, 1987) के अनुसार अभी हाल में क्रीड़ा मनोविज्ञान को दो उपशाखाओं में विभाजित किया गया है—*शैक्षिक क्रीड़ा मनोविज्ञान* (Academic sport psychology) तथा *अनुपयुक्त क्रीड़ा मनोविज्ञान* (Applied sport psychology)। शैक्षिक क्रीड़ा मनोविज्ञान में क्रीड़ा मनोविज्ञान के शोध उन्मुखी पहलुओं (research oriented aspects) पर अधिक बल जाता है जबकि अनुपयुक्त क्रीड़ा मनोविज्ञान में क्रीड़ा मनोविज्ञान के पेशेवर (professional) या अनुपयुक्त (applied) पहलू पर अधिक बल डाला जाता है। 1986 में अमेरीकन मनोवैज्ञानिक संघ (American Psychological Association or APA) ने क्रीड़ा मनोविज्ञान के लिए एक अलग डीविजन (Division) जिसे डीविजन संख्या 47 कहा गया, का प्रतिपादन किया।

क्रीड़ा मनोविज्ञान के कई क्षेत्रों में समाज मनोविज्ञान के सिद्धान्तों एवं नियमों का उपयोग सफलतापूर्वक किया गया है। इनमें यहाँ दो ऐसे महत्त्वपूर्ण क्षेत्रों का सविस्तार वर्णन किया जा रहा है:—

(क) सामाजिक सरलीकरण (*Social Facilitation*)—सामाजिक सरलीकरण से तात्पर्य इस बात से होता है कि अन्य लोगों की उपस्थिति में किसी कार्य को करने से उसका निष्पादन (performance) उत्तम होता है। 'अन्य लोगों' को *सहर्कता* (coactors) या *श्रोतागण* (audience) कहा जाता है। जब दो या दो से अधिक लोग एक ही क्रीड़ा या खेलकूद में संलग्न होते हैं, तो ऐसे लोगों को सहकर्त्ता कहा जाता है। जब किसी क्रीड़ा में खिलाड़ी (player) सहकर्त्ता के रूप में कार्य करते हैं, तो उनमें कोई दलीय कार्य (team work) का भाव नहीं होता है और प्रत्येक खिलाड़ी (player) या व्यायामी (athelete) अपना उत्तम से उत्तम निष्पादन देने की कोशिश करता है। दूसरे तरफ, श्रोतागण व्यक्तियों का एक ऐसा समूह होता है जो खिलाड़ियों की मात्र किसी कार्य या क्रीड़ा को करते हुए प्रेक्षण करता है।

प्रायः देखा गया है कि करीब-करीब सभी तरह के क्रीड़ा (sport) में खिलाड़ी जब वे प्रतियोगिता का अंतिम खेल (final) जो श्रोतागण के सामने खेलते हैं तो उनका उस परिस्थिति की तुलना में जब वे प्रशिक्षण (training) के रूप में खेल खेलते हैं, काफी उन्नत हो जाता है। इसका कारण समाज मनोवैज्ञानिकों द्वारा बतलाया गया यही सामाजिक सरलीकरण है। सामाजिक सरलीकरण के इस तरह के प्रभाव की सबसे पहले-पहल सम्पुष्टि ट्रीप्लेट्ट (Triplett, 1898) के एक मशहूर अध्ययन से हुआ जिसमें उन्होंने यह पाया कि जब सहभागियों द्वारा अन्य सहभागियों के साथ प्रतियोगिता करते हुए साइकिल दौड़ में भाग लिया गया, तो उनका निष्पादन उस परिस्थिति की तुलना में श्रेष्ठ था, जब प्रत्येक सहभागी अकेले-अकेले ही साइकिल दौड़ में भाग ले रहे थे। ट्राविस (Travis, 1925) ने एक अध्ययन किया जिसमें

अनुसरण-घूर्णक कार्य (Pursuit-rotar task) पर श्रोतागणों के सामने किये गए निष्पादन का विश्लेषण किया गया। परिणाम में पाया गया कि जब सहभागियों द्वारा श्रोतागण के सामने अनुसरण-घूर्णक कार्य पर काम किये गये तो अकेले में वही कार्य करने की अपेक्षा कम त्रुटियाँ (errors) की गयीं। इससे साबित होता है कि सामाजिक सरलीकरण से निष्पादन में उन्नति होती है।

समाज मनोवैज्ञानिकों द्वारा सामाजिक सरलीकरण के प्रभाव को देखने के लिए और भी कई अध्ययन किये गए हैं, जिनके परिणामों को समग्र रूप से संगत (consistent) न कहकर परस्परविरोधी (contradictory) ही कहा जा सकता है। जैसे, आलपोर्ट (Allport, 1924) ने कई अध्ययन किये जिसमें सहभागियों ने अकेले किसी छोटे कमरे में बैठकर दिये गए कार्य को सम्पन्न किया या फिर एक टेबुल पर साथ बैठकर उस कार्य को सम्पन्न किये। परिणाम में पाया गया कि सरल कार्य जैसे दिये गए शब्दों में से कुछ विशेष अक्षर को काटना, आदि पर दूसरे लोगों की उपस्थिति से निष्पादन उत्तम हुआ। परंतु, जब कार्य की जटिलता स्तर बढ़ गयी तो वैसी परिस्थिति में अकेले में होने पर सहभागियों का निष्पादन उत्तम रहा। डेशियल (Deshiell, 1930) ने अपने अध्ययन में पाया कि सहभागियों द्वारा अन्य व्यक्तियों की उपस्थिति में किया गया गुणा (multiplication) का कार्य में तो बढ़ोत्तरी हुई परंतु उसमें त्रुटियों की संख्या में भी काफी वृद्धि हुई। स्कमिट्ट तथा उनके सहयोगियों (Schmitt. et. al., 1986) ने अपने अध्ययन में पाया कि सहभागियों द्वारा श्रोतागण की उपस्थिति में अपना नाम को काफी तेजी से टंकन किया गया (उत्तम निष्पादन) परंतु जब उनसे अपना नाम उल्टे दिशा में टंकन करने के लिए कहा गया तो अकेले की परिस्थिति में उनका निष्पादन उत्तम हुआ। जायंस तथा उनके सहयोगियों (Zaionc et al., 1969) ने पशुओं में सामाजिक सरलीकरण का प्रभाव देखने के लिए एक अध्ययन किया जिसमें यह पाया गया कि पशु अन्य समान पशुओं की उपस्थिति में सरल भूलभूलैया को तेजी से सीख लेता है परंतु जटिल भूलभूलैया को वह अकेले होने की परिस्थिति में ही उत्तम ढंग से सीख पाता है।

जायंस (Zaionc, 1965) ने सामाजिक सरलीकरण का निष्पादन (performance) पर पड़ने वाले इस परस्परविरोधी परिणाम की व्याख्या करने के लिए एक सिद्धान्त का प्रतिपादन किया जिसे *अन्तोंन्द सिद्धान्त* (drive theory) कहा गया। इस सिद्धान्त के अनुसार अन्य व्यक्तियों की उपस्थिति (चाहे सहकर्त्ता हों या श्रोतागण हों) व्यक्ति के उत्तेजन (arousal) के सामान्य स्तर को बढ़ा देता है जिससे व्यक्ति में *प्रबल अनुक्रिया* (dominant response) करने की प्रवृत्ति मजबूत हो जाती है। जायंस के अनुसार प्रबल अनुक्रिया से तात्पर्य वैसे व्यवहार (behaviour) से होता है जिसे व्यक्ति एक दिये हुए परिस्थिति में सम्भवतः करता है। इनका विचार था कि अन्य लोगों की उपस्थिति से प्रबल अनुक्रियाओं को व्यक्ति अधिक आसानी से करता है। जब व्यक्ति किसी अनुक्रिया को या किसी विशेष खेलकूद को अच्छी तरह से सीख लिया है, तो वह उसका प्रबल अनुक्रिया (dominant response) कहलायेगा। उसी तरह से यदि कोई खिलाड़ी कोई नया क्रीड़ा को पहली बार सीख रहा है, तो त्रुटियाँ या खराब निष्पादन ही उसका प्रबल अनुक्रिया होगा और श्रोतागण के सामने वह और त्रुटियाँ करेगा या खराब निष्पादन दिखलायेगा। जायंस के इस अन्तोंद सिद्धान्त के अनुसार अन्य व्यक्तियों की उपस्थिति में जब व्यक्ति प्रबल अनुक्रियाओं (dominant responses) को करता है, तो इससे उसका उत्तेजन स्तर निष्पादन का एक आदर्श स्तर पर होता है परंतु जब व्यक्ति अकेले की परिस्थिति में कार्य करता है, तो उसका उत्तेजन स्तर एक आदर्श स्तर पर नहीं होता है और निष्पादन तुलनात्मक रूप से घटिया होता है। इस तरह से जब उत्तेजन स्तर निम्न होता है (जैसे नींद का अनुभव करने पर), तो कार्य या किसी क्रीड़ा पर निष्पादन घटिया हो जाता है। उसी तरह से जब व्यक्ति बहुत ज्यादा उत्तेजित हो जाता है, तो उसमें नकारात्मक संवेग जैसे डर, ध्यान, भंग आदि उत्पन्न हो जाता है जिससे उसका निष्पादन घटिया हो जाता है।

अब प्रश्न उठता है कि अन्य व्यक्तियों की उपस्थिति में क्यों उत्तेजन स्तर बढ़ जाता है? इसकी सटीक व्याख्या कौट्टरेल्ल (Cottrell, 1972) द्वारा *मूल्यांकन आशंका प्राक्कल्पना* (evaluative apprehension hypothesis) निर्मित कर दिया गया है। कौट्टरेल्ल के अनुसार जब व्यक्ति दूसरों के सामने किसी क्रीड़ा या किसी कार्य को करता है, तो उसे यह भी चिन्ता होती है कि अन्य व्यक्तियों द्वारा उसके निष्पादन का मूल्यांकन भी किया जा रहा होगा। इसे उन्होंने मूल्यांकन आशंका (evaluation apprehension) की संज्ञा दिया। जब व्यक्ति किसी साधारण कार्य या उत्तम ढंग से सीखा गया कार्य को कर रहा होता है, तो इससे उसमें उत्तेजन (arousal) बढ़ जाता है जिससे उसका निष्पादन भी श्रेष्ठ हो जाता है। परंतु जब वह कोई नया या जटिल कार्य कर रहा होता है, तो मूल्यांकन आशंका से उत्तेजन स्तर जरूरत से ज्यादा बढ़ जाता है, जिससे निष्पादन स्तर घटिया हो जाता है।

साउण्डर्स (Saunders, 1983) ने सामाजिक सरलीकरण का क्रीड़ा पर पड़ने वाले प्रभाव की व्याख्या एक-दूसरे दृष्टिकोण से किया जिसे समाज मनोवैज्ञानिकों ने *ध्यान भंग-द्वन्द्व सिद्धान्त* (distraction-conflict theory) कहा है। इस व्याख्या के अनुसार अन्य व्यक्तियों की उपस्थिति खिलाड़ी में या जो विशेष कार्य कर रहा होता है, उसमें ध्यानभंग (distraction) की स्थिति उत्पन्न करता है जिससे व्यक्ति किये जा रहे कार्य पर उतना ध्यान नहीं दे पाता जितना कि देना चाहिए। इससे खिलाड़ी में यह द्वन्द्व उत्पन्न होता है कि वह अपना कार्य पर ध्यान दे या फिर श्रोतागण पर। इस तरह की द्वन्द्व की परिस्थिति से खिलाड़ी में उत्तेजन (arousal) का स्तर बढ़ जाता है जिसका परिणाम यह होता है कि सरल कार्य या प्रबल कार्य होने पर निष्पादन श्रेष्ठ हो जाता है परंतु जटिल या अप्रबल कार्य (nondominant task) के होने पर उसका निष्पादन घटिया हो जाता है।

समाज मनोवैज्ञानिकों ने *गृह-स्तर लाभ* (home-ground advantage) का भी उपयोग क्रीड़ा मनोविज्ञान में करके खिलाड़ियों के निष्पादन की व्याख्या किया है। गृह-स्तर लाभ के संप्रत्यय से तात्पर्य यह होता है कि जब खिलाड़ियों को कोई खेलकूद या क्रीड़ा में भाग अपने ही देश या प्रान्त की जमीन पर खेलना होता है, तो उन्हें जीतने की सम्भावना 50 प्रतिशत से अधिक होती है। अगर हम गृह-स्तर लाभ के संप्रत्यय की ऐतिहासिक पृष्ठभूमि पर ध्यान दें, तो यह स्पष्ट होगा कि इसका संदर्भ ट्रीपलेट्ट (Triplett, 1898) के समय से ही मिलता है। ट्रीपलेट्ट ने यह बतलाया था कि अमेरीकन फुटबॉल खेलने वालों (footballers) के निष्पादन पर अपने देश में ही फुटबॉल खेलने पर उत्तम प्रभाव होगा, जो एक तथ्य साबित हुआ। एडवार्डस तथा आर्काम्वाउल्ट (Edwards & Archambault, 1989) ने यह बतलाया कि खेलकूद में सफलता के कई कारणों में अपने ही जमीन पर खेलने के कारण को जन माध्यमों (media) द्वारा भी अधिक महत्त्व दिया गया। कौर्निया एवं केर्रेन (Courneya & Carron, 1992) ने अपने अध्ययन के आधार पर यह बतलाया है कि गृह स्तर लाभ उन सभी क्रीड़ा (sports) में पाये जाते हैं जिसे पुरुष और महिला दोनों ही द्वारा खेले जाते हैं। स्वार्ज तथा वार्स्की (Swartz & Barsky, 1977) तथा एडवार्ड्स (Edwards, 1979) ने ऐतिहासिक (historical) एवं पुरालेख (archieve) आँकड़ों का विश्लेषण करके विभिन्न तरह के खेलकूद या क्रीड़ा में होने वाले गृह-स्तर लाभ को समर्थन प्रदान किया है। कौर्निया एवं केर्रेन (Courneya & Carron, 1992) ने अपने अध्ययन में विभिन्न तरह के क्रीड़ा (sports) में होनेवाले गृह-स्तर लाभ (home level advantage) के अस्तित्व को स्वीकारा परंतु उसकी मात्रा एक क्रीड़ा से दूसरे क्रीड़ा में भिन्न-भिन्न होता है। जैसे, वेसबॉल (Baseball) में गृह स्तर लाभ का प्रतिशत 53.5%, फुटबॉल (अमेरीकन) 57.3%, आइस हॉकी (Ice hockey) में 61.1%, वासकेटबॉल (Basketball) में 64.4% तथा फूटबॉल (soccer) में यह प्रतिशत 69.0% था। व्रे एवं केरोन (Bray & Carron, 1993) ने अपने शोध के आधार पर यह बतलाया है कि गृह लाभ, पेशेवर क्रीड़ा (professional sports) तथा अव्यवसायी या शौकीनी क्रीड़ा (amateur sports) दोनों में होता है तथा यह लाभ वैयक्तिक क्रीड़ा (individual sports) तथा दल क्रीड़ा (team sports) दोनों में ही पाया जाता है।

अब प्रश्न उठता है कि गृह लाभ क्यों उत्पन्न होता है? समाज मनोवैज्ञानिकों ने इसकी व्याख्या निम्नांकित प्रमुख कारकों के रूप में किया है—

(i) भ्रमण दल की यात्रा (*Travel for visiting team*)—यदि खिलाड़ी के किसी दल को क्रीड़ा में भाग लेने के लिए दूसरे देश में जाना पड़ता है, उस देश की जलवायु एवं आबोहवा के साथ उसे समायोजन करना पड़ता है जिसके लिए कुछ समय चाहिए। अगर यह समय पर्याप्त नहीं होता है, तो उस दल का अलाभ होता है। इतना ही नहीं, कभी-कभी तो भ्रमण दल को बहुत कम समय में कई तरह के क्रीड़ा में भाग लेना होता है। यदि उसे आराम करने के लिए पर्याप्त समय नहीं मिला, तो इसमें भी उसे अलाभ होता है। जब खिलाड़ी के दल को अपने ही देश में क्रीड़ा में भाग लेना होता है, तो वह इन सभी तरह के अलाभों से बच जाता है और उसे पर्याप्त लाभ होता है। इस तथ्य की सम्पुष्टि पेस तथा केरोन (Pace & Carron, 1992) ने अपने अध्ययन के आधार पर किया है।

(ii) अतिपरिचय (*Familiarity*)—जब क्रीड़ा या खेलकूद के मैदान से खिलाड़ी दल भलि-भाँति परिचित होता है, तो इससे उसे लाभ मिलता है। गृह दल (home team) को भ्रमण दल (visiting team) की तुलना में इसका लाभ बहुत अधिक मिलता है जिससे इसे सफलता अधिक मिलती है।

(iii) क्रीड़ा के निर्णायक सदस्यगण (*Judging officials of sports*)—कभी-कभी देखा गया है कि क्रीड़ा के निर्णायकगण (Judges) जैसे रेफरी (Refree) अम्पायर (Umpire) तथा अन्य कार्यकारणी सदस्य अपने गृह दल की

त्रुटियाँ को उपेक्षा करते हुए उसके पक्ष में निर्णय लेकर उसे लाभ पहुँचाते हैं। परंतु इस बिन्दु पर किये गए शोधों से यह स्पष्ट हुआ है कि क्रीड़ा के निर्णायक सदस्यगणों द्वारा इस तरह का गृह पूर्वाग्रह (home bias) का स्पष्ट सबूत नहीं मिलता है। केरोन तथा हाउसब्लाज् (Carron & Houseblas, 1998) ने अपने अध्ययन में इस तरह का गृह पूर्वाग्रह के उपस्थित होने का कोई सबूत नहीं पाया है जबकि नेभिल्ल तथा उनके सहयोगियों (Nevill et. al., 1999) ने अपने अध्ययन में यह पाया है कि इस ढंग का गृह पूर्वाग्रह फूटबॉल रेफरी में स्पष्ट रूप से दिखता है। इतना ही नहीं, यह भी पाया गया कि जैसे-जैसे श्रोतागण की संख्या बड़ी होती गयी, इस ढंग का गृह प्रभाव भी बढ़ता गया शायद इसलिए कि इसमें गृह दल के समर्थकों की संख्या भ्रमण दल के समर्थकों की संख्या से तुलनात्मक रूप से अधिक होती है।

(iv) दर्शकगण *(Audience)*—अध्ययनों से यह भी स्पष्ट हुआ है कि गृह दल (home team) तथा भ्रमण दल (visiting team) दोनों पर ही दर्शकगण का सार्थक प्रभाव पड़ता है। सामान्यतः दर्शकगण में अधिकतर लोग ऐसे होते हैं जो गृह दल (home team) को समर्थन प्रदान करते हैं और गृह दल के समर्थक भ्रमण दल (visiting team) के प्रति नकारात्मक भाव एवं संवेग की अभिव्यक्ति करते हैं। इतना ही नहीं, दर्शकगणों की अधिक संख्या होने से गृह दल के पक्ष में ऊँचा आवाज से समर्थन मिलता है जिसका भी गृह दल के निष्पादन पर काफी अनुकूल असर पड़ता है।

(v) मनोवैज्ञानिक कारक *(Psychological factors)*—भ्रमण दल के खिलाड़ी में प्रायः तरह-तरह की नकारात्मक आशंकाएँ (negative apprehensions) बनी होतीं हैं क्योंकि दल हर तरह से खेल के मैदान तथा वहाँ के लोगों के व्यवहार से अपरिचित होता है। गृह दल में ऐसी आशंकाएँ नहीं होती है। फलतः गृह दल मनोवैज्ञानिक रूप से अपने आप को अधिक मजबूत पाता है और उसे कुछ लाभ मिल जाता है।

स्पष्ट हुआ कि गृह-स्तर लाभ की व्याख्या समाज मनोवैज्ञानिकों द्वारा कई ढंग से किया गया है। कुछ ऐसे शोध सबूत प्राप्त हैं जिनसे यह पता चला है कि गृह-स्तर पर खेलने वाले खिलाड़ियों को कभी-कभी अलाभ (disadvantage) भी होता है। जैसे, वाउसमिस्टर (Bausmeister, 1995) ने अपने अध्ययन में यह पाया है कि जैसे-जैसे खेलकूद (game) महत्त्वपूर्ण होते जाता है, गृह दल एक तरह से रूद्ध (choked) हो जाता है और उसका निष्पादन घटिया होते चला जाता है। इस *सर्वविजय रूद्धता* (Championship choke) की साक्ष्य मनोवैज्ञानिकों द्वारा दी गयी है। वाउसमिस्टर तथा स्टीनहिलवर (Bausmeister & Steinhilber, 1984) ने अपने अध्ययन में पाया है कि खेलकूद या क्रीड़ा का स्वरूप अधिक महत्त्वपूर्ण होने पर गृह दर्शकगण (home audience) को गृह दल उसे समर्थक कम समझता है तथा उसकी उपस्थिति (गृह दर्शकगण की उपस्थिति) का उलटा ही प्रभाव खिलाड़ी दल पर पड़ता है। बटलर तथा वाउसमिस्टर (Butler & Bausmeister, 1998) ने अपने अध्ययन में दो महत्त्वपूर्ण तथ्य इस सिलसिले में पाये हैं—पहला तो यह कि समर्थन प्रदान करनेवाले दर्शकगण से आसान या उत्तम ढंग से सीखा गया कार्य जिस पर खिलाड़ी को सफलता की उम्मींद होती है, को सम्पन्न होने में स्पष्ट रूप से मदद मिलती है तथा दूसरा, जब कार्य कठिन तथा जटिल (complex) होता है, तो समर्थन प्रदान करनेवाले दर्शकगण से उन्हें बाधा पहुँचती है और निष्पादन घटिया होता जाता है।

(ख) दल संसक्ति *(Team Cohesion)*—समाज मनोवैज्ञानिकों द्वारा समूह के अध्ययन में काफी अभिरुचि प्रारम्भ से ही लिया गया है। समूह से तात्पर्य व्यक्तियों के एक ऐसे संग्रह (collection) से होता है जिनके बीच इस ढंग का सम्बन्ध होता है कि वे एक-दूसरे पर अन्तर निर्भर (interdependent) होते हैं। क्रीड़ा मनोविज्ञान में इस समूह के संप्रत्यय को 'दल' (team) की संज्ञा दी गयी है हालाँकि दल इस अर्थ में समूह से निश्चित रूप से भिन्न होता है कि इसमें बहुत ही स्पष्ट एवं निश्चित लक्ष्य होता है तथा इनके सदस्य में एक प्रतियोगिता (competition) का भाव होता है जिससे प्रेरित होकर वे लक्ष्य की ओर बढ़ते हैं। जैसे खिलाड़ी के दल का लक्ष्य उस खेल को जीतना होता है जिसे वे खेल रहे हैं तथा इसके सदस्यगण तीव्र प्रतियोगिता के भाव से खेल को खेलते हैं।

समाज मनोवैज्ञानिकों द्वारा किये गए अध्ययनों से यह स्पष्ट हुआ है कि किसी भी खिलाड़ी दल द्वारा सफलता का पाना दो बातों पर निर्भर करता है— पहला, दल के सदस्यों की क्षमता पर तथा दूसरा, सदस्यगण किस सीमा तक एक साथ होकर एक दल के रूप में संगठित होकर कार्य करते हैं। इनमें से दूसरा कारक को **दल संसक्ति** (team cohesion) कहा गया है जो किसी भी दलीय खेल (team sport) के सफलता का एक प्रमुख निर्धारक है। मशहूर क्रीड़ा समाज मनोवैज्ञानिक (sport social psychologist) अल्बर्ट कैरोन[1] (Albert Carron, 1982, p. 124) ने दल संसक्ति

1. Team cohesion is defined as, "a dynamic process which is reflected in the tendency for a group to stick together and remain united in the pursuit of goals and objectives." Carron : *Sport Psychology,* 1982, p. 124

को इस ढंग से परिभाषित किया है, ''दल संसक्ति एक गत्यात्मक प्रक्रिया है जो समूह को एक साथ रहने और लक्ष्यों एवं उद्देश्यों की प्राप्ति की दिशा में संगठित रहने की प्रवृत्ति द्वारा परावर्तित होता है। ''स्पष्टतः तब दल संसक्ति एक बहुविमीय संप्रत्यय (multidimensional concept) है न कि एकविमीय संप्रत्यय (unidimensional concept)।

दल संसक्ति (team cohesion) के दो प्रमुख निर्धारक (determinants) हैं—*बाह्य निर्धारक* (external determinants) तथा *आंतरिक निर्धारक* (internal determinants)। इन दोनों निर्धारकों का वर्णन इस प्रकार है—

(1) बाह्य निर्धारक *(External determinants)*—बाह्य निर्धारक में उन कारकों को रखा गया है जो दल से बाहर के होते हैं और दल संसक्ति को प्रभावित करते हैं। इनमें आने वाले प्रमुख कारक निम्नांकित हैं:—

(i) भौगोलिक कारक *(Geographical factors)*—इससे तात्पर्य किसी विशेष भौगोलिक क्षेत्र में क्रीड़ा या खेलकूद सम्बन्धी उपलब्ध सुविधाओं एवं दल को अन्य दलों के साथ उस क्षेत्र में पहले क्रीड़ा में भाग लेने के अवसर से होता है। यदि किसी खेलकूद से सम्बन्ध सुविधाएँ क्षेत्र में उपलब्ध होती हैं तथा उसमें दल को पहले भी खेलने का अनुभव प्राप्त हो, तो वैसी अवस्था में दल ससंक्ति बढ़ जाता है।

(ii) सामाजिक कारक *(Social factors)*—दल संसक्ति कई सामाजिक कारकों से भी प्रभावित होता है। इसमें साथी-संगी की मनोवृत्ति, पारिवारिक प्रत्याशाएँ (family expectations) तथा बच्चों का समाजीकरण आदि प्रमुख है। जिस क्रीड़ा (sport) के प्रति साथी-संगी की मनोवृत्ति अनुकूल होती है, परिवार के सदस्यों की सफलता की प्रत्याशा होती है तथा बच्चों को इस ढंग से समाजीकृत किया जाता है कि उस क्रीड़ा के प्रति मनोवृत्ति बचपन से ही अनुकूल हो, तो इससे दल ससंक्ति मजबूत हो जाता है।

(iii) प्रतियोगिता तथा अन्तर्वैयक्तिक द्वन्द्व *(Competition and intergroup conflict)*—दल ससंक्ति पर दल का अन्य दल से प्रतियोगिता तथा अन्तरसमूह द्वन्द्व का भी प्रभाव पड़ता है। शेरीफ तथा उनके सहयोगियों (Sherif et. al., 1961) ने इस सिलसिले में एक अध्ययन किया जिसमें यह देखा गया कि जब दो दल एक ही लक्ष्य की प्राप्ति के लिए आपस में प्रतियोगिता करते हैं, तो इससे उसमें ईर्ष्या (hostility) एवं आक्रामकता (aggression) बढ़ता है परंतु दल के सदस्यों के बीच सहयोग (cooperation) तथा ससंक्ति (cohesion) में वृद्धि होती है। समाज मनोवैज्ञानिकों के अनुसार शेरीफ द्वारा प्रतिपादित क्रीड़ा (sports) के सम्बन्ध में इस अध्ययन का महत्त्व दो तरह से बतलाया गया है। पहला, जब किसी खिलाड़ी दल का मुख्य लक्ष्य तीव्र प्रतियोगिता के भाव के साथ जीतना (win) होता है तो इसमें दल के सारे सदस्य आपस में मिल-जुलकर कार्य करते हैं और उनमें ससंक्ति (cohesiveness) में वृद्धि हो जाती है। दूसरा, क्रीड़ा को सीखलाने वाले व्यक्ति (coach) को एक ऐसा कार्य (task) का निर्धारण करना चाहिए जिससे दल के सदस्यों में आपस में मिल-जुलकर कार्य करने की प्रवृत्ति मजबूत हो।

(2) आंतरिक कारक *(Internal factors)*—आंतरिक कारक से तात्पर्य वैसे कारकों से होता है जो दल के भीतर के कारक जैसे दल के सदस्यों की वैयक्तिक विशेषताएँ तथा नेतृत्व गुण (leadership qualities) आदि से संबंधित होते हैं। समाज मनोवैज्ञानिक ने आंतरिक कारकों में इस तरह से व्यक्तिगत कारक (personal factors) जैसे सदस्यों की सामाजिक पृष्ठभूमि, यौन (gender), मनोवृत्ति (attitudes), व्यक्तित्व, क्रीड़ा के प्रति वचनबद्धता (committment) आदि को रखा है जिनसे दल ससंक्ति प्रभावित होता है। अध्ययनों से यह पाया गया है कि महिलाओं का दल घर-के-भीतर—का खेल (indoor game) के लिए घर-के-बाहर का खेल (outdoor game) के लिए बने दल से अधिक ससंक्त होता है। कौक्स (Cox, 1990) ने अपने अध्ययन में यह भी पाया है कि दल विषमता (team heterogeneity) की स्थिति में ससंक्ति कम होता है।

दल के नेतृत्व (leadership) अर्थात् कैपटन (Captain) एवं कोच (Coach) का भी प्रभाव दल ससंक्ति पर पड़ता है। यदि दल का नेता दल के लक्ष्यों तथा अन्तर्वैयक्तिक सम्बन्धों (Interpersonal relationship) के बारे में सतत एवं स्पष्ट निर्देश समय-समय पर देते रहते हैं तो इससे दल में ससंक्ति मजबूत रहता है। वेस्टर एवं विस्स (Wester & Weiss, 1991) ने अपने अध्ययन के आधार पर यह बतलाया है कि जब दल के नेता दलगत निर्णयों में दल के सदस्यों को सम्मिलित करते हैं, तो इससे सदस्यों में ससंक्ति (cohesiveness) का स्तर बढ़ जाता है। फिडलर (Fiedler, 1965) ने अपने अध्ययन के आधार पर यह बतलाया है कि प्रजातंत्रात्मक दल नेता काफी प्रतिकूल परिस्थिति को छोड़कर, सदस्यों में काफी ससंक्ति पैदा करने में सक्षम होता है। ऐसी प्रतिकूल परिस्थिति जैसे दल को किसी ट्रॉफी से बाहर आने की नौबत हो रही हो, में निरंकुश दल नेता अधिक ससंक्ति उत्पन्न करता है।

दल का आकार (team size) से भी ससंक्ति प्रभावित होता है। शुल्ज एवं शुल्ज (Schultz & Schultz, 1994) द्वारा किये गए अध्ययन से यह स्पष्ट हुआ है कि जब दल का आकार बड़ा होता है अर्थात् इसमें सदस्यों की संख्या अधिक होती है, तो दल का ससंक्ति कम हो जाता है।

स्पष्ट हुआ कि दल ससंक्ति का निर्धारण कई तरह के आंतरिक एवं बाह्य कारकों द्वारा होता है।

क्रीड़ा मनोवैज्ञानिकों ने दल ससंक्ति (team cohesion) का दल संतुष्टि (team satisfaction) तथा दल निष्पादन (team performance) के साथ के सम्बन्धों पर प्रकाश डाला है जिसकी चर्चा यहाँ अपेक्षित है।

(क) दल ससंक्ति तथा दल संतुष्टि *(Team cohesion and team satisfaction)*—कई शोधों से किये गये परिणामों के आधार पर इस तथ्य की सम्पुष्टि की गयी है कि दल ससंक्ति तथा दल संतुष्टि में धनात्मक सहसम्बन्ध है अर्थात् दल ससंक्ति में वृद्धि होने से दल के सदस्यों में तुष्टि भी बढ़ती है। मार्टेन्स तथा पेटरसन (Martens & Peterson, 1971) ने एक विशेष मॉडल जिसे वृत्तीय मॉडल (circular model) कहा जाता है, का प्रतिपादन करके दल ससंक्ति का सम्बन्ध दल का सफल निष्पादन (successful performance) तथा दल के वैयक्तिक खिलाड़ी (individual's player) की संतुष्टि से बतलाया गया है (देखे चित्र 37.1)। इस मॉडल की मुख्य विशेषताएँ इस प्रकार हैं:—

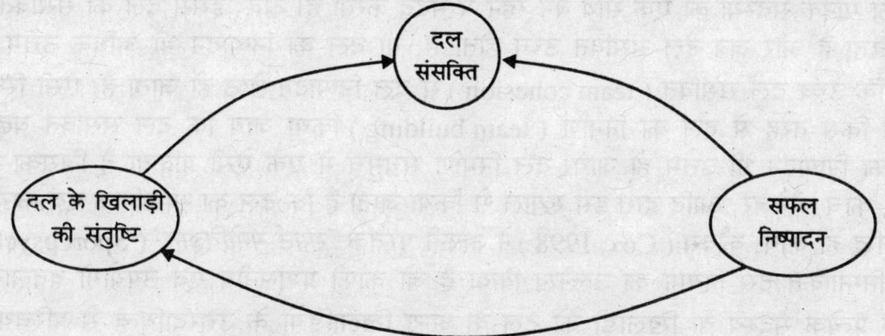

चित्र 37.1 : वृत्तीय मॉडल (Circular model)

(i) यदि दल की ससंक्ति अधिक होती है तो दल निष्पादन (performance) का स्तर भी उच्च होता है।

(ii) सफल दल निष्पादन से दल के वैयक्तिक खिलाड़ी (player) में पर्याप्त संतुष्टि होती है।

(iii) जब दल के वैयक्तिक खिलाड़ी में पर्याप्त संतुष्टि होती है, तो फिर उससे दल ससंक्ति और भी बढ़ जाती है।

विलियम्स तथा हैकर (Williams & Hacker, 1982) ने एक दूसरा मॉडल विकसित किया है जो दल ससंक्ति तथा दल के सदस्यों की संतुष्टि पर उच्च स्तरीय निष्पादन या सफलता के महत्त्व पर आधृत है। इस मॉडल के अनुसार दल का सफल या असफल निष्पादन से दल ससंक्ति (team cohesion) तथा दल संतुष्टि (satisfaction) दोनों ही प्रभावित होता है। कई अध्ययनों से यह बिलकुल ही स्पष्ट हुआ है कि जब दल के खिलाड़ी यह समझते हैं कि उनका दल ससंक्त (cohesive) है, तो इससे उन्हें खुशी भी होती है तथा संतुष्टि भी बढ़ती है।

(ख) दल ससंक्ति तथा दल निष्पादन *(Team cohesion and Team performance)*—कई अध्ययनों से यह स्पष्ट हुआ है कि दल ससंक्ति तथा दल निष्पादन में धनात्मक सहसम्बन्ध (positive correlation) होता है। विडमेयर तथा उनके सहयोगियों (Widmeyer et. al., 1993) ने दल ससंक्ति तथा दल निष्पादन के सम्बन्धों पर किये गए विभिन्न आनुभविक शोधों (empirical researches) की एक समीक्षा (review) किया। परिणाम में यह पाया गया कि 80 प्रतिशत शोधों में इन दोनों चरों अर्थात् दल ससंक्ति तथा दल निष्पादन के बीच धनात्मक सहसम्बन्ध पाया गया; 17 प्रतिशत आनुभविक अध्ययनों में नकारात्मक सहसम्बन्ध पाया गया अर्थात् दल ससंक्ति बढ़ने से दल निष्पादन में कमी आती है या निम्न दल ससंक्ति से निष्पादन श्रेष्ठ होता है। बाकी 3 प्रतिशत आनुभविक शोधों में ससंक्ति तथा निष्पादन के बीच कोई सहसम्बन्ध नहीं पाया गया। इस समीक्षा का सीधा निष्कर्ष यह है कि दल ससंक्ति तथा दल निष्पादन के बीच का सम्बन्ध जटिल (complex) है तथा इसे समझने के लिए क्रीड़ा के प्रकार, दलों का प्रकार तथा अन्य सम्बन्धित कारकों पर ध्यान देना होगा। इस सिलसिले में कौक्स (Cox, 1990) द्वारा किया गया अध्ययन पर ध्यान देना उचित है। इनका मत है कि क्रीड़ा को मोटे तौर पर दो भागों में बाँटा जा सकता है—क्रीड़ा (sport) का एक श्रेणी वह होता है

जिसमें दल के सदस्यों के बीच अंतक्रियाएँ (interactions) काफी होती हैं जैसे, फुटबॉल, हॉकी, बासकेटबॉल आदि तथा क्रीड़ा की दूसरी श्रेणी वह होती है जिसमें सदस्यों के बीच अंतक्रियाएँ कम-से-कम होती है जैसे गेंदबाजी (boxing), धनुर्विद्या (archery) शतरंज आदि। इसके बाद इन दोनों श्रेणियों की कीड़ा के लिए दल ससंक्ति (team cohesion) तथा दल निष्पादन के बीच सहसम्बन्ध का पता लगाया। परिणाम में पाया गया कि उच्च ससंक्ति वाले क्रीड़ा जिसमें अधिक अंतक्रिया भी होते हैं, का निष्पादन (performance) उत्तम होता है। इसका मतलब यह हुआ कि निम्न अंतक्रिया की श्रेणी वाले क्रीड़ा में उच्च ससंक्ति से घटिया निष्पादन भी हो सकता है।

जिसे समाज मनोविज्ञान में समूह संरचना (group structure) कहा जाता है, उसके विभिन्न पहलू दल ससंक्ति (team cohesion) तथा दल निष्पादन (team performance) से सम्बन्धित होता देखा गया है। समूह संरचना का एक महत्त्वपूर्ण पहलू समूह का मानक (norms) होता है जिसका क्रीड़ा (context) के संदर्भ में विशेष महत्त्व बतलाया गया है। समाज मनोवैज्ञानिकों के अनुसार समूह मानक से तात्पर्य नियम, मूल्य तथा मापदण्ड (standard) से होता है जिसके अनुसार समूह के सदस्य व्यवहार करते हैं। एक ठीक ढंग से निर्मित क्रीड़ा दल में जब भी कोई नया सदस्य अपना योगदान करता है, तो यह उम्मीद की जाती है कि वह दल के स्थापित मानक (norms) के अनुसार व्यवहार करेगा। सचमुच में दल का मानक सदस्यों को एक साथ बने रहने में मदद करता है। अतः इससे दल की ससंक्ति को उच्च बनाये रखने में मदद करता है और जब दल ससंक्ति उच्च होता है, तो दल का निष्पादन भी अधिक उत्तम होता है।

स्पष्ट हुआ कि उच्च दल ससंक्ति (team cohesion) से दल निष्पादन श्रेष्ठ हो जाता है। ऐसी स्थिति में तब प्रश्न यह उठता है कि किस तरह से दल का निर्माण (team building) किया जाय कि दल ससंक्ति बढ़ जाय और तब अन्तोगत्वा दल का निष्पादन भी उत्तम हो जाय। दल निर्माण सचमुच में एक ऐसी प्रक्रिया है जिसका संचालन दल के नेता जैसे कैपटन, कोच, मैनेजर, आदि द्वारा इस ख्याल से किया जाता है कि दल का सामाजिक एवं कार्य ससंक्ति (task cohesion) में वृद्धि हो जाय। कौक्स (Cox, 1998) ने अपनी पुस्तक *'स्पोर्ट मनोविज्ञान'* (Sport psychology) में दल निर्माण के लिए निम्नांकित दस नियमों का उल्लेख किया है जो काफी प्रशंसनीय एवं उपयोगी बतलाया गया है—

(1) दल में प्रत्येक सदस्य या खिलाड़ी को दल के अन्य खिलाड़ियों के उत्तरदायित्व से परिचय करावें।

(2) दल के नेता को दल के प्रत्येक सदस्य के व्यक्तिगत बातों को सुनने के लिए पर्याप्त समय देना।

(3) दल में एक विशेष आत्म-गौरव (pride) उत्पन्न करने का प्रयास किया जाना।

(4) दल के खिलाड़ियों के बीच 'हमलोग की भावना' (we-feeling) उत्पन्न करना।

(5) दल के लिए लक्ष्य का निर्धारण करना चाहिए तथा सफलता मिलने पर खिलाड़ियों का आत्म-सम्मान बढ़ाना चाहिए।

(6) इस बात का निश्चित करना कि दल का प्रत्येक खिलाड़ी दल में अपनी भूमिका को समझता है तथा उसे पर्याप्त ढंग से करता भी है।

(7) कभी-कभी दल में तनाव या द्वन्द्व होने पर उसे उत्तम ढंग से निबटने की कोशिश करना।

(8) दल के भीतर गुटबन्दी (clique) को रोकना।

(9) दल में सहयोग बढ़ाने के लिए अभ्यास खेलकूद (practice game) या मैच को प्रोत्साहित करना।

(10) जब दल किसी मैच या खेल में हारने की स्थिति में हो, तो उसे किसी-न-किसी ढंग से उसके निष्पादन का हवाला देकर उसे प्रोत्साहित करना।

स्पष्ट हुआ कि समाज मनोविज्ञान का संप्रत्ययों (concepts) तथा नियमों (principles) का विस्तृत उपयोग क्रीड़ा मनोविज्ञान में हुआ है जिससे क्रीड़ा मनोविज्ञान का कार्यक्षेत्र अधिक व्यापक हो गया है।

राजनीति मनोविज्ञान
(Political Psychology)

राजनीति मनोविज्ञान मनोविज्ञान की एक नयीं शाखा है जिसमें व्यक्ति तथा समूह के राजनैतिक कार्यवाही (political functioning) का अध्ययन पर बल डाला जाता है। फ्रांस में जी ले बॉन (G. Le Bon) ने एक पुस्तक जिसका शीर्षक *'पॉलिटिकल साइकोलॉजी एण्ड सोशल डिफेन्स'* (Political Psychology and Social Defence) था, प्रकाशित किया

जिसमें इस तथ्य का खुलासा किया गया कि राजनीति विज्ञान के अध्ययन में मुख्य तथ्य यह जानना है कि लोगों पर शासन किस तरह से किया जाता है तथा इसमें सम्मिलित मानवीय पहलुओं को किस तरह से अध्ययन किया जा सकता है। इसी तरह से लंदन में जी वाल्लास (G. Wallas) ने एक पुस्तक जिसे *'दी ग्रेट सोसाइटी' : ए साइकोलॉजिकल एनालिसिस* (The Great Society : A Psychological Analysis) का प्रकाशन किया। अमेरिका ने एच॰ डी॰ लास्सवेल्ल (H. D. Lasswell) को *राजनीति मनोविज्ञान का जनक* (Father of Political Psychology) कहा जाता है। इन्होंने एक अति मशहूर पुस्तक जिसे *साइकोपैथोलॉजी एण्ड पॉलिटिक्स* (Psychopathology and Politics) की संज्ञा दी गयी, प्रकाशित किया। इस पुस्तक को लिखने में मनोविश्लेषण (psychoanalysis) के क्षेत्र का पर्याप्त प्रभाव देखा गया। इस क्षेत्र का एक प्रमुख जरनल (Journal) जिसे *'पॉलिटिकल साइकोलॉजी'* (Political Psychology) कहा गया, का प्रकाशन 1980 में किया गया। इस जरनल में व्यक्ति तथा समूह के राजनैतिक कार्य एवं उसके मनोवैज्ञानिक पहलुओं से संबंधित अभिलेख (article) प्रकाशित किये गए। संज्ञानात्मक सिद्धान्त (cognitive theory), मनोविश्लेषण तथा अधिगम (learning) सचमुच में तीन ऐसे क्षेत्र थे जिनपर आधृत शोध अभिलेखों का प्रकाशन इस जरनल में किया गया।

राजनीति मनोविज्ञान में भी समाज मनोविज्ञान के नियमों एवं सिद्धान्तों का उपयोग काफी किया गया। जनमत (Public opinion) में परिवर्तन, प्रचार के नियमों तथा जन-माध्यमों (mass media) के पड़नेवाले प्रभावों का राजनीति मनोवैज्ञानिक अध्ययन कर आम व्यक्ति की मनोवृत्ति को समझने की कोशिश करते हैं। नेतृत्व (leadership) तथा सहभागिता (participation) का सम्बन्ध मूलतः अभिप्रेरण (motivation), सत्ता (power) एवं प्रभाव-आत्म-सम्मान (self-esteem) तथा निर्णयन प्रक्रिया (decision-making) के साथ देखने की कोशिश की जाती है। विलपर्ट तथा उनके सहयोगियों (Willpert et. al., 1978) ने अपने अध्ययन के आधार पर यह बतलाया है कि औद्योगिक प्रजातंत्र (industrial democracy) के संदर्भ में नेतृत्व तथा सहभागिता से सम्बन्धित कुछ अध्ययनों के आधार पर पूर्वी तथा पश्चिमी यूरोपियन देशों के नेताओं के बीच एक नये ढंग से वार्तालाप (dialogue) प्रारम्भ किये गए।

राजनीति मनोविज्ञान में सामान्य तथा असामान्य राजनैतिक हस्तियों का भी अध्ययन किया गया है जिसमें मूलतः आम जनता में इन हस्तियों द्वारा दिखलाये गए सांवेगिक विरेचन (emotional catharsis) को उनके निजी जिंदगी की घटनाओं जैसे शादी-विवाह, प्रेम-प्रसंग, परिवार के किसी का अचानक मृत्यु आदि से जोड़कर समझने की कोशिश की जाती है। इतना ही नहीं, राजनैतिक पसन्द (Political choices), निर्वाचकीय अधिमान (electoral preference) तथा बोटिंग व्यवहार का समाजीकरण (socialization) के अध्ययन में समाज मनोविज्ञान के सिद्धान्तों एवं नियमों का उपयोग किया जाता है। सरकार में भ्रष्टाचार (corruption) की समस्या का भी अध्ययन राजनैतिक मनोवैज्ञानिकों द्वारा किया गया है। यहाँ नैतिक रूप से मजबूत एवं भ्रष्ट आचरण वाले व्यक्तियों के व्यवहार, परिस्थितियाँ, मनोवृत्ति, विश्वास एवं सामाजिक प्रत्यक्षण (social perception) के अध्ययन को काफी अहमियत दी गयी है जिसमें भी समाज मनोवैज्ञानिकों के योगदानों की सराहना की गयी है।

राजनैतिक मनोविज्ञान में प्रजातीयता (racism), आतंकवाद (terrorism) अलगाववाद (separatism), अल्पसंख्यकों (minorities) तथा अधिसंख्यकों (majorities) के बीच की अंतक्रिया (interplay), अहंकेन्द्रिवादिता (ethnocentricism) आदि का भी अध्ययन किया जाता है जिसमें समाज मनोविज्ञान के सिद्धान्तों का उपयोग किया जाता है। इस विषयों का अध्ययन करके शांति स्थापित करने की मुहिम का गहराई से विश्लेषण किया जाता है। प्यूरिनवाद (Puritanism), सहनशीलता (tolerance), एंग्लो (anglo) एवं नन-एंग्लो संस्कृति (non-anglo culture) में गोपनीयता (privacy) का तुलनात्मक अध्ययन करके राजनैतिक मनोविज्ञानी अपने कार्यक्षेत्र को मजबूत एवं विस्तारित किये हैं। शरणार्थियों (refugees), युद्ध पीड़ितों (war victims), नैसर्गिक महाविपत्ति (natural catastrophe) जैसे बाढ़, भूकम्प, सुनामी आदि से बचे लोगों के साथ निबटने में सरकारी एवं गैरसरकारी एजेन्सियों की भूमिका के अध्ययन में राजनैतिक मनोविज्ञानियों द्वारा सामाजिक द्वन्द्व (social conflict), यथार्थवाद (altruism) के सिद्धान्तों एवं नियमों का उपयोग किया जाता है। इन सबों का अध्ययन करने के लिए राजनैतिक मनोविज्ञानी कई तरह की प्रविधियों (techniques) को जैसे सर्वे, प्रयोग (experiments), अर्द्धप्रयोग (semiexperiment), क्षेत्र अध्ययन (field study), अनुरूपण (simulation), टेलिफोन से साक्षात्कार, मनोवृत्ति मापनी, अंतर्वस्तु विश्लेषण (content analysis), केस अध्ययन (case studies) तथा महत्वपूर्ण राजनैतिक हस्तियों का मनोवैश्लेषिक पुनर्व्याख्या (psychochalytic reinterpratation) आदि का उपयोग करते हैं।

राजनैतिक नेताओं का मनोजीवनी (psychobiography) का विश्लेषण करके भी बहुत सारे तथ्यों को इकट्ठा किया जाता है तथा जनता के सामने उनके आदर्शों, सफलताओं एवं असफलताओं को रखा जाता है। इसकी शुरुआत सिगमण्ड फ्रायड (Sigmund Freud) द्वारा 1910 में किया गया था जिसमें उन्होंने *लिनार्डो डा विन्सी* (Leonardo da vinci) के जीवनी का मनोवैश्लेषिक विश्लेषण (psychoanalytic analysis) किया था। इसके बाद इरिक इरिक्सन (Eric Erikson) ने मार्टिन लूथर का विश्लेषण 1958 में प्रकाशित किया। इसके बाद मशहूर राजनैतिक हस्तियों जैसे हिटलर (Hitler), गाँधी (Gandhi) तथा रोबेसपायरी (Robespierre) का ऐतिहासिक मनोवैज्ञानिक अध्ययन किये गए। राजनैतिक मनोविज्ञानियों द्वारा केस अध्ययन (case study) प्रविधि का उपयोग करके प्रमुख राजनीतिज्ञों के गलतियों का विश्लेषण करने पर भी बल डाला गया है। ऐसे किये गए कई अध्ययनों में अमेरिका के राष्ट्रपति निक्सन (President Nixon) के महाभियोग प्रक्रिया (impeachment process) तथा साह रेजा पहलावी (Sah Reza Pehlavi) के अस्तगमन (decline) के कारकों का विश्लेषण करके उनकी गलतियों से सीखने का प्रयास किया गया।

स्पष्ट हुआ कि राजनैतिक मनोविज्ञान में राजनीतिज्ञों के व्यवहारों तथा उनके द्वारा अपनाये गए नीतियों (policies), विफलताओं का विश्लेषण तथा उनका आम जनता पर पड़ने वाले प्रभावों का विश्लेषण एवं अध्ययन किया जाता है और इस प्रयास में समाज मनोविज्ञान के सिद्धान्तों, मॉडलों एवं नियमों का अधिक-से-अधिक उपयोग भी किया जाता है।

यातायात एवं परिवहन मनोविज्ञान
(Traffic and Transport Psychology)

यातायात तथा परिवहन मनोविज्ञान भी समाज मनोविज्ञान का एक प्रमुख अनुपयुक्त (applied) क्षेत्र रहा है। यदि हम यातायात एवं परिवहन मनोविज्ञान के ऐतिहासिक पृष्ठभूमि पर ध्यान दे, तो यह स्पष्ट होगा कि 1900 में इटली के वैज्ञानिक जिनका नाम एल॰ एम॰ पैटरिजी (L. M. Patrizi) था, ने सबसे पहले-पहल ट्राम (Tram) एवं मोटरकार के चालकों (drivers) के मनोवैज्ञानिक मापन (psychological assessment) पर बल डाला था। और इस बल का परिणाम यातायात मनोविज्ञान में लोगों की अभिरुचि उत्पन्न हुई। जर्मनी में 1910 में पहला मोटर यातायात नियमावली बनाया गया जिसमें चालक को लाइसेंस (Licence) प्राप्त करने के लिए कई तरह के संवेदी-पेशीय एवं चारित्रिक (character) शीलगुणों (traits) को मापना आवश्यक किया गया। 1915 में फिर *अमेरीकन ऐशेसिएशन फॉर लेवर लेजिस्लेशन* (American Association for Labour legislation) ने प्रसिद्ध अनुपयुक्त मनोवैज्ञानिक (applied psychologist) हुगो मंस्टरवर्ग (Hugo Munsterberg) ने इस बात का उत्तरदायित्व उन पर डाले कि वे ट्रॉम के चालकों के मानसिक झुकाव का मापन करें। फिर वार्सिलोना (Barcelona) में 1921 में साइकोटेकन्क्सि (Psychotechnics) पर एक अन्तरराष्ट्रीय सम्मेलन (International congress) हुआ जिसके सकारात्मक सिफारिशों का यातायात मनोविज्ञान पर काफी अनुकूल प्रभाव पड़ा। इसका परिणाम यह हुआ कि प्रत्येक टैक्सी चालक तथा ट्रॉम चालक को कई तरह के मनोवैज्ञानिक परीक्षणों से गुजरने के बाद ही उन्हें चालन लाइसेंस (driving licence) मिल पाता था। कई देशों के स्थानीय संस्थाओं द्वारा मनोवैज्ञानिक अध्ययनों के परिणामों की सराहना की गयी तथा उन्हें यातायात नियमों में पर्याप्त स्थान दिया गया।

मनोविज्ञान के इस शाखा में दो तरह की सूचनाओं को एकत्रित किया जाता है—*दुर्घटना की रोकथाम* (prevention of accidents) तथा *चालन निष्पादन की प्रभावशीलता* (effectiveness of driving performance)। ये दोनों क्षेत्र एक-दूसरे के पूरक हैं और मनोवैज्ञानिक जो इन दोनों क्षेत्रों में कार्य करते हैं, उनका योगदान एक-दूसरे के लिए पूरक का कार्य करता है। इन मनोवैज्ञानिकों द्वारा वैसे पेशेवर चालकों (professional drivers) का मनोवैज्ञानिक परीक्षण (psychological testing) कर आवश्यक रूप से जाँच पर बल डाला है जो दुर्घटना के मामले में अपराध-व्यसनी (recidinist) माने जाते हैं। शायद दुनिया में स्पेन (Spain) ही ऐसा देश हैं जहाँ चालकों को लाइसेंस प्राप्त करने के लिए मनोवैज्ञानिक परीक्षण (psychological testing) से होकर गुजरना आवश्यक होता है। यातायात तथा परिवहन मनोवैज्ञानिक सड़क दुर्घटना को रोकने के नये तरकीब, पीड़ितों एवं प्रत्यक्षदर्शियों (witnesses) द्वारा किस तरह से हुई दुर्घटनाओं का प्रत्याह्वान एवं व्याख्या किया जाता है तथा पीड़ितों एवं दुर्घटना में बचे लोगों को पुनर्वासित करने तथा आपातकालीन देख-रेख मदद (emergency care assistance) को उन्नत बनाने की दिशा में सतत शोध एवं प्रयोग करते हैं। उसी तरह से यातायात सुरक्षा पर थकान, सांवेगिक अवस्था, निद्रालुता (drawsiness), औषध व्यसन, औषध दुरुपयोग (drug abuse) का

पड़ने वाले प्रभावों का अध्ययन किया जाता है। इन सभी तरह के शोधों एवं अध्ययनों में यातायात तथा परिवहन मनोवैज्ञानिकों द्वारा समाज मनोविज्ञान के सिद्धान्तों एवं मॉडलों का उपयोग अधिक-से-अधिक किया जाता है।

स्पष्ट हुआ कि यातायात तथा परिवहन मनोविज्ञान का कार्यक्षेत्र मनोविज्ञान का एक नया उभरता क्षेत्र है जिसमें समाज मनोवैज्ञानिकों का भी सक्रिय योगदान है। क्योंकि विभिन्न पहलुओं को समझने एवं उसकी व्याख्या करने में समाज मनोविज्ञान के नियमों एवं सिद्धान्तों का प्रत्यक्ष एवं परोक्ष रूप से उपयोग किया जाता है।

अध्याय सारांश
(Chapter Summary)

1. समाज मनोविज्ञान का योगदान शिक्षा के क्षेत्र में सराहनीय रहा है। आज समाज मनोवैज्ञानिक न केवल समाज मनोविज्ञान तथा शिक्षण के बीच सम्बन्ध का अध्ययन करते हैं बल्कि विभिन्न तरह के सामाजिक-मनोवैज्ञानिक चरों तथा उनका शिक्षण संस्थानों में शिक्षक एवं छात्रों के बीच होनेवाली अंतक्रिया पर पड़नेवाले प्रभावों के अध्ययन में भी अभिरुचि दिखलाते हैं। आज समाज मनोवैज्ञानिक शिक्षण संस्थाओं को एक सामाजिक तंत्र (social system) के रूप में समझते हुए उसमें किये गए समूह व्यवहारों तथा सामाजिक अंतर्क्रियाओं का अध्ययन करते हैं।
2. समाज मनोविज्ञानियों द्वारा कुछ ऐसे विषयों पर भी शोध किया जाता है जिसकी उपयोगिता कानून (law) एवं न्याय (justice) में अधिक होती है। समाज मनोविज्ञान तथा कानून की जोरदार अंतक्रियाएँ कानूनी समाजीकरण, न्यायिक प्रक्रिया तथा अपराधिक न्याय प्रक्रिया (criminal justice system) में अधिक-से-अधिक देखी गयी है।
3. समाज मनोविज्ञान का योगदान व्यक्तिगत स्वास्थ्य (personal health) तथा बीमारी (illness) को समझने तथा उसमें धनात्मक योगदान करके व्यक्ति को मानसिक एवं शारीरिक रूप से स्वस्थ रखने की दिशा में काफी सराहनीय प्रयास है। यह एक सर्वविदित तथ्य है कि उत्तम स्वास्थ्य कुछ ऐसा होता है जिसे व्यक्ति स्वस्थ्यकर जीवनशैली (healthy style) अपनाकर मजबूत करता है। चूँकि समाज मनोविज्ञान में जीवनशैली से सम्बद्ध विषयों जैसे मनोवृत्ति (attitude) एवं विश्वास (belief), प्रतिबल या तनाव से निबटने के विभिन्न तरीके तथा व्यक्तिगत विशेषताएँ (personal characteristics) जो स्वास्थ्य में महत्त्वपूर्ण भूमिका निभाते हैं, का अध्ययन किया जाता है। अतः समाज मनोविज्ञान का योगदान व्यक्ति के स्वास्थ्य एवं तन्दुरुस्ती (well-being) के अध्ययन में भी काफी प्रशंसनीय है।
4. समाज मनोविज्ञान का योगदान क्रीड़ा (sports) के विभिन्न पहलुओं को समझने एवं उन्नत बनाने में काफी रहा है। समाज मनोविज्ञान में अन्य पहलुओं के अलावा सामाजिक सरलीकरण (social facilitation) तथा दल ससंक्ति (team satisfaction) के अध्ययनों के माध्यम से क्रीड़ा मनोविज्ञान को अपने विषय-वस्तु (subject matter) को समझने तथा उसका सही-सही उपयोग करने में काफी मदद मिलती है।
5. राजनीति मनोविज्ञान (Political Psychology) के विभिन्न क्षेत्रों नेतृत्व, सत्ता (power), निर्णयन प्रक्रिया (decision-making) निर्वाचकीय अधिमान (electoral preference) तथा वोटिंग व्यवहार का समाजीकरण (socialization of voting behaviour) के अध्ययन में समाज मनोविज्ञान के सिद्धान्तों एवं नियमों का उपयोग किया जाता है।
6. यातायात एवं परिवहन मनोविज्ञान में विशेषकर दुर्घटना की रोकथाम तथा चालन निष्पादन की प्रभावशीलता को समझने में समाज मनोविज्ञान के नियमों एवं सिद्धान्तों का उपयोग काफी किया जाता है।

❑

महत्त्वपूर्ण प्रश्न
(IMPORTANT QUESTIONS)

अध्याय 1

विषय-प्रवेश
(Introduction)

1. समाज मनोविज्ञान के इतिहास की संक्षिप्त व्याख्या करें।
(Explain briefly the history of social psychology.)

2. समाज मनोविज्ञान की परिभाषा दें तथा इसकी विषय-वस्तु पर प्रकाश डालें।
(Define social psychology and throw light on its subject-matter.)

3. समाज मनोविज्ञान के कार्य-क्षेत्र की व्याख्या करें।
(Explain the scope of social psychology.)

4. निम्नलिखित में सम्बन्ध बतलावें—
Discuss the relationship between following—

(1) समाज मनोविज्ञान एवं समाजशास्त्र
(Social psychology and Sociology)

(2) समाज मनोविज्ञान एवं सांस्कृतिक मानवशास्त्र
(Social psychology and Cultural Anthropology)

(3) समाज मनोविज्ञान एवं सामान्य मनोविज्ञान
(Social psychology and General psychology)

(4) समाज मनोविज्ञान की प्रमुख उपयोगिताओं का वर्णन करें।
(Describe the major utilities of social psychology.)

5. समाज मनोविज्ञान की प्रमुख उपयोगिताओं का वर्णन करें।
(Describe the major utilities of social psychology.)

6. समाज मनोविज्ञान की वर्तमान स्थिति का विवेचन करें तथा वैयक्तिक स्तर पर सामाजिक व्यवहारों के विश्लेषण में सन्निहित प्रमुख समस्याओं का वर्णन करें।
(Discuss the present status of social psychology and explain the major issues involved at the individual level of analysis of behaviour.)

7. सामाजिक व्यवहार की व्याख्या कीजिए। समाज मनोविज्ञान के वर्तमान उपागमों एवं प्रवणताओं का विवेचन कीजिए।
(Explain social behaviour. Discuss the current approaches and trends of social psychology.)

8. सामाजिक व्यवहार के विश्लेषण के विभिन्न स्तरों का वर्णन कीजिए तथा समूह स्तर पर विश्लेषण में सन्निहित प्रमुख समस्याओं का विवेचन कीजिए।
(Describe the various levels of analysis of social behaviour and discuss the major issues involved at the group level of analysis.)

9. अनुप्रयुक्त विज्ञान के रूप में समाज मनोविज्ञान का आलोचनात्मक मूल्यांकन कीजिए।
(Critically evaluate social psychology as an applied science.)

10. **सामाजिक व्यवहार के स्वरूप का विवरण दें। इसके विश्लेषण के विभिन्न स्तरों की विवेचना करें।**
(Describe the nature of social behaviour. Discuss the different levels of its analysis.)
11. **समाज मनोविज्ञान के स्वरूप एवं क्षेत्र की विवेचना कीजिए। क्या समाज मनोविज्ञान एक अनुप्रयोगात्मक विज्ञान है? विवेचना करें।**
(Discuss the nature and scope of social psychology. Is social psychology an applied science ?)
12. **एक अनुप्रयुक्त विज्ञान के रूप में समाज मनोविज्ञान की विवेचना करें।**
(Discuss the social psychology as a field of applied science.)
13. **समाज मनोविज्ञान को आधुनिक विज्ञान की श्रेणी में लाने वाली विशेषताओं की विवेचना करें।**
(Discuss the characteristics that make Social Psychology a modern science.)
14. **समाज मनोविज्ञान की विवेचना शुद्ध विज्ञान तथा व्यवहारपरक विज्ञान दोनों रूपों में करें।**
(Discuss social psychology both as a pure science and as an applied science.)
15. **समाज मनोविज्ञान के विकास को आधुनिक विज्ञान के रूप में वर्णन करें।**
(Discuss the growth of Social Psychology as a modern science.)
16. **समाज मनोविज्ञान के इतिहास का संक्षिप्त व्याख्या करें।।**
(Explain briefly the history of social psychology.)
17. **एक आधुनिक शास्त्र के रूप में समाज मनोविज्ञान के विकास को प्रस्तुत करें।**
(Outline the growth of social psychology as a modern discipline.)
18. **समाज मनोविज्ञान के विषय-वस्तु पर प्रकाश डालें। यह समाजशास्त्र से किस तरह भिन्न है?**
(Throw light on the subject-matter of social psychology. How is it different from sociology ?)
19. **समाज मनोविज्ञान की परिभाषा दें। समाज मनोविज्ञान का मानवशास्त्र तथा समाजशास्त्र से सम्बन्धों की व्याख्या करें।**
(Define Social Psychology. Discuss the releationship of social psychology with Anthropology and Sociology.)
20. **व्यवहारपरक विज्ञान के रूप में समाज मनोविज्ञान का मूल्यांकन कीजिए।**
(Evaluate Social Psychology as an applied science.)
21. **समाज मनोविज्ञान के विषय-विस्तार की व्याख्या करें। मानव विज्ञान से इसका क्या संबंध है?**
(Explain the scope of social psychlogy. How it is related to Anthroplogy ?)
22. **एक आधुनिक शास्त्र के रूप में समाज मनोविज्ञान के विकास पर प्रकाश डालें।**
(Throw light on the growth of Social Psychology or a modern discipline.)
23. **समाज मनोविज्ञान का समाजशास्त्र एवं मानवशास्त्र के साथ संबंध की समीक्षा करें।**
(Examine the relationship of social Psychology with Sociology and Anthropology.)

अध्याय 2

समाज मनोविज्ञान की विधियाँ
(Methods of Social Psychology)

1. **समाज मनोविज्ञान में प्रयोगशाला प्रयोगविधि के गुण-दोषों का वर्णन करें।**
(Describe the merits and demerits of laboratory experiment method in social psychology.)
2. **समाज मनोविज्ञान में क्षेत्र प्रयोग विधि के गुण-दोषों का वर्णन करें।**
(Describe the merits and demerits of field experiment method in social psychology.)
3. **समाज मनोविज्ञान में सर्वे विधि के महत्त्व का मूल्यांकन करें।**
(Evaluate the importance of survey method in social psychology.)
4. **समाजमितीय विधि के गुण-दोषों का वर्णन करें।**
(Describe the merits and demerits of sociometric method.)

5. **व्यक्ति-इतिहास लेखन विधि क्या है? इसके गुण-दोषों का वर्णन करें।**
   (What is case history method ? Discuss its merits and demerits.)
6. **किस प्रकार के सामाजिक समस्याओं के अध्ययन के लिए क्षेत्र अध्ययन विधि का उपयोग किया जाता है? इसके गुण-दोषों पर टिप्पणी करें।**
   (For what kind of social problems Field study method is used. Comment on its merits and demerits.)
7. **समाज मनोविज्ञान के सर्वे विधि किस तरह लाभदायक हैं? इसकी परिसीमाएँ क्या हैं?**
   (How is survey method useful for social psychology ? What are its limitations ?)
8. **प्रेक्षण विधि क्या है? सहभागी प्रेक्षण के गुणों एवं सीमाओं की संक्षेप में व्याख्या करें।**
   (What is observation method ? Explain in short the merits and limitations of participant observation.)

अध्याय 3

समाज मनोविज्ञान का सैद्धान्तिक नींव
(Theoretical Foundations of Social Psychology)

1. **सामाजिक व्यवहार की व्याख्या में जननिक सिद्धान्त की उपयोगिता बतलावें।**
   (Discuss the utulities of Genetic theories in explaning social behaviour.)
2. **सामाजिक व्यवहार की व्याख्या करने में किन्हीं दो अभिप्रेरणात्मक सिद्धान्तों का वर्णन करें।**
   (Describe the any two motivational theories in explaning social behaviour.)
3. **समाज मनोवैज्ञानिक उपलब्धि आवश्यकता की व्याख्या किस ढंग से करते हैं? क्या वे संतोषजनक हैं?**
   (How do social psychologists explain need for achievement ? Are those explanation satisfactory ?)
4. **सामाजिक घटनाओं एवं सामाजिक व्यवहार की व्याख्या करने में अधिगम सिद्धान्तों की उपयोगिता बतलावें।**
   (Point out the utilities of learning theories in explaning social events and social behaviour.)
5. **संज्ञानात्मक सिद्धान्तवादियों द्वारा सामाजिक व्यवहार की व्याख्या किस ढंग से की गयी है? क्या वे संतोषजनक हैं?**
   (How do cognitive theories explain social behaviour. Are those explanation satisfactory one ?)
6. **निर्णय-प्रक्रिया सिद्धान्त किस ढंग से सामाजिक अंतक्रियाओं की व्याख्या करता है?**
   (How does decision-making theories explain social interactions ?)
7. **क्या अन्तनिर्भरता उपागम सामाजिक व्यवहारों की व्याख्या करने में सक्षम है? यदि नहीं, तो क्यों?**
   (Is interdependence apporach competent in explaining social behaviour ? If not, why ?)
8. **सामाजिक-सांस्कृतिक सिद्धान्त किस प्रकार से सामाजिक व्यवहार को ठीक ढंग से व्याख्या करती हैं? इस प्रयास में सिद्धान्त की क्या परिसीमाएँ सामने आयी हैं?**
   (How does socio-cultural throries explain social behaviour accurately ? What limitations of the theories have came up from such effort.)
9. **समाज मनोविज्ञान के अध्ययन में जननिक सिद्धान्त के गुणों एवं दोषों का वर्णन करें।**
   (Discuss the merits and limitations of Genetic theory in studying social psychology.)
10. **पारस्परिक व्यवहार के संज्ञानात्मक सिद्धान्त का मूल्यांकन करें।**
    (Evaluate cognitive theory of interactional behaviour.)
11. **पारस्परिक व्यवहार के मनोविश्लेषणात्मक सिद्धान्त का मूल्यांकन कीजिए।**
    (Evaluate psychonalytic theory of interactional behaviour.)
12. **पारस्परिक व्यवहार के ज्ञानात्मक सिद्धान्त की आलोचनात्मक समीक्षा करें।**
    (Examine critically the cognitive theory of interactional behaviour.)

अध्याय 4

समाजीकरण
(Socialization)

1. **समाजीकरण की परिभाषा दें? इसकी प्रमुख अवस्थाओं का वर्णन करें।**
   (Define socialization. Discuss the major stages of socialization.)
2. **समाजीकरण की प्रमुख प्रक्रियाओं की वर्णन करें।**
   (Describe the major processes of socialization.)
3. **समाजीकरण के मनोविश्लेषणात्मक सिद्धान्त की आलोचनात्मक व्याख्या करें।**
   (Critically examine psychoanlytic theory of socialization.)
4. **समाजीकरण के सामाजिक सीखना सिद्धान्त का मूल्यांकन करें।**
   (Evaluate the social learning theory of socialization.)
5. **समाजीकरण के सांकेतिक-संज्ञानात्मक सिद्धान्त की आलोचनात्मक व्याख्या करें।**
   (Critically examine the symbolic-cognitive theory of soclization.)
6. **समाजीकरण के दुर्खीम के सिद्धान्त की व्याख्या करें।**
   (Explain Durkheim's theory of socialization.)
7. **समाजीकरण के कूली का सिद्धान्त का वर्णन करें।**
   (Describe Cooley theory of socialization.)
8. **समाजीकरण के मीड के सिद्धान्त का वर्णन करें।**
   (Describe Mead's theory of socilization.)
9. **समाजीकरण के प्रमुख माध्यम या साधनों का वर्णन करें।**
   (Describe the major agencies of socialization.)
10. **समाजीकरण की प्रक्रिया कैसे सामाजिक सीखना द्वारा निरूपित होती है, विवेचना कीजिए।**
    (Discuss how the process of socialization is shaped by social learning.)
11. **समाजीकरण की व्याख्या करने में सामाजिक अधिगम सिद्धान्त कहाँ तक सफल हुआ है? पूर्णरूप से उत्तर दें।**
    (How for has the social learning theory succeeded in explaining socialization ? Answer fully.)
12. **हमारे समाजीकरण को प्रभावित करने वाले विभिन्न कारकों की विस्तृत व्याख्या करें।**
    (Explain, in detail, the role of different factors which influence our socialization.)
13. **समाजीकरण का क्या अर्थ है? संस्कृति व्यक्तित्व विकास को किस प्रकार प्रभावित करती है?**
    (What is the meaning of Socialization ? How culture influences the development of personality ?)

अध्याय 5

सामाजिक प्रेरणा
(Social Motivation)

1. **सामाजिक अभिप्रेरण से आप क्या समझते हें? किन्हीं तीन प्रमुख सामाजिक अभिप्रेरणों का वर्णन करें।**
   (What do you mean by social motive ? Describe any three important social motives.)
2. **सामाजिक अभिप्रेरण के स्वरूप की व्याख्या करें। प्रमुख सामान्य सामाजिक अभिप्रेरकों का वर्णन करें।**
   (Explain the nature of social motive. Describe important general social motives.)
3. **निम्नलिखित पर संक्षिप्त नोट लिखें -**
   (Write short note on the following)—
   (1) उपलब्धि अभिप्रेरक (Achievement motivation)
   (2) सामुदायिकता (Gregariousness)
   (3) आक्रमण अभिप्रेरण (Aggression motivation)

4. **उदाहरण के साथ मनुष्य की अभिप्रेरणाओं में अन्तर करें। मनुष्य के अभिप्रेरणाओं का समाजीकरण कैसे होते हैं?**
(With example, make distinction between motives of the person. How human motives are socialized?)
5. **मनुष्यों में सहयोग, आक्रामकता तथा उपलब्धि वाले व्यवहारों के विकास का वर्णन करें।**
(Trace the development of cooperation, aggression and achievement-oriented behaviour in human beings.)

अध्याय 6

सामाजिक व्यवहार के नियम
(Principles of Social Behaviour)

1. **अनुकरण को परिभाषित करें। अनुकरण के प्रमुख प्रकारों का वर्णन करें।**
(Define imitation. Discuss the major types of imitation.)
2. **टार्ड के अनुकरण के सिद्धान्त की व्याख्या करें।**
(Explain Tarde's theory of imitation.)
3. **बेगहॉट के अनुकरण के सिद्धान्त की व्याख्या करें।**
(Explain Begehat theory of imitation.)
4. **सामाजिक जीवन में अनुकरण के महत्त्व का वर्णन करें।**
(Describe the importance of imitation in social life.)
5. **सुझाव या संसूचन को परिभाषित करें। सुझाव के विभिन्न स्वरूपों का वर्णन करें।**
(Define suggestion. Discuss the different forms of suggestion.)
6. **सुझाव को प्रभावकारी बनाने वाले कुछ प्रमुख कारकों का वर्णन करें।**
(Describe the major factors or conditions that make suggestion effective..)
7. **सामाजिक जीवन में सुझाव के महत्त्व का वर्णन करें।**
(Describe the importance of suggestion in social life.)
8. **सहानुभूति को परिभाषित करते हुए इसके स्वरूप का वर्णन करें। सहानुभूति के प्रमुख प्रकारों का वर्णन करें।**
(Giving a suitable definition of sympathy describe its nature. Also describe the major types of sympathy.)
9. **प्राणी में सहानुभूति उत्पन्न करने वाले प्रमुख कारकों का वर्णन करें।**
(Describe the major factors or conditions arousing sympathy in organism.)
10. **सामाजिक जीवन में सहानुभूति के महत्त्व का वर्णन करें।**
(Describe the importance of suggestion in social life.)
11. **निम्नलिखित पर संक्षिप्त नोट लिखें–**
(Write short notes on the following)—
(1) अनुकरण के नियम (Law of imitation)
(2) सुझाव के प्रकार (Types of suggestion)
(3) अनुकरण के मनोवैज्ञानिक सिद्धान्त (Psychological theory of imitation)
(4) सहानुभूति के प्रकार (Types of Sympathy)

अध्याय 7

मनोवृत्ति
(Attitude)

1. **मनोवृत्ति की परिभाषा दें। उसकी प्रमुख विशेषताओं का वर्णन करें।**
(Define attitude. Discuss its major characteristics.)

2. **निम्नलिखित में अन्तर बतलावें—**
(Distinguish between the following)—
(1) मनोवृत्ति एवं विश्वास (Attitude and belief)
(2) मनोवृत्ति एवं मूल्य (Attitude and value)
(3) मनोवृत्ति तथा मत (Attitude and opinion)
(4) मनोवृत्ति का स्वरूप (Nature of attitude)
3. **मनोवृत्ति के निर्माण एवं विकास को प्रभावित करने वाले कारकों का वर्णन करें।**
(Describe the factors that influence development and formation of attitude.)
4. **मनोवृत्ति के संगत परिवर्तन तथा असंगत परिवर्तन में अंतर बतलावें। उन कारकों का वर्णन करें जिनसे मनोवृत्ति में इन दोनों तरह के परिवर्तन संभव होते हैं।**
(Distinguish between congurent change and incongruent change in attitude. Describe the factors that make possible these types of attitude change.)
5. **मनोवृत्ति परिवर्तन में विश्वासोत्पादक संचार के महत्त्व की व्याख्या करें।**
(Explain the importance of persuasive communication in attitude change.)
6. **किन परिस्थितियों में मनोवृत्ति परिवर्तन अधिक कठिन हो जाता है? प्रयोगात्मक सबूतों के आधार पर अन्तर दें।**
(Underwhat circumstances attitude change becomes diffuilt ? Answer on the basis of experiemental evidences.)
7. **मनोवृत्ति परिवर्तन में हाईडर के संतुलन सिद्धान्त की आलोचनात्मक व्याख्या करें।**
(Critically explain Heider's Balance theory of attitude change.)
8. **संज्ञानात्मक असंवादिता से आप क्या समझते हैं? फेस्टिंगर ने किस तरह से इसके द्वारा मनोवृत्ति परिवर्तन की व्याख्या की है?**
(What do you mean by cognitive dissonance ? How does Festinger explain attitude change with it ?)
9. **रोजेनवर्ग की भावात्मक-संज्ञानात्मक संगति सिद्धान्त की आलोचनात्मक व्याख्या करें।**
(Critically explain the affective-cognitive consistency theory of Rosenberg.)
10. **कैलमैन का त्रिप्रक्रिया सिद्धान्त मनोवृत्ति परिवर्तन की व्याख्या किस तरह करता है? सोदाहरण वर्णन करें।**
(How does Kelman's three-process theory explain attitude change ? Describe with examples.)
11. **काज एवं स्टाटलैण्ड के मनोवृत्ति परिवर्तन सिद्धान्त की आलोचनात्मक व्याख्या करें।**
(Critically explain Katz and Stotland's theory of attitude change.)
12. **मनोवृत्ति मापन की महत्त्वपूर्ण पूर्वकल्पनाओं का वर्णन करें। कहाँ तक ये पूर्वकल्पनाएँ मनोवृत्ति मापने की विभिन्न विधियों द्वारा संतुष्ट होती है?**
(Describe the important assumptions of attitude measurement. To what extent those assumptions are satisfied by the various measures of attitude ?)
13. **मनोवृत्ति मापन में थर्स्टन विधि का मूल्यांकन करें।**
(Evaluate Thurstone's method in attitude measurement.)
14. **मनोवृत्ति मापन में लिकर्ट विधि का मूल्यांकन करें।**
(Evaluate Likert's method of assessment of attitude.)
15. **मनोवृत्ति मापन की थर्स्टन विधि तथा लिकर्ट विधियों का तुलनात्मक अध्ययन करें।**
(Make a comparative study of Thurstone's method and Likert's method of attitude assessment.)
16. **मनोवृत्ति मापन में वोगाईस विधि के महत्त्व का वर्णन करें।**
(Describe the importance of Bogardus method of attitude assessment.)
17. **मनोवृत्ति मापन में गटमैन विधि की उपयोगिता बतलावें।**
(Describe the utility of Guttman's method of attitude assessment.)
18. **क्या मनोवृत्ति मापन की प्रच्छन्न विधियाँ अप्रच्छन्न विधियों में श्रेष्ठ हैं? कारण सहित उत्तर दें।**
(Are disguised methods of attitude measurement superior to those of nondisguised methods ? Answer with appropriate reasons.)

19. उन कारकों का विवेचन कीजिए जो मनोवृत्तियों के निर्माण में योगदान करते हैं।
(Discuss the factors that contribute to the formation of attitudes.)

20. निम्नलिखित पर नोट लिखें–
(Write notes on the following)—
(1) मनोवृत्ति परिवर्तन में प्रतिरोध (Resistance to attitude change)
(2) लिकर्ट मापनी (Likert scale)
(3) थर्स्टन मापनी (Thurstone scale)

21. मनोवृत्ति पद की व्याख्या करें। मनोवृत्तियाँ किन परिस्थितियों में बदलती हैं? विवेचना कीजिए।
(Explain the term attitude. Under what conditions do attitudes change ? Discuss.)

22. मनोवृत्ति संगठन के सिद्धान्तों की एक समीक्षा प्रस्तुत करें।
(Present a critique of therories of attitude organisation.)

23. मनोवृत्ति निर्माण में समाजीकरण की भूमिका का विवेचन करें।
(Discuss the role of socialization in attitude formation.)

24. केलमैन का तीन प्रक्रिया सिद्धान्त मनोवृत्ति परिवर्तन की व्याख्या किस प्रकार करता है? सोदाहरण वर्णन करें।
(How does Kelman's three process theory explain attitude change ? Describe with example.)

25. मनोवृत्ति परिवर्तन में संप्रेक्षक की भूमिका का विवेचना कीजिए।
(Discuss the role of communicator in attitude change.)

26. मनोवृत्ति परिवर्तन के संज्ञानात्मक असंवादिता सिद्धान्त का वर्णन एवं मूल्यांकन करें।
(Discuss and evaluate cognitive dissonance theory of attitude change.)

27. मनोवृत्ति निर्माण कैसे होता है? मनोवृत्ति परिवर्तन के हाइडर के सिद्धान्त की विवेचना करें।
(How are attitudes formed ? Discuss Heider's theory of attitude change.)

28. मनोवृत्ति के विभिन्न तत्त्वों की विवेचना करें।
(Discuss the various components of attitudes.)

29. क्या मनोवृत्ति बदली जा सकती है? मनोवृत्ति परिवर्तन के किन्हीं दो सिद्धान्तों के आलोक में मनोवृत्ति परिवर्तन की प्रक्रिया को समझाइए।
(Can attitude be changed ? Explain the process of attitude change in light of any two theories of attitude change.)
[M.A., Psy., P.U., '00]

30. मनोवृत्ति की एक उपयुक्त परिभाषा दें। मनोवृत्ति परिवर्तन के विभिन्न प्रविधियों एवं प्रक्रियाओं का वर्णन करें।
(Give a suitable definition of attitude. Discuss the process and various techniques of attitude change.)

31. मनोवृत्ति से आप क्या समझते हैं? इसमें किस प्रकार परिवर्तन लाया जा सकता है?
(What do you mean by attitude ? How can it be changed ?)

32. मत, विश्वास तथा मनोवृत्ति में क्या संबंध है? मनोवृत्ति निर्माण की प्रक्रिया का संक्षेप में वर्णन करें।
(What is the relation between attitude, belief and opinion ? Explain in short the process of formation of attitude.)
[B.A., Hons.-III, P.U., 2009]

अध्याय 8

पूर्वाग्रह एवं विभेद
(Prejudice & Discrimination)

1. पूर्वाग्रह की एक उपयुक्त परिभाषा दें तथा उसके प्रमुख गुणों की विवेचना करें।
(Give an appropriate definition of prejudice and discuss its major characteristics.)

2. पूर्वाग्रह तथा विभेद में अन्तर बतलावें। पूर्वाग्रह के प्रमुख प्रकार का वर्णन करें।
(Distinguish between prejudice and discrimination. Also discuss their major types of prejudice.)

3. पूर्वाग्रह के विकास एवं सम्पोषण के प्रमुख सामाजिक-सांस्कृतिक कारकों का वर्णन करें।
(Describe the major socio-cultural factors involved in the development and maintenance of prejudice.)

4. **पूर्वाग्रह के विकास एवं सम्पोषण के प्रमुख मनोगतिक कारकों का वर्णन करें।**
   (Describe the major psychodynamic factors involved in development and maintenance of prejudice.)
5. **पूर्वाग्रह के विकास एवं सम्पोषण में प्रमुख संज्ञानात्मक कारकों का वर्णन करें।**
   (Describe the major cognitive factors involved in the development and maintenance of prejudice.)
6. **पूर्वाग्रह एवं विभेद को कम करने के लिए एक कार्यक्रम तैयार करें।**
   (Outline a programme for reducing prejudice and discrimination.)
7. **पूर्वाग्रह के नकारात्मक प्रभाव का वर्णन करें। पूर्वाग्रह की माप आप कैसे करेंगे?**
   (Describe the negative effect of prejudice. How will you measure the prejudice ?)
8. **निम्नलिखित पर संक्षिप्त नोट लिखें–**
   (Write short notes on the following)–
   (1) पूर्वाग्रह का स्वीकारात्मक प्रभाव *(Positive effect of prejudice)*
   (2) पूर्वाग्रह तथा विभेद में अंतर *(Distinction between prejudice and discrimination)*
9. **पूर्वाग्रह की परिभाषा दीजिए। पूर्वाग्रहों के आकलन में प्रयुक्त किन्हीं दो प्रविधियों का विवेचन कीजिए।**
   (Define prejudice. Discuss any two techniques used for the assessment of prejudice.)
10. **पूर्वाग्रह की परिभाषा दें। पूर्वाग्रह के मापन में प्रयुक्त किन्हीं दो प्रविधियों का विवेचन कीजिए।**
    (Define prejudice. Discuss any two techniques used for the measurement of prejudice.)
11. **पूर्वाग्रह तथा विभेदन के स्रोतों की विवेचना कीजिए तथा इन प्रक्रमों को पोषण करने वाले कारकों का उल्लेख कीजिए।**
    (Discuss the origin of prejudice and discrimination and indicate the factors which maintain these processes. Illustrate your answer with the help of relevant Indian studies.)
12. **पूर्वाग्रह क्या है? यह कैसे कम किया जा सकता है?**
    (What is prejudice ? How can it be reduced ?)
13. **पूर्वाग्रह के मुख्य कारणों की विवेचना करें।**
    (Discuss the main causes of prejudice.)
14. **समकालीन भारतीय समाज के कुछ संभावित कारणों का विश्लेषण कीजिए।**
    (Analyse some of the possible causes of prejudice in the contemporary Indian Society.)
15. **पूर्वाग्रह की उत्पत्ति कैसे होती है? पूर्वाग्रह को कम करने के कुछ उपायों की व्याख्या करें।**
    (How does prejudice orignate ? Suggest some ways to kinds it.)
16. **पूर्वाग्रह क्या होते हैं? इनको कैसे मापा जाता है? पूर्वाग्रह एवं व्यक्तित्व के बारे में विस्तार से विवेचन कीजिए।**
    (What are prejudices ? How these are measured ? Discuss in detail prejudices and personality.)
17. **पूर्वाग्रह के स्वरूप का वर्णन कीजिए और पूर्वाग्रह के मापन की विधियों की व्याख्या कीजिए।**
    (Discuss the nature of prejudice and explain the method of measuring prejudice.)
18. **पूर्वाग्रह के विकास एवं सम्पोषण के प्रमुख सामाजिक-सांस्कृतिक कारकों का वर्णन करें।**
    (Discuss the major socio-cultural factors involved in development and maintenance prejudice.)

अध्याय 9
रूढ़ियुक्तियाँ
(Stereotypes)

1. **रूढ़ियुक्तियाँ की परिभाषा दें। इसके प्रमुख विशेषताओं का वर्णन करें।**
   (Define Stereotype. Discuss its major characteristics.)
2. **रूढ़ियुक्ति तथा पूर्वाग्रह में अन्तर बतलावें। क्या रूढ़ियुक्ति हमेशा असत्य होती है?**
   (Distinguish between stereotype and prejudice. Is Stereotype always false ?)

3. **सामाजिक जीवन में रूढ़ियुक्तियों का महत्त्व बतलावें।**
(Discuss the importance of stereotypes in social life.)
4. **रूढ़ियुक्तियों के विकास एवं सम्पोषण करने वाले कारकों का वर्णन करें।**
(Describe the factors that influence the development and maintenance of stereotype.)
5. **समाज मनोवैज्ञानिकों द्वारा किये गये अध्ययनों से मानवजातीय रूढ़ियुक्तियाँ तथा यौन रूढ़ियुक्तियों के स्वरूप पर किस ढंग का प्रकाश पड़ता है? विवेचना करें।**
(What light is thrown on ethnic stereotype and sex stereotype by studies conducted by social psychologists ? Discuss.)
6. **भारत में अन्तर्समुदाय रूढ़ियुक्तियों का उल्लेख कीजिए। इस तरह के रूढ़ियुक्तियों के मनोवैज्ञानिक आशय का वर्णन करें।**
(Describe some of the intercommunity sterotypes prevailing in india. Bring out the psychological implications of such stereotypes.)
7. **पूर्वाग्रह की परिभाषा दें। पूर्वाग्रह के मुख्य मनोवैज्ञानिक कारक कौन-कौन से हैं?**
(Define prejudice ? What are the important psychological factors of prejudice.)

अध्याय 10

समूह-व्यवहार
(Group Behaviour)

1. **समूह को परिभाषित करें। इसकी प्रमुख विशेषताओं का उल्लेख करें।**
(Define group. Discuss its major characteristics.)
2. **प्राथमिक समूह तथा द्वितीयक समूह में अन्तर बतलावें। इन दोनों तरह के समूहों के सामाजिक महत्त्व की विवेचना करें।**
(Distinguish between primary group and secondary group. Discuss the social importance of the two types of groups.)
3. **अंत:समूह तथा बाह्य समूह की प्रमुख विशेषताओं का उल्लेख करें।**
(Point out the major characteristics of the in-group and out-group.)
4. **समूह की मूलसंरचनात्मक विशेषताओं का वर्णन करें।**
(Describe the basic structural characteristics of groups.)
5. **समूह की संरचना तथा कार्यवाही का अध्ययन करने की प्रेक्षण विधियों का मूल्यांकन करें।**
(Evaluate the observation methods of studying the structure and functions of group.)
6. **समूह की संरचना तथा कार्यवाही का अध्ययन करने की आत्म-प्रतिवेदन विधियों का मूल्यांकन करें।**
(Evaluate the self-report method of studying structure and functions of group.)
7. **निम्नलिखित पर संक्षिप्त टिप्पणी लिखें—**
(Write short notes on the following)—
(1) कोटि पद्धति विधि (Category system method)
(2) समाजमितिक विधियाँ (Sociometric method)
(3) सहभागी प्रेक्षण (Participant observation)
8. **समूह एवं संगठन में अन्तर बतलावें। संदर्भ समूह के संप्रत्यय की व्याख्या करें और सामाजिक घटनाओं को समझने में उसके महत्त्व की विवेचना करें।**
(Distinguish between a group and an organization. Explain fully the concept of a reference group and bring out its importance in understanding social phenemona.)
9. **समूह के कार्यात्मक विश्लेषण का वर्णन करें।**
(Discuss the functional analysis of groups.)
10. **समूह की प्रमुख संरचनात्मक एवं गत्यात्मक विशेषताओं की व्याख्या करें।**
(Discuss the major structural and dynamic characteristics of groups.)

11. **भारतवर्ष में अन्तरसमूह सम्बन्धों की प्रमुख समस्याओं का विवेचन कीजिए तथा उन्हें समाप्त करने के कुछ उपाय सुझाए।**
(Discuss the major problems of inter-group relations in India and susggest some of the ways to overcome them.)
[M.A., Psy., P.U., '94]

12. **''समूह व्यक्ति के व्यवहार को प्रभावित करता है।'' इस कथन की आलोचनात्मक मूल्यांकन करें।**
("Group infleunces individual's behaviour." Critically evaluate this statement.)

13. **समूह का क्या अर्थ है? निर्णय लेने एवं समस्या समाधान की समूह में भूमिका की विवेचना करें।**
(What is meant by group ? Discuss the role of decision making and problem solving in a group.)

14. **विवचेना करें कि सामाजिक समूह का निर्माण कैसे होता है?**
(Discuss how social group is formed ?)

15. **समूह के स्वरूप का वर्णन करें। समूह का निर्माण कैसे होता है?**
(Discuss the nature of group. How is group formed ?)

16. **समूह का निर्माण किस तरह होता है? समूह के कार्य की संक्षेप में व्याख्या करें।**
(How are groups formed ? Explain the functions of group in short.)

17. **निर्णय-निर्माण तथा समस्या समाधान में समूह की भूमिका पर प्रकाश डालें।**
(Throw light on role of group in decision making and problem solving.)

18. **समूह के मुख्य प्रकार की विस्तृत व्याख्या करें।**
(Explain in detail the important kinds of group.)

19. **समूह को परिभाषित करें तथा समूह के संचालन के संदर्भ में अन्तर्वैयक्तिक संबंधों पर प्रकाश डालिए। समूह सदस्य के व्यवहार को किस तरह प्रभावित करता है?**
(Define group and throw light on interpersonal relations in the context of group functioning. How do group influence member behaviour ?)

20. **लघु समूह की परिभाषा दीजिए। लघु समूह व्यवहार के मापन की किसी एक विधि का वर्णन कीजिए।**
(Define a small group. Discuss any one method of measuring small group behaviour.)

21. **समूह व्यवहार के विभिन्न सिद्धान्तों का संक्षेप में मूल्यांकन कीजिए। किसको आप सर्वोत्तम समझते हैं और क्यों?**
(Evaluate briefly the different theories of group behaviour. Which one do you consider to be the best one and why ?)

22. **समूह के स्वरूप की व्याख्या करें तथा समूह सदस्यता के परिणामों की चर्चा करें।**
(Explain the nature of group and discuss the consequences of group membership.)

अध्याय 11

समूह प्रभावशीलता
(Group Effectiveness)

1. **समूह प्रभावशीलता की परिभाषा दें। उन संरचनात्मक कारकों का वर्णन करें जिनसे समूह की प्रभावशीलता प्रभावित होती है?**
(Define group effectiveness. Discuss those structural factors that influence group effectiveness.)

2. **नेतृत्व प्रकार का प्रभाव समूह प्रभावशीलता पर कैसा पड़ता है? प्रयोगात्मक सबूत के आधार पर उत्तर दें।**
(What type of infleunce of leadership style is seen upon group effectiveness ? Answer on the basis of experimental evidence.)

3. **उन अन्तःक्रियात्मक कारकों का वर्णन करें जिनसे समूह की प्रभावशीलता प्रभावित होती है।**
(Discuss those interactional factors that affect the effectiveness of group.)

4. **समूह व्यवहार की विशेषताओं का वर्णन कीजिए तथा समूह प्रभावशीलता के निर्धारकों का विवेचना कीजिए।**
(Describe the characteristics of group behaviour and discuss the determinants of group effectiveness.)

अध्याय 12

समूह गतिकी एवं समूह समग्रता
(Group Dynamics & Group Cohesiveness)

1. **समूह गतिकी को परिभाषित करें। इस क्षेत्र में किये गये अध्ययनों की उपयोगिताएँ बतलावें।**
   (Define group dynamics. Indicate usefulness of the studies conducted in this field.)
2. **समूह समग्रता से आप क्या समझते हैं? समूह समग्रता को प्रभावित करने वाले प्रमुख कारकों का वर्णन करें।**
   (What do you mean by group choesiveness ? Discuss the factors that affect group cohesiveness.)
3. **सदस्यों पर समूह समग्रता के प्रभाव का वर्णन करें। समग्रता को मापने की विधियों का संक्षिप्त विवरण प्रस्तुत करें।**
   (Describe the effect of group cohesiveness upon members. Present a brief account of methods of measuring cohesiveness.)
4. **निम्नलिखित पर नोट लिखें–**
   (Write notes on the following)—
   (1) समूह समग्रता (Group cohesiveness) (2) समूह गतिकी (Group dynamics)
5. **समूह समग्रता की गतिकी की व्याख्या करें। उन कारकों की विवेचना करें जिनसे समूह विघटन की उत्पत्ति होती है।**
   (Explain the dynamics of group cohesiveness. Discuss the factors that lead to group disintegration.)
6. **समूह व्यवहार की व्याख्या लेविन के विचार के अनुसार करें।**
   (Describe the Lewinian mode of group behaviour.)

अध्याय 13

समूह प्रभाव
(Group Influence)

1. **सामाजिक सरलीकरण को परिभाषित करें। सामाजिक सरलीकरण की व्याख्या करने के लिए विकसित किये गए विभिन्न सैद्धान्तिक विचारधाराओं का वर्णन करें।**
   (Define social facilitation. Describe the different thereotical viewpoints developed for explaining social facilitation.)
2. **जनसंकुलन से आप क्या समझते हैं? जनसंकुलन पर घनत्व-तीव्रता के प्रभाव का वर्णन करें।**
   (What do you mean by crowding ? Explain the impact of density-intensity upon crowding.)
3. **सामाजिक श्रमावनयन से आप क्या समझते हैं? सामाजिक श्रमावनयन के कारणों का वर्णन करें। उसे किस तरह से कम किया जा सकता है?**
   (What is social loafing ? Explain the reasons of social loafing. How can it be reduced ?)
4. **निर्वैयक्तिकता से आप क्या समझते हैं? प्रयोगात्मक अध्ययनों से निर्वैयक्तिकता की प्रक्रिया पर किस तरह का प्रकाश पड़ता है?**
   (What do you mean by deindividuation ? What light experimental studies throw upon the process of deindividuation ?)
5. **समूह ध्रुवीकरण से आप क्या समझते हैं? इसकी व्याख्या किस तरह से की जाती है?**
   (What is meant by group polarization ? How is it explained ?)
6. **समूहसोच से आप क्या समझते हैं? इसके प्रमुख लक्षणों का वर्णन करें। समूहसोच को रोकने के प्रमुख तरीकों का वर्णन करें।**
   (What do you mean by groupthink ? Describe its major symptoms. Describe the major ways of preventing groupthink.)

7. सामाजिक सरलीकरण से आप क्या समझते हैं? सामाजिक सरलीकरण की व्याख्या के लिए विभिन्न सैद्धान्तिक दृष्टिकोणों का वर्णन कीजिए।

(What do you mean by Social Facilitation ? Describe different theoretical views for explaining social facilitation.)

[M.A., Psy., P.U., 2010]

8. सामाजिक सरलीकरण से आप क्या समझते हैं? समूह के स्वरूप तथा निर्माण का वर्णन करें।

(What do you mean social facilitation ? Discuss the nature and function of a group.)

अध्याय 14

समूह मनोबल
(Group Morale)

1. समूह मनोबल किसे कहते हैं? उच्च समूह मनोबल की प्रमुख विशेषताओं का वर्णन करें।

(What is group morale ? Discuss the distinguishing characteristics of high group morale.)

2. समूह मनोबल के प्रमुख निर्धारकों का वर्णन करें। नकारात्मक निर्धारक सकारात्मक निर्धारक से किस अर्थ में भिन्न है?

(Describe the major determinants of group morale ? How are the negative determinants different from the positve determinants ?)

3. समूह मनोबल के मापन की कुछ विधियों का सोदाहरण वर्णन करें।

(Describe, with examples, some important methods of group morale.)

4. समूह मनोबल को ऊँचा करने की प्रमुख विधियों का वर्णन करें।

(Describe the major methods of improving the group morale.)

5. समूह मनोबल के संप्रत्यय की व्याख्या करें और उन कारकों का वर्णन करें जो उसे प्रभावित करता है।

(Explain the concept of group morale and discuss the factors that influence it.)

अध्याय 15

सामाजिक मानक एवं अनुरूपता व्यवहार
(Social Norms and Conformity Behaviour)

1. अनुरूपता की परिभाषा दें। इसके प्रमुख विशेषताओं का वर्णन करें।

(Define conformity. Discuss its major characteristics.)

2. अनुरूपता के क्षेत्र में शेरीफ, ऐश तथा क्रचफिल्ड द्वारा प्रतिपादित किये गये प्रयोगात्मक प्रविधियों की आलोचनात्मक व्याख्या करें।

(Critically explain the experimental techniques of Sherif, Ash and Crutchfield for studying conformity.)

3. अनुरूपता को प्रभावित करने वाले समूह-सम्बन्धित कारकों का वर्णन करें।

(Describe those group-related factors that affect the conformity.)

4. अनुरूपता को प्रभावित करने वाले प्रमुख व्यक्तित्व-सम्बन्धित कारकों तथा कार्य-सम्बन्धी कारकों का वर्णन करें।

(Describe major personality-related factors and task-related factors that affect conformity.)

5. क्या हम व्यक्तित्व के शीलगुणों के कारण ही अनुरूपता दिखलाते हैं? कारण सहित उत्तर दें।

(Do we display conformity due to personality traits ? Give answer with reasons.)

6. अनुरूपता के समूह-केन्द्रित सिद्धान्त का वर्णन उदाहरण सहित करें।

(Describe, with examples, the group-centered theory of conformity.)

7. **सामाजिक अनुरूपता तथा आज्ञाकारिता के बीच भेद बताइए। उन कारकों का विवेचन कीजिए जो अनुरूपता व्यवहार उत्पन्न करते हैं।**

(Distinguish between social conformity and obedience. Discuss the factors that generate confornnity behaviour.)

8. **समूह के प्रमुख मनो-सामाजिक तत्त्व कौन-कौन है? समूह मानक किस तरह से व्यक्ति के व्यवहार को प्रभावित करता है? विवेचना कीजिए।**

(What are the chief psycho-social components of a group ? How does group norms determine the indivudal behaviour ? Discuss.)

अध्याय 16

भीड़ तथा श्रोतागण

(Crowd and Audience)

1. **भीड़ की उपयुक्त परिभाषा दें। भीड़ की प्रमुख विशेषताओं का वर्णन करें।**

(Give a suitable definition of crowd. Discuss the important characteristics of crowd.)

2. **उपयुक्त उदाहरणों के साथ भीड़ तथा समूह में अन्तर बतलावें।**

(Giving suitable examples, distinguish between crowd and group.)

3. **भीड़ के प्रकार पर एक संक्षिप्त लेख लिखें।**

(Write an essay on the types of crowd.)

4. **भीड़ व्यवहार के मनोविज्ञान का विश्लेषण करें।**

(Analyse the psychology of crowd behaviour.)

5. **उपयुक्त उदाहरणों के साथ भीड़ तथा आक्रमणकारी भीड़ में अन्तर करें।**

(Giving suitable examples, make distinction between crowd and mob.)

6. **भीड़ के विभिन्न सिद्धान्तों में से आप किसे सबसे उपयुक्त समझते हैं? कारण सहित उत्तर दें।**

(Which of the various theories of crowd do you consider most suitable ? Give answer with reasons.)

7. **भीड़ के समूह-मस्तिष्क सिद्धान्त की आलोचनात्मक विवेचना करें।**

(Critically examine group-mind theory of crowd.)

8. **स्मेलर द्वारा प्रतिपादित भीड़ के मूल्ययोगित सिद्धान्त की आलोचनात्मक विवेचना करें।**

(Critically examine the value-added theory of crowd as proposed by Smelser.)

9. **श्रोतागण की परिभाषा दें। इसकी प्रमुख विशेषताओं का वर्णन करें।**

(Define audience. Describe its important characteristics.)

10. **श्रोतागण के विभिन्न प्रकारों का वर्णन करें।**

(Describe the different types of audience.)

11. **उपयुक्त उदाहरण देते हुए भीड़ तथा श्रोतागण में प्रमुख अन्तर बतलावें।**

(Giving suitable examples make distinction between crowd and audience.)

अध्याय 17

नेतृत्व

(Leadership)

1. **नेतृत्व की परिभाषा दें। नेतृत्व तथा प्रभुत्व के अन्तर का सोदाहरण उल्लेख करें।**

(Define leadership. Point out, with examples, the distinction between leadership and dominance.)

2. **नेतृत्व के प्रमुख सामान्य गुणों का वर्णन करें।**

(Describe the major traits of leadership.)

3. **नेतृत्व के उद्भव को प्रभावित करने वाले कारकों की व्याख्या सोदाहरण करें।**

(Explain, with examples, the factors infleuncing the origin or emergence of leadership.)

4. **किसी समूह के नेता के प्रधान कार्यों का उल्लेख करें।**
(Describe the major functions of leader of a group.)
5. **''नेतृत्व के अस्तित्व के लिए नेता के प्रधान कार्य एवं सहायक कार्य एक-दूसरे के पूरक है।'' टिप्पणी करें।**
("For existence of leadership, primary functions and accessory functions of a leader are supplementary for each other." Comment.)
6. **सत्तावादी नेतृत्व किसे कहते हैं? सत्तावादी नेतृत्व तथा प्रजातंत्रात्मक नेतृत्व के मूल अन्तरों की व्याख्या करें।**
(Define autocratic leadership. Explain the major distinctions between autocratic leadership and democratic leadership.)
7. **नेतृत्व के शीलगुण सिद्धान्त की आलोचनात्मक व्याख्या करें।**
(Critically explain the trait theory of leadership.)
8. **नेतृत्व के फिडलर सिद्धान्त एवं उसकी आशय की आलोचनात्मक व्याख्या करें।**
(Critically explain Fielder's theory of leadership and its imnplications.)
9. **''नेतृत्व की प्रभावशीलता की सन्तोषजनक व्याख्या करने के लिए शीलगुणों एवं परिस्थितिजन्य कारकों दोनों को ध्यान में रखना आवश्यक है।'' टिप्पणी करें।**
("For satisfactory explanation of the effectiveness of leadership both the traits as well as situational factors should be kept in view." Comment.)
10. **नेतृत्व के प्रासंगिकता सिद्धान्तों में से आपको सबसे उत्तम कौन लगता है? कारण सहित उदाहरण दें।**
(Which of the contingency theories appears the best to you ? Give reasons.)
11. **नेतृत्व के पथ-लक्ष्य सिद्धान्त की आलोचनात्मक व्याख्या करें।**
(Critically explain the Path-goal theory of leadership.)
12. **नेतृत्व के भ्रूम तथा ऐटन सिद्धान्त की आलोचनात्मक व्याख्या करें।**
(Critically explain Vroom and Yetton's theory of leadership.)
13. **नेतृत्व प्रशिक्षण की प्रमुख विधियों का वर्णन करें। नेतृत्व प्रशिक्षण के मार्ग में आने वाले प्रमुख बाधाओं का वर्णन करें।**
(Describe the major techniques of leadership training. Point out the major obstacles in the way of leadership training.).
14. **नेतृत्व शैलियों का वर्गीकरण प्रस्तुत कीजिए। नेता की प्रभावशीलता निर्धारित करने वाले कारकों का वर्णन कीजिए।**
(Make a classification of leadership styles. Describe the factors that determine the effectiveness of a leader.)
15. **नेतृत्व उत्पत्ति पर एक निबंध लिखें। उपयुक्त उदाहरण दें।**
(Write an essay on the emergence of a leadership with suitable example.)
16. **''नेता की सफलता नेता की विशेषताएँ तथा समूह के सदस्यों के प्रत्यक्षण एवं संतुष्टि पर निर्भर करती हैं।'' विवेचना करें।**
("Success of a leader depends upon the characteristics of the leader as well as upon the perception and satisfaction of the group members". Discuss.)
17. **नेतृत्व प्रभावशीलता से आप क्या समझते हैं? नेतृत्व प्रभावशीलता के फिडलर सिद्धान्त की विवेचना करें।**
(What do you understand by leadership effectiveness ? Discuss Fiedler's theory of leadership effectiveness.)
18. **समूह में नेतृत्व निष्पादन को कौन-कौन से कारक प्रभावित करते हैं? यह व्याख्या करें कि किस प्रकार विभिन्न परिस्थितियों में विभिन्न प्रकार के नेतृत्व कौशल की आवश्यकता होती है?**
(What factors influence the exercise of leadership in a group ? Explain how different situations require different types of leadership skills.)
19. **नेतृत्व व्यवहार के आयाम का क्या अर्थ होता है? सत्तावादी तथा प्रजातंत्रात्मक प्रकार के नेतृत्व के बीच अन्तर करें।**
(What do you mean by dimension of leadership behaviour ? Distinguish between the authoritarian and democratic forms of leadership.)

20. **भ्रूम तथा ऐटन के नेतृत्व सिद्धान्त की व्याख्या करें।**
(Discuss Vroom and Yetton's theory of Leadership.)
21. **नेतृत्व के पथ-लक्ष्य सिद्धान्त की विवेचना कीजिए।**
(Describe Path-goal theory of leadership.)
22. **नेतृत्व के शीलगुण सिद्धान्त का मूल्यांकन करें।**
(Evaluate the trait theory of leadership.)
23. **नेतृत्व प्रभावशीलता के फीडलर द्वारा स्थापित प्रासंगिक सिद्धान्त का मूल्यांकन करें।**
(Evaluate Fielder's contingency theory of leadership effectiveness.)
24. **नेतृत्व के पथ-लक्ष्य सिद्धान्त का मूल्यांकन करें।**
(Evaluate the Path-goal theory of leadership.)
25. **नेतृत्व के पथ-लक्ष्य सिद्धान्त की आलोचनात्मक व्याख्या करें।**
(Critically explain the patho-goal theory of leadership.)
26. **नेतृत्व के प्रासंगिकता सिद्धान्त का वर्णन करें।**
(Explain the contingency theory of leadership.)
27. **संक्षेप में नेतृत्व के विभिन्न प्रकार पर प्रकाश डालें।**
(Throw light on the different types of leadership in short.)
28. **नेतृत्व के व्यवहारपरक उपागम का आलोचनात्मक मूल्यांकन करें।**
(Critically evaluate the behavioural approach to the leadership.)
29. **नेतृत्व के फिडलर सिद्धान्त की आलोचनात्मक व्याख्या कीजिए।**
(Critically explain Fiedler's theory of leadership.)
30. **नेता के विभिन्न कार्य की विवेचना करें।**
(Discuss the different functions of a leader.)
31. **नेतृत्व के शीलगुण बनाम व्यवहार दृष्टिकोण की आलोचनात्मक समीक्षा करें।**
(Examine critically the trait vs behaviour approach to leadership.)

अध्याय 18

संस्कृति एवं व्यक्तित्व
(Culture and Personality)

1. **संस्कृति के स्वरूप की व्याख्या करें। इसके प्रमुख प्रकारों का भी वर्णन करें।**
(Explain the nature of culture. Also describe its major types.)
2. **संस्कृति के अध्ययनों की विभिन्न विधियों की आलोचनात्मक व्याख्या करें।**
(Critically explain the different methods of studying culture.)
3. **''संस्कृति तथा व्यक्तित्व में दोहरा सम्बन्ध है।'' इस उक्ति की व्याख्या करें।**
("There is two-way relationship between culture and personality." Explain the statement.)
4. **कुछ प्रमुख अध्ययनों का उल्लेख करते हुए व्यक्तित्व पर संस्कृति के पड़नेवाले प्रभावों की व्याख्या करें।**
(Citing some relevant studies explain the impact of culture on development of personality.)
5. **संस्कृति पर व्यक्तित्व के पड़ने वाले प्रभावों की व्याख्या करें।**
(Explain the impact of personality upon culture.)
6. **संस्कृति के अध्ययन के कुछ विधियों तथा उनकी तुलना के अध्ययन की विवेचना करें।**
(Discuss some important methods of studying and comparing culture.)
7. **व्यक्तित्व निर्माण में संस्कृति के महत्त्व का विवेचन करें।**
(Discuss the importance of culture in shaping personality.)

8. ''संस्कृति किसी भी समाज के सदस्यों द्वारा अपनायी गयी तथा स्थानान्तरित की जानेवाली मनोवृत्तियों, मूल्यों तथा व्यवहार प्रतिरूपों का सम्पूर्ण योग है।'' विवेचना कीजिए।

("Culture is the sum total of behaviour patterns, attitudes and values shared and transmitted by the member of given society." Discuss the statement.)

9. लेभाइन के संस्कृति एवं व्यक्तित्व उपागम की प्रमुख विशेषताओं का वर्णन कीजिए और यह बतलावें कि वह किस तरह से कार्डिनर के उपागम से भिन्न है?

(Bring out the main features of Levine's approach to culture and personality and explain how it differs from Kardiner's approach.)

10. व्यक्तित्व के निर्माण में संस्कृति के महत्त्व की विवेचना करें।

(Discuss the importance of culture in shaping personality.)

11. विभिन्न उपागमों का उद्धरण देते हुए संस्कृति एवं व्यक्तित्व के सम्बन्ध को स्पष्ट कीजिए।

(Referring to various approaches, explain the relationship between culture and personality.)

12. व्यक्तित्व पर संस्कृति के पड़ने वाले प्रभावों की विवेचना करें।

(Discuss the impact of culture on personality.)

13. संस्कृति को परिभाषित करें। व्यक्तित्व विकास संस्कृति से प्रभावित होता है। क्या इस कथन से आप सहमत हैं?

(Define culture. Personality development is influenced by the culture. Do you agree with the statement ?)

अध्याय 19

प्रचार
(Propaganda)

1. प्रचार की एक उपयुक्त परिभाषा दें। इसके प्रमुख प्रकारों का वर्णन करें।

(Give a suitable definition of propaganda. Describe its major types.)

2. प्रचार की प्रक्रिया में निहित प्रमुख मनोवैज्ञानिक संरचनाओं की व्याख्या करें।

(Explain the major psychological mechanism involved in the process of propaganda.)

3. प्रचार की प्रमुख प्रविधियों का वर्णन करें।

(Describe the major techniques of propaganda.)

4. प्रचार के प्रमुख सिद्धान्तों का वर्णन करें।

(Describe the major principles of propaganda.)

5. प्रचार को प्रभावकारी बनाने के प्रमुख तरीकों का वर्णन करें।

(Describe the major ways to make propaganda effective.)

6. कुछ उपयुक्त उपकरणों के साथ प्रचार के महत्त्व का वर्णन करें।

(Describe, with suitable examples, the importance of propaganda.)

7. प्रचार के विभिन्न माध्यमों की उपयोगिता का वर्णन करें।

(Describe the utility of different medias of propaganda.)

8. क्या प्रचार हमेशा प्रभावकारी होता है? कारण सहित उत्तर दें।

(Is propaganda always effective ? Give reasons.)

9. निम्नलिखित पर संक्षिप्त नोट लिखें।

(Write short notes on the following)

(i) शिक्षा तथा प्रचार में अन्तर (Distinction between education and propaganda.)

(ii) प्रचार से बचने के उपाय (Propaganda prophylaxis)

(iii) प्रचार की सीमाएँ (Limitations of propaganda)

10. **एक प्रजातन्त्रात्मक समाज में प्रचार के महत्त्व को स्पष्ट कीजिए। प्रचार की विभिन्न प्रविधियों का मूल्यांकन कीजिए।**
(Bring out the significance of propaganda in democratic society. Evaluate the. various techniques of the propaganda.)
11. **प्रचार का क्या अर्थ है? प्रजातांत्रिक समाज में यह किस प्रकार महत्त्वपूर्ण उपकरण है?**
(What is the meaning of propoganda ? How is it a useful tool in democratic society ?)
12. **प्रचार के नियम एवं तकनीक क्या है?**
(What are the principles and techniques of propaganda..)

अध्याय 20

जनमत
(Public Opinion)

1. **जनमत की परिभाषा दें। क्या जनमत बहुसंख्यकों का मत होता है?**
(Define public opinion. Is public opinion views of majority ?)
2. **जनमत के निर्माण में निहित प्रमुख सोपानों का उदाहरण सहित वर्णन करें।**
(Describe, with examples, the major steps involved in public opinion.)
3. **जनमत को प्रभावित करने वाले कारकों का वर्णन करें।**
(Describe the factors which influence public opinion.)
4. **जनमत निर्माण के प्रमुख साधनों का वर्णन करें। भारत जैसे देश के लिए इनमें से कौन-सा साधन अधिक उपयुक्त होगा और क्यों?**
(Describe the major media of formation of public opinion. Which media will be more appropriate for country like India and why ?)
5. **उदाहरण सहित कुछ उन परिस्थितियों का वर्णन करें जिनमें एक प्रबुद्ध जनमत का निर्माण होता है।**
(Describe, with examples, the condition in which the enlightened public opinion is formed.)
6. **जनमत को मापने की प्रमुख विधियों का वर्णन करें।**
(Describe the major techniques of measuring public opinion.)
7. **जनमत सम्बन्धी शोध का महत्त्व बतलावें। इस तरह के शोध में निहित प्रमुख खतरों का वर्णन करें।**
(Discuss the importance of public opinion research. Also discuss the major dangers involved in such research.)
8. **जनमत शब्द की व्याख्या करें। जनमत मापने की विभिन्न विधियों का आलोचनात्मक विवेचना करें।**
(Explain the term public opinion. Critically discuss different methods used for assessing public opinion.)
9. **जनमत की परिभाषा दें। इसका निर्माण किस प्रकार होता है?**
(Define public opinion. How is it formed ?)
10. **जनमत किस प्रकार प्रजातांत्रिक समाज का शक्तिशाली उपकरण है?**
(How public opinion is the strongest tool in a democratic society ?)

अध्याय 21

अफवाह
(Rumour)

1. **अफवाह का अर्थ बतलावें। इसकी प्रमुख विशेषताओं का वर्णन करें।**
(Explain the meaning of rumour. Describe its major characteristics.)
2. **उपर्युक्त उदाहरणों के साथ अफवाह के मुख्य प्रकारों का वर्णन करें।**
(Describe the major types of rumour with suitable examples.)

3. **किन-किन परिस्थितियों में अफवाह तेजी से फैलती है? उदाहरण सहित उत्तर दें।**
(Under what conditions rumour spreads ? Answer with examples.)
4. **अफवाह का मनोवैज्ञानिक विश्लेषण करें तथा उसमें सम्मिलित प्रक्रियाओं का सोदाहरण वर्णन करें।**
(Make a psychological analysis of rumour and describe with examples, the processes involved therein.)
5. **अफवाह के प्रमुख कारणों का सोदाहरण व्याख्या करें।**
(Explain with examples the major reasons of rumour.)
6. **अफवाह फैलाने के मुख्य साधनों का वर्णन करें। आप अफवाह फैलाने पर किस ढंग से रोकथाम कर सकते हैं?**
(Describe the major media of spreading rumour. How can you check the spread of rumour ?)
7. **निम्नलिखित पर संक्षिप्त नोट लिखें–**
(i) जनमत तथा अफवाह में अंतर (Difference between public opinion and rumour)
(ii) भय अफवाह (Fear rumour)
(iii) उत्सुकतापूर्ण अफवाह (Curiosity rumour)
(iv) अफवाह (Rumour)

अध्याय 22

सामाजिक तनाव
(Social Tension)

1. **सामाजिक तनाव किसे कहते हैं? इसके प्रमुख प्रकारों का वर्णन करें।**
(What is social tension ? Describe its major types.)
2. **सामाजिक तनाव के प्रमुख प्रभावों का वर्णन करें।**
(Describe the major effect of social tension.)
3. **सामाजिक तनाव के प्रमुख कारकों पर प्रकाश डालें।**
(Throw light on the major causes of social tension.)
4. **सामाजिक तनाव को कम करने के उपायों का वर्णन करें।**
(Describe the measures of reducing social tension.)
5. **सामाजिक तनाव क्या है? यह किस प्रकार पूर्वाग्रह से सम्बन्धित है? सामाजिक तनाव के विकास में सामाजिक मनोवैज्ञानिक कारकों की भूमिका का मूल्यांकन करें। भारतीय सामाजिक जीवन में जातीवाद तथा सम्प्रदायवाद का उदाहरण देते हुए अपने उत्तर को स्पष्ट कीजिए।**
(What is social tension ? How is it related to prejudice ? Examine the role of social-psychological factors in development of social tension. Illustrate your answer by taking examples concerning casteism and communalism in the Indian social life.)
6. **''तनाव व्यक्तियों के मन में होते हैं''–(मर्फी)। इस कथन को स्पष्ट करते हुए भारतीय समाज में परिलक्षित तनावों को विभिन्न कारकों का विश्लेषण कीजिए।**
("Tension are in the minds of men"—(Murphy). Analyse the various causes of tensions present in Indian Society in light of this statement.)
7. **सामाजिक तनाव क्या है? भारत में सामाजिक तनाव के कौन-कौन से मुख्य कारण हैं?**
(What is social tension ? What are the main causes of social tension in India ?)
8. **सामाजिक तनाव के विभिन्न प्रकार की व्याख्या करें। सामाजिक तनाव को कम करने के कुछ उपायों की सलाह दें।**
(Explain different kinds of social tension. Suggest some important measures for reduction of social tension.)

अध्याय 23

सामाजिक संज्ञान, सामाजिक प्रत्यक्षण, व्यक्ति-प्रत्यक्षण तथा आत्म-प्रत्यक्षण
(Social Cognition, Social perception, Person-perception and Self-perception)

1. **प्रत्यक्षणात्मक रक्षा की प्रक्रियाओं का वर्णन करें। प्रत्यक्षणात्मक रक्षा के क्षेत्र में किये गए अध्ययनों से इसके स्वरूप पर पड़ने वाले प्रभावों का वर्णन करें।**
(Describe the proceses of perceptual defence. Describe the effect of those studies which are conducted in this field upon the nature of perceptual defense.)
2. **प्रत्यक्षणात्मक बलाघात से क्या समझते हैं? आप किस तरह से इसका मूल्यांकन एवं व्याख्या करेंगे?**
(What do you mean by perceptual accentuation ? How will you evaluate and explain it ?)
3. **व्यक्ति प्रत्यक्षण क्या है? धारणा निर्धारण में सूचना संसाधन के महत्त्व का वर्णन करें।**
(What is meant by person perception ? Discuss the importance of information processing in impression formation.)
4. **व्यक्ति प्रत्यक्षण में अशाब्दिक संकेत के महत्त्व पर प्रकाश डालें।**
(Throw light upon the role of nonverbal cues in person perception.)
5. **व्यक्ति प्रत्यक्षण में प्रत्यक्षणकर्त्ता के गुणों के महत्त्व पर प्रकाश डालें।**
(Throw light upon the role of perceiver's characteristics in person perception.)
6. **व्यक्ति प्रत्यक्षण में प्रत्यक्षणकर्त्ता तथा लक्षित व्यक्ति के बीच के अन्त:क्रिया के महत्त्व पर प्रकाश डालें। इस संदर्भ में महत्त्वपूर्ण अध्ययनों का भी उल्लेख करें।**
(Throw light upon the role of interaction between the perceiver and the target perosn in person perception. In this context cite some relvant studies.)
7. **रूढ़ियुक्तियाँ क्या हैं? व्यक्ति प्रत्यक्षण में उसके महत्त्व पर प्रकाश डालें।**
(What are stereotypes ? Throw light upon its role in person perception.)
8. **निम्नलिखित पर संक्षिप्त नोट लिखें–**
(Write short notes on the following)—
(1) अवचेतन प्रत्यक्षण (Subliminal perception)
(2) व्यक्ति प्रत्यक्षण में योगात्मक मॉडल तथा औसत मॉडल का महत्त्व
(Importance of additive model and averaging model in person perception.)
(3) प्रत्यक्षणात्मक रक्षा में वैयक्तिक विभिन्नता (Individual differences in person perception)
9. **सामाजिक प्रत्यक्षण का क्या अर्थ है? सामाजिक प्रत्यक्षण में अवाचिक संकेतों की भूमिका का विवेचन कीजिए।**
(What is meant by social perception ? Discuss the role of nonverbal cues in social perception.)
10. **सामाजिक प्रत्यक्षण तथा व्यक्ति प्रत्यक्षण से आप क्या समझते हैं? सामाजिक प्रत्यक्षण को प्रभावित करनेवाले कारकों की व्याख्या करें।**
(What do you understand by social perception and person perception ? Explain the factors influencing social perception.)
11. **सामाजिक प्रत्यक्षण का क्या अर्थ है? अनुक्रिया प्रबलता तथा प्रत्यक्षणात्मक प्रतिरक्षा की घटनाओं की व्याख्या करें।**
(What is meant by social perception ? Explain the phenomena of response sailence and perceptual defence.)
12. **कुछ अध्ययनों को उद्धृत करते हुए व्यक्ति प्रत्यक्षण में रूढ़िबद्ध धारणाओं की भूमिका का विवेचन कीजिए।**
(Referring to some studies, discuss the role of stereotypes in person perception.)
13. **व्यक्ति प्रत्यक्षण के स्वरूप की विवेचना करें तथा प्रत्यक्षण करने वाले के व्यक्तित्व की भूमिका का वर्णन करें।**
(Discuss the nature of person perception and the role of perceiver's characteristics in person perception.)

14. **व्यक्ति प्रत्यक्षण में अशाब्दिक संकेतों की भूमिका का वर्णन करें।**
(Discuss the role of non-verbal cues in person perception.)
15. **व्यक्ति प्रत्यक्षण से क्या तात्पर्य है? इसके निर्धारकों का वर्णन करें।**
(What is meant by person perception ? Describe its determinants.)
16. **व्यक्ति प्रत्यक्षण तथा गुणारोपण के स्वरूप का वर्णन करें।**
(Discuss the nature of person perception and attribution.)
17. **व्यक्ति प्रत्यक्षण के स्वरूप की विवेचना करें। व्यक्ति प्रत्यक्षण के कौन-कौन से निर्धारक हैं?**
(Discuss the nature of person perception. What are the determinants of person perception.)
18. **व्यक्ति प्रत्यक्षण का अर्थ क्या है? व्यक्ति प्रत्यक्षण में अशाब्दिक संकेतों की व्याख्या करें।**
(What is meant by person perception ? Explan the role of non-verbal cues in person perception.)

अध्याय 24

गुणारोपण
(Attribution)

1. **गुणारोपण की प्रक्रिया से आप क्या समझते हैं? इस प्रक्रिया में उत्पन्न होने वाले प्रमुख पूर्वाग्रहों का वर्णन करें।**
(What do you mean by attribution ? Describe the major biases that usually originate in the process of attribution.)
2. **गुणारोपण के विभिन्न नियमों का वर्णन करें। इन नियमों में से आप किसे सबसे अधिक उपयुक्त समझते हैं और क्यों?**
(Describe the different principles of attribution. Which of them do you think to be the most appropriate and why ?)
3. **केली के कारणात्मक गुणारोपण सिद्धान्त की आलोचनात्मक व्याख्या प्रस्तुत करें।**
(Present a critical explanation of Kelley's theory of casual attribution.)
4. **शेभर के गुणारोपण सिद्धान्त की आलोचनात्मक व्याख्या करें।**
(Critically explain the Shaver's attributional theory.)
5. **गुणारोपण से आप क्या समझते हैं? सामाजिक प्रत्यक्षण में गुणारोपण की भूमिका का विवेचन करें।**
(What do you understand by attribution ? Discuss the role of attribution in social perception.)
6. **निम्नलिखित पर संक्षिप्त नोट लिखें–**
(Write short notes on the following)
(1) गुणारोपण का हाइडर का सिद्धान्त (Heider's theory of attribution)
(2) जोन्स तथा डेविस का गुणारोपण सिद्धान्त (Jones and Davis theory of attribution)
(3) सहपरिवर्तन का नियम (Principle of covariation)
7. **गुणारोपण प्रक्रिया की कुछ पूर्वाग्रहों की विवेचना कीजिए।**
(Discuss the biases in the attribution processes.)
8. **गुणारोपण प्रक्रिया की व्याख्या करें। किस अर्थ में व्यक्ति प्रत्यक्षण वस्तु प्रत्यक्षण से भिन्न है? विवेचना करें।**
(Explain the attribution process. In what respect does person perception differ from perception of objects ? Discuss.)
9. **व्यक्ति प्रत्यक्षण में गुणारोपण प्रक्रियाओं का विवरण प्रस्तुत कीजिए।**
(Present an account of the attributional processes in person perception.)
10. **व्यक्ति प्रत्यक्षण के अध्ययन में गुणारोपण सिद्धान्त के अनुप्रयोग की विवेचना करें।**
(Disscuss the application of attribution theory in the study of person perception.)
11. **केली द्वारा प्रतिपादित कारणत्व आरोपण सिद्धान्त का आलोचनात्मक विवरण प्रस्तुत करें।**
(Present a critical exposituion of Kelley's causeal attribution theory.)

12. केली के सह-परिवर्तन गुणारोपण सिद्धान्त की व्याख्या करें।

(Discuss Kelley's convariation theory of attribution.)

13. गुणारोपण से आप क्या समझते हैं? गुणारोपण प्रक्रिया में उत्पन्न होने वाले प्रमुख पूर्वाग्रहों का वर्णन करें।

(What do you mean by attribution ? Describe the major biases that usually originate in the process of attribution.)

[M.A., Psy., P.U., 2010]

अध्याय 25

अन्तर्वैयक्तिक आकर्षण
(Interpersonal Attraction)

1. अन्तर्वैयक्तिक आकर्षण से आप क्या समझते हैं? क्या संतुलन सिद्धान्त द्वारा इसकी व्याख्या संतोषजनक ढंग से हो पाती है?

(What do you mean by interpersonal attraction ? Does balance theory explain it satisfactorily ?)

2. अन्तर्वैयक्तिक आकर्षण के विनिमय सिद्धान्त की आलोचनात्मक व्याख्या करें।

(Critically explain the exchange theory of interpersonal attraction.)

3. अन्तर्वैयक्तिक आकर्षक में वैयक्तिक कारकों की भूमिका पर प्रकाश डालें।

(Throw light upon the role of personal factors in interpersonal attraction.)

4. अन्तर्वैयक्तिक आकर्षण में परिस्थितिजन्य कारकों की भूमिका पर प्रकाश डालें।

(Throw light upon the role of situational factors in interpersonal attraction.)

5. क्या शारीरिक सुन्दरता आकर्षकता का एकमात्र निर्धारक है? प्रयोगात्मक सबूतों के आधार पर उत्तर दें।

(Is physical beauty the sole determinant of attractiveness ? Answer on the basis of experimental evidences.)

6. 'भौगोलिक निकटता से व्यक्ति में आकर्षकता बढ़ती है।'' इस कथन की व्याख्या विनिमय सिद्धान्त के आलोक से करें।

("Attractiveness increases due to geographical proximity." Explain the statement in light of exchange theory of interpersonal attraction.)

7. निम्नलिखित पर संक्षिप्त नोट लिखें—

(Write short notes on the following)—

(1) पूरक आवश्यकता सिद्धान्त (Complimentaray need theory)

(2) समदृष्टि सिद्धान्त (Equity theory)

(3) पुनर्बलन सिद्धान्त (Reinforcement theory)

8. अन्तर्वैयक्तिक आकर्षण की विविध व्याख्याओं में से किसे आप अधिकतम पसंद करेंगे? कारण बतलावें?

(Of the different explanations in interpersonal attraction which one would you prefer most ?)

9. अन्तर्वैयक्तिक आकर्षण के पुनर्बलन सिद्धान्त का विवेचन कीजिए। इस सिद्धान्त के समर्थन में कुछ प्रायोगिक साक्ष्यों का उल्लेख कीजिए।

(Discuss reinforcement theory of interpersonal attraction. Cite some experimental evidence in support of this theory.)

10. अन्तर्वैयक्तिक आकर्षण को प्रभावित करने वाले कारकों की विवेचना करें। प्रासंगिक अध्ययनों को उद्धृत कीजिए।

(Discuss the factors that affect interpersonal attraction. Cite relevant studies.)

11. अन्तर्वैयक्तिक आकर्षण के पुनर्बलन सिद्धान्त की आलोचनात्मक मूल्यांकन करें।

(Critically evaluate reinforcement theory of interpersonal attraction.)

12. अन्तर्वैयक्तिक आकर्षण का क्या अर्थ है? इसके निर्धारकों का वर्णन करें।

(What is meant by interpersonal attraction ? Describe its determinants.)

13. **अन्तर्वैयक्तिक सम्बन्धों के सुधार में समाज मनोविज्ञान की भूमिका की विवेचना करें।**
(Discuss the role of social psychology in improving interpersonal relations.)
14. **अन्तर्वैयक्तिक आकर्षण के विनिमय सिद्धान्त का विवेचन करें।**
(Discuss exchange theory of interpersonal attraction.)
15. **पारस्परिक व्यवहार के संज्ञानात्मक सिद्धान्त की समीक्षा करें।**
(Critically examine cognitive theory of interactional behaviour.)
16. **अन्तर्वैयक्तिक आकर्षण के संतुलन सिद्धान्त की व्याख्या करें।**
(Explain the balance theory of interpersonal attraction.)
17. **अन्तर्वैयक्तिक आकर्षण से आप क्या समझते हैं? क्या संतुलन सिद्धान्त द्वारा इसकी व्याख्या संतोषजनक ढंग से हो पाती है?**
(What do you understand by interpersonal attraction ? Does balance theory explain it satisfactorily.)
18. **उपयुक्त उदाहरण देते हुए अन्तर्वैयक्तिक आकर्षण के पुनर्बलन सिद्धान्त की चर्चा करें।**
(Discuss the reinforcement theory of interpersonal attraction with suitable examples.)
19. **अन्तर्वैयक्तिक आकर्षण के विनिमय सिद्धान्त का वर्णन करें।**
(Describe the exchange theory of interpersonal attraction.)
20. **अन्तर्वैयक्तिक आकर्षण से आप क्या समझते हैं? क्या संतुलन सिद्धान्त द्वारा इसकी व्याख्या संतोषजनक ढंग से हो पाती है? व्याख्या कीजिए।**
(What do you mean by interpersonal attraction ? Does belance theory explain it satisfactionly..)
21. **अंतरपारस्परिक आकर्षण के विनिमय सिद्धान्त की आलोचनात्मक समीक्षा करें।**
(Examine critically the exchange theory of interpersonal attraction.)

अध्याय 26

सामाजिक भूमिका तथा भूमिका संघर्ष

(Social roles and Role conflict)

1. **सामाजिक भूमिका को परिभाषित करें। सामाजिक तन्त्र तथा सामाजिक भूमिका के सम्बन्धों पर प्रकाश डालें।**
(Define social role. Throw light upon the relationship between social system and social role.)
2. **उपर्युक्त उदाहरण देते हुए सामाजिक भूमिका तथा सामाजिक अन्तःक्रिया के सम्बन्धों को स्पष्ट करें।**
(Citing appropriate examples, explain the relationship of social roles and social interaction.)
3. **भूमिका संघर्ष तथा भूमिका तनाव में अन्तर बतलावें। भूमिका तनाव के प्रमुख कारणों की व्याख्या करें।**
(Distinguish between role conflict and role strain. Explain the major causes of role strain.)
4. **भूमिका तनाव के उन प्रमुख कारणों का वर्णन करें जो सामाजिक तन्त्र से सम्बन्धित हैं। ऐसे तनाव को दूर करने के उपायों का भी वर्णन करें।**
(Describe those major causes of role strain which are related to social system. Also describe the measures of removing such strain.)
5. **भूमिका तनाव को कम करने के लिए एक कार्यक्रम तैयार करें।**
(Prepare a programme for the resolution of role strain.)
6. **भूमिका तनाव के प्रमुख कारणों की विवेचना करें।**
(Describe the major causes of role strain.)
7. **निम्नलिखित पर संक्षिप्त नोट लिखें—**
(Write short notes on the following)—

(1) सामाजिक भूमिका एक संघटनात्मक संप्रत्यय के रूप में।
(Social role as an integrating concept)
(2) भूमिका श्रेणी, भूमिका प्रत्याशा तथा भूमिका व्यवहार।
(Role category, role expectation and role behaviour)
(3) भूमिका तनाव की उत्पत्ति में सांस्कृतिक कारकों का महत्त्व
(Importance of cultural factors in originating role strain)
(4) सामाजिक भूमिकाएँ (Social roles)
(5) भूमिका सम्बन्धित द्वन्द्व (Role conflict)

8. सामाजिक भूमिका के स्वरूप को समझाइए तथा इसके विनिमय सिद्धान्त की आधारभूत मान्यताओं की व्याख्या कीजिए।

(Explain the nature of social role and examine the basic assumptions of the social exchange theory.)

9. भूमिका द्वन्द्व का क्या अर्थ है? उन तरीकों की विवेचना कीजिए जिनसे व्यक्ति भूमिका द्वन्द्वों का निराकरण करते हैं?

(What is meant by role conflict ? Discuss the ways in which the role conflicts are resolved by individuals.)

अध्याय 27

सामूहिक संघर्ष या सामाजिक संघर्ष
(Group conflict or Social conflict)

1. समूह संघर्ष से आप क्या समझते हैं? भारतीय समाज में ऐसे संघर्ष के प्रमुख कारणों पर प्रकाश डालें।

(What do you mean by group conflict ? Throw light upon major causes of such conflict in Indian society.)

2. भारतीय समाज में व्याप्त समूह संघर्ष के समाधान के लिए एक कार्यक्रम तैयार करें।

(Outline a programme for solution of group conflicts found in Indian Society.)

3. समूह संघर्ष के समाधान के प्रमुख तरीकों पर प्रकाश डालें।

(Throw light upon the important measures for resolution of group conflict.)

4. निम्नलिखित पर संक्षिप्त नोट लिखें–

(Write short notes on the following)—

(अ) समूह संघर्ष के प्रकार (Type of group conflict)
(ब) समूह संघर्ष तथा समूह तनाव में अन्तर (Distinction betwewn group conflict and group tension)
(स) कैदी के संकट के खेल की उपयोगिता (Utility of the play of prisoner's dilemma)
(द) सामाजिक व्यवहार पर प्रतिस्पर्द्धा का प्रभाव (Effect of competition on social behaviour)

5. प्रयोगात्मक सबूत देते हुए सहकारी तथा प्रतिस्पर्द्धा व्यवहार को प्रभावित करनेवाले प्रमुख कारकों का वर्णन करें।

(Citing experimental evidences, describe the major determinants of cooperative and competitive behaviour.)

अध्याय 28

सामाजिक विनिमय
(Social Exchange)

1. सहकारिता तथा प्रतिस्पर्द्धता के क्षेत्र में किये गए प्रयोगात्मक अध्ययनों से इन दोनों तरह के सामाजिक व्यवहार के स्वरूप पर क्या प्रकाश पड़ता है?

(What light is thrown on the nature of social behaviours of cooperation and competition by the experimental studies done in these two fields ?)

2. सहकारिता तथा प्रतिस्पर्द्धा के महत्त्वपूर्ण निर्धारकों का वर्णन करें।
(Describe the major determinants of cooperation and competition.)

3. निम्नलिखित पर संक्षिप्त नोट लिखें–
(Write short notes on the following)—
(1) ट्रक चालन के खेल का आशय (Implication of Trucking game)
(2) कैदी के संकट के खेल का आशय (Implication of Prisoner's dilemma)
(3) सामाजिक व्यवहार पर प्रतिस्पर्द्धा का प्रभाव (Effect of competition on social behaviour)

अध्याय 29

सामाजिक शक्ति, सामाजिक प्रभाव एवं मॉडलिंग
(Social Power, Social Influence & Modelling)

1. सामाजिक शक्ति से आप क्या समझते हैं? इसके प्रमुख आधारों का वर्णन उदाहरण सहित करें।
(What do you mean by social power ? Describe, with examples, the main bases of social power.)

2. प्रयोगात्मक सबूत का उदाहरण देते हुए सामाजिक शक्ति के प्रमुख निर्धारकों का वर्णन करें।
(Citing experimental evidences, describe the major determinants of social power.)

3. असंतुलित शक्ति सम्बन्ध से आप क्या समझते हैं? इस तरह के सम्बन्धों को दूर करने के मुख्य तरीकों का वर्णन करें।
(What do you mean by imbalance power relation ? Describe the important modes of resolving such relation.)

4. सामाजिक प्रभाव तथा सामाजिक शक्ति में अन्तर बतलावें। सामाजिक प्रभाव के प्रमुख प्रकारों का वर्णन उदाहरण सहित करें।
(Distinguish between social influence and social power. Giving relevant examples discuss the major types of social influence.)

5. अनुपालन से आप क्या समझते हैं? कुछ उदाहरण देते हुए अनुपालन की प्रमुख विधियों का वर्णन करें।
(What do you mean by compliance ? Citing some examples describe major techniques of compliance.)

6. आज्ञापालन के मनोविज्ञान पर एक संक्षिप्त लेख लिखें।
(Write an essay on the psychology of obedience.)

7. निम्नलिखित पर संक्षिप्त नोट लिखें–
(Write short notes on the following :)
(1) बहुबल निवेदन (Multiple requests)
(2) विशेषज्ञ शक्ति (Expert power)
(3) सामाजिक अनुरूपता (Social conformity)

8. सामाजिक शक्ति से आप क्या समझते हैं? सामाजिक शक्ति के साम्यता सिद्धान्त पर प्रकाश डालें।
(What is meant by social power ? Throw light on the equity theory of social power.)

9. सामाजिक शक्ति के महत्त्व का विवेचन करें। यह कैसे प्राप्त होता है और कैसे कायम रहता है?
(Discuss the importance of social power. How is it acquired and sustained ?)

10. मिलग्राम के कार्य का उद्धरण देते हुए आज्ञाकारिता के कारकों का विवेचन कीजिए तथा उन दशाओं का भी विवेचन कीजिए जिनमें लोग इसका प्रतिरोध करते हैं।
(Referring to Milgram's work, briefly discuss the causes of obedience and the conditions under which people resists it.)

11. मॉडलिंग से आप क्या समझते हैं? आक्रामकता, परोपकारिता तथा आत्म-नियमन पर मॉडलिंग के पड़ने वाले प्रभावों का वर्णन करें।
(What do you mean by modelling ? Discuss the impact of modelling upon aggression, altruism and self-regulation.)

12. **सामाजिक शक्ति को परिभाषित करें। शक्ति-असंतुलन के निराकरण के उपायों की विवेचना करें।**
(Define social power. Discuss the ways of resolving power imbalance.)
13. **सामाजिक शक्ति को परिभाषित करें तथा इसके प्रमुख निर्धारकों का वर्णन करें।**
(Define social power and describe its major determinants.)
14. **सामाजिक प्रभाव क्रिया से आप क्या समझते हैं? सामाजिक शक्ति बनाम मनोवैज्ञानिक शक्ति का वर्णन करें।**
(What do you mean by social influence ? Discuss social power vs psychological power.)
15. **सामाजिक शक्ति से आप क्या समझते हैं? प्रयोगात्मक सबूत देकर सामाजिक शक्ति के प्रमुख निर्धारकों का वर्णन करें।**
(What do you mean by social power ? Citing experimental evidences describe the determinants of social power.)
16. **सामाजिक शक्ति असंतुलन को निराकरण करने के तरीकों का वर्णन करें।**
(Discuss the modes of resolving social power imbalance.)
17. **सामाजिक शक्ति को परिभाषित करें। प्रयोगात्मक अध्ययनों के द्वारा सामाजिक शक्ति के निर्धारकों की व्याख्या करें।**
(Define social power. Cite experimental studies to explain the determinants of social power.)
18. **भारतीय समाज के संदर्भ में शक्ति असंतुलन के समाधान के उपायों का विवेचन कीजिए।**
(Discuss the modes of resolving power imbalance in the context of Indian Society.)
19. **उपयुक्त अध्ययनों को उद्धत करते हुए सामाजिक शक्ति के मुख्य निर्धारकों की चर्चा करें।**
(Criting relevant studies discuss the main determinants of social power.)

अध्याय 30

प्रतिसामाजिक एवं सहायतापरक व्यवहार
(Prosocial and Helping behaviour)

1. **सहायतापरक व्यवहार की विशेषताओं को बतलावें। सहायतापरक व्यवहार के प्रमुख निर्धारकों का वर्णन करें।**
(Point out the characteristics of helping behaviour. Describe the major determinants of helping behaviour.)
2. **परोपकारी व्यवहार के विभिन्न सिद्धान्तों में से आप किन्हें सबसे उत्तम मानते हैं?**
(Which of the different theories of altruistic behaviour do you consider best ? Give reasons.)
3. **परोपकारी व्यवहार के सामाजिक मानक सिद्धान्त की आलोचनात्मक व्याख्या करें।**
(Present critical explanation of social norms theory of altruistic behaviour.)
4. **परोपकारी व्यवहार को परिभाषित करें। परोपकारी व्यवहार को किस तरह से उन्नत बनाया जा सकता है?**
(Define altruistic behaviour. How can altruistic behaviour be increased ?)
5. **सहायतापरक व्यवहार के सिद्धान्तों की व्याख्या करें।**
(Describe the theories of altruistic behaviour.)
6. **परोपकारी एवं सहायतापरक व्यवहार में अंतर कीजिए। सहायतापरक व्यवहार पर दूसरों की उपस्थिति के प्रभाव का विवेचन कीजिए।**
(Distinguish between altruistic and helping behaviour. Discuss the impact of other's preference on helping behaviour.)
7. **सहायतापरक व्यवहार को उन्नत बनाने के विभिन्न उपायों का वर्णन करें।**
(Discuss various strategies for improving helping behaviour.)
8. **समाज के विकास में परोपकारिता की क्या भूमिका है? परोपकार की प्रवृत्ति को बढ़ाने वाले तरीकों का वर्णन करें।**
(What is the role of altruism in the development of a society ? Describe the strategies for increasing altruistic behaviour ?)

9. परोपकारिता के किस सिद्धान्त को आप सबसे अधिक संतोषजनक समझते हैं? अपने उत्तर के पक्ष में तर्क दें।
(Which theory of altruism do you consider the most satisfactory ? Give reasons in support of your answer.)
10. प्रसामाजिक व्यवहारों को मजबूत करने के रणनीतियों का वर्णन करें
(Discuss the strategies for increasing and helping pro-social behaviours.)
11. सहायतापरक व्यवहार को उन्नत बनाने के विभिन्न उपायों का वर्णन करें।
(Describe the various strategies for improving helping behaviour.)
12. आदर्शात्मक मॉडल पर बल डालते हुए सहायतापरक व्यवहार पर निबंध लिखें।
(Write an essay on helping behaviour, giving emphasis upon idealistic model
13. सहायतापरक व्यवहार को उन्नत बनाने के विभिन्न उपायों की विवेचना करें।
(Discuss various strategies for improving helping bahviour.)
14. सहायतापरक व्यवहार की विशेषताओं की व्याख्या कीजिए तथा इसके मुख्य निर्धारकों का वर्णन कीजिए।
(Explain the characteristics of helping behaviour describe its major determinants.)

अध्याय 31

संचार एवं भाषा
(Communication and Language)

1. सामाजिक व्यवहार में होने वाले संचार के विभिन्न प्रकार का वर्णन करें।
(Describe the different types of communication likely to be done in social behaviour.)
2. संचार की प्रक्रिया में सम्मिलित तत्त्वों का वर्णन करें। संचार की प्रभावशीलता को प्रभावित करने वाले कारकों की विवेचना करें।
(Describe the elements involved in the process of communication. Explain the factors that influence the effectiveness of communication.)
3. स्रोत या संप्रेषक की कुछ ऐसी विशेषताओं का वर्णन करें जिनसे संचार की प्रभावशीलता प्रभावित होती है।
(Discuss the characteristics of source or communicator that are likely to influence the effectiveness of communication.)
4. संचार की प्रभावशीलता में संचार के माध्यमों के महत्त्व को बतलावें। ग्रहणकर्त्ता या प्राप्तिकर्त्ता की विशेषताओं का भी उल्लेख करें जिनसे संचार की प्रभावशीलता प्रभावित होते हैं।
(Discuss the importance of medium of communication in maintaining effectiveness of communication. Also discuss the characteristics of receiver that are likely to have impact upon the effectiveness of communication.)
5. प्रभावकारी सम्प्रेषण को प्रभावित करने वाले तत्त्वों का विवरण दें।
(Describe the factors influencing effective communication.)
6. संचार साधन की प्रभावशीलता के प्रमुख कारकों का वर्णन करें।
(Discuss the main factors influencing the effectiveness of communication.)
7. प्रभावी संचार के कुछ अवरोधकों की विवेचना कीजिए।
(Discuss some of the barriers to effective communication.)
8. भाषा विकास के संज्ञानात्मक सिद्धान्त की आलोचनात्मक व्याख्या करें।
(Critically evaluate the cognitive theory of language development.)
9. संचार के मनोवैज्ञानिक आधारों का वर्णन करें।
(Describe the psychological bases of communication.)

अध्याय 32

सामाजिक परिवर्तन
(Social Change)

1. **सामाजिक परिवर्तन से आप क्या समझते हैं? इसके प्रमुख विशेषताओं एवं विमाओं का वर्णन करें।**
(What do you mean by social change ? Discuss the major characteristics and dimensions of social change.)
2. **सामाजिक परिवर्तन के विभिन्न कारकों का वर्णन करें।**
(Describe the major types of social changes.)
3. **सामाजिक परिवर्तन के कौन-सा सिद्धान्त को आप सबसे उपयुक्त कहेंगे? कारण सहित वर्णन करें।**
(According to you, which of the different theories of social change, is most appropriate ? Describe with reasons.)
4. **उदाहरण देते हुए सामाजिक परिवर्तन के प्रमुख प्रक्रियाओं का वर्णन करें।**
(Citing examples discuss the major process of social change.)
5. **सामाजिक परिवर्तन को प्रभावित करने वाले प्रमुख कारकों या एजेन्टों का वर्णन करें।**
(Describe the major factors or agents that influence the social change.)
6. **सामाजिक परिवर्तन के प्रति प्रतिरोध से आप क्या समझते हैं? उन कारकों का वर्णन करें जिनसे ऐसे प्रतिरोध उत्पन्न होते हैं।**
(What do you mean by resistance to social change ? Describe the factors that produce such resistance to social change.)
7. **उपयुक्त उदाहरण देते हुए सामाजिक परिवर्तन के प्रभावों का वर्णन करें।**
(Citing relevant examples describe the effects of social change.)
8. **भारतीय समाज में होनेवाले सामाजिक परिवर्तन की विशेषताओं तथा विमाओं का वर्णन करें।**
(Describe the characteristics and dimensions of social changes in Indian society.)
9. **भारतीय समाज में संस्कृतिकरण तथा पश्चिमीकरण द्वारा उत्पन्न सामाजिक परिवर्तन का उदाहरण सहित वर्णन करें।**
(Describe, with example, the social changes caused by Sanskritization and Westernization in Indian context.)
10. **सामाजिक परिवर्तन के क्या सूचक हैं? कहाँ तक निर्धनता तथा वंचन सामाजिक परिवर्तन के स्वरूप को धुंधला कर देती है? भारतीय सन्दर्भ में इसकी विवेचना करें।**
(What are the indicators of social change ? To what extent is the nature of social change diluted by poverty and deprivation ? Consider it in the context of India.)
11. **निम्नलिखित पर संक्षित टिप्पणी लिखें–**
(Write short notes on the following)—
(अ) सामाजिक परिवर्तन के उपागम (Approaches to social change)
(ब) सामाजिक परिवर्तन के सूचक (Indicators of social change)
12. **भारतीय परिवेश के संदर्भ में सामाजिक्र परिवर्तन के संप्रत्यय की व्याख्या करें एवं सामाजिक परिवर्तन को त्वरित करनेवाले कारकों की विवेचना करें।**
(Explain, in the context of Indian scene, the concept of social change and discuss the factors that accelerate social change.)
13. **सामाजिक परिवर्तन की क्या विशेषताएँ हैं? क्यां परिवर्तन का नियोजन संभव है? यदि हाँ तो इसके चरण बतलावें तथा उन कारकों को बतलावें जो इसे सहज बनाते हैं और बाधित करते हैं।**
(What are the characteristics of social change ? Can change be planned ? If yes, then indicate its steps and describe the factors which facilitate and inhibit it.)
14. **सामाजिक परिवर्तन क्या है? जाति प्रथा के विशेष संदर्भ में सामाजिक परिवर्तन के मनोवैज्ञानिक आधार का वर्णन कीजिए।**
(What is Social change ? Discuss the psychological basis of social change with special reference to caste system..)

अध्याय 33

आक्रामकता तथा हिंसा
(Aggression and Violence)

1. आक्रामकता को परिभाषित करें। क्या आक्रामकता एक जन्मजात व्यवहार होता है?
(Define aggression. Is aggression inborn ?)

2. कुंठा-आक्रामकता सिद्धान्त की आलोचनात्मक व्याख्या करें।
(Critically explain the frustration-aggression theory.)

3. क्या आक्रामकता सामाजिक रूप सेएक सीखा गया व्यवहार होता है? एक उपयुक्त सिद्धान्त द्वारा इसकी आलोचनात्मक व्याख्या करें।
(Is aggression a socially learnt behaviour ? Critically explain it through an appropriate theory.)

4. आक्रामकता को उकसाने वाले प्रमुख कारकों का वर्णन करें। अपने उत्तर के पक्ष में प्रयोगात्मक साक्ष्य भी दें।
(Describe the major factors that instigate aggression. Cite experiemental evidences in favour of your answer.)

5. आक्रामकता को रोकने या कम करने के उपायों का उदाहरण सहित वर्णन करें।
(Deescribe, with examples, the measures of preventing or reducing aggression.)

6. आक्रामकता तथा हिंसा में निहित मनोसामाजिक कारकों का विवेचन कीजिए।
(Discuss the psycholosocial factors underlying social aggression and violence.)

7. ''वर्तमान में सभी सामाजिक समस्याओं में आक्रामकता तथा हिंसा अत्यधिक महत्त्वपूर्ण हो गयी है।'' विवेचना कीजिए।
(Above all the current social problems, aggression and violence have assumed overwhelming importance." Discuss.)

8. भारतीय स्थिति के संदर्भ में सामाजिक आक्रामकता तथा हिंसा में निहित मनोसाामाजिक कारकों का विवेचन कीजिए।
(Discuss, with reference to the Indian scence, the psychosocial factors underlying social aggression and violence.)

आक्रामक व्यवहार के विभिन्न आधार कौन-कौन हैं। आक्रामकता को कैसे नियंत्रित किया जा सकता है?
(What are various bases of aggressive behaviour ? How can aggression be controlled ?)

10. निम्नलिखित पर संक्षिप्त नोट लिखें–
(Write short notes on the following)—
(1) आक्रामकता में समाज-संस्कृतिक कारक (Socio-cultural factors in aggression)
(2) परिवर्तित कुंठा-आक्रामकता सिद्धान्त (Modified frustration-aggression theory)
(3) हथियार प्रभाव (Weapon effect)

11. आक्रामक व्यवहार को कम करने की कुछ विधियाँ बताएँ।
(Suggest some methods for reducing aggression.)

12. आक्रामक व्यवहार की व्याख्या कीजिए। आक्रामक व्यवहार के रोकथाम हेतु कुछ उपायों की विवेचना कीजिए।
(Explain aggressive behaviour. Discuss some of the means for preventing aggression behaviour.)

अध्याय 34

वर्तमान सामाजिक समस्याएँ
(Present Social Problems)

1. भारतीय समाज का उदाहरण देते हुए गरीबी की समस्या पर प्रकाश डालें।
(Citing examples from Indian society, throw light upon the problems of poverty.)

2. **वंचन से उत्पन्न प्रमुख समस्याओं का वर्णन करें। भारतीय अध्ययनों का उदाहरण दें।**
(Describe the major problems arising out of deprivation. Cite examples from Indian Studies.)
3. **आर्थिक क्रियाओं एवं उपलब्धि के सम्बन्ध पर प्रकाश डालें। आर्थिक विकास क्या हमेशा वांछित होता है?**
(Throw light upon the relationship between economic activities and achievements motivation. Is economic development always desirable ?)
4. **सामाजिक समस्या का अर्थ बतलावें। सामाजिक समस्या के विकास में सम्मिलित विभिन्न चरणों पर प्रकाश डालें।**
(State the meaning of a social problem. Discuss the stages involved in the development of social problem.)
5. **गरीबी से उत्पन्न होनेवनी समस्याओं पर प्रकाश डालें। गरीबी को दूर करने के उपायों का वर्णन करें।**
(Throw light upon the problem being born by poverty. Outline measures for alleviating poverty.)
6. **जनसंख्या विस्फोट से आप क्या समझते हैं? जनसंख्या में वृद्धि के कारणों पर प्रकाश डालें। जनसंख्या में वृद्धि को नियंत्रित करने के उपायों का वर्णन करें।**
(What is population ? Throw light upon the causes of increase in population. Describe the measures for controlling population growth.)
7. **वंचन से क्या तात्पर्य है? वंचन के कुछ परिणामों की विवेचना कीजिए।**
(What is meant by deprivation ? Discuss some of the consequences of deprivation.)
8. **गरीबी और वंचन में क्या अंतर है? जनसंख्या विस्फोट से इनका क्या सम्बन्ध है?**
(Distinguish between poverty and deprivation ? How is population explosion related to them ?)
9. **वंचन से आप क्या समझते हैं? इसके मापन में आप प्रयुक्त उपागमों का वर्णन कीजिए।**
(What do you mean by deprivation. Describe the approaches that have been used in its measurement.)
10. **भारत में गरीबी उन्मूलन के कुछ तरीकों की विवेचना करें।**
(Suggest some important measures to eradicate poverty in India.)

अध्याय 35

राष्ट्रीय चरित्र एवं राष्ट्रीय एकीकरण
(National Character and National Integration)

1. **राष्ट्रीय चरित्र का अर्थ बतलावें। राष्ट्रीय चरित्र में विभिन्नता होने के प्रमुख कारकों पर प्रकाश डालें।**
(Give the meaning of national character. Throw light on the major causes of difference in national character.)
2. **राष्ट्रीय चरित्र के निर्माण को प्रभावित करने वाले प्रमुख कारकों का वर्णन करें।**
(Describe the major factors that influence the formation of national character.)
3. **भारतीय राष्ट्रीय चरित्र की प्रमुख विशेषताओं का वर्णन करें।**
(Describe the major characteristics of Indian National Character.)
4. **राष्ट्रीय एकीकरण से आप क्या समझते हैं? राष्ट्रीय एकीकरण को मजबूत करने वाले कारकों का वर्णन करें।**
(What do you mean by national integration ? Discuss the factors that strengthen the national integration.)
5. **राष्ट्रीय एकीकरण के मार्ग में आनेवाली प्रमुख बाधाओं का सोदाहरण व्याख्या करें।**
(Describe, with examples, the major hinderances in the way of national integration.)
6. **राष्ट्रीय चरित्र से आप क्या समझते हैं? भारतीय राष्ट्रीय चरित्र की प्रमुख विशेषताओं का वर्णन करें।**
(What do you understand by national character ? State some of the salient characteristics of the Indian national character.)
7. **राष्ट्रीय चरित्र के निर्माण के किन्हीं दो सिद्धान्तों की समीक्षा करें।**
(Make a review of any two theories of development of national character.)

अध्याय 36

पर्यावरणी मनोविज्ञान
(Environment Psychology)

1. मनोविज्ञान के एक शाखा के रूप में पर्यावरण मनोविज्ञान के प्रादुर्भाव पर प्रकाश डालें।
Throw light upon the emergence of environmental psychology as a branch of psychology.)

2. व्यक्तिगत स्थान से आप क्या समझते हैं? विभिन्न प्रकार के व्यक्तिगत स्थान की विवेचना करें।
(What do you mean by personal space ? Discuss the different types of personal space.)

3. व्यक्तिगत स्थान के विकास का वर्णन करें। उन कारकों का भी वर्णन करें जिनसे व्यक्तिगत स्थान प्रभावित होता है।
(Describe the development of personal space. Also discuss the different factors that influence personal space.)

4. व्यक्तिगत स्थान के अतिक्रमण के प्रति होने वाली प्रमुख प्रतिक्रियाओं का वर्णन करें।
(Discuss the major reactions towards invasion of personal space.)

5. भूभागीय व्यवहार से आप क्या समझते हैं? भूभागीयता के विभिन्न कार्यों का वर्णन करें।
(What do you mean by territorial behaviour. Describe the different functions of territoriality.)

6. जनसंकुलन से आप क्या समझते हैं? जनसंकुलन के प्रमुख प्रभावों का वर्णन करें।
(What do you mean by crowding ? Describe the major effects of crowding.)

7. जनसंकुलन के प्रभाव को नियंत्रित करने के तरीकों का वर्णन करें। जनसंकुलन के प्रमुख सिद्धान्तों का वर्णन करें।
(Describe the ways of controlling the effect of crowding. Also describe the major theories of crowding.)

8. अलगाव या एकाकीपन से आप क्या समझते हैं? विभिन्न तरह के अध्ययनों तथा अनुसंधानों द्वारा सामाजिक व्यवहार पर अलगाव के पड़ने वाले प्रभावों पर किस तरह का प्रकाश पड़ता है?
(What do you mean by isolation ? What light the different studies and investigators throw upon the effect of isolation upon social behaviour.)

9. सामाजिक व्यवहार पर आवाज के पड़ने वाले प्रभावों का वर्णन करें।
(Describe the effect of noise upon social behaviour.)

10. व्यक्ति के सामाजिक व्यवहार पर तापक्रम तथा वायु प्रदूषण के पड़ने वाले प्रभावों का वर्णन करें।
(Describe the effect of temperature and air pollution upon social behaviour of the individual.)

11. व्यक्ति के सामाजिक व्यवहार पर वास्तुशिल्पीय डिजाइन के पड़ने वाले प्रभावों का वर्णन करें।
(Describe the impact of architectural design upon social behaviour of the individual.)

12. व्यक्ति के सामाजिक व्यवहार पर शहरी पर्यावरण के पड़ने वाले प्रभावों का वर्णन करें।
(Describe the impact of urban environment upon social behaviour of individual.)

13. निम्नलिखित पर संक्षिप्त नोट लिखें–
(Write short notes on the following)—
(1) भूभागीय व्यवहार के प्रकार (Types of territorial behaviour)
(2) चयनित एकाकीपन या गुप्ति (Forced isolation or privacy)

14. समाज मनोविज्ञान के एक उभरते हुए क्षेत्र के रूप में पर्यावरण मनोविज्ञान की विवेचना करें।
(Discuss environmental psychology as an emerging area of social psychology.)

15. समाज मनोविज्ञान की एक शाखा के रूप में पर्यावर्णी मनोविज्ञान के प्रादुर्भाव पर प्रकाश डालिए।
(Throw light upon the emergence of environmental psychology as a branch of social psychology.)

अध्याय 37

समाज मनोविज्ञान : उपयोग के समकालीन क्षेत्र
(Social Psychology : Contemporary Areas of Applications)

1. **शिक्षा का समाज मनोविज्ञान का अर्थ बतलावें। एक सामाजिक तंत्र के रूप में स्कूल के महत्त्व का वर्णन करें।**
(Give the meaning of Social Psychology of education. Discuss the importance of school as a social system.)
2. **किस तरह से विभिन्न सामाजिक कारकों एवं विभिन्न अभिप्रेरणों से शैक्षिक उपलब्धि प्रभावित होती है?**
(How is academic achievement influenced by various social factors and different motivations.)
3. **विभिन्न तरह के नेतृत्व शैलियों एवं सामूहिक प्रक्रियाओं का शैक्षिक उपलब्धि पर पड़ने वाले प्रभावों का वर्णन करें।**
(Describe the impact of various types of leadership styles and group process upon academic achievement.)
4. **शिक्षा के परिणाम को उन्नत बनाने की एक योजना तैयार करें।**
(Define a plan for improving the outcome of education.)
5. **कानूनी समाजीकरण से आप क्या समझते हैं? एक समाज मनोवैज्ञानिक किस ढंग से ऐसे समाजीकरण की प्रक्रिया को मजबूत बनाता है।**
(What do you understand by legal socialization ? How does a social psychologist strengthen such process of socialization ?)
6. **प्रत्यक्षदर्शी साक्ष्य से आप क्या समझते हैं? किन-किन कारकों से प्रत्यक्षदर्शी साक्ष्य में त्रुटियाँ उत्पन्न हो जाती हैं?**
(What do you mean by eyewitness testimony ? What factors introduce errors in eyewitness testimony.)
7. **किस तरह से समाज मनोवैज्ञानिकों द्वारा उत्तरघटना सूचना प्रभाव की व्याख्या की गयी है?**
(How do social psychologists explain postevent information effect ?)
8. **झूठ अभिज्ञान की प्रक्रिया क्या है? क्या इस प्रक्रिया पर समाज मनोवैज्ञानिकों द्वारा भरोसा जताया गया है?**
(What is the process of lie detection ? Do social psychologists depend upon this process ?)
9. **स्वास्थ्य व्यवहार का संप्रत्यय क्या है? स्वास्थ्य मनोवृत्ति का स्वास्थ्य व्यवहार पर क्या प्रभाव पड़ता है?**
(What is the concept of health behaviour ? What is the impact of health attitude upon health behaviour ?)
10. **स्वास्थ्य को प्रभावित करने वाले कुछ व्यक्तिगत कारकों का उल्लेख करें।**
(Point out some personal factors that affect health.)
11. **सामाजिक सरलीकरण तथा दल संसशक्ति की उपयोगिता क्रीड़ा मनोविज्ञान के लिए बतलावें।**
(Point out the utilities of social facilitation and team cohesion for sport psychology.)
12. **निम्नलिखित पर संक्षिप्त नोट लिखें**
(Write short notes on the following)
   (a) राजनीति मनोविज्ञान
   (Political Psychology)
   (b) यातायात एवं परिवहन मनोविज्ञान
   (Traffic and Transport Psychology)
   (c) युक्ति प्रक्रमों पर यौन का प्रभाव
   (Impact of sex upon coping strategies)
   (d) आकलन चर
   (Estimator variables)
   (e) तंत्र चर
   (System variables)।
13. **राजनीतिक मनोविज्ञान और शिक्षा का समाज मनोविज्ञान की आलोचनात्मक समीक्षा करें।**
(Critically examine the political psychology and social psychology of education.)
14. **समाज मनोविज्ञान के एक उभरते हुए क्षेत्र के रूप में राजनीति विज्ञान का विवेचन करें।**
(Discuss political psychology as a emerging area of social psychology..)

❑

वस्तुनिष्ठ प्रश्न
(OBJECTIVE QUESTIONS)

1. मनोवृत्ति के तीन संघटक होते हैं। प्रत्येक में कई तत्त्व होते हैं। तत्त्वों की इन संख्या को कहा जाता है—
(क) कर्षण शक्ति (valence) (ख) बहुविधता (multiplexity)
(ग) संगता (consistency) (घ) इनमें से कुछ भी नहीं उ० (ख)

2. मनोहर की मनोवृत्ति जनता पार्टी की ओर अनुकूल होने के कारण जब सोहन ने जनता पार्टी की आलोचना की, तो मनोहर द्वारा उसकी जमकर खिंचाई की गयी। यहाँ मनोहर द्वारा सोहन की खिंचाई करना उदाहरण होगा—
(क) संज्ञानात्मक संघटक (cognitive component) का
(ख) भावात्मक संघट (affective component) का
(ग) व्यवहारात्मक संघटक (behavioural component) का
(घ) इनमें से किसी का भी नहीं उ० (ग)

3. मनोवैज्ञानिक अध्ययनों से यह स्पष्ट हुआ है कि मनोवृत्ति के किस संघटक (component) में सबसे अधिक संगति (consistency) होती है?
(क) कर्षण शक्ति (valence) में (ख) बहुविधता (multiplexity) में
(ग) दोनों में (घ) दोनों में से किसी में भी नहीं उ० (क)

4. मनोवृत्ति विकास (development of attitude) में निम्नांकित में से किसका प्रभाव सबसे अधिक पड़ता है?
(क) स्रोत (source) जिससे व्यक्ति को सूचना मिलती है, के विश्वसनीयता से
(ख) स्रोत की आकर्षकशीलता (attractiveness) से
(ग) स्रोत की उपयुक्तता (appropriateness) से
(घ) स्रोत का व्यक्ति के साथ संबंधता (relatedness) से उ० (क)

5. एक बालक जब अपने माता-पिता से बार-बार यह कहते सुनता है कि अमेरिकन साहसी, मेहनती एवं ईमानदार होते हैं, तो उसकी मनोवृत्ति अमेरिकन के प्रति अनुकूल हो जाती है। इस उदाहरण में मनोवृत्ति के विकास का आधार है—
(क) क्लासिकी अनुकूलन (classical conditioning)
(ख) प्रेक्षणात्मक अनुकूलन (observational conditioning)
(ग) साधनात्मक अनुकूलन (instrumental conditioning)
(घ) सामीप्य अनुकूलन (contiguous conditioning) उ० (क)

6. मनोवृत्ति कई तरह के संघटकों (components) का एक संगठन (organization) होता है। निम्नांकित में से किसे इन संघटकों में नहीं रखा जाता है—
(क) संज्ञानात्मक संघटक (cognitive component)
(ख) भावात्मक संघटक (affective component)
(ग) व्यवहारात्मक संघटक (behavioural component)
(घ) कार्यात्मक संघटक (functional component) उ० (घ)

7. मनोवृत्ति के संज्ञानात्मक संघटक से तात्पर्य होता है—
(क) मनोवृत्ति वस्तु के प्रति विश्वास (belief) से (ख) मनोवृत्ति वस्तु के प्रति ज्ञान से
(ग) मनोवृत्ति वस्तु के प्रत्यक्षण से (घ) मनोवृत्ति वस्तु के प्रति पूर्व अनुभूति से उ० (क)

8. मनोवृत्ति के भावात्मक संघटक से तात्पर्य होता है—
(क) मनोवृत्ति वस्तु के प्रति भाव (feeling) से (ख) मनोवृत्ति वस्तु के प्रति संवेग से
(ग) मनोवृत्ति वस्तु के प्रति भाव एवं संवेग दोनों से (घ) मनोवृत्ति वस्तु के प्रति चिन्तन से उ० (ग)

9. मनोवृत्ति के संघटकों के कर्षण शक्ति (valence) से तात्पर्य होता है—
(क) मनोवृत्ति की अनुकूलता से (ख) मनोवृत्ति की प्रतिकूलता से
(ग) मनोवृत्ति की अनुकूलता तथा प्रतिकूलता दोनों से (घ) इनमें से किसी से भी नहीं उ॰ (ग)

10. निम्नांकित में से किसे मनोवृत्ति की विशेषता (characteristics) की श्रेणी में नहीं रखा जाता है?
(क) मनोवृत्ति में प्रेरणात्मक गुण होते हैं (ख) मनोवृत्ति अपेक्षाकृत स्थायी होता है
(ग) मनोवृत्ति विशिष्ट दिशा में निर्देशन करती है (घ) मनोवृत्ति में चिन्तन का गुण शामिल होता है उ॰ (घ)

11 मनोवृत्ति का संबंध होता है—
(क) सिर्फ मूर्त्त वस्तु से (ख) सिर्फ अमूर्त वस्तु से
(ग) दोनों तरह के वस्तु से भी (घ) इनमें से किसी से भी नहीं उ॰ (घ)

12. व्यक्ति की मनोवृत्ति (attitude) मान या मूल्य (value) की तुलना में अधिक—
(क) स्थिर होता है (ख) अस्थिर होता है
(ग) स्थायी होता है (घ) इनमें से कुछ भी नहीं होता है उ॰ (घ)

13. व्यक्ति की मनोवृत्ति (attitude) तथा मान (value) में मूल अन्तर यह होता है कि—
(क) मान में भावात्मक पक्ष मनोवृत्ति के भावात्मक पक्ष की तुलना से अधिक श्रेष्ठ होती है
(ख) मनोवृत्ति का संज्ञानात्मक पक्ष मान संज्ञानात्मक पक्ष की तुलना में अधिक श्रेष्ठ होती है
(ग) मनोवृत्ति का व्यवहारात्मक पक्ष मान के व्यवहारात्मक पक्ष की तुलना में अधिक श्रेष्ठ होता है
(घ) मान का संज्ञानात्मक पक्ष मनोवृत्ति के संज्ञानात्मक पक्ष की तुलना में अधिक श्रेष्ठ होती है उ॰ (क)

14. मनोवृत्ति (attitude) तथा मत (belief) में मूल अन्तर यह होता है कि—
(क) मत में सिर्फ भावात्मक तत्त्व होते हैं जबकि मनोवृत्ति में भावात्मक तत्त्व के अलावा अन्य तत्त्व भी होती है
(ख) मत में सिर्फ संज्ञानात्मक तत्त्व होते हैं जबकि मनोवृत्ति में संज्ञानात्मक तत्त्व के अलावा अन्य तत्त्व भी होते हैं
(ग) मत में संज्ञानात्मक तत्त्व तथा भावात्मक तत्त्व दोनों ही होते हैं जबकि मनोवृत्ति में इन दोनों तत्त्वों के अलावा व्यवहारात्मक तत्त्व भी होते हैं
(घ) मत में सिर्फ व्यवहारात्मक पक्ष होता है जबकि मनोवृत्ति में संज्ञानात्मक, भावात्मक एवं व्यवहारात्मक पक्ष तीनों ही प्रधान होते हैं उ॰ (ख)

15. राम की इच्छा बहुत दिनों से इस बात की थी कि एक स्कूटर खरीदा जाए। परन्तु रुपये की तंगी के कारण वह ऐसा करने में असमर्थ रहता था। इस बार सोहन ने उसे 8 हजार रुपये की मदद की जिससे उसे स्कूटर खरीदने में सफलता मिली। अब राम की मनोवृत्ति मोहन के प्रति अधिक सकारात्मक (favourable) हो गयी। इस उदाहरण में राम की मनोवृत्ति के सकारात्मक विकास का कारण था—
(क) सोहन द्वारा दिया गया धन (ख) सोहन का उदारात्मक व्यवहार
(ग) राम की आवश्यकता की पूर्ति (घ) इनमें से कोई भी नहीं उ॰ (ग)

16. सीता भारतीय जनता पार्टी की सदस्या तो अवश्य है परन्तु उसे कांग्रेस (ई) पार्टी की मानदण्ड या मानक काफी पसंद है। फलस्वरूप ऐसी उम्मीद की जा रही है कि वह एक दिन कांग्रेस (ई) पार्टी में अवश्य ही शामिल हो जाएगी और अपनी मनोवृत्ति कांग्रेस (ई) पार्टी के प्रति अनुकूल कर लेगी। यदि सचमुच में ऐसा होता है तो यह कहा जाएगा कि सीमा की मनोवृत्ति के विकास का कारण—
(क) सामाजिक सीखना था (ख) समूह संबंधन (group affiliation) था
(ग) कुछ व्यक्तित्व कारक थे (घ) सांस्कृतिक मानक (cultural moral) थे उ॰ (ख)

17. आम दर्शकों की मनोवृत्ति खलानायक के प्रति प्रतिकूल (unfavourable) होती है। ऐसे मनोवृत्ति के विकास का मूल कारण—
(क) सामाजिक सीखना (social learning) होता है
(ख) प्रेक्षणात्मक सीखना (observational learning) होता है
(ग) अनुकरण (imitation) होता है
(घ) तादात्म्य (identification) होता है उ॰ (ख)

18. सीता के व्यवहार से अनुराधा की मनोवृत्ति सीता के प्रति अनुकूल से बदलकर और भी अधिक अनुकूल हो गयी। मनोवृत्ति में इस तरह के परिवर्तन को कहा जाएगा—

(क) संगत परिवर्तन (congruent change) (ख) असंगत परिर्वतन (incongruent change)
(ग) मनोवृत्ति के संज्ञानात्मक घटक में परिवर्तन (घ) इनमें से कोई भी नहीं उ॰ (क)

19. मनोवैज्ञानिक अध्ययनों के अनुसार अधिक संजातिकेन्द्रवाद (ethnocentrism) मनोवृत्ति दिखलाने वाले व्यक्ति में निम्नांकित में से कौन-सा गुण नहीं पाया जाता है?
(क) प्रभुत्व दिखलाना
(ख) सामाजिक मूल्यों (social values) के प्रति आदर दिखलाना
(ग) विचारों में अधिक दृढ़ता दिखलाना
(घ) सामाजिक प्राधिकारों (social authorities) के खिलाफ आवाज बुलन्द करना उ॰ (घ)

20. संजातिकेन्द्रवाद (ethnocentrism) को मापन के लिए जिस मापनी का उपयोग मनोवैज्ञानिक शोधों में किया जाता है उसे कहा जाता है—
(क) C-Scale (ख) Z-Scale
(ग) F-Scale (घ) P-Scale उ॰ (ग)

21. एडोरनो तथा उनके सहयोगियों (Adorno et al., 1950) द्वारा किए गए मशहूर अध्ययनों से यह स्पष्ट हो गया है कि व्यक्ति की मनोवृत्ति द्वारा उसके शीलगुणों की अभिव्यक्ति होती है। इन लोगों के अनुसार उच्च संजातिकेन्द्रवादी (high ethnocentrism) मनोवृत्ति दिखलाने वाले व्यक्तियों के शीलगुणों में निम्नांकित में से कौन महत्त्वपूर्ण नहीं पाया गया है—
(क) दृढ़ व्यक्तित्व संगठन (rigid personality organization)
(ख) रूढ़िगत मूल्य एवं नियम (conventional values and rules)
(ग) सामाजिक रूप से अवांछनीय आवेगों (undesirable impulses) को प्रक्षेपण (projection) के माध्यम से अभिव्यक्ति की प्रवृत्ति
(घ) वैयक्तिक संबंधों (personal relationship) में सत्ता उन्मुखता (power-oriented) की प्रवृत्ति की कमी उ॰ (घ)

22. एडोरनो (Adorno, 1950) के अध्ययनों में उच्च संजातिकेन्द्रवादी मनोवृत्ति (high ethnocentric attitude) दिखलाने वाले व्यक्तियों के बाल्यावस्था (childhood) की परिस्थितियों की कुछ विशेषताएँ होती हैं। निम्नांकित में से किसे इन विशेषताओं की सूची में शामिल नहीं किया जा सकता है—
(क) माता-पिता का कठोर अनुशासन
(ख) उपयुक्त व्यवहार होने पर ही माता-पिता का प्यार मिलना
(ग) उच्च पारिवारिक स्तर (family status) के लिए अधिक चिन्ता का होना
(घ) पारिवारिक संरचना (family structure) में पदानुक्रम (hierarchy) का न होकर एकसमान (equalitarianism) का होना उ॰ (घ)

23. हाइडर (Heider) का संतुलन सिद्धान्त एक तरह का
(क) कार्यात्मक सिद्धान्त (functional theory) का
(ख) सामाजिक सीखना (social learning) है
(ग) संज्ञानात्मक संगति सिद्धान्त (cognitive consistency theory) है
(घ) इन सबसे अलग श्रेणी का एक सिद्धांत है उ॰ (ग)

24. संज्ञानात्मक संगति सिद्धातों (cognitive consistency theories) में किसके सिद्धान्त को इनके अन्तर्गत के सभी सिद्धांतों का पितामह (grandfather) कहा गया है?
(क) हाईडर का संतुलन सिद्धांत (Hieder's Balance theory)
(ख) न्यूकाम्ब का एक-बी-एक्स सिद्धान्त (Newcomb's A-B-X theory)
(ग) फेस्टिंगर का संज्ञानात्मक असंवादिता सिद्धांत (Festinger's cognitive dissonance theory)
(घ) रोजेनबर्ग का भावात्मक संज्ञानात्मक संगति सिद्धान्त (Rosenberg's affective cognitive consistency theory) उ॰ (क)

25. हाईडर के अनुसार निम्नांकित में से किस परिस्थिति में व्यक्ति अपनी मनोवृत्ति में परिवर्तन तेजी से लाना चाहता है?
(क) संतुलन (balance) की अवस्था में (ख) असंतुलन (imbalance) की अवस्था में
(ग) समानता की अवस्था में (घ) इनमें से किसी भी अवस्था में नहीं उ॰ (ख)

26. संज्ञानात्मक असंवादिता (cognitive dissoance) की उत्पत्ति कब होती है?
(क) इसकी उत्पत्ति तब होती है जब व्यक्ति कोई वक्तव्य (statement) देता है
(ख) इसकी उत्पत्ति तब होती है जब व्यक्तियों को एक ही व्यवहार के लिए कभी प्रोत्साहन दिया जाता (incentive) और कभी नहीं।

(ग) इसकी उत्पत्ति तब होती जब व्यक्ति असफल होते हैं
(घ) इसकी उत्पत्ति तब होती है जब व्यक्ति के सामने दो विरोधात्मक सूचनाएँ होती हैं उ॰ (घ)

27. मनोवृत्ति परिवर्तन के सामंजस्य सिद्धान्त (congruity theory) का संबंध किससे है?
(क) फेस्टिंगर (Festinger) से (ख) कार्ल स्मीथ (Carl Smith) से
(ग) केलमैन (Kelman) से (घ) टानेनवॉम (Tannenbaum) से उ॰ (घ)

28. निम्नलिखित सिद्धांतों में से कौन एक मनोवृत्ति परिवर्तन एवं निर्माण में संगति (consistency) की व्याख्या पर जोर डालता है?
(क) संगति सिद्धान्त (Balance theory) (ख) मूल्यांकन सिद्धांत (Evaluation theory)
(ग) कार्यात्मक सिद्धांत (Functional theory) (घ) अनुकूलन स्तर सिद्धांत (Adaptation-Level theory)
उ॰ (क)

29. समाज मनोविज्ञान में निम्नांकित में से कौन-सा संप्रत्यय (concept) मनोवृत्ति परिवर्तन के क्षेत्र में सर्वाधिक काफी संख्या में शोध करने के लिए लोगों को प्रेरित किया—
(क) संज्ञानात्मक असंवादिता (cognitive dissonance) (ख) समूह संबंधन (group affiliation)
(ग) गुणारोपण (attribution) (घ) प्रतिघात (reactance) उ॰ (क)

30. निम्नांकित में से किस कथन से संज्ञानात्मक असंवादिता सबसे अधिक उत्पन्न हो रही है?
(क) मेरे पास धन है परन्तु एक मकान भी नहीं है
(ख) मेरे पास धन है परन्तु मैं एक अच्छा कार भी नहीं खरीद सकता
(ग) यह जानते हुए भी कि सिगरेट पीने से फेफड़े का कैंसर हो सकता है, मैं सिगरेट कभी-कभी पी लेता हूँ
(घ) मैं एक अच्छा कार लेना चाहता हूँ परन्तु मेरे पास रुपये की थोड़ी कमी है उ॰ (क)

31. जब किसी परिस्थिति में संगत तत्त्वों (consonant elements) तथा असंगत तत्त्वों (dissonant elements) का अनुपात लगभग समान होता है, तो वैसी परिस्थिति में—
(क) संज्ञानात्मक असंवादिता (cognitive dissonance) की मात्रा कम होगी
(ख) संज्ञानात्मक असंवादिता की मात्रा अधिक होगी
(ग) संज्ञानात्मक असंवादिता उत्पन्न ही नहीं होगी
(घ) संज्ञानात्मक असंवादिता की मात्रा साधारण (moderate) होगी उ॰ (ख)

32. अक्सर देखा जाता है कि यदि बच्चे अपने माता-पिता के समान मनोवृत्ति विकसित करते हैं, तो उनकी प्रशंसा की जाती है और बच्चे की वह मनोवृत्ति और भी अधिक मजबूत हो जाती है। इस उदाहरण में मनोवृत्ति विकास का आधार है—
(क) साधनात्मक अनुकूलन (ख) प्रेक्षणात्मक अनुकूलन
(ग) क्लासिकी अनुकूलन (घ) सामीप्य अनुकूलन उ॰ (क)

33. पुत्र अपने पिता को शराब पीते देखकर यदि शराब के प्रति अनुकूल मनोवृत्ति (favourable attitude) विकसित कर लेता है, तो इस उदाहरण में इस मनोवृत्ति के विकास का आधार—
(क) प्रेक्षण (observation) समझा जाएगा (ख) सीखना (learning) समझा जाएगा
(ग) पिता का प्रभाव समझा जाएगा (घ) अनुकरण (imitation) समझा जाएगा उ॰ (क)

34. मनोवृत्ति निर्माण में प्राथमिक समूह (primary group) का प्रभाव काफी पड़ा है जिसके कारण ऐसे समूह के सदस्यों की मनोवृत्ति में एकरूपता (homogeneity) अधिक होती है। ऐसी एकरूपता के कई कारण होते हैं। निम्नांकित में से किसे इसका एक प्रमुख कारण नहीं माना जाता है?
(क) प्राथमिक समूह के सदस्यों पर अनुपालन (conformity) के लिए अधिक सामूहिक दबाव (group pressure) पड़ता है।
(ख) प्राथमिक समूह एक ऐसी परिस्थिति उत्पन्न करती है जहाँ किसी सदस्य की मनोवृत्ति अन्य सदस्यों की मनोवृत्ति के अनुकूल होती है।
(ग) प्राथमिक समूह के सदस्यों को लगभग एक समान सूचनाएँ दी जाती हैं
(घ) प्राथमिक समूह के सदस्यों का मानक (norms) एक ही होता है उ॰ (क)

35. मोहन कांग्रेस (इ) पार्टी का सदस्य है परन्तु उसकी आकर्षकता तथा मनोवृत्ति की अनुकूलता भारतीय जनता पार्टी की ओर अधिक है। इस उदाहरण में अनुकूल मनोवृत्ति होने का एक प्रमुख कारण है—
(क) प्राथमिक समूह (primary group) (ख) गौण समूह (secondary group)
(ग) सन्दर्भ समूह (reference group) (घ) अनौपचारिक समूह (informal group) उ॰ (ग)

36. मुस्लिम संस्कृति में पले व्यक्तियों की मनोवृत्ति मौसेरे, फूफेरे एवं चचेरे भाई-बहनों में शादी के प्रति अनुकूल होती है परन्तु हिन्दू संस्कृति में पले व्यक्तियों की मनोवृत्ति इस तरह के शादी के प्रति प्रतिकूल (unfavourable) होती है। इसका प्रधान कारण है—

(क) समूह संबंधन (group affiliation) (ख) व्यक्तित्व कारक (personality factor)
(ग) रूढ़िकृतियाँ (stereotypes) (घ) समाजीकरण (socialization) उ॰ (ग)

37. मान लिया जाए कि राम मोहन को पसंद करता है। यह भी मान लिया जाए कि राम सोहन को भी पसंद करता है तथा मोहन सोहन को पसंद नहीं करता है। ऐसी परिस्थिति में हाईडर के अनुसार राम में—

(क) एक संतुलित अवस्था (balanced state) उत्पन्न होगी
(ख) एक असंतुलित अवस्था (imbalanced state) उत्पन्न होगी
(ग) एक समानता की अवस्था उत्पन्न होगी
(घ) इनमें से किसी भी तरह की अवस्था उत्पन्न न होगी उ॰ (ख)

38. हाईडर के अनुसार जब P, O तथा X के बीच दो ऋणात्मक भावात्मक संबंध होते हैं, तथा एक धनात्मक संबंध (positive relationship) हो, तो वैसी परिस्थिति में P में

(क) एक असंतुलित अवस्था (imbalanced state) उत्पन्न होगी
(ख) एक संतुलित अवस्था (balanced state) उत्पन्न होगी
(ग) एक समानता की अवस्था उत्पन्न होगी
(घ) इनमें से किसी भी तरह की अवस्था उत्पन्न नहीं होगी उ॰ (ख)

39. हाईडर के अनुसार मनोवृत्ति परिवर्तन का मुख्य कारण होता है—

(क) संतुलित अवस्था में कमी (ख) असंतुलित अवस्था में कमी
(ग) एकसमानता या एकरूपता की अवस्था में कमी (घ) असंतुलित अवस्था में वृद्धि उ॰ (ग)

40. हाईडर के संतुलन सिद्धान्त की सबसे बड़ी परिसीमा (limitation) क्या है?

(क) इस सिद्धान्त की प्रायोगिक सबूतें नहीं है
(ख) इस सिद्धान्त में यह नहीं बतलाया गया है कि व्यक्ति अपनी असंतुलित अवस्था को किस तरह कम करके मनोवृत्ति में परिवर्तन लाता है
(ग) इस सिद्धान्त में भावात्मक संबंधों की मात्रा में होने वाले अन्तर पर प्रकाश नहीं डाला गया है
(घ) इस सिद्धान्त द्वारा मनोवृत्ति परिवर्तन की व्याख्या जटिल परिस्थिति में नहीं हो पाती है उ॰ (ख)

41. संज्ञानात्मक संगति सिद्धान्तों में सबसे प्रमुख सिद्धान्त किसे माना गया है?

(क) हाईडर का असंतुलन सिद्धान्त
(ख) रोजेनबर्ग का भावात्मक संज्ञानात्मक सिद्धान्त
(ग) सामंजस्य सिद्धान्त (congruity threory)
(घ) फेस्टिंगर का संज्ञानात्मक असंवादिता का सिद्धान्त (Festinger's cognitive dissonance theory) उ॰ (घ)

42. संज्ञानात्मक असंवादिता (cognitive dissonance) किसे कहा जाता है?

(क) दो मानसिक दशाओं का असंगत होना
(ख) दो से अधिक मानसिक दशाओं का असंगत होना
(ग) दो मानसिक दशाओं का संगत होना
(घ) दो से अधिक मानसिक दशाओं का संगत होना उ॰ (क)

43. निम्नांकित में से किस मनोवैज्ञानिक ने मनोवृत्ति परिवर्तन के अपने सिद्धान्त में यह स्पष्ट किया है कि मनोवृत्ति का संबंध व्यक्ति के व्यवहार से स्पष्ट रूप से होता है?

(क) फेस्टिंगर (Festinger) (ख) केलमैन (Kelman)
(ग) हाईडर (Heider) (घ) काज एवं स्टोटलैंड (Katz & Stotland) उ॰ (क)

44. फेस्टिंगर (Festinger) के अनुसार असंवादिता (dissonance) तथा संवादिता (consonance) का संबंध होता है—

(क) सिर्फ संगत संज्ञानात्मक तत्त्वों (relevant cognitive element) से
(ख) सिर्फ असंगत संज्ञानात्मक तत्त्वों (irrelevant cognitive element) से

(ग) उपर्युक्त दोनों ही तरह के तत्त्वों से
(घ) उपर्युक्त दोनों में से किसी भी तत्त्वों से नहीं उ॰ (क)

45. 'स्लीपर प्रभाव' (sleeper effect) किसे कहते हैं?
(क) एक दिए हुए समय में प्रत्याशित व्यवहार के होने की संभावना
(ख) समय बीतने के साथ किसी संचार (communication) के प्रभावशीलता में वृद्धि
(ग) समय बीतने के साथ किसी संचार की प्रभावशीलता में कमी
(घ) ऐसा विलंबित मनोवृत्ति परिवर्तन (delayed attitude change) जो सूचना से अनावृत्त (exposed) होने के तुरंत बाद नहीं स्पष्टतः दीखता। उ॰ (घ)

46. मनोवैज्ञानिक अध्ययनों से पता चला है कि संजातिकेन्द्रवाद (ethonocentrism) की विशेषता अधिकतर
(क) नम्र व्यक्तित्व (submissive personality) में पाया जाता है
(ख) सत्तावादी व्यक्तित्व में पाया जाता है
(ग) सुझावग्रहणशील व्यक्तित्व (suggestive personality) में पाया जाता है
(घ) उपर्युक्त तीनों तरह के व्यक्तित्व में पाया जाता है उ॰ (ख)

47. मनोवृत्ति परिवर्तन के क्षेत्र में किए गए अध्ययनों से यह स्पष्ट हो गया है कि
(क) समय बीतने से अधिक विश्वसनीय संचारक (highly credible communicator) की साख (credibility) बढ़ जाती है
(ख) समय बीतने से कम विश्वसनीयता संचारक की साख बढ़ जाती है
(ग) समय बीतने से उपर्युक्त दोनों तरह के संचारक की साख बढ़ जाती है
(घ) समय बीतने से कम विश्वसनीय संचारक की साख ज्यों-की-त्यों बनी होती है परन्तु अधिक विश्वसनीय संचारक की साख कम हो जाती है उ॰ (ख)

48. संतुलन सिद्धान्त (balance theory) के अनुसार एक व्यक्ति का दूसरे व्यक्ति या वस्तु के साथ जब संबंध ऐसा होता है कि उसमें किसी प्रकार का कोई भाव या संवेग सम्मिलित नहीं होता है, तो इस तरह के संबंध को कहा जाता है—
(क) इकाई संबंध (unit relationship)
(ख) घनिष्ठ संबंध (closed relationship)
(ग) अन्तर्निभर संबंध (interdependent relationship)
(घ) स्वतंत्र संबंध (independent relationship) उ॰ (ख)

49. अगर किसी व्यक्ति को अपनी मनोवृत्ति के खिलाफ कुछ बोलने या करने के लिए कहा जाता है, तो फेस्टिंगर के अनुसार वह अपनी मनोवृत्ति में इस ढंग का परिवर्तन लाता है कि—
(क) मनोवृत्ति कथनी या करनी के अनुकूल हो जाती है
(ख) मनोवृत्ति कथनी या करनी के विपरीत हो जाती है
(ग) मनोवृत्ति तथा कथनी या करनी में कोई तालमेल नहीं रह जाता है
(घ) असंवादिता (dissonance) घटने के बजाय बढ़ जाती है उ॰ (क)

50. फेस्टिंगर (Festinger) के अनुसार यदि किसी व्यक्ति पर उसके व्यक्तिगत मनोवृत्ति के विरुद्ध व्यवहार करने के लिए जितना ही अधिक बल डाला जाता है—
(क) उसकी मनोवृत्ति में उतना ही अधिक परविर्तन आता है
(ख) एक सीमा के बाद उसकी मनोवृत्ति में परिवर्तन नहीं होता है
(ग) उसकी मनोवृत्ति में परिवर्तन लगातार होते चला जाता है
(घ) उसकी मनोवृत्ति में पहले संगत परिवर्तन (congruent change) होता है और फिर बाद में असंगत परिवर्तन (incongruent change) उ॰ (ख)

51. निम्नांकित में से किसे फेस्टिंगर के सिद्धान्त का प्रमुख आलोचना कहेंगे—
(क) असंवादिता को मापना कठिन है
(ख) सिद्धान्त में आत्मनिष्ठता (subjectivity) अधिक है
(ग) सिद्धांत में असंगति (inconsistencies) अधिक है
(घ) इस सिद्धान्त की व्याख्या अन्य संज्ञानात्मक संगति सिद्धांत की व्याख्या के विपरीत है उ॰ (क)

52. मनोवृत्ति परिवर्तन का कौन सिद्धांत में मनोवृत्ति परिवर्तन की व्याख्या सामाजिक प्रभाव (social influence) की प्रक्रियाओं के रूप में की गई है?

(क) औसगुड तथा टानेनवॉम (Osggod & Tannenbaum)
(ख) मैकगुरी (Mc Gurie)
(ग) काज एवं स्टॉटलैण्ड (Katz & Stotland) (घ) केलमैन (Kelman) उ॰ (घ)

53. केलमैन (Kelman) के अनुसार सामाजिक प्रभाव की कई प्रक्रियाएँ (processes) हैं। निम्नांकित में से किसे इसमें शामिल नहीं किया जा सकता है?
(क) अनुपालन (compliance) (ख) तादात्म्य (identification)
(ग) आज्ञापालन (obedience) (घ) आन्तसीकरण (internalization) उ॰ (ग)

54. केलमैन के अनुसार निम्नांकित में से किसी प्रक्रिया द्वारा मनोवृत्ति में होने वाला परिवर्तन थोड़े समय के लिए होता है—
(क) अनुपालन (ख) तादात्म्य
(ग) आन्तरीकरण (घ) इनमें से किसी भी प्रक्रिया द्वारा नहीं उ॰ (क)

55. अगर असंगत तत्त्वों (dissonant elements) की संख्या संगत तत्त्वों (consonant elements) की संख्या से बढ़ जाती है, तो वैसी परिस्थिति में—
(क) इससे मनोवृत्ति में परिवर्तन हो जाएगा और असंवादिता (dissonance) समाप्त हो जाएगी
(ख) इससे मनोवृत्ति में कोई परिवर्तन नहीं होगा तथा असंवादिता भी बढ़ जाएगी
(ग) इससे मनोवृत्ति में दृढ़ता आ जाएगी
(घ) इससे मनोवृत्ति में केवल संगत परिवर्तन (congruent change) होगा उ॰ (ख)

56. फेस्टिंगर ने अपने असंवादिता सिद्धांत (dissonance theory) में निम्नांकित में से किस एक महत्त्वपूर्ण प्रतिज्ञप्ति (proposition) नहीं माना है?
(क) असंवादिता चूँकि मनोवैज्ञानिक रूप से आरामदेह न होकर कष्टकर होता है, अतः व्यक्ति इसे जल्द-से-जल्द दूर करके संवादिता (consonance) प्राप्त कर लेना चाहता है
(ख) जब असंवादिता उत्पन्न हो जाती है, तो उसे कम करने के अलावा व्यक्ति उस परिस्थितियों से भी बचना चाहता है, जिससे असंवादिता मात्रा में वृद्धि हो सके
(ग) असंवादिता की मात्रा जैसे-जैसे बढ़ते जाती है, उसे कम करने की इच्छा शक्ति भी व्यक्ति में बढ़ती जाती है
(घ) असंवादिता की मात्रा पर ही मनोवृत्ति परिवर्तन की मात्रा आधारित है उ॰ (घ)

57. अगर कोई व्यक्ति सिगरेट पीता है लेकिन यह सोचता है कि यह स्वास्थ्य के लिए बुरा है, इसलिए उसे सिगरेट पीना रोक देना चाहिए। इस उदाहरण में व्यक्ति असंवादिता (dissonance) में परिवर्तन कर रहा है—
(क) व्यवहारात्मक संज्ञानात्मक तत्त्व (behavioural cognitive element) में परिवर्तन करके
(ख) पर्यावरणी संज्ञानात्मक तत्त्व में परिवर्तन करके
(ग) नया संज्ञानात्मक तत्त्व को जोड़कर
(घ) नया भावात्मक तत्त्व (affective component) को जोड़कर उ॰ (ख)

58. यदि कोई सिगरेट पीने वाला व्यक्ति अन्य दूसरे ऐसे व्यक्तियों से समर्थन प्राप्त करता है जो इस विचार के प्रतिकूल मत प्रदान कर सके कि फेफड़े का कैंसर का कारण सिगरेट पीना है, तो इस उदाहरण में व्यक्ति अपनी असंवादिता (dissonance) को कम कर रहा है—
(क) भावात्मक तत्त्व (affective component) में परिवर्तन करके
(ख) पर्यावरणी संज्ञानात्मक तत्त्व में परिवर्तन करके
(ग) नये पर्यावरणी संज्ञानात्मक तत्त्व को जोड़कर
(घ) नये व्यवहारपरक संज्ञानात्मक तत्त्व को छोड़कर उ॰ (ख)

59. एक चतुर किरानी अपने तात्कलिक पदाधिकारी (immediate officer) के हाँ में हाँ मिलाकर अपना काम प्रायः निकाल लेता है। कैलमैन के अनुसार यहाँ किरानी द्वारा दिखलाया गया व्यवहार एक उदाहरण है—
(क) आज्ञापालन (obedience) का (ख) अनुपालन (compliance) का
(ग) आत्मीकरण (identification) का (घ) आन्तरीकरण (internalization) का उ॰ (ख)

60. किसी व्यक्ति के प्रति परिवर्तित मनोवृत्ति तब तक बना रहता है जबतक कि उसके प्रति उस व्यक्ति का संतोषजनक संबंध (satisfying relation) बना रहता है। केलमैन के अनुसार ऐसा इसलिए होता है क्योंकि व्यक्ति में
(क) अनुपालन की प्रवृत्ति मजबूत होती है (ख) आत्मीकरण की प्रवृत्ति मजबूत होती है
(ग) आन्तरीकरण की प्रवृत्ति मजबूत होती है (घ) उपर्युक्त तीनों तरह की प्रवृत्तियाँ मजबूत होती हैं
उ॰ (ख)

61. मनोवृत्ति परिवर्तन में स्थायित्व (permanence) के दृष्टिकोण से निम्नांकित तीनों प्रक्रियाओं का क्रम बतलावें—
(1) आन्तरीकरण (internalization (2) अनुपालन (compliance)
(3) आत्मीकरण (identification)
दिए गए कूट संकेतों (codes) के आधार पर उत्तर दें—
(क) 2, 1, 3 (ख) 1, 3, 2
(ग) 3, 2, 1 (घ) 1, 2, 3 उ० (ख)

62. जब प्रभाव डालने वाला व्यक्ति ऐसा है कि वह लक्ष्य व्यक्ति (target person) के क्रियाओं या कथनों पर कड़ा नियंत्रण रख सके, तो ऐसी परिस्थिति में सबसे अधिक संभावना—
(क) अनुपालन (compliance) के उत्पन्न होने की होती है
(ख) आज्ञापालन (obedience) के उत्पन्न होने की होती है।
(ग) आत्मीकरण (identification) के उत्पन्न होने की होती है।
(घ) आन्तरीकरण (internalization) के उत्पन्न होने की होती है। उ० (क)

63. जब प्रभाव डालने वाला व्यक्ति तथा लक्ष्य व्यक्ति के बीच संतोषजनक संबंध होता है तो वैसी परिस्थिति में उत्पन्न होती है—
(क) अनुपालन (ख) आज्ञापालन
(ग) आत्मीकरण (घ) आन्तरीकरण उ० (ग)

64. जब लक्ष्य व्यक्ति के लिए प्रभाव डालने वाला व्यक्ति अधिक विश्वसनीय होता है, तो वैसी परिस्थिति में उत्पन्न होगी—
(क) आन्तरीकरण (ख) आज्ञापालन
(ग) अनुलापन (घ) सहयोगिता (cooperativeness) उ० (क)

65. निम्नांकित में से किसे मनोवैज्ञानिक कसौटी के अनुसार नेता कहा जाएगा?
(क) जो अपने समूह को सुरक्षा प्रदान करता है
(ख) जो अपने समूह पर सबसे अधिक प्रभाव डालता है
(ग) जो अपने समूह पर सबसे अधिक प्रभाव डालता है तथा उनके प्रभाव से प्रभावित भी होता है
(घ) जिसमें नेतृत्व के प्रमुख शीलगुण मौजूद रहते हैं उ० (ग)

66. नेता (leader) तथा औपचारिक अध्यक्ष (head) में मूल अन्तर यह होता है कि—
(क) नेता की लोकप्रियता अधिक होती है जबकि अध्यक्ष की लोकप्रियता उतनी नहीं होती है
(ख) नेता अपने समूह के सदस्यों को सुरक्षा प्रदान करता है जबकि अध्यक्ष अपने अधीनस्थों (subordinates) को मात्र कानूनी सुरक्षा प्रदान करता है
(ग) नेता को अपने अनुयायियों द्वारा स्वतः ही प्रभाव दिखलाने का अधिकार मिला होता है जबकि एक औपचारिक अध्यक्ष (formal head) को दूसरों पर प्रभाव दिखाने का अधिकार स्वतः न होकर अपने औपचारिक पद के कारण होता है
(घ) नेता को अपने अनुयायियों को दण्डित करने या पुरस्कृत करने का प्रत्यक्ष अधिकार होता है जबकि एक औपचारिक अध्यक्ष को अपने अधीनस्थों को दण्डित या पुरस्कृत करने का अप्रत्यक्ष अधिकार होता है अर्थात ऐसा करने के पहले उन्हें अपने से उच्च अधिकारियों की राय जान लेती होती है उ० (ग)

67. जब किसी समूह का आकार (size) बढ़ता है तथा उसके कार्यक्षेत्र भी बढ़ने लगते हैं, तो वैसी परिस्थिति में
(क) समूह में प्राथमिक नेता (primary leader) के उत्पन्न होने की संभावना बढ़ जाती है तथा द्वितीयक नेता (secondary leader) से उत्पन्न होने की संभावना घट जाती है
(ख) समूह में प्राथमिक नेता के उत्पन्न होने की संभावना घट जाती है तथा द्वितीयक नेता के उत्पन्न होने की संभावना बढ़ जाती है
(ग) समूह में प्राथमिक नेता तथा द्वितीयक नेता दोनों के उत्पन्न होने की संभावना बढ़ जाती है
(घ) समूह में प्राथमिक नेता तथा द्वितीयक नेता दोनों के उत्पन्न होने की संभावना घट जाती है उ० (ग)

68. नेतृत्व की उत्पत्ति की ऐतिहासिक विश्लेषण (historical analysis) यदि किए जाएँ तो यह स्पष्ट होगा कि लोग उत्तम नेता की माँग तब करने लगते हैं जब समूह या समाज में—
(क) अमन-चैन काफी बढ़ जाती है
(ख) खतरा एवं अशांति काफी बढ़ जाती है
(ग) किसी महत्त्वपूर्ण नेता की हत्या कर दी जाती है
(घ) अधिकतर औपचारिक अध्यक्ष (formal head) अपने लक्ष्य की प्राप्त में असफल हो जाते हैं उ० (ख)

69. नेता तथा अनुयायियों (followers) के बीच संबंध होता है—
(क) एकतरफा (ख) दो तरफा
(ग) परस्पर विरोधी होता है (घ) इनमें से किसी भी तरह का संबंध नहीं होता है
उ॰ (ख)

70. नेतृत्व (leadership) तथा प्रभुत्व (dominance) में मूल अन्तर यह है कि—
(क) नेतृत्व में अनुयायियों में एक प्रकार का डर होता है जबकि प्रभुत्व में अधीनस्थ व्यक्तियों में स्वेच्छा से समर्पण की भावना होती है
(ख) प्रभुत्व में अधीनस्थ व्यक्तियों में डर होता है जबकि नेतृत्व में अनुयायियों के बीच स्वेच्छा से समर्पण की भावना होती है
(ग) नेतृत्व में अनुयायियों या व्यक्तियों के विचारों को महत्त्वपूर्ण नहीं समझा जाता है जबकि प्रभुत्व में अधीनस्थ व्यक्तियों के विचारों को महत्त्वपूर्ण समझा जाता है
(घ) नेतृत्व में किसी नेता का पूरे समूह पर आधिपत्य होता है परन्तु प्रभुत्व में किसी एक व्यक्ति का कोई ऐसा प्रभुत्व नहीं होता है
उ॰ (ख)

71. किम्बल यंग (Kimball Young) ने नेतृत्व (leadership) के कई प्रकारों का वर्णन किया है। निम्नांकित में से कौन-सा प्रकार किम्बल यंग द्वारा बतलाये गए श्रेणी में नहीं आता है?
(क) राजनैतिक नेता (political boss) (ख) कूटनीतिज्ञ नेता (diplomat)
(ग) प्रजातंत्रात्मक नेता (democratic leader) (घ) सत्तावादी नेता (authoritarian leader) उ॰ (घ)

72. नेतृत्व का प्रकार जिसमें नेता सबसे अधिक निष्क्रिय (passive) होता है, कहा जाता है—
(क) प्रजातंत्रात्मक नेता (ख) पैगम्बर (prophet)
(ग) करिश्माई नेता (charismatic leader) (घ) अहस्तक्षेपी नेता (laisse-faire leader) उ॰ (घ)

73. नेतृत्व के जिस प्रकार में समूह की संरचना (structure) तारा (star) के आकार का होता है, उसे कहा जाता है—
(क) सत्तावादी नेता (authoritarian leader) (ख) प्रजातंत्रात्मक नेता (democractic leader)
(ग) नौकरशाही नेता (bureaucrats) (घ) राजनैतिक नेता (political boss) उ॰ (क)

74. नेतृत्व के जिस प्रकार में समूह की संरचना (structure) का आकार जाल (net) के समान हो जाता है, उसे कहा जाता है—
(क) कूटनीतिज्ञ (diplomat) (ख) पैगम्बर (prophet)
(ग) सत्तावादी नेता (authoritarian leader) (घ) प्रजातंत्रात्मक नेता (democratic leader) उ॰ (घ)

75. जब कोई कूटनीतिज्ञ (diplomat) 'हाँ' कहता है, तो उसका मतलब होता है—
(क) कभी-कभी से (ख) कभी-नहीं से
(ग) शायद से (घ) नहीं से
उ॰ (ग)

76. सत्तावादी नेता (authoritarian leader) तथा प्रजातंत्रात्मक नेता (democratic leader) में मूल अन्तर यह होता है कि—
(क) सत्तावादी नेता को निरपेक्ष अधिकार या सत्ता (absolute power) अधिक होता है जबकि प्रजातंत्रात्मक नेता में इस प्रकार के अधिकार या सत्ता की कमी होती है।
(ख) प्रजातंत्रात्मक नेता में निरपेक्ष अधिकार या सत्ता अधिक होता है जबकि सत्तावादी नेता में इस प्रकार के अधिकार या सत्ता कमी होती है
(ग) सत्ताधारी नेता सदस्य-अभिमुखी (member-oriented) होती है जबकि प्रजातंत्रात्मक नेता कार्य-अभिमुखी (task-oriented) होती है।
(घ) सत्तावादी नेतृत्व में अधिकारों (power) का विकेन्द्रीकरण (decentralization) होता है जबकि प्रजातंत्रात्मक नेता में अधिकारों का केन्द्रीकरण (centralization) होता है
उ॰ (क)

77. सत्तावादी नेता (authoritarian leader) अपने समूह का—
(क) तानाशाह (dictator) होता है (ख) एजेन्ट (agent) होता है
(ग) प्रतिनिधिक (representative) होता है (घ) इनमें से कुछ भी नहीं होता है उ॰ (क)

78. प्रजातंत्रात्मक नेतृत्व (democratic leadership) में सदस्यों में—
(क) हम-भावना (we-feeling) नहीं होती है (ख) हम-भावना मजबूत होती है
(ग) हम-भावना कभी-कभी होती है (घ) सिर्फ सहानुभूति दिखाने की प्रवृत्ति होती है उ॰ (ख)

79. निम्नलिखित में से कौन-सा नेतृत्व उद्भव के लिए आवश्यक नहीं है—
(क) समूह की जटिलता (ख) समूह संकट
(ग) समूह अस्थिरता (घ) समूह के जाल आकारीय संरचना (net type structure)
उ॰ (घ)

80. किसी समूह में अस्थिरता एवं संकट उत्पन्न होने से—
(क) कुछ सदस्यों में संगठन बढ़ जाता है
(ख) नये नेता के उद्भव (emergence) के लिए परिस्थिति उत्पन्न हो जाती है
(ग) समूह को बिखरने की संभावना बढ़ जाती है
(घ) समूह के सदस्यों से टकराव की स्थिति उत्पन्न हो जाती है उ॰ (ख)

81. जब समूह में संकट अधिक तीव्र हो जाता है, तो वैसी परिस्थिति में—
(क) सत्ताधारी नेता के उत्पन्न होने की संभावना बढ़ जाती है
(ख) प्रजातंत्रात्मक नेता के उत्पन्न होने की संभावना बढ़ जाती है
(ग) चमत्कारी नेता (charismatic leader) के उत्पन्न होने की संभावना बढ़ जाती है
(घ) राजनैतिक नेता (political boss) के उत्पन्न होने की संभावना बढ़ जाती है उ॰ (क)

82. सत्तावादी नेतृत्व में समूह के सदस्यों का मनोबल (morale)—
(क) ऊँचा होता है (ख) नीचा होता है
(ग) साधारण होता है (घ) इनमें से किसी भी श्रेणी का नहीं होता है उ॰ (ख)

83. निम्नांकित में से कौन-सा कार्य नेता के प्रधान कार्य में नहीं आता है?
(क) विशेषज्ञ के रूप में नेता (ख) योजना निर्माता के रूप में नेता
(ग) पंच एवं मध्यस्थ के रूप में नेता (घ) समूह के प्रतीक (symbol) के रूप में नेता उ॰ (घ)

84. निम्नांकित में से किस कार्य के कारण नेता को द्वारपाल (gatekeeper) की संज्ञा दी गयी है?
(क) कार्यकारिणी के रूप में नेता
(ख) बाह्य समूह प्रतिनिधि के रूप में नेता
(ग) व्यक्तिगत उत्तरदायित्व के लिए स्थानापन्न के रूप में नेता
(घ) समूह के प्रतीक के रूप में नेता उ॰ (ख)

85. पथ-लक्ष्य सिद्धान्त के अनुसार कार्य वातावरण की कुछ विशेषताएँ (characteristics) होतीं हैं जिनपर नेतृत्व की प्रभावशीलता निर्भर करती है। निम्नांकित में से कौन-सा कारक ऐसा है जिसे उन विशेषताओं से बाहर रखा जा सकता है?
(क) अधीनस्थों के कार्य (subordinate's tasks) (ख) औपचारिक प्राधिकार तंत्र (formal authority system)
(ग) प्राथमिक कार्य समूह (primary work group) (घ) गौण कार्य समूह (secondary work group) उ॰ (घ)

86. पथ-लक्ष्य सिद्धान्त के बारे में निम्नांकित में से कौन-सा कथन अनुपयुक्त (inappropriate) साबित होता है?
(क) नेता अपने अनुयायियों में संतोष, अभिप्रेरण एवं निष्पादन को पुरस्कार देकर प्रभावित करता है
(ख) नेता अपने अनुयायियों के व्यवहारों को निष्पादन लक्ष्य (performance goal) की प्राप्ति पर उचित पुरस्कार देने का आधार बनाता है
(ग) नेता अपने अनुयायियों को यह बतलाता है कि लक्ष्य की प्राप्ति के लिए उन्हें कौन-सा रास्ता चुनना चाहिए
(घ) नेता निष्पादन लक्ष्य की प्राप्ति के लिए अपने अनुयायियो के साथ मिलकर भी कार्य करते हैं उ॰ (घ)

87. नेतृत्व प्रभावशीलता (leadership effectiveness) सचमुच में नेता के व्यवहार तथा परिस्थिति की माँग के बीच उपयुक्त फिट (fit) बैठने पर निर्भर करता है। इस उक्ति का सीधा संबंध है—
(क) नेतृत्व के शीलगुण सिद्धान्त से
(ख) नेतृत्व के परिस्थितिजन्य सिद्धान्त (situational theory) से
(ग) नेतृत्व के प्रासंगिकता सिद्धान्त (contingency theory) से
(घ) उपर्युक्त किसी भी सिद्धान्त से नहीं उ॰ (ग)

88. नेता का अपने अनुयायियों पर प्रभावशीलता बने रहने का एक कारण यह है कि नेता को कुछ विशेष सत्ता (power) प्राप्त होते हैं। इनमें से कुछ सत्ता ऐसे हैं जो सीधे नेता के वैयक्तिक गुणों पर आधारित होते हैं। निम्नांकित में से कौन-सा सत्ता को आप इस श्रेणी में रखेंगे?

(क) पुरस्कार सत्ता (reward power) (ख) अवपीड़क सत्ता (coercive power)
(ग) वैध सत्ता (legitimate power) (घ) संदर्भ सत्ता (referent power)

उ० (घ)

89. सत्तावादी नेता को सफल होने के लिए निम्नांकित में से किस सत्ता का महत्त्व अधिक है?
(क) पुरस्कार सत्ता (ख) अवपीड़क सत्ता
(ग) वैध सत्ता (घ) उपर्युक्त तीनों तरह के सत्ता का उ० (ख)

90. किसी नेता की प्रभावशीलता (effectiveness) इस बात पर आधारित होता है कि उसमें प्रभावकारी निर्णय करने की क्षमता कितनी है। इस तथ्य पर किसने अधिक बल डाला है?
(क) मार्टीन इभान्स (Martin Evans) (ख) रॉबर्ट हाऊस (Robert House)
(ग) भ्रूम तथा एटन (Vroom & Yetton) (घ) फाइडलर (Fiedler) उ० (ग)

91. भ्रूम तथा एटन के सिद्धान्त में पाँच तरह के निर्णय शैली (decision styles) होते हैं जिनमें से एक शैली ऐसा है जिसमें नेता अपने अधीनस्थों से गहन रूप से विचार-विमर्श करने के बाद ही किसी निर्णय पर पहुँचता है। इस निर्णय-शैली को कहा जाता है—
(क) AI शैली (ख) A II शैली
(ग) C II शैली (घ) G II शैली उ० (घ)

92. भ्रूम एवं एटन के सिद्धान्त में कुछ ऐसे कारक हैं जो नेता के निर्णय के समग्र प्रभावशीलता (overall effectiveness) को प्रभावित करता है। निम्नांकित में से एक ऐसा भी कारक है जिसे उस सूची में नहीं रखा जा सकता है। वह कारक कौन है?
(क) निर्णय की गुणवत्ता (decision quality) (ख) निर्णय की स्वीकृति (decision acceptance)
(ग) निर्णय लेने में लगा समय (timeliness) (घ) निर्णय की वांछनीयता (desirability of decision)

उ० (घ)

93. भ्रूम एवं एटन के सिद्धान्त के अनुसार निम्नांकित में से सबसे अधिक प्रभावशाली नेता कौन होगा?
(क) वैसा नेता जो समूह की समस्या का सही पहचान करके कोई निर्णय करता है
(ख) वैसा नेता जो समस्या के समाधान के लिए सबों से विचार-विमर्श करता है
(ग) वैसा नेता जो समूह की परिस्थिति के अनुसार अपने निर्णय शैली में परिवर्तन ला पाने में समर्थ हो पाता है।
(घ) वैसा नेता जिनमें उपर्युक्त तीनों विशेषताएँ हों उ० (ग)

94. भ्रूम तथा एटन के मॉडल में जब नेता किसी समस्या पर समूह के सदस्यों के साथ वैयक्तिक रूप से (individually) सम्पर्क स्थापित करके कोई निर्णय लेता है, तो इसे कहा जाता है—
(क) C II (ख) C I
(ग) A I (घ) G II उ० (ख)

95. भ्रूम तथा एटन के ही मॉडल में जब नेता किसी समस्या के समाधान के बारे में समूह के सदस्यों के साथ छोटे-छोटे समूह बनाकर सम्पर्क स्थापित करता है और कोई निर्णय लेता है, तो इस निर्णय शैली को कहा जाता है—
(क) A II (ख) C II
(ग) G II (घ) C I उ० (घ)

96. यदि किसी समूह में कोई औपचारिक नेता (formal leader) नहीं होता है, तौ वैसी परिस्थिति में—
(क) समूह के सभी सदस्य मिलकर कार्य विशेषज्ञ (task specialist) तथा संपोषण विशेषज्ञ (maintenance specialist) दोनों ही का कार्य करते हैं
(ख) समूह में कोई नेता उत्पन्न हो जाता है और ये दोनों ही कार्य उन्हीं के द्वारा सम्पन्न किए जाते हैं
(ग) समूह में दो अलग-अलग ऐसे नेता उत्पन्न हो जाते हैं जो इन दोनों कार्यों को स्वतंत्र रूप से करने लगते हैं
(घ) समूह का कोई कार्य नहीं हो पाता है और समूह नये व्यक्ति को नेतृत्व का कार्य-भार सौंपने की संभावना की खोज करने लगता है उ० (क)

97. समूह में अन्तर्निर्भरता (interdependence) निम्नांकित में से किस परिस्थिति में सर्वाधिक होगा?
(क) जब समूह की संरचना (structure) का समाजमीतिय आकार (sociometric shape) जाल के आकार का होगा
(ख) जब समूह की संरचना का समाजमीतिय आकार तारा के आकार का होगा
(ग) जब समूह की संरचना में जटिलता (complexity) अधिक हो जाती है
(घ) जब समूह अपने लक्ष्य की प्राप्ति में असफल हो जाता है उ० (क)

98. जब नेता अपने समूह का एजेन्ट (agent) के रूप में व्यवहार करता है, तो ऐसे नेता को कहा जाता है—
(क) प्रजातंत्रात्मक नेता (democratic leader) (ख) सत्तावादी नेता (authoritarian leader)
(ग) कूटनीतिज्ञ (dipolamt) (घ) नौकरशाही नेता (bureaucrat) उ॰ (क)

99. यह विचारधारा कि नेतृत्व एक सामान्य गुण (common attribute) होता है, पर बल डाला गया है—
(क) महान-मानव सिद्धान्त (Great-man theory) में (ख) परिस्थितिजन्य सिद्धान्त (Situational theory) में
(ग) भ्रूम-एटन सिद्धान्त (Vroom-Yetton theory) में (घ) फाइडलर सिद्धान्त (Fiedler theory) में उ॰ (क)

100. जिस सिद्धान्त की यह मान्यता है कि नेता जन्मजात नहीं होते हैं बल्कि परिस्थितियों में ढलकर उत्पन्न होते हैं, उसे कहा जाता है—
(क) जिटगिस्ट सिद्धान्त (Zeitgeist theory) (ख) पथ-लक्ष्य सिद्धान्त (Path-goal theory)
(ग) फाइडलर सिद्धान्त (Fiedler theory) (घ) शीलगुण सिद्धान्त (Trait theory) उ॰ (क)

101. निम्नांकित में से किस परिस्थिति में नेतृत्व परिवर्तन की संभावना सबसे अधिक होती है—
(क) समूह में जब आन्तरिक अस्थिरता हो जाती है
(ख) समूह को जब बाह्य खतरा (external threat) की संभावना तीव्र हो जाती है
(ग) समूह में जटिलता अधिक हो जाती है
(घ) समूह में तरह-तरह की नयी आवश्यकताएँ उतपन्न हो जाती हैं उ॰ (क)

102. कारक-वैश्लेषिक अध्ययनों (factor-analytic studies) से यह स्पष्ट हुआ है कि नेतृत्व व्यवहार के दो विशेष आयाम (dimensions) हैं जो निम्नांकित में से कौन है?
(क) सम्मान (consideration) तथा पहल एवं निदेश (initating and directing)
(ख) सम्मन तथा निदेश (ग) सम्मन एवं पहल
(घ) निदेश एवं स्वतंत्रता उ॰ (क)

103. ऐसा नेता जिसे अपने सदस्यों की भलाई, उनके बीच उत्तम संबंध तथा समूह के सदस्यों से पर्याप्त सहयोग आदि प्राप्त करने पर अधिक बल डालता है, उसका प्राप्तांक (score) सम्मान (consideration) आयाम पर—
(क) अधिक होगा (ख) साधारण होगा
(ग) निम्न होगा (घ) शून्य होगा उ॰ (क)

104. नेतृत्व व्यवहार के पहल एवं निदेश (initiating and directing) आयाम की जरूरत उस समय पड़ती है जब समूह
(क) समूह में आन्तरिक स्थिति (internal condition) में संकट उत्पन्न हो जाती है
(ख) समूह में आर्थिक आपात (economic emergency) की अवस्था उत्पन्न हो जाती है
(ग) समूह के अस्तित्व को बाह्य कारकों से धमकी मिलने लगती है
(घ) समूह में उपर्युक्त सभी कारक एक साथ उत्पन्न हो जाते हैं उ॰ (क)

105. एक उत्तम नेतृत्व के लिए यह आवश्यक है कि—
(क) नेता को अपने अनुयायियों के सम्मान एवं कल्याण का ख्याल हो
(ख) नेता में पहल (initiation) करने की शक्ति हो
(ग) नेता में अपने अनुयायियों को उचित निर्देश देने की क्षमता हो
(घ) नेता में उपर्युक्त तीनों विशेषताएँ हों उ॰ (घ)

106. समूह में सदस्यों के बीच अन्तर्निभरता (interdependence) बनी रहे, इसके लिए आप निम्नांकित में से किस प्रकार के नेता को महत्त्वपूर्ण कहेंगे—
(क) कार्य विशेषज्ञण (task specialist) (ख) संपोषण विशेषज्ञ (maintenance specialist)
(ग) सत्तावादी नेता (authoritarian leader) (घ) प्रजातांत्रिक नेता (democratic leader) उ॰ (ख)

107. अगर समूह द्वारा किये जानेवाला कार्य संरचित (structured) है अर्थात उसमें किसी तरह की अस्पष्टता नहीं है, तो ऐसी परिस्थिति में फाइडलर के अनुसार, नेता की प्रभावशीलता के लिए—
(क) अनुकूल होती है (ख) प्रतिकूल होती है
(ग) बीचों-बीच की होती है (घ) नाम मात्र की अनुकूलता होती है उ॰ (क)

108. पथ-लक्ष्य सिद्धान्त (path goal theory) में नेतृत्व के कई प्रकार बतलाये गए हैं। निम्नांकित में से किसे इस प्रकार में साबित नहीं किया जा सकता है?

(क) दिशासूचक नेतृत्व (directive leadership)
(ख) सहयक नेतृत्व (supportive leadership)
(ग) उपलब्धि-उन्मुखी नेतृत्व (achievement-oriented leadership)
(घ) असहगामी नेतृत्व (nonparticipative leadership) उ॰ (घ)

109. पथ-लक्ष्य सिद्धान्त के अनुसार जब समूह में सदस्यों की क्षमता सीमित होती है तथा वे कुछ ऐसे कार्य को कर रहे होते हैं जिसका स्वरूप अस्पष्ट है, तो वैसी परिस्थिति में सबसे प्रभावकारी नेता होगा—

(क) दिशासूचक नेता (ख) सहायक नेता
(ग) सहभागी नेता (घ) उपलब्धि उन्मुखी नेता उ॰ (क)

110. ऐसे सदस्य जिनका नियंत्रण बिन्दु (locus of control) आन्तरिक (internal) होता है, उनके लिए सबसे प्रभावकारी नेता होता है—

(क) सत्तावादी नेता (autocratic leader) (ख) प्रजातंत्रात्मक नेता (democratic leader)
(ग) सहभागी नेता (participative leader) (घ) उपलब्धि-उन्मुखी नेता (achievement-oriented leader) उ॰ (ग)

111. जब समूह के सदस्यों में संबंधन आवश्यकता (affiliation need) की प्रबलता होती है, तो उनके लिए सबसे प्रभावकारी नेता होता है—

(क) सत्तावादी नेता (ख) प्रजातंत्रात्मक नेता
(ग) सहभागी नेता (घ) दिशा-सूचक नेता उ॰ (ग)

112. पथ-लक्ष्य सिद्धान्त पर किए गए शोधों के अनुसार जब समूह के सदस्यों को तनावपूर्ण परिस्थिति तथा कुंठा उत्पन्न करनेवाले कार्यों के साथ काम करना होता है, तो वैसी परिस्थिति में सबसे प्रभावकारी नेता होता है—

(क) सत्तावादी नेता (ख) सहायक नेता
(ग) सहभागी नेता (घ) दिशा-सूचक नेता उ॰ (ख)

113. फाइडलर सिद्धान्त का सबसे प्रमुख दोष निम्नांकित में से कौन-सा है?

(क) LPC पर बहुत अधिक निर्भरता
(ख) सिद्धान्त की विश्वसनीयता की उत्तम परख का अभाव
(ग) परिस्थिति की अनुकूलता तथा प्रतिकूलता की वस्तुनिष्ठ माप की कमी
(घ) समूह के सदस्यों की विशेषताओं का नजरअंदाज किया जाना उ॰ (ग)

114. LPC पर यदि किसी नेता का प्राप्तांक अधिक आता है, तो इसका मतलब होता है कि वह एक—

(क) कार्य-उन्मुख नेता (task-oriented leader) है
(ख) समूह-उन्मुख नेता (group-oriented leader) है
(ग) सत्ता-उन्मुख नेता (power-oriented leader) है
(घ) सम्पोषक-कार्य नेता (nurturant-task leader) है उ॰ (ख)

115. फाइडलर ने नेतृत्वशैली (leadership style) की पहचान करने के लिए एक वस्तुनिष्ठ माप (objective measure) का विकास किया था जिसका नाम है— उ॰ (ग)

(क) Low preferred co-worker scale (ख) High preferred co-worker scale
(ग) Last preferred co-worker scale (घ) Most preferred co-woker scale

116. LPC पर निम्न प्राप्तांक लाने वाले नेता को निम्नांकित में से किस श्रेणी में रखा जाता है?

(क) कार्य-उन्मुख नेता (task-oriented leader) है
(ख) समूह-उन्मुख नेता (group-oriented leader) है
(ग) सत्ता-उन्मुख नेता (power-oriented leader) है
(घ) सम्पोषक-कार्य नेता (nurturant task leader) है उ॰ (क)

117. जो नेता अपने सदस्यों के असंगत टिप्पणियों (irrelevant comments) को सुनना पसंद नहीं करते हैं, समूह के सदस्यों से वे अधिक उम्मीद रखते हैं तथा अपने प्रयास में अधिक निदेशात्मक (directive) होते हैं, उनका प्राप्तांक (score) LPC पर निश्चित रूप से—

(क) कम होगा (ख) अधिक होगा
(ग) साधारण होगा (घ) शून्य होगा उ॰ (क)

118. फाइडलर के अनुसार कार्य-उन्मुखी नेता (task-oriented leader) अधिक प्रभावकारी होते हैं—
(क) अधिक अनुकूल (favourable) परिस्थिति में
(ख) अधिक प्रतिकूल (unfavourable) परिस्थिति में
(ग) साधारण अनुकूलता (moderate favourability) वाले परिस्थिति में
(घ) अधिक अनुकूल तथा अधिक प्रतिकूल दोनों ही तरह की परिस्थिति में उ॰ (घ)

119. फाइडलर के अनुसार समूह-उन्मुखी नेता (group-oriented leader) सबसे अधिक प्रभावकारी (effective) होते हैं—
(क) अधिक अनुकूल परिस्थिति में
(ख) अधिक प्रतिकूल परिस्थिति में
(ग) जब परिस्थिति की अनुकूलता बीचों-बीच की होती है
(घ) अधिक अनुकूल तथा अधिक प्रतिकूल दोनों ही परिस्थिति में उ॰ (ग)

120. मनोवैज्ञानिक अध्ययनों के अनुसार निम्नांकित में से किस समूह में नेता का उद्‌भव तेजी से होता है?
(क) विषमजातीय समूह (hterogeneous group) (ख) समजातीय समूह (homogenous group)
(ग) तनावपूर्ण समूह (tense group) (घ) स्थिर समूह (stable group) उ॰ (क)

121. जिस सिद्धान्त की यह मान्यता (assumption) है कि कोई विशिष्ट व्यक्ति सभी परिस्थिति में सभी समय में नेता होता है, को कहा जाता है—
(क) परिस्थितिजन्य सिद्धान्त (situational theory) (ख) शीलगुण सिद्धान्त (trait theory)
(ग) फाइडलर सिद्धान्त (Fiedler theory) (घ) भ्रूम एवं एटन का सिद्धान्त (Vroom-Yetton theory) उ॰ (ख)

122. भारतीय मनोवैज्ञानिकों द्वारा किए गए अध्ययनों से यह स्पष्ट हुआ है कि भारतीय संदर्भ में सबसे प्रभावकारी नेता होता है—
(क) प्रजातंत्रात्मक नेता (democratic leader) (ख) सत्तावादी नेता (authoritarian leader)
(ग) सम्पोषक कार्य नेता (nurturant task leader) (घ) करिश्माई नेता (charismatic leader) उ॰ (ग)

123. लिपिट तथा ह्वाइट (Lippitt & White) ने कई तरह के नेतृत्व प्रकार की प्रभावशीलता का अध्ययन करने के लिए एक मशहूर अध्ययन किया। इस अध्ययन में कुछ महत्त्पूर्ण तथ्य पाए गए। निम्नांकित में से कौन-सा तथ्य उनके इस अध्ययन के परिणाम से संबधित नहीं है?
(क) सत्तावादी समूह में प्रजातंत्रात्मक समूह की अपेक्षा आक्रामकता अधिक थी
(ख) सत्तावादी समूह के सदस्यों में नेता के सामने झुकने की प्रवृत्ति प्रजातंत्रात्मक समूह के सदस्यों की अपेक्षा अधिक पायी गयी
(ग) सत्तावादी समूह में प्रजातंत्रात्मक समूह की अपेक्षा एकता (unity) अधिक पायी गयी
(घ) प्रयोगात्मक रूप से उत्पन्न किए गए कुंठा की परिस्थिति में प्रजातंत्रात्मक समूह का निष्पादन सत्तावादी समूह के निष्पादन से अधिक श्रेष्ठ था उ॰ (ग)

124. फाइडलर (Fiedler, 1964) के अनुसार नेतृत्व की प्रभावशीलता (leadership effectiveness) मुख्यतः दो बातों पर निर्भर करता है। वे दो बातें क्या हैं—
(क) नेतृत्व शैली तथा नेता की विशेषताएँ (leadership style & characteristics of leader)
(ख) नेतृत्व शैली एवं कार्य परिस्थिति जिसमें नेता को कार्य करना होता है
(ग) नेतृत्व शैली एवं नेता के शीलगुण
(घ) नेता के शीलगुण एवं कार्य परिस्थिति जिसमें नेता को कार्य करना होता है उ॰ (ख)

125. फाइडलर के सिद्धान्त में कार्य परिस्थिति की कुछ विशेषताएँ होतीं हैं जिनपर नेता की प्रभावशीलता निर्धारित होती है। निम्नांकित में से कौन-सा ऐसा कारक है जो फाइडलर द्वारा बतलाए गए इन विशेषताओं में सम्मिलित नहीं है?
(क) नेता-सदस्य संबंध (leader-member relation) (ख) कार्य संरचना (task structure)
(ग) नेता का सत्ता स्तर (power position of leader) (घ) नेता का शीलगुण (traits) उ॰ (घ)

126. प्रभाव (influence) तथा सत्ता (power) में मुख्य अन्तर यह है कि—
(क) प्रभाव में व्यक्ति दूसरे के व्यवहार में वास्तविक परिवर्तन लाता है जबकि सत्ता में होने पर व्यक्ति में अन्य व्यक्ति के व्यवहार में ऐसा परिवर्तन लाने की क्षमता होती है
(ख) सत्ता की शक्ति प्रभाव की शक्ति से अधिक होती है

(ग) सत्ता में होने पर व्यक्ति जो चाहे वह कर सकता है परन्तु प्रभाव की कार्य सीमा इतनी व्यापक नहीं होती है
(घ) सत्ता प्राप्त करने के लिए व्यक्ति को कुछ अनुपयुक्त चीजों का ही सहारा लेना होता है जबकि प्रभाव जमाने के लिए हमेशा एक निश्चित तथा औपचारिक तरीका होता है जिसे व्यक्ति अपनाता है उ० (क)

127. कुछ नेता ऐसे होते हें जिनसे अनुयायी काफी प्रभावित रहते हैं। सचमुच में ऐसे नेता में एक चुम्बकीय शक्ति होती है जिससे अनुयायी लोग काफी अधिक प्रभावित रहते हैं। नेता के इस गुण को मैक्स वेबर (Max Waber, 1958) नेत एक विशेष संज्ञा दिया है, जो है—

(क) जादुई गुण (magic trait) (ख) करिश्मा (charisma)
(ग) भद्रता का उपहार (gift of grace) (घ) उपर्युक्त में से कुछ भी नहीं उ० (ग)

128. मनोइतिहासज्ञ(psychohistorians)द्वारा संसार के कई महत्त्वपूर्ण नेताओं के जीवनी का विश्लेषण किया गया है। इस विश्लेषण के आधार पर इन लोगों द्वारा एक सामान्य तथ्य (common fact) की प्राप्ति की गयी है जो निम्नांकित में से कौन-सा है?

(क) इनके बाल्यावस्था (childhood) की अनुभूतियाँ दुखद होती हैं
(ख) इनकी जिन्दगी में मनोग्रन्थियाँ (complexes) अधिक होती है
(ग) इनके बाल्यावस्था में परिवार का कोई सदस्य ऐसा अवश्य होता है जो उनपर बहुत अधिक प्रभुत्व दिखलाता है
(घ) इनके बाल्यावस्था में पर्याप्त नेतृत्व का प्रशिक्षण मिला होता है उ० (ग)

129. लिपिट तथा ह्वाइट (Lippit & White) द्वारा नेतृत्व के क्षेत्र में किए गए अध्ययन में उत्पादकता की गुणवत्ता (quality) श्रेष्ठ थी—

(क) प्रजातंत्रात्मक नेतृत्व में
(ख) सत्तावादी नेतृत्व में
(ग) अहस्तक्षेपी नेतृत्व में (laissez-faire leadership) में
(घ) उपलब्धि-उन्मुखी नेतृत्व (achievement-oriented leadership) में उ० (ख)

130. भारतीय राजनैतिक नेताओं की असफलता की सबसे मुख्य कारण मनोवैज्ञानिक दृष्टिकोण से क्या है?

(क) दोषारोपण एवं प्रत्यादोषारोपण की प्रवृत्ति
(ख) नेतृत्व शीलगुण की कमी
(ग) तरह-तरह की मनोग्रन्थियों (complexes) से ग्रसित रहना
(घ) उत्तम समाजीकरण का अभाव (lack of healthy socialization) उ० (घ)

131. जब दो या दो से अधिक व्यक्तियों के बीच किसी लक्ष्य की प्राप्ति के लिए संघर्ष (conflict) होता है, तो उसे कहा जाता है—

(क) अन्तरावैयक्तिक संघर्ष (intra-personal conflict) (ख) अन्तर्वैयक्तिक संघर्ष (interpersonal conflict)
(ग) प्रतियोगिता (competition) (घ) धमकी (threat) उ० (ख)

132. जब कोई व्यक्ति एक ही समय में अपने बीमार पिता से मिलने अस्पताल जाना चाहता है और उसी समय वह अपने दोस्त के बारात में भी शामिल होना चाहता है, तो इससे जो संघर्ष उसके मन में उत्पन्न होगा, वह एक तरह का—

(क) अन्तःवैयक्तिक संघर्ष (inter-personal conflict) का उदाहरण होगा
(ख) अन्तरावैयक्तिक संघर्ष (intra-personal conflict) का उदाहरण होगा
(ग) प्रतिरक्षात्मक संघर्ष (defensive conflict) का उदाहरण होगा
(घ) उपर्युक्त में से किसी भी तरह के संघर्ष का उदाहरण नहीं होगा उ० (ख)

133. शून्य-योग संघर्ष (zero-sum conflict) किसे कहा जाता है?

(क) एक ऐसा संघर्ष जिसमें एक समूह या व्यक्ति को लाभ होने पर दूसरे समूह या व्यक्ति को पूर्णतः हानि हो जाती है।
(ख) एक ऐसा संघर्ष जिसमें प्रतियोगिता के साथ ही सहयोगिता (cooperation) भी शामिल होता है।
(ग) एक ऐसा संघर्ष जिसमें एक समूह या व्यक्ति दूसरे समूह या व्यक्ति को धोखा देकर लाभ प्राप्त करने की कोशिश करता है।
(घ) एक ऐसा संघर्ष जिसमें प्रतियोगिता का आधार कोई निश्चित सिद्धान्त या नियम नहीं होता है। उ० (क)

134. मिश्रित-अभिप्रेरक संघर्ष (mixed-motive conflict) निम्नांकित में किस परिस्थिति में देखी जा सकती है?

(क) जहाँ दोनों समूह के बीच संघर्ष का आधार मात्र प्रतियोगिता (competition) होती है
(ख) जहाँ दोनों समूह के बीच संघर्ष का आधार सहयोग (co-operation) होता है

(ग) जहाँ दोनों समूह के बीच संघर्ष का आधार प्रतियोगिता तथा सहयोग दोनों ही होते हैं
(घ) जहाँ दोनों समूहों के बीच संघर्ष का आधार प्रतियोगिता तथा सहयोग को छोड़कर अन्य कई तरह के अभिप्रेरक होते हैं उ॰ (ग)

135. सामाजिक तुलना सिद्धान्त (social comparison theory) के अनुसार संघर्ष (conflict) के प्रयोगात्मक अध्ययन के दौरान किए गए अन्तःक्रियाओं (interactions) का अध्ययन करने के लिए जिस मैट्रीक्स (matrix) को लोकप्रिय बनाया गया, उसे कहा जाता है–
(क) पे-ऑफ मैट्रीक्स (Pay off matrix) (ख) तुलनात्मक मैट्रीक्स (Comparison matrix)
(ग) प्रतियोगिता मैट्रीक्स (Competition matrix) (घ) सहयोग मैट्रीक्स (Co-operation matrix) उ॰ (क)

136. थिबौट तथा केली (Thibaut & Kelley) के अनुसार किसी भी संघर्षमय परिस्थिति के प्रयोगात्मक अध्ययन के दौरान किए गए अन्तःक्रियाओं (interaction) से संतुष्टि का होना या न होना निर्भर करता है–
(क) व्यक्ति को अन्तःक्रिया करने पर मिलनेवाला पुरस्कार (reward) पर
(ख) व्यक्ति को अन्तःक्रिया करने में लगे लागत (cost) पर
(ग) तुलना स्तर (comparison level) पर
(घ) उपर्युक्त में से किसी पर भी नहीं उ॰ (ग)

137. यदि किसी अन्तःक्रिया के करने के बाद व्यक्ति को उससे मिलनेवाला परिणाम (outcome) अर्थात् पुरस्कार-लागत (reward-cost) तुलना स्तर से अधिक होता है और उसके पास कोई संतोषजनक विकल्प (alternative) नहीं होता है, तो वैसी परिस्थिति में उस अन्तःक्रिया के करने के बाद–
(क) अधिक संतुष्टि होती है (ख) साधारण संतुष्टि होती है
(ग) अधिक असंतुष्टि होती है (घ) साधारण असंतुष्टि होती है उ॰ (क)

138. मशहूर 'कैदी के संकट का खेल' (Prisoner's Dilemma game) एक उदाहरण है–
(क) शून्य-योग संघर्ष (zero-sum conflict) का
(ख) मिश्रित-अभिप्रेरक संघर्ष (mixed-motive conflict) का
(ग) पूर्णतः प्रतियोगिता संघर्ष (wholly competitive conflict)
(घ) आंशिक प्रतियोगिता संघर्ष (partial competitive conflict) उ॰ (क)

139. सरकार द्वारा जनहित की दिशा में उठाए गए कदमों से जनता को समान लाभ होना चाहिए परन्तु ऐसा अक्सर देखा जाता है कि कुछ लोगों को इससे अधिक लाभ हो जाता है तो कुछ लोगों को कम लाभ होता है। फलस्वरूप दोनों तरह के लोगों में एक संघर्ष हो जाती है। इस तरह के संघर्ष को कहा जाता है–
(क) प्रत्यक्ष संघर्ष (overt conflict) (ख) वस्तुनिष्ठ संघर्ष (objective conflict)
(ग) आत्मनिष्ठ संघर्ष (subjective conflict) (घ) अप्रत्यक्ष संघर्ष (covert conflict)

140. भारतीय समाज में सबसे तीव्र सामूहिक संघर्ष को उत्पन्न करने में निम्नांकित कारकों में किसका योगदान सबसे कम है?
(क) सांप्रदायिक समस्या (communal problem) (ख) जाति समस्या (caste problem)
(ग) जनजाति समस्या (tribal problem) (घ) भाषा समस्या (language problem) उ॰ (ख)

141. भारतीय मनोवैज्ञानिकों के अनुसार छात्र संघर्ष (student conflict) का मुख्य कारण–
(क) उच्चतर शिक्षा में फैलाव (ख) नौकरी के अवसर में कमी
(ग) आत्म-विश्वास की कमी (घ) उपर्युक्त तीनों ही उ॰ (घ)

142. श्रमिक वर्ग तथा मालिक वर्ग के संघर्ष को रखा जाता है–
(क) आत्मनिष्ठ संघर्ष (subjective conflict) में (ख) वस्तुनिष्ठ संघर्ष (objective conflict)
(ग) प्रत्यक्ष संघर्ष (direct conflict) में (घ) अप्रत्यक्ष संघर्ष (indirect conflict) में उ॰ (क)

143. ड्यिूश तथा क्राउस्स (Deutsh & Krauss, 1960) ने ट्रक चालन का खेल (Trucking game) पर आधारित प्रयोगात्मक अध्ययन करके यह दिखला दिया है कि यदि दो समूहों में से किसी को भी एक-दूसरे को धमकाने (threat) का अवसर नहीं मिलता है, तो ऐसी परिस्थिति में–
(क) संघर्ष का समाधान तेजी से नहीं होता है
(ख) संघर्ष का समाधान तेजी से होता है
(ग) संघर्ष का समाधान लम्बे समय तक के लिए टल जाता है
(घ) संघर्ष का समाधान तुरंत ही उसी जगह (on-the-spot) हो जाता है उ॰ (ख)

144. संघर्ष समाधान (conflict resolution) का वह तरीका जिसमें एक समूह द्वारा दी गयी सुविधा को पाकर दूसरा समूह भी वैसा ही सुविधा देने की बात सोचता है, को कहा जाता है—

(क) पारस्परिकता का मानक (norm of reciprocity)
(ख) समता का मानक (norm of equity)
(ग) आदर का मानक (norm of respect)
(घ) पारस्परिक निर्भरता का मानक (norm of mutual interdependence) उ. (क)

145. जब दो या दो से अधिक समूह के बीच में संघर्ष का कारण यह है कि उसमें एक समूह काफी मजबूत है, तो ऐसी परिस्थिति में संघर्ष का समाधान उत्तम ढंग से करने के लिए—

(क) पारस्परिकता का मानक (ख) समता का मानक
(ग) सहमिलन (coalition) (घ) सौदाकारी योजना (bargaining strategy) उ. (ग)

146. आधुनिक समय में आक्रामकता (aggressiveness) की उत्पत्ति में सबसे अधिक सामान्य कारक किसे माना गया है?

(क) जन कुंठा (mass frustration)
(ख) जन प्रचार साधनों द्वारा आक्रामकतापूर्ण तथ्यों पर बल डालना
(ग) आक्रामकता उत्पन्न करने वाले (biological impulses) की अधिकता
(घ) लोगों में आपसी सहयोग की कमी उ. (ख)

147. एक ही तरह की कुंठित परिस्थिति (frustrating situation) में होने के बावजूद एक व्यक्ति अधिक तीव्र आक्रामक व्यवहार दिखलाता है, दूसरा साधारण आक्रामक व्यवहार दिखलाता है तो कोई अन्य आक्रामकता दिखलाता ही नहीं है। आक्रामकता में इस तरह के अन्तर की उत्तम व्याख्या हो पाती है—

(क) कुंठा-आक्रामकता सिद्धान्त में
(ख) सामाजिक सीखना सिद्धान्त (social learning theory) में
(ग) जैविक सिद्धान्त (biological theory) में
(घ) व्यक्तित्व सिद्धान्त (personality theory) में उ. (ख)

148. सामाजिक सीखना सिद्धान्त के मूल तथ्यों को ध्यान में रखते हुए निम्नांकित में से किसे आक्रामकता की उत्पत्ति का मुख्य स्रोत माना जा सकता है?

(क) टेलीविजन (television) (ख) मॉडलिंग (modeling)
(ग) कुंठा (frustration) (घ) अनुकरण (imitation) उ. (ख)

149. अध्ययनों से यह स्पष्ट हुआ है कि पुनर्बलन (reinforcement) से—

(क) आक्रामकता में वृद्धि होती है (ख) आक्रामकता नियंत्रित होती है
(ग) आक्रामकता का स्तर ज्यों-का-त्यों बनी रहती है
(घ) भविष्य में आक्रामकता अधिक दिखलाने की बात व्यक्ति के मन आने लगती है उ. (क)

150. कुछ अध्ययनों में आक्रामकता पर औषधि (drugs) के प्रभावों का अध्ययन किया गया है। इन अध्ययनों से कुछ महत्तवपूर्ण तथ्य सामने आए हैं। निम्नांकित में से कौन-सा कथन को इस संदर्भ में असत्य माना जा सकता है।

(क) अधिक मात्रा में अल्कोहल पी लेने से आक्रामकता में वृद्धि हो जाती है
(ख) अधिक मात्रा में मेरीजुआना (marijuana) खा लेने से आक्रामकता में वृद्धि हो जाती है
(ग) अधिक मात्रा में मेरीजुआना खा लेने से अधिक मात्रा में अल्कोहल पी लेने की अपेक्षा आक्रामकता में कमी आ जाती है
(घ) कम मात्रा में अल्होकल पी लेने से आक्रामकता पर कोई प्रभाव नहीं पड़ता है उ. (ख)

151. आक्रामकता के शिकार हुए लोगों से प्राप्त दर्दनाक संकेतों (pain cues) के मिलने पर व्यक्ति में आक्रामकता सामान्यतः कमती देखी जाती है। परन्तु कुछ अध्ययनों में इसका विपरीत होते भी देखा गया है। ऐसे अध्ययनों में सबसे महत्त्वपूर्ण अध्ययन है—

(क) बर्कोविज (Berkowitz) का (ख) जिलमैन (Zillman) का
(ग) गीन (Geen) का (घ) वेरोन (Baron) का उ. (क)

152. सामूहिक संघर्ष के कुछ धनात्मक परिणाम (positive outcome) भी होते हैं। ड्यूश (Deutsh, 1973) द्वारा इस क्षेत्र में किए गए अध्ययनों के आधार पर कुछ निश्चित तथ्य प्राप्त हुए हैं। निम्नांकित में से कौन-सा कथन ड्यूश के अध्ययन के आलोक में असत्य है?

(क) सामूहिक संघर्ष से वैयक्तिक तथा सामाजिक परिवर्तन होता है
(ख) सामूहिक संघर्ष व्यक्तियों में अभिरुचि एवं उत्सुकता (curiosity) जगाता है
(ग) सामूहिक संघर्ष से आन्तरिक समग्रता (internal cohesiveness) बढ़ती है
(घ) सामूहिक संघर्ष से व्यक्तियों में समस्या समाधान की क्षमता बढ़ती है उ॰ (घ)

153. दो समूहों के बीच संघर्ष को कम करने के लिए यदि कोई तीसरी पार्टी बीचवान (mediator) के रूप में कार्य करता है और समझौता करता है, तो इस योजना (strategy) को कहा जाता है—
(क) जीत-हार (lose-win) (ख) हार-हार (lose-lose)
(ग) जीत-जीत (win-win) (घ) इनमें से कोई भी नहीं उ॰ (ख)

154. दो समूहों के बीच संघर्षों के समाधान यदि इस ढंग से कर दिया जाता है कि उससे दोनों समूहों की आवश्यकताओं की पूर्ति हो जाती है तथा दोनों को लाभ पहुँचता है, तो इस योजना को कहा जाता है—
(क) जीत-हार (lose-win) योजना (ख) हार-हार (lose-lose) योजना
(ग) जीत-जीत (win-win) योजना (घ) इनमें से कोई भी नहीं उ॰ (ग)

155. मोहन को सोहन ने रास्ते में रोका जिससे क्रोधित होकर मोहन ने सोहन को दे मारा। इस उदाहरण में मोहन द्वारा दिखलाया गया आक्रामकता एक तरह का—
(क) वैरपूर्ण आक्रामकता (hostile aggression) है
(ख) साधनात्मक आक्रामकता (instrumental aggression) है
(ग) अंशतः वैरपूर्ण आक्रामकता तथा अंशतः साधनात्मक आक्रामकता है
(घ) न वैरपूर्ण आक्रामकता है और न ही साधनात्मक आक्रामकता है उ॰ (क)

156. आक्रामकता (aggressiveness) एक तरह का—
(क) सिर्फ मानसिक व्यवहार होता है
(ख) सिर्फ शारीरिक व्यवहार होता है
(ग) सिर्फ शाब्दिक व्यवहार होता है
(घ) शारीरिक और शाब्दिक व्यवहार दोनों ही होता है उ॰ (घ)

157. मूलप्रवृत्तिक सिद्धांत (instinct theory) के अनुसार आक्रामकता (aggressiveness) एक तरह का—
(क) जन्मजात व्यवहार होता है
(ख) अर्जित व्यवहार होता है
(ग) अंशतः अर्जित एवं अंशतः जन्मजात व्यवहार होता है
(घ) करीब 90% अर्जित तथा करीब 10% जन्मजात होता है उ॰ (क)

158. मृत्यु मूलप्रवृत्ति (death instinct) के संप्रत्यय का प्रतिपादन किया गया था—
(क) साइमण्ड फ्रायड (Sigmund Freud) द्वारा (ख) अन्ना फ्रायड (Anna Freud) द्वारा
(ग) विलियम मैकडुगल (William McDougall) द्वारा (घ) कौनरैड लोरेन्ज (Konrad Lorenz) द्वारा उ॰ (क)

159. फ्रायड के सिद्धान्त के अनुसार आक्रामकता का कारण—
(क) मृत्यु मूलप्रवृत्ति (death instinct) तथा जीवन मूल प्रवृत्ति (life instinct) का समान रूप से प्रबल होना है
(ख) मृत्यु मूलप्रवृत्ति का जीवन मूल प्रवृत्ति से अधिक प्रबल होना है
(ग) विध्वंसात्मक प्रवृत्ति का तीव्र होना है
(घ) कुंठा की मात्रा अधिक होना है उ॰ (ख)

160. कुंठा-आक्रामकता सिद्धान्त (Frustration-aggression theory) का प्रतिपादन पाँच मनोवैज्ञानिकों द्वारा मिलकर किया गया था। निम्नांकित में से कौन मनोवैज्ञानिक का नाम उस पाँच की सूची में नहीं है?
(क) डूब (Doob) (ख) सीयर्स (Sears)
(ग) मिलर (Miller) (घ) मिलनर (Milner) उ॰ (घ)

161. कुंठा-आक्रामकता सिद्धान्त के अनुसार—
(क) सभी तरह के कुंठा से आक्रामकता होती है
(ख) कुछ खास-खास तरह के कुंठा से ही आक्रामकता होती है
(ग) आक्रामकता (aggressiveness) से कुंठा उत्पन्न होती है
(घ) सिर्फ तीव्र कुंठा से ही आक्रामकता होती है उ॰ (ख)

162. लक्ष्य पर पहुँचने में अंशतः बाधा होने पर पूर्णतः बाधा होने की अपेक्षा व्यक्ति में कुंठा की मात्रा—
(क) अधिक होती है (ख) कम होती है
(ग) बिलकुल नहीं होती है (घ) लगभग बराबर ही होती है उ॰ (ख)

163. सचमुच में कुंठा (frustration) से व्यक्ति में आक्रामकता उत्पन्न नहीं होता है बल्कि क्रोध की सांवेगिकता उत्पन्न होती है। इस कथन के पक्षधर हैं—
(क) डोलार्ड (Dollard) (ख) मिलर (Miller)
(ग) सियर्स (Sears) (घ) बर्कोविज (Berkowitz) उ॰ (घ)

164. कुंठा-आक्रामकता सिद्धान्त का प्रतिपादन निम्नांकित में से किस विश्वविद्यालय के शोधों के परिणामस्वरूप हुआ?
(क) येल विश्वविद्यालय (Yale University)
(ख) पर्डियू विश्वविद्यालय (Purdue University)
(ग) जान हॉपकिन्स विश्वविद्यालय (John Hopkins University)
(घ) कैलिफोर्निया विश्वविद्यालय (California University) उ॰ (क)

165. सामाजिक-सीखना सिद्धान्त (social-learning theory) के अनुसार व्यक्ति निम्नांकित में से कौन-सा तरीका से आक्रामकता aggressiveness) नहीं करना सीखता है?
(क) मॉडलिंग (modeling) (ख) प्रयास एवं त्रुटि (trial and error)
(ग) प्रत्यक्ष निर्देश (direct instruction) मिलने पर (घ) सामाजिक व्यवहार सीखकर उ॰ (ख)

166. भविष्य में आक्रामकता को नियंत्रित करने का सबसे उत्तम सामान्य तरीका मनोवैज्ञानिक दृष्टिकोण से कौन-सा है?
(क) दण्ड देना (ख) विरेचन (catharsis)
(ग) परस्पर विरोधी व्यवहार करने की प्रेरणा (ख) कुंठा उत्पन्न न होने देना उ॰ (घ)

167. यदि एक नेता दूसरे नेता के प्रति तटस्थता का भाव रखते हुए भी इस ढंग से प्रचार करता है जिससे वह अपने विरोधी नेता को हराकर चुनाव जीत सके, तो इस उदाहरण में पहले नेता द्वारा दूसरे नेता के प्रति दिखाया गया व्यवहार एक उदाहरण होगा—
(क) वैरपूर्ण आक्रामकता (hostile aggression) का
(ख) साधनात्मक आक्रामकता (instrumental aggression) का
(ग) दोनों तरह के आक्रामकता का
(घ) दोनों में से किसी भी तरह के आक्रामकता का नहीं उ॰ (ख)

168. कुछ मनोवैज्ञानिक द्वारा किए गए अध्ययनों से इस बात का भी सबूत मिला है कि आक्रामकता का सीधा संबंध—
(क) एड्रीनालीन (adrenalin) से है (ख) थायराक्सीन (throxin) से है
(ग) एस्ट्रोजेन (estrogen) से है (घ) इन्सुलिन (insulin) से हे उ॰ (क)

169. बंदरों पर किए गए अध्ययनों से यह स्पष्ट हुआ है कि यदि उनके मस्तिष्क के शंखपालि (temporal lobe) को जख्मी कर दिया जाता है, तो उनकी—
(क) आक्रामकता पहले से काफी बढ़ जाती है (ख) आक्रामकता पहले से काफी कम हो जाती है
(ग) आक्रामकता के स्तर में परिवर्तन नहीं होता है (घ) आक्रामकता का स्तर शून्य हो जाता है उ॰ (ख)

170. सामान्यतः व्यक्ति आक्रामक व्यवहार कुंठा (frustration) उत्पन्न करने वाले स्रोत (source) के प्रति करता है। परन्तु कभी-कभी व्यक्ति किसी कारण से ऐसा नहीं कर पाता है तब वह अपनी आक्रामकता की अभिव्यक्ति दूसरे स्रोत (source) के प्रति करता है। इस तरह की आक्रामकता को कहा गया है?
(क) प्रक्षेपित आक्रामकता (projected aggression) (ख) विस्थापित आक्रामकता (displaced aggression)
(ग) वास्तविक आक्रामकता (real aggression) (घ) काल्पनिक आक्रामकता (imagined aggression)
उ॰ (ख)

171. किसी कारण से कभी-कभी व्यक्ति अपनी आक्रामकता कुंठा उत्पन्न करने वाले स्रोत के प्रति नहीं करके दूसरे स्रोत के प्रति करता है। इस दूसरे स्रोत की पहचान की आधार जैसा कि मनोवैज्ञानिक शोधों से स्पष्ट हुआ है, होता है—
(क) मौलिक स्रोत के समान कोई दूसरा स्रोत
(ख) मौलिक स्रोत के ठीक विपरीत स्रोत का होना
(ग) मौलिक स्रोत के नजदीक के किसी स्रोत का होना
(घ) मौलिक स्रोत से हटकर अपनी इच्छानुसार चुना गया कोई भी स्वतंत्र स्रोत उ॰ (क)

172. कुंठा-आक्रामकता सिद्धान्त (frustration aggression theory) में आक्रामकता को कम करने के उपाय पर भी कुछ प्रकाश डाला गया है। निम्नांकित में से किस प्रविधि पर इस सिद्धान्त में अधिक बल डाला गया है?

(क) प्रतिकार (retaliation) (ख) विरेचन (catharsis)
(ग) दण्ड (punishment) (घ) हास्य (humour) उ॰ (ख)

173. आक्रामकता सिद्धांत के अनुसार यदि किसी व्यक्ति को अपनी आक्रामकता व्यक्त करने का पर्याप्त मौका दे दिया जाए तो भविष्य में यह उम्मीद की जा सकती है कि —

(क) उसकी आक्रामकता पहले से कम जाएगी
(ख) उसकी आक्रामकता पहले से बढ़ जाएगी
(ग) उसकी आक्रामकता के स्तर में कोई परिवर्तन नहीं आएगा
(घ) उसमें आक्रामकता बिलकुल ही समाप्त हो जाएगी उ॰ (क)

174. निम्नांकित में से किस कथन को कुंठा-आक्रामकता सिद्धान्त की आलोचना में रखा जा सकता है?

(क) कुंठा से हमेशा आक्रामकता उत्पन्न होती है
(ख) आक्रामकता का एक मात्र कारण कुंठा है
(ग) आक्रामकता पहले होती है और कुंठा बाद में उत्पन्न होती है
(घ) सभी तरह के कुंठा से आक्रामकता होती है उ॰ (ख)

175. जब कोई व्यक्ति अपनी इच्छा की पूर्ति के लिए दूसरों को धमकी देता है, तो इसे—

(क) वैरपूर्ण आक्रामकता (hostile aggression) में रखा जाएगा
(ख) साधनात्मक आक्रामकता (instrumental aggression) में रखा जाएगा
(ग) विस्थापित आक्रामकता (displaced aggression) में रखा जाएगा
(घ) प्रक्षेपित आक्रामकता (projected aggression) में रखा जाएगा उ॰ (ख)

176. अध्ययनों से यह स्पष्ट हुआ है कि आक्रामकता (aggrersssiveness) का सीधा संबंध मस्तिष्क के एक विशेष भाग से होता है। निम्नांकित में से कौन-सा भाग का आक्रामकता से सीधा संबंध है?

(क) थैलेमस (thalamus) (ख) हाइपोथैलेमस (hypothalamus)
(ग) लघु मस्तिष्क (cerebellum) (घ) रेटिकुलर फारमेशन (reticular formation) उ॰ (ख)

177. आक्रामकता के एक सिद्धान्त के अनुसार गुणसूत्र (chromosomes) में गड़बड़ी होने से व्यक्ति आक्रामक व्यवहार तथा हिंसा करता है। निम्नांकित में से कौन-सा गड़बड़ी का संबंध आक्रामक व्यवहार से बतलाया गया है?

(क) X Y Y (ख) X X Y
(ग) X X X (घ) Y Y Y उ॰ (क)

178. पशु व्यवहार में आक्रामकता का अध्ययन मनोवैज्ञानिकों के अलावा आचारशास्त्रियों (ethologists) द्वारा भी किया गया है। निम्नांकित में से कौन ऐसे आचारशास्त्री हैं जिन्हें अपने इस महत्त्वपूर्ण कार्य के लिए नोबुल पुरस्कार (Nobel Prize) भी मिल चुका है?

(क) Konrad Lorenz (ख) Joseph Wood
(ग) Joseph Willits (घ) William White उ॰ (क)

179. आक्रामकता के बारे में फ्रायड तथा लॉरेन्ज के विचारों में मुख्य अन्तर यह है कि—

(क) फ्रायड के आक्रामक व्यवहार को अनुकूली (adapative) माना है जबकि लॉरेन्ज ने आक्रामक व्यवहार को अपअनुकूली (maladaptive) माना है
(ख) फ्रायड ने आक्रामक व्यवहार को अपअनुकूली माना है जबकि लॉरेन्ज ने आक्रामक व्यवहार को अनुकूली माना है
(ग) फ्रायड ने आक्रामक व्यवहार का कारण मूलप्रवृत्ति (instinct) माना है जबकि लॉरेन्ज ने इसका कारण विशेष हारमोन्स का अधिक होना माना है
(घ) फ्रायड के अनुसार आक्रामक व्यवहार की उत्पत्ति में बाह्य कारकों का हाथ नहीं होता है जबकि लॉरेन्ज के अनुसार इसकी उत्पत्ति में बाह्य कारकों की भूमिका प्रधान होती है उ॰ (ख)

180. आक्रामकता के व्यक्तित्व सिद्धान्त (personality theory) के अनुसार निम्नांकित में से किस तरह के लोग अधिक आक्रामक होंगे—

(क) वैसे व्यक्ति जिनमें नियंत्रण का आन्तरिक बिन्दु (internal locus of control) होता है
(ख) वैसे व्यक्ति जिनमें नियंत्रण का बाह्य बिन्दु (external locus of control) होता है

(ग) जो बहुत दिनों से अतिनियंत्रित (over controlled) होते हैं

(घ) जो टाईप-बी (Type-B) व्यवहार अधिक दिखलाते हैं उ० (क)

181. विरुचिकर उद्दीपक (aversive stimuli) से व्यक्ति में नकारात्मक प्रभाव (negative effect) होते हैं जो व्यक्ति में आक्रामकता (aggression) तथा पलायन (flight) दोनों ही उत्पन्न कर देते हैं। इन दोनों में से व्यक्ति किस तरह का व्यवहार करेगा यह उनके संज्ञानात्मक संरचना पर निर्भर करती है। यह किस विचारधारा का संबंध है?

(क) संज्ञानात्मक नव-साहचर्यवादी (cognitive neoassociationistic) उपागम से

(ख) संज्ञानात्मक साहचर्यवादी (cognitive associationistic) उपागम से

(ग) संज्ञानात्मक आक्रामकता उपागम (cognitive aggressiveness approach) से

(घ) संज्ञानात्मक आक्रामकता-पलायन उपागम (cognitive aggressiveness-flight approach) से उ० (क)

182. समाज मनोवैज्ञानिकों द्वारा किए गए अध्ययनों से यह स्पष्ट हुआ है कि एक खास तरह का व्यवहारात्मक पैटर्न (behavioural pattern) से व्यक्ति में आक्रामकता अधिक होती है—

(क) टाईप-ए व्यवहार पैटर्न (Type-A behaviour pattern)

(ख) टाईप-बी व्यवहार पैटर्न (Type-B behaviour pattern)

(ग) आत्मकेन्द्रित व्यवहार (Self-centered behaviour)

(घ) कुंठित व्यवहार (Frustrated behaviour) उ० (क)

183. 'हथियार प्रभाव' (weapon effect) क्या है?

(क) हथियार देखकर कुंठित हो जाना (ख) हथियार देखकर घबड़ा जाना

(ग) हथियार देखकर क्रोधित हो जाना (घ) हथियार देखकर आक्रामक व्यवहार करना उ० (घ)

184. यदि कोई व्यक्ति किसी दूसरे महत्त्वपूर्ण व्यक्ति की आज्ञा मानकर आक्रामकता दिखलाता है, तो उसका यह व्यवहार निम्नांकित में से किस सिद्धांत द्वारा प्रस्तावित व्याख्या के अनुरूप है?

(क) मूल प्रवृत्तिक सिद्धांत (instinct theory)

(ख) कुंठा-आक्रामकता सिद्धान्त (frustration-aggression theory)

(ग) सामाजिक-सीखना सिद्धान्त (social-learning theory)

(घ) उपर्युक्त में से किसी भी सिद्धान्त के अनुरूप नहीं उ० (ग)

185. सामाजिक सिद्धान्त के अनुसार जब कोई व्यक्ति आक्रामकता की अनुक्रिया सीख लेता है, तो उसके बाद वह—

(क) आक्रामक व्यवहार अपनी इच्छानुसार करता है

(ख) उचित उत्तेजक (instigator) के होने पर ही आक्रामक व्यवहार करता है

(ग) आक्रामक व्यवहार के अवगुणों से अवगत होकर उसपर ध्यान नहीं देता है

(घ) आक्रामक व्यवहार करना बंद कर देता है उ० (ख)

186. बैण्डुरा (Bandura) के अनुसार आक्रामकता के कई उत्तेजक (instigators) होते हैं। निम्नांकित में से किसे उस सूची में नहीं रखा जा सकता है?

(क) विरुचिकर व्यवहार (aversive behaviour) (ख) निर्देश (instruction)

(ग) प्रेक्षण (observation) (घ) प्रयत्न एवं त्रुटि (trial and error) उ० (घ)

187. उत्तेजन हस्तांतरण प्राक्कलन (excitation transfer hypothesis) क्या है?

(क) व्यक्ति द्वारा किसी उत्तेजन से इतना अधिक प्रभावित हो जाना है कि उसके प्रभाव के अनुरूप व्यवहार करने के लिए बाध्य होना

(ख) एक परिस्थिति में उत्पन्न होने वाला उत्तेजन सतत बना रहकर दूसरी परिस्थिति में उत्पन्न सांवेगिक अनुक्रिया को तीव्र करता है

(ग) एक परिस्थिति में उत्पन्न होने वाला उत्तेजन केवल समान परिस्थिति में ही सांवेगिक अनुक्रिया उत्पन्न करता है

(घ) विशेष परिस्थिति में उत्पन्न सांवेगिक उत्तेजन व्यक्ति को इतना अधिक क्रियाशील बना देता है कि उसी से उसका सभी व्यवहार प्रभावित होने लगता है उ० (ख)

188. आक्रामकता को कम करने का एक उत्तम तरीका यह है कि व्यक्ति को आक्रामक व्यवहार से भिन्न कुछ असंगत व्यवहार (incompatible behaviour) करने के लिए प्रेरित किया जाए। मनोवैज्ञानिक अध्ययनों में कुछ प्रमुख ऐसे असंगत व्यवहार की उपयोगिता पर बल डाला गया है। निम्नांकित में से कौन-सा व्यवहार ऐसा है जिसपर मनोवैज्ञानिकों ने अपने अध्ययन में समुचित बल नहीं डाला है?

(क) परानुभूति (empathy) (ख) सहानुभूति (sympathy)
(ग) हास्य (humour) (घ) हल्का लैंगिक उत्तेजना (mild sexual excitement)
उ० (ख)

189. मोहन सोहन के व्यवहार से क्रोधित होकर उसकी शिकायत मास्टरजी से करता है और उसे पिटवाकर ही चैन लेता है। इस उदाहरण में मोहन के व्यवहार को कहा जाएगा—
(क) विस्थापित आक्रामक व्यवहार (displaced aggressive behaviour)
(ख) साधनात्मक आक्रामक व्यवहार (instrumental aggressive behaviour)
(ग) वैरपूर्ण आक्रामक व्यवहार (hostile aggressive behaviour)
(घ) दमित आक्रामक व्यवहार (repressed aggressive behaviour) उ० (ख)

190. आक्रामकता के क्षेत्र में किए गए अध्ययनों को मद्देजनर रखते हुए कुछ महत्त्वपूर्ण तथ्यों पर पहुँचा गया है। निम्नांकित में से कौन-सा तथ्य आपको असत्य लगता है?
(क) आक्रामकता में लिंग भेद (sex difference) पाया जाता है
(ख) आक्रामकता का संबंध कुंठा (frustration) से सीधा है
(ग) आक्रामकता एक अर्जित सामाजिक व्यवहार है
(घ) आक्रामकता का कोई स्पष्ट जैविक आधार (biological base) नहीं है उ० (ख)

191. भारतीय संदर्भ में आक्रामकता के नियंत्रण के लिए कौन-सा प्रविधि को उत्तम माना जा सकता है?
(क) दंड (punishment) (ख) विरेचन (catharsis)
(ग) प्रतिकार (retaliation)
(घ) उपर्युक्त मॉडलिंग तथा अन्य सामाजिक-सीखना उपागम पर आधारित प्रविधियाँ उ० (घ)

192. जब व्यक्ति चिन्तित रहता है तो वह किसी वस्तु, घटना या व्यक्ति का प्रत्यक्षण उस समय से भिन्न ढंग से करता है जब वह खुश रहता है। इस तरह की अनुभूतियों तथा उनके विचारों के अध्ययन को कहा जाता है—
(क) सामाजिक प्रत्यक्षण (social perception) (ख) व्यक्ति प्रत्यक्षण (person perception)
(ग) तीक्ष्ण प्रत्यक्षण (acute perception) (घ) दृष्टि प्रत्यक्षण (visual perception) उ० (घ)

193. निम्नांकित में से किस परिस्थिति में व्यक्ति का व्यवहार अधिक पूर्वानुमेय (predictable) होगा?
(क) परिचित शब्दों (familiar words) के प्रत्यक्षण में (ख) कम परिचित शब्दों के प्रत्यक्षण में
(ग) बिलकुल ही अपरिचित शब्दों के प्रत्यक्षण में (घ) उपर्युक्त तीनों तरह के शब्दों के प्रत्यक्षण में उ० (क)

194. मनोवैज्ञानिकों द्वारा प्रत्यक्षण के क्षेत्रों में किए गए अध्ययनों से जो तथ्य प्राप्त हुए हैं, उनके आधार पर निम्नांकित में से किस कथन को सही नहीं माना जा सकता है?
(क) प्रत्यक्षण एक चयनात्मक प्रक्रिया (selection process) है
(ख) प्रत्यक्षण पर पूर्व अनुभूतियों (past experiences) का प्रभाव पड़ता है
(ग) प्रत्यक्षण पर व्यक्तित्व कारकों का प्रभाव नहीं पड़ता है
(घ) प्रत्यक्ष पर सामाजिक कारकों का प्रभाव पड़ता है उ० (ग)

195. परिहार सीखना (avoidance learning) का प्रभाव स्पष्टतः प्रत्यक्षण पर पड़ता है। निम्नांकित में से किस तरह के प्रभाव के परिहार सीखना का प्रभाव कहा जाएगा?
(क) व्यक्ति उन उद्दीपकों का भी प्रत्यक्षण ठीक से कर पाता है जिसे इस तरह के सीखना के पहले ठीक ढंग से नहीं करता था
(ख) व्यक्ति उन उद्दीपकों का भी प्रत्यक्षण नहीं कर पाता है जिसे इस तरह के सीखना के पहले ठीक ढंग से वह किया करता था
(ग) इस तरह के सीखना से प्रत्यक्षण का स्वरूप थोड़ा विकृत (distorted) हो जाता है
(घ) इस तरह के सीखना से प्रत्यक्षण में तीक्ष्णता (acuity) एवं स्पष्टता आ जाती है उ० (ख)

196. मनोवैज्ञानिकों द्वारा किए गए प्रयोगों से यह स्पष्ट हो गया है कि जब प्रयोगात्मक परिस्थिति की संरचना ऐसी होती है जिसमें अनुक्रिया प्रमुखता (response salience) की प्रक्रिया सम्पन्न हो सकती है, तो वहाँ प्रयोज्यों में भूख अभिप्रेरक की उत्पत्ति होने से—
(क) भोजन सामग्रियों (food materials) से संबंधित अनुक्रियाएँ के होने की संभावना बढ़ जाएगी
(ख) भोजन सामग्रियों से संबंधित अनुक्रियाएँ होने की संभावना घटना जाएगी

(ग) भोजन सामग्रियों से संबंधित अनुक्रियाओं के अलावा अन्य दूसरे तरह की सामग्रियों (जैसे—चाय) से संबंधित अनुक्रियाएँ होने की संभावना बढ़ जाती है

(घ) व्यक्ति का भोजन सामग्रियों से संबंधित सभी तरह का प्रत्यक्षण विकृत हो जाएगा उ० (क)

197. प्रत्यक्षण पर अनुक्रिया प्रमुखता (response salience) का प्रभाव निम्नांकित में से किस प्रयोग में सर्वाधित होते पाया गया है?

(क) मुक्त पसंद प्रयोग (free-choice experiment) में
(ख) बाधित-पंसद प्रयोग (forced-choice experiment)
(ग) सीमित-पसंद प्रयोग (limited-choice experiment)
(घ) उपर्युक्त तीनों तरह के प्रयोगों में उ० (क)

198. मनोवैज्ञानिक प्रयोगों से यह स्पष्ट हुआ है कि प्रत्यक्षणकर्त्ता के मूल्य तंत्र (value system) तथा प्रत्यक्षणात्मक संवेदनशीलता (perceptual sensitivity) में

(क) धनात्मक संबंध (positive relationship) होता है
(ख) ऋणात्मक संबंध (negative relationship) होता है
(ग) प्रतिलोमित यू-आकारीय (inverted U-shaped) होता है
(घ) शून्य संबंध (zero-relationship) होता है उ०(क)

199. 'आलपोर्ट-वर्नन स्टडी ऑफ भैल्यू' (Allport-Vernon study of value) द्वारा व्यक्ति के कई मूल्यों का मापन होता है। निम्नांकित में से कौन-सा मूल्य (value) ऐसा है जिसका मापन इस प्रश्नावली द्वारा नहीं होता है?

(क) सैद्धान्तिक (theoretical) (ख) सामाजिक (social)
(ग) राजनैतिक (political) (घ) वैज्ञानिक (scientific) उ० (घ)

200. मानलिया जाए कि कोई व्यक्ति ऐसा है जिसे अन्य लोगों की सेवा करना तथा उसके कल्याण के लिए प्रयत्नशील रहना अधिक अच्छा लगता है। वह ऐसे कार्य तथा इनसे संबंधित अन्य कार्यों को काफी महत्त्व देता है। ऐसे व्यक्ति के लिए निम्नांकित में से किस शब्द की पहचान दहेली (recognition threshold) सबसे कम होने की संभावना है?

(क) होटल (ख) स्कूल
(ग) अस्पताल (घ) आश्रम उ० (ग)

201. शेभर (Shaver, 1975) द्वारा गुणारोपण (attribution) की व्याख्या करने के लिए कुछ महत्त्वपपूर्ण पूर्वकल्पनाएँ (assumptions) की गई हैं। निम्नांकित में से किस पूर्वकल्पना को शेभर ने उपर्युक्त (appropriate) नहीं माना है?

(क) व्यवहार यादृच्छिक ढंग से (randomly) नहीं होता है बल्कि वह कुछ खास-खास कारकों द्वारा निर्धारित होता है तथा उसके बारे में पूर्वकथन किया जा सकता है
(ख) लोगों में दूसरों के व्यवहारों को समझने, व्याख्या करने तथा पूर्वानुमान लगाने की इच्छा होती है
(ग) प्रेक्षणीय व्यवहार के आधार पर उनके पीछे छिपे कारणों अर्थात् व्यक्तित्व शीलगुणों के बारे में वैध अनुमान (valid inferences) लगाया जा सकता है
(घ) व्यक्ति के व्यवहार का निर्धारण उस परिस्थिति द्वारा भी होता है जिसमें वह व्यवहार किया जाता है उ० (घ)

202. जब भी व्यक्ति किसी दूसरे व्यक्ति के बारे में छवि निर्माण (impression formation) करता है, तो उसके सामने कई तरह की सूचनाएँ (information) उपस्थित रहती हैं। सामान्यतः वह इन सूचनाओं के औसत (average) के आधार पर ही उस व्यक्ति के बारे में एक छवि का निर्माण करता है। इस औसतन मॉडल (averaging model) का प्रतिपादन किया गया था—

(क) शेभर (Shaver) द्वारा (ख) एण्डरसन (Anderson) द्वारा
(ग) सेकर्ड तथा बैकमैन (Secord & Backman) द्वारा (घ) केली (Kelley) द्वारा उ० (ख)

203. आत्म-गुणारोपण (self-attribution) के बारे में किए गए महत्त्वपूर्ण अध्ययनों के आलोक में निम्नांकित में से कौन-सा कथन असत्य है?

(क) व्यक्ति अपने व्यवहार के कारणों को परिस्थितिजन्य (situational) मानता है
(ख) व्यक्ति दूसरों के व्यवहार का कारण व्यक्तिगत कारक (personal factor) मानता है
(ग) व्यक्ति दूसरों के व्यवहार का कारण परिस्थितिजन्य (situational) मानता है
(घ) व्यक्ति को अपने व्यवहार के बारे में पूर्ण ज्ञान होता है उ० (ग)

204. किसी व्यक्ति को अन्य किसी व्यक्ति के बारे में पहले धनात्मक शीलगुणों (positive traits) तथा बाद में ऋणात्मक शीलगुणों (negative traits) को उपस्थित किया जाता है, तो वैसी परिस्थिति में एक मनोवैज्ञानिक सिद्धान्त के अनुसार पहला व्यक्ति दूसरे व्यक्ति के बारे में—

(क) अनुकूल छवि (favourable impression) बनाएगा
(ख) प्रतिकूल छवि बनाएगा
(ग) तटस्थ छवि बनाएगा
(घ) किसी तरह की छवि का निर्माण करने में असमर्थ रहेगा उ॰ (क)

205. प्रत्यक्षणकर्त्ता (perceiver) सामान्यतः दूसरों के बारे में कोई छवि (impression) का निर्माण करने में कुछ अपने भीतर व्याप्त पूर्वाग्रहों (prejudices) से निदेर्शित होता है। इसे मनोवैज्ञानिकों ने कहा है—
(क) छवि प्रबंधन (impression management)
(ख) अव्यक्त व्यक्तित्व सिद्धान्त (implicit personality theory)
(ग) लाभ-लागत प्रभाव (gain-loss effect)
(घ) आत्मकेन्द्रित पूर्वाग्रह (egocentric prejudice) उ॰ (ख)

206. जब हम किसी व्यक्ति के व्यवहारों के कारणों को समझने तथा उसके शीलगुणों एवं प्रवृत्तियों (dispositions) के बारे में समझने की कोशिश करते हैं तो इस प्रक्रिया को कहा जाता है—
(क) गुणारोपण (attribution)
(ख) सामाजिक सुगमता (social facilitation)
(ग) अव्यक्त व्यक्तित्व सिद्धांत (implicit personality theory)
(घ) उपर्युक्त में से कुछ भी नहीं उ॰ (क)

207. हाईडर (Heider, 1958) के गुणारोपण सिद्धांत के अनुसार निम्नांकित कथनों में से कौन गलत है?
(क) प्रत्यक्षणकर्त्ता किसी व्यक्ति के व्यवहार का कारण उसके इर्द-गिर्द की परिस्थिति (situation) को मानता है
(ख) दूसरों द्वारा किया गया व्यवहार बिना किसी निश्चित उद्देश्य के होता है और भविष्य में वह कोई नियमितता (regularity) के साथ नहीं होता है
(ग) प्रेक्षित व्यवहार (observed behaviour) को व्यक्ति विशेष उद्देश्य से करता है
(घ) प्रेक्षित व्यवहार व्यक्ति प्रत्यक्षणकर्त्ता को मात्र खुश करने के लिए करता है उ॰ (घ)

208. निम्नांकित में से किस सिद्धान्त में गुणारोपण (attribution) की व्याख्या करने के लिए व्यक्ति द्वारा किए गए व्यवहारों के परिणाम विश्लेषण पर बल डाला गया है—
(क) हाईडर का सिद्धांत (Heider's theory) (ख) जोन्स एवं डेविस का सिद्धान्त (Jones & Davis theory)
(ग) केली का सिद्धान्त (Kelley's theory) (घ) शेभर का सिद्धान्त (Shaver's theory) उ॰ (ख)

209. केली (Kelley, 1967) ने गुणारोपण की व्याख्या करने के लिए तीन कारकों के सह परिवर्तन (convariation) पर अधिक बल डाला है। निम्नांकित में से किसे उन तीन कारकों में सम्मिलित नहीं किया जा सकता है—
(क) व्यक्ति जिसके बारे में गुणारोपण किया जाना है
(ख) परिस्थिति जिसमें व्यवहार उत्पन्न होता है
(ग) वह व्यक्ति जो गुणारोपण कर रहा है
(घ) गुणारोपण करने वाला व्यक्ति तथा वह व्यक्ति जिसके व्यवहार का गुणारोपण किया जाना है, के बीच होने वाली अन्तःक्रिया उ॰ (घ)

210. विनियम सिद्धान्त के अनुसार व्यक्ति के पुरस्कार (reward) तथा व्यय (cost) में कई कारणों से परिवर्तन हो जाते हैं। निम्नांकित में से कौन-सा कारण को अधिक महत्त्वपूर्ण नहीं माना गया है?
(क) गत विनिमय (past exchanges) के परिणामस्वरूप व्यक्ति द्वारा अनुभव किए गए पुरस्कार तथा व्यय में परिवर्तन हो सकता है
(ख) परस्पर अन्तःक्रिया करने वाले व्यक्तियों की विशेषताओं में परिवर्तन होने से भी पुरस्कार तथा व्यय में परिवर्तन हो सकता है
(ग) पुरस्कार-व्यय में परिवर्तन का स्रोत अन्तःक्रिया करने वाले व्यक्ति के आपसी संबंध में निहित होता है
(घ) पुरस्कार-व्यय में परिवर्तन का स्रोत वह परिस्थिति होता जिसमें अन्तःक्रिया (interaction) की जाती है उ॰ (घ)

211. थिबौट तथा केली (Thibaut & Kelley, 1959) के अनुसार जब सभी उपलब्ध विकल्प (alternatives) तुलना स्तर (comparison level) के नीचे होता है तो वैसी परिस्थिति में व्यक्ति इन सभी विकल्पों के लिए—
(क) अलग से एक तुलना स्तर (comparison level) का विकास करता है
(ख) एक संयुक्त तुलना स्तर का विकास करता है

(ग) तुलना स्तर की कसौटी पर विचार करना छोड़ देता है

(घ) एक सामान्य अनुकूलन स्तर (common adaptation level) तैयार करता है उ० (क)

212. विनिमय सिद्धान्त के अनुसार निम्नांकित में से किस तरह की परिस्थिति में अन्तर्वैयक्तिक आकर्षकता (interpersonal attraction) की व्याख्या नहीं होती है—

(क) समानता के कारण उत्पन्न आकर्षकता की व्याख्या

(ख) पारस्परिक क्रिया के अवसर के कारण उत्पन्न आकर्षकता

(ग) मित्रता तथा प्रेम के कारण उत्पन्न आकर्षकता

(घ) पुनर्बलन अतःभाव (reinforcement affect) के कारण उत्पन्न आकर्षकता उ० (घ)

213. समदृष्टि सिद्धांत (equity theory) में अन्तर्वैयक्तिक आकर्षकता (interpersonal attraction) की व्याख्या का आधार है—

(क) पुरस्कार-व्यय परिणाम (reward-cost outcome) (ख) दो व्यक्तियों के बीच वचनबद्धता committment)

(ग) दो व्यक्तियों के बीच सौदाकारी (bargaining) (घ) उपर्युक्त में से कोई भी नहीं उ० (क)

214. विन्च (Winch, 1958) के अनुसार अन्तर्वैयक्तिक आकर्षकता का मुख्य आधार होता है—

(क) दो व्यक्तियों की सामान्य आवश्यकताएँ (common needs)

(ख) दो व्यक्तियों की मनोवृत्तियाँ

(ग) दो व्यक्तियों की ऐसी आवश्यकताएँ जिन्हें एक-दूसरे का पूरक कहा जाता है

(घ) दो व्यक्तियों का सामान्य सामाजिक-आर्थिक पृष्ठभूमि उ० (ग)

215. न्यूकॉम्ब के A-B-X मॉडल में असंतुलन (imbalance) की मात्रा निम्नांकित में से किस कारक द्वारा प्रभावित नहीं होती है?

(क) A का B के प्रति आकर्षकता (attraction) की मात्रा कितनी है

(ख) X के प्रति A की मनोवृत्ति की तीव्रता (intensity) की स्तर कितनी है

(ग) X के प्रति A की मनोवृत्ति तथा X के प्रति B की मनोवृत्ति में अन्तर कितनी है

(घ) X के प्रति A की मनोवृत्ति में कितनी अनुकूलता है उ० (घ)

216. न्यूकॉम्ब का A-B-X मॉडल निम्नांकित में से किस परिस्थिति में अन्तर्वैयक्तिक आकर्षकता की व्याख्या ठीक ढंग से नहीं कर पाता है—

(क) वैसी परिस्थिति जहाँ सदस्यों के बीच सामाजिक-सांवेगिक संबंध (social emotional relationship) की प्रधानता होती है

(ख) वैसी परिस्थिति जहाँ सदस्यों के बीच कार्योन्मुखी संबंध (task-oriented relationship) की प्रधानता होती है

(ग) वैसी परिस्थिति जहाँ सदस्यों के बीच किसी समस्या के प्रति अनुकूल विचार या मत होते हैं

(घ) वैसी परिस्थिति जहाँ सदस्यों में एक-दूसरे के प्रति अनुकूलनता अधिक होती है उ० (ख)

217. पुनर्बलन सिद्धान्त (reinforcement theory) के अनुसार अन्तर्वैयक्तिक आकर्षण का प्रबल आधार होता है—

(क) पुरस्कार (reward) (ख) दंड (punishment)

(ग) गौण पुरस्कार (secondary reward) (घ) गौण दंड (secondary punishment) उ० (क)

218. निम्नांकित में से किस सिद्धान्त में अन्तर्वैयक्तिक आकर्षण की व्याख्या करने के लिए व्यक्तियों के बीच के आपसी संबंध (relation) पर अधिक बल डाला गया है—

(क) विनिमय सिद्धान्त (exchange theory) (ख) संतुलन सिद्धान्त (balance theory)

(ग) पुनर्बलन सिद्धान्त (reinforcement theory) (घ) समदृष्टि सिद्धान्त (equity theory) उ० (क)

219. विनिमय सिद्धान्त में अन्तर्वैयक्तिक आकर्षण की व्याख्या करने में निम्नांकित में से किसे महत्त्वपूर्ण नहीं माना गया है?

(क) पुरस्कार (reward) (ख) व्यय या लागत (cost)

(ग) परिणाम (outcome) (घ) अनुकूलन स्तर (adaptation level) उ० (घ)

220. वह न्यूनतम प्रत्याशा स्तर (expectation level) जिसके अनुरूप एक व्यक्ति दूसरे व्यक्ति के साथ अन्तःक्रिया करने पर लाभ की उम्मीद करता है, को कहा जाता है—

(क) अनुकूलन स्तर (adaptation level) (ख) तुलना स्तर (comparison level)

(ग) अन्तःक्रिया स्तर (interaction level) (घ) अनुक्रिया स्तर (response level) उ० (ख)

221. अन्तर्वैयक्तिक आकर्षण (interpersonal attraction) एक तरह की—

(क) पूर्ववृत्ति (predisposition) है (ख) मनोवृत्ति (attitude) है

(ग) मत (opinion) है (घ) विश्वास (belief) है उ० (ख)

222. सुमेल प्राक्कल्पना (matching hypothesis) किसे कहते हैं?
(क) एक व्यक्ति दूसरे व्यक्ति के प्रति उम्र के आधार पर आकर्षित होकर उसे पसंद करता है
(ख) शारीरिक सुंदरता (physical beauty) को आधार मानकर एक व्यक्ति दूसरे व्यक्ति के प्रति आकर्षित होता है
(ग) समान सामाजिक स्तर के कारण एक व्यक्ति दूसरे व्यक्ति के प्रति आकर्षित होता है
(घ) भौतिक निकटता (physical nearness) के कारण एक व्यक्ति दूसरे व्यक्ति के प्रति आकर्षित होता है उ० (ख)

223. मनोवैज्ञानिक अध्ययनों के आलोक में लगभग यह स्थापित हो चुका है कि शारीरिक रूप से सुंदर व्यक्ति में
(क) आत्म-सम्माान (self-esteem) अधिक होता है
(ख) रोगात्मक शीलगुणों (pathological traits) की कमी होती है
(ग) सामाजिकता होती है
(घ) उपर्युक्त सभी शीलगुण होते हैं उ० (घ)

224. निम्नांकित में से किस तरह की समानता से अन्तर्वैयक्तिक आकर्षकता(interpersonal attraction)में स्थायित्व(permanency) आता है—
(क) मनोवृत्ति की समानता (attitude similarity) (ख) व्यवहार की समानता (behavioural similarity)
(ग) व्यक्तित्व की समानता (personality similarity) (घ) उपर्युक्त में से किसी भी समानता में नहीं उ० (क)

225. न्यूकॉम्ब (Newcomb) के संतुलन सिद्धान्त (balance theory) के अनुसार जब दो व्यक्ति एक दूसरे को पसंद करते हैं परन्तु किसी समस्या पर एक-दूसरे से असहमति दिखलाते हैं, तो ऐसी परिस्थिति में—
(क) एक संतुलन (balance) की स्थिति कायम होती है
(ख) एक असंतुलन (imbalance) की स्थिति कायम होती है
(ग) दोनों एक-दूसरे के परस्पर विरोधी हो जाते हैं
(घ) दोनों व्यक्तियों में घनिष्ठता अधिक बढ़ जाती है उ० (ख)

226. निम्नांकित में से किसे अंतिम आकर्षण अनुक्रिया (ultimate attraction response) कहा गया है?
(क) भौतिक समानता (propinquity) को (ख) प्यार (love) को
(ग) मनोवृत्ति समानता (attititude similarity) को (घ) संतुलन (balance) को उ० (ख)

227. निम्नलिखित में से कौन-सा युग्म सही रूप से सुमेलित (matched) है?

(अ) प्रत्यक्षात्मक प्रतिरक्षा (Perceptual defence)	संवेगात्मक उद्दीपनों की पहचान दहेली (recognition threshold) का अधिक होना
(ब) संवेदीकरण (Sensitization)	संवेगात्मक उद्दीपनों की पहचान दहेली कम होना
(स) प्रत्यक्षणात्मक बलाघात (Perceptual accentuation)	किसी वस्तु का प्रत्यक्षण से अधिक संतुष्टि होना
(द) अवचेतन प्रत्यक्षण (Subliminal perception)	किसी वस्तु की तीव्रता न्यूनतम दहेली (lower threshold) से ऊपर होने पर ही उसका प्रत्यक्षण किया जाना

निम्नलिखित कूटसंकेतों (codes) का उपयोग कर सही उत्तर का चयन कीजिए—
कूट :
(क) अ, ब तथा द (ख) ब, स तथा द
(ग) अ, ब तथा स (घ) अ, स तथा द उ० (ग)

228. सांवेगिक उद्दीपकों (emotional stimuli) या शब्दों के प्रति सभी व्यक्ति समान ढंग से प्रतिक्रिया नहीं करते हैं। कुछ लोगों में इन उद्दीपकों की पहचान दहेली (recognition threshold) अधिक होती है तो कुछ लोगों में इन उद्दीपकों की पहचान दहेली कम होती है। निम्नांकित में से सही कथन को चुनें—
(क) उक्त कथन में पहले तरह के लोगों को 'निरोधक' (repressers) तथा दूसरे तरह के लोगों को संवेदक (sensitisers) कहा जाता है
(ख) पहले तरह के लोगों को संवेदक तथा दूसरे तरह के लोगों को निरोधक कहा जाता है
(ग) पहले तरह के लोगों को उत्तेजक (stimulator) तथा दूसरे तरह के लोगों को अहंकारी (egoist) कहा जाता है
(घ) पहले तरह के लोगों को निरोधक तथा दूसरे तरह के लोगों को 'उत्तेजक' कहा जाता है उ० (क)

229. ऐसे व्यक्ति जो सांवेगिक उद्दीपकों या शब्दों को देखकर उत्पन्न चिन्ता का नियंत्रण दमन (repression) द्वारा करते हैं, उनका इन सांवेगिक शब्दों की पहचान दहेली (recognition threshold) सामान्यतः—

(क) ऊँचा होता है (ख) नीचा होता है
(ग) बीचोबीच का होता है (घ) अपूर्वकथनीय (unpredictable) होता है उ॰ (क)

230. जब किसी वस्तु या उद्दीपक के प्रति बिना अवगत हुए ही व्यक्ति अनुक्रिया करता है, तो इसे कहा जाता है—
(क) अवचेतन प्रत्यक्षण (subliminal perception) (ख) भ्रम (illusion)
(घ) विभ्रम (hallucination) (घ) व्यक्ति प्रत्यक्षण (person perception) उ॰ (क)

231. मान लिया जाए कि दो शब्द किसी व्यक्ति को टेचिस्टोस्कोप (techistocope) द्वारा लघु अवधि के लिए दिखलाया जाता है, वे दो शब्द है— 'कलम' तथा 'वागदत्त'। मनोवैज्ञानिकों द्वारा किए गए प्रयोगों से प्राप्त निष्कर्षों के आलोक में 'कलम' की पहचान दहेली (recognition threshold) 'वागदत्त' की पहचान दहेली से सामान्य अवस्था के होने पर—
(क) कम होगी (ख) अधिक होगी
(ग) बराबर होगी (घ) किस दिशा में होगी, कहा नहीं जा सकता है
उ॰ (क)

232. जिस वस्तु का बार-बार विज्ञापन किया जाता है, उसके प्रत्यक्षण अनुभूति का मूल्य (value)
(क) प्रत्यक्षकर्त्ता के लिए बढ़ जाता है (ख) प्रत्यक्षणकर्त्ता के लिए घट जाता है
(ग) प्रत्यक्षणकर्त्ता के लिए अप्रभावित रहता है (घ) के बारे में कुछ कहा नहीं जा सकता है उ॰ (क)

233. पुरस्कार तथा दण्ड का अनुक्रिया प्रवृत्ति (response disposition) पर पड़नेवाले प्रभावों का अध्ययन करने के लिए कई प्रयोग किए गए हैं। इन प्रयोगों से कुछ सामान्य निष्कर्ष प्राप्त हुए हैं जिनके आलोक में निम्नांकित में से किस कथन को असत्य माना जा सकता है?
(क) पुरस्कार से अनुक्रिया प्रवृत्ति मजबूत होती है (ख) दंड से अनुक्रिया प्रवृत्ति कमजोर होती है
(ग) दंड से अनुक्रिया प्रवृत्ति कमजोर होकर फिर पहले से और भी अधिक मजबूत हो जाती है
(घ) पुरस्कार से अनुक्रिया प्रवृत्ति कमजोर होती है उ॰ (घ)

234. प्रत्यक्षणात्मक रक्षा (perceptual defence) के क्षेत्र में किए गए प्रयोगात्मक अध्ययनों से कुछ महत्त्वपूर्ण तथ्य सामने आए हैं। इन तथ्यों के आलोक में निम्नांकित में से किस कथन को असत्य माना जा सकता है?
(क) संवेगात्मक रूप से क्षुब्ध उद्दीपकों की पहचान दहेली (recognition threshold) तटस्थ उद्दीपकों (neutral stimuli) की पहचान दहेली से ऊँचा (higher) होता है
(ख) संवेगात्मक रूप से क्षुब्ध उद्दीपकों से व्यक्ति में कुछ ऐसा प्रतिस्थापित प्रत्यक्षण (substitute perception) होता है जिससे ऐसे उद्दीपकों की सही पहचान प्रभावित हो जाती है
(ग) ऐसे संवेगात्मक उद्दीपकों से सांवेगिक प्रतिक्रियाएँ (emotional reactions) उस समय भी होती है जब व्यक्ति उन्हें नहीं पहचान पाता है
(घ) संवेगात्मक उद्दीपकों से व्यक्ति में अनुक्रिया प्रमुखता (response salience) में वृद्धि होती है उ॰ (घ)

235. यह विचार कि संवेगात्मक अर्थ (emotional connotations) से पहचान दहेली (recognition threshold) कम हो जाता है, का संबंध है—
(क) प्रत्यक्षणात्मक रक्षा (perceptual defence) से
(ख) प्रत्यक्षणात्मक संवेदीकरण (perceptual sensitization) से
(ग) प्रत्यक्षणात्मक असंवेदीकरण (perceptual desensitization) से
(घ) प्रत्यक्षणात्मक बलाघात (perceptual accentuation) से उ॰ (ख)

236. एक डरा हुआ व्यक्ति प्रायः उन्हीं वस्तुओं का प्रत्यक्षण करता है जो उनके डर से संबंधित होते हैं और उसी तरह से चिन्तित अवस्था में होने पर व्यक्ति कुछ विशेष वस्तुओं का प्रत्यक्षण नहीं कर पाता है। उक्त कथन का संबंध है—
(क) अनुक्रिया प्रवृत्ति (response disposition) (ख) अनुक्रिया प्रमुखता (response salience)
(ग) अनुक्रिया पूर्वाग्रह (response bias) (घ) अनुक्रिया सामान्यीकरण (response generalization)
उ॰ (ख)

237. अशक्त उद्दीपक अवस्था (improverished stimulus condition) का संबंध निम्नांकित में से किससे है?
(क) जब प्रयोग ऐसा हो जिसमें पुरस्कार तथा दंड का प्रत्यक्षण पर पड़ने वाले प्रभाव का अध्ययन किया जा रहा हो
(ख) जब धुंधले रोशनी की अवस्था (dim light condition) में व्यक्ति को किसी वस्तु का प्रत्यक्षण किया जा रहा हो
(ग) जब वस्तु के मूल्य (value) के पड़ने वाले प्रभाव का अध्ययन प्रत्यक्षण पर किया जा रहा हो
(घ) जब उपर्युक्त सभी तरह के उद्दीपन अवस्थाओं में प्रत्यक्षण के स्वरूप का अध्ययन किया जा रहा हो उ॰ (ख)

238. अधिक देर से भोजन से वंचित प्रयोज्यों द्वारा अस्पष्ट चित्रांकनों में भोजन सामग्रियों के बारे में अधिक बतलाया गया था। मनोवैज्ञानिक प्रयोगों के इस महत्त्वपूर्ण परिणाम का संबंध है—

(क) लेभाईन, चीन तथा मर्फी (Levine, Chein & Murphy) के प्रयोग से
(ख) टेलर (Taylor) के प्रयोग से
(ग) लेजारस एवं मर्फी (Lazarus & Murphy) के प्रयोग से
(घ) मैकक्लिलैंड तथा मर्फी (McClelland & Murphy) के प्रयोग से उ॰ (क)

239. सामाजिक प्रत्यक्षण के क्षेत्र में किए गए प्रयोगों से स्पष्ट हुआ है कि जब व्यक्ति की आवश्यकता(need)या अभिप्रेरक(motive) की शक्ति एक निश्चित सीमा को पार कर जाती है, तो वैसी अवस्था में

(क) व्यक्ति का प्रत्यक्षण अधिक तीक्ष्ण हो जाता है
(ख) व्यक्ति का प्रत्यक्षण विकृत (distorted) हो जाता है
(ग) व्यक्ति के प्रत्यक्षण में अस्पष्टता बढ़ जाती है
(घ) व्यक्ति के प्रत्यक्षण एवं चिन्तन दोनों ही दोषपूर्ण हो जाते हैं उ॰ (ख)

240. सामाजिक प्रत्यक्षण (social perception) में सम्मिलित होता है—

(क) प्रत्यक्षज्ञानात्मक अनुभूतियों पर सामाजिक कारकों (social factors) के पड़ने वाले प्रभाव
(ख) प्रत्यक्षज्ञानात्मक अनुभूतियों पर वैयक्तिक कारकों (personal factors) के पड़ने वाले प्रभाव
(ग) सामाजिक वस्तुओं (social objects) के बारे में प्राप्त अनुभूतियाँ
(घ) उपर्युक्त तीनों तरह के प्रभाव एवं अनुभूतियाँ उ॰ (घ)

241. ब्रुनर तथा गुडमैन (Bruner & Goodman, 1947) के अनुसार व्यक्ति उस वस्तु के आकार (size) का अति आकलन (overstimate) करता है जिसका मूल्य उसके लिए अधिक होता है। इस तरह की घटना को इन लोगों ने कहा है—

(क) प्रत्यक्षणात्मक बलाघात (perceptual accentuation)
(ख) सामाजिक प्रत्यक्षण (social perception)
(ग) व्यक्ति प्रत्यक्षण (person perception)
(घ) अवचेतन प्रत्यक्षण (subliminal perception) उ॰ (क)

242. मनोवैज्ञानिकों द्वारा किए गए प्रयोगों से यह स्पष्ट हुआ है कि धनात्मक तथा ऋणात्मक मूल्य (value) दोनों का ही प्रभाव वस्तुओं के आकार संबंधी निर्णयों (judgement) पर पड़ता है। इन प्रयोगों के आधार पर कुछ निश्चित तथ्य सामने आए हैं। इन तथ्यों के आलोक में निम्नांकित में से किसे असत्य कहा जा सकता है?

(क) सिर्फ धनात्मक मूल्य (positive value) से प्रत्यक्षणात्मक बलाघात (perceptual accentuation) की प्रक्रिया सम्पन्न होती है
(ख) सिर्फ ऋणात्मक मूल्य (negative value) से प्रत्यक्षणात्मक बलाघात की प्रक्रिया सम्पन्न होती है
(ग) धनात्मक तथा ऋणात्मक दोनों तरह के मूल्यों से प्रत्यक्षणात्मक बलाघात कमता है
(घ) धनात्मक तथा ऋणात्मक दोनों तरह के मूल्यों से प्रत्यक्षणात्मक बलाघात की प्रक्रिया होती है उ॰ (ग)

243. व्यक्ति के जब उद्दीपक आयाम (stimulus dimension) संगत (relevant) होते हैं, जो वह बड़े मूल्य के उद्दीपकों का अधिआकलन (over estimation) तथा छोटे मूल्य के उद्दीपकों का न्यून आकलन (under estimation) करता है। इस घटना को ताजफेल (Tajfel, 1957) ने कहा है—

(क) अन्तराक्रमिक प्रभाव (intraserial effect) (ख) अन्तरक्रमिक प्रभाव (interserial effect)
(ग) आकलन प्रभाव (estimation effect) (घ) हेलो प्रभाव (halo effect) उ॰ (क)

244. ब्रुनर तथा गुडमैन (Bruner & Goodman, 1947) के मशहूर प्रयोग में विभिन्न मूल्य के सिक्कों के आकार (size) के आकलन तथा समान आकार के कार्डबोर्ड के बने डिस्क (disk) के आकारों का अपनी स्मृति से आकलन में प्रयोज्यों ने हमेशा सिक्कों के आकारों का कार्डबोर्ड के डिस्क के आकारों की तुलना में अधिआकलन (overstimation) किया था। ताजफेल (Tajfel, 1957) के अनुसार निम्नांकित में से किस प्रभाव के कारण ऐसा हुआ था?

(क) अन्तर क्रमिक प्रभाव (interserial effect) (ख) आकलन प्रभाव (estimation effect)
(ग) हेलो प्रभाव (halo effect) (घ) बुमरैंग प्रभाव (boomrang effect) उ॰ (क)

245. जिस प्रक्रिया के द्वारा व्यक्ति दूसरे व्यक्तियों के बारे में विशेष मत (opinion) या छवि का निर्माण करता है, उसे कहा जाता है—

(क) व्यक्ति प्रत्यक्षण (person perception)

(ख) जनमत (public opinion)
(ग) छवि प्रबन्धन (impression management)
(घ) उपर्युक्त में से कुछ भी नहीं (None of above) उ॰ (क)

246. सामान्य ज्ञान मनोविज्ञान (common sense psychology) के अनुसार यदि कोई व्यक्ति बहुत ही ढीले-ढाले ढंग से हाथ मिलाता है, तो सामान्यतः यह समझा जाता है कि
(क) व्यक्ति में सौहार्द्रता (warmth) की कमी है (ख) व्यक्ति घमंडी प्रकृति का है
(ग) व्यक्ति दूसरों को स्नेह देना जानता है
(घ) व्यक्ति में आत्म-केन्द्रिता (self-centerdness) काफी है उ॰ (ख)

247. किसी व्यक्ति के बारे में छवि निर्माण (impression formation) में कभी-कभी व्यक्ति दूसरे व्यक्ति द्वारा दिखलाए गए क्षणिक गुण व्यवहार के आधार पर उसमें उससे संबंधित कई स्थायी गुण होने की पूर्वकल्पना कर लेता है। इस तरह की प्रक्रिया को समाज मनोवैज्ञानिकों ने—
(क) सामयिक विस्तार (temporal extension) की संज्ञा दी है
(ख) स्थानान्तरण (temporal extension) की संज्ञा दी है
(ग) श्रेणीकरण (categorization) की संज्ञा दी है
(घ) लाक्षणिक सामान्यीकरण (metaphorical generalization) की संज्ञा दी है उ॰ (क)

248. राम एक ऐसे व्यक्ति से मिलता है जिसे देखते ही उसे अपने दोस्त की याद आ जाती है, क्योंकि उस अपरिचित व्यक्ति की चाल-ढाल तथा शारीरिक बनावट उसके दोस्त के अनुरूप है। ऐसी परिस्थिति में वह उस अपरिचित व्यक्ति में उन सभी गुणों का होने का अनुमान लगा लेता है जो उसके दोस्त में है। इस प्रकिया का संबंध है—
(क) सामयिक विस्तार (temporal extension) से
(ख) लाक्षणिक सामान्यीकरण (metaphorical generalization) से
(ग) श्रेणीकरण (categorization) से
(घ) उपर्युक्त में से किसी से भी नहीं उ॰ (घ)

249. जब हम किसी व्यक्ति के बारे में मात्र उसके वर्ग या श्रेणी जिससे उसका संबंध होता है, के आधार पर एक छवि का निर्माण करते हैं, तो इसे कहा जाता है—
(क) सामाजिक रूढ़िकृति (social stereotype) (ख) सामाजिक सुगमता (social facilitation)
(ग) सामाजिक मनोवृत्ति (social attitude) (घ) सामाजिक प्रत्यक्षण (social perception) उ॰ (क)

250. सामाजिक रूढ़िकृति (social stereotype) के आधार पर छवि निर्माण करने में निम्नांकित में से किसे सबसे महत्त्वपूर्ण दोष माना गया है?
(क) यहाँ प्रत्यक्षणकर्त्ता उन गुणों के बारे में सहमति दिखलाता है जो श्रेणी के लोगों में सामान्यतः पाया जाता है
(ख) यहाँ व्यक्तियों को कुछ विशेष गुणों के अनुरूप श्रेणीकृत (categorized) किया जाता है
(ग) किसी वर्ग या श्रेणी में आने वाले व्यक्ति में उस वर्ग या श्रेणी के सभी गुणों को होते मान लिया जाता है
(घ) यहाँ वास्तविक शीलगुण (actual trait) तथा आरोपित शीलगुण (attributed trait) में अन्तर होता है उ॰ (ग)

251. व्यक्ति प्रत्यक्षण (person perception) के क्षेत्र में किए गए अध्ययनों से इस तरह के प्रत्यक्षण के बारे में कई तरह के मूलभूत तथ्य (fundamental facts) प्राप्त हुए। निम्नांकित में से किसे इन तथ्यों में नहीं रखा जा सकता है?
(क) जटिलता का स्तर (level of complexity) जिस पर व्यक्ति अन्य दूसरे व्यक्ति का प्रत्यक्षण करता है, एक प्रत्यक्षणकर्त्ता से दूसरे प्रत्यक्षणकर्त्ता में भिन्न होता है
(ख) प्रत्येक व्यक्ति के प्रत्यक्षण में अपने व्यक्तित्व के केन्द्रीय शीलगुणों (central traits) के अनुसार प्रत्यक्षण करता है
(ग) दूसरों के बारे में छवि के निर्माण में शीलगुणों का केन्द्रिता (centrality) प्रत्यक्षणकर्त्ता के अपने व्यक्तित्व से प्रभावित होता है
(घ) व्यक्ति दूसरों के बारे में छवि निर्माण में अपना विशेष मानदंड के अनुरूप कार्य करता है उ॰ (घ)

252. व्यक्ति प्रत्यक्षण के कई ढंगों (modes) में निम्नांकित में से कौन ढंग को गलत माना गया है?
(क) किसी व्यक्ति का प्रत्यक्षण उसके बाहरी वेश-भूषा तथा शारीरिक डील-डौल के आधार पर किया जाता है
(ख) किसी व्यक्ति को उसके केन्द्रीय शीलगुणों (central traits) के रूप में वर्णन किया जाता है
(ग) किसी व्यक्ति का वर्णन संगत शीलगुणों (congruous traits) के गुच्छ (cluster) के रूप में किया जाता है
(घ) किसी व्यक्ति का वर्णन कुछ हद तक उसके गत इतिहास पर निर्भर करता है उ॰ (घ)

253. जब व्यक्ति प्रत्यक्षण का आधार चेहरे का बनावट होता है, तो इसका संबंध निम्नांकित में से किससे माना जाता है?
(क) आकृति विज्ञान (physiognomy) (ख) गतिक्रम (kinesics)
(ग) प्रोक्सेमिक्स (proxemiss) (घ) पाराभाषा (paralanguage) उ॰ (क)

254. शारीरिक बनावट के आधार पर भी हम दूसरों के बारे में छवि का निर्माण करते हैं। इस दिशा में महत्त्वपूर्ण संकेत मिले हैं—
(क) शेल्डन (Sheldon) के अध्ययनों से (ख) क्रेश्चमर (Krestchmer) के अध्ययनों से
(ग) स्टीभेन्स (Stevens) के अध्ययनों से (घ) सेकर्ड (Secord) के अध्ययनों से उ॰ (क)

255. शेल्डन के अनुसार यदि किसी व्यक्ति का शारीरिक आकार नाटा, मोटा तथा गोलाकर दीखता हो, तो इसके आधार पर उसके बारे में इस छवि का निर्माण सामान्यतः होता है कि—
(क) वह आरामपसंद व्यक्ति है
(ख) वह शारीरिक सुख-सुविधा तथा खाने-पीने में मौज करने वाला व्यक्ति है
(ग) वह बाह्य उद्दीपकों (external stimulus) के प्रति मंद गति से अनुक्रिया करने वाला है
(घ) उपर्युक्त तीनों तरह की विशेषताएँ हैं उ॰ (घ)

256. जब कोई आवश्यकता एक व्यक्ति में अधिक होता है और दूसरे व्यक्ति में वही आवश्यकता कम होती है, तो इस तरह की आवश्यकता को विन्च (Winch) के अनुसार
(क) टाइप-वन पूरक आवश्यकता (Type-one complimentary need) कहा जाता है
(ख) टाइप-टू पूरक आवश्यकता (Type-two complimentary need) कहा जाता है
(ग) प्रबल आवश्यकता (dominant need) कहा जाता है
(घ) उपर्युक्त में से किसी भी तरह की आवश्यकता नहीं कहा जाता है उ॰ (क)

257. पूरक आवश्यकता (complimentary need) की संतुष्टि की परिस्थिति में एक व्यक्ति द्वारा किया गया अन्तःक्रिया (interaction) दूसरे व्यक्ति के लिए—
(क) एक पुरस्कार का काम करता है (ख) एक दंड का काम करता है
(ग) एक विशेष लक्ष्य की उत्पत्ति करता है (घ) उपर्युक्त में से कुछ भी नहीं करता है उ॰ (क)

258. प्रादेशिकता या भूभागीयता (territoriality) के कई कार्यों में से निम्नांकित में से किसे इसमें शामिल नहीं किया जा सकता है?
(क) भूभागीयता सामाजिक संगठन को कमजोर करता है
(ख) भूभागीयता से सामाजिक अनुक्रिया में वृद्धि होती है
(ग) भूभागीयता से सामूहिक या व्यक्तिगत पहचान बनती है
(ग) भूभागीयता से मनुष्यों को सुरक्षा मिलती है उ॰ (क)

259. व्यक्तिगत क्षेत्र (personal zone) का प्रसार (range) क्या होता है?
(क) 0 से 1.5 फीट तक (ख) 1.5 से 4 फीट तक
(ग) 4 से 12 फीट तक (घ) 12 से 15 फीट तक उ॰ (ख)

260. निम्नांकित में से किस क्षेत्र पर व्यक्ति का पूर्ण नियंत्रण होता है?
(क) प्राथमिक क्षेत्र (primary territory) (ख) गौण क्षेत्र (secondary territory)
(ग) सार्वजनिक क्षेत्र (public territory) (घ) उपर्युक्त में से सिर्फ 'क' तथा 'ख' पर उ॰ (क)

261. प्रथम छवि (first impression) के बारे में निम्नांकित में से कौन कथन सही है?
(क) प्रथम छवि उत्तर सूचनाओं (later information) के लिए एक छनना का कार्य करता है
(ख) प्रथम छवि को बदला नहीं जा सकता है
(ग) प्रथम छवि बहुत महत्त्वपूर्ण नहीं होता है
(घ) प्रथम छवि प्रायः सही होते हैं उ॰ (क)

262. अन्तर्वैयक्तिक आकर्षण के क्षेत्र में किये गए शोधों द्वारा निम्नांकित में से सबसे अधिक समर्थन मिला है?
(क) परिचय से घृणा का जन्म होता है
(ख) व्यक्ति की अनुपस्थिति दूसरे व्यक्ति के हृदय में स्नेह उत्पन्न करता है
(ग) विपरीत लिंग के व्यक्ति आकर्षक दीखते है
(घ) समानता होने पर आकर्षण ज्यादा होते हैं उ॰ (घ)

263. मनोवृत्ति के क्षेत्र में किये गए शोधों से पता चलता है कि मनोवृत्ति के तीन तत्त्व हैं—

(क) धनात्मक, ऋणात्मक तथा तटस्थ प्रभाव
(ख) संज्ञानात्मक, संवेगात्मक तथा व्यवहारपरक
(ग) श्रोत, सूचना तथा माध्यम
(घ) मत, विश्वास तथा ज्ञान
उ० (ख)

264. जनसंख्या में वृद्धि को रोकने में निम्नांकित में से किसे उत्तम मनोवैज्ञानिक प्रविधि माना जाता है—

(क) अविवेकपूर्ण मातृत्व (improvident maternity)
(ख) स्त्रियों में आश्रितता (dependency) का भाव
(ग) धार्मिक एवं सामाजिक अंधविश्वास
(घ) उपर्युक्त सभी
उ० (घ)

265. जब समाज मनोवैज्ञानिकों का प्रयास वैसे जीवसंख्या या जनसंख्या में किसी बीमारी को उत्पन्न होने से रोकने से होता है जिसमें उस बीमारी के होने की संभावना अधिक तीव्र होती है, तो उसे कहा जाता है—

(क) प्राथमिक निवारण या रोकथाम (primary prevention)
(ख) द्वितीयक निवारण या रोकथाम (secondary prevention)
(ग) तृतीयक निवारण या रोकथाम (tertiary prevention)
(घ) उपर्युक्त में से कुछ भी नहीं
उ० (क)

❑